AF743370

प्राचीन भारत का इतिहास एवं संस्कृति

सिविल सेवा/राज्य सेवा परीक्षाओं के सामान्य अध्ययन प्रश्न पत्रों (प्रारंभिक एवं मुख्य) एवं विश्वविद्यालय स्तरीय विद्यार्थियों हेतु

पी.एल. गौतम

G K Publications (P) Ltd

Title : Pracheen Bharat ka Ithihas evam Sanskriti

Language : Hindi

Author's Name : P. L. Gautam

Copyright © : 2022 P. L. Gautam

No part of this book may be reproduced in a retrieval system or transmitted, in any form or by any means, electronics, mechanical, photocopying, recording, scanning and or without the written permission of the Author/Publisher.

Typeset & Published by :

Career Launcher Infrastructure (P) Ltd.

A-45, Mohan Cooperative Industrial Area, Near Mohan Estate Metro Station, New Delhi - 110044

Marketed by :

G.K. Publications (P) Ltd.

Plot No. 9A, Sector-27A, Mathura Road, Faridabad, Haryana-121003

ISBN : **978-93-94168-91-6**

Printer's Details : Printed in India, New Delhi.

For product information :

Visit ***www.gkpublications.com*** or email to ***gkp@gkpublications.com***

भूमिका

प्राचीन भारत का इतिहास एवं संस्कृति पुस्तक का अद्यतित संस्करण प्रस्तुत करते हुए मुझे अपार हर्ष की अनुभूति हो रही है। संघ लोक सेवा आयोग द्वारा प्राचीन भारत के इतिहास की विषयवस्तु को, अत्यंत व्यापक आयाम दिया गया है। इसमें जहां परम्परागत राजनीति, समाज, अर्थव्यवस्था, कला एवं धर्म सम्बन्धी पक्ष सम्मिलित किये गये हैं वहीं दूसरी ओर इसके पाठ्यक्रम में भाषा का क्रमिक विकास, साहित्यिक गतिविधियों में बदलाव, विभिन्न कलाओं का विकास, दूसरे देशों से व्यापार–सम्बन्ध तथा संस्कृति का प्रसार, दक्षिण का भक्ति आन्दोलन, विज्ञान एवं तकनीकी का आविर्भाव, भारतीय दर्शन एवं परम्परायें, मुद्राओं एवं सिक्कों को ढालने की कला का प्रारम्भिक स्वरूप जैसे विषय भी जोड़े गए है। इस बहुमुखी पाठ्यक्रम पर पूर्णतः अपेक्षित मान दण्ड के अनुरूप पुस्तक लेखन अपने आप में एक बड़ा लक्ष्य था। पुस्तक के स्तर को बनाये रखते हुए नये अन्वेषण एवं आधुनिक शोधपूर्ण तथ्यों को सम्मिलित करना भी आवश्यक होता है। ''प्राचीन भारत का इतिहास एवं संस्कृति'' नामक मेरी पुस्तक का नवम् एवं संशोधित संस्करण इसी परिप्रेक्ष्य में अद्वितीय है। इसमें वह सब सामग्री उपलब्ध है जिसकी अपेक्षा एक अभ्यर्थी से की जाती है। एक तरह से यह पुस्तक प्राचीन भारतीय इतिहास पर विश्वकोष प्रकार का ग्रंथ है। पुस्तक में कईं नक्शें (फोटोग्राफ), तालिकाओं के साथ जो कुछ लिखा गया है उसकी प्रामाणिकता बनाये रखते हुए सन्दर्भ भी दिये हैं, जिससे पुस्तक की विश्वसनीयता स्वाभाविक रूप से बढ़ गई है। प्राचीन भारतीय इतिहास एवं सांस्कृतिक विरासत की अत्यन्त महत्वपूर्ण सामग्री को समेटे हुए यह पुस्तक पिछले तीस वर्षों से अधिक समय से प्रतियोगियों का मार्ग दर्शन कर रही है। संशोधित संस्करण को अधिक परीक्षापयोगी बनाने के लिए एक वर्ष से अधिक का समय लगा है। सिविल सेवा एवं राज्य सेवाओं के परीक्षार्थी निश्चित ही अद्यतित संस्करण से लाभान्वित होंगे, इसमें संशय नहीं है।

पुस्तक लेखन में वेदों, उपनिषदों, जैन–बौद्ध ग्रंथों एवं अर्थशास्त्र जैसे कई मूल ग्रंथों का उपयोग किया है। साथ ही इतिहास के प्रबुद्ध विद्वानों की सैकड़ों पुस्तकों की सहायता ली गई है लेखक उन सबका आभारी है। साथ ही अपने गुरूजन सर्वश्री गोविन्दचन्द पाण्डे, जी.एस.पी. मिश्र, एस. एन. दूबे, आर. एस. मिश्र, गुरुदेव सिंह, एन.के. उपाध्याय आदि का ऋणी है। इस श्रृंखला में मेरे परम मित्र डॉ. एच.सी. जैन का विशेष रूप से आभारी हूं जो समय–समय पर मेरा मनोबल बढ़ाते रहे हैं व संशय दूर करते है।

डॉ॰ नंदा गौतम, डॉ॰ प्रनिशा गौतम, डॉ॰ समीर गोयल, हिमांशु गौतम, दिव्या गौड, कविन्द्र गौतम, एवं आदित्य गौतम ने समय–समय पर सहयोग किया एवं मेरे धैर्य को बनाये रखा। उनका आभार व्यक्त करता हूँ।

जीकेपी पब्लिकेशन के श्री कन्नत प्रकाश, श्री वागीश तिवारी तथा अन्य का आभारी हूँ। मेरे प्रिय साथी श्री अनुराग शर्मा, श्री महेन्द्र कुमार मीना जिन्होंने कई अध्यायों के संशोधन में बहुत धैर्य के साथ सहयोग किया, उनका हृदय से आभारी हूँ। साथ ही सीमी ने नियम सूची बनाने एवं संदर्भ चेक करने में सहयोग किया, उसका आभार।

अन्त में मेरे मार्गदर्शक एवं प्रेरक लोकसभा स्पीकर माननीय श्री ओम बिरला का हृदय से धन्यवाद व आभार व्यक्त करना चाहता हूँ जिन्होंने इस ओर प्रेरित किया एवं कुछ नया करने की प्रेरणा दी।

पी॰ एल॰ गौतम

5 A, कृष्णा नगर,

पुलिस लाईन रोड़, कोटा, (राजस्थान)

E-mail : plgautam20@yahoo.in

Mob : 9772037903

विषय–सूची

पुरातात्विक स्त्रोत
(Archaeological Sources)

सिंधु–सरस्वती घाटी सभ्यता
(Indus - Sarswati Valley Civilization)

आर्य एवं वैदिक काल
(Aryans and Vedic Period)

महाजनपद काल
(Period of Mahajanapadas)

22. जैन धर्म एवं बौद्ध धर्म का प्रसार (Spread of Jainism and Buddhism) **22.1–22.16**

जैन एवं बौद्ध धर्म के उदभव की सामाजिक पृष्टभूमि, धार्मिक आधार, आर्थिक पक्ष, जैन धर्म, महावीर स्वामी, द्रव्य सिद्धान्त, अजीव या जड़ द्रव्य, बन्धन एवं मोक्ष, सम्यक दर्शन सम्यक ज्ञान, सम्यक चरित्र, पंच महाव्रत–अहिंसा, सत्य, अस्तेय, अपरिगृह ब्रह्मधर्म, सप्त तत्व सिद्धान्त – जीव, अजीव, आस्त्रव, बन्ध संवर, निर्झर एवं मोक्ष, मोक्ष की अवस्था, अनेकात्मवाद, आस्तिक या नास्तिक, स्यादवाद, जैन धर्म का प्रचार, भिक्षु–श्रावक, प्रमुख शिष्य, जैन सभा एवं आगम, महावीर निर्वाण, श्वेताम्बर व दिगम्बर, बौद्ध धर्म – गौतम बुद्ध ई॰ पू॰ 563, महाभिनिष्क्रमण, गया–उरूवेला तपस्थली, धर्म चक्रप्रवर्तन, बौद्ध साहित्य, कारण सिद्धान्त या प्रतीत्य समुत्पाद, चार सत्य चतुष्टय,–दुःख, दुःख समुदय, दुःख निरोध, दुःख निरोध मार्ग, आष्टांगिकमार्ग – सम्यक दृष्टि, संकल्प–वाक् आजीव, सम्यक व्यायाम, स्मृति एवं सम्यक समाधि। कर्म, अनात्मवाद, पुनर्जन्म, अनिश्वरवाद, प्रयोजनवाद, बौद्ध धर्म का प्रचार, अश्वघोष, असंग व वसुबन्धु, धर्मकीर्ति, संघदास, गुणप्रभ बौद्धरूचि, बौद्ध संघ व्यवस्था व बौद्ध अनुयायी, बौद्धकालीन लोकधर्म एवं सम्प्रदाय–ब्राह्मण धर्म, चार्वाक, आजीवक, पूरणकस्सप, उच्छेदवादी, अजित केशकम्बलि।

23. ईरानी एवं मेसीडोनियाई आक्रमण (Iranian and Macedonian Invasions) **23.1–23.10**

ईरानी आक्रमण – सम्राट साइरस, डेरियस प्रथम, जेरक्सीज, ईरानी सम्पर्क का प्रभाव, सिकन्दर का आक्रमण – पश्चिमोत्तर भारत में सिकन्दर, आर्नोस विजय, झेलम का युद्ध, कर्री के मैदान में, सिकन्दर के आक्रमण का प्रभाव।

मौर्य साम्राज्य
(Mauryan Empire)

24. मौर्य इतिहास के स्रोत (Sources of Mauryan History) **24.1–24.6**

साहित्य – कौटिल्य का अर्थशास्त्र, बौद्ध साहित्य, विदेशी यात्रा वृतान्त, मेगस्थनीज, अन्य ग्रंथ, अशोक के शिलालेख, लघुशिलालेख, सात स्तंभ लेख, अफगानिस्तान से प्राप्त अभिलेख, गुहाभिलेख, कलावशेष, आहत मुद्रायें।

25. मौर्य साम्राज्य : चन्द्रगुप्त मौर्य (Mauryan Empire : Chandra Gupta Maurya) **25.1–25.10**

चन्द्रगुप्त मौर्य (322–298 ई॰ पू॰), वैश्य, मौर्य क्षत्रिय, सैंड्रोकोट्स अर्थात् चन्द्रगुप्त मौर्य, चन्द्रगुप्त एवं उत्तर–पश्चिम सीमा विजय, नंदवंश का उन्मूलन–नंद की सैन्य शक्ति, सैल्यूकस के साथ युद्ध, दक्षिण विजय– दक्षिण में मौर्य सेना, साम्राज्य विस्तार, राज्यारोहण की तिथि, बिन्दुसार (298–272 ई॰पू॰), बिन्दुसार के सामरिक प्रयास।

26. अशोक एवं उसका धम्म (Ashok and his Dhamma) **26.1–26.19**

सम्राट अशोक (296–232 ई॰ पू॰,) कलिंग विजय (261–260 ई॰पू॰) धार्मिक आस्था का सवाल, समसामयिक परिस्थितियां, अनेक विचार एवं अशोक का धम्म, बौद्ध उपासक अशोक, धम्मयात, तृतीय बौद्ध संगीति एवं कुक्कुटारामविहार – पाटलिपुत्र (250 ई॰पू॰) धम्म प्रचारक, धम्म महामात्यों की नियुक्ति (258 ई॰पू॰) धम्म का प्रसार, पश्चिमी एशिया में प्रचारक, दक्षिण में धम्म विजय, लंका में महेन्द्र – संघमित्र – ताम्रपार्णि (तांबपर्णी), हिंसा पर प्रतिबंध, धम्म का स्वरूप – धम्म नैतिकता के नियम, अशोक का धम्म उपनिषदों से, मौर्य शासन का स्वरूप, महामात्रों की नियुक्ति, प्रजा से संवाद, समुचित न्याय व्यवस्था, भूमि विवादों का निपटारा, कानून की एकरूपता, जनकल्याणकारी कार्य, साम्राज्य सीमाएं, मौर्य साम्राज्य का पतन, हरप्रसाद शास्त्री की मान्यताएँ, राय चौधरी की धारणा, कोसंबी की मान्यता, रोमिलाथापर का मत, आर.सी. मजूमदार के विचार।

27. मौर्य प्रशासन (Mauryan Administration) **27.1–27.9**

केन्द्रीकृत प्रशासन, राजा, मित्र, मंत्री परिषद केन्द्रीय कार्यालय, राजस्व प्रशासन, सार्वजनिक निर्माण, प्रान्तीय प्रशासन, पाटलिपुत्र का शासन, सैन्य संगठन, न्याय प्रणाली, धर्मस्थीय एवं कंटक शोधन न्यायालय, विदेशी सम्पर्क।

28. मौर्य कालीन समाज (Society During Mauryan Period) **28.1–28.6**

दार्शनिक, किसान, पशुपालक, दस्तकार, श्रेणियां व दस्तकारों के संघ, सैनिक, मंत्री या परामर्शदाता, स्त्री समाज, विवाह, दास प्रथा, बहिष्कृत जातियाँ, औषधालय, दण्ड व्यवस्था।

उत्तर मौर्यकाल
(Post Mauryan Period)

प्रारंभिक राज्य के समाज, पूर्वी भारत, दक्कन एवं दक्षिण भारत

(Early State and Society in Eastern India, Daccan and South India)

गुप्तवंश, वाकाटक एवं वर्धन वंश
(Guptas, Vakatakas and Vardhanas)

गुप्तकालीन क्षेत्रीय राज्य
(Regional State During Gupta Era)

60. सिंध के अरब विजेता (Arab Conquest of Sindh) **60.1–60.4**

आठवीं सदी में भारत, हर्ष के बाद सिन्ध, इस्लाम का उदय, मुहम्मद बिन–कासिम का आक्रमण, दाहिर की पराजय (712–13ई0), निष्कर्ष।

61. अल–बरूनी एवं भारतीय समाज (Al-Beruni and Indian Society) **61.1–61.4**

जीवन परिचय, समाज, अन्य जातियाँ, ब्राह्मण, क्षत्रिय, वैश्य, शूद्र, विवाह एवं स्त्री जगत, वेश्यावृत्ति, वस्त्र परिधान, धर्म एवं दर्शन, वेद व पुराण, मूल्यांकन।

62. चालुक्य (कल्याणी), होयसल, एवं पाण्ड्य वंश **62.1–62.10**

(The Chalukyas of Kalyana, Hoysalas and Pandyas)

दक्कन एवं सुदूर दक्षिण, कल्याणी के चालुक्य, इतिहास के साधन, तैलप द्वितीय (973–997 ई॰), सत्याश्रय, विक्रमादित्य पंचम, जयसिंह द्वितीय, सोमेश्वर प्रथम, सोमेश्वर द्वितीय, विक्रमादित्य षष्ठम, सोमेश्वर तृतीय, जगदेकमल्ल द्वितीय (1138–1151 ई॰), तैल तृतीय, सोमेश्वर चतुर्थ (1183–1189 ई॰), होयसल– विष्णुवर्द्धन (1111–1141 ई॰), नरसिंह, वीर बल्लाल द्वितीय (1173–1210 ई॰), साहित्य का विकास, होयसल स्थापत्य, पाण्ड्य वंश – कंडुगोन (580–620 ई॰), मारवर्मन अवनिशूलमणि (620–645 ई॰), अरिकेसरी मारवर्मन, कोच्चडैयन या रणधीर, मारवर्मन राजसिंह प्रथम, वरगुण प्रथम, जटिल परान्तक नेडुंनडैयन (769–815 ई॰), श्रीमार श्री वल्लभ, वरगुण द्वितीय (862–882 ई॰), सुन्दर पाण्ड्य (1216–1238 ई॰), मार्कोपोलो (1254–1324 ई॰), का यात्रा वृतान्त, मणिग्रामम एवं वाणिज्य व्यापार, धर्म एवं दर्शन।

प्रारंभिक भारतीय सांस्कृति इतिहास के प्रतिपाद्य
(Themes in Early Indian Cultural History)

63. धार्मिक सम्प्रदाय एवं मन्दिर–मठ संस्थाएँ **63.1–63.10**

(Religious Sects and Institution of Temple–Mathas)

वैष्णव सम्प्रदाय, आलवार संत एवं भक्तिमार्ग–तिरुमंगई, नाम्मालवार, मधुर कवि, एवं अन्य, शंकराचार्य, रामानुज, मध्वाचार्य, निम्बाकाचार्य, शैवमत, पाशुपत सम्प्रदाय, कापालिक सम्प्रदाय, लिंगायत सम्प्रदाय या वीरशैव, बसवेश्वर, शिवद्वैत सम्प्रदाय, (अप्पर, सम्बन्दर, मणिक्कवाचकर, सुन्दरर आदि), नाथ सम्प्रदाय एवं सिद्ध, (मत्स्येन्द्रनाथ व गोरखनाथ, जालन्धर नाथ), शाक्त सम्प्रदाय, तान्त्रिक सम्प्रदाय, बौद्ध वज्रयान, वज्रयान का प्रारम्भ, भैरवीचक्र एवं व्यभिचार, बौद्ध धर्म के पतन के कारण, चीन एवं तिब्बत में बौद्ध, जैनधर्म, राज्याश्रय, मन्दिर–मठ संस्थाएँ एवं योगदान, मन्दिर एवं कृषि विस्तार, जमींदारिक दायित्व, मन्दिर एवं बैंकिंग, संचयिक संस्थान, आर्थिक केन्द्र, प्रशासनिक, जिम्मेदारी, सांस्कृतिक गतिविधियाँ, मन्दिर–शिक्षा केन्द्र, मूंल्याकन।

64. साहित्य : भाषाएँ एवं मूल ग्रंथ **64.1–64.5**

(Literature : Language and Texts)

महाकाव्य – भारवि, रत्नाकर, माघ, राजशेखर, क्षेमेन्द्र, मंखक, श्रीहर्ष, ऐतिहासिक महाकाव्य–बाण भट्ट (हर्षचरित व कादम्बरी), दण्डी, पदमगुप्त परिमल, बिल्हण, कल्हण–राजतरंगिणी, मदन कवि की परिजातमंजरी, भवभूति, नारायण भट्ट, मुरारी, क्षेमेश्वर, जयसिंह सूरी, गद्य एवं कथा साहित्य – गुणाढ्य, क्षेमेन्द्र आदि, अलंकार ग्रंथ, नीतिशास्त्र, जैन एवं बौद्ध साहित्य, प्राकृत एवं अपभ्रंश साहित्य, स्मृति ग्रंथ, दक्षिण भारतीय भाषाएँ एवं साहित्य – कन्नड, तेलुगू, तेलगू व कन्नड लिपी, तमिल।

65. प्रमुख दार्शनिक विचारक एवं विचार धाराएँ **65.1–65.12**

(Major Philosophical Thinkers and Schools)

दार्शनिक विचार धाराओं का विकास, भगवद्गीता – तत्वविवेचन, कर्मयोग, ज्ञान मार्ग, चार्वाक दर्शन – दार्शनिक विचार, साख्यदर्शन – दार्शनिक मान्यताएँ – प्रकृति–पुरूष, सृष्टि उत्पति, सत्कार्यवाद (या कारण सिद्धान्त), मोक्ष अवधारणा, प्रमाण, योगदर्शन–ईश्वर, योगसूत्र के चार पाद–यम नियम, आसन, प्रणायाम, प्रत्याहार, धारणा, ध्यान, समाधि–सम्प्रज्ञात व असम्प्रज्ञात समाधि, न्याय दर्शन, सोलह पदार्थ, आत्मा व ईश्वर, वैशेषिक दर्शन–परमाणु संरचना एवं कणाद, द्रव्य, गुण, कर्म, समवाय, सामान्य, विशेष, अभाव, असत्कार्यवाद, पूर्व मीमांसा, प्रमाण–आत्मा, ईश्वर, उत्तर–मीमांसा (वेदान्त दर्शन) अद्वैत, विशिष्टाद्वैत एवं रामानुज, द्वैत एवं मध्वाचार्य, निष्कर्ष।

66. विज्ञान, गणित एवं प्रौद्योगिकी **66.1–66.8**

(Science, Mathematics and Technology)

गणित, महाजनपद काल तथा विज्ञान व प्रौद्योगिकी, ब्रह्मगुप्त, महावीराचार्य, आर्यभट्ट, ज्योतिष – पैतामह, पौलिश, रोमक व सूर्य सिद्धान्त, कल्याण वर्मा, सामुद्रिक शास्त्र, रमल, ताजिक, पूर्व मध्यकालीन ज्योतिष – गणित, आयुर्वेद, सुश्रुत (एक सर्जन), चरक व चरक संहिता, वाग्भट्ट, धनवन्तरि, पूर्व मध्यकाल, शल्य चिकित्सा, पशु चिकित्सा, रसायन व खनिज, पतंजलि रसाचार्य, ध ातुकर्मी व रसशास्त्री – नागार्जुन, वराह मिहिर धातुशोधक व महरोली स्तंभ, प्रौद्योगिकी – धातुप्रौद्योगिकी, सिक्के व आभूषण।

प्रारंभिक मध्यकालीन भारत 750–1200ई.
(Early Medival India, 750-1200 AD)

67. राजपूतों का उद्गम (Origin of Rajputs) **67.1–67.4**

राजपूत काल, राजपूतों की बाह्य उत्पति अवधारणा, भारतीय उत्पत्ति का सिद्धान्त, अनैतिहासिक – अग्निकुल सिद्धान्त, राजपूत, सांस्कृतिक परिवर्तन का परिणाम, सामाजिक आधार, निष्कर्ष।

68. उत्तरी भारत के प्रमुख राज्य (Major Dynasties of Northern India) **68.1–68.10**

काबुल व पंजाब, कश्मीर – कर्कोट वंश, उत्पलवंश, लौहर वंश, शारदा लिपि, सिंध, दिल्ली तथा अजमेर के चौहान (या शाकम्बरी के चौहान) अजयराज (अजमेर–1105–1130 ई॰), बिजौलिया शिलालेख पृथ्वीराज तृतीय, तराइन का प्रथम युद्ध (1191 ई॰), तराइन का द्वितीय युद्ध (1192 ई॰), कन्नौज का गहडवाल राज्य (राठौर वंश) चन्द्रदेव (1090–1104 ई॰), गोविन्द चन्द्र, जयचन्द (1170–1194 ई॰), जेझाकभुक्ति (बुन्देलखण्ड) के चंदेल, हर्ष (महोबा–915–925 ई॰), यशोवर्मन (930–950 ई॰), धंगदेव, विद्याधर (1019–1029 ई॰), एवं कन्दरिया महादेव मन्दिर, त्रिपुरी के कलचुरि–चेदि, कोक्कल प्रथम, युवराज प्रथम, गांगेयदेव विक्रमादित्य, कर्णदेव (1041–1070 ई॰), गुजरात के चालुक्य अथवा सोलंकी–मूलराज (941–996 ई॰), भीमदेव (1025–1064ई॰), सोमनाथ पर महमूद का आक्रमण, जयसिंह सिद्धराज, कुमारपाल (1143–1172 ई॰), मालवा का परमार राजवंश, भोज–(धारानगरी–1010–1058 ई॰), साहित्य संरक्षक भोज।

69. चोलवंश एवं उसका प्रशासन (The Chola Dynasty and Its Administration) **69.1–69.13**

साहित्यिक स्त्रोत, चोल साम्राज्य–करिकाल (140–190 ई॰), विजयालय (तंजौर–850–871 ई॰), आदित्य प्रथम, परान्तक प्रथम, राजराजा प्रथम (985–1014 ई॰), सिंहल राजधानी अनुराधापुर ध्वस्त, राजेन्द्र प्रथम

(गंगैकोण्डचोलपुरम राजधानी, (1015–1044 ई॰), राजाधिराज प्रथम (1044–1052 ई॰), राजेन्द्र द्वितीय (1052–1064 ई॰), वीर राजेन्द्र, कुलोतुंग प्रथम (1070–1148 ई॰), चोल शासन व्यवस्था, अधिकारी तंत्र, प्रान्तीय शासन–(मण्डल–कोट्टम), समितियाँ, ग्राम शासन, उर एवं उरार, सभा या महासभा, प्रमुख समितियाँ, चुनाव हेतु योग्यता, चुनाव प्रक्रिया, ग्राम सभा का कार्य क्षेत्र, नगरम्, नाडु, आय–व्यय, न्याय व्यवस्था, सैन्य व्यवस्था, धार्मिक स्थिति, साहित्य, स्थापत्य एवं कला, राजराजेश्वर मन्दिर, नटराज – मूर्तियाँ, निष्कर्ष।

70. सामन्तवाद का विस्तार (Expansion of Feudalism) **70.1–70.6**

भारत में सामन्तवाद, सत्ता एवं सामन्त, सामन्ती श्रेणियाँ, सामन्ती व्यवस्था के आर्थिक आधार, ब्राह्मण सामन्त, ब्रह्मदेय, अग्रहार, पदानुक्रम एवं अधिकार, सामन्ती प्रभाव, योगदान, सामन्ती प्रथा के दुष्प्रभाव, निष्कर्ष।

71. कृषि अर्थव्यवस्था एवं व्यापार–वाणिज्य **71.1–71.12**

(Agrarian Economy and Trade-Commerce)

कृषि व्यवस्था एवं भूमि पर दबाव, भूस्वामित्व, ग्रामदान–सम्पूर्ण अधिकारों का त्याग, उद्योग एवं व्यवसाय, श्रेणी संगठन, (आर्थिक गतिविधियों से जुडे मणिग्रामम व अजवण्ण), मुद्राप्रणाली, पतनोन्मुखी मुद्रा प्रणाली, कौडियों का आदान–प्रदान मूल्य, वाणिज्य एवं व्यापार – आन्तरिक व्यापार – आन्तरिक मार्ग, मार्गो की स्थिति, स्थल मार्ग से विदेशी व्यापार – मध्य एशिया से व्यापार, असम, बर्मा एवं सिक्किम मार्गो से व्यापार, भारतीय व्यापारी–पश्चिमोत्तर मार्ग पर, स्थलमार्गीय विदेश व्यापार का ह्रास, समुद्रमार्ग से विदेश व्यापार – चीन एवं भारत का व्यापार, दक्षिण–पूर्व एशिया से व्यापार, पश्चिमी देश, आयात–निर्यात सामग्री, समुद्रीमार्ग एवं बन्दरगाह–वैजयन्ती (विंजाड्रोग–कर्नाटक), ताम्रलिप्ति (तामलुक–पश्चिमी बंगाल), महाबलिपुरम (चैन्नई), भड़ौच (भरूच–गुजरात), समुद्री व्यापार का ह्रास।

भारत की सांस्कृतिक परम्परा–750–1200 ई.
(Cultural Tradition in India, 750-1200 AD)

पुरातात्विक स्त्रोत
(Archaeological Sources)

1 प्राचीन भारतीय इतिहास एवं सांस्कृतिक विरासत के स्त्रोत
(Sources of Ancient Indian History and Cultural Heritage)

प्राचीन भारत में हेरोडोट्स, थ्यूसीडाइड्स, लिवी जैसे इतिहासकार पैदा नहीं हुए, जो 'हिस्ट्री' जैसा ग्रन्थ लिखते। इसका तात्पर्य यह नहीं है कि प्राचीन भारत के लोगों की इतिहास में रुचि नहीं थी। वस्तुतः उनकी इतिहास विषयक अवधारणा आज के सन्दर्भ में सर्वथा भिन्न थी। दरअसल तत्कालीन साहित्य में केवल आख्यान, धर्मशास्त्र, वंशविस्तार आदि विषयों का ही समावेश है, जबकि मानवीय अतीत का सप्रमाण निरूपण इतिहास की विषयवस्तु होता है।

'इति', 'ह', 'आस' से मिलकर 'इतिहास' बना है जिसका अभिप्राय है, 'निश्चित रूप से ऐसा हुआ।' तदनुसार मानव जाति की अतीत की घटनाओं का सही निरूपण कर सके उन ग्रन्थों को इतिहास की श्रेणी में रखा जाता है। सत्य तो यह है कि हमारे पास विश्व का सबसे विशाल साहित्य है जो कि हमारी सांस्कृतिक धरोहर हैं। इसी में से ऐतिहासिक सामग्री अलग करनी होती है।

सातवीं शताब्दी में भारत की यात्रा करने वाले चीनी यात्री ह्वेनसांग के विवरण से अच्छी–बुरी घटनाओं का वृत्तान्त लिखने वाले अधिकारी का बोध होता है। कश्मीरी लेखक कल्हण ने भी लिखा है कि वही गुणवान कवि प्रशंसा का पात्र है जो राग–द्वेष से ऊपर उठकर एकमात्र सत्य निरूपण में ही अपनी भाषा का प्रयोग करता है। यहाँ कल्हण का संकेत एक अच्छे इतिहासकार की ओर ही है। कहा जा सकता है कि प्राचीन भारतीयों में इतिहास के प्रति अभिरुचि एवं चेतना दोनों विद्यमान थीं। वस्तुतः भारतीय रचनाकार इतिहास को एक व्यापक सन्दर्भ में देखते थे। आगे हम तत्कालीन इतिहास के साधनों को अध्ययन की सुविधा के आधार पर वर्गीकृत कर अध्ययन करेंगे।

1. पुरातात्विक स्त्रोत

पुरातत्व का महत्व इतिहास के अध्ययन में दिनों–दिन बढ़ता जा रहा है। प्राचीन टीलों (Mound) के उत्खनन से प्राप्त सामग्री से प्राचीन काल के लोगों के बारे में जानकारी पुरातात्विक स्त्रोत से मिलती है इसे ही पुरातत्व कहते है। यही कारण है कि, यह एक स्वतन्त्र अध्ययन बन गया है। इतिहास में अनेक संदिग्ध स्थलों का निर्धारण करने में इस सामग्री का योगदान प्रशंसनीय रहा है। पुरातत्व इतिहास की दो तरह से सहायता करता है। एक प्रतिपादक रूप में अर्थात् जानकारी के सर्वथा नए साधन प्रस्तुत करके तथा दूसरे समर्थक के रूप में अर्थात् ज्ञात तथ्यों की पुष्टि करके। विशेषकर प्राचीन भारत के अध्ययन के लिए पुरातत्व का महत्व सर्वोपरि एवं असंदिग्ध है। इसके तीन प्रमुख कारण रहे हैं:

- भारतीय ग्रंथों का रचना काल ठीक से ज्ञात नहीं है। इसलिए उनसे मिलने वाली ऐतिहासिक सामग्री को किस काल से सम्बद्ध किया जाये यह संशय बना रहता है। साहित्यिक ग्रंथों में कथा, अतिरंजना, कल्पना एवं लेखक के पूर्वाग्रहों में ऐतिहासिक तथ्यों का संग्रहण मुश्किल कार्य ही माना गया है।
- यह भी देखा गया है कि लेखबद्ध ग्रंथों की प्रतिलिपि तैयार करने वाले विद्वानों ने समय–समय पर अपनी इच्छानुसार अनेक प्राचीन प्रसंगों को छोड़ दिया और नये प्रसंग जोड़ दिए।
- दूसरी ओर पुरातात्विक सामग्री में उपरोक्त दोषों की संभावना कम होती है। इसके अतिरिक्त उत्खनित स्थलों का पुरातत्व, स्थानीय स्थल की संस्कृति से हमारा प्रत्यक्ष साक्षात्कार करवाता है।

इन कारणों से पुरातात्विक स्त्रोतों को अधिक विश्वसनीय माना जाता है। पुरातात्विक स्थलों की खोज और उत्खनन से प्राप्त सामग्री को चार भागों में विभक्त किया जा सकता है। पुरावशेष, पुरालेख, मुहरें (मुद्रायें) व स्मारक।

अन्वेषण एवं उत्खनन (Exploration and Excavation)

मिट्टी के बर्तन, औजार, आभूषण, मूर्तियाँ आदि उत्खनन से प्राप्त सामग्री **पुरावशेष** कहे जाते हैं।

पुरालेख (Epigraphy) पुरालेखों को हम पाँच भागों में बाँट सकते हैं:

1. **शिलालेख** : शिलाओं पर अंकित लेख।
2. **स्तम्भ लेख** : जैसे अशोक द्वारा स्थापित करवाये गये स्तम्भों पर अंकित लेख।
3. **ताम्रपत्र लेख** : (Inscription, Copper Plates) एक अन्य श्रेणी है जो प्राचीनकाल में राजाओं द्वारा व्यक्ति विशेष को भूमि दान अथवा पारितोषिक स्वरूप ताम्रपत्र पर आज्ञा उत्कीर्ण करवा कर व्यक्ति को प्रदान किये गये थे। इनमें राजा का नाम, वंश व उपलब्धियों का जिक्र होता था। गुप्तकाल के इतिहास निर्माण में ताम्रपत्रों से बड़ी सहायता मिली। पूर्व मध्यकाल में बड़ी संख्या में भूमि अनुदान पत्रों से यह निष्कर्ष निकाला गया कि इस दौर में (600 से 1200 ई.) भारत में सामन्तीय व्यवस्था का बोलबाला था।

4. **गुहा लेख** : (Cave inscription) गुफाओं में अंकित लेख जो भिक्षुओं एवं साधु सन्तों के निवास हेतु प्रयोग में लाए जाती थीं, जैसे–अशोक के बराबर गुहालेख, नागार्जुनी गुहालेख, सातवाहनों के नासिक, नानाघाट आदि स्थानों से प्राप्त गुहालेखों का जिक्र किया जा सकता है।
5. **मूर्तिलेख** : (Inscription on sculpture) कभी–कभी मूर्तियों के निचले हिस्से में अथवा शीर्ष भाग में लेख अंकित देखे गये, जिनसे मूर्ति स्थापित किये जाने का समय एवं स्थापित करवाने वाले का नाम आदि ज्ञात हो जाता है।

लिपि का विकास : भारत में लिपि का विकास कब हुआ कहना कठिन है किन्तु लिपि के विकास के क्रम में तीन प्रमुख विचारधाराओं का जिक्र कर सकते है। ऋग्वेद में उल्लेखित ऋषभदेव जिन्हें जैन अपना प्रथम तीर्थंकर मानते हैं उनकी पुत्री ब्राह्मी ने लेखन का आविष्कार किया। जैन आगम समवयांग सूत्र, प्रज्ञापना सूत्र व वाक्य प्रज्ञप्ति सूत्र में प्राचीन 18 लिपियों का जिक्र हैं। उक्त 18 लिपियों में बंभी (ब्राह्मी) महत्त्वपूर्ण थी। ऋग्वेद संकलन के समय ऋषभदेव ख्याति प्राप्त कर चुके थे। ऋग्वेद काल को ईसा से 2000 पूर्व रखने पर विद्वान जोर दे रहे हैं। अर्थात ऋषभदेव की पुत्री द्वारा विकसित ब्राह्मी लिपि ईसा पूर्व 2000 अस्तित्व में आ चुकी थी। मेसोपेटामियन क्युनिफार्म को ईसा से 2000 वर्ष पूर्व व चीनी चित्राक्षर को ई. पू. 3000 में विकसित हुआ मानते हैं। स्पष्टतः ब्राह्मी लिपि भी अन्य लिपियों के साथ ही विकसित हुई थी। दूसरे मत के समर्थक विद्वानों के अनुसार सैन्धव लिपि से ही ब्राह्मी का जन्म हुआ क्योंकि सैन्धव सभ्यता व वैदिक सभ्यता के विकास अन्तराल में यह विकास संभव हो पाया। तीसरे एक अन्य मत के अनुसार लखनऊ संग्रहालय के दान अभिलेख जो शक संवत् के (9 वें वर्ष का हैं, में महिला गृहपाल) ग्राहमित्र की पुत्री व एकरादल की पत्नी थी, उसे दिये गये उपहार का जिक्र है। अभिलेख ब्राह्मी में है, सोहगौरा ताम्रपत्र भी ब्राह्मी में है। अशोक ने ब्राह्मी को विकसित किया। जेम्स प्रिंसेप ने इस बात को स्पष्ट किया है।

मुद्राशास्त्र (Numismatics –मुद्राएँ एवं सिक्के) प्राचीन भारत के इतिहास लेखन में मुद्राएँ या सिक्के बहुत सहायक सिद्ध हुए हैं। इस आशय की विस्तृत चर्चा आगे की गई है।

मुहर (Seals) उल्लेखनीय है कि प्राचीन काल में राजकीय अथवा व्यापारिक संगठनों की मुहरें मिट्टी या धातु की निर्मित की जाती थीं। इस श्रेणी को हम मुद्राशास्त्र का एक दूसरा रूप मान सकते हैं।

स्मारक (Monuments) भवन एवं उससे सम्बद्ध सामग्री मूर्तियाँ आदि को स्मारक का अंग कहा जायेगा। इसका विश्लेषण आगे किया गया है।

अन्वेषण एवं उत्खनन (Exploration and excavation) पुरातत्व (Archaeology) के तहत पुरास्थलों का अन्वेषण या खोजना पहली सीढ़ी है तो इसका दूसरा सोपान उत्खनन है। आदि मानव ने प्राकृतिक साधनों का उपयोग करके किस प्रकार अपने जीवन को सुखमय बनाया, इसकी जानकारी हमें उसकी बस्तियों से प्राप्त हड्डी के औजारों, मिट्टी के बर्तनों, मकानों के खण्डहरों से होती है। पुरापाषाण, मध्य पाषाण एवं नव पाषाण युग तक की मानव यात्रा का विवरण पुरातात्विक अवशेषों के आधार पर लिखा गया।

जिन–जिन स्थानों पर एक ही प्रकार के मृद्भाण्ड (Pottery) मिले हैं, उन्हें इतिहासकार एक संस्कृति विशेष के अन्तर्गत रखते हैं। विद्वानों ने प्राचीन भारत की चार प्रमुख मृद्भाण्ड संस्कृतियाँ स्वीकार की हैं:

- **गेरुए रंग युक्त (गैरिक) मृद्भाण्ड** (Ochre-Coloured Pottery or OCP) गुलाबी एंव गाढे लाल रंग के बर्तन खराब स्थिति में मिले हैं। ऐसे मृद्भाण्ड 1200 ई. पू. के कहे गये हैं जो गंगा की उपरी घाटी में पाए गए है। हस्तिनापुर, अतरंजीखेड़ा (जिला एटा) अहिच्छत्रा, बरेली, नोह, सैपई, अम्बाखेड़ी सहारनपुर के नीचे स्तरों से मिले हैं। 1949 में सबसे पहले इन पात्रों की खोज बी.बी.लाल ने की।
- **काले व लाल मृद्भाण्ड या कृष्ण लोहित मृद्भाण्ड परम्परा** (Black and Red ware): इन पर सफेद ज्यामितीय आकृतियां देखी गई हैं। इन मृद्भाण्डों को आहाड़ संस्कृति से जोड़ा गया है। नोह (भरतपुर) तथा दोआब क्षेत्र से मृद्भाण्डों के साथ लौह–सामग्री भी प्राप्त हुई है। सौराष्ट्र, पंजाब, हरियाणा, बिहार तथा उत्तर प्रदेश से इस परम्परा के अवशेष मिले है। इनके निर्माण विधि को इंजिप्शियन तकनीक (Egyptian technique) कहा जाता है। नदियों से बहाकर लाई गई रेत युक्त मिट्टी व चुने से बने होते हैं।
- चित्रित भूरे रंग के मृद्भाण्ड (Painted Gray ware or PGW) : द्वितीय नगरीकरण के मृद्भाण्ड जो धूसर या स्लेटी (Gray) रंग के है। इन पर काले रंग की चित्रकारी देखी गई है। इस संस्कृति के प्रारम्भिक दिनों में तांबे एवं बाद में लोहे का प्रयोग पाया गया। मुख्यतः पंजाब, उत्तर प्रदेश तथा उत्तरी राजस्थान में विशेष रूप से मिले हैं। इनका काल 1100–600 ई. पू माना जाता है। नोह एवं अतरंजीखेड़ा में सबसे नीचे गेरुए मृद्भाण्ड (OCP) ऊपर कृष्ण लोहित मृद्भाण्ड (BRW) तथा ऊपरी स्तर से चित्रित धूसर या भूरे रंग के मृद्भाण्ड (PGW) प्राप्त होते हैं। धूसर पात्र पतली गठन वाले उच्च ताप पर आँव में पकाये गये थे।
- **उत्तरी काले चमकीले मृद्भाण्ड** (Northern Black Polishedware or NBP) : अत्यन्त चमकीली पॉलिश वाले ये (NBP) मृद्भाण्ड अच्छी स्थिति में हैं। गूंथी हुई मिट्टी से चाक पर निर्मित ऊँचे तापमान पर आँवों पर पकाया गया। इन पात्रों पर अलंकरण देखा गया है। कहीं–कहीं ऐसे मृद्भाण्डों का रंग गुलाबी, नीला, चॉकलेटी व रूपहला या चमकीला भी मिलता है। मध्य गंगा घाटी की इस परम्परा के पात्र इलाहाबाद से भागलपुर के मध्य क्षेत्र, रोपड़, अहिच्छत्रा के अतिरिक्त मालवा में उज्जैन,

बेसनगर से भी मिले है। विद्वानों के अनुसार भारत, पाकिस्तान, बांग्लादेश व अफगानिस्तान के बड़े भाग में इनका प्रसरण था। भारत के गुजरात, महाराष्ट्र, पश्चिमी बंगाल, ओड़ीशा व आन्ध्रप्रदेश आदि कई प्रदेशों में इस परम्परा के मृद्भाण्ड मिले है। इसका काल 500 से 300 ई. पू. माना जाता है।

गंगा–यमुना दोआब में सबसे नीचे की सतह पर गेरुए रंग (OCP) के मृद्भाण्ड मिले हैं, जबकि ऊपरी सतहों पर पतले काले एवं लाल (Black and Red Ware) मृद्भाण्ड और तद्नन्तर चित्रित भूरे रंग (NBP) के मृद्भाण्ड देखे गये हैं। ऐतिहासिक स्थलों के उत्खन्न एवं अन्वेषण प्रक्रिया की शुरुआत को सौ साल हुए हैं। प्राचीन ग्रंथों में उल्लिखित नगरों एवं कस्बों की खोजबीन के साथ अन्वेषकों और उत्खननकर्ताओं (Explorer) के कार्य की शुरुआत हुई। पुरातात्विक सर्वेक्षक के रूप में एलेग्जेण्डर कनिंघम 1862 से 1866 ई. तक कार्यरत रहे और 1870–85 ई. के दौरान भारतीय पुरातत्व सर्वेक्षण के महानिदेशक का कार्य सम्पादित किया। पिछली शताब्दी के तीसरे–चौथे दशकों के उत्खन्न कार्य को आरम्भ काल कहा जा सकता है। क्षैतिज (Horizontal-समतल या चौरस) उत्खनन की प्रचलित तकनीक का स्थान मार्टिमर व्हीलर (1944–48 ई.) द्वारा करवाये गये स्तरीकृत उत्खनन स्ट्रेटीफाइड एक्सकेवेशन ने ले ली जिससे सम्बन्धित संस्कृति के क्रमिक विकास का सर्वेक्षण महत्व का विषय बन गया।

ऊर्ध्व (Vertical) या लम्बवत् उत्खननों से प्राप्त कुल्हाड़ियों, छेनियों, बसूलों के अतिरिक्त चूल्हे, भट्टियाँ, कुठालियाँ एवं रंगाई के हौज आदि सामाजिक वर्गों एवं आर्थिक गतिविधियों के प्रतीक कहे जायेंगे। कुल्हाड़ियाँ, फावड़े शिल्पी वर्ग के साथ कृषक वर्ग का भी प्रतिनिधित्व करते हैं। ऐसा उत्खनन छोटे भाग के लिए उपयोगी होता है।

सिक्के ढालने के साँचे, मनके, मोहरे, मोहर छापें, आभूषण आदि शिल्पी वर्ग की उपस्थिति के संकेत हैं। वहीं तत्कालीन समाज की आर्थिक स्थिति को भी दर्शाते हैं। प्राप्त आभूषणों या सिक्कों में प्रयोग में लाई गई धातु की शुद्धता या मिलावट से आर्थिक उतार–चढ़ाव का संकेत मिलता है। हमारी इस प्राचीन धरोहर के यथोचित संरक्षण से ही बहुमूल्य ऐतिहासिक स्त्रोत को नष्ट होने से बचाया जा सकता हैं। जिससे ऐसी उपयोगी सामग्री लम्बे समय तक अस्तित्व में रह सके।

समुद्र तटीय स्थलों पर स्थित मालगोदामों, माल घाटों आदि नगरीय सभ्यता को इंगित करते हैं, साथ ही विनिमय प्रक्रिया को दर्शाते हैं। कावेरीपट्टनम्, अरिकमेडू इसके उदाहरण हैं।

देश के विभाजन के बाद अधिकांश सैन्धव स्थल पाकिस्तान के हिस्से बन गये थे। परिणामतः भारतीय विद्वानों के लिए नये स्थलों की खोज से उपरोक्त हानि की पूर्ति करना लक्ष्य बन गया।

पुरास्थल के उत्खनन से प्राप्त पुरा सामग्री या स्मारक आदि के आधार पर निम्नलिखित तथ्य आलोच्य अथवा महत्वपूर्ण कहे जायेंगे:

- विशाल इमारतों एवं घनी आबादी वाली बड़ी–बड़ी बस्तियों का अस्तित्व तत्कालीन संस्कृति की नगरीय स्थिति को दर्शाते है। गार्डन चाइल्ड इस मत के समर्थक रहे हैं। एडम्स भी मानते हैं कि, घनी आबादी नगरीकरण की प्रतीक है।
- शिल्पी वर्ग का अस्तित्व एवं मुद्रा आधारित विनिमय पद्धति शहरी जीवन की प्रमाण है। उत्खनित (Explored) बस्ती में तालाबों एवं छल्लेदार कुओं की अधिकता बड़ी आबादी की जल की आवश्यकता को दर्शाते हैं।
- कीमती एवं कम कीमती पत्थरों, पक्की मिट्टी की वस्तुओं, कीमती धातुओं और पतली प्रकार के चमकीले मिट्टी के पात्रों, विलासिता की सामग्री शहरी उच्चवर्गीय लोगों की उपस्थिति का प्रमाण है।
- अन्न भण्डारों या कोठारों का अस्तित्व, शहरी आबादी हेतु अधिशेष खाद्यान्न संग्रह का बोध करवाते हैं।
- प्रणाल या नालियों की उपस्थिति एवं सफाई संस्कृति की प्रबंधीय जागरूकता का संकेत करती है। सिन्धु–सरस्वती (हड़प्पा) स्थलों से प्राप्त अवशेषों के आधार पर कहना होगा कि भारत में प्राचीन काल से ही सफाई का अत्यधिक महत्व था। हड़प्पा की सफाई व्यवस्था स्वच्छ समाज का प्राचीनतम प्रमाण है।

कहा जा सकता है। कि इतिहास लेखन में पुरातत्व अत्यधिक महत्वपूर्ण सामग्री ही उपलब्ध नहीं करवाता है अपितु अधिक विश्वसनीय भी माना जा सकता है।

1.2 पुराभिलेख (Epigraphy)

सबसे प्राचीन अभिलेखों में बोगजकोई (मध्य एशिया) हित्ती नरेश सुफिल्यस तथा मितानी नरेश अर्तमा (Artama) के बीच का है, जिनमें सन्धि का जिक्र है। साक्षी रूप में वैदिक देवता मित्र वरुण, इन्द्र व नासत्य (अश्विनी कुमार) को साक्षी माना गया। इन लेखों को 1400 ई. पू. का माना गया है। भारत में सबसे पहले अभिलेख उत्कीर्ण करवाने का प्रचलन सम्राट अशोक के काल से अथवा उससे पूर्व काल में हो चुका था। अशोक ने अपनी राजाज्ञा और घोषणाओं को स्तम्भों तथा शिलाओं पर उत्कीर्ण कराया। इससे उसका धर्म और राजा के आदर्श पर पर्याप्त प्रकाश पड़ता है और राज्य की सीमाओं का ज्ञान भी। अशोक के अभिलेख ब्राह्मी व खरोष्ठी लिपि में हैं। अशोक के अभिलेख न केवल वैदेशिक सम्बन्धों की जानकारी देते हैं बल्कि उनसे तत्कालीन धर्म, राजनीति व संस्कृति का बोध होता है। डी. आर. भण्डारकर जैसे महान विद्वानों ने अशोक महान के अभिलेखों के आधार पर इतिहास लेखन की शुरुआत की थी। शक क्षत्रप रुद्रदामन के जूनागढ़ अभिलेख तथा सातवाहन शासक पुलुमावी का नासिक अभिलेख कई महत्वपूर्ण सुचनाएं उपलब्ध करवाता है, जिससे तत्कालीन इतिहास की महत्वपूर्ण कड़ियों को जोड़ा जाना संभव हुआ।

गुप्तकालीन अभिलेख : गुप्तकालीन हरिषेण की प्रयाग प्रशस्ति विशेष रूप से उल्लेखनीय हैं। गुप्त वंश के प्रतापी

सम्राट समुद्रगुप्त की दिग्विजयों तथा उसके वैयक्तिक गुणों पर पूर्ण प्रकाश डालने वाली सामग्री इन प्रशस्तियों के अतिरिक्त अन्य कोई नहीं है। इसी प्रकार महरौली – दिल्ली के लौह स्तम्भ पर चन्द्रगुप्त विक्रमादित्य की कीर्ति का उल्लेख है और इसी से ज्ञात होता है कि उसने सिन्धु नदी को पार कर वाहीक देश को विजित किया। हमें अनुदानों की स्वीकृति सम्बन्धी अनेक अभिलेख प्राप्त हुए हैं जो समाज के वर्गीकरण के अध्ययन में बहुत सहायक हैं। साथ ही गुप्त शासकों की कलात्मक रूचि एवं सामाजिक सांस्कृतिक स्थिति की जानकारी मिलती हैं। इसी श्रृंखला में ओडीशा में कटक के निकट एक गुफा की दीवारों पर उत्कीर्ण हाथीगुम्फा अभिलेख कलिंग के यशस्वी राजा खारवेल के जीवन और उसकी सफलताओं पर एक नया प्रकाश डालता है। गैरसरकारी लेखों में यवन राजदूत हेलियोडोरस का बेसनगर (विदिशा) से प्राप्त गरुड़ स्तंभ लेख द्वितीय शताब्दी ई. पू. का है, वह अपने को इस लेख में भागवत धर्म के प्रति अनुरक्त घोषित करता है।

गुप्तोत्तर अभिलेख : गुप्तोत्तर अभिलेखों में ग्वालियर की प्रशस्ति में प्रतिहार शासक राजा भोज द्वारा अर्जित सफलताओं का उल्लेख है। ऐहोल अभिलेख से हमें दक्षिण के चालुक्य सम्राट पुलकेशिन द्वितीय द्वारा कन्नौज के सम्राट हर्ष पर विजय का उल्लेख प्राप्त होता है। इस तरह असंख्य दानपत्र, समर्पण–पत्र तथा स्मारक–पत्र के रूप में अभिलेखों का निर्माण हुआ। राजस्थान एवं मध्य भारत में प्रस्तर–पत्रों पर उच्चकोटि के नाटकों के अंश अंकित हैं। पुदुकोट्टा या पुदुकोट्टाई (तमिलनाडु) में संगीत के नियमों का उल्लेख किया गया है।

पार्सिपोलस तथा नक्श–ए–रुस्तम (ईरान) के अभिलेखों से प्राचीन भारत एवं ईरान के पारस्परिक सम्बन्धों का बोध होता है। साथ ही ये कला के भी अद्वितीय नमूने हैं। इनसे भारत में हुई विज्ञान एवं तकनीकि प्रगति का अनुमान भी सहजता से लगाया जा सकता है। अभिलेख संस्कृत, प्राकृत अथवा मिश्रित, तमिल, तेलुगू, कन्नड़ आदि भाषाओं में उत्कीर्ण हैं जिनसे हमें तत्कालीन समृद्धशाली एवं प्रचलित भाषा की लोकप्रियता की जानकारी मिलती है। साथ ही शैली एवं साहित्य की प्रगति का ज्ञान भी होता है।

1.3 मुद्राएँ (Numismatics)

पुरातात्विक सामग्री में मुद्राओं का महत्वपूर्ण स्थान है। प्राचीन सिक्कों पर लिखे लेख और चिन्ह महत्वपूर्ण होते हैं। छठी शताब्दी ई.पू. में सिक्कों के बड़ी संख्या में प्रचलन का बोध होता है। पुरातात्विक उत्खनन प्राप्त सिक्के इस तथ्य के प्रमाण हैं।

- समकालीन साहित्य में शतमान, कार्षापण जैसी मुद्राओं के उल्लेख से भी इस बात का समर्थन होता है।
- वस्तुओं के क्रय–विक्रय में उपयोग में लाये जाने वाले सिक्कों को 'पंचमार्क' (Punch-marked coins) या आहत सिक्के कहा गया है। चाँदी एवं ताँबे के इन सिक्कों पर व्यापारी अथवा शिल्पी संघ की छाप रहती थी, जो इन सिक्कों के मानदण्ड का प्रतीक थी।
- पंचमार्क पर हाथी, तारे, बैल, चक्र, वृक्ष, चन्द्रमा के चिन्ह अंकित किये जाते थे।
- हिन्दू–यूनानी शासकों के सिक्के भी महत्वपूर्ण स्त्रोत हैं। भारतीय गणतन्त्रात्मक राज्यों की जानकारी भी सिक्कों से मिलती है। पांचाल, मालव व यौधेय गणतंत्रों का इतिहास सिक्कों से ही अधिक प्राप्त होता है। इसी प्रकार सातवाहन कुल का इतिहास भी मुद्राओं से ही प्रकाशित हुआ है। समुद्रगुप्त की मुद्राओं के आधार पर हम यह स्पष्ट करते हैं कि वह वैष्णव धर्म का अनुगामी था। उसकी मुद्राओं पर उत्कीर्ण वीणा के आधार पर हम उसे संगीत कला का उपासक कहते हैं।
- प्राचीन काल में सोने, चाँदी एवं ताँबे के सिक्के निर्मित किये जाते थे। मुद्राशास्त्र का उपयोग आर्थिक इतिहास लिखने में महत्वपूर्ण सिद्ध हो सकता है।
- दक्षिण भारत में प्राप्त रोमन सिक्कों के आधार पर भारत एवं रोम के मध्य व्यापार की बात कही जाती है।
- स्वर्ण धातु के सिक्कों में मिलावट से अनुमान लगाया जा सकता है कि उस समय राज्य की आर्थिक दशा अच्छी नहीं थी। गुप्तकालीन सिक्के बहुत कलात्मक हैं। इनसे शासक वर्ग एवं जनता की साहित्य और कला में रुचि का बोध होता है।

1.4 मुहरें (Seals)

धातु एवं मिट्टी से प्राचीन काल में मुहरें निर्मित की जाती थीं। शासकीय आदेश जारी करने के लिए इनका उपयोग किया जाता था। व्यापारी अर्थात् निगम एवं गणों के प्रमुख इनका उपयोग करते थे। मुहरों पर नाम या हस्ताक्षर अंकित पाए गए हैं। सर्वाधिक पुरानी हजारों मुहरें सैन्धव घाटी सभ्यता से सम्बन्धित रही हैं। गुप्तकालीन मुहरों की इतिहास लेखन में महती भूमिका मानी जाती है। बसाढ़ (वैशाली) से 274 मिट्टी की मुहरें प्राप्त हुई हैं। श्रेणियाँ अपनी मुहरें पहचान के लिए निर्मित करवाती थीं। बस्ती से प्राप्त प्रिया–कलश लेख एवं अजमेर के बड़ली अभिलेख को कुछ विद्वान पूर्व अशोक कालीन मानते हैं। किंतु अभी यह विवाद का विषय बना हुआ है। परवर्ती अनेक पात्रों पर भी लेख मिले है।

1.5 स्मारक (Monuments)

पुरातत्व सम्बन्धी वर्गों में अभिलेख, मुद्रा तथा ललित कला सम्बन्धी वस्तुओं को छोड़कर जो कुछ भी धरती के नीचे या ऊपर कला की प्राचीन वस्तु हो, उसे प्राचीन स्मारक की संज्ञा दी जाती है। स्मारक पत्थर, मिट्टी, लकड़ी धातु के हो सकते हैं। मोहनजोदड़ो–हड़प्पा की खुदाइयों ने इतिहास में नया परिच्छेद ही जोड़ दिया है। तक्षशिला, पाटलिपुत्र, नालन्दा, देवगढ़, भीतरगाँव, राजगीर, मथुरा, सारनाथ, भरहुत, कसिया, लक्ष्मणेश्वर, खजुराहो, तालकंड, चितल दुर्ग, पत्तदकल आदि स्थानों से कई तथ्य उजागर हुए हैं। पुडुचेरी में अरिकमेडु

नामक स्थान पर हुए उत्खनन से भारत के रोमन साम्राज्य से हुए व्यापार पर प्रकाश पड़ता है। खुदाइयों के अतिरिक्त धरती के ऊपर के भवन, मन्दिर, स्तम्भ आदि भी प्राप्त स्मारक के रूप में ऐतिहासिक सामग्री प्रदान करते हैं। ऐसी सामग्रियों का भारत में बाहुल्य है जो तत्कालीन धार्मिक विश्वासों, कला की विभिन्न शैलियों, वाणिज्य–व्यापार आदि असंख्य समस्याओं के समाधान के रूप में हमारे सम्मुख आते हैं। सारनाथ का घण्टाकार स्तम्भ शीर्ष उस प्राचीन काल की नक्काशी कला का उत्कृष्टतम उदाहरण है। अजन्ता तथा एलोरा की गुफाएँ अपने काल की भित्ति–चित्रकला का श्रेष्ठ नमूना प्रस्तुत करती हैं। झांसी का देवगढ़ मन्दिर, भीतरगाँव का मन्दिर, नालन्दा की महात्मा बुद्ध की ताम्रमूर्ति आदि भारतीय कला की उच्च रेखाओं का स्पष्ट बोध कराते हैं। कभी–कभी इन पर उत्कीर्ण तिथियाँ इतिहास के कालक्रम के निर्माण में सहायक साबित होती हैं।

दक्षिण–पूर्वी एशिया और मध्य एशिया में जो मन्दिरों और स्तूपों के अवशेष मिले हैं, उनसे भारतीय संस्कृति के प्रसार की जानकारी मिलती है। इस दृष्टि से जावा, कम्बोज, मलाया, स्याम, बोर्नियो, चीन आदि का विशेषरूप से उल्लेख किया जा सकता है। कला के माध्यम से हम भारत और विदेशों के सांस्कृतिक सम्बन्धों का अध्ययन भी करते हैं। इसी प्रकार अंगकोरवाट, (कम्बोडिया) और बोरोबुदूर (जावा–मगेलांग) से भी प्राचीन स्मारक उपलब्ध हुए हैं, जिनसे भारतीय औपनिवेशिक प्रसार एवं कला का बोध होता है। हमारी इस कला विरासत के संरक्षण से न केवल हमारे गौरवमय इतिहास का बोध होता है अपितु इतिहास लेखन की दृष्टि से भी इसका संरक्षण आवश्यक हैं।

2. साहित्यिक साक्ष्य (Literary Sources)

प्रागैतिहासिक इतिहास लेखन में इतिहासकार को पुरातात्विक सामग्री पर निर्भर रहना पड़ता है वहीं आद्य एवं प्राचीन इतिहास लेखन में साहित्यिक एवं पुरातात्विक दोनों प्रकार की सामग्री उपयोगी होती हैं। प्राचीन साहित्यिक सामग्री अपनी व्यापक परिभाषा में इतिहास विषय पर पर्याप्त प्रकाश डालती है। स्वदेशी साहित्य को मोटे रूप में प्राथमिक या मौलिक सूचना देने वाले ग्रंथ एवं दूसरे जिन ग्रंथों से अपरोक्ष रूप से तत्कालीन इतिहास का बोध होता है, में बाँट सकते हैं। इन दो प्रमुख श्रेणियों में भी साहित्यिक स्त्रोतों को काव्य रूप में प्राप्त साहित्य, वैज्ञानिक साहित्य, क्षेत्रीय भाषागत साहित्य, धार्मिक साहित्य के रूप में सुविधा के लिए विभक्त किया जा सकता है। विदेशी वर्णनों में यूनानी, चीनी, अरब लेखकों के विवरणों को शामिल करेंगे। प्राचीन ग्रन्थों से, जो कि प्रचुर संख्या में उपलब्ध है, धार्मिक एवं आध्यात्मिक तथ्यों पर विवेचन के साथ–साथ राजनीतिक, सामाजिक, आर्थिक एवं सांस्कृतिक विषयों से सम्बन्धित उल्लेखनीय सूचनाएँ प्राप्त होती हैं।

2.1 ब्राह्मण साहित्य

हमारी विशाल साहित्यिक निधि में वेद प्रमुख हैं। ब्राह्मण साहित्य में सबसे प्राचीन ऋग्वेद है। इस ग्रन्थ से प्राचीन आर्यों के धार्मिक, सामाजिक, राजनीतिक एवं आर्थिक जीवन का बोध होता है। वेद धार्मिक साहित्य के साथ–साथ काव्यात्मक साहित्य भी है। विशेष रूप से सामवेद एक काव्यात्मक ग्रंथ की श्रेणी में आता है। अन्य वेद गद्य–पद्य में हैं।

वेद चार हैं – ऋग्वेद, यजुर्वेद, सामवेद एवं अथर्ववेद। ऋग्वेद में 10 मण्डल एवं 1,028 सूक्त हैं जिनमें आर्यों की प्राचीनतम ऋचाओं का संकलन है। इन आदि ग्रन्थों के अभाव में सम्भवतः आर्यों के विस्तार सांस्कृतिक विरासत का स्पष्ट ज्ञान प्राप्त करना कठिन होता है।

उपनिषद् भी इसी काल की रचनाएँ हैं। आर्यों के दार्शनिक विचारों का मूल स्त्रोत उपनिषद् ही हैं। उदाहरण के लिए सृष्टि की रचना किसने की? जीव क्या है? मृत्यु के बाद जीव का क्या होता है? ईश्वर का स्वरूप क्या है? आदि। बहुदेववाद के स्थान पर एक ब्रह्म का प्रतिपादन इनका उद्देश्य है। उपनिषदों में **ईश, केन, कठ, प्रश्न, मुण्डक, माण्डूक्य, ऐतरेय, तैत्तिरीय, श्वेताश्वतर, छान्दोग्य, वृहदारण्यक, मैत्रायणी** और **कौषीतकी** महत्वपूर्ण हैं। वेद हमें पूर्व वैदिककालीन गतिविधियों का बोध करवाते हैं वहीं ब्राह्मण, आरण्यक एवं उपनिषदों से उत्तर वैदिककाल में आर्यों के भौगोलिक प्रसार तथा सांस्कृतिक विकास का ज्ञान होता है।

वेदांग वेदों का अर्थ ठीक प्रकार से समझने के लिए वैदिक काल के अन्त में वेदांगों की रचना हुई। वेदांग छह हैं **शिक्षा** (शुद्ध उच्चारण के शास्त्र), **कल्प** (याज्ञिक विधि–विधान), **निरुक्त** (शब्द उत्पत्ति और निर्माण शास्त्र), **व्याकरण** (शुद्ध उच्चारण एवं लेखन का शास्त्र), **छन्द शास्त्र** (पद्य रचना से सम्बन्धित), और **ज्योतिष** (सौरमण्डल एवं अन्य विद्याओं का शास्त्र)। दूसरे शब्दों में वेदांग ज्योतिष में पंचांग निर्माण के प्रारम्भिक नियम दिये हैं।

वैदिक स्वरों का शुद्ध उच्चारण करने के लिए 'शिक्षा–शास्त्र' का निर्माण हुआ। ऐसे सूत्र जिनमें विधि और नियमों का प्रतिपादन किया गया है, 'कल्पसूत्र' कहलाते हैं। कल्पसूत्रों के तीन भाग हैं– श्रौतसूत्र, (600 ई. पू. से 300 ई. पू.) इन सूत्रों के एक भाग शुल्व में वेदियां नापने का वर्णन हैं। गृह्यसूत्र (600 ई. से 300 ई.पू.) गृह से कर्मकाण्ड व यज्ञादि का जिक्र आया हैं। अश्वलायन इसके रचयिता थे। धर्मसूत्र (500 ई.पू. से 200 ई.पू.) इनमें सामाजिक कर्तव्यों का वर्णन हैं। इसके प्रणेता आपस्तंब कहे गये है। 'व्याकरण' ग्रन्थों में सबसे महत्वपूर्ण पाणिनीकृत अष्टाध्यायी है। यास्क ने 'निरुक्त' की रचना की, इसमें वैदिक शब्दों की उत्पति बताई गई है। वेदों में अनेक छन्दों का प्रयोग मिलता है। स्पष्टतः वैदिक काल में छन्दशास्त्र का विकास हो चुका था।

2.2 विधिक साहित्य या स्मृति ग्रन्थ

सूत्र साहित्य के बाद स्मृति ग्रन्थों की रचना हुई। इनमें पाँच स्मृतियाँ महत्वपूर्ण हैं – **मनु, याज्ञवल्क्य, नारद, बृहस्पति, कात्यायन**। सबसे प्राचीन **स्मृति मनु** की है। वूलर के अनुसार मनु स्मृति का रचनाकाल संभवतः ई.पू. 200 से 100 ई. के मध्य है। यह शुंग काल का मानक ग्रंथ है। इसके प्रमुख टीकाकार मेधातिथि भारुचि, कुल्लुक भट्ट व गोविंदराज हैं। **बृहस्पति स्मृति** पर विश्वरूप, विज्ञानेश्वर व अपरार्क द्वारा टीकाएं लिखी गई हैं। स्मृतियों से भारतीयों की धार्मिक, आर्थिक, राजनीतिक, सामाजिक स्थिति का आभास होता है। मनु व याज्ञवल्क्य स्मृतियाँ वर्तमान हिन्दू विधि की प्रमुख स्त्रोत हैं। नारद, बृहस्पति 300–500 ई पू. एवं कात्यायन की स्मृतियों में प्राचीन न्याय–व्यवस्था व कानूनी पक्ष पर प्रकाश डाला गया है। नारद स्मृति 100–400 ई. गुप्त युग के विषय में महत्वपूर्ण सूचना प्रदान करती है। कहा गया है कि सामाजिक एवं धार्मिक स्थितियों पर जितना स्मृतियों में लिखा गया है अन्य किसी ग्रन्थ में नहीं।

2.3 महाकाव्य (काव्यात्मक साहित्य)

महाकाव्यों में वाल्मीकि का रामायण व वेदव्यास का महाभारत महत्वपूर्ण हैं। अपने वर्तमान रूप में रामायण सम्भवतः दूसरी शती ईस्वी पूर्व के अन्त में विद्यमान थी। महाभारत का रचनाकाल ई.पू. 400 से 400 के बीच माना जाता है। भगवद्गीता महाभारत का ही एक भाग है, जिसकी उपादेयता समस्त विश्व में स्वीकार की गई है। तत्कालीन समाज के आर्थिक कार्यकलापों एवं धार्मिक स्थिति के विश्लेषण हेतु रामायण एवं महाभारत को ही आधार बनाना होता है। यद्यपि इनमें तिथिक्रम क्रमानुसार प्राप्त नहीं होना ही इनमें इतिहासकारों के लिए बाधा है।

पुराण : पुराण अठ्ठारह हैं – मार्कण्डेय, ब्रह्माण्ड, वायु, विष्णु, भागवत, पद्म, नारदीय, आग्नेय, अग्नि, भविष्य, ब्रह्मवैवर्त, लिंग, वराह, स्कन्द, वामन, गरुड़, कुर्म और **मत्स्य** प्राचीन पुराण हैं, शेष बाद की रचनाएँ हैं। पुराणों के विषय धर्म, इतिहास, आख्यान, विज्ञान आदि हैं। इनमें दी गई राजवंशावली प्रागैतिहासिक काल से महाभारत युद्ध के बाद परीक्षित के काल तक जाती है। ई.पू. छठी सदी के नंद, मौर्य एवं परवर्ती शुंग, कण्व से लेकर आंध्र सातवाहन वंश के पतन तक के राजवंशों और उनके राजाओं के नाम पुराणों में मिलते हैं। इतिहास लेखन में पुराणों के महत्व को भुला नहीं सकते। विष्णु पुराण (2/24/1–69) में महापदम को परशुराम के समान क्षत्रियों का विनाशक कहा गया हैं। कौटिल्य को नंदवंश का विनाशक बताया हैं। साथ ही चन्द्रगुप्त मौर्य से सातवाहन काल तक के सभी राजाओं, राज्य वर्ष व उपलब्धियां दी हैं। पुराणों के अभाव में भारतीय इतिहास अपूर्ण ही रहता। पुराणों से इतिहासकारों को सर्वथा यह असन्तोष जरूर रहा है कि वे तिथिपरक नहीं और साथ ही काल्पनिक घटनाओं से भी परिपूर्ण है। तथापि प्राचीन काल के इतिहास लेखन में पुराणों के महत्व को नकारा नहीं जा सकता।

2.4 वैज्ञानिक साहित्य

ऋग्वेद में सूर्य भ्रमण की चर्चा मिलती है। वेबर ने दर्शाया हैं कि ऋग्वेद में आकाश गंगा को सूर्य का पथ माना है। तैतरीय संहिता में कहा गया है कि आदित्य चन्द्रमा को तेजस्वी करता है। ऋग्वेद (1/50/7) एवं अथर्ववेद (20/47/14), तैत्तिरीय संहिता (4/4/10) में 27 नक्षत्रों का जिक्र आया है। इसी प्रकार तैत्तरीय संहिता (4/4/11) में) ऋतुओं के साथ 12 महीनों का वर्गीकरण किया गया है।

वेदांग ज्योतिष में पंचांग निर्माण के नियमों का विवरण मिलता है। उत्तरायण व दक्षिणायन आदि के साथ चन्द्रमास एवं तिथि क्रम के घटने–बढ़ने की विवेचना की गई। भगवतीसूत्र व उत्तराध्ययन सूत्र (जैन साहित्य) में ज्योतिष ज्ञान की अपेक्षा साधुओं से भी की गई।

आर्यभट्टीयम् (आर्यभट्ट प्रथम) प्राप्त विवरण के अनुसार आर्यभट्ट ने इस ग्रंथ की रचना 499 ई. में की थी। आर्यभट्ट की गतिविधियों का केन्द्र केरल भी माना जाता है किंतु अधिकांश विद्वान आर्यभट्ट को **पाटलिपुत्र** का मानते हैं। आर्यभट्टीयम् में 121 श्लोक हैं जो चार खण्डों में विभक्त है 'गीतिकापाद', 'गणितपाद', 'कालक्रिया पाद' एवं 'गोलपाद'। आर्यभट्ट पहले ज्योतिर्विद थे, जिन्होंने ज्योतिष के साथ शुद्ध गणित को समन्वित किया।

पंच सिद्धान्तिका (वरामिहिर) तेरह अध्यायों के इस ग्रंथ में पोलिश, रोमक, वशिष्ठ, सूर्य और पैतामह सिद्धान्त की चर्चा है। पैतामह सिद्धान्त के प्रारम्भिक रचयिता पैतामह (या पितामह) माने गये।

वृहत संहिता (वराह मिहिर) फलित ज्योतिष का महत्वपूर्ण ग्रंथ है।

सिद्धान्त शिरोमणि (भास्कराचार्य द्वितीय) यह ग्रंथ सौरमण्डल की गतिविधियों से सम्बन्धित है। सूर्य, चन्द्र एवं ग्रहों की गतियाँ चन्द्रमास व अधिमास की विस्तृत विवेचना इसमें की गई है।

गणितसार संग्रह (महावीराचार्य) गणित के प्रश्नों का समाधान सरल एवं सहज तरीके से किये जाने की विधियाँ दर्शाई हैं।

अथर्ववेद चिकित्सा एवं शल्य क्रिया का जन्मदाता अथर्ववेद माना गया है। आयुर्वेद को अथर्ववेद का उपांग कहा है। इस ग्रंथ में बड़ी संख्या में रोगों एवं औषधियों का जिक्र आया है।

मिलिन्दपन्ह पाली भाषा में रचित यह ग्रंथ बौद्ध भिक्षु नागसेन व यूनानी राजा मिलिन्द (मिनेण्डर) के बीच चर्चा को उत्कृष्ट ढंग से प्रस्तुत करता हैं। इस ग्रंथ में दार्शनिक चर्चा के अतिरिक्त विविध प्रकार के रोग, उपचार एवं मृतक शरीर की स्थिति की व्याख्या मिलती है।

विनयपिटक (चुल्लवग्ग) इसमें स्त्री रोगों एवं औषधियों का विस्तृत विवरण आया है।

अर्थशास्त्र (चाणक्य) महत्वपूर्ण राजनीति के सिद्धान्तों के अतिरिक्त विष का शरीर पर प्रभाव एवं जाँच प्रक्रिया दर्शाई गई है। इसमें मृतक परीक्षा (पोस्टमार्टम) का विधान भी दिया हुआ है।

चरक संहिता (चरक) विद्वानों की मान्यता है कि चरक काय चिकित्सक थे। उन्होंने मानव शरीर रचना, शरीर क्रिया विज्ञान, निदान व रोगोपचार की विवेचना अपने ग्रंथ में की है।

सुश्रुत संहिता (सुश्रुत) शारीरिक विकृति एवं निदान का विश्लेषण इसमें किया गया है।

अन्य साहित्यिक ग्रंथ समसामयिक ग्रन्थों में पाणिनि की **'अष्टाध्यायी'** का रचनाकाल ई. पू. पाँचवीं सदी के मध्य निर्धारित किया है, जिसे लगभग सभी विद्वान् स्वीकार करते हैं। इस ग्रन्थ में अनेक प्रकार की ऐतिहासिक सामग्री भरी पड़ी है। तत्कालीन गणराज्यों का उल्लेख विशेष रूप से इसी ग्रन्थ में हुआ है। कौटिल्य के **'अर्थशास्त्र'** से मौर्यकालीन इतिहास की जानकारी मिलती है।

पाणिनि की 'अष्टाध्यायी' की तरह ई.पू. दूसरी सदी में लिखित पतंजलि का **'महाभाष्य'** इतिहास निर्माण में सहायक है। भारतवर्ष पर होने वाले यूनानी आक्रमण का उल्लेख इस ग्रन्थ में हुआ है। इसके अतिरिक्त पुष्यमित्र शुंग ने यज्ञ सम्भवतः अश्वमेध किया था जिसमें पौरोहित्य कर्म पतंजलि ने किया। 'गार्गी संहिता' में भारत पर होने वाले यूनानी आक्रमण का थोड़े विस्तार से विवरण दिया है। कालिदास रचित **'मालविकाग्निमित्रम्'** नाटक का कथानक ऐतिहासिक है। इससे शुंगवंश तथा उसके पूर्ववर्ती राजवंशों की समकालीन राजनीतिक परिस्थितियों का बोध होता है। विशाखदत्त द्वारा रचित **'मुद्राराक्षस'** एक नाटक है। उसका कथानक भी ऐतिहासिक है। इसमें राजनीति की महत्ता प्रदर्शित की गई है। नाटक का कथानक नन्द वंश के अन्त एवं चन्द्रगुप्त मौर्य के राज्यारोहण से सम्बन्धित हैं इसका एक महत्वपूर्ण पात्र चाणक्य है जो राज्य में सुव्यवस्था स्थापित करने तथा चन्द्रगुप्त मौर्य के शासन को सुरक्षित करने के लिए असीम कूटनीतिक सूझ–बूझ का परिचय देता है। अन्य लौकिक साहित्य में **'कथा–सरित्सागर'** (सोमदेव), **'बृहत्कथामंजरी'** (क्षेमेन्द्र), **'नीतिसार'** (कामंदक) का उल्लेख किया जा सकता है। तमिल ग्रन्थ **'पुरुनानुरु'** और **'मणिमेखलई'** को भी हम लौकिक साहित्य की श्रेणी में रखेंगे।

बारहवीं सदी ईस्वी के कवि कल्हण की 'राजतरंगिणी' सच्चे अर्थों में इतिहास ग्रंथ है। इसमें कल्हण ने प्रारम्भ से लेकर अपने समय तक के कश्मीर इतिहास को लेखनीबद्ध किया है। वस्तुतः उसने इतिहास लिखने की परम्परा का सूत्रपात किया था। ध्यान देने की बात है कि जोनराज ने 'द्वितीय राजतरंगिणी' एवं श्रीवर ने 'तृतीय राजतरंगिणी' की रचना की। अन्य ऐतिहासिक ग्रन्थों में बाणभट्ट के **'हर्षचरित'**, वाक्पतिराज के **'गौड़वहो'**, बिल्हण का **'विक्रमांकदेव चरित'**, पद्मगुप्त परिमल का **'नवसाहसांक चरित'**, जयानक के **'पृथ्वीराज विजय'**, सन्ध्याकर नंदी का 'रामचरित' और आनन्द भट्ट के **'वल्लालचरित'** का उल्लेख किया जा सकता है। गुजरात के लेखकों में सोमेश्वर मुख्य है जिनकी रचनाएँ **'रासमाला'** एवं **'कीर्ति कौमुदी'** स्थानीय इतिहास पर प्रकाश डालती हैं। इसके अतिरिक्त अरिसिंह के **'सुकृति संकीर्तन'**, राजशेखर के **'प्रबन्ध–कोष'**, जयसिंह के **'हम्मीर मदमर्दन'**, मेरुतंग के **'प्रबन्ध–चिन्तामणि'** तथा बालचन्द्र का **'बसन्त विलास'** इस दृष्टि से उल्लेखनीय रचनाएँ हैं। बारहवीं सदी के चिन्तामणि भट्ट ने **'शुक्र सप्तति'** का लेखन किया था। इसी प्रकार राजपूतकालीन धर्मशास्त्रकार विज्ञानेश्वर ने याज्ञवल्क्य समृति की टीका **'मिताक्षरा'** की रचना की जिसमें हिन्दुओं के उत्तराधिकार नियमों का उल्लेख है। अन्य महत्वपूर्ण धर्मशास्त्र–कार जीमूतवाहन का जिक्र करना होगा, जिन्होंने **'दायभाग'** **'कालविवेक**,' एवं **'व्यवहारमातृका'** नामक ग्रन्थों की रचना की थी। दायभाग में उत्तराधिकार नियमों की चर्चा है।

2.5 क्षेत्रीय भाषाओं का साहित्य

दक्षिण भारत में तोलकपियम, नट्रिणै, पदिपाडल, पुरनानूरु, मणिमेखलई का जिक्र किया जा सकता है।

दक्षिण में सित्तर (सिद्ध) नामक तान्त्रिकों ने कीमिया रसविद्या अर्थात् पारा व गन्धक के मिश्रण को स्त्री–पुरुष का प्रतीक माना तथा यौवन शक्ति बढ़ाने की अनेक विधियों का विवरण तत्कालीन ग्रंथों में मिलता है। लगभग 200 तमिल ग्रंथों में कुछ उल्लेखनीय अमुदकलैज्ञानम, मुप्पु, मुप्पुवैप्पु, चरक्कु, गुरु सेपयिर, पन्नीर काण्डम् आदि का लेखन अगस्त्य ने किया था।

कदैकाण्डम, याललैसूत्रम् तथा नडुकाण्डम की रचना कोगंनवर ने की थी। करुमान सूत्रम्, चुण्णकाण्डम्, पंचमीत्राम्, वाद–सूत्रम्, सेन्दूर–सूत्रम्, गुरुनल, वकार–कलंगु का लेखन रामदेवर द्वारा किया गया। कर्पम व वलैसूत्रम् बोगर ने लिखे थे। अन्य ग्रंथों में कर्पाविधि (कैलाश मुनि), वाक्यम (मच्चमुनि), सूत्रम (सूर्यनन्दर) एवं ज्ञानम (सत्य–मुनि) का उल्लेख कर सकते हैं।

2.6 धार्मिक–बौद्ध व जैन साहित्य

यद्यपि बौद्ध ग्रंथों के प्रणेताओं का उद्देश्य भारत का इतिहास लिखना नहीं था। तथापि उन्होंने अपनी रचनाओं में अनायास ही बहुत–सी ऐतिहासिक सामग्री का समावेश कर दिया है। बौद्ध धर्म के आरम्भिक ग्रन्थ पाली भाषा में हैं और बाद के संस्कृत, मिश्रित संस्कृत, तिब्बती और चीनी भाषाओं में उपलब्ध होते हैं।

त्रिपिटक बौद्ध साहित्य में सर्वाधिक स्थान त्रिपिटकों का है। सुत्त पिटक, विनय पिटक और अभिधम्म पिटक को त्रिपिटकों के नाम से जाना जाता है।

- **सुत्तपिटक** – अर्थात धर्म उपदेश है। इस पिटक में बौद्ध धर्म के उपदेशों को संग्रहित किया गया है। ये पांच निकायों में विभक्त हैं।
  (1) **दीर्घ निकाय** – बुद्ध के लम्बे उपदेशों को इसमें संग्रहित किया गया। इस पर बुद्धघोष ने सुमंगल विलासिनी व समंतपासादिका नाम की टीका ग्रंथ लिखें।
  (2) **मिज्झम निकाय** – यह छोटे उपदेशों का संग्रह हैं।
  (3) **संयुक्त निकाय** – बुद्ध की छोटी या संक्षिप्त घोषणाओं का संग्रह है। इसी का एक भाग धर्मचक्र प्रवर्तन सुत्र हैं। इसमें मिज्झम प्रतिपदा व आष्टांगिक मार्ग का जिक्र हैं।
  (4) **अंगुत्तर निकाय** – बुद्ध के दो हजार से अधिक संक्षिप्त कथन इसमें शामिल है। इसी में सोलह महाजनपदों की चर्चा है।
  (5) **खुद्दक निकाय** – कई ग्रंथ इसमें शामिल हैं। जैसे खुद्द पाठ, धम्मपद, उदान, सूत्तनिपात, विमानवत्थु, पत्तवत्थु, थेरीगाथा जातक आदि। जातकों में कहानी रूप में बौद्ध कालीन राजनैतिक स्थिति का वर्णन हैं।
- **विनयपितक** – भिक्षु – भिक्षुणियों के दैनिक जीवन सम्बन्धी आचार–विचार दिये हैं। इसके चार भाग हैं–
  (1) **प्रतिमोक्ख** (प्रतिमोक्ष) अनुशासनिक विधि निषेध व भंग होने पर प्रायष्चित का प्रावधान हैं।
  (2) **सूत्तविभंग** – सूत्त दो भाग – महाविभंग व भिक्खुनी विभंग जो भिक्षु–भिक्षुणियों के लिए हैं।
  (3) **खन्धक** – संघीय जीवन के विधि निबंधों का संग्रह।
  (4) **परिवार** – विनय पिटक के दूसरे भागों का प्रश्नोत्तर रूप में दिया हैं।
- **अभिधम्मपिटक** – इसमें दार्शनिक सिद्धान्त प्रश्नोत्तर रूप में हैं। सात ग्रंथ इसमें शामिल किये जाते है। धम्म संगणि विभंग, धातुकथा, युग्गल **पञ्ञति**, कथावत्थु, यमक व पट्ठान। सर्वाधिक महत्वपूर्ण कथावत्थु हैं जिसकी रचना तीसरी बौद्ध संगीति के बाद संगीति अध्यक्ष मोग्गलि पुत्त तिस्स ने की थी।

अन्य बौद्ध ग्रन्थ –'मिलिन्दपन्हो' में यूनानी राजा मिलिन्द (मिनेण्डर) और बौद्ध नागसेन का (पाली भाषा में) वार्तालाप दिया है। इस ग्रन्थ का मूल अंश ई.पू. द्वितीय शताब्दी में स्वयं नागसेन द्वारा तैयार किया गया। सम्भवतः ई.पू. पाँचवीं शताब्दी में लिखे गए दीपवंश से कपोल–कल्पित कहानियों के पश्चात् भी मौर्यकालीन इतिहास निर्माण में सहायता मिलती है। महावंश भी मौर्यकालीन इतिहास की जानकारी देता है। '**महाबोधि वंश**' पाली से मौर्यकालीन इतिहास की सूचनाएँ प्राप्त होती हैं। '**महावत्थु**' (हीनयान संप्रदाय) में बुद्ध के जीवन को केन्द्र बिन्दु बनाकर ई.पू. छठी शताब्दी के इतिहास को प्रस्तुत किया गया है। मिश्रित संस्कृत के गद्य पद्यात्मक **ललित विस्तार** (महायान संप्रदाय) में भगवान बुद्ध की ऐहिक लीलाओं का वर्णन है। पाली भाषा में लिखे **निदान कथा** में भगवान बुद्ध के अतिरिक्त बोधिसत्वों के विषय में भी विवरण मिलते हैं।

बौद्ध ग्रन्थों पर लिखी गई टीकाओं से भी भारतीय इतिहास के बारे में जानकारी मिलती है। इनमें उल्लेखनीय हैं। **सुमंगल विलासिनी, समन्तपासादिका**, और **महावंश टीका**। इतिहास की दृष्टि से उल्लेखनीय दिव्यावदान में अशोक एवं उसके उत्तराधिकारियों सहित पुष्यमित्र शुंग के विषय में विवरण मिलता है। **मंजूश्री मूलकल्प** संस्कृत भाषा में लिखा गया है। इस ग्रन्थ में मौर्यों के पूर्व से हर्ष तक की राजनैतिक घटनाओं का बीच–बीच में उल्लेख किया गया है, पर ऐतिहासिक दृष्टि से ये सूचनाएँ महत्वपूर्ण हैं।

जैन साहित्य – जैन धर्म के ग्रन्थ 'आगम' अथवा सिद्धान्त के नाम से ज्ञात है। जैन आगम साहित्य के अन्तर्गत बारह अंग, बारह उपांग, दस प्रकीर्ण, छह छेदि सूत्र, नन्दि, अनुयोग द्वार और चार मूल सूत्र आते हैं। छेदि सूत्र आगम के भाग हैं छेदि या छः हैं– निषीथ, महानिषीथ, व्यवहार, आचार दषा, कल्प तथा पञ्च कल्प। नान्दी सूत्र व अनुयोग द्वार भी आगम के भाग हैं एवं विश्व–कोष जैसे ग्रंथ हैं। भिक्षुओं के आचार नियमों का उल्लेख आचारांगसुत्त में हुआ है। समयावंगसुत्त में अनेक प्रकार के उपदेश हैं। भगवतीसुत्त में महावीर स्वामी की जीवनी दी गई है। नायाधम्मकथासुत्त में महावीर स्वामी की शिक्षाओं को संग्रहीत किया गया है।

जैन ग्रन्थों के व्याख्या ग्रन्थों को नियुक्ति, भाषा, चूर्णि एवं टीका कहा गया। मगध साम्राज्य के उत्कर्ष के इतिहास पर सर्वाधिक प्रकाश जैन ग्रन्थ डालते हैं।

श्रेणिक, कामिद, प्रद्योत, बिम्बिसार, उदयन, नन्दवंश के शासक, चन्द्रगुप्त मौर्य, बिन्दुसार, अशोक, दशरथ, सम्प्रति आदि का जैन ग्रन्थों में कई बार वर्णन आया है। जैन परम्परा के अनुसार महावीर स्वामी की शिक्षाएँ मूलतः चौदह पर्वो (प्राचीन ग्रन्थों) में संकलित थीं, परन्तु समयक्रम में इनका ज्ञान विलुप्त हो गया। महावीर स्वामी के निर्वाण के 160 वर्ष पश्चात् **पाटलीपुत्र** में **प्रथम जैन** समिति बुलाई गई जिसमें बारह अंगों का संकलन किया। परन्तु आने वाले वर्षों में फिर इस प्रकार के प्रयासों की आवश्यकता हुई, जिसके फलस्वरूप 300–313 ई. के मध्य **मथुरा** व **वल्लभी** में दो अलग–अलग समितियाँ बुलाई गईं।

परिणामतः जैन ग्रन्थों के दो–दो पाठ हो गये, अन्ततः 513 ई. में एक और समिति की बैठक वल्लभी में आमन्त्रित की गई, जिसमें सभी जैन ग्रन्थों में एकरूपता लाने हेतु लिपिबद्ध करने का प्रयास किया गया।

अन्य **जैन ग्रन्थ** इस दृष्टि से '**परिशिष्टपर्वन्**' उल्लेखनीय है। '**भद्रबाहुचरित्र**' में जैनाचार्य भद्रबाहु के साथ–साथ चंद्रगुप्त मौर्य के जीवन पर भी प्रकाश पड़ता है। इनके अतिरिक्त '**कथाकोष**', '**पुष्याश्रव–कथाकोष**', '**लोक विभाग**', '**त्रिलोक–प्रज्ञप्ति**', '**आवश्यक सूत्र**', '**भगवती सूत्र**', '**कालिका पुराण**' आदि अनेक जैन ग्रन्थ भारतीय इतिहास की सामग्री प्रस्तुत करते हैं। '**कल्पसूत्रों**' से जो सामग्री प्राप्त हो सकी है, उसकी उपयोगिता निर्विवाद है। इतिहास लेखन में '**वसुदेवहिण्डी**', '**वृहत्कल्पसूत्र भाष्य**', '**आवश्यक चूर्णि**' आदि जैन ग्रन्थ उपयोगी हैं।

2.7 विदेशी विवरण – यूनानी लेखक

भारत की यात्रा करने वाले कई विदेशियों ने अपने विवरण लिपिबद्ध किए थे लेकिन कुछ वृत्तान्त विलुप्त हो गए अथवा एक–दूसरे में मिश्रित। कुछ भारतीय परम्पराओं को ठीक से न समझने के फलस्वरूप भ्रामक बातें लिख बैठे। इन दोषों के होते हुए भी तुलनात्मक अध्ययन के लिए विदेशी विवरण बहुत उपयोगी हैं।

यूनानी लेखक जो सिकन्दर के पूर्वकाल के हैं –हिकेटियस, मिलेट्स, हेरोडोट्स तथा केसिअस के नाम उल्लेखनीय हैं। यह सत्य है कि इनकी अधिकतम जानकारी सिन्धु प्रान्त तक ही थी। इतिहास के जनक हेरोडोट्स ने अपनी पुस्तक 'हिस्टोरिका' में भारत के सम्बन्ध में जानकारी दी है। सिकन्दर के साथ कुछ ऐसे व्यक्ति आये थे जिन्होंने अपने भ्रमण का वृत्तान्त लिपिबद्ध किया है। उनमें ओनेसिक्रटीज, आरिस्टोबुलस, निआर्कस, चारस, युमेनिस आदि प्रमुख हैं। परवर्ती लेखकों– मैगस्थनीज, (Megasthenes) डाइमेकस (Deimachus) डायोनिसियस (Dionysius) के ग्रन्थों से भी जानकारी मिलती है उसमें सिकन्दर के आक्रमण एवं तत्कालीन भारत का सजीव चित्रण किया गया था, दुर्भाग्य से इनके मूल ग्रन्थ अब उपलब्ध नहीं हैं।

इण्डिका, सिकन्दर के बाद के लेखकों में मैगस्थनीज का नाम विशेष रूप से उल्लेखनीय है। यह यूनानी शासक सेल्यूकस की ओर से चन्द्रगुप्त मौर्य के दरबार में राजदूत था और उसने अपने प्रवासकालीन विवरण को अपनी पुस्तक 'इण्डिका' में लिपिबद्ध किया है। अगर मैगस्थनीज के विवरण को कौटिल्य के 'अर्थशास्त्र' के साथ मिलाकर प्रयोग में लिया जाए तो भारत की प्रशासनिक, आर्थिक एवं सामाजिक स्थिति की एक सजीव प्रस्तुति होती है। बिन्दुसार के दरबार में सीरिया से आये राजदूत डायमेकस के ग्रन्थ की उपयोगता है। अन्य यूनानी लेखकों में सर्वप्रथम **प्लिनी** का नाम लिया जा सकता है। उसने अपनी पुस्तक '**नेचुरल हिस्ट्री**' (The Natural History) में भारत (प्रथम शताब्दी) के पशुओं, पौधें तथा खनिज पदार्थों का उल्लेख किया है। तॉलेमी (टॉलमी) ने दूसरी शताब्दी ई. में भारत के भूगोल से सम्बन्धित एक पुस्तक लिखी। उसका दृष्टिकोण पूर्णतया वैज्ञानिक था। ऐरियन ने अपनी रचना (A Collection of Miscellaneous History) में भारत पर मकदूनिया के आक्रमण का विस्तृत प्रकाश डाला है। डायोडोरस, कर्टियस, जस्टिन तथा स्ट्रेबो की देन को हम भूल नहीं सकते। इनके विवरण चाहे जितने अतिरंजित हों, इतिहास के अनेक अधूरे प्रश्नों को सुलझाने के लिए सहायक बन जाते हैं। एक अज्ञात लेखक की पुस्तक 'इरिथ्रियन सागर का पेरिप्लस' (Periplus of the Erythrean Sea) भारतीय वाणिज्य की स्थिति पर विशेष एवं अनूठा प्रकाश डालती है। मिस्त्र के मठाधीश कॉसमस की 'इण्डिका' तथा प्लुस्ट्स की पुस्तक 'क्रिश्चियन टोपोग्राफी ऑफ दी यूनिवर्स' 547 ई. का भी उतना ही महत्व है।

चीनी यात्रियों के वृत्तान्त – चीन में बौद्ध धर्म के प्रसार के फलस्वरूप अनेक चीनी यात्री भगवान बुद्ध की जन्मस्थली भारत आए तथा उनमें से कुछ ने यात्रा विवरण भी लेखनीबद्ध किए। भारतीय इतिहास के साधन रूप में उनका महत्व स्वतः सिद्ध है।

चीनी लेखों की श्रृंखला में शुमाशीन (प्रथम शताब्दी ई.पू.) पहला व्यक्ति है जिसने अपने ग्रन्थ में भारत के इतिहास पर प्रकाश डाला है। चीनी लेखकों ने भारत का जिक्र यिन तु (Yin-Tu) के नाम से तथा कुषाण लेखों में तिएन–चाओ के नाम से मिलता है। उसके बाद फाह्यान ह्वेनसांग एवं इत्सिंग का विशेष रूप से उल्लेख करना होगा, जिन्होंने भारत की यात्रा की तथा अपने संस्मरणों को लिपिबद्ध किया। फाह्यान 399 ई. में गुप्तवंशी सम्राट चन्द्रगुप्त विक्रमादित्य के काल में भारत आया था। उसने अपने ग्रन्थ '**फो–क्यो–कि**' में तत्कालीन भारतीय शासक के नाम का उल्लेख नहीं किया है। वह हमें बौद्ध सिद्धान्तों, परिपाटियों, नियमों तथा प्रगति के सम्बन्ध में पर्याप्त जानकारी देता है। चीनी यात्रियों में ह्वेनसांग का स्थान अधिक ऊँचा है। वह एक उत्साही एवं जिज्ञासु यात्री के रूप में 629 ई. में भारत आया। उस समय जबकि उत्तरी मैदानों में हर्षवर्द्धन का एकछत्र साम्राज्य था। सोलह वर्ष तक भारत के विभिन्न स्थलों पर घूमता रहा जिसका सहज परिणाम यह निकला कि वह इतिहास लेखन के प्रति एक स्वस्थ दृष्टिकोण अपना सका। वह हर्ष के कन्नौज व महामोक्ष परिषद में भी गया। उसके ग्रन्थ '**सी–यू–की**' का महत्व इस बात से आँका जा सकता है कि इतिहासकार यह मानते हैं कि इसके अभाव में सातवीं शताब्दी ईसवी का भारतीय इतिहास सम्भवतः इतना अधिक सुलझा हुआ न होता। ह्वेनसांग के ग्रन्थ का नाम '**पाश्चात्य संसार के देश**' है, जिसमें हमें भारत की धार्मिक सामाजिक एवं आर्थिक स्थितियों का भी पूरा ज्ञान होता है। हीली ने ह्वेनसांग की जीवनी (Life of Hiuen Tsang) की रचना की, जिससे हर्षकालीन भारत की जानकारी मिलती है। लगभग 673–95 ई. के मध्य इत्सिंग नाम के, एक अन्य चीनी ने भी भारत की यात्रा की। उसने बौद्ध धर्म के सन्दर्भ में भारत की धार्मिक अवस्था का सजीव चित्रण किया है। सुंगयुन 518 ई. में भारत आया था उसके तीन वर्ष के प्रवास में कई ग्रंथों की रचना की।

तिब्बती लेखक अन्य विदेशी लेखकों में तिब्बती, अरबों एवं मध्य एशियाइयों का जिक्र किया जा सकता है। तिब्बती लेखक तारानाथ के ग्रन्थों 'कंग्युर' तथा 'तंग्युर' से भी भारत के इतिहास पर प्रकाश पड़ता है। शक एवं कुषाण काल के इतिहास पर तिब्बती लेखकों का अपना योगदान है।

अरब लेखक – पूर्व मध्यकालीन भारत की जानकारी का एक महत्वपूर्ण स्त्रोत अरब एवं मध्य एशियाई लेखक रहे हैं। मुहम्मद–बिन–कासिम के भारत आक्रमण के पश्चात् अरब लेखकों ने प्रसंग वंश भारत के बारे में काफी लिखना प्रारम्भ कर दिया था। इस श्रृंखला में हर्षोत्तरकालीन भारत की अवस्थाओं का विवेचन करने वाले लेखकों में अलबरूनी सदैव स्मरणीय है। अलबरूनी की भारतीय दर्शन एवं कला–कौशल के प्रति रुचि उदाहरणीय है। उसकी पुस्तक 'तहकीकात–ए–हिन्द', भारतीय समाज एवं उसकी मान्यताओं का एक समीक्षात्मक विवरण है, जिसका उपयोग परवर्ती इतिहाकारों ने खूब किया। अन्य अरब लेखकों में सुलेमान (सिलसिलातुल तवारीख), अल–मसूदी (मुरुजुल–जहाब) का जिक्र किया जा सकता है। इब्न–खुर्दाब्द के ग्रन्थ किताब–उल–मसालिकवल ममालिक में भारतीय समाज व व्यापारिक मार्गों का विवरण है। इनके अतिरिक्त अल–बिलादुरी, हसन निजाम, फरिश्ता व अबुजैद ने भारतीय समाज व संस्कृति का वर्णन किया है। अल–मसूदी के ग्रंथ 'मरुजुज जहब' से भारतीय समाज व रीति–रिवाजों का बोध होता है। अमीर मुहम्मद मसूम के तारीख–ए–हिन्द (तारीक–ए–मसूमी) से सिन्ध के इतिहास तथा शेख अब्दुल हसन (कामिल–उत–तवारीख) से मुहम्मद गोरी के आक्रमण की जानकारी मिलती है। मिनहासुद्दीन की–तबकात–ए–नासिरी में भी गोरी की विजय का विवरण दिया है।

साथ ही वेनिस (इटली) के प्रसिद्ध यात्री मार्कोपोलो (1254–1324 ई.) ने पाण्ड्य देश की यात्रा की थी जिससे दक्षिण भारतीय समाज एवं पाण्ड्य इतिहास का बोध होता है।

प्रचुर मात्रा में उपलब्ध साहित्यिक सामग्री स्पष्टतः इस बात की ओर इंगित करती है कि भारत के लोग इतिहास के प्रति सचेत थे। वैदिक साहित्य से राजतरंगिणी तक की जो साहित्यिक यात्रा है, वह भारत में इतिहास लेखन की विकास प्रक्रिया को दर्शाती है।

यहाँ यह उल्लेख करने की आवश्यकता नहीं है कि मौर्यकाल में अभिलेखागारों की स्थापना की जाने लगी थी। कौटिल्य के अनुसार ये राज्य लेखागार महत्वपूर्ण घटनाओं के अतिरिक्त नियमों के संव्यवहारों का लेखा रखते थे।

अशोक के एर्रगुडि लघु–शिलालेख में 'करगिक' नामक अधिकारी का जिक्र आया है, जो सम्भवतः लेखाधिकारी था। गुप्त अभिलेखों में भी 'अक्षपटलाधिकृत' नामक अधिकारी की चर्चा है जिसे राजकीय प्रलेखों का प्रधान संग्राहक कहा जा सकता है। इस विभाग की निरन्तरता का उल्लेख ह्वेनसांग ने भी किया है। इस तरह इतिहास लेखन की परम्परा की शुरुआत हुई थी, वह परवर्ती राजनीतिक उथल–पुथल में बरकरार न रही।

इस प्रकार पुरातात्विक साक्ष्य की सहायता से हम प्राचीन भारतीय इतिहास को पहले की अपेक्षा तर्कसंगत ढंग से समझ सकते हैं। कई तरह की प्राप्त ऐतिहासिक सामग्री के आधार पर कहा जा सकता हैं कि प्राचीन भारतीय इतिहास, सांस्कृतिक दृष्टि से अत्यधिक समृद्ध था। प्रचुरमात्रा में प्राप्त बहुआयामी धरोहर दर्शाति है कि भारत में उस दौर में प्रगति के कई महत्वपूर्ण मानदण्ड स्थापित किये।

संदर्भ :

1. Shastri, Nilkanth : Source of Indian History with Special Reference to South India.
2. Sankalia, H.D. : Indian Archeology Today.
3. Majumadar and Pushalkar : A History and Culture of the Indian People, Vol. 1-5, Mumbai.

2 भौगोलिक संरचना एवं विभिन्नता में सांस्कृतिक एकता (Geographical Structure and Cultural Unity in Diversity)

भारत की विशालता को दृष्टिगत रखते हुए यह कहा जा सकता है कि प्राकृतिक ही नहीं सांस्कृतिक दृष्टि से भी विभिन्नता इस देश में अनिवार्यतः विद्यमान है। भारत न केवल विशाल आकार लिए हुए है, अपितु सभ्यता के विकास में अग्रणी रहा है। दजला–फरात की घाटियों में जब मेसोपोटोमिया सभ्यता उदित हो रही थी, उस समय भारत में सिन्धु–सरस्वती सभ्यता द्वारा एक नया अध्याय लिखा जा रहा था। हिन्दुस्तान अपने विशाल स्वरूप में कई प्रकार की धरातलीय संरचना, जलवायु, जीव–जन्तु एवं वनस्पतियों को पल्लवित करता रहा है। उत्तर में दुर्गम हिमालय, तिब्बत व चीन आदि से भारत को अलग करता है, वहीं बंगाल की खाड़ी से अरब सागर अर्थात् तीन ओर फैला विशाल समुद्र इसकी सीमा का निर्धारण करता है।

पश्चिम मरुस्थल तथा उत्तर पश्चिमी पहाड़ एक विभाजक रेखा के रूप में पाकिस्तान से अलग बनाये हुए हैं। वहीं उत्तर पूर्व की पहाड़ियाँ एवं घने जंगल बर्मा (म्यांमार) से भिन्नता बनाते हैं। कई तरह की जातियों–प्रजातियों, आचार–विचार, रहन–सहन, धार्मिक एवं सामाजिक मान्यताओं के आधार पर यह नहीं कहा जा सकता कि भारत में विविधता या अनेकरूपता ही इसकी एक मात्र विशेषता है। भौगोलिक, राजनीतिक, सांस्कृतिक अनेकरूपता में हमें ऐसी प्रच्छन्न मौलिक एकता दिखाई पड़ती है जो हिमालय से लेकर कन्याकुमारी तक एवं पश्चिमी मरुस्थल से पूर्वी पहाड़ी क्षेत्र के भारतीयों को एकसूत्र में बाँधे हुए हैं। भारतीयों की एकता प्राकृतिक रूप में ही नहीं, अपितु बुद्धि एवं भावनाओं में भी विद्यमान है। यहां हम देखेंगे कि प्राकृतिक विविधताओं के बावजूद इसमें एकता के कौन–कौन से सूत्रों की गणना की जा सकती है।

भौगोलिक संरचना (Geographical Structure)

उत्तर में कश्मीर से दक्षिण में कन्याकुमारी तक 3214 किलोमीटर तथा पश्चिम में गुजरात से पूर्व में अरुणाचल प्रदेश तक 2933 किलोमीटर तक विस्तार लिए हुए भारत उत्तरी गोलार्द्ध में 8° उत्तरी अक्षांश से 37° उत्तरी अक्षांश तथा पूर्वी गोलार्द्ध में 68° पूर्वी देशान्तर से 97° पूर्वी देशान्तर के मध्य विस्तृत है। कर्क रेखा 23 ½° लगभग इसके मध्य से गुजरती है। बंगाल की खाड़ी से अरब सागर को जोड़ने वाली तटीय रेखा 6100 किलोमीटर लम्बी है दूसरी ओर बर्मा (म्यांमार) के दक्षिण पश्चिम से शुरू होने वाली स्थल रेखा उत्तरी पश्चिमी गुजरात तक 15,200 किलोमीटर लम्बाई लिए हुए है। लगभग 32, 87, 782 वर्ग किमी. क्षेत्रफल वाले इस देश के, विश्व का 2.4 प्रतिशत भाग आधिपत्य में है।

भारत की उत्तरी सीमा पर नेपाल, भूटान व चीन–तिब्बत स्वायत्तशासी देश स्थित हैं। भारत व चीन की सीमा का निर्धारण विख्यात मैकमोहन रेखा द्वारा होता है। 1914 ई. में शिमला में आयोजित एक त्रिपक्षीय सम्मेलन में इनका निर्धारण हुआ था। पूर्व में म्यांमार (बर्मा) एवं बांग्लादेश (इसे कुछ प्रान्त घेरे हुए हैं) तथा पश्चिम में पाकिस्तान स्थित है।

रेडक्लिफ रेखा द्वारा भारत–पाकिस्तान की सीमा का निश्चय किया गया था। उल्लेखनीय है कि लॉर्ड माउंटबैटन ने **रेडक्लिफ** की अध्यक्षता में गठित एक आयोग द्वारा भारत–पाक सीमा रेखा निश्चित की थी। अरब सागर में लक्षद्वीप, मिनीकॉय एवं अमीनदीवी और बंगाल की खाड़ी में न्यूमूर द्वीप तथा अंडमान निकोबार स्थित है। भारत का दक्षिणतम बिन्दु इन्दिरा पॉइन्ट निकोबार द्वीप में स्थित है जो पूर्व में **पिगमेलियन पॉइन्ट** के नाम से प्रसिद्ध था। दक्षिण स्थित श्रीलंका मन्नार की खाड़ी व पाक जलडमरूमध्य से जुड़ा है। भारत के पड़ोसी देश पाकिस्तान, श्रीलंका, नेपाल, भूटान, बांग्लादेश को शामिल किये जाने से भारतीय उप महाद्वीप बनता है दरअसल ऐतिहासिक समय में ये सभी देश एक ही थे। धरातलीय संरचना के आधार पर भारत को पाँच भागों में विभक्त कर सकते हैं–उत्तरी पर्वतीय क्षेत्र या हिमालय, उत्तरी मैदान (या गंगा के मैदान) प्रायद्वीपीय पठार, तटीय मैदान एवं द्वीप समूह।

1. उत्तरी पर्वतीय प्रदेश

पश्चिम से पूर्व तक 5000 किलोमीटर लम्बाई और और 150 से 400 किलोमीटर चौड़ाई में फैली हिमालय पर्वत श्रृंखला की औसत ऊँचाई 2000 मीटर है। इसका बाह्य भाग ''शिवालिक'' पहाड़ियों के नाम से ज्ञात है, जो पंजाब में पोटवार बेसिन से पूर्व में कोसी नदी तक फैला है। दूसरे भाग के मध्य हिमालय 80 से 100 किलोमीटर चौड़ा है। इसमें स्थित बनिहाल दर्रा जम्मू–श्रीनगर को जोड़ता है। पीर पंजाल अन्य महत्त्वपूर्ण ऐतिहासिक दर्रा है। मुख्य या आन्तरिक हिमालय पश्चिम में नागा पर्वत से पूर्व में नामचा बर्वा पर्वत 2500 कंचनजंगा

(8586 मीटर), धौलागिरि (8172 मीटर), नंदा देवी (7812 मीटर), मकालू (8481 मीटर), बद्रीनाथ (7138 मीटर), एवं केदारनाथ (6945 मीटर) विशेष रूप से उल्लेखनीय हैं। ध्यान देने कि बात है कि हिमालय एवं विश्व की सबसे ऊँची पर्वत श्रृंखला जिसे आज हम एवरेस्ट नाम से जानते है की ऊँचाई को सबसे पहले बताने वाले भारतीय कोलकातावासी गणीतज्ञ राधानाथ सिकन्दर ने स्पष्ट किया की दुनिया की सबसे ऊँची पर्वत चोटी हिमालय पर्वत श्रृंखला पीक एक्सवी 29002 फीट हैं जिसका नाम प्रथम सर्वेयर जनरल ऑफ इण्डिया के – जार्ज एवरेस्ट के नाम पर 1856 में रखा गया। अर्थात् माउण्ट एवरेस्ट। इस पर्वत श्रृंखला ने उत्तर से होने वाले आक्रमणों से देश को बचाकर एक प्रहरी की भूमिका अदा की। हिमालय स्थित मानसरोवर के निकट कैलाश पर्वत (तिब्बत) हैं जिसे हेमकूट भी कहा है। पुराणों में इसे महादेव शिव का स्थान माना हैं। कालिदास ने कैलाश की सुन्दरता का वर्णन किया हैं। इसके योगदान में यह कहा जाये कि कई विदेशी आक्रान्ताओं के प्रहार के बावजूद भारतीय संस्कृति अक्षुण्ण बनी रही तो इसमें हिमालय भी एक महत्वपूर्ण कारक था। उल्लेखनीय हैं कि हिमालय के कैलाश पर्वत व मानसरोवर क्षेत्र को गंधर्व **देश** या **हाटक** कहा हैं।

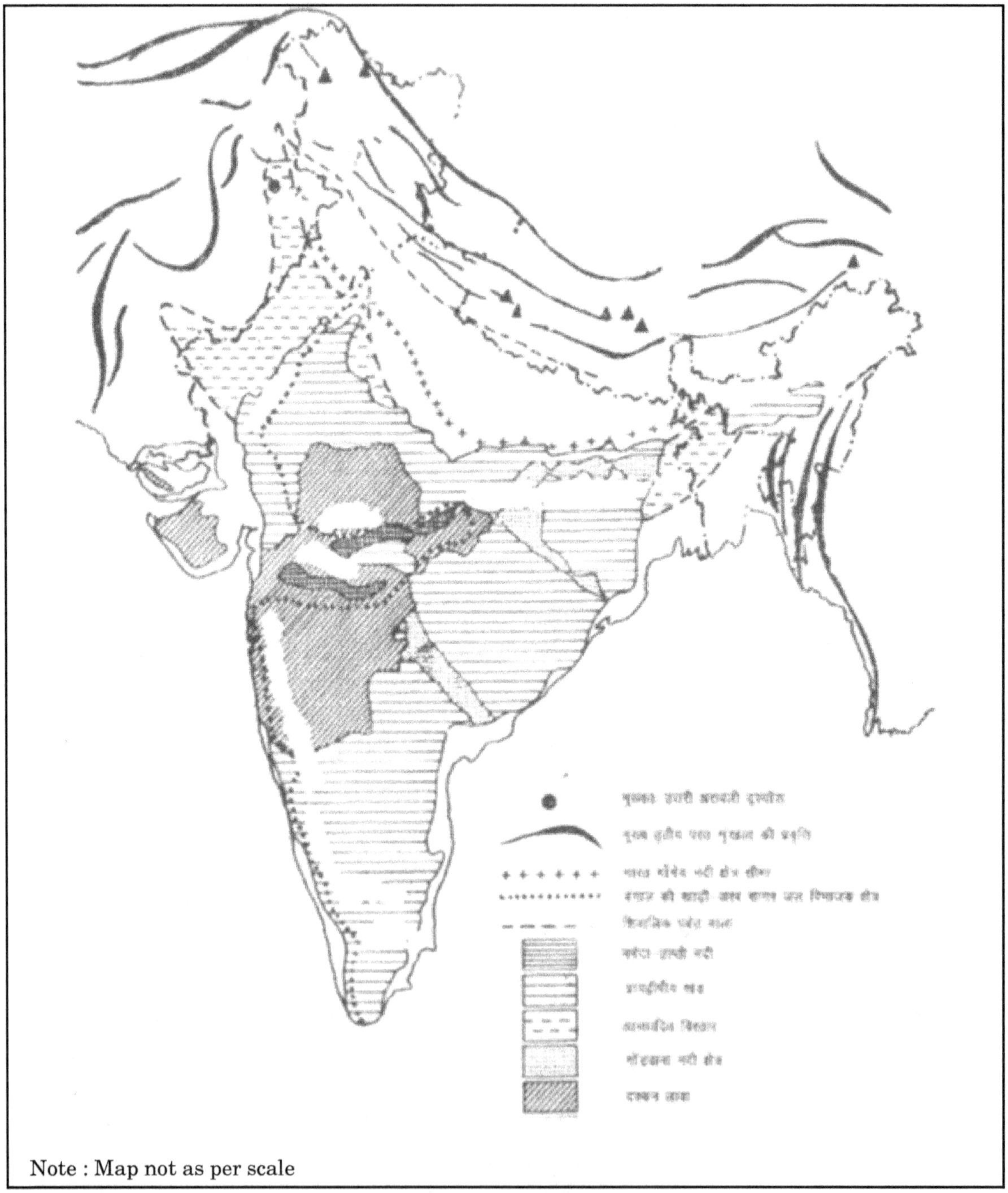

चित्र 2.1 भारत : प्राकृतिक प्रदेश

उत्तर–पश्चिम में फैले इसके एक हिस्से को सुलेमान पर्वत कहा जाता है। इसकी निचली घाटियों में खैबर, (पेशावर के उत्तर पश्चिम स्थित) बोलन, कुर्रम और गोमल दर्रों से होकर आने वाली जातियों से हम देश को नहीं बचा पाये तो इसमें दोष हमारा ही था। यहाँ प्रो. चिशोल्म के कथन को रखना उचित होगा, ''विश्व में केवल बर्मा (म्यांमार) को छोड़कर अन्य ऐसा कोई देश नहीं है जिसको प्रकृति ने इतनी अच्छी प्रकार परिसीमित किया हो जितना भारत को।'' पश्चिमी आक्रमणों से देश को सुरक्षित न रख पाने में दर्रों की भूमिका महत्वपूर्ण थी।

उपरोक्त दर्रों से यूनानी, शक, पह्लव, कुषाण, हूण एवं तुर्क आदि जातियों का प्रवेश सम्भव हुआ। दूसरी ओर मध्य एशिया में बौद्ध धर्म का प्रसार और भारतीय संस्कृति का प्रसरण एवं व्यापार सम्बन्ध भी इन्हीं दर्रों से होता था।

2. उत्तरी मैदान

हिमालय से लाई गई मिट्टी से ही उत्तरी मैदानों का निर्माण हुआ था अतः यह विश्व का सर्वाधिक उपजाऊ एवं सघन आवासीय क्षेत्र के रूप में प्रसिद्ध है। हिमालय से विंध्य पर्वत तक विस्तृत उत्तरी मैदानों को गंगा घाटी, सिन्धु घाटी एवं ब्रह्मपुत्र घाटी अर्थात् तीन भागों में विभक्त कर सकते हैं। उक्त धनुषाकार मैदान 2414 किलोमीटर लम्बाई एवं पूर्व में 145 किलोमीटर व पश्चिम में 480 किलोमीटर चौड़ाई लिए हैं। गम्भीर समतलता के कारण ही इसे 'डेड प्लेन' की संज्ञा दी गई। इस मैदान में हरियाणा, पंजाब, उत्तरी राजस्थान, उत्तर प्रदेश, बिहार, पश्चिमी बंगाल एवं असम राज्य स्थित हैं। सिन्धु–गंगा के मैदानों में लाहौर, मुलतान, दिल्ली, आगरा, प्रयाग, वाराणसी, पाटलिपुत्र (पटना) जैसे बड़े नगरों का विकास हुआ। इन नगरों की भारतीय व्यापार में महत्वपूर्ण भूमिका रही।

अपनी समृद्धि के कारण ही पूर्व मध्य काल में इस क्षेत्र पर अधिकार हेतु पाल–प्रतिहार एवं राष्ट्रकूटों में प्रसिद्ध त्रिपक्षीय संघर्ष हुआ। गंगा एवं सिन्धु के बीच जल विभाजक, जिसका निर्माण दक्षिण में अरावली एवं उत्तर में शिवालिक के मिलने से हुआ। दिल्ली इसी जल विभाजक के लगभग मध्य में स्थित है। कहा गया है कि पश्चिम से पूर्व एवं पूर्व से पश्चिम की ओर बढ़ने वाली सेनाओं एवं जातियों को इसी के आस–पास के मैदानों में युद्ध करने पड़े। दूसरे शब्दों में, इसमें स्थित कुरुक्षेत्र, पानीपत एवं तराइन के मैदान कई बार भारत के भाग्य निर्माता के रूप में प्रसिद्ध हुए। तुर्की एवं मुगलों ने दूसरे तराइन युद्ध 1192 में मोहम्मद गौरी ने पृथ्वीराज चौहान तथा चंदावार (Chandawar) युद्ध में मोहम्मद गौरी ने जयचंद कन्नौज राजा को, पानीपत युद्ध 1526 में बाबर ने इब्राहिम लोदी को हरा कर अपने शासन की नींव रखी। जहाँ तक ब्रह्मपुत्र नदी घाटी का प्रश्न है सिन्धु एवं गंगा के मैदानों से भिन्न इस पर्वतीय प्रदेश गें आर्य संस्कृति का प्रसार कुछ मन्द गति से हुआ और मध्य काल में तुर्क एवं मुगल काफी संघर्ष के बाद इसे अपने अधीन कर पाये।

विद्वानों का विचार है कि अरबों के आक्रमण की विफलता में सिन्ध एवं थार मरूस्थल की महत्वपूर्ण भूमिका रही। यह भी देखा गया है कि राजपूताना क्षेत्र के शासक बाह्य आक्रमणकारियों के लिए अपने सुरक्षित किलों में शरण देने के लिए भी प्रसिद्ध रहे हैं। राजस्थानी संस्कृति को अक्षुण्ण बनाये रखने में भी रेगिस्तान की रियासतों के योगदान को भुलाया नहीं जा सकता।

3. दक्षिण प्रायद्वीपीय पठार

पूर्वी एवं पश्चिमी घाट के मध्य स्थित दक्षिण प्रायद्वीप का त्रिभुजाकार क्षेत्र, गोण्डवाना महाभूमि का हिस्सा है। दक्षिण प्रायद्वीप में पूर्वी एवं पश्चिमी घाट के प्रान्त ओर मध्य का पठारी भाग शामिल किये जा सकते हैं। दक्षिण में नीलगिरि से उत्तर में सह्याद्रि तक फैले पश्चिमी घाट से लगी हुई समुद्र तटीय पट्टी को उत्तर में 'कोंकण' तथा दक्षिण में 'मलाबार' (वर्तमान केरल) कहा जाता है। पर्याप्त वर्षा के कारण पश्चिमी तट पर्याप्त हरा–भरा एवं उपजाऊ है लेकिन बन्दरगाहों के लिए अधिक उपयुक्त नहीं। दक्कन का पठार तीन प्रमुख भागों में विभक्त हैं–जो महाराष्ट्र, आन्ध्र एवं कर्नाटक राज्यों में पड़ते हैं। पश्चिमी घाट जो 3000 से 6000 फीट तक ऊँचे एवं ढलान युक्त हैं जिन पर मराठों ने अपने अजेय दुर्ग बनाकर अपनी शक्ति को संगठित किया था। दक्षिणी पठार के उत्तर में विंध्य एवं सतपुड़ा पर्वत श्रेणियाँ, नर्मदा एवं ताप्ती की घाटियाँ तथा छोटा नागपुर के दक्षिण का सघन वन खण्ड है जो उत्तरी भाग से पृथक् करते हैं। इसी विभाजक श्रृंखला के कारण आर्यावर्त एवं दक्षिणापथ नामक दो भिन्न भागों का नामकरण किया जा सका। चन्द्रगुप्त मौर्य एवं अशोक द्वारा उत्तर तथा दक्षिण को राजनैतिक दृष्टि से जोड़ने का प्रयास शुरू हुआ था, वह प्रक्रिया गुप्त शासकों ने जारी रखी और आगे अलाउद्दीन खिलजी तथा औरंगजेब तक चलती रही।

दक्षिण भारतीय राज्यों में आजादी के बाद आन्ध्र सबसे विशाल था जो अब आन्ध्र एवं तेलंगाना के रूप मे विभक्त है। तेलंगाना भारत का 29वाँ राज्य है। आन्ध्र में पूर्व में 23 जिले थे अब समुद्र तटीय जिले, जिनकी संख्या 13 है, इसमें शामिल हैं। पूर्व के आन्ध्र प्रदेश का पश्चिमी इलाका नये राज्य तेलंगाना का 2 जून, 2014 को हिस्सा बने। इसमें तेलंगाना, उपजाऊ तटवर्ती मैदान, रायल सीमा जैसे अनेक उपक्षेत्र शामिल हैं। प्रायद्वीप का पूर्वी भाग भी दो भागों में विभक्त है। उत्तरी भाग 'कोरोमण्डल' या 'चोल मण्डल' कहा जाता है। कृष्णा एवं गोदावरी के बीच का तटवर्ती क्षेत्र जो प्राचीन काल में वैंगी के नाम से प्रसिद्ध था, धान का प्रमुख उत्पादन केन्द्र रहा है। कृष्णा एवं तुंगभद्रा के बीच रायचूर दोआब की तरह महत्वपूर्ण है, इस क्षेत्र के लिए भी प्राचीन ऐतिहासिक कालों में निरन्तर संघर्ष होते रहे।

4. तटीय मैदान

हम जानते हैं कि पश्चिमी तटीय क्षेत्र अधिक तेज ढाल युक्त है। इस क्षेत्र की पर्वतमाला आक्रमणकारियों को अधिक प्रोत्साहित नहीं करती, यही कारण था कि मैसूर शासकों की राजनीतिक महत्वाकांक्षायें कोच्चि एवं त्रावनकोर में पूरी नहीं हो पायी। दक्षिण के पूर्वी तटवर्ती मैदान एवं उससे सम्बन्धित भीतरी प्रदेश तमिलनाडु राज्य के हिस्से हैं। यहाँ की मौसमी नदियों के कारण ही यहाँ के किसानों का पल्लव–चोल कालों से ही सिंचाई के लिए तालाबों पर निर्भर रहना, संघर्ष का कारण रहा है। तमिल प्रान्त एवं केरल के मध्य मलय पर्वत है, इन क्षेत्रों को दक्षिण से अलग बनाये हुए है, इसका परिणाम यह हुआ कि यहाँ जातिगत भिन्नता की भावना अधिक देखी जाती है। प्रायद्वीपीय क्षेत्र के दक्षिण–पश्चिमी भाग में नीलगिरि, अन्नामलाई पहाड़ियाँ एवं कार्डामोम जैसे पहाड़ी क्षेत्र हैं जो पूर्वी एवं पश्चिमी तटवर्ती मैदानों को अलग करते हैं। दक्षिण भारत को समुद्र तीन ओर से घेरे हुए है। पूर्व में बंगाल की खाड़ी, दक्षिण में हिन्द महासागर तथा पश्चिम में अरब सागर स्थित है। भारत के दोनों तटों का व्यापारिक दृष्टि से अत्यधिक महत्व रहा है। प्राचीन काल में भी भड़ौच, सोपारा, कावेरी पत्तन, अरिकमेडु एवं ताम्रलिप्ति जैसे महत्वपूर्ण बन्दरगाहों से पश्चिमी एशिया एवं दक्षिण–पूर्वी एशिया से व्यापारिक और सांस्कृतिक सम्पर्क बनाये जा सकें।

पश्चिमी तटों की तुलना में पूर्वी तटीय मैदान अधिक चौड़े हैं, इस तट पर अधिक अच्छे बन्दरगाह हैं जिनके माध्यम से इण्डोनेशिया, स्याम, बर्मा (म्यांमार), पश्चिमी एशिया, अफ्रीका एवं सुदूर–पूर्व तथा दक्षिण–पूर्व से व्यापारिक एवं सांस्कृतिक सम्बन्ध स्थापित किये जा सके। इस तरह वृहत्तर भारत की संकल्पना साकार हो पायी। पश्चिमी तटीय मैदान 1500 किलोमीटर लम्बाई और लगभग 64 किलोमीटर चौड़ाई लिये हुए है। नर्मदा एवं ताप्ती नदियों के मुहाने की चौड़ाई लगभग 80 किलोमीटर है। तीव्र पहाड़ी ढाल के कारण इस ओर नदियाँ डेल्टा नहीं बनाती अपितु सीधे समुद्र में गिरती हैं। दूसरी ओर पूर्वी तटीय मैदान 161 किलोमीटर से 483 किलोमीटर चौड़ाई लिए हुए है। यहाँ तट के किनारे बालुका स्तूपों से निर्मित लैगून झीलें, जैसे–चिल्का (ओडीशा), कलेरु (आन्ध्र प्रदेश) एवं पुलीकट (आन्ध्र एवं तमिलनाडू सीमा) का उल्लेख करना होगा। दूसरे शब्दों में, पूर्वी तट की ओर बहने वाली नदियों ने अधिक उपजाऊ मैदानों का निर्माण किया है।

5. द्वीप समूह

भारतीय समुद्री सीमा में स्थित कुल 247 द्वीपों में 204 बंगाल की खाड़ी एवं शेष 43 मन्नार की खाड़ी (श्रीलंका एवं केप कुमारिन के मध्य) और अरब सागर में स्थित हैं। बंगाल की खाड़ी में तटवर्ती इलाके में स्थित गंगा सागर (सागर द्वीप), न्यूमूर, पाबन द्वीप तथा हेअर द्वीप है और दक्षिण में श्रीहरीकोटा तथा अण्डमान–निकोबार विशेष रूप से उल्लेखनीय हैं।

भारत के पश्चिमी तट पर **लक्षद्वीप** (शाब्दिक अर्थ एक लाख द्वीप), मालदीव (**Maldive**), अमीनीदीव एवं मिनीकाय द्वीप का जिक्र करना होगा। कोलकाता से 1248 किलोमीटर एवं चेन्नई से 1190 कि.मी. दूर स्थित अण्डमान निकोबार जो आपस मे जल संयोजकों से विभाजित 205 द्वीप हैं। उत्तरी, मध्य व दक्षिणी अण्डमान बारातंग निकोबार अण्डमान द्वीप से 128 किलोमीटर दक्षिण में 21 छोटे–बड़े द्वीपों का समूह है। उत्तर के द्वीप को **कार निकोबार, मध्य–कामोरटा** और **तनकाडरी** तथा दक्षिणी को, विशाल निकोबार कहा जाता है। इनके अतिरिक्त अरब सागर में भैंसला, पीरम, हैनरे, बुचर, कैनरे, अरनाला, एलीफेण्टा, भटकल, अलियावेट आदि तटीय द्वीपों का जिक्र किया जा सकता है।

नदियाँ भारत की भौगोलिक संरचना एवं इतिहास लेखन में नदियों के महत्व को भुलाया नहीं किया जा सकता। सिन्धु नदी घाटी में ही विश्व प्रसिद्ध हड़प्पा अथवा सिन्धु–सरस्वती सभ्यता विकसित हुई थी। वैदिक संस्कृति भी सतलज, रावी, व्यास, झेलम, चिनाब एवं गंगा–यमुना के मैदानों में पल्लवित हो सकी। प्राचीन काल में नदियाँ आन्तरिक व्यापार का महत्वपूर्ण साधन थीं।

सिंधुनदी : सर्वप्रथम सिन्धु नदी तन्त्र के बारे में कहा जा सकता है कि इसका उद्‌गम कैलाश पर्वत के दूसरी ओर 5000 मीटर ऊँचाई से हुआ। सिन्ध की सहायक नदियों में रावी, चिनाब, झेलम, व्यास एवं सतलज प्रमुख हैं। सिन्ध भारत में 709 किलोमीटर तक ही बहती है बाद में पाकिस्तान में प्रवेश कर अरब सागर में मिलती है। सिन्ध एवं उसकी सहायक नदियों के किनारें हड़प्पा सभ्यता का विकास हुआ था अनेक स्थल इन्ही नदियों किनारे देखे गये हैं। सिन्ध की सहायक झेलम शेषनाग से निकलकर वूलर झील एवं आगे जाकर बारामूला होते हुए पाकिस्तान में प्रवेश करती है। चिनाब (सिन्ध की सहायक) एवं रावी (कुल्लू पहाड़ियों) भी मुल्तान के निकट झेलम की धारा में शामिल होती है। व्यास (रोहतांग दर्रे के पास व्यास कुण्ड से निकलती है) कुल्लू, मण्डी, कांगड़ा व पठान कोट में बहती हुई कपूरथला के पास सतलज में मिलती है। जहाँ तक सतलज का प्रश्न है यह मानसरोवर से निकलकर 1050 किलोमीटर की दूरी पर सिन्ध का अंग बन जाती है। ध्यान देने की बात है 19 सितम्बर 1960 ई. के भारत–पाक जल समझौते द्वारा सिन्ध नदी जल तंत्र का विभाजन किया गया था।

गंगा नदी उत्तरी प्रवाह प्रणाली में गंगा नदी तन्त्र सर्वाधिक महत्वपूर्ण है। गंगा का जिक्र स्ट्रेबो ने भी किया था, उसके अनुसार यह तीन महाद्वीपों में सबसे बड़ी नदी है। जिसकी

कम–से–कम चौड़ाई 30 स्टैडिया (1 Stadia = 606 = फीट) है। दूसरी ओर मैगस्थनीज ने इसकी साधारण चौड़ाई 100 स्टैडिया तथा गहराई 36 मीटर मानी है। इसके प्रवाह क्षेत्र में भारत के सबसे घनी आबादी वाले राज्य उत्तराखण्ड, उत्तर प्रदेश, बिहार, पश्चिम बंगाल स्थित हैं। गंगा के भागीरथी, जाह्नवी, त्रिपथा, मंदाकिनी व सुरसरि आदि अन्य नाम हैं। इसका उद्‌गम गंगोत्री हिमनद से हुआ है। (6614 मीटर) जहाँ से भागीरथी निकलती है। गढ़वाल में तिब्बत सीमा पर 7800 मीटर ऊँचाई से निकलने वाली अलकनंदा देव प्रयाग में भागीरथी से मिलती है। बाईं ओर से मिलने वाली मुख्य सहायक नदियों में रामगंगा, घाघरा, जिसे तिब्बत के पहाडों पर कौडियाली, मैदान में सरयू व अन्त में घाघरा कही जाती हैं। इसी तरह गण्डक, बूढ़ी गण्डक, कोसी, बागमती का भी उल्लेख करना होगा। दूसरी ओर से शामिल होने वाली सहायक नदियों में यमुना, सोन तथा दामोदर नदी की चर्चा की जा सकती है। गंगा न केवल हिन्दुओं की पवित्रतम नदी है अपितु विश्व का सबसे बड़ा डेल्टा निर्माण करते हुए अन्त में बंगाल की खाड़ी में गिरती है। हल्दिया एवं कलकत्ता बन्दरगाह इसी नदी के तट पर बने हैं। इसके किनारे स्थित नगरों में ऋषिकेष, हरिद्वार, प्रयागराज, वाराणसी, पटना उल्लेखनीय हैं।

यमुना गंगा की सहायक नदियों में यमुना सबसे प्रमुख है जो यमुनोत्री के गर्म सोते से 8 किलोमीटर उत्तर की ओर टेहरी गढ़वाल से निकलती है। इसकी सहायक नदियों में टोंस, आसन, चम्बल, काली सिन्ध व बेतवा प्रमुख हैं। दिल्ली, मथुरा, आगरा से गुजरती हुई यमुना 1300 किमी. की दूरी पार कर प्रयागराज में आकर गंगा में प्रवाहित होती है। शाहजहाँ ने अपनी बेगम मुमताज महल के लिए विश्व प्रसिद्ध ताजमहल इसी नदी के किनारे बनाया था।

ब्रह्मपुत्र तिब्बत स्थित कैलाश पर्वत की मानसरोवर झील जो 5150 मीटर ऊँचाई पर है, सतलज व सिन्धु नदी का उद्‌गम स्त्रोत भी हैं। यही से निकलने वाली ब्रह्मपुत्र उत्तरी पूर्वी भारत की बड़ी नदी हैं। तिब्बत के लोग इसे 'सांगपो' या सांपू नदी के नाम से सम्बोधित करते हैं। अरुणाचल प्रदेश के सियांग तहसील में नामचा बर्वा पर्वत के पास भारत में प्रवेश करती है। जहाँ इसे 'दिहांग' या (धियँग) कहा जाता है। दक्षिण–पश्चिम की ओर बढ़ने पर स्वर्ण सीरी (स्वर्ण श्री), मादी, धनसीरी (धनश्री), बर्नाड़ी मानस, संकोश, धारला और तिस्ता नदियाँ उत्तरी किनारे से और बूरही दिहांग (बुढ़ी दिहांग), दिहांग (धियांग), धनश्री (धनसीरी–दक्षिणी), कुलसी तथा जिंजीराम दक्षिणी किनारे से मिलती है। इसकी सहायक शाखा जमुना आदि की संयुक्त धाराएँ एक बड़ी एस्चुरी बनती है। जिससे कई द्वीपों का निर्माण होता है। इसकी सम्पूर्ण लम्बाई 2580 किमी. लेकिन भारत में 885 मील ही बहती है। इसमें आने वाली बाढ़ से असम में भारी जन–धन की हानि होती है।

प्रायद्वीपीय भारत का प्रवाह क्षेत्र दो भागों में विभक्त है अर्थात् पूर्व में बंगाल की खाड़ी में गिरने वाली नदियाँ एवं पश्चिम में अरब सागर में गिरने वाली नदियाँ।

गोदावरी पूर्व में बगांल की खाड़ी में गिरने वाली प्रायद्वीपीय भारत में गोदावरी सबसे लम्बी नदी है। इसका उद्‌गम महाराष्ट्र में नासिक से दक्षिण पश्चिम की ओर 64 किमी. दूर 1067 मीटर ऊँची त्रयम्बक पहाड़ियों से हुआ है। उत्तर की ओर से मिलने वाली नदियों में प्रहिता, इन्द्रावती तथा सबरी एवं दक्षिण की ओर से मिलने वाली किन्नरसरी, मंजीरा उल्लेखनीय हैं। राजमुन्द्री तक आते–आते इसकी धरा 2.7 किमी. चौड़ाई में फैल जाती है और बाद में दो धाराओं का प्रवाह बनाती है। इस पर तेलंगाना में पोचम्माद नदी पर पोचमंपाद तथा महाराष्ट्र में जयकवाड़ी जैसी जल विद्युत परियोजनाएँ स्थापित की गई हैं। और राजमुन्द्री के निकट डोलेश्वरम में बाँध निर्मित किया गया है। गोदावरी के महाराष्ट्र क्षेत्र में कोपर गांव को शुक्राचार्य की पुत्री देवयानी व बृहस्पति पुत्र कच की प्रेम कहानी का स्थल भी माना गया।

महानदी महानदी का उद्‌भव मध्य प्रदेश के रायपुर जिले में 442 मीटर की ऊँचाई पर स्थित सिहावा से होता है। मध्य प्रदेश, आन्ध्र से गुजरती हुई ओडीशा में कटक जिले में डेल्टा बनाती है। इस पर देश की महत्वपूर्ण बहुउद्देश्यीय परियोजना हीराकुण्ड स्थित है। इसी तरह टिकरपारा एवं नराज अन्य परियोजनाएँ हैं। डेल्टा के पास बाईं ओर से ब्रह्माणी नदी मिलती है जो कोयल एवं सांख नदियों के पानी को लेकर बोनाई, तलचर व बालासोर जिले में होकर बहती हुई वैतरणी में मिलती है। ब्रह्माणी एवं वैतरणी का डेल्टा बड़ा उपजाऊ है।

कृष्णा भारतीय प्रायद्वीप की दूसरी बड़ी नदी है। यह पश्चिमी घाट में 1337 मीटर ऊँचाई पर स्थित महाबलेश्वर से निकलती हैं। महाराष्ट्र, कर्नाटक से गुजरते हुए आन्ध्र प्रदेश में डेल्टा बनाती हुई बंगाल की खाड़ी में मिलती है। तुंगभद्रा नदी कर्नाटक के मध्य पश्चिम में बाबाबूदन पहाड़ियों से दो धाराओं (तुंग व भद्रा) के मिलने से बनती है। हासपेट के निकट इस पर निर्मित बाँध से यह नदी जल विद्युत एवं सिंचाई सुविधा मुहैया करवाती है। ध्यान देने योग्य है कि कृष्णा में मिलने वाली पेडागू को रोककर महत्वपूर्ण **नागार्जुन सागर बाँध** बनाया गया है।

कावेरी जिसे दक्षिण की गंगा कहा जाता है। कर्नाटक के कुर्ग जिले से निकलकर दक्षिण–पूर्व की ओर मैसूर और तमिलनाडु में बहती है। शिमशा के संगम पर **शिवसमुद्रम जल प्रपात** है, जिससे कोलार स्वर्ण खदान को विद्युत आपूर्ति की जाती है। कावेरी पर नरसिंहपुर में भी कृष्णराज बाँध निर्मित किया गया है। इसका डेल्टा 3200 वर्ग किमी. में फैला है। कावेरी

का उद्गम ब्रह्मगिरि (तालकावेरी) हैं। कावेरी का शाब्दिक अर्थ हरिद्रा (हल्दी) के रंग वाली नदी है। इसे पल्लव नरेशो की प्रिय नदी भी कहा है। कावेरी नदी तट पर कावेरी पत्तनम (चेन्नई) प्रसिद्ध बन्दरगाह हैं जो रोम के व्यापार का केन्द्र था।

नर्मदा एवं ताप्ती प्रायद्वीप की नर्मदा एवं ताप्ती अन्य महत्वपूर्ण नदियाँ हैं जो अरब सागर में गिरती हैं। नर्मदा की गणना भारत की पवित्र नदियों में की जाती है। यह 1057 मीटर ऊँचाई पर अमरकंटक से निकलकर गहरी घाटी में पश्चिम की ओर बहती है। जबलपुर के निकट भेड़ाघाट की संगमरमर की चट्टानें और कपिलधारा प्रपात प्रसिद्ध दर्शनीय स्थल हैं। इसका प्रवाह क्षेत्र विन्ध्य एवं सतपुड़ा पर्वतों के मध्य है। इसकी सहायक तवा नदी पर **तवा विद्युत परियोजना** स्थापित है। नर्मदा पर **सरदार सरोवर** परियोजना स्थित है इससे पारिस्थितिकी असन्तुलन की सम्भावना से (नर्मदा बचाओ आन्दोलन) चर्चा का विषय बना था।

कहा जा सकता है कि हिमालय से निकलने वाली सिन्धु गंगा एवं ब्रह्मपुत्र (जिनका 3200 कि.मी. धनुषाकार कछारी मैदान हैं) में निरन्तर जल–प्रवाह बना रहता है। इन क्षेत्रों में सर्वप्रथम सिन्धु–सरस्वती सभ्यता एवं बाद में वैदिक सभ्यता विकसित हुई और सभ्यता का वह क्रम निरन्तर गतिमान रहा। दूसरी ओर प्रायद्वीपीय नदियों में महानदी, गोदावरी, कृष्णा एवं कावेरी ने, पठारी क्षेत्रों में जलोढ़ मैदानों का निर्माण किया। अतः इन क्षेत्रों के निवासियों के योगदान से सांस्कृतिक विकास की धारा प्रवाहित हुई जो वर्तमान तक कायम है।

प्रभाव यह कहा जाये कि बिना भूगोल के ज्ञान के इतिहास का अध्ययन अधूरा है तो अनुचित न होगा। धरातलीय संरचना मिट्टी, वर्षा एवं जलवायु के प्रभाव को एक उदाहरण द्वारा समझा जा सकता है। उत्तर प्रदेश एवं बिहार जैसे गंगा घाटी मैदान में जनसंख्या का घनत्व अधिक है जबकि इससे लगे हुए झारखण्ड एवं मध्य भारत के पठारी क्षेत्र की बसावट तुलनात्मक दृष्टि से छितराई हुई है।

इसी प्रकार मगध, कौशल, अवन्ती, आन्ध्र, कलिंग एवं चोल जैसे क्षेत्र प्रारम्भ में विकसित होकर उभरे जो अनुकूल पर्यावरणीय कारकों के कारण सम्भव हुआ। मगध साम्राज्य को भी उदाहरण के रूप में प्रस्तुत किया जा सकता है। भारत की प्राचीन राजधानी मगध से धीरे–धीरे पश्चिम की ओर विस्थापित होने लगी। इसी क्रम में हम पंजाब का उदाहरण प्रस्तुत कर सकते हैं जहाँ की समृद्धि सदैव हमलावरों को आकर्षित करती रही।

पर्यावरण एवं भौगोलिक कारकों के कारण ही कश्मीर एवं राजस्थान के लोगों के पहनावे में मौलिक भेद देखा जाता है। वर्षा मानव जीवन को कई तरह से प्रभावित करती है। बतौर उदाहरण तमिल क्षेत्र में नदियाँ मौसमी हैं। इसलिए वहाँ के किसान पल्लव एवं चोल शासकों के समय से ही सिंचाई के लिए तालाबों का उपयोग करते रहे हैं। केरल की अलग–थलग स्थिति स्थानीय लोगों को ईसाईयत अपनाये जाने में सहायक बनी। अर्थात् अन्य क्षेत्रों के लोग इन्हें ईसायत के प्रभाव से बचाने के बारे में नहीं सोच सके। गुजरात की तटीय स्थिति व्यापार व्यवसाय के अनुकूल साबित हुई। लम्बी तटरेखा का ही प्रभाव कहा जायेगा कि गुजरात पिछले चार हजार से अधिक वर्षों से विदेशी व्यापार का केन्द्र रहा है। पश्चिमी ओड़ीशा, पूर्वी मध्य प्रदेश, दक्षिण बिहार एवं झारखण्ड आदिवासी बाहुल्य क्षेत्र है। इसका मूल कारण विन्ध्य एवं सतपुड़ा का पहाड़ी भाग रहा है जो यहाँ के निवासियों के विकास में बाधक बना। बाह्य लोगों से सम्पर्क के अभाव में ये लोग यथास्थिति में बने रहे।

भारत के किसान मानसून पर आश्रित रहे हैं और मानसून की अनियमितता ने लोगों को भाग्यवादी एवं शान्तिप्रिय बनाया। ए.एल. बाशम (अद्‌भुत भारत, पृष्ट 3), ने ठीक ही कहा है, "यदि भारतीय चरित्र पर जलवायु का कोई प्रभाव रहा है, तो हमारा विश्वास है कि वह प्रकृति द्वारा मुक्त रूप में प्रदत्त सरल आनन्द के प्रति आसक्ति ही है। इस प्रवृत्ति की स्वभाविक प्रतिक्रिया एक ओर आत्म–त्याग और संन्यास की भावना और दूसरी ओर समय–समय पर कठोर श्रम साध्य चेष्टा रही है।"

भौगोलिक परिस्थितियों ने व्यापारिक मार्गों के विकास को भी प्रभावित किया है। मैदानों में पथों का विकास सरल होता है जबकि पर्वतों एवं रेगिस्तानों के लिए यह कार्य सहज नहीं होता। अतः भौगोलिक संरचना एवं पर्यावरण मानव जीवन को गम्भीर रूप से प्रभावित करते हैं। भारत के इतिहास के अध्ययन के साथ यहाँ की भौगोलिक संरचना एवं परिस्थिति का ज्ञान आवश्यक हो जाता है।

II विभिन्नता में एकता (Unity in Diversity)

एक राष्ट्र की मूलभूत एकता में एक निश्चित भौगोलिक सीमा, एक भाषा, एक धर्म एवं संस्कृति तथा आर्थिक प्रणाली को आवश्यक माना गया है। राष्ट्रीयता की भावना ही लोगों के परस्पर विरोधी विचारों, भिन्न–भिन्न धार्मिक मान्यताओं, अलग–अलग रस्म–रिवाजों एवं विविध भाषा–भाषियों को एकता के सूत्र में बाँधती है। भारत का प्रत्येक भौगोलिक क्षेत्र एक विशिष्ट इकाई के रूप में विकसित हुआ तथा सदियों तक अपनी विशिष्टता को बरकरार रखा। चार्ल्स मेटकाफ को उद्धृत करते हुए ए.आर. देसाई[1] ने लिखा है, ग्राम समुदाय छोटे–छोटे गणतन्त्र हैं। अपनी जरूरत की सारी चीजें इन्हें अपने यहाँ प्राप्त हैं और विदेशी सम्बन्धों से लगभग मुक्त हैं।

1. भौगोलिक एकता

भारत में विविधताओं के बावजूद एकता की भावना अन्तर्निहित है। उत्तर में हिमालय और दक्षिण में समुद्र की जल सीमा इसे

घेरे हुए है अर्थात् प्रकृति ने ही इसे एक पृथक् भौगोलिक इकाई बनाया है। इसकी भौगोलिक अनेक रूपता में मौलिक एकता विद्यमान है। प्राकृतिक सीमाएँ उसे एशिया महाद्वीप से अलग बनाए हुए है। स्पष्टतः प्रकृति द्वारा प्रदत्त भौगोलिक सीमाओं के कारण ही भारत उत्तरी आक्रमणों से बचा रहा और पड़ोसी देशों का सांस्कृतिक प्रवाह भारतीय जन–जीवन को अधिक प्रभावित नहीं कर पाया। मिस्त्र (इजिप्ट), मेसोपोटामिया या ग्रीस से भारतीय उपमहाद्वीप इस रूप में भिन्न है कि यहाँ की परम्परायें, रीति–रिवाज आदि आज तक भंग हुए बिना रक्षित हैं। इस सांस्कृतिक अक्षुण्णता का एक कारण भारत का भौगोलिक ऐक्य भी है। महाकाव्य एवं पुराण आदि ने सम्पूर्ण देश को भारतवर्ष अर्थात् भारत का देश तथा यहाँ के निवासियों को भारती (भारत की सन्तान) कहा है। विष्णु पुराण[2] में व्यक्त किया है, "समुद्र के उत्तर और हिमालय के दक्षिण भू–भाग में स्थित भारतवर्ष कहा गया है तथा वहाँ की सन्तानें भारती (भरतवंशी) हैं।"

प्राचीन भारतीयों की धार्मिक भावनाएँ एवं विश्वास सारभूत एकता से ओत–प्रोत थी। यहाँ की पवित्र सात नदियों से भी लोग अपना भावनात्मक सम्बन्ध बनाए हुए थे :

गंगे च यमुने चैव गोदावरी सरस्वती।
नर्मदे सिन्धु कावेरी जलेऽस्मिन् संनिधिं कुरु।।

आज भी बड़ी संख्या में हिन्दू नहाते समय इन नदियों का स्मरण करते हैं। यह हमारी भौगोलिक एकता का अप्रतिम उदाहरण है। महाभारत के भीष्मपर्व[3] में भारत को एक सुन्दर राष्ट्रीय एवं भौगोलिक इकाई के रूप में प्रस्तुत किया है। लोगों की तपस्या स्थली के रूप में भारत के सात पर्वतों का जिक्र विष्णु पुराण[4] में आया है। "अर्थात् महेन्द्र, मलय, सह्य, शुक्तिमान, ऋक्ष्य, विन्ध्य तथा परियात्र।" विष्णु पुराण के दूसरे खण्ड का तीसरा एवं आगे के अध्याय भारत की विशेषताओं से भरे पड़े हैं। इसी तरह सात मोक्षदायी नगरों का उल्लेख भी मिलता है– 'मथुरा, अयोध्या, माया (हरिद्वार), काशी (वाराणसी), काँची, अवन्ति (उज्जैन) पुरी एवं द्वारवती।[5]' भारत एवं आदिगुरू शंकराचार्य ने भारत की एकता की दृष्टि से ही देश के चार कोनों में चार पीठों की स्थापना की थी। बद्रीकाश्रम (ज्योर्तिमठ), श्रृंगगिरि (श्रृंगेरीमठ) पुरी (गोवर्धन मठ) व द्वारिकापुरी (शारदामठ) की यात्रा आज भी हिन्दू आवश्यक धार्मिक कृत्य मानते हैं।[6] भारतीयों के लिए इन चार धामों की यात्रा अनिवार्य बनाये जाने के पीछे शंकराचार्य की यही धारणा रही होगी कि लोगों को अपने देश के बारे में जानकारी हो और परस्पर सम्पर्क से भावनात्मक एवं सांस्कृतिक जुड़ाव बना रहे। मौर्यों से पूर्व नन्द वंश के समकालीन कात्यायन ने चोल, पाण्डय व महिष्मती को भारत का अंग बताया। यही नहीं पतंजलि ने भी महाभाष्य में महिष्मती के साथ वैदर्भ, कांचीपुर केरल एवं मलाबार का जिक्र किया है। यूनानी लेखक स्ट्रेबो भारत की विशाल भौगोलिक संरचना से परिचित था।

2. राजनीतिक ऐक्य

ब्रिटिश काल में यह प्रचारित किया गया कि भारत की एकता अंग्रेजी शासन की देन है। यद्यपि विसेंट स्मिथ (ऑक्सफोर्ड हिस्ट्री ऑफ इण्डिया, 1981, पृ. 5–7 भूमिका) एवं कनिंघम (सिखों का इतिहास, 1965, वाराणसी) ने लिखा है कि भारत में अधिकांश समय राजनीतिक एकता कायम नहीं रही तथापि चक्रवर्ती का आदर्श, संस्कृत भाषा, कुरुक्षेत्र में लड़ा गया महाभारत युद्ध व रामायण कथा इस विश्वास के सूचक हैं कि धुर दक्षिण तक के लोग एक व संगठित है और काबुल से असम तथा उत्तर से दक्षिण श्री लंका तक प्रदेश एक देश के रूप में रहा है। प्राचीन भारत में राजनीतिक एकता एवं केन्द्रीकरण का आदर्श मौजूद था। ऐतरेय ब्राह्मण[7] सम्राट उसे घोषित करता है जिसकी सीमाएँ समुद्र तक फैली हो। सम्राट को 'आसमुद्रक्षितीश'[8] कहा है और इस ग्रन्थ में भरत, सुदास, परीक्षित, दुर्मुख जैसे कई सम्राटों का उल्लेख आया है। कौटिल्य ने अर्थशास्त्र में ऐसे सार्वभौम राजाओं का जिक्र किया है जिनकी सीमाएँ देश के चारों कोनों को स्पर्श करती थीं। अशोक के दूसरे शिलालेख में सुदूर दक्षिण के स्वाधीन राज्यों में चोल, पाण्ड्य, सतियपुत्र, केरलपुत्र एवं ताम्रपर्णि का उल्लेख सीमान्त राज्य के रूप में किया है[9] अशोक के पुत्र महेन्द्र ने सिंहल द्वीप की यात्रा बौद्ध धर्म के प्रचार हेतु की थी।

भारत की एकता का सूत्रपात नन्दराज ने किया था। उस दौर में सर्वप्रथम दक्षिण के कई राज्यों को एक केन्द्रीय सत्ता के अधीन लाया गया। इस प्रक्रिया को चन्द्रगुप्त मौर्य ने आगे बढ़ाया और अशोक ने इसे पूरा किया। मौर्य शासकों ने न केवल भारत की एकता स्थापित की, अपितु कई पाश्चात्य देशों के साथ अन्तर्राष्ट्रीय सम्बन्ध स्थापित किये। ईसा की चौथी शताब्दी में गुप्त सम्राट समुद्र गुप्त ने उत्तरी भारत और पूर्वी समुद्र तट से अभियान शुरू कर दक्षिण भारत के कई भागों पर विजय प्राप्त की। चन्द्रगुप्त द्वितीय ने गुजरात को जीतकर उसके अधूरे कार्य को पूरा किया। बिपिन चन्द्र[10] के इस मत से हम असहमत नहीं हो सकते कि "राजनीतिक, प्रशासनिक और आर्थिक एकता के तत्व खासतौर से मुगलों के अधीन विकसित हुए थे। शासकों की राजनीति और उससे क्षेत्र विजय की आकांक्षा अक्सर प्रादेशिक सीमाओं से परे होती थी और उसमें भी ज्यादा महत्वाकांक्षी शासक पूरे उपमहाद्वीप में राज्य विस्तार करने की बात सोचते थे।"

3. समन्वयवादिता

औपनिवेशिक काल में पाश्चात्य विद्वानों ने भारत की विभिन्नता को खूब उजागर किया। हम भारतीय जीवन की विविधता एवं अनेकता को स्वीकार करते हैं लेकिन भारतीय संस्कृति की

मूलभूत एकता की उपेक्षा नहीं की जा सकती। दरअसल भारतीय संस्कृति विविध सम्प्रदायों एवं जातियों के आचार–विचार और विश्वास का समन्वय है। भारतीय संस्कृति में प्राचीनता से साथ चिर स्थायित्व एवं निरन्तरता है। मिस्त्र, बेबीलोनिया, ईरान आदि की संस्कृतियों का अस्तित्व बहुत पहले समाप्त हो गया किन्तु भारत का अतीत उसके वर्तमान से अविच्छिन्न रूप से जुड़ा है। इस सांस्कृतिक समन्वयवादिता के कारण ही समय का प्रवाह अर्थात विदेशी आक्रमणों का दौर भी सांस्कृतिक एकता को विलुप्त नहीं कर पाया। सैन्धवकालीन देवी–देवता तथा वैदिक देव एवं पूजा प्रार्थना आज भी पूर्ववत् महत्व बनाये हुए हैं। हमारी सांस्कृतिक एकता को हम बद्रीनाथ, कैदारनाथ, जगन्नाथपुरी, द्वारकापुरी एवं रामेश्वरम में हर वक्त देखते हैं जहां पूरे देश के लोग इन स्थानों पर दर्शन के लिए आते हैं। इन स्थानों को लघु भारत या लघु भारत के सांस्कृतिक क्षेत्र (Cultural pocket) कह सकते हैं।

4. सांस्कृतिक एकता एवं धार्मिक सहिष्णुता

यह संस्कृति वैदिक, बौद्ध, जैन, हिन्दू, मुस्लिम एवं आधुनिक संस्कृतियों के समेकन का परिणाम है। भारत एवं बांग्लादेश के मुस्लिम विचारों, रीति–रिवाजों की दृष्टि से तुर्की एवं अरब देशों के मुसलमानों से भिन्न है और अपेक्षाकृत भारतीय हिन्दुओं के निकट है। आज भी सूफी संतों की मजार पर हिन्दू बिना संकोच के मन्नत हेतु जाते हैं। धार्मिक मतभेद एक स्वभाविक तथ्य है किन्तु दार्शनिक एवं नैतिक सिद्धान्तों में मूलभूत एकता है। यहाँ की धार्मिक उदारता, साम्प्रदायिक सहिष्णुता की, विख्यात इतिहासकार अर्नाल्ड टॉयनबी ने भी प्रशंसा की थी।

भारत में साहित्य एवं कला का विकास सभी प्रदेशों में समान रूप से हुआ और साहित्य के आधार कथावस्तु, नेता, चरित्र–चित्रण, अलंकार, रस आदि में साम्यता है। संस्कृत साहित्यकार की कथा महाभारत पर आधारित हो सकती है तो तमिल, मलयालम, कन्नड़ व तेलगू के साहित्यकार की भी। वैदिक साहित्य, महाकाव्य, पुराण तथा बौद्ध साहित्य समान रूप से सम्पूर्ण भारत में प्रेरणा के स्त्रोत रहे हैं। मन्दिर, चैत्य, विहार, मस्जिद एवं अन्य कला स्मारकों से हमारे अन्दर देशीयता की भावना ही मुखरित होती है। विहार, स्तूप, चैत्य, प्राचीन मूर्तियाँ, ग्रन्थ, चित्र हमें भारतीयता का ही आभास करवाते हैं। तमिल चित्रकारों की विषयवस्तु कृष्ण चरित्र रहा है तो उत्तर–प्रदेश या बंगाल के चित्रकार के भी। पाश्चात्य पर्यटक अजन्ता, एलोरा, कार्ले, भाजा–कन्हेरी, विदिशा, बाघ, सारनाथ, साँची, अमरावती, मथुरा और आगरा की यात्रा करके भारतीय कला की प्रशंसा करते हैं तो सभी भारतीयों को गर्व की अनुभूति होती है। प्रान्तीय विशेषता के बावजूद स्थापत्य, मूर्तिकला, चित्रकला, संगीत एवं रंगमंच आदि में भारतीय परम्परा ही झलकती है। संगीत एवं नृत्य में भी सांस्कृतिक एकता भरी पड़ी हैं। उत्तर भारतीय संगीतकार ने कृष्ण–भक्ति के गीत गाये तो आलवार सन्तों ने कृष्ण–भक्ति आन्दोलन की शुरुआत की थी। इसी प्रकार मणिपुरी या कथकली के नृत्यकारों के महाभारत या कृष्ण को आधार बना कर ही नृत्य परम्परा की शुरूआत की थी। कई उत्तर भारतीय नृत्य परम्पराओं में भी कृष्ण लीला ही आधार हैं अर्थात एकता की भावना सर्वत्र देखी जाती हैं।

5. भाषाई एकता एवं बहुलता

भाषा के सवाल पर हमारे मन में संदेह पैदा हो सकता है लेकिन प्राचीन काल में मौटे रूप में संस्कृत सारे देश में समझी जाती थी। अगले अध्यायों में दर्शाया गया है कि संस्कृत पाली, प्राकृत अपभ्रंश और आधुनिक भारत की अन्य भाषाओं, जैसे–हिन्दी, बंगाली, मराठी, गुजराती, उड़िया, पंजाबी, मैथिली एवं बिहारी की जननी है। आधुनिक भारत की लगभग सभी भाषाओं–तमिल, तेलुगू, मलयालम और कन्नड़ पर संस्कृत व्याकरण एवं शब्दों का प्रभाव ही नहीं अपितु संस्कृत के शब्द बड़ी संख्या में प्रयुक्त भी होते हैं। आजादी के बाद भाषा के मुद्दे पर आन्दोलन हुए और आन्दोलनों का रुख हिन्दी विरोधी बन गया था।

प्रारम्भ में जवाहरलाल नेहरू ने 1937 में प्रादेशिक भाषाओं को समान महत्व प्रदान कर इस मसले को शान्त किया था।[11] 1959 के एक विधेयक द्वारा प्रादेशिक भाषाओं को संवैधानिक मान्यता दी गई। भारतीय भाषाओं विशेष रूप से मुसलमानों द्वारा बोली जाने वाली उर्दू समान रूप से महत्व रखती हैं और उसे संवैधानिक दर्जा प्राप्त हैं। संविधान सभी जातियों को समान रूप से महत्व देते हैं। अन्त में, हम कह सकते हैं कि भारतीय संस्कृति का अजस्त्र स्त्रोत निरन्तर अविरल गति से गतिमान है। मिस्त्र, सुमेरिया, बेबीलोन, यूनान, रोम की संस्कृतियाँ अब अतीत की कहानी मात्र हैं। लेकिन भारत में लगभग 5000 वर्ष पूर्व जिस संस्कृति का आविर्भाव हुआ, आज भी यथावत् है। यद्यपि भारत में समय–समय पर अनेक जाति, धर्म एवं सम्प्रदाय के लोगों का प्रवेश हुआ और भारत को पराजय झेलनी पड़ी। फिर भी भारतीय संस्कृति का प्रवाह अवरुद्ध नहीं हुआ जो इसकी अपनी विशेषता है।

निष्कर्ष जॉन मार्शल[12] ने जिक्र किया है कि, ''भारत के प्रत्येक ग्राम में चबूतरे पर देवी स्थापित होती है जिसे माता या महामाता नाम से जानते हैं।'' वर्तमान में भी गाँवों में देवी पूजा यथावत् की जाती है। ऋग्वेद में उल्लिखित इन्द्र, सूर्य, विष्णु की पूजा–प्रार्थना का प्रचलन आज भी है। अन्त में हम आर. सी. मजूमदार[13] के शब्दों में कह सकते हैं कि, ''भारत की एकता वर्तमान की देन नहीं है जैसा कि प्रचारित किया जाता है। हजारों वर्षों से भारत एक देश के रूप में मान्य रहा है और यहाँ लोग भारत सन्तति के रूप में।

सन्दर्भ :

1. ए. आर. देसाई : भारतीय राष्ट्रवाद की सामाजिक पृष्ठभूमि, पृ. 6
2. विष्णु पुराण 2/3/1 : उत्तर यत्समुद्रस्य हिमाद्वैश्चैव दक्षिणम्, वर्ष तद्भारत नाम भारती यत्र सन्तति :।
3. भीष्म पर्व 10/5/9
4. विष्णु पुराण 2/3/2 महेन्द्रो मलयः सह्मः शुक्तिमानक्षपर्वत :। विन्ध्यश्य परियात्रश्च सप्तस्त्र कुल पर्वता।।
5. विष्णु पुराण 2/3, अयोध्या मथुरा माया काशी कांची अवंतिकापुरी द्वारावती चैव सप्तैया मोक्ष दायिका :।।
6. शंकराचार्य द्वारा स्थापित चार पीठो की आज भी लोग चार धाम के रूप में यात्रा करते हैं।
7. ऐतरेय ब्राह्मण, 8/12
8. अर्थशास्त्र, 7/12/4
9. देखिये गुप्त पी. एल. : भारत के प्रमुख अभिलेख, पृ.15, चौड़ा पाड़ा सतियपुतो केवल पुतो। आतंबपणी,
10. (a) बिपिनचन्द्र एवं अन्य : आजादी के बाद का भारत, हिन्दी कार्यान्वयन निदेशालय, दिल्ली, पृ. 111
11. (b) Azad memorial lectures, 1960, Indian council for cultural relation, p. 95. It I am right a devout and zealous Shiva and zealous Vaishanva would each recognize that the other was seeking truth and salvation in his own way, each might perhaps claim that his own way was the better one at any rate for himself. But he would not maintain that his own way was the only way that had any truth or virtue in it. He would not contained that his neighbours way was utterly false and vicious" One World and India.
12. देखिय जॉन मार्शल : मोहनजोदड़ो एण्ड द इण्डस सिविलाइजेशन, लन्दन, खण्ड।
13. देखिये The Vedic Age. Bombay, 1988. P.107 "It would be wrong to think, as many do, that the conception of the fundamental. Unity of India is only recent growth. This idea can be traced to ancient periods by the use of the common name, Bhartavarsh, for the whole country, and the designation. Bharati Santatih applied to the people of India"

3 प्रागैतिहास एवं आद्य इतिहास
(Pre-history and Proto-history)

मानव जीवन का विकास एक समान या लगातार नहीं हुआ अपितु यह एक क्रमिक प्रक्रिया थी। डी.डी. कोसंबी का यह कथन उचित ही है कि, ''वह एक काफी अक्षम पशु से औजार बनाने और उनका इस्तेमाल करने वाला ऐसा प्राणी बन गया जो अपनी संख्या और अपने कई कार्यकलापों के कारण सारी धरती पर छा गया।[1] अपने बुद्धि–कौशल के कारण ही वह निरन्तर प्रगति की ओर बढ़ पाया। परस्पर सम्पर्क से एक–दूसरे के विचारों का ही आदान–प्रदान नहीं हुआ अपितु दूसरों द्वारा ईजाद की गई तकनीक को भी जानने के अवसर मिले। जातीय मिश्रण से उसका बुद्धि–कौशल अधिक तीव्र हुआ। एन.एन. घोष ने ठीक ही कहा है कि, ''संसार इसका अपवाद कैसे हो सकता है?''

I-भौगोलिक परिस्थितियाँ (Geographical factors)

विद्वानों की मान्यता है कि मनुष्य को वर्तमान स्वरूप प्राप्त करने में करोड़ों वर्ष गुजारने पड़े होंगे। जैसे–जैसे उसके शारीरिक गठन में परिष्कार आया उसी क्रम में उसकी बुद्धि ने काम करना प्रारम्भ किया। विकास की श्रृंखला में उसने गुहाओं में शरण ली। आगे जाकर गुफाओं को प्रकाशित करने के लिए लकड़ी एवं पशुओं की चर्बी काम में ली जाने लगी। पुरापाषाणकालीन आदि मानव के सभी औजार एवं हथियार पाषाण निर्मित थे। अतः विद्वानों ने इस काल को पाषाण काल की संज्ञा दी है। भारत की प्रागैतिहासिक मानवीय गतिविधियों को प्रकाश में लाने का श्रेय डा. प्राइमरोज को हैं, जिसने 1842 में कर्नाटक के रायचूर के लिंगमुगुर स्थान से प्रागैतिहासिक औजारों की खोज की। रार्बट ब्रूस फुट चेन्नई पल्लवरम् से पाषाण निर्मित औजारों को जानकारी में लाये। 1935 में डी टेरा व पीटरसन ने भी महत्वपूर्ण कार्य किया।

मोटे रूप में यह स्वीकार किया जाता है कि मनुष्य ने लगभग 30 लाख वर्ष पूर्व सांस्कृतिक जीवन में प्रवेश किया होगा। प्रागैतिहास (Prehistory) के अन्तर्गत ई.पू. 3000 तक मानवीय क्रिया–कलापों का अध्ययन करते हैं। परवर्ती काल को आद्य इतिहास (Protohistory) का आरम्भ कहा जाएगा।

सभी विद्वान् इस बात पर एकमत हैं कि मानव जीवन के प्रारम्भ से अब तक के काल का आकलन किया जाए तो सम्पूर्ण अवधि में से केवल 0.1 प्रतिशत समय का ही लिखित विवरण उपलब्ध है। वर्तमान में जो कुछ तकनीकी प्रगति हम देख रहे हैं उसमें आदि मानव का किसी न किसी रूप में योगदान अवश्य रहा है। जैसे पहिये के उपयोग को ही लिया जाए तो यह बात स्वतः स्पष्ट हो जाती है। इसी तरह आग का आविष्कार जिस किसी की देन है उसके महत्व को नहीं नकारा जा सकता।

मनुष्य की प्रारम्भिक जीवनचर्या को समझने के लिए हमें पुरातत्व को आधार बनाना होता है। पुरातत्ववेत्ता प्राचीन बस्तियों से सम्बद्ध, स्थलों का उत्खनन करवाता है, खासतौर से उन स्थलों का जहाँ की मिट्टी हाल के वर्षों में अधिक अस्त–व्यस्त नहीं हुई है, वहाँ एक–दूसरे से पृथक् कई छोटे–बड़े स्तर आसानी से देखे जा सकते हैं।

स्तर एवं अस्थि अवशेष सर्वाधिक प्राचीन स्तर सबसे नीचे होता है। सबसे ऊपर स्तर, आखिरी बस्ती के अस्तित्व का प्रमाण कहा जाएगा। प्राचीन बस्तियों के कालक्रम का निर्धारण इसी क्रम में करना होता है। लम्बवत उत्खनन (Vertical Excavation) में सीमित भाग में खुदाई की जाती है जब तक प्राकृतिक मिट्टी (Natural Soil) नहीं आ जाती। दूसरे क्षैतिज उत्खनन (Horizontal Excavation) में पूरे टीले या बड़े भाग में खुदाई की जाती है। लम्बवत् में क्षेत्र की प्राचीनता का ज्ञान व क्षैतिज में संस्कृति का पूर्ण ज्ञान करना होता है। उत्खनन के दौरान अनेक स्तरों से प्राप्त सामग्री अलग–अलग रखी जाती है। किसी एक स्तर से प्राप्त सामग्री के आधार पर तत्कालीन मानव जाति के विषय में पुराविद् अपना निष्कर्ष प्रस्तुत करते हैं। उत्खनन के किसी स्तर से प्राप्त अस्थि अवशेष, जैसे–हड्डी, खोपड़ी अथवा दाँत आदि महत्वपूर्ण होते हैं। प्राप्त अस्थियों से शारीरिक ढाँचे के बारे में जानकारी मिलती है। केवल दाँत के आधार पर भी शारीरिक ढाँचे के बारे में अनुमान किया जा सकता है। मनुष्य जिन पशुओं का शिकार करता था उन पशुओं की हड्डियाँ भी सामान्यतः साथ ही मिलती हैं। इसके अतिरिक्त उन पशुओं की हड्डियाँ भी मानवीय अस्थियों के साथ पाई जाती हैं, जिनको उसने पालतू बनाया था, जैसे–गाय, बैल, कुत्ता, भेड़ बकरी आदि।

तुलनात्मक पद्धति

- कहा जाता है कि पुराविद् द्वारा खोजे गए पुरावशेष स्वयं यह जानकारी नहीं देते कि किस युग विशेष के लोग असल में किस प्रकार रहते थे?

  उस जीवन–पद्धति की पुनर्रचना करने के लिए संसार के दूर–दूर के दुर्गम क्षेत्रों में आज भी जीवित बचे अनेकानेक कबीलों (Hunting community) आदि

का तुलनात्मक अध्ययन करना आवश्यक है। तभी यह स्पष्ट होता है कि खास किस्म के औजार कैसे बनते थे और उनका किस प्रकार इस्तेमाल होता था और इन औजारों को गढ़ने वाले सुदूर अतीत के लोग कैसे जीवन व्यतीत करते थे?[1]

- प्रागैतिहासिक जीवन शैली का अध्ययन करते समय यह भी ध्यान रखना आवश्यक होता है कि विभिन्न वातावरणीय क्षेत्रों (Environmental Zones) की भिन्न–भिन्न सांस्कृतिक विशेषताओं का परस्पर सम्पर्क होने पर पुरानी विशेषताएँ पूरी तरह गायब नहीं होती, सम्पर्क से सुधार अवश्य होता है।
- मानव जहाँ जीवित रहने का प्रयत्न करता है, उस वातावरण के अनुसार आवश्यकताएँ बनती हैं। उनकी पूर्ति के लिए कृत्रिम सरल माध्यम अपनाया जाता है। जीवित रह सकने के ढंग का वह कृत्रिम रूप जीवाश्मित साक्ष्य (Fossilized Evidence) है। प्रागैतिहास के अध्ययन के लिए यह एक सांस्कृतिक विशेषता है।
- यहाँ 'संस्कृति' शब्द से अभिप्राय जान लेना आवश्यक हैं। वातावरण की जिन वस्तुओं को मनुष्य अपने अनुकूल बना लेता है और स्वयं को भी वातावरण के अनुसार ढालने की कोशिश करता है उन्हें प्रागैतिहासिक पुराविदों की भाषा में 'संस्कृति' कहा जाता है।

II-उपकरण (Tools)

पाषणकालीन उपकरणों पर अब तक काफी अध्ययन किया जा चुका है। उपकरण निर्माण हेतु सामान्यतः कठोर पत्थरों को उपयोग में लाया गया। उस पर बटिकाश्म (Pebble) से हथौड़े की तरह चोट की जाती थी। बार–बार प्रहार करके पाषाण को वांछित रूप में ढाला जाता था। उसे क्रोड (Core) कहा गया। उतारे गए छोटे–छोटे टुकड़ों को शल्क (Flakes) कहा जाता है।

गंडासा (Chopper) निर्माण हेतु बटिकाश्म के एक भाग से शल्क उतार कर चौड़ी धार बनाई जाती है। हस्तकुठार (Handaxe) एवं विदारणी (Cleaure) दोनों तिकोने क्रोड उपकरण हैं जिनके दोनों ओर इसी तरह धार बनाई जाती है। दोनों सिरे एक जगह आ मिलते हैं, उसे हस्तकुठार कहा गया। विदारणी या विदारक में दोनों पार्श्व समानान्तर होते हैं और काम में आने वाला सिरा अधिक चौड़ा होता है। चापर पेबुल से बनाये जाने वाला बड़े आकार वाला उपकरण हैं।

एबीवेलीं हस्तकुठार (Abbevillin Handaxe) भारी भरकम लम्बा–चौड़ा एवं अनगढ़ पत्थर को कहा गया। ऐशूलीं हस्तकुठार (Acheulion Handaxe) अण्डाकार स्वरूप छोटे एवं सुडौल पत्थर से निर्मित, इसे बनाए जाने हेतु दोनों ओर से अनेक शल्क उतारे जाने की आवश्यकता होती है।

खुरचनी (Point or scrapers) एक मोटे शल्क के एक या अनेक किनारों की घिसाई करके बनाई जाती है।

वेधनी (Point) इसके दोनों सिरों की घिसाई करके प्रखर बनाया जाता है जिससे आगे का भाग पतला एवं नुकीला बन सके।

तक्षणी (Burins) आधुनिक पेचकस की तरह इसके दोनों तल झुके हुए होते हैं। इसके अतिरिक्त भी अन्य कई तरह के उपकरण उपयोग में लाए जाते थे।

अवल पत्थर या हड्डी से बने इस औजार का उपयोग लकड़ी एवं चमड़े में छेद करने के लिए किया जाता था।

मत्स्य भाला हड्डी या पत्थर से निर्मित भाला जल जीवों कि शिकार करने में काम आता था।

भौगोलिक कारक एवं मानव विकास क्रम पुराविदों द्वारा संसार के विभिन्न क्षेत्रों में व्यापक उत्खनन करवाया गया। उनका क्रम मोटे रूप में इस प्रकार है–सबसे नीचे के स्तर में पुराने तोड़े हुए पत्थर के अनगढ़ टुकड़े मिलते हैं। इनका इस्तेमाल औजार के रूप में किया जाता था। पाषाणों से औजार बनाने की कला का धीरे–धीरे विकास हुआ। अन्त में परिष्कृत औजार बनाए जाने लगे। प्राप्त अवशेषों के आधार पर नृविज्ञानियों का अनुमान है कि लगभग दो–तीन करोड़ वर्ष पूर्व तीन–चार फीट ऊँची एक कपि प्रजाति उष्णकटिबन्ध के घने जंगलों से बाहर निकली लेकिन अब भी उसका निवास वृक्षों पर ही था। इनकी एक शाखा जिसे **रामापिथेकस (Ramapeithecus)** कहा गया, उससे अलग हुई। महाकपि प्रशाखा, जो मैदानों में रहना पसन्द करती थी, को **आस्ट्रेलोपिथेकस (Australopithecus)** के नाम दिया गया। विकास की प्रक्रिया निरन्तर चलती रही और इससे अधिक विकसित मानव जाति को **होमोइरेक्टस (Homoerectus)** की संज्ञा दी गई। इससे अधिक प्रगतिशील शाखा **नियण्डरथाल (Neanderthals)** के रूप में सामने आई। आदिमानव की कुछ हड्डियां जर्मनी की नियन्डर घाटी से प्राप्त हुई हैं। अतः इस संवर्ग की मानव प्रजाति नियन्डरथल कही गई। अन्त में लगभग 30,000 वर्ष पूर्व आधुनिक मानव या **होमोसेपियन (Homosapien)** का आविर्भाव हुआ। इस प्रज्ञ मानव में दो ऐसे शारीरिक लक्षण देखे गए जो इसे अन्य वर्गों से अलग करते थे–पहला खोपड़ी में गोलाकार या उत्तल अग्र भाग तथा उभरी हुई ठोड़ी। इसी तरह भ्रू–अस्थि एवं करोटि की ऊपर की अस्थि भी (skull top bone) उल्लेखनीय थे।

आन्तरिक विषमताओं के आधार पर विद्वानों ने बड़ी–बड़ी तीन भिन्न मानव प्रजातियों में विभक्त किया है–कॉकेशियस, मंगोलॉयड और नीग्रॉयड। पाषाणकालीन मानव के क्रमिक विकास को परिलक्षित करने के लिए 1863 ई. ल्यूबक ने पाषाण काल को दो भागों में विभक्त किया था। कालान्तर में विद्वानों ने मध्य पाषाण काल की अवधारणा प्रस्तुत की। तद्नुसार :

- पूर्व पाषाण या पुरा पाषाण युग (Palaeolithic Age or Megalithic Age) ई.पू. 30,000 से ई.पू. 25,000 तक
- मध्य पाषाण या मध्य प्रस्तर युग (Middle Stone Age or Mesolithic Age) ई.पू. 25,000 से ई.पू. 10,000 तक

- उत्तर पाषाण या नव प्रस्तर युग (Neolithic Age) ई. पू. 10,000 से ई.पू. 5,000 तक।

पुरा पाषाण युग को भी विद्वानों ने तीन भागों में विभक्त किया है–प्रारम्भिक या निम्न पुरा पाषाण, अथवा पूर्व पुरा पाषाणकाल (Lower palaeolithic age) दूसरा मध्य पुरा पाषाण तथा अन्त में उच्च पुरा पाषाण युग (Upper palaeolithic) यद्यपि पाषाण कालीन काल विभाजन अलग–अलग विद्वानों द्वारा काल गणना भिन्न ढंग से की है। यह विभाजन सर्वमान्य नहीं रहा है।

III. भारत में प्रागैतिहासिक मानव

भारत के प्रागैतिहास में पाकिस्तान एवं अफगानिस्तान के कुछ हिस्सों को शामिल करते हुए चर्चा की जानी उपयुक्त प्रतीत होती है। इस क्षेत्र में म्यांमार (बर्मा) के कुछ भागों को भी जोड़ा जा सकता है। डी.डी. कोशंबी लिखते हैं कि "इस विस्तार की पृष्ठभूमि में किसी राजनीतिक दावे या उद्देश्य की कोई भावना नहीं है। भारत का उत्तरी भाग जब हिमयुग से प्रभावित था, दक्षिणी और दक्षिणी–पश्चिमी भाग इससे पूर्णतः मुक्त थे। इस बात की पूरी सम्भावना है कि प्रागैतिहासिक काल में भारत के पूर्वी भाग में यूनान एवं बर्मा (म्यांमार) से लोग आए थे। सम्भव है कि, आगमन का यह सिलसिला ऐतिहासिक युग में भी जारी रहा। इस पूर्वी क्षेत्र में पाए गए पत्थर के औजार न केवल एक से हैं बल्कि इनकी बनावट में भी साम्यता है।"[2]

भारत की आबादी के नृतत्वीय विभाजन के क्रम में कुछ वर्षों पूर्व हर्बट रिजले का मत मान्य था। उसने भारतवासियों को सात श्रेणियों में विभक्त किया था–मंगोल, भा–आर्य (Indio-Aryan), द्रविड़, मंगोल द्रविड़, आर्य द्रविड शक द्रविड़ तथा तुर्की ईरानी। सन् 1933 में एस.एच. हटन ने इस दृष्टि से एक नया मत प्रस्तुत किया। उसके अनुसार भारतीय प्रजातियों को भाषा संस्कृति के आधार पर आठ भागों में विभक्त किया जा सकता है। रामप्रसाद चन्दा ने भी इस क्षेत्र में महत्वपूर्ण कार्य किया। भारतीय नृतत्वशास्त्र निरीक्षण के निदेशक बी.एस. गुहा[3] ने नवीनतम मत प्रस्तुत किया है। उनके अनुसार छह प्रमुख प्रजातियाँ तथा उनके नौ प्रकार हैं:

नीग्रिटो	(I)	भारत से विलुप्त (कुछ अंश, अंडमान, त्रावणकोर)
प्रोटो आस्ट्रेलाइड	(I)	भारत की निम्न जातियों में मिश्रित
मंगोल	(I)	पेलियो मंगोलाइड
	(II)	तिब्बती मंगोल
मेडिटरेनियन	(I)	पेलियो मेडिटरेनियन
	(II)	मेडिटरेनियन तथा
	(III)	पूर्वी प्रकार
पाश्चात्य लघुशिरस्क	(I)	एल्पिनाइड
जिसमें नार्डिक	(II)	डाइनेरिक
शामिल है।		

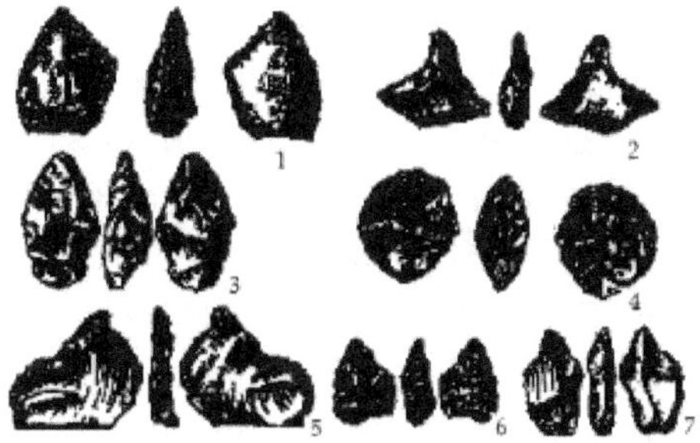

मध्य पाषाण युग के औजारों की किस्में–1. वेधनी, 2. तथा, 5. खुरचनी, 6. द्विमुखी, 7. वेद्याक 4. पार्ष्व एवं अन्त्य खुरचनी उपरि पैलियोलिथिक भीमवेधक 1. स्कंधित बाणाग्र, 2. 3. और 5. तक्षणियां 4. अंत्य खुरचनी

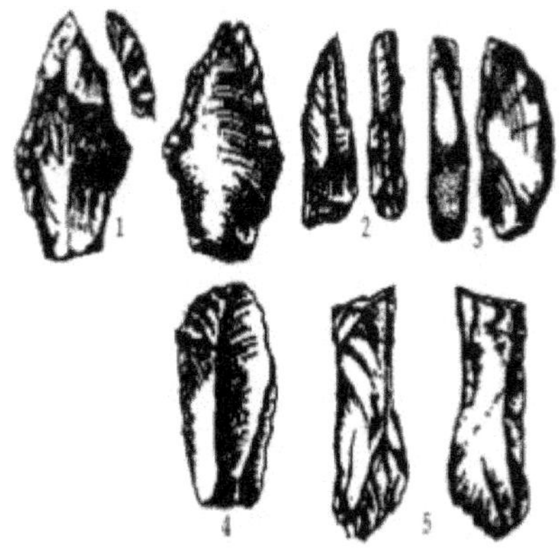

चित्र 3.1

नीग्रिटो अब भारत से लुप्त हो गई है। इनके कुछ अंश अण्डमान, त्रावणकोर एवं कुछ असम के अंगामी नगों में तथा कुछ पूर्वी बिहार के राजमहल पर्वत श्रृंखला में विद्यमान जनजाति में पाये जाते हैं। प्रोटो आस्ट्रेलाइड भारत की निम्न जातियों में मिश्रित रूप में व्याप्त हैं। मंगोल समूह दो प्रकार के हैं–दीर्घशिरस्क, असम तथा म्यांमार सीमा में तथा दूसरे गोल सिर वाले म्यांमार व चटगाँव में मिलते हैं। तिब्बती, मंगोल, सिक्किम व भूटान में अस्तित्व में है। पेलियो मेडिटरेनियन कन्नड़, तमिल एवं मलयालम भाग में आते हैं। यूरोपीय प्रकार के मेडिटरेनियन पंजाब व ऊपर गंगा घाटी में मिलते हैं।

पूर्वी प्रकार पंजाब, सिंध राजपूताना, पश्चिमी उत्तर प्रदेश के भागों में है। एल्पिनाइड काठियावाड़ क्षेत्र, डाइनेटिक बंगाल, ओड़िशा तथा कुर्ग आदि में और आरमिनाइड में पारसियों को शामिल किया जाता है। नॉर्डिक पश्चिमी भारत में पाये जाते हैं।

1. पुरापाषाणकालीन भारत (Polaeolithic India-300,000 to 10,000 BC)

भारत में पाषाणकालीन बस्तियों के अन्वेषण की शुरुआत 1863 ई. में ज्योलॉजिकल सर्वे के अधिकारी राबर्ट ब्रूस फूट ने की। उसे चेन्नई के समीप 13 मई, 1863 ई. को पल्लावरम में कुछ पाषाण निर्मित औजार उपलब्ध हुए। आगे जाकर किंग ओल्डहम्, हैकेट, ब्लैन्फर्ड एवं विन आदि विद्वानों की परिलब्धियाँ भी महत्वपूर्ण थीं। उन्नीसवीं शताब्दी के अन्तिम दौर में चेन्नई, महाराष्ट्र, मध्य प्रदेश, ओड़ीशा, बिहार, उत्तर–प्रदेश

के प्रान्तों तथा मैसूर, हैदराबाद, तलचर और रीवा आदि रियासतों में पूर्व पाषाणकालीन स्थल ढूँढ निकाले गए। लेकिन सबसे महत्वपूर्ण प्रयास डिटेरा चार्डिन (Tielhord de Chardin) और पेटर्सन (TT. Peterson) के पर्यवेक्षण में एल. कैम्ब्रिज अभियान दल द्वारा 1932 ई. में हुआ था। प्रतिलब्धियों के आधार पर कहा जा सकता है कि तत्कालीन मानव नदी घाटियों, झीलों के तटों एवं पर्वत कन्दराओं में निवास करता था। भारत में पूर्व पाषाण संस्कृति का उदय एवं विकास अभिनूतन (Plieistocene) काल में हुआ। स्टअर्ट पिगट का विचार है कि, ''भारतवर्ष के पाषाण काल और विश्व के अन्य भागों के पाषाण कालों में सम्बन्ध और साम्य स्थापित किया जा सकता है। उत्तरी भारत की भाँति मध्य यूरोप को भी ग्लेशियल (Glacial) और इण्टर–ग्लेशियल (Inter-glacial) कालों के क्रम से गुजरना पड़ा था।''

सोहन घाटी इस बात से हम असहमत नहीं हो सकते कि भारत में प्राचीनतम मानव का उदय सर्वप्रथम पंजाब की सिन्धु एवं झेलम के बीच के प्रदेश अर्थात सिन्धु की सहायक सोन नदी (Soan River) क्षेत्र में हुआ। कश्मीर में लिद्दर नदी के किनारे पहलगाँव से एक हस्तकुठार उपलब्ध हुआ है। पोतवार क्षेत्र आज का पश्चिमी पंजाब एवं पाकिस्तान, पीर पंजाल तथा नमक पर्वत श्रृंखला (सॉल्ट रेंज) के मध्य स्थित है। पुराविदों के अनुसार इस भाग में विवर्तनिक बदलाव आया था जिससे सिन्धु एवं सोहन नदियों की उत्पत्ति हुई। सोहन घाटी में हस्तकुठार एवं काटने के अन्य औजार मिले हैं।[4] अडियाल, बलवाल और चौन्टरा जैसी पुरापाषाणीय बस्तियों से प्राप्त सामग्री अपने में महत्वपूर्ण हैं।

उक्त पाषाण उपकरणों को **सोहन उद्योग** (Sohan Industry) कहा जाता है।

व्यास–बाणगंगा क्षेत्र व्यास, बाणगंगा एवं सिरसा नदियों के किनारे भी पुरापाषाण युग के औजार पाए गए हैं। 1956 ई. में बी.बी. लाल ने व्यास नदी घाटी के स्थलों का पता लगाया था।

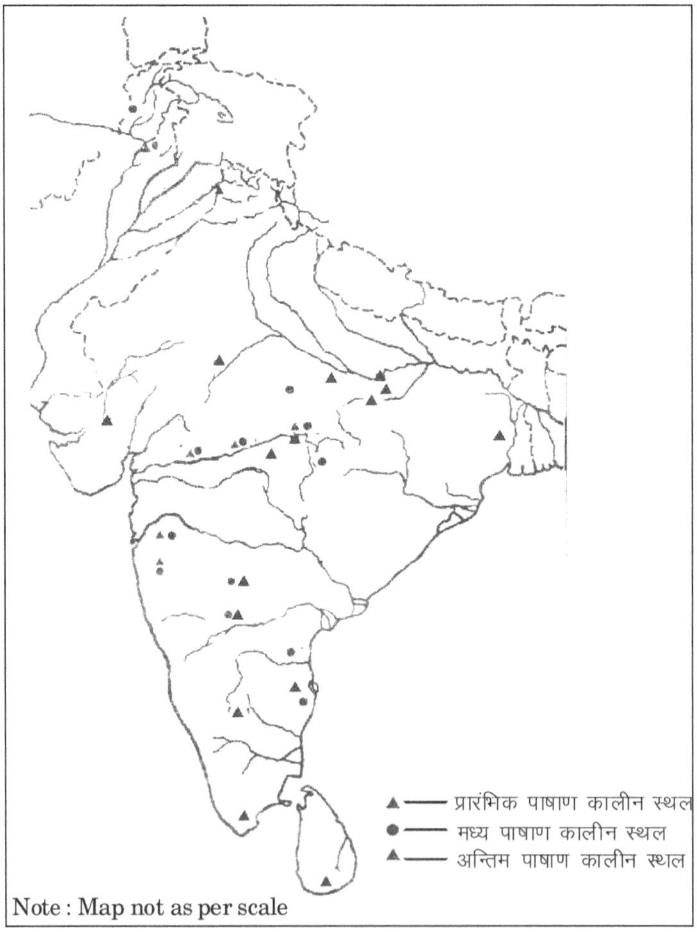

चित्र 3.2 पाषाणकालीन स्थल

1. सोन घाटी, 2. व्यास घाटी, 3. अतिरम्पक्कम एवं गुडियम की गुफा, 4. आदमगढ़, 5. जबलपुर क्षेत्रा भोराघाट बारसिमला, 6. वेनगंगा नदी घाटी, 7. माहेश्वर, 8. नैवासा, 9. खाण्डवली (मुम्बई क्षेत्र), 10. गुण्डला–ब्रह्मेश्वरम्, 11. पाण्डव–झरना, 12. संघाओं, 13. लंघनाज, 14. बार कच्चा, 15. सिद्धपुर, 16. जम्बद्वीप एवं डेरोथी (गहरा पथरीला जमाव), 17. लेखानिया, 18. मोरहना पहाड़, 19. मोड़ी (चट्टानी जमाव), 20. बिमानपुर, 21. जलाहली, 22. टेरी स्थल, 23. ब्रान्द्रावेला, 24. कोंडपुर, 25. कृष्णापुल।

राजस्थान में लूनी नदी के समीपवर्ती क्षेत्र में कई पाषाणयुगीन बस्तियों के संकेत मिले हैं। चित्तौड़गढ़ में गम्भीर नदी घाटी, कोटा संभाग में चम्बल नदी घाटी तथा नगरई (बेरच नदी) घाटी में पुरापाषाण युगीन औजारों की उपलब्धि हुई है। मेवाड की वगांव और कदमली नदियों के आसपास भी मध्य पुरापाषाणयुगीन बस्तियाँ खोजी गई हैं। इसी तरह नागौर जिले में डीडवाना (दिदवाना) से भी पाषाणकालीन औजार मिले हैं।

साबरमती–माही घाटी भीलवाड़ा से 25 किमी. दूरी पर स्थित बागौर से पुरातात्विक अवशेष उपलब्ध हुए हैं। गुजरात में साबरमती, माही एवं उनकी सहायक नदियों की घाटियों में पुरापाषाणकालीन औजारों की उपलब्धि दर्शाती है कि यह आदि मानव का आश्रय स्थल था। संग घाटी के समीप भण्डारपुर में भी मध्य पुरापाषाण प्रस्तर औजार देखे गए हैं। सौराष्ट्र में भद्दर नदी के आसपास पुरापाषाणयुगीन, हस्तकुठार, खुरचनी, नुकीले और वेधक औजार पाए गए हैं। कच्छ क्षेत्र को भी इसका अपवाद नहीं कहा जा सकता। नर्मदा घाटी में नरसिंहपुर में निम्नतम बजरी से पूर्वपाषाणकालीन औजारों के साथ मध्य पुरापाषाणकालीन लुप्त जीवाश्म प्राप्त हुए हैं।

भीमबेटका नर्मदा के निकट भोपाल से लगभग 40 किमी. दक्षिण में भीमबेटका (भीमबेतका) की गुफाओं में कुछ वर्षों पूर्व आदि मानव के निवास स्थलों का पता चला है। गुफाओं का उत्खनन करवाया जा रहा है। यहाँ लगभग 600 प्राचीन गुफाएँ एवं शैलाश्रय खोजे गए हैं। दुनिया के प्राचीनत्तम जीवाश्म यहाँ पाये जाने का दावा भी किया है जिन्हें 570 मिलियन वर्ष पुराना माना गया हैं। भीमबेटका की छत में जीवाश्म पाये गये बताया है। इस गुफा को वाकणकर जी ने 1960 के दशक में खोजा था। प्रस्तर सामग्री के अतिरिक्त पुरा चित्रों के अवशेष भी मिले हैं। हिरण, बारहसिंगा, सूअर, रीछ, भैंसे आदि के चित्र गुहाभित्ति पर अंकित हैं। यही नहीं परवर्ती चित्र श्रृंखला भी देखी गई है जिनमें आखेट, कृषक, ग्वाले आदि का चित्रण मुख्य रूप से हुआ है। जुलाई 2003 में यूनेस्को ने इसे विश्व धरोहर स्थल घोषित किया है।

गोदावरी–भीमा गोदावरी, ताप्ती, कृष्णा एवं भीमा नदियों के आस–पास के क्षेत्र को पुरापाषाणकालीन बस्तियों में शामिल करना होगा। महाराष्ट्र में नवासा के पास चिरकी में हस्तकुठार, काटने के औजार, वेधक, खुरचनी आदि पाए गए हैं। महाराष्ट्र में कोरेगाँव, चन्दौली एवं शिकारपुर में अन्य प्रमुख पुरापाषाणयुगीन बस्तियाँ थीं।

मालप्रभा–धारप्रभा क्षेत्र मालप्रभा, धारप्रभा तथा कृष्णा की सहायक नदियों का क्षेत्र भी एश्यूलियन संस्कृति से वंचित नहीं था। अंगनबाड़ी और बागलकोट धार प्रभा नदी के समीप दो प्रमुख बस्तियाँ थीं जहाँ प्रारम्भिक एवं मध्य पुरापाषाणकालीन औजार खोजे गए हैं।

कोर्तलयार घाटी दक्षिण भारत में उत्तरी तमिलनाडू की कोर्तलयार घाटी जो पूर्व पाषाण सामग्री के लिए प्रसिद्ध है। यहाँ वदमुरैया वदमदुराय नामक स्थल से बहुसंख्यक उपकरणों की उपलब्धि हुई है। उत्खनन से पाषाणकालीन संस्कृति के तीन स्तर स्पष्ट रूप से देखे जा सकते हैं। इस नदी घाटी में दूसरे महत्वपूर्ण स्थान अतिरम्पक्कम एवं गुड्डियम है। यहाँ से प्रारम्भिक एवं मध्य पुरापाषाणयुगीन हस्तकुठार, खुरचनी, पत्तर, ब्लेड आदि की प्रतिलब्धियाँ महत्वपूर्ण हैं। उत्तरी भारत की सोहन प्रणाली से एकरूपता कुछ औजारों से स्थापित की जा सकती है। इस क्षेत्र में आर.बी. जोशी एवं के.डी. बनर्जी ने काम किया है।[5]

रासे नदी क्षेत्र (बिहार) बिहार में रासे नदी में भी हस्तकुठार, काटने के अन्य औजार एवं पत्थर आदि जो पुरापाषाणकाल से सम्बद्ध हैं, खोजे गए। दामोदर एवं स्वर्ण रेखा नदी घाटियाँ भी इस संस्कृति के प्रभाव से वंचित नहीं थीं।

वैतरणी–ब्राह्मणी क्षेत्र ओडीशा में वैतरणी, ब्राह्मणी तथा महानदी डेल्टा क्षेत्र में पुरापाषाणकालीन औजारों की परिलब्धि हुई है। इसी प्रकार मयूरभंज में बुहार बलंग घाटी में प्रारम्भिक एवं मध्य पुरापाषाणयुगीन अवशेष पाए गए हैं।

बेलन नदी घाटी उत्तर प्रदेश के मिर्जापुर जिले में स्थित बेलन घाटी में निम्न पुरापाषाणकाल के अवशेषों की उपलब्धि महत्वपूर्ण है। कहा जा रहा है कि यहाँ से उगाए गए चावल के अवशेष बेलन नदी घाटी में कोलदिहवा (बेलन नदी किनारे) से मिले हैं। विद्वानों की धारणा है कि सम्भवतः ई.पू. 6000 में मानव ने असम क्षेत्र में कृषि करना प्रारम्भ कर दिया था।

जीवनयापन (शिकार–संग्रह काल) पुरापाषाणकालीन मानव कृषि कर्म से परिचित न होने के कारण वनों से प्राप्त फल–फूल, आखेट में मारे गए पशु, नदियों एवं झीलों से पकड़ी गईं मछलियाँ उदरपूर्ति के, साधन थे। उनकी बस्तियों से भारतीय एवं विदेशी मूल के जानवरों की हड्डियाँ बड़ी मात्रा में उपलब्ध हुई हैं। नर वानर, नील गाय, जिराफ, कस्तूरी मृग, बकरी, भैंस, चिंकारा, गाय, सूअर आदि स्वदेशी मूल के पशु प्रतीत होते हैं। ऊँट एवं घोड़े का सम्बन्ध उत्तरी अमेरिका से स्थापित किया जाता है। दरियाई घोड़ा एवं हाथी मध्य अफ्रीका से भारत पहुँचे होंगे। अधिकांश पशु उत्तर भारत की पश्चिमी सीमा से प्रविष्ट हुए होंगे। उस समय अफ्रीका एवं भारत के मध्य परस्पर सम्बन्ध रहे होंगे।

पूर्व पाषाण काल तक अग्नि के उपयोग से लोग परिचित न थे। सम्भवतः कच्चे मांस का भक्षण किया जाता था। छोटे एवं मध्यम आकार वाले पशुओं का शिकार किया जाता था। आत्मरक्षा मनुष्य का सर्वोपरि लक्ष्य था।

जैसा विदित है कि, पुरापाषाण युग को कई हिम कालों के दौर से गुजरना पड़ा था। अतिशीत, अतिवृष्टि, जलप्लावन एवं झंझावत जैसी कठिन परिस्थितियों से मुकाबला आदि मानव

का आवश्यक कर्तव्य जान पड़ता है। दूसरी ओर विशेष प्रकार के वन्य जानवर भी कम भयावह नहीं थे। फलतः पर्वत कन्दराएँ, नदियों के कगार उसकी शरण स्थली बने। आखेट में मारे गए पशुओं के चर्म से वस्त्र एवं अस्थियों से औजार निर्माण किए जाते थे। प्रारम्भ में आखेट के लिए हो सकता है वृक्षों एवं शाखाओं तथा लठ्ठों का प्रयोग किया जाता होगा किन्तु बड़े तथा हिंसक पशुओं के शिकार के लिए अधिक पैने और घातक साधनों की आवश्यकता हुई। पाषाण निर्मित औजार इस काल की क्रान्तिकारी घटना थी। आयुध निर्माण में क्वार्ट्जाइट (**Quartzite**), बलुआ पत्थर (**Sandstone**), लेटराइट (**Laterite**) एवं चेल्सीडनी का (**Chalcedony**) उपयोग विशेष रूप से किया गया।

विद्वानों ने औजार निर्माण की दो प्रणालियों का उल्लेख किया है। उत्तरी भारत की लेक प्रधान सोहन प्रणाली तथा दक्षिणी भारत की कुठार प्रधान मद्रास प्रणाली। प्रारम्भिक पुरा पाषाण काल में सम्बन्धित दक्षिण भारत में पाये जाने वाले औजार जैसे हाथ की कुल्हाडी, विदारक आदि को मद्रास प्रणाली में शामिल किया गया है। मद्रास के समीप बदमदुरै तथा अतिपक्कम मुख्य स्थल हैं। 1863 में रॉबर्ट ब्रुस फुट ने खोजा।

प्रकृति की प्रतिकूलता ने लोगों को एक साथ समूह में रहने के लिए विवश किया होगा। यही नहीं आखेट पद्धति, उपलब्धता की जानकारी भी महत्वपूर्ण बात थी। रहन–सहन तथा सामाजिक जीवन की अभिव्यक्ति आदि मानव द्वारा बनाए चित्रों से होती है। सर्वाधिक पुरानी चित्रकारी उत्तर पुरापाषाण युग के 243 प्रागैतिहासिक शैलाश्रय (**Rock shelters**) मध्य प्रदेश स्थित भीमबेटका (**Bhimbetka**) में देखने को मिले हैं जिन्हे वाकणकर ने खोजा था। लगभग 40 किलोमीटर क्षेत्र में फैली 760 गुफाये सात पहाड़ियों पर स्थित हैं जिनमें लगभग 500 गुफाओं में प्रागैतिहासिक चित्र अंकित हैं। प्रारम्भिक चित्रों में हरे एवं गहरे लाल रंग का उपयोग हुआ है। भैंस, हाथी, बाघ, गैंडे, हिरण, शेर, कूबड़ वाले बैल (**Bos indicus**) बन्दर एवं सूअर के चित्र विशेष रूप से देखे गए हैं। कुछ चित्रों की लम्बाई 2 से 3 मीटर तक है। उनकी विशालता को देखकर अनुमान किया जा सकता है कि आदि मानव इन जंगली जानवरों को न केवल भयावह मानता रहा होगा अपितु उनकी क्रूरता भी उनकी विशाल आकृतियों में देखी जा सकती हैं।

मानव आकृतियों का संरचना के आधार पर भेद स्थापित किया जा सकता है अर्थात् स्त्री–पुरुष के अंकन में लिंग भेद का ध्यान रखा गया है। निर्मित चित्रों के आधार पर उनकी सामूहिक जीवन पद्धति की कल्पना कठिन नहीं है।

2. मध्य पाषाण काल (Mesolithic age-10,000 Bc to 8000 Bc)

पुरापाषाण एवं नव पाषाण युग के संक्रमण काल को मध्य पाषाण काल की संज्ञा दी गई है। प्रारम्भ में विद्वानों का मत था कि भारत में पुरापाषाण एवं उत्तर पाषाण काल के बीच अन्तराल है। लेकिन अब यह धारणा निराधार सिद्ध हो गई है।

बड़े–बड़े पाषाणों के स्थान पर छोटे–छोटे पाषाणों से औजार बनाए जाने लगे थे जिन्हें सूक्ष्माश्म (**Microliths**) कहा गया। औजारों के अवलोकन से सूक्ष्म एवं परिष्कृत अवस्था का बोध होता है। ब्लेड (**Blads**), क्रोड़ (**Core**), नुकीला औजार (**Point**), त्रिकोण (**Triangle**) तथा नव–चन्द्राकार (**Lunate**) आदि की प्रतिलब्धियों का उल्लेख पुराविदों ने किया है।

प्रमुख बस्तियाँ इस काल की बस्तियों में राजस्थान के सोजत क्षेत्र से प्राप्त अवशेषों का उल्लेख किया जा सकता है। दक्षिण थारमरूस्थल में मध्यपुरापाशाणिक उद्योग की खोज बी. एन. मिश्र ने की एवं प्राप्त औजारों को लूनी उद्योग नाम दिया। कोठारी नदी के किनारे बागोर में तीन सांस्कृतिक अवस्थाओं के अवशेष मिले हैं। गुजरात में ताप्ती, नर्मदा, माही, साबरमती नदियों के समीपवर्ती इलाकों में मध्य पाषाण कालीन बस्तियों के संकेत मिले हैं। इसी प्रकार विन्ध्य और सतपुड़ा क्षेत्र में भी इस युग के लोगों के आवास होने की जानकारी मिलती है।

उत्तर प्रदेश के इलाहाबाद में स्थित प्रतापगढ़ इलाके में सरायनहर राय इस काल का महत्वपूर्ण आवासीय क्षेत्र रहा था। यहाँ उत्खनन भी करवाया गया है। उत्तर प्रदेश में ही माराना पहाड़, लेखनिया से सूक्ष्म प्रकार के औजारों की उपलब्धि हुई है। **भीमबेटका (मध्य प्रदेश)** गुहाएँ इस काल के लोगों के लिए अनुकूल आश्रय स्थली साबित हुई। भीमबेटका के दक्षिण में आदमगढ़ (होशंगाबाद) में भी एक बस्ती के अवशेष का पता चला है। कोंकण के तटीय इलाके, जैसे–कसूशोअल, जनयेरी, दभालगो, जलगढ़ आदि प्रमुख बस्तियाँ रही थीं।

सुदूर पूर्व में ब्रह्मपुत्र घाटी, बंगाल डेल्टा क्षेत्र, इसी तरह छोटा नागपुर, ओडीशा के समुद्रतटीय इलाके और शिलांग पठारी क्षेत्र से भी सूक्ष्म औजारों की उपलब्धि हुई है। महाराष्ट्र में मध्यपुरापाषाण कालीन औजार नेवासा एवं उसके निकट चिरकी से उपलब्ध हुए हैं।

कृष्णा एवं भीमा नदी क्षेत्र, कर्नाटक पठार के पश्चिमी भाग में स्थित **संगनकल्लू** का इस दृष्टि से विशेष महत्व है। गोदावरी डेल्टा क्षेत्र, आन्ध्र प्रदेश के चित्तूर इलाके में रेणीगुंटा का उल्लेख किए बिना नहीं रह सकते। अन्त में कह सकते हैं कि बागोर, सराय नहरराय तथा आदमगढ़ मध्यपाषाण काल की बड़ी बस्तियाँ थीं। मध्य एवं उत्तर भारत की कई कन्दराओं में चित्र उपलब्ध हुए हैं। कन्दरा चित्रकला के चार प्रमुख केन्द्र **महादेव पहाड़ियां** (होशगांबाद) **रायगढ़** (सिंघनपुर व काबरा पहाड़), **मिर्जापुर** की **सोनघाटी** तथा **बांदा जिला** (यू. पी.) प्रमुख है। **महादेव पहाड़ियों** में तेंदुआ, चीता, सूअर, हिरण, घोड़ी, बैल, बकरी व दो वर्गो का युद्ध के दृश्य खास हैं। रायगढ में आखेट के चित्र प्रमुख हैं। बांदा जिले के चित्र पशु प्रधान हैं। अनाज पर जीने वाले अर्थात पक्षी (**Perching**) इन चित्रों में नहीं देखें गये। उक्त चित्र आधुनिक चित्रकला की सुन्दरता का बोध करवाते हैं।

3. कृषि पशुपालन अर्थव्यवस्था एवं नव पाषाण काल

(Neolithic Age-8000 Bc to BC 3000 B.C.)

नवपाषाण (नियोलिथिक) शब्द का प्रयोग सर्वप्रथम जॉन लुबाक ने 1865 ई. में प्रकाशित अपनी पुस्तक 'प्री–हिस्टोरिक टाइम्स' में किया था। बाद में गार्डन चाइल्ड ने ताम्र पाषाण संस्कृति को अन्न उत्पादक संस्कृति का द्योतक कहा।

उत्तर पाषाण या नवपाषाण सभ्यता भारत के विशाल भू–प्रदेश में विस्तृत थी। कश्मीर, उत्तर प्रदेश, बिहार, बंगाल, असम, मध्य प्रदेश, सिन्ध आन्ध्र एवं कर्नाटक आदि से इस काल के अवशेष मिले हैं। भारत में इस संस्कृति के विकास की चर्चा करने से पूर्व कृषि अर्थव्यवस्था की ओर बढ़ने वाले अन्य देशों के बारे में उल्लेख करना उचित होगा।

विद्वानों की मान्यता है कि सर्वप्रथम नील नदी (मिस्त्र) के आसपास के क्षेत्रों में गेहूँ एवं जौ का उत्पादन शुरू हुआ था। (लगभग ई.पू. 12,500) के अवशेष दक्षिण मिस्त्र में (असवान बांध से उत्तर की ओर कुछ दूर उत्तर पाषाण काल) बाड़ी कुब्बानिया में किए गए उत्खनन से प्राप्त हुए हैं। वहाँ गेहूँ एवं जौ का उत्पादन किए जाने के साक्ष्य मिले हैं। कुब्बानिया से लगभग 60 किमी. दूर कोमअम्बो से भी प्रमाण मिले हैं। प्रारम्भ से ही पेरी महोदय कृषि तकनीक को मिस्त्र की देन मानते हैं, जबकि रूसी विद्वान् बैविलोव कृषि तकनीक का उदय अफगानिस्तान अथवा उत्तर–पश्चिमी चीन में मानते हैं। पश्चिम एशिया अर्थात् फिलीस्तीन, सीरिया, तुर्की, इराक, ईरान के कुछ क्षेत्र में नवीं–आठवीं सहस्त्राब्दि ई.पू. में लोगों ने अनाज उत्पादन करना शुरू कर दिया था। उत्तर सीरिया में **यूफरेट्स नदी** पर **आबू हरेयरा** का उत्तर, इसी नदी पर दक्षिण तुर्की में **सुबेरदे** में स्थाई कृषि समुदाय की पुष्टि होती है। फिलीस्तीन में **जेरीको** (जार्डन नदी के निकट) ई. पू. 8500 से 7500 के मध्य एक बस्ती रही होगी। जहाँ अनाज उत्पादन के संकेत मिले हैं। यही नहीं उत्खननों से एक स्तर में जेरीको के चारों ओर दो मीटर चौड़ी पत्थर की दीवार एवं और गोल मीनारों के अवशेष मिले हैं। किलेबन्दी का यह संसार में प्रारम्भिक साक्ष्य माना गया है।

दक्षिण तुर्की स्थित **हुयुक** नामक बस्ती में गेहूँ, जौ एवं मटर की खेती किए जाने के प्रमाण मिले हैं। सम्भवतः भेड़, बकरी जैसे जानवरों को पाला जाता था। उत्खनन में मकान की दीवारों पर बिना सिर के मानव शवों को निगलते गिद्धों के चित्र, फूटते ज्वालामुखी आदि का अंकन देखा गया है। यहाँ से पाषाण कुठार, मृद्भाण्ड, हड्डियों के औजार एवं लकड़ी के कटोरे भी पाए गए हैं। इराक में ई.पू. 6500–5800 के साक्ष्य जारमो नामक स्थल से प्राप्त हुए हैं। बड़ी संख्या में मकानों में आँगन, कई कमरे होना इस बात को दर्शाता है कि यहाँ कोई बड़ी बस्ती थी।

4. भारतीय उपमहाद्वीप में कृषि एवं पशुपालन

नव पाषाणकाल में मानव शिकारी एवं आहार संग्रहकर्ता से अन्न उत्पादक बन गया था। नव पाषाणकाल में गेहूँ की वन्य किस्म को कृषि योग्य बनाया गया। सिन्ध और बलूचिस्तान की सीमा पर बोलन नदी के किनारे **क्वेटा** से 150 कि.मी. दूर **मेहरगढ़** नामक स्थान से महत्वपूर्ण कृषि साक्ष्य मिले हैं। यहाँ से ईसा पूर्व 5000 की कृषिजन्य गेहूँ एवं जौ की कृषि साक्ष्य मिले हैं। मेहरगढ़ में इस स्तर से नीचे बहुत सारा निक्षेप पड़ा है, जिसका उत्खनन अभी नहीं हुआ है। यहां से तांबा गलाने के प्रमाण भी मिले हैं। कश्मीर में ईसा पूर्व 2500 के आसपास **बुर्जहोम** में गेहूँ एवं जौ की खेती की जाती थी।

जहाँ तक खेती के तरीकों का प्रश्न है, आलचिन लिखते हैं कि उर्वर भूमि लौह युग के पहले घने जंगलों और दलदल से घिरी हुई थी। आदिम–मानव की जीविका के लिए आजकल की गहरी जोत वाले क्षेत्र नहीं बल्कि सीमावर्ती विरल जंगल वाले क्षेत्र ही अधिक उपयुक्त थे अर्थात् अन्न संकलनकर्ताओं के लिए सबसे बेहतर क्षेत्र करीब–करीब वही थे जहाँ वे आज बसे हुए हैं। प्रारम्भिक पशुपालकों और अन्न उत्पादकों को किसी को भी खदेड़ने की आवश्यकता नहीं थी।[6]

आलचिन ने आदिवासी जातियों की खेती की तकनीक का जिक्र करते हुए लिखा हैं, एक सीमित क्षेत्र में आग लगा दी जाती या उसकी झाड़ियाँ काटकर आग लगा दी जाती थी। फिर राख में कुछ बीज बिखेर दिए जाते थे। कभी–कभी रवंती (मराठी योंबा) से जमीन में गढ्डे बनाकर उनमें बीज डाल दिए जाते थे"[7] सम्भवतः उस काल में भी लोग ऐसी ही कोई पद्धति अपनाते होंगे। अनाज काटने के लिए हँसिए का आविष्कार अवश्य कर लिया था। अनाज पीसने के लिए दो विशाल पाषाण खण्डों को चक्की के रूप में उपयोग में लाया जाता था। उत्पादित सामग्री में गेहूँ, जौ, बाजरा, मक्का, कपास एवं फलों की प्रमुखता रही होगी।

पशुपालन उत्तर पाषाणकाल में ही पशुपालन की शुरुआत हुई। पुराविदों के अनुसार इस काल में सम्भवतः जलवायु अधिक शुष्क हुई और वनों का विलोप होने लगा। पशुओं का वनों से आवासीय बस्तियों की ओर आगमन हुआ। पशुओं की सन्निकटता से पशुपालन की शुरुआत हुई। स्थानीय क्षेत्र में जिन पशुओं की संख्या जंगली अवस्था में अधिक थी उन्हीं को पालतू बनाया गया। भारत में गाय, बैल, भैंस, भेड़, बकरी, कुत्ता आदि का पालन किया जाने लगा था। घोड़ा पालन के विषय में अभी भी विद्वान् एकमत नहीं हैं। सम्भवतः कृषि एवं पशुपालन दोनों क्रियायें कमोबेश एक साथ शुरू हुई होंगी। हालांकि पशुओं का पालतू बनाए जाने का प्रारम्भ कुछ विद्वान् थोड़ा पहले मानते हैं।

मृद्भाण्ड कला (Art of pottery) इस कला को विद्वानों ने कृषि एवं पशुपालन तकनीक का परिणाम माना है। क्योंकि अनेक स्थलों से जिसे खाद्य उत्पादन स्तर माना गया है मिट्टी के पात्रों की उपलब्धि हुई है। मृद्भाण्ड रहित स्तरों को मृद्भाण्ड

पूर्व नवाषाण स्तर की संज्ञा दी है। कृषि कर्म एवं पशुपालन से खाद्य–सामग्री की अभूतपूर्व वृद्धि हुई। उसे सुरक्षित एवं संगृहीत किया जाना आवश्यक था। आवश्यकता आविष्कार का कारण बनी। सम्भवतः प्रारम्भ में मृद्भाण्ड हाथ से बनाए जाते थे। चाक निर्मित मिट्टी–पात्रों का आविष्कार बाद में हुआ। प्रारम्भिक मृद्भाण्डों के तल पर चटाई की छाप बनी हुई देखी गई है।

वस्त्र प्रयोग आदि मानव शरीर ढकने के लिए पशु चर्म का उपयोग करता था। पत्तों एवं छालों का भी इस दृष्टि से महत्व रहा होगा। इस काल में आते–आते मनुष्य ने वस्त्र निर्माण सीख लिया था। कपास की खेती की जाने लगी थी। कपास के रेशों एवं पशुओं के बालों से वस्त्र निर्माण किया जाने लगा। यह भी कहा जा सकता है कि वृक्षादि रंगों एवं धातु रसों से वस्त्र रंगने की शुरुआत भी हो गई थी। भीमबेटका में प्रयुक्त रंगों से इस बात की पुष्टि होती है। वस्त्र निर्माण में अर्थात् कताई एवं बुनाई आदि में नारी जगत् के विशेष योगदान की कल्पना की जा सकती है।

आवासीय व्यवस्था पूर्व में मनुष्य नदी कगारों अथवा पर्वत कन्दराओं में निवास करते थे। परन्तु कृषि एवं पशुपालन अर्थव्यवस्था से आमूल बदलाव आया। **राधाकान्त वर्मा** ने लिखा है कि, नवपाषाण काल में जिस कृषि कर्म, पशुपालन एवं मृद्भाण्ड कला के विकास ने क्रान्तिकारी परिवर्तन किए उसका बीजारोपण मध्य पाषाण काल में होने लगा था, किन्तु वास्तविक प्रगति नवपाषाण काल में ही हुई जिसके परिणामस्वरूप ग्राम्य संस्कृतियों का विकास हुआ।[8] पुराविदों का अनुमान है कि प्रारम्भिक आवास झोंपड़ियों जैसे रहे होंगे जिन्हें लट्ठे, नरकुल, घासफूस और मिट्टी की सहायता से बनाया जाता था।

अग्नि प्रयोग अग्नि का उपयोग इस काल की महत्वपूर्ण उपलब्धि थी। सैन्धव सभ्यता में बड़ी तादाद में पक्की ईंटों का उपयोग हुआ। इस तकनीक को व्यवहार में कहीं–न–कहीं पूर्व में लाया गया होगा। पहले यह मान्यता थी कि सैन्धव–सरस्वती सभ्यता के लोगों ने पत्थरों का उपयोग अपने आवास निर्माण हेतु नहीं किया था, लेकिन धौलावीरा के उत्खनन ने इस धारणा को निरर्थक साबित कर दिया है। अब हमें इस ओर भी सोचना होगा कि, नवपाषाण काल में भी पक्की ईंटें उपयोग में लाई गई होंगी। अग्नि के उपयोग से भोजन पकाए जाने की तकनीक प्रारम्भ हुई। अग्नि ने अन्धकार में प्रकाश फैलाया। शरीर में अधिक ऊर्जा संचार भी अग्नि के कारण सम्भव हुआ।

औजार जहाँ तक औजार निर्माण का प्रश्न है पाषाणों का उपयोग जारी रहा। पूर्व में पाषाण औजार बिना पॉलिश के निर्मित किए जाते थे। इस युग के औजारों की यह विशेष पहचान थी। हस्तकुठार, स्लिम स्टोन, फैब्रिकेटर, पॉलिशर एवं हैमर स्टोन इस दृष्टि से उल्लेखनीय हैं। नव पाषाण युग के अन्तिम दौर में धातुओं के उपयोग की शुरुआत हुई। ताँबा सर्वप्रथम इस्तेमाल होने लगा। पाषाण की अपेक्षा ताँबे का उपयोग अधिक सुविधाजनक था। इससे औजारों में अधिक सुदृढ़ता, सुन्दरता एवं चिकनाई लाना सम्भव हुआ। धातु के टूटे औजारों को पुनः जोड़ा जा सकता था। यही नहीं साँचे में ढाल कर छोटे–बड़े रूप में ढालना सम्भव हुआ। धातु तकनीक के विकास के कारण नव–पाषाण काल का ही उप–विभाजन 'ताम्र एवं कांस्य' काल कहलाया।

मनोरंजन लोगों के आमोद–प्रमोद के विषय में अधिक जानकारी नहीं है। अग्नि के इस्तेमाल की शुरुआत होने के बाद होली जैसे त्यौहारों द्वारा लोग मनोरंजन करते होंगे। कहा गया है कि, सुपरिचित धार्मिक अनुष्ठानों के उद्गम भी आदिम या प्रागैतिहासिक युग में खोजे जा सकते हैं। अलनियाँ (कोटा, राजस्थान) की एक शिला पर अंकित एक चित्र को डा0 मोहन लाल साहु ने सामूहिक लोक नृत्य (अलनियाँ के शैल चित्रों का ऐतिहासिक एवं सांस्कृतिक अध्ययन, रंगीन प्लेट) की संज्ञा दी है। कहीं–कहीं इसके बाद कुछ चुने हुए लोग अंगारों पर भी चलते हैं। होली उत्सव की कुछ विशेषताएँ प्रागैतिहासिक काल की मातृसत्ता युग की जान पड़ती हैं। कुछ स्थानों पर देखने में आता है कि एक आदमी (जिसे कोलिन कहते हैं) को स्त्री के वस्त्र पहन कर दूसरों के साथ होली दहन के नृत्य में शामिल होना पड़ता है।[9] आखेट इस काल में मनोरंजन का साधन रहा होगा। लोग चित्र बनाने में रुचि रखते होंगे। भीमबेटका में पुरापाषाण काल के बाद के भी चित्र देखे गए हैं।

अन्तिम क्रिया सम्पत्ति के प्रादुर्भाव से ऊँच–नीच की भावना विकसित हुई। मरने पर धनी लोगों की अन्तिम क्रिया सम्मान के साथ होने लगी। सम्भव है कि प्रारम्भ में धनी लोगों के शवों का निस्तारण सम्मान से किया जाता था। आगे जाकर इसने एक निश्चित पद्धति का स्वरूप ग्रहण कर लिया होगा।

सिस्ट समाधि (Cist grave) एक आयाताकार खाई चारों ओर पाषाण से सन्दूक की आकृति में बनाकर मृतात्मा की अस्थियाँ रखी जाती थीं। अस्थियों के साथ हथियार, औजार, आभूषण आदि रखे जाते थे। समाधि में एकाधिक व्यक्तियों की अस्थियाँ रखी जा सकती थीं। ब्रह्मगिरि के उत्खनन में ऐसे अवशेष देखने को मिले हैं। पुदुक्कोटा में सिस्ट समाधि में कुछ परिवर्तन बीच में एक छेद वाला पत्थर रखकर किया गया। मृतकों के प्रति सम्मान प्रकट करने के उद्देश्य से लगाए गए बड़े–बड़े पत्थर महाश्म (Megaliths) कहे गये।

पिटसर्कल (Pit circle) ग्रेनाइट पत्थरों से 8 से 12 फीट का वृत्त जिसकी गहराई 6 से 8 फीट होती थी। सम्भवतः शुरू में लकड़ी की अर्थी पर शव रखा जाता था। शव के गल जाने के बाद अस्थियाँ एकत्र कर समाधि में रखी जाती थीं। अस्थियों के साथ आभूषण, मृद्भाण्ड आदि उपलब्ध हुए हैं। ब्रह्मगिरि (मैसूर) के उत्खनन में ही ऐसी समाधियों के अवशेष मिले हैं।

कैर्नसर्कल (Cairn circle) पाषाणों से निर्मित समाधि में अस्थि पात्र एवं भस्म पात्र रखे जाने की परम्परा थी। इस प्रकार की समाधियाँ चेन्नई के चिंगल क्षेत्र में देखी गई हैं।

नव पाषाण संस्कृतियां–भौगोलिक क्षेत्र विद्वानों ने प्राप्ति स्थलों के आधर पर नव पाषाण संस्कृतियों को मोटे रूप में छः भौगोलिक क्षेत्रों में विभक्त किया है। भारत के विभिन्न क्षेत्रों में विकसित हो रही इन संस्कृतियों को सिन्धु घाटी सभ्यता से कुछ पूर्व एवं बाद तक जीवित रहने का बोध होता है। भौगोलिक आधार पर इनका विभाजन इस प्रकार किया जा सकता है :

क्र.स.	सांस्कृतिक क्षेत्र	भौगोलिक क्षेत्र	प्रमुख स्थल
1.	उत्तर–पश्चिम क्षेत्र	वर्तमान अफगानिस्तान एवं पाकिस्तान	मेहरगढ़
2.	उत्तरी क्षेत्र	कश्मीर घाटी	बुर्जहोम, गुफकराल
3.	मध्यवर्ती क्षेत्र	बेलन घाटी एवं विन्ध्य क्षेत्र	कोलडिहवा, महागरा (महगड़ा), चौपानी–मांडो
4.	पूर्वी क्षेत्र	बिहार/मध्य गंगा घाटी (सारण जिला) असम, चित्रगांग, ओडीशा, मयूरभंज	चिरादं, चेचर, सेनुआर, तारादिव,दाओजाली हेडिंग, कुचाई
5.	दक्षिण क्षेत्र	प्रायद्वीपीय भारत	ब्रह्मगिरि, संगन कल्लू, नागार्जुन कोंडा, मस्की, बुधगिरि, टेक्कल कोटा, पिकलीहल, कुपगल, हल्लूर, पलवाय हेमीजे, टी नरसीपुर, उतनूर, पैय्यम–पल्ली
6.	उत्तर–पश्चिमी	राजस्थान में स्थित स्थल	बागौर, बालाथल, गणेश्वर

1. उत्तर–पश्चिमी क्षेत्र

वर्तमान अफगानिस्तान एवं पाकिस्तान में पुराविदों ने ऐसी गुफाएँ खोजी हैं जहाँ लोगों द्वारा ई.पू. 7000 में भेड़ एवं बकरियाँ पाली जाती थीं। यहीं से गेहूँ एवं जौ की खेती की शुरुआत के प्रारम्भिक साक्ष्य मिले हैं।

मेहरगढ़ क्वेटा से लगभग 150 किलोमीटर दूर स्थित है। यहाँ नवपाषाण काल के दो स्तर देखे गए हैं। हड़प्पाकालीन अवशेष ऊपरी स्तरों से प्राप्त हुए हैं। नवपाषाणकालीन संस्कृति के प्रारम्भिक चरण में मृद्भाण्ड अनुपस्थित थे। यहाँ जौ की दो किस्मों एवं गेहूँ की तीन किस्मों की खेती किए जाने के संकेत मिले हैं। कच्ची ईंटों के आयताकार मकानों में लोग रहते थे।

सम्भवतः आवासीय परिसर में भण्डारण के लिए भी अलग से व्यवस्था की जाती थी। प्राप्त औजारों में प्रस्तर कुठार, (Stone handaxe) घर्षण पाषाण (Scraper) आदि का उल्लेख किया जा सकता है। मेहरगढ़ के द्वितीय काल से गेहूँ, जौ, अँगूर एवं कपास खेती के प्रमाण मिले। पुराविदों का अनुमान है कि हड़प्पा निवासियों ने गेहूँ, जौ, एवं कपास की खेती की तकनीक मेहरगढ़ के पूर्वजों से ग्रहण की होगी।

2. उत्तरी क्षेत्र

कश्मीर घाटी में नवपाषाण सांस्कृतिक स्थलों में बुर्ज होम एवं गुफकराल का मुख्य रूप से उल्लेख किया जा सकता है। ई.पू. 2500 में विकसित नवपाषाण चरण को दो भागों में एवं गुफकराल को तीन चरणों में विभक्त किया गया है।

बुर्जहोम (Burzahom) इस संस्कृति के बी.के. थापर ने मध्य पाषाणिक खाद्य संग्रहक एवं नव पाषाणिक खाद्य उत्पादक अर्थव्यवस्था अर्थात् दो स्तरों का अध्ययन किया है। प्रथम शिकारी संग्रहकर्ताओं के स्क्रेपर, हारपून (Harpoon), शर (Point), छिद्रक (Awt), सूइयाँ (Needles), कुल्हाड़ियाँ आदि प्राप्त हुई हैं। यह भी कहा गया है कि यहाँ के निवासी धरती में गोल अथवा अण्डाकार गड्ढ़े बनाकर निवास करते थे। हस्तनिर्मित मृद्भाण्ड भी देखे गए हैं जिन पर चटाई छाप (Matimpresion) अंकित है। एक शिलापट्ट पर आखेट का दृष्य उत्कीर्ण है। हिरण एवं मछलियों के शिकार की जानकारी मिलती है। हड्डियों को बाणाग्र रूप में प्रयुक्त किया जाता था। दूसरी अवस्था में मिट्टी की ईंटों के बड़े घरों में लोग रहने लगे थे। कुदाल, कुल्हाड़ी जैसे–औजारों के आधार पर कृषि तकनीक के विकास का अनुमान किया जाता है। यहाँ से प्राप्त ताँबे के बाण धातु के इस्तेमाल को दर्शाते हैं। बुर्जहोम श्रीनगर से 16 किमी. एवं शालीमार उद्यान से डेढ़ मील उत्तर में स्थित है।

गुफकराल यहाँ से प्रथम चरण में गेहूँ, जौ, मसूर, अरहर के जले हुए अन्न कण उपलब्ध हुए हैं। कई तरह के पशुओं, जैसे–भेड़, बकरियों, लाल मृग आदि की हड्डियाँ भी मिली हैं। दूसरे एवं तीसरे चरणों में खेती एवं पशुपालन की पुष्टि होती है। कई तरह के औजार भी प्राप्त सामग्री में शामिल हैं पुराविदों की मान्यता है कि बुर्जहोम से प्राप्त सामग्री का स्वात घाटी के सराय खोला एवं घालीगई के साथ तुलना की जाती है।

मध्यवर्ती क्षेत्र मध्यवर्ती नवपाषाणिक संस्कृति की जानकारी गंगा घाटी एवं विन्ध्य पर्वत के पठारी क्षेत्र स्थित स्थलों से होती है। कोलडिहवा, महगरा (महगड़ा) एवं चौपानी–मांडो इस भाग के महत्वपूर्ण स्थल हैं। इलाहाबाद विश्वविद्यालय के पुराविदों ने इनका उत्खनन करवाया था।

कोलडिहवा (Koldihva) : बेलान नदी पूर्व से पश्चिम की ओर विन्ध्य पठार के साथ–साथ बहती है और इलाहाबाद के पास गंगा में मिलती है। बेलन नदी पर देवघाट के निकट कोलडिहवा स्थल है। यहाँ तीन सांस्कृतिक अनुक्रम देखे गए हैं अर्थात् नवपाषाण, ताम्रपाषाण एवं लौह युग। प्रथम चरण के उत्खनन से प्राप्त हस्तनिर्मित मृद्भाण्डों में धान की भूसी का प्रयोग हुआ है। इसे कृषि सम्बन्धी प्रमाण माना जा सकता है।

महगरा गंगा के दक्षिण में विन्ध्य क्षेत्र के निकट महगरा के उत्खनन से गोलाकार झोपड़ियों के प्रमाण मिले हैं। पशुओं में गाय, बैल, हिरण, मछली की हड्डियों से निर्मित शर मिले हैं। मिट्टी की गुरियाँ भी देखी गई हैं।

चौपानी मांडो उत्तर प्रदेश के प्रयागराज जिले में स्थित हैं। पुरापाषाण काल से नवपाषाण काल तक के तीन चरणों का अनुक्रम देखा गया है। यहाँ मध्य पाषाणकालीन स्तर से मधुमक्खी के छत्ते जैसी झोंपड़ियाँ, साझा चूल्हे, ज्यामितीय आकार के सूक्ष्म पाषाण एवं हस्तनिर्मित मृद्भाण्ड मिले हैं। विद्वानों की मान्यता है कि चौपानी मांडो के मृद्भाण्ड संसार के प्राचीनतम साक्ष्यों में से हैं। यह स्थल खाद्यान्न संग्रह से खाद्य उत्पादन की ओर बढने वाले आदिमानव का प्रतिनिधित्व करता है।

3. पूर्वी क्षेत्र

मध्य पूर्व में चिरांद, चेचर, सेनुआर, तारादिव एवं ओडीशा में कुचाई तथा उत्तर–पूर्व भाग में दोओजाली हेडिंग (देव जाली हाडिंग) मुख्य स्थल है।

चिरांद बिहार के सारण जिले में चिरांद ग्राम नामक एक छोटी बस्ती के निकट नवपाषाणिक अवशेष प्राप्त हुए हैं। बुर्जहोम (कश्मीर) को छोड़कर अन्य किसी पुरातात्विक स्थल से इतनी अधिक मात्रा में नवपाषाण कालीन उपकरण नहीं मिले जितने चिरांद से। 1962–63 ई. में प्रो. बी.पी. सिन्हा द्वारा इस स्थल का उत्खनन करवाया गया। उत्खनन से पाँच प्रकार की संस्कृतियों के अवशेष मिले हैं। इनकी कार्बन तिथि ई.पू. 4900 ज्ञात हुई है। यह स्थल मैदानी क्षेत्र में गंगा, सोन, गंडक एवं घाघरा के संगम पर स्थित है। यहाँ जो उपकरण पाए गए हैं वे हिरणों के सींगों से निर्मित थे। मृद्भाण्डों पर चित्रांकन देखा गया है। मृद्पात्रों पर धान के भूसे के निशान तथा जले हुए चावल के दाने चिपके प्राप्त हुए हैं। जाहिर है चिरांदवासी चावल की खेती करते थे।

दाओजाली हेडिंग उत्तर–पूर्व में असम के चितगाँव क्षेत्र में दाओजाली हेडिंग से नवपाषाण संस्कृति की प्रतलब्धि हुई है। प्राप्त स्कन्ध युक्त कुल्हाड़ियाँ, मूसल, रस्सी के निशान वाले मृद्भाण्ड आदि कृषि एवं पशुपालन के प्रतीक हैं। इसकी कार्बन तिथि ई.पू. 2000 के लगभग आई है।

कुचाई ओडीशा के मयूरभंज जिले में स्थित कुचाई में मध्य पाषाणिक स्तर तथा नवपाषाणिक स्तर अर्थात् दो चरण उपलब्ध हैं। कई तरह के मृद्भाण्डों के अवशेष पाए गए हैं।

4. दक्षिणी क्षेत्र

नवपाषाणकालीन बस्तियाँ इस क्षेत्र में नदियों के किनारे स्थित हैं। कृष्णा, तुंगभद्रा, कावेरी एवं भीम नदियों के जल से यह क्षेत्र अप्लावित रहा है। दक्षिण में कई महत्वपूर्ण क्षेत्र नवपाषाणकालीन संस्कृति के विभिन्न पहलुओं पर प्रकाश डालते हैं। यहाँ हम कुछ विशेष महत्व के स्थलों के बारे चर्चा करेंगे।

ब्रह्मगिरि (Brahmagiri) आधुनिक कर्नाटक के चित्तल दुर्ग जिले में स्थित ब्रह्मगिरि स्थल को कई प्राचीन संस्कृतियों का संकेन्द्र कहा जाए तो अनुचित न होगा। 1947 ई. में मार्टिमर व्हीलर[10] ने मैसूर राज्य पुरातत्व विभाग के सहयोग से उत्खनन करवाया, फलस्वरूप पाषाण एवं ऐतिहासिक युग की तीन संस्कृतियाँ प्रकाश में आईं। यहीं से अशोक लघु शिलालेख प्रथम एवं द्वितीय मिले हैं।

व्हीलर ने प्रथम संस्कृति काल को ''अश्म परशु'' नाम दिया है अर्थात् ताम्र एवं पाषाण का उपयोग हुआ है। ताँबे का प्रयोग उल्लेखनीय है। गोमेद, दूधिया तथा स्फटिक के उपकरण तथा नुकीले कुठारों की अधिकता रही है। इसके काल निर्धारण हेतु पिकलीहल एवं उत्तनूर के अवशेषों का तुलनात्मक अध्ययन किया गया। उन स्थलों से प्राप्त अवशेषों की कार्बन तिथि ई.पू. 2300 से ई.पू. 1000 निर्धारित हुई है। अतः ब्रह्मगिरि के प्रथम काल को उक्त अवधि में रखा जा सकता है। बच्चों के शव मृद्भाण्डों में रखकर गाड़े जाने की प्रथा थी जबकि वयस्कों के शव चिता में गाड़े जाते थे।

द्वितीय प्रकाल की कार्बन तिथि ई.पू. 1000 से ई.पू. 100 के मध्य निश्चित हुई है। इस स्तर के अवशेषों को **महाश्म संस्कृति** (Megalithic Cultures) कहा गया है। लौह निर्मित हँसिए, छुरे, तलवार, भाले आदि प्रमुख हैं। मृद्भाण्ड दो प्रकार के हैं–कृष्णलोहित (Black and Red) तथा कृष्ण मार्जित (Black Polished)। निर्माण धीमी गति से चाक पर हुआ है। शवों को दफनाते समय वृहत् पाषाण खण्डों का प्रयोग हुआ है। इसीलिए इस प्रकाल को 'महाश्म काल'' कहा है। तीसरा काल आन्ध्र युग से सम्बन्धित है। इस काल के मृद्भाण्ड तीव्र गति के चाक पर निर्मित हैं। गेरुए रंग पर श्वेत रंग से चित्रकारी की गई है। रोमन दीनार भी इस प्रकाल के स्तर से उपलब्ध हुए हैं, जिनसे इस युग का समय ई.पू. प्रथम शताब्दी निश्चित किया जा सकता है।

संगनकल्लू (Sanganakallu) कर्नाटक के बेल्लारी (Bellary) स्थित जिले के 3 मील उत्तर–पूर्व में स्थित है। 1946 ई. में प्रो.बी. सुब्बाराव ने उत्खनन करवाया। यहाँ भी तीन प्रकार के अवशेष मिले हैं।

नागार्जुन कोंडा यहां की आवासीय संरचना अधिक स्पष्ट नहीं है। चकमक के फलक औजार एवं घर्षित पत्थर इस बात की ओर संकेत करते हैं कि कृषि अल्प विकसित थी।

पिकलीहल कर्नाटक में स्थित पिकलीहल नवपाषाण संस्कृति का महत्वपूर्ण स्थल था। इसे पशुपालन अर्थव्यवस्था का मुख्य पहलू कहा गया है। यहाँ आवासीय योजना भी देखी गई है।

5. उत्तर–पश्चिमी क्षेत्र

इसमें राजस्थान के क्षेत्रों को मुख्य रूप से शामिल किया जा सकता है। पिछले कुछ दशकों में राजस्थान में अनेक महत्वपूर्ण स्थलों को खोजा गया है अतः उनकी संक्षिप्त जानकारी जरूरी है।

बागौर बनास की सहायक कोठारी नदी के किनारे भीलवाड़ा से 25 किमी. दूरी पर स्थित, इस स्थल में अनेक स्तर हैं। यहाँ मध्य पाषाणिक, ताम्रयुगीन तथा लौह उपकरण भी प्राप्त हुए हैं। डॉ. विरेन्द्र मिश्र एवं एल.एस. लेशनि के निर्देशन में 1967 ई. से 1969 ई. के मध्य उत्खनन करवाया गया था। उत्खनन में आवासीय योजना के अवशेष मिले हैं। एक स्तर से ताम्र तथा परवर्ती लौह उपकरण भी प्राप्त हुए हैं। कृषि एवं पशुपालन जीवनयापन के आधार थे। कुछ विद्वानों की मान्यता है कि बागौर एवं मध्य प्रदेश स्थित आदमगढ़ प्राचीनतम पशुपालन अर्थव्यवस्था के साक्ष्य प्रस्तुत करते हैं।

बालाथल उदयपुर से 42 किमी. दक्षिण–पूर्व, वल्लभनगर तहसील में स्थित है। 1993 ई. में इस स्थल का उत्खनन प्रो. वी.एन. मिश्रा के निर्देशन में डॉ. आर.के. मोहन्ते, डॉ. वी.एस. शिन्दे (पूणे), डॉ. देव कोठारी एवं डॉ. ललित पाण्डे द्वारा करवाया गया। पुराविदों ने इस स्थल की बस्तियों का समय ई.पू. 2300 के लगभग माना है। लोगों ने अपने आवासों के निर्माण हेतु ईंटों एवं पत्थरों का उपयोग किया था। यहाँ से प्राप्त मृद्‌भाण्डों की तुलना हड़प्पा स्थलों से प्राप्त मृद्‌भाण्डों से की जा सकती है। प्राप्त ताम्र औजारों पर भी हड़प्पा सभ्यता का प्रभाव स्पष्ट दृष्टिगोचर होता है। इस स्थल पर लगभग 22 स्तर देखे गए हैं। दूसरे शब्दों में, नवपाषाण काल से हड़प्पा सभ्यता का यह प्रतिनिधि केन्द्र था।

बड़ी संख्या में प्राप्त मृद्‌भाण्ड, मनके, पक्की मिट्टी की मूर्तियाँ, ताम्र उपकरण तथा अर्द्ध–बहुमूल्य पत्थर के मनके इस स्थल के सांस्कृतिक इतिहास की रचना के स्वतः सिद्ध प्रमाण हैं। ताम्र उपकरणों में बाणाग्र, गंडासे, चाकू मुख्य हैं। मिट्टी के सांड की उपलब्धि हड़प्पा से प्राप्त वृषभ मुद्राओं का स्मरण करवाती है। विद्वानों की मान्यता है कि यहाँ के लोगों ने ताम्र संस्कृति से लौह सभ्यता तक इस स्थल को आबाद रखा। उत्खनन में प्राप्त ताम्र मुद्राओं पर हाथी एवं चन्द्रमा की आकृतियाँ अंकित हैं।

गणेश्वर सीकर जिले में नीमकाथाना के निकट कांटली नदी के किनारे स्थित इस स्थल से ताम्र–पाषाणिक संस्कृति के अवशेष मिले हैं। पुराविदों के अनुसार ई.पू. 2800 में यहाँ लोग निवास करते रहे होंगे। यहाँ से बड़ी संख्या में ताम्र औजार उपलब्ध हुए हैं। राजस्थान पुरातत्व विभाग के तत्कालीन निदेशक रतनचन्द्र अग्रवाल ने 1978 ई. में उत्खनन शुरू करवाया था जो 1988 ई. तक जारी रहा। गणेश्वर के उत्खनन से यह स्पष्ट होता है कि मोहनजोदड़ो एवं हड़प्पा को ताँबा इसी क्षेत्र से जाता था। यहाँ से लगभग 4,000 ताम्र उपकरण प्राप्त हुए हैं।[11]

मुख्य रूप से कुल्हाडे, बाणाग्र (तीर), भाले, सूईयाँ आदि उल्लेखनीय है। ताँबे में अन्य धातु का मिश्रण न होना इस बात को दर्शाता है कि उन लोगों को अन्य धातुओ के मिश्रण का ज्ञान नहीं था। प्राप्त मृद्‌भाण्डों में प्याले, तश्तरियाँ, कुँडों का जिक्र किया जा सकता है। मृद्‌भाण्डों पर चित्रांकन भी देखा गया है।

आवास निर्माण हेतु लोगों ने पत्थरों का उपयोग किया। नदी की बाढ़ से बचाने हेतु वृहदाकार बाँध भी बनाए जाने के संकेत मिले हैं। कांटली नदी की घाटी में अन्य स्थल इस काल के खोजे गए हैं।

निष्कर्ष अन्त में कहा जा सकता है कि, नवपाषाणकालीन अर्थव्यवस्था की मुख्य विशेषताएँ कृषि एवं पशुपालन तथा धातु विज्ञान की प्रगति हैं। आखेट और संग्रहण से कृषि तकनीक की ओर बढ़ना एक क्रान्तिकारी कदम था। इस युग में हर स्तर पर सुधार आया, जिससे व्यवस्थित सामाजिक व्यवस्था का आविर्भाव हुआ। विस्तार की दृष्टि से इस संस्कृति के लोग भारत के सम्पूर्ण भागों में फैल चुके थे। यद्यपि पुरातात्विक स्थल बहुत अधिक नहीं खोजे जा सके हैं। यह भी उल्लेखनीय है कि नवपाषाण संस्कृतियों का उदय भिन्न कालों में अलग–अलग स्थानों पर हुआ। परिस्थितियों में बदलाव के कारण अलग–अलग स्थानों पर फसलों में भी अन्तर आ गया।

सन्दर्भ :

1. कोसंबी : प्राचीन भारत की संस्कृति और सभ्यता, नई दिल्ली पृ 43.
2. कोसंबी, वही. पृ 51
3. पाण्डे जी.सी. एवं सुश्मिता, भारतीय संस्कृति मध्य प्रदेश हिन्दी ग्रंथ अकादमी, 1999, पृ. 93 से उद्‌धृत
4. Raymond & Bridget Allchin - The Birth of Indians Civilization, p. 59. This was shown in the south by Cammiade and Burkitt (1936) and in the north by de Terra and Paterson. The latter demonstrated that tools from succeeding terraces of the Soan river, a tirbutory of the Indus in the West Pakistan, ranged from crude, heavy hand axes and chopping tools on pebbles in the upper terraces to small finely worked handaxes, cleavers, discoidal cores, flakes and choppintg tools in the lower.
5. देखिये आलचिन, वही पृ. 60.
6. आलचिन, वही, पृ. 60.
7. आलचिन, वही, पृ. 63.
8. वर्मा राधाकान्त, भारतीय प्रागैतिहासिक संस्कृतियां, पृ. 273.
9. कोसंबी, वही पृ. 67.
10. Wheeler M., Brahmagiri and Chadravalli, Megalithic and other cultures in Mysore State, Ancient India, No 4, pp. 180-310
11. देखिये विश्वंभरा (त्रैमासिक शोध पत्रिका) में किशनलाल, क्यूरेटर का लेख ''रंगमहल संस्कृति का नया स्थल भाडंगाबाद''.

सिंधु–सरस्वती घाटी सभ्यता

(Indus - Sarswati valley civilization)

4 सैन्धव–सरस्वती सभ्यता का उद्गम
(Origin of Indus–Sarasvati Civilization)

सैन्धव सभ्यता का ज्ञान पुरातत्व विज्ञान की एक महत्वपूर्ण देन है। 1856 ई. में भारत सरकार के निरीक्षण में कराची एवं लाहौर (वर्तमान पाकिस्तान) के मध्य रेल लाइन बिछाए जाने के लिए नजदीक के खण्डहरों से ईंटें निकाली जाने लगी। इन्हीं खण्डहरों में मुल्तान जिले का हड़प्पा नामक खण्डहर भी था। परन्तु उस समय तक इस बात का बोध नहीं हो सका कि इन खण्डहरों के नीचे एक विशाल सभ्यता की बहुमूल्य सामग्री सुरक्षित है। 1872 ई. में प्रसिद्ध पुरातत्ववेत्ता सर अलेक्जेंडर कनिंघम इस स्थान पर आया एवं कुछ पुरातात्विक वस्तुएँ एकत्र कीं, किन्तु वह इन वस्तुओं का काल निर्धारण नहीं कर पाया। कनिंघम ने 1861 में भारत पुरातत्व विभाग में सर्वेयर के रूप में कार्य शुरू किया था।

बाद में 1920 ई. में माधोस्वरूप वत्स एवं दयाराम साहनी के पर्यवेक्षण में महत्वपूर्ण कार्य प्रारम्भ हुआ।[1] रावी नदी के तट पर उत्खनन शुरू हुआ तो हड़प्पा नामक स्थल से अवशेष मिले। 1921 ई. में प्राप्त अवशेषों के आधार पर विद्वान् इस पर सहमत थे कि भारत की सभ्यता को वैदिक काल से पूर्व ले जाना होगा और वह सभ्यता सम्भवतः बेबीलोनिया के समकालीन थी। 1922 ई. में राखालदास बनर्जी के निदेशन में विस्तृत उत्खनन कार्य प्रारम्भ हुआ। उन्होंने सिन्धु नदी के पश्चिमी तट पर लरकाना जिले (खैरपुर से पश्चिम) में इस सभ्यता के दूसरे महत्वपूर्ण स्थल मोहनजोदड़ो को खोजा। ननीगोपाल मजूमदार[2] ने सैन्धव प्रदेश का सर्वेक्षण किया एवं इस सभ्यता के कुछ और स्थल खोज निकाले। पुराविद् जॉन मार्शल ने हड़प्पा के विषय में 1924 ई. में एक रिपोर्ट दी और एक लम्बे समय से विस्मृत सभ्यता के बारे में बताया। यह सभ्यता उतनी ही प्राचीन थी जितनी मिस्त्र एवं मेसोपोटामिया की सभ्यताएँ। 1925 ई. में अर्नेस्ट मैके[3] ने मोहनजोदड़ो से 80 मील दूर दक्षिण–पूर्व में स्थित चन्हूदड़ो नामक स्थान का उत्खनन करवाया। मोहनजोदड़ो के उत्खनन में मार्शल, दीक्षित, हारग्रीव्ज और सना उल्लाह ने 1925 ई. से 1927 ई. तक कार्य किया।

1924 ई. में व्हीलर ने हड़प्पा में कार्य किया और सांकलिया, एस. आर. राव, गार्डन चाईल्ड आदि पुराविदों ने इसके कई पक्षों की समीक्षा में रुचि ली।[4] सैन्धव सभ्यता पर चार्ल्स मैसन, कनिंघम, जॉन मार्शल, व्हीलर, जैसे अंग्रेजों, टैस्सीटोरी जैसे इतालवी विद्वान के अतिरिक्त दयाराम साहनी, डी आर प्रभाकर, हीरानंद शास्त्री, के एन. दीक्षित, आर. डी. बनर्जी, बीबी लाल, आर एस विष्ट जैसे कई पुराविदों का इस सभ्यता को खोजने–समझने में योगदान रहा हैं। इस सभ्यता की खोज को 100 वर्ष हो गये। इतिहास के रूप में स्वीकृति के लिए पुरातत्व की इस खोज ने भारतीय इतिहास की धारा को ही बदल दिया हैं। इसकी गणना विश्व की प्राचीनतम सभ्यताओं में की जाती है। इस सभ्यता को सिन्धु–सरस्वती सभ्यता, सिन्धु–घाटी सभ्यता और हड़प्पा सभ्यता के नाम से जाना जाता है।

उल्लेखनीय हैं कि हिंदू शब्द सिन्धु का ही एक रूप हैं। हीब्रू भाषा में हिन्दू 'होदू' बना और इजरायल में इसी कारण भारत को आज भी कुछ लोग होदू कहते है। मध्य पूर्व के देशों में सिंधु को हिंदू नदी कहते हैं। इन देशों में 'स' 'ह' में बदल गया और सिन्धु व उसके पूर्वी भाग को हिंद कहा जाने लगा। भारत में सरस्वती नदी घाटी में इस सभ्यता के अधिकांश स्थल केन्द्रित होने के कारण विद्वान् इसे सिन्धु–सरस्वती सभ्यता नाम दिए जाने पर जोर दे रहे हैं। पुरातत्व विज्ञान के नियमानुसार इसे हड़प्पा सभ्यता कहा जा सकता, क्योंकि इस सभ्यता का ज्ञान सर्वप्रथम हड़प्पा में हुआ। प्राचीन संस्कृति का नामांकन उस स्थान के आधुनिक नाम से किया जाता है जहाँ उसके अस्तित्व का सबसे पहले बोध हुआ।

इस सभ्यता की खोज ने भारतीय सभ्यता के इतिहास को ही बदल दिया है। आर.सी. मजूमदार ने लिखा है कि आर्यों के साहित्य वेदों से ही पहली बार हमें भारत के सामाजिक एवं धार्मिक विचारों तथा आर्थिक और राजनीतिक अवस्थाओं का विस्तृत परिचय मिला। फलतः यह अवश्यंभावी था कि व्यावहारिक दृष्टि से भारत का इतिहास इस काल से प्रारम्भ किया जाए और भारतीय संस्कृति की रूपरेखा का आरम्भ आर्य सभ्यता से हो। किन्तु 1922–23 ई. में होने वाली एक युग निर्मात्री खोज के परिणामस्वरूप इस धारणा में परिर्वतन हुआ।[5]

इसकी उत्पत्ति के सवाल को लेकर विद्वानों में मतभेद है। बलूचिस्तान के क्वेटा के नजदीक मेहरगढ़ नामक स्थल पर 1974 से 1986 एवं 1997 से 2000 तक किए एक उत्खननों से सैन्धव सभ्यता के उद्गम के बारे में नई जानकारी मिली है। जारीज व उसकी फ्रांसीसी टीम को मेहरगढ़ से 7200 ई.पू.

तक के अवशेष मिले हैं और जारीज की मान्यता है कि मेहरगढ़ से प्राप्त अवशेष सिन्धु सभ्यता के प्रारम्भिक स्वरूप को दर्शाते हैं।

प्रारम्भ में कुछ विद्वानों ने इसकी उत्पत्ति पश्चिमी एशिया (मेसोपोटामिया) में ढूँढने का प्रयास किया, जबकि कुछ पुराविदों ने इसका उद्गम ईरान–बलूची–सिंध संस्कृतियों से माना है। अर्वाचीन भारतीय पुराविदों ने भारत की ग्रामीण संस्कृतियों में इसका स्त्रोत ढूँढने का प्रयास किया है।

I-पाश्चात्य उद्गम की अवधारणा

मेसोपोटामिया में संस्कृति का विकास कालक्रम दृष्टि से हड़प्पा संस्कृति से पहले हुआ माना जाता है। प्रारम्भ में मार्टिमर व्हीलर जॉन मार्शल, गार्डन चाइल्ड, क्रेमर, डी. डी. कौसंबी की मान्यता थी कि सम्भवतः सभ्यता का विचार यहीं पर सबसे पहले प्रकट हुआ था। व्हीलर का समर्थन करते हुए क्रेमर ने लिखा था कि, "सैन्धव सभ्यता के पहले की जो संस्कृतियाँ खोजी गई हैं, जैसे – कोटदीजी, पेरियोनाघुण्डई आदि से यह आभास नहीं होता कि उनसे इस सभ्यता का विकास हुआ है।[6] व्हीलर का विश्वास है कि मोहनजोदड़ो के अन्नागार एवं गढ़ी तथा दक्षिणी–पूर्वी बुर्ज इस सभ्यता के प्रारम्भिक निर्माण कार्यों में से है, निर्माण प्रक्रिया मसोपोटामिया में विशेष रूप से प्रचलित थी। अतः हड़प्पा सभ्यता के जन्मदाता मेसोपोटामियन थे। गार्डन[7] भी व्हीलर के मत का समर्थन करते हैं।

दूसरा पक्ष व्हीलर के मत का समर्थन करने से पूर्व कुछ महत्वपूर्ण तथ्यों की समीक्षा करना उचित होगा।

- मोसोपोटामिया के लोगों को इस सभ्यता का जनक स्वीकार किए जाने पर उनकी लिपि एवं सैन्धव लिपि में भिन्नता का कारण समझ में नहीं आता।
- यह सत्य है कि मेसोपोटामिया में पुरातात्विक साक्ष्यों के अनुसार सैन्धव सभ्यता से भी पूर्व नागरिक सभ्यता के प्रमाण मिलते हैं किन्तु सैन्धव नगरों का नियोजन एवं सार्वजनिक स्वच्छता की व्यवस्था मेसोपोटामिया में ही नहीं वरन् विश्व की समस्त प्राचीनतम सभ्यताओं में विशिष्ट पाई गई है।
- मेसोपोटामिया में उपलब्ध मन्दिरों (या आराधना गृह) एवं मिस्त्र के समान भव्य कब्रों का अस्तित्व हड़प्पा स्थलों में नहीं देखा गया। (देखिये, Vedic Age, P 173)
- सैन्धव नगर नियोजन (Town Planning) में दुर्ग व्यवस्था को विशेष महत्व दिया गया, जबकि मेसोपोटामिया में ऐसे दुर्ग का प्रावधान नहीं पाया गया।
- दोनों संस्कृतियों की उपलब्ध भौतिक सामग्री में, यथा–मृद्भाण्ड, प्रस्तर मूर्तियाँ (Idol), मृण्मूतियाँ (Terracotta Idol), मुहरों (Seals) तथा आयुधों में भी महत्वपूर्ण असमानताएँ हैं।

व्हीलर की मान्यता का आधार हड़प्पा स्थलों से प्राप्त सुमेरियन अवशेष हैं। असल में सैन्धव सभ्यता के अवशेष मेसोपोटामिया स्थलों में और मेसोपोटामियन सामग्री की हड़प्पा स्थलों से प्राप्ति, परस्पर आदान–प्रदान एवं वाणिज्य–व्यापार को ही दर्शाती है। कुछ विद्वानों ने असीरिया, बेबीलोन तथा सुमेर पर भारतीय शासकों के अभियान का भी जिक्र किया है।[8] प्राप्त अवशेषों के आधार पर मेसोपोटामिया को सैन्धव सभ्यता का उद्गम स्थल सिद्ध करने के लिए निश्चित प्रमाण के रूप में स्वीकार नहीं किया जा सकता।

II-ग्रामीण एवं पशुपालक संस्कृतियों से उद्भव

दूसरे मत के समर्थक विद्वानों में फेयर सर्विस, स्टुअर्ट पिगट, सांकलिया, ऑलचिन आदि प्रमुख हैं। फेयर सर्विस ने क्वेटा घाटी (बलूचिस्तान) में प्राचीनतम पशुपालक एवं ग्रामीण संस्कृतियों के अस्तित्व का उल्लेख किया है। फेयर सर्विस की धारणा है कि, सैन्धव सभ्यता उस प्रक्रिया का परिणाम लगती है जो उस समय निकट ही ग्रामीण स्थलों में विकसित हो रही थी। इस प्रकार सभ्यता का उद्भव और विस्तार बलूची क्षेत्र के लोगों के सैन्धव प्रदेश में आखेट पर निर्भर करने वाले किन्हीं वन्य और कृषक सभ्यताओं के परस्पर प्रभाव के परिणामस्वरूप हुआ।[9]

पिगट के अनुसार बलूचिस्तान की पहाड़ी और आस–पास के प्रदेशों में तथा सिन्धु नदी की निचली घाटी में ताम्र–पाषाणकालीन कुछ ऐसी ग्रामीण सभ्यताओं के अवशेष मिले हैं, इन्हें चार वर्गों में विभक्त किया जा सकता है– **प्रथम,** उत्तरी बलूचिस्तान की झाब नदी घाटी सभ्यता समूह, इसके प्रमुख स्थल राना घुण्डई एवं पेरियानोघुण्डई थे, **दूसरे**, बलूचिस्तान में ही स्थित क्वेटा घाटी सभ्यता के प्रसिद्ध स्थल किले गुल मुहम्मद तथा दम्ब सदात, **तीसरे,** बलूचिस्तान (Balochistan) में स्थित कुल्ली एवं आमरी सभ्यता जो सिन्धु घाटी में मोहनजोदड़ो के दक्षिण में स्थित हैं तथा इसके कुछ उत्तर में बलूची पहाड़ियों में स्थित 'नाल' सभ्यता समूह। इसके अतिरिक्त अन्य महत्वपूर्ण स्थल कोटदीजी, जो आमरी से 100 मील उत्तर–पूर्व की ओर मोहनजोदड़ो से लगभग 25 मील पूर्व, खैरपुर (पाकिस्तान) जिले में स्थित है।

- पिगट की मान्यता है कि कच्ची ईंटों और उनके साथ कभी–कभी पत्थरों का उपयोग मकान निर्माण के लिए किया।
- मृद्भाण्ड (Pottery) कला पर्याप्त विकसित और दोनों मृद्भाण्डों (Potteris) में समानता है एवं विशिष्ट देखी जाती है जिसके अनुसार क्वेटा के उत्तर में झाब घाटी में लाल रंग वाले मृद्भाण्ड (Redware Pottery) प्राप्त होते हैं जबकि क्वेटा के दक्षिण में धूसर रंग वाले पाए जाते हैं।[10]

- पक्की मिट्टी की मूर्तियों के अतिरिक्त ताम्र एवं कांस्य वस्तुओं का निर्माण भी किया जाता था। ऐसी मान्यता है कि, मातृदेवी एवं कदाचित लिंग पूजा भी की जाती थी। सम्भवतः इनका पूर्व की सैन्धव सभ्यता के केन्द्रों के साथ निरन्तर सम्पर्क बना रहा। सैन्धव सभ्यता का पश्चिमी संस्कृतियों के साथ व्यापार समुद्रीय मार्ग से होता रहा होगा। इनका उद्भव ई.पू. 3500–3000 माना गया, परन्तु कई ग्रामीण सभ्यता–समूह सैन्धव सभ्यता के विकास के समय भी जीवित थे। स्मिथ[11] ने पिगट के मत का समर्थन किया है।

इन विद्वानों की मान्यता है कि सैन्धव लोगों ने सभ्यता का विचार इन ग्रामीण सभ्यताओं से ग्रहण किया। इनके समर्थन में प्रमाण स्वरूप 'अमरी' के उत्खनन से प्राप्त भिन्न संस्कृतियों के अवशेष को लिया जाता है।[12] यहां निचले स्तरों पर 'अमरी' संस्कृति के मृत्पात्र एवं ऊपर के स्तरों में सैन्धव संस्कृति के मृत्पात्र मिले हैं अर्थात् दोनों संस्कृतियां अतिव्याप्त हैं। इस तरह हड़प्पा सभ्यता एवं राणा घुण्डई, नाल, आमरी के मृत्पात्रों पर चित्रित चित्रों में कुछ समानता मिलती है।

प्रतिपक्ष इस मान्यता को स्वीकार करने में उन्हीं प्रश्नों का जवाब नहीं मिल पाता जो मेसोपोटामिया के लोगों द्वारा सैन्धव सभ्यता का उद्गम ढूंढने के पक्ष में प्रस्तुत किए गए थे। इन ग्राम्य संस्कृतियों में, पक्की ईटों के मकान व ड्रेनेज व्यवस्था नहीं थी। अतः आमरी तथा नाल एवं सैन्धव संस्कृति के मृत्पात्रों पर अंकित चित्रण की समानता के सामान्य उदाहरणों के आधार पर सैन्धव सभ्यता का उद्गम ग्राम्य सभ्यताओं में ढूंढना प्रासंगिक नहीं होगा। इन सभ्यताओं के विकास में एक स्पष्ट क्रम दिखाई पड़ना चाहिए था, पर ऐसा नहीं है।

III-स्थानीय उद्गम

इन दो विचारधाराओं के विपरीत कुछ विद्वान् सैन्धव सभ्यता का उद्भव एवं क्रमिक विकास भारत की धरती पर ही होना मानते हैं। राजस्थान के कुछ स्थलों और कुछ अन्य क्षेत्रों से भी, ऐसे मृद्भाण्ड मिले हैं जो प्राक–हड़प्पाकालीन मृद्भाण्डों से समानता लिए हैं। इस प्रकार के मृद्भाण्ड, अमलानन्द घोष[13] को 1953 ई. में सर्वप्रथम सोथी (बीकानेर) नामक स्थान पर प्राप्त हुए और बाद में लुप्तप्रायः सरस्वती दृषद्वती नदियों की घाटियों में, उत्तरी राजस्थान के गंगानगर जिले में अनेक स्थानों पर खोजे गए। यहां उल्लेखनीय हैं कि ऋग्वेद की कई ऋचाओं की रचना इसी नदी के किनारे की गई थी, माना जाता हैं। कालीबंगा (गंगानगर जिला) के उत्खनन से इसी तरह के मृद्भाण्ड हड़प्पा संस्कृति से पूर्व काल के प्राप्त हुए हैं। इस संस्कृति को कुछ विद्वानों ने 'सोथी' संस्कृति और कुछ ने कालीबंगा प्रथम नाम दिया है।[14]

- कालीबंगा से प्राप्त प्राक्–सैन्धव सभ्यता के अवशेष एवं उपलब्ध मृत्पात्रों पर, जो चाक पर निर्मित थे, पतले एवं हल्के गुलाबी रंगयुक्त तथा बर्तन के ऊपरी भाग में गले से कन्धे तक काले एवं कभी–कभी श्वेत रंग से ज्यामितिक तथा प्राकृतिक रूप से चित्रांकन मिलता है। घोष के अनुसार यह पात्र–परम्परा पूर्वी टिले में सैन्धव मृत्पात्रों के साथ निम्नतम स्तरों से प्रारंभ होकर मध्य स्तरों तक मिलती है और वहां इसका प्रचलन समाप्त हो जाता है।
- स्वयं घोष ने 1950–53 ई. में उत्तरी राजस्थान के श्रीगंगानगर जिले में प्राचीन सरस्वती (आधुनिक घग्घर) एवं दृषद्वती (चौतंग) नदियों की घाटियों का सर्वेक्षण किया था और ऐसे स्थल खोज निकाले जो अहड़प्पीय सभ्यता के परिचायक हैं। जिसे 'सोथी' संस्कृति का नाम दिया, लेकिन इसे प्रारंभ में सैन्धव सभ्यता से परवर्ती समझा गया था। यह ध्यान देने योग्य है कि भारतीय अन्तरिक्ष विभाग ने हजारों वर्ष पूर्व लुप्त सरस्वती के जल प्रवाह को अभी हाल ही में खोज लिया है।[15] जो इस बात का परिचायक है कि इन नदियों का अस्तित्व था एवं इनके किनारे प्राचीन सभ्यता का विकास हुआ।
- घोष के अनुसार 'सोथी' मृद्भाण्डों के बड़े क्षेत्र में फैलाव को देखते हुए उसे कोई प्रादेशिक मृद्भाण्ड परम्परा कहना उचित प्रतीत नहीं होता। इन पर प्राप्त चित्रणों की तुलना बलूचिस्तान एवं सिन्ध क्षेत्र की किले–गुल मुहम्मद, के–ची–बेग, क्वेटा, जांगल, सूर जांगल तथा मेहीनुन्दरा आदि स्थलों पर मिलने वाली पात्र परम्पराओं के चित्रण से की जा सकती है। 1950 ई. में व्हीलर द्वारा गहराई तक उत्खनन से यह धारणा प्रबल हुई कि वहां के क्रम में कोई व्यवधान नहीं है। 'सोथी' मृद्भाण्ड परम्परा के तत्व सैन्धव मृद्भाण्ड परम्परा में भी उपलब्ध होते हैं–मत्स्यशल्क, पीपल के पत्ते, बाह्य भाग में रस्सी अथवा डोरी के निशान वाले पात्र तथा भीतरी भाग में किये गये अलंकरण वाले तसले आदि, 'सोथी' एवं विकसित सैन्धव स्थलों (मोहनजोदड़ों, हड़प्पा एवं रोपड़ आदि) के मृत्पात्रों पर समान रूप से दिखाई देते हैं। झाब, क्वेटा तथा मध्य बलूचि मृत्पात्रों से तुलनीय 'सोथी' मृत्पात्र (मिट्टी के बर्तन) परम्परा की हड़प्पा और मोहनजोदड़ो के निम्नतम स्तरों से प्राप्ति दूसरे, सरस्वती घाटी के सैन्धव स्थलों पर इसकी व्यापक रूप से उपलब्धि और तीसरे इस मृत्पात्र परम्परा के कुछ तत्त्वों का विकसित सैन्धव पात्र परम्परा में जीवित रहना जो न केवल सरस्वती घाटी में दिखाई देता है वरन् हड़प्पा एवं मोहनजोदड़ो में भी देखा जा सकता है।

अतः घोष के अनुसार सोथी को सैन्धव सभ्यता का पूर्व रूप कहना उचित होगा। सैन्धव सभ्यता का विकास बाह्य आगन्तुक उपनिवेशवादियों ने नहीं किया वरन् सिन्धु सरस्वती प्रदेश के उन्हीं स्थानीय लोगों में से कुछ शक्ति सम्पन्न लोगों ने किया

जो पहले से यहां निवास कर रहे थे। नगरीय जीवन का विचार सिन्धु–सारस्वत लोगों की अपनी स्वयं की उपलब्धि थी जिसे स्थानीय लोगों ने ही विकसित किया। रेमण्ड एण्ड ब्रिजिट आलचिन[16] भी अब स्वीकार करते हैं कि सोथी संस्कृति कोई अलग नहीं बल्कि सैन्धव सभ्यता का प्रारम्भिक रूप थी। पश्चिमी एशिया के साथ व्यापारिक सम्बन्धों का विकास किया जिससे उन्हें विशिष्टीकरण (Specialization) की आवश्यकता का अनुभव हुआ। हड़प्पा सभ्यता के प्रारम्भिक अवशेष अभी हाल ही में हरियाणा में राखीगढ़ी सरस्वती (आधुनिक घग्घर) के किनारे उत्खनन से प्राप्त हुए हैं।

पुराविदों ने प्राप्त अवशेषों को 5000 वर्ष पूर्व का स्वीकार किया है। अब विद्वानों की यह मान्यता है कि सैन्धव सभ्यता का आविर्भाव पश्चिमी एशिया में न होकर भारत में ही हुआ था। कालीबंगा, मोहनजोदड़ो, हड़प्पा आदि इस सभ्यता के प्रमुख केन्द्र थे। अभी हाल ही में प्रोफेसर वंसत–शिंदे व दक्षिण कोरिया के वॉन जूली के नेतृत्व में वैज्ञानिकों की टीम ने राखीगढ़ी से कंकालों के आधार पर प्राप्त रिपोर्ट से हडपन लोगों का भारतीय होना सिद्ध हो गया हैं।

साराशं – मार्टिमर व्हीलर जैसे विद्वानों ने जब अपने ग्रन्थ का लेखन किया था उस समय यह विश्वास किया जाता था, कि सिन्धु घाटी में सभ्यता पूरी तरह विकसित थी और उससे पूर्व की अवधि में जो लोग इन क्षेत्रों में रहते थे उनके और हड़प्पा सभ्यता के बीच कोई साम्य नहीं था। किन्तु अब यह पूरी तरह प्रमाणित हो गया है कि, इस सभ्यता का विकास सिन्धु–सरस्वती घाटी और उसके समीप ही हुआ और इसे विकसित होने में काफी समय लगा एवं धीरे–धीरे इसका प्रसार बहुत बड़े भाग में हो गया। हम सभ्यता के प्रारम्भिक काल को 'प्रारम्भिक हड़प्पा' एवं परवर्ती विकसित काल को 'विकसित हड़प्पा काल' के रूप में वर्गीकृत कर सकते हैं। इस तरह अमलानन्द घोष का विचार मान्य हो गया है।

सन्दर्भ :

1. वत्स, एम. एस. : एक्सकेवेशन एट हड़प्पा, खण्ड–2 भारत सरकार, दिल्ली, 1940.
2. मजूमदार, एन. जी. : एक्सप्लारेसन इन सिन्ध, मेमायर्स आव द आर्क्योलॉजीकल सर्वे ऑफ इडिया, नं. 48, 1934.
3. मैके अर्नेस्ट : चन्हुदड़ो एक्सकेवेसन्स (1935–36), अर्ली इण्डस सिविलाईजेशन।
4. व्हीलर मार्टिमर : इण्डस सिविलाईजेशन, कैम्ब्रिज 1935, अर्ली इण्डिया एण्ड पाकिस्तान, सं. संस्करण, 1968.
5. मजूमदार, आर. सी. : प्राचीन भारत, प्रथम सं. 1962 पृ. 8
6. क्रेमर, '' इ इण्डस सिविलाईजेशन'' एण्ड दिलमान द सुमेरियन पैराडाईज लैण्ड एक्सपेडीशन, खण्ड 6, नं. 3, 1964, पृ. 44–52.
7. गार्डन डी.एच. : द प्री–हिस्टोरिक बैकग्राउण्ड आफ द इण्डियन कल्चर, मुम्बई, 1958.
8. वीरेन्द्रनाथ भार्गव का लेख, राजस्थान पत्रिका, 10 अक्टूबर 1995 पृ. 10.
9. फेयर सर्विस ''द ओरिजन करेक्टर एण्ड डिकलाईन ऑफ एन अर्ली सिविलाइजेशन'', अमेरिकन म्यूजियम नॉवल्टीज, 2302, 1967
10. पिगट, स्टुआर्ट : प्रीहिस्ट्रोरिक इण्डिका, पृ. 72
11. Smith V. : Oxford History of India. IV ed, pp. 27-28
12. Allchin B. & Allchin R. : The Birth of Indian Civilization 1968. "This may indicate that the early period reached in the excavation at Mohenjodaro back to the transitional phase of the other Sites.
13. घोष, ए. एन. – ''द राजपुताना डेजर्ट, इट्स आर्क्योलॉजिकल आस्पेक्ट'' बुलेटिन ऑफ नेशनल इन्सटीट्यूट ऑफ साईन्स इण्डिया, खण्ड 1, पृ. 37–42, एण्ड सिविलाईजेशन, (1965) 133–36.
14. थापर, बी.के. कालीबंगा : हड़प्पन मेट्रोपोलिस बियॉण्ड द इण्डस वैली (एक्सपेड्सन) 1975, पृ. 19–32
15. देखिए राजस्थान पत्रिका, 15 जून, 2001
16. द बर्थ आव इण्डियन सिविलाईजेशन् 1968 पृ. 122–125

5 विस्तार एवं प्रमुख नगर
(Expansion and Major Cities)

हड़प्पा संस्कृति की विशेषता उसके छोटे–बड़े नगरों के रूप में देखी जाती है। मोहनजोदड़ो जैसे शहरों के अतिरिक्त अल्लाहदीनो (कराची के पास) एवं कुछ समय पूर्व खोजी गई कुंवाशी जैसी छोटी बस्तियों से भी प्रमाण मिले हैं जो शहरी अर्थव्यवस्था के सूचक हैं। सिन्धुवासियों ने ऐसे स्थलों का चयन किया जो गेहूँ उत्पादन के लिए उपयुक्त थे। खनिज स्त्रोतों की निकट उपलब्धता भी सैन्धव नगरों के विकास का कारण बनी।

इस सभ्यता की एक अन्य प्रमुख विशेषता विभिन्न स्थलों से प्राप्त भौतिक सामग्री में बहुत कुछ एकरूपता होना है। लगभग सभी सैन्धव नगरों की भवन निर्माण विधि, प्रणाल व्यवस्था, मिट्टी के पात्रों की निर्माण प्रक्रिया एवं चित्रांकन एक सभ्यता को सूचित करते हैं साथ ही आयुध आभूषण, मुद्राओं में एकरूपता देखी जा सकती है। इससे भी महत्वपूर्ण बात मोहनजोदड़ो एवं हड़प्पा से प्राप्त सामग्री है जिनमें ऐसी एकरूपता है कि सरलता से यह नहीं कहा जा सकता कि अमुक वस्तु मोहनजोदड़ो की है अथवा हड़प्पा नगर की। यह सत्य है कि वास्तु सम्बन्धी कुछ अवशेष किसी विशेष स्थल से ही मिले हैं, जैसे की मोहनजोदड़ो का विशाल स्नानागार जो सम्भवतः किसी स्थानीय आवश्यकता के लिए था।

यह भी रोचक तथ्य है कि मोहनजोदड़ो में नगर के अनेक बार विध्वंसित होने तथा पुनः आबाद होने पर भी नगर विन्यास में अन्तिम चरण को छोड़कर विशेष परिवर्तन नहीं हुआ। सामान्यतः मूलभूत संस्कृति को स्वीकार करते हुए विभिन्न स्थलों से प्राप्त सभ्यता के अवशेष एक विशेष संस्कृति की ओर संकेत करते हैं। जिसका विस्तार लगभग 1,600 कि.मी. पूर्व से पश्चिम एवं 1,100 कि.मी. उत्तर से दक्षिण तक विस्तृत था। समुद्री व्यापार के लिए तेरह सौ किलोमीटर का समुद्र भी था।

उत्तर में अब सरायखोला तथा जम्मू में मांडा (मांदा) नामक स्थल का ज्ञान होने पर उत्तर से दक्षिण सीमा और अधिक विस्तृत हो गई है। इस विशाल भूभाग में कुछ महानगर (हड़प्पा, मोहनजोदड़ो), कुछ कस्बे तथा रोपड़ तथा आलमगीरपुर जैसे ग्राम स्थित थे। सम्भवतः लोथल समुद्री व्यापार का केन्द्र रहा होगा, जबकि मकरान के समुद्र तटवर्ती सुत्कगेनडोर, सुत्काकोह और बालाकोट ने बन्दरगाह के रूप में पश्चिमी एशिया के साथ होने वाले व्यापार में महत्वपूर्ण भूमिका निभाई होगी। दक्षिण में गुजरात रंगपुर, रोजदी, प्रभासपट्टन तथा नर्मदा एवं ताप्ती नदियों के तट पर भग, मालवण, मेघम, तेलोद, भगतराव में अवशेष पाये गये। राजस्थान में कालीबंगा, कच्छ में धौलावीरा, हरियाणा में राखीगढीः जहाँ राव, पुराविद बी. बी. लाल, आर. सी. बिष्ट व अमरेन्द्र नाथ बिष्ट जैसे विद्वानों ने उत्खनन करवाया।

अरब सागर के मकरान तट पर अवस्थित सुत्कगेनडोर और दिल्ली के निकट स्थित आलमगीरपुर के ध्वंसावशेषों के मध्य लगभग 1,600 कि.मी. का अन्तर है। क्षेत्र की दृष्टि से यह मिस्त्र या सुमेरियाई सभ्यता से कहीं विशाल थी। सैन्धव स्थलों की कुल संख्या एक हजार तक पहुँच गई हैं। इसमें से 721 स्थल भारत में हैं, किन्तु उत्खनन दो दर्जन के लगभग स्थलों का ही करवाया जा सका है। अन्य उल्लेखनीय स्थलों में कुन्तासी, पदरी, बाणावलि, मीताथल, देसलवार का जिक्र किया जा सकता है। पूर्व में बरेली के पास रामायण–महाभारत में विवेचित परिचक्रा कुछ समय पूर्व प्रकाश में आई जहाँ सैन्धव अवशेष प्राप्त हुए हैं। इसके विस्तृत क्षेत्र में बलूचिस्तान, उत्तरी सीमा प्रांत, पंजाब, सिंध काठियावाड़, उत्तरी राजस्थान तथा पश्चिमी उत्तर प्रदेश के कुछ भाग शामिल थे। इस सभ्यता के अवशेष विस्तृत भूभाग में टीलों के रूप में पाए जाते हैं। प्रमुख स्थलों का यहाँ संक्षिप्त विवरण दिया जाना उचित होगा।

1. **सुत्कगेनडोर**– यह कराची से लगभग 300 मील पश्चिम व बलूच मकरान समुद्र तल से 56 किलोमीटर उत्तर में दाश्त नदी के पूर्वी किनारे पर स्थित है। स्टाइन ने 1927 ई. में इस स्थल की खोज की एवं 1962 ई. में जॉर्ज डेल्स के सर्वेक्षण के दौरान बन्दरगाह, दुर्ग एवं निचले नगर के प्रारूप मिले। डेल्स ने दुर्ग (गढी) में सैन्धव सभ्यता के तीन चरणों की खोज की। सुत्कगेनडोर की बन्दरगाह के रूप में, हड़प्पा सभ्यता एवं बेबीलोन के मध्य व्यापार में महत्वपूर्ण भूमिका रही।
2. **सात्काकोह**– यह पस्नि के लगभग 8 मील, शादी–कौर नदी की घाटी में सुत्कगेनडोर से पूर्व में स्थित है, डेल्स ने इसे 1963 ई. में खोज निकाला।
3. **देसलपुर**– मोहनजोदड़ो एवं लोथल के बीच कच्छ क्षेत्र में 1964 में के. वी. सौन्दरराजन ने उत्खनन करवाया था। यहाँ एक सुरक्षा प्राचीर व बीच–बीच में बुर्ज बने हुए है। प्राप्त अवशेषों में विशेष रूप से मृत्पात्र जेस्पर के बाट, ताँबें की छुरियाँ, छेनी, मिट्टी व ताँबें की मुहर व अँगूठी प्राप्त हुई है।
4. **शोर्तुघई (शोर्तुगाई)**– उत्तर अफगानिस्तान में स्थित इस क्षेत्र के निवासियों का सैन्धव सभ्यताओं से सम्बन्ध को दर्शाने वाले कई प्रमाण मिले हैं। मृदभाण्डों पर सिन्धु–सरस्वती

सभ्यता का प्रभाव दृष्टिगोचर होता है। यहाँ से लाजवर्द मणि तथा मध्य एशिया से टिन आयात किया जाता है।

5. **डाबर कोट**– उत्तरी बलूचिस्तान के पहाड़ी क्षेत्र में सिन्धु नदी से लगभग 200 किलोमीटर दूर लोरालाई के दक्षिण में झाब घाटी में स्थित है। यहाँ 34 मीटर का टीला 365 मीटर पश्चिम में फैला है। बलूचिस्तान के स्थल साधारणतः व्यापारिक मार्गों के साथ–साथ पाए जाते हैं।

6. **मुण्डिगाक**– दक्षिण–पूर्वी अफगानिस्तान में स्थित मुण्डिगाक प्राक्–हड़प्पन स्थल है जहाँ से कुब्जदार सांड व, मनके मिले हैं एवं विशाल–भवन देखा गया है।

7. **कोटदीजी**– यह स्थल पाकिस्तान के सिन्ध प्रान्त के खेरपुर नगर से 24 कि.मी. दक्षिण एवं मोहनजोदड़ो से 40 किलोमीटर पूर्व में है। 1935 ई. में घुर्ये ने इस स्थल से कुछ मिट्टी के बर्तन प्राप्त किए जो कि प्रिन्स ऑफ वेल्स म्यूजियम मुम्बई में सुरक्षित हैं। पाकिस्तान पुरातत्व विभाग के निदेशक फजल अहमद खाँ ने 1955 एवं 1957 ई. में उत्खनन करवाया जिससे हड़प्पा सभ्यता के अवशेष प्राप्त हुए जिसे ''कोटदीजी'' संस्कृति का नाम दिया। सबसे ऊपर की तीन परतें सैन्धव सभ्यता के उपकरणों से युक्त हैं। उपलब्ध पुरातात्विक साक्ष्यों से प्रतीत होता है कि कोटदीजी की प्राक् सैन्धव बस्ती अग्निकाण्ड से नष्ट हुई एवं उसके बाद सैन्धव लोग इस स्थल पर आकर बसे। नवागन्तुकों ने भवनों की नींव पत्थर की बनाई एवं दीवारें कच्ची ईंटों की। ताम्र एवं कांस्य का पर्याप्त प्रयोग हुआ। यहाँ सैन्धव काल के सन्दर्भ में बाणाग्रों का मिलना महत्वपूर्ण है, क्योंकि इस प्रकार के बाण हड़प्पा सभ्यता के अन्य स्थलों पर नहीं मिलते। सैन्धवकालीन नगर सुनियोजित ढंग से निर्मित थे। घरों की नींव में चूने–पत्थर का प्रयोग देखा जाता है। यहाँ समुचित प्रणाल व्यवस्था (Drainage System) भी देखी गई।

8. **अलीमुराद**– सिन्ध में दादू से लगभग 32 किलोमीटर दक्षिण–पश्चिम में स्थित है।

9. **मोहनजोदड़ो**– पाकिस्तान के सिन्ध प्रान्त के लरकाना जिले में सिन्धु नदी के पूर्वी किनारे पर स्थित मोहनजोदड़ो को हड़प्पा सभ्यता की सबसे बड़ी बस्ती में से एक माना जाता है। इस सभ्यता की नगर योजना, गृह निर्माण, मुद्रा एवं मुहरों आदि के बारे में अधिकांश जानकारी मोहनजोदड़ो से प्राप्त होती है। यह स्थल जिसका आकार लगभग एक वर्ग मील है, दो खण्डों में विभाजित है–पश्चिमी एवं पूर्वी। पश्चिमी खण्ड अपेक्षाकृति छोटा है। समस्त निर्माण कार्य चबूतरे के ऊपर किया गया है। इसके आसपास कच्ची ईंटों से किलेबन्दी की दीवार बनी है, जिसमें मीनारें और बुर्ज बने हैं। इस खण्ड में अनेक सार्वजनिक भवन हैं, यथा–अन्न भण्डार, पुरोहितवास, महाविद्यालय भवन इत्यादि। एक स्तम्भयुक्त भवन भी था, जिसकी पहचान सभास्थल या बाजार के रूप में की गई है। इस खण्ड की सम्भवतः सबसे विशिष्ट संरचनात्मक विशेषता लगभग 39 × 23 फीट का महास्नानागार है।

मोहनजोदड़ो के मकान बहुधा पक्की ईंटों के बने थे, जिनमें कहीं–कहीं दूसरी मंजिल भी थी एवं उनमें जल निकास का समुचित प्रबन्ध था, क्योंकि वे सड़कों की नालियों से जुड़े थें।

मोहनजोदड़ो का सिन्धी भाषा में शाब्दिक अर्थ ''मृतकों का टीला'' या प्रेतों का टीला है। कुछ ने इसे सिंधु बाग भी कहा हैं। यह सबसे महत्वपूर्ण एवं सम्पन्न नगर था। उसके पुरोतिहासिक स्वरूप का प्रथम परिचय दिलाने का श्रेय 1922 ई. में राखालदास बनर्जी एवं सर जॉन मार्शल को मिला। उन्होंने सैन्धव सभ्यता के इस महत्वपूर्ण नगर के सांस्कृतिक कोष का उद्घाटन करवाया। यहाँ नगर निर्माण के कम–से–कम नौ चरण मिले हैं। हड़प्पा की तुलना में मोहनजोदड़ो समुद्र के अधिक निकट था। परिणामतः यहाँ के नगरवासियों के लिए फारस की खाड़ी और मेसोपोटामिया पहुँचना आसान था। कुछ विद्वानों की मान्यता है कि मोहनजोदड़ो में बड़ी इमारतों का स्वरूप इसके धार्मिक केन्द्र होने का संकेत है।

10. **चन्हूदड़ो (पाकिस्तान)**– इसके एक छोटे–से हिस्से का उत्खनन हुआ है। यहाँ जो महत्वपूर्ण निर्माण कार्य पाया गया, उसमें एक मनके बनाने का कारखाना भी था। यह स्थल मोहनजोदड़ो से दक्षिण–पूर्व दिशा में लगभग 128 कि.मी. दूर स्थित है। सिन्धु नदी यहाँ से अब 21 कि.मी. दूर बहती है। ननीगोपाल मजूमदार ने इस स्थल को 1931 ई. में ढूँढा था। मैके ने 1935 ई. में इसका उत्खनन करवाया। सैन्धव संस्कृति के बाद झुकर संस्कृति (झांगर संस्कृति) यहां विकसित हुई। सैन्धव सभ्यता के सन्दर्भ में प्राप्त बर्तन, मुद्रायें, ताम्र उपकरण, मनके आदि हड़प्पा एवं मोहनजोदड़ो से प्राप्त वस्तुओं के जैसे हैं।

11. **हड़प्पा (पाकिस्तान)**– सिन्धु सरस्वती सभ्यता के बड़े स्थलों में से एक हड़प्पा में भी दो खण्ड हैं–पूर्वी और पश्चिमी, परन्तु यहाँ का पूर्वी खण्ड ईंटों के चुराए जाने से विरूपित या नष्ट–भ्रष्ट हो गया है। अतः इसका उत्खनन नहीं हो पाया। पश्चिम खण्ड में किलेबन्दी पाई गई है और इसे कृत्रिम चबूतरे पर खड़ा किया गया है। उत्खननों से ज्ञात होता है कि इस उत्तरी प्रवेश द्वार और रावी नदी के किनारे के बीच एक ''अन्न भण्डार'', श्रमिक–आवास और ईंटों से जुड़े गोल चबूतरे थे, जिनमें अनाज रखने के कोठार बने थे, इसे भण्डार गृह की संज्ञा दी जाती है। सामान्य आवासीय क्षेत्र के दक्षिण में एक कब्रिस्तान भी मिला है।

हड़प्पा का टीला मॉण्टगोमरी (Montgomery) कस्बे से 15 मील रावी नदी के बाएँ किनारे पर स्थित है। हड़प्पा के टीले का सबसे पहले चार्ल्स मैसन ने 1826 में उल्लेख किया था। जनरल कनिंघम ने 1853 ई. एवं 1873 ई. में इस टीले से कुछ प्राचीन वस्तुएँ उपलब्ध की और 1875 ई. में कुछ मुद्राएँ और अन्य उपकरणों को आर्क्योलॉजिकल सर्वे रिपोर्ट में प्रकाशित करवाया। 1911 ई. में जब सर जॉन मार्शल पुरातत्व विभाग के महानिदेशक थे, रायबहादुर दयाराम साहनी ने इसका पुनरन्वेषण (दुबारा खोज एवं जांच) किया और 1923–24 ई. तथा 1924–25 ई. में उत्खनन करवाया। उसके

बाद माधोस्वरूप वत्स के निर्देशन में उत्खनन हुआ, जिसकी रिपोर्ट उन्होंने दो जिल्दों में प्रकाशित करवाई। 1946 ई. में व्हीलर ने फिर यहाँ उत्खनन करवाया जिससे नए तथ्यों की जानकारी प्राप्त हुई। अनुमानतः हड़प्पा का प्राचीन नगर मूल रूप से 5 किलोमीटर के क्षेत्र में बसा था। हड़प्पा शहर के 300 कि.मी. के घेरे में अनेक खनिज पदार्थ एवं उपयोगी सामग्री उपलब्ध थी। हड़प्पा निवासी हिन्दुकुश एवं पश्चिमोत्तर सीमान्त से फिरोजा, वैदूर्यमणि (lapis-lazuli) एवं खनिज नमक प्राप्त करते थे। राजस्थान से टिन एवं तांबा कश्मीर प्रदेश से सोना, एमिथिस्ट (नीलमणि) तथा लकड़ी मंगवाई जाती थी। बस्ती के समीप 16 भट्टियाँ व धातु बनाने की मूषा (Crucible) मिली हैं। अतः हड़प्पा में जनसंख्या का एक बड़ा भाग खाद्यान्न उत्पादन से भिन्न क्रिया–कलापों में संलग्न रहा होगा, जैसे–व्यापार कारीगरी, प्रशासन एवं धार्मिक क्रिया–कलाप आदि। भौगोलिक दृष्टि से हड़प्पा महत्वपूर्ण व्यापार मार्गों के मध्य स्थित था जो आज तक प्रयोग में आते हैं। इन मार्गों ने हड़प्पा को मध्य एशिया, अफगानिस्तान एवं जम्मू से जोड़ा।

12. **रोपड**– पंजाब में शिवालिक पहाड़ियों की तलहटी में स्थित है। यज्ञदत्त शर्मा के निर्देशन में इस स्थल का उत्खनन 1953 ई. से 1956 ई. तक हुआ। यह टीला लगभग 15 मीटर ऊँचा है।

13. **कालीबंगा**– राजस्थान के हनुमानगढ़ जिले में दिल्ली से लगभग 310 कि.मी. उत्तर–पश्चिम में सूखी घग्घर (सरस्वती) नदी के तट पर कालीबंगा स्थित है। उल्लेखनीय हैं कि ऋग्वेद (7/95/2) में सरस्वती नदी का जिक्र आया है। उसे पहाड़ से निकलकर समुद्र में जाने का जिक्र हैं। यहाँ दो प्राचीन टीले खोजे गए, जो एक–दूसरे के समीप स्थित हैं। 1947 ई. में भारत विभाजन के पश्चात् सैन्धव सभ्यता से सम्बन्धित अधिकतर स्थल पाकिस्तान के भूभाग बन चुके थे। अतः अमलानन्द घोष ने राजस्थान में कालीबंगा तथा अन्य स्थल खोज निकाले और बृजवासी लाल थापर के निर्देशन में कालीबंगा टीलों का उत्खनन कर न केवल सैन्धव सभ्यता बल्कि प्राक् हड़प्पा संस्कृति के अवशेष भी खोजे गए। पुरातात्विक प्रमाणों के आधार पर दोनों सभ्यताएँ भिन्न युगों से सम्बद्ध हैं: प्राक् हड़प्पा प्रथम तथा सैन्धव सभ्यता का दूसरा काल। कालीबंगा के प्राक् सैन्धव स्थल की खुदाई से पाँच निर्माण स्तरों (Structural Phases) की जानकारी होती है।

द्वितीय काल : कालीबंगा के दूसरे काल में भी सांस्कृतिक विकास एक ही स्थान पर दो पृथक्–पृथक् भागों, पश्चिम की ओर निर्मित दुर्ग एवं पूर्व की ओर नगर में किया। दुर्ग को सम्भवतः ऊँचाई की दृष्टि से पूर्व प्राक् हड़प्पा वास्तु अवशेषों पर बनाया गया, जबकि नगर निर्माण पूर्व की ओर स्थित प्राकृतिक धरातल पर किया गया। आकार में समचतुर्भुज (Square) दुर्ग दो बराबर भागों में विभक्त था। दुर्ग प्राकार (परकोटे) की चौड़ाई 3 से 7 मीटर रही एवं दीवार की सुदृढ़ता हेतु कुछ अन्तर से बुर्ज बने थे। किले (प्राचीर) की दीवार के निर्माणार्थ दो भिन्न परिमाणों (Size) की ईंटों (50 × 20 × 10 सेमी. तथा 30 × 15 × 7.5 सेमी.) को प्रयोग में लाया गया। प्रथम वास्तु प्रकाल में बड़े परिमाण (Sine) की ईंटें जबकि दूसरे काल में छोटे आकार की ईंटें उपयोग में लाई गई हैं।

14. **आलमगीरपुर (उत्तर प्रदेश)**– गंगा–यमुना दो आब प्रदेश में 1958 ई. तक हड़प्पा सभ्यता के अवशेष नहीं मिले थे। किन्तु कुछ वर्षों पूर्व यमुना की सहायक हिण्डन नदी के बायें तट पर उससे 3 कि.मी. की दूरी पर सैन्धव संस्कृति के अवशेष मिले हैं। यह दिल्ली से 45 कि.मी. उत्तर–पूर्व में स्थित है।

15. **बणावली**– हरियाणा के हिसार जिले के फतेहाबाद तहसील में प्राचीन सरस्वती नदी बनवाली जो अब सूख चुकी है, की घाटी में स्थित है। पुरातत्व विभाग के रवीन्द्र सिंह विष्ट ने 1973–74 ई. में बणावली में उत्खनन करवाया था। यहाँ से प्राक् हड़प्पा एवं सैन्धव संस्कृति के अवशेष मिले हैं। साथ ही मृण्मूर्तियाँ, मुद्राएँ, मिट्टी के मनके, खिलौने आदि प्राप्त हुए हैं।

16. **राखी गढ़ी (Rakhigarhi)**– हरियाणा के हिसार जिले में बणावली के दक्षिण में दिल्ली से 150 कि.मी. दूर राखीगढ़ी सैन्धव (हडप्पा) सभ्यता के अवशेष बड़ी संख्या में मिले है। यहां पूर्व सैन्धव व सिन्धु–सरस्वती दोनों की संरचना देखी गई। ईसा पूर्व 6500 से शुरू हुई विकास प्रक्रिया 2600 से 1900 ई. पू. हड़प्पा लोगों द्वारा आबाद रहा। राखी गढी का उत्खनन 1997–1999 के मध्य अमरेन्द्रनाथ ने करवाया। पूर्व में 1963 में कुछ कार्य हुआ था। पुनः 2000 से 2011 ई. उत्खनन हुआ।

यहां के नौ टीलों जिनका (Mound) क्षेत्रफल 80 से 550 हेक्टेयर अर्थात शहर लगभग साढे तीन किलोमीटर परिधि में फैला था। शोध सुविधा हेतु आर. जी. आर 1 से आर जी आर 9 में सम्पूर्ण स्थल को विभक्त किया गया। आर. जी. आर. 5 के उन्खनन से यहां घनी आबादी के संकेत मिले हैं। सम्पूर्ण रूप से नियोजित इस शहर की सड़के मोहनजोदड़ों व कालीबंगा की सड़कों से अधिक चौड़ी व शहर भी सबसे बड़ा था। प्राप्त अवशेषों में सोने व चांदी की परत से ढ़का बर्तन हैं, संभवतः यहां बर्तनों की ढ़लाई की जाती थी। असख्य टेरा कोटा की मूर्तियां, मिट्टी के पात्रों के टुकड़े (मृत्पात्र) इस स्थल की जानकारी के साधन हैं। लकड़ी के ताबूत में आठ कंकाल जिनके सिर उत्तर दिशा की ओर थे। अप्रेल 2015 में आर जी आर 7 में 4 नर कंकाल और मिले है संभवतः एक स्त्री का हैं जिसके पास बर्तन व शायद खाद्य सामग्री रखी थी।

यहां तांबा कार्नेलियन, अगेट व सोने के मनकों की सुन्दर मालाएं बनाई जाती थी। घर प्रारम्भ में गोलाकार फिर आयताकार व बाद में सुन्दर नियोजित बस्ती का विकास किया गया। यहां का दूर्ग, प्राचीर, अन्नागार, स्तंभयुक्त वीथिका (या मण्डप) जिनके पीछे कोठरियां बनी है, उल्लेखनीय है। पुरातत्ववेत्ता तथा पुणे डक्कन कालेज के कुलपति डा. वसंत शिंदे की टीम ने 2015 से इस स्थल का पुनः उत्खनन करवाया। प्राप्त रेडियों कार्बन डेटिंग हडप्पा पूर्व व प्रौढ़ हडप्पा की अवधि

ई. पू. 6500 से हडप्पा काल 1900 ई. पू. तक अर्थात यह स्थल लंबे काल तक विकसित रहा।

इण्डिया टुडे (12 सितंम्बर 2018) में काय फ्रीजे ने आश्चर्य जनक हकीकत से दर्शाया कि राखीगढ़ी से प्राप्त डी. एन. ए. में आर्य जीन (आर 1 ए 1) के संकेत नहीं मिले हैं। उसके अनुसार राखीगढी से प्राप्त डी. एन. ए. दक्षिण नीलगिरि के इरूला लोगों के अधिक नजदीक हैं। वेस्लोवस्की भी हडप्पावासियों को दक्षिण भारतीयों के अधिक निकट मानते हैं। किंतु इन विद्वानों की मान्यता अनुसार हड़प्पन लोगों पर आर्यो ने आक्रमण किया था तो सैन्धव स्थलों से हथियार मिलने चाहिए थे किंतु ऐसा नहीं है। युद्ध के कारण अत्यधिक जनहानि के संकेत सीमित कंकालों के आधार पर स्वीकार्य नहीं। सम्पूर्ण सैन्धव स्थलों से आर्य आक्रमण के कारण विस्थापन अंसभव व कल्पनातीत हैं। नयनजोत लाहिडी की मान्यता हैं कि जब तक हड़प्पा लिपि को पढ़ नहीं लिया जाता तब तक आर्य आक्रमण का सिद्धांत स्वीकार नहीं किया जा सकता। अप्रैल 2015 में आर. जी. आर. 7 में सभी नर कंकालों का डी. एन. ए. हैदराबाद व हार्वर्ड में किया गया। 2500 अलग–अलग क्षेत्र के लोगों का ब्लड सैंपल से सिद्ध हुआ कि वर्तमान भारतीय प्रजातियों ने ही उक्त सभ्यता का विकास किया था। प्रोफेसर वसंत शिंदे ने स्पष्ट किया कि ब्रिटिश काल में भारतीय इतिहास के कई पक्षों को गलत एवं तोड़–मरोड़ कर रखा गया जिन्हें सुधारने की आवश्यकता हैं। पुराविंदो के अनुसार भारतीयों ने ही ईरान–ईराक होते हुए अन्य देशों की ओर पलायन किया न कि मध्य एशिया से आर्य भारत आये।

उल्लेखनीय है कि भारत एवं अन्य तीन देशों के वैज्ञानिकों ने राखीगढी से प्राप्त 37 में से दो लोगों की खोपड़ी से चेहरे बनाने का कार्य 15 वैज्ञानिकों व 6 शिक्षाविदों की टीम ने कंम्प्यूटेड टीमोग्राफी (सीडी) डेटा के जरिये नियोफेशियल रीक्स्ट्रक्शन (सीएफ. आर.) तकनीक से किया हैं। टीम ने प्रोफेसर वसंत शिंदे व दक्षिण कोरिया के प्रोफेसर वॉन जू ली के नेतृत्व में भारत, यूके व दक्षिण कोरिया से वैज्ञानिकों द्वारा प्रस्तुत रिपोर्ट एनाटॉमिकल साइंस नेशनल में प्रकाशित हुई टीम के निष्कर्ष से सिद्ध होता है कि हड़प्पा भारतीय लोगों द्वारा विकसित सभ्यता थी।

17. **मांदा–** जम्मू–कश्मीर में अखनूर जिले के निकट स्थित मांदा जम्मू क्षेत्र में इस सभ्यता का एकमात्र स्थल है। यहाँ से उत्तर हड़प्पा सभ्यता के अवशेष मिले हैं।

18. **रगंपुर (गुजरात)–** लोथल से लगभग 50 कि. मी. उत्तर–पूर्व में एवं अहमदाबाद के दक्षिण–पश्चिम में स्थित है। 1934 ई. में टीले को सड़क निर्माण के सन्दर्भ में खोदे जाने पर हड़प्पा सभ्यता का यह स्थल प्रकाश में आया। माधोस्वरूप वत्स ने 1931–34 ई. में, मोरेश्वर दीक्षित ने 1947 ई. में एवं रंगनाथ राव ने 1953 ई. में टीले का उत्खनन करवाया।

19. **लोथल–** सौराष्ट्र में खाड़ी तट से लगे सपाट क्षेत्र में स्थित लोथल सैन्धव सभ्यता का सबसे महत्वपूर्ण स्थल है। इसे लघु हड़प्पा या लघु मोहनजोदड़ो भी कहा गया। यह टीला अहमदाबाद से लगभग 16 कि. मी. दक्षिण में सरगवाला गाँव की सीमा में स्थित है। लोथल में दो भिन्न टीले नहीं हैं। पूरी की पूरी बस्ती एक ही दीवार से घिरी थी। लोथल के पूर्वी खण्ड में पक्की ईंटों का एक घेरा मिलता है, जिसे विद्वानों ने डाकियार्ड या गोदी (छोटा बन्दरगाह) माना हैं।

लोथल का टीला 3 कि. मी. की परिधि में फैला है। टीले की ऊँचाई 3 मीटर है, किन्तु उत्खनन में प्राचीन अवशेषों की प्राप्ति 6 मीटर गहराई तक हुई है। नगर सुनियोजित था और सीधी सड़कों द्वारा खण्डों में बँटा था। प्रायः सैन्धव संस्कृति के सभी प्रकार के विशिष्ट उपकरण, बर्तन, मुद्राएँ, ताम्र आभूषण तथा पाषाण उपकरण आदि यहाँ उपलब्ध हुए हैं। साथ ही दो (पति–पत्नि का जोड़ा) समाधियाँ मिली हैं। विद्वानों की मान्यता है कि, यह स्थान समकालीन पश्चिम एशियाई समाजों के साथ समुद्री व्यापार के लिए सीमा चौकी के रूप में महत्वपूर्ण रहा होगा।

20. **सुरकोटदा–** कच्छ जिले में अदेसर से 12 कि. मी. उत्तर–पूर्व में स्थित सुरकोतदा की खोज जगत्पति जोशी ने 1964 ई. में की एवं इसका उत्खनन भी उन्हीं के निर्देशन में किया गया। सुरकोटदा में कालीबंगा के पश्चिमी टीले की योजना की पुनरावृत्ति दिखाई देती है। इस स्थल पर कोई पूर्वी टीला नहीं है। सैन्धव सरस्वती सभ्यता में यही एक स्थल है जहाँ से घोड़े के अवशेष मिले है। संभवतः सैन्धव लोग अरब से घोड़े मंगाते थे। इसे आर्य सभ्यता के आगमन का प्रमाण कहा जायेगा।

21. **रोजदी–** राजकोट से लगभग 55 कि.मी. दक्षिण में भादर नदी के तट पर रोजदी स्थित है। यहाँ पर आवासित स्थल को बड़े–बड़े पत्थरों की दीवार से घेर कर सुरक्षित किया गया था। सुरक्षा की ऐसी व्यवस्था हड़प्पा सभ्यता में अपने ढंग की है।

22. **मालवण–** यह सूरत जिले में ताप्ती नदी के निचले मुहाने पर स्थित है। संभवतः यह भी बन्दरगाह था। ऑलचिन एवं जगत्पति जोशी ने 1967 ई. में इस स्थल का पता लगाया एवं 1970 ई. में उत्खनन भी करवाया। यहाँ से प्राप्त बेलनाकार मुद्रा सुमेरिया से सम्बन्धों को सिद्ध करती है। कहा गया है कि, समुद्र का जलस्तर कम होने से इस बंदरगाह का उपयोग नहीं रहा।

23. **कुन्तासी–** गुजरात के मोरवी शहर से 30 किमी. दूर कुन्तासी ग्राम, जो राजकोट के मालिया तालुका में फुलकी (Phulki) नदी के किनारे स्थित है, में 4,000 वर्ष पुरानी सभ्यता के अवशेष प्राप्त हुए। पुराविदों के अनुसार कुन्तासी में सैन्धव सभ्यता के अवशेष एवं एक बन्दरगाह का पता चला है। लोथल बन्दरगाह से जहाँ मध्य–पूर्व देशों के साथ व्यापार होता था वहीं कुन्तासी बन्दरगाह के पश्चिम एशिया और अफगानिस्तान के साथ सम्बन्ध थे।

यही नहीं निर्यात के लिए कच्चे माल की आपूर्ति और उपयोगी सामग्री के निर्माण का यह प्रमुख केन्द्र था। कुन्तासी के मिट्टी के बर्तनों के अवशेष तथा खनिज पदार्थों से निर्मित सामग्री से स्पष्ट होता है कि सौराष्ट्र में हड़प्पा काल में हस्तकला एवं वास्तुकला का अच्छा विकास हुआ। यहाँ से सोने के आभूषण और नीलम भी प्राप्त हुए हैं। हाल ही में ओमान में रास–एल जुनाएद के निकट करवाए गए उत्खनन में हड़प्पा युग की निर्मित सामग्री मिली है। यह अनुमान किया जाता है कि बहुमूल्य धातुओं की मालाओं और मोतियों को कुन्तासी में तैयार कर ओमान भेजा जाता होगा।

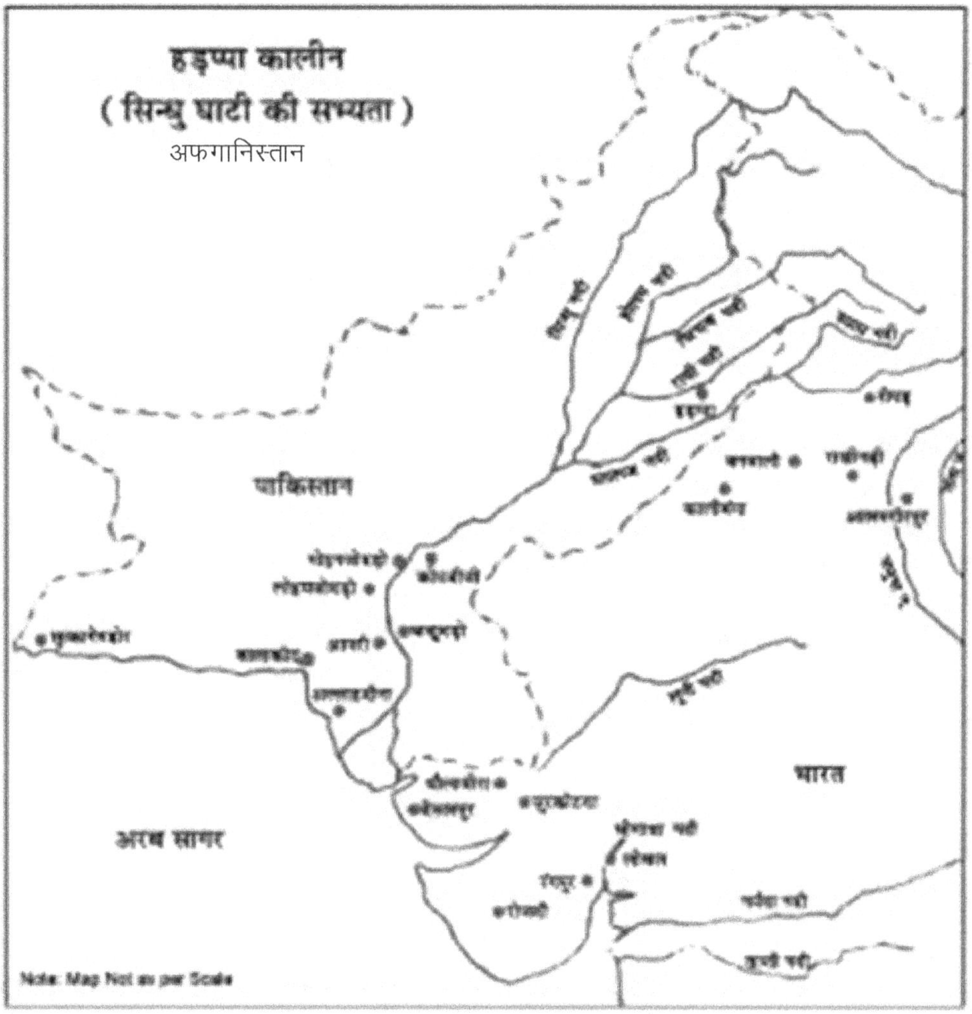

चित्र 5.1 हड़प्पाकालीन सभ्यता के प्रमुख केन्द्र

24. **इनाम गाँव**– पश्चिमी महाराष्ट्र से प्राप्त ताम्रपाषाणिक अवशेषों को विद्वानों ने जोखे संस्कृति का नाम दिया है। इस ग्रामीण संस्कृति में भी कुछ बातें नगरीकरण का संकेत करती हैं। दुर्गीकृत आवासीय क्षेत्र में कच्ची मिट्टी के गोलाकार मकान से इसके प्रारूप को समझा जा सकता है। खाना बनाने के चूल्हे एवं अन्य सामग्री इस समृद्ध परम्परा को दर्शाती हैं। यहाँ उपलब्ध मातृदेवी की एक मूर्ति की तुलना विद्वानों ने पश्चिमी एशिया से प्राप्त देवी मूर्ति से की है।

25. **धौलावीरा**[1]– अहमदाबाद से 350 किमी. दूर देसलपुर के निकट उत्तर में गुजरात के कच्छ जिले के खडीर बेट क्षेत्र के भचाऊ तालुक में स्थित धौलावीरा नामक स्थल से हड़प्पा सभ्यता के अवशेष प्राप्त हुए हैं। सर्वप्रथम 1967–68 में जे. पी. जोशी द्वारा इस स्थल की खोज की गई एवं आर. एस. विष्ट द्वारा जनवरी 1991 में उत्खनन कार्य करवाया गया। लगभग 600 मजदूरों की मदद से 12 उत्खनकों ने 50 एकड़ क्षेत्र में विस्तृत धौलावीरा स्थल का 44 फीट नीचे तक उत्खनन करवाया। यहाँ से 4,500 वर्ष पूर्व की सभ्यता के अवशेष प्राप्त हुए हैं। पुराविदों ने धौलावीरा को हड़प्पा सभ्यता से जोड़ा है। यह हड़प्पा स्थलों में छठा सबसे बड़ा स्थल हैं। धौलावीरा के अवशेष लगभग 100 हैक्टेयर क्षेत्र में पाए गए है। यहाँ तीन गढ़ी टीले हैं, जिनका कुल क्षेत्र पूर्व से पश्चिम 800 मीटर एवं उत्तर से दक्षिण 650 मीटर का है। उक्त क्षेत्र सुरक्षित परकोटे से घिरा हुआ था। गढ़ियों का प्रवेश–द्वार पूर्व से पश्चिम की ओर था, जो 36 × 18 × 9 सेमी. ईंटों से निर्मित था। यहाँ 24 × 12.8 मीटर की पानी की टंकी के अवशेष भी मिले हैं। इस

टंकी से नगर को पानी देने के लिए 70 मी. लम्बी नाली थी, यह नाली 9 मीटर बाहर एवं शेष भूमिगत थी। धौलावीरा से अभी तक 20,000 पुरावस्तुएँ मिली हैं, जिनमें मुहरें, मनके, ताम्र या कांसे के औजार एवं हथियार, टेराकोटा की मूर्तियाँ, एक नेवले की मूर्ति भी मिली हैं। हाथी दाँत एवं लगभग 10 ट्रकों के बराबर मृद्भाण्ड सामग्री प्रमुख है।

नगर दो भागों में विभक्त था–दुर्ग एवं निचला शहर। यहां का उत्कृष्ट वास्तु शिल्प स्तंभों की चमक में देखा जाता हैं। गढ़ी टीले एवं निचली बस्ती के मध्य मैदान था, जिसे पुराविदों ने 'खेल मैदान' की संज्ञा दी है। दुर्ग में संभवतः शासक वर्ग रहा करता था और निचली बस्तियों में अन्य लोग। अर्थात दो वर्ग थे।

हड़प्पा एवं मोहनजोदड़ो की भाँति मिट्टी को कूट कर बनाई गई, चौड़ी सड़कें एक–दूसरे को समकोण पर काटती हैं। इस खुदाई में उत्खनकों को धौलावीरा से हड़प्पा का सबसे लम्बा 10 अक्षरों वाला शिलालेख मिला है। अक्षर काफी बड़े–बड़े एवं नौ अक्षर एक ही क्रम में हैं। उत्तरी दरवाजे के कक्ष में मिले इस शिलालेख के इर्द–गिर्द लकड़ी की तख्ती से सटे हुए अवशेष भी मिले हैं। प्रत्येक चिन्ह 37 से.मी. लम्बा और 27 से.मी. चौड़ा है ओर फेएंस अर्थात् प्राचीन अपारदर्शी शीशे के टुकड़ों से बना है।

धौलावीरा में अब तक छह कब्रें मिली हैं, किन्तु एक में भी कंकाल नहीं देखा गया। हाँ, कब्रों में राख एवं कोयला अवश्य मिला है जो इस बात का प्रमाण है कि हड़प्पा के लोग मृत लोगों का दाह संस्कार किया करते थे। पुरातत्व विशेषज्ञों की मान्यता है कि धौलावीरा शहर ई.पू. 2900 के मध्य आबाद हुआ होगा और ई.पू. 1800 से ई.पू. 1700 के बीच इसका पतन हुआ। इस अवधि में इस स्थान पर एक शहर के नष्ट होने और उसके ऊपर ही नया शहर बसने का क्रम जारी रहा। इस संस्कृति के लोगों ने शहर की व्यवस्था, प्रणाल व्यवस्था (Drainage System) के साथ–साथ सुचारू वास्तुशिल्प, सुन्दर कलात्मक मृद्भाण्ड, मुहरें, तौल–माप यंत्र, निर्धारित आधार की ईंटें, टेराकोटा, कीमती पत्थरों के मनके, कांसे एवं ताम्र हथियारों को अपनाया एवं विकसित किया। धौलावीरा से एक श्रृंगी बैल की मुद्रा छाप मिली है जिसे विदेशी व्यापार में प्रमाणिक चिन्ह के रूप में इस्तेमाल किया जाता था। इस स्थल पर अधिकांश व्यापारी वर्ग के लोग निवास करते थे जिनका ओमान, ईरान, मेसोपोटामिया एवं मध्य एशिया से सम्पर्क था। किलेबन्दी की दरारों से पुराविदों ने अनुमान लगाया है कि सभ्यता के अन्तिम काल में शहर में सम्भवतः भूचाल आया था और अनेक हिस्सों में दरार आ गई अथवा दीवारों के भाग गिर गए। इस क्षेत्र में फरवरी 2001 में आए भूकम्प से इस बात की पुष्टि होती है।

पुरातत्व सर्वेक्षण के पूर्व महानिदेशक जगत्पति जोशी, जो 1967 ई. में सिन्ध से कच्छ तक उस काल के लोगों की यात्रा के पथ को खोजते–खोजते इस स्थान पर एकाएक आ पहुँचे थे, उन्होंने कहा है कि, ''हड़प्पा के लोग कच्छ के रण के मार्ग से गुजरात आए थे। हमें सभी स्थलों से इस सभ्यता की संस्कृति के सूत्र मिले हैं, मगर यह पहला ऐसा स्थल है जहाँ पर उत्थान और पतन के संकेत मिलते हैं, यही धौलावीरा की विशेषता है।'' दिल्ली स्थित पुरातत्व संस्थान के निदेशक डॉ. रवीन्द्र बिष्ट ने इस स्थल का उत्खनन करवाया। धौलावीरा को वर्ल्ड हैरिटेज लिस्ट में अर्थात 27 जुलाई 2021 को यूनेस्को द्वारा विश्व धरोहर स्थलों में शामिल किया गया हैं। भारत का धौलावीरा 40 वां विश्व धरोहर स्थल हैं। यह हड़प्पा सभ्यता का शहरी नियोजन, निर्माण तकनीक, जल प्रबंधन एवं कला का अनूठा उदाहरण हैं।

निष्कर्ष कुछ पुरातत्ववेत्ताओं की मान्यता है कि सिन्धु–सरस्वती सभ्यता कोझीकोड (केरल) तक विस्तृत थी। इसकी प्रमाणिक पुष्टि अभी नहीं हुई है। यदि ऐसा होता है तो सिन्धु–सरस्वती सभ्यता का अखिल भारतीय स्वरूप सामने आता है। अब तक दक्षिण में दायमाबाद (महाराष्ट्र) तक इसका विस्तार प्रमाणित हुआ है। प्राप्त ऐतिहासिक साक्ष्यों से पूर्व में विस्तार आलमगीरपुर (उ.प्र.) पश्चिम में सुत्कगेनडोर (सिंध) उत्तर में माडा (या मांदा) (जम्मू–कश्मीर) माना गया है।[2] कोझीकोड के उत्खनन से यह सिद्ध हो जाएगा कि सिंधु–सरस्वती सभ्यता पूरे भारत में फली–फूली।

सन्दर्भ :

1. इंडिया टुडे, अतीत के अन्तराल की खोज 31 अगस्त 1993, पृ. 62

2. आलचिन बी, आलचीन एफ. आर., द बर्थ आव इण्डियन सिविलाईजेशन, पृ. 127.

6 स्थापत्य एवं कला
(Architecture and Arts)

नगर नियोजन एवं स्थापत्य कला सिंधु–सरस्वती सभ्यता की प्रमुख विशेषता है। इन लोगों का सौन्दर्य बोध शिल्प कला में सर्वाधिक स्पष्ट रूप से मुखर हुआ है। इस सभ्यता के अधिक स्पष्ट एवं विपुल रूप में अवशेष मोहनजोदड़ो, हड़प्पा, कालीबांग, चन्हुदड़ो, धौलावीरा एवं लोथल आदि से प्राप्त हुए हैं। सैन्धव जन उच्च कोटि के अभियन्ता एवं वास्तुशिल्पज्ञ थे। उन्होंने नियोजित योजना के आधार पर प्रमुख नगरों का निर्माण किया। प्राचीन विश्व में सुमेरियन सभ्यता में उस नगर के एक काल को छोड़कर अन्यत्रा नियोजित नगरों के प्रमाण नहीं मिलते।

1. **नगर नियोजन** (Town Planning) नगरों की बसावट के समय उपलब्ध भूमि पर नगर एवं दुर्ग क्षेत्रा का निर्धारण किए जाने के साथ मुख्य मार्गों, उप–मार्गों तथा वीथियों तथा प्रणाल व्यवस्था (Drainage System) के बारे में सैन्धव योजनाकारों ने विचार किया होगा। नगरों का आवासीय स्वरूप सुदृढ़ प्रशासनिक व्यवस्था को इंगित करता है। सिन्धु–सरस्वती जनों ने अपने नगरों के निर्माण में शतरंज पद्धति (चेसबोर्ड) को अपनाया जिसमें सड़कें सीधी एवं नगर सामान्य रूप से चौकोर होते थे। इस सभ्यता के सभी नगरों की सड़कें सीधी (जो एक–दूसरे को समकोण पर काटती) थीं।[1] मार्ग पूर्व से पश्चिम तथा उत्तर से दक्षिण की ओर थे एवं नगर कई खण्डों में विभक्त थे। प्रत्येक खण्ड 800 × 1200′ फीट, तथा सड़कें नगर को वर्गाकार अथवा आयताकार खण्डों में बाँटती थीं।[2] मोहनजोदड़ो (Mohenjo-daro जिसे city of dead कहा है) के बारे में एक ब्रिटिश लेखक ने कहा था ''यहाँ अपने को लंकाशायर कस्बे के गलियों सा अनुभूत कर रहा हूँ'' (देखिये Vedic Age, P172)।
   - प्रत्येक मोहल्ला उप–मार्गों द्वारा विभक्त होने के साथ ही यह आश्चर्यजनक तथ्य है कि भवन इन सड़कों अथवा गलियों पर लेशमात्र भी आगे बढ़े हुए नहीं मिलते।
   - राखीगढ़ी व मोहनजोदड़ो के उत्खनन से सड़कों की स्थिति का अच्छी तरह अनुमान किया जा सकता है। उत्तर से दक्षिण की ओर जाने वाला राजपथ कहीं–कहीं पर 33 फीट चौड़ा था।
   - उप–मार्ग लगभग 9 फीट चौड़े थे। इसके फलस्वरूप समान आकार के खण्ड बने हैं। उत्खनन से 6 या 7 ऐसे खण्ड और दो मुख्य सड़कें, पूर्वी सड़क एवं पहली सड़क, देखी गई हैं।
   - सड़कों के मोड़ पर मकानों की दीवारें मोहनजोदड़ो में गोल कर दी गईं, ऐसा सम्भवतः यानीय (Vehicle-cart etc.) सुरक्षा की दृष्टि से किया गया था। कालीबंगा में सड़कों के मोड़ पर बने घरों को यातायात से क्षतिग्रस्त होने से बचाने के लिए कोण पर रक्षा स्तम्भ (Fender post) लगाए गए थे।[3]
   - समस्त सड़कों को ईंटें आदि बिछाकर पक्का नहीं बनाया गया।[4] केवल मोहनजोदड़ो की एक सड़क पर टूटे बर्तन एवं खण्डित ईंटें मिली हैं। ऐसा प्रतीत होता है कि, इस सड़क को पक्का बनाने की दिशा में प्रयोग किया जा रहा था। चौड़ी सड़कों पर कई बैलगाड़ियाँ एक साथ समानान्तर चल सकती थीं।
   - सामान्यतः आवासों के द्वार मुख्य मार्गों की ओर न खुलकर गलियों की ओर खुलते थे।

2. **प्रणाल व्यवस्था** (Drainage System) प्राचीन सभ्यताओं में गन्दे पानी के निष्कासन हेतु इतना उत्कृष्ट प्रबन्धन और कहीं नहीं मिलता जैसा सैंधव नगरों में था। भारत में हड़प्पा सभ्यता के बाद शताब्दियों तक इस तरह की प्रणाल व्यवस्था नहीं देखी गई। यहाँ की नालियाँ इस तथ्य की साक्षी है कि, सैंधव जन सफाई के प्रति अत्यंत सजग थे।
   - नालियों की गहराई आधे मीटर से भी अधिक है। नगर निर्माण कला के इतिहास में विश्व में सर्वप्रथम सैन्धव लोगों ने ढ़की हुई नालियों का प्रयोग किया। नालियों को ढ़कने के लिए पक्की ईंटों का ही प्रयोग किया जाता था। किन्तु जैसा कि मैके ने लिखा है कि नलियों के ऊपर से जहाँ यातायात का मार्ग था वहाँ ईंटों के जल्दी टूट जाने की सम्भावना थी, वहाँ बड़े पत्थरों का प्रयोग किया जाता होगा।
   - मकानों का गन्दा पानी नालियों के माध्यम से शहर के बाहर ले जाया जाता था। मार्गों के दोनों ओर नालियों की व्यवस्था थी जिससे दोनों ओर स्थित मकानों का पानी इनमें मिल सके। मुख्य नाली (drain) में अनेक सहायक नालियाँ विभिन्न मोहल्लों से आकर मिलती थी।

- नालियों का निर्माण पक्की ईंटों से किया जाता था, जिन्हें जोड़ने हेतु चूने या जिप्सम को प्रयोग में लाया गया।[5] कहीं–कहीं लम्बी नालियों के मध्य गड्डे (सॉक पिट) बना दिए गए जिनमें कूड़ा जमा हो सके। इस प्रकार नालियों का प्रवाह अबाध बना रह सकता था। इनसे कूड़ा निकालने की समुचित व्यवस्था रही होगी।
- घर के कमरों, रसोई, स्नानागार और शौचगृह की निकास नालियाँ एक बड़ी नाली में ओर विभिन्न घरों से निकाली गई नालियाँ अन्ततः एक बड़ी सार्वजनिक नाली में मिलती थी। जिस स्थान पर ऊँची सतह की नाली किसी दूसरी नाली से मिलती थी वहाँ पर ईंटों की चिनाई द्वारा गढ्डा बना दिया गया और नाली किसी कोण पर मुड़ती थी वहाँ उसे गोलाई युक्त बनाया गया।
- नाबदाने (पनाले) मिट्टी के घड़ों या ईंटों से निर्मित होते थे। नालियों के मोड़ पर षड्जाकार (Wedge shape) ईंटों का प्रयोग किया गया।
- ऊपर की मंजिल के पानी की निकासी के लिए भी नालियाँ थीं। इन्हें कहीं दो दीवारों में ईंटों की जगह रिक्त स्थान छोड़कर बनाया गया और कहीं–कहीं पर पक्की मिट्टी के बने पाइप की आकृति के पनाले लगाए जाते थे। पक्की मिट्टी के पाइप वाली नालियों के उदाहरण चन्हुदड़ो में विशेष रूप से मिले हैं।
- मोहनजोदड़ो में भी इसी तरह के पाइप मिले हैं। ये अलग–अलग हिस्सों में बनाए गए थे और प्रत्येक पाइप का एक किनारे का व्यास दूसरे से कम होता था। जिससे पाइपों को जोड़ा जा सके। इस सम्बन्ध में गार्डन चाईल्ड ने लिखा है, "कई सुव्यवस्थित योजना गलियों और नालियों का शानदार बन्दोबस्त, जिसके आधीन सतत् सफाई होती रहती थी, किसी नगरीय शासन की चौकसी को प्रतिबिम्बित करती है। इससे प्रतीत होता है कि सत्ता इतनी अधिक शक्तिशाली थी कि वह नगरीय योजना सम्बन्धी उप–नियमों का पालन कराने में समर्थ थी, तभी यह सम्भव हुआ कि बाजारों तथा गलियों का उन्हीं स्वीकृत पंक्तियों में प्रत्येक बाढ़ के बाद निर्माण होता रहा।"[6] आर. एस. शर्मा (प्रारम्भिक भारत का परिचय, पृ. 78) ने लिखा है– "शायद कांस्य युग की दूसरी किसी भी सभ्यता ने स्वास्थ्य और सफाई को इतना महत्व नहीं दिया जितना कि हड़प्पा संस्कृति के लोगों ने।"

3. **वास्तु एवं शिल्प कला** समकालीन विकसित सभ्यताओं के ऐश्वर्यपूर्ण अलंकृत राजप्रासाद अर्थात बेबीलोनिया, सुमेरियन की तुलना में सैन्धव भवनों में अधिक एकरूपता एवं सादगी देखी जाती है।

मोहनजोदड़ो राखीगढ़ी और हड़प्पा जैसे नगरों का भवन निर्माण उच्च कोटि का है। इन दोनों नगरों में भवन निर्माण के लिए पक्की ईंटों का प्रयोग किया गया। सबसे छोटे भवन का परिमाण 30 × 27 फीट है, जिसमें चार–पाँच कमरे होते थे। बड़े भवन छोटे भवनों कि तुलना में लगभग दुगने थे जिनमें कमरों की संख्या 30 तक कही गई है। हड़प्पा की अपेक्षा मोहनजोदड़ो के भवन अधिक विशाल थे, उनके ध्वंसावशेष भी अधिक सुरक्षित हैं। मोहनजोदड़ो के ध्वंसावशेषों में पुराविदों ने नौ स्तर खोज निकाले हैं जो भिन्न–भिन्न कालों की सूचना देते हैं। विद्वानों ने ध्वंसावशेषों को तीन प्रकाल–प्राचीन, मध्य एवं नवीन में विभक्त किया है। तृतीय युग इस सभ्यता की अवनति का काल था। प्रथम एवं द्वितीय काल को ही अध्ययन का आधर बनाया जाना उस कला के साथ उचित न्याय होगा। हड़प्पा सभ्यता के वास्तु शिल्प की अभिव्यक्ति मुख्यतः सामान्य आवासों, दुर्ग, द्वार, अट्टालिका, महास्नानागार, भण्डारागार, प्रशासकीय भवन, सभा मण्डप आदि में प्रतिलक्षित होती है।

निर्माण सामग्री (Building Material) तकनीक की दृष्टि से सैन्धव नगरों के स्थापत्य में पक्की ईंटों का प्रयोग हुआ।[7] उपलब्ध ईंटों का परिणाम 1 : 2 : 4 के अनुपात में रहा। कुओं की गोलाई बनाए रखने हेतु चिनाई में षड्जाकार ईंटें उपयोग में लाई गई। नालियों के मोड़ पर भी इनका प्रयोग किया जाता था। इंग्लिश के एल (L) प्रकार की ईंटें मुख्य रूप से मकान के कोनों के निर्माण में उपयोग में लाई जाती थीं। सोपान निर्माण हेतु इंग्लिश के टी (T) प्रकार की ईंट प्रयुक्त हुई हैं। ईंटों को जोड़ने की इंग्लिश बॉण्ड प्रक्रिया से सैन्धव जन पूर्ण परिचित थे।

कुछ मकानों पर मिट्टी तथा जिप्सम का अवशिष्ट प्लास्टर पाया गया है। मकानों के स्नान गृह के फर्श आदि में ईंटों को जोड़ने हेतु जिप्सम तथा बिटुमन का प्रयोग किया गया।

दो मंजिले मकानों की नीवें गहरी तथा प्रथम मंजिल की दीवारें अधिक चौड़ी पाई गईं, जिससे वे ऊपर की मंजिल का भार सुगमता से वहन कर सके। दीवारें पूर्णतः पक्की ईंटों से निर्मित की जाती थीं। निर्धन व्यक्तियों के आवास भी पक्की ईंटों से निर्मित किए गए। मोहनजोदड़ो हड़प्पा और लोथल आदि नगर नदियों के किनारे बसे थे। विद्वानों का मत है कि इन नगरों के बाढ़ग्रस्त होने का खतरा बना रहता होगा। अतः लोगों ने भवनों को ऊँचाई पर बनाए जाने की ओर विशेष ध्यान दिया।

भवन निर्माण तकनीक आवासीय भवन दो मंजिल तक होते थे, कुछ भवनों में सीढ़ियों के अवशेष इस तथ्य के प्रमाण हैं। किन्तु सीढ़ियाँ बहुत छोटी (15 × 5 इंच) देखी गई। सामान्य मकानों की दीवारें सीधी, किन्तु विशाल भवनों की दीवारें ढालयुक्त होती थीं। ऐसा सम्भवतः गिरने की आशंका से किया जाता होगा। अनेक ऊँची दीवारों के बाह्य भाग में दुहरी दीवारें बनाई गई जिनकी चिनाई में खड़ी या लम्बवत् ईंटों को प्रयोग में लाया गया। मैके की धारणा है कि मकानों

में खिड़कियाँ नहीं होती थी।[8] किन्तु थपल्याल ने लिखा है कि खिड़कियाँ होने के कुछ प्रमाण उपलब्ध (फ. V.1) हैं।[9] केवल धौलावीरा स्थल की इमारतों में ही पत्थर के गोल स्तंभों का प्रयोग देखा गया। मोहनजोदड़ो में पत्थर की कमी के कारण सम्भवतः ईंटों के स्तम्भ बनाए गए।

दरवाजों की चौखट (डॉर सॉकेट) हेतु ईंटें या लम्बे पत्थरों का उपयोग नहीं किया जाता था बल्कि लकड़ी का प्रयोग किया जाता रहा होगा, चौखट के अवशेष नहीं मिले हैं। मेहराबों के स्थान पर लकड़ी के मोटे पटाव उपयोग में लाए जाते थे तथापि टोड़ा मेहराब (**Corballed arch**) लोकप्रिय थी।[10] दरवाजे सामान्यतः 3 फीट 4 इंच के पाए गए हैं। सर्वाधिक बड़ा द्वार 7 फीट 10 इंच का देखा गया। छत के लिए लकड़ी के लठ्ठे (शहतीर), नरकुल (बेंत जाति का पौधा) और मिट्टी का प्रयोग किया जाता था। छतों पर सरकंडों (गाँठदार सरपत का एक पौधा) को चटाई की तरह बिछाकर उन्हें रस्सी से बाँध दिया जाता था और उस पर मिट्टी की मोटी तह बिछा दी जाती थी। धनी व्यक्तियों के भवनों में कई बार छत हेतु खपड़े की पट्टियाँ (टाइल्स) व्यवहार में लाई जाती होंगी। आवासों में रोशनदानों का भी प्रावधान किया जाता था। आवासीय भवनों में सामान रखने हेतु अलमारियों के स्थान पर टांड के चिन्ह मिले हैं, जो लकड़ी की रहे होंगे।[11]

मकान के चारों ओर कक्ष नहीं पाए गए अर्थात् एक दिशा छोड़ दी जाती थी। मोहनजोदडो, हड़प्पा आदि में हर एक मकान में सामान्यतः स्नान गृह होते थे, यह सैन्धव लोगों की शुद्धता के प्रति रुचि का परिचायक है। स्नान गृह की ईंटें दृढ़ता से चूना, बिटुमिन या जिप्सम से जोड़ी जाती थीं जिससे पानी का रिसाव नहीं हो सके। स्नान गृह गलियों एवं नालियों के समीप निर्मित किए जाते थे, जिससे पानी का निकास आसानी से हो सके। भवनों की दूसरी मंजिल पर भी स्नान गृह के अवशेष पाए गए हैं। उनके पानी का निकास पाइप या ईंटों के छिद्र के माध्यम से किए जाने की व्यवस्था थी। निजी आवासों में स्नान गृह के समीप शौचालयों के निर्माण का अनुमान लगाया जाता है। कुछ स्थानों पर हमाम (गर्म पानी) की व्यवस्था के चिन्ह भी मिले हैं। सामान्यतः प्रत्येक अच्छे आवास में पाकशाला (किचिन), कुआँ तथा शौच गृह देखे गए। प्रायः मकान के एक भाग में भोजन गृह का प्रावधान था। मोहनजोदड़ो में सामान्यतः प्रत्येक मकान में कुआं होता था, हड़प्पा में 6 कुएँ पाए गए, जबकि चन्हुदड़ों में मात्रा दो कुएँ ही थे। सभ्यता के अन्तिम काल में सम्भवतः पूर्व निर्मित कुओं की मरम्मत करके ही उपयोग लाया गया। उस युग के सभी कुएँ प्रायः अण्डाकार होते थे।

3.1 वृहत् स्नानागार (Great Bath) मोहनजोदड़ो की सबसे महत्वपूर्ण इमारत महास्नानागार है। यह बौद्ध स्तूप के लगभग 57.9 मीटर दूर स्थित है। मार्शल के अनुसार "मध्य प्रकाल में उसका निर्माण हुआ"[12]

- यह गढ़ी टीले पर स्थित वास्तु अवशेष सम्पूर्ण रूप में 180 फीट उत्तर–दक्षिण तथा 105 फीट पूर्व से पश्चिम के विस्तार में फैला हुआ है। पूर्णतः पक्की ईंटों से निर्मित वृहत् स्नानागार मध्यभाग में 39 फीट 3 इंच लम्बा, 23 फीट 2 इंच चौड़ा तथा 8 फीट गहरा है। प्रवेश की सीढ़ियाँ 9 इंच चौड़ी तथा 8 इंच ऊँची हैं। सीढ़ियों की समाप्ति पर 39 × 16 क्रमशः चौड़ी एवं ऊँची एक पीठिका है, इसके दोनों ओर सीढ़ियाँ हैं।
- इसका फर्श पूरी तरह समतल नहीं है, अर्थात् दक्षिण–पश्चिम की ओर ढाल लिए हुए है। इसी ओर कोने में एक वर्गाकार नाली पानी के निकास हेतु बनाई गई है, सम्भवतः समय–समय पर इसकी सफाई की जाती रही होगी।
- इसके फर्श को जल निरोधक बनाए जाने हेतु बिटुमिन एवं जिप्सम का प्रयोग किया गया। इसकी दीवार में भी तराशी गई ईंटों का प्रयोग किया गया है एवं इस तरह की एक मीटर मोटी दीवार का निर्माण देखा गया है।
- इस दीवार के पिछले भाग में 2.54 सेमी, मोटा बिटुमिन लगाया गया और उसे गिरने से बचाने के लिए उसके पीछे भी पक्की ईंटों की दीवार बनाई गई। मार्शल का कथन है कि, उस समय उपलब्ध निर्माण सामग्री से इससे सुन्दर और मजबूत निर्माण की कल्पना करना कठिन है।
- स्नानागार के पूर्व में निर्मित 6.7 कमरों के मध्य एक कक्ष में अण्डाकार कुआँ है, जिसके पानी से स्नानागार भरा जाता था।
- इसके तीन ओर कई प्रकोष्ठ या कमरे (दरीचियाँ) बने हुए हैं तथा दक्षिण की ओर एक लम्बा प्रकोष्ठ है जिसके दोनों ओर कमरे हैं। इसी प्रकार उत्तर की ओर बड़े–बड़े आकार के आठ कक्ष हैं। दरीचियों या प्रकोष्ठों के ऊपर एक मंजिल और रही होगी, क्योंकि उत्तरी भाग के कमरों के पूर्व में कुछ सीढ़ियों के अवशेष पाए गए हैं।[13] प्रत्येक कक्ष 9.5 फीट लम्बा तथा 6 फीट चौड़ा था।
- स्नानागार से सम्बन्धित कमरों कक्षों के द्वार बिल्कुल सामने न होकर दाएं या बाएं है, जिससे आन्तरिक भाग दृष्टिगोचर नहीं होता। सम्भवतः इन कमरों का उपयोग, वस्त्र आदि बदलने के लिए किया जाता होगा। उक्त स्नानागार में लम्बवत् ईंटों की चिनाई, जिप्सम एवं बिटुमिन का प्लास्टर के रूप उपयोग सैन्धव लोगों के अनुपम वास्तु शिल्प के एक नवीन प्रयोग का प्रमाण है। सम्भव है कि, महास्नानागार सैन्धव जनों की किसी धार्मिक प्रवृत्ति का परिचायक हो, क्योंकि वर्तमान में भी मन्दिरों के साथ या स्वतंत्र रूप में इस प्रकार के कुण्डों का महत्व बना हुआ है।[14]

3.2 सभा भवन मोहनजोदड़ो में स्पूत टीले से कुछ दूर दक्षिण में 'एल' एरिया में एक विशाल भवन था। कुछ विद्वान् इसे सभा मण्डप अथवा विद्यालय भवन मानते हैं। गढ़ी टीले पर स्थित 27.43 मीटर का यह वर्गाकार भवन जो मूलतः बीस स्तम्भों पार आधारित था, ये स्तम्भ चार पंक्तियों में विभक्त हैं। इमारत तक पहुँचने के लिए उत्तरी छोर के मध्य से रास्ता था। इसका फर्श भली–भाँति बिछाई गई ईंटों द्वारा निर्मित किया गया, जो कई भागों में विभक्त थीं। इनका उपयोग सम्भवतः बैठने के लिए किया जाता होगा।

मार्शल ने इस तरह के निर्माण की तुलना बौद्ध गुहा मन्दिरों से की है जिनमें बौद्ध भिक्षु लम्बी पंक्ति में बैठते थे। **मैके**, इसे शहर के आर्थिक जीवन से जोड़ते हुए बाजार भवन (हाल) मानते हैं, जहाँ पर दुकानें लगाने के लिए स्थाई रूप से स्थान (स्टाल) बनाये गए थे। **व्हीलर** ने इसके फारसी दरबारे आम जैसी इमारत होने की ओर संकेत किया है। **दीक्षित**[15] इसे धार्मिक वाद–विवाद का स्थल मानते हैं। पाटलिपुत्र में इस तरह के भवन के अस्तित्व के चिन्ह ऐतिहासिक काल में मिलते हैं।

3.3 लोथल डॉकयार्ड लोथल सौराष्ट्र (गुजरात) क्षेत्र में सिन्ध–सरस्वती सभ्यता का सर्वाधिक महत्वपूर्ण स्थल है। यहाँ स्थित गोदी (डॉकयार्ड) एवं कुछ महत्वपूर्ण भवनों का निर्माण पकाई हुई ईंटों से किया गया। इसके अतिरिक्त स्नानागार एवं नालियों आदि के लिए भी पक्की ईंटें उपयोग में लाई गईं। एक भवन 126 × 30 मीटर का, ऐसे स्थान पर स्थित था जहाँ से नौका घाट, भण्डार गृह तथा नावों के आवागमन पर भली–भाँति नियन्त्रण रखा जा सकता था। एस. आर. राव को उत्खनन के दौरान नगर के बाहरी भाग में एक डॉकयार्ड (प्लेट 1, चित्र संख्या 3) मिला है जो भोगावो एवं साबरमती नदी के तट पर स्थित, सैन्धव सभ्यता का प्राचीन बन्दरगाह था। इसे समुद्र से एक नहर के माध्यम से मिलाया गया तथा समुद्रीय भाटा के समय एक दीवार के माध्यम से पानी को रोका जाता था। यद्यपि लोथल डॉकयार्ड के विषय में अभी भी विद्वानों में विवाद है। लॉरेंस लैसिक जैसे कुछ विद्वानों ने इसे गोदी न कहकर कुण्ड की संज्ञा दी है। बन्दरगाह के इतिहास में लोथल गोदी प्राचीनतम उद्धरण है।

3.4 सार्वजनिक भवन दुर्ग या प्राचीर के अवशेष राखीगढ़ी हड़प्पा मोहनजोदड़ो, कालीबंगा एवं लोथल आदि में पाए गए हैं। हड़प्पा का पश्चिमी टीला गढ़ी एवं पूर्वी टीला निचला नगर था। गढ़ी आकार में लगभग समानान्तर चतुर्भुज है जो उत्तर से दक्षिण दिशा में 420 मीटर एवं पूर्व से पश्चिम 196 मीटर है। इसकी सर्वाधिक ऊँचाई लगभग 12 से 15 मीटर के बीच है और इसके निर्माण में मिट्टी और कच्ची ईंटों का प्रयोग हुआ है। सर्वप्रथम सुरक्षा के लिए एक सुदृढ़ दीवार बनाई जाती थी। निम्न स्तर पर दीवार 12.19 मीटर चौड़ी एवं ऊँचाई पर 10.06 मीटर थी, जिससे क्रमशः ढाल दिखाई पड़ता है। गढ़ी की बाहरी दीवार पर कुछ दूरी पर बुर्ज पाये गये थे। उनमें से कुछ दीवार से अधिक ऊँचे थे। गढ़ी का भीतरी मुख्य प्रवेश द्वार उत्तर की ओर था और पश्चिमी द्वार घुमाव लिए था जिसके साथ ही सीढ़ियां भी थीं। इस सभ्यता के महत्वपूर्ण नगरों में सार्वजनिक भवनों के अवशेष देखे गए है उनका यहाँ उल्लेख आवश्यक है। हड़प्पा एवं मोहनजोदड़ो के अन्नागार, मोहनजोदड़ो का महास्नानागार, लोथल का बन्दरगाह तथा धौलावीरा की बावड़ियाँ।

3.5 भण्डारण व्यवस्था (Granary) हड़प्पा की एक इमारत, जिसे विद्वानों ने अन्नागार की संज्ञा दी है, परिमाण (size) में बड़ी है। इस विशाल अन्नागार का निर्माण खण्डों में किया गया था।

ऐसे बारह खण्ड हैं जो छः–छः की दो पंक्तियों में विभक्त हैं। इन दो पंक्तियों के मध्य सात मीटर की दूरी है। प्रत्येक खण्ड का क्षेत्रफल लगभग 15.24 × 6.10 मीटर है। इन भण्डार गृहों का प्रमुख प्रवेश द्वार रावी नदी की ओर खुलता था। नदी मार्ग से भण्डारों में संगृहित किया जाने वाला अनाज आता–जाता रहा होगा। भण्डारों के फर्श में लकड़ी के शहतीर (लम्बा लठ्ठा) का प्रयोग किया जाता था और इनके बीच में जगह छोड़ी जाती थी, जिससे हवा का प्रवेश हो सके एवं जमीन की नमी से अनाज सुरक्षित रहे। फर्श की दरारों में पाया गया गेहूँ एवं जौ का भूसा यह सिद्ध करता है कि इसका उपयोग अनाज को सुरक्षित रखने हेतु किया जाता था। हड़प्पा का यह विशाल भण्डार 168 मीटर लम्बा तथा 134 फीट चौड़ा था। अन्नागार की छत के लिए लकड़ी के लट्ठे प्रयोग में लाये जाने का बोध होता है।

मोहनजोदड़ो में चार फीट ऊँचे भाग (चबूतरे) पर हड़प्पा के सदृश अन्नागार के अवशेष मिले हैं। स्नानागार के पश्चिम में पक्की ईंटों से निर्मित यह भवन पूर्व से पश्चिम 45.72 मीटर लम्बा एवं उत्तर से दक्षिण 22.86 मीटर चौड़ा है। सम्भवतः इसमें 27 खण्ड (ब्लॉक) थे जिनके मध्य रिक्त स्थान छोड़ा गया जिससे वायु का सुगम संचरण होता रहे। इस भवन का मलबा 1950 ई. में व्हीलर ने हटवाया था, उसने इसे अन्नागार (Granary) की संज्ञा दी है। इसका ऊपरी भाग लकड़ी से बनाया गया था।

3.6 बावड़ियाँ धौलावीरा के उत्खनन ने इस सभ्यता के बारे मे हमारी अनेक मान्यताओं को बदल दिया है। पूर्व में आमतौर पर यह विश्वास किया जाता था कि इस सभ्यता में भवन निर्माण हेतु पत्थरों का प्रयोग नहीं हुआ है। परन्तु अब यह मान्यता असत्य सिद्ध हो चुकी है। यहाँ वास्तु निर्माण में बड़ी तादाद में सफेद पत्थरों का उपयोग हुआ है। साथ ही भूमि के नीचे पत्थरों को काट कर पानी के संचय हेतु बावड़ियाँ बनाई गईं। राजस्थान एवं गुजरात में बावड़ियों के निर्माण की परम्परा रही है।

1→ 2→ 3→

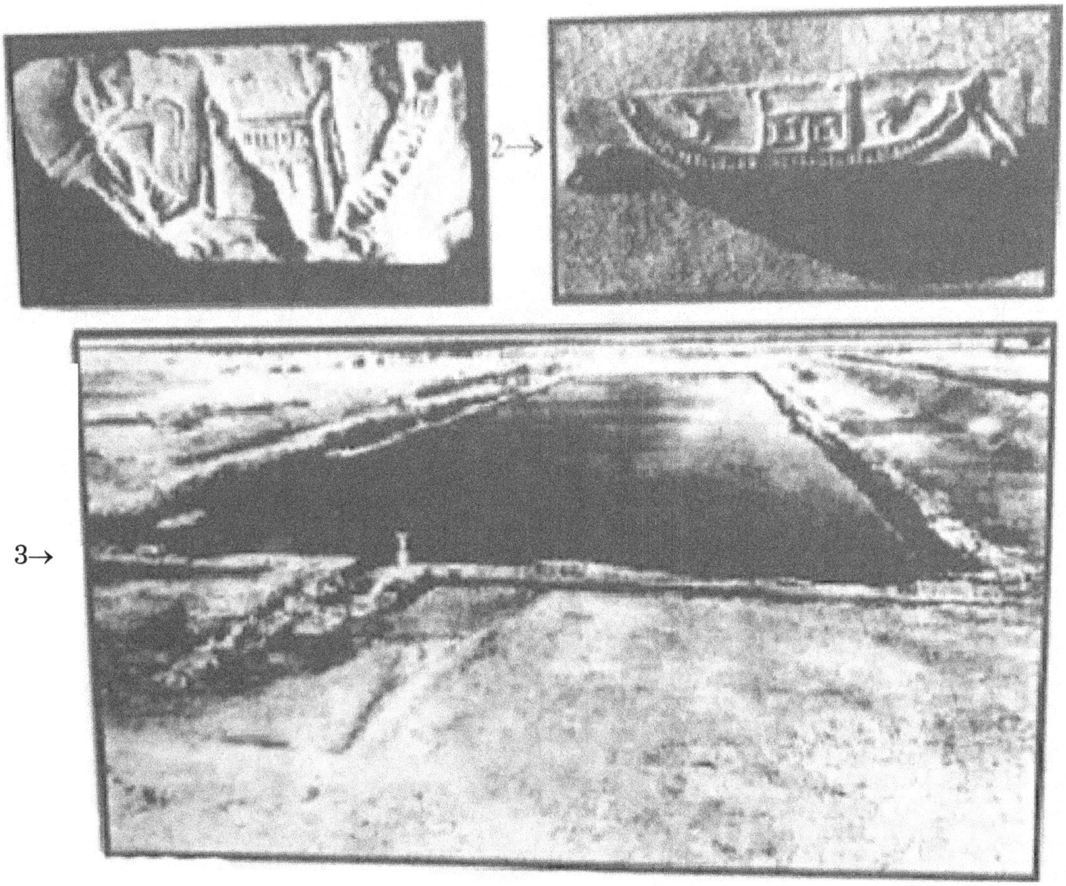

मोहनजोदड़ो : पत्थर पर अंकित जहाज, 2 मिट्टी के जहाज का चित्र–लोथल, 3 डॉकियार्ड (छोटा बन्दरगाह)

चित्र 6.1

इस परम्परा को अब हमें पुरा ऐतिहासिक काल तक ले जाना होगा। इसी प्रकार नगरों का नियोजन, सड़कें, प्रणाल व्यवस्था, स्नानागार, भण्डार गृह, सभा मण्डप एवं बावड़ियाँ आदि सैन्धव सभ्यों के शिल्प कौशल तथा उच्च वास्तुकला के परिचायक हैं।

4. मूर्ति शिल्प हड़प्पा से दो खण्डित मूर्तियाँ मिली हैं। मोहनजोदड़ो से प्राप्त महायोगी की मूर्ति को उत्कृष्ट मूर्तिशिल्प का नमूना माना है, जिसका विस्तृत विवरण अगले अध्याय में दिया गया है। हड़प्पा से प्राप्त खण्डित मूर्तियों (धड़) में एक पुरुष एवं एक नारी की मूर्ति हैं (देखिये प्लेट–5, चित्र संख्या 1–2)। लगभग चार इंच लम्बी लाल पत्थर से निर्मित पुरुष मूर्ति स्वाभाविकता लिए हुए है। आकार में मूर्ति छोटी होने पर भी नग्न शरीर की सुडौल मांसपेशियों में सजीवता लाने का सफल प्रयास किया गया है। वक्ष और उदर का हल्का उभार तथा मांसल जंघाएँ कुशल कला–शिल्प को दर्शाते हैं। अन्य मूर्तियों से इसकी तुलना नहीं की जा सकती। स्लेटी पत्थर से निर्मित नारी मूर्ति का एक खण्डित पैर आगे बैठा हुआ है जिसे देखकर सहज ही अनुमान लगाया जा सकता है कि यह नृत्य मुद्रा को दर्शाती है। बलुआ पत्थर की अन्य मूर्तियों के अवयव स्पष्ट नहीं हैं। सम्भवतः काल की गति के साथ कुछ भाग धीरे–धीरे नष्ट हो गए। आँखों की पच्चीकारी को देखकर अनुमान किया जा सकता है कि यह प्रारम्भ में सुन्दर रही होगी। एक मूर्ति का सिर मिला है, उसके बालों को पीछे की ओर समेट कर जूड़ा बनाया गया है। केश विन्यास का प्रदर्शन मात्र रेखाओं से किया है। एक बन्दर की मूर्ति भी अपरिष्कृत शिल्प का नमूना है। दो ताम्बे की मूर्तियाँ उपलब्ध हुई हैं। एक मूर्ति नर्तकी की है। मोहनजोदड़ो, हड़प्पा, लोथल के अतिरिक्त रोपड़ से एक, सुरकोटदा से एक तथा कालीबंगा से आठ मूर्तियाँ मिली हैं।

मधुच्छिष्ट विधि लोथल से प्राप्त कुत्ते, कालीबंगा से प्राप्त वृषभ की ताम्रमूर्तियाँ कलात्मक दृष्टि से अच्छी है। ढलाई हेतु जिस विधि को अपनाया गया उसे मधुच्छिष्ट विधि कहा जाता है। दक्षिण में आगे जाकर नटराज मूर्तियाँ इसी विधि से बनी है।

मुद्रायें बड़ी संख्या में प्राप्त मुद्राओं में सैन्धव कला–शिल्प का दर्शन होता है। घीया पत्थर की वर्गाकार आयताकार, गोल, बेलनाकार मुद्राएँ सैकड़ों की संख्या में प्राप्त हुई हैं। इनके ऊपरी भाग में सैन्धव लिपि अंकित है और नीचे विविध प्रकार के पशुओं का अंकन है। सम्भवतः इन मुद्राओं का प्रयोग व्यापार में किया जाता होगा।

निष्कर्ष अन्त में कहा जा सकता है किए सिन्धु–सरस्वती सभ्यता कला एवं स्थापत्य की दृष्टि से अत्यंत विकसित सभ्यता थी।

सन्दर्भ :

1. Mackey: The Early Indus Civilization, p.17.
2. Mackey, Ibid. p 24. "Mohenjodaro was divided for its protection into wards and was carefully policed, at any rate by night, if not by day".
3. लाल बी.बी. : कालीबांग एण्ड द इण्डस सिविलाइजेशन
4. Mackay, op cit., p.20 " Not one of these streets lanes is paved and the people who used them were probably ankle-deep in dust or mud according to the season of the year".
5. Mackay, op. cit., p. 23. In special cases such as the laying of drains both lime and gypsum morter were used either separately of mixed with mud in varying proportion.
6. गार्डन चाईल्ड, इतिहास का इतिहास (हिन्दी सं.) 1988, पृ. 126.
7. Mackey. Op. cit., p. 23 The invariable use of burnt brick climate of Sind was wetter in ancient times then it is today.
8. Mackey, Ibid., p. 27 /There is at present no evidence that the houses had windows and light and air seems to have been admitted chiefly through the doorways.
9. थपल्याल एवं शुक्ल : सिन्ध सभ्यता, 1985 पृ. 34.
10. Mackay, op. cit., p. 28 The only doorway of which the top has survived is crowned by a corbelled arch; wooden door lintels may have been common for wood was probably very plentiful in those days.
11. मैके, वही, पृ. 30
12. मार्शल जॉन : मोहनजोदड़ो एण्ड द इण्डस सिविलाइजेशन (लन्दन).
13. Mackey, op. cit., p. 43. Each room is carefully paves and contains the remains of a stairway which led to an upper storey, now destroyed.
14. Mackey, Ibid., p. 44 The great bath and the smaller bathrooms nearby strongly suggest that bathing was a ritual of the people of the Mohanjodaro.
15. दीक्षित के. एन. : प्री–हिस्टोरिक सिविलाइजेशन ऑफ द इण्डस वैली, (1967 द्वितीय सं.).

7 धार्मिक विश्वास (Religious Faith)

सिन्धु–सरस्वती स्थलों के उत्खनन में ऐसे भवन के अवशेष नहीं मिले जिन्हें निश्चित रूप से मन्दिर अथवा पूजा स्थल की संज्ञा दी जा सके। किन्तु बड़ी संख्या में प्राप्त मुद्राओं एवं अन्य मूर्तियों के आधार पर लोगों की धार्मिक आस्था के सम्बन्ध में कुछ ठोस परिकल्पनायें की जा सकती हैं।

1. **मातृ पूजा (Worship of Goddess)** हड़प्पा एवं मोहनजोदड़ो से भारी मात्राा में 'मातृदेवी' की मूर्तियाँ प्राप्त हुई हैं। इनमें से कुछ मूर्तियाँ ऐसी हैं जो मात्र खिलौने जैसी प्रतीत होती हैं।[1] कुछ स्त्री मृण्मूर्तियाँ स्थानक मुद्रा में हैं। इनका ऊपरी भाग सर्वथा खुला है एवं कमर के नीचे पटका, जो मेखला (करधनी) से आबद्ध है, को धारण किए हुए हैं। सिर पर ऊँची कुल्हाड़ी की आकृति की शिरोभूषा है। इन मूर्तियों को पुराविदों ने मातृदेवी की संज्ञा दी है।[2] मातृदेवी की कई रूपों में उपासना का प्रचलन भारतीय गाँवों में आज भी पाया जाता है। जॉन मार्शल ने उल्लेख किया है कि भारत के प्रत्येक ग्राम में चबूतरा आदि होता है जिसे माता या महामाता आदि नाम से जानते हैं। वर्तमान में प्रचलित देवी पूजा को सिन्धु घाटी की मातृदेवी पूजा परम्परा में देखा जाना चाहिए। भारत की भाँति प्रकृति की देवी रूप में पूजा विश्व की सभी प्राचीन सभ्यताओं में की जाती थी। ग्रीक में रिहा (Rhea), फिनीसिया में 'इस्थर' (Isthar) एवं मिस्त्र में 'इसिस' आदि। प्राचीन मेसोपोटामिया, सीरिया, मिस्त्र, क्रीट आदि से विशाल संख्या में प्राप्त नारी आकृतियाँ इस तथ्य का प्रमाण हैं। प्रकृति या उपज की देवी का चित्रण हड़प्पा से प्राप्त एक मुद्रा में स्पष्ट है। सर्वथा नग्न स्त्री दोनों पैरों को फैलाए लेटी हुई है तथा इसके गर्भ से वृक्ष निकलते हुए दिखाए गया है। मुद्रा के दूसरी ओर एक पुरुष हाथ में हंसिए के समान कोई वस्तु लिए हुए है तथा एक स्त्री आसीन मुद्रा (बैठे हुए) में प्रणाम करती हुई, दोनों हाथों को ऊपर उठाए है। यह चित्रण सम्भवतः मातृ–शक्ति की पृथ्वी माता (Earth Goddess) के रूप में आराधना को इंगित करता है। इसके अतिरिक्त अभिजनन पंथ के सामान्यतः गर्भधारण करने के विविध रूपों को चित्रित किया गया है। यह तथ्य अभिजनन पंथ (अधिक उत्पादन समर्थक वर्ग) के प्रति विश्वास तथा देवियों की आराधना की ओर संकेत करता है। एक अन्य मुद्रा में पीपल वृक्ष की दो शाखाओं के मध्य खड़ी स्त्री आकृति भी सम्भवतः मातृदेवी का ही प्रतिनिधित्व करती है। इस मुहर पर नीचे की ओर एक व्यक्ति बकरी लाते हुए दिखाया है और एक पंक्ति में छह व्यक्ति खड़े हैं। नीचे झुकी हुई आकृति के हाथ में चौड़ा फलवाला हथियार है। कुछ विद्वानों की मान्यता है कि इस मुद्रा में पशुबलि को दर्शाया किया गया है जिसमें लोग सामूहिक रूप से भाग ले रहे हैं।[3] ऋग्वेद[4] में भी पृथ्वी एक देवी के रूप में वर्णित है।

2. **प्राक् शिव** मोहनजोदड़ो से प्राप्त कुछ मुहरों पर पुरुष आकृतियों का अंकन मिलता है जिनसे विदित होता है कि सैन्धव जन विशिष्ट पुरुष देवता की अपासना करते थे। एक मुहर में पुरुष आकृति आसीन मुद्रा में सम्मुख दर्शन (सामने की ओर), ध्यानावस्थित नासाग्र दृष्टि है जिसके सिर पर त्रिशूल जैसी शिरोभूषा है। इसके चारों ओर अनेक पशु हैं–दाईं ओर हाथी तथा व्याघ्र, बाईं ओर गैंडा एवं महिष (भैंसा), और सामने की ओर दो हिरण अंकित हैं। दोनों हाथ चूड़ियों जैसी वस्तु से भरे हैं एवं वक्षस्थल पर भी त्रिकोणावली के आकार की कोई वस्तु है। मार्शल ने इसे पशुपति शिव (प्लेट 2, चित्र संख्या 1) की संज्ञा दी है।[5] अधिकाश विद्वानों ने मार्शल के मत का समर्थन किया है, किन्तु कुछ विद्वान् इस मत से सहमत नहीं हैं। सैलेतोर ने इस आकृति का तादात्म्य अग्नि से किया है। राय चौधरी की मान्यता है कि मुद्रा पर अंकित पशुओं में शिव वाहन वृषभ की अनुपस्थिति में इस आकृति की पहचान पशुपति शिव से करना उचित नहीं होगा।[6] के. एन. शास्त्री भी इस आकृति को शिव का रूप नहीं मानते। उनके अनुसार शिरोभूषा में कनखजूरे (एक प्रकार का कीड़ा) जैसा कुछ रखा है, हाथों में अनेक चूड़ियाँ लिपटी हुई हैं जो नारी आकृतियों की अनेक मुद्राओं में देखी जाती हैं। उत्कीर्ण आकृति न ही त्रिमुखी है और न मानव मुखी। बल्कि इसके अंग विविध पशुओं के हैं–सिर महिष, धड़ व्याघ्र एवं पैर सर्प से बने हैं। इस प्रकार यह भिन्न–भिन्न पशुओं की विशेषताओं से युक्त देवता कहा जा सकता है।[7] किन्तु शास्त्री के मत को अधिक समर्थन नहीं मिल सका, क्योंकि अधिकांश विद्वान् इसे पशुपति शिव ही मानते हैं।

   जैसा हम जानते हैं कि आर्यों में रुद्र नामक एक पुरुष देव की की उपासना का प्रचलन था। सम्भव है कि सैन्धव लोगों के उपास्य देव 'पशुपति शिव' को आर्यों ने अपनी पूजा पद्धति में सम्मिलित कर लिया हो। एक मुहर में देवता के त्रिमुख अंकित किए है, जिसके सिर के मध्य से एक टहनी निकलती दिखाई गई है। एक अन्य मुद्रा पर सम्भवतः शिव का चित्रण है जिसमें पुरुष आकृति के समक्ष घेरा बाँध कर दो नाग अवस्थित हैं। विद्वानों की मान्यता है कि, इस मुद्रा में शिव का

सम्बन्ध नागों से दर्शाया है। इसी प्रकार एक मुद्रा में शिकारी हाथ में धनुष बाण लिए अंकित है, कतिपय विद्वान् इसे शिव का ही किरात रूप मानते हैं। मोहनजोदड़ो, हड़प्पा तथा अन्य स्थलों से कुछ निश्चित लम्बे, चिकने और शंकु के आकार के लिंग प्राप्त हुए हैं। कुछ विद्वानों ने कोणात्मक तथा वर्तुलाकार तथा शंक्वाकार प्रस्तरों को प्रजनन शक्ति का परिचायक माना है और शिव उपासना से सम्बद्ध किया है। ऋग्वेद में शिश्न देवों की निन्दा की गई है।[8] कुछ विद्वानों के अनुसार सैन्धव लोगों में प्रचलित लिंग पूजा की ओर इसका संकेत है। इन प्रमाणों के आधार पर विद्वानों ने शिव को हड़प्पा का सबसे महत्त्वपूर्ण देव माना है। सम्भवतः सारे मन्दिरों में शिव पूजा की जाती थी। मैके[9] के अनुसार, कुछ मृण्मूर्तियों के कानों के पास बने हुए निशान पूजा पद्धति के प्रचलन के प्रमाण हैं। क्या सैन्धव लोग मातृदेवी एवं पशुपति शिव की साथ–साथ पूजा करते थे अर्थात् दोनों के सह–सम्बन्ध को स्वीकार करते थे? किन्तु इस सम्बन्ध में मातृदेवी एवं शिव का अंकन साथ–साथ नहीं देखा गया।

3. महायोगी (Mohayogi) मोहनजोदड़ो से प्राप्त घीया पत्थर (स्टीयेटाइट) की एक खण्डित मानव मूर्ति जिसका सिर से वक्षस्थल तक एक भाग ही शेष है, उल्लेखनीय है। यह 19 से. मी. ऊँची और अर्द्ध–खुले, लम्बे नेत्र, नासाग्र दृष्टि है एवं इसका केश विन्यास विशेष रोचक है।

मस्तक एक फीते से बँधा है। दाढ़ी ठीक से बनी हुई है किन्तु होठ का ऊपरी भाग साफ है। मूर्ति को शाल से आवृत्त दिखाया गया है, जिस पर त्रिखण्डीय अलंकरण है। विद्वान् इसे योगी (प्लेट–7.2) का अंकन मानते हैं। मैके[10] ने इसे पुजारी की आकृति कहा है। किन्तु स्वयं मैके ने आगे उल्लेख किया है कि अर्द्ध–खुले नेत्रों के कारण कुछ विद्वान् इसे योगी की मूर्ति मानते है।[11] निवृत्तिवादी जैन एवं बौद्ध दर्शनों को डॉ. जी. सी. पाण्डे ने सैन्धव 'योगी' से सम्बद्ध करने का प्रयास किया है। इस सम्बन्ध में कहा गया है कि श्रमण परम्परा का बहुत पहले आविर्भाव हो गया था।[12] जैन धर्म का इतिहास बहुत पहले प्रारम्भ होता है, जैसा हम जानते हैं कि प्रथम जैन तीर्थंकर ऋषभदेव का उल्लेख ऋग्वेद में आया है।[13]

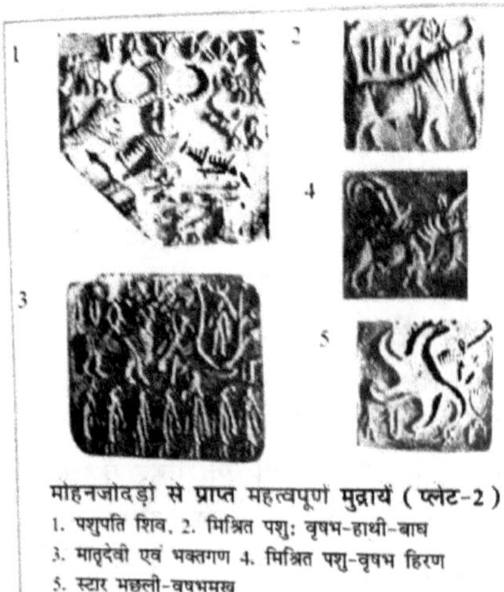

मोहनजोदड़ो से प्राप्त महत्वपूर्ण मुद्रायें (प्लेट-2)
1. पशुपति शिव, 2. मिश्रित पशु: वृषभ-हाथी-बाघ
3. मातृदेवी एवं भक्तगण 4. मिश्रित पशु-वृषभ हिरण
5. स्टार मछली-वृषभमुख

चित्र 7.1

4. अग्नि पूजा (Worship of fire) कुछ समय पूर्व के उत्खननों से अग्नि पूजा की सम्भावना भी व्यक्त की गई है। **कालीबंगा गढ़ी टीले** एवं **कोटदीजी के शहर टीले** पर चबूतरे पर अनेक गोलाकार एवं अनियमित आकृति के गड्ढे एक पंक्ति में पाए गए जिनको ईंटों से घेरा गया तथा मध्य में एक खड़ी ईंट भी मिली है, जो सम्भवतः स्तम्भ का प्रतीक थी। इन गड्ढों से तिकोने पक्की मिट्टी के टुकड़े, राख, मिट्टी के बर्तन प्राप्त हुए हैं। गर्तों से प्राप्त सामग्री के आधार पर ब्रजवासी लाल एवं बाल कृष्ण थापर इस निष्कर्ष पर पहुँचे हैं कि, इन उथले गड्ढों को खोदकर इनमें आग प्रज्ज्वलित की जाती थी।[14]

5. पशु पूजा (Animal worship) सैन्धव स्थलों से प्राप्त उत्खननों में मिट्टी तथा पत्थर से बनी कई पशुओं की मूर्तियाँ मिली हैं और मुहरों पर भी इनका बड़ी संख्या में अंकन हुआ है। इनमें से कुछ पशुओं का स्वरूप पौराणिक है।

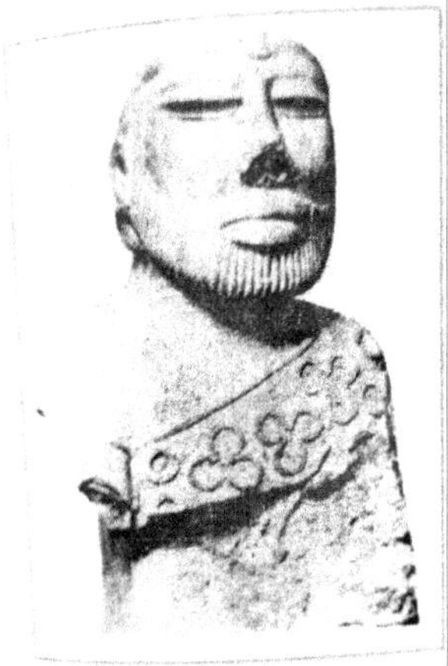

चित्र 7.2 मोहनजोदड़ो : प्रस्तर मूर्ति–योगी

एक अंकन में एक अर्द्ध–मानव एवं अर्द्ध–पशु को श्रृंगधारी चीते से लड़ते हुए दिखाया गया है। यह सुमेरीय पुराण कथा के गिलगमेश एवं एकिंडू के युद्ध की याद दिलाता है। कुछ मुद्राओं में एक शरीर पर कई पशुओं के सिरों को एक साथ दिखाया गया है (प्लेट–2, चित्र सं.–2)। एक सींग के वृषभ के समक्ष धूप दण्ड रखा हुआ है (प्लेट–3, चित्र सं. 4), यह अंकन अनेक मुद्राओं पर देखा जाता है।

मार्शल ने एक मुद्रा में श्रृंगी पशु के तीन सिर, सबसे ऊपर बकरे, मध्य में श्रृंगी पशु तथा सबसे नीचे भैंस होने का उल्लेख किया है। मुद्राओं पर कूबड़ एवं बिना कूबड़ के वृषभ का अंकन अधिक देखा गया है। मुहरों पर बहुधा एक ब्राह्मणी बैल का चित्रण मिलता है जिसके गले के नीचे भारी झालरदार खाल लटकती दिखाई देती है। सम्भवतः यह बैलों एवं गायों के प्रति आदर भाव का प्रतीक था। मैके के अनुसार, सैन्धव संस्कृति में धार्मिक अनुष्ठानों में बैल का विशेष महत्व रहा होगा। बैलों के खिलौने भी बड़ी संख्या में प्राप्त हुए हैं। मानसार में भी मिट्टी के बने वृषभ मिले हैं। प्राचीन उर (मेसोपोटामिया) से बैलों की चित्रणयुक्त मुद्राएँ मिली हैं। हाथी का अंकन भी ताम्र पट्टियों तथा मुहरों पर हुआ है। बैल,

भेड़ आदि पशुओं की हड्डियों का ढेर हड़प्पा में देखा गया है जो सामूहिक पशु बलि को इंगित करता है। प्राचीन काल से ही भारत में नागपूजा का प्रचलन रहा है। मोहनजोदड़ो से प्राप्त एक मुद्रा में देवता के समक्ष दो सर्प अंकित किए गए हैं जो नागों के महत्व का प्रमाण हैं। मैके के अनुसार, चबूतरों पर नाग के लिए दूध आदि रखा जाता होगा। इसी प्रकार मुहरों पर हिरण, हाथी, चीता, गैंडा, महिष (भैंसा) आदि का अंकन है और ऐसा प्रतीत होता है कि ये किसी न किसी रूप में स्वतन्त्र देव अथवा देवों के वाहन रूप में पूजा के विषय रहे होंगे।

6. **वृक्ष पूजा** (Worship tree) सैन्धव संस्कृति में पशु पूजा के साथ वृक्ष पूजा के संकेत मिलते हैं। मार्शल ने विभिन्न मुद्राओं पर चित्रित वृक्षों से अनुमान लगाया है कि ऐतिहासिक काल के समान सैन्धव जन वृक्षों को दो तरह से पूजते थे। एक तो उसकी जीवन्त रूप में कल्पना एवं दूसरे प्राकृतिक रूप में। भरहुत एवं सांची की कला में भी इन्हीं रूपों में वृक्षों का चित्रण देखा जाता है। एक मुहर पर एक पंक्ति में सात नारी आकृतियाँ जो घुटनों तक वस्त्र लपेटे हुए हैं, उनके बाल पीछे की ओर लटके हुए दिखाई गईं हैं। सिर पर वृक्ष की टहनियाँ भी दिखाई गई हैं। कुछ विद्वान् उक्त सात नारी आकृतियों का तादात्म्य ऐतिहासिक कालीन सप्त मातृकाओं से स्थापित करते हैं। मैके ने इसका समीकरण शीतला सप्तशती के साथ किया है। कुछ मुद्राओं में विचित्र वृक्षों का अंकन हुआ है। एक मुद्रा में वृक्ष पर छह पीपल की पत्तियाँ अंकित दिखाई गई हैं। वर्तमान में भी पीपल आदि की पूजा का प्रचलन है जो सम्भवतः उसी युग से चली आ रही परम्परा को इंगित करता है। खजूर वृक्ष का चित्रण भी देखा जाता है।

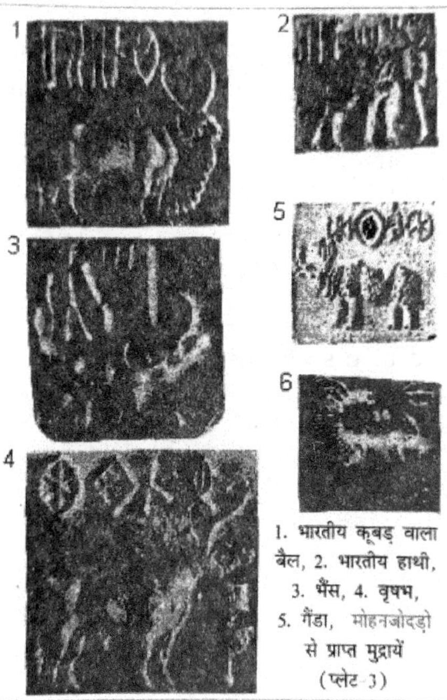

1. भारतीय कूबड़ वाला बैल, 2. भारतीय हाथी, 3. भैंस, 4. वृषभ, 5. गैंडा, मोहनजोदड़ो से प्राप्त मुद्रायें (प्लेट 3)

चित्र 7.3

7. **जल का महत्व** (Importance of water) जल पूजा मोहनजोदड़ो, हड़प्पा तथा चन्हुदड़ो के कुओं तथा स्नानागारों को देखकर सहज अनुमान लगाया जा सकता है कि लोग न केवल जल पूजा में विश्वास रखते थे बल्कि स्नान एवं शुद्धता के महत्व से भली–भाँति परिचित थे। पूजा आदि से पूर्व स्नान का प्रावधान रहा होगा, प्रत्येक आवास में कुओं का अस्तित्व इस तथ्य की ओर संकेत करता है। मोहनजोदड़ो के महास्नानागार के आसपास लिंगों की प्राप्ति तथा जले हुए कोयले आदि के निशान जल पूजा के प्रतीक माने गए हैं। स्वास्तिक, चक्र, क्रॉस आदि के प्रतीक चिन्ह भी सम्भवतः पूजा अर्चना के भाग रहे होंगे।

8. **नृत्य संगीत** धर्म में नृत्य एवं संगीत का भी विशेष महत्व रहा होगा। मोहनजोदड़ो से एक नृत्य मुद्रा (देखिये प्लेट–5, चित्र सं. 3) में स्त्री की कांस्य मूर्ति उपलब्ध हुई है। मोहनजोदड़ो के उत्खनन क्षेत्र नं. एच.आर. से प्राप्त 14 सेमी. की यह मूर्ति नग्न तथा टखनों से नीचे खण्डित है। दायाँ हाथ कमर पर टिका है तथा इसमें भी कुछ चूड़ियाँ दिखाई देती हैं। उसके गले को एक हार शोभित करता है एवं केश विन्यास अत्यन्त आकर्षक है। गहरे निशान से व्यक्त नेत्र बड़े–बड़े तथा नासिका चपटी, और होठ भारी हैं। उसकी मुख–मुद्रा से सौन्दर्य की अभिव्यक्ति नहीं होती। किन्तु दुबली–पतली गात यष्टि (शरीर), पतली–कटि कलात्मक बन पड़े हैं। कुछ विद्वान् इसे देवदासी मानते हैं जबकि कुछ अन्य विद्वानों ने इसे नृत्यांगना कहा है। यद्यपि सैन्धव स्थलों से संगीत के वाद्य यंत्र प्राप्त नहीं हुए हैं, किन्तु नृत्य के कुछ संकेत अन्य मुद्राओं से भी मिलते हैं। एक मुद्रा में एक व्यक्ति को ढ़ोल बजाते दिखाया गया है। सामने कुछ व्यक्ति नृत्य कर रहे हैं। सम्भवतः देवी को प्रसन्न करने हेतु ऐसा किया जाता होगा।

9. **पारलौकिक धारणा** सैन्धव स्थलों से मृतकों का ऐसा कोई स्मारक प्राप्त नहीं हुआ जो मिश्र के पिरामिड तथा मेसोपोटामिया के उपनगर के राजकीय कब्रिस्तान के वैभव की बराबरी कर सके। लेकिन सिन्धु सरस्वती के लोग पारलौकिक जीवन में विश्वास रखते थे, ऐसा प्राप्त अवशेषों से ज्ञात होता है। उस समय मृतक के संस्कार की दो विधियाँ प्रचलित थीं–गर्त शवधि (गर्त में शव का दफन) तथा पात्र या कलश शवाधान।

I. गर्त शवाधान के अन्तर्गत 9.5 फीट लम्बा, 6 फीट चौड़ा आयताकार गड्ढ़ा खोदकर शव को गाड़ दिया जाता था और साथ में दैनिक उपयोग की वस्तुएँ रखी जाती थीं। सामान्यतः श्मशान में शव को पूरी तरह लम्बा लिटाया जाता था किन्तु यदा–कदा उसे मुड़ा हुआ भी रखा जाता था। शवों का प्रायः दिग्स्थापन उत्तर–दक्षिण दिशा में किया जाता था। शव दाह करते समय आज भी हिन्दू समाज में सिर उत्तर की ओर रखने की प्रथा है।

अधिकांश उदाहरणों में 15 से 20 तक मिट्टी के बर्तन मिले हैं। कहीं–कहीं मृतक के साथ व्यक्तिगत आभूषण भी देखे गए हैं, जैसे–शंख की चूड़ियाँ, हार, पैरों के कड़े तथा सेलखड़ी के मनके आदि।

II. पात्र शवाधान के अन्तर्गत मिट्टी के बर्तन में हड्डियाँ रखकर गाड़ दी जाती थीं। सम्भवतः उन लोगों की मान्यता थी कि मरणोपरान्त भी मनुष्य को कुछ आवश्यक वस्तुओं की आवश्यकता होती है, कलश आदि के पास दैनिक उपयोग की आवश्यक सामग्री रखी जाती थी। कभी–कभी पशु–पक्षियों का मांस भी रखा जाता था? क्योंकि उनके साथ में हड्डियाँ भी देखी गई हैं। कालीबंगा से एक खोपड़ी में पीछे छेद मिला है जो कपाल छेदन (ट्रेपिनेशन) का प्रतीक माना जाता है। लोथल में युगल शवाधान मिला है। यहाँ तृतीय काल की दो शवों वाली तीन कब्रें मिली हैं। युगल शवाधान के विषय में कुछ विद्वानों की मान्यता है कि दोनों पुरुषों के शव हैं। जबकि कुछ विद्वान् एक को स्त्री तथा दूसरे को पुरुष मानते हैं। प्राचीन मिश्र एवं मेसोपोटामिया में पत्नी एवं दास आदि गाड़े जाने के उदाहरण मिलते हैं। यह सम्भावना व्यक्त की गई है कि उपरोक्त शवाधान से सम्बद्ध लोग विदेशी रहे होंगे जो व्यापार के दौरान आए होंगे।

हड़प्पा में एक विशिष्ट प्रकार का शवाधान मिला है, जिसमें एक मृत स्त्री को 7×2.5 के आकार की मृतक पेटी में रखकर दफनाया गया है। मेसोपोटामिया में इस प्रकार दफनाने की प्रथा का प्रचलन था। एस.पी. गुप्ता की मान्यता है कि इस तरह का शव विसर्जन भारत में किसी विदेशी महिला का रहा होगा।

मूल्याकंन कहा जा सकता है कि सैन्धव–सरस्वती सभ्यता के कई तत्वों का परवर्ती संस्कृति पर विशेष प्रभाव पड़ा। विशेष रूप से कुछ विद्वानों ने भारतीय धर्म एवं दर्शन की प्राचीनता को सैन्धव काल तक ले जाने का प्रयास किया है, जैसा कि योगेश्वर शिव पूजा, मातृ–शक्ति–पूजा, लिंग–पूजा, जल–पूजा आदि के अर्वाचीन भारत में पूर्ववत् महत्व से सिद्ध होता है। डॉ. जी.सी. पाण्डे आदि ने बौद्ध एवं जैन धर्म की उत्त्पति भी सैन्धव सभ्यता में ढूँढने का प्रयास किया है। इस सम्बन्ध में प्रो. पाण्डे लिखते हैं, ''इसका प्रत्याख्यान नहीं किया जा सकता कि परवर्ती भारतीय जीवन के अनेक महत्वपूर्ण तत्व सिन्धु सभ्यता से लिए गए'' जिनमें विशेष रूप से उल्लेखनीय हैं–पशुपति, योगेश्वर तथा कदाचित् नटराज के रूपों में शिव पूजा, मातृ–शक्ति की पूजा, अश्वत्थ–पूजा, वृषभादि अनेक पशुओं का देव सम्बन्ध, लिंग पूजा, जल की पवित्रता, मूर्तिपूजा और योगाभ्यास जो कि आसन और मुद्रा के अंकन से संकेतित होता है। योग विद्या की प्राचीनता का यह संकेत बौद्ध धर्म के अभ्युदय की दृष्टि से अत्यन्त महत्वपूर्ण हैं।'' कहा जा सकता है कि सैन्धव सभ्यता की धार्मिक आस्थायें एवं मान्यताएँ वर्तमान तक अस्तित्व में है। हड़प्पा सभ्यता का आकलन तथा उसके महत्व का निरूपण इसी रूप में किया जाना चाहिए।

संदर्भ :

1. Marshal John : Mohenjodaro and the Indus Civilization, London 1931, vol I. p. 49-Some of them, like the women kneeling dough or holding a dish of cakes in her arms, are probably merely toys without any religious meaning.
2. पिगट : प्री–हिस्टोरिक इण्डिया, पृ. 201, मैके : अर्ली इण्डस सिविलाइजेशन, पृ. 53–54.
3. Mackay, op. cit., p.58,"Here a horned goddess is shown in the midst of a pipal or sacred fig tree, before which another horned deity is kneeling and doing obeisance.Both the goddess and her worshipper wear long plaits of hair...............Behind the worshipper a goat with a human face looks on evident interest".
4. ऋग्वेद, 10/63/2, ''येस्थ जाता आदितेद्भय स्परि य पृथि व्यास्ते मइह श्रुताहवम्।''
5. मार्शल जॉन. वही, जि. 1 पृ. 77–78, वैदिक एज, 1988, पृ. 190,
6. राय चौधरी, हेमचन्द्र : ''प्रोटोटाइप ऑफ, शिवा इन वेस्टर्न एशिया'', आर्चाय पुष्पांजली, वाल्यूम, 1940. पृ. 301–3
7. शास्त्री, के. एन. : न्यू लाइट आन द इण्डस सिविलाईजेसन, वा 1, 1919, वाल्यूम 2, 1964.
8. ऋग्वेद, 10/12/6.
9. Mackay, op. cit., "Several of these cups have somke-stains inside which sugggests that oil or little pellets of incense were burned in them in order that the goddess might hearken to the petitions of the worshipper."
10. Mackay, op. cit., ".......... this image wears a robe ornamented with a sacred device and that provisions is made for a necklace precludes the possibility that it was intended for many human being given a priest."
11. Mackey Op. cit, 'The Peculier half shut eyes have been thought by some authorieties to represent a state of yoga.
12. बौद्ध धर्म के विकास का इतिहास, 1990, पृ. 4.
13. ऋग्वेद, 10/16/1.
14. लाल बी.बी. और थापर बी.के. एक्सकवेशन एट कालीबंगा न्यू लाईट ऑन द इण्डस सिविलाईजेशन कल्चरल फोरम, 1967, 9(4).

8 आर्थिक कार्यकलाप एवं सामाजिक विशेषताएँ
(Economic Activities and Social Characteristics)

कृषि एवं पशुपालन अर्थव्यस्था के महत्वपूर्ण अंग थे। हड़प्पा आदि स्थलों से प्राप्त बड़े धन्यागारों से यह सहज ही अनुमान किया जा सकता है कि, अतिरिक्त अन्न का संग्रह राज्य द्वारा किया जाता रहा होगा। सामान्यतः नगरों में पूरे देश के संसाधन एकत्र होते जाते हैं। हड़प्पा सभ्यता के व्यापक विस्तार का कारण आपसी आर्थिक अन्तर्निर्भरता और व्यापार तन्त्र भी रहा। मूल संसाधनों का अलग–अलग स्थानों पर उपलब्ध होना सिन्धु नदी घाटी के सभी क्षेत्रों को आपस में जोड़ने का कारण बना। इसमें कृषि एवं खनिज संसाधन तथा लकड़ी आदि सम्मिलित थे और ये व्यापारिक मार्गों की स्थापना करके ही प्राप्त किए जा सकते थे। कहा जा सकता है कि सैन्धव नगर आर्थिक गतिविधियों के महत्वपूर्ण केन्द्र थे।

1. **कृषि तकनीक** उत्खननों में दो प्रकार के गेहूँ (*ट्रिटिकम कम्पैक्टम तथा ट्रिटकम स्फेरोकम*) मोहनजोदड़ो, हड़प्पा एवं रहमान ढेरी आदि स्थानों से मिले हैं। जौ की दो प्रजातियाँ होरडियम बल्गैर और एच. हैक्सा स्टिकम मिलती हैं।

   सैन्धव जनों को गेहूँ एवं जौ के अतिरिक्त सरसों, तिल, मटर, राई, खजूर आदि अन्य खाद्यान्नों एवं कपास की जानकारी थी। सरसों तथा तिल की खेती मुख्य रूप से तेल के लिए की जाती होगी। हड़प्पा में तरबूज के बीजों की प्राप्ति और सेलखड़ी की बनी नींबू की पत्ती इनके ज्ञान की द्योतक है। अनार एवं नारियल की आकृति के चित्रित बर्तन देखे गए हैं जिन्हें इन फलों के परिचित होने के कारण प्रमाणस्वरूप लिया जा सकता है। लोथल तथा रंगपुर के उत्खननों में मृद्भाण्डों के साथ धान की भूसी आदि की प्राप्ति उनके चावल से परिचय का सूचक है। सैन्धव लोग सूती वस्त्रों का प्रयोग करते थे। सिन्दोन या सिन्डन (Sindon) मोहनजोदड़ो से प्राप्त एक चांदी के पात्र के एक ओर चिपका हुआ सूती वस्त्र का टुकड़ा प्राप्त हुआ, जो लाल मजीठिया रंग का था। वैज्ञानिक जाँच से स्पष्ट है कि, यह सूत जंगली कपास का बना हुआ न होकर डोमेस्टिकेटेड अर्थात् कृषि द्वारा उत्पादित कपास से निर्मित है। इस प्रसंग में पिगट ने लिखा है कि भारत में निर्मित वस्त्र सिन्धु नाम से जाना जाता था एवं यूनानी भाषा का 'सिन्दोन' शब्द इसी शब्द से लिया हुआ प्रतीत होता है। सम्भवतः सूती वस्त्र महत्वपूर्ण निर्यातित सामग्री रही होगी, जिसका मेसोपोटामिया आदि को निर्यात किया जाता होगा। यह उल्लेखनीय है कि, उस समय कृषि कार्य में प्रयुक्त उपकरणों की प्राप्ति पुरातात्विक उत्खननों से नहीं हुई है। डी.डी. कोसाम्बी[1] की मान्यता है कि सैन्धव लोगों को कृषि कार्य हेतु हल के प्रयोग का ज्ञान नहीं था एवं जुताई के लिए काँटेदार पाँचा या हेंगा (हेरो) का प्रयोग करते थे। यहाँ यह उल्लेख करना अप्रासंगिक नहीं होगा कि प्रो. बी.बी लाल को कालीबंगा में सैन्धव स्तर से हराई या हल से जोती गई भूमि के चिन्ह प्राप्त हुए हैं, इससे उन लोगों का हल का परिचय सिद्ध होता है।[2] खेती करने के तरीकों का उल्लेख लैम्ब्रिक ने किया है। उसके अनुसार गेहूँ एवं जौ जैसे प्रमुख खाद्यान्न नदियों के जलप्लावित क्षेत्र में बाढ़ का पानी हटने पर बो दिये जाते थे और मार्च–अप्रैल में काट लिए जाते थे। इस तरह सैन्धव लोग रबी की फसल के रूप में गेहूँ, जौ, मटर, सरसों आदि का उत्पादन करते थे। कपास, तिल आदि खरीफ की फसल के रूप में बोऐ जाते थे।

2. **पशुपालन** हड़प्पन लोग अनेक प्रकार के पशुओं से परिचित थे। बैलों की दो प्रजातियों का चित्रण मुहरों पर मिलता है– कूल्हेदार (Bos indicus) एवं बिना कूल्हे वाले (Bos primegenus)। भारतीय प्रकार के बैल की मुद्रायें बड़ी संख्या में मिली है : भारत में पाली जाने वाली भैंस ब्यूबालस ब्यूबेलिस (Bubalus Bubalis) के अवशेष मिले हैं, ताँबे एवं मिट्टी से निर्मित भैंस की मूर्तियाँ भी पाई गईं। इसी प्रकार बकरी (Capra acgagrus), भेड़ (ऑविस विग्नेई) एवं सूअर (Sis Serofa cristatus) आदि भी पाले जाते थे। वर्तमान में कश्मीर में पाई जाने वाली प्रजाति की बकरियों को ही सैन्धव लोग पालते रहे होंगे, ऐसी पिगट की धारणा है। ऊँट का अंकन मुद्राओं पर नहीं हुआ है, परन्तु इसकी हड्डियाँ थोड़ी संख्या में उत्खनन से प्राप्त हुई हैं।[3] सैन्धव मोहरों पर हाथी का अंकन अधिक संख्या में देखा गया है। पालतु पशुओं में गधा उल्लेखनीय पशु था। गैंडे का अंकन आमरी से प्राप्त मृत्पात्रों पर हुआ है, सैन्धव मुहरों पर भी विपुल मात्रा में इसका अंकन देखा जाता है। लोग कई प्रकार के नस्ल वाले कुत्तों से परिचित थे। हड़प्पा से प्राप्त एक मूर्ति के मुँह में खरगोश को पकड़े हुए दर्शाया है। इसके अतिरिक्त सांभर, चीतल आदि हिरणों की विविध प्रजातियों का उल्लेख कर सकते हैं। उत्खननों में मछली की हड्डियों के कई ढेर मिले हैं। भोजन में कछुआ भी सम्मिलित रहा होगा। इनकी प्राप्त हड्डियों के आधार पर ऐसा माना जाता है। राणा घुण्डई (बलूचिस्तान) एवं मोहनजोदड़ो के ऊपरी स्तर से घोड़े के अस्थि अवशेष

मिले हैं। सैन्धव लोग घोड़े से परिचित थे। यह एक विवादास्पद तथ्य रहा है। पिगट[4] की धारणा है राना घुण्डई निवासी इससे परिचित थे और अनौ एवं सियाल्क से भी इसके अवशेष मिले हैं। अतः सैन्धव लोगों को भी इसका परिचय रहा होगा। ऑलचिन[5] ने इस तथ्य पर संशय प्रकट किया है। हड़प्पा समाज में विभिन्न पशुओं की उपादेयता विविध रूपों में रही होगी।

3. **अन्य व्यवसाय** राखीगढ़ी, हड़प्पा, मोहनजोदड़ो, कालीबंगा एवं लोथल के उत्खनन से प्राप्त अवशेषों के आधार पर विद्वानों ने समाज के कई व्यावसायिक वर्गों के होने का अनुमान किया है। बढ़ई, कुम्हार, राजगीर (मकान निर्माण हेतु) के अस्तित्व की कल्पना की जा सकती है। यद्यपि सैन्धव काल में इस प्रकार का स्पष्ट वर्गीकरण विद्यमान था, यह नहीं कहा जा सकता। सोना, चाँदी, ताँबा, पीतल आदि धातुओं के आभूषणों, गुरियों, मुद्राओं, बर्तनों को देखने से प्रतीत होता है कि सैन्धव स्वर्णकार अपने कार्य में पर्याप्त निपुण थे। वे धातुओं को गलाना जानते थे। मोहनजोदड़ो में ताँबे की गली हुई ढ़ेरी मिली है। चन्हूदड़ों में मैके को इक्के के दो खिलौने प्राप्त हुए हैं। हड़प्पा में भी पीतल का एक इक्का पाया गया था। मोहनजोदड़ो एवं हड़प्पा में गाड़ी के पहिए भी उपलब्ध हुए हैं।

औजार उत्खनन में अनेक प्रकार के हथियार एवं औजार मिले हैं। ताँबे से निर्मित छेनियाँ, आरियाँ, चाकू, बर्मा, तलवारें, बर्छी, कटारे आदि उपलब्ध हुई हैं। हड़प्पा में ताँबे की पाँच कटारें मिली हैं। धातुओं के अतिरिक्त वे शंख, सीप, घोंघा, हाथी दाँत आदि के कार्य में निपुण थे। हाथी दाँत का एक पात्र भी मोहनजोदड़ो से मिला है। अनाज को पीसने की चक्कियों, ओखलियों का प्रयोग किये जाने का बोध होता है। बैलगाड़ियों का प्रयोग अनाज ढ़ोने के लिए किया जाता था। बैलगाड़ी की आकृति के खिलौने चन्हूदड़ो, हड़प्पा आदि स्थानों से मिले हैं।

गुरिया एवं मनके (Beads) गुरियाँ निर्माण सैन्धव–सरस्वती लोगों का एक प्रमुख व्यवसाय रहा है। रोहरी तथा सक्खर की पहाड़ियों में उपलब्ध स्फटिक पत्थर से मनके एवं मुहरों आदि का निर्माण शिल्पियों द्वारा किया जाता था एवं नगरों से कई स्थानों में वितरण प्रक्रिया द्वारा पहुँचाई जाती थी। लोथल और चन्हूदड़ो में लाल (Cornelian) पत्थर और गोमेद के मनके बनाए जाते थे। चन्हूदड़ो में वैदूर्य मणि के अपूर्ण मनके इस तथ्य की ओर संकेत करते हैं कि हड़प्पा निवासी दूरस्थ स्थानों से बहुमूल्य पत्थर आयात करते थे और उन पर काम करके विक्रय करते थे।[6]

विज्ञान व शिल्प (Technology and Craft) तोल के मानकीकरण के अनेक प्रमाण मिले है, हड़प्पा, मोहनजोदड़ो, सुत्कगेनदोर, चन्हूदड़ो आदि सैन्धव स्थलों से विभिन्न चरणों में प्राप्त हुए मानक एक ही तोल प्रणाली पर आधरित थे। पिगट ने उल्लेख किया है कि, ये तोल 1, 2, 3, 4, 8/3, 16, 32, 64, 160, 200, 320 तथा 640 के अनुपात में आगे बढ़ते हैं तथा इस प्रक्रिया में 16 तौल की इकाई रहा होगा, जो कि 13.64 ग्राम के बराबर है।

नाप (Measure) सीप का एक खण्डित मापदण्ड मोहनजोदड़ो से भी मिला है जो मैके के अनुसार 16.55 सेमी. लम्बा, 1.55 सेमी. चौड़ा एवं 0.675 सेमी. मोटा है। इसके एक ओर बराबर दूरी पर नौ निशान अंकित हैं और दो संकेत के मध्य की दूरी 0.66 सेमी. है। विद्वानों की मान्यता है कि इस प्रकार के मापदण्ड मिस्त्र, एशिया माइनर, यूनान, सीरिया आदि प्राचीन सभ्यताओं में भी प्रचलित थे। हड़प्पा से ताँबे का मापदण्ड मिला है। माधोस्वरूप वत्स ने विवेचन किया है कि 3.75 सेमी. लम्बे मापदण्ड पर 0.93 सेमी. की विभाजक रेखाएँ अंकित हैं जो सम्भवतः 51.55 सेमी. के हस्त परिमापन पर आधारित प्रतीत होती हैं। इसी प्रकार लोथल में हाथी दाँत का मापदण्ड देखा गया है। राव की मान्यता है कि इस पर अंकित विभाजन इकाइयाँ मोहनजोदड़ो से प्राप्त मापदण्ड की तुलना में छोटी होते हुए भी अधिक सही लगती है। यह मापदण्ड 128 मिलीमीटर लम्बा है, जिसका कुछ भाग टूट गया है, इस पर 27 विभाजक रेखाएँ 46 मिलीमीटर की दूरी में अंकित हैं एवं दो इकाइयों के मध्य 1.7 मिलीमीटर की दूरी है।

मुहर छाप (Seals) व्यापार प्रक्रिया में मुहरों का प्रयोग किया जाता था और सम्भवतः व्यापार सामग्री के साथ इन्हें संलग्न भी किया जाता होगा। कुछ मुद्राओं के पृष्ठ भाग पर धागे अथवा चटाइयों की छाप अंकित देखी गई है जो इस बात को स्पष्ट करती है कि इन्हें निर्यात योग्य सामग्री के गट्ठरों के साथ संलग्न किया जाता था। मुहरों पर संख्यांकन किया जाता रहा होगा।

आभूषण निर्माण सैन्धव जन आभूषणप्रिय थे और आभूषण बनाने के लिए सोना, चाँदी, ताँबा एवं कांस्य के अतिरिक्त बहुमूल्य पत्थरों से निर्मित गुरियों अथवा मनकों से आभूषण बनाया करते थे। गुरियाँ तामड़ा (कार्नीलियन), यशब (जेड़), हकीक (अगेट), करकेतन (चाल्सिडनी), राजावर्त (लेपिसलेजुली), शंख (शेल) एवं घीया पत्थर आदि बहुमूल्य पत्थरों से बनाई जाता थीं। चन्हुदड़ो में गुरिया बनाने का एक छोटा कारखाना मिला है।

डॉ. वासुदेव शरण अग्रवाल की मान्यता है कि खम्भात में एक बड़ा केन्द्र है और सम्भवतः लोथल एवं रंगपुर का वर्तमान मनका उद्योग सैन्धव लोगों द्वारा प्रचलित नग बनाने की परम्परा का ही यह वर्तमान रूप हो।[7]

निष्कर्ष कहा जा सकता है कि सैन्धव जन न केवल कृषि एवं पशुपालन द्वारा जीविकोपार्जन करते थे, बल्कि विभिन्न प्रकार के व्यवसाय, कुटीर उद्योगों का संचालन भी करते थे।

अपने अतिरिक्त उत्पादों को स्थल एवं जल मार्गों के माध्यम से भारत में अन्य क्षेत्रों में उपलब्ध करवाते और विदेशों को भी निर्यात करते थे।

II. सामाजिक एवं राजनीतिक संगठन (Social and political organisation)

नगरीय व्यवस्था सुस्थापित प्रशासन तंत्र को इंगित करती है। गार्डन चाइल्ड ने लिखा है कि सत्ता इतनी अधिक शक्तिशाली

थी कि, वह नगरीय योजना सम्बन्धी उपनियमों का पालन कराने में समर्थ थी। तभी यह सम्भव हुआ कि बाजारों तथा गलियों का उन्हीं स्वीकृत पंक्तियों में प्रत्येक बाढ़ के बाद निर्माण होता रहा।[8] सीधी समकोण पर काटती हुई सड़कें, नालियों की सामयिक सफाई आदि कुशल प्रशासनिक व्यवस्था की ओर संकेत करती है। मैके ने सम्भावना व्यक्त की है कि सैन्ध्व सभ्यता की राजनीति का केन्द्र हड़प्पा रहा होगा और मोहनजोदड़ो उसकी प्रान्तीय राजधानी जो हड़प्पा से चार सौ मील दूर है।[9]

1. **पुरोहित वर्ग** विद्वानों की मान्यता है कि, प्रशासन पर पुजारी वर्ग का प्रभाव रहा होगा। हण्टर[10] की धारणा है कि मोहनजोदड़ो का शासन राजतंत्रात्मक न होकर जनतंत्रात्मक था। सत्ता किसी एक राजा के हाथ में न होकर जनता के प्रतिनिधियों में निहित थी।

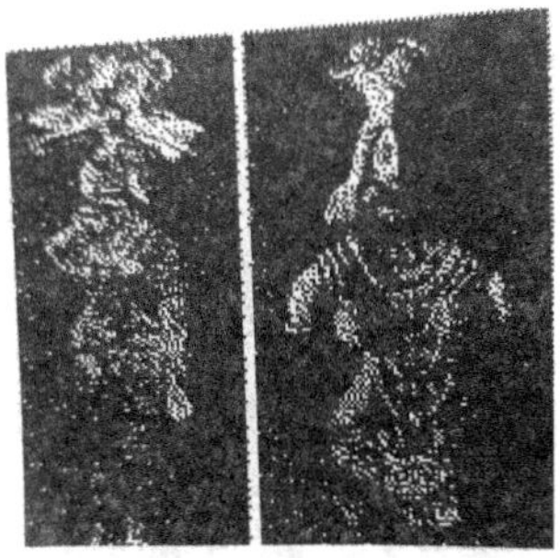

चित्र 8.1 मोहनजोदड़ो : नारी मूर्तियाँ (प्लेट–4)

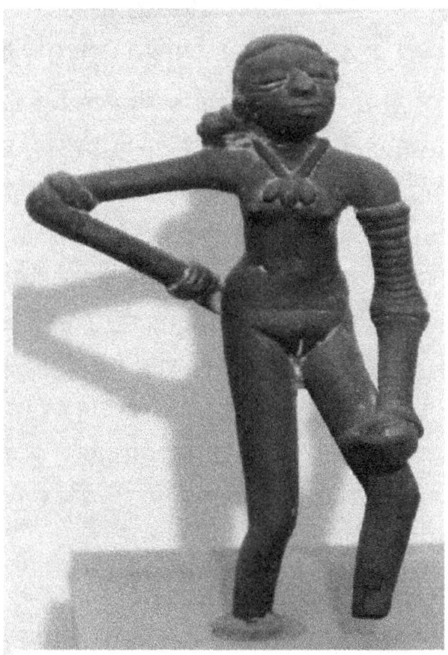

चित्र 8.2 मोहनजोदड़ो : नर्तकी

गाईन चाइल्ड ने उल्लेख किया है कि हड़प्पा नगर केन्द्र में खुदाई से प्राप्त मजबूत प्राचीर युक्त गढ़ी इस बात का आभास देती है कि दैवी सम्राट अथवा कुछ पुरोहितों द्वारा सामाजिक व्यवस्था आवश्यकता से अधिक केन्द्रीकृत थी।[11] व्हीलर ने लिखा है कि, हड़प्पा एवं मोहनजोदड़ो के शासन सुमेर और अक्कद के पुरोहित राजाओं तथा उसके प्रतिनिधियों के समान थे अर्थात् प्रशासन में धार्मिक तत्व प्रभावी थे।[12] पिगट भी सैन्धव प्रदेश की शासन पद्धति पर पुरोहित वर्ग का प्रभाव स्वीकार करते हैं।[13]

2. **व्यवसायी वर्ग** सैन्धव सभ्यता की नगर व्यवस्था को दृष्टिगत रखते हुए गार्डन चाईल्ड ने यह विचार व्यक्त किया है निःसंदेह यह वैषम्य समाज का श्रेणियों में विभाजन दर्शाता है। ऐसा लगता है कि केवल दो ही वर्ग थे अर्थात् एक वर्ग सौदागरों या व्यवसायिकों का और दूसरा मजदूरों अथवा कर्मकारों का।[14] जैसी कि पूर्व में चर्चा की गई है कि समाज में धर्म का स्वरूप अत्यन्त विकसित था। समाज में पुरोहित वर्ग की सम्मानीय स्थिति की कल्पना की जा सकती है। दूसरी ओर भौतिक अवशेषों एवं व्यापक आर्थिक और व्यापारिक गतिविधियों के आधार पर कहा जा सकता है कि सैन्धव–सरस्वती समाज में समृद्ध व्यापारिक वर्ग भी था।

3. **दास वर्ग** आर.एस. शर्मा ने तत्कालीन समाज में दास वर्ग की सम्भावना भी व्यक्त की है। सैन्धव नगरों में बड़े पैमाने पर हुए निर्माण कार्य को दृष्टिगत रखते हुए इस सम्भावना से इन्कार नहीं किया जा सकता।[15] सुमेर संस्कृति में दासता एक स्वीकृत व्यवस्था मानी जाती थी, जैसा कि ईसा–पूर्व चौथी शताब्दी के सुमेर विधान से पता चलता है।[16] डी.एच. गार्डन का विचार है कि सैन्धव स्थलों से प्राप्त कुछ–कुछ आकृतियाँ दासों की हैं जो सैन्धव समाज की अर्थव्यवस्था के महत्वपूर्ण अंग थे।[17]

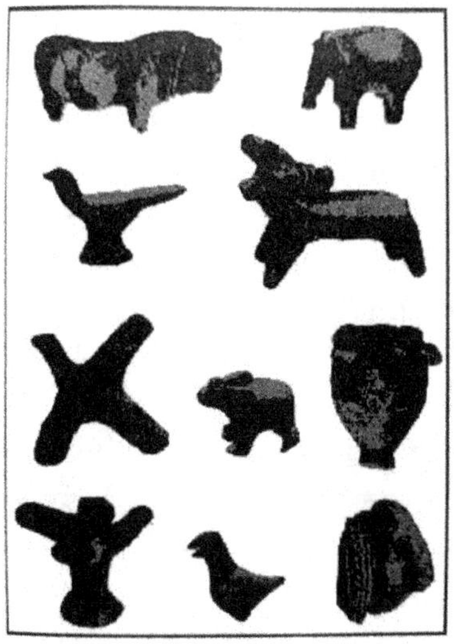

चित्र 8.3 मोहनजोदड़ो : मृण्य पशु–पक्षी

4. **नारी समाज** हड़प्पा एवं मोहनजोदड़ो के उत्खननों में भारी संख्या में नारी मूर्तियाँ प्राप्त हुई हैं, जिन्हें विद्वान् मातृदेवी की मूर्तियाँ (देखिये प्लेट–4) मानते हैं।[18] विद्वानों की मान्यता है कि प्राचीन क्रीट, मेसोपोटामिया, मिश्र आदि सभ्यताओं में मातृसत्तात्मक समाज का अस्तित्व था। सम्भवतः सैन्धव समाज मातृसत्तात्मक रहा होगा। परन्तु वास्तव में नारी मूर्तियों के

अतिरिक्त ऐसा कोई ठोस तथ्य सामने नहीं आया है, जिससे सैन्धव समाज को मातृसत्तात्मक कहा जा सके।

5. **वस्त्राभूषण** हड़प्पा के लोग देखने में उत्तर भारत के निवासियों जैसे प्रतीत होते थे। उनके चेहरे, रंग–रूप एवं लम्बाई में इस क्षेत्र के वर्तमान निवासियों से समानता रही होगी। सैन्धव स्थलों से अधिक संख्या में पुरुषाकृतियाँ प्राप्त नहीं हुई हैं एवं जो उपलब्ध हुई हैं वे अधिकांशत : खण्डित हैं, उनसे पुरुषों के परिधान पर विशेष प्रकाश नहीं पड़ता। मोहनजोदड़ो से प्राप्त घीया पत्थर की मानव मूर्ति उपलब्ध हुई है जिसे योगी की मूर्ति कहा है (देखिये प्लेट–3) उसके अवलोकन से प्रतीत होता है कि पुरुष एक शॉल का प्रयोग करते थे जिसे बाएं कन्धे को ढंकते हुए दाहिने हाथ के नीचे से निकाला जाता था। स्पष्ट है कि सैन्धव–सभ्यता से जुड़े लोग स्थानीय ही थे।

स्त्रियों के वस्त्राभूषणों के विषय में बड़ी संख्या में प्राप्त मिट्टी की मूर्तियों से अनुमान लगाया जा सकता है। इस प्रकार की मूर्तियों को मातृदेवी की मूर्तियाँ कहा है। उनके शरीर का ऊपरी भाग वस्त्रहीन दिखाया गया है और अधोभाग से घुटनों तक का घेरदार वस्त्र मिलता है। थपल्याल एवं शुक्ल के अनुसार ऐतिहासिक काल में इस तरह के अधोवस्त्र गुप्तकालीन मृण्मूर्तियों एवं अजन्ता की चित्रकला से मिलते हैं।[19] इस घेरदार वस्त्र को कमर पर करधनी द्वारा आबद्ध किया जाता था। सामने पिन अथवा बकसुए द्वारा कसा जाता था। कुछ स्त्री मूर्तियों के सिर पर पंख की आकृति की एक विचित्र शिरोभूषा दिखाई देती है। कुछ आकृतियों के सिर के दोनों ओर डालिया जैसी वस्तु रखी दिखाई पड़ती है।[20]

मोहनजोदड़ो से प्राप्त कांस्य मूर्ति का केश विन्यास अत्यन्त आकर्षक है, उनके कुण्डलीकृत केशों को सिर के पीछे दाहिनी ओर लटकते हुए दिखाया गया है। केश सज्जा के एक दृष्टान्त में वेणी रूप में बने हुए केशों को कुण्डल रूप में पीछे ले जाकर पुनः आगे लाते हुए फीते से बाँध कर दिया जाता था।[21] उत्खन्न में हाथी दाँत की कंघी प्राप्त हुई है। कांस्य निर्मित दर्पण का प्रयोग भी करते थे। पुरुष छोटी खसखसी दाढ़ी और गलमुच्छ रखते थे और सुमेर की भाँति होठ के ऊपर के बाल प्रायः साफ करवा लेते थे। पूर्व विवेचित योगी की मूर्ति में सर्वथा साफ मूँछ और हल्की दाढ़ी दिखाई देती है।

सैन्धव–सरस्वती जन आभूषण प्रिय थे, आभूषणों का प्रयोग स्त्रियों एवं पुरुषों द्वारा समान रूप से किया जाता थ। बहुमूल्य गुरियों से निर्मित आभूषण का उपयोग विशेष रूप से प्रचलित रहा होगा। हड़प्पा से 6 लड़ी का सोने के मनकों का हार मिला है। इस माला के मध्य सूर्यकान्त मणि (जैस्पर) एवं हकीक (अगेट) के सात लटकन हैं। स्त्रियाँ कटि (कमर) में मेखला (कर्धनी) एवं पैरों में पद्मभूषण भी पहनती थीं। कुछ मूर्तियों के पैरों में प्रायः मोटे कड़े पहने दिखाया है।

मोहनजोदड़ो से प्राप्त कुछ नारी मृण्मूर्तियों को दोनों कानों में अलग–अलग तरह का आभूषण पहने दिखाया गया है। उत्खनन में सुरमेदानियाँ एवं सलाइयाँ भी मिली हैं, स्त्रियाँ आँखों को सुन्दर बनाने के लिए सुरमे का प्रयोग करती थीं। बच्चों के खिलौनों में मिट्टी की गेदें, चिड़िया के आकार की सीटी एवं गाड़ियाँ मिली हैं (देखिये प्लेट – 5)। बड़ी आयु के लोगों में सम्भवतः पासे के खेल का प्रचलन था। घनाकृति पासा मिट्टी अथवा पत्थर के मिले हैं। श्रेष्ठ शिल्प के नमूनों में पासे के प्रत्येक कक्ष पर संख्या अंकित है जो एक से छह तक है और इनकी व्यवस्था इस प्रकार है कि एक के विपरीत पक्ष पर दो–दो के विपरीत पक्ष पर चार और तीन के दूसरे पक्ष पर छह की संख्या दी हुई है।

जैसा पूर्व में उल्लेख किया गया है एक कांस्य निर्मित मूर्ति जिसे नर्तकी माना गया है, उत्खनन से प्राप्त हुई है। निश्चित ही नृत्य एवं संगीत में हड़प्पन जनों की अभिरुचि रही होगी। एक ढोलक–सी वस्तु एक मृण्मूर्ति के गले में लटकते दिखाई गई है। एक जोड़ा करताल भी मिला है। मुर्गों की लड़ाई भी अमोद–प्रमोद का साधन रही होगी, एक मुहर पर दो मुर्गों को लड़ते दर्शाया है।

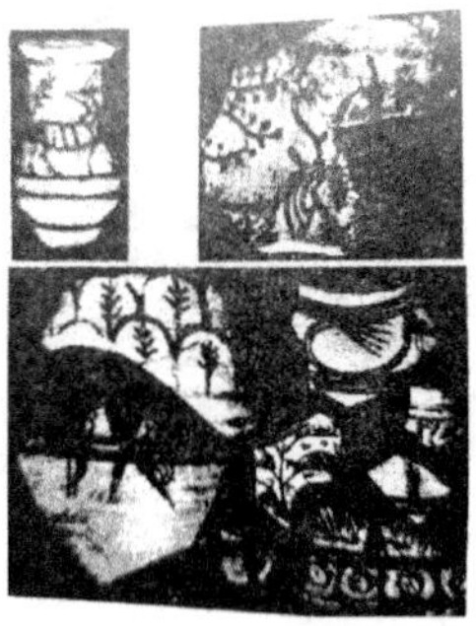

चित्र 8.4 लोथल : चित्रित मृद्भाण्ड

6. **खानपान** सैन्धव लोगों के खान–पान के विषय में हमें बहुत कम जानकारी है। पुराविदों की मान्यता है कि लोग गेहूँ एवं जौ रंगपुर तथा सुरकोटदा के लोग चावल खाते थे, किन्तु कालीबंगा एवं निकटवर्ती प्रदेश के लोगों को जौ से ही सन्तुष्ट रहना पड़ता था। सम्भवतः केले, अनार, खरबूजा, तरबूज, नींबू, अंजीर एवं आम भी खाए जाते थे। नारियल आकृति के चित्रित बर्तन देखे गये जो इसके उपयोग को दर्शाता है। मटर का दाल के रूप में विशेष प्रयोग किया जाता होगा। इसके अतिरिक्त मांसाहारी भोजन में विशेष रुचि रही होगी। सैन्धव बस्तियों में हिरण, भालू, भेड़ एवं बकरियों की हड्डियाँ मिलती रही हैं।

7. **सैन्धव लिपि (Indus Script)** अधिकांश विद्वानों ने सैन्धव लिपि को चित्राक्षर (Pictograph) बताया है। सामान्यतः यह दाएं से बाएं लिखी जाती थी। सैन्धव लिपि पढ़ने के विद्वानों ने काफी प्रयास किए हैं किन्तु अभी तक विशेष सफलता नहीं मिली है। 1931 ई. में लैंगडन एवं बाद में सी. जे. गैड्स तथा सिडनी स्मिथ ने इन लेखों को संस्कृत भाषा के निकट माना है। प्राणनाथ ने ब्राह्मी लिपि का सैन्धव लिपि से तुलनात्मक अध्ययन कर दोनों के लिपि चिन्हों के ध्वनि निर्धारण करने की चेष्टा की है। 1934 ई. में इण्टर ने सैन्धव

लिपि का वैज्ञानिक विश्लेषण कर पढ़ने का प्रयास किया है। फादर हेरास ने सैन्धव लिपि को द्रविड़ भाषा के अधिक निकट मानते हुए द्रविड़ भाषा से सम्बन्धित करने का प्रयत्न किया है। स्वामी शंकरानन्द ने तान्त्रिक प्रतीकों के आधार पर सैन्धव लिपि को पढ़ने की कोशिश की है। कृष्ण राव ने हड़प्पन लेखों की संस्कृत से साम्यता स्थापित की है। डॉ. फतेह सिंह एवं डॉ. एस.आर. राव ने भी इस दृष्टि से उल्लेखनीय कार्य किया है। राव के अनुसार सैन्धव लिपि में 390 चिन्ह थे, जो अन्ततः कम होते–होते 20 रह गए थे। दूसरे शब्दों में ई.पू. 1600 तक उक्त लिपि ने वर्णमालात्मक स्वरूप ग्रहण कर लिया था। राव ने सैन्धव लिपि की तुलना वेदों की प्राचीन संस्कृत से करने का प्रयास किया है। बिहार के दो प्रशासक विद्वानों अरुण पाठक एवं एन.के. वर्मा ने सैन्धव लिपि का संथालों की लिपि से समता स्थापित की है। उन्होंने संथाल झारखंड, बिहार के आदिवासियों से अलग–अलग ध्वनि संकेतों वाली 216 मुहरें प्राप्त कीं, जिनके संकेत चिन्ह सिंधु घाटी में मिली मुहरों से काफी हद तक मेल खाते हैं अर्थात् सैन्धव लिपि एवं संथाल लिपि में काफी समानता है। कुछ पुराविदों ने पाठक एवं वर्मा के मत का समर्थन किया है जबकि कुछ विद्वान् इस विचार को काल्पनिक मानते हैं।[22] पी. आम्तो, सिमी पारपाला, आस्को पारपाला तथा एस. कोस्केन्नियेमी ने कम्प्यूटर की सहायता से सैन्धव लिपि का विश्लेषण किया है। रूसी पुराविदों ने भी इसी प्रकार की कोशिश की है तथापि विद्वानों के प्रयास अधिक सार्थक सिद्ध नहीं हुए हैं।

संदर्भ :

1. कोसम्बी डी.डी. : प्राचीन भारत की संस्कृति और सभ्यता, नई दिल्ली, 1993, पृ. 86.
2. लाल बी.बी. : इण्डियन आर्कियोलॉजी सिंस इण्डेपेण्डेन्स, सं. 4. 1970–71 पृ. 1–31.
3. थपल्याल एवं शुक्ल : सिंधु सभ्यता, पृ. 161.
4. पिगट : प्री–हिस्टोरिक इण्डिया. पृ. 157.
5. आलॅचिन, बी. एण्ड ऑलचिन, एफ.आर. : द बर्थ ऑफ इण्डियन सिविलाइजेशन, 1968, पृ. 260.
6. देखिये, आलॅचिन एण्ड ऑलचिन, वही, पृ. 268–269.
7. अग्रवाल, वासदेवशरण : भारतीय कला, पृ. 34,
8. गार्डन चाईल्ड : इतिहास का इतिहास, चण्डीगढ़, 1988, पृ. 126.
9. मैके : अर्ली इण्डस सिविलाइजेशन, पृ. 14–15.
10. हण्टर : स्क्रिप्ट ऑफ्फ हड़प्पा एण्ड मोहनजोदड़ो एण्ड इट्स कनेक्सन विद अदर स्क्रिप्टस्, 1934, पृ. 13–14,
11. गार्डन चाईल्ड, वही, 1988, पृ. 126.
12. व्हीलर, आर.ई.एम. : अर्ली इंडिया एण्ड पाकिस्तान, पृ. 97.
13. पिगट, वही, पृ. 153–58.
14. गार्डन चाईल्ड, वहीं, पृ. 124.
15. शर्मा आर.एस. : शूद्राज इन ऐंश्येण्ट इण्डिया, पृं. 18.
16. धर्मशास्त्र का इतिहास, पृ. 172 पाद टिप्पणी 1. दी इनसाइक्लोपीडिया ऑफ सोशल साइंसेज, भाग 14, पृ. 74.
17. गार्डन, डी.एच. : प्री–हिस्टोरिक बैकग्राउण्ड ऑफ इण्डियन कल्चर, मुम्बई 1958, पृ. 7.
18. पिगट, एस., वही, पृ. 201; मैके, वही, पृ. 53–54.
19. थपल्याल एवं शुक्ल : सिंधु सभ्यता, पृ. 185.
20. ऑलचिन एवं ऑलचिन, वही.
21. मैके, वही, पृ. 80–81.
22. देखिए, रविवारीय जनसत्ता, 16 अगस्त, 1992.

9 व्यापार एवं अन्य देशों से सम्बन्ध
(Trade and Contacts With Other Countries)

समकालीन सभ्यताओं, जैसे–मैसोपोटामिया, मिश्र आदि से सैन्धव–सरस्वती लोगों का सम्पर्क व्यापारिक तथा सांस्कृतिक दोनों ही प्रकार का था। विभिन्न देशों से व्यापारिक सम्बन्ध होने के स्पष्ट प्रमाण मिलते हैं। सैन्धव स्थलों के उत्खनन से ऐसी पर्याप्त सामग्री मिली है, जिसका कच्चा माल आस–पास के क्षेत्रों में उपलब्ध नहीं था। इनका आयात बाहर से किया जाता रहा होगा।

हड़प्पा एवं मोहनजोदड़ों से प्राप्त सोने में चाँदी का मिश्रण पाया जाता है जो कोलार की स्वर्ण खदानों से प्राप्त सोने में विशेष रूप से देखा जाता है। कोलार स्वर्ण खदानों के निकटवर्ती स्थल 'तेकल कोटा' से ताँबे की कुल्हाड़ी उपलब्ध होना हड़प्पन लोगों की दक्षिण क्षेत्रों में उपस्थिति को इंगित करता है। मास्की से भी इसी प्रकार के अवशेष प्राप्त हुए हैं।

चाँदी का आयात ईरान, अफगानिस्तान आदि देशों से किया जाता होगा।[1] सैन्धव स्थलों से आभूषणों के अतिरिक्त चाँदी के बर्तन भी उपलब्ध हुए हैं। सैन्धव–जन ताँबे का उपयोग अधिक मात्रा में करते थे। इसकी पूर्ति राजस्थान के खेतड़ी क्षेत्र से की जाती रही होगी। बर्तन, आभूषण, अस्त्र–शस्त्र आदि के निर्माण हेतु ताँबे का प्रयोग किया जाता था। कुछ विद्वानों की मान्यता है कि, लोथल में ताँबा सम्भवतः दक्षिण अरब के ओमान क्षेत्र से आयात किया जाता था। रांगा (टीन) का आयात हजारीबाग (बिहार) से किए जाने की सम्भावना व्यक्त की गई है। सम्भवतः अफगानिस्तान या ईरान से भी आयात किया जाता होगा। अफगानिस्तान या खुरासान (उत्तर–पूर्वी फारस) से फिरोजा (Turquoise) प्राप्त किया जाता होगा, इससे निर्मित कुछ मुद्राएँ मोहनजोदड़ो से प्राप्त हुई हैं। पूर्वी तुर्किस्तान अथवा पामीर से जेडाइट मंगवाया जाता होगा। इसके कुछ मनके प्राप्त हुए हैं।

चाल्सिडनी (Chalcedonies), गोमेद (Zircon), कार्नीलियन (तामड़ा या अकीक), स्फटिक आदि पत्थर पंजाब, राजस्थान, काठियावाड़ एवं मध्य भारत में मिलते हैं। सम्भवतः लोथल, रंगपुर आदि में इन खनिजों का आयात काठियावाड़ एवं मध्य भारत से किया जाता होगा।[1] मोहनजोदड़ो में 1950 ई. में व्हीलर द्वारा किए उत्खननों से कुछ टुकड़े संगमरमर के मिले हैं। इसका उपयोग भवन निर्माण में किया जाता होगा, सम्भवतः यह पत्थर राजस्थान से लाया जाता था। सैन्धव–सरस्वती स्थलों से काफी संख्या में मुहरें एवं मुद्रा छापें पाई गई हैं। इनका प्रयोग व्यापारिक गतिविधियों के लिए किया जाता था। इस तथ्य की पुष्टि अनेक मुद्रा छापों के पृष्ठ भाग की ओर रस्सी एवं चटाई के निशानों से होती है। इन पर पाए जाने वाले चिन्हों से अनुमान लगाया जा सकता है कि ये मुद्रा छाप व्यापारिक माल के गठ्ठर पर ठप्पे की तरह प्रयोग में लाई जाती होंगी। लोथल के गोदामों में इस तरह की अनेक मुद्रा छापें उपलब्ध हुई हैं। इन मुहरों पर विभिन्न जानवरों की आकृतियाँ भी चित्रित हैं। सम्भवतः दूरस्थ स्थानों के साथ व्यापार विनिमय में इनका प्रयोग होता था।

1. **मैसोपोटामिया एवं पश्चिम एशियन देशों से व्यापार व संबंध** सैन्धव नगरों का व्यापारिक सम्बन्ध मैसोपोटामिया तथा फारस की खाड़ी से था, इस तथ्य के अनेक पुरातात्विक प्रमाण मिलते हैं। सबसे महत्वपूर्ण साक्ष्य सैन्धव सभ्यता की वे मुद्राएँ हैं जो मैसोपोटामिया के विभिन्न नगरों में पाई गई हैं। विद्वानों की मान्यता है कि ये वस्तुतः व्यापार के माध्यम से वहाँ पहुँची थीं। कुछ इतिहासकारों की यह भी धारणा है कि सैन्धव जनों ने सम्भवतः मैसोपोटामिया में व्यापारिक बस्ती की स्थापना की हो। किन्तु लैम्बर्ग कार्लोव्सकी[2] इस मत से सहमत नहीं है कि मैसोपोटामिया में सैन्धव लोगों की बस्ती थी अथवा व्यापारिक सम्बन्ध थे। किन्तु अधिकांश विद्वान् लैम्बर्ग कार्लोव्सकी के मत का समर्थन नहीं करते, क्योंकि ऐसे अनेक प्रमाण मिलते हैं जो मैसोपोटामिया एवं सैन्धव सभ्यों के मध्य सम्पर्क को प्रमाणित करते हैं।

2. **परस्पर सम्पर्क के पुरातात्विक प्रमाण** मैसोपोटामिया के विभिन्न स्थलों से हड़प्पन द्वारा निर्मित अथवा उसके सदृश अनेक मुद्राएँ मिली हैं। हड़प्पा स्थलों से प्राप्त बेलनाकार मुद्राएँ मैसोपोटामिया में निर्मित अथवा उससे प्रेरित मानी जाती हैं। कुछ मुद्राएँ जो बहरीन से प्राप्त हुई हैं उन पर सैन्धव लिपि के चिन्ह हैं। इस द्वीप में उपलब्ध अन्य मुद्राओं की तरह कुछ मुहरें दक्षिणी मैसोपोटामिया और एक लोथल से मिली है। पशुओं से अंकित एक मुहर ऐसी मिली है जिस पर हाथी और गैंडे के चित्र हैं जो बेबीलोनिया में नहीं पाए जाते। इनके चित्रों की शैली में सैन्धव पद्धति की छाप है–विशेष रूप से हाथी के पैर, कान और त्वचा के दोहरे पर्त की एवं गैंडे के कानों के अंकन की विशेष रीति में। इसमें कोई सन्देह नहीं रहता कि यह मुहर सैन्धव उपत्यका से लाई गई

थी और ई.पू. 2500 के लगभग एशनुन्न (Eshvunna-North part of Nippur) में आ चुकी थी।

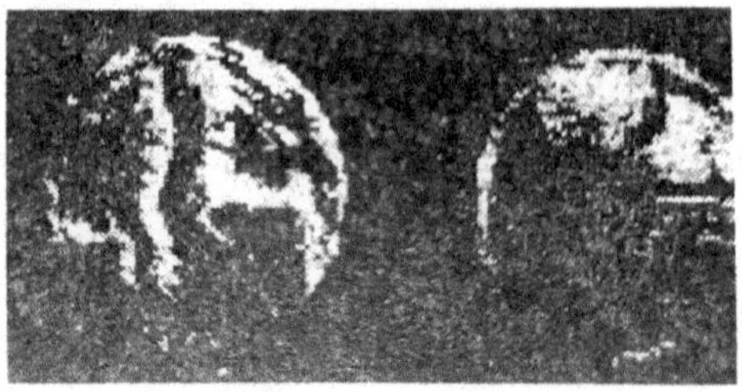

चित्र 9.1 लोथलः ईरानी प्रकार की मुद्रा

मोहनजोदड़ो की कुछ मुद्राओं (मैके फ.ए.नं. 75, 86, 122 एवं 454) पर दो बाघों से लड़ते हुए मानव का अंकन सम्भवतः सुमेरियन गिल्गमेश और उनके मित्रा एकिंडू के लड़ने के कथानक पर आधरित प्रतीत होता है। इनमें सबसे महत्वपूर्ण पाँच मुहरें हैं, जिन पर सिन्धु की छाप (लिपि एवं कन्धे पर डिल्ला, युक्त बैल) असंदिग्ध मानी जाती है और जो एलम और इराक के प्राचीन स्थानों में मिली थीं। इनमें से उर (ur) तथा किश (kish) से प्राप्त दो मुहरें पूर्व सारगन युग अर्थात् ई.पू. 2800 से पहले की मानी गई हैं, मोहनजोदड़ो की मुद्राओं की निर्माण प्रक्रिया को दृष्टिगत रखते हुए मैसोपोटामिया के अनुकरण पर भारत में निर्मित मानते हैं।

- मोहनजोदड़ो की कुछ मोहरों पर ग्रीक क्रॉस देखा गया है जो कि सुमेर एवं एलम में प्राचीन सभ्यता के सन्दर्भ में कई उपकरणों पर मिलता है।[3]
- प्राचीन क्रीट के समान सैन्धव मुहरों पर मानव एवं बैलों के युद्ध का अंकन देखा जाता है।
- पशुओं को कई सिर वाला दिखाने की परम्परा का विकास सैन्धव सभ्यता में हुआ जहाँ इस प्रकार के उदाहरण मिलते हैं।
- मशकबीन[4] का अंकन मोहनजोदड़ो से प्राप्त एक मुहर पर मिलता है। यही चित्रांकन शाही तम्प के बर्तनों पर भी देखा गया है।
- विभिन्न स्थलों से प्राप्त आभूषण भी सैन्धव सभ्यता एवं पश्चिमी एशिया के मध्य सम्पर्क को इंगित करते हैं।
- हकीक जड़ित मनके जिन पर पच्चीकारी का काम है, इनको विद्वानों ने भारतीय माना है जो अक्कादी (Akkad) मनकों के साथ मिली–जुली पाई गई हैं।
- हड़प्पा प्रकार के रेखांकित मनके शाह टेपे, टेल अस्मर (Tel Asmer) (पश्चिम एशिया में स्थित) हिसार आदि से मिलते हैं।
- 'उर' तथा 'किश' से भी सैन्धव प्रकार के लम्बे ढोलाकार मनके देखे गए हैं।
- एक मक्खी की आकृति का मनका हड़प्पा से मिला है। इस प्रकार के मनके मिस्त्र एवं सुमेर से भी मिले हैं।

बहरीन (Behrain) में किए गए उत्खननों में कार्नीलियन के मनके प्राप्त हुए हैं, जिन्हें किसी सैन्धव स्थल से लाया गया होगा। मोहनजोदड़ो तथा हड़प्पा से कुण्डलाकृति कंगन हिसार, किश, सूसा, शाहटेपे तथ मिस्त्र से भी उपलब्ध हुए हैं।

जॉर्ज एफ. डेल्स की धारणा है कि भारत एवं मैसोपोटामिया के मध्य व्यापार और सम्पर्क में कुल्ली की महत्वपूर्ण भूमिका रही होगी। ऑलचिन ने डेल्स के मत का समर्थन किया है।[5] सैन्धव सभ्यता एवं कुल्ली के मध्य सम्बन्धों का उल्लेख पिगट[6] ने भी किया है अर्थात् हड़प्पन स्थलों से उपलब्ध पात्रों पर अंकित पीपल के पत्ते का डिजाइन पेरियानों घुंडई, कुल्ली, मेही तथा आमरी से प्राप्त मृद्‌भाण्डों पर पाया गया है। मोहनजोदड़ो से प्राप्त योगी के वस्त्र पर तिफुलिया अलंकरण (या त्रिखण्डीय) है, जिसे धार्मिक महत्व का माना जाता है। विद्वानों की मान्यता है कि इस प्रकार के अंकन का प्रचलन सुमेर में था। इसी प्रकार मुहरों पर अंकित शृंगवान आकृतियाँ हैं, जिनकी पहचान सुमेर के वीर देवता इअबनी से की जाती है। प्राचीन क्रीट, मिड्ड एवं सुमेरियन सभ्यताओं में मातृ देवी उपासना प्रचलित थी। मोहनजोदड़ो एवं हड़प्पा के उत्खननों में बड़ी संख्या में नारी मूर्तियाँ प्राप्त हुई हैं, जिन्हें मातृदेवी की मूर्तियाँ माना गया है। पुराविदों के अनुसार इनकी उपासना की जाती थी।[7] सैन्धव मातृ देवी की मूर्तियों के सिर पर शिरोभूषा देखी जाती है, जो क्रीट से प्राप्त मूर्तियों की विशेषता है।

घीया पत्थर के छोटे खानेदार बर्तन मोहनजोदड़ो से मिले हैं। इस तरह के बर्तन उर, किश, अदब एवं लगश आदि में बड़ी मात्रा में मिले हैं। मैके की धारणा है कि, मोहनजोदड़ो के रेखांकित पात्रा उनकी अलंकरण शैली के आधार पर शूषा प्रथम युग (लगभग ईपू. 4250) अथवा शूषा द्वितीय (लगभग ई.पू. 4000) के बाद के युग के होने चाहिए, अर्थात् ई.पू. 3250–2750 के लगभग समय के, जिस काल के बलूचिस्तान में **आरेल स्टाइन** को प्राप्त हुए रेखांकित बर्तन भी हैं। बहरीन से पॉलिशयुक्त फ्लिंट पत्थर का एक बाट मिला है जिसे विद्वान् सैन्धव स्थलों में निर्मित मानते हैं, जो इस तथ्य का द्योतक है कि बहरीन की व्यापारिक प्रेरणा का स्त्रोत सैन्धव सभ्यता रही होगी।

बहरीन के प्रकार की एक मुद्रा लोथल से प्राप्त हुई है, जो इस तथ्य का बोध कराती है कि लोथल का बहरीन एवं फारस की खाड़ी के अन्य क्षेत्रों से सम्पर्क था। लोथल में ही गोल रोटी के आकार की ताँबे की सिल्ली प्राप्त हुई है, जो निश्चित रूप से विदेशों से लाई गई।[8] कुछ विद्वानों की मान्यता है कि भारत एवं मैसोपोटामिया के मध्य व्यापार में बहरीन ने मध्यस्थ की भूमिका का निर्वाह किया होगा।[9] उत्तरी सीरिया में रासशम्रा के उत्खननों से हाथी दाँत के लम्बे टुकड़े मिले हैं, जिन्हें सैन्धव स्थलों से लाया गया माना जाता है।

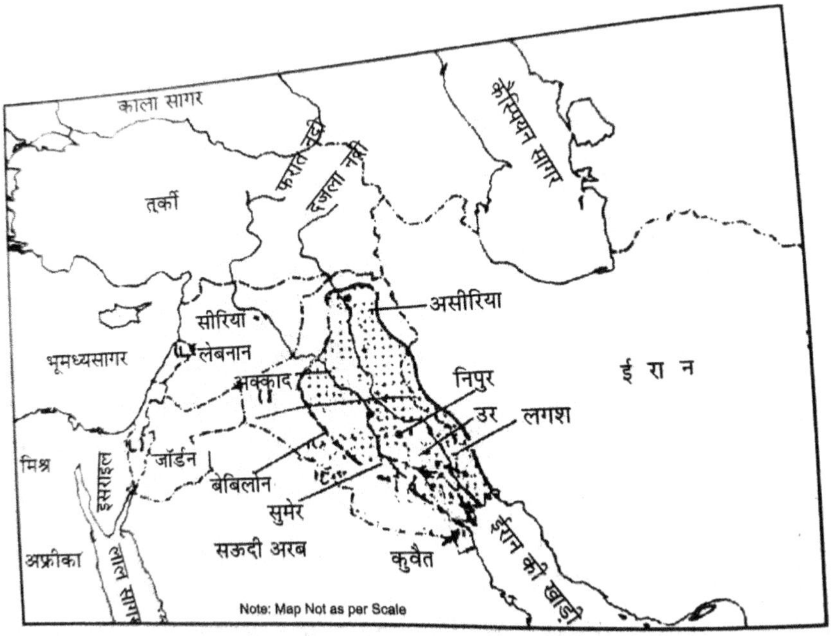

चित्र 9.2 मेसोपोटामियन सभ्यता के प्रमुख केन्द्र

3. **विनिमय के लिखित प्रमाण** मैसोपोटामिया से उपलब्ध प्राचीन लिखित साहित्यिक साक्ष्य से पुरातात्विक साक्ष्य का समर्थन होता है, जिसके अनुसार अक्काद के सागरन (Sargon) काल तथा उसके बाद के काल में उर के व्यापारी अन्य देशों के साथ व्यापार करते थे। इन देशों में तिलमन (दिल्मुन), मागन (मगन Megan) तथा मेलुहा (Meluha) का कई बार उल्लेख आया है।

तिलमन या दिल्मुन (Dilmun) समीकरण फारस की खाड़ी स्थित बहरीन से किया जाता है।

मगन या मागन इसकी पहचान बलूचिस्तान के मकरान तट से की गई है। कुछ विद्वानों की धारणा है कि मगन ओमान या दक्षिण अरब के किसी भाग का नाम रहा है। सुमेरियन लेखों में इसका नाम ताँबा उपलब्ध करवाने वाले क्षेत्र के रूप में आया है।

मेलुहा विद्वानों ने **मेलुहा का तादात्म्य सिन्ध क्षेत्र से स्थापित** करने की कोशिश की है। मैसोपोटामिया से प्राप्त कीलाक्षर लिपि की मिट्टी की पट्टिकाओं में इसका जिक्र अन्त या प्रारम्भ में आया है। इससे प्रतिध्वनित होता है कि यह क्षेत्र मैसोपोटामिया से सम्पर्क का अन्तिम या प्रथम क्षेत्र था। तिलमन की पहचान बहरीन से करने पर मेलुहा को अन्त में स्थित होना चाहिए। कीलाक्षर लेखों की तिथि ई.पू. 2450 से 1900 के मध्य मानी गई है। यह समय सिन्धु सभ्यता का विकास काल रहा है। कहा जा सकता है कि मैसोपोटामिया की पट्टिकाओं में जिन वस्तुओं को मेलुहा से आयातित बताया गया है वह सैन्धव सभ्यता के किसी स्थल से लाई गई होगी।

मैसोपोटामिया के इन लेखों में उन नावों का उल्लेख है जो मेलुहा से आती थीं और यहाँ से आयात की जाने वाली वस्तुओं में काली लकड़ी (सम्भवतः आबनूस) सम्मिलित थी। अन्य आयातित वस्तुओं में ओमन से आने वाली ताँबे से भिन्न तांबा, सोना, तामड़ा पत्थर तथा हाथी दाँत का उल्लेख किया जा सकता है। गार्डन चाईल्ड ने लिखा है कि सर्वोत्तम पत्थर ओमान, वैदर्य, उत्तर–पूर्वी अफगानिस्तान स्थित बदक्शान, मुक्तसीप फारस की खाड़ी एवं सीपियाँ दक्षिण भारत से आती थीं। व्यापार का क्षेत्र निश्चय ही इतना विस्तृत तथा सक्रिय था कि सिन्धु नदी के वादी के नगरों की निर्मित वस्तुएँ लाई जाती थी, जैसे–मोहर–ताबीज, मनके और शायद मिट्टी बर्तनों के आधार भी।[10] इस सूची में कपास का उल्लेख नहीं मिलता तथापि मेलुहा का सैन्धव प्रदेश से समता अधिक उचित प्रतीत होता है।[11] आलचिन ने सिन्धु घाटी क्षेत्र से पश्चिमी एशिया को सूती कपड़े भेजे जाने की पूर्ण सम्भावना व्यक्त की है।[12]

सुमेरियन लेखों (जो ताम्र पट्टिकाओं पर अंकित है) से जानकारी मिलती है कि जहाज तिलमन से लगश के शासक उर नन्शे के विकसित (ई.पू. 2450) काल में लकड़ी और अक्काद के सारगान के युग (लगभग ई.पू. 2350) में तिलमन, मागन एवं मेलुहा से विभिन्न प्रकार की सामग्री लेकर अगेड (बेबीलोन) में आते थे।

मैसोपोटामिया से जल एवं स्थल दोनों मार्गों से सम्पर्क रहा होगा। थल मार्ग से होने वाले व्यापार में मैसोपोटामिया एवं सैन्धव सभ्यता के मध्य बलूचिस्तान एवं ईरान ने एक कड़ी का कार्य किया। पिगट एक व्यापारिक मार्ग पर अमीलानो नामक स्थल पर स्थित एक सराय होने का उल्लेख करते हैं।

सैन्धव लोग नाव बनाने की कला से भी अनभिज्ञ नहीं थे।[13] मोहनजोदड़ो से प्राप्त एक बर्तन पर नाव का चित्रण मिलता है, जिसमें ऊँचा पोताग्र (जहाज या बड़ी नाव का अगला

हिस्सा) एवं पोत पार्श्व, मस्तूल, लपेटी हुई पाल और एक लम्बी संचालन पतवार दर्शाई गई है। दूसरा चित्रण मोहनजोदड़ो की ही एक मुद्रा पर है जो अपेक्षाकृत सावधानी से बना है। इसमें नाव का ऊँचा पोताग्र और पोत दिखाए गये हैं एवं नाव के मध्य घर जैसा निर्मित है।[14] लोथल से मिट्टी से बना एक जहाज का नमूना भी मिला है जिसमें मस्तूल लगाने के लिए एक साकेट और जहाज की रस्सियों अथवा बल्लियों के लिए छिद्र बने हुए हैं। विद्वानों की मान्यता है कि, मोहनजोदड़ो, हड़प्पा, लोथल एवं सुत्कगेनडोर प्रमुख नगर थे, जिनका मैसोपोटामिया एवं अन्य समकालीन संस्कृतियों से व्यापारिक एवं अन्य सांस्कृतिक आदान–प्रदान होता रहा होगा। कैस्पियन सागर के निकट तुर्कमेनिया में कई स्थानों पर उत्खनन हुआ है। उनमें प्रमुख हैं–अनाऊ, आल्तिन डेपे और ताहिरबाईडेपे। इन स्थानों से प्राप्त सामग्री की सैन्धव स्थलों से उपलब्ध अवशेषों से तुलना की गई है। इन क्षेत्रों से सैन्धव प्रकार के मृद्भाण्ड, मृण्मय बैल, मनके, पुरुष आकृतियाँ, खिलौने, बैल आकृतियाँ देखी गई हैं। आल्तिन डेपे से प्राप्त एक रजत मुद्रा पर बाघ का अंकन है, जिसके तीन सिर हैं। इस तरह का अंकन विशेष रूप से सैन्धव मुद्राओं पर देखा गया है। यह समानता अनायास नहीं आई। यह दोनों क्षेत्रों के परस्पर व्यापार एवं सम्बन्धों को दर्शाती है।

विदेश व्यापार एवं लोथल यहाँ यह उल्लेख करना अनुचित नहीं होगा कि लोथल से प्राप्त जल द्वारा व्यापार हेतु गोदी डॉकयार्ड था, जिसकी जानकारी 1958–59 ई. के उत्खननों से हुई है। विषमभुज वर्ग के आकार की इस गोदी की पूर्व–पश्चिम लम्बाई 710 फीट एवं उत्तर की 124 फीट एवं दक्षिण 116 फीट है। ज्वार के समय जहाज पूर्वी द्वार से अन्दर प्रवेश करते थे। समुद्री भाटा के समय पास में निर्मित एक दीवार पानी को रोके रखती थी। एस.आर. राव ने इसकी पहचान गोदीबाड़ा से की है। लोथल पहले भोगावा एवं साबरमती नदियों के संगम पर स्थित था।''[15]

निर्यात योग्य सामग्री में हाथी दाँत की वस्तुएँ, विभिन्न प्रकार के कीमती पत्थर, कपास एवं कपास से निर्मित सामग्री और सीप से बनी वस्तुएँ आदि प्रमुख थीं।

निष्कर्ष यहाँ आर.सी. मजूमदार के कथन का उल्लेख करना अनुचित नहीं होगा ''एक मुहर पर पोत का चित्र अंकित है जो उनके नौ–वाहन का द्योतक है। सिन्धु घाटी के निवासी केवल भारत के अन्य भागों के साथ ही व्यापार करते हो, ऐसा नहीं। सुमेर और पश्चिमी एशिया की संस्कृति के सुप्रसिद्ध केन्द्रों और सम्भवतः मिश्र और क्रीट के साथ भी उनके व्यापार सम्बन्ध होने के काफी प्रमाण पाए जाते हैं।[16] इसी प्रकार का विचार मार्शल[17] ने व्यक्त करते हुए लिखा है कि सैन्धव सभ्यता की खोज पश्चिमी एशिया की सभ्यताओं का पालना प्रमाणित होगी।

संदर्भ :

1. ऑलचिन बी., ऑलचिन आर. : द बर्थ ऑफ इण्डियन सिविलाइजेशन, पृ. 269–70.
2. लैम्बर्ग कोर्लोव्सकी : ''ट्रेड मेकेनिज्म इन इण्डस मेसोपोटामियन इण्टररिलेसन'', जर्नल ऑफ द अमेरिकन आरियण्टल सोसाइटी न्यूयार्क, खण्ड 92, नं. 1, 1972, पृ. 222–29.
3. मैके, फ.ए. फलक L33, L,L36,156.
4. मैके, फ.ए. X6VIII, 641 (जी)
5. Allchin B & Allchin R, op. cit., "The trade contacts with the Middle East prior to B.C. 2150 would have been with towns of the Pre-Harppan Amrian Culture in the lower Indus".
6. पिगट स्टुअर्ट : प्री–हिस्टारिक इण्डिया
7. मैके, अर्ली इण्डस सिविलाइजेसन, पृ. 53–54.
8. ऑलचिन, ब्रिजेट एण्ड ऑलचिन आर., वही, पृ. 271.
9. शिरीन रत्नागर : एनकौण्टर्स–द वेस्टर्ली ट्रेड ऑपफ द हड़प्पा सिविलाइजेशन, 1981, दिल्ली
10. गार्डन चाईल्ड : इतिहास का इतिहास (हिन्दी अनु.) 198, पृ. 95.
11. शिरीन रत्नागर, वही– व्हीलर, अर्ली इण्डिया एण्ड पाकिस्तान, पृ. 108–110.
12. ऑलचिन एवं ऑलचिन, वही– पृ. 270.
13. Mackay : The Early Indus Civilization, p.133. " Boat building must also be included among the crafts of the people whose chief interest was trade and who had in Mohanjodaro a prosperous city close to a large and nevigable river."
14. थपल्याल एवं शुल्क : सिन्धु सभ्यता, पृ. 176.
15. राव, एस.आर. : लोथल एण्ड द इण्डस सिविलाइजेशन, 1973, मुम्बई.
16. मजूमदार, आर.सी. : प्राचीन भारत, पृ. 12.
17. John marshall : Mohenjordo and the Indus Civilization. "The discoveries, in the Indus valley civilization suggested and possiblity of India proving ultimately to be the cradle of the Sumerian and later civilizations of western Asia".

10 कालानुक्रम एवं ह्रास
(Chronology and Decline)

किसी भी सभ्यता का मूल्यांकन समय के परिप्रेक्ष्य में किया जाता है। दीर्घकाल से अनेक विद्वानों द्वारा किए गए प्रयासों तथा समय–समय पर प्रस्तुत किए गये विचारों के उपरान्त भी सैन्धव लिपि को निश्चित रूप से पढ़ा जाना सम्भव नहीं हो पाया है। वर्तमान में तिथि निर्धारण हेतु किसी सभ्यता के सन्दर्भ में प्राप्त सामग्री का अन्य सभ्यता स्थलों से उपलब्ध सामग्री से तुलना तथा रेडियो कार्बन विधि को आधार बनाया जाता है।

1. **कालक्रम एवं विद्वानों की मान्यतायें** : सैन्धव लोगों का मैसोपोटामिया, ईरान, बहरीन आदि से सम्पर्क था। मैसोपोटामिया के लोगों द्वारा प्रयुक्त लिपि का पढ़ना सम्भव हो गया है एवं उपलब्ध प्रमाणों के आधार पर उक्त सभ्यता के कालक्रम का निर्धारण किया गया है। अक्काद सम्राट सारगन का समय (ई. पू. 2370–ई.पू. 2282) इस सभ्यता के काल गणना का महत्वपूर्ण आधार सिद्ध हुआ है। मार्शल ने 1931 ई. में इस सभ्यता के तिथि निर्धारण हेतु अपने विचार व्यक्त किए थे। उन्होंने उत्खनन से प्राप्त सामग्री एवं विवरण के अनुसार मोहनजोदड़ो में सात बार नगर का विध्वंस एवं पुनर्निर्माण का जिक्र किया है। उनके अनुसार भवन निर्माण, मुद्राओं, मृद्भाण्डों एवं अन्य उपकरणों में प्रारम्भ से अन्त तक जो मौलिक एकरूपता देखी जाती है वह अपेक्षाकृत छोटे काल को ही दर्शाती है।

- **मार्शल** ने मोहनजोदड़ो, हड़प्पा आदि नगरों की कालावधि के लिए 599 वर्ष निर्धारित किए हैं। मेसोपोटामिया एवं सैन्धव स्थलों से प्राप्त सामग्री में समानता के आधार पर इसका काल ई.पू. 3250 से ई.पू. 2750 के मध्य स्वीकार किया। किन्तु प्रारम्भ में अक्काद सम्राट सारगन काल ई. पू. 2500 माना जाता था। अब नवीन अन्वेषणों के परिप्रेक्ष्य में 2370–2282 ई.पू. माना गया है। फलतः मार्शल के मत पर पुनर्विचार अपेक्षित है।
- व्हीलर ने मैसोपोटामिया से प्राप्त सैन्धव मुद्राओं एवं अक्काद सम्राट सारगन की तिथि को दृष्टिगत रखते हुए सैन्धव सभ्यता का काल ई.पू. 2500 से ई.पू. 1500 माना है। पिगट ने व्हीलर के इस मत का समर्थन किया है।
- **डॉ. रेमण्ड ऑलचिन एवं श्रीमती ब्रिजिट ऑलचिन** कालीबंगा एवं कोटदीजी आदि स्थलों से प्राप्त अवशेषों के विश्लेषण से इस निष्कर्ष पर पहुँचे कि इन स्थलों पर सभ्यता चार शताब्दियों ई.पू. 2150 ई.पू. से ई.पू. 1750 तक अस्तित्व में रही। अन्य स्थलों से 100 वर्षों का अतिरिक्त संक्रमण काल स्वीकार किए जाने पर सभ्यता के प्रारम्भ को ई.पू. 2250 तक ले जाया जा सकता है। इस प्रकार आलचिन दम्पत्ति मैसोपोटामिया से भारतीय क्षेत्रों के मध्य व्यापारिक सम्पर्क को स्वीकार नहीं करते हैं। उनकी मान्यता है कि तथाकथित व्यापारिक सम्पर्क सम्भवतः आमरी सभ्यता समूह के साथ रहा होगा।[1]
- किन्तु सी.जे. गैड्ड[2] ने मैसोपोटामिया के उर, बेबीलोन, किश, मूसा, लगश, उम्मा, टेलस्मर आदि स्थलों से प्राप्त सैन्धव और उसके सदृश मुद्राओं के तुलनात्मक एवं विश्लेषणात्मक अध्ययन के आधार पर इस मत का प्रतिपादन किया है कि सैन्धव एवं मैसोपोटामिया के निवासियों में एक घनिष्ठ व्यापारिक सम्बन्ध था। यहाँ के उपलब्ध अनेक मुद्राओं में से कुछ मुद्राओं को ई.पू. 2350 के पूर्व का मानने के आधार पर मैसोपोटामिया से सिन्धु प्रदेश के व्यापारिक सम्बन्ध ई.पू. 2350 से ई.पू. 1750 तक रहा है। अतः सैन्धव सभ्यता की तिथि ई.पू. 2350 से ई. पू. 1770 मानी जा सकती है।

व्हीलर ने गैड्ड द्वारा दिये विवरण के आधार पर सैन्धव प्रकार की मुद्राओं का पुनर्विश्लेषण किया है। उपरोक्त 30 में से लगभग 12–13 मुद्राओं का प्राप्ति स्थल ज्ञात है। साथ ही मुद्राओं की तिथि के बारे में कुछ आंशिक जानकारी प्राप्त हुई है उनका विवेचन व्हीलर ने प्रस्तुत किया है। उनमें से कुछ मुद्राओं का उल्लेख करना उचित होगा :

- घीया पत्थर की वृत्ताकार मुद्रा जिसका पृष्ठ भाग बटन प्रकार का है एवं सैन्धव प्रकार का बैल तथा कीलाक्षर लिपि के चिन्ह देखे जाते हैं जो उर से प्राप्त हुई है। कुछ विद्वान् इसे अक्काद से पूर्व स्तरों की मानते हैं जबकि कुछ अक्कादीय काल की मानते हैं।
- सारगन काल से प्राप्त सामग्री के साथ उर से प्राप्त मुद्रा पर वृषभ उत्कीर्ण है तथा सैन्धव से किंचित् भिन्न लिपि के चिन्ह हैं।

- घीया पत्थर की वर्गाकार मुद्रा जिसे सारगनकालीन माना गया है, किश से प्राप्त उक्त मुद्रा पर एक शृंगी पशु तथा सैन्धव कीलाक्षर लिपि अंकित है। एक बेलनाकार मुद्रा पर हाथी, गैंडा एवं घड़ियाल उत्कीर्ण हैं, इनको अक्काद कालीन माना गया है।
- घीया पत्थर की वर्गाकार मुद्रा किश से प्राप्त हुई है। सैन्धव प्रकार की इस मुद्रा पर एक शृंगी पशु तथा सैन्धव लिपि के चिन्ह हैं।
- उर से लार्साकालीन दो मुद्राएँ प्राप्त हुई हैं। एक पर ताड़ वृक्ष के सम्मुख कूबड़ युक्त बैल अंकित है। उसके पीछे बिच्छू, दो सांप एवं एक मानवाकृति अंकित है। दूसरी मुद्रा पर मानवाकृति बहंगी लिए है तथा बर्तन अथवा मछली का जाल है, पीछे का भाग बटन की तरह है। व्हीलर इसे ई.पू. 1900 की मानते हैं।

तिलमन, मागन एवं मेलुहा से मैसोपोटामिया का व्यापारिक सम्बन्ध था तथा मेलुहा का समीकरण भारतीय सैन्धव स्थलों से किया जाता है। मैसोपोटामिया के उर से प्राप्त अभिलिखित सामाग्री को तृतीय राजवंशकालीन ई.पू. 2130–2030 अथवा लार्सा राजवंश ई.पू. 2030–1700 का माना गया है। व्हीलर की मान्यता है कि इस तरह हमें इस सभ्यता के प्रारम्भ की तिथि ई.पू. 2400 से कुछ पहले स्वीकार करने का तत्पर रहना चाहिए।

कार्बन–14 डेटिंग : प्राचीन समय के तिथि निर्धारण की इस पद्धति में कार्बन 14 को आधार बनाया जाता है। सभी सजीव प्राणी कार्बन–14 का कारण बनते हैं। 1946 में इस पद्धति की अमेरिका में खोज हुई। जीव के मरने पर कार्बन 14 प्राप्त करना बंद कर देता है। उस समय से कार्बन 14 की मात्रा क्षय होती जाती है। रेडियोधर्मी विकिरण नियमानुसार मृत जीव कार्बन अवधि का अनुमान लगाया जा सकता है।

अमलानन्द घोष ने कार्बन 14 द्वारा हड़प्पा संस्कृति के कालक्रम निर्धारण का प्रयास किया है। कोटदीजी के प्राक्–सैन्धव प्रथम काल की दो तिथियाँ ई.पू. 2750 से ई.पू. 2400 एवं ई. पू. 2460 से ई.पू. 2180 ज्ञात होती है। इसी स्थान के बीच के धरातल से प्राप्त अवशेष की कार्बन 14 विधि से तिथि ई.पू. 2395 से ई.पू. 2115 ज्ञात होती है। इस आधार पर हड़प्पा सभ्यता की तिथि ई.पू. 2700–2600 स्वीकार की गई है। डॉ. डी.पी. अग्रवाल ने कालीबंगा के हड़प्पा सभ्यता काल की कार्बन 14 तिथि ई.पू. 2165–1955, ई.पू. 2135–1925, ई.पू. 2665–1850, ई.पू. 2035–1825, ई.पू. 2120–1970, तथा ई. पू. 2005–1895 निर्धारित की है।[3] इस तरह व्हीलर ने ई.पू. 2500–1500 तिथि को अधिक समीचीन माना है। अमलानन्द घोष ने व्हीलर से किंचित भिन्न विचार रखते हुए ई.पू. 2500–24500 तथा पतन का काल ई.पू. 1900–1600 निर्धारित किया है।

2. ह्रास के कारण सैन्धव सभ्यता अपने काल की विकसित नगरीय सभ्यता थी जो बहुत बड़े भू–भाग में फैली हुई थी। विस्तृत क्षेत्रों में पनपी यह सभ्यता अपना कोई चिन्ह अथवा स्मृति छोड़े बिना कैसे लुप्त हो गई, यह एक ऐसा प्रश्न है जिसका जवाब हमारे आज के ज्ञान के आधार पर नहीं दिया जा सकता। केवल अनुमान के आधार पर अलग–अलग विद्वानों ने भिन्न–भिन्न मत प्रस्तुत किए हैं। सामान्यतः किसी भी सभ्यता का पतन एक नहीं अपितु अनेक तथ्यों का परिणाम होता है। जहाँ तक सैन्धव सभ्यता का प्रश्न है, यह सोचना कि इतने विशाल और विविध प्रकार के भैगोलिक क्षेत्र में फैली हुई, दीर्घजीवी, नगरीय सभ्यता का अन्त सर्वत्र किसी एक ही कारण से हुआ हो, सर्वथा अनुपयुक्त होगा।

व्हीलर का आर्य आक्रमण सिद्धांत व्हीलर ने 1946 ई. में यह विचार व्यक्त किया कि ई.पू. द्वितीय सहस्त्राब्दी के मध्य तक सैन्धव सभ्यता यद्यपि पतनोन्मुखी थी। इसी दौरान आर्यों के तूफानी आक्रमण हुए। ऋग्वेद में प्रागार्यों के दुर्गों का उल्लेख मिलता है एवं आर्यों के देवता इन्द्र को दुर्गों को नष्ट करने वाला कहा गया है। मोहनजोदड़ो के अन्तिम स्तर से प्राप्त कुछ स्त्री–पुरुष एवं बच्चों के अस्थिपंजरों में कुछ पर पैने शस्त्र के घाव के निशान हैं और जो सम्भवतः सामूहिक रूप से मारे गए थे।[4] इस मत के समर्थक अन्य विद्वानों की मान्यता है कि अन्तिम काल में राना घुंडई, नाल, डाबरकोट में भी अग्निकांड के प्रमाण मिलते हैं। मोहनजोदड़ो आदि स्थलों से प्राप्त कुछ अस्थिपंजर आक्रामक संघर्ष एवं प्रतिरोध की सूचना देते हैं।[5] इन विद्वानों की धारणा है कि अग्निकाण्ड और अस्थिपंजरों पर अंकित चोट के निशान आक्रमणकारियों के सक्रिय एवं लूटपाट, तहस–नहस के प्रमाण लगते हैं। कहा जा सकता है कि बर्बर और विध्वंसक आक्रमण से यह सभ्यता विनष्ट हो गई।[6]

प्रतिपक्ष किन्तु अधिकांश विद्वान् व्हीलर के मत से सहमत नहीं हैं, क्योंकि एक तो आक्रमणकारियों के अस्त्र–शस्त्रों के कोई अवशेष प्राप्त नहीं हुए हैं और जो अस्थिपंजर मिले हैं उनमें आर्यों के प्रकार का शारीरिक गठन नहीं देखा जाता। यदि युद्ध हुआ था तो आक्रमणकारियों के अस्थिपंजर भी मिलने चाहिए थे। इसके अतिरिक्त ऋग्वेद में वर्णित दास–दस्युओं को कुछ विद्वान् आसुरी शक्तियों का प्रतिनिधित्व मानते हैं।[7] नवीन उत्खननों के प्रकाश में आर्यों के आक्रमण से विनाश का तथ्य पूर्णतः असमीचीन अर्थात गलत सिद्ध हो गया है। देखा गया है कि कुछ स्थलों से उत्खनन में सैन्धव सभ्यता के बाद किसी बस्ती के अवशेष नहीं मिलते–जैसे चन्हुदड़ो आदि में सैन्धव जनों के साथ ही बस्ती का अन्त हो गया था। अतः आर्यों के आक्रमण का तर्क स्वीकार नहीं किया जा सकता।

पिगट का जलवायु परिवर्तन मत : पिगट की मान्यता है कि सभ्यता के तीव्र विकास में सहायक तत्व ही आगे जाकर क्षेत्रीय वातावरण को बदलने और अन्ततः ह्रास के लिए उत्तरदायी बनते हैं। मोहनदजोदड़ो–हड़प्पा आदि नगरों की इमारतों के निर्माण में करोड़ों ईंटें प्रयोग में लाई गईं। इन ईंटों को पकाने हेतु बड़ी मात्रा में लकड़ी की आवश्यकता हुई होगी जिससे निकटवर्ती जंगलों का क्रमिक रूप से नाश हुआ होगा। भवन निर्माण हेतु आवश्यक रूप से पक्की ईंटों का प्रयोग, अधिक वर्षा के कारण अधिक टिकाऊ सामग्री की आवश्यकता का द्योतक हो सकता है। इसी प्रकार विस्तृत जल निकास–व्यवस्था व्यापक वर्षा के पानी के प्रसंग में ही समझी जा सकती है। पिगट के अनुसार सैन्धव मोहरों पर अंकित गैंडा, हाथी, दरियाई घोड़ा आदि जानवर जो अब विलुप्त हो गए हैं, भूतकाल में अधिक आर्द्रता को इंगित करते हैं। मैके की भी मान्यता है कि आवश्यक रूप से पक्की ईंटों का प्रयोग प्राचीन काल में सैन्धव क्षेत्र की जलवायु वर्तमान की तुलना में आर्द्र होने का संकेत है।[8]

ए.एन. घोष भी यह स्वीकार करते हैं कि भूमि की शुष्कता के विस्तार अर्थात् आर्द्रता में ह्रास इस सभ्यता के पतन का महत्वपूर्ण कारण रहा है। उनकी मान्यता है कि प्राचीन काल में सरस्वती नदी जल से प्लावित रहती थी, उसके तट पर अनेक आवासों के अवशेष पाए गए हैं, किन्तु परवर्ती चित्रित मृद्भाण्ड संस्कृति के लोगों के निवास उस स्थल पर पाए गए हैं जहाँ पूर्व में नदी का तल था। इस प्रकार परवर्ती लोगों के इस स्थल पर आवास बनाए जाने के समय नदी शुष्क हो चुकी थीं इस तथ्य की पुष्टि गुरुदीप सिंह द्वारा राजस्थान की जलवायु एवं वनस्पति सम्बन्धी परीक्षणों से भी होती है। उनके द्वारा किए गए परीक्षण में बताया गया कि ई.पू. 3000–1800 में राजस्थान क्षेत्र में पर्याप्त आर्द्रता एवं हरियाली थी एवं ई. पू. 1800 के लगभग जलवायु में शुष्कता बढ़ी। यह जलवायु परिवर्तन कालीबंगा तथा उत्तरी–पश्चिमी भारत के शुष्क अथवा लगभग शुष्क क्षेत्रों में हड़प्पा सभ्यता के विनाश का प्रमुख कारण बना।

दूसरा पक्ष निरन्तर शुष्कता के सिद्धान्त के विशेष आलोचक डेल्स का मत है कि विगत चार हजार वर्षों में बलूचिस्तान के क्षेत्र में सूखा ही नहीं पड़ा।[9] डेल्स के मत की पुष्टि फेयर सर्विस, राइक्स[10], डाइसन आदि ने की है। इन विद्वानों ने निरन्तर शुष्कता के सिद्धान्त का कड़ा विरोध किया है।

माधोस्वरुप वत्स एवं बाढ़ द्वारा विनाश का मत: माधोस्वरूप वत्स हड़प्पा नगर के पतन के लिए रावी नदी के मार्ग परिवर्तन को उत्तरदायी मानते हैं। प्राचीन काल में रावी, जो हड़प्पा के बिल्कुल समीप बहती थी, वर्तमान में लगभग 6 मील की दूरी पर है। हड़प्पा निवासियों के लिए जलस्त्रोत का अधिक दूर होना उनकी समृद्धि पर घातक प्रभाव डालने वाला सिद्ध हुआ। मार्शल के निर्देशन में किए गए उत्खनन में मोहनजोदड़ो की विभिन्न सतहों से बाढ़ के प्रकोप के प्रमाण मिले हैं। अतः बाढ़ से उत्पन्न कठिनाइयों के फलस्वरूप अनेक लोग मोहनजोदड़ो छोड़कर दूसरे स्थल पर चले गए होंगे। मैके यह भी मानते हैं कि सम्भवतः सिन्धु नदी में बाढ़ का पानी इतने विशाल पैमाने पर, इतनी अधिक बार और इतने लम्बे समय तक रहा होगा कि लोग बाढ़ रक्षा के लिए ऊँचे स्थानों की ओर प्रस्थान कर गए एवं धीरे–धीरे उनकी सभ्यता की विशिष्टता समाप्त हो गई।

हड़प्पा सभ्यता के पतन का कारण बाढ़ थी। इसकी सर्वप्रथम चर्चा एम.आर. साहनी ने की। 1940 ई. में किए गए सर्वेक्षण में उन्होंने यह विचार रखा कि सैन्धव सभ्यता के ह्रास का प्रमुख कारण विशाल पैमाने पर बाढ़ से भिन्न जल–प्लावन था। प्रारम्भ में साहनी के कथन को अधिक गम्भीरता से नहीं लिया। राइक्स ने इस सिद्धान्त को पुनर्जीवित किया एवं मोहनजोदड़ो में पाए जाने वाले बाढ़ के प्रमाणों के आधार पर इस निष्कर्ष पर पहुँचे कि सम्भवतः हड़प्पा सभ्यता का अन्त किसी आकस्मिक प्रकोप (जैसे– बाढ़) से हुआ है।[11]

प्रशासनिक शिथिलता जॉन मार्शल ने सैन्धव सभ्यता के ह्रास का एक कारण प्रशासनिक शिथिलता को भी माना है। उनके अनुसार मोहनजोदड़ो के उत्खनन से कतिपय ऐसे प्रमाण मिले हैं जिनके आधार पर कहा जा सकता है कि इस सभ्यता के अन्तिम चरण में पतन के चिन्ह विद्यमान थे। नगर प्रशासन में न केवल शिथिलता आ गई थी बल्कि नागरिक स्तर गिरता जा रहा था। अन्तिम प्रकाल में मकान निर्माण के दौरान सड़कों एवं नालियों का अतिक्रमण होने लगा था। मकान निर्माण में पूर्व निर्मित इमारतों की ईंटों का प्रयोग भी किया गया एवं कम चौड़ी दीवारें बनाई जाने लगी थीं। प्रशासनिक नियन्त्रण के अभाव में कुम्हारों ने सड़क के मध्य छह आवें बना लिए थे। मोहनजोदड़ो की भाँति हड़प्पा, कालीबंगा, लोथल आदि नगरों के अन्तिम चरण में नागरिक जीवन में ह्रास के लक्षण दिखाई देते हैं। पक्की ईंटों के स्थान पर कच्ची ईंटें प्रयोग में लाई जाने लगी थीं। नगर का संकुलन (Congested) हो रहा था, स्वच्छता की व्यवस्था समाप्त हो गई थी।

फेयर सर्विस एवं पारिस्थितिकी असन्तुलन व पलायन

फेयर सर्विस[12] जैसे विद्वानों ने हड़प्पा सभ्यता का ह्रास पारिस्थितिकी की समस्याओं के रूप में लिया है। उनके अनुसार अर्द्ध–शुष्क क्षेत्रों में नाजुक पारिस्थितिकी सन्तुलन इसलिए बिगड़ रहा था कि इन क्षेत्रों में मनुष्यों एवं पशुओं की आबादी अपर्याप्त जंगलों, खाद्यान्न, ईंधन के स्त्रोतों को तेजी से समाप्त कर रही थी। मोहनजोदड़ो की भाँति हड़प्पा

निवासियों, किसानों एवं पशुचारकों की सम्मिलित आवश्यकताएँ इन क्षेत्रों में सीमित उत्पादन क्षमताओं से अधिक थी। इसलिए मनुष्यों एवं पशुओं की बढ़ती हुई आबादी के कारण जिसे पर्याप्त स्त्रोतों का सामना करना पड़ रहा था, जंगल एवं घास के मैदान धीरे–धीरे लुप्त हो जाने के कारण अब बाढ़ एवं सूखे की समस्या पैदा हो गई थी। इस प्रकार जीविका के आधार धीरे–धीरे नष्ट हो जाने से सम्पूर्ण अर्थव्यवस्था लड़खड़ा गई। परिणामतः लोग उन क्षेत्रों में बसने के लिए जाने लगे जहाँ जीविका की बेहतर सम्भावनाएँ थीं। यही कारण है कि सैन्धव लोग सिन्धु से दूर गुजरात और पूर्वी क्षेत्रों की ओर प्रस्थान कर गए। सम्भवतः नगर नियोजन एवं जीवन स्तर में क्रमिक ह्रास हड़प्पन लोगों की जीविका का आधार समाप्त हो जाने के कारण था। ह्रास की यह प्रक्रिया आसपास के समुदायों के आक्रमणों से पूरी हुई।

निष्कर्ष अन्त में, कुछ विद्वानों ने यह विचार रखा कि बाढ़, नदी के मार्ग परिवर्तन, जल प्लावन, भूमि की उर्वरा शक्ति में कमी एवं सूखे आदि कई कारणों से सैन्धव लोगों ने पलायन का मार्ग अपनाया। उनका पलायन तीन या चार दिशाओं में हुआ। एक वर्ग ने लोथल एवं रंगपुर की ओर प्रस्थान किया, दूसरे वर्ग ने राजस्थान में अहाड़ (उदयपुर) की ओर कूच किया, जबकि एक अन्य शाखा उत्तर प्रदेश में आलमगीरपुर की ओर अग्रसर हुई। इस तथ्य की पुष्टि प्राप्त मृद्भाण्डों के अवशेषों से होती है, उदाहरणतः लोथल व रंगपुर से काले एवं लाल रंग (LRW) के मृद्भाण्ड प्राप्त हुए हैं। अतः सैन्धव सभ्यता के तीन मुख्य प्रकाल रहे होंगे–प्राक्–हड़प्पा काल, विकसित हड़प्पा काल तथा पतनोन्मुखी हड़प्पा संस्कृति।

संदर्भ :

1. आलचिन, द बर्थ ऑफ इण्डियन सिविलाइजेशन. पृ.140–41.
2. गैड्ड सी.जे. : ,''सील्स ऑफ ऐंश्येंट इण्डियन स्टाइल फाउण्ड एट उर'', प्रासिडिग्ज ऑफ द ब्रिटिश एकेडमी, लन्दन जि.18, पृ. 1–22
3. अग्रवाल, डी.पी. : भारतीय पुरैतिहासिक पुरातत्व, पृ. 97.
4. व्हीलर : द इण्डस सिविलाइजेशन, पृ. 91.
5. गार्डन, डी.एच. : प्री–हिस्टोरिक बैकग्राउण्ड ऑफ इण्डियन कल्चर, पृ. 94–95.
6. गार्डन चाइल्ड : न्यू लाइन ऑन द मोस्ट ऐंश्येंट ईस्ट, पृ. 232–233.
7. पाण्डे, जी.सी. : द मीनिंग एण्ड प्रोसेस ऑफ कल्चर, पृ. 82–83.
8. मैके : द अर्ली इण्डस सिविलाइजेशन, पृ. 23.
9. डेल्स, जी.एफ. : ''द डिकलाइन ऑफ द हरप्पन''', अमेरिकन रिव्यु, 1966.
10. राइक्स आर.एल. : अमेरिकन एन्थ्रापोलॉजिस्ट, जि. 63, 1961.
11. अग्रवाल, डी.पी., वही, पृ. 12.
12. ''भारतीय प्राचीन काल से 8वीं सदी ईसवी'', इग्नु, खण्ड 2, पृ. 64–66 से उद्धृत.

11 अस्तित्व एवं महत्व
(Survival and Significance)

कई दिशाओं में पलायन से सैन्धव सभ्यता का विघटन हुआ अब यह माना जाने लगा है। परवर्ती हड़प्पा सभ्यता अलग–अलग दिशाओं में लोगों के पलायन का परिणाम थी जिसके अवशेष देश के अनेक स्थानों से मिले हैं। विगत दशकों में भारतीय पुरातत्व के क्षेत्र में कई अन्वेषण एवं उत्खनन हुए हैं, फलस्वरूप अनेक ताम्र पाषाणिक संस्कृतियों के अस्तित्व की जानकारी मिली। प्रमुख ताम्रपाषाणिक संस्कृतियों में है–कायथ (मध्य भारत), अहाड़ या बनास (राजस्थान), नवादा तोली (मालवा), जार्वे–नेवासा (महाराष्ट्र), बाड़ा (पंजाब) आदि।

I. अस्तित्व : इन क्षेत्रीय संस्कृतियों को बहुधा मृद्भाण्ड प्ररूपों (प्रकार) से पहचाना जाता है। दिलीप चक्रवर्ती लिखते हैं सैन्धव सभ्यता के साथ इनका क्या सम्बन्ध था इसकी अधिक जानकारी नहीं मिलती। किन्तु इनके बीच समय का कोई व्यवधान सम्भवतः नहीं रहा।[1] थपल्याल ने भी उल्लेख किया है कि काठियावाड़ एवं कच्छ क्षेत्र में सिन्धु संस्कृति के ही तत्वों को नया रूप और रंग देकर एक नई परम्परा का प्रारम्भ किया।[2]

कायथ कायथ–संस्कृति का नाम उज्जैन से 25 कि.मी. पूर्व की ओर तथा चम्बल नदी की उपनदी काली सिन्ध के तट पर स्थित कायथ क्षेत्र के नाम पर रखा गया है। इस क्षेत्र के ताम्र –पाषाणिक प्रमुख पुरास्थलों में त्रिपुरारी, ऐरण, उज्जैन एवं कायथ विशेष रूप से उल्लेखनीय हैं। कायथ की ताम्र–पाषाणिक संस्कृति को प्रकाश में लाने का श्रेय पद्मश्री विष्णुधर वाकणकर को है। 1964 ई. में उन्होंने इस क्षेत्र में उत्खनन करवाया जिसमें तीन ताम्र–पाषाणिक संस्कृतियों के अवशेष पाए गए हैं। सबसे निचले स्तरों से कायथ के अवशेष प्राप्त हुए हैं। अब तक किए गए सर्वेक्षण से वाकणकर को लगभग चालीस स्थलों से इस संस्कृति का तिथिक्रम ई.पू. 2200 से ई.पू. 2000 के मध्य, अर्थात् 200 वर्ष निर्धारित किया गया है।

अहाड़ राजस्थान के उदयपुर, चित्तौड़गढ़, डूँगरपुर, भीलवाड़ा, अजमेर एवं टोंक आदि क्षेत्रों से अनेक ताम्र–पाषाणयुगीन स्थल मिले हैं। यहाँ से काले व लाल रंग के मिट्टी के बर्तन मिले है इस प्रकार के मिट्टी के बर्तन महापाषाणिक (Megalithic) स्थलों से जो अधिकांश दक्षिण भारत में स्थित है, से भी मिले है। किन्तु अहाड़ (उदयपुर के निकट) एवं गिलुंद में ही उत्खनन किया गया। बनास नदी के किनारे स्थित अहाड़ से इस संस्कृति के बहुसंख्यक प्रमाण प्राप्त हुए हैं। इस ताम्र–पाषाण संस्कृति को अहाड़ संस्कृति तथा बनास नदी घाटी में स्थित होने के कारण बनास संस्कृति कहा जाता है। वर्तमान तक अहाड़ संस्कृति के 90 से अधिक स्थल राजस्थान के विभिन्न जिलों से प्राप्त हो चुके हैं, किन्तु अभी उत्खनन करवाया जाना सम्भव नहीं हुआ है।[3] सर्वप्रथम इस स्थल का पुरातात्विक सर्वेक्षण राजस्थान पुरातत्व के पूर्व निदेशक रतनचन्द अग्रवाल ने 1954–55 ई. में करवाया था एवं उनके द्वारा किए गए उत्खनन से इस संस्कृति के बारे में अधिक जानकारी मिली। तद्न्दर एच.डी. सांकलिया ने इस स्थल का क्रमबद्ध पुरातात्विक अध्ययन किया। अहाड़ का टीला 1500 × 800 फीट का है। लगभग 15 संरचनात्मक चरणों में निर्माण अवशेष देखे गये। मकान पत्थर–मिट्टी व नींव पत्थरों द्वारा भरी गई व दीवारों को बाँस व पत्थरों से मजबूत बनाया गया। छते ढ़ाल युक्त व फर्श पर मिट्टी बिछाई गई। कोई पूर्ण गृहयोजना उपलब्ध नहीं हुई है किन्तु एक मकान (अहाड़ में) जिसका आकार 33 फीट 10 इंच लम्बा था एवं एक कच्ची दीवार द्वारा इसके दो हिस्से कर दिए गए थे।

अहाड़ के पात्रों को सुविधा की दृष्टि से सात वर्गों में विभक्त किया जा सकता है। यहाँ काले–लाल, सामान्य लाल, धूसर एवं मक्खन तथा दूधिया रंग की मृद्भाण्ड परम्परा देखने को मिलती है। पात्रों के रैखिक एवं ज्यामितीय डिजाइनों से चित्रित किया जाता था। प्राप्त कुछ मनकों पर ज्यामितीय डिजाइन एवं बैल आदि जानवरों के चित्र अंकित हैं। इस संस्कृति का कालक्रम ई.पू. 2000 से ई.पू. 1300 के मध्य निश्चित किया गया है।[4]

ताम्र के प्रयोग से अहाड़ निवासी पूर्ण परिचित थे। इसके प्रमाण आधुनिक खेत्री (खेतड़ी) खान क्षेत्र में मिलते हैं। इसके निकट गणेश्वर नामक स्थल पर प्रचुर मात्रा में ताम्र उपकरण प्राप्त हुए हैं। गणेश्वर के उत्खननों से यह तथ्य स्पष्ट हो गया है कि मोहनजोदड़ो एवं हड़प्पा को ताँबा गणेश्वर से भेजा गया था। इस स्थल पर ताँबा गलाने की अनेक भट्टियाँ भी देखी गई हैं।

नवादाटोली (मालवा) पुराविद् महाराष्ट्र के दायमाबाद एवं इनामगाँव नामक स्थलों के उत्खनन से इस निर्णय पर पहुँचे

कि मालवा संस्कृति जार्वे से पहले विकसित हुई। नवादाटोली नामक स्थल से रेडियो कार्बन तिथि ई.पू. 1600 के लगभग ज्ञात हुई है। विद्वानों ने इसका कालक्रम ई.पू. 1700 से ई.पू. 1300 के मध्य स्वीकार किया है।

नवादाटोली स्थल 2 फलाँग × 2 फलाँग क्षेत्र में विस्तृत है। चौकोर एवं वृत्ताकार घरों का व्यास 3 फीट से 15 फीट था, जिन्हें मिट्टी, बाँस एवं फूस से निर्मित किया जाता था। अन्न के भण्डारण हेतु छोटे–छोटे वृत्ताकार घर (खतियाँ) बनाए जाते थे। आयाताकार घर 15 से 22 फीट तक लम्बे होते थे। इन स्थलों से लाल काले रंग के मृद्भाण्ड अवशेष पाए गये हैं। छोटे प्याले से लेकर चषक (छोटा प्याला) आदि समस्त पात्रों को अलंकृत किया जाता था। सामान्यतः ज्यामितीय डिजाइन से चित्रण किए जाने की परम्परा थी। ताँबा बहुप्रचलित धातु था। इससे निर्मित चपटी कुल्हाड़ियाँ, अंगूठियाँ, चूड़ियाँ, छेनियाँ, सुए आदि पाए गए हैं। मनके पक्की मिट्टी, गोमेद एवं अकीक (लाल रंग का अर्द्ध कीमती पत्थर) आदि विभिन्न हल्के रत्नों से बनाए जाते थे। नवादाटोली से गेहूँ, अलसी, मसूर, काला चना, हरा चना, मटर, सीमित मात्रा में चावल आदि अनेक फसलों के अवशेष उपलब्ध हुए हैं।

रोजदी लोथल एवं रंगपुर के अतिरिक्त सोमनाथ के निकट हरिण्या नदी के तट पर रोजदी के उत्खनन से भी परवर्ती हड़प्पा संस्कृति के अवशेष प्राप्त हुए हैं। इन क्षेत्रों से प्राप्त प्यालों आदि पर चित्रण मालवा संस्कृति के साथ सम्पर्क होने का परिचायक है। रोजदी के निम्नवत् स्तरों में हड़प्पा संस्कृति की विशेषताएँ देखी गईं किन्तु आगे चलकर अन्तिम स्तर में चमकीले लाल मिट्टी के बर्तनों के साथ सफेद चित्रित काले एवं लाल भाण्ड का प्रसार हुआ।

जार्वे–नेवासा महाराष्ट्र के ताम्र–पाषाणयुगीन उत्खनित स्थलों से कुछ स्थल महत्वपूर्ण हैं–नासिक, जार्वे–नेवासा, दायमाबाद, चंदोली, सोनेगाँव एवं इनामगाँव आदि। इनको प्रकाश में लाने का श्रेय एच.डी. सांकलिया को जाता है। उन्होंने 1963 ई. में इन स्थलों का उत्खनन करवाया।

दायमाबाद महाराष्ट्र के आद्य ऐतिहासिक जीवनयापन का अनुक्रम यहीं प्राप्त हुआ। इस दृष्टि से यह स्थल अत्यन्त महत्वपूर्ण है। कहा गया है कि प्रारम्भिक काल के सांस्कृतिक स्तर में सैन्धव सभ्यता का कुछ प्रभाव दिखाई देता है। द्वितीय प्रकाल में अहाड़ संस्कृति का, जबकि तीसरे काल खण्ड में मालवा संस्कृति के प्रभाव का संकेत मिलता है। चतुर्थ काल खण्ड का जार्वे संस्कृति से सम्बन्ध माना है।

- इस काल में वर्गाकार या आयताकार मकान अधिकांशतः कच्ची ईंटों या मिट्टी से बनाए जाते थे। छत की सामग्री सम्भवतः फूस की, जिसे मिट्टी से ढ़क दिया जाता था। नेवासा में सामान्य घर का आकार 3 × 7 फीट पाया गया। सबसे बड़े घर का नाप 45 × 20 फीट था।
- जार्वे संस्कृति के लोगों द्वारा पात्र चाक पर निर्मित किए जाते थे। यहाँ से प्राप्त मृद्भाण्डों में लाल तल पर काली डिजाइन का प्रयोग देखा जाता है। प्रमुख पात्रों में साधार तश्तरी, साधार कटोरे, चिलमची और एक विशिष्ट नमूना टोंटीदार तथा नौतली (आधार वाला) बर्तन हैं। मृद्भाण्डों पर चित्रांकन बहुधा ज्यामितीय हैं। आम्बखेड़ी से लाल स्लाइम (पंक या कीचड़) सहित गेरुए भाण्ड बिना किसी चित्रण के मिले हैं।[5] यहीं से एक कटोरीदार ढक्कन एवं अण्डाकार सुराही भी उपलब्ध हुई है। चाक के अतिरिक्त हस्तनिर्मित पात्र भी मिले हैं, जिनके निर्माण में धान की भूसी का प्रयोग मिलता है।[6]
- ताम्र उपकरणों में छेनियाँ, सलाइयाँ, कुल्हाड़ी, छुरे, मनके, चूड़ियाँ व बर्तनों का उल्लेख किया जा सकता है।
- खाद्यान्नों में जौ, गेहूँ, तिल, मसूर, कुलथी, मटर तथा कहीं–कहीं चावल और पटसन (नवासा से) के अवशेष प्राप्त हुए हैं। पालतू बनाए गए पशुओं में गाय, बैल, भैंस, बकरी, कुत्ता, सूअर प्रमुख थे।

अनेक रूपों वाली देवी की मृण्मूर्तियाँ यहां से प्राप्त हुई हैं। मातृदेवी की एक आकृति सांड की आकृति के साथ मिली है। जार्वे लोगों द्वारा चाल्सिडनी, चर्ट एवं अगेट (सुलेमानी पत्थर) पत्थरों का प्रयोग मनके बनाने हेतु किया जाता था। शवाधन प्रक्रिया में अस्थियाँ कलश में पाई गईं। ये कलश घरों के फर्श के नीचे रखे मिले हैं।

इस संस्कृति की तिथि ई.पू. 1400 से ई.पू. 1000 के मध्य निर्धारित की गई है। किन्तु इनामगाँव जैसे स्थलों पर सम्भवतः ईसा पूर्व 700 तक यह संस्कृति विद्यमान रही।

बोखिरा गुजरात के सौराष्ट्र क्षेत्र में पोरबंदर जिले के तटवर्ती इलाके में बोखिरा के पास परवर्ती हड़प्पाकालीन नगर के अवशेष मिले हैं जो समुद्री व्यापार का केन्द्र भी था। इसकी खोज 2004 से मार्च 2005 के दौरान राष्ट्रीय समुद्र विज्ञान संस्थान (एन. आई. ओ.) गोवा के समुद्री पुरातात्विक अधिकारी ए.एस. गौर और सुंदरेश पी.पी. जोगलेकर की टीम ने की। योजना अधिकारी एच. वोरा ने इसका उत्खनन करवाया। एस.बी. चितारी भूमि इंगित (indication) करने और शेख अली करीम ने फोटोग्राफी कार्य किया। ए. एस. गौर को इस स्थल के बारे में 2004 में संकेत मिले जब वे समुद्र में पानी के अंदर बेट द्वारका के अनुसंधान में लगे थे। द्वारिका एवं परवर्ती सिंधु स्थल बोखिरा को 4000 वर्ष से अधिक पुराना माना गया है यद्यपि बेट द्वारिका बोखिरा से अधिक प्राचीन कही गई है। बोखिरा उत्खनन से चाक पर बने काले, लाल, भूरे रंग के मृत्पात्र, जैसे– कटोरा, ढक्कन, प्याला, जग मिले हैं। अन्य प्रमुख अवशेषों में हथियार एवं गाय, भैंस, बकरी, नीलगाय, और जंगली भैंसे की हड्डियां मिली हैं, जिनका काल निर्धारण दो हजार ईसा पूर्व माना है।

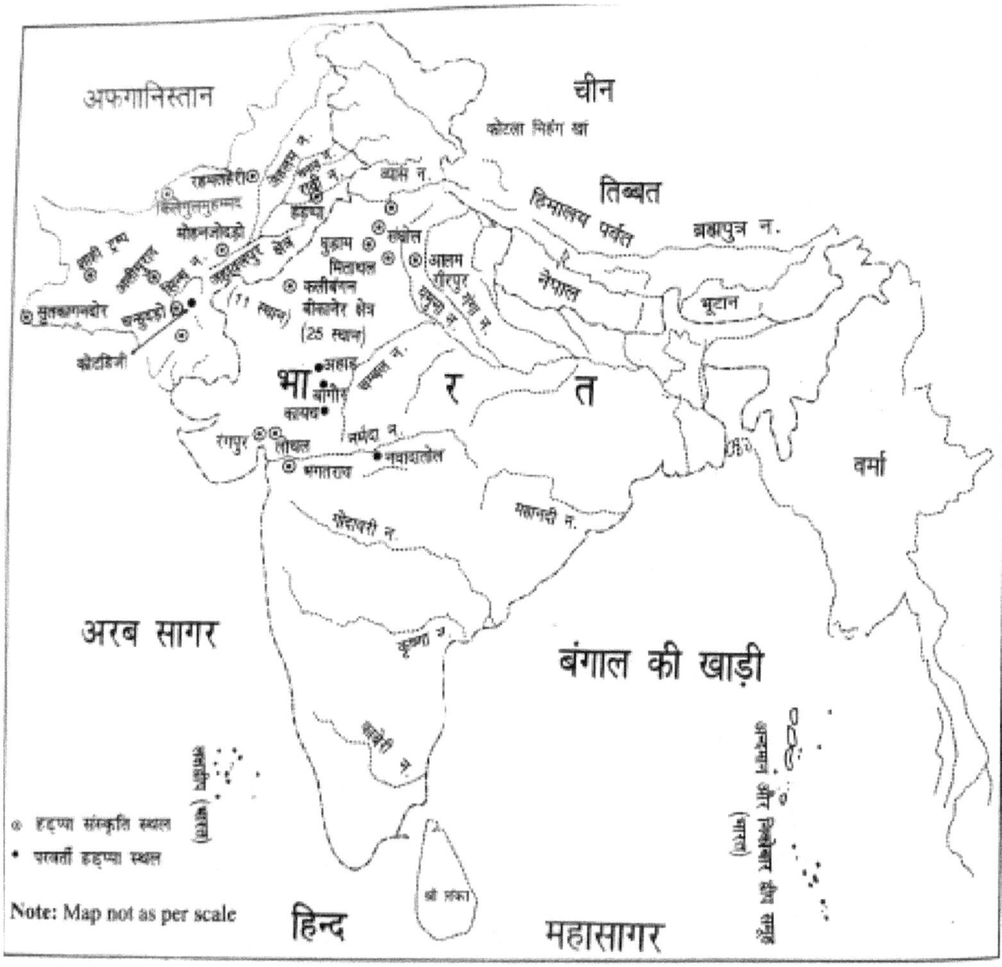

चित्र 11.1 हड़प्पा एवं उत्तर हड़प्पाकालीन बस्तियाँ

बोखिरा में परवर्ती हड़प्पा काल में बस्ती थी। यहां ताम्र–पाषाणीय संस्कृति के लोगों के निवास की पुष्टि होती है। प्राप्त अवशेषों के आधार पर पुराविदों की मान्यता है कि नगर लगभग 1500 वर्ष तक आबाद रहा। ए.एस. गौर के अनुसार घास–फूस की छप्पर वाले मकान प्राकृतिक चूने–पत्थर की छोटी शिलाओं से बनाये गये थे। मकान के मध्य लकड़ी के खंभे एवं घास–फूस का छप्पर होने का अनुमान है। लोगों की आजीविका का साधन मछली और शैवाल का व्यापार रहा होगा। खेती भी की जाती होगी, जौ, चावल, मटर, दालें, गन्ने का उत्पादन किये जाने की संभावना है। प्राकृतिक आपदा को नगर के ह्रास का कारण माना गया है।

खिरसाड़ भारतीय पुरातत्व सर्वेक्षण विभाग वडोदरा प्रकोष्ठ द्वारा खिरसाड़ के बाहरी इलाको में वर्ष 2009 से किये जा रहे उत्खनन में 7500 वर्ग मीटर क्षेत्र में किलेबंदी और बस्ती के अवशेष मिले हैं। जिन्हें रिहायशी और व्यावसायिक क्षेत्रों में विभक्त किया गया। इस इलाके का प्राचीन स्थल बालाकोट और आमरी जैसे केन्द्रों से व्यापारिक सम्बन्धों की जानकारी मिलती है। प्रारम्भ में किये गये उत्खनन में खिरसाड़ से हड़प्पाकालीन सभ्यता के संकेत मिले थे, जैसे– मनके, लकड़ी, हड्डी और पत्थर में छेद करने के औजार, मिट्टी के बर्तन, मुद्रा छाप एवं हड्डियों से बने औजार आदि। उत्खननकर्ता आर.एन. कुमारन एवं पुरातत्व सर्वेक्षण विभाग के अधीक्षक पुरातत्वविद् जितेन्द्रनाथ गुजरात से सिंध के बीच खिरसाड़ को व्यापारिक कड़ी के रूप में स्वीकार करते हैं। यहां से प्राप्त सामग्री में सील (लाख) की चूड़ियों, अर्द्ध–कीमती पत्थरों, पत्थर के मनकों का उल्लेख किया जा सकता है, जिन्हें सिंध के तराई इलाके को निर्यात किया जाता होगा।

गुजरात पुरातत्व विभाग के निदेशक वाई.एस. रावत के अनुसार, खिरसाड़ जंगली–जानवरों की हड्डियों से निर्मित वस्तुओं का महत्वपूर्ण केन्द्र था। बिलोरी एवं स्फटिक जैसे अति मूल्यवान पत्थरों की दृष्टि से यह क्षेत्र समृद्ध रहा है। प्राप्त मनके, गोमेद, लाल स्फटिक, सूर्यकांत जैसे अर्द्ध–मूल्यवान पत्थरों से बने हैं। मिट्टी के बर्तन हड़प्पा प्रकार के हैं, छिद्रयुक्त जार, स्टैंड वाले बर्तन, तसला, पृष्ट भाग में चित्रांकित बर्तन और ज्यामितीय लाइनों वाली सामग्री उल्लेखनीय है। मिट्टी की दो मुद्रायें भी मिली हैं जिन पर हड़प्पा लिपि में अक्षर अंकित हैं, जो अभी तक नहीं पढ़ी जा सकी है। मकान यहाँ पत्थरों से ही बनाये गये थे। खिरसाड़

के उत्खनन से सिद्ध होता है कि गुजरात सिंधु–सरस्वती सभ्यता का महत्वपूर्ण केन्द्र था।

बाड़ा (पंजाब) इस संस्कृति के कुछ तत्व प्राक् हड़प्पा संस्कृति की परम्परा में देखे जाते हैं। यह परम्परा ग्रामीण संस्कृति के रूप में हड़प्पा सभ्यता के नागरिक जीवन के साथ चलती रही एवं सैन्धव–सरस्वती सभ्यता के विघटन के बाद इस संस्कृति के कुछ तत्वों का विकास हुआ। बाड़ा प्रकार के मृद्भाण्ड सतलज घाटी से लेकर दिल्ली के निकट कई स्थानों पर पाए गए हैं। यहाँ से उपलब्ध पात्रों के आकार–प्रकार एवं चित्रांकन में सैन्धव सभ्यता के कुछ तत्व मिलते हैं।

मधुसूदन नरहर देशपाण्डे ने बड़गाँव एवं आंबखेड़ी में परिक्षणात्मक उत्खनन करवाया। यहाँ से प्राप्त पात्रों में हड़प्पा सभ्यता के अन्तिम काल का प्रभाव रहा है और श्मशान एच में झुकर संस्कृति की विशेषताएं पाईं गईं है। आंबखेड़ी के ऊपरी स्तरों से साधार प्याले, छोटे प्याले, मुड़े हुए किनारे वाले छिछले पात्र, मिट्टी का कुबड़ा बैल आदि प्रमुख रूप से प्राप्त हुए हैं। देशपाण्डे की मन्यता है कि, बड़गाँव की वस्तुएँ हड़प्पा सभ्यता के अन्तिम काल तथा आंबखेड़ी की ह्रासोन्मुखी सैन्धव–सरस्वती सभ्यता की परिचायक लगती है। उपरोक्त स्थलों से प्राप्त उपकरणों में कुल्हाड़ियाँ, चौड़ी मूठवाली तलवार, हारपून, छेनियाँ आदि उल्लेखनीय हैं, जो ताँबे से निर्मित की जाती थीं।

कुछ समय पूर्व पंजाब तथा हरियाणा के क्रमशः भगवानपुरा (जिला कुरुक्षेत्र, हरियाणा) में 1975–76 ई. में, नगर (पंजाब जिला जालंधर) में 1976–77 ई. में तथा दधेड़ी (जिला लुधियाना) में किए गए उत्खनन विशेष रूप से अन्तिम काल चित्रित धूसर भाण्ड उल्लेखनीय हैं। भगवानपुर में प्रथम काल में सैन्धव सभ्यता के तथा दूसरे चरण में चित्रित भाण्ड प्राप्त हुए हैं। वर्तमान में उक्त चित्रित धूसर भाण्डों को आर्य संस्कृति का माना जाने पर बल दिया जाने लगा है। इससे सैन्धव–सरस्वती सभ्यता तथा परवर्ती चित्रित धूसर भाण्ड संस्कृति के मध्य जो काल व्यवधान माना जाता था वह समाप्त हो गया है। इस प्रकार सैन्धव सभ्यता के कुछ तत्वों को परवर्ती भारतीय संस्कृति में पाये जाने को अधिक सरलता से समझा जा सकता है।[7]

भिरड़ाणा : 2014 में हरियाणा के फतेहाबाद जिले के इस गाँव से भारतीय पुरातत्व संर्वेक्षण विभाग ने इस स्थल की खोज की है। इसे सबसे प्राचीन नगर माना गया। इसकी स्थापना के विषय में विद्वान एक मत नहीं है। कुछ विद्वान इसका प्रारंम्कि समय 7570 ई. में मानते है। मोहनजोदड़ो की कांस्य नर्तकी की नकल यहाँ के बर्तन पर देखी गई है।

II. सैन्धव–सरस्वती एवं वैदिक संस्कृति में सम्बन्ध एवं महत्व

सैन्धव जन कई कारणों से अपने मूल स्थान से अन्यत्र प्रस्थान कर गए और पूर्व स्थलों का धीरे–धीरे ह्रास हो गया। नए स्थानों पर उस उत्कृष्ट तरीके से नगरों का विकास नहीं कर पाए जैसे अपने मूल शहरों का किया था बल्कि उन्होंने छोटी एवं ग्रामीण बस्तियों में रहना प्रारम्भ कर दिया। पश्चिमी भारत के विस्तृत भू–भाग में फैली ऐसी उत्तरजीवी सभ्यताएँ भी अपने अवशेषों को पुराविदों के शोध का विषय बनाकर धीरे–धीरे विलुप्त हो गईं।

सिंधु सरस्वती सभ्यता धार्मिक देन : अधिकांशतः प्राचीन सभ्यताएँ परवर्ती सभ्यताओं को कुछ प्रतिपोषण (Contribute) करके ही विलीन होती है। विद्वानों ने सैन्धव सभ्यता में ऐतिहासिक काल के अनेक तत्वों का मूल खोजने का प्रयास किया है। सैन्धव–सरस्वती सभ्यता एवं ऐतिहासिक काल के मध्य लम्बा काल–व्यवधान रहा है। जिसे हम हड़प्पा सभ्यता की देन कहते हैं वह एक अनुमान का विषय है। उस सभ्यता का सर्वाधिक प्रभाव धार्मिक क्षेत्र में देखा जाता है। फलतः हम सर्वप्रथम धर्म के क्षेत्र में हड़प्पा की देन पर विचार करेंगे।

- ऋग्वेद में एक स्थान पर कहा गया है– एकं सद् विप्राः बहुध वदन्ति अग्निर्यमोमातरिश्वरन माहुः (ऋग्वेद 1/64/46) अर्थात् ईश्वर या ब्रह्म एक है। विद्वान् लोग उसे अग्नि, यम, मातरिश्वरन आदि कई नामों से पुकारते हैं। विद्वानों ने प्रचलित बहुदेववाद परम्परा को सैन्धव सभ्यता तक ले जाने का प्रयास किया है।
- सैन्धव–सरस्वती लोग मातृदेवी के उपासक थे, ऐसा मुद्राओं पर देवी चित्रण एवं बहुतायत में प्राप्त देवी मूर्तियों से स्पष्ट होता है। मार्शल के अनुसार वर्तमान में प्रचलित देवी पूजा को सैन्धव मातृदेवी पूजा परम्परा में देखा जाना चाहिए।[8]
- सिन्धु सरस्वती सभ्यों ने लगभग 5000 वर्ष पूर्व योग को स्वास्थ्य के लिए प्रतिष्ठित कर दिया था। अर्थात भारतीय उपमहाद्वीप में योग का महत्व सैन्धव–सरस्वती काल में भी था।
- मातृदेवी के समान ही शिव पशुपति की आराधना हड़प्पा काल से चली आ रही है।[9] ऋग्वेद में भी रुद्र की प्रार्थना मिलती है।
- ऋग्वेद (10/13/16) तक लिंग पूजा अधिक प्रतिष्ठित नहीं थी किन्तु यजुर्वेद के संकलन काल तक आते–आते लिंग पूजा का प्रचलन हो चला था। शिवलिंग की पूजा वर्तमान में भी की जाती है। कुछ शंक्वाकार पत्थरों की प्राप्ति के आधार पर पुराविदों ने सैन्धव काल में योनी पूजा की बात कही है। योनी पूजा ऐतिहासिक काल में शक्ति सम्प्रदाय में प्रचलित रही है। देवी द्वारा महिषासुर मर्दन का विचार भी सैन्धव काल से आया हुआ माना जाता है।
- जैन धर्म के आविर्भाव को भी विद्वानों ने हड़प्पा सभ्यता में खोजने का प्रयास किया है। डॉ. मिश्र ने लिखा है कि इसमें कोई सन्देह नहीं है कि श्रमण परम्परा ई.पू. छठी शताब्दी के बहुत पहले विद्यमान थी। विशेष रूप से जैन

धर्म के अनुसार जैन धर्म का इतिहास महावीर से बहुत पहले प्रारम्भ होता है। मार्शल और चन्दा ने इन्हें वैदिक काल से पहले विद्यमान "योगी" से सम्बद्ध किया है। जैन धर्म के प्रथम तीर्थंकर ऋषभदेव का उल्लेख ऋग्वेद (10/16/1) में आया है।

- एस.दत्त तथा जी.सी. पाण्डे आदि विद्वानों ने यह सिद्ध किया है कि बौद्धों तथा जैनों ने संसार–त्यागी अथवा परिव्राजन का आदर्श ब्राह्मणों के "संन्यासी" से नहीं अपितु किसी पूर्वतः विद्यमान सम्प्रदाय से ग्रहण किया था। कालान्तर में ब्राह्मण धर्म ने इसे अपनी व्यवस्था के अन्तर्गत चतुर्थ अर्थात् सन्यास आश्रम के रूप में आत्मसात कर लिया।[10]
- भारत में बिना स्नान के किसी भी पवित्र कार्य का सम्पादन नहीं किया जाता। मोहनजोदड़ो में प्रायः सभी घरों में स्नानागार थे एवं वहाँ स्थित महास्नानागार स्नान के विशेष महत्व को इंगित करना है।
- सैन्धव मुद्राओं में कई पशुओं को मिलाकर बनाई आकृतियों की तुलना देवताओं के विविध रूपों से की जाती है। इसी प्रकार नाग, किन्नर, गंधर्व आदि की कल्पना भी सैन्धव सभ्यता से ली गई थी।
- सैन्धव मुद्राओं पर अंकित ध्वज को भी बाद में अपना लिया गया। स्वास्तिक, चक्र आदि प्रतीक चिह्न हड़प्पा सभ्यता की देन माने जाते हैं।
- वे लोग पशुओं को आदर की दृष्टि से देखते थे। मुद्राओं पर अंकित वृषभ, हाथी, व्याघ्र, हिरण आदि इस तथ्य के प्रमाण हैं। श्रीकृष्ण ने गाय के महत्व से लोगों को अवगत करवाया तथा लोगों में उसके प्रति आदर भाव को बढ़ाया।
- हड़प्पन मुद्राओं पर वृक्षों का अंकन विशेषरुप से पीपल उल्लेखनीय है। अनेक मुद्राओं पर वृक्षों की शाखाओं के मध्य झाँकती हुई आकृतियाँ दिखाई गई हैं। यह आकृतियाँ वृक्ष आत्माओं को बिम्बित करती हैं। कई चित्रों में आराधक पेड़ के समक्ष खड़े दिखाए गए हैं। भारत में पीपल के पेड़ की पूजा युगों से होती रही है और कहीं–कहीं पीपल वृक्ष की पूजा शिव के साथ–साथ किए जाने की जानकारी मिलती है।

II. कला विज्ञान क्षेत्र में योगदान : सैन्धव लोगों की विविध कलाओं में रुचि का जिक्र करने की आवश्यकता नहीं है। नगर नियोजन, स्थापत्य कला, शिल्प कला, मूर्तिकला आदि उनकी कलात्मक रुचि को इंगित करते हैं। बड़ी संख्या में प्राप्त मुद्राओं पर अंकित आकृतियों के कई स्वरूपों से यह धारणा पुष्ट होती है। सैन्धव मुद्राओं पर अंकित वृषभ के चित्रण का अशोककालीन स्तम्भों पर स्थापित वृषभ से तुलना की जाती है। इसी प्रकार हाथी, शेर आदि का अंकन प्राचीन परम्परा के प्रतीक रहे होंगे।

- मोहनजोदड़ो के गढ़ी टीले के स्तम्भ युक्त भवन के अवशेष पाटलिपुत्र के मौर्यकालीन स्तम्भों पर आधारित भवनों का स्मरण करवाते हैं। भवनों एवं मंदिरों में प्रयुक्त स्तम्भों की परम्परा को हड़प्पा काल तक ले जाया जा सकता है। कुछ विद्वान् कौशाम्बी उत्खनन से ज्ञात रक्षा प्राचीर को सैन्धव रक्षा प्राचीर की निर्माण शैली से प्रभावित मानते हैं।
- परवर्ती आहत सिक्के, जिन्हें 'पंच मार्क सिक्के' कहा जाता है, को भी ताम्र पट्टिकाओं पर अंकित प्रतीकों का पूर्व रूप कहा गया है।
- इसी तरह मनुष्य–पशु–युद्ध का चित्रण सैन्धव मुद्राओं और ऐतिहासिक काल की बसाढ़ से प्राप्त एक मुद्रा और अहिच्छत्रा की मृण्मय फलक पर मिलता है।
- सैन्धव लोग आभूषण प्रिय थे। उत्खननों में बड़ी तादाद में प्राप्त मनके, गुरियाँ, चूड़ियाँ आदि उनकी आभूषणप्रियता को इंगित करती हैं। गले में पहनने के हार, ग्रेवेयक भी बड़ी संख्या में प्राप्त हुए हैं। इनका प्रचलन बौद्धकालीन यक्षों में देखा जाता है।
- सैन्धवकालीन बैलगाड़ी का स्वरूप वर्तमान तक यथावत बना हुआ है। अन्त में कहा जा सकता है कि मकानों के नक्शे, जलापूर्ति व्यवस्था और स्नान का महत्व जैसे घरेलू जीवन के अनेक पहलू इन बस्तियों में बाद के कालों में भी जारी रहे।
- भारत की पारम्परिक तोल और मुद्रा की प्रणाली जो इकाई रूप में सोलह के अनुपात पर आधारित थी, हड़प्पा काल में विद्यमान थी। यह मान उन्हीं से लिया गया प्रतीत होता है। आधुनिक भारत में कुम्हार का चाक बनाने की विधि हड़प्पावासियों द्वारा अपनाई गई विधियों के समान ही है। कहा जा सकता है कि हड़प्पा सभ्यता के अनेक तत्व परवर्ती ऐतिहासिक परम्परा में जीवित रहे।

III. सैन्धव एवं वैदिक सभ्यता में भेद :

वैदिक सभ्यता, हड़प्पन संस्कृति की कई तरह से ऋणी है। इसके बावजूद कई आधारभूत असमानताएं भी देखी जाती है।

(1) ऋग्वेद में ईटों की बड़ी संरचना एवं इसके अधिक प्रयोग का जिक्र नहीं आया है।

(2) ऋग्वेद में वैदिक जनों के अफगानिस्तान तक रहने की चर्चा मिलती है किंतु अभी तक सैन्धव सरस्वती सभ्यता के अवशेष अफगानिस्तान से नहीं मिले हैं।

(3) वैदिक जनों द्वारा अश्व के प्रयोग का जिक्र ऋग्वेद में कई बार हुआ है किंतु सैन्धव स्थल–सुरकोटदा से ही घोड़े के अवशेष मिले है।

(4) सैन्धव लोग चित्राक्षर लिपि (Pictograph) का प्रयोग करते थे जिसे अभी पढ़ा नहीं जा सका है जबकि वैदिक जन संस्कृत भाषा बोलते थे।

(5) ब्राह्मी लिपि बाँये से दाँये लिखी जाती है जबकि हड़प्पा लिपि दाहिने से बाँये।

(6) सैन्धव लोग ताम्र व कांस्य से परिचित थे लोहे से नहीं। जबकि अथर्ववेद में लोहे को श्याम अयस् कहा है।

(7) सैन्धव लोग वृषभ (बैल) को एवं आर्य गाय को महत्व देते थे।

निष्कर्ष वर्तमान नगर नियोजन (Town Planning) सैन्धव नगर नियोजन का ऋणी है। द्वितीय नगरीय क्रान्ति के दौरान भी वैसा नियोजन नहीं किया जा सका जैसा सिन्धु–सरस्वती सभ्यता के लोग कर रहे थे।

संदर्भ :

1. दिलिप के. चक्रवर्ती : प्राचीन भारत का इतिहास, दिल्ली विश्वविद्यालय, 1984, पृ. 90–100
2. थपल्याल एवं शुक्ल : सिंधु सभ्यता, पृ. 327
3. हुजा, आर., द अहाड़ कल्चर एण्ड बियॉण्ड, ऑक्सफोर्ड, 1988
4. अहाड़ की तिथि ई.पू. 2580 से ई.पू. 1500 निश्चित की गई है, मास्का कैलिब्रेशन (Masca Callibaratrion) संशोधित कार्बन 14 तिथियों के आधार पर ऑलचिन एवं ऑलचिन, द राइज ऑफ सिविलाइजेशन इन इण्डिया एण्ड पाकिस्तान, कैम्ब्रिज, 1982 पृ. 262, हूजा, आर. : द अहाड़ कल्चर एण्ड बियॉण्ड, ऑक्सफोर्ड, 1988, पृ. 45
5. अग्रवाल डी.पी. : भारतीय पुरातेहासिक पुरातत्व, पृ. 69.
6. एक्सकेवेशन ऑफ सोनपुर (जिला गया) इण्डियन आरक्योलॉजिकल रिव्यु 1970–71 पृ. 6.
7. थपल्याल, के.के. शुक्ल एस.पी., वही, 1985, पृ. 69.
8. मॉर्शल जॉन : मोहनजोदड़ो एण्ड इण्डस सिविलाइजेशन जि, 1, पृ.77–78.
9. मार्शल, वही, जि. 1, पृ. 77–78
10. मिश्र जी.एस.पी. : प्राचीन भारतीय समाज एवं अर्थव्यवस्था, 1983, पृ. 35,

12 महापाषाण युगीन संस्कृतियाँ
(Megalithic Cultures)

पूर्व–पाषाण एवं उत्तर–पाषाण काल के मध्य एक संक्रान्ति काल स्वीकार किया गया है। ताम्र–कांस्य काल और लौह काल के बीच के द्वितीय संक्रान्ति काल को विद्वानों ने 'महापाषाणकाल' नाम दिया है। यूनानी भाषा के मेगा (Megas) एवं लिथ क्रमशः 'विशाल' एवं 'पाषाण' अर्थ में प्रयुक्त हुआ है। भारत के सन्दर्भ में कहा जाये तो दक्षिण भारत में विशाल पाषाण खण्डों की समाधियाँ खोजी गई उन्हीं के आधार पर महापाषाण (Megalith) संस्कृति प्रख्यात हुई। नीलकंठ शास्त्री ने जिक्र किया है कि मैसूर में ब्रह्मगिरि, रायचूर जिले में मास्की, त्रावणकोर, कोच्चि में पोरकलम, चिंगलपेट में सनुर, अमृतमंगलम और कुनराठूर में पाये गये तथ्यों से प्रकट होता है कि ई. पू. 300 और 100 ई. पू. के मध्य पड़ने वाले किसी समय में लोहे का इस्तेमाल करने वालों ने यह संस्कृति आरम्भ की होगी। ब्रह्मगिरि पर पहले–पहल ई.पू. 800 में कब्जा किया गया होगा। महापाषाण काल की संस्कृति के आरम्भ की तारीख उसके बाद की बताई जाती है, जो उचित लगता है पर संभव है कि वह समय इससे भी पूर्व का हो।[1] उल्लेखनीय है कि ऑलचिन दम्पत्ति लोहे के उपयोग की शुरुआत 1050 ई.पू. से 950 ई.पू. के मध्य मानते हैं।[2]

महायुगीन संस्कृति का प्रसार इस संस्कृति का प्रसारण विशेष रूप से दक्षिण भारत में ही हुआ था तथापि उसके उदाहरण मध्य प्रदेश, मध्य भारत, ओड़ीशा, असम, बिहार, राजपूताना, गुजरात और कश्मीर आदि क्षेत्रों से भी उपलब्ध हुए हैं। भारत के अन्तिम छोर श्रीलंका के तटीय इलाके तथा प्रायद्वीपीय ग्रेनाइट क्षेत्र, जैसे– खानदेश, नागपुर एवं गंगा के दक्षिण के छिट–पुट इलाके अर्थात् प्रयाग जिले के कोटिया को इसमें शामिल किया जा सकता है। कुछ विद्वानों ने यह विचार प्रकट किया है कि मेगालिथिक संस्कृति का केन्द्र इजिप्ट (मिश्र) था, और वहीं से यह संस्कृति भारत आई और लौह उपयोग शुरुआत भी। गार्डन चाइल्ड महापाषाण संस्कृति का उद्गम पूर्वी भूमध्य सागर को मानते है। इनके द्वारा काले एवं लाल मृद्भाण्ड प्रयोग में लाऐ जाते थे। निष्कर्षतः मध्य–पूर्व से समुद्री आवागमन द्वारा 1000 ई.पू. में भारतीयों ने इस संस्कृति को ग्रहण किया होगा।[3] किन्तु अधिकांश विद्वान् इस विचारधारा से एकमत नहीं हैं। इतिहासकारों का विचार है कि उनका अस्तित्व एक सौ वर्ष तक रहा होगा इस शताब्दी के प्रारम्भ में आदिचनल्लूर (तिनेवेली जिला), पेरुम्बेयर और नीलगिरि से प्राप्त अवशेषों के आधार पर शोधकार्य हुआ।

I. समाधियां : चिंगलपेट जिला और आस–पास के क्षेत्रों पुडुक्कोट्टाई और कोच्चि में कुछ स्मारक खोदकर निकाले भी गए हैं। इनमें से हरेक क्षेत्र में स्मारक स्पष्ट रूप से एक सामान्य महापाषाण काल के हैं, मृतकों को इस प्रकार रखा जाता था कि उनका मांस खत्म हो जाता था और फिर उनकी हड्डियाँ अंशतः इकट्ठी की जाती थीं और उनको भिन्न–भिन्न तरीके से दफनाया जाता था। पाँवों वाले ताबूत में, कलश में, गड्ढों में या भाप निकलने के छेदों के साथ वाले ताबूतों में।[4] दरअसल दफनाए जाने की कई विधियाँ अपनाई गईं। उनमें से कुछ का उल्लेख करना उचित होगा, क्योंकि इस संस्कृति की मुख्य पहचान इनकी समाधियाँ ही हैं।

सिस्ट समाधि (Cist Grave) प्रारम्भ में जमीन में एक आयताकार खाई (Pit) खोदी जाती थी और इस खाई की फर्श एक पाषाण खण्ड (Floor-Slab) से पाट दिया जाता था। उक्त पाषाण खण्डों (Orthostat) में एक पाषाण (Capstone) के सहारे छत को पाट कर सिस्ट समाधि को बन्दकर बन्दूक की आकृति दी जाती थी। अन्त में पाषाण निर्मित दीवार द्वारा समाधि की घेराबन्दी और बन्द बन्दूक आकार की पूर्वी दीवार में वृत्ताकार छेद किया जाता था, जिसे पोर्ट हॉल (Port-hole) कहा गया। उक्त गोल छेद का व्यास 1.5 फीट से 2 फीट देखा गया। छेद के बाहर भी पत्थरों द्वारा मार्ग बनाये जाने का बोध होता है।

समाधि की सतह पर पहले हथियार, औजार, मृद्भाण्ड एवं आभूषण रखे जाने की जानकारी मिलती है, तदन्तर मृतक के अस्थिपंजर के अवशिष्ट भाग रखे जाते थे। उल्लेखनीय है कि, अस्थि अवशेष वृत्ताकार छेद से ही अन्दर रखे जाते थे एवं बड़े पाषाण द्वारा समाधि को बंद कर दिया जाता था। इस प्रकार की सिस्ट समाधियाँ 7 फीट लम्बी, 5 फीट चौड़ी एवं 6 फीट गहरी तक देखी गईं।

पुदुक्कोटा में सिस्ट समाधि को बीच में पाषाण लगाकर दो भागों में विभक्त किया जाता था एवं दूसरे पाषाण द्वारा समाधि को दो मंजिल का बनाया गया। बीच में लगाये गये पाषाण (Septum) के मध्य छेद किया जाता था, साथ ही प्रकोष्ठ कक्ष (Ante-Chamber) बनाया गया और दोनों को जोड़ने के लिए एक छेद (Port-hole) रखा जाता रहा। इस तरह की समाधि ब्रह्मगिरि में देखी गई।

पिट–सर्कल (Pit-circle) प्रारम्भ में 20–30 फीट व्यास का एक वृत्त ग्रेनाइट पाषाण खण्डों से निर्मित किया जाता था जिसके मध्य में एक खाई (Pit) खोदी जाती थी। लगभग 8 से 12 फीट व्यास की वृत्ताकार खाई की गहराई 6 से 8 फीट होती थी जिसकी सतह पर चार पाषाण–पाद (खण्ड) रखे जाते थे। संभवतः इनके ऊपर लकड़ी की अर्थी रखी जाती और रखे गये शव का मांस गल जाने पर शेष रहे अस्थि–पंजर को सिस्ट समाधि (Cist-grave) में पहुँचा दिया जाता था। प्राप्त अवशेषों के नीचे लौह सामग्री, आभूषण, मिट्टी के बर्तन, शंख आदि प्राप्त हुए हैं। सिस्ट समाधि की भाँति पिट–सर्कल में पूर्वी भाग में प्रवेश द्वार देखे गये हैं। उल्लेखनीय है कि, अस्थि अवशेष रखे जाने के बाद प्रवेश मार्ग बंद कर दिया जाता था। पिट–सर्कल शव का मांस सुखाने हेतु रखे जाने के लिए निर्मित किये जाते थे। ब्रह्मगिरि में इस तरह की कई समाधियों का उत्खनन किया गया है।

कैर्न–सर्कल (Cairn-Circle) समाधि के चारों ओर बड़े–बड़े पाषाण खण्डों से एक वृत्त खड़ा किया जाता था जिसमें शव–भस्म–पात्र अथवा शव–अस्थि–पात्र में दफनाये जाते थे। तमिलनाडू के चिंगलपेट जिले में इस प्रकार की समाधियाँ मिली हैं।

छाता प्रस्तर या अम्ब्रेला–स्टोन (Umbrella-stone) एक वर्गाकार समाधि जिसके चारों ओर 4 पाषाण पाद खड़े किये जाते थे। इनके ऊपर एक कम ऊँचे व कम चौड़े कोन (cone) के आकार का पाषाण खण्ड रख दिया जाता था जिससे समाधि छाते के जैसी प्रतीत होती थी। या सर्प के फन जैसी दिखाई देती है। दक्षिण के लोग इसे **टोपी कल्लू** कहते थे। कोच्चि क्षेत्र में इस तरह की समाधि अथवा पूजा स्तम्भ पाये गये हैं।

डोल्मेन (Dolmen) डोल्मेन अर्थात पत्थर की मेज, सिस्ट समाधि की तरह निर्मित इस संरचना में सन्दूक खाई (Pit) में न होकर भूमि के ऊपर था। इसके उदाहरण **चिंगलपेट** एवं **ब्रह्मगिरी** में मिले हैं।

हुड–स्टोन (Hood-stone) छत्राकार बड़े पाषाण भूमि पर टिके थे अर्थात् इनमें पाषाण पाद नहीं थे। कोच्चि में इनका अस्तित्व रहा है।

नडुकल मेन्हीर केरल में पाई जाने वाली समाधि या स्मारक ग्रेनाइट पत्थर के है जिन्हें एक पत्थर (एकाश्मक-Monolithic) से तैयार किया जाता है। डेढ़ से ढ़ाई मीटर लम्बी समाधियों में उत्तर–दक्षिण गाड़ा गया जिनके नीचे मिट्टी के बर्तन भी मिले हैं। **कोमल परथल** स्थान पर नडुकलों की पूरी कतार मिली है।

कन्दरायें भूमि में एक आयताकार खाई (Pit) खोदी जाती थी उसकी एक दीवार में एक कन्दरा का निर्माण किया जाता था। कोच्चि में खोजे गये इन निर्माणों को समाधियाँ अथवा पूजा स्थल कहा जा सकता है, जिनमें बेंच (पट्टा) देखा गया और कुछ निर्माणों में सतह पर स्तम्भ खड़ा कर दिया जाता था।

II. प्रमुख बस्तियाँ (Major Settlements)

आदिचनल्लुर तमिलनाडू के तिनेवेली जिले के आदिचनल्लुर से इस संस्कृति के अवशेष बड़ी संख्या में प्राप्त हुए हैं। नीलकण्ठ शास्त्री ने जिक्र किया है–आदिचनल्लुर में मुर्दा गाड़ने या कलश में रखकर उसे गाड़ने के एक अन्य प्रकार के चिन्ह बहुत बड़ी संख्या में मिले हैं पर उनके साथ उन्हें बाँधने के गोलाकार या अन्य प्रकार के उपकरण नहीं देखे गये जो महापाषाण–काल के चिन्हों के साथ पाये जाते हैं। यद्यपि इनको महापाषाण काल के स्मारकों के दायरे में शमिल नहीं किया जा सकता। तथापि वे उनसे किसी न किसी प्रकार सम्बद्ध जरूर हैं, क्योंकि उन दोनों में ही लोहे के औजार, काले और लाल सामान और मुर्दे को अंश–अंश करके गाड़ने की प्रथा सामान्य है। किन्तु दोनों के बीच कुछ महत्वपूर्ण अन्तर हैं।[5]

आदिचनल्लुर से प्राप्त मृद्भाण्ड अवशेष इस संस्कृति के अन्य स्थलों से अधिक प्राचीन हैं। यहाँ से एक किस्म के काँसे के सामान एवं स्वर्ण मुकुट प्रकार के मुखांग भी मिले हैं जो दक्षिण में अन्य स्थलों में नहीं मिले। शास्त्री के अनुसार इस प्रकार के मुखौटे फिलिस्तीन में 1200 ई.पू. के और सीरिया साइप्रस में भी उस काल के इस तरह के अवशेष देखे गये हैं। इसी प्रकार फिलिस्तीन में सुलेमान के समय की प्रारम्भिक लौह युग की कब्रों में तीन शूलों वाला लोहे का काँटा या त्रिशूल मिला जो आदिचनल्लुर में प्राप्त उसी धातु त्रिशूलों के समान था।

जहाँ तक महापाषाणिक संस्कृति के लोगों की धार्मिक आस्था का प्रश्न है, नीलकण्ठ शास्त्री[6] की मान्यता है कि मुरुगन या बेलन जो प्राचीन काल में तमिलों के लोकप्रिय देवता रहे हैं, उनकी पूजा मेगालिथ काल में भी होती थी। देवता का प्रिय अस्त्र त्रिशूल एवं उनके झंडे पर चिन्ह रूप में मुर्गा अंकित देखा गया है। आदिचनल्लुर से त्रिशूलों के अतिरिक्त काँसे से निर्मित मुर्गे की मूर्तियाँ, झण्डे की लोहे की वेदिका भी प्राप्त हुई है। कहा गया है कि मुखांग पहनने की प्रथा जिसे पलनी पहाड़ों में मुरुगन के समाधि स्थल तक **'कावड़ी'** ले जाते हुए भक्तगण अब भी निभाते हैं, प्रागैतिहासिक समय का अवशिष्ट चिन्ह मानी जा सकती है।

संगोरा (स्तूपाकार ढ़ेर) चिंगलपुट इस प्रकार की समाधियों को **निड़ईकलतेडि** कहा गया। जमीन में एक गड़ढ़े में अस्थिअवशेष, मिट्टी के बर्तन आदि में रख कर ढ़क दिया जाता था, उसके चारों ओर पत्थर के टुकड़ों के ढ़ेर से समाधि बन जाती थी।

उस समय भी चावल की खेती की जाती थी। काले एवं लाल मिट्टी के बर्तन उस संस्कृति की पहचान ही नहीं हैं अपितु मिट्टी के कटोरे में धान की भूसी एवं काँसे के कटोरे में चावल के दाने के अवशेष इस तथ्य के प्रमाण हैं। समाधि स्थलों से कई प्रकार के मिट्टी के बर्तन मिले हैं जैसे–उथला कटोरा, गहरा कटोरा, बड़े पानी के बर्तन, तसले, ढक्कन आदि।

दूसरी ओर नागपुर से आदिचनल्लुर तक जहाँ–जहाँ भी इस संस्कृति के अवशेष मिले हैं, काँस्य एवं लौह निर्मित सामग्री बड़ी संख्या में उपलब्ध हुई है, जैसे–लौहे की कुल्हाड़ी, शाफ्ट होल एक्स (कुल्हाड़ी), हुक्स, कटार प्रकार की कुल्हाड़ी, पहिये की गोलाई जैसा अस्त्र एवं कुदाल या फावड़ा आदि।[7]

ब्रह्मगिरि यहाँ किये गये उत्खनन में तीन संस्कृतियों के अवशेष प्राप्त हुए हैं। इस स्थल की प्राचीनतम संस्कृति पाषाण संस्कृति जिसके अवशेष भूमि से 9 फीट ऊँचाई तक मिले हैं। दूसरी महापाषाण काल (Megalithic Age) संस्कृति का 3–4 फीट मोटा निक्षेप प्रथम संस्कृति के ऊपर है। तीसरी आन्ध्र संस्कृति, जिसकी मोटाई 2.5 से 3.5 फीट तक है।

महापाषाण संस्कृति के साथ दक्षिण में लौह उपयोग की शुरुआत हुई थी। इस काल से सम्बद्ध अवशेषों में हंसिया, भाले, तीरफल, चाकू एवं शंकु (कीलें), तलवार प्रमुख हैं। प्राप्त मृद्भाण्ड काले एवं लाल जिनका निर्माण मन्द गति वाले चाक पर किया जाता था।

ब्रह्मगिरि में सिस्ट सर्कल एवं पिट सर्कल द्वारा शव विसर्जन किया जाता था, जिसे तमिल में 'पाण्डुकुलि' कहकर सम्बोधित किया जाता है। कुछ विद्वानों ने इस संस्कृति का ई.पू. तीसरी सदी से ईसा की पहली शताब्दी के मध्य काल, निर्धारण किया है।

सुलर कोयम्बटूर जिले में स्थित सुलर में एक मेगालिथिक सिस्ट समाधि में अन्य सामग्री के साथ ईसा पूर्व की तीसरी अथवा दूसरी शताब्दी की एक मुद्रा भी प्राप्त हुई है। संभवतः उक्त मुद्रा ईसा सम्वत् से पूर्व की आहत मुद्रा है। इसी जिले पाण्डुकुल्ली से रोमन शासक ऑगस्टस की एक रजत मुद्रा (ई. पू. 27–14) मिली है। हुल्लर (सुलर) तथा वैययमपल्ली जैसे स्थलों की रेडियो कार्बन तिथि ई. पू. 1000 से पहली शताब्दी ई. निर्धारित की गई है।

अरिकमेडु (पुडुचेरी) पुडुचेरी के निकट स्थित पुरातात्विक स्थल को विद्वानों ने अरिकमेडु की संज्ञा दी है। 1941 ई. में एक फ्रांसीसी विद्वान् ने उत्खनन करवाया था एवं 1945 ई. में मार्टीमर व्हीलर को पुनः उत्खनन का दायित्व मिला। 1947 ई. में कैसल महोदय को प्रथम शताब्दी की सतह से मेगालिथिक मिट्टी के बर्तन प्राप्त हुए थे। अरिकमेडु का महत्व भारत एवं रोम के बीच व्यापारिक एवं सांस्कृतिक सम्बन्धों के कारण अधिक है।

कोच्चि उत्खनन से मेगालिथिक सिस्ट 'समाधि' से मिट्टी के पात्र उपलब्ध हुए हैं जो कलात्मक दृष्टि से आन्ध्र–काल के सन्निकट प्रतीत होते हैं।

तड़िगुफा (गुफा समाधि) : कोचिन के कट्टकम्पल तथा त्रिपुर के पोर्कलाम से तड़िगुफा या गुफा समाधियों के अवशेष मिले है। महापाषाणिक संस्कृति काल की इन समाधियों से मिट्टी के पात्र व लौह उपकरण मिले है। गुम्बदाकार गुफाओं में वर्गाकार, आयताकार व गोलाकार खम्भे, व कुछ में कमरे बने मिले है।

अन्त में कहा जा सकता है कि, महापाषाण युगीन संस्कृति की समस्त सामग्री को हम ईसा पूर्व तीसरी शताब्दी से ईसा की प्रथम शताब्दी के मध्य रख सकते हैं। यद्यपि इसके विषय में अभी और शोध किया जाना अपेक्षित है। लेकिन इस ओर कोई कार्य नहीं किया जाए, तब तक इस संस्कृति को अधिक प्राचीन नहीं कहा जा सकता है।

महापाषाणिक संस्कृति का योगदान मेगालिथ संस्कृति के लोगों ने स्थलों के नीचे तालाब अवश्य बनवाये। दक्षिण में तालाब निर्माण अब भी किया जाता है।

- नीलकंठ शास्त्री के अनुसार महापाषाणिक संस्कृति के लोग मुरुगन (या बेलन अथवा कार्तिकेय) की पूजा करते थे, जो तमिलों में अब भी प्रचलित है। मेगालिथ काल में भी प्रचलित थी।
- चावल, जौ, रागी (मडुआ) का उत्पादन व गाय, बैल भेड़ बकरी का पालन उस काल से अब तक चला आ रहा है।
- ताम्र व कांस्य बर्तनों का प्रयोग उस युग से वर्तमान समय तक जारी है। कहा जा सकता है कि, महाश्म संस्कृति प्रायद्वीपीय भारत के इतिहास का प्रारंभिक चरण है।

संदर्भ :

1. शास्त्री नीलकंठ, दक्षिण भारत का इतिहास, पृ. 47
2. आलचिन, आर. एवं बी., द बर्थ ऑफ इण्डियन सिविलाइजेशन, पृ. 230
3. आलचिन, वही; पृ. 229–30
4. शास्त्री, वही; पृ. 46
5. शास्त्री, वही; पृ. 47
6. शास्त्री, वही; पृ. 48
7. आलचिन, वही; पृ. 227

आर्य एवं वैदिक काल

(Aryans and Vedic period)

13 भारत में आर्यों का प्रसारण
(Expansion of Aryan Settlement in India)

सैन्धव सभ्यता जब पतन की ओर थी, उस दौरान भारत में आर्य[1] जाति द्वारा वैदिक सभ्यता की नींव रखी गई। आर्य शब्द का अर्थ है श्रेष्ठ, उत्तम, उदात्त, अभिजात्य कुलीन आदि।

- **आर्यो का मूल स्थान** : आर्यशब्द को, कई विद्वान भाषा का बोधक मानते है दूसरी विचारधारा के विद्वान आर्य शब्द को जाति सूचक मानते हैं। इसी आधार पर आर्यों के मूल निवास की दो धारणायें सामने आई। एक वर्ग भाषा के आधार पर ई. पू. 1000 से पहले आर्यो का भारत आना स्वीकारते है। दूसरे वर्ग के विद्वान आर्य शब्द को श्रेष्ठ, उत्तम या कुलीन का बोधक मानकर स्थानीय निवासी मानते है जो उत्तर पश्चिमी देशों में अपनी संस्कृति के प्रसार एवं व्यापार आदि हेतु गये। पहली विचारधारा के फिलिप्पो सासेती (Filippo Sassetti) इटली के भाषागत अध्ययन (गोवा में रहकर 1593–1588 ई.), जिसमें संस्कृत के शब्द मातृ यूनानी में मेतोर, लैटिन में मातेर, जर्मन में मत्तर व अग्रेंजी में मदर के आधार पर यूरोपियन व भारतीयों के साथ रहना स्वीकारते हैं।
- पी. गाइल्स आर्यों को भाषा विज्ञान के आधार पर हंगरी व डेन्यूब नदी क्षेत्र का मानते है। जहां वैदिक प्रकार के पशु व वनस्पति पाई जाती है। वहीं से आर्य भारत आये।
- हर्ट (Hirt) एवं पेन्का आर्यो की शारीरिक विशेषतायें जर्मनी के स्कैण्डीनेवियन लोगों जैसी मानतें है, नृविज्ञान भी उनका आधार है।
- नेहरिंग को त्रिपोल्जे (दक्षिणी रूस) अथवा यूक्रेन से ई. पू. 3000 के मृद्भाण्ड अर्थात धूसर मृद्भाण्ड संस्कृति (PGW) के मिले है जो कि आर्यो द्वारा दो आब क्षेत्र में प्रयोग में लाये जाते थे। अर्थात आर्य यूक्रेन से आये थे। इसी तरह का सिद्धान्त बालगंगाधर तिलक ने (द आर्कटिक होम आव द आर्यन) में रखा है।
- व्हीलर (द इण्डस सिविलाईजेशन, पृ. 91) ने सैन्धव सभ्यता के पतन का कारण भारत पर आर्य आक्रमण माना। मोहनजोदड़ो से प्राप्त कुछ अस्थिपंजरों के आधार पर जिनके पैने शस्त्रों के घावों के निशान है आर्य आक्रमण का सिद्धान्त रखा।
- मैक्समूलर (Max muller) आर्य शब्द भाषा का बोधक मानते है। भारोपीय (भारतीय–यूरोपीय) तथा मध्यरूसी फिनो उग्रीयन (Fino-Ugrian) में आश्चर्य जनक समानता देखी (देखिये Vedic Age, P206) और आर्यो को दक्षिण रूस का माना गया। ऋग्वेद व ईरानी जिंद अवेस्ता में भाषाई समानता जैसे इन्द्र अवेस्ता में इन्द्र, वायु अवेस्ता में वयु, वैदिक मित्र अवेस्ता में मिथ्र और आर्य शब्द अवेस्ता में आया है। इसी एकता से आर्यो को विदेशी घोषित किया। (देखिये Vedic Age, P208)
- मध्य एशिया के बोगज कुई (Boghoz-koi) लेख जो बेबिलोनियायी क्युनिफार्म लिपि में है। इसके आधार पर कप्पाडोसिया को आर्यो का आदि स्थान माना। एडवर्ड मेयर के अनुसार बोगज कुई व एल अमर्ना साक्ष्यानुसार आर्य मेसोपोटामिया या सीरिया में ई. पू. 1400 में थे। फिर पंजाब आये। बोगज कुई लेख हिट्टी (Hittite) राजा तथा मिटानी के मर्यानी शासकों की ओर से वैदिक इन्द्र, वरूण, मित्र, नासत्य का साक्ष्य प्रस्तुत किया व आव्हान किया।
- अन्त में आर्य आक्रमण के सबसे बडे सूत्रधार विलियम जोन्स (Sir William Jones 1746.1994) ने 1786 में एशियाटिक सोसायटी आफ बंगाल (Asiatic Society of Bengal) में कई भाषाओं की समानता के आधार पर कहां "ये समानताएं या घनिष्ठता दुर्घटनावश नहीं है। बल्कि खास भाषा का संकेत है जिसके बोलने वालों को भारोपीय (Indio-European) नाम दिया। इस सिद्धान्त को राखीगढी से प्राप्त परिणामों से पूर्व ही कई अन्य तथ्यों के आधार पर खारिज कर दिया है (देखिये Vedic Age, P.205)।

दूसरा पक्ष : फिलिपो सासेती के मत को कुछ भाषागत समानता के आधार पर, आर्य आक्रमण का सिद्धान्त स्वीकार नहीं किया जा सकता।

(1) पी. गाइल्स का सिद्धान्त पूरी तरह अमान्य हो गया है उपरोक्त प्रकार की वनस्पति व पशु भारत में पाये जाते हैं जिनका जिक्र वैदिक ग्रंथों में हुआ है।

(2) हर्ट व पेन्का के तर्क भी अधिक सबल नहीं है क्योकि सैन्धव –सारस्वत लोगों के माइटो कांड्रियल डी. एन. ए. टेस्ट और अभी हाल ही में राखीगढ़ी के अस्थिपंजरों के डी. एन. ए. जांच परिणाम में सैन्धव व आर्यो का देशज होना सिद्ध होता है।

(3) नेहरिंग के धूसर मृद्भाण्ड संस्कृति (PGW) के एक मात्र तर्क पर विशाल जातीय पलायन का आधार नहीं बनाया जा सकता। इसी प्रकार बालगंगाधर तिलक की उषा की स्तुति के आधार पर आर्यो के, उत्तरी ध्रूव से आने की बात स्वीकार्य नहीं है।

(4) व्हीलर का मत (1946 ई.) भी, जिसकी पूर्व में चर्चा की है पूरी तरह अमान्य हो गया है।

(5) अविनाशचन्द्र दास एवं सम्पूर्णानंद की मान्यता है कि ऋग्वेद में उल्लेखित देवासुर संग्राम में असुर जाति पराजित हुई और वे लोग सप्त सैन्धव छोड़कर पश्चिम (ईरान) की ओर चले गये। जिंद अवेस्ता में जिस अहुरमज्दा का जिक्र है वे असुर वर्ग के ही प्रतिनिधि देव थे। यदि आर्य बाहर से आये होते तो पुरातात्विक प्रमाण मिलने चाहिए थे किंतु सैन्धव स्थलों से इसकी पुष्टि नहीं होती।

अंत में सुप्रसिद्ध मानव विज्ञानी एडमंड लीच की 1990 की **कल्चर थ्रू टाइम** : एंथ्रोपोलाजिकल एप्रोचेज' की पुस्तक के लेख ''आर्यन इनवेसज ओवर फोर मिलेनियम' में लिखा हैं : विचारशील विद्वान अब भी यह विश्वास क्यों नहीं करते हैं कि आर्यो का आक्रमण हुआ था। इस प्रकार की कल्पना अब आकर्षक क्यों नहीं है? सच मानिए आर्यो का आक्रमण तो कभी हुआ ही नहीं। उपरोक्त तथ्यों के सन्दर्भ में हम कह सकते है आर्य भारतवासी थे। उत्तर प्रदेश बागपत जिले के सिनोली गाँव में पिछले दो साल से खुदाई चल रही है जिसे डिसकवरी चैनल Secrets of Sinauli टाईटल में कॅवर किया। खुदाई में प्राप्त सामग्री को 1800 ई. पू. का माना गया है। प्राप्त सामग्री में भाले तीर, अन्य हथियार व रथ एवं रथों में उपयोग आने वाली सामग्री मिली है। प्राप्त सामग्री विलियम जोन्स जैसे कई पाश्चात्य विचारकों के इस सिद्धान्त को खारिज करती है कि आर्यो ने घोड़ों एवं रथों से भारत पर आक्रमण किया एवं आर्य विदेशी थे। खुदाई से प्राप्त सामग्री से आर्यो के स्थानीय होने की पुष्टि होती है। सिन्धु–सरस्वती सभ्यता के बाद आर्य संस्कृति का विकास स्थानीय लोगों ने ही किया था।

वैदिक पुरातात्विक साक्ष्यों में ऋग्वेद काल के काले व लाल मृद्भाण्ड (Black and Red Ware) एवं गेरूवर्णी मिट्टी के बर्तन (OCP-Ochre Coloured Pottery) मिले है। साथ ही ताम्र ढेर (Copper hoard) इस काल का प्रतिनिधि खनिज था। आर्यो को लोहे की भी जानकारी थी। गेरूवर्णी मृद्भाण्ड व तांबे के ढेर गंगा–यमुना दो आब क्षेत्र से मिले है। गैरिक मृद्भाण्ड काल 2000 ई. पू. से 1500 ई. पू. के बीच का माना गया। उत्तर वैदिक काल के चित्रित धूसर पात्र (PGW-Painted ware) व उत्तरी कालीन पॉलिश वाले पात्र (NBPW- Northern Black Polished ware) प्राप्त हुए है।

वैदिक आर्यों का प्रारंभिक क्षेत्र ऋग्वेद काल में आर्यों के सांस्कृतिक विकास का प्रारम्भिक स्थल सप्त सैन्धव प्रदेश था, क्योंकि ऋग्वेद में (1) सिन्धु (2) सरस्वती[2] (3) सतुद्रि (सतलज), (4) विपासा (व्यास), (5) पुरुष्णी (या रावी जिसे आगे इरावती नदी भी कहा है।) (6) असकिनी (चिनाब) एवं (7) वितस्ता (झेलम) का विवेचन मिलता है। साथ ही मरूदवृधा एवं दृषद्वति का भी जिक्र आया है। यद्यपि पूर्वी अफगानिस्तान की कुछ नदियों का भी उल्लेख आया है। यथा–कुभा (काबुल), सुवास्तु (स्वात), क्रुमु (कुर्रम सिंध की सहायक) एवं गोमती (गोमल) आदि।

ऋग्वेद में हिमालय का उल्लेख मिलता है तथापि विन्ध्य पर्वत के दक्षिण क्षेत्र का विशेष उल्लेख नहीं पाया जाता। ऋग्वेद के संकलन तक आर्य सभ्यता का पश्चिम में अफगानिस्तान से पूर्व में गंगा के पश्चिमी तट तक एवं उत्तर में हिमालय से दक्षिण विन्ध्य तक विस्तार हो गया था। इस क्षेत्र को ''ब्रह्मावर्त'' के नाम से जाना जाता था। हिमालय एवं विन्ध्य के मध्य भाग को मध्य देश एवं बंगाल को शामिल करते हुए समस्त भाग को आर्यावर्त कहा जाने लगा। आर्यावर्त का शाब्दिक अर्थ जहां आर्य निवास करते हैं। राजन्य वर्ग से सम्बद्ध अनेक ''जनों'' (राज्यों) का उल्लेख ऋग्वेद में मिलता है, जिनमें पंचजन प्रमुख थे। अनु, द्रह्यु, यदु, पुरू व तुर्वस।

- भारत के उत्तर पश्चिम में स्थित 'पक्थ जन' का उल्लेख मिलता है जिसका अभिप्राय पक्थुनिया से है। झीमर ने पूर्वी अफगानिस्तान से इसका तादात्म्य स्थापित किया है अर्थात् आधुनिक पक्थुन।
- 'कैकय' झेलम एवं चिनाब का मध्य क्षेत्र था।
- इसी प्रकार 'अर्जिकीय' एवं 'शिविजन' उल्लेखनीय थे।
- झेलम के मध्य क्षेत्र में 'यदु' एवं इसके पूर्व पर्वतीय क्षेत्र में 'पुरु' तथा 'उत्तर मद्र' या 'मद्र' जनपद थे।
- असकिनी (चिनाब) एवं पुरुष्णी ;रावी के मध्य 'वाहीक', 'द्रहयु', 'तुर्वस' आदि स्थित थे। असकिनी या चिनाब जो अब पाकिस्तान में बहती है। अथर्ववेद के अनुसार यह नदी त्रिकूट (त्रिककुद) पर्वतघाटी में बहती थी। जहां क्रिवी लोग रहते थे जो बाद में पंजाब में आ गये।
- 'त्रस्तु', 'पारावत' एवं 'सृंजय' सतुद्री (सतलज) के किनारे दोनों ओर स्थित छोटे–छोटे राज्य थे।

- यमुना नदी के आस–पास के क्षेत्र में 'उसीनारा', 'साल्य', 'मत्स्य', 'मूजवन्त' आदि राज्य स्थित थे। उत्तर वैदिक साहित्य से इनके विषय में अधिक जानकारी मिलती है।

दसराज्ञ युद्ध प्रारम्भ में आर्य पंजाब में नदियों के आसपास मुख्य रूप से केन्द्रित थे। इस काल की महत्वपूर्ण ऐतिहासिक घटना दसराजन या दस राजाओं का युद्ध थी, जिसका उल्लेख अनेक सूक्तों में आया है। प्रमुख भरत वंश का राजा सुदास त्रत्सु परिवार से सम्बन्धित था। उसे दिवोदास का पुत्र कहा है। विश्वामित्र सुदास के पुरोहित थे और विपासा (व्यास) एवं सतुद्री (सतलज) के अभियानों में उन्होंने सुदास को विजय दिलवाई थी। किन्तु बाद में सुदास ने विश्वामित्र को हटाकर वशिष्ठ को उनके विशेष ज्ञान से प्रभावित होकर अपना पुरोहित बना लिया। परिणामतः दोनों ऋषियों में घोर विरोध हो गया और विश्वामित्र ने भरतों का सामना करने हेतु दस राजाओं का संघ बनाया। इस युद्ध का एक कारण परुष्णी (रावी) के पानी का बँटवारा भी था। विद्वानों की मान्यता है कि सुदास की साम्राज्यवादी नीति युद्ध का मूल कारण थी। उसकी राज्य विस्तार की नीति से पड़ोसी राज्य आशंकित थे। विश्वामित्र के क्रोध ने युद्ध को भड़का दिया। सुदास के विरुद्ध पड़ोसी राज्य संगठित हो गए जिसमें पुरु, यदु, तुर्वस, अनु, एवं द्रह्यु और पाँच अन्य पक्थ, अलिना, भालना, शिवि तथा विसानिन सम्मिलित थे। पुरुष्णी (रावी) नदी के तट पर घोर संग्राम हुआ जिसमें भरतों की विजय हुई। राजा भिदा के निदेशन में अज, शिगरस एवं यक्शु जातियों से भी युद्ध करना पड़ा। किन्तु इन्हें भी परास्त होना पड़ा और भरतवंशी सुदास ब्रह्मावर्त का सबसे प्रभावी राजा हो गया। इस प्रकार वैदिककालीन भरत वंश के नाम पर सम्पूर्ण देश को भारत कहा जाने लगा। आगे जाकर भरतवंशी शासकों एवं पुरुओं में मैत्री हो गई। दोनों पारस्परिक सम्बन्धों से 'कुरु' वंश का प्रादुर्भाव हुआ।

प्रमुख वैदिक जनपद : वैदिक ग्रंथों के आधार पर प्रमुख जनपदों का उल्लेख इस प्रकार किया जा सकता है – अंग, आंध्र, उसीनारा, कम्बोज, काशी, कुरु, उत्तर कुरु, कोशल, गान्धार, चेदि, पांचाल, पारावत, पुण्ड्र, बहिलक, वाहीक, भरत, मत्स्य, मद्र, उत्तर मद्र, मगध, बंग, विदेह, विदर्भ, वस्स, सृंजय। इन जनपदों की भौतिक स्थिति के विवरण से ही आर्यो के प्रसरण या वैदिक संस्कृति के विस्तार का बोध संभव हैं।

अंग अंग का उल्लेख अथर्ववेद[3] संहिता तथा गोपथ ब्राह्मण[4] में मगधों के साथ आया है। अंग बिहार के मुंगेर, भागलपुर जिलों (दक्षिण–पूर्वी बिहार) में विस्तृत था। परवर्तीकाल में मगध एक शक्तिशाली राज्य के रूप में प्रकट हुआ। इस तरह अंग को मगध में सम्मिलित कर लिया गया। कीथ[5] की मान्यता है और जैसा अन्य विद्वानों का भी सुझाव है कि ऋग्वेद में उल्लिखित कीकट लोग मगध में ही रहते थे।[6] प्रमगन्द को कीकटों का नेता कहा गया है। अथर्ववेद में मगधों को व्रात्य कह कर सम्बोधित किया है। व्रात्यों का उल्लेख पंचविश ब्राह्मण में भी मिलता है।[7]

अन्ध्र ऐतरेय ब्राह्मण[8] में अन्ध्र का विवरण मिलता है। इसमें एक कथानक आया है कि विश्वामित्र ने अजीगर्त के पुत्र शुनःशेप को ज्येष्ठ पुत्र के रूप में स्वीकार किया था। लेकिन विश्वामित्र के अन्य पुत्रों ने इस कार्य को अनुचित बताया। विश्वामित्र ने क्रोधवश उन्हें, अन्ध्र, पुण्ड्र, पुलिंद, शबर, मुतिब आदि बन जाने का श्राप दिया। तमिलनाडु के उत्तर में स्थित वर्तमान आन्ध्र को अन्ध्र माना गया है। कहा जा सकता है कि विश्वामित्र के श्राप के माध्यम से दक्षिण क्षेत्र एवं आदिवासी वर्ग के आर्यीकरण का प्रयास किया गया।

उसीनारा उसीनारा का उल्लेख आत्रेय ब्राह्मण में आया है। सम्भवतः कुरु पांचालों के साथ एक छोटा राज्य मध्य भारत में कहीं स्थित था। पुसालकर की मान्यता है कि झिमर का यह अनुमान ठीक प्रतीत नहीं होता कि ऋग्वैदिक काल में उसीनारा उत्तर–पश्चिमी प्रदेश में स्थित था।[9] इसकी राजधानी भोजनगर कही गई है।

काम्बोज उत्तरी पाकिस्तान एवं कश्मीर घाटी क्षेत्र इसके भाग थे। इसके निकटवर्ती भाग को गांधार कहा गया है। मद्रगार आचार्य के शिष्य औपन्यव काम्बोजवासी थे। यास्क ने अपने ग्रन्थ ''निरुक्त'' (ई. पू. 500) में उल्लेख किया है कि अन्य भारतीय लोगों से काम्बोजवासियों की बोली में अनेक दृष्टि से भिन्नता देखी जाती है। बौद्धग्रंथ अंगुत्तर निकाय में इसे 16 महाजन पदों में शामिल किया है। अशोक के पाँचवें शिला लेख में भी इसका जिक्र आया है। काम्बोज निश्चित रूप से सिन्धु नदी के उत्तर–पश्चिम में स्थित था। पक्थ (Pakthas) भिलाना (Bhilanas) अलिना, शिवि एवं विशानिन सीमावर्ती प्रजातीय राज्य थे।

काश्य या काशी काशी का उल्लेख कोशल एवं विदेह के साथ अनेक ग्रन्थों में मिलता है। इसकी राजधानी ''काशी'' कही गई है जिसे परवर्ती साहित्य में वाराणसी नाम दिया है। काशी का उल्लेख अथर्ववेद, शतपथ ब्राह्मण, जैमिनीय ब्राह्मण, बृहदारण्यक उपनिषद्, कौषीतकि उपनिषद तथा गोपथ ब्राह्मण में मिलता है। यहां किसी एक वंश का शासन नहीं रहा। यहां के सभी शासक बह्मदत उपनाम से शासक बनते रहे।

कुरु वैदिक ग्रन्थों में कुरुओं का उल्लेख पांचालों के साथ आया है। यहाँ के राजा सुदास ने हस्तिनापुर के राजा को हटाकर अपना आधिपत्य स्थापित कर लिया था। परन्तु यह स्थिति अधिक समय तक नहीं रही एवं कुरु राजा पौरव ने हस्तिनापुर को ही नहीं जीता बल्कि उत्तरी पांचाल को भी

कब्जे में कर लिया था। उसकी साम्राज्य सीमा प्रयाग तक विस्तृत थी एवं उसने अपने राज्य को कुरुक्षेत्र या ''कुरु जंगला'' नाम दिया और उसके उत्तराधिकारी कुरु या कौरव कहलाए। मोटे रूप में कुरु वर्तमान थानेश्वर, दिल्ली तथा गंगा के दो आब के उत्तरी भाग में फैला हुआ था।

कुरु–पांचाल, राजाओं की मित्रता को अन्य राजाओं द्वारा उदाहरणस्वरूप लिया जाता था। यहाँ के राजा राजसूय यज्ञ में एक साथ उद्बोधित किए जाते थे। ''ओ कुरु–पांचालों'' आदि।[10]

राजा प्रतीप के देवापी बालीक एवं शान्तनु दो पुत्र थे। शान्तनु के ज्येष्ठ पुत्र भीष्म थे, जो ब्रह्मचर्य की शपथ ले चुके थे। शान्तनु के तृतीय पुत्र विचित्रवीर्य से धृतराष्ट्र एवं पाण्डु दो पुत्र हुए थे।

उत्तर कुरु हिमालय के पार उत्तर कुरु स्थित कहा है। इसका उल्लेख ऐतरेय ब्राह्मण में आया है। झिमर ने उत्तर कुरुओं को कश्मीर का शासक स्वीकार किया है, जो कुरुओं की एक शाखा रही होगी।

कोशल कोशलों का उल्लेख शतपथ ब्राह्मण[11] एवं जैमिनीय ब्राह्मण[12] में विदेहों के साथ हुआ है। कोशल– वर्तमान अवध घाघरा नदी के किनारे स्थित फैजाबाद क्षेत्र ही प्राचीन कौशल था।

विदेह के राजा को कोशल का राजा भी कहा गया है। सम्भवतः कुछ समय के लिए ये राज्य एक संघ के रूप में संगठित हो गए थे। अयोध्या (अवध) के राजा युवनाश्व द्वितीय के युग में उल्लेखनीय प्रगति हुई। विशेष रूप से उसके पुत्र मान्धता के काल में, जो एक प्रसिद्ध राजा था, उसे सम्राट कहा गया।

मान्धाता के पुत्र द्वारा नर्मदा नदी तक सैन्य अभियान पर जाने का जिक्र आया है। अयोध्या अथवा कौशल का पुनरुत्थान सगर तथा उसके बड़े पुत्र भागीरथ के अधीन हुआ। कौशल नरेश दिलीप द्वितीय तथा उसके उत्तराधिकारियों क्रमशः रघु, अज, दशरथ, राम का महत्व है, राम जन्म भूमि अयोध्या की पुरातात्विक साक्ष्यों से पुष्टि हो गई है।

गांधार सिंधु नदी के तट पर निवास करने वाले राजा भावभव्य का उल्लेख मिलता है। परवर्ती तक्षशिला एवं पुष्करावती इसी राज्य के नगर थे। पश्चिमी पंजाब के रावलपिंडी जिले तथा पेशावर इसमें शामिल थे। ऋषि कक्षीवान ने कहा है कि, उस राजा भावभव्य ने यश की इच्छा से मेरे निमित्त सहस्त्र यज्ञानुष्ठान[13] किए हैं। इसी सूक्त में गांधार देश की लोमपूर्णा भेड़ों को उल्लेख आया है।[14] गांधार को गन्धरी भी कहा गया है। इसका समीकरण वर्तमान कन्धार से किया जाता है जो भारत का सुदूर उत्तर–पश्चिमी भाग था। झिमर के अनुसार वैदिक काल में कुभा एवं सिन्धु के संगम स्थान को गांधार क्षेत्र कहा जा सकता है।[15] यहाँ के राजा द्रुह्य, जिसने अयोध्या के राजा मान्धाता से परास्त होकर गंधार राज्य की स्थापना की थी।

चेदि ऋग्वेद में चेदिवंशीय राजा कशु का नाम मिलता है। ''ऋग्वेद में जिक्र आया है कि कशु से बढ़कर कोई दान विद्वान् स्तोता को नहीं देता।''[16] यह भी वर्णन मिलता है कि ''चेदि वंश वाले जिस मार्ग से जाते हैं उस मार्ग से कोई नहीं जाता।'' चेदि राज्य सम्भवतः घने जंगलों में स्थित था। चेदि राज्य विन्ध्य के उत्तर एवं यमुना नदी के दक्षिणी किनारे पर स्थित माना है। चेदि या विदर्भ आधुनिक बरार का नाम है। जैमिनी ब्राह्मण[17] में इस क्षेत्र का उल्लेख मिलता है। ऐतरेय ब्राह्मण में यहाँ का राजा ''भीम'' कहा गया है। पौराणिक युग में चेदि (यादव वंशीय) नरेश शिशुपाल पराक्रमी राजा हुआ था, इसका वध श्रीकृष्ण ने किया था। ऐसा महाभारत से ज्ञात होता है।

निषाद शतपथ ब्राह्मण[18] दक्षिण के राजा नडनैषि कहे गए हैं। निषाद या नैषिध दक्षिण में स्थित था। किन्तु इसके विषय में तत्कालीन वैदिक साहित्य से अधिक जानकारी नहीं मिलती है।

पांचाल यजुर्वेद की तैतिरीय संहिता में इसका जिक्र आया है। पांचाल राज्य दोआब तथा मध्य गंगा के उत्तरी भाग में स्थित था। आधुनिक बरेली, बदायूं, फरुखाबाद, रुहेलखण्ड के सीमावर्ती जिले आदि प्राचीन पांचाल में सम्मिलित थे। इसके पूर्व में काशी, विदेह एवं दक्षिण–पश्चिम में मत्स्य राज्य स्थित थे। ब्राह्मण ग्रन्थों में पांचालों की राजधानी काम्पिल (काम्पिल्य) कही गई है। कौशाम्बी तथा परिचक्र को कुरु राज्य का मित्र राज्य भी कहा गया है। वेबर के अनुसार **पांचाल सम्भवतः पाँच प्रजातियों का संगठन था**।[19] रायचौधरी के अनुसार पांच कुल क्रमशः **क्रिवी केशी**, **सृंजय**, **तुर्वस** व **सोमक** थे। दिवोदास, सुदास तथा द्रुपद इन्हीं वंशो के राजा थे। सुदास ने उत्तर में अपने राज्य को प्रभुत्तासम्पन्न राज्य का स्वरूप प्रदान किया तथा हस्तिनापुर पर भी अधिकार जमा लिया था। अतः पश्चिमोत्तर क्षेत्र के राजाओं ने इसके विरुद्ध संघ बनाया। सुदास ने इस संघ को पराजित किया जिससे संघ में मतभेद उत्पन्न हो गया और वह शक्तिशाली राजा बन गया। इस युद्ध का वर्णन ऋग्वेद तथा महाभारत में 'दासराज' युद्ध के नाम से मिलता है। इस प्रदेश के दार्शनिक राजा प्रवहण जाबालि का उल्लेख उपनिषदों में आया है।

पारावत ऋग्वेद एवं ताण्ड्य ब्राह्मण में 'पारावतों' का जिक्र आया है। पारावत लोगों को यमुना के निकट स्थित कहा गया है। हिलेब्राण्ड एवं गेल्डनर ने पारावतों को ग्रेड्रोसिया (बलूचिस्तान) की उत्तरी सीमा पर स्थित बताया है जो उचित प्रतीत नहीं होता।[20]

पुण्ड्र पुण्ड्रों का उल्लेख मुतिब, शबर, पुलिन्द लोगों के साथ आया है। सम्भवतः ये वर्तमान ओडीशा अर्थात् अन्ध्रों के उत्तर में कहीं निवास करते रहे होंगे।

बहिलक या वाहीक शतपथ ब्राह्मण[21] में एक पुरुष का नाम बहिलक–प्रतीपीय मिलता है। अथर्ववेद संहिता से विदित होता है कि बहिलक लोग उत्तर के रहने वाले थे। कदाचित्त 'बहिलक' या वहिलक और वर्तमान बल्ख एक ही है।

बहिलक या बल्ख तथा बोगजकोई लेख एशिया माईनर से प्राप्त बोगजकोई अभिलेख (Boghazkoi inscription) बोगजकोई स्थान से हयुगो विंकलर (Hugowinckler) व लियोनार्ड विलियम किंग (Leonard William king) द्वारा क्युनिफार्म लिपि के शिलालेख का अध्ययन किया। लेख में 1380 ई. पू. के दो राजाओं के बीच सन्धि का जिक्र है। हितीति राजा सुपिफिल्यस प्रथम एवं मितानी राजा अर्तामा (Artama) के बीच सम्पन्न सन्धि में इन्द्र, मित्र, वरूण, व नासत्य का जिक्र इस प्रकार हुआ है – इन द र, मी तर, उरूवत और न सतीय और अश्विन देवता सन्धि के गवाह बने व आर्शिवाद दिया। शिलालेख में नाम उसी क्रम में है जिस क्रम में ऋग्वेद में आये है। स्पष्ट है हितीति व मितानी राजा आर्य थे जिन्होंने इन देवताओं का लेख में जिक्र किया। बोगजकोई लेख बेबीलोन साम्राज्य पर आर्यो (संभवतः बल्ख क्षेत्र के) के आक्रमण का जिक्र करता है। बेबीलोन जीतने वाले खदि (खतिय या खेता) संभवतः क्षत्रिय का विकृत रूप है। खतियों ने बेबीलोन के एक भाग को जीतकर अपने साम्राज्य में मिला लिया।

वाहीक भारत के पश्चिमोत्तर सीमा के निवासियों को वाहिक कहा गया । बाद में यहां के लोग पंजाब में निवास करने लगे। शतपथ ब्राह्मण[22] में वाहीकों का विवेचन मिलता है।

भरत वैदिक साहित्य में भरतवंश सर्वाधिक प्रसिद्ध रहा है। ऋग्वेद में भरतवंशी राजा सुदास रावी नदी के निकटवर्ती क्षेत्र के स्वामी माने गये।[23] जैन साहित्यानुसार प्रथम जैन तीर्थकर ऋषभ देव के पुत्र भारत के नाम इस देश को भारत कहा जाने लगा। ब्राह्मण साहित्य में चन्द्रवंशी दुष्यन्त व शकुन्तला पुत्र भरत के नाम भारत पडा। ऋक् संहिता में ही अन्यत्र भरतों के व्यास एवं सतलज के उस पार जाने का विवरण आया है।[24] इनके सरस्वती एवं दृषद्वती के निकट स्थित होने की सूचना भी मिलती है।[25] राजा दुष्यन्त ने गंगा–यमुना के उत्तरी भाग में पौरव राज्य की स्थापना की थी। दुष्यन्त के पुत्र भरत ने इस राज्य की सीमा में पर्याप्त विस्तार किया। वह प्रतिष्ठान से अपनी राजधानी हस्तिनापुर ले गया। उसके राज्य की सीमा पंजाब से अयोध्या तक विस्तृत हो जाने का उल्लेख मिलता है। इसी वंश की एक शाखा सम्भवतः कुरु कहलाई।

मगध अंग राज्य के साथ मगध का विवरण मिलता है। यजुर्वेद संहिता में वेश्या, जुआरी के साथ मगधों का उल्लेख हुआ है।[26] अथर्ववेद[27] तथा तैत्तिरीय ब्राह्मण[28] में मगधों का विवरण मिलता है। मगध के राजा बृहद्रथ द्वारा गिरिवृज में राजधानी बनाए जाने का भी जिक्र आया हैं। उसने बृहद्रथ वंश की स्थापना की। इस वंश में जरासंध महत्वपूर्ण राजा हुआ जिसने मथुरा तक राज्य बढ़ा लिया था। वैदिककालीन मगध वर्तमान दक्षिण बिहार क्षेत्र में विस्तृत था। यजुर्वेद से ज्ञात होता है कि यहाँ के लोग उच्च स्वर से बोलते थे।

मत्स्य शतपथ ब्राह्मण[29], गोपथ ब्राह्मण[30], कौषीतकी उपनिषद्[31] आदि में मत्स्यों का उल्लेख हुआ है। कौषीतकी उपनिषद् में मत्स्य राजा ''दहवसन दैयतवन'' का विवरण आया है, जिसने अश्वमेध आयोजित किया था। दैयत वन या द्वैतवन (Dhaitavana) द्वारा आयोजित अश्वमेध यज्ञ सरस्वती नदी तट पर सम्पन्न हुआ। मीमांसा के रचयिता जैमिनी का जन्म यही हुआ था। पौराणिक काल में मत्स्य को सूरसेन अर्थात् मथुरा क्षेत्र के पश्चिम में स्थित कहा गया। सम्भवतः मत्स्य जयपुर, अलवर एवं भरतपुर क्षेत्र को कहा जाता था।

मद्र वृहदारण्यकोपनिषद्[32] में मद्रों का उल्लेख हुआ है। सम्भवतः चिनाब एवं रावी के मध्य मद्र लोग निवास करते थे। पंजाब क्षेत्र को कुछ वर्षो पूर्व तक मद्र कहा जाता था।

उत्तर मद्र ऐतरेय ब्राह्मण में उत्तर मद्र का वर्णन मिलता है। कश्मीर या जम्मू क्षेत्र से इसकी एकता स्थापित की जाती है।

महावृष अथर्ववेद संहिता[33], छान्दोग्य उपनिषद[34] आदि में भी महावृषों का उल्लेख आया है। ये सम्भवतः उत्तरापथवासी थे।

मूजवन्त अथर्ववेद में मूजवन्तों का उल्लेख मिलता है। मूजवन्तों का महावृषों, गान्धारों एवं बाहलिकों के निकट, स्थित कहा है। यजुर्वेद में मूजवन्तों को दूर प्रदेश के निवासी माना है। सम्भवतः ये लोग हिमालय क्षेत्र में निवास करते थे।

बंग ऐतरेय आरण्यक[35] में वङ्गावगथाः का कथन मिलता है। सम्भवतः मगधों के पूर्वी भाग में बंग लोग निवास करते थे। इस तरह वर्तमान बंगाल एवं वैदिक बंग एक ही थे।

विदेह विदेह का उल्लेख कोशलों के साथ हुआ। इससे स्पष्ट होता है कि समीपवर्ती राज्य थे। बृहदारण्यकोपनिषद् में इनकी चर्चा मिलती है। तत्कालीन विदेह राज्य वर्तमान तिरुहत् में स्थित था। विदेह के राजा जनक की पुत्री सीता पौराणिक महाकाव्य रामायण से सम्बन्धित थी। अतः विदेह का प्रत्येक राजा अपने को विदेह घोषित करना सम्मानजनक मानता था। याज्ञवल्क्य एवं श्वेतकेतु आख्यान से विदेह के राजाओं की दार्शनिकता का बोध होता हैं।

वस्स वस्स एवं उसीनारा मध्य भारत में कहीं कुरु पांचालों के निकट स्थित थे। गोपथ ब्राह्मण में विवरण मिलता है कि वस्स एवं उसीनारा उत्तरी क्षेत्र के होने के अलावा एक समय संयुक्त राज्य के रूप में भी संगठित रहे थे। वस्स को बाद में वत्स कहा जाने लगा एवं उसकी राजधानी कौशाम्बी थी।

शिवि शिवि को उसीनारा से घनिष्ठ रूप से सम्बन्धित कहा गया। ऐतरेय ब्राह्मण में शिविराजा अमित्रतापन का उल्लेख आया है। शिवि पंजाब में इरावती एवं चन्द्र भागा के मध्य निवास करते रहे होंगे।

सतवन्त शतपथ ब्राह्मण के विवरण के आधार पर कहा जा सकता है कि सतवन्त दक्षिण के निवासी थे। शतपथ ब्राह्मण ने यह भी उल्लेख किया है कि, सात्वत राजा को भरतों ने हराया, क्योंकि उसने भरतों के अश्वमेध के घोड़े को पकड़ लिया था। इसके बाद सतवन्तों ने अपना राज्य दक्षिण में बढ़ाया।

सृंजय सृंजयों के कुरुओं से घनिष्ठ सम्बद्ध थे। सृंजय पांचालों का निकटवर्ती राज्य था। किन्तु हिलेब्राण्ड सृंजयों को सिन्धु नदी के पश्चिम में स्थित मानता है। कुरुओं एवं सृंजयों का पुरोहित एक ही कहा गया है। ये राज्य भी किसी समय एक ही राजा के अधीनस्थ रहे होंगे।

III. वैदिककालीन राजवंश

पार्जीटर ने प्रारम्भिक परम्पराओं के आधार पर वैदिककालीन राजनैतिक इतिहास की रूपरेखा बनाने का प्रयास किया है। प्रारम्भिक वैदिक परम्पराओं से ज्ञात होता है कि मनु वैवस्वत् ने मध्य देश में अपना राज्य स्थापित किया था। मनु के ज्येष्ठ पुत्र ''इक्ष्वाकु'' ने अयोध्या पर अधिकार कर सूर्य वंश की स्थापना की। उसकी राजधानी अयोध्या थी। मनु के दूसरे पुत्र नाभानेदृष्टि ने वैशाली (मुजफ्फरपुर) तथा ''पुरुष'' (अन्य पुत्र) ने दक्षिण–पश्चिम–बिहार पर, ''धृष्ट'' (चतुर्थ पुत्र) ने पंजाब पर, ''नाभाग'' (पंचम् पुत्र) ने यमुना के दक्षिण में तथा ययाति ने उत्तर गुजरात में अपना राज्य स्थापित किया। वैवस्वत् मनु की पुत्री इला का विवाह सोम के साथ हुआ। उससे चन्द्र वंश का संस्थापक पुरुरवस उत्पन्न हुआ। पुरुरवस का प्रपौत्र तथा नहुष का पुत्र ययाति उस काल का महान् विजेता सिद्ध हुआ, उसे प्रथम भारतीय सम्राट माना जाता है। सौद्युम्नवंश की स्थापना बिहार में हुई। इस वंश का संस्थापक सुद्युम्न था।

हैहय वंश यादव वंश की एक शाखा को हैहय कहा है। नर्मदा नदी के किनारे इस वंश की स्थापना हुई। इस कुल में महिष्मत नाम का प्रतापी राजा हुआ। इक्ष्वाकुवंशी मान्धता ने दक्षिण में जिस नगर की स्थापना की थी उस पर अधिकार कर उसे महिष्मति नाम उसी ने दिया था। सूर्य वंश में सत्यवादी एवं धर्मात्मा राजा हरिश्चन्द्र होने का आख्यान मिलता है। हैहय वंश की पांच शाखाएँ थी। वीतिहोत्र, भोज, अवन्ति, कुण्डीकेर तथा तालजंघ।

इसी प्रकार यादव वंश था, जो अनेक छोटे राज्यों में विभक्त था, किन्तु राजा मधु ने इन्हें संगठित किया था तथा उसके राज्य की सीमाएँ गुजरात से यमुना तक विस्तृत थी। उसके उत्तराधिकारी मधु या माधव कहलाए। पुनः उक्त राज्य ''सातवत'' के चार पुत्रों में विभक्त हो गया, उनमें महत्वपूर्ण 'आन्धक' एवं वृष्णी थे। आन्धक ने मथुरा को राजधानी बनाया एवं वृष्णी गुजरात में द्वारका का राजा बना। महाभारत के अनुसार वृष्णि वासुदेव के रोहिणी से उत्पन्न पुत्र संकर्षण (बलराम) एवं देवकी से श्रीकृष्ण का जन्म हुआ। श्री कृष्ण द्वारका के राजा बने। पश्चिम समुद्रतल के ऊपर द्वीप पर द्वारका का निर्माण विश्वकर्मा ने किया माना जाता है। श्री कृष्ण ने मथुरा से यादवों को लाकर यहां बसाया। कहा गया है कि वज्रनाभ ने रणछोड़ भगवान का मन्दिर बनाया था।

नर्मदा के निचले भाग में रहने वाले ब्राह्मण भार्गव कहे गये। भार्गवों में ऋषि ऋचिक और्व अग्रगण्य थे जिनका विवाह कान्यकुब्ज के राजा गाधि की पुत्री से हुआ था, जिनसे जमदग्नि का जन्म हुआ। दूसरी ओर जमदग्नि का विवाह अयोध्या की राजकुमारी से हुआ। राजा गाधि का पुत्र विश्वरथ था, जो बाद में विश्वामित्र ऋषि कहलाये।

निष्कर्ष : इन समस्त राजवंशों तथा विभिन्न राज्यों की भौगोलिक सीमाओं के आधार पर कहा जा सकता है कि वैदिक आर्यों ने वर्तमान अफगानिस्तान के पूर्वी–प्रदेश से भारत के पूर्वी भाग बंग तथा उत्तर में कश्मीर घाटी से दक्षिण में अन्ध्र पुलिन्द आदि क्षेत्रों तक अपनी संस्कृति का विस्तार करने में सफलता अर्जित की। कहा जा सकता है कि, उत्तर वैदिक काल तक सम्पूर्ण भारत, दक्षिण के कुछ भागों को छोड़कर वैदिक संस्कृति के प्रभाव में आ गया था। साथ ही विभिन्न राजवंशों ने अलग–अलग क्षेत्रों में अपने–अपने राज्य एवं राजवंशों की स्थापना की, जिससे धीरे–धीरे राजधानियों एवं नगरीय सभ्यता का विकास हुआ।

संदर्भ :

1. ऋग्वेद में आर्य शब्द का प्रयोग हुआ है एवं आर्य का अर्थ है उत्तम या श्रेष्ठ।
2. ऋग्वेद, 10/63/2.
3. अथर्ववेद, 5/22/14.
4. गोपथ ब्राह्मण, 2/9.
5. कैम्ब्रिज हिस्ट्री ऑफ इण्डिया, जि. 1, पृ. 110.
6. ऋग्वेद, 3/53/14 किं ते कृण्वन्ति कीकटेशु गावो नाशिंर
7. देखिये, काणे पी.वी., धर्मशास्त्र का इतिहास (जि. 1, पृ. 135) के अनुसार प्रारम्भ में मागध, प्रतिलोभ संतान माना हैं किन्तु परवर्ती ग्रथों में मागध शब्द देश के लोगों के लिए प्रयुक्त हुआ।
8. ऐतरेय ब्राह्मण, 7/18
9. द वैदिक एज, पृ. 252
10. कीथ बी, कैम्ब्रिज हिस्ट्री ऑफ इण्डिया, जि. पृ. 106
11. शतपथ ब्राह्मण, 1/4/1–7 ; 13/5/4/4
12. जैमिनीय ब्राह्मण, 2/329
13. ऋग्वेद 1/26/1, अमन्दान्त्सतोमान्प्रभरे मनीषा सिन्धावधि क्षियतो भाव्यस्य।
14. ऋग्वेद, 1/126/1, सर्वाहमस्मि रोमषा गंधारीणामिवाविका।
15. द वैदिक एज. पृ. 252
16. ऋग्वेद, 8/5/37, यथा चिच्चैधः कषुः शद मुष्ट्रानां ददत्सहस्त्रादष, गोनाम।
17. जैमिनी ब्राह्मण, 2/442
18. शतपथ ब्राह्मण, 2/3/2/1–2
19. कैम्ब्रिज हिस्ट्री ऑफ इण्डिया, जि. 1. पृ. 180.
20. द वैदिक एज, पृ. 252
21. शतपथ ब्राह्मण, 1/2/9/3

21a. Leanord W. king. Bogh Koi inscription, K Hittiti text in cuniform tablets in British museaum London 1920, published in classical Weekly Hittite tablets from boghazkoi, April 20, 1925, P 171-175.

22. शतपथ ब्राह्मण, 1/7/3/8
23. ऋग्वेद, 7/18/5, अर्णासि चित्प्रथाना सुदास।
24. ऋग्वेद, 3/33/11
25. ऋग्वेद, 3/23/14
26. यजुर्ववेद संहिता (माध्यन्दिन, 30/32)
27. अथर्ववेद, 5/22/14
28. तैत्तिरीय ब्राह्मण, 3/4/1/1
29. शतपथ ब्राह्मण, 13/5/4/9
30. गोपथ ब्राह्मण, 1/2/9
31. कौषीतकी उपनिषद् 4/1
32. बृहदारण्यकोपनिषद्, 3/3/1 मद्रेशु चरकाः पर्यब्रजामते।
33. अथर्ववेद संहिता, 5/22/4/5–8
34. छान्दोग्य उपनिशद् 4/2/5, महावृषेशु यत्रास्मा उवास सतस्मै।
35. ऐतरेय आरण्यक 2/1/2

14 धार्मिक एवं दार्शनिक साहित्य
(Religious and Philosophical Literature)

प्राचीन आर्यों के सम्बन्ध में समस्त ज्ञान वेदों से प्राप्त होता है। वैदिक साहित्य से तात्पर्य उस विपुल साहित्य से है जिसके अन्तर्गत चारों वेद ऋक्, साम, यजु एवं अथर्व की संहिताएँ शामिल हैं, अर्थात मंत्र खण्ड ही नहीं अपितु गद्य एवं दार्शनिक खण्ड भी आते हैं। प्रत्येक वेद के साथ ही उसके ब्राह्मण ग्रन्थ, आरण्यक एवं उपनिषद् वर्गीकृत है। प्राचीन साहित्य के रूप में वेद विश्व साहित्य में महत्वपूर्ण स्थान रखते हैं।[1] वेद ऐसा साहित्य हैं जो अनेक शताब्दियों के बीच विकसित हुआ है और जिसे पीढ़ी दर पीढ़ी लोग कंठस्थ कर सुरक्षित रखते आए हैं।[2]

I. वैदिक साहित्य : कहा गया है कि आरम्भ में वेदों को ब्रह्मा या अन्य ऋषियों द्वारा सुना गया। परम्परा में आगे ऋषि गण सुनते गये अतः वेदों को श्रुति कहा गया। बरसों तक यह ज्ञान गुरू शिष्य परम्परा में सुनकर प्राप्त किया जाता रहा। इसी कारण वेदों को श्रुति कहा जाता है। वेद शब्द की उत्पति 'विद्' से हुई है। विद् से तात्पर्य है जानना या ज्ञान प्राप्त करना। यहाँ ज्ञान से अभिप्राय परब्रह्म परमात्मा को जानने एवं उसका ज्ञान प्राप्त करने से है। तद्नुसार वेदों की विषय वस्तु धर्म एवं ब्रह्म से सम्बन्धित है।[3] इसके अतिरिक्त वेद तत्कालीन इतिहास को जानने के महत्वपूर्ण साधन भी हैं।

वेदों का रचनाकाल ऋग्वेद के रचनाकाल के सम्बन्ध में विद्वानों में मतभेद है। बालगंगाधर तिलक ज्योतिष गणना के आधार पर ई.पू. 6000 से इस सभ्यता का प्रारम्भ मानते हैं। याकोबी ने यह समय ई.पू. 4500 से ई.पू. 2500 निश्चित किया है। मैक्समूलर ने ऋक् संहिताओं का काल ई.पू. 1200 से ई. पू. 1000 के बीच माना है। आधुनिकतम विवेचक डॉ. विन्टरनिट्स का कथन है कि वैदिक काल का प्रारम्भ सम्भवतः ई.पू. 1000 तक माना जा सकता है।[4] उनकी मान्यता है कि भारत का ऋग्वेद और ईरान का अवेस्ता लगभग एक ही काल की रचनाएं हैं।

बोगजकोई (Boghazkoi) एशिया माइनर से प्राप्त ईरानी अभिलेख जो 1380 ई.पू. का है, में हितेती (Hittite) एवं मितानी (Mittani) राजाओं के बीच सन्धि का जिक्र है एवं वरूण, मित्र, इन्द्र, नासत्य आदि देवताओं का उल्लेख है। स्पष्ट है कि ऋग्वेद 1380 ई.पू. से पहले की रचना है। ऋग्वेद को भाषा की समानता के आधार पर अवेस्ता का समकालीन माना गया है। जिस समय वेदों का सृजन हुआ उस समय सम्भवतः कोई लेखन प्रणाली प्रचलित नहीं हुई थी। अपने गुरुओं से मंत्रों का श्रवण कर उन्हें कंठस्थ किया गया, यह साहित्य लगभग पिछले 3500 वर्षों से अधिक समय से यथावत विद्यमान है। उसे आलेखित बहुत बाद में किया गया था।

वेद : वेद चार हैं – ऋग्वेद, सामवेद, यजुर्वेद एवं अथर्ववेद। इनमें ऋग्वेद प्राचीनतम् है, सामवेद का अपना कोई स्वतंत्र रूप नहीं है, क्योंकि इसके 75 मंत्रों को छोड़कर शेष सभी ऋग्वेद से लिए हुए हैं।

यजुर्वेद में ऋग्वेद के मंत्रों के अतिरिक्त कई मौलिक गद्य भाग हैं जो धार्मिक यज्ञों के कर्मकाण्ड के दृष्टिकोण से संकलित हैं। अथर्ववेद नामक चतुर्थ संहिता ऋग्वेद के काफी समय पश्चात् प्रचलित हुई। प्रो. मेक्डॉनल का कथन है ऋग्वेद में एक सभ्य सुसंस्कृत समाज के याज्ञिक अनुष्ठानों के अतिरिक्त उच्चस्तरीय देवताओं की स्तुति सम्बन्धी श्लोक हैं। परन्तु अथर्ववेद में मुख्यतया जन–साधारण के निम्न वर्ग पर प्रभाव डालने वाले प्रेत माया, जादू–टोने एवं असुरों की तुष्टि हेतु लिखे मंत्र–तंत्र हैं। इस प्रकार अथर्ववेद और ऋग्वेद वर्ण्यविषय की दृष्टि से एक–दूसरे की पूर्ति करने वाले दो अत्यंत महत्वपूर्ण ग्रन्थ हैं।[5] वैदिक साहित्य का वर्गीकरण निम्नानुसार किया जाता है : सहिताओं से संबंधित ब्राह्मण ग्रंथ, आरण्यक एवं उपनिषद्। आगे जाकर चार वेदों से उपवेदों को सम्बद्ध किया गया। ऋग्वेद–आयुर्वेद, यजुर्वेद–धनुर्वेद, सामवेद–गंधर्ववेद एवं अथर्ववेद–शिल्पवेद से जोड़ दिया गया।

ब्राह्मण ग्रन्थ इनमें वेद मंत्रों का विस्तार से अभिप्राय, भाष्य, प्रयोग एवं आख्यान मिलते हैं। साथ ही यज्ञ–याज्ञादिकों के विधानों के साथ सामाजिक जीवन का भी विस्तृत विवेचन किया गया है। संहिताओं के पश्चात् लिखे गये ब्राह्मण ग्रन्थ गद्य में हैं। वेबर ने लिखा है ब्राह्मण शब्द का अर्थ है: वह जो ब्रह्म की स्तुति सम्बन्धी विषय पर लिखा गया है। मेक्डॉनल के अनुसार "यह उस काल की भावनाओं का प्रतिनिधित्व करते हैं जबकि सारे बौद्धिक क्रियाकलाप, यज्ञ के महत्व, कर्मकाण्ड और आध्यात्मिकता से प्रेरित हुआ करते थे।" विद्वानों की मान्यता है कि ब्राह्मण काल ईसा पूर्व 500 वर्ष तक माना जा सकता है।

आरण्यक इनमें वेदों के आध्यात्मिक पक्ष का वर्णन है। ब्राह्मण ग्रंथ कर्म–मार्ग, जिनका वर्णन ब्राह्मण ग्रंथों में मिलता है तथा ज्ञान मार्ग जिनका वर्णन उपनिषदों में मिलता है,

इनके मध्य एक पुल का निर्माण करते हैं। इनकी कुल संख्या सात है, (1) ऐतरेय (2) शांखायन (3) तैत्तिरीय (4) मैत्रायणी (5) माध्यन्दिन (6) तल्वकार (7) जैमिनी। आरण्यक का अभिप्राय है– वन में लिखे हुए शास्त्र। इनमें से कुछ ब्राह्मण ग्रन्थों में ही निहित हैं अथवा उनसे सम्बद्ध हैं और कुछ स्वतंत्र रचना के रूप में पाए जाते हैं। वृद्ध ऋषियों के आरण्यकों में आत्मा, परमात्मा, संसार और मनुष्य सम्बन्धी ऋषि–मुनियों के दार्शनिक विचार संग्रहित हैं। इसके अतिरिक्त वेदों के दार्शनिक ज्ञान का सूत्रपात भी किया है, जिसके कारण हिन्दू उपनिषद् हिन्दू विचार दर्शन के महान् स्त्रोत के रूप में विकसित हो पाए।[6]

उपनिषद् वेदों की सार रूप में प्रस्तुति माना गया, अतः इन्हें वेदांत भी कहा जाता है। इनमें आत्मा परमात्मा एवं प्रकृति के संदर्भ में प्रचलित दार्शनिक विचारों का संग्रह मिलता है। उपनिषदों की मुख्य बात यह है कि इनकी प्रवृत्ति कर्मकाण्ड से भिन्न और उसकी विरोधी है, और विश्व के बारे में ये जो सिद्धान्त प्रस्तुत करते हैं वह ब्राह्मणों की यज्ञ प्रधान शिक्षा में निहित सिद्धान्त से बिल्कुल अलग हैं।[7] इसके उपरान्त भी ये तीनों साहित्य एक ही विकास श्रृंखला की कड़ियाँ हैं और एक ही साहित्य के रूप में इनको स्वीकार किया गया है। यद्यपि इनके वर्ण्य विषय भिन्न हैं।[8] उपनिषदों को प्राचीन भारतीय दार्शनिकों ने वैदिक साहित्य के रूप में स्वीकार किया जिनमें ज्ञान मार्ग की चर्चा है। ईश, केन, कठ, प्रश्न, मुण्डक, माण्डूक्य, ऐतरेय, तैत्तिरीय, छांदोग्य, बृह्दारण्यक, कौशीतकी, श्वेताश्वतर आदि प्रमुख उपनिषद हैं। उल्लेखनीय है कि मुण्डकोपनिषद में "**सत्यमेव जयते**" अर्थात् अशोक चक्र में अंकित संदेश इसी उपनिषद् से लिया है।

वेदांग वेदांग रचना वेदों का अर्थ एवं विषय को समझने के लिए की गई थी, अतः इन्हें वेदांग कहा गया। इनकी संख्या छह है। **प्रथम 'शिक्षा'** की उपयोगिता वेदों का अर्थ उसके शुद्ध और सही उच्चारण के लिए मानी गई। शिक्षा ग्रंथ **गाएलम के प्रवर्तक वामज्य** थे। **द्वितीय 'छन्दस'** (छन्दशास्त्र) मंत्र की रचना समझने के लिए उपयोगी है **पिंगल का छंदशास्त्र** चतुष्पदिवृत प्राचीनत्तम है। **तृतीय 'व्याकरण'** की आवश्यकता भाषा को वैज्ञानिक शैली प्रदान करने के लिए अपेक्षित कही गई। 'व्याकरण' से गतिशीलता एवं तारतम्यता बनी रहती है। पाणिनि द्वारा लिखा गया अष्टाध्यायी महत्वपूर्ण व्याकरण ग्रन्थ है। तद्नन्तर पतंजलि ने इसके भाष्य रूप में 'महाभाष्य' की रचना की। ई.पू. तीसरी सदी में कात्यायन ने पाणिनि के सूत्रों के आधार पर वर्तिका का लेखन किया। **चतुर्थ 'निरुक्त'** को वैदिक ग्रन्थों के अर्थ–ज्ञान एवं उसकी व्याख्या के लिए आवश्यक माना गया। यास्क के निरुक्त भाष्य में वैदिक शब्दों के अर्थ, भाष्य एवं उत्पत्ति सम्बन्धी विवेचन मिलता है। कश्यप ऋषि का निघंटु अब उपलब्ध नहीं है। **पंचम 'ज्योतिष'** से धार्मिक जीवन की वैज्ञानिक गतिविधि की अभिव्यक्ति होती है। वृहत्संहिता, गार्गी संहिता, नारद संहिता आदि ज्योतिष ग्रन्थों से जीवन के बारे में जानकारी मिलती है। ज्योतिष का प्रथम ग्रंथ लगध मुनि का वेदांग ज्योतिष कहा गया। **छठे 'कल्पसूत्र'** संहिता में धार्मिक विधि–विधानों तथा नियम–निर्देशों का वर्णन है। पाणिनी के अनुसार वेदरूपी शरीर के मुख व्याकरण, कान निरूक्त, नेत्र ज्योतिष, नासिका शिक्षा, हाथ कल्प एवं पैर छंद है। मुण्डकोपनिषद (1/1/5) में आया है; "शिक्षा कल्पो व्याकरणं निरूक्तं छन्दो ज्योतिष मिति।" सूत्र साहित्य[8] के तीन भाग हैं – **श्रोतसूत्र**, **गृह्यसूत्र** (शुल्वसूत्र) एवं **धर्मसूत्र**।

सूत्र साहित्य श्रौतसूत्रों में वैदिक यज्ञों और उनका वर्गीकरण मिलता है। **गृह्यसूत्रों** में गृहस्थ संस्कारों, अनुष्ठान तथा आचार–विचारों का वर्णन किया है। धर्मसूत्रों में धार्मिक नियमों, राजा प्रजा के कर्तव्य एवं अधिकार, सामाजिक वर्ण व्यवस्थाओं का उल्लेख है। वेदांगों की तरह उपवेदों के नाम से ज्ञात साहित्य के अन्तर्गत आयुर्वेद, धनुर्वेद, गंधर्ववेद (संगीत), कला एवं अन्य सामान्य विषय आते हैं।[9] वैदिक साहित्य में पूर्व विवेचित ब्राह्मण, आरण्यक एवं उपनिषद् को भी सम्मिलित किया जाता रहा है। वर्तमान में वेद संहिताओं का वाचक रह गया है अर्थात् मंत्र एवं ब्राह्मण दोनों वेद माने गए हैं।[10] यद्यपि ब्राह्मण ग्रन्थ मंत्रों से भिन्न हैं।

चार वेद वैदिक साहित्य के आधार स्तम्भ हैं। इनके विषय में कुछ अधिक जानकारी प्राप्त करना उचित होगा।

II. ऋग्वेद ऋग्वेद के, मंत्रों के विषय में भाषा विज्ञान के विद्वानों की मान्यता है कि इनका सृजन विभिन्न कालों में अनेक ऋषियों द्वारा किया गया। ऋग्वेद अति प्राचीन होने के साथ, इसके मंत्र अन्य वेदों में भी ग्रहण किए गए हैं।

- तैत्तिरीय संहिता में विवरण मिलता है कि साम एवं यजुष के द्वारा प्रणेत विधान शिथिल हो जाता है, किन्तु ऋक् का नहीं।[11] इस वेद के मंत्र अर्चन (पूजा) में प्रयुक्त होने के कारण ऋक् कहलाते हैं, और ऋक् से अभिप्राय है– ऋचा (पद्य में रचित यज्ञ में उपयोगी वेद मंत्र)।
- ऋग्वेद की विभिन्न संहिताओं में केवल शाकल शाखा की संहिता ही अधिक प्रचलित है, जिसमें 1,028 (कुछ के अनुसार 1,017) सूक्त और 10,500 ऋचाएं है। (सूक्त का अभिप्राय है अच्छी उक्ति)। प्रत्येक सूक्त के मंत्रों की संख्या निश्चित नहीं है। इसके कारण कुछ सूक्त छोटे एवं कुछ बड़े हैं और जो दस मण्डलों और पुनः आठ अष्टकों में विभाजित हैं। अन्य दो शाखायें 'वाष्कल' एवं 'शांखायन' कही गई हैं। वाष्कल शाखा अष्टक, अध्याय एवं वर्ग के रूप में विभक्त है। ऋग्वेद मण्डल, अनुवाक व सूक्तों में भी विभाजित किया गया है।
- विण्टरनिट्ज की मान्यता है कि प्रथम एवं अन्तिम मण्डल बाद के हैं, जिनमें प्रत्येक में 191 सूक्त सम्मिलित हैं।
- द्वितीय से अष्टम् को **ऋषि मण्डल** कहा गया है, जिन्हें एक ही वंश के ऋषियों का संकलन माना जाता है।

- दूसरे से सातवें अर्थात् छह मण्डल सबसे प्राचीन कहे गये हैं। दूसरे से सातवें मण्डल तक की ऋचाएँ गृत्समद, विश्वामित्र, वामदेव, आत्रि, भारद्वाज, एवं वशिष्ठ द्वारा नामांकित हैं।
- **ऋषि मण्डल** ऐसे सूक्तों से प्रारम्भ होते हैं जिनके प्रारम्भिक सूक्तों में अग्नि देवता की स्तुति की गई एवं बाद के कुछ सूक्तों का समूह इन्द्र से सम्बन्धित है एवं बाद में कई देवी–देवताओं की स्तुति की गई।
- कश्यप तथा अंगिरा की भी ऋचाएँ हैं किन्तु वे किसी मण्डल विशेष से सम्बद्ध नहीं हैं।
- घोषा, अपाला, आत्रोयी, लोपामुद्रा एवं शची ने भी कुछ ऋचाओं की रचना की है।
- नवें मण्डल में सोम को सम्बोधित करके गाई गई ऋचाओं का संकलन है जो अन्य मण्डलों में भी मिलती है।
- प्रथम एवं दशम् मण्डल सबसे अन्त में जोड़े गए हैं, किन्तु इनमें भी कितनी ही ऋचाएँ पुरानी हैं।
- आठवाँ या प्रगात मण्डल जो गेय पदों का संकलन है इसके अधिकांश पद सामवेद में भी मिलते हैं। आठवें मण्डल के सूक्त अलग–अलग ऋषियों द्वारा लिखे गये हैं और कुछ सूक्तों का समूह किसी विशेष देव की स्तुति में पढ़ा गया। इसमें मिश्रित मंत्र होने के कारण इसे **प्रगात मण्डल** कहा जाता है।
- ऋग्वेद में कुछ सूक्त बाद में संयुक्त किए गए हैं, जिन्हें खिल की संज्ञा दी जाती हैं अर्थात् ये प्रक्षिप्त अंश हैं।
- ऋग्वेद के मंत्रों की प्राचीन ध्वनि (स्वर) को यथावत् बनाए रखने के लिए मंत्रों को पाठ, 'पदपाठ' के रूप में स्मरणीय रखा जाता था। ऋग्वेद को अपौरुषेय माने जाने के कारण इसकी ध्वनि को भी नित्य माना गया। सामान्यतः पदपाठ शाकल के नाम से चले आ रहे हैं। शाकल ई.पू. छठी शताब्दी में हुए थे। वेदों के संकलनकर्ता महर्षि कृष्ण द्वैपायन थे जिन्हें वेदव्यास कहा गया है।

10 मण्डलों में विभक्त ऋग्वेद में ऋषियों का योगदान इस प्रकार रहा है :

मण्डल	अनुवाक	ऋषि
1	24	संयुक्त रूप से कई ऋषि
2	4	गृहत्समद
3	5	विश्वामित्र
4	5	वामदेव
5	6	अत्रि
6	6	भारद्वाज
7	6	वशिष्ठ
8	10	कण्व व अन्य
9	7	संयुक्त
10	12	संयुक्त

इस संहिता से आर्यों के सामाजिक, राजनीतिक एवं आर्थिक जीवन पर प्रकाश पड़ता है। उस समय न्याय, अधिकार एवं विधि के सम्बन्ध में बड़े उन्नत विचार थे। कायगी ने लिखा है कि वैदिक श्लोकों और मंत्रों से यह सिद्ध होता है कि जनता के प्रमुख बुद्धिशाली व्यक्तियों में यह विश्वास जम गया था कि विश्व के अधिपतियों के शाश्वत नियम उतने ही सत्य हैं जितने कि सत्य के पहले आचार एवं नैतिक नियम। उनको किसी प्रकार से भंग नहीं किया जा सकता। प्रत्येक अनैतिक कर्म के लिए चाहे वह अनजाने में ही हुआ हो, दण्ड अवश्यंभावी है और कुछ दण्ड के बिना पाप का शमन नहीं हो सकता।[12] ओल्डनबर्ग ने कुछ सूक्तों के आधार पर यह धारणा बनाई है कि यद्यपि ऋग्वेद भारतीय साहित्य एवं धर्म की प्राचीनतम कृति है, तथापि बौद्धिक "ह्रास के स्पष्ट चिन्ह उसमें उत्तरोत्तर बढ़ते ही नजर आते हैं।[13] विण्टरनिट्ज ने ओल्डनबर्ग के विपरीत लिखा है कि भारतीय धर्म के प्राचीन उदय एवं विकास को जानने के लिए तथा इण्डो–यूरोपीय जातियों के गाथा विज्ञान को समझने के लिए और सम्पूर्ण विश्व के प्रागैतिहासिक मन को हृदयगत करने के लिए ऋग्वेद के इन गीतों से बढ़कर और कोई प्रमाणिक ग्रन्थ अभी नहीं हैं। इन सूक्तों का मूल्य हमारी दृष्टि में इसलिए है कि इनमें अभी देव गाथाओं का निर्माण ही हो रहा है, देवताओं के नेपथ्य, धीमे–धीमे खुल रहे हैं, सचमुच कभी–कभी तो ऐसा प्रतीत होने लगता है, जैसे ये देवता हमारी आँखों के समक्ष देवत्व प्राप्त कर रहे हैं।[14] ऋग्वेद में कई मंत्रों में स्वास्थ्य सम्बन्धी चर्चा है। इससे उपचार व्यवस्था का विकास हुआ एवं आयुर्वेद का जन्म भी हुआ है।

ब्राह्मण ग्रन्थ ऋग्वेद के अपने दो ब्राह्मण ग्रन्थ हैं – एक महिदास द्वारा रचित ऐतरेय ब्राह्मण, जिसमें बड़े–बड़े सोम सत्वों का वर्णन तथा राज्यभिषेक के विभिन्न यज्ञ–विधानों का विवेचन मिलता है। ऐतरेय ब्राह्मण के साथ ऐतरेय उपनिषद् भी सम्बद्ध है। दूसरे सांख्यायन अथवा कौशीतकी ब्राह्मण में कई तरह के यज्ञों का विवरण दिया गया है। कौशीतकी ब्राह्मण में कौशीतकी आरण्यक भी सम्मिलित है, जिसका एक अंश कौशीतकी उपनिषद् के नाम से जाना जाता है।

सामवेद सामवेद में 1,810 मंत्र हैं, जो सभी सामान्यतः ऋग्वेद में मिलते हैं, जिन्हें प्रगात एवं सोममण्डल से लिया गया है। यदि इनकी आवृत्तियों को निकाल दिया जाए तो 1,549 मंत्र शेष रहते हैं, इनमें भी 75 को छोड़कर शेष ऋग्वेद से लिए गए हैं। पुराणों में सामवेद की एक हजार शाखाओं का उल्लेख है किन्तु अब एक शाखा तीन पाठों के रूप में मिलती है। गुजरात में प्रचलित **कौथूम**, कर्नाटक में **जैमिनीय** एवं महाराष्ट्र में प्रचलित **राणानीय**। कौथुम अधिक प्रसिद्ध है जो दो पाठ में विभक्त है–पूर्वार्चिक एवं उत्तरार्चिक। प्रो. अफ्रेख्त के अनुसार पाठ भेद प्रायः गान की सुविधा के लिए किए गए हैं, क्योंकि सामवेद के दोनों आर्चिकों में मूल पाठ मौलिक दृष्टि से भिन्न न होकर किसी लक्ष्य की दृष्टि से भिन्न है।

साम मंत्रों के उच्चारण करने वाले **होता** या **पुरोहित उद्गात्री** कहे जाते थे। स्तुति सम्बन्धित मूल पाठ की भाषा और श्लोक जिसे गाया जाना है उसे **योनी** (स्त्रोत) कहा जाता है।

इस तरह सामवेद आर्चिकों का संकलन है। आर्चिक और कुछ नहीं बल्कि 585 योनियों या पद का संग्रह है। **पूर्वार्चिक** में कुल 585 ऋचाएँ (पद) हैं, जिन्हें 1,200 लयों में गाया जा सकता है। **उत्तरार्चिक** में तीन–तीन पदों में प्रायः 400 छन्द है, तीन पदों में से पहला मंत्र पूर्वार्चिक का एवं दो अन्य हैं अर्थात उत्तरार्चिक, पूर्वार्चिक के निश्चित अन्तर पर सम्पादित हुआ, ऐसा तथ्यों के आधार पर स्पष्ट होता है।

- उत्तरार्चिक के तीन मंत्रों के संगीत को स्तोम (स्तुति) कहते थे। साम प्रारम्भ करने से पूर्व ओंकार का उद्घोष किया जाता था, जिसे 'प्रस्तोता ऋत्विक' गाता था।
- साम के दूसरे भाग 'उद्गात' का 'उद्गाता' उच्चारण करता हैं।
- तृतीय भाग 'प्रतिहार' को प्रतिहर्ता' तथा 'उपद्रव' भाग पुनः 'उद्गाता' और 'निधन' जिसे सब मिलकर गाते थे। साहित्यिक दृष्टि से सामवेद का महत्व नगण्य है। भरत, शिलालि, नारद एवं तुम्बरू आदि गायन विद्या के प्रणेता माने गए हैं। सामवेद में संगीत एवं नृत्य का जिक्र आया है जिससे कला का विकास हुआ व गंधर्व वेद का भी। सामवेद में सप्तस्वर : सा.रे.ग.म.प.ध.नि. का उल्लेख हुआ है।

ब्राह्मण ग्रन्थ सामवेद से संबन्धित पञ्चविंश षड्विंश तथा जैमिनी ब्राह्मण हैं। षड्विंश ब्राह्मण को पञ्चविंश ब्राह्मण का जोड़ मात्र कहा जाता है और पञ्चविंश ब्राह्मण को ही ताण्ड्य ब्राह्मण कहा जाता है। सामवेद से सम्बद्ध छान्दोग्य उपनिषद (5/3/1–4 व आगे) प्राचीनतम है। इसमें उद्यालक आरूणि के साथ पांच गृहस्थों द्वारा केकय नरेश अश्वपति के पास आत्म ज्ञान प्राप्त करने की चर्चा है। इसी उपनिषद में उद्दालक आरूणि अपने पुत्र श्वेतकेतु को आत्मा व ब्रह्म के बीच भेद न होने (अर्थात समानता) का सत्य अजागर करते है।

यजुर्वेद यजुर्वेद में 'अध्वर्यु' (यज्ञ सम्पादक पुरोहित) की सुगमता के लिए वैदिक प्रार्थनाएँ एवं निवेदन संगृहीत हैं। ऋक् तथा साम से भिन्न गद्यात्मक मंत्रों का संयोजन यजुष है। पतंजलि के अनुसार 'अध्वर्युवेद', (यजुष) की एक सौ एक शाखाएँ थीं। 'एक शतध्वर्युशाखा' किन्तु इस समय पाँच शाखाएँ हैं जिनमें से **प्रथम चार कृष्णयजुर्वेद** एवं अन्तिम **शुक्ल यजुर्वेद** की है। कृष्ण यजुष के मंत्र में ब्राह्मण या गद्य भाष्य (मंत्र क्रिया) भी संकलित है जबकि शुक्ल में ब्राह्मण अलग है। शुक्ल यजुष में केवल ऋचाएँ, प्रार्थनाएँ एवं यज्ञीय सूक्त हैं। कृष्णयजुष की चार शाखाएँ हैं – (1) **'काठक संहिता'**, (2) **'कठ कपिष्ठल'** (कहा गया है कि इसकी अपूर्ण हस्तलिपि प्राप्त हुई है।), (3) **'मैत्रायणी'** तथा (4) **'तैत्तिरीय'** अथवा **'आपस्तम्ब'** संहिता। (5) **पंचम वाजसनेयी** संहिता है, इसकी दो शाखाएँ हैं – **काण्व** एवं **माध्यन्दिन**। याज्ञवल्क्य वाजसनेयी के नाम से इसका नामकरण हुआ। शुक्ल यजुर्वेद के कण्व तथा माध्यन्दिन दोनों का परस्पर सम्मिलित संस्करण वर्तमान में प्राप्त होता है। विण्टरनिट्ज ने लिखा है, कृष्ण यजुष शुक्ल से प्राचीनतर है जिसका पुनः सम्पादन आगे चलकर शेष वेदों के अनुकरण पर विशुद्ध मंत्रों में भी कर दिया है।[15] शुक्ल के साथ इशोपनिषद् सम्बद्ध है जिसे प्राचीन उपनिषदों में से एक माना जाता है। विश्व शान्ति के लिए यज्ञ यजुर्वेद का मुख्य विषय है। यज्ञ से अभिप्राय त्याग या समर्पण है। यजुर्वेद विश्व शान्ति का पहला महान उद्घोषक है। इसी उपनिषद में कहा गया है। विश्व में सौर मण्डल में, पृथ्वी, आकाश आदि में शांति कायम रहे। वनस्पति शान्ति में विकसित हो। अर्थात यजुर्वेद सम्पूर्ण पृथ्वी के सभी उपांगों में शान्ति बनी रहे, इस की कामना करता है।

''ओं द्यौ शान्तिः अंतरिक्षः शांतिः पृथ्वी शांति।

रापः शान्ति रोशधयः शान्ति वनस्पतयः शान्ति।

विश्वेदेवा शान्तिः ब्रह्मः सर्वेः शांति।

शान्ति रेवशान्ति शान्ति सामा शान्ति, शान्ति रेधि।।

यजुष का विषय यज्ञ है, यथा–श्रोत यज्ञ (श्रुति द्वारा सम्पादित) अग्निहोत्र, पूर्णिमा यज्ञ, राजसूय यज्ञ आदि। दूसरे शब्दों में चार सोमयज्ञ अर्थात् अग्निष्टोम, ज्योतिष्टोम, अतिरात्र एवं वाजपेय का उल्लेख किया जा सकता है। इसका सरलतम रूप देवता का नाम लेकर अग्नि में आहुति देना है–''आग्नेयत्वा, इन्द्रायत्वा, इद्मग्ने स्वाहा, इन्द्राय स्वाहा।'' इस तरह की प्रार्थनाओं, यज्ञमंत्रों में कुछ विद्वान् निरर्थकता का आयास पाते हैं।

विण्टरनिट्स ने लिखा है कि कभी श्रेडर ने कहा था ''प्रायः हमें सन्देह भी हो उठता है कि क्या ऐसे वाक्य किसी बुद्धिमान व्यक्ति अथवा जाति की रचना हो सकते हैं। क्योंकि एक ही विचार को लेकर किसी हत बुद्धि मूर्ख की तरह प्रायः उन्हीं शब्दों में या थोड़े अन्तर के साथ उसी की बार–बार आवृत्ति पुरोहित करता चलता है।''

श्रेडर की यह धारणा उचित प्रतीत नहीं होती, क्योंकि प्रत्येक शब्द का प्रतीकात्मक अर्थ है। उल्लेखनीय है कि 'इदम् न ममः, इद् मग्ने' अर्थात् यह ब्रह्म या प्रकृति का ही है। इस कथन में महान् समर्पण की भावना निहित थी। तत्कालीन ऋषि यह मानकर चलते थे कि प्रकृति द्वारा उपलब्ध करवाई गई सभी वस्तुओं पर प्रकृति या देवताओं का अधिकार है। यजुर्वेद से युद्ध कला एवं धनुर्विद्या का विकास माना जाता है।

यजुर्वेद की तैत्तिरीय संहिता में 7 काण्ड एवं 44 प्रपाठक (उपविभाजन) हैं, जबकि वाजसनेयी संहिता में 40 अध्याय हैं और लगभग 2000 ऋचाएँ है।

उपनिषद् तुलनात्मक दृष्टि से बहुत परवर्ती रचना है। शतपथ ब्राह्मण के 14वें काण्ड का एक भाग वृहदारण्यक उपनिषद् है। वृहदारण्यक उपनिषद (4/4/1–2 व आगे) में आत्मा ईश्वर, व पुनर्जन्म की व्याख्या मिलती है। कहा गया है' मृत्यु ऐसा सत्य है जिसे विशेष ज्ञान वाला ही समझ सकता है। मैत्रायणी, काठक एवं श्वेताश्वतर उपनिषद्, कृष्ण यजुर्वेद से सम्बद्ध है। ईशोपनिषद् वाजसनेयी संहिता का एक भाग है।

वेदों से निबद्ध ब्राह्मण, आरण्यक एवं उपनिषद

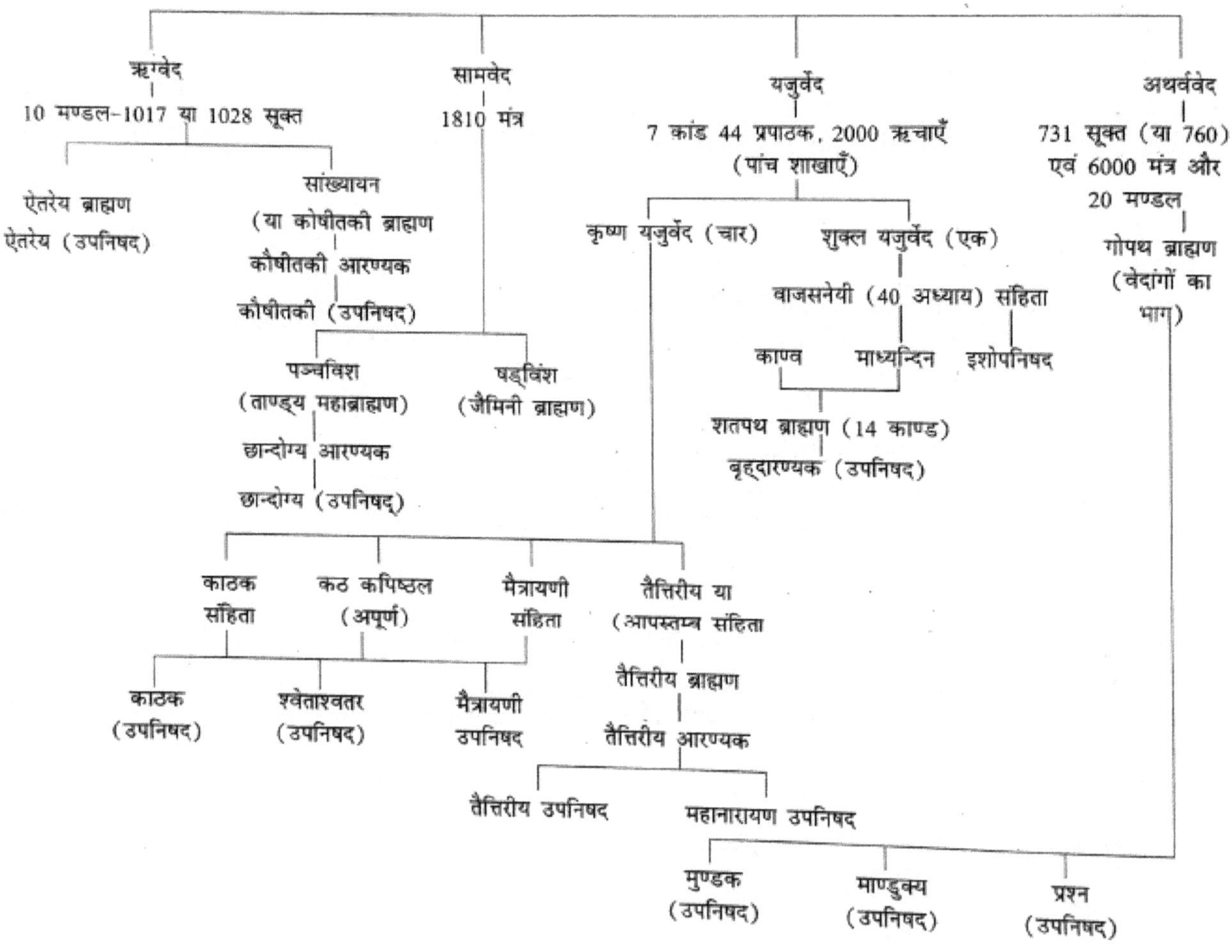

ब्राह्मण ग्रन्थ तैत्तिरीय ब्राह्मण कृष्ण यजुर्वेद से सम्बन्धित है एवं मूल संहिता में ब्राह्मण भी जोड़ा गया है। शुक्ल यजुष से सम्बन्धित शतपथ ब्राह्मण भी इसी तरह शामिल है। शुक्ल यजुष से सम्बन्धित शतपथ ब्राह्मण सर्वाधिक दीर्घाकार ही नहीं, ब्राह्मण ग्रन्थों में सबसे महत्व का है। इनमें न केवल प्राचीन भारत के यज्ञ विधानों का विवेचन मिलता है बल्कि तत्कालीन धर्म और दर्शन, विचारधारा, रहन–सहन एवं रीति–रिवाजों का भी पता चलता है। तैत्तिरीय आरण्यक तैत्तिरीय ब्राह्मण का प्रायः क्रमागत अगला अंश है। उसके अन्तिम भाग हैं – तैत्तिरीय उपनिषद् और महानारायण उपनिषद्। महानारायण उपनिषद् तुलनात्मक दृष्टि से बहुत परवर्ती रचना है। शतपथ ब्राह्मण के 14वें काण्ड का एक भाग वृहदारण्यक उपनिषद् है। वृहदारण्यक उपनिषद (4/4/1–2 व आगे) में आत्मा ईश्वर, व पुनर्जन्म की व्याख्या मिलती है। कहा गया है' मृत्यु ऐसा सत्य है जिसे विशेष ज्ञान वाला ही समझ सकता है। मैत्रायणी, काठक एवं श्वेताश्वतर उपनिषद्, कृष्ण यजुर्वेद से सम्बद्ध है। ईशोपनिषद् वाजसनेयी संहिता का एक भाग है।

अथर्ववेद कुछ विद्वान् अथर्ववेद को परवर्ती रचना मानते हैं। प्राचीन ग्रन्थों में 'त्रिवेद' या वेदत्रयी (ऋग्वेद, सामवेद, व यजुर्वेद) शब्द मिलता है। त्रिवेदों में अथर्ववेद को सम्मिलित नहीं किया तथा इसे श्रोत यज्ञों से भी सम्बन्धित नहीं माना गया है। तथापि इसे बहुत बाद की रचना नहीं माना जा सकता। इसकी भाषा एवं प्रस्तुति ऋग्वेद के समान प्राचीन प्रतीत होती है। अर्थववेद में व्यापार धन अर्जित करने व सम्पन्नता का जिक्र है। इस ग्रंथ से आगे जाकर अर्थशास्त्र का विकास हुआ।

'अथर्व' शब्द 'अथर' एवं 'वाणि' शब्दों के संयोजन से बना है। अथर्वा ऋषि के नाम पर उसे अथर्ववेद कहा जाने लगा व अंगिरस ऋषि के नाम पर अथर्वांगिरस नाम पड़ा। इनका तात्पर्य है, जादू–टोना। किन्तु विद्वान् 'अथर्वन' का वास्तविक अभिप्राय अग्नि उद्बोधन करने वाला पुरोहित मानते हैं। अथर्ववेद को लोक धरातल से अधिक सम्बद्ध माना जाता है।

ऋग्वेद की भाँति देवमण्डल के स्थान पर इसमें लौकिक भावना की अधिक अभिव्यक्ति हुई है। अथर्ववेद में 731 सूक्त (कुछ 760 मानते हैं) तथा 6000 मंत्रों का संग्रह है जो 20 मण्डलों में विभक्त हैं। यह संहिता अपनी दो शाखाओं **शौनिकीय** एवं **पैप्पलाद** के रूप में हमें ज्ञात है। किन्तु पैप्पलाद अत्यन्त अपूर्ण रूप में मिलता है। शौनकीय शाखा का अधिक प्रचलन है। इसमें 20 मण्डल हैं, 19 एवं 20 को परवर्ती माना है। साथ ही ऋग्वेद का प्रायः 1/7 भाग अथर्ववेद का अंग है।

इसके देवमण्डल में, वरूण स्तुति, भूमि सूक्त, पृथ्वी माता व काल सूक्त में विभक्त है। इसके 13 से 20 मण्डलों (काण्ड) में कई प्रकरण—सूर्य प्रकरण, व्रात्य प्रकरण, विवाह प्रकरण, राजप्रकरण एवं परमेश्वर प्रकरण या प्रसंग आदि पर चर्चा की गई है।

ब्राह्मण ग्रंथ अथर्ववेद के प्राचीन ब्राह्मण ग्रन्थ उपलब्ध नहीं हैं। इसके ब्राह्मण नाम से ज्ञात गोपथ ब्राह्मण को वेदांग साहित्य से सम्बद्ध माना गया। इसके तीन उपनिषद् हैं – मुण्डक, प्रश्न एवं माण्डुक्य, ये तीनों अपेक्षाकृत बाद की रचनाएँ हैं।

उपवेद : प्राचीन ग्रंथों में उपवेदों का भी जिक्र आया है और उन्हें वेदों से सम्बद्ध कर दिया गया। चारों वेदों के उपवेद इस प्रकार है : ऋग्वेद का, आयुर्वेद (रचयिता धन्वतरि) यजुर्वेद का धनुर्वेद (विश्वामित्र) सामवेद का गंधर्ववेद (भरतमुनि) व अर्थववेद का अर्थशास्त्र (बृहस्पति)।

III. सूत्र साहित्य : जैन व बौद्ध, धर्मों के आविर्भाव से पहले सूत्र ग्रंथ लिखे जा चुके थे। इन ग्रंथों में जीवन की विधि सम्मत बातों को कम से कम शब्दों (अर्थात सूत्र में) में प्रस्तुति की गई व निषेधात्मक बातों का विवेचन सूत्र साहित्य का लक्ष्य था। कल्पसूत्रों का सूत्र साहित्य में विशेष महत्व है। इन्हें तीन भागों में विभक्त किया जाता है, श्रोत सूत्र, गृहयसूत्र व धर्मसूत्र। सबसे प्राचीन गौतम धर्म सूत्र माना जाता है इसका जिक्र बौधायन, वसिष्ठ, मनु व याज्ञवल्क्य ने किया है। रचना काल 600 ई.पू. से 400 ई.पू. माना गया। इसमें भिक्षु व यवन शब्द आया है। गद्य में लिखे इस सूत्र ग्रथ में धार्मिक विधि निषेधों की चर्चा है।

बौधायन : गृहय एवं धर्म दोनों तरह की रचना बौधायन ने की है। इसका समय 500 ई.पू. से 200 ई.पू. माना है।

आपस्तम्ब : गृहय, श्रोत व धर्म तीनों प्रकार के सूत्र ग्रंथों की रचना की। याज्ञवल्क्य ने आपस्तम्ब की चर्चा की है। इसका लेखन काल 500 ई.पू. से 100 ई.पू. माना गया। वसिष्ठ अन्य सूत्रों की तुलना में परवर्ती हैं। इसका रचनाकाल 300 ई.पू. से 100 ई.पू. माना गया। अन्य श्रौत सूत्रों में अश्वलायन, कात्यायन, शांखायन व गृहय सूत्रों में पारस्कर को शामिल कर सकते है।

निष्कर्ष इस विशाल साहित्यिक परम्परा के आधार पर कहा जा सकता है कि वेद–वेदांग न केवल विश्व के प्राचीनतम ग्रंथ हैं अपितु बौद्धिक दृष्टि से भी आर्य विश्व के अन्य लोगों की तुलना में बहुत आगे थे। इनके अध्ययन से हमारी सभ्यता एवं संस्कृति की महानता का बोध होता है।

वैदिक साहित्य पर विचार करते समय स्वाभाविक रूप से इससे सम्बन्धित लेखन कला की प्राचीनता का सवाल उठाया जाता है। इस सन्दर्भ में अधिकांश विद्वान् यह स्वीकार करते हैं कि भारत में लेखन कला का प्रारम्भ ई.पू. सातवीं शताब्दी में शुरू हुआ होगा। अतः सम्भव है कि इसके बाद ही वैदिक साहित्य को लिपिबद्ध किए जाने की प्रक्रिया शुरू हुई होगी।

संदर्भ :

1. Maxmuller: Origin and Development of Religion, "There is nothing more primitive, more ancient than the hymns of the Rigveda, whether in India or the whole Aryan World. Being Aryan in language and thought the Rigveda is the most ancient of four books."
2. मजूमदार, आर.सी.: प्राचीन भारत, पृ. 21
3. मनुस्मृति, 2/6, ''वेदों, खिलो धर्ममूलं''
4. विण्टरनिटज् : हिस्ट्री आव इण्डियन लिटरेचर, भाग 1, पृ. 258
5. मेकडॉनल, ए. : हिस्ट्री आव संस्कृत लिटरेचर, पृ. 31
6. दासगुप्त, एस.एन. : भारतीय दर्शन का इतिहास, भाग 1, पृ. 14
7. हरियन्ना, एम. : भारतीय दर्शन की रूप रेखा, दिल्ली, 1973, पृ. 47
8. दासगुप्ता, एस.एन. : वही, भाग 1 पृ. 30
8. सूत्र का शब्दार्थ, 'धागा', एवं साहित्य में इसका लाक्षणिक अभिप्राय है 'विचार का संक्षिप्त प्रस्ताव'। सूत्र की परिभाषा में पाणिनि ने लिखा था जिसमें पद एवं शब्द कम हो, सूत्र कहलाते हैं।
9. मजूमदार, आर.सी. : वही, पृ. 23
10. आपस्तम्ब धर्मसूत्र – 'मंत्र ब्राह्मण यो वेद नाम धेय।'
11. तैत्तिरीय संहिता – 'यद वै यज्ञस्य साम्ना यजुषा क्रियते शिथिलं तत् यत् ऋचा तद् दृढ़'।
12. दासगुप्ता, एस.एन. : वही, पृ. 15
13. Oldenberg: Religion des deva, Oldest document of Indian Literature and religion, the clear trace of an ever increasing intellectual evervation.
14. Winternitz. M.: A History of Indian Literature, p.65. "The.......what renders these hymns so valuable for us is that we see before us in them a mythology in the making, we see gods as if were arising before our eyes."
15. Winternitz, M. : Ibid, "It can, therefore, hardly be doubted that the Samhitas of the Black Yajurveda are older than the Yajasaneyi Samihita."

15 राजनैतिक रूपान्तरण – ऋग्वैदिक से उत्तरवैदिक काल एवं राजत्व का विकास (Political Transformation-Regvedic to the Later Vedic Period and Valution of Monarchy)

सैन्धव–सरस्वती सभ्यता के पतन के बाद महात्मा बुद्ध के जन्म से पूर्व छठी शताब्दी (ई.पू.) तक का काल वैदिक काल के नाम से प्रसिद्ध है। इस सम्पूर्ण काल को **ऋग्वेद काल** तथा **उत्तर वैदिक काल** में विभक्त किया जाता है, जिसका प्रमुख आधार ऋग्वेदकालीन समाज एवं परवर्ती समाज में व्याप्त भेद रहा है। ऋग्वेद काल की तुलना में उत्तर–वैदिक काल में समाज तथा चिन्तन के क्षेत्र में पर्याप्त विकास एवं परिपक्व अवस्था के दर्शन होते हैं। उत्तर वैदिक काल तक आते–आते आर्यो का पूर्व तथा दक्षिण की ओर प्रसार अधिक हुआ जो इस तथ्य से स्पष्ट है कि इस काल के साहित्य में मगध तथा आन्ध्र आदि जनों का उल्लेख सम्मान से हुआ। यह उनके महत्व को दर्शाता है।

I. पूर्व वैदिक शासन व्यवस्था

समाज की सबसे बड़ी इकाई राज्य के लिए ''जन'' शब्द का प्रयोग मिलता है। राज्य का आधार 'कुल' थे जिन्हें 'सजाति' एवं 'सनाभि' (एक नाभि से उत्पन्न) कहा गया है तथा अन्य राष्ट्र के लिए 'अनाभि' या 'अरण' शब्द आया है। जन प्रारम्भ में अनवस्थित (unsettled) एवं संचरणशील (moving) थे। जैसे कि पंच जन, जब वे स्थायी निवासी बन खेती करने करने लगे उनके लिए उनके लिए कृष्टि शब्द आया है। अर्थात् ग्राम के ग्राम अपने पशुओं के साथ संचरण करते थे। समय क्रम से आर्य स्थाई रूप से निवास करने लगे थे। कुलों के स्थाई होने से ग्राम एवं जनपदों से राष्ट्र का प्रारूप सामने आया। ऋग्वेद से ज्ञात होता है कि समाज '**कुल**' (परिवार), '**ग्राम**', '**विश**' तथा '**जन**' या राष्ट्र के रूप में विभक्त था।[1] कीथ की धारणा है कि तीन पीढ़ी तक एक परिवार या कुल के सदस्य साथ–साथ रहते होंगे। परिवार एवं कुल में साथ रहने का उद्देश्य मात्र पारस्परिक सहयोग एवं सहायता था।[2] कुल का संरक्षक 'कुलपा' कहलाता था।[3] परिवार के समस्त सदस्य कुलपा के अनुशासन को मानते हुए एक ही गृह में निवास करते थे।[4] कई परिवारों से मिलकर ग्राम बने।

ग्राम स्वशासी एवं आत्मनिर्भर थे। ग्रामीण लोगों के हितों की रक्षा का दायित्व 'ग्रामणी' नामक पदाधिकारी का था। कुछ विद्वानों की मान्यता है कि ग्रामणी सैनिक, आर्थिक तथा सामाजिक आदि सभी मामलों में ग्राम का प्रमुख था और सम्भवतः ग्राम से 'कर' या बलि अथवा 'बलिहृत' (Land tax) भी वसूल करता रहा होगा। ग्राम के लोगों को गोधन के लिए उत्सुक कहा गया है।[5] अनेक ग्रामों से मिलकर बने उपजिला का स्पष्ट वर्गीकरण ऋग्वेद में नही मिलता। जन के सदस्यों को सामूहिक रूप में 'विश' कहा जाता था। ग्राम से बड़ी इकाई विश स्वीकार की जा सकती है, क्योंकि इसके मुखिया विशपति का उल्लेख मिलता है।[6]

निर्वाचन प्रावधान ऋग्वेद में चौबीस जनों का उल्लेख आया है, जन का अधिपति राजा अथवा जनपति था। प्रत्येक जन राजा (राजन्) द्वारा शासित कहा गया एवं उसे जन का गोप्ता या रक्षक भी माना है।[7] राजाओं की वंशावलियाँ जहाँ उनके वंशानुगत उत्तराधिकार की द्योतक हैं वहीं कुछ उदाहरणों में राजा के निर्वाचन का भी उल्लेख मिलता है।[8] अथर्ववेद से सूचना मिलती है कि ''प्रजा तुम्हें राज्य के लिए वरण करती है।''[9] एक अन्य स्थल पर कहा गया है कि अन्य ज्ञानवान विद्वानों एवं नेताओं के साथ तेरा वरण करते हैं।[10] सम्भवतः चुनाव आयोग्य संतान के कारण किया जाता होगा, क्योंकि भयभीत प्रजा के राज्याश्रय में जाने का उल्लेख (ऋग्वेद 10/124/8) भी मिलता है। अर्थात् वंशानुगत राज्याधिकार जनता के अनुमोदन पर निर्भर था। राजा को '**अन्तरभू**' भी कहा गया है अर्थात् राजा उसी विश या जन का ही व्यक्ति होता था। सामान्यतः सबसे प्रतिष्ठित कुल के सबसे वयोवृद्ध व्यक्ति को नेता मानकर राजा के पद पर प्रतिष्ठित कर दिया जाता था।[11] अथर्ववेद सभा के प्रसंग में कहा गया है कि प्रजा को पीड़ा देने वाले उस अल्पबल पुरुष (राजा) को प्रजा उखाड़ फेंकती है।[12] इस प्रकार राजा सर्वथा स्वेच्छाचारी अथवा निरंकुश नहीं हो सकता था।

यद्यपि शासकीय संरचना का स्वरूप राजतंत्रात्मक ही था, किन्तु ऋग्वेद में कुछ ऐसे शब्द भी आते हैं जिनका प्रयोग परवर्ती काल में गणतान्त्रिक व्यवस्था में मिलता है। **गण**, **गणपति** तथा **ज्येष्ठ** इसी प्रकार के शब्द हैं जिनसे प्रतिध्वनित होता है कि गणतंत्रात्मक प्रणाली कोई नवीन पद्धति नहीं थी अर्थात् इसका आधार प्राचीन परम्परा में निहित था।[13] जे.पी. शर्मा (ऐनशन्ट इण्डियन रिपब्लिक) ने कुछ जनों में गणराज्यात्मक व्यवस्था की संभावना व्यक्त की है। गण एवं गणपति शब्द व्यापारिक संगठनों एवं श्रेणियों के भी बोधक हो सकते है।

- **वैदिक जन एवं राजा** : अलग–अलग संवर्गों के छोटे–छोटे स्वतंत्र राज्य थे। किन्तु 'अधिराज' एवं 'एकराट' शब्द यह संकेत करते हैं कि कुछ राजा अपेक्षाकृत बड़े राज्यों की स्थापना करके अन्य राजाओं में अपनी श्रेष्ठता प्रदर्शित करने के लिए भिन्न उपाधियों का प्रयोग करते थे।[14] एक स्थान पर मित्र एवं वरुण के विशाल राजप्रसाद में रहने का उल्लेख आया है जिसमें हजारों स्तम्भ एवं दरवाजे थे। अर्थात राजा विशाल प्रासादों (buildings) में निवास करते थे।[15] समाज में राजा की स्थिति अन्य लोगों से विशिष्ट थी। वह भव्य राजप्रसाद में ही नहीं रहता था अपितु उसके चारों ओर स्थित भव्य वातावरण जन–सामान्य में भय का संचार करता था।[16]
- **मंत्रीगण** : पूर्व वैदिक कालीन मंत्रिगणों में पुरोहित ग्रामणी, सेनानी, सूत, रथकार, कर्मार एवं स्पश् को शामिल कर सकते हैं।
- **पुरोहित** : राजा के मंत्रियों में पुरोहित का महत्वपूर्ण स्थान था। उसे राजा का प्रमुख परामर्शदाता माना गया है। पुरोहित युद्ध के समय प्रार्थना ही नहीं करता था[17] बल्कि युद्ध में भाग लेता था। कीथ ने वैदिक पुरोहित को वैदिक राजनीति का अग्रज कहा है।[18] इसमें कोई सन्देह नहीं है कि प्रारम्भिक वैदिक राज्य में विश्वामित्र एवं वशिष्ठ जैसे पुरोहितों का महत्वपूर्ण योगदान रहा है। पुरोहित शांति तथा युद्ध दोनों अवस्थाओं में राजा का शिक्षक, पथ प्रदर्शक, मित्र तथा राजनीतिक एवं धर्मिक परामर्शदाता होता था। देवापि, राजा शान्तनु के पुरोहित थे।[19]
- **ग्रामणी** ग्रामणी ग्राम का प्रमुख था, सामान्य प्रशासनिक कार्यों के साथ–साथ सम्भवतः उसके सैनिक दायित्व के निर्वहन (युद्ध काल में सहयोग) का बोध होता है। डॉ. पुरी की मान्यता है कि 'ग्रामणी' गाँव का निर्वाचित प्रतिनिधि न होकर राजा द्वारा मनोनीत किया जाता था। आगे जाकर ग्रामणी राजा एवं जनता के बीच एक महत्वपूर्ण कड़ी बन गया और यह पद वंशानुगत हो गया।[20]
- **सूत, रथकार व कर्मार** ग्रामणी के अतिरिक्त 'सूत', 'रथकार', 'कर्मार' का विवेचन भी मिलता है। सम्भवतः उस काल में समाज में व्यावसायिक औद्योगिक वर्ग की पर्याप्त महत्ता थी और इन्हें भी राजसभा में प्रतिनिधित्व मिलता था। यही कारण है कि राज्याभिषेक के अवसर पर इस वर्ग के प्रतिनिधियों को आमंत्रित किया जाता था।
- **स्पश्** वरुण की प्रार्थना के सन्दर्भ में विश्व में उसके कार्यों को पूरा करने के लिए व्याप्त 'स्पश्' नामक अधिकारियों का उल्लेख मिलता है,[21] यह संकेत करता है कि राज्य की सूचना प्राप्त करने के लिए राजा द्वारा गुप्तचरों की नियुक्ति की जाती रही होगी।
- **सेनानी** राजा का सर्वाधिक महत्वपूर्ण कार्य युद्ध में विजय के लिए सैन्य संचालन (नेतृत्व) करना था, और 'सेनानी' नामक मंत्री उसे इस कार्य में सहयोग प्रदान करता था। उन दिनों पशुओं के लिए युद्ध इतने सामान्य थे कि ऋग्वेद में युद्ध के लिए 'गाविष्ट' शब्द का प्रयोग मिलता है। सेना में सामान्यतः पैदल एवं रथारोही होते थे। इसके अतिरिक्त अश्वारोहियों का अस्तित्व भी रहा होगा। रथों का युद्धों में विशेष महत्व था। राजा तथा प्रमुख योद्धा रथों पर सवार होकर युद्ध करते थे।[22]

अस्त्र–शस्त्र : युद्ध में सुरक्षा की दृष्टि से योद्धा कवच एवं शिरस्त्राण धारण करते थे, जिनके लिए क्रमशः 'वर्म' एवं 'शिप्र' शब्दों का प्रयोग हुआ है।[23] वैदिक मंत्रों में कई अस्त्र–शस्त्रों का विवरण मिलता है। धनुष बाण[24] युद्धकाल के प्रमुख शस्त्र थे, किन्तु परशु, भाला (सृक्ति), तलवार का प्रयोग भी किया जाता था। युद्ध के दौरान विभिन्न प्रकार की व्यूह रचनाएँ की जाती थीं। 'शर्ध', 'गण' एवं 'व्रात' आदि शब्द सम्भवतः अनेक प्रकार की व्यूह–रचनाओं को इंगित करते हैं। युद्ध प्रायः नदियों के किनारे आयोजित होते थे, दशराज युद्ध पुरुष्णी (रावी) तट पर लड़ा गया था। ऋग्वेद में 'पुर–चरिष्णु' (दुर्गों को गिराने वाला अस्त्र) का उल्लेख मिलता है।

सेनानी के पद के विषय में जी.एस.पी. मिश्र की मान्यता है कि यह अधिकारी राज्य के अधिक स्थायी हो जाने के पश्चात् अस्तित्व में आया होगा। प्रारम्भिक अवस्था में राजा स्वयं ही सेनानी होता था।[25]

राजस्व ऋग्वेद में 'बलिहृत' या बलि शब्द अनेक स्थलों पर कर के रूप में हुआ है।[26] कर सम्भवतः उपज के एक निश्चित अंश के रूप में लिया जाता होगा।

वैदिककालीन राजा को भूस्वामी नहीं कहा जा सकता। सम्भवतः सामूहिक भू–स्वामित्व का नियम था। सामूहिक स्वामित्व से यथार्थ में शासक के कर्तव्य में वृद्धि हो जाती है। अतः राजा को वासुदेवाय (धन देने वाला) कहा गया है। सामूहिक स्वामित्व से न्यायपूर्ण वितरण होता था। राजा 'जन' या विश को कृषि भूमि देता एवं उसकी रक्षा करता, इसके बदले राजा को कर लेने का अधिकार प्राप्त था। किन्तु कहीं भी भूमि दान दिए जाने का उल्लेख नहीं आया है।

सभा एवं समिति इस युग की प्रशासनिक व्यवस्था में सभा एवं समिति नामक दो संस्थाओं का विशिष्ट महत्व रहा है। कीथ के अनुसार समिति सम्पूर्ण जाति के कार्यों के लिए जनता का अधिवेशन थी एवं सभा से आशय एकत्र होने का स्थान था[27] किन्तु झिमर का यह मत अधिक उचित प्रतीत होता है कि सभा ग्राम संस्था एवं समिति केन्द्रीय संस्था थी[28] इस सम्बन्ध में वी.एम. आप्टे की मान्यता है कि समिति जनता के प्रतिनिधियों की संस्था थी जिसमें राजनीतिक निर्णय लिए जाते थे, जबकि सभा समिति की तुलना में कम महत्वपूर्ण लोगों की छोटी संस्था थी और कुछ विशिष्ट व्यक्ति ही उसके सदस्य होते थे।[29]

समिति ऋग्वेद में सभा शब्द का प्रयोग संसद, सामाजिक सम्मेलन तथा वृद्ध या प्रवर जनों की परिषद् के अर्थ में हुआ है।

- इस प्रकार समिति समस्त जनता का प्रतिनिधित्व करती थी जिसमें राजा भी उपस्थित रहता था। सम्भवतः समिति राजा का वरण, पदच्युति एवं पुनःवरण आदि कार्य सम्पादित करती थी।[30]
- राजनीतिक मामलों के अतिरिक्त सामाजिक तथा सामुदायिक मामलों पर भी विचार–विमर्श करती थी। राष्ट्र की समृद्धि के लिए यह माना गया है कि समिति व राजा के बीच मत भिन्नता न हो। इसमें वाद–विवाद किए जाने का उल्लेख मिलता है।[31]
- समिति के विरुद्ध हो जाने पर राजा की स्थिति भी संकटपूर्ण हो जाती थी। खोए राज्य की प्राप्ति में राजा के लिए समिति का सहयोग अपेक्षित माना गया। अंतिम मंत्र में समिति के सदस्यों में सहभाव पर अधिक बल दिया गया है।[32] 'सं गच्छध्वं सं वदध्वं मनांसि जानताम'।
- समाज के विशिष्ट व्यक्ति ही समिति के सदस्यों के रूप में चयनित किए जाते रहे होंगे। समिति में समस्त जन से सम्बन्धित विषयों पर विचार–विमर्श किया जाता रहा होगा। समिति के सभापति को **ईशान** कहा जाता था।
- समिति में न्याय की व्यवस्था भी रही होगी, क्योंकि इसमें दोषी को क्षमा कर देने पर हर्षित होने का विवरण मिलता है। ऋग्वेद में अश्व या रथ पर आरुढ़ होकर सभा की ओर जाने वाले सभासद् का उल्लेख आया है।[33]

सभा एक मंत्र में 'सभेयो' शब्द का प्रयोग भी इस तथ्य की ओर संकेत करता है कि निर्णय हेतु लोग एक स्थान पर एकत्र होते थे।[34] एक स्थान पर सभा के द्यूत क्रीड़ा के लिए प्रयुक्त होने का विवेचन आया है।[35]

सभा एवं समिति को प्रजापति की दो पुत्रियाँ कहा गया है।[36] अथर्ववेद में एक स्थान पर इसके निर्णय को प्रमाणस्वरूप लिए जाने का उल्लेख भी आया है।[37] ऋग्वेद में सभा को 'नरिष्ट' (वाद–विवाद स्थल) एवं 'अनति' कहा है, जिनके द्वारा किए गए निर्णयों का उल्लंघन नहीं किया जा सके। इसी प्रकार '**किल्विष सम्प्रत**' अर्थात् इसमें ग्रामीण वार्तालाप द्वारा निर्णय लिया जाता था। ऋग्वेद में विधि के लिए 'धर्मन' शब्द का प्रयोग मिलता है। कहा गया है कि विष्णु के बल से सभी नियम व्यवहार स्थिर हैं। एक स्थान पर मित्र–वरुण को धर्म (नियम) से युक्त कहा है। संभवतः सभा में महिलायें हिस्सा लेती थी जिन्हें **सभावती** कहा जाता था।

विधि एवं न्यायिक प्रावधान वैदिक विचारकों ने विधि या धर्म की सर्वोच्चता की घोषणा ही नहीं की थी, वरन् राजसत्ता द्वारा इसके पालन पर भी जोर दिया था। ऋग्वेद में विधि अथवा व्यवहार के लिए 'धर्मन' (बाद में 'धर्म') शब्द का प्रयोग हुआ है। वस्तुतः धर्म के अनेक उपादान आगे जाकर विधि के अंग बन गए। धर्म या विधि के स्वरूप तथा सर्वोच्चता की परिभाषा सामाजिक सन्दर्भ में की गई है, क्योंकि धर्म एवं विधि का मूल मानव समाज है। समाज में व्यक्ति नैसर्गिक रूप में धर्म से अनुप्राणित होकर व्यवस्था बनाए रखता है अथवा दण्ड के भय से व्यवस्था को स्वीकार करता है। इस प्रकार 'धर्म' प्रारम्भ में ऐसे नियमों का संग्रह प्रतीत होता है जिसके अनेक प्रावधानों ने बाद में विधि का स्वरूप ग्रहण कर लिया था और वे प्रावधन प्रारम्भ में समाज की व्यवस्था तथा नैसर्गिक नियमों के द्योतक थे। हम देखते हैं कि वेदों की ऋचाओं में पाप और अपराध परस्पर सम्बद्ध दिखाई देते हैं। 'ऋत' एवं 'धर्म' के विपरीत किया गया कार्य अपराध माना गया।

यद्यपि न्याय प्रदान किए जाने का कार्य राजा द्वारा सम्पादित किया जाता था, किन्तु कभी–कभी अधिकार प्राप्त व्यक्ति द्वारा भी दण्ड दिया जा सकता था। राजा पुरोहितों तथा अन्य परामर्शदाताओं के सहयोग से न्याय करता था। ऋग्वेद में एक आख्यान मिलता है कि अपने पिता की सौ भेड़ों को भेडियों को खिला देने के अपराध में ऋजाश्व को उसके पिता ने अंधा करवा दिया था।[38] किसी भी विवाद में पंच फैसला करने वाले को 'मध्यम शिरिव' अर्थात् बीच में रहने वाला कहा गया है। पशुधन चोरी, द्यूत, बेईमानी, ठगी आदि अनेक दण्डनीय अपराधों का उल्लेख मिलता है। इसके अतिरिक्त मुद्राओं (निष्क) के लेन–देन के विवाद, सामाजिक परम्पराओं का उल्लंघन तथा पारिवारिक कन्या से विवाह राज्य की दृष्टि में दण्डनीय अपराध थे। अपराध करते हुए अपराधियों (जीवगृभ) को तत्काल पकड़ने वाले अधिकारी उग्र (पुलिस) का जिक्र ऋग्वेद में हुआ है। गेल्डनर की धारणा है कि ऋग्वेद में तपाये परशु द्वारा अपराध परीक्षण का विवेचन मिलता है। इस प्रसंग में इन्द्र को उद्बोधित करते हुए कहा गया है कि तपती हुई परशु फेन निकालती है, वैसे ही हमारे समाज शत्रु मुख से झागों को निकालें, जैसे– सेमल का पुष्प अनायास ही छिन्न–छिन्न होता है।[39] कुछ विद्वानों के अनुसार, ऋग्वेद में अग्नि तथा जल की सहायता से अपराध परीक्षण का उल्लेख हुआ है।

II. उत्तर–वैदिक राजनीतिक व्यवस्था

इस युग में राजतंत्र सशक्त ही नहीं हुए बल्कि बड़े प्रादेशिक राज्यों की स्थापना भी हुई एवं प्रशासनिक व्यवस्था में एक निश्चित पद्धति का आविर्भाव हुआ। पूर्व काल में विभिन्न 'जन' किसी निश्चित प्रदेश से सम्बन्धित नहीं थे, किन्तु इस युग में जनों का स्थान बड़े जनपदों ने ले लिया था। ऋग्वेद काल में राजा का प्रभुत्व 'विश' अथवा एक 'जन' के लोगों तक सीमित था किन्तु अब उसका स्वामित्व एक राष्ट्र तक विस्तृत हो गया।[40] ऐतरेय ब्राह्मण के अनुसार समुद्रपर्यन्त पृथ्वी का शासक एकराट् कहलाता था।

II.1 निर्वाचन एवं वंश मूलक प्रणाली राजा का पद भी अधिक स्थाई और वंशानुगत हो गया था। यद्यपि ऐसे उदाहरण भी मिलते हैं, जिनमें राजा के निर्वाचित होने का संकेत मिलता है। राजत्व के विकास के सम्बन्ध में ऐतरेय ब्राह्मण में कहा गया है कि देवों एवं दानवों के मध्य युद्ध हुआ एवं देवगण परास्त हुए। अतः देवताओं ने निश्चय किया कि चूँकि हमारा कोई राजा नहीं है, दानव हमें हरा देते हैं फलतः हमें अपने एक राजा का चयन करना चाहिए। उन्होंने अपना एक राजा निर्वाचित किया और उसके नेतृत्व में दानवों पर विजय प्राप्त की।[41] इसी ब्राह्मण में अन्यत्र विवेचन मिलता है कि देवताओं ने *इन्द्र को अपना राजा निर्वाचित* किया, क्योंकि परस्पर विचार–विमर्श के पश्चात् वे इस निर्णय पर पहुँचे कि देवताओं में वे सबसे पराक्रमी, अधिक शक्तिशाली, वीर और सबसे पूर्ण तथा किसी भी कार्य को अच्छी तरह सम्पन्न करते हैं। बृहदारण्यकोपनिषद् (1/4/14) में आया है। ब्रह्म ने राजा को उत्पन्न किया और राजा से अधिक शक्तिशाली धर्म को उत्पन्न किया। राजा निर्बल भी हो तब भी धर्म (अर्थात नियम या कानून) के बल पर अधिक बलवान पर शासन करता है।

इस कथा से जानकारी मिलती है कि राजा का चयन सबकी सहमति से होता था, जो सामान्यतः युद्ध आदि का संचालन करने में समर्थ हो तथा राज्य कार्यों का सम्पादन कर सके। इस सन्दर्भ में मजूमदार ने लिखा है कि, यह लॉक द्वारा प्रतिपादित संविदा के सिद्धान्त से मिलता–जुलता है। प्रारम्भ में प्रकृति की एक ऐसी अवस्था थी जिसमें 'जिसकी लाठी उसकी भैंस' की कहावत चरितार्थ होती थी। अतः शांति एवं व्यवस्था स्थापित करने के लिए एक राजा चुना गया और उसने लोगों के धन–जन की रक्षा करने का वचन इस शर्त पर दिया कि लोग उसे कर (बलि) देंगे। आगे लिखा है इस सिद्धान्त का उल्लेख **शतपथ ब्राह्मण** के एक रहस्यवादी पद में मिलता है। उसमें कहा गया है कि जब कभी सूखा पड़ता है तब शक्तिशाली लोग कमजोरों को पकड़ लेते हैं, क्योंकि पानी ही विधान हो जाता है।[43]

राजा को प्रजापति का प्रतिनिधि कहा गया है। वह एक होने पर भी जन समूह पर शासन करता है। इस प्रकार राजत्व के दैवीय विकास के सिद्धान्त का आविर्भाव हुआ। अर्थात एक ओर अराजकता की स्थिति में राजा के निर्वाचन पर विचार चल रहा था तो दूसरी ओर राजा की दैवीय उत्पत्ति का सिद्धान्त भी समाज में प्रचलित होने लगा था। यह भी उल्लेख मिलता है कि राजसूय एवं वाजपेय यज्ञों के सम्पादन द्वारा राजा प्रजापति के समान प्रभुत्व सम्पन्न हो जाता है।[44] तथापि राजत्व प्रतिष्ठा का आधार जनमत था। अथर्ववेद में राजा को पदमुक्त किए जाने एवं राज्य से बहिष्कृत होकर दूसरे क्षेत्र में विचरण करने का विवरण मिलता है।[45] एक निष्कासित राजा के अपनी प्रजा एवं विरोधियों द्वारा पुनः वरण किए जाने का भी उल्लेख आया है।[46] पंचविश ब्राह्मण में राड्यज्ञ नामक एक विशेष संस्कार का उल्लेख है, जिसके द्वारा पदच्युत राजा पुनः राज्य कर सकता था अथवा राज्यारूढ़ होने की स्थिति में अपनी प्रजा का पुनः समर्थन प्राप्त करता था।[47] राजा के वंशानुगत (**hereditary**) होने से वह स्वच्छन्द रूप से कार्य करता था। परन्तु उसे निरंकुश नहीं माना जा सकता।

राज्यों का स्वरूप प्रादेशिक राज्यों की स्थापना ने विस्तारवादी प्रवृत्ति को जन्म दिया और राजाओं में अधिकाधिक बड़े क्षेत्रों की प्राप्ति की कामना बढ़ी। ऐतरेय ब्राह्मण[48] में राजतंत्र के अनेक रूपों में, प्रमुख पाँच प्रकार के राज्यों का विवरण मिलता है–**राज्य, स्वराज्य, भौज्य, वैराज्य** एवं **महाराज्य** अथवा **साम्राज्य**।

- ऋग्वेद काल से चले आ रहे छोटे राज्य जो सम्भवतः निर्बल होते हुए भी स्वतंत्र थे, उनका अस्तित्व इस युग में भी बना रहा।
- **स्वराज्य** सम्भवतः गणत्रात्मक राज्यों के लिए प्रयुक्त हुआ, क्योंकि इस काल में कुछ क्षेत्रों में गणतंत्रात्मक शासन व्यवस्था की जानकारी मिलती है। जायसवाल ने लिखा है कि वैदिक काल में राजतंत्र की प्रमुख शासन प्रणाली थी, यद्यपि जनतंत्रीय शासन प्रणाली भी विद्यमान थी, जिसका उल्लेख उत्तर वैदिककालीन साहित्य में मिलता है।[49]
- दक्षिण में स्थित सातवत एवं यादव राज्यों के लिए भोजराज्य शब्द आया है। इन राज्यों में वंशानुगत राजाओं के साथ–साथ यदा–कदा राजा का चयन भी किया जाता था। इस संघ के मुखिया 'श्री कृष्ण' थे।
- **सम्राट** शक्तिशाली, स्वतंत्र एवं विशाल साम्राज्य के स्वामी को कहा गया। वैदिक ग्रन्थों में पूर्वी भारत के अंग, बंग एवं मगध क्षेत्र में से ऐसे साम्राज्यों की स्थापना की विवेचना मिलती है। ऐतरेय ब्राह्मण के अनुसार राजाओं के समक्ष यह आदर्श था कि मैं सब प्रकार की विजय प्राप्त करूँ, सब लोकों को प्राप्त करूँ एवं सब राजाओं के ऊपर श्रेष्ठता एवं प्रतिष्ठा प्राप्त हो, और साम्राज्य, भौज्य, स्वराज्य, वैराज्य, पारमेष्ठय, राज्य महाराज्य का आधिपत्य तथा सबसे ऊपर सार्वभौम समुद्रपर्यन्त पृथ्वी का एकराट् प्रशासक बने।[50] बड़े राज्यों के राजाओं के लिए अधिराज, राजाधिराज, विराट, सार्वभौम सम्पूर्ण पृथ्वी का राजा आदि उपाधियों का प्रयोग किया जाने लगा।

कीथ का विचार है कि, ऋग्वेदकालीन **जन राज्यों** की तुलना में आकार में वृद्धि हुई होगी किन्तु अधिक बड़े राज्यों का अस्तित्व नहीं रहा होगा।[51] कीथ के मत का समर्थन नहीं किया जा सकता, क्योंकि ब्राह्मण ग्रन्थों में अनेक स्थलों पर एकराट् सम्राट आदि शब्दों का प्रयोग हुआ है तथा कुछ राजाओं को विशेष रूप से सम्राट शब्द (की उपाधि) द्वारा सम्बोधित करना, इस तथ्य को इंगित करता है कि कुछ राजाओं ने अवश्य ही बड़े राज्यों की स्थापना की होगी।

शपथ ग्रहण : राज्यारोहण के समय राजा के अभिषेक तथा उसके द्वारा ली जाने वाली शपथ का विस्तृत विवरण ब्राह्मण ग्रन्थों में मिलता है। शतपथ ब्राह्मण के अनुसार, मनोनीत राजा मातृभूमि से अनुमति इन शब्दों में प्राप्त करता है–''मातृभूमि! तुम मेरी हिंसा न करो और मैं तुम्हारी हिंसा न करूँ।'' सम्भवतः ऐसा करना इसलिए आवश्यक था कि शासक मातृभूमि के प्रति निष्ठावान हो। ऋग्वेद के कई मंत्रों में हिंसा का विरोध देखा गया है। राजा कामना करता है ''प्रजा मेरी विरोधी या हिंसक न हो और राजा स्वयं भी वादा करता है कि उसे कठोर न होना पड़े।'' उल्लेखनीय है कि शतपथ ब्राह्मण के इसी कथन के आधार पर आगे जाकर अहिंसा परमोधर्म का नारा महावीर स्वामी ने दिया व जीओ और जीने दो का विचार आया। कहा गया है कि राजा एवं राष्ट्र एक–दूसरे के हितैषी हों जैसे माता और पुत्र।[52] राजा द्वारा ली जाने वाली शपथ का उल्लेख मिलता है–''जिस रात्रि को मेरा जन्म हुआ है और जिस रात्रि को मेरी मृत्यु होगी, इन दोनों के बीच में जो मेरा यज्ञ, फल और दानादि पुण्य हैं जो मेरा लोक में धर्म, आयु और प्रजाएँ हैं वे सब नष्ट हो जाएँ यदि मैं तुझसे द्रोह करूँ।[53] राजा को राज्य एक धरोहर के रूप में सौंपा जाता था एवं राजा के उस पर अधिकृत रहने की कसौटी, जनता की प्रगति एवं कुशलता थी। इस अभिषेक द्वारा राजा को अदण्ड्य कर दिया जाता था, अर्थात् उसे दण्ड से परे मान लिया जाता था। आर.के. मुकर्जी ने लिखा है कि, इससे इस मत की पुष्टि होती है कि राजा स्वयं दण्ड से अतीत रहते हुए उस दण्ड को धारण करता है जो धर्म का रक्षक है। राजा धर्म का विधाता या स्त्रोत नहीं। वह उसको धारण करने वाला है[54] देखते हैं कि पूर्ववत् जनशक्ति का राजा पर नियंत्रण एवं प्रभाव बना हुआ था।

II.2 सभा सभा एवं समिति नामक जन संस्थाओं का इस युग में भी सामान्य प्रशासन पर पर्याप्त प्रभाव देखा जाता है। अथर्ववेद[55] में सभा, समिति तथा सेना को समान महत्व प्रदान किया गया। राजा को जहाँ प्रजापति का प्रतिनिधि कहा गया है, वहीं दूसरी ओर सभा एवं समिति को प्रजापति की दो पुत्रियाँ कह कर सम्बोधित किया है अर्थात् इन जन–संस्थाओं एवं राजा को समान स्तर पर रखा गया।

सभा सम्भवतः चयनित सदस्यों की छोटी संस्था थी जो न्याय सम्बन्धी कार्यों का सम्पादन करती थी। इसे *नरिष्टा* कहा गया। इसका अभिप्राय सामूहिक वाद–विवाद है। मैत्रायणी संहिता में सभा को ग्राम के न्यायिक कार्यालय के रूप में व्याख्यायित किया है, जिसमें 'ग्राम्य वादिन' न्यायिक कार्य सम्पादन करता था। सभाचर शब्द इंगित करता है कि, सम्भवतः इसका न्यायिक कार्य में सहयोग रहता था। स्पष्ट है कि सभा में राजनीतिक मामलों के साथ न्यायिक कार्य भी सम्पादित किये जाते थे।[56]

सभा में कभी–कभी राजा भी उपस्थित रहता था। इसके सदस्य अत्यन्त सम्माननीय व्यक्ति माने जाते थे। अथर्ववेद में विवरण मिलता है कि ये देवता की सभा के सदस्य यम को प्राप्त होने वाले पुण्य के सोलहवें भाग के अधिकारी थे। अर्थात ये संस्थाएँ कार्य संचालन हेतु राजकर का कुछ भाग प्राप्त करती रही होंगी। कहा गया है कि प्रजापति सभा की सहमति के बिना कार्य नहीं करते थे।[57] सम्भवतः राजा भी प्रत्येक निर्णय के लिए सभा की सहमति प्राप्त करता होगा। वैदिक साहित्य में सभापति[58] एवं सभासद[59] शब्द आए हैं, अर्थात् सभा की कार्यवाही का संचालन करने के लिए सभापति रहा करता था।

II.3 समिति समिति अपेक्षाकृत बड़ी संस्था प्रतीत होती है, जो सम्भवतः राज्य की विशाल जनता का प्रतिनिधित्व करने वाली केन्द्रीय संस्था थी। राजा के निर्वाचन में यह संस्था जन या जनपद का प्रतिनिधित्व करती थी। अथर्ववेद में विवरण मिलता है कि ब्राह्मण सम्पत्ति का अपहरण करने वाले राजा को समिति का सहयोग नहीं मिलना चाहिए।[60] शत्रुओं पर विजय प्राप्त करने के लिए एवं प्रशासनिक स्थिति सुदृढ़ करने हेतु राजा को समिति के समर्थन की आवश्यकता होती थी। किसी भी निर्णय पर पहुँचने से पूर्व पर्याप्त वाद–विवाद अपेक्षित था। अनेक उपनिषदों में भी राजा की अध्यक्षता में हुए वाद–विवाद की सूचना मिलती है। उपनिषद् काल के पश्चात् सभा–समितियों के अस्तित्व का उल्लेख नहीं मिलता।

विदथ सभा समिति के साथ हमें विदथ नामक अन्य संस्था का भी उल्लेख मिलता है। अल्टेकर महोदय इसे विद्वानों की परिषद् बताते हैं। आर.एस. शर्मा ने इसे आर्यों की प्राचीनतम जनसभा घोषित किया है। विदथ में पुरुषों के साथ महिलाओं के भाग लेने की जानकारी मिलती है। संभवतः सामाजिक धार्मिक चर्चा होती थी

और आपत्तिकाल में सैन्य उद्देश्य से भी लोग एकत्र होते थे। उपस्थित लोग वीर सैनिकों की चर्चा को गंभीरता से लेते थे। ऋग्वेद में विदथ का जिक्र 122 बार हुआ है।

II.4 प्रशासन तंत्र इस काल में अनेक नये अधिकारियों के नाम मिलते हैं जिनका ऋग्वेद में उल्लेख नहीं हुआ था। इन उच्च अधिकारियों अथवा मंत्रियों को रत्निन की संज्ञा दी गई। ये समस्त रत्निन मिलकर **राजपरिषद्** का निर्माण करते थे। राजा को राजसूय के अवसर पर इनमें से प्रत्येक के आवास पर उपस्थित होकर उनके प्रति श्रद्धा ज्ञापित करना होता था।[61] तैत्तिरीय संहिता में इन रत्नियों की संख्या 11 बताई गई है, जबकि मैत्रायणी संहिता में 14 तथा काठक संहिता में 12 होने का उल्लेख किया है। इस काल में रत्नियों में राज परिवार के सदस्य भी सम्मिलित कर लिए गए। वैदिक ग्रन्थों में अंकित सूची के आधार पर प्रमुख रत्निन का विवरण दिया जा रहा है।

रत्निन प्रमुख रत्नियों की संख्या ग्यारह कही गई है। राजा का प्रमुख सलाकार **पुरोहित** था जो राजनीतिक मामलों में परामर्श देने के साथ धार्मिक अनुष्ठानों का सम्पादन भी करता था। ब्राह्मण ग्रन्थों में उसके लिए '**राष्ट्रगोप**' शब्द का प्रयोग इस तथ्य को इंगित करता है कि यज्ञों एवं अनुष्ठानों से राष्ट्र की सुरक्षा होती है। दरअसल पुरोहित की आम लोगों को राष्ट्र एवं राजा के प्रति विश्वनीय बनाने में महत्वपूर्ण भूमिका होती थी। दरअसल पुरोहित की आमलोगों को राष्ट्र एवं राजा के प्रति विश्वनीय बनाने में महत्वपूर्ण भूमिका होती थी।

- रत्नियों में राजा की महिषी (प्रधान रानी) भी सम्मिलित कर ली गई। उसे तत्कालीन प्रशासनिक व्यवस्था में महत्वपूर्ण स्थान प्राप्त था।
- सैन्य संचालन का कार्य सेनापति सम्पादित करता था। सैनानी को राजा द्वारा हिरण्य भेंट स्वरूप दिए जाने का उल्लेख आया है।
- राजा के रथ चालक को सूत कहा गया। कीथ की धारणा है कि स्थानीय लेखक इसे रथ–चालक मानते हैं, किन्तु सम्भवतः वह उद्घोषक या राजा की स्तुति करने वाला था।[62]
- **ग्रामणी** ग्राम प्रमुख था और '**भागधुग**' कर संग्रह करता एवं राज्य के राजस्व का हिसाब रखता था।
- '**अक्षावाप**' सम्भवतः लेखाकार का कार्य करता था।
- '**गोविकर्ता**' राज्य के गोधन का अधिकारी रहा होगा।
- **क्षता** राज्य के दुर्ग तथा महल का अधिकारी कहा गया है।
- मैत्रायणी संहिता में '**तक्षन**' अथवा बढ़ई तथा रथकार अथवा रथ निर्माता को भी रत्नियों की सूची में सम्मिलित किया गया है।
- शतपथ ब्राह्मण में '**पालागल**' का नाम भी मिलता है जो सम्भवतः सन्देशवाहक का कार्य करता था। डॉ. पुरी[63] ने जिक्र किया है कि रत्नियों को राज–निर्माता के रूप में नहीं देखा जाना चाहिए बल्कि इनकी राजा के व्यक्तिगत सहयोगियों के रूप में गणना की जानी चाहिए। यद्यपि प्रशासनिक व्यवस्था में इनका विशेष योगदान रहता था। आगे लिखा है कि उस काल में गुप्तचर व्यवस्था अपेक्षित थी। तैत्तिरीय संहिता में '**दूत**' एवं '**प्रहिता**' का उल्लेख आया है।
- ऋग्वेद में दूत (राजदूत) को संदेशवाहक कहा है किन्तु बाद में इसका उपयोग आलंकारिक रूप में होने लगा। यह भी कहा गया कि 'सूत' ही आगे जाकर दूत कार्य करने लगे। सायणाचार्य ने स्पष्ट किया है कि, दूत नियमित राजप्रतिनिधि था जबकि प्रहिता को मात्र जासूस कहा जा सकता है। गाँव के झगड़ों या विवादों का निपटारा संभवतः **ग्रामवादिन** करते थे।

बलि या कर ऋग्वेद काल से ही राजा को अपने दायित्व निर्वाह के बदले में प्रजा से 'बलि' या 'कर' पाने का अधिकारी माना जाता था। इस काल में प्रजा से नियमित कर वसूलने का प्रावधान हो चला था। नियमित राजस्व की वसूली हेतु एक अधिकारी की नियुक्ति की गई, जिसे 'भागधुग' कहा गया है। वैदिक साहित्य से ज्ञात होता है कि कर का मुख्य भार वैश्यों पर था। राजा को विशमता या **विश भक्षक** कहा है, क्योंकि वैश्य वर्ग पशुपालन, कृषि, वाणिज्य–व्यापार एवं अनेक शिल्प कर्म द्वारा धनार्जन करता था। राज्य का भाग अन्न तथा पशुओं के रूप में दिया जा सकता था। सम्भवतः आय का सोलहवाँ भाग राजा को मिलता था। राजा को विश का भक्षण करने वाला कहे जाने के सन्दर्भ में हॉप्किन्स की मान्यता है कि राजा जनता का शोषण करते थे। किन्तु इसका अभिप्राय (विश + अत) 'भोगी' भी होता है। कहा जा सकता है कि राजा प्रजा के करों का एवं उपहारों का उपभोग करता था। वैदिक साहित्य में ऐसे कोई साक्ष्य नहीं मिलते जिनके आधार पर कहा जा सके कि राजकर अत्यधिक थे। प्रारम्भ में राजा को प्रजा से नियमित कर नहीं मिलते थे। अतः इन्द्र से प्रार्थना की गई कि वह राजकर देने के लिए प्रजा को विवश करे।[64] कालान्तर में नियमित करों की प्रथा प्रतिष्ठित हुई।

II.5 न्यायिक प्रशासन उत्तर–वैदिक काल में राजा को न्याय का महत्वपूर्ण स्त्रोत माना जाता था। वह शासक के रूप में आपराधिक (फौजदारी) मामलों का निर्णय करता था। काठक संहिता से हमें जानकारी मिलती है कि राजा की अनुपस्थिति में एक शूद्र को दण्डित किया गया। राजन्य वर्ग से एक अधीक्षक (अध्यक्ष) होने की जानकारी मिलती है। दूसरे शब्दों में, राजा के अतिरिक्त ऐसे अधिकारियों का भी उल्लेख मिलता है जो न्यायिक कार्यों का सम्पादन करते थे अथवा विवादों में मध्यस्थ का कार्य करते थे।

- ऋग्वेद एवं परवर्ती साहित्य में '**मध्यमसि**' शब्द आया है। रॉथ एवं झिमर की धारणा है कि वह सम्भवतः **मध्यस्थ या न्यायाधीश** रहा होगा।
- इसी प्रकार अथर्ववेद में '**स्थहापित**' शब्द आया है[65] विद्वानों की मान्यता है कि वह मुख्य न्यायाधीश का कार्य देखता होगा।
- ग्रामीण क्षेत्र में छोटे विवादों का फैसला 'ग्राम्यवादिन' (ग्रामीण न्यायाधीश) करता था।

अपराधों में चोरी, डकैती, मिलावट, व्याभिचार, अपहरण, भ्रूण हत्या, धोखा, मद्य जैसे पेय पदार्थों के सेवन में मृत्यु दण्ड का प्रावधान था। किसी भी व्यक्ति की हत्या के मामले में उसके परिवार के सदस्यों को स्वयं को निरपराध प्रमाणित करने हेतु कठिन परीक्षा से गुजरना होता था। छान्दोग्य उपनिषद (3/16/1–2) में विवरण मिलता है कि अपराधी पुरुष के हाथ बाँध कर लाते हैं। कहा जाता था कि – उसने चोरी की है इसके लिए कुल्हाड़ा तपाओ। यह यदि वास्तव में चोर है और झूठ बोलकर अपने कृत्य को छुपाता है तो तपे हुए कुल्हाड़े को उठाने से जलेगा एवं मर जाएगा और यदि चोर नहीं है तो वह उसी से अपने को निर्दोष सिद्ध कर देगा। स्पष्ट है कि दण्ड तुलनात्मक दृष्टि से कठोर थे। वैदिक साहित्य में विधि के लिए 'धर्म' या 'धर्मन' शब्द प्रयुक्त हुआ है। यह रीति–रिवाजों एवं व्यवस्था को इंगित करता है। राजा को व्यक्तिगत रूप से सजा से मुक्त (अदण्डय) कहा गया है।

निष्कर्षत कहा जा सकता है कि वैदिक काल में शान्ति व्यवस्था थी लोग प्रसन्न थे। अपराध कम एवं समाज में सौहार्द था, लोगों की इच्छायें सीमित भी इसलिए इसे सतयुग कहा जाता था।

संदर्भ :

1. See, Keith : The Cambridge History of India, Vol. I, p.81. "Regvedic society, the grama, 'village' though some have derived its name originally from the sense 'horde' as describing the armed force of the tribe which in war fought in the natural divisions of family. Next in order to above the *grama* in the orthodox theory was the uic of 'canton' while a group of cantons made up the *Jana* 'people' ....But for the Vedic India the fourfold gradation cannot successfully be maintained."
2. कीथ, वही, पृ. 81
3. ऋग्वेद 10/179/2, कुलपा न व्राजपतिं चरन्तरम।
4. वही, 3/53/6
5. वही, 10/32/11
6. ऋग्वेद, 1/37/8, येषामज्जमेषु पृथिवी जुजुर्वा इव विश्वपतिः
7. वही, 3/43/5, कुविन्मा गोपां करसे जनस्य।
8. वही, 10/124/8, ताई विशो न राजानं वृणाना।
9. अथर्ववेद, 4/32, त्वां विशो वृणातां राज्याम्।
10. अथर्ववेद, 20/103/2, त्वा वृणी महे।
11. अल्तेकर, प्राचीन भारतीय शासन पद्धति, पृ. 70
12. अथर्ववेद, 20/136/16
13. Raychaudhuri : Advanced History of India, 1974, p. 28. "We have reference to the *gana* with the *ganapati* of *Jyeshtha* (elder) at its head. The mention of the term *jyeshtha*, which corresponds to *jetthaka* of the Pali texts, possibly points to some sort of organisation parallel to that of the well-known tribal *republics* of early Buddhist times."
14. भार्गव, पी.एल. : इण्डिया इन द वैदिक एज, पृ. 256

15. द वैदिक एज, पृ. 335
16. ऋग्वेद, 1/85/8, भयन्ते विश्वा भुवना मरुद्भयो राजान इव
17. ऋग्वेद, 3/53/12, विश्वामित्रस्य रक्षति ब्रह्मेदं भारत जनम्।
18. Keith : The Cambridge History of India Vol. I, p. 85. "The Vedic *Pourhita* was the forerunner of the Brahman statesmen who from time to time in India have shown conspicuous ability in the management of affairs."
19. ऋग्वेद, 10/98
20. पुरी बी.एन. : हिस्ट्री ऑफ इण्डियन एडमिनिस्ट्रेशन, विद्या भवन, 1968 पृ. 4
21. ऋग्वेद, 10/14/12
22. ऋग्वेद, 9/96/1, प्रं सेनानी : शूरोअग्रे स्थानां गव्यन्नेति
23. ऋग्वेद, 6/75/1
24. ऋग्वेद, 8/72/4, 6/75/17
25. मिश्र जी.एस.पी. : प्राचीन भारतीय समाज एवं अर्थव्यवस्था, जयपुर, 1983 पृ. 51
26. ऋग्वेद, 1/173/6, अथो त इन्द्र केवल र्विशो बलिह्रतस्कतर्
27. Keith, Ibid, p. 86, "There is no ....rather it seems the *samiti* is the assembly of the people for the business of the tribe, the *Sabha* particularly the place of assembly, which served besides as a centre of social gatherings."
28. Keith, Ibid, p. 86, "Zimmer on the other hand, sees in the *samiti* the popular assembly of the tribe in the *sabha* the assembly of the village."
29. The Vedic Age, 1988, pp 356-57. It appears that the *samiti* was an august assembly of a larger group of the people for the discharge of tribe (i.e. political) business and was presided over by the king. The *sabha*, a mere select body, was less popular and political in character than the samiti.
30. ऋग्वेद, 10/191/3
31. ऋग्वेद, 10/96/6, यत्रोपधिः समग्मत राजानः समिताविव।
32. ऋग्वेद, 10/191
33. ऋग्वेद, 8/4/9 सचते सदा चन्द्रोयाति सभामुप।
34. ऋग्वेद, 2/24/13, सभेयो विप्रो भरते मती धना।
35. ऋग्वेद, 10/34/6, सभामेति कितवः पृच्छमानो जेष्यामीति।
36. अथर्ववेद, 7/12/1
37. अथर्ववेद, 20/136/4, सक्थ्ना दे दिश्यते नारी सत्य स्थाक्षि।
38. ऋग्वेद, 1/116–117
39. अथर्ववेद, 3/53/22 परशु चिद्वि तपति शिम्बलं चिद्वि वृश्चति उखा चिदिन्द्र येषन्ती प्रयस्ता फेनमयति।
40. तैत्तिरीय संहिता, 2/3/1, उभे एवं विशं च राष्ट्र चावगच्छति।
41. ऐतरेय ब्राह्मण, 1/1/44, राजानं कर्वामहा इति तथेपि
42. ऐतरेय ब्राह्मण, 8/4/12
43. मजूमदार आर. सी. : प्राचीन भारत, वाराणसी, 1962, पृ. 54
44. शतपथ ब्राह्मण, 8/4/12
45. अथर्ववेद, 3/3/4, अन्य क्षेत्रे अपरुद्धं चरन्तं।

46. अथर्ववेद, 3/8/2
47. पञ्चविश ब्राह्मण, 19/7/1–4
48. ऐतरेय ब्राह्मण, 8/2/6; 8/3/13
49. जायसवाल : हिन्दू पॉलिटी, पृ. 21
50. ऐतरेय ब्राह्मण, 8/15
51. Keith, op cit. p. 116, It is true that the horse sacifice as reported in the *Catapatha Brahmana* and in the royal consecration of the *Aitareya Bra-hamana*, both of which passages are late, presuppose that the kings who performed it set up claims to imperial dignity, and that they had won the proud title of conquerors of the whole earth which is applied to them. But real conquest seems not to have been meant never amalgamated in to single kingdom.
52. शतपथ ब्राह्मण, 5/4/3/20
53. ऐतरेय ब्राह्मण, 8/15, तदुभययमन्तरेणेष्टापूर्त में लोक सुकृतमायुः प्रजां वृन्जीथा यदि ते **द्रुह्योमिति**।
54. मुकर्जी, आर.के. : हिन्दू सभ्यता, दिल्ली, 1971, पृ. 119
55. अथर्ववेद, 15/9/1–3
56. वैदिक एज, पृ. 433
57. ऐतरेय ब्राह्मण, 8/21
58. छान्दोग्य उपनिषद्, 8/14/1
59. वाजसनेयी संहिता, 16/24
60. अथर्ववेद 5/19/15
61. शतपथ ब्राह्मण 9/3/4/5
62. Keith, op. cit, p. 117. "The *svta* is according to native tradition the 'charioteer', but it seem much more probale that he was at once a herald and mistrel clearly point."
63. डॉ. पुरी बी.एन. : वही पृ. 7
64. ऋग्वेद, 10/173/6, तथा ते इन्द्र केवली प्रजा बलिहृत।
65. अथर्ववेद, 2/32/4, ''हतो राजा विमीणामुतैषां स्थपतिर्हत।''

16 उत्तर भारतीय समाज एवं वर्ण व्यवस्था का विकास
(North Indian Society and Evolution of Varna System)

I. पूर्व वैदिक–वर्ण व्यवस्था

I.1 वैदिककालीन समाज की विकास प्रक्रिया को समझने के लिए 'सभ्यता' एवं 'संस्कृति' शब्द का ज्ञान जरूरी है। टाइलर के अनुसार, 'संस्कृति' वह इकाई है जिसमें ज्ञान, विज्ञान, कला, नैतिकता, कानून, रीति–रिवाज एवं समाज के सदस्य रूप में मनुष्य द्वारा अर्जित अन्य सभी योग्यताएँ सम्मिलित हैं। जी.सी.पाण्डे के अनुसार, (देखिए, भारतीय संस्कृति, पृ. 3) भारतीय समाज जिस संस्कृति से परिभाषित है उसमें आध्यात्मिकता तथा नैतिकता को सर्वोच्च मूल्य समझा गया है अर्थात् वैदिक काल के रीति–रिवाज, कानून व्यवस्था, कला, विज्ञान आदि के बोध के साथ आध्यात्मिक तथा नैतिक मूल्यों की जानकारी प्राप्त करके ही हम तत्कालीन समाज एवं संस्कृति की सही व्याख्या कर सकते हैं।

ऋग्वेदकालीन समाज की व्यवस्था का प्रमुख आधार वर्ण व्यवस्था थी। 'वर्ण' शब्द की उत्पत्ति संस्कृति के 'वृञ वरणे' धातु से हुई है जिसका अभिप्राय है 'वरण करना'। इस प्रकार 'वर्ण' से तात्पर्य किसी विशेष व्यवसाय (या वृत्ति) के चयन से लिया जाता है। ऋग्वेद में वर्ण शब्द का प्रयोग 'रंग' अथवा 'प्रकाश' के अर्थ में हुआ है।[1] कहीं–कहीं वर्ण का सम्बन्ध ऐसे जन वर्गों से दिखाया गया है, जिनका चर्म काला या गोरा है।[2]

कुछ वर्षों पूर्व यह माना जाता था कि आर्य जाति भारत में बाहर से आई, परन्तु अब विद्वान् यह मानते हैं कि आर्य भारत के निवासी थे और आर्य एक जाति विषयक शब्द नहीं है अर्थात् यह शब्द देशवाची है। आर्य शब्द सुसभ्य (अमरकोष में भी आया) के लिए प्रयुक्त होता था। ऋग्वेद में चार वर्णों का सामूहिक उल्लेख केवल एक बार दशम मण्डल के पुरुष सूक्त में मिलता है, जिसके अनुसार ब्राह्मण, क्षत्रिय, वैश्य एवं शूद्र क्रमशः परम पुरुष के मुख, बाहुओं, जंघाओं व पैरों से उत्पन्न हुए हैं।[3] इस अवतरण के आधार पर कुछ विद्वानों ने तत्कालीन समाज में चतुर्वर्णीय विभाजन की कल्पना की है एवं परवर्ती जाति व्यवस्था का इसे पूर्व रूप माना गया। इस मत के समर्थन में यजुर्वेद का उल्लेख भी प्रस्तुत किया जाता है[4] यहाँ पुरुष सूक्त में वर्णित चार वर्णों के बारें में जानकारी प्राप्त करना उचित होगा।

ब्राह्मण – ऋग्वेद में ब्राह्मण शब्द कई बार आया है, किन्तु यह किसी जाति के अर्थ में नहीं आया है। इसका मतलब यह नहीं कि ऋग्वेद में पुरोहित का अस्तित्व नहीं था : वशिष्ठ और विश्वामित्र पौरोहितिक पदाधिकारियों के सटीक उदाहरण हैं। कुछ पुरोहितों को बड़ी संख्या में गोधन तथा दासियाँ भी दी जाती थीं। लेकिन उन्हें भूमि या गोचर क्षेत्र नहीं मिलते थे, क्योंकि इन पर शायद सामुदायिक स्वामित्व था।[5] अर्थात प्रारम्भ में 'ब्रह्म' तथा 'क्षत्र' केवल दो ही वर्ग थे और आर्यों में शेष जन समूह को 'विश' कहा जाता था।

'ब्रह्म' शब्द ऋग्वेद में 'प्रार्थना' या 'स्तुति' के अर्थ में आया है–"हे अग्नि, अपनी ज्वाला से हमारी स्तुति एवं यज्ञ को बढ़ाओ।"[6] इसी प्रकार का जिक्र है कि विश्वामित्र की स्तुति भरत जनों की रक्षा करे।[7] अथर्ववेद में ब्रह्म शब्द ब्राह्मण वर्ग के अर्थ में आया है।[8] ऋग्वेद में एक स्थान पर कहा गया है कि यह मेंढक सोम वाले स्तोता के समान शब्द करते हैं।[9] अन्यत्र एक कवि कहता है, "हे सोमपान करने वाले इन्द्र, क्या तुम मुझे लोगों का रक्षक बनाओगे या राजा?"[10] स्पष्ट है कि एक व्यक्ति ऋषि, भद्रपुरुष, या राजा हो सकता था। इसी प्रकार शिशु अंगिरस कहते हैं, "मैं स्तुतिकर्ता हूँ, मेरे पिता वैद्य हैं और मेरी माँ चक्कियों में आटा पीसती है। हम लोग कई क्रियाओं द्वारा धनोपार्जन करना चाहते हैं।"[11] स्पष्ट है कि वर्ण व्यवस्था का प्रारम्भिक रूप अत्यन्त लचीला था और एक ही परिवार के व्यक्ति किसी भी वर्ण का व्यवसाय अपना सकते थे।

I.2 क्षत्रिय शब्द ऋग्वेद में 'ब्रह्म' एवं 'क्षत्र', रूप में 'स्तुति' एवं 'शक्ति' के अर्थ में आए हैं। कहीं–कहीं ये शब्द क्रमशः ब्राह्मणों एवं क्षत्रियों के लिए प्रयुक्त हुए हैं।[12] एक गाथा इस तथ्य पर प्रकाश डालती है देवापि एवं शान्तनु दोनों ऋष्टिषेण के पुत्र थे, शान्तनु छोटा भाई था, किन्तु वही राजा हुआ क्योंकि देवापि ने राजा होने की असहमति प्रकट की। शान्तनु के पापाचरण के फलस्वरूप अकाल

पड़ा एवं देवापि ने यज्ञ करके वर्षा करवाई[13]। अर्थात् देवापि शान्तनु का पुरोहित था। स्पष्ट है कि एक ही व्यक्ति के दो पुत्रों में एक क्षत्र धर्म का और दूसरा ब्रह्म धर्म का पालन कर सकता था। दो भाइयों में एक राजा हो सकता था और दूसरा पुरोहित। डॉ. आर.एस. शर्मा ने जिक्र किया है कि क्षत्रिय शब्द ऋग्वेद में नौ बार आया है। लेकिन इसके भी अधिकतर उल्लेख कौटुम्बिक मण्डलों से बाहर ही हुए हैं। लेकिन हमें योद्धा सरदारों के उल्लेख अवश्य मिलते हैं। ये लोग अपने गोत्रों या जनों का नेतृत्व करते हैं और राजा कहे जाते हैं।[14] 'राजन्य' शब्द केवल पुरुष सूक्त में ही आया है एवं अथर्ववेद में यह क्षत्रिय के लिए प्रयुक्त हुआ है।[15] एक स्थल पर ऋग्वेद में कहा गया है कि अभीष्ट फल पाने और बाधाओं से पार होने के लिए हम शास्त्र धर्म वाले आदित्यों से रक्षा करने की प्रार्थना करते हैं।[16]

I.3 वैश्य 'वैश्य' शब्द ऋग्वेद के केवल पुरुष सूक्त में ही आया है, किन्तु 'विश' शब्द का उल्लेख अनेक स्थानों पर हुआ है। इसका अभिप्राय जन–समूह से लिया गया। ऋग्वेद में विवरण मिलता है, "इन्द्र तुम मानवीय झुण्डों एवं दैवी झुण्डों के नेता हो।"[17] एक मंत्र में विश को सम्पूर्ण आर्य जाति का प्रतीक माना गया है। अतः 'विश' शब्द ऋग्वेद में 'वैश्य' का बोधक न होकर आर्य जन का द्योतक बन गया है। विश के साधारण सदस्य पशुपालन और युद्ध में लगे रहते थे। इस प्रकार अपने विशिष्ट अर्थ में विश शब्द ब्राह्मणों, क्षत्रियों एवं शूद्रों को छोड़कर समस्त जन–साधारण के लिए आया है। इस बहुसंख्यक वर्ग का व्यवसाय कृषि, पशुपालन एवं वाणिज्य आदि कर्म थे।

I.4 शूद्र पुरुष सूक्त को छोड़कर अन्यत्र शूद्र शब्द का प्रयोग नहीं मिलता। विद्वानों ने तैत्तिरीय संहिता के इस कथन के आधार पर कि जैसे पशुओं में घोड़ा होता है, वैसे मनुष्य में शूद्र है, अतः शूद्र यज्ञ के योग्य नहीं है। इसी तरह ऐतरेय ब्राह्मण के इस कथन को दृष्टिगत रखते हुए कि शूद्र दूसरों से अनुशासित होता है, उसे कभी भी पीटा जा सकता है।[18] अन्ततः इस वर्ग के अत्यन्त निम्न स्तर पर होने एवं पीटे जाने की कल्पना कर ली गई। किन्तु यह मान्यता भ्रामक धारणा पर आधारित है। ऋग्वेद में एक ब्राह्मण ऋषि द्वारा दास बल्बूथ से 100 गाएँ ग्रहण करने का उल्लेख मिलता है।[19] अन्यत्र ऋषि पुत्रों के साथ–साथ दासों के लिए प्रार्थना की गई। ऐतरेय ब्राह्मण का निर्माता आचार्य महिदास श्यामवर्णा 'उसजा' का पुत्र था। तैत्तिरीय संहिता में ब्राह्मण, क्षत्रिय, वैश्य के साथ शूद्र को समान रूप से प्रकाशित करने का उल्लेख मिलता है।[20] इससे स्पष्ट होता है कि शूद्र लोग उस समय तक समाज के अविभाज्य अंग थे। पुरुष सूक्त के उपरिचर्चित विवरण में भी सम्पूर्ण समाज को एक कायिक इकाई के रूप में कल्पित किया है।[21]

I.5 दास–दस्यु इस सन्दर्भ में दास–दस्युओं के विषय में चर्चा करना अनुचित नहीं होगा। ऋग्वेद में विवरण मिलता है कि इन्द्र ने दस्युओं को मारकर, आर्य वर्ण की रक्षा की।[22] ऋग्वेद में दासों को हराने एवं आर्यों की सहायता हेतु इन्द्र एवं अन्य देवताओं से प्रार्थना की गई।[23] पी.वी. काणे ने दास एवं दस्युओं को एक ही कहा है।[24] ऋग्वेद में दास–दस्युओं की निम्नलिखित विशेषतायें बताई गई : (1) **अकर्मन** वैदिक क्रियाओं को नहीं करने वाले। (2) **अदेवयु** – वैदिक देवो की उपासना न करने वाले। (3) **अयज्वन** – वे ज्ञय नहीं करते। (4) **अब्रह्मन्**– श्रद्धा एवं धार्मिक विश्वास से हीन थे। (5) **अन्यव्रत** – वैदिकोत्तर व्रतों का पालन करते हैं। (6) **मृद्धवाक्** – अपरिचित या अस्पष्ट भाषा बोलने वाले। (7) **शिश्नदेवा**– जो लिंग पूजा करते हैं। (8) **अनास** – चपटीनाक वाले। (9) कृष्णत्वच अर्थात श्यामवर्ण वाले। काणे ने उल्लेख किया है कि ऋग्वेद में जिन दास जातियों का उल्लेख हुआ है, वे आर्यों की विरोधी थीं, जो कालान्तर में हरा दी गईं और अन्त में आर्यों की सेवा करने लगीं।[25]

- इस सन्दर्भ में मिश्र ने जिक्र किया है कि दास–दस्यु से उन आर्य लोगों का अभिप्राय है जो असभ्य स्थिति में थे, लूटपाट करते थे और पूर्वोल्लिखित आर्यजनों के धार्मिक कृत्यों को नहीं करते थे।[26]
- इस विषय में डॉ. गोविन्द चन्द्र पाण्डे की मान्यता है कि ऋग्वेद में उल्लेखित दास तथा दस्यु शब्दों की अनार्यपरक व्याख्या सही प्रतीत नहीं होती।[27] अर्थात लूटपाट करने वाले, गंदे व रीतिरिवाजों के न मानने वाले दास–दस्यु कहे गये।
- कहा गया है कि शूद्रों की निम्न सामाजिक परिस्थिति का कारण उनकी व्यावसायिक अस्वच्छता तथा सांस्कृतिक पिछड़ापन था।
- आर्यों के अतिरिक्त ग्रामों में अशिक्षित, असभ्य, जातियाँ निवास करती थीं, जिन्हें किरात, निषाद, आदि कहा गया।
- यह भी सम्भव है कि दास वर्ग में सैन्धव संस्कृति के अनेक किसान एवं कारीगर रहे होंगे जिन्होंने आर्यों की कृषि एवं शिल्प के विकास में योगदान दिया। ऋग्वेद में उल्लेख मिलता है कि उसे (ऋषि) पुरुकुत्सु

के पुत्र त्रसदस्यु ने पचास युवतियाँ प्रदान की थीं।[28] ऋग्वेद की अनेक ऋचाओं के रचयिता ऋषि कक्षिवन का जन्म दासी और दार्घात्मा के संयोग से हुआ था। कवश ऐलूष ऋषि भी दासी–पुत्र थे, जिन्होंने अनेक ऋचाओं की रचना की थी।[29] इतना ही नहीं दस्युओं से आर्य की उपाधि छीन लिए जाने का उल्लेख यह दर्शाता है कि शिक्षित होने पर लोगों को आर्यों की उपाधि दी जाती थी। समाज के विभिन्न वर्गों में परस्पर ऊँच–नीच की भावना का सर्वथा अभाव था और न ही पारस्परिक खान–पान पर कोई बंधन था। एक वर्ग का व्यक्ति दूसरे वर्ग में विवाह कर सकता था। समस्त वर्णों में पूर्ण समता देखी जाती है एवं किसी व्यवसाय को अपनाने से व्यक्ति की सामाजिक स्थिति पर कोई प्रभाव नहीं पड़ता था।

I.6 परिवार ऋग्वेदकालीन सुसंगठित समाज की इकाई 'कुल' थी एवं कुल का संगठन पितृमूलक था। परिवार का प्रमुख 'कुलपा' कहा जाता था। सामान्यतः संयुक्त परिवार में तीन पीढ़ी तक के लोग सम्मिलित रूप से रहा करते होंगे। एक सूक्त में वधू के अपने पति के भाइयों तथा माता–पिता पर शासन करने की बात कही गई है।[30] यह तथ्य संयुक्त परिवार प्रथा की ओर संकेत करता है। ऋजाश्व की कथा जिसमें उसे सौ भेड़ों को गंवा देने (भेड़ियों के भक्षण हेतु छोड़ने) के अपराध में अपने पिता द्वारा अंधा कर दिये जाने की चर्चा मिलती है।[31] इससे पुत्र के ऊपर पिता का पूर्ण नियंत्रण प्रदर्शित होता है। किन्तु इस तरह के उदाहरणों को अपवादस्वरूप ही लिया जाना चाहिए, क्योंकि ऋग्वेद में अनेक स्थानों पर पुत्र के कल्याण की कामना में निवेदन किया गया है।[32]

I.7 विवाह संस्कार वैदिक काल में विवाह एक पवित्र संस्कार माना जाता था जो व्यक्ति एवं सामाजिक विकास के लिए आवश्यक था। यज्ञ कार्यों हेतु पति एवं पत्नी दोनों की उपस्थिति वाँछनीय थी। ऋग्वेद ने 'जायेदस्तम' अर्थात पत्नी ही गृह है कह कर उसका महत्व दर्शाया हैं। अग्नि से प्रार्थना करते हुए कहा गया है कि, हे अग्ने तुम कन्याओं के अर्यमा अर्थात् विधानकर्ता के तुल्य हो, तुम जब पति–पत्नी को समान मन वाला बनाती हो, तब वे तुम्हें घृत–दुग्ध द्वारा बन्धु के समान सींचते हैं।[33] लड़कियों को अपने पति के चयन करने की स्वतंत्रता थी।[34] एक स्थल पर द्यूत व्यसनी जामाता के कारण अपनी पुत्री को दुःखी देखकर माता अपना घोर असंतोष व्यक्त करती है।[35] वैवाहिक सम्बन्धों के लिए वर्ग भेद उस काल में दिखाई नहीं देता। ब्राह्मण विमद का विवाह राजकन्या कमधु के साथ हुआ।[36] ऋषि कक्षीवान ने राजा रचनय की कन्या से विवाह किया था।[37] क्षत्रिय शासक ययाति का विवाह ब्राह्मण कन्या देवयानी के साथ हुआ था। इसी प्रकार ब्रह्मर्षि श्यावाश्व ने राजा रथवीति की कन्या दार्म्य के साथ वैवाहिक सम्बन्ध स्थापित किया था।[38] विवाह प्रकार : ऋग्वेद में तीन प्रकार के विवाहों का उल्लेख मिलता है– **प्राजापत्य**, **क्षात्र या राक्षस** तथा **स्वयंवर**। सामान्यतः समाज में एक पत्नी विवाह का प्रचलन रहा होगा। कीथ की धारणा है कि बहुपत्नी प्रथा से वैदिक लोग अनभिज्ञ नहीं थे, विशेषकर राजन्य वर्ग में एकाधिक पत्नियाँ होती थीं।[39] ऋग्वेद के विभिन्न उल्लेखों से इसमें कोई सन्देह नहीं रह जाता है कि इस काल में बाल–विवाह का प्रचलन नहीं था। ऋग्वेद में युवक–युवतियों के पारस्परिक प्रेम के कई विवरण मिलते हैं।[40] एक युवती द्वारा प्रेमोपासन का उल्लेख भी आया है।[41] दो स्थलों पर वर–वधू के लिए 'अर्भ' शब्द का प्रयोग मिलता है, जो बाल्यावस्था का संकेत नहीं करता बल्कि सुकुमारता का प्रतीक है।[42]

I.8 नियोग प्रथा उस काल में विशेष परिस्थितियों में नियोग का प्रावधान भी था। पुत्र प्राप्ति के निमित्त सधवा स्त्रियों को अपने पति के जीवनकाल में ही अन्य पुरुष के साथ सम्बन्ध स्थापना की अनुमति दी गई। पुरुकुत्सानी का अपने पति की अनुपस्थिति में तथा पुरन्धिवधमति द्वारा अपने पति की क्लीवावस्था में पुत्र प्राप्ति का उल्लेख मिलता है।[43] पूर्व वैदिक काल में पति की मृत्यु के पश्चात् स्त्रियों के सती होने का कोई स्पष्ट प्रमाण नहीं मिलता। केवल एक मंत्र में इस प्रथा का संदिग्ध संकेत जान पड़ता है।[44] जिसमें पति की चिता पर पहले से लेटी हुई स्त्री को चिता से उतरने के लिए कहा गया है। इस मंत्र के पाठ पर विद्वान् एक मत नहीं हैं। डॉ. अल्तेकर के अनुसार मंत्र का अन्तिम शब्द 'अग्रे' है, 'अग्ने' नहीं, और इस पाठ के अनुसार यहाँ जिनके पति जीवित हैं उन स्त्रियों द्वारा चिता के प्रज्ज्वलित किए जाने से पहले मृतक का अभिषेक करने का उल्लेख है। 'अग्ने' पाठ मानने पर भी विधवा स्त्री के चिता में जलने का निष्कर्ष नहीं निकाला जा सकता।[45]

I.9 स्त्री–स्वातन्त्रय कुछ मंत्रों से इस बात के संकेत मिलते हैं कि संतानरहित स्त्री पति की मृत्यु के पश्चात् पुत्र प्राप्ति होने तक अपने पति के भाई के साथ सम्बन्ध रख सकती थी।[46] इससे अनुमान लगाया जा सकता है कि कुछ परिस्थितियों में सम्भवतः विधवाओं के पुनर्विवाह को सामाजिक स्वीकृति प्राप्त थी। वैदिक समाज में पर्दा प्रथा का सर्वथा अभाव था। ऋग्वेद में वधू के लिए यह कामना की गई कि पतिगृह में निवास करती हुई शासन करे।[47] कन्या को विदाई के समय दिया उपहार वस्तु कहा

गया। इसी सूक्त (10/85) में इस आशय के संकेत मिलते हैं कि स्त्रियाँ सार्वजनिक सभाओं में भाग लिया करती थीं। स्त्रियों द्वारा शास्त्रार्थ किए जाने का भी उल्लेख मिलता है। पुत्रों के समान पुत्रियों को उच्च शिक्षा दी जाती थी। ऋग्वेद मंत्रों के रचनाकारों में लोपामुद्रा, घोषा, अपाला, विश्ववारा तथा सिकता–निवावरी का विशेष रूप से उल्लेख किया जा सकता है। स्त्रियाँ स्वतंत्र रूप से यज्ञादि का सम्पादन कर सकती थीं।[48] कीथ ने उल्लेख किया है कि पितृसत्तात्मक समाज में महिलाएँ गृह साम्राज्ञी होने पर अपने पति की आज्ञा का पालन करती एवं निर्भर रहती थीं। बाल्यकाल में अपने पिता के यहाँ, बड़े होने पर भाई के, विवाहोपरान्त पति अथवा विधवा होने पर पुत्रों के संरक्षण में रहती थी।[49] कीथ का संकेत वशिष्ठ सूत्र की प्रसिद्ध उक्ति की ओर है :

पिता रक्षति कौमारे, भर्ता रक्षति यौवने ।
पुत्रस्तु स्थविरे भावे स्त्री न स्वातंत्र्यमर्हति।

डॉ. आर.एस. शर्मा ने हमारा ध्यान स्त्रियों के लिए संघर्ष की ओर आकृष्ट किया है। "भूमि और फसल के कारण झगड़े और विवाद नहीं होते थे। अलबत्ता स्त्रियों के कारण अवश्य होते थे, क्योंकि बिना स्त्रियों के, न कमाने वाले पैदा हो सकते थे, न लड़ने वाले। आजकल भारतीय उपमहाद्वीप के पश्चिमोत्तर भाग में पुरुषों के अनुपात में स्त्रियाँ कम हैं।"[49ए] परिवार के मुखिया का सम्पत्ति पर अधिकार होता था, किन्तु स्थानान्तरण योग्य सम्पत्ति, जैसे–पशु, घोड़े, सोना, जेवर एवं हथियार आदि पर व्यक्तिगत स्वामित्व होता होगा।[50] अपाला अपने पिता के स्थान पर स्वयं का, भूमि पर अधिकार होने का उल्लेख करती है जो इस तथ्य का संकेत है कि भूमि पर कभी–कभी व्यक्तिगत अधिकार रहा होगा।

I.10 शिक्षा व्यवस्था ऋग्वेदकालीन शिक्षण संस्थाओं का स्पष्ट विवेचन नहीं मिलता तथापि एक सूक्त से तत्कालीन शिक्षा प्रणाली के विषय में जानकारी प्राप्त होती है। इस सूक्त में गुरु द्वारा उच्चारित शब्दों के विद्यार्थियों द्वारा सामूहिक स्वर में दोहराने चर्चा की गई।[51] निश्चत रूप से छन्दशास्त्र, ज्यामिति, इतिहास के शिक्षण की व्यवस्था रही होगी। शिक्षा में वाद–विवाद का भी प्रचलन रहा होगा, ऐसे संकेत मिलते हैं।[52] ऋग्वेद में बृहस्पति को मंत्र ज्ञाता कहा हैं। मंत्र शिक्षा के अर्थ में भी आया हैं जिससे व्यक्ति योग्य बनता हैं। बृहस्पति को दुर्गति नाशक भी कहा है अर्थात उनकी शिक्षा व ज्ञान से गरीबी खत्म होती हैं। आगे जाकर उन्हें देवताओं का गुरू माना गया। ऋग्वेद में बारह महीनों की चर्चा के साथ–साथ वर्ष विशेष में पड़ने वाले अधिक मास का उल्लेख आया है।[53]

समन एवं रीति–रिवाज वैदिककालीन रीति–रिवाजों व आमोद–प्रमोद के प्रसंग में तत्कालीन समन नामक उत्सव का उल्लेख करना अनुचित नहीं होगा। ऋग्वेद में वर्णन आया है कि जब कन्या सुन्दर है और आभूषित है तो स्वयं पुरुषों के झुण्ड में से अपना मित्र ढूँढ लेती है।[54] इस तथ्य से अनेक बातों की जानकारी मिलती है– प्रथम लड़कियाँ युवावस्था में ही विवाह करती थीं जबकि वे स्वयं अपने साथी का चयन करने की स्थिति में होती थीं। दूसरे कन्याओं को अपना जीवन साथी चुनने की पर्याप्त स्वतंत्रता थी। तीसरे, अपना जीवन साथी के चयन का कार्य सामूहिक उत्सवों के अवसर पर किया जाता था। इन उत्सवों को 'समन' की संज्ञा दी गई है जिनमें युवक–युवतियों को एक–दूसरे के निकट आने का अवसर मिलता था। कहा जा सकता है कि, ऋग्वैदिक समन आधुनिक परिचय सम्मेलन का ही एक रूप थे। जीवन–साथी के चयन में अधिक सामाजिक बंधन नहीं थे।

गोत्र बहिर्विवाह : भाई–बहन एवं भाइयों की सन्तानों के मध्य वैवाहिक सम्बन्धों को मान्यता प्राप्त नहीं थी। एक गोत्र में विवाह : निषिद्ध था। सगोत्र विवाह (माता, पिता, आदि जिस गोत्र के हो) की घोर आलोचना की है। पितृ पक्ष की प्रारम्भ में सात व मातृ पक्ष की पांच पीढ़िया छोड़कर विवाह किया जा सकता था। वैज्ञानिक परीक्षणों से सिद्ध हो गया है कि एक ही परिवार या गोत्र में विवाह से बच्चे बौद्धिक रूप से कमजोर होते हैं। ऋग्वेद में इस तथ्य के प्रमाण मिलते हैं कि कभी–कभी युवकों को स्त्री मूल्य देना पड़ता था।[55] इसी प्रकार शारीरिक विकारयुक्त कन्याओं के लिए वर को भी धन देने की प्रथा रही होगी।[56]

I.11 खाद्यान्न खाद्यान्नों में 'यव' (जौ) का उल्लेख विशेष रूप से मिलता है। सम्भवतः 'धान्य' शब्द सभी अन्नों के लिए प्रयुक्त किया जाता था। ऋग्वेद में 'अपूप' बनाये जाने का जिक्र आया है। अन्न को चक्की में पीसकर आटा तैयार कर दूध अथवा घी में मिश्रित कर अपूप बनाया जाता था।[57] 'करम्भ' भी दलिया की तरह का कोई खाद्य पदार्थ रहा होगा।[58] ऋग्वेद में वर्तमान 'खीर' के समान खाद्य पदार्थ क्षीरोदन का विवरण भी मिलता है। संयाव (हलुआ), मन्य (धान का सत्तू), पिष्टक (पीठा), पसल (तिलकुट) आदि भी बनाए जाते थे। आर्य लोग मांसाहार भी करते थे। ऋग्वेद में गाय को 'अघ्न्या' (न मारने योग्य) कहा गया।

सोमपान वैदिक आर्यों का 'सोम' रुचिकर पेय था। जल–दूध में मिश्रितकर बनाये गये सोम को सुमधुर, तीव्र एवं रसयुक्त कहा गया है।[59] इसका जल एवं दूध

में अच्छा मिश्रण होता था। सोम का उत्पाद मूजवन्त पर्वत पर होने का विवरण मिलता है। इसे इन्द्र का अत्यन्त प्रिय पेय कहा गया है। ऋग्वेद के नवें मण्डल में सोमस्तुति में कई सूक्त दिये है। कण्व ऋषि ने सोम को अमरत्व देने वाला कहा है। आर्य जनों को सुरा का भी ज्ञान था, वे इसके दोषों से परिचित थे, क्योंकि सुरा का उल्लेख मादक पेय के रूप में हुआ था एवं इसकी चर्चा द्यूत क्रीड़ा के साथ करते हुए इसे अनिष्टकारी कहा गया है।[60]

I.12 वस्त्र–परिधान ऋग्वेद में अनेक स्थानों पर अनेक प्रकार के वस्त्रों का उल्लेख हुआ है। वस्त्र के लिए 'वासस्', 'अधिवास', 'वसन' आदि शब्दों का प्रयोग लोगों की वस्त्र परिधान में विशेष रुचि को दर्शाता है। शरीर के ऊपरी भाग में धारण किए जाने वाला वस्त्र **अधिवास** (चादर के समान) तथा अधोभाग में धारण किया जाने वाला वस्त्र '**अवास**' कहलाता था। भेड़ की ऊन से 'ऊर्णा' नामक वस्त्र बनाया जाता था।[61] उस युग में गांधार की भेड़ों की ऊन का अधिक प्रचलन था। शाल की तरह ओढ़े जाने वाले वस्त्र 'उत्क' तथा 'द्रापि' कहलाते थे। अधिकांशतः सूत (क्षौम) के वस्त्रों का प्रयोग किया जाता था। कमर के नीचे पहने जाने वाले वस्त्र को नीवि भी कहा है।

एक विशेष परिधान '**वायुध**' का प्रयोग वधू द्वारा विवाह के अवसर पर किया जाता था। कभी–कभी मुनि लोग चर्म को वस्त्र के रूप में उपयोग करते थे। लोगों की आभूषणप्रियता का उल्लेख भी अनेक मंत्रों में हुआ है। ऋग्वेद में अनेक आभूषणों के नाम मिलते हैं। गले में निष्क धारण किया जाता था।

कान में कर्णशोभन एवं शीश पर 'कुम्ब', नामक आभूषण के पहनने की प्रथा थी। इनके अतिरिक्त 'खादि', 'रुक्म', 'भुंजबंद', 'केयूर', 'नुपूर', 'कंकण' स्वर्ण कमल माला एवं 'मुद्रिका' आदि आभूषण भी धारण किए जाते थे। पैरों में सम्भवतः कड़े के रूप में कोई आभूषण पहना जाता था।

ऋग्वैदिक स्त्रियाँ बालों की वेणी (ओपश) बनाती थीं। पुरुष सम्भवतः वेणियाँ बनाकर सिर के ऊपरी भाग में गोलाकार रूप में बांधते थे, ऐसा रुद्र एवं पूषण देवताओं के स्वरूप वर्णन से ज्ञात होता है। पुरुष सम्भवतः दाढ़ी रखते रहे होंगे, किन्तु दाढ़ी मूँछ न रखने की प्रथा भी रही होगी।

I.13 नृत्य एवं संगीत व मनोरंजन संगीत के सप्त स्वरों का उल्लेख ऋग्वेद (10/32/4) में हुआ है जो वैदिक आर्यों के संगीत ज्ञान को दर्शाता है। साथ ही स्त्री एवं पुरुषों द्वारा झांझ एवं मंजीरे लेकर गाते हुए साथ–साथ नृत्य करने का जिक्र आया है। नृत्य के दौरान नर्तकियों द्वारा विशेष परिधान (पेशस) धारण करने का विवरण मिलता है।

I.14 वाद्य यंत्र ब्राह्मणों द्वारा सोमरस के पान (पीने) के अवसर पर गायन (सामवेद के मंत्र) से वातावरण मधुर एवं संगीतमय हो जाता था। आर्य वीणा (सितार जैसा वाद्य यंत्र) **दुंदुभी** (नगाड़ा या ढोल), **करताल** (दोनों हाथों से बजाये जाने वाले करताल), **वेणु**, (मुरली या बंसी), **कर्करी** (तन्तु वाद्य), **शंख**, **नाड़ी** (नालीदार वाद्य), **आघाट**, **मृदंग** (ढोलक जैसा वाद्य) आदि अनेक वाद्य यंत्रों का प्रयोग करते थे। दंदुभि (ढोल) विजयोत्सव के अवसर पर बजाया जाता था। कर्करी सम्भवतः वीणा की तरह बजाया जाता था। नाड़ी फूँक से बजने वाला वाद्य यंत्र था। ऋग्वेद में दुंदुभि (1/28/4) कर्करी (2/43/3), नाड़ी व वण संभवतः वीणा का उल्लेख कई बार हुआ है।

द्यूत क्रीड़ा का प्रचलन प्राचीन काल से रहा है। विभीतक बीजों से निर्मित तिरेपन पासों से द्यूत खेले जाने का उल्लेख मिलता है। ऋग्वेद में एक स्थल पर कहा गया है कि जब चौसर के ऊपर विभीतक बीज के तिरेपन श्रेष्ठ पासे इधर से उधर जाते हैं, उन्हें देखकर अत्यन्त विनोद होता है।[62] आर्यजन मल्ल युद्ध के साथ–साथ घुड़दौड़ (अश्वधावन) एवं रथदौड़ द्वारा भी मनोरंजन करते थे। 'विश्वला' नामक तेज दौड़ने वाले घोड़े का भी उल्लेख मिलता था। आखेट (शिकार) भी आमोद का माध्यम था।

II. उत्तर वैदिक समाज एवं रीति रिवाज

उत्तर वैदिक काल में सम्पूर्ण भारत में जीवन के विभिन्न पक्षों में एक निश्चित दिशा की ओर परिवर्तन हुए। इस युग में सामाजिक, आर्थिक एवं राजनीतिक दृष्टि से एक ऐसे ढाँचे का निर्माण हुआ जो सामान्य परिवर्तनों के साथ लम्बे काल तक चलता रहा। इस काल तक आते–आते वर्ण का अभिप्राय भी बदल रहा था। ब्राह्मण, क्षत्रिय, वैश्य एवं शूद्र के लिए वर्ण शब्द का प्रयोग सर्वप्रथम शतपथ ब्राह्मण में मिलता है। उत्तर वैदिक काल में वर्ण–व्यवस्था में पूर्ववत् लचीलापन नहीं देखा जाता। परवर्ती संहिताओं के काल में वर्ण शब्द का प्रयोग निश्चित रूप से 'जाति' के लिए हुआ है। इस जाति व्यवस्था का विकास ऋग्वेद (10/90/12) के पुरुष सूक्त में होता हुआ देखते हैं, जिसमें समाज के चार वर्णों के अस्तित्व को विराट पुरुष के अलग–अलग अंगों से जोड़ दिया गया। उपरोक्त चार वर्णों के अतिरिक्त अन्य जातियों एवं उपजातियों का विकास अनेक कारणों से सम्भव हुआ। कई कामगारों की संस्थाओं, ने जातियों के रूप में विकसित होने के लिए प्रेरित किया।

विवाह अपनी जाति में ही किए जाने लगे किन्तु समान गोत्र में नहीं, यह परम्परा जाति प्रथा को अधिक कठोर बनाने में सहायक बनी।[63]

II.1 ब्राह्मण इस काल में ब्राह्मणों, क्षत्रियों एवं वैश्यों के कर्तव्यों में विभाजक रेखाएं स्पष्ट हो गई थीं। तैत्तिरीय संहिता में विवरण मिलता है कि ब्राह्मण ऐसे देवता हैं जिन्हें हम प्रत्यक्ष देख सकते हैं।[64] ब्राह्मण जो पवित्र ज्ञान अर्जन करते हैं और उसे अन्य को प्रदान करते हैं, अतः मानव देवता है। ब्राह्मण को दिव्य वर्ण का कहा गया और उसमें समस्त देवताओं का निवास माना गया।[65] शतपथ ब्राह्मण के अनुसार ब्राह्मणों के चार विलक्षण गुण हैं–ब्राह्मण्य (ब्राह्मण के रूप में पवित्र पैतृकता), प्रतिरूपचर्या (पवित्राचरण), यश (महत्ता) एवं लोकपक्ति (लोगों को पढ़ाना या पूर्ण करना)। जन–सामान्य द्वारा ब्राह्मण से ज्ञान अर्जित किये जाने पर उसे चार विशेषाधिकार मिलते हैं–अर्चा (आदर), दान, अज्येयता (कोई कष्ट न देना) एवं अवध्यता।[66] कीथ ने उल्लेख किया है कि ब्राह्मणों को सोमपान करने, भोजन प्राप्त करने, कहीं भी भ्रमण करने अथवा कहीं भी जाने के अधिकार भी प्राप्त थे।[67] इस युग के ब्राह्मणों को दो भागों में विभक्त किया जा सकता है–राजाओं के पुरोहित जिन्हें राज्याश्रय प्राप्त थे, वे बड़े–बड़े अनुष्ठानों एवं धार्मिक कृत्यों में व्यस्त रहते थे। दूसरे ग्राम स्तर पर रहने वाले ब्राह्मणों की स्थिति दयनीय थी, उन्हें मात्र बड़े लोगों अथवा व्यापारिक कार्य में लगे वैश्यों के यहाँ यदा–कदा होने वाले अनुष्ठानों से ही संतुष्ट रहना पड़ता था।[68] शतपथ ब्राह्मण के अनुसार राजा पर निर्भर होने पर भी ब्राह्मण राजा से श्रेष्ठ हैं।[69] वाजसनेयी संहिता में ब्राह्मणों को राजा से उत्तम कहा गया है। अथर्ववेद में विवरण मिलता है कि समाज में ब्राह्मणों को कष्ट मिलने पर जल में टूटी हुई नाव की तरह राजा नष्ट हो जाता है।[70] अतः शतपथ ब्राह्मण राजा की शक्ति का आधार ब्राह्मण को ही मानता है।[71] किन्तु दूसरी ओर काठक संहिता में ब्राह्मण के ऊपर क्षत्रिय की श्रेष्ठता स्थापित की है। ऐतरेय ब्राह्मण में एक स्थान पर ब्राह्मण को क्षत्रिय से नीचा कहा गया है। इससे यह प्रदर्शित होता है कि इस समय समाज के कुछ वर्गों, जिसमें ब्राह्मण तथा क्षत्रिय दोनों ही सम्मिलित थे के पुरोहितीय कर्मकाण्ड पर प्रहार हो रहा था।[72] इसी युग में मिथिला नरेश राजर्षि जनक को याज्ञवल्क्य जैसे महर्षि ब्राह्मण ने आध्यात्म ज्ञान की शिक्षा दी थी।

II.2 क्षत्रिय इस युग में राजा को ब्राह्मण को निष्कासित करने, वैश्य से कर वसूल करने तथा शूद्र को दण्डित करने के अधिकार प्राप्त थे। ब्राह्मणों को क्षत्रियों से नीचे रखते हुए बृहदारण्यक उपनिषद् ने उनकी श्रेष्ठता का प्रतिपादन किया है। राजन्य वर्ग में यह धारणा बन गई थी कि वाजपेय, राजसूय आदि यज्ञों के माध्यम से राजा की महिमा में वृद्धि होती है। राजा को राज्याभिषेक के अवसर पर मुकुट पहनाया जाता था तो यह समझा जाता था कि एक सबका अधिपति तथा ब्राह्मणों एवं धर्म की रक्षा करने वाला उत्पन्न किया गया।[73] क्षत्रिय को कोई कार्य प्रारम्भ करने से पूर्व ब्राह्मण के पास जाना चाहिए, ब्राह्मणों एवं क्षत्रियों के सहयोग से यश मिलता है। एक राजा बिना पुरोहित के नहीं रह सकता। यहाँ तक कि देवताओं के पुरोहित की आवश्यकता भी मानी गई। त्वष्टा के पुत्र विश्वरूप देवताओं के पुरोहित थे। शतपथ ब्राह्मण में अन्य राजा के समक्ष बलशाली होने के लिए राजा को ब्राह्मण के प्रति नम्रतापूर्ण व्यवहार करने का निर्देश मिलता है।[74] वस्तुतः ब्राह्मण उस दौर में सामाजिक सौहार्द एवं समाज में ज्ञान के प्रणेता थे अतः शासक वर्ग से सम्मान के हकदार। ऐतरेय ब्राह्मण में उल्लेख मिलता है कि यदि राजा ब्राह्मण के निर्देशन में कार्य करता है तो राष्ट्र समृद्ध बनता है। पुरोहित के महत्व का एक कारण यह माना जा सकता है पुरोहित समाज में राजा के प्रतिकुल वातावरण को अनुकूल बनाने में सदा सहायक बना है।

इस युग के शासक मात्र राजा ही नहीं थे, बल्कि उच्च कोटि के दार्शनिक, शिक्षक एवं विद्वानों के संरक्षक थे। विदेहराज जनक, प्रवाहण जाबालि, अश्वपति कैकेय एवं काशी नरेश अजातशुत्र ऐसे ही विद्वान् शासक थे। ब्राह्मण श्वेतकेतु के पिता उद्यालक आरूणि पंचाग्नि विद्या के प्रवर्तक कहे गये है। वे क्षत्रिय पांचाल नरेश प्रवाहण जाबालि के पास ज्ञान प्राप्ति हेतु गये थे। प्रवाहण जाबालि ने स्वयं उद्यालक ऋषि को आसन और अर्घ्य द्वारा सम्मानित किया एवं उसके बाद उन्हें अपना अन्तःवासी बनाकर उनकी जिज्ञासाओं का समाधान किया।[75] कीथ ने उल्लेख किया है कि, दो उच्च वर्णों में कुछ सीमा तक परस्पर सम्बन्ध इस युग में भी देखे जाते हैं परन्तु सामान्य वर्ग का इनसे कोई सम्बन्ध नहीं था।[76]

II.3 वैश्य उत्तर वैदिक काल में वैश्य वर्ग की सामाजिक स्थिति निम्नतर देखी जाती है। ऐतरेय ब्राह्मण में उसे ''अनस्य बलिकृत'' कहा है। याज्ञिक क्रियाओं में भी वैश्य वर्ग का सहयोग अपेक्षित माना गया था। कहा गया है कि जब देवता लोग पराजित हुए तो वे वैश्य

की दशा को प्राप्त हो गये। मनुष्यों में वैश्य तथा पशुओं में गाएँ अन्य लोगों के उपभोग की वस्तुएँ कही गई हैं।[77] आर्थिक दृष्टि से यह वर्ग सम्पन्न था क्योंकि महत्वपूर्ण व्यवसायों पर इस वर्ग का आधिपत्य था। फलस्वरूप इसे अन्य दो वर्णों के समकक्ष ही रखा जाता था। मुख्यतः यह वर्ग कृषि कार्य, पशुपालन, कई तरह के उद्योग एवं वाणिज्य व्यापार में संलग्न था। वैश्य को न केवल यज्ञादि कर्म करने का अधिकार प्राप्त था बल्कि उपनयन एवं वैदिक शिक्षा प्राप्त करने के अधिकार भी थे। ऐतरेय ब्राह्मण में विवरण मिलता है कि वैश्य अन्य लोगों के लिए अन्न उत्पादित करते थे, एवं कर देते थे। स्पष्ट है कि वैश्य अन्य दोनों उच्च वर्णों की तुलना में संख्या में अधिक थे एवं कृषि, पशुपालन और व्यापार करते थे। वे ब्राह्मणों एवं क्षत्रियों से दूर रहते थे और उनकी आज्ञा का पालन करते थे।[78]

II.4 शूद्र समाज में परिचारक का कार्य करने वाले शूद्रों का स्थान चौथा था। ऐसा प्रतीत होता है कि चौथे वर्ण का आधार जाति एवं व्यवसाय दोनों ही थे।[79]

- किन्तु आर.एस. शर्मा इन्हें ऋग्वैदिक आर्यों के पश्चात् आए आर्यों का एक वर्ग मानते हैं।[80]
- दूसरी ओर कीथ की धारणा है कि, उपलब्ध साक्ष्यों से इसमें किसी प्रकार का सन्देह नहीं रह जाता कि मूलतः शूद्र वर्ग में आर्येत्तर तत्व का प्राधान्य था।[81]
- अधिकांश विद्वान् अब आर्यों को बाहर से आई हुई जाति नहीं मानते हैं। अतः शूद्रों को आर्यों के बाद आया हुआ नहीं कहा जा सकता। बृहदारण्यकोपनिषद (1/4/13) में शूद्र वर्ण की उत्पति पूषण देवता से कही गई। और पृथ्वी को पूषण कहा है जो पालन पोषण करती है। अर्थात शूद्र समाज के पोषक माने गये। राव ने आर.एस. शर्मा के मत से असहमति प्रकट करते हुए, शूद्रों को आर्यों से सम्बन्धित करना ऐतिहासिक दृष्टि से ठीक नहीं माना है।[82] धर्म सूत्रों में शूद्रों को काले वर्ण का कहा गया है। तैत्तिरीय संहिता में शूद्रों को यज्ञाधिकार से वंचित किया गया है। दूसरी ओर हम देखते हैं कि ऐतरेय ब्राह्मण के रचयिता **आचार्य महिदास** के विषय में मान्यता है कि अनिर्ज्ञात की पत्नी इतरा (शूद्र भार्या) के वह पुत्र थे। आचार्य ऐतरेय की ख्याति उस युग की वर्ण व्यवस्था के लचीलेपन को इंगित करती है। इनके अतिरिक्त वेदों के संकलन एवं वर्गीकरण का श्रेय **ऋषि व्यास** को प्राप्त है, जिन्हें **धीवर कन्या** से उत्पन्न कहा गया है। इसी तरह **पाराशर ऋषि श्वपाक नारी** से, कपि **जांबाद चाण्डाल** नारी से उत्पन्न कहे गये हैं। छांदोग्य उपनिषद् से ज्ञात होता है कि शूद्रों ने ऋषियों से ज्ञान प्राप्त किया। जनश्रुति शूद्र थे जिन्हें प्राण एवं वायु का ज्ञान महर्षि रेक्व ने दिया था।[83] स्पष्टतः सभी शूद्रों की स्थिति वैसी नहीं थी जैसी कि कुछ पाश्चात्य एवं अर्वाचीन स्थानीय लेखकों द्वारा प्रचारित की गई। अपराधिक प्रवृति एवं अस्वच्छ रहने वाले लोग समाज में हेय दृष्टि से देखे जाते थे। शिक्षित शूद्रों का सम्मान था। पी.वी. काणे ने लिखा है कि, आश्चर्य एवं संतोष की बात यह है कि कम–से–कम एक आचार्य बादरी ने शूद्रों के अधिकार के लिए मत प्रकाशित किया कि वे वैदिक यज्ञों के योग्य है।[84] बौधायन गृह्यशेषसूत्र ने क्षत्रियों, वैश्यों, रथकारों एवं अम्बष्ठों आदि के लिए उपनयन के नियमों का उल्लेख किया है। आर.एस. शर्मा ने यह विचार व्यक्त किया है कि प्रारम्भ में सम्भवतः शूद्रों का उपनयन होता था।[85] किन्तु जी.एस.पी. मिश्र ने लिखा है कि शूद्रों को उपनयन तथा वेदाध्ययन के अधिकार प्राप्त नहीं थे।[86]

उत्तर वैदिक काल में शूद्र वर्ण में दो प्रकार की जातियों का आविर्भाव हुआ। पहला कामगार वर्ग दूसरी अन्त्यज्य जातियां।

II.5 चाण्डाल (अन्त्यज या अछूत वर्ग) उत्तर वैदिक काल (लगभग ई.पू. 1000–600) में चाण्डाल का उल्लेख छह स्थलों पर हुआ है। निषाद, पर्णक, किरात और पौल्कस इस प्रकार की अन्य जातियाँ थीं। ब्राह्मण, राजन्य, वैश्य, शूद्र तथा कई अन्यों के साथ पुरुषमेध में चांडाल के उल्लेख से उसके अशौच का कोई संकेत नहीं मिलता। प्राचीन भारत में किसी को अपना उच्छिष्ट (जूठा) देने के बड़े कठोर नियम थे और चाण्डाल को सामान्यतः उसके लिए अनर्ह अर्थात् अयोग्य समझा जाता था। पुरुषमेध में उल्लिखित अन्य आर्येत्तर जनजातियों तथा ऐतरेय ब्राह्मण में निर्दिष्ट आंध्रों, पुण्ड्रों, शबरों, पुलिन्दों, मुतिबों आदि की अपेक्षा आर्यों के निकट थे।[87]

दूसरे शब्दों में चार वर्णों से अलग बनी जातियों से आर्यों सौहार्दपूर्ण सम्बन्ध थे। **व्रात्यः** आपस्तम्ब धर्मसूत्र व अन्य ग्रंथों में व्रात्य उसे कहा गया जिसका उपनयन नहीं हुआ हो। बौधायन में व्रात्य को वर्ण संकर कहा है। ब्राह्मणों के अपेक्षित कर्मकाण्ड न करने के कारण इन लोगों का उच्चवर्णों से पतित होना माना गया। ऐसे वर्ग व्रात्य श्रेणी में रखे गये। दरअसल राजनीतिक रूप शक्तिशाली ग़ैर क्षत्रियों को व्रात्य कहकर क्षत्रिय बनाया गया।

II.6 वर्ण संकर वर्णसंकर सिद्धान्त आरम्भ में किसी समूह के वर्ण–व्यवस्था में शामिल किये जाने की व्यवस्था थी। धर्मसूत्रकारों द्वारा उसके सामाजिक दर्जे के निर्धारण में सहायक रहा, किन्तु वास्तविक सामाजिक समूह के रूप में उदाहरण के लिए *चाण्डाल* कभी भी शूद्र पुरुषों तथा ब्राह्मण स्त्रियों की संतति नहीं थे। कौटिल्य के कथन के आधार पर विवेकानन्द झा ने आगे स्पष्ट किया है कि विधि निर्माता चाण्डाल और आर्य स्त्री के यौन सम्बन्ध को असंभव बना देने के लिए चिंतित था। मनुस्मृति में आया है कि **चाण्डालों एवं श्वपचों** को ग्राम से बाहर रहना चाहिए।[88] **पौल्कस (पुल्कस)** का उल्लेख वाजसनेयी संहिता में आया है एवं चाण्डाल के समान इन्हें अति निम्न स्तर पर रखा है। निषाद् तैत्तिरीय संहिता में इसका विवरण आया है। ब्राह्मण पुरुष व शूद्र स्त्री से उत्पन्न कहा हैं। बृहदारण्यक उपनिषद उग्र जाति का उल्लेख करता है। ये लोग शर–सव्य निर्माण करते थे। वैदिक साहित्य में 'आयोग' शब्द आया है। तैत्तिरीय ब्राह्मण में आयोगव को प्रतिलोम सन्तान कहा है।

II.7 कामगार वर्ग तुलनात्मक दृष्टि से समाज में शूद्रों का स्थान निम्न था। ऐतरेय ब्राह्मण ने उल्लेख किया है–शूद्र दूसरों द्वारा अनुशासित होता है। वह आदेशानुसार खड़ा होता है, उसे कभी भी पीटा जा सकता है। वस्तुतः ऐसा नहीं था। जैसा बताया गया है कि अनेक विद्वान् शूद्र वर्ण से सम्बन्धित थे, जिन्होंने वैदिक काल में अनेक महत्वपूर्ण ग्रन्थों की रचना की। शूद्र वर्ण में जैसा हमें ज्ञात है सामान्यतः दो वर्ग थे– प्रथम अनेक कामगार एवं व्यवसायी वर्ग, दूसरे अन्त्यज वर्ग। प्रथम वर्ग को समाज में सम्मानजनक स्थान प्राप्त था। इस वर्ग के लोगों को अनेक धार्मिक अनुष्ठान, यज्ञादि के अधिकार भी प्राप्त थे। यद्यपि इन व्यवसायी वर्गों को शूद्र कहा गया है किन्तु वास्तविक रूप में यह वर्ग समाज से निकटता से जुड़ा था। वाजसनेयी संहिता में रथकार, कर्मकार, ईषुकार, धन्वकृत, कुलाल, निषाद आदि को रुद्र गणों की संज्ञा प्रदान की गई है। इस सन्दर्भ में कीथ का यह मत युक्तिसंगत प्रतीत होता है कि शूद्र वर्ण में अन्य वर्णों द्वारा किए जाने वाले विवाह सम्बन्ध अन्तर्वर्णीय को प्रोत्साहित नहीं किया जाता था। तथापि अन्य वर्ण के लोग इस वर्ण (शूद्र) से विवाह सम्बन्ध भी रखते थे।[89] जैसा विदित है कि व्यास धीवर की कन्या से उत्पन्न हुए। हम इस निष्कर्ष पर पहुँचते हैं कि उत्तर वैदिक काल में यद्यपि शूद्रों का स्थान चतुर्थ था किन्तु इसमें से एक बहुत बड़े वर्ग को समाज में सम्मानजनक स्थिति प्राप्त थी।

II.8 परिवार पूर्वकाल की भाँति इस काल में भी संयुक्त परिवार की परम्परा सामान्यतः बनी रही। उत्तर वैदिक कालीन पिता की स्थिति के विषय में ऐतरेय ब्राह्मण में वर्णित शुनःशेप के पिता द्वारा उसे (पुत्र) को बेच देने जैसी कथा एवं कठोपनिषद् का नचिकेतोपाख्यान उल्लेखनीय हैं। नचिकेता कथा के अनुसार उसके पिता ने उसे यमराज को दान दे दिया था। किन्तु मात्र इन विवरणों के आधार पर ऐसा नहीं कहा जा सकता कि पिता के अधिकार असीमित थे। जैमिनीय ब्राह्मण से ज्ञात होता है कि पिता की वृद्धावस्था में सम्पत्ति के बँटवारे की माँग की गई। स्पष्ट होता है कि संयुक्त परिवार व्यवस्था के स्वरूप में बदलाव आने लगा था।

II.9 विवाह प्रावधान : ऋग्वेद में विवाह का उद्देश्य गृहस्थ होकर सन्तानोत्पत्ति करना तथा समाज एवं देव जगत् के लिए यज्ञ करना था। यज्ञ से तात्पर्य "समर्पण" या एक–दूसरे के लिए त्याग की भावना से लिया जाता था। परवर्ती काल में भी विवाह के पीछे यही धारणा कार्य करती रही। उत्तर वैदिक काल में तीन ऋणों की अवधारणा अस्तित्व में आ चुकी थी जिसमें पितृऋण की पूर्ति हेतु विवाह द्वारा पुत्रोत्पत्ति एक अनिवार्य धार्मिक सामाजिक कर्तव्य माना गया। यज्ञ के सम्पादन के लिए पत्नी का होना आवश्यक था। यद्यपि इस काल में एक पत्नीकता का ही नियम एवं आदर्श था। तैत्तिरीय ब्राह्मण में बहुपत्नीत्व को सौभाग्यसूचक माना है। ऋषि याज्ञवल्क्य की मैत्रेयी एवं कात्यायनी दो विदूषी पत्नियाँ थीं। तैत्तिरीय संहिता में परितृक्ता (त्यागी हुई) एवं महिषी (अभिषिक्त रानी) की चर्चा मिलती है। सामान्यतः सजातीय विवाहों का प्रचलन था तथापि उच्च वर्ण के लोगों द्वारा निम्न वर्ण की कन्याओं से विवाह किए जाते थे। छान्दोग्य उपनिषद् से विदित होता है कि जनश्रुति नामक शूद्र राजा ने अपनी पुत्री का विवाह एक ब्राह्मण से किया। किन्तु इस प्रकार के विवाहों को समाज के आम लोगों में मान्यता प्राप्त नहीं थी।

अनुलाम–प्रतिलोम उच्च वर्ण के पुरुष का निम्नवर्ण की कन्या से विवाह अनुलोम था। निम्नवर्ण का पुरुष व उच्चवर्ण की कन्या से विवाह प्रतिलोम विवाह कहा गया जिसे उस काल में सम्माननीय नहीं कहा गया।

II.10 स्त्री वर्ग : पूर्व काल के समान इस युग में भी स्त्रियों को समाज में सम्मानजनक स्थान प्राप्त था, किन्तु हम परवर्तीकालीन हीन स्थिति का आरम्भ इस काल में होता हुआ देखते हैं। तथापि इस युग में भी स्त्रियों की शिक्षा पर विशेष बल दिया जाता था। कन्याओं को शिक्षा प्राप्त कर लेने के बाद ही विवाह के योग्य माना जाता था। आजीवन आध्यात्मिक चिन्तन में प्रवृत्त स्त्रियों का भी उल्लेख मिलता है, जिन्हें **ब्रह्मवादिनी** की संज्ञा

दी जाती थी। वैदिक युग में छात्राओं के दो वर्ग कहे गए हैं–**सद्योवधू** एवं **ब्रह्मवादिनी**। सद्योवधु वे छात्राएँ थीं, जो विवाह से पूर्व वेद मंत्रों एवं याज्ञिक प्रार्थनाओं का ज्ञान प्राप्त कर लेती थीं तथा ब्रह्मवादिनी आजीवन वैदिक शिक्षा में व्यतीत करती थीं। विदुषी स्त्रियों में मैत्रेयी, गार्गी, वेदवती, सुभला, कायकृत्सनी का जिक्र किया जा सकता है। ऋषि कुशध्वज की पुत्री वेदवती ऐसी ही ब्रह्मवादिनी स्त्री थी। मैत्रेयी ने याज्ञवल्क्य से कात्यायनी के पक्ष में अपनी सम्पत्ति का अधिकार त्याग कर एकमात्र ज्ञान दान की याचना की थी। जनक की राजसभा में होने वाले शास्त्रार्थ में गार्गी ने अपनी अद्भुत तर्क शक्ति से याज्ञवल्क्य जैसे विद्वान् महर्षि को भी प्रभावित किया था। सामवेद में मंत्रों के गान में स्त्रियाँ विशेष रुचि रखती थीं। विवाह द्वारा स्त्रियाँ पुरुष की सहचारिणी बनतीं और उन्हें अनेक धार्मिक अधिकार तथा सामाजिक आजादी हासिल होती थी। उत्तर वैदिक काल में विधवा विवाह का प्रचलन था। विधवा के पुनर्विवाह के उल्लेख मिलते हैं। तैत्तिरीय संहिता में विधवा के पुत्र का उल्लेख है। वैदिक साहित्य में सती होने के विषय में कोई निर्देश नहीं मिलता है। अथर्ववेद से ज्ञात होता है कि सती प्रथा के सम्बन्ध में लोगों की जानकारी थी, तथापि इसे निम्न समझा जाता था।

II.11आश्रम व्यवस्था : उत्तरवैदिक (शुरू के) ग्रंथों में तीन व जाबालोपनिषद में चार आश्रमों का जिक्र आया है। छान्दोग्य उपनिषद में ब्रह्मचर्य, गृहस्थ, व वानप्रस्थ की चर्चा है। अर्थात संन्यास को बाद में स्वीकार किया गया। ब्रह्मचर्य (25 वर्ष तक) बच्चों के अध्ययन हेतु उपनयन संस्कार से प्रारम्भ होता था। ब्राह्मण बालक का 8 वर्ष में गायत्रीमंत्र के साथ बसन्त ऋतु में, क्षत्रिय का ग्रीष्म में 11वर्ष में त्रिष्टुप मंत्र के साथ तथा वैश्य का शरद ऋतु में जगती मंत्र के साथ 12 वर्ष की अवस्था में उपनयन का प्रावधान बौधायन धर्म सूत्र में दर्शाया है। वैष्ठिक ब्रह्मचारी जीवन पर्यन्त शिक्षा में लगे रहते थे। शेष बच्चों की 25 वर्ष तक शिक्षा की व्यवस्था थी। शिक्षा प्राप्त ब्रह्मचारी को उपकुर्वाण कहा गया। ब्रह्मवादिनी जीवनभर शिक्षा कर्म में रत कही गई। विवाह पूर्व तक शिक्षा प्राप्त कन्यायें सद्योवधु कहा गया।

गृहस्थ आश्रम (25 से 50 वर्ष तक) : सभी आश्रमों में श्रेष्ठ गृहस्थ आश्रम में मनुष्य को तीन ऋणों से मुक्ति मिलना बताया गया। उपरोक्त तीन ऋणों से उऋण होना गृहस्थ जीवन में संभव था।

तीन ऋण : ऋषि ऋण से उकृण व्यक्ति वैदिक ग्रंथो के अध्ययन से हो सकता था।

पितृऋण : संतान (पुत्रादि) उत्पति से संभव माना।

देवऋण : यज्ञादि करना व गरीबों को दान अर्थात समाज के लिए त्याग करना।

पंच महायज्ञ : ऋषियज्ञ, देवयज्ञ, पितृयज्ञ, भूतयज्ञ, व नृयज्ञ।

ऋषि या ब्रह्मयज्ञ : वेदाध्ययन एवं प्राचीन ऋषि परम्पराओं के पालन द्वारा भारतीय संस्कृति को आगे बढ़ाना।

देवयज्ञ : पर्यावरण की स्वच्छता व प्रकृति का अनुरक्षण करना।

पितृयज्ञ – अपने पितरों (परिवार) की मृतात्माओं की शांति हेतु गाय, कुत्ता, कौवें आदि को अन्न–जल आदि देकर बचाये रखना, तथा गरीबों को भोजन – वस्त्र देकर सहयोग करना।

भूतयज्ञ – पृथ्वी या धरती, जल, वायु, पावक (अग्नि) व आकाश के प्रति दायित्व का पालन करना। प्रकृति की व्यवस्था बनाये रखना।

नृयज्ञ – मनुष्य अर्थात् अतिथियों को भोजन, जल, वस्त्र देकर यथोचित सम्मान देना।

वानप्रस्थ आश्रम : (50 से 75 वर्ष) समाज से सम्बन्ध रखते हुए आत्मिक शांति के प्रयास करना। सन्यास (75 से 100 वर्ष) पूर्व शांति हेतु त्याग की अवस्था में मोक्ष का प्रयास करना।

II.12 उपनयन एवं शिक्षा उत्तर वैदिक काल को बौद्धिक विकास का युग कहा जाए तो अतिशयोक्ति नहीं होगी। इसी काल में विशाल वैदिक साहित्य का सृजन हुआ, जिसका आधार था उपनयन संस्कार और विद्यार्थी जीवन के साथ ही सुनियोजित शिक्षा प्रणाली का प्रारम्भ। वैदिक शिक्षा पद्धति का प्रधान आधार था शिक्षक, जिसे आचार्य या गुरु आदि कहा जाता था। प्राचीन काल में शिक्षा का अभिप्राय केवल पुस्तकीय ज्ञान न होकर अन्तर्दृष्टि का विकास भी कहा गया है एवं ऐसी अन्तर्दृष्टि का विकास जिससे मोक्ष प्राप्त हो सके। 'सा विद्याया विमुक्तये।' प्रारम्भ में पिता से ही पुत्र को शिक्षा मिलती थी जैसा कि हमें बृहदारण्यक उपनिषद् के श्वेतकेतु–आरुणेय आख्यान से ज्ञात होता है। गुरुकुल प्रणाली प्राचीन भारतीय शिक्षा की प्रमुख विशेषता थी जिसके अन्तर्गत विद्यार्थी को 'अन्तःवासी' अर्थात् आचार्य के सान्निध्य में रहना (आश्रम में) होता था। वैदिक काल में अध्ययन का साहित्य बहुत विशाल था। छान्दोग्य उपनिषद् (1/1/2 व 3) में एक विवरण मिलता है जिसमें नारद सनत्कुमार से कहते हैं कि उन्होंने (नारद ने) चारों वेद, इतिहास, पुराण (पंचम वेद रूप), व्याकरण, राशि (अंकगणित), दैव (लक्षण

विद्या), निधि (खनिज उत्खनन विद्या), क्षत्र विद्या (धनुर्वेद) नक्षत्र विद्या, सर्प विद्या एवं देवजन विद्या (गान एवं नृत्य) सीख ली थी। मुंडकोपनिषद् में इनको अपरा विद्या कहा। इससे प्रतीत होता है कि उस युग में इन विषयों की शिक्षा दी जाती थी। आश्रमों में विशेष रूप से ब्रह्मविद्या सीखने का अवसर मिलता था, जिससे शिष्य का आत्मिक विकास एवं नैतिक उत्थान होता था। यही भारतीय शिक्षा पद्धति की रीढ़ थी।

प्राचीन काल के प्रसिद्ध आचार्य : वैदिक कालीन प्रसिद्ध आचार्यों या महान शिक्षकों के योगदान की चर्चा करना उचित होगा। **वशिष्ठ**–वैदिक कालीन सप्त ऋषियों में प्रमुख वशिष्ठ को ऋग्वेद के 100 मत्रों के रचयिता या दृष्टा माना है। वशिष्ठ को रघुकुल के कुल गुरू कहा गया। इनके आश्रम में बाद तक बड़ी संख्या में छात्र शिक्षा ग्रहण करते रहे। **विश्वामित्र** – प्रमुखता प्राप्त सप्त ऋषियों में से एक विश्वामित्र महत्वपूर्ण गायत्री मंत्र (3/62/10) के दृष्टा या रचयिता थे। भरतवंशी सुदास को दसराज युद्ध में विश्वामित्र ने ही विजय दिलाई थी। इन्हीं की परम्परा में श्रीराम व लक्ष्मण को शिक्षा देने का श्रेय मिला। इनके आश्रम में बड़ी संख्या शिष्य शिक्षा प्राप्त करते थे। मेनका विश्वामित्र कथा से हम परिचित हैं। **वामदेव** – सप्त. ऋषियों में शामिल, नर्मदा तट स्थित आश्रम में राजकुमारों व आम लोगों को शिक्षा दी जाती थी। संगीत रचयिता, चतुर्थ मण्डल व सामवेद दृष्टा कहे गये। **कण्व** – आठवें मण्डल की रिचाओं के दृष्टा थे। कण्व आश्रम विद्या का प्रमुख केन्द्र था। सप्त ऋषियों में एक भारद्वाज – ऋग्वेद के छठे मण्डल के दृष्टा व अथर्ववेद के 23 मंत्रों के रचयिता। द्रोण व द्रुपद को धनुर्विया आगे जाकर उनके आश्रम में मिली थी। चित्रकूट जाते समय भरत के इनके आश्रम में रूकने विवरण मिलता हैं। **अत्रि** – ऋग्वेद के पंचम मण्डल के दृष्टा थे उन्हें कृषि का विकास कर्ता माना जाता है। यह भी माना गया कि अत्रि की सन्तानें ही ईरान (पारस) गये व यज्ञ का प्रचार व अग्नि पूजक पारसी धर्म की स्थापना की। **वाल्मीकि** – रामायण के रचनाकार महर्षि वाल्मीकि का आश्रम तमसा नदी के किनारे माना गया। शिक्षा के महत्वपूर्ण केन्द्र पर लव–कुश ने शिक्षा ग्रहण की थी व सीता माता इन्हीं के आश्रम में रही थी। **परशुराम** – धनुर्विद्या के आचार्य एवं भीष्म व कर्ण जैसे योद्धाओं के गुरू थे। आश्रम कोंकण या उडीसा में माना गया। **धौम्य** – तक्षशिला के प्रसिद्ध आचार्य पांचाल निवासी आरूणि को (मेढ़ टूटने पर खेत की मेढ़ पर लेट गये थे) उद्दालक उपाधि दी थी। **शुक्राचार्य** – संजीवनी विद्या के ज्ञाता थे बृहस्पति के पुत्र कच ने इनके पास संजीवनी विद्या प्राप्त की थी। **अगस्त्य** – गोदावरी तट पर आश्रम में धर्म व शिक्षा के शिक्षक थे। **शौनक** – दस हजार विद्यार्थियों के गुरूकुल का संचालन करते थे। **व्यास** – वेद, 18 पुराण व महाभारत के सम्पादन का श्रेय वेद व्यास को प्राप्त हुआ। इनका पुत्र **शुकदेव** भी प्रसिद्ध आचार्य थे। **सांदीपनी** – प्राचीन गुरूकुलों के कुलपति सांदीपनी के आश्रम उज्जैन में था। श्री कृष्ण ने शिक्षा प्राप्त की थी। **महीदास ऐतरेय** – ऐतरेय ब्राह्मण, आरण्यक व उपनिषद् के रचयिता था। **पिप्पलाद** – दधीचि पुत्र अर्थववेद के संकलन का श्रेय प्राप्त है। **सत्यकाम**, गार्ग्य अश्वलायन, भार्गव, आदि ऋषियों को शिक्षा सम्बन्धी कार्य से इनके आश्रम आये थे। **रैक्व** – महावृष देश निवासी, तत्व ज्ञानी से जानश्रुति राजा ने ज्ञान प्राप्त किया था। **प्रवाहण जाबलि** – श्वेतकेतु को पंचाग्नि विद्या की शिक्षा दी थी। कई विद्वान शिक्षा ग्रहण करने इनके आश्रम आये थे। **अजातशत्रु** – तत्वज्ञ राजा से बालाकि गार्ग्य ने ज्ञान प्राप्त किया था। स्पष्ट है इन महान आचार्यो या ऋषियों के कारण भारतीय साहित्य समृद्ध हो पाया। उल्लेखनीय है कि एक ऋषि की शैक्षणिक परम्परा को उसी नाम से उनके उत्तराधिकारियों द्वारा कई पीढ़ियों तक संचालित किया जाता रहा।

निष्कर्ष इसी परिप्रेक्ष्य में विशाल साहित्य का सृजन सम्भव हुआ। कन्याओं को नृत्य–संगीत एवं ललित कलाओं की शिक्षा दी जाती थी। तैत्तिरीय संहिता से ज्ञात होता है कि स्त्रियाँ नृत्य–संगीत में विशेष अभिरुचि लेती थीं। वेदाध्ययन के लिए पहले कोई शुल्क निर्धारित नहीं था। प्राचीन शिक्षण पद्धति की एक यह विचित्र विशेषता थी। बृहदारण्यक उपनिषद् में विवरण आया है जिसमें याज्ञवल्क्य ने कहा है कि, मेरे पिता का मत था कि बिना पूर्ण पढ़ाए शिष्य से कोई पुरस्कार नहीं लेना चाहिए।

संदर्भ :

1. ऋग्वेद, 9 / 97 / 15; 9 / 104 / 4,
2. ऋग्वेद 2 / 12 / 4
3. ऋग्वेद, 10 / 90 / 12 ब्राह्मणोस्य मुख मासीद् बाहू राजन्यः कृतः।
   उरू तदस्य यद वैश्य पद्भ्यां शूद्रो अजायत।
4. यजुर्वेद, 22 / 12, आ ब्राह्मण ब्राह्मणों ब्रह्मवर्चसी जायताम,
   आ राष्ट्रे राजन्यः शूत इसव्यो तिव्याधि महारथो जायताम्।
5. देखिये डॉ. रामशरण शर्मा का लेख, ''ऋग्वेदिक समाज में संघर्ष, वितरण और विभेदीकरण,''इतिहास, भारतीय इतिहास अनुसंधान परिषद् की शोध पत्रिका, अंक 1, जनवरी, 1992, पृ. 18
6. ऋग्वेद, 10 / 141 / 6, त्वां नो अग्ने अग्निभिर्ब्रह्म यज्ञं च वर्धाय।
7. ऋग्वेद, 3 / 53 / 12, विष्वामित्रस्य रक्षति ब्रह्मोदं भारतजनम्।
8. अथर्ववेद, 2 / 15 / 4
9. ऋग्वेद, 7 / 103 / 8, ब्राह्मणाम सोमिनो वाचमक्रत ब्रह्म कृण्वंतः
10. ऋग्वेद, 3 / 44 / 5
11. ऋग्वेद, 9 / 112 / 3 कारूरहं ततो भिषगुपल प्रक्षिणी नना नानाधियो वसूयवो नुगाइव तस्थि मेन्द्रो मेन्दो परिस्त्रवं।
12. तैतिरीय ब्राह्मण, 3 / 9 / 14, ब्रह्म वै ब्राह्मणः क्षत्रराजन्य।
13. धर्मशास्त्र का इतिहास भाग 1.पृ. 111
14. डॉ. आर. एस. शर्मा, वही, पृ. 18
15. अथर्ववेद, 5 / 17 / 9
16. ऋग्वेद, 8 / 67 / 1, त्यान्नु क्षत्रियाँ अव आदित्यान्या चिषामहे।
17. ऋग्वेद, 3 / 34 / 2 इन्द्र क्षितीनामसि मानुषाणाँ विशां दैवीनाममु पूर्वयाया।
18. ऐतरेय ब्राह्मण, 35 / 3 (शूद्रोः) अन्यस्यप्रेश्यः कामोत्थाप्यः यथा कामवध्यः।
19. ऋग्वेद, 8 / 46 / 32 शतं दासे वल्बूथे विप्रस्तरूक्ष आददे।
20. तैतिरीय संहिता, 5 / 7 / 6 / 3–4
21. मिश्र, जी.एस.पी. : प्राचीन भारतीय समाज एवं अर्थव्यवस्था, 1983, पृ. 58
22. ऋग्वेद, 3 / 34 / 9 हत्वी दस्यून्प्रार्य वर्ण मावत्
23. ऋग्वेद, 1 / 117 / 21
24. धर्मशास्त्र का इतिहास, पृ. 110
25. काणे, वही, पृ. 112
26. मिश्र, जी.एस.पी. : वही, पृ 56
27. पाण्डे, जी.सी. : द मीनिंग एण्ड प्रोसेस आव कल्चर, पृ.82–83
28. ऋग्वेद, 8 / 19 / 36
29. मिश्र, जयशंकर : प्राचीन भारत का सामाजिक इतिहास, पटना, 1986, पृ.202
30. ऋग्वेद, 10 / 35
31. ऋग्वेद, 1 / 116 / 16.

32. ऋग्वेद, 1/1/9
33. ऋग्वेद, 5/3/2
34. वही, 8/35/5
35. ऋग्वेद, 10/34/3 द्वेष्टि श्रवश्रूरप जाया रूणद्धि न नाथितो विन्दते मर्डितारम्।
36. ऋग्वेद, 1/112/19 याभि पत्नी विर्भदाय न्यूहथूरा
37. वही, 1/126
38. ऋग्वेद, 5/61/17
39. Keith, The Cambridge History of India, Vol. I, p. 79. "The Aryan marriages of this period was usually monogamic though polygamy was not unknown probably mainly among the princely class."
40. ऋग्वेद, 1/167
41. ऋग्वेद, 9/32/5, योषा जारमिव प्रियम अगन्नाजि यथा हितम्।
42. ऋग्वेद, 1/51/13 ; 1/116/1
43. ऋग्वेद, 1/116/13, श्रुतं तच्छासुखि वध्रिमत्याहिरण्यहस्तमश्विानावदतम्।
44. ऋग्वेद, 10/18/7, इमानारीर विधवा : सुपत्नीरार्न्जन सर्पिषा संविशन्तु।
अनश्रवोध्नमीवाः सुरत्ना आरोहन्तु जनयोयोनिमग्रे।
45. अल्तेकर, द पोजीशन ऑफ वीमेन इन हिन्दू सिविलाइजेशन, पृ. 177.
46. ऋग्वेद, 10/18/7–8
47. वही, 10/85/26
48. ऋग्वेद, 8/91/1, कन्या वारवायती सोममति सुताविदत्।
49. कीथ, वही, जि. 1 पृ. 79
49a. आर.एस. शर्मा, व ही, पृ. 13
50. कीथ, वही, जि. 1. 79
51. ऋग्वेद, 7/103/5, यदेषामन्यो अन्यस्य वाचंशाक्तस्येव शिमाणः।
52. ऋग्वेद, 10/71
53. ऋग्वेद, 1/25/8, वेदमासो धृतव्रतो द्वादस प्रजावतः।
54. वही, 10/27/12
55. ऋग्वेद, 1/109/2; 8/2/20
56. वही, 6/28/5 ; 10/27/12
57. ऋग्वेद, 5/52/7 ; अपूपमद्धि सगणो।
58. वही, 3/52/7
59. ऋग्वेद, 6/47/1
60. ऋग्वेद, 7/86/6
61. ऋग्वेद, 1/126/1
62. ऋग्वेद, 10/34/1
63. वैदिक एज पृ. 453–54

64. तैतिरीय संहिता, 1/7/3/1, ऐत वै दैवाः प्रत्यक्ष यद ब्राह्मण।
65. तैतिरीय आरण्यक, 2/15
66. शतपथ ब्राह्मण, 11/5/7/1
67. कैम्ब्रिज हिस्ट्री आव इण्डिया, जि, 1 पृ. 114
68. कीथ, वही, पृ. 114
69. शतपथ ब्राह्मण 1/2/3/3
70. अथर्ववेद 5/19/8/15
71. शतपथ ब्राह्मण 4/1/4/6 ; 12/7/3/12
72. मिश्र, जी.एस.पी. : प्राचीन भारतीय समाज एवं अर्थव्यवस्था, 1983 पृ. 99
73. ऐतरेय ब्राह्मण, 39/3 क्षत्रियोघ्जनि विश्वस्य भूतस्याधिपति रजनि विशामता जनि–ब्राह्मणों गोप्ताजनि धर्मस्य गोप्ताजनि।
74. शतपथ ब्राह्मण, 5/4/4/15, यो वै राजा ब्राणादबलीयान मित्रभ्यो वै स बलीयान भवति।
75. बृहदारण्यक उपनिषद 6/2/4
76. Keith, B. op. cit, vol I p. 114 "………the two upper hereditary classes might, to some degree permit close relations but they seem to have regarded the commoner as definitely beneath them."
77. तैतिरीय संहिता 7/1/5/1, वैश्योमनुष्याणां गावः पशुनांतस्मात
78. काणे, पी.वी. वही, पृ. 114
79. थापर रोमिला : भारत का इतिहास (ई.पू. 100 से 1526 ई.) 1975 पृ. 29/30
80. शर्मा आर. एस. : शूद्रज इन ऐंश्येंट इण्डिया, पृ. 33
81. Keith B., op. cit. vol I, pp 115-116. "The Sudras seem often to have been subjugated by whole tribes, such as the Baindas, the Parnakas, the Paulkasas and perhaps the Chandalas, who may originally have been members of small and degraded tribes living mainly by fishing or hunting……….may come the impulse of the development of caste."
82. राव विजयबहादुर : उत्तर वैदिक समाज एवं संस्कृति, पृ 108–111
83. काणे, पी.वी. वही, 1980 सं. पृ. 1113
84. शर्मा आर. एस., वही, पृ. 68–70
85. शर्मा आर. एस. वही, पृ. 67–68
86. मिश्र, जी. एस. पी. , वही, पृ. 103
87. देखिये विवेकानन्द झा द्वारा आलेखित लेख ''चण्डाल और अस्पृश्यता का उद्‌भव'' इतिहास, भारतीय इतिहास अनुसंधान परिषद् द्वारा प्रकाशित, 1992 पृ. 24–25
88. मनुस्मृति, 10/52 वासांसि मृत चेलानि भिन्न भाण्डेषु भोजनम्।
89. Keith B. , op cit, p. 115. "It seems probable enough that among the Sudras themselves there were, rules of endogamy; for we may generally assume, in the absence of anything to the contrary in the texts, that the Vedic Indians and the aborigines alike married within tribe."

17

आर्थिक जीवन
(Economic Life)

आर्यों ने देश के वन्य प्रदेशों को साफ कर अपने ग्रामों की स्थापना की थी। इस प्रक्रिया में सम्पूर्ण पंजाब, सैन्धव प्रदेश एवं उत्तरी भारत के बहुसंख्य ग्रामों की स्थापना हुई। ऋग्वेदकालीन समाज में ग्राम सबसे छोटी राजनीतिक एवं सामाजिक इकाई थी। आर्यजनों में संयुक्त परिवार प्रथा थी। एक परिवार में कई सदस्य एक साथ रहते थे एवं कई परिवारों या कबीलों से ग्राम बनते थे। प्रारम्भ में पशुचारण प्रमुख व्यवसाय होने के कारण, आर्य कभी–कभी अपने पशुओं के साथ एक स्थान से दूसरे स्थान पर गमन करते और ग्राम एक स्थान से दूसरे स्थान पर स्थापित होते रहते थे।

I. पूर्व वैदिक–पशु पालन पूर्व वैदिक आर्यों की आर्थिक स्थिति अधिक सुदृढ़ एवं व्यवस्थित नहीं थी। इस काल में कृषि का भी व्यापक प्रचलन हो चला था तथापि पशुपालन महत्वपूर्ण व्यवसाय बना रहा। पशुओं से सम्बद्ध देवताओं में पूषन का प्रमुख स्थान था। आर्य लोग अनेक पशुओं से परिचित थे किन्तु गाय एवं बैल का विशेष महत्व था। ऋग्वेद में अनेक भाषागत अभिव्यक्तियाँ गाय (गौ) से जुड़ी हैं। पालतू पशु सम्पन्नता के प्रतीक थे और एक सम्पन्न पालतू पशुओं के स्वामी को 'गोमत' कहा जाता था। इन्हें सम्पत्ति के विशिष्ट भाग के रूप में लिया जाता था।

गोपाल की देख–रेख में गाएँ गोष्ठ में चरती थीं।[1] ऋग्वेद का दशम् मण्डल गौ देवता एवं गायों की अभिवृद्धि की कामना में लिखा गया है। कई राज्यों में परस्पर युद्ध का कारण गायों का अपहरण भी रहा है। ऐसे युद्धों के लिए गाविष्टौ शब्द का प्रयोग मिलता है।[2] गायों की रक्षा करने के कारण राजा को 'गौपत्ति' भी कहा जाता था। पणि नामक व्यापारी सुदूरवर्ती प्रदेशों में जाते थे एवं गायों के व्यापार से भी सम्बन्ध था। इस काल में व्यापार पणि लोगों के हाथों में रहा होगा। शायद पणि वैदिक देवों की पूजा नहीं करते थे। ऋग्वेद में पणियों के लिए बृबु शब्द आया है। संस्कृत का पण्य, वणिक, विपाणि आदि पणियों सम्बन्धित है।

प्रातःकाल गायों को चराने के लिए जंगलों की ओर भेजने से सुबह की वेला का '**गोधूलि**' सम्बोधन समय का मानदण्ड बन गया है। इस प्रकार दूरी के लिए 'गवयुती' शब्द प्रयोग में लाया जाता था। पुत्री को 'दुहिता' भी उसके द्वारा अक्सर गायों का दूध निकालने के कारण कहा जाने लगा। 'गोत्र' शब्द की उत्पति भी गायों को एक साथ गोष्ट में रखने के कारण हुई प्रतीत होती है अर्थात् अपनी गायों के साथ लोग एक ही गोष्ट में रखते थे उनको उसी गोत्र का माना जाने लगा। उल्लेखनीय है कि प्रवर की अवधारणा गोत्र के साथ आगे जाकर जुड़ गई। प्रवर अर्थात चुनना। प्रवर मुख्यरुप से गोत्र से अलग विवाह को मान्यता देता है। वैदिक काल के बाद एक समूह के सारे लोग किसी आदि पुरुष से अपनी उत्पति मानने लगे और गोत्र परम्परा अधिक जटिल हो गई। उस काल में भी गायों के नामों पर स्वामित्व सूचक चिह्न अंकित किए जाते थे। एक स्थान पर कहा गया है कि, जो घर गायों के रहने योग्य नहीं है, उसमें ऐश्वर्य नहीं हो सकता।[3] यज्ञादि के अवसर पर दक्षिणा के रूप में पुरोहितों को गाय तथा बैल ही दिए जाते थे। गायों के लेन–देन से वस्तुएँ मूल्य की इकाई रुप में खरीदी एवं बेची जा सकती थी। गायों को न मारने योग्य (अघन्या) भी कहा गया है। गाय के चमड़े से अनेक वस्तुएँ बनाई जाती थीं एवं गोबर का उपयोग खाद के लिए किया जाता था।

बैल का उपयोग गाड़ी खींचने एवं हल जोतने के लिए होता था। ऋग्वेद में अनेक स्थलों पर भैंस का उल्लेख भी मिलता है।[4] गंधार की भेड़ें अपनी ऊन के लिए विख्यात थी।[5] आर्यजन गधों एवं ऊँट की उपयोगिता से अनभिज्ञ नहीं थे। सैन्धव प्रदेश में ऊँट की उपयोगिता उस काल में समान रूप से थी।[6]

अश्व बल आर्यों के लिए घोड़ा अत्यंत उपयोगी पशु था। युद्ध में उसकी विशेष उपयोगिता थी। आर्य सेना में कदाचित अश्वारोही भी होते थे। घोड़ा रथों एवं गाड़ियों को भी खींचता था।[7] घुड़सवारी एवं घुड़दौड़ में भी इनका उपयोग करते थे। गाय की भाँति घोड़ा भी दानस्वरूप दिया जाता था।[8] उसे अग्नि एवं सूर्य का प्रतीक माना गया है। प्रो. अविनाश चन्द्र दास ने मैक्डॉनल की इस मान्यता का खण्डन किया है कि आर्य लोग अश्वारोहण नहीं करते थे।[9] घोड़े की भाँति हाथी का भी सामरिक प्रयोजन था। सेना में कदाचित गजारोही भी होते थे।[10] पालतू पशुओं में कुत्ते चौकीदारी एवं पशुओं की रक्षा आदि के काम में आते थे।[11] हिरण की जानकारी भी वैदिक लोगों को थी।

I.1 कृषि एवं सिंचाई व्यवस्था : सामान्य आर्यों का कृषि महत्वपूर्ण व्यवसाय था। ऋग्वेद में 'कृष' धातु अनेक बार प्रयुक्त हुई है। इससे कृषि की लोकप्रियता का पता चलता है। भूमि जोतने से बनी हराइयों (सीता) में बीज बोए जाते थे। हल को जोड़ने में आठ से बारह बैलों तक का उपयोग किया जाता था। फसल तैयार होने पर उसे हंसिए (दात्र, सृणि) से काटते थे एवं गट्ठर (वर्ष) बाँधकर ले जाते थे और खलिहान (खल) में एकत्र कर सूप (शूर्प) की सहायता से अन्न को अलग किए जाने का उल्लेख मिलता है। अन्न के परिमापन (माप) हेतु उपयोग में लाए जाने वाले बर्तन को 'उस्र्दर' कहा जाता था।

सिंचाई साधारण कृषक वर्षा के जल पर ही निर्भर करते थे। ऋग्वेद में स्थान–स्थान पर वर्षा के लिए प्रार्थनाएँ मिलती हैं। सतलज, रावी, सिन्ध, घग्गर आदि नदियों की कछारी भूमि में खेती की जाती थी, किन्तु अधिक फसल के लिए सिंचाई की जाती थी। सामान्यतः कुएँ (अवट) के जल से सिंचाई की जाती थी। चक्र के द्वारा पानी निकाला जाता और नालियों या नहरों (कुल्पाओं) द्वारा पानी खेत में पहुँचाया जाता था। परवर्ती ग्रन्थों में अनेक प्रकार के धान्यों का वर्णन हुआ है–चावल (ब्रीहि), यव (जौ), तिल, उड़द (माष), गेहूँ (गोधूम) मसूर, चना आदि। पूर्व वैदिक काल में यव (जौ) का जिक्र कई बार हुआ है अन्य अन्नों का उल्लेख कम देखा गया।[12] ऋग्वेद में उल्लेख आया है कि अश्विन देवताओं ने मनु को हल चालाना एवं यव उत्पादन करना सिखाया।[13]

कृषि लोगों की समृद्धि का कारण बन रही थी। एक स्थान पर अपाला अपने पिता की खेती की समृद्धि के लिए प्रार्थना करती है।[14] अन्यत्र पूषन्–देवता से हल चलाने की प्रार्थना की गई है।[15] एक स्थान पर सब कुछ हारे हुए जुआरी को यह राय दी जाती है कि वह कृषि कर्म करे जिससे उसे पत्नी, धन एवं पशु की प्राप्ति होगी।[16] भूमि सहज ही सुलभ थी और भूमि का अधिग्रहण व्यावसायिक आधार पर था। राजा को भूस्वामी नहीं कहा गया। सम्भवतः सामूहिक भूस्वामित्व रहा होगा।

I.3 उद्योग एवं व्यवसाय ऋग्वेद काल में कुछ सीमा तक विभिन्न उद्योगों का आविर्भाव हो गया था। कई तरह के उद्योगों में लगे हुए लोग भिन्न–भिन्न नामों से जाने जाते थे। ऋग्वेद में एक ऋषि ने उल्लेख किया है कि हमारे कर्म विभिन्न प्रकार के हैं। बढ़ई काष्ठ की कामना करता है, ब्राह्मण सोम का अभिषवण (सोम रस निचोड़ने का साधन) करने वाले यजमान की कामना करता है और वैद्य रोग की कामना करता है।[17]

- तक्षन (बढ़ई) रथ निर्माण के अतिरिक्त गाड़ी (अनस) तथा नावें (नौ) बनाता था। उस काल में पोत निर्माण भी किए जाते थे जिनमें तक्षन की कला का उपयोग होता रहा होगा। ऋग्वेद में सौ पतवार वाले पोतों का उल्लेख मिलता है।[18]
- कर्मार (लुहार) धातु कार्य करता था। ऋग्वेद में अयस् के लाल रंग के होने का संकेत है। सम्भवतः अयस् ताँबा अथवा कांस्य का प्रतीक था, क्योंकि विद्वानों की मान्यता है कि लोहे का ज्ञान अपेक्षाकृत परवर्ती देन है। तथापि हम देखते हैं कि अथर्ववेद में श्याम अयस् (लोहा) तथा लोहित अयस् (ताम्र) में भेद किया गया है। कर्मार कृषि कार्य में प्रयुक्त होने वाली 'अभृ', 'दात्र', 'फाल' (हल) आदि निर्मित करता था।[19]
- ऋग्वेद में हिरण्यकार का उल्लेख नहीं हुआ किन्तु इसमें सन्देह नहीं कि तत्कालीन समाज में स्वर्णाभूषणों का प्रयोग होता था।[20] सोना भूमि के अतिरिक्त सिन्धु नदी के तल से प्राप्त किया जाता था, सिन्धु को 'हिरण्यवर्तिनी' अथवा 'हिरण्यमयी' नाम दिया गया है।[21] स्वर्ण से निष्क (हार), कुरीर (तिकला), कुम्ब (सिर का आभूषण) एवं कर्णशोभन आदि आभूषण बनाए जाते थे।
- तत्कालीन समाज में 'वायोवाय' वस्त्र बनता था। वह करघे (वेम) पर वस्त्र बुनाई का कार्य करता था। एक स्थान पर अपनी माँ द्वारा पुत्र के लिए वस्त्र निर्माण का भी उल्लेख मिलता है।[22] सिन्धु प्रदेश एवं गांधार प्रदेश ऊन के लिए प्रसिद्ध थे।
- 'चर्मन' नामक शिल्पी चमड़े से बनी वस्तुओं की पूर्ति करता था। चमड़े से निर्मित वस्तुओं में चाबुक, मशक (दशति), गोफन, प्रत्यंचा एवं रथ के प्रयोग में आने वाली रस्सियाँ (चर्मरज्जु) प्रमुख थीं।
- नाई (वृप्तृ) अपने विशिष्ट व्यवसाय के लिए प्रसिद्ध था। लघु उद्योगों में कपड़े की सिलाई, चटाई का निर्माण, कपड़ा बुनाई प्रमुख थे।
- चिकित्सक (भिषग) के व्यवसाय को सम्मान की दृष्टि से देखा जाता था। अश्विन देवता, जिन्हें भिषग् कहा है वे अंधों को नेत्र एवं पंगु को गति दे सकते थे।[23] अर्थात् अश्विन अच्छी शल्य चिकित्सा (ऑपरेशन) करते थे, उन्होंने विश्पला की जांघ कटने पर सिलाई करके जोड़ दी थी। ऋषि श्वान की आँखों की ज्योति, उन्ही के आपरेशन से मिली। यक्ष्मा (तपेदिक) रोग का अनेक स्थलों पर उल्लेख हुआ है।

I.4 व्यापार एवं वाणिज्य ऋग्वेद में व्यापारी के लिए 'वणिक' शब्द आया है एवं उसके धनार्जन के लिए परदेश जाने की चर्चा मिलती है।[24] उस काल में पदार्थों का आदान–प्रदान भी होता था। एक स्थान पर कहा गया है कि दस गायों को देकर इन्द्र की प्रतिमा ली गई थी।[25] अन्यत्र कवि दान में सौ अश्वों के साथ सौ निष्कों की प्राप्ति का उल्लेख करता है।[26] कहा जा सकता है कि निष्क कालान्तर में स्वर्ण मुद्रा में परिवर्तित हो गया। यद्यपि क्रय–विक्रय में वस्तु विनियम प्रणाली (Barter) का प्रचलन था। एक स्थान पर उल्लेख मिलता है कि एक व्यक्ति ने कम मूल्य पर अधिक वस्तु विक्रय कर दी, परन्तु मूल्य कम हो या अधिक, बिक्री के समय जो तय हो उसे ही विक्रेता एवं क्रेता दोनों को मानना चाहिए।[27] ऋण देने की प्रथा भी थी, इस समय आठवें और सोलहवें भाग के रूप में मूलधन पर ब्याज लिया जाता था।[28] अधिक सूद (ब्याज) लेने वाले को *बेकनाट* (सूदखोर) कहा जाता था।

I.5 समुद्री व्यापार कुछ पाश्चात्य विद्वानों की धारणा थी कि आर्यों को समुद्री यात्रा का ज्ञान नहीं था। कीथ की मान्यता है कि ऋग्वेद में इस प्रकार का कोई संकेत नहीं है कि आर्य समुद्र तक पहुँचे तथा उन्हें समुद्रीय नौ–चालन का ज्ञान था।[29] किन्तु मैक्समूलर तथा वैदिक इंडैक्स के लेखकों की मान्यता है कि ऋग्वेदकालीन आर्य समुद्र से परिचित थे। ए.डी. पुसलकर ने भी मैक्समूलर के मत का समर्थन करते हुए स्वीकार किया है कि वैदिक आर्यों को समुद्री यात्रा का ज्ञान था।[30] उल्लेखनीय है कि, ऋग्वेद में सरस्वती नदी को पर्वतों से बहकर समुद्र तक जाते हुए बताया गया है।[31] इसी प्रकार दशम् मण्डल में विवरण मिलता है वे ऋषिगण अश्व रूप होकर वायु मार्ग पर विचरण करते हैं, वे पूर्व–पश्चिम स्थित समुद्र में निवास करने वाले हैं।[32] डॉ. जयशंकर मिश्र की मान्यता है कि आर्य व्यापारियों के लिए उस युग में 'देवपणि' शब्द का प्रयोग किया जाता था जो फारस की खाड़ी तक जाते थे और सुमेरी व्यापारियों से क्रय–विक्रय करते थे। मिस्त्र, असीरिया और बेबीलोन से भी भारतीयों द्वारा कई वस्तुओं का आदान–प्रदान चलता था। डॉ. मिश्र के अनुसार ओफिर (आभीर), कोफ (कपि), कर्पस (कपास) आदि शब्द बाइबिल में मिलते हैं, जो भारत से ही पश्चिमी देशों में पहुँचे होंगे।[33] ऋग्वेद में अश्विन देवों द्वारा भुज्यु को समुद्र में से बचाने का कथानक आया है और भुज्यु को सौ बल्लियों से चलाई जाने वाली नाव पर स्थित कहा गया है।[34] डॉ. आर.के. मुखर्जी की मान्यता है कि, इनमें निश्चित रूप से पोतों द्वारा सामुद्रिक यात्रा का प्रमाण पाया जाता है।[35] ऋग्वेद में व्यापार करने वाले वणिक के अतिरिक्त 'पणि' लोगों का उल्लेख आया है।[36] दानशील व्यापारियों को **वृबु** कहा है। जी.एस. मिश्र ने उल्लेख किया है कि सामान्यतः विद्वान् इन्हें यहाँ के मूल निवासी किन्तु कोई आर्येत्तर जनजाति मानते हैं। यद्यपि कुछ विद्वानों ने इन्हें बेबीलोन के निवासियों अथवा ईरान के दहाय लोगों से भी समीकृत किया है। यह भी सुझाव रखा गया है कि वे सम्भवतः आर्य सामुद्रिक व्यापारी थे, जिन्होंने आर्य संस्कृति का पश्चिम में प्रसार किया है। डॉ. अल्तेकर ने इनका तादात्म्य हड़प्पा संस्कृति के निवासियों के साथ किया है।[37] लुडविग के अनुसार 'पणि' वे आदिम व्यापारी (aboriginal traders) थे जो अरब एवं उत्तरी अफ्रीका के व्यापारियों की भांति काफिले में चलते थे।

निष्कर्ष : इस प्रकार ऋग्वेद काल तक भारतीय समाज आर्थिक दृष्टि से विकसित अवस्था को प्राप्त कर चुका था। कृषि एवं पशुपालन आर्यों के महत्वपूर्ण व्यवसाय थे किन्तु कई लघु उद्योगों एवं व्यवसायों का आविर्भाव भी देखा जाता है। साथ ही वस्तु विनिमय के अतिरिक्त मुद्रा प्रणाली के रूप में निष्क का प्रादुर्भाव भी हो गया था।

II. उत्तर वैदिक काल

उत्तर वैदिक काल में विभिन्न क्षेत्रों में व्यापक परिवर्तन देखे जाते हैं। भारत के उत्तरी भाग में लौह युग का प्रारम्भ हुआ, जिससे कृषि कार्य के लिए नवीन उपकरणों का निर्माण होने लगा। कृषि के प्रसार से कबायली संगठन में भी विघटन हुआ एवं छोटे–छोटे समुदाय एक–दूसरे में विलीन होकर बड़े क्षेत्रगत जनपदों के रूप में उभर रहे थे। कृषि लोगों का प्रमुख व्यवसाय बन चुका था। इस तरह सामान्य जीवन में स्थायित्व का विकास हुआ। स्थाई रूप से खेती करने के लिए जंगल साफ करने हेतु लोहे की कुल्हाड़ी के प्रयोग का उल्लेख हुआ है। ऐसा समझा जाता है कि, लोहे की नोक वाले हल एवं कुदाल ने कृषि यंत्रों की क्षमता को बढ़ाया जिससे कृषि कार्यों का विस्तार हुआ। यद्यपि लौह उपकरणों के निर्माण में वांछित विकास अभी तक नहीं हो पाया था और लोहा पिघलाने की विधि भी अति प्राचीन थी। इस काल में पुरातात्विक स्थलों के उत्खनन से यह सिद्ध नहीं किया जा सका है कि विशेष प्रकार की मिट्टी के बर्तन किसी विशेष प्रजाति अथवा समूह से सम्बन्धित थे।

वैदिक कालीन पुरातात्विक प्रमाण पुराविदों ने रंगे हुए धूसर मृद्भाण्डों (PGW) को वैदिकयुगीन माना है। अब तक ऊपरी गंगा घाटी में 700 से अधिक चित्रित धूसर मृद्भाण्ड (PGW) के स्थलों का उत्खनन करवाया है। विशेष रूप से बहावलपुर, धामर नदी के सूखे क्षेत्रों, सिन्धु व गंगा के तराई वाले भागों तथा गंगा–यमुना दोआब से इस युग के अवशेष

खोजे गए हैं। अंतरजीखेड़ा, अहिच्छत्र, नूह, हस्तिनापुर, कुरुक्षेत्र, भगवानपुर तथा जखेड़ा चित्रित धूसर मृद्भाण्ड संस्कृति के प्रमुख स्थल हैं। हस्तिनापुर व कौशाम्बी जैसे प्रारम्भिक नगरीय स्थल (**Proto urban site**) कहे जायेंगे। उत्तर वैदिक आर्यों द्वारा लोहे के प्रयोग के ज्ञान का समर्थन पुरातात्विक एवं साहित्यिक स्त्रोतों से समान रूप में होता है।

II.1 कृषि कृषि लोगों का प्रमुख व्यवसाय बन चुकी थी। शतपथ ब्राह्मण में जुताई से सम्बधित कर्मकाण्डों पर एक पूरा अध्याय दिया गया है।[38] कृषि भूमि की जुताई के लिए 'कर्षण', बुआई के लिए 'वपन' व कटाई के लिए 'कर्तन' व लुनन्त एवं मण्डाई के लिए 'मर्दन' शब्द आये हैं।[39] कृषि के विकास से इतने बड़े और भारी हल (सीर) बनने लगे थे कि उनमें चार से लेकर 24 बैल तक जोत दिए जाते थे।[40] तत्कालीन साहित्य में धातु की चोंच वाले फाल (प्रवीरवन्त या पवीरव) का उल्लेख भी आया है। दराँती (दात्र अथवा सृणि) के कुछ अवशेष अतरंजीखेड़ा के उत्खननों से मिले हैं।[41] कई प्रकार के धान्यों का उल्लेख तत्कालीन साहित्य में मिलता है, जैसे– चावल (ब्रीही एवं तंदुल), जौ (यव), मूंग, उड़द, तिल, गेहूँ (गोधूम), मसूर आदि।[42] पुराविदों की मान्यता है कि अतरंजीखेड़ा से जौ, चावल एवं गेहूँ के प्रमाण मिल गए हैं। हस्तिनापुर में चावल तथा जंगली किस्म के गन्ने (इक्ष या इक्षु) के अवशेष प्राप्त हुए हैं। जिन स्थानों के उत्खनन से चावल के अवशेष प्राप्त हुए हैं वे स्थान दोआब में स्थित हैं, इससे स्पष्ट होता है कि कृषि अधिक श्रम प्रधान नहीं थी, सम्भवतः रोपाई प्लशुक या प्रत्यारोपण द्वारा धान पैदा करने का तरीका अभी शुरू नहीं हुआ था तथापि फसल बोने एवं तैयार करने में दासों की मदद ली जाती रही होगी। प्राकृतिक गोबर खाद[43] और ऋतुओं के ज्ञान तथा कृषि कार्य में उपयोग भी तत्कालीन विकसित कृषि प्रणाली का द्योतक है।[44]

समाज के उत्पादक वर्ग अर्थात् वैश्य भूमिकर (बलि) राजा को प्रदान करते थे। उसके बदले वह उनकी भूमि की रक्षा करता था। भूमि के विक्रय या क्रय करने की कोई प्रथा नहीं थी। राज्य के बलि या कर एकत्र करने वाले को भागधुग कहा गया है।

II.2 पशुपालन : इस युग में कृषि एवं पशुपालन अभिन्न रूप से सम्बन्धित थे। एक ग्रन्थ में कहा गया है, गाय ही पृथ्वी है।[45] अथर्ववेद में गायों को अपने अस्त्रों के प्रहार से मुक्त रखने के लिए रुद्र से प्रार्थना की गई है।[46] उस काल में पशुओं को समृद्धि का प्रतीक माना जाता था।[47] वर्तमान की तरह पशुओं को चिन्हांकित किया जाता था। गाँव के पास ही पशुओं के लिए चारागाहों की व्यवस्था होती थी।

कृषि के साथ विभिन्न प्रकार के उद्योगों एवं शिल्पों का उदय उत्तर वैदिकालीन अर्थव्यवस्था की विशेषता थी। यजुर्वेद के अतिरिक्त वाजसनेयी संहिता, शतपथ ब्राह्मण, पंचविश ब्राह्मण आदि में अनेक शिल्पकारों का विवरण मिलता है। पुरुषमेध यज्ञ में विभिन्न श्रेणी के मनुष्यों के रूप में दी जाने वाली बलि के सन्दर्भ में तत्कालीन व्यवसायों की लम्बी सूची मिलती है।[48]

II.3 उद्योग उत्तर वैदिक कालीन उद्योग धंधों की चर्चा प्रमुख व्यवसायी वर्गों के सन्दर्भ में ही की जा सकती है। अतः प्रारम्भ में प्रमुख व्यवसायी वर्गों का उल्लेख उचित होगा। **शेलुष** का उल्लेख विष्णु धर्मसूत्र (54/13), आपस्तम्ब (9/38) एवं याज्ञवल्क्य (2/48) ने किया है। इन्हें अभिनय से मनोरंजन करने वाला कहा गया है। **रथकार** न केवल रथ का निर्माण करते थे, बल्कि समाज के उपयोग में आने वाले लकड़ी के सामान भी बनाते रहे होंगे। इसका उल्लेख बौधयन धर्मसूत्र (1/9/6) में मिलता है। **कुलाल** का विवरण वैदिक साहित्य में मिलता है। यह वर्ग मिट्टी के बर्तन निर्माण द्वारा जीविकोपार्जन करता था। '**कर्मार**' (लोहार) वैदिक साहित्य में वर्णित है। '**मणिकार**' आभूषण बनाने का कार्य करते थे। '**इषुकार**' बाण निर्माताओं को कहा गया है। **धनुषकार** समाज के लिए धनुष आदि अस्त्र–शस्त्रादि का निर्माण करते थे। '**रज्जुसर्ज**' रस्सी बनाने वाले को कहा गया है। '**मृगयु**' शिकार से आजीविका चलाते थे। '**भिषग्**' का उल्लेख वैदिक साहित्य में मिलता है, यह चिकित्सा द्वारा समाज सेवा करता था। '**गोपाल**', गोपालन तथा अजपाल बकरी पालन का कार्य करते थे। '**कीनाश**' कृषि कर्म द्वारा अपना पालन करता था। **सुराकार** मदिरा बनाते थे। '**क्षता**' रथ संचालन का कार्य देखता था। '**दर्वाहार**' लकड़ी एकत्र कर आजीविका चलाता था। '**वासपल्पुली**' धोबन को कहा गया है। यह समाज के वस्त्र धोने का कार्य करती थी। '**रजयित्री**' कपड़े रंगने वाली रंगरेजन को कहा गया है। '**भागधुग**' राज्य के लिए कर एकत्र करने का कार्य करता था। '**धीवर**' मछली पकड़ने का कार्य करके जीविका चलाता था। '**हिरण्यकार**' सुनार को कहा गया है। '**वणिक**' शब्द व्यापारी या बनिए के लिए आया है। '**वंशनर्तिन**' शब्द नट के लिए प्रयुक्त हुआ है। चर्मकार चमड़े से उपयोगी सामग्री बनाते थे। हम देखते हैं कि उपर्युक्त सूची में व्यवसायों की कई श्रेणियाँ सम्मिलित थीं, जिनमें कुछ उद्योगों एवं व्यवसायों से सम्बद्ध थे जबकि अन्य को दैनिक आवश्यकताओं की पूर्ति हेतु श्रम विभाजन के आधार पर निर्मित वर्ग माना जा सकता है।

भागधुग, ग्रामणी, क्षता आदि राज्य के अधिकारी थे। कढ़ाई कार्य, डलिया निर्माण, वस्त्र रंगाई आदि सामान्यतः स्त्रियाँ करती रही होंगी। इस काल में रथकार के महत्व में वृद्धि हुई। उसके द्वारा श्रोत यज्ञ करने का उल्लेख मिलता है। रथकार उपनयन भी करवा सकता था। इस तरह उसे द्विज की श्रेणी में रखा गया। कई विद्वान श्रेणी, पूग एवं गण जैसे परवर्ती आर्थिक संगठनों के अस्तित्व को स्वीकार करते है। वैदिक साहित्य में वृत या वृति (**Vrata**) जैसे शब्द श्रेणी संगठनों के प्रतीक है। किंतु कुछ विद्वान आर्यों के संचरणशील जीवन में इस तरह के संगठनों को स्वीकार नहीं करते।

धातु उद्योग का उत्कर्ष इस युग की महत्वपूर्ण विशेषता है। आर्य लोग अनेक धातुओं से परिचित थे, जिनमें सोना, चाँदी, लोहा, ताँबा, सीसा आदि उल्लेखनीय हैं। लोहा के लिए 'श्यामायस्' हल, छुरा चाकू, सूई आदि सामग्री बनाते थे। लोहे से ही युद्ध में उपयोग में आने वाले अस्त्र–शस्त्र का निर्माण किया जाता था। वैदिक साहित्य से जानकारी मिलती है कि स्वर्ण से कलात्मक आभूषणों का निर्माण किया जाता था। यज्ञों के अवसर पर स्त्रियाँ अनेक प्रकार के स्वर्णाभूषण धारण करके आती थीं। सीसा को एक स्थान पर लोहा तथा सोना से भिन्न बताया गया है।[49]

उत्तर वैदिक साहित्य में कपास का उल्लेख नहीं मिलता। यद्यपि ऊन (ऊर्णा) शब्द अनेक बार आया है। इससे प्रकट होता है कि ऊनी वस्त्रों का निर्माण विशेष रूप से होता था। अथर्ववेद में शण (सन) का उल्लेख हुआ है, इससे बोरे, सूतली, रस्सियाँ आदि बनायी जाती रही होंगी। मैत्रायणी संहिता में क्षोम का उल्लेख हुआ है। क्षोमवस्त्र धनिक वर्ग में विशेष रूप से प्रयुक्त होते थे।

II.4 चिकित्सा व्यवस्था : इस काल में भिषग का व्यवसाय अधिक सम्मानीय नहीं माना जाता था। दूसरी ओर चिकित्सा के क्षेत्र में जंत्र–मंत्र का महत्व बढ़ गया। अथर्ववेद में एक स्थान पर सर्पदंश के विष को दूर करने का मंत्र मिलता है। अथर्ववेद में क्षय, कोढ़, पालगपन, गठिया, नासूर, फोड़ा–फुंसी आदि रोगों का विवरण आया है।

II.5 वाणिज्य व्यवसाय : व्यापार एवं वाणिज्य से सम्बन्धित लोगों के लिए 'वणिक' शब्द का प्रयोग मिलता है। जबकि इस वर्ग के लिए ऐतरेय ब्राह्मण में श्रेष्ठि शब्द आया है। कदाचित यह किसी व्यावसायिक संघ का अध्यक्ष होता था। वाजसनेयी संहिता 'गण' और 'गणपति' का उल्लेख करती है। यह शब्द भी किसी व्यावसायिक संगठन की ओर संकेत करता है। अथर्ववेद से ज्ञात होता है कि देश के व्यापारी एक स्थान से दूसरे स्थान पर अपनी सामग्री को लेकर विचरण करते थे। उत्तर वैदिक काल में भी सामान्य व्यापार वस्तु विनिमय (बार्टर) द्वारा होता था। गाय व्यापार का माध्यम इस समय तक बनी रही।

II.6 स्वर्ण मुद्रा–निष्क व शतमान विद्वानों की मान्यता है कि, इस काल में 'निष्क' एवं 'शतमान' एक निश्चित मान वाली मुद्राओं के रूप में प्रयोग में ली जाने लगी थी। अलबता यह भी माना जाता है कि निष्क प्रारम्भ में स्वर्णाभूषण था बाद में सिक्के के रुप में प्रयोग किया जाने लगा। शतपथ ब्राह्मण में तीन सौ स्वर्ण शतमानों के दक्षिणा के रूप में दिए जाने की जानकारी मिलती है। स्पष्ट है कि 'शतमान' एक निश्चित मान की स्वर्ण मुद्रा रही होगी। इसी प्रकार 'निष्क' भी मुद्रा के रूप में प्रचलित रहा होगा।

व्यापार : उस काल में वैश्यों द्वारा कर्ज भी दिए जाने के प्रमाण मिलते हैं। तैत्तिरीय संहिता में 'कुशीद' शब्द का प्रयोग 'कर्ज' के लिए किया गया है। इस प्रकार के व्यवसाय में लगे लोगों को 'कुसीदिन' कहा गया है। ऋग्वेद में समुद्र से आर्य लोगों के परिचित होने का उल्लेख मिलता है। समुद्र तक फैली हुई सम्पूर्ण पृथ्वी पर शासन करने वाले शासक को एकराट सम्राट कहा गया है। शतपथ ब्राह्मण में पृथ्वी को समुद्र से घिरे हुए होने का विवरण आया है। इसी ग्रन्थ में पूर्वी (पूर्व) एवं पश्चिमी (अपर) समुद्र की चर्चा मिलती है, जिसका तात्पर्य सम्भवतः अरब सागर एवं हिन्द महासागर से है। निर्यात योग्य सामग्री में स्वर्ण, ताम्र एवं चाँदी की वस्तुएँ, मोती, हाथी दाँत की सामग्री, लकड़ी का सामान प्रमुख था। एशिया माइनर से प्राप्त बोगजकुई अभिलेख में मित्र, वरुण देवताओं का विवरण आया है। इससे इंगित होता है कि भारत के विदेशों से व्यापारिक सम्बन्ध थे। गांधर प्रदेश से विख्यात ऊन निर्यात की जाती रही होगी। वैदिक काल में अन्तर्देशीय व्यापार के लिए रथ, बैलगाड़ी आदि का प्रयोग किया जाता था।

सारांश कहा जा सकता है कि ऋग्वेद काल एवं उत्तर वैदिक काल एक परिवर्तनशील किन्तु प्रगति की ओर उन्मुख समाज का चित्रण प्रस्तुत करते हैं।

संदर्भ :

1. ऋग्वेद, 1/191/4
2. ऋग्वेद, 1/91/23, वीर्यस्योभयेम्भ : प्र चिकित्सा गविष्टौ।
3. ऋग्वेद, 1/161/11, अगोह्यस्य यदस्तना गृहे तदद्येदमृभवोनानु।
4. ऋग्वेद, 5/29/8 त्री यच्छता महिषाणाम घो मास्त्री संरासि।
5. ऋग्वेद, 1/126/7
6. ऋग्वेद, 8/46/28
7. ऋग्वेद, 2/34/3, उक्षेन्ते अश्रवाँ अत्याँ इवाजिषु।
8. ऋग्वेद, 8/46/22
9. प्रो. दास अवीनाशचन्द्र : ऋग्वैदिक इण्डिया, पृ. 82–83
10. ऋग्वेद, 8/33/8, दाना मृगो न वारणाः पुरुत्रा चरथं दधे।
11. ऋग्वेद, 8/22/2
12. The Vedic Age, P. 393
13. ऋग्वेद, 1/117/21, यवं वृकेणाश्वना वपन्तेषुं दुहन्ता मनुषापदस्त्र।
14. ऋग्वेद, 8/91/6
15. ऋग्वेद, 4/57/7, इन्दः सीतां नि गृहातु तां पूषानु यच्छतु।
16. ऋग्वेद, 10/34/13
17. ऋग्वेद, 9/112/1, तक्षा रिष्टं रुतं भिषग्ब्रह्म सुन्वन्त मिच्छतीन्द्रयेन्दो परिस्व।
18. ऋग्वेद, 10/43/5, युवं भुज्यं समुद्र आ रजसः पार ईङ्गितम यातमच्छा पनत्रिभिर्नासत्या सातये कृतम।
19. ऋग्वेद, 8/78/10; 10/101/9, वैदिक इंडेक्स, पृ. 30
20. ऋग्वेद, 1/43/5; हिरण्यमिव रोचते; 3/34/9 हिरण्यमुतभोग।
21. ऋग्वेद, 10/75/8; स्वश्रवा सिन्धुः सुरथा सुवाथा हिरण्यवी।
22. ऋग्वेद, 5/47/6
23. ऋग्वेद, 1/116/16, चक्षदानमृज्राश्वं तं पितांधां चकार।
24. ऋग्वेद, 1/56/2, समुद्रं न संचरणे सनिष्यवः।
25. ऋग्वेद, 2/24/10, क इमं दशभिर्ममेन्द्र क्रीणाति धोनुभि।
26. ऋग्वेद, 1/126/2 शतं राज्ञो नाधमानस्य निष्का।
27. ऋग्वेद, 4/24/9, स भूयसा कनीयो नारिरेचीद्दीना दक्षा विदुहन्ति प्रवाणम्।
28. ऋग्वेद, 8/47/17
29. Keith, B., The Cambridge History of India, Voll, 1955 p. 17 "The Indus was the natural outlet to the sea for the Aryan tribes, but in the period of Rigveda there is no clear sign that they had yet reached the ocean."
30. Pusalker A.D., The Vedic Age, p. 248. Max Muller, Lassen, Zimmer, and the Authors of the Vedic *Index* on the other hand assert that ocean was known to the Rigvedic people.
31. ऋग्वेद, 10/136/5
32. ऋग्वेद, 10/136/5, उभौ समुद्रावा क्षेति यश्रव पूर्व उतापरः।

33. मिश्र, जयशंकर : प्राचीन भारत का सामाजिक इतिहास, पटना, 1986, पृ. 63

34. ऋग्वेद, 1/116/5, शतारित्रां नावमातस्थस्थिवांसम्।

35. मुकर्जी, राधा कुमुद : हिन्दू सभ्यता, 1971, पृ. 94

36. ऋग्वेद, 1/33/3, पणिभूर्रस्मदधि प्रवृद्ध (1/151/9) देवत्व पणयो

37. मिश्र, जी.एस.पी. : प्राचीन भारतीय समाज एवं अर्थव्यवस्था, 1983, पृ. 84

38. शतपथ, 7/2/2

39. शतपथ ब्राह्मण 1/6/1/3 कृषन्तः वपन्तः लुनन्तः मृणन्त।

40. अथर्ववेद, 6/9/1, काठक संहिता 15/2

41. झा डी.एन. एवं श्रीमाली : प्राचीन भारत का इतिहास, पृ. 133

42. वाजसनेयी संहिता, 18/12

43. अथर्ववेद, 3/14/3

44. तैत्तिरीय संहिता, 5/1/7/3

45. शतपथ ब्राह्मण, 5/1/3/3

46. अथर्ववेद, 7/75/1

47. पंचविश ब्राह्मण, 13/2/2; अथर्ववेद, 1/16/3

48. तैत्तिरीय ब्राह्मण, 3/4

49. शतपथ ब्राह्मण, 12/7/1/17, सीसं न आयो न हिरण्यम्।

18 वैदिक धर्म एवं उसका महत्व
(Vedic Religion and Its Significance)

चिरकाल से वेदों को ज्ञान का प्रमुख स्त्रोत माना जाता रहा है और नैतिक एवं आध्यात्मिक सत्य के विषय में वेद प्रमाण्य स्वीकार किया जाता है। वेद सत्य का बोध करवाने वाले सबसे प्राचीनतम ग्रंथ है। अर्थात वेदों में कहा गया है वह सत्य है वेदों ने ही सबसे पहले व्यवस्था अर्थात कानून के शासन की बात की। कानून का शासन ही संसार के लिए शाश्वत नियम या सनातन सत्य है। यही सनातन धर्म है। ऋग्वेद की रचना उस समय हुई जब अनेक जातियों एवं समुदायों का मिश्रण हो चुका था। पाश्चात्य विद्वानों के अनुसार ऋग्वेद आर्य कबीलों की विजयगाथा मात्रा है।[1] किन्तु यह कथन सत्य नहीं है वैदिक जनों ने प्रकृति (या देवमण्डल) के कई महत्वपूर्ण पक्षों को समझा और विश्व समुदाय का इस ओर ध्यान आकृष्ट किया।

वेदों का महत्व

- प्रथमतः प्रकृति अपने नियमों का पालन कठोरता से करती है। प्रकृति के नियमों को 'ऋत' की संज्ञा दी गई। अर्थात् सूर्य पूर्व में उदय होकर पश्चिम में ही सदैव अस्त होता हैं। नदियाँ पहाड़ों से चलकर समुद्र में मिलती हैं आदि। अर्थात प्रकृति जगत में एक व्यवस्था है।
- ऋग्वेद ने दूसरे सत्य को उजागर किया है, वह है जिस प्रकार प्रकृति या देवमण्डल ऋत के नियमों से परिचालित है उसी प्रकार विश्व समुदाय अर्थात मानव समाज को भी ऋत के नियमों का पालन करना चाहिए अन्यथा समाज में अराजकता–अव्यवस्था उत्पन्न होगी। ऋत के नियमों अर्थात व्यवस्था से ऊपर कोई नहीं। प्रकृति के नियमों का पालन देवताओं को भी करना होता है। वेदों का यह कथन इस ग्रंथ की शाश्वतता, सनातनता या सत्यता का सबसे बड़ा प्रमाण है। इस तथ्य को भुलाकर ही जैन दार्शनिकों ने वेद प्रमाण्य को अस्वीकार किया था।
- तीसरा सत्य जो ऋग्वेद ने रखा है वह है 'प्रकृति द्वारा जीव जगत को निःशुल्क सब कुछ प्रदान करना।' सूर्य देव सबको निःशुल्क प्रकाश प्रदान करते हैं वहीं जल का महत्व स्वयं सिद्ध है। दूसरे शब्दों में, प्रकृति यज्ञ करती है और सब कुछ जीव जगत के लिए त्याग कर देती है।
- इसी क्रम में चतुर्थ महत्वपूर्ण तथ्य उभरकर आता है कि जिस प्रकार प्रकृति जीव जगत को सदैव अपना सर्वस्व न्यौछावर कर रही है। अर्थात् अपनी शक्ति का जीव जगत के लिए त्याग या यज्ञ कर रही है उसी प्रकार मनुष्यों को चाहिए कि वह भी अपनी अतिरिक्त सामग्री (Surplus) का दूसरे के लिए त्याग करें। दूसरे शब्दों में, अपनी अतिरिक्त सामग्री जिसकी दूसरों को आवश्यकता है उसका त्याग करे या उसका यज्ञ करे। यह विचार सरल शब्दों में आगे जाकर दान कहा जाने लगा। इसी परिप्रेक्ष्य में वैदिक संस्कृति के सन्देश को समझना होगा। वैदिक आर्यो ने देवताओं के जीव जगत के प्रति किये गये त्याग के महत्व समझ करके ही उनकी स्तुति या प्रार्थना की है। स्वस्थ शरीर हेतु योग के महत्व की चर्चा वेदों में की गई है।

I. पूर्व वैदिक–प्रकृति एवं देवगण : अधिकांश वैदिक देवता प्रकृति की विभिन्न शक्तियों के मानवीकरण के परिणाम हैं। इन्हीं धारणाओं के साथ तत्कालीन धार्मिक विचार का प्रारम्भ हुआ। ऊषा, अश्विन्, सूर्य, द्यौस, मरुत्, पृथ्वी, वायु, पर्जन्य, अग्नि एवं आपः या जल आदि देव प्राकृतिक शक्तियों का प्रतिनिधित्व करते हैं। ऋग्वेद में मौलिक रूप में देवताओं की संख्या तैंतीस बताई गई है, जिनके लिए 'त्रयस्त्रिशत्' शब्द का प्रयोग हुआ है। ऋग्वेद के इस कथन की पुष्टि वृहदारण्यक उपनिषद् (3/9/1/2) में अष्ट (आठ) वसु, एकादश रुद्र (11 रुद्र) द्वादस आदित्य (12 आदित्य) कुल 31 व इन्द्र तथा प्रजापति कुल 33 देवता दर्शाये है। निरुक्त[2] में देव (दिव्) शब्द से तात्पर्य चमकना, दीपन अथवा द्युस्थान से माना गया है। तैंतीस देवों[3] को उनके अवस्थान के आधार पर तीन भागों में विभक्त किया जाता है– (I) आकाशीय (द्यौ) (II) अन्तरिक्ष एवं (III) पृथ्वीस्थ।

द्यौस शब्द आसमान का सूचक है जो अपने आवरण में असंख्य तारागण, सूर्य तथा चन्द्र को धारण किए हैं, जो समय–समय पर उन्मुक्त जल–राशि उड़ेलता है, भीषण गर्जन करता है, अर्थात् इसे द्यूलोक स्थित प्रकाशात्मक देवता माना गया है।

I.1 वरुण विशाल आकाश को देखकर, जो सर्वत्र आच्छादित है, वरुण की कल्पना की गई। वरुण शब्द की उत्पति 'वृ' धातु से हुई, जिसका अभिप्राय आच्छादन कर लेना अथवा ढंक लेना है। ऋग्वेद में उसके सर्वव्यपी विस्तार की ओर संकेत करते हुए कहा गया है कि वह अपने आवरण से समस्त जीवों एवं उनके आवासों को ढंके हुए है।[4]

- पृथ्वी पर जितनी भी वस्तुएँ विद्यमान हैं उन सब में वरुण के व्याप्त होने की कल्पना की गई। वह पृथ्वी एवं दिशाओं को धारण करता है। उसे सर्वव्यापी की संज्ञा दी गई।
- एक स्थान पर वरुण को आकाश, पृथ्वी एवं सूर्य का निर्माता भी कहा गया है। उसने सूर्य के गमन करने के लिए विस्तृत मार्ग बनाया।[5]
- वरुण के नियम अटल हैं। वरुण को ऋत अथवा प्राकृति एवं नैतिक विधान का रक्षक कहा गया है। उसे ऋतस्य गोपा[6] कहकर सम्बोधित किया गया। वरुण जल की रचना करते हैं और उन्हीं की महिमा से नदियाँ बहती हैं। नदियाँ सदैव आगे बढ़ती हैं और पीछे की ओर नहीं लौटतीं।
- सूर्य और चन्द्रमा उनकी आँखें कहीं गई हैं।
- हर तरफ विद्यमान उसके गुप्तचर उसे प्रत्येक कर्म की सूचना प्रदान करते रहते हैं। अपने नियमों का उल्लंघन करने पर जहाँ वह अपराधियों को दण्डित करता है, वहीं उसकी कृपा से व्यक्ति कृतार्थ भी हो जाते हैं।
- उसके नियमों को अपरिवर्तनशील कहा गया, जिनका पालन देवताओं को भी करना होता था[7]। उनके द्वारा निर्मित भौतिक जगत् के नियमों का उल्लंघन करने वाले को वरुण देव दण्डित करते हैं।
- वरुण के ऋत का प्रभाव भौतिक जगत् तक ही सीमित नहीं था बल्कि उसके बाहर नैतिक जगत् तक व्याप्त कहा गया, उसके बनाए नियम समान रूप से शाश्वत माने गए। ऋग्वेद में वरुण को इन्द्र की अपेक्षा कहीं अधिक बार सम्राट या राजा कहकर सम्बोधित किया। विद्वानों की मान्यता है कि वरुण अहुमज्द[8] तथा यूनान में ओरेनोज के नाम से प्रतिष्ठित हुआ। ऋग्वेद में वरुण के लिए 'असूर' विशेषण का प्रयोग एकाधिक बार हुआ है। ईरानी अहूर वैदिक असूर का विकृत रूप प्रतीत होता है। पुराणों में वरुण को पानी का देवता माना गया है। कहा जा सकता है कि वरुण का महत्व ऋत के नियमों को कठोरता से पालन करवाने में है।

I.2 सूर्य ऋग्वेद में 10 सूक्तों से सूर्य की स्तुति की गई है। सूर्य को मित्र, वरुण, अग्नि का नेत्र मात्रा है।[9] उसे चर–अचर का रक्षक, मनुष्य के सत्–असत् कर्मों का दृष्टता एवं ज्योतियों में सर्वोत्तम ज्योति कहा है। एक स्थान पर सूर्य को विराट पुरुष के नेत्रों से आविर्भूत माना है।[10] सूर्य को दीर्घदर्शी विश्वदृष्टा बनकर मानव जगत् के कार्यों का निरीक्षण करने वाला भी स्वीकार किया है। सवितृ, मित्र, विष्णु, विवस्वत, पूशन एवं भग को सूर्य का पर्याय मानते हुए इनके लिए समान विशेषणों का प्रयोग हुआ है। सूर्यरथ को 'एतश' (सात हरित अश्व) का बताया गया। सूर्य के सात अश्वों की अवधारणा से आगे जाकर सप्ताह के सात दिवस बने। ऋग्वेद के दसवें मण्डल में उसे सब लोकों का पालन करने वाला माना है।[11] पृथ्वी को सदैव प्रकाशित करने में ही सूर्य का महत्व निहित है।

I.3 विष्णु सूर्य के पाँच प्रमुख रूपों में एक रूप विष्णु है। विष्णु को तीन चरण युक्त[12] अथवा त्रिविक्रम कहा है। पृथ्वी, अन्तरिक्ष एवं द्यौं लोक का वे सदा परिमापन करते है। विष्णु सूर्य का ही प्रतिरूप होने के फलस्वरूप गगनमण्डल को प्रातः दोपहर एवं सायं की अवधि में पार कर लेता है। पुराणों में त्रिविक्रम की संज्ञा के आधार पर वामनावतार की कथा सृजित हुई। विष्णु का महत्व अपेक्षाकृत वेदों में कम देखा जाता है। ऋग्वेद में मात्र पाँच सूक्तों से विष्णु की स्तुति की गई। विष्णु की एक विशेषता बताई गई है कि वे उपासकों की आराधना पर तत्काल आते हैं।[13]

ऋग्वेद में बारह आदित्यों का उल्लेख मिलता है–जैसे कि भग, अंश, मित्र, वरुण, अर्यमन एवं दक्ष जो आगे चलकर बारह आदित्यों (सूर्यों) के रूप में बदल गए। सूर्य या आदित्य के 12 नाम इस प्रकार आये है: अंशुमन, अर्यमन, त्वष्टा, इन्द्र, धातु, पर्जन्य, पूषन, भग, मित्र, वरुण, विवस्वन व विष्णु। तदन्तर इन्हें वर्ष के बारह महीनों से जोड़ दिया गया।

I.4 ऊषा वैदिक देवियों में ऊषा का प्रमुख स्थान है। 20 सूक्तों द्वारा ऊषा का अभिवादन किया गया। ऊषा का चित्रण सौन्दर्य बाला के रूप में मिलता है। इसका सूर्य से निकट सम्पर्क होने के कारण सूर्य प्रेयसी के रूप में एवं सूर्य से पूर्व आने के कारण माँ के समान विवेचना की गई है। कवि आकाश की सौन्दर्यवान पुत्री ऊषा के ऐश्वर्य की कामना करता है।[14]

I.5 इन्द्र अन्तरिक्षस्थ देवताओं में इन्द्र सर्वाधिक महत्वपूर्ण थे। ऋग्वेद के एक–चौथाई सूक्तों (250) में इसकी स्तुति मिलती है। इन्द्र को अधिक महत्व दिये जाने से

कीथ ने यह प्रतिपादित किया था कि भारतीयों के नैतिक आदर्श में इस परिवर्तन के साथ ह्रास के चिन्ह दिखाई देते हैं।[15] किन्तु विद्वानों ने कीथ के मत का समर्थन नहीं किया। जैसा हिरियन्ना ने लिखा है कि यह निष्कर्ष निकालना उचित नहीं है कि भारतीयों की दृष्टि में शक्ति ने सदा के लिए सत्य का स्थान ले लिया। इसके अतिरिक्त इन्द्र नैतिक गुणों से नितांत शून्य है भी नहीं और न वरुण ऋत का एकमात्र आश्रय है, क्योंकि सभी सूर्य–देवता जिनमें से वह एक है, समान रूप से 'ऋत' के आश्रय है।[16]

संसार में इन्द्र से बढ़कर कोई नहीं, उससे बढ़कर ख्याति किसी की नहीं कही गई। इन्द्र को वज्र धारण करने वाला एकमात्र देवता कहा गया है। एक स्थान पर इन्द्र को अग्नि के साथ आविर्भूत बताया गया है।[17] इन्द्र की पत्नी इन्द्राणी कही गई है, किन्तु ऐतरेय ब्राह्मण ने उसकी दो पत्नियों का उल्लेख किया है। उसने शत्रुओं के अगम्य दुर्गों को नष्ट कर दिया था। अतः उसे 'पुरन्दर' कहा जाने लगा। उसकी महत्वपूर्ण विजय वृत्र (दुर्भिक्ष) पर बताई गई। जिसे उसने अपने वज्र से ध्वस्त करके जल (आपः) को मुक्त कर दिया था। इसके लिए उसे असुर विजेता एवं 'वृत्रहन्तो' भी कहा जाने लगा। ऋग्वेद में यज्ञ द्वारा इन्द्र से धन देने हेतु प्रार्थना करने का उल्लेख मिलता है। वह हर निर्धन की पुकार सुनता है, पेरशानी में पड़े पुरोहित का भी उसे ध्यान रहता है। इस तरह इन्द्र ऋग्वेद में एक उदार देवता के रूप में प्रसिद्ध है। इन्द्र के लिए पुरभिद् (दुश्मनों के पुर या गढ़ नष्ट करने वाला) वृत्रहन्ता (वृत्र का वध करने वाला), अप्सुजित (पानी को जीतने वाला) आर्यत्राता (आर्यों के रक्षक) आदि विशेषणों का प्रयोग हुआ है। दस्युओं का दमन करने वाले (दस्युहन), इन्द्र का स्वर्णमय रथ अपने प्रयाण मार्ग में अरुणिमा उत्पन्न करता है।

I.6 रुद्र– रुद्र देव की मात्र तीन मंत्रों से प्रार्थना की गई है। रुद्र को मानव कल्याणकारी के साथ–साथ स्तुतियों से विमुख पुरुषों का संहारक कहा है।[18] अथर्ववेद में रुद्र को कृष्णोदर धनुर्धारी, जटाधारी, नीलकंठ, जंगलों का निवासी कहकर व्याख्यायित किया है।[19] रुद्र को जटाधारी साथ ही श्रेष्ठ भिषग की उपाधि प्रदान की है।

वर्षा के देवता 'पर्जन्य' के पिता द्यौ कहे गए हैं। इसकी आकृति पशु के समान बताई है। मातरिश्वन को अग्नि से सम्बद्ध किया है। इन्हें आकाशीय विद्युत का नाम दिया जा सकता है।[20]

I.7 अग्नि यज्ञ की हवि को अन्य देवताओं तक पहुँचाने का माध्यम अग्नि देव कहे गए। अग्नि की विग्रहता स्पष्ट रूप से भूताग्नि से है। अग्नि के तीन रूप माने गए–सूर्य, अग्नि एवं आकाशीय विद्युत। ऋग्वेद में दो अन्य अग्नि रूपों का भी उल्लेख मिलता है–यज्ञाग्नि एवं गृहस्थाग्नि। गृहस्थाग्नि को मनुष्य का गृहदेव भी बताया गया है। अग्नि का एक स्थान पर यज्ञ के सम्पादक तथा मधु जिह्व (मधुर ग्रहण करने वाला) के रूप में उल्लेख मिलता है।[21] हविवाहक के साथ–साथ अग्नि को ज्ञान–कर्म का प्रेरक, अमर एवं यशस्वी भी कहा है। इसके माध्यम से 'होता' (यज्ञ सम्पादित करवाने वाला) वरुण, इन्द्र, मरुत आदि देवताओं को आमंत्रित करता है। कहा गया है कि, मातरिश्वन इसे जनहित में स्वर्ग से पृथ्वी पर लाए थे। इन्द्र के बाद अग्नि को सर्वाधिक महत्वपूर्ण माना गया। अग्नि को द्यौ या त्वष्टा के पुत्र रूप में उल्लिखित किया है। चर–अचर का ज्ञाता होने के कारण अग्नि को 'जात वेदस' कहा है। अग्नि को एक रूप में 'भुवनचक्षु' तथा 'सर्वदृष्टा' मानते हुए 'ऋत' का रक्षक भी बताया गया है। पृथ्वी पर अग्नि का महत्व मानव जाति के लिए सर्वविदित है।

सोम को अधिपति कहकर अभिहित किया है जो सप्त सैन्धव क्षेत्र में वर्षा काल में उत्पन्न होता था। हिमालय की चोटी मूजवंत पर्वत पर होने का ऋग्वेद जिक्र आया है। यह पेय उल्लास एवं शक्तिवर्धक था। अतः इन्द्र को विशेष प्रिय था। ऋग्वेद का सम्पूर्ण 9वाँ मण्डल (114 सूक्त) सोम की स्तुति में लिखा गया। उस काल में सम्पादित होने वाले सोम यज्ञों में सोमलता को पीसकर आहुति दी जाती थी एवं सोमरस को ग्रहण किया जाता था। सोम महिमा का उल्लेख एक ऋषि इस प्रकार करता है, "हे सोम तुम अमरत्व वाले हो। तुम्हारा पान करके ही हम अमर होंगे, फिर हम स्वर्ग में जाकर देवताओं को जानेंगे।"[22] सरल स्वभाव के आर्यजनों को सोम की महत्ता का आभास हुआ तो सोम को भी देवत्व की संज्ञा प्रदान कर दी गई।

बृहस्पति–प्रार्थना का अधिदेव बृहस्पति को माना गया। वेदों में उसे धनुष बाण एवं परशु से युक्त बताया है। उनका रथ रक्त वर्ण के घोड़ों द्वारा संचालित होता है। मंत्र प्रेरक बृहस्पति के अभाव में यज्ञ सफल न होना माना गया। इनका नाम 'ब्रह्मणस्पति' भी आता है, जिन्हें स्वर्ण वर्ण (सुन्दर कांतियुक्त), परशु युक्त कहा है। इतना ही नहीं बृहस्पति को दुर्गति का नाश करने वाला भी स्वीकार किया है।[23]

अश्वनि कुमार : इस महत्वपूर्ण देवता का कई बार जिक्र आया है। यद्यपि ऋग्वेद में हुई व्याख्या से इन्हें प्रकृति का ही अंग माना गया किन्तु एक प्रतिष्ठित सर्जन के रुप में भी चर्चा की है। उन्होंने ही अंधों को नेत्र देने के साथ, विश्पला की जांघ कटने पर शल्य क्रिया द्वारा जोड़ दी थी।

I.8 देवियाँ ऋग्वेद में देवियों का उल्लेख भी मिलता है, पृथ्वी पर प्रवाहित सभी नदियों को देवी रूप में देखा गया। सरस्वती नदी की देवी रूप में स्तुति की गई।[24] पृथ्वी की भी देवी रूप में आराधना की गई। इतना ही नहीं वाणी (वाक्) को भी देवी स्वीकार कर लिया गया। देव–पत्नियों में इन्द्रणी, ब्रह्मणी के नाम मिलते हैं। गायत्री को भी देवी माना गया। उसके मंत्र को विशेष महत्व दिया गया।

I.9 अदिति देवियों में सर्वाधिक महत्व अदिति को प्रदान किया गया, जिसे सम्पूर्ण देव जगत् में महान् आदित्यों एवं सब देवों की माता की संज्ञा प्रदान की है। अदिति को प्रकृति की किसी शक्ति से सम्बद्ध नहीं किया गया। कीथ अदिति के चित्रण में पाश्चात्य प्रभाव मानते हैं।[25] कुछ विद्वान् अदिति की तुलना यूनान की 'ऐदस' अथवा 'हादिस', नार्वे की 'ईडा' तथा 'एडोनिस' आदि से करते हैं। ऋग्वेद में एक स्थान पर चर्चा मिलती है कि अदिति आकाश, पृथ्वी, माता–पिता अर्थात् सब कुछ है।[26] इस प्रकार अदिति को सर्वोपरि माना गया।[27]

कुछ देवों को विशेषणों के आधार पर देवत्व मिला, जैसे– विश्वकर्म्मन, प्रजापति, निऋत्ति आदि। हिरियन्ना ने लिखा है कि वैदिक युग का भारतवासी अपनी धारणाओं में स्थिरता बहुत शीघ्र नहीं आने देता था। चिन्तन में उसकी रुचि गहरी थी और तत्व को अपने गर्भ में छिपाए रखने वाले रहस्य के प्रति उसकी संवेदनशीलता इतनी तीव्र थी कि किसी संतोषजनक समाधान में जब तक वह नहीं पहुँचा तब तक उसने उन प्राकृतिक घटनाओं को, जिन्हें समझना चाहता था, अपने सामने खुले रूप में रखा।[28]

I.10 यज्ञ का महत्व देवताओं को प्रसन्न करने के लिए आर्यजन यज्ञों का सम्पादन करते थे। यज्ञ को देवताओं की प्रशस्ति कहा गया।[29]

रचना या निर्माण त्याग (Sacrifice) का परिणाम है। ऋग्वेद के पुरुष सुक्त (10/90/5) में जिक्र है कि ब्रह्म के त्याग या अपने यज्ञ से सृष्टि का सृजन हुआ। यज्ञ का कानून समस्त जीवों के जीवन का नियम है। यज्ञ अर्थात् दूसरों के लिए अपने को उड़ेलना या यज्ञ करना। शुरु की अवस्था में खनीजी साम्राज्य ने टूटन द्वारा वनस्पति में प्रवेश किया। वनस्पति ने अपने त्याग द्वारा पशुओं में और पशु जगत से धीरे–धीरे मानव रुप में। अर्थात सबने दूसरों के लिए त्याग किया। इसे त्याग का कानून (Law of sacrifice) कहते है। यज्ञ का दूसरा संदेश मनुष्य अकेला नहीं है, दूसरों के त्याग से बना है। अतः मनुष्य को चाहिए कि वह प्रकृति से सभी तत्वों हेतु स्वयं भी त्याग करें।

एक स्थान पर उल्लेख मिलता है, "यज्ञ से देवता बलवान होते हैं।"[30] यज्ञ शब्द से सामान्यतः यह अभिप्राय लिया जाता है कि विधि विधान से कुछ मंत्रों के उच्चारण के साथ जौ, तिल, घी एवं शक्कर आदि की अग्नि में आहुति देना, जिससे पर्यावरण शुद्ध होता है। कीथ ने यज्ञ को देवताओं को प्रसन्न करने का एक साधन माना है।[31] दूसरी ओर वी.एम.आप्टे महोदय की धारणा है कि, "इसमें कोई आश्चर्य की बात नहीं है कि ऋग्वैदिक देवों में भी मानवीय कमजोरियाँ निहित थीं एवं उपहार और मिथ्या प्रशंसा से वे अधिक प्रभावी हो जाते थे। देवों को अच्छी हवि (खाद्यान्न) प्रदान करने से दैवीय कृपा प्राप्त होती है।"[32] आप्टे जैसे विद्वानों ने फौरी बुद्धि से काम लिया है। यज्ञ में मंत्र के बाद 'इदं न ममः' में समर्पण का भाव निहित है। वैदिक ग्रन्थों के सामान्य अध्ययन से पाठक यज्ञ का यही अभिप्राय ले पाते हैं। यज्ञ शब्द में (निहित) तथ्यों की जानकारी से पूर्व इसका शाब्दिक अभिप्राय जान लेना उचित होगा। 'यज' धातु में प्रत्यय करने पर 'यज्ञ' शब्द बनता हैं। पाणिनी ने 'यज' धातु का प्रयोग देव पूजा, संगतिकरण एवं दान तीनों अर्थों में किया है–"यज देव पूजा संगतिकरण दानेषु।"

यज्ञ से तात्पर्य– संग्रह का देवताओं के लिए एवं समाज के लिए उत्सर्ग, से लिया है। दूसरे कथन में यज्ञ शब्द की अधिक सही व्याख्या की गई है।

पाणिनी ने दान का उल्लेख किया है और जीव जगत के लिए सभी आवश्यक वस्तुओं को प्रदान करना ही दान कहा जाएगा और वह भी यज्ञ की संज्ञा में आएगा। मनु ने भी पाँच महायज्ञों के अन्तिम 'मनुष्य यज्ञ' को महत्वपूर्ण स्थान पर रखा है। पंच महायज्ञों की चर्चा में मनु[32ए] ने स्पष्ट किया है कि ऋषि (त्यागी तपस्वी), पूर्वज, देवता, जीव जन्तु एवं अतिथि समाज के समर्थ लोगों से कुछ पाने की आशा रखते हैं।

I.2 सामाजिक दायित्व–यज्ञ एक–दूसरे के लिए त्याग के अभाव में विश्व व्यवस्था को बनाए नहीं रखा जा सकता। प्राकृतिक जगत् जीव जगत के लिए हवा, पानी, प्रकाश, अन्न, फल आदि उपलब्ध करवाता है। प्रकृति यह सब प्रदान करना छोड़ दे तो मनुष्य एवं जीव–जगत् का अस्तित्व नहीं रह सकता। उसी प्रकार मानव जाति को भी कुछ सामग्री का त्याग दूसरों के लिए करना चाहिए। समाज एक–दूसरे के प्रति समर्पण की भावना से ही संचालित होता है। यज्ञ विधान की पृष्ठभूमि में समर्पण का भाव निहित है। प्रत्येक व्यक्ति का कर्तव्य है कि जिनके लिए जो अपेक्षित हो, उसके लिए उसी वस्तु का त्याग करे। यह समर्पण खाद्यान्न, वस्त्र एवं अन्य वस्तु का हो सकता है। भूखे को अन्न देना एक तरह का यज्ञ है तो वस्त्रहीन को वस्त्र देना दूसरी तरह का। ऋग्वेद में आया है कि ब्रह्म ने समर्पण किया, जिससे सृष्टि की उत्पत्ति हुई।

प्रकृति से हवा, पानी, प्रकाश, धन–धान्य आदि मिलते हैं जो जीवन के अस्तित्व के लिए नितांत आवश्यक हैं। अतः आर्य जनों की धारणा थी कि प्रकृति की व्यवस्था बनाये रखने के लिए उन्हें भी जीव जगत् तथा मानव जगत् के लिए आवश्यकतानुसार त्याग करना चाहिए। समाज एक–दूसरे के त्याग पर आधारित है अर्थात देव जगत् एवं मानव जगत् के मध्य एक–दूसरे के प्रति समर्पण से विश्व व्यवस्था बनी रह सकती है। इसी समर्पण की भावना को यज्ञ की संज्ञा दी जा सकती है। इसी यज्ञ या दान की अधिक विस्तृत एवं वैज्ञानिक व्याख्या महावीर स्वामी ने अपरिग्रह सिद्धान्त द्वारा की। अर्थात आवश्यकता से अधिक सामग्री का दूसरों के लिए त्याग ही अपरिग्रह है। उपरोक्त तथ्यों के परिप्रेक्ष्य में कहा जा सकता है कि आप्टे के विचार भ्रामक धारणा पर आधारित है।

उत्तर वैदिक काल में 'यज्ञ' परम्परा में अनेक दोष व्याप्त हो गए। बड़े यज्ञों में कई वेदियों एवं अनेक पुरोहितों की आवश्यकता होने लगी।

अन्य विश्वास मनुष्य बलि का उल्लेख प्रथम मण्डल के 24वें सूक्त में खोजने का प्रयास किया है, वह मात्र परिकल्पना है। उस सूक्त से यह ज्ञान नहीं होता कि शुनःशेप की बलि दी जा रही थी।[33] अधिकांश विद्वान् इस तथ्य से सहमत नहीं हैं कि उस काल में बलि दी जाती थी।[34]

ऋग्वेद में स्वर्ग–नरक का अस्पष्ट उल्लेख मिलता है। पाप कर्म करने वाले मनुष्य को निम्न गति (नरक) प्राप्त होती है, आदि का उल्लेख आया है।[35] अमरत्व का ज्ञान भी आर्यों को था। वैदिकजन आत्मवादी थे, ऋग्वेद में एक स्थान पर विवरण मिलता है–श्वास युक्त जीवन अपने घर में अविचल रूप में रहता है, मरण धर्म वालों के अन्न से युक्त होता हुआ वह अमर जीव स्वधा भक्षण करता हुआ रहता है।[36] कुछ विद्वानों की मान्यता है कि वैदिक काल में मृत शरीर जलाया जाता था किन्तु उसके अवशेष गाड़ दिए जाते थे।[37] यम का उल्लेख भी हुआ है, उसे मृत्यु का देवता कहा गया है।

ऋग्वेद के अन्तिम मन्त्र में अपनी सम्पत्ति में से गरीबों को प्रदान करने तथा अमीरों से भूखों को खिलाने का जोरदार आग्रह किया है।[38] इस महत्वपूर्ण ऋचा में आधुनिक जन–कल्याण अथवा समाजवादी भावनाओं का संकेत मिलता है।[39] समानो मंत्रः समिति समानी समानि मनः सह चित्त मेषाम। इस मंत्र से प्रतिध्वनित होता है कि धर्म या देवत्व पर किसी जाति या वर्ग का आधिपत्य नहीं था बल्कि वे (देवता) सबको सुलभ थे। वहाँ कोई ऊँच–नीच अथवा छोटे–बड़े का भाव नहीं था। यही भाव भारतीय संस्कृति का आधार रहा है और इसी तथ्य से वैदिक युग के महत्व को समझना होगा।

उत्तर वैदिक काल तक आते–आते यज्ञ जटिल होते गये। अब बड़े यज्ञों का प्रचलन हो गया। मूलभावना लुप्त हो गई और राजसूय यज्ञ (राज्याभिषेक के समय), अश्वमेध (दिग्विजय के बाद), वाजपेय (रथदौड़ के अवसर) आदि का प्रचलन हो गया।

I.3 ऋत की अवधारणा 'ऋत' शब्द की उत्पति 'ऋ' क्रिया से हुई है, जिसके दो अभिप्राय हो सकते हैं–'एक स्थिर किया हुआ', 'दूसरा जाने का मार्ग'। मैक्समूलर अन्तिम अर्थ को ठीक मानते हैं। इस सन्दर्भ में हिरियन्ना ने लिखा है कि प्रारम्भ में इसका अर्थ था– प्रकृति की एकरूपता अथवा घटनाओं का व्यवस्थित क्रम, जो कि दिन–रात इत्यादि के नियमति रूप से होने में व्यक्त होता है।[40] पुरुष सूक्त में विवरण मिलता है कि विराट पुरुष के सिर से स्वर्ग, नाभि से अन्तरिक्ष तथा चरणों से पृथ्वी उत्पन्न हुई, मन से चन्द्रमा, नेत्र से सूर्य, मुख से इन्द्र एवं अग्नि और प्राण से वायु की उत्पत्ति हुई।[41] उसी ब्रह्म से ऋत एवं सत्य की उत्पत्ति कही गई है।[42] दूसरे शब्दों में 'ऋत' उतना ही सत्य है जितने सूर्य, चन्द्रमा, पृथ्वी आदि। तैतिरी योपनिषद (1/12/1) में ऋत को प्रत्यक्ष ब्रह्म नाम से भी पुकारा है। क्योंकि ऋत ही सारे प्राणियों के कल्याणकारी नियम हैं उस नियम के ब्रह्म ही अधिष्ठाता रक्षक (ऋतमवादिषम) है।

ऋत की व्यवस्था के दो भाग माने जाते हैं। प्राकृतिक व्यवस्था या प्रकृति की नियमित प्रक्रिया तथा नैतिक व्यवस्था, जिसके नियमों से समाज संचालित होता है। प्राकृतिक व्यवस्था के अन्तर्गत रात–दिन का होना, ऋतुओं का आगमन, नदियों का समुद्र की ओर प्रवाहित होना, समुद्र द्वारा सीमा में रहना आदि महत्वपूर्ण हैं अर्थात् प्रकृति उसके लिए निर्धारित नियमों का कठोरता से पालन करती है। जिस प्रकार प्राकृतिक जगत् में व्यवस्था है उसी प्रकार समाज के लिए भी नैतिक व्यवस्था है, जिसके नियमों से समाज संचालित होता है।

1.11.1 ऋत एवं सामाजिक व्यवस्था ऋग्वेद में 'ऋत' का रक्षक वरुण को माना गया। वरुण के लिए कहा गया है वह आकाश, पृथ्वी, सूर्य का निर्माता है। उसी की व्यवस्था का, उसके व्रत का सूर्य, अग्नि, आदित्य, नदियाँ, मनुष्य आदि सभी पालन करते हैं। नदियाँ उसी के आदेश से प्रवाहित होती हैं। वरुण न केवल प्राकृतिक विधान अथवा प्रकृति की नियमित प्रक्रिया का ही नियामक है बल्कि मानव जगत् की नैतिक व्यवस्था एवं सामाजिक नियमों का भी संचालक है। ऋत के विपरीत कार्य को सामाजिक अपराध या पाप माना गया। ऋत का विलोम निऋृति है, जिसे सभी पापों का मूल कहा गया। मान्यता थी कि व्यक्ति

द्वारा प्रकृति के नियमों का उल्लंघन किए जाने पर वह वरुण द्वारा दण्डित होगा। इसी प्रकार सामाजिक व्यवस्था की अवहेलना करने से व्यक्ति को वरुण के दण्ड का भागी माना गया।

वरुण स्वयं ऋत नहीं था, बल्कि वह ब्रह्म के इस विधान (ऋत) का रक्षक था। अतः देवताओं से ऋत (विधान) अधिक महत्वपूर्ण माना गया, देवता विधान से अधिक महत्वपूर्ण नहीं। दूसरे शब्दों में, ब्रह्म से उसका विधान महत्वपूर्ण कहा गया, यदि देवता इस विधान को स्वीकार नहीं करते हैं, तो जीव जगत् से इसके पालन करने की कामना किस प्रकार की जा सकती है और अन्ततः अव्यवस्था या अराजकता की स्थिति होगी। अतः दैवी शक्तियाँ भी यदि स्वयं ऋत की व्यवस्था भंग करे तो उन्हें दण्ड की सीमा में रखा गया।

1.11.2 ऋत एवं विधि ऋत एक प्राकृतिक विधान (नेचुरल लॉ) है, इसमें मत्स्य न्याय (माइट इज राइट) न होकर बलवान से निर्बल की रक्षा होती है। समाज की व्यवस्था के विपरीत कार्यों को आगे जाकर अपराध कहा गया। यद्यपि प्रारम्भ में समाज की व्यवस्था भंग करने वाले तत्वों में, अन्य स्त्री का बलात् शील हरण करना, चोरी करना, डाका डालना, पशुओं को चुराना, जल को नष्ट करना या गन्दा करना, अन्न को नष्ट करना आदि प्रमुख थे। यहाँ यह प्रश्न उठाया जा सकता है कि प्राकृतिक नियम तथा नैतिक प्रावधानों को एक श्रेणी में किस प्रकार रखा जा सकता है? कहा गया है कि जिस प्रकार प्रकृति में एक व्यवस्था है उसी प्रकार समाज में भी व्यवस्था होनी चाहिए, ऐसा नहीं करने पर अराजकता एवं असुरक्षा की स्थिति होगी। वस्तुतः विधि का विकास ऋत की अवधारणा में देखा जा सकता है।

ऋत प्रकृति की नियमित व्यवस्था के साथ सामाजिक व्यवहार अथवा समाज की व्यवस्था को इंगित करता है। जिसके द्वारा सम्पूर्ण विश्व यहाँ तक कि देवगण भी शासित होते हैं। इस मौलिक समानता से प्राकृतिक नियम तथा नैतिक कानूनों को ऋत की धारणा से सम्बन्धित किया जाता है। ऋत के नियमों का प्रकृति कठोरता से पालन करती है, उसी प्रकार मानव जाति से सामाजिक नियमों के पालन की अपेक्षा रखती है। दूसरे, जीवों के लिए हवा, पानी, प्रकाश, अन्य आदि सामग्री प्रकृति निःशुल्क उपलब्ध करवाती है। मानव जाति से भी अपेक्षा की गई कि वह अपनी कुछ सामग्री का त्याग समाज व जीव जगत के लिए करे एवं प्रकृति व्यवस्था बनाये रखे, उसे भंग न होने दें। आर्य जनों की धारणा थी कि जैसे प्राकृतिक व्यवस्था का कभी उल्लंघन नहीं होता उसी प्रकार नैतिक व्यवस्था को अस्वीकार करने या व्यवधान उत्पन्न करने पर देवगण दण्डित करते हैं।[43] ऋग्वेद में एक स्थान पर उपासक अपने द्वारा किए पाप से मुक्त करने के लिए, प्रार्थना किए जाने का उल्लेख मिलता है।[44] दानशीलता को श्रेयस्कर मार्ग बताया गया है तथा धोखा, परनिन्दा, व्याभिचार को अश्रेयस्कर मानते हुए निन्दा की गई है।[45]

1.11.3 ऋत एवं धर्म स्पष्ट है कि, प्रारम्भ में धर्म का अभिप्राय समाज की नैतिक व्यवस्था से था न कि मात्र देव पूजा से। नास्तिक उसे कहा गया जो प्रकृति के नियमों का पालन नहीं करता। यह भी कहा गया कि वैदिक ऋत से परवर्ती धर्म का प्रादुर्भाव हुआ। 'धर्म' को रक्षक माना गया, यदि बलवान निर्बल को क्षति पहुँचाए तो धर्म उसे दण्डित करता है। धर्म या विधान का स्वयं पालन करने एवं रक्षा करने से वह हमारी रक्षा करने में सक्षम होता है। जैसा कहा भी है "धर्मो रक्षति रक्षितः"। इस मान्यता का मूल आधार 'ऋत' की धारणा में निहित था। ऋत को मात्र सत्य नहीं कहा जा सकता। सत्य से अभिप्राय कथन की यथार्थता तथा प्रतिज्ञा की सच्चाई के साथ निर्वाह है। जबकि ऋत एक व्यवस्था है वह भी सत्य है परन्तु सत्य ऋत में निहित है अथवा नैतिकता का एक अंग है।

धर्म एवं विधि तथा कानूनों का विकासः ब्राह्मण ग्रन्थों में ऋत को 'धर्म' के रूप में विकसित होता हुआ देखते हैं। यह शब्द 'धर्म' धातु से बना है जिसका अभिप्राय है "धारण करना," "आलम्बन देना," "पालन करना" आदि। महाभारत में धर्म की एकांगी परिभाषा की गई है, जैसे–अहिंसा परमोधर्मः (अनुशासन पर्व, 115/1)। मनु ने आचार–विचार को धर्म की संज्ञा दी है। अधिकांश धर्मसूत्रों में वेद द्वारा विहित मार्ग को धर्म का मूल माना गया और धर्म में व्यक्ति, समाज और सामाजिक संगठनों के व्यवहार, आचरण और कर्तव्यों का नियमन किया गया। बृहदारण्यकोपनिषद् (1/4/14–15– यो वैस धर्मः सत्यं) में एक आख्यान मिलता है कि 'ब्रह्म ने स्वयं से भी अधिक शक्तिशाली सर्वश्रेष्ठ धर्म की सृष्टि की। राजा यदि निर्बल भी हो तथापि धर्म के बल पर अधिक बलवानों पर शासन करने में समर्थ होता है। धर्म ही सत्य है, इन दोनों में कोई भिन्नता नहीं है।' यह उपनिषद्, सत्य से धर्म अभिन्न होने की घोषणा करता है जो विधि के अंग बन गए। ध्यान देने की बात है कि

धर्म या विधि के स्वरूप तथा सर्वोच्चता की परिभाषा सामाजिक सन्दर्भ में की है। बृहदारण्यकोपनिषद् ने धर्म को सामाजिक विधि से समीकृत कर दिया और धर्म धीरे–धीरे विधि के रूप में बदल गया। क्योंकि धर्म एवं विधि का मूल मानव समाज है। समाज में व्यक्ति नैसर्गिक रूप में धर्म से अनुप्राणित होकर व्यवस्था बनाए रखता है अथवा दण्ड के भय से। इस प्रकार धर्म ऐसे नियमों का संग्रह प्रतीत होता है, जिसके अनेक प्रावधानों ने विधि का स्वरूप ग्रहण कर लिया था और वे प्रावधान समाज की व्यवस्था तथा नैसर्गिक नियमों के द्योतक थे। ऋत या सामाजिक व्यवस्था ने धर्म का और धर्म ने विधि का स्वरूप ग्रहण किया। वैदिक संस्कृति के महत्व को इसी विचारधारा में खोजना होगा।

ऋत धर्म एवं नैतिकता उपनिषदों के धर्म में, नैतिकता एवं यज्ञ विधान के अतिरिक्त सत्य एवं अहिंसा की धारणा का विकास हुआ। इसके अतिरिक्त ऐसी नैतिकता विकसित हुई जिसके तहत अपनी आत्मा के समान दूसरों की आत्मा से भेद स्थापित नहीं करने का प्रयास था। अर्थात् चिन्तन प्रक्रिया में बदलाव आया परन्तु धर्म का मूल स्त्रोत ऋत को ही माना गया।

1.12 एकेश्वरवाद आर्य जन प्रारम्भ में कई देवी–देवताओं की आराधना के समर्थक थे। अनेक देवताओं में विश्वास धीरे–धीरे कम होने लगा, क्योंकि विभिन्न देवी–देवताओं में से किस–किस देवता की अर्चना की जाए। संभवतः स्वयं पुरोहित वर्ग के अन्दर ही कर्मकाण्ड, कृत्रिमता और अत्यधिक जटिलता आ जाने की प्रतिक्रिया हुई और फलतः प्रवृत्तियाँ पनपीं।[46]

हेनोथीज्म आर्य लोग किसी देवता को छोटा या बड़ा नहीं मानते थे। भावना एवं श्रद्धा के कारण जिस देवता की स्तुति की जाती है उस समय ऐसा प्रतीत होता है कि अन्य देवों के विशेषण भी उसके लिए प्रयोग किए गए हैं और वह देवता अन्य सभी पर व्याप्त हो जाता है और अन्य सभी नगण्य। विशिष्ट देवता को उच्चतम् मानने की विचारधरा को मैक्समूलर ने एकेश्वरवाद कहने के स्थान पर एकाधिदेववाद (Henotheism or Kathenotheism) कहा है। दासगुप्ता के शब्दों में कहा जा सकता है कि वैदिक कवि प्रकृति का सच्चा पुत्र था, प्रत्येक रूप उसके लिए अद्भुत था, जिससे उनकी श्रद्धा और प्रेम जागृत हो उठा था।[47] हम देखते हैं कि कई स्थानों पर एक देवता दूसरे का सहयोग करते नजर आते हैं तथा एक–दूसरे पर निर्भर हैं। वरुण एवं सूर्य इन्द्र के अधीन कहे गए।[48] विष्णु की शक्ति से वरुण एवं अश्विनी को प्रेरित होने वाला माना गया।[49]

विभिन्न देवताओं में से किसी एक शक्तिशाली देवता को सर्वोच्च पद भी प्रदान किया गया। पहले वह स्थान वरुण को मिला। उसे 'ऋतस्य गोपा' तथा प्राकृतिक नियमों का संरक्षक माना गया। तद्न्तर इन्द्र को सर्वोपरि माना गया और बाद में प्रजापति को, तथापि इनमें से कोई भी सर्वोच्च ब्रह्म की धारणा को व्यक्त नहीं कर पाया। इस ओर प्रयास जारी रखा गया और अन्त में इस निष्कर्ष पर पहुँचे कि सब जीवों, प्रकृति एवं सब देवताओं के पीछे एक शक्ति है जिससे ये उद्भूत हुए हैं। अनेक देवताओं की पूजा को एक देव की पूजा ही माना जाता था। ऋग्वेद में एक स्थान पर कहा गया है कि प्रबुद्धजन उस एक ब्रह्म का अनेक रूप में वर्णन करते हैं। उसे इन्द्र, या मित्र या वरुण कहते हैं। वही अग्नि, यम एवं मातरिश्र्वा है। एक सद्विप्रा बहुधा वदन्त्यग्निं यम मातरिश्वन माहु :।[50]

एकत्व की धारणा के अन्तर्गत विशेषण के अनुरूप सर्वोच्च ईश्वर की कल्पना करके उस पर व्यक्तित्व का आरोपण कर दिया गया। इस तरह 'विश्वकर्मा' (सबको बनाने वाला) शब्द प्रारम्भ में इन्द्र एवं सूर्य के विशेषण के रूप में प्रयुक्त किया जाता था जो आगे जाकर सर्वोच्च देवता के रूप में स्वीकार कर लिया गया। इसी प्रकार प्रजापति (जीवों का स्वामी) बाद में एक पृथक् देव के रूप में मान लिया गया जो सृष्टिकर्ता थे।

देवताओं में ही एक सर्वोच्च देवता को ढूँढने के अतिरिक्त उनके पीछे कार्य करने वाली सामान्य शक्ति को खोजने का प्रयत्न किया गया। प्रकृति की कई घटनाओं का एक मूल कारण है, जिसके अनुसार एक ही विराट पुरुष से सम्पूर्ण विश्व उत्पन्न एवं विकसित हुआ।[51] ऋग्वेदिक काल में एकेश्वरवादी विचार का अधिक विकास नहीं हो सका।

1.13 एकवाद एकवादी विचार एकेश्वरवादी धारणा के साथ मिश्रित रूप में मिलते हैं। परन्तु एकेश्वरवादी धारणा में किसी–न–किसी रूप में देवताओं में एकता लाने का प्रयास किया गया अथवा समस्त देवताओं में से सर्वोच्च ईश्वर को ढूँढने का प्रयत्न हुआ। उसमें द्वैतवाद अवश्य आ गया है और एकेश्वरवाद में एकता का विकास नहीं हो पाया। हिरियन्ना के अनुसार ऋग्वेद के प्रथम मण्डल में विवरण मिलता है कि आकाश, अन्तरिक्ष माता, पिता, पुत्र, सम्पूर्ण देवता, सभी जातियाँ अथवा जो उत्पन्न हुआ है जो होगा वह सब अदिति है।[52] परन्तु इसमें यथार्थ रूप में एकवाद का विकास नहीं हो पाया क्योंकि अदिति में समस्त जगत् का एकीकरण स्थापित किया गया था इसे सर्वेश्वरवाद की संज्ञा दी गई है।

इसी प्रकार पुरुष सूक्त में भी एकत्व की धारणा का आभास मिलता है। विराट पुरुष ने सृष्टि को बनाया ही नहीं वरन् उसने अपना यज्ञ कर दिया, जिससे सम्पूर्ण पृथ्वी, सूर्य, चन्द्र आदि उत्पन्न हुए।[53] वैदिक काल में एकत्व की अवधारणा मूल रूप मे नासदीय सूक्त में देखने को मिलती है।

इस सूक्त में यह विचार नहीं रखा गया कि कोई बाहरी शक्ति इसकी सृष्टि करती है। जैसा हिरियन्ना ने यह मत प्रस्तुत किया है कि दृश्य जगत् अनुभवातीत प्रथम कारण का स्वतः विस्तार है। यह धारणा नितान्त अपुरुषपरक है और देवताओं की कल्पना से बिल्कुल अछूती है। इस सूक्त में प्रयुक्त विशेषणों से सूचित होता है और ये विशेषण है '**तद**' एवं '**एकम**'[54] या "**जायतेकम**"– जो चरम् तत्व के भावात्मक और एकात्मक स्वरूप के अतिरिक्त अन्य किसी बात का सुझाव नहीं देते।[55] इस प्रकार उपनिषदों में जिस एकवादी धारणा का विकास हुआ देखते हैं उसका मूल स्त्रोत नासदीय सूक्त में विद्यमान था।

II. उत्तर वैदिक धर्म एवं महत्व

उपनिषदों में निहित ज्ञान को रहस्यमय ज्ञान या '**निभृततम–रहस्य**' भी कहा जाता है–'इति रहस्यम् इति उपनिषद्'। ओल्डनबर्ग उपनिषदों से अभिप्राय उपासना से लेते हैं। मैक्समूलर के अनुसार इसका प्रारम्भिक अर्थ गुरु के समीप उपदेश सुनने के लिए श्रद्धापूर्वक बैठना है।

II.1 उपनिषद् उपनिषद् शब्द की निष्पत्ति उप–नि–षद् से हुई अर्थात् 'उप' (निकट), नि (निष्ठापूर्वक) 'सद्' (बैठना) धातुओं में क्विप प्रत्यय लगाकर बना है।[56] वेदों के अन्त में निबद्ध होने के कारण उपनिषद् वेदान्त के नाम से प्रसिद्ध हुए। इसके दो अभिप्राय लिए जाते हैं, प्रथम उपनिषद् वेदों के अन्त की स्थिति के द्योतक हैं किन्तु बाद में ये वैदिक उपदेश का लक्ष्य अथवा 'सार' या चरम स्थिति के बोधक हो गए। उपनिषदों की विचारधारा ऋग्वेद (दसवें मण्डल) के पुरुष सूक्त तथा नासदीय सूक्त की ऐकेश्वरवादी धारणा का ही विस्तार है। उपनिषदों में बह्म व आत्मा का जो निरूपण हुआ है बादरायण ने दूसरी शती ई. पू. में ब्रह्मसूत्र की रचना की। उत्तर मीमांसा के रूप में विकसित दार्शनिक चिन्तन को बाद में 'वेदांत' अर्थात उपनिषदों का सार या निष्कर्ष कहा जाने लगा। उपनिषद् गुरु–शिष्य परम्परा के माध्यम से विकसित हुए। छान्दोग्य उपनिषद् में तो यहाँ तक उल्लेख मिलता है कि ब्रह्म विद्या अपने पुत्र एवं आचार्य अपने प्रिय शिष्य को ही दे।

सामान्यतः उपनिषद् 100 या 108 माने जाते हैं किन्तु उपलब्ध संख्या लगभग दो सौ है। मूल रूप से 10–11 उपनिषद् प्राचीन हैं जिन्हें महात्मा बुद्ध से पूर्व का माना जाता है। प्रमुख उपनिषद् हैं–ईश, कठ, केन, कौशीतकी, मुण्डक, माण्डूक्य, बृहदारण्यक, छान्दोग्य, ऐतरेय, तैत्तिरीय (तैत्तिरीय), प्रश्न तथा श्वेताश्वतर; इसे भी कुछ विद्वान् प्राचीन मानते हैं। केन, प्रश्न, कठ, मुण्डक एवं श्वेताश्वतर पद्य में है, अन्य गद्य में, जिन्हें तुलनात्मक दृष्टि से परवर्ती माना जाता है परन्तु इन्हें भी बौद्ध काल से पूर्व में रखा गया है।

कुछ विद्वान् उपनिषदों के दर्शन को ब्राह्मण कर्मकाण्ड के विरुद्ध प्रतिक्रिया मानते हैं, जिसमें क्षत्रियों का महत्वपूर्ण योगदान था। इस मत की पुष्टि में बालाकि गार्ग्य को अजातशत्रु, श्वेतकेतु को प्रवाहण जाबालि और आरुणि को अश्वपति कैकेय आदि द्वारा ब्रह्म विद्या का ज्ञान करवाए जाने का उल्लेख किया जाता है। इसी प्रकार कवश (दासीपुत्र), रैक्व, विश्वामित्र आदि ब्रह्म ज्ञान के शिक्षक माने गये हैं। उपनिषदों के दार्शनिक चिन्तन में ब्राह्मणों का भी योगदान था अतः इन्हें क्षत्रियों की ब्राह्मणों के विरुद्ध प्रतिक्रिया नहीं कहा जा सकता।

उपनिषदों का प्रारम्भिक रूप छोटे–छोटे दार्शनिक सूत्रों में मिलता है। परम सत्ता एक ही है, अन्य सभी कुछ उसी से उद्भूत अथवा विकसित है। इसका तात्पर्य 'आत्मन्' तथा बाह्य दृष्टि से 'ब्रह्मन' है। उपनिषदों का समस्त दर्शन इस तरह 'ब्रह्म' एवं 'आत्मा' शब्दों पर टिका हुआ है।

II.2 ब्रह्म ब्रह्म 'बृह' धातु से निकला है, जिसका अभिप्राय बढ़ना, प्रस्फुटित होना, या फूट पड़ना होता है।[57] सेंट पीट्सबर्ग डिक्शनरी में ब्रह्म भक्ति का वह स्वरूप है, जिसे हम आत्मा की स्पन्दना, प्रवृत्ति एवं परिपूर्णता कह सकते हैं और इस प्रवृत्ति का अर्थ होता है– मनुष्य के अन्दर दैवी प्रवृत्ति का जागरण।

ब्रह्म ने इस प्रकृति को अपने आप से ही प्रकट किया एवं स्वयं अन्तर्यामी रूप में प्रकृति में सर्वत्र व्याप्त है। विश्व को इस रूप में सत्य माना गया कि इसमें जो कुछ यथार्थ है वह ब्रह्म है। वायु का प्रवाह अग्नि की ज्वलनशीलता का कारण ब्रह्म को माना गया। ब्रह्म को शाश्वत सृष्टिकर्ता कहा गया है। उसकी इच्छा से सारे कार्यों का निष्पादन होता है। ब्रह्म ऊपर–नीचे, आगे–पीछे, उत्तर–दक्षिण समस्त दिशाओं में व्याप्त (सर्वव्यापी) माना गया है।[58] उपनिषदों ने ब्रह्म के सप्रपंच (सर्वग्राही–Cosmic Ideal) एवं कुछ स्थलों में निष्प्रपंच (सर्वाग्राही–Acosmic Ideal) रूप का उल्लेख किया है।

सप्रपंच ब्रह्म के लिए '**तज्जलान**' शब्द का प्रयोग मिलता है अर्थात् वह (तत्), जिससे सृष्टि उत्पन्न होती है (ज), जिसमें यह अन्ततः विलीन होती है (ल) तथा जिसके द्वारा पोषित होती है (अनु)। इस तरह ब्रह्म इस

जगत् में व्याप्त है इससे परे कुछ नहीं, इसने जगत् का निर्माण किया एवं वृद्धि करता है।[59] एक ओर ब्रह्म का स्वरूप चावल, सरसों, ज्वार से छोटा कहा गया जो मनुष्य के हृदय में रहता है। दूसरी ओर उसे पृथ्वी, द्यौं आदि लोकों से बड़ा बताया गया है।[60]

बृहदारण्यक उपनिषद् में *निष्प्रपंच ब्रह्म* की व्याख्या मिलती है। गार्गी अपने विद्वान् पति ऋषि याज्ञवल्क्य को विश्व के मूल तत्व की व्याख्या करने के लिए कहती है। याज्ञवल्क्य अनेक प्रकार से निषेधात्मक विवेचन करते हैं–वह अक्षर (नष्ट न होने वाला), स्थूल, अणु, ह्रस्व, दीर्घ, लाल, चिपचिपा नहीं है, छाया, अन्धकार, वायु, आकाश, शून्य आदि नहीं है।[61] किन्तु इस विवरण से यह नहीं समझना है कि वह असत् मात्रा है जो कुछ भी सत् है वह समस्त लोकों से परे (लोकातीत) सत्य से ही है। इससे स्पष्ट होता है कि यदि ब्रह्म नितान्त शून्य या असत् होता तो उससे प्रपंचात्मक जगत् का उद्भव नहीं होता। इस जगत् की सृष्टि ब्रह्म ने की तथापि उसे जगत् से परे कहा गया। ब्रह्म सृष्टि का पालन एवं संहार करता है।[62] ब्रह्म से अलग विश्व की कल्पना नहीं की जा सकती क्योंकि ब्रह्म को इसका आधार कहा गया है।

प्रथम धारणा के अनुसार प्रकृति की विभिन्न वस्तुओं को ब्रह्म में निहित कहा गया है, ये उससे उत्पन्न होती हैं एवं उसमें लीन हो जाती हैं। दूसरी धारणा में ब्रह्म को आत्मा का एवं अनात्मा दोनों का आधार मानते हुए उसे जगत् के रूप में परिवर्तित होने वाला स्वीकार किया गया। सप्रपंच ब्रह्म एवं निष्प्रपंच ब्रह्म की एकता मुण्डक उपनिषद् में स्थापित की गई है जहाँ कहा गया है कि, जो अदृश्य है, स्पर्श से ज्ञातव्य नहीं है, वर्णहीन है, नेत्रहीन तथा श्रोतृहीन हैं तथा हाथ–पाँव युक्त नहीं है वही सर्व समय, सर्व स्थान में वर्तमान, सर्वव्यापक, सूक्ष्म एवं परिवर्तनहीन है। यहाँ पहले अंश में निष्प्रपंच ब्रह्म के रूप में वर्णन किया गया है अर्थात् सप्रपंच ब्रह्म का अर्थ है विश्व ब्रह्म से बाहर नहीं तथा निष्प्रपंच ब्रह्म से तात्पर्य है कि यह विश्व ही ब्रह्म है। तैत्तिरीय उपनिषद् में ब्रह्म को सत्य, ज्ञान और अनन्त रूप का माना जाता है।[63] '**सत्यं ज्ञानमनन्तं ब्रह्म**' अन्यत्र उसे विज्ञान एवं आनन्द रूप भी कहा है।[64] 'विज्ञान मानन्दं ब्रह्म' ब्रह्म को सृष्टि का उत्पादन एवं निमित्त कारण माना गया, जिससे समस्त विश्व का आविर्भाव होता है एवं उसी में समाहित होता है।[65]

II.3 आत्मा उपनिषदों में आया है, विश्व में व्याप्त चेतन शक्ति ब्रह्म है एवं मनुष्य में व्याप्त चेतन शक्ति ही आत्मा है। आत्मा शब्द का सम्बन्ध 'अन्' धातु से किया जाता है अर्थात् आत्मा को प्राण, उच्छवास या मनुष्य के सारभाग के रूप में माना गया। मनुष्य के अन्तर में रहने वाले चैतन्य को आत्मा कहा जाता है। ड्युसन ने दो मूल शब्दों 'अयं' तथा 'अहं' के मिश्रण से आत्मन् शब्द की उत्पति मानी है। उपनिषदों की मान्यता है कि इन्द्रियों द्वारा आत्मा की अनुभूति नहीं की जा सकती अर्थात् उसे अभिव्यक्ति दिया जाना सम्भव नहीं है एवं जब मनुष्य इन्द्रिय ज्ञान से परे हो जाता है उस समय आत्मा की अनुभूति की जा सकती है। मनुष्य में व्याप्त चेतन शक्ति को जहाँ आत्मा कहा गया है वहीं विश्व में व्याप्त चेतनशक्ति को ब्रह्म। आत्मा को मनुष्य का हृदयस्थ सत्य कहा है एवं मानव शरीर में वास्तविकता का प्रतिनिधित्व करती है।

सब व्यक्तियों में एक ही आत्मा का निवास माना गया है और जिसका जीवन एवं मन से भेद किया गया है, अर्थात् मन एवं जीव को आत्मा नहीं माना गया। सम्पूर्ण जगत् की आत्मा की एकता इस प्रकार समझी गई कि एक स्थान से रखे घट पर समान रूप से सूर्य का प्रकाश पड़ता है वह अलग–अलग नहीं होता, उसी प्रकार समस्त विश्व में एक ही आत्मा का निवास है। इस प्रकार आत्मा मनुष्य के अन्दर रहने वाला चैतन्य है एवं ब्रह्म बाह्य जगत् का चरम स्त्रोत है अर्थात् आन्तरिक तत्व की बाह्य तत्व से एकता स्थापित कर दी गई। छान्दोग्य उपनिषद् में उल्लेख मिलता है कि विश्व में जो सूक्ष्म तत्व है वह आत्मा है और वह सब यथार्थ सत्य है। उद्दालक अपने पुत्र से आत्मा व ब्रह्मा की समानता समझाते हुए (छान्दोग्य उपनिषद 6/8/7) कहते है, श्वेतकेतु तुम वही आत्मा हो या '**वह तुम ही हो**' (**तत्वमसि**)। इसे उपनिषदों में निहित विश्व सिद्धान्त की उच्चतम शिक्षा माना गया।

II.4 ब्रह्म व आत्मा यह सवाल किया जाता है, क्या आत्मा जो मनुष्य का सार तत्व है ब्रह्माण्ड के शाश्वत स्त्रोत ब्रह्म से एक है? कहा गया है कि आत्मा शब्द का अभिप्राय मनुष्य के अन्दर के चैतन्य (आन्तरिक सार वस्तु) का ज्ञान है। सामान्यतः शरीर, प्राण को व्यक्ति मान लिया जाता है। वस्तुतः इसके अतिरिक्त अधिक गूढ़ तत्व जो चिद्रूप है, को मनुष्य की सारवस्तु माना जा सकता है और उसका ब्रह्म से भेद नहीं किया जा सकता अर्थात् दोनों एक हैं। इस सन्दर्भ में ऋग्वेद के आदिपुरुष (या विराट पुरुष) द्वारा स्वयं सृष्टि के रूप में उद्भुत होने का उदाहरण दिया जाता है अर्थात् विराट पुरुष ने स्वयं अपना यज्ञ कर दिया, जिससे सृष्टि की रचना हुई।[66]

II.5 प्रकृति उपनिषदों में प्रकृति को ब्रह्म तो नहीं माना गया किन्तु ब्रह्म से अलग भी नहीं। उपनिषद् ब्रह्म को सत्य एवं जगत् को मिथ्या मानते हैं–'ब्रह्म सत्यम्, जगत्

मिथ्या,' इसका तात्पर्य यह नहीं कि प्रकृति कुछ भी सत्य नहीं है, वरन् प्रकृति स्वयं उद्भूत नहीं। इसका अस्तित्व ब्रह्म के कारण है, प्रकृति भी सत्य है तथापि दोनों में भेद यह है कि ब्रह्म स्वयं उद्भूत (स्वयं भू) है, उसका कोई कारण नहीं किन्तु प्रकृति का कारण ब्रह्म है। बिना ब्रह्म के प्रकृति का अस्तित्व सम्भव नहीं।

II.6 मोक्ष उपनिषदों में मोक्ष या मुक्ति के लिए कर्मकाण्ड को महत्व नहीं दिया गया वरन् समस्त विश्व में एक ही आत्मा का दर्शन करना मोक्ष कहा गया। मुक्ति से अभिप्राय शारीरिक परिवर्तन नहीं विचारों में परिवर्तन माना गया। मुक्ति के लिए मृत्यु आवश्यक नहीं अर्थात् मुक्ति इस जीवन में भी संभव मानी गई। पराविद्या–आत्म विद्या की वह स्थिति जिसमें जन्म मरण बन्धन से मुक्त इन्सान मोक्ष प्राप्त करता है। इसी परा विद्या को आत्म विद्या कहा है। मुण्डोपनिषद में पराविद्या व अपराविद्या का विभाजन किया है।

लोक धर्म इस युग में समाज के बौद्धिक वर्ग में जहाँ एक और उच्चस्तरीय आध्यात्मिक चिन्तन का प्रवाह देखने को मिलता है वहीं दूसरी ओर सामान्य व्यावसायिक वर्ग सरल स्वाभाविक रूप में पूर्व की भाँति देवताओं की आराधना द्वारा अपनी आध्यात्मिक भावना को तुष्ट करते देखे जाते हैं। इस काल में विष्णु को यज्ञों में महत्वपूर्ण स्थान प्रदान किये जाने के फलस्वरूप उसका महत्व बढ़ गया था। ऋग्वेद में विष्णु को तुलनात्मक दृष्टि से कम महत्व प्रदान किया गया किन्तु ब्राह्मण ग्रंथों में इनकी प्रतिष्ठा में वृद्धि हुई है। विष्णु के वामनावतार की कल्पना का आविर्भाव भी इसी युग में देखा जाता है।[67]

लोकप्रियता की दृष्टि से रुद्र (शिव) का महत्व और भी अधिक जान पड़ता है। जैसा पूर्व में उल्लेख किया गया है कि सैन्धव सरस्वती सभ्यों के रुद्र लोकप्रिय देव थे। ऋग्वेद में रुद्र की तीन मंत्रों में स्तुति की गई। विद्वानों की मान्यता है कि वैदिक रुद्र की उपासना सैन्धव जनों के आराध्य देव पशुपति शिव की परम्परा का ही परिणाम थी। आर.सी. मजूमदार ने उल्लेख किया है कि ये देवता पहले आर्यों के लिए अज्ञात थे बाद में उन्होंने उसे यहाँ के लोगों के संसर्ग में आने पर अपनाया।[68] ऋग्वेद में रुद्र को प्रलयंकारी देव माना गया, किन्तु इस काल में कल्याणकारी देवता के रूप में देखे जाते हैं। समाज के व्यवसायिक एवं निम्न वर्ग रुद्र के उपासक थे शतरुद्रिय से इस तथ्य की जानकारी मिलती है।[69]

निष्कर्ष कहा जा सकता है कि वैदिक साहित्य ने विश्व समुदाय को उन नियमों के महत्व से परिचित करवाया जो सदैव अटल है उनका उल्लंघन जीव जगत के लिए हानिकारक होगा। ऋत के नियमों का हमें सदैव पालन करना चाहिए और यज्ञ अर्थात् अतिरिक्त सामग्री का त्याग दूसरे के लिए करना चाहिए। यज्ञों के पीछे का भाव सब प्राणियों की एक–दूसरे पर निर्भरता थी।[70]

संदर्भ :

1. गोविन्द चन्द्र पाण्डे, सुष्मिता पाण्डे : भारतीय संस्कृति, 1999, पृ. 42
2. निरुक्त, 7/15
3. ऋग्वेद, 1/45/2, स्त्रिंशतमावह।
4. ऋग्वेद, 8/41/4, स माता पूर्ण्य चंद तद्वरुणस्य सप्त्यं।
5. ऋग्वेद, 1/24/8, सूर्याय पत्थामन्वेतवा।
6. ऋग्वेद, 5/63/1, ऋतस्य गोपावधि।
7. ऋग्वेद, 4/42/1
8. Keith, The Cambridge History of India, val I, p. 92. "Varun bears the epithet Asura, which serves to show his parallelism with Ahuramazda, the highest of Iranian gods."
9. ऋग्वेद, 1/115/1 ए चक्षुर्मित्रस्य वरुणस्याग्नेः।
10. ऋग्वेद, 10/90/13. चन्द्रमामनसो जातश्रचक्षौः सूर्यों अजायत।
11. ऋग्वेद, 10/170/4 ए येनेमा विश्वास भुवनान्याभूता विश्वकर्मणा विश्वदेव्यवता।
12. ऋग्वेद, 1/155/4, त्रिभिरिद्विगामभिरुरु
13. ऋग्वेद, 6/49/13
14. ऋग्वेद, 1/48/1, यह वामेन न ऊषो व्युच्छा दुहित र्दिवः।

15. Keith, op. cit., p. 92. "But in India .... With Varuna seems to have been bound up in the first instance the conception of rita as first cosmic and then moral order, and with his lessening glory these conceptions fade from Indian thought".
16. हिरियन्ना, एम : भारतीय दर्शन की रुपरेखा, पृ. 32–33
17. ऋग्वेद, 10/90/13, मुखादिन्द्र श्रचग्निश्च प्राणाद्वायुर जायतं।
18. ऋग्वेद, 10/125/6, अहं रुद्राय धानुरा तनामि
19. अथर्ववेद, 11/1/7–8, 11/2/6
20. कीथ : कैम्ब्रिज हिस्ट्री ऑफ इण्डिया, जि. पृ. 93
21. ऋग्वेद, 1/13/3, नराशसमिह प्रियमस्मिन् यज्ञ उपहये हविष्कृतम्।
22. ऋग्वेद, 8/48/3
23. ऋग्वेद, 10/182/1, बृहस्पतिनिर्यतु दुर्गहातिरः।
24. ऋग्वेद, 10/63/2
25. कीथ : कैम्ब्रिज हिस्ट्री ऑफ इण्डिया, पृ. 93
26. ऋग्वेद, 10/63/2, येस्थ जाता आदितेरद्वयस्परि ते पृथिव्यास्ते म इहश्रुता
27. ऋग्वेद, 10/63/5
28. हिरियन्ना, एम : वही, 1973, पृ. 31
29. ऋग्वेद, 1/181/1, अयं वो अज्ञो अकृत प्रशस्ति।
30. ऋग्वेद, 2/2/1, यज्ञेन वर्धत जात वेदसं।
31. कीथ, वही, 1, पृ. 95
32. Apte V.M., The Vedic Age, P.380, It is hardly any wonder that the humanized gods of the Rigveda should share some human weaknessess and be susceptible to flattery and gifts.

32a. मनुस्मृति, 3/69/80

33. ऋग्वेद, 10/90/5
34. Keith, op. cit., vol. I, p. 95. ".............Vedic Civilization at this stage was spared the horror of human sacrifice, which can be found in the Samhita only by implausible conjecture."
35. ऋग्वेद, 9/73/9
36. ऋग्वेद, 2/164/3, जीवोमश्तस्य चरति स्वधाभिरमर्त्यों मृत्येना।
37. कीथ, वही, जि. 1 पृ. 96
38. ऋग्वेद, 10/191/3,
39. Majumdar R.C. : Ancient India, p.53. "The last one contains a passionate appeal to the rich to feed the hungry and to share his wealth with the poor. It is remarkable hymn which recalls to our mind the modern conception of socialistic or welfare state."
40. हिरियन्ना, एम. : वही, 1973, पृ. 31.
41. ऋग्वेद, 10/90/13–14
42. ऋग्वेद, 10/190/1, ऋतं च सत्यं चाभीद्वात्तपसो ध्यजायत।
43. ऋग्वेद, 1/25/1, विशो प्र देव वरुण व्रतम् मिनीमसि द्यविद्यवि।
44. ऋग्वेद, 5/85/7

45. ऋग्वेद, 4/5/5, पापस : सन्तो अनृता असत्या इदं पदमजनता गभीरम्।

46. हिरियन्ना, एम., वही, पृ. 36.

47. दासगुप्ता, एस.एन. भारतीय दर्शन का इतिहास, भाग 1, 1978, पृ. 17.

48. ऋग्वेद, 1/101/3

49. वही, 1/156/4

50. ऋग्वेद, 1/64/46

51. ऋग्वेद, 10/90/5,
तस्माद्विराडजायत विराजो अधिपुरुषः
स जातो अत्यरिच्यत पश्श्रचाद्भूमि मथोपुरः।

52. ऋग्वेद, 1/89/10. अदितिद्यौंरदितिरन्तरिक्षमदितिर्माता स पिता स पुत्रः विश्वे देवा अदितिः

53. ऋग्वेद, 10/90

54. ऋग्वेद, 10/129/2–3; जायतैकम्।

55. हिरियन्ना, एम., वही, पृ. 42

56. हिरियन्ना, वही, पृ. 49

57. हिरियन्ना, वही, पृ. 53

58. छान्दोग्य उपनिषद् 3/14/3; बृहदारण्यक उपनिषद्, 2/5/15

59. छन्दोग्य उपनिषद् 3/14/9; सर्व खिल्वदं ब्रह्म तज्जलनिति शान्त उपासीत।

60. हिरियन्ना, एम., वही, पृ. 58–59

61. बृहदारण्यकोपनिषद् 3/9/8,
स होवा चैतद वै तदक्षरं गार्गि ब्राह्मणा अभिवदन्त्य
स्थूलभ नण्व ह्रस्वमदीर्घमलोहित मस्त्रेहमच्छ

62. हिरियन्ना, एम., वही, पृ. 60–62

63. तैत्तिरीयोपनिषद्, 2/1, सत्यं ज्ञानमनन्तं ब्रह्म

64. बृहदारण्यक उपनिषद्, 2/1, 3/9/28, विज्ञान मानन्दं ब्रह्म

65. तैत्तिरीय उपनिषद, 3/1

66. ऋग्वेद, 10/90/5

67. तैत्तिरीय ब्राह्मण, 1/2/5/5

68. मजूमदार, आर.सी. : प्राचीन भारत, पृ. 14

69. वाजसनेयी संहिता, 16/27

70. जी.सी. पाण्डे एवं सुष्मिता : वही, पृ. 43

महाजनपद काल
(Period of Mahajanapadas)

19 महाजनपद काल, महाजनपद एवं मगध का उद्भव
(Period of Mahajanapadas, Mahajanapadas and Rise of Magadha)

वैदिककालीन छोटे–छोटे राज्यों में अपनी सीमाओं के विस्तार तथा शक्ति में वृद्धि के लिए परस्पर संघर्ष होना स्वाभाविक था। इस प्रक्रिया में सार्वभौम सम्राट का आदर्श मगध शासकों ने स्थापित किया, जैसा कि राय चौधरी ने लिखा है, इस प्रकार कूटनीतिक और ताकत के बल पर बिम्बिसार ने अंग राज्य तथा काशी के एक भाग को मगध में मिला लिया था। फिर तो मगध निरन्तर विस्तार की ओर बढ़ता गया और तब तक बढ़ता गया जब तक कि महान् अशोक ने कलिंग के बाद अपनी तलवार न रख दी।[1] जैन एवं बौद्ध साहित्य में 16 महाजनपदों का विवेचन मिलता है जिनमें मगध महाजनपद भी एक था। इसके अतिरिक्त वज्जि एवं मल्ल गणराज्यों को भी महाजनपदों में सम्मिलित किया गया है। इन गणराज्यों में गणतंत्रात्मक शासन पद्धति थी।

1. **प्रमुख महाजनपद** इस युग में गन्धार से लेकर बंगाल की सीमा तक सम्पूर्ण उत्तरी भारत के सोलह महाजनपदों में विभक्त होने की जानकारी जैन ग्रंथ भगवती सूत्र एवं बौद्ध ग्रंथ अंगुत्तर निकाय से मिलती है। महाजनपद काल छठी सदी ईसा पूर्व से चौथी सदी ईसा पूर्व का काल था। राजतंत्र व गणतंत्र वादी राज्यों के लोगों की भाषा संस्कृत व प्राकृत थी। अंगुत्तर निकाय[2] में सोलह महाजनपदों को उल्लेख इस प्रकार आया है–अंग, काशी, कोशल, वत्स, अवन्ति, चेदि, कुरु, पंचाल, मत्स्य, शूरसेन, गंधार, काम्बोज, अश्मक, वज्जि एवं मल्ल (गणराज्य) और मगध। भगवती सूत्र में दी गई महाजनपदों की सूची कुछ भिन्न है : (1) अंग (2) बंग या वंग (3) मगह (मगध) (4) मलय (5) मालवक (अवन्ति?) (6) अच्छ (7) वच्छ (वत्स) (8) कोच्छ (कच्छ?) (9) पाढ़ (पुण्ड्र?) (10) लाढ़ (राढ़) (11) बज्जि (वृज्जि) (12) मोली (मल्ल?) (13) कासी (काशी) (14) कोसल (कोशल) (15) अवाह (अवध?) (16) सम्भुत्तर (सुम्होंत्तर)। महागोविन्द सुत्त एवं ललित विस्तर में अपूर्ण सूची मिलती है।

   अंग (राजधानी चम्पा–भागलपुर क्षेत्र) यह जनपद मगध से पूर्व एवं राजमहल पहाड़ियों के पश्चिम में स्थित था। इसमें दक्षिण बिहार के भागलपुर एवं मुंगेर जिले सम्मिलित थे तथा उत्तर की ओर कोसी नदी तक और पूर्णिया जिले के कुछ भाग भी शामिल थे। चंपा (चांदन) इसकी राजधानी कही गई जो भागलपुर के नजदीक थी। बौद्धकालीन छह बड़े नगरों में चंपा भी एक था जो मगध एवं अंग की सीमा पर बहने वाली चंपा नदी के किनारे स्थित था। व्यापार वाणिज्य के लिए विख्यात इस नगर में सुदूर पूर्व गंगा पार कर व्यापारियों के आने का बोध होता है। विधुर पंडित जातक के अनुसार राजगृह शुरू में अंग जैसे शक्तिशाली जनपद का भाग था। अंग एवं मगध का संघर्ष बुद्ध के समय तक जारी रहा और उस संघर्ष में मगध की जीत हुई तथा अंग शासक ब्रह्मदत्त मारा गया एवं अंग को मगध में शामिल कर लिया गया।

   भागलपुर के निकट **चम्पा** के उत्खनन से उत्तरी काले पॉलिश युक्त (चमकीले) मृद्भाण्ड बड़ी संख्या में मिले हैं। उत्खनन करने वाले विद्वानों ने इसके कालक्रम के चरण स्पष्ट रूप में नहीं बताए हैं। यहाँ एक मिट्टी का परकोटा है। पहले एवं दूसरे चरण में चार–चार कमरे हैं और इसी चरण में मिट्टी के बने चम्मच, लटकन और फलक भी पाए गए हैं। चंपा को पुराणों में **मालिनी** नगर कहा गया है जो रेशम वस्त्र का महत्वपूर्ण केन्द्र था। यहाँ के व्यापारियों द्वारा ही चम्पा (हिन्द–चीन) नामक उपनिवेश (देखिये अध्याय–बाह्य विश्व से सम्बन्धः दक्षिण–पूर्व एशिया) की स्थापना में योगदान दिया गया था। अंग विजय के बाद अजातशत्रु यहाँ का राजा बना।

   काशी (राजधानी बनारस) एक जन श्रुति के अनुसार वर्तमान उत्तर प्रदेश के दक्षिण–पूर्व में स्थित काशी की राजधानी वाराणसी (बनारस) थी जो वरुणा एवं असी (गंगा एवं गोमती) नदियों का संगम स्थल है। इस नगर के पुष्पवती व रम्मानगरी नाम भी मिलते हैं। इस काल में यह नगर सूती कपड़ों एवं घोड़ों के व्यापार, शिल्प एवं शिक्षा के लिए विख्यात था। सम्भव जातक में विवरण मिलता है कि इस नगर का क्षेत्रफल 12 योजन (36 मील) था।[2a] इसे भारत के प्रमुख नगरों में से एक कहा जाता है। महावग्ग में काशी राज्य की शक्ति और समृद्धि का विवरण मिलता है।

   बुद्ध ने अपना प्रथम उपदेश बनारस के निकट सारनाथ में दिया था। महावग्ग जानकारी देता है कि यहां के प्रतापी राजा ब्रह्मदत्त आदि राजाओं ने कौशल को अपने अधीन कर लिया था। परन्तु अन्त में काशी की पराजय हुई।

गोदावरी के तट पर स्थित राजधानी पोतलि को अस्सक जातक में काशी राज्य की नगरी कहा है। सम्भवतः अस्सक शासक ने अल्पकाल के लिए काशी की अधीनता स्वीकार की होगी। यहाँ के राजाओं को महावग्ग में सब राजाओं में अग्रज एवं समृद्धशाली कहा है।

पुराविदों की मान्यता है कि बनारस के रूप में पहचाने गए राजघाट से ई.पू. छठी शताब्दी में शहरीकरण के कोई विशिष्ट प्रमाण नहीं मिले हैं। एक प्रमुख नगर के रूप में इसका उदय ईसा पूर्व 450 के लगभग हुआ होगा। कहा गया है कि बौद्ध भिक्षुओं के गेरुए वस्त्र (काशय) बनाए जाने के कारण इसे काशी कहा जाने लगा।

कौशल (राजधानी अवस्ती) बुद्ध के समय कौशल उत्तरी भारत में महत्वपूर्ण राज्य था। राजधानी श्रावस्ती श्री जिसकी पहचान सहेत–महेत नामक ग्राम से की गई है। अनाथपिण्डक द्वारा बुद्ध को दिया गया जेतवज श्रावस्ती में ही था। इसकी उत्तरी सीमा पर नेपाल, दक्षिण में गंगा नदी, पूर्व में प्रयाग और शाक्य राज्य को इसके पूर्व में बताया गया है।[3] राय चौधरी ने कौशल का सीमांकन इस प्रकार किया है–कौशल राज्य के पश्चिम में गोमती, दक्षिण में सर्पिका (सई नदी), पूर्व में विदेह से कौशल को अलग करने वाली सदानीरा तथा उत्तर में नेपाल की पहाड़ियाँ थी।[4] सरयू नदी इस जनपद को दो भागों में बाँटती है उत्तरी कोशल की राजधानी श्रावस्ती एवं दक्षिणी कोशल की कुशावती थी। 1969–70 में अयोध्या में किए गए उत्खनन से जानकारी मिली है कि यह क्षेत्र उत्तरी काले पॉलिशदार (NBPW) मृद्भाण्ड के समय आबाद हुआ।

मज्झिम निकाय में कौशल नरेश का कथन मिलता है कि "वह भी कौशल का है तथा भगवान बुद्ध भी कौशल के है।" इक्ष्वाकु वंश के शासक कुशीनारा, मिथिला तथा वैशाली में राज्य करते थे। रामायण काल में कौशल की राजधानी अयोध्या थी। विनय[5] में दिगहु का एक कथानक मिलता है–काशी नरेश ब्रह्मदत्त ने कौशल पर आक्रमण किया उस समय 'दिग्ति' श्रावस्ती का राजा था। कौशल राजा बंक, दब्बसेन तथा कंस द्वारा काशी पर आक्रमण किए जाने की जानकारी मिलती है।[6] राजोवदान जातक[7] के अनुसार, कौशल के सम्बन्ध काशी से अच्छे नहीं थे। प्रसेनजित के पिता महाकोशल के समय काशी को कौशल जनपद का अधीनस्थ राज्य कहा है। रीजडेविड्स की मान्यता थी कि बुद्ध जन्म के बाद काशी एवं कौशल की लड़ाई में चार राजा क्रमशः युद्धरत रहे एवं यह संघर्ष सौ वर्ष तक चला।[8] काशी के कौशल में मिला लिए जाने से तीन बड़े शहरों–अयोध्या, साकेत एवं श्रावस्ती को अपने नियंत्रण में लेकर कौशल एक सम्पन्न राज्य हो गया।

बौद्ध ग्रंथ धम्मपद की अठ्ठकथा के अनुसार प्रसेनदि (प्रसेनजित) कौशल का राजा था जिसकी शिक्षा तक्षशिला में हुई थी। इसे 'महालि' का सहपाठी कहा गया जो दान के लिए बहुत प्रसिद्ध था। प्रसेनजित बुद्ध का समकालीन तथा इक्ष्वाकु वंश की अन्य शाखा से सम्बद्ध था। इस तथ्य की पुष्टि स्वयं प्रसेनजित के इस कथन से होती है "भगवान बुद्ध भी अस्सी के हैं तथा मैं भी अस्सी वर्ष का हूँ।"[9] मेदलुम्प नामक स्थान पर बुद्ध एवं राजा के मध्य विचार–विमर्श का उल्लेख मिलता है। कौशल नरेश की बहन 'सुमन 'ने बौद्ध होने की इच्छा व्यक्त की थी किन्तु वह ऐसा नहीं कर सकी, संयुक्त निकाय से ऐसी जानकारी मिलती है।[10] महाकौशल ने मगध के सम्राट बिम्बिसार को विवाह में अपनी पुत्री कौशल देवी को देते समय काशी का गाँव उसके श्रृंगार प्रसाधन के व्यय हेतु दिया था। संयुक्त निकाय में दो युद्धों का विवरण मिलता है–प्रथम के अनुसार मगध शासक अजातशत्रु ने काशी राज्य में प्रसेनदि पर आक्रमण किया एवं वह श्रावस्ती (श्रावत्थि) में शरण लेने को बाध्य हुआ।[11] दूसरे युद्ध में प्रसेनजित ने अजातशत्रु को परास्त कर बन्दी बना लिया था तथा कुछ समय बाद मुक्त भी कर दिया और अपनी पुत्री वाजिरा का विवाह उसके साथ (अजातशत्रु) किया।[12]

बहुपत्नीक वृद्ध प्रसेनजित ने मालाकार मुखिया की 16 साल की कन्या मल्लिका से भी विवाह किया था। वह कपिलवस्तु के शाक्यों के साथ भी विवाह सम्बन्ध स्थापित करना चाहता था। शाक्य इससे सहमत नहीं थे किन्तु भय के कारण अस्वीकार भी नहीं कर सके। अतः धोखे से एक दासी वासवखत्तिया के साथ प्रसेनजित का विवाह करवा दिया। इसी से प्रसेनजित को विडूड्भ (विरुद्धक) नामक पुत्र प्राप्त हुआ। तिब्बती जनश्रुति के अनुसार विरुद्धक की माता का नाम मल्लिका था जो शाक्यों की दासी थी।

मज्झिमनिकाय व उवासगदसाओं में क्रमशः श्रीवड्ठ (श्री वृद्ध) मृगधर व दीर्घकारायण आदि मंत्रियों के नाम आये हैं। प्रसेनजित की मंत्रिपरिषद् में 500 सदस्य थे।

विरुद्धक ने छल से प्रसेनजित को पदच्युत कर दिया था एवं स्वयं राजा बन बैठा। निराश्रित प्रसेनजित अपने दामाद अजातशत्रु के राज्य में शरण लेने के लिए रवाना हुआ। परन्तु गृह सीमा पर ही उसकी मृत्यु हो गई। इसके बाद विरुद्धक ने शाक्यों से बदला लेने का निश्चय किया, उसके प्रधानमंत्री अम्बरीश ने कूटनीति से काम लेते हुए, शाक्यों को अपनी द्वेषहीनता का विश्वास दिलाया। निर्णय हेतु संस्थागार में एकत्र हुए और दुर्ग–द्वारों को खुलवा दिया। सुरक्षा द्वार के खुलने पर विरुद्धक की सेनाओं ने आक्रमण कर दिया, उसकी विजय हुई। युद्ध में लगभग 7,700 शाक्य मारे गए। इस प्रकार शाक्यों की स्वायत्त सत्ता समाप्त हो गई। किन्तु वह स्वयं जब वापस लौट रहा था, अचरावती नदी को पार करते हुए बाढ़ में सेना सहित बह गया।[13]

वत्स (राजधानी कौशाम्बी या कोसम) वत्स (वच्छ) की राजधानी प्रयाग के समीप यमुना नदी के तट पर कौशाम्बी (आधुनिक कोसम) थी। कौशाम्बी को उज्जैन से 400 मील तथा बनारस से 230 मील बताया।[14] सुत्तनिपात में उज्जैन से विदिशा होते हुए कौशाम्बी तक मार्ग जाने का उल्लेख मिलता है।[15] वत्स को गंगा के दक्षिण स्थित कहा गया है। प्रयाग के निकट यमुना के तट पर आधुनिक कोसम को कौशाम्बी के रूप में जाना जाता है। यहाँ से कुषाण युग के अनेक अवशेष प्राप्त हुए हैं। अशोक के प्रसिद्ध अभिलेख पर समुद्रगुप्त के विजय अभियान का वर्णन अंकित है। मनु की पुत्री इला के नाम इलाबास को बाद में प्रयाग कहा गया। अकबर ने 1583 में इलाहाबाद किया। अक्टूबर 2018 को पुनः प्रयागराज नाम आदित्यनाथ सरकार द्वारा किया गया।

बुद्ध के समय यहाँ उदयसेन राज्य करता था जिसे पौरव वंशी माना है। उसके पिता का नाम परन्तप (शतानीक) था। उसके एक पुत्र का नाम बोधि कुमार मिलता है।[16] उदयन को अवन्ति शासक प्रद्योत, मगध नरेश बिम्बिसार तथा अजातशत्रु के समकालीन माना गया है। भास रचित स्वप्नवासवदत्ता से विदित होता है कि उदयन और प्रद्योत के बीच वैमनस्यता थी, परन्तु वासवदत्ता के साथ विवाह हो जाने के पश्चात् मित्रता हो गई। इस नाटक का सम्पूर्ण कथानक उदयन तथा अवन्ति राजकुमारी वासवदत्ता के बीच प्रेम सम्बन्ध पर आधारित है। इस विवाह के पश्चात् उदयन के कुशल मंत्री यौगन्धरायण ने अपने स्वामी का विवाह मगधराज दर्शन की पुत्री पद्मावती के साथ भी करवा दिया। अट्टकथा में उदयन की तीन रानियों का उल्लेख मिलता है। उसके काल में पाली में उदेनवत्थु एवं संस्कृत में मकन्दिका अवदान लिखे गए हैं।[17]

प्रियदर्शिका व कथास रित्सागर के अनुसार उदयन ने पूर्व में वंग और कलिंग को, दक्षिण में चोल राज्य और कोल राज्य तक के प्रदेश को जीता। पश्चिमी भारत में मलेच्छों, तुरुष्कों, पारसीकों और हूणों को पराजित किया, परन्तु इस वर्णन को ऐतिहासिक तथ्य के रूप में स्वीकार नहीं किया जाता है।[18] सुंसमारगिरि भग्ग जनपद के (मिर्जापुर) उदयन के अधीन होने की जानकारी मिलती है।

एक बार उसने शराब के नशे में बौद्ध भिक्षु पिण्डोल भारद्वाज के शरीर पर एक टोकरी भर कर पीली चीटियाँ बन्धवा दी थीं।[19] किन्तु बाद में पिण्डोल भारद्वाज से ही उसने बौद्ध धर्म की दीक्षा ग्रहण की।

अवन्ति (राजधानी–उज्जैनी व महिष्मती) पश्चिमी भारत में स्थित अवन्ति ईसा पूर्व छठी शताब्दी के सबसे शक्तिशाली महाजनपदों में से एक था। वर्तमान मालवा प्रदेश को अवन्ति राज्य की संज्ञा दी जाती थी। प्रधानतः इसके दो भाग थे–उत्तरी एवं दक्षिणी अवन्ति, जिनकी क्रमशः उज्जैयनी एवं महिष्मती राजधानी थी। जो धर्म व संस्कृति के महत्वपूर्ण केन्द्र थे। दोनों 50 योजन (400 मील) दूरी पर स्थित कही गई हैं। महिष्मती (मान्धता द्वीप) नर्मदा तट पर स्थित थी। महाभारत में अवन्ति एवं महिष्मती को दो राज्य कहा है। महात्मा बुद्ध के समय यहाँ प्रद्योत (पज्जोत) नामक राजा राज्य करता था। महावग्ग में उसे चण्ड के नाम से सम्बोधित किया है जबकि भास ने महासेन के नाम से। अवन्ति एवं वत्स दोनों में वैमनस्य था। वत्सराज उदयन ने अवन्ति नरेश प्रद्योत की कन्या वासवदत्ता का अपहरण कर विवाह किया था।[20]

मज्झिम निकाय से ज्ञात होता है कि प्रद्योत के आक्रमण के भय से अजातशत्रु ने राजगृह को दुर्गीकृत करवाया।[21] मथुरा (शूरसेन) के राजा को बुद्ध के समय 'अवन्ति पुतो' कहा है। सम्भवतः यहाँ का शासक अवन्ति का राजकुमार रहा होगा।[22] अवन्ति उस समय बौद्ध धर्म का प्रमुख केन्द्र था। यहाँ के कुछ उत्साही धर्म प्रचारकों के नाम मिलते हैं–अभयकुमार, ईसादासी, असीदत्त, धर्मपाल एवं सोना कुट्टिन आदि।[23] सोना कुट्टिन को भाषण कला में प्रवीण माना गया है।

अवन्ति शासक चण्ड प्रद्योत ने बुद्ध के शिष्य महाकच्छायन के प्रभाव से बौद्ध धर्म को स्वीकार किया था।

अवन्ति राज्य का पर्याप्त आर्थिक महत्व था, क्योंकि अनेक व्यापारिक मार्ग इस प्रदेश से गुजरते थे। उज्जैन से उत्तरी काली पॉलिशदार (**NBPW**) मृद्भाण्ड अवशेष, मृण्यमूर्तियाँ, मातृदेवी की मूर्तियाँ, कीमती पत्थर एवं लोहे के उपकरण प्राप्त हुए हैं। शुंगकालीन मृण्मूर्तियाँ तथा तांबे के ढलवाँ सिक्के भी मिले हैं।

चेदि (राजधानी–सोत्यवतीया शक्तिमती) यमुना नदी के किनारे आधुनिक बुन्देलखण्ड तथा उसके आस–पास के प्रदेश में यह राज्य फैला हुआ था। इसकी राजधानी शक्तिमति थी। जातकों में 'सोत्यवती नगरी' (**Satthivati Nagara**) का उल्लेख मिलता है। जिसका समीकरण शक्तिमति के साथ किया जाता है जो सम्भवतः उत्तर प्रदेश के बांदा जिले में स्थित थी। ऋग्वेद में चेदि राज्य का उल्लेख हुआ है।[24] महाभारत में शिशुपाल को चेदि राजा कहा गया। इस वंश की एक शाखा कलिंग में भी राज्य करती थीं। ओडीसा (कलिंग) में चेदि वंश का शासक खारवेल था।[25] सम्भवतः चेदि वंश के किसी राजकुमार ने यहाँ इस वंश को स्थापित किया होगा।

कुरु (राजधानी इन्द्रप्रस्थ) वर्तमान दिल्ली तथा मेरठ के समीपवर्ती प्रदेश कुरु राज्य में सम्मिलित थे। इसकी राजधानी यमुना के तट पर इन्द्रप्रस्थ थी। इन्द्रप्रस्थ के अतिरिक्त हस्तिनापुर एवं इशुकर को भी कुरुओं की राजधानी कहा गया। इनमें से प्रत्येक का अपना शासक था। हमें कुरुओं के विषय में सर्वाधिक जानकारी महाभारत से मिलती है, इसमें दी गई कौरवों एवं पाण्डवों के बीच उत्तराधिकार युद्ध की गाथा

से सभी परिचित हैं। हस्तिनापुर के बाढ़ से नष्ट हो जाने पर राजवंश के कुछ लोग वत्स राज्य में चले गये थे। हस्तिनापुर के उत्खननों से बाढ़ की पुष्टि होती है। चित्रित धूसर मृद्भाण्ड (PGW) वाले स्थल के रूप में एवं चौथे स्तर से उत्तरी काली पालिशदार (NBP) प्रकार के लिए हस्तिनापुर प्रसिद्ध रहा है। यहाँ किए गए उत्खनन से सात उपकालों में पक्की ईंटों के बने मकान मिले हैं। ई.पू. दूसरी शताब्दी के मथुरा के शासकों के सिक्के मिले हैं। जैन ग्रंथ उत्तराध्ययन सूत्र में कुरु नरेश को इक्ष्वाकुवंशीय कहा है। प्रारम्भ में कुरु प्रदेश शक्तिशाली राजतंत्र था किन्तु बाद में यहाँ गणतंत्र की स्थापना हुई। अर्थशास्त्र में कुरु राज्य को गणराज्यों में सम्मिलित किया है।[26] बुद्ध काल में यहां का शासक कोख्य था।

पांचाल (राजधानी–अहिच्छात्र व काम्पिल्य) उत्तर वैदिक काल से ही पांचाल राज्य दो भागों में विभक्त था–उत्तर पांचाल जिसकी राजधनी अहिच्छत्र (आधुनिक रामनगर) थी तथा काम्पिल्य दक्षिण पांचाल की राजधानी कही गई है। समस्त रुहेलखण्ड एवं गंगा–यमुना के पूर्वी भाग अर्थात् आधुनिक पश्चिमी उत्तर प्रदेश इसी जनपद के अन्तर्गत थे। पूर्व में कोशल एवं पश्चिम में कुरु जनपद इसकी सीमाएँ निध ारित करते थे। महाभारत में इसका उल्लेख मिलता है। द्रौपदी पांचाल नरेश द्रुपद की पुत्री थी, उसे पांचाली भी कहा जाता था। प्रसिद्ध कन्नौज नगर इसी जनपद में स्थित था। अहिच्छत्र ई.पू. 300 में एक बड़ी आबादी के रूप में विकसित था जहाँ निर्माण के लिए कच्ची ईंटों का उपयोग किया गया। यहाँ से मित्र उपाधि वाले अनेक राजाओं के सिक्के मिले हैं। पांचाल एक राजतंत्र था किन्तु सम्भवतः कौटिल्य के समय यहाँ गणराज्य की स्थापना की गई थी। महाउमग्ग जातक, उत्तराध्ययन सूत्र, स्वप्नवासवदत्ता में इसका उल्लेख मिलता है। जैन विमलनाथ जी पांच घटनाओं से सम्बन्धित इस नगर (अहिच्छत्र) को वराह मिहिर की जन्म स्थली भी माना जाता है। ब्रह्मदत्त को उत्तराध्ययन सूत्र में पृथ्वी का महान् राजा कहा गया, इसी ग्रंथ में काम्पिल्य के राजा संजय द्वारा राज्य त्याग कर जैन धर्म स्वीकार किए जाने का विवरण आया है।

मत्स्य (राजधानी–विराट नगर) इस जनपद में आधुनिक जयपुर, भरतपुर तथा अलवर क्षेत्र सम्मिलित थे। कनिंघम ने इसकी राजधानी विराट (आधुनिक बैराठ) होने का उल्लेख किया है। सम्भवतः विराट नामक नगर के संस्थापक राजा के नाम से इसकी राजधानी विराट नगर के नाम से प्रसिद्ध हुई। साहित्यिक ग्रंथों में अपर मत्स्य, वीर मत्स्य आदि के विवरण मिलते हैं। सम्भवतः ये मूल राज्य की प्रशाखाएँ रही होंगी। महाभारत[27] में राजा 'सहज' का वर्णन आया है, जिसे चेदि तथा मत्स्य का शासक कहा गया। महाभारत में जिक्र आया है कि कौरवों ने विराट पर आक्रमण किया एवं मवेशियों को हाँक कर ले गए। स्पष्ट है कि स्थाई कृषि पर आधारित शक्तियों से मत्स्य मुकाबला न कर सके। संभवतः बौद्ध काल में मत्स्य चेदि का अधीनस्थ राज्य हो गया था। बाद में इसे मगध साम्राज्य में सम्मिलित कर लिया गया। अशोक के विख्यात शिलालेख वैराट (जिला जयपुर) में पाए गए हैं।

शूरसेन (राजधानी–मथुरा) कुरु जनपद के दक्षिण एवं चेदि के पश्चिमोत्तर क्षेत्र में स्थित था। इसकी राजधानी मथुरा थी, यहाँ पूर्व में यदुवंशी (यादव), अन्धक एवं वृष्णियों का गणराज्य था। महाभारत काल में मथुरा एक महत्वपूर्ण नगर था, श्री कृष्ण का जन्म यादव वंश में हुआ। शूरसेन नरेश 'अवन्ति' महात्मा बुद्ध का अनुयायी था, उसने अपने राज्य में बौद्ध ध ार्म का प्रचार–प्रसार करवाया। इसे बुद्ध का समकालीन बताया जाता है। अवन्ति पुत्र के नाम से प्रतीत होता है कि मथुरा एवं अवन्ति के मध्य वैवाहिक सम्बन्ध थे। पणिनि ने अन्धक तथा वृष्णिजन का निवास स्थान मथुरा कहा है।[28] मथुरा दो विख्यात प्राचीन भारतीय व्यापार मार्ग, उत्तरपथ एवं दक्षिणपथ के मध्य स्थित था। मथुरा में 1954–55 में खुदाई करवाई गई यहाँ से उत्तरी काली पॉलिशदार (NBPW) मृद्भाण्ड वाले चरण में ईंट की इमारतें भी देखी गईं। इसके बाद के स्तर में कीमती पत्थरों के विभिन्न प्रकार के मनके और ताँबे कें सिक्के पाए गए हैं। यहाँ से कुषाणकालीन सिक्के भी मिले हैं। यूनानी लेखकों ने इस राज्य को शूरसेनाई तथा राजधानी को मेथोरा कहा है। एरियन ने क्लीसोबोरा नामक नगर का भी जिक्र किया है। प्लावी ने यमुना जोमनस कहा है। संभवतः गोकुल को कलीसोबोरा कहा है।

गन्धार भारत के पश्चिमोत्तर भाग (जिसे उत्तरापथ भी कहा जाता है), में गांधार जनपद स्थित था। यह आधुनिक अफगानिस्तान के पूर्व, पश्चिम पंजाब का अधिकांश क्षेत्र, आधुनिक पेशावर तथा रावलपिंडी तक विस्तृत था। एक जातक[29] में कश्मीर भी इसमें सम्मिलित किया गया। बौद्ध साहित्य में इसकी राजधानी तक्षशिला कही गई। ईसा पूर्व छठी शताब्दी में गांधार में पुष्कर सारिन राज्य करता था। इसका अवन्ति शासक चण्ड प्रद्योत से संघर्ष हुआ एवं उसे युद्ध में परास्त किया। मगध के साथ उसके अच्छे सम्बन्ध थे। मगध में उसने अपना राजदूत भी भेजा था।

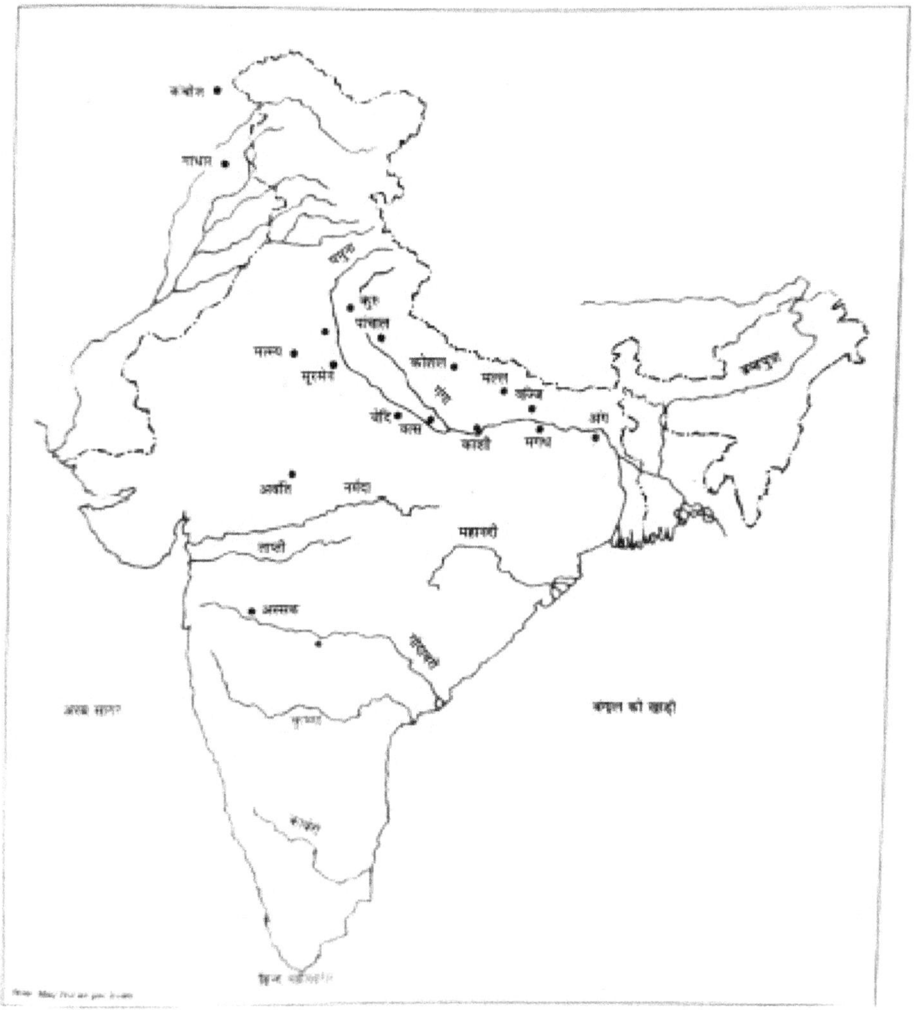

चित्र 19.1 महाजनपद (भारत 600 ई.पू.)

तक्षशिला नगर यह नगर उस काल में विद्या एवं व्यापार का प्रसिद्ध केन्द्र था। दूर—दूर से विद्यार्थी यहाँ विद्याध्ययन करने आते थे। जातकों से विदित होता है कि देश के विभिन्न स्थानों से छात्र वहाँ जाकर आचार्यों के सान्निध्य में रहकर शिल्प का ज्ञान प्राप्त करते थे।[30] तक्षशिला से कोशल नरेश प्रसेनजित, पाटलिपुत्र निवासी प्रसिद्ध वैद्य जीवक, मौर्य सम्राट चन्द्रगुप्त, महान् राजनीतिज्ञ कौटिल्य, वैयाकरण पाणिनि और पतंजलि शिक्षा ग्रहण करके अपने—अपने क्षेत्र में विख्यात हुए थे।

आधुनिक तक्षशिला के उत्खनन से ज्ञात होता है कि ई.पू. 1000 में यह क्षेत्र आबाद हो चुका था। दस्तकारी उद्योगों का इस नगर के विकास में महत्वपूर्ण योगदान रहा। प्रथम तक्षशिला की पहचान भीर टीले से की जाती है। ई.पू. पाँचवीं सदी में अनियमित तरीके से बस्ती बसाई गई। मौर्य शासनकाल तक यहाँ लोग रहते थे। दूसरी तक्षशिला को बैक्ट्रिया के यूनानियों ने भीर टीले के उत्तर में बसाया। इसे शतरंज पद्धति पर विकसित किया गया। कुषाण काल में इसके तीसरे भाग में लोग बसने लगे थे।

कम्बोज उत्तरापथ में ही स्थित, आधुनिक राजोरी एवं हजारा जिलों में प्राचीन काम्बोज राज्य स्थित था। कुछ विद्वानों के अनुसार यह जनपद गांधार के उत्तर—पश्चिम क्षेत्र में विस्तृत था एवं गांधार के समीपवर्ती पामीर एवं बादख्शां इसमें सम्मिलित थे। इसकी राजधानी हाटक अथवा राजपुर कही गई है। बौद्ध ग्रंथों में गांधार—काम्बोज का नामोल्लेख साथ—साथ हुआ है। कौटिल्य से पूर्व राजतंत्र था, परन्तु मौर्यकाल तक यहाँ संघ राज्य की स्थापना हो गई थी। अर्थशास्त्र में काम्बोज को 'वर्त्तशास्त्र पजीविन' अर्थात् कृषकों, चरागाहों, व्यापारियों तथा योद्धाओं का संगठन कहा है।

अश्मक गोदावरी नदी के तट पर स्थित 'पोतन' या 'पोटली' अश्मक की राजधानी कही गई है। पुराणों से ज्ञात होता है कि इस राज्य के शासक इक्ष्वाकु वंश के थे। अश्मक एवं मूलक प्रदेशों को पड़ोसी राज्य माना गया है। किसी समय यह काशी जनपद के अधीन थी। अश्मक नरेश प्रवर अरुण एवं उसके मंत्री नन्दीसेन का उल्लेख चुल्लकलिंग जातक में मिलता है जिसने कलिंग पर विजय प्राप्त कर अपने अधीन कर लिया

था। दीर्घनिकाय के महागोविन्दसुत्त[31] में विवरण मिलता है कि रेणु नामक सम्राट के ब्राह्मण पुरोहित महागोविन्द ने अपने साम्राज्य को सात अलग–अलग भागों में विभक्त किया जिसमें अश्मक भी एक था। बौद्ध काल से पूर्व में इसका अवन्ति के साथ संघर्ष हुआ और इसे अवन्ति राज्य में मिला गया।

II. गणतंत्रीय शासन

भारतीय राजनीति में गणराज्यों का अस्तित्व बुद्धकाल की एक महत्वपूर्ण विशेषता थी। राजाओं की प्रशासनिक कार्यों में रुचि का अभाव एवं निरंकुशता से मुक्ति के प्रयास के फलस्वरूप गणराज्यों का विकास हुआ। तत्कालीन साहित्य में दस गणराज्यों के अस्तित्व की जानकारी मिलती है। विद्वानों ने गणराज्यों का उल्लेख इस प्रकार किया है–कपिलवस्तु के कोलिय, पावा के मल्ल, कुशीनारा के मल्ल, पिप्पलीवन के मोरिय, मिथिला के विदेह, वैशाली के लिच्छवि, वैशाली के नाय (ज्ञातृक)[32] एवं सुसुमीरगिरि के भग्ग। रामशरण शर्मा ने उल्लेख किया है कि, रामग्राम को छोड़कर गणराज्यों से जुड़े सभी प्रमुख नगरों की उत्खनन से प्राप्त साक्ष्यों से पुष्टि होती है, जैसे–कपिलवस्तु, श्रावस्ती, कुशीनगर आदि। ये नगर बौद्ध धर्म से सम्बन्धित रहे है।[32a] इन गणराज्यों में शाक्यों और लिच्छवियों के गणराज्य सर्वाधिक महत्वपूर्ण थे और इन्हीं के विषय में सर्वाधिक सूचनाएँ मिलती हैं।

लिच्छवि गण राजधानी वैशाली इसे वज्जि गण भी कहा गया है। यह कई क्षत्रिय कुलों से मिलकर बना था। वज्जि प्रदेश गंगा के उत्तर में नेपाल की तराई क्षेत्र में विस्तृत था। इसमें बिहार राज्य के मुजफ्फरपुर व चम्पारण जिले एवं सारण तथा दरभंगा जिले के कुछ भाग सम्मिलित थे। यह राज्य मगध के उत्तर तथा कोशल एवं मल्ल राज्यों के पूर्व में स्थित था। इसकी राजधानी वैशाली थी जिसका तादात्म्य वर्तमान मुजफ्फरपुर जिले में गंडक नदी के तट पर स्थित बसाढ़ से किया जाता है। वैशाली का उपनगर का नाम कोल्लाग (बिहार) मिलता है जिसे महावीर स्वामी के सात्रिक जनों का निवास कहा है। महावीर स्वामी की जन्म स्थली कुंडग्राम भी वैशाली का उपनगर था। वैशाली में 7,707 प्रसाद, 7,707 कूटागार, 7,707 आराम, 7,707 कमल पुष्करिणी होने की जानकारी महावग्ग से मिलती है।[33] वैशाली तीन भागों में विभक्त था–7,000 घर स्वर्ण शिखर के, 14,000 घर चाँदी के शिखर के एवं 21,000 घर ताम्र शिखर के थे, जिनको क्रमशः उच्च, मध्यम एवं निम्न वर्गों से सम्बन्धित किया जाता है।

वज्जि संघ ने बुद्ध के समय अपने को आठ संघों के एक समूह में संगठित कर लिया था जो अठ्ठकुलिक कहलाते थे। इनमें 'विदेह', 'ज्ञातृक', 'लिच्छवि' एवं 'वज्जि' आदि सम्मिलित थे। दूसरे चार, उग्र 'भोग', 'इक्ष्वाकु' एवं 'कौरव' माने जाते हैं। इस तरह वैशाली केवल लिच्छवि वंश की ही नहीं, बल्कि सम्पूर्ण वज्जि गणतंत्र की राजधानी थी।[34] पुराणों में उल्लेख मिलता है कि इक्ष्वाकु के पुत्र विशाल ने वैशालिक वंश की स्थापना की और वैशाली नगर बसाया था। राय चौधरी का कथन है कि तिब्बती न्याय–व्यवस्था जिसमें तीन न्यायालय होते थे, सात न्यायालय वाली लिच्छवी न्याय–व्यवस्था से अलग नहीं कही जा सकती।[35] जायसवाल एवं राय चौधरी आदि विद्वान् लिच्छवियों को क्षत्रिय मानते हैं।[36] भगवान बुद्ध के निर्वाण प्राप्त करने पर उनके अस्थि अवशेषों की माँग इस आधार पर लिच्छवियों ने की थी, भगवान बुद्ध भी क्षत्रिय थे और वे भी क्षत्रिय है। जैन ग्रंथ कल्पसूत्र में वैशाली के राजा चेटक की बहन त्रिशला को क्षत्राणी कहा गया है। मनु ने लिच्छवियों एवं मल्लों को व्रात्य क्षत्रिय कहा है।[37] राय चौधरी ने लिखा है, निष्कर्ष यही निकलता है कि लिच्छवि लोग भी क्षत्रिय थे, किन्तु ब्राह्मण विधियों की अवहेलना करने के फलस्वरूप उन्हें व्रात्य कहकर निम्न कोटि का मान लिया गया।[38]

शाक्य–राजधानी कपिलवस्तु हिमालय की तराई में स्थित शाक्य गणराज्य का शासन केन्द्र कपिलवस्तु, रोहिणी नदी के पश्चिमी तट पर स्थित था। नेपाल में स्थित आधुनिक तिलौराकोट को कपिलवस्तु माना जाता है। कुछ विद्वानों ने सिद्धार्थ नगर जिले (उ.प्र.) के पिवहरवा नामक स्थान को कपिलवस्तु घोषित किया है। जहाँ से बौद्ध स्तूप व धातुगर्भ मंजूषा के अवशेष प्राप्त हुए हैं। सुत्तनिपात में बिम्बसार द्वारा अपना परिचय पूछे जाने पर बुद्ध ने स्वयं को शाक्य जाति में उत्पन्न तथा कौशल का निवासी बताया (कोसलेसू निकेतनो) था। शाक्य संघ में 80,000 कुल या पाँच लाख जनसंख्या थी। विरुद्धक (विडूड्भ) ने 77,000 शाक्यों का क्रूरतापूर्वक वध कर दिया था। शाक्य संघ की राजधानी के अतिरिक्त अन्य नगरों के विषय में भी जानकारी मिलती है–छातुमा, सामगारा, कोमदास्स, सिलावती, मेदलुम्पा, नागरका, उलम्पा, देवदाहा, सकारा आदि।[39] शाक्य संघ की सभा के 500 सदस्य थे, जिसे शाक्य परिषद् कहा जाता था। इसका प्रमुख राजा कहलाता था। बुद्ध के पिता शुद्धोधन को राजा कहा गया है।

कोलिय–रामगाम (रामग्राम) कोलियों को नागवंशी माना गया है। उनका पूर्वपुरुष रामकाशी का नागवंशी नरेश था। कोलियों का राज्य गोरखपुर के दक्षिणी भाग में स्थित था। इनकी राजधानी रामगाम थी इसके अतिरिक्त पाँच अन्य नगरों का उल्लेख आया है– हल्दावसाना, सजनेला, सापगा, उत्तरा एवं काकरापत्ता। कोलियों को शाक्यों के निकट रूप से सम्बद्ध (वैवाहिक सम्बन्धों के होने से) कहा है।[40]

मल्ल–पावा मल्ल संघ पावा एवं कुशीनारा दो केन्द्रों में विभक्त था। पावा में महावीर ने देह त्याग किया था। दूसरी ओर कुशीनारा में बुद्ध का निर्वाण हुआ था। सुमंगलविलासिनी ने पावा को कुशीनगर से तीन गावुत (लगभग 6 मील) दूर कहा है। उत्तर प्रदेश के देवरिया जिले के कशिया नामक स्थान से उत्खनन में महानिर्वाण स्तूप एवं चैत्य के अवशेष, ताम्रपत्र एवं मुद्राएँ प्राप्त हुई हैं जो बुद्ध के निर्वाण स्थल को इंगित करते हैं।

पिप्पलिवन के मोरिय गोरखपुर जिले में कुसुम्ही के निकट राजधानी नामक ग्राम से इसका समीकरण किया जाता है। विरुद्धक के अत्याचारों से बचने के लिए हिमालय के तराई क्षेत्र से भाग कर मोरियों ने अपने गणराज्य की स्थापना की थी। कहा गया है कि वह क्षेत्र मोरों की आवाज से गुंजायमान रहता था। अतः उन्हें मोरिय कहा जाने लगा। चन्द्रगुप्य मौर्य इसी वंश में हुआ था।

अलकप्प के बुलि यह आधुनिक बिहार के शाहबाद, आरा एवं मुज्जफरपुर जिलों के मध्य स्थित था। बुलि बौद्ध धर्मानुयायी थे। यह स्थान उन आठ स्थानों में से है जहां के राजा महात्मा बुद्ध के अस्थि अवशेष लेने कुशीनगर आये थे।

केसपुत्र के कालाम इस क्षेत्र को कौशल राज्य के अधीन कहा है जो कालामवंशी राजाओं की राजधानी थी। संभवतः यह राज्य सुल्तानपुर जिले के कुडवार से पालिया नामक स्थान तक फैला हुआ था। आलारकालाम नामक आचार्य जो उरुवेला के समीप रहते थे इसी गणराज्य से सम्बद्ध थे और बुद्ध ने सबसे पहले उनसे ही उपदेश ग्रहण किया था। यह क्षेत्र भी कौशल के अधीन था।

सुसुमारगिरि के भग्ग (राजधानी चुनार–मिर्जापुर) डॉ. जायसवाल ने इसका समीकरण मिर्जापुर जिले में स्थित वर्तमान चुनार से किया है। भग्ग गणराज्य के अधीन विन्ध्य क्षेत्र की यमुना व सोन नदियों के बीच का प्रदेश सम्मिलित था। वत्स राज्य से इसका निकट सम्बन्ध कहा गया है। यहाँ के लोगों ने बुद्ध का स्वागत कोकनाद प्रसाद में किया था।

वज्जि संघ का प्रशासन वज्जि संघ की प्रशासनिक व्यवस्था के संचालन हेतु संघ की सभा में 7,707 राजा थे, जो वैशाली के नागरिक द्विगुणित 84,000 अर्थात् 1.68 लाख जनसंख्या में से चुने जाते थे। इनसे इतने ही उपराजा, सेनापति एवं भण्डारिक थे। लिच्छवि गण के बहु–संख्यक राजाओं के बारे में कहा गया कि कोई लिच्छवि राजा अपने को किसी दूसरे से छोटा नहीं मानते थे और सब आपस में ''मैं राजा हूँ, मैं राजा हूँ'' कहते थे और विभिन्न प्रकार के सुन्दर वस्त्र पहनकर सभा भवन में उपस्थित होते थे। संघ के अधिवेशन स्थल को संस्थागार कहा जाता था। कभी–कभी अधिवेशन उद्यान (आराम) में भी होते थे। अट्ठकथा से जानकारी मिलती है कि अधिवेशन से पूर्व घड़ियाल बजाया जाता था। राजाओं के अधिवेशन में न केवल विदेशी मामलों पर विचार किया जाता था बल्कि व्यापार, कृषि, सामाजिक एवं वैवाहिक मामले भी तय किए जाते थे।

गणतंत्रों की कार्य प्रणाली गणराज्यों की कार्य प्रणाली का विस्तृत विवरण नहीं मिलता किन्तु बौद्ध संघों की कार्य विधि का उल्लेख बौद्ध ग्रंथों में आया है। विद्वानों की मान्यता है कि बौद्ध संघ की कार्य प्रणाली का जो स्थूल चित्र बनता है वैसी ही कार्य प्रणाली गणराज्यों की रही होगी।

गणराज्यों की वास्तविक शक्ति केन्द्रीय समिति के अधीन होती थी जिसे संस्थागार कहा जाता था। एक प्रकार से संस्थागार आधुनिक प्रजातन्त्रात्मक संसद के ही समान था। अधिवेशन हेतु एक विशेष अनुभवी अधिकारी '**आसनपञ्ञापक**' वरिष्ठता क्रम (जेष्ठानुक्रम) से आसन की व्यवस्था करता था। अधिवेशन के लिए गणपूर्ति (कोरम) का विधान था। गणपूर्ति के लिए कम–से–कम दस (सीमान्त क्षेत्रों में पाँच) सदस्यों का विधान था। वस्तुतः भिन्न–भिन्न कार्यों के लिए संघ की निर्धारित उपस्थिति (**नियतोपस्थिति**) अलग–अलग (5, 10, 20 और 20 से अधिक) कही गई है। गणपूर्ति में दूसरे जनपदों के व्यक्ति या जिनके विरुद्ध कोई मामला विचाराधीन हो, सम्मिलित नहीं किए जाते थे। गणपूरक नामक अधिकारी कोरम पूरा कराने का प्रयास (व्हिप) करता था। गणपूर्ति आवश्यक थी। संघ का अध्यक्ष विनयधर कहलाता था, उसकी गणना गणपूर्ति में नहीं की जाती थी। संघपूर्ति के अभाव में संघवग्ग (व्यग्र) कहलाता था। संघ के निर्णय अनियमित माने जाते थे और अनुपस्थित भिक्षुओं की अनुमति से भी उनको नियमित नहीं माना जा सकता था।

प्रस्ताव (ज्ञप्ति) औपचारिक रूप से प्रस्तोता (ज्ञापक) द्वारा उपस्थित (स्थापन) या प्रस्तुत करना आवश्यक था। उसके बाद उसका नियमित अनुस्सावन या आवृत्ति होती थी, जिससे सब सुन सके। इस तरह वाद–विवाद विषय वस्तु तक ही सीमित रहता था। असम्बद्ध बातों पर वाद–विवाद नहीं किया जा सकता था। प्रस्तुत ज्ञप्ति पर किसी सदस्य का मौन रहना उसकी सहमति का सूचक था। विवादास्पद विषय पर सबकी सहमति प्राप्त करने के लिए अन्य संघ का उदाहरण प्रस्तुत किया जाता था।

उप–समिति विवादास्पद विषय पर किसी निर्णय पर नहीं पहुँचने की स्थिति में एक उप–समिति बना दी जाती थी, जिसे उब्बाहिक (उद्वाहिका) सभा कहा जाता था। इस समिति में चुने हुए व्यक्ति ही सदस्य बनाए जाते थे। वह समिति किसी अन्य स्थान पर विचार–विमर्श कर सकती थी। उसका निर्णय सबको मान्य होता था। रीजडेविड्स ने '**नेति**' एवं '**उबाहिक**' शब्द पंचनिर्णय के द्योतक माने हैं, उनके अनुसार विवादास्पद विषय पंचनिर्णय हेतु भेजे जाते थे।[41]

अत्यन्त जटिल एवं विवादास्पद विषय पर एक मत न होने पर बहुमत द्वारा उसका निर्णय किया जाता था। जैसा विदित है कि विरुद्धक द्वारा आक्रमण किए जाने पर ''कौशल नरेश (विरुद्धक) की अधीनता स्वीकार कर ले या नहीं,'' का निर्णय भी बहुमत से करना पड़ा था। मतदान गुप्त (गुल्हक) और प्रत्यक्ष (विवतक) दानों प्रकार का होता था। मत (**vote**) के लिए ''छन्द'' शब्द आया है। मतदान लेने वाला अधिकारी 'शलाका ग्राहापक' कहलाता था। शलाकाएँ लकड़ी की बनी होती थीं, जिन्हें सदस्यों में वितरित कर दिया जाता था। प्रत्येक सदस्य को उस रंग की शलाका का चयन करना होता

था जो उसके मत के अनुरूप हों एवं शलाका का चयन गुप्त रखा जाता था। 'स्वकर्णजल्पक' विधि द्वारा शलाका ग्राहापक कान के पास गुप्त रूप से अवगत करवाता था कि किस रंग की शलाका क्या आशय रखती है और कौन–सी शलाका का उसे चयन करना चाहिए? बहुमत से लिए गए निर्णय को भूमिस्सिकम या भयसीयम कहते थे।

सदस्यों में असमान व्यवहार से या वर्ग में विभक्त कर करवाया गया मतदान अवैध माना जाता था। किन्तु महागोविन्दसुत्त से ज्ञात होता है कि सभागार में व्यर्थ प्रलाप भी होता था। स्पष्ट है कि, अधिवेशन के अभिलेखन की व्यवस्था थी। सम्भवतः यह कार्य अधिकारियों अथवा लिपिकों द्वारा सम्पन्न किया जाता होगा।

न्याय प्रणाली विनय पिटक बहुमत से लिए गए निर्णय को भूमिस्सिकम या भयसीयम कहते थे। गण सभा न्यायिक सभा का कार्य भी करती थी। किन्तु न्याय प्रक्रिया अत्यन्त विशद् थी। सुमंगलविलासिनी में विवरण मिलता है कि किसी अपराध के दोषी व्यक्ति को क्रमशः (1) विनिच्छयमहामात्य (जाँच अधिकारी) के पास लाया जाता था। वह जाँच प्रक्रिया में अभियुक्त को दोषी न पाने पर छोड़ सकता था, परन्तु दोषी पाए जाने पर उसे दण्डित करने का अधिकार नहीं था। बल्कि मामला (2) **बोहारिक** (न्यायिक विशेषज्ञ) के पास प्रेषित किया जाता था। दोषी व्यक्ति को बाद में (3) **सुत्तधर** (पारस्परिक नियमों के विशेषज्ञ), (4) **अठ्ठकुलिकों** (आठ व्यक्तियों की न्याय परिषद्), (5) **सेनापति** तथा (6) **उपराजा** के पास प्रस्तुत किया जाता था। अन्तिम सुनवाई स्वयं (7) **'राजा'** करता था जो **'पणिक–पोत्थक'** (पूर्व दृष्टान्तों को संकलित करने वाला ग्रंथ) के आधार पर निर्णय देता था।[42]

मल्ल एवं वज्जि संघ का संगठन वज्जि एक संघ गणराज्य था। वज्जियों, मल्लों एवं काशी–कोशल ने मिलकर एक विशाल संघ बनाया जिसका उद्देश्य अजातशत्रु के आक्रमणों का सामना करना था। जैन कल्पसूत्र से ज्ञात होता है कि उस संघ में 9 लिच्छवि, 9 मल्ल तथा काशी–कोशल के 18 गणराज्य सम्मिलित थे। संघ के प्रत्येक सदस्य स्वतंत्र गणराज्य थे, कुछ राजाओं ने संघ की सदस्यता से हाथ खींच लिया था। अतः लिच्छवी गणाध्यक्ष चेटक को अजातशत्रु से अकेले युद्ध करना पड़ा।

चेटक ने वैवाहिक सम्बन्धों द्वारा अपनी स्थिति सुदृढ़ करने का प्रयास किया था। उसकी बहन त्रिशला (महावीर की माँ) का विवाह ज्ञातृक राजा सिद्धार्थ के साथ हुआ। चेटक की सात लड़कियाँ थीं जिनमें से एक चेलना का विवाह मगध नरेश बिम्बिसार के साथ और दूसरी मृगावती का वत्स राजा शतानीक के साथ हुआ था। अपनी पुत्री का विवाह बिम्बिसार के साथ किए जाने पर भी चेटक मगध के साथ होने वाले संघर्ष को नहीं टाल सका।

महापरिनिर्वाणसुत्त में उल्लेख मिलता है कि, अजातशत्रु ने वस्सकार को वज्जियों के उन्मूलन का उपाय जानने के लिए बुद्ध के पास भेजा था। **अपरिहानिय–धम्म (सात अपरिहरणीय धर्म)** : बुद्ध ने बताया था कि, वज्जि लोग जब तक सात बातों का पालन करते रहेंगे तब तक अजेय रहेंगे, जिन्हें 'अपरिहानिय धम्म' की संज्ञा दी गई। अपरिहानिय धम्म का उल्लेख इस प्रकार किया जा सकता है :

- संघ सभा में पूर्ण उपस्थिति एवं नियत समय पर अधिवेशन।
- संघ में एकमत या सम्पूर्ण रूप से उपस्थित रहना, अधिवेशन करना एवं संघ के कर्तव्य–कर्म करना।
- अस्वीकृत निर्णय को स्वीकार न करना एवं स्वीकृत तथ्य का बहिष्कार न करना अर्थात् वज्जि संघ के स्वीकृत तथ्यों के अनुसार कार्य करना होता था।
- वज्जि संघ के वृद्धों, (महल्लकों) नेताओं का सत्कार करना, उनके प्रति गौरव भाव रखना, सम्मान करना, पूजा करना एवं आदेशों का पालन करना।
- वज्जि संघ के चैत्यों की पूजा करना एवं धार्मिक कृत्यों का सम्पादन करना (वज्जि संघ के धार्मिक अरहन्तों का सम्मान करना)।
- तृष्णा या अनर्गल कामना पर नियंत्रण रखना।
- कुल की स्त्रियों एवं कुमारियों का अपहरण न करना आदि।[43]

स्पष्ट है कि, संघ के अधिवेशन नियत समय पर होते थे एवं बहुसंख्यक सदस्य उनमें उपस्थित रहते थे। इसके अतिरिक्त निर्धारित नीति–नियमों का पालन किया जाता था। बड़ों के प्रति सम्मान भाव परस्पर एकता में वृद्धि करता है अर्थात् उनके संगठन की शक्ति का आधार एकता थी। जिसे वस्सकार जैसे कूटनीतिज्ञों ने भेद नीति द्वारा तोड़ने का सपफल प्रयास किया।

III. मगध साम्राज्य का उद्‌भव

ई.पू. छठी शताब्दी के प्रारम्भ में मगध दक्षिणी बिहार में पटना तथा गया के निकटवर्ती क्षेत्रों में स्थित था। इसके उत्तर तथा पश्चिम में क्रमशः सोन तथा गंगा नदियाँ थीं। पूर्व में यह छोटा नागपुर के पठार तक फैला हुआ था। पूर्व की ओर चम्पा नदी जो इसे अंग से अलग करती थी। इसकी राजधानी पाँच पहाड़ियों से घिरा अभेद्य शहर था। ईसा पूर्व पाँचवीं शताब्दी के आस–पास राजधानी पाटलिपुत्र से स्थानांतरित कर दी गई।

मगध साम्राज्य के उत्थान के कारण : यहाँ प्रश्न उठाया जा सकता है कि मगध की विस्तारवादी नीति की सफलता के क्या कारण रहे हैं?

- यहाँ के निवासी वर्ण व्यवस्था तथा ब्राह्मणीय अनुष्ठान के अनुयायी नहीं थे। बुद्ध को ज्ञान यहीं प्राप्त हुआ था। राय चौधरी ने लिखा है कि मगध राष्ट्र की एक मुख्य विशेषता

यह थी कि वहाँ के लोगों के व्यवहार में एक प्रकार का लचीलापन था। यह गुण सरस्वती व दृषद्वती के तटवर्ती प्रदेशों के लोगों में नहीं था।[44]

- ऋग्वेद में मगध के आर्यावर्त की सीमा से बाहर स्थित होने का उल्लेख मिलता है।[45] पुराणों में अंग, मगध, बंग आदि की यात्रा से लौटने पर पुनः संस्कार करके शुद्ध होने का उल्लेख आया है।[46] राय चौधरी ने उल्लेख किया है कि जिस राष्ट्र में बड़े–बड़े लड़ाकुओं और योद्धाओं ने जन्म लिया। जिस राष्ट्र में जरासंध, अजातशत्रु, महापदम तथा कलिंग विजय करने वाले चण्डाशोक और सम्भवतः समुद्रगुप्त जैसे महान् योद्धा पैदा हुए। उसी राष्ट्र के राजाओं ने प्रतिबोधिपुत्र–वर्द्धमान महावीर तथा गौतम बुद्ध के उपदेशों को स्वीकार किया तथा समूचे भारत में अपना साम्राज्य फैलाने के साथ–साथ विश्व धर्म का प्रचार भी किया।[47] कहा गया कि उस क्षेत्र के लोगों की विशेषता थी कि वह अपने सम्राटों के लिए सब कुछ करने को तत्पर रहते थे। यवनों को (तुषाष्प) राजपद दिए जाने का विचार भी इसी प्रदेश के शासकों द्वारा किया जा सकता था।
- मगध के पास प्रबल इच्छाशक्ति के अलावा समन्वय की असीम क्षमता, अनेक जातियों का सम्मिश्रण, जैन एवं बौद्ध धर्मों के साथ ही संघ भेद, परम्परावादी प्रवृत्ति के अभाव के द्योतक हैं। एक शूद्र का शासक बनना इस क्षेत्र के लोगों की उत्कट इच्छाशक्ति का प्रतीक है।
- मगध के अमात्य एवं मंत्री भी विशेष योग्यता वाले रहे हैं। बिम्बिसार के वस्सकार (वर्षकार) एवं अजातशत्रु के सुनीथ, चन्द्रगुप्त के कौटिल्य आदि अमात्यों को कूटनीतिक महारथ हासिल थी। राय चौधरी का कथन है मगध के राजदरबार में, गिरिव्रज के शासकों के पास तथा पाटलिपुत्र में भी ऐसे वफादार लोग थे, जो देशभर में अपनी इच्छा के अनुकूल जनमत तैयार कर सकते थे।[48]
- मगध की राजधानी राजगृह चारों ओर पहाड़ियों से सुरक्षित थी। महाभारत में विवरण मिलता है कि यह पाँच पहाड़ियों–वैहार, वहार, वृषभ, ऋषिगिरि तथा चैत्यक–से घिरी होने के कारण अगम्य दुर्ग के समान थी (पुरं दुराधर्ष समन्ततः)। मगध की भारत के मध्य की स्थिति और इसकी नई राजधानी पाटलिपुत्र गंगा एवं सोन नदियों के संगम पर स्थित होने के कारण जलमार्ग का महत्वपूर्ण केन्द्र भी बन गई थी। अंग के मगध में सम्मिलित किए जाने से, मगध को वहाँ के हाथी बड़ी संख्या में उपलब्ध होने लगे। गज सेना के बल पर शक्तिशाली दुर्ग भी ध्वस्त किए जा सकते थे।
- मगध के आसपास (दक्षिणी बिहार) में पाई जाने वाली लोह खदानों से भाँति–भाँति के अस्त्र–शस्त्र बनाया जाना सम्भव था।
- गंगा के मैदानों में बड़ी मात्रा में उत्पादित खाद्यान्नों से मगध शासकों के लिए विशाल सेना रखना सम्भव हुआ। गंगा, गंडक तथा सोन नदी के व्यापारिक मार्गों पर इसके नियंत्रण के कारण भी इसे पर्याप्त राजस्व प्राप्त होता था।

3.1 हर्यंक वंश (544–412 ई.पू.)

इस वंश का संस्थापक बिम्बिसार था। पुराणों का यह कथन है कि प्रद्योत वंश ने मगध पर शासन किया एवं प्रद्योत वंश का नाश करके शिशुनाग शासक बना[49] और बम्बिसार को उसी वंश का शासक माना गया। किंतु बौद्ध ग्रन्थों से ज्ञात होता है कि चण्ड प्रद्योत महासेन ने अवन्ति पर शासन किया था मगध पर नहीं। स्वयं पौराणिक साक्ष्यों के अनुसार प्रद्योत के बाद भी अवन्ति में पालक, आर्यक, अवन्तिवर्द्धन एवं विशाखयूप राजा हुए।

दूसरी ओर महापरिनिर्वाणसुत्त से ज्ञात होता है कि वज्जिसंघ को परास्त कर बिम्बिसार के पुत्र अजातशत्रु ने वैशाली पर अधिकार किया था। दूसरे, महालंकारवत्थु से जानकारी मिलती है कि शिशुनाग ने राजगृह को छोड़कर वैशाली को राजधानी बनाया था। शिशुनाग निश्चित रूप से अजातशत्रु के बाद हुआ। महालंकारवत्थु में यह भी विवरण मिलता है कि शिशुनाग द्वारा राजगृह का परित्याग करने के बाद उसकी उत्तरोत्तर अवनति होती गई। शिशुनाग के पुत्र कालाशोक (काकवर्ण) ने अपनी राजधनी पाटलिपुत्र को बनाया था। उसे बिम्बिसार का पूर्व शासक नहीं माना जा सकता, क्योंकि उस समय पाटलिपुत्र का अस्तित्व नहीं था। पाटलिपुत्र को बिम्बिसार के पश्चात् उसके वंशज उदयिन ने बसाया था।

बिम्बिसार (राजधानी गिरिव्रज व राजगृह, 544–492 ई.पू.) बिम्बिसार को अश्वघोष ने हर्यक कुल का बताया है।[50] डी.आर. भण्डारकर की मान्यता है कि बिम्बिसार वज्जियों का सेनापति था। उसने वज्जियों को परास्त कर अपना स्वतंत्र राज्य स्थापित किया तथा एक नवीन राजवंश की स्थापना की।[51] किन्तु यह तथ्य अधिक उचित प्रतीत नहीं होता, क्योंकि महावंश में कहा गया है कि बिम्बिसार के पिता ने स्वयं 15 वर्ष की आयु में उसे मगध नरेश के रूप में अभिशिक्त किया।[52] प्रारम्भ में कुछ विद्वानों ने उसके पिता को हेमजित, क्षेमजित, आदि नाम दिये थे, परन्तु राय चौधरी ने इन्हें काल्पनिक माना है।[53] मगध के पड़ोसी राज्य अवन्ति, कौशल, वत्स (गणराज्य) थे, बिम्बिसार ने इनके साथ मैत्री सम्बन्ध बनाए रखने का प्रयास किया और उसने अनेक राज्यों से वैवाहिक सम्बन्ध स्थापित किए।

- उसकी पटरानी कौशल देवी कौशल नरेश महाकोशल की पुत्री एवं प्रसेनजित की बहन थी। इस वैवाहिक सम्बन्ध से कौशल मगध का मित्र ही नहीं बना बल्कि उसे एक लाख कार्षापण की वार्षिक आय का काशी जनपद का एक ग्राम भी प्राप्त हुआ।

- लिच्छवि राजा (मुख्या) चेटक की सातवीं पुत्री चेलना से भी बिम्बिसार ने विवाह किया। उसकी तीसरी रानी खेमा पंजाब क्षेत्र में स्थित मद्र (शाकल) राजा की पुत्री थी।
- जैन ग्रन्थों में एक अन्य रानी वैदेही का उल्लेख मिलता है, क्योंकि बिम्बिसार के पुत्र अजातशत्रु को 'वैदेहीपुतो' कहा गया है। महावग्ग से ज्ञात होता है कि उसके 500 रानियाँ थीं। राय चौधरी ने लिखा है–उसने मद्र, कौशल तथा वैशाली से वैवाहिक सम्बन्ध कायम भी किए। बिम्बिसार की यह नीति बहुत ही महत्वपूर्ण थी, इससे सैन्य शक्ति प्रधान राज्य बिम्बिसार से सन्तुष्ट ही नहीं रहे, वरन् उन्होंने मगध को पश्चिम तथा उत्तर की ओर फैलने में भी मदद की।[64]

शक्तिशाली राष्ट्रों से बिम्बिसार ने संघर्ष करना उचित नहीं समझा बल्कि उनसे कूटनीतिक सम्बन्ध स्थापित किए। चण्ड प्रद्योत बिम्बिसार का समकालीन नरेश था। विनयपिटक से जानकारी मिलती है कि एक समय प्रद्योत को पाण्डू रोग (पीलिया) हो गया था, बिम्बिसार ने उसकी चिकित्सा हेतु अपने वैद्य जीवक को भेजा, इस प्रकार अवन्ति मगध का मित्र राज्य बन गया।

साम्राज्य विस्तार बिम्बिसार साम्राज्य विस्तार का समर्थक था। सबसे पहले उसने अंग राज्य पर आक्रमण किया। महावग्ग एवं शोणदण्डसुत्त हमें जानकारी देता है कि अंग को जीतने के लिए बिम्बिसार ने कूटनीति का सहारा लिया। युद्ध में अंग नरेश ब्रह्मदत्त मारा गया और अंग को मगध में मिला लिया गया। सुमंगल–विलासिनी में अंग को मगध का अलग प्रान्त कहा है तथा वह मगध युवराज अजातशत्रु द्वारा शासित था 'चम्पायानम् कुणिकोराजा।' बौद्ध ग्रन्थों से जानकारी मिलती है कि चम्पानगर के ब्राह्मण वर्ग को अपने पक्ष में करने की दृष्टि से चम्पा की आय ब्राह्मण शोण्दण्ड को समर्पित कर दी थी। सम्भवतः नए विजित प्रदेश में स्थायित्व प्रदान करने की दृष्टि से ऐसा करना आवश्यक था। धम्मपद की अठ्ठकथा तथा बुद्धचर्या में उल्लेख मिलता है कि बिम्बिसार का राज्य 300 योजन तक विस्तृत था जिसे अजातशत्रु ने 200 योजन और बढ़ाया। विनयपिटक तथा महावग्ग से ज्ञात होता है कि उसके राज्य में 80,000 नगर या ग्राम थे। बिम्बिसार ने 80,000 गाँवों के गामिनियों ग्राम मुख्याओं की एक सभा आयोजित की थी। इससे यह पता चलता है कि बिम्बिसार के प्रशासन में गाँव संगठन की एक महत्वपूर्ण इकाई के रूप में उभर कर आए। उसका साम्राज्य उत्तर में गंगा के उत्तरी भाग, दक्षिण में छोटा नागपुर, पूर्व में अंग तथा पश्चिम में सोन नदी तक विस्तृत था। उसके साम्राज्य में पश्चिमी बंगाल का पश्चिमी क्षेत्र, दक्षिणी बिहार, उड़ीसा का उत्तरी भाग एवं मध्य प्रदेश के पूर्वी भाग सम्मिलित थे।

गिरिब्रज (बिहार) मगध की प्राचीन राजधानी गिरिव्रज (कुशाग्रपुर) जो नगर के उत्तर में स्थित थी, वज्जिसंघ के आक्रमणों से असुरक्षित थी। वज्जि आक्रमण के समय आग लगने से यहाँ बहुत हानि हुई, ह्वेनसांग ने इसका उल्लेख किया था। अतः गिरिव्रज के उत्तर–पूर्व में '**राजगृह**' (राजगीर–बिहार) नामक नवीन राजधानी बसाई गई। बिम्बिसार के वास्तुकार महागोविन्द ने इसकी योजना बनाई थी। यद्यपि फाह्यान ने नवीन राजधानी की स्थापना का श्रेय अजातशत्रु को दिया है। राजगृह की मगधपुर, बार्हद्रथपुर, बिम्बिसारपुरी व वसुंमती नाम भी मिलते है।

अमात्य वर्ग बिम्बिसार कुशल प्रशासक था। उसने अयोग्य अमात्यों को सेवा से निष्कासित कर दिया तथा योग्य लोगों को पुरस्कृत किया। वस्सकार या सुनीथ जैसे अमात्यों को उच्च पद प्रदान किए। प्रशासनिक कार्यों में सहयोग हेतु अनेक पदाधिकारियों को नियुक्त किया–उपराजा, सब्बत्थक, वोहारिकमहामत्त, सेना नायक महामत्त, माण्डलिक एवं ग्राम भोजक आदि।

(1) अपने बड़े पुत्र दर्शक को '**उपराजा**' नियुक्त किया, जिसकी सहायता से वह प्रशासन संचालित करता था।

(2) '**सब्बत्थक**' सामान्य कार्य देखता था। उसे प्रमुख मंत्री कहा जा सकता है।

(3) '**वोहारिक महामत्त**' साम्राज्य के न्याय सम्बन्धी कार्य करता था। विनयपिटक से ज्ञात होता है कि उस युग में अपराधियों को कठोर दण्ड दिया जाता था। कारावास के अतिरिक्त कोड़े लगाने, लोहे से जलाने, जिह्वा काटने, पसलियाँ तोड़ने, अंगच्छेदन एवं मृत्युदण्ड आदि का प्रावधान था।

(5) '**सेनानायक महामत्त**' का बिम्बिसार जैसे साम्राज्यवादी सम्राट के लिए इसका अत्यधिक महत्व था। उसकी सेना का संचालन किसी अनुभवी एवं विश्वस्त व्यक्ति द्वारा ही किया जाता होगा। सेनापति सैन्य विस्तार में भी सहयोग करता रहा होगा।

(6) '**ग्राम भोजक**' सम्भवतः ग्रामीण क्षेत्रों से भूराजस्व संग्रह करते थे। महावग्ग से जानकारी मिलती है कि राज्य सभा में समस्त ग्रामों के प्रतिनिधियों को स्थान दिया जाता था। सम्भवतः उपज का 1/10 भाग भू–राजस्व के रूप में लिया जाता था।

महात्मा बुद्ध एवं बिम्बिसार के सम्पर्क का विवरण बौद्ध साहित्य में आया है। संन्यास लेने से पूर्व बुद्ध बिम्बिसार के सम्पर्क में आए थे। उसने अपना सेनापति बनाने तथा विपुल धन–सम्पत्ति देने की बात कही थी, किन्तु बुद्ध ने अस्वीकार कर दिया था। यह घटना बुद्ध के ज्ञानप्राप्ति से सात वर्ष पूर्व की थी। महात्मा बुद्ध का कुछ वर्षों बाद पुनः मगध में आगमन हुआ तो बिम्बिसार ने उन्हें वेणवन में ठहराया था। अपने वैद्य जीवक को उनकी सेवा में नियुक्त करने की जानकारी भी मिलती है। ललित विस्तर में विवरण मिलता है कि उसने

बौध्द भिक्षुओं से तरपण्य शुल्क (नाव पार करवाने का) न लिए जाने का आदेश प्रसारित किया था। दूसरी ओर जैन ग्रंथ उत्तराध्ययन सूत्र से ज्ञात होता है कि वह अपने पुत्रों, रानियों एसं दास–दासियों सहित जैन तीर्थंकर महावीर के चैत्य में जाता था एवं उपदेश भी सुनता था।

तिथ्यांकन महावंश में बिम्बिसार द्वारा 52 वर्ष शासन करने का विवेचन मिलता है जबकि पुराणों में उसका कार्यकाल 28 वर्ष का कहा गया है तथा उसके पुत्र द्वारा 24 वर्ष शासन करने का उल्लेख मिलता है। चीनी डॉटेड रिकॉर्ड से ज्ञात होता है कि बुद्ध का निर्वाण ईसा पूर्व 486–487 में हुआ। तत्कालीन साहित्य से जानकारी मिलती है कि बुद्ध निर्वाण अजातशत्रु के शासन काल के आठवें वर्ष में हुआ। इस प्रकार 52 वर्ष बिम्बिसार का कार्यकाल (दर्शक के 24 वर्ष को सम्मिलित करते हुए) एवं अजातशत्रु के 8 का कार्यकाल (52 + 8 = 60 वर्ष) अर्थात् बुद्ध निर्वाण के 60 वर्ष पूर्व बिम्बिसार का राज्यारोहण हुआ। बुद्ध निर्वाण (चीनी डॉटेड रिकार्ड के के आधार पर ई.पू. 487) बिम्बिसार तथा अजातशत्रु की शासन अवधि के 60 वर्ष के आधार पर कहा जा सकता है कि (487 + 60) ई.पू. 547 या 546 में बिम्बिसार का राज्यारोहण हुआ।[55] रायचौधरी ने बिम्बिसार का राज्याभिषेक ईसा पूर्व 545–544 में स्वीकार किया है।[56]

जीवन के अन्तिम वर्षों में बिम्बिसार को बहुत अधिक कष्ट सहन करने पड़े। कहा जाता है कि लगभग 15 वर्ष उसे कैद रखा गया। वह (बिम्बिसार) चम्पा के उपराजा एवं पुत्र अजातशत्रु के षड्यंत्र का शिकार हुआ, उसने अपने पिता को मरवा दिया था। विनयपिटक आदि बौद्ध ग्रंथों में विवरण मिलता है कि साले देवदत्त के उकसाए जाने से उसने ऐसी कार्यवाही की थी। बाद में महात्मा बुद्ध के समक्ष उसने अपने इस अपराध को स्वीकार किया। राय चौधरी ने भी लिखा है कि, इतिहास जिसे अजातशत्रु, कुणिक तथा अशोक चन्द्र अनेक नामों से जानता है, उस कृतघ्न पुत्र के सम्बन्ध में कहा जाता है कि उसने अपने पिता को मौत के घाट उतारा।[57]

अजातशत्रु (492–460 ई.पू. लगभग) बिम्बिसार के कई पुत्र थे। दर्शक एवं अजातशत्रु के अतिरिक्त महावग्ग में अभय तथा थेरागाथा में शीलवन्त एवं मिल कोण्डन्न के नाम मिलते हैं। अजातशत्रु के भय से दर्शक एवं अन्य तीन भाई भिक्षु बन गए थे। अजातशत्रु बिम्बिसार की किस रानी की सन्तान था यह विवाद का विषय रहा है। ''थूसजातक'' एवं ''मूषिकजातक'' के अनुसार वह कोशल देवी का पुत्र था (विदेहीपुतो) किन्तु संयुक्त निकाय में अजातशत्रु की माता का नाम खेमा (मद्रदेशोत्पन्ना) घोषित किया है। एक अन्य परम्परानुसार कुणिक (अजातशत्रु) वैशाली के गणाध्यक्ष चेटक की पुत्री चेल्लणा (चेलना) का पुत्र था। प्रसेनजित ने अजातशत्रु को अपना भांजा बताया है।

जैसा ज्ञात है कि अजातशत्रु ने अपने पिता का वध कर मगध का सिंहासन हस्तगत किया था। यह घटना बुद्ध महापरिनिर्वाण के आठ वर्ष पूर्व की है अर्थात् जब तक वह (बिम्बिसार) 52 वर्ष शासन कर चुका था।[58] बौद्ध ग्रंथों में उल्लेख मिलता है कि बिम्बिसार की पटरानी कोशलदेवी ने अपने पति के शोक में व्यथित होकर प्राण त्याग दिए थे। कोशल नरेश प्रसेनजित ने अपनी बहिन के विवाह पर उसके निजी श्रृंगार आदि के व्यय हेतु दिए गए काशी ग्राम पर अधिकार कर लिया, जिससे एक लाख कार्षापण की वार्षिक आय होती थी। संयुक्त निकाय में जिक्र आया है कि काशी ग्राम पर अधिकार को लेकर प्रसेनजित एवं अजातशत्रु में संघर्ष हुआ और शुरू में प्रसेनजित की हार हुई तथा उसे बाध्य होकर श्रावस्ती में एक माली के घर शरण लेनी पड़ी। दूसरे आक्रमण में प्रसेनजित ने अजातशत्रु को बन्दी बना लिया। किन्तु कुछ समय बाद मुक्त कर अपनी पुत्री वाजिरा से उसका विवाह कर दिया एवं काशी ग्राम भी मगध को लौटा दिया।

मगध में वज्जि संघ के विलय का आधार मगध के उत्तर में मल्ल एवं लिच्छवी गणराज्य स्थित थे और वैशाली का वज्जि संघ एक शक्तिशाली गणराज्य था। जैसा विदित है कि 9 मल्ल, 9 लिच्छवि एवं काशी और कोशल के 18 शासकों ने एक संगठन बना लिया था। कुछ समय तक इन राज्यों के संगठन का नेतृत्व राजा चेटक के हाथ में था। राय चौधरी ने लिखा है कि लिच्छवि, मल्ल, काशी तथा कोशल का उपरोक्त संगठन मगध राज्य का विरोधी था।

- ऐसा कहा जाता है कि बिम्बिसार के समय में भी वैशाली के शासक इतने ढीठ थे कि वे गंगा के पास वाले अपने पड़ोसी राज्य पर आक्रमण करने की धृष्टता प्रायः करते थे,[59] मगध ने इस संघ के उन्मूलन का निश्चय किया।
- जैन ग्रंथ उवासगदसाव एवं निरयावलीसूत्र से ज्ञात होता है कि बिम्बिसार ने वैशाली राजा चेटक की कन्या अर्थात् अपनी रानी चेलना के पुत्रों हल्ल और वेहल्ल को अपना प्रसिद्ध हाथी सेयणग (सेचनक–अभिषेक में उपयोगी) तथा 18 लड़ियों का एक बहुमूल्य हीरे का हार उपहार में दिया था। अजातशत्रु ने राज्य पर कब्जा करने के बाद अपनी रानी पदमावती (पदमावती) के कहने पर अपने भाइयों को पिता द्वारा दिए गए दोनों उपहार लौटाने को कहा। परन्तु दोनों भाइयों ने ऐसा करना स्वीकार नहीं किया एवं वे नाना चेटक के यहाँ भाग गए। अतः अजातशत्रु ने वैशाली के विरुद्ध आक्रमण कर दिया।
- सुमंगलविलासिनी के अनुसार मगध एवं वज्जि संघ के मध्य गंगा नदी पर एक बन्दरगाह था एवं उसी के समीप खदानें भी थीं। पूर्व सन्धि के अनुसार बन्दरगाह एवं खदानों पर समान रूप से दोनों का अधिकार था। किन्तु पर्याप्त समय से वज्जि संघ इन पर अधिकार जमाए हुए था। अजातशत्रु ने इस विवाद का निपटारा शस्त्र बल से करने का निश्चय किया।

- दोनों राज्यों के मध्य बहने वाली नदियों के पानी पर अधिकार तथा व्यापार आदि से सम्बन्धित कारण भी सम्भवतः विवाद के विषय रहे थे।
- जीवन दर्शन में भी दोनों में मतभेद था। जहाँ एक ओर मगध में राजतंत्रात्मक शासन प्रणाली थी, दूसरी ओर वज्जि संघ गणराज्य थे। वैशाली पर अजातशत्रु के आक्रमण का वास्तविक कारण मगध साम्राज्य की वृद्धि करना था। वज्जि संघ के विरुद्ध युद्ध में पड़ोसी राज्यों को सम्मिलित करने का एक योजनाबद्ध प्रयास था।

अजातशत्रु के कूटनीतिक प्रयास युद्ध का विवरण महावग्ग एवं महापरिनिर्वाणसुत्त में मिलता है। वज्जियों के विरोध का सामना करने हेतु गंगा के दक्षिणी किनारे पर पाटलिग्राम में मगध के दो मंत्रियों सुनीथ एवं वस्सकार ने एक किले का निर्माण करवाया जिसे पाटलिपुत्र कहा गया। महापरिनिर्वाणसुत्त में कहा गया कि, "राजगृह की एक पहाड़ी पर वह परम सौभाग्यशाली (महात्मा बुद्ध) रहा करते थे। उस समय मगध का राजा अजातशत्रु वज्जियों पर आक्रमण करने का इच्छुक था।" उसने कहा भी, "मैं वज्जियों का उन्मूलन कर दूँगा, चाहे वे कितने ही बली और ताकतवर क्यों न हो। मैं उन वज्जियों को उजाड़ दूँगा, मैं उन्हें नेस्तनाबूद करके रहूँगा।"[60] त्रिकूट पर्वत पर निवास कर रहे बुद्ध के पास अपने मंत्री वस्सकार को भेजा, यह जानने के लिए कि वज्जियों का विनाश किस प्रकार हो सकता है। बुद्ध ने बताया था कि जब तक वज्जि लोग सात बातों को पूरा करते रहेंगे वे अजेय रहेंगे। गणतंत्र जब तक "**अपरिहानिय धम्म**' का पालन करते रहेंगे तब तक उनको नष्ट नहीं किया जा सकता, बल्कि वृद्धि होती रहेगी। सवाल यह है कि बुद्ध ने गणतंत्रात्मक व्यवस्था के उन्मूलन का मार्ग क्यों बताया? बुद्ध लिच्छवियों से इतने अधिक प्रभावित थे कि उन्होंने बौद्ध संघ के नियम वज्जि संघ का अनुकरण करते हुए बनाए थे। वस्सकार से लिच्छवियों के विषय में जो कुछ भी कहा था। उसमें उनकी प्रशंसा ही थी। अजातशत्रु ने उनके कथन से अपने हित में कोई अन्य अर्थ निकाल लिया तो यह उनकी बुद्धिमत्ता थी।[61] यह भी कहा गया है कि गणतंत्र तत्कालीन परिस्थितियों में अशक्त होते जा रहे थे। राष्ट्र को एकता के सूत्र में बाँधने की दृष्टि से भी ऐसा किया जाना आवश्यक था।

अजातशत्रु ने अपने अमात्य वस्सकार को उपलायन (कूटनीति) एवं मिथुभेद (संघभेद) की नीति अपनाने को कहा। वस्सकार वज्जि संघ में इस आधार पर शरण प्राप्त करने में सफल हुआ कि वह अजातशत्रु के भय से किसी तरह बचकर आया है। उसने वज्जिसंघ में शरण प्राप्त करके तीन वर्ष की अल्प अवधि में ही वज्जियों में परस्पर मतभेद उत्पन्न कर दिए। राय चौधरी ने उल्लेख किया है कि वैशाली तथा उनके मित्रों को विघटित व समाप्त करने के लिए मगध के वस्सकार आदि राजनीतिज्ञों ने मैक्यावली की कूटनीति से काम लिया था।[62]

वज्जि संघ का मगध में विलय जैन ग्रंथ निरयावलिसुत्त से ज्ञात होता है कि चेटक ने अपनी सहायता हेतु 9 लिच्छवि, 9 मल्ल, काशी एवं कोशल को आमन्त्रित किया। 'उवासगदसाव' से जानकारी मिलती है कि रथमूसल एवं महासिलाकण्टग (फेंकने वाला अस्त्र) जैसे नवीन अस्त्रों का प्रयोग उस युद्ध में किया गया। युद्ध के परिणामस्वरूप गंगा के उत्तर में स्थित गणराज्यों के संघ की पराजय हुई और वैशाली एवं काशी का कुछ भाग मगध में सम्मिलित कर लिया गया। निरयावली में उल्लेख आया है कि, आजीवक आचार्य मंखलिपुत्त गोसाल भी इस युद्ध (562 ई॰पू॰) में मारे गए थे। मंखलिपुत्त महावीर निर्वाण के 16 वर्ष बाद तक थे, अर्थात् महावीर की मृत्यु के 16 वर्ष बाद तक यह युद्ध चलता रहा।[63] रीजडेविड्स ने लिखा है कि अजातशत्रु ने अपने संबंधी लिच्छवियों के साथ वैसी ही क्रूरता की जैसी विरुद्धक ने पूर्व में की थी।[64]

साम्राज्य सीमा मगध साम्राज्य उत्तर में, मध्य गंगा घाटी तक विस्तृत हो गया। अब अंग, वाराणसी, वैशाली आदि मगध राज्य के भाग बन गए थे। एकमात्र अवन्ति ही ऐसा राज्य था जो मगध का सामना कर सकता था। प्रद्योत के आक्रमण की आशंका से उसने अपनी राजधानी राजगृह का दुर्गीकरण करवाया था। आर.एस. त्रिपाठी ने लिखा है कि वैशाली पर मगध की विजय ने मगध को उत्तर भारत में शक्तिशाली राज्य बना दिया। इससे स्वाभाविक रूप से ईर्ष्या बढ़ी और प्रद्योत के आक्रमण की आशंका प्रबल हो उठी। यद्यपि हम साहित्य में उसी आशंका के वशीभूत अजातशत्रु को अपनी राजधानी की रक्षा के अर्थ में उसकी प्राचीरों को सशक्त करने की बात तो पढ़ते हैं परन्तु यह आक्रमण सचमुच हुआ यह अत्यन्त संदिग्ध है।[65]

अजातशत्रु के शासनकाल की महत्वपूर्ण घटनायें, दो युग प्रवर्तक महावीर स्वामी एवं महात्मा बुद्ध का निर्वाण था। प्रारम्भ में अजातशत्रु का झुकाव जैन धर्म की ओर था। वह अपनी रानी के साथ महावीर स्वामी के दर्शन के लिए वैशाली गया एवं वहाँ उसने जैन शिक्षाओं तथा जैन भिक्षुओं की प्रशंसा की। जैन साहित्य में पितृहन्ता के रूप में उसे निन्दित नहीं किया गया है। दूसरी ओर बौद्ध ग्रंथों से ज्ञात होता है कि देवदत्त के प्रभाव से अजातशत्रु महात्मा बुद्ध से द्वेष रखता था किन्तु बाद में उसे पितृहत्या का पश्चाताप हुआ एवं बुद्ध से अपने अपराधों की क्षमा माँगी थी।

राजगृह की प्रथम बौद्ध संगीति महात्मा बुद्ध के निर्वाण के पश्चात् राजगृह में प्रथम बौद्ध संगीति का आयोजन हुआ। अजातशत्रु ने इस अधिवेशन के लिए वैभार की पहाड़ी गुहा में सभा भवन निर्मित करवाया था। महापरिनिर्वाणसुत्त में विवरण मिलता है कि बुद्ध निर्वाण के पश्चात् अजातशत्रु ने बुद्ध के अवशेषों को लेकर राजगृह में एक स्तूप बनवाया। ईसा पूर्व द्वितीय शताब्दी के भरहुत लेख से ज्ञात होता है कि महात्मा बुद्ध एवं अजातशत्रु की भेंट हुई थी। इस लेख में 'अजातशत्रु भगवतो वन्दते' अंकित है।

उदायिन (460–444 ई.पू.) बौद्ध साहित्य में अजातशत्रु के उत्तराधिकारी का नाम उदायिभट्ट मिलता है। इसका समर्थन सिंहल ग्रंथों से भी होता है। दीपवंश में कहा गया कि अपने पिता के बाद वह गद्दी पर आसीन हुआ।[66] जैन ग्रंथ कथाकोष, परिशिष्टपर्वन, समन्तपासादिका, सुमंगलविलासिनी में 'उदय', 'उदायिन नाम मिलते हैं। पौराणिक साक्ष्यों, जिनके अनुसार दर्शक उसका उत्तराधिकारी था। परिशिष्टपर्वन में कहा गया है कि वह कुणिक की रानी पद्मावती का पुत्र था।

राय चौधरी के अनुसार गद्दी पर बैठने के पूर्व अजातशत्रु का पुत्र उदायिभट्ट अपने पिता की ओर से चम्पा का वायसराय (उपराजा) था।[67]

गार्गी संहिता, वायु पुराण एवं जैन ग्रंथ परिशिष्टपर्वन से ज्ञात होता है कि उदायिन ने गंगा के तट पर कुसुमपुर (पाटलिपुत्र) नगर की स्थापना की, यह नगर गंगा एवं सोन नदी के संगम पर बसाया गया। प्रारम्भ पाटलि ग्राम पाटलि या ढ़ाक के वृक्षों से भरा हुआ था। उदायिन ने पाटलि ग्राम में सुंदर नगर का निर्माण करवाया। स्थविरावलीचरित में वर्णन आया है कि उदायिन ने एक पड़ोसी राज्य पर आक्रमण किया एवं राजा की हत्या कर दी, उस राजा के पुत्र ने अवन्ति की राजधानी उज्जैनी में शरण ली तथा साधु वेश में कपट से उदायिन की भी हत्या कर दी गई।

पुराणों में उदायिन का उत्तराधिकारी नन्दिवर्द्धन या महानन्दिन कहा है। सिंहल ग्रंथों में उसके उत्तराधिकारी क्रमशः अनुरुद्ध, मुण्ड एवं भागदासक बताए गए हैं। दिव्यावदान तथा अंगुत्तर निकाय में भी मुण्ड का उल्लेख आया है।

3.2 शिशुनाग वंश (412–344 ई.पू.)

महावंश में शिशुनाग को तिथिक्रम की दृष्टि से बिम्बिसार के बाद रखा गया एवं उसे पृथक् वंश का संस्थापक बताया गया है। हर्यंकवंशी शासक पितृहन्ता थे अतः जनता ने नागदासक को अपहृत करके मंत्री (अमात्य) एवं काशी के उपशासक को राजा बना दिया। शिशुनाग ने अपने पुत्र को उपराजा नियुक्त किया तथा गिरिव्रज का जीर्णोद्धार करवाकर अपनी राजधानी बनाया। शिशुनाग को वैशाली की नगरशोभिनी एवं एक लिच्छवि राजा की सन्तान कहा गया है। सम्भवतः इसी कारण वैशाली दूसरी राजधानी बनाई गई। पुराणों में कथन है कि शिशुनाग प्रद्योतों की शक्ति का विनाश करेगा। यह भी उल्लेख मिलता है, कि अवन्ति में विद्रोहों के परिणामस्वरूप आर्यक (अजक) शासक बना एवं बाद में नन्दिवर्धन (वर्तिवर्धन)। प्रद्योत के पुत्रों का नाम गोपाल एवं पालक मिलता है इनके उत्तराधिकारी विशाख एवं आर्यक थे और नन्दिवर्धन इनके बाद शासक बना। पुराणों में आगे कहा गया है कि, शिशुनाग प्रद्योत की मान–मर्यादा को नष्ट कर राजा होगा।

कालाशोक (394–366 ई॰पू॰) पुराणों में आया है कि, शिशुनाग का पुत्र काकवर्ण था। दिव्यावदान ने इसका समर्थन किया है। सिंहल ग्रंथों में कालाशोक नाम आता है, जो बनारस में राज्यपाल रह चुका था।

वैशाली की बौद्ध संगीति ई. पू. 386– काकवर्ण के काल की दो घटनाएँ उल्लेखनीय हैं–वैशाली में द्वितीय बौद्ध संगीति का आयोजन, जिसमें बौद्ध संघ के दो भाग हो गए। दूसरी महत्वपूर्ण घटना थी राजधानी को पुनः वैशाली से पाटलिपुत्र स्थानान्तरित किया जाना। द्वितीय बौद्ध संगीति वैशाली (में 386 ई॰पू॰ में) महाकच्छायन की अध्यक्षता में सम्पन्न हुई। काकवर्ण (कालाशोक) के समय की यह महत्वपूर्ण घटना थी। इस सभा के बाद बौद्धानुयायी दो भागों में विभक्त हो गये। स्थविरवादी या थेर एवं महासांधिक 700 भिक्षुओं की इस सभा को सप्तशतिका भी कहा गया है। स्थिविरवादी भी दो भागों में बँट गए **महिशासक** व **वात्सिपुत्रीय**। महिशासक की चार शाखायें थी–**सर्वास्तिवादी**, **काश्यीय**, **सैत्रान्तिक** व **सुत्तवादी**। इसी प्रकार वात्सिपुत्रीय के चार भाग थे– धर्मोत्तरीय, भद्रयानिक, छन्दागरिक व सम्मितीय। सर्वास्तिवादी सम्प्रदाय के प्रमुख राहुल भद्र थे। कुषाण शासक कनिष्क इसी सम्प्रदाय के प्रभाव में था। इसी कारण यह सम्प्रदाय मध्य एशिया व चीन तक पहुंचा। ह्वेनसांग व इत्सिंग त्रिपिटक इसी सम्प्रदाय के साथ ले गये थे। महासांधिक का प्रमुख केन्द्र अमरावती व नागार्जुनी कोंडा थे। इसे अन्धक या आध्रक भी कहा है। सर्वास्तिावादियों ने संस्कृत व महासंधिक ने प्राकृत भाषा का प्रयोग किया।

हर्षचरित में विवरण मिलता है कि काकवर्ण (शैशुनागी) की मृत्यु नगर के समीप छुरा भोंकने से हुई थी। इसका समीकरण डॉ. के.पी. जायसवाल ने खारवेल के हाथी गुम्फा अभिलेख में उल्लिखित नन्दराज से किया है। राय चौधरी ने लिखा है कि शिशुनाग वंश नंद वंश से बिल्कुल अलग था। पुराणों में ऐसी कोई बात नहीं कही गई जिसके आधार पर नन्दिवर्धन को कलिंग से सम्बन्धित किया जा सके।[68] काकवर्ण के पश्चात् उसके दस पुत्रों ने 22 वर्ष राज्य किया। बाद में शिशुनाग वंश का पतन हो गया एवं नन्द वंश का प्रादुर्भाव हुआ। राय चौधरी[69] ने इस काल का संभावित तिथिक्रम इस प्रकार दिया है उसका उल्लेख करना उचित होगा :

ई.पू. 565 बुद्ध का जन्म
ई.पू. 560 बिम्बिसार का जन्म
ई.पू. 545–44 बिम्बिसार का राज्याभिषेक
ई.पू. 536 बुद्ध का संन्यास
ई.पू. 530 बुद्ध एवं बिम्बिसार का मिलन
ई.पू. 527 महावीर का निर्वाण
ई.पू. 493 अजातशत्रु का राज्याभिषेक
ई.पू. 486 बुद्ध का परिनिर्वाण

ई.पू. 461 उदायिन का राज्याभिषेक

ई.पू. 457 पाटलिपुत्र की स्थापना

ई.पू. 437 नागदासक

ई.पू. 413 शिशुनाग

ई.पू. 395 काकवर्ण

ई.पू. 386 वैशाली की द्वितीय बौद्ध सभा

ई.पू. 367 काकवर्ण के पुत्र एवं महापद्म

ई.पू. 345 शिशुनाग वंश का अन्त

3.3 नन्द वंश (344 से 324–23 ई.पू.)

मगध साम्राज्य में नन्द वंश के आविर्भाव के साथ पहली बार गंगा के मैदानों के अतिरिक्त दक्षिण भारत के बड़े भू–भाग को सम्मिलित किया जा सका। राय चौधरी ने लिखा है कि, सप्त सिंधु ने अन्ततोगत्वा जम्बू द्वीप का रूप धारण कर लिया था और वह समय अधिक दूर नहीं था जब संस्कृति एवं राजनीति के क्षेत्र में भी भारत एकता के सूत्र में बंध गया था।[70]

नन्द वंश की स्थापना के विषय में तत्कालीन साहित्य में रोचक आख्यान मिलते हैं। हेमचन्द्र ने परिशिष्टपर्वन[71] में नन्द सम्राट को एक वेश्या के गर्भ से जन्मा दिवाकीर्ति नाई का पुत्र बताया है, जिसने नंद वंश की स्थापना की थी। पुराणों से भी इसी तथ्य का समर्थन होता है। इनमें नन्द राजा को अंतिम शैशुनाग नृपति महानन्दी द्वारा एक शूद्र के गर्भ से उत्पन्न (शूद्रागर्भोद्‌भव) एवं उसके वंशजों को 'शूद्रभूपालाः' कहा गया है। पुराणों के अनुसार महापद्म या महापद्मपति नन्द वंश का प्रथम नन्द था। महाबोधि वंश के अनुसार प्रथम नन्द नरेश का नाम उग्रसेन था।

सिंकदर के समकालीन लेखक कर्टियस ने इसका उल्लेख करते हुए लिखा है कि ''इसका पिता नाई था। वह अपनी रोजाना की कमाई से किसी तरह जीवनयापन करता था। लेकिन देखने–सुनने में काफी खूबसूरत था, इसलिए महारानी उसे बहुत मानती थी। रानी के प्रोत्साहन के फलस्वरूप ही वह राजा के भी समीप पहुँच गया और राजा का विश्वासपात्र बन गया। एक दिन उसने छल से राजा की हत्या कर दी। अपने को राजकुमारों का अभिभावक घोषित करते हुए उसने राजा के सभी अधिकार अपने हाथ में कर लिए, कई राजकुमारों की हत्या भी की और नया राजकुमार पैदा किया।[72] डायोडोरस ने कर्टियस के कथन का समर्थन किया है और 'गेंगेरदाई' एवं 'प्रासी'[73] (गांगेय एवं प्राच्य) का तत्कालीन राजा जेण्ड्रमीस को अज्ञात कुल एवं नीच (**Adokson eutele pantelos**) और जाति से नाई बताया है। अग्रमीस या डायोडोरस का जेण्ड्रेमीस नन्द वंश की दूसरी पीढ़ी का राजा था और उसका पिता नन्द वंश का पहला राजा था अर्थात् भारतीय परम्परा का महापद्म उग्रसेन वही था।[74]

पाश्चात्य विवरणों में यह भी कहा गया है कि पूर्वी प्रदेश के लोग (प्रासी) तथा गंगा घाटी के निवासी एक ही सम्राट द्वारा शासित थे। इनके साम्राज्य की राजधानी पाटलिपुत्र (पालिब्रोथ) थी।[75] चन्द्रगुप्त ने ई.पू. 326 में पंजाब में सिकन्दर से भेंट की थी। उस समय पाटलिपुत्र में नन्द वंश का शासन था। इस दौरान ई.पू. 355 के कुछ समय बाद जेनोफन की मृत्यु हुई थी उसने अपने प्रसिद्ध विश्वकोष में उल्लेख किया कि भारत में एक शक्तिशाली राजा राज्य करता था। उसने पश्चिमी एशिया के महान् सम्राटों के मध्य होने वाले संघर्षों के मध्यस्थ बनने की कामना की थी। विश्वकोष से यह भी ज्ञात होता है कि वह राजा बड़ा धनी था।[76] दरअसल वह शक्तिशाली धनी शासक ओर कोई नहीं नंद वंश का राजा ही था जिसकी अन्य स्त्रोतों से पुष्टि होती है।

पुरातात्विक साक्ष्यों से भी नन्द वंश के विषय में जानकारी मिलती है। खारवेल के हाथी गुम्फा अभिलेख में नन्दराज एवं खारवेल के मध्य 'तिवससत' की अवधि का उल्लेख मिलता है और उसके पाँचवें वर्ष (खारवेल के राज्यारोहण के) से तीन सौ वर्ष[77] पूर्व निर्मित नहर को 'तनसुलिय' के मार्ग से लाए जाने का उल्लेख हुआ है।[78] खारवेल के बारहवें राज्य वर्ष में उसने नन्दराज द्वारा हस्तगत की गई ''जिन'' की मूर्ति को पुनः प्राप्त किया।[79]

महापद्मनंद नन्द वंश के संस्थापक को पुराणों में महापद्मनंद या महापद्मपति के नाम से सम्बोधित किया है। उसने सभी क्षत्रियों को समाप्त कर एकछत्र राज्य स्थापित किया। महाबोधि वंश में नन्द वंश की स्थापना अग्रसेन द्वारा किए जाने का विवरण आया है। कर्टियस द्वारा उल्लिखित अग्रेमीज (**Agrammes of curtius or Xandrames of Diodorus**) को राय चौधरी ने उग्रसेन के पुत्र औग्रसैन्य (संस्कृत) का बिगड़ा हुआ रूप माना है। बाण के हर्षचरित में नन्द वंश के संस्थापक द्वारा, पूर्ववर्ती शिशुनाग वंश के शासक (काकवर्ण) की हत्या, गले में तलवार भोंक कर किए जाने का अत्यन्त कारुणिक विवरण मिलता है।[80] जैन ग्रंथ परिशिष्टपर्वन् से इस बात की पुष्टि होती है।

महापद्मनंद बिम्बिसार एवं अजातशत्रु की भाँति घोर साम्राज्यवादी शासक था। पुराणों में नंद वंश के संस्थापक को 'सर्वक्षत्रान्तक', एवं 'एकराट' कहा गया है। भागवत पुराण टीका से ज्ञात होता है कि नन्दराज के पास दसपद्म सेना अथवा इतनी ही सम्पत्ति थी अतः उसे महापद्म कहा जाने लगा। पार्जिटर ने उल्लेख किया है कि महापद्म ने समकालीन सभी क्षत्रियों का उन्मूलन किया जिसकी पुष्टि पौराणिक विवरणों से होती है। स्थविरावलीचरित नन्द के एक मंत्री कल्पक का उल्लेख करता है जो अपनी बुद्धि एवं प्रपंचों के लिए प्रसिद्ध था। उसने मगध के विस्तार में पर्याप्त योगदान दिया। कहा गया है कि युद्ध कला में प्रवीण कल्पक के सहयोग से नन्द ने समुद्र तट का सम्पूर्ण प्रदेश अपने अधीन कर लिया था। महापद्म ने

उत्तर भारत के लगभग सभी समकालीन शासकों को सत्ताविहीन किया जिनका उल्लेख राय चौधरी ने इस प्रकार किया है–इक्ष्वाकु, पांचाल, काशी, हैहय, कलिंग, अश्मक, कुरु, मैथिल, शूरसेन तथा वितिहोत्र आदि।[81]

इक्ष्वाकु राजा कोशल आधुनिक अवध का शासक था। अजातशत्रु द्वारा कोशल नरेश को परास्त करने की जानकारी मिलती है। शिशुनाग ने भी राजसत्ता पर अधिकार किए जाने के बाद अपने पुत्र को यहाँ का वायसराय (उपराजा) नियुक्त किया था। कथासरित्सागर में अयोध्या में नन्द के सैनिक शिविर लगने का प्रसंग आया है। सम्भवतः अजातशत्रु द्वारा पराजित किए जाने के बाद पुनः स्वतंत्र हो गया था और नन्द के लिए दूसरा सैनिक अभियान आवश्यक हो गया। यहाँ उल्लेखनीय है कि कृष्णा–गुन्टर क्षेत्र में भी शान्तमूल द्वारा स्थापित इक्ष्वाकु वंश की एक शाखा के राज्य करने की जानकारी मिलती है। जिन्हें ''आन्ध्रभृत्यु'' कहा है जो सातवाहनो के सामन्त थे बाद में स्वतंत्र हो गये। शान्तमूल के बाद माठरीपुत्र वीरपुरुष ने 20 वर्ष शासन किया।

पांचाल गंगा के ऊपरी भाग एवं गोमती के मध्य दोआब क्षेत्र पर पांचालों का शासन था। गंगा घाटी एवं 'प्रासी' के लोग एक ही राजा के अधीन होने का उल्लेख जैन ग्रंथों में मिलता है। सम्भवतः इसमें पांचाल क्षेत्र सम्मिलित रहा होगा क्योंकि रेगिस्तान (राजस्थान) की बहादुर जातियों के भी उसके राज्य में सम्मिलित होने का संकेत मिलता है। ऐसा लगता है कि नंद वंश के उदय से पहले मगध राज्य के साथ उसकी कभी लड़ाई नहीं हुई थी। नंद वंश ने इन्हें पराजित करके अपने नियंत्रण में लिया होगा जैसा कि प्राचीन ग्रंथों में उपलब्ध प्रमाणों से प्रतीत होता है।

काशी बनारस के निकटवर्ती प्रदेश को काशैय कहा जाता था। बिम्बिसार एवं अजातशत्रु के समय यह मगध के अधीन था। शिशुनाग द्वारा मगध की राजधानी गिरिव्रज बनाए जाने पर एक राजकुमार को बनारस का शासक नियुक्त किया था। सम्भवतः इसी वंश के उत्तराधिकारी से नन्द ने बनारस क्षेत्र पर कब्जा किया होगा।

हैहय नर्मदा नदी घाटी के एक प्रदेश पर हैहय वंश का अधिकार था। इसकी राजधानी महिष्मति थी। हैहय वंश को यादवों की एक शाखा कहा गया है। पार्जिटर के अनुसार, मान्धता से इसका समीकरण किया जा सकता है। कुछ विद्वान् महेश्वर नामक कस्बे को महिष्मति स्वीकार करते हैं जो नर्मदा के उत्तरी किनारे पर इन्दौर क्षेत्र में है। चन्द्रगुप्त मौर्य के समय मालवा एवं गुजरात मगध साम्राज्य के अभिन्न अंग थे। सम्भवतः नन्दों द्वारा ही यह कार्य सम्पादित किया गया था। शिशुनाग द्वारा अवन्ति पर अधिकार किए जाने का उल्लेख पुराणों में मिलता है।

कलिंग ओडीसा में विजगापट्टम जिले एवं वराह नदी के विस्तृत क्षेत्र को कलिंग कहा जाता था। कलिंग पर नन्दों का आधिपत्य जिस क्षेत्र पर रहा उसकी राजधानी दंतपुर (या दंतकुर) कही गई है। गंजाम जिले में चिकाकोल के निकट लांगुल्य (लांगुलिनी) नदी के तट पर स्थित दंतवक्त्र का तादात्म्य प्राचीन दंतपुर से किया जाता है।

खारवेल के हाथी गुम्फा अभिलेख में कहा गया है कि खारवेल तीन सौ वर्ष पूर्व नन्दराज द्वारा खुदवाई गई नहर को अपने शासन के पाँचवें वर्ष में तनसुलियवाट से राजधानी में लाया। रायचौधरी ने लिखा है कि इन लेखों में नन्द राजा के कार्यों की चर्चा मिलती है। नन्द राजा की अनेक जीतों का भी उल्लेख इसमें है। नन्द राजाओं द्वारा कलिंग–विजय को देखते हुए अश्मक–विजय तथा दक्षिण भारत के अन्य छोटे–छोटे भागों को जीत लेना कोई असम्भव बात प्रतीत नहीं होती। **गोदावरी के तट पर नौ नन्द देहरा (नन्देर) नामक एक नगर था।** इससे लगता है कि नन्द राजाओं ने दक्षिण भारत का भी काफी भाग अपने अधिकार में कर लिया था।[82] नंद शासक ने नर्मदा नदी से दक्षिण में तुगंभद्रा नदी तक बड़े इलाके पर अधिकार किया। इस अभियान के बाद ही दक्षिणापथ का महत्व पड़ा।

अश्मक गोदावरी नदी घाटी के कुछ प्रदेश अश्मक कहलाते थे। इसकी राजधानी पाटेल कही गई है जो पोटन, पोतोन या पौदन्य शब्द बोधन के जैसा प्रतीत होता है। यह आन्ध्र प्रदेश में निजामाबाद से कुछ दूर मंजीरा एवं गोदावरी के संगम पर स्थित है। गोदावरी नदी के तट पर 'नौ–नंद–देहरा' नामक नगर कुन्तल (मैसूर क्षेत्र) प्रदेश में स्थित है। अतः अश्मक पर आधिपत्य होने पर इस नगर की स्थापना की गई होगी।

कुरु गांगेय प्रदेश में कुरु क्षेत्र सम्मिलित था। कुरु, पंचाल और शूरसेन जनपदों पर नन्द युग के पूर्व मगध का अधिकार प्रमाणित नहीं होता। क्लासिकल लेखकों के विवरण से जानकारी मिलती है कि ये प्रदेश नंदों के अधिकार में थे। कर्टियस के अनुसार जब सिकन्दर व्यास नदी के किनारे पहुँचा तो फेगलेस नामक भारतीय शासक ने उसे बताया कि व्यास नदी के परे विशाल रेगिस्तान है और उसके बाद गंगा नदी है, जो समस्त भारत की सबसे बड़ी नदी है और उसके परे स्थित प्रदेश 'गेंगेरदाई' एवं 'प्रसिआई' नामक जातियाँ रहती हैं। जिनका राजा अग्रमीज है। इन विवरणों के आधार पर आर. के. मुखर्जी ने नन्द साम्राज्य को पंजाब तक विस्तृत माना है।[83]

मैथिल नेपाल सीमा पर जनकपुर नामक एक छोटे नगर से मैथिल का समीकरण किया जाता है। जिसके दक्षिण एवं मुजफ्फरपुर जिले की सीमाएँ मिलती हैं। अजातशत्रु ने इस क्षेत्र को अपने राज्य में सम्मिलित किया था उसके समय वज्जि (लिच्छवि) गणराज्य था जिसकी राजधानी वैशाली थी। नन्दों ने भी सम्भवतः सैनिक छावनी के रूप में इसका उपयोग किया होगा।

शूरसेन आधुनिक मथुरा क्षेत्र जिसे ब्रजमण्डल भी कहा जाता है, पर शूरसेन वंश का शासन था। उस समय भी वर्तमान मथुरा शूरसेन राज्य की राजधानी था।

वितिहोत्र वितिहोत्र का हैहय एवं अवन्ति क्षेत्र से निकट सम्बन्ध रहा है। विद्वानों की मान्यता है कि प्रद्योत वंश के उत्थान से पूर्व वितिहोत्रों की प्रभुसत्ता समाप्त हो चुकी थी। चन्द्रगुप्त मौर्य का सम्पूर्ण पश्चिमी भारत पर नियंत्रण था। इससे यह सम्भावना बढ़ जाती है कि इसका मार्ग नन्दों ने ही प्रशस्त किया होगा। यह अवन्ति के उत्तर में आधुनिक मालवा प्रदेश में विस्तृत था।

साम्राज्य सीमाएँ नन्द साम्राज्य सम्पूर्ण उत्तरी भारत में फैला हुआ था। पश्चिम में शूरसेन, पूर्वी पंजाब, कुरु एवं दक्षिण पश्चिम में महाराष्ट्र, गुजरात तथा पूर्व में सम्पूर्ण बिहार, ओडीशा का कुछ भाग और आन्ध्र का उत्तरी भाग नन्द साम्राज्य में सम्मिलित था। इतने विशाल साम्राज्य पर विजय करने तथा उसकी सुरक्षा की दृष्टि से एक बड़ी सेना की आवश्यकता थी।

सेना उसकी सेना की विशालता का उल्लेख पाश्चात्य विद्वानों ने किया है। कर्टियस के अनुसार औग्रसैन्य ने अपनी सीमाओं की रक्षा के लिए 20 हजार घुड़सवार, 2 लाख पैदल सेना तथा 2,000 रथों की सेना को तैनात किया था। इसके अलावा इन दिनों सशक्त मानी जाने वाली 3 हजार हाथियों की गज सेना भी देश की रक्षा के लिए तैनात की गई थी। डायोडोरस ने गज सेना में गजों की संख्या 4,000 तथा प्लूटार्क ने 6,000 दी है। बौद्ध ग्रंथों में सेनापति **भद्दसाल** का नाम भी आया है। नन्दों के अतुल ऐश्वर्य के बारे मे चीनी यात्री ह्वेनसांग ने चर्चा करते हुए उनके सात प्रकार के अमूल्य रत्नों की पाँच निधियों का संकेत किया है। मुद्राराक्षस एवं कथासरित्सागर में नन्दराज द्वारा 900 करोड़ स्वर्ण मुद्राएँ एकत्र करने का उल्लेख मिलता है। महापद्म नंद मात्र सफल विजेता ही नहीं था बल्कि एक अच्छा शासक भी था। खारवेल नन्दराज द्वारा निर्मित नहर को तनुसुलिय मार्ग से नगर में ले गया था। सिंहल–ग्रंथों में महापदम एवं उसके आठ पुत्रों की अवधि सम्मिलित करते हुए कुल नौ नन्दों (जिन्होंने संभवतः एक साथ शासन किया) के राजत्व काल को 22 वर्ष बताया है। परन्तु पुराणों में महापद्म को 18 वर्ष तथा 12 वर्ष उसके पुत्रों को दिए गए हैं। यदि सम्पूर्ण राज्य काल की अवधि के बारे में सिंहल विवरणों को प्रामाणिक माना जाए तो कहा जा सकता है कि महापद्म ने दस वर्ष से अधिक शासन नहीं किया।

धननंद—नंदवंश का अन्तिम सम्राट था। उसके द्वारा थोपे गये अधिक करों के कारण आम लोग दुःखी थे। इस जनभावना का लाभ उठाते हुए चाणक्य ने चंद्रगुप्त के सहयोग से नंदवंश को उखाड़ फेंका व देश को एकता के सूत्र में बांधने के लक्ष्य से चन्द्रगुप्त मौर्य को शासक बनाया।

तिथिक्रम बौद्ध संघ की द्वितीय संगीति महापरिनिर्वाण के (लगभग ई.पू. 387 या 386) सौ वर्ष पश्चात् एवं कालाशोक के शासन के दसवें वर्ष में सम्पादित हुई थी। सिंहल ग्रंथों के अनुसार कालाशोक (काकवर्ण) ने 28 वर्ष एवं उसके दस पुत्रों ने 21 वर्ष राज्य किया। कालाशोक अपने शासन के नौ वर्ष (ई.पू. 386 या 387) व्यतीत कर चुका था। निश्चय ही कालाशोक ने ईसा पूर्व 396 या 395 में शासन करना प्रारम्भ किया होगा। कालाशोक तथा उसके पुत्रों ने मिलकर पचास वर्ष राज्य किया। अतः महापद्म द्वारा (ई.पू. 395–50) लगभग ई.पू. 346 या 345 के बाद राज्यारोहण सम्भव है। सिंहल गाथाओं के आधार पर नवनंदों (उग्रसेन, पाण्डुक, पण्डुगति, भुतपाल, राष्ट्रपाल, गोविषाणक, दससिद्धक, कैवर्त, धननंद) अर्थात् महापद्म तथा उसके आठ पुत्रों ने कुल बाईस वर्ष राज्य किया। इस प्रकार नंद वंश ई.पू. 324 या 323 समाप्त हुआ। उसके बाद मगध में चन्द्रगुप्त मौर्य ने शासन स्थापित किया।

संदर्भ :

1. राय चौधरी, हेमचन्द्र : प्राचीन भारत का राजनैतिक इतिहास, इलाहाबाद '1976' पू. 155.
2. अंगुत्तरनिकाय, 1/213.

2a. संभव जातक, 515, द्वादश योजननिकम् सकल–वाराणसी नगरम्।

3. कैम्ब्रिज हिस्ट्री ऑफ इण्डिया, जि. 1, पृ. 158.
4. रायचौधरी, वही, पृ. 78.
5. विनय, 2/293–305.
6. जातक, 1/262; 2/403; 3/13.
7. राजोवदान जातक, 2/1.
8. Rhys Davids T.W. : Cambridge History of India, vol I, p. 160. "We have four kinds of Kosala mentioned as taking part in these wars, and cannot be sure that there were not others who had quieter reigns. It would be enough and more than enough to allow in round numbers, a century for all these kings."

9. मज्झिम निकाय, 2/124 भगवापि आसीतकी अहम पी आसीतको।
10. संयुक्त निकाय, 1/16.
11. संयुक्त निकाय, 1/79.
12. संयुक्त निकाय, 1/82/85.
13. जातक, 4/152.
14. रीजडेविड्स, बुद्धिस्ट इण्डिया, पृ. 36.
15. सुत्तनिपात, 1011.
16. विनय, 2/127, 4/198; मज्झिम निकाय, 2/97.
17. कैम्ब्रिज हिस्ट्री ऑफ इण्डिया, पृ. 166–67.
18. कैम्ब्रिज हिस्ट्री ऑफ इण्डिया पृ. 166–67
19. जातक, 4/375.
20. रीजडेविड्स, बुद्धिस्ट इण्डिया 417.
21. मज्झिम निकाय, 3/7
22. मज्झिम निकाय, 2/83.
23. कैम्ब्रिज हिस्ट्री ऑफ इण्डिया, पृ. 165.
24. ऋग्वेद, 8/5/37.
25. गुप्त, प्राचीन भारत के प्रमुख अभिलेख, पृ. 11 चेति–राजवंश–वधनेन
26. अर्थशास्त्र, 11/1/1
27. महाभारत, 5/72/1.
28. अष्टाध्यायी, 4/1/114, 4/2/34.
29. जातक, सं. 406.
30. जातक, 3, पृ. 158.
31. दीघनिकाय–महागोविन्दसुत्त, 2/235.
32. रीजडेविड्स, टी.डब्लू: कैम्ब्रिज हिस्ट्री ऑफ इण्डिया, जि. 1, पृ. 156; राय चौधरी हेमचन्द्र वही 1976, पृ. 143.
32a. शर्मा, रामशरण, वही, पृ. 155.
33. मुखर्जी आर.के. : हिन्दू सभ्यता, 213.
34. राय चौधरी, वही, पृ. 94.
35. राय चौधरी, वही, पृ. 96, पादटिप्पणी 2.
36. जायसवाल, हिन्दू पॅलिटी, पृ. 174–77, राय चौधरी; वही, पृ. 97
37. मनुस्मृति, 10/22 मल्लेश्च राजन्णाद् व्रात्यान्निच्छिविरेव च,
38. राय चौधरी, वही, पृ. 97.
39. मुखर्जी आर. के. : हिन्दू सभ्यता, पृ. 207.
40. रीजडेविड्स : कैम्ब्रिज हिस्ट्री ऑफ इण्डिया, जि. 1 पृ. 158.
41. Rhys Davids : Cambridge History of India, vol. I, p. 157. "It is even quite possible that certain of the technical terms found in the rules of the order (natti for motion; ubbahika for references to arbitration, etc.,) are taken those in use at the mote-halls of the free clans."
42. सुमंगलविलासिनी, जि. 2, पृ. 519
43. मुखर्जी आर.के. : हिन्दू सभ्यता, पृ. 215–16
44. राय चौधरी, वही, पृ. 142
45. ऋग्वेद, 3/53/14

46. वायुपुराण
47. राय चौधरी, वही, पृ. 142
48. राय चौधरी, वही, पृ. 142
49. वायुपुराण, प्रद्योता : पंच ते सुताः हत्वा तेषां यशः कृत्स्न शिशुनागो भविष्यति।
50. बुद्धचरित, 11/2. नाश्चर्यमेतभ्दवतो भिधातु जातस्य हर्यड्कुकले विशाले।
51. भण्डारकर, डी.आर. : कार्माइकेल लेक्चर्स, 1918, खण्ड 2, सं. 2
52. महावंश, 2/29–30
53. राय चौधरी, वही, 153, पाद टिप्पणी 5
54. राय चौधरी, वही, पृ. 154
55. घोष एन.एन. : भारत का प्राचीन इतिहास, पृ. 82
56. राय चौधरी, वही, पृ. 168–169
57. राय चौधरी, वही, पृ. 156
58. दीपवंश, 3/56–60
59. रायचौधरी, वही, पृ. 98
60. महापरिनिर्वाणसुत्त, पृ. 158
61. गोयल, श्रीराम, मगध सातवाहन–कुषाण–साम्राज्यों का युग, मेरठ, 1988, पृ. 455
62. राय चौधरी, वही, पृ. 160
63. मुखर्जी आर. के. : हिन्दू सभ्यता, पृ. 203
64. रीजडेविज् : कैम्ब्रिज हिस्ट्री ऑफ इण्डिया, जि. 1 पृ. 164
65. त्रिपाठी, आर.एस. : प्राचीन भारत का इतिहास, दिल्ली
66. दीपवंश, 5/27; महावंश, 4/1
67. राय चौधरी, वही, पृ. 167
68. राय चौधरी, वही, पृ. 167
69. राय चौधरी, वही, पृ. 169–170
70. राय चौधरी, वही, पृ. 143
71. परिशिष्टपर्वन, 6/231
72. रायचौधरी, वही, पृ. 172
73. Gangaridae & Prasie.
74. शास्त्री नीलकंठ, वही, पृ. 6
75. राय चौधरी, वही, पृ. 174
76. Xenophon, Cyropaedia, 88. The Indian king a very wealthy man, sent his son with money in tribute.
77. राय चौधरी, वही, पृ. 300
78. गुप्त पी.एल. : प्राचीन भारत के प्रमुख अभिलेख, पृ. 99
79. गुप्त पी.एल. : वही, पृ. 101, 'नन्दराज नीतं च का (लि) ग जिनं संनिवेस'।
80. हर्षचरित का मूल पाठ, पृ. 193
81. राय चौधरी, वही, पृ. 173; मुखर्जी आर.के. : द एज ऑफ इम्पिरियल यूनिटी, 1960, पृ. 32, रेप्सन ई.जे., कैम्ब्रिज हिस्ट्री ऑफ इण्डिया, 1955, पृ. 281–82
82. राय चौधरी, वही, पृ. 175
83. मुखर्जी आर.के. : द एज ऑफ इम्पिरियल यूनिटी, 1960 पृ. 33,

20 नगर केन्द्रों का उद्भव एवं आर्थिक विकास (Rise of Urban Centres and Economic Growth)

इस काल में शक्तिशाली राज्यों की स्थापना के साथ नगरों के विकास की प्रक्रिया का प्रारंभ देखा जाता है। ई.पू. छठी शताब्दी से शुरू होने वाले इस काल में भारतवर्ष में दूसरी बार नगरों का उदय हुआ। नगरीकरण इस दृष्टि से महत्वपूर्ण था कि लम्बे समय तक यह व्यवस्था कायम रही और इसी काल में साहित्य की लेखन परम्पराओं का प्रारम्भ हुआ। पुराविदों की मान्यता है कि इतिहास के इस चरण का सम्बन्ध काले पॉलिश युक्त मृद्भाण्ड (NBPW) जैसे उत्कृष्ट बर्तनों का प्रयोग करने वाली बस्तियों से है। इन बस्तियों में व्यापार तथा जनसंख्या में निरन्तर वृद्धि होती रही थी। कौशाम्बी, उज्जैन, वाराणसी, राजगृह के चारों ओर किलेबंदी के अवशेष मिले हैं। ईसा पूर्व छठी शताब्दी से तीसरी शताब्दी के बीच भारत में 60 नगरों के अस्तित्व के प्रमाण मिले हैं।

शहरों की परिभाषा पाणिनि के आधार पर पतंजलि ने की है और ग्राम तथा शहरों के वर्गीकरण का आधार व्यवसाय को बनाया है। पतंजलि[1] ने चार प्रकार की बस्तियों का जिक्र किया है—**ग्राम**, **घोष**, **नगर** एवं **संवाह**। जिस बस्ती में अनेक कामगार, शिल्पकार पृथक्–पृथक् मोहल्लों में रहते थे उसे नगर सम्बोधित किया जाता था एवं इससे बड़ी बस्ती को संवाह कहा जाता था। आर.एस. शर्मा की धारणा रही है शहर में ऐसे लोगों का बाहुल्य होता है जो खेतिहर नहीं होते हैं। अतः एक शहर के अगल–बगल के क्षेत्र में जब तक काफी मात्रा में खाद्यान्न पैदा नहीं हो तब तक शहर में रहने वालों के भोजन का प्रबंध नहीं हो सकता और इस प्रकार शहर में बड़ी आबादी नहीं रह सकती है।[2] उल्लेखनीय है कि पाणिनि ने गर्हित (निन्दनीय) नगरों का भी जिक्र किया है। ऐसे नगर खेट या खेटक कहे गये।

गंगा की उपत्यका में विकसित हुए इस युग के नगरों की बसावट हड़प्पाकालीन नगरों के समान योजनाबद्ध नहीं थी। प्रो. आर. एस. शर्मा[3] ने तत्कालीन नगरों के उत्खनन से प्राप्त स्त्रोतों के आधार पर जिक्र किया है, इन शहरों का भौतिक जीवन बहुत ऊँचा नहीं था। मध्य गंगा के किनारे बसे कौशाम्बी, वाराणसी, खैराडीह, वैशाली, राजगृह, चम्पा जैसे शहरों का उदय हुआ, मौर्य काल से पहले पकी ईंट का प्रयोग मकान बनाने में नहीं होता था। मौर्य काल के दौरान जब राजधानी राजगृह से हटाकर पाटलिपुत्र बनाई गई तब से स्मारकीय वास्तु अवशेष मिलने प्रारम्भ होते हैं। उत्तर मगध काल में शहरीकरण की प्रक्रिया तेज हो गई थी और शहर व्यापारिक व राजनैतिक गतिविधियों के केन्द्र बनने लगे। तब लोगों ने लकड़ी के स्थान पर ईंटों का प्रयोग शुरू किया। कहा जा सकता है कि उत्तर मगधकालीन शहरों में हड़प्पा नगरों के निर्माण में उपयोग में ली जाने वाली सामग्री का प्रयोग शुरू हुआ। इसीलिए हड़प्पन नगरों को नगरीकरण का पहला चरण माना जाता है और ईसा पूर्व की छठी शताब्दी में पनपे नगरों को नगरीकरण के दूसरे सोपान (Second urban revolution) की संज्ञा दी जाती है।

1. द्वितीय नगरीकरण की पृष्ठभूमि

नगर योजना की चर्चा करने से पूर्व नगरीकरण के विकास की पृष्ठभूमि को समझना आवश्यक है।

- एक राजा द्वारा दूसरे राज्य पर अधिकार, सेनाओं के विस्तार, एक स्थान से दूसरे स्थान के लिए सेनाओं का प्रस्थान, पड़ाव आदि के कारण नए व्यवसाय एवं व्यापारिक गतिविधियों में तेजी आई। नगरों का दुर्गीकरण हुआ। दुर्गीकरण की इस दौड़ में शहरों में शिल्पियों को काम के अधिक अच्छे अवसर उपलब्ध थे। राज्य द्वारा किलेबंदी का प्रभाव शहरी लोगों पर भी हुआ और इस तरह नगरवासियों ने भी अपने भवनों के निर्माण में ईंटों का प्रयोग करना शुरू किया।
- प्रारम्भिक दौर में कुछ ही नगरों का विकास राजधानियों के कारण संभव हुआ। लेकिन जो बस्तियाँ व्यापारिक गतिविधियों का केन्द्र थीं अथवा जो नदियों के किनारे बसीं और जहाँ संचार के साधन उपलब्ध थे अथवा व्यापारिक मार्गों पर स्थित थीं, उनका शहरीकरण अधिक संख्या में हुआ।
- नदियों की उपजाऊ घाटियों का नगरों के विकास में महत्वपूर्ण योगदान रहा है। प्रारम्भ में भारत के प्रमुख नगर गंगा घाटी में विकसित हुए।
- गांगेय प्रदेश में स्थित इन नगरों को गंगा एवं उसकी सहायक नदियों के किनारे अनेक बन्दरगाहों के स्थित होने के उल्लेख तत्कालीन साहित्य में मिलते हैं। सरयू के किनारे अयोध्या, राप्ती के किनारे श्रावस्ती (सावत्थी), गंगा के किनारे काशी (वाराणसी), यमुना के किनारे कौशाम्बी तथा वाराणसी की गणना की गई। अन्य प्रमुख नगरों में लिच्छवियों की राजधानी वैशाली, शाक्यों की

राजधानी कपिलवस्तु, वैदेहों की राजधानी मिथिला, मद्र देश की सागल एवं अवन्ति में उज्जयिनी का जिक्र बौद्ध ग्रंथों में आया है।

- लोहे के कृषि उपकरणों के रूप में प्रयोग से कृषि उत्पादन में तेजी आई। उत्तर प्रदेश में अतरंजीखेड़ा तथा अन्य स्थानों पर किए गए उत्खननों से प्राप्त प्रमाणों के आधार पर विद्वानों की मान्यता है कि भारत में लोहे का उपयोग ईसा पूर्व 1000 के लगभग हुआ। गंगा के मैदानों में कई स्थानों से तांबे से निर्मित वस्तुओं के ढेर मिले हैं। कृषि क्षेत्र में लोहे के उपयोग ने कृषि उत्पादन को अधिशेष (सरप्लस) की स्थिति में पहुँचा दिया था। सामरिक रूप से शक्तिशाली जनपदों की सेना विस्तार की नीति के लिए, इस प्रकार के अधिशेष की आवश्यकता थी।
- डॉ. डी.डी. कौशाम्बी[4] ने इस ओर विद्वानों का ध्यान आकर्षित किया है कि लोहे के प्रयोग व धान की रोपाई की तकनीक की जानकारी से नगरों के विकास को बल मिला। लोहे के फाल वाले हल के प्रयोग से खेतों की जुताई अधिक अच्छी तरह सम्भव हो गई।
- मुद्रा प्रणाली के आविर्भाव से व्यापार में विनिमय प्रथा धीरे–धीरे कम होने लगी। अब क्रय–विक्रय का माध्यम सामान्यतः एक प्रकार के सिक्के थे, जिन्हें कार्षापण कहा गया। कार्षापण 146 ग्रेन के ताँबे से निर्मित सिक्के थे। इनके अतिरिक्त निक्ख (निष्क) और सुवण्ण (स्वर्ण) नामक सोने के सिक्कों का उल्लेख भी पालि साहित्य में मिलता है। 'मासक' व 'काकनिका' कम मूल्य की छोटी ताम्र मुद्राएँ भी प्रचलन में थीं। सहस्त्रों की संख्या में चाँदी की आहत मुद्राओं की उत्खननों से प्राप्ति व्यापार की व्यापकता की द्योतक है। इतिहासकारों ने इस युग की तीन आर्थिक विशेषताओं को स्वीकार किया है–व्यापारिक बन्दरगाह, नगरों का विकास तथा समुद्रपारीय व्यापार। यह वह समय था जब देश का रोम के साथ व्यापार बढ़ने लगा और कुषाणों के काल तक पहुँचते–पहुँचते यह व्यापार अपनी पराकाष्ठा पर पहुँचा।
- कुषाणों ने मध्य एशिया एवं भारतीय उप–महाद्वीप को एक सूत्र में बाँधे रखा, जिससे रोम के साथ व्यापार को बढ़ावा मिला। चीन से शुरू होकर पश्चिम और यूरोप को जाने वाला रेशम मार्ग (सिल्क रूट) कुषाण साम्राज्य से गुजरता था। यह मार्ग रेशम के व्यापार के लिए विख्यात था। सिल्क मार्ग से कुछ माल भारत आता और भृगुकच्छ बन्दरगाह से दूसरे देशों को निर्यात किया जाता था। ईसा की प्रथम दो शताब्दियों तक रोम के साथ व्यापार चलता रहा।
- कुछ नगर शिक्षा के प्रमुख केन्द्रों के रूप में विकसित हुए। तक्षशिला, बनारस एवं उज्जैन शिक्षा के प्रमुख केन्द्र थे। पाटलिपुत्र के निवासी जीवक ने तक्षशिला जाकर अध्ययन किया था, जो आगे जाकर आयुर्वेद का महान् विद्वान् बना। कोशल नरेश प्रसेनजित, सम्राट चन्द्रगुप्त मौर्य, कौटिल्य, पाणिनि (व्याकरणाचार्य) एवं पतंजलि (योगाचार्य) आदि ने भी यहीं से शिक्षा प्राप्त की थी। सेना में भर्ती एवं राज्य की नौकरी पाने की इच्छा से भी लोग राजधानी में बसने लगे थे।
- समुद्र तट के निकट विकसित होने वाले नगरों के लिए कच्छ शब्द का प्रयोग किया जाता था, जैसे–भृगुकच्छ, आधुनिक काठियावाड़ को दारूकच्छ कहा जाता थ। इसी प्रकार महीरेवा का पिप्पलीकच्छ नाम था। कहा जा सकता है कि नगरों के विकास में कई कारक अपना योगदान कर रहे थे।

नगर योजना पतंजलि ने पाणिनी (अष्टाधायी) के आधार पर महाभाष्य (7/3/14) में चार प्रकार की बस्तियों का जिक्र किया है : ग्राम, घोष, नगर व संवाह। जैसा पूर्व में भी कहा गया है। चाणक्य ने अपने ग्रंथ अर्थशास्त्र के तृतीय अध्याय (दूर्गविधान) में उल्लेख किया है कि चौकोर, गोल या लम्बे, आठ सौ गांवों पर एक 'स्थानीय' संज्ञक विशिष्ट नगर, जलाशय या नदी के निकट राजस्व वसूली हेतु निर्माण करवायें। जिसके चारों ओर तीन खाईयां हों जो सदैव पानी से भरी रहे। चाणक्य की इस नगर योजना के कुछ तत्वों का मिश्रण तत्कालीन नगरों के निर्माण में अवश्य रहा होगा। क्योंकि चाणक्य की नगरीय योजना की पुष्टि मेगस्थनीज के पाटलिपुत्र के वर्णन से भी होती है। मेगस्थनीज (मेकक्रिण्डल की एंश्येण्ट इण्डिया, पृ. 187) ने पालिवोथ्रा (पाटलिपुत्र) के शासन की 5–5 सदस्यों की समितियों का उल्लेख किया है। उसके अनुसार पाटलिपुत्र 80 स्टैडिया लम्बा एवं 15 स्टैडिया चौड़ा था। इसका आकार समानान्तर चतुर्भुज की भाँति था और इसके चारों ओर लकड़ी की दीवार थी जिसमें तीर छोड़ने के लिए छिद्र बने हुए थे। राजधानी के सामने खाई थी। एरियन (मैकक्रिण्डल, पृ. 209–210) इस विवरण को आगे बढ़ाते हुए लिखते हैं कि पाटलिपुत्र में 570 स्तम्भ एवं 64 द्वार थे। पतंजलि ने भी महाभाष्य में पाटलिपुत्र का कई बार जिक्र किया है। उन्होंने पाटलिपुत्र को शोण नदी के किनारे स्थित बताया है और इसके विशाल प्रासादों (भवनों) एवं प्राकारों (परकोटे) का भी उल्लेख किया है।

अशोक के पाटलिपुत्र स्थित राजप्रासाद का वर्णन चीनी यात्री फाह्यान ने 700 वर्ष बाद किया था। अर्थशास्त्र में नगर सुरक्षा हेतु परिखा (नगर सुरक्षार्थ घेरा) का जिक्र किया है। उसके अनुसार परिखा या नगर का घेरा पानी अथवा कीचड़ आदि से भरा हुआ हो। अथवा नगर के चारों ओर खाई सूखी खाई जैसी बनी हो। तत्कालीन राजमार्गों पर जब व्यापारियों का काफिला गुजरता था तो उनके पीछे धूल के गुबार निकलते थे।

महाजनपद कालीन नगर : साहित्यिक साक्ष्यों की पुष्टि के लिए पुरातात्विक साधनों का विश्लेषण करना उचित होगा। डॉ. रामशरण शर्मा[5] ने जिक्र किया है कि, "भारतीय उप–महाद्वीप" में व्यापक संख्या में उपलब्ध आरम्भिक ऐतिहासिक स्थलों में

केवल तक्षशिला, कौशाम्बी, अहिच्छत्र और नागार्जुनकोंडा का बड़े पैमाने पर उत्खनन हुआ। अतंरजीखेड़ा, राजघाट, खैराडीह और चिरांद का उत्खनन भी अधिक हुआ है लेकिन मथुरा जैसे अति महत्वपूर्ण स्थल की अभी तक समुचित खुदाई नहीं हुई है।'' जैसा उल्लेख किया गया कि भारत के अधिकांश प्रारम्भिक नगर नदी मार्गों एवं व्यापारिक मार्गों पर स्थित थे। कुरु राज्य में इन्द्रप्रस्थ (दिल्ली) और हस्तिनापुर, यमुना तट पर कौशाम्बी और गंगा तट पर बनारस (वाराणसी या काशी) आदि इस बात के प्रमाण हैं। डी.डी. कोसाम्बी[6] ने कहा भी है कि, ''ईसा पूर्व प्रथम सहस्त्राब्दी की शुरूआत में इन नगरों की स्थापना को केवल इसी आधार पर समझा जा सकता है कि अभेद्य जंगलों और दलदल वाले प्रदेशों से तेजी से बहने वाली इन विशाल नदियों में पहले से ही नौकाओं का आवागमन होता था।'' तत्कालीन नगरों की संक्षिप्त जानकारी प्राप्त करना उचित होगा।

1.1 इन्द्रप्रस्थ दिल्ली के समीप इन्द्रप्रस्थ महाभारत कालीन प्रमुख नगर था। पाण्डवों ने इसे बसाया और अपनी राजधानी बनाया। बौद्ध काल में इन्द्रप्रस्थ कुरु महाजनपद की राजधानी था और यहाँ कौरव्या राजा का शासन था।

1.2 वाराणसी : गंगा के तट पर स्थित बनारस के निकट स्थित सारनाथ में महात्मा बुद्ध ने अपना प्रथम उपदेश दिया था। अर्थात् 500 ई. पू. से अब तक बनारस, भारत के प्रतिष्ठित नगर के रूप में प्रसिद्ध है।

1.3 हस्तिनापुर महाभारत कालीन यह नगर मेरठ से 22 मील उत्तर–पूर्व–गंगा की एक धारा के निकट स्थित था। बी.बी. लाल ने 1950–52 में इसका उत्खनन करवाया था। यहाँ से पांच संस्कृतियों के अवशेष मिले हैं। चौथे स्तर से NBP प्रकार के कई प्रकार के मिट्टी के बर्तन प्राप्त हुए हैं। यौधेयों एवं कुषाणों के सिक्के भी प्राप्त हुए हैं। इसका विकास ई. पू. 200 के लगभग हुआ और 300 ई. तक लाल मृदभाण्ड प्रचलित रहे।

1.4 कौशाम्बी प्रयाग से 33 मील दूर कोसम ही प्राचीन कौशाम्बी था। यहां की यात्रा कर बुद्ध ने कई शिष्य बनाये थे। घोषताराम विहार के निकट यहां अशोक स्तूप है। व्यापारिक केन्द्र के रूप में प्रसिद्ध यह नगर ह्वेनसांग के समय उजड़ गया था। यहाँ से चित्रित धूसर भाण्ड (PGW) के अवशेष प्राप्त हुए हैं। यहाँ से मधों के सिक्के दूसरी, तीसरी शती के मिले हैं। समुद्रगुप्त का लेख अशोक स्तंभ पर उत्कीर्ण है।

1.5 अयोध्या उत्तर प्रदेश के फैजाबाद के समीप सरयू नदी के तट पर स्थित अयोध्या भगवान श्रीराम की जन्म स्थली एवं रामायण काल में कौशल की राजधानी थी। बौद्धकाल में कौशल उत्तरी एवं दक्षिणी दो भागों मे विभक्त हो गया था। अयोध्या या साकेत उत्तरी भाग की एवं श्रावस्ती दक्षिणी भाग की राजधानी बन गई। ह्वेनसांग के समय यह नगर उजड़ गया था। यहाँ से (NBP) प्रकार के मृद्भाण्ड व इमारतों के अवशेष मिले हैं। कनिंघम ने 1862–63 ई. में अयोध्या का सर्वेक्षण करवाया था। भारतीय पुरातत्व सर्वेक्षण विभाग द्वारा, बी.बी. लाल ने 1969–70 में एवं मार्च 2003 से 9 अगस्त 2003 में पुनः उत्खनन करवाया। उक्त स्थल से मूर्तियाँ व स्तंभों पर मोर, कमलपुष्प, कौस्तुभ, मगरमच्छ आदि का अलंकरण देखा गया। उत्खनन में 20 फीट नीचे पूर्व इमारत के अवशेषों की प्राप्ति के आधार पर सुप्रीम कोर्ट ने 9 नवम्बर 2019 (न्यायाधीश–रंजनगोगई) ने पूर्व बाबरी मस्जिद को रामजन्म स्थल माना है।

1.6 श्रावस्ती इसकी पहचान गोण्डा जिले के सेतमाहेत नाम स्थान से की गई है। यह बौद्धकालीन कौशल की राजधानी थी। काशी को कौशल का भाग बनाये जाने के बाद श्रावस्ती का तेजी से विकास हुआ। अचरावती (राप्ती) नदी के तट पर स्थित इस नगर की बौद्धकालीन प्रमुख नगरों में गणना थी। यहाँ स्थित प्रसिद्ध जेतवन को अनाथपिण्डक ने अठारह करोड़ स्वर्ण मुद्राओं (उस वन में बिछायी जाने की संख्या में) में राजकुमार जेत से क्रय कर बौद्ध संघ को दान दिया और विहार निर्मित करवाया था। दिव्यादान से जानकारी मिलती है कि यहाँ चार पवित्र स्तूप थे। गुप्तकाल में यह नगर पतनावस्था में था। फाह्यान ने इसको पतनोन्मुख नगर बताया था। छोटे से भाग में यहाँ का उत्खनन करवाया गया है। यहाँ के निवासी काली पॉलिश वाले मृद्भाण्डों (NBPW) का उपयोग करते थे। दूसरे स्थलों पर इस तरह के मिट्टी के बर्तन निर्यात किये जाते थे।

1.7 उज्जयिनी संस्कृत साहित्य में उज्जयिनी को पदमावती, विशाला व भोगवती आदि कहा गया है। बौद्ध काल में यह नगर प्रमुख व्यापारिक एवं बौद्ध धर्म का केन्द्र था। ह्वेनसांग के विवरण में इस नगर का जिक्र आया है। क्षिप्रा नदी के तट पर स्थित इस नगर से कई व्यापारिक मार्ग गुजरते थे। चीनी यात्री ह्वेनसांग ने इसे देखा था।

1.8 काम्पिल्य दक्षिण पांचाल की राजधानी कम्पिल्य में एक टीला द्रुपट कोट कहा जाता है। यहाँ कुण्ड की खुदाई में मूर्तियाँ प्राप्त हुई हैं। ह्वेनसांग ने इस नगर का उल्लेख किया था। यह जैन धर्म का प्रमुख केन्द्र एवं वराहमिहिर की जन्म स्थली था।

1.9 तक्षशिला पाकिस्तान के रावलपिण्डी जिले में स्थित तक्षशिला गांधार की राजधानी थी। ई. पू. 1000 में आबाद हुआ यह नगर बौद्ध काल तक भारत का प्रमुख नगर एवं शिक्षा केन्द्र बन चुका था। यहाँ प्रसेनजित, जीवक (राजवैद्य) चन्द्रगुप्त मौर्य, चाणक्य, बौद्ध विद्वान वसुबन्धु ने शिक्षा ग्रहण की थी। 1912 से 1929 में मार्शल ने यहाँ का उत्खनन करवाया था। उत्खनन में छठी शताब्दी ई. पू. के अवशेष प्राप्त हुए हैं। नगर योजना का यहाँ अच्छा उदाहरण देखा गया है। नगर शतरंज पद्धति पर विकसित था।

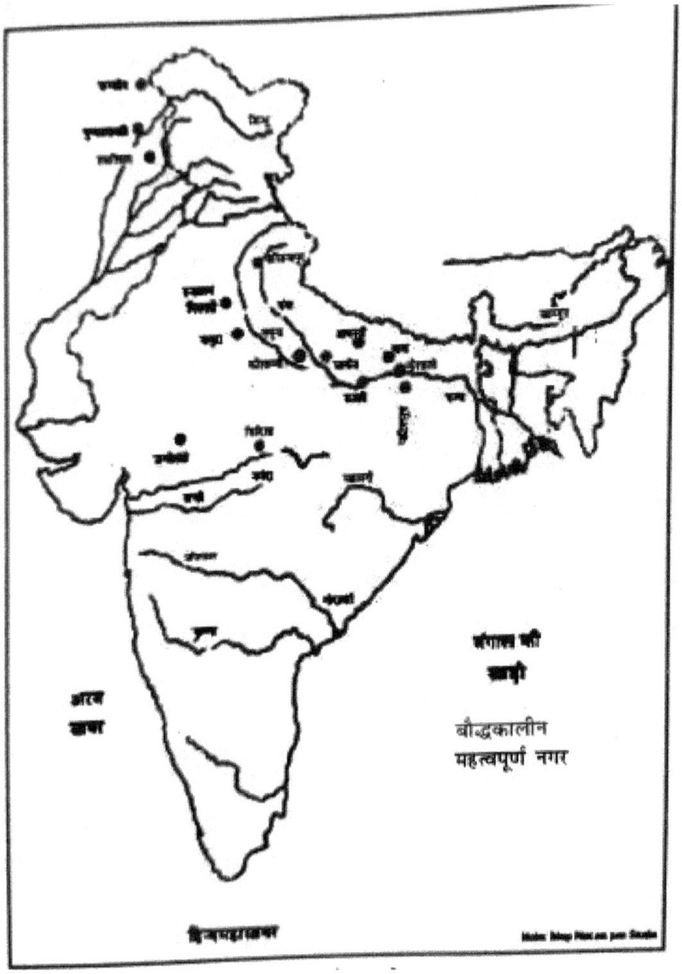

चित्र 20.1 बौद्धकालीन महत्वपूर्ण नगर

1.10 अहिच्छत्र पांचालों की राजधानी अहिच्छत्र (बरेली जिला) की बस्ती में ई.पू. 300 में कच्ची ईंटों को उपयोग में लाया जाता था। पक्की ईंटें ई.पू. पहली सदी में उपयोग में ली जाने लगी। उस समय यह नगर 3.5 मील लम्बी पक्की ईंटों की दीवार से दुर्गीकृत था। यहाँ से अशोक स्तूप मिला है एवं कुषाण कालीन कटोरे, सुराहीनुमा बर्तन, लोहे व तांबे के उपकरण प्राप्त हुए हैं। चित्रित धूसर वाले मृद्भाण्ड (PGW) अहिच्छत्र से मिले हैं। यहाँ से अनेक सिक्के 'मित्रा' उपाधि वाले राजाओं के प्राप्त हुए हैं। यहां से प्राप्त स्तूप (ढूह) को पिसनहारी छात्र कहते हैं। बुद्ध ने नाग राजाओं को यहां शिक्षा दी थी। टालेमी ने आदिसद्रा कहा है। संख्यावती नाभ भी मिलता है।

कहा जा सकता है कि, साहित्य में वर्णित प्राचीन नगरों के, उत्खनन से प्राप्त अवशेषों से पुष्टि होती है। यद्यपि द्वितीय नगरीय क्रान्ति के नगरों में हड़प्पा सभ्यता की तरह योजनाबद्ध नगरों का विकास नहीं हुआ और न वहाँ की तरह समुचित प्रणाली (पानी के निकास हेतु नालियाँ) व्यवस्था विकसित हो पाई थी। इन नगरों का विकास स्वाभाविक प्रक्रिया का परिणाम था। प्राचीन भारतीय साहित्य में नगरों के प्रतीक रूप में पुर, दुर्ग, नगर, निगम आदि शब्दों का कई बार प्रयोग देखा जाता है।

अन्य छोटे पुर व नगर : प्रारम्भिक वैदिक साहित्य में पुर शब्द आया है। यहाँ राजा एवं राजन्य वर्ग के निवास, गण संघों के शासक एवं उसके परिजनों के निवास के रूप में इसका प्रयोग हुआ और आगे जाकर शहर या नगर के लिए पुर शब्द प्रयुक्त होने लगा।

निगम पाली साहित्य में विशेष रूप से निगम के उल्लेख आए हैं। सम्भवतः इसका सम्बन्ध ऐसे स्थलों से रहा है जहाँ व्यापारी वर्ग द्वारा वस्तुओं का क्रय–विक्रय किया जाता था। निगमों का विकास उन गाँवों में हुआ जहाँ बर्तन, काष्ठ सामग्री, लौह सामग्री एवं नमक आदि का निर्माण किया जाता था। परवर्ती काल की मुद्राएँ निगमों द्वारा जारी की जाती थीं।

1.I नगरों के प्रमुख व्यवसाय शहरी अर्थव्यवस्था के विकास में कुछ तत्वों का विशेष योगदान रहता था, जैसे–अतिरिक्त अन्न उत्पादन अर्थात समीप के गाँवों से

जिसकी पूर्ति होती थी। कारीगरों के उत्पाद, व्यापारिक समुदाय का विकास, धातु मुद्रा का प्रचलन, शासकीय निकाय एवं शिक्षित वर्ग। अनेक नगरों की खुदाई से प्राप्त अवशेषों के आधार पर तत्कालीन व्यवसायों का वर्गीकरण सरलता से किया जा सकता है, जैसे–मिट्टी के बर्तन बनाने वाला समुदाय (कुम्हार या कुलाल) का महत्व बड़ी मात्रा में उत्तरी काली पॉलिश (**NBPW**) वाले मृद्भाण्डों की उपलब्धि से स्पष्ट है। बौद्ध एवं जैन साहित्य द्वारा स्वर्णकारों, लौह–सामग्री निर्माताओं को महत्वपूर्ण उत्पादक वर्गों में रखा गया। मिलिंदपन्हों में सोना, ताँबा, लोहा, सीसा, टिन आदि की वस्तुओं का निर्माण करने वाले अलग–अलग वर्गों का उल्लेख मिलता है।

बनारस जो भारत के प्राचीनतम नगरों में से एक है की प्रसिद्धि एक तीर्थ केन्द्र होने के कारण थी। नगरों में स्थित तीर्थों में देश के कोने–कोने से लोग आते थे। जहाँ तक शिल्पकारों एवं कामगारों का सवाल है उन्हें सम्पन्न लोगों की तरह विशेषाधिकार प्राप्त न थे, परन्तु इन लोगों में अपने व्यावसायिक कौशल में वृद्धि तथा अधिक लाभ की कामना से अपने को संगठित करने की प्रवृत्ति का विकास हुआ। पाली ग्रंथों से जानकारी मिली है कि गौतम बुद्ध के काल में विभिन्न प्रकार के शिल्पी नगरों में बसते थे और उनकी अपनी–अपनी वीथी (गली) होती थी। श्रेणी और निगमों के रूप में ये अपने को संगठित करते थे। रोमिला थापर[7] ने इनके विषय में लिखा है। नगरों के विकास के साथ शिल्पियों की संख्या में वृद्धि हुई, जो श्रेणियों में संगठित थे। प्रत्येक श्रेणी नगर के एक निश्चित भाग में बसी हुई थी जिसमें एक श्रेणी के सदस्य एक साथ रह कर कार्य कर सकते थे। आमतौर पर उनमें ऐसा सम्बन्ध पाया जाता था कि उन्हें एक जाति के रूप में देखा जाने लगा।

नगरों में रहने वाले लोगों में सबसे खराब स्थिति स्वच्छकारों, चाण्डालों, धोबियों एवं भिखारियों की थी। अंतिम संस्कार के लिए स्वच्छकारों का महत्व था। जहाँ कामगारों की स्थिति उनके व्यावसायिक कौशल के कारण ठीक थी। इस तरह समाज में धनी और गरीबों का अस्तित्व नगरीय जीवन की एक विशेषता के रूप में मुखर हुआ।

1.II नगरीय अर्थव्यवस्था एवं योगदान अनेक विद्वान् तत्कालीन नगरीकरण को परजीवियों की संस्कृति स्वीकार करते हुए उनका समाज के लिए कोई विशेष योगदान नहीं मानते। डॉ. रामशरण शर्मा[6] ने उल्लेख किया है कि इसमें सन्देह नहीं कि शहरों में बहुत–से शिल्पी और तरह–तरह के कामगार हस्तशिल्प में लगे थे। उनके और व्यापारियों के कार्यकलाप के कारण शहर विनिमय, उद्योग–धंधों और तकनीक के केन्द्र बन गए थे।

(1) शहरों में शिल्पकारों की श्रेणियाँ तथा वाणिज्यिक समुदाय के संगठन धीरे–धीरे प्रभावशाली होने लगे थे। अलग–अलग नगरों में कुछ विशिष्ट वस्तुओं का बड़ी मात्रा में उत्पादन और फिर सारे देश में उनका वितरण। होने लगा।

(2) मुद्रा के प्रचलन से व्यापार में उल्लेखनीय प्रगति हुई।

(3) इस युग की नगरीय संस्कृति में पनपे हस्तशिल्प का ही परिणाम था कि रोम से भारत के व्यापारिक सम्बन्ध कायम हुए। यहाँ से सिल्क वस्त्र एवं अन्य हस्तशिल्प सामग्री का निर्यात बड़ी मात्रा में हो रहा था और रोम से स्वर्ण सिक्कों के रूप में भारत आ रहा था।

(4) नगरीकरण का ही एक परिणाम यह भी था कि वाणिज्य व्यापार एवं वाणिज्यिक मार्गों का विकास हुआ, जिसका चरमोत्कर्ष कुषाण काल में देखा जाता है। रोमन साम्राज्य से होने वाले व्यापार का काफी बड़ा भाग इन मार्गों से होकर गुजरता था। पालि ग्रंथों से ज्ञात होता है कि व्यापारी पाँच–पाँच सौ बैलगाड़ियों से माल ढोकर ले जाते थे। कश्मीर व उज्जयिनी से लाई गई अनेक वस्तुएँ भड़ौच के बन्दरगाह से पश्चिमी देशों को भेजी जाती थीं। इस प्रकार नगरीय लोगों के आर्थिक विकास में योगदान को भुलाया नहीं जा सकता।

1.III नगरों का विघटन चार सौ ईस्वी के बाद कुछ नगरों का पतन होने लगा। नगरों के पतन पर डॉ. रामशरण शर्मा[9] की मान्यता है कि पाँचवीं और छठी शताब्दियों तक नगर प्रशासन में वाणिज्यिक व्यापारिक और शिल्पी तत्वों की महत्वपूर्ण भूमिका थी और भूमि की खरीद–फरोख्त में उनकी सहमति आवश्यक समझी जाती थी। लेकिन गुप्तोत्तर काल में ऐसा नहीं था। नागरिक प्रशासन में सौदागरों, व्यापारियों एवं शिल्पियों का कोई योगदान नहीं था। निष्कर्षतः कहा गया है कि सातवीं से दसवीं शताब्दियों के मध्य व्यापार और नगरीकरण मंद पड़ गए और जो लोग शिल्प तथा वाणिज्य में लगे हुए थे उनका महत्व कम हो गया।

डॉ. शर्मा[10] के अनुसार दूसरा प्रमुख कारण भारत और रोम के बीच तेजी से घटता हुआ व्यापार था। भारत और अन्य पूर्वी देशों के साथ व्यापार के कारण रोम का खजाना खाली होने लगा। रोमन शासकों ने भारतीय उत्पादों के आयात पर प्रतिबन्ध लगा दिया। तीसरी शताब्दी के अन्त तक भारत के साथ रोम का व्यापार बहुत घट गया था।

तीसरे, भारतीय राजनीति का भी व्यापार–व्यवसाय पर बुरा प्रभाव पड़ा। सातवाहन, कुषाण एवं प्रारम्भिक गुप्त

शासकों की सत्ता रही तब तक कानून एवं व्यवस्था बनी रही जो व्यापार की प्रगति के लिए एक आवश्यक शर्त होती है। व्यापारियों को स्थान–स्थान पर चुंगी नहीं देनी पड़ती थी। इनके पतन के बाद धीरे–धीरे शहर पतन की ओर अग्रसर हुए।

चौथे, परवर्ती गुप्त कालीन भूमिदान की प्रथा भी नगरीकरण के लिए घातक सिद्ध हुई। कई बाद के गुप्त शासक और सामन्त भूमि के साथ नगर भी दान करने लगे। नगरों व गांवों के पतन से वाणिज्य व्यापार पर बहुत–से प्रतिबन्ध लग गए। अब नये स्वामियों (बौद्ध भिक्षुओं या पुरोहित वर्ग जो भूमि एवं नगरों का दान ग्रहण करते थे) के अधीन व्यापारियों एवं शिल्पकारों को पूर्व की भाँति स्वतंत्रता न थी। इस प्रकार गुप्त एवं गुप्तोत्तर काल में अनेक तत्व नगरीकरण के पतन के लिए एक साथ जुट गए थे।[11]

2. बौद्धकालीन आर्थिक कार्यकलाप

वर्तमान की भाँति उस काल में भी अधिकांश जनता गाँवों में निवास करती थी। गाँव से सम्बन्धित चरागाह होते थे जिन्हें वन या 'दाव' कहा जाता था। तत्कालीन साहित्य से जानकारी मिलती है कि धनी ब्राह्मणों और क्षत्रियों के पास अपनी कृषि भूमि की जुताई हेतु सैकड़ों बैल और हल मौजूद थे। अपने खेतों पर कई श्रमजीवियों को लगाकर काम करवाते थे।[12] इस तरह समाज में श्रमजीवी वर्ग का विकास हुआ। श्रमिकों को पारिश्रमिक अन्न या धन के रूप में दिया जा सकता था। स्त्रियाँ भी सुबह से सायं तक आजीविका चलाने हेतु श्रम करती थीं। रीजडेविड्स ने लिखा है कि, भारत में सदा से ही जनसंख्या का बहुत बड़ा भाग अपनी जीविका के लिए कृषि कर्म पर निर्भर रहा है, बुद्ध के समय में भी भारत का ग्रामीण अर्थतंत्र मुख्य रूप से भू–स्वामियों द्वारा निर्वासित ग्राम समुदायों के ढाँचे पर आधारित था।[13]

2.1 भू–स्वामित्व भूस्वामित्व के विषय में प्राचीन ग्रंथकारों के मत को लेकर आधुनिक इतिहासकारों में मतभेद है। स्मिथ का विचार है कि प्राचीन भारत में भूमि राजा की सम्पत्ति मानी जाती थी।[14] हापकिंस व मैकडानल भी यह मानते थे कि सारी भूमि राजा की होती थी। अंग्रेजी कानून को सही ठहराना उनका मकसद था। प्राचीन काल में अनेक राजाओं द्वारा ब्राह्मणों, शैक्षणिक संस्थाओं आदि को भूखण्ड दान में दिए जाते थे जो उनके व्यक्तिगत स्वामित्व को व्यक्त करते हैं।[15] घोषाल की मान्यता है कि वैदिक युग से ही कृषि भूमि पर वैयक्तिक भू–स्वामित्व सिद्ध होता है।[16] आर.एस. त्रिपाठी ने लिखा है कि, ग्राम अर्थ–नीति भूमि के स्वतंत्र स्वत्व के आधार पर खड़ी थी। कृषक अपने खेत का स्वामी था, परन्तु गाँव की पंचायत अथवा परिषद् की अनुमति के बिना वह अपना खेत बेच या रेहन नहीं कर सकता था।[17] वैयक्तिक भू–स्वामित्व के अनेक प्रमाण तत्कालीन साहित्य में मिलते हैं। एक ब्राह्मण के अपनी भू–सम्पत्ति में से सहस्त्रकरीस (सम्भवतः एक हजार एकड़) भूमि दान दिए जाने का विवरण मिलता है।[18]

राजगृह के श्रेष्ठी अनाथपिंडक (सुदत) ने राजकुमार जेत का उद्यान 18 कोटि स्वर्ण मुद्राओं में क्रय करके बुद्ध के निवास हेतु भेंट स्वरूप प्रदान किया था[19]। इस कथा से भूमि पर व्यक्ति का कानूनी अधिकार सिद्ध होता है और विक्रय द्वारा वह इस अधिकार का हस्तान्तरण करने को स्वतंत्र था। स्त्रियाँ भी भूमि दान कर सकती थीं। आम्रपाली द्वारा बुद्ध को अपनी वाटिका (आम्रवन) दान में देने का उल्लेख स्त्रियों के भूमि पर अधिकार को प्रमाणित करता है।

2.2 कृषि कर्म किसानों को कृषि भूमि को तैयार करने हेतु पर्याप्त परिश्रम करना होता था। जुताई हल से की जाती थी जिसके लिए बौद्ध ग्रंथों में 'नगल' शब्द आया है।[20] उस समय हल खींचने के लिए बैलों का उपयोग किया जाता था। हल को दो या दो से अधिक बैल खींचते थे। उत्तर वैदिक काल की तुलना में बौद्ध काल में अधिक खाद्यान्नों के उत्पादन का एक कारण धान की पैदावार में रोपाई पद्धति को अपनाया जाना था। खेतों में उत्पन्न की जाने वाली फसल 'क्षेत्रिक' कही जाती थी एवं उद्यानों में पैदा की जाने वाली फसल 'आरम्भिक' और जंगलों में उत्पादित वस्तुओं को 'आटविक' कहा जाता था। बुद्धघोष ने (विनयपिटक टीका) 'उदकवप्प' तथा 'थूलवप्प' दो प्रकार की बुआइयों का उल्लेख किया है प्रथम जलयुक्त खेत में तथा दूसरे सूखी भूमि वाले खेत में बीज डाला जाता था। जबकि बृहत्कल्प भाष्य में खेतों में (क्षेत्रिक) की जाने वाली फसल को दो भागों में विभक्त किया है–एक 'सेतु' जिसकी सिंचाई कृत्रिम साधनों द्वारा की जाती थी, दूसरी 'केतु' जो वर्षा पर निर्भर करती थी।

सिंचाई के अनेक साधनों के उपयोग की जानकारी मिलती है, सिंधु देश में नदियों, द्रविड़ क्षेत्र में तड़ागों, उत्तरापथ में कुओं से खेतों की सिंचाई की जाती थी। कुओं से पानी निकालने के लिए 'तुल' (ढ़ेंकुली) एवं चक्क वट्टक (रहट) का विवरण मिलता है। पकी हुई फसल को हंसिये (असिसहि) से काटा जाता था, जिसके लिए पाणिनि ने 'पात्र' एवं 'लवित्र' शब्द का प्रयोग किया है।[21] अनाज को 'सुप्पकत्तर' से साफ किया जाता था। तत्कालीन साहित्य[22] में कई प्रकार के अनाजों का उल्लेख मिलता है–यव (जौ), ब्रीहि या शालि (धान), गोधूम (गेहूँ), कंगु (बाजरा), मुग्ग (मूँग), चणक (चना), सासप (सरसों), गन्ना (इच्छु), कपास, त्वंग (लोंग), पिप्प (पीपल), क्षोम, तम्बोल (पान), साणा (सन) आदि।

स्पष्ट है कि ई.पू. छठी शताब्दी के बाद भरण–पोषण पर आधारित अर्थव्यवस्था का, बाजार अर्थव्यवस्था में संक्रमण या परिवर्तन हो रहा था। नदी घाटियों के विशाल मैदानी क्षेत्रों में ऐसे नगरों का होना भी कृषि द्वारा अधिक खाद्य उत्पादन का परिणाम है।

भूमिकर के लिए बौद्ध साहित्य में 'बलि' एवं 'भाग' शब्द मिलते हैं। राज्य को देय भाग के विषय में मनुस्मृति में 1/6, 1/8 तथा 1/12 की अलग–अलग दरों का उल्लेख मिलता है।[23] गौतम ने उत्पादन का 1/6, 1/8 या 1/10 हिस्सा राजभाग के रूप में माना है।[24] वशिष्ठ एवं विष्णु धर्मसूत्रों ने 1/6 भू–राजस्व का उल्लेख किया है।[25] एक जातक (काम जातक) में 'बलि निर्धारण' का आधार भूमि मापन को माना है। इस काल में 'रज्जुगाहक अमच्च' नामक राजकीय पदाधिकारी अशोक के अभिलेखों में उल्लखित 'राजुक' के समकक्ष दिखाई पड़ता है। सम्भवतः भूमि के परिमापन द्वारा भू–राजस्व का निर्धारण इसी अधिकारी द्वारा किया जाता था। भू–राजस्व (बलि) वस्तु के रूप में प्राप्त किया जाता था। एक अकाल का उल्लेख महावग्ग में आया है, जिसमें पशुओं–कुत्ते, घोड़े आदि को खाकर लोगों को जीवित रहने को बाध्य होना पड़ा था।

पालतू पशुओं में गाय सर्वाधिक महत्वपूर्ण थी, क्योंकि इसके दूध के अतिरिक्त बछड़े बैलों के रूप में कृषि कार्य में उपयोग में लिए जाते थे। अन्य पशुओं में बकरी, भैंस, घोड़ा, हाथी आदि महत्वपूर्ण थे। घोड़े एवं हाथी सेना के महत्वपूर्ण अंग थे।

2.3 श्रेणी निगम एवं व्यापार उद्योग धन्धों की प्रगति इस काल की विशेषता रही है। पृथक्–पृथक् व्यवसाय एवं उद्योगों से सम्बन्धित अनेक व्यापारिक जातियों का इस दौर में प्रादुर्भाव हुआ। कई व्यवसायों से सम्बन्धित लोगों की परस्पर संगठित जीवन में रुचि का विकास इस काल में देखते हैं। 'श्रेणी' (सेणी), 'गण' एवं 'पूग' आदि इसी प्रकार के संगठनों के द्योतक शब्द हैं। विद्वानों की मान्यता है कि, श्रेणी एक ही अथवा अलग–अलग जातियों के किन्तु एक ही व्यापार अथवा उद्योग में प्रवृत्त लोगों का संगठन था। जातकों में अठारह श्रेणियों का विवरण मिलता है, परन्तु किसी भी जातक में सभी श्रेणियों का एक साथ उल्लेख नहीं मिलता। रीजडेविड्स ने तत्कालीन साहित्य के आधार पर अठारह श्रेणियों का उल्लेख किया है।[26]

1. लकड़ी का कार्य करने वाले बढ़ई (वड़ठकि) द्वारा नावों एवं पोत निर्माण की जानकारी जातकों से मिलती है। 2. धातुकर्म करने वाले, धातु को गलाकर तौल एवं माप आदि का निर्माण करते थे। मिलिन्दपन्हो में सोना, ताँबा, लोहा, सीसा, टिन आदि की वस्तुएँ बनाने वाले अलग–अलग वर्गों का उल्लेख मिलता है।[27] कृषि कार्य हेतु हल, फावड़ा, कुदाल, हसियां आदि औजार बनाए जाते थे। 4. कुंभकार (कुम्हार) मिट्टी के बर्तन समाज को उपलब्ध करवाता था। 5. पत्थरों से कार्य करने वाले (शिल्पकार) भवनों का निर्माण करते थे। 6. इस समय वस्त्र उद्योग बहुत अधिक विकसित था। सूती, ऊनी एवं रेशमी आदि अनेक प्रकार के वस्त्र निर्मित किए जाते थे। नगर के बाहर राजगृह में बुनकरों की बस्ती होने का उल्लेख आया है। 7. हाथी दाँत से कलात्मक वस्तुएँ बनाने वाले वर्ग का अस्तित्व भी था। काशी में यह उद्योग बहुत विकसित होने की जानकारी मिलती है। 8. कपड़े रंगने वाले कपड़ों को स्वच्छ करके नीला, पीला, लाल, गुलाबी रंग से वस्त्रों को सुन्दर बनाते थे। 9. आभूषण बनाने वाले (स्वर्णकार) विभिन्न प्रकार के आभूषणों का निर्माण करते थे। समाज में अधिकांश लोग स्वर्णाभूषणों में रुचि रखते थे एवं शरीर–सज्जा हेतु उपयोग करते थे।[28] 10. चित्रकार भवनों, प्रासादों विहारों को विभिन्न रंगों द्वारा सौन्दर्य प्रदान करते थे। अन्य वर्गों में उल्लेखनीय हैं–11. मछुआरे, 12. कसाई, 13. शिकारी, 14. नाई, 15. मालाकार (माली), 16. नाविक, 17. भोजन एवं मिठाई बनाने वाले तथा 18. डलिया बनाने वाले।

भवन निर्माण हेतु पत्थर का उपयोग इस काल में प्रारम्भ हो गया था। सम्भवतः मूर्ति निर्माण कला का प्रारम्भ भी ई.पू. छठी शताब्दी के काल की देन है। इसी तरह वस्त्र निर्माण भी इस काल का अत्यन्त विकसित उद्योग था। कई स्थान अपने विशिष्ट वस्त्र उद्योग के लिए प्रसिद्ध थे। उज्जयिनी के शासक प्रद्योत ने जीवक की सेवाओं से प्रसन्न होकर उसे शिवि प्रदेश में निर्मित (सीवेव्य) चादरों का जोड़ा भेंट किया था। काशी में निर्मित परिधान धारण कर लोग गर्व का अनुभव करते थे अर्थात् वहाँ के वस्त्रों का विशेष महत्व था।

श्रेणियों के समान ही 'गण' एवं पूग का उल्लेख धर्मसूत्रों में मिलता है। धन एवं लाभ की प्राप्ति के लिए अनेक जातियों और व्यवसायों में प्रवृत्त लोगों द्वारा अपने को एक संगठन में संगठित करने से पूग का गठन होता था।[29] प्रत्येक श्रेणी के अध्यक्ष को जेठ्ठक (ज्येष्ठक) या प्रमुख कहते थे। श्रेणियों के मध्य विवाद का निपटारा महासेट्ठि द्वारा किया जाता था। श्रेणियों को पर्याप्त स्वायत्तता प्राप्त थी अर्थात् इन संगठनों को सहकारिता के आधार पर संचालित किया जाता था।

2.4 सिक्कों की भूमिका एवं आहत सिक्के (Introduction of coinage and Punch Marked Coins) सिक्कों के प्रचलन ने नगरीकरण की प्रक्रिया में महत्वपूर्ण योगदान किया। इसने अधिक गतिशीलता

तथा व्यवसायों को बढ़ाया। परिणामस्वरूप शहरी अर्थव्यवस्था का विकास हुआ। व्यापार में वृद्धि से श्रेष्ठियों एवं गृहपतियों के पास प्रचूर धन एकत्र हो गया था। गृहपति मेदक के बारे में बौद्ध साहित्य में विवरण आया है कि वह सेना को वेतन देता था और महात्मा बुद्ध एवं बौद्ध संघ की सेवा के लिए उसने 1250 गायों का झुण्ड भेंट किया।

2.5 भारतीय मुद्रा प्रणाली का प्रारम्भ आहत (Punch-marked) मुद्राओं से माना जा सकता है, जिन्हें 'पण' या 'कार्षापण' (कहापण), अर्धपण, पाद, माषक कहा जाता था। इसी प्रकार साहित्य में शतमान, अर्द्ध–शतमान, विशंतिक, त्रिंशतिक आदि नाम भी मिलते हैं। चाँदी या ताँबे को गरम कर, पीटकर उसे एक निश्चित आकार एवं तोल में पहचान चिह्न के साथ अलग–अलग टुकड़ों में काट कर जारी किये जाने का बोध होता है। गर्म धातु पर ठप्पे द्वारा चिह्न अंकित किये जाने के कारण ही इन्हें आहत सिक्के कहा जाने लगा। अब तक वर्गाकार, गोल, आयताकार, पंचकोणीय तथा शट्कोणीय सिक्के उपलब्ध हुए हैं। पीटकर सिक्के बनाने की कला में सुधार ढ़लाई के रूप में उभर कर आया। संभवतः पहले मिट्टी के चिह्न एवं सांचे बना कर उनमें नली द्वारा पिघली धातु डालकर सिक्के बनाये जाने लगे। तांबे के 146 ग्रेन व चाँदी के 180 ग्रेन कार्षायण का वजन होता था।

आहत सिक्कों पर स्वास्तिक, सूर्य, वृत्त, चक्र, धनुष–बाण, मकर, वेदिका, स्तूप, उज्जयिनी चिह्न **अर्थात श्री वत्स, छः हथियारों का चिह्न** मेरू, अर्द्धचन्द्र, पीपल (वृक्ष), नन्दीपाद, नन्दीमुख, मयूर, हाथी, मेंढ़क, सिंह, अश्व, मत्स्य, त्रिभुज एवं मनुष्य आदि के चिह्न अंकित किये जाते थे। कुछ सिक्कों पर एकाधिक चिह्न देखे गये हैं। विशेष रूप से पृष्ठभाग पर दो या तीन चिह्न अंकित मिले हैं।

कुछ सिक्कों का सम्बन्ध राजवंश से तो कुछ स्थानीय शासकों से सम्बन्धित मानते हैं। कई विद्वान इन्हें तांत्रिक प्रतीक, धर्म एवं लोक जीवन से भी जोड़ते हैं। कुछ सिक्कों को श्रेणियों एवं निगमों द्वारा जारी किये जाने का बोध होता है। यह भी कहा गया है कि टकसालें अपना चिह्न अंकित कर जारी करती रही होंगी। अधिकांश सिक्कों का वजन 32 रत्ती पाया गया। बड़ी संख्या में प्राप्त इन सिक्कों को जनपद काल से मौर्यकाल के प्रारम्भ तक मौद्रिक प्रणाली का आधार कहा जा सकता है।

जहाँ तक सिक्कों की प्राप्ति का प्रश्न है पंजाब, हरियाणा, राजस्थान, गुजरात, मध्य प्रदेश, उत्तर प्रदेश, बिहार, महाराष्ट्र एवं तमिलनाडु का जिक्र कराना होगा जहाँ उत्खनन से इन सिक्कों की बड़ी संख्या में प्राप्ति हुई। कई स्थानों पर इन सिक्कों के संचय (Hord या ढेर) भी मिले हैं।

2.6 व्यापारिक मार्ग

इस समय के प्रचलित व्यापारिक मार्गों की अधिक जानकारी नहीं मिलती तथापि अनेक विद्वानों द्वारा सुझाए गए सम्भावित यात्रा मार्गों का उल्लेख करना उचित होगा।

2.6.1 राजगृह–तक्षशिला मार्ग आन्तरिक व्यापारिक मार्गों में एक मार्ग राजगृह (आधुनिक बिहार) से प्रारम्भ होकर पाटलिपुत्र, वैशाली, कुशीनगर, श्रावस्ती (आधुनिक उत्तर प्रदेश) होते हुए उत्तर पश्चिमी सीमा प्रान्त के गंधार प्रदेश स्थित तक्षशिला (उत्तर–पूर्वी पाकिस्तान) तक पहुँचता था। यह मार्ग व्यापारिक व्यवस्था के उद्भव को स्पष्ट करता है जो प्राचीन उत्तर पथ के उस हिस्से में फैला हुआ था जो हिमालय की तलहटी और बाद में तक्षशिला को राजगृह से जोड़ता था। मार्ग में राजगृह कुशीनारा के मध्य बारह पड़ाव (ग्राम नगर) थे। इस मार्ग का उल्लेख श्रावस्ती के अनाथपिण्डक के काफिले के सम्बन्ध में मिलता है। पथ में एक बार पटना में गंगा नदी को पार करना होता था।

2.6.2 श्रावस्ती–प्रतिष्ठान मार्ग दूसरा मार्ग श्रावस्ती, कौशाम्बी, विदिशा, उज्जयिनी एवं प्रतिष्ठान (पैठण) आदि नगरों को संयुक्त करता था। इसमें छह पड़ाव थे।[30]

2.6.3 श्रावस्ती–राजगृह मार्ग एक अन्य मार्ग श्रावस्ती से प्रारम्भ होकर कपिलवस्तु, कुशीनगर, पावा, वैशाली, पाटलिपुत्र होते हुए राजगृह जाता था। यह मार्ग बौद्ध अनुयायियों एवं भिक्षुओं की यात्रा के लिए भी उपयोगी था। सुत्तनिपात में यह भी विवरण मिलता है कि दक्षिण एवं पश्चिम के मार्ग आकर कौशाम्बी में मिलते थे। यात्रियों के कौशल (अयोध्या की ओर) और मगध जाने के लिए मार्ग भी यहीं से प्रारम्भ होते थे।

पश्चिमी भारत के राजपूताना से मरुस्थल होता हुआ एक मार्ग सौवीर प्रदेश तक जाता था।[31]

2.6.4 वाराणसी सुवर्ण भूमि (बर्मा–म्यांनमार) मार्ग अन्य मार्गों में वाराणसी से सुवर्ण भूमि जाने वाले मार्ग का उल्लेख किया सकता है। सुवर्ण भूमि में बर्मा (म्यांमार), मलाया (मलेशिया), स्याम, कम्बोडिया (कम्पूचिया) आदि को सम्मिलित किया जाता है। व्यापारी पूर्व में ताम्लुक और पश्चिम में भड़ौच से विदेशों में श्रीलंका (ताम्रपर्णि) और बर्मा तक जाते थे। 'बलाहस्स जातक' से ज्ञात होता है कि ताम्रपर्णि की समुद्री यात्रा में लोगों को अपने प्राण खोने पड़े, क्योंकि मार्ग में दो यक्षणियों का

निवास था जो भ्रमित व्यक्तियों को समाप्त कर देती थीं।[32] सुस्सोदिजातक में विवरण मिलता है कि पूर्वी प्रदेश के दक्षिण चम्पा बन्दरगाह होते हुए सुवर्ण भूमि की ओर जाते थे।[33] सुधारक जातक एवं बावेरूजातक बैबिलोन (बावेरू) तथा मिस्त्र आदि पश्चिमी देशों की व्यापारिक यात्राओं का वर्णन करते हैं।[34] पश्चिमी भारत में भरुकच्छ नामक बन्दरगाह का उल्लेख जातकों में मिलता है जिसका तादात्म्य काठियावाड़ के भड़ौच नामक नगर से किया जा सकता है। अपरान्त प्रदेश में स्थित 'सुधारक' नाम के बन्दरगाह का विवरण धम्म पद टीका, दीपवंश तथा महावंश में आया है। इसका समीकरण डॉ. बी.सी. ला ने मुम्बई के ठाणे (थाना) जिले के सुपारा (सोपारा) से किया है, जहाँ से अशोक का शिलालेख भी मिला है। सुष्मारक जातक में यह नाम किसी बन्दरगाह वाले नगर के नाविकों के स्वामी के लिए आया है।[35]

व्यापारिक मार्ग सदैव सुरक्षित नहीं होते थे, सतिगम्ब जातक में एक चोरों के ग्राम का उल्लेख है जिसमें 500 चोर रहते थे। ये मार्ग में व्यापारियों को लूट लेते थे। अतः वणिक अपने रक्षार्थ सशस्त्र रक्षक दल एवं अनुचरों के साथ चलते थे।

व्यापारिक सामग्री बैलगाड़ियों द्वारा ढोई जाती थी। व्यापार हेतु अनेक व्यापारी अपनी–अपनी गाड़ियों के साथ चलते थे जिसे 'सार्थ' कहा जाता था एवं दल के नेता के 'सार्थवाह' का नाम दिया गया है। इस तरह के व्यापारिक दल (सार्थ) को निश्चित स्थानों पर चुँगी देना होता था। उस समय सड़कों एवं पुलों का अभाव था। राजमार्गों के लिए महारथ्या, छोटी सड़कों के लिए उपरथ्या के उल्लेख मिलते हैं। उपरथ्या महारथ्या में आकर मिलती थी। बैलगाड़ियाँ धीरे–धीरे आगे बढ़ती थीं, उन्हें नदियाँ भी पार करनी पड़ती थीं।[36] व्यापारी नदी मार्गों का भी उपयोग करते थे। निर्यात योग्य वस्तुओं में रेशम, मलमल, बहुमूल्य वस्त्र, अस्त्र–शस्त्र, चाकू, कालीनें, सुगन्धित द्रव्य, औषधि, हाथी दाँत का सामान एवं सोने–चाँदी के आभूषण प्रमुख थे। इन वस्तुओं के व्यापार से अनेक व्यापारियों के समृद्ध होने के उल्लेख तत्कालीन साहित्य में आए हैं।

पश्चिम एशिया से व्यापार सम्बन्ध: हिरोडोटस व टीसीयस के विवरण पांचवी–चौथी सदी ई. पू. में भारत व पश्चिम एशिया से व्यापार सम्बन्ध को दर्शाते है। चीनी ग्रंथ भी भारत ईरानी सम्बन्धों का जिक्र करते हैं। पश्चिमी बन्दरगाहों के उपयोग के प्रमाण भी देते है। ई. पू. 800 में सोलोमन के राज्यकाल टाइर के हीरम नामक राजा का एक जहाज पूर्व (भारत) से सोना, हाथीदांत, ईमारती लकड़ी बहुमूल्य मणियां लेकर लौटा था।

2.7 माप–तौल बौद्ध साहित्य में तौल एवं माप सम्बन्धी अनेक शब्द मिलते हैं। पाणिनि ने तराजू (तुला), माप (एक सिक्के के समान), निष्पाद (स्वर्ण तौलने का छोटा बाट), शण (बीस रत्ती), बिस्त, शतमान, आढक आदि का उल्लेख किया है। पाणिनि के काल तक कार्षापण, निष्क, पण, पाद, माषा आदि मुद्राओं का प्रचलन था। अभिधम्मप्पदीपिका में अनेक मानों का उल्लेख आया है–कुंडव–1 प्रस्थ, 4 प्रस्थ–1 आढक, 4 आढक–1 द्रोण, 4 द्रोण–1 माणी तथा 4 माणी–1 खरी।

योजन दूरी या लम्बाई का द्योतक था और रीजडेविड्स के अनुसार पाँचवीं शताब्दी के पालि ग्रंथों में आए विवरणों के अनुसार सात–आठ मील को योजन कहा जाता था।

सारांश बैंक के समान किसी संस्था का अस्तित्व इस काल में नहीं पाया जाता। लोग अपना धन भूमि में गाड़ कर सुरक्षित रखते थे। बौद्ध काल में भारत में लोग न केवल आर्थिक दृष्टि से समृद्ध थे बल्कि इस काल में व्यापार, उद्योग एवं शिल्प में भी महत्वपूर्ण प्रगति हुई। विकसित उद्योग एवं व्यापार के फलस्वरूप इस काल में भारत आगे जाकर पाश्चात्य देशों को अनेक तरह की सामग्री का निर्यातक बन गया।

सन्दर्भ :

1. महाभाष्य, 7/3/14.
2. आर.एस. शर्मा : प्रारम्भिक भारत का आर्थिक और सामाजिक इतिहास, पृ. 182
3. शर्मा, वही, पृ. 184.
4. प्राचीन भारत की संस्कृति और सभ्यता, पृ. 119.
5. शर्मा, रामशरण : भारत के प्राचीन नगरों का पतन, दिल्ली, 1996, पृ. 17.

6. कोसंबी वही, पृ. 188.
7. थापर, रोमिला : भारत का इतिहास (ई.पू. 1000 से ई.पू. 1526) पृ. 55.
8. शर्मा, प्रा. भा.आ.सा.इ., पृ. 188.
9. शर्मा, रामशरण, वही, पृ. 147.
10. शर्मा, प्रा.भा.आ.सा.इ., पृ. 189.
11. शर्मा, रामशरण, वही, पृ. 146–147.
12. संयुक्त निकाय, 1/171; सुत्तनिपात, 1/4.
13. Rhys Davids : Cambridge History of India, vol 1, p.176. The Rural Economy of India at coming of Buddhism was based chiefly on a system of village communities of land owners.
14. स्मिथ, वी.ए. : अर्ली हिस्ट्री ऑफ इण्डिया, पृ. 173.
15. गोपाल, एल. : द इकनामिक लाइफ ऑफ नॉर्दन इण्डिया, पृ. 7–12.
16. घोषाल, यू.एन. : द अग्रेरियन सिस्टम इन इण्डिया, 81–82.
17. त्रिपाठी, आर.एस. : प्राचीन भारत का इतिहास, 1982, पृ. 77.
18. जातक, 4/281.
19. चुल्लवग्ग, पृ. 252–253.
20. चुल्लवग्ग, पृ. 279.
21. अष्टाध्यायी, 3/2/182.
22. नायाधम्मकहा, 7/86.
23. मनुस्मृति, 7/130, पञ्चाशद्भाग आदेयो राजा पशु हिरण्ययो धन्यनामष्टमो भागः षष्ठो द्वादश एवं वा.
24. गौतम धर्मसूत्र, 10/24/35.
25. वसिष्ठ, 1/142; विष्णुधर्मसूत्र, 3/22.
26. रीजडेविड्स, वही, पृ. 57–60.
27. मिलिन्दपन्हो, 5/4.
28. रीजडविड्स, वही, पृ. 90.
29. मुकर्जी, आर.के. : लोकल गवर्नमेंट इन ऐंश्यन्ट इण्डिया, पृ. 31–33.
30. सुत्तनिपात, श्लोक, पृ. 1011–13.
31. विमानवत्तु टीका, पृ. 336.
32. बलाहस्स जातक : पृ. 196.
33. सुस्सोदिजातक, पृ. 360; महाजनक जातक, पृ. 239
34. बावेरू जातक, पृ. 399.
35. घोष, एन.एन. : भारत का प्राचीन इतिहास, पृ. 101.
36. Buddhist India, pp. 60-61. "These caravans, longlines of small two-wheeled carts each drawn by two bullocks, were a distinctive feature of the times. There were no roads and bridges. The carts struggled along, slowly, through the forests, along the tracks from village to village kept open by the peasants .... There were taxes and octroi duties at each different country entered and a heavy item in the cost was the hire of volunteer police who let themselves out in bands to protect caravans against robbers on the way."

21 महाजनपदकालीन समाज

(Society at the time Mahajanapadas)

बौद्ध काल में भारतीय समाज विकास के कई चरणों को पार करते हुए क्रान्तिकारी परिवर्तनों के कगार पर खड़ा हुआ था। क्षेत्रीय राज्यों की स्थापना से निर्बल राज्यों का अस्तित्व समाप्त होने लगा और बड़े भू–विस्तार वाले शक्ति सम्पन्न राज्यों का उद्‌भव हुआ। उद्योग एवं व्यापारिक केन्द्रों के रूप में नगरों का प्रादुर्भाव इस युग की विशेषता कही जा सकती है। इस काल (ई. पू. छठी सदी) के अन्त तक समाज में लेखन कला का विकास हो गया था। अपने विचारों को लोग ब्राह्मी लिपि में व्यक्त करने लगे थे। लिखने की जानकारी ने बड़े स्तर पर ज्ञान का विस्तार किया।

लेखन कला के विकास का तात्पर्य था ज्ञान को बिना तोड़े–मरोड़े संगृहीत किया जाए। सामाजिक व्यवस्था एवं धार्मिक विश्वास में कालक्रम से आए परिवर्तनों को लेखन कला के विकास ने और तीव्र बना दिया। एक बार तथ्यों को आलेखित कर दिए जाने पर परवर्ती काल में विचारों एवं विश्वासों में होने वाले परिवर्तन स्पष्ट दृष्टिगोचर होने लगे।

छठी सदी ई.पू. का समाज इस काल में व्यावसायिक तथा जनजातीय वर्गों का पृथक् सामाजिक इकाइयों के रूप में गठन हुआ तथा अपनी ही जाति में विवाह करने की प्रवृत्ति से जाति प्रथा में प्रगाढ़ता आई। फिक ने उल्लेख किया है कि, जाति प्रथा एक व्यवस्था के रूप में स्थापित हो चुकी थी। वर्ण एवं जातियां इस समय तक अनेक उप–जातियों का उदय हो गया था, जिन्हें 'जाति' की संज्ञा दी गई। ब्राह्मण, क्षत्रिय, वैश्य एवं शूद्र वर्णों को भी जाति शब्द द्वारा सम्बोधित किया जाता था।[1] संक्षेप में हम यहां तत्कालीन जातियों या वर्णों के लिए निर्धारित कर्म, अधिकार, परस्पर सम्बन्ध एवं समय क्रम से आये बदलाव की चर्चा करेंगे।

1. **क्षत्रिय** समाज में ऊँच–नीच की भावना का प्रवेश हो जाने से जातियाँ उत्कृष्ट एवं हीन दो भागों में वर्गीकृत थीं। उत्कृष्ट जातियों में ब्राह्मण एवं क्षत्रियों के मध्य परस्पर श्रेष्ठता प्रमाणित करने का प्रयास भी देखा जाता है। बौद्ध ग्रन्थों में चारों वर्णों के उल्लेख क्रम में क्षत्रिय वर्ण को प्रथम स्थान पर रखा गया है। बुद्ध के उपदेशों में क्षत्रिय श्रेष्ठता की झलक मिलती है।[2] मज्झिमनिकाय में एक स्थान पर विवरण मिलता है, जिसमें बुद्ध सम्बोधित करते हुए कहते हैं, "हे राजन क्षत्रिय, ब्राह्मण, वैश्य तथा शूद्र ये चार वर्ण हैं। इनमें क्षत्रिय, ब्राह्मण अभिवादन, प्रणामांजलि तथा सेवा के अधिकारी हैं।"[3] जैन एवं बौद्ध धर्मों में रूढ़िगत परम्परा एवं ऊँच–नीच की भावना का विरोध देखा जाता है। रीजडेविड्स ने जिक्र किया है कि इस काल में जन–सामान्य भी ब्राह्मणों को समाज में श्रेष्ठ वर्ण के रूप में स्वीकार नहीं करता था।[4] कई विद्वान रीजडेविड्स के मत से सहमत नहीं हैं। जी.एस.पी. मिश्र ने लिखा है कि उपरोक्त उद्धरणों के आधार पर अधिक–से–अधिक यह कहा जा सकता है कि कुछ क्षत्रिय स्वयं को ब्राह्मणों की तुलना में हीन मानने को तैयार नहीं थे। सम्भवतः बौद्ध एवं जैन दोनों के रचनाकारों के लिए यह अनिवार्य था कि वे क्षत्रिय वर्ग को समाज का सर्वोच्च वर्ग बताते।[5] क्षत्रियों के प्रभाव का एक कारण उनका प्रशासन पर नियंत्रण होना भी था। मनु ने उल्लेख किया है कि राजा मनुष्यों के रूप में देवता है, संसार में अराजकता की स्थिति में जगत् की रक्षा हेतु ईश्वर ने राजा को बनाया।[6] बौद्ध साहित्य में क्षत्रिय समाज का दूसरा ही चित्र देखने को मिलता है। इन क्षत्रिय जातियों में बहुत–सी वैवाहिक प्रथाओं के प्रचलन की जानकारी मिलती है, विवाह किसके साथ किया जाए एवं किसके साथ नहीं, ऐसे मामलों में ये काफी सजग रहते थे। कौशल नरेश प्रसेनजित ने शाक्य राजकुमारी से विवाह करने की इच्छा व्यक्त की। भय से शाक्य लोग इस प्रस्ताव की अवहेलना नहीं कर सके। किन्तु चालाकी से उन्होंने दासी वासवखतिया के साथ नरेश का विवाह करवा दिया, जिससे विरुद्धक नामक पुत्र हुआ। क्षत्रियों में अपने स्तर एवं वंशावली का बड़ा अभिमान था। वैशाली एवं कपिलवस्तु जैसे गणसंघों के शासक वर्गों के पूर्वज एवं शाक्य, लिच्छवी, मल्ल, कोलिय आदि सामाजिक समूह थे जो संयुक्त रूप से भूमि के स्वामी थे। उनकी भूमि पर कृषि कार्य मजदूरों द्वारा किया जाता था जिनको दास तथा कर्मकार कहा जाता था। इन क्षत्रिय समूहों द्वारा ब्राह्मणिक अनुष्ठान नहीं किये जाते थे।

2. **ब्राह्मण** ब्राह्मण वर्ग जातीय शुद्धता में विश्वास करते थे एवं ब्राह्मणत्व का आधार जन्म था। दूसरी ओर महात्मा बुद्ध की मान्यता थी कि निर्वाण के लिए मनुष्यों में भेद नहीं किया जा सकता, मनुष्य कर्म से ही छोटा या बड़ा होता है। ब्राह्मण की व्याख्या जन्म के आधार पर नहीं वरन् कर्म के आधर पर की गई।[7] जिसके शरीर, वाणी एवं मन दुष्कृत नहीं होते उसे ब्राह्मण कहा गया।[8] एक स्थान पर बुद्ध का कथन इस प्रकार आया है– जन्म से न कोई चाण्डाल होता है, न ब्राह्मण।[9] इस काल में भी राजा एवं पुरोहित के घनिष्ठ सम्बन्ध बने रहे। विनय पिटक में विवरण मिलता है कि पुरोहित के समक्ष राजा को नीचा आसन ग्रहण करना चाहिए। सुनीथ एवं वस्सकार नामक ब्राह्मण महामात्य के पद पर कार्य करते थे।[10]

बौद्ध ग्रन्थों में हिंसात्मक यज्ञों एवं पाखण्ड से धन अर्जन में लगे ब्राह्मणों की कटु निन्दा की गई है, मतभक्तजातक में एक भेड़ की ब्राह्मण द्वारा बलि चढ़ाने का कथा मिलती है, जिसमें स्वयं एक भेड़ पूर्व जन्मों की कथा बयान करते हुए बताती है कि वह भी पूर्व जन्मों में ब्राह्मण थी। उसने एक भेड़ की बलि देकर श्राद्ध किया था। उसका परिणाम वह पिछले 500 जन्मों से भोग रही है हर जन्म में उसका शीशच्छेदन किया जा रहा है।[11] इस तरह के कथानकों से स्पष्ट होता है कि ब्राह्मण वर्ग में से कुछ लोग हिंसात्मक यज्ञों एवं अनुष्ठानों में लगे हुए थे। इसके अतिरिक्त ब्राह्मण के, अपने शास्त्र सम्मत कर्मों से च्युत होकर अन्य कर्मों से जीविकोपार्जन करने का उल्लेख मिलता है।[12] बौद्ध ग्रन्थों में कई व्यवसायों को मर्यादा के प्रतिकूल बताया गया है, ब्राह्मण जातक में एक कथानक आया है। कथानक इस प्रकार है–"प्राचीन काल में कुरु राज्य की राजधानी इन्द्रपट्ट थी और कुरु परिवार का राजा युधिष्ट्ठिल था। उसको सांसारिक एवं आध्यात्मिक मामलों पर सलाह देने के लिए उसका मंत्री विधुर था.....।" उसको बैठने के लिए स्थान देते हुए राजा ने कहा, "विधुर एक ऐसा ब्राह्मण खोजो जो सदाचारी एवं विद्वान् हो, वह इन्द्रिय सुख का परित्याग कर चुका हो, उसको मैं उपहार भेंट करूँगा।"

जवाब में विधुर ने कहा, हे राजन .... वे खेती व व्यापार दोनों करते हैं, व बकरियों एवं भेड़ों को पालते हैं, अपने बच्चों को धन के लिए बेचते हैं, वे बेटी और बेटों के विवाहों का आयोजन करते हैं। वे अम्बाथ और वेस्स के अनुरूप हैं....।"

ब्राह्मण जातक के इस विवरण से तत्कालीन समाज में प्रचलित कई व्यवसायों की जानकारी मिलती है। किन्तु यह अतिश्योक्ति पूर्ण विवरण प्रतीत होता है, यथार्थ में इस प्रकार का विवरण बौद्धों द्वारा ब्राह्मण वर्ग के प्रति विरोध एवं आलोचनात्मक भाव को इंगित करता है।

3. **वैश्य** इस काल में वैश्य वर्ण एक समृद्ध वर्ग के रूप में सामने आता है। इसके लिए बौद्ध साहित्य में गृहपति (गहपति), वणिक, कुटुम्बिक आदि शब्दों का प्रयोग मिलता है। सामान्यतः घर के स्वामी को 'गहपति' कहा जाता है। किन्तु ई.पू. छठी शताब्दी में यह समुदाय भूमि का स्वामी था एवं दासों एवं श्रमिकों से इसे कृषि कार्य करवाता हुआ देखते हैं। वे कृषि संसाधनों का मुख्य उपभोग करने वाले और राजाओं के लिए राजस्व का स्त्रोत थे। गहपतियों में वे धनी लोग भी सम्मिलित थे, जिनका अनेक व्यवसायों पर नियंत्रण था और व्यवसाय प्रमुख के रूप में कार्य करते थे। गहपतियों का सम्बन्ध व्यापारिक नगरों से भी रहा है।

परिवार (कुटुम्ब) के स्वामी को साधारणतः कुटुम्बिक कहा जाता है। साहूकार या अनाज का व्यापार कुटुम्बियों के हाथों में था। भू–स्वामी एवं व्यापार की दो शाखाएँ हो जाने से श्रेष्ठि वर्ग का विकास तेजी से हुआ। मोटे तौर पर सर्वश्रेष्ठ को श्रेष्ठि कहा जाता है। इस काल के श्रेष्ठियों का साहूकारी व्यवसाय एवं व्यापार पर नियंत्रण था। किन्तु अधिक समृद्ध व्यक्ति का ही श्रेष्ठि के रूप में चयन किया जाता था। श्रावस्ती का अनाथपिण्डक सर्वाधिक धनी श्रेष्ठि कहा गया है, उसके द्वारा बुद्ध को जेतवन भेंट स्वरूप प्रदान किए जाने के अवसर पर पाँच श्रेष्ठि उपस्थित होने की जानकारी जातकों से मिलती है। इस कथा से सिक्कों के विपुल प्रचलन की जानकारी मिलती है। पुरातात्विक उत्खननों से पता चलता है कि उस समय सिक्के बड़ी संख्या में प्रचलित थे। बनारस के एक श्रेष्ठि का उल्लेख आया है जिसका व्यापार बहुत प्रगति पर था और उसके पास 500 गाड़ियों का काफिला था। वैश्य वर्ग द्वारा कार्य किए जाने वाले वाणिज्यिक स्थल को 'थाण' कहे जाने का बोध होता है। परिवार के मुखिया को महाश्रेष्ठि तथा परिवार के अन्य सदस्यों को जो व्यापार में संलग्न हो, अनुश्रेष्ठि कहा जाता था।[13] वाणिज्य व्यापार में लगे हुए वैश्य दूरस्थ प्रदेशों में व्यापार हेतु जाते थे। व्यापार द्वारा धनार्जन के साथ–साथ वैश्यों ने धार्मिक एवं दार्शनिक विषयों में समान रूप से रुचि प्रदर्शित की। सामाजिक दृष्टिकोण से वैश्यों को समाज का अभिन्न अंग माना गया तथा इस वर्ग का उल्लेख ब्राह्मण एवं क्षत्रिय के साथ किया जाता था।[14]

4. **शूद्र** शूद्र वर्ण की समाज में अत्यन्त दयनीय स्थिति थी। बौद्ध ग्रंथों से ज्ञात होता है कि इस वर्ग को हेय माना जाता रहा। ये लोग अनेक नियन्त्रणों एवं बन्धनों से जकड़े हुए थे। इनका प्रमुख कार्य समाज की सेवा करना था। इनके लिए प्रतिदिन की मजदूरी डेढ़ माषक निर्धारित थी।[15] बड़ी संख्या में इस काल के शूद्रों का दासता में जकड़े होने की सूचना मिलती है, सम्भवतः दयनीय आर्थिक स्थिति के कारण ऐसा करने के लिए बाध्य होना पड़ता था। यद्यपि किसी भी जाति का सदस्य दास बन सकता था। मज्झिम निकाय में शूद्र की आजीविका का साधन हंसिया तथा कंधों पर काटी हुई फसल का भार कहा गया है।[16] शूद्र मजदूर अधिकांशतः युद्ध बन्दी होते थे अथवा ऐसे लोग थे जो ऋण वापस नहीं कर पाते थे।

दलित वर्ग : तत्कालीन साहित्य में 'दलित' शब्द आया है, ऐसे लोगों को दलित कहा जाता था जो बहुत गरीब थे और जिनके पास खाने एवं तन ढ़कने के लिए कुछ नहीं था। वेण, नेसाद, कुक्कुट, श्वपच, चाण्डाल आदि को हीन जातियों में रखा गया। जिक्र आया है कि चाण्डाल और श्वपचों के रहने का स्थान गाँव के बाहर होना चाहिए।[17] पाणिनि ने शूद्रों को दो श्रेणियों में विभक्त किया है तथा एक वर्ग को समाज की सीमा में नहीं रहने दिया जाता था[18] मातंगजातक में कथानक मिलता है कि एक चाण्डाल का घर एक स्थान से हटाकर दूसरी ओर इसलिए करवा दिया गया कि अपने घर के किनारे से बहती हुई नदी में उसने अपनी दातून फेंक दी थी, जो बहती हुई एक ब्राह्मण की शिखा में उलझ गई।[19]

5. **दास वर्ग** पूर्व में जैसा उल्लेख किया गया है कि आर्थिक विपन्नता के फलस्वरूप शूद्र लोग दासवृत्ति अपनाये जाने के लिए विवश हुए। मनु ने दासों को सात कोटियों में विभक्त किया है।[20]

(1) कुछ जन्मतः दास होते थे, क्योंकि उनके माता–पिता दास रहे होंगे।

(2) कुछ आर्थिक विपन्नता के कारण दास बनते थे।

(3) कुछ को युद्ध में बन्दी बनाए जाने पर दासत्व स्वीकार करना पड़ता था।

(4) क्रय किया हुआ दास।

(5) किसी का दिया हुआ दास।

(6) स्वयं दासत्व स्वीकार करने वाला।

(7) ऋण नहीं चुका पाने के कारण बने दास का जिक्र किया जा सकता है।

याज्ञवल्क्य ने दासत्व से मुक्ति के लिए विधान बताया है – यदि वे अपने स्वामी को प्राणलेवा कठिनाई से बचा ले तो वे दासता से मुक्त हो सकते हैं।[21] ऋण लेने के फलस्वरूप दास बना व्यक्ति ऋण चुका देने पर दासता से मुक्त हो जाता था। स्वामी कभी–कभी प्रसन्नता से भी अपने दास को मुक्त कर देते थे। यूनानी लेखकों ने उल्लेख किया था कि भारत में दास प्रथा नहीं थी।[22] ऐसी मान्यता का कारण सम्भवतः दासों के प्रति अच्छा व्यवहार रहा होगा। कुछ विद्वानों की मान्यता है कि सम्भवतः दासों के साथ ग्रीक, इटली के दासों की तरह दुर्व्यवहार नहीं किया जाता था।[23] दासों की स्थिति स्वामी के अच्छे अथवा बुरे होने पर निर्भर करती थी। अंगुत्तरनिकाय से जानकारी मिलती है कि एक हृदयहीन एवं क्रूर स्वामी के दण्ड से दास–दासियाँ सर्वदा डरा करते थे तथा अश्रुपूरित नेत्रों से रोया करते थे।[24] दासों द्वारा सम्पत्ति रखने के संकेत मिलते हैं, 'दास भोग' शब्द इस बात को सूचित करता है, किन्तु इसके लिए उसे स्वामी से आज्ञा प्राप्त करनी होती थी।

दाय या उत्तराधिकार : दाय या उत्तराधिकार के सम्बन्ध में ऐतरेय ब्राह्मण में जिक्र आया है कि मनु के पुत्रों ने उसकी सम्पति पिता के जीवन काल में ही विभक्त कर ली थी। शतपथ ब्राह्मण ने स्त्री को सम्पत्ति का अधिकारी नहीं माना। आगे चलकर मिताक्षरा ने सुझाया कि पुत्र पिता के जीवनकाल में अपना भाग अलग कर सकते है। बंगाल में पिता को मृत्यु पर ही पुत्रों को दाय का अधिकारी माना। पिता की मृत्यु के पश्चात् सम्पत्ति का उत्तराधिकार पुत्र को मिलता था, किन्तु किसी उत्तराधिकारी के अभाव में सम्पत्ति राज्य द्वारा अधिगृहीत कर ली जाती थी। दो भाइयों में सम्पत्ति के विभाजन के प्रश्न पर विवाद होने पर इस काल में बोहारिक महामत्त (व्यवहारिक महामात्त) द्वारा निर्णीत किए जाने की जानकारी मिलती है।

6. स्त्री जगत् इस काल में पुत्री जन्म को बुरी दृष्टि से नहीं देखा जाता था। स्त्रियों को यद्यपि गृहस्वामिनी माना जाता था परन्तु उनका स्तर पुरुषों से नीचा माना गया है। थेरीगाथा से ज्ञात होता है कि मातृहीन कन्या अपने पिता की सम्पत्ति की उत्तराधिकारिणी होती थी। मनु ने भी यह प्रावधान किया है कि कुमारी कन्या अपने प्रत्येक भाई के भाग में एक–चौथाई भाग की अधिकारिणी है और इसे न मानने वाला व्यक्ति जातिच्युत हो जाता है।[25]

अन्तर्जातीय विवाह भी इस काल में यदा–कदा होते थे, परन्तु वंश एवं जाति को विशिष्ट महत्व दिया जाता था। थट्ठहारिजातक में कथन मिलता है कि वाराणसी के राजा ब्रह्मदत्त ने एक कन्या पर मुग्ध होकर उससे गंधर्व विवाह कर लिया था, अर्थात् नियोजित प्राजापत्य विवाहों के अतिरिक्त भी विवाहों का प्रचलन था। वत्सराज उदयन ने अवन्तिराज प्रद्योत की पुत्री से गन्धर्व विवाह किया था। कौशल राज प्रसेनजित द्वारा श्रावस्ती के मालाकार की कन्या मल्लिका के साथ अनुलोम विवाह का जिक्र आया है। धम्मपदटीका से ज्ञात होता है कि विवाह 16 वर्ष से कम उम्र में नहीं होता था।

7. स्त्रियाँ एवं बौद्ध संघ इस काल में स्त्रियों द्वारा बड़ी संख्या में प्रवज्या ग्रहण किए जाने की जानकारी मिलती है। चुल्लवग्ग से ज्ञात होता है कि प्रारम्भ में बुद्ध स्त्रियों के संघ में प्रवेश के विरुद्ध थे। विमाता महाप्रजापति गौतमी को संघ में प्रवेश नहीं दिया था, परन्तु वे जब वैशाली में ठहरे हुए थे, महाप्रजापति ने पुरुष वेष में अश्रुपूरित हो संघ में प्रवेश की याचना की। आनन्द के हस्तक्षेप पर बुद्ध ने उन्हें संघ में प्रवेश की अनुमति प्रदान की। महात्मा बुद्ध ने भिक्षुणियों के लिए आठ कठोर नियमों का प्रावधान किया, जिससे भिक्षुणी को भिक्षु की अपेक्षा निम्न स्थान मिला। इतना ही नहीं भिक्षुणियों को संघ में प्रवेश के साथ भिक्षुओं के साथ सहालाप (परस्पर वार्ता) करना भी निषिद्ध कर दिया जाता था।[26] संघ में स्त्रियों को प्रवेश देकर बुद्ध प्रसन्न नहीं हुए थे। कहा गया है संघ में स्त्रियों का प्रवेश हो गया है आनन्द धर्म चिरस्थाई नहीं रह सकेगा, जिस प्रकार ऐसे घरों में जिनमें अधिक स्त्रियाँ एवं कम पुरुष होते हैं चोरी विशेष होती है। कुछ इसी तरह की अवस्था उस सूत्र एवं विनय की समझनी चाहिए जिसमें स्त्रियाँ घर छोड़कर गृहविहीन जीवन में प्रवेश करने लग जाती हैं।''[27]

थेरीगाथा से जानकारी मिलती है कि संघ में भिक्षुणियों के प्रवेश से स्त्री शिक्षा को पर्याप्त प्रोत्साहन मिला। **भिक्षुणी खेमा** (क्षेमा) अपने समय की विदुषी महिला थी। उसकी विद्वता सुनकर स्वयं कौशलराज प्रसेनजित उसकी सेवा में गया था। बौद्ध ग्रंथों में भिक्षुणी **सुन्दरी नन्दा** को मेधाविनी, पण्डिता एवं सुन्दरी कहकर प्रशंसा की है। इसी तरह **अमरा**, **उदुम्बरा** भी विदूषी कही गई हैं। अन्य भिक्षुणियों में **सुमा**, **सुमेधा**, **अनोपमा** का उल्लेख मिलता है। जैन ग्रंथों में कौशाम्बी नरेश की विदूषी पुत्री जयन्ति का वर्णन मिलता है। उसने महावीर के साथ वाद–विवाद किया एवं जैन धर्म स्वीकार किया था। आम्रपाली एवं सालवती गणिकाओं के नृत्य, संगीत में निपुण होने की जानकारी मिलती है। इससे स्पष्ट होता है कि लड़कियों को इनकी शिक्षा दी जाती थी।

शिक्षा केन्द्र : महात्मा बुद्ध ने धर्म प्रचार हेतु संघ प्रणाली की स्थापना की, इसके साथ ही विहार निर्माण की परम्परा का आरम्भ हुआ। बौद्ध विहार आगे जाकर से शिक्षा के महत्वपूर्ण

केन्द्र बन गए।[28] बौद्ध शिक्षा प्रणाली में आचार्य को उपाध्याय तथा शिष्य को सिद्धिविहारिक कहा जाता था। इस प्रकार के शिक्षा केन्द्र वाराणसी, तक्षशिला, अवन्ति आदि में स्थित थे। जातकों में उल्लेख मिलता है कि उस काल में तक्षशिला में अठारह शिल्प, चिकित्साशास्त्र, धनुर्विद्या, राजविद्या, पशुभाषा ज्ञान, आखेट व शिल्प की शिक्षा दी जाती थी।

मूल्यांकन हम देखते हैं कि इस काल में एक ओर परम्परागत रूढ़िवादी व्यवस्था का विरोध हो रहा था तथा पूर्व प्रतिष्ठित ब्राह्मण वर्ग का वर्चस्व कम हो रहा था। दूसरी ओर वैश्य लोग एक शक्तिशाली सामाजिक वर्ग के रूप में सामने आए। नये धर्म प्रवर्तकों ने भी परम्परागत जाति प्रथा का विरोध किया। यह काल पुनरुत्थानवादी प्रवृत्ति का प्रतीक था।

सन्दर्भ :

1. फिक : द सोशल ऑर्गनाइजेशन इन नार्थ ईस्ट इण्डिया इन बुद्धज टाइम, पृ. 31–31
2. The age of imperial unity, p. 547.
3. मज्झिम निकाय, 2 पृ. 128.
4. रीजडेविड्स, बुद्धिस्ट इण्डिया पृ. 37–38.
5. मिश्र, जी.एस.पी. : प्रचीन भारतीय समाज एवं अर्थव्यवस्था, पृ. 141.
6. मनुस्मृति, 7/3, रक्षार्थमस्य सर्वस्य राजानमसृजत्प्रभु।
7. धम्मपद, ब्राह्मणवग्गो, 26/393/11
   न जटाहि न गोतेन न जच्चा होती ब्राह्मणो।
   यम्हि सच्चं च धम्मो च सो सुखी सो च ब्राह्मणो।
8. धाम्मपद, ब्राह्मणवग्गो, 29/391/9.
9. सुतनिपात, 1/7/21.
10. महावग्ग, पृ. 243–244.
11. पालिजातकावलि, मतकभक्तजातक, 11 (हिन्दी अनु) द्वारा बटुकनाथ शर्मा, पृ. 125.
12. The Age of Imperial Unity, P 584.
13. विनयपिटक, 4/49.
14. महावग्ग, पृ. 243 यदि खतियपरिसं ब्राह्मण परिसं गहपति परिसं समण परिसं।
15. शर्मा, आर.एस. : शूद्राज इन ऐंशियंट इण्डिया, पृ. 125–27.
16. मज्झिम निकाय, जि. 2, पृ. 180.
17. मनुस्मृति, 10/51 चण्डाल च श्वपचानां तु बहिर्गामात्प्रतिश्रयः।
18. अष्टाध्यायी, 2/4/10.
19. मातंगजातक, 4/388.
20. मनुस्मृति, 8/415, ध्वजाहृतो भक्त दासो गृहजः क्रीतदत्रिमौ।
    पैत्रिको दण्डदाश्च त्रय सप्तैते दासयोनयः।।
21. याज्ञवल्क्य स्मृति, 2/182.
22. स्ट्रेबो, 15/1/54.
23. Rhys Davids, Budhist India, p. 55. "We hear nothing of such later (Western) development of slavery as rendered the Greek miner, the Roman latifundia or the plantations of Christian slave owner, scenes of misery and oppression. For the most part, the slaves (India) were household servants, and not badly treated, and their numbers seems to have been insignificant."
24. अंगुत्तरनिकाय, 2, पृ. 207–8.
25. मनुस्मृति, 9/118.
26. विनयपिटक–चुल्लवग्ग, 10/1.
27. चुल्लवग्ग, 10/1.
28. Mookerji R.K. : Ancient Indian Education. "In the Buddhist system education was imparted in the Vihara on monastery, giving scope to a collective life and spirit of brotherhood and democracy among the many resident monks who came under a common discipline and instruction."

22 जैन धर्म एवं बौद्ध धर्म का प्रसार
(Spread of Jainism and Buddhism)

ईसा पूर्व छठी शताब्दी में उत्तर भारत का गांगेय प्रदेश सामाजिक एवं आर्थिक दृष्टि से नगरीयकरण, शिल्प समुदाय के विस्तार, व्यवसाय और वाणिज्य में तीव्र विकास, तत्कालीन धर्म एवं दार्शनिक चिन्तन में होने वाले परिवर्तनों से घनिष्ठ रूप से जुड़ा था। परम्परागत रूढ़िवादिता एवं नगरों में उभरते नए वर्गों की आकांक्षाओं में होने वाले संघर्ष ने इस प्रक्रिया को तीव्र किया होगा, जिससे चिन्तन के क्षेत्र में एक ऐसी नवीन शक्ति एवं अद्भुत सम्पन्नता का आविर्भाव हुआ। जिसने भारत ही नहीं, विश्व के बड़े जन–समुदाय को प्रभावित किया। ईसा पूर्व छठी शताब्दी के धार्मिक आचार्यों का जिक्र करते हुए ए. एल. बाशम[1] ने महात्मा बुद्ध के लिए लिखा था, 'यदि विश्व के ऊपर उनके मरणोत्तर प्रभावों के आधार पर भी उनका मूल्याकन किया जाये तो वे भारत में जन्म लेने वाले महानतम व्यक्ति थे।'' इस बौद्धिक गतिविधि का केन्द्र मगध था। इस आन्दोलन के कई प्रत्यक्ष एवं परोक्ष कारण थे जो तत्कालीन सामाजिक, धार्मिक एवं आर्थिक परिवर्तनों में निहित थे।

1. **जैन एवं बौद्ध धर्म के उद्भव की सामाजिक पृष्ठभूमि :** निवृत्तिवादी जैन एवं बौद्ध दर्शन को डॉ. गोविन्द चन्द्र पाण्डे एवं जॉन मॉर्शल ने वैदिक काल से पूर्व सैन्धव स्थल से प्राप्त 'योगी' से सम्बद्ध किया है।[2] रोमिला थापर, आर.पी. चन्दा ने भी योगी अथवा संन्यास के इतिहास को प्रागैतिहासिक माना है।

I. कुछ विद्वानों की यह भी मान्यता रही है कि इस युग का धार्मिक आन्दोलन ब्राह्मण–क्षत्रिय संघर्ष का परिणाम था। सामाजिक प्रतिष्ठा की दृष्टि से ब्राह्मणों को तत्कालीन साहित्य में अनेक स्थलों पर क्षत्रियों के बाद रखा गया। ऐतरेय ब्राह्मण में ब्राह्मण को क्षत्रिय से निम्न कहा गया।[3] इसी तरह काठक संहिता में क्षत्रिय को ब्राह्मण से श्रेष्ठ बताया गया।[4] बुद्ध ने क्षत्रियों को श्रेष्ठ मानते हुए वर्णों में प्रथम स्थान पर रखा है।[5] एक स्थान पर बुद्ध का कथन आया है–हे राजन् क्षत्रिय, ब्राह्मण, वैश्य तथा शूद्र ये चार वर्ण हैं इनमें दो वर्ण (क्षत्रिय, ब्राह्मण) अभिवादन आदि के अधिकारी हैं।[6] बुद्ध की मान्यता थी कि उच्च कुल में जन्म लेने मात्र से कोई उच्च नहीं होता बल्कि अपने सत्कर्म, सदाचरण एवं सच्चरित्रता से ही उच्च हो सकता था।[7] मज्झिमनिकाय में विवरण मिलता है, जिसमें आश्वलायन नामक ब्राह्मण को यह स्वीकार करवाया गया कि केवल ब्राह्मण ही स्वर्ग में सुख भोग के सुयोग्य पात्र नहीं होते वरन् पुण्य कर्मों द्वारा क्षत्रिय, वैश्य और शूद्र भी स्वर्ग के अधिकारी हो सकते हैं।[8] अन्यत्र बुद्ध ने कहा है–जन्म से न कोई चाण्डाल होता है, न ब्राह्मण।[9] महावीर के जन्म के सम्बन्ध में जैन कल्पसूत्र में आख्यान मिलता है कि इन्द्र (शक्र) ने भगवान महावीर के भ्रूण को ब्राह्मण देवानंदा के गर्भ से क्षत्राणी त्रिशला के गर्भ में स्थानान्तरित कर दिया था, क्योंकि इन्द्र अर्हतों को निम्न कुल से संभ्रात कुलों में प्रतिष्ठित करते हैं।[10]

II. तथापि महावीर एवं बुद्ध के साथ उनके अनेक शिष्य ब्राह्मण थे–सारिपुत्र, मौद्गल्यायन, महाकश्यप ब्राह्मण आदि जिन्होंने धर्म प्रचारार्थ अपना सर्वस्व अर्पित कर दिया था। कुछ विद्वानों ने इस धार्मिक आन्दोलन का मूल ब्राह्मण–क्षत्रिय संघर्ष में ढूँढने का प्रयास किया है[11] जो उचित नहीं है। जैन एवं बौद्ध धर्मों ने जन्म के आधार पर स्थापित सामाजिक व्यवस्था का विरोध किया।

III. नये व्यवसायों को अपनाने के लिए परम्पराओं एवं बन्धनों से लोग मुक्ति चाहते थे। नवीन धर्मों में किसी व्यवसाय के लिए कोई जाति बन्धन नहीं थे। गंगा घाटी में विकसित अनेक नगरों का विवरण मिलता है, जैसे– कौशांबी, कुशीनगर, चम्पा, राजगृह, वैशाली, वाराणसी, श्रावस्ती, पाटलीपुत्र आदि। नगरों में अधिकतर शिल्पकार एवं छोटे–बड़े व्यापारी रहते थे।

IV. इसके अतिरिक्त इस काल में आहत मुद्राओं–निष्क, शतमान, कार्षापण के प्रचलन के फलस्वरूप व्यापार में व्यापक प्रगति हुई। कृषि, व्यापार तथा नवीन उद्योग–व्यवसायों में क्रान्तिकारी विकास के फलस्वरूप परम्परागत मान्यताएँ एवं वर्ण व्यवस्था के प्रावधान नई पीढ़ी स्वीकार करने को तत्पर नहीं थी। नये व्यावसायिक वर्ग ऐसे धर्म तथा समाज की परिकल्पना करने लगा, जिसमें जाति एवं वर्ण का हस्तक्षेप न हो।

V. व्यवसाय प्रधान जातियों के अतिरिक्त एक अन्य प्रकार की जातियों का उद्भव भी इस काल से पूर्व हो चुका था जो पारम्परिक वर्ण व्यवस्था की घोर विरोधी थीं। वैदेहक, आयोगव, मैत्रोयक, मगध, सूत, आदि को ब्राह्मण व्यवस्थाकारों ने शूद्र वर्ण में सम्मिलित कर दिया। इन जातियों का समाज में कोई प्रतिष्ठित स्थान नहीं था। ये सामाजिक समुदाय उस सामाजिक व्यवस्था का विरोध

ही नहीं कर रहे थे जो ब्राह्मणों ने वंश या जाति के आधार पर निश्चित की थी अपितु पूर्व स्थापित व्यवस्था में परिवर्तन भी चाहते थे।

1.2 धार्मिक आधार बार्थ के अनुसार इस धार्मिक आन्दोलन का कारण जातीय एवं सामाजिक संघर्ष न होकर धार्मिक था।[12]

- इस मत के समर्थक विद्वानों की मान्यता है कि यज्ञों की जटिल प्रक्रिया, जीव हिंसा, आडम्बर तथा कर्मकाण्डपरता के फलस्वरूप जन–सामान्य में इस व्यवस्था के प्रति घृणा व्याप्त हो गई।
- दूसरी ओर राजसूय तथा अश्वमेध में पशु वध ने जघन्य रूप धारण कर लिया था। सुत्तनिपात में विवरण मिलता है कि सर्वप्रथम राजा ओक्काक (इक्ष्वाकु) के समय में ही हिंसात्मक यज्ञों का प्रचलन स्वार्थी ब्राह्मणों द्वारा किया।[13] एक बौद्ध ग्रंथ में विशुद्ध यज्ञ की चर्चा मिलती है, ''राजा महाविजित के यज्ञ में गाएँ नहीं मारी गईं, बकरे–भेड़ें नहीं मारी गईं, मुर्गे–सूअर नहीं काटे गए, न ही नाना प्रकार के प्राणियों की ही हत्या की गई। घी, तेल, मक्खन, दही, मधु और गुड़ से ही यज्ञ समाप्त हुआ।''[14] मज्झिमनिकाय में उल्लेख आया है कि प्रारम्भ में यज्ञ प्रक्रिया सरल थी। अट्ठक आदि ऋषियों ने हिंसाविहीन मंत्रों की रचना की थी किन्तु परवर्ती ब्राह्मणों ने प्राणी हिंसा का प्रावधान किया।[15] बौद्ध साहित्य में रुधिर होम के विवरण भी मिलते हैं।[16]
- बौद्धों एवं जैनों ने वेदों की प्रामाणिकता पर भी संदेह किया। जैन धर्म के सप्त भंगी सिद्धान्त के अनुसार वेदवाक्य सर्वमान्य प्रमाण नहीं हो सकते। महावीर ने भी घोर अहिंसावादी होने के कारण पशु वध के विधान वाले यज्ञों का घोर विरोध किया। इन परिस्थितियों में पूर्वी भारत का प्रबुद्ध या जागृत वर्ग मोक्ष के अन्य मार्ग की कामना करने लगा। स्मिथ के शब्दों में कह सकते हैं कि लोग उत्सुकता से सोचने लगे थे कि धर्म का कोई अन्य मार्ग प्रशस्त करें।[17]

1.3 आर्थिक पक्ष इस दौर में गाँवों एवं शहरों में नवीन धनी वर्ग के उद्भव से आर्थिक विषमताएँ उत्पन्न हो गई थीं और अमीर–गरीब के बीच की खाई गहरी होती जा रही थी। समाज में बढ़ती आर्थिक विषमता को वैचारिक क्रान्ति द्वारा चुनौती दी सकती थी।

भौतिक परिवर्तन की इस पृष्ठभूमि में हम देखते हैं कि गंगा घाटी प्रदेश में वैदिक संस्कृति की अनेक मान्यताएँ अर्थहीन हो गई और पूर्व परम्पराएँ सामाजिक विकास में बाधक सिद्ध हो रही थीं। पूर्वी भारत में वैदिक संस्कृति के अनेक तत्वों को अपना लिया था, जैसे–यज्ञ आदि कर्मकाण्ड, वर्ण व्यवस्था, वेदवाद, पुरोहितों की महत्ता आदि। धार्मिक आन्दोलन के प्रणेताओं ने सर्वप्रथम इन्हीं तत्वों पर प्रहार करना प्रारम्भ किया।

इस युग में क्रान्तिकारी सामाजिक, आर्थिक एवं राजनीतिक परिवर्तन भी हुए। जहाँ कुछ लोगों ने सहज आध्यात्मिक प्रेरणा से निवृत्तिवादी धर्म को स्वीकार किया होगा जबकि अन्य लोगों ने सामाजिक हीनता तथा आर्थिक कठिनाइयों से मुक्ति पाने का मार्ग पाया होगा। कठिन सामाजिक एवं आर्थिक परिस्थितियों से त्रस्त लोगों का ऐसे धार्मिक आन्दोलनों की ओर आकर्षित होना स्वाभाविक था, जिसमें इन कठिनाइयों से मुक्ति के उपाय निहित हों। महावीर स्वामी का अपरिग्रह का सिद्धान्त और महात्मा बुद्ध को दान में दिए जाने वाले जेतवन के लिए अनाथपिण्डक द्वारा खेत में बिछाई जाने वाली स्वर्ण मुद्राओं का त्याग, उसी वैचारिक क्रान्ति का भाग था।

I. **जैन धर्म** सामान्यतः यह मान्यता रही है कि जैन धर्म का उदय बौद्ध धर्म के साथ हुआ, जबकि जैन साहित्य के अनुसार इसका आविर्भाव वैदिक काल में ही हो गया था। ऋग्वेद में उल्लिखित ऋषभदेव को प्रथम तीर्थंकर माना जाता है।[18] ऋषभदेव का जिक्र अथर्ववेद, यजुर्वेद व गोपथ ब्राह्मण में हुआ। इस धर्म की प्रमुख विशेषता संन्यास, त्याग या निवृत्तिवादी विचारधारा है। गोविन्द चन्द्र पाण्डे एवं एस. दत्त आदि विद्वानों की मान्यता है कि संसार त्याग की भावना का विकास सैन्धव काल में हो चुका था, योगी की मूर्ति को इसके प्रमाणस्वरूप लिया जाता है।[19]

'जैन' शब्द की उत्पति 'जिन' से हुई और 'जिन' शब्द (जि) का अर्थ है–जेता, यानी जिसने अपने मनोवेगों का सफलता के साथ दमन करके अपने को वश में कर लिया हो।[20] अर्थात राग, द्वेष आसक्ति व घृणा से मुक्त हो गया हो। जैन धर्म के प्रवर्तकों को तीर्थंकर या अर्हत् कहा जाता है जो पूर्ण ज्ञान युक्त ही नहीं बल्कि कर्मबन्धन से भी मुक्त हैं। प्रथम तीर्थंकर ऋषभदेव एवं अन्तिम महावीर के अतिरिक्त बाईस तीर्थंकर और माने गए हैं किन्तु पार्श्वनाथ के अतिरिक्त अन्य तीर्थंकरों की ऐतिहासिकता पूरी तरह प्रमाणित नहीं की जा सकी है। पार्श्वनाथ ई.पू. आठवीं शताब्दी में हुए थे। उन्हें अश्वसेन का पुत्र कहा गया। उनकी माता वामा कौशस्थल नरेश नरवर्मन की पुत्री थी। उनका विवाह प्रभावती के साथ हुआ था। उन्होंने 30 वर्ष की आयु में संन्यास लेकर 84 दिवस की सम्मेत पर्वत पर तपस्या के उपरान्त ज्ञान प्राप्त किया। वे 70 वर्ष तक ध ार्म प्रचार करते रहे। पार्श्वनाथ को पुरूशादनीयम कहा गया उन्होंने अपने अनुयायियों को भी संगठित किया तथा चार महाव्रतों–अहिंसा, सत्य, अस्तेय एवं अपरिग्रह के पालन का आदेश दिया। उनका निर्वाण स्थल पार्श्वनाथ पहाड़ी कही जाती है जो बिहार में है। जैन तीर्थकरों को उनके प्रतीक चिन्हों से पहचाना जाता है। तीर्थकरों के प्रतीक इस प्रकार है : ऋषभदेव (आदिनाथ) वृषभ, अजितनाथ–गज, संभवनाथ–अश्व, अभिनंदननाथ – कपि, सुमतिनाथ–क्रौंच, पदमलप्रभु – पदमल, सुपार्श्वनाथ स्वास्तिक, चन्द्रप्रभु–चन्द्र, सुविधिनाथ–मकर शीतलनाथ श्रीवत्स, श्रेयांसनाथ– गैंडा, पूज्यनाथ–महिष, विमलनाथ–वाराह, अनन्तनाथ–श्येन, धर्मनाथ–वज्र, शान्तिनाथ–मृग, कुन्थुनाथ–अज, अरनाथ–मीन, मल्लिनाथ–कलश, मुनिसुव्रत–कूर्म, नेमिनाथ–नीलोत्पल, अरिष्टनेमि–शंख, पार्श्वनाथ–सर्प, महावीरस्वामी–सिंह।

महावीर स्वामी : जैन धर्म के प्रसिद्ध एवं अन्तिम तीर्थंकर महावीर ने जैन धर्म के सिद्धान्तों का संवर्द्धन किया तथा जैनानुयायियों को संगठित करके इसे भारतवर्ष में चिरस्थाई बना दिया।

- महावीर ने पार्श्वनाथ के 250 वर्ष बाद ईसा पूर्व 599 में आधुनिक मुजफ्फरपुर जिले के निकट कुण्डपुर या कुण्डग्राम (ज्ञातृकगण) जो वज्जि संघ में से एक था, के प्रमुख (राजा) सिद्धार्थ के यहाँ जन्म लिया था। उनके पिता सिद्धार्थ को श्रेयांस या यशस्वी भी कहा जाता था। उनका गोत्र कश्यप था।
- माता त्रिशला, वैशाली के लिच्छवी राजा चेटक की बहन थी।
- महावीर के वर्द्धमान या श्रमण नाम भी मिलते हैं।
- वर्द्धमान का विवाह कौण्डिन्य गोत्र की कन्या यशोदा से हुआ।
- यशोदा ने एक पुत्री को जन्म दिया, जिसका नाम अणोज्जा या प्रियदर्शना था।
- वर्द्धमान ने 30 वर्ष की अवस्था में अपने बड़े भाई नन्दिवर्द्धन की अनुमति से संन्यास ग्रहण किया। 12 वर्ष के काया क्लेश के बाद 13वें वर्ष में जृम्भिकाग्राम के बाहर ऋजुपालिका नदी के तट पर शालवृक्ष के नीचे वैशाख शुक्ल दशमी को उन्हें कैवल्य प्राप्त हुआ। अतः वे 'अर्हत्', 'जिन्' या 'केवलिन' कहे जाने लगे।

महावीर ने जीवन के शेष 30 वर्ष में धर्म प्रचार किया तथा 72 वर्ष की अवस्था में ई.पू. 527 उत्तर प्रदेश के देवरिया जिले में कुशीनगर के निकट पावापुरी (अपापापुर) में राजा हस्तिपाल के सानिध्य में शरीर त्याग दिया।[21]

जैन साहित्य अधिकांशतः प्राकृत में हैं किन्तु परवर्ती साहित्य का सृजन संस्कृत में ही किया गया। ई.पू. तृतीय शताब्दी में संगृहीत ग्रंथों को देवर्षि ने छठी शताब्दी ई. में व्यवस्थित किया था। प्रारम्भिक जैन ग्रंथों में चौदह 'पर्व' एवं बारह अंग उल्लेखनीय हैं परन्तु 'पर्व' अब विलुप्त हो गए हैं। अंगों में आचारांग, सूत्राकृत, स्थान, समवाय, भगवती, ज्ञानधर्मकथा, उपासक–दशा, अन्तकृतदशा, अनुत शैपपातिक दशा एवं विपाक आदि मुख्य हैं। इनके अतिरिक्त चार मूल सूत्र उत्तराध्ययन, आवश्यक, दशवैकालिक एवं पिण्डनियुक्ति भी उपलब्ध है। परवर्ती ग्रंथों में उमास्वाति कृत तत्वार्थाधिगमसूत्र महत्वपूर्ण है, जिसके आधार पर द्रव्य संग्रह (नेमिचन्द्र कृत), स्यादवाद मंजरी (मल्लिसेन द्वारा रचित), न्यायावतार (सिद्धसेन दिवाकर कृत) की रचना हुई। इस साहित्य में उल्लिखित जैन दर्शन का यहाँ संक्षिप्त विवेचन करना उचित होगा। उल्लेखनीय है कि महावीर स्वामी ने सभी सिद्धान्त ऋग्वेद एवं उपनिषदों के अलग–अलग भागों से लिए है एवं सहजरूप में नये ढंग से प्रस्तुत किया है। ऋत के साथ सत्य–ऋग्वेद (10/190/1) से, छान्दोग्य उपनिषद (3/17/4) में अहिंसा, सत्य सरलता व चरित्रता तथा ब्रह्मचर्य (815/1–3) का महत्व दर्शाया है।

2.1 द्रव्य सिद्धान्त जैन धर्म जगत् में दो नित्य द्रव्यों (तत्व या पदार्थ) का अस्तित्व स्वीकार करता है–जीव (चेतन द्रव्य), अजीव (अचेतन)। द्रव्य के 'नित्य' जो सदैव विद्यमान रहते हैं। तथा 'आगन्तुक' जिन्हें परिवर्तनशील माना गया, धर्म कहे गये हैं। 'द्रव्य' से तात्पर्य जिसमें गुण तथा पर्याय (अवयव) हो, कहा गया।[22]

जीव जीव शब्द से तात्पर्य है, वह जो जीवित प्राणवान है।[23] जीव अनन्त, तथा अनेक इन्द्रियवाला कहा गया। जीव को अपने कर्मों का फल भोगना होता है। उसे कर्ता एवं भोक्ता भी माना गया है। जीव दो तरह के कहे गये हैं–मुक्त (मोक्ष प्राप्त) एवं बद्ध या बन्धनयुक्त (जन्म–मृत्यु के चक्र में फंसा हुआ)। जीवों को दो भागों में बाँटा गया है गतिशील (त्रस या चलायमान) तथा गतिहीन (स्थावर या गति न हो) स्थावर जीवों में जल, अग्नि, वायु, वनस्पति का शरीर (काया) सर्वथा अपूर्ण होता है।[24] इनके मात्र स्पर्शेन्द्रिय होती है तथा त्रस (गतिशील) में दो से पाँच इन्द्रियां होती हैं।

अन्य द्रव्यों के समान जीव में अवयव (शरीर) होते हैं। अतः यह अवयवी कहलाता है।[25] जीव के आकार को सांसारिक दशा में घटने–बढ़ने वाला माना है। उसके प्रत्येक भाग में चैतन्य या बोध[26] व्याप्त है, चैतन्य को आत्मा की विशेषता मान लेने पर सम्पूर्ण शरीर में उसका अस्तित्व मानना युक्ति संगत है[27] अर्थात्, सम्पूर्ण शरीर में आत्मा का विस्तार हो सकता है। इसकी तुलना दीपक से की जाती है जो कमरे को पूरी तरह प्रकाशित करता है।[28] ज्ञान के बिना जीव या जीव के बिना ज्ञान की कल्पना नहीं की जा सकती। ज्ञान की पूर्णता या ज्ञान की सर्वोच्च अवस्था में जीव संसार में रहते हुए सर्वज्ञ हो जाता है एवं सब वस्तुओं को यथार्थ रूप में जानने लगता है। इसे पूर्ण ज्ञान या केवल ज्ञान कहा गया जो महावीर को प्राप्त हुआ था। उक्त ज्ञान ज्ञानेन्द्रिय आदि बाह्य साधनों की सहायता के बिना स्वतः उत्पन्न होता है।[29]

अजीव या जड़ द्रव्य दूसरा तत्व अजीव पाँच कहे गये हैं–काल, आकाश, धर्म, अधर्म एवं पुद्गल। ये तत्व जीवन एवं चेतना विहीन हैं।

- भिन्न–भिन्न क्षणों में वर्तमान रहना 'काल' (बदलते हुए समय का वर्तमान क्षण) कहा गया हैं। अवस्थाओं में परिवर्तन, गति (किसी वस्तु की भिन्न–भिन्न अवस्थायें), प्राचीनता एवं नवीनता का अस्तित्व काल को सिद्ध करते हैं।
- 'आकाश' अनन्त है। इसे लोकाकाश (जहाँ गति संभव) एवं अलोकाकाश (गति असंभव) दो भागों में विभक्त किया गया है।
- पुद्गल स्पर्श, रूप (वर्ण), रस एवं गन्ध से युक्त माना है।[30] जड़ तत्व को पुद्गल कहते हैं जिससे अनुभव की समस्त वस्तुएँ बनी हैं।
- ज्ञानेन्द्रिय एवं मनस और समस्त प्राणियों के शरीर की रचना इसी से मानी गई। जीवों से युक्त ब्रह्मांड के सब अणुओं में जीवों का निवास रहता है।

- जैन दर्शन में 'धर्म', 'अधर्म' का प्रयोग नैतिक या धार्मिक अर्थ (पाप–पुण्य) में नहीं किया गया बल्कि इनका एक विशेष अभिप्राय है। धर्म, अधर्म का अस्तित्व अनुमान से सिद्ध होता है जो क्रमशः गति (धर्म) एवं स्थिरता (अधर्म) के मूल कारण हैं।
- जीव या अन्य किसी जड़ वस्तु की गति के लिए सहायक द्रव्य की आवश्यकता होती है जिसके कारण गति संभव होती है, को धर्म कहा गया। किन्तु धर्म केवल गतिशील द्रव्यों की गति में सहायक हो सकता है, स्थिर द्रव्यों को गति नहीं दे सकता। मछली का तैरना जल के कारण (जल का अनुकूल आधार होने से) संभव होता है।
- द्रव्यों को स्थिर रखने में 'अधर्म' को सहायक माना गया। पथिक के विश्राम में पेड़ की छाया सहायक होती है। इस तरह दोनों परस्पर विरोधी तत्व हैं किन्तु दोनों में कुछ समानताएँ भी देखी जाती हैं, क्योंकि दोनों नित्य, निराकार, गतिहीन एवं लोकाकाश में व्याप्त हैं।
- मोक्ष जीव के बन्धन में पड़ने का कारण उसका शरीर धारण करना है। जीव एवं पुद्‌गल (शरीर) का संयोग ही बन्धन की अवस्था मानी गई। अतः जीव को कष्टमय जीवन व्यतीत करना होता है। कष्ट या काया क्लेश से, जीव स्वाभाविक स्वरूप तथा अनन्त ज्ञान, दर्शन, वीर्य तथा आनन्द प्राप्त करता है। सवाल उठता है, जीव के शरीर धारण करने या पुनर्जन्म के क्या कारण हैं? जैन दर्शन के अनुसार कर्म एवं संस्कारों के कारण जीव शरीर धारण करता है।

कर्म एक प्रकार से अति सूक्ष्म आणविक द्रव्य के रूप में परिकल्पित किए गए (कर्मवर्गणा) हैं। उमा स्वामी का कथन है कि जीव 'कषायों' (मानसिक विकार) के संसर्ग से अपने किए कर्मों के अनुसार विभिन्न शरीर धारण करता है। अर्थात् कषायों के कारण कर्मानुसार जीव का पुद्‌गल (matter) से आक्रान्त हो जाना ही 'बन्धन' है।[31] अतः जीव के शरीर धारण करने या पुनर्जन्म का कारण कर्म है।

बन्धन के पांच कारण : उमा स्वामी ने 'बन्ध' के पाँच कारणों का उल्लेख किया है–मिथ्या दर्शन, अविरति (असंयम), प्रमाद (असावधानी), योग तथा कषाय (मानसिक विकार)। मनुष्य के समस्त सुख–दुःख उसके कर्म के अधीन कहे गए हैं।

मान, माया, मोह, लोभ, क्रोध आदि वासनाएँ स्वभावतः तृप्त होना चाहती है और पुद्‌गलों को अपनी ओर आकृष्ट करती हैं। यही कारण है कि अनेक जीव कई शरीर धारण करते हैं। जीव विशेष की ओर कितने एवं किस प्रकार के पुद्‌गल कण आकृष्ट होंगे यह अपने कर्मों एवं वासना पर निर्भर करता है। और जीव अपने कर्मानुसार शरीर धारण करता है।

कर्म एवं जीव का संयोग दूध एवं जल के समान माना गया। कहा जा सकता है कि कर्म संयुक्त जीव बन्धन को प्राप्त है एवं कर्मफल को भोगे बिना मुक्ति प्राप्त नहीं कर सकता।

त्रिरत्न : कर्मबन्धन से मुक्ति (या निर्वाण) का साधन 'त्रिरत्न' को माना है। जैसा विदित है कि जीव एवं कर्म का संयोग ही बन्धन का कारण है।

अतः इसके वियोग द्वारा ही मोक्ष संभव है। इसके लिए आवश्यक है कि पहले पूर्वजन्म के कर्मफलों का नाश किया जाए एवं इस जन्म में नये कर्मों के प्रवाह को रोका जाए। त्रिरत्न का अभ्यास तथा अनुशीलन इसे प्रतिबन्धित करने में सहायक होता है।[32] त्रिरत्नः सम्यक् दर्शन, सम्यक् ज्ञान एवं सम्यक् चरित्र की जैन साहित्य में विस्तृत व्याख्या मिलती है।[33]

सम्यक् दर्शन यथार्थ ज्ञान को अपनाए जाने की प्रवृत्ति को सम्यक् दर्शन, कहा गया। सम्यक् दर्शन से तात्पर्य सात तत्वों में विश्वास रखना है जैसे जीव, अजीव, आस्त्रव, बन्ध, संवर, निर्झर एवं मोक्ष। इन्हें **सप्त तत्व सिद्धान्त** भी कहते है। जीव–अजीव दो स्वतंत्र तत्वों के संयोग से सृष्टि का क्रम चलता है और अनादि विश्व में उत्थान–पतन की प्रक्रिया निरन्तर रहती है। मनुष्य के अन्तिम सत्य के अज्ञान तथा राग (सुख भोगने की आकांक्षा) के फलस्वरूप अपने द्वारा किए गए कर्मों से परमाणुओं का जीव में प्रवेश को '**आस्त्रव**' कहा है। जिस प्रकार विभिन्न स्त्रोतों से जल एक जलाशय में एकत्र होता रहता है उसी प्रकार कर्मों का प्रवेश जीव में होता है। अस्त्रव के जीव में प्रवेश से जीव '**बन्धन**' में पड़कर शरीर धारण करता है एवं आवागमन की प्रक्रिया प्रारम्भ हो जाती है। बन्ध से मुक्ति हेतु दो बातें आवश्यक हैं–प्रथम जीव के नए कर्मों के प्रवाह को रोकना, जिसे '**संवर**' कहा है। इस जन्म में किसी प्रकार के कर्मफल संगृहीत न करे। अर्थात नये कर्मों के आगमन को रोकना संवर है। यह संयम एवं सदाचार से संभव है। द्वितीय पूर्व कर्म के क्षय की प्रक्रिया को 'निर्झर' (निर्जर) की संज्ञा दी गई है जो आत्म अनुशासन तथा कठोर तपस्या से संभव है।

जीव के कर्मों से पूर्णतः मुक्त हो जाने की स्थिति को 'मोक्ष' कहा है। इस अवस्था में जीव अपने मौलिक एवं विशुद्ध रूप को प्राप्त करने में सफल होता है। उपरोक्त सात स्तर जीव के 'बन्धन' से मुक्ति के उपाय को स्पष्ट करती है। **सम्यक् ज्ञान** असंदिग्ध एवं दोष रहित ज्ञान को सम्यक् ज्ञान की संज्ञा दी गई। ज्ञान के पाँच प्रकार माने गए हैं– **प्रथम् मतिज्ञान** जो इन्द्रिय एवं मन द्वारा प्राप्त होता है यथा नाक से गन्ध का ज्ञान। **द्वितीय श्रुतिज्ञान** कान द्वारा सुनने से प्राप्त होता है।

तृतीय अवधि, (या दिव्य ज्ञान) कर्मों के क्षय से जीव में शुद्धि की अवस्था में सूक्ष्म द्रव्यों को जान लेने के सामर्थ्य को कहा गया। चतुर्थ **मन–पर्याय**, से अभिप्राय दूसरों के मन की बात जान लेना है। **पंचम केवल** ज्ञान से तात्पर्य सब पदार्थों का यथावत् विभिन्न रूपों में सूक्ष्मतम ज्ञान है।

इस अवस्था (केवल ज्ञान की) में ज्ञान के बाधक सभी कर्म आत्मा से पूर्णतः अलग हो जाते हैं। यह अनन्त एवं पूर्ण ज्ञान है जो मुक्त जीवों को ही प्राप्त होता है। केवल ज्ञान की प्राप्ति में बाधक तत्त्व कर्म ही होते हैं, जिनके उन्मूलन से ही यह ज्ञान प्राप्त होता है।

सम्यक् चरित्र जिसे सत्य रूप में स्वीकार किया जा चुका हो उसे चेष्टापूर्वक अभ्यास द्वारा कार्य रूप में परिणित किया जाना चाहिए। दूसरे शब्दों में अनुचित कार्यों का निषेध एवं हितकर कार्यों का आचरण ही सम्यक् चरित्र है।

महावीर द्वारा निर्देशित पंच महाव्रत का पालन भी सम्यक् चरित्र में सम्मिलित किया गया है।

- **पंचमहाव्रतः 'अहिंसा'** अर्थात् जीवों के प्रति संयमपूर्ण व्यवहार ही अहिंसा है। सभी जीव समान हैं। अतः जिस प्रकार के आचरण की हम दूसरों से अपने लिए अपेक्षा करते हैं वैसा ही आचरण दूसरों के प्रति करना चाहिए।
- **'सत्य'** अर्थात् असत्य वचन का परित्याग तथा सत्य एवं मधुर संभाषण करना। क्रोध, लोभ की अवस्था में मौन धारण करना श्रेयस्कर कहा गया तथा भय एवं हँसी में भी असत्य वचन बोलना अनुचित माना है।
- **'अस्तेय'** अर्थात् दूसरों की वस्तु बिना अनुमति के नहीं ग्रहण करना एवं न ही इच्छा रखना। कहा गया है कि प्राण जीव का आन्तरिक जीवन है तथा धन सम्पत्ति बाह्य। अतः दोनों की पवित्रता आवश्यक है।
- **'अपरिग्रह'** अर्थात् जिन वस्तुओं से इन्द्रिय सुख की उत्पत्ति तथा आसक्ति का भाव उत्पन्न होता है तथा जीव बन्धन में पड़ता है उन विषयों का त्याग आवश्यक है। शब्द, स्पर्श, रूप, रस एवं गन्ध से सम्बन्धित सभी विषय त्याज्य हैं। जैन भिक्षुओं के त्याग की पराकाष्ठा वस्त्र तक के त्याग में देखी जाती है।
- **'ब्रह्मचर्य'** से तात्पर्य मन, वचन एवं कर्म द्वारा वासनाओं का परित्याग करना है। जैन धर्म में परलोक में भी सुख की आकांक्षा अवांछनीय मानी है। इस दृष्टि से चार बातों का निषेध किया है—अन्य स्त्री को देखना, संभाषण करना, संसर्ग का ध्यान तथा एकाकी नारी के गृह में निवास करना।

बौद्धों की भाँति जैन धर्म में भी गृहस्थों एवं भिक्षुओं के लिए दो प्रकार की साधना के विधान थे। गृहस्थों के लिए विधान **अणुव्रत** कहे गए, जबकि संन्यासियों के लिए नियम अधिक कठोर थे, जिन्हें **महाव्रत** कहा गया। अपरिग्रह का अभिप्राय गृहस्थ के लिए इच्छाओं को सीमित रखना है। किंतु भिक्षुओं के लिए पूर्ण त्याग अर्थात् भिक्षापात्र को भी वे अपना नहीं कह सकते। इसी प्रकार ब्रह्मचर्य का तात्पर्य गृहस्थों के लिए पति–पत्निचर्या तक सीमित कर दिया।

मोक्ष की अवस्था मोक्ष प्राप्ति हेतु आध्यात्मिक साधना में तपस्या, व्रत, अनशन तथा आत्महत्या तक का विधान किया गया। स्वयं महावीर ने कठोर तपस्या द्वारा ही ज्ञान प्राप्त किया था। मोक्ष की अवस्था में जीव मृत्यु के बाद शरीर के बन्धन से छूट जाता है और ऊपर उठते हुए लोकाकाश के शिखर पर पहुँच जाता है तथा सदैव शान्ति एवं आनन्द की अवस्था में टिका रहता है।[34] डॉ. राधाकृष्णन् का कथन है कि 'निर्झर' एवं 'संवर' की स्थिति में कर्म का झड़ना शुरू होता है। इसके बाद की स्थिति मोक्ष है जिसमें जीव एवं कर्म के संबंध का विच्छेद हो जाता है।[35] जैन धर्म में मोक्ष कोई अभाव रूप में नहीं, क्योंकि मोक्ष या निर्वाण में केवल भौतिक या शारीरिक रूप का विनाश होता है न कि आत्मिक तत्व का, यही वास्तव में सर्वज्ञता की अवस्था है।[36]

अनेकात्मवाद जैन दर्शन भिन्न–भिन्न जीवों में अलग–अलग आत्मा स्वीकार करता है अर्थात् उपनिषदों के एक आत्मा (आत्मैक्य) के सिद्धान्त में विश्वास नहीं करता। समस्त जीवों में अलग–अलग आत्मा का निवास होता है। अतः वे पृथक् रूप से पहचानी जाती है। प्रत्येक आत्मा की गतिविधियाँ कई प्रकार की होती हैं। जीव अलग–अलग रूपों में पाए जाते हैं, जैसे–गाय, भैंस, मनुष्य, बकरी आदि।

जैन धर्म आस्तिक या नास्तिक यह प्रश्न किया जाता है कि क्या जैन–धर्म नास्तिक है? हिरियन्ना ने इस तथ्य की उचित व्याख्या की है।[37] यदि आस्तिकता से तात्पर्य आत्मा के अमरत्व में विश्वास माना जाता है तो जैन धर्म को आस्तिक कहा जाएगा, क्योंकि चार्वाक दर्शन में आत्मा को नहीं माना गया है।

- किंतु आस्तिकता से तात्पर्य वेद प्रमाण्य को मानने से लिया जाता है तो जैन धर्म को नास्तिक ही कहा जाएगा, क्योंकि जैन वेद आदि ग्रंथों को एकमात्र सत्य नहीं मानते हैं।
- यदि आस्तिकता से तात्पर्य ईश्वर में विश्वास माना जाता है तो जैन धर्म में देवत्व को स्वीकार किया गया है। परन्तु ईश्वर को नहीं माना गया।
- यदि यह कहा जाए कि ईश्वर निराकार है तो संशय किया गया कि वह जगत का रचयिता नहीं हो सकता, जिस प्रकार कुंभकार बिना शरीर के, घट का निर्माण नहीं कर सकता।
- यह स्वीकार किया जाए कि ईश्वर सृष्टिकर्ता है तो इस विशाल विश्व की रचना हेतु अनेक ईश्वर की आवश्यकता होगी, जिस प्रकर छत्ते का निर्माण अनेक मधुमक्खियाँ मिलकर करती हैं।
- ईश्वर पाप एवं पुण्य के आधार पर यदि जगत् का निर्माण करता है तो उसे स्वतंत्र सृष्टिकर्ता कैसे कहा जा सकता है।
- ईश्वर बिना पाप–पुण्य की सहायता के जगत् का सृजन करता है तो प्रश्न यह उठता है कि संसार में कुछ लोगों को सुखी एवं कुछ को दुःखी क्यों बनाया जाता है?

- यह भी कहा है यदि ईश्वर क्रियाशील है तो उसे निरन्तर सृष्टि का निर्माण करते रहना चाहिए।
- दूसरी ओर ईश्वर को निष्क्रिय स्वरूप में स्वीकार किया जाए तो वह सृष्टि की रचना नहीं कर सकता, क्योंकि सृष्टि या प्रलय तो जगत् का विकार है जबकि ईश्वर को अविकारी माना जाता है।
- ईश्वर द्वारा स्वतः स्वाभाविक रूप में सृष्टि की रचना की गई है, ऐसा स्वीकार करने पर यह भी माना जा सकता है कि जगत् का निर्माण स्वतः कारणों के स्वभाव से होता है। इसके लिए ईश्वर की सत्ता स्वीकार करने की आवश्यकता नहीं है। डॉ. राधाकृष्णन् ने लिखा है कि सृष्टि की इस परम्परा में उसके इस विधान में किसी ईश्वर की सहायता अथवा हस्तक्षेप की आवश्यकता नहीं है।[38] इस तरह जैन विचारधारा के अनुसार मनुष्य ही जब पुण्य कर्मों के प्रभाव से देवत्व को प्राप्त हो जाता है तो ईश्वर कहलाता है जिसे 'अर्हत्' या 'जिन' कहते हैं।

स्याद्वाद (अनेकान्तवाद) स्याद्वाद की धारणा जैन दर्शन में महत्वपूर्ण स्थान रखती है। 'स्याद्' शब्द 'अस' धातु (होना) से बना है, जिसका अभिप्राय है 'हो सकता', 'शायद'। इस विचारधारा के अनुसार वस्तु को अनेक दृष्टिकोणों से देखा जा सकता है एवं प्रत्येक दृष्टि से विविध निष्कर्ष प्राप्त होता है। कहा गया है कि घट को अनेक दृष्टि से देखा जा सकता है अर्थात् घट 'है' (अस्ति है) नहीं है, ('नास्ति') एवं 'अवक्तव्य'। कई निष्कर्षों के कारण इसे अनेकान्तवाद भी कहा गया क्योंकि इसमें एक विचार से प्रतिबद्धता नहीं देखी जाती है।[39] यह माना गया है कि सामान्य व्यक्ति एक समय किसी वस्तु को एक ही दृष्टि से उसके बारे में जानकारी प्राप्त कर सकता है। वस्तुओं के इस आंशिक ज्ञान को 'नय' की संज्ञा प्रदान की गई है।[40] इस प्रकार के आंशिक ज्ञान पर आश्रित निष्कर्ष एक दृष्टि से सत्य होता है अर्थात् जिस दृष्टिकोण से देखा गया उसी दृष्टिकोण से सत्य है। प्रत्येक दृष्टिकोण से भिन्न–भिन्न निष्कर्ष होते हैं जो अपने में आंशिक रूप में सत्य होते हैं जैसे कुछ अन्धों द्वारा हाथी के अलग–अलग शारीरिक अंगों के स्पर्श से उनका ज्ञान आंशिक रूप से ही सत्य माना जाएगा।

इस सम्बन्ध में हिरियन्ना ने लिखा है कि उस काल में एक ओर तो उपनिषदों का यह मत प्रचलित था कि सत् ही तत्व है और दूसरी ओर यह मत भी था और इसका भी उपनिषदों में उल्लेख है लेकिन अस्वीकृति के साथ ही 'असत्' ही तत्व है। जैन दर्शन के अनुसार ये दोनों ही मत केवल अंशतः ही सही हैं।[41] मोटे रूप में उसके स्वरूप को सात चरणों में व्यक्त कर सकते हैं, जिसे **'सप्त भंगीनय'** कहा गया। इस 'नय' धारणा के अनुसार किसी वस्तु विशेष से उसके लक्षण का सम्बन्ध स्थापित किया जाता है। उसे 'है' (अस्ति) कहकर अभिव्यक्ति दी जाती है एवं जिस धारणा से वस्तु विशेष का अन्य वस्तु के लक्षण से सम्बद्ध किया जाता है उसे 'नहीं है' (नास्ति) शब्द से सम्बोधित किया जाता है। किन्तु इस 'नय' पद्धति में स्यात् शब्द जोड़ने से यह प्रकट करना चाहते हैं कि कोई नय एकाकी या निरपेक्ष रूप में सत्य नहीं है बल्कि अन्य संभावनाएँ निहित होती हैं। सप्तभंगी नय इस प्रकार बताया गया है–

1. शायद है (स्यात् अस्ति)
2. शायद नहीं है (स्यात् नास्ति)
3. शायद है भी और नहीं भी (स्यात् अस्ति नास्ति)
4. शायद अनिर्वचनीय है (स्यात अवक्तव्यः)
5. शायद है और अनिर्वचनीय है (स्यात अस्ति च अवक्तव्यः)
6. शायद नहीं है और अनिवर्चनीय है (स्यात नास्ति च अवक्तव्यः)
7. शायद है, नहीं है, और अनिवर्चनीय है (स्यात् अस्ति च नास्ति च अवक्तव्यः)

जैनाचार्यों के इस सप्तभंगीनय की आलोचना श्री रामानुजाचार्य ने की है। उनके अनुसार भाव एवं अभाव दोनों परस्पर विरोधी गुण हैं जो किसी एक पदार्थ में नहीं हो सकते। शंकराचार्य की भी यही मान्यता थी। वस्तुतः सप्तभंगीनय के चार चरण ही सार्थक हैं, क्योंकि जैन आगामों में विधि, निषेध, उभय और अनुभव चार पक्षों का प्रतिपादन किया है अतः नय सिद्धान्त के प्रथम चार वाक्य महत्वपूर्ण हैं।

जैन धर्म का प्रसार महावीर स्वामी ने अपने सिद्धान्तो के प्रचार हेतु पावापुरी में जैन संघ की स्थापना की थी। स्वयं संचालक व 11 गणधर (या प्रमुख) थेः आनन्द, कामदेव, सुखदेव, कुण्डल कोलीय, महासयग, आर्य, सद्दलपुत्र, चुल्लसयम व सुधर्मण। चार प्रकार के शिष्य **भिक्षु भिक्षुणी** संसार त्याग कर सदस्य बनते थे और **श्रावक व श्राविका** गृहस्थी सदस्यों को कहा गया। जैन धर्म अनुयायी मगध शासक बिम्बिसार एवं अजातशत्रु को अपना आश्रयदाता मानते हैं। यद्यपि बौद्ध भी इन्हें अपना आश्रयदाता स्वीकार करते थे। रानी चेलना के प्रभाव से बिम्बिसार महावीर के उपदेश सुनने के लिए जाया करते थे। महावीर के मामा लिच्छिवी राजा चेटक ने अपना नाम जियसत्तु (जितशत्रु) रख लिया था। चेटक की एक पुत्री चेलना बिम्बिसार की रानी थी, चेटक की दूसरी पुत्री प्रभावती का विवाह सिन्धु सौवीर जनपद के शासक उदायण से हुआ था। तीसरी पुत्री पद्मावती का विवाह चम्पा के राजा दधिवाहन के साथ सम्पन्न होने का उल्लेख मिलता है। पद्मावती की पुत्री चन्दना के प्रथम जैन भिक्षुणी बनने की जानकारी मिलती है। चेटक की चतुर्थ पुत्री मृगावती का सम्बन्ध कौशाम्बी के शतानीक से हुआ था।

एक पुत्री शिवा अवन्ति राजा चण्ड प्रद्योत की रानी थी। चेटक की पाँचों पुत्रियों ने सौवीर, अंग, वत्स, अवन्ति एवं मगध में

जैन धर्म के प्रचार एवं प्रसार में सहयोग प्रदान किया। चम्पा नगर को जैन धर्म का प्रमुख केन्द्र कहा गया है। महावीर की मृत्यु के समय काशी, कौशल के 18 गण राजाओं, 9 मल्लों एवं 9 लिच्छिवियों ने सम्मिलित रूप से एक प्रकाशोत्सव किया था, यह उनके निजी जीवन एवं राज्यों पर जैन धर्म के प्रभाव का द्योतक है।

प्रमुख शिष्य ज्ञान प्राप्ति के बाद पहला शिष्य उनके जमाता **जामालि** को बनाया। तत्कालीन शासकों में मामा चेटक, चम्पा नरेश दधिवाहन, बिम्बिसार, अजातशत्रु उदयन, चण्डप्रद्योत का जिक्र किया जा सकता है। महावीर के ग्यारह शिष्यों के नाम भी मिलते हैं जो जैन धर्म के प्रमुख आचार्य थे। जैन संघ में गणधर आचार्य के शिष्य–प्रशिष्यों के संगठन को गण कहा गया है। जैन आचार्यों में **गर्दभालि** का प्रमुख स्थान माना जाता है जिसने काम्पिल्य के राजा संजय को भिक्षु बनाया था। अन्तिम नन्दराजा के काल में जैन संघ के दो अध्यक्ष हो गए थे–सम्भूतिविजय एवं भद्रबाहु। भद्रबाहु ने कल्पसूत्र की रचना की थी। सम्भूतिविजय का देहान्त चन्द्रगुप्त मौर्य के शासनकाल में हुआ। उनका शिष्य स्थूलभद्र गद्दी पर बैठा। उसके बाद मगध में घोर अकाल पड़ा था।

भद्रबाहु अपने शिष्यों के साथ श्रवणबेलगोला चले गए थे। सम्राट चन्द्रगुप्त के भी राज्य त्याग कर उनके साथ जाने की जानकारी मिलती है। दूसरी ओर मगध में जो रूक गये थे उन भिक्षुओं ने श्वेतवस्त्र धारण करना प्रारम्भ कर दिया था।

जैन सभा एवं आगम महावीर निर्वाण के बाद जैन ग्रंथों के संकलन हेतु चार समितियां आयोजित हुईः

- पाटलिपुत्र–महावीर निर्वाण के 260 वर्ष बाद स्थूलभद्र की अध्यक्षता में सम्पन्न।
- मथुरा–दूसरी समिति 300ई. में आर्य स्कन्दिल के नेतृत्व में आयोजित की गई।
- वल्लभी–तृतीय समिति 313ई. में, नागार्जून सूरी सभापति के नेतृत्व में सम्पन्न हुई।
- वल्लभी–चतुर्थ समिति 513 (या 526ई.) में देवर्धिगण या क्षमाश्रवण की अध्यक्षता में हुई।

पाटलिपुत्र में जो पहली सभा आयोजित की गई, जिसमें जैन शिक्षाओं को निबद्ध किया गया, 'आगम' कहलाये। आगम (Agama) साहित्य ही श्वेत वस्त्र धारण करने वाले जैन भिक्षुओं के मौलिक ग्रन्थ माने गये। इस प्रकार जैन धर्म में भेद उत्पन्न हो गया। प्राचीन संघ के प्रतिनिधि दिगम्बर तथा अन्य श्वेताम्बर कहलाने लगे। श्वेताम्बर – उप सम्प्रदायः **पुजेरा** या **डेरावासी** (तीर्थंकरों के पूजक है) **ढुढिया** या **स्थानक वासियों** का मूर्तिपूजा में विश्वास नही है। वे केवल सिद्धान्तों में यकीन करते है। दिगम्बर–उपसम्प्रदायः बीस पंथियो में तीर्थकरों की मूर्तियों की पूजा के साथ भैरव पूजा का प्रचलन है। **तेरापंथी**–केवल जैन मूर्तियों की पूजा में विश्वास करते हैं। **समैयापंथी** या **तारणपंथी** केवल सिद्धान्तों में यकीन करते हैं।

महावीर निर्वाण महावीर का निर्वाण अनुश्रुति के अनुसार विक्रम के जन्म से पहले ई.पू. 470 में हुआ। जैसा विदित है विक्रम सम्वत् ई.पू. 58 में आरम्भ हुआ था। अतः महावीर का निर्वाण (470 + 58 + 18) ई.पू. 546 में हुआ था।

3. बौद्ध धर्म

ईसा पूर्व छठी शताब्दी एक व्यापक धार्मिक एवं आध्यात्मिक क्रान्ति का युग था। इस शताब्दी में धार्मिक एवं बौद्धिक आन्दोलन के प्रमाण अनेक देशों में मिलते हैं। चीन में कन्यूशियस, ईरान में जरथुष्ट्र एवं यूनान में पाइथोगोरस के सुधारवादी दृष्टिकोण अपनाए जाने से एक नवीन धार्मिक क्रान्ति का आविर्भाव हुआ। भारतवर्ष में इस क्रान्ति को जैन एवं बौद्ध धर्मों के उदय के रूप में देखते हैं। उक्त धार्मिक परम्परायें त्याग या निवृत्तिवादी चिन्तन प्रक्रिया की द्योतक थीं, जिसमें त्याग, वैराग्य के लिए आग्रह है। इस निवृत्तिवादी विचारधारा को सामाजिक एवं धार्मिक संघर्ष के रूप में लिया जाता है।

महात्मा बुद्ध (563 ई.पू.–483ई.पू.) नेपाल की तराई के पूर्वोत्तर बिहार में एक छोटा–सा गणराज्य था, जिसकी राजधानी कपिलवस्तु थी। जिसे अब सिद्धार्थ नगर कहते है। बुद्ध की जन्मस्थली लुम्बिनी इसके समीप ही हैं शाक्य वंशी शुद्धोदन का राज्य कौशल में शामिल था। यहां से NBPW अवषेश मिले हैं। बुद्ध यहाँ के प्रमुख (राजा) शुद्धोधन के पुत्र थे। बुद्ध को ई.पू. 563 लुंबिनी उद्यान में महामाया ने जन्म दिया था।[42] सिद्धार्थ के जन्म के सातवें दिन माता का देहावसान हो गया।[43] विमाता महाप्रजापति गौतमी ने इनका पालन किया। सिद्धार्थ को पुस्तकीय ज्ञान के साथ–साथ युद्ध प्रणाली, घुड़सवारी, मल्ल युद्ध एवं अस्त्र–शस्त्र की शिक्षा दी गई। किन्तु सिद्धार्थ बाल्यकाल से ही ध्यानावस्थित रहते थे। गणराज्य के प्रमुख का पुत्र होने के कारण सिद्धार्थ की सुख–सुविधाओं का विशेष ध्यान रखा जाता था। सोलह वर्ष की अवस्था में उनका विवाह यशोधरा के साथ सम्पन्न हुआ।[44] यशोधरा ने एक पुत्र को जन्म दिया, जिसका नाम राहुल रखा गया। सिद्धार्थ की चिन्तनशील मनोवृत्ति को दृष्टिगत रखते हुए उनके लिए अधिक विलासमयी सामग्री जुटाई गई, तीन ऋतुओं के अलग–अलग तीन प्रासाद निर्मित करवाए गए।[45] किन्तु भोगविलास एवं महलों के सुख में रहकर भी सिद्धार्थ जीवन के कठोर सत्य जन्म, जरा, रोग, मृत्यु के दुःख से प्रभावित हुए बिना नहीं रह सके।[46] बुद्ध चरित में विवेचन मिलता है–"मैं तो जन्म, मृत्यु एवं व्याधि से होने वाले भय को देखकर अत्यन्त भयातुर एवं विकल हूँ। अग्नि से जलते हुए समान जगत् को देखकर मुझे न शान्ति है न धीरज है।[47]"

महाभिनिष्क्रमण (Great departure) एक रात निद्रामग्न पुत्र राहुल एवं पत्नी यशोधरा को छोड़कर अपने घोड़े कंथक पर आरूढ़ होकर सारथी छन्दक के साथ नगर

से निकल पड़े। महाभिनिष्क्रमण की यह घटना आयु के 29वें वर्ष में घटित हुई।[48] सिद्धार्थ भ्रमण करते हुए राजगृह (मगध की राजधानी) में आलार कालम से मिले, किन्तु वहाँ उन्हें शान्ति नहीं मिली। गौतम ने उनका साथ छोड़ दिया। उसके बाद रामपुत्त आचार्य जो "नैव संज्ञाना संज्ञायतन" नामक योग के उपदेशक थे, का शिष्यत्व ग्रहण किया परन्तु उनसे भी सिद्धार्थ सन्तुष्ट नहीं हुए। सिद्धार्थ महाकान्तार होते हुए बोधगया के समीप उरुवेला पहुँचे। वहाँ उन्हें पाँच ब्राह्मण मिले, जिनके साथ परम्परागत तपविधि से तपस्या प्रारम्भ की। किन्तु कठोर तपस्या एवं भूख के कारण उनका शरीर जर्जर हो गया था। अतः मध्यम मार्ग अपनाते हुए भोजन ग्रहण करना प्रारम्भ किया। एक दिन सुजाता पुत्र प्राप्ति की मनौती पूर्ण होने पर खीर वृक्ष देवता को चढ़ाने आई थी। सिद्धार्थ वृक्ष के नीचे बैठे थे, उन्हें वृक्ष देवता मानते हुए सुजाता (या नंदबाला) ने उनके समक्ष खीर रख दी। सिद्धार्थ ने खीर ग्रहण की तथा उस वृक्ष (पीपल) के नीचे इस निश्चय के साथ समाधि लगाई कि जब तक ज्ञान प्राप्त नहीं होगा, उठेंगे नहीं। सिद्धार्थ ने इस तपस्या के दौरान काम, तृष्णा एवं भय पर विजय प्राप्त की। आठ दिवस बाद वैशाख पूर्णिमा को पीपल के पेड़ (महाबोधी वृक्ष) के नीचे उन्हें ज्ञान प्राप्त हुआ। ज्ञान प्राप्ति से सिद्धार्थ, बुद्ध (सम्बोधि) कहे जाने लगे तथागत महात्मा बुद्ध की एक उपाधि है जिसका अर्थ 'वह जो इस प्रकार (तथ) गया (गत्)' या "वह जो इस प्रकार (तथ) आया (आगत)" है।

धर्मचक्रप्रवर्तन–सारनाथ से : बुद्ध ने अपने ज्ञान का उपदेश देने का निश्चय किया एवं सर्वप्रथम सारनाथ (ऋषिपतन) में पूर्व पाँच साथी ब्राह्मणों को उपदेश दिया। इस धर्म विस्तार की योजना को धर्मचक्रप्रवर्तन के नाम से जानते हैं। बुद्ध ने शिष्यों की संख्या में वृद्धि होने पर बहुजनहितार्थ इस धर्म के उपदेश का आह्वान किया। बुद्ध कपिलवस्तु गए तथा महाप्रजापति गौतमी, यशोधरा, पुत्र राहुल तथा नन्द (मौसी पुत्र) को प्रवर्जित करते हुए बौद्ध संघ में सम्मिलित किया। महात्मा बुद्ध ने मगध शासक बिम्बिसार एवं कौशल नरेश प्रसेनजित को भी बौद्ध बनाया। इसके अतिरिक्त काशी, कौशल, वैशाली, श्रावस्ती, मल्ल, शाक्य, कोलिय गणराज्यों में भी बौद्ध धर्म का प्रचार किया। बुद्ध 45 वर्ष तक निरन्तर धर्मोपदेश हेतु भ्रमण करते रहे थे।

75 वर्ष की अवस्था में उन्हें रोग ने ग्रसित कर लिया। बुद्ध ने अपना अन्तिम उपदेश कुशीनगर (आधुनिक कसिया–उत्तरप्रदेश) में दिया एवं साल वृक्ष के नीचे ई.पू. 483 में महापरिनिर्वाण को प्राप्त हुए।[49] बुद्ध के जीवन की पांच महत्वपूर्ण घटनाओं के प्रतीक इस प्रकार हैः

- जन्म–कमल या वृषभ
- गृह त्याग–अश्व,
- सम्बोधि या ज्ञान प्राप्ति–बोधीवृक्ष,
- प्रथम उपदेश–धर्मचक्र प्रवर्तन
- निर्वाण–स्तूप।

अष्टमहास्थान–महात्मा बुद्ध से सम्बन्धित आठ स्थान– **लुम्बिनी, गया, सारनाथ,** कुशीनगर, श्रावस्ती, संकाश्य, राजगृह एवं वैशाली को बौद्धग्रंथों में अष्टमहास्थान कहा है।

बौद्ध साहित्य के बारे में प्रारम्भ में विस्तृत चर्चा की गई है। यहां संक्षेप में पुनः बौद्ध साहित्य की जानकारी उचित होगी। पाली ग्रन्थों के तीन प्रकार के संग्रह मिलते हैं, 'सुत्त' (सिद्धान्त सम्बन्धी सूत्र) जिनके पाँच संग्रह उपलब्ध हैं, जिन्हें निकाय कहा गया–(1) दीर्घ निकाय (दीर्घ सूत्र), (2) मज्झिम निकाय (मध्यम प्रकार के सूत्र), (3) संयुक्त निकाय (गोष्ठियों में दिए उपदेश), (4) अंगुत्तर निकाय (बढ़े हुए अध्यायों के सूत्र), (5) खुद्दक निकाय में धम्मपद, उदान, इतिवुत्तक, सुत्तनिपात, विमनवत्थु, प्रेतवत्थु, थैरगाथा, थेरीगाथा, जातक, निदेश, उपादान, बुद्ध, वंश एवं चर्यापिटक सम्मिलित किए जाते हैं। ये ग्रंथ पाली में लिखे गए हैं।

दूसरे, **विनय ग्रंथ** में भिक्षुओं की परिचर्चा एवं अनुशासन सम्बन्धी लेख उपलब्ध हैं। **तीसरे अभिग्रंथ** हैं, इनमें सूत्रों की विशद् एवं विद्वतापूर्ण व्याख्या की गई है। **अभिधम्म ग्रन्थों** में पत्थान, धम्म संगणि, धातुकथा, पुगल पञ्जति, विभंग, यमक एवं कथावत्थु को सम्मिलित किया जाता है। इन ग्रन्थों के विभिन्न भागों पर टीका साहित्य भी मिलते हैं जिनको अत्थकथा (अट्ठकथा) की संज्ञा दी जाती है। मिलिन्दपन्हो (राजा मिलिन्द के प्रश्न) नामक ग्रंथ भी महत्वपूर्ण दार्शनिक ग्रंथ है। बुद्ध के उपदेशों का प्रथम संग्रह राजगृह की संगीति में हुआ एवं उपरोक्त त्रिपिटक ई.पू. प्रथम शताब्दी सिंहल में लिखे गए। संक्षेप में, यहां बौद्ध धर्म के सिद्धान्तों की चर्चा करना उचित होगा।

कारण सिद्धान्त या प्रतीत्यसमुत्पाद महात्मा बुद्ध की मान्यता थी कि, प्रत्येक कार्य एक कारण पर निर्भर होता है। अर्थात् संसार का कोई भी कार्य अकारण नहीं है। सृष्टि की समस्त घटनाएँ एक क्रम में हो रही हैं तथा एक घटना अथवा कार्य, दूसरे कार्य के लिए कारण बन जाता है। अर्थात एक के विनाश के बाद दूसरे की उत्पति, जिसे क्रिया (Action) की प्रतिक्रिया (Rection) एवं प्रतिक्रिया पुनः नवीन क्रिया के रूप में बदलना कारण सिद्धान्त कहा गया। इसे प्रतीत्य समुत्पाद (पतिच्च समुत्पाद), मध्यमा प्रतिपदा का नाम दिया गया। यह विचार आस्तिकता (शाश्वतता का सिद्धान्त) एवं नास्तिकता (उच्छेदवाद) के बीच का मार्ग है। आस्तिकता के नियम के अनुसार कुछ वस्तुएँ नित्य हैं। उनका कोई आदि या अन्त नहीं है। ये किसी कारण का परिणाम नहीं। आत्मा एवं ब्रह्म इसी कोटि में आते हैं। दूसरी ओर नास्तिकवादी, चार्वाक एवं लोकायत यह मानते हैं कि वस्तुओं के नष्ट हो जाने पर कुछ भी शेष नहीं रहता। बुद्ध ने दोनों मतों को छोड़कर मध्यम मार्ग अपनाया, जिसके अनुसार वस्तुओं का अस्तित्व है किन्तु ये नित्य नहीं हैं। उनकी उत्पत्ति कुछ कारणों पर निर्भर है। वस्तुओं का पूर्ण विनाश नहीं होता बल्कि उनका परिणाम शेष रह जाता है। जिसके कारण नवीन क्रिया (Action) सामने आती है।

आर्यसत्य चतुष्टय : बुद्ध के हृदय में ज्ञान प्राप्ति से पूर्व शंकाएँ उत्पन्न हुई थीं। उन्होंने विचार किया कि मनुष्य ऐसी दुःखपूर्ण स्थिति में क्यों है, जन्म, मृत्यु एवं दुःख से मुक्ति का मार्ग अन्ततः उन्हें ज्ञात हुआ, जिसे **आर्यसत्य चतुष्टय** कहा गया।[50] चार आर्य सत्य बौद्ध धर्म के सिद्धान्तों की आधारशिला हैं–**दुःख**, **दुःख समुदाय**, **दुःख निरोध** एवं **दुःख निरोध का मार्ग**।[51]

उपनिषद एवं महात्मा बुद्ध के सिद्धान्त : महात्मा बुद्ध के प्रमुख सिद्धान्त विशेषरूप से बृहदारण्यकोपनिषद (4/4/1–16) पर आधारित है। राजाजनक से आत्मा की चर्चा में याज्ञवल्क्य ने बताया कि आत्मज्ञानी पुरुष की इन्द्रिय शक्तियाँ शरीर छोडने के साथ समाप्त हो जाती है। व्यक्ति जैसे कर्म करता है वैसे भाव (भव) वाला होता है। लिङ्गदेहवाला पुरुष जिस आसक्ति को प्राप्त होता है उसी ओर अपने कर्म सहित गमन करता है। आसक्ति का कारण **अविद्या** है जिस के कारण जीव अन्धकार अर्थात् दुःख को प्राप्त होता है। दुःख (4/4/14 –दुखमेवा) जन्म लेने से मिलता है। और पूर्व कर्म ही भव अर्थात जगत में आने के कारण है। कामना के वशीभूत (4/4/5–काममयोऽकाममयः) होने का कारण तृष्णा है। तृष्णा का कारण षडायतन अर्थात पांच इन्द्रियां व मन है। पांच इन्द्रियों व मन की गति से संस्कार बनते हैं। संस्कारो का मूलकारण अविद्या है। छान्दोग्य उपनिषद (4/4/10–येऽविद्यामुपासते) में भी ऐसा कहा है। बुद्ध या बौद्ध धर्म का कारण सिद्धान्त पूर्णतः बृहदारण्यकोपनिषद से लिया गया है। महात्मा बुद्ध या बौद्धविद्वानों ने इसे अधिक वैज्ञानिक रूप से अपनी व्याख्या के साथ प्रस्तुत किया।

दुःख : महात्मा बुद्ध सम्पूर्ण संसार को दुःखमय मानकर चलते हैं। जरा, रोग, मृत्यु के दुःखमय दृश्यों को देखकर ही सिद्धार्थ ने संन्यास धारण किया था। ज्ञान प्राप्ति के बाद वे इस निष्कर्ष पर पहुँचे कि मानव जाति दुःख से ग्रसित है। जरा, रोग, मृत्यु, अप्रिय का संयोग, प्रिय का वियोग, इच्छित वस्तु की अप्राप्ति आदि सभी आसक्ति से उत्पन्न होते हैं, अतः सभी दुःख हैं।[52] क्षणिक विषयों में आसक्ति ही पुनर्जन्म तथा बन्धन का कारण है। मनुष्य मिथ्या धारणा से अपनी एकता अपने शरीर या मन से कर लेता है। जिसके परिणामस्वरूप उसे कई प्रकार के भौतिक सुखों की तृष्णा होती है। तृष्णा के वशीभूत होकर मनुष्य अहंभाव से विभिन्न प्रकार के स्वार्थपूर्ण कार्य करता है। तृष्णा सम्पूर्ति न होने पर दुःख का अनुभव करता है। बुद्ध ने अपने शिष्यों को एक उदाहरण देते हुए बताया था कि दुःख की इस व्यापक वेदना में जितने आँसू बहाए हैं वे ही अधिक हैं, इन चारों समुद्रों का जल नहीं।[53]

दुःख समुदय : इस सन्दर्भ में सवाल यह उठता है कि दुःख का कारण क्या है? बुद्ध ने **प्रतीत्य समुत्पाद** के माध्यम से दुःख का कारण जानने का प्रयास किया। इस **कारण सिद्धान्त** के अनुसार सभी वस्तुएँ कारणों एवं परिस्थितियों पर निर्भर करती हैं अतः दुःख का भी कारण है। दुःख अथवा जरा, मृत्यु तब ही संभव है जबकि **जन्म (शरीर धारण)** हो अर्थात् दुःख जन्म (या जाति) पर निर्भर है। जन्म का होना तब ही संभव माना गया जबकि जन्म का कोई कारण हो, जिसे **'भव' (भाव)** नाम दिया है। कहा जा सकता है कि भव जन्म का कारण है। भव से अभिप्राय कर्म से है, जिसके कारण पुनर्जन्म होता है। इस प्रक्रिया में वह कौन–सा कारण है, जिसके होने से भव की उत्पत्ति होती है, भव का आधार **'उपादान'** माना गया। भवचक्रः यदि मनुष्य कामना के वशीभूत होकर कर्म नहीं करे तो जन्म नहीं होता अर्थात् **सकाम कर्म अथवा मोह** को 'उपादान' नाम दिया गया। 'उपादान' का हेतु **'तृष्णा' (वासना)** को माना है। यह उत्कट इच्छा करना कि जिन भोगों से हमें परितृप्ति होती है उनसे हमारा कभी वियोग न हो, इसको तृष्णा कहा गया। **रूप, शब्द, स्पर्श, रस एवं गंध** से तृष्णा उत्पन्न होती है। तृष्णा का **आधार 'वेदना'** है। पूर्व विषय भोग या सुखानुभूति से हमारी तृष्णा जाग उठती है अर्थात् इन्द्रिय–जन्य अनुभूति को 'वेदना' की संज्ञा दी गई। वेदना की अनुभूति के लिए ज्ञानेन्द्रिय का सम्पर्क आवश्यक है। ज्ञानेन्द्रिय का सम्पर्क **(इन्द्रिय जन्य चेतना)** को 'स्पर्श' कहा गया। इन्द्रिय जन्य चेतना के अभाव में अनुभूति संभव नहीं है। 'स्पर्श' हेतु पाँच इन्द्रिय एवं मन आवश्यक है इसे **'षड़ायतन'** कहकर सम्बोधित किया है। इन छह आयतनों (षडायतन) के लिए बुद्धि (या मन) एवं शरीर होना आवश्यक है। षड़चेतनाएँ मनुष्य के शरीर एवं बुद्धि के समन्वय के कारण उत्पन्न हुई मनःस्थिति पर आश्रित हैं। इसी मनस् तात्विक (सार या घटक की असलियत) स्थिति को **''नामरूप''** कहा गया है जो शरीर एवं बुद्धि के साथ कार्य करने की शक्ति को स्पष्ट करता है। चेतना के बिना नामरूप नहीं हो सकते अर्थात् **''चेतना'' (विज्ञान)** ही नामरूप का हेतु है। चेतना से तात्पर्य किसी वस्तु विशेष के बारे में सोचने वाली विचारधारा है और चेतना का आधार **''संस्कार''** माना गया। कर्म के अनुसार निर्मित संस्कार से विज्ञान या चेतना संभव होती है। संस्कार की उत्पत्ति के विषय में बुद्ध की धारणा थी कि इसका एकमात्र कारण **'अविद्या' (अविज्जा)** है। क्षणिक विषयों को सुखद समझ लेना ही अविद्या है। अविद्या के नाश से ही संस्कार नष्ट होंगे। इसी क्रम से मनुष्य की जन्म, मृत्यु या दुःख से मुक्ति संभव मानी गई।[54]

दुःख निरोध : प्रतीत्य समुत्पाद प्रक्रिया के अन्तर्गत यदि दुःख के कारण को नष्ट कर दिया जाए तो दुःख का निरोध संभव है। अविद्या के निरोध या समाप्ति से दुःख को नष्ट किया जा सकता है। क्योंकि अविद्या से ही तृष्णा उत्पन्न होती है और तृष्णा जिसके फलस्वरूप पुनर्जन्म होता है एवं नवीन चेष्टाएँ उत्पन्न होती हैं। इसको संसार का दुष्चक्र (भव चक्र) कहा गया।

दुःख निरोध का मार्ग : संसार में दुःख है, दुःख समुदाय है उसी प्रकार दुःख से मुक्ति का मार्ग भी है। अविद्या एवं तृष्णा से उत्पन्न मनोवृत्तियों के निरोध का विधान भी है। तृष्णा से ही आसक्ति तथा राग का उद्‌भव होता है। रूप, शब्द, गंध,

रस तथा मानसिक तर्क–वितर्क आसक्ति के मौलिक कारण है। दुःख के निवारण के लिए तृष्णा का उन्मूलन आवश्यक है।[55] धम्मपद में कहा गया है कि तृष्णा से शोक उत्पन्न होता है, भय की बात ही क्या।[56] बुद्ध ने भिक्षुओं को निर्देशित किया है कि रूप, वेदना, संज्ञा, संस्कार एवं विज्ञान का निरोध ही दुःख का निरोध है। कहा गया है कि इच्छाओं का परित्याग ही मुक्ति का मार्ग है एवं इच्छाओं का परित्याग आष्टांगिक मार्ग द्वारा किया जा सकता है।[57]

दुःख निरोधगामिनी प्रतिपदा या आष्टांगिक मार्ग– आष्टांगिक मार्ग को दुःख निरोधगामिनी प्रतिपदा भी कहा जाता है। आष्टांगिक मार्ग को तीन स्कन्धों में विभक्त किया जाता है–**प्रथम प्रज्ञा स्कन्ध** में सम्यक् दृष्टि, सम्यक् संकल्प एवं सम्यक्वाक् सम्मिलित किए गए हैं। सम्यक् कर्मान्त, सम्यक् आजीव द्वितीय शील स्कन्ध के अन्तर्गत रखे गए हैं। तृतीय समाधि स्कन्ध में सम्यक् व्यायाम, सम्यक् स्मृति एवं सम्यक् समाधि आते हैं। छान्दोंग्य उपनिषद (7/4/1–3 व आगे) में आष्टांगिक मार्ग की चर्चा की गई है।

1. **सम्यक् दृष्टि** : सत्य एवं असत्य तथा सदाचार एवं दुराचार का, विवेक द्वारा चार आर्य सत्यों का सही परीक्षण करना 'सम्यक् दृष्टि' है। इसे नीर–क्षीर विवेक भी कहा जा सकता है। अविद्या के कारण मिथ्या दृष्टि उत्पन्न हो जाती है, जिसे समाप्त किया जाना होता है। सब वस्तुएँ अनित्य हैं, इस तरह जब प्रज्ञा से मनुष्य देखता है तब वह दुःखों से विरक्ति को प्राप्त होता है, यही विशुद्धि मार्ग है।[58]

2. **सम्यक संकल्प** : इच्छा एवं हिंसा की भावना से मुक्त संकल्प को 'सम्यक् संकल्प' कहा गया। आर्य सत्यों के ज्ञान मात्र से लाभ नहीं होता जब तक उनके अनुसार जीवन यापन करने का दृढ़ संकल्प न किया जाए। धम्मपद में विवरण मिलता है कि युवा होकर भी जो आलसी है जिनके मन और संकल्प निर्बल है ऐसा व्यक्ति प्रज्ञा के मार्ग को प्राप्त नहीं करता।[59]

3. **सम्यक वाक** : सत्य, विनम्र एवं मृदुता से समन्वित प्राणी को सम्यक् वाक् कहा गया। उल्लेख मिलता है कि मिथ्यावादिता, निंदा, अप्रिय वचन तथा वाचालता से बचना चाहिए। वाणी की रक्षा करने, मन से संयमी बनने एवं शरीर से बुरा कार्य न करने को शुद्धि का मार्ग बताया है।[60]

4. '**सम्यक कर्म**' को वचन में ही नहीं वरन् कर्म में भी परिणित करना चाहिए अर्थात् सत्कर्मों में संलग्न होना सम्यक् कर्मान्त है। दूसरे शब्दों में अहिंसा, अस्तेय, इन्द्रिय संयम ही सम्यक् कर्म हैं। किया हुआ वह कर्म अच्छा होता है, जिसे करके मनुष्य को सन्ताप नहीं होता।[61]

5. **सम्यक आजीव** : जीवनयापन की विशुद्ध प्रणाली को 'सम्यक् आजीव' कहा है अर्थात् मन, वचन एवं कर्म के साथ शुद्ध उपाय से जीविकोपार्जन करना है। किन्तु इसका अभिप्राय भिक्षु एवं गृहस्थ के लिए अलग–अलग था।

6. '**सम्यक् व्यायाम**' के बारे में विवरण मिलता है कि व्यक्ति को पुराने बुरे भावों का नाश, नवीन बुरे भावों का न आने देना और मन को उत्तम कार्यों में लगना एवं शुभ विचारों को धारण करने की चेष्टा करनी चाहिए। सम्यक् व्यायाम से तात्पर्य विशुद्ध एवं विवेकपूर्ण प्रयत्न हैं।

7. '**सम्यक स्मृति**' से मनुष्य सभी विषयों से विरक्त हो जाता है एवं सांसारिक बन्धनों में नहीं पड़ता। बौद्ध व्यवस्था में स्मृति के चार रूप माने गए हैं– प्रथम, **कायानुपश्यना** से तात्पर्य शरीर की प्रत्येक चेष्टा को समझते रहना। द्वितीय, **चित्तानुपश्यना** है अर्थात् चित्त के राग–द्वेष आदि पहचानना। तृतीय, **वेदनानुपश्यना** दुःख एवं सुख दोनों ही अनुभूतियों के प्रति सजग रहना। चतुर्थ, **धर्मानुपश्यना** अर्थात् शरीर, मन, वचन की प्रत्येक चेष्टा को समझना।

8. **सम्यक समाधि** : चित्त की एकाग्रता को सम्यक 'समाधि' कहा गया है। इसमें मनुष्य को अपने मन को नियन्त्रित करने का अभ्यास करना होता है। मन की चंचलता पर संयम पा लेने पर ज्ञान में एकाग्रता बढ़ती है। बौद्ध दर्शन में समाधि के कुछ स्तरों का उल्लेख मिलता है–'उपचार समाधि' एवं 'अप्पना समाधि' आदि।[62] ध्यान या समाधि का, छान्दोग्य (7/6/1–2) एवं अन्य उपनिषदों में महत्व दर्शाया है एवं पद्धति भी। उल्लेखनीय है कि बुद्ध ने भौतिक आसक्ति व भौतिक विरक्ति के बीच का मार्ग अपनाया था जिसे मज्झिम प्रतिप्रदा (मध्यम मार्ग) कहा। तृष्णा का नाश आष्टांगिक मार्ग से माना है। आष्टांगिक मार्ग का जिक्र तैत्तिरीय उपनिषद में हुआ है।

निर्वाण : बुद्ध के अनुसार प्रत्येक मनुष्य को अपना निर्वाण स्वयं ही प्राप्त करना होता है। ज्ञान को आन्तरिक आस्था में परिणित करने के लिए प्रज्ञा, शील, समाधि पर जोर दिया था। हिरियन्ना ने निर्वाण की व्याख्या करते हुए लिखा है कि, यह एक ऐसी अवस्था है, जिसमें सामान्य जीवन की संकीर्ण रुचियाँ समाप्त हो गई होती हैं और व्यक्ति पूर्ण शान्ति और समत्व का जीवन बिताता है। यह मन की एक विशेष वृत्ति का सूचक है और वह जो इस वृत्ति को प्राप्त कर चुका है, 'अर्हत' कहलाता है, जिसका अर्थ है–योग्य या पावन।[63]

थॉमस ने निर्वाण तथा परिनिर्वाण में भेद किया है तथा निर्वाण इसी जीवन काल में एवं परिनिर्वाण मृत्यु के बाद संभव माना है।[64] निर्वाण प्राप्ति के बाद पुनर्जन्म एवं उत्पन्न होने वाले दुःख संभव नहीं होते, क्योंकि जन्म ग्रहण करने के लिए आवश्यक कारण नष्ट हो जाते हैं।[65] बौद्ध धर्मावलम्बन हेतु व्यक्ति भिक्षु बनकर (संघ में प्रवेश) या गृहस्थ साधक के रूप में रह सकता था किन्तु निर्वाण सामान्यतः भिक्षु बनने पर सम्भव माना है। 'अर्हत्' की अवस्था का विवेचन धम्मपद में मिलता है, जिसका मार्ग समाप्त हो चुका है जो शोक रहित तथा सर्वथा विमुक्त है, सब ग्रन्थियों से छूट चुका है, उसके लिए कोई सन्ताप नहीं।[66] उसका मन शान्त एवं वाणी कर्म शान्त होते हैं।[67]

कर्म : बौद्ध दर्शन ने कर्म सिद्धान्त को स्वीकार किया है। मिलिन्दपन्हो में नागसेन कहते हैं कि मनुष्य अपने कर्मों अनुसार सुख–दुःख का भोग करते हैं। कर्म फल से ही मनुष्य कुछ दीर्घजीवी एवं कुछ अल्पजीवी, स्वस्थ–अस्वस्थ, सुन्दर–कुरूप, धनी–निर्धन होते हैं। दीन हैं वे सब अपने कर्मों का ही फल प्राप्त कर रहे हैं। पूर्व जन्म के कर्म शेष रहने पर भी 'अर्हत्' तृष्णा के नष्ट हो जाने से बन्धन मुक्त हो जाता है। क्योंकि **कामना के कारण ही कर्म फल मिलता** है। कर्म तीन प्रकार के कहे गए हैं–**मानसिक, शारीरिक (कायिक)** तथा **वाचिक (वाणी द्वारा किए कार्य)**। अर्हत् पद प्राप्त होने पर कोई कामना शेष नहीं रह जाती है, उसके शरीर एवं वाणी से किए कर्म का कोई फल नहीं होता। बुद्ध ने कर्म के आधार पर ही चारों वर्णों के लिए मुक्ति का मार्ग सुझाया। उनकी धारणा थी कि मनुष्य चाहे वह ब्राह्मण हो, क्षत्रिय हो, वैश्य हो अथवा शूद्र हो, सम्यक् कर्म करने से मोक्ष का अधिकारी होगा।[68]

अनात्मवाद बुद्ध ने आत्मा को अनावश्यक कल्पना मानकर उसका निषेध करते हुए मात्र चेतना की अवस्था को स्वीकार किया। बुद्ध की मान्यता थी कि संसार अनित्य, क्षणिक एवं दुःख रूप है एवं जो दुःख रूप है वह आत्मा नहीं हो सकती। इस तथ्य को अन्य लोगों (अबौद्धों) ने भी मान लिया कि पृथ्वी, जल, तेजस तथा वायु अर्थात् चार भूतों से निर्मित देह आत्मा नहीं है और अपनी आत्मा को चित्त के रूप में स्वीकार किया गया। आत्मा सम्बन्धी प्रश्न वच्छ गोत्र द्वारा पूछे जाने पर बुद्ध मौन रहे, उसके बाद आनन्द को कहा कि आत्मा की अस्वीकृति से भौतिक वादियों के नास्तिकवाद का समर्थन होता है। आत्मा की स्वीकृति से शाश्वतवाद का, वस्तुतः दोनों ही मिथ्या धारणाएँ हैं। हिरियन्ना लिखते हैं कि बौद्ध धर्म 'तरल आत्मा' को स्वीकार करता है, जिसे अपने तरलत्व के कारण ही परस्पर बिल्कुल पृथक् और असमान अवस्थाओं की सन्तान नहीं माना जा सकता।[69] बुद्ध आत्मवाद का प्रचार करते तो संभवतः जनता में अपने प्रति आसक्ति उत्पन्न होती जो दुःख का मूल कारण हैं। इसके विरुद्ध अनात्मवाद का प्रचार करने पर मृत्योपरान्त कुछ शेष नहीं रहना मानव के मानसिक दुःख का कारण बनता। डॉ. राधाकृष्णन की मान्यता थी कि महात्मा बुद्ध आत्मा में विश्वास करते थे।

पुनर्जन्म बौद्ध धर्म पुनर्जन्म में विश्वास करता है, किन्तु इसमें नित्य आत्मा का अस्तित्व स्वीकार नहीं किया है। दरअसल यह विचार परस्पर विरोधी है। जबाव में कहा गया है कि कर्ता के बिना कर्म हो सकता है तो आत्मा के बिना भी पुनर्जन्म हो सकता है। बौद्ध धर्म में न केवल जीवन समाप्ति के बाद पुनर्जन्म माना गया बल्कि प्रतिक्षण पुनर्जन्म को स्वीकार किया है। पुनर्जन्म मृत व्यक्ति का नहीं होता बल्कि उसी के संस्कार वाले दूसरे व्यक्ति का जन्म हो सकता है। हिरियन्ना ने चर्चा की है कि "जो भी हो बुद्ध ने इस सिद्धान्त को एक बड़ी सीमा तक तर्कसंगत बना.....दिया। इससे जुड़े हुए अलौकिक और भौतिकवाद के तत्व बिल्कुल निकाल दिए...। बुद्ध ने इन दोनों मतों को अस्वीकार कर दिया और कर्म को नैतिकता के क्षेत्र में अपनी ही प्रकृति के अनुसार स्वतंत्रतापूर्वक काम करने वाला एक अपौरुषेय नियम माना।[70]"

अनीश्वरवाद सृष्टिकर्ता के रूप में बुद्ध ने ईश्वर को स्वीकार नहीं किया, क्योंकि ऐसा करने पर ईश्वर को दुःख का सृजक भी मानना होगा। यद्यपि कुछ विद्वान् बुद्ध को नितान्त अनीश्वरवादी नहीं मानते बल्कि नितान्त कर्मवादी होने के कारण एवं मानव जाति को जटिल सवालों से दूर रखने के लिए उन्होंने ईश्वर सम्बन्धी प्रश्नों का विवेचन अनावश्यक समझा। डॉ. राधाकृष्णन् की मान्यता है कि ईश्वर को अनिर्वचनीय परम तत्व के रूप में स्वीकार किया जाए तो चार्वाक को छोड़कर किसी भी भारतीय दर्शन को अनीश्वरवादी नहीं कहा जा सकता।[71]

प्रयोजनवाद बुद्ध को प्रयोजनवादी भी कहा जाता है, क्योंकि उनके उपदेश उन्हीं विषयों से सम्बद्ध थे जिन्हें मानव कल्याण के लिए आवश्यक समझा गया। महात्मा बुद्ध ने लोक, जीव, परमात्मा, आत्मा, सृष्टि सम्बन्धी अनेक विवादों को अनावश्यक मानते हुए दस अकथनीय सिद्धान्तों का जिक्र किया। लोक से सम्बन्धित तथ्य हैं–'क्या लोक नित्य है, अनित्य है, शान्त है, अनन्त है। इसी प्रकार जीव से सम्बद्ध तथ्य थे–क्या जीव एवं शरीर एक है, अथवा भिन्न–भिन्न हैं, क्या मृत्यु के बाद तथागत होते हैं या नहीं होते हैं।' बौद्ध धर्म में आदर्शवाद एवं यथार्थवाद का व्यवहारपरक संयोजन देखा जाता है। बुद्ध के उपदेशों को दुःखवादी कहने का तात्पर्य उनको निराशावादी नहीं कहा जा सकता क्योंकि अर्हत् की अवस्था इस लोक एवं जीवन में शान्ति लाभ की संभावना को स्वीकार करती है।

बौद्ध धर्म का प्रसार बौद्ध धर्म के प्रचार–प्रसार में सम्राट अशोक के योगदान एवं बौद्ध संगीतियों की चर्चा हम आगे अध्यायों में करेंगे, यहाँ प्रमुख शिष्यों एवं संघ व्यवस्था की जानकारी उचित होगी। बुद्ध ने सर्वप्रथम अपने साथ तपस्या करने वाले पाँच ब्राह्मणों को उपदेश दिया एवं अपना शिष्य बनाया था : (1) कौंडिन्य (2) वप्प, (3) भद्दिय, (4) महानाम एवं (5) अस्सजि। उसके बाद बनारस के धनी व्यापारी के पुत्र यश ने बौद्धत्व स्वीकार किया। इसिपत्तन के भद्रशोभी ने भी 30 युवाओं के साथ दीक्षा ग्रहण की थी। अन्य प्रमुख शिष्यों में कश्यप, राहुल (बुद्ध का पुत्र), नन्द (मौसेरा भाई), अनिरुद्ध, आनन्द, उपालि, अनुप्रिय, देवदत्त, सुदत्त (अनाथपिण्डक) सारिपुत्र, मौदग्लायन आदि थे। अनाथपिण्डक जो श्रावस्ती का श्रेष्ठी था, (जिसने जेतवन भेंट किया था) ने राजगृह में आकर दीक्षा ग्रहण की थी। अनाथपिण्डक द्वारा जेतवन भेंट किये जाने के बाद मगध में बौद्धधर्म अधिक मजबूत हुआ। कौशल नरेश प्रसेनजित की रानी मल्लिका की दो बहनें सोमा व शुक्ला भी बौद्धानुयायी थी।

आनन्द के आग्रह पर विमाता महाप्रजापति, भछ कच्चाना (यशोधरा) आदि महिलाओं को कुछ प्रतिबन्धों के साथ, भिक्षुओं से कम महत्वपूर्ण स्थान प्रदान करते हुए, संघ में प्रवेश की स्वीकृति प्रदान की थी। महापरिनिर्वाण सूत्र में बुद्ध के अस्थि

अवशेषों के दावेदारों में प्रमुख शक्तियाँ जो बुद्ध के अनुयायी भी थे, उनके नाम मिलते है मगधराजा–अजातशत्रु, कपिलवस्तु, के शाक्य, वैशाली के लिच्छवी, वेठद्वीप के ब्राह्मण, अलकप्प के बुलि, पावा के मल्ल, पिप्पलिवन के मोरिय तथा रामगाम के कोलिय। परवर्ती बौद्ध विद्वानों में, जिनका बौद्ध धर्म के प्रचार–प्रसार में महत्वपूर्ण योगदान रहा अश्वघोष, नागार्जुन, असंग, वसुबंधु दिंगनाग, धर्म कीर्ति, गुणप्रभ, संघदास एवं बौद्धरुचि का विशेष रूप से उल्लेख करना होगा।

परवर्ती बौद्ध विद्वान अश्वघोष कनिष्क के राज्याश्रित महाकवि अश्वघोष का साकेत (अयोध्या) के ब्राह्मण परिवार में प्रथमशती ईस्वी में जन्म हुआ। महायान श्रद्धोत्पाद, वज्रसूचि, गण्डीस्त्रोतगाथा जैसे कई महत्वपूर्ण ग्रंथों का प्रणेता कहा है।

नागार्जुन चिकित्साशास्त्र के विद्वान से भिन्न (उसी नाम के बौद्ध विद्वान) बौद्ध विद्वान नागार्जुन शून्यवाद के प्रवर्तक थे। उनके दो ग्रंथ 'माध्यमकारिका' एवं 'विग्रह व्यावर्तनी' संस्कृत में उपलब्ध है। विग्रह व्यावर्तनी या शून्यता सप्तति के लिए उन्होने कहा था, "जो शून्यता को नहीं समझ सकता वह कुछ नहीं समझ सकता। (उनका शून्यता से अभिप्राय बुद्ध के प्रतीत्य समुत्पाद से था।" इस कारण सिद्धान्त से तात्पर्य एक के विनाश के बाद दूसरे की उत्पति से है)। इसी नियम को बुद्ध ने कार्य–कारण नियम भी कहा था। उन्होने दुःशील (चरित्र हीन) भिक्षुओं एवं श्रमणों को संघ से बहिष्कृत किया था। जिनके कारण संघ की प्रतिष्ठा गिर रही थी उनकी संख्या अठारह हजार बताई गई है। नागार्जुन कोंडा के श्रीपर्वत पर रह कर बौद्ध धर्म के प्रसार का श्रेय उन्हीं को जाता है।

असंग, वसुवन्ध गांधार के पुरुषपुर (पेशावर) के ब्राह्मण परिवार में असंग व वसुबन्धु का जन्म हुआ। दोनों जुडवाँ भाई थे। असंग जो योगाचार या विज्ञानवाद के प्रभावशाली आचार्य थे, उन्होंने महायान संपरिग्रह, प्रकरण आर्यवाचा, योगाचार भूमिशास्त्र तथा महायान सूत्रालंकार की रचना की थी। वसुबन्ध को अभिधर्मकोश का प्रणेता माना जाता है जिसे बौद्ध दर्शन का विश्वकोष कहा जाता है। दोनों भाइयों ने सर्वास्तिवाद का प्रचार–प्रसार किया था।

दिंगनाग बौद्ध न्याय के संस्थापक दिंगनाग, जिन्हें मध्ययुगीन न्याय का पिता कहा जाता है। उनका जन्म काँची (दक्षिण) के समीप सहवक्त्र नामक स्थान पर ब्राह्मण परिवार में हुआ था। नालन्दा महाविहार में उन्होनें सुदुर्जय नामक ब्राह्मण को शास्त्रार्थ में पराजित कर बौद्ध प्रतिष्ठा को बढ़ाया था। प्रमाण समुच्चय, न्याय प्रवेश, प्रज्ञापारमिता पिण्डार्थ उनकी रचनायें थीं।

धर्मकीर्ति दिंगनाग के शिष्य, जो अद्वितीय प्रतिभा के नैयायिक थे, का जन्म तिरुमलाई (दक्षिण) ग्राम में ब्राह्मण परिवार में हुआ था। इन्होंने भी नालंदा महाविहार में आचार्य धर्मपाल के सान्निध्य में रहकर प्रमाण वार्तिक, प्रमाण विनिश्चय एवं समानान्तर सिद्धि जैसे ग्रंथों की रचना की।

संघदास आचार्य वसुबंधु के शिष्य संघदास ने रत्नगुप्त, डुंभकुंडली जैसे विहारों का निर्माण बोधगया (वज्रासन) में करवाया था।

गुणप्रभ मथुरा में ब्राह्मण परिवार में जन्मे गुणप्रभ ने मथुरा के अग्रपुरी विहार में पाँच हजार भिक्षुओं के साथ रहकर बौद्ध धर्म के प्रसरण में योगदान किया।

बौद्धरुचि दक्षिण में जन्मे बौद्धरुचि ने चीन में बौद्ध धर्म का प्रचार–प्रसार किया और वहां रहकर कई बौद्ध ग्रंथों का अनुवाद किया था और वहीं बस गये। ऐसे ही कई महान विद्वानों के प्रयासों से बौद्ध धर्म कई देशों के धार्मिक जीवन का अभिन्न अंग बन गया।

बौद्ध संघ व्यवस्था एवं बौद्ध अनुयायी बौद्ध उपासक दो प्रकार के थे–गृहस्थ (उपासक) एवं भिक्षु। संघ में 15 वर्ष से ऊपर के स्त्री, पुरुषों के लिए प्रवेश बिना किसी जातीय भेदभाव के खुला था। गृहस्थ जीवन का त्याग **प्रवज्या** कहा गया और प्रवज्या (बौद्धसन्यासी) ग्रहण करने वाले को **श्रामणेर** कहा जाता था। किन्तु दण्डापराधी, कोढ़ी, रोगी, चोर, डाकू, ऋणी, लूले–लंगड़े एवं दास इससे वंचित थे। प्रवेश पाने के इच्छुक व्यक्ति को अपना एक गुरु बनाना होता था जो उसे संघ में प्रवेश दिलाने हेतु भिक्षुओं के अधिवेशन में प्रस्ताव रखता था। सभा से स्वीकृति मिलने पर उसे दीक्षा दी जाती थी एवं सदाचारपूर्ण जीवनचर्या के नियम समझाए जाते थे।

स्थवीर – दीक्षा, आयु व ज्ञान दृष्टि से स्थिरता प्राप्त व्यक्ति स्थविर कहा गया। जिनके तीन प्रकार (1) **प्रवज्या स्थवीर**–जिनका 20 वर्ष दीक्षाकाल हो (2) **वय–स्थविर**, जिनकी आयु 60 वर्ष या अधिक हो गई हो (3) **श्रुत–स्थविर**, जिन साधुओं ने स्थानांग–समवयांग शास्त्रों का ज्ञान प्राप्त कर लिया हो। बौद्ध संघ में अनेक स्थानीय संघ थे किन्तु उनका कोई केन्द्रीय संगठन नहीं था। परस्पर स्थानीय संघों में मतैक्य के अभाव में समस्त संघों का अधिवेशन आमन्त्रित किया जाता था, जिसे संगीति कहा जाता था।

प्रथम संगीति–राजगृह–सप्तपर्णीगुफा 483 ई. पू. बुद्ध के निधन के पश्चात् राजगृह में प्रथम संगीति का आयोजन हुआ। बुद्ध की शिक्षाओं का संकलन सुत्तपिटक व विनयपिटक के रूप में किया गया। समस्त संगीतियों की चर्चा "महायान का विकास" नामक अध्याय में की गई है। संघ के समस्त महत्वपूर्ण निर्णय मतदान द्वारा किए जाते थे। अर्थात् संघ का संचालन लोकतान्त्रिक सिद्धान्तों से संचालित था। संघ के दैनिक कार्यों के संचालन के लिए अनेक अधिकारियों की नियुक्ति की जाती थी।

भिक्षुणियों का अलग वर्ग था, जिसे भिक्षुओं के संघ के अधीन समझा जाता था। महात्मा बुद्ध की मान्यता थी कि महिलाओं के संघ में प्रवेश से धर्म अधिक काल तक जीवित नहीं रह सकता अतः संघ में भिक्षुणियों को निम्न स्थान प्रदान किया गया। शुरू की बौद्ध धर्मानुयायी स्त्रियों में महाप्रजापति गौतमी शुद्धोधन की पत्नी व बुद्ध की मौसी यशोधरा (बुद्ध की पत्नी), नंदा (महाप्रजापति गौतमी की पुत्री), खेमा (बिम्बिसार की पत्नी), आम्रपाली (वैशाली की गणिका), विशाखा (भद्दीय ग्राम श्रेष्ठि की पुत्री) जिसने श्रावस्ती में पूर्वाराम विहार बनवाया था, उल्लेखनीय है। बौद्ध धर्म के प्रसार में अशोक

एवं कनिष्क जैसे महान सम्राटों के योगदान को विस्मृत नहीं किया जा सकता। अशोक ने बौद्ध धर्म के प्रसार के लिए अपने पुत्र–पुत्रियों को ही नहीं भेजा अपितु बड़ी संख्या में श्रमणों को भारत के विभिन्न भागों एवं विदेशों में भेजा जिसकी चर्चा आगे की गई है।

बौद्धकालीन लोक धर्म एवं सम्प्रदाय

इस काल में जन–सामान्य लौकिक देवताओं से अधिक घनिष्ठ रूप से जुड़े हुए दिखाई पड़ते हैं। लौकिक देवों का निवास स्थान वृक्षों, कन्दराओं को कहा गया है। उत्तराध्ययन सूत्र में एक यक्ष का निवास वृक्ष होने का उल्लेख मिलता है। बौद्ध विनय में एक वृक्ष देवता की कथा मिलती है जो बुद्ध से एक भिक्षु द्वारा उसे काटे जाने के प्रयास की शिकायत करता है। इस आख्यान से स्पष्ट होता है कि हरे वृक्ष काटने का विरोध उस समय भी था।

विचाराधीन काल में प्रत्येक कुल एवं जाति की यह मान्यता थी कि एक विशिष्ट देवता उनके कुल की रक्षा करता है। उसे 'कुल देवता' कहा जाता था। बौद्ध एवं जैन ग्रन्थों में यक्ष, नाग, किन्नर, प्रेत, पिशाच आदि अमानवीय शक्तियों की चर्चा मिलती है। इन्द्र, वरुण, रुद्र एवं मरुत आदि वैदिक देवताओं की उपाधि के लिए 'असुर' शब्द का प्रयोग किया जाता था। उस काल में असुर को दैव वृत्ति की शक्ति माना जाता था। बौद्ध ग्रंथों में विभिन्न प्रकार के देवताओं का उल्लेख मिलता है–यामा देवा, तुसितादेवा, तावतिसांदेवा, भुम्मादेवा एवं ब्रह्मकायिका देवा। इनके अतिरिक्त 'मार' नामक देवता का उल्लेख बौद्ध एवं जैन ग्रन्थों में हुआ है, जिसका कार्य अच्छे तथा आध्यात्मिक साधना में लगे लोगों का मार्ग भ्रष्ट करना था। इसका तादात्म्य पौराणिक ग्रंथों में उल्लिखित कामदेव से किया जाता है। महात्मा बुद्ध को भी इसने ज्ञान प्राप्ति के पथ से विचलित करने का प्रयास किया था।

ब्राह्मण धर्म तत्कालीन बौद्ध एवं जैन साहित्य में ब्राह्मण धर्म में प्रचलित लोक आस्था से सम्बन्धित देवताओं का उल्लेख मिलता है। जैन एवं बौद्ध अर्हतों को उन देवताओं का परवर्ती स्वरूप माना गया। इन्द्र, ब्रह्मा आदि इसी प्रकार के देव थे। इन्द्र (शक्र) शक्ति एवं बल का देवता था।[72] आचारांगसूत्र में इन्द्र के साथ–साथ रुद्र, मुकुंद आदि देवताओं का उल्लेख है जिनकी सामूहिक पूजा की जाती थी। बौद्धकाल में कुछ अन्य धार्मिक सम्प्रदायों का विकास हुआ जो तेजी से लोकप्रिय हो गए। इन धार्मिक सम्प्रदायों का विश्वास वेदों में विवेचित कर्मकाण्डवादी उपासना में नहीं था। बौद्ध एवं जैन धर्म के समान इन्हें भी सुधारवादी आन्दोलन का अंग माना जा सकता है, तथापि जैन एवं बौद्ध धर्म ईश्वर के अस्तित्व के सिद्धान्त की या तो उपेक्षा करते थे या उसके प्रति मौन थे। इन सुधारवादी सम्प्रदायों ने विष्णु, शिव तथा शक्ति के रूप में ईश्वर आराधना को अपनाया एवं मोक्ष प्राप्ति, भक्ति मार्ग द्वारा संभव मानी गई। वैदिक परम्परा में यह सुधारवादी सम्प्रदाय भागवत धर्म एवं शैव धर्म के नाम से जाने जाते हैं। पाणिनि ने वासुदेव पूजा का उल्लेख किया है।[73] वासुदेव पूजा का प्रारम्भ इस काल में एक महत्वपूर्ण तथ्य माना जा सकता है, क्योंकि वासुदेव पूजा ही भागवत् धर्म का आधार थी। भागवत् धर्म का विकास मथुरा प्रदेश के यादवों की शाखा सात्वतों में हुआ। इस मत के समर्थक यज्ञ एवं तप की अपेक्षा भक्ति द्वारा उपासना में आस्था रखते थे। प्राचीन ब्राह्मण धर्म की पशु बलि प्रथा का इसमें घोर विरोध देखा जाता है, साथ ही यज्ञ विधान को गौण स्थान दिया गया।

चार्वाक उपनिषदों में वस्तुवादी दर्शन का संकेत हुआ है। चार्वाक वेदों एवं अन्य धर्म शास्त्रों के कथन को प्रामाणिक नहीं मानते। इस दर्शन के अनुसार ''आत्मा का कोई अस्तित्व नहीं है, मनुष्य, जीवन एवं चेतना के भौतिक तत्वों के मिश्रण से उत्पन्न होते हैं और इस जीवन के पश्चात् और कोई दूसरा जीवन नहीं है।'' इसके अनुयायी–वितण्डावादिन, सुशिक्षित धूर्त आदि में विभाजित थे।

दास गुप्ता ने लिखा है कि, लोगों को चार्वाक इसलिए कहा जाता था कि वे किसी प्रकार की धार्मिक एवं नैतिक जिम्मेदारी स्वीकार नहीं करते थे और खाने–पीने में विश्वास करते थे। सुशिक्षित चार्वाक यह मानते थे कि, शरीर के अतिरिक्त आत्मा भी है परन्तु शरीर के विनाश के साथ–साथ आत्मा भी नष्ट हो जाती है।[74]

आजीविक चार्वाक की भाँति ही आजीविक सम्प्रदाय था, जिसके संस्थापक मक्खलिपुत्त गोशाल थे। ईसा पूर्व 5 वीं सदी में हुए 24 वें जैन तीर्थकर महावीर स्वामी के उदय से पहले ही यह दर्शन भारत में प्रचलित था। इसे नियतिवादी दर्शन कहा जाता है। सुमंगलविलासिनी से ज्ञात होता है कि यह दास पुत्र था इसके पिता का नाम मस्करी था एवं 'गौशाला' में उत्पन्न होने के कारण गोशाल नाम रखा गया। प्रारम्भ में महावीर एवं गोशाला ने साथ–साथ भिक्षु जीवन बिताया था। किन्तु बाद में कुछ विषयों पर परस्पर मतभेद होने के कारण इन्होंने अलग से आजीविक सम्प्रदाय की नींव डाली। आगे जाकर इसे महावीर के विरोधी के रूप में माना जाने लगा, क्योंकि उनके सिद्धान्त महावीर के विचारों के विपरीत थे। परन्तु आजीविकों की जीवनचर्या जैनों के समान ही थी अर्थात् आजीविक भी नग्नावस्था में रहते थे। मोटे रूप में जन–सामान्य को आजीविक अथवा जैन समर्थक होने का ज्ञान नहीं हो पाता था।[75] महावीर भिक्षु होने के 16 वर्ष पश्चात् श्रावस्ती गए और सम्भवतः वहाँ गोशाल को भी उपदेशित किया था। उस समय गोशाल अर्द्ध–चेतन अवस्था में थे। किन्तु उन्हें महावीर के दर्शन से अपने कर्मों पर पश्चाताप हुआ एवं उनकी शिक्षाओं को स्वीकार किया।[76] अशोक के अभिलेख में ब्राह्मणों, निर्ग्रन्थों (जैनों) के साथ आजीविकों का उल्लेख हुआ है।[77] इस मत के समर्थकों की मान्यता थी कि व्यक्ति धर्म करने में स्वतंत्र नहीं है। उसके सारे कर्म पूर्व निश्चित क्रम के अनुसार अथवा एक निश्चित अटल प्रारब्ध के अनुसार होते हैं। मक्खलि के मत का मूल तत्व है कि मनुष्य के पापी अथवा पुण्यात्मा होने के लिए तात्कालिक अथवा दूरस्थ कोई कारण नहीं है, बिना किसी कारण के वे

अच्छे एवं बुरे हो सकते हैं। कहा गया कि मनुष्य स्वयं कुछ नहीं कर सकता है। मनुष्य की विभिन्न अवस्थाएँ एक नियत भाग्य के कारण हैं अथवा वातावरण एवं प्राकृतिक अवस्था का परिणाम है। अतः गोशाल को नियतवादी एवं देववादी भी कहा जा सकता है।

बौद्ध एवं जैन साहित्य में इस नियतवादी एवं दैववादी आजीविक सम्प्रदाय की घोर निंदा की गई है। इसमें न केवल कर्म का तिरस्कार किया गया है बल्कि इसके अनुयायियों के लिए कहा गया है कि "ये नग्न, मलयुक्त एवं एकाकी रहते हैं और जिस प्रकार मछुआरा मछलियों को जाल में फंसाता है उसी प्रकार ये मनुष्यों को नियन्त्रण में करते हैं।" आजीवक सम्प्रदाय उस दौर में प्रभावशाली मत था। आम लोगों एवं राजसता पर प्रभाव होने के कारण ही अशोक एवं उसके पौत्र (पोते) दशरथ ने बिहार के गया जिले (जहानाबाद) में बराबरी की महाड़ियों में सात गुफाओं का निर्माण कर आजीवकों को प्रदान की थी।

पूरणकस्सप (पूर्णकाश्यप) नामक ब्राह्मण भी आजीविक की तरह एक अलग मत प्रवर्तक तथा घोर अक्रियावादी आचार्य था। सुमंगलविलासिनी से ज्ञात होता है कि यह दास पुत्र था और बाद में अपने स्वामी के घर से भाग गया था। मार्ग में चोरों ने उसके वस्त्र छीन लिए और वह एक ग्राम में नग्नावस्था में पहुँचने पर अपना परिचय **पूरणकस्सप बुद्ध** के रूप में दिया। बौद्ध जनश्रुति के अनुसार उसने बुद्ध निर्वाण के 16 वर्ष बाद श्रावस्ती के समीप जल समाधि द्वारा अपना शरीर त्याग दिया था। पूरणकस्सप की मान्यता थी कि जीव पर कर्म का कोई प्रभाव नहीं पड़ता। चोरी, हत्या या झूठ आदि पाप नहीं कहे जा सकते और दान, सत्य, जप–तप आदि से कोई पुण्य नहीं होता अर्थात् कर्मों का कोई फल नहीं मिलता।

उच्छेदवादी नास्तिक मतावलम्बियों में अजितकेशकंबलि एक दूसरे मत के अधिष्ठाता थे, जिन्हें भौतिकवाद का प्रचारक एवं उच्छेदवादी दार्शनिक कहा जाता है। इनकी भी मान्यता थी कि "अच्छे–बुरे कर्मों का कोई फल नहीं होता, दूसरा कोई लोक नहीं है, न यह लोक ही सत्य है। हम जीवन में कुछ भी करें जीवन के पश्चात् मृत्यु अवश्यम्भावी है और मृत्यु के पश्चात् सब कुछ समाप्त हो जाता है।" दीर्घ निकाय में इस मत की विचारधारा का विवरण मिलता है :

"मनुष्य चार तत्वों से बना है। जब वह मरता है तो मिट्टी मिट्टी में मिल जाती है, पानी पानी में, अग्नि अग्नि में और वायु वायु में तथा उसकी इन्द्रियाँ आकाश में विलीन हो जाती हैं। टिकढ़ी पर चार आदमी शव को ले जाते हैं। श्मशान तक वे बातें करते जाते हैं। जलने पर उसकी अस्थियों का रंग फाख्ता के पंखों जैसा हो जाता है और उसके सारे त्याग अन्त में राख बनकर रह जाते हैं। वे लोग मूर्ख हैं जो दान करने की शिक्षा देते हैं तथा वे लोग जो अपार्थिवता के समर्थक हैं, व्यर्थ बकवास करते हैं, मरने पर मूर्ख और बुद्धिमान दोनों ही संसार से अलग होकर नष्ट हो जाते हैं। मृत्यु के पश्चात् वे जीवित नहीं रहते।"[78]

अजितकेशकम्बलि का नाम अजित था, किन्तु मानव बालों का कम्बल धारण करने से केशकम्बलि कहा जाने लगा। विद्वानों की मान्यता है कि अजित का चिंतन लोकायत परम्परा से सम्बद्ध था, जिसके संस्थापक बृहस्पति कहे गए हैं। उनकी धारणा थी कि सांसारिक घटनाक्रम स्वतः स्वाभाविक रूप से घटित होता है और व्यक्ति को अपने सुख के लिए इच्छानुसार (यदच्छा) कार्य करना चाहिए। इसी प्रकार पकुधाकच्चायन भी घोर अकृततावादी था जो पुनर्जन्म एवं कर्म को नहीं मानता था। इसकी धारणा थी कि संसार में सात तत्व पृथ्वी, जल, तेज, वायु, सुख–दुःख और जीवन अनिर्मित हैं जिन्हें समाप्त नहीं किया जा सकता। संसार में न कोई किसी को समाप्त कर सकता है न ही मारा जाता है। यदि कोई किसी को हथियार से काट डाले तब भी वह व्यक्ति नहीं मरता। यहाँ न कोई सुनने वाला है और सुनाने वाला। इस सिद्धान्त के अनुसार नैतिक एवं आध्यात्मिक जीवन अपेक्षित नहीं माना गया।

अन्य विचारकों में **संजयवेलट्ठिपुत्र अनिश्चयवादी** अथवा **सन्देहवादी** था। उसकी मान्यता थी कि न यह कहा जा सकता है कि परलोक है और न यह कि परलोक नहीं है। जीवन सम्बन्धी किसी भी प्रश्न का कोई निश्चित उत्तर नहीं दिया जा सकता है।

इनके अतिरिक्त भी कई धर्माचार्य थे, जिनके साथ बुद्ध का वाद–विवाद हुआ। दीर्घ निकाय से जानकारी मिलती है कि **निग्रोध** के तीन हजार शिष्य थे। इस तरह **वच्छगोत्र** के बारे में विवरण मिलता है कि, "गृहस्थ को मोक्ष प्राप्ति का अधिकार विषय पर बुद्ध से उसका शास्त्रार्थ हुआ था।"

उस समय प्रचलित 62 मत–मतान्तरों का उल्लेख बौद्ध ग्रंथों में हुआ हैं। सम्भवतः इन अतिवादी तथा सामाजिक नैतिकताविहीन चिंतन में कार्य कारण सम्बन्धी प्रकृति के नियम की धारणा कार्य कर रही थी। जिससे इस विचार का विकास हुआ कि प्रकृति में सदैव कार्य कारण सम्बन्ध कार्यरत है, जिसे न ईश्वर ही बदल सकता है न कर्मकाण्ड या यज्ञों से ऐसा संभव है। इस विचारधारा का विकास उपनिषदिक् चिंतन के साथ ही हुआ होगा, जो ई.पू. छठी शताब्दी में नास्तिकवादी सम्प्रदायों का प्रेरक बन गया।

सन्दर्भ :

1. बाशम ए. एल. द वण्डर दैट वॉज इण्डिया, पृ 258.
2. डॉ. गोविन्द चन्द्र पाण्डे : बौद्ध धर्म के विकास का इतिहास, लखनऊ, 1990, पृ. 3, जॉन, मार्शल, मोहनजोदड़ो एण्ड द इण्डस् सिविलाइजेशन् जि. 1, पृ. 19.
3. ऐतरेय ब्राह्मण, 7/29/4.
4. काठक संहिता, 28/5.

5. दीर्घनिकाय, 1/97/99.
6. मज्झिमनिकाय, 2, पृ. 128.
7. संयुक्त निकाय, 7/1/9.
8. मज्झिमनिकाय, 2, पृ. 150.
9. सुत्तनिपात, 1/7; 21/3; 9/57.
10. कल्पसूत्र, जैन सूत्रज, भाग 1 पृ. 226–229.
11. Smith V.: The Oxford History of India, Fourth Ed. (1981), p.75.
12. Barth J. : The Religions of India p. 125.
"It is nothing better than a fiction of romance to see in the institution of the Sangha and in Buddhism in general, a reaction against the Reigme to caste."
13. सुत्तनिपात, 2/7.
14. दीर्घनिकाय, कूटदन्तसुत, 1/5.
15. मज्झिमनिकाय–अट्ठकथा, 2/5.
16. दीर्घनिकाय–ब्रह्मजालसुत, 1/1.
17. Smith, V., op. cit,, p. 76.
18. ऋग्वेद, 10/166/1.
19. पाण्डे, जी.सी. वही, पृ. 25.
20. हिरिन्ना एम. : भारतीय दर्षन की रूपरेखा, 1973, द्वितीय सं, पृ. 156.
21. कल्पसूत्र, 122.
22. तत्वार्थाधिगमसूत्र, 5/38., गुणपर्यायवद् द्रव्यम्।
23. षडदर्शन समुच्चय, ' चेतनालक्षणो जीव'
24. तत्वार्थाधिगमसूत्र, 2/22, 'वानस्पत्यन्तानाम् एकम्'
25. द्रव्य संग्रह, 23–24.
26. Consciousness.
27. तत्वार्थाधिगमसूत्र, 5/16., प्रदेश संहार विसर्पाभ्यां प्रदीपवत्
28. सर्वदर्शन संगह, पृ. 45.
29. हिरिन्ना, एम., वही, पृ. 159–160.
30. तत्वार्थाधिगमसूत्र, 4/23, स्पर्शरसगंधवर्णवन्ताः पुद्गला।
31. उमास्वाति, तत्वार्थाधिगमसूत्र, 8/2, संकशायत्वात् जीवः कर्मणो योग्यान्, पुद्गलान आदते स बन्धः।
32. उमास्वाति, वही, 1/1, सम्यग् दर्शन ज्ञानचारित्राणि मोक्षमार्गः।
33. पंचास्तिकाय समयसार, पृ. 115.
34. हिरियन्ना, वही, पृ. 169.
35. डॉ. राधाकृष्णनः : इण्डियन फिलासफी, भाग 1, पृ. 320.
36. Radha Krishnan : Indian Philosophy, vol. 1,p.333 'So moksha is said to be eternal upward movement.'
37. हिरियन्ना, वही, पृ. 171–72.
38. Radha Krishnan, op. cit., vo, 1,p 331. "God is only the rightest and fullest manifestation of the powers which lie latent in the soul of man."
39. षड्दर्शन समुच्चय, पृ. 55. ' अनन्तधर्मक वस्तु'।
40. न्यायावतार, वही, पृ. 29
41. हिरियन्ना, वही, पृ. 165.
42. गुप्त, पी.एल. : प्राचीन भारत के प्रमुख अभिलेख, पृ. 79, हिद बुध जाते सक्य–मुनि ति।
43. मज्झिमनिकाय, 3/118.
44. बुद्धचरित, 2/26. यशोधरां नाम यशोविशालां वामभिधानां श्रियमाजुहाव।
45. अंगुतर निकाय, 1/145.

46. मज्झिमनिकाय, 1/63.
47. बुद्धचरित, 4/98 अहं पुनभीरूरतीय विक्लवो जराविपद् व्याधिमयं–विचिन्तयन।
48. मज्झिमनिकाय, 1/240.
49. संयुक्त निकाय, 46/5/1.
50. धम्मपद् बुद्धवग्गो, 14/190/12. **चतारि अरिय सच्चानि सम्मप्पञ्ञाय पस्सति।**
51. धम्मपद्, 14/191/13. **दुक्खं दुक्ख समुप्पादं दुक्खस्स च अतिक्कमं। अरियं चट्ठडिगकं मग्गं दुक्खूपसागिमनं।**
52. संयुक्त निकाय, 2/9.
53. धम्मपद् ,14/3.
54. Radha Krishnan, op. cit 1929, pp. 370-71. " The law of Universal causation........is the chief contribution of Buddhism to Indian thought.....After all the trouble of modern philosophy, causation is not defined in more adequate terms"
55. धम्मपद् तण्हावग्गो 24/336/3. यो चेतं सहते जम्मि तण्हं लोके दुरच्चयं
56. धम्मपद्, पिय वग्गो 16/216/8. तण्हाय जायती सोको तण्हाय जायती भयं,
    तण्हाय विप्पमुत्स्स नत्थि सोको कुतो भयं।
57. धम्मपद् मग्गवग्गो, 20/273/1. मग्गानट्ठङिग्को सट्ठो सच्चान चतुरोपदा।
58. धम्मपद्, 20/278/6. सब्बे संखारा दुक्खातियदापन्त्राम पस्सति
59. धम्मपद् 20/280/8.
60. धम्मपद् 20/28/9. वाचानुरक्खी ननतासुसवुतो कायेन चअकुशलं न कयिरा।
61. धम्मपद् बालग्गो, 6/68/9.
62. दासगुप्ता, एस.एन. : भारतीय दर्षन का इतिहास, भाग 1, जयपुर, 1978, 110–115.
63. हिरियन्ना एम. वही, पृ. 153–54.
64. Thomas : The History of Buddhist Thoughts, pp. 21-22. "The goal of Buddhism is nibbana or nirvana of Which two kinds are distinguished. An arhat is a Saint who has attained **nibbana** and is alive jivanmukta) at his death he attained **Parinibbana** thought some scholars deny this distinction and say that nibbana is a state and that parinibbana is attainment of that state."
65. रीजडेविड्स : समास् ऑफ द अर्ली बुद्धिस्ट्स, पृ. 37.
66. धम्मपद् अरहन्त वग्गो, 7/90/1.
67. धम्मपद् 7/96/7. सन्तं तस्समनं होती सन्ता वाचा च
    कम्म च सम्मद्ञ्ञ विमुतस्य उपसन्तस्स तादिनो।
68. दीर्घनिकाय, अग्गजसुसत, 3/4.
69. हिरियन्ना, एम. वही पृ. 147.
70. हिरियन्ना, वही, पृ. 155.
71. Radhakrishanan, op. cit., " Buddhistic Metaphysice become satisfactory and intelligible only if it is complemented by some form of absolute idealism.
72. मजूमदार आर. सी. : प्राचीन भारत पृ. 155.
73. अष्टाध्यायी, 4/3/98.
74. दासगुप्ता, एस.एन., वही, पृ. 85.
75. Cambridge History of India; vol. I, p 145.
    "Between two sects so nearly related the transition must have been easy; and pious may not always have been quite sure whether they were honouring the adherents. of one sect or the other."
76. कैम्ब्रिज हिस्ट्री ऑफ इण्डिया, खण्ड 1, पृ. 145.
77. गुप्त, पी.एल. : प्राचीन भारत के अभिलेख, 1988, पृ. 70. संघठसि पि में कटे इमे वियापटा होहन्तिति हेमेव बाभनेसु आजीविकेसु पि ने कटे।
78. दीर्घनिकाय, 1/551.

23 ईरानी एवं मेसीडोनियाई आक्रमण
(Iranian and Macedonian Invasions)

जिस समय उत्तर–पूर्वी भारत में एक विशाल साम्राज्य की स्थापना के प्रयास किए जा रहे थे उस अवधि में भारत के पश्चिमोत्तर प्रान्तों में राजनीतिक अव्यवस्था व्याप्त थी। अतः सम्पूर्ण उत्तर–पश्चिमी प्रदेश छोटे–छोटे स्वतंत्र राज्यों में विभक्त हो गया। मजूमदार ने इन राज्यों की संख्या 24–25 बताई है।[1] इनमें से कुछ राजतंत्र थे और शेष में गणतान्त्रिक व्यवस्था थी। इस क्षेत्र के राज्य कबीलाई सरदारों द्वारा शासित थे जिनमें परस्पर वैमनस्यता के कारण संघर्ष चलता रहता था। इस राजनीतिक दुर्बलता और अराजकता ने विदेशी आक्रमणकारियों को अपनी ओर आकर्षित किया जिससे भारत पर दो भीषण आक्रमण हुए। इनमें से प्रथम ईरानी (हखामनी) आक्रमण था दूसरा मेसीडोनियाई (यूनानी) आक्रमण सिकन्दर ने किया।[2]

I. ईरानी आक्रमण

सम्राट साइरस (Cyrus II, BC 558-530) ईरानी साम्राज्य का संस्थापक साइरस या कुरूष एक प्रतापी सम्राट था। उसने बैक्ट्रिया, सीस्तान और मकरान पर कब्जा कर कपिशा पर आक्रमण किया और हिन्दूकुश पर्वतमाला के प्रदेश अपने अधिकार में ले लिए। स्ट्रेबो (Strabo) से जानकारी मिलती है कि साइरस ने भारत विजय की लालसा से एक सेना गेड्रोसिया (बलूचिस्तान) की ओर से भेजी किन्तु मार्ग की कठिनाइयों के कारण यह आक्रमण असफल रहा और अधिकांश सेना नष्ट हो गई। वह केवल 7 सैनिक और अपने आपको बचा पाया था।[3] सम्भवतः इस पराजय के बाद वह इस ओर प्रयास नहीं कर पाया। प्लिनी (Pliny) लिखता है–घोरबंद और पंजशिर नदियों के संगम पर कपिशा (कापिशी) नगर नष्ट हुआ। एरियन (Arrian) हमें जानकारी देता है कि सिन्धु नदी के पश्चिम में सम्भवतः कोफेन में अष्टक या अश्वक[4] नामक भारतीय जातियाँ निवास करती थीं और वे साइरस को कर देती थीं।[5] कोफेन का तादात्म्य काबुल से किया जाता है। एरियन ने इस क्षेत्र पर प्रारम्भ में असिरियन फिर मेद एवं अन्त में पर्शियन लोगों के अधिकार का जिक्र किया है। स्ट्रेबो ने लिखा है कि क्षुद्रकों (पंजाब की मजदूर जाति) को पर्शिया की सेना में भर्ती किया गया। जेनोफन (Xenophone) की मान्यता थी कि सायरस ने बैक्ट्रियनों एवं भारतीयों को अपने अधिकार में ले लिया था।[6] मेगस्थनीज ने लिखा था कि, ''भारतीयों का कभी किसी विदेशी से युद्ध नहीं हुआ था और न ही किसी विदेशी शासक ने यहाँ आक्रमण किया और न कभी जीता–सिवाय हरक्यूलिस और डायोनिसस के और फिर बाद में मकदूनियों के।''[7] इसी प्रकार के विचार एरियन ने लिखा हैं–भारतीयों के कथनानुसार सिकन्दर से पूर्व डायोनिसस और हरक्यूलिस के अतिरिक्त किसी और ने उनकी भूमि पर कभी आक्रमण नहीं किया था। इससे यही अभिप्राय लिया जा सकता है कि काबुल घाटी का अधिकांश भाग साइरस की प्रभुत्ता स्वीकार करता था और ईरानी साम्राज्य की पूर्वी सीमा भारत की पश्चिमी सीमा से आ लगी थी।

दायरवौष या डेरियस प्रथम (Darius, BC 522-486) साइरस का उत्तराधिकारी डेरियस प्रथम (ई.पू. 522–486) था। उसके साम्राज्य के बारे में उसके स्वयं के अभिलेखों से विस्तृत जानकारी मिलती है। उसके बेहस्तून[8] प्रान्तों में गन्धार भी सम्मिलित था।[9] इस प्रकार पर्सीपोलिस हमदन अभिलेख में हिन्दुष या सिन्धु शब्द का उल्लेख हुआ है और सिन्धु घाटी के निवासियों को फारस का नागरिक बताया गया।[10] इस क्षत्रपी की प्रशासनिक व्यवस्था हेतु क्षत्रप नियुक्त था। पर्सीपोलस हमदन लेख में सिन्धु शब्द की उपस्थिति डेरियस के सिन्धु घाटी क्षेत्र पर अधिकार को प्रमाणित करती है। विद्वानों की मान्यता है कि ई.पू. 519 से ई.पू. 513 के मध्य डेरियस ने इस क्षेत्र पर विजय प्राप्त की होगी क्योंकि बेहस्तून लेख की तिथि ई.पू. 519 है एवं परवर्ती पर्सीपोलस हमदन लेख में इसका उल्लेख आया है। इस विजय की पुष्टि हिरोडोट्स (ग्रीक इतिहासकार 484 ई.पू. 425 ई.पू.) के कथन से भी होती है–डेरियस प्रथम यह जानने का इच्छुक था कि यह नदी समुद्र में कहाँ गिरती है। इसके लिए स्काईलैक्स के नेतृत्व में एक दल भेजा ताकि उसे सही जानकारी मिल सके। जब डेरियस के आदमी यात्रा से वापस लौट आए तो उसने भारतीय भागों पर कब्जा कर लिया।[11] हिरोडोट्स ने भारत के बारे में आगे लिखा है, ''भारतीयों ने जिनकी संख्या किसी भी ज्ञात राष्ट्र से अधिक–से–अधिक है, हमें इतना खिराज दिया जितना कि किसी और ने नहीं, यानी 360 टेलैंट स्वर्ण धूलि। यह बीसवां क्षेत्रप क्षेत्र था।''[12] नीलकंठ शास्त्री की मान्यता है कि हिरोडोट्स के इस कथन, ''भारतीय जातियों की संख्या किसी भी अन्य राष्ट्र की जातियों की संख्या से अधिक है और ये सब जातियाँ एक ही भाषा नहीं बोलतीं'' और इसके इस कथन से कि ''वे इतना खिराज देती हैं,'' मिलाकर देखने से सही प्रतीत होता है कि अखमनी (Achaemenid Empire

650-330 BC) साम्राज्य का बीसवाँ प्रान्त (क्षत्रपी) आधुनिक सिन्ध का छोटा–सा इलाका नहीं हो सकता।[13] राय चौधरी ने लिखा है–यह कहने की कोई आवश्यकता नहीं है कि यह सोना बैक्ट्रिया या साइबेरिया से आया था। भारत की पश्चिमोत्तर सीमा पर सोने की खानें थीं। इसके अतिरिक्त नदी की बालू से भी सोना प्राप्त किया जाता था। कुछ मात्रा में तिब्बत से आने वाले भोरिया व्यापारियों से सोना मंगाया जाता था। भारत के बारे में हिरोडोट्स ने जो कुछ लिखा है, उससे यह स्पष्ट है कि सिन्धु की घाटी और राजपूताना का पश्चिमी भाग भारत माना जाता था।[14] कहा गया है कि डेरियस ने आवागमन साधन व डाक व्यवस्था की शुरुआत की थी।

जेरक्सीज (Xerxes – B.C. 482-465) जेरक्सीज ने भारतीय प्रदेशों को पैतृक रूप से प्राप्त किया। उसकी बड़ी सेना में गंधार और भारत का भी प्रतिनिधित्व था। हिरोडोट्स के कथनुसार, गंधार के सिपाही तीर–कमान और छोटे भाले अपने पास रखते थे। भारतीय सिपाही सूती वर्दी पहनते थे तथा बेंत का धनुष रखते थे। उनके तीरों पर लोहा लगा रहता था।[15] किन्तु भारतीय सैनिकों के हेल्लास में लड़े जाने सम्बन्धी हिरोडोट्स के कथन को उचित नहीं माना गया है। मजूमदार ने लिखा–जेरक्सीज (ई.पू. 486–465) के समय में जिस हखामनी सेना ने यूनान को जीता था और ई.पू. 330 में जो सेना सिकन्दर के विरुद्ध गौगामेला में लड़ी थी उसमें भारतीय सिपाही भी थे। हो सकता है कि, भारतीय उसकी सेना में वेतनभोगी के रूप में सम्मिलित हुए हों। ..... जान पड़ता है कि उस समय भारत में कोई फारसी क्षत्रप नहीं था।[16]

जेरक्सीज के समय तक भारतीय प्रदेश स्वतंत्र नहीं हो पाए थे। नीलकंठ शास्त्री ने उल्लेख किया है कि यह ध्यान देने के लायक बात है कि दारा तृतीय की सेना के साथ भारतीय सैनिकों के जो महत्वपूर्ण दस्ते थे वे बैक्ट्रिया और अरकोसिया के क्षत्रपों के झण्डे के नीचे लड़े थे। उससे अभिप्राय यह निकलता है कि इन भारतीयों के इलाके उपरोक्त दो क्षत्रप–प्रदेशों के अन्तर्गत थे।[17] राय चौधरी की भी धारणा रही है कि जेरक्सीज के धार्मिक उन्माद का शिकार भारतीयों को बनना पड़ा। खुदाई से प्राप्त सामग्री से पता चलता है कि क्षयार्षा, ने कुछ देवताओं के मन्दिरों को खुदवा डाला था और यह आदेश दिया था कि देवताओं की पूजा नहीं की जाएगी। जहाँ अभी तक देवताओं की पूजा होती थी, वहाँ राजा के अहुरमज्दा और प्रकृति की पूजा प्रारम्भ करवा दी। भारत में उस समय ईरानी राजाओं का धार्मिक उन्माद लहरें लेता था।[18] दुर्भाग्य से जेरक्सीज के बाद भी किसी–न–किसी रूप में भारत के इस भाग पर फारसी आधिपत्य लम्बे समय तक बना रहा। अर्टाजर्गजीज (Artaxorxes) जिसे डेरियस द्वितीय का पुत्र कहा है उसने 404 ई.पू. राज्य किया। अर्टाजर्गजीज के साउथ टॉम्ब अभिलेख में भारत उन प्रदेशों में शामिल था, जो फारसी शासक को कर देते थे। ये प्रदेश सम्भवतः हखामनी साम्राज्य की अधीनता से ईसा पूर्व चौथी सदी में स्वतंत्र हो गए थे।

ईरानी सम्पर्क का प्रभाव ईरानियों का पश्चिमोत्तर क्षेत्र के कुछ भागों पर ही आधिपत्य रहा किन्तु इस अवधि में भारतीयों के ईरानी लोगों से गहरे सम्बन्ध स्थापित हो गए थे। जिनका प्रभाव अनेक क्षेत्रों में देखा जाता है। समुचित प्रशासनिक नियंत्रण के लिए ईरानी शासक अपने साम्राज्य को प्रान्तों में विभक्त करते थे, जिन्हें 'क्षत्रपी' एवं उस क्षेत्र के प्रमुख अधिकारी को 'क्षत्रप' सम्बोधित किया जाता था। भारतीय शासकों ने भी इस व्यवस्था का लाभ उठाया। मौर्य सम्राटों ने अपने साम्राज्य को प्रान्तों में विभक्त करने की प्रथा को बनाए रखा।

इसी काल में हमारे जहाज सुदूर मिस्त्र एवं यूनान तक व्यापार के लिए जाने लगे। ईरानी सम्पर्क का विशेष लाभ पश्चिम के साथ व्यापारिक सम्पर्क के रूप में ही देखा जाता है। भारत से हाथी दांत, इमारती लकड़ी, वस्त्र, सोना आदि ईरान एवं पश्चिमी देशों को भेजा जाने लगा।

ईरानियों द्वारा उपयोग में लाई जाने वाली खरोष्ठी लिपि का उत्तर–पश्चिम भारत में प्रचार हुआ। अनेक इतिहासकारों का मत है कि ईरानी लोगों के शासनकाल में उनकी अरामाइक लिपि का भारत के उन प्रदेशों में प्रचार हुआ जो हखामनी साम्राज्य के अन्तर्गत थे। इसी कारण बाद में उन प्रदेशों में दाईं से बाईं ओर लिखी जाने वाली खरोष्ठी लिपि का विकास हुआ।[19] जिसे गान्धारी प्राकृत भी कहा गया।

II. सिकन्दर का आक्रमण

सिकन्दर ई.पू. 336–35 में मेसीडोनिया का शासक बना। (यूनान या ग्रीस के उत्तरी भाग एवं बुल्गारिया के पश्चिमी क्षेत्र को मेसीडोनिया कहा जाता है)। उसके पिता फिलिप द्वितीय (359–336 ई.पू.) ने उसे विश्व सम्राट बनने की प्रेरणा दी थी। उस समय पारसी साम्राज्य का शासक डेरियस तृतीय कोडोमेनस (ई.पू. 335–330) था और भारतीय प्रदेशों का प्रशासन 'बीसस' क्षत्रप के हाथ में था। हिरोडोट्स के अनुसार भारतीय सेना ने भी बीसस के नेतृत्व में सिकन्दर के विरुद्ध फारसी सेना का साथ दिया। **गौश्मेला का युद्ध** – अरबेला के निकट बूडोमस नदी से थोड़ी दूर गौगमेला नामक स्थान पर ई.पू. में सिकन्दर एवं फारसी सेना का घमासान युद्ध हुआ और ईरानी साम्राज्य ध्वस्त हो गया। डेरियस (तृतीय) की राजधानी जला दी गई। इस युद्ध से सम्पूर्ण फारसी साम्राज्य पर सिकन्दर का आधिपत्य हो गया। गोगमिला या गोगामेवा का युद्ध (331–330 ई.पू.) संसार के प्रमुख युद्धों में एक है। फारसी (ईरानी) शासक ने युद्ध से भाग कर जान बचाई थी। सम्भवतः भारत के उत्तर पश्चिमी क्षेत्र के शासक शशीगुप्त (सिसिकोट्टोस) ने सिकन्दर को इस क्षेत्र के बारे में जानकारी दी[20] और उसने फारसी साम्राज्य पर पूर्ण नियंत्रण स्थापित कर लेने के बाद भारत विजय की योजना बनाई। पश्चिमोत्तर भारत में उस समय अनेक छोटे–बड़े राजतंत्र–गणतंत्र थे। राय चौधरी ने ऐसे 28 राज्यों का जिक्र किया है।

अस्पसिओई (Asposioi or Asposians) या आस्पेसियन भारत में इन्हें अश्मक कहा गया जबकि ये अश्मक लोगों से भिन्न थे, हाँ, इनको अश्मक लोगों का एक

रूप माना जा सकता है। सिन्ध के पश्चिम तथा काबुल नदी के उत्तर में अलिसंग और कुनार (**Kunor-Euspla**) नदियों की घाटी में इनका राज्य था। अश्मकों से पश्चिम में इनका निवास था। अस्पसिओई लोगों में अभिजातीय गणतान्त्रिक व्यवस्था थी। राज्य में 'अन्दक', 'ऐरीजिम' आदि प्रमुख नगर थे।

गुरेअन्स प्रदेश इस प्रजाति के लोग जहाँ रहते थे वहाँ पंजकौर या गौरी (गुरेअस) नदी बहती थी। सम्भवतः गौरी नदी के नाम पर ही प्रदेश का नामकरण हुआ। यूनानी ग्रंथों में इस नदी को 'गौरइओस' कहा है।[21] यह क्षेत्र 'अस्पसिओई' एवं 'अस्सकेनियन' (**Assakehoi** वत **Ashakayanas**) (अश्वक) राज्यों के बीच स्थित था।

अस्सकेनोज भारतीय साहित्य में अस्मक या 'अश्वक' का उल्लेख आया है। ये लोग स्वात घाटी के निवासी थे, इनकी राजधानी मस्सग थी जिसे अभेद्य माना जाता था। नगर के चारों ओर कच्ची ईंटों की दीवार थी, जिसकी परिधि 35 स्टेडिया कही गई है। पाणिनि ने उल्लेख किया है कि, यह नगर मस्कावती नदी के तट पर बसा हुआ था। राय चौधरी के अनुसार मालकंद दर्रे के उत्तर में थोड़ी दूरी पर यह नगरी थी।[22]

नीसा (Nysa) यह पहाड़ी राज्य काबुल और सिन्धु नदियों के बीच कोहेमोर (अथवा मेरोस) की घाटी में स्थित था। इनके 300 सदस्यों की परिषद् प्रशासन का संचालन करती थीं। अकुफिस इनका प्रधान कहा गया। इस राज्य के निवासी अपने को यूनानियों के वंशज मानते थे।

प्यूकेलाइटिस (Plucelaotis) इसकी समता पुष्कारवती के साथ की जाती है जो पश्चिमी गान्धार की राजधानी थी, आज के पेशावर जिले (पाकिस्तान) में था।

इतिहासकारों ने इस क्षेत्र के रहने वालों को अस्तकेनोई नाम भी दिया है। एरियन की सोअस्तु वैदिक साहित्य में सुवास्तु तथा आधुनिक समय की स्वात नदी पर स्थित पेशावर से 17 मील उत्तर–पूर्व को आधुनिक जियारत एवं चारसद्दा नामक स्थान है, यहीं इस राज्य की प्राचीन राजधनी थी।[23]

तक्षशिला स्ट्रेबो ने इस राज्य को सिन्धु से झेलम तक विस्तृत माना है अर्थात् गान्धार एवं काम्बोज का पूर्वी भाग तक्षशिला में सम्मिलित था। ई.पू. 327 में आम्भी तक्षशिला का शासक कहा गया है। पाश्चात्य लेखकों के अनुसार राजा की मृत्यु के बाद टेक्सलिसका का पुत्र ओम्फिस (**Omphis**) या आम्भी शासक बना। पाणिनि की अष्टाध्यायी एवं तेलपत्त, सुसीम, उद्दालक व सेतकेतु जातकों में तक्षशिला का जिक्र आया है। तक्षशिला विश्वविद्यालय में दिशा प्रमुख आचार्य शिक्षक निरीक्षक था।

अर्सकेज आधुनिक हजारा जिले में आर्सकेज राज्य स्थित था जिसे संस्कृत साहित्य में 'उरसा' कहा गया। यह पूर्व में काम्बोज राज्य में शामिल था।

अभिसार तक्षशिला से लगा हुआ अभिसार (अबिसरीज) अर्थात प्राचीन काम्बोज राज्य था। झेलम एवं चिनाब के मध्य क्षेत्र (पुंछ और नोसेरा जिला) अर्थात् कश्मीर एवं पाकिस्तान के कुछ भाग अभिसार राज्य के अंग थे। तत्कालीन राजनीति का, अभिसार को कूटनीतिज्ञ कहा है। सिकन्दर के आक्रमण के समय उसने अपने आत्मसमर्पण का सन्देश भेजा किन्तु ऐसा कुछ किया नहीं और दूसरी ओर उसने पौरू की सहायता का भी प्रयास किया था।

पुरु राज्य झेलम एवं चिनाब नदियों के मध्य पुरु का राज्य विस्तृत था। स्ट्रेबो ने पौरु के राज्य को अत्यन्त उपाजाऊ बताया है। यूनानी लेखकों ने यहाँ के शासक को पौरस कहा है। पौरु के राज्य में 300 नगर थे ऐसा स्ट्रेबो के विवरण से ज्ञात होता है। सम्भवतः उसने नगर एवं कस्बों की संख्या का उल्लेख किया था।

ग्लाउसाई (Agalassai) या ग्लैनिकाई चिनाब नदी के पश्चिम में स्थित पुरु राज्य से इसकी सीमा लगती थी। टॉलेमी ने इन्हें ग्लासियन एवं अरिस्टोबुलस ने ग्लागनीसियन कह कर सम्बोधित किया है। इस राज्य में 37 नगर बताए गए। उस समय 5 हजार लोगों की बस्ती को छोटा नगर तथा 10 हजार की आबादी वाले कस्बे को बड़ा शहर कहा जाता था। पाणिनी के सूत्र में ग्लुकुकायन गण का जिक्र आया है, ग्लौसी नाम भी मिलता है।

गैन्दरिस चिनाब एवं रावी नदियों के बीच क्षेत्र को गैन्दरिस कहा है। विद्वानों ने गन्धार राज्य के पूर्वी भाग को ही गैन्दरिस की संज्ञा दी है। झेलम और चिनाब के मध्यवर्ती नगर पर राजा पौरव के भतीजे राजा पुरु का शासन था।

आदेस्ताई इसे रावी नदी के पूर्व में बताया है। पिम्प्रमा इसकी राजधानी कही गई है।[24]

कठियन्स (कथैआई) कठों को ऋण कौशल में प्रवीण माना जाता था। सिकन्दर के आक्रमण के समय कठ एक गणराज्य था। इनके शौर्य के कारण ही सिकन्दर की सेना ने व्यास नदी पार पूर्व की ओर बढ़ने से मना किया था, ऐसा माना गया है। स्ट्रेबो के अनुसार यह राज्य भी झेलम और चिनाब के मध्य कहीं स्थित था। कथैआई संस्कृत के 'कठ' शब्द से लिया गया है। कठों में सुन्दर व्यक्ति को राजा बनाए जाने की परम्परा थी। स्वयंवर और सती प्रथा का प्रचलन भी इनमें था।

सोफाइटस (सौभूति) झेलम के समीपवर्ती राज्य से सौभूति का बोध होता है। यहाँ से भारत को नमक वितरित होता था। सौभूति लोगों का जिक्र करते हुए शास्त्री ने लिखा है–कर्टियस एवं डायोडोरस दोनों इस बात पर सहमत हैं, सौभूति के राज्य में कानून एवं रीति–रिवाज बहुत अच्छे थे और वे लोग सुन्दरता के पुजारी थे तथा विवाह में कुल का महत्व न था। ...... इस कारण यहाँ के निवासी शेष देश की अपेक्षा अधिक समादृत थे और ये अधिक बुद्धिमान होते थे।[25] यह वही राज्य था जिसके शासक ने चाँदी के प्रसिद्ध द्रम्म प्रचलित किए थे जिन पर यूनानी भाषा में उसका नाम सोफाइटिस अंकित है। कर्टियस ने सौभूति राजा एवं सिकन्दर के मध्य एक नाटकीय संवाद का उल्लेख किया है।

फेगेलस झेलम एवं चिनाब नदियों के संगम के नीचे शिवि जाति का शासन था, जिसे सिबिस (Sibies) कहा गया। ऋग्वेद में शिवि लोगों का उल्लेख आया है। सुदास से पराजित लोगों में शिवि लोग भी सम्मिलित थे। ये लोग जंगली जानवरों की खाल पहनकर गदा एवं लाठियों से लड़ते थे। राय चौधरी की मान्यता है कि महाभारत में शिवि का नाम एक राष्ट्र के रूप में आया है, जहाँ पर राजा ऊशीनर राज्य करता था। यह प्रदेश यमुना से दूर नहीं था। ऐसा कुछ अजब नहीं कि शिवि लोग कभी उशीनर देश के भी निवासी रहे हों। हम इन्हें सिन्ध का भी निवासी पाते हैं। चित्तौड़ (राजपूताना) के पास माद्यमिका (ताम्बवती नगरी) तथा दशकुमारचरित के अनुसार कावेरी के तट पर भी शिवि लोग रहते थे।[26]

आगलस्सोई (आग्लीसी) इन्हें पंजाब का निवासी माना है। आग्लीसी अग्र श्रेणी का रूप प्रतीत होता है। इनके पास 40 हजार पैदल एवं 3 हजार घुड़सवार सेना होने की जानकारी मिलती है। इस क्षेत्र के कई राज्यों में गणतान्त्रिक प्रणाली थी तो कुछ में राजतंत्रात्मक।

क्षुद्रक (ऑक्सीड्रकाई) (Oxydrakai) क्षुद्रक लोग झेलम एवं चिनाब के संगम के निचले प्रदेश में रहते थे। इन्हें आयुधजीवि कहा गया है। ये शिवि लोगों के पड़ोसी थे और सम्भवतः झग और लाथलपुर जिलों में रहते थे। आक्सीड्रकाई क्षुद्रक या सुद्रक का रूप है। पाणिनि व एरियन ने क्षुद्रकों का जिक्र किया है।

मल्लोई (Malloi) या मालव रावी नदी के निचले भाग के दाईं ओर मल्लोई राज्य का जिक्र आया है। इनके क्षेत्र में चिनाब नदी सिन्धु नदी से आकर मिलती है। छम्ब एवं मॉण्टगोमरी जिले में इनका दुर्ग था। पाणिनि ने 'क्षुद्रक मालव सेना' का उल्लेख किया है। युद्ध इनकी जीविका का साधन था। 'मल्लोई' मालव जाति को ही कहा है। कर्टियस ने क्षुद्रक एवं मालवों की संयुक्त सेना में 90 हजार सैनिक बताए हैं, जिनमें 10 हजार घुड़सवार तथा 900 रथ भी थे। इन्हें अवन्ति मालव क्षेत्र का निवासी भी बताया है। टोंक के नगरफोर्ट के तालाब से 11 जून 2021 को खुदाई में प्राचीन अवशेष मिले है। राजस्थान पुरातत्व विभाग के अधीक्षक नीरज कुमार त्रिपाठी के अनुसार खुदाई में लोहे के साँचे, आई रन फ्लेक, पाइप के टुकड़े व अन्य सामग्री मिली है। संभवतः यहां लोहा पिघलाने का केन्द्र था। अवशेष के मालव गणराज्य के माने गये है। मौर्यो के पतन के बाद पंजाब सिन्ध पर बैक्ट्रियन (Indo-Greeks) ने कब्जा कर लिया था। अपनी स्वतंत्रता बचाये रखने हेतु मालव दक्षिण की ओर बढ़ गये थे। टोंक इलाके से मालव सिक्कों के बनाने के साँचे आदि की प्राप्ति इसका प्रमाण है।

अवेस्टनोई (Abastanoi or Amibasht) या अम्बस्ट यह मालवों की पड़ोसी जाति थी, इन्हें शिवियों से घनिष्ठ रूप से सम्बन्धित कहा है। चिनाब एवं सिन्धु नदियों के संगम के ऊपरी प्रदेश में अम्बस्ट निवास करते थे। अम्बष्टों का उल्लेख अनेक संस्कृत ग्रंथों में आया है।

जाथ्रोई चिनाब एवं रावी नदियों के मध्य निवास करने वाली 'क्षत्रि' जाति को ही जाथ्रोई कहा गया है।

ओसेदिओई (Ossideoi) इनका तादात्म्य 'वसाति' जाति से किया जाता है। इन्हें शिवियों का मित्र कहा है। सम्भवतः ये भी चिनाब के तटवर्ती भागों के निवासी थे।

सोग्दोई एवं मस्सनोई उत्तरी सिन्ध क्षेत्र में ये जातियाँ निवास करती थीं। सोद्रई (सोग्दोई) सम्भवतः आभीर लोगों के लिए आया है। इन्हें सरस्वती का तटवासी बताया है।

मेसिकेनस (मौसीकनोस) सिन्ध में आवासित इस जाति का प्राचीन मूषिक जाति से समीकरण किया जाता है। अलोर (अरोर) इस कस्बे को मूषिकों (मुचुकर्ण) की राजधानी माना जाता है। गक्खर से 6 मील पूर्व स्थित अलोर को 712 ई. में अरब सेनापति मुहम्मदबिन कासिम ने सिंध नरेश दाहिर को छल से हराने के बाद जीता था।

आक्सीकनोस सिन्ध के लरकाना क्षेत्र से इस जाति को सम्बद्ध किया जाता है।

सम्बोस (सम्बुस) मेसिकेनस के निकट ही पहाड़ी क्षेत्र में सम्बोस लोग रहते थे।

पैटलीन सिन्ध के डेल्टा प्रदेश में इनका राज्य था। ब्राह्मणाबाद के निकट 'पाटल' नगर को पैटलीन की राजधानी कहा है।

सिकन्दर भारत की ओर मेसीडोनिया से चलकर भारत विजय के लिए प्रस्थान करना कोई सरल लक्ष्य न था। मार्ग बड़ा उबड़–खाबड़, अनिश्चित तथा अधिक लम्बा था। सिकन्दर ने इन सब पर कोई ध्यान नहीं दिया और आमिंटस को बैक्ट्रिया की प्रशासनिक व्यवस्था सौंपकर ई.पू. 326 बसंत ऋतु के अंत में 3500 घोड़ों तथा 10,000 पैदल सैनिकों के साथ भारत विजय के लिए प्रस्थान किया। सिकन्दर की सेना अनेक प्रजातियों का मिश्रित रूप थी, जैसे–मेसीडोनियन, बाल्कन, ईरानी, मध्य एशियन, फिनिशियन, पस्तुनीज एवं इजिप्टियन आदि। वह अपनी विशाल सेना के साथ बल्ख से काबुल जाने वाले मुख्य मार्ग से 10 दिन में हिन्दुकुश पार कर कोह–ए–दामन की घाटी में पहुँच गया। अपना विजय–अभियान प्रारम्भ करने से पूर्व उसने अराकोसिया (बैक्ट्रिया) में सिकन्दरिया नगर बसाया था, जिसका आधुनिक प्रतिनिधि नगर कन्धार है।[27] निकोनोर को इस नगर की (सिकन्दरिया) देखरेख का कार्य सौंपा और ताइरेसपीस को इस क्षेत्र का क्षत्रप नियुक्त किया। यहाँ अपनी स्थिति दृढ़ करने के पश्चात् आधुनिक जलालाबाद के पश्चिम में स्थिति निकैया (निकाई = विजयनगर) नगर की ओर प्रस्थान किया। जब सिकन्दर

निकैया में ही था तक्षशिला नरेश आम्भी ने अपना दूत भेजकर उपहार एवं 25 हाथी सिकन्दर को भेंट किए और उसकी अधीनता स्वीकार की।

सिकन्दर स्वयं कठिन मार्ग से आगे बढ़ा था। एरियन से जानकारी मिलती है कि पर्वतीय क्षेत्रों में एस्पोसियन (अस्पसिओई) गौराइ (**Gauraions**) एवं अस्सकेनी आदि जातियाँ रहती थीं। अस्पसिओई को भारत में अश्मक कहा है। वस्तुतः ये लोग अश्मक लोगों से भिन्न थे। सिकन्दर ने 40 हजार लोगों को बंदी बनाया तथा 2 लाख 30 हजार बैल भी उसके कब्जे में थे, उनमें से कुछ अच्छे बैलों को मेसीडोनिया भेजा गया। एरियन के अनुसार सिकन्दर को घोर युद्ध करना पड़ा था, क्योंकि अस्पसिओई युद्ध कला में बड़े प्रवीण थे। कर्टियस ने लिखा है कि, एस्पेसियनों (अस्पसिओई) को पराजित करके सिकन्दर नीसा नगर की ओर बढ़ा जो हैमूर घाटी में स्थित था। नीसावासियों ने आत्मसमर्पण कर दिया इनका प्रधान अकूफिस (**Akuphis**) था। उसने सिकन्दर की माँग पर तीन सौ घुड़सवार प्रदान किए। बाद में वह स्वात घाटी में अस्केनोज (अश्मक) की राजधनी 'मस्सग' पहुँचा। इसे अभेद्य दुर्ग माना जाता था। वह मस्कावती नदी के तट पर बसा हुआ था। आधुनिक काफिरिस्तान से इसका समीकरण किया जाता है।[28] अश्मक सेना में 20 हजार अश्वारोही, 30 हजार पैदल और 30 हाथी थे। दुर्ग में बंद रहकर सुरक्षा कर रहे अश्मक नेता 'अस्केनोस' की बाण लगने से मृत्यु हो गई। उसकी सेना का संचालन उसकी माँ क्लियोफिस ने किया।[29] नीलकंठ शास्त्री ने उल्लेख किया है कि, मस्सग लोगों के पास 7,000 भाड़े के सैनिक भी थे जिन्हें रक्षा के दुष्कर कार्य में रुचि नहीं थी। विशेषकर नगर के शासक की मृत्यु हो जाने के बाद वे नगर से बाहर जाना चाहते थे। सिकन्दर को किसी तरह मालूम पड़ गया और उसने शिविर को घेर लिया और उनके टुकड़े–टुकड़े कर दिए। डायोडोरस और प्लूटार्क ने लिखा है कि इस अवसर पर सिकन्दर ने जैसा आचरण किया वह उसकी कीर्ति का काला धब्बा था, अपनी सेना को भारी क्षति से बचाने के लिए उसने इन भाड़े के सैनिकों से पहले तो सन्धि कर ली और फिर बर्बरतापूर्वक उन्हें काट डाला।[30]

इसके बाद ही उसने बाजिरा (बिरकोट), अंबोलिया या ओरा (उदेग्राम) अभियान पर कोईनोस को भेजा था। 'बाजिरा' के लोग नगर खाली कर भाग गए एवं 'ओरा' को जीत लिया गया।

आर्नोस विजय सिकन्दर ने सिन्धु नदी पार नहीं की थी, अभी उसे आर्नो (**Aornos**) पर स्थित अस्सकेनोई लोगों को जीतना था। विद्वानों ने आर्नो की पहचान पीर–सार तथा उन–सार (**Pir-sar and chin-sar**) से की है। इसे 6,670 फीट ऊँचा चट्टान पर 2 मील के घेरे में फैला हुआ क्षेत्र बताया है। इसके दक्षिण में सिन्ध नदी बहती थी।[31] मार्ग दुर्गम होने के कारण इस पर पहुँचना अत्यन्त कठिन था। कहा गया है कि हरक्युलिस भी इस पर अधिकार नहीं कर पाया। टॉलेमी (**Ptolemy**) एक सुविधाजनक चट्टान पर पहुंच गया और सिकन्दर की सेना ने एक विशाल मिट्टी का टीला बनाया, भारतीयों ने यूनानी सेना के इस असाधारण कार्य को देखकर वार्ता प्रारम्भ की। किन्तु वार्ता प्रारम्भ होने से पूर्व ही उन लोगों ने निकल जाने का प्रयास किया। इस जानकारी से क्रोधित होकर सिकन्दर के 700 सैनिकों ने सभी आर्नोवासियों की क्रूरतापूर्वक हत्या कर दी।[32] सिकन्दर ने अपने मित्र ससिकोट्टस (शशिगुप्त) के नेतृत्व में वहाँ अपनी सेना रख छोड़ी।[33]

हाटक (अटक) से सिंधुपार : ई.पू. 326 में सिकन्दर ने एक धार्मिक उत्सव किया एवं ओहिन्द (अटक से 16 मील दूर) के निकट सिन्धु घाटी को पार किया। **हाटक को बाद में अटक कहा जाने लगा। इसी तरह ओहिन्द को उद्भाण्डपुर (पाकिस्तान) कहा जाता था। आम्भी ने अपना दूत सिकन्दर के पास संधि के लिए यहीं भेजा था। अटक पर आधुनिक काल में मराठा सरदार रघुनाथराव ने अधिकार कर मराठा झण्डा फहराया था। सिन्धु पार तक्षशिला (रावलपिण्डी क्षेत्र) का राज्य स्थित था।** स्ट्रेबो की जानकारी के अनुसार यह राज्य सिन्ध से झेलम तक फैला हुआ था। गान्धार क्षेत्र एवं कम्बोज का पूर्वी हिस्सा तक्षशिला के अंग थे। सिकन्दर काबुल घाटी में था तब तक्षशिला नरेश आम्भी ने अनेक उपहार भेजे तथा सैनिक सहायता की प्रतिबद्धता जाहिर की। कर्टियस के अनुसार टेक्सलिस के पुत्र आम्भी (आम्फिस) ने चाँदी के दो सौ टेलैंट, 3,000 अच्छे मोटे बैल, 10 हजार से अधिक भेड़ें, 30 हाथी उपहार में सिकन्दर को भेजे।[34] आम्भी ने 700 घुड़सवार भी उपलब्ध करवाए एवं यह सन्देश भिजवाया कि वह अपनी राजधनी तक्षशिला, जो सिन्धु एवं हाइडैस्पीज (झेलम) के बीच सबसे बड़ा नगर था, सिकन्दर को समर्पित करता है।[35]

आम्भी अपने कुछ मित्रों एवं दुभाषिए के साथ सिकन्दर से मिला एवं उसकी अधीनता स्वीकार की। सिकन्दर ने आम्भी को उसका राज्य लौटा दिया। बेवन ने लिखा है कि तक्षशिला के द्वार सिकन्दर के लिए खोल दिए गए।[36] आम्भी की भेंट के बदले सिकन्दर ने 1,000 टेलैंट, सोने–चाँदी के बर्तन, ईरानी वस्त्र तथा 30 अश्व उसे, अपनी ओर से दिए। इसके बदले आम्भी ने 4,000 सैनिक सहयोग हेतु भेंट किये। सिकन्दर ने अपने साथी सेनापति सेल्यूकस से 327 ई. पू. में कहा था "कितना अद्भुत देश है भारत।" भारत की संस्कृति एवं भारतीय लोगों की मानसिकता ने उसे बहुत प्रभावित किया।

तक्षशिला से लगा हुआ अभिसार का राज्य था। यद्यपि अभिसार ने भी सिकन्दर को, आत्मसमर्पण का सन्देश भेजा था, किन्तु उसने ऐसा किया नहीं।

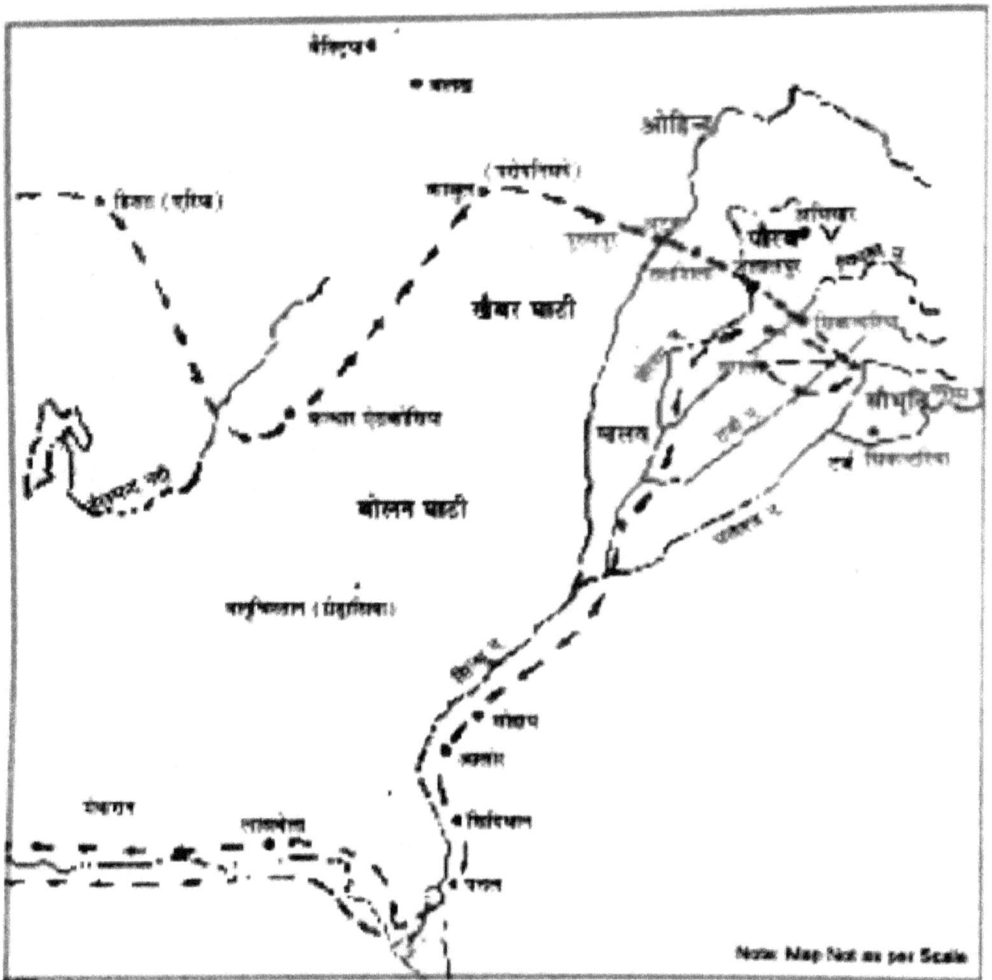

चित्र 23.1 **पश्चिमी भारत पर सिकन्दर का आक्रमण (327 ई.पू.-326 ई.पू.)**

झेलम (वितस्ता–हाइडेस्पेस) का युद्ध सिकन्दर की धारणा थी कि झेलम नरेश पोरस (पौरव) भी अन्य राजाओं की भाँति आत्मसमर्पण कर देगा किन्तु उसका अनुमान गलत निकाला। उसने अपने पुत्र के साथ 2,000 सैनिक एवं 120 रथ की एक अग्रगामी टुकड़ी दुश्मन का मुकाबला करने भेजी। इसके अतिरिक्त पोरस की सेना में एरियन के अनुसार 30 हजार पैदल, 4,000 अश्वरोही, 300 रथ एवं 200 हाथी थे। दूसरी ओर शास्त्री ने सिकन्दर की सेना का उल्लेख करते हुए लिखा है कि झेलम की लड़ाई वास्तव में अन्तर्राष्ट्रीय लड़ाई थी। एक अनुश्रुति के अनुसार उसके शिविर में 1,20,000 लोग थे, मेसीडोनियाई सैनिकों की एशियाई पत्नियों और उनके बच्चों के अतिरिक्त मोटिये, व्यापारी और वैज्ञानिक विशेषज्ञ भी सम्मिलित थे। टार्न का अनुमान है कि सिकन्दर की सेना में लड़ाकू सैनिकों की संख्या 35,000 के आसपास थी उसने यह भी लिखा है कि सिकन्दर ने युद्ध में जिस व्यूह की रचना की थी उन्हें देखते हुए उनकी सेना में उक्त संख्या से बहुत ज्यादा सैनिक होना सम्भव नहीं है। उपलब्ध सभी प्रमाण इस बात पर एक मत है कि उनके अश्वारोहियों की संख्या पोरस के अश्वारोहियों से निश्चित रूप से अधिक थी।[37] पोरस सिकन्दर को झेलम पार नहीं करने देना चाहता था। एरियन लिखता है– किन्तु वह इसमें असफल रहा।'' सिकन्दर ने मार्ग चुराने की दृष्टि से अपनी सेना में से 15,000 सैनिकों को लेकर नदी के चढ़ाव की ओर 16 मील दूर मोड़ कर अन्धेरी रात्रि में नदी पार की। शास्त्री ने लिखा है–सिकन्दर की सेना नावों में और खाल के उन बेड़ों पर नदी द्वीप पहुँची जो रिसाले को पार उतारने के लिए विशेष रूप से तैयार किए गए थे। प्रतिपक्ष के पहरेदार इसे देख नहीं पाए। स्वयं सिकन्दर तीस पतवारों वाली एक बहुत बड़ी नाव में नदी द्वीप पहुँचा। इसी नाव में सिकन्दर के साथ थे–टॉलेमी जो बाद में मिस्त्र का बादशाह बना। पेडिकस, जो बाद में राज (रीजेंट) बना– लीसिमचस, जो बाद में थ्रेस नरेश हुआ और सेल्यूकस जिसे सिकन्दर के एशियाई साम्राज्य का उत्तराधिकारी बनना था।[38]

पोरस की सक्रियता को शिथिल करने हेतु उसने अपने एक जनरल क्रेट्रस (**Cretrus**) की अध्यक्षता में सेना का एक भाग सैनिक कैम्प में ही छोड़ दिया था। सिकन्दर द्वारा नदी पार करने का समाचार मिलने पर पोरस ने अपने बड़े पुत्र के निर्देशन में सेना की अग्रिम टुकड़ी उसका सामना करने के

लिए भेजी। पोरस की सेना परास्त कर दी गई, 400 भारतीय सैनिक मारे गए जिनमें उसका पुत्र भी शामिल था।

कर्री के मैदान में (कर्री या कर्रो झेलम से दस मील उत्तर पूर्व स्थित) इस युद्ध स्थल पर सिकन्दर की सेना को पोरस (पुरु) से सामना करना पड़ा। पोरस ने योजनाबद्ध तरीके से मोर्चा बनाया। सामने 130 हाथियों को दीवार की भाँति खड़ा किया, उनके पीछे के भाग में पैदल एवं दोनों ओर घुड़सवार थे जिनके सामने शक्तिशाली रथ तैनात किए। एक हजार रथ एवं प्रत्येक रथ पर 6 सैनिक थे उनमें से दो के पास ढालें, 2 धनुर्धर तथा 2 सशस्त्र रथ चलाने वाले थे। सिकन्दर ने व्यूहबद्ध सेना को देखकर कहा था–''जो खतरा बहुत समय से पुकार रहा था वही आज मुझे ललकार रहा है और मेरे सम्मुख खड़ा है।'' प्लूटार्क से जानकारी मिलती है कि भारतीय योद्धा बड़े शौर्य से लड़ रहे थे, दिन के लम्बे समय तक सिकन्दर के सैनिकों को एक इंच भी बढ़ने नहीं दिया एवं उस समय विजय अनिश्चित थी। परन्तु अकस्मात ही भाग्य बदला और पोरस की महत्वपूर्ण शक्ति भारी रथ जो वर्षा के पानी तथा नदी के किनारे काली दोमट मिट्टी में धँसने से बेकार हो गए और रथों पर बैठे धनुर्धर भी अपनी शक्ति का प्रदर्शन नहीं कर पाए। विवरण मिलता है–मेसीडोनिया के घुड़सवारों ने हाथियों के पैरों में प्रहार करके उन्हें घायल करना शुरू कर दिया और सेना में भगदड़ मच गई और भागने लगी। पोरस को 9 चोटें आईं और उसे बंदी बना लिया गया। एरियन लिखता है कि पोरस के 20 हजार पैदल (या 22 हजार), 3 हजार अश्वारोही एवं सभी रथ चूर–चूर हो गए। उपरोक्त कथन अतिशयोक्ति पूर्ण प्रतीत होता है। मरने वालों की संख्या डायोडोरस ने 12 हजार बताई, जबकि एरियन ने 25 हजार मृतक एवं 9 हजार बंदी बनाए जाने का उल्लेख किया है एवं सिकन्दर के मरने वाले सैनिकों की संख्या 300 मानी है।

पोरस को बन्दी बनाए जाने पर भी वह सिकन्दर से उत्साह के साथ मिला। उससे पूछा गया कि तुम्हारे साथ कैसा व्यवहार किया जाये'' तो उसने उत्तर दिया एक शासक जैसा दूसरे शासक के साथ करता है।[39] पोरस की निर्भीकता एवं उत्साह से सिकन्दर बहुत प्रभावित हुआ और उसने पोरस का राज्य लौटा दिया तथा पूर्व की ओर का क्षेत्र भी उसे दे दिया। मित्रता करके वह उसके सहयोग से अपनी विजय योजनाओं को कार्यान्वित कर सकता था। पोरस ने सिकन्दर को आशानुरूप सहयोग भी दिया। युद्ध में उसका प्रिय घोड़ा बुकेफाला मारा गया। उसके नाम पर वहाँ एक नगर बसाया गया। झेलम नदी के तट पर कर्री के मैदान के निकट 'निकाइया' नामक नगर आवासित करवाया। इस अवसर पर उसने सिक्के भी प्रचलित करवाए जिनमें पोरस को हाथी पर बैठे भागते हुए तथा उसका पीछा करते घोड़े पर सवार सिकंदर का चित्र अंकित था।

चिनाब के पश्चिमी तट पर ग्लाउसाई लोगों से सिकन्दर को युद्ध करना पड़ा एवं उनके 37 गाँवों पर उसका अधिकार हो गया, जो पोरस को सौंप दिए गए। ग्लाउसाई पर विजय के दौरान पार्थिया क्षत्रप फ्रेट फर्नीस थ्रेस की सेना के साथ सिकन्दर से मिला। इसी समय आर्नो के शशिगुप्त ने सन्देश भिजवाया कि अस्सकेनोई लोगों ने गर्वनर निकोनर की हत्या कर दी है। ताइरेसपेस एवं फिलिप को विद्रोह दबाने हेतु भेजा गया। सिकन्दर रावी की ओर बढ़ा तथा हिफेसन को कनिष्ठ पोरस (पौरव कुल का राजा एवं पोरस का भतीजा) को पराजित करने के लिए भेजा जिसे हरा कर पोरस के राज्य में मिला दिया।

वर्षा के बाद ई.पू. 326 रणकौशल में प्रवीण कठों के साथ सिकन्दर को अगला युद्ध लड़ना पड़ा। इस युद्ध में सिकन्दर को काफी आघात पहुँचा और उसे पोरस से 5,000 सैनिकों की सहायता लेनी पड़ी। राजधानी संगल पर उसका अधिकार हो गया। संगल दुर्ग के लगभग 17 हजार रक्षक दल मारे गए एवं 60–70 हजार बंदी बनाए गए। व्यास नदी के तट पर सिकन्दर की सेना ने आगे बढ़ने से इन्कार कर दिया, जो एक अप्रत्याशित घटना थी। कर्टियस ने सैनिकों के आगे न बढ़ने का कारण लम्बी थकान, बीमारी एवं घर जाने की आतुरता माना है। प्लूटार्क जानकारी देता है कि, ''जिस प्रकार का भयंकर युद्ध उन्हें लड़ना पड़ा उससे सैनिकों का उत्साह कम हो गया।'' व्यास के आगे पोरस से भी सहयोग मिलने की संभावना नहीं थी। एरियन ने लिखा है–''उस समय एशिया में भारतीय सैनिक युद्ध कला में प्रवीण थे।'' सम्भवतः यूनानी सैनिक भारतीयों से घोर युद्ध करने की स्थिति में नहीं थे। प्राच्य (**Prasii**) एवं गंगा घाटी के राज्य (**Gangaridae**) के विषय में उन्होंने सुन रखा था– घने जंगल, तीव्र गति से बहती विशाल नदियाँ एवं राज्य की शक्तिशाली सेना के भय से सैनिक आगे बढ़ने का साहस नहीं कर पाए।

व्यास नदी के किनारे सिकन्दर ने बड़े पत्थर खण्डों से 12 वेदिका स्तम्भ, स्मृति रूप में बनवाए। वह पंजाब से आगे न बढ़ सका।

- झेलम एवं व्यास मध्य क्षेत्र पोरस को सौंप गया
- झेलम से सिन्ध तक के प्रदेश आम्भी के अधिकार में दिए
- कश्मीर घाटी अभिसार के पास ही रही
- 'उरसा' अर्थात् वर्तमान हजारा जिला (पाकिस्तान) अर्शक राजा को प्रदान किया

इस प्रकार सिकन्दर ने भारत के सम्पूर्ण विजित प्रदेश स्थानीय शासकों को सौंप दिए। यद्यपि उसने प्रत्येक राज्य में अपने अधिकारी एवं सैनिकों को अवश्य नियुक्त किया था।

ई.पू. 325 में सिकन्दर ने झेलम के निकट अनेक पोतों का निर्माण करवाया, जिससे उसके पास कुल 800 नौकाएँ हो गईं। जल सेना का नेतृत्व नियार्कस कर रहा था। रावी एवं चिनाब की ओर बढ़ने पर शिवियों ने आत्मसमर्पण किया। किन्तु अग्लसियों (अग्रश्रेणियों) के 40 हजार पदाति एवं 3,000 अश्वारोहियों ने वीरता के साथ युद्ध किया तथापि उन्हें पराजित होना पड़ा।

रावी नदी के दाई ओर स्थित क्षुद्रक एवं मालवों की 90 हजार की सम्मिलित सेना में 10 हजार घुड़सवार एवं 900 रथ थे। मालवों का छम्ब एवं मॉण्टगोमरी (Montgomery) जिले में दुर्ग था। एरियन से ज्ञात होता है कि, 50 हजार मालव सैनिक रावी के दक्षिण तट पर एकत्र हुए। सिकन्दर के लिए यह युद्ध काफी घातक सिद्ध हुआ, तीर चुभने से गंभीर घाव लगा और वह घायल हो गया। क्षुद्रकों ने सन्धि कर ली थी। वह बढ़ते हुए चिनाब एवं सिन्ध के संगम पर पहुँच गया। वहाँ उसे पर्दिक्कस का इन्तजार करना पड़ा। पर्दिक्कस ने अनेस्तनोई (अम्बष्ट) लोगों को पराजित किया, जिनमें जोथ्रोई या क्सथोई (क्षत्री), ओवेदिओई (वसाति) मुख्य थीं। इनके अतिरिक्त मेसिकेनस (सिंध की मूषक जाति) कोकसिकेनस एवं सम्बोस (सम्बुस) आदि गणराज्यों को भी परास्त किया, यद्यपि इनके विषय में अधिक जानकारी नहीं मिलती। निचले सिन्ध क्षेत्र के ब्राह्मणों ने भी सिकन्दर का विरोध किया था, सिकन्दर ने उन्हें भी दण्डित किया।

ईसा पूर्व 325, सितम्बर के अन्त में सिकन्दर ने भारत छोड़ दिया। भारत छोड़ने से पूर्व उसने सेना को तीन भागों में विभक्त किया। प्रथम भाग को क्रेटरेस की अध्यक्षता में बोलन दर्रे से जाना था। नियार्कस को आदेश दिया कि वह सिन्धु के मुहाने से तट के साथ–साथ फारस की खाड़ी में बेड़ा ले जाए और यूफ्रेटीस के मुहाने पर आकर मिले। तीसरे भाग का संचालन वह स्वयं कर रहा था। सिकन्दर ने अधिक कठिन मार्ग अर्थात् गेड्रोशिया होते हुए शुष्क मार्ग से जाने का फैसला किया था, क्योंकि काल्पनिक कहानियों वाले सेमिरामिस और साइरस को छोड़कर और कोई इस मार्ग से नहीं गया था।[40]

सिकन्दर के आक्रमण का प्रभाव अधिकांश इतिहासकारों ने इस घटना को अत्यधिक महत्व दिया है। राय चौधरी ने लिखा है कि, "सिकन्दर के हमले का एक अप्रकट परिणाम हुआ–वेलेक्स के नेतृत्व में इंग्लैण्ड संगठित हुआ, उसी प्रकार सिकन्दर के आक्रमण से उत्तर–पश्चिमी भारत की छोटी–छोटी रियासतें भी समाप्त हो गईं और इससे भारतीय एकता को काफी बल मिला।[41]

उल्लेखनीय है कि, सिकन्दर के आगमन से पूर्व पश्चिमोत्तर भारत अनेक छोटे–छोटे राज्यों में विभक्त था। सिकन्दर ने उस क्षेत्र को जीत कर राजनीतिक एकता स्थापित की और सम्पूर्ण प्रदेश को चार प्रशासनिक भागों में विभक्त किया :

- सिन्धु नदी के उत्तरी पश्चिमी भाग जिसका प्रारम्भ में क्षत्रप निकानोर था, उसकी हत्या के बाद सिकन्दर ने फिलिप को क्षत्रप नियुक्त किया था।
- दूसरा प्रान्त सिन्धु–झेलम के बीच का भू–भाग जिसे तक्षशिला के शासक आम्भी के अधीन सौंपा गया।
- तीसरा प्रदेश झेलम नदी का पूर्वी भाग इसे पोरस के नियंत्रण में दिया गया। एरियन लिखता है कि इस प्रान्त में दो हजार नगर थे।
- सिन्धु नदी के निचले भाग को चतुर्थ प्रान्त की संज्ञा दी गई। यहाँ का क्षत्रप पिथोन था।

कहा जा सकता है कि सिकन्दर ने अप्रत्यक्ष रूप से भारतीय एकता की नींव रखी। चन्द्रगुप्त मौर्य ने शीघ्र ही इन प्रदेशों को जीतकर अपने साम्राज्य का अभिन्न अंग बना लिया।

भारत छोड़ने से पूर्व ही उसके विरुद्ध विद्रोह प्रारम्भ हो गए थे। भारत में जो यवन सैनिक रह गए वे या तो चन्द्रगुप्त मौर्य की सेना में सम्मिलित हो गए अथवा स्वदेश लौट गए।

- कहा भी है कि सिकन्दर के आक्रमण से पश्चिमी और उत्तर–पश्चिमी भारत के छोटे–बड़े राज्यों की सत्ता नष्ट हो गई। इन राज्यों के कमजोर पड़ जाने पर चन्द्रगुप्त मौर्य के लिए अपना साम्राज्य प्रशस्त करने में आसानी हो गई। डी.डी. कोसंबी लिखते हैं कि इस घटना का एक अप्रत्याशित और अविलम्ब परिणाम हुआ। मौर्यों की सारे देश पर तेजी से विजय हो सकी। इस प्रकार पूर्वी भारत में उग्रसेन महापद्म मगध की गद्दी पर चन्द्रगुप्त मौर्य का पूर्वाधिकारी रहा तो उत्तर–पश्चिमी भारत में सिकन्दर स्वयं सम्राट चन्द्रगुप्त मौर्य का अग्रज शासक था।[42]
- सिकन्दर के आक्रमण का दूसरा प्रभाव यह हुआ कि उत्तरापथ में कुछ यवन बस्तियाँ अवश्य बस गईं जो इस प्रकार थीं–
  1. काबुल क्षेत्र में सिकन्दरिया शहर बस गया।
  2. झेलम के पूर्वी तट पर बूकेफल नाम की बस्ती बस गई।
  3. सिकन्दर व पोरस के बीच हुए युद्ध के स्थान पर निकाइया नाम की बस्ती विकसित हुई।
  4. सोद्रई और मस्सनोई के उत्तर–पूर्व में चिनाब और सिन्धु के संगम के समीप सिकन्दरिया नामक नगर बसाया।
  5. सिन्धु तथा पंजाब की अन्य नदियों के संगम के नीचे सोग्डियन अलेक्जेण्ड्रिया की बस्ती बसी।

  पश्चिमोत्तर प्रदेश एवं भारत के मध्य यवन बस्तियों की स्थापना से पश्चिमी जगत् एवं भारत के बीच समुद्री एवं स्थलीय मार्ग खुल गये एवं सांस्कृतिक आदान–प्रदान की शुरुआत हुई। सिकन्दर ने अपनी विजय यात्रा के

दौरान उपरोक्त जिन बस्तियों का निर्माण करवाया था, उनका आंशिक प्रभाव सीमित क्षेत्र में व्याप्त रहा।

- स्ट्रेबो लिखता है कि केस्पियन सागर व काले सागर की ओर से यूरोप को सामान भेजे जाते थे। पश्चिमी देशों से सम्पर्क के परिणामस्वरूप भारत मुद्रा एवं खगोल विज्ञान के क्षेत्र में उनका कर्जदार हो गया। भारतीय लोगों के भौगोलिक ज्ञान में वृद्धि हुई। भारतीय यूनान गये एवं यूनान से लोगों का भारत में आगमन हुआ।
- सोफाइटस के बढ़िया चाँदी के सिक्कों पर यूनानी लेख उत्कीर्ण था, उपरोक्त सिक्के ऐरिक तोल–मान के थे। यूनानियों के आगमन से पूर्व भारत में बेडोल, अनाकर्षक सिक्कों का प्रचलन था जिन पर टेढ़े–मेढ़े चिह्न अंकित होते थे, जबकि उस काल में यूनान में सुन्दर सिक्के बनाने की कला ज्ञात थी। इसका भारतीय मुद्रण कला पर प्रभाव होना स्वाभाविक था। भारत में भी सुन्दर सिक्कों का प्रचलन हुआ, जिसे *उलूक शैली* कहा गया। यूनानी चित्रकला से प्रभावित होकर भारत में बढ़ती उम्र को यथार्थता के साथ प्रदर्शित किया जाने लगा।
- नियार्कस द्वारा मकरान एवं फारस की खाड़ी की परिक्रमा भूगोल एवं व्यापार के लिए नवीन उपलब्धि थी। सिकन्दर के साथ ऊँचे दर्जे के साहित्यकारों एवं वैज्ञानिकों की संख्या कम नहीं थी। रोमिला थापर ने लिखा है, सिकन्दर के आक्रमण का सर्वाधिक उल्लेखनीय परिणाम न राजनीतिक था, न सैनिक। उनका महत्व इस बात में निहित है कि वह अपने साथ कुछ ऐसे यूनानियों को लाया था जिन्होंने भारत के विषय में अपने विचारों को लिपिबद्ध किया और वे इस काल पर प्रकाश डालने की दृष्टि से मूल्यवान है। इस आक्रमण ने भारतीय संस्कृति एवं शासन व्यवस्था को प्रभावित किया।
- पाश्चात्य जगत् में प्रचलित साम्राज्यिक व्यवस्था (**Imperial System**) को स्थानीय शासकों ने अपनाया। भारत में विशाल राज्य को प्रान्तों में विभक्त करना शुरु किया।
- मौर्य साम्राज्य के पतन के बाद कई प्रजातियाँ भारत आईं। इन आक्रमणों का भारत के जन–जीवन पर बहुत प्रभाव पड़ा। यहाँ की संस्कृति में समन्वयवादी दृष्टिकोण का विकास हुआ। शकों, कुषाणों, हूणों के आक्रमण इन्हीं यूनानी आक्रमणों के परिणाम थे। यूनानी भारतीय दर्शन से बहुत प्रभावित हुए। विदिशा से प्राप्त अभिलेख (बेसनगर) से ज्ञात होता है कि हेलियोडोरस वैष्णव धर्म का अनुयायी था। यूनानियों ने यह स्वीकार किया कि भारतीय धर्म, दर्शन, एवं सांस्कृतिक क्षेत्र में बहुत आगे है। कला के क्षेत्र में भारतीयों ने पश्चिम से सीखने की कोशिश की। कालान्तर में विकसित गांधार शैली पर यूनानी प्रभाव अधिक हुआ। इसी प्रकार ज्योतिष भी यूनानी प्रभाव से वंचित न रहा।

सिकन्दर के आक्रमण की तिथि (ई.पू. 326) ने प्राचीन भारत के तिथि क्रम की अनेक गुत्थियों को सुलझा दिया। इस तिथि ने भारत के क्रमागत इतिहास को लिखने में बड़ी सहायता पहुँचाई। अन्त में, हम कह सकते हैं कि सिकन्दर की विजय यात्रा प्रशंसनीय थी, लेकिन इसमें भारतीय युद्ध–कौशल की यथार्थ परीक्षा नहीं हुई। उसको भारत के किसी बड़े सम्राट का सामना नहीं करना पड़ा। उसके भारतीय अभियान से इस देश की सभ्यता पर कुछ प्रभाव जरूर पड़े, पर वे काफी हद तक अल्पकालिक थे। अंग्रेज कवि मैथ्यू आरनोल्ड ने ठीक ही कहा है–''पूर्व (भारत) झंझा (विदेशी आक्रमण) के सामने धीर गंभीर घृणा के साथ नतमस्तक हुआ। सेना के गर्जन के निकल जाने के बाद वह (भारत) पुनः विचार सागर में निमग्न हो गया।''

सन्दर्भ :

1. मजूमदार आर.सी.: प्राचीन भारत, पृ. 77.
2. प्राचीन भारत का इतिहास, हि.का.नि. दिल्ली, पृ. 169–70.
3. राय चौधरी : प्राचीन भारत का राजनैतिक इतिहास, पृ. 169–70.
4. Assakenois.
5. The Cambridge History of India, vol. I, p. 297. "Indeed Arrian elsewhere (Indica, I, 1-3) expressly states that the Indians between the river Indus and the river Coptien, or Kabul, were in ancient times subject to the Assyrians, afterwards to the Medes, and finally submitted to the Persians and paid to Cyrus, the son of Caurbyses, the tribute that he imposed on them."
6. The age of Imperial Unity, p.39. "According to Xenophon (Cyropaedia I, 1,4) Cyrus brought under his rule Bactrians and Indians and extended his sway upto the Erythraean sea i.e. the Indian ocean."
7. देखिये, द एज ऑफ इम्पिरियन यूनिटि, पृ. 40– शास्त्री नीलकंठ : नंद–मौर्य युगीन भारत, पृ. 24, कैम्ब्रिज हिस्ट्री ऑफ इण्डियास, पृ. 296–97.

8. डेरियस (Darius I) का बेहस्तून (Behistun) लेख फारसी भाषा एवं कीलाक्षर लिपि में है।
9. देखें, सरकार डी.सी. : सलेक्ट इन्सक्रीप्शन्स, शृतगु–सुगुदे : 2, गन्धारः3, शकः4, शतगुः 5, सरस्वतीः 6, मकः, 7, प्रसर्व (सर्वःमिलिताः), दस्यवः (जनपदाः)
10. सरकार डी.सी. वही। अहं धरयद्वसुः क्षायथ्यः ––– शतगुः–7, सरस्वती–8, सिन्धु–9, गन्धर–10, शकाः–11, मकाः–12.
11. राय चौधरी, वही, पृ. 179.
12. देखें, शास्त्री नीलकंठ, वही, पृ. 24.
13. शास्त्री नीलकंठ, वही, पृ. 24.
14. राय चौधरी, वही, पृ. 179–80.
15. राय चौधरी, वही, पृ. 180.
16. मजूमदार, वही, पृ. 78.
17. शास्त्री नीलकंठ, वही, पृ. 26.
18. राय चौधरी, वही, पृ. 180.
19. प्राचीन भारत का इतिहास, हि.का.नि. पृ. 170.
20. देखें, द एज ऑफ इम्पीरियल यूनिटी, पृ. 44.
21. शास्त्री नीलकंठ, वही, पृ. 41.
22. राय चौधरी, वही, पृ. 182.
23. राय चौधरी, वही, पृ. 183.
24. राय चौधरी, वही, पृ. 185.
25. शास्त्री नीलकंठ, वही, पृ. 30–31.
26. राय चौधरी, वही, पृ. 188.
27. देखें, द एज ऑफ इम्पीरियल यूनिटी, पृ. 43.
28. देखें, द एज ऑफ इम्पीरियल यूनिटी, पृ. 46.
29. The age of imperial Unity. p. 46. This army was led by the late kings monther quun Cleophes.
30. शास्त्री नीलकंठ, वही, पृ. 43–44.
31. Cambridge History of India, p. 319.
32. इस अवसर पर कहा गया, "Alexander thus became moster of the rock which had battled herakles himself."
33. देखिये, Cambridge History of India, p. 319.
34. कैम्ब्रिज हिस्ट्री ऑफ इण्डिया, पृ. 50.
35. देखें, शास्त्री नीलकंठ, वही, पृ. 50.
36. कैम्ब्रिज हिस्ट्री ऑफ इण्डिया, पृ. 320.
37. शास्त्री नीलकंठ, वही, पृ. 52–53.
38. शास्त्री नीलकंठ, वही, पृ. 54.
39. देखें, नन्द मौर्ययुगीन भारत, पृ. 59.
40. देखें, शास्त्री नीलकंठ, नन्द मौर्ययुगीन भारत, पृ. 74.
41. रायचौधरी, वही, पृ. 194.
42. कोसंबी डी.डी. : प्राचीन भारत की संस्कृति एवं सभ्यता, पृ. 174.

मौर्य साम्राज्य
(Mauryan Empire)

24 मौर्य इतिहास के स्रोत
Sources of Mauryan History

भारतीय इतिहास में मौर्य साम्राज्य का विशिष्ट महत्व है। इसकी स्थापना के साथ ही हम इतिहास के सुदृढ़ आधार पर खड़े होते हैं। इससे पूर्व का ज्ञान किसी निश्चित तिथि के अभाव में अस्पष्ट ही रहा है। मौर्यकाल से प्रायः एक निश्चित तिथिक्रम का प्रारम्भ होता है। स्वदेशी एवं पाश्चात्य विवरणों के आधार पर इतिहासकारों ने मौर्य सम्राट चन्द्रगुप्त की राज्यारोहण तिथि का निर्धारण किया है, जो सत्य के निकट स्वीकार की गई है। मौर्य सम्राटों ने अन्य विदेशी राष्ट्रों के साथ कूटनीतिक सम्बन्ध स्थापित किए और भारतीय इतिहास की घटनाओं का कालक्रम अन्तर्राष्ट्रीय घटनाओं के साथ जुड़ने लगा।

इसके अतिरिक्त भारत को एक सूत्र में आबद्ध करने की प्रक्रिया, जो हर्यंक वंश के बिम्बिसार एवं अजातशत्रु द्वारा प्रारम्भ की गई थी, को महापदमनंद ने आगे बढ़ाया एवं मौर्य सम्राटों ने उसे पूर्ण किया। चन्द्रगुप्त मौर्य का शासन–प्रबन्ध उत्कृष्ट भारतीय शासन–प्रणाली का प्रतीक है वहीं राज्यारोहण की तिथि भारतीय इतिहास के कालक्रम में एक ज्योति स्तम्भ के समान है। इस क्रम में मौर्यकालीन ऐतिहासिक स्त्रोतों का महत्व बढ़ जाता है।

मौर्यकालीन साहित्यिक साक्ष्यों को स्थूल रूप में हम पाँच भागों में विभक्त कर सकते हैं–ब्राह्मण साहित्य एवं पौराणिक ग्रन्थ, बौद्ध साहित्य, जैन साहित्य, धर्मोत्तर भारतीय साहित्य तथा क्लासिकल (पाश्चात्य) इतिहासकारों के विवरण। पुरातात्विक स्त्रोतों में अभिलेख, स्थापत्य, अवशेष, मुद्राएँ व मूर्तियाँ आदि प्रमुख हैं। भारतीय ग्रन्थों में, जो इस युग से और विशेषतः चन्द्रगुप्त मौर्य से सम्बन्धित माने जाते हैं उनकी संक्षिप्त विवेचना उचित होगी।

I. साहित्य

1.1 कौटिल्य का अर्थशास्त्र चाणक्य के अर्थशास्त्र की सर्वप्रथम चर्चा उचित प्रतीत होती है। अर्थशास्त्र की खोज 1905 ई. में हुई। यहाँ यह विवेचन करना अनुचित नहीं होगा कि कुछ विद्वान् इस ग्रन्थ को ई.पू. तीसरी शताब्दी या उससे भी बाद का स्वीकार करते हैं।[1] आर. सी. मजूमदार ने लिखा है कि यह किसी एक व्यक्ति की रचना नहीं है वरन् राजनीतिज्ञों के समुदाय की रचना है। इसकी रचना ई. पू. तीसरी शताब्दी में नहीं हुई। इसका वर्तमान रुप संभवतः ती–चार शताब्दियों बाद का है।[2]

इसके अतिरिक्त अर्थशास्त्र में मौर्यों द्वारा अपनाई गई उपाधियों का उल्लेख नहीं मिलता और चीन, पारसमुद्र, कम्बु शब्दों का प्रयोग परवर्ती काल का द्योतक है।[3]

इसके विपरीत रोमिला थापर की मान्यता है कि अर्थशास्त्र मूल रूप से चन्द्रगुप्त के मंत्री कौटिल्य द्वारा लिखा गया। कौटिल्य 'चाणक्य' नाम से भी जाना जाता था। बाद में अनेक लेखकों ने इसे सम्पादित किया और इस पर टीकाएँ लिखीं। तीसरी या चौथी शताब्दी में, विष्णुगुप्त ने इसमें जब–तब जो सामग्री समाविष्ट हो चुकी थी, उसके साथ पूरे ग्रंथ पर कार्य किया। जिस आकार में आज ग्रंथ विद्यमान है, वह विष्णुदत्त के इस परवर्ती ग्रंथ के रूप में है।[4] थापर ने अपने पुस्तक के प्रारम्भ में लिखा है कि इसका महत्व इस बात में है कि इसमें उस समय में प्रचलित आर्थिक व राजनीतिक विचारधारा का क्रमबद्ध विश्लेषण मिलता है और इससे कहीं अधिक इस बात का भी पता चलता है कि उस समय की परिस्थितियों में इसे कैसे लागू किया गया? अशोक के प्रशासनिक कार्यों पर नजर रखने से दोनों में गहरी समानता दिखाई पड़ेगी।[5]

यहाँ अर्थशास्त्र के विषय में संक्षिप्त विवरण अपेक्षित है। फ्लीट, गणपति शास्त्री, एन.एस. लॉ और डी.आर. भण्डारकर के अनुसार अर्थशास्त्र मौर्यकालीन (तीसरी सदी ई.पू.) रचना है। इसके रचयिता चन्द्रगुप्त मौर्य के गुरु एवं मंत्री कौटिल्य ने राजनीति, शासन एवं वित्तीय सिद्धान्तों को उजागर करने एवं शासन पद्धति में व्यवहार में लाये जाने हेतु की थी। अर्थशास्त्र में चार विधाओं का उल्लेख मिलता है–''आन्वीक्षिकी'' (दर्शन एवं तर्क), दूसरी ''त्रयी'' (धर्म–अधर्म या वेदों का ज्ञान), तीसरी ''वार्ता'' (कृषि–व्यापार आदि) और चतुर्थ ''दण्ड नीति'' (शासन कला एवं राजनीति शास्त्र)। इसके बावजूद कहा जा सकता है कि अर्थशास्त्र का प्रतिपाद्य विषय दण्ड नीति ही है। यह ग्रंथ 15 अधिकरणों में विभक्त है और गद्य एवं पद्य दोनों में लिखा गया है। अर्थशास्त्र के प्रमुख विचारणीय विषयों में है : विनयाधिकारिक (राजा के अनुशासन सम्बन्धी) अध्यक्ष प्रचार (26 अध्यक्षों व विभागों का वर्णन) 3 धर्मस्थीय (दीवानी न्यायालयों के संगठन विषयिक) 4 कंटक शोधन (फौजदारी न्यायालय सम्बन्धी)। 5 योगवृत (राजा के दायित्वों का जिक्र) 6 मण्डलयोनी (राज्य सप्तांगों का वर्णन), 7 षाड्गुण्य (विदेश नीति का नियम), 8 व्यसनाधिकारिक (राजा के लिए घातक व्यसन), 9 अभियास्यकर्म (दूसरे राज्य पर आक्रमण के नियम) 10

सांग्रामिक (युद्ध नियम), 11 संघवृत (मित्र राज्यों में फूट डालने के तरीके), 12 आबलीयस (कमजोर राजा के शक्तिशाली से बचने के उपाय), 13 दुर्गलम्भोपाय (शत्रुदेश के दुर्गों पर कब्जे के उपाय), 14 औपनिषदक (मित्रों व औषधियों का महत्व), 15 तंत्रयुक्ति (अर्थशास्त्र में उल्लखित नियमों का वर्णन)। अर्थशास्त्र 15 भागों में विभक्त, 180 उपविभाग या प्रकरण तथा 6000 श्लोक का ग्रंथ है। अर्थशास्त्र में सप्तांग सिद्धान्त मिलता है अर्थात् राज्य के सात अंग हैं, जिनका उल्लेख मौर्य प्रशासन नामक अध्याय में किया गया है। **स्वामी** (राजा), **अमात्य**–(योग्य अधिकारियों का समूह) के लिए कहा है– राज्य रुपी रथ का पहिया बिना योग्य अमात्यों के नहीं चल सकता। **जनपद**–राज्य क्षेत्र जिसे राज्य की जंघाएँ कहा है। **दूर्ग** (या राजधानी) जिसे राज्य की बाहें कहा है। **कोष**–राज्य का मुख घोषित किया है। **दण्ड या सेना**– राज्य का मस्तिष्क बताया गया। **मित्र** राज्य के कान की संज्ञा दी गई। **तीर्थ**–18 तीर्थ या अधिकारियों का जिक्र आया है। **गूढ़ पुरुष**–गुप्तचर प्रणाली में गुप्तचरों को गूढ़ पुरुष कहा जाता था। इनके सर्वोच्च अधिकारी को महामात्य सर्प कहा जाता था। कौटिल्य प्लेटो के शिष्य अरस्तू के समकालीन थे एवं कई विद्वानों ने दोनों में समानता ढूँढ़ने का प्रयास किया है।

ब्राह्मण ग्रंथों में अर्थशास्त्र के अतिरिक्त पुराणों एवं 'मुद्राराक्षस' नामक नाटक की चर्चा की जा सकती है। मुख्य पुराण 18 हैं किन्तु मार्कण्डेय, ब्रह्माण्ड, वायु, विष्णु, भागवत, मत्स्य, प्राचीन हैं। इनमें मौर्य सम्राटों द्वारा शासन किए जाने का ही वर्णन नहीं मिलता बल्कि वंश परम्परा का उल्लेख तथा नन्दों के उन्मूलन का विवरण आया है।

1.2 बौद्ध साहित्य बौद्ध ग्रन्थ इस युग की अमूल्य धरोहर हैं। कुछ ग्रन्थों का वर्णन पूर्व में किया गया है। लंका के इतिवृत्त '**महावंश**' एवं '**दीपवंश**' से भारत के प्राचीन इतिहास की महत्वपूर्ण जानकारी मिलती है। चन्द्रगुप्त मौर्य एवं विशेष रूप से अशोक के जीवन पर इन ग्रन्थों ने विशेष प्रकाश डाला है। '**मिलिन्दपन्हो**' में यूनानी राजा मिनांडर एवं बौद्ध भिक्षु नागसेन का दार्शनिक वार्तालाप दिया है। इसमें नन्द वंश के उन्मूलन की चर्चा की गई है और ईसा की पहली दो सदियों के उत्तर–पश्चिम भारत के जीवन की झलक भी देखने को मिलती है। 'दिव्यावदान' भारत के बाहर तिब्बत और चीनी बौद्ध स्त्रोतों में सुरक्षित एक महत्वपूर्ण बौद्ध ग्रन्थ है। **दिव्यावदान** में चतुर्थ शताब्दी ई. तक के अनेक राजाओं का उल्लेख हुआ है। विनयपिटक की टीका '**समन्तपासादिका**' के नाम से जानी जाती है, जिसकी रचना बुद्धघोष ने की। रीजडेविड्स ने इस टीका को ऐतिहासिक अभिरुचि की खान कहा है। '**अशोकावदानमाला**' में उपगुप्त द्वारा अशोक को दिए गए उपदेश कथा रूप में संकलित हैं। '**आर्यमंजुश्रीमूलकल्प' की रचना हेमचन्द्र** ने की थी। यह महायान सम्प्रदाय का ग्रन्थ है। इसमें मौर्य वंश से सम्बद्ध अनेक तथ्यों का विवेचन मिलता है। **जातक कथाएं**– बुद्ध के पूर्व जीवन पर आधारित कथाओं के संग्रह में पालि भाषा में रचित 549 कथाओं से राजनैतिक जीवन का बोध होता है।

1.3 विदेशी यात्रा वृत्तान्त विदेशी यात्रियों में फाह्यान के यात्रा विवरण '*फा–यु–एन–चु–लिन*' से अशोक के विषय में पर्याप्त जानकारी मिलती है। इसी प्रकार इत्सिंग, ह्वेनसांग ने अपने यात्रा विवरणों में भारतीय राजनीतिक स्थिति का उल्लेख किया है। जैन ग्रन्थों में मौर्यकाल की घटनाओं का विवरण '**भद्रबाहुचरित्र**', '**हेमचन्द्र कृत 'परिशिष्टपर्वन**', '**राजावलि कथा**', '**स्थविरावली चरित्र**' आदि में विशेष रूप से मिलता है। भद्रबाहुचरित्र से चन्द्रगुप्त मौर्य के राज्य काल की घटनाओं की जानकारी मिलती है। इसमें उसके जैन धर्म स्वीकार करने का विवरण भी आया है।

1.4 मेगस्थनीज मौर्यकालीन शासन एवं चन्द्रगुप्त मौर्य के जीवन पर क्लासिकल लेखकों के ग्रन्थों से बड़ी महत्वपूर्ण जानकारी मिलती है। जिनमें सर्वाधिक महत्व मेगस्थनीज का है जिसे सेल्यूकस निकाटोर ने चन्द्रगुप्त मौर्य के दरबार में लगभग ई.पू. 300 में अपने राजदूत के रूप में भेजा था। मेगस्थनीज की ग्राह्य शक्ति अत्यन्त तीव्र थी और पाटलिपुत्र में रहते हुए जो कुछ उसने देखा एवं सुना उसे 'इण्डिका' नामक अपनी पुस्तक में लेखबद्ध किया। 'इण्डिका' यद्यपि अब उपलब्ध नहीं है किन्तु यूनान एवं रोम के लेखकों ने उसके कुछ अंश अपने ग्रन्थों में दिए हैं। पाश्चात्य लेखकों के विवरणों से प्राचीन भारत के सामाजिक एवं राजनीतिक इतिहास के लेखन में बहुत सहायता मिली है और इन्हीं विवरणों के आधार पर मौर्य शासकों की तिथियाँ निश्चित की गई है।

विदेशी स्त्रोतों से प्राप्त सूचनाएँ अपेक्षाकृत अधिक प्रासंगिक और लगभग समकालीन हैं। यूनानी–रोमन लेखकों ने मेगस्थनीज के विवरण एवं अन्य स्त्रोतों के आधार पर मौर्ययुगीन भारत का वर्णन किया है। उनमें प्रमुख हैं–1. **डायोडोरस** (ई.पू. प्रथम शती उत्तरार्द्ध) '**बिबिलियोथिका हिस्टोरिका**' नामक ग्रन्थ, जिनके अब कुछ अंश ही उपलब्ध हैं। 2. **स्ट्रेबो** (ई.पू. 63) का जन्म पौण्टस अमेसिया में हुआ था, उसने '**ज्योग्राफिया**' नामक ग्रन्थ लिखा, जिसमें 17 अध्याय हैं। 3. **कर्टियस** ने सिकन्दर का इतिहास लिखा था जिसमें 10 अध्याय थे। 4. **प्लीनी** (प्रथम शताब्दी) एक रोमन इतिहासकार था, जिसने '**नेचुरालिस हिस्टोरिया**' (प्राकृतिक इतिहास) की रचना की थी। इसमें भारत का सामान्य विवरण मिलता है। 5. **प्लूटार्क** (45 ई. से 125 ई. मध्य) एक यूनानी इतिहासकार था उसने '**पैरेलल लाइन**' नामक ग्रंथ का

सृजन किया, इसमें सिकन्दर के भारत अभियान के विषय में जानकारी मिलती है। 6. **एरियन** (130 ई. से 172 ई.) ने **'एनाबेसिस ऑफ अलेक्जेण्डर'** तथा **'इण्डिका'** नामक ग्रंथों की रचना की थी। इसमें भारत का सामान्य परिचय मिलता है। 7. **जस्टिन** (द्वितीय शताब्दी) एक रोमन इतिहासकार था, जिसने अपने ग्रन्थ में भारतीय सम्राट नन्द का उल्लेख किया था। इन लेखकों के विवरणों को **मैकक्रिण्डल ने प्रकाशित** करवाया।

1.5 अन्य ग्रंथ धर्मेत्तर साहित्य में **'मुद्राराक्षस'** विशेष महत्व रखता है। पाँचवीं–छठी शताब्दी ई. में विशाखदत्त ने इसकी रचना की थी। इस ऐतिहासिक नाटक में चन्द्रगुप्त के सीमावर्ती राज्यों एवं मगध विजय का उल्लेख मिलता है। इसमें एक कथानक आता है कि चन्द्रगुप्त के अमात्य 'चाणक्य' ने 'पर्वतक' की हत्या का षड्यंत्र रचवाया था। भारत में यूनानी हितों के संरक्षक इबुदिम (यूडेमस) को पोरस (पर्वतक) के विरोधी पक्ष से मिल जाने के कारण जो धक्का पहुँचा, उसकी यथार्थता को दृष्टिगत रखते हुए वृत्तान्त की प्रामाणिकता बढ़ जाती है। इसमें नौ नन्दों के उन्मूलन एवं पर्वतक की प्रारम्भिक मित्रता का आख्यान भी आया है। इस ग्रन्थ में सात अंक हैं।

सोमदेव के 'कथासरित्सागर' तथा **क्षेमेन्द्र की 'वृहत्कथामंजरी'** से मौर्यकाल की कुछ घटनाओं पर प्रकाश पड़ता है। प्राचीन साहित्य में शुद्ध ऐतिहासिक ग्रन्थ केवल **कल्हण** की **'राजतरंगिणी'** है। कश्मीर के इतिहास के विषय में पर्याप्त सामग्री इसमें उपलब्ध है कल्हण ने 1149–50 ई. में इसकी रचना की थी।

II. अशोक के शिलालेख इतिहास के अध्ययन के लिए पुरातात्विक सामग्री का विशेष महत्व है। साहित्यिक ग्रन्थकारों का दृष्टिकोण यथार्थ स्थिति की प्रस्तुति में बाधक हो जाता है। इसके अतिरिक्त ग्रन्थों की प्रतिलिपि करने में कई प्राचीन तथ्यों को छोड़ दिया जाता था तथा कुछ नये प्रकरण जुड़ जाना भी स्वाभाविक ही था। पुरातात्विक सामग्री में इस प्रकार के परिवर्तन की कम सम्भावना रहती है।

पुरातात्विक सामग्री में अभिलेख सर्वाधिक महत्वपूर्ण हैं जो प्रस्तर खण्डों एवं धातु की चादरों पर उत्कीर्ण किये जाते थे। अशोक से पूर्व के अभिलेख भारत में उपलब्ध नहीं हुए हैं। विद्वानों की मान्यता है कि लेखन कला का आविर्भाव भी इसी युग में हुआ। अशोक के समय तीन भाषायें–**संस्कृत**, **प्राकृत** एवं **पाली** का प्रचलन था। पाली प्राकृत एक तरह से जनभाषा थी। अशोक ने इसी भाषा में अपने अधिकांश अभिलेख लिखवाये थे। अशोक ने लेखों की लिपि को **धम्म लिपि** कहा है। उक्त लिपि में बंभी या ब्राह्मी नाम मिलता है। ब्राह्मी लिपि को अशोक के काल से पूर्व ही विकसित माना है।

सम्राट अशोक के फरमान शिलालेखों एवं स्तम्भों के रूप में देश के विभिन्न भागों में मिलते हैं। उक्त आदेश–राज्यादेश या शासनादेश कहे गये। इनमें 14 बड़े शिलालेख हैं, जो कालसी, मानसेहरा, शाहबाजगढ़ी, गिरनार, सोपारा, येर्रगुडी, धौली एवं जौगड़ में पाए जाते हैं। चौदह मुख्य शिलालेख के आठ संस्करण प्राप्त हैं, उनका संक्षिप्त विवरण दिया जाना उचित होगा:

गिरिनार आधुनिक गुजरात के जूनागढ़ में प्राचीन गिरिनगर से लगभग एक मील दूर गिरिनार की पहाड़ियों में स्थित है। इसे 1822 ई. में ले. कर्नल टॉड द्वारा खोजा गया था। इसी पर रुद्रदामन का प्रतिष्ठित लेख भी अंकित है।

कालसी उत्तर प्रदेश के देहरादून की चकराता तहसील स्थित कालसी से चट्टान पर अंकित लेख मिला है। यह यमुना तट पर स्थित है। 1860 ई. में वन विभाग द्वारा खोजा गया था।

शाहबाजगढ़ी पाकिस्तान के पेशावर जिले की युसुफजई तहसील में मकाम नदी के किनारे अवस्थित गाँव से आध मील दूर स्थान से 1836 ई. में कोर्ट नामक अंग्रेज ने इसे खोज निकाला था।

मानसेहरा (पाकिस्तान) हजारा (पंजाब) जिले के मानसेहरा तहसील में तीन शिलाओं पर अंकित है। इसकी प्रथम दो शिलाओं का कनिंघम एवं शेष दो का पंजाब पुरातात्विक सर्वेक्षण ने पता लगाया था।

येर्रगुडी आन्ध्र के कर्नूल जिले के इसी नाम के गाँव में पत्थर के छह टीलों पर अशोक के शिलालेख एवं लघुशिला, लेख उत्कीर्ण हैं। 1929 ई में श्री अनुघोष ने इसे खोजा था।

धौली (पृथक कलिंग लेख–तोसली) ओडीसा के पुरी जिले के खुर्दा तहसील में भुवनेश्वर से 7 मील दक्षिण की ओर स्थित है। इसे 1837 ई. में किटो ने खोजा था। दया नदी के किनारे तोसली बसा है।

जौगड़ (पृथक कलिंग लेख) आन्ध्र के गंजाम जिले में बरहमपुर नामक तालुके से 18 मील उत्तर–पश्चिम जौगड़ से प्राप्त हुआ। 1820 ई. में इसका पता वोल्टर इलियट ने लगाया था।

सोपारा महाराष्ट्र में मुम्बई के ठाणें जिले से 1822 ई. में भगवान लाल इन्द्रजी को यह शिलालेख मिला था। धौली व जौगड़ शिलालेखों पर 11, 12 व 13वां शिलालेख अंकित नहीं है उनके स्थान पर दो अन्य लेख दिये गये हैं उन्हें पृथक कलिंग प्रज्ञापन (Separate Kalinga Edicts) कहा गया।

लघुशिला लेख अशोक के उत्तर एवं दक्षिण से प्राप्त लघुशिला लेखों को चौदह शिला लेखों के मुख्य वर्ग में सम्मिलित नहीं किये जाने के कारण, लघु शिला लेख (Minor Rock Edicts) कहा जाता है। निम्नलिखित स्थानों से इनकी प्राप्ति हुई है:

अहरौरा अशोक का लघुशिला लेख प्रथम उत्तर प्रदेश के मिर्जापुर जिले में स्थित है।

बैराट (भाब्रू) जयपुर से 42 मील उत्तर–पूर्व (राजस्थान) में स्थित अभिलेख में अशोक संघ को आदेश देता है। इसे कैप्टन बर्ट ने 1840 में खोजा था।

ब्रह्मगिरि (लघुशिला लेख I एवं II) कर्नाटक के चित्तलदूर्ग जिले में स्थित है।

गोविमठ कर्नाटक में मैसूर के कोपबल नामक स्थान से लघुशिला लेख प्रथम प्राप्त हुआ है।

गुर्जरा (लघुशिला शिला लेख I) मध्य प्रदेश के दतिया जिले में झांसी के निकट स्थित है। इस लेख में अशोक का नाम देवानांप्रिय के साथ अंकित है।

जतिंग रामेश्वर (लघुशिला लेख I एवं II) मैसूर समूह का यह लेख ब्रह्मगिरि से तीन मील दूर उत्तर–पश्चिम में स्थित है।

लाम्पक या लघमान, काबुल संग्रहालय में सुरक्षित यह अभिलेख अरामाइका में है और जलालाबाद के निकट उत्तरी किनारे पर लाम्पक (या लामघान) से प्राप्त हुआ है। इसमें देवानांप्रिय द्वारा लेख उत्कीर्ण करवाये जाने का उल्लेख है।

कंधार अफगानिस्तान से छः अभिलेख मिले है (1) लघमान (लंपक) सीरियाई (अरामाइक) शिलाओं को 1973 में खोजा गया। (2) कंदहार–अरामाइक भाषा का यह लेख 1964 में मिला। (3) पुलेदुरुंता, टेबलेट लेख 1932 में खोजा (4) लघमान शालटक व क्वीर्प्पा गाँव (जलालाबाद), लघुशिलालेख I खरोष्ठी अरामाइक (काबुल संग्रहालय), 1967 में मिला था। (5) शरी–ए–कूना (द. अफगानिस्तान), लेख IV ग्रीक भाषा व अरामाइक (सीरियाई) भाषा, 1957 में खोजा (6) कंदहार ग्रीक XII-XIII, 1963 में खोजा।

मास्की (लघु शिला लेख I) कर्नाटक के रायपुर जिले में स्थित है। मस्की या मास्की लघु शिलालेख में अशोक का नाम देवानं प्रिय प्रियदर्शी अशोक अंकित है। यहां से 3000 ई.पू. पुरापाषाण कालीन अवशेष प्राप्त हुए हैं। एंड्रयू एम.बेचर व पीटर जोहानसन इस स्थल की जीवन शैली पर कार्य कर रहे हैं। बी. के. थापर ने इस स्थल की खुदाई करवाई थी। यहीं राजेन्द्र चोल प्रथम व चालुक्य जयसिंह द्वितीय के बीच (1020–1221 ई. में) युद्ध हुआ था। हम्पी यहां से 150 किमी. दूर स्थित है।

पालकिगुंडु (लघु शिला लेख I) गोविमठ से 4 मील दूर स्थित है।

पनगुडरिया (लघु शिला लेख I) यह स्थल मध्य प्रदेश के सिहोर जिले में स्थित है। इस लेख से ज्ञात होता है कि मध्य प्रदेश का प्रशासक साम्बा नामक राजकुमार था। लेख की खोज के. डी. वाजपेयी ने की थी।

राजुलमंडगिरि (लघु शिला लेख I एवं II) आन्ध्र के कर्नूल जिले में स्थित एवं येर्रगुडी के समीप है।

रूपनाथ (लघु शिला लेख I) मध्य प्रदेश के जबलपुर जिले के उत्तर में स्लीमनाबाद के निकट कैमूर पहाड़ियों पर स्थित है।

सासाराम (लघु शिला लेख I) बिहार में पटना से 10 मील दक्षिण–पश्चिम शाहबाद जिले में स्थित है।

सन्नति कर्नाटक के गुलबर्गा के निकट सन्नति से लेख प्राप्त हुआ है। इस लेख में धौली व जौगड़ के समान संदेश, के आधार पर कहा जा सकता है कि कलिंग में की गई घोषणाएं समस्त साम्राज्य के लिए थीं। यह लेख जनवरी 1959 में खोजा गया।

सिद्धपुर (लघु शिला लेख I एवं II) कर्नाटक के ब्रह्मगिरि से एक मील दूर पश्चिम में स्थित है। इनके अतिरिक्त उडेगोलम (कर्नाटक–बेलारी), सारो–मारो (शहडोल, मध्य प्रदेश) नेत्तूर (कर्नाटक) से लघु शिला लेख की दो अन्य प्रतियाँ प्राप्त हुई हैं। मास्की, गुर्जरा, नेत्तूर तथा उडेगोलम में अशोक का व्यक्तिगत नाम भी मिलता है।

सांची लघु स्तंभ लेख : मध्यप्रदेश के रायसेन जिले स्थित इस लेख में अशोक महामात्यों को संघभेद रोकने का आदेश देता है।

सारनाथ लघु स्तंभ लेख : इसमें भी संघभेद रोकने का निर्देश है। कौशाम्बी स्तंभ लेख (प्रयाग) में अशोक की रानी कारुवाकी द्वारा दान दिये जाने व उसके पुत्र तीवर की चर्चा की गई है।

सात स्तंभ लेख (Seven Pillar Edicts) इस लेखों की संख्या 7 है जो कि निम्नलिखित हैं:

कौशाम्बी (इलाहाबाद) इसे 1834 में टी. एस. बर्ट ने खोजा था। यहाँ से स्तंभ लेख I से VI मिलते हैं। यह प्रयाग से 28 मील दक्षिण यमुना के बाएं किनारे कोसम में स्थित है। अशोक स्तंभ पर समुद्रगुप्त की प्रयाग प्रशस्ति एवं अन्य परवर्ती शासकों के लेख अंकित हैं। संभवत अकबर इसे प्रयागराज किले में ले गया था।

दिल्ली टोपरा कैप्टन पोलियर ने 1785 में खोज की थी। इस प्रसिद्ध स्तंभ लेख को फिरोजशाह तुगलक (1351–88 ई.) उत्तर प्रदेश के सहारनपुर जिले (खिज्राबाद) में टोपरा नाम स्थान से दिल्ली लाया था। इसमें अशोक के सातों लेख उत्कीर्ण हैं जबकि दूसरे स्तंभ लेखों में छः अंकित है। जेम्स प्रिंसेप ने इसका अंग्रेजी अनुवाद किया था।

दिल्ली मेरठ यह अभिलेख भी पूर्व में मेरठ में था। फिरोजशाह तुगलक दिल्ली लेकर आया इसकी जानकारी शम्स–ए–सिराज से मिलती है। खोज सर्वप्रथम 1750 में टीफेन थेलर ने की थी।

लौरिया अरराज (स्तंभ लेख I से VI) बिहार के चम्पारण जिले में स्थित है।

लौरिया नंदनगढ़ (स्तंभ लेख I से VI) यह भी बिहार के चम्पारण जिले में नंदनगढ़ गांव में स्थित है।

रामपुरवा (स्तंभ लेख I से VI) उत्तरी बिहार में बेतिया से 32 मील उत्तर में स्थित है। इसे कार्लाइल ने 1872 में खोजा था।

निगलीसागर (स्तंभ लेख) अशोक की यात्रा का इसमें उल्लेख है, यह रुम्मनदेई के निकट नेपाल में स्थित है। अशोक के 12 वें वर्ष में कनकमुनि स्तूप संवर्द्धन का जिक्र है।

रुम्मनदेई (लघु शिला लेख I) नेपाल सीमा पर रुम्मनदेई मन्दिर के पास स्थित है। अशोक ने 20वें वर्ष में वहां की यात्रा की थी।

सारनाथ (स्तंभ लेख) 1905 में आरेल स्टाइन ने खोजा था। बनारस से साढ़े तीन मील दूर सारनाथ में स्थित है।

अशोक के 40 से अधिक प्राप्त अभिलेखों में न केवल उसकी साम्राज्य सीमा का निर्धारण किया जाना आसान हुआ है अपितु इनसे उसकी धार्मिक नीति एवं प्रशासनिक व्यवस्था की जानकारी भी मिलती है।

इन अभिलेखों में मस्की शिलालेख (जिसे 1915 ई. में जेम्स प्रिंसेप ने खोजा था) में अशोक का नाम ("देवान पियस अशोक") मिलता है एवं अशोक अपने को बुद्ध शाक्य कहता है। मस्की के अतिरिक्त प्रथम लघु शिलालेख के गुर्जरा, निट्टर संस्करण में उसका नामोल्लेख हुआ है। इसी प्रकार द्वितीय लघु शिलालेख के निट्टर तथा उडेगोलम से प्राप्त, में उसका नाम मिलता है। मानसेहरा तथा शाहबाजगढ़ी से प्राप्त दो महत्वपूर्ण उत्तरी शिलालेख खरोष्ठी लिपि (फारसी अरामाइक से निकली) में उत्कीर्ण किए गए हैं। कंधार से प्राप्त शिलालेख यूनानी एवं अरामाइक (द्विभाषिक) में उत्कीर्ण हैं। शेष अभिलेख (दक्षिण के शिलालेखों को सम्मिलित करते हुए) ब्राह्मी लिपि एवं प्राकृत भाषा में हैं। एर्रगुडि अभिलेख की लेखन शैली अन्य अभिलेखों के विपरीत बाएं से दाएं एवं दाएं से बाएं (बूस्ट्रोफेडन) है।

अफगानिस्तान से प्राप्त अभिलेख यहाँ अफगानिस्तान क्षेत्र से प्राप्त अभिलेखों का पुनः खास तौर से जिक्र करना होगा, क्योंकि यहाँ से प्राप्त अभिलेखों से ही उसकी पश्चिमी सीमा का निर्धारण किया जा सकता है। लघमान (अफगानिस्तान) से 1973 ई. में अरामाइक में दो शिलालेख मिले हैं। इसके अतिरिक्त कंधार से (1964 ई.) मिले अभिलेख का पूर्व में जिक्र किया गया है। पुल–दरूंता के अरामाइक प्रस्तर टेबलेट अभिलेख को 1932 ई. में खोजा गया है। इसी प्रकार जलालाबाद के पास लघमान (शालटक और क्वीर्घा गाँव) से लघु शिलालेख खरोष्ठी में आरामैक, जो काबुल संग्रहालय में सुरक्षित है, 1969 ई. में मिला था। शरी–ए कूना (दक्षिणी अफगानिस्तान) से प्राप्त लघु अभिलेख जो 1957 ई. में प्राप्त हुआ, का जिक्र भी अपेक्षित है। यह द्विभाषी अभिलेख ग्रीक व अरामाइक में है।

यहां उल्लेखनीय है कि खरोष्ठी लिपि का जन्म गांधार क्षेत्र में हुआ। अशोक के मान सेहरा, शाहबाजगढ़ी के 14 वें लेख खरोष्ठी लिपि में है। पूर्व मध्य एशिया में खरोष्ठी का प्रचलन पांचवी–छठी सदी तक बना रहा। **खोतान से प्राप्त बौद्धग्रंथ धम्म पद खरोष्ठी लिपि** में है। यह लिपि दाई से बाई ओर लिखा जाती है। 1837 में यूरोपीय विद्वानों ने खरोष्ठी की जानकारी प्राप्त की थी। चन्द्रगुप्त मौर्य का उल्लेख महाक्षत्रप रुद्रदामन के जूनागढ़ अभिलेख में आया है। यह अभिलेख गुजरात पर चन्द्रगुप्त के अधिकार को प्रमाणित करता है और उसकी (क्षत्रप) प्रान्तीय शासन व्यवस्था का परोक्ष ज्ञान भी करवाता है।

पान गोरारिया गुहा लेख : मध्यप्रदेश के सिहोर जिले से प्राप्त इस लेख में अशोक को महाराज कुमार कहा गया है। **महास्थान** (पुण्ड्र नगर क्षेत्र) मध्यप्रदेश के बोगरा जिले से प्राप्त है जिसमें महामात्यों को अकाल के समय लोगों की सहायता करने का जिक्र है। **सोहगौरा ताम्रलेख गोरखपुर** से प्राप्त है। यह प्रथम ताम्र अभिलेख है जिसमें अकाल के समय के लिए राज्य द्वारा अनाज वितरण की व्यवस्था का निर्देश है।

गुहाभिलेख बिहार में बराबर की पहाड़ी में तीन गुफाएँ–सुदामा गुफा, विश्व झोंपड़ी एवं कर्ण चौपड़ मौर्यकालीन मानी गई हैं। उत्तरी ओपदर काले मृदभाण्ड–प्राप्ति स्थल–कुम्रहार के निकट का क्षेत्र, जिनके उत्खनन से भवनों के निर्माण में प्रत्थर एवं लकड़ी के प्रयोग का पता चलता है।

कंधार को छोड़कर जैसा आपको पता है प्रत्येक अभिलेख में तत्कालीन प्राकृत भाषा का प्रयोग किया गया है। अशोक ने संस्कृत का प्रयोग नहीं किया, क्योंकि उस काल में प्राकृत ही सामान्य प्रजा के बोलचाल की भाषा थी, जिससे प्रजा पढ़ सके। ये शिलालेख सामान्यतः दो प्रकार के हैं–कुछ शिलालेख तो ऐसे हैं जिनमें सम्राट ने अपने बौद्ध होने की घोषणा की है, जैसे– भाब्रू अभिलेख में अशोक ने बौद्ध धर्म में आस्था प्रकट की है।[7] दूसरी, प्रजा के नाम जारी घोषणाएँ इनसे अधिक महत्वपूर्ण हैं। चतुर्दश शिलालेखों में द्वादश शिलालेख सहिष्णुता का उत्कृष्ट उदाहरण है जो सब धर्मों के प्रति आदर व सम्मान दिए जाने का उल्लेख करता है।[8] इन अभिलेखों से तत्कालीन आर्थिक, सामाजिक, धार्मिक स्थिति एवं प्रशासनिक व्यवस्था का बोध होता है और उनके स्थापित स्थलों के आधार पर साम्राज्य सीमाओं का निर्धारण किया जा सकता है। साथ ही राज्यादेश अशोक को परोपकारी राजा के रुप को सामने रखते हैं।

कलावशेष मौर्य स्थापत्य कला अवशेषों को दो भिन्न परम्पराओं के रूप में देखा जाता है–प्रथम राज्याश्रय में पल्लवित एवं दूसरी लोकाश्रय में विकसित। तत्कालीन उत्कृष्ट स्तम्भ निर्माण कला को राज्याश्रयी कला के रूप में लिया जाता है। इन पर अशोक के राज्यादेश उत्कीर्ण करवाए गए हैं। सारनाथ का सिंह शीर्ष स्तम्भ मौर्य स्तम्भ कला का अति उत्कृष्ट उदाहरण है जिसे भारत सरकार ने राजचिह्न के रूप में स्वीकार किया है।

अशोक द्वारा महात्मा बुद्ध के अस्थि अवशेषों पर पूर्ववर्ती 8 स्तूपों को तुड़वाकर 84 हजार स्तूप बनवाए जाने का विवरण मिलता है। इससे संकेतित होता है कि उसने अनेक स्तूपों का निर्माण करवाया होगा। अनुश्रुति के अनुसार भरहुत एवं साँची स्तूप अशोक ने ही निर्मित करवाए थे किन्तु शुंग सातवाहन युग में उनका परिष्कार एवं परिवर्द्धन किया गया।

लोकाश्रयी कला का प्राथमिक उदाहरण मथुरा जिले के परखम ग्राम से प्राप्त यक्ष मूर्ति को माना गया है। इसके अतिरिक्त मथुरा, बरोदा, झींग, नोह (भरतपुर), बेसनगर (भोपाल), पवाया (ग्वालियर) तथा दीदारगंज (पटना) से इस प्रकार की महत्वपूर्ण मूर्तियाँ उपलब्ध हुई हैं। भारतीय इतिहास में सर्वप्रथम पत्थर की मूर्तियों का निर्माण इसी युग में होता देखा जाता है।

आहत मुद्रायें (Panch Marked Coins) मौर्य काल में आहत मुद्राओं को प्रचलन था, जिन पर परिचय चिह्न अंकित किया जाता था। तत्कालीन सिक्कों को पंचमार्क्ड भी कहा जाता है। इन पर कई प्रकार के प्रतीक चिन्ह देखे जाते हैं। मौर्यकाल के सिक्के इस दृष्टि से महत्वपूर्ण थे, कि इनका प्रचलन एक केन्द्रीय प्राधिकरण द्वारा किया जाता था, क्योंकि इन चिन्हों में एकरूपता है। मौर्य सिक्कों पर प्रतीक चिन्ह मिलते हैं, जैसे– मेहराबों पर अर्द्ध चन्द्र एक मौर्य प्रतीक माना गया है। कोसंबी की धारणा है कि तक्षशिला निधि से प्राप्त प्रारम्भिक सिक्कों की तुलना में उत्तरकालीन मौर्यों के सिक्कों में ज्यादा मिलावट है। सम्भवतः जिन नये प्रदेशों को साम्राज्य में मिलाया गया, उनमें मिश्रित धातुओं की मुद्राएँ प्रचलित थीं एवं मौर्यों ने इनको जारी रहने दिया। कोसंबी के विचार में तीन अण्डाकृतियों एवं स्पर्श रेखा का चिह्न **000** अशोक का प्रतीक है, क्योंकि ये बड़ी मात्रा में पाए गए हैं। जो लम्बे राज्यकाल को इंगित करते हैं। मेहराबों पर मोर का चिह्न बिन्दुसार का प्रतीक माना गया है। मैरु, चन्द्र एवं मयूर चिह्न प्रायः मौर्य सम्राटों द्वारा प्रयोग में लाए गए। मौर्य सम्राटों एवं बौद्ध धर्म के मध्य घनिष्ठ सम्बन्धों को मुद्राओं पर अंकित चिन्हों में भी देखा जा सकता हैं। हाथी एवं बैल जो तत्कालीन मुद्राओं पर प्रतीक चिन्ह के रूप में मिलते हैं, फूशे की धारणा है कि ये बुद्ध के गर्भ में आने और उनके जन्म के राशि चक्र का प्रतिनिधित्व करते हैं। उस काल में सुसंगठित टकसाल व्यवस्था रही होगी, अर्थात् खोटे सिक्के बनने की संभावनाएँ नहीं थीं।[9]

निष्कर्ष जैसा विदित है कि, उत्तरी काल पॉलिश किए बर्तनों के काल के पुरातात्विक साक्ष्य उस समय से सम्बन्धित हैं जब शहरों और नगरों का उदय हुआ। तत्कालीन पुरातात्विक साक्ष्यों से स्पष्ट होता है कि मौर्यकाल में लोगों के भौतिक जीवन में और भी परिवर्तन आए। भौतिक संस्कृति के कई तत्व गंगा घाटी से बाहर फैलने लगे, लोग जिन्हें मौर्य शासन से सम्बन्धित मानते थे। इस प्रकार मौर्यकाल में ऐतिहासिक ज्ञान के पर्याप्त स्त्रोत उपलब्ध हैं, जिनके आधार पर तत्कालीन सम्राटों की तिथि निर्धारण करना सम्भव हो सका है।

सन्दर्भ :

1. जौली, जे. : अर्थशास्त्र ऑफ कौटिल्य – गोयल, श्रीराम : मगध–सातवाहन–कुषाण साम्राज्यों का युग, पृ. 202–13.
2. मजूमदार आर.सी. : प्राचीन भारत, पृ. 123.
3. राय चौधरी, एस.सी. : द एज ऑफ इम्पीरियल यूनिटी, 1960, पृ. 285–87.
4. रोमिला थापर : अशोक तथा मौर्य साम्राज्य का पतन, 1977, पृ. 234–250.
5. रोमिला थापर : वही, पृ. 11.
6. यह अभिलेख 1961 में मिला, देखें ए.के. नारायण, 1961–62, भारती, सं. 5, खण्ड।
7. गुप्त, पी.एल. : प्राचीन भारत के अभिलेख, पृ. 56, हमा बुधसि धम्मसि संघसि ति गालवे च प्रसादे।
8. गुप्त, वही, पृ. 34, देवानं पिये पियदसि राजा सव पासंडानि च पविजितानि च घरस्तानि च पूजयति दानेन च विविधय च पूजाय पुजयति।
9. रोमिला थापर : अशोक तथा मौर्य साम्राज्य का पतन, पृ. 274–78.

25 मौर्य साम्राज्य : चन्द्रगुप्त मौर्य
(Mauryan Empire : Chandragupta Maurya)

मौर्यकाल के साथ भारतीय इतिहास में एक नए युग का सूत्रपात होता है। पहली बार इस काल में भारत को राजनीतिक दृष्टि से एकछत्र राज्य के अन्तर्गत अखण्ड एकता प्राप्त हुई। आर.के. मुखर्जी ने चन्द्रगुप्त मौर्य के साम्राज्य के लिए लिखा है, "वह प्रथम भारतीय सम्राट था जिसने वृहत्तर भारत पर अपना शासन स्थापित किया। भारत ब्रिटिशकालीन भारत से बड़ा था।"[1] वृहत्तर भारत की सीमाएँ आधुनिक भारत की सीमाओं से बहुत आगे तक ईरान की सीमाओं से मिली हुई थीं। साथ ही चन्द्रगुप्त भारत का प्रथम शासक था जिसने अपनी विजयों द्वारा सिन्धु घाटी तथा पाँच नदियों के देश को, गंगा तथा जमुना की पूर्वी घाटियों के साथ मिलाकर एक ऐसे साम्राज्य की स्थापना की, जो एरिया (हेरात) से पाटलिपुत्र तक फैला हुआ था। वही पहला भारतीय राजा है जिसने उत्तरी भारत को राजनीतिक रूप से एकबद्ध करने के बाद, विंध्याचल की सीमा से आगे अपने राज्य का विस्तार किया और इस प्रकार वह उत्तर तथा दक्षिण को एक ही सार्वभौम शासक की छत्रछाया में ले आया। इससे पहले, वह पहला भारतीय नेता था जिसे अपने देश पर एक यूरोपीय तथा विदेशी आक्रमण के निराशाजनक दुष्परिणामों का सामना करना पड़ा, उस समय देश राष्ट्रीय पराभव तथा असंगठन का शिकार था और यूनानी शासन से अपने देश को पुनः स्वतंत्र कराने का अभूतपूर्व श्रेय प्राप्त किया। यही नहीं शासन–पद्धति जो इस काल में देखी जाती है, अपनी व्यावहारिकता एवं सरलता के कारण आधुनिक विचारकों को आश्चर्यचकित कर देती है। इस युग के प्रणेता और महान् विजेता सम्राट चन्द्रगुप्त मौर्य तथा प्रगाढ़ कूटनीतिज्ञ एवं विद्वान् मंत्री कौटिल्य (चाणक्य) थे जिन्होंने राष्ट्रीय एकता की नींव रखी।

चन्द्रगुप्त मौर्य (322 ई.पू.–298 ई.पू.) : चन्द्रगुप्त मौर्य के प्रारम्भिक जीवन के विषय में अधिक जानकारी नहीं मिलतीं तथापि यह निश्चित है कि प्रारम्भ में उसका जीवन स्तर सामान्य था। उसकी उत्पत्ति के विषय में विद्वानों ने भिन्न–भिन्न मत रखे हैं। चन्द्रगुप्त कालीन भारत एवं फारस की कुछ धार्मिक, सामाजिक एवं राजनीतिक परम्पराओं एवं विधियों को ध्यान में रखते हुए डी.बी. स्पूनर ने मौर्य नरेशों को पारसी माना है।[2] किन्तु स्पूनर के मत को अधिक समर्थन नहीं मिल पाया। स्मिथ, थॉमस आदि पाश्चात्य विद्वानों ने भी इस मत को स्वीकार नहीं किया।[3]

चन्द्रगुप्त की जाति का विश्लेषण करना हमारा उद्देश्य नहीं है, अपितु पाश्चात्य इतिहासकारों के जवाब में सही स्थिति का निरूपण करना है। इसके अतिरिक्त यह जानना भी आवश्यक है कि चन्द्रगुप्त मौर्य के प्रारम्भिक जीवन के विषय में परस्पर विरोधी तथ्यों के क्या कारण रहे हैं?

कुछ विद्वानों ने प्रारम्भ में पुराणों के इस कथन के आधार पर कि शिशुनाग वंश के विनाश और नन्द वंश की स्थापना के बाद समस्त राजा शूद्र होंगे, यह प्रतिपादित किया कि नन्दों के समान मौर्य भी शूद्र थे। मार्कण्डेय पुराण में मौर्यों को 'असुरों' की कोटि में रखा है। विष्णुपुराण के टीकाकार रत्नगर्भ ने चन्द्रगुप्त को नन्दराज की पत्नी 'मुरा' की सन्तान माना है।[4]

पुराणों के इस कथन को स्वीकार नहीं कर सकते कि नन्द वंश की स्थापना के बाद समस्त राजा शूद्र होंगे। हम जानते हैं कि शुंग, काण्व एवं सातवाहन वंशों का उदय शिशुनाग वंश के पश्चात् हुआ था और इन्हें ब्राह्मण कहा गया है। पुराणों के इस कथन का सम्बन्ध एकमात्र नन्दों से था, न कि नन्दों के पश्चात् आने वाले समस्त राजवंशों से। दरअसल नन्द वंश के शासकों को ही पुराणों में "शूद्रगर्भोद्भव" (शूद्रा के गर्भ से उत्पन्न) कहा है। मौर्यों के लिए इस प्रकार का विशेष कथन इन ग्रन्थों में नहीं मिलता। विष्णुपुराण के टीकाकार रत्नगर्भ का यह कथन भी अधिक उचित प्रतीत नहीं होता कि नन्दराज की पत्नी 'मुरा' के नाम से मौर्य शब्द की उत्पत्ति हुई। पाणिनि[5] व्याकरण के अनुसार 'मुरा' शब्द से मौर्य शब्द नहीं बन सकता। चन्द्रगुप्त मौर्य के लिए **वृषल** शब्द आया है, जो धर्मिक कृत्यों का निष्पादन नहीं करता उसे 'वृषल' कहा जाता था। आर.के.मुखर्जी ने मुद्राराक्षस में वर्णित 'वृषल' शब्द के विषय में लिखा है कि 'वृषल' शब्द सम्मानसूचक है, "वह जो राजाओं में श्रेष्ठ राजा है, उसे वृषल कहा जाता था"[6]

कौटिल्य के अर्थशास्त्र में इस आशय के संकेत मिलते हैं कि नन्दों का अस्तित्व राष्ट्र के लिए हितकर न था। इस ग्रन्थ के अन्त में उल्लेख किया गया कि यह रचना उस व्यक्ति ने की है जिसने शीघ्र बलवत् मातृभूमि तथा उसके शास्त्र एवं शस्त्र का नन्दों की दासता से मुक्त कराया। चाणक्य ब्राह्मण व्यवस्था का भी पोषक था। कहा गया है कि चाणक्य चणक ग्राम निवासी था, उसने क्रूर सम्राट, धननन्द का उन्मूलन

किया एवं चन्द्रगुप्त का अभिषेक किया।[7] इससे स्पष्ट नहीं होता कि मौर्य सम्राट भी शूद्र थे। दूसरी ओर क्लासिकल लेखकों के विवरणों में ऐसा कोई संकेत नहीं मिलता जिससे यह सिद्ध होता हो कि चन्द्रगुप्त मौर्य शूद्र था। कर्टियस ने नन्दराज को न केवल मूलतः अनभिजात (कुल हीन या निम्न कुल) बल्कि नितान्त निम्नस्तरीय कहा है। परन्तु मौर्यों के शूद्र होने का कोई उल्लेख नहीं किया। जस्टिन ने चन्द्रगुप्त की उत्पत्ति सामान्य कही है।[8] प्लूटार्क ने लिखा है कि एण्ड्रोकोट्टस (चन्द्रगुप्त) ने सिकन्दर से मुलाकात की। उस समय तक वह किशोर ही था। चन्द्रगुप्त कहा करता था कि सिकन्दर बड़ी आसानी से समूचे भारतवर्ष पर कब्जा कर सकता था, क्योंकि यहाँ के राजा से उसकी प्रजा उसके दुर्गुणों के कारण नफरत करती थी। उक्त अंश से यह अनुमान लगाना गलत नहीं होगा कि चन्द्रगुप्त ने मगध के अत्याचार भरे शासन को समाप्त करने के लिए सिकन्दर से भेंट की होगी। किन्तु चन्द्रगुप्त को सिकन्दर औग्रसैन्य (**Agrammes**) जैसा ही सख्त शासक लगा, क्योंकि उसने भारत के इस किशोर सेनानी का वध किए जाने की आज्ञा देने में देर नहीं लगाई।[9] प्लूटार्क के विवरण में चन्द्रगुप्त के अनभिजात होने का उल्लेख नहीं मिलता।

वैश्य–वर्ग रोमिला थापर की मान्यता है कि मौर्य लोग वैश्य थे। इसके प्रमाण में लिखा है कि 150 ई. में रुद्रदामन के जूनागढ़ शिलालेख में मौर्य राजा चन्द्रगुप्त के राज्य–काल के रूप में वैश्य पुष्यगुप्त का जिक्र आता है। पुष्यगुप्त के चन्द्रगुप्त का साला होने का भी जिक्र है। यह काफी सम्भव है कि चन्द्रगुप्त ने अपने साम्राज्य के पश्चिमी प्रदेश पर शासन करने के लिए अपने साले को नियुक्त किया हो। इसका मतलब हुआ कि मौर्यों का उद्‌गम वैश्य जाति से हुआ, क्योंकि 'गुप्त' प्रत्यय का प्रयोग अधिक वैश्य जाति ने किया है हालांकि कुछ ब्राह्मण व क्षत्रिय नामों के साथ भी 'गुप्त' शब्द का प्रयोग हुआ है।[10] किन्तु बौद्ध एवं जैन साहित्य से इस तथ्य का समर्थन नहीं होता।

मौर्य–क्षत्रिय महावंश में विवरण मिलता है कि ब्राह्मण चाणक्य ने नवें धननंद का विनाश कर चन्द्रगुप्त को सम्पूर्ण जम्बूद्वीप का सम्राट बनाया, यह चन्द्रगुप्त मौर्य क्षत्रिय था।[11] महावंश शाक्यों की एक शाखा प्रसिद्ध मोरिय जाति से उत्पन्न मानता है। दिव्यावदान में भी मौर्यों को क्षत्रिय कहा है। जैन ग्रन्थ परिशिष्टपर्वन के अनुसार चन्द्रगुप्त मयूरपोशकों के सरदार की लड़की का लड़का था। राय चौधरी ने लिखा है कि महापरिनिब्बानसुत्त में मौर्यों को पिप्पलिवन का शासक और क्षत्रिय वंश माना गया है। चूँकि महापरिनिब्बानसुत्त सबसे प्राचीन बौद्ध ग्रन्थ हैं। इसलिए बाद के ग्रन्थों की अपेक्षा इसकी सामग्री पर अधिक भरोसा किया जा सकता है। इस प्रकार यह निश्चित हो गया कि चन्द्रगुप्त क्षत्रिय–वंश (मौर्य) का ही था।[12] आर.के. मुखर्जी ने भी राय चौधरी के मत को स्वीकार करते हुए लिखा है–इन वृत्तान्तों के अनुसार चन्द्रगुप्त का जन्म मोरिय नामक क्षत्रिय जाति में हुआ था, जिसका शाक्यों के साथ सम्बन्ध था। अपनी जन्म–भूमि को छोड़कर चली आने वाली मोरिय जाति का मुखिया चन्द्रगुप्त का पिता था। दुर्भाग्यवश वह एक झगड़े में मारा गया और उसका परिवार अनाथ रह गया। उसकी अबला विधवा अपने भाइयों के साथ पुष्पपुर (कुसुमपुर–पाटलिपुत्र) नामक नगर में पहुँची जहाँ उसने चन्द्रगुप्त को जन्म दिया।[13]

मौर्यों को जैन एवं बौद्ध ग्रन्थों में मयूरों से सम्बद्ध किया है। इस तथ्य की पुष्टि पुरातात्विक साक्ष्यों से भी होती है। लौरिया नन्दनगढ़ के अशोक स्तम्भ के निचले भाग में एक मयूर चिन्ह अंकित है। साँची स्तूप पर अशोक के जीवन की अनेक घटनाएँ उत्कीर्ण हैं। इसके पूर्वी तोरण के बाहरी भाग में जहाँ अशोक द्वारा बोधिवृक्ष की यात्रा का दृश्य अंकित है वहीं मयूरों का अंकन भी मिलता है। तत्कालीन आहत मुद्राओं के विषय में रोमिला थापर ने लिखा है कि आहत मुद्रा से सम्बन्धित एक जटिल समस्या है–प्रतीकों का अर्थ उद्‌घाटित करना। मेहराबों पर मोर का प्रतीक निश्चय ही मौर्य वंश का चिन्ह प्रतीत होता है।[14] ग्रुनवेडेल (**Grunwedel**) ने भी यह मत प्रतिपादित किया था कि मयूर मौर्यों का वंशक (**Dynastic Emblem**) था, तद्‌न्तर फूशे एवं जॉन मार्शल (**Johan marshal**) ने भी इसका समर्थन किया है। थॉमस ने दीर्घनिकाय के विवरण को उचित मानते हुए लिखा है कि मौर्यों को पिप्पलिवन का स्वीकार किया जा सकता है।[15] आर.सी. मजूमदार ने उल्लेख किया है कि अधिक संभावना इस बात की है कि चन्द्रगुप्त महापरिनिब्बानसुत्त में उल्लिखित पिप्पलिवन के मोरिय नामक क्षत्रिय कुल में जन्म था। इस बौद्ध सूत्र के अनुसार गौतम बुद्ध के समय में मोरिय लोग एक गणतंत्रीय जाति के रूप में प्रसिद्ध थे।[16] आर.के. मुखर्जी ने भी इसका समर्थन किया है।[17]

सैंड्रोकोट्स अर्थात चन्द्रगुप्त मौर्य : चन्द्रगुप्त का नाम यूनानी एवं रोमन इतिहासकारों ने अक्सर विकृत रूप में प्रस्तुत किया है। इस गुत्थी को सर विलियम जोंस ने सुलझाया और यूनानी–रोमन इतिहासकारों और भूगोलशास्त्रियों द्वारा प्रयुक्त विभिन्न उपाधियों के साथ भारतीय ग्रन्थों में मिलने वाले प्रथम मौर्य राजा के नाम का सामंजस्य स्थापित किया। सर विलियम जोंस ने (**William Jones**) ने 28 फरवरी 1793 में यूनानी इतिहासकारों के सैंड्रोकोट्स (**Sandrokattus**) और प्लूटार्क के एन्ड्रोकोट्स का तादात्म्य (क्षमता) चन्द्रगुप्त मौर्य से किया और भारत के महान सम्राट के विषय असमंजस को दूर किया। यूनानी लेखकों में फीलार्क्स ने जिस हिज्जे (सांड्रोकोट्टस) का प्रयोग किया है, वह शुद्ध नाम के सबसे करीब है। एथेनियस ने इसकी उद्धरणी की है। स्ट्रेबो और जस्टिन उसे सांड्रोकोट्टस कहते हैं।[18]

चाणक्य मौर्य साम्राज्य के उदभव एवं विकास में चाणक्य या जिसे कौटिल्य भी कहा जाता है, का महत्वपूर्ण योगदान था।

महावंश टीका में उल्लेख मिलता है कि 'चाणक्य' (चाणक) एक ब्राह्मण का पुत्र था। बाल्यकाल में ही उसके पिता की मृत्यु हो गई थी। उसकी माता ने ही उसका पालन किया। चाणक्य ने तक्षशिला से पाटलिपुत्र तक की लम्बी यात्रा ज्ञान की खोज में तथा साम्राज्य की राजधानी के शास्त्रार्थों में भाग लेने के उद्देश्य से (पुप्फपुरं गंत्वा) की थी।

किन्तु अधिकांश विद्वान चाणक्य को पाटलिपुत्र का ही निवासी मानते हैं। कहा जाता है कि पुष्पपुर में नन्दराज ने एक भुक्तिशाला बनवाई थी जिसमें ब्राह्मणों को दान दिया जाता था। चाणक्य भी वहाँ पहुँचा तथा प्रमुख ब्राह्मण के आसन पर बैठ गया। नन्दराजा प्रमुख ब्राह्मण के आसन पर एक कुरूप ब्राह्मण को देखकर क्रुद्ध हुआ और उसे आसन से उठा दिया। चाणक्य इस अपमान को सहन नहीं कर सका एवं नन्द वंश के विनाश की प्रतिज्ञा लेकर वहाँ से प्रस्थान किया। मुद्राराक्षस में कहा गया है कि राजा नन्द ने भरे दरबार में चाणक्य को उसके उस सम्मानित पद से हटा दिया संभवतः उसे अपमानित भी किया था। उसी समय चाणक्य ने शपथ ली कि "वह उसके परिवार तथा वंश को निर्मूल करके नन्द से बदला लेगा।" भ्रमण के दौरान उसकी चन्द्रगुप्त से विन्ध्य के जंगल में राजकीलम नामक खेल खेलते हुए बालक के रुप में भेंट हुई। चन्द्रगुप्त एवं चाणक्य के उद्देश्य समान थे, उन्होंने नन्द वंश के उन्मूलन की योजना बनाई।

I. **चन्द्रगुप्त एवं उत्तर–पश्चिम सीमा विजय** : रायचौधरी की मान्यता है कि पहले नन्द वंश का उन्मूलन किया बाद में पंजाब पर अधिकार किया एवं यूनानियों को लौटने को बाध्य किया।[19]

- इस कथन का आधार सम्भवतः यह रहा कि यूनानी सेनापति यूडेमस ई.पू. 317 पश्चिमोत्तर भारत में विद्यमान था। अतः पश्चिमी भारत में चन्द्रगुप्त का अधिकार ई.पू. 317 के बाद हुआ।
- सिकन्दर की मृत्यु ई.पू. 323 में हुई। इस समय तक पंजाब एवं सिन्ध पर यूनानियों का अधिकार बना रहा होगा। चन्द्रगुप्त ने इससे पूर्व ई.पू. 321 मगध पर अधिकार कर लिया था। इस तरह ई.पू. 321 में मगध की विजय की। तदुपरान्त पंजाब पर अधिकार किया। चन्द्रगुप्त पूर्वी भारत का निवासी था उसके लिए मगध पर अधिकार करना अधिक सरल था और पंजाब जैसे नए क्षेत्र में शीघ्र अपेक्षित सहयोग मिलना कठिन था।
- मुद्राराक्षस से जानकारी मिलती है कि मगध पर विजय प्राप्त करने में पोरस (पर्वतक या पौरू) राजा ने सहयोग प्रदान किया। थामस[20], मुखर्जी[20a] आदि विद्वानों ने पर्वतक का तादात्म्य पौरू से किया है। यह पर्वतक कदाचित वही व्यक्ति था जिसे यूनानियों ने राजा पोरस कहा है। पोरस का इस समय इतना महत्व था कि इसकी सहायता प्राप्त किए बिना उस प्रदेश में किसी युद्ध का बीड़ा नहीं उठाया जा सकता था। पौरू ई.पू. 317 तक झेलम एवं व्यास नदियों के मध्य शासक था और इसी वर्ष सम्भवतः यूडेमस द्वारा मार डाला गया। चन्द्रगुप्त का अधिकार इस क्षेत्र पर ई.पू. 317 के लगभग हुआ।

किन्तु राय चौधरी की मान्यता उचित प्रतीत नहीं होती, क्योंकि यह आवश्यक नहीं कि यूडेमस ई.पू. 317 तक पश्चिमी भारत में उपस्थित होने का तात्पर्य वह राजनीतिक सत्ता सम्पन्न भी था। थॉमस का मत अधिक उचित लगता है कि चन्द्रगुप्त एवं चाणक्य ने सर्वप्रथम पश्चिमी भारत पर ही अधिकार किया था।[21] पंजाब पर पहले अधिकार की मान्यता का कारण बौद्ध एवं जैन साहित्य रहा है। महावंश टीका में एक कथानक मिलता है कि चन्द्रगुप्त ने एक गुप्तचर के साथ किसी गाँव में एक वृद्ध के यहाँ शरण ले रखी थी, उसने रोटी खाते हुए बच्चे को, उसका हाथ जल जाने के कारण, उसकी माँ द्वारा झिड़कते हुए सुना। वृद्धा ने कहा था कि गरम फुलके को खाते समय किनारे से तोड़ना चाहिए। बीच में हाथ लगाने से हाथ जलेगा ही।[22] चन्द्रगुप्त ने इससे सबक सीखा कि उसका प्रारम्भिक प्रयत्न मगध की राजधनी में नहीं, भारतीय सीमा से होना चाहिए और अपने प्रयत्नों का तात्कालिक केन्द्र पश्चिमोत्तर सीमा को बनाया। कहा जाता है कि चन्द्रगुप्त एवं चाणक्य पंजाब के सीमावर्ती क्षेत्र को अधिकृत करने से पूर्व सम्भवतः मगध विजय का एक असफल प्रयास कर चुके थे। उस दौरान विन्ध्य क्षेत्र के आदिवासी **अखनवी सरदार अहिरिया** ने अपने सहयोगियों के साथ चन्द्रगुप्त मौर्य एवं चाणक्य का साथ दिया था किन्तु वे असफल रहे।

हेमचन्द्र के स्थविरावलिचरित तथा परिशिष्टपर्वन में भी ऐसे ही आख्यान मिलते हैं। विशाखदत्त ने मुद्राराक्षस में पूर्व रचनाओं में सुरक्षित अनुभूति को अधिक स्पष्ट एवं कलापूर्ण किन्तु ऐतिहासिकता को बनाए रखते हुए चन्द्रगुप्त मौर्य एवं पर्वतक की मित्रता का उल्लेख किया है। पंजाब पर पहले आधिपत्य के संकेत भी इस ग्रंथ में मिलते हैं, क्योंकि चन्द्रगुप्त की प्रारम्भिक कार्यवाहियों का केन्द्र पश्चिमी भारत ही था।

सिकन्दर ने स्वदेश लौटने से पूर्व अपने विजित क्षेत्रों पर भारत में रहते हुए क्षत्रप नियुक्त कर दिए थे। यहाँ उसके क्षेत्रीय विभाजन का वर्णन करना उचित होगा :

I. फिलिप को तक्षशिला का क्षत्रप नियुक्त किया था।

II. सिन्धु–चिनाब नदियों के संगम क्षेत्र पर राजा आम्भी का शासन था। बेवन[23] की यह धारणा उचित प्रतीत नहीं होती कि आम्भी एवं फिलिप का दुहरा शासन था। वस्तुतः भारतीय जनमत ने विदेशी आधिपत्य को स्वीकार नहीं किया। सिकन्दर के भारत सीमा से लौटने के साथ ही विदेशी क्षत्रपों को उखाड़ फेंका और फिलिप की ई. पू. 325 में हत्या कर दी गई। यद्यपि एरियन ने फिलिप

की हत्या का कारण 'यूनानीय' एवं 'मैसिडन' लोगों का आपसी द्वेष बताया है। परन्तु आर.के. मुखर्जी की मान्यता है कि यह जनता के विदेशी शासन के प्रति असन्तोष का परिणाम हो सकता है।[24]

III. सिन्धु नदी के पश्चिम में निचली काबुल घाटी (बैक्ट्रिया) एवं हिन्दुकुश प्रदेश का क्षत्रप निकानार था।[25] भारत सीमा पर सिकन्दर के आक्रमण प्रयास के दौरान ही उसकी ई.पू. 325 के लगभग हत्या कर दी गई।

IV. सिन्धु घाटी का निचला प्रदेश जो पश्चिम में हब तक फैला था, पिथोन को यहाँ का क्षत्रप नियुक्त किया गया।

V. झेलम एवं व्यास नदियों के मध्य क्षेत्र को किसी क्षत्रप के अधिकार में नहीं दिया बल्कि राजा पौरू ही यहाँ का शासक था। पौरु की पराजय के बाद उसका राज्य उसे वापस लौटा दिया गया था।

VI. भारत के बाहर काबुल घाटी का प्रदेश परोपनिसदे, जिसकी राजधानी सिकन्दरिया था, आक्सरिस के (Oxyaries) के आधिपत्य में था।

VII. कश्मीर घाटी जिस पर सम्भवतः सिकन्दर का नियंत्रण नहीं था, अभिसार को मान्यता प्रदान कर दी गई।

पूर्व में उल्लेख किया गया है कि चन्द्रगुप्त ने सिकन्दर से भेंट की थी, परन्तु सिकन्दर ने उसका वध किए जाने की आज्ञा दी। इससे चन्द्रगुप्त के स्वाभिमान को ठेस ही नहीं पहुँची बल्कि प्रतिशोध की भावना जागृत हुई। राष्ट्रीय एकता के लिए उसने विदेशी शासन अथवा क्षत्रपों का अन्त करने का निश्चय किया। यूनानी लेखकों में केवल जस्टिन इस घटना का उल्लेख करता है। उसके अनुसार सिकन्दर की मृत्यु के बाद भारत ने अपने कन्धों से दासता के बंधन को एक बारगी उठाकर अलग कर दिया और उसके प्रान्तीय शासकों को मृत्यु के मुँह में भेज दिया।[28] इस स्वाधीनता का श्रेय सेण्ड्रोकोट्टस को था। वस्तुतः विदेशी क्षत्रपों की हत्या स्थानीय लोगों के द्वारा विदेशी शासन को समाप्त करने का एक योजनाबद्ध प्रयास था। इस योजना के शिकार सर्वप्रथम निकानोर और, उसके बाद फिलिप बने इसके बाद उसके प्रदेश में दूसरा क्षत्रप नियुक्त नहीं किया जा सका।[27]

सिकन्दर की ई.पू. 323 में बेबिलोनिया में अप्रत्याशित मृत्यु हो गई। उसके सेनानायकों में दो विभाजन सन्धियाँ हुईं जिनके द्वारा साम्राज्य का विभाजन कर दिया गया। प्रथम सन्धि ई. पू. 323 बेबीलोनिया में हुई एवं द्वितीय ई.पू. 321 ट्रिपेरेडिसस (Triparadisus) में। दूसरी विभाजन सन्धि में सिन्धु नदी के पूर्व का कोई भारतीय प्रदेश साम्राज्य में सम्मिलित नहीं किया गया था। सिन्ध की निचली घाटी के यूनानी शासक पिथान को अपने प्रान्त से हटा कर सिन्ध–परोपनिसदे के मध्य क्षेत्र का संरक्षक नियुक्त किया। ऐसी स्थिति में भारत में यूडेमस रह गया था। किन्तु साम्राज्य में उसकी स्थिति नगण्य थी एवं विभाजनों में उसका कहीं उल्लेख तक नहीं था। स्पष्ट है कि, पंजाब में स्वतंत्र्याभिमानी जातियों का नेतृत्व एक विशिष्ट प्रतिभाशाली व्यक्ति के हाथों में आ गया था। जिसने ई.पू. 321 में ट्रिपेरेडिसस के द्वितीय विभाजन से पूर्व यूनानियों को सिन्धु से पार खदेड़ रखा था।[28] डी.डी. कोसंबी की मान्यता है कि, सिकन्दर के आक्रमण के बाद पंजाब के गणराज्य कमजोर हो गए और चन्द्रगुप्त के नेतृत्व में मगध की सेना को पूरे पंजाब पर विजय हासिल करने में किसी विशेष कठिनाई का सामना नहीं करना पड़ा।[29] गंगा घाटी के अधिकांश भाग पर मगध का पहले से ही अधिकार था। 'क्लासिकल स्त्रोत' इस बात का हवाला देते हैं कि सिकन्दर के वापस जाने से एक रिक्तता (Political vacuum) का माहौल कायम हो गया और इसके बाद चन्द्रगुप्त के लिए यूनानी दुर्गों पर अधिकार जमाना कठिन कार्य नहीं रहा।

चन्द्रगुप्त ने साम्राज्य विस्तार हेतु सेना का गठन किया जिसमें गांधार, यवन, शक, हूण, चीनी आदि लोगों को सम्मिलित किए जाने की जानकारी मुद्राराक्षस से मिलती है। मुखर्जी की मान्यता है कि सिकन्दर द्वारा छोड़ी गई सेना को परास्त कर चन्द्रगुप्त ने पंजाब पर अधिकार किया।[30] पंजाब पर सम्भवतः ई.पू. 322 में आधिपत्य किया होगा, क्योंकि ट्रेपेरेडिसस की संधि में भारतीय प्रदेश का उल्लेख नहीं था।

II. **नन्द वंश का उन्मूलन** बौद्ध साहित्य एवं पौराणिक ग्रन्थों से ज्ञात होता है कि चाणक्य ने नन्द वंश का विनाश किया तथा चन्द्रगुप्त को भारत का सम्राट बनाया। वायु पुराण एवं विष्णु पुराण[30] में विवरण मिलता है कि ब्राह्मण कौटिल्य नव नन्दों का नाश करेगा। इसी प्रकार के विवरण भागवत, मत्स्य, ब्रह्माण्ड आदि पुराणों में मिलते हैं। अर्थशास्त्र, मुद्राराक्षस, कथासरित्सागर, वृहत्कथामंजरी, कामन्दकनीतिशास्त्र आदि से भी इस तथ्य की पुष्टि होती है। परिशिष्टपर्वन में उल्लेख आया है कि चाणक्य अपने प्रथम आक्रमण में असफल रहा। अतः पहले सीमा प्रान्त को अधिकार में करना उचित समझा गया। फिर मगध पर आक्रमण किया एवं नवें धन नन्द का नाश कर क्षत्रिय मौर्य (खतिय–मोरिय) चन्द्रगुप्त को सकल जम्बू द्वीप का राजा बनाया। नन्द वंश के उन्मूलन की प्रक्रिया में चाणक्य ने चार बातों के महत्व को भली–भाँति समझा था–**जनमत**, **धन**, **सेना** एवं **राजकीय मैत्री**।

- मुखर्जी ने उल्लेख किया है कि नन्दों के विरुद्ध कार्यवाही से जनमत को अपने पक्ष में कर लेना कोई आश्चर्यजनक नहीं कहा जा सकता।
- महावंश टीका में वर्णन मिलता है कि विन्ध्य पर्वत के वनों में जाकर चाणक्य ने धन एकत्र करना प्रारम्भ किया और प्रत्येक कार्षापण के आठ कार्षापण बनाकर उसने 80 करोड़ कार्षापण एकत्र किए। इस सम्बन्ध में कोसंबी ने लिखा है, बताया जाता है कि मुद्रा का सर्वप्रथम अवमूल्यन स्वयं चाणक्य ने ही किया था। कहा गया है

कि उसने चाँदी की उतनी ही राशि से आठ गुणा अधिक सिक्के बनवाए थे।[30] परिशिष्टपर्वन से भी जानकारी मिलती है कि चाणक्य ने गुप्त धन की सहायता से सेना एकत्र की।

- चन्द्रगुप्त के अधिकार में पश्चिमी भारत पहले से था। पंजाब क्षेत्र से अनेक आयुद्ध जीवि जातियों को अपनी सेना में सम्मिलित किया होगा।[31] परिशिष्टपर्वन (VIII, 253-54) में कहा गया कि "नंद की सत्ता समाप्त करने के लिए जमीन के नीचे छिपाकर रखे गये धन की सहायता से चाणक्य ने चन्द्रगुप्त की सेना के लिए सैनिक भरती किए।"
- मगध सम्राट को परास्त करना सहज कार्य नहीं था, उसके विरुद्ध मित्र राज्यों का सहयोग अपेक्षित समझा गया। मुद्राराक्षस से ज्ञात होता है कि चन्द्रगुप्त ने हिमवतकुट के राजा पर्वतक पोरस (पौरू) से मित्रता की। मगध के विरुद्ध उसका सहयोग अवश्य मिला होगा। घोष ने लिखा है कि सिकन्दर का विश्वासपात्र बनकर पोरस (पौरू) पंजाब में सबसे शक्तिशाली हो गया था। उसके अन्तर्गत ऊपरी पंजाब से लेकर नन्द साम्राज्य के कुछ भाग तक का सारा प्रदेश आ गया था। इसलिए उसका उस संघ में एक मुख्य सामन्त के रूप में सम्मिलित किया जाना आवश्यक था। जिसके अध्यक्ष चन्द्रगुप्त का उद्देश्य मगध साम्राज्य पर आक्रमण कर उस पर अपना प्रभुत्व स्थापित करना था।[32] इस सम्पूर्ण क्रान्ति का संचालन चन्द्रगुप्त के अत्यन्त मेधावान एवं कूटनीतिज्ञ चाणक्य द्वारा किया जा रहा था।[33]

नंद की सैन्य शक्ति : धननन्द न केवल अपार सम्पत्ति के लिए प्रसिद्ध था बल्कि उसके पास विशाल सेना भी थी। कर्टियस का अनुमान है कि उसकी सेना में 2,00,000 पैदल सिपाही, 20,000 घुड़सवार, चार घोड़ों वाले रथ और 3,000 हाथी थे। मिलिन्दपन्हो में एक स्थल पर 100 कोटि सैनिक, 10,000 हाथी, 1 लाख घोड़े और 5,000 सारथी हताहत होने का जिक्र आया है। साथ ही नन्द के सेनापति भद्रशाल के मारे जाने की भी जानकारी मिलती है। यद्यपि हताहतों की संख्या अतिरंजित प्रतीत होती है किन्तु इस तथ्य से युद्ध की विभीषिका का अनुमान सहज ही लगाया जा सकता है। चन्द्रगुप्त मगध का सम्राट बना। प्लिनी के विवरण से ज्ञात होता है कि सिन्धु सरिता मगध राज्य की सीमा पर बहती थी, यह सम्भवतः सेल्यूकस से हुए संघर्ष के पूर्व की स्थिति थी।

III. सेल्यूकस के साथ युद्ध सेल्यूकस सिकन्दर का सेनापति था। उसका पिता एण्टिऔकोस, सिकन्दर के पिता और मेसीडोनिया के राजा फिलिप का सेनापति था। सिकन्दर की मृत्यु के बाद सेल्यूकस द्वारा साम्राज्य विभाजन के दौरान उसके सेनापति एण्टीगोनस को मिस्त्र भाग जाने के लिए बाध्य कर दिया गया एवं स्वयं ने निकेटर (विजय) की उपाधि धारण की। सेल्यूकस का ई.पू. 306 में बेबिलोन पर आधिपत्य हो गया। इस सफलता के बाद उसकी सामरिक शक्ति बहुत बढ़ गई थी उसने बैक्ट्रियनों को भी पराजित किया। उसके राज्य के पूर्वी प्रान्त भारतीय सीमा से लगे हुए थे। लगभग ई. पू. 305–304 में उसने सिकन्दर के समान भारत विजय की लालसा से आक्रमण किया किन्तु उस समय तक पूरी तरह आमूल परिवर्तन हो गया था। चन्द्रगुप्त जैसा शक्तिशाली नरेश भारत का सम्राट था। युद्ध में चन्द्रगुप्त ने सेल्यूकस को बुरी तरह पराजित किया। किन्तु दुर्भाग्य से भारतीय ग्रन्थकारों ने इसकी चर्चा नहीं की, मात्र पाश्चात्य लेखकों के विवरणों से ही इसकी जानकारी मिलती है। जस्टिन ने लिखा है–चन्द्रगुप्त से सन्धि करके और अपने पूर्वी राज्य को शान्त करके सेल्यूकस एण्टीगोनोस से युद्ध (ई.पू. 301) करने चला गया।[34]

जॉर्ज मैक्डानेल का कथन समीचीन प्रतीत होता है कि उक्त कार्यवाही रक्तहीन नहीं थी।[35]

- एपीयन के विवरण से इस विषय में कुछ अधिक जानकारी मिलती है। सेल्यूकस ने सिन्धु को पार किया एवं भारतीयों के राजा चन्द्रगुप्त (सेंड्राकोट्टस) से युद्ध किया किन्तु अन्त में सुलह करनी पड़ी और उसके साथ विवाह सम्बन्ध स्थापित किए।
- प्लूटार्क ने लिखा है कि राजा सेल्यूकस को सेण्ड्राकोट्टस ने 500 हाथी भेंट किए और 6 लाख सेना लेकर उसने (चन्द्रगुप्त) भारत विजय प्रारम्भ की।
- स्ट्रेबो का विवेचन सर्वाधिक महत्वपूर्ण है–परोपनिसदे (काबुल), ऐराकोसिया (कन्धांर), ग्रेडोसेनी (ग्रेड्रासिया–बलूचिस्तान) एवं एरिया (हेरात) चारों क्षेत्रा भारतीयों के अधिकार में थे, यद्यपि पहले इनके स्वामी ईरानी थे। सेल्युकस निकेटर ने इन्हें विवाह की शर्त (Epigamia) एवं बदले में 500 हाथी लेकर दे दिए।
- राय चौधरी ने लिखा है इसमें कोई संदेह नहीं कि आक्रमणकारी (सेल्यूकस) आगे नहीं बढ़ पाया और उसने चन्द्रगुप्त से हुई सन्धि को वैवाहिक सम्बन्धों से अधिक दृढ़ कर लिया।[36]
- स्मिथ की यह धारणा उचित प्रतीत होती है कि ग्रेड्रोसिया, एरिया, एराकोशिया तथा परोपनिसदे चन्द्रगुप्त को मिले तथा इसके पक्ष में भारतीय राजा को मात्र 500 हाथी देने पड़े, जिसकी पश्चिमी जगत् के शत्रुओं को परास्त करने हेतु आवश्यकता थी।[37]
- एपीयन ने सेल्यूकस एवं चन्द्रगुप्त के मध्य वैवाहिक सम्बन्धों के विषय में केडोस (Kedos) शब्द (वास्तविक विवाह संबंध) का उपयोग किया है, जबकि स्ट्रेबो इसके लिए अन्तर्विवाह सम्बन्ध (Epigamia) का उल्लेख (विवाह सम्बन्ध स्थापना के लिए सन्धि) करता है।

- जॉर्ज मेक्डॉनेल की मान्यता है कि केडोस का अभिप्राय वास्तविक विवाह सम्बन्ध है, परन्तु इपीगेमिया मात्र दोनों राजवंशों के मध्य स्वीकृत विवाह सम्बन्धों की प्रथा को सूचित करता है, अर्थात् सेल्यूकस ने राजकुमारी का विवाह चन्द्रगुप्त के साथ नहीं किया बल्कि दोनों राजवंशों को अन्तर्विवाह का अधिकार (**jus connubii**) दे दिया।[38] किन्तु युद्ध के अवसर पर स्ट्रेबो द्वारा प्रयुक्त विवाह सम्बन्ध के अधिकार का उल्लेख करने का कोई औचित्य प्रतीत नहीं होता, क्योंकि एपीयन ने विवाह सम्बन्धों का स्पष्ट उल्लेख किया है।
- आर.सी. मजूमदार ने लिखा है कि विजयी मौर्य शासक ने सम्भवतः अपने प्रतिद्वन्द्वी की बेटी से विवाह भी किया और अपने ससुर को पाँच सौ हाथी भेंट में दिए। कुछ यवन लेखकों ने इस भेंट को सेल्यूकस द्वारा दिए गए धनी प्रान्तों का मूल्य बताया है। किन्तु सेल्यूकस उस तुच्छ–सी भेंट के लिए उन धनी प्रान्तों को देने के लिए आसानी से बिना विवश किए, तैयार हो जाता? यह मानना उचित प्रतीत होता है कि चन्द्रगुप्त से हुए युद्ध में सेल्यूकस को मुँह की खानी पड़ी थी।[39]

इस तथ्य की पुष्टि अशोक के अभिलेखों से भी होती है। तेरहवें शिलालेख से ज्ञात होता है कि एण्टीयाकस थियोस अशोक का समकालीन (ई.पू. 261–246) नरेश था और उसका राज्य सीमावर्ती कहा गया है।[40] जैसा विदित है कि अशोक के अभिलेख कंधार क्षेत्र से अरामाइक (सीरियाई भाषा) प्राप्त हुये हैं।[41] कहा जा सकता है कि सेल्यूकस को पराजित करने से काबुल, कंधार, हेरात एवं बलूचिस्तान मौर्य साम्राज्य के अंग बने।

IV. दक्षिण विजय चन्द्रगुप्त के राज्यारोहण के पश्चात् उसके द्वारा भारत विजय से सम्बन्धित युद्धों के प्रत्यक्ष प्रमाण स्वदेशी विवरणों से नहीं मिलते। केवल प्लूटार्क ने लिखा है कि ऐण्ड्राकोट्टस (चन्द्रगुप्त) 6 लाख सेना लेकर सम्पूर्ण भारत विजय के लिए निकला एवं उसे अपने अधीन किया।[42] दूसरी ओर अशोक के अभिलेखों से सुदूर दक्षिण के चोल, पाण्ड्य, सत्यपुत्र, केरलपुत्र के अतिरिक्त समस्त दक्षिण पर अशोक के राज्याधिकार का निर्देश मिलता है। उसके द्वितीय एवं तेरहवें शिलालेख से विदित होता है कि उपरोक्त प्रदेश उसके सीमावर्ती राज्य थे[43] और अशोक ने केवल एक कलिंग विजय की थी। तेरहवें शिलालेख के अनुसार यह अशोक की अंतिम विजय कही गई है। स्पष्ट है कि, अशोक ने दक्षिण विजय नहीं की। अब प्रश्न उठता है कि क्या दक्षिणी प्रदेश साम्राज्य के अन्तर्गत बिन्दुसार ने सम्मिलित किए।

बिन्दुसार को 'अमित्रघात' (शत्रुओं का नाश करने वाला) कहा है। सम्भवतः अपनी विजयों के उपलक्ष में यह उपाधि ग्रहण की हो। आर्यमंजुश्रीमूलकल्प के लेखक हेमचंद्र एवं तिब्बती इतिहासकार तारानाथ (400 ई. लगभग) का कथन है कि चाणक्य बिन्दुसार के समय में भी मंत्रीपद पर प्रतिष्ठित था एवं चाणक्य ने सोलह नगरों के राजाओं एवं सामन्तों का विनाश कर बिन्दुसार को पूर्वी एवं पश्चिमी सागर के मध्य समस्त प्रदेश का स्वामी बना दिया। तारानाथ के कथन की अन्य साक्ष्यों से पुष्टि नहीं होती। रुद्रदामन के गिरनार शिलालेख में सौराष्ट्र का वर्णन चन्द्रगुप्त के साम्राज्य के एक प्रान्त के रूप में हुआ।[44] दूसरी ओर अशोक के तेरहवें शिलालेख में कलिंग विजय का उल्लेख मिलता है। परन्तु बिन्दुसार के दक्षिण में जाने का आभास किसी साक्ष्य से नहीं मिलता। वस्तुतः बिन्दुसार शान्त एवं आनन्दमय जीवन व्यतीत करने में विश्वास रखता था। एथेनियस का कथन है कि अमित्रघात (बिन्दुसार) ने सीरिया नरेश एण्टिआक्स को मदिरा, सूखे अंजीर तथा एक दार्शनिक भेजने का सन्देश भेजा था। अर्थात् उसके जीवन का बड़ा भाग सुरा सेवन तथा दर्शनिक वाद–विवाद में व्यतीत हुआ। उसने साम्राज्य में कोई नया प्रदेश जोड़ने के स्थान पर विशाल साम्राज्य को अक्षुण्ण बनाए रखना ही उचित समझा।

दक्षिण में मौर्य सेना स्पष्ट है कि बिन्दुसार ने दक्षिण विजय नहीं की एवं अशोक को यह पैतृक अधिकार के रूप में मिला। इससे निष्कर्ष निकाला जा सकता है कि दक्षिण भारत की विजय चन्द्रगुप्त ने ही की। चन्द्रगुप्त के दक्षिण से सम्बन्धित होने के अनेक साहित्यिक एवं अभिलेखिक प्रणाम मिलते हैं। दक्षिण में मौर्य सेना की उपस्थिति का उल्लेख तमिल कवियों ने किया है:

I. राय चौधरी ने डॉ. एस. कृष्णस्वामी आयंगर को उद्धृत करते हुए लिखा है कि, उन्हें तमिल ग्रन्थों में यह उल्लेख मिला है कि मौर्य लोग एक बड़ी सेना लेकर तिनवेली (Tinnevelly-Tirunelveli) जिले (तमिलनाडू) की पौडियिल पहाड़ी तक पहुँचे।

II. परणार या परमकोरनार तथा कलिल्ल आतिरायनार भी उक्त लेखक के मत का समर्थन करते हैं। चन्द्रगुप्त की अग्रिम सेना में कोशर कहे जाने वाले लड़ाकू लोग रखे जाते थे। आक्रमणकारी एलिलमलाई से होते हुए कोंकण तक गए थे (यह स्थान कन्ननौर (Kannuur) से 16 मील दूर है) इसके बाद कोंगु (कोयम्बटूर) की ओर चले गए। अन्त में मौर्य सेना पोडियिल पहाड़ी (मलय) की ओर मुड़ गई। इन उल्लेखों में 'बम्ब मोरियर' शब्द मिलता है जिसका आशय चन्द्रगुप्त मौर्य तथा उसके साथ हैं।[45]

III. इस तथ्य को और स्पष्ट करते हुए नीलकंठ शास्त्री ने लिखा है कि दक्कन मौर्य साम्राज्य का एक हिस्सा था और यह बात बिल्कुल साफ मालूम पड़ती है कि दक्कनी फौजें मौर्य सेनाओं के एक अंग के रूप में मोर्चा संभालती थीं।[46]

IV. बृहत्कथाकोष एवं भद्रबाहुचरित[47] से ज्ञात होता है कि जैन आचार्य भद्रबाहु ने बिहार प्रान्त में भयंकर दुर्भिक्ष पड़ जाने का कारण 12000 समर्थकों के साथ दक्षिण में प्रवास किया था। राजवलिकथा (कन्नड़ भाषा) में पाटलिपुत्र सम्राट चन्द्रगुप्त द्वारा राज्यभार अपने पुत्र को सौंपकर भद्रबाहु का अनुगमन करने का विवरण मिलता है। कहा गया है कि चन्द्रगुप्त ने भी कुछ वर्षों बाद उपवास द्वारा प्राण त्याग किया था।[48] हरिषेण द्वारा लिखित बृहत्कथा कोश (931 ई.) व रत्ननंदि के भद्रबाहु चरित (1450 ई.) के अनुसार पाटलिपुत्र के राजा चंद्रगुप्त शासन अपने बेटे को सौंपकर भद्रबाहु के शिष्य रुप में श्रवण बेलगोला गया, जो उसके राज्य का अंग रहा होगा।

V. इन साहित्यिक साक्ष्यों की पुष्टि दक्षिण से प्राप्त अभिलेखों से होती है। छह सौ ईस्वी के दक्षिण से प्राप्त अभिलेख में भद्रबाहु के साथ चन्द्रगुप्त मुनि का उल्लेख आया है। श्रीरंगपट्टनम् के समीप कावेरी के किनारे स्थित दो अभिलेखों में चन्द्रगिरि नामक पहाड़ी चोटी (**Hassan district-Karnataka**) जिसे आजकल कलबप्पू पहाड़ी कहते हैं, का वर्णन मिलता है जो भद्रबाहु एवं चन्द्रगुप्त मुनिपति के चरण चिन्हों से पवित्रांकित कही गई है।

VI. श्रवणबेलगोला से प्राप्त 1129 ई. का अभिलेख चन्द्रगुप्त एवं भद्रबाहु के साथ होने का उल्लेख करता है।[49] इसके अतिरिक्त श्रवणबेलगोला में पहाड़ी पर भद्रबाहु नाम की गुहा एवं प्राचीन मन्दिर है, मन्दिर के बाह्य भाग में भद्रबाहु एवं चन्द्रगुप्त के जीवन सम्बन्धी 90 दृश्य पाषाण पर उत्कीर्ण हैं एवं स्थानीय बस्ती चन्द्रगुप्त के नाम से विख्यात है। उल्लेखनीय है कि गंग वंश (400–788 ई.) के राजाओं ने श्रवणबेल गोला का मन्दिर व गोमतेश्वर की विशाल प्रतिमा बनवाई थी।

उल्लेखनीय है कि, अशोक के साम्राज्य में दक्षिण मैसूर तक का भाग सम्मिलित था, क्योंकि दक्षिण में सिद्दपुर, ब्रह्मगिरि, जटिंगरामेश्वर, कोपबल तालुक के गोविमठ, पालकीगुण्ड, मास्की एवं येर्रगुडी से अभिलेख प्राप्त हुए हैं जो मौर्य साम्राज्य के विस्तार को दर्शाते हैं।

हम जानते हैं कि चन्द्रगुप्त का राज्यारोहण ई.पू. 322 में हुआ एवं सेल्यूकस को ई.पू. 305 में परास्त किया था। अतः सत्रह वर्ष की लम्बी अवधि में चन्द्रगुप्त जैसा कर्मठ व्यक्तित्व शांति से बैठ नहीं सकता था। घोष ने लिखा है कि, इसमें तो सन्देह नहीं है कि वह एक साम्राज्यकामी चक्रवर्ती शासक था और उन दिनों भारत की राजनीतिक अवस्था भी कुछ ऐसी थी कि विशेषकर राज्य क्रान्ति के अनन्तर उससे उत्पन्न राजनीतिक परिस्थितियों के असाधारण उथल–पुथल के बीच शान्त रहना एक नव–प्रतिष्ठित राजकीय शक्ति के लिए अत्यन्त अलाभप्रद एवं पतन का कारण हो सकता था। अतः चन्द्रगुप्त के लिए यह बिल्कुल स्वाभाविक जान पड़ता है कि उसे स्थायित्व विन्ध्य–श्रृंखला के परवर्ती देशों में करने की आवश्यकता अवश्य प्रतीत हुई होगी।[50]

साम्राज्य का विस्तार चन्द्रगुप्त के साम्राज्य की सीमाएँ उत्तरी–पश्चिमी भाग में हिन्दुकुश एवं वर्तमान फारस (ईरान) की सरहद तक पहुँच गई थी। चन्द्रगुप्त का पश्चिमी भारत में साम्राज्य विस्तार का इतिहास क्रमिक है। सर्वप्रथम कदाचित उसने झेलम तक का पूर्वी पंजाब जीता, उसके उपरान्त शेष पंजाब और सिन्ध प्रदेश। राजतरंगिणी से प्रकट होता है कि कश्मीर पर अशोक का राज्य था। सम्भवतः कश्मीर चन्द्रगुप्त के समय से ही मौर्य साम्राज्य का अंग था। पश्चिमी भारत पर आधिपत्य हो जाने के बाद मगध पर आधिपत्य स्थापित किया जिससे मौर्य साम्राज्य के अन्तर्गत पूर्व में गंगा–डेल्टा से लेकर पश्चिम में व्यास नदी तक का सम्पूर्ण प्रदेश सम्मिलित हो गया। कालान्तर में चन्द्रगुप्त एवं सेल्यूकस के बीच युद्ध हुआ। इस युद्ध में चन्द्रगुप्त की विजय हुई और उसके परिणामस्वरूप चन्द्रगुप्त को परोपनिसद, एराकोशिया, ग्रेडोसिया और एरिया के प्रदेश प्राप्त हुए। स्ट्रैबो इस तथ्य की पुष्टि करता है, परोपनिसदे (काबुल), एराकोशिया (कंधार), ग्रेड्रोसिया (बलूचिस्तान), एरिया (हेरात) के क्षेत्र सेल्यूकस से चन्द्रगुप्त मौर्य को मिले, बदले में चन्द्रगुप्त ने 500 हाथी दिये एवं उसकी पुत्री हेलन से विवाह किया था। दक्षिण भारत विजय की विवेचना पूर्व में की गई है। मुद्राराक्षस के एक श्लोक से ज्ञात होता है कि चन्द्रगुप्त का साम्राज्य **चतुः समुद्रपर्यन्त** था। जहाँ तक पश्चिमी भारत का प्रश्न है वह निश्चित रूप से चन्द्रगुप्त के अधीन था। रुद्रदामन के जूनागढ़ अभिलेख से इस तथ्य की पुष्टि होती है। यहाँ चन्द्रगुप्त ने **पुष्यगुप्त वैश्य को अपना गवर्नर** नियुक्त किया था।

स्मिथ ने चन्द्रगुप्त के साम्राज्य विस्तार का विवेचन करते हुए लिखा है कि उसके साम्राज्य में आधुनिक अफगानिस्तान, हिन्दु–कुश घाटी, पंजाब, उत्तर–प्रदेश, बिहार, बंगाल, काठियावाड़ एवं नर्मदा पार के प्रदेश सम्मिलित थे।[51] इस प्रकार चन्द्रगुप्त ने विशाल मौर्य साम्राज्य की स्थापना की। यह आम धारणा है कि मौर्यों का मगध साम्राज्य एक केन्द्रीकृत नौकरशाही साम्राज्य था। इस तरह के साम्राज्य सैन्य बल और व्यक्तिगत पराक्रम की सहायता से ही निर्मित होते हैं। नए राज्य क्षेत्र में विस्तार नीति के कारण दुश्मनों की संख्या में वृद्धि स्वाभाविक बात है, इसलिए शासक वैवाहिक और कूटनीतिक गतिविधियों की सहायता से अपने मित्र बनाते थे। इसके अतिरिक्त यह भी माना गया है कि मानव शक्ति की बहुलता भी साम्राज्य निर्माण में सहायक सिद्ध होती है। प्राचीन रोमन साम्राज्य से मौर्य साम्राज्य की तुलना की जाती है।

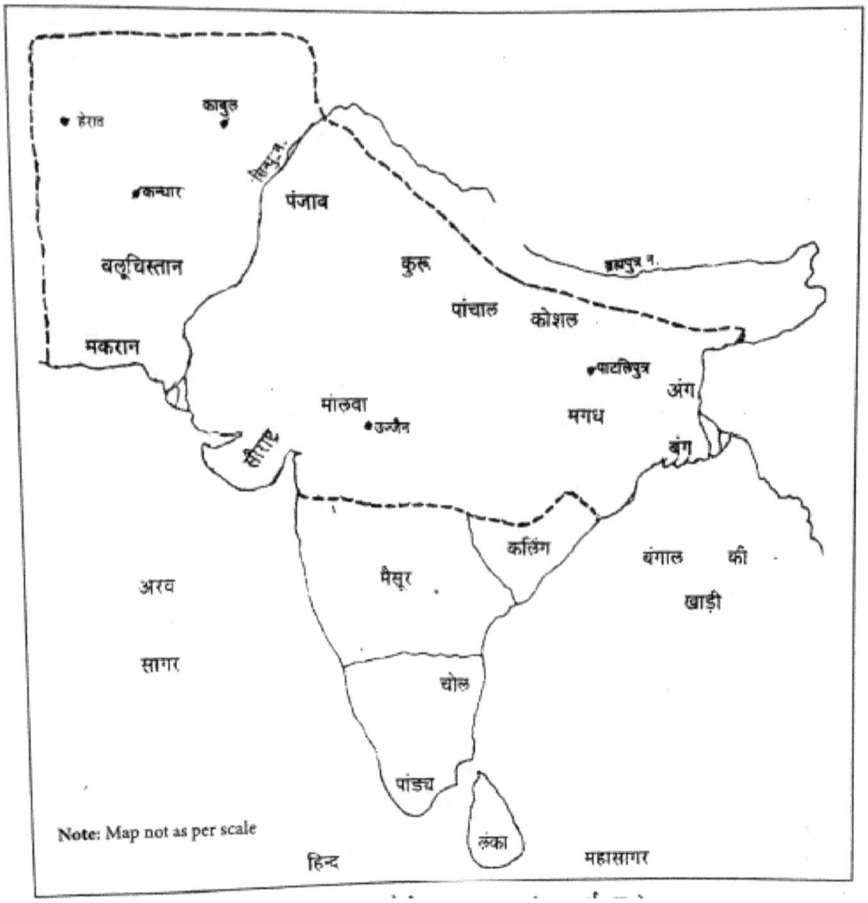

चित्र 25.1 चन्द्रगुप्त मौर्य का साम्राज्य (298 ई. पू.)

प्राचीन संस्कृत साहित्य में सम्राट को 'चक्रवर्ती' और उसके राज्य को 'चक्रवर्ती क्षेत्र' कहा गया है। राय चौधरी की मान्यता है कि उसने भारत की एकता स्थापित कर दी किन्तु उसकी सीमाओं से परे लोलुप दृष्टि से नहीं देखा। एरियन का एक कथन है (जिसका आधार मेगस्थनीज का विवरण प्रतीत होता है), "कहते हैं कि न्याय की भावना भारतीय राजाओं को भारत की सीमाओं के परे विजयें करने से रोकती है।" इस वाक्य से सूत्र रूप में मौर्यों की वैदेशिक नीति का निरूपण होता है। इस नीति का निर्माण वंश के संस्थापक ने किया और उसके वंशजों ने उसका अक्षरशः पालन भी किया था।

चन्द्रगुप्त की विजयों के परिणामस्वरूप भारत के अन्य देशों से सम्बन्ध घनिष्ट हुए विशेषकर पश्चिम (यूनान आदि) से यह सम्बन्ध और भी दृढ़ हुए। सेल्यूकस परिवार की एक महिला प्रसिआई (भारत का पूर्वी प्रदेश) राजा के महल में आई थी और एक यूनानी राजदूत उसके राजदरबार की शोभा बढ़ाता था। इधर से भी अनुकूल उत्तर मिला था। फाइलार्क्स (फीलाक्स) के प्रमाण पर एथेनियस बतलाता है कि भारतीय राजा ने सेल्यूकस को कुछ उपायन (उपहार) भेजे थे, जिनमें एक शक्तिशाली बाजीगर भी था। पाटलिपुत्र के महानगर में बहुत से यूनानी थे। उसकी सुख–सुविधा और रक्षा के लिए नगर से अधिकारियों की एक विशेष परिषद भी गठित की गई थी उनकी न्यायिक आवश्यकताओं की पूर्ति के लिए विशेष व्यवस्था की गई थी।[51]

(1) चन्द्रगुप्त की राज्यारोल तिथि यूनानी विवरणों से ज्ञात होता है कि ई.पू. 323 में सिकन्दर की मृत्यु हुई। इसके सेनापतियों के साम्राज्य बंटवारे हेतु की गई ई.पू. 321 की ट्रिपेरेडिसस की सन्धि में भारतीय क्षेत्रों का उल्लेख नहीं किया गया था। क्लासिकल इतिहासकारों ने चन्द्रगुप्त के जीवन की कई प्रसिद्ध घटनाओं का उल्लेख किया है और साथ ही उनके तिथिक्रम का भी कुछ संकेत दिया है। सिकन्दर की मृत्यु के बाद (अर्थात् ई.पू. 323 के बाद) उसने भारत के कन्धों से गुलामी का जुआ उतार फेंका। जब सेल्यूकस अपनी भावी महानता की नींव डाल रहा था, उस समय भारत में चन्द्रगुप्त राज्य करता था।[51] पंजाब पर अधिकार कर लेने के पश्चात् सम्भवतः ई.पू. 323 से ई.पू. 321 के मध्य अर्थात् ई.पू. 322 में उसका राज्यारोहण हुआ होगा।

(2) चन्द्रगुप्त के राज्यारोहण की इस तिथि की अन्य प्रमाणों से पुष्टि होती है। चीन कैण्टन नगर में रखे हुए एक प्रसिद्ध चीनी लेख जिसे "बिन्दुओं का लेख"[52] कहते हैं, इसमें भगवान बुद्ध के महापरिनिर्वाण के तिथिक्रम की वार्षिक बिन्दु सारणी दी हुई है। बिन्दु अंकन का कार्य

बुद्ध निर्वाण के एक वर्ष पश्चात् एक–एक बिन्दु लगाकर गणना की गई एवं यह प्रक्रिया 489 ई. तक चली। उक्त बिन्दुओं के लेख में कुल 975 बिन्दु मिलते हैं। इस आधार पर निर्वाण (975 + 1 – 489) = ई. पू. 487 में हुआ। महावंश के अनुसार अशोक का राज्याभिषेक निर्वाण के 218 वर्ष बाद अर्थात् (487 – 218) ई.पू. 269 निर्धारित होता है। उसके राज्यारोहण एवं पाटलिपुत्र में निहित राज्याभिषेक के बीच चार वर्ष का व्यवधान बताया गया है। इस प्रकार अशोक का राज्यारोहण (269 + 4) = ई.पू. 273 में हुआ। दूसरी ओर पुराणों के अनुसार चन्द्रगुप्त ने 24 वर्ष, बिन्दुसार ने 25 वर्ष अर्थात् दोनों ने (24 + 25) 49 वर्ष राज्य किया। इस आधर पर चन्द्रगुप्त का (273 + 49) ई.पू. 322 में राज्यारोहण हुआ।

बिन्दुसार (298 – 272 ई.पू.)

चन्द्रगुप्त की मृत्यु के बाद उसका पुत्र बिन्दुसार ई.पू. 298 में सम्राट बना। यूनानी लेखकों ने उसे 'अमित्रचेत्स' नाम से सम्बोधित किया है। पुराणों में बिन्दुसार को भद्रसाल, बारीसाल कहा है, जबकि चीनी ग्रंथों में बिन्दुपाल एवं जैन ग्रन्थों में सिंहसेन नाम मिलता है। यह भी जानकारी मिलती है कि बिन्दुसार प्रथम 'सिजेरियन' (सर्जरी से पैदा) शासक था। विद्वानों की मान्यता है कि अमित्रचेत्स का संस्कृत रूप 'अमित्रघात' है, जिसका अभिप्राय है शत्रुओं का वध करने वाला। सम्भवतः वह एक युद्धप्रिय शासक था। बहुत सम्भव है कि जिस वृहत् साम्राज्य का उत्तराधिकार उसे प्राप्त हुआ था, उसकी रक्षा करने के लिए उसे कई युद्ध करने पड़े हों। 'आर्यमंजुश्रीमूलकल्प' एवं तारानाथ के अनुसार चाणक्य बिन्दुसार के काल में भी कुछ वर्षों तक मंत्री पद पर आसीन रहा।

बिन्दुसार के सामरिक प्रयास :

1. तारानाथ ने लिखा है कि चाणक्य ने 16 राज्यों के राजाओं एवं सामन्तों का विनाश किया एवं बिन्दुसार को पूर्वी समुद्र से पश्चिम समुद्र पर्यन्त भू–भाग का स्वामी बनाया। सम्भवतः चन्द्रगुप्त की मृत्यु के पश्चात् कुछ राज्यों में मौर्य सत्ता के विरुद्ध विद्रोह हुए होंगे एवं चाणक्य ने उसका सफलतापूर्वक दमन किया।
2. उत्तरापथ की राजधानी तक्षशिला में विद्रोह होने का उल्लेख दिव्यावदान में मिलता है। इस विद्रोह को शान्त करने के लिए बिन्दुसार ने अपने पुत्र अशोक को भेजा था। कहा गया है कि राज्य के दुष्ट अमात्यों के अत्याचारों एवं अन्यायपूर्ण शासन से पीड़ित होकर तक्षशिला प्रान्त के अधिवासियों ने विद्रोह कर दिया। अशोक तक्षशिला पहुँचा तो उन लोगों ने अशोक से निवेदन किया कि न तो हम राजकुमार के विरुद्ध हैं और न राजा बिन्दुसार के, परन्तु दुष्ट अमात्य हमारा परिभव करते हैं।[53]
3. तक्षशिला में शांति स्थापना के पश्चात् उसने स्वश राज्य में प्रवेश किया। स्वश सम्भवतः नेपाल के निकट प्रदेश को कहा जाता होगा।
4. तारानाथ के अनुसार खस्या एवं नेपाल के लोगों ने विद्रोह किया और अशोक ने इन प्रदेशों को विजित किया था।

बिन्दुसार ने एशिया की यूनानी शक्तियों के साथ मैत्रीपूर्ण सम्बन्ध बनाए रखा। स्ट्रेबो के अनुसार सेल्यूकस के उत्तराधिकारी एण्टियोक्स प्रथम ने डायनेकस को बिन्दुसार के दरबार में अपना राजदूत बनाकर भेजा। प्लिनी ने उल्लेख किया है कि मिस्त्र के सम्राट टॉलेमी द्वितीय फिलेडेल्फस ने अपना एक राजदूत डायोनिसस को बिन्दुसार के दरबार में नियुक्त किया। एथेनियस के अनुसार बिन्दुसार ने अन्तियोक (एण्टियोक्स) सीरिया शासक के पास एक सन्देश भेजकर मीठी अंगूरी शराब, कुछ अंजीर तथा एक विद्वान् दार्शनिक (साफिस्ट या ऐल्वाभासी) भेजने के लिए लिखा था। प्रत्युत्तर में सीरिया के यवन नरेश ने शराब और अंजीर भेजकर यह अवगत करवाया कि अपने देश के विधान के अनुसार किसी भी मूल्य पर विद्वान् को क्रय कर भेजने पर प्रतिबन्ध है। दिव्यावदान से ज्ञात होता है कि आजीवक, परिव्राजक, बिन्दुसार की सभा को शोभित करते थे। इस ग्रन्थ में यह भी कहा गया है कि बिन्दुसार के शासन कार्य में सहयोग हेतु 500 सदस्यों की एक सभा थी। चाणक्य के बाद महामंत्री के पद को खल्लाटक एवं राधागुप्त ने शोभित किया।

बिन्दुसार के शासन काल में कुछ विद्वानों के अनुसार दो बार विद्रोह हुए जिनका उल्लेख दिव्यावदान में मिलता हैं। बिन्दुसार की मृत्यु के समय अशोक तक्षशिला में उत्तरापथ का राज्यपाल था। तक्षशिला में विद्रोह को दबाने के लिए अपने बड़े भाई सुसीम की जगह उसे भेजा गया, क्योंकि सुसीम असफल रहा था। अशोक को बिन्दुसार के प्रधानमंत्री राधागुप्त का समर्थन प्राप्त था। जब राजसिंहासन खाली हुआ तो उसने राधागुप्त की सहायता से उस पर कब्जा कर लिया। पुराणों के अनुसार उसने (बिन्दुसार ने) 24 वर्ष शासन किया। किन्तु महावंश में कहा गया है कि बिन्दुसार ने 27 वर्ष राज्य किया। आर.के मुखर्जी ने बिन्दुसार की मृत्यु तिथि ई.पू. 272 निर्धारित की है।

सन्दर्भ :

1. Mookerji R.K. : Chandragupta and His Times, "He is the First Indian king who established his rule over an extended India, an India greater than even British India."
2. स्पूनर, डी.बी. : जे.आर.ए.एस. 1915, पृ. 63–89.
3. स्मिथ : द ऑक्सफोर्ड हिस्ट्री ऑफ इण्डिया, पृ. 96.
4. विष्णुपुराणटीका, चन्द्रगुप्त नन्दस्यैव पत्यन्तरस्यमुरा संज्ञस्य पुत्र मौर्याणां प्रथमम्।
5. अष्टाध्यायी, 4/1/133; 4/1/151.

6. Mookerji R.K. : The Age of Imperial Unity, 1960, p. 55. "It has been suggested, however, that the term Kulahina means that he was only of lowly or humble birth, while the term Vrishala is sometimes used in the scense of a Vrisha or chief among king."
7. अर्थशास्त्र 15/1, येन शास्त्रं च शस्त्रं च नन्दराज गता च भू: अमर्षेणोद्धृतान्याशु तेन शास्त्रमिदं कृतम।
8. Mookerji, R.K. : Chandragupta and His Times. "Sandrocottus (Chandragupta) was the leader who achieved its freedom. We was born in humble life but was prompted to aspire to royalty be an omen, (Justin)."
9. रायचौधरी : प्रा.भा.रा.ई., पृ. 198.
10. थापर, रोमिला : अशोक तथा मौर्य साम्राज्य का पतन, पृ. 14.
11. महावशं, मोरियनं खतियानं वंसे जातं सिरीधरं चन्द्रगुत्तोति पन्जातं चणक्को ब्राह्मणो ततो नवमं धननन्दनत घातेत्वा चण्डकोधसा सकले जम्बुद्दीपम्हि रज्ज समभिंसिचिसो।
12. राय चौधरी : प्रा.भा.रा.ई., पृ. 197.
13. मुखर्जी आर.के. : चन्द्रगुप्त मौर्य और उसका काल, पृ. 30.
14. थापर, रोमिला, वही, पृ. 78.
15. थॉमस, एम.डब्ल्यू. : कैम्ब्रिज हिस्ट्री ऑफ इण्डिया, 1965, पृ. 423, पाद टिप्पणी 4.
16. मजूमदार आ.सी. : प्राचीन भारत, 1962, पृ. 85.
17. Mookerji R.K. : Chandragupta and His Times. "According to these traditions Chandragupta came of the Kshatriya clan of the Moriyas Kinsmen of the Sakyas."
18. नंद–मौर्य युगीन भारत, पृ. 153; यहाँ उल्लेखनीय है कि सर विलियम जोंस ने ही बंगाल की ऐशियाटिक सोसाइटी (Bengal Asiatic Society) की स्थापना की थी।
19. राय चौधरी : प्रा.भा.रा.ई., पृ. 198.
20. थॉमस : कैम्ब्रिज हिस्ट्री ऑफ इण्डिया, जि. 1, पृ. 424.

20a. मुखर्जी आर.के. : चन्द्रगुप्त मौर्य और उसका काल, पृ. 43.

21. Thomas F.W. : The Cambridge History of India, Vol- I, p. 424.
22. मुखर्जी आर.के. : द एज ऑफ इम्पिरियल यूनिटी, पृ. 59.
23. बेवन, ई.आर. : कैम्ब्रिज हिस्ट्री ऑफ इण्डिया, जि. 1, पृ. 343.
24. मुखर्जी आर.के. : चन्द्रगुप्त मौर्य एण्ड हिज टाइम्स, पृ. 49.
25. एरियन, 4/28/6.
26. Mookerji, R.K. : The Age of Imperial Unity, p.58. "India, after the Death of Alexander, had shaken off the yoke of servitude and put his governors to death. The author of this liberation was Sandrocottos." (Justin).
27. मुखर्जी आर.के. : चन्द्रगुप्त मौर्य एण्ड हिज टाइम्स, पृ. 50–51.
28. घोष, एन.एन. : प्राचीन भारत का इतिहास, 1962, पृ. 123.
29. कोसंबी डी.डी. : प्राचीन भारत की संस्कृति एवं सभ्यता, पृ. 174.
30. Mookerji : The Age of Imperial Unity, p. 59 "Although....... the army of occupation left behind by Alexander was thoroughly defeated by Chandragupta and he made himself master of the Punjab and Sind."

30a. विष्णुपुराण, 2/24/20–28.

30b. कोसंबी, वही, पृ. 206.

26 अशोक एवं उसका धम्म
(Ashok and His Dhamma)

ईसा से पहले की पाँच शताब्दियों में भारतीय इतिहास में जिन व्यक्तियों ने देश की गतिविधि और परिवर्तन की अनेक धाराओं को सबसे अधिक प्रभावित किया, उसमें अशोक का एक विशिष्ट स्थान है। किसी को वह ऐसा विजेता दिखाई देता है जिसने विजय के दुष्परिणामों को देखकर उसे त्याग दिया। किसी को वह संत दिखाई देता है, किसी को वह संन्यासी व सम्राट का मिश्रण नजर आता है। कोई उसे विद्वान् महान् राजनीतिज्ञ मानता है जिसमें मनुष्य को परखने की निराली शक्ति थी। इसके अलावा उसे अन्य अनगिनत रूपों में चित्रित किया गया है।[1]

अशोक के प्रारम्भिक जीवन के विषय में भिन्न–भिन्न ग्रन्थों में अलग–अलग विवरण मिलते हैं। अशोकावदान में चम्पा के ब्राह्मण की लड़की सुभद्रांगी को अशोक की माँ कहा गया है। एक राजकीय षड़यंत्र की वजह से उसे राजा से अलग रखा गया एवं अंत में राजा से मुलाकात होने पर जब उसने एक पुत्र को जन्म दिया तो उसके मुँह से निकला ''अब मैं दुःखों से मुक्त हूँ, अर्थात् अशोक।'' जब उसने दूसरे लड़के को जन्म दिया तो उसे 'वीताशोक' अर्थात् ''दुःख का अन्त'' नाम दिया गया। दिव्यावदान में उसकी माता का नाम जनपद कल्याणी बताया गया है। उसका जन्म **पाटलिपुत्र में ई.पू. 299** में हुआ। अशोकावदान के अनुसार उसका जन्म ई. पू. 304 में हुआ था, अशोक देखने में सुन्दर नहीं था। इसी कारण बिन्दुसार उसे पसन्द नहीं करता था। परन्तु उसके अन्य गुणों से प्रभावित होकर उसे अवन्ति का राज्यपाल (राष्ट्रिक) नियुक्त किया। सम्भवतः तक्षशिला में उसकी नियुक्ति उज्जैन में पदस्थापन से पूर्व हुई। अशोक के उज्जैन में राज्यपाल होने के बारे में महावंश से जानकारी मिलती है।[2] यह ग्रन्थ हमें उसके व्यक्तिगत जीवन की सूचना भी देता है। विदिशा नगरी में उसका प्रेम एक श्रेष्ठी कन्या से साथ हुआ, जिसका नाम 'देवी' था। उसके साथ विवाह से महिन्द्र (महेन्द्र) एवं संघमित्रा पैदा हुए, जिन्होंने लंका में बौद्ध धर्म के प्रचारार्थ भेजे गए शिष्टमण्डल का नेतृत्व किया। शास्त्री ने जिक्र किया है–सम्भव है अशोक ने सांची में स्तूप का निर्माण और संघाराम की स्थापना रूपवती देवी के जन्म स्थान के साथ अपनी मधुर स्मृतियों को सुरक्षित करने के लिए ही की हो।[3]

सम्राट अशोक (269 से 232 ई.पू.) बिन्दुसार सुसीम को अधिक स्नेह करता था एवं उसे उत्तराधिकारी बनाना चाहता था, अर्थात् अशोक युवराज नहीं था। अतः राज्य प्राप्ति के लिए राजकुमारों में संघर्ष हुआ। दिव्यावदान से जानकारी मिलती है कि बिन्दुसार ने मरते समय अपने बेटे सुसीम को राजा बनाने की इच्छा व्यक्त की, परन्तु मंत्रियों ने अशोक को राजा बनाया। अशोक को बिन्दुसार के मंत्री राधागुप्त का समर्थन प्राप्त हुआ। महावंश के अनुसार अशोक ने अपने बड़े भाई का वध करवाया। इसी ग्रन्थ में अन्यत्र 99 भाइयों के कत्ल का उल्लेख मिलता है। दीपवंश से भी इसकी पुष्टि होती है। रोमिला थापर की मान्यता है कि ऊपर दी गई 99 भाइयों वाली बात काल्पनिक लगती है। ऐतिहासिक तथ्य यह है कि बिन्दुसार की मृत्यु पर या इससे कुछ पहले राजकुमारों में राज्य प्राप्ति के लिए संघर्ष हुआ। अशोक ने इस संघर्ष में पूरा भाग लिया और उसे उन भाइयों को रास्ते से हटाना पड़ा, जो उसका विरोध कर रहे थे। तिब्बती तारानाथ के विवरण के आधार पर विद्वानों की मान्यता है कि उसने अपने 6 भाइयों का वध करवाया था। इससे 4 वर्ष के राज्यान्तराल की बात भी समझ में आ जाती है जो राज्यारोहण की समस्या को हल करने में लगा। ई.पू. 269 में ही अशोक ने अपनी स्थिति सुदृढ़ समझी और अनौपचारिक रूप से राज्याभिषेक करवाया।[4] महावंश में जहाँ उल्लेख किया है कि उसने अपने 99 भाइयों का वध किया,[5] परन्तु वहाँ यह भी लिखा है कि अपने सगे भाई तिस्स को छोड़ दिया और बाद में उसे उप–राजा बनाया। अन्य ग्रंथों में उसके भाइयों के कई नाम मिलते हैं, जैसे–वीताशोक, विगताशोक, सुदत्त व सुगत्र। महावंश ने यह भी विवरण दिया है कि तिस्स ने महाधम्मरक्खित नामक भिक्षु प्रचारक के प्रभाव में आकर धार्मिक जीवन अपना लिया। तारानाथ ने उल्लेख किया है कि अशोक ने अनेक वर्ष तक विलासमय जीवन बिताया और उसे 'कामाशोक' कहा जाने लगा। स्तम्भ लेख सात में अशोक कहता है, ''मैंने कुछ अफसर नियुक्त किए हैं जो मेरे अन्तःपुर के परिजनों को दान देने के लिए प्रेरित करेंगे और उस दान की उचित व्यवस्था करेंगे।'' अब यह देखिए कि वह इस प्रसंग में अपने परिवार के किन सदस्यों की चर्चा करता है। सबसे पहले तो वह अपना और अपनी रानियों का उल्लेख करता है। पर रानियों के तुरन्त बाद वह अपने अवरोधन का जिक्र करता है और कहता है कि अवरोधन के सदस्य सिर्फ राजधानी में नहीं रहते हैं बल्कि प्रान्तों में भी रहते हैं। तब उसके अवरोधन (अन्तःपुर) में रानियों के अलावा निचले दर्जे की स्त्रियाँ भी हुई।[6]

बौद्ध धर्म से पूर्व आखेट उसे अत्यन्त प्रिय था और वह मोर का मांस विशेष पसन्द करता था। मध्य प्रदेश वालों को मोर का मांस पसन्द है पर और लोग इससे घृणा करते हैं। इसलिए यदि अशोक जो मध्य प्रदेश का निवासी था, बहुत दिनों तक मोर का मांस खाना

नहीं छोड़ सका तो इसमें कोई आश्चर्य की बात नहीं है।[7] बौद्ध ग्रन्थों में विवरण मिलता है कि अन्तःपुर की स्त्रियों ने उसे कुरूप बताया। परिणामस्वरूप उसने सभी पाँच सौ स्त्रियों को जिंदा जलवा दिया। इस पर उसका नाम चण्डाशोक (निर्दयी अशोक) पड़ा। उसने कुछ व्यक्तियों को तैनात कर दिया था, जिनका कार्य निश्चित स्थान पर निर्दोष लोगों को पकड़ कर भयंकर यातनाएँ देना था। फाह्यान ने लिखा है कि अशोक ने स्वयं इन नारकीय स्थानों की निरीक्षण किया और यातना की विधियों का अध्ययन किया। ह्वेनसांग ने अशोक के 'नरक' का स्तम्भ देखे जाने का उल्लेख किया है। बौद्ध ग्रंथों में अशोक की क्रूरता को बढ़ा चढ़ाकर बताया जाना स्वाभाविक था।

कलिंग विजय (261–260 ई.पू.) अशोक ने सर्वप्रथम कश्मीर पर आक्रमण किया एवं विजय करके उसे अपने साम्राज्य में मिलाया। अपने राज्याभिषेक के आठ वर्ष पश्चात् उसने कलिंग विजय की। कुछ विद्वानों के अनुसार राज्याभिषेक के नवें वर्ष में कलिंग पर आक्रमण किया। कलिंग का कुछ हिस्सा नन्द काल में मगध राज्य का अंग था। सम्भवतः नन्द वंश के पतन के बाद कलिंग ने मगध से अपना सम्बन्ध विच्छेद कर लिया। प्लिनी के अनुसार कलिंग जाति के लोग समुद्रतटीय प्रदेश में रहते थे और कलिंग की राजधानी का नाम पार्थलिश था।[8] यह प्रदेश बंगाल की खाड़ी के तट पर वैतरणी और लांगुलीय नदियों के मध्य एवं अशोक के साम्राज्य के बंगाल प्रदेश से लेकर कृष्णा तथा गोदावरी तक के क्षेत्र में विस्तृत था। महाकाव्यों एवं पुराणों में कलिंग के उत्तर में वैतरणी नदी, पश्चिम में अमरकंटक की पहाड़ियाँ तथा दक्षिण में महेन्द्रगिरि की पहाड़ियाँ स्थित बताई जाती हैं। आधुनिक ओडीसा एवं आन्ध्र प्रदेश के कुछ भागों से इसकी समता स्थापित की जा सकती है।

मगध साम्राज्य की सुरक्षा की दृष्टि से कलिंग को जीतना आवश्यक था। तारानाथ ने नाग अथवा समुद्री प्रेतात्माओं की चर्चा की है, जिन्होंने अशोक के जवाहरात चुराकर उसे परेशान किया। कुछ विद्वानों के अनुसार दक्षिण के साथ सीधे सम्पर्क के लिए समुद्री और स्थल मार्ग पर मौर्यों का नियंत्रण आवश्यक था। कलिंग के अस्तित्व से समुद्री तथा स्थल मार्ग से होने वाले व्यापार में रुकावट पड़ सकती थी। बंगाल से दक्षिण को जाने वाले व्यापारिक मार्ग इस प्रदेश से होकर गुजरते थे। अतः मगध साम्राज्य के लिए इस प्रदेश पर अधिकार करना आवश्यक हो गया। कौटिल्य के विवरण से ज्ञात होता है कि दक्षिण के साथ व्यापार अधिक लाभप्रद था।

प्लिनी के अनुसार युद्धकाल में कलिंग के राजा की 60 हजार पैदल, एक हजार घुड़सवार तथा सात सौ की गज सेना राज्य की रक्षा के लिए थी। मेगस्थनीज के समय से लेकर अशोक के समय तक सम्भवतः कलिंग के राजा ने अपनी सेना में पर्याप्त वृद्धि कर ली थी।[9] अशोक के साथ हुए कलिंग युद्ध में हताहतों की संख्या ढाई लाख से बताई गई है, जैसा तेरहवें शिला प्रज्ञापन से ज्ञात होता है। एक लाख आहत हुए और डेढ़ लाख बन्दी बनाये गए और उससे भी अधिक संख्या में मरे।[10] बिन्दुसार की मृत्यु ई.पू. 272 में हुई एवं अशोक का राज्यारोहण चार वर्ष पश्चात् हुआ। अंतराल को छोड़कर अशोक ने राज्यारोहण की तिथि ई.पू. 269–68 निर्धारित होती है। तेरहवें शिलालेख के प्रारम्भ में ही कहा गया है कि अशोक के शासन काल के नवें वर्ष अर्थात् ई.पू. 260 में यह घटना घटित हुई।

थॉमस का विचार है कि अशोक का बौद्ध धर्म में प्रवेश कलिंग युद्ध के तुरन्त बाद हुआ। यह उसके शासन के नवें वर्ष की घटना है और वह ग्यारहवें साल के अन्त में सक्रिय बौद्ध बन गया और बौद्ध संघ का सदस्य बनने पर जगह–जगह भ्रमण किया।[11] किन्तु रोमिला थापर ने कलिंग युद्ध के बाद अशोक के बौद्ध धर्म परिवर्तन को एकदम नाटकीय रूप से स्वीकार नहीं किया है। क्योंकि यदि यह घटना इतनी भव्य होती तो लंका के भिक्षुओं ने इसकी खूब चर्चा की होती। लंका के इतिवृत्तों में कलिंग युद्ध का जिक्र नहीं है।[12] दूसरी ओर राय चौधरी ने थामस का समर्थन करते हुए लिखा है कि मगध तथा समस्त भारत के इतिहास में कलिंग की विजय एक महत्वपूर्ण घटना थी। इसके बाद मौर्यों की विजयों तथा राज–विस्तार का वह दौर समाप्त हो गया जो बिम्बिसार द्वारा अंग राज्य को जीतने के बाद से आरम्भ हुआ था। इसके बाद एक नए युग का सूत्रपात हुआ। यह युग शान्ति, सामाजिक प्रगति तथा धार्मिक प्रचार का युग था। इसके साथ–साथ इसी समय राजनीतिक स्थिरता तथा कदाचित सेना की अकुशलता भी दिखाई पड़ने लगी। सैनिक अभ्यासों तथा कवायद–परेड के अभाव में फौज की सामरिक भावना दिन–ब–दिन मरने सी लगी। यहीं से सैन्य विजय की दिग्विजय का युग समाप्त हुआ तथा आध्यात्मिक विजय या 'धम्म विजय' का युग आरम्भ हुआ।[13] चतुर्थ प्रज्ञापन से जानकारी मिलती है कि कलिंग युद्ध में हुए नर–संहार तथा विजित देश की जनता के कष्ट से अशोक की अन्तरात्मा को तीव्र आघात पहुँचा। युद्ध की भीषणता का अशोक पर गहरा प्रभाव पड़ा। अशोक ने शांति की नीति को अपनाया।[14] कलिंग युद्ध से अशोक के ह्रदय को भारी आघात पहुँचा। युद्ध के लगभग एक वर्ष पश्चात ई. पू. 261 में उसने कहा था ''ये मैंने क्या कर डाला?'' तेरहवें शिलालेख में वह घोषित करता हैः 'कलिंग के विजेता देवों के प्रिय को अनुशय (अनुशोचन या पछतावा) है। इस विवरण से स्पष्ट है कि कलिंग युद्ध से अशोक के जीवन में आमूल परिवर्तन हुआ, किन्तु ह्रदय परिवर्तन का प्रभाव धीरे–धीरे हुआ। उल्लेख मिलता है कि अशोक कम–से–कम दो वर्ष पूर्व बौद्ध हो गया था, ''ढाई वर्ष पूर्व में एक साधारण उपासक था, पर मैंने उद्योग नहीं किया था। एक वर्ष से कुछ अधिक हो गया जब मैं संघ में रहा हूँ और मैंने उद्योग किया है।''[15]

कलिंग की प्रजा तथा उसकी सीमा पर रहने वाले लोगों के प्रति कैसा व्यवहार किया जाए, इस दृष्टि से दो आदेश जारी किए गए जो धौली एवं जौगड़ (शिलालेख) नामक स्थानों पर सुरक्षित हैं। ये आदेश उच्च अधिकारियों को सम्बोधित करते हुए लिखे गए हैं ''सम्राट का आदेश है कि प्रजा के साथ पुत्रवत् व्यवहार हो, जनता को प्यार किया जाए, अकारण लोगों को कारावास का दण्ड या यातना न दी जाए। जनता के साथ न्याय किया जाना चाहिए, सीमान्त जातियों को आश्वासन दिया गया कि उन्हें सम्राट से कोई भय नहीं करना चाहिए।

''ममियाये अस्वसेयुच मे सुखंमेव च लहेयु ममते नो दुखं। हेवं च पापुनेयु खमसति न लाजा।।''

द्वितीय पृथक कलिंग शिलालेख–जौगड़

उन्हें राजा के साथ व्यवहार करने से सुख ही मिलेगा कष्ट नहीं। राजा यथाशक्ति उन्हें क्षमा करेगा, वे धम्म का पालन करें। यहाँ उन्हें सुख मिलेगा और मृत्यु के बाद स्वर्ग।[16] हिद लोगिक–पाल लोकिकाये हेवं चकलन्तं स्वगं च। इस प्रदेश को जीत लेने के उपरान्त उसे एक कुमारामात्य विषय बना दिया गया, जिसका शासन स्वयं उसका पुत्र तोसली को केन्द्र मानकर करने लगा।

धार्मिक आस्था अशोक की धार्मिक आस्था का प्रश्न पर्याप्त विवादास्पद रहा है। विद्वानों ने अशोक के अभिलेखों में उल्लिखित 'धम्म' का कई प्रकार से विश्लेषण किया है। इस विवादास्पदता का मूल कारण यह रहा है कि अभिलेखों में सीधे–सीधे 'धम्म' की शिक्षाएँ मिलती हैं, जिनके आधार पर 'धम्म–विजय' करने का प्रयास करता है। उसके धम्म के सिद्धान्तों में बौद्ध धर्म के प्रमुख सिद्धान्तों का उल्लेख नहीं मिलता। इस बात का विवेचन करने से पूर्व उस समय की ऐतिहासिक पृष्ठभूमि का विश्लेषण करना उचित होगा। रोमिला थापर ने लिखा है कि अशोक स्वप्नदर्शी नहीं था, न वह ऐसा पैगम्बर था जिसने बौद्ध धर्म विषयक अथवा किसी और तरह की विशेष संबोधि प्राप्त की थी, न ही हम इस मत से सहमत हैं कि अशोक के विचार उसके समय से बहुत आगे थे। उनकी असफलता का कारण उनकी असामयिक अभिव्यक्ति थी। अगर हम अशोक का अध्ययन मात्र एकाकी घटना के रूप में न कर, उस समय की ऐतिहासिक पृष्ठभूमि में करें तो उसकी 'धम्म नीति' के कारण और प्रयोजन सहज स्पष्ट हो जाएँगे। उसके युग का निकट से अध्ययन करने के लिए यह आवश्यक है कि हम मौर्यों की पृष्ठभूमि इस युग में बौद्ध धर्म के विकास और बौद्ध धर्म और अशोक के विचारों के बीच सम्बन्धों पर दृष्टिपात करें।[17] जिन तथ्यों ने अशोक के जीवन को प्रभावित किया उनका संक्षेप में उल्लेख करना उचित होगा।

समसामयिक परिस्थितियाँ मौर्य सम्राटों की अपने युग के विचारों एवं प्रवृत्तियों में अत्यधिक अभिरुचि थी।

- उसके शासन से कुछ समय पूर्व जैन एवं बौद्ध धर्म का उदय हुआ। चन्द्रगुप्त ने जैन धर्म ग्रहण कर लिया था एवं राज्य त्याग कर एक सच्चे जैन भिक्षु रूप में उपवास द्वारा शरीर त्याग दिया। इसी तरह अशोक का अरूढ़िवादी बौद्ध एवं विचारधाराओं के प्रति आकर्षित होना स्वभाविक था।
- चन्द्रगुप्त न केवल जैन परम्परा से ही प्रभावित था बल्कि उसके दरबार में यूनानी राजदूत भी रहे थे, जैसा विदित है कि सेल्यूकस का मित्र मेगस्थनीज चन्द्रगुप्त के दरबार में रहा था। मौर्य वंश के शासकों पर यूनानी प्रभाव पड़ना स्वभाविक था।
- चन्द्रगुप्त एवं सेल्यूकस के मध्य वैवाहिक सम्बन्धों से भी इन्कार नहीं किया जा सकता। एपीयन ने सेल्यूकस एवं चन्द्रगुप्त के मध्य वैवाहिक सम्बन्ध (Kedos) का उल्लेख किया है। इस संबंध से एकाधिक यूनानी स्त्रियाँ मौर्य दरबार में अवश्य आई होंगी। मौर्य दरबार में अनेक प्रजातीय मिश्रण ने मौर्य शासकों को पर्याप्त उदार बना दिया। परिणामस्वरूप चन्द्रगुप्त मौर्य के उत्तराधिकारियों में उदारवादी विचारों का विकास होना उचित था।
- पूर्व में उल्लेख किया गया है कि अशोक को बिन्दुसार के शासन काल में हुए विद्रोह का दमन करने हेतु तक्षशिला भेजा गया। तक्षशिला नगर न केवल बौद्ध शिक्षा का श्रेष्ठ केन्द्र था अपितु भारतीय–यूनानी बौद्धिक जीवन का सम्मिश्रण स्थल भी था। इसके अतिरिक्त यहाँ अनेक प्रमुख राजमार्ग आकर मिलते थे। अशोक पर प्रबुद्ध भारतीय एवं विदेशी विचारकों का प्रभाव अवश्य पड़ा होगा। उस जैसे प्रतिभाशाली व्यक्ति की इस सह–अस्तित्व ने काफी हद तक परस्पर एकता और आदर की भावना को उजागर किया होगा।
- मौर्य शासकों को जैनों एवं यूनानियों के समान आजीविकों ने भी प्रभावित किया। प्रारम्भ में गर्भाधान के समय और बाद में अशोक के जन्म के समय एक आजीविक भिक्षु ने ही उसके विषय में भविष्यवाणी की थी, अर्थात् अशोक के लिए रूढ़िवादी सिद्धान्तों के विपरीत एक अन्य दार्शनिक विचारधारा को अपनाए जाने का वातावरण विद्यमान था।
- मौर्य काल से पूर्व ही ब्राह्मण धर्म में कई तरह की जटिलताएँ प्रवेश कर गईं और दार्शनिक चिन्तन एवं कर्मकाण्ड दोनों में बहुत दुरुहता आ गई थी। दार्शनिक चिन्तन की एक दूसरी प्रवृत्ति ने ऐसे सम्प्रदायों को जन्म दिया जिन्होंने विश्व के स्वरूप को अनेक उपायों द्वारा समझने का प्रयत्न किया, जिनमें प्रमुख थे–**बौद्ध**, **आजीविक** एवं **निर्ग्रन्थ**। इनमें न केवल ब्राह्मणवादी जटिलता का अभाव था बल्कि इन्होंने साधारण जन–समुदाय को भी प्रभावित किया। अशोक का इनसे प्रभावित होना उचित ही था। तीनों में बौद्ध धर्म शिक्षायें अधिक आकर्षित करने वाली थी। इसके मध्यम मार्ग को सरलता से समझा जा सकता था। इसमें सांसारिक जीवन से एवं जीवन–मरण के चक्र से मुक्ति के उपाय निहित थे। एक अशिक्षित व्यक्ति भी इसे सरलता से समझ सकता था। बौद्ध धर्म की सरल उपासना विधि एवं रीतियों के कारण भी ब्राह्मण धर्म से अलग विशेष पहचान बनाने में सफल रहा।
- मौर्य साम्राज्य एक शक्तिशाली शासक के अधीन, कुशल नौकरशाही द्वारा प्रशासित, व्यापक और अच्छे संचार साधनों से परस्पर जुड़े होने से केन्द्रीकृत था। रोमिला थापर ने उस युग में विशाल साम्राज्य को नियन्त्रित करने के दो मार्ग सुझाए हैं– एक उपाय था, जो अशोक के समकालीन शी–हुआंगती ने चीन में अपनाया, उसने सैन्य शक्ति, आत्मदेवत्व और बहुत से अन्य साधनों द्वारा कठोर नियंत्रण स्थापित किया था। दूसरा, विभिन्न सम्प्रदायों में एक नए मत में अपना विश्वास प्रकट करना एवं सम्प्रदायों के सार संग्रह (सारभूत या खास बातों) को भी स्वीकार करना। अशोक ने

इसको चुना जिसे अठारह सौ वर्ष बाद अकबर ने भी अपनाया था। एक नया मत अपनाने और उसका सक्रिय प्रचार करने से छोटी–छोटी इकाइयों को जोड़ा जा सकता था। विजित प्रदेश को इस उपाय द्वारा संगठित किया जा सकता था। यदि नया मत अनिच्छुक जनता पर लादा न जाए। स्वयं बौद्ध उपासक बन जाने पर भी उसने इस बात पर जोर नहीं दिया कि सब लोग बौद्ध धर्म स्वीकार करें, बल्कि वह सब धर्मों का सार संग्रह चाहता था। इस तरह वह अन्य धर्मावलम्बियों के विरोध से ही नहीं बचा अपितु सभी धर्मों के लोगों को अपने पक्ष में करने में सफल रहा। अशोक ने चक्रवर्ती (सम्पूर्ण जम्बूद्वीप सम्राट) के आदर्श के अनुरूप आचरण किया।

- अशोक को सिंहासन के लिए पर्याप्त संघर्ष करना पड़ा था। इस प्रक्रिया में ब्राह्मण वर्गों से अधिक समर्थन नहीं मिला था, अर्थात् बौद्ध एवं आजीविक वर्गों ने ही उसका अधिक समर्थन किया। इसके अतिरिक्त ब्राह्मणों द्वारा स्थापित सामाजिक नियमावली के अन्तर्गत समाज के निम्न वर्गों के कल्याण का मार्ग नहीं था। चार वर्णों में सबसे निम्न वर्ण को नए सम्प्रदाय अधिक आकृष्ट करने लगे। वैश्य जो यद्यपि उच्च श्रेणी में सम्मिलित थे लेकिन ब्राह्मणों एवं क्षत्रियों की तुलना में निम्न थे। व्यापारी वर्ग द्वारा ब्राह्मणवाद का विरोध समाज के अन्य सम्प्रदायों के लिए प्रेरणा स्त्रोत बन रहा था। अतः सबके लिए समान रूप से उपादेय बौद्ध, आजीविक सम्प्रदायों को प्रश्रय प्रदान किया जाना उचित था। इस व्यवस्था में समाज के निम्न वर्गों के विकास के समुचित अवसर मौजूद थे।
- मौर्य सम्राटों ने भारत को एकता के सूत्र में बाँधने का सफल प्रयास किया। मौर्य साम्राज्य के विस्तार ने ऐसी विस्तृत नागरिकता को जन्म दिया, जिसका सम्बन्ध मात्र स्थानीय घटनाओं से न था। राज्य व्यवस्था की जटिलता के कारण सम्राट को ऐसी सृजनात्मक या रचनात्मक नीति का निर्माण करना जरूरी था जिसके अन्तर्गत बड़े साम्राज्य, जिनमें अर्थव्यवस्था तथा धर्मों की अनेकरूपता थी, और सैन्य शक्ति के कम–से–कम प्रयोग की आवश्यकता थी। इस पर नियंत्रण केवल सेना के बल पर नहीं हो सकता था। इसका विकल्प ऐसी नीति का प्रचार एवं प्रसार था जो कि सैद्धान्तिक आधार रखती हो तथा समाज के सभी वर्गों पर प्रभाव डाल सकती हो। बौद्ध धर्म इस परिस्थिति के लिए ब्राह्मण धर्म से ज्यादा उपयुक्त था, क्योंकि इसने एक से अधिक व्यापक या कई तरह की सामाजिक चेतना अथवा जागरुकता पर बल दिया।
- इसके साथ ही बौद्ध धर्म में खर्चीले अनुष्ठानों की भी आवश्यकता नहीं थी। नए सम्प्रदाय ने ब्राह्मणों के प्रभुत्व को नकारा और बलि तथा कर्मकाण्डों का विरोध किया। बौद्ध मत द्वारा सामाजिक सम्बन्धों में समान मानवता का विचार का प्रचार निर्धन वर्गों को अपनी ओर आकृष्ट करने लगा। कहा जा सकता है कि अशोक की धम्म नीति के अनुशीलन में तत्कालीन अनेक बातों ने प्रभावित किया।

विभिन्न विचार एवं अशोक का धम्म अशोक की धम्मनीति में बौद्ध धर्म के प्रमुख सिद्धान्तों का उल्लेख नहीं मिलता अर्थात आर्य **सत्य चतुष्टय**, **प्रतीत्य समुत्पाद**, **आर्य आष्टांगिक** मार्ग एवं निर्वाण। यही अशोक की धम्म सम्बन्धी विवादास्पदता का मूल कारण है।

I. प्रारम्भ में एच.एच. विल्सन ने उसके बौद्ध मतावलम्बी होने पर विवाद उठाया और एडवर्ड थॉमस ने यह विचार रखे कि अशोक पहले जैन था, पर बाद में वह बौद्ध हो गया। राजतरंगिणी में कल्हण ने अशोक को 'जिन' का अनुयायी कहा है जिसके आधार पर मध्यकालीन इतिहासकार अबुज फजल ने उसे तीर्थंकर महावीर का अनुयायी मान लिया। किन्तु 'जिन' की उपाधि जितेन्द्रिय के लिए प्रयुक्त होती है जो महात्मा बुद्ध की भी उपाधि थी। सम्भवतः इसी अर्थ में कल्हण ने इसका प्रयोग किया था।

II. दीक्षितार की मान्यता है कि अशोक ब्राह्मण धर्म को मानता था, क्योंकि उसने बौद्ध चैत्यों के साथ शिव मन्दिरों का भी निर्माण करवाया था।[18] परन्तु शिव मन्दिरों का निर्माण उसकी सब धर्मों के प्रति सम्मान की भावना को दर्शाता है। इस आधार पर उसे ब्राह्मण धर्मावलम्बी नहीं कहा जा सकता। उसके अभिलेखों से प्राप्त विवरणों से भी इस बात की पुष्टि नहीं होती।

III. तारानाथ ने अशोक को तांत्रिक बौद्ध कहा है, किन्तु उस काल तक तांत्रिक बौद्ध धर्म के उद्‌भव के कोई प्रमाण नहीं मिलते। यद्यपि उस समय मातृदेवी की पूजा का प्रचलन था तथापि बौद्ध धर्म में इस पूजा पद्धति का प्रवेश नहीं हुआ था।

IV. डॉ. आर.के. मुखर्जी का कथन है कि "यह सभी धर्मों का सार है (चट्टान लेख 12)– जिसे वह अपनी प्रजा के किसी भी वर्ग को आघात पहुँचाए बिना सब पर समान रुप से लागू कर सके।[19] अपने विस्तृत साम्राज्य के साधनों को किसी विशेष धर्म के प्रचार के उपयोग करने का दोषी अशोक को नहीं ठहराया जा सकता।[19] किन्तु अशोक के धम्म सिद्धान्तों में सभी धर्मों के सिद्धान्त नहीं मिलते। ब्राह्मण धर्म में हिंसा का तीव्र विरोध नहीं देखा जाता जबकि अशोक प्राणिमात्र के प्रति दया तथा सहानुभूतिपूर्ण व्यवहार की अपेक्षा करता था।

V. इस सन्दर्भ में फ्लीट का विचार है कि शिला एवं स्तम्भ लेखों का धम्म किसी भी तरह बौद्ध धर्म नहीं था। बल्कि वह केवल 'राजधर्म' अर्थात् राजाओं के लिए बताए गए कर्तव्यों का संग्रह था।[20] दूसरे शब्दों में शिला एवं स्तम्भ लेखों में आये धम्म शब्द को राजाओं का साधारण धर्म माना गया है जो धर्मशास्त्रों में राजधर्म सम्बन्धी प्रकरण में मिलता है।

VI. परन्तु फ्लीट के मत को अधिक समर्थन नहीं मिल पाया। क्योंकि अशोक ने जिस धम्म की चर्चा अपने शिला और स्तम्भ प्रज्ञापनों में की है, वह उसके अपने या उसके अफसरों के आचरण के लिए अभिप्रेत नहीं है बल्कि उसकी प्रजा के आचरण के लिए अभिप्रेत (intended) है। इस

प्रकार यह धम्म सम्भवतः राजधर्म नहीं हो सकता। राजधर्म में तो राजा और उसके अफसरों के कर्तव्य संगृहीत होते हैं, प्रजा के नहीं।[21]

VII. डॉ. स्मिथ ने उल्लेख किया है कि उसने उपदेश की शक्ति में आश्चर्यकारक श्रद्धा रखते हुए जिस धर्म का अनवरत प्रचार और प्रसार किया, यदि उसमें मत भिन्नता सूचक विशेषताएँ थीं तो वे बहुत कम थीं। यह सिद्धान्त सारतः सब भारतीय धर्मों में विद्यमान था। चाहे एक सम्प्रदाय या पंथ इसके किसी एक अंश विशेष पर बल देता हो।[22] स्मिथ ने अन्यत्र लिखा है कि अभिलेखों का धर्म हिन्दू धर्म ही है अन्तर सिर्फ इस कारण है कि उस पर बौद्ध धर्म का प्रभाव है या यह कहना अधिक ठीक होगा कि इसमें वे नैतिक विचार भरे पड़े हैं, जिनके आधार पर बौद्ध धर्म खड़ा हुआ, जिनका हिन्दू धर्म में गौण स्थान है।[23]

VIII. सेनार्ट की मान्यता है कि अशोक धम्म वास्तव में बुद्ध द्वारा प्रचारित मौलिक बौद्ध है। सदियों के दौरान जो कई सिद्धान्तों की परतें चढ़ती गईं, उसे हम आज बौद्ध धर्म के रूप में जानते हैं। उनके अनुसार अशोक के आदेश लेखों तथा धम्म पद के नैतिक विचारों में समता है और दोनों में समान पदों का समान अर्थों में प्रयोग है। इससे यह प्रकट है कि दोनों बौद्ध सिद्धान्तों और नैतिक विकास का एक ही सोपान है।[24] रीजडेविड्स ने सेनार्ट के मत से सहमति प्रकट करते हुए अशोक को बौद्ध धर्मावलम्बी स्वीकार किया है।[25] भण्डारकर ने सेनार्ट एवं रीजडेविड्स का समर्थन करते हुए लिखा है कि अशोक के बौद्ध होने की अनेक स्त्रोतों से पुष्टि होती है।[26]

बौद्ध उपासक अशोक के बौद्ध होने का उल्लेख अनेक साहित्यिक ग्रन्थों में मिलता है। बौद्ध ग्रन्थों में उसके धर्म परिवर्तन के बारे में अनेक कथाएँ मिलती हैं। लंका के साहित्यिक विवरणों में एक कथा मिलती है, जिसके अनुसार निग्रोध अशोक के सबसे बड़े भाई सुसीम (सुमन भी नाम आया है) का बेटा था, जिसे अशोक ने राज्य प्राप्ति के झगड़े में मार दिया। इसका जन्म पिता की मृत्यु के बाद और अशोक की राज्य प्राप्ति के वर्ष में हुआ था। वह विशेष अनुमति पाकर सात वर्ष की आयु में भिक्षु बन गया एवं उसने सम्राट को धर्म दीक्षा दी। उससे प्रभावित होकर ही अशोक ने बौद्ध धर्म ग्रहण किया।[27] दीपवंश में भी ऐसा ही कथानक आया है। दिव्यावदान में अशोक के धर्म परिवर्तन के बारे में एक और आख्यान मिलता है जिसका उल्लेख **ह्वेनसांग** ने भी किया है। अशोक ने पाटलिपुत्र में गिरिकों के निरीक्षण में एक जेल की स्थापना की, जहाँ बन्दियों को कई प्रकार की कड़ी यातनाएँ दी जाती थीं। किन्तु समुद्र नामक एक भिक्षु जो पूर्व में श्रावस्ती में व्यापारी था, को जेल में डाल दिया गया। परन्तु वह अपनी अद्‌भुत शक्ति के कारण बच निकला। यह सुनकर अशोक ने भिक्षु से सम्पर्क किया। उसके चमत्कारों से प्रभावित होकर वह बौद्ध धर्म का अनुयायी बन गया। अशोकावदान में विवरण मिलता है कि अशोक को बौद्ध धर्म से परिचित करवाने वाला समुद्र नामक एक बारह वर्षीय वणिक पुत्र था। सामन्तपासादिका से भी इसकी पुष्टि होती है।

बौद्ध धर्म में आस्था फाह्यान, ह्वेनसांग, इत्सिंग आदि चीनी यात्रियों ने अशोक को बौद्ध कहा है। इत्सिंग ने अशोक की एक प्रतिमा ई.पू. सातवीं शताब्दी में देखी थी, इसमें सम्राट को भिक्षु वेश धारण किए हुए होने का उल्लेख किया गया है। अशोक के अभिलेखों में उसके बौद्ध होने का विवरण मिलता है। तिथिरहित भाब्रू अभिलेख में संघ को सम्बोधित किया गया है एवं सम्राट बौद्ध धर्म में आस्था प्रकट करता है। इसमें अनेक बौद्ध ग्रन्थों का उल्लेख है जिनसे सब बौद्ध भिक्षुओं का साधारण उपासकों से परिचित रहना जरूरी था। कहा गया है? ''मगध का राजा प्रियदर्शी संघ का अभिवादन करता है कि (उसे) विघ्नहीनता और विहार (सुख) हो। भदंतो, हमारा बुद्ध धर्म और संघ में जितना गौरव एवं श्रद्धा है वह आपको विदित है।''[28]

धम्मयात रुम्मिनदेई की स्तम्भ लेख सम्राट की लुम्बिनी वन की तीर्थ यात्रा का स्मरण कराता है। बुद्ध का जन्म स्थल होने के कारण यह एक पवित्र स्थान माना जाता है। इसकी यात्रा उन चार तीर्थ यात्राओं में से एक थी, जिनकी यात्रा करना हर बौद्ध उपासक के लिए अपेक्षित था। उसने सबसे पहले लुम्बिनी से 13 मील दूर कनकमुनि स्तूप की यात्रा 244 ई.पू. के लगभग की। वहां अशोक स्तंभ स्थित है। उसने लुम्बिनी ग्राम को बलि (उद्बलिक) अर्थात कर से मुक्त कर दिया एवं भूमिकर को घटाकर आठवां भाग रहने दिया।[29] निगलिसार अभिलेख से ज्ञात होता है कि उसने कनक मुनि स्तूप का संवर्धन करवाया।[30] यह भी कहा गया है कि बुद्ध के अवशेषों को संगृहीत करवाकर उसने पुनर्वितरित करवाया एवं उन पर 84,000 स्तूप या चैत्य निर्मित करवाए।

अपने राज्यकाल के दसवें वर्ष में बोधि वृक्ष के दर्शन करने के उद्देश्य से अशोक ने बोधगया की यात्रा की। धम्म प्रचार के उद्देश्य से किए गए उसके देश भ्रमण को 'धम्मयात' कहा गया है। अशोक ने शिकार और आमोद–विहार की परम्परागत यात्राओं का निषेध किया और उसके स्थान पर 'धम्म' के सिद्धान्तों का प्रचार करने का बीड़ा उठाया। दिव्यावदान के अनुसार बौद्ध धर्मानुयायी होने पर अशोक पाटलिपुत्र स्थित कुक्कुटाराम बौद्ध विहार में उपगुप्त के साथ गया। विद्वानों ने उसका यात्रा क्रम इस प्रकार बताया है—लुम्बिनी, कपिलवस्तु, सारनाथ, श्रावस्ती, बौद्ध गया, कुशीनगर। अशोक ने पाटलिपुत्र में अशोकाराम विहार का, बौद्ध भिक्षु इन्द्रगुप्त के साथ बौद्ध संगीति के समय निरीक्षण किया। नीलकण्ठ शास्त्री के अनुसार उसने अन्य स्थानों की यात्राएँ ई.पू. 244 से शुरू की होंगी।

सारनाथ, साँची एवं कोसम के अभिलेख में भिक्षुओं एवं भिक्षुणियों को चेतावनी दी गई है कि यदि वे संघ में फूट डालने की कोशिश करेंगे तो उनका बहिष्कार कर दिया जायेगा।[31] बौद्ध होने के नाते अशोक संघ के कार्यों में एकता के लिए चिंतित है और इस अभिलेख द्वारा यह स्पष्ट करने का प्रयास किया गया है कि बहुमत विरोधी तत्वों को सहन नहीं किया जाएगा।

तृतीय बौद्ध संगीति कुक्कुटाराम विहार पाटलिपुत्र 250 ई. पू. अशोक के राज्याभिषेक के सत्रहवें वर्ष में बौद्ध संगीति का अधिवेशन उसके शासनकाल की दूसरी महत्वपूर्ण घटना थी। दीपवंश में इसका उल्लेख मिलता है। यह अधिवेशन बौद्ध धर्म के कई सम्प्रदायों में सामंजस्य और विभिन्न दृष्टिकोण में समन्वय स्थापित करने के लिए किया गया। बुद्ध धर्म के नाम पर वे अपने–अपने अधर्मों का प्रचार करते थे। अनाचारों से संघ में बड़ी अव्यवस्था उत्पन्न हो गई थी। यह अव्यवस्था सात वर्षों तक जारी रही। इस काल में 'उपोसथ' बिना गणपूर्ति में होते रहे। ''पुण्यात्मा, विदग्ध (निपुण) और सदाचारी व्यक्तियों ने उपोस्थों में आना बन्द कर दिया था।[32] उस समय बौद्ध धर्म में 18 मत–मतान्तरों का प्रचलन था। जिनमें प्रमुख थे–स्थविरवाद, माहसांघिक, हैमवत, वृजिपुत्रक, धर्मोत्तरीय, भद्रयाणीय, सम्मितिय सर्वास्तिवादी, महीशासक, धर्मगुप्त, काश्यपीय, सौत्रान्तिक, प्रज्ञाप्तिवादी, चैतीय लोकोत्तरवादी, एक व्यावहारिक और गोकुलिक। इन्हें समाप्त कर बौद्ध धर्म को स्थापित करना आवश्यक प्रतीत हो रहा था। इसकी बैठक **मोग्गलिपुत्ततिस्स** जबकि उत्तरी ग्रन्थों के अनुसार उपगुप्त की अध्यक्षता में पाटलिपुत्र में ई.पू. 250 में हुई।[33] विद्वानों की मान्यता है कि संगीति महापरिनिर्वाण के 236 वर्ष बाद एवं अशोक के अभिषेक के सत्रहवें वर्ष में आयोजित हुई। उक्त अधिवेशन नौ मास तक चला एवं तिस्स के नेतृत्व में संगीति ने **स्थविरवाद** का समर्थन किया एवं अधिवेशन के निर्णयों को **'कथावत्थु'** नामक ग्रन्थ में प्रमाणस्वरूप संकलित किया गया।

धम्म प्रचारक अधिवेशन के अन्त में अध्यक्ष ने धर्म प्रचारार्थ दूर देशों में बौद्ध दूत भेजे। दीपवंश एवं महावंश में विवरण मिलता है कि मध्यान्तिक को हिमालयवर्ती क्षेत्र में (कश्मीर–गन्धार), महादेव को महिसमण्डल (मैसूर), सौण एवं उत्तर को सुवर्ण भूमि (बर्मा अर्थात् म्यांमार) भेजा गया। महाधम्मरक्षित एवं महारक्षित क्रमशः वनवासी एवं अपरान्त भेजा गया और महेन्द्र, संघमित्रा, सम्बल तथा भद्रसाल सिंहल द्वीप (श्रीलंका) गए।[34]

प्रचारक देश में भेजे गये

1.	महेन्द्र–संघमित्रा	–	सिंहल (श्रीलंका)
2.	सम्बल, भद्रसाल तथा मञ्सिान्तिक	–	कश्मीर वं गंधार
3.	महारक्खित	–	युनानदेश
4.	महाधर्मरक्षित	–	महाराष्ट्र क्षेत्र
5.	महादेव	–	महिषमण्डल (मैसूर)
6.	रक्षित	–	बनवासी (कर्नाटक)
7.	सोण व उत्तरा	–	सुवर्णभूमि वर्मा (म्यानमार)

इस तरह अशोक की बौद्ध धर्म के लिए यह महान् देन थी। इसके उपरान्त भी उसमें संकीर्ण साम्प्रदायिकता नहीं थी। इसका प्रमाण यह है कि उस समय जब परिषद् बहुमत विरोधी वर्गों की छंटाई करने में और अन्य सम्प्रदायों पर प्रहार करने में व्यस्त थी, अशोक ने अपने राज्य काल के बीसवें वर्ष में बराबर पहाड़ियों में आजीविकों को एक और गुफा दान की। स्पष्ट है कि यद्यपि अशोक बौद्ध था तथापि वह अन्य सम्प्रदायों, यहाँ तक कि बौद्ध धर्म विरोधी सम्प्रदायों के कल्याण के प्रति उदासीन नहीं था। अशोक को श्रेय है कि राज्य का अध्यक्ष होने के नाते वह संरक्षण में निष्पक्ष होने के उत्तरदायित्व के प्रति सचेत था।[35]

धम्म महामात्यों की नियुक्ति (258–257 ई.पू.) राज्यारोहण से तेरहवें वर्ष में पाँचवें शिलालेख से 'धम्म महामात्यों' की नियुक्ति का ज्ञान होता है। धर्ममहामात्रों के कार्य समाज के किसी एक वर्ग तक सीमित नहीं थे। उल्लेख मिलता है कि ये समाज के एक छोर से दूसरे छोर तक पूरी श्रृंखला में व्याप्त है।[36] वे धर्ममहामात्य सर्वत्र मेरे विजित (जीती हुई समस्त पृथ्वी पर) में धर्मयुक्तों पर, यह निश्चय करने के लिए कि मनुष्य धर्म मिश्रित है अथवा धर्माधिष्ठित है धर्म महामात्यों की नियुक्ति का लक्ष्य था कि 'धम्म' की उन्नति का संदेश समाज के प्रत्येक सदस्य तक पहुँचाया जाए। ''ये धम्म महामात्य सब सम्प्रदायों के बीच धर्म में रत लोगों तथा योन, कम्बोज, गांधार और अपरान्त की जातियों के बीच धर्म की स्थापना तथा वृद्धि, उनके हित और सुख के लिए नियुक्त थे।

''सव्रपषडेषु वपुट ध्रमध्थिनये च ध्रमवध्रिय।

हिदसुखये च ध्रमधिथयोन–कंबोज गधरनरठिक पितिनिकन ये व पि अञे'' ।।

वे स्वामी और सेवकों, ब्राह्मणों और वैश्यों, अनाथों और वृद्धों को उनकी कठिनाइयों में सहायता देने के लिए नियुक्त थे। वे न्यायालयों द्वारा दिए गए दण्डों पर पुनर्विचार करते थे। प्रत्येक मामले में परिस्थिति विशेष को, जैसे– अपराध के पीछे उद्देश्य क्या था, अपराधी के बच्चे हैं या नहीं, उसे दुष्प्रेरणा किसने दी और वह वृद्ध या जवान, आदि को ध्यान में रखकर दण्ड कम कर देते या एकदम माफ कर देते थे। वे पाटलिपुत्र में और बाहर के नगरों में राजा के भाईयों, बहिनों और अन्य रिश्तेदारों के अन्तःपुरों में नियुक्त थे। वे साम्राज्य में धर्म और दान का नियमन करते थे।'' सातवाँ स्तम्भ लेख उनके कर्तव्यों पर और भी प्रकाश डालता है।

ब्रह्मगिरि लघु शिलालेख द्वारा सम्बोधन आर्यपुत्रों (दक्षिणी स्वर्णगिरि के राज्यपाल) एवं महामात्यों को सम्बोधित करते हुए कहा गया है, ''स्वर्ण गिरि (या कनकगिरि–कोलार स्वर्णखदान क्षेत्र) के महामात्य को आरोग्य कहा जाए। इस प्रकार कहा जाए कि देवों का प्रिय (देवों का प्रियदर्शी अशोक राज)[37] इस प्रकार आज्ञा देता है कि, ढाई वर्षों से अधिक हुआ मैं उपासक हुआ था।

अढ़ातियानि वसानि य हकं ––सके नोतुप्पो बाढ़ प्रकते हुस एकं सवघरं तु खो संवद्दरे य मया लंघे उपयीते

किन्तु मैंने विशेष उपक्रम नहीं किया। एक वर्ष से अधिक हुआ कि मेरे द्वारा संघ में आया गया और मेरे द्वारा प्रक्रम हुआ। इस काल तक जम्बू द्वीप में (देवों के प्रिय) देवों से अमिश्रित हुए मनुष्य, देवों से मिश्रित कर दिए गए हैं।[38] इस अभिलेख से स्पष्ट होता है कि अशोक बौद्ध उपासक था, एवं धर्ममहामात्यों को धर्म प्रचारार्थ नियुक्त किया गया। जो इस दृष्टि से पराक्रम किए जाने को

दर्शाता है। महामात्यों द्वारा समाज में धम्म के प्रचार के अतिरिक्त परस्पर समन्वय एवं सद्भावनापूर्ण वातावरण तैयार करने का कार्य भी किया जाता था।

धम्म का प्रसरण अशोक ने न केवल भारत बल्कि विदेशों में भी धम्म प्रचार के प्रयास किए थे। द्वितीय एवं पंचम शिला लेखों से ज्ञात होता है कि धम्म के प्रचारार्थ अनेक बौद्ध भिक्षुओं को विदेशों में भेजा गया। चतुर्थ शिलालेख[39] से विदित होता है कि युद्धभेरी सदैव के लिए शान्त कर दी गई और साम्राज्य विस्तार की नीति त्याग दी गई।

"धंम–चरणेन भेरीधोसो अहो धंमधोसो"

पड़ोसी राज्यों के साथ मैत्रीपूर्ण सम्बन्धों की स्थापना एवं धम्म द्वारा विजय की संकल्पना धम्म के सिद्धान्त के न्याय संगत विकास का परिणाम कही जाएगी। विजय से अशोक का तात्पर्य विदेशी भूमि पर वास्तविक अधिकार या नियंत्रण नहीं था। विजय शब्द का अर्थ है देश विशेष द्वारा धम्म सिद्धान्तों की स्वीकृति। इस प्रकार वह यूनानी राज्यों, जैसे–सीरिया, मिस्त्र, सायरीन, मेसिडोनिया और एपिरस का उल्लेख ऐसे देशों के रूप में करता है जिन पर धम्म विजय प्राप्त की जा चुकी थी।[40]

अन्तर्राष्ट्रीय सम्बन्ध एवं पश्चिम एशिया में प्रचारक (1) तेरहवें शिला प्रज्ञापन में सीरिया के अंतियाकस द्वितीय थियोस (एण्टीयोकस थियोस ई.पू. 261–246), जिसका राज्य पश्चिम एशिया तक विस्तृत था। इसके साम्राज्य की सीमा अशोक के साम्राज्य से लगी हुई थी, का उल्लेख मिलता है। सेल्युकस से सन्धि में प्राप्त प्रदेश मौर्य साम्राज्य में बने रहे। हिन्दुकुश, तक दक्षिण का आधा अफगानिस्तान और जिसे ब्रिटिश बलूचिस्तान कहा जाता था, सभी मौर्य साम्राज्य में सम्मिलित थे। (2) मिस्त्र के तुरमाय अर्थात् टॉलेमी फिलाडेल्फस (ई.पू. 285–247) से अशोक के सम्बन्ध थे। टालेमी द्वारा अलेक्ज़ेड्रिया में संग्रहालय बनवाये जाने की जानकारी मिलती है। टालेमी नाम से कई राजाओं ने मिस्त्र पर शासन किया था। मिस्त्रसम्राट ने एक शिष्ट मण्डल डायोनिसस के नेतृत्व में मौर्य दरबार में भेजा था।

मिस्त्र में कुछ ऐसे पत्थर प्राप्त हुए हैं जिन पर स्पष्ट ही बौद्ध चिन्ह धर्मचक्र और त्रिरत्न मिलते हैं, परन्तु उन पर कोई लेख नहीं खुदा है। अतः उनके समय का निर्णय नहीं किया जा सकता है। सम्भवतः अशोक की प्रचार मण्डली से उनका कोई सम्बन्ध हो। किन्तु मेंफिस शहर (गीजा पठार से 20 कि.मी. दक्षिण) नील के डेल्टा प्रदेश स्थित मिस्त्र (**Lower egypt**) में 3150 ई. पू. 2613 ई. पू. तक सभ्यता का केन्द्र था। में कुछ भारतीय मूर्तियाँ मिली हैं, जो साँचों में ढली हुई हैं। इनका निर्माण काल ई.पू. 200 है। ये मूतियाँ सम्भवतः इनके सम्बन्ध की प्रतीक है।[41]

(3) अन्तेकिन अर्थात् अन्तिगोनस गोन्टास (ई.पू. 276–239) मक्दूनिया (मेसिडोनिया) के शासक से भी अशोक के राजनीतिक सम्बन्ध थे। (4) सायरीन या सीरेन का मग (मैगस) ई.पू. 300 से 250 शासक था। (5) एपीरस का सिकन्दर (अलिक सुन्दर) एक यूनानी राजा था, जिसका तादात्म्य कुछ विद्वान् कारिन्थ के सिकन्दर (ई.पू. 252–244) से करते हैं।

दक्षिण में धम्म विजय तेरहवें शिलालेख में यह भी विवरण मिलता है कि सम्राट ने अपने राज्य तथा समस्त सीमान्त प्रदेशों में और छह सौ योजन तक धम्म का प्रचार किया अथवा धम्म की विजय की। अन्य सीमान्त प्रदेशों में दक्षिण में स्थित राज्यों को सम्मिलित किया गया है। द्वितीय शिलालेख में चोल, पाण्ड्य, सतियपुत्र और केरलपुत्र एवं ताम्रपर्णी का विवरण सीमान्त राज्यों के रूप में मिलता है।[42]

चोल के उत्तर में आन्ध्र, दक्षिण में पाण्ड्य राज्य स्थित थे। यह वर्तमान नेल्लोर एवं पद्दूकोटा के बीच का क्षेत्र अर्थात् पन्नार एवं कावेरी नदियों के मध्य विस्तृत था। भण्डारकर के अनुसार चोल राज्य उरयऊर में स्थित था एवं आधुनिक अर्काट इसकी राजधानी थी। पाण्ड्य टॉलेमी के भूगोल में दो पाण्ड्य राज्यों का उल्लेख मिलता है जो दक्षिण की ओर तिनीवल्ली से उत्तर में कोयम्बटूर तक फैले हुए थे। ताम्रपर्णी नदी के किनारे कोरकर्ट (कोलकई) इसकी प्राचीन तथा मदुरा परवर्ती राजधानी थी।[43]

वृहत्संहिता (वराहमिहिर) के विवरण में दो पाण्ड्य राज्यों के अस्तित्व की पुष्टि होती है। भारत के पूर्वी तट के सुदूर दक्षिणी प्रदेश से इसकी समता स्थापित की जा सकती है। **सतियपुत्र** एवं **केरलपुत्र** सम्भवतः चोल एवं पाण्ड्य राज्यों के पश्चिम में स्थित रहे होंगे। **सतियपुत्र** भारतीय साहित्य में नहीं मिलता किन्तु इसका समकक्ष सत्यपुत्र भरहुत स्तूप के अभिलेख में आया है। आर.जी. भण्डारकर के अनुसार सतियपुत्र का स्वतंत्र राज्य पश्चिमी घाटों के साथ–साथ और नीचे कोंकण तक रहा होगा। वी.ए. स्मिथ मानते हैं कि सत्यपुत्र या तो तुलुव देश या सत्यमंगलम् के आसपास का प्रदेश[44] था।

अभिलेख के वर्णन क्रम के आधार पर कहा जा सकता है कि **केरलपुत्र** पाण्ड्य लोगों के पश्चिम एवं सतियपुत्र के दक्षिण की ओर सुदूर दक्षिण में स्थित था जिसे वर्तमान केरल राज्य के नाम से जाना जाता है। इसका अन्य नाम 'चेर' भी मिलता है तथा इसकी राजधानी वञ्चिजनगरी दी गई है।

लंका में महेन्द्र–संघमित्रा ताम्रपर्णी से आशय स्मिथ एवं हुल्ट्श ने ताम्रपर्णी नदी मानने का प्रस्ताव किया है जो प्राचीन पाण्ड्य राज्य और आधुनिक तिन्नेवेलि जिले में बहती है। संस्कृत शब्द तांब्रपर्णी का अर्थ है ताम्बुल या पान की आकृति वाला देश बी.एम. बरुआ ने संस्कृत एवं पाली साहित्य के आधार पर यह विचार रखा कि दक्षिणी भारत में एक ताम्रपर्णी था एवं दूसरे श्रीलंका को भी ताम्रपर्णी कहा गया हैं। मेगस्थनीज ने ताम्रपर्णी से अभिप्राय लंका से लिया है। भण्डारकर आदि विद्वानों ने भी ताम्रपर्णी से तादात्म्य लंका से स्थापित किया है।[45] रोमिला थापर ने लिखा है कि महावंश के अनुसार महेन्द्र के आने से पहले लंका में सभी मतों के लोग रहते थे। इस काल में लंका व दक्षिणी राज्यों के बीच पर्याप्त सम्पर्क था। अशोक के चौदहवें राजकीय वर्ष में धम्म महामात्यों ने इस सम्पर्क को गहरा किया। महेन्द्र बाद में तिस्स का धर्म परिवर्तन कराने और लंका में मठ संघों का आयोजन करने के लिए पहुँचा। लंका से अशोक का सम्बन्ध मात्र राजनीतिक नहीं था–तिस्स ने

बौद्ध धर्म को ग्रहण किया और सम्भवतः इसे राज्य धर्म का दर्जा दिया। यह भी संभावना है कि अशोक से प्रभावित होकर तिस्स ने 'देवानम्पिय' की उपाधि ग्रहण की। तिस्स के उत्साह का अर्थ यह नहीं कि वह अशोक के अधीन था।[46] महावंश में वर्णन मिलता है कि तिस्स ने अपने चार दूतों को उपहारों के साथ अशोक के पास भेजा। तिस्स द्वारा भेजे दूत मण्डल का नेतृत्व उसका भतीजा अरिट्ट कर रहा था। ताम्रलिप्ति से पाटलिपुत्र आने में उसे सात दिन और लगे। इस दूत मण्डल का बड़े सम्मान से स्वागत हुआ। यह मण्डल पाँच सप्ताह तक मौर्य राजधानी में रहा। प्रत्युपहार (**return gift**) में यह मण्डल, "वे सभी पदार्थ जो किसी राजा के अभिषेक के लिए आवश्यक होते हैं" ले गया। इसमें सद्धर्म का अशोक का बहुमूल्य संदेश भी तिस्स के लिए था कि "वह बौद्ध उपासक हो गया है।" यह भी कहा गया है कि तिस्स 40 हजार साथियों के साथ बौद्ध बना।

धम्म लिपि अशोक के अभिलेखों के अंकित करवाये जाने का उद्देश्य भी धम्म का प्रचार करना ही था। चौदहवें शिलालेख में उल्लेख मिलता है कि धम्मलिपि प्रियदर्शी राजा द्वारा लिखवाई गई।[47] इन अभिलेखों के उत्कीर्ण करवाने का उद्देश्य अशोक के भाब्रू अभिलेख में स्पष्ट किया है, "उपासक एवं उपासिकाएँ भी इन्हें बार–बार सुनें तथा धारण करें। भदतों! इसलिए लिखवाता हूँ कि वे मेरा अभिप्राय जानें।"[48] अष्टम शिला लेख से ज्ञात होता है कि अशोक ने स्तम्भ स्थापना द्वारा धम्म श्रवण की व्यवस्था की। इन अभिलेखों के माध्यम से उसके पदाधिकारियों को भी प्रोत्साहन मिलता था। अशोक ने सभी लघु स्तम्भ लेख साम्राज्य के सीमावर्ती भागों में स्थापित करवाए थे। अभिलेखों के अध्ययन से पदाधिकारियों में धम्म प्रचार का भाव जागृत होना स्वाभाविक था। भण्डारकर ने अभिलेखों को स्थापित किए जाने का कारण यह बताया कि इनका अवलोकन कर सीमावर्ती शासक धम्म प्रचार का प्रयत्न करें।

हिंसा पर प्रतिबंध अन्त में अशोक ने जीव हिंसा पर प्रतिबंध भी बौद्ध धर्मावलम्बन के बाद ही लगाया। पाँचवें शिलालेख में अनेक अवध्य जीवों का उल्लेख किया गया है। इसमें ऐसी तिथियों का उल्लेख है जिन दिनों में मत्स्य अवध्य थी। कहा गया है कि, "दी गई सूची अत्यन्त दुर्बोध्य (जटिल) है। स्पष्ट है कि कुछ बोझा ढोने वाले पशु हैं। आश्चर्य की बात यह है कि वह एक धर्मनिष्ठ बौद्ध होते हुए भी साम्राज्य भर में अहिंसा का आदेश नहीं देता। वह सिर्फ उन पशुओं का उल्लेख करता है जिनकी हत्या नहीं की जानी चाहिए।"[49] किन्तु प्रथम शिलालेख में कहा गया है कि जीव मारकर होम (बलि) नहीं करना चाहिए। इसी प्रकार पंचम स्तम्भ लेख में विवरण मिलता है कि जीव के द्वारा दूसरे जीव का शोषण भी नहीं करना चाहिए। आगे कहा गया है कि, वह ऐसे रीति–रिवाजों का समर्थन नहीं करता था, जिनका समापन पशुबलि से होता था। शायद काम से ज्यादा उसका विचार उसके लिए घृणास्पद था, क्योंकि वह इसे आदिम प्रथाओं का अवशेष मानता था। अतः उसके लिए पशुबलि पिछड़ेपन का चिन्ह थी।[50]

धम्म–स्वरूप अशोक द्वारा उपयोग में लाया गया "धम्म" 'धर्म' शब्द का प्राकृत भाषा का रुप है। उपरोक्त विश्लेषण ये यह निष्कर्ष निकाल सकते हैं कि अशोक बौद्ध धर्मावलम्बी था तथापि हमें इसका प्रत्युत्तर नहीं मिल पाया कि उसने बौद्ध धर्म को किस रूप में अपनाया, क्योंकि जैसा पूर्व में उल्लेख किया गया है उसके धम्म में बौद्ध धर्म के मूल सिद्धान्तों का विवेचन नहीं मिलता। भाब्रू अभिलेख इस दृष्टि से हमें अधिक महत्वपूर्ण जानकारी देता है। ज्ञात होता है कि अशोक बौद्ध धर्म के सामान्य सिद्धान्तों की ओर आकृष्ट था। इस अभिलेख में कुछ धर्मग्रन्थों के अध्ययन एवं अनुशीलन की सलाह दी गई है। जिन ग्रन्थों का निर्देश मिलता है, वे निम्नलिखित हैं–विनयसमुकसे (तुवटकसुत विशुद्धिमग्ग), आलियवसाणि– आर्यवंश (अंगुत्तर निकाय, 2/27), अनागत–भयानि (अंगुतर 3/103), मुनिगाथा = मुनिसुत्त (सुत्तनिपात, पृ. 36) मोनेयसूते– नालक–सुत्त (वही, पृ. 131–4), उपतिसपसिने–रथविनीत सुत्त (मज्झिम–निकाय 11/146–51), लाघुलोवाद– राहुलोवादसुत्त (वही, पृ. 414)।[51]

इन धर्म पर्यायों में आचार को प्रधानता दी गई है अर्थात् अशोक ने बौद्ध धर्म के कर्मकाण्ड एवं दार्शनिक पक्ष पर जोर नहीं दिया। बुद्ध के धर्म को अशोक ने मानववादी दृष्टि से देखा और समझा था। उनकी भावना अत्यन्त व्यवहारिक, सोद्देश्य ओर गहन नैतिक थी।[52] इन ग्रन्थों में आत्मोत्कर्ष हेतु विधि निषेधों का उल्लेख है जो सभी धर्मों के लिए समान रूप से महत्वपूर्ण हो सकते हैं। वस्तुतः इन ग्रन्थों में उन्हीं सुत्तों का उल्लेख किया गया है जिन्हें साम्प्रदायिक विवादों से परे कहा जा सकता है एवं जो आचार मूलक है। इस नए रूप में इसमें कुछ ऐसी बातें भी आ गईं जो बुद्ध उपदेशों के विरुद्ध थीं। किन्तु उनके द्वारा संघ को इस धर्म को सभी जातियों और वर्गों के लोगों के योग्य, व्यापक बनाने में सहायता मिली।

अशोक के अभिलेखों में धम्म के सम्बन्ध में विस्तृत विवेचन मिलता है। दूसरे स्तम्भ लेख में उसने सवाल किया है–"**कियं च धंमे**" इसका उत्तर भी दिया गया है, **अपासिनव (पापहीनता)**, **बहुकयान (बहुकल्याण)**, **दया (जीवों के प्रति दया)**, **दान**, **सत्य**, **सोचिये** (शरीर, वचन एवं विचार की पवित्रता), मादव (मार्दव अर्थात् नम्रता, मृदुता) और **साधव** (सत्कार्य)[53] धम्म की इस व्याख्या के दो पक्ष स्पष्ट होते हैं–निषेधात्मक एवं सकारात्मक। निषेधात्मक पक्ष से अभिप्राय है हमें क्या नहीं चाहिए, जिसका उल्लेख तीसरे स्तम्भ लेख में किया है–उग्रता, निष्ठुरता, क्रोध, मान एवं ईर्ष्या आदि अर्थात् इन कुप्रवृत्तियों से बचना चाहिए।

"आसिनव–गामिनि नाम अथ चण्डिये निठूलिये कोधे माने इस्या" जो व्यक्ति पापों (आसिनवों) से दूर रहता है उसका मन धर्म के व्यावहारिक पक्ष का सहज ही अनुसरण कर सकता है। इसी लेख में कहा गया है कि व्यक्ति अपने सुकृत्यों को ही देखता है परन्तु दुष्कृत्यों (आसिनवों) पर दृष्टि नहीं डालता।

धम्म के सकारात्मक पक्ष के अन्तर्गत धार्मिक भावना एवं नैतिक आचरण के विकास हेतु आत्म निरीक्षण (परिवेक्खा) द्वारा अपने आसिनव (पाप या गलतियों) का ज्ञान करना।

- धर्म के आधार तत्वों का उल्लेख **ग्यारहवें शिलालेख** एवं **द्वितीय लघु शिलालेख** में किया है। माता–पिता की उचित सेवा, मित्रों, परिचितों, सम्बन्धियों साधुओं के प्रति उदारता का भाव रखना। भृत्यों–दासों के साथ उचित व्यवहार करना तथा सबके प्रति आदर भाव तथा सत्यता गुरुत्तर सिद्धान्त है। कहा गया है कि स्वामी–दास सम्बन्ध किसी भी समाज में विशेष महत्व रखते हैं और अशोक को श्रेय है कि उसने इस कार्य के लिए विशेष श्रेणी के पदाधिकारियों की नियुक्ति की।
- यह भी कहा गया है कि बन्दियों के कल्याण का निरीक्षण करने वाले अधिकारियों की नियुक्ति की थी, उनके बारे में जो कथन है वह अशोक की नीति के दयालु पक्ष को विशेष रूप से उजागर करता है। अभिलेख में कुछ–कुछ सुधार गृह (रिफार्मिटरी) के अनुरूप संकेत हैं। कुछ भी हो, बंदी के मन में हमेशा यह आशा रहती थी कि मुक्ति सम्भव थी। दण्ड विधान में बन्दी के परिवार की रक्षा का सिद्धान्त नया है, और मौर्य शासन विधान की दूरदर्शिता प्रशंसनीय है।[54]
- दास–भृत्य (नौकर) के प्रति उचित व्यवहार, गुरुजनों की पूजा, इन्द्रिय संयम, अहिंसा, श्रमणों और ब्राह्मणों को दान आदि अन्य कार्य को धर्ममंगल की संज्ञा दी गई। अशोक मानव जगत् के लिए ही नहीं बल्कि समस्त प्राणिमात्र के कल्याण की कामना करता था– ''**अनारंभों प्रणानां अविहिंसा भूतानां**।'' भण्डारकर ने अशोक की जीव जगत के प्रति धारणा स्पष्ट करते हुए लिखा है कि वह हमें दया, दान, मार्दव, आदि का व्यवहार करने के लिए कहकर ही सन्तुष्ट नहीं होता बल्कि यह भी बताता है कि इन गुणों को व्यवहार में कैसे लाना है। इस तरह दया का अर्थ है, जन्तुओं की हत्या और उन्हें चोट न पहुँचाना।[55] उसने हिंसात्मक समाजों एवं उत्सवों का त्याग कर दिया बल्कि ऐसे नियम बनाएँ, जिनसे अधिकाधिक अहिंसा के नियमों का पालन हो सके।
- वह सब धर्मों की वृद्धि की कामना करता है। उसके विचार में सभी सम्प्रदायों के मूल सिद्धान्तों का विकास सबसे उच्च सम्मान है। यह तब ही सम्भव है जब दूसरे धर्मों के प्रति सहिष्णु हो। विभिन्न सम्प्रदायों के प्रति व्यवहार में वह संयम चाहता है जिससे ऐसा न हो कि अपने सम्प्रदाय की जरूरत से ज्यादा प्रशंसा हो जाए एवं दूसरों का अपमान हो। दूसरों के सम्प्रदाय के सम्मान में अपने सम्प्रदाय का कल्याण एवं प्रतिष्ठा है। अशोक मात्र बौद्ध ही नहीं वरन् समस्त धर्मों के उत्थान की परिकल्पना करता है।[56] उसकी धारणा में वचन का संयम इस प्रकार सम्भव है कि अपने सम्प्रदाय की प्रशंसा एवं दूसरे सम्प्रदाय की निन्दा न हो और बिना प्रसंग के निम्न घोषित न किया जाए। इसके विपरीत कार्य करने से व्यक्ति अपने सम्प्रदाय को क्षीण करता है एवं दूसरे सम्प्रदाय का भी अपकार करता है। अतः **समवाय** अर्थात् **समन्वय उचित** है। अपने सम्प्रदाय के दीपन करने के प्रयास इसकी हानि ही करते हैं। कहा जा सकता है कि, अशोक प्राचीन विश्व इतिहास में धार्मिक सहिष्णुता का अद्वितीय उदाहरण है एवं द्वादश शिला प्रज्ञापन धार्मिक सहिष्णुता का अनुपम प्रतीक है। यहाँ द्वादश शिलालेख का अनुवाद देना सर्वथा उचित होगा।

(1) ''देवों का प्रिय दान या पूजा की उतनी परवाह नहीं करता जितनी इस बात की कि सभी सम्प्रदायों की सार वृद्धि हो। सार वृद्धि कई प्रकार से होती है।

(2) किन्तु इसका मूल वचोगुप्ति अर्थात् वाक् संयम है। वचोगुप्ति क्या है? केवल अपने ही सम्प्रदाय का आदर न करना, बिना अवसर दूसरे सम्प्रदायों की निन्दा न करना या सदा संयम से काम लेना चाहिए, सदा दूसरे सम्प्रदायों का आदर करना चाहिए।''

(3) ''ऐसा करने से मनुष्य अपने सम्प्रदाय की उन्नति और दूसरे सम्प्रदायों का उपकार करता है। जो अन्यथा है वह अपने सम्प्रदाय की क्षति करता है और दूसरे सम्प्रदायों का भी अपकार करता है, क्योंकि जो कोई अपने सम्प्रदाय की भक्ति में आकर कि मेरे सम्प्रदायों का गौरव बढ़े अपने सम्प्रदाय की तो प्रशंसा करता है और दूसरे सम्प्रदायों की निन्दा करता है। वह ऐसा करके वास्तव में अपने सम्प्रदाय को ही और गहरी क्षति पहुँचाता है।''

(4) ''इसलिए समवाय अर्थात् मेल–जोल से रहना ही अच्छा है। यह समवाय क्या है? लोग एक–दूसरे के धर्म की बातें ध्यान से सुनें और सेवा करें, क्योंकि देवताओं के प्रिय की यही इच्छा है कि सभी सम्प्रदाय वाले बहुश्रुत और पवित्र सिद्धान्तों वाले (कल्याणागम) हों।''

''देवानं पियस इछा किंति सव पासण्डा बहुस्त्रुता च असुकलाणागमा च असु''

(5) ''इसलिए जो लोग अपने ही सम्प्रदायों में अनुरक्त हों उनसे कहना चाहिए कि देवताओं का प्रिय दान या पूजा को उतना महत्व नहीं देता जितना इसको कि सभी सम्प्रदायों के सार की वृद्धि हो। इस कार्य के लिए धर्म महामात्य, स्त्रीमहामात्य, व्रजभूमिक तथा अन्य ऐसे ही कर्मचारी नियुक्त हैं और इसका फल यह है कि अपने सम्प्रदाय की उन्नति होती है और धर्म की उन्नति (धर्मस्य च दीपना) होती है।''

यद्यपि तत्कालीन ईरानी सम्राटों ने भी धार्मिक सहिष्णुता की नीति को अपनाया था किन्तु उनका उद्देश्य मात्र राजनीतिक स्थिति सुदृढ़ करना था। इसके विपरीत अशोक की धार्मिक सहिष्णुता, विश्वास एवं आस्था का प्रतीक थी। भण्डारकर ने लिखा है कि उराके गन की मौलिकता यही है कि उसने सब सम्प्रदायों में समान रूप से विद्यमान धर्म के सार पर अपना ध्यान केन्द्रित किया और वह भी ऐसे समय जबकि वे सम्प्रदाय इस बात को भूल चुके थे।[57] भण्डारकर ने अन्यत्र लिखा है कि मनुष्य कितना ही दान करे, पर

यदि उसमें संयम और भाव शुद्धि नहीं है तो निश्चय ही वह नीच है। अशोक का आशय यह है कि संयम एवं भाव शुद्धि ऐसे श्रेष्ठ गुण हैं कि प्रत्येक व्यक्ति को इनका विकास करना चाहिए। इन दो गुणों के अभाव को दान, कृतज्ञता या भक्ति द्वारा पूरा नहीं किया जा सकता।

धार्मिक सहिष्णुता के साथ एक महत्वपूर्ण बात यह है कि वह शान्ति एवं विजय की कामना (षष्टम् शिलालेख में) इस लोक के साथ परलोक में भी रखता है। उसकी दृष्टि में सर्वलोकहित के अतिरिक्त दूसरा कोई उपादेय कार्य नहीं है। ''नास्ति हि कमतरं सर्व लोके हितत्पा।'' अतः इस दिशा में जो थोड़ा बहुत प्रयास किया जा सकता है वह इसलिए कि उनको यहाँ (इस लोक में) सुखी बनाया जा सके और दूसरे लोक में भी स्वर्ग प्राप्त हो सके।[58] अशोक का तेरहवाँ शिलालेख हमें असीम शान्ति का सन्देश देता है। इसमें युद्ध के स्थान पर धम्म द्वारा विजय प्राप्त करने का आह्वान है। इस अभिलेख में विवरण आया है कि, ''देवताओं के प्रिय ने कलिंग विजय के उपरान्त बहुत पश्चाताप किया, क्योंकि किसी स्वतन्त्र देश पर जब विजय प्राप्त की जाती है तो उसमें होने वाली हत्याएँ, मृत्यु तथा जन–निर्वासन देवताओं के प्रिय को अत्यधिक पीड़ा पहुँचाते हैं और उसके मस्तिष्क पर बोझ बने रहते हैं। आज यदि कलिंग विजय की प्रतिक्रिया में हताहत, मृत अथवा निर्वासित लोगों की संख्या का 100वाँ अथवा हजारवाँ भाग भी उसी प्रकार के कष्टों का सामना करता है तो यह देवताओं के प्रिय के मस्तिष्क पर बोझ बनेगा।'' यह अभिलेख मानवता को युद्ध की त्रासदी के विरुद्ध शान्तिपूर्वक सह–अस्तित्व का सन्देश देता रहेगा। अशोक के इन विचारों का महत्व आज के संघर्षमय जीवन में अधिक बढ़ गया है। आधुनिक राष्ट्रों में प्रभुत्व के लिए संघर्ष, हथियारों में वृद्धि एवं आणविक शक्तियों के प्रसार के युग में यह अभिलेख युद्ध की विभीषिका का स्मरण करवाता है एवं विश्व को शान्ति की शिक्षा देता हैं

धम्म नैतिकता के नियम कहा जा सकता है कि अशोक का धम्म किसी धार्मिक व्यवस्था के विपरीत नैतिकता के नियम थे। उसने कभी आत्मा–परमात्मा या दार्शनिक सिद्धान्तों की व्याख्या नहीं की। बल्कि आत्म–संयम, जीवन की सादगी, चरित्र की शुद्धता, अन्य धर्मों के प्रति आदर, जीव मात्र के प्रति दया, सर्वकल्याण की भावना, बड़ों के प्रति सम्मान एवं सत्यवादिता को महत्व प्रदान किया। उसके धम्म का सम्बन्ध मोटे रूप में सामाजिक व्यवहार और क्रियाओं से था। अशोक ने धम्म में उस समय के प्रचलित कई सामाजिक नियमों का मिश्रण किया था। कहा गया है कि, कानून और सामाजिक व्यवस्था के अर्थ में 'धम्म' की संकल्पना किसी तरह से मौर्यकालीन भारत के लिए नई नहीं थी। अपने 'धम्म के प्रचार' के साथ अशोक ने इसे मानवीय बनाने का प्रयास किया और यह दिखाया कि जो चीज सबसे महत्वपूर्ण है, वह है– सदाचारी जीवन। सदाचार और दुराचार में विभेद कर सकने की क्षमता ही मनुष्य को वन्य प्राणियों से अलग करती है और सदाचारी आचरण सभी मनुष्यों में सामान्य रूप से प्रचारित किया जा सकता है। अशोक अपने धम्म के प्रचार से धार्मिक शिक्षा के संकीर्ण दृष्टिकोण को सुधारने का तथा शक्तिशाली से शक्तिहीन की रक्षा का प्रयास कर रहा था।[59]

अशोक धम्म उपनिषदों से– दूसरे स्तंभ लेख में अशोक ने कहा हैं कि ''कियं चु धम्मे जवाब में कहा है–'' ''अपासिनव बहुकयाने दया दाने सचे सोचिय''। दरअसल अशोक के सिद्धांत अलग–अलग उपनिषदों में मिलते हैं। सारनाथ स्तंभ पर अंकित ''सत्यमेव जयते'' मुण्डकोपनिषद (3/1/6) से लिया है। तीसरे अध्याय में कहा है– सत्यमेव जयति नानृत सत्येन पंथा विततो देवयान अर्थात सत्य की विजय होती है। अपासिनव अर्थात पापहीनता का मुण्डक उपनिषद (2/1/11) में उल्लेख है। पापहीन व्यक्ति की मुक्ति संभव मानी गई है। इसी प्रकार 'सचे सोचिये सुचिता का जिक्र (1/2/13) आया है। माता–पिता, गुरु, अतिथि सेवा, दान सत्य का उल्लेख तैत्तिरियोपनिषद (1/11/1–2) एवं वाकसंयम छान्दोग्य उपनिषद (4/7/2) से लिया है। वृहदारण्यक (5/1/3) से दान व दया (दान दयामिति) का सिद्धांत आया है। निंदा, घृणा व द्वेषहीनता का जिक्र कठोपनिषद (2/1/5) में ''विजुगुप्सते'' के रुप में मिलता है।

मौर्य शासन का स्वरूप

चन्द्रगुप्त मौर्य एवं चाणक्य ने लोक कल्याणकारी शासन की स्थापना की जिसका अनुसरण बिन्दुसार ने किया। तत्पश्चात् अशोक ने राज्य के कल्याणकारी स्वरूप में लोक मंगल की भावना को और जोड़ दिया। वह शासन की सुचारू व्यवस्था, जन–कल्याणकारी कार्यों के विषय में ही नहीं सोचता अपितु इस लोक के साथ–साथ आगामी जीवन सबका मंगलमय हो इसकी कामना भी करता है। लोगों के कल्याण के लिए धम्ममहामात्रों की नियुक्ति की।

महामात्रों की नियुक्ति अशोक ने महामात्रों के माध्यम से सम्राट एवं प्रजा के बीच सीधे सम्पर्क की व्यवस्था की जो पिछली कार्य प्रणाली की तुलना में एक नया मोड़ था। महामात्रों को **छठे शिलालेख** में निर्देशित किया गया है कि पहले सब काल में राजकार्य एवं प्रतिवेदना (प्रजा की पुकार) नहीं होती थी। अतः मेरे द्वारा ऐसा किया गया है। महामात्रों को आदेश है कि वे किसी भी समय सम्राट के पास अपने प्रतिवेदन भेज सकते हैं। उन्हें यह सोचने की आवश्यकता नहीं थी कि राजा किसी कार्य में व्यस्त है। चाहे वह उद्यान में हो, अथवा राजमहल में, किसी व्यक्तिगत कार्य में लीन हो, पदाधिकारी उसके पास किसी भी समय जा सकते थे एवं ऐसे अवसरों पर तत्काल निर्णय भी दिया जाता था।[60]

प्रजा से संवाद सम्राट का सहज रूप में हर समय सुलभ होना एक शासक के लिए महत्वपूर्ण विशेषता मानी जाती है। अर्थशास्त्र में उल्लेख मिलता है कि जो सम्राट अपनी प्रजा के लिए अप्राप्य है, वह न केवल जनता में अन्तोष बढ़ाता है बल्कि अपनी स्थिति भी संकटमय बनाता है।[61] मेगस्थनीज ने उल्लेख किया है कि चन्द्रगुप्त मालिश करवाते समय भी राज्य की समस्याओं पर विचार करने में एवं मिलने की इच्छुक प्रजा से भेंट करने में संकोच नहीं

करता था। कहा गया है कि ''काठ के बेलनों से चार सेवक मालिश करते थे और वह अभियोगों को सुनता रहता था।'' इस व्यवस्था से कार्य शीघ्र निपटारा ही नहीं होता था बल्कि कुशल शासन प्रणाली का द्योतक भी था। यह अशोक की अपनी प्रजा के प्रति उत्तरदायित्व की भावना को दर्शाता करता है। अशोक ने प्रतिवेदकों (रिपोर्टर्स) नामक नए अधिकारियों की नियुक्ति की। उनका कार्य था कि वह जहाँ–कहीं भी हो और कुछ भी कर रहा हो, भोजन कर रहा हो, अन्तःपुर में हो, रनिवास में हो, गोशाला में हो या पालकी में जा रहा हो या उपवन में हो, सब समय प्रजा का हाल उसे सुनाया जाए। अशोक के शासनकाल में गुप्तचरों का महत्व कम नहीं हुआ था।

चतुर्थ स्तम्भ लेख, पुलिसानी, नाम के अधिकारी की जानकारी देता है। षष्ठ शिलालेख में प्रतिवेदकों की नियुक्ति की चर्चा है। इसी प्रकार 'पुरुष' नामक संवादवाहक अधिकारी का भी जिक्र आया है। इलाके में '**अन्त महामात्र**' नामक नए पदाधिकारी का उसके अभिलेखों से पता चलता है। उसका कार्य था लोगों में धम्म का संदेश पहुँचाना तथा विद्रोहों की सम्भावनाओं को दूर करना। शाहबाजगढ़ी शिला लेख से स्त्री अध्यक्ष महामात्र नामक नये पद के सृजन की सूचना मिलती है। इनकी तुलना कौटिल्य द्वारा उल्लिखित **गणिकाध्यक्ष** से की जाती है। विद्वानों की धारणा है कि इतने वरिष्ठ अधिकारी केवल वैश्याओं के लिए नहीं हो सकते। इनका सम्बन्ध निश्चित रूप से **महिला उत्थान** से रहा होगा।

अशोक व लोक कल्याण अशोक ने लोक–कल्याण पर भी अधिक ध्यान दिया। अर्थशास्त्र में उल्लेख आया है कि अपनी प्रजा के सुख में उसका राजा का सुख है, उसके कल्याण में उसका कल्याण है, जो उसे स्वयं को प्रिय है उसे हितकर न समझते हुए प्रजा को प्रिय लगे उसे ही अपना हित माने।[62] उसके अभिलेखों के विवरण से ज्ञात होता है कि अशोक साम्राज्य के प्रत्येक भाग से अधिकारियों एवं संवाहकों की सुसंगठित प्रणाली द्वारा सम्पर्क रखता था, जिससे उसे प्रजा की परेशानियों की जानकारी मिलती रहती थी। अशोक द्वारा की गई यात्राओं का उद्देश्य रोमिला थापर ने प्रजा से घनिष्ठ सम्पर्क रखना बताया है। उनके अनुसार ग्रामीण प्रजा के महत्व को समझने वाला सबसे पहला शासक जिसका उल्लेख मिलता है, शायद अशोक है। इसका प्रमुख कारण यथासम्भव प्रजा के विभिन्न वर्गों के विचारों से अवगत होने की इच्छा थी। इसे सम्भव बनाने में ये यात्राएँ और उसके द्वारा अपनाए गए अन्य उपाय सहायक थे। नगरों तक सहज पहुँच और अच्छे यातायात द्वारा निर्मित निकट सम्पर्क ने समाचारों और विचारों के इस अन्तःप्रवाह (आन्तरिक संचार) को बढ़ाया। लेकिन ग्रामों में रहने वाले लोग अब भी इससे अछूते थे। अशोक स्वभावतः अपनी प्रजा के साथ सम्पर्क स्थापित करना चाहता था। उद्देश्य को पूरे करने के लिए विशाल प्रदेश में दौरे करने और प्रजा के बीच भ्रमण करने से अच्छा और कोई उपाय नहीं हो सकता था।[63]

समुचित न्याय व्यवस्था पृथक् शिला लेख धौली में नगर व्यावहारिक को निर्देशित किया गया है कि वे बहुत सहस्त्रप्राणियों के ऊपर नियुक्त है। वे प्रजा के हित चिन्तक ही नहीं बल्कि भली प्रकार जनहित कार्यों को करते हुए प्रजा की सेवा करें और प्रजा का हृदय जीतें। इस अभिलेख में अशोक घोषणा करता है–सब मनुष्य मेरी सन्तानें हैं **'सवे मुनिसे पजा ममा'**। सम्राट को इस तथ्य का भी ज्ञान था कि न्याय व्यवस्था में दोष है। अतः न्याय प्रशासन में कुशलता एवं समता पर जोर देता है। सम्राट नगर व्यावहारिकों से अपेक्षा करता था कि जिस प्रकार वह न्यायिक व्यवस्था को महत्व देता है, प्रजा को अन्याय से बचाता है, वे भी ऐसा ही करें। इसके अतिरिक्त महामात्रों को निर्देशित किया गया था कि वे दौरे पर जाएँ तथा न्यायिक कार्यों एवं जन–कल्याण कार्यों की समीक्षा करें।[64] अशोक स्वयं दौरे पर निकलता तो ब्राह्मणों तथा श्रमणों से वार्तालाप करता और हर धर्म जाति के व्यक्तियों की धन तथा उपहारों से सहायता करता। बुनियादी तौर पर यह परिवर्तन उतना धार्मिक नहीं था जितना कि एक भारतीय राजा द्वारा अपनी प्रजा के प्रति पहली बार प्रकट किए गए दृष्टिकोण के बारे में था, ''जो कुछ पराक्रम करता हूँ वह इसलिए कि प्राणियों के प्रति मेरा जो ऋण है उससे उऋण हो जाऊँ।'' राजत्व का यह अद्भुत आदर्श नया ही नहीं अपितु प्रेरणादायक भी था, यह उस पूर्ववर्ती मगधीय राजतंत्र के लिए सर्वथा विस्मयकारी था जिसमें राजा ही राज्य की परम सत्ता का प्रतीक होता था।[65]

भूमि विवादों का निपटारा बहुसंख्यक ग्रामीण जनसंख्या की परेशानियों एवं भूमि सम्बन्धी विवादों के निपटारे का दायित्व राजूक नामक अधिकारियों को सौंपा। अशोक अपने एक लेख में कहता है कि ''**जनपदस हित सुखाये**'' (स्त.अ.ले. IV, I) अर्थात् ग्राम निवासियों के कल्याण और सुख के लिए उसने राजुकों की नियुक्ति की। अर्थशास्त्र में राष्ट्र (जनपद) के राजस्व के साधनों में रज्जु तथा चोर रज्जु का वर्णन आया है गाँव के एक अधिकारी के रूप में चोर–रज्जुक का उल्लेख है। मेगस्थनीज ने अगोरनोमोइ नामक गाँवों में एक उच्च वर्ग के अधिकारियों का वर्णन किया है, जिनके कर्तव्य प्रायः वे ही हैं जो अभिलेखों में राजुकों के कहे गए हैं। इससे यह सिद्ध होता है कि अशोक ने यह कोई नया पद नहीं चलाया, वरन् जो प्रबन्ध पहले से था उसको फिर से सुसंगठित कर दिया, जिससे ग्राम्य भागों का शासन अच्छी तरह हो। प्रत्येक राजूक का शासन लगभग लाखों की जनसंख्या पर होता था। अशोक इच्छा प्रकट करता है कि जैसे कोई चतुर धाय बच्चे की चिन्ता करती है वैसे ही उक्त अधिकारी भी प्रजा की चिन्ता करें। राजुक को प्राण दण्ड और प्राणदान दोनों का अधिकार था। अशोक ने आदेश दिया था कारागार में पड़े जिन मनुष्यों को मृत्युदण्ड निश्चित हो चुका हो, उन्हें तीन दिन की मुहलत दी जाए ताकि न्याय में कोई त्रुटि न हो उनको कड़े आदेश थे कि व्यवहार (विवादों की जाँच आदि) और दण्ड (सजा) देने में किसी प्रकार का पक्षपात न हो।[66]

कानून की एकरूपता चतुर्थ स्तम्भ लेख में पदाधिकारियों को जिम्मेदार एवं कार्यकुशल होने के लिए कहा गया है। साथ ही पुरस्कार एवं दण्ड देने का अधिकार भी अब स्थानीय अधिकारियों को प्रदान कर दिया गया। इससे स्पष्ट होता है कि सम्राट न केवल

अधिकारियों को उत्तरदायी बनाना चाहता था, बल्कि विकेन्द्रीकरण का प्रयास भी किया जा रहा था। अधिकारी अपने कर्तव्य का पालन बिना किसी भय एवं विश्वास के साथ कर सके। अतः सम्राट ने उन्हें पुरस्कार एवं दण्ड देने का अधिकार प्रदान कर दिया। अशोक ने न्यायिक क्षेत्र में महत्वपूर्ण परिवर्तन किए। चतुर्थ स्तम्भ लेख से संकेत मिलता है कि ब्राह्मणों एवं अभिजात वर्ग के विशेषाधिकार समाप्त कर न्यायिक क्षेत्र में समता लाने की कोशिश की। परन्तु रायचौधरी एवं रोमिला थापर आदि की धारणा है कि 'समता' से अभिप्राय कानून की दृष्टि में सामाजिक समानता नहीं अपितु साम्राज्य में कानून की एकरूपता है। अशोक इतना नासमझ नहीं था कि वह समाज के इन महत्वपूर्ण तत्वों को इस प्रकार क्षुब्ध कर देता। बौद्ध धर्म में दृढ़ विश्वास के उपरान्त भी उसने प्राण दण्ड का उन्मूलन नहीं किया, क्योंकि सम्भवतः ऐसा करना विशाल साम्राज्य की व्यवस्था एवं शान्ति बनाए रखने के लिए आवश्यक था। यद्यपि अपने राज्याभिषेक के सत्ताइसवें वर्ष तक सम्राट 25 बार कारावास में पड़े अधिकारियों को क्षमादान कर चुका था।[67]

जन–कल्याणकारी कार्य अशोक ने मानव जगत् के भौतिक जीवन के कल्याण की ओर भी ध्यान दिया अर्थात् चिकित्सा की सुविधाएँ प्रदान करना, आवागमन सुगम बनाना और वृक्षारोपण (औषधियों के) तथा धर्मशालाएँ बनवाना आदि इसमें सम्मिलित थे। सम्राट द्वारा दो प्रकार की चिकित्सा सुविधा उपलब्ध करवाई गई–मनुष्य चिकित्सा और पशु चिकित्सा। मनुष्योपयोगी एवं पशु उपयोगी जो औषधियाँ जहाँ–जहाँ नहीं है, पौधे सर्वत्र लाए गए और रोपे गए।[68] कहा जा सकता है कि अशोक ने प्रशासन के हर क्षेत्र में क्रान्तिकारी प्रयास किए।

साम्राज्य सीमाएँ अशोक के साम्राज्य विस्तार का उसके अभिलेखों के प्राप्त स्थलों के आधार पर आसानी से किया जा सकता है। उसके लेखों में कुछ प्रदेशों एवं नगरों के नाम मिलते हैं–मगध, पाटलिपुत्र, खलटिक पर्वत, बाराबर पहाड़ियाँ, कौशाम्बी, लुम्बिनी ग्राम, कलिंग, तोसली, समापा, खेपिंगल पर्वत या जौगड़, स्वर्णगिरि, इसल, उज्जैनी तथा तक्षशिला, एवं अटवी (मध्य भारत का वन्य प्रदेश जिसे आलवी भी कहा है)। ये सब नाम ऐसे प्रसंग में आए हैं जिनका सम्बन्ध अशोक के साम्राज्य से था।[69] अर्थशास्त्र में लिच्छवी, वज्जि (वृज्जि), मल्ल, मद्र, कुकुट, **पाञ्चाल** आदि संघ राज्यों की गणना राज्य शब्दोपजीवी राज्यों में की है। यहां के राजाओं को राजा की उपाधि धारण करने के अधिकार थे।

(1) उत्तर–पश्चिम में मौर्य साम्राज्य तक्षशिला के आगे यवन राज अन्तियोक (एण्टीयोक्स थियोस ई.पू. 261–246) के साम्राज्य से लगा हुआ था। दक्षिण अफगानिस्तान में कन्धार (शार–ए–कुना) से द्विभाषी (यूनानी एरेमाईक) लेख प्राप्त हुआ है। इसका प्रकाशन सर्वप्रथम **ईस्ट एवं वेस्ट** नामक पत्रिका के मार्च–जून 1958 के अंक में **उमबर्टो सिरैटो** ने किया। एक अन्य लेख अफगानिस्तान में पुले दारुन्त (लमगान) से मिला, यह एरेमाइक में है किन्तु गान्धारी प्राकृत के कुछ शब्द मिलते हैं। इसके अतिरिक्त यवनों, कम्बोजों एवं गान्धारों से आवासित शाहबाजगढ़ी एवं मानसेहरा तक का क्षेत्र मौर्य साम्राज्य के अंग थे। अर्थशास्त्र में काम्बोजों को शस्त्रोपजीवी संथ कहा है। कल्हण की राजतरंगिणी एवं **ह्वेनसांग** के विवरण से स्पष्ट हो गया है कि कश्मीर अशोक साम्राज्य का एक भाग था। कालसी, रुम्मिनदेई, निगलिसागर से प्राप्त स्तम्भ लेखों के आधार पर कहा जा सकता है कि देहरादून एवं तराई क्षेत्र अशोककालीन भारत के पवित्र स्थल थे। नेपाल घाटी एवं चम्पारण जिले भी अशोक के अधीन थे। ललितपाटन एवं रामपुरवा से प्राप्त स्तम्भों के आधार पर यह कहा जा सकता है।

(2) बौद्ध परम्परा के अनुसार नेपाल अशोक के साम्राज्य का अंग था। वहाँ उसने ललितपाटन (मंजु पत्तन) नामक नगर बसाया एवं अपनी दूसरी पुत्री चारूमती के पति और अपने दामाद देवपाल क्षत्रिय के साथ यात्रा की।

(3) बंगाल क्षेत्र में कोई अभिलेख प्राप्त नहीं हुआ है। दिव्यावदान से ज्ञात होता है कि, अशोक के समय तक बंगाल मगध साम्राज्य का अंग था। **ह्वेनसांग** को बंगाल में अशोक के स्तूप देखने को मिले थे, जिनसे विवरण मिलता है कि लंका के लिए जब महेन्द्र एवं संघमित्रा रवाना हुए तो अशोक स्वयं बंगाल के ताम्रलिप्ति बन्दरगाह तक उन्हें जहाज पर चढ़ाने के लिए आया था।

(4) दक्षिण में मैसूर के चित्तल दुर्ग जिले तक मौर्य साम्राज्य विस्तृत था। दक्षिण से मास्की (हैदराबाद में रायचूर जिला), ब्रह्मगिरि, सिद्धपुर, जटिङरामेश्वर (मैसूर), यर्रगुड़ी, गोविमठ तथा पालकि गुण्ड एवं राजुलमंडगिरि से लघु शिलालेख प्राप्त हुए हैं। दक्षिण का सम्पूर्ण क्षेत्र सुवर्णागिरि और तोसली द्वारा शासित थे। उसके अभिलेखों में आन्ध्र, पारिंद (पुलिंद), भोज, रठिक भोज का उल्लेख आया है। इन्हें वन्य प्रदेश तथा कुछ को सीमावर्ती क्षेत्र कहा है।[70]

(5) पश्चिम में अशोक का साम्राज्य अरब सागर तक विस्तृत था। सुराष्ट्र प्रान्त का शासक तुषास्फ था एवं गिरिनगर (गिरनार) जिसकी राजधानी थी। पश्चिम में गिरनार और मुम्बई में थाणा जिले के सोपारा से उसके शिलालेखों की प्राप्ति पश्चिमी सीमा को प्रमाणित करती है। रुद्रदामन के जूनागढ़ अभिलेख से चन्द्रगुप्त के प्रान्तीय शासक पुष्यगुप्त द्वारा सुदर्शन झील के निर्माण के क्रम में उल्लेख से भी इस तथ्य की पुष्टि होती है। अशोक के समय यहाँ का प्रान्तीय शासक तुषास्फ था।

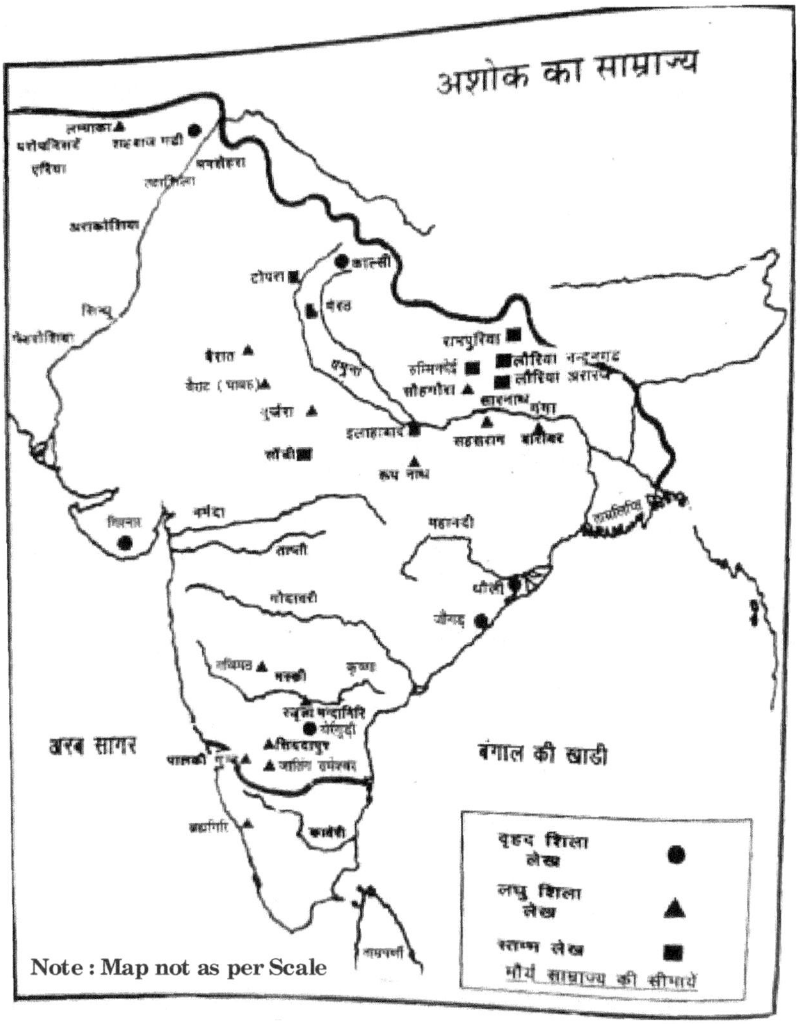

चित्र 26.1 अशोक का साम्राज्य

मौर्य साम्राज्य का पतन

मौर्य साम्राज्य व्यवस्था का विश्लेषण करने पर यह प्रश्न उठता है कि अशोक के 40 वर्ष के लम्बे प्रशासन के बाद, उसके निधन (ईपू. 232) के साथ ही इस राजनीतिक शक्ति के अन्त के क्या कारण रहे हैं? स्मिथ एक तिब्बती अनुवृत्त के आधार पर अशोक की मृत्यु तक्षशिला में हुई मानते हैं।[71] उसके बाद लगभग 50 वर्ष तक अशोक के अनेक उत्तराधिकारियों ने शासन किया। किन्तु इन मौर्य शासकों के सम्बन्ध में हमारा ज्ञान अपर्याप्त एवं अनिश्चित है। पुराण, बौद्ध तथा जैन अनुश्रुतियों में इन उत्तराधिकारियों के नामों की जो सूचियाँ दी गई हैं वे एक–दूसरे से मेल नहीं खाती।

मत्स्य पुराण के अनुसार अशोक के बाद दशरथ 8 वर्ष, सम्प्रति 9 वर्ष, शतधन्वन 8 वर्ष एवं ब्रहद्रथ ने 7 वर्ष शासन किया। जबकि विष्णु पुराण में लगभग 7 शासकों के नाम आए हैं। वायु पुराण में अशोक के बाद 9 शासकों द्वारा 67 वर्ष राज्य किए जाने का उल्लेख आया है। पुराणों में परस्पर मतैक्य नहीं पाया जाता परन्तु इस बात पर सब पुराण एक मत हैं कि मौर्य वंश 137 वर्ष तक चला एवं पहले तीन मौर्य सम्राटों ने 85 वर्ष शासन किया।[72] राजतरंगिणी के अनुसार जालौक कश्मीर का स्वतंत्र शासक बन गया था। तारानाथ ने लिखा है कि वीरसेन अशोक का पुत्र था, जो गांधार का स्वतन्त्र शासक था। कुणाल अंधा था, अतः वह शासन कार्य में असमर्थ था। जैन तथा बौद्ध ग्रन्थों के अनुसार शासन की बागडोर उसके पुत्र सम्प्रति के हाथ में थी। इन अनुश्रुतियों के अनुसार सम्प्रति ही कुणाल का उत्तराधिकारी बना। नागार्जुनी पहाड़ियों की गुफाओं को दशरथ ने आजीविकों को दान में दिया था।[73] इन प्रमाणों के आधार पर कहा जा सकता है कि ई.पू. 233–232 में अशोक की मृत्यु के बाद साम्राज्य पश्चिमी और पूर्वी भागों में विभक्त हो गया। पश्चिमी भाग का शासक कुणाल (अंधा) एवं सम्प्रति था। बाद में इसका दक्षिणी भाग बन्धुपालित, इन्द्रपालित एवं दशोन द्वारा शासित हुआ। दशरथ का आधिपत्य साम्राज्य के पूर्वी भाग में रहा, इसके अधिकार में पाटलिपुत्र क्षेत्र था। यह मौर्यों की मुख्य वंश परम्परा कही गई है। हर्षचरित एवं पुराणों से ज्ञात होता है कि मगध के अन्तिम सम्राट बृहद्रथ की उसके सेनापति पुष्यमित्र ने हत्या कर दी एवं स्वयं सिंहासन पर आरूढ़ हो गया।

मौर्य साम्राज्य के पतन के प्रत्यक्ष कारणों में अशोक के बाद निर्बल राजाओं का एक के बाद एक गद्दी पर आना था। जल्दी–जल्दी शासकों में परिवर्तन होने के कारण प्रशासन पर साम्राज्यवादी नियंत्रण कमजोर पड़ने लगा। साम्राज्य का विभाजन भी विघटन का प्रमुख कारण बना। विभाजन न हुआ होता तो उत्तर–पश्चिम के यूनानी आक्रमण को कुछ समय के लिए रोका जा सकता था। किन्तु साम्राज्य के विभाजन ने विभिन्न राजकीय सेवाओं को छिन्न–भिन्न कर दिया। इतने अल्प समय में इतने बड़े साम्राज्य का नष्ट होना एक ऐसी घटना है जिससे इतिहासकारों में साम्राज्य विनाश के कारणों के प्रति जिज्ञासा स्वाभाविक ही है।

शास्त्री की मान्यताएँ महामहोपाध्याय हरप्रसाद शास्त्री[74] ने यह प्रतिपादित किया कि पुष्यमित्र का विद्रोह अशोक की बौद्ध धर्म के प्रति पक्षपातपूर्ण नीति के विरुद्ध ब्राह्मणों की प्रतिक्रिया का परिणाम था। हरप्रसाद शास्त्री के मत का राय चौधरी[75] ने विरोध किया है। दोनों मतों की विवेचना करना उचित होगा। हरप्रसाद शास्त्री का कथन है कि पशुबलि पर निषेध प्रत्यक्ष रूप से ब्राह्मणों पर आघात था, क्योंकि यज्ञादि के सम्पादन से उनकी जीविका चलती थी, पशुबलि पर प्रतिबन्ध ने उनकी आजीविका पर कुठाराघात किया। साथ ही वे मनुष्यों और देवताओं के बीच मध्यस्थ का कार्य करते थे।

I. राय चौधरी ने शास्त्री के मत का विरोध किया है। उनके मतानुसार आवश्यक नहीं कि इस निषेध का अर्थ ब्राह्मणों का विरोध करना ही था, क्योंकि ब्राह्मण साहित्य में न केवल अहिंसा पर जोर दिया गया है बल्कि यज्ञों की व्यर्थता का उल्लेख भी मिलता है। इसके अतिरिक्त अशोक ने पशुबलि पर पूर्ण प्रतिबन्ध नहीं लगाया था। पाँचवें स्तम्भ लेख में मात्र अभक्षणीय पशु–पक्षियों की हत्या का निषेध है।[76] कुछ पशुओं का विशेष तिथियों में हत्या नहीं किए जाने का उल्लेख है।

II. दूसरा तर्क है कि ब्राह्मण विशेष रूप से इसलिए क्षुब्ध थे कि इस नियम की उद्घोषणा एक शूद्र राजा द्वारा की गई थी। जैसा पूर्व में उल्लेख किया गया है कि मौर्यों को शूद्र इस आधार पर माना गया कि नन्द वंश (महापदमनंद) के साथ सभी शासक शूद्र होंगे। पुराणों का कथन महापप्रनन्द एवं उसके उत्तराधिकारियों तक सीमित था। यदि इसका आशय आगामी वंशों से है तो शुंग एवं कण्वों को भी शूद्र मानना होगा, जबकि शुंगों को ब्राह्मण माना गया है। पूर्व में उल्लेख किया गया है महापरिनिब्बानसुत्त में मौर्यों को क्षत्रिय कहा गया है।

III. शास्त्री ने एक और तर्क ब्रह्मगिरि के लघु शिलालेख के आधार पर प्रस्तुत किया है, "इमिना चु कालेन अमिसा समाना मुनिसा जंबुदीपसि मिसा देवेहि।"[77] उन्होंने इसका अर्थ यह लगाया है कि अशोक ने ब्राह्मणों को, जो धरती पर देवता समझे जाते थे, नकली देवताओं के रूप में उद्घाटित किया। किन्तु यहाँ अमिसा शब्द से तात्पर्य धरती पर प्रजा से देवताओं के मिलने–जुलने से है, इस कथन में मिथ्या देवताओं का उल्लेख नहीं है।

IV. शास्त्री की मान्यता है कि धर्म महामात्रों (धम्म–महामात्रों) ने ब्राह्मणों की प्रतिष्ठा को गिराया। इन अधिकारियों ने ब्राह्मणों को स्मृतियों में दिए गए नियमों को लागू करने से रोका। राय चौधरी की धारण है कि ऐसी सम्भावना दिखाई नहीं देती, क्योंकि धर्म महामात्र, सामान्यतः सामाजिक कल्याण के लिए नियुक्त किए गए थे। अशोक ब्राह्मणों का आदर करता था, ब्राह्मणों एवं श्रमणों को दान देता था और अशोक के पुत्रों तथा ब्राह्मणों के बीच संघर्ष का कोई प्रमाण नहीं मिलता। इसके विपरीत काश्मीर के ब्राह्मण इतिहासकार कल्हण[78] के अनुसार अशोक के उत्तराधिकारी जालौक एवं ब्राह्मणों के सम्बन्ध नितान्त मैत्रीपूर्ण थे। वह शैव धर्म को मानता था।

V. हरप्रसाद शास्त्री की धारणा है कि दण्ड समता और व्यवहार समता अर्थात् न्याय प्रणाली एवं दण्ड विधान में भी अशोक ने एकरूपता का प्रावधान किया जिससे ब्राह्मणों की विशेष सुविधाओं को समाप्त कर दिया गया जो पहले उन्हें प्रदान की जाती थी। इस सन्दर्भ में राय चौधरी की मान्यता है कि ब्राह्मण साहित्य में भी ब्राह्मणों को मृत्युदण्ड से वंचित किए जाने के कोई स्पष्ट प्रमाण नहीं मिलते, जैसा शास्त्री ने उल्लेख किया है पंचविंश ब्राह्मण ने लिखा है कि एक पुरोहित अपने स्वामी को धोखा देगा तो उसे प्राणदण्ड मिलेगा।[79]

VI. अन्त में शास्त्री ने जिक्र किया है कि अशोक ब्राह्मणों के विरोध का सामना करने में पर्याप्त समर्थ था। लेकिन उसकी मृत्यु के बाद उसके उत्तराधिकारियों और ब्राह्मणों के मध्य संघर्ष प्रारम्भ हो गया और वह संघर्ष पुष्यमित्र के शक्ति ग्रहण करने तक जारी रहा जो एक महान् ब्राह्मण विद्रोह का प्रतीक था। किन्तु जैसा पूर्व में उल्लेख किया गया है कि अशोक के उत्तराधिकारियों एवं ब्राह्मणों में संघर्ष का कोई प्रमाण नहीं मिलता। रायचौधरी का कथन है कि हमें राजतरंगिणी से ज्ञात होता है कि अशोक के उत्तराधिकारियों में जालौक बौद्ध धर्म विरोधी एवं शैव धर्म का समर्थक था।

पुष्यमित्र शुंग के बारे में दो बातें कही गई हैं। प्रथम के अनुसार वह बौद्ध धर्म का घोर विरोधी था। उसने निश्चय किया कि यदि अशोक को 84,000 स्तूप बनाए जाने से कीर्ति मिली है तो वह 84,000 स्तूप नष्ट कर ख्याति प्राप्त करेगा। किन्तु पुरातत्वीय साक्ष्यों से इसकी पुष्टि नहीं होती। सांची स्तूप का विस्तार एवं वर्तमान रूप शुंग काल की देन मानी गई है। अशोकवदान की यह कथा कि पुष्यमित्र ने बौद्धों के साथ अत्याचार किया एवं बौद्ध स्तूप नष्ट किए, यथार्थ में राजदरबार में बौद्ध प्रभाव कम होने को ही इंगित करता है। इसके अतिरिक्त एक ब्राह्मण सम्राट के कार्यकलापों का बौद्ध लेखक निष्पक्ष विवेचन भी नहीं कर पाए।

हर्ष चरित में कहा गया है कि, सेना का निरीक्षण करते समय पुष्यमित्र ने बृहद्रथ की हत्या की। इसे एक महान् क्रान्ति का परिचायक माना गया। कुछ विद्वानों की मान्यता है कि बृहद्रथ की हत्या राजभवन में तख्ता पलटे जाने के फलस्वरूप हुई। यदि एक विद्रोह या क्रान्ति होती तो अन्य पड़ोसी राज्यों से अवश्य सहयोग लिया जाता।[80]

राय चौधरी की धारणा अपने मत के प्रतिपादन में रायचौधरी ने लिखा है कि शान्तिप्रियता तथा अहिंसा की नीति साम्राज्य पतन का कारण बनी। कलिंग युद्ध के बाद अशोक ने युद्ध नीति को त्याग कर 'धम्म' विजय की नीति अपनाई। अहिंसा की नीति को इतने उत्साह और दृढ़ संकल्प के साथ अपनाया कि सैनिक दृष्टिकोण से राष्ट्र एकदम दुर्बल हो गया[81]। परिणामस्वरूप यूनानी आक्रमण का सामना करने में असमर्थ रहा। अहिंसा की नीति न केवल सैनिक अवनति का कारण बनी अपितु इसने सम्राट की नियंत्रण शक्ति को भी कम किया। नियंत्रण कम होने से पदाधिकारियों ने प्रान्तों में अत्याचार करना शुरू किया। परिणामस्वरूप जगह–जगह विद्रोह हुए। अशोक की शान्तिपूर्ण नीति ने साम्राज्य की शासन व्यवस्था को अस्त–व्यस्त किया।

पूर्व में बताया गया है कि अशोक ने पूर्ण जीव हिंसा पर प्रतिबंध नहीं लगाया था। पाँचवें स्तम्भ लेख में कुछ अभक्षणीय पशुओं का उल्लेख किया है। 'भक्षणीय पशुओं' की हिंसा निश्चित तिथियों को नहीं किए जाने का विवरण मिलता है।[82] यदि वह पूर्ण अहिंसक नीति का समर्थक होता तो निश्चय ही उसे मृत्युदण्ड की प्रथा समाप्त कर देनी चाहिए थी। लेकिन उसके पूरे राज्यकाल में मृत्युदण्ड प्रणाली कायम रही। राय चौधरी के अनुसार अशोक की अहिंसा की नीति की उसके उत्तराधिकारियों को इतनी शिक्षा दी गई कि वे किसी भी सैनिक शक्ति का सामना करने में असमर्थ थे। उसके उत्तराधिकारी 'धम्म घोष' की अपेक्षा 'भेरी–घोष' से कम परिचित थे।[83]

परन्तु उसके अभिलेखों से ऐसा कोई उल्लेख नहीं मिलता। पृथक् शिलालेख में जंगली जनजातियों को कठोर शब्दों में चेतावनी दी गई है कि वे सम्राट से सुख लाभ प्राप्त करें, दुःख न पाएँ। यह सूचित करता है कि सम्राट शक्तिशाली है, अतः अपने अपराध बंद कर दें एवं मृत्यु से उन्हें अपनी रक्षा करनी चाहिए।[84]

रोमिला थापर ने राय चौधरी के मत से असहमति प्रकट करते हुए लिखा है कि अशोक शान्तिपूर्वक नीति अपनाने में समर्थ था, क्योंकि उसकी सीमाएँ और साम्राज्य के आन्तरिक भाग सुरक्षित थे। मात्र कलिंग परेशानी खड़ी कर सकता था। उसे प्रारम्भिक वर्षों में जीत लिया गया। मौर्य सेनाओं के लिए सम्पूर्ण दक्षिण भारत को जीतना कठिन नहीं था। लेकिन उसकी आवश्यकता नहीं थी, क्योंकि उक्त प्रदेश उसके प्रभाव क्षेत्र में थे। सीरिया के एण्टीयोक्स से उनके मैत्रीपूर्ण सम्बन्ध थे। दरअसल वह अत्यधिक शान्तिवादी नहीं था जैसी कुछ विद्वानों की मान्यता है। राय चौधरी ने यह प्रतिपादित किया है कि शान्ति एवं अहिंसावादी नीति के फलस्वरूप प्रभावी नियन्त्रण नहीं रहा। प्रान्तीय सरकारें अत्याचारी हो गई थीं जो मौर्य साम्राज्य के पतन में सहायक सिद्ध हुईं। रोमिला थापर ने इसका खण्डन करते हुए लिखा है कि मन्त्रियों के अत्याचार का कोई स्पष्ट प्रमाण नहीं है। वस्तुतः ''महामात्रों को सम्बोधित करते समय उसके स्वर में राजोचित अभिमान है। यहाँ ऐसे सम्राट का किंचित संकेत नहीं है जिसका शासन पर पूरा नियन्त्रण नहीं था।''[85]

नीलकंठ शास्त्री ने भी राय चौधरी के मत से असहमति प्रकट करते हुए लिखा कि अशोक की शान्तिप्रियता में कट्टरता नहीं थी। वह मानवीय स्वभाव की जटिलता से अच्छी तरह परिचित था और इसलिए उसने शान्तिप्रियता और युद्ध त्याग की नीति को सीमा के अन्दर नियन्त्रित रखा। इसका कोई प्रमाण नहीं है कि अशोक ने सेना भंग कर दी।

निहाररंजन राय के विचार निहाररंजन राय के अनुसार पुष्यमित्र की राज्यक्रान्ति मौर्य अत्याचार के विरुद्ध तथा मौर्यों द्वारा अपनाए गए विदेशी–विचारों का विशेषतः कला के क्षेत्र में अस्वीकरण था। इस तर्क का आधार यह है कि साँची और भरहुत कला लोक परम्परा के अनुकूल तथा भारतीय है, किन्तु मौर्य कला इस लोक कला से भिन्न है और विदेशी कला से प्रभावित है।

निहाररंजन की धारणा है कि जन–साधारण के विद्रोह का दूसरा कारण अशोक द्वारा समाजों का निषेध था जिससे जनता अशोक के विरुद्ध हो गई। इतिहासकारों की मान्यता है कि ऐसी जागृति की सम्भावना तत्कालीन परिस्थितियों में सम्भव नहीं दिखाई देती।

मौर्य साम्राज्य के अन्तर्गत कई अर्द्ध–स्वतंत्र राज्य थे–यवन, काम्बोज, भोज, आटविक[86] आदि जो चन्द्रगुप्त की विजयों, कौटिल्य की कूटनीति तथा चक्रवर्ती सम्राट के काल में सिर उठाने का साहस नहीं कर पाए, किन्तु केन्द्रीय सत्ता के दुर्बल होते ही ये प्रदेश स्वतंत्र हो गए। अयोग्य उत्तराधिकारियों के शासन काल में यह भावना अधिक बढ़ी और साम्राज्य के विघटन में सहायक हुई। इस प्रकार अशोक की अहिंसा एवं शान्ति की नीति को दोषी नहीं ठहराया जा सकता। दरअसल कहा जा सकता है कि अशोक के अयोग्य उत्तराधिकारी इसके लिए अधिक जिम्मेदार थे न कि अशोक।

कोसंबी की मान्यता कुछ विद्वानों ने आर्थिक कारणों को मौर्य साम्राज्य के पतन का कारण माना है। अशोक की दानशीलता ने मौर्य अर्थव्यवस्था को अस्त–व्यस्त कर दिया था। बौद्ध मठों और भिक्षुओं को बड़ी धनराशि दान में दी जाने लगी। दिव्यावदान में अशोक के दान की जो कथाएँ दी गई हैं उनकी पुष्टि अन्य बौद्ध अनुश्रुतियों से भी होती है। शासन और सैन्य–संगठन, संचार–साधन तथा जनता के कल्याण के बजाय जब यह धनराशि धार्मिक सम्प्रदायों को दी जाने लगी तो शासन व्यवस्था और विशेषकर सैन्य संगठन की अवहेलना होने लगी। इसके परिणाम अत्यन्त घातक सिद्ध हुए।

यह भी कहा गया है कि उत्तरकालीन मौर्यों के समय में आर्थिक व्यवस्था पर काफी दबाव था, क्योंकि इस दौरान अनावश्यक करों में वृद्धि की गई थी। उदाहरण के लिए अर्थशास्त्र में[87] वेश्याओं एवं अभिनेताओं आदि से कर लिए जाने का प्रावधान मिलता है। कोसंबी ने उल्लेख किया है कि उत्तरकालीन मौर्यों के राज्यकाल में अर्थव्यवस्था संकटग्रस्त थी। इस काल के आहत सिक्कों में काफी मिलावट है।[88] डॉ. थापर ने इसका खण्डन किया है, यह जरूरी नहीं कि मौर्यकाल के सिक्कों में मिलावट का अर्थव्यवस्था पर दबाव था। उत्तरकालीन मौर्यों के समय नियंत्रण का कम होना और

ढीले पड़ने की सम्भावना को दृष्टिगत रखते हुए कहा जा सकता है कि घटिया स्तर के सिक्के प्रचलित होने शुरू हुए, विशेषकर उन प्रदेशों में जो धीरे–धीरे साम्राज्य से अलग होने लगे थे। यह भी सम्भव है कि अन्य चीजों की तुलना में चाँदी की माँग में वृद्धि हुई थी और इसलिए सिक्कों में चाँदी की मात्रा कम कर दी गई। पुनः कोसंबी का तर्क उत्तरकालीन मौर्यों के सिक्कों की उनकी अपनी पहचान पर आधारित है और यह पूर्णतः असंदिग्ध नहीं है।[89]

कुछ विद्वानों ने मौर्य साम्राज्य के पतन के लिए मुख्यतः अशोक की नीति के आर्थिक निष्कर्षों को उत्तरदायी ठहराया है। कलिंग युद्ध के बाद अशोक ने कोई युद्ध नहीं किया, सेना का उपयोग केवल कवायदों तथा सार्वजनिक समारोहों तक सीमति था। विशाल सेना निरर्थक सिद्ध हो रही थी और उसके रख–रखाव पर भारी खर्चा होता था। विशाल नौकरशाही व्यवस्था अशोक के पहले से चली आ रही थी। अशोक ने नए–नए पदाधिकारियों की नियुक्ति करके उसके स्वरूप को और भी आडम्बरपूर्ण बना दिया। अर्थशास्त्र में उल्लिखित पदाधिकारियों के विपरीत इन पदाधिकारियों का उत्पादन–संगठन से कोई सम्बन्ध नहीं था। अशोक के निःशुल्क सार्वजनिक कार्यों और जनता के प्रति उसके कथित पितृवत् अनुराग के फलस्वरूप शाही खजाना खाली होता जा रहा था। प्रशासन का भारी खर्च गंगा की उपत्यका की स्थिर कृषि अर्थव्यवस्था से प्राप्त होने वाले सीमित राजस्व करों से पूरा किया जाता था। हम कह सकते हैं कि, मौर्य साम्राज्य के अन्तिम राजनीतिक विघटन का सबसे बड़ा कारण यह था कि शाही वित्त व्यवस्था क्षीण होती जा रही थी।

मौर्यों के विरुद्ध विद्रोह के पक्ष में एक और तर्क प्रस्तुत किया गया है कि मौर्यों के अधीन उपज का एक–चौथाई भाग कर के रूप में लिया जाता था और एक किसान के लिए कर की यह दर बहुत ज्यादा थी। सामान्य रूप से कर एक–चौथाई था तो सम्भव है कि ग्रामों में असन्तोष फैला हो।

ध्यान देने की बात है कि भूमि की उर्वरता और जल की सुलभता के आधार पर कर की दर एक प्रदेश से दूसरे प्रदेश में भिन्न थी। मेगस्थनीज ने एक–चौथाई की जिस मात्रा का उल्लेख किया है वह शायद पाटलिपुत्र के इर्द–गिर्द के अति उर्वर और उत्तम रूप से सिंचित प्रदेशों में लागू थी। सामान्य रूप से उपज का एक–चौथाई भाग कर के रूप में नहीं लिया जाता था। अर्थशास्त्र से ज्ञात होता है कि आर्थिक संकट के दौरान सम्राट भूराजस्व एक–तिहाई या एक–चौथाई भाग तक बढ़ा सकता है।[90] स्पष्ट है कि एक–चौथाई कर ऊँचा माना जाता था। अतः सामान्य परिस्थितियों में इतना अधिक भू–राजस्व वसूल नहीं किया जाता था।

रोमिला थापर का मत मौर्य साम्राज्य के पतन के जिन कारणों का विवेचन किया गया है, इनके अतिरिक्त रोमिला थापर[91] ने कई अन्य कारण प्रस्तुत किए हैं। अशोक की मृत्यु के बाद, विशेष कर जब साम्राज्य का विभाजन हो गया तो केन्द्र का नियंत्रण शिथिल हो गया और प्रान्त साम्राज्य से पृथक् होने लगे। मौर्य सम्राट एक ऐसी सुशिक्षित नौकरशाही की स्थापना कर सकते थे, जो अनेक राजनीतिक उथल–पुथल के मध्य शासन का गतिक्रम बनाए रखती। बाद की शताब्दियों में भारतवर्ष में ब्रिटिश प्रशासकों ने प्रतियोगी परीक्षाओं की इस प्रणाली का प्रभावकारी ढंग से प्रयोग किया। परीक्षा प्रणाली के दो स्पष्ट लाभ थे, यह सामाजिक दलों को कम करती है, क्योंकि सिद्धान्ततः प्रार्थी किसी भी सामाजिक स्तर से चुने जा सकते थे। दूसरे चूंकि यह केन्द्र द्वारा संचालित राजकीय सेवा होती, इसलिए पदाधिकारी साम्राज्य के किसी भी भाग में नियुक्त किए जा सकते थे। यह स्थानीय गुटों को अत्यधिक शक्ति प्राप्त करने और केन्द्र में शासक की स्थिति को संकटपूर्ण बनाने से रोकती।

किन्तु डॉ. थापर का यह मत स्वीकार नहीं किया जा सकता। अर्थशास्त्र से ज्ञात होता है कि सभी उच्च कर्मचारी योग्यताओं के आधार पर नियुक्त होते थे।[91] यथार्थ परीक्षण के आधार पर अधिकारियों की नियुक्ति की जो व्यवस्था मौर्यकाल में थी वह प्राचीन भारत या मध्य काल में कहीं भी नहीं पाई जाती। आधुनिक प्रतियोगिता परीक्षा पद्धति की कल्पना उस युग में करना ऐतिहासिक दृष्टि से अनुचित होगा।

शासन संगठन के सम्बन्ध में कहा गया है कि ऐसी प्रतिनिधि सभा का अभाव था जो कि राजा के कार्यों पर नियंत्रण रख सके। किन्तु राजतंत्र पर आधारित सभी प्राचीन तथा मध्यकालीन राज्यों की यह विशेषता है। ऐसी स्थिति में हम प्रतिनिधि संस्था के अभाव में मौर्य साम्राज्य के पतन का कारण नहीं मान सकते।

अन्त में आर.सी. मजूमदार के विचार मजूमदार के शब्दों में कह सकते हैं कि, मौर्य साम्राज्य के पतन के अनेक कारण थे, जिनमें मुख्यतः अशोक के उत्तराधिकारियों की निर्बलता और भारतीय राजनीति की विकेन्द्रीकरण प्रवृतियाँ हैं। यह तो मानी हुई बात है कि अशोक की यह नीति न भी होती तो भी शक्तिशाली मौर्य साम्राज्य का कभी–न–कभी अन्त होता ही। किन्तु इस नीति द्वारा ही उसे संसार के विस्तृत भू–भाग पर नैतिक शक्ति का प्रभाव स्थापित करने का श्रेय मिला है और वही उसकी विशेषता भी है। सभी युद्धों के अन्त करने के प्रयोग का भी श्रेय उसे ही है, जिसकी आवश्यकता और बुद्धिमत्ता का अनुभव संसार के किसी भी राजनीतिज्ञ को वर्तमान शताब्दी के दूसरे दशक तक नहीं हो सका। यदि अशोक के विरुद्ध लगाए गए सभी दोषारोपण सच्चे भी हों, तो भी उसे इस विचार से सन्तोष ही हो सकता है कि उसने लगभग 2200 वर्ष पूर्व विश्व शान्ति की जिस नीति की कल्पना की थी, उसे ही मानवता की मुक्ति के निमित्त एकमात्र उपाय समझ कर आज सारा संसार धीरे–धीरे अपना रहा है। आधुनिक इतिहासकार थ्यूसिडिड की इस महान् युक्ति को याद कर लाभ उठा सकता है कि लौकिक वैभव की अपेक्षा महानता की स्मृति अधिक चिरस्थाई होती है। मौर्य साम्राज्य की वही गति हुई जो सभी लौकिक उत्कर्षों की हुआ करती है। किन्तु अशोक की स्मृति सदा बनी रहेगी।[92] इस प्रकार हम कह सकते हैं कि मौर्य साम्राज्य के पतन के लिए अशोक की नीति या कोई एक कारण उत्तरदायी नहीं था बल्कि वह विभिन्न परिस्थितियों एवं मिले–जुले कारणों का परिणाम था।

सन्दर्भ :

1. थापर रोमिला : अशोक तथा साम्राज्य का पतन, पृ. 1.
2. महावंश, 13, अवन्ती रट्ठम भुन्जन्तो पितरादिन्नं अत्तनो सो अशोक कुमारो हि उज्जेनगरं पुरा।
3. शास्त्री नीलकंठ : नंद–मौर्य युगीन भारत, पृ. 235.
4. थापर रोमिला : अशोक तथा मौर्य साम्राज्य का पतन, 1977, पृ. 28; शास्त्री नीलकंठ के.ए.; नंद–मौर्य युगीन भारत, पृ. 235–36.
5. महावंश, 5, 'बिन्दुसार सुत्ता आसु सत एको च विस्सुता।'
6. भण्डारकर डी.आर. : अशोक, कारमाईकेल व्याख्यान, 1923, पृ. 12.
7. भण्डारकर, वही, पृ. 15.
8. राय चौधरी, प्रा.भा.रा.इ., पृ. 224.
9. रायचौधरी, वही, पृ. 224–25.
10. गुप्त, वही, पृ. 37, अढवषअभिसिंतम देवन प्रिअस प्रिअद्रशिस रन्जो कलिंग विजित (1) दिअढ़मत्रे प्रणशत सहस्त्रे ये ततो अपवुढ़े शत सहस्त्रमत्रे तत्र बहुतवतके व मुटे।
11. **Thomas, F.W. : The Cambridge History of India, vol. I, 1955, pp, 446-47. In the ninth year after his coronation he affected the conquest of the Kalinga Country, i.e., Orissa with the Ganjam district of Madras. The slaughter and suffering which attended the conquest produced upon his mind such an impression that it proved the turning-point in his career. He joined the Buddhist order as alay disciple, two and a half years later about the end of the eleventh year from his coronation when he became a member of the Sangha, or order of monks and in that capacity travelled from place to place.**
12. थापर रोमिला : अशोक तथा मौर्य साम्राज्य का पतन, 1977, पृ. 38.
13. राय चौधरी, प्रा.भा.रा.इ., पृ. 226.
14. नंद–मौर्य युगीन भारत, पृ. 236 से उद्धृत; गुप्त पी.एल, वही, पृ. 19, धम्म–चरणेन भेरीघोसो अहो धम्मघोसो।
15. गुप्त पी.एल., वही, पृ. 50. ''अढ़ातियानि वसानि य हकं–सके––––––मया संघे उपयीते।''
16. गुप्त वही, पृ. 43–44, ''सव–मुनिसा में पजा अथ पजाये–––––ति हिदलोगिक–पाललोकिकेण हेवंमेव मेइछ सवमुनिसेसु''।
17. थापर, रोमिला : वही, पृ. 152.
18. दीक्षितार, आर. : मौर्यन पॉलिटी, पृ. 276.
19. मुखर्जी आर.के., अशोक, पृ. 60–73.
20. जे.आर.ए.एस., 1908, पृ. 491–97.
21. भण्डारकर डी.आर., अशोक, पृ. 67.
22. स्मिथ, वी.ए., अशोक, पृ. 59–60.
23. स्मिथ, वी.ए., अशोक, पृ. 29–30.
24. शास्त्री नीलकंठ, वही, पृ. 261 से उद्धृत.
25. रीजडेविड्स, बुद्धिज्म, पृ. 226.
26. भण्डारकर, डी.आर. वही, पृ. 72–88.
27. महावंश, 5/37–72.
28. गुप्त पी.एल. वही, पृ. 56–57, 'प्रियदसि लाजा मागधे संघं अभिवादेतूनं ––– विदिते वे भंते आवतके हमा बुधसि धंमसि संघसी ति गालवे चं प्रसादे।'
29. गुप्त पी.एल. वही, पृ. 79, 'हिद बुधे जाते सक्य मुनी ति...........हिद भगवं जाते ति लुंमिनिगामे उबालिके कटे अठभागिये च।'
30. गुप्त, वही, पृ. 80, 'बुधास कोनाकमनस थुबे दुतियं वढ़िते (1).'

31. गुप्त पी.एल., वही, साँची, लघुस्तंभाभिलेख, पृ. 75–76.
संघ भाखति भिखु वा भिखुनि वा ओदातानि दुसानि सनंधापयितु अनावाससि वासायेत विये।
32. देखें शास्त्री वही, पृ. 244.
33. Thomas. F.W. : The Cambridge History of India, vol. 1, p.449. The Council occasioned by sectarian differences among, the Buddhist confession, of which as many as eighteen divisions are named, was held under the presidency of a famous monk, named Moggaliputta Tiss, ... in the northern texts he is called Upagupta.
34. शास्त्री : नंद–मौर्य–युगीन भारत, 1969, पृ. 245.
35. थापर रोमिला : अशोक तथा मौर्य साम्राज्य का पतन, पृ. 187.
36. गुप्त, वही, पृ. 21. त्रेडशवषभिसितेन मय ध्रमहमत्र कट ते।
37. मजूमदार प्रभात कुमार : भारत के प्राचीन अभिलेख, पृ. 80, यह पाठ मास्की एवं गुर्जरा संस्करणों में है, देवान पियसा असोकस अठति .... निवषानि अंसुमि बुधशके–तिरे।
38. गुप्त, वही, पृ. 50–51.
39. गुप्त, वही, पृ. 19.
40. गुप्त, वही, पृ. 38. अषषुपि योजन शतेषु यत्र अन्तियोको नम योनरज परं च तेन अन्तियोकेन चतुरे 4 रजनि तुरमये नम अन्तिकिनि नम मक नम अलिकसुदरो नम।
41. शास्त्री, वही, पृ. 246.
42. गुप्त, वही, पृ. 'चौड़ा पाड़ा सतियपुतो केतल पुतो आतंबपणी।'
43. राय चौधरी, वही, पृ. 243.
44. स्मिथ, वि.ए., अशोक, तृतीय सं. पृ. 161.
45. भण्डारकर, अशोक, पृ. 240–241; गुप्त, पी.एल. : प्राचीन भारत के प्रमुख अभिलेख, पृ. 17.
46. थापर रोमिला, वही, पृ. 142–43.
47. गुप्त, वही, पृ. 42. 'अयं धंमलिपि देवानं प्रियेन प्रियदसिना राजा लेखापिताः।'
48. गुप्त, वही, पृ. 57–58 हेवंमेवा उपासका चा उपासिका चा एतेनि भंते इमं लिखापयामि अभिपेतं में जानतू ति।
49. थापर रोमिला, वही, पृ. 191.
50. थापर रोमिला, वही, पृ. 165.
51. भण्डारकर डी. आर., वही, पृ. 77.
52. शास्त्री, वही, पृ. 262–63.
53. गुप्त, वही, पृ. 60. अपासिनवे बहु–कयाने दया साने सचे सोचये।
54. थापर, रोमिला, वही, पृ. 170.
55. भण्डारकर, अशोक, पृ. 90.
56. गुप्त, वही, पृ. 34. 'देवानं पिये पियदसि राजा सव पासंडानि च पविजितानि च घरस्तानि च पूजायति।'
57. अशोक, का. व्या., पृ. 100.
58. गुप्त, वही, पृ. 25, 'इध च नानि सुखापयामि परत्रा च स्वगं आराधयतु।'
59. थापर, रोमिला, वही, पृ. 195–96.
60. गुप्त, वही, पृ. 24. 'न भूतप्रुर्व सवे काले अथकमे व पटिवेदना वा तमया एवं कत।'.
61. अर्थशास्त्र, 1/19/4.
62. अर्थशास्त्र, 1/19/5.

63. थापर, रोमिला, वही, पृ. 175–176.
64. गुप्त, वही, पृ. 46–49.
65. शास्त्री, वही, पृ. 254.
66. कोसंबी डी.डी. : प्राचीन भारत की संस्कृति और सभ्यता, पृ. 199–200.
67. रायचौधरी, वही, पृ. 226.
68. गुप्त, वही, पृ. 15–16. 'द्वे चिकीछकता मनुस–चिकीछा च पशु चिकिछा व ओसुटानि य यानि मनुसोपगानि च पसोपगानि च यत यत नास्ति सर्वत्र हारपितानि च रोपपितानि च मूलानि च फलानि च यतयत नास्ति सर्वत हारापितानि च रोपापितानी च पंथेसू कूपा च खानपिता व्रछा च रोपापिता।'
69. राय चौधरी, वही, पृ. 226.
70. देखें गुप्त, वही, पृ. 21–22, 37–40. पंचम शिलालेख एवं तेरहवाँ शिलालेख।
71. Smith : The Oxford History of India, p. 137.
72. थापर रोमिला, वही, पृ. 204.
73. गुप्त, पी.एल. वही, पृ. 82. (दशरथ गुहा अभिलेख) गोपिका कुभा दषलथेना देवानं पियेना आन्नतलियं अभिषितेना आजीविके (हि)
74. हर प्रसाद शास्त्री : जे.एस.एस.बी., 1910, पृ. 259–262.
75. राय चौधरी, प्रा.भा.रा.बी., पृ. 260–264
76. गुप्त, पी.एल. वही, पृ. 65–67
77. शास्त्री, वही, पृ. 50.
78. राजतंरगिणी, 1/148
79. राय चौधरी, वही, पृ. 263–64.
80. थापर, रोमिला, वही, पृ. 225.
81. राय चौधरी, वही, पृ. 267
82. गुप्त, पी.एल. : वही, पृ. 268.
83. राय चौधरी, वही, पृ. 268
84. गुप्त, वही, पृ. 43. (पृथक् अभिलेख जौगड़) 'ममियाये अस्वसेयु च में सुखमेव च लहेयू ममते नो दुःखं.
85. थापर रोमिला, वही, पृ. 228
86. गुप्त, वही, पृ. 43. (13 वाँ शिलाप्रज्ञापन) 'योन–कंबोयेषु नभक नभितिन भोज पितिनिकेषु अन्ध्र पलिदेषु।'
87. अर्थशास्त्र, 2/27/4
88. कोसंबी डी.डी. : प्राचीन भारत की संस्कृति और सभ्यता, पृ. 206
89. थापर, रोमिला, वही, पृ. 228
90. अर्थशास्त्र, 5/2 'प्रभूत धन्यं धन्यस्याशं तृतीय चतुर्थ वा याचेत।'
91. थापर, रोमिला, वही, पृ. 231–33।
92. मजूमदार, आर.सी., प्राचीन भारत, पृ. 100।

27 मौर्य प्रशासन (Mauryan Administration)

चन्द्रगुप्त मौर्य एक महान योद्धा एवं विजेता था। उसने विशाल एवं शक्तिशाली साम्राज्य की स्थापना की, वह साम्राज्य ब्रिटिशकालीन भारत से कहीं अधिक विशाल था। उस साम्राज्य की शासन व्यवस्था का संचालन उसकी विजयों से कम महत्वपूर्ण नहीं था। गर्व के साथ हम यह कह सकते हैं कि भारतीय इतिहास के लिए वह व्यवस्था अपने आप में अनूठी थी, आज भी उस व्यवस्था से बहुत कुछ सिखने की जरूरत है। मौर्य प्रशासनिक व्यवस्था की स्थापना में चन्द्रगुप्त के सलाहाकार एवं मंत्री चाणक्य का विशेष योगदान रहा। चाणक्य के अर्थशास्त्र से हमें मौर्य प्रशासनिक व्यवस्था की विस्तृत जानकारी मिलती है।

केन्द्रीकृत प्रशासन मौर्य साम्राज्य की स्थापना के साथ केन्द्रीयकृत प्रशासनिक व्यवस्था का विकास हुआ। सेनार्ट, दीक्षितार[1] आदि विद्वानों ने मौर्य साम्राज्य को संघ राज्यों का समूह माना है। किन्तु अशोक के अभिलेखों से साम्राज्य के पाँच प्रान्तों में विभक्त होने का संकेत मिलता है एवं केन्द्रीय प्रशासन का प्रान्तों पर नियंत्रण होने का उल्लेख पाया जाता हैं। अर्थशास्त्र में लिच्छिवी, वज्जि, मल्ल, कुरु, पांचाल को संघ गणराज्यों में सम्मिलित किया है।[2] यद्यपि इन्हें राजनीतिक विशेषाधिकार दिए गए थे तथापि इनको साम्राज्य के अभिन्न अंग के रूप में माना गया। सम्राट के लिए विशाल साम्राज्य पर सीधा नियन्त्रण रखा जाना सर्वथा असम्भव था। अतः मौर्य साम्राज्य को पाँच प्रान्तों में विभक्त किया गया।[3]

अर्थशास्त्र से साम्राज्य विभाजन का ज्ञान नहीं होता किन्तु अशोक के अभिलेखों से इस आशय की जानकारी मिलती है।

प्रथम 'उत्तरापथ' (उदीच्य) जिसकी राजधानी तक्षशिला थी इसमें काम्बोज, गान्धार, कश्मीर, अफगानिस्तान, पंजाब आदि सम्मिलित थे।

दूसरे पश्चिमी प्रान्त को 'अवन्ति राष्ट्र' (अवन्तिरट्ठ) भी कहा गया, जिसकी राजधानी उज्जयिनि दर्शाई है। इसमें काठियावाड़, गुजरात, मालवा, राजपूताना आदि की गणना की जाती थी। सौराष्ट्र भी उपप्रान्त था व्यापारिक महत्व के कारण ऐसा किया गया प्रतीत होता है।

तीसरे तोसली 'पूर्वी प्रान्त' (कलिंग क्षेत्र) का प्रतिनिधित्व करती थी।

चौथे, 'दक्षिणापथ' की राजधानी स्वर्णगिरि कही गई है। भण्डारकर ने कृष्णस्वामी अय्यंगार के मत से सहमति प्रकट करते हुए इसकी (स्वर्णगिरि) प्रस्थापना रायचूर में स्थित कनकगिरि से की है।[4] मैसूर की कोला रखानों के महत्व के कारण इशिला (**Isila**) उपप्रान्त था। विन्ध्य पर्वत के दक्षिण का समस्त प्रदेश दक्षिणापथ में सम्मिलित था।

पाँचवे, उत्तरापथ की राजधानी तक्षशिला थी। साथ ही गांधार को प्रान्त कहा है। संभव है यह विभाजित उपप्रान्त था। शुरु में धर्म विवर्द्धन जिसे दिव्यावदान में कुणाल कहा है, प्रान्तपति या उपप्रान्तपति बनने की सूचना मिलती है। विशाल क्षेत्र की सुरक्षा की दृष्टि से ऐसा किया होगा। प्रान्तों में राजवंश के विश्वसनीय व्यक्तियों को ही लगाया जा सकता था। प्रान्तीय प्रशासन युवराजों द्वारा सम्पादित किया जाता रहा और 'गांगेय प्रदेश' (प्राच्य या प्रासी) में उत्तर प्रदेश, बंगाल, बिहार सम्मिलित थे, सम्भवतः यह क्षेत्र सम्राट के सीधे नियन्त्रण में रहा होगा। **प्रान्त उपप्रान्त एवं मण्डलों में बँटा था जिसे चक्र भी कहा है। उपप्रान्त अथवा चक्र या मण्डलों में तोसली, सामपा, पाटलिपुत्र में कौशांबी सुवर्णगिरि में इसिला, सौराष्ट्र में गिरिनार का जिक्र कर सकते है।**

राजा मौर्य केन्द्रीकृत शासन प्रणाली में सम्राट केन्द्रीय शासन का प्रधान ही नहीं बल्कि सर्वोच्च अधिकारी तथा प्रजा का संरक्षक माना जाता था। प्राचीन भारत में राज्य के सात अंग (सप्तांग) कहे गए हैं–**राजा**, **अमात्य**, **जनपद**, **दुर्ग**, **कोष**, **सेना** एवं **मित्र**। कौटिल्य इनमें राजा को सर्वाधिक महत्व प्रदान करता है, क्योंकि राजा द्वारा ही जनता की प्रगति का मार्ग प्रशस्त होता है।[5] अर्थशास्त्र में कहा गया है कि प्रत्येक व्यक्ति या जन–साधारण राजा नहीं हो सकते। राजा में कुछ आवश्यक गुण होने चाहिए, जैसे–वह कुलीन हो अर्थात् ऐसे परिवार से सम्बन्धित हो जिसमें राजत्व के गुण का विकास हो सके। छोटे, पदाधिकारियों एवं राजाओं पर प्रभुत्व बनाए रख सके। राजा को सत्यवादी, बुद्धिमान एवं धर्म का रक्षक होना चाहिए। कोसंबी ने जिक्र किया है कि अहोरात्र (रात दिन) प्रत्येक क्षण को, शासक के अनेक प्रशासकीय कर्तव्यों के अनुरूप, उपयुक्त कालखण्डों में बाँट दिया जाता था–जनता के प्रतिवेदन को और गुप्त सूचनाओं को सुनना, मंत्रिपरिषद्,

राजकोष और सेना के प्रधानों से परामर्श करना, मध्यान्तरों में विश्राम, शयन, भोजन, मनोरंजन तथा अन्तःपुर के आमोद–प्रमोद के लिए, कार्य बहुलता के कारण, बहुत कम समय मिल पाता था। अर्थशास्त्र में राजा के कई दायित्वों का भी उल्लेख मिलता है।

- अर्थशास्त्र ने राजा के एक निपुण प्रशासक होने के लिए तीन बुनियादी शर्तें बताई हैं। ''राजा के लिए यह आवश्यक है कि वह हर समस्या पर यथेष्ठ ध्यान दे। उसे सदैव सतर्क रहना चाहिए तथा उचित कार्यवाही करने में विलम्ब न हो। अपने दायित्वों का सदैव ज्ञान हो एवं जिम्मेदारी का भली–भाँति निर्वाह करना चाहिए।''
- मौर्य सम्राटों में जन–कल्याण की उच्चतम भावना देखी जाती है। सम्राट अपनी जनता का पालन अपनी संतान के समान करना चाहते हैं राजत्व की धारणा में अशोक के विचारों में महत्वपूर्ण परिवर्तन यह देखा जाता है कि राजा अपनी प्रजा के प्रति, पिता के समान व्यवहार करने की घोषणा करता है। अशोक अपने पृथक् धौली अभिलेख में उल्लेख करता है–''सब मेरी संतान हैं (सवे मुनिसे पजा ममा) और जो कामना मैं अपनी सन्तान के लिए करता हूँ कि उसे इस संसार में और दूसरे में भी सुख और शान्ति मिले, वही कामना मैं प्रत्येक व्यक्ति के लिये करता हूँ।''[6] अतः वह जनता के कल्याण के प्रति चिन्तित है।[7]
- अर्थशास्त्र में जन–कल्याण को बहुत महत्व दिया गया है। कहा गया है कि राजा को किसी भी समय कार्मिकों एवं जनता की पहुँच से परे नहीं होना चाहिए। ऐसा होने पर असन्तोष में वृद्धि होगी तथा राजा शत्रुओं का शिकार बन जाएगा।[8] मेगस्थनीज के विवरण से ज्ञात होता है कि मालिश के समय भी राजा से सम्पर्क किया जा सकता था। अशोक ने अपने अभिलेखों में अंकित करवाया है कि प्रतिवेदक अन्तःपुर में, व्यायामशाला, उद्यान में मेरे जन प्रजा के कार्य से निवेदन करें।[9]
- राजा देश के कानूनों का सर्वप्रथम स्त्रोत एवं विधि का रक्षक ही नहीं था बल्कि सेना का सर्वोच्च अधिपति कहा गया है। युद्ध में उसे सेना का नेतृत्व करना होता था। बड़े विवादों का निर्णय राजा ही करता था अर्थात् वह सर्वोच्च न्यायाधीश भी था। मंत्रिपरिषद् एवं पुरोहित का चयन राजा के ही कर्तव्य थे। स्वाभाविक रूप से उसकी नीति के समर्थक लोगों का ही चयन किया जाता होगा।

मंत्रिपरिषद् अर्थशास्त्र में मंत्रिपरिषद के सदस्यों का चुनाव अमात्यों में से ''उपधा'' परीक्षण द्वारा किये जाने का जिक्र आया है। मुख्यमंत्री व पुरोहित भी उपधापरीक्षण (उपधा शुद्धम) द्वारा लिये जाते थे। राजा के लिए उस युग में पुरोहित का अधिक महत्वपूर्ण होना स्वाभाविक है। चन्द्रगुप्त मौर्य के समय प्रधानमंत्री एवं पुरोहित पद पर चाणक्य (कौटिल्य) था। अर्थशास्त्र पुरोहित की सलाह पर कार्य करने का निर्देश करता है।[10] राजा पर राजनीतिक प्रतिबन्ध रखने की दृष्टि से ही सम्भवतः मंत्रिपरिषद् के गठन का प्रावधान किया गया। महत्वपूर्ण विषयों पर राजा, पुरोहित, मन्त्रियों, युवराज, प्रधानमंत्री, सेनापति व सन्निधाता (कोषाध्यक्ष) आदि से चर्चा करता था। परन्तु ऐसा तब ही सम्भव हो पाता था जब जनता की राय राजा की किसी नीति के विरुद्ध हो। छठे शिलालेख में कहा गया कि शासन सम्बन्धी कार्य के लिए परिषद् से विवाद या पुनर्विचार होने पर, बिना विलम्ब के मुझे सर्वत्र सब काल में प्रतिवेदन किया जाए।[11] इस प्रकार परिषद् को सलाहकारी संस्था माना गया एवं आपातकाल में राजा के लिए परिषद् की राय लेना हितकर बताया गया। अर्थशास्त्र एक मंत्री के लिए ईमानदार, शास्त्रों का ज्ञाता, शीलवान, श्रेष्ठ कुलोत्पन्न एवं दण्डनीति में पारंगत होना आवश्यक गुण मानता है। ऐसा उल्लेख आया है कि राजा के सलाहकार एक विशेष जाति के चुने जाते थे।[12] मंत्रियों के चयन में मुख्यमंत्री एवं पुरोहित की सहायता लेने का निर्देश मिलता है। यह निश्चित रूप से नहीं कहा जा सकता है कि मंत्री परिषद् में कितने सदस्य होते थे, सम्भवतः मौर्यों की परिषद् काफी बड़ी होती थी। दिव्यावदान से जानकारी मिलती है कि बिन्दुसार के 500 अमात्य थे। कौटिल्य ने उल्लेख किया है कि सामर्थ्य के अनुसार ही मंत्रियों की संख्या निश्चित की जानी चाहिए।[13] अर्थशास्त्र के अनुसार रथ केवल एक पहिए से नहीं चलता, राजा को मंत्रियों की नियुक्ति करना चाहिए और उनकी सलाह से कार्य करना चाहिए।

I. इसी प्रकार अशोक के गिरनार शिलालेख में परिषद् के कार्यों की चर्चा की है–तीसरे शिलालेख में मंत्रिमण्डल से अपेक्षा की गई है कि वह इस पर नजर रखे कि विभिन्न अधिकारी (युक्त आदि) नई प्रशासनिक नीतियों को लागू कर रहे हैं या नहीं। वे किसी भी शिकायत पर जाँच का आदेश देते हैं या नहीं।

II. छठे गिरनार शिलालेख में कहा गया है कि राजा की अनुपस्थिति में मंत्री उसकी नीतियों पर विचार कर उसमें संशोधन करने की सलाह दे सकते हैं, पर परिषद् को अपने विचारों से राजा को तुरन्त अवगत करवाना होगा। कहा गया है कि ऐसा प्रतीत होता है मंत्रिपरिषद् जो मुख्यमंत्री सहित तीन या चार मंत्रियों का एक गुट था और यह आन्तरिक परिषद् अथवा घनिष्ठ सलाहकारी समिति का काम करता था।[14]

III. भण्डारकर ने मंत्रिपरिषद् के कार्यों की समीक्षा करते हुए जिक्र किया है कि यह उन मंत्रियों की परिषद् थी जिनका कौटिल्य के अनुसार कर्तव्य था, कार्य पर पूर्ण नियंत्रण रखना और आदेशों की सख्ती से पालना करवाना।

IV. उनका एक और महत्वपूर्ण कार्य था। समीपवर्ती अफसरों से मिलकर काम निपटाना और दूरवर्ती अफसरों को राजकीय पत्र भेजकर मंत्रणा देना[15]

V. जब कोई आकस्मिक कार्य आ पड़ता था तब राजा सिर्फ अपने समुपदेष्टाओं (Counsellors) को ही नहीं बुलाता था अपितु मंत्रियों की सभा भी बुलाता था और सदस्यों के बहुमत के अनुसार कार्य करता था। परिषद् के अधिकारों में समय–समय पर फेरबदल आता रहा होगा। इसकी मुख्य भूमिका एक सलाहकार समिति की ही थी, क्योंकि अंतिम निर्णय लेने का अधिकार राजा का था। राजा मंत्रियों से कुछ अन्य महत्वपूर्ण तथ्यों पर भी विचार करता था।

VI. पहला प्रतिरक्षा तथा उचित वैदेशिक सम्बन्धों को सुनिश्चित बनाने के उपाय तथा साधन।

VII. दूसरे मानव बल तथा भौतिक सम्पदा के विषय में राज्य की योजनाएँ एवं साधन।

VIII. तीसरे योजनाओं के क्रियान्वयन हेतु समय तथा स्थान का निर्धारण।

IX. चौथे प्राकृतिक आपदाओं का हल खोजना एवं उसके अनुसार उपाय करना। प्रशासनिक योजनाओं का सफलतापूर्वक सम्पन्न करवाना।[16] कौटिल्य कहता है कि, उपरोक्त मामलों में मंत्रिपरिषद् में बहुमत के फैसले (भविष्यति) के आधार पर योजनाओं का निर्णय होना चाहिए। परन्तु यदि राजा समझता है कि बहुमत का फैसला लक्ष्य प्राप्ति के लिए उचित नहीं है तो उसे स्वयं निर्णय लेना चाहिए।

केन्द्रीय कार्यालय अर्थशास्त्र ने केन्द्रीय प्रशासन के सुचारू रूप से संचालन हेतु अनेक अधिकारियों की नियुक्ति किए जाने का उल्लेख किया है।

(1) केन्द्र सरकार एवं प्रान्तों में **समाहर्ता** राज्य के विभिन्न भागों से राजस्व एकत्र करता था।

(2) रोमिला थापर ने जिक्र किया है, ''ऐसा प्रतीत होता है कि स्थानिक आधुनिक उपजिला कलेक्टर एवं **प्रादेशिक (प्रदेष्टि) जिला कलेक्टर के समान थे और दोनों अधिकारी समाहर्ता या चीफ कलेक्टर के अधीन थे**।''[17] राजस्व अधिकारियों को राज्य के विभिन्न भागों का दौरा करना होता था।[18] उनके लिए खान, सेतु, वन, ब्रज (पशुपालन) एवं व्यवसायिक केन्द्रों का अवलोकन करते रहने का वर्णन मिलता है।

(3) **सन्निधाता पर सरकारी कोष में धन सुरक्षित रखने का दायित्व था।**[19]

(4) **मुख्य लेखपाल (अक्षपटल गणनिक्याधिकार) राज्य के आय–व्यय का विवरण रखता था।** उसे बजट के अनुसार व्यय करने के निर्देश जारी करने होते थे। वित्तीय अनियमितता पर दण्ड का प्रावधान था।[20] इन अधिकारियों के अतिरिक्त भी अनेक अधिकारियों अथवा विभागाध्यक्षों के कर्तव्यों की लम्बी सूची दी गई है। अर्थशास्त्र में विभागाध्यक्षों द्वारा सम्पादित किए जाने वाले विभिन्न कार्यों का विवरण मिलता है।

(5) **स्वर्णाध्यक्ष** जिसे स्वर्ण आभूषणों के निर्माता एवं स्वर्ण खदानों पर नियंत्रण रखना होता था।

(6) **कोष्ठागाराध्यक्ष** को राजकीय भण्डारों का अध्यक्ष कहा जा सकता है। इसके नियन्त्रण में कई भण्डार तथा अनेक कार्मिक होते थे। समस्त प्रान्तों से एकत्र सामग्री इन भण्डारों में सुरक्षित रखी जाती थी।

(7) व्यापार नियन्त्रण का कार्य **पण्याध्यक्ष** द्वारा किया जाता था। इस विभाग द्वारा एक स्थान की वस्तुएँ दूसरे स्थान पर उपलब्ध करवाई जाती थीं। अर्थशास्त्र से इस बात का भी संकेत मिलता है कि विदेशी उपभोक्ता वस्तुएँ उचित मूल्य पर आवश्यकतानुसार विभिन्न केन्द्रों पर उपलब्ध करवाए जाने की व्यवस्था थी।[21] मौर्य साम्राज्य की रक्षा हेतु विशाल सेना की आवश्यकता थी। उसकी माँग और साम्राज्य के कार्मिकों एवं बड़े नगरों की जनसंख्या की आवश्यकताओं को दृष्टिगत रखते हुए बाजार पर नियंत्रण रखना आवश्यक था। इस व्यवस्था को अलाउद्दीन खिलजी के बाजार नियंत्रण का पूर्वगामी कहा जाए तो अतिशयोक्ति न होगी।

(8) वनों से प्राप्त सामग्री तथा वनों की सुरक्षा का कार्य कुप्याध्यक्ष अथवा वन अधीक्षक के नियंत्रण में था।

(9) सैनिकों को अस्त्र–शस्त्र उपलब्ध करवाए जाने का कार्य **आयुधगाराध्यक्ष** द्वारा सम्पादित किया जाता था।

(10) विक्रय योग्य सामग्री के माप–तोल की समुचित व्यवस्था हेतु **पोतवाध्यक्ष** को नियुक्ति दी जाती थी। इसके अतिरिक्त मान (नाप–तोल) का अधीक्षक भी होता था।

(11) **शुक्लाध्यक्ष** कई प्रकार की कर वसूली का कार्य करता था।

(12) राज्य की ओर से चलने वाले व्यवसायों का कार्य सूत्राध्यक्ष देखता था।

(13) कृषि विभाग सीताध्यक्ष के अधीन था।

(14) शराब कर निर्माण क्रय–विक्रय तथा प्रयोग आदि पर नियंत्रण **सुराध्यक्ष** द्वारा किया जाता था। इसके अलावा **मुद्राध्यक्ष**, **नावाध्यक्ष** (जहाजों एवं नावों का नियंत्रक), **अश्वाध्यक्ष**, **लक्षणाध्यक्ष** (मुद्रानीति पर नियंत्रण), **देवताध्यक्ष,** (धार्मिक संस्था अध्यक्ष) **पत्तनाध्यक्ष** (बन्दरगाहों का अध्यक्ष) तथा **गणिकाध्यक्ष** आदि अपने पद के अनुसार कार्य निष्पादन करते थे। इनके अलावा भी **सूनाध्यक्ष** (बूचड़खाना) **अकरा अध्यक्ष** (खान विभाग) **लोहाध्यक्ष** (लोहखान) **गोअध्यक्ष** (पशुपालन) **हस्त्याध्यक्ष** (हाथियों) का जिक्र किया जा सकता है। उपरोक्त अधिकारियों को अलग–अलग अनुपात में वेतन दिया जाता था। मंत्री, पुरोहित तथा सेनापति को 48,000

पण मिलते थे। सन्निधाता, समाहर्ता को 24,000 पण दिए जाते थे। मंत्रिपरिषद् के सदस्यों हेतु 12,000 पण का प्रावधान था। लेखापालों एवं लिपिकों हेतु 400 पण दिए जाने की व्यवस्था थी। व्यय मुख्य रूप से वेतन तथा सार्वजनिक कार्यों पर होता था।

राजस्व प्रशासन राज्य की आय के अनेक साधन थे और राजस्व विभाग का संचालन सन्निधाता नामक अधिकारी करता था। राजकीय आय का मुख्य स्त्रोत भूराजस्व था। भूराजस्व इस काल में सामान्यतः चतुर्थांश (1/5 या 1/6 या 1/4 या 1/2) लिया जाता था। **राज्य की भूमि से आय को "सीता" कहा गया है। किसानों की कृषि भूमि से आय "भाग" जो 1/6 या 1/4 संकट काल में बढ़ाई जाती थी।**

- आय का दूसरा प्रमुख साधन विक्रय सम्बन्धी कर कहा जायेगा। इसके लिए सम्भवतः दुर्ग वाले नगरों में विक्रय की सभी वस्तुएँ चुंगी घर में लाई जाने पर राजकीय मुहर अंकित किए जाने एवं विक्रय के बाद उन पर मूल्यानुसार कर लिए जाने का नियम था।[22]
- लाइसेन्स आदि आय का तीसरा साधन था। विदेशी शराब के विक्रय हेतु राज्य सरकार से विशेष अधिकार पत्र प्राप्त करना होता था।
- सम्भवतः धनवान लोगों से एक प्रकार का आयकर भी लिया जाता था।
- सरकार की आय के अन्य प्रमुख साधन थे मछलियों की मण्डी की चुँगी, पानी की चुँगी, खानों, फलोद्यानों, सरकारी भूमि तथा जंगलों से आय, अर्थदण्ड, व्यवसाय सम्बन्धी कर, नदियों, घाटों तथा पुलों को पार करने का महसूल (toll tax) और पासपोर्ट आदि। अर्थशास्त्र में ऐसे 21 प्रकार के करों का वर्णन है जो शहरों में लगाए जाते थे।
- शस्त्र उद्योग और नमक व्यापार को अपने नियंत्रण में लेने के कारण भी राज्य की आय में वृद्धि हुई। आमदनी को बढ़ाने के लिए राज्य को आपात स्थिति में कर लगाने का अधिकार था। अर्थशास्त्र में अन्तःपाल का उल्लेख आया है।[23] प्रत्येक प्रान्त में अपना-अपना अन्तपाल होता था। सम्भवतः प्रदेशों में एक जिले से दूसरे जिले में जल या स्थल मार्ग से माल ले जाने पर चुँगी देनी पड़ती थी, अशोक के लेखों में भी ऐसा वर्णन आया है। राजस्व के 7 स्त्रोत बताये गये है–**दुर्ग (नगरीय आय), राष्ट्र (ग्रामों प्राप्त राजस्व), खनि (खदानों से आय), सेतु (जलाशयों से), वन (जंगलों से), ब्रज (पशुधन से आय) एवं वणिक पथों से आय।**

सार्वजनिक निर्माण राजकीय आय जनहित के अनेक कार्यों में व्यय की जाती थी। आय का एक-चौथाई भाग राजदरबार तथा राजपरिवार पर खर्च के प्रावधान थे। सरकारी अधिकारियों एवं कर्मचारियों के वेतन के अतिरिक्त सार्वजनिक निर्माण कार्यों पर राशि व्यय होती थी। मेगस्थनीज के वृत्तान्त, अर्थशास्त्र, अशोक के अभिलेखों में इसका विवरण मिलता है। अर्थशास्त्र में सिंचाई के कई साधनों का उल्लेख आया है, जैसे-बाँध, नहर, पोखर आदि। पानी के सही उपयोग के भी नियम बने हुए थे। जिनका पालन न करना अपराध था। रुद्रदामन (द्वितीय शताब्दी ईसवी) के शिलालेख में चन्द्रगुप्त मौर्य के समय निर्मित सुदर्शन झील का जिक्र आया है जिसे स्वयं रुद्रदामन ने पुनर्निर्मित करवाया था। इसका निर्माण सिंचाई के लिए किया गया था।

अशोक के अभिलेखों में दो प्रकार की चिकित्सा पद्धति की चर्चा मिलती है। उस समय मनुष्यों एवं पशुओं की चिकित्सा की अलग-अलग सुविधा थी। राज्य अकाल एवं बाढ़ जैसे प्राकृतिक विपदाओं के समय पर नागरिकों की सहायता करता रहा होगा। अर्थशास्त्र निर्देशित करता है कि राजा को अनाथ एवं बेसहारा वृद्ध महिलाओं की देखरेख करनी चाहिए। इसके अतिरिक्त सड़कें, सराएँ, विश्राम गृह, कुएँ एवं औषधीय जड़ियों के वृक्ष लगाए जाने हेतु राजकोष से व्यय किया जाता था। एक बड़ी सेना रखने का व्यय भी सरकारी आय पर दबाव का कारण रहा होगा।

प्रान्तीय प्रशासन अशोक के लेखों में चार कुमार महामात्यों का उल्लेख मिलता है। हुल्श ने उल्लेख किया है कि 'कुमार' राजा के लड़कों (राजपुत्रों) की उपाधि रही होगी एवं निकट सम्बन्धियों के लिए आर्य पुत्र शब्द का प्रयोग किया जाता होगा। कुमार प्रान्तों में प्रान्तपति या राज्यपाल के रूप में प्रशासनिक व्यवस्था देखते थे। प्रान्तीय विभाजन का उल्लेख पूर्व में किया गया है। थॉमस ने वयस्क राजपुत्रों को अनेक विवाह करने वाले राजाओं की समस्या कहा है। कौटिल्य राजा को अपने पुत्रों से उनके जन्मकाल से ही अपनी रक्षा करने का निर्देश करता है, क्योंकि उनका स्वभाव कर्कट जैसा होता है और वे अवसर मिलने पर अपने पिता का भक्षण कर डालते हैं।[24] थापर ने लिखा है कि वायसराय के रूप में राजकुमारों की नियुक्ति प्रशासनिक कार्यों के लिए शिक्षण का काम देती थी। राजकुमार राजा के बीच अच्छे सम्बन्ध होने का लाभ यह था कि राजकुमार राजा की नीति का अनुसरण करता था।[25] इस संदर्भ में भण्डारकर ने लिखा है कि कुमार को अपने शासनाधीन प्रान्त में पूर्ण स्वायत्तता थी या नहीं, यह संदिग्ध बात है। प्रतीत होता है कि उसे पूर्ण और अनियंत्रित अधिकार नहीं था। इस तथ्य से यह बात कुछ-कुछ निश्चित ही है जहाँ कहीं अशोक स्थानीय प्रान्तीय सरकारों को सम्बोधित करता है वहाँ वह सिर्फ कुमार और उसके महामात्रों को मिलाकर कहता है। जैसे धौली और जौगढ़ पृथक् शिलालेखों में है, क्योंकि यदि प्रान्त में राजपुत्र की शक्ति सर्वथा अनियंत्रित छोड़ दी जाए तो सदा यह खतरा है कि वह अपने आपको स्वतंत्र राजा बना ले। कहा जा सकता है कि अशोक के समय

में स्थानीय कुमार शासन वस्तुतः सपरिषद् कुमार का शासन था।[26] प्रान्तों में केन्द्र की तुलना में मंत्रिपरिषद् को अधिक शक्तिशाली रखा गया। परिषद् न केवल राजकुमार पर प्रतिबन्ध लगाने का कार्य करती थी बल्कि आवश्यकता पड़ने पर राजा से सीधा सम्बन्ध स्थापित करती थी। अर्थशास्त्र विद्रोही राजकुमार को बन्धन में डालने का उल्लेख करता है। ध्यान देने की बात है कि, बिन्दुसार के समय मंत्रिपरिषद् के सदस्यों एवं अधिकारियों ने विद्रोह कर दिया था, यह तथ्य मंत्रिपरिषद् की सशक्त भूमिका को दर्शाता है।

मण्डलीय शासन जिलास्तरीय प्रशासन 'प्रादेशिक', 'राजुक' एवं 'युक्त' देखते थे। अशोक के तृतीय शिलालेख में विवरण मिलता है–मेरे राज्य में सर्वत्र **युक्त**, **राजुक** एवं **प्रादेशिक** पाँच–पाँच वर्षों में शासन सम्बन्धी कार्यों के लिए दौरा करते हैं।[27] अर्थशास्त्र में भी प्रदेष्टि का उल्लेख आया है[28] राय चौधरी ने लिखा है कि जहाँ तक 'राजुक' शब्द का प्रश्न है, डॉ. स्मिथ के अनुसार यह पद कुमार के नीचे होता था तथा इसका अर्थ तत्कालीन गवर्नर था।[29] भण्डारकर राजुक को गर्वनर स्तर का अधिकारी नहीं मानते। उनके अनुसार उसे राजस्व, बन्दोबस्त मालगुजारी के अतिरिक्त न्यायाधीश का भी कार्य करना होता था।[30] रोमिला थापर 'राजुक' की स्थिति 'प्रादेशिक' के मातहत मानती हैं। उनके अनुसार ये कर्मचारी किसी प्रान्त के एक जिले का प्रशासन चलाते थे और हर जिला एक 'प्रदेष्टि' के अधीन था। उनका काम अधिकतर दौरा करना था। वे जिला व गाँव स्तर के कर्मचारियों के काम के निरीक्षण का विवरण चीफ कलक्टर या समाहर्ता को देते थे।[31] राजुक प्रशासनिक अधिकारी था उसके सम्पर्क में लाखों लोग आते थे। ह्वीलर की मान्यता है कि राजुक भू–प्रबन्ध एवं सर्वेक्षण तथा सिंचाई आदि का कार्य सम्पादित करता था।[32] वस्तुतः राजुकों का कार्य ग्रामीण क्षेत्र तक सीमित था, क्योंकि उनकी नियुक्ति ग्रामीण जन–कल्याण के लिए की जाती थी। अशोक ने अपने 27वें राज्य वर्ष में राजूकों को न्याय सम्बन्धी अधिकार भी प्रदान किए थे। राजुक का उल्लेख अर्थशास्त्र में भी आया है–'चोर रज्जुक' वह ग्रामीण अधिकारी बताया गया है जो राजस्व आय से सम्बन्धित था।[33]

'युक्त' सम्भवतः राजुक के कार्यालय में सचिव की हैसियत से लेखा–जोखा का कार्य करता था। अर्थशास्त्र में भी 'युक्त' को लेखपाल के रूप में सम्बोधित किया है। पाँच या दस गाँवों पर गोप[34] एवं स्थानिक थे। गोप ग्राम की सीमा का निर्धारण करता था एवं नदी की सीमा तथा भूमि, मकान, दान और भूमि कर की छूट को पंजीबद्ध करता था, साथ ही उसे गाँव की जनगणना तथा लोगों की आय–व्यय का विवरण भी रखना होता था। प्रादेशिक के अधीन कार्यरत स्थानिक द्वारा कर संग्रह की जानकारी मिलती है।

मौर्य साम्राज्य – जनपद (प्रान्त), स्थानों (जिलों) में विभाजन व अधिकारी

1. जनपद (प्रान्त) – **आर्यपुत्र कुमार – समाहर्ता (राजस्व वसूली)**
2. अर्द्धप्रान्त – **लाजवचनिक या राष्ट्रीय**
3. मण्डल (संभाग) – **प्रदेष्टि या प्रादेशिक**
4. स्थान (जिला) – **राजुक, युक्त व स्थानिक**
5. ग्राम – **गोप**

(यह विभाजन कई इतिहासकारों के विचारों के आधार पर दिया है)।

गुप्तचर विशाल मौर्य साम्राज्य की समुचित सुरक्षा के लिए गुप्तचर व्यवस्था अपेक्षित थी। आम जनता की भावनाओं से ये राजा को अवगत करवाते थे। इसके अतिरिक्त ये विदेशी शासकों की गतिविधियों पर भी दृष्टि रखते थे। गुप्तचर सर्प नामक अमात्य के अधीन थे। अर्थशास्त्र में गुप्तचरों को मंत्री, पुरोहित, सेनापति, युवराज, दौवारिक, अन्तःपुर अधिकारी, कारागार अधिकारी, राजकोष अधिकारी, मुख्य न्यायाधीश, नायक, नगर न्यायालय का प्रमुख, विचारक, मंत्रिपरिषद् का अध्यक्ष, दण्डपाल, दुर्गपाल, सीमापाल, वनरक्षक, आदि पर नियुक्त करने का निर्देश मिलता है। गुप्तचरों के अनेक प्रकार कहे गए हैं– **कापटिक**, **उदास्थित**, **गृहपति**, **वैदेहक**, **तापस**, **व्यंजन** आदि। इनके कई वेश में रहने का उल्लेख पाया जाता है।[35] चतुर छात्रवेशधारी 'कापटिक' सन्यासी 'वेशधारी 'उदास्थित' दरिद्रकृषकवेशधारी 'गृहपति', बेरोजगार जैसा वैश्य वेशधारण करने वाला 'वैदेहक' एवं सिर मुड़ाये हुए या जटाधारी 'तापसव्यंजन' प्रकार के गुप्तचर थे जो कई तरीकों से राज विद्रोहियों का पता लगाते थे। इनके अलावा भ्रमणशील (संचरा) चार प्रकार थे : **सत्री** (परिवारविहीन), **तीक्ष्ण** (तेज दिमाग के), **रशद** (क्रूर दिखने वाले) एवं परिवारव्रक (भिक्षुवेशधारी)। मेगस्थनीज ने भी गुप्तचरों का उल्लेख किया है तथा इनको 'ओवरसियर' की संज्ञा दी है।[36]

नगर प्रशासन नगर की प्रशासनिक व्यवस्था मौर्य साम्राज्य की अनुपम देन थी। नगर प्रशासन का दायित्व 'नागरक' पर था।[37] रात्रि में बिना अनुमति के प्रवेश नहीं दिया जा सकता था। नगर की सुरक्षा (अग्नि आदि से) हेतु अर्थशास्त्र में 'नागरक' के दायित्वों का जिक्र (2/36) करते हुए कहा गया है कि किसी के घर में आग लगी हुई देखकर कोई पड़ोसी (गृहस्वामी) भागकर उसकी सुरक्षा के लिए न जाये तो वह उस पर बारह पण का दण्ड करें।

पाशुन्यासे दण्ड विधान सफाई का प्रबन्ध 'नागरक' का ही दायित्व कहा गया है। उल्लेख किया गया है कि, जिस मार्ग पर वाहन आदि गुजरते हों अर्थात् जो सड़क इंसानों द्वारा

प्रयोग में लाई जाती है, उस पर कोई धूल या कूड़ा–कर्कट डाले तो उसे अर्थदण्ड (पण का अष्टमांश) से दण्डित किया जाये और सड़क मार्ग पर गंदगी मिला हुआ पानी डाले तो उस पर पण चौथाई अर्थदण्ड से दण्डित किया जाये। पुण्य स्थान दण्ड विधान में पवित्र स्थानों, राजमहलों व जलाशयों के नजदीक मूत्र त्याग करने पर दण्डित किया जाता था। प्राचीन काल में नगरों की स्वच्छता पर ध्यान दिया जाता था और गंदगी फैलाने वाले के लिए अर्थदण्ड का प्रावधान था। नागरक के सहयोग हेतु गोप एवं स्थानिक नियुक्त किए जाते थे। स्थानिक नगर का सामान्य कर वसूल करता एवं उसके लेखे रखता था। मेगस्थनीज ने नगर शासन का विस्तृत विवरण दिया है। यह निश्चित रूप से नहीं कहा जा सकता कि नगर निगम एक निर्वाचित संस्था थी अथवा उसके सदस्य सरकार द्वारा नियुक्त किए जाते थे। बोर्ड के सदस्यों को सम्भवतः सरकार ही नियुक्त करती रही होगी। किन्तु नगर का शासन प्रबन्ध समस्त योजना एवं बोर्ड के कार्य बहुत कुछ एक आधुनिक नगर निगम बोर्ड के समान थे। अशोक के पृथक् धौली अभिलेख में उल्लिखित 'नगर व्यावहारिक' का तादात्म्य अर्थशास्त्र में वर्णित नागरिक से नहीं किया जा सकता।[38] कहा गया है कि नगर व्यावहारिक महामात्रों का जिक्र प्रायः अदालती हैसियत से किया गया है।[39]

मेगस्थनीय के अनुसार नगर निगम में तीस सदस्य थे जिन पर प्रशासन का दायित्व था। ये सदस्य पाँच–पाँच की संख्या में छह समितियों में विभक्त थे :

- **शिल्पकला समिति** पहली समिति उद्योग एवं शिल्प कला सम्बन्धी मामलों का संचालन करती थी जिसमें केन्द्रों का निरीक्षण तथा मजदूरी निर्धारण आदि शामिल था।
- **विदेश समिति** दूसरी समिति का कार्य विदेशियों के आवास का प्रबन्ध करना, उनकी गतिविधियों पर नजर रखना एवं देश से लौटने के दौरान सीमा तक उनके मार्ग के रक्षण की व्यवस्था करना था।
- **जनगणना समिति** तीसरी जनगणना का कार्य देखती थी अर्थात् करारोपण हेतु जन्म–मृत्यु का विवरण रखती थी।
- **वाणिज्य व्यवसाय समिति** चतुर्थ समिति वाणिज्य व्यवसाय पर नियंत्रण रखती थी। यह समिति माप–तौल कर निरीक्षण तथा सार्वजनिक बिक्री का प्रबन्ध करती थी। इसके अतिरिक्त इस समिति का दायित्व यह भी देखना था कि एक व्यापारी एक वस्तु का व्यवसाय करे। एक व्यापारी के एकाधिक वस्तुओं का व्यवसाय करने पर अधिक वस्तु दुगने कर का प्रावधान था।
- **वस्तु निरीक्षक समिति** निर्मित वस्तुओं की सार्वजनिक बिक्री का आयोजन पाँचवीं समिति करती थी।
- **कर निरीक्षक समिति** विक्रय किए हुए माल पर क्रय मूल्य के दसवें भाग के रूप में कर वसूल करने का कार्य छठी समिति करती थी। इस कर के भुगतान में अनियमितता करने पर मृत्युदण्ड की व्यवस्था थी।[40] यद्यपि इन समितियों का विवेचन भारतीय ग्रंथकारों ने नहीं किया है किन्तु मेगस्थनीज द्वारा उल्लिखित प्रत्येक समिति के कार्य का निष्पादन करने वाले अधिकारियों का जिक्र अर्थशास्त्र में आया है।

पाटलिपुत्र का शासन साम्राज्य की राजधानी पाटलिपुत्र गंगा एवं सोन (इरन्मोबोअस) नदियों के संगम पर स्थित थी।[41] प्राच्य क्षेत्र में अधिष्ठित यह भारत का सबसे बड़ा नगर था जिसकी लम्बाई साढ़े नौ मील (80 स्टेडिया) तथा चौड़ाई पौने दो मील (15 स्टेडिया) थी। इसकी रक्षार्थ छह सौ फीट से अधिक (6 प्लेथ्रा) चौड़ी एवं तीस हाथ गहरी खाई इसके चारों ओर बनी हुई थी। इसके अतिरिक्त एक ऊँची प्राचीर भी थी, जिसमें 570 बुर्जियाँ एवं 64 द्वार थे। चार मुख्य व शेष गौण द्वार जो प्रतोली कहे गये। मेगस्थनीज ने लिखा है कि खाई के साथ परकोटे का निर्माण पक्की ईंटों से किया जाता था। दुर्ग निर्माण का उल्लेख अर्थशास्त्र में भी मिलता है। नागरिकों को कर्फ़्यू के दौरान रात्रि के समय बिना अनुमति पत्र प्राप्त किए घर से निकलने की छूट नहीं थी। यह प्रतिबंध 9 बजे रात से प्रातःकाल साढ़े तीन बजे तक रहता था। कर्फ्यू आरम्भ होने के समय की घोषणा के लिए तुरही (याम तुर्यम) बजाई जाती थी और यदि इस समय के दौरान कोई आदमी घूमता–फिरता पाया जाता था, विशेष रूप से राजप्रासाद के निकट तो उस पर जुर्माना किया जाता था।[42] नकाब पहने, पुरुष–स्त्री वस्त्र पहने (प्रच्छाविपरीतवेशा), अथवा हाथ में अस्त्र (दण्डशास्त्र हस्ताश्च) लिए हुए की जांच की जाती थी व दोषी के लिए दण्ड का प्रावधान था।

सैन्य संगठन चन्द्रगुप्त के पास एक विशाल एवं सुसंगठित सेना थी जिसे नियमित रूप से वेतन मिलता था। सम्राट सेना का प्रधान माना जाता था। मेगस्थनीज के अनुसार नगर की प्रशासनिक समिति के समान सैन्य प्रशासन के लिए पाँच–पाँच सदस्यों की छह समितियाँ थीं:[43]

I. पहली समिति के नौ सेना युद्ध से सम्बद्ध कही गई है। सिकन्दर के आक्रमण के बाद इसका महत्व बढ़ गया था, इसके अन्तर्गत नौकाओं का एवं जहाजों का बेड़ा रख जाता रहा होगा।

II. दूसरी सेना को यातायात की सुविधा प्रदान करने तथा सेना के रसद विभाग के निर्देशन में खाद्य पदार्थ पहुँचाना होता था।

III. तृतीय पैदल सेना जो सर्वाधिक महत्वपूर्ण थी, इसे स्थाई सेना की संज्ञा दी जा सकती है। मेगस्थनीज ने इसी सेना को सैनिकों की पाँचवीं श्रेणी माना है।

IV. चतुर्थ घुड़सवार सेना का अधीक्षक अश्वाध्यक्ष था। इस युग में अश्व सेना का बहुत महत्व था।

V. पंचम रथ सेना का अधिपति रथाध्यक्ष था जिसे प्रमुख सेनापति के अधीन कहा गया है।

VI. छठी हाथियों से सम्बद्ध थी। यह भी एक प्रधान सेनापति के अधीनस्थ अधिकारी के सीधे नियंत्रण में थी।

अर्थशास्त्र में एक प्रशिक्षित सैनिक को 500 पण वेतन के रूप में दिए जाने का विवरण मिलता है। प्लिनी के अनुसार, चन्द्रगुप्त की सेना में 9,000 हाथी, 30 हजार अश्वारोही, 6 लाख पैदल सैनिक थे, जबकि प्लूटार्क ने मौर्य सेना में छह हजार हाथी, अस्सी हजार अश्वारोही, दो लाख पैदल तथा आठ हजार युद्ध रथ होने का विवरण दिया है। हो सकता है कि इन वृत्तान्तों में अतिश्योक्ति हो, लेकिन सेल्युकस का युद्ध में पीछे हटना तथा अशोक के समय का हिंसात्मक कलिंग युद्ध जैसे प्रमाण इस बात की पुष्टि करते हैं कि मौर्य शासन काल में एक विशाल सैनिक संगठन मौजूद था। अर्थशास्त्र में भी सैनिक प्रशासन का विस्तृत वर्णन मिलता है। यह भी कहा गया है कि नन्द की शक्तिशाली विशाल सेना का मुकाबला करने के लिए कौटिल्य एवं चन्द्रगुप्त ने भाड़े के सैनिकों की सेना संगठित की थी। अर्थशास्त्र चतुरंग बल को (पैदल, अश्वारोही, रथ एवं हस्ति) सेना का मुख्य अंग मानता है। अर्थशास्त्र ने छः तरह की पैदल सेना कही है– **मौल बल** (स्थाई), **भृतक** (किराये पर ली गई), **श्रेणी बल** (युद्ध के समय भर्ती होने वाले), **मित्रबल** (मित्रराष्ट्रों की सेना), **अमित्रबल** (बंदी बनाये गये सैनिक), एवं **आटवीबल** (जंगल की आदिवासी सेना)। इसके अतिरिक्त कौटिल्य सेना की चिकित्सा सेवा में उपयोग की भी चर्चा करता है। अधिकारियों एवं सैनिकों को वेतन नकद मिलता था।

न्याय प्रणाली सम्राट न्याय प्रशासन का सर्वोच्च अधिकारी कहा गया है। मौर्य साम्राज्य में न्याय हेतु अनेक न्यायालय थे। सबसे नीचे ग्राम न्यायालयों में ग्रामणी कुछ मामलों में निर्णय देते और अपराधियों से जुर्माना लिया जाता था। ग्राम न्यायालय के बाद क्रमशः **संग्रहण**, **द्रोणमुख**, **स्थानीय** तथा **जनपद** स्तर के न्यायालय रहे होंगे।[44] सर्वोच्च न्यायालय का पाटलिपुत्र में केन्द्रीय न्यायालय था। यूनानी लेखकों ने ऐसे न्यायाधीशों की भी चर्चा की है जो भारत में रहने वाले विदेशियों के मामलों पर विचार करते थे। राजा के न्यायालय के अतिरिक्त **धर्मस्थीय** एवं **कंटकशोधन** न्यायालय थे।

दीवानी न्यायालय– धर्मस्थीय न्यायालयों का निर्णय धर्मशास्त्र में निपुण धर्मस्थ या व्यावहारिक तीन अमात्य करते थे। इन्हें दीवानी अदालतें कहा जा सकता है।

फौजदारी न्यायालय– कंटकशोधन न्यायालय को निर्णय हेतु प्रदेष्ट्रि तीन अमात्य होते थे, जो राज्य तथा व्यक्ति के मध्य विवादों का निष्पादन कराते थे। इन्हें फौजदारी अदालत की संज्ञा दी जा सकती है। धर्मस्थलीय अदालतों में, विवाह, स्त्रीधन, तलाक, दाय, घर, खेत, जलाशय, सेतुबन्ध आदि के विवाद एवं ऋण सम्बन्धी मामलों का निपटारा भी होता था। सम्भवतः चोरी, डाके–लूट, मारपीट, मानहानि के मामले भी यदा–कदा धर्मस्थलीय न्यायालय द्वारा ही निर्णीत किए जाते थे। विवादों को विधिवत पंजीकृत किया जाता था और सभी को गवाही देने और बहस करने का अवसर दिया जाता था।

समाज विरोधी तत्वों को समुचित दण्ड देने का कार्य मुख्यतः कंटकशोधन न्यायालयों का था। पी.वी. काणे की मान्यता है कि, धर्मस्थलीय न्यायालयों में व्यक्तिगत विवादों का फैसला होता था और कण्टकशोधन में राज्य की ओर से मुकदमा दायर किए जाते थे। नीलकंठ शास्त्री के अनुसार कण्टक शोधन न्यायालय थे, जहाँ अभियोगों पर तुरंत विचार किए जाने के प्रावधान रहे होंगे। किन्तु उस युग में दीवानी एवं फौजदारी अदालतों के रूप में स्पष्ट भेद था, इसमें सन्देह है।[45]

अशोक के पृथक् धौली अभिलेख में नगरों में नियुक्त न्यायाधीशों को व्यावहारिक महामात्र कहा गया है।[46] चन्द्रगुप्त का दण्ड विधान कठोर था। छोटे–छोटे अपराधों पर भी अत्यधिक का दण्ड दिया जा सकता था। मेगस्थनीज ने भी लिखा है कि मौर्यों के फौजदारी कानून अत्यधिक कठोर थे एवं अपराधों की संख्या प्रायः नगण्य थी। थामस की धारणा है कि ऐसा लोगों की अपराधिक प्रवृत्ति कम होने का द्योतक नहीं, बल्कि कानूनों की कठोरता का परिणाम था।[47]

न्याय का आधार **धर्म**, **व्यवहार**, **चरित्र** एवं **राजशासन** था। **'धर्म'** उन सार्वभौम सिद्धान्तों को कहा गया है जो प्रत्येक समय मान्य हों। **'व्यवहार'** से आशय पुराने कानूनों से था। **'चरित्र'** नगर एवं राष्ट्र की विशिष्ट परम्पराओं एवं मान्यताओं को माना गया। **'राजशासन'** राजाज्ञाओं को कहा जाता है। मौर्य साम्राज्य के कानूनों का आधार भी उपरोक्त चार तत्व थे।[48] अर्थशास्त्र निरपराधी को दण्ड दिए जाने पर उसके लिए तिगुने दण्ड का प्रावधान करता है।

विदेशी सम्पर्क मौर्य सम्राटों ने पड़ोसी देशों से राजनीतिक सम्बन्ध स्थापित किए थे। वैदिशिक सम्बन्धों के महत्व को मौर्य सम्राट भली–भाँति समझते थे। चन्द्रगुप्त के समय सेल्युकस ने अपना दूत (या प्रतिनिधि) बनाकर मेगस्थनीज को भारत भेजा था। बिन्दुसार के समय पश्चिमी देशों से सम्पर्क स्थापित हो चुका था और नियमित रूप से एक–दूसरे को सूचना भेजी जाती थी। स्ट्रेबो जानकारी देता है कि मौर्य दरबार में मेगस्थनीज का उत्तराधिकारी डेमीकोस (देमाकस) था। ऐथेनियस के उस वृत्तान्त से भी मैत्रीपूर्ण सम्बन्धों का हवाला मिलता है, जिसमें बिन्दुसार ने अंजीर, मदिरा तथा दार्शनिकों के भेजने का अनुरोध किया। अशोक भी विदेश सम्बन्ध एवं विदेशियों से सम्पर्क के महत्व को खूब समझता था। धम्म विजय के संदर्भ में अशोक के तेरहवें शिलालेख में पाँच शासकों का उल्लेख आया है जिनकी चर्चा पूर्व में की गई है। संक्षेप में उनका यहाँ उल्लेख करना उचित होगा :

- अन्तियोकस (एण्टीयोक्स द्वितीय–सीरिया : 261–246 ई.पू.)
- तुरमाय (टॉलेमी फिलाडेल्फस द्वितीय–मिश्र : 285–147 ई.पू.)
- अन्तेकिन (एण्टीगोनस–मेसीडोनिया : 276–239 ई.पू.) एवं अलिक सुन्दर (एलेक्जेण्डर या एपीरस–कारिन्थ सिकन्दर : 252–244 ई.पू.)
- मग (मेगस–सायरिन : 300–250 ई.पू.)

यहाँ संकेत मिलता है कि धम्म का संदेश लेकर इन शासकों के पास दूत भेजे गए थे। इन धर्म दूतों ने मैत्रीपूर्ण सम्बन्ध बनाए, क्योंकि शिलालेख में इन क्षेत्रों में धम्म विजय का उल्लेख है। इस समय तक पश्चिमी देशों से नियमित रूप से व्यापार शुरू हो चुका था। परिणामतः व्यापारिक मार्गों का विकास हुआ। इस आदान–प्रदान प्रक्रिया ने सभ्यता और संस्कृति को विशेष रूप से प्रभावित किया। पाटलिपुत्र में विदेशियों की संख्या अधिक रहने के कारण ही सम्भवतः नगर की प्रशासन व्यवस्था में विशेष समिति के प्रावधान की आवश्यकता अनुभव की गई होगी।

अशोक ने मुख्य रूप से शिष्टमण्डल द्वारा पड़ोसी देशों से भी सम्पर्क स्थापित किया था। लंका में उसने अपने पुत्र महेन्द्र एवं पुत्री संघमित्रा को भेजा था। दक्षिण के राज्यों से भी मौर्यों के सम्बन्ध मैत्रीपूर्ण थे। चोल, पांड्य, केरलपुत्र एवं सत्यपुत्र जैसे स्वतंत्र राज्यों का उल्लेख अशोक के तेरहवें अभिलेख में हुआ है। इन क्षेत्रों में धम्म विजय के कारण से मैत्रीपूर्ण सम्बन्धों की पुष्टि होती है। जैसा हमें ज्ञात है कि जूनागढ़ अभिलेख में उस क्षेत्र का विषयपति यवनराज तुषास्प के होने का उल्लेख मिलता है। मेगस्थनीज के अतिरिक्त देमाकस और दियानिसियस पाटलिपुत्र दरबार में रहे थे। अर्थशास्त्र ने तीन तरह के दूत बताये हैं– **निष्ठार्थ** (अमात्य जैसे गुण वाले), **परिमितार्थ** (अमात्य से एक चौथाई कम योग्यता वाले), **शासनहार** (अमात्य से आधे गुण वाले जो राजा को सूचना पहुँचाते थे)।

कहा जा सकता है कि, मौर्य प्रशासन में हम आधुनिक प्रशासनिक व्यवस्था की झलक पाते हैं। तत्कालीन नगरीय शासन व्यवस्था पाश्चात्य विद्वानों के लिए आश्चर्य का विषय रही है।

सन्दर्भ :

1. दीक्षितार, मौर्यन् पॉलिटी, पृ. 78.
2. अर्थशास्त्र, 11/1, चिच्छिविक ब्रजिकमलक मद्रक कुकुरपाञ्चालादयोराज शब्दोपजीविनः।
3. राय चौधरी, प्रा.भा.रा.इ., पृ. 232–33; भण्डारकर, डी.आर., अशोक पृ., 44–45, थापर, रोमिला, अशोक तथा मौर्य साम्राज्य का पतन, पृ. 110.
4. भण्डारकर, डी.आर. वही, पृ. 45.
5. अर्थशास्त्र, 8/1, 'मंत्री पुरोहितदिभृत्य वर्ग मध्यप्रचारं पुरुष द्रव्य प्रकृति व्यसन प्रतीकारमेधानं च राजैव करोति'।

5a. कोसंबी डी.डी. : प्राचीन भारत की संस्कृति और सभ्यता, पृ. 181.

6. गुप्त : प्राचीन भारत के प्रमुख अभिलेख, पृ. 45,
   सवे मुनिसेपजाममा (1) अथवा पजायेइछामि हक कितिं सवेन हित सुखेन।
7. गुप्त, वही, पृ. 25; नास्तिहि, कमतरं सर्वलोक हितप्पा।
8. अर्थशास्त्र, 1/19.
9. गुप्त, वही, पृ. 24 'आनतरं पटि वेदेतव्यं मे सर्वत्र सर्वेकाले'।
10. अर्थशास्त्र, 1/115.
11. गुप्त, वही, पृ. 24 'आनतरं पटि वेदेतव्यं में सर्वत्र सर्वेकाले'।
12. डायोडोरस, 2/41.
13. अर्थशास्त्र, 1/15.
14. थापर, रोमिला, वही, पृ. 53.
15. भण्डारकर, डी.आर. : अशोक, पृ. 53.
16. मुखर्जी, आर.के. : चन्द्रगुप्त मौर्य और उसका काल, पृ. 103.
17. थापर, रोमिला, वही, पृ. 118.
18. गुप्त, वही, पृ. 47–49, समाहर्ता दुर्ग राष्ट्रं खनिं सेतुं वनं ब्रज वणिक्पथं चावेक्षेत; अर्थशास्त्र, 2/6.
19. अर्थशास्त्र, 2/5 सन्निधंता कोशगृहं पण्यगृहं कोष्ठागारं कुप्यगृहमायुधागारं बन्धनागार च कारयेत।

20. अर्थशास्त्र, 2/9, महति यथापराधंदण्डयितव्य; नंद मौर्य युगीन भारत, पृ. 200–201.
21. अर्थशास्त्र, 2/16/1, यच्च पण्यं प्रचुरं स्यात्त देवीकृत्या धर्मारोपयेत्।
22. अर्थशास्त्र, 2/6.
23. अर्थशास्त्र, 2/21, अन्तपालः समादपणिकां वर्तनी ग्रहणीयात।
24. अर्थशास्त्र, 2/17, पुररक्षणम् जन्मप्रभृति राजपुत्रान् रक्षेत्।
    कर्कटकसधर्माणो जनकभक्षा राजपुत्रा।
25. थापर, रोमिला, वही, पृ. 110.
26. भण्डारकर, डी.आर. वही, पृ. 47.
27. 'गुप्त, वही, पृ. 17, सर्वत विजिते मम युता च राजूके च प्रादेसिके च पंचसु पंचसु वासेसु अनुसंयानं नियातु।
28. अर्थशास्त्र, 4/1, प्रदेष्टारत्रयोमात्या : कण्टक शोधनं कुर्य।
29. भण्डारकर, डी.आर. : वही, पृ. 204–215.
30. भण्डारकर, डी.आर. : वही, पृ. 49.
31. थापर, रोमिला : वही, पृ. 114–15.
32. Cambridge History of India vol 1, p. 439, "By some texts further official gradational are recognised and in the edicts of Ashoka the highest local officials, set over hundreds of thousands of persons are termed rajukas, a designation pointing, no doubt, to functions connected with survey, land settlement and irrigation. (ZDMG, XL, VII, PP. 466 sqq).
33. अर्थशास्त्र, 2/1; 'पट्टन विवीतं वर्तनी रज्जूचोर रज्जूश्च राष्ट्रम'.
34. अर्थशास्त्र, 2/35, यत्प्रदिष्ट : पंचग्रामी वा गोपश्चिन्तयेत्।
35. अर्थशास्त्र, 1/11.
36. Mookerji R.K., The Age of Imperial Unity, p. 63. "The king employed a large body of spies whom Megasthenes calls overseers. They reported secretly to the king important matters concerning the city and army. The ablest and most trustworty men were appointed to fill their officers, and the employed courtiers as their coadjutors."
37. अर्थशास्त्र, 2/36.
38. अर्थशास्त्र, 2/36. समाहर्तृवन्नागरिको नगरं चिन्तयेत्।
39. थापर, रोमिला, वही, पृ. 121.
40. मुकर्जी आर.के. : वही, पृ. 63–64 थापर, रोमिला, वही, पृ. 121–22.
41. Thomas, F.W. : Cambridge History of India, vol. I, p. 429. "The Imperial Capital Pataliputra of Kusumapura the Palibothra of the Greeks which was situated on the south side of the Ganges to the east of its confluence with the Son in described by Megasthenes."
42. देखें, मुखर्जी आर. के., 167.
43. मुखर्जी आर.के. : वही, पृ. 64, थापर; रोमिला, वही, पृ. 126–27.
44. अर्थशास्त्र, 3/1. 'धर्मस्थस्त्रयस्यों मात्या जनपद सन्धि संग्रहण द्रोण मुख स्थानीयेषु व्यावहारिकानर्थान कुर्यु :'।
45. शास्त्री नीलकंठ : नन्द मौर्ययुगीन भारत, पृ. 208.
46. गुप्त, वही, पृ. 45.
47. Cambridge History of India, vol. I, p. 438. If the Greek writers are to be trusted when they report a rarity of offences among the Indians. This was plainly not due to a state of innocence even as regards elaborate criminal acts.
48. अर्थशास्त्र, 3/1. अनुशासद्धि धनेष व्यवहारेण संस्थया।
    न्यायेन च चतुर्थेन चतुरन्ना मही जयेत्।

28 मौर्यकालीन समाज
(Society During Mauryan Period)

मौर्य साम्राज्य की स्थापना के साथ ही नवीन शासन प्रणाली का प्रादुर्भाव हुआ। बढ़ती हुई उत्पादकता, शिल्प तथा व्यवसाय में विशेषज्ञता से भारतीय अर्थव्यवस्था अधिक गतिशील हुई जिसका प्रभाव तत्कालीन समाज पर होना स्वभाविक था। मौर्यकाल से पूर्व वर्ण परिवर्तन के उल्लेख मिलते हैं, यद्यपि यह प्रवृत्ति धीरे–धीरे कम होती गई। रीजडेविड्स ने लिखा है कि विशेष रूप से पहले दो वर्ण ब्राह्मण एवं क्षत्रिय अन्तर–परिवर्तनीय थे।[1] बौद्धकाल में ब्राह्मणों की तुलना में क्षत्रियों ने समाज में अधिक प्रतिष्ठा बना ली थी। बौद्ध साहित्य में क्षत्रियों को ब्राह्मणों से पहले स्थान दिया गया।[2] किन्तु मौर्यकाल तक आते–आते ब्राह्मणों ने अपनी प्रतिष्ठा पुनः स्थापित कर ली। ब्राह्मणों के विशेषाधिकारों को समाज में पुनः मान्यता मिल गई। अशोक के पाँचवें शिलालेख में कथन मिलता है, महामात्र भृत्यों, ब्राह्मणों, इभ्यों (गृहपतियों, वैश्यों), अनाथों और वृद्धों (बड़ों) की सुरक्षा तथा सुख के लिए नियुक्त किए गए हैं।[3] तृतीय शिलालेख में कहा गया है कि ब्राह्मणों एवं श्रमणों की सेवा करना उत्तम है।[4] अर्थशास्त्र में राजकार्य में पुरोहित के सहयोग पर बल दिया गया है।[5]

मेगस्थनीज के विवरण में भारत की परम्परागत वर्ण व्यवस्था का विवेचन नहीं मिलता। उसके अनुसार भारतीय समाज सात वर्गों में विभक्त था–दार्शनिक, किसान, चरवाहे, दस्तकार, सिपाही, दण्डनायक एवं पार्षद (मंत्री या परामर्शदाता)। एरियन भी सात वर्गों की बात करता है परन्तु निश्चित रूप से नहीं। मेगस्थनीज की यह उक्ति कुछ हद तक ही सही है परन्तु वर्गों, श्रेणियों की संख्या के बारे में उससे गलती हुई लगती है। उसका वर्गीकरण सामाजिक न होकर आर्थिक प्रतीत होता है।[6]

दार्शनिक इस काल में सामान्यतः व्यक्ति अपना पारम्परिक व्यवसाय छोड़कर दूसरा धंधा नहीं कर सकता था एवं न ही अपनी जाति के बाहर कोई विवाह कर सकता था। किन्तु दार्शनिकों पर यह प्रतिबन्ध नहीं था। मेगस्थनीज की भाँति नियर्कस ने भी **दो प्रकार के ब्राह्मणों** (दार्शनिकों) का उल्लेख किया है। एक राजनीतिक जीवन में भाग लेते थे तथा राजा के सलाहकार का कार्य करते थे, दूसरे जो प्रकृति एवं ईश्वर का ध्यान करते हुए धर्मानुसार जीवन यापन करते थे। मेगस्थनीज ने जो कुछ लिखा है उसकी अधिक विस्तृत जानकारी स्ट्रेबो से मिलती है। दार्शनिक दो प्रकार के होते हैं–ब्रैरवमेन (ब्राचमनीज-Brachmanes) और सरमेन (सरमनीज-Sarmanes)। ब्रैरवमेन सबसे अधिक सम्मान के पात्र हैं, क्योंकि वे एक अधिक सुसंगत रूढ़िबद्ध पद्धति का पालन करते हैं।

ब्राह्मण (ब्रैरवमेन) 37 वर्षों तक आचार्य के समीप विद्याध्ययन करते हैं। ''वे नगर उपकंठ में आश्रम बनाकर रहते, पर्ण और अजिन की शैया काम में लाते, अल्पाहार करते, ब्रह्मचर्य से रहते, मांसाहार का परित्याग करते, शास्त्र चिन्तन में निरत रहते और दूसरों को भी तत्व विचार में सम्मिलित करते थे। उसके उपरान्त ब्राह्मण अपने घर लौटकर विवाह करते हैं, स्वतंत्रता के साथ उपभोग भोगते हुए रहते हैं, स्वर्ण–भूषण और सूक्ष्म वस्त्र पहनते हैं और मांसाहार भी करते हैं, किन्तु ग्राम्य पशुओं का मांस नहीं खाते।'' यह जीवन के प्रथम आश्रम, अर्थात् ब्रह्मचारी के जीवन का और उसके बाद गृहस्थ जीवन का वर्णन है।

मेगस्थनीज ने इस बात का उल्लेख किया है कि उस समय के ब्राह्मण किन–किन व्यवसायों में संलग्न थे। ''जो लोग कोई यज्ञ करना चाहते हैं और कोई संस्कार सम्पन्न कराना चाहते हैं'' उनके लिए वे पुरोहित के रूप में काम करते हैं। ''राजा लोग उन्हें बड़े–बड़े शास्त्रार्थ सम्मेलनों के लिए सार्वजनिक रूप से भी बुलाते हैं। ....सरमेन (श्रवण) जंगल में फल–फूल खाकर रहते हैं और वल्कल पहनते हैं, और सदा ध्यान या देवपूजा में लगे रहते हैं।'' उनमें से कुछ तो आयुर्वेदिक तत्ववेत्ता थे जो **''हितमित पथ्य आहार से लोगों का स्वास्थ्य सम्पादन करते थे, औषधियों से नहीं''** और बाह्य लेपादि को भीतरी औषध से उत्तम मानते थे। कुछ दूसरे भविष्यवादी और मंत्र–तंत्र के ज्ञाता थे। उनमें एक वर्ग अत्यन्त उच्च एवं श्रेष्ठ था।[7] मेगस्थनीज ने ब्राह्मणों के गृहस्थ जीवन का विवरण देते हुए बताया है कि ''ब्राह्मणों को अनेक पत्नियाँ रखने की भी अनुमति है। फलस्वरूप उनके बहुत–से बच्चे होते थे। अधिकांश काम बच्चे करते हैं, क्योंकि भारतीय समाज में दास प्रथा नहीं है।'' भारत में दास प्रथा थी किन्तु उनके साथ अच्छा व्यवहार किया जाता था इसीलिए वह उसका अन्दाजा नहीं लगा पाया। ब्राह्मणों को कुछ विशेषाधिकार भी प्राप्त थे। उनसे बेगार भी नहीं ली जाती थी। स्त्रियों को दर्शन के ज्ञान से वंचित रखा गया। ब्राह्मणों की दार्शनिक रुचि में सम्भवतः मेगस्थनीज की भी रुचि थी अतः उसने लिखा है कि 'उनके अनुसार जीवन स्वप्न की तरह भ्रम है।' यह भारतीय चिन्तन में माया के सिद्धान्त की

ओर इशारा है। मृत्यु को डर व आतंक की दृष्टि से देखने के बजाय इसे एक न टलने वाली घटना समझा जाता था, क्योंकि उनके अनुसार मृत्यु के बाद ही वास्तविक जीवन आरम्भ होता था।[8]

किसान देश की अधिकांश जनसंख्या कृषि द्वारा जीविकोपार्जन करती थी। कृषक लोग अपना अधिकतम समय कृषि कार्य में लगाते, ये लोग गाँवों में रहते तथा नगरों में जहाँ तक सम्भव हो नहीं जाते थे। मेगस्थनीज के विवरण से जानकारी मिलती है कि युद्ध के दौरान सेनाएँ इस वर्ग को हानि नहीं पहुँचाती थीं। एरियन ने इस सम्बन्ध में लिखा है, ''गृह युद्ध के समय सैनिकों द्वारा किसानों के साथ दुर्व्यवहार करने तथा उनके खेतों को क्षति पहुँचाने की मनाही है, इसलिए जहाँ एक ओर सैनिक आपस में लड़ रहे हों तथा एक–दूसरे की हत्या कर रहे हों वहाँ दूसरी ओर किसानों को शांतिपूर्वक अपने काम को करते देखा जा सकता है।''[9]

अर्थशास्त्र में कहा गया है कि उन ग्रामों को कर छूट थी जहाँ से किसान सेना में भर्ती होते थे। समाहर्ता को निर्देशित किया है, कि वह देखे कि कौन–कौन से गाँव कर मुक्ति के हैं, किन–किन ग्रामों से प्रतिवर्ष कितने सशस्त्र सैनिक राज्य सेवा में आए हैं।[10] नवीन ग्राम इस प्रकार बसाए जाएँ कि उनमें अधिकतर शूद्र जातीय कृषक रहें।[11] स्पष्ट है कि अधिकांश शूद्र कृषि कार्य करते थे तथा दूसरे वर्ण के अधिक कृषि वाले लोग अपने खेतों पर शूद्रों से कृषि करवाते थे। रोमिला थापर ने मेगस्थनीज द्वारा दी गई जातियों को भारत के पारस्परिक विभाजन से जोड़ने की चेष्टा करते हुए यह सुझाया गया है कि किसान शूद्र थे और बहुत घनी जनसंख्या वाले नगरों व विजित इलाकों से निर्वासित शूद्रों ने बंजर भूमि पर नए गाँव आबाद किए। शूद्र दासता सरकारी नियंत्रण में थी, इस कारण खाद्य उत्पादन के लिए बड़े पैमाने पर दास प्रथा अनाश्यक हो गई।[12]

अशोक के पाँचवें शिलालेख में गृहपति (इभ्य) शब्द आया है।[13] गृहपति शब्द साधारणतया ब्राह्मण व्यवस्था के तीसरे वर्ण वैश्य का सूचक है। कहा गया है कि गहपति संभवतः उन उद्यमकर्ताओं का वर्ग था जिन्होंने नए इलाकों में ग्रामों के विकास और किसानों तथा व्यापारियों को वित्त प्रदान करने का कार्य किया।[14] गृहपति एवं ग्राम भोजक काफी बड़े क्षेत्रों के स्वामी होते थे। ये जमीन पर मजदूरों के काम करवाते थे जिनकी स्थिति दयनीय थी, परन्तु दासों जितनी बुरी नहीं। फिक के अनुसार गृहपति शब्द का प्रयोग या तो भूपत्तियों या नगर के अमीर घरानों के लिए होता था।[15]

पशुपालक मेगस्थनीज ने तीसरी जाति चरवाहों की बताई है। कहा गया है कि शिकारी तथा चरवाहे जो न शहरों में बसते हैं, न गाँवों में बल्कि तम्बुओं में रहते हैं और यायावरों (घुमक्कड़) जैसा जीवन व्यतीत करते हैं। केवल इन्हीं को शिकार करने और पशु पालने तथा भार वाहक पशु बेचने या किराए पर उन्हें दूसरों को देने की अनुमति होती है।[16] किन्तु अन्य साक्ष्यों से चरवाहा जाति के अस्तित्व की पुष्टि नहीं होती। पालतू पशुओं में सबसे महत्वपूर्ण गाय– घी, दूध एवं चमड़े की प्राप्ति हेतु पाली जाती थी। गोपालकों को वेतन के रूप में अन्न–वस्त्र आदि दिए जाते थे। उसे अपने स्वामी को दूध, घी एवं चमड़ा देना होता था।[17] गाय, बैल एवं बछड़े का वध वर्जित किया गया, ऐसा करने पर व्यक्ति पचास पण के दण्ड का भागी होता था।[18] अर्थशास्त्र से ज्ञात होता है कि लगान दुग्ध आदि पदार्थों के रूप में दिया जाता था। यद्यपि मेगस्थनीज ने लिखा है कि चरवाहे पशु रूप में लगान देते थे।

अशोक ने अपने आदेशों में पशुओं की चिकित्सा आदि की समुचित व्यवस्था के निर्देश दिए हैं।[19] इसके अतिरिक्त मनुष्यों एवं पशुओं की सुख–सुविधा को ध्यान रखते हुए राजपथों के किनारे वृक्ष लगवाने एवं कुएँ खुदवाए जाने का जिक्र आया है। एक अन्य लेख में जनता को पशु हत्या न करने की सलाह दी गई है, क्योंकि स्वयं उसने भी अपने भोजन हेतु पशु वध पर प्रतिबंध लगा दिया था। उसने वध किये वाले पशुओं की संख्या घटाई और यह भी कहा कि अधिक समय तक ऐसा नहीं किया जाएगा।[20] अर्थशास्त्र में भी रक्षणीय जीवों को मारे जाने पर दण्डित किए जाने का विवरण आया है।[21]

दस्तकार मेगस्थनीज ने चौथे स्थान पर जिस वर्ण का उल्लेख किया है वह वास्तव में वर्ण नहीं है। उसने वर्ण और शिल्प तथा व्यवसाय को एक में मिला दिया है। जहाँ तक दस्तकार का प्रश्न है मौर्य युग अपनी प्रस्तर कला के लिए विशेष रूप से विख्यात है। अशोक ने बड़े पत्थर के खण्डों को गढ़वाकर शानदार स्तम्भों पर अपने आदेश उत्कीर्ण करवाए। सम्भवतः जो कामगार सरकारी कारखानों में कार्य करते रहे होंगे उन्हें सरकार वेतन देती थी। अर्थशास्त्र से ज्ञात होता है कि अन्य क्षेत्रों से विक्रय हेतु आने वाली वस्तुओं पर मुद्रा अंकित की जाती थी। सम्भवतः कार्यालय विक्रेता का नाम, पता, विक्रय योग्य सामग्री, वजन आदि विवरण पंजिकाबद्ध किया जाता था। इस विभाग के अध्यक्ष का दायित्व था कि बिना मुद्रा का माल पकड़ा जाए तो वह अन्तःपाल को देने योग्य वर्तनी नामक कर का दुगना कर दण्ड के रूप में वसूल करे।[22]

दस्तकार एवं श्रेणी संघ बौद्ध काल में प्रचलित शिल्प संघों का प्रचलन इस काल में भी रहा होगा क्योंकि, परवर्ती काल में भी इस प्रकार के कामगारों की श्रेणियों के अस्तित्व की जानकारी मिलती है। नगर के विशेष स्थानों में विशिष्ट शिल्प के व्यापारी रहते थे जिनसे शिल्पसंघों के विकास में सहायता मिली। शिल्प संघ के नेता या 'जेट्ठक' को लगभग सभी मान्यता देते थे। मौर्यकाल में व्यापार की बढ़ोतरी से शिल्पसंघों के विकास व स्थिरता में सहायता मिली होगी जो आरम्भ में कबीले व जाति के बीच एक मध्यवर्ती चरण थे।[23] मौर्य काल के व्यापार के विकास ने शिल्प संघों में वृद्धि एवं स्थिरता लाने में सहयोग दिया, जिससे इन पर प्रशासनिक नियंत्रण हेतु नियम बनाए जाने की आवश्यकता हुई। अर्थशास्त्र में अनेक दस्तकारों से सम्बन्धित नियमों का उल्लेख मिलता है। कौटिल्य का मत है कि कार्य करने पर ही पारिश्रमिक

मिलेगा न करने पर नहीं। यदि कोई श्रमिक थोड़ा कार्य कर दे फिर स्वामी उससे कार्य नहीं करवाना चाहे तो यह माना जाएगा कि श्रमिक ने कार्य किया।[24] मजदूरों की दो श्रेणियाँ कही गई हैं–एक 'कर्मकार' और 'भृतकों' की जो स्वतंत्र रूप से मजदूरी पर काम करते थे एवं दूसरी दासों की।[25] अशोक के शिलालेख में भी इन दोनों श्रेणियों का उल्लेख मिलता है।[26] थापर के अनुसार ऐसा प्रतीत होता है कि स्थानीय कर्मचारी शिल्पसंघों को दर्ज करते थे और उन्हें मान्यता प्राप्त थी, क्योंकि स्थानीय सहकारी शिल्पसंघों के अलावा किसी और को गाँव में काम करने की इजाजत नहीं थी।[27] इसे सहकारिता का आविर्भाव कहा जाए तो अतिश्योक्ति नहीं होगी। मौर्य प्रशासन ने सम्भवतः यह प्रावधान किया था कि राज्य एवं जनता के लाभ या कल्याण हेतु बने संघों को छोड़कर अन्य व्यक्तिगत लाभ के संघ का पंजीयन नहीं किया जाए।[28] सरकार की अनुमति के बिना कामगार व्यवसाय छोड़कर अन्यत्र नहीं जा सकते थे। कामगारों को राज्य की ओर से सुरक्षा प्रदान किए जाने के भी नियम थे।

तत्कालीन प्रमुख शिल्पों में मूर्तिकला, काष्ठ कला, वस्त्रनिर्माण कला, कौलाल शिल्प (कुंभकार), स्वर्णाभूषण निर्माण, आयुध (अस्त्र–शस्त्र) निर्माण आदि थे। इनमें से कुछ शिल्पों का उल्लेख अर्थशास्त्र में आया है।

- मौर्यकाल से पूर्व मूर्तिकला के उदाहरण नहीं मिलते। इससे पूर्व की पत्थर की मूर्तियों की अनुपलब्धि इस बात का प्रमाण है कि सर्वप्रथम मौर्यकाल में ही स्थापत्य, मूर्ति एवं स्तम्भ निर्माण का प्रारम्भ हुआ। इस काल में दो अलग–अलग स्तरों पर शिल्पकला का विकास हुआ। सांची, सारनाथ आदि स्थलों से प्राप्त सिंह स्तम्भ जो इस कला के अनुपम उदाहरण हैं, का निर्माण सम्भवतः सरकार द्वारा वेतन दिए जाने वाले शिल्प संघों से करवाया गया। दूसरी ओर जन–भावना की अभिव्यक्ति परखम यक्ष, दीदारगंज से प्राप्त यक्षिणी आदि से होती है।
- शिल्प संघों में काष्ठ (लकड़ी) शिल्पज्ञों का भी वर्ग रहा होगा। अर्थशास्त्र में अग्नि से सुरक्षा के कतिपय उपाय सुझाए गए हैं। कौटिल्य ने दुर्ग निर्माण में काष्ठ कला का उपयोग न करने की हिदायत दी है।
- शिल्पकार हाथी दाँत का कार्य भी करते रहे होंगे, क्योंकि अर्थशास्त्र में हाथी–दाँत ढाई वर्ष (नदीचारी) एवं पाँच वर्ष (पर्वतचारी) में काटने का उल्लेख मिलता है।
- वस्त्र निर्मात्री संघ का विवरण भी अर्थशास्त्र में आया है।
- रेशम के कीड़े पालने तथा रेशम उत्पादन का क्षेत्र मगध, पुण्ड्र (पाण्डय), स्वर्ण कुण्डू (सम्भवतः कर्नाटक) कहा गया है, जबकि सूती वस्त्र कलिंगक (कलिंग), काशिक (काशी), वांगक (बंगाल), महिषक (महिष्मति), अपरान्तक (उत्तरी कोंकण) एवं माधुर (सम्भवतः मथुरा) में निर्मित होते थे।[29]
- कुम्हारों द्वारा मिट्टी के बर्तन भी बनाए जाते रहे होंगे। कहा गया है कि काले रंग के मिट्टी के बर्तनों का प्रयोग उच्च वर्ग के लोगों द्वारा किया जाता था।

सैनिक मेगस्थनीज ने सैनिकों को एक जाति के रूप में स्वीकार किया है। विशाल मौर्य साम्राज्य की सुरक्षा के लिए बड़ी सेना की आवश्यकता थी। बड़ी संख्या में लोगों को सेना में भर्ती किया जाता रहा होगा। सैनिकों की बड़ी संख्या में उपस्थिति के फलस्वरूप मेगस्थनीज को सैनिकों का अलग जाति के रूप में प्रतीत होना आश्चर्य की बात नहीं है। जैसा आपको ज्ञात है कि अर्थशास्त्र ने अनेक प्रकार के सैन्य बलों का उल्लेख किया है–मौलबल, भृतक बल, श्रेणी बल, मित्रबल, अमित्रबल एवं आटविक बल।[30] इस आधार पर थापर ने मौर्यकाल में सेना में पुश्तैनी सैनिक, किराए के सैनिक, सैनिक संघ, सहयोगी राज्य तथा वनवासी कबीलों की सेना का अस्तित्व माना है। पुश्तैनी सैनिकों से अभिप्राय सरकार द्वारा स्थाई रूप से नियुक्त स्थाई सेना से है। आवश्यकता पड़ने पर किराए के सैनिक अस्थाई रूप से नियुक्त किए जाते थे।[31]

अर्थशास्त्र में युद्ध में प्रयोग किए जाने वाले कई शस्त्रों का उल्लेख मिलता है–**सर्वतोभद्र (पाषाणवर्षा हेतु), जामदग्न्य (बाण तीर), विश्वासघाती (प्रहार से मृत्यु देने वाला), संघाटी (भवन गिराने में सहायक), यानक (चक्र की तरह), पर्जन्यक (अग्निशामक यंत्र), गाहुयंत्र (स्तम्भ जैसा यंत्र जो शत्रु पर गिरकर चोट पहुंचाता है) ऊर्ध्वबाहु, अर्द्धबाहु, चलयंत्र, हस्तिवारक (हाथियों को रोकने का त्रैमुखी यंत्र), मुद्गर, गदा, स्पक्तला (कांटोंयुक्त गदा), त्रिशूल आदि।**[32] हस्तिनापुर के उत्खनन से सैनिक उपयोग में लाई जाने वाली सामग्री में धातु के उपयोग का ज्ञान होता है। तक्षशिला के 'भिर' टीले से ताँबे एवं पीतल के बने मौर्यकालीन अवशेष प्राप्त हुए हैं।

मंत्री या परामर्शदाता सातवीं कोटि में वे लोग आते हैं, जिन्हें परामर्शदाता तथा असेसर कहा गया है, जो ''सार्वजनिक समस्याओं पर विचार–विमर्श करते हैं और शासन के सर्वोच्च पदाधिकारी, न्यायाधीश राजा के मंत्री, सेनापति, मुख्य दण्डाधीश, इसी वर्ग के लोग होते हैं।'' एरियन के अनुसार इस सातवीं कोटि में राज्य के मंत्रिगण आते हैं जो राजा को या स्वशासित नगरों को सावर्जनिक समस्याओं को हल करने के बारे में परामर्श देते हैं और राष्ट्रमुख्यों, प्रान्तपालों, उप–राष्ट्रमुख्यों, राजकोष के अध्यक्षों, सेना के सेनानायकों, नौ–सेना के सेनापतियों, कृषि की देखभाल करने वाले नियंत्रकों तथा आयुक्तों को चुनने का अधिकार नहीं होता है।[33]

स्त्री समाज मौर्यकाल में स्त्रियों को विशिष्ट स्थान प्राप्त था। अशोक के 12वें शिलालेख स्त्रियाध्यक्ष लगाये जाने की जानकारी मिलती है। शायद वे नैतिक उत्थान व स्त्रियों में धर्मप्रचार करती थी। उत्तरकालीन ब्राह्मण ग्रंथों में स्त्रियों को पूरी समानता प्राप्त नहीं थी, बौद्ध काल में इस स्थिति में सुधार हुआ। हम जानते हैं कि संघ में स्त्रियों के प्रवेश की अनुमति प्रदान कर महात्मा बुद्ध ने एक महान् कार्य किया था। मौर्यकाल में इस दृष्टि से और प्रगति हुई। कौटिल्य ने कुछ अवस्थाओं में जैसे लम्बे समय तक अनुपस्थिति, शिथिल चरित्र, सामाजिक तथा नैतिक दुश्चरित्रता, पुंसत्व शक्ति का अभाव एवं पत्नी की सुरक्षा का ध्यान न रखने की दशा में

तलाक की अनुमति प्रदान की है।[34] पति को भी विशेष स्थिति में परित्याग करने का अधिकार था। विवाह के दौरान कन्या को मिलने वाला स्त्री धन (जिसे परिणाहय कहा है) अर्थात् जीविका के लिए दी गई भूमि, नकद द्रव्य, आभूषण आदि का कुछ परिस्थितियों में स्त्रियों द्वारा उपयोग किया जा सकता था। इस तरह कौटिल्य ने स्त्रियों को आर्थिक सुरक्षा प्रदान की।

विवाह नियर्कस ने स्वयंवर प्रथा का उल्लेख किया है। अर्थशास्त्र में आठ प्रकार के विवाह का उल्लेख मिलता है– (1) **ब्रह्म** (कन्या को आभूषण से सुसज्जित कर योग्य वर को देना) (2) **प्रजापत्य** (वर कन्या द्वारा धर्मानुसार स्वयं विवाह), (3) **आर्ष** (दो गायें कन्या के बदले देना), (4) **दैव** (ऋत्विज की उपस्थिति में किया गया), (5) **गान्धर्व** (माता–पिता की इच्छा के विपरीत गुप्त रूप में किया गया), (6) **आसुर** (कन्या के पिता को धन देकर), (7) **राक्षस** (कन्या का बलपूर्वक हरण) तथा (8) **पैशाच** (सोती हुई कन्या को उठाकर ले जाना), प्रथम चार विवाहों को कौटिल्य ने उचित ठहराया है। मेगस्थनीज के अनुसार इस युग में विवाह का लक्ष्य जीवन साथी प्राप्त करना, भोग एवं सन्तानोत्पत्ति था। पुरुष कई विवाह करते थे। बहुविवाह प्रथा के प्रचलन की जानकारी मिलती है। सामान्यतः अपनी ही जाति में विवाह उचित समझा जाता था। किन्तु समाज में अन्तर्जातीय विवाहों का प्रचलन भी था। एरियन ने लिखा है कि, ''हाथी के उपहार के लिए पवित्र भारतीय नारी भी अपने मूल्यों का परित्याग कर देती थी।'' यह कथन उचित प्रतीत नहीं होता, क्योंकि इसकी अन्य साक्ष्यों से पुष्टि नहीं होती है। परन्तु वेश्या कर्म पर राज्य सरकार की ओर से कोई प्रतिबन्ध नहीं था, बल्कि उनसे कर वसूल किया जाता था। वेश्याओं की दुर्व्यवहार से रक्षा की जाती थी, इसका दायित्व **गणिकाध्यक्ष** पर था। स्त्रियाँ राज्य सेवा में रहकर सरकार के लिए जासूसी का कार्य करती थीं जिन्हें संन्यासिनी, मुण्डा (बौद्ध भिक्षुणी), वृषली (साहसयुक्त) गुप्तचरी कहा जाता था। गणिकाएँ राजमहल में सुरक्षा कार्य हेतु तैनात की जाती एवं अन्तःपुर में भी काम लिया जाता था। मेगस्थनीज के विवरण से ज्ञात होता है कि सम्राट के आखेट पर जाने पर भी सैकड़ों स्त्रियाँ उसे घेरे रहती थीं। बड़े घर की विधवायें अनिष्कासिनी कही गई। वे घर में ही रहती थी। धनाढ्य परिवार की आड्य विधवायें कही जाती थीं। विशेष रूप से अपंग एवं विधवा स्त्रियों से सूत तैयार करने एवं कपड़ा बुनने का कार्य लिया जाता था।[35]

मनोरंजन के साधन मनोरंजन बड़ी संख्या में लोगों के जीवनयापन का साधन था। थॉमस ने नृत्य, गायक एवं अभिनेताओं द्वारा लोगों का मनोरंजन किये जाने का उल्लेख किया है।[36] वाद्य, संगीत, नृत्य, नाटक एवं नट, मल्ल युद्ध आदि मनोरंजन के साधन थे। राजन्य वर्ग शिकार, आखेट में अभिरुचि रखते थे। किन्तु अशोक ने विहार यात्रा को बंद कर दिया था एवं इसके स्थान पर धर्मयात्रा की शुरुआत हुई।[37]

अर्थशास्त्र में वाग्जीवक (कई बोलियाँ बोलने वाला), प्लवक (रस्सी पर नाचने वाला), कुशीलव (तमाशा दिखाने वाला) सौभिक (मदारी), कुहक (जादूगर) के अलावा प्रेक्षागृहों रंगोपजीवी (पुरुष नाटककार), रंगोपजीविनी (स्त्रीनाटककार) का जिक्र आया है। नवें शिलालेख में कहा गया है कि लोग रोगी, विवाहों और पुत्रों के जन्म पर तथा यात्राओं के समय अनेक मांगलिक कृत्य करते हैं। इस प्रसंग में स्त्रियाँ अनेक प्रकार के क्षुद्र, बहुत ही निरर्थक कृत्य करती हैं। मंगल–कृत्य अवश्य किए जाने चाहिए पर इस प्रकार के कर्मकाण्ड का बहुत कम लाभ होता है।[38] यह तथ्य इंगित करता है कि उस समय स्त्रियाँ अनेक कर्मकाण्डों में विश्वास रखती थीं एवं इस प्रकार के अनेक कृत्यों में रुचि लेती थीं। अशोक के पंचम शिलालेख में अवरोधनों का जिक्र आया है।[39] इस आधार पर कुछ विद्वानों की मान्यता है कि उच्च परिवारों की विवाहित स्त्रियाँ साधारणतया बिना पर्दा किए जनता के सामने नहीं आती थीं। किन्तु तत्कालीन प्राप्त मूर्तियों में नारी आकृतियों के अवलोकन से मुख को ढ़कने वाले पर्दे की धारणा का खण्डन होता है। तत्कालीन साहित्य में सती प्रथा के प्रचलन का भी आभास मिलता है परन्तु इसे अच्छा नहीं माना जाता था। यदा–कदा स्त्रियाँ स्वेच्छा से पति के शव के साथ चिता बनाकर आत्मदाह कर लेती रही होंगी।

दास प्रथा मेगस्थनीज ने लिखा है कि भारत में दास नहीं थे किन्तु भारतीय ग्रंथों से दासों के अस्तित्व का बोध होता है। अर्थशास्त्र में 9 प्रकार के दासों का जिक्र आया है– **ध्वजाहृत** (युद्ध में जीता गया), **उदरदास** (दास के घर पैदा हुआ), **गृहजात** (घर में दासी से उत्पन्न), **दायागत** (पैतृक रुप से प्राप्त), **लब्ध** (दान में मिला हुआ), **क्रीत** (खरीदा हुआ), **आत्म विक्रयी** (स्वयं को बेचने वाला), **अहितक** (ऋण की एवज में धरोहर रुप में रहा) एवं **दण्डप्रणीत** (दण्ड के कारण बना)। दासों का उल्लेख श्रमिकों के साथ आया है। कहा गया है कि श्रमिकों को रखते समय जो पारिश्रमिक तय होगा वही देय होगा, तय न हुआ पारिश्रमिक उपज का दसवाँ भाग या कार्य एवं समय के अनुसार दिए जाए।[40] कारू, शिल्पी, चिकित्सक, वाग्जीवी एवं परिचारक को कार्यानुभव के आधार पर वेतन दिया जाता था। इसके अतिरिक्त खेतिहर मजदूर, घरेलू कामगार, जहाजों एवं नावों पर माल उठाने वाले कार्मिकों का विवरण मिलता है। श्रमिकों से बेगार लिये जाने का प्रावधान भी था। जैसा मेगस्थनीज ने लिखा है कि शिल्पकार कर के बदले निःशुल्क कार्य करते थे, श्रमिक वर्ग खेतों में कार्य करते थे, जबकि दासों से घर पर कार्य लिया जाता था। दासों के मुक्त होने के उपाय भी सुझाए गए हैं। कहा गया है कि ''निष्क्रिय मूल्य पाकर जो धनी व्यक्ति दास को, आर्यन बनने दें उस पर, 12 पण का दण्ड करे।'' अकारण दास को मुक्त न करने पर कारागृह के दण्ड का प्रावधान था।[41] अर्थशास्त्र में शूद्रों को भी आर्य कहा गया तथा ब्राह्मण, क्षत्रिय, वैश्य के साथ शूद्र को सेना में भरती होने की छूट दी गई। सम्भवतः भारतीय दासों के साथ वैसा व्यवहार नहीं किया जाता था जैसा रोम एवं पाश्चात्य देशों में किया जाता था। एरियन ने लिखा है कि ''सम्पूर्ण भारतीवासी स्वतंत्र हैं और

उनमें से एक भी दास नहीं है।'' मेगस्थनीज ने सुझाव दिया है कि यूनान निवासी कानूनी समानता व दासता में कोई असंगति नहीं देख सकते। कहा गया है कि यह आवश्यक नहीं कि दासता के जिक्र में भारतीय परिस्थितियों का विवरण हो या यूनानी दास प्रथा में विरुद्ध प्रचार की चेष्टा की गई है।[42]

बहिष्कृत जातियाँ भारत में दासों को इतना हेय दृष्टि से नहीं देखा जाता था जितना यूनान में, किन्तु निम्न जातियों के प्रति व्यवहार अच्छा न था। समाज के निम्न वर्ग के लोग इस प्रकार के कार्य करते थे जिन्हें निम्नतर माना जाता था। ये लोग नगर के बाहर रहते थे। ऐसी बहिष्कृत जातियों में चाण्डाल[43] पुक्कस, कुक्कुटक आदि थे। इन वर्गों की स्थिति सम्मानजनक नहीं थी। इनकी भाषा अलग ही मानी गई है। इन लोगों द्वारा किए जाने वाले कार्यों में नगर की सफाई, चमड़े का कार्य, नटगीरी, जादूगीरी, जल्लाद का कार्य आदि प्रमुख थे। निम्न मध्य वर्गों में जिन्हें शूद्र संज्ञक कहा गया है। उनमें रथकार, कुम्हार, नापित, भिखारी, नर्तक आदि को सम्मिलित किया जाता था। ''इन्हें नगर के पश्चिम में आवासित करने'' का उल्लेख मिलता है।[44] सम्भवतः इनकी स्थिति उतनी निम्न रही होगी किन्तु बहिष्कृत जातियों को अवश्य शहर में रहने की अनुमति नहीं थी।

औषधालय मौर्य सरकार ने जन–स्वास्थ्य पर भी ध्यान दिया था। मेगस्थनीज के अनुसार, विदेशियों के बीमार पड़ने पर उनकी परिचर्या का प्रबन्ध था एवं मरने पर विधि से दाह संस्कार किया जाता था।[45] अर्थशास्त्र से जानकारी मिलती है कि औषधालयों में इतनी औषधियाँ रहती थीं कि वर्षों उपयोग में लाए जाने पर भी बच जाती थीं। इस ग्रंथ में चीर फाड़ करने वाले भिषज् एवं यंत्रों तथा परिचारिकाओं के संकेत भी मिलते हैं। सम्भवतः शव परीक्षण के लिए शव को विकृत होने से बचाने के लिए तेल में डुबोकर रखा जाता था। अशोक के द्वितीय शिलालेख में कहा गया किया है कि जब कभी मनुष्य एवं पशुओं के उपयोग के लिए औषधियों का अभाव हो वे बाहर से मंगवाकर उनके पौधे लगवाये जाएँ।[46]

दण्ड व्यवस्था सरकार की ओर से खाद्यान्न में मिलावट करने वालों के लिए कठोर दण्ड का प्रावधान था अर्थात् अन्न, तेल, लवण, क्षार, गन्ध में मिलावट के लिए लोग दण्डित किए जाते थे। सड़कों पर कूड़ा फेंकना या कीचड़ डालना, गन्दा पानी एकत्र करना अपराध माना गया, इसके लिए दण्डित किया जाता था। मेगस्थनीज के विवरण से ज्ञात होता है कि उसे जब सम्राट चन्द्रगुप्त के शिविर में जाने का अवसर मिला तो वहाँ सारी सेना के बीच चोरी के सम्बन्ध में उसे 200 द्रक्मा (द्रक्म एक रुपये से कम) से भी कम मूल्य की वस्तुओं की चोरी होने की सूचना मिली। कहा गया है कि लोग प्रायः अपना घर अरक्षित अवस्था में छोड़कर चल देते थे। इस युग में लिखित पट्टे की आवश्यकता अनुभव नहीं की जाती थी।

निष्कर्ष लोग न्यायालयों की शरण में कम ही जाते थे। अधिकांश लोग पढ़ना–लिखना जानते थे एवं पेड़ों की छाल एवं रेशे से बने कागज को व्यवहार में लाते थे। अशोक के बड़ी संख्या में प्राप्त अभिलेखों के आधार पर कहा जा सकता है कि साक्षरता पर्याप्त थी। लोग कला–कौशल, वेश–भूषा एवं आभूषण बनाने में अत्यन्त पटु थे। वस्त्रों पर जरी का काम किया जाता था एवं उनमें रत्न जड़े होते थे। लोग बारीक मलमल के जालीदार कपड़े पहनने के भी शौकीन रहे होंगे, साँची की पत्थर मूर्तियों के अवलोकन से मेगस्थनीज के उक्त कथन की प्रामाणिकता सिद्ध होती है। पुरुष एवं स्त्रियाँ सामान्यतः एक अधोवस्त्र और एक उत्तरीय धारण करते थे। पुरुष प्रायः मूल्यवान कपड़े का साफा या ऊष्णीय भी बाँधते थे। इस प्रकार भारत की जनता अत्यंत सुखी एवं सम्पन्न थी। भारतीय इतिहास में इस युग को आदर्श युग कहा जा सकता है।

सन्दर्भ :

1. रीजडेविड्स : बुद्धिस्ट इण्डिया, पृ. 56.
2. अंगुत्तर निकाय, 3.
3. गुप्त : प्राचीन भारत के प्रमुख अभिलेख, पृ. 21–22, भटमयेषुब्रह्मणिभ्येषु अनथेषु वुध्रेषु हिदसुखये ध्रमयुत अपलि बोधायें।
4. गुप्त : वही, पृ. 17–18.
5. अर्थशास्त्र, 1/9.
6. थापर, रोमिला : अशोक तथा मौर्य साम्राज्य का पतन, पृ. 64.
7. मुखर्जी, आर.के. : हिन्दू सभ्यता, पृ. 318; चन्द्रगुप्त मौर्य एवं उसका काल, पृ. 224.
8. थापर, रोमिला, वही, 1999 पृ. सं. 58.
9. गोयल, श्रीराम, मगध–सातवाहन–कुषाण साम्राज्यों का युग, पृ. 396.
10. अर्थशास्त्र, 2/35.
11. अर्थशास्त्र, 2/1. 'शूद्र कर्षक प्राययं कुलशतावरं'
12. थापर, रोमिला : वही, पृ. 68.

13. गुप्त : पूर्वोक्त, पृ. 21–22.
14. थापर रोमिला, अशोक और मौर्य साम्राज्य का पतन, 1999, पृ. 62.
15. फिक : सोशल आर्गनाईजेशन इन नार्थ–ईस्ट इण्डिया बुद्धाज टाइम, 212; थापर रोमिला, अशोक और मौर्य साम्राज्य का पतन, 1999, पृ. 62 से उद्घृत.
16. मुखर्जी आर.के. : अर्थशास्त्र, चन्द्रगुप्त मौर्य और उसका काल, पृ. 233.
17. अर्थशास्त्र, 2/29, घृतस्याष्टो वारकान् पणिकं तुच्छा अड्कं चर्म व वार्षिकं दद्यादिति कर प्रतिकर।
18. अर्थशास्त्र, 2/26.
19. गुप्त : वही, पृ. 16; द्वे चिकीछ कता मुनुस चिकिछा व पशु चिकिछा च औसुढ़ानि चयानि मुनसोपगानि च पसोपगानिच यत–यत नास्ति सर्वत्र हरापितानि व रोपापितानि च।
20. देखिये, गुप्त, वही, प्रथम, चतुर्थ एवं अष्टम शिलालेख।
21. अर्थशास्त्र, 2/26.
22. अर्थशास्त्र, 2/21.
23. थापर, रोमिला : वही, पृ. 78.
24. अर्थशास्त्र, 2/14, कृतस्य वेतनं नाकृतस्यास्ति।
25. अर्थशास्त्र, 3/14.
26. गुप्त : वही, पृ. 30, नवम शिलालेख, 'इयं दास भटकसि सम्यापटिपाति'।
27. थापर, रोमिला : वही, पृ. 78.
28. अर्थशास्त्र, 2/1, 'सुजातादन्य : संघः सामुत्थायकादन्यः'
29. अर्थशास्त्र, 2/11.
30. अर्थशास्त्र, 9/2.
31. थापर, रोमिला : वही, पृ. 79.
32. अर्थशास्त्र, 3/2.
33. मुखर्जी, वही, पृ. 234.
34. अर्थशास्त्र, 3/2.
35. अर्थशास्त्र, 2/23.
36. कैम्ब्रिज हिस्ट्री ऑफ इण्डिया, जि. 1 पृ. 433.
37. गुप्त : वही, पृ. 28, (अष्टम शिलालेख), 'अतिक्रत्नं अंतरं देवनंप्रिय विहरयत्र नम।
38. भण्डारकर डी.आर. : अशोक, पृ. 91.
39. गुप्तः वही, पृ. 21, 'हिन्द बहिरेषु च नगरेषु सव्रेषु ओरो धनेषु'।
40. अर्थशास्त्र, 3/13, 'यथा सम्भावित वेतनं लभेय।
41. अर्थशास्त्र, 3/13. दास मनुरुपेण निष्क्रयेणार्यमकुर्वतो द्वादपरोण दण्ड।
42. थापर, रोमिला वही, पृ. 94.
43. मनुस्मृति, 10/16 आयोगवश्च क्षताच चण्डालश्चधमो नृणाम।
44. अर्थशास्त्र, 2/4. शुद्राश्च पश्चिमां दिशामधि वसेयुः।
45. Cambridge History of India, vol I, p. 434. "The poor and helpless old, and in particular the familes of soldiers and workmen dying during their empolyment are regarded as deserving the King's care."
46. गुप्त : वही, पृ. 16.

29 मौर्य अर्थव्यवस्था
(Mauryan Economy)

आर्थिक दृष्टि से मौर्यकाल को चहुँमुखी प्रगति का युग कह सकते हैं। इस काल में न केवल कृषि उत्पादन में वृद्धि हुई बल्कि उद्योग, पशुपालन, व्यवसाय, खनिज उत्खनन एवं व्यापार में भी असीम प्रगति हुई। आर.एस. शर्मा[1] एवं डी.डी. कौशाम्बी आदि विद्वानों ने यह तथ्य सामने रखा है कि लोहे के अधिक उपयोग के कारण तकनीकी आधार मिला। मगध साम्राज्य के आसपास लोहे की खानें थीं और महत्वपूर्ण जल और स्थल मार्ग पर उसका नियन्त्रण था। कहा गया है कि दक्षिण बिहार के समृद्ध लौह–अयस्क तक आसानी से पहुँच होने की वजह से लोग लोहे के औजारों का अधिकाधिक प्रयोग करते गए। हमें मौर्यकालीन सकोटर, कुल्हाड़ियाँ, हँसिए और हल का फल मिला है। हालांकि अस्त्र–शस्त्रों पर मौर्य–राज्य का एकाधिकार था, किन्तु अन्य लौह उपकरणों का इस्तेमाल किसी वर्ग तक सीमित नहीं था। इन औजारों की सहायता से पूर्वी गंगा घाटी के घने जंगलों को काटने में आसानी हुई होगी और कृषि के क्षेत्र में कुशलता बढ़ी होगी। गंगा घाटी की मिट्टी भारी दोमट होने के कारण हल में भारी लोहे की जरूरत पड़ती थी।

मेगस्थनीज ने लिखा है कि कृषक संख्या में सबसे अधिक हैं। भारतीय समाज के विभाजन में किसानों को मेगस्थनीज ने तीसरे स्थान पर रखा है। यूनानी लेखक भी हमारी जानकारी में लाते हैं कि खेतिहरों के पास अस्त्र–शस्त्र नहीं होते थे।

वार्ता–अर्थशास्त्र में त्रयी की गणना चार प्रमुख विधाओं में की है, आन्वीक्षिकी, त्रयी, वार्ता व दण्डनीति। कौटिल्य कृषि, पशुपालन तथा व्यापार के लिए 'वार्ता' शब्द का प्रयोग करता है।[1] ये तीनों वैश्यों के व्यवसाय बताए गए हैं। लोग तिल, जौ, मूँग, उड़द, गेहूँ, चावल, प्रियंगु चावल, कोदों आदि का उत्पादन करते थे।[2] चावल की दो नई किस्मों 'दारक' एवं 'वरक' का उल्लेख मिलता है।[3] अन्य विक्रय योग्य उत्पादों में गोल मिर्च, जीरक, सरसों, धनिया प्रमुख थे।[4] फलाम्ल वर्ग में आम, अनार, आंवला, नींबू, इमली, करोंदा, बेर का विवरण आया है।

सिंचाई व्यवस्था कृषि क्षेत्र में मौर्यकाल की महत्वपूर्ण देन सिंचाई साधनों का विकास था। अर्थशास्त्र में अच्छा प्रशासन उसे कहा है, जिसमें किसान खेती के लिए केवल वर्षा के पानी पर निर्भर न रहे।[5] कहा गया है कि यदि कोई व्यक्ति तालाब को तोड़ दे तो उसे तालाब में डुबो दिया जाए।[6] मेगस्थनीज का कथन है कि भूमि का अधिकांश क्षेत्र सिंचाई के अन्तर्गत है, जिससे वर्ष में दो–दो फसलें तैयार हो जाती हैं।[7] अन्यत्र उल्लेख आया है, कि कुछ लोगों को यह कार्य सौंप दिया गया है कि वे नदियों की देखभाल करें, भूमि की जाँच करें जैसी कि मिस्त्र में व्यवस्था है। उन नालियों का निरीक्षण करते रहें जिनके द्वारा बड़ी नहरों से पानी दूसरी शाखाओं में लाकर सिंचाई के लिए चारों ओर दिया जाता है जिससे सबको बार–बार पानी मिल सके।[8] अर्थशास्त्र से सिंचाई साधनों की जानकारी मिलती है। जो किसान नदी, सरोवर, तड़ाग या कुएँ से सिंचाई करते थे, उन्हें उपज का चतुर्थांश देना होता था।[9] नहरों द्वारा सिंचाई का एकमात्र अभिलेखिक प्रमाण रुद्रदामन का जूनागढ़ लेख है जिसमें यह वर्णन आया कि **पुष्यगुप्त ने एक दुर्ग और एक चट्टान के मध्य प्रवाहित जल स्त्रोत को बाँधकर सुदर्शन नामक झील बनवाई**। परन्तु उसे पूरा तुषाष्प ने करवाया था। यह झील आठ सौ वर्षों अर्थात् पाँचवीं शताब्दी ई. तक सिंचाई का स्त्रोत बनी रही। जूनागढ़ सौराष्ट्र प्रान्त में था और पुष्यगुप्त चन्द्रगुप्त तथा तुषाष्प अशोक के समय गवर्नर थे।[10]

कहा गया है कि शास्त्रों ने राजा को ही पृथ्वी एवं जल का स्वामी माना है। अतः अपने कुएँ से सिंचाई करने वाले किसान फसल का पाँचवाँ हिस्सा अन्न राजा को जल कर के रूप में दें।[11]

आपत्तिकाल में भूमिकर बढ़ाकर एक–तिहाई या एक–चौथाई तक किया जा सकता था, जिसे राय चौधरी अधिक मानते हैं। इस सन्दर्भ में लिखा है यूनानी इतिहासकारों के अनुसार, कभी–कभी किसान पैदावार का चतुर्थांश देने के बाद भी कुछ भूमि त्याग देते थे।[12] कोसंबी की धारणा है कि अर्थशास्त्र के अनुसार राजा की ओर से खूब कोशिश की जाती थी कि परती भूमि पर लोगों को बसाया जाए, फिर वह भूमि पहले साफ की हुई, पर बाद में जंगल बनी हुई हो अथवा पहली बार साफ की गई अछूती भूमि हो।[12] कौटिल्य ने 'भूमिछिद्र विधानम्' शीर्षक अध्याय में कृषि योग्य भूमि के अतिरिक्त अन्य भूमि का उल्लेख किया है। उस पर पशुओं के लिए तृण–जल आदि का क्षेत्र बनवा दिए जाने का विवरण मिलता है।[13]

भूस्वामित्व अर्थशास्त्र में दो प्रकार की कृषि योग्य भूमि का विवरण मिलता है। एक भूमि जो राजा की अपनी भूमि होती थी और दूसरी वह भूमि जिससे राजा को राजस्व प्राप्त होता

था। पहले प्रकार के खेतों से जो आय होती थी उसे 'सीता' कहा गया है और राज्य की अन्य समस्त भूमि जिससे भू–राजस्व प्राप्त होता था उसे 'भाग' की संज्ञा दी गई है। कहा गया है, इस प्रकार राजा की निजी जमीन जिसे वह जैसे चाहे बेच सकता था व सरकारी जमीन जिसका वह केवल लगान वसूल कर सकता था, इन दो स्थितियों में अन्तर है। दूसरी स्थिति में राजा मालिक न होकर केवल उपज का उपभोग कर सकता था। धार्मिक पंथों को भूमि दान या किसी को इनाम के तौर पर जागीर देने का काम राजा, सरकारी भूमि की बजाय अपनी निजी भूमि से करता था।[14]

कृषक कामगार आर. एस. शर्मा की मान्यता है कि राजकीय फार्म राज्य की आय का प्रमुख स्त्रोत थे। वहाँ सीताध्यक्ष अर्थात् कृषि–अधीक्षक की देखरेख में काम होता था। पूर्व मौर्यकाल में बड़े–बड़े खेतों की प्रथा चल पड़ी थी, जिससे राज्य नियंत्रित कृषि का प्रसार हुआ। इसमें 500 अथवा 1,000 करिसों की इकाइयाँ होती थीं और कुछ सम्पन्न भू–स्वामी इसकी देखभाल करते थे। मेगस्थनीज की यह धारणा गलत ही थी कि भारत में दास नहीं होते, जैसा हम जानते हैं कि चन्द्रगुप्त के शासनकाल में दासों और भाड़े के मजदूरों की भारी संख्या इन फार्मों में काम करने के लिए नियोजित की जाती थी।

जातक कथाओं में बार–बार गृहपति और ग्राम भोजकों की चर्चा आती है। वस्तुतः ये लोग भूमिपति थे, जो अपनी जमीन पर खेती करने के लिए मजदूरों को नियुक्त करते थे। दूसरी ओर मजदूरों की स्थिति अधिक ठीक नहीं थी, कहीं–कहीं कृषि दासों का जिक्र हुआ है। इस काल में गंगा घाटी में बड़े पैमाने पर विशेषकर धान की खेती शुरू हुई। इसकी रोपाई और कटाई के समय किसान को मजदूरों की सहायता लेनी पड़ती थी।

भू–राजस्व भू–राजस्व के निर्धारण पर मौर्य शासक विशेष बल देते थे और करों का लेखा–जोखा रखने के लिए अलग से एक विभाग था, जिसके प्रमुख अधिकारी को समाहर्ता कहा गया। अर्थशास्त्र से जानकारी मिलती है कि राजस्व वस्तु के रूप में भी प्राप्त किया जाता था। इस प्रकार की आय को संगृहित करना सन्निधाता का कार्य था। आपात स्थिति में लिए जाने वाले अन्य करों में युद्ध कर था जिसे **'प्रणय'** कहा गया है। इसे प्रेम से राज्य को दिया गया उपहार माना गया। अर्थशास्त्र इसे भूमि की उर्वरता के आधार पर **एक–तिहाई** या **एक–चौथाई** तक निर्धारित करता है। इस कर को स्वेच्छा से दिया जाने वाला कर बताया है किन्तु यह निश्चित रूप से अनिवार्य कर हो गया था।

मौर्य काल में भू–राजस्व आय का एक प्रमुख साधन था। अशोक के रुम्मनदेई स्तम्भ से निर्देश मिलता है कि लुम्बिनी ग्राम के भूमिकर को घटाकर 1/8 कर दिया था।[15] सामान्यतः भूराजस्व 1/6 से 1/4 तक था। यह ध्यान देने योग्य है कि बुद्ध के प्रति अगाध श्रद्धा होने के बावजूद अशोक ने उस गाँव (लुम्बिनी) को पूर्णतया कर मुक्त नहीं किया। अर्थशास्त्र में उल्लेख किया है कि राजा को उपज का छठा भाग कर के रूप में लेना चाहिए। भूमि की मिट्टी और फसल के आधार पर अलग–अलग भू–राजस्व निश्चित किया जाता था। कुछ इलाकों में उपज का एक–चौथाई कर कुछ फसलों पर लगता था और भूमि का लगान राजस्व का मुख्य साधन था। घोषाल को उद्घृत करते हुए लिखा है कि भूमि पर दो प्रकार का राजस्व कर लगता था। एक को 'भाग' कहते थे जो प्रारम्भिक वैदिक काल में 'बलि' नामक लगान पर आधारित था और दूसरे को 'हिरण्य' कहा है जो कुछ विशेष फसलों पर नकद रूप में वसूल किया जाता था। अतः विशेष परिस्थियों में दोनों प्रकार का राजस्व कर लगा होगा।[16] कौटिल्य ने लिखा है कि दुर्भिक्ष होने पर राजा को भू–राजस्व वसूल नहीं करना चाहिए।[17] पूर्व में उल्लेख किया गया है कि गाँवों को कर मुक्त **(आयुधीय)**, अनाज तथा पशु आदि रूप में कर देने वाले **(हिरण्य)**, कच्चा माल देने वाल (कुप्प), बेगार द्वारा ऋण चुकाने वाले **(विष्टि)** आदि श्रेणियों में बाँटा जाता था।[18] अर्थशास्त्र में अन्य करों में **प्रणय** (संकटकालीन युद्ध कर), **उत्संग** (प्रजा द्वारा राजा को दिया गया उपहार), **रज्जु** (भूमापन करने वाले का शुल्क), **भोररज्जु** (चौकीदारी कर), **विवित** (चरागाह कर), **कौष्ठेयक** (जलाशयों के नज़दीक भूमिका कर) का जिक्र आया है।

राजस्व के अन्य स्त्रोत इस काल में राज्य की आय का एकमात्र स्त्रोत भू–राजस्व नहीं रह गया था। आय का दूसरा मुख्य साधन विक्रय सम्बन्धी कर था। शुल्क तीन प्रकार के कहे गए हैं– **स्वदेश** में उत्पन्न वस्तु पर लिया जाने वाला **'बाह्य'** शुल्क, राजधानी में लिया जाने वाल **'आभ्यन्तर'** शुल्क एवं विदेशी माल पर वसूल किया जाने वाल **'आधिक्य'** शुल्क।[19] इसी प्रकार स्वदेश से बाहर भेजे जाने वाले माल पर **'निष्क्राम्य'** तथा विदेशी आयातित सामान पर लगाया गया कर **'प्रवेश्य'** कहा गया।[20] इसके लिए यह प्रावधान कर दिया गया कि दुर्ग वाले नगरों में विक्रय की सभी वस्तुएँ (अन्न एवं पशु आदि को छोड़कर) द्वार के पास अवस्थित चुंगी घर में लाई जाकर राजकीय मुद्रा अंकित की जाए एवं विक्रय के बाद मूल्यानुसार उन पर कर लिया जाए। वस्तुओं के मूल्य के अनुसार कर बदलते रहने का बोध होता है। यह सम्भवतः 10 से 15 प्रतिशत तक होता था।[21] शराब पर चुंगी, आय का एक साधन था। इसके लिए **'आबापाशी'** (लाइसेंस) रखने के प्रावधान थे। विदेशी शराब के विक्रय के लिए विशेष अधिकार–पत्र रखने की आवश्यकता बताई गई है। आय के अन्य साधन थे–**पानी की चुंगी, खानों एवं मछलियों की मण्डी की चुंगी, जगलों एवं सरकारी भूमि की आय, अर्थदण्ड, नदी घाटों** तथा **पुलों पर लिया जाने वाला महसूल** आदि।

ऋण व्यवस्था सरकार का कर्तव्य माना गया है कि ऋण प्रदाता वर्ग द्वारा लिए जाने वाले सूद की दर निश्चित करे। मौर्य सरकार ने यह कार्य दो हजार वर्ष पूर्व ही सम्पादित कर दिया था। महाजन वर्ग से दरिद्र एवं पीड़ित व्यक्तियों को शोषण से बचाने के लिए सरकार ने सूद की उचित दरें निर्धारित की। इसके विरुद्ध आचरण करने वालों को दण्डित किया जाने का नियम था। कहा गया है कि सौ पण मूल पर सवा पण ब्याज धर्मसंगत है।[22] अर्थात् सूद की सामान्य वार्षिक दर 15 प्रतिशत थी इसका समर्थन मनु ने भी किया है।[23] मनु एवं कौटिल्य ऋण व्यवस्था को नियंत्रित करने के लिए लगभग एक जैसे नियमों का प्रावधान करते हैं। कृषि विकास हेतु राज्य सरकार द्वारा ऋण प्रदान किया जाता रहा होगा, क्योंकि अनेक व्यक्तियों से ऋण लिया होने पर पहले राजा का ऋण अदा करने का जिक्र आया है।[24] वर्तमान में राज्य सरकारों द्वारा राष्ट्रीयकृत एवं सहकारी बैंकों के माध्यम से किसानों को फसली ऋण उपलब्ध करवाया जाता है। मौर्य प्रशासन द्वारा भी ऋण उपलब्ध करवाती रही होगी।[25]

इसी सन्दर्भ में व्यापार वृद्धि हेतु दिए जाने वाले ऋण का उल्लेख करना अनुचित नहीं होगा। क्रय–विक्रय विषयक व्यवहार पर पाँच प्रतिशत, वन या दुर्गम मार्गों द्वारा व्यापार करने वालों से 10 प्रतिशत एवं समुद्री मार्ग से व्यापार करने वालों से 20 प्रतिशत ब्याज को उचित माना गया।[26] ऋणदाता द्वारा दस वर्ष तक अपना धन न लेने पर उसे धन वसूल करने का अधिकार नहीं रहता। जिन दायभागियों ने मृतक की सम्पत्ति प्राप्त की हो या मृत्यु के दौरान ऋण चुकाने का दायित्व लिया हो अथवा जो उस ऋण में प्रतिभू (जमानतदाता) हों उन पर ऋण को जमा करवाने का दायित्व होगा। बालक की किसी प्रकार के ऋण में जमानत उसे प्रतिबद्ध नहीं कर सकती थी। किसी भी ऋण में **स्वयं राजा, ग्राम भृत्य, कुष्ठी, व्रणी, पतित, चाण्डाल, अन्धा, बहरा, गूंगा की जमानत स्वीकार्य नहीं** थी। साक्षी को निश्चित तिथि पर न्यायालय में उपस्थित न होने पर 24 पण के दण्ड का भागीदार माना गया। मेगस्थनीज ने लिखा है भारतवासी न तो सूद पर धन देते थे न ही उधार लेना जानते थे। किन्तु मेगस्थनीज का यह कथन उचित प्रतीत नहीं होता, क्योंकि अर्थशास्त्र में ऋण व्यवस्था का विस्तृत विवरण मिलता है।

मौर्य सम्राटों ने लोगों को दुर्भिक्ष, बाढ़ एवं अग्नि प्रकोपों से बचाने के लिए निरोधात्मक एवं सहायतार्थ दोनों उपाए किए थे। मेगस्थनीज की यह मिथ्या धारणा है कि, भारत में अकाल नहीं पड़ते। भद्रबाहुचरित, बृहत्कथाकोष आदि ग्रन्थों में बिहार में भयंकर अकाल पड़ने का उल्लेख मिलता है। बिहार के अकाल को देखकर ही भद्रबाहु अपने शिष्यों के साथ दक्षिण को चले गए थे। **सोहगौरा एवं महास्थान के दो मौर्य शिलालेखों में भी इस घटना का विवरण आया है।**

पशुपालन अर्थशास्त्र में चरागाहों की सुरक्षा, पंजीयन, आहार की जाँच, रोगी पशुओं की चिकित्सा एवं पशुओं के साथ अमानुषिक व्यवहार रोकने का जिक्र आया है। सम्भवतः राज्य की गायों आदि **पशुओं का दायित्व गो–अध्यक्ष** पर था। राजकीय पशु एवं अराजकीय पशुओं के निर्धारण हेतु **चिह्नांकित** किया जाता था। सामान्य पशुओं के अतिरिक्त घोड़ों का अश्वाध्यक्ष एवं हाथियों का अधीक्षक अलग था। अश्व एवं हाथी राजकीय सेना के प्रमुख अंग थे। जैसा पूर्व में उल्लेख किया गया है कि अशोक ने पशु चिकित्सा की व्यवस्था भी की थी।

सरकार ने आखेट के भी नियम बनाए होंगे। मेगस्थनीज के विवरण से ज्ञात होता है कि चन्द्रगुप्त की सवारी बड़ी वैभवपूर्ण होती थी। अशोक के अष्टम् शिलालेख से जानकारी मिलती है कि उसने **वैभवपूर्ण आखेट परम्परा को अपने राज्यकाल के ग्यारहवें वर्ष में बंद कर दिया**। अर्थशास्त्र में सुरक्षित वनों का भी उल्लेख मिलता है जिनमें न तो जानवर फंसाए जा सकते थे, न ही आघात पहुँचाया जा सकता था एवं न ही उनका वध किया जा सकता था। मृगवन सम्भवतः सताए हुए पशुओं की सुरक्षार्थ स्थापित किए होंगें।[27] इस प्रकार मौर्यकाल में सुरक्षित वन एवं सामान्य जंगल की श्रेणियाँ रहीं होंगी।

खनिज इस काल में खनिजों का उत्खनन बड़ी संख्या में किया जाता रहा होगा। मेगस्थनीज ने लिखा है कि भूगर्भ में कई तरह की धातुओं का जाल–सा बिछा हुआ है। उसमें सोना, चांदी और लोहा बहुतायत से मिलते हैं। इनके अतिरिक्त शस्त्रास्त्र के निर्माण में उपयोगी धातुएँ काफी मात्रा में पाई जाती हैं।[28] इस बात की पुष्टि अर्थशास्त्र से भी होती है। दो तरह की खदानें होती थीं– **सामुद्रिक** एवं **पृथ्वी की खानें**। **सामुद्रिक खानों के अधीक्षक** का कार्य जवाहरात, हीरा, मोती, मूंगा, शंख एवं नमक आदि के संचय की व्यवस्था करना था। पृथ्वी की खानों के अधीक्षक के लिए अनेक विज्ञानों का ज्ञान होना आवश्यक था।[29] अर्थशास्त्र में स्वर्ण, रजत, ताम्र, लौह आदि धातुओं के शोधन का उल्लेख मिलता है। स्वर्णादि धातुओं को राज्य की खदानों से चोरी से निकालने, क्रय–विक्रय करने अथवा बनाए जाने पर अर्थदण्ड से दण्डित किए जाने का बोध होता है। सम्भवतः स्वर्ण आदि वस्तुओं के उत्खनन पर सरकार का सीधा नियंत्रण था। किन्तु दूसरों को भागीदार बनाकर राजा उसका प्रबन्ध अन्य को सौंप सकता था, यदि ऐसा करना राज्य हित में हो।[30] **सिक्का नियंत्रण** अधिकारी के अतिरिक्त अन्य कोई व्यक्ति सिक्के ढलवाने एवं उनके लेन–देन का कार्य करे तो वह पच्चीस पण अर्थदण्ड का भागी माना गया।[31]

श्रेणियां, उद्योग एवं व्यापार मौर्य प्रशासन ने उद्योग एवं व्यापार के विकास हेतु समुचित प्रयास किए। उत्तर भारत में हस्तशिल्प उद्योग, श्रेणियों के आधार पर संगठित था। यह व्यवस्था मौर्य काल के पहले से चली आ रही थी। रीजेडेविड्स ने बौद्धकालीन अठारह श्रेणियों का उल्लेख किया है, जिसकी चर्चा पूर्व में की गई है। मौर्यों के अधीन शिल्पियों की संख्या में वृद्धि हुई है। प्रत्येक श्रेणी नगर के एक भाग में बसी हुई थी

जिससे एक तरह की श्रेणी के सदस्य एक साथ रहकर कार्य करते एवं अपने माल को बेच सकते थे। अधिकांश पुत्र अपने पिता के व्यवसाय को ही अपनाते थे। दूसरे शब्दों में हस्तशिल्प वंशानुगत था। इस काल की श्रेणियों में बढ़ई (काष्ठकार), कुभंकार, धातुकर्मी, चर्मकार, बुनकर, चित्रकार आदि प्रमुख थीं।

जहाँ तक व्यापारिक संगठनों का प्रश्न है। इनके लिए "संभूत–समुत्थान" व "सांव्यावहारिक" शब्द आये हैं। संभवतः ऐसे कुछ व्यापारी साझा व्यापार करते थे। "कूटवणिक जातक" में साझा व्यापार का जिक्र है। **सार्थवाहों** के उल्लेख मिलते हैं। जिनके नेतृत्व को मार्गों के विषय में सार्थ (कारवाँ) मानते थे। **सार्थवाहों** के अतिरिक्त अलग–अलग उद्योगों के प्रमुख और **जेट्ठ** भी होते थे। यह भी उल्लेख मिलता है कि व्यापारिक श्रेणियों के झगड़े **महासेट्ठि** (महाश्रेष्ठी) निपटाता था। यह महासेट्ठि वस्तुतः शिल्पियों की श्रेणियों के चौधरियों के ऊपर बड़ा चौधरी जैसा था। कौटिल्य ने अन्यत्र (II, 7: III, 1)[4] आदि श्रेणियों की चर्चा की है जिनके प्रधान 'मुख्य' कहलाते थे। इन श्रेणियों का इतना महत्व रहा कि सरकारी रजिस्टर में इनके रीति–रिवाजों का निबन्ध होता था और अन्यथा भी शासन के कार्यों में उनका विशेष ध्यान रखा जाता था।[32]

सिन्ध के घोड़े, हिमालय प्रदेश की ऊन, बंगाल की मलमल एवं दक्षिण से मोती आदि उन स्थानों पर उपलब्ध करवाये जाते थे जहाँ उनकी माँग थी। इन व्यापारिक गतिविधियों से अनेक राजमार्गों का विकास हुआ। **वाणिज्यिक अधिकारी** यातायात के साधनों एवं कीमतों की वृद्धि या कमी पर नियन्त्रण रखता था। जल परिवहन, भू–परिवहन से सस्ता था परिणामस्वरूप कीमतों का प्रभावित होना स्वाभाविक था।[33] कहा गया है कि विदेशों से माल मंगाने वाले व्यापारियों पर कर नहीं लगता था ताकि वे इससे मुनाफा कमा सकें। व्यापारिक कर सरकारी शुल्क के बराबर कहा गया है। यह महसूल का पाँचवाँ भाग और महसूल वस्तु के मूल्य के पाँचवें भाग के बराबर था। इससे कीमतों पर भी नियंत्रण रखना सम्भव हुआ। वाणिज्य प्रबंधक का यह कर्तव्य था कि वह व्यापारी को इतना मुनाफा न कमाने दे जिससे लोगों को हानि हो।[34] मेगस्थनीज ने वाणिज्य अधीक्षक का जिक्र किया है, जो वस्तुओं का मूल्य निर्धारित करता था। अर्थशास्त्र में उसे पण्याध्यक्ष कहा है। शायद संस्थाध्यक्ष उसके नीचे कार्यरत थे।

कुछ वस्तुओं, जैसे–रेशमी वस्त्र, तार वाला रेशम, हरताल, मैनशिल, हींग, चन्दन, अगर, कटुक आदि पर 10 से 15 प्रतिशत विक्रय कर था। किन्तु कुछ वस्त्रों पर 20 से 25 प्रतिशत तक कर लिया जाता था। विक्रय के लिए लाई गई प्रत्येक वस्तु कर योग्य थी। देश में निर्मित वस्तुओं पर 'कर दफ्तरों' में मुहर अंकित की जाती थी तथा आयातित वस्तुओं पर महसूल–घरों में मुहर लगाई जाती थी। महसूल नकद लिया जाता था वस्तु रूप में नहीं। कीमत निर्धारण हेतु किसी वस्तु के माप–तौल में बेईमानी करने वालों के लिए कड़े दण्ड का प्रावधान था। स्ट्रेबो ने लिखा है कि कर से बचने वाले को मृत्युदण्ड दिया जाता था। किन्तु अर्थशास्त्र से इसकी पष्टि नहीं होती है। इसमें राजधन अपहरण के चालीस प्रकार बताए गए हैं एवं इसके लिए समिति बनाकर जाँच करवाए जाने का विवरण मिलता है।[35] ऐसे मामलों में वस्तुओं को अधिकार में लेने तथा अर्थदण्ड का प्रावधान था। अर्थशास्त्र के अनुसार काशी, बंग, पुण्ड्र, कलिंग व मालवा के सूती वस्त्र के लिए प्रसिद्ध थे। काशी (बनारस) व पुण्ड्र (उत्तरी बंगाल का इलाका) में रेशमी कपड़े बनते थे। बंग (दक्षिणी बंगाल) का मलमल प्रसिद्ध था। कौटिल्य ने चीन–पट्ट का जिक्र किया है।

व्यापारिक मार्ग व्यापार हेतु नदी मार्गों तथा राजपथ का जिक्र आया है। जल पथ को कम खर्चीला होने पर भी कौटिल्य ने भयप्रद माना है। उसने लिखा है कि इसके द्वारा वर्षा काल में आवागमन कठिन होता है।[36] तटरेखा वाले मार्ग को कुल पथ की संज्ञा दी गई, इनके अतिरिक्त नदी पथ भी उत्तम मानता है, क्योंकि दक्षिण मार्ग में कम्बल, चर्म, अश्व, शंख, हीरा, मुक्ता, मणि एवं सोना आदि वस्तुएँ उपलब्ध होती थीं।[37] दक्षिणापथ को अनेक खानों से युक्त एवं बहुमूल्य व्यापारिक वस्तुओं से सम्पन्न और आवागमन की दृष्टि से भी विर्विध्न माना है।

तक्षशिला–पाटलिपुत्र राजपथ बौद्धकालीन प्रमुख मार्गों की व्याख्या रीजडेविड्स ने की है[38] जिनका उल्लेख करना उचित होगा। उत्तर–पश्चिम स्थित तक्षशिला से पाटलिपुत्र तक का राजपथ सबसे महत्वपूर्ण माना जाता था। यह मार्ग पाटलिपुत्र (पालिब्रोथ) से बनारस, मथुरा, साकल होते हुए तक्षशिला तक जाता था। जिसे बाद में काबुल, बामियान तथा बेबीलोन से जोड़ा गया। वर्तमान में यह राजपथ ग्रांड ट्रंक रोड़ के नाम से ज्ञात है। प्लिनी ने भी इसका उल्लेख किया है। यह युद्ध–नीति एवं व्यापार दोनों दृष्टियों से महत्वपूर्ण था। पश्चिम से व्यापार के लिए यह प्रमुख स्थल मार्ग था एवं तक्षशिला से विनिमय का प्रमुख केन्द्र। अन्तर्देशीय व्यापार के लिए भी इसका महत्व था, क्योंकि गंगा क्षेत्र में उत्तर पश्चिम माल का पर्याप्त विनियम होता था। समुद्री मार्गों के विकसित होने के बाद इसका महत्व थोड़ा कम हुआ। पाटलिपुत्र को तक्षशिला से जोड़ने का श्रेय मौर्य सम्राटों को ही जाता है। इस मार्ग को 1500 कोस लम्बा कहा गया है। मेगास्थनीज इस मार्ग को देखकर आश्चर्य चकित रह गया था। उसके अनुसार आठ भागों में बनाई गई यह सड़क कुल 11 भागों में विभक्त की गई। 1. प्यूकेलाओटिस (पुष्कलावती गंधार राजधानी –चारसद्दा) से तक्षशिला तक 2. तक्षशिला से हाईडेस्पीज (झेलम) तक 3. वहां से हाईफैसिस–व्यास तक जहां सिकन्दर ने वेदियां बनाई थीं। 4. व्यास से हेसिड्रस (सतलज) तक 5. सतलज से इयामेनीज (यमुना) तक 6. यमुना से हस्तिनापुर होती हुई गंगा तक 7. गंगा से रोडाफा (अनुप शहर–उभाई नामक स्थान) 8. रोडाफा से कलिन पैक्सा (कन्नौज) 9. कन्नौज से गंगा यमुना संगम तक 10. प्रयाग से पाटलिपुत्र तक एवं 11. पाटलिपुत्र से ताम्रलिप्ति तक।[39]

श्रावस्ती–भड़ौच मार्ग दूसरा प्रमुख मार्ग उत्तर को दक्षिण–पश्चिम से जोड़ता था। यह मार्ग श्रावस्ती से मथुरा, ओजेन (उज्जैन), बरिगाजा, प्रतिष्ठान एवं आगे तगर तक जाता था। सम्भवतः इसी मार्ग की एक शाखा द्वारा भड़ौच एवं काठियावाड़ को जोड़ती थी और इसके द्वारा ही दक्षिणी–पश्चिमी तट पर बन्दरगाहों व लंका तक समुद्री मार्ग के प्रयोग की सम्भावना दिखाई देती है। महावंश से ज्ञात होता है कि लंका के राजा विजय ने पश्चिमी तट पर सोपारा से लंका तक की यात्रा की। द्वीपवंश महावंश के अनुसार 543 से 505 ई.पू. में 700 समर्थकों के साथ राजकुमार श्री विजय ने श्री लंका में तांबपनी साम्राज्य की स्थापना की थी।

श्रावस्ती–ताम्रलिप्ति मार्ग तीसरा एक छोटा मार्ग श्रावस्ती से ताम्रलिप्ति (आधुनिक पश्चिम बंगाल में स्थित तामलुक) को जोड़ता था एवं पाटलिपुत्र इसके बीच में स्थित था। उन दिनों श्रीवस्ती महत्वपूर्ण व्यापारिक केन्द्र था। गोरखपुर जिले से 1874 ई. में सहगोरा ताम्रलेख मिला है जिसमें श्रावस्ती के अधिकारियों को अन्न भण्डार के रक्षकों के लिए निर्देश अंकित है। ताम्रलिप्ति भी बनारस, मथुरा, साकल के माध्यम से तक्षशिला से जुड़ा हुआ था। ताम्रलिप्ति के व्यापारिक दृष्टि से उत्तर में पाटलिपुत्र, पूर्व में बर्मा, दक्षिण में लंका से जुड़े होने की जानकारी मिलती है। ताम्रलिप्ति–बर्मा (वर्तमान म्यानमार) एवं श्रीलंका के जहाजों के लिए प्रमुख बन्दरगाह था।

पाटलिपुत्र–मैसूर मार्ग दक्षिण भारत का एक अन्य मार्ग जो पाटलिपुत्र से सोन नदी के किनारे–किनारे सहसराम, राँची एवं कलिंग में तोसली होते हुए कृष्णा के डेल्टा प्रदेश को पार कर तुंगभद्रा घाटी में उत्तरी मैसूर तक पहुँचता था। कंलिंग का मौर्य साम्राज्य के लिए उसकी सामरिक स्थिति के कारण अधिक महत्व था। महानदी एवं गोदावरी नदियों के मध्य होने के कारण यहीं से बंग व दक्षिण के बीच समुद्री यातायात पर नियंत्रण किया जा सकता था। इस दृष्टि से इस मार्ग का विकास किया जाना मौर्य साम्राज्य के लिए आवश्यक हो गया। पाटलिपुत्र से एक और अन्तर्देशीय मार्ग रूपनाथ से शाखाओं में विभाजित होकर वेनगंगा घाटी में गोदावरी की उत्तरी सहायक नदी से मिलता था। गोदावरी के मुहाने पर एक दक्षिण को मुड़कर कृष्णा घाटी के किनारे बढ़ता था।

मौर्य संचार व्यवस्था के संदर्भ में ''नौकरशाही'' प्रशासन के विकास ने संचार व्यवस्था की आवश्यकता को और बढ़ा दिया, क्योंकि कर्मचारियों को निरन्तर मुख्य नगरों के सम्पर्क में रहना पड़ता था। मेगस्थनीज ने सड़कों के निर्माण एवं उनके सुरक्षा अधिकारियों को 'अगोरनोमोई' नाम दिया है, जिसका शाब्दिक अर्थ है– 'बाजार आयुक्त' परन्तु उनका कार्य संचार सम्बन्धित था। वे सड़कें बनवाने के लिए जिम्मेदार थे। हर दस स्टेडिया के बाद नाम–स्तम्भ (साइन पोस्ट) लगवाये गये थे जिनमें दूरी, उप–पथ और अन्य सूचनाएँ लिखी होती थीं।[40] अशोक के द्वितीय शिलालेख से ज्ञात होता है कि मार्गों के किनारे कुएँ खुदवाए गए, धर्मशालाएँ बनवाई गईं, वृक्ष लगवाए गए।[41] सातवें स्तम्भ लेख से भी जानकारी मिलती है कि अशोक ने हर आठवें कोस पर कुएँ खुदवाये।

विदेश व्यापार भारत के विदेश व्यापार के प्रमुख केन्द्र पश्चिमी एवं उत्तरी–पश्चिमी सीमा पर स्थित थे। विशेष रूप से यूनान से इस काल में अधिक गहरे सम्बन्ध रहे। भारत से पश्चिम को जाने वाले मार्गों को तीन श्रेणियों में विभक्त किया गया है।

I. उत्तरी मार्ग जो तक्षशिला से काबुल, बैक्ट्रिया (उत्तर अफगानिस्तान), आक्सस क्षेत्र, कैस्पियन सागर के दक्षिणी इलाके और काला सागर के कॉकेशस प्रदेश में होकर गुजरता था।

II. दूसरा, दक्षिणी मार्ग कन्दहार एवं हेरात होता हुआ एकबताना (फारस स्थित हमदान) तक जाता था। कंदहार से प्राप्त अशोक के शिलालेख से इस बात की पुष्टि होती है। इस मार्ग की एक शाखा कंदहार से पार्सिपोलिस और सूसा की और बढ़ती थी। (Capital of Iran of Cysus 550-530 B.C.)

III. दक्षिण की ओर जाने वाला एक अन्य मार्ग का उल्लेख करना होगा जो भारत से फारस की खाड़ी व टाइगरिस नदी होता हुआ सेल्यूसिया (सीरिया में समुद्री बन्दरगाह) जाता था। मरुस्थली मार्ग से यात्रा रात्रि में की जाती थी और मार्ग जानने के लिए तारों का सहयोग लिया जाता था। इस दौरान समुद्री मार्गों का महत्व बढ़ा। पश्चिमी दुनिया से जोड़ने वाला एक मार्ग भारत के पश्चिमी तट से आधुनिक अदन बन्दरगाह की ओर जाता था।

पश्चिम एशिया मिस्त्र से व्यापार–ईसा पूर्व तीसरी सदी में मिस्त्र शासक टालेमी फिलाडेल्फस (285–246 ई.पू.) के समय लालसागर क्षेत्र में बन्दरगाह बनाया व उसे नील नदी व सड़क से जोड़ा गया। अदन भी व्यापार का माध्यम था जहां भारतीय व्यापारी माल की अदला–बदली करते थे। अदन में बना इत्र भारत के बाजारों में बिकता था। डूबा (Duba) बन्दरगाह (लालसागर) में भारतीय व्यापारी पहुंचते थे।

कौटिल्य ने उल्लेख किया है कि नौ–संचालन अधिकारी नदी एवं समुद्री पथों की देखभाल करें, राजकीय नावों पर यातायात की सुविधा प्रदान करें तथा शंख, मोती आदि समुद्रों से निकालने हेतु किराये पर दें।[42] स्ट्रेबो ने बताया है कि जहाज बनाने के उद्योग पर मौर्यों का एकाधिकार था। अर्थशास्त्र में बन्दरगाह के लिए पण्यपतन एवं जैन साहित्य में जलपट्टन तथा अमरकोश में जहां चारों दिशाओं से सामान आता हो उसे पत्तन कहा है। मानसार कावेरीपत्तन, मसुलीपत्तन का जिक्र आया है।

प्लिनी के विवरण से जानकारी मिलती है कि भारत से हाथी दांत, कछुए की खोपड़ियाँ और गैंडों के सींग भी विदेशों को भेजे जाते थे।[43] भारत से विदेशों को निर्यात की जाने वाली वस्तुओं में सर्वाधिक मूल्यवान वस्तु मोती थे। वारमिंटन के अनुसार भारत से पश्चिम को काली मिर्च दालचीनी, गरम मसाले, हीरे, मोती, गोमेद, सुलेमानी पत्थर, भारतीय कपड़ा तथा हाथी दाँत की वस्तुएँ भेजी जाती थीं। पश्चिम से आयात की जाने वाली सामग्री में घोड़े, लाल मूंगा, क्षौम (लिनेन) एवं शीशा आदि प्रमुख थे।[44]

मुद्रायें इस काल में प्रचलित मुद्राओं में सुवर्ण (स्वर्ण धातु) कार्षापण (पण या धरण चाँदी), माषक (ताम्र) एवं काकणी (ताम्र) का उल्लेख किया जा सकता है। मौर्य काल में मुद्रा का प्रचलन बढ़ा और लेन–देन मुद्रा में होने लगा। जैसा पूर्व में उल्लेख किया गया है कि सरकारी अधिकारियों एवं सैनिकों को वेतन नकद ही दिया जाता था। इस प्रकार शक्तिशाली नकदी अर्थव्यवस्था को सुचारू ढंग से संचालित करने के लिए बड़ी संख्या में ढलाई की जाने लगी होगी और इसके परिणामस्वरूप चाँदी एवं ताँबे जैसी धातुओं का महत्व बढ़ गया होगा।

मौर्यकालीन पंचमार्क्ड (आहत) मुद्राएँ इस तथ्य का प्रमाण है कि मौर्यों ने मुद्रा व्यवस्था को सुव्यवस्थित रूप में लागू किया। कोसंबी[45] की यह मान्यता उचित ही है कि चन्द्रगुप्त के बाद के चिन्हित मौर्य कार्षापण पूर्ववर्ती तौल के ही हैं, पर इनमें ताँबे की मात्रा अधिक है, इनकी बनावट अधिक अपरिष्कृत है। दक्कन में तो कम सिक्कों से, चाँदी के हल्के, यहाँ तक कि शीशे व जस्ते के प्रतीकात्मक सिक्कों से काम लिया जाने लगा, इससे सूचित होता है कि व्यापार में तेजी से वृद्धि हुई थी और व्यापारी कबिलाई लोगों के साथ वस्तुओं का आदान–प्रदान करके भारी मुनाफा कमा रहे थे। तत्कालीन सिक्के विशेष रूप से उत्तर प्रदेश और बिहार में पाए गए जो साम्राज्य का केन्द्रीय स्थान था।

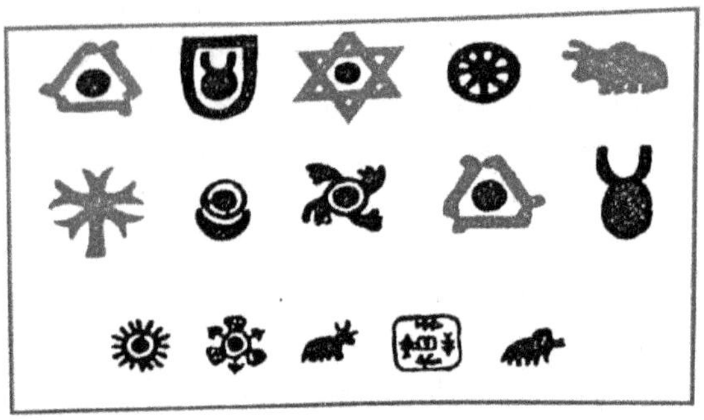

चित्र 29.1 आहत मुद्राओं पर अंकित चिन्ह

शहरी अर्थव्यवस्था का विकास मौर्यों से पूर्व जो शहरीकरण की प्रक्रिया प्रारम्भ हुई थी, उसका इस काल में विकास हुआ। शहरों में अधिकांशतः व्यापारी, शिल्पी, सरकारी कर्मचारी, पुजारी, सैनिक और अन्य लोग रहते थे। इस काल में ये लेन–देन गंगा घाटी से पश्चिमी एवं मध्य भारत, दक्कन तथा दक्षिणी भारत तक फैला। ग्रामीण बस्तियों की वृद्धि और गृहपतियों, ग्राम भोजकों की, समृद्धि ने शहरी केन्द्रों की ओर प्रसार के लिए सामाजिक आधार प्रदान किया। अर्थशास्त्र शहरों (दुर्गों) को राज्य की आय का महत्वपूर्ण आधार मानता है। केवल दुर्ग या राजधानी में स्थित श्रेणियों पर कर लगाने का उल्लेख हुआ है। ग्रामीण क्षेत्रों में स्थित श्रेणियाँ करों से मुक्त थीं। इसका कारण यह हो सकता है कि ग्रामीण इलाकों की तुलना में शहर में रहने वाले लोगों को नियंत्रित एवं व्यवस्थित करना अधिक सरल होता है। शहरों से प्राप्त कर से राज्य को अच्छी आमदनी होती थी, अतः मौर्यों ने शहरों के उत्थान एवं प्रशासन पर विशेष ध्यान दिया।

सारांश अन्त में कह सकते हैं कि मौर्यकाल विस्तारशील अर्थतन्त्र का काल था। विभिन्न प्रकार के हस्तशिल्पों का बहुत विकास हुआ, जिससे व्यापार बढ़े और इससे सम्बन्धित कई लाभ हुए। कृषि व्यवस्था के लाभ पहली बार बड़े पैमाने पर सामने आए और इस प्रकार की अर्थव्यवस्था से कुछ हद तक स्थायत्वि आया। आर्थिक परिवर्तन के साथ–साथ सामाजिक व्यवस्था का विकास एक खास ढंग से हुआ जिसमें कई शताब्दियों तक अपेक्षाकृत कोई परिवर्तन नहीं हुआ।[46]

सन्दर्भ :

1. शर्मा रामशरण : प्रारम्भिक भारत का आर्थिक और सामाजिक इतिहास, 1993, पृ. 156.

1b. अर्थशास्त्र, 1/4, कृषिपशुपाल्ये वाण्ज्यिा च वार्ता।

2. वही, 2/15.

3. वही, 2/24.

4. वही, 2/15.

5. वही, 7/1.

6. अर्थशास्त्र, 7/11, उदकधारण सेतुं भिन्दतस्तेत्रौवात्सु निमज्जम।

7. मेगस्थनीज, प्रथम बुक, खण्ड 1.

8. मेगस्थनीज, तृतीय बुक, खण्ड 1.

9. अर्थशास्त्र, 2/24, 'चतुर्थ नदीसरस्त टाक कूपोद्घाटम्'।

10. गुप्त, वही, पृ. 208, चन्द्रगुप्तस्य राष्टियेण वैश्यने पुष्यगुप्तेन कारितं अशोकस्य मौर्यस्य कृते यवनराज तुषास्फेनाधिष्ठाय।
11. अर्थशास्त्र 2/24/4– शर्मा आर.एस., वही, पृ. 153.
12. राय चौधरी हेमचन्द्र, प्राचीन भारत का राजनैतिक इतिहास, पृ. 216.
12a. कोसंबी, वही, 187.
13. अर्थशास्त्र 2/2 (भूमिच्छिद्रविधन),
14. थापर रोमिला, वही, 1999 सं., पृ.62.
15. गुप्त पी.एल., प्रा.भा.प्र.अ., पृ. 79, ''लुभिनिगामे उबलिके कटे अठभागिये च''
16. घोषाल, द अग्रेरियन सिस्टम इन एंशेंट इंडिया, पृ. 84– थापर रोमिला, वही, 1999, पृ. 63 पर उद्धृत।
17. अर्थशास्त्र, 2/24.
18. अर्थशास्त्र 2/35– ''समाहतो–चतुर्ध जनपदं विभज्य–––परिहारकमायु–युधय धन्यपशु हिरण्यगुप्न विष्टि प्रतिकर।''
19. अर्थशास्त्र, 2/72, शुल्क व्यवहारों बाह्यामाभयन्तरं चातिथ्यम्।
20. अर्थशास्त्र, 2/22, निष्क्राम्य प्रवेश्यं च शुल्कम्।
21. अर्थशास्त्र, दशभाग : पंचदशभागों वा।
22. अर्थशास्त्र, 3/11, सपादपणा धमर्यामासवृद्धिः पणतशतस्य।
23. मनृस्मृति, 8/140, अशीतिभभागं गृहीयान्मासाद्वार्धुषिकः शते।
24. अर्थशास्त्र, 3/11.
25. अर्थशास्त्र, 3/11, धान्यवृद्धिः सस्य निष्पातावुपार्धा, परं मूल्यकृतावर्धेत।
26. अर्थशास्त्र, 3/11.
27. अर्थशास्त्र, 2/2.
28. मेगस्थनीज, प्रथम बुक, खण्ड 1.
29. अर्थशास्त्र, 2/12.
30. अर्थशास्त्र, 2/22/7.
31. अर्थशास्त्र, 2/12/8.
32. नन्द मौर्य युगीन भारत, पृ. 312.
33. अर्थशास्त्र, 2/16, नदीपथे च विज्ञाय व्यवहारं चरित्रता।
34. थापर, रोमिला, वही, पृ. 82.
35. अर्थशास्त्र, 2/8.
36. अर्थशास्त्र, 7/12/3.
37. अर्थशास्त्र, 7/12/4.
38. रीजडेविड्स : बुद्धिस्ट इण्डिया, पृ. 103– नन्द मौर्य युगीन भारत, पृ. 305–306.
39. देखिये मुखर्जी आर.के., चन्द्रगुप्त मौर्य और उसका काल, पृ. 248.
40. थापर, रोमिला, वही, 85.
41. गुप्त, वही पृ. 16, द्वितीय शिला. लेख पंथेसू कूपा च खाना पिता व्रछा च रोपा।
42. अर्थशास्त्र, 2/28.
43. प्लिनी, 6.
44. वारमिंग्टन : द कॉमर्स बिटविन द रोमन एम्पायर एण्ड इण्डिया, पृ. 180–200. थापर, वही, पृ. 90 से उद्घृत।
45. कोसंबी डी.डी., वही, पृ. 206.
46. थापर, रोमिला, वही, पृ. 96.

30 मौर्य कला
(Mauryan Art)

कला मानव जाति की भावनाओं की अभिव्यक्ति का माध्यम है। इसे समाज के सांस्कृतिक विकास की कसौटी भी कहा गया है अर्थात् किसी भी सभ्यता के सांस्कृतिक विकास का दर्शन उसकी कला में किया जा सकता है। प्राचीन कला के अध्ययन के सन्दर्भ में पत्थर कला का महत्व इसलिए बढ़ जाता है कि इसके अवशेष लम्बी अवधि तक बने रहते हैं, जिससे तत्कालीन कला के इतिहास का पुनर्निर्माण सम्भव होता है।

एक राष्ट्र में शान्ति एवं जनता के सुखमय वैभवपूर्ण जीवन को कला एवं साहित्यिक विकास के लिए उपयुक्त माना गया है। हम इस काल में दोनों क्षेत्रों में अद्भुत उन्नति पाते हैं। कुछ दृष्टियों से तो यह भी कहा जा सकता है कि इस काल में भारत कला क्षेत्र में अपनी चरम सीमा तक पहुँच गया था।[1] कुमारस्वामी मौर्यकालीन कला को दो वर्गों में विभाजित करते हैं– **दरबारी कला** और **लोकप्रिय कला**।[2] दरबारी कला स्तम्भों और उनके शीर्षों में अभिव्यक्त हुई। अभिलेख पुण्य स्थलों में या नगरों के निकट स्थापित किए गए। सबसे अधिक बहुलता से प्राप्त अवशेष स्तम्भों के पशु शीर्ष हैं। स्तम्भ सामान्यतः एक प्रस्तर खण्ड से काटा जाता है। दरबारी एवं लोक कला के अध्ययन से पूर्व पाटलिपुत्र के स्थापत्य की संक्षिप्त जानकारी उचित होगी, फाह्यान ने पाटलिपुत्र के राजप्रसाद का विवरण दिया था।

पाटलिपुत्र का राजप्रासाद क्रुमहार पाटलिपुत्र के बारे में सर्वाधिक जानकारी स्ट्रेबो के विवरण से मिलती है। उसने लिखा है कि, पाटलिपुत्र (पोलिबोथ्रा) गंगा एंव सोन इरन्नाबोआस नदियों के संगम पर स्थित था। नगर की लम्बाई 80 स्टेडिया (साढे नौ मील) तथा चौड़ाई 15 स्टेडिया (पौने दो मील) थी। इसके चारों ओर लगभग 700 फीट चौड़ी खाई थी। नगर के चारों ओर लकड़ी की दीवार बनी हुई थी जिसमें बाण छोड़ने के सुराख बनाये गये थे। इसमें 64 द्वार एवं 570 बुर्ज थे। एक बड़े पार्क के मध्य राजप्रासाद स्थित था। पटना के समीप बुलन्दीबाग एवं कुम्रहार में किये गये उत्खनन में लकड़ी के विशाल भवनों के अवशेष मिले हैं। स्पूनर द्वारा इसे प्रकाश में लाया गया। लगभग 450 फीट लम्बे परकोटे को दोनों ओर लकड़ी के लट्ठों से जोड़ा गया। कुम्रहार से प्राप्त अवशेषों से भवन समूह का अनुमान लगाया जा सकता है। विद्वानों की मान्यता है कि यही चंद्रगुप्त मौर्य का सभाभवन था, जिसे ऐतिहासिक काल का पहला सभा भवन घोषित किया जा सकता है। मण्डप के मुख्य भाग में दस–दस स्तंभों की आठ कतारें पूर्व से पश्चिम की ओर देखी गई हैं। पूरब के दो स्तंभ खण्डित हैं। अशोक के स्तंभों जैसा एक स्तंभ पूर्ण अवस्था में भी मिला है।

इस राजप्रासाद को फाह्यान ने पांचवीं शती के प्रारम्भ में देखा था। उसने लिखा है, पुष्पपुर (पाटलिपुत्र) अशोक की राजधानी था। नगर में अशोक का प्रासाद और सभा भवन है ये सब देवताओं ने बनाए थे, इसे संसार के मनुष्य नहीं बना सकते। पत्थर चुनकर दीवार और द्वार बनाये गये। इनकी खुदाई और पच्चीकारी सुन्दर है। अब भी ये वैसे ही हैं जैसे बनाये गये थे।'' इलियन के अनुसार 'सूसा' एवं 'एकबतना' के राजप्रासाद पाटलिपुत्र के राजप्रासादों की बराबरी नहीं कर सकते। ए. एल.बाशम ने अदभुत भारत (पृ. 253) में लिख है, 'यह उन कलाकारों का काम है जिन्होंने बहुत कुछ फारस से तथा कुछ यूनान से सीखा था'। कई विद्वान बासम के मत से सहमत नहीं हैं।

स्तम्भ फाह्यान (399–413 ई.) ने अशोक के छः स्तम्भ एवं **ह्वेनसांग** (629–645 ई.) ने बारह स्तम्भों को देखा था। किन्तु उनमें से कुछ स्तम्भ नष्ट हो गए हैं। ये स्तम्भ संकिसा, निग्लीव, लुम्बिनी, सारनाथ, बसरा–बखिरा (वैशाली), साँची, रामपुरवा, कोसम, प्रयाग, लोरिया–अरराज, मेरठ, लौरियानन्दगढ[3], टोपरा, एरण आदि स्थानों से प्राप्त हुए हैं। इनकी संख्या बीस से अधिक कही गई है। इन्हें चुनार (बनारस के निकट) के बलुआ पत्थर से गढ़ा गया। चुनार की खानों से प्राप्त पाण्डुरंग के सूक्ष्म दानेदार कड़े पत्थर पर अधिकांशतः छोटी–छोटी काली चित्तियाँ हैं।

इनमें से प्रत्येक स्तम्भ के मूलतः दो भाग हैं– स्थूण एवं शीर्ष। स्थूण, एक पत्थर के टुकड़े (एक प्रास्तरिक) के बने हुए हैं और उन पर ऐसी सुन्दर ओप (चमक) है कि आज भी लोगों को उसके धातु के बने होने का भ्रम होता है।[4] मौर्यकालीन स्तम्भों को कला मर्मज्ञों ने एकाश्म (एक पत्थर से निर्मित) कहा है, परन्तु इन्हें दो भागों में विभक्त किया जा सकता है। नीचे की 'लाट' (यष्टि) एवं ऊपरी भाग को 'शीर्ष', जो लाट की चोटी पर स्थापित रहता है। लाट एक शुंडाकार दण्ड है जिसकी

लम्बाई चालीस से पचास फीट तक है। शीर्ष को कला की दृष्टि से कई भागों में विभक्त किया जा सकता है। सबसे नीचे रस्सी की आकृति को 'मेखला' (मेकला) कहा गया। इस पर उल्टे कमल की आकृति (या घंटाकृति-**Bell capital**), जिसे 'पूर्ण कुंभ' भी कहा जाता है। घंटाकृति पर गोलाकार चौकी (चा चौकोर चौकी) आधार पीठिका की संज्ञा दी गई। जिस पर पशु आकृति को स्थापित किया गया। कुछ स्थलों पर पशु आकृतियों पर धर्मचक्र स्थापित हैं।

प्रायः इन स्तम्भों की बनावट एक जैसी होते हुए भी इनके शीर्ष पर कई पशु आकृतियाँ स्थापित की गई हैं, जैसे– अश्व, सिंह, वृषभ, हस्ति आदि। ऐरण एवं ग्वालियर से प्राप्त स्तम्भ ताड़ वृक्ष की आकृति के हैं। दूसरा अन्तर चौकी पर उत्कीर्ण विषय पर देखा जा सकता है। सारनाथ से प्राप्त शीर्ष–चौकी पर चारों ओर चार चक्र एवं उनके मध्य अश्व, सिंह, वृषभ, हस्ति अंकित किए गए हैं। इसके अतिरिक्त प्रारम्भिक स्तम्भों बसरा बखिरा की पीठिका पर दाना चुगते हंस अथवा ताड़पत्र अंकित हैं। सारनाथ के अतिरिक्त सभी स्तम्भों पर एक पशु की आकृति स्थित है किन्तु सारनाथ स्तम्भ में चार सिंह पीठ से पीठ सटाए बनाए गए हैं।

तकनीक की दृष्टि से सभी स्तम्भों की बनावट काष्ठानुकर्णित (लकड़ी की तकनीक) है। लाट पर शीर्ष को कील एवं चूल पद्धति से धातु कीलों के माध्यम से जोड़ किया है। स्तम्भ की लाट एवं पीठिका पर चार छिद्र करके कीलों से ऊपरी शीर्ष को मजबूत किया जाता था। सभी स्तम्भ एक प्रकार की प्रभा या चमक से युक्त है। इनकी प्रभा का अनुमान इससे किया जा सकता है कि अपनी आकृति तक इनमें देखी जा सकती है। बलुआ पत्थर पर सरलता से चमक लाना सम्भव नहीं होता। इस दृष्टि से इन पर प्रभा उत्पन्न करना मौर्य कला की अपनी अनुपम देन है। अनुवर्ती युगों की भारतीय कला में ऐसी चमक नहीं देखी जाती अर्थात् इस कला का यह एक विशिष्ट लक्षण रहा है। लाट की प्रभा के अतिरिक्त पशुओं की आकृति में गति सजीवता एवं लालित्य भी उल्लेखनीय है।

बखिरा (बसाढ़ या वैशाली) का सिंह कालक्रम एवं विकास की दृष्टि से प्रारम्भिक अवस्था का माना गया है। विद्वानों की मान्यता है कि बखिरा का स्तम्भ बिम्बिसार ने निर्मित करवाया होगा एवं अशोक ने उस पर अपनी आज्ञाएँ उत्कीर्ण करवाई। यद्यपि इन स्तम्भों पर तिथि अंकित नहीं है तथापि बखिरा स्तम्भ पर स्थापित सिंह प्रतिमा प्रारम्भिक या आदिम प्रतीत होती है। इसकी पीठिका गोलाकार न होकर वर्गाकार है तथा सिंह प्रतिमा का कुछ भाग पीठिका से बाहर निकला हुआ है, जो इस तथ्य का द्योतक है कि कलाकार प्रतिमा संयोजन कला से पूर्ण भिज्ञ नहीं था। सिंह मूर्ति बेडौल, अपरिष्कृत तथा निष्पादन में अपरिपक्व है। सिर के बालों एवं रेखाओं में प्रवाह कम है तथा केश गुच्छों का विन्यास अनगढ़ है। मुखाकृति ओजहीन, असंगत तथा पुराने ढंग की प्रतीत होती है अर्थात् कला में प्रौढ़ता का अभाव है।[5]

धौली का पत्थर का हाथी हस्ति अपेक्षाकृत सुडौल और कला की दृष्टि से प्रौढ़ है। इसे पशु शीर्षों की परम्परा से अलग माना गया है। हस्ति की छवि का अंकन एवं रूपांकन विशिष्ट प्रकार का है एवं उसकी रेखाओं का प्रवाह सुन्दर है। इसमें आकार की विशालता के साथ उसकी छवि में कल्पना का भाव है। उसकी शान्तिपूर्ण गरिमा अपूर्व है। कुछ विद्वानों की मान्यता है कि इसका निर्माण सम्भवतः स्थानीय कलाकारों की देन है। इनकी रचना उन कलाकारों द्वारा नहीं की गई जिन्होंने अशोककालीन अन्य पशु शीर्षों को बनाया था। कहा गया है कि चट्टान से उभरती हुई हाथी की मूर्ति अत्यन्त चित्ताकर्षक है और शायद इसका उद्देश्य निकटवर्ती अभिलेख की ओर ध्यान आकर्षित करना था।[6]

संकिसा (फर्रुखाबाद जिला) की गजमूर्ति में भी सन्तुलन का अभाव है अर्थात् स्तम्भ की ऊँचाई की दृष्टि से हाथी अत्यन्त लघु है जो प्रारम्भिक अवस्था को दर्शाता है। गज के शरीर का भाग बोझिल होने के कारण झुकाव आ गया है तथा अगले पैर स्तम्भ की सी बनावट के हैं। उसका विशाल एवं थुलथुल शरीर जो जड़ प्रतीत होता है। चौकी की बनावट और मुड़ी पत्तियों वाला पदम अधिक विकसित और सुन्दर है।[7] चीनी यात्री ह्वेनसांग ने संकिसा को कपित्थ कहा। यहां से हर्ष का दानपत्र मिला, जो शासन व्यवस्था को दर्शाता है।

लौरियानन्दगढ़ (चम्पारण–बिहार) की सिंह मूर्ति में बखिरा सिंह मूर्ति की अपेक्षा अधिक दृढ़ता है। मांसपेशियों एवं शिराओं का सफल चित्रण हुआ है। विद्वानों ने लौरिया स्तम्भ को सर्वोत्तम नमूनों में से एक माना है। स्मिथ[8] ने उल्लेख किया है, इसका स्थूण (लाट) ओपदार बलुए पत्थर का 32 फीट एवं 9.5 इंच ऊँचा है, इसके सबसे नीचे का व्यास 35.5 इंच है जो धीरे–धीरे घटता हुआ सिरे पर जाकर केवल 22.5 इंच रह गया है। इस अनुपात के कारण अशोक के स्तम्भों में वह सबसे भव्य लगता है। यद्यपि पशु आकृति का स्तम्भ के अन्य अवयवों से तालमेल नहीं देखा जाता। किन्तु आकृति और निष्पत्ति की दृष्टि से परम्पराओं का पालन ठीक से हुआ है।

रामपुरवा (पश्चिम चम्पारण), 1878 ई. में कार्लाइल द्वारा खोजा गया प्राप्त दो वृषभ एवं सिंह शीर्षों में बसरा–बखिरा आदि स्तम्भों से अधिक विकास दृष्टिगोचर होता है। वृषभ की मूर्ति में गति सजीवता एवं लालित्य प्रतिलक्षित होता है। पीठिका एवं उस पर अवस्थित मूर्ति स्थापन में भी पूर्ण संयोजन है। यद्यपि 'शीर्ष' स्तम्भ ऊँचाई की दृष्टि से छोटा है, किन्तु इसमें कला के क्रमिक विकास के चिन्ह स्पष्ट प्रतिबिम्बित होते हैं। रामपुरवा के सिंह शीर्ष स्तम्भ की मूर्ति में सामान्य निखार रेखाओं का प्रवाह और आकृति की कल्पना लौरियानन्दनगढ़ की सिंह मूर्ति की तुलना में अधिक प्रभावी है। पुठ्ठों एवं मांसपेशियों के निरूपण में प्रगति देखी जाती है। इस मूर्ति को कला की दृष्टि से उत्कृष्ट कहा गया है। इस तरह रामपुरवा के वृषभ एवं सिंह कला के अनुपम प्रतीक हैं। रामपुरवा सिंह को तो कुछ लोग सारनाथ के सिंहों से भी अधिक लययुक्त मानते हैं।[9]

साँची (मध्य प्रदेश) सिंह शीर्ष में भी सारनाथ की भाँति चार पशु पीठ सटाए बैठे हैं एवं गोल अण्ड पर चुगते हंसों की पंक्ति रामपुरवा शीर्षक की भाँति उत्कीर्ण है। साँची का अंकन अधिक रूढ़िग्रस्त है, संभवत यह सारनाथ से परवर्ती रचना है। बाद के कालों में स्तम्भ निर्माण की परम्परा तो रही लेकिन न तो उनकी बनावट में कल्पना एवं सजीवता है एवं न ही परिष्कार। इन स्तम्भों की शैली एक जैसी होने के कारण यह विश्वास किया जाता है कि इनका निर्माण एक ही वर्ग के कलाकारों ने किया। सम्भवतः इन्हें एक ही स्थान पर निर्मित कर इनके मूल स्थान पर पहुँचाया गया होगा, क्योंकि परवर्ती काल में यह कला इतनी प्रचलित नहीं रही। साँची शीर्ष में ओज का प्रदर्शन एवं रूपांकन (डिजाइनिंग) सारनाथ के अनुसार हुआ है।

सारनाथ स्तंभ शीर्ष (Lion Capital) सम्राट अशोक (269–232 ई.पू.) द्वारा स्थापित एक ही स्तंभ 15.25 मीटर ऊँचा, चुनार के बलुवा पत्थर से निर्मित बेलनाकार रुप में है। नीचे का व्यास 0.71 मीटर एवं 0.56 मीटर ऊपर की ओर है। सारनाथ (बनारस) संग्रहालय में सुरक्षित है। इस पर तीन अभिलेख–ब्राह्मी में अशोक का बौद्ध भिक्षु भिक्षुणियों विघटन प्रवृत्ति पर चेतावनी, दूसरे कौशाम्बी शासक अश्वघोष के चालीसवें वर्ष का जिक्र तथा तीसरे, गुप्तकालीन ब्राह्मी में सम्मितियां सम्प्रदाय व वास्ती पुत्रक शिक्षक का उल्लेख है। अशोककालीन सारे स्तम्भों में सारनाथ शीर्ष सबसे भव्य है एवं अब तक भारत में उपलब्ध मूर्तिकलाओं में सर्वोत्तम नमूना है। स्मिथ ने लिखा है कि किसी देश में इस सुन्दर कलाकृति से बढ़कर अथवा उसके समान प्राचीन पशु मूर्ति का नमूना खोज निकालना कठिन है। इसमें वास्तविक बनावट के साथ–साथ आदर्श प्रतिष्ठित है और वह बनावट में प्रत्येक दृष्टि से और पूर्णतया सूक्ष्म है।[10] जॉन मार्शल की दृष्टि में सारनाथ स्तम्भ शीर्ष यद्यपि अद्वितीय तो नहीं है तथापि ई. पू. तीसरी शताब्दी में कला के क्षेत्र में संसार में सर्वाधिक विकसित कला की देन है।[11]

शीर्ष सात फीट ऊँचा है इसके ऊपर चार भव्य सिंह पीठ से पीठ सटाए गोल पीठिका पर बैठे हैं, इनके बीच एक बड़ा पत्थर का चक्र 'धर्मचक्र' का प्रतीक था। चक्र में सम्भवतः 32 तीलियाँ (Spokes) थीं। सिंहों के नीचे चार छोटे–छोटे चक्र हैं जिनमें 24–24 तीलियाँ हैं। पीठिका पर सिंह, हस्ति, वृष एवं अश्व चार चक्रों के बीच उत्कीर्ण हैं। शीर्ष की पीठिका सुन्दर रूप से बनी हुई और सिंह तथा अन्य पशु आकृतियाँ अद्भुत रूप से सजीव लगती हैं तथा उनका गठन हर तरह से पूर्ण है।[12]

सारनाथ स्तम्भ शीर्ष वर्तमान में मूल रूप में सारनाथ संग्रहालय में सुरक्षित है। सारनाथ सिंह के पैरों की उभरी हुई शिराओं में जैसी स्वाभाविकता है और उनके नीचे उकेरी आकृतियों में जो प्राणवान वास्तविकता है वह अपने आप में अनुपम है। सिंह का खुला मुख एवं नेत्र भय का आभास न देकर शांति एवं गौरव के परिचायक हैं। सारनाथ स्तम्भ की सुन्दरता की चर्चा करते हुए राय ने लिखा है– सारनाथ का यह स्तम्भ सर्वांग सुन्दर है। इसकी रेखाओं में अध से इति तक प्रवाह है। यष्टि (डंडा या शाखा) से ऊपर के पूरे भाग का स्वरूप चिरस्थायी रचना के रूप में इतना परिस्फूट हो जाता है कि मौर्य स्तम्भ अपना विशिष्ट प्रभाव छोड़ जाते हैं। इनकी यष्टि और चोटी के निर्माण में प्रांजलता (स्पष्टता) है, सौंदर्य है और इनके ऊपर का पशु कितना सजीव और गरिमामय है। सच तो यह है कि विश्वभर में स्वतंत्र रूप से जितने भी स्तम्भ बने हैं उनमें कहीं भी इस कृति का कोई जोड़ नहीं है।[12A]

स्तम्भों की स्थापना का समय निर्धारण के क्रम में राय ने अन्यत्र लिखा है सारनाथ का स्तम्भ अठ्ठाईसवें वर्ष से पूर्व न लगा होगा, क्योंकि इस पर जो आदेश लेख खुदा है, वह अन्य किसी स्तम्भ पर नहीं मिलता। चाहे जो भी हो, सभी विद्वान् इन बात पर एकमत हैं कि यह स्तम्भ अशोक के अंतिम राज्य वर्षों का है।

पाश्चात्य अवधारणा इस शीर्ष की कल्पना का मूल क्या था, अनेक विद्वानों द्वारा विविध विचार रखे गए हैं। फूसे ने बुद्ध के जीवन को चार घटनाओं से सम्बद्ध किया है। वृष जन्म, हाथी अविक्रान्ति (कहा जाता है माया देवी ने गर्भावस्था में स्वप्न में श्वेत हाथी देखा था)। अश्व महाभिनिष्क्रमण तथा सिंह शाक्य सिंह के रूप में स्वयं बुद्ध के लिए प्रयुक्त हुआ है।[13]

पर्सी ब्राउन ने हाथी का पूर्व, वृषभ को पश्चिम, सिंह को उत्तर एवं अश्व को दक्षिण दिशा से सम्बद्ध किया है।[14] स्मिथ के अनुसार पत्थर का सामान्य उपयोग उत्तरी भारत में भवन, स्तम्भ आदि के निर्माण हेतु अशोक के काल में किया जाने लगा। उस समय भारतीय कलाकार पर्सियन एवं ग्रीक कलाओं से प्रभावित हुए। स्तम्भों पर प्रतिष्ठित पशुओं की आकृतियों में भी यूनानी कला का प्रभाव देखा जा सकता है।[15] रोमिला थापर ने ह्वीलर को उद्धृत करते हुए लिखा है कि राज्य द्वारा नियुक्त शिल्पकार वे बेराजगार ईरानी शिल्पकार थे जो भारत में बस गए थे। यह तर्कसंगत है, क्योंकि पश्चिमी और उत्तर पश्चिमी प्रान्तों में मौर्यों द्वारा ईरानी या ईरानी मूल के भारतीय नियुक्त किए जाते थे। उदाहरण के लिए गवर्नर तुषास्प।[16] स्मिथ ने एक अन्य ग्रन्थ में स्वीकार किया है कि सारनाथ का सिंह शीर्ष सम्भवतः विदेशी कलाकारों की कृति रहा हो, क्योंकि एक सदी बाद जब वैसी ही मूर्ति साँची के दक्षिणी तोरण द्वार पर निर्मित की गई तो कलाकार को सफलता नहीं मिली।[17] **ह्वीलर** ने मार्शल के मत का समर्थन किया है, उनकी मान्यता है कि अशोक द्वारा नियुक्त शिल्पकार वे बेरोजगार ईरानी शिल्पकार थे जो भारत में आकर बस गए थे।[18]

मार्शल की धारणा है कि सारनाथ शीर्ष विदेशी कलाकारों की देन थी। साँची के सिंह शीर्ष के निर्माण में उतनी सफलता नहीं मिली जैसी सारनाथ में। अतः इसमें सन्देह है कि दोनों एक ही कलाकार की कृतियाँ हैं।[19]

भारतीय अवधारणा वासुदेव शरण अग्रवाल मार्शल, प्रजुलिस्की आदि के मत से सहमत नहीं है। उनकी मान्यता है कि बखिरा स्तम्भ बिम्बिसार द्वारा निर्मित माना गया है। इस पर स्थापित सिंह मूर्ति प्रारम्भिक प्रतीत होती है। इसी प्रकार संकिसा में संतुलन का अभाव है। स्तम्भ की ऊँचाई से हस्ति का लघु रूप प्रारम्भिक अवस्था का द्योतक है। रामपुरवा के वृषभ एवं सिंह विकसित अवस्था को दर्शाते हैं। सारनाथ में इस कला के विकास के चर्मोत्कर्ष के दर्शन होते हैं, अर्थात् इस कला का विकास क्रमिक रूप से हुआ। अग्रवाल[20] की धारणा है कि विद्वानों के इस मत का सर्मथन नहीं किया जा सकता कि ईरानी सम्राटों ने ही सर्वप्रथम स्तम्भों पर अपनी आज्ञाएँ उत्कीर्ण करवाई थीं और भारतीय कला का विकास उसी परम्परा में हुआ।

मौर्य स्तम्भों पर पाई जाने वाली चमकीली पॉलिश भी ईरानी स्तम्भों में नहीं मिलती। अतः मौर्यकला का उद्भव ईरानी स्तम्भों में ढूँढ़ना उचित नहीं है। वासुदेव शरण अग्रवाल के अनुसार पाटलिपुत्र से प्राप्त दो यक्ष एवं दीदारगंज की यक्षिणी में भी यही पॉलिश देखी जाती है।

अग्रवाल ने प्रतीकों का सम्बन्ध भी भारतीय परम्परा से जोड़ा है। सारनाथ के धर्मचक्र की कल्पना नितान्त भारतीय है। स्तम्भ पर स्थापित धर्मचक्र–धार्मिक विश्वास, चार सिंह–दुर्धर्ष (प्रबल) शक्ति, पीठिका के चार छोटे चक्र एवं पशु विविध समाज तथा उसकी एकता के द्योतक हैं और उनके पशु, समाज के वर्ण तथा चक्र एवं धर्म को इंगित करते हैं।

वासुदेव अग्रवाल ने पूर्णघट को मंगल का प्रतीक माना है। इतना ही नहीं ईरानी स्तम्भों एवं मौर्य स्तम्भों में स्पष्ट भेद दिखाई देता है।

(1) ईरानी स्तम्भ नालीदार हैं जबकि भारतीय स्तम्भ चिकने और सपाट हैं। मौर्य स्तम्भ एक ही प्रस्तर से निर्मित किए गए हैं जबकि ईरानी स्तम्भ अनेक मण्डलाकार टुकड़ों एवं गोल–चकरियों को जोड़कर बनाए गए हैं एवं ये स्तम्भ किसी भवन के अंग हैं जो छत को सहारा देने के लिए स्थापित किए हैं। परन्तु अशोककालीन स्तम्भ खुले आकाश में स्वतंत्र रूप से स्थापित किए गए हैं।

(2) भारतीय स्तम्भ नीचे से मोटे एवं ऊपर की ओर तनु हैं जबकि ईरानी स्तम्भ बेलनाकार हैं। मौर्य स्तम्भ भूमि से निकलते हुए हैं दूसरी ओर ईरानी स्तम्भ एक चौकी पर बने हुए हैं।

(3) भारतीय स्तम्भों पर एक पशु वृषभ, हस्ति या सिंह अथवा चार सिंह पीठ से पीठ सटाए बैठे हैं, ईरानी स्तम्भों पर दो पशु देखे जाते हैं।

(4) अशोककालीन स्तम्भों को पाँच भागों में विभक्त किया जा सकता है– सह–पृष्ठ चार सिंह, चार चक्र और चार पशु, गोलाकार पीठिका, पदमपत्रयुक्त पूर्ण घट, ऊर्ध्वयष्टि जो ईरानी स्तम्भों में नहीं देखी जाती।

(5) भारतीय स्तम्भों के निर्माण की तकनीक भी काष्ठानुकृत (लकड़ी पर आधारित) है। यष्टि से शीर्ष कील–चूल पद्धति से जोड़ा गया है। सारनाथ में उपलब्ध चक्र भी ईरानी स्तम्भों का अंग नहीं रहा।

स्मिथ के इस मत से भी सहमति प्रकट नहीं की जा सकती कि एक सदी बाद साँची के दक्षिणी तोरण द्वार पर वैसी ही मूर्ति बनाई गई किन्तु उसमें सफलता नहीं मिली। स्वतंत्रतापूर्वक भारतीय कलाकार वैसी कृति बनाने में असफल रहे। दरअसल सारनाथ शीर्ष स्थापना का उद्देश्य उस पर साम्राज्यिक संदेश अंकित करना था और ऐसे स्तम्भ को विशेष महत्व दिया जाना स्वाभाविक था। अतः सारनाथ सिंह की रचना उसकी भव्यता के अनुकूल की गई, जबकि साँची की मूर्ति एक स्मारक का भाग थी जो श्रद्धांजलि अर्पित करने के उद्देश्य से निर्मित की गई थी। उपरोक्त तथ्यों के आधार पर स्मिथ, मार्शल एवं प्रजुलिस्की के मतों का समर्थन नहीं किया जा सकता। निष्कर्षतः कहा जा सकता है कि सारनाथ सिंह शीर्ष भारतीय कलाकारों के सतत् परिश्रम एवं परिष्कृत कला का अनुपम उदाहरण है। सारनाथ स्तंभ शीर्ष को भारत के राजचिन्ह के रूप में अपनाया गया है।

मौर्ययुगीन स्तूप अशोक ने स्तूप निर्माण की परम्परा को भी प्रोत्साहित किया। अशोक ने बड़ी संख्या में स्तूपों का निर्माण करवाया होगा। साँची तथा भरहुत स्तूपों का निर्माण मूल रूप में अशोक ने ही करवाया था एवं शुंगों के समय में साँची स्तूप का विस्तार हुआ। अतः अशोक के योगदान को जान सकना संभव नहीं है। स्तूप (पालि में थूप) का अभिप्राय चिता पर निर्मित टीला होता है जो प्रारम्भ में मिट्टी का बनाया जाता था, अतः स्तूप की दूसरी संज्ञा चैत्य हुई। स्तूप शब्द का उल्लेख ऋग्वेद[21] में मिलता है। महापरिनिर्वाणसुत्त में जिक्र आया है कि बुद्ध ने अपने प्रिय शिष्य आनन्द से कहा था, ''मेरी मृत्यु के पश्चात् मेरे अवशेषों पर उसी प्रकार का स्तूप बनाया जाए जिस प्रकार चक्रवर्ती राजाओं के अवशेषों पर बनते हैं।''[22]

साधारणतः स्तूप का सम्बन्ध बौद्ध मत से रहा है। अंगुत्तर निकाय (1/117) तथा **मज्झिमनिकाय**[23] में स्तूप शब्द का अधिकतर प्रयोग हुआ। अशोक से पूर्व के कोई स्तूप अवशेष नहीं मिले हैं। **ह्वेनसांग** ने सातवीं शताब्दी में अफगानिस्तान एवं भारत के विभिन्न भागों में अशोक द्वारा निर्मित स्तूप होने का उल्लेख किया है। उसके विवरण से ज्ञात होता है कि ये स्तूप तक्षशिला, श्रीनगर, थानेश्वर, मथुरा, कन्नौज, अयोध्या, प्रयाग, कौशाम्बी, श्रावस्ती, कपिलवस्तु, कुशीनगर, वैशाली, गया, बनारस आदि नगरों में विद्यमान थे। इनकी ऊँचाई 300 फीट तक थी। पिपरहवा (बस्ती जिला) नामक स्थान से अशोक के एक स्तूप के भग्नावशेष मिले हैं। सारनाथ में अशोककालीन धर्म राजिका स्तूप का निचला भाग इस समय भी विद्यमान है। तक्षशिला में एक स्तूप अशोक द्वारा निर्मित माना जाता है, जिसके अवशेष अब भी उपलब्ध हैं।

पिपरहवा धातु मंजूषा लेख–यहाँ पिपरहवा लेख का जिक्र जरुरी है। उत्खनन में धातु मंजूषा जिस पर प्राकृत भाषा मौर्यकालीन ब्राह्मी लिपि में तीसरी सदी ई.पू. का लेख अंकित है। मंजूषा में अस्थि अवशेष रखे गये थे।

जॉन मार्शल ने उल्लेख किया है कि, अशोककालीन साँची स्तूप का आकार वर्तमान स्तूपों के आकार का आधा था। इसका व्यास 70 फीट और ऊँचाई 35 फीट थी। ईंटों से निर्मित अर्द्ध–गोलाकार, उठी हुई मेधी, चतुर्दिक काष्ठ वेदिका (Railing) तथा स्तूप की चोटी पर पत्थर का छत्र लगा था।[24] आगे जाकर शुंग काल में जहाँ स्तूप वास्तुकला की आधारशिला निश्चित हुई, वहाँ अशोक के बाद इस प्रकार के स्तूपों को न केवल पत्थर शिलाओं से ढका जाने लगा था बल्कि काष्ठ वेदिका के स्थान पर प्रस्तर वेदिका लगाकर 'तोरण द्वारों' का संयोजन किया जाने लगा। स्तूप शीर्ष पर हर्मिका (हरमिका) बनाकर मध्य में छत्रावली स्थापित की जाती थी। मौर्य के बाद में स्तूप–**वेदिका**, **अण्ड**, **हरमिका** एवं **छत्रावली** से युक्त थे जिन्हें बुद्ध या जिन के अवशेषों पर निर्मित किया गया। वासुदेव उपाध्याय ने लिखा है कि बौद्ध युग में स्तूप को ईंट पत्थर के सहारे तैयार करने लगे। उस अर्द्ध–गोलाकार स्तूप के सिरे पर चौकोर घेरा तैयार दिखाई पड़ता है, जिसे हरमिका का नाम दिया गया। उसी में धातु गर्भ स्थित किया जाता है। हरमिका के केन्द्र में छत्रयष्टि स्थिर की जाती है और यष्टि के सिरे पर तीन छत्र (एक के बाद दूसरा एवं तीसरा) निर्मित रहते हैं।[25]

गुहावास्तु अशोक ने वास्तुकला के इतिहास में चट्टानों को काटकर कंदराओं के निर्माण द्वारा एक नई शैली का प्रारम्भ किया। गया के निकट बराबर की पहाड़ियों में अशोक ने अपने राज्याभिषेक के बारहवें एवं उन्नीसवें वर्ष में सुदामा गुहा एवं कर्ण चौपड़ नामक गुफाएँ निर्मित करवा कर आजीविकों को दान में दी थी।

सुदामा गुहा में दो प्रकोष्ठ हैं। बाहरी कक्ष 32.9 फीट लम्बा एवं 19.5 फीट चौड़ा है। इसके पीछे 19.1 × 19 का कक्ष है। एक कक्ष गोल व्यास का है, जिसकी छत अर्द्ध–वृत्त है। प्रकोष्ठ का बाह्य मुखमण्डप आयाताकार और छत की गोलाई लिए हुए है, छत तथा भित्ति पर शीशे जैसी चमकती पॉलिश भी है। इसका विकास आगे चलकर महाराष्ट्र के भाजा, कन्हेरी और कार्ले चैत्य गृहों में भी देखा जाता है।

बराबर गुफायें (बराबर या खलटिक पर्वत गुहा)–अशोक के पौत्र दशरथ ने भी बराबर एवं नागार्जुन पहाड़ियों पर आजीवकों के आवास हेतु गुहाएं बनवाई थीं। नागार्जुन पहाड़ियों में तीन गुहाओं का निर्माण करवाया, जो **वहियक**, **गोपिका** एवं **बड़थिका** नाम से पुकारी जाती हैं। इन गुहाओं के बाहर इनके निर्माण से सम्बन्धित अभिलेख मिलते हैं। इनका विन्यास सुरंग जैसा है। इसके मध्य में ढोलाकार छत और दोनों सिरों पर गोल मण्डप हैं, जिनमें से एक को गर्भगृह एवं दूसरे को मुखमण्डप की संज्ञा दी जा सकती है। इनमें स्तम्भों का अभाव है, अतः वास्तुकला की दृष्टि से इनका अधिक महत्व नहीं है।

I. **लोमश ऋषि** : दशरथ के समय निर्मित गुहाओं में लोमश ऋषि गुहा भी उल्लेखनीय है। यह बराबर पहाड़ी समूह की सबसे प्रसिद्ध गुफा है, जिसका वास्तु–विन्यास सुदामा गुफा के समान है। यद्यपि इसका आन्तरिक प्रकोष्ठ वर्गाकार न होकर अण्डाकार है।[26] इसका प्रवेश द्वार भव्य एवं दर्शनीय है। ऐसा लगता है जैसे भव्य राजप्रासाद का प्रवेश द्वार है। अंदर की ओर झुके हुए से स्तंभ एवं नुकीले मेहराब लकड़ी की बनावट जैसे हैं। प्रवेश द्वार पर हाथियों की सजीवता आकर्षित करती है। मेहराबों की सजीवता उल्लेखनीय है, इनकी जालियों पर सुन्दर नक्काशी का कार्य हुआ है। गुहा में कई लेख अंकित हैं। **मखदमपुर पहाड़ी गुफायें**–बिहार के जहानाबाद से 25 किमी. दूर मखदमपुर पहाड़ी गुफाओं को मानव निर्मित सबसे प्राचीनतम गुफायें माना जाता है।

II. **खपराखोड़िया** : जूनागढ में खपराखेड़िया नामक गुहाएं भी अशोक कालीन मानी जाती हैं। इसके अतिरिक्त गिरिनार पर्वत की ओर जाने वाले मार्ग पर '**दागश्वरी द्वार**' जिसे **बाबाप्यारा** नाम से जाना जाता है स्थित हैं, किन्तु इसका कलात्मक दृष्टि से कोई महत्व नहीं है। **तलाजा (तालहवज–गुजरात)** भावनगर पहाड़ी पर **तलाजा** नामक 20 से अधिक बौद्ध गुफाएं है। तीसरी से दूसरी सदी ई.पू. की इन गुफाओं एभल मंडप को पुराना माना है। जूनागढ़ खापर खोड़िया इनसे भी प्राचीन मानी गई।

लोक कला मौर्यकालीन लोक कला का ज्ञान उन महाकाय यक्ष–यक्षिणी मूर्तियों द्वारा होता है, जिनका निर्माण स्थानीय मूर्तिकारों ने किया। इसमें वे मूर्तियाँ सम्मिलित थीं, जिनकी रचना सम्राट के आदेश से नहीं की गई। बिना राज्य संरक्षण के इनका निर्माण हुआ। लोकप्रिय कला के संरक्षक स्थानीय प्रान्तपति या नागरिक थे, जिनके प्रोत्साहन से अतिमानवीय महाकाय मूर्तियाँ खुले आकाश में स्थापित की जाती थीं। इनका प्रारम्भिक रूप अलग परम्परा के अन्तर्गत पहचाना जा सकता है। इस परम्परा में राज्य द्वारा आश्रय का कोई संकेत नहीं मिलता। अतः इस परम्परा को लोकाश्रयी परम्परा कहा जा सकता है।

यक्ष–यक्षिणी जैसे देवी–देवताओं की आराधना प्राचीन काल से ही की जाती रही है। ऋग्वेद में भी 'यक्ष' शब्द रहस्य के सम्बन्ध में आया है। कहीं–कहीं प्रकाश[27] चमकने वाला, शीघ्रता से गति करने वाला और देवता के संदर्भ में प्रयुक्त हुआ है। जैन उत्तराध्ययन सूत्र में यक्ष, नाग, गन्धर्व, किन्नर, असुर, राक्षस आदि की अमानवीय शक्तियों के रूप में चर्चा मिलती है।[28]

यक्ष को प्रायः सौंदर्यवान माना है। इनका सम्बन्ध कुबेर से भी जोड़ा जाता है, जिसे धनपति या निधिपति कहा गया है।

पाणिनि (ई. पू. 450) के समय इस प्रकार की देव परम्परा का प्रचलन था। '**जीवकार्थेचापण्य सूत्र**' में कुछ ऐसे देवताओं की ओर संकेत किया गया है। सम्भवतः इस प्रकार के देवताओं की प्रतिमाएँ जीविकोपार्जन हेतु विक्रय की जाती थीं। पंतजलि ने वैदिक देवताओं से इतर लौकिक देवताओं की चर्चा

की है। लौकिक देव वर्ग में कुबेर, यक्ष, नाग, गन्धर्व आदि को सम्मिलित किया गया एवं इन्हें समृद्धि के देवता माना गया।

कहा जा सकता है कि, प्राचीन भारतीय लोक धर्म में यक्ष–पूजा व्यापक रूप से प्रचलित थी। कुमारस्वामी[29] की मान्यता है कि यक्ष पूजा पूर्व वैदिक धर्म की निरन्तरता का निरूपण करती है। यक्षों को सामान्यतः वृक्षों पर निवास करने वाला भी कहा है, इन्हें धन एवं संतान देने वाला भी माना गया।[30] कुमारस्वामी ने हेराक्लीज की मूर्ति का उल्लेख किया है, जो पुरु के सामने हाथी पर रखी हुई थी। बनर्जी के अनुसार उक्त मूर्ति निश्चय ही यक्ष की होगी, क्योंकि यक्ष परम्परा लोक जीवन में शिव परम्परा से अधिक प्रचलित थी। मौर्यकालीन यक्ष–यक्षी मूर्तियों को इस प्रकार सूचीबद्ध कर सकते है:

- मथुरा जिले के परखम ग्राम से प्राप्त यक्ष
- मथुरा जिले के बड़ोदा ग्राम से प्राप्त यक्ष
- मथुरा जिले के झींग का नगरा गांव से प्राप्त यक्षी
- भरतपुर जिले के नोह ग्राम से प्राप्त यक्ष (या जाख)
- बेसनगर (पवाया) यक्ष (ग्वालियर संग्रहालय में)
- पटना शहर में दीदारगंज से प्राप्त चामरग्राहिणी
- पटना से प्राप्त यक्ष (लेख युत्त मौर्यकालीन आभायुत्त)
- पटना से प्राप्त यक्ष मूर्ति (भारतीय संग्रहालय में सुरक्षित)
- बेसनगर की यक्षी (तेलिन नाम से प्रसिद्ध)
- वाराणसी से प्राप्त त्रिमुख यक्ष शूर्पारक (सोपारा) से प्राप्त यक्ष (राष्ट्रीय संग्रहालय)
- विदिशा में बेस–बेतवा (वेत्रवती) से प्राप्त यक्ष (वर्तमान भिलसा)
- ओडीशा–शिशुपालगढ़ यक्ष
- अहिच्छत्र फल्गु विहार से प्राप्त कुषाण कालीन यक्ष
- कुरुक्षेत्र में आमीन क्षेत्र से प्राप्त यक्ष
- दो मुही यक्ष–पटना
- महरौली से प्राप्त यक्षी

परखम एवं बरोदा यक्ष जैसा कि उपरोक्त सूचि से स्पष्ट है भारत के अनेक भागों से यक्षों की मूर्तियाँ प्राप्त हुई हैं, जिनका निर्माण मौर्य काल ई. पू. तीसरी सदी से कुषाण काल ई. पू. प्रथम सदी के मध्य हुआ। सभी विद्वानों ने एक मत से इन्हें यक्ष मूर्तियां स्वीकार किया है। अभिलिखित प्रतिमाओं में कुछ महत्वपूर्ण हैं, जिनका उल्लेख किया जाना उचित होगा। मथुरा जिले के परखम ग्राम से प्राप्त यक्ष मूर्ति को चौकी पर एक लेख 'निमद' अंकित है। इसे मणिभद्र की संज्ञा दी है। मथुरा क्षेत्र के बरोदा ग्राम से भी एक यक्ष मूर्ति मिली है। परखम एवं बरोदा से प्राप्त यक्ष मूर्तियों के मूर्ति शिल्प के विषय में कहा गया है–परखम के निकट बरोदा से प्राप्त यक्ष मूर्ति और दूसरी परखम से ही मिली यक्ष की मूर्ति बरोदा के यक्ष मूर्ति से आकार में कुछ छोटी है (दोनों मूर्तियाँ मथुरा संग्रहालय में सुरक्षित हैं) इनका शरीर तो गोलाई में गढ़ा गया है, पर पीठ सपाट है। वस्त्र और गहने शरीर के बाहर फेंके हुए हैं, इनमें वही पहले वाला ही भारीपन, पुरातनता, जड़ता और बेजान मार्दव देखने में आता है। छोटी मूर्ति पर मौर्यों के स्तम्भों जैसी ही पॉलिश भी लगी है।..... पटना के यक्षों की तुलना में परखम के यक्ष अधिक प्राचीन दिखते हैं।

परखम के यक्ष को प्रकाश में लाने का श्रेय कनिंघम को है। उन्होंने 1862 ई. में इसे खोजा था। यह आठ फीट ऊँची स्थानक मुद्रा में है। इस पर उत्कीर्ण लेख को कनिंघम ने इस प्रकार पढ़ा है, ''निविमद पुग रिना (क) तेबत सिना (गो नितक) कता। ''प्रारम्भ में उन्होंने चामर लिए देवता की मूर्ति माना था। लेख के प्रारम्भ में 'नि–भ–द' तीन अक्षर स्पष्ट हैं, जो 'मनिभद' नाम के प्रतीक हैं। प्रारम्भिक 'म' अक्षर नष्ट हो गया। अतः परखम मूर्ति को मणिभद्र यक्ष की मूर्ति मानना उचित है। रामप्रसाद चन्दा ने 1921 ई. में इस अभिलेख के आधार पर यक्ष की मूर्ति घोषित की। कुमार स्वामी, प्रारम्भ में जायसवाल के मत के समर्थक थे, उन्होंने इसे अजातशत्रु (कुणिक) की मूर्ति माना था किन्तु बाद में परखम यक्ष के लिए लिखा, ''हाल में हुई आलोचना के कारण जायसवाल के मत को मानना असम्भव है और यही कहना होगा कि परखम यक्ष की मूर्ति ई. पू. तीसरी सदी की है।''[31] वासुदेव शरण अग्रवाल भी इसे यक्ष प्रतिमा मानते हैं।[32]

बरोदा ग्राम से पण्डित राधाकृष्ण को यक्ष मूर्ति प्राप्त हुई जिसे 'जखय्या' के नाम से पूजा जाता था। कुमारस्वामी ने उसकी आदिम शैली के आधर पर इसे मौर्ययुगीन (ई. पू. तृतीय सदी) स्वीकार किया है। इस काल की अन्य यक्ष मूर्तियों में झींग का नगरा (मथुरा क्षेत्र) ग्राम के एक यक्षी की मूर्ति उपलब्ध हुई है। भरतपुर के नोह ग्राम से यक्ष जाख की मूर्ति प्राप्त हुई हैं। बेसनगर (भोपाल) से यक्षिणी एवं यक्ष मूर्तियाँ भारतीय संग्रहालय कलकत्ता में सुरक्षित है। बेसनगर यक्षी को स्थानीय लोग तेलिन कहते हैं। ग्वालियर के प्राचीन पदमावती (पवाया) से प्राप्त यक्ष मूर्ति ग्वालियर संग्रहालय में सुरक्षित है। बनारस के राजघाट से त्रिमुख यक्ष–प्रतिमा को भारतीय कला भवन में रखा गया है। पश्चिम भारत में भिलसा, अमरावती, साँची तथा भरहुत स्तूपों पर भी यक्ष एवं यक्षणियों की मूर्तियाँ उत्कीर्ण हैं, जिनका उल्लेख वासुदेव शरण अग्रवाल ने किया है।[33] इसी वर्ग में पटना शहर के दीदारगंज इलाके से प्राप्त चामरधरिणी यक्षिणी, जिस पर मौर्य शैली की चमक है, महत्वपूर्ण है। ओडीसा के शिशुपाल गढ़ से प्राप्त यक्ष मूर्तियाँ भी इसमें सम्मिलित की जा सकती हैं।[34]

इन मूर्तियों की ऊँचाई 8 फीट तक देखी गई है, आकार में भारी भरकम मांसल बलिष्ठ एवं कला की दृष्टि से अनगह (अनगढ़) एवं स्थानक मुद्रा में है। ये प्रायः गुलाबी कुछ लाल (जिस पर श्वेत एवं काली चित्तियाँ है) रंग के बलुआ पत्थर से निर्मित है। सारनाथ एवं इसके निकटवर्ती क्षेत्र में बादामी पत्थर का प्रयोग हुआ है। यक्ष मूतियों के सिर पर पगड़ी कन्धों एवं भुजाओं पर उत्तरीय, अधोवस्त्र धोती जिसे कच्छ या विकच्छ ढंग से धारण किए हुए हैं। धोती एक प्रकार के वस्त्र पट्ट (उदरपट्ट) से बँधी हुई है। ऊपरी भाग नग्न है, कभी–कभी कन्धों पर उत्तरीय दिखाई देता है। सिर पर एक गाँठ की

पगड़ी तथा कानों में भारी कुण्डल, गले में तिकोना हार (ग्रैवेयक), बाहुओं पर अंगद और उदर कुछ बढ़ा हुआ है। अधिकांश मूर्तियों के हाथ टूटे हुए हैं। कुछ विद्वान् यह मानते हैं कि दाहिना हाथ अभय मुद्रा में था।

पटना से दो यक्ष मूर्तियाँ मिली हैं। रामप्रसाद चन्दा ने सिद्ध किया कि, ये मूर्तियाँ यक्ष की हैं। कुमारस्वामी ने आर. पी. चन्दा के मत का समर्थन किया। वासुदेव शरण अग्रवाल ने इसे सर्वट नन्दी नामक यक्ष की मूर्ति माना है।

पवाया की यक्ष प्रतिमा का इतिहास एम. वी. गर्दे के नाम से सम्बन्धित है। इस पर उत्कीर्ण लेख के आधार पर जैन ग्रन्थों में वर्णित भगवान मणिभद्र की मूर्ति माना गया। महाभारत में भी मणिभद्र का उल्लेख आया है। परम्परा में मणिभद्र को कुबेर का मित्र माना गया है। इसकी बनावट परखम यक्ष के समान है। बनर्जी ने इस अभिलेख की तिथि ई. पू. प्रथम सदी स्वीकार की है। भरहुत साँची स्तूप पर उत्कीर्ण यक्ष–यक्षी प्रतिमाएँ प्रायः अपने वाहन पर आरूढ़, नमस्कार मुद्रा में प्रदर्शित की गई हैं। अभिलेख के अनुसार ये प्रतिमाएँ विरुद्धक (विढूढक), किपिट, अजकालक एवं गांगेय यक्ष–यक्षणियों की हैं। कला की दृष्टि से ये मूर्तियाँ मौर्ययुगीन मूर्तियों की अपेक्षा मानव आकृतियों से अधिक निकट हैं। इनके कानों में कुण्डल एवं अधोभाग में कच्छयुक्त धोती दर्शाई गई हैं।

दीदारगंज यक्षिणी

यक्ष–यक्षणियों की मूर्तियों में दीदारगंज (पटना) से प्राप्त यक्षिणी की मूर्ति सर्वाधिक परिष्कृत एवं उन्नत है। इसके शरीर के ऊपरी भाग में थोड़ा झुकाव है। दाहिने पैर के घुटने में झुकाव से आगे बढ़ने का भाव प्रकट होता है। कटि पतली, पीन नितंब, पैरों पर आभूषण हैं। उरोज बड़े एवं गोल हैं और गले में माला दोनों उरोजों के मध्य शोभित है। केश विन्यास सुन्दर है। कालात्मक लालित्य की दृष्टि से यह मूर्ति पूर्णता एवं जीवंतता की परिचायक है। इस प्रतिमा में शारीरिक सौष्ठव के अनुरूप स्वाभाविकता एवं यथार्थता है।[35]

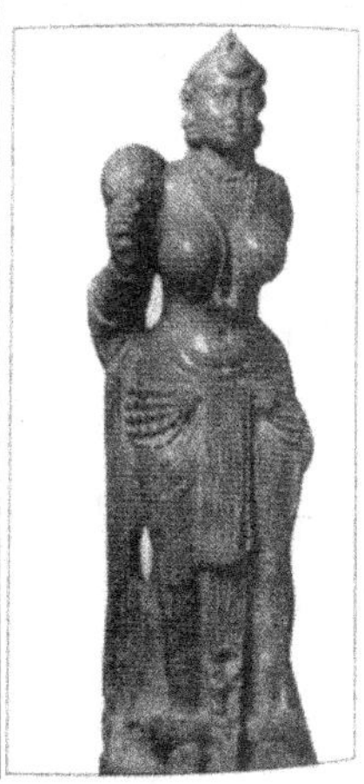

चित्र 30.1 दीदारगंज से प्राप्त चमधारिणी

दीदारगंज से प्राप्त चामरधारिणी इसकी सुन्दरता के सम्बन्ध में नीहाररंजनराय ने कहा है– इसमें एक अनुपम प्रवाह है। नितंब पीन हैं। पैरों की आकृति भी बड़ी सुन्दर है। जाँघों से नीचे की ओर से पैर पतले होते चले गए हैं। पैरों में भारी–भारी गहने बने हैं। इनकी केश रचना मनोहर है। उदर, चिबुक और आँखों की रचना विशेषकर पृष्ठ प्रदेश तो और भी सजीव है। इसमें कोई शक नहीं कि इसमें वस्त्राभरण को, विशेषतः वस्त्रों को जिस रूप में यहाँ उकेरा गया है, वह पटना के यक्षों की शैली का ही है, किन्तु केवल इसी कारण अपरिष्कृत रचना मानकर इसे भारतीय कला के उसी या प्रारम्भिक युग की रचना नहीं कह सकते। यह मूर्ति सर्वतोभद्र रूप में बनी है। यह सामने से ही देखने के लिए नहीं बनाई गई है, बल्कि इसको मूर्ति के किसी भी तरफ से देखा जा सकता है। इसमें अपरिष्कार नाम का तत्व है ही नहीं। इसके केश–पुंज भारी, पर मुलायम हैं। इसके पीन स्निग्ध पयोधरों, भरी हुई पीठ, सूक्ष्म कटि, मृदु उदर और पीन नितंबों को देखकर दूसरी शताब्दी में निर्मित मथुरा के उच्चित्रों (बेल–बूटे वाले वस्त्र) की यक्षिणियों का स्मरण हो आता है जो इनसे भी लालित्यपूर्ण और सजीव हैं।

निष्कर्ष इन यक्षिणियों की प्रतिमाएँ और भी सजीव हैं। इनकी ओढ़नी और नूपुर और भी दर्शनीय हैं। निःसन्देह मौर्यकालीन पॉलिश और चुनार के पत्थर के होते हुए भी दीदारगंज की यक्षिणी इनसे बहुत पहले की नहीं हो सकती।[36]

सन्दर्भ :

1. मजूमदार, आर. सी. : प्राचीन भारत, पृ. 205.
2. कुमारस्वामी : हिस्ट्री ऑफ इण्डियन एण्ड इण्डोनेशियन आर्ट, पृ. 16.
3. उपाध्याय, भगवतशरण : भारतीय कला का इतिहास, पृ. 46.
4. मजूमदार, वही, पृ. 206.
5. अग्रवाल, वासुदेव शरण : भारतीय कला, पृ. 109.
6. थापर, रोमिला : अशोक तथा मौर्य साम्राज्य का पतन, पृ. 302.
7. अग्रवाल, वासुदेव शरण, वही, पृ. 111.

8. स्मिथ, फाइन आर्ट, पृ. 20 एवं आगे।
9. अग्रवाल, वासुदेव शरण, वही, पृ. 111.
10. स्मिथ, वही, पृ. 60.
11. Marshall, J.H. : The Cambridge History of India, vol. 1, 1955, p. 56., "The Sarnath capital on the other hand, though by no means a masterpiece, is the product of the most developed art of which the world was cognisant in the B.C. third century ....and in the spiited realism of the reliefs below, there is not trace whatever of the limitation of primitive art."
12. पुरातत्व विभाग, वार्षिक रिपोर्ट, 1904–5, पृ. 69.
12a. नन्द मौर्य युगीन भारत, पृ. 413–14.
13. फूसे : मेम्वायर्स ऑफ आर्क्योलाइजिकल सर्वे ऑफ इण्डिया, नं. 46, पृ. 5.
14. ब्राऊन पर्सी : इण्डियन आर्किटेक्चर (बुद्धिस्ट एण्ड हिन्दू), पृ. 11.
15. स्मिथ : अशोक, पृ. 110–111.
16. थापर, रोमिला, वही, पृ. 303.
17. स्मिथ : हिस्ट्री ऑफ फाइन आर्ट इन इण्डिया एण्ड सीलान, पृ. 16.
18. ए आई, खण्ड 4, पृ. 94.
19. Marshall : The Cambridge History of India, p. 564. "The lion capital at Sanchi, on the other hand, though not quite as successful as that of Sarnath, shows so close an affinity to it that there can be little doubt that it was the handwork of one and the same artist; and the well developed modelling of the figures on the other columns of Ashoka shows that, in spite of their occasionally inferior execution, they belong to the same pereson Hellenistic group."
20. अग्रवाल, वासुदेव शरण, वही, पृ. 119–121.
21. ऋग्वेद, 7/2/1.
22. दीर्घ निकाय, 14/5/11.
23. मज्झिमनिकाय, 2/224, कसपस्य भगवतो द्वादस योजनिकानु कनक थूपिका।
24. मार्शल, जॉन : ए गाइड टु साँची, पृ. 33.
25. डॉ. उपाध्याय वासुदेव : प्राचीन भारतीय स्तूप, गुहा एवं मन्दिर (बिहार हिन्दी ग्रन्थ अकादमी, पटना), 1972, पृ. 14.
26. देखिये, द एज ऑव इम्पीरियल यूनिटी पृ. 498.
27. ऋग्वेद, 6/64/5, 'सा वह योक्षमिरवातोषो'।
28. उत्तराध्यायनसूत्र, जैनसुत्रज, भाग 2, पृ. 77, 121–122.
29. कुमारस्वामी : यक्षज, भाग 1, पृ. 36.
30. कुमारस्वामी : पृ. 32 एवं 36.
30a. नंद मौर्य युगीन भारत, पृ. 421–29.
31. कुमारस्वामी, वही.
32. अग्रवाल, वासुदेवशरण, वही, पृ. 125.
33. अग्रवाल, वही, पृ. 122–123.
34. कुमारस्वामी, वही, पृ. 125.
35. अग्रवाल, वही, पृ. 125.
36. नन्द–मौर्य–युगीन भारत, पृ. 429–30.

उत्तर मौर्यकाल
(Post Mauryan Period)

31 शुंग, इण्डो–ग्रीक एवं कण्व
(Shunga, Indo-Greek and Kanva)

जिस महत्वाकांक्षी व्यक्ति ने 184 ईसा पूर्व मे अन्तिम मौर्य शासक बृहद्रथ को समाप्त किया था, वह इतिहास में पुष्यमित्र के नाम से विख्यात है। उसने जिस नवीन राजवंश की स्थापना की, वह शुंग वंश के नाम से जाना जाता है। पुराणों में मत्स्य, वायु, हरिवंश तथा ब्राह्मण्ड से शुंगों के इतिहास की जानकारी प्राप्त होती है। बाणभट्ट के हर्षचरित, पतंजलि के महाभाष्य, गार्गी संहिता, मालविकाग्निमित्र, मेरुतुंग की थेरावली, दिव्यावदान, तथा अन्य ग्रंथों में मिलिन्दपन्ह, ललित विस्तर व मुजुश्री मूलकल्प का जिक्र किया जा सकता है। हेलियोडोरस के बेसनगर अभिलेख तथा धनदेव के अयोध्या अभिलेख से भी शुंग इतिहास की जानकारी मिलती है।

शुंग वंश (184–112 ई. पू.)

सम्राट अशोक के निधन (ई.पू. 232) के साथ ही विशाल मौर्य साम्राज्य तथा सुदृढ़ प्रशासनिक व्यवस्था, उत्तरवर्ती योग्य शासकों के अभाव में धराशायी हो गई। मौर्य वंश के पतन के बाद उत्तरी एवं मध्य भारत में शुंग वंश की स्थापना हुई। शुंगों को पश्चिमी भारत के उज्जैन अंचल से सम्बन्धित माना जाता है जहाँ पुष्यमित्र शुंग मौर्य साम्राज्य का सैनिक अधिकारी था। कहा गया है कि उसने अन्तिम मौर्य सम्राट की हत्या करके राजसिंहासन पर अधिकार किया।

हरप्रसाद शास्त्री[1] ने इस परिवर्तन को ब्राह्मण वर्ग की प्रतिक्रिया की संज्ञा दी है। पूर्व आदेशों की प्रतिक्रिया में पुष्यमित्र ने शॉकल (स्यालकोट–पूर्वी पंजाब) में यह घोषणा की थी कि जो कोई उसे एक श्रमण का मस्तक लाकर भेंट करेगा उसे सौ दीनार प्रदान किए जाएँगे।[2] तारानाथ के विवरण से ज्ञात होता है कि पुष्यमित्र धार्मिक मामलों में बड़ा ही असहिष्णु था। उसने बौद्धों पर तरह–तरह के अत्याचार किए जिसमें बौद्ध संघारामों को जलवा दिया जाना भी सम्मिलित था।

उपरोक्त कथन उचित प्रतीत नहीं होते क्योंकि उपलब्ध पुरातात्विक साक्ष्यों से प्रकट होता है कि इस काल में बौद्ध स्मारकों का नवीनीकरण किया गया। **भरहुत (नागोद) बौद्ध स्तूप और वेदिका (रेलिंग) का निर्माण शुंगों के शासन काल में हुआ। वेदिका पर उत्कीर्ण 'सुगनं रजे'** शुंग शासन की ओर संकेत है।[2a] कुछ इतिहासकार 'सुगनं रजे' से तात्पर्य शुंग के उत्तराधिकारियों से लेते हैं न कि पुष्यमित्र से।[3] किन्तु अधिकांश विद्वान उक्त निर्माण पुष्यमित्र शुंग के शासन काल की देन मानते हैं। रोमिला थापर की मान्यता है कि 'अशोकावदान' की कथा पुष्यमित्र के मौर्यों पर प्रहार को बौद्ध मत से प्रस्तुत करती है। इससे यह बात स्पष्ट होती है कि राज दरबार में बौद्ध मत का प्रभाव कम होने के फलस्वरूप बौद्ध स्मारकों और संस्थाओं को राज्य की ओर से कम संरक्षण मिला। इसके अतिरिक्त यह स्रोत स्वयं बौद्ध है। अतः बौद्ध विरोधियों की दुष्टता का अतिश्योक्ति से वर्णन करना स्वाभाविक है।[4] आगे लिखा है, वास्तव में यह राजभवन में तख्ता पलटे जाने का प्रबल संकेत देता है।''[5] हरप्रसाद–शास्त्री ने कल्पना की है कि यूनानियों के विरुद्ध सफल अभियान के बाद पाटलिपुत्र लौटने पर बृहद्रथ ने उसके स्वागत में नगर के बाहर एक उत्सव आयोजित किया जिसमें सेना का निरीक्षण करते समय बृहद्रथ के माथे पर बाण लगा और उसकी तत्काल मृत्यु हो गई। हर्षचरित में उल्लेख मिलता है कि सेना का निरीक्षण करते समय राजा का वध सेनानी ने कर डाला।[6] अगर यह ब्राह्मणों का एक महान् विद्रोह रहा होता तो पुष्यमित्र ने अन्य पड़ोसी राज्यों, उदाहरण के लिए उत्तर–पश्चिम के सुभागसेन के वंशजों से सहायता ली होती।[7] स्पष्ट है यह ब्राह्मणों का मौर्य समाज के विरुद्ध विद्रोह नहीं था, बल्कि अशोक के बाद निर्बल राजाओं का गद्दी पर आना था। इसके अलावा भी अनेक तथ्य मौर्य साम्राज्य के पतन के लिए उत्तरदायी थे। वस्तुतः यह कोई क्रान्ति न थी।

पुष्यमित्र शुंग एवं उसके उत्तराधिकारियों के नामान्त 'मित्र' शब्द को दृष्टिगत रखते हुए श्री हरप्रसाद शास्त्री ने इन्हें पारसी माना है एवं कहा है कि ये सूर्य (मिथ्र) की उपासना करते थे। यह कथन अधिक उचित प्रतीत नहीं होता, क्योंकि स्वयं शास्त्री ने एक स्थान पर इन्हें ब्राह्मण कहा है। मालविकाग्निमित्र में पुष्यमित्र के भाई अग्निमित्र को बैम्बिक वंशीय बताया है।[8] आश्वलायन श्रौतसूत्र में इन्हें आचार्य की संज्ञा दी है। ''भरद्वाजा शुङ्ग कृताः शौशिरयः'' हरिवंश पुराण एक औद्भज्ज काश्यप ब्राह्मण सेनानी का उल्लेख करता है जिसने कलियुग में अश्वमेध यज्ञ किया था। डॉ. जायसवाल ने इस सेनानी का समीकरण पुष्यमित्र शुंग से किया है। पाणिनि ने शुंग वंश का सम्बन्ध भारद्वाज गोत्र से स्थापित किया है।[9] तारानाथ ने ''इन्हें ब्राह्मण तथा किसी राजा का पुरोहित माना है।'' शुंगों को 'ब्राह्मण राजा' भी कहकर सम्बोधित किया है। राय चौधरी ने लिखा है कि यह निश्चित रूप से

नहीं कहा जा सकता है कि कब और क्यों कदम्बों की तरह पुष्यमित्र ने लेखनी छोड़कर तलवार हाथ में ली थी। यह सोचना अकारण होगा कि अशोक ने ब्राह्मणों पर इतना अत्याचार किया कि ब्राह्मणों को अपना पौरोहित्य कार्य छोड़ना पड़ा। प्राचीन भारत में ब्राह्मण सेनापतियों की कमी नहीं रही।[10]

पुष्यमित्र शुंग (ई.पू. 184–148 ई. पू.) पुष्यमित्र द्वारा अधिकृत पूर्व साम्राज्य में अब केवल मगध तथा निकटवर्ती प्रदेश शेष थे जिनकी दक्षिणी सीमा नर्मदा नदी थी। अयोध्या, विदिशा तथा मध्य भारत के कुछ नगर प्रारम्भ में पुष्यमित्र के राज्य में सम्मिलित थे एवं उसकी राजधानी पाटलिपुत्र थी। मालविकाग्निमित्र से जानकारी मिलती है कि पुष्यमित्र का पुत्र अग्निमित्र विदिशा का शासक था जिसके अधीन दक्षिणी प्रान्त थे। मालविकाग्निमित्र में एक कथानक आया है कि अग्निमित्र विदिशा का राजा था जो अपने पिता के निर्देशन में शासन संचालित करता था, जिसके दरबार में विदर्भ (बराड) राज्य की राजकुमारी छद्म वेश में रहती थी। इस नए स्थापित राज्य का अधिपति–'अचिराधिष्ठित' (established not long ago) एवं उसके राज्य को 'नवसंरोपणशिथिलस्तरू' (थोड़े दिनों पहले लगाये वृक्ष जैसा) कहा गया। विदिशा एवं विदर्भ के बीच युद्ध का विवरण भी मिलता है। विदर्भ युद्ध–कथानक मिलता है कि अन्तिम मौर्य सम्राट बृहद्रथ के समय यज्ञसेन विदर्भ का गर्वनर रहा होगा। पुष्यमित्र द्वारा सत्ता पर कब्जा करने के बाद यज्ञसेन स्वतंत्र हो गया अग्निमित्र व यज्ञसेन में संघर्ष हुआ। इन दोनों के संघर्ष में अग्निमित्र की विजय हुई और विदर्भ राज्य दो भागों में विभक्त कर दिया। एक भाग यज्ञसेन को ही लौटा दिया दूसरा अग्निमित्र के सहयोगी एवं मित्र माधवसेन को मिला। दोनों राज्यों के बीच की सीमा वर्धा नदी मानी गई थी और सम्भवतः यज्ञसेन को पुष्यमित्र की अधीनता स्वीकार करनी पड़ी।

यवन आक्रमण युग पुराण में यवन आक्रमण का उल्लेख मिलता है–यवनों ने साकेत, पांचाल एवं मथुरा पर आक्रमण किया और बाद में वे कुसुमध्वज (पाटलिपुत्र) तक पहुँच गए।[11] पतंजलि को पुष्यमित्र का समकालीन माना जाता है। पतंजलि (महाभाष्य) ने वर्तमान ही में घटित घटना का इस प्रकार उल्लेख किया है–**'अरूनद् यवनः साकेतम् अरूनद यवनों मध्यमिकम्'** अर्थात् किसी यवन ने साकेत (अयोध्या) एवं मध्यमिका को घेर लिया।[12] सभी विद्वान् पुष्यमित्र के समय यवन (यूनानी) आक्रमण को स्वीकार करते हैं।

मध्यमिका का समीकरण चित्तौड़ के निकट नगरी नामक स्थान से किया जाता है।[13] प्रो. रेप्सन ने सिन्धु नदी को यमुना की सहायक माना है जो आक्रामक सेना के मथुरा एवं प्रयाग (इलाहाबाद) के मार्ग में पड़ती है।[14] मालविकाग्निमित्र में भी यवन आक्रमण का जिक्र आया है। इसमें विवेचित सिन्धु नदी जहाँ पुष्यमित्र की सेना का यवनों से संघर्ष हुआ था, का तादात्म्य यमुना की सहायक सिन्धु अथवा काली सिन्ध (चम्बल की सहायक) से भी किया जाता है।[15] एन. एन. घोष ने इस सन्दर्भ में लिखा है कि मालविकाग्निमित्र से जिस यवन संघर्ष के बारे में हम पढ़ते हैं वह निश्चय ही पुष्यमित्र के शासन–काल के अन्तिम भाग में हुआ था जबकि उसका पोता वसुमित्र यवनों के विरुद्ध राजकीय सेना का नायकत्व करने योग्य हो गया था।[16] टार्न की मान्यता है एक पुष्यमित्र की सेना से पराजित होने वाला यूनानी सेनापति डेमेट्रियस था।[17] उनकी इस मान्यता का आधार है–महाभारत[18] में उल्लिखित यवनाधिप दत्तमित्र, जिसका तादात्म्य डेमेट्रियस प्रथम से किया जाता है। किन्तु ए. के. नारायण[19] की मान्यता है कि इण्डो–यूनानी वंशावली में डेमेट्रियस प्रथम एवं द्वितीय दो पृथक् एवं स्वतंत्र राजाओं का अस्तित्व रहा है एवं इनका अभियान भारत के पश्चिमोत्तर प्रदेश तक ही सीमित था। दूसरे, जिस कथा में 'दत्तमित्र' का उल्लेख है उसका मूल नाम 'सुमित्र' बताया गया है।[20] अतः सुमित्र या दत्तमित्र की पहचान डेमेट्रियस प्रथम से उचित प्रतीत नहीं होती। तीसरे, जहाँ तक हाथीगुम्फा अभिलेख[21] में उल्लिखित 'यवनराज डिमित' के पाठ का प्रश्न है उसे 'येवनरिदों' नाम दिया है तथा 'बहसतिमित्त' (बृहस्पतिमित्र) की पहचान पुष्यमित्र शुंग (ई.पू. 184–148) से की है। इस आधार पर पूर्वपाठ को 'यवनराज डिमित' के रूप में सुधारा गया। अतः टार्न के मत को स्वीकार नहीं किया जा सकता है।

आर्टेमिटा के एपालोडोरस का कथन है कि मेसीडोनिया निवासियों (सिकन्दर महान) से भी उनके सेनापति मेनाण्डर ने अधिक भू–भागों पर कब्जा किया था। उसकी जीतों में से कुछ तो मेनाण्डर ने स्वयं की थी और कुछ बैक्ट्रियन राजा यूथीडेमस के पुत्र डेमेट्रियस ने की।[21] उपरोक्त विवेचन टार्न की मान्यता को निर्मूल सिद्ध करता है। तक्षशिला के उत्खनन में भारी संख्या में इण्डो–ग्रीक सिक्के मिले हैं किन्तु उसमें डेमेट्रियस प्रथम का कोई सिक्का नहीं मिला, मात्र एक सिक्का प्राप्त हुआ है जो सम्भवतः डेमेट्रियस (डेमिट्रियस) द्वितीय का है। अतः डेमेट्रियस प्रथम को मध्य भारत पर आक्रमण का श्रेय नहीं दिया जा सकता है।

दो आक्रमणों का विचार यहाँ यह उल्लेख करना होगा कि एन.एन. घोष ने दो यूनानी आक्रमणों का उल्लेख किया है। यूनानी लेखक अवश्य भारत के दो बैक्ट्रियन ग्रीक शासकों को कई भारतीय विजयों का गौरव प्रदान करते हैं। वे इवुदिम (Euthydemos) के वंशज डेमेट्रियस (Demetrios) और मिलिन्द या मेनाण्डर (Menander) हैं। पुष्यमित्र के ई.पू. 184 में राज्यारोहण के समय डेमेट्रियस लगभग चालीस वर्ष का एक प्रौढ़ व्यक्ति था। यूनानी वृत्तान्तों से पता चलता है कि जब डेमेट्रियस अपनी भारतीय विजयों में लगा हुआ था उसके स्वदेश बैक्ट्रिया में बड़ा उपद्रव उठ खड़ा हुआ और इवुकृत (Eukratides) ने वहाँ सहसा विद्रोह कर दिया। शायद यही कारण था, जिससे डेमेट्रियस को पाटलिपुत्र का आक्रमण छोड़कर अपने प्रतिद्वन्द्वी को नीचा दिखाने के लिए स्वदेश लौट जाना पड़ा। उसका शेष जीवन जिसका अन्त ई. पू. 160 के लगभग हुआ, इवुकृत से लड़ते हुए ही बीता।

दूसरा आक्रमण मालविकाग्निमित्र में उल्लिखित दूसरा यवन संघर्ष उस समय हुआ जब पुष्यमित्र वृद्ध हो चला था। उसका पौत्र भी इतना बड़ा था कि उसके नायकत्व में राजकीय सेनाएँ युद्ध के लिए भेजी जा सकती थीं–यह यवन युद्ध जिसका सम्बन्ध पुष्यमित्र के 'अश्वमेध' से है निश्चित रूप से उसके शासन के अन्तिम भाग में हुआ प्रतीत होता है। पुष्यमित्र का शासन लगभग ई.पू. 149 या 148 तक रहा जिस समय तक डेमेट्रियस का अन्त हो चुका था। अतएव वसुमित्र द्वारा पराजित यवन सेनाओं का नायक डेमेट्रियस तो हो नहीं सकता, कोई दूसरा ही था। हमारा अनुमान है कि वह मिलिन्द था जिसका नाम भारत के अनेक प्रदेशों के जीतने के सम्बन्ध में यूनानी लेखकों ने डेमेट्रियस के साथ लिया।[22]

हम देखते हैं कि डेमेट्रियस के विपरीत मिनाण्डर द्वारा आक्रमण किए जाने के अधिक प्रबल प्रमाण मिलते हैं। बौद्ध ग्रंथों से उसके बौद्ध धर्म अंगीकार करने का तथा उसकी राजधानी शॉकल (स्यालकोट) में बौद्ध भिक्षुओं के आश्रय लेने का पता चलता है। प्रो. रेप्सन ने विपुल मात्रा में प्राप्त मिनाण्डर के सिक्कों के आधार पर उल्लेख किया है कि उसने यवन सेना के साथ मध्य भारत पर आक्रमण किया था।[23] मिनाण्डर के तक्षशिला से 34 सिक्के उत्खनन से मिले हैं। उत्तर में उसका हजारा एवं स्वात घाटी पर अधिकार था। यहाँ से 200 द्रख्म (Drachm) टकसाली स्थिति में प्राप्त हुए हैं। इसी प्रकार बिजौरा की प्रथम निधि में भी पर्याप्त मुद्राएँ उपलब्ध हुई हैं।

धनदेव के अयोध्या अभिलेख के अनुसार पुष्यमित्र ने दो अश्वमेध किए थे।[24] सम्भवतः यवनों पर विजय प्राप्ति के दौरान दूसरा अश्वमेध सम्पन्न हुआ। इसका उल्लेख मालिविकाग्निमित्रम् में आया है जो उसके राज्य के अन्तिम भाग में सम्पन्न हुआ जब सम्पूर्ण मध्य भारत में उसकी पताका फहरा रही थी। महाभाष्य से ज्ञात होता है कि कम–से–कम एक यज्ञ पतंजलि के नेतृत्व में सम्पादित हुआ। (अह पुष्यमित्र याजयामः)

यदि दिव्यादान एवं तारानाथ को प्रमाण मानें तो यह स्पष्ट है कि पुष्यमित्र का अधिकार पंजाब में जालंधर और साकल (स्यालकोट) पर भी स्थापित था। दिव्यादान से यह भी जानकारी मिलती है कि पाटलिपुत्र राजधानी बनी रही। अयोध्या पर अधिकार वहाँ से प्राप्त अभिलेख से प्रमाणित होता है। मालविकाग्निमित्रम् से विदित होता है कि पुष्यमित्र के साम्राज्य में विदिशा तथा नर्मदा तक के दक्षिणी प्रान्त सम्मिलित थे। सम्भवतः नर्मदा नदी साम्राज्य की प्राकृतिक सीमा थी। उत्तर–पश्चिमी क्षेत्र में यवन आक्रमण के पश्चात् जालंधर और शॉकल दोनों ही पुष्यमित्र के साम्राज्य से निकल गए और उन पर यवनों का आधिपत्य हो गया। इस तरह मथुरा के पश्चिम में यवनों का अधिकार था। इस क्षेत्र से मिनाण्डर एवं उसके उत्तराधिकारियों के प्राप्त सिक्कों से ऐसा विश्वास किया जा सकता है।

तिथि क्रम हम जानते हैं कि पुराणों के अनुसार मौर्य वंश का 137 वर्ष का शासन रहा एवं चन्द्रगुप्त मौर्य के राज्यारोहण की तिथि ई.पू. 322 निश्चित हुई थी। अतः मौर्य वंश का अन्त (ई.पू. 322–137) लगभग ई.पू. 185 में हुआ होगा। इसी दौरान (ई.पू. 185) पुष्यमित्र का सिंहासनारोहण हुआ माना जा सकता है। थेरवली लेखक मेरुतुंग ने अवन्ति नरेशों की तालिका में अवन्ति को स्वतंत्र राज्यपाल के रूप में स्वीकार किया है। मत्स्य पुराण में कहा गया है कि पुष्यमित्र ने 36 वर्ष राज्य किया। अतः उसकी मृत्यु (ई.पू. 184–36) ई.पू. 148 में हुई होगी। परन्तु वायु एवं ब्रह्माण्ड पुराणों से ज्ञात होता है उसने 60 वर्ष शासन किया। पार्जिटर ने मत्स्य पुराण के उल्लेख को सही माना है। ऐसा प्रतीत होता है कि इस अवधि में पुराणों में पुष्यमित्र का 30 वर्ष का अवन्ति शासन काल भी सम्मिलित कर लिया गया जिसमें वह मौर्य साम्राज्य के अधीन अवन्ति में राज्यपाल के रूप में शासन करता था।

पुराणों ने शुंगों की संख्या दस बताई है। पुष्यमित्र ने 36 वर्ष एवं सम्पूर्ण शुंग राजाओं ने 112 वर्ष राज्य किया। पुष्यमित्र का राज्यारोहण ई.पू. 184 में हुआ। इस तरह (ई.पू. 184–112) 72 ईसा पूर्व में शुंग शासन का अन्त हो गया। पुराणों में शुंग राजाओं के नाम आए हैं–पुष्यमित्र, अग्निमित्र, वसुज्येष्ठ, वसुमित्र, अन्ध्रक (औद्रक), पुलिन्दक, घोष, वज्रमित्र, भाग (भागवत) एवं देवभूति। नवम शुंग शासक सम्भवतः भागवत बेसनगर गरुडध्वज स्तम्भ लेख का काशीपुत्र भागभद्र ही है। इस राजा की सभा में तक्षशिला नरेश एण्टीआल्कीड्स (अन्तलिकित) ने दियन (या दिप) के पुत्र हेलियोडोरस (हैविलोदोर) को अपना राजदूत बनाकर भेजा था। हेलियोडोरस उस अभिलेख में अपने को भागवत कहता है।[25]

प्रशासन मौर्य शासन के अन्त से यह सवाल उठता है कि क्या मौर्यों द्वारा स्थापित सुव्यवस्थित शासन प्रणाली का भी अन्त हो गया था? वस्तुतः ऐसा नहीं हुआ। पुष्यमित्र शुंग के समय भी पूर्व शासन पद्धति पहले की तरह चलती रही। प्रान्तीय शासन राजकुमारों के हाथों में रहा। अग्निमित्र को विदिशा का शासक बताया गया है। राजकुमार ही सेनापति का कार्य करते थे। वसुमित्र के अश्वमेध अश्व की सुरक्षा में तैनात होने की जानकारी मिलती है। यही नहीं अमात्य परिषद् की प्रभावी भूमिका का भी बोध होता है। राज्यादेश के सेनापतियों तक पहुँचाने का दायित्व अमात्य परिषद् का था। वीरसेन के पास अपना आदेश पहुँचाने के लिए अग्निमित्र ने मन्त्रिपरिषद् को निर्देशित किया था। इसी तरह विदर्भ में नवीन राज्य व्यवस्था की स्थापना हेतु मन्त्रिपरिषद् द्वारा राजा को महत्वपूर्ण सलाह दिए जाने का बोध होता है। यही नहीं राजा को अपना निर्णय अमात्य परिषद् में उजागर करना होता था। पतंजलि ने पुष्यमित्र की सभा का जिक्र किया है। राय चौधरी की मान्यता है कि विदेश नीति से सम्बन्धित कोई जटिल समस्या आने पर मन्त्रिपरिषद् से मंत्रणा की जाती थी।

इण्डो–ग्रीक (भारतीय यूनानी–Indo Greeks)

मौर्य साम्राज्य के विघटन से केन्द्रीय सत्ता कमजोर हो गई और पश्चिमोत्तर सीमान्त से विदेशियों के एक बार फिर आक्रमण शुरू हो गये। बैक्ट्रिया के यूनानी जो सिंकंदर के बाद उसी इलाके में आधिपत्य जमाये हुए थे, भारतीय शासकों की कमजोरी का लाभ उठाकर भारत के आन्तरिक क्षेत्रों में प्रहार करने लगे। बैक्ट्रिया में यूनानी शासक पूर्ववर्ती यूनानियों के मुकाबले भारतीय धर्म और संस्कृति से अधिक प्रभावित हुए। स्थानीय धर्म, भाषा ही नहीं अपितु वर्ण व्यवस्था को भी अपना लिया गया दूसरे शब्दों में वे भारतीय संस्कृति के अंग बन गये, इस प्रकार बैक्ट्रिया का इतिहास भारतीय इतिहास का अंग बन गया। इन्हीं कारणों से इण्डो–ग्रीक (भारत–यूनानी) भारतीय–यूनानी कहे जाने लगे। हिन्द यूनानी शासकों के इतिहास में नागसेन के मिलिन्दपण्हो, क्षेमेन्द्रकृत–अवदान कल्पलता के अतिरिक्त स्ट्रेबो, जस्टिन प्लूटार्क व पोलिबियस आदि के विवरण उपयोगी है।

बैक्ट्रिया भारत के पश्चिम में बैक्ट्रिया (बल्ख मध्य एशिया में हिन्दुकुश एवं अमु दरिया के मध्य स्थित) ऐसा यूनानी उपनिवेश था, जहाँ सिंकदर ने 20000 बीमार सैनिकों को बसाया था। ई.पू. 321 में सिंकदर के सेनापतियों के त्रिपार्दिसस (Triparadisus) की संधि में स्टेसनार को इस क्षेत्र का गवर्नर नियुक्त किया था। सेल्यूकस के बाद उसके पुत्र एंटियोकस प्रथम (ई.पू. 280–281) के अधिकार में आ गया और उसके उत्तराधिकारी एंटियोकस द्वितीय (ई.पू. 261–246) के समय सीरिया संक्रमण के दौर से गुजरा और बैक्ट्रिया ने स्वतंत्र होने का प्रयास किया।

डियोडोट्स प्रथम (ई.पू. 256) सीरिया का एंटियोकस द्वितीय अशोक महान का समकालीन था। उसके बैक्ट्रियाई गवर्नर (डियोडोट्स प्रथम) ने अपने को स्वतंत्र घोषित कर दिया, यद्यपि सिक्कों पर एंटियोकस द्वितीय का नाम अंकित करवाया जाता रहा। उसके पुत्र ने सिक्कों पर अपना नाम अंकित करवाया था।

यूथीडेमस (ई.पू. 212–190) बैक्ट्रिया के डियोडोटस द्वितीय की हत्या करके मैग्नेशिया के यूथीडेमस ने अपनी सत्ता कायम की। ई.पू. 212 में सेल्यूकस के वंशज एंटियोकस तृतीय ने बैक्ट्रिया को अपने साम्राज्य में शामिल करना चाहा था किंतु यूथीडेमस ने बर्बर शकों का भय दिखाकर संधि कर ली और बैक्ट्रिया को स्वतंत्र मान लिया गया। यही नहीं यूथीडेमस के पुत्र डेमेट्रियस से एंटियोकस ने अपनी पुत्री का विवाह भी कर दिया। कहा जाता है कि यूथीडेमस ने गांधार शासक सुभागसेन (सोफागसेनस) पर ई.पू. 207–206 में आक्रमण कर पराजित किया था जो वीरसेन का उत्तराधिकारी था। तिब्बती इतिहासकार तारानाथ के अनुसार अशोक के बाद उसने गंधार में अपनी सत्ता स्थापित की थी। यूथीडेमस द्वारा मौर्य साम्राज्य के अंग पैरोपनिसदे पर अधिकार जमाये जाने की भी सूचना मिलती है। यूथीडेमस की मुद्राएँ बल्ख (बैक्ट्रिया), बुखारा (सोग्डियाना) से प्राप्त हुई है। हिंदु–कुश के उत्तर में चांदी के सिक्के और काबुल, कंधार और सीस्तान से बड़ी मात्रा में तांबे के सिक्के प्राप्त हुए हैं। यूथीडेमस के पुत्र डेमेट्रियम ने ई.पू. 190 में अपने शासन की शुरूआत की थी।

डेमेट्रियस (ई.पू. 190–165) मौर्योत्तर राजनीतिक अस्थिरता तथा शुंग शासन की कमजोर केन्द्रीय भूमिका ड्रेमेट्रियस की विस्तारवादी नीति का कारण बनी। हिंदुकुश पार कर डेमेट्रियस ई.पू. 183 में पंजाब के बड़े भू–भाग पर आधिपत्य स्थापित करने में सफल रहा। भारतीय क्षेत्र में यूनानी सत्ता कायम करने का श्रेय स्ट्रेबो डेमेट्रियस एवं मिनाण्डर को देता है। स्ट्रेबो के अनुसार बैक्ट्रियाई शासकों ने सिंधु का डेल्टा प्रदेश, सुराष्ट्र, सागर द्वीप (कच्छ) को जीता था। जैसा पूर्व में उल्लेख किया है कि पुष्यमित्र शुंग के काल में भारतीय इलाकों पर यूनानी आक्रमण का उल्लेख गार्गी संहिता के युग पुराण नामक खंड में मिलता है, ''दुष्टयवन साकेत (अयोध्या) पांचाल, मथुरा को रौंदते हुए कुसुमध्वज (पाटलिपुत्र) पहुँचेंगे।'' आगे कहा गया है, ''यवन मध्य देश में अधिक दिन नहीं ठहरेंगे क्योंकि उनमें परस्पर वैमनस्य के कारण आपस में भंयकर युद्ध होगा।'' महाभाष्य में पतंजलि ने भी लिखा है: ''यवनों ने साकेत को घेरा, यवनों ने माध्यमिका (चित्तौड़) नगरी को घेरा। टार्न ने अपने ग्रंथ ''द ग्रीक्स इन बैक्ट्रिया एंड इंडिया'' में लिखा है कि इस आक्रमण का नेतृत्व डेमेड्रियस ने किया था वह स्वयं व्यास नदी तक आया था और उसके दो कुशल सेनापतियों, अपोलोडोरस व मिनाण्डर को क्रमशः सिंध एवं पूर्व प्रदेशों की विजय के लिए भेजा। भारतीय साहित्य के उल्लेखों से अनुमान लगाया जा सकता है कि आक्रामक आंधी की तरह यवन पाटलिपुत्र आ धमके किंतु मूल स्थान में हुए विद्रोह ने उन्हें लौट जाने के लिए मजबूर कर दिया। शुंगों ने उनका प्रतिरोध किया और ड्रेमेट्रियस के सेनापतियों को पीछे हटना पड़ा। स्ट्रेबो यूनानी सत्ता का विस्तार सिंधु नदी घाटी के दक्षिण एवं काठियावाड़ तक मानता है। डेमेट्रियस ने द्विभाषी सिक्कों का प्रचलन किया था, जिन पर यूनानी के साथ प्राकृत खरोष्ठी लिपि भी अंकित है।

यूक्रेटाईडीज (Eucratides) जिस समय डेमेट्रियस भारत अभियान में व्यस्त था बैक्ट्रिया में यूक्रेटाइडीज ने परिस्थितियों का लाभ उठाते हुए विद्रोह खड़ा कर दिया और अपनी सत्ता स्थापित की। डेमेट्रियस वापस लौट गया किंतु पुनः बैक्ट्रिया पर आधिपत्य स्थापित नहीं कर पाया। यूक्रेटाइडीज ने अपने नाम से नगर बसाया था। इस आशय की जानकारी जस्टिन के विवरण से मिलती है। उसके राज्य में बैक्ट्रिया, सीस्तान, पैरोपनिसदे, कपिशा और गांधार शामिल थे, कहा जाता है कि, डेमेट्रियस की मृत्यु के बाद उसके उत्तराधिकारियों से इन क्षेत्रों को छीना था। इन इलाकों से उसके सिक्के प्राप्त हुए हैं। प्राप्त सिक्कों के आधार पर विद्वानों की मान्यता है कि यूथीडेमस राजवंश के अपोलोडोटस, अगाथोक्लीज एवं एंटीमेकस से उसका संघर्ष हुआ था।

निष्कर्षतः कह सकते हैं कि, भारत में दो यूनानी वंशों के राज्य थे। पूर्वी भाग के राज्य यूथीडेमस के वंशज की सत्ता थी, शाकल या स्यिालकोट को इस वंश ने अपनी राजधानी बनाया। पश्चिमी भाग पर यूक्रेटाइडीज वंश का शासन था और तक्षशिला उनकी राजधानी थी। दोनों वंश के चालीस शासकों की जानकारी प्राप्त सिक्कों से होती है। कुछ विद्वानों की मान्यता है कि यूक्रेटाइडीज के पुत्र हेलीयोक्लीज ने ई. पू. 155 में हत्या कर बैक्ट्रिया का शासक बना था।

मिनाण्डर (ई.पू. 155–ई.पू. 130) इण्डो–ग्रीक शासकों में सबसे महत्वपूर्ण एवं डेमेट्रियस वंश का महान शासक था। कहा जाता है कि डेमेट्रियस की पुत्री अगाथोक्लिया से उसका विवाह हुआ था किन्तु रैप्सन उसे डेमेट्रियस वंश का नहीं मानते।

मिनाण्डर के बारे में स्ट्रेबो, ट्रोगस, प्लूटार्क, जस्टिन से ही जानकारी नहीं मिलती अपितु नागसेनकृत ''मिलिन्दपन्हो'' एवं क्षेमेन्द्र द्वारा रचित अवदानकल्पलता से उसके शासन का बोध होता है। मिलिंदपन्हों के अनुसार उसका जन्म एलेक्जेण्ड्रिया (अलसंदा) द्वीप के दो आब स्थित कालसी नामक स्थान पर हुआ था। उसकी राजधानी शाकल (स्यिालकोट) थी। मिलिंदपन्हों जानकारी देता है कि मिनाण्डर ने बौद्ध धर्म स्वीकार कर लिया था और उसकी जिज्ञासाओं का उत्तर उसके गुरु नागसेन ने दिया था। अपने प्रश्नों का उत्तर पाने के लिए मिनाण्डर 500 यूनानी सभासदों के साथ अपने गुरु के पास पहुँचा था।

उसका एक अभिलेख का कास्केट से मिला है, जिसमें 'महरजस मिनेट्रस' खरोष्ठी लिपि में उत्कीर्ण है। पूर्व में उसका राज्य रावी तक विस्तृत था, किन्तु रावी के पार पूर्व में उसका स्थाई अधिकार नहीं माना जा सकता। ए.के. नारायण की मान्यता है कि, मिनाण्डर भारत का विजेता था। उसने पूर्व में साकेत तथा पाटलिपुत्र तक आक्रमण किए, किन्तु आक्रमण के दौरान उसके सहयोगियों में परस्पर संघर्ष हो जाने के कारण पाटलिपुत्र से वापस लौटना पड़ा।

अनेक स्थलों से प्राप्त मिनाण्डर के सिक्कों पर दो प्रकार के मुद्रा लेखा मिलते है–'महरज त्रतरस मेनद्रस' एवं 'महरजस ध्रमिकस मेनद्रस'[26] उसने चाँदी, सोने व ताँबे के सिक्के जारी किए थे। उसके पांच प्रकार के चाँदी के सिक्के जिन का तौल 32–35 रत्ती के बीच है। आमुख पर मुकुटधारी राजा एवं पुष्टभाग में खरोष्टी में लेख है। मिनाण्डर के सिक्के भड़ौच के बाजारों में खूब चलते थे। कौशाम्बी से एक साँचा (Abacus) मिला व रेह (कौशाम्बी) से गोवर्धनराम शर्मा को अभिलेख मिला है। रोमिला थापर ने लिखा है–इण्डो–यूनानी राजाओं में सबसे ज्यादा स्मरणीय निःसन्देह मिनाण्डर है। अपने शासन काल (ई.पू. 155–130) में उसका अधिकार स्वात घाटी और हजारा जिले पर तथा पंजाब में रावी नदी तक हो गया था। उसके सिक्के उत्तर में काबुल तक और दिल्ली में मथुरा तक मिले हैं। इसमें कोई सन्देह नहीं कि उसने गंगा घाटी अंचल को जीतने का प्रयत्न किया था लेकिन वह उसे अपने अधिकार में नहीं रख सका। यदि पाटलिपुत्र में नहीं तो यमुना क्षेत्र में अवश्य ही उसने शुंगों पर आक्रमण किया था। उसकी मृत्यु पर उसका शरीर जलाया गया और वह इतना लोकप्रिय था कि उसकी भस्म के लिए पश्चिमोत्तर के विभिन्न नगरों ने एक–दूसरे से स्पर्धा की।[27]

एंटिआल किड्स इस शासक के बारे में उसके राजदूत हीलियोडोट्स, जो राजा भागभद्र के दरबार में गया था और भगवान वासुदेव की प्रतिष्ठा में विदिशा (मध्य प्रदेश) में गरुड़ध्वज स्तम्भ लेख उत्कीर्ण करवाया। इस अभिलेख में वह अपने को भागवत धर्म का अनुयायी बताता है। भागभद्र संभवतः शुंग वंश का नवां शासक था। अभिलेख में लिखा है कि महाराज अतंलिकित का दूत बनकर कौत्सीपुत्र भागभद्र के दरबार में आया। एण्टिआल किडस वंश का अन्तिम शासक हर्मियस था इसके समय शक एवं कुषाणों के हमले शुरू हो गये थे।

बेसनगर गरुड़ स्तंभ इण्डो–ग्रीक शासक एण्टियोकस के ग्रीक राजदूत हेलियोडोरस ने इस गरुड़ स्तंभ का निर्माण करवाया था। विदिशा से कुछ दूर शिला स्तंभ पर अंकित यह लेख संस्कृत प्रभावित प्राकृत भाषा की ब्राह्मी लिपी में लिखा गया है। लिपि ईसा पूर्व दूसरी शती की प्रतीत होती है। हेलियोडोरस ने यह भी लिखा कि यवन शासक भारतीय राजाओं से मैत्री के इच्छुक हैं व राजदूतों का आदान–प्रदान होता था। हेलियोडोरस तक्षशिला का निवासी था। **यूनानी सम्पर्क का प्रभाव**– भारतीयों ने ज्योतिष क्षेत्र में नक्षत्रों को देखकर भविष्य बताने की विधि स्वीकार की। वराहमिहिर ने यूनानियों को ज्योतिष में विद्वान मानते हुए कहा था (2) यूनानियों ने सबसे पहले सोने के सिक्के जारी किये जिन पर राजा की आकृति व दूसरी ओर देव आकृतियाँ अंकित है। (3) द्विभाषी सिक्कों को भारतीयों ने अपनाया (4) हिन्द–यूनानी सम्पर्क से हेलेनिस्टिककाया जिसे गांधार कला कहा, विकसित हुई (5) संस्कृत नाटकों में यवनि का पतन शब्द इस्तेमाल किया जाने लगा।

कण्व वंश (ई.पू. 72–28)

मगध के इस नव–स्थापित राजवंश का प्रवर्तक वसुदेव था। कण्व शासक भी शुंगों की भाँति ब्राह्मण ही थे। हर्षचरित[28] से जानकारी मिलती है कि स्त्री व्यसन के परवश देवभूति को अमात्य वसुदेव ने रानी वेशधारणी दासी पुत्री द्वारा मरवा दिया। ऐसा ही कथन विष्णु पुराण में मिला है।[29] कहा जा सकता है कि वसुदेव ने स्त्री व्यसनी देवभूति की षड्यन्त्र द्वारा हत्या करवाकर मगध की गद्दी पर अधिकार किया। कण्वों के राज्य शासन का बहुत थोड़ा वृत्तान्त मिलता है। सम्भवतः उनका राज्य मगध एवं उसके आसपास तक ही सीमित था। परन्तु मगध के शासक होने से इस वंश के शासकों को सम्राट की उपाधि प्रदान की गई। पुराणों में चार कण्व राजाओं का उल्लेख आया है जिन्होंने यथाक्रम मगध पर शासन किया–वासुदेव (9 वर्ष), भूमिमित्र (14 वर्ष), नारायण (12 वर्ष) तथा सुशर्मा (10 वर्ष)। इस तरह कुल 45 वर्ष के शासन काल में कण्वों ने किसी क्षेत्र में कोई विशेष कीर्ति अर्जित नहीं की।

सन्दर्भ

1. हरप्रसाद शास्त्री : जे.ए.एस.बी. 1910, पृ. 259–269.
2. दिव्यावदान, यो मे श्रमणशिरो दास्यति तस्याहं दीनार शतं दास्यामि।
2a. गुप्त पी.एल. : प्राचीन भारत के प्रमुख अभिलेख, पृ. 88 (भरहुत तोरण लेख) 'सुगनं रजे रञो गार्गी–पुतस विसदेवस'।
3. मजूमदार, एन.सी. : ए गाइड टु स्कल्पचर इन द इण्डियन म्यूजियम, पृ. 14.
4. थापर रोमिला : अशोक तथा मौर्य साम्राज्य का पतन, पृ. 224.
5. थापर रोमिला : वही पृ.224.
6. हर्षचरित, मुम्बई, 1925, पृ. 199.
   प्रज्ञा दुर्बलं च बल दर्शन व्यपदेश दर्शिता शेष
   सैन्य सेनानीरनार्यो मौर्य बृहद्रथं पिपेष पुष्यमित्रः स्वामिनम्।.
7. थापर, रोमिला, वही, पृ. 224.
8. प्रॉसीडिंग्स ऑफ ऑरियन्टल कान्फ्रेंस, मद्रास, पृ. 370.
9. अष्टाध्यायी, 4/1/117.
10. रायचौधरी : प्राचीन भारत का राजनीतिक इतिहास, पृ. 271.
11. युगपुराणः ततः साकेतमाक्राम्य पांचालन मथुरांस्तथा।
    यवनाः दुष्टविक्रान्ताः 'प्राप्स्यन्ति कुसुमध्वजम्। ततः पुष्पपुरे प्राप्ते कर्दमे प्रतिथेहितो।
    आकुला विषयाः सर्वे भविष्यन्ति न संशयः
12. महाभाष्य, 3/2/144.
13. स्मिथ : द ऑक्सफोर्ड हिस्ट्री ऑफ इण्डिया, चतुर्थ सं. 1981 पृ. 138.
14. Rapson E.J. : *The Cambridge History of India,* Vol.1, p. 469. "Unfortunately we cannot be certain as to the river on whose banks the encounter between the *Yavanas* and the *Cungas* took place, but the choice seems to lie between the Kail Sindhu, a tributary of the Charmanvati (Chambal) flowing within a hundred miles of Madhyamika (near Chitor)."
15. कै.हि.आ.ई., पृ. 491.
16. घोष, एन.एन, : भारत का प्राचीन इतिहास, 1962, पृ. 176.
17. टार्न : ग्रीक्स इन बैक्ट्रिया एण्ड इण्डिया, कैम्ब्रिज, 1951.
18. महाभारत, 1/139/21.
19. नारायण, ए.के. : द इण्डोग्रीक्स, ऑक्सफोर्ड, 1957.
20. देखिये महाभारत, दत्तमित्र ख्यातं संग्राम कृत निश्चयम्
    सुमित्र नाम सौवीरमर्जुनोदमयत्छरै।
21. गुप्त, पी.एल., वही, पृ. 100, 'यवनरा (ज) (विमिक) यछति पलव (भार)'.
21a. देखिये, राय चौधरी, वही, पृ. 277–78.
22. घोष, एन.एन., वही, पृ. 177–78.
23. Rapson, E.J. : *The Cambridge History of India.* Vol. I.p. 497.
    "The coins of Menander show a greater varity of types and are distributed over a wider area than those of any other Greeco-Indian ruler. They are found not only in the Kabul valley and the Punjab, but also in the western districts of the United Provinces.......It was most probably under his leadership that *Yavana* armies invaded the midland country."
24. गुप्त, वही, पृ. 46, द्विरश्वमेधयाराजिन सेनापतेः पुष्यमित्र।
25. गुप्त, वही, पृ. 83, कारिते इ (अ) हेलिओदोरण भगवतेन दियस पुत्रेण तख्ख सिलाकेन योन–दूतेन आगतेन महाराजस अन्तलिकितस उपन्ता सकासं रञों× कासी पु. (त्रा) स (भा) गभद्रस त्रातारस।
26. Basilas Soteras Menandroy & Basileas Dikaioy Menandroy.
27. थापर, रोमिला : भारत का इतिहास, पृ. 77.
28. हर्षचरित, 6 मुम्बई, पृ.199
    अतिस्त्री संगरत मनुङ्ग परवंश शुङ्गममात्यो–
    वसुदेवो देवभूतिदासी दुहित्रा देवी व्यच्जनया वीत– जीवितमकारयत।
29. विष्णु पुराण 4/24/39 देवभूति तु शुङ्गाराजानं व्यसनिनं तस्येवामात्यः
    काण्वोवसुदेवनामा तनिहत्य स्वयमवनीं भोक्ष्यति।।

32 शक एवं कुषाण
(Sakas and Kushanas)

उत्तर–पश्चिमी भारत में ईसा पूर्व प्रथम शताब्दी में यूनानी राज्य का अन्त हो गया और उसके स्थान पर मध्य एशिया की शक जाति ने आधिपत्य स्थापित किया। शक वंश के उद्भव का इतिहास बड़ा प्राचीन है। रेप्सन ने शकों के निवास स्थान के विषय में तीन मत रखे हैं। हिरोडोट्स के कथन के आधार इन्हें बैक्ट्रियनों का पड़ोसी कहा जा सकता है। दूसरा स्थान फारस या पर्सिया के ड्रेगनियना (Dragniana) क्षेत्र में हेलमड नदी के किनारे आधुनिक सीस्तान हो सकता है जिसे शकों का निवास या शकस्तान भी कहा है। तीसरे मत के अनुसार समुद्र के किनारे काले सागर के उत्तर में रूसी साम्राज्य की सीमा में बैक्ट्रियन प्रदेश के उत्तरी पश्चिमी भाग में निवास करते थे।[1] **शकों का मूल स्थान–** चीनी ग्रंथ त्यिसेन–हान–शु (Ts'ien Han-shu- या History of the First Danasty) में कहा गया है कि हियंग–नु (Hiung-nu) लोगों ने ता–यूत्शी (Ta-Yue-tehi) पर विजय प्राप्त की। अतः ता–यु–त्शी पश्चिम की ओर बढ़ने को विवश हुए। इस भ्रमण के दौरान वे शकों के सम्पर्क में आए तथा शक लोगों को दक्षिण की ओर चले जाना पड़ा और अन्ततः उन्होंने 'किपिन' पर अपना प्रभुत्व स्थापित कर लिया। रेप्सन ने उल्लेख किया है कि चीनी विद्वानों ने शकों को 'साई' भी कहा है एवं चीनी विश्वकोष 'मा–टालिन' के कथन को उद्घृत करते हुए शकों के **किपिन** में होने का उल्लेख किया।[2] एक अन्य चीनी ग्रंथ भी शकों के किपिन के स्वामी होने का निर्देश करता है।[3]

स्टेनकेनो ने किपिन की एकता कपिशा से स्थापित की है।[4] रेप्सन ने उल्लेख किया है कि, ऐसा माना जाता है कि यवन लोग बैक्ट्रिया से हिन्दुकुश द्वारा ऊपरी काबुल घाटी से आए और बाद में भारत में खैबर दर्रे से आये थे, शक लोग भी उसी मार्ग से भारत आए होंगे।[5]

थॉमस का कथन है कि शक न तो अफगानिस्तान से आए और न कश्मीर से वरन् वे सिन्धु और सिंधु नदी घाटी से होकर आए।[6] मथुरा लॉयन कैपिटल अभिलेख जो भगवानलाल इन्द्र को 1869 ई. में मिला, जिसे 1888 ई. में ब्रिटिश म्यूजियम में रखा गया। इसमें 'सर्वस सकस्तनस पुयए' शब्द मिलते हैं।[7] इसका अभिप्राय 'सम्पूर्ण शक स्थान के पुण्य के लिए' कहा गया है। स्टेनकेनो की मान्यता है कि शक शासकों द्वारा 'दामन' शब्द का प्रयोग ईरानी प्रभाव को दर्शाता है।

हम एन. एन. घोष के शब्दों में कह सकते हैं कि, वे (शक) दक्षिण–पश्चिम की ओर खिसक कर एरियाना (पश्चिमी और दक्षिणी अफगानिस्तान) तथा पूर्वी ईरान में आ बसे। नये आवास स्थापित करने में दो सम्राटों–फ्रेट्स (ई.पू. 138–128) तथा अर्तबेनस (लगभग ई.पू. 128–123) को परास्त करना पड़ा। पार्थिया का दूसरा सम्राट मिथ्रदात द्वितीय (ई.पू. 123–88) बड़ा शूर और प्रसिद्ध सम्राट था जिसने शकों को दक्षिण पश्चिम की ओर खदेड़कर हेलमण्ड घाटी की तलहटी में स्थापित कर दिया, जिसका नाम ही 'शकस्तान' पड़ गया। बाद में वे शकस्तान (सीस्तान) से उठकर बोलन मार्ग से ब्राहुई पर्वतों को लाँघकर सिन्धु के निचले प्रदेश में आ बसे, जिसे भारतीय ग्रन्थकारों ने शक द्वीप एवं ग्रीक भूगर्भवेत्ताओं ने इण्डो–सीथिया कहा है।[8] पेरिप्लस (70–80 ई.) ने निचली सिन्धु घाटी को अपने ग्रन्थ में सीथिया या सीथियनों का क्षेत्र कहा है और पार्थियन लोग इसका प्रतिनिधित्व करते थे एवं मिन्ननगर (मंदसोर या दोहद) इनकी राजधानी थी। 'शकस्तान' के इस नगर की चर्चा इसीडोर ने भी की है।

भारत में शकों के तीन अलग–अलग राज्यों की जानकारी मिलती है। शकों के प्रमुख केन्द्र पेशावर (पुष्पपुर), कश्मीर, मथुरा, उज्जैन, सौराष्ट्र एवं कठियावाड़ और उत्तरी महाराष्ट्र थे। उनके तीन प्रमुख राज्यों में दो उत्तरी भारत में थे, जिनकी राजधनियां क्रमशः मथुरा एवं तक्षशिला थीं। तीसरी पश्चिमी भारत में मालवा एवं काठियावाड़ प्रायद्वीप में थी, यद्यपि मालवा एवं कठियावाड़ में भी अलग–अलग परिवारों का शासन रहा।

मावेज (22 से 20 ई. पू. लगभग) उत्तर–पश्चिम भारत के प्रथम शक शासक को मुद्राएँ एवं अभिलेखों में मावेज (मेउस मोअ या मोग) कहा गया है। मावेज की मुद्राएँ प्रचुर संख्या में मिली हैं। इनमें से कुछ मुद्राओं में दिमेत्र एवं स्ट्रेटो प्रथम की मुद्राओं का अनुकरण देखा जा सकता है। उत्तरी द्वैभाषिक मुद्राओं के आमुख पर ग्रीक भाषा में 'सम्राटों के सम्राट महान मेउस' तथा पृष्ठभाग में खरोष्ठी में 'राजातिराजसमहतस मोउस' अंकित है।[9] विद्वानों की मान्यता है कि तक्षशिला प्लेट का 'मोग' एवं 'मौरा' अभिलेख का 'मोउ' मावेज को ही इंगित करते हैं। रेप्सन ने उल्लेख किया है कि मावेज के अच्छे सिक्के गांधार (तक्षशिला एवं पुष्कलावती) से मिले है।[10] तक्षशिला कॉपर प्लेट से ज्ञात होता है कि छत्रक 'लियाक कुजूलक' एवं उसका पुत्र

'पतिक' दोनों मोग (मावेज) के अधीन थे। इस प्लेट में 78 वर्ष का उल्लेख आया है। इस तिथि का निश्चय न हो पाने के कारण शुरू में विद्वानों में पर्याप्त मतभेद रहा है।

शक एवं पह्लव

भारत में शक राजाओं को प्रान्तीय 'क्षत्रप' कहा जाता था। 'क्षत्रप' शब्द की उत्पत्ति सम्भवतः ईरानियों के 'क्षथ्रपावन' (प्रान्तीय शासक) से हुई प्रतीत होती है। यह शकों एवं पार्थियनों के पुराने सम्बन्धों का प्रतीक है। फारस के बेहिस्तन अभिलेख में क्षत्रपावन का प्रयोग मिलता है, जिसका अभिप्राय 'राज्य का संरक्षक' है।

पह्लव नामों की समानता तथा एक सी क्षत्रप शासन व्यवस्था के कारण भारतीय साहित्य और अभिलेखों में शक एवं **पह्लव** एक साथ प्रायः एक ही अथवा एक जैसी दो विभिन्न जातियों के अर्थ में उल्लिखित हुए हैं। इन दोनों जातियों में परस्पर वैवाहिक सम्बन्ध भी थे। **पह्लव** मूल रूप से पार्थिया– बैक्ट्रिया के पश्चिम व कैस्पियन सागर के दक्षिण पूर्व में स्थित था, के माने गये हैं। यह सेल्यूकस साम्राज्य का सीमान्त प्रान्त था। यूनानी क्षत्रप को मारकर **पह्लव** ने पार्थियन साम्राज्य की नींव रखी। फिर इण्डोग्रीक शासकों को पराजित कर पश्चिम भारत पर काबिज हुए थे। भारतीय ग्रंथों में पार्थियनों **पह्लव** कहा है। इनका नेता गोंदोफर्नीज था। यद्यपि शक पार्थियनों से भिन्न थे किन्तु उनके कुछ के नाम एवं क्षत्रप राजव्यवस्था पार्थियन उत्पत्ति के **चिह्न** हैं। क्षत्रप व्यवस्था की एक विशेषता यह देखी जाती है कि प्रत्येक प्रान्त में दो क्षत्रप रहे हैं, एक महाक्षत्रप दूसरा क्षत्रप जो प्रायः महाक्षत्रप का ही पुत्र एवं उत्तराधिकारी होता था।

तक्षशिला तामपत्र में लियाक कुजूलक की चर्चा 'छहर' तथा वक्षु प्रदेशों के क्षत्रप रूप में की गई। छहर (आधुनिक 'चच') को तक्षशिला के उत्तर पश्चिम में स्थित कहा जाता है। लियाक की मुद्राओं पर इवकृत की मुद्राओं का प्रभाव देखा जाता है। लियाक को तक्षशिला ताम्रपत्र में क्षत्रप कहकर सम्बोधित किया है किन्तु इसके पुत्र पतिक के लिए कोई उपाधि का निर्देश नहीं मिलता।

मथुरा के शक क्षत्रप–राजुल एवं शोडास शक इतिहास के स्रोत–शकों के बारे में पान–कू द्वारा लिखे सिएन–हान–शू (Tsien Han-shu) व फान–ए की पुस्तक हाऊ–हान शू (Hou-Han-Shu) से जानकारी मिलती है। अभिलेखों में राजवुल का मथुरा सिंह स्तंभ, शोडास–मथुरादान पत्र, नहपान का नासिक व जुन्नार लेख व रूद्रदामन गिरनार लेख महत्वपूर्ण है। मथुरा क्षेत्र के क्षत्रपों का उत्तराधिकार, क्षत्रप एवं महाक्षत्रप रूप में मथुरा सिंहध्वज अभिलेख से ज्ञात होता है।[11] टार्न का विश्वास है कि मथुरा के शक मालवा से वहाँ पहुँचे थे।[12] इस शाखा के प्रारम्भिक क्षत्रपों में 'हगामष' एवं 'हगान' अपने सिक्कों से जानकारी में आए। स्मिथ की मान्यता है कि, राजुल (रज्जवुल) उसका उत्तराधिकारी था। उसकी मुद्राएँ एवं अभिलेख मिले हैं। कुछ मुद्राओं में उसके लिए 'अप्रतिहत चक्र क्षत्रप' (जिसका पहिया कोई रोक नहीं सकता) विशेषण का प्रयोग हुआ है, जो पूर्वी पंजाब एवं मथुरा से उपलब्ध हुई है। मथुरा के सिंह शीर्ष अभिलेख से ज्ञात होता है कि वह उस समय क्षत्रप था जबकि पतिक (पडिक एवं तक्षशिला लेख का पतिक) महाक्षत्रप था।[13] स्पष्ट है कि, वह पहले क्षत्रप था एवं बाद में उसने 'महाक्षत्रप' की उपाधि ग्रहण की।

उसका पुत्र क्षत्रप शोडास (सुदास) उसे राज्य कार्य में सहयोग करता था जो बाद में महाक्षत्रप बना।[14] राजुल की कुछ मुद्राओं पर 'राजराज' की उपाधि मिलती है। उसकी मुद्राएँ यूनानी नरेश स्ट्रैटो द्वितीय की मुद्राओं से बहुत अधिक मिलती हैं। राजुल की कुछ मुद्राओं पर मथुरा के पूर्वगामी हिन्दू नरेशों की मुद्राओं का भारी प्रभाव देखा जाता है। मुद्राओं के प्राप्ति स्थानों के आधार पर कहा जा सकता है कि राजुल का राज्य पूर्वी पंजाब से मथुरा तक विस्तृत था।

महाक्षत्रप शोडास राजुल के पुत्र शोडास को अमोहिनी वोटिव आयागपट्ट लेख में महाक्षत्रप कहा है। यदि इसकी तिथि 42 विक्रम सम्वत् में दी गई है जैसा कि रेप्सन की ध ारणा है तो ई. पू. 17–16 के लगभग इसका शासन रहा।[15] शोडासकालीन मथुरा दानपत्र में भी उसे महाक्षत्रप कहकर सम्बोधित किया है। इस तिथी के आधार पर भी (ई. पू. 75–58) 14 ई. में शोडास महाक्षत्रप रहा होगा। सम्भवतः उस समय तक उसके पिता राजुल का निधन हो चुका था। शोडास की मुद्राएँ पूर्वी पंजाब से नहीं मिली हैं। सम्भवतः इस क्षेत्र पर उसका अधिकार नहीं था। मथुरा के क्षत्रपों का पतन कुषाणों के उत्थान के परिणामस्वरूप हुआ। सारनाथ अभिलेख में महाक्षत्रप खरपल्लान और क्षत्रप वनस्पर का उल्लेख हुआ है जो कनिष्क की अधीनता में राज्य कर रहे थे और राज्जुवुल वंश के शक थे।[16]

क्षहरात कुषाण साम्राज्य के दक्षिण–पश्चिमी भाग में क्षहरात भूमक प्रारम्भिक ज्ञात क्षत्रप था। उसकी मुद्राएँ गुजरात, काठियावाड़ और कुछ मालवा एवं राजपूताना के अजमेर प्रदेश से प्राप्त हुई हैं। सिक्कों पर खरोष्ठी एवं ब्राह्मी दोनों लिपियों का प्रयोग दर्शाता कि उसका राज्य न केवल मालवा, गुजरात एवं काठियावाड़, जहाँ ब्राह्मी प्रचलित थी, तक विस्तृत था, बल्कि पश्चिमी राजपूताना एवं सिन्ध प्रदेश, जहाँ खरोष्ठी का प्रचलन था, वहाँ तक फैला हुआ था।

भूमक के विभिन्न प्रकार के सिक्के मिले हैं। भूमक एवं क्षहरात शासक नहपान के सिक्कों के परीक्षण के उपरान्त प्रो. रेप्सन इस निष्कर्ष पर पहुँचे कि भूमक नहपान का अग्रवर्ती था। भूमक के सिक्कों के आमुख भाग को नहपान ने अपने सिक्कों में उल्टा करवा दिया था। रेप्सन ने लिखा है कि सिक्कों के नए गठन एवं उनके आकार–प्रकार से इसमें कोई संदेह नहीं रहता कि नहपान भूमक का निकटतम उत्तराधिकारी था।[17]

क्षहरात राजा नहपान (राजधानी मिन्नगर, (119–124 ई.) क्षहरात वंश का सर्वाधिक प्रभावशाली शासक था। उसका

उल्लेख जैन साहित्य में नरवाहन या नववाहन के रूप में हुआ। क्षहरात क्षत्रपों में वह पहला सम्राट था, जिसने महाराष्ट्र के प्रारम्भिक आन्ध्र शासकों को परास्त कर उस प्रदेश पर अपना आधिपत्य स्थापित किया। प्राप्त मुद्राओं के आधार पर कहा जा सकता है कि शुरू में उसका शासन भड़ौच, काठियावाड़, अजमेर एवं पुष्कर तक सीमित था। किन्तु नहपान की रजत मुद्राएँ बड़ी संख्या में महाराष्ट्र से प्राप्त हुई हैं और नासिक गुहाभिलेखों में उसके साथ दिनक (या दीनक) के पुत्र तथा उसके दामाद उषवदात (ऋषभदत्त) का नाम आया है। इससे प्रतीत होता है कि महाराष्ट्र में शक राज्य का विस्तार नहपान द्वारा किया गया।[18] उसके सिक्कों पर अतिरिक्त उपाधि राजन भी प्रयुक्त हुई है। उत्तर में राजपूताना में अजमेर क्षेत्र एवं दक्षिण में नासिक जिले से नहपान की मुद्राओं की प्राप्ति एवं इन क्षेत्रों से प्राप्त अभिलेखिक प्रमाण उसके राज्य विस्तार को दर्शाते हैं।[19] नहपान के अमात्य आर्यमन का एक अभिलेख जुनार (पुणे) से मिला है एवं कई अभिलेख उसके दामाद (ऋषभदत्त या उषवदात) के नासिक एवं कार्ले गुहाओं में उपलब्ध हुए हैं। ऋषभदत्त नहपान की पुत्री दक्षमित्रा का पति था एवं उसके दक्षिणी प्रदेशों का गवर्नर भी। सरकार ने लिखा है कि इसमें कोई सन्देह नहीं कि गोवर्धन (नासिक), मामल (पुणे) एवं सम्भवतः दक्षिणी गुजरात और उत्तरी कोंकण से भड़ौच तथा सोपारा तक का प्रदेश उसके नियन्त्रण में था।[20] नासिक के अठारहवें गौतमीपुत्र शातकर्णी के गुहालेख से भी इस तथ्य की जानकारी मिलती है।[21] ऋषभदत्त के धार्मिक या परोपकारी कार्यों का विवरण भी आया है।[22] उसके द्वारा किए गए परोपकारी कार्यों के विवरण में कुछ क्षेत्रों का उल्लेख हुआ है—कर्पूर आहार (बड़ौदा राज्य में स्थित कापूर), प्रभास (दक्षिणी काठियावाड़), भृगकच्छ (भड़ौच), दशपुर (मन्दसोर–पश्चिमी मालवा), सुर्पारिक (सोपारा–ठाणें जिला), पुष्कर (अजमेर के निकट), दमन (दमन के पास दामन गंगा), धनुक (थाना में धन) आदि। इसके अतिरिक्त ताप्ति, बरनसा, (चम्बल सहायक बनास), पारदा (सूरत में पार) नदियों का विवरण मिलता है। विद्वानों की मान्यता है कि ऋषभदत्त इन क्षेत्रों में से कुछ में सम्भवतः यात्री के रूप में गया हो किन्तु मालवा, काठियावाड़ गुजरात, उत्तरी कोंकण, मराठा, राजपूताना का अधिकांश भाग एवं सिन्धु नदी घाटी का कुछ भाग नहपान के अधिकार में थे।[23]

तिथिक्रम जैसा विदित है कि, पेरिप्लस ने मेम्बरस की राजधानी 'मिन्नगर' एरियाक (Ariake) स्थित कही है। मिन्नगर को कुछ विद्वान मन्दसोर मानते हैं किन्तु इसका समीकरण दोहद से भी स्थापित किया है।[24] डॉ. जायसवाल की मान्यता है कि नहपान की राजधानी भडौंच थी।[25] नहपान की मुद्राओं के अतिरिक्त उसके अभिलेखों में अलग–अलग वर्ष अंकित हैं, जैसे– 41, 42, 45[26] तथा 46, जुन्नार गुहा अभिलेख में इन तिथियों को उसके राज्यकाल का वर्ष माना गया है किन्तु इतने लम्बे समय तक शासन किए जाने के प्रमाण नहीं मिलते। डीसी सरकार उक्त तिथियों को शक सम्वत् की तिथियाँ स्वीकार करते हैं, जो 78 ई. में प्रारम्भ हुआ था। तद्नुसार महाराष्ट्र में नहपान के शासक की सबसे पुरानी लिखित तिथि 119 ई. निश्चित होती है।[27] राय चौधरी ने भी इस मत का समर्थन किया है।[28] नहपान की अन्तिम लिखित तिथि 46वाँ वर्ष है, जो उसके शासन समाप्ति (46 + 78 = 125 ई.) को इंगित करती है। इस तरह 6 वर्ष की अल्प अवधि में सहसा उसके शासन समाप्ति का प्रधान कारण आन्ध्रवंशीय सम्राट गौतमीपुत्र शातकर्णी का उत्कर्ष रहा है। गौतमीपुत्र शातकर्णी ने क्षहरातों को अपने मूल प्रदेशों से निर्वासित कर अपने वंश की विलुप्त मर्यादा को पुनर्स्थापित किया।

नासिक के निकट जोगलथम्बी निधि में पाई गई बहुसंख्यक रजत मुद्राओं को देखने से ज्ञात होता है कि बड़ी संख्या में मुद्राएँ प्रचलन हेतु पुनर्मुद्रित करवाई गईं। ऐसा प्रतीत होता है कि गौतमीपुत्र शातकर्णी ने नहपान को पराजित किया। नासिक प्रशस्ति में गौतमीपुत्र को 'खखरात–वस–निरवसेस करस' (क्षहरात वंश का नाशक) कहा है।[29] उसके पराभव के बाद सम्भवतः ऊषवदात को अपने श्वसुर के राज्य का स्वामी बनने का अवसर नहीं मिला, क्योंकि उसकी एक भी मुद्रा उपलब्ध नहीं हुई है।

उज्जैन के शक क्षत्रप

चेष्टन (राजधानी–उज्जैन, 78–130 ई.) चेष्टन को कार्दृम वंशी कहा है। 'कार्दृम' शब्द की उत्पत्ति ईरान की कार्दम नदी से प्रतीत होती है।[30] इस परिवार की स्थापना यशोमोतिक के पुत्र चेष्टन ने की। परन्तु अन्धों अभिलेख में उसे स्पष्टतः यशोमातिक कहा है–'राज्ञः चष्टनसयमोतिक पुत्रस राज्ञ रुद्रदामस जयदामपुत्रम।' इस अभिलेख में यशोमोतिक को राजा कहकर सम्बोधित नहीं किया है न ही उसकी कोई मुद्राएँ उपलब्ध हुई हैं। तद्नुसार प्रथम शासक यशोमोतिक का पुत्र चेष्टन था। उसकी प्रारम्भिक मुद्राओं में क्षत्रप तथा परवर्ती सिक्कों में उसे महाक्षत्रप कहा गया। कभी–कभी उसे राजन की संज्ञा भी दी गई है।[31] प्रो. डुब्रील के अनुसार चेष्टन ने 78 ई. में अपना शासन स्थापित किया, जिसके प्रारम्भ के साथ ही शक–सम्वत् की स्थापना की।[32] तद्नुसार अन्धो (कच्छ) अभिलेख का 53वाँ वर्ष इसी सम्वत् का है। इस दृष्टि से 130–131 ई. (78+53) को चेष्टन के शासन का एक वर्ष कहा जा सकता है। सरकार ने भी डुब्रील के मत को उचित मानते हुए इसे शक सम्वत् माना है।[33]

कार्दृमक वंश के संस्थापक चेष्टन को टॉलेमी ने 'टियेस्टेन' (Tiastnce) कहकर सम्बोधित किया है एवं उज्जैन (उज्जेन Ozene) को उसकी राजधानी बताया है।[34] उसकी कुछ मुद्राओं पर प्राप्त 'उज्जैन चिह्न' से इस तथ्य की पुष्टि होती है। उसकी कुछ अन्य मुद्राओं पर चैत्य चिह्न भी देखा गया है। इससे प्रतीत होता है कि उसने सातवाहनों के कुछ प्रदेशों पर

अधिकार कर लिया था।[35] अन्धौ अभिलेख से ज्ञात होता है कि वह कच्छ एवं उसके आस–पास के प्रदेशों का शासक था। उसकी मुद्राएँ जूनागढ़ एवं गुजरात से प्राप्त हुई हैं। ये प्रदेश भी उसके अधिकार में रहे होंगे। रुद्रदामन के जूनागढ़ अभिलेख से जानकारी मिलती है कि उसने (रुद्रदामन) आकर (पूर्वी मालवा), अवन्ति (उज्जैन क्षेत्र), अनूप (मान्धता क्षेत्र अर्थात् आधुनिक माहेश्वर), अपरान्त (उत्तरी कोंकण), सुराष्ट्र (दक्षिणी काठियावाड), आनर्त (काठियावाड) क्षेत्र में द्वारिका को अपने पराक्रम से जीता।[36] सम्भवतः उक्त प्रदेश गौतमीपुत्र शातकर्णी (106–30 ई.) से छीने गए। उस समय वह पितामह के अधीन (क्षत्रप रूप में) शासन करता था।

विद्वानों की मान्यता है कि ''यशोमोतिक के पुत्र राजा चेष्टन और जयदामन के पुत्र राजा रुद्रदामन के शासनकाल में 52वें[37] वर्ष'' पंक्ति से स्पष्ट होता है कि चेष्टन एवं रुद्रदामन ने साथ–साथ राज्य किया। जयदामन ने कभी स्वतंत्र रूप से राज्य नहीं किया था। सम्भवतः अपने पिता के काल में ही उसकी मृत्यु हो गई थी।[38] अतः उसे महाक्षत्रप की उपाधि नहीं दी जा सकी। उसकी मृत्यु के पश्चात् चेष्टन ने उसके पुत्र (स्वयं के पौत्र) रुद्रदामन को अपने राज्य कार्य में सहयोग हेतु क्षत्रप बनाया और चेष्टन की मृत्यु के बाद रुद्रदामन महाक्षत्रप बना।

रुद्रदामन (130–150 ई.) अन्धो अभिलेख से चेष्टन और रुद्रदामन के साथ–साथ शासन करने की जानकारी मिलती है। इस तरह लगभग (52 + 78) 130 ई. मे रुद्रदामन ने सत्ता प्राप्त की होगी। सौराष्ट्र से प्राप्त जूनागढ़ अभिलेख में उसका जीवनवृत्त एवं कार्य विवरण दिया है। इसी पत्थर पर स्कन्दगुप्त का अभिलेख भी अंकित है। अभिलेख में 72वीं तिथि का उल्लेख आया है।[39] जिसे सभी इतिहासकार शक सम्वत् की तिथि स्वीकार करते हैं, अर्थात् (78+72) 150 ई. तक उसका राज्यकाल निश्चित किया जा सकता है। अभिलेख में आया है कि महाक्षत्रप की उपाधि उसने स्वयं ग्रहण की।[40] स्पष्ट है कि उसने कुल की प्रतिष्ठा पुनः स्थापित की जो पूर्व में नष्ट हो चुकी थी। अभिलेख में दक्षिण के स्वामी शातकर्णी के साथ युद्ध का उल्लेख आया है, जिसे दो बार पराजित कर अपना दामाद बनाया।[41]

राय चौधरी की मान्यता है कि इस बात की सम्भावना अधिक मालूम होती है कि पराजित राजा वाशिष्ठपुत्र शातकर्णी स्वयं रहा होगा जो कदाचित पुलुमावी का भाई और पूर्ववर्ती शासक था।[42]

रूद्रदामन का राज्य विस्तार– संभवतः चेष्टन के राज्यकाल के उत्तरार्द्ध में अथवा उसकी मृत्यु के बाद उज्जैन के शकों की राजशक्ति गौतमीपुत्र शातकर्णी तथा उसके पुत्र पुलुमावी के नेतृत्व में उदय के कारण कमजोर हो गई थी। रुद्रदामन को सातवाहनों के साथ संघर्ष करना पड़ा, जिसमें रुद्रदामन ने सातवाहनों को पराजित कर अपने कुल की प्रतिष्ठा स्थापित की।

अभिलेख में स्वाभिमानी एवं वीर योधेयों के साथ लड़ने की चर्चा भी मिलती है, जिनको उसने परास्त किया। 'आयुधजीवी' यौधेयों का पूर्वी–पंजाब में गणराज्य (यौधेय गण) था। पाणिनि ने इनका उल्लेख किया है। यौधोय गण के अनेक अभिलेख, मुद्राएँ, मिट्टी की मुहरें तथा दानपत्र लुधियाना जिले से उपलब्ध हुए हैं, जिनका समय तीसरी सदी ईसवी निर्धारित किया है। सम्भवतः यौधेय गणराज्य का अस्तित्व चौथी सदी ई. तक बना रहा। समुद्रगुप्त की प्रयाग प्रशस्ति में इनका उल्लेख आया है।[43] रुद्रदामन ने यौधोयों को एक वीर जाति कहकर सम्बोधित किया है।[44] सरकार ने लिखा है कि उसने स्वतंत्र राजा के रूप में शासन किया था एवं स्वयं ने महाक्षत्रप की उपाधि धारण की। इसके अतिरिक्त कुषाणों के अधीन होने का कोई प्रमाण नहीं मिलता।[45]

रुद्रदामन के जूनागढ़ अभिलेख में उसके साम्राज्य में सम्मिलित प्रमुख क्षेत्रों का जिक्र आया है।[46] अभिलेख में उल्लिखित स्थानों का निश्चयन इस प्रकार किया जा सकता है:

I. **'आकर'** पूर्वी मालवा में स्थित था, जिसकी राजधानी विदिशा थी।

II. **'अवन्ति'** पश्चिमी मालवा क्षेत्रा था, जिसकी राजधानी उज्जयिनी थी।

III. **'महिष्मति'** अर्थात् मान्धाता प्रदेश को अनूप कहा है।

IV. **'आनर्त'**, उत्तरी काठियावाड़ को कहा गया। इस इलाके के विष्णुपुराण में भी आनर्त कहा है। राजधानी कुशस्थली कही है।

V. **'सौराष्ट्र'**, दक्षिणी काठियावाड़, मुख्य नगर गिरिनगर, जूनागढ़ थे।

VI. **'स्वभ्र'**, साबरमती नदी कांठा का बोधक था।

VII. **'मरु'** मारवाड़ प्रदेश को कहा है।

VIII. **'कच्छ'** आधुनिक कच्छ 'सिन्धु नदी' (सिन्धु) के निचले पश्चिमी प्रदेश का संबोधन है।

IX. **'सौवीर'**, सिन्धु नदी का निचला पूर्वी प्रदेश था।

X. **'कुकुर'**, उत्तरी काठियावाड़ का प्रदेश का बोधक था।

XI. **'अपरान्त'** उत्तरी कोंकण को कहा है।

XII. **'निषाद'** पश्चिमी विन्ध्य एवं अरावली प्रदेश को कहा है।[47]

सौराष्ट्र, कुकुर, अपरान्त, अनूप, अकरावन्ति, गौतमीपुत्र शातकर्णि के अधीन थे।[48] निश्चित रूप से कहा जा सकता है कि इन्हें रुद्रदामन ने गौतमीपुत्र अथवा उसके पुत्र श्री पुलुमावी से हस्तगत किया। प्रशासनिक व्यवस्था रुद्रदामन के अधीनस्थ क्षेत्रों के आधार पर कहा जा सकता है कि शक राज्य 'सत्रपों' में विभक्त था। प्रत्येक सत्रपी में राज्यपाल या क्षत्रप नियुक्त थे। तत्कालीन अभिलेखों एवं प्राप्त मुद्राओं से अनेक 'क्षत्रपों'

तथा 'महाक्षत्रपों' की जानकारी मिलती है। विद्वानों की मान्यता है कि विदेशी शासकों में से कुछ ने वंशानुगत शासन प्रणाली में युगल शासकों की प्रथा को अपनाया अर्थात् शासन का संचालन महाक्षत्रप एवं क्षत्रप ने एक साथ किया। पिता एवं पुत्र के लिए इस प्रकार की शासन पद्धति उपयुक्त साबित हुई।

सुदर्शन झील पर बांध निर्माण रुद्रदामन मात्र विजेता नहीं बल्कि अच्छा प्रशासक भी था। उसके समय सौराष्ट्र प्रान्त में स्थित सुप्रसिद्ध सुदर्शन झील का बाँध टूट गया, जिसे मौर्य सम्राट चन्द्रगुप्त के प्रान्तीय शासक पुष्यगुप्त ने निर्मित करवाया था एवं बाद में सम्राट अशोक के प्रान्तीय शासक तुषास्फ ने छोटी–बड़ी नालियों से जोड़ते हुए सिंचाई की व्यवस्था की।[49] रुद्रदामन ने अपने **पह्लव** शासक सुविशाख द्वारा (जिसके अधीन आनर्त एवं सुराष्ट्र प्रान्त थे) एक नया बाँध का निर्माण करवाया। पूर्व में भी इस झील के बाँध दो बार चन्द्रगुप्त मौर्य तथा अशोक के समय टूट चुके थे। इस बार सुराष्ट्र के राज्यपाल (सुविशाख) ने मरम्मत करवाई थी। बाँध के पुननिर्माण में जो व्यय हुआ वह रुद्रदामन को अपने निजीकोष से देना पड़ा, क्योंकि मन्त्रिपरिषद् ने कार्य की कठिनाई का विचार कर राजकोष से धन खर्च करने की अनुमति प्रदान नहीं की थी। इस विवरण से सम्राट तथा उसके अमात्यों एवं राजकोष पर मन्त्रिपरिषद के नियन्त्रण का सहज ही अनुमान लगाया जा सकता है तथा उसकी वैधानिक स्थिति की जानकारी मिलती है। स्पष्ट है कि रुद्रदामन शासक के कार्यों में विधान का अक्षरशः पालन करता था। शासन संचालन में मन्त्रिपरिषद् की सलाह ही नहीं ली जाती थी, बल्कि परिषद् के सदस्य वांछनीय योग्यता भी रखते थे। उसके सचिव दो वर्गों में विभक्त थे, मतिसचिव (परामर्शदाता) तथा कर्म सचिव (शासक वर्ग)।[50] सुदर्शन झील के पुनर्निर्माण के लिए राजकोष से आर्थिक सहायता देने का मतिसचिवों ने विरोध किया, जिनके परामर्श का उसे सम्मान करना पड़ा।

रुद्रदामन की उदात्त लोकसत्तात्मक भावना का परिचय अभिलेख के इस कथन से मिलता है कि सब जातियों ने मिलकर उसे अपना रक्षक या स्वामी स्वीकार किया।[51] वह प्रजानुरागी नरेश था। यदि सुदर्शन झील का पुनर्निर्माण नहीं किया होता तो सारे प्रान्त में खेती करना सम्भव न हो पाता। उसने अपनी प्रजा से इस कार्य के निमित्त विशिष्ट कर या बेगार (विष्टि) आदि लेने का विचार तक न किया।

राज्याभिषेक से पूर्व उसे समुचित शिक्षा मिली थी। उसे व्याकरण, राजतन्त्र, अर्थशास्त्र, संगीत, न्याय का अच्छा ज्ञान था। उसके सुसंस्कृत होने का ज्ञान इस बात से होता है कि उसकी यह शपथ थी कि युद्ध भूमि के बाहर नर हत्या नहीं करेगा, जिसका उसने आजीवन निर्वाह किया। वह इससे भली–भाँति परिचित था कि राज्य की समृद्धि एवं सुरक्षा के लिए राजकोष की सम्पन्नता आवश्यक है और उसने अपना कोष सोना, चाँदी, मणि, रत्नों से भर दिया।

उसके अभिलेख से ज्ञात होता है कि उसने कई स्वयंवरों में भाग लिया एवं अनेक राजकुमारियों से विवाह किया। विद्वानों की मान्यता है कि शकों का भारतीय समाज में क्रमिक रूप से विलय हो रहा था।[52] कार्द्दम वंश की राजकुमारी के सातवाहन नरेश के साथ विवाह की जानकारी जूनागढ़ तथा कन्हेरी गुहा अभिलेख से मिलती है। उसके इक्ष्वाकु एवं वैशाली के लिच्छिवियों से भी वैवाहिक सम्बन्ध थे। रुद्रदामन के उत्तराधिकारियों के नाम उपलब्ध सिक्कों एवं अभिलेखों के आधार पर इस प्रकार दिए जा सकते हैं। दामजद (दामजद श्री) रुद्रदामन के बाद शासक बना एवं उसका पुत्र जीवदामन हुआ, जिसका समय 198 ई. माना गया है। यह भी कहा गया है कि दामजद का उत्तराधिकारी उसका भाई रुद्रसिंह प्रथम था अर्थात् रुद्रसिंह ने जीवदामन के पहले राज्य किया। इससे रेप्सन के इन कथन की पुष्टि होती है कि दामजद की मृत्यु के पश्चात् चाचा एवं भतीजे में युद्ध हुआ, जिसमें चाचा की विजय हुई। राय चौधरी के अनुसार रुद्रसिंह के पश्चात् उसके पुत्र रुद्रसेन प्रथम, संघदामन, दामसेन को सत्ता मिली। दामसेन के तीन पुत्र– यशोदामन, विजयसेन तथा दामजद श्री महाक्षत्रप बने। उज्जैन के शक क्षत्रपों में अन्तिम रुद्रसिंह तृतीय का उल्लेख हर्षचरित में हुआ, जो कामुक नरेश था। उसे चन्द्रागुप्त द्वितीय विक्रमादित्य ने मारा था। रुद्रसिंह तृतीय के 388 ई. तक राज्य करने की जानकारी उसकी चाँदी की मुद्राओं पर अंकित तिथि से होती है। इस तरह उज्जैन के शक क्षत्रपों का शासन लगभग 250 वर्ष रहा। रुद्रदामन को छोड़कर कोई भी शक नरेश भारतीय इतिहास में विशिष्ट स्थान बनाने में सफल नहीं हुआ।

कुषाण

मौर्योत्तर कालीन बाह्य शासकों में यू–ची प्रजाति महत्वपूर्ण है, जिन्हें बाद में कुषाण कहा गया। इस जाति के नरेशों ने न केवल भारतीयत्व को बहुत शीघ्र आत्मसात् कर लिया था बल्कि इस वंश के सम्राटों ने बौद्ध धर्म के संरक्षक के रूप में महान् दायित्व का भी निर्वाह किया। भारतीय इतिहास में कुषाण काल को विशिष्ट स्थान प्राप्त है।

यू–ची जाति शेन–हांग (**Tsenn-huang**) या तनु हांग (**Tun-huang**) प्रदेश एवं चीनी तुर्किस्तान के कि–लिन (**Ki-lien**) अथवा शिन–सान (**Tien-shan**) क्षेत्र में निवास करती थी। अन्ततः यू–ची वक्षु (**Oxus**) या अमु दरिया की घाटी में जा पहुँचे। वहाँ के शान्तिप्रिय निवासियों, जिनको चीनी ताहिया कहते थे, को परास्त किया। यू–ची इस प्रदेश में रहने लगे। कहा गया है प्रथम सदी ई.पू. के प्रारम्भ में अपना घुमन्तू जीवन का परित्याग कर इन्होंने सोग्दियाना (आधुनिक बुखारा) को अपनी राजधानी बनाया।

सरकार डी. सी., ने पान–कू के 'प्रथम–हान–वंश के इतिहास' के आधार पर लिखा है कि 24 ई. में वक्षु के उत्तर में 'किन–ची' या 'किन–सी' राजधानी थी एवं उसके दक्षिणी

सीमावर्ती क्षेत्र में किपिन स्थित था।[53] इस क्षेत्र में यू–ची पाँच भागों में विभक्त हो गये थे– **हियू–मी** (Hieou-Me) **चांग–मी** (शांग–मी), **कोई–चांग** (कुई–शांग), **हि–तून** (या हिन–थुन) एवं **काओं–फू**। मार्क्वा (Marquart) के अनुसार इन पाँच वर्गों के राज्यों की स्थिति इस प्रकार थी– हियू–मी से अभिप्राय वाक–हान क्षेत्र, चांग–मी से तात्पर्य चित्राल (Chitral) प्रदेश, कोई चांग या कुई–शांग (जो कुषाण कहलाए) का अधिकार चित्राल एवं पंजसीर (गांधार के समीपवर्ती भाग) पर था। तीसरे 'हिन–तुन' परवान एवं पंजसीर का प्रतिनिधित्व करते थे और काओ–फू का सम्भवतः काबुल क्षेत्र पर अधिकार था।

कुजुल–कदपिफसेस (Kujula Kad Phises 15-65 AD) 'फान–ये' के परवर्ती ह्वान वंश के इतिहास से जानकारी मिलती है कि इस विभाजन के प्रायः एक सदी बाद इनके मुखिया (यबगू या यवुग) ने जो कुई–सांग (कुषाण) था, अन्य चारों वर्गों को परास्त कर सबका एक राज्य स्थापित किया। इस राज्य का स्वामी 'क्यू–त्सीओ–किओ' था, जिसका तादात्म्य सिक्कों के 'कुजुल–कद–फाइसिस' के साथ किया जाता है। उसने नान–सी के पार्थिया राज्य पर आक्रमण किया एवं कोफू (काबुल), पोटा (काबुल के निकट अराकोसिया), किपिन (काफिरिस्तान) और उससे लगा हुआ पूर्वी भाग अधिकृत कर लिया। कुजुल–कदफिसेस ने यह विजय अपने राज्यकाल के अन्त में की होगी जब गोंडाफरनिस् की मृत्यु हो चुकी थी। इस पह्लव राजा ने 45 ई. में पेशावर पर राज्य किया था। ऐसा तख्त–ए–बही लेख से ज्ञात होता है।[54] चीनी लेखकों से जानकारी मिलती है कि कुजुल–कदफिसेस 80 वर्ष जीवित रहा।

कुछ मुद्राओं पर हिन्द–यूनानी राजा हर्मियस का आमुख (Obverse) पर बेसिलियस बेसिलिन (Basileus Basileon) ग्रीक लिपि में नाम अंकित है एवं पृष्ठ भाग (Reverse) में खरोष्ठी लिपि में कदफिसेस प्रथम के 'कुजुलकस कुषाण यवगस धरम तिथिस' मुद्रा सम्बन्धी प्रमाणों से ज्ञात होता है कि, उसने अन्तिम यवन नरेश हर्मियस को जो काबुल घाटी में राज्य करता था, परास्त किया और फिर अपने साम्राज्य का विस्तार तक्षशिला तक कर लिया था।[55] कुषाण सरदार (मुखिया) का नाम खरोष्ठी लिपि में बिना राजत्व उपाधि के उत्कीर्ण होना उसकी सहायक स्थिति को इंगित करता है।[56] यद्यपि कुछ विद्वानों ने दोनों के मध्य मैत्री सम्बन्ध होने की कल्पना की है। आर. एस. त्रिपाठी ने लिखा है, ''पहले दोनों राजाओं में मैत्री थी सम्भवतः सम्मिलित शासन भी रहा, जिसके बल पर वे शायद नित्य प्रसारित पह्लव शक्ति के साथ–साथ लोहा लेते थे, लेकिन बाद में कुषाणों ने काबुल घाटी में ग्रीकों का राज्य हड़प लिया।''[57]

कदफिसेस की मुद्रायें कुजुल की कुछ मुद्राओं में 'धर्मतिथ' के स्थान के पर 'सच्च धरम् तिथ' अंकित पाया जाता है। यह उसे नवीन धर्म को स्वीकार करने की ओर संकेत था, सम्भवतः बौद्ध धर्म को।''[58] उसकी परवर्ती मुद्राओं पर राजत्व उपाधि मिलती है– 'महरजस महत्तस कुषहन कुयुल कफस' एवं 'महजरस राजातिरजस कुयुल कफस'। यह इस बात का संकेत है कि उसे स्वतन्त्र सत्ता प्राप्त हो गई थी। उसकी कुछ मुद्राओं पर रोमन प्रभाव देखा जाता है। मुद्राशास्त्रियों की मान्यता है कि रोमन प्रकार का सिर रोमन सम्राट आगस्ट्स (ई.पू. 27 से 14 ई.) टिबरिस (14–37 ई.) एवं क्लाडियस (41–54 ई.) आदि के प्रभाव का बोध कराता है। उसकी ताम्र मुद्राओं पर विशेष रूप से यह प्रभाव देखा जाता है।

विदित है कि चीनी ग्रन्थों में कुजुल–कदफिसेस की 80 वर्ष की आयु होने का विवरण मिलता है। पंजतर अभिलेख जिसमें 122 तिथि (65 ई.) अंकित है, में किसी कुषाण नरेश को महाराज कहा है। यह लेख कुजुल अथवा उसके किसी उत्तराधिकारी का रहा होगा। चीनी इतिहासकार 'फान–ये' ने कुजुल–कदफिसेस का समय चीनी दूत चांग–किन के यूचियों की राजधानी की यात्रा (ई.पू. 125) के लगभग एक शताब्दी से कुछ अधिक समय बाद निर्धारित किया है। अतः उसका काल 15–65 ई. के मध्य निश्चित किया जा सकता है।[59] स्मिथ 77–78 ई. लगभग उसकी अन्तिम तिथि स्वीकार करते हैं।[60] कुजुल के साम्राज्य में बैक्ट्रिया, काबुल घाटी, पूर्वी ईरान एवं गन्धार सम्मिलित थे। उसका साम्राज्य आक्सस नदी से तक्षशिला तक विस्तृत था।

विम कदफिसेस (65–78 ई. लगभग) चीनी इतिहासकारों से जानकारी मिलती है कुजुल–कदफिसेस के बाद उसके पुत्र यन–काओ–चेन (विम कदफिसेस) ने सत्ता प्राप्त की। सिक्कों में उसे 'महाराज उमियम' कवथिस, 'वेम' या 'विम–कडफाइसिस' कहा है।

- भारत (तियन–चिओ) विजय का श्रेय इसी राजा को प्राप्त हुआ। उसके सिक्कों के विस्तृत प्रचलन एवं 'महाराज राजाधिराज जनाधिप' जैसी उपाधियों से प्रमाणित होता है कि उसका अधिकार सिन्धु नदी के पूर्व पंजाब एवं संयुक्त प्रान्त तक था। उसकी मुद्राएँ पंजाब एवं मथुरा से प्राप्त हुई हैं।
- चीनी ग्रन्थ 'हाउ हान–शू' में जिक्र आया है कि उसने 'तिएन–चिओ' (भारत) जीता एवं इन क्षेत्रों का प्रशासन अपने प्रतिनिधि द्वारा संचालित किया।
- लद्दाख में खलत्से नामक स्थान पर 187 तिथि (32 ई.) के लेख में 'उविम कवथिस' नामक राजा का विवरण आया है।
- मथुरा के निकट मॉट से 'राजाधिराज देवपुत्र कुषन पुत्र शहि वेम तक्षम' (विम कदफिसेस) की मूर्ति मिली है।
- कहा गया है कि विम कदफिसेस का राज्य पूर्वी उत्तर प्रदेश के बनारस क्षेत्र तक विस्तृत था।[61] सम्भवतः इसका

आधार यह रहा कि कनिष्क शासनकाल के दूसरे एवं तीसरे वर्ष के लेख कौशाम्बी (प्रयाग) एवं सारनाथ से उपलब्ध हुए हैं। विम कदफिसेस से उत्तराधिकार में ही उक्त प्रदेश कनिष्क को प्राप्त हुए होंगे, क्योंकि राज्यारोहण के दूसरे एवं तीसरे वर्ष में इस विशाल राज्य को विजित करना सम्भव प्रतीत नहीं होता।

- बक्सर (बिहार) से विम की कुछ मुद्राओं की प्राप्ति हुई है। दक्षिण में उसका राज्य नर्मदा तक फैला हुआ था। ऐसी मान्यता है कि शक क्षत्रप उसके अधीनस्थ शासक थे।[62] अधिकांश विद्वान् उसका साम्राज्य विस्तार मालवा, मथुरा, पंजाब, पश्चिमी उत्तर–प्रदेश एवं उत्तर पश्चिम में लद्दाख और गन्धार तक ही स्वीकार करते हैं।

चीन से संघर्ष विम कदफिसेस की विस्तारवादी नीति के फलस्वरूप उसका चीन से भी संघर्ष हुआ। चीनी सेनानायक पान–चावो या पान–चाऊं (Panchao) ने 73 से 102 ई. के मध्य कोथान (कुनलुन के उत्तर में 80° देशान्तर एवं 37° अक्षांश) से विजय अभियान प्रारम्भ किया एवं अपने देश के ध्वज के साथ पार्थिया को पार करते हुए कैस्पियन सागर तक पहुँच गया। स्मिथ ने जिक्र किया है कि, चीनी सैन्य शक्ति का विस्तार कुषाण साम्राज्य के लिए खतरे की घण्टी बन गया था विशेष रूप से विम–कदफिसेस के लिए। फलतः उसने 87 ई. में चीन साम्राज्य से समानता की चर्चा करते हुए चीनी राजकुमारी से विवाह का प्रस्ताव रखा। इस प्रस्ताव को अपनी गरिमा के विपरीत मानते हुए पान–चाओ (सेनानायक) ने कुषाण दूत को गिरफ्तार का वापस भेज दिया। कदफिसेस द्वितीय (विम) ने 70 हजार घुड़सवारों की सेना तैयार की और अपने गवर्नर 'साई' के नेतृत्व में शुंग–लिंग पर्वत श्रृंखला से आगे तक भेजा, किन्तु पान–चाओं ने कुषाण सेना को आसानी से परास्त कर दिया। परिणामस्वरूप कदफिसेस द्वितीय को कर देना पड़ा।[63]

रोम के साथ व्यापार पश्चिम में रोमन सम्राट के साथ विम कदफिसेस के मैत्री सम्बन्ध थे, जैसी उसके तथा मैसोपोटामिया के रोमन शासक के बीच सद्भावना विनिमय की घटना से जानकारी मिलती है। कहा गया है कि इस मैत्री सम्बन्ध की पुष्टि में एक प्रमाण तो रोमन साम्राज्य के साथ, जो उसके राज्य से लगा हुआ था। किसी प्रकार के संघर्ष का अभाव ही है।[64] राय चौधरी ने लिखा है कि कदफिसेस सम्राटों की विजय से भारतवर्ष, चीन एवं रोम साम्राज्य के बीच व्यापार आदि में पर्याप्त उन्नति तथा वृद्धि हुई। सिल्क, मसाले तथा हीरे–जवाहरात के मूल्य के रूप में रोमन साम्राज्य का स्वर्ण भारतवर्ष में प्रचुर मात्रा में निरन्तर आने लगा। स्वर्ण की अधिकता से प्रभावित होकर कदफिसेस–द्वितीय ने सोने के सिक्के प्रचलित करवाए।[65] भारत के व्यापारी चीन से रेशम खरीदकर रोम में भेजते और उसके मूल्य का सोना प्राप्त करते थे। क्लासिकल लेखक रोम मे साथ व्यापार की पुष्टि करते है। प्लिनी के अनुसार रोम प्रतिवर्ष भारत से विलासिता सामग्री मांगने हेतु दस करोड़ सेस्टर्स (Sesosteres) व्यय करता था। (देखिये Ancient India, p 130) उसके द्वारा जारी सोने के सिक्कों पर उल्लेखनीय भारतीय प्रभाव दृष्टिगोचर होता है। जबकि उसके पिता द्वारा जारी किए सिक्कों में रोमन दिनारी की नकल थी, जो रोमन व्यापार की शुरुआत के साथ मध्य एशिया में प्रचलित हो रही थी।[66] यद्यपि स्वर्ण मुद्राओं पर भारतीय प्रभाव था परन्तु उसके द्वारा प्रचलित सोने के सिक्कों का विचार रोमन आरिस (Aureus) से आया तथा मान (मानक) रोमन था।[67]

विम कदफिसेस मुद्रायें कदफिसेस द्वितीय की मुद्राओं के पृष्ठ भाग में प्रायः शिव का अंकन मिलता है एवं खरोष्ठी में **'महरजस राजाधिराज सर्वलोग इसवस' 'महिश्वरम् विमकदफिसस त्रतरस'** अंकित है। 'सर्वलोग इसवस' की व्याख्या में सरकार की मान्यता है कि यह शिव के प्रति समर्पण का प्रतीक है एवं उसके शैव होने को इंगित करता है।[68] कुछ सिक्कों पर 'सोटर–मेगस' नामक कुषाण शासक का नाम देखा जाता है।

यह विचार रखा गया है कि भारतीय प्रदेशों में विम का अर्द्ध–स्वतन्त्र गवर्नर था, जिसका उल्लेख 65 ई. के पंजतर एवं तक्षशिला 79 ई. (136 तिथि) अभिलेख में आया है। विम के अन्तिम दिनों में सम्भवतः यह स्वतन्त्र शासक के रूप में शासन करता था एवं उसने अपना प्रभाव काबुल व कन्धार तक बढ़ा लिया।[69] स्मिथ ने इसका समर्थन करते हुए लिखा है कि कदफिसेस द्वितीय ने लगभग 30 वर्ष तक राज्य किया और भारतीय क्षेत्रों में सैनिक गवर्नर शासन संचालन हेतु नियुक्त किए थे। सोटर–मेगस निश्चित रूप से कदफिसेस द्वितीय से सम्बद्ध था। उसने नाम रहित राजा के सिक्के जारी किए।[70] जॉन मार्शल का मत है कि विम कदफिसेस की मृत्यु के पश्चात् कुषाण साम्राज्य में कुछ अव्यवस्था उत्पन्न हो गई थी। इस काल में ही एक अथवा अनेक गवर्नरों ने सोटर–मेगस के नाम से भारत में राज्य किया। विम कदफिसेस के शासन के लगभग 20 वर्ष पश्चात् कनिष्क का उदय हुआ।[71]

कनिष्क (राजधानी पेशावर, 78–105 ई.)

भारत के कुषाण राजाओं में कनिष्क सबसे शक्तिशाली एवं महान् विजेता सम्राट था। लेकिन इससे भी अधिक महत्व उसके बौद्ध धर्म के संरक्षक होने में है। इस रूप में चन्द्रगुप्त मौर्य की सैनिक योग्यता तथा अशोक का धार्मिक उत्साह दोनों उसे समान मात्रा में उपलब्ध थे।[72] कनिष्क ने सीधे कदफिसेस द्वितीय से उत्तराधिकार प्राप्त नहीं किया। जैसा विदित है कि सोटर–मेगस नामक कोई अज्ञात शासक कदफिसेस द्वितीय का उत्तराधिकारी था।[73] डी. सी. सरकार ने जिक्र किया है कि कनिष्क भी कुषाणों की किसी एक शाखा

का प्रतिनिधित्व करता था। स्मिथ के अनुसार कनिष्क कदफिसेस द्वितीय का पुत्र नहीं था। उसके पिता का नाम वजिहिस्का था जो कि लघु यू–ची प्रजाति का था। इस शाखा के लोग कोथन में निवास करने लगे थे जबकि उसके पूर्वाधिकारी बृहतर यू–ची से सम्बद्ध थे।[74] उसके राज्यारोहण की तिथि विवादस्पद रही है। जिसकी चर्चा जरूरी है।

राज्यारोहण की तिथि एवं शक संवत कनिष्क के राज्यारोहण की तिथि के क्रम में विद्वानों ने भिन्न–भिन्न मत प्रस्तुत किए हैं।

I. फ्लीट कनिष्क को ई.पू. प्रथम शताब्दी में रखते हैं। उनकी मान्यता है कि, कनिष्क कदफिसेस प्रथम एवं द्वितीय का पूर्ववर्ती था। कनिष्क और उसके उत्तराधिकारियों के बाद कदफिसेस प्रथम एवं द्वितीय ने राज्य किया। कनिष्क ने ई.पू. 58 में प्रारम्भ हुए सम्वत् को भी जारी किया था। ह्वेनसांग के विवरण से ज्ञात होता है कि महात्मा बुद्ध ने भविष्यवाणी की थी कि 'मेरे निर्वाण के 400 वर्ष पश्चात् कनिष्क नामक एक राजा होगा।' बुद्ध निर्वाण की तिथि 481 ई.पू. है। अतः कनिष्क की तिथि (481–400) ई.पू. 81 निर्धारित होती है।

- फ्लीट की मान्यता चीनी प्रमाणों के भी विपरीत है।[75] चीनी ग्रन्थों में कदफिसेस प्रथम को बृहतर (यू–ची) का प्रथम शासक एवं कदफिसेस द्वितीय को प्रथम कुषाण नरेश कहा है, जिसने भारत के कुछ आन्तरिक प्रदेशों पर अधिकार किया था।
- कदफिसेस ने बहुत कम स्वर्ण मुद्राएँ प्रचलित की थीं, जबकि कदफिसेस द्वितीय एवं कनिष्क ने बड़ी मात्रा में स्वर्ण मुद्राएँ जारी कीं। कुषाण काल में समृद्धि बढ़ी, जिससे मुद्राओं का विकास ताम्र से स्वर्ण की ओर हुआ। इसके बाद कनिष्क ने पाश्चात्य देशों से बढ़ते हुए व्यापारिक सम्बन्धों को ध्यान में रखते हुए ग्रीक लिपि का उपयोग किया।
- एलन का कथन है कि, कनिष्क की स्वर्ण मुद्राएँ रोमन सम्राट टाइटस (79–81 ई.) की मुद्राओं से समानता रखती हैं। मुद्राशास्त्रियों के अनुसार कनिष्क ने स्वर्ण मुद्राएँ रोमन टाइटस एवं टारजन (98–117 ई.) से पूर्व प्रचालित नहीं कीं।
- यह भी कहा गया है कि एरा अभिलेख में उल्लिखित कनिष्क द्वारा केसर सीजर (Kaisara Caesar) की उपाधि ऑगस्टस (ई.पू. 31 से 14 ई.) की मृत्यु के बाद ही ग्रहण की होगी।[76]
- पुरातात्विक साक्ष्यों से भी फ्लीट के मत का समर्थन नहीं होता है। तक्षशिला के उत्खनन में कनिष्क की मुद्राएँ ऊपरी स्तरों से पाई गई और कदफिसेस द्वितीय एवं प्रथम की क्रमशः निम्न स्तरों से।

II. मार्शल, स्मिथ, स्टेनकेनो आदि कनिष्क के राज्यारोहण की तिथि 125 ई. स्वीकार करते हैं। जॉन मार्शल के अनुसार चिरस्तूप टीले के उत्खनन में चार विभिन्न स्तर पाए गए हैं। सबसे ऊपरी (प्रथम) वासुदेव, दूसरा कनिष्क एवं हुविष्क, तीसरा कदफिसेस द्वितीय एवं प्रथम और चौथा शक, पह्लव से सम्बद्ध है। उसके स्मारकों से भी इस तथ्य की पुष्टि होती है। पाँच प्रमुख नरेशों का क्रम अन्तिम रूप से निश्चित किया जा चुका है। कुषाण सम्राटों का क्रम इस तरह निर्धरित किया है– प्रथम कदफिसेस, द्वितीय, कनिष्क हुविष्क तथा वासुदेव।[77]

किन्तु मात्र उत्खनन से प्राप्त अवशेषों के आधार पर समय का निर्धारण नहीं किया जा सकता। इसके अतिरिक्त कदफिसेस द्वारा किसी सम्वत् को जारी किया जाना प्रमाणित नहीं होता। इस तरह 120 ई. में कनिष्क के राज्यरोहण के सिद्धान्त को स्वीकार नहीं किया जा सकता।

डॉ. आर. जी. भण्डारकर कनिष्क का राज्यारोहण 278 ई. में हुआ मानते हैं। कुछ अन्य विद्वान् 248 ई. निर्धारित करते हैं। दूसरी ओर समुद्रगुप्त के इलाहाबाद स्तम्भ लेख से ज्ञात होता है कि इस क्षेत्र में इस दौरान अनेक गणराज्य स्थित थे।[78] अतः भण्डारकर आदि विद्वानों के मत का समर्थन नहीं किया जा सकता।

III. **78 ई. का सम्वत्:** रेप्सन्, सरकार, राय चौधरी, घोष आदि विद्वानों ने 78 ई. को कनिष्क के राज्यारोहण की तिथि माना है। रेप्सन ने जिक्र किया कि विम कदफिसेस का समय मार्शल द्वारा उपलब्ध तक्षशिला के चिर टीले को खरोष्ठी अभिलेख से निश्चित किया जाता है। अभिलेख में भारतीय 'आषाढ़' माह की पंचम तिथि एवं 136 वर्ष का उल्लेख मिलता है और 58 ई.पू. में एक सम्वत् के प्रतिपादन की चर्चा है। तद्नुसार (136–58) 77–78 ई. को विम कदफिसेस का अन्तिम वर्ष स्वीकार किया जा सकता है। पह्लव राजा पेकार्ज (Pacores) के बाद विम कदफिसेस तक्षशिला का शासक बना था एवं 78 ई. उसका अन्तिम वर्ष और कनिष्क राज्य काल का प्रथम वर्ष था। इसी वर्ष में उसने एक सम्वत् का प्रतिपादन किया, जिसका परवर्ती कुषाणों ने अपने अभिलेखों में उल्लेख किया।[79] शक शासक पहले कुषाणों के अधीन थे एवं इस सम्वत् का प्रयोग करते थे। कुषाणों के बाद भी शक सत्ता कायम रही। इसी कारण उनके लेखों में इस सम्वत् का प्रयोग होता रहा। इस तरह भारतीय परम्परा में कनिष्क सम्वत् का प्रयोग होता रहा। इस तरह भारतीय परम्परा में कनिष्क सम्वत् को शक संवत् नाम मिला।

चीनी लेखकों के विवरणों से ज्ञात होता है कि काबुल घाटी से भारत के उत्तरी–पश्चिमी भाग में कुषाण साम्राज्य का विस्तार कुजुल कदफिसेस ने नहीं बल्कि विम कदफिसेस ने किया था। यह विस्तार 64 ई. पूर्ण हुआ। इसकी पुष्टि पेशावर

जिले में युसुफजाई उपजिला क्षेत्र से प्राप्त पंजतर अभिलेख से होती है। इस अभिलेख में श्रावण माह एवं 122वें वर्ष का उल्लेख है।[80] खरोष्ठी लिपि एवं प्राकृत भाषा के इस खण्डित लेख में श्रावण माह के प्रथत दिन हुरमुज पुत्र मोयिम द्वारा शिव स्थान बनबाने का जिक्र है। यह विक्रम सम्वत् है। इस तरह (122–58) 64 ई. में विम अपनी सीमाओं का विस्तार किया। भारत से **पह्लव** राज्य की समाप्ति 45 से 64 ई. के मध्य हुई। इसके बाद ही कुषाणों ने अपने साम्राज्य का विस्तार किया होगा। **रेप्सन की मान्यता है कि कनिष्क का राज्यारोहण 78 ई. में हुआ एवं इसी वर्ष नए सम्वत् का प्रतिपादन किया जिसका उल्लेख उसके उत्तराधिकारियों ने भी किया।**[81]

चीनी एवं तिब्बती साक्ष्य भी कनिष्क के 78 ई. में शासक बनने एवं एक सम्वत् का प्रचलन करने की सम्भावना को बन्द नहीं करते।[82] राय चौधरी ने रेप्सन एवं सरकार के मत का समर्थन करते हुए लिखा है कि हमारे पास ऐसा कोई प्रत्यक्ष प्रमाण नहीं है, जिससे सिद्ध किया जा सके कि कदफिसेस द्वितीय ने कोई सम्वत् चलाया। इसके विपरीत हमारे पास पूरा प्रमाण है कि कनिष्क ने नया सम्वत् चलाया था जिसे उसके उत्तराधिकारियों ने भी प्रचलित रखा। आज भी हमारे पास सन् 1 से लेकर 99 तक की तिथियाँ हैं।[83] इस तरह हम इस निष्कर्ष पर पहुँचते हैं कि कनिष्क का राज्यारोहण 78 ई. में हुआ और इस अवसर पर उसने एक सम्वत् का प्रवर्तन किया, जिसे शक सम्वत् कहा जाता है।

साम्राज्य विस्तार

कनिष्क के राज्यारोहण के समय कुषाण साम्राज्य में अफगानिस्तान, सिन्ध, बैक्ट्रिया एवं पार्थिया के कुछ प्रदेश सम्मिलित थे। इस प्रकार प्राचीन भारत के सभी साम्राज्यों में कुषाण साम्राज्य की बड़ी महत्वपूर्ण अन्तर्राष्ट्रीय स्थिति थी। इसके पश्चिम में पार्थियन साम्राज्य था एवं रोमन साम्राज्य का उदय हो रहा था। रोमन तथा पार्थियन साम्राज्यों में परस्पर शत्रुता थी और रोमन चीन से व्यापार हेतु एक ऐसा मार्ग चाहते थे जिसे पार्थिया से होकर न गुजरना पड़े। अतः वे कुषाण साम्राज्य से मैत्रीपूर्ण सम्बन्ध रखने के इच्छुक थे। **कनिष्क की पार्थिया पर विजय** कुषाण एवं पार्थिया साम्राज्य की सीमाएँ मिली हुई थीं। दूसरी ओर बैक्ट्रिया पर भी कुषाणों का अधिकार था। व्यापारिक दृष्टि से बैक्ट्रिया की स्थिति बड़ी महत्वपूर्ण थी। यहीं से भारत, मध्य एशिया एवं चीन को व्यापारिक मार्ग जाते थे अर्थात् **'महान् सिल्क मार्ग'** की तीनों मुख्य शाखाओं पर कुषाणों का अधिकार था। यह पार्थिया को सह्य न था। व्यापारिक विकास के लिए वह मध्य एशिया के व्यापारिक मार्गों पर नियन्त्रण चाहता था। इन दोनों कारणों से पार्थिया एवं कनिष्क का युद्ध हुआ। चीनी साहित्य में जिक्र आया है कि ''नान–सी'' के राजा ने देवपुत्र कनिष्क पर आक्रमण कर दिया परन्तु उसे इस युद्ध में सफलता नहीं मिली। कनिष्क ने उसे परास्त कर दिया। ''नान–सी'' का समीकरण पार्थिया से किया जाता है।

महान् सिल्क मार्ग की तीनों मुख्य शाखाओं पर कुषाण साम्राज्य का नियन्त्रण था– **(अ)** कैस्पियन सागर से होकर जाने वाले मार्ग पर **(ब)** मर्व से फरात (यूफ्रेट्स) नदी होते हुए रूम सागर पर बने बन्दरगाह तक जाने वाले मार्ग पर **(स)** भारत से लाल सागर तक जाने वाले मार्ग पर। इस तरह कुषाणों के समय उत्तर–पश्चिम का क्षेत्र भारत का सर्वाधिक महत्वपूर्ण व्यापारिक केन्द्र बन गया।

चीन के विरूद्ध अभियान अभियान कनिष्क का सबसे महत्वपूर्ण युद्ध चीनियों के विरुद्ध हुआ। परिणामस्वरूप उसे काशगर, खोतान प्राप्त हुए। राय चौधरी ने लिखा है कि कनिष्क ही पान–चाँऊ का विरोधी था, क्योंकि हम जानते हैं कि उसने ही चीन से युद्ध किया था। एस. लेवी ने कनिष्क की मृत्यु के सम्बन्ध में जो लोक कथा प्रकाशित की है उसमें एक महत्वपूर्ण तथ्य इस प्रकार दिया गया है, ''मैंने तीन प्रदेशों को जीत लिया है, सभी मेरी शरण में हैं, परन्तु उत्तरी प्रदेश के लोगों ने अधीनता स्वीकार नहीं की है।'' इस घटना से क्या यह निष्कर्ष नहीं निकाल सकते कि उसके उत्तरी पड़ोसी देशों ने ही उसे हराया था।[84]

सम्भवतः कनिष्क अपनी पराजय को भुला नहीं पाया। कश्मीर विजय के पश्चात् पामीर की उपत्यकाओं से होता हुआ वह स्वयं एक दूसरी सेना लेकर युद्ध के लिए जा पहुँचा। इस समय तक पान–चाँऊ की मृत्यु हो गई थी। उसके पुत्र 'पान–यंग' के विरुद्ध उसकी विजय हुई। कुषाण नरेश ने इस तरह पुरानी पराजय का बदला लिया और चीन के एक सामन्त राज्य को जमानत देने को बाध्य किया। कहा जाता है कि इस जमानत में हान सम्राट का पुत्र भी सम्मिलित था। यद्यपि यह अधिक समीचीन नहीं जान पड़ता। जमानत स्वरूप लाए गए राजकुमारों के प्रति विशेष आदर का भाव रखा गया।

ह्वेनसांग के विवरण से ज्ञात होता है कि कनिष्क का साम्राज्य सुंग–लिंग पर्वत के पूर्व में भी विस्तृत था और पीली नदी के पश्चिम में रहने वाली जातियाँ उससे भयभीत हो गईं तथा उन्होंने अपने राजकुमारों को कनिष्क के दरबार में बन्धक के रूप में भेज दिया। उसे संगु–लिंग के प्रदेश मिले, जिसका अभिप्राय चीनी तुर्किस्तान से है, जिसमें यारकन्द, खोतान और काशगर हैं।[85] उल्लेखनीय है कि, कनिष्क के दूसरे आक्रमण और उसकी विजय का वर्णन एकमात्र **ह्वेनसांग** ने ही किया है। डी. सी. सरकार ने चर्चा की है कि, चीनी तुर्किस्तान से खरोष्ठी में विवरण प्राप्त हुआ है जिससे कुषाण शासन के संकेत मिलते हैं। शाही उपाधि देवपुत्र एवं ''कुषाणसेन'' नाम मिलते हैं और खरोष्ठी लिपि एवं प्राकृत भाषा को सम्भवतः कुषाण शासन के दौरान इन क्षेत्रों में प्रचलित किया है।[86]

साम्राज्य सीमाएँ विद्वानों ने कनिष्क के साम्राज्य विस्तार का विवेचन साहित्यिक एवं पुरातात्विक साक्ष्यों के आधार पर करने का प्रयास किया है।

I. कुजुल–कदफिसेस के समय से ही बैक्ट्रिया कुषाण साम्राज्य के अन्तर्गत था। कनिष्क ने इसे विम कदफिसेस से उत्तराधिकार के रूप में प्राप्त किया। बैक्ट्रिया पर कनिष्क के आधिपत्य के कुछ प्रमाण भी मिले हैं। खोतान में एक पाण्डुलिपि उपलब्ध हुई है, जिसमें ''चन्द्र कनिष्क'' को 'बहुलक'' राजा कहा है। 'चन्द्र कनिष्क' का समीकरण कनिष्क एवं बहुलक का तादात्म्य बैक्ट्रिया से किया जाता है। 'वार्दक' (काबुल) अभिलेख से ज्ञात होता है कि अफगानिस्तान के कुछ भाग पर हुविष्क का अधिकार था। सम्भवतः अफगानिस्तान की विजय स्वयं हुविष्क ने नहीं की होगी। यह प्रदेश कनिष्क के समय से ही कुषाण साम्राज्य में चला आ रहा था। तिब्बती मूल के लोगों के काबुल में होने का उल्लेख अल–बरूनी ने किया है।[87]

II. **ह्वेनसांग** के विवरण और अन्य चीनी ग्रन्थों से जानकारी मिलती है कि गान्धार कनिष्क के अधिकार में था जो तत्कालीन कला का प्रख्यात केन्द्र था। इस काल में एक विशिष्ट कला की अनेक कृतियाँ गान्धार प्रदेश से उपलब्ध हुई हैं जिनकी चर्चा हम आगे करेंगे। रावलपिण्डी के पास स्थित माणिक्याल से कनिष्क के 18वें वर्ष का एक अभिलेख प्राप्त हुआ है। (1) राजतंरगिणी से ज्ञात होता है कि कश्मीर कनिष्क के साम्राज्य का एक अंग था। यहाँ उसने कनिष्कपुर नामक नगर की स्थापना की थी एवं एक स्तम्भ भी खड़ा करवाया जो आज भी उसके नाम से विख्यात है। कनिंघम की मान्यता है कि यह नगर के निकट ही था। पाटलिपुत्र से आये अश्वघोष को इसी नगर में ठहराया था। सुई विहार[88] (बहावलपुर) अभिलेख सिन्ध क्षेत्र के कनिष्क के अधीन होने का संकेत देता है।

III. जैदा (पंजाब में उण्ड के समीप) अभिलेख पंजाब में उसके अधिकार को निर्देशित करता है। टॉलेमी का कथन है कि, पूर्वी पंजाब पर कुषाणों का शासन था, उसने पंजाब पर कनिष्क के अधिकार का भी उल्लेख किया है।

IV. उत्तरी भारत में मथुरा, श्रावस्ती, कौशाम्बी एवं सारनाथ से कनिष्क के अभिलेख प्राप्त हुए हैं। सारनाथ लेख में उसके शासनकाल के तीसरे वर्ष का उल्लेख आया है।[89] उसकी मुद्राएँ आजमगढ़, गोरखपुर से प्राप्त हुई हैं। कनिष्ककालीन मूर्तियाँ भी मथुरा, कौशाम्बी, सारनाथ, श्रावस्ती आदि स्थानों से मिली हैं। तिब्बती ग्रन्थों से विदित होता है कि कनिष्क ने साकेत (अयोध्या) के राजा को पराजित किया था। कुछ इतिहासकारों ने बनारस (सारनाथ) तक उसका साम्राज्य विस्तृत होने की सम्भावना व्यक्त की है। यद्यपि कनिष्क की मुद्राएँ बिहार से भी उपलब्ध हुई हैं एवं बंगाल से एक मुद्रा तथा उसके वंशज वासुदेव प्रथम के कुछ सिक्के पाए गए हैं। बंगाल में मुद्राएँ सम्भवतः व्यापार के दौरान पहुँची होंगी।

V. उसके काल की कुछ मुद्राएँ ओडीशा से भी मिली हैं। धर्मपिटक सम्प्रदाय निदान सूत्र से जानकारी मिलती है कि देवपुत्र (कनिष्क) ने 'होआ–चू' (पाटलिपुत्र) पर आक्रमण करके उसके राजा को पराजित किया तथा उससे एक लाख स्वर्ण मुद्राओं की माँग की। राजा ने मुद्राओं के स्थान पर कनिष्क को महात्मा बुद्ध का भिक्षा पात्र प्रदान किया। इसी प्रकार कल्पनाभण्डि टीका के चीनी अनुवाद से जानकारी मिलती है कि कनिष्क ने 'तुंग–तियन–चाउ' (पूर्वी भारत) पर अधिकार कर लिया था। इस प्रकार कनिष्क का आधुनिक उत्तर प्रदेश एवं सम्भवतः बिहार के कुछ भागों पर अधिकार रहा होगा।

V. मध्य भारत में विलासपुर तथा अन्य स्थानों से कनिष्क और उसके उत्तराधिकारियों की मुद्राएँ मिली हैं। साँची से ऐसी मूर्तियाँ प्राप्त हुई हैं, जो मथुरा शैली की हैं तथा उन पर कुषाण राजाओं के नाम उत्कीर्ण हैं। मजूमदार ने दक्षिण में विन्ध्य क्षेत्र तक कुषाण साम्राज्य के विस्तृत होने का उल्लेख किया है।[90] कनिष्क के साम्राज्य में अफगानिस्तान, बैक्ट्रिया, काशगर, खोतान (खुतन) एवं यारकन्द सम्मिलित थे। भारतीय प्रदेशों में पंजाब, काश्मीर, सिन्ध, आधुनिक उत्तर प्रदेश उसके साम्राज्य के अंग थे। **कनिष्क एवं पुरूषपुर (पेशावर)** पेशावर कनिष्क की राजधानी थी जो अफगानिस्तान से सिन्धु घाटी को जाने वाले प्रमुख राजपथ पर स्थित थी। पेशावर (पुरुषपुर) के अनेक भव्य भवनों, सार्वजनिक शालाओं और बौद्ध विहारों से अलंकृत होने की जानकारी मिलती है। विहारों में एक अत्यन्त भव्य विहार बौद्ध तीर्थ के रूप में नवीं सदी तक विद्यमान था। बौद्ध विद्वान् वीरदेव ने उसकी यात्रा की थी जो मगध नरेश देवपाल (लगभग 845–92 ई.) के समय नालन्दा का महास्थविर निर्वाचित किया गया था। उस स्थान पर कनिष्क का बनवाया हुआ लकड़ी का विशाल धातु प्रासाद (धातुओं से निर्मित महल) कई शताब्दियों तक लोगों के कुतूहल और प्रशंसा का भाजन रहा।[91] विहार के साथ एक काष्ठ स्तम्भ भी बनवाया, उसमें बुद्ध की अस्थियाँ सुरक्षित की गईं।

प्रशासन उत्तर में कुषाण साम्राज्य काफी विस्तृत था लेकिन इस वंश के शासक केन्द्रीकृत शासन व्यवस्था की स्थापना नहीं कर पाए जैसी हम मौर्य काल में देखते हैं।

संभवतः सीमान्त प्रदेशों की शासन व्यवस्था हेतु क्षत्रप (गवर्नर) नियुक्त किए गए थे। चीनी इतिवृत्तों से उसके एक प्रान्तीय प्रशासक 'सी' या 'साई' का पता चलता है, जिसे चीनी सेनानायक 'पान–चाऊ' से मोर्चा लेने के लिए सैनिक दल के साथ पामीर पार भेजा था। तीसरे वर्ष के सारनाथ लेख से प्रान्तीय क्षत्रप शासन पद्धति की जानकारी मिलती है।[92]

उक्त लेख से ज्ञात होता है कि उसका खरपल्लान नामक महाक्षत्रप सम्भवतः मथुरा और क्षत्रप वनस्पर बनारस के समीपवर्ती पूर्वी प्रान्तों का प्रशासक था। कनिष्क संवत् 11 (89 ई.) का एक अभिलेख सिन्धु नदी के पश्चिमी तट पर ओहिन्द के पास जेडा नामक ग्राम से मिला है। इस क्षेत्र का क्षत्रप सम्भवतः तक्षशिला लेख में वर्णित महाराज मोअ के चुक्ष प्रदेश के क्षत्रप लियक कुसुलुक का वंशज था। रावलपिंडी के निकट 18वें वर्ष (96 ई.) के मणिक्याल (जिला रावलपिंडी) के अभिलेख में वेशपशि नामक क्षत्रप का जिक्र आया है। गुषण–वंश–वर्धक दण्डनायक (सेनापति) लल की चर्चा भी इसी लेख में हुई है। अन्य प्रान्तों में भी सम्भवतः इसी प्रकार की प्रशासनिक व्यवस्था रही होगी।

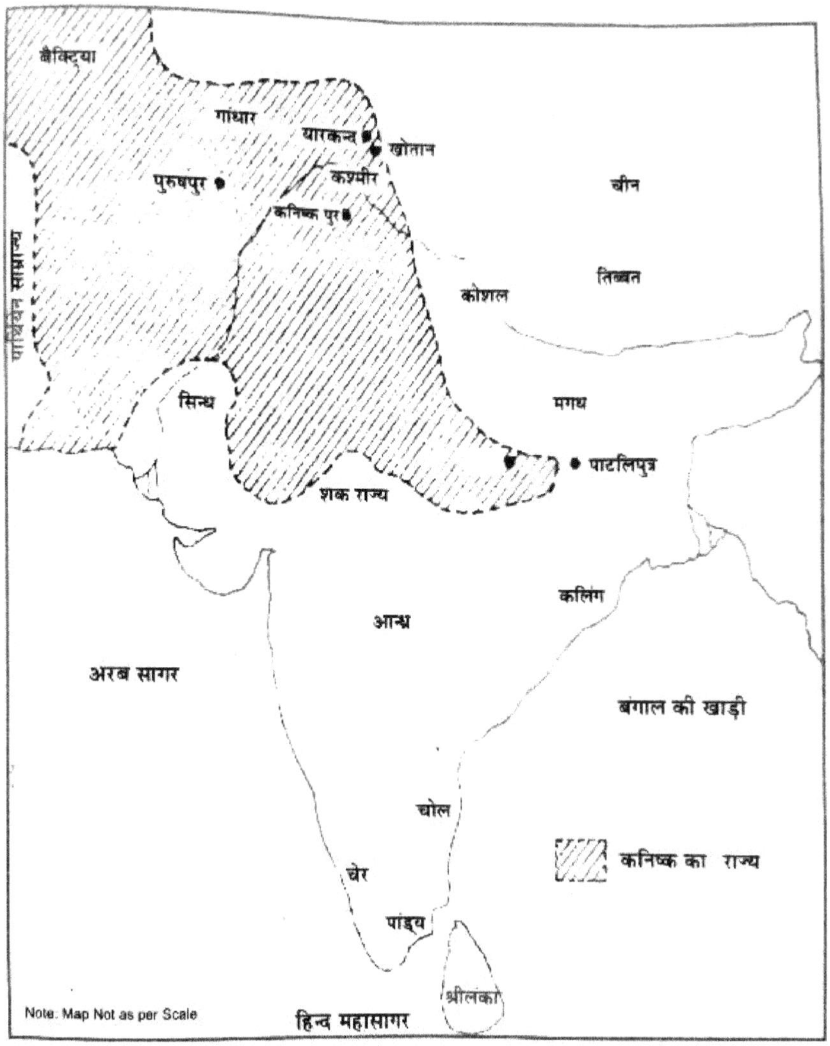

चित्र 32.1 कनिष्क का साम्राज्य (78 ई.–123 ई.)

कुषाणों के शासन काल में मध्य एशिया की घटनाओं के साथ भारत घनिष्ठ रूप से जुड़ा रहा। कनिष्क के एक प्रकार के सिक्कों में यूनानी भाषा में नाम अंकित देखा जाता है जबकि दूसरे प्रकार में ईरानी भाषा में उसकी ताम्र मुद्राओं में एक वेदी पर बलिदान करते दिखाया गया है। रोम के सम्राटों से मिलते–जुलते उसने सोने के सिक्के जारी किए[93] जिनमें एक ओर उसकी आकृति और दूसरी ओर किसी देवी या देवता की है। जैसा की विदित है कि रोमन साम्राज्य एवं पार्थिया के परस्पर अच्छे सम्बन्ध न थे। दूसरी ओर हम पार्थिया एवं कुषाणों के बीच संघर्ष के बारे में भी जानते हैं। किन्तु रोमन साम्राज्य एवं कुषाणों के अच्छे सम्बन्ध रहे होंगे। कुषाण काल में भारत और रोम के बीच व्यापारिक एवं कूटनीतिक सम्बन्धों में वृद्धि हुई। पेशावर स्थित विशाल काष्ठ स्तम्भ के नीचे बुद्ध की अस्थियाँ सुरक्षित रखी गई थीं। यहाँ उत्खनन में अस्थियों से भरी एक सन्दूकची प्राप्त हुई। इस पर उत्कीर्ण लेख से ज्ञात होता है कि यह 'अगिशल' अथवा 'अगेसी लाओस' नामक ग्रीक शिल्पी द्वारा निर्मित हुआ था।[94] स्पष्टतः उस काल में भारत पश्चिमी जगत् से घनिष्ठ रूप से जुड़ा हुआ था। हम जानते हैं कि कुषाण शासक ईश्वर पुत्र (देव पुत्र) कहे जाते थे। शायद यह चीन का प्रभाव था। इसी तरह सिक्कों पर भी रोमन पदवी सीजर को भारतीय रूप देकर ग्रहण किया।

न्यायिक व्यवस्था मौर्यों द्वारा स्थापित न्याय प्रणाली अधिक समय तक बरकरार नहीं रही। कोसंबी लिखते हैं कि अर्थशास्त्र की कठोर न्याय व्यवस्था, जिसने दूसरी सभी न्याय प्रथाओं की अवहेलना की, मौर्यों के बाद जल्दी ही विलुप्त हो गई। धीरे–धीरे पूर्ववत् अलिखित कानूनों का प्रभाव बढ़ा।

यदि साक्ष्य के आधार पर न्यायाध्यक्ष कोई निर्णय नहीं दे पाता तो अग्नि परीक्षा, विष परीक्षा, तप्त लौह परीक्षा आदि का सहारा लिया जाता रहा। पर अपराध स्वीकार करवाने के लिए दी जाने वाली यातनाओं के रूप में इनका इस्तेमाल नहीं होता था। रोमनों की तरह समानता के सिद्धान्तों पर आधारित एक व्यापक और सार्वजनिक न्याय–प्रणाली के लिए जिस आधार की जरूरत थी वह नष्ट हो गया। कहा जा सकता है कि व्यवस्थाकार सर्वमान्य एवं जन हिताय न्यायिक व्यवस्था की स्थापना नहीं कर पाए।

धार्मिक आस्था कनिष्क की प्राप्त मुद्राओं से कनिष्क के धार्मिक विश्वास का स्पष्ट ज्ञान नहीं होता। विद्वानों की धारणा है कि वह अनेक ग्रीक, ईरानी तथा हिन्दू देवताओं का उपासक था। कनिष्क के सिक्कों पर उत्कीर्ण देवता विस्तृत साम्राज्य में प्रचलित विविध धर्मों का निर्देश करते हैं। उसकी मुद्राओं पर केवल ग्रीक लिपि में ही लेख अंकित हैं किन्तु उन पर विभिन्न देवताओं की आकृतियाँ उत्कीर्ण देखी जाती है; जैसे– हेलिओस, सेलिनी, मीइरो (सूर्य), अर्थो (अग्नि), शिव, ननाइयाँ आदि। कुछ असाधारण सिक्कों पर भारतीय वेश में बैठे अथवा ग्रीक वेश में खड़े बुद्ध (बौद्धो) की आकृति अंकित है।[95] बौद्ध ग्रन्थकार कनिष्क के कट्टर बौद्ध होने घोषणा करते हैं। संयुक्त रत्नपिटक के अनुसार प्रारम्भिक कनिष्क रक्त पिपासु नर पिशाच था। बौद्ध धर्म ग्रहण करने के पश्चात् उसमें आमूल परिवर्तन हो गया।

- सूत्रालंकार में विवेचन मिलता है 'किआ–नि–चा' (कनिष्क) की अनुरक्ति एकमात्र बौद्ध धर्म में थी।
- राजतंरगिणी से अनेक बौद्ध विहार बनाये जाने की जानकारी मिलती है। तारानाथ भी कनिष्क के बौद्ध होने एवं बौद्ध धर्म के प्रचार हेतु कार्य करने का उल्लेख करता है।
- **ह्वेनसांग** के विवरण से ज्ञात होता है कि महात्मा बुद्ध ने यह भविष्यवाणी की थी कि मेरे निर्वाण के 400 वर्ष पश्चात् एक राजा होगा जो बौद्ध धर्म का प्रचार करेगा। सम्भवतः पाटलिपुत्र पर अधिकार स्थापित करने के दौरान वह प्रसिद्ध बौद्ध संत एवं लेखक अश्वघोष के सम्पर्क में आया। उनके शील एवं पांडित्य से वह मुग्ध हुए बिना न रह सका। कहा जाता है कि अश्वघोष को वह अपने साथ (राजधानी) ले आया। इस महान्–सन्त के व्यक्तित्व एवं धर्म निर्देशनों से उसकी शंकाएँ दूर हो गईं और उसने बौद्धित्व स्वीकार कर लिया।
- बुद्ध की अस्थियों को सुरक्षित विशाल स्तूप में रखवाना तथा संगीति का आयोजन उसके बौद्ध होने के प्रमाण हैं।
- कनिष्क के तीसरे वर्ष के सारनाथ लेख में उल्लेख आया है कि महाराज कनिष्क के तृतीय वर्ष में भिक्षु पुष्यवृद्ध के साथ भिक्षु बल ने बोधिसत्व की मूर्ति प्रतिष्ठित की। इस अवसर पर महाक्षत्रप खरपल्लान एवं क्षत्रप वनस्पर आदि भी सम्भवतः उपस्थित थे। इससे प्रतीत होता है कि कनिष्क के क्षत्रप व महाक्षत्रप आदि बौद्ध धर्म के विस्तार एवं विकास में सहयोग प्रदान करते थे। स्मिथ की मान्यता है कि कनिष्क की ख्याति उसकी विजयों से नहीं बल्कि बौद्ध धर्म के संरक्षक होने में निहित है।

  बौद्ध ग्रन्थों में अशोक की तरह कनिष्क के बौद्ध होने से सम्बन्धित अनेक आख्यान मिलते हैं। राय चौधरी ने लिखा है कि शाक्य मुनि के धर्म को संरक्षण देने के कारण जितनी प्रसिद्धि उनकी है उसकी विजयों के कारण कदापि नहीं। मुद्राओं एवं पेशावर में पाए जाने वाले लेख के आधार पर कहा जा सकता है कि अपने राज्यकाल के प्रारम्भिक दिनों में ही उसने बौद्ध धर्म अंगीकार कर लिया था। उसने पुरुषपुर अथवा पेशावर में संघाराम और बौद्ध स्तूप बनाकर धर्म के प्रति अपनी निष्ठा एवं उत्साह का परिचय दिया।[96]

बौद्ध संगीति बौद्ध जनश्रुति के अनुसार उसके काल में भी बौद्ध सम्प्रदायों में परस्पर विरोधी सिद्धान्तों का आविर्भाव हो गया था। कनिष्क एक उत्साही बौद्ध बना और इस धर्म की वृद्धि में अपने आदर्श के सहधर्मी अशोक के चरण–चिन्हों पर चला। महायान ग्रन्थों में उसे वैसा ही आदरपूर्ण स्थान दिया गया है जैसा कि हीनयान ग्रन्थों में अशोक को। बौद्ध धर्म में विकसित जटिलताओं को यद्यपि अशोक के समय परिष्कार करने का प्रयास किया था किन्तु इस काल तक आते–आते पुनः कई सम्प्रदायों के विकास से अनेक जटिलताएँ व्याप्त हो गई थीं। बताया जाता है कि धार्मिक अध्ययन में गुत्थियाँ पाकर उसने अपने गुरु पार्शिवक अथवा पार्श्व की अनुमति से इनको सुलझाने के लिए सर्वास्तिवादिन शाखा के 500 भिक्षुओं की संगीति बुलाई।

मंगोलियन बौद्ध साक्ष्यों के आधार पर कहा गया है कि संगीति जालंधर में आयोजित की गई थी जबकि तिब्बती लेखक तारानाथ का कथन है कि इस संगीति की बैठकें कश्मीर में हुई थीं। **ह्वेनसांग** ने जालंधर की यात्रा की परन्तु इसके बौद्ध संगीति स्थल होने का उल्लेख नहीं किया। ताकासुकू ने कश्मीर को **बौद्ध संगीति का स्थल** कहा है। इसका अधिवेशन कश्मीर के कुंडलवन में बुलाए जाने की जानकारी मिलती है। अधिवेशन के कार्य संचालन हेतु वसुमित्र को अध्यक्ष नियुक्त किया था किन्तु उसकी अनुपस्थिति में इस कार्य का सम्पादन अश्वघोष ने किया। अधिवेशन में बौद्ध ग्रन्थों पर अनेक टीकाएँ लिखी गईं। त्रिपिटक पर 'विभाषाशास्त्र' का प्रणयन हुआ और धर्म के ऊपर बड़े–बड़े भाष्य सम्पादित हुए, जिनको ताम्र की चद्दरों पर खुदवाकर एक स्तूप में सुरक्षित किया। इस बार ग्रन्थों के आलेखन हेतु संस्कृत भाषा

प्रयोग में लाई गई। संगीति का दूसरा महत्वपूर्ण कार्य था महायान बौद्ध शाखा को राजधर्म का रूप देना, जिसके प्रचार के लिए कनिष्क उसका संरक्षक बना। कहा जाता है कि, इस अधिवेशन में हीनयान शाखा को भी संगठित करते हुए उसके 18 सम्प्रदायों के विवादों को कम करने का प्रयास किया।

परवर्ती कुषाण शासक कनिष्क के बाद क्रमशः वासिष्क, हुविष्क एवं वासुदेव ने राज्य किया। वासिष्क के दो अभिलेख मिले हैं। एक कैम्पबेल पुर (पंजाब पाकिस्तान) से 6 मील दूर स्थित कामरा से प्राप्त हुआ, यह सम्भवतः 20वें वर्ष का खरोष्ठी लिपि में है। दूसरा 28वें वर्ष का साँची अभिलेख ब्राह्मी लिपि में है। इससे मध्य भारत में मथुरा एवं पूर्वी मालवा पर अधिकार सिद्ध होता है। हुविष्क के समय मालवा तथा सिन्धु की निचली घाटी उसके अधिकार से निकल गई। सम्भवतः उक्त प्रदेश उज्जैन के चेष्टन वंशी शकों के हाथ में चले गए, किन्तु उन्होंने मथुरा, कश्मीर एवं काबुल पर अधिकार बनाए रखा। इन स्थानों से स्मारक एवं आभिलेखिक प्रमाण मिलते हैं। वर्दक में मिले भद्रघट अभिलेख से उसका काबुल पर शासन सिद्ध होता है। कश्मीर में हुष्कपुर नगर की स्थापना हुविष्क ने ही करवाई थी, जो कश्मीर के उसके राज्य में स्थित होने का परिचायक है। उसने मथुरा में एक भव्य विहार का निर्माण भी करवाया था। यह उसके बौद्ध धर्म के संरक्षक रूप को उजागर करता है। उसके 28वें वर्ष (106 ई.) के मथुरा प्रस्तर लेख तथा 51वें वर्ष (129 ई.) का वर्दक भद्रघट लेख हुविष्क के राज्यकाल की दो निश्चित तिथियों को इंगित करते हैं। कनिष्क द्वितीय के राज्य एवं हुविष्क के साथ उसके सम्बन्धों की विस्तृत जानकारी नहीं मिलती है। कुषाण वंश के अन्तिम सम्राट वासुदेव के अभिलेखों में 74 से 98 तक की तिथियाँ मिलती हैं। तद्नुसार 152–176 ई. उसका राज्यकाल निश्चित किया जा सकता है। उसके अभिलेख मथुरा एवं निकटवर्ती क्षेत्रों से मिले हैं। इससे प्रतीत होता है कि कुषाण साम्राज्य के उत्तर–पश्चिम प्रान्त उसके अधिकार से निकल गए थे। उसकी मुद्राओं पर शिव का अंकन देखा जाता है एवं शिव वाहन नन्दी भी उत्कीर्ण है। यह शिव के प्रति अनुरक्ति को इंगित करता है। सम्भवतः उसकी बौद्ध धर्म में आस्था कम हो गई थी और पूर्णतः हिन्दुत्व को स्वीकार कर लिया होगा जैसा उसके नाम 'वासुदेव' से स्पष्ट होता है। कुषाण साम्राज्य वासुदेव के समय से ही टूटना प्रारम्भ हो गया और धीरे–धीरे अनेक राजाओं ने कुषाण साम्राज्य पर अधिकार कर लिया। हम देखते हैं कि तीसरी सदी के अन्त तक इन सामन्ती शासकों का लोप हो गया और उसके स्थान पर उत्तर भारत के बड़े भू–भाग पर गुप्तों एवं नागों ने अधिकार जमा लिया।

सन्दर्भ :

1. रेप्सन, ई.जे : कैम्ब्रिज हिस्ट्री ऑफ इण्डिया, जि. 1, 1955, पृ. 509.
2. कैम्ब्रिज हिस्ट्री ऑफ इण्डिया, पृ. 511.
3. *Annals of The Han Dyansty.*
4. C.I.I. भूमिका, खण्ड 2, भाग 1, पृ. 16.
5. रेप्सन, वही, पृ. 508.
6. जे.आर.ए.एस, 1906, पृ. 216.
7. गुप्त, वही, पृ. 135
8. घोष, एन.एन. वही, पृ. 216
9. कैम्ब्रिज हिस्ट्री ऑफ इण्डिया, पृ. 530.
10. रेप्सन, वही, पृ. 514.
11. गुप्त, पी.एल., वही, पृ. 133-35.
12. ग्रीक्स, इन बैक्ट्रिया एण्ड इण्डिया, पृ. 325.
13. गुप्त, वही, पृ. 134, महक्ष (त्र) वस्य कुसुलअस पदिफस मेव.
14. गुप्त, वही, पृ. 134 महाक्षत्रवस वजुलस्य पुत्र शुडसे क्षत्रवे।
15. *Cambridge History of India*, p.519.
    "Subsequently.... A mohini votive tablet at Mathura which is dated in the second month of winter of the year 42. As the month is, thus, recorded in an Indian style, the era probably also be Indian, and it, as seems likely, it is the era of Azes (58 B.C.). We may conclude that *Cod-asa* was great Satrap in 17-18 B.C."
16. गुप्त, वही, पृ. 147, ये सहा क्षत्रपेण वनस्परेन खरपल्लानेन च सहा।
17. रेप्सन : कैटलॉग ऑफ आन्ध्र काइंस, पृ. 87.
18. सरकार वही पृ. 81.
19. सरकार वही पृ. 180.

20. सरकार वही पृ. 181.
21. देखें, गुप्त, वही पृ. 189.
22. गुप्त, वही, पृ. 202-206. नहपानकालीन नासिक लयण के वर्ष 41, 42, 45 एवं नहपान कालीन कार्ले, अभिलेख।
23. सरकार वही पृ. 181.
24. "फ्लीट, जे.आर.एस. 1912, पृ. 788.
25. जे.बी.ओ.आर.एस., 1930, पृ. 290.
26. गुप्त, पी.एल., वही पृ. 202.
27. *The Age of Imperial Unity, p. 180*
    "As the era seems to be no other than Kanishka's recknoning, i.e." the Saka era of AD. 78, Nahapana very probably floourished about the period A.D. 119.25.
28. राय चौधरी, वही पृ. 359.
29. देखें, गुप्त, वही पृ. 192.
30. देखें, राय चौधरी, वही पृ. 320.
31. द एज ऑफ इम्पीरियल हिस्ट्री ऑफ दक्क्न, पृ. 36.
32. जुवो डुब्रील : ऐन्श्येन्ट हिस्ट्री ऑफ दक्कन, पृ. 36.
33. *The age of Imperial Unity,* p.183.
    "Inscription discovered at Andhau in Kachchha show that in the Saka year 52. (A.D. 130-31) Raja *Chashtana* was ruling jointly with his grandson Raja Rudra-daman."
34. प्राचीन भारत का राजनैतिक इतिहास, पृ. 374; द एज ऑफ इम्पिरियल यूनिटी, पृ. 183.
35. द एज ऑफ इम्पीरियल यूनिटी, पृ. 184.
36. गुप्त, पी.एल., वही, पृ. 208.
37. देखयेए गोयल श्री राम, प्रा. भा. अ. सं. अन्धौ अभिलेख
38. घोष, एन.एन, वही पृ. 235.
39. गुप्त, वही, पृ. 207, गुरुभिरभ्यस्त–नाम्नो रुद्रदाम्नो वर्षे द्विसप्तति (मे)।
40. गुप्त, वही, पृ. 209, स्वयमधिगत–महाक्षत्रप–नाम्ना नरेन्द्र।
41. गुप्त, वही, पृ. 208.
42. रायचौधरी, वही, पृ. 376, सिथियन्थर, आर, हिस्ट्री ऑफ इण्डिया जि. 1 (1952), पृ. 180.
43. भारतीय अभिलेख संग्रह, खण्ड 3, 1974, जयपुर, पृ. 9
44. गुप्त, वही, पृ. 208, वीर शब्द जातोतसेकाविधेयनां यौधोयानां।
45. द एज ऑफ इम्पिरियल यूनिटि, पृ. 185.
46. गुप्त, वही, पृ. 208, पूव्वार्पपराकरावन्तयनूपनीवृदानत –सुराष्ट्र–श्व–भ्र–मरुकच्छ सिन्धु सौ वीर कुकुरापरांत निषादादीना समग्राणां।
47. गुप्त, वही, पृ. 213.
48. गुप्त, वही, पृ. 192, सुरठ कुकुपरंत अनुप।
49. गुप्त, वही, पृ. 208, मौर्यस्य राज्ञः चन्द्रगुप्तस्य राष्ट्रियेण वैस्येन पुष्यगुप्तेन कारितं अशोकस्य मौर्यस्य कृते यवनराजेन तुषास्फेनाधिष्ठाय।
50. गुप्त, वही, पृ. 209.
    महाक्षपस्यमतिसचिव कर्मसचिवैरमात्य
51. गुप्त, वही, सर्व्व वर्णेभिगम्य रक्षण्णर्थ वृतेन।
52. द एज ऑफ इम्पिरियल यूनिटी, पृ. 185
53. वही पृ. 137.
54. Smith, op. cit., p. 147. "He annexed ki-pin, which may be interpreted with good reason as meaning Gandhara, including the kingdom of Taxila to the east of the Indus, where he seems to have succeeded Gonodophernes in A.D. 48."
55. घोष, वही पृ. 242.
56. Sarkar, op. cit., p. 138. "The fact the Kushana chief is mentioned in the Kharoshthi legend without any royal title no doubt points to his subsidiary position to the Greek 'King of king' of Kabul during the early part of his life."

57. त्रिपाठी, आर.एस. : प्राचीन भारत का इतिहास, पृ. 164.
58. सरकार, वही, पृ. 138.
59. वही पृ. 136.
60. *Oxford History of India*, p. 147
61. Smith : *Oxford History of India*, p. 148.
62. *Oxford History of India*, p. 148. "It may be that his power extended southwards as far as the Narbada. The Saka Satraps in Malwa and western India appear to have owned him as their own lord."
    घोष भी यह स्वीकार करते हैं कि पश्चिमी भारत और मालवा के शक क्षत्रपों ने भी कुछ काल के लिए कुषाणों की अधीनता स्वीकार कर ली, वे पुनः कनिष्क के निर्बल उत्तराधिकारियों के समय में जाकर स्वाधीन हो पाए, देखे, वही पृ. 243
63. ऑक्सफोर्ड हिस्ट्री ऑफ इण्डिया, पृ. 148.
64. घोष, वही पृ. 243.
65. रायचौधरी, वही, पृ. 340.
66. थापर रोमिला : भारत का इतिहास, पृ. 80.
67. द एज आव इम्पिरियल यूनिटि, पृ. 139.
68. सरकार, वही पृ. 140.
69. वही, पृ. 141.
70. स्मिथ, वही पृ. 149.
71. मार्शल जॉन : टैक्सला, 69.
72. त्रिपाठी आर. एस. वही पृ. 162.
73. घोष एन. एन. वही, पृ. 249.
74. ऑक्सफोर्ड हिस्ट्री ऑफ इण्डिया, पृ. 149.
75. द एज ऑफ इम्पिरियल यूनिटी, पृ. 114, फुट नोट 2.
76. वही, पृ. 144 फुट नोट 2.
77. स्मिथ, वही पृ. 146.
78. भारतीय अभिलेख संग्रह, पृ. 9. यौधेय–माद्रकाभीर–प्रार्जु न–सनकानीक
79. कैम्ब्रिज हिस्ट्री ऑफ इण्डिया, जि. 1, पृ. 526.
80. कैम्ब्रिज हिस्ट्री ऑफ इण्डिया, जि. 1, पृ. 527.
81. रेप्सन : कैम्ब्रिज हिस्ट्री ऑफ इण्डिया, जि. 1, पृ. 528.
82. सरकार डी.सी. : द एज ऑफ इम्पिरियल यूनिटि, पृ. 146.
83. राय चौधरी, वही पृ. 340.
84. राय चौधरी, वही पृ. 340.
85. स्मिथ : अर्ली हिस्ट्री, पृ. 278.
86. सरकार डी.सी. : द एज ऑफ इम्पिरियल यूनिटि, पृ. 142.
87. सरकार वही, पृ. 149.
88. गुप्त पी.एल. वही, पृ. 151.
89. वही, पृ. 147-48, महाजस्य कणिकस्य, सं. 3 हे 3 दिन 20 (+) 2.
90. मजूमदार, आर. सी. : प्रचीन भारत, 1962, पृ. 105.
91. घोष, वही, पृ. 246.
92. गुप्त, वही, पृ. 148, 'महाक्षत्रपेन खरपल्लानेन सहाक्षत्रपेन वनष्परेन'
93. sarkar, op. cit., p. 144, Foot note 2. "Some numismatists believe the Kanishka's gold coinage was suggested by the Roamn Solidus....the title Kaisare (Caesar) adopted by Kanishka later than Augustus who died in A.D. 14"
94. अग्रवाल वासुदेव शरण : भारतीय कला, पृ. 278.
95. गुप्त, वही, पृ. 147-48.
96. राय चौधरी, वही, पृ. 350.

33 बाहरी विश्व से सम्बन्ध—केन्द्रीय एशिया
(Contact with Outside World-Central Asia)

भारत के केन्द्रीय एशिया, चीन एवं पश्चिमी जगत् से सम्बन्ध व्यापार के माध्यम से स्थापित हुए जो आगे जाकर परस्पर सांस्कृतिक सम्बन्धों में परिवर्तित होते गए। भारत ने इन क्षेत्रों में उपनिवेश स्थापित किए जिसे बृहतर भारत की संज्ञा दी गई। भारत के समान चीन का सांस्कृतिक इतिहास भी बड़ा प्राचीन रहा है। चीन एवं भारत को जोड़ने वाले तीन प्रमुख मार्ग थे– एक मार्ग अफगानिस्तान के पार हिन्दुकुश एवं बैक्ट्रिया होकर मध्य एशिया के माध्यम से चीन की पश्चिमी सीमा तक पहुँचता था। दूसरा मार्ग बर्मा के ऊपरी भाग से चीन के दक्षिणी क्षेत्रों को जोड़ता था। तीसरा समुद्री मार्ग था जो पूर्वीय द्वीपों से गुजरता हुआ चीन तक जाता था। भारत के चीन से सांस्कृतिक सम्बन्ध इन तीन मार्गों से स्थापित हुए। केन्द्रीय एशिया से भारत के सांस्कृतिक सम्बन्धों की श्रृंखला में अफगानिस्तान के अतिरिक्त वर्तमान चीन के पश्चिमी भाग में स्थित खोतान, काशगर, कुचा, आदि क्षेत्रों को सम्मिलित कर सकते हैं।

अफगानिस्तान अफगानिस्तान से भारत के निकट सम्बन्ध रहे हैं। सम्पूर्ण हिन्दू काल में सिन्धु नदी से हिन्दुकुश के मध्य भाग को (वर्तमान अफगानिस्तान) सांस्कृतिक दृष्टि से भारत का अंग माना जाता रहा। ऋग्वेद में कुभा (सुवास्तु की सहायक), क्रुमु एवं गोमती नदियों का उल्लेख आया है, जिनकी एकता क्रमशः काबुल, कुर्रम और गोमल नदियों से स्थापित की जाती है। दशराज्ञ युद्ध में इस क्षेत्र के राजाओं ने भी भाग लिया था, जैसे–पक्थ, अलानीस आदि। पराजित राजाओं में अफगानिस्तान के अलानिस (अलिन), भलानस, शिव, विषाणिन आदि शामिल थे। वर्तमान, पंजाब क्षेत्र के ऋग्वैदिक आर्य अफगानिस्तान से निकट रूप से सम्बद्ध थे। प्राचीन कम्बोज व गांधार राज्य अफगानिस्तान क्षेत्र में स्थित थे जिनकी राजधानी क्रमशः तक्षशिला व पुष्करावती थी। गांधारी (धृतराष्ट्र की रानी) यहीं की थी। पूर्वी अफगानिस्तान को तो प्राचीन काल में भारत का ही अंग माना जाता था और शेष भाग भारत से सांस्कृतिक रूप से जुड़ा रहा। अफगानिस्तान के कई नगर एवं नदियों के नाम संस्कृत भाषा के विकृत रूप हैं। कहा जाता है कि मुस्लिम पठान 'पक्थ' का विकृत रूप है, इस क्षेत्र के निवासियों ने जब इस्लाम धर्म अपनाया तो उन्हें पठान कहा जाने लगा। पुराणों में बाश्कल जनपद का उल्लेख आता है। मुस्लिम आक्रमणकारियों द्वारा इस क्षेत्र के लोगों को मूर्तिपूजक होने के कारण उन्हें काफिर कहा जाने लगा और इस क्षेत्र का नाम काफिरिस्तान हो गया। हिन्दुकुश एवं अमुदरिया (वक्षु नदी) के मध्य क्षेत्र **वाह्लीक** जनपद कहा जाता था। शतपथ ब्राह्मण में, **वाह्लीलक** प्रतीपीय यहां का राजा हुआ था। महाभारत में शान्तनु एवं देवापि को प्रतीपीय का भाई कहा गया है। रघुवंश में **वाह्लीलक** का विवरण आया है। सिकन्दर के आक्रमण के साथ इस क्षेत्र में सांस्कृतिक परिवर्तन हुआ और ग्रीक साम्राज्य का अंग बन जाने से भारतीय प्रभाव थोडा कम हो गया। जैसा पूर्व में उल्लेख किया गया है कि चन्द्रगुप्त मौर्य ने सैल्युकस को परास्त कर इन प्रान्तों को प्राप्त किया था। यहाँ से अशोक के कई अभिलेख प्राप्त हुए। उनमें दो महत्वपूर्ण हैं– पहला दक्षिण अफगानिस्तान के कंदहार से द्विभाषिक अभिलेख (यूनानी–सीरियाई) मिला। दूसरा जलालाबाद के निकट काबुल नदी के उत्तरी तट पर स्थित लमघान से उपलब्ध हुआ जो काबुल संग्रहालय में सुरक्षित था। कहा जा सकता है कि इस्लाम के आविर्भाव से पूर्व इन क्षेत्रों में बौद्ध एवं ब्राह्मण धर्म का प्रभाव बना रहा। यहाँ के शासक भी भारतीय सभ्यता से प्रभावित थे। अफगानिस्तान के प्राचीन शासकों की मुद्राओं, अभिलेखों पर भारतीयता का प्रभाव रहा। वहाँ की कला, धर्म, साहित्य आदि सभी क्षेत्रों में भारतीय संस्कृति की छाप देखी जा सकती है। यद्यपि तालिबान शासक के आदेशों से बड़ी संख्या में प्राचीन मूर्तियों को मार्च 2001 में नष्ट कर दिया गया। हद्दा की खुदाई में कई स्तूपों के अवशेष एवं 500 से अधिक मूर्तियां मिली है। बामियान संस्कृत पाण्डुलिपि व वहां कई भितिचित्र भी मिले है। काबुल के उत्तर में सूर्य मूर्ति व गुप्तकालीन शैली के मन्दिर अवशेष देखे गये है।

सांस्कृतिक एकता को दृष्टिगत रखते हुए टॉलेमी ने इस भाग को भारत का अंग माना था। इसीडोर (चरेकस, प्रथम सदी ई.) ने लिखा है कि कंधार (अराकोसिया) को पार्थियन श्वेत भारत (White India) कहते थे[1]। अबुल फजल ने भी काबुल–कन्दहार को भारत के दो द्वार कहा है। फ्रांसीसी विद्वान् जेम्सडारमेस्टेटर ने लिखा है कि काबुल–सीस्तान

आदि भागों में हिन्दू सभ्यता ईसा की दो शताब्दियों बाद तक प्रचलित थी और इन्हें श्वेत भारत कहा जाता था।

केन्द्रीय एशिया हिन्दुकुश पर्वत शृंखला के पार के प्रदेश भी भारतीय सभ्यता से बहुत अधिक प्रभावित थे। मध्य एशिया के साथ भारत के सम्बन्ध विशेषरूप से सांस्कृतिक थे। केन्द्रीय एशिया के इन राज्यों में बल्ख (बैक्ट्रिया), खोतान, कूचा या कुचर, काशगर (शैलदेश), चौक्कुक (यारकंद), शान–शान (चल्कद) व पोलुकिया (मरूक), अग्निदेश या काराशहर तथा तुफनिया या कोचांग उल्लेखनीय है। इस भाग पर ग्रीक, शक, यूची एवं पार्थियनों का शासन रहा था, जिन्होंने भारतीय धर्मों को स्वीकार किया। इन वर्गों ने आगे जाकर भारत के कुछ भागों पर शासन किया जिसकी चर्चा पूर्व में की गई है। पार्थियनों, यू–चियों, सोग्डियाना एवं मध्य एशिया की कई प्रजातियों में बौद्ध धर्म प्रचलित होने की जानकारी मिलती है।

1. **बल्ख (बैक्ट्रिया)** कहा गया है कि तीसरी सदी ईसवी तक बैक्ट्रियन (बल्ख) अपने को भारतीय मानते थे एवं ऑक्सस नदी को बौद्धों एवं ब्राह्मणों से सम्बन्धित किया है। ग्रीक लेखकों ने उल्लेख किया है कि बैक्ट्रिया में अनेक बौद्ध श्रमण एवं ब्राह्मण रहते थे। चीनी तुर्किस्तान के अनेक स्थलों की हाल की खुदाइयों से भारतीय सभ्यता के प्रसार का पता चलता है। **सरआरेल स्टीन ने 1906–8 में तकला मकान (Takala Makan) मरुभूमि के पार पूर्व की ओर तरिम (Tarim) की घाटी में खुदाई करवाई। आर.सी.मजूमदार ने लिखा है, "कतिपय सुविख्यात प्रकाशनों एवं अपने वृहत् तथा स्मरणीय ग्रंथ (Ser India Inner Most Asia) में सजीवतापूर्वक उन्होंने इन खोजों के परिणामों का वर्णन किया है।"** किसी भी निष्पक्ष पाठक को इन विवरणों के पढ़ने से पता चल जायेगा कि कितनी सम्पूर्णता से भारत की संस्कृति और सभ्यता ने वहां के निवासियों के चरित्र निर्माण में क्या योगदान दिया था।[2] फाहयान व ह्वेनसांग ने मध्य एशिया के लोगों को भारतीयता से प्रभावित माना था।

   मजूमदार ने अन्यत्र लिखा है कि मध्य एशिया में भारतीय संस्कृति के विस्तार को समझने के लिए भारत से मध्य एशिया होकर चीन को जाने वाले व्यापारिक मार्गों का ज्ञान आवश्यक है।

I. एक प्रमुख मार्ग काबुल नदी के साथ–साथ पेशावर एवं हिन्दुकुश (पर्वत) जलालाबाद (नगरहार), बामियाँ होते हुए बैक्ट्रिया तक जाता था। यहाँ (बैक्ट्रिया) से तारिम–बेसिन 30° उत्तर से 85° पूर्व को तीन सड़कें जाती थीं। एक मार्ग 'कुजुल–सु' या 'सुरखाब' एवं पामीर घाटी पार कर काशगर 40° उत्तरी एवं 76° पूर्व की ओर पहुँचता था।

II. एक अन्य उत्तर मार्ग ऑक्सस 41° उत्तर एवं 60° और जरसेस होते हुए ताशकन्द पार कर 'इसिक–कुल' झील तक जाता था।

III. तीसरा दक्षिणी मार्ग बल्ख से बदख्सा, वाखन तक और बाद में 'वाक्जिर दर्रा पार कर या पामीर होते हुए सारीकोल' तक पहुँचता था।

IV. एक छोटा, किन्तु अधिक मुश्किल मार्ग कश्मीर से गिलगिट, यासीन घाटी और वाखन घाटी को मिलाता था।

मध्य एशिया में स्थित **तारिम–बेसिन** को चीनी तुर्किस्तान भी कहा जाता है। कृषि के साधनों के अभाव तथा विपरीत जलवायु के कारण यह कभी भी अधिक जनसंख्या का केन्द्र नहीं रहा। किन्तु तारिम बेसिन व्यापार, राजनीतिक एवं सांस्कृतिक गतिविधियों का केन्द्र रहा है। भारत एवं चीन के मध्य परस्पर सम्पर्क में भी इसकी (मध्य एशिया की) महत्वपूर्ण भूमिका रही है। इसके उत्तरी एवं दक्षिणी अंचल से दो सड़कें पश्चिमी चीन को जाती हैं। दोनों ओर से जाने वाली सड़कों का केन्द्र बिन्दु काशगर था। काशगर से चीन को जाने वाले मार्ग पर कुछ स्थल खोजे गए हैं जहाँ से अनेक मूर्तियाँ और भित्तिचित्र प्राप्त हुए हैं, जो इस तथ्य के प्रमाण हैं कि इस क्षेत्र में अनेक भारतीय बस्तियाँ थीं। यहाँ के भारतीय निवासियों ने अपनी भाषा, धर्म एवं लिपि आदि का परिचय स्थानीय लोगों को करवाया। काशगर (शैलदेश) एवं उसके निकटवर्ती अनेक प्रदेशों में भारतीय उपनिवेश होने का पता चलता है, जैसे सौ–क्यू (चौकु का अथवा यारकन्द), कोटमान (खोतान), दोमोको, निया, दनदान–किलिक, लुआन, खाक, मिरान और उत्तरी मार्ग पर पोलुका या बारुका, कुची (आधुनिक कुचा), येन–की–येन–ची (अग्निदेश), तुर्फान आदि। इन सब क्षेत्रों में बौद्ध धर्म के प्रचलन की जानकारी मिलती है। बौद्ध धर्म के प्रचलन का ज्ञान यहाँ के स्तूपों, बिहारों की प्राप्ति से ही नहीं होता बल्कि प्राकृत एवं संस्कृत में लिखित बौद्ध ग्रन्थों की इन प्रदेशों से उपलब्धि भी इस तथ्य को प्रमाणित करती है।

इस क्षेत्र में कम दूरी पर सूचना भेजे जाने हेतु लकड़ी की पट्टिकाएँ प्रयोग में लाई जाती थीं। राजकुमारों की नियुक्ति, सुरक्षा व्यवस्था, सेना के एक स्थान से दूसरे स्थान पर सूचना भेजे जाने हेतु चमड़े एवं कागज आदि का भी प्रयोग किया जाता था। सिल्क पर प्राकृत भाषा में अंकित लेख भी इस क्षेत्र से प्राप्त हुए हैं। यह भी महत्वपूर्ण है कि अभारतीय भाषाएँ भारतीय भाषा में लिखी गईं। इस तरह के पत्र जिनके द्वारा लिखे गए, उनके नाम भी भारतीय प्रकार के थे, जैसे– भीम,

बंगुसेन, नन्दिसेन, सामसेन, सीताका, उपजीव, आदि। कुछ अधिकारियों के नाम भी भारतीय प्रकार के रहे हैं, जैसे – 'चर' (जासूस) 'दूत' (राजदूत) लेखाहारक (Letter Carrier) राजद्वार पुरष्ठित (President of Royal Court) आदि। यहाँ से जो पत्राादि प्राप्त हुए हैं वे ईसा की प्रारम्भिक चार शताब्दियों के हैं।[3]

2. **खोतान**– खोतान भारतीय उपनिवेशवाद का महत्वपूर्ण केन्द्र था। एक खरोष्ठी अभिलेख में खोतान राजा के लिए 'महाराज राजाधिराज देव विजित सिंह' विरुद का प्रयोग किया गया। यहाँ से 40 सिक्के प्राप्त हुए हैं जिनके आमुख भाग पर चीनी लेख तथा पृष्ठ भाग पर भारतीय प्राकृत या खरोष्ठी लिपि में लेख अंकित हैं। पुरातात्विक साक्ष्यों से खोतान में भारतीय उपनिवेश एवं इस क्षेत्र का भारतीयों द्वारा शासित होना प्रमाणित होता है। तिब्बती साहित्य में इस तरह के भारतीय राजाओं की लम्बी सूची मिलती है। स्टेनकेनो ने लिखा है कि अशोक के पुत्र कुस्तन ने खेतान में राज्य स्थापित किया। कुस्तन के पुत्रा 'यी–लू–ला' ने इसे अपने राज्य की राजधानी बनाया। चीनी ग्रन्थों के अनुसार 'यू–लिन' प्रथम सदी ई. का शासक था। यी–लू–ला का पुत्र **'विजित सम्भव'** उसका उत्तराधिकारी बना। वह अत्यन्त शक्तिशाली राजा था, जिसने निरन्तर युद्ध किए। अन्त में वह बौद्ध बन गया था। **विजित धर्म** के बाद विजित सिंह उसका उत्तराधिकारी बना। उसके बाद उसका पुत्र **विजितकीर्ति** शासक हुआ जिसने भारत के विरुद्ध युद्ध छेड़ा एवं साकेत को जीत लिया।

   दूसरी ओर हमें बौद्ध स्रोतो से पता चलता है कि अशोक का पुत्र कुणाल अपनी दूसरी माता से बचकर (वेश बदलकर) भारत से चला गया एवं खोतान का राजा बना। कहा जा सकता है कि पहली सदी ई. में भारतीय राजाओं ने खोतान में राज्य स्थापित किया। उनका सम्भवतः कुषाण राजाओं से सम्पर्क भी था। केन्द्रीय एशिया (मध्य एशिया) में गोमती विहार बौद्ध शिक्षा का सबसे बड़ा केन्द्र था। **गोमती विहार**– मध्य एशिया में सबसे प्रसिद्ध मठ गोमती विहार था इसके कुलपति आचार्य बुहदसेन थे। धर्म प्रचारार्थ विद्वान बोरोचन कश्मीर से यहां आये थे एवं अनेक नये विहार बनवाये। यहां चीन से बौद्ध धर्म की शिक्षा ग्रहण करने के लिए बड़ी संख्या में लोग आते थे। इस विहार में अनेक बौद्ध ग्रंथों की रचना की गई। गोमती विहार 3000 भिक्षु रहते थे। फाहयान ने इस विहार को देखा था। जो लोग भारत आने में असमर्थ थे, वे खोतान के इस केन्द्र में बौद्ध धर्म की शिक्षा प्राप्त करते थे। **नव विहार**– खोतान का अन्य प्रसिद्ध मठ जो 80 वर्ष में बनकर तैयार हुआ था जिसकी ऊँचाई लगभग 100 फीट थी फाहयान के अनुसार तुर्किस्तान के छः राजाओं ने अपनी सम्पूर्ण सम्पत्ति इन विहारों को अर्पित कर दी थी। खोतान से अनेक बुद्ध मूर्तियां मिली है। राजा बिजित संभव के गुरू आचार्य बोरोचन (कश्मीर से आये) व विजयवीर्य के गुरू भिक्षुबुद्ध थे। यहां के सभी खोतान शासक ''विजय'' शब्द लगाते थे। खोतान से प्राप्त सिक्कों, अभिलेखों व पाण्डु लिपियों से स्पष्ट होता कि तीसरी सदी तक शासन के सभी कार्य भारतीय भाषा व लिपि में होते थे। खोतान से प्राप्त लेख 'खरोष्ठी' में 'महाराज देव विजित सिंह' का जिक्र है। वहां कई मकानों के आगे स्तूप बनाने का रिवाज था। उन दिनों वहां 14 बड़े विहार थे।

3. **कुच्चा** चीन में सिल्क मार्ग पर स्थित तकला मकान मरुस्थल के उत्तरी किनारे पर कुच्चा स्थित है। भारतीय उपनिवेश आधुनिक कुच्चा (42° उत्तर एवं 82.5° पूर्व) में था, जिसे 'कुच्ची' भी कहा जाता था। इस क्षेत्र के राजाओं के नाम स्वर्णपुष्प, हरिपुष्प, हरदेव, स्वर्णदेव आदि मिलते हैं। यहाँ अनेक बौद्ध विहार भी थे। राजाओं द्वारा प्रारम्भिक काल में ही बौद्ध धर्म को अपना लिया गया था अतः इस क्षेत्र की सम्पूर्ण संस्कृति बौद्धमय हो गयी थी। स्थानीय लागों को कई उपायों द्वारा संस्कृत की शिक्षा दिए जाने की जानकारी मिलती है।

4. **कराशहर या अग्निदेश** इसी तरह कराशहर या कर्शर भी महत्वपूर्ण भारतीय उपनिवेश था, जिसे अग्निदेश कहा जाता था। यहाँ के राजाओं द्वारा अपने नाम के अन्त में अर्जुन लगाने की परम्परा बन गई थी, जैसे– इन्द्रार्जुन, चन्द्रार्जुन आदि। इस केन्द्र ने भी बौद्ध धर्म के विस्तार में विशिष्ट योगदान दिया। यह भी उल्लेखनीय है कि, अनेक बौद्ध ग्रन्थ इन प्रदेशों से प्राप्त हुए हैं। बौद्ध शिक्षा का महत्वपूर्ण ग्रन्थ 'धम्म पद' खोतान से 13 मील दूर एक स्थान से प्राप्त हुआ है। इसी प्रकार बौद्ध धर्म के सर्वास्तिवादी सम्प्रदाय का ग्रन्थ 'उदानवर्ग' भी, जहाँ से धम्म पद प्राप्त हुआ था, मिला है। उदानवर्ग के खण्ड भी भारत में उपलब्ध नहीं थे। यह भी सर्वाधिक महत्वपूर्ण बौद्ध ग्रंथ धम्मपद (प्राकृत भाषा) की प्रतिलिपि के साथ मिला है। अश्वघोष का 'सारिपुत्र प्रकरण' नाटक भी तुर्फान से प्राप्त हुआ। तुंग हुआंग में खोतानी भाषा में वज्रच्छेदिका, प्रज्ञापारमिता, अपरिमितायुसूत्र आदि ग्रंथों की हस्तलिखित प्रतियां प्राप्त हुई हैं। मातृचेता कवि के ''चतुःशतक'' और 'शत पंचाशतक' दो प्राचीन स्रोत्र अग्नि देश से प्राप्त हुए हैं।[4]

मध्य एशिया न केवल बौद्ध धर्म का ही महत्वपूर्ण केन्द्र था बल्कि ब्राह्मणवाद भी वहाँ लोकप्रिय था। यह तथ्य बखाना के सामन्त के उल्लेख से प्रमाणित होता है, जिसने मथुरा आकर विशेष रूप से ब्राह्मणों के लिए धर्मादा बनाया। ब्राह्मण धर्म से सम्बद्ध अनेक देव मूर्तियाँ भी मध्य एशिया से प्राप्त हुई हैं। कराशहर में संस्कृत की कांतत्रव्याकरण का उपयोग किया जाता था। चौथी सदी में वहां अनके मन्दिर व स्तूप विद्यमान थे। बुद्धस्वामी विहारों का संचालन करते थे। राजकीय महलों में स्थापित बुद्ध मूर्तियों की पूजा होती थी। आचार्य कुमारजीव कशमीर से कूची गये एवं 401 ई. में चीन पहुँचे। 401 से 412 ई. उन्होंने 106 ग्रंथों का चीनी भाषा में अनुवाद किया। इस सन्दर्भ में ताजिकिस्तान से उपलब्ध लेख उल्लेखनीय हैं जो पश्चिमी तुर्किस्तान के खोतानी–शक प्रलेखों में आया है। जैसा मजूमदार ने भी उल्लेख किया है कि मध्य एशिया में बौद्ध धर्म का प्रसार कुषाणों से बहुत पहले हो गया था। अतः तुखारिस्तान का बौद्ध धर्मशास्त्री घोषक कनिष्क के काल में आयोजित बौद्ध संगीति में उपस्थित रहा था।

निष्कर्ष

बौद्ध धर्म के अतिरिक्त ब्राह्मण देवताओं के नामों से परिचय होने की जानकारी मिलती है। डिमीटर एवं गिसेन को बलराम एवं कृष्ण माना जाता है। शैव मत से भी लोग परिचित थे। विम कदपिफसेस के समय से ही ब्राह्मण देवों का अंकन सिक्कों पर किया जाने लगा था। इस प्रकार भारतीय सभ्यता एवं संस्कृति का प्रसार मध्य एशिया के विशाल भू–भाग में कुषाणों से पूर्व ही होना प्रारम्भ हो गया, जो तीसरी सदी ई. तक अपनी पराकाष्ठा पर थी।

संदर्भ

1. मजूमदार आर.सी., द एज ऑफ इम्पिरियल यूनिटी, पृ.636.
2. मजूमदार आर.सी., वृहत्तर भारत, 1991, पृ.9.
3. मजूमदार आर.सी., वृहत्तर भारत, पृ.8.
4. देखिये डॉ. हेबालकर, शरद, कृण्वन्तो विश्वमार्यम, पृ.171.

34 नगर केन्द्रों का विकास एवं अर्थव्यवस्था

(Growth of Urban Centres and Economy)

मौर्योत्तर काल में भारतीय व्यापार विश्व व्यापार से जुड़ गया। इस क्षेत्र में तरक्की के फलस्वरूप मुद्रा प्रणाली में भी विशिष्टता का समावेश हुआ। ई.पू. और ईसवी सदी के प्रारम्भ में रोम से आने वाले सोने का बड़ी मात्रा में व्यापारिक लेन–देन में प्रयोग किया जाने लगा। इसी दौर में पश्चिमी जगत् में स्वर्ण मुद्राओं का प्रचलन हुआ था। भारतीय राजाओं ने परस्पर व्यापार में सुविधा एवं अन्य राष्ट्रों की तुलना में राष्ट्रीय 'मान' को बनाए रखने के लिए सोने के सिक्के जारी किए। व्यापारिक विकास के साथ मौद्रिक व्यवस्था में परिवर्तन एवं बड़ी तादाद में प्रचलन इस युग का विशिष्ट लक्षण रहा है। इस काल से सम्बन्धित बड़ी संख्या में मुद्राओं की प्राप्ति न केवल समृद्धि का प्रतीक है बल्कि व्यापारिक गतिविधियों के विस्तार को दर्शाती है। विदेशों में भारतीय माल की माँग बढ़ती जा रही थी। रोमन साम्राज्य के अन्तर्गत पूर्व के उत्पादों, जैसे–गर्म मसाले, सुगन्धित लकड़ी, रेशमी एवं अन्य वस्त्रों की काफी माँग थी। इसी प्रकार उत्तर हान साम्राज्य ने व्यापारियों को प्रोत्साहन दिया, जिसके कारण भारत, मध्य एशिया तथा चीन के बीच सम्पर्क बढ़ता गया। बढ़ते विदेशी व्यापार ने स्थानीय आभूषण निर्माताओं, वस्त्र उत्पादकों एवं कृषकों को कई तरह की व्यापार योग्य सामग्री के उत्पादन को प्रेरित किया। इस काल की व्यापारिक गतिविध्यिों की चर्चा करने से पूर्व शहरी केन्द्रों की चर्चा करना उचित होगा।

शहरी केन्द्रों का विकास पुरातात्विक स्थलों के उत्खनन से प्राचीन नगरों के अवशेष प्राप्त हुए हैं। तक्षशिला (आधुनिक इस्लामाबाद से 30 किमी. उत्तर–पश्चिम में) के उत्खनन में मौर्य काल के अवशेष प्राप्त हुए हैं। सर जॉन मार्शल ने 1913 ई. में इसकी खुदाई प्रारम्भ करवाई थी जो दो दशक तक चलती रही। पक्की ईंटों का प्रयोग किया जाता था। गोलाकार इमारतें अर्द्ध–वृत्ताकार ईंटों से बनाई जाती थीं।

यमुना के किनारे पुराना किला, मथुरा एवं कौशाम्बी जैसे नगरों के अवशेष भी प्राप्त हुए हैं। अहिच्छत्रा (जिला बरेली) उत्तरी पांचालों की राजधानी थी। वाराणसी कपड़ा उत्पादन एवं हाथी दाँत का महत्वपूर्ण केन्द्र था। वैशाली (उत्तरी बिहार स्थित आधुनिक वैशाली) से भारी संख्या में मुहरें आदि प्राप्त हुई हैं जो व्यापारिक गतिविधियों को इंगित करती हैं। तामलुक तथा चन्द्रकेतू गढ़ बंगाल के प्रमुख व्यापारिक केन्द्र थे। मध्य–पश्चिमी भारत में उज्जैन मनका उत्पादन के लिए विख्यात था।

नगरीय व्यवसाय एवं शिल्प कई तरह के शिल्पों का विकास इस काल की खास पहचान है। मिलिन्दपन्हो में 75 विभिन्न उद्योगों का उल्लेख है, जो 60 अलग–अलग व्यवसायों से सम्बन्धित हैं। इस ग्रन्थ में वर्णित व्यवसायों में से 8 सोना, चाँदी, ताँबा, टिन, सीसा, पीतल, लोहा आदि धातुओं से सम्बन्धित थे। पंतजलि के महाभाष्य से भी अनके शिल्पों का ज्ञान होता है। स्वर्णकार, बढ़ई (वधकी), माली (मालाकार), बाँस की टोकरी निर्माता (बेसकार), गांधिक, मछुए (धानक), कुम्हार (कुलाल), लुहार, धनुष निर्माता (धनुष्कार), रंगरेज (रजक) आदि व्यवसायों से सम्बन्धित लोगों के गाँवों में निवास करने का उल्लेख मिलता है। कपड़ा बनाना महत्वपूर्ण दस्तकारी कला थी तथा सूती कपड़े भारत से निर्यात किए जाते थे। **मथुरा, वाराणसी आदि कपड़ा उत्पादन के प्रमुख नगर थे।** उत्तर में उज्जैन मनके बनाने का मुख्य केन्द्र था, यहाँ मनके अर्द्ध–बहुमूल्य पत्थरों, काँच, हाथी दाँत तथा से मिट्टी के बनाए जाते थे। उत्तर में अनेक नगरों में इनकी बड़ी माँग थी। अफगानिस्तान के प्राचीन कपिसा में हाथी दाँत से निर्मित आकृतियाँ भारी संख्या में प्राप्त हुई हैं। वास्तुकला का विशेष विकास इस काल की प्रमुख विशेषता रही है। शुंग काल में भरहुत, बोधगया और साँची कला के प्रमुख केन्द्र थे। वास्तु कलाकारों ने न केवल स्तूपों का निर्माण किया बल्कि मन्दिर, प्रासाद एवं भवनों का निर्माण भी बड़ी संख्या में हुआ। कात्यायन ने शिल्पियों के लिए 'कारि' शब्द का प्रयोग किया है। अपने कार्य में कुशल एवं प्रवीण शिल्पी 'राजशिल्पी' के रूप में राजा से सम्मान प्राप्त करते थे। इस समय वास्तु शिल्प इतना अधिक विकसित हो गया था कि एक प्रासाद को बनाने में 18 शिल्पों के जानने वाले कर्मकारों के काम करने की चर्चा मिलती है। सम्भवतः इन नगरीय शिल्पकारों में मूर्तिकार, वास्तुशिल्पकार, चित्रकार, जौहरी, लुहार, बढ़ई, स्वर्णकार आदि रहे होंगे। मूर्तिकला का विकास मौर्य काल में ही हो गया था। इस युग में उत्कृष्ट मूर्तियों का निर्माण सम्भव हुआ। कुषाणकालीन मूर्तिकारों को पश्चिमी जगत् के कलाकारों ने प्रभावित किया था।

टकसाल कला इस काल की एक महत्वपूर्ण देन टकसाल कला में विकास होना है। भारत में स्वर्ण मुद्राओं का प्रचलन कुषाणों से प्रारम्भ होता है। कुषाणों से पूर्व ईरानी सम्राट डेरियस ने सोने के सिक्के डेरिक (Daric) तथा चाँदी के 'सिगलाय' (Sigloi) का प्रचलन किया था। लेकिन इन मुद्राओं का प्रचलन सुदूर पश्चिमोत्तर भारत के उस छोटे से प्रदेश तक सीमित रहा, जहाँ ईरानी आधिपत्य स्थापित हो गया था। कुषाण शासक विम कदफिसेस द्वारा स्वर्ण मुद्राओं का प्रचलन अपने आप में एक महत्वपूर्ण घटना है। इसका बहुत कुछ श्रेय तत्कालीन रोम के साथ भारत के व्यापारिक सम्बन्धों को जाता है। रोम के साथ व्यापारिक सम्बन्धों के कारण बड़ी मात्रा में रोमन स्वर्ण मुद्राओं का भारत में आगमन हुआ। भारत एवं रोमन साम्राज्य के मध्य व्यापारिक सम्बन्ध आगस्टस (ई. पू. 31 से 14 ई.) से नीरो के काल तक अपनी पराकाष्ठा पर थे।

कुषाण सिक्के अपनी बनावट एवं योजना में **पह्लव** सिक्कों की अपेक्षा कहीं अधिक सुन्दर हैं। कुषाणकालीन ठप्पा बनाने की कला में पश्चिमी शैली का स्पष्ट अनुकरण दिखाई देता है। उस काल में रोमन मुद्रा ओरेई (Ourei) अन्तर्राष्ट्रीय व्यापार जगत् में स्वीकृत थी। अतः कुषाण शासकों ने इन्हीं सिक्कों के तौल एवं मान का अनुकरण किया। कुषाणकालीन सिक्कों में ग्रीक, पार्थियन, रोमन एवं भारतीय तत्वों का अनूठा मिश्रण देखा जा सकता है।

कुषाण शासकों ने स्वर्ण एवं ताम्र मद्राओं के अतिरिक्त सीमित मात्रा में रजत मुद्राओं का प्रचलन किया। कुषाणों की सोने की दीनार मुद्राएँ प्रायः रोम के 'ओरई' सिक्कों के तौल एवं मान के प्रायः निकट हैं। सिक्कों के ढलने एवं ठप्पा अंकित करने से पूर्व साफ किए जाने की प्रक्रिया का मिलिन्दपन्हों आदि में विवरण आया है।1

कनिंघम ने विम कदफिसेस, कनिष्क, हुविष्क तथा वासुदेव के सोने के सिक्कों की परीक्षा करके यह निष्कर्ष निकाला है कि कुषाणों के सोने के दीनार सिक्के का औसत तौल 423 ग्रेन है। उनकी तौल परम्परा के आधार पर कुषाण स्वर्ण मुद्राओं को तीन भागों में रखा जा सकता है– द्वि–दीनार–246.4 ग्रेन, दीनार–123.2 ग्रेन एवं चौथाई दीनार–30.8 ग्रेन।

मौर्य काल के अन्त तक सिक्कों पर केवल चिन्ह अंकित होता था। पश्चिमी जगत् की टकसाल कला के प्रभाव से प्रारम्भिक सिक्कों में प्रदर्शित पौराणिक कथाएँ, ग्रीक हैं एवं सिक्कों पर अंकित आकृतियाँ ग्रीक मूर्ति कला से प्रभावित हैं।[2] धीरे–धीरे पौराणिक कथाएँ यूनानी एवं भारतीय दोनों स्रोतों से ली जाने लगीं और खरोष्ठी एवं ग्रीक दोनों लिपियों में लिखी जाने लगीं। वस्तुतः मुद्राओं की यह कलात्मकता एवं विनिमय में नियमित रूप से मुद्रा का प्रयोग इस युग की सबसे बड़ी देन है। **टकसाल कला के विकास के साथ कई नगरों का विकास हुआ एवं साथ ही कारीगरी एवं शिल्प का भी विकास देखा जाता है।**[3] यहाँ कुषाणों के कुछ महत्वपूर्ण सिक्कों का जिक्र करना उचित होगा। कुजुल कदफिसेस के स्वतंत्र शासक बनने के बाद प्रचलित सिक्कों पर इस प्रकार विवरण मिलता हैः

आमुख (Obverse): यूनानी भाषा में उपाधि सहित नाम 'कोसानो' कोजौलो कैडफिजाय, उत्कीर्ण है।

पृष्ठभाग (Reverse): खरोष्ठी लिपि में '**कुजुल कसस, कुषण–यवुगसध्रमिथिदस**' अंकित है।

कुषाण शासकों में सर्वप्रथम स्वर्ण सिक्कों का प्रचलन **विम कदफिसेस** ने करवाया था। उसने रजत सिक्के भी बड़ी संख्या में जारी किये थे। स्वर्ण सिक्कों पर विवरण आया हैः

आमुख (Obverse): राजा सिर पर टोपी (Cape) धारण किये हुए व दायें हाथ में वज्र है तथा कन्धे से अग्नि की लपटें निकलती हुई दर्शाई गई हैं। यूनानी भाषा में **'सिलियस बेसिलियन ओमो कडफिसेस'** अंकित है।

पृष्ठभाग: त्रिशूलधारी शिव, सामने नंदी है। खरोष्ठी में **'महरजस रजदिरजस सर्वलोगइसवरस विम कडफिशसत्रतरस'** (महाराज राजाधिराज सर्वलोकेश्वर विम कडफिसेस त्राता) उत्कीर्ण है। उक्त स्वर्ण मुद्रा 124 ग्रेन की है।

कनिष्क के सिक्के स्वर्ण सिक्के तौल में रोमन सिक्कों (124 ग्रेन) के बराबर हैं। राजस्थान जिला टोंक मालपुरा के जानकीपुरा ग्राम से प्राप्त गुप्तकालीन स्वर्ण मुद्राओं के साथ 7 कुषाणकालीन सोने के सिक्के 10 जनवरी 2017 को प्राप्त हुए हैं। स्वर्ण सिक्कों का विवरण इस प्रकार हैः

आमुखः राजा खड़े हुए, लम्बा कोट, पायजामा एवं नुकीली टोपी पहने हुए है। बायें हाथ में माला व दायां हाथ हवन कुण्ड में आहुति देता हुआ। ईरानी उपाधि के साथ यूनानी लिपि में **'शाओ नानों शाओ कनिष्की कोशानो'** मुद्रा लेख मिलता है। उल्लेखनीय है कि, शाओ नानो शाओ से अभिप्राय शाहनशाह है।

पृष्ठभाग में कई देवी–देवताओं की आकृतियाँ उत्कीर्ण हैं। प्रत्येक सिक्के पर एक देवता तथा उनका नाम अंकित है, जैसे– मेओ (चन्द्र), मिइरो (सूर्य), आरलेग्नो, नाना (पारसी देवी), आदरोक्षो (देवी) आदि।

हुविष्क के सिक्कों के आमुख पर राजा का आवाक्ष शरीर (ऊपरी भाग) गोलाकार टोपी व अलंकृत कोट पहने हुए है। दायें हाथ में दण्ड व बाएं हाथ में अंकुश है। मुद्रा लेख शाओ नानो शाओ ओइशकी कोशानो' अंकित है। पृष्ठ भाग (Reverse) में विभिन्न देवी–देवताओं की आकृतियाँ व उनके नाम अंकित

है। हुविष्क के रजत सिक्के भी मिले हैं। वासुदेव के सिक्कों पर शिव अंकन विशेष रूप से हुआ है।

लौह उपकरण इस काल में लौह उपकरणों का प्रयोग तेजी से बढ़ रहा था। लुहारों के अलग ग्राम होने की जानकारी मिलती है जिनमें कृषिक हल की फाल, हंसिया (दात्र), चाबुक का अग्रभाग आदि भी बनवाते थे। युद्ध के उपयोग में आने वाले कवच, सिरस्त्राण या टोप, तीर आदि बनाए जाते थे। पेरिप्लस के विवरण से ज्ञात होता है कि भारत से लोहे और इस्पात से बनी वस्तुएँ अफ्रीका के बन्दरगाहों को भेजी जाती थीं।[4] मार्शल ने लिखा है कि उस काल का लोहा बहुत साफ किस्म का था। ताँबे का उपयोग बड़ी मात्रा में किए जाने के अनेक प्रमाण मिलते हैं। पेरिप्लस ने भड़ौच बन्दरगाह द्वारा विदेशों को भेजे जाने वाले ताँबे की वस्तुओं का उल्लेख किया है।

रेशम वस्त्र रेशम वस्त्र उद्योग का विकास भी इस युग में बहुत तेजी से हुआ। पाणिनि ने रेशमी वस्त्रों को 'कौशेय' की संज्ञा दी है।[5] मनु ने रेशमी वस्त्रों (कौशेय) की सफाई की विधि का उल्लेख किया है।[6] महावग्ग में कहा गया है कि, एक भिक्षु को रेशमी वस्त्र धारण करने की अनुमति प्रदान की गई। रेशम के साथ सूती वस्त्रों का भी सम्भवतः निर्यात किया जाता होगा। कुछ दस्तकार अपने सहयोगियों के साथ स्वतन्त्र रूप से कार्य करते थे तथा अन्य शिल्पी संघ में संगठित थे।

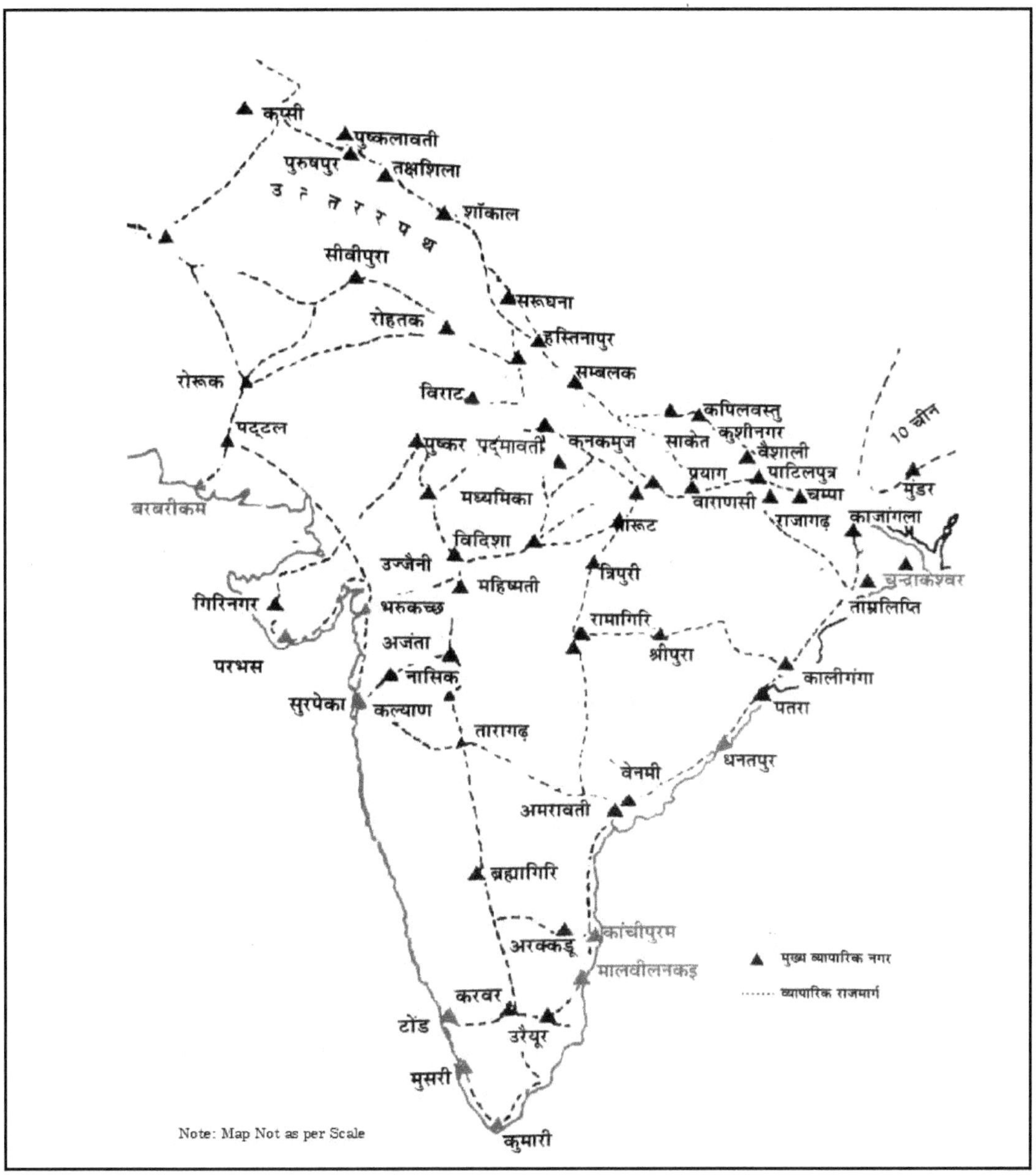

चित्र 34.1 व्यापारिक मार्ग 200 ई.पू. से 300 ई.

वाणिज्य व्यापार व्यापार–वाणिज्य चर्चा करने से पूर्व एक प्रश्न यह उठता है कि मौर्योत्तर काल में व्यापारिक गतिविधियों के विकास के क्या कारण थे? वस्तुतः नगरों में रहने वाली जनसंख्या अपने लिए भोजन का उत्पादन नहीं करती थी। व्यापार अब उच्चस्तरीय व्यवसाय में गिना जाता था। बौद्ध एवं जैन मत के अनुयायी व्यापार में निवेश को प्रोत्साहन देते थे। इसका अर्थ था कि ऐसे उपभोक्ता वर्ग का उदय हुआ, जिसे जीवनयापन तथा विलास की वस्तुओं की आवश्यकता थी। पूर्व में जैसा उल्लेख किया है कि, कुषाण साम्राज्य की बड़ी ही महत्वपूर्ण अन्तर्राष्ट्रीय स्थिति थी। पूर्व में चीन का हान साम्राज्य था और इसके पश्चिम में था– पार्थियन साम्राज्य। रोमन साम्राज्य का उदय हो रहा था। कहा गया है कि, ''महान् सिल्क मार्ग'' की तीनों मुख्य शाखाओं पर कुषाण साम्राज्य का नियन्त्रण था। कुषाण साम्राज्य में शान्ति एवं व्यवस्था होने के कारण वाणिज्य व्यापार को पर्याप्त प्रोत्साहन मिला। हम यहाँ विशेष रूप से विदेश व्यापार की ही चर्चा करेंगे। भारत के रोम, यूनान, मिस्र, ईरान, अफगानिस्तान, खोतान, चीनी, तुर्किस्तान, काशगर, चीन एवं तिब्बत से व्यापारिक सम्बन्ध रहे।

विदेश व्यापार (रोम) व्यापार भारत एवं रोम के सम्बन्ध का प्रमुख आधार था। भारत से रोम को निर्यात की जाने वाली विलासिता की सामग्री की रोम के अभिजात वर्ग में अत्यधिक माँग थी। यद्यपि प्लिनी ने अपने देशवासियों की इस विलासिता के लिए निंदा की थी। उक्त व्यापार थल एवं जल दोनों मार्गों से होता था। पेरिप्लस एवं टॉलेमी के विवरणों में सिन्धु के मुहाने से लेकर गंगा के मुहाने के मध्य अनेक बन्दरगाहों एवं नगर केन्द्रों का जिक्र आया है। भारत से बाहर निर्यात की जाने वाली वस्तुओं में अधिकांश दक्षिण भारत में उत्पन्न होती थीं। यही कारण है कि रोमन स्वर्ण मुद्राएँ दक्षिण भारत से अधिक संख्या में उपलब्ध हुई हैं। पुडुचेरी से दो मील दक्षिण की ओर स्थित अरिकमेडु नामक स्थान के उत्खनन से यह स्पष्ट हो गया है कि यह एक हिन्द–रोमन व्यापार का प्रमुख केन्द्र था।

रोमन मुद्राएँ मैसूर, कोयम्बटूर, मुम्बई, मध्य भारत में अनेक स्थलों से प्राप्त हुई हैं। चन्द्रवल्ली (कर्नाटक) से आगस्टस टाईबेरियंस आदि रोमन सम्राटों के सिक्के मिले है। भारत एवं रोम के बीच व्यापार के अनेक पुरातात्विक प्रमाण उपलब्ध हुए हैं। 1938 में पाम्पेई नगर के उत्खनन में भारतीय शैली के हाथी दांत की यक्षिणी की मूर्ति मिली है, जिसे ई. पू. दूसरी शती का माना गया है। वेग्राम व तक्षशिला के उत्खनन में रोमन मूल की कई वस्तुएं मिली हैं। यह स्थल मार्ग से व्यापार को प्रमाणित करता है। हमें इस काल में विभिन्न व्यापारिक वस्तुओं की जानकारी मिलती है। इनमें विलास की सामग्री, जैसे–हाथी दाँत की वस्तुएँ, मनके, हीरे, मोती, बहुमूल्य पत्थर तथा सामान्य उपयोग की वस्तुएँ, जैसे–कपड़े, कृषि उत्पादन तथा लौह उपकरण, शराब आदि शामिल हैं। भारत से रेशम, मलमल, सुगन्धित पदार्थ, आभूषण, प्रसाधन सामग्री, मोती, वैदूर्य, आदि रोम को निर्यात किये जाते थे। एक यूनानी लेखक ने रोमन स्त्रियों की बारीक मलमल धारण करने की आलोचना करते हुए लिखा है कि रोम की नारियाँ भारत की मलमल पहनकर अपने सौन्दर्य का प्रदर्शन करती थीं।[7] तमिल ग्रन्थों से भी जानकारी मिलती है कि यूनानी लोग भारत से रेशम व मसाला आदि ले जाते थे।[8] **प्लिनी ने अन्यत्र लिखा है कि, रोम के निवासी भारतीय सामानों को बहुत अधिक चाहते हैं। वे अपार धन व्यय करके भारतीय वस्तुएँ खरीदते हैं। रोम एवं भारत के मध्य सम्बन्धों का जिक्र स्ट्रेबो ने किया है। आगस्टस (ई. पू. 29–14) के दरबार में भारतीय सम्राट (संभवतः पोरस) द्वारा भेजे दूत मण्डल में एक व्यक्ति (सांप व कछुए के साथ) के पहुँचने का जिक्र किया है। पाण्ड्य शासकों ने भी आगस्टस के दरबार में दूत भेजे थे। ऐसा शायद ही कोई वर्ष हो जब भारतीय व्यापारी रोम से कम–से–कम साढ़े पाँच करोड़ 'सेस्तर' न प्राप्त कर लेते हों।**[9] कहा जाता है कि रोम के अपार स्वर्ण निष्कासन को रोकने के लिए सीनेट को भारतीय वस्तुओं पर प्रतिबन्ध लगाना पड़ा। सेवेल ने जिक्र किया है कि दोनों देशों के बीच व्यापारिक सम्बन्ध पहली सदी ई. से तीसरी सदी ई. तक अपनी चरम पराकाष्ठा पर थे।[10] रोमन साम्राज्य के जिन बन्दरगाहों पर भारतीय माल जहाजों से पहुंचता था उनमें प्रमुख थे– एरिसिनों (Arsinoe), बेरिनीज (Berenice), मेयोज व होरमुज (Hormos), आदि भारत में रोम के सम्राट आगस्टस और टिबेरियस के सिक्के अधिक मिले हैं।

समुद्री व्यापार एवं बन्दरगाह यूनान एवं मिस्र से भी भारत के व्यापारिक सम्बन्ध थे। मिस्र से कुषाण शासकों की मुद्राएँ प्राप्त हुई हैं। स्पष्ट है कि, भारत एवं मिस्र के बीच ईसा की प्रारम्भिक शताब्दियों में नियमित व्यापार होता था। पेरिप्लस ने लिखा है कि, भारतीय नाविक अरब और अफ्रीका के तट पर जाते थे। शिलाजीत मिस्र से भारत आयात किया जाता था। पेरिप्लस के विवरण से ज्ञात होता है कि लोहा भी मिस्र से लाया जाता था। 45 ई. के लगभग हिप्पलस नामक यूनान यात्री ने हिन्द महासागर में चलने वाली मानसूनी हवा का पता लगाया, जिससे मिस्र और भारत के बीच आने वाले जहाजों को एक वर्ष के स्थान पर तीन मास लगने लगे। फलतः स्थल मार्ग के कारण पार्थिया, जो इस व्यापार से लाभ उठा रहा था, समाप्त हो गया। समुद्र द्वारा जहाज सीधे

भूमध्यसागरीय प्रदेश पहुँचने लगे। इस सन्दर्भ में तत्कालीन महत्वपूर्ण बन्दरगाहों का जिक्र करना उचित होगा। भारत के पूर्वी तट पर **तामलुक** (ताम्रलिप्ति), **कावेरीपट्टनम् (तमिलनाडु–कावेरी नदी मुहाने), अरिकमेडु (पुडुचेरी), कोरकोई (केरल)** तथा पश्चिमी तट पर **भड़ौंच** (भृगुकच्छ, बेरीगाजा), **पन्तल, बारबेरिकम, सोपारा (सुरपेका), चोल, कल्याण मुजरिस** आदि महत्वपूर्ण थे।

स्थल मार्ग जलमार्ग के साथ स्थल मार्ग का महत्व बना रहा। उत्तरी अफगानिस्तान में बैक्ट्रिया (ऑक्सस घाटी), मध्य एशिया एवं चीन के साथ अन्तर्राष्ट्रीय व्यापार का मुख्य केन्द्र था।

I. एक मार्ग कपिसा तथा काबुल घाटी से होता हुआ कुषाण साम्राज्य के मुख्य क्षेत्र को पहुँचता था। भारत के आन्तरिक मार्गों की चर्चा पूर्व में की गई है।

II. मध्य एशिया में खोतान, यारकंद, काशगर आदि प्रदेश कुषाण राजाओं के अधीन थे। कुषाणों ने भारतीय संस्कृति का प्रसार मध्य एशिया में किया। मिलिन्दपन्हो में लिखा है कि भारतीय जहाज मलय प्रायद्वीप, चीन एवं पूर्वी समूह को जाते थे। भारत चीन से कच्चा रेशम, रेशम के धागे एवं रेशमी वस्त्र आयात करता था। भड़ौच से रेशम के धागे निर्यात करने की जानकारी मिलती है। बैक्ट्रिया में रहने वाले चीनी राजदूत ने वहाँ के बाजार में चीन के बाँस और वस्त्र बिकते देखे थे और पूछने पर उसे पता लगा कि ये वस्तुएँ भारतीय व्यापारियों द्वारा अफगानिस्तान के मार्ग से वहाँ पहुँचाई थीं।[11] चीन से भारत के सम्बन्ध पुराने थे। चीन की ई.पू. दूसरी सदी की मुद्रा मैसूर से प्राप्त हुई है जो भारत एवं चीन के निकट व्यापारिक सम्बन्ध को इंगित करती है।

श्रेणियाँ एवं शिल्पी संघ इस काल के अभिलेखों में व्यापारियों की विभिन्न श्रेणियों, जैसे–वणिक, सार्थवाह श्रेष्ठिन का जिक्र आया है। इसके अतिरिक्त अनेक व्यवसायों के शिल्पी संघ थे, जैसे–सुनार, जौहरी, इत्रसाज, कोषपाल, लौह व्यापार, कुंभकार, धातुकार, काष्ठकार, एवं आटा बनाने वालों आदि के संघ। नहपान के नासिक अभिलेख से ज्ञात होता है कि उसके दामाद ऊषवदात ने दो जुलाहों की श्रेणियों के पास 3,000 कार्षापण अक्षयनिवि (फिक्सड–डिपॉजिट) के रूप में जमा किए थे। एक जुलाहों की श्रेणी 2,000 कार्षापण पर 1 रुपया प्रति सैकड़ा प्रतिमास और दूसरी 1,000 कार्षापण पर 3/4 रुपया प्रति सैकड़ा प्रतिमास ब्याज देती थी। दो हजार कार्षापण का ब्याज भिक्षुओं के वस्त्रों पर खर्च किया जाता था और एक हजार का ब्याज उनके अन्य व्यय के लिए रखा जाता था। ये शर्तें नगर के लेखा कार्यालय में पंजीकृत कर दी गई थीं। इस अभिलेख से यह भी विदित होता है कि ब्याज की दर 9 से 12 प्रतिशत तक थीं।[12] जून्नर के अन्य कई अभिलेखों में श्रेणियों में लगाई गई धनराशि का उल्लेख आया है।

कहा गया है कि, शिल्पी बहुत संख्या में इन श्रेणियों के सदस्य बनते थे, क्योंकि व्यक्तिगत रूप से श्रेणियों से प्रतिस्पर्धा करना उनके लिए कठिन था। इसके अतिरिक्त श्रेणियाँ उन्हें सामाजिक मर्यादा और बहुत हद तक सामान्य सुरक्षा भी प्रदान करती थीं। जिस क्षेत्र में ये श्रेणियाँ कार्य करती थीं, उसमें उन्हें अपना पंजीकरण करवाना पड़ता था और उस क्षेत्र से परिवर्तन करने के लिए स्थानीय अधिकारियों से अनुमति प्राप्त करनी पड़ती थी। प्रमुख श्रेणियाँ कुम्भकारों, धातुकारों, और काष्ठकारों की थीं। उनके आकार का अनुमान इस बात से लगाया जा सकता है कि इससे भी पूर्वकाल में सद्दपूत नामक एक धनी कुम्भकार मिट्टी के बर्तन बनाने की पाँच सौ कार्यशालाओं का स्वामी था। उसकी अपनी वितरण–व्यवस्था थी और उसके पास बहुत–सी नौकाएँ थीं, जो तैयार मिट्टी के बर्तनों को कार्यशालाओं से गंगा पर स्थित विभिन्न बन्दरगाहों तक ले जाती थीं। माल प्राप्त करने का यह भी तरीका था कि जैसे ही कोई जहाज बन्दरगाह पर पहुँचता, व्यापारी जहाज के माल में पेशगी देकर अपना हिस्सा सुरक्षित करवाते एवं बाद में माल क्रय करते। श्रेणियाँ निर्मित वस्तुओं के मूल्यों पर भी नियन्त्रण रखती थीं। श्रेणी सदस्यों के व्यवहार को एक श्रेणी न्यायाधिकरण के माध्यम से नियन्त्रित किया जाता था। श्रेणी धर्म को कानून के सदृश मान्यता प्राप्त थी। कहा गया है कि, विवाहित स्त्री भिक्षुणी बनकर बौद्ध संघ में सम्मिलित होना चाहती है तो उसे न केवल अपने पति से बल्कि उस श्रेणी की भी अनुमति लेनी होगी, जिसका वह (उसका पति) सदस्य है। श्रेणी के अलावा कर्मचारियों की अन्य संस्थाएँ भी थीं, जैसे– कर्मचारी सहकारियाँ।[13]

कृषि व्यवसाय अर्थशास्त्र से हमें ऐसे अनेक उत्पादनों की जानकारी मिलती है, जिससे कृषकों को नकद राशि (Cash Crop) प्राप्त होती थी। इस काल में अधिशेष विदेशों को निर्यात भी किया जाता था। पंतजलि के विवरण से कृषि के पारम्परिक अनुकरण का ज्ञान होता है। हेतुमति सूत्र में जोतना, बोना, निराना, काटना, गाहना, सलाना आदि क्रियाएँ कृषि के अन्तर्गत रखी गईं। पंतजलि ने उल्लेख किया है कि, जो बैल हल और गाड़ी दोनों खींचते थे, एक तरह का काम करने वाले बैलों से अच्छे माने जाते थे।[14] हल को सीर की संज्ञा दी गई है एवं इसे चलाने वाले कृषक के लिए 'हालिक' सम्बोधन मिलता है।

चरक संहिता में अच्छे चावल की 15 किस्मों में से 'कलम' को एक अच्छी किस्म बताया है तथा पाँच घटिया किस्मों का जिक्र भी आया है।[15] सुश्रुत संहिता में 'मधुलिका' एवं 'नन्दीमुख' गेहूँ की दो किस्में कही गई हैं। चावल (ब्रीही), जौ (यव), गेहूँ (गोधूम), ज्वार–बाजरा (अणु), उड़द (माष), मूँग, तिल सरसों (सर्षप), गर्मुत (मटर), उमा (अलसी), लहसुन, मंगा (सन) एवं द्राक्षा आदि की खेती बड़ी तादाद में इस काल में की जाने लगी थीं।[16] फलों में नारंगी, सौवीर के बेर एवं पारावत किस्म के सेब का अधिक उत्पादन होने लगा था।

सिंचाई व्यवस्था बौद्ध ग्रन्थों से भयंकर दुर्भिक्ष से पीड़ित व्यक्तियों द्वारा उन पशुओं का मांस खाने को बाध्य होने की जानकारी मिलती है, जिनका मांस सामान्यतः नहीं खाया जाता था, जैसे–कुत्ता, हाथी, साँप।[17] बार–बार होने वाले दुर्भिक्ष के प्रकोप से बचने के लिए स्थान–स्थान पर जलाशयों एवं नदियों को बाँधकर कृत्रिम सिंचाई की व्यवस्था की जाने लगी। अर्थशास्त्र में अच्छा प्रशासन उसे कहा है कि जिसमें किसान खेती के लिए केवल वर्षा के पानी पर निर्भर न रहें। नदी, सरोवर, तड़ाग, या कुएँ के जल से सिंचाई की जाती थी।[18] सम्भवतः नहरें बनाकर पानी खेतों में पहुँचाया जाता था। महाभाष्य में कुएँ खेतों में सिंचाई करने तथा पीने के पानी के लिए उपयोग में लाए जाते थे।[19] उस काल में भी अच्छी सिंचाई द्वारा अधिकाधिक उत्पादन लिए जाने का प्रयास किए जाते थे। सिंचाई के लिए बड़ी–बड़ी कृत्रिम झीलें बनाई जाती थीं। रुद्रदामन के जूनागढ़ अभिलेख से ज्ञात होता है कि सौराष्ट्र के गिरनार नगर के निकट सुदर्शन झील का निर्माण सर्वप्रथम मौर्यवंशी राजा चन्द्रगुप्त के राष्ट्रीय वैश्य पुष्यगुप्त ने करवाया था।[20] उक्त झील स्थानीय नदियों और वर्षा के जल को बाँधकर बनाई गई थी। किन्तु झील में गहरी दरार पड़ जाने के कारण उसका सारा पानी बह गया। रुद्रदामन ने अपने कोष से अपार धनराशि व्यय कर थोड़े ही समय में पहले की अपेक्षा तिगुने लम्बे–चौड़े सुदृढ़ बाँध का निर्माण करवाकर सुदर्शन झील को और अधिक उपयोगी बनवाया।[21] कनिष्क द्वितीय के आरा अभिलेख से जानकारी मिलती है कि दसफोठ (दशव्हर) नामक व्यक्ति ने जन–साधारण की भलाई के लिए एक कुआँ खुदवाया और राजा ने उसके लिए एक लाख सिक्के दान दिया।[22]

श्रमिक वर्ग खेत पर जोतने, बोने, काटने, मड़नी आदि कार्यों का उल्लेख पाणिनि ने किया है जो श्रमिकों से सम्पन्न कराए जाते थे।[23] पंतजलि ने लिखा है कि श्रम को क्रय करने वाला स्वामी 'अर्थ' कहकर सम्बोधित किया जाता था।[24] निश्चित समयावधि के लिए व्यक्ति के श्रम को निर्धारित धन देकर क्रय करने वाला 'अवक्रेता' कहा जाता था। सौ, पाँच सौ या हजार कार्षापण प्रदान करने पर क्रमशः एक वर्ष, दो वर्ष या इससे अधिक अवधि के लिए श्रम करने वाले सेवक को रखे जाने की जानकारी मिलती है। इतना ही नहीं भिन्न–भिन्न संख्या में कार्षापण प्राप्त करने वाले श्रमिकों को 'पंचक', 'सप्तक', 'दशक' अथवा 'पंचक मासिक', सप्तक मासिक या दशक मासिक की संज्ञा प्रदान की जाती थी।

कुछ श्रमिक मन्द गति से कार्य करते थे। ऐसे श्रमिकों को 'शीतक' नाम दिया है। जो शीघ्रता एवं निपुणतापूर्वक कार्य करते थे, उन्हें ''उष्णक'' कहकर पुकारा जाता था। हम देखते हैं कि इस काल में भी श्रमिक समस्या बनी रही।

भूस्वामित्व मिलिन्दपन्हो से ज्ञात होता है कि व्यक्ति जंगल को साफ कर कृषि कार्य करता है वही उस भूमि खण्ड का स्वामी माना जाता है।[25] बृहत्कल्पभाष्य में व्यक्ति की सम्पत्ति में सोना, गाड़ी, सामान आदि के साथ भूमिखण्डों का उल्लेख आया है। जैन साहित्य में ऐसे अनेक उदाहरण मिलते हैं, जिसमें भूखण्ड विशेष को व्यक्ति की अपनी सम्पत्ति कहा है। मनु ने लिखा है कि जो जिस भूमि को क्षेत्र रूप में काटकर बनाता है वह उसी की होती है जैसे पहले मृग को बाण मारने वाले का ही मृग होता है।[26]

नहपान के नासिक गुहालेख से ज्ञात होता है कि क्षहरात राजा नहपान के जामाता ऋषभदत्त (उषवदात) ने इस गुहा का निर्माण भिक्षु संघ के लिए करवाया। लेख से कर्पूर आहार स्थित चिखलपद्र ग्राम में एक खेत जो नारियल का बाग था दान में दिया।[27] इसी तरह नहपान के कार्ले अभिलेख में विवरण आया है कि उषवदात ने 16 ग्राम देवताओं, ब्राह्मणों एवं संन्यासियों को दान में दिए।[28] स्मृतिकार भी जंगल साफ करके, कृषि योग्य भूमि का प्रसार एवं कृषि को प्रोत्साहन उस भूमि का स्वामित्व प्रदान करके करना चाहते थे। जैसा मनु ने उल्लेख किया है कि ब्राह्मण के लिए बिना जोती बोई जंगल की भूमि को दान में लेने में इतना पाप नहीं है जितना कि जुति भूमि को दान में लेने से होता है।[29] अर्थात् व्यक्तिगत स्वामित्व का समर्थन अनेक ग्रन्थों एवं पुरातात्विक साक्ष्यों से होता है।

दूसरी ओर इन्हीं ग्रन्थों में राजा के स्वामित्व की भी चर्चा मिलती है। गौतम ने लिखा है कि राजा ब्राह्मण को छोड़कर राज्य की प्रत्येक वस्तु का स्वामी होता है।[30] इसमें राजा को भूमि का स्वामी भी माना गया। मनु ने राजा के भूमि पर अधिकार को स्वीकार करते हुए लिखा है कि 'पृथ्वी' में गड़े धन (अनेक धातुएँ) का आधा भाग राजा प्राप्त करे, क्योंकि वह भूमि का स्वामी है।[31] मिलिन्दपन्हो में कहा गया है कि राजा सभी नगरों, बन्दरगाहों और खानों आदि का स्वामी है। इस मत के समर्थन में कौटिल्य का यह उदाहरण प्रस्तुत किया जाता है कि जो कृषक अपनी भूमि पर खेती न करके परती रहने दे, उससे उस भूमि को लेकर किसी अन्य कृषक को दी

जाए।[32] अर्थशास्त्र में दो प्रकार की कृषि योग्य भूमियों की चर्चा की गई है। एक वह जो राजा के अपने खेत होते थे और दूसरी वह भूमि जिससे राजा को राजस्व प्राप्त होता था। पहले प्रकार के खेतों से जो आय होती थी उसे 'सीता' कहा जाता था और भू–राजस्व को भाग की संज्ञा दी गई है।[33] राजा को भूमि का राजस्व दान करने का अधिकार था हमें कार्ले गुहा लेख (उषवदात) एक ग्राम की भूमि के भूराजस्व को भिक्षुओं, ब्राह्मणों आदि को दान दिए जाने की जानकारी देता है। इसका तात्पर्य यह हुआ कि उक्त ग्राम की भूमि राजकीय भूमि थी एवं उससे प्राप्त भू–राजस्व का राजा ने दान कर दिया, जिससे ग्राम का लगान उस गुहा में रहने वाले भिक्षुओं के लिए खर्च किया जा सके। राजा द्वारा नवीन विजित इलाकों में शान्ति एवं सद्भाव बनाए रखने के लिए ग्राम के भू–राजस्व के दान किए जाने की जानकारी मगध साम्राज्य के विस्तार के साथ मिलना प्रारम्भ होती है। यहाँ गौतमीपुत्र शातकर्णी के दानपत्र की चर्चा करना भी अप्रासंगिक न होगा। इस अभिलेख में खेत दान में दिए जाने का उल्लेख मिलता है न कि गाँव। इसका अभिप्राय यह हुआ कि यह खेत राजा का निजी खेत था न कि किसी अन्य व्यक्ति का। इस खेत के दान से स्वामित्व का हस्तान्तरण हुआ जबकि गाँव दान में स्वामित्व नहीं बदलता था।

इस युग में भी भूराजस्व पूर्वानुसार ही लिया जाता रहा। कौटिल्य ने लिखा है कि राजा को उपज का छठा भाग कर के रूप में देना चाहिए।[34] इस ग्रन्थ में अन्यत्र भूमि के वर्गीकरण के आधार पर राजस्व निर्धारण का उल्लेख मिलता है। मनुस्मृति में उत्पादन का 1/10 भाग कर के रूप में लेने की अनुमति प्रदान की गई है। मिलिन्दपन्हो में आपातकालीन कर के रूप में 'बलि' का जिक्र आया है। बलि सम्भवतः ऐसा कर था, जिसे प्रजा कष्टपूर्ण मानती थी।

निष्कर्ष कहा जा सकता है कि, सातवाहन कुषाण काल में न केवल कृषि एवं व्यवसाय में ही विकास हुआ बल्कि व्यापार एवं वाणिज्य की दृष्टि से भी यह असीम प्रगति का काल था। भारत के विदेश व्यापार की वृद्धि में कुषाणों का विशेष योगदान रहा जिससे भारत आर्थिक दृष्टि से अधिक उन्नति कर सका।

सन्दर्भ :

1. मिलिन्दपन्हो, 3/102.
2. कुजुल कदफिसेस के सिक्कों में हैराक्लीज जेउस (जीयस) का अंकन मिलता है। जबकि विम कदफिसेस के सिक्कों पर शिव का चित्र दिखा जाता है। कनिष्क के सिक्कों पर कई देवताओं का अंकन हुआ है, जैसे– शिव, बुद्ध अथशों, मावो, नानाशाही, लेंगी, फैरी आदि।
3. देखिये, झा, डी.एन. एवं श्रीमाली : प्राचीन भारत का इतिहास, पृ. 219.
4. पेरिप्लस, 7/40-41
5. पाणिनि, 6/3/42
6. मनुस्मृति, 5/120
7. विद्यालंकार, जयचन्द्र : भारतीय इतिहास की रुपरेखा, 2, पृ. 969
8. आयंगर : विगनिंग्स आव साउथ इण्डियन हिस्ट्री, पृ. 134
9. ''इण्टर कोर्स बिटविन इण्डिया एण्ड द वेस्टर्न वर्ल्ड'', पृ. 103, उद्धृत मिश्र, डॉ जयशंकरः प्राचीन भारत का सामाजिक इतिहास, पृ. 637.
10. वही, पृ. 639.
11. एज ऑफ इम्पीरियल यूनिटी, पृ. 644.
12. गुप्त, वही, पृ. 203-204
13. थापर, रोमिला : भारत का इतिहास, पृ. 91
14. महाभाष्य, 5/3/55;
    गौरयंशकटं वहति रोऽयं यः शकटं वहति सीरं च।
15. चरक सूत्र, 27/7-8 एवं 11.
16. मनुस्मृति, 9-39; 10/90

17. महावग्ग, 6/23/10
18. अर्थशास्त्र, 2/24, नदी सरस्तटाक कूपाद्धाटम्।
19. महाभाष्य, 7/3/1; 1/3/12
20. गुप्त, वही, पृ. 208,
    मौर्यस्य राज्ञः चन्द्रगुप्तस्य राष्ट्रियेण वैश्येन पुष्य गुप्तेन कारितं।
21. वही, पृ. 211
22. वही, पृ. 169 (कुपे) दषव्हरने पोष पुरिअ–पुत्रण मतर–वितरण पुय (ए) हित्रंणस सभरयस।
23. पाणिनी, 5/2/112; 5/4/21, 6/2/187
24. महाभाष्य, 3/1/103
25. मिलिन्दपन्हो, 4/5/15
26. मनुस्मृति, पृथोरपीमा पृथ्वी भार्या पूर्वविदोविदुः स्थाणुच्छेदस्य केदारमाहुः शल्यवतो मगृम।
27. गुप्त, वही, 203, कापूराहारे च ग्राम चिखल पद्रे दतानि नीलिगेरान।
28. वही, पृ. 206, सतसहस देण नदिया बणासाया सुवणति थकरेन देवतान ब्राह्मण च सोलस गाम देन।
29. मनुस्मृति, 10/114. अकृतं च कृतात्क्षेत्राद् गौरजाविकमेव च।
30. गौतम, 11/1
31. मनुस्मृति, 8/39. निधिनां तु पुराणानां धातुनाभेव च क्षितों अर्धाभाग्रक्षणाद्राजा भूमेराधिपतिर्हि सः।
32. अर्थशास्त्र, 2/1. अकृषतामच्छिद्यान्येभ्यः प्रंयेच्छत्।
33. अर्थशास्त्र, 2/15
34. अर्थशास्त्र, 1/13. 'धान्यषड्भाग'।

35 महायान का विकास
(Development of Mahayana)

अपने अनुयायियों को विभिन्न दिशाओं में भेजना इस तथ्य को इंगित करता है कि महात्मा बुद्ध अपने सिद्धान्तों का अधिकाधिक प्रचार चाहते थे। स्वयं बुद्ध ने भी ज्ञान प्राप्ति के बाद आजीवन अपने सिद्धान्तों का प्रचार किया। उनकी प्रेरणा एवं बौद्ध धर्मानुयायियों के अदम्य उत्साह, अपूर्व लगन एवं निष्ठा से बौद्ध धर्म का प्रचार सभी दिशाओं में तेजी से होने लगा और अत्यन्त द्रुत गति से न केवल भारत बल्कि विदेशों में भी फैल गया। इसके प्रचार और विकास में बौद्ध संघ व्यवस्था का विशिष्ट योगदान रहा है। बौद्ध संघ की प्रशासनिक व्यवस्था की पूर्व में चर्चा की गई है, तत्कालीन गणराज्यों में प्रचलित संघ व्यवस्था को ही महात्मा बुद्ध ने अपनाया था। बौद्ध धर्म के विकास और विस्तार में चार सभाओं (संगीतियों) के योगदान को नहीं भुलाया जा सकता:

I. पहली सभा सप्तपर्णी गुफा ई.पू. 483 में अजातशत्रु के सहयोग से बुद्ध निर्वाण के कुछ सप्ताह बाद राजगृह में आयोजित हुई थी। इसमें बुद्ध की शिक्षाओं का संकलन सुत्तपिटक और विनयपिटक के रूप में किया गया।

II. दूसरी संगीति वैशाली – बालुकाराम विहार सुबुकामी की अध्यक्षता ई. पू. 283 का आयोजन बुद्ध निर्वाण के लगभग 100 वर्ष बाद वैशाली में हुआ। इसमें बौद्ध अनुयायियों के दो सम्प्रदाय महासंघिक एवं स्थविरों के मतभेदों को दूर करने का प्रयत्न किया गया।

III. तीसरी महासभा पाटलिपुत्र – मोगलिपुत्तितिरक्ष की अध्यक्षता में ई.पू. 247 में आयोजित। मौर्य सम्राट अशोक के समय पाटलिपुत्र में सम्पादित हुई। इस विषय में पूर्व में विस्तृत चर्चा की गई है। इस अधिवेशन में 18 बौद्ध सम्प्रदायों के 250 मतों का खण्डन स्थिविरवादियों ने किया और अभिधम्मपिटक के कथावस्थु (कथावस्तु) नामक ग्रंथ का संकलन किया। इस सभा के बाद बौद्ध धर्म के प्रचारार्थ विभिन्न देशों में भिक्षुओं को भेजा गया। सम्राट अशोक के प्रयासों एवं सहयोग से बौद्ध धर्म का प्रसार पश्चिमी और दक्षिणी एशिया में संभव हुआ।

IV. चतुर्थ संगीति श्रीनगर कुण्डलवन वसुमित्र व अश्वघोष की उपस्थिति में आयोजित हुई। सम्राट कनिष्क के समय में कश्मीर (श्रीनगर) में आयोजित की गई। इसमें त्रिपिटकों पर विभाषाशास्त्र (महाविभाषा) की संस्कृत में रचना हुई। कनिष्क की मुद्राओं पर बुद्ध तथा अन्य देवताओं की आकृतियों का अंकन इस तथ्य को इंगित करता है कि बौद्ध धर्म अब अपने मौलिक विचारों से दूर होता जा रहा था। प्राचीन बौद्ध मत के अनुसार बुद्ध मानव जगत् के पथ–प्रदर्शक मात्र थे। परन्तु धीरे–धीरे उनका स्थान देवपरक हो चला। उनके चतुर्दिक बोधिसत्वों एवं अन्य देव परिवार का आविर्भाव हुआ। इसमें सन्देह नहीं कि आवागमन के बन्धन से मुक्ति प्राप्ति के प्रयास का प्राचीन आदर्श अब भी जीवित था। इस विचार का भी आविर्भाव हो चला था कि प्रत्येक मनुष्य अपना लक्ष्य बुद्धत्व प्राप्ति रख सकता है और संसार को दुःख से मुक्त करने के लिए बुद्धत्व प्राप्त कर सकता है।

बुद्ध के जीवन से सम्बद्ध लुम्बिनी, बोध गया, सारनाथ एवं कुशीनगर आदि ने तीर्थ स्थलों का रूप ले लिया था। यह कहा जाए कि बौद्ध धर्म में भक्ति तत्वों का समावेश हो रहा था तो अनुचित न होगा। महात्मा बुद्ध की पूजा शुरू हुई। प्रारम्भ में उनका अस्तित्व कुछ प्रतीकों द्वारा व्यक्त किया जाने लगा, जैसे–धर्मचक्र, स्तूप, पादुका, बोधिवृक्ष आदि। कालान्तर में उनकी मूर्ति भी बनाई जाने लगी और इसके साथ ही नियमित पूजा पद्धति का प्रादुर्भाव हुआ। इस परिवर्तनयुक्त नव–सम्प्रदाय को 'महायान' कहा गया, जो प्राचीन हीनयान का स्पष्ट विरोधी था।[1] महायान बौद्ध धर्म के अनुयायी ही दूसरे अन्य बौद्ध धर्मानुयायियों को हीनयान कहते थे। 'महायान' शब्द से तात्पर्य उत्कृष्ट मार्ग और 'हीनयान' से अभिप्राय है– निम्न या निकृष्ट मार्ग। महायन सूत्रों के अनुसार बुद्ध ने सारनाथ के अपने प्रथम धर्मचक्र प्रवर्तन में हीनयान सिद्धान्तों का प्रतिपादन किया। किन्तु राजगृह के पास गृधकूट पर्वत पर बोधिसत्वों की सभा में महायान मतों को उपदेशित किया था। कहा गया है कि बुद्ध की शिक्षाएँ दो तरह की थीं–व्यक्त और गुह्य। प्रारम्भिक सिद्धान्त सामान्य कोटि के अनुयायियों के लिए थे जिन्हें हीनयान कहा जाता है, क्योंकि इसमें व्यक्ति अपने निर्वाण को ही लक्ष्य बनाता है। दूसरी ओर गुह्य शिक्षाएँ महायान के अुनयायियों के लिए थीं।[2] महायान के आदर्श अन्य लोगों के निर्वाण में सहायक छः बोधित्सवों का उल्लेख मिलता है। (1) अवलोकितेश्वर या पदमपणि जिनके हाथ में

कमाल एवं इनका गुण दया है। (2) मंजु श्री – एक हाथ में खड्ग दूसरे में पुस्तक है इन्हें बुद्धिदाता कहा गया है। (3) वज्रपाणि – हाथ में वज्र धारण किये, जिन्हें असत्य का संहारक माना गया। (4) क्षिति ग्रह – शुद्ध स्थानों का इन्हें अभिभावक माना गया। (5) अमिताभ – संसार के अधिपति रूप में इन्हें दर्शाया गया है। (6) मैत्रेय – कलशधारी इन्हें भावी बोद्धिसत्व माना गया।

महायान का प्रारम्भ

महायान के प्रमुख ग्रंथ – ललित विस्तर – बुद्ध जीवन का विस्तार से वर्णन किया है। एडविन अर्नाल्ड ने The light of Asia इसी के आधार पर लिखा। (2) सधर्मपुण्डरीक – संवाद में बौद्ध विचार रखे। (3) वज्रछेदिका इसमें महायान के आत्मज्ञान सम्बन्धी लेख दिये हैं। (4) सुखावतीव्यूह– बुद्ध का अमिताभ रूप वस्वर्ग का जिक्र है। (5) कुरण्डव्यूह – अवलोकितेश्वर की महानता को दर्शाया है। (6) अष्टसहस्त्रिक–प्रज्ञा पारमिता–बौद्धिसत्व की पूर्णताओं का वर्णन है। परिपूर्णता में छः या दसगुण बोधिसत्व से प्राप्त करना होता है।

विद्वानों की मान्यता है कि यद्यपि प्रमाण सर्वथा उपलब्ध नहीं है तथापि इस बात को मान लेने के लिए विशिष्ट कारण हैं कि महायान का उदय वास्तव में कनिष्क के काल से काफी पहले हो चुका था।[3] इसका प्रारम्भ बौद्ध धर्म में भक्ति के समावेश के साथ माना जाना चाहिए। बौद्ध धर्म का साधारण जनता में प्रचार कुछ हद तक इसका कारण हो सकता है, क्योंकि उसे हीनयान के आदर्शवाद के ऊपर उदार जन–धर्म की आवश्यकता थी और हीनयान में भक्ति को प्रज्ज्वलित करने का सामर्थ्य न था। दासगुप्त ने लिखा है कि यह कहना कठिन है कि महायान शाखा का प्रारम्भ कब हुआ लेकिन यह अनुमान किया जाता है कि थेरवाद शाखा से जब महासंघिक शाखा अलग हुई, उस समय ये शाखाएँ आठ विभिन्न दर्शन शाखाओं में बँट गईं। सम्भवतः इसी युग में महायान दर्शन का सूत्रपात हुआ। महायान दर्शन के अनेक ग्रंथ पहली शताब्दी में लिखे हुए मिलते हैं।[4] कहा जा सकता है कि कुषाण काल में महायान का उदय हुआ।

महायान की उत्पत्ति एक विवादास्पद विषय रही है। महायान और प्रारम्भिक बौद्ध धर्म के सिद्धान्तों में उपलब्ध होने वाले मौलिक भेद को दृष्टिगत रखते हुए कुछ विद्वानों ने यह राय प्रकट की है कि महायान विदेशी विचारधारा से प्रभावित हैं। इस मत का अन्य देशों में प्रसार हुआ। ऐसी स्थिति में उस पर विदेशी धर्मों का प्रभाव पड़ना स्वाभाविक था। बौद्ध धर्म को विशेष रूप से मध्य एशिया एवं मिस्त्र की धार्मिक आस्थाओं ने प्रभावित किया।[5] कीथ ने भी कुछ ऐसे विचार व्यक्त करते हुए लिखा है कि महायान के क्रिप्स में ईसाई धर्म के त्रिरत्न सिद्धान्त का प्रभाव था।[6]

बौद्धानुयायियों की श्रद्धा कीथ आदि विद्वानों के विपरीत हिरियन्ना ने यह विचार रखा है कि, 'हम यह कह सकते हैं कि महायान धर्म के विशेष सिद्धान्तों को प्रारम्भिक बौद्ध धर्म के अस्फुट विचारों से विकसित दिखाना बिल्कुल भी कठिन नहीं है।'[7] वस्तुतः महायान सम्प्रदाय की उत्पत्ति के कारण भारत के बदलते परिवेश में ढूँढ़ने होंगे। जैसा विदित है कि बौद्ध अनुयायी महात्मा बुद्ध के प्रति असीम श्रद्धा एवं आदर भाव रखते थे। उनके निर्वाण के पश्चात् यही आदर भाव भक्ति में परिवर्तित हो गया और उनकी पूजा अर्चना की जाने लगी।

भागवत धर्म का प्रभाव कहा गया है कि भागवत धर्म के भक्ति मार्ग ने इस धर्म को बड़ा प्रभावित किया। इसी भक्ति मार्ग से प्रभावित होकर बौद्ध धर्म में भी भक्ति तत्व का प्रवेश हुआ। कालान्तर में महात्मा बुद्ध को वही स्थान बौद्ध धर्म में प्रदान किया गया जो भागवत धर्म में श्रीकृष्ण का है। इसी परिप्रेक्ष्य में कहा जा सकता है कि उन्हीं दिनों जैन धर्म में भी मूर्ति पूजा का प्रारम्भ हो गया था अर्थात् महायान के विकास में स्वदेशी तत्व ही सहायक थे।[8] जैसा हरियिन्ना ने उल्लेख किया है कि महायान के बीज प्रारम्भिक बौद्ध सिद्धान्तों में अप्रत्यक्ष रूप से निहित थे। महायान के तत्व हीनयान के महासांघिक, सर्वास्तिवाद, लोकोत्तरवाद आदि सम्प्रदायों में प्राप्त होते हैं। जिनका उदय सम्भवतः अशोक के समय तक अर्थात् इन विदेशी जातियों के आगमन से पूर्व ही हो चुका था। महायान की उत्पत्ति ई.पू. प्रथम शताब्दी में दक्षिण के आन्ध्र प्रदेश में मानी गई है और दक्षिण का यह प्रदेश उस युग में विदेशी जातियों के प्रभाव से सर्वथा मुक्त था।[9]

आदिबुद्ध की आवधारणा – कुछ महायानी मतों में आदि या स्वयंभू को माना गया। कहा गया कि पांच ध्यानी बुद्ध उत्पन्न हुए जो वेदना, संज्ञा, संस्कार एवं विधान का मूर्तरूप है। यह विचार नेपाल, तिब्बत में, जावा में वज्रधर वज्रसत्व, वैरोचन रूप स्वीकार किया। इस धारणा में माना गया कि बुद्ध दिखाये जाते है। स्वयंभू पुराण में माना गया कि बुद्ध ज्वाला रूप में प्रकट हुए। नेपाल में इनका मन्दिर है।

मानवता के कल्याण से प्रेरित ईसा की प्रथम शताब्दी ई. में अश्वघोष के शिष्य एवं बौद्ध धर्म के सुप्रसिद्ध आचार्य नागार्जुन ने अपनी अद्वितीय प्रतिभा द्वारा इस सम्प्रदाय को सुदृढ़ दार्शनिक आधार प्रदान किया। हीनयान एवं महायान के भेद को स्पष्ट करते हुए कहा है कि अनेक अन्य नास्तिक मतों की तरह हीनयान ने निवृत्ति का आदर्श अपनाया जबकि महायान ने अधिकांश हिन्दू विचारधारा के प्रभाव से अपने व्यावहारिक उपदेश को प्रवृत्ति के आदर्श के अनुसार ढाला।

यद्यपि अपना निर्वाण अब भी जीवन का लक्ष्य बना रहता है, तथापि अब यह स्वयं साध्य नहीं रहता बल्कि दूसरों के निर्वाण के लिए प्रयत्न करने की योग्यता लाने वाला मात्र समझा जाता है। .....वास्तव में आत्म–त्याग से युक्त प्रेम अथवा निष्काम कर्म को महायान–धर्म का मूल कहा जा सकता है। इस प्रसंग में कर्म की बौद्ध धारणा में भी एक बड़ा परिवर्तन आ जाता है और इस नियम की कठोरता कि किसी भी परिस्थिति में आदमी अपने लिए कर्मों के फल भोगने से नहीं बच सकता, इस विश्वास से घट जाती है कि बोधिसत्व अपने–अपने शुभ कर्मों को अन्यों को दे सकता है और इस प्रकार दुःख से मुक्ति पाने के प्रयत्न में उनकी सहायता प्राप्त करता है।[10]

संसार की निःसारता (शून्यवाद का परिणाम) हीनयानवादी मनुष्य का कार्य संकुचित है और इसलिये यह केवल निम्न जन्मों में समाप्त किया जा सकता है। इसके विपरीत महायानवादी श्रावकों का कार्य महान् और विशाल है और अनेक, अनन्त काल तक जन्म लेकर सारे प्राणियों के निर्वाण के लिए वे प्रयत्नशील हैं। महायान दर्शन के अनुसार संसार के सारे पदार्थ निःसार, मायामय एवं थोथे हैं जबकि हीनयानवादी यह विश्वास करते थे कि संसार की सभी वस्तुएँ क्षणिक मात्र हैं।[11] दासगुप्त ने आगे लिखा है कि शून्यवाद के सिद्धान्त का प्रतिपादन सबसे पहले नागार्जुन ने किया, ऐसा भ्रमवश माना जाता हैं वस्तुतः शून्यवाद से तात्पर्य वस्तुओं की निःसारता एवं सत्वरहित होता है। इस तरह महायान के समस्त सिद्धान्तों में शून्यवाद का समर्थन मिलता है। सभी तत्व अस्तित्वहीन हैं। प्रत्येक वस्तु का कोई अस्तित्त्व नहीं है, सभी कुछ थोथे व शून्यमय हैं। संसार की न कोई वास्तविक प्रक्रिया है और न वह समाप्त होती है। सत्य शाश्वत भी नहीं है और न ही अशाश्वत है, बल्कि शून्य मात्र है। हीनयान मत का अनुसरण बिना गृहस्थ जीवन का त्याग किए संभव नहीं था। इसके लिए सांसारिक जीवन को छोड़कर भिक्षु–जीवन ग्रहण करना आवश्यक था।

हीनयान व महायान में सैद्धान्तिक मतभेद

I. बौद्ध धर्म के मूल सिद्धांतों को हीनयान ही स्वीकार करते थे, जैसे– चार आर्यसत्य एवं आष्टांगिक मार्ग आदि। ये अनित्यता अथवा क्षणभंगुरता तथा अनात्मकवाद के सिद्धान्तों को भी मानते थे। तद्नुसार संसार परिवर्तन का एक प्रवाह मात्र है जिसमें कार्य–कारण नियम के अनुसार सभी कुछ निरन्तर परिवर्तनशील और अनित्य है। जीव (या व्यक्तित्व) केवल रूप, वेदना, संज्ञा, संस्कार और विज्ञान नाम के पाँच स्कन्धों का संग्रह मात्र है जिसे जीव या पुद्गल कहते हैं। इसके पीछे आत्मा के नाम की कोई नित्य सत्ता नहीं है। इसी को हीनयान का आत्म–शून्यता का सिद्धान्त कहा जाता है।

II. हीनयान के अर्हत् के आदर्श के विपरीत महायान ने बोधिसत्व का लक्ष्य रखा। तद्नुसार प्रत्येक मनुष्य में बोधिसत्व बनने की क्षमता निहित होती है। सामान्य उपासक और गृहस्थ अपने प्रयास से अन्तिम लक्ष्य निर्वाण प्राप्त कर सकते हैं। महायान में महात्मा बुद्ध केवल शास्ता ही नहीं रहे बल्कि उन्हें देवत्व प्राप्त हो गया और महायान बौद्ध एक आस्तिक दर्शक बन गया। कहा जा सकता है कि हीनयान मूलतः एक दर्शन है जबकि महायान ने एक धर्म का स्वरूप ग्रहण कर लिया था।

III. हीनयान में दार्शनिकता होने के कारण उसके सिद्धान्त अधिक कठोर हैं। इसके अनुसार आष्टांगिक मार्ग द्वारा ही निर्वाण प्राप्ति संभव मानी गई परन्तु महायान में अधिक सुगमता थी। इसमें श्रद्धा भक्ति को ही निर्वाण का साधन माना गया। इतना ही नहीं जैसा पूर्व में भी उल्लेख किया है कि हीनयान का अन्तिम लक्ष्य अर्हत पद प्राप्ति ही था। इस अवस्था में जन्म–मृत्यु के चक्र से मुक्ति मिल जाती है जबकि महायानवादी परम्परा में अर्हत पद प्राप्ति का दृष्टिकोण ही नितान्त स्वार्थपूर्ण है। महायानियों का आदर्श केवल आत्म–निर्वाण ही नहीं बल्कि सारे जगत् का परित्राण था।

IV. महायान सेवा–परोपकार पर बल देता है। समस्त मानवता का कल्याण महायानवादियों का उद्देश्य बन गया।

V. महायान आत्मा एवं पुनर्जन्म में विश्वास करता है, इसी परिप्रेक्ष्य में मूर्तिपूजा का विधान अस्तित्व में आया। मोक्ष के लिए बुद्ध की कृपा आवश्यक मानी गई।

VI. हीनयान साधन पद्धति कठोर है जबकि महायान के सिद्धान्त सरल एवं सर्वसाधारण के लिए सुलभ हैं।

VII. हीनयान का आदर्श बुद्धत्व या अर्हत पद प्राप्ति है। महायान का आदर्श बोधिसत्व है। बोधिसत्व दूसरे प्राणियों की मुक्ति के लिए प्रयत्नशील रहते हैं। अतः महायानी अपने को उच्च या महान मानते हैं।

संक्षेप में, पुराने बौद्ध धर्म में एक नई जागृति आ गई और अपने नए रूप में वह भारतीय सीमाओं को लांघकर शीघ्र विदेशों में जा फैला। तिब्बत, चीन, बर्मा और जापान ने बौद्ध धर्म के नए रूप को उसी क्षण अंगीकार कर लिया। महायान मत बौद्ध धर्म की उत्तरी शाखा कहलाता है और उसका साहित्य संस्कृत में उपलब्ध है। इसके विपरीत पुराना अथवा हीनयान बौद्धमत दक्षिणी शाखा के नाम से विख्यात् है जिसके धर्म–ग्रन्थों का माध्यम पालि है। महायान–मत में उसके और संरक्षक कनिष्क की प्रतिष्ठा, हीनयान–मत में अशोक की ही जैसी है।[12]

हीनयानी सम्प्रदाय – वैभाषिक (विभाषाशास्त्र) की उत्पति कश्मीर में मानी गई। जिसे बाह्य जगत के अस्तित्व को स्वीकारते है। **ह्वेनसांग** के अनुसार कुमारलाल इसके प्रवर्तक थे।

महायानी सम्प्रदाय– माध्यमिकवाद या शून्यवाद – नागार्जुन इसके प्रवर्तक थे। इन्होंने बुद्ध के प्रतीत्यसमुत्पाद को शून्यवाद कहा है। उवार्यदेव, चन्द्रकीर्ति, शन्तिदेव, शनिरक्षित प्रचारक थे। दूसरा – विज्ञानवाद या योगाचार केमैत्रेयनाथ संस्थापक थे असंग व वसुवन्धु ने इसका विकास किया। यह मतचित्त विज्ञान को सत्ता मानता है।

सारांश महायान साहित्य का सृजन पाली के स्थान पर संस्कृत में किया जाने लगा, जबकि प्रारम्भिक बौद्ध ग्रंथों की रचना जन–सामान्य के बोलचाल की भाषा पाली में की गई। बुद्ध एवं बोधिसत्वों की पूजा पद्धति के विकास के साथ महायान बौद्ध धर्म में मूर्ति पूजा का प्रादुर्भाव हुआ और बौद्ध धर्म में मूर्ति पूजा व्यापक स्तर पर होने लगी। जहाँ एक ओर सर्वसाधारण को बौद्ध धर्म ने अपनी ओर आकर्षित किया दूसरी ओर मूर्तिपूजा के प्रारम्भ से कला को प्रचुर प्रोत्साहन मिला। बड़ी संख्या में बुद्ध एवं बोधिसत्वों की मूर्तियों का निर्माण होने लगा और भारतीय मूर्तिकला में नई शैली का आविर्भाव हुआ जिसकी चर्चा हम आगे करेंगे।

सन्दर्भ :

1. त्रिपाठी, आर.एस. : प्राचीन भारत का इतिहास, पृ. 166.
2. हिरियन्ना, भारतीय दर्शन की रूपरेखा, पृ. 197.
3. Dutt, N., Aspects of Buddisum, pp. 25-39. 'The period from the death of Asoka to B.C. 100 may be called the epoch of Semi Mahayana'.
4. दासगुप्त : भारतीय दर्शन का इतिहास, पृ. 126.
5. Smith V., Oxford History of India, 1981 ed., p. 153.
6. Keith, Buddhist Philosophy in India and Ceylon, 1923, pp. 216-17. It is contended that the rise of Mahayanism synchronised with the rule of foreigners like the Bactrian Greeks, Saka, Pahlallvas and the Kushans; that the Milindapanho is a dialogue between a Buddhist saint and Menander, a Bactrian Greek; that the trikaya conception corresponds to the Christian doctrine of the trinity and that Greek art influenced the art of Gandhara, and therefore it could have influenced Indian religion.
7. हिरियन्ना, वही, पृ. 197.
8. Smith, V., op. cit., 1981 ed., p. 154. 'When it is said that the development of the Mahayana was mainly the result of the foreign influence, I must not be understood as denying that the germs of the transformed religion may have existed in India from a very early stage in history of the Buddhist Church'.
9. Sasthianathaier R., History of India, 1952, p. 172. 'But our study of the origin and precursors of the Mahayana that its development on the doctrinal side was on indigenous lines'.
10. हिरियन्ना, वही, पृ. 223–24.
11. दासगुप्ता, वही, पृ. 137.
12. घोष .एन.एन, वही, पृ. 248.

36 सामाजिक परिवर्तन
(Social Changes)

ईसा पूर्व छठी शताब्दी के भारत में बौद्ध एवं जैन धर्मों के आविर्भाव ने परम्परागत जीवन पद्धति को झकझोर दिया था। नवीन धर्मों के प्रादुर्भाव से समाज में धीरे–धीरे लचीलापन आ रहा था। दूसरी ओर मौर्यों के बाद भारत में यवन, पार्थियन, शक एवं कुषाणों का आगमन हुआ। वर्ण पर आधारित सामाजिक व्यवस्था में इन विदेशी शासकों से भी संकट उत्पन्न हो गया। स्मृतिकारों के समक्ष इन विदेशी आक्रमणकारी जातियों को भी समाज में सम्मिलित करने की समस्या थी।

इसके अतिरिक्त उत्तरी भारत का दक्षिण के साथ गहन सम्पर्क मौर्य काल से ही स्थापित हो पाया था। दक्षिण को उत्तर से जोड़ने की समस्या भी इसी क्रम में पैदा हुई। दूसरे शब्दों में पूरे देश का आर्यीकरण भी मूल रूप में इसी युग में सम्भव हो पाया। इस बदलाव के साथ सामाजिक व्यवस्था में परिवर्तन अथवा संशोधन आवश्यक हो गए थे। इस दृष्टि से मौर्योत्तर समाज का अध्ययन अधिक दिलचस्प हो जाता है।

ब्राह्मण धर्म की पुनर्प्रतिष्ठा मौर्योत्तर शुंग, कण्व एवं सातवाहन वंशों को ब्राह्मण कहा गया। बौद्ध धर्म की निवृत्तिवादी परम्परा राष्ट्र की सुरक्षा के लिए घातक सिद्ध हो सकती थी। शुंग शासकों ने ब्राह्मण धर्म एवं संस्कृति के पुनरुद्धार का प्रयास किया। बौद्ध संघ में बिना किसी जातीय भेदभाव के प्रवेश मिल जाता था। तुलनात्मक दृष्टि से बौद्ध धर्म में जाति प्रथा के प्रति लगाव कम था। परिणामस्वरूप बड़ी संख्या में लोग संघ में प्रवेश लेने लगे। इतना ही नहीं कम उम्र के बच्चों ने भी संघ में प्रवेश लेना प्रारम्भ कर दिया और उन लोगों के आश्रितों के लिए आजीविका की समस्या उत्पन्न हो गई। संघ के भिक्षु भी राजदण्ड से किसी सीमा तक मुक्त थे। अतः अभियुक्त या ऋणी लोगों ने संघ की शरण में जाना शुरू किया। भिक्षु जीवन आलसी लोगों के लिए निश्चिन्तता का साधन बनता जा रहा था और इस तरह समाज का सन्तुलन बिगड़ने लगा। ऐसी स्थिति में पुष्यमित्र ने ब्राह्मण धर्म का उत्थान आवश्यक समझा। पुष्यमित्र को बौद्ध परम्परा में ब्राह्मण धर्म का रक्षक तथा बौद्ध धर्म का उत्पीड़क कहा गया है। दिव्यावदान से ज्ञात होता है कि, पुष्यमित्र बौद्ध धर्म का कट्टर विरोधी था। स्यालकोट में घोषणा की कि, ''जो व्यक्ति मुझे एक बौद्ध भिक्षु का सिर लाकर देगा, मैं उसे सौ दीनार दूँगा ''यो मैं श्रमण शिरो दास्यति तस्याहं दीनारं शतं दास्यामि।''

तारानाथ ने भी उल्लेख किया है कि पुष्यमित्र ने मध्य प्रदेश से जालन्धर तक बहुत बड़ी संख्या में बौद्धों का वध करवाया तथा उनके स्तूपों और मठों को नष्ट किया।[1] यह कथन न केवल अतिशयोक्तिपूर्ण है, बल्कि बौद्धों के प्रभाव में कमी को इंगित करता है। इस विवरण से यह निष्कर्ष निकाला जा सकता है कि इस काल में ब्राह्मण वर्ग का वर्चस्व अवश्य रहा।

ब्राह्मण पुनरुत्थान के अनेक प्रमाण तत्कालीन साहित्य में मिलते हैं। मनु ने समाज की आधारशिला ब्राह्मण धर्म को माना है।[2] कहा गया है कि ब्रह्मा ने सम्पूर्ण विश्व के रक्षार्थ मुख, बाहु, जंघा और पाँव से उत्पन्न होने वाले जीवों के अलग–अलग कर्मों की कल्पना की है यह विवरण ऋग्वेद के दशम् मण्डल का स्मरण करवाता है।[3] ब्राह्मणों के लिए पढ़ना, पढाना, यज्ञ करना एवं यज्ञ सम्पादित करवाना, दान देना एवं लेना ये छह कर्तव्य निश्चित किए हैं।[4]

शुंगों के बाद आन्ध्र सातवाहन वंश ने दक्षिण के बहुत बड़े भू–भाग पर शासन किया। वाशिष्ठपुत्र पुलुमावी के उन्नीसवें वर्ष के नासिक अभिलेख में गौतमीपुत्र शातकर्णी को अद्वितीय ब्राह्मण ('एक–ब्राह्मणस') घोषित किया है। उसे क्षत्रियों का मान मर्दन करने वाला भी बताया गया।[5] नीलकण्ठ शास्त्री ने लिखा है कि इस युग में ब्राह्मणवाद भी फला–फूला तथा सातवाहन शासकों में से अधिकांश उसी के अनुयायी थे। इस वंश के तीसरे राजा ने अनेक वैदिक यज्ञ किए और अपने पुत्र का नाम वेदश्री रखा। गौतमीपुत्र शातकर्णी ब्राह्मणों का महान् समर्थक तथा महाकाव्यों में उल्लिखित वीरों के पदचिन्हों पर चलने को सचेष्ट था।[6] पुष्यमित्र शुंग ने दो अश्वमेध यज्ञ करवाए थे। धनदेव के अयोध्या अभिलेख में भी इसका उल्लेख आया है। पतंजलि के महाभाष्य से जानकारी मिलती है कि कम–से–कम एक यज्ञ पतंजलि के नेतृत्व में सम्पादित हुआ।

विदेशियों का विलिनीकरण एवं क्षत्रिय दूसरे नासिक अभिलेख में उल्लेख आया है कि सम्राट ने चारों वर्णों को वर्ण संकर होने से रोका।[7] वस्तुतः सम्राट समाज में बढ़ रही वर्ण संकर की समस्या को कितना रोक पाया कहना मुश्किल है किन्तु वर्ण संकरत्व का सिद्धान्त समाज की जटिल समस्या का समाधान करने का सुगम मार्ग था। कहा गया है कि यद्यपि मनु कट्टर ब्राह्मणवादी थे, किन्तु उनकी स्मृति में जिन लगभग 60 वर्ण संकरों का उल्लेख है, उससे स्पष्ट होता है

कि वह पर्याप्त यथार्थवादी भी थे। विदेशी लोगों के आगमन से जो एक सामाजिक तनाव उत्पन्न हुआ, उसका एक प्रायोगिक समाधान वर्ण संकर की परिकल्पना में ही दृष्टिगोचर होता है।[8] इस काल में विदेशी जातियों द्वारा बड़ी संख्या में भारतीय समाज में घुसपैठ की जा रही थी। शकों एवं सातवाहनों के बीच वैवाहिक सम्बन्धों से शकों का हिन्दू समाज में क्षत्रियों के रूप में प्रवेश आसान हो गया। देशी कबीलों का भी बौद्ध भिक्षुओं ने बौद्धकरण करने का प्रयास किया। व्यवसाय के आधार पर नई उप–जातियाँ बन रही थीं, जैसे–चरवाहे (गोलिक) और खेत जोतने वाले (हालिक)। इससे भी अधिक दिलचस्प बात है विदेशियों, शकों और यवनों का बौद्धों या हीनतर क्षत्रियों के रूप में हिन्दुओं में विलिनीकरण हुआ। यही नहीं विलिनीकरण के बाद उनके नाम भी पूर्णतः भारतीय होते थे, जैसे–धर्मदेव, ऋषभदत्त, अग्निवर्मन। क्षहरातवंशी ऋषभदत्त ने वर्णसा नदी से पुष्कर तक की तीर्थ यात्रा की और ब्राह्मणों को गायों और गाँवों का उपहार दिया।[9] विदेशी शासकों ने भारतीय धर्म, सामाजिक परम्पराओं और रीति–रिवाजों को तो अपना लिया था किन्तु उनका उद्देश्य समाज में सम्मानजनक स्थान प्राप्त करना भी था। भारतीय स्मृतिकारों ने उन्हें निम्नस्तरीय क्षत्रिय बताकर इसको सरल बना दिया। इसे भारतीय संस्कृति की समन्वय भावना का उच्चतम प्रतीक कहा जा सकता है।[10]

पारम्परिक ब्राह्मण धर्म का इस काल में रूपान्तरण हो रहा था। भक्ति भावना के पुट का उदय इस काल में विशेष रूप से हुआ। वैष्णव, शैव, बौद्ध एवं सभी धर्मों ने अपने द्वार विदेशियों के लिए भी खोल दिए। मनुस्मृति में कहा गया है कि पवित्र धार्मिक संस्कारों तथा ब्राह्मणों की अवहेलना करने के कारण ही यवन, शक, पल्लव आदि जातियां शनैः–शनैः शूद्रों की श्रेणी में गिर गई हैं। भागवत पुराण में कहा हैं कि ये जातियाँ विष्णु पूजन से पवित्र हो जाती हैं। इस प्रकार वैष्णव धर्म ने इन जनजातियों को ब्राह्मणधर्मी सामाजिक व्यवस्था के अन्तर्गत समाविष्ट एवं समायोजित करने के लिए एक प्रबल साधन प्रदान किया। ईसा से पहले एवं ईसवी सन् की प्रारम्भिक शताब्दियों में विदेशी जातियों ने वैष्णव एवं शैव देवताओं को समर्थन दिया। बेसनगर का अभिलेख यवन राजदूत हेलियोडोरस का वर्णन भागवत के रूप में करता है, जिसने भगवान वासुदेव को गरुड़ध्वज समर्पित किया था। महाक्षत्रप शोडास के समय एक अन्य अभिलेख में भगवान वासुदेव के मन्दिर के प्रवेश द्वार तथा वेदिकाओं के निर्माण का उल्लेख है। कुषाण राजा भी वैष्णव एवं शैव प्रभाव से अछूते नहीं थे। उनमें से एक ने भगवान वासुदेव का नाम धारण किया था। विदेशी शासकों द्वारा बौद्ध धर्म अपनाए जाने से भी उनका व्यवस्था में समावेश आसान हो गया, क्योंकि इससे जाति वर्ण आदि से सम्बन्धित कोई समस्या उठने की सम्भावना नहीं थी।[11]

दक्षिण में सामाजिक बदलाव तीसरा महत्वपूर्ण सामाजिक परिवर्तन जो इस काल में देखा जाता है, वह था– दक्षिण भारत का आर्यीकरण, जिसका प्रारम्भ सम्भवतः वैदिक काल में ही हो गया था। ऐतरेय ब्राह्मण तथा सांख्याण श्रोतसूत्र में कहा गया है कि ऋषि विश्वामित्र ने अपने पचास पुत्रों को, जो शुनःशेफ देवरात से ईर्ष्या रखते थे, आर्यावर्त की सीमा पर जाकर रहने का शाप दिया और उनकी सन्तानें दस्यु हुईं, जैसे–अन्ध्र, पुण्ड्र, शबर, पुलिन्द आदि। स्पष्ट है कि इन पुस्तकों की रचना के समय उत्तर भारत का आर्यीकरण तो पूरा हो चुका था किन्तु विन्ध्य पर्वत श्रेणी के पार इसमें कुछ खास प्रगति नहीं हुई। शास्त्री ने लिखा है कि अशोक की राजघोषणाएँ मैसूर तथा कर्नूल जैसे सुदूर दक्षिण के स्थानों में भी पत्थरों पर उत्कीर्ण की गईं। इससे प्रकट होता है कि इन स्थानों में भी अवश्य ही ब्राह्मी लिपि तथा प्राकृत बोली को जानने वाले लोग मौजूद थे। इतना ही नहीं दक्षिण के जो देश अशोक के साम्राज्य के बाहर थे और उनके साथ उसका राजनैतिक और कूटनीतिक सम्बन्ध था।[12]

मिलिन्दपन्हो में सबसे प्रसिद्ध पत्तन नगर कोलपत्तन का उल्लेख आया है जो सबसे प्रसिद्ध बन्दरगाह था। रीजडेविडस के अनुसार इससे कोरोमण्डल तट के सर्वश्रेष्ठ बन्दरगाह कावेरीपट्टनम का तात्पर्य है। पाली बौद्ध साहित्य में अन्यत्र भी इसका उल्लेख मिलता है। जातक कथा में अक्किति अपने प्रशंसकों से जान छुड़ाने के लिए बनारस छोड़कर तमिल देश में चला गया था जहाँ कावेरीपट्टन के पास उद्यान में वह कुछ समय तक रहा था।[13] उत्तर का दक्षिण से निरन्तर सम्पर्क बढ़ता जा रहा था, दूसरे शब्दों में, भारतीयकरण हो रहा था। संगम साहित्य ईसा की प्रथम तीन शताब्दियों का माना गया है। इस साहित्य में नन्द एवं मौर्य राजाओं द्वारा दक्षिण पर अधिकार किए जाने का विवरण मिलता है। कहा जा सकता है कि, विचाराधीन काल में जिस सामाजिक और राजनीतिक अवस्था का विकास हुआ, वह आर्यों और उनसे पहले से रहने वाले लोगों की संस्कृति का सामंजस्य था। इसमें सन्देह नहीं कि स्थानीय भेद और प्रादेशिक विशेषताएँ पाई जाती हैं किन्तु एक अखिल भारतीय समाज का ढाँचा तो उठ ही खड़ा हुआ था। इसे सचमुच हिन्दू समाज कहा जा सकता है। वस्तुतः हिन्दू शब्द का तात्पर्य यहाँ उसके उस मूल रूप से है जिसमें हिमालय से लेकर कन्याकुमारी और सिन्ध से लेकर ब्रह्मपुत्र तक सारे देश के विस्तार को सम्मिलित किया जाता है।[14]

दक्षिण में वणिक वर्ग सम्पूर्ण समाज परम्परागत चार वर्णों में विभक्त था जैसा कि पूर्वोल्लिखित नासिक अभिलेख से ज्ञात होता है।[15] बौद्ध ग्रन्थों में समाज के विभाजन के विभिन्न तरीकों के उल्लेख मिलते हैं। वस्तुतः इन ग्रन्थों में विभाजन का आधार उच्च कार्य एवं निम्न कार्य रहा है। कृषि एवं व्यापार को सामान्यतः वैश्यों की गतिविधियाँ माना गया। कृषि, व्यापार, पशुपालन आदि उच्च कार्यों में गिने जाते थे। अनेक बौद्ध ग्रन्थों में अच्छे परिवारों के नवयुवकों के सदैव–कृषि, व्यापार तथा पशुपालन से जुड़े होने के उल्लेख मिलते हैं। इसी प्रकार लेखा–जोखा तथा लेखन उच्च कार्यों में सम्मिलित थे, जबकि चर्मकारी, टोकरियाँ बनाना, बुनाई आदि निम्न कार्य

कहे गए हैं। मोटे तौर पर व्यवसाय पहचान का आधार थे। वाणिज्यिक वर्ग वित्तीय दृष्टि से इस काल में अत्यन्त सशक्त हो गया। उनको समाज में उच्च स्थान प्राप्त था। कहा गया है –शुंगों, सातवाहनों, इण्डो–युनानियों, शकों, कुषाणों, चेरों और चोलों के समस्त उलट–फेर के बावजूद वणिक समुदाय अधिकाधिक शक्तिशाली होता गया। मौर्यों ने सड़कों का निर्माण करके तथा एक रूप शासन प्रणाली विकसित करने का प्रयत्न करके उप महाद्वीप में व्यापार को प्रोत्साहन दिया था।[16] बड़ी संख्या में उत्तर के वैश्य दक्षिण में व्यापार हेतु जाने लगे। दक्षिण में उत्तर भारतीय व्यापारी वर्ग की उपस्थिति ने दक्षिण को उत्तर से जोड़ने की प्रक्रिया को तीव्र किया।

अन्तर्जातीय विवाह एवं भारतीयकरण इस काल में अन्तर्जातीय एवं वर्णोत्तर विवाहों के उल्लेख मिलते हैं। यद्यपि अन्तर्जातीय विवाह उचित नहीं समझे जाते थे किन्तु विरोध की अवस्था में भी अन्तर्जातीय विवाह होते रहे। शातकर्णी राजा ने महाराष्ट्र के महारथी अंगीय वंश की राजकुमारी के साथ विवाह किया था। वाशिष्ठीपुत्र पुलुमावी अथवा उसके किसी उत्तराधिकारी ने शक महाक्षत्रप रुद्रदामन की पुत्री के साथ विवाह किया था।[17] कहा जा सकता है विदेशी जातियों का अधिकाधिक भारतीयकरण हो रहा था और वे भारतीय नाम, धर्म संस्कृति को ग्रहण कर भारतीय समाज में घुल–मिल रहे थे। सातवाहन सम्राटों ने अन्तर्जातीय विवाहों द्वारा भारतीयकरण की विचारधारा को आगे बढ़ाया। शूद्रों ने दस्तकारी एवं शिल्पकला को जीविकोपार्जन का साधन बना लिया था। परिणामस्वरूप शूद्र वर्ग में से कुछ लोग कला और व्यापार में प्रगति की बदौलत धनाढ्य होते जा रहे थे। समाज में उनकी प्रतिष्ठा थी। मौर्य काल में समस्त आर्थिक गतिविधियों पर राज्य का नियंत्रण था किन्तु इस साम्राज्य के पतन के साथ ही वह नियंत्रण समाप्त हो गया और शिल्पियों आदि को कुछ वैयक्तिक स्वतंत्रता हो गई। इस प्रकार वैश्यों और शूद्रों की पारस्परिक आर्थिक विषमताएँ कुछ धुँधली पड़ गईं। लेकिन अभिलेखों से ज्ञात होता है कि अधिकतर दस्तकार मथुरा के आसपास और पश्चिमी दक्कन में फैले हुए थे। इसलिए आम शूद्रों के जीवन–निर्वाह में किसी परिवर्तन का अनुमान लगाना कठिन है। सामान्य रूप से वे पहले की ही भाँति भाड़े के मजदूरों और दासों के रूप में नियुक्त किए जाते थे।[18]

स्त्री जगत् सातवाहन काल में स्त्रियों की स्थिति सन्तोषजनक प्रतीत होती है। समाज में स्त्रियों को सम्मानजनक दृष्टि से देखा जाता था। यद्यपि मनु ने उनके जीवन को काफी प्रतिबन्धित कर दिया था। कन्या, पत्नी और माता के रूप में क्रमशः पिता, पति और पुत्र द्वारा नियन्त्रित और संरक्षित मानी गई।[19] सातवाहन राजाओं द्वारा अपने नाम के साथ माता का नाम जोड़ने की प्रथा, जैसे– गौमतीपुत्र शातकर्णी, वशिष्ठीपुत्र पुलुमावी समाज में स्त्रियों की मान्यता को इंगित करता है। रानी नायनिका ने अपने अल्पवयस्क पुत्र की संरक्षिका के रूप में शासन चलाया था। गौतमी बलश्री को विदूषी और राजर्षिवधु (राजरिसि वधु) कहा है।[20]

स्त्री शिक्षा की ओर ध्यान दिया जाता था। बाल्यकाल से ही उनकी शिक्षा का प्रबन्ध किया जाता था। अनेक महिलाएँ शिक्षिका बनकर शिक्षण कार्य द्वारा जीवन यापन करती थीं। ऐसी स्त्रियाँ 'उपाध्याय' कही जाती थीं।[21] मनु के अनुसार विवाह के अवसर पर कन्या को जो कुछ दिया जाता था अर्थात् पति गृह जाते समय माता–पिता एवं भाई द्वारा दिया धन स्त्री को ही मिलता था उसे स्त्री धन कहा है।[22] स्पष्टतः परिवार की सम्पूर्ण सम्पत्ति में स्त्री का हिस्सा होता था एवं इच्छानुसार अपने पास रख सकती थीं। मनु ने यह भी निर्देशित किया है कि पति की मृत्यु के बाद नारी को उसके स्त्री धन से वंचित न किया जाए।[23] **सौदायिक व असौदायिक**– शुरू के स्मृति लेखकों ने स्त्री धन पर स्त्री का अधिकार मानते हुए भी उसे सम्पत्ति बेचने का अधिकार नहीं दिया। अपनी सम्पत्ति बेचने से पूर्व पति की आज्ञा लेने की शर्त स्त्रियों के लिए, मनु ने रखी थी। आगे जाकर स्त्री धन के दो भाग कर दिये। सौदायिक– इसमें माता–पिता व पति द्वारा दिये उपहार पर उसका पूरा अधिकार था। शेष धन असौदायिक में रखा गया जिसे स्त्री नहीं बेच सकती थी। एक स्थान पर अपुत्रवती व्यभिचारिणी स्त्री की शुद्धि का उल्लेख कर उसकी स्थिति को मजबूत करने का प्रयास किया है।[24] **नियोग प्रथा**– व्यवस्थाकारों ने पति की मृत्यु, या उसके नपुंसक होने पर पति के भाई अथवा सगोत्र से सन्तान प्राप्ति की छूट दी गई। ऐसे पुत्रों को क्षेत्रज पुत्र कहा गया। एवं उसे पिता की सम्पत्ति का अधिकारी माना गया। स्मृतिकारों ने कठोर प्रतिबन्धों के साथ इसे मान्यता दी थी। हमें ऐसे कोई प्रमाण नहीं मिलते हैं जिनसे स्त्रियों में पर्दा प्रथा सिद्ध हो, किन्तु विवाह की अवस्था निरन्तर घटती जा रही थी। सम्भवतः यह पाश्चात्य आक्रमणकारियों के भारतीय समाज में प्रवेश के प्रयास का परिणाम था। इसका प्रभाव स्त्री शिक्षा पर तो पड़ा ही बल्कि उनके मानसिक विकास पर भी इसका बुरा असर हुआ। वैदिक काल में जिन विशेष परिस्थितियों में तलाक की अनुमति थी उसे भी बुरा समझा जाता था।

विधवाओं के पुनर्विवाह पर रोक के साथ सती प्रथा का आविर्भाव हुआ। महाभारत के कुछ उल्लेखों और यवन लेखकों द्वारा कुछ वास्तविक घटनाओं की चर्चा से स्पष्ट है कि इस काल में यह प्रथा प्रचलित थी। अरिस्टोबुलस (Aristobulus) ने इस विषय में कुछ छान–बीन कर लिखा है कि कुछ अवस्थाओं में स्त्रियाँ स्वेच्छा से अपने पति की चिता पर जल मरती है। जो ऐसा नहीं करती वे समाज में हेय दृष्टि से देखी जाती हैं। यद्यपि आरम्भिक धर्मशास्त्रों में इस प्रथा को मान्यता नहीं दी गई है तथापि इससे स्पष्ट होता है कि इस क्रूर प्रथा को जनता प्रोत्साहित करती थी।[25]

ब्राह्मण साहित्य एवं बौद्ध साहित्यिक ग्रन्थों से दास प्रथा के प्रचलन की जानकारी मिलती है। मनु ने शूद्रों से दास कर्म करवाए जाने का उल्लेख किया है।[26] उसने सात प्रकार के

दासों का जिक्र किया है।[27] महाभाष्य में दो प्रकार के दासों का जिक्र आया है–क्रीत एवं परिक्रीत। परिक्रीत दास निश्चित अवधि के लिए, निश्चित द्रव्य के आधर पर कर्मकर के रूप में रखे जाते थे एवं क्रीत दास सुनिश्चित धन से क्रय किया जाता था जो उतना धन लौटाए जाने पर स्वतन्त्र हो जाता था।[28] स्मृतियों में दासों के प्रति उदार व्यवहार और मुक्ति के नियम दिए गए हैं।

मूल्यांकन इस तरह मौर्योत्तर काल को सामाजिक परिवर्तनों एवं समन्वय का युग कहा जा सकता है। उत्तर भारत दक्षिण से जुड़ने लगा और सांस्कृतिक दृष्टि से एकता के सूत्र में बँधने लगा। इस काल में न केवल अनेक जातियाँ, धर्मों का भारतीय समाज में विलीनीकरण सम्भव हुआ बल्कि भारत ने एक राष्ट्र के रूप में अन्तर्राष्ट्रीय स्तर पर अपना विशिष्ट स्थान बना लिया।

सन्दर्भ :

1. गोयल, एस.आर. : मगध सातवाहन कुषाण साम्राज्यों का युग, पृ. 615.
2. मनुस्मृति, 1/99, ब्राह्मणों जायमानों हि पृथिव्यामाधि जायते।
   ईश्वरः सर्वभूतानाः धर्म कोशस्य गुप्तये।
3. ऋग्वेद, 10/90/13.
4. मनुस्मृति, 1/87–88.
5. गुप्त, वही, पृ. 192. खतियदप मान मदनस।
6. शास्त्री, नीलकंठ, ऐ.के. : दक्षिण भारत का इतिहास, पृ. 83.
7. गुप्त, वही, पृ. 192. विनिवतित चातूवण संकरस।
8. झा एवं श्रीमाली : प्राचीन भारत का इतिहास, पृ. 242.
9. शास्त्री, नीलकंठ ए.के. वही, पृ. 81.
10. Sathianathaier, R. : History of India, p. 198.
    "We have observed the raid Indianisation of the foreign invaders who established their rule in Northern and Western India. The caste system should have been sufficiently elastic to accommodate them in Indian society."
11. झा, डी.एन. एवं श्रीमाली, वही, पृ. 242–43.
12. शास्त्री, नीलकंठ, वही, पृ. 57–59.
13. शास्त्री, नीलकंठ : चोलवंश, 1979, पृ. 18.
14. मजूमदार, आर.सी. : प्राचीन भारत, पृ. 190.
15. गुप्त, वही, पृ. 192–193.
16. थापर, रोमिला : भारत का इतिहास, पृ. 90.
17. गुप्त, वही, पृ. 208
18. लक्ष्मी श्रीवास्तव, प्राचीन भारत का इतिहास, हिन्दी माध्यम कार्यान्वय निदेशालय, 1989, पृ. 241.
19. मनुस्मृति, 9/3 पिता रक्षति कौमारे भर्ता रक्षति यौवने।
    रक्षन्ति स्थविरे पुत्रा न स्त्री स्वातन्त्रय मर्हति।
20. देखिये, गुप्त पी.एल., वही, पृ.193.
21. पंतजलि, 3/822 उपेत्याधीते अस्याः उपाध्याया।
22. मनुस्मृति, 9/194.
23. वही, 3/52.
24. वही, 11/177–178
25. मजूमदार, आर.सी., वही, पृ. 188.
26. मनुस्मृति, 8/413, शूद्र तु कारयोद्दास्य क्रीतमक्रीतमेव वा।
27. वही, 8/415, ध्वजाहृतो भक्तदासों गृहजः क्रीतदत्रिमो।
    पैधिको दण्डदासश्च धय सप्तैते दास योनयः।
28. महाभाष्य, 1/4/44.

37 मौर्योत्तर कला एवं स्थापत्य
(Post-Mauryan Art and Architecture)

शुंग काल तक आते–आते कला और सार्वजनिक जीवन के बीच अन्तर निरन्तर क्षीण होता चला गया। इस काल की कला में जन–सामान्य के भावों की सच्ची अभिव्यक्ति हुई।

पुष्यमित्र के राज्याभिषेक (ई.पू. 184) के साथ शुंग काल का प्रारम्भ होता है। यह वह काल था जिसमें काष्ठ वेदिकाओं (मण्डप–**Platform**) के स्थान पर प्रस्तर वेदिकाएँ एवं भव्य तोरण द्वारों का निर्माण हुआ। वेदिकाओं एवं तोरण द्वारों पर स्थापत्य कृतियाँ बनाई गईं। भरहुत, साँची, अमरावती और नागार्जुनकोण्ड जैसे महास्तूप इस युग में निर्मित हुए।

चैत्य : ची धातु से बने इस शब्द का अर्थ चयन करना है। प्रारम्भ में इसका सम्बन्ध शव समाधि से था। चैत्यहार या स्तूप निर्माण इस काल की महत्वपूर्ण देन है। चिता के स्थान पर स्मृति स्वरूप शवदाह के पश्चात् बचे हुए अवशेषों पर स्मृति के लिए, पीपल का वृक्ष रोपा जाता था या मिट्टी का थूहा बना दिया जाता था, जिसे चैत्य कहते थे।[1] स्तूप या चैत्य महात्मा बुद्ध के अवशेषों पर निर्मित किये जाते थे किंतु आगे जाकर स्तूप एवं चैत्य धीरे–धीरे बौद्ध उपासना के केन्द्र बन गये। स्तूप चार प्रकार के बताए गये है :

(1) शारीरिक जिनमें बुद्ध व उनके शिष्यों की अस्थियां रखी गई।

(2) पारिभौमिक – बुद्ध द्वारा उपयोग में लाई गई वस्तुयें – भिक्षापात्र चरणपादुका।

(3) उद्देशिक–वे स्तूप जो बुद्ध के जीवन सम्बन्धी स्थान जैसे लुम्बिनी, बोधगया आदि में बने।

(4) संकल्पित बौद्ध श्रद्धालुओं द्वारा पुण्यार्थ बनाये गये स्तूप। प्रारम्भ में चैत्य या स्तूप खूले स्थान पर निर्मित किये गये, बाद में पहाड़ों को काट कर (**Rock cut Chaityas**) बनाये जाने लगे। स्तूप सामान्यतः बौद्ध धर्म से सम्बद्ध माने जाते हैं किन्तु ऋग्वेद में भी इनका उल्लेख आया है।[2] शुंग काल में छोटे–बड़े सभी प्रकार के स्तूपों का निर्माण किया जाने लगा। छोटे स्तूप अल्पेशाख्य एवं बड़े 'महेशाख्य' कहे जाते थे।

शुंगकालीन कला विशेषताएँ शुंगकालीन कलाकारों ने मूर्ति बनाने की अपेक्षा शिला की पृष्ठभूमि में अर्द्ध–चित्र शैली में उत्कीर्ण किया अथवा उभारा। इस पद्धति में मूर्ति का एक छोटे पत्थर के खण्ड पर आमुख (सामने का भाग) ही दृष्टिगोचर होता है। कला के प्रसंग, विशेष रूप से जातकों, बुद्ध–जीवन की घटनाओं, लोक देवताओं अर्थात् यक्ष, नाग, किन्नर, चन्द्रायक्षी, चुलकोका आदि से लिए गए। इस तरह वैयक्तिक कला सामाजिकता में बदल गई।[3] वे सब घटनाएँ पूर्व में साहित्य का अंग थीं कला के माध्यम से समाज का अंग बन गईं।

- शुंगकालीन कलाकार का एकमात्र लक्ष्य मानव जीवन के ऐहिक स्वरूप का दिग्दर्शन (**conspectus**) है।[4] वेदिकाओं एवं तोरण द्वारों पर उभरी शालभंजिकाएँ (**Sculptures of woman standing**) वृक्ष का सहारा लिए स्थानक मुद्रा में, कहीं शाखा को नवाली (**Grasping**) हुई, कुछ करबद्ध मुद्रा में दर्शाई गई हैं। इनके शारीरिक सौष्ठव के विकास पर कलाकारों ने पूर्ण ध्यान दिया। उनके मुखमंडल सुन्दर एवं उनके मुख की शोभा को द्विगुणित करने वाले हैं। दूसरी ओर उनका केश विन्यास आकर्षक एवं आभूषण सौन्दर्य को बढाने वाले हैं। पैरों में कई प्रकार के कड़े और हाथ, अनेक प्रकार के कंगन व चुडियों से भरे दिखाये गये। पुरुष आकृतियों के पैरों के बीच से तिकोनी धोती के ऊपर उत्तरीय और सिर पर उष्णीष (**Turban**) अधिकांश दोहरी ग्रंथि या एक ग्रंथि की, दिखाये गये हैं। नारियाँ भी ऐसी गाँठदार पगड़ियाँ धारण किए हुए उत्कीर्ण की गईं।
- मूर्तियों के साथ कई प्रतीकों के उपयोग से ऐसा प्रतीत होता है, जैसे–कलाकारों ने प्रतीकों का कोई स्त्रोत ही खोल दिया है। वामन पुरुष, मकर, गज, कच्छप, वृषभ, सिंह, अश्व, पुष्प मालाएँ, कल्प लता, रत्न मालाएँ, सरोवर, पूर्णघट, कई तरह के अलंकरण एवं धर्मचक्र, त्रिरत्न, श्रीलक्ष्मी आदि प्रमुख हैं।
- मूर्तियों के अंकन में इस युग से एक महत्वपूर्ण विशेषता का प्रारम्भ देखा जाता है, वह है– कला के माध्यम से आनन्द की अनुभूति। वासुदेव शरण अग्रवाल ने लिखा है कि, स्त्री–पुरुषों के मुखों पर प्रफुल्लता से भरा हुआ दिव्य आनन्द छलकता हुआ दिखाई देता है। कला में

इस प्रकार का हँसता मुखी सौन्दर्य एवं मग्नानंदी शिल्पी हँसते–खेलते लोक जीवन के साथ तन्मय हो गया हो।[5]

- इस युग की कला की एक अन्य विशेषता वास्तुशास्त्र के नए विधानों का स्थिरीकरण था। नई–नई विधियों द्वारा मूर्ति शिल्प में लालित्य और रूप विधान का विकास किया जाने लगा। विहार, स्तूप, तोरण, स्तम्भ, वेदिका (वेष्टिनी) आदि के माध्यम से इस काल की कला की अभिव्यक्ति की गई। इन प्रतिमानों के माध्यम से सुन्दर मूर्तियों का निर्माण किया जाने लगा एवं कई अलंकरणों एवं नक्काशी द्वारा उनकी सौन्दर्य वृद्धि का प्रयास किया गया।

प्रमुख केन्द्र शुंग काल तक बौद्ध धर्म में महायान शाखा का प्रादुर्भाव नहीं हुआ था। अतः शिल्प कला में बुद्ध मूर्तियों का अंकन नहीं देखा जाता। भगवान बुद्ध की उपस्थिति प्रतीकों द्वारा प्रदर्शित की गई, जैसे–धर्मचक्र, छत्र, पदचिन्ह स्तूप आदि। किन्तु इस काल के अन्तिम चरण में कला में प्रौढ़ता दिखाई देने लगी एवं इस क्रम में बाद की कुछ मूर्तियाँ गहरी उभरी होने के कारण स्वाभाविक एवं सुन्दरता लिए हुए थीं। शुंग काल के प्रमुख केन्द्र श्रावस्ती, भीटा, कौशाम्बी, मथुरा, बोधगया, पाटलिपुत्र, भरहुत, साँची, सारनाथ आदि थे।[6] भरहुत, साँची एवं बोधगया के बौद्ध स्तूपों का संस्कार शुंग काल में हुआ। यह विकास, इस धारणा को मिथ्या सिद्ध करता है कि शुंग शासक बौद्ध विरोधी थे। जैसा कि बौद्ध साहित्य में प्रचारित किया गया। शुंग शासक–विशेषरूप से पुष्यमित्र शुंग को 84000 स्तूपों को (अशोकावदान) नष्ट करने वाला कहा गया, पूरी तरह भ्रामक एवं असत्य है।

भरहुत स्तूप मध्य प्रदेश के नागोद (सतना जिला) क्षेत्र में स्थित भरहुत की वेदिकाएँ, तोरण से प्राप्त मूर्तियाँ भारतीय संग्रहालय कोलकाता में सुरक्षित हैं। एलेक्जेंडर कनिंघम ने सन् 1873–74 में स्तूप की वेदिका और तोरण द्वार खोज निकाले। स्तूप के तोरण पर अंकित लेख प्राकृत भाषा व ब्राह्मी लिपि में है। डी. सी. सरकार इसे ईसा पूर्व प्रथम सदी का मानते हैं। लेख के शुरू में 'सुगनं रजे'–शुंगों का जिक्र माना गया। कहा गया है कि 68 फीट व्यास वाले मूल स्तूप का निर्माण मौर्य सम्राट अशोक के समय हुआ था और शुंग काल में इसका विस्तार किया गया तथा स्तूप के चारों ओर वेदिका (वेष्टिनी) एवं चार तोरण द्वारों का निर्माण किया।[7] अग्रवाल ने स्तूप रचना के विषय में लिखा है कि स्तूपों के चारों ओर वेदिका का स्वरूप मंडलाकार (Circular) है। वेदिका के बड़े गोल घेरे की चार दिशाओं में चार प्रवेश द्वार और वेदिका के चार तुरीय ऊपरी हिस्सा भागों की वास्तु रचना के मूल में एक दार्शनिक मान्यता थी।[8] 80 स्तभों से निर्मित वेदिका एवं स्तूप के मध्य की भूमि प्रदक्षिणा पथ कही गई है। स्तूप के चार प्रमुख अंग हैं–प्रथम वेदिका, दूसरा अंड, (अण्डाकार), तीसरा हर्मिका एवं चौथा छत्रावली। स्तूप में समयमिति (सिमट्री) का पूरा ध्यान रखा गया है तथा कोई दृश्य अधूरा नहीं छोड़ा गया।

इसी तरह एक वेदिका पर एक सुन्दर ऐतिहासिक घटना अंकित है। जैसा विदित है कि, श्रावस्ती के अनाथपिण्डक ने जैत राजकुमार से एक उपवन (खेत) सम्पूर्ण खेत में बिछाई जा सके उतनी मात्रा की स्वर्ण मुद्राएँ प्रदान कर क्रय किया एवं महात्मा बुद्ध को भेंट किया था। यह घटना इतनी महत्वपूर्ण थी कि कलाकार ने इसे वेदिका स्तम्भ पर उत्कीर्ण कर अमर बना दिया। बैलगाड़ियाँ, सिक्कों से भरी आती हुई दिखाई देती हैं। सिक्के भूमि पर बिछाये जा रहे हैं। पास ही थके–हारे बैल खड़े हैं। इस प्रकार जीवन और साहित्य की कथाएँ इन कलाकृतियों में उतार दी गई हैं। अनेक प्रतीकों ने साहित्य में स्थान पाया है।[9] संक्षेप में स्तूप के महत्वपूर्ण भागों में मेधि वेदिका, 'अण्ड' प्रदक्षिणापथ, हर्मिका, यष्टि, छत्र, तोरण शामिल थे। सबसे पहले चबुतरे (मेधि) पर थूहा बनाया जाता था, जिसे अण्ड कहा जाता है। स्तूप की चोटी सिरे पर चपटी होती थी जिस पर धातु पात्र रखा जाता था। जिसे हर्मिका कहा जाता है जिसमें बुद्ध की अस्थियाँ रखी जाती है। हर्मिका के बीच यष्टि लगाई जाती है। जिसके सिरे पर तीन छत्र लगाये जाते है। स्तूप का घेरा वेदिका (Railing) कहते है। स्तूप व वेदिका के बीच प्रदक्षिणा पथ बनाया जाता था। भरहुत की रेलिंग के स्तम्भों पर बनी विशेष प्रकार की नारी मूर्तियाँ वृक्ष की शाखा झुकाएं या उसके तने को शरीर से लगाए उसके नीचे खड़ी हैं। इनके नाम भारतीय कला समीक्षा में वृक्षिका, शालभंजिका, यक्षी, यक्षणी आदि पड़ गए हैं। यक्षियों का सम्बन्ध प्राचीन भारतीय जन–विश्वास में वृक्षों से किया गया है। ये उर्वरा शक्ति से सम्पन्न मानी जाती हैं और दोनों से ही उनका सम्बन्ध है अथवा उनमें उनका निवास रहता है। इनका बहुत सफल सपाट निरूपण इन वेदिकाओं पर हुआ है। मातृशक्ति को ही विशेषतः स्पष्ट करने के लिए उनके स्तन सुपुष्ट और नितंब भारी बनाए गए हैं। बोधगया वाली वेदिका भी भरहुत की ही परम्परा में सम्पन्न हुई है। साँची की रेलिंगों की परम्परा भी यही है पर उनके अर्द्धचित्रों (रिलिफ) का छन्दस (रिद्म) इनसे भी तीव्रतर हो गया है। उनकी आकृतियों की विविधता बढ़ गई और जीवन तरंगायित और ध्वनिमान–सा अनेक स्त्रोतों से बह निकला है।[10] तोरण द्वार के प्रत्येक स्तंभ की उँचाई 9 फीट 7.5 इंच है।

साँची स्तूप विदिशा (मध्य प्रदेश–रायसेन) में वेतवती व विदिशा– नदियों के संगम पर स्थित सांची को काकनाद बोट भी कहा गया है। विदिशा को मूलतः बेसनगर कहा जाता था यही पर एंटिआलकिड्स (एण्टियोकस) का राजदूत हेलियोडोरस

ने गरूड़ स्तंभ का निर्माण करवाया था। बेसनगर से इसे बाद में भिलसा कहा जाने लगा। 1956 में पुनः विदिशा नाम दिया। सम्राट अशोक के समय निर्मित विज्ञान स्तूप का शुंग काल में परिवर्द्धन हुआ। बाद में वहां कई स्तूप, विहार एवं मन्दिर बनाये गये। अतः इसे चेतियगिरि (चैत्यगिरि) कहा जाने लगा। सांची के अतिरिक्त भोजपुर, अंधेरे, सुनारी एवं शतधारा में भी स्तूप निर्मित हैं। कनिंघम ने 60 स्तूपों का पता लगाया था। सांची में तीन स्तूप 1 व 3 पहाड़ी के पश्चिम में स्थित है। यह 54 फीट ऊँचा 126 फीट परिधि में फैला था। इसके चारों ओर पृथ्वी से 16 फीट ऊँचा एक चबूतरा (मेधा) भी बना दिया गया। इस चबूतरे पर जाने के लिए दक्षिण की ओर सीढ़ियों का निर्माण किया गया। वेदिका में नौ–नौ फीट के स्तम्भ एक–दूसरे से दो–दो फीट की दूरी पर खड़े किए गए। इन स्तम्भों को जोड़ते हुए तीन–तीन डण्डे क्षैतिज (आड़े) लगाए गए। जिन्हें हम बढ़ेरी भी कहते है। जिस पर बुद्ध जीवन की घटनाए अंकित है। इस वेदिका के भीतर एक आधार (हर्मिक) बनाया गया। उस पर त्रिछत्रयष्टि (तीन छत्र) खड़े किये गये। पत्थरों से ढके हुए स्तूप के लिए चूने के स्थान पर 4 इंच मोटा लेप किया गया। वेदिका, स्तंभ, सूची तथा उष्णीष में कई लेख ब्राह्मी लिपि में अंकित हैं। स्तूप संख्या 2 पर मुख्य स्तूप की तरह बुद्ध जन्म, संबोधि, धर्मचक्र प्रर्वतन तथा परिनिर्वाण को क्रमशः कमल, पीपल वृक्ष, चक्र तथा स्तूप के प्रतीक द्वारा अंकित किया गया है। इनके अतिरिक्त यक्ष मूर्तियां, पशु–पक्षी एवं फूल–पत्तियों का अंकन देखा जाता है।

स्तूप संख्या 3 का निर्माण सारीपुत्र तथा मोग्दलायन के अवशेषों पर किया गया है। साँची स्तूप में चार तोरण हैं, जो दो–दो खड़े स्तम्भों की सहायता से बने हैं। स्तम्भों की ऊँचाई 15 फीट थी जिन पर तीन–तीन डण्डे लगाए गए। इस तरह तोरण जमीन से 34 फीट ऊँचा हो गया। साँची की कला का प्रदर्शन विशेष रूप से उसके तोरण द्वारों पर हुआ है। साँची के तोरण भरहुत तोरणों से अधिक उँचे व कलापूर्ण है। उन पर दृश्यों की अधिकता व कलाविधान प्रभावोत्पादक है। कहा जाता है कि अशोक की रानी जो विदिशा के व्यापारी की पुत्री थी ने इस स्मारक के निर्माण की देख–रेख की थी।

आयक स्तंभ : स्तूप निर्माण में स्तूप मेढ़ी को आयताकार रूप में चारों दिशाओं में थोड़ा–थोड़ा बाहर की ओर बढ़ा दिया जाता था। चबूतरे की तरह, जिसे आयक कहा जाता था। मेढ़ी से आगे निकले आयक चबूतरों पर पतले पांच स्तंभ होते थे जिनको आयक स्तंभ कहा जाता था।

विद्वानों की मान्यता है कि, भरहुत कला शुंग काल के साथ समाप्त हो गई किन्तु साँची शैली गुप्त काल तक विकसित होती रही। बोधगया की वेदिका ग्रेनाइट या अन्य पत्थरों से निर्मित की गई। यहाँ वेदिका पर बने हुए चित्रों की महत्वपूर्ण विशेषता एवं मथुरा कला की दो स्पष्ट परम्पराओं की विद्यमानता है जो उन मूर्तियों में विशेष रूप से दिखाई पड़ती है जिनके केन्द्र में मनुष्यों के सिर या आवाक्ष (Bust) प्रतिमाएँ बनी हैं किन्तु कारीगरी का स्तर निम्न है।

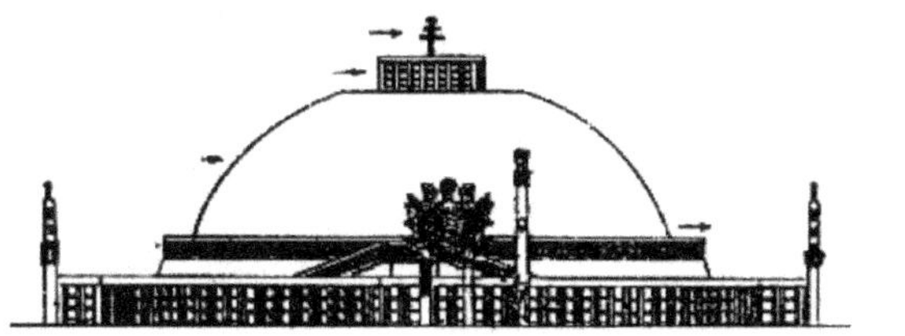
चित्र 37.1 सांची स्तूप

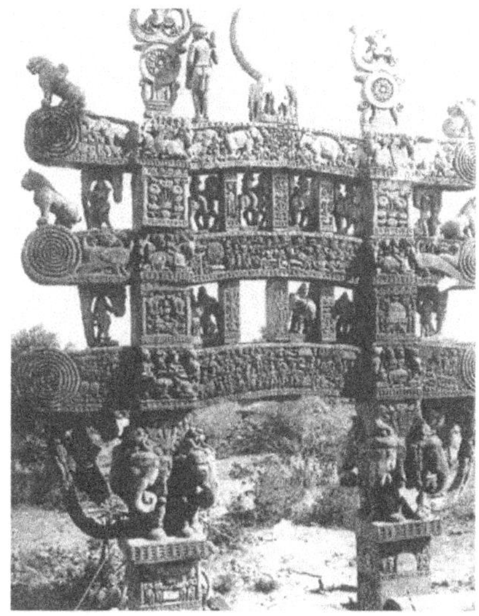
चित्र 37.2 तोरण द्वार साँची स्तूप

सातवाहनकालीन गुहावास्तु पहाड़ियों में पत्थर की चट्टानों को काटकर गुहाओं का निर्माण सातवाहन काल में बड़ी संख्या में किया गया। बिहार की बराबर पहाड़ियों में अशोक ने आजीविक भिक्षुओं के लिए गुहा निर्माण करवाकर इस परम्परा का आरम्भ किया था।[11] अशोक के पौत्र दशरथ ने भी गुहाओं का निर्माण करवाया था, जो आजीविक भिक्षुओं को चातुर्मास में विश्राम हेतु दान में दी गई। इन गुहाओं को 'कुभाएँ' कहा गया। खारवेलकालीन गुहाएँ जैन साधुओं के आवास हेतु बनाई गई थीं। इनमें रानी गुम्फा सबसे बड़ी है। कलिंग राज खारवेल के हाथी गुम्फा अभिलेख में सातवाहनों का उल्लेख आया है, जिनका राज्य पश्चिम दिशा में स्थित कहा गया है।[12] पश्चिम भारत में सातवाहनों एवं शकों द्वारा बौद्ध भिक्षुओं के लिए गुहाओं का निर्माण करवाया गया जिनका निर्माण काल ई.पू. दूसरी शताब्दी से सातवीं शताब्दी ईसवी तक माना गया है। ई.पू. दूसरी शताब्दी से दूसरी शताब्दी ई. तक हीनयान तथा तीसरी शताब्दी से सातवीं शताब्दी तक महायान समर्थकों द्वारा इस क्षेत्र में गुहाओं का निर्माण करवाया गया। पश्चिम भारत की गुहाओं में भाजा, नासिक, अजन्ता, बेड़सा, पीतलखोरा, कोंडन, कार्ले, जुन्नर, कन्हेरी आदि उल्लेखनीय हैं।

भाजा पश्चिमी घाट की पहाड़ियों में पुणे से कुछ दूर चट्टानें काटकर गुहाएँ निर्मित की गईं। भाजा कार्ले से चार मील दूर है। यहाँ के वास्तुशिल्प के तीन प्रमुख अवशेष हैं–विहार, चैत्य एवं स्तूप। विहार–भिक्षुओं के निवास हेतु निर्मित किये गये एवं चैत्य प्रार्थना या पूजा स्थल के रूप में विकसित किये। चैत्य के रूप में विकसित हीनयानी गुफाओं के गर्भगृह के मध्य में स्तूप बनाया गया जिनमें बुद्ध मूर्तियां नही है केवल बुद्ध के प्रतीक चिन्ह है। जबकि महायानी गुफाओं में मूर्तियां बनाई गई। भाजा विहार का मुख मण्डप 17 फीट लम्बा है एवं उसका पूर्वी भाग 7 फीट एवं पश्चिमी भाग 9 फीट चौड़ा है। आन्तरिक मण्डप 16 फीट 7 इंच लम्बा है। विद्वानों के अनुसार, ईसा पूर्व दूसरी शती में गुहा उत्कीर्णन कार्य शुरू हो गया था। भाजा विहार की दीवारों पर दो विशाल अर्द्ध–चित्र (रिलीफ) सूर्य एवं इन्द्र के अत्यन्त महत्वपूर्ण हैं। सूर्य शुंगकालीन उष्णीष और वेशभूषा में एवं पीछे उनकी दो पत्नियाँ प्रभा और छाया चंवर एवं छत्र धारण किए हुए हैं। उनके सिर पर भी सूर्य की भाँति उष्णीष शोभा बढ़ा रहा है। सूर्य अपने चार घोड़ों के रथ पर सवार अंतरिक्ष में उड़े जा रहे हैं और नीचे अंधकार का स्थूल दैत्य कुचला जा रहा है। पास के घुड़सवार पैरों की रिकाब डाले हुए हैं। दाहिनी ओर का अर्द्ध–चित्र इन्द्र का है। इन्द्र और पीछे बैठा पताकाधारी उनका अनुचर शुंगकालीन वेशभूषा और उष्णीष धारण किये हुए, विशाल ऐरावत पर चढ़े जा रहे हैं। इन्द्र के हाथ में वज्र है और ऐरावत ने सूंड में वृक्ष उखाड़ लिया है। समूची भूमि का बड़ा भाग इन्द्र के ऐरावत से भर गया है शेष भाग पर अनेक दृश्य उकेरे गए हैं। वज्रधारी इन्द्र का भारतीय उत्कीर्णन का, कला में सम्भवतः यह पहला उदाहरण है। शालीनता और राजपौरुष इन्द्र की वेशभूषा से स्पष्ट झलक रहा है। शुंगकालीन कलावन्त ने निश्चय ही सूर्य और इन्द्र की इन आकृतियों को अत्यन्त आत्मविश्वास के साथ उकेरा है।[13]

यद्यपि वासुदेव शरण अग्रवाल ने उपरोक्त अंकन को सूर्य एवं इन्द्र से सम्बन्धित होने में सन्देह किया है।[14] भाजा का चैत्य गृह बड़ा ही महत्वपूर्ण तथा उत्कृष्ट स्थापत्य का उदाहरण प्रस्तुत करता है। यह 55 फीट लम्बा और 26 फीट चौड़ा है। इसके दोनों ओर का परिक्रमा पथ केवल 2 फीट चौड़ा है। चैत्य गृह में स्थित स्तम्भ 11 फीट ऊँचे हैं। स्तूप ठोस चट्टान द्वारा निर्मित है, जिसके चारों ओर लकड़ी की वेदिका है। चैत्य से कुछ दूरी पर 14 स्तूपों का एक समूह है। स्तूप के ऊपरी भाग पर भी वेदिका बनाई गई है। उल्लेखनीय है कि, चैत्य में मूर्ति नहीं होती, अपितु बुद्ध के प्रतीक त्रिरत्न, नन्दिपाद, श्री वत्स, चक्र आदि उत्कीर्ण किये जाते हैं। भाजा विहार के भीतरी मण्डप में तीनों ओर भिक्षुओं के निवास हेतु कोठरियां बनी हुई हैं।

कोंडन कार्ले गुहा से 10 मील उत्तर की ओर कुलाबा जिले में कोंडन का चैत्य गृह एवं विहार स्थित है। विहार के बीच स्तम्भों पर आधारित बड़ा मण्डप है, जिसके तीन ओर भिक्षुओं के निवास हेतु कक्ष बने हुए हैं। मण्डप का आन्तरिक भाग 23 चौड़ा एवं 29 फीट लम्बा है। इसे भाजा के बाद बना हुआ माना है।

तेरचैत्य आन्ध्र प्रदेश में स्थित यह चैत्य भारत के प्राचीनतम चैत्यों में से एक है जो ईंटों व प्लस्तर से निर्मित है। पूर्व की ओर प्रवेश द्वार झोंपड़ी की तरह है। प्रकाश हेतु एक वातायन (खिड़की) बनाया गया। इस चैत्य का प्रार्थना गृह, सभा भवन या मण्डप की तरह दिखाई देता है। कला की दृष्टि से इसका महत्व कम है।

पीतलखोरा अजन्ता से दक्षिण–पश्चिम 50 मील दूर शतमाला पहाड़ियों पर पीतलखोरा की गुहाएँ स्थित हैं। शतमाला पहाड़ी में कुल तेरह गुहाएं हैं। भाजा एवं कोंडन की ही भाँति प्रमुख चैत्य गृह बनाया गया। वासुदेव शरण अग्रवाल की मान्यता है कि पीतलखोरा में पर्वतीय वास्तु का आरम्भ ईसा पूर्व दूसरी सदी में हुआ। उसी समय के अनुरूप चैत्य गृह और विहार हैं। यह स्थान दो सदी बाद उजड़ गया था। कालान्तर में भिक्षुओं ने फिर इसे अपना केन्द्र बनाया और उस समय विहार में मूर्ति स्थापना और चैत्य गृह में भित्तिचित्र बनाये गए, जो अजन्ता शैली के हैं। पीतलखोरा की गुहा संख्या 3 का आकार 35′ × 86′ है। इसके 37 स्तभों में 12 अब भी सुरक्षित हैं। स्तंभों पर अंकित लेख के अनुसार प्रतिष्ठान (पैठण औरगांबाद जिले) के श्रेष्ठियों ने इसका निर्माण करवाया था। बौद्ध ग्रंथ महामायूरी के अनुसार इस स्थान को पींतगल्य कहा जाता था।

अजन्ता इसी काल में हम अजन्ता में भी गुहा वास्तु कला का विकास होता हुआ पाते हैं। विद्वानों की मान्यता है कि, ई. पू. दूसरी शताब्दी से ईसा की सातवीं शताब्दी तक अजन्ता गुहाओं का विकास हुआ। प्रारम्भ में दूसरी शताब्दी तक हीनयान मत और चौथी से सातवीं शताब्दी तक महायान मत का केन्द्र रहे अजन्ता में कुल 29 गुहाएँ हैं जिनमें 25 विहार एवं 4 चैत्य गृह हैं।

वहाँ से प्राप्त अनेक अभिलेखों से ज्ञात होता है कि नवें एवं दसवें नम्बर की गुहाएँ प्राचीन हैं। जिन्हें ई. पू. दूसरी सदी से पूर्व ही निर्मित कर दिया गया था। दसवीं गुहा का चैत्य गृह 96½ फीट लम्बा 41 फीट चौड़ा और 36 फीट ऊँचा है। चैत्य गृह का मध्य भाग 59 सादे अष्टकोणीय स्तम्भों के द्वारा वीथिका (Gallery) से अलग होता है। अलंकृत स्तूप अर्द्ध–वृत्त में स्थित हैं। गुहा संख्या नौ का चैत्य गृह गुहा संख्या 10 की तुलना में छोटा है। इसके मुख पट्ट के बीच एक विशाल प्रवेश द्वार है। चैत्य गृह के आन्तरिक भाग में प्रकाश एवं वायु के लिए 12 फीट का चैत्य वातायान है।

दसवीं गुहा के चैत्य गृह से जुड़ा हुआ विहार– गुहा संख्या 12 सबसे प्राचीन थी। इसके बाद गुहा संख्या 13 का निर्माण हुआ। चैत्य गुहा संख्या 9 एवं 8 का निर्माण साथ–साथ हुआ

माना जाता है। गुहा संख्या 10 में शुंगकालीन चित्र अंकित हैं। पुरुषों को शुंगकालीन ग्रंथि युक्त उष्णीष पहने दर्शाया है। इनमें अनेक जातक कथाओं का भी चित्रण किया है। इनके अतिरिक्त हस्ति क्रीड़ा, उनका विचरण, जल क्रीड़ा अधिक कौशल से दिखाए गए।

बेड़सा कार्ले से 10 मील दक्षिण में बेड़सा गुहाएँ स्थित हैं। यहाँ का चैत्य गृह आकार में छोटा है। इसमें काष्ठ शिल्प (Wooden art) की अपेक्षा प्रस्तर शिल्प (Stone art) का अधिक प्रयोग हुआ है। इस गुहा की प्रमुख विशेषता एक ओर हय–संघाट (घोड़ों का समूह) और दूसरी ओर गजसंघाट (हाथियों का समूह) निर्मित दो विशालकाय स्तम्भों का प्रवेश द्वार पर स्थित होना है। चैत्य गृह के अन्दर का आकार 45 फीट 6 इंच लम्बा और 24 फीट चौड़ा है। महाराबदार छत में पहले लकड़ी की पट्टिकायें थीं। बाद में पत्थर की निर्मित की गईं। स्तूप एवं स्तम्भों पर चित्रों (फ्रैस्को पेंटिंग) के अवशेष देखे जाते हैं जिन्हें महायान काल में बनाया गया। चैत्य गृह के निकट ही (भिक्षुओं के निवास हेतु) एक आयताकार विहार है, जिसके तीन ओर छोटे–छोटे कक्ष बने हुए हैं। मण्डप का पिछला भाग वृत्ताकार है।

कार्ले पश्चिमी घाट में भाजा से कुछ दूर कार्ले का एक विशाल चैत्य गृह और तीन विहार हैं। यहाँ का चैत्य गृह अत्यन्त सुन्दर और हीनयान चैत्य गृहों में सर्वोत्कृष्ट है। इसमें वास्तु एवं शिल्पकला अपनी पूर्णता को प्राप्त हो गई। इसके प्रवेश द्वार पर अंकित लेख में इस चैत्य गुहा को सम्पूर्ण जंबू द्वीप में श्रेष्ठ कहा गया है। इस गुहा के निर्माण का प्रारम्भ ई.पू. पहली सदी में माना है। वासुदेव शरण अग्रवाल ने कार्ले चैत्य गृह को निम्नलिखित भागों में विभक्त किया है– 1. दो सिंह शीर्ष स्तम्भ, 2. स्तम्भों पर आश्रित दुमंजिला मुख मण्डप, 3. मुख–मण्डप के मध्य में आगे निकली हुई संगीत शाला, 4. द्वार मण्डप के पीछे की दीवार में एक विशाल चैत्य वातायन, 5. आभ्यन्तर (internal) मण्डप, 6. दो लम्बे प्रदक्षिणा पथ, 7. अर्द्ध–वृत्त चैत्य प्रभाग, 8. गर्भगृह के मध्य स्थित स्तूप, 9. 37 स्तंभों की श्रृंखला अर्थात् पन्द्रह–पन्द्रह स्तम्भों की दो पंक्तियाँ एवं सात गर्भगृह के चतुर्दिक (The four sides) 10. महराबदार (Arch) छत, 11. छत के निचले भाग में काष्ठ शिल्प पर आधारित पट्टिकाएँ तथा 12. आन्तरिक एवं बाह्य कई लेख।[15] एक लेख के अनुसार वैजयन्ती के भूतपाल नामक श्रेष्ठी ने सर्म्पूण जम्बू द्वीप में इस उत्कृष्ट शैल गृह का निर्माण करवाया था। एक लेख में नहपान के दामाद उषवदात का नाम अंकित है।

कार्ले चैत्य के मध्य में एक विशाल मण्डप है, जो स्तम्भ पंक्तियों द्वारा वीथियों (Galleries) को पृथक् करता है। मण्डप 124 फीट लम्बा और 45 फीट 6 इंच चौड़ा एवं 46 फीट उँचा हैं। सामने के दुमंजिले भाग की उपरी मंजिल में प्रकाश हेतु बड़ा वातायन (Ventilator) एवं नीचे प्रवेश हेतु तीन द्वार उल्लेखनीय हैं। द्वारों के दोनों ओर सामने स्त्री–पुरुषों की आकृतियों से सज्जित हैं। शाला के अन्त में अर्द्ध–चन्द्राकार दीवार के सामने स्तूप हैं। स्तूप के ऊपर लकड़ी से निर्मित हर्मिका का लकड़ी का छत्र यथावत है। शाला के आन्तरिक भाग में दोनों ओर ईरानी शैली में स्तम्भों की पंक्तियाँ हैं। स्तम्भों का आधार पूर्ण घट जो चौकियों पर स्थित है, स्तम्भों पर गज संघाट पर दम्पत्ति मूर्तियाँ आसीन हैं।

जुनार पुणे से 48 मील उत्तर की ओर जुनार की पहाड़ियों में 150 शैल गुहाएँ हैं, जिनमें 10 चैत्य एवं शेष विहार हैं। इनका निर्माण ई. पू. दूसरी शताब्दी से ईसा की प्रथम शताब्दी के मध्य माना गया है। यह हीनयान सम्प्रदाय का केन्द्र था। वास्तु में मूर्तिकला अवशेष नहीं देखे गए। कुछ गुहाओं में श्री, लक्ष्मी, कमल, गरुड़, सर्प आदि का अलंकरण किया गया।

कन्हेरी (महाराष्ट्र) : कन्हेरी में 109 गुहाएँ है किंतु एक गुहा कार्ले चैत्य के अनुरूप है। इस चैत्य गुहा में महायान कालीन सुन्दर मूर्तियाँ निर्मित हुई। गुहा में भित्तिचित्र भी थे जो अब नष्ट हो गये है। इस गुहा को आठवीं–नवीं सदी का माना जाता है। कन्हेरी कृष्णगिरि का अपभ्रंश शब्द है।

नासिक गोदावरी तट पर स्थित नासिक प्रथम शती ई. पू. के पूर्वार्द्ध में बौद्ध धर्म का केन्द्र था। यहाँ 17 गुहाएँ हैं, जिनमें एक चैत्य गृह और शेष विहार हैं। प्रारम्भिक विहार हीनयानी हैं। विद्वानों की मान्यता है कि पहला विहार नहपान, दूसरा गौतमीपुत्र शातकर्णी और तीसरा यज्ञश्री शातकर्णी के काल का है। यहाँ के विहारों में नासिक का चैत्य विहार सबसे महत्वपूर्ण है। इसके सामने का भाग दुमंजिला है। पाण्डुलेण चैत्य गृह का निर्माण ई. पू. प्रथम शताब्दी में हुआ। पाण्डवलयण (पाण्डुलेण) बौद्ध विहार का निर्माण सातवाहन शासकों के काल में हुआ। तत्कालीन अन्य गुहाओं में हिमाचल प्रदेश की टाबो गुहा, जम्मू की शिवखाड़ी, विजयवाड़ा क्षेत्र की उदावली तथा बिहार की डुंगेश्वरी गुहाएं उल्लेखनीय हैं। स्थापत्य की दृष्टि से इनका महत्व नहीं है।

जोगीमारा गुहा : यहां छत्तीशगढ में अमरनाथ के नजदीक जोगीमारा गुफा के चित्रों का जिक्र अपेक्षित है। 800 ई.पू. भितिचित्र गेरू व काजल (कालिख) से बने है। जोगीमारा के पास सीता बोंगा नामक गुफा नाट्य शाला थी।

शुंग सातवाहन कालीन गुहाएँ कलात्मक रुचि का अनुपम उदाहरण हैं। पहाड़ी भागों की कठोर चट्टानों को काट कर सुन्दर गुहाओं का निर्माण करना लोगों के अदम्य साहस, आकांक्षा एवं कलाकारों की सतत् साधना को इंगित करता है। चैत्य और विहार एक निश्चित अवधि की देन नहीं है बल्कि इनके निर्माण में अनेक कलाकारों ने अपने पूरे जीवन को केवल इसी महत् कार्य के लिए आहूत किया होगा। परिणामस्वरूप इन विशाल गुहाओं का निर्माण संभव हुआ।

गांधार कला :

कुषाणों द्वारा बौद्ध धर्म को अपनाए जाने के साथ इसके प्रसार में विशेष योगदान किया। विदेशी जातियों के सम्पर्क से न केवल बौद्ध आदि धर्मों का विदेशों में प्रसार हुआ बल्कि कई देश भारतीय संस्कृति के सम्पर्क में आए। अनेक देशों के लोगों द्वारा भारतीयों से सम्पर्क के परिणामस्वरूप कला के क्षेत्र में भी विशेष परिवर्तन हुए और नई शैलियों का आविर्भाव हुआ। गांधार कला का विकास काल 50 ई. से 150 ई. के मध्य माना गया।

कुछ विद्वानों की मान्यता है कि ईरानी सम्पर्क से लिपि एवं मूर्ति कला पर चौथी–तीसरी शताब्दी ईस्वी पूर्व से प्रभाव देखा जाता है। उपाध्याय ने लिखा है कि, जो प्रभाव ग्रीकों का भारतीय कला पर पड़ा वह घटिया था। उसमें वह उदात्त रूप प्रकट न हो सका जो ईरानियों की ऊँची कला के प्रभाव से भारत की कला में प्रकट हुआ था। उस कला को रोम ने निश्चय थोड़ा बहुत साधने के प्रयत्न किए पर उनके प्रयास ग्रीक आदर्श को मूर्त रूप देने के अनुकरण तक ही सीमित रह गए। इस प्रकार भारत की कला पर जो यूनानी प्रभाव पड़ा, वह क्लासिकल यूनान के आदर्शों को न पकड़कर इस मिली–जुली घटिया रोमन–ग्रीक छेनी का पड़ा। यह ग्रीक–भारतीय कला शैली चूँकि विशेषतः अफगानिस्तान और पश्चिमी पंजाब के बीच की भूमि गांधार में पल्लवित हुई थी, उसका नाम 'गांधार' शैली पड़ा।[16]

गांधार शैली में भारतीय विषयों को यूनानी कला शैली में व्यक्त करने की कोशिश हुई जिस पर रोमन कला का प्रभाव भी देखा जाता है। इस कला का विषय केवल बुद्ध के जीवन की घटनायें हैं। इसी कारण इसे युनानी–बौद्ध (ग्रीको–बुद्धिस्ट), इण्डो–ग्रीक अथवा ग्रीको–रोमन (यूनानी रोमीय) कला कहा जाता है।[17] गाँधार क्षेत्र में वर्तमान पाकिस्तान के रावलपिंडी और पेशावर जिले और पूर्वी अफगानिस्तान सम्मिलित था। इस क्षेत्र में रहने वाले ग्रीक लोगों की प्रभावशाली (हैलेनिस्टिक) कला और भारतीय बौद्ध परम्पराओं के मध्य संश्लेषण (**Synthesis**) का परिणाम 'गांधार कला' कही गई है।

विद्वानों की मान्यता है कि कुषाण काल से पूर्व बुद्ध की मूर्तियों का निर्माण नहीं होता था।[18] जैसा विदित है कि भरहुत एवं साँची आदि के स्तूपों में प्रारम्भ में बुद्ध की अभिव्यक्ति प्रतीकों (पादुका, स्तूप) के माध्यम से की गई। धीरे–धीरे इन प्रतीकों का स्थान बुद्ध की मूर्तियों ने लेना आरम्भ किया। ऐसी मान्यता है कि भागवत धर्म के प्रभाव से बौद्ध धर्म में भक्ति भावना का प्रवेश हुआ। भक्ति भावना की मूर्त अभिव्यक्ति प्रदान करने की दृष्टि से बुद्ध मूर्तियों का निर्माण पूर्व से चली आ रही यक्ष मूर्तियों की तरह किया जाने लगा। कुछ अन्य विद्वानों की मान्यता है कि प्रारम्भिक बुद्ध मूर्तियाँ अपोलो (ग्रीक देवता) अथवा ऑगस्टस (रोमन सम्राट) की छाया में ग्रीक प्रभाव ग्रीक लोगों द्वारा कोरी गई गांधार शैली का परिणाम है। भगवत शरण उपाध्याय[19] ने लिखा है कि, इस विषय पर चर्चा करने से पूर्व कुमारस्वामी द्वारा विवेचित गांधार शैली के उदय से पहले भारतीय कला में उपलब्ध कला मोटिफ (**motif**–रूपांकन) एवं इस नई शैली के बाद विकसित कला मोटिफ का उल्लेख किया जा सकता है। पहले से विद्यमान कला मोटिफ का विवरण इस प्रकार दिया है– प्रथम, जातक कथाओं का अंकन, इन्द्र, ब्रह्मा, सूर्य, मैत्रेय, यक्ष–यक्षिणी, शालभंजिका, अवलोकितेश्वर और वज्रपाणि नामक बोधिसत्वों आदि का अंकन पूर्व प्रचलित थे। दूसरे, स्तूप वास्तु के अन्तर्गत विहार, चैत्य, स्तम्भ शीर्ष आदि का प्रचलन पूर्व से था। तीसरे, कई पशु व पक्षियों वृषभ, अश्व, गज, सिंह, हंस, गरुड़, मकर, उत्कीर्ण करने की परम्परा थी। चतुर्थ, वनस्पति जगत् के पुष्प, कमल विविध वृक्ष–लताओं का अंकन किया जाता था। पाँचवें, डिजाइनें–वज्रछाप, श्वानदंत, रील और मनके बनाए जाते थे। छठे, प्रतीक प्रयोग भी किया जाता था। चक्र, त्रिरत्न, अश्व, वृषभ, गज एवं सिंह आदि। सातवें, पूर्व मूर्तियों की वेशभूषा में भारतीय धोती, आभूषण, उष्णीष (पगड़ी) का प्रयोग देखा जाता है।

जिन मोटिफों का प्रयोग गांधार शैली में देखा गया है एवं जो भरहुत साँची में उपलब्ध नहीं है उनमें चार प्रमुख है :

- पहले बुद्ध मूर्ति का अंकन नहीं किया जाता था जो गांधार कला में देखा जाता है।
- इसी तरह प्रभामण्डल का प्रयोग, दूसरे वास्तु रूप में स्तम्भों का प्रकार या रूप तथा कोरिंथ शैली (**Corinth-style of art gracefully elaborated**) का प्रयोग।
- तीसरे अकान्थस् 19 का प्रचलन,
- चौथे ईरानी तथा मध्य एशियाई लिबास और आभूषणों का प्रयोग।
- भारतीय प्रतीकों से बुद्ध मूर्ति को विकसित मानने वाले विद्वानों ने अपने मत के समर्थन में कुछ अन्य तथ्यों का उल्लेख किया है। वासुदेव शरण अग्रवाल के अनुसार वस्तुतः प्रश्न गांधार के शिल्पियों की सामर्थ्य और मथुरा के शिल्पियों की असामर्थ्य का नहीं है जैसा कि श्री फूले मानते हैं। मथुरा के शिल्पी अच्छी से अच्छी यक्ष तथा नाग मूर्तियाँ बना ही रहे थे तब बुद्ध मूर्ति बनाने में उनकी अयोग्यता की दलील में क्या सार है? असली बात यह है कि जब तक बौद्ध धर्म की हीनयानवादी निर्वाण प्रधान विचारधारा में क्रान्तिकारी परिवर्तन पुरा न हो लेता तब तक बुद्ध के अनुयायी किसी प्रकार की मूर्ति का स्वागत करने के लिए तैयार न थे।[20]
- दूसरे शब्दों में, बुद्ध मूर्ति का विकास उन यक्ष मूर्तियों में निहित था जो निरवलंब (बिना सहारे) उत्कीर्ण की गईं। इस दृष्टि से परखम, पटना, पवाया से प्राप्त यक्ष मूर्तियों का उल्लेख किया जा सकता है।

- उष्णीष (पगड़ी) का प्रयोग भरहुत साँची, बोधगया देखा गया है और कमलासन साँची में उपलब्ध है।
- इसी तरह अभय एवं ध्यान मुद्राएँ बाह्य नहीं हो सकती। डॉ. अग्रवाल ने लिखा है कि हमने मथुरा कला के अध्ययन में सिद्ध किया है कि बुद्ध मूर्ति की रचना सर्वप्रथम वहीं हुई, जहाँ चक्रवर्ती और योगी इन दो आदर्शों का मेल बुद्ध में हुआ। इनकी प्रतिमाओं के लक्षण में बुद्ध मूर्ति में अपनाए गए–पद्मासन, ध्यानमुद्रा, नासाग्रदृष्टि, (नाक की ओर दृष्टि) सिंहासन, चामरग्राही, दिव्यपुष्पवृष्टि, उर्णा, (भौंहों के ऊपर सिर में बालों का गुच्छा) उष्णीष आदि। इन लक्षणों की कोई सार्थकता यूनानी और ईरानी धर्म में न थी। गांधार में बुद्ध मूर्ति का जन्म सर्वथा असंभाव्य था और इस पक्ष की सब युक्तियाँ आधार रहित हैं।[21]

दूसरा पक्ष

- इनके विपरीत ग्रीक उद्भव के समर्थक विद्वानों की मान्यता है कि भारतीय परम्परा में बनी कोई बुद्ध मूर्ति गांधार बुद्धों से प्राचीन नहीं है। दूसरे गांधार शैली में बनी बुद्ध मूर्तियाँ सर्वथा ग्रीक आदर्शों से युक्त हैं।
- उनके नाक–नक्श (कोन्टूर) सर्वथा यूरोपीय हैं। उनका आदर्श भारतीय मूर्ति सम्पदा में नहीं बल्कि रोमन मूर्तियों में ढूँढना होगा। इसके अतिरिक्त इन मूर्तियों के परिधान पूर्णतः ग्रीक अकादमिक अफलातून (प्लेटो), अरस्तू आदि गुरुओं की परम्परा में देखा जाना चाहिए। इन मूर्तियों में बुद्ध यूनानी देवता अपोलो जैसे लगते हैं।[22]
- उनकी मुद्राएँ तो बौद्ध हैं जैसे कमलासन मुद्रा में आसीन बुद्ध का मुखमण्डल और वस्त्र ग्रीक शैली के हैं। बोधिसत्वों की मूर्तियाँ यूनानी राजाओं की भाँति वस्त्राभूषणों से सजी हैं। अन्त में उपाध्याय के शब्दों में कहा जा सकता है कि, नवीन भारतीय शैली यूरोपीय–ग्रीक मूर्तिकारिता के आधार से उठी और भारतीय कथा विन्यास से सनाथ हुई। बुद्ध की पहली मूर्ति भी चूँकि इसी आधार से उठी, उसका पहला कलाकार ग्रीक होना चाहिए। सम्भवतः भारतीय बौद्धाचार्यों के लिए बुद्ध द्वारा अपनी मूर्ति (आकृति) बनाना वर्जित होने से एक बार बुद्ध की मूर्ति का निर्माण हो जाने के बाद। बड़ी संख्या में कुछ ही दिनों में उस मूर्तन की सीमा प्रान्त में बाढ़ आ जाने के बाद। उस विजित क्रिया के प्रति अभ्यस्त हो जाने के बाद। बौद्धाचार्यों ने उसे स्वीकार कर लिया होगा और शुद्ध भारतीय शैली में बुद्ध की मूर्तियाँ बनने लगी होंगी।[23]

महत्वपूर्ण मूर्ति शिल्प

मूर्तियों के निर्माण हेतु सफेद, काले, स्लेटी एवं भूरे पत्थर का उपयोग किया गया जो इस क्षेत्र में उपलब्ध था। बाद की मूर्तियाँ लाइम प्लास्टर, स्टूको (Stucco) और धातु की बनाई जाने लगीं।[24] इस शैली के महत्वपूर्ण अवशेष गांधार प्रदेश से मिले हैं जो पूर्व में तक्षशिला और पश्चिम में अफगानिस्तान में जलालाबाद तक विस्तृत था। गांधार कला के प्रमुख केन्द्र जलालाबाद, हड्डा, (पाकिस्तान के पंजाब क्षेत्र का गांव), बमियान (अफगानिस्तान), स्वात घाटी, (पाकिस्तान) पुष्कलावती (चरसद्दा), पेशावर एवं तक्षशिला थे।[25] वासुदेव शरण अग्रवाल ने गांधार क्षेत्र से प्राप्त अवशेषों के आधार पर इसे सात प्रमुख केन्द्रों में विभक्त किया है– नगरहार, बामियान, स्वात घाटी या उड्डीयान, पुष्कलावती, तक्षशिला एवं कापिशी (या कापिशा) जिसे वर्तमान में वेग्राम नगर कहते है, एवं बल्ख या बैक्ट्रिया।[26] यहाँ कई केन्द्रों से प्राप्त कुछ महत्वपूर्ण कला अवशेषों का उल्लेख करना उचित होगा।

- जलालाबाद को प्राचीन काल में नगरहार (व कैकय देश) कहा जाता था। यहाँ एक स्तूप था जो अब नष्ट हो गया है। इस क्षेत्र के महत्वपूर्ण स्थल हड्डा के टप्पाकलान में कभी अत्यन्त महत्वपूर्ण विहार था। पत्थर की यूनानी शैली से प्रभावित अनेक मूर्तियाँ प्राप्त हुई हैं। कहा जाता है हड्डा या हिद्दा में बुद्ध के दांत व अस्थि अवशेष थे। फ्रांसीसी पुराविद ने इस स्तूप को खोजा था।
- बामियान को गांधार कला का खजाना कहा है, जहाँ से बुद्ध की विशाल मूर्तियाँ प्राप्त हुईं एवं यहाँ अनेक विहार तथा गुहाएँ स्थित हैं। यहाँ बुद्ध की दो विशालकाय मूर्तियाँ प्राप्त हुई हैं, जिनमें एक 38 मीटर तथा दूसरी 53 मीटर ऊँची है। दूसरी मूर्ति के पीछे दीवार पर कुषाणकालीन भारतीय चित्रण देखा गया।
- स्वात घाटी (सुवास्तु या उड्डीयन) से बड़ी संख्या में स्लेटी रंग के पत्थर की बुद्ध प्रतिमाएँ मिली हैं और इन्द्र, ब्रह्मा आदि का भी उत्कीर्णन हुआ है। यह इलाका स्वात और बुनेर के पठारी भाग से लगा हुआ
- यूसुफजई इलाका गांधार कला का महत्वपूर्ण केन्द्र था। यूसुफजई एवं गांधार के मध्य ''तख्त–ए–बाही'' से इस शैली की असंख्य मूर्तियाँ उपलब्ध हुई हैं। यहाँ से पह्लव राजा गोण्डाफेरिज का 46 ई. का एक अभिलेख प्राप्त हुआ है।
- पेशावर का स्तूप जिसका निर्माण कनिष्क ने करवाया था, उस काल की महत्वपूर्ण इमारत थी। फाह्यान एवं ह्वेनसांग ने भी इसका उल्लेख किया था। यह स्तूप 638 फीट ऊँचा एवं 18 मंजिला था। इसी क्षेत्र से शाहजी की ढेरी में भी एक और स्तूप होने की जानकारी मिलती है, जिसकी परिधि 286 फीट कही गई है। पेशावर के इस स्तूप के नीचे से एक ताम्र मंजूषा (7.5 इंच की) प्राप्त हुई है। इसके ढक्कन पर मध्य में ध्यानावस्थित बुद्ध पदमासन में बैठे हैं। उनके दाईं ओर इन्द्र और बाईं ओर ब्रह्मा अंजलि मुद्रा में खड़े हैं।

तक्षशिला रजतपत्र लेख : जानमार्शल को 1914 ई. में धर्मराजिका स्तूप (तक्षशिला) के पश्चिम चिरस्तूप से सेलखडी की मंजूषाा के अन्दर चांदी की मंजूषा प्राप्त हुई जिसमें रजतपत्र व सोने की डिबिया में बुद्ध के धातु (अस्थि) अवशेष मिले है। रजतपत्र पर खरोष्ठी में लेख अंकित है। इसमें बोधिसत्व, सर्वबुद्ध, प्रत्येक बुद्ध व अर्हत का जिक्र है। लेख में महाराज रजतिराज देवपुत्र खुशण (कुषाण) लिखा है। मंजूषा (सन्दूक) का ढ़क्कन कमलाकृति है। ढक्कन के लम्बवत् भाग में हंस पंक्तियाँ अंकित हैं और उसके नीचे बुद्ध, कनिष्क, सूर्य, चन्द्र आदि की आकृतियाँ बनी हुई हैं। मंजूषा पर एक लेख अंकित है जिससे जानकारी मिलती है कि 'अगिशल' नामक यूनानी कामगार ने इस पेटिका का निर्माण किया।

धर्मराजिका स्तूप–तक्षशिला का सबसे महत्वपूर्ण अवशेष है, जिसे चीर स्तूप भी कहा जाता है। ऊँची मेधि पर बना यह स्तूप गोलाकृति है, जिसकी चारों दिशाओं में चार सोपान हैं। कहा जाता है कि, इस स्तूप का निर्माण अशोक के समय हो गया था और कनिष्क के काल में इसका विस्तार किया गया। इस स्तूप के नीचे से अनेक बोधिसत्वों की मूर्तियाँ (मस्तक) प्राप्त हुई हैं। बोधिसत्व की अत्यन्त सुंदर मूर्ति लाहौर संग्रहालय में सुरक्षित है। इसी तरह सहरे बहलोल से धर्मचक्र प्रवर्तन, परिनिर्वाण, हारीती तथा कश्यप का धर्म परिवर्तन जैसी बुद्ध के जीवन की असंख्य मूर्तियां मिली हैं। दंत फलक जो किसी समय श्रृंगार पेटियों या रत्न मंजुषा के भाग रहे होगें, पर शुक क्रीड़ा, हंस क्रीड़ा, प्रसाधिका, नृत्य, वंशीवादन कपिशा से प्राप्त हुई है।

प्राचीन पुष्कलावती, काबुल एवं स्वात नदियों के संगम पर स्थित मीर जियारत को बालाहिसार कहा जाता था। इसके निकट चारसद्दा (हष्टनगर) स्थित था। यहाँ से अनेक बौद्ध मूर्तियों के अतिरिक्त शिव (महेश) की मूर्ति भी मिली है जिसके तीन सिर, तीन नेत्र और छह भुजाएँ हैं एवं डमरू, त्रिशूल और कमण्डल हाथ में है।

तक्षशिला के निकट मणिक्याल से एक स्तूप के अवशेष मिले हैं। विद्वानों की मान्यता है कि, सर्वप्रथम बुद्ध मूर्ति का निर्माण 'होती–मरदान' में किया गया। जिसका मुख यूरोपीय प्रकार का है तथा केश यूनानी प्रकार से चोटी पर सजाए हुए हैं। सामान्यतः इस शैली का विकास ईसा की प्रथम और द्वितीय शताब्दी में माना जाता है। गांधार कला के साथ कनिष्क का सम्बन्ध उसके आदि या अन्त के साथ न ढूँढ कर उसकी चरम उन्नति के साथ ढूँढना होगा। मार्शल ने गांधार कला के विषय में लिखा है कि गांधार कलाकारों ने शारीरिक सौन्दर्य और बौद्धिकता पर अधिक बल दिया है। उनकी कृतियों में आध्यात्मिकता और भावुकता का अभाव है।[27] डॉ. नीहारंजन रे ने लिखा है कि ऐसा प्रतीत होता है कि गांधार की मूर्तियाँ सिद्धहस्त कलाकारों द्वारा निर्मित न होकर मशीनों द्वारा तैयार की गई थी।[28]

खेद कि बात है कि, मार्च 2002 में अफगानिस्तान के तालिबान शासक मुल्ला मोहम्मद उमर के आदेशों से बामियान प्रान्त में दो विशालकाय प्रतिमाओं को जो क्रमशः 38 और 53 मीटर ऊँची थी, रॉकेटों के गोले बरसाकर नष्ट कर दिया गया। यही नहीं उक्त दो पत्थर की मूर्तियों के अतिरिक्त बड़ी संख्या में काबुल राष्ट्रीय संग्रहालय में सुरक्षित प्रतिमाओं को भी तोड़ दिया गया। 2000 वर्ष से अधिक प्राचीन इस बहुमूल्य धरोहर को नष्ट किए जाने की सम्पूर्ण विश्व में आलोचना हुई है।

मथुरा कला

भरहुत एवं साँची में जिस कला का विकास होता हुआ हम देखते हैं, उसका स्त्रोत निरन्तर आगे बढ़ता रहा और कुषाण काल तक आते–आते वह भारतीय कला 'मथुरा कला' के नाम से प्रसिद्ध हुई। कुषाण काल में भी शुंग काल की भाँति अनेक स्तूपों का निर्माण किया गया।

अमरावती स्तूप दक्षिण में विशाल अमरावती स्तूप का निर्माण इसी काल में पूरा हुआ। आन्ध्र के गुंटूर जिले में कृष्णा नदी के दक्षिणी तट पर धान्यकटक जो वर्तमान में अमरेश्वर शैव तीर्थ रूप में प्रसिद्ध है, नामक स्थान से अमरावती स्तूप के अवशेष प्राप्त हुए हैं। 1797 ई. में कर्नल मैकेंजी ने इस स्तूप को खोजा था। यहां से प्राप्त शिला पट्टों तथा मूर्तियों के आधार पर तैयार रेखा चित्र से इसका स्वरूप स्पष्ट हुआ। 1840 में वॉल्टर इलियट ने खुदाई करवाई, जिसमें अनेक मूर्तियां प्राप्त हुईं। इस स्तूप का निर्माण ई. पू. दूसरी सदी में हो गया था परन्तु उसकी वेदिका (रेलिंग) का दूसरी, तीसरी सदी ईसवी तक विकास किया जाता रहा। स्तूप को कुषाण एवं उत्तर आन्ध्र काल में संगमरमर की चित्रांकित पट्टिकाओं से आच्छादित (ढका गया) किया गया। विद्वानों की मान्यता है कि, लगभग 17,000 वर्ग फीट भूमि को आवृत्त की हुई रेलिंग का निर्माण भी संगमरमर से किया था। स्तूप के चारों ओर वेदिका या वेष्टिनी काफी लम्बी थी। स्तूप के वास्तु विन्यास का महत्वपूर्ण भाग महावेदिका थी। जिसमें उष्णीष (उनिस या **caping stones**), परिचक्रा या पुष्पांकित सूचियाँ (**cross bar**) या आड़े तकिए थे। महावेदिका में चार तोरण द्वार थे। प्रत्येक तोरण द्वार के पीछे स्तूप के आधार से निकलता हुआ एक चबूतरा था, जिसे आयक (आर्यक या पूज्य) कहा जाता है। इस पर पाँच आयक स्तंभ लगाये गये थे। स्तूप के आधार से लगभग 20 फीट की उँचाई पर आयक बनाए गये। प्रवेश द्वारों के सामने पाँच–पाँच स्तम्भ दक्षिण के स्तूपों का विशिष्ट लक्षण रहा है। महावेदिका का व्यास 193 फीट था अर्थात् यह भरहुत से दुगुनी परिधि में विस्तृत था एवं उँचाई 90 से 100 फीट मानी गई है। प्रत्येक अर्द्ध–स्तम्भ 9 फीट ऊँचा एवं 2 फीट 10 इंच चौड़ा था। वेदिका की चारों दिशाओं में 26 फीट चौड़ा द्वार तोरण था। वेदिका के बाह्य भाग में प्रदक्षिणा पथ था, किन्तु आन्तरिक प्रदक्षिणा पथ पांच फीट ऊँचा, जिस पर सोपान मार्ग द्वारा पहुँचा जा सकता था।

अमरावती स्तूप निर्माण की अन्तिम अवस्था में जिस भव्य रूप में था और वह अब तक बना रहता तो विश्व की महान स्थापत्य अवशेष में शामिल होता।

अमरावती स्तूप से प्राप्त पट्टिकाओं पर बड़ी संख्या में मूर्तियों का अंकन देखा गया। वासुदेव शरण अग्रवाल ने शैली एवं लेखों की लिपि के आधार पर इनको चार स्तरों में विभक्त किया है। स्तूप स्थापना काल (ई.पू. द्वितीय सदी) के मौर्य शुंग लिपि के लेख अंकित थे। सातवाहन सम्राट वाशिष्ठीपुत्र पुलुमावी के शासन काल (116 ई.) के लेख प्राप्त हुए हैं। यज्ञश्री शातकर्णी का काल (160–189 ई.) इसके विकास का चरमोत्कर्ष था। उसका लेख भी मिला है। अन्तिम अवस्था में नागार्जुनकोण्ड के लेखों की लिपि में कुछ लेख मिले हैं।[29] अमरावती वेदिका पर दरबार में स्तूप पूजन के दृष्य आकर्षक हैं। इनमें बड़ी संख्या में आराधकों की सामूहिक उपस्थिति को कलात्मक ढंग से उत्कीर्ण किया है। पट्टिकाओं पर बौद्ध प्रतीक बोधि वृक्ष, स्तूप, छत्र, पादुका, भिक्षा पात्र आदि के साथ अनेक बुद्ध मूर्तियों का अंकन किया गया। अमरावती स्तूप के वास्तु अवशेष कोलकाता, राजकीय संग्रहालय चेन्नई एवं ब्रिटिश म्यूजियम लन्दन में रखे है।

नागार्जुनकोंड–महास्तूप गुण्टूर जिले की पलनाड तालुका में माचरला से 19 मील दूर कृष्णा नदी के तट पर नागार्जुन कोंड महास्तूप के अवशेष प्राप्त हुए है। जिसे श्री पर्वत कहा गया है। अमरावती से 95 कि.मी. दूर उत्तर में स्थित इस स्तूप को 1926 मे लांगहर्स्ट ने खोजा था एवं 1927 से 1959 के मध्य कई बार उत्खनन करवाया गया। लांगहर्स्ट को 9 स्तूपों के अवशेष प्राप्त हुए जिनमें 4 पाषाण पट्टिकाओं से ढके हुए थे।

गोलाकार महास्तूप का व्यास 106 फीट तथा ऊँचाई लगभग 80 फीट थी। भूतल पर 13 फीट चौड़ा प्रदक्षिणा पथ था जिसके चारों ओर वेदिका थी। स्तूप के उपरी भाग को कालान्तर में शिलापट्टों से अलंकृत किया गया। शिलापट्टों पर बौद्ध कथानक एवं जातक कथाओं के दृश्य अंकित हैं। बुद्ध जन्म, महाभिनिष्क्रमण, संबोधि, धर्मचक्र प्रवर्तन, माया का स्वप्न, मार विजय जैसे कई दृश्य दर्शाए गये हैं। स्तूप वेदिका में प्रवेश द्वार थे किन्तु तोरण का अभाव रहा। उक्त स्थल से स्तूप के अतिरिक्त राजप्रासाद, मन्दिर एवं लघु स्तूप के अवशेष प्राप्त हुए हैं। कार्तिकेय मन्दिर में हारीति, पुष्पभद्रस्वामी, शिव एवं बैठी हुई हारीति की भिन्न मूर्ति उल्लेखनीय है। सातवाहनों के बाद इस क्षेत्र पर इक्ष्वांकु राजाओं का राज्य था। इक्ष्वाकु रानी शांति श्री ने महाविहार व महाचैत्य बनवाये थे एवं बोधि श्री ने नेपाल, सिंहल व चीनी भिक्षुओं हेतु चैत्य गुहाओं का निर्माण करवाया।

मथुरा स्तूप स्थापत्य मथुरा में भरहुत एवं साँची स्तूप परम्परा के अन्तर्गत स्तूप निर्माण किए गए। किन्तु यहाँ की स्तूप निर्माण कला के अवशेष सुरक्षित नहीं रहे हैं। मथुरा के स्तूप भी वेदिका, तोरण द्वार, अण्डभाग, हर्मिका, छत्रावली आदि से युक्त रहे होंगे। प्राप्त लेखों से जानकारी मिलती है कि दो जैनों एवं बौद्धों के स्तूप थे। एक स्तूप हुविष्क द्वारा निर्मित करवाया गया जो मथुरा की वर्तमान कचहरी के पास और दूसरा भूतेश्वर टीले पर बना था। मथुरा स्तूपों के वेदिका स्तम्भ, तोरण द्वार भरहुत–साँची की तुलना में छोटे थे। आन्ध्र सातवाहन काल में कृष्णा एवं उनकी सहायक नदियां के तटवर्ती इलाके में अनेक स्तूपों के अवशेष पाये गये है जिनमें भट्टिप्रोलु (आन्ध्र का कृष्णा जिला) बौद्ध स्तूप का व्यास 148 फीट तथा 122 फीट उँचा था। घंटशाल, जिसका व्यास धरातल से 37 मीटर व उपर 33 मीटर था इसे वर्तुलाकार दीवार से घेर दिया गया था। 1919–20 में करवाई खुदाई के दौरान बौद्ध स्तूप व मूर्तियां मिली है। यहाँ रोमन व सातवाहन सिक्के भी मिले है। यह स्थल आध्रंप्रदेश के विजयवाड़ा से 60 किलोमीटर दूर कृष्णा नदी पर स्थित है। यह रोम से व्यापार का प्रमुख केन्द्र था। कृष्णा व गोदावरी नदियों के वेंगि प्रदेश में स्थित अल्लुरू व जग्गयपेट के स्तूप महत्वपूर्ण है। जगय्यपेट (आन्ध्रप्रदेश) से प्रथम तथा द्वितीय सदी ईस्वी के पुरातात्विक अवषेश भी प्राप्त हुए है। संकाराम–विशाखापट्टनम के समीप संकाराम (संघाराम) ई. पू. दूसरी शती में बनाया गया था। पड्डगंजम दो समानान्तर गोल दीवारों से बना है। गुण्टेपिल्ले भी एक वृत्ताकार चैत्यघर है। गोलीस्तूप गुण्टूर जिले के पालनाड तालुका की कृष्णा नदी की सहायक कोलारू नदी के तट पर स्थित है, वहां से नागार्जुन कोंड स्तूप की दूरी लगभग 18 मील है।

मथुरा मूर्ति शिल्प

मथुरा कला की अपनी कुछ महत्वपूर्ण विशेषताएँ हैं, जिनके अध्ययन से इस कला को अन्य कलाओं से पृथक् करके देखा जा सकता है। मथुरा के कला अभिव्यंजकों (expressive) ने अपनी कला साधना के लिए स्थानीय क्षेत्रों से प्राप्त मजीठिया रंग (लाल चकत्तेदार) के पत्थर का उपयोग किया, जो रूपवास एवं सीकरी की खदानों से लाया जाता था।

मथुरा कला के अवशेष मथुरा के अतिरिक्त सारनाथ, कोसम, कौशाम्बी, श्रावस्ती, साँची, पंजाब, बैराठ (राजस्थान) से भी प्राप्त हुए हैं। इस कला के साधकों ने बौद्ध, जैन एवं ब्राह्मण आदि सभी धर्मों से सम्बन्धित देवों की मूर्तियों का निर्माण किया।

- गांधार कला की भाँति मथुरा कला में महात्मा बुद्ध की प्रतिमाओं के मस्तक के पृष्ठ भाग में प्रभामण्डल देखा जाता है।
- इसके अतिरिक्त बुद्ध को मुण्डित शीश या उष्णीष युक्त एवं मुच्छः विहीन (बिना मूछों के) बनाया है तथा उत्तरीय से एक कन्धे को ही ढके हुए दिखाया है।

- बुद्ध मूर्तियाँ दो प्रकार की बनाई गईं– एक खड़ी हुई और दूसरी बैठी हुई। कला की दृष्टि से खड़ी मूर्तियाँ यक्ष परम्परा में और बैठी हुई ऋषि–मुनियों की मुद्रा में बनाई गईं, जिनकी पूर्व परम्परा थी।
- स्त्रियों की मूर्तियों के निर्माण में मथुरा के कलाकारों ने विशेष रुचि दिखाई। स्त्री मूर्तियाँ वेदिका स्तम्भों पर उत्कीर्ण की गई हैं। उनकी आकृतियाँ आकर्षक एवं लालित्य लिए हुए हैं। उनके शरीर पर वस्त्रों एवं आभूषणों का प्रयोग न्यूनतम देखा गया। जिन मूर्तियों को वस्त्रों से आवृत्त किया है उनके द्वारा ऊर्ध्व वस्त्र और अधोवस्त्र का प्रयोग किया है। कलाविदों की मान्यता है कि मथुरा कलाकारों ने अपने आपको रूढ़ियों के बन्धन से नितान्त मुक्त कर लिया था और वे धार्मिक एवं सांस्कृतिक दृश्यों को पूरी स्वतंत्रता से अलंकृत कर रहे थे।[30]
- कल्पनाजन्य अभिप्रायों (मोटिफ) का प्रयोग वेदिका अलंकरणों के लिए किया जाने लगा, जैसे–हस्तिमच्छ, व्याघ्रमच्छ, मगरमच्छ, अश्वमच्छ, नरमच्छ, श्येनमच्छ, (बाज़ व मछली) वृषमच्छ आदि।
- इसी तरह सपक्ष (पंख युक्त) पशुओं का अंकन भी वेदिकाओं पर देखा गया–सपक्ष सिंह, सपक्ष हाथी, सपक्ष अज एवं सपक्ष ईहामृग (पंख वाला मृग) आदि।
- मांगलिक चिन्हों का उपयोग भी बड़ी तादाद में हुआ है, जैसे– कल्पवृक्ष स्तूप, मुचुकुन्द, सपक्ष भद्रशंख, (पंख वाला शंख) भिक्षापात्र, हाथी, वृषभ, मृग, पन्चदल, अष्टदल, दशदल, बहुसंख्यक पंखुड़ियों के कमल आदि। विविध लताओं के द्वारा भी अलंकरण वृद्धि की गई।

मथुरा कला की मूर्तियाँ बड़ी संख्या में मथुरा शहर के जेल क्षेत्र (जमालपुर), कचहरी, कंकाली, गणेशर आदि टीलों से प्राप्त हुई हैं। भगवतशरण उपाध्याय ने मथुरा से प्राप्त मूर्तियों को चार प्रमुख वर्गों में रखा है।[31] प्रथम गांधार शैली की मूर्तियाँ, दूसरी गांधार शैली की मथुरा में बनी या अन्य से लाई गई अथवा जिनमें गांधार प्रभाव देखा जाता है, तीसरी शुद्ध भारतीय शैली की मूर्तियाँ एवं चौथी गांधार एवं मथुरा से भिन्न प्रकार की मूर्तियाँ हैं। पहले वर्ग में मदिरापान करते कुबेर का उल्लेख किया जा सकता है जो दाएँ हाथ में चषक से मदपान कर रहा है और दो ग्रीक युवतियाँ खड़ी हैं। उसमें से एक के हाथ में ग्रीक मदिरा पात्र 'अम्फोरा' है। दोनों के परिधान ग्रीक फ्रॉक है। सिर ग्रीक शैली में पट्टे से आबद्ध (बँधे) है। कुबेर का मुँह सामने से नष्ट हो गया है। उसके नीचे एक बालक की छोटी आकृति है। दूसरे प्रकार की मूर्तियों में मथुरा के ध्रुव टीले से प्राप्त स्तूप के अंड पर बने दृश्यों का उल्लेख किया जा सकता है। कुछ बुद्ध मूर्तियों का सिर मुंड़ाया हुआ एवं कुछ में घुँघराले बाल हैं। तीसरे वर्ग की मूर्तियों को दो भागों में विभक्त किया जा सकता है– प्रथम बुद्ध बोधिसत्वों एवं जिन (जैन तीर्थकर) की मूर्तियाँ और दूसरी वेदिका स्तम्भों पर यक्षी या शाल भंजिकाएँ आदि।

बौद्ध मूर्तियाँ बोधिसत्व और बुद्ध की स्थानक (खड़ी) एवं पद्मासन लगाए बैठी अनेक मूर्तियाँ प्राप्त हुई हैं। बुद्ध को कुछ उदाहरणों में बिना बाल के निर्मित किया गया अर्थात् न घुँघराले बाल, न ऊर्णा और न मूँछे हैं। बुद्ध अभय मुद्रा में हैं चाहे खड़े हों अथवा बैठे। कटरा से प्राप्त बोधिसत्व इस काल की महत्वपूर्ण मूर्ति है। इसमें बुद्ध को सिंहांकित पीठिका पर पद्मासन लगाए अभय मुद्रा में आसीन दिखाया है। उनके हाथ एवं तलवों पर धर्मचक्र एवं त्रिरत्न के चिन्ह अंकित हैं। मस्तक पर उष्णीष जिस पर कुछ बालों का जूड़ा–सा बना है। मस्तिष्क के पीछे की ओर एक गोलाकार चक्र दिखाया गया। अधोवस्त्र (धोती) पटके से बँधी है, ऊपरी भाग उत्तरीय से आच्छादित है और दायाँ कन्धा अनावृत्त (खुला) है। बुद्ध के दोनों ओर चामरग्राही पुरुष चामर से हवा कर रहे हैं। ऊपरी भाग में दोनों ओर दो देव अंकित हैं जो सम्भवतः पुष्पवृष्टि कर रहे हैं। इसी संदर्भ में कनिष्क एवं वेम तक्षम आदि की मूर्तियों को लिया जा सकता है।[32]

कनिष्क मूर्ति इसमें कनिष्क राजा को खड़ा दिखाया गया है। उसका दायाँ हाथ एक गदा पर टिका है और बायें हाथ से उसने अपनी तलवार की पेटी पकड़ी हुई है। उसने छोटी आस्तीनों वाला एक चोगा पहना हुआ है जो उसके घुटनों तक पहुँचता है और उसके कूल्हों पर एक मेखला द्वारा बंधा हुआ है। वस्त्रों की चुन्नटें गहरी उत्कीर्ण रेखाओं द्वारा प्रदर्शित की गई हैं। भारी जूते जो टखनों के पास तस्मों से बन्धें है। सम्राट की यह प्रतिमा सिरविहीन है जो मुक्त रूप से एक यथार्थ भंगिमा में खड़ी है। जिस पर महाराजाधिराज देवपुत्रो कनिष्को लिखा है। दूसरी वेम तक्षम मूर्ति में राजा को सिंहासन पर आसीन दिखाया है, उसके सामने सिंह मूर्तियाँ हैं। राजा लम्बी आस्तीनों का चोगा पहने है जिसके किनारों पर कढाई अंकित है। भारी जूते एक लपेट में बंधें हैं। यह मूर्ति भी सिर विहीन है।

जैन आयागपट्ट जैन मूर्तियों और प्रतिकों से अंकित शिलापट्ट आयागपट्ट कहे जाते थे। मथुरा के जैन आयागपट्ट कला की दृष्टि से अत्यन्त सुन्दर है। जैन धर्म में भी प्रारम्भ में प्रतीक पूजा का आरम्भ हुआ था। वासुदेव शरण अग्रवाल ने लिखा है कि कला की दृष्टि से आयागपट्ट सं. जे. 249 (लखनऊ संग्रहालय) का स्थान सर्वोपरि है। इसकी स्थापना सिंह नादिक ने अर्हत् पूजा के लिए की थी। तीर्थंकर की प्रतिमा से युक्त होने के कारण इसकी संज्ञा अर्हत् पट या तीर्थंकर पट हुई। उसके मध्य में पद्मासन में बैठी हुई तीर्थंकर मूर्ति है।[33] इसी तरह कंकाली टीले से प्राप्त जिन (तीर्थंकर) मूर्तियों का उल्लेख किया जा सकता है, जिनकी चौकियों पर कुषाण सं. 5 से 95 तक के लेख अंकित हैं।

यक्ष–यक्षी मूर्तियाँ अब यक्षी मूर्तियों का विवरण दिया जाना उचित होगा जो जेल (जमालपुर) क्षेत्र, कंकाली एवं भूतेश्वर टीले से प्राप्त हुई हैं। उपरोक्त यक्षी प्रतिमाएँ स्तूप एवं विहार

आदि की वेदिका स्तम्भों पर उभारी गईं। इन मूर्तियों में से कुछ मथुरा एवं शेष लखनऊ संग्रहालयों में सुरक्षित हैं। नारी मूर्तियों में श्री लक्ष्मी की खड़ी मूर्ति अत्यन्त सुन्दर है। देवी पूर्ण घट पर स्थित कमलों पर खड़ी है एवं बाएँ हाथ से दाएँ स्तन को पकड़े हुए हैं जिससे उसकी मातृत्व की भावना इंगित होती है। केश विन्यास आकर्षक है जिसे कुषाण पद्धति का कहा गया अर्थात् बालों को घुमाकर लटकता हुआ जूड़ा बना दिया गया है। कानों में कुण्डल तथा मुख पर हल्की मुस्कान है। गले में हार, बाहुओं में भुजबंध, कलाइयों में वलय (चूड़ियाँ) एवं कटि में करधनी और अधोभाग वस्त्र से आवृत्त है। अन्य यक्षी आकृतियाँ सामान्यतः नग्न हैं जो उद्यान क्रीड़ा, जल क्रीड़ा, अलसकन्या (अंगड़ाई लेती हुई), प्रशादिका (दर्पणा), शुकसारिका क्रीड़ा, परिचारिका, वीणा बजाती, कन्दुक क्रीड़ा, पुष्प चयन करती, वृक्षलतिका (अशोक वृक्ष के नीचे खड़ी) आदि रूपों में अंकित की गईं।

एक अच्छा प्रश्न भगवतशरण उपाध्याय ने उठाया है कि बौद्ध एवं जैन स्तूपों की वेदिकाओं पर धार्मिक तीर्थों के सान्निध्य में कमनीय एवं नग्न नारी मूर्तियों को क्यों अंकित किया गया? इस संबंध में उनकी मान्यता है कि नग्न मूर्तियों का उभार अक्सर वेदिका स्तम्भों के बहिर्भाग (बाहरी) पर हुआ है। आन्तरिक भाग जो स्तूप और प्रदक्षिणा भूमि की ओर हैं, अधिकतर बुद्ध के जीवन की घटनाओं या जैन धर्म के अवशेषों से सनाथ किए गए हैं। अर्थ यह है कि उन चरितों को चरितार्थ करने से चिर शांति, स्तूप जिसके प्रतीक हैं, प्राप्त होती हैं। इनके विपरीत स्तम्भों के वे बाहरी भाग हैं जिन पर ये नग्न नारियाँ बनी हैं जो उस भवसागर को प्रकट करती हैं, जिसके पार जाना है जहाँ काम एवं वासना का ही साम्राज्य है और ये यक्षियाँ जिनकी प्रतीक हैं। अधिकतर पुरुष वामन को अपना वाहन बनाकर उस पर खड़ी हैं। वामन पुरुष जिसे मायावी सुख मिलता और यद्यपि उसके नेत्र, जिव्हा, आदि निकले पड़ते हैं पर वह उसे सहर्ष स्वीकार करता है। इस प्रकार के यक्षी–चित्रणों का सम्भवतः यह भाव हो सकता है।[34]

इस कला में चरम विकास हुआ। अनेक ब्राह्मण देव, जैसे– ब्रह्मा, शिव, विष्णु, कार्तिकेय, गणेश, इन्द्र, अग्नि, सूर्य, लक्ष्मी, सरस्वती, महिषमर्दनी, अर्द्ध–नारीश्वर आदि का अंकन मूर्ति कला के माध्यम से किया गया। निहार रंजन रे की मान्यता है कि मथुरा कला पर भी रोमन प्रभाव देखा जा सकता है।[35]

निष्कर्ष : संक्षेप में मथुरा व गांधार शैली में परस्पर अन्तर दर्शाने के लिए कह सकते है कि गांधार शैली में अंग सौष्ठव की सूक्ष्मता व भौतिक सौन्दर्य को महत्व दिया गया। गांधार की बुद्ध मूर्तियों के नाक–नक्श पर रोमन प्रभाव है तथा वस्त्र परिधान ग्रीक राजकुमारों जैसे हैं जबकि मथुरा में सर्वथा भारतीय प्रभाव है। मथुरा शैली की मूर्तियां आध्यात्मिकता तथा भावना प्रधान हैं जबकि गांधार शैली में ऐसा नहीं है। अन्त में हम रॉलिन्सन के शब्दों में कह सकते हैं कि, उसी समय समकालिक कला की एक विशुद्ध शैली जिसका भरहुत और साँची से उद्भव हुआ था। मथुरा, भीटा, बेसनगर तथा अन्य केन्द्रों में प्रचलित थी। पहले यह धारणा थी कि बुद्ध, महावीर और हिन्दू देवताओं की मूर्ति निर्माण का प्रारम्भ विदेशी प्रभावों के कारण हुआ। परन्तु अब सामान्यतया इस बात पर अधिकांश सहमत हैं कि इसका उद्भव मथुरा के देशी कलाकारों के द्वारा खोजा जाना चाहिए, न कि गांधार के।[36]

सन्दर्भ :

1. अग्रवाल, वासुदेव शरण : भारतीय कला, पृ. 131.
2. ऋग्वेद, 7/2/1 उपस्पष दिव्य सानु स्तूपैः सः
3. रे, निहार रंजन : मौर्य एण्ड शुंग आर्ट.
4. कुमार स्वामी : इण्डिया एण्ड इण्डोनेशियन आर्ट.
5. अग्रवाल, वासुदेव षरण, वही, पृ. 131.
6. उपाध्याय, भगवतषरण : भारतीय कला का इतिहास, पृ. 59.
7. काला, एस. सी. : भरहुत वेदिका,
8. अग्रवाल, वासुदेव, वही, पृ. 133.
9. उपाध्याय, भगवतशरण, वही, पृ. 62–63.
10. उपाध्याय, वही, पृ. 61.
11. गुप्त, पी. एल. : प्राचीन भारत के प्रमुख अभिलेख, पृ. 81–82.
12. वही, पृ. 99. अचितयिता सातकनि पछिम–दिसं.
13. उपाध्याय, वही, पृ. 67.

14. अग्रवाल, वासुदेव शरण, वही, पृ. 201.
15. अग्रवाल, वही, पृ. 213–214.
16. उपाध्याय, वही, पृ. 74.
17. अग्रवाल, वासुदेव शरण, भारतीय कला, पृ. 274.
18. Smith, V. : The Oxford History of India (Fourth ed.) p. 151.
19. उपाध्याय, वही, पृ. 77–78.

    Acanthus - aconuentionalized representation of an acanthus leaf, Used especially as a decoration for Corinthian columu capital.
20. अग्रवाल वही, पृ. 285.
21. अग्रवाल वही, पृ. 285.
22. Smith, V. op. cit., p. 154.
23. उपाध्याय, वही, पृ. 78.
24. Ray, Nihar Ranjan : The Age of Imperial Unity, p. 520. These are followed in the second century A.D. by a large number of finds stone and stucco reiefs at the various sites of Taxila.
25. एज ऑफ इम्पिरियल यूनिटी, पृ. 521; भारतीय कला का इतिहास, पृ. 74–77.
26. अग्रवाल, वासुदेव शरण, वही, पृ. 274 एवं आगे.
27. Marshall John : Cambridge History of India, p. 588. To the Greek, Man, Man's intellect were everything, and it was the apotheosis of this beauty and this intellect which still remain the key-note of Hellenistic art even in the orient. But these ideals awakened no reponse in the Indian mind. The vision of India was bounded by the immortal rather than the mortal, by the infinite rather than finite. Where Greek thought was ethical, his was spiritual, where Greek was emotional.
28. The Age of Inperial Unity, p. 519. They seem to have been turned out in large numbers from workshops established for the purose, almost in a mechanical manner as it were......the reliefs appear to be mechanical and without any character, berefit of any emotional sympathy or spontaneity, and lacking sincerity.
29. अग्रवाल, वासुदेवशरण, वही, पृ. 303.
30. अग्रवाल, वही, पृ. 223.
31. उपाध्याय, भगवतशरण, वही, पृ. 83.
32. एज ऑफ इम्पिरियल यूनिटी, पृ. 523.
33. अग्रवाल, वही, पृ. 239–40.
34. उपाध्याय, भगवतशरण, वही, पृ. 88.
35. The Age of Imperial Unity, p. 523. Roman influences, too seem to have touched Mathura, probably directly by the sea route. A well known example, that of the socalled Herakles and the Nemean lion and a number of Bacchanalian scences in relief (cf.pl.xxiii, 58) are not only Western in theme, but also seem to have been inspired by Roman aesthetic ideals and artistic treatment.
36. इण्डिया ए शॉर्ट कल्चरल हिस्ट्री, पृ. 101.

38 भाषा–साहित्य एवं विज्ञान
(Language-Literature and Science)

प्राचीन भारत में भाषा और साहित्य का अध्ययन मूल रूप से संस्कृत और उसके साहित्य के अध्ययन तक ही सीमित था। बौद्ध तथा जैन धर्मों के अभ्युदय के साथ एक परिवर्तन यह आया कि इन धर्मों के ग्रन्थ पाली एवं प्राकृत में लिखे जाने लगे। यहाँ हम परवर्ती संस्कृत एवं प्राकृतिक साहित्य के विषय में कुछ जानकारी प्राप्त करेंगे।

वैदिक संस्कृत व श्रेष्य संस्कृत भाषा 'संस्कृत' का शब्दार्थ है– 'सजी हुई'। इस शब्द का प्रयोग भारत की उस समूची प्राचीन तथा धार्मिक भाषा के लिए किया जाता है, जो वैदिक तथा श्रेण्य (Classical) रूपों में प्राप्त होती है। वैदिक संस्कृत, श्रेण्य संस्कृत से उसी प्रकार भिन्न है जिस प्रकार होमर की ग्रीक भाषा अन्तिम ग्रीक से भिन्न है। व्याकरण के रूप की दृष्टि से वैदिक भाषा संस्कृत की अपेक्षा कहीं अधिक समृद्ध और कम अनम्य है। वैदिक भाषा का बहुत–सा वैभव संस्कृत में नष्ट हो गया है और वैदिक व्याकरण के बहुत–से कारक, रूप और धातु रूप संस्कृत में लुप्त ही हो गए हैं। ध्वनि रचना की दृष्टि से ऋग्वेद की भाषा में वे ही ध्वनियाँ हैं जो श्रेण्य संस्कृत में हैं। वैदिक भाषा और कुछ सीमा तक संस्कृत भाषा की ईरानी भाषा के प्राचीनतम रूप 'अवेस्ता' की भाषा से तुलना करने पर अनुमान लगाया जा सकता है कि ये दोनों किसी एक ही भाषा की बोलियाँ हैं। समय बीतने के साथ–साथ उस मुख्य भाषा से वैदिक तथा श्रेण्य संस्कृत और बाद में पाली और प्राकृत बनी हैं।[1]

ऋग्वेद की भाषा और पाणिनि के काल तक संस्कृत भाषा या बोली इसके विकास की प्रक्रिया को सूचित करती है। कात्यायन एवं पंतजली (महाभाष्य) के समय तक संस्कृत एक साहित्यिक भाषा मात्र बन गई थी, अर्थात् जन–सामान्य के बोल–चाल की भाषा नहीं रह गई। ईसा की प्रारम्भिक शताब्दियों में भाषा के रूप में इसका विकास रुक–सा गया। संस्कृत को अब सुसंस्कृत एवं शिष्ट लोगों की बोली एवं विशेष रूप से इसे एक धार्मिक प्रकार की भाषा मान लिया गया। सर्वप्रथम अश्वघोष एवं भास ने परम्परा से हटकर अलग तरह के साहित्य का सृजन किया, किन्तु संस्कृत को जन–भाषा बनाने का यह अन्तिम प्रयास ही बन कर रह गया।[2]

ब्राह्मण ग्रन्थों में विशेष रूप से परवर्ती साहित्य में वेदांगों का महत्वपूर्ण स्थान है, जिसका उल्लेख पूर्व में किया गया। वेदांग के छह अंग हैं– शिक्षा, छन्दस, व्याकरण, निरुक्त, ज्योतिष एवं कल्प। इनमें व्याकरण का विशिष्ट महत्त्व है व्युत्पत्ति शास्त्रीय तथा ध्वनि शास्त्रीय प्राचीनतम ग्रन्थ यास्क के नैघण्टुक और निरुक्त हैं। बाद में पाणिनि ने 'अष्टाध्यायी' नामक व्याकरण ग्रन्थ की रचना की। इस ग्रन्थ में जैसा नाम से स्पष्ट है आठ अध्याय हैं। अनेक पूर्ववर्ती व्याकरणाचार्यों का उल्लेख इसमें आया है, जैसे– शकटायन, शाकल्य, गार्म्य और गालव आदि। पाणिनि का जन्म उत्तर–पश्चिमी सीमा प्रान्त में सिन्धु नदी के तट पर अटक के निकट शलातुर नामक ग्राम में सम्भवतः ई.पू. 5वीं शताब्दी में हुआ था। अष्टाध्यायी के लगभग 4,000 सूत्र दो–दो या तीन–तीन शब्दों के हैं। उसके इस ग्रन्थ पर कात्यायन ने एक वार्तिक अर्थात् एक संशोधक के रूप में प्रस्तुत किया, जिसमें पाणिनि के नियमों के विमर्श एवं व्याख्या एवं परिवर्द्धन मिलते हैं। बाद में पंतजलि ने महाभाष्य नामक अन्य विस्तृत टीका ग्रन्थ लिखा। पंतजलि पुष्यमित्र शुंग का समकालीन था। उसने व्याकरण ग्रन्थ की रचना उस समय की, जब व्याकरण में लोगों की रुचि घट रही थी और संस्कृत भाषा की शुद्धता नष्ट हो रही थी। महाभाष्य से तत्कालीन भारत के विषय में पर्याप्त जानकारी मिलती है। प्राकृत 600 ई.पू. से 200 ई.पू. के मध्य स्थिविरवादी बौद्धो की भाषा थी। अशोक लेखों व जैनसूत्रों में प्राकृत भाषा का प्रयोग हुआ है।

काव्य पुराण परवर्ती वैदिक ग्रन्थों में इतिहास एवं पुराणों की गणना बहुधा वेदों और ज्ञान की अन्य शाखाओं के साथ होने लगी। इतिहास–पुराण को पंचम वेद भी कहा गया है। इतिहास और पुराणों के अतिरिक्त नाराशंसी गाथाएँ भी देवताओं को प्रसन्नता देने वाली मानी गईं लेकिन दो राष्ट्रीय काव्य रामायण एवं महाभारत भारतीय इतिहास कविता के लम्बे भूतकाल के अवशेष मात्र हैं।

महाभारत महाभारत को इतिहास एवं काव्य कह सकते हैं। इसका अभिप्राय है भरत लोगों के युद्ध का महान् आख्यान। महाभारत प्रवचनों के रूप में लिखा गया है जो निश्चय रूप से इसकी प्राचीनता का प्रमाण है। कुछ विद्वानों की मान्यता

है कि, महाभारत में चतुर्थ शताब्दी ईसवी तक अनेक अंश जोड़े गए। पाँचवीं–छठी ईसवी के दान–पत्रों में महाभारत के एक लाख श्लोकों का उल्लेख मिलता है। प्रत्येक श्लोक में सामान्यतः 32 अक्षर हैं। कम्बोडिया के एक अभिलेख में महाभारत की चर्चा हुई है। इसमें यवन शब्द आया है तथा बौद्ध सम्प्रदाय का उल्लेख भी मिलता है।

महाभारत की प्रारम्भिक कथा उग्रश्रवा ने कही है और मूल काव्य में वैशम्पायन प्रवक्ता है। वैशम्पायन के वर्णन के मध्य अनेक लोगों द्वारा कही गई अगणित कहानियाँ मिलती हैं। उग्रश्रवा के ज्ञान में यह काव्य 8, 800 श्लोकों का ग्रन्थ है किन्तु व्यास (कृष्ण द्वैपायन) 24,000 श्लोकों के इस काव्य को स्वयं द्वारा निबद्ध मानते हैं। गौण कथाओं को निकाल कर कुशल पाठक 24,000 श्लोकों का परायण करते हैं। आजकल महाभारत को शतसहस्त्री संहिता (लाख श्लोकों की संहिता) भी कहा जाता है। विन्टरनिट्ज ने लिखा है कि इन उल्लेखों से किसी को यह मालूम हो जाएगा कि इस कृति की एकरूपता में दृढ़ विश्वास के बावजूद स्वयं भारतीयों ने ही इस तथ्य की स्मृति को लिख रखा है कि मूल के अपेक्षाकृत छोटे काव्य से वर्तमान रूप तक महाभारत का विकास क्रमशः ही हुआ।[3] इसकी भाषा में एकरूपता का न होना भी इस बात का प्रमाण है कि लम्बी अवधि तक इसमें अंश जुड़ते रहें।

महाभारत 18 पर्वों में विभक्त है और परिशिष्ट (खिल) के रूप में हरिवंश को समाविष्ट कर लिया गया। सबसे पहले गीता में अवतारवाद का जिक्र हुआ है। इसके विराट पर्व एवं द्रौपदी चीर हरण को भी बाद में जोड़ा गया माना है। कुरु वंश जिसकी राजधानी हस्तिनापुर थी, धृतराष्ट्र को मिला। अन्धे होने के कारण वह शासन संचालन के लिए अयोग्य था। इसलिए उसका छोटा भाई पाण्डु राजा हुआ। एक श्राप से उसने राज्य का त्याग किया एवं बाद में उसकी मृत्यु हो गई। पाण्डु के पांच पुत्र युधिष्ठिर, भीम, अर्जुन, नकुल, व सहदेव के अधिकार को लेकर कथा आगे बढ़ती है। अपने अधिकारों के लिए लड़ा गया कौरवों–पाण्डवों का युद्ध ही मूल ऐतिहासिक कथा है, जिसमें भारत के अनेक शासकों ने भाग लिया था।

एक कथा में अनेक कथाओं का निकलना इतिहास काव्य की प्रमुख विशेषता होती है। महाभारत में भी अनेक कथाएँ आती हैं, जैसे–सत्यवान–सावित्री, शकुन्तला आख्यान आदि। 'शान्ति पर्व' में राजनीति, नीति, धर्म एवं मोक्ष की व्याख्या मिलती है। छठे पर्व में श्री कृष्ण का सुप्रसिद्ध गीता का सन्देश आया है। इसमें कृष्ण अर्जुन को विस्तृत दार्शनिक उपदेश देते हैं। इसमें कहा है, "निष्प्राण एवं प्राणवान वस्तुओं के लिए पण्डित लोग दुःख नहीं करते। जो न कभी हर्षित होता है न कामना करता है, जो शुभ और अशुभ सम्पूर्ण कर्मों के फल का त्यागी है, वह पुरुष मेरे को प्रिय है।"[4] अन्यत्र कहा गया है कि, "जिस प्रकार एक ही सूर्य इस सम्पूर्ण ब्रह्माण्ड को प्रकाशित करता है उसी प्रकार एक ही आत्मा सम्पूर्ण क्षेत्र को प्रकाशित करती है अर्थात् नित्य बोधस्वरूप एक आत्मा की ही सत्ता से सम्पूर्ण जड़ वर्ग प्रकाशित होता है।"[5] भीष्म युधिष्ठिर को राजधर्म का उपदेश देते हुए कहते हैं, "क्षमा से क्रोध को जीतो, दया से पाप पर विजय करो। कन्जूसी को दान से और झूठ को सच से मार भगाओ।" तमिल में महाभारत की सर्वप्रथम पेरून्देवनार ने, "भारत" नामक ग्रंथ के रूप में रचना की। बांग्ला में अनुवाद अलाउद्दीन शाह के समय हुआ

रामायण महाभारत से छोटा किन्तु अधिक एकरूपता लिए हुए रामायण को इतिहास काव्य कहा जा सकता है। भारतीय परम्परा में वेदव्यास को महाभारत का लेखक माना गया है उसी प्रकार वाल्मीकि को रामायण का। वाल्मीकि को 'आदि कवि' भी कहा जाता है, क्योंकि वे सदैव से परवर्ती कवियों के आदर्श रहे हैं। रामायण लोकप्रिय इतिहास काव्य और अलंकृत काव्य दोनों के साथ दिखाई देता है। रामायण में 7 काण्ड एवं 24,000 श्लोक हैं। इसे चतुर्विंशाति साहत्री संहिता भी कहा जाता है।

प्रथम एवं सातवें काण्ड में राम को विष्णु का अवतार माना गया है। बाल काण्ड में देवगण विष्णु को कहते हैं– आप मनुष्य का रूप धारण कर युद्ध में रावण को मार डालिए।[6] इस ग्रन्थ में बीच–बीच में अनेक आख्यान आए हैं। महाभारत में श्री राम कथा के ज्ञान होने के संकेत मिलते हैं जबकि रामायण रचयिता को कौरव–पाण्डवों के बारे में जानकारी न थी। याकोबी का मत है कि महाभारत को अन्तिम रूप मिलने से पहले ही रामायण को प्राचीन ग्रंथ के रूप में प्रसिद्धि प्राप्त हो चुकी थी। कहा जा सकता है कि, रामायण महाभारत के वर्तमान रूप से प्राचीन है। महाभारत को ई.पू. चौथी सदी की मौलिक रचना माना है। अतः इस काल के एक या दो शताब्दी पूर्व रामायण की रचना हुई होगी। विष्णु के अवतारों की सूची में राम का नाम कृष्ण से पहले आता है। तमिल में रामायण का अनुवाद चोल राजा कुलोतुंग तृतीय के समय तेरलंदर के कवि कम्बन

पुराण स्वरूप की दृष्टि से पुराण महाकाव्यों से सम्बन्धित माने जाते हैं, वस्तुतः पुराण वीर चरित्रात्मक तथा उपदेशात्मक ढंग की विश्वोत्पत्ति विषयक उत्तरकालीन काव्य रचनाएँ हैं। सूत्र साहित्य में पुराणों के अस्तित्व के निश्चित प्रमाण मिलते हैं। अथर्ववेद में भी पुराण शब्द आया है अर्थात् व्रात्यकाण्ड में इतिहास के साथ पुराण का उल्लेख हुआ है। गौतम धर्म सूत्र में न्यायपूर्वक शासन करने के लिए (राजा को) वेदों, धर्मसूत्रों, वेदांगों तथा पुराणों को अपना प्रमाण मानने का निर्देश मिलता है। विद्वानों की मान्यता है कि सम्भवतः सूत्रकाल तक पुराणों ने ग्रन्थों का रूप ले लिया था, किन्तु इनको वर्तमान रूप गुप्त

युग में मिला होगा। यद्यपि महर्षि लोमहर्ष एवं उनके पुत्र उग्रश्रवा को पुराणों का संकलन कर्ता कहा है। प्रमुख पुराणों का उल्लेख पुराणों में ही आया है– ब्रह्म, पदम, विष्णु, भागवत, नारदीय, मार्कण्डेय, आग्नेय, अग्नि, भविष्य, ब्रह्मवैवर्त, लिंग, वराह, स्कन्द, वामन, मत्स्य, गरुड़, वायु, कर्म आदि। इनमें स्कन्द पुराण सबसे बड़ा है जिसमें एक लाख सत्तर हजार से अधिक श्लोक हैं। वायु पुराण सर्वाधिक पुराना माना जाता है, जिसका काल ईसा की लगभग चौथी शताब्दी है। वायु पुराण का हरिवंश पुराण से, जो महाभारत का एक पूरक ग्रन्थ है, घनिष्ठ सम्बन्ध है। अठारह पुराणों में विष्णु पुराण सबसे प्रसिद्ध है। भागवत पुराण और शिव पुराण में क्रमशः भगवान अर्थात् विष्णु और शिव का गुणगान किया गया है।[7] पुराणों में प्राचीन कथाओं के अतिरिक्त धर्म विषयक तथ्य भी आए हैं। इनकी वर्ण्य वस्तु पाँच प्रकार की कही गई है:

'सर्ग–प्रतिसर्ग वंश मनवन्तराणि च वंशानुचरितम् चैव पुराणं पंच लक्ष्मणम्।

भागवत पुराण में पुराणों द्वारा विवेचनीय 10 विषय कहे गए हैं। अवतारवाद की धारणा पूर्ण रूप से पुराणों में देखने को मिलती है। इसके अतिरिक्त पुनर्जन्म, कर्मवाद, वृत्ति, संस्कार, वर्ण धर्म, आश्रम, रक्षा, सर्ग–विसर्ग, अपाश्रय (बह्म एवं दर्शन की चर्चा), सांख्य, योग, न्याय आदि की चर्चा भी इनमें मिलती है। अमरकोष में पुराणों के पाँच लक्षण दर्शाये गए हैं– सर्ग (सृष्टि उत्पत्ति), प्रतिसर्ग (प्रलय के बाद सृष्टि की पुनः निर्माण), वंश (देवताओं एवं ऋषियों की वंशावली), मन्वन्तर (महायुग) एवं वंशानुचरित (अर्थात् राजकुलों के इतिहास की विवेचना)।

भारतवर्ष इस जम्बूद्वीप का ही मुख्य भाग है। अग्नि पुराण में साहित्यिक सामग्री भी मिलती है। पुराणों से कला के विषय में भी पर्याप्त जानकारी मिलती है। इन्हें विद्या का विश्वकोष माना जा सकता है। पुराणों में भारतीय संस्कृति, शिक्षा, इतिहास, विज्ञान, धर्म अठारह उप–पुराण भी हैं, जो निश्चित रूप से परवर्ती काल के हैं।

विदग्ध काव्य

परवर्ती संस्कृत काव्य में विद्ग्ध्ता (पाण्डित्यपूर्ण रचना) का सप्रयास काव्य सौन्दर्य लाये जाने का प्रयास किया जाने लगा जिसका उद्देश्य राजदरबार अथवा रसिक समाज को प्रसन्न करना था। ऐसी काव्य परम्परा विदग्ध काव्य कही गई।

अश्वघोष विदग्ध काव्य रचना में सर्वप्रथम अश्वघोष का नाम आता है। अश्वघोष को कनिष्क का आश्रित कवि कहा गया है। अतः प्रथम सदी ईसवी के लगभग उसका समय निश्चित किया जा सकता है। अश्वघोष प्रारम्भ में ब्राह्मण थे, बाद में बौद्ध धर्म से आकृष्ट होकर महायान सम्प्रदाय के आचार्य हो गए। महायान में श्रद्धोत्पाद, वज्रसूचि, गण्डीस्त्रोतगाथा को भी अश्वघोष की रचनाएँ माना जाता है। किन्तु कई विद्वान अनेक कारणों से इनके अश्वघोष की रचना होने में सन्देह भी करते हैं।

बुद्ध के सौतले भाई नन्द के धर्म परिवर्तन की घटना अश्वघोष के सौन्दरानन्द में मिलती है। 18 सर्ग के इस ग्रन्थ में सौन्दर्य के अनुभूत भावों की अभिव्यक्ति हुई हैं अर्थात् वर्णन में कृत्रिमता का आभास होता। लेकिन मोक्ष के उपदेश के समावेश से इसका महत्व बढ़ गया है। महाकाव्य पद्धति के अनुकूल प्रारम्भ में बुद्ध के सौतेले भाई नन्द एवं सुन्दरी के प्रेम की कथा दी गई है। बाद में बुद्ध द्वारा नन्द को बौद्ध धर्म में दीक्षित किए जाने का विवेचन मिलता है।

अश्वघोष की दूसरी कृति महाकाव्य शैली के अनुरूप गद्य–पद्य में लिखित बुद्धचरित की एक हस्तलिखित प्रति में तेरह सर्ग पूर्ण एवं चौदहवें सर्ग के चार पद्य प्राप्त हुए हैं। कीथ के अनुसार, ये चार पद्य अमृतानन्द द्वारा जोड़े गए थे। सम्भवतः शेष भाग की हस्तलिखित प्रति प्राप्त न होने से अमृतानन्द को चार पद्य जोड़ने पड़े। इत्सिंग इसे अश्वघोष की रचना स्वीकार करते हैं। इसका चीनी भाषा में अनुवाद 414–421 ई. में हो गया था। एक तिब्बती अनुवाद से ज्ञात होता है कि मूल बुद्धचरित में 27 सर्ग थे। इसमें प्राचीन ग्रन्थ 'ललितविस्तार' के समान बुद्ध की जीवन कथा दी गई है। इस ग्रन्थ में महाकाव्य के सभी आवश्यक तत्व निहित हैं–प्रेम कथा के दृश्य, नीतिशास्त्र सिद्धान्त, श्रृंगारिक वर्णन, संग्राम वर्णन आदि चित्रात्मक शैली में लिखे गए हैं। अश्वघोष के काव्यों में इन्द्र, माया, सहस्त्राक्ष, पृथु, कौशिक, सगर, मान्धाता, पुरुरवा, शिव–पार्वती आदि का उल्लेख मिलता है। **वज्रसूची**– यह माना जाता है कि अश्वघोष ने इस ग्रंथ की भी की थी। वर्ण व्यवस्था के

प्रो. लुईस को अश्वघोष के नाटकों को प्रकाश में लाने का श्रेय है। मध्य एशिया (तुर्फान) से प्राप्त ताड़पत्रावली पर हस्तलिखित ग्रन्थों में तीन नाटक थे, जिनमें 'शारिपुत्रप्रकरण' एक था। अन्य दो नाटकों में एक 'प्रकरण', दूसरा 'रूपक' नाम मिलते हैं। इन्हें भी अश्वघोष की ही कृतियां माना जाता है। शारिपुत्रप्रकरण (शारदावती–पुत्र–प्रकरण) में सारिपुत्र एवं मौग्दलायन के बौद्ध होने की कथा मिलती है। कथानक बुद्ध चरित में वर्णित कहानी से भिन्न है। इसमें नौ अंक हैं। अश्वघोष ने इसमें नाट्य शास्त्र में वर्णित नाटक के नियमों का यथाशक्य पालन किया है। उसकी भाषा सरल, सुगम एवं प्रासादिक गुणों से युक्त है। अश्वघोष द्वारा वर्ण्य विषय का स्पष्ट चित्र प्रस्तुत कर दिया जाता है।

भाषा की सरलता एवं उपमाएँ सहज स्वाभाविक हैं। कहीं–कहीं तो अश्वघोष कालिदास से भी आगे बढ़ गए हैं। जैसे:

मार्गा चलव्यतिकराकुलितेव सिन्धुः
शैलाधिराज तनया न दयौ न तस्यौ

(अर्थात् मार्ग में आए पर्वत से क्षुब्ध नदी के समान पार्वती न चली, न ठहरी)।

अश्वघोष की रचनाओं का उद्देश्य महायान के प्रचार द्वारा जन–सामान्य को धर्म मार्ग की ओर प्रवृत्त करना था।

भास भास को अश्वघोष के बाद रखा जाता है। उसने अनेक नाटकों का सृजन किया था। मध्यम व्यायोग, दूत घटोत्कच, कर्णभार, उरुभंग, दूतवाक्य, बालचरित, प्रतिमानाटक, अविमारक, चारुदत्त, प्रतिज्ञायौगन्धरायण, स्वप्न–वासवदत्ता आदि का विशेष रूप से जिक्र करना होगा। कीथ इन नाटकों को तीसरी शताब्दी ईसवी की रचना मानते हैं। उनके अनुसार कालिदास भास के सुप्रतिष्ठित यश से परिचित थे। यदि बिना विवाद के कालिदास का समय लगभग 400 ई. माना जाए तो भास का समय 350 ई. के पहले माना जा सकता है। भास के प्रतिज्ञायौगन्धरायण में एक श्लोक अश्वघोष के बुद्धचरित से लिया गया है। लेखन तकनीक की दृष्टि से भी भास कालिदास की अपेक्षा अश्वघोष के अधिक समीप ठहरते हैं।

जनश्रुति के अनुसार भास ने तीस से अधिक ग्रन्थों की रचना की थी, किन्तु अब तक मात्र 13 रूपक ही उपलब्ध हुए हैं जो महाभारत, रामायण एवं कल्पित कथानकों के आधार पर लिखे गए। 'मध्यमव्यायोग' में पाँच पाण्डवों की घटना दी गई है। उनके विवाह के बाद घटोत्कच का जन्म होता है। घटोत्कच से परेशान एक ब्राह्मण को बचाने हेतु भीम का आगमन होता है एवं हिडिंबा का पति से मिलन इसकी मूल कथा है। 'दूतघटोत्कच' का प्रमुख पात्र भी घटोत्कच ही है। अभिमन्यु के वध के पश्चात् घटोत्कच जयद्रथ के पास जाता है एवं अर्जुन द्वारा उसके भावी नाश की सूचना देता है। 'कर्णभार' का विषय कर्ण कवच है। इन्द्र ब्राह्मण के वेश में कर्ण से आयुध और कुण्डल ले लेते हैं। 'उरुभंग' संस्कृत साहित्य का दुःखान्त नाटक है। दुर्योधन के युद्ध का उपसंहार दुर्योधन के उरुभंग (उरु अर्थात् जंघाओं के भंग) से होता है। दुर्योधन का पुत्र बॉलिश व्यथा में करुणामय विलाप करता है एवं अश्वत्थामा प्रतिशोध की शपथ लेता है। 'पंचरात्र' का कथानक भी महाभारत से सम्बन्धित है। 'दूतवाक्य' में कौरवों की सभा में भगवान कृष्ण दूत रूप में सन्धि का प्रस्ताव लेकर आते हैं। दुर्योधन उन्हें बाँधने का प्रयास करता है किन्तु सफल नहीं होता। धृतराष्ट्र कृष्ण का अभिनन्दन करते हैं।

'**बालचरित**' के सात अंकों में कृष्ण के अद्भुत कार्यों का जीवन्त तथा विशद् चित्र प्रस्तुत किया गया है। 'प्रतिमानाटक' रामायण पर आधारित रूपक है, जिसमें राम के वनवास से लेकर राज्याभिषेक पर्यन्त कथानक आया है। जिस समय राम रावण से युद्ध करते हैं, भरत सेना द्वारा उनकी सहायता करते हैं अर्थात् यह घटना रामायण से भिन्न है। 'अविमारक' भी कल्पना पर आधारित नाटक है।

'**चारुदत्त**' का एक खण्ड चार अंकों में उपलब्ध हुआ है। एक सार्थवाह (चारुदत्त) जिसकी दानशीलता ने उसे दरिद्र बना दिया था। 'प्रतिज्ञा यौगन्धरायण' की विषय–वस्तु गुणाढ्य की बृहत्कथा से ली गई है। पैशाची प्राकृत में लिखित बृहत्कथा लुप्त हो गई थी, किन्तु एक नेपाली एवं दो कश्मीरी वर्णनों में सुरक्षित थी। चार अंक के प्रतिज्ञायौगन्धरायण का नायक वत्सराज उदयन का मन्त्री है। वशीकरण हेतु वीणा अपने साथ लेकर उदयन आखेट को जाता है। वहाँ उसका शत्रु उज्जयिनि शासक प्रद्योत महासेन छल से बन्दी बना लेता है। महासेन प्रद्योत की पुत्री वासवदत्ता बन्दी से संगीत की शिक्षा लेती है। इस दौरान दोनों प्रेमाशक्त हो जाते हैं। वत्सराज उदयन का मन्त्री यौगन्धरायण अपने साथियों के साथ छद्मवेश में उज्जयिनि आता है और उसके कूट प्रबन्ध से राजा उदयन वासवदत्ता के साथ निकल भागता है, किन्तु यौगन्धरायण पकड़ा जाता है और अन्त में महासेन उदयन एवं वासवदत्ता का विवाह कर देता है। मालतीमाधव में भी इस कहानी का उल्लेख आया है। 'स्वप्नवासवदत्ता' छह' अंकों में वस्तुतः प्रतिज्ञायौगन्धरायण का उत्तरानुबन्ध या दूसरा भाग है। उदयन का मन्त्री मगध के राजा की कन्या पद्मावती के साथ विवाह करवाकर उसकी शक्ति का विस्तार करने के लिए व्यग्र है, किन्तु उदयन अपनी प्रियतमा वासवदत्ता को नहीं छोड़ सकता, मंत्री भ्रम पैदा कर पद्मावती से विवाह करवा देता है।

कालिदास ने अपनी पहली रचना मालविकाग्निमित्र में लेखन कथा के क्षेत्र में पूर्ववर्तियों के रूप में सौमिल्ल, कविपुत्र आदि के साथ भास का उल्लेख किया है:

'प्रथितयशसांभास सौमिल्ल कविपुत्रादीनां प्रबन्धनति। क्रम्य कथं वर्तमान्स्य कवेः कालिदास कृतौ बहुमान।'

हर्षचरित में भी भास की चर्चा की गई है – 'सपता कैर्यशोले भे भासों देव कुलैखि'। कहा जा सकता है कि भास अपने समय का महान् रचनाकार था। अन्य शिक्षाप्रद साहित्य में कहानियों का उल्लेख किया जा सकता है। इन सब कहानियों में बुद्ध किसी बुद्धिमान या हमशक्ल व्यक्ति या पशु के रूप में आते हैं और उस कहानी से क्या शिक्षा लेनी चाहिए, निर्देशित करते हैं। संस्कृत में इस तरह के दो संग्रह मिलते हैं– पंचतन्त्र एवं हितोपदेश। मनुस्मृति – अधिकांश विद्वान 200 ई.पू. से 100 ई. के मध्य की रचना मानते है।

भाषा का क्रमिक विकास–बौद्धकाल

वैदिक भाषा (संस्कृत) वैदिक काल में आर्यों की बोलचाल की भाषा को प्राचीन आर्य भाषा कहा जा सकता है। इसी प्राचीन आर्य भाषा में वेदों की रचना हुई। वेदों की रचना के कारण वेदों में जिस भाषा को उपयोग लाया गया, वैदिक भाषा कहा जाने लगा और बोलचाल की भाषा उससे कुछ अलग रूप वाली बन गई। वैदिक भाषा में आगे जाकर विपुल साहित्य का सृजन हुआ। अतः साहित्य की भाषा को

व्याकरणाचार्यों ने व्याकरण के नियमों से आबद्ध करना प्रारम्भ किया। पाणिनि ने सर्वप्रथम वैदिक भाषा को संस्कारित किया एवं संवारा। उस व्याकरणबद्ध साहित्यिक भाषा को संस्कृत कहा जाने लगा, क्योंकि संस्कृत भाषा व्याकरण के नियमों से बन्ध गई थी। फलस्वरूप बोलचाल की भाषा अपने प्राकृत रूप में बढ़ चली। आर्यों के भारत में अनेक भागों में प्रसार के साथ संस्कृत बोलचाल की भाषा के रूप में अपना प्रभाव खोने लगी। अब संस्कृत एक साहित्यिक भाषा के साथ समाज के उच्च वर्गों के संभाषण की भाषा रह गई। उस काल के नाटकों में जहाँ उच्च वर्ग के लोग संस्कृत भाषा में उच्चारण करते दिखाई देते हैं वहीं निम्न वर्ग प्राकृत के कई रूपों में अपने विचार व्यक्त करते हैं। प्रारम्भ से ही बोलचाल की भाषा में भेद, समाज में उच्च एवं निम्न वर्ग को इंगित करता था। ब्राह्मण ग्रन्थों के काल तक उत्तरी भारत में तीन भिन्न–भिन्न बोलियों का प्रचलन था। उत्तर–पश्चिमी भारत की बोली, जो अधिक रूढ़िवादी थी 'उदीच्य' कही गई, मध्य भारत में बोली जाने वाली भाषा को 'मध्यदेशीय' एवं पूर्वी भारत की बोली 'प्राच्य' कहलाई।

प्राकृत एवं पाली साहित्यिक भाषा संस्कृत का आधार 'उदीच्य' थी। इस क्षेत्र में ब्राह्मण वर्ग संस्कृत का प्रयोग करते रहे। जबकि मध्यदेशीय बोलचाल की भाषा संस्कृत से इतनी भिन्न हो गई थी कि स्वयं एक अलग भाषा का स्वरूप ग्रहण करने लगी। बौद्ध एवं जैन धर्मों के आविर्भाव होने पर इनके प्रवर्तकों ने अपने धर्म के प्रचार का माध्यम प्राच्य भाषा 'प्राकृत' को बनाया। प्राकृत अपनी ध्वनि की दृष्टि से संस्कृत की अपेक्षा बहुत सरल थी। शब्दों के अन्त में व्यंजन लुप्त हो गये। संस्कृत के संयुक्त स्वर 'रो' और 'औ' लुप्त हो गये, प्राचीन स्वर और लृ का प्रयोग भी समाप्त हो गया। मागधी बोली में 'र' का 'ल' में नियमित रूप से परिवर्तन होता गया जैसे 'राजा' को 'लाजा' कहा जाने लगा। सन्धियों के नियमों पर ध्यान नहीं दिया व द्विवचन भी लुप्त हो गये। संज्ञा व क्रिया के प्रत्यय का प्रयोग कम हो गया।

कहा गया है कि, प्राकृत संस्कृत की शक्तिशाली विरोधी भाषा के रूप में सामने आई और प्राकृत में बौद्ध एवं जैन साहित्य का सृजन किया जाने लगा।[8] बौद्ध साहित्य की रचना जिस भाषा में होने लगी उसे प्रथम प्राकृत या पाली प्राकृत के नाम से अभिहित किया गया। पहली प्राकृत या पाली के उदाहरण हमें प्राचीन बौद्ध ग्रन्थों तथा शिलालेखों में मिलते हैं। शिलालेखों में अशोक के लेख बड़े महत्व के हैं। ये खरोष्ठी और ब्राह्मी लिपियों में लिखे गए थे। शाहबाजगढ़ी और मानसेहरा के लेख खरोष्ठी में और शेष सब ब्राह्मी लिपि में हैं। इन सब लेखों के विश्लेषण से यह स्पष्ट होता है कि अशोक के समय में कम–से–कम चार बोलियाँ प्रचलित थीं उनमें सबसे मुख्य पाली थी। पाली के अनन्तर हमें साहित्यिक प्राकृत के दर्शन होते हैं। इसके चार मुख्य भेद माने गए हैं – महाराष्ट्री, शौरसेनी, मागधी और अर्द्ध–मागधी।[9] **देवनागरी लिपि** सबसे पहले 453 ई. में इसका जिक्र जैन ग्रंथों में हुआ। अलवरूनी ने ''तहकीक ए हिन्द'' में मालवा में नागर लिपि के इस्तेमाल का जिक्र किया। 11वीं सदी में देवनागरी अस्तित्व आ चुकी थी। संस्कृत, प्राकृत, आदि भाषाओं के धार्मिक ग्रंथ इसी लिपि में लिपिबद्ध किये गये।

अपभ्रंश यह साहित्यिक प्राकृत भी व्याकरणों द्वारा व्याकरण के नियमों से आबद्ध की जाने लगी। अतः पूर्वोक्त सिद्धान्त के अनुसार पुनः इन साहित्यिक प्राकृतों से भिन्न लोक की धारा आगे बढ़ गई जो व्याकरण के नियमों से मुक्त थी। इस व्याकरण मुक्त बोलचाल की भाषा को वैयाकरणों ने व्याकरणबद्ध प्राकृत की अपेक्षा भ्रष्ट समझा। इस बोलचाल की भाषा को अपभ्रंश नाम दिया गया, किन्तु कालान्तर में बोलचाल की इस अपभ्रंश भाषा में भी साहित्यिक रचना होने लगी। आगे जाकर अपभ्रंश से लगभग 10वीं शताब्दी ईसवी में आधुनिक आर्य भाषाओं का आविर्भाव हुआ। हिन्दी भी इन्हीं आर्य भाषाओं में से एक मानी जाती है।

पाली साहित्य बौद्ध धर्म का प्रारम्भिक साहित्य पाली में मिलता है। पाली धर्म ग्रन्थों को तीन भागों में विभक्त किया जाता है, जिसे 'त्रिपिटिक' (तीन पिटारे) की संज्ञा दी गई है, पहला 'विनय' अर्थात् अनुशासन के नियम, दूसरा सुत्त (सुत्तपिटक) अर्थात् उपदेश और तीसरे अभिधम्मपिटक में नैतिक नियम, विधान एवं दार्शनिक सिद्धान्तों की चर्चा है।

विनयपिटक के तीन भाग हैं–सुत्त विभंग, खन्धका एवं परिवार पाठ। सुत्त विभंग में 225 प्रकार के अपकर्मों और पापों की सूची एवं तदनुसार प्रायश्चित्त दिए हैं। खन्दक महावग्ग एवं चुल्लवग्ग के रूप में विभक्त है। इसमें संघ में प्रवेश के नियम, वर्षा काल में विश्राम (चातुर्मास्य), आवास, वस्त्र, यान, भिक्षा, परस्पर मतभेद की स्थिति में कानूनी कार्यविधियों के नियमों का संग्रह है। विनय के अन्तिम भाग में पूर्वोक्त साहित्य का सारांश दिया गया है।

सुत्तपिटक बौद्ध साहित्य का महत्वपूर्ण भाग हैं जो पाँच निकायों में विभक्त है–दीर्घनिकाय, मज्झिमनिकाय, संयुक्तनिकाय, अंगुत्तरनिकाय एवं खुद्दकनिकाय। 'दीर्घनिकाय' आदि चौंतीस दीर्घ सूत्रों का संग्रह है। इसमें अनेक अवसरों पर बुद्ध द्वारा दिए गए प्रवचन संकलित हैं। जिन विषयों पर चर्चा की गई है, उनमें विश्व उत्पत्ति, पुनर्जन्म, निर्वाण, आत्मसिद्धान्त, आत्मज्ञान, संन्यास, ईश्वर धारणा, जाति व्यवस्था आदि प्रमुख हैं। 'महापरिनिब्बानसुत्त' एक महत्वपूर्ण सुत्त है, जिसमें भगवान बुद्ध का अन्तिम सन्देश संकलित है। मध्यम सूत्रों के संग्रह 'मज्झिमनिकाय' में 152 सुत्त हैं। इसमें भी बुद्ध के उपदेश एवं विविध आख्यान गद्य–पद्य में मिलते हैं।

संयुक्तनिकाय एक संयुक्त सूत्रों का संग्रह है, जो पाँच भागों में विभक्त हैं। अंगुत्तरनिकाय में 2,300 से अधिक सुत्त हैं, जो क्रमशः बढ़ते हुए क्रम से संकलित हैं। बौद्ध धर्म की शिक्षाओं के लिए इसके प्रथम दो निकाय उपयोगी हैं।

खुद्दकनिकाय में विभिन्न प्रकार की रचनाएँ हैं। इस निकाय में सम्मिलित किए जाने वाले ग्रन्थों का उल्लेख किया जा सकता है। 'खुद्दकपाठ' में दीक्षा के समय पढ़े जाने वाले नौ छोटे मन्त्र हैं। 'धम्मपद' में बौद्ध धर्म की शिक्षाएं एवं आचार–विचार का विवेचन किया गया है। यह 426 सूत्रों का महत्वपूर्ण ग्रन्थ है। उदान 8 भागों में विभक्त 10–11 सूत्रों में बुद्ध के जीवन की घटनाओं का वर्णन है। 'इतिवुत्तक' में छोटे–छोटे 112 गद्य एवं पद्य (सुक्तों) में बुद्ध की शिक्षाएं संक्षेप में दी गई हैं। पाँच भागों का सुत्तनिपात एक पद्यबद्ध सुत्तों का संग्रह है। इसमें बुद्ध के समय के प्राचीन पद्य भी हैं। मनुष्य द्वारा दिए गए पुण्य और पाप के आधार पर मिलने वाले स्वर्ग एवं नर्क के सुख–दुःख का विवेचन विज्ञानवत्थु एवं पेतवत्थु में मिलता है, इन्हें परवर्ती रचना माना गया है। भिक्षु (थेर) एवं भिक्षुणियों (थेरियों) द्वारा रचित गाथाओं (कविताओं) का थेरगाथा एवं थेरीगाथा की संज्ञा दी गई है। मौर्य काल में थेर एवं थेरी गाथा का संकलन किया गया। इनमें भिक्षुओं की उपलब्धियों का वर्णन है।

जातक महायान बौद्ध धर्म में जातक कथाओं का बहुत महत्व है। कहा गया है कि, मनुष्य अनन्त जन्मों से संचित कर्मों के फलस्वरूप ही बुद्धत्व को प्राप्त हो सकता है। महात्मा बुद्ध को बुद्धत्व प्राप्त होने से पूर्व 84,000 योनियों से गुजरना पड़ा था। जातकों में महात्मा बुद्ध के पूर्वजन्मों की 500 से अधिक कहानियाँ संकलित हैं, जो प्राचीन भारत की आर्थिक, सामाजिक अवस्था एवं रीति–रिवाजों का बोध करवाती हैं।

धार्मिक साहित्य के अतिरिक्त पाली में अन्य बौद्ध ग्रन्थ भी लिखे गए हैं, जिनमें मिलिन्दपन्हो सर्वाधिक महत्वपूर्ण है, मिलिन्दपन्हो में यवन शासक मिनाण्डर (मेनाण्डर) और बौद्ध भिक्षु नागसेन के वार्तालाप दिए गए हैं। सम्भवतः इसकी रचना सिंहल में की गई थी। इससे तत्कालीन भारत की राजनैतिक, सामाजिक एवं आर्थिक अवस्था की महत्वपूर्ण जानकारी मिलती है।

जहाँ बौद्ध धर्म ग्रन्थ पाली या संस्कृत में मिलते हैं वहीं जैन धर्मग्रन्थ प्राकृत भाषा की अर्द्धमागधी बोली में है। जैसा कि पूर्व में उल्लेख किया गया है कि प्राकृत के दो अन्य रूप भी हैं – मागधी और शौरसैनी। इससे प्रतीत होता है कि शुद्ध संस्कृत के विपरीत भौगोलिक तथा क्षेत्रीय तत्वों के आधार पर प्राकृत के कई रूपों का प्रयोग बोलचाल की भाषा के रूप में बहुत बड़ी संख्या में किया जाने लगा था। ई.पू. तीसरी से पाँचवीं शताब्दी के मध्य प्राकृत में संस्कृत भाषा की तुलना में अधिक अभिलेख उत्कीर्ण करवाये गये। संस्कृत नाटकों में स्त्रियाँ एवं जन–सामान्य प्राकृत का उपयोग करते दिखाई देते हैं। अश्वघोष, भास एवं शूद्रक के नाटकों में प्राकृत के विभिन्न रूपों के संवादों की भरमार है।

प्राकृत भाषा के लौकिक काव्यों में 'सेतुबन्ध' एवं 'गौडवहो' की चर्चा की जा सकती है। महाराष्ट्रीय प्राकृत में लिखे गए प्रबन्ध काव्य सेतुबन्ध में लंका पर चढ़ाई से लेकर सीता की वापसी तक के रामायण के प्रसंगों का वर्णन मिलता है। इसका लेखक प्रवरसेन (कश्मीर का राजा प्रवर सेन द्वितीय) कहा गया है। कन्नौज शासक यशोवर्मन के राजकवि वाक्पतिराज ने गौड़वहो की रचना लगभग 755. ई. में की।

कवि हाल की 'गाथा सत्तसत्ती' (संस्कृत में सप्तशती) शृंगारिक गीतिमय पद्यों का संग्रह है। परवर्ती लेखक राजशेखर की 'कर्पूर–मंजरी' (कपूर का गुच्छा) प्राकृत का महत्वपूर्ण ग्रन्थ है। इसमें चार अंकों में कुन्तल नरेश की कन्या कर्पूर मंजरी के राजा चन्द्रपाल के साथ विवाह का वर्णन है। इस प्रकार जैन एवं बौद्ध धर्मों के आविर्भाव के साथ भारत के भिन्न–भिन्न भागों में प्राकृत के अनेक रूपों का प्रयोग जन भाषा के रूप में होने लगा। मनुष्य ने जैसे–जैसे प्रगति की, भाषा में भी उसी तरह परिवर्तन आए और भाषा दुरुहता से सरलता की ओर अग्रसर हुई। समय क्रम से साहित्य लोगों की भावनाओं एवं विचारों की अभिव्यक्ति का सशक्त माध्यम बना और उसमें धीरे–धीरे कलात्मकाता का प्रवेश हुआ।

इस काल के महत्वपूर्ण ग्रंथ

1. पाणिनी–अष्टाध्वायी
2. पतंजलि – महाभाष्य

विज्ञान का विकास

वैज्ञानिक साहित्य की चर्चा 'प्राचीन भारतीय इतिहास के स्त्रोत' नामक अध्याय में भी की है। सबसे पहले यहाँ विज्ञान से तात्पर्य जान लेना उचित होगा। वेब्सटर ने अपने कोष में साइंस (**Science**) की व्याख्या की है। उनके अनुसार 'विज्ञान सिद्धान्तों अथवा तथ्यों का ज्ञान है।' विज्ञान शब्द में प्राकृतिक विज्ञान और भौतिकी, रसायन, भू–विज्ञान, जीवशास्त्र, चिकित्सा शास्त्र, सार्वजनिक निर्माण–विज्ञान, कृषि, ज्योतिष, मनोविज्ञान आदि शामिल हैं। लेकिन उपरोक्त तत्वों का सम्मिलित रूप ही यदि विज्ञान है तो इसका इतिहास 400–500 वर्षों से अधिक प्राचीन नहीं है। इस विज्ञान के लक्षण रिनेसां काल में दिखाई दिये और सोलहवीं सदी के मध्य भाग में इसकी गतिविधियाँ आम लोगों को प्रभावित करने लगीं। इसके बावजूद यह समझना कि सोलहवीं शती से पहले विज्ञान का अस्तित्व नहीं था यह बड़ी भूल होगी।

हम जे.जी. क्राथर द्वारा प्रस्तुत विज्ञान की परिभाषा को मोटे रूप में स्वीकार कर सकते हैं– विज्ञान व्यवहार की वह पद्धति है, जिसके द्वारा मनुष्य अपने पर्यावरण और आधिपत्य स्थापित करता है। पशु से मनुष्य के रूप में उसका विकास, प्रकृति के प्रति एक नई अभिवृत्ति द्वारा हुआ, जिसमें अपने पर्यावरण की अंतर्वस्तुओं का अध्ययन, अपने हित के लिए उनके इस्तेमाल, उनका प्रयोग करने के उद्देश्य से करना प्रारम्भ किया। उसकी इस क्रिया से उपक्रमण ने विज्ञान को जन्म दिया।[10]

ईसा के जन्म से 2–3 हजार वर्ष पूर्व सिन्धु नदी के तटवर्ती मोहनजोदड़ो और हड़प्पा के उत्खन्न से मानव जगत का विज्ञान की ओर तेजी से बढ़ते कदम का बोध हुआ।

सिन्धु घाटी सभ्यता एवं विज्ञान मोहनजोदड़ो के खण्डहरों को देखकर एक अंग्रेज पर्यटक ने कहा था कि, "मोहनजोदड़ो के खण्डहरों को देखकर ऐसा लगता है कि मानो लंकाशायर जैसे आधुनिक काल के किसी शिल्प प्रधान खण्डहरों के बीच विचरण कर रहे हो।" हम पूर्व में मोहनजोदड़ो हड़प्पा आदि की नगर योजना की विस्तृत विवेचना कर चुके हैं। यहाँ यह उल्लेख करना पर्याप्त है कि खाद्यान्नों के बड़े–बड़े भण्डार, महास्नानागार सैन्धव सभ्यों के स्थापत्य ज्ञान के अनूठे उदाहरण हैं। सड़कों एवं नालियों की व्यवस्था आधुनिक प्रणाल व्यवस्था (Drainage System) का ही प्रतिनिधित्व करती है। यह स्वच्छता के प्रति लोगों की जागरूकता का सर्वाधिक प्राचीन प्रमाण भी है।

सैन्धव–सवस्वती लोगों द्वारा रुई और ऊनी सूत कातने एवं वस्त्र निर्माण, विशेष पारदर्शी तकुए एवं तकुआ चक्री के ज्ञान का संकेत मिलता है। चाँदी के एक पात्र पर रुई का किंचित् अंश इस तथ्य की पुष्टि करता है। जहाँ तक धातुओं के निर्माण व उपयोग का प्रश्न है– सोना, चाँदी, ताँबा, पीतल व सीसा से वे परिचित थे, किन्तु लौह धातु का आविष्कार बाद की घटना थी।

वजन व पैमाना सैन्धव स्थलों से छोटे–बड़े कई प्रकार के चौकोर एवं शंक्वाकार बाट मिले हैं। मेसोपोटामिया व एल्म में भी इसी प्रकार के बाट का अस्तित्व था। एकक मान रूप में मोहनजोदड़ो–हड़प्पा से बाट का वजन मिट्रिक प्रणाली में 8750 ग्राम के लगभग था। बाटों के तोल का अनुपात 1, 2, 8/3, 4, 8, 16, 32, 64, 160, 200, 320, 640 रहा है। अर्थात् इनमें इकाई 16 के अनुपात थी एवं वजन में 13.624 ग्राम थी।

माप एवं गणना की भारतीय पद्धति 16 की प्रधानता भारत में प्रसिद्ध है जो सैन्धव जनों की ही देन है। पैमाने के अवशेष भी प्राप्त हुए हैं। 6.62 इंच लम्बा सीप का पैमाना नापने के उपयोग में लाया जाता होगा। मैके की धारणा है कि, सैन्धव जन दशमलव प्रणाली से भी परिचित थे।[11] क्योंकि सीप का पैमाना 16.55 सेमी. लम्बा, 1.55 सेमी. चौड़ा और .675 सेमी मोटा एवं एक निशान अंकित होना दशमलव ज्ञान का संकेत है। दो विभाजक रेखाओं के मध्यदूरी 0.66 सेमी है और पांच ऐसी इकाइयों को दूसरे प्रकार की विभाजन रेखाओं से अलग किया है, जिसकी माप 3.3 सेमी है अर्थात् पैमाना दशमलव प्रणाली के 3.3 सेमी. मापदण्ड का खण्डित भाग हो सकता है।

लिपी जैसा हम जानते हैं कि, घिया पत्थर, मिट्टी से निर्मित मुद्राओं, मृद्भाण्डों एवं ताम्रपत्रों पर अंकित लेख उनके साक्षरता एवं लिपि बोध को दर्शाते हैं। महादेवन एवं विश्वनाथन द्वारा किये शोध के अनुसार सैन्धव स्थलों से 2467 अभिलिखित वस्तुएं प्राप्त हुईं, इनमें मुद्राएँ एवं मुद्रा छापों की संख्या 2228 है। अभिलिखित ताम्र पट्ट 113 मिले हैं और मृद्भाण्डों पर अंकित लेख वाले ठप्पे 83 हैं। अभिलिखित वस्तुओं का लगभग 93 प्रतिशत अकेले मोहनजोदड़ो (1398) व हड़प्पा (891) में मिलता है।[12]

वैदिक युग में विज्ञान वैदिक काल में विज्ञान की प्रगति कई दृष्टि से महत्वपूर्ण है। इस काल में हुए शोध, खोज एवं चिंतन के लिखित प्रमाण हमें उपलब्ध हैं। सामान्यतः ऋग्वेद का रचना काल ई.पू. 1500 से ई.पू. 1000 के मध्य माना जाता है और सम्पूर्ण वैदिक काल को ई.पू. 1500 से ई.पू. 500 के बीच अधिकांश विद्वान् निर्धारित करते हैं।

गणना पद्धति एवं ज्यामिति वैदिक साहित्य में सब प्रकार की विधाओं में गणित को श्रेष्ठ विद्या कहा गया है। वेदांग ज्योतिष में भी गणित को सबसे ऊँचा स्थान दिया गया है। वैदिक ऋषियों द्वारा गणित से तात्पर्य ज्योतिष लिया जाता रहा है। ज्यामिति या रेखागणित (क्षेत्र गणित) कल्पसूत्र के अन्तर्गत था। वैदिक गणना पद्धति दशमलव प्रणाली पर आधारित रही है और इजिप्टियन्स (मिस्त्रियों) की तरह भारतीयों ने विराट संख्याओं की कल्पना की थी। यजुर्वेद संहिता में विभिन्न संख्याओं का क्रम दर्शाया गया है:

1 (एक)– 10 (दस)– 100 (शत)– 1000 (सहस्त्र)– अयुत (10,000)–, नियुत (100,000)– (प्रयुत)– 10,000,000 (अर्बुद)– 100,000,000 (नार्बुद)– 1000,000,000 (समुद्र)– 10000,000,000 (मध्य)– 100,000,000,000 (अंत)– 1000,000,000,000 (परार्ध)। इस प्रकार विराट संख्याओं का विभिन्न नामकरण अन्य किसी प्राचीन जाति के इतिहास में नहीं मिलता। ग्रीक गणित में मिरियड या 10,000 से अधिक संख्या का नाम नहीं मिलता।

चिकित्सा विज्ञान समस्त वैदिक ग्रंथों में विज्ञान की दृष्टि से अथर्ववेद अधिक महत्वपूर्ण है। अथर्ववेद के कई मंत्रों में शरीर रचना, भेषज विद्या एवं चिकित्सा आदि का जिक्र आया है। यही नहीं शल्यविद्या, संक्रामक रोगों, स्त्री एवं पशु रोगों

का उल्लेख भी अथर्ववेद में मिलता है। ऋषि नारायण आयुर्वेदोक्त कुछ प्राचीनतम औषधियों की निर्माण–प्रणाली के आविष्कर्ता थे।[13] परवर्ती शरीर विज्ञानी आत्रेय, चरक, सुश्रुत ने लगभग वैसी ही शरीर रचना दर्शाई जैसी अथर्ववेद में मिलती है। कौशिक सूत्र में अनेक वनस्पतियों का जिक्र आया है जिनसे औषध निर्माण किया जाता था, जैसे– पलाश (टेसू), अर्जुन, शमी (खेजड़ी), दर्भ, दुर्वापव, तिल, उषीर, क्षदिर, त्रापुस, मुंज, अलाका, लाक्षा (लाख या चपड़ी), हरिद्रा (हल्दी), पिप्पली, करीर, विभीतक, प्रियुंग, हरीतकी आदि। आयुर्वेद को आठ भागों में विभक्त किया जा सकता है। महत्वपूर्ण आयुर्वेदाचार्यों में आत्रेय (ई.पू. 600), सुश्रुत (ई.पू. छठी शती), जीवक कोमारभज्च (ई.पू. 566–488), चरक (ई.पू. प्रथम एवं द्वितीय शताब्दी) का उल्लेख किया जा सकता है। अथर्ववेद एवं आयुर्वेद में शल्य क्रिया का भी जिक्र आया है। शल्य क्रिया में उपयोग में लाये जाने वाले 121 उपकरणों का उल्लेख इस बात के प्रमाण हैं कि प्राचीन भारतीय शल्य क्रिया से परिचित थे। स्वास्ति यंत्र 124 प्रकार के कहे गये हैं जिनसे हड्डी निकाली जाती थी। संदंश यंत्र 16 अंगुल माप की चिमटी या संडसी जैसे यंत्र से त्वचा, मांस, सिरा, स्नायु खींचा जाता था। शलाका यंत्र के अन्तर्गत 28 सलाइयों का उल्लेख आया है। इसी प्रकार नाड़ी यंत्र एवं उपयंत्रों की चर्चा मिलती है।

औषधि, रसायन एवं कीमिया आदि की चर्चा आगे विज्ञान गणित, प्रौद्योगिकी सम्बन्धी अध्याय में की गई है।

निष्कर्ष कहा जा सकता है कि, वैदिक आर्यों ने विज्ञान के विभिन्न क्षेत्रों में प्रयास किये जिससे प्राचीन काल में भारत बौद्धिक दृष्टि से विश्व में अग्रणी स्थान बनाने में सफल हुआ।

सन्दर्भ :

1. चोपड़ा, पुरी एवं दास : भारत का सामाजिक सांस्कृतिक और आर्थिक इतिहास, पृ. 179–180.
2. द एज ऑफ इम्पिरियल यूनिटी, पृ. 279
3. विण्टरनिट्ज – हिस्ट्री ऑफ संस्कृत लिट्रेचर।
4. गीता, 12/17, यो न हृष्यति न द्वेष्टि न शोचति न काङक्षति।
   शुभा शुभ परित्यागी भक्तिमान्यः स में प्रियः।
5. गीता, 12/33, यथा प्राकशयत्येकः कृत्सन लोकमिमं रविः।
   क्षेत्रां क्षेत्री तथा कृत्सनं प्रकाशयति भारत।
6. वाल्मीकि रामायण, 1/16/3,
   एव मुक्ताः सुराः सर्वे प्रत्यूचुर्विष्णुभव्यम्
   मानषं रूपमास्था रावणं जहि संयुगे।
7. भा.सा.आ.इ., पृ. 185.
8. द एज ऑफ इम्पिरियल यूनिटी, पृ. 281–82.
9. दास, श्यामसुन्दर : हिन्दी भाषा, 1967, पृ. 9.
10. जे.जी. क्राथर : द सोशल रिलेसन्स ऑफ द साइंस, मैकमिलन, 1941, पृ. 1
11. एन.एन. सेन : विज्ञान का इतिहास, 1972, पृ. 80
12. पंत रजनीकांत : प्राचीन सभ्यताओं में विज्ञान एवं तकनीक, 2007, पृ. 211.
13. A.F. Rudolf Hoernle : Studies in the Medicine of Ancient India, Part I, OCP, 1907, p. 109-14.

प्रारंभिक राज्य के समाज, पूर्वी भारत, दक्कन एवं दक्षिण भारत

(Early State and Society in Eastern India, Daccan and South India)

39 सातवाहन एवं खारवेल
(The Satavahanas and Kharavela)

उत्तरी भारत में शक क्षत्रपों एवं कुषाणों का शासन था उस दौर में दक्षिण में सातवाहन एवं पूर्वी भारत में खारवेल शासक था। दक्षिण एवं पूर्वी भारत के राजनैतिक घटनाक्रम की व्याख्या हम सातवाहन शासन से करेंगे। अन्ध्र सातवाहन वंश की स्थापना ईसा पूर्व प्रथम शताब्दी के उत्तरार्द्ध में हुई। वायु पुराण में इस वंश को 'अन्ध्र' कहा है किन्तु इनके अभिलेखों में इन्हें सातवाहन कहकर सम्बोधित किया गया है। इस कुल में अनेक प्रतापी राजा हुए हैं जिन्होंने भारत के बड़े भू–भाग में साम्राज्य स्थापित किया। उनके समय देश में शान्ति व्यवस्था बनी रही और आर्थिक विकास भी हुआ।

सातवाहन इतिहास के प्रामाणिक साधन अभिलेख, सिक्के व स्मारक हैं। सातवाहन अभिलेखों में निम्नलिखित उल्लेखनीय हैं:

- नागनिका का नानाघाट का लेख शतकर्णी की पत्नी नागनिका में अंकित करवाया था।
- गौतमीपुत्र शातकर्णी के नासिक से प्राप्त दो गुहा लेख।
- गौतम बलश्री का नासिक गुहालेख गौतम पुत्र शातकर्णी की मृत्यु के बाद गौतमी बलश्री लिखवाया गया।
- वाशिष्ठीपुत्र पुलुमावी का नासिक गुहालेख।
- वाशिष्ठीपुत्र पुलुमावी का कार्ले गुहालेख।
- यज्ञश्री शातकर्णी का नासिक गुहालेख।

कुछ विद्वानों की मान्यता है कि, सातवाहन बेलारी जिले (दक्षिणी कर्नाटक) के मूल निवासी थे।[1] रेप्सन, जायसवाल आदि विद्वानों ने दक्षिण में ही इनका मूल निवास ढूँढने का प्रयास किया है अर्थात् गोदावरी एवं कृष्णा नदियों के मध्य मद्रास प्रेसीडेन्सी के तटीय क्षेत्र में इस वंश का उद्भव हुआ।[2]

प्रो. मिराशी यह विचार रखते हैं कि, सातवाहन मूलतः बराड़ (विदर्भ) के थे। बराड़ के अकोला जिले में तरहला नामक स्थान पर सातवाहनों की मुद्राएँ मिली हैं और बाद में इन्होंने आन्ध्र पर कब्जा किया। अनेक विद्वानों ने प्रो. मिराशी के विचारों का समर्थन किया है तथा सातवाहनों को महाराष्ट्र का मूल निवासी माना है।

प्रथम मत के समर्थक विद्वानों द्वारा सातवाहन वंश को दक्षिण मूल का स्वीकार किए जाने की पृष्ठभूमि में कुछ तथ्यों का हवाला दिया जाता है। सर्वप्रथम, ऐतरेय ब्राह्मण में अन्ध्रों का उल्लेख पुण्ड्रों के साथ हुआ है। जैसा विदित है कि वायु पुराण में भी इन्हें अन्ध्र कहा है। इस वंश के शासकों के सिमुक, हाल, पुलुमावी आदि नामकरण के आधार पर भी दक्षिण मूल के सिद्धान्त के प्रतिपादन में सहयोग मिला।

दूसरे, यह कहा गया है कि अन्ध्र एक प्राचीन द्रविड़ जाति की शाखा है जो कृष्णा एवं गोदावरी के बीच तेलुगू प्रदेश में आवासित थी।

तीसरे, प्लिनी ने सम्भवतः मेगस्थनीज की सूचना के आधार पर तेलुगू भाषी प्रदेश के लोगों को 'आन्द्रए' (**Andre**) या अन्ध्र कहा है। उनकी विशाल सेना का उल्लेख भी आया है जिसमें 60 हजार पैदल, 1,000 घुड़सवार, सात सौ हाथी, एक चारदीवारी से रक्षित नगर था। अशोक के तेरहवें अभिलेख में अन्ध्रों का विवेचन भोज एवं परिन्दों के साथ हुआ है।[3] शिवस्कन्दवर्मन (तीसरी–चौथी शताब्दी ईस्वी) के लेख में 'अंधपथ' या 'अन्ध्रपथ' इसी क्षेत्र के लिए प्रयुक्त हुआ है। इन्हीं तथ्यों को दृष्टिगत रखते हुए रेप्सन, जायसवाल, बार्नेट आदि विद्वानों ने सातवाहनों के दक्षिण मूल के सिद्धान्त का प्रतिपादन किया।

इस मान्यता की स्वीकृति में कुछ कठिनाइयाँ हैं। इस वंश के दूसरे राजा कृष्ण के समय तक (राज्य स्थापना के 30 वर्ष में) सातवाहन साम्राज्य का विस्तार सम्पूर्ण दक्षिणी पठार तथा महाराष्ट्र तक हो गया। यद्यपि यह असम्भव नहीं किन्तु आन्ध्र के किसी प्रारम्भिक सातवाहन नरेश से सम्बन्धित किसी प्रमाण की अनुपलब्धि इस संभावना की स्वीकृति में बाधक है। दूसरे, वशिष्ठीपुत्र पुलुमावी, जो इस वंश की स्थापना के 175 वर्ष बाद हुआ, प्रथम सातवाहन शासक था जिसके अभिलेख एवं मुद्राएँ आन्ध्र से प्राप्त होती हैं। इससे पूर्व गौतमीपुत्र शातकर्णी के प्रदेशों की सूची में आन्ध्र क्षेत्र का उल्लेख नहीं है। नागनिका ने नानाघाट अभिलेख में शातकर्णी प्रथम को दक्षिणापथपति कहा गया।[4] दक्षिणापथ शब्द कभी–कभी विन्ध्य

के दक्षिण के समस्त प्रदेशों के लिए प्रयुक्त होता है किन्तु वह सीमित अर्थ में महाराष्ट्र एवं निकटवर्ती प्रदेशों का ही द्योतक है। अतः सातवाहनों का प्रारम्भ में आन्ध्र पर अधिकार सिद्ध नहीं होता है।

मूल स्थान का दूसरा पक्ष अधिकांश विद्वानों ने सातवाहनों को महाराष्ट्रियन स्वीकार किया है। टॉलेमी के पैठण (प्रतिष्ठान) का समीकरण महाराष्ट्र के औरंगाबाद जिले में गोदावरी तट स्थित प्रतिष्ठान से किया जाता है, जिसे सातवाहन नरेश सिरोपोलेमेऔस (**Siropolemaios**) अर्थात् वशिष्ठीपुत्र श्रीपुलुमावी की राजधानी कहा है। जैन ग्रंथों में भी प्रतिष्ठान को शालिवाहन (सातवाहन) राजा का नगर बताया है।

- विष्णुपुराण[5] में कण्व राजा सुशर्मा की हत्या कर आन्ध्र जाति शासन करने का जिक्र आया है। दूसरे नारायाणपाल के भागलपुर दानपत्र में सालिवाहन शब्द आया हे।[6]
- पूर्व में उल्लेख किया गया है कि अशोक के 13वें शिलालेख में 'अन्ध्रों' का उल्लेव नाभक, नाभपति, भोज, पैतनिकों के साथ हुआ है। भोज लोग मध्य भारत में निवास करते थे। इनकी राजधानी सुपारक (सोपारा) वर्तमान थाना जिला में स्थित थी। लेख में उल्लिखित अन्ध्रों को उनका पड़ोसी होना चाहिए।
- वशिष्ठीपुत्र पुलुमावी के 19वें वर्ष के नासिक अभिलेख में गौतमीपुत्र को एक ब्राह्मण एवं शक्ति में राम (परशुराम) तुल्य कहा है।[7] उसे क्षत्रियों के दर्प एवं मान को नष्ट करने वाला कहकर भी सम्बोधित किया है। अतः सातवाहनों को उत्तरी भारत से निकट रूप से सम्बन्धित होना चाहिए।
- सातवाहन नरेशों के अधिकांश अभिलेख एवं मुद्राएँ महाराष्ट्र क्षेत्र से उपलब्ध हुई हैं। यह भी उल्लेखनीय है कि प्राप्त अभिलेखों में महाराष्ट्री प्राकृत का प्रयोग हुआ है। खारवेल के हाथीगुम्फा अभिलेख में शातकर्णी के राज्य का कलिंग से पश्चिम दिशा में स्थित होने का विवरण मिलता है।[8] इस वंश के द्वितीय शासक कृष्ण का अभिलेख नासिक से प्राप्त हुआ है और तृतीय राजा शातकर्णी प्रथम की रानी नागनिका का लेख नानाघाट (पुणे) से मिला है। नानाघाट से सिमुक एवं शातकर्णी की लेख युक्त मूर्तियाँ उपलब्ध हुई हैं। सांची के चक्र अभिलेख में शातकर्णी का नाम आया है।
- सातवाहनों की प्राप्त मुद्राओं में 'श्री सातकर्णी' लेख वाले सिक्के पश्चिमी भारतीय प्रकार के हैं। रेप्सन ने प्रारम्भिक सातवाहन मुद्राओं को मालवा फेब्रिक की संज्ञा दी है।[9] यद्यपि रेप्सन सातवाहनों को आन्ध्रवासी मानते हैं, परन्तु वे यह भी स्वीकार करते हैं कि ये मराठा राज्य से घनिष्ठ रूप से सम्बद्ध थे।[10] नागनिका को मराठा राजा राष्ट्रिक की पुत्री (राजकुमारी) कहा गया है।
- सातवाहनकालीन गुफाएँ 11–12 से 20 तक महाराष्ट्र में स्थित हैं, जैसे–कार्ले, भाजा, नासिक आदि। इन तथ्यों के आधार पर सातवाहनों को मराठा प्रदेश का माना जाता है। राय चौधरी ने लिखा है कि, इस वंश का नाम सम्भवतः आन्ध्र तभी पड़ा, जबकि इसके उत्तरी और पश्चिमी भू–भाग छिन गए और यह केवल आन्ध्र तक ही सीमित रह गया। यह भू–भाग कृष्णा नदी के तट पर स्थित था। सातवाहनों ने कभी भी अपने को आन्ध्र वंश का नहीं कहा।[11] घोष की मान्यता है, ''ऐसा प्रतीत होता है कि जिस समय पुराण लिखे जा रहे थे, उस समय सातवाहनों ने अपने उत्तरी और पश्चिमी अधिकार क्षेत्र खो दिए और आन्ध्र के रहने वालों के साथ इस प्रकार मिल–जुल गए थे। पुराणकार ने उस प्रदेश के शासक को भी आन्ध्र ही कहना उचित समझा और तद्नुसार प्रथम सातवाहन नरेश सिमुक को आन्ध्र वंश का संस्थापक बना दिया।[12] डी.सी. सरकार ने भी घोष के मत का समर्थन किया है।[13]

सातवाहन भी शुंगों एवं कण्वों की भाँति ब्राह्मण शासक थे। जैसा पूर्व में उल्लेख किया गया है कि वशिष्ठीपुत्र पुलुमावी के नासिक गुहा लेख में इसका यथेष्ट प्रमाण मिलता है। इस लेख में गौतमीपुत्र शातकर्णी को 'एक ब्राह्मण' (अद्वितीय ब्राह्मण) कहा है। सातवाहनों के मातृ सूचक नाम–गौतमी, माठरी एवं वशिष्ठी आदि ब्राह्मण गोत्रों पर आधारित हैं। कई विद्वानों की भिन्न–भिन्न मान्यताओं को ध्यान में रखते घोष ने सुझाया है कि आन्ध्र वास्तव में द्रविड़ जाति के ही लोग थे और जैसा कि पूर्व में कहा गया हैं और सातवाहन लोग जो ब्राह्मण थे, वे आन्ध्रों से सर्वथा भिन्न थे। उनका मूल निवास स्थान जैसा कि उनके अभिलेखों से पता चलता है महाराष्ट्र (उत्तरी दक्कन के पठार) में था जबकि ई.पू. प्रथम शती में उन्होंने सिमुक के अन्तर्गत राजकीय शक्ति को अधिगत किया।[14] द्वत्रिंशत्पुतालिका नामक ग्रंथ में भी सालिवाहन राजा को एक ब्राह्मण एवं नागकन्या की संतति कहा है।[15] अतः सातवाहन वंश को मराठी ब्राह्मण कहा जा सकता है।

तिथिक्रम– रेप्सन के अनुसार सिमुक के शासन काल का प्रारम्भ ई.पू. 200 में हुआ।[16] नीलकण्ठ शास्त्री ने रेप्सन के मत से सहमति प्रकट करते हुए लिखा है कि, पुरघण सूचियों से ज्ञात होता है कि इस साम्राज्य के प्रथम राजा सिमुक ने ई. पू. 230 से शासन प्रारम्भ किया।

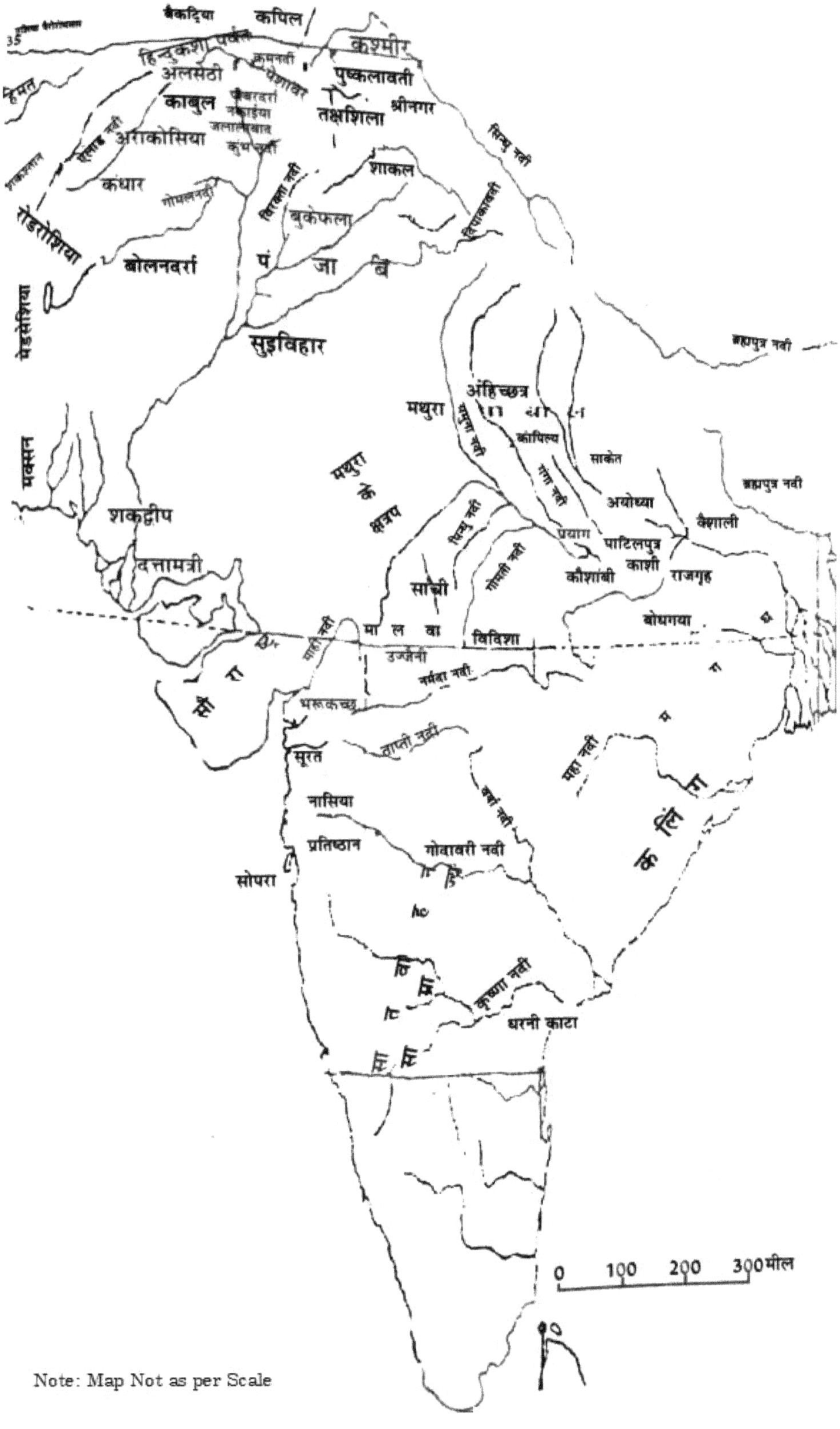

चित्र 39.1 शक–कुषाण एवं सातवाहन राज्य (150 ई. लगभग)

जैन वृत्तान्तों के अनुसार सिमुक (जिसने 23 वर्ष शासन किया) अपने शासन काल में इतना दुष्ट हो गया था कि उसे सिंहासनच्युत करके मौत के घाट उतार दिया गया।[17] सिथिन्थर ने भी शास्त्री के मत को स्वीकार किया है।[18] इसके विपरीत डी.सी. सरकार, स्मिथ, घोष, राय चौधरी आदि ईसा पूर्व प्रथम शताब्दी के उत्तरार्द्ध में सातवाहन वंश के संस्थापक को रखते हैं।[19] सरकार के अनुसार शुंग वंश के 10 राजाओं ने चन्द्रगुप्त के राज्यारोहण (ई.पू. 324) के 137 वर्ष बाद से 112 वर्ष तक शासन किया, 45 वर्ष कण्व वंश ने शासन किया। इस तरह ई.पू. 324 (137 + 112 + 45) के 294 वर्ष बाद में लगभग ईसा पूर्व 30वें वर्ष सिमुक शासन का प्रारम्भ हुआ।

I. पुराणों से जानकारी मिलती है कि उसने 23 वर्ष शासन किया। अभिलेख में एक स्थल पर आया है, 'पड़च में च दानि वसे नन्दराज तिवससत' अनुच्छेद में 'तिवत सत्' शब्द का अर्थ 103 नहीं वरन् 300 ही है।.........यदि 'तिवससत' का अर्थ 300 है तो खारवेल तथा उसका समकालीन शातकर्णी नन्दराज से 300 वर्ष बाद ही रहे होंगे– अर्थात् ईसा पूर्व 24 में। यह तिथि पुराणों के उल्लेख से मेल खाती है जिसके अनुसार शातकर्णी के पिता या चाचा सिमुक ने अन्तिम कण्व राजा सुशर्मन का अन्त किया था (ईसा पूर्व 40–30)।[20]

II. डॉ. रामप्रसाद चंदा की मान्यता है कि सातवाहन नरेश कृष्ण का नासिक अभिलेख एवं साँची के अभिलेखों के अक्षर हेलियोडोरस के बेसनगर गरुड़ स्तम्भ लेख (ई.पू. द्वितीय शती) उत्कीर्णन से निःसंदेह अधिक विकसित है, अतः उत्तरकालीन है।

सिमुक (40 से 30 ई. पू., राजधानी पैठण) पुराणों में अन्ध्र वंश के संस्थापक का नाम सिमुक अथवा शिशुक मिलता है। इस तथ्य की पुष्टि आभिलेखिक साक्ष्य से भी होती है। शातकर्णी के नानाघाट गुहा (चित्रफलक) लेख में सिमुक का चित्र पहले तथा राजमहिषि नागनिका और उसके पति शातकर्णी दोनों को अष्टम् फलक में दूसरे स्थान पर दर्शाया है।

डी.सी. सरकार की मान्यता है कि सिमुक ने विदिशा जो सम्भवतः परवर्ती शुंगों की राजधानी थी, विजित की। सातवाहनों को, जिनका मूलतः दक्षिणार्द्ध पर आधिपत्य था, मगध एवं अन्य उत्तरी भागों से सम्बद्ध करने का कोई कारण दिखाई नहीं देता, मध्य भारत के कुछ भाग तथा पश्चिमी भारत के कुछ क्षेत्रों के अतिरिक्त।[21] इसे भृत्य भी कहा गया है, अतः यह असम्भव प्रतीत नहीं होता कि कण्वों के अधीन प्रान्तपति रहा हो। सिमुक के लिए 'वृषल' का सम्बोधन भी मिलता है, जो सम्भवतः सामाजिक प्रतिष्ठा का प्रतीक था।[22]

कृष्ण इस वंश का दूसरा सम्राट सिमुक का भाई कृष्ण था। नासिक गुहा लेख में कृष्ण (कण्ह) का उल्लेख आया है। इस लेख में स्थानीय श्रमणों के आवास हेतु गुहाएं निर्मित किए जाने का विवरण भी मिलता है। कृष्ण ने 18 वर्ष शासन किया। नानाघाट गुहा चित्र फलक अभिलेख में सिमुक के साथ शातकर्णी, नागनिका तथा कृष्ण के अंकन से स्पष्ट होता है कि वह (शातकर्णी) सम्भवतः सिमुक का पुत्र था, न कि कृष्ण का।

शातकर्णी पुराणों से जानकारी मिलती है कि कृष्ण (कान्ह) के बाद शातकर्णी (ईसा पूर्व 27–17) गद्दी पर बैठा। इसका उल्लेख साँची के स्तूप तोरण लेख, नागनिका, नानाघाट गुहालेखों एवं नानाघाट गुहा चित्र फलक लेख में आया है। हाथी गुम्फा अभिलेख से ज्ञात होता है कि उसकी पूर्वी सीमा कलिंग शासक खारवेल की पश्चिमी सीमा से लगी हुई थी।

विद्वानों की मान्यता है कि उसके खारवेल से मैत्रीपूर्ण सम्बन्ध थे। कुछ इतिहासकारों का विचार है कि कृष्णा नदी के दक्षिणी भाग पर, जो शातकर्णी के स्वामित्व में था, खारवेल ने आक्रमण किया।[23]

पुराण मध्य काल में शुंगों एवं कण्वों के विरुद्ध सातवाहनों की सफलता का संकेत करते हैं। इस क्षेत्र से प्राप्त मालवा प्रकार की मुद्राओं पर राजा 'सत' लेख उत्कीर्ण है, इससे प्रतीत होता है कि यह क्षेत्र प्रारम्भिक सातवाहनों के प्रभाव क्षेत्र में था, और मध्य एवं पश्चिमी भारत उसके सीधे अधिकार में था।[24] यह भी कहा गया है कि कोंकण एवं काठियावाड़ भी सातवाहनों द्वारा शासित थे।

शातकर्णी को सिमुक वंश की वृद्धि करने वाला कहा है 'सिमुक सातवाहनस् वंश वधनंस'। उसने अंगिय या अभिय वंश से वैवाहिक सम्बन्ध स्थापित करते हुए नायनिका (नयनिका के नाम का संस्कृत रूप होगा नागन्निको) के साथ विवाह किया। अंगीय कुल शासक 'महारठी त्रणकयिरो' कहा गया है। शातकर्णी के दो पुत्र थे 'शक्ति–श्री' एवं 'वेदश्री'। शातकर्णी की मृत्यु के बाद नागनिका ने इनकी अभिभाविका के रूप में शासन संचालन किया था।

शातकर्णी विशाल साम्राज्य का स्वामी था। अपने गौरव के अनुरूप उसने दो अश्वमेध यज्ञ किये। सरकार का कथन है कि एक शासनकाल के प्रारम्भ में तथा दूसरा अपने जीवन के अन्तिम समय में।[25] शातकर्णी के बाद कुछ समय के लिए इस वंश का पराभव हो गया। पुराणों में शातकर्णी एवं गौतमीपुत्र शातकर्णी के मध्य अनेक शासकों का उल्लेख आया है, जैसे– 10, 12, 13, 14 एवं 19, इस सन्दर्भ में सरकार की मान्यता है कि इनमें से अधिकांश ने एक ही समय में विभिन्न भागों में शासन किया था अर्थात् दक्षिण के भिन्न–भिन्न क्षेत्रों में इस वंश के शासक थे। अपलक, कुन्तल शातकर्णी तथा हल या हाल का नाम अनेक साक्ष्यों में मिलता है। संभवतः ये मुख्य शाखा से सम्बन्धित नहीं थे। प्राकृत में गाथा सत्तसती (सप्तशत्री)

की प्राकृत में रचना इसी शासक हाल ने की थी। गुणाढ्य ने वृहत्कथाकोश एवं सर्ववर्मन ने संस्कृत व्याकरण–तंत्र नामक पुस्तक इसी समय लिखी गई।

गौतमीपुत्र शातकर्णी (106–130 ई.) प्रारम्भिक राजाओं द्वारा महाराष्ट्र में स्थापित राज्य दूसरी सदी के आरम्भ में शक वंश के क्षहरात नरेश नहपान के उद्भव के साथ कुछ समय के लिये समाप्त हो गया था। नहपान का समय 119 ई. से 125 ई. के मध्य माना जाता है। इसके अधिकार क्षेत्र में उत्तरी महाराष्ट्र, मालवा, काठियावाड़, राजपूताना थे। महाराष्ट्र सातवाहनों का मूल प्रदेश था किन्तु उन्हें क्षहरातों के दबाव से दक्षिण में विस्थापित होना पड़ा। लेकिन क्षहरातों द्वारा सातवाहनों का पराभव अस्थायी सिद्ध हुआ। गौतमीपुत्र शातकर्णी के नासिक गुहा अभिलेख से जानकारी मिलती है कि महाराष्ट्र गौतमीपुत्र शातकर्णी के अधीन था।[26] अभिलेख में आया है कि उसने क्षहरातों को निकाल बाहर किया। इस तरह सातवाहन कुल की प्रतिष्ठा को पुनः स्थापित किया।[27] इस तथ्य की पुष्टि अन्य प्रमाणों से भी होती है। जोगलथम्भी (नासिक) से प्राप्त सिक्कों की निधि से नहपान की चाँदी की मुद्रायें और उसके अन्य सिक्के जिन्हें गौतमीपुत्र शातकर्णी ने दुबारा ढ़लवाया था, मिले हैं। कहा जा सकता है कि सातवाहनों का महाराष्ट्र क्षेत्र पर पुनः प्रभाव स्थापित हो गया। गौतमीपुत्र शातकर्णी ने ही संभवतः क्षहरात शासक नहपान की शक्ति को नष्ट किया।

नासिक प्रशस्ति में कुछ ऐसे प्रदेशों को इसके राज्य में शामिल किया गया है जो पूर्व में नहपान राज्य के भाग थे–अपरान्त, अनूप, अकरावन्ति, सुराष्ट्र, कुकुर एवं अवन्ति। उसके साम्राज्य विस्तार का विवरण पुलुमावी के नासिक अभिलेख में आया है।

- अभिलेख में वर्णित 'असिक' (ऋषिक) का तादात्म्य कृष्ण नदी के निकट ऋषिक नगर से किया जा सकता है।
- 'असक' (अस्मक) हैदराबाद क्षेत्र के पोदन्य (बोधन) का समीपवर्ती प्रदेश था।
- 'मूलक' का समीकरण आधुनिक औरंगाबाद जिले में गोदावरी के निकट पैठान (या पैथन) से किया है।
- 'सुरठ–कुकुर' पूर्वी राजपूताना का एक भाग था।
- 'विदर्भ से अभिप्राय बराड़ प्रदेश से है' तथा अकरावन्ती पूर्वी एवं पश्चिमी मालवा को कहा है। दूसरे शब्दों में गुजरात, सौराष्ट्र क्षेत्र, मालवा, बरार, उत्तरी कोंकण, पुणे एवं नासिक के आस–पास के प्रदेश उसके साम्राज्य के अभिन्न अंग थे।[28] नीलकण्ठ शास्त्री की मान्यता है कि इसका कोई सबूत नहीं कि उसका राज्य आन्ध्र प्रदेश में भी था, यद्यपि हो सकता है कि वह कलिंग को स्पर्श करता हो।[29] नहपान का उन्मूलन सम्भवतः अपने शासन के 18वें वर्ष में किया अथवा यह कहा जा सकता है कि 124–125 ई. नहपान की अन्तिम तिथि है।

साम्राज्य सीमा गौतमीपुत्र शातकर्णी के राज्यकाल के 18वें वर्ष के नासिक दानपत्र अभिलेख में कुछ भूमि को दान देने का उल्लेख आया है। उक्त भूमि पूर्व में ऋषभदत्त (ऊषवदात) के अधिकार में थी। ऋषभदत्त निश्चित रूप से शक गवर्नर था। जिसके अधिकार में नासिक एवं पुणे जिले थे और वह नहपान का दामाद था। यह उल्लेखनीय है कि, भू–आवंटन की कार्यवाही सैनिक कैम्प के दौरान की गई जो सफलता प्राप्त कर रही थी। गौतमीपुत्र के लेख में आवंटित क्षेत्र को गोवर्धन (नासिक) जिले में स्थित बेणाकटक नामक विजय स्कन्धावर से सम्बन्धित बताया है।[30] स्पष्ट है कि, इस प्रदेश में गौतमीपुत्र शातकर्णी की उपस्थिति जो सेना का मुख्य अधिपति भी था, क्षहरातों के विरुद्ध अभियान का द्योतक है। इस अभियान द्वारा ऊपरी दक्कन, पश्चिमी तथा मध्य भारत को स्वतंत्र करवाया। इसी तरह एक ग्राम 'करजिका' मामल आहार (पुणे जिले में स्थित), जिसे मूलतः ऋषभदत्त ने दान किया था, को पुनः सातवाहन शासक गौतमीपुत्र द्वारा दान किया जाना उत्तरी महाराष्ट्र में सत्ता हस्तान्तरण को दर्शाता है।[31] राज्यारोहण के 24वें वर्ष में उसने कुछ साधुओं को भूमिदान की, जिसकी जानकारी एक अभिलेख के उत्कीर्ण करवाये जाने से मिलती है।[32] नहपान को परास्त करने से गौतमीपुत्र शातकर्णी की साम्राज्य सीमा बहुत विस्तृत हो गई। दक्षिण में कृष्णा नदी से, उत्तर में मालवा एवं काठियावाड़ तथा पूर्व में बराड़ से पश्चिम में कोंकण के मध्य समस्त प्रदेश सातवाहन साम्राज्य के अंग थे।[33]

शासन काल गौतमीपुत्र शातकर्णी ने कम–से–कम 24 वर्ष 106–130 ई. तक अवश्य ही शासन किया। इस तथ्य की पुष्टि उसके प्राप्त अभिलेखों से होती है। गौतमीपुत्र शातकर्णी एवं परवर्ती सातवाहन शासकों के अभिलेखों में उल्लिखित तिथियाँ उनके राज्याभिषेक से परिगणित की गई अर्थात् कोई संवत् का उपयोग नहीं किया। उनका तिथिक्रम मुख्यतः उनके समकालीन एवं प्रतिद्वन्द्वी पश्चिमी क्षत्रपों के अभिलेखों के आधार पर निश्चित होता है जो 78 ई. में प्रारम्भ होने वाले शक संवत् का प्रयोग करते हैं। नहपान की अन्तिम अंकित तिथि शक संवत् 46 (46 + 78) अर्थात् 124 ई. मिलती है। इस तिथि को विद्वानों ने गौतमीपुत्र शातकर्णी के महाराष्ट्र विजय का वर्ष एवं उस प्रदेश में नहपान के शासन का अन्तिम वर्ष माना है। गौतमीपुत्र शातकर्णी के नासिक अभिलेख से ज्ञात होता है कि उसने महाराष्ट्र पर अपने शासन के अठारहवें वर्ष में विजय पाई। कहा जा सकता है कि, उसका शासन (124 + 18) 106 ई. में प्रारम्भ हुआ और जैसा विदित है कि उसकी अन्तिम अभिलेखिक तिथि शासन का 24वाँ वर्ष है।

गौतमीपुत्र शातकर्णी एक सुन्दर, शक्तिशाली बाहों वाला, प्रतिभाशाली व्यक्ति था। निर्भीकता उसके व्यक्तित्व की विशेषता थी किन्तु वह बड़ों एवं माँ के प्रति विनम्र एवं आज्ञाकारी था।[34] अनेक युद्धों में विजय प्राप्त करने वाले गौतमीपुत्र को तीन समुद्रों का स्वामी कहा है। सभी राजा उसके शासन को स्वीकार करते थे। उसकी पताका अविजित कही गई है। उसने ऐसे लोगों को पराजित किया जिन्हें अपराजित कहा जाता था।[35] वह सदैव प्रजा के सुख–दुःख में अपना सुख–दुःख मानता था। उसे दाताओं का दाता एवं शत्रुओं के प्रति उदार रहने वाला बताया है। प्रजा के मनोरंजन एवं आनन्द के लिए उत्सव आदि के आयोजन करवाए जाने का भी निर्देश मिलता है। वह व्यक्तिगत रूप से ब्राह्मण होने के साथ समस्त आगमों का ज्ञाता भी था। परन्तु वह शूद्र वर्ग के प्रति असहिष्णु नहीं था, उसे द्विज जातियों से इतर जातियों एवं हीन जातियों का वर्द्धन करने वाला कहा है।

वशिष्ठीपुत्र पुलुमावी (130–154 ई. राजधानी पैठण–प्रतिष्ठान) शासनकाल के 19वें वर्ष के वशिष्ठीपुत्र पुलुमावी के नासिक गुहालेव में 'बलश्री' अपने को वर्तमान नरेश की दादी एवं भूतपूर्व सम्राट की माता कहती है।[36] इस विवरण को पुलुमावी का अपने पूर्वज गौतमीपुत्र शातकर्णी के साथ सम्बन्ध असंदिग्ध रूप से निश्चित होता है। जिसके पुत्र रूप में उसने लगभग 130 ई. में उत्तराधिकार प्राप्त किया। उसका तादात्म्य टॉलेमी द्वारा उल्लिखित सिरोपोलेमेउ से किया जाता है जिसकी राजधनी गोदावरी के किनारे स्थित पैठन (प्रतिष्ठान) थी। पुलुमावी को नवसार का नरेश भी कहा है। नवनगर (नयानगर या नवनोर) से अभिप्राय भण्डारकर पैठन से ही लेते हैं। पूर्व की भाँति पुलुमावी का दक्षिण पर अधिकार बरकरार रहा। उसके अभिलेख एवं प्राप्त मुद्राओं से स्पष्ट होता है कि कृष्णा नदी क्षेत्र उसके साम्राज्य का अंग था। आन्ध्र को उसी ने सातवाहन साम्राज्य में सम्मिलित किया। जैसा विदित है कि गौतमीपुत्र शातकर्णी के साम्राज्य में कृष्णा नदी क्षेत्र शामिल नहीं था। उसे सम्बोधित किया गया कार्ले गुहा लेख अन्तिम है। इसमें अंकित तिथि उसके राज्य का 24वाँ वर्ष है। उसका राज्यारोहण 130 ई. में स्वीकार किए जाने के आधार पर कहा जा सकता है कि, उसने 154 ई. तक शासन किया।[37]

चष्टन की मुद्राएँ गुजरात में काठियावाड़ से मिली हैं किन्तु चष्टन के पुत्र जयदामन की मुद्रायें पुष्कर से भी प्राप्त हुई हैं, यह प्रदेश पूर्व में सातवाहनों के अधिकार में था। अनुमान किया जा सकता है कि पुलुमावी को पराजित करके ही शकों ने इस पर अधिकार जमाया होगा। चष्टन ने अपने कुछ सिक्कों पर सातवाहनों के मुद्रा चिन्ह चैत्य को अंकित करवाया था।

रुद्रदामन के जूनागढ़ अभिलेख में विवरण मिलता है कि उसने (रुद्रदामन प्रथम) आकर (पूर्वी मालवा), अनूप (मान्धाता प्रदेश अर्थात् आधुनिक माहेश्वर), सौराष्ट्र (काठियावाड़), कुकुर (उत्तरी काठियावाड़ प्रदेश), अपरान्त (उत्तरी कोंकण, सूर्पारक मुख्य नगर) पर अधिकार कर लिया था। पूर्व में ये प्रदेश गौतमीपुत्र शातकर्णी के अधीन थे। अभिलेख में कहा गया है कि रुद्रदामन ने शातकर्णी को दो बार पराजित किया।[38] जूनागढ़ शिलालेख 150 ई. का है। इसमें कहा गया है कि शातकर्णी उसका निकट सम्बन्धी था, अतः उसका संहार नहीं किया। इस तथ्य की पुष्टि कन्हेरी (थाना जिला) बौद्ध तड़ाग अभिलेख से होती है जिसमें पुलुमावी को महाक्षत्रप रुद्रदामन का जामाता बताया है। नीलकंठ शास्त्री ने लिखा है कि शकों द्वारा पुनर्विजय का क्रम रोकने के लिए पुलुमावी के एक उत्तराधिकारी शातकर्णी ने महाक्षत्रप रुद्रदामन की पुत्री से विवाह कर लिया, पर इस शक राजा ने अगले सातवाहन शासक को एक न्यायोचित युद्ध में दो–दो बार पराजित किया और अपरान्त (उत्तरी कोंकण) और अनूप (नर्मदा घाटी) पर कब्जा कर लिया।[39]

यज्ञ श्री शातकर्णी पुलुमावी के बाद यज्ञश्री शातकर्णी अन्तिम शक्तिशाली सम्राट था, जिसने 165 ई. से 195 ई. तक शासन किया। कृष्णा जिले के चिन्न नामक स्थान से शासन के 27वें वर्ष का अभिलेख प्राप्त हुआ है तथा कन्हेरी एवं पांडुलेण (नासिक) में उसके लेख उपलब्ध हुए हैं। अभिलेखों के विवरण एवं उसके द्वारा प्रचलित सिक्कों के विस्तार को ध्यान में रखते हुए विद्वानों की मान्यता है कि उसके राज्य की सीमाएँ पूर्व में बंगाल की खाड़ी तथा पश्चिम में अरब सागर तक विस्तृत थीं। अनेक प्रान्तों, जिन्हें शकों ने हड़प लिया था, पर उसने पुनः अधिकार किया एवं पश्चिमी क्षत्रपों द्वारा प्रचलित सिक्के उन्हीं प्रान्तों के लिए जारी किए। उसकी मुद्राओं पर दो मस्तूल युक्त तोप, मत्स्य तथा शंख की आकृतियाँ उत्कीर्ण हैं, सम्भवतः उसने सामुद्रिक शक्ति का भी विकास किया होगा। उसकी मुद्राओं पर (र) ण समरसरि यज्ञ सतकरणस अथवा 'रण सामिस सिरियज्ञ सातकणिस' आदि लेख एवं आकृतियाँ आमुख पर मिलती हैं। पृष्ठ भाग में उज्जैनी लक्षण मुद्रित हैं। उसके राज्यकाल के उत्तरार्ध में अभीरों द्वारा महाराष्ट्र एवं इक्ष्वाकुओं और पल्लवों ने पूर्वी प्रान्त पर अधिकार कर लिया था इसके साथ ही सातवाहन शक्ति सदैव के लिए विलुप्त हो गई। सातवाहन राजाओं की ताँबे, सीसे (त्रिपुरी क्षेत्र से प्राप्त) एवं पोटीन (Potin) मुद्राएं मिली है। पोटीन मुद्राएं तरहला, ब्रह्मपुरी चाँदाजनपद व हैदराबाद से मिली है। 50 ई. पू. से 100 ई. की इन मुद्राओं पर दाईं ओर सूंड किये दर्शाया है। सिक्कों पर 'रञो श्रीसातकरणी' अंकित है। पोटीन में तांबा, जस्ता, सीसा, मुरथ धातु तथा चांदी मिलाई जाती है।

शासन व्यवस्था सातवाहनकालीन शासन व्यवस्था का बोध नासिक अभिलेखों से होता है। सातवाहनों का शासन दक्षिणी भारत एवं दक्कन के बड़े भाग में था। इस वंश के शासकों ने छोटे–छोटे राजाओं से सामंती सम्बन्ध स्थापित किए। इक्ष्वाकु वंश के सातवाहनों के अधीनस्थ शासक कहे गए हैं। दूसरे शब्दों में, स्थानीय शासन सामान्तों के जिम्मे था जिन पर सम्राट द्वारा पदाधिकारियों के समान नियंत्रण रखा गया। गौतमीपुत्र शातकर्णी की तुलना कई देवताओं से की गई। राजत्व के अधिकार को देवत्व से जोड़ा गया। सामन्त या राजा का उत्तराधिकारी उसका पुत्र ही होता था तथापि शासकों के नाम के आगे मातृसूचक नाम जोड़े जाने की परम्परा थी। अधीनस्थ शासकों की सामान्यतः तीन कोटियों की जानकारी मिलती है। अपने नाम से सिक्के ढलवाने का जिन्हें अधिकार था उन्हें राजा कहा गया। महाभोज एवं महारथी का दर्जा सम्भवतः ऊँचा था। महारथियों ने सातवाहन शासकों के साथ वैवाहिक सम्बन्ध भी कायम किए। दक्कन के कुछ परिवारों को ही यह पद प्राप्त था। महाभोज सम्भवतः सेनापति वर्ग की एक श्रेणी थी। कुछ महासेनापति सीमावर्ती प्रान्तों के प्रभारी थे एवं कुछ केन्द्रीय विभागों में थे।

राज्य अहारों (प्रशासनिक विभागों) में विभक्त था। प्रत्येक विभाग एक मंत्री (अमात्य) के अधीन रहा। भूमिदान के क्रम में अमच्च (अमात्य) महास्वामी तथा प्रतिहार जैसे अधिकारियों का जिक्र आया है। अन्य अधिकारियों में कोषपाल, प्रशासक (महामात्र) मुद्रा निर्माता, कारिन्दे, स्वर्णकार, अभिलेखपाल, राजदूत, प्रवेशक के नाम मिलते हैं।

ग्राम प्रशासन ग्रामिक के अधीन था। नासिक अभिलेख से जानकारी मिलती है कि राजा लोग भूमिदान देते समय किन–किन विशेषाधिकारों का त्याग करते थे। सातवाहनों ने ब्राह्मणों एवं बौद्ध श्रमणों को प्रशासनिक करों से मुक्त भूमि प्रदान करने की शुरुआत की जिससे केन्द्रीय सत्ता क्षीण हुई। प्रारम्भ में दान भूराजस्व से ही मुक्त था लेकिन धीरे–धीरे दान प्राप्तकर्ताओं के अधिकारों में इजाफा हुआ। राजाओं ने दी गई भूमि से प्रशासनिक नियंत्रण हटा लिया फलस्वरूप धीरे–धीरे राज्य के भीतर अर्द्ध–स्वतंत्र सत्ता विकसित होने लगी। आगे जाकर इस तरह सामन्ती व्यवस्था का विकास हुआ।

कलिंग शासक खारवेल (28 ई.पू.–15 ई. पू)

प्राचीन कलिंग में आधुनिक पुरी, गंजाम, कटक जिले तथा इसके समीपवर्ती उत्तरी एवं उत्तरी–पश्चिमी क्षेत्रा सम्मिलित थे। कभी–कभी इसके दक्षिण का तेलुगू भाषी प्रदेश भी कलिंग राज्य का अंग रहा। प्लिनी ने 'ओडीसी' लोगों (Odradeca) का उल्लेव किया है। महाभारत और पाणिनि ने अष्टाध्यायी में कलिंग का उल्लेव किया है। प्लिनी ने कलिंग राजधनी का परटेली नाम दिया है।[40] मौर्य काल में इसे दो भागों में विभक्त कर दिया था। प्रशासनिक दृष्टि से 'तोसली' से आधुनिक भुवनेश्वर क्षेत्र का नियंत्रण किया जाता था एवं दूसरा प्रमुख शहर सम्पा (जौगड़) था।

उदयगिरी (पुरी)– हाथी गुम्फा अभिलेख इस अभिलेख को जेम्स प्रिंसेस, मौर्य काल के पश्चात् कलिंग इतिहास अन्धकारमय हो गया। किन्तु भुवनेश्वर (पुरी जिला) के समीप 3 मील दूर उदयगिरि की पहाडियों में जैन गुफाओं में खारवेल के हाथी गुम्फा अभिलेख की उपलब्धि से, मौर्यो के बाद कलिंग को शक्तिशाली रूप में प्रकट होता देखते हैं। हाथीगुम्फा अभिलेख प्राकृत में है तथा कलिंग नरेश खारवेल के कार्यकाल का विस्तृत विवरण प्रस्तुत करता है।

कलिंग चेदि वंश के महामेघवाहन परिवार द्वारा शासित रहा। कुछ विद्वानों की मान्यता है कि यह कलिंग परिवार बंगाल (अंग) से सम्बद्ध था।[41] किन्तु सरकार की धारणा है कि यह वंश मध्य देश या मगध से विस्थापित हुआ।[42] चेदि अपने को आर्य तथा वासु का वंशज भी मानते थे। महामेघवाहन सम्भवतः इस वंश का संस्थापक था। राय चौधरी ने लिखा है कि, दूसरे राजा के लगभग 9 वर्षीय (ई.पू. 37–28) शासनकाल में खारवेल युवराज पद पर आसीन था। जब वह 24 वर्ष की आयु का हो गया तो उसे कलिंग के महाराज के रूप में (संभवत ई.पू. 28) सिंहासनारूढ़ कर दिया गया। उसकी पटरानी ललाक नामक राजा की पुत्री थी। कुछ विद्वानों के अनुसार यह राजा हस्तिसिंह का पुत्र था।[43] इस वंश के एक महाराजा ने मंचपुरी उदयगिरि पहाडियों पर गुहा निर्माण करवाया था। सम्भवतः महाराजा उपाधि वक्रदेव के लिए प्रयुक्त की गई थी। खारवेल तृतीय राजा था एवं खारवेल का पिता वक्रदेव को कहा गया।[44]

विजय अभियान खारवेल ने युवावस्था के प्रारम्भिक 15 वर्ष कई विद्याओं के अध्ययन में बिताए। लेख, गणित, अर्थशास्त्र एवं शासन व्यवहार की शिक्षा युवराज के लिए आवश्यक थी। 24वें वर्ष में, राज्याभिषेक होने के बाद अपने शासन के दूसरे वर्ष में शातकर्णी की शक्ति की अवहेलना कर पश्चिम की ओर विशाल सेना (हाथी, घोड़े, रथ एवं पैदल) भेजी, जिसने कृष्णा नदी (कन्हवेणानदी) पहुँच कर ऋषिक नगर (असिक नगर) को त्रस्त किया। किन्तु इस आक्रमण का रूप स्पष्ट नहीं है। 'सातकनि' से अभिप्राय शातकर्णी प्रथम से लिया जाता है। सरकार की मान्यता है कि खारवेल सेना का शातकर्णी से संघर्ष का कोई प्रमाण नहीं मिलता और न ही ऋषिक नगर (असिक) पर कलिंग के अधिकार का कोई उल्लेख आया है। सम्भवतः दोनों में मैत्री सम्बन्ध थे एवं खारवेल शातकर्णी के विरुद्ध नहीं बल्कि रक्षा हेतु गया था

और उसने वापस लौटकर उत्सव आदि का आयोजन करवाया।

सम्राट ने शासन के चौथे वर्ष में राष्ट्रिकों एवं भोजकों को उसका वर्चस्व स्वीकार करने के लिए विवश किया।[45] कहा गया है कि उसने इनकी बहुमूल्य सम्पत्ति भी हस्तगत की। राष्ट्रिक एवं भोजक सम्भवतः बराड़ प्रदेश की जातियों के सम्बन्ध में आया है। इसी वर्ष विद्याधर नामक राजा की राजधानी पर अधिकार जमाया। खारवेल ने आठवें वर्ष में विशाल सेना द्वारा गोरथगिरि पर आक्रमण किया एवं राजगृहवासियों को संत्रस्त किया।[46] गोरथगिरि का अभी तक निश्चय नहीं हो सका है। संभवत यह राजगृह की रक्षा के लिए बनवाया गया कोई पहाड़ी दुर्ग था।[47] खारवेल की इस कार्यवाही (गोरथगिरि पर आक्रमण) से यवनराज के हृदय में भय उत्पन्न हुआ एवं उसने मथुरा की ओर कूच किया।[48] कुछ विद्वान यवनराज की एकता डेमेट्रियस प्रथम से करते हैं। संदिग्ध पाठ को 'डिमित' स्वीकार कर लिए जाने पर भी वह पंजाब का कोई सामान्य इण्डो–ग्रीक राजा रहा होगा।[49]

दण्ड नीति एवं साम नीतियों का प्रयोग करने वाले खारवेल ने 10वें वर्ष सम्भवतः उत्तरी भारत में अपनी सेना भेजी, कदाचित इस अवसर पर कोई युद्ध नहीं हुआ केवल नीति से अपने मित्रों की संख्या में वृद्धि की। ग्यारहवें वर्ष, दक्षिण भारत की ओर ध्यान आकृष्ट किया एवं भागते हुए अनेक राजाओं के मणिरत्न आदि प्राप्त किए। उसने तमिल राष्ट्रों के संघ को तोड़ा, सम्भवतः इस संघ की सम्मिलित शक्ति को परास्त नहीं किया होगा। अभिलेख में उल्लिखित 'पीथुण्ड' प्राचीन मुसलीपट्टम शहर रहा होगा। टॉलेमी ने पिटुण्ड्रा का उल्लेख किया है।[50]

बारहवें वर्ष में खारवेल सेना ने पुनः उत्तरी भारत की ओर प्रस्थान किया एवं उत्तरापथ के अनेक राजाओं को त्रस्त किया और मगध के बहसतिमित को उसकी अधीनता स्वीकार करने को बाध्य किया।[51] सम्राट कलिंग की 'जिन' मूर्ति को, जिसे नन्दराज उठा ले गया था, पुनः वापस लाया, इस दौरान उसको अंग एवं मगध की सम्पत्ति भी हाथ लगी। लेख में वर्णित 'उत्तरापथराजानो' से अभिप्राय उत्तर–पश्चिमी भारत से लिया जाना चाहिए किन्तु यह सम्भव प्रतीत नहीं होता कि खारवेल की सेना विजय करती हुई उत्तरी पश्चिमी भारत तक पहुँच गई हो। उसके अभियान का केन्द्र अंग (पूर्वी बिहार) एवं मगध ही रहे होंगे, क्योंकि 'उत्तरापथ के राजा' शब्द मगध के ठीक पहले आया है। मगध में भी 'मित्र' राजाओं की एक शाखा थीं। इनके अभिलेख एवं सिक्के 'गया' से प्राप्त हुए हैं। सम्भवतः बृहत्स्वाति (बृहत्स्वातिमित्र) इसी वंश से सम्बन्धित था। अंग एवं मगध के विरुद्ध खारवेल के अभियान की पृष्ठभूमि में नन्दों द्वारा किए गए अपमान का बदला लेने की भावना हो सकती है। नन्दों द्वारा कलिंग विजय की जानकारी इसी अभिलेख में मिलती है। इसी वर्ष उसने पांड्य राजा से सैंकड़ों हजारों की संख्या में मुक्तामणि प्राप्त की।[72] यह सम्भव प्रतीत नहीं होता कि उत्तर से सेना को भेज कर दक्षिण पर आक्रमण किया हो, किन्तु संभावना यह है कि 11वें वर्ष की विजय यात्रा के परिणामस्वरूप ही उसे यह भेंट प्राप्त हुई होगी। इस तरह सम्राट खारवेल की कृतियों का वार्षिक क्रमानुसार उसके शासन के 13 वर्ष का विवरण मिलता है, अर्थात् उसने कम–से–कम 13 वर्ष शासन किया।

सार्वजनिक कार्य खारवेल मात्र विजेता ही नहीं था बल्कि एक सुशासक तथा कला पोषक भी था। अपने शासनकाल के प्रथम वर्ष में कलिंग में सार्वजनिक हित के कार्य किए। आँधी से गिरे गोपुर, परकोटा आदि का जीर्णोद्धार करवाया एवं शीतल जल के सीढ़ियों से अलंकृत तड़ागों की रचना की, जिसमें एक लाख मुद्राएँ व्यय हुईं। अपने शासन के तृतीय वर्ष में नागरिकों के आमोद–प्रमोद के लिए कलापूर्ण नृत्य संगीत, नाटक एवं भोज आदि सामाजिक उत्सवों का प्रबंध किया। उसने शासन के पाँचवें वर्ष में एक बड़ा कार्य पूर्ण किया। नन्दराज द्वारा 300 वर्ष पूर्व उद्घाटित नहर को वह तनसूलिय मार्ग से नगर में ले आया। राय चौधरी के अनुसार यहाँ 'तिवस सत' शब्द का अर्थ 103 नहीं 300 ही है। उसकी भवन निर्माण में रुचि थी। शासन के नवें वर्ष में 38 लाख मुद्राएँ व्यय कर एक 'महाविजय प्रासाद' का निर्माण करवाया। 11वें वर्ष पलायित शत्रुओं के लूट के माल को (अनेक रत्न आदि), कब्जे में लेकर पिथुण्ड नामक प्राचीन नगर, जिसकी स्थापना एक पूर्ववर्ती नरेश ने की थी, को ध्वंस कर (ध्वंसित नगर) एक बड़े कृषि फॉर्म में परिवर्तित कर दिया। 13वें वर्ष में कुमारी पर्वत (उदयगिरि–खण्डगिरि पहाड़ी) पर जैन भिक्षुओं के वर्षाकाल के वास हेतु आश्रय गृह बनवाए। 'पाभार' नामक स्थान पर तपस्वियों आदि के लिए स्तम्भों का निर्माण करवाया। जैन धर्मावलम्बी होते हुए भी सब धर्मों के प्रति आदर भाव रखता था। वह सभी देवायतनों के जीर्णोद्धार हेतु सहयोग करता था। उसे सभी सम्प्रदायों का पूजक (सब पासंड पूजकों) कहा है। हाथी गुम्फा अभिलेख से ज्ञात होता है कि खारवेल ने 'कलिंगाधिपति' की उपाधि धारण की थी। उसके लिए 'अप्रतिहित वाहिनी', 'बलचक्रधर', 'प्रवृत्तचक्र' एवं 'महाविजय' आदि विशेषण प्रयुक्त हुए हैं जो उसकी सफलताओं के सर्वथा अनुरूप हैं। उसकी अग्रमहिषी के मंचपुरी गुहा अभिलेख में उसे कलिंग चक्रवर्ती कहा है। किन्तु खारवेल की इन विजयों का स्थाई राजनीतिक प्रभाव नहीं पड़ा। उसने कदाचित अपने साम्राज्य की सीमाओं का विस्तार करने के बाद विजित प्रदेशों पर अपना स्थायी शासन स्थापित करने का कोई प्रयत्न नहीं किया। ये विजयें शौर्य प्रदर्शन की भावना से प्रेरित थीं। इन युद्धों एवं अभियानों का छोटे से राज्य के खजाने पर बुरा

प्रभाव पड़ा। महामेघवाहन वंश के शीघ्र पतन का यह एक प्रमुख कारण रहा है, किन्तु एक सेनानायक के रूप में उसने अपने युग में एक विशेष प्रभाव स्थापित किया। उसकी विजय यात्राओं से जान पड़ता है कि देश में राजनीतिक अव्यवस्था थी। मगध साम्राज्य के पतन के पश्चात् ऐसा होना स्वाभाविक ही था। खेद है कि हमें यह ज्ञात न हो सका कि खारवेल के निधन के पश्चात् उसके साम्राज्य का क्या हुआ। कलिंग का इतिहास पुनः अंधकारग्रस्त हो गया और खारवेल का उज्ज्वल व्यक्तित्व एक उल्का की भाँति चमका और बिना किसी प्रकार का चिन्ह छोड़े लुप्त हो गया।

तिथिक्रम खारवेल का तिथिक्रम एक विवादास्पद तथ्य रहा है। जायसवाल, रेप्सन, प्रो. डुब्रील आदि खारवेल को ई.पू. द्वितीय शताब्दी में रखते हैं और इस मत के समर्थक विद्वानों द्वारा हाथीगुम्फा अभिलेख की 16वीं पंक्ति को पान तरिय सधिवस सते राज मुरियकाले वोच्छिन पढ़ा गया और एक मौर्य सम्वत् की कल्पना की गई है। अभिलेख में उल्लेखित बृहस्पतिमित्र का समीकरण पुष्यमित्र शुंग से करते हुए खारवेल का समय ई.पू. द्वितीय सदी निर्धारित किया है।

किन्तु उपरोक्त मत अधिकांश विद्वानों ने स्वीकार नहीं किया है। अभिलेख की 16वीं पंक्ति जिसके आधार पर विद्वानों ने अलग–अलग मत प्रकट किये है उस पंक्ति का प्रस्तुत पाठ, जो बाद में मान्य हुआ, में मौर्य काल का उल्लेख न होकर 'पाँच लाख मुद्राओं का जिक्र जो अर्हतों के लिए तथा अन्य सुकृत्यों के लिए गुहा निर्माण एवं स्तम्भ आदि अलंकृत करने में व्यय हुई। उस पाठ को इस रूप में पढ़ा जाता है–'पानतरीय सत् सहसेहि–मुखिय कल वोच्छिन'। अतः मौर्य काल के 165 वर्ष की व्याख्या स्वीकार नहीं की गई, क्योंकि इस तथ्य के कोई प्रमाण नहीं मिलते कि चन्द्रगुप्त मौर्य ने किसी सम्वत् का प्रवर्तन किया था जिसका प्रयोग उसके वंश के किसी दूसरे सम्राट ने अपने लेखों में किया हो। हम जानते हैं कि अशोक ने अपने लेखों में उसके शासकीय वर्षों को उल्लेख किया है।

अभिलेख विशेषज्ञों का यह अभिमत है कि, हाथीगुम्फा लेख हेलियोडोरस के बेसनगर अभिलेख से निश्चय ही बाद का है। इसे प्रथम ईस्वी शती पूर्व के अन्त के बहुत पहले किसी प्रकार नहीं रखा जा सकता है।

महामेघवाहन के समय निर्मित मंचपुरी गुहा, भरहुत की शुंगकालीन मूर्तियों से निश्चित रूप से बाद की कही गई है।[85] इसके नानाघाट अभिलेख में प्रयुत्त व, प, द, च, आदि चिन्ह और अक्षर अशोक अथवा शुंग लिपियों से भिन्नता एवं विकसित अवस्था का परिचय देते हैं। इसी क्रम में अभी हाल के कुछ वर्षों में प्रथम मत के समर्थक विद्वानों के विचारों में हुए परिवर्तन का उल्लेख करना उचित होगा। डॉ. स्मिथ (ऑक्सफोर्ड हिस्ट्री, पृ. 141) जो पूर्व में डॉ. जायसवाल के मत के समर्थक थे, ने स्वीकार कर लिया है 'तिवससत्' का तात्पर्य 300 वर्ष ही है। विद्वान् इस पर एक मत हैं कि हाथीगुफा अभिलेख में उल्लिखित नन्दराज महापदमनंद ही था।[88] नन्द वंश का उन्मूलन चन्द्रगुप्त मौर्य ने किया एवं ई.पू. 322 में मगध सत्ता पर कब्जा किया। इस संदर्भ में घोष ने लिखा है कि 300 के गोलमटोल अंक को, जो काल–निर्देशन का एक रूढिगत ढंग है, जिसमें 16 वर्ष की अवस्था में उसका युवराज होना तथा 24 वर्ष की अवस्था में राज्याभिषेक निश्चित है। अतः नहर का विस्तार कराने के समय उसकी अवस्था 29 वर्ष की थी।

विद्वानों की मान्यता है कि खारवेल 14वें वर्ष में रोगग्रस्त हो गया तथा उसकी मृत्यु हो गई। उसका निधन लगभग ई.पू. 28–14 अर्थात 38 वर्ष की अवस्था में हुआ। राय चौधरी ने खारवेल का राज्यारोहण ई.पू. 28 स्वीकार किया है तद्नुसार उसकी मृत्यु लगभग ई.पू. 14 मे हुई, जबकि कुछ विद्वान ई. पू. 19 में राज्यरोहण स्वीकार करते हैं तो लगभग 14 वर्ष के उसके शासन के बाद ई.पू. 6 में मृत्यु हुई। इस तथ्य की पुष्टि मन्चपुरी गुहा (उदयगिरि) से होती है, जिसका निर्माण खारवेल की पत्नी ने कराया था। यहाँ से प्राप्त लेखों में एक कलिंग राज वक्रदेव तथा द्वितीय कुमार वडुख का उल्लेख है। लेख की लिपि ई.पू. प्रथम शती की ब्राह्मी है। अतः निश्चयपूर्वक कहा जा सकता है कि खारवेल की मृत्यु ई.पू. प्रथम शती के अन्तिम दशकों में हुई।

सन्दर्भ :

1. Sathiananthaier R.: *History of India*, Vol. 1, 1952, p. 184.

   "The name Andhra may have become attached to the Satavahanas owing to their conquest of the Andhradesa in later times. The original home of the Satawahanas seems to have been the Bellary district, though some would associate them with Northern India."

2. Repson: *The Cambridge History of India,* Vol.1, p. 477.

   "The Andhras, whose home was in the coastal region of the Madras persidency between the rivers Godavari and Krishna."

3. गुप्त, वही, पृ. 38, 'भोज–पितिनिकेषु अन्ध्रपलिदेषु'।
4. गुप्त, वही, पृ 208.
5. विष्णु पुराण 2/24/43
6. राय चौधरी, प्रा. भा. रा. इ., पृ. 293
7. गुप्त, वही, पृ. 192–93

   वाशिष्ठी पुत्र पुलुवामी के 19वें वर्ष का नासिक अभिलेख, एक सूरस एक ब्रह्मणस राम केसवाजुन–भीमसेन–तुलपर कमस।
8. गुप्त, वही, पृ. 99

   हाथीगुम्फा अभिलेख, दुतिये च वसे अचितयिता सातंकनि पछिम–दिसं हय–गज–नर–रथ बहुलं दंड पठापयति।
9. Rapson, E.J., Ibid, p.479. "Their earliest known coins bear the name of a king "Sata", who is probably to be identified with, Catakarni, and they are of what numismatsts call the "Malwa fabric" and of that particular variety which is characteristic of the coins of W. Malwa (Avanti) the capital of which was Vijayini."
10. कै.हि.आ.इ., पृ. 478
11. राय चौधरी, वही, पृ. 300
12. घोष, वही, पृ. 191–92.
13. Sircar, D.C.: *The Age of Imperial Unity,* 1960, p.193 "Satavahanas are wrongly called Andhras in the Puranas and that the name Andhra probably came to be applied to the kings in the later times when they lost their northern and western possessions and became a purely Andhra power governing the territory of the mouth of the river Krishnan."
14. घोष, वही, पृ. 191.
15. सरकार, वही, पृ. 197.
16. शास्त्री नीलकंठ, दक्षिण भारत का इतिहास, पृ. 78
17. शास्त्री, ए. के. नीलकंठ, दक्षिण भारत का इतिहास, पृ. 78
18. Sathianathaier, R.: *History of India*, Vol. 1, p.184."The initial date of the dynasty, 235 B.C. falls within the last year of Ashoka and consequently some would reckon from 232 B.C. the probable date of Ashoka's death."
19. सरकार डी.सी., वही, 1960, पृ. 195; स्मिथ, द ऑक्सफोर्ड हिस्ट्री ऑफ इण्डिया, चतुर्थ सं, 1981, पृ. 139; घोष एन.एन.: भारत का प्राचीन इतिहास पृ. 190.
20. राय चौधरी, वही, पृ. 294-295.
21. सरकार डी.सी., वही, पृ. 196.
22. सरकार, वही, पृ. 197.
23. गुप्त पी. एल., वही पृ. 99.
24. सरकार डी.सी., वही, 1960, पृ. 198.
25. सरकार वही, पृ. 198.
26. सरकार वही, पृ. 199.
27. गुप्त, वही, पृ. 192, खखरात–वस–निरवसेस–करस–सातवाहनकुल–यस पतिथापन करस।

27A. गुप्त, वही, पृ. 192, असिक–असक–मुलक–सुरठ कुकरापरंत–अनुप विदभ आकरावंति–राजस।

28. घोष, वही, पृ. 195.

29. शास्त्री, नीलकंठ, ए.के.: दक्षिण भारत का इतिहास 1978, पृ. 80.
30. गुप्त, पी.एल., वही, गौतमीपुत्र शातकर्णी के 18वें वर्ष का नासिक लेख, पृ. 189, 'गामे अपर कखिडिये (य) खेतं आजकालकियं उसभदातेन भतं निवतन सतानि बे 200 एत अम्ह खेत निवतण–सतानि बे 200 इमेस पवजितान तेकिरसिण वितराम एतस चस खेतस परिहार.....दता पटिका सवछरे 10 (+)8 वास परवे 2 दिवसे (1) तापसेन कटा।'
31. सरकार, डी.सी., वही पृ. 201
32. मजूमदार, पी.के.: नासिक गुहालेख 24वाँ वर्ष, भारत के प्राचीन अभिलेख, पृ. 107
33. गुप्त पी.एल.: वही, पृ. 192. 'विझछवत–परिचात–कन्ह–कन्हगिरि–मचसिरिटन–मलय–महिद–सेटगिरि–चकोर–पवत–पतिस'
34. गुप्त वही, 192 विपुल दीद्य–सुद (र) भुजस, अभयोदकदान किलिन–निभय–करस अविपन–मातु सुसूसाकस।
35. वही, पृ. 192. अपराजित विजय पताका सुतजन दुपधसनीय।
36. गुप्त, वही, पृ. 193, सिरि सातकणिस मातुय महादेवीय गोतमीय बलसिरीय।
37. सरकार डी.सी.: सलेक्ट इन्सकृप्शंस, पृ. 203.
38. गुप्त, पी.एल., वही, 208, 'दखिणापथपते सातकर्णेद्विरपि नीर्व्याजमवजीत्यावजीत्य सम्बन्ध (वि) दूरतया अनुत्सादनात्प्राप्तयशसा'।
39. शास्त्री, नीलकंठ के.ए., वही, पृ. 80
40. *The Cambridge History of India,* Vol.I, p.545. "The name Pertalis which is given by Pliny, H.N.I.V, 18(22) as that of the capital of Kalinga,"
41. रेप्सन, इ.जे: कैम्ब्रिज हिस्ट्री ऑफ इण्डिया, पृ.481.
42. Srcar, D.C.: *The Age of imperial unity,* p212. The....it is not improbable that some Chedi princes migrated from Madhyadesa or Magadha to Kalinga where they carved out a principality, which ultimately became a mighty empire.
43. राय चौधरी, वही, पृ. 305
44. सरकारः द एज ऑफ इम्पिरियल यूनिटी, पृ. 213
45. गुप्त, वही, पृ. 99 'सव रठिक भोजके पादे वंदापयति।'
46. गुप्त, वही, गोरधागिरिं घातापयिता राजगहं उपपीडयति।
47. घोष, वही, पृ. 208.
48. गुप्त, वही, पृ. 100 सेन–वाहने विपमुंचितुं मधुरं अपयातो यवनरा (ज) (विमिक)।
49. द एज ऑफ इम्पिरियल यूनिटि, पृ. 214.
50. स्मिथः द ऑक्सफोर्ड हिस्ट्री ऑफ इण्डिया, पृ. 140 फुटनोट 1

40 संगमकालीन तमिल राज्य
(Tamil States of the Sangam Age)

तमिलहय प्रायद्वीपीय भारत का धुर दक्षिणी भाग जिसे 'तमिलकम प्रदेश' या तमिलहम कहा गया, 'कृष्णा एवं तुंगभद्रा' नदियों के मध्य स्थित है। इसके उत्तर में वेंकटम (तिरुपति पहाड़ी)के पुलीकट (**Pulicat**) से बंगाल की खाड़ी तक तथा दक्षिण में कुमारी और पूर्व–पश्चिम में समुद्र है। एक पुरानी रचना के अनुसार कुमारी का अर्थ कन्याकुमारी से न होकर उस सरिता के नाम से है जो हिन्द महासागर में विलुप्त हो गई। ईसा की प्रारम्भिक शताब्दी से बहुत पहले (ई.पू. 500 के लगभग) वहाँ अनेक छोटे–छोटे राज्य थे। इनमें चेर, चोल तथा पाण्ड्ाय राज्य विशेष उल्लेखनीय हैं।[1] अशोक ने दूसरे एवं तेरहवें शिला प्रज्ञापन में चोल–पाण्ड्ाय राज्यों को सीमावर्ती राज्यों की सूची में रखा है।[2] कलिंग शासक खारवेल के हाथीगुम्फा अभिलेख में ग्यारहवें वर्ष (ई.पू. 165) में तमिल राज्यों के संघ का विवरण आया है।[3]

प्राचीन दक्षिण भारत के तमिल प्रदेश की राजनीतिक, सामाजिक एवं आर्थिक अवस्था का बोध तमिल साहित्य से होता है। प्राचीनतम तमिल ग्रंथ संगम साहित्य के नाम से प्रसिद्ध है। संगम तमिल कवियों का संघ अथवा सम्मेलन था जो सम्भवतः राजा या सरदार के प्रश्रय में आयोजित होता था।[4] श्रीनिवास आयंगर का विचार है कि तमिल साहित्य का इतिहास अवश्य ही संगम से शुरू होता है। परम्परा हमें बताती है कि पुराने समय में तीन संगम हुआ करते थे।

संगम विद्वतजनों की सभा थी तथा उसी तरह काम करती थी, जैसे– वर्तमान फ्रांसीसी अकादमी करती है। ऐसा लगता है कि संगम शब्द बौद्ध एवं जैनों के द्वारा तमिल शब्द 'कूडल' के स्थान पर प्रयोग में लाया गया। सभी तीन संगमों ने पाण्ड्य राज्य में उन्नति की और उन्हें राजाओं का संरक्षण प्राप्त हुआ। एक प्रचलित दृष्टिकोण के अनुसार संगम काल तमिल साहित्य का महान शैक्षणिक प्रतिष्ठा काल रहा, जिसे कुछ भी हो किसी भी साहित्य का इतिहास मात नहीं दे सकता।[5] प्राचीन तमिल साहित्य के महत्व की चर्चा करते हुए जिक्र किया है कि इस समय का ऐतिहासिक विवरण साहित्य में मिलता है, जो वैदिक स्त्रोतों के सदृश काव्य का संकलित रूप है, किन्तु जिसका उद्‌गम सीधे धर्म से नहीं हुआ। एक अनुश्रुति के अनुसार, अनेक शताब्दियों पूर्व तमिलनाडू की राजधानी मदुरई में क्रमशः तीन संगम हुए थे। दक्षिण के समस्त कवि और चारण इन संगमों में एकत्र हुए और उनकी संयुक्त रचनाएँ संगम साहित्य के नाम से प्रसिद्ध की जाती हैं। कहा जाता है कि पहले संगम में देवता भी सम्मिलित हुए थे, परन्तु इस अवसर पर रची गई कविताएँ उपलब्ध नहीं हैं। प्राचीन तमिल व्याकरण तोलकप्पियम की रचना दूसरे संगम के अवसर पर हुई मानी गई है, लेकिन वास्तव में यह बहुत बाद में रचा गया था। तीसरे संगम के अवसर पर आठ काव्य संग्रह तैयार किए गए, जिनमें मुख्यतया चारणों द्वारा रची गई 2,000 से ऊपर कविताएँ थीं और ये अब तक प्राप्य हैं।[6]

तीसरे संगम के दौरान रचित आठ काव्य–संग्रह के बारे में चर्चा आगे की जायेंगी। तीन संगमों का काल कुल मिलाकर 9, 990 वर्षों तक रहा। इस अवधि में 8,598 कवि (जिनमें शैव सम्प्रदाय के कुछ देवता भी शामिल हैं) तथा उनके संरक्षक के रूप में 197 पाण्ड्य राजाओं के नाम गिनाए गए हैं। कदुन्गोन तथा उग्रघेरुवल्लुदी जैसे कुछ कवियों तथा राजाओं के नाम शिलालेखों तथा अन्य विश्वसनीय अभिलेखों में भी मिलते हैं। ...... यह सारा साहित्य अधिक–से–अधिक चार या पाँच सतत् पीढ़ियों, दूसरे शब्दों में 120 या 150 वर्ष की घटनाओं को प्रतिबिम्बित करता है। उसके आधार पर हम सिर्फ चेर वंश के शासकों की अविच्छिन्न वंशावली तैयार कर सकते हैं और ..... उनमें से प्रत्येक के विस्तार का विवरण अधिक से अधिक तीन या चार पीढ़ियों तक चलता है।[7]

काल निर्धारण काल निर्धारण के क्रम में शास्त्री ने कहा है। (1) संगमकालीन रचना 'पदिइपत्तु' में चेर राजा शेनगुट्टावन को श्रीलंका के गजबाहु प्रथम के समकालीन बताया गया है। गजबाहु शासनकाल लगभग 173–95 ई. निर्धारित किया गया है अतः शेनगुट्टवन का भी मोटे रूप में यही काल माना जा सकता है। इस आधार पर संगम युग की अवधि सामान्यतः 100 ई. से 250 ई. तक मानी जा सकती है। क्लासिकल लेखकों विशेषकर स्ट्रेबो, प्लिनी, टालेमी एवं पेरिप्लस आदि ने रोम एवं यूनान के साथ तमिल क्षेत्र के व्यापारिक सम्बन्धों का उल्लेख किया है, जो इसी काल की घटना थी।[8]

प्रो. आर.एस. शर्मा भी संगम साहित्य के प्रारम्भ को ईसा की प्रारम्भिक सदी में ही रखते हैं।[9] सम्पूर्ण तमिल क्षेत्र चेर, चोल तथा पाण्ड्य राजवंश के तीन मुकुटधारी राजाओं तथा अनेक छोटे–छोटे सामन्तों में विभक्त था। हम सर्वप्रथम चेर वंश के बारे में जानकारी प्राप्त करेंगे।

चेर राज्य

चेर, जिन्हें केरल भी कहा जाता है, प्राचीनकाल में 'चेर' के नाम से प्रसिद्ध था। इस तमिल राज्य में आधुनिक त्रावणकोर, कोच्चि और मलाबार का कुछ भाग सम्मिलित करना होगा। अशोक के लेखों में इसका उल्लेख हुआ है। अरनाट्टमलाई पहाड़ियों (वुगालूर) से प्राप्त लेख में चेर शासको की तीन पीढियों अंदसूल इरूम्पोडई के पुत्र पेरूमकाडुंगो तथा उसके भी पुत्र इलमांकाडुंगो की चर्चा की है। ईस्वी सम्वत के प्रारम्भ में चेरों का राजा पेरुनार था जो चोल राजा के साथ युद्ध में मारा गया। उसके बाद उसका पुत्र इलान–सेत–सेमि राजा हुआ।[10]

उदियंजीरल एवं नेदुंजीरल (130–155 ई.) ईसा के बाद चेर वंश के शासकों में सर्वप्रथम उदियंजीरल (130 ई.) का नाम मिलता है। उदिंयजीरल का पुत्र नेन्दुजीरल आदन था। उसकी राजधानी का नाम मरन्दई था। नेदुंजीरल आदन (155–180 ई.) अपने समकालीन चोल राजा के साथ उसने एक लड़ाई लड़ी जिसमें दोनों ही राजा वीरगति को प्राप्त हुए।[11] विद्वानों के अनुसार चेर शासक आदन महान योद्धा था तथा अपने वीर सैनिकों के साथ रहना उसे बड़ा प्रिय था। उसके पास शक्तिशाली नौ–सेना थी जिसके बल पर उसने मलाबार तट के अनेक छोटे–छोटे राज्यों को जीत कर वहाँ अपना प्रभुत्व स्थापित कर लिया था। संगम साहित्य में पश्चिमी तट पर काठियावाड़ से लेकर कर्नाटक प्रदेश में स्थित मंगलौर तक 'कदम्बु' जाति के लोगों के प्रभुत्व का उल्लेख मिलता है। एस. कृष्णस्वामी आयंगर के अनुसार 'कदम्बु' कबीले के लोग ही सम्भवतः 'कदम्बों' के पूर्वज थे। आदन ने अपने सामरिक अभियानों से तत्कालीन सात छत्रधारी राजाओं पर विजय प्राप्त की। अपने प्रबल प्रतिद्वन्द्वी चोल नरेश 'उरुवप्प हरेर इलैयन' के विरुद्ध आदन ने दीर्घकालीन संघर्ष संचालित किया, जिसमें दोनों राजाओं की हत्या हुई तथा उनकी रानियाँ अन्ततः सती हो गईं।[12] यह भी कहा गया है कि, उसने यवनों को भी पराजित किया था और उनमें से कुछ को बंदी करके लाया भी था। ''इन बन्दियों के हाथ पीछे बंधे थे और उनके सिरों पर तेल चुपड़ा हुआ था।'' बाद में उसने उन बन्दी विदेशी व्यापारियों से काफी धन लेकर छोड़ दिया।[13] यह विवरण संकेतित करता है कि ईसा की प्रारम्भिक शताब्दियों में धुर दक्षिणी प्रदेशों के साथ वैदेशिक व्यापार पर्याप्त विकसित था। उसने लगभग 55 वर्ष शासन किया तथा अधिराज व श्रमयवरम्बन की उपाधियाँ धारण कीं।

कुट्टुवन नेदुंजीरल आदन का छोटा भाई कुट्टुवन भी एक शक्तिशाली राजा था, जिसने आदन की मृत्यु के बाद चेर राज्य का काफी विस्तार किया। शास्त्री ने उल्लेख किया है कि कुट्टुवन ने कौंगु को जीता और कुछ समय के लिए ही सही, चेर राज्य शक्ति का विस्तार प्रत्यक्ष रूप से पश्चिम से पूर्वी समुद्र तक हो गया।[14] उसने अगप्पा दुर्ग को भी अपने अधिकार में कर लिया था और चेर राज्य के शत्रुओं (सामन्त शासकों) को जीतकर अपने राज्य का विस्तार किया तथा अधिराज की उपाधि धारण की। उसकी सेना में हाथियों की संख्या अधिक कही गई है।

शेनगुट्टुवन (180 ई.') नेदुंजीरल के दूसरे (कनिष्ठ) पुत्र शेनगुट्टुवन (अर्थात न्याय–परायण गुट्टुव) का भी तमिल साहित्य में महत्वपूर्ण स्थान रहा है। परणार के गीतों से जानकारी मिलती है कि मौहुर के सामन्त के विरुद्ध युद्ध में उसने विजय हासिल की। उसकी एक उपाधि का तात्पर्य है कि, ''उसने समुद्र को मार भगाया। इसका यह अर्थ माना जा सकता है कि उसके जो शत्रु समुद्र के कारण अपने को सुरक्षित समझे बैठे थे उन लोगों के लिए समुद्र की वह सुरक्षात्मक स्थिति समाप्त कर दी। यदि यह सही है तो उसके पास अवश्य ही एक नौ–सैनिक बेड़ा रहा होगा।''[15] उसके भाई द्वारा संकलित शिलप्पदिकारम का वही नायक था। उत्तरी भारत के उसके अभियान सम्बन्धी आख्यान को विद्वानों ने स्वीकार नहीं किया है। एक शक्तिशाली नौ सेना के अतिरिक्त उसके पास मुशिरी और केंगनोर बन्दरगाह भी थे। कहा जाता है कि उसने चोलों के उत्तराधिकार युद्ध में भाग लिया और उनके स्थान पर पाण्ड्यों को स्थापित करवाया। उसे साहित्य एवं परम्परागत धर्म का संरक्षक भी कहा है। शिलप्पदिकारम में विवरण आया है कि पत्तिनी देवी को उसने एक मन्दिर समर्पित किया। इस अवसर पर कई राजकुमार एवं श्रीलंका का राजा गजबाहु प्रथम भी उपस्थित हुआ।[16] संगम साहित्य से इस तथ्य का भी बोध होता है कि दक्षिणी प्रायद्वीपीय भाग में उसने सर्वप्रथम पत्तिनी पूजा का शुभारंभ किया। इस पूजा परम्परा में कण्णगी पतिव्रत धर्म की प्रतीक देवी के रूप में पूजी जाने लगी। दक्षिण भारत के अन्य राज्यों जैसे–चोल, पाण्ड्य आदि में भी पत्तिनी पूजा लोकप्रिय हो गई थी। शेनगुट्टवन ने अधिराज की उपाधि धारण की थी। उसका शासन पचास वर्ष से अधिक (सम्भवतः 55 वर्ष) रहा।

पेरुंजीरल इरंपोडई (190 ई.) शेनगुट्टुवन के बाद उसका पुत्र पेरुंजीरल शासक बना। उसने अपने प्रारम्भिक सैन्य अभियानों में पोत्ति के चोल शासक तथा वलैयन मारन को हरा कर उसके पाँच दुर्गों पर कब्जा कर लिया था। विवरण मिलता है कि आदन के पुत्र पेरुंजीरल इरुम्पोडई (190 ई.) ने आदिग ईमान (सामन्त) की राजधानी तगडूर (धर्मपुरी सलेम जिला) के किले को जीत कर यश प्राप्त किया। आदिगईमान (अडिगपमान) के बारे में कहा जाता है कि उसने ही प्रायद्वीपीय धुर दक्षिणी भू–भाग में सर्वप्रथम गन्ने की खेती करवाना शुरू किया था। इसके अतिरिक्त विद्रोही गडेरिया नेता कलुवल को अपने वश में किया तथा उसके किले पर अधिकार कर लिया। वह स्वयं विद्वान था एवं विद्वानों का आदर करता था। उसने अनेक यज्ञ करवाए थे।

इलंजीरल इरुम्पोडई पेरुंजीरल का चचेरा भाई कुडक्को इलंजीरल इरुम्पोडई अंतिम चेर शासक था। उसने पोती के चोल राजा एवं पाण्ड्य राजा के विरुद्ध युद्ध किया तथा विंशी से भी संघर्ष किया। पाँच पत्थर के किले भी उसने अधिकार में ले लिए थे। उसकी राजधानी वंजि कही गई है। सिथियंथर की धारणा है कि वंजि तिरुवनजीकालम का ही दूसरा नाम है और यह केंगनोर का उपनगर था। जबकि कुछ विद्वान वंजि का समीकरण करुर (त्रिचनापल्ली जिला) से करते हैं। टॉलेमी ने 150 ई. में करुरा को केरल की राजधानी कहा है, जबकि पेरिप्लस ने केंगनोर को चेरों का महानगर बताया है।[17]

'गजमुखशीप' जिसने मान्दरजीरल इरुम्पोडई (210 ई.) की उपाधि धारण की थी, चेर वंश की एक अन्य शाखा से सम्बन्धित था। नीलकंठ शास्त्री ने उल्लेख किया है कि, एक युद्ध के बाद वह तलैडा लंगानम के विजेता अपने समसामयिक पाण्ड्य राजा नेडजेलियन द्वारा बन्दी बना लिया गया किन्तु इसके पहले कि उसकी राजधानी में उसके शत्रुगण उसे सिंहासनच्युत करे, वह समय पर उन्हें रोकने के लिए मुक्त हो गया।[18]

चेर राजाओं की राजधानियां एवं राजचिन्ह (धनुष राजचिन्ह)

1. मरन्दई – प्रारम्भिक
2. वंजि या करूयूर – दूसरे दौर की (केंगनोर)
3. तोण्डी – दूसरी राजधानी

चोल वंश

चोल राज्य (चोल मण्डलम) वर्तमान कावेरी नदी घाटी कोरोमण्डल, त्रिचिरापल्ली एवं तंजौर के भू–क्षेत्रों से फैला हुआ था। नीलकंठ शास्त्री इस राज्य की सीमा पूर्वी समुद्रतट के पेन्नार नदी से लेकर पश्चिम में कुर्ग क्षेत्र तक मानते हैं। इसमें सम्भवतः तोंडमंडलम् प्रदेश भी सम्मिलित था। इसकी प्रारम्भिक राजधानी उत्तरी मनलूर नगरी थी, कालान्तर में उरैयूर (उरगपुर त्रिचनापल्ली के निकट) बनाई गई। उरैयर (उरयियूर) त्रिचनापल्ली या त्रिशिरापल्ली को ही उरैयूर कहा गया। पेरिप्लस (75 ई.) ने अरगुरू (उडैयर) से मोती भेजे जाने का जिक्र किया है। कपड़ा उत्पादन के इस केन्द्र से आगरिहिक नामक मलमल निर्यात होती थी। चोलों का प्रारम्भिक उल्लेख पाणिनिकृत अष्टाध्यायी, कात्यायनकृत वार्तिक, महाभारत, अशोक के शिलालेख (धौली लेख–2), महावंश, संगम साहित्य, पुराण तथा पेरिप्लस के लेखों आदि में मिलता है। टालेमी ने दो चोल राज्यों का उल्लेख किया है, जिसमें उत्तरी चोल राज्य अर्काट तथा दक्षिणी चोल राज्य उरैयूर (उरगपुर अथवा ओरथौरा) केन्द्रों से शासित था। टी.वी. महालिंगम के अनुसार टालेमी द्वारा उद्धृत अर्काट की पहचान आधुनिक आरक्काडु (तंजोर जनपद) स्थल से की जा सकती है। इसी प्रकार उन्होंने उरैयूर का समीकरण नेगपतम नामक स्थान से किया है, जो सम्प्रति कावेरी नदी के मुहाने से लगभग 60 किलोमीटर दूर स्थित एक सुन्दर नगर था।[19]

करिकाल (140–190 ई.) तमिल एवं तेलगू (तेलुगू) में संगमकालीन प्रमुख चोल शासक करिकाल को 'कालीटांग का राजा' भी कहा जाता है। उसका बाल्यकाल विषम परिस्थितियों में गुजरा क्योंकि उसके राज्यारोहण से पूर्व ही उसके पिता की मृत्यु हो चुकी थी। कहा गया है कि जब वह खुले समुद्र में जहाज चलाता था तो हवा भी उसकी सुविधा के अनुसार ही बहने को बाध्य होती थी। यह सम्भवतः चोल राजाओं के प्राचीन सामुद्रिक व्यवसाय का उल्लेख है। करिकाल का पिता अनेक सुन्दर रथों वाला इलंजेत चेनी एक वीर राजा तथा कठिन योद्धा था। करिकाल नाम का अर्थ है ''करि के लिए मृत्यु' अथवा (शत्रु) हाथियों के लिए मृत्यु।[20] उसकी वीरता एवं साहस का वर्णन पतुपाटु (दस ग्राम गीत) में चोल राजधानी कावेरी पट्टिनम पर रचित 'पट्टिना अपलई' नामक कविता में मिलता है। करिकाल की सफलताओं एवं विशेष रूप से यह उल्लेख किया जाना है कि उसने चेर और पाण्ड्य राज्यों की संयुक्त सेनाओं को पूर्णतः पराजित किया और दूसरा महत्वपूर्ण कार्य था सिंहल पर आक्रमण। मजूमदार ने लिखा है, ऐसा प्रतीत होता है कि, उसने चेर और पाण्ड्य राजाओं के नेतृत्व में लड़ने वाले लगभग बारह राजाओं के एक संयोग संघ को तंजौर से 15 मील पूर्व वेणी की एक बड़ी लड़ाई में हराया और प्रायः सारे तमिल देश पर अपना प्रभुत्व स्थापित कर लिया।[21] कलिकाल ने एक दूसरी लड़ाई 'वाहइप्परंदलाई' (बाहई वृक्षों के मैदान) में लड़ी जहाँ 9 छोटे–छोटे सामन्तों को अपने राजच्छत्र से हाथ धो कर उसकी अधीनता स्वीकार करनी पड़ी। शिलप्पदिकारम् में संकेत मिलता है कि उसने उत्तरी भारत के मगध, अवन्ति तथा वज्र राज्यों के साथ राजनयिक सम्बन्ध स्थापित किए थे। एस.के. आयंगर ने इस तथ्य को ऐतिहासिक सत्य माना है और वज्र देश का बुन्देलखण्ड से तादात्म्य स्थापित किया।[22]

किन्तु सिथियंथर की मान्यता है कि कवि ने यद्यपि उसके विजय अभियानों की विस्तृत चर्चा की है किन्तु उसका राज्य कावेरी डेल्टा से अधिक आगे विस्तृत नहीं था। उसकी राजधानी उरैयूर (त्रिचनापल्ली का उपनगर) थी और पुहार कावेरीपट्टवनम दूसरी राजधानी एवं मुख्य बन्दरगाह था। हिमालय की तलहटी तक अभियान का कोई प्रमाण नहीं मिलता।[23] अन्य विजयों में श्रीलंका (सिंहल) की विजय भी उल्लेखनीय है। चोलों का प्रायद्वीप के दक्षिणी सिरे पर पूर्वी एवं पश्चिम दोनों तटों पर अधिकार हो गया था। यह उनके लिए अत्यन्त उपयोगी सिद्ध हुआ, क्योंकि दोनों तटों पर बन्दरगाहों का निर्माण किया जा सकता था और पश्चिमी तट से पूर्वी तट तक जाने के लिए जल एवं स्थल दोनों मार्गों का उपयोग भी संभव हुआ। रोम के साथ व्यापार में यह स्थिति चोलों के लिए लाभदायक सिद्ध हुई।

प्रारम्भिक चोल शासकों की राजधानियां व राजचिन्ह

1. उत्तरी मनलूर
2. उरैयूर – त्रिचिनापलनी
3. पुहार – कावेरी पट्टनम

चोलो ने वाघ (चीता) को अपने राजचिन्ह रखा था।

सार्वजनिक कार्य करिकाल न केवल वीर एवं साहसी राजा था बल्कि राज्य के विकास की ओर भी उसने विशेष ध्यान दिया। कहा जाता है कि उसने कावेरी के पानी को रोककर सिंचाई के लिए नहरें बनवाईं और कावेरी के मुहाने पर स्थित पुहार (काकंदी) के बन्दरगाह पर दुर्ग का निर्माण करवाया था। त्रिचुरापल्ली में कल्लनबांध 329 मीटर लम्बा था। अलबत्ता कुल लम्बाई 60 कि.मी. कही गई है जिसमें शायद नहरें भी शामिल रही होगी। चौड़ाई 29 मीटर एवं 5.4 मीटर ऊंचाई बताई गई। कल्लनई बांध का जिक्र अंग्रेज अधिकारियों ने किया है। इस कार्य में सिंहल बन्दियों की सेवाएँ ली गईं। दक्षिण भारत के उद्योग एवं व्यापार की उन्नति में उसका महत्वपूर्ण योगदान रहा। विद्वानों के अनुसार पेरिप्लस में इसे कमर एवं टॉलमी 'कवेरिस' कहा है। करिकाल ने पुहार बन्दरगाह को दुर्ग बनाकर सुरक्षित किया था। इस बन्दरगाह से होने वाले व्यापार तथा उसके स्थाई एवं शान्तिपूर्ण प्रशासन से आर्थिक विकास को गति मिली। पट्टिनप्पालै के रचनाकार ने उसके राज्य के विकसित कृषि उद्योग तथा वाणिज्यादि की वृद्धि का उल्लेख किया है। पट्टिनघाले के रचनाकार रूद्रन कन्नार को करिकाल को 16 लाख स्वर्ण मुद्राएं प्रदान की थी। उसके पास शक्तिशाली नौ सेना भी थी।

वह तमिल साहित्य का बहुत बड़ा संरक्षक था। ग्यारहवीं तथा बारहवीं शताब्दियों के कतिपय अभिलेखों तथा साहित्यिक ग्रंथों में उसका गुणगान मिलता है। उसकी न्यायप्रियता की अनेक कहानियाँ बाद तक कही सुनी जाती रहीं। वह वैदिक धर्म का पोषक था और उसने अनेक यज्ञ भी सम्पादित किए। मद्यमान एवं नारी विलास उसके जीवन के दूसरे पक्ष को दर्शाते हैं। टी.वी. महालिंगम ने उसका शासनकाल 140 ई. से 190 ई. के मध्य प्रस्तावित किया है। करिकाल इस काल का महान एवं पराक्रमी शासक था। उसके पश्चात नलन्गिल्लित तथा नेदुजेलि राजकुमारों के बीच दीर्घकालीन संघर्ष छिड़ गया। करिकाल के एक उत्तराधिकारी नेडमुडकिल्लित द्वारा चेरों एवं पाण्ड्यों को करिचारु स्थान पर पराजित किए जाने की जानकारी मिलती है। नेडमुडकिल्लित के बाद पल्लवों एवं पाण्ड्यों ने चोलों की शक्ति को गरिमाहीन कर दिया था।

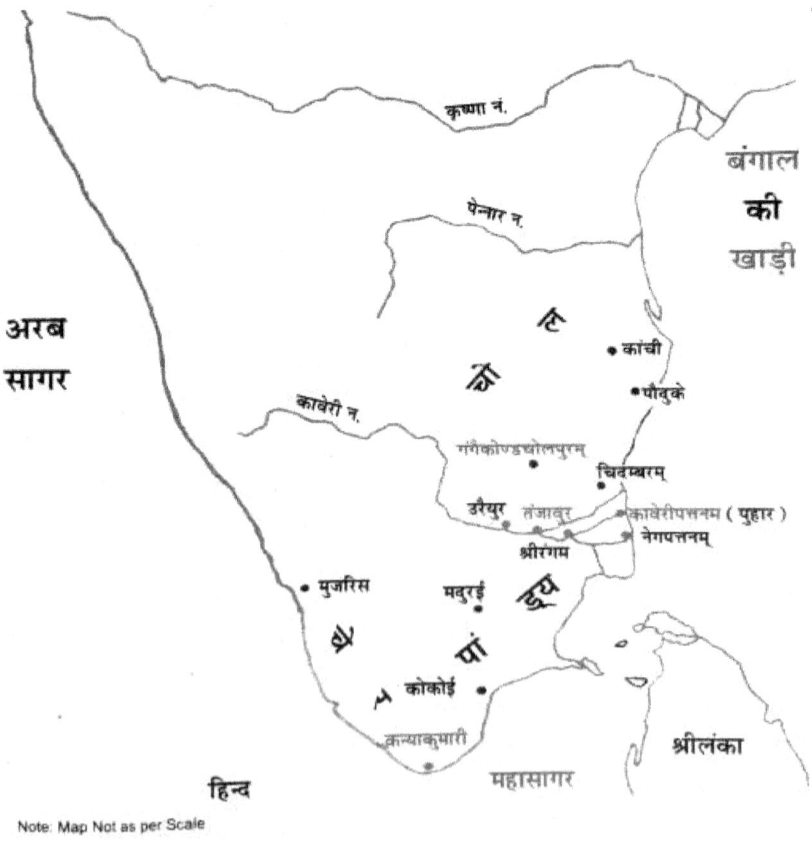

चित्र 40.1 संगमकालीन राज्य एवं महत्वपूर्ण स्थल

पाण्ड्य राज्य

पाण्ड्य लोग उस प्रदेश में रहते थे, जिसमें आजकल मदुरा और तिरुनेलवेली के जिले तथा त्रावणकोर का कुछ भाग सम्मिलित है। तमिल राज्यों में पाण्ड्य सबसे प्राचीन हैं। इसका उल्लेख मेगस्थनीज ने भी किया था। अशोक के शिला लेखों ज्ञापनों में भी इसका उल्लेख आया है। प्रारम्भिक पाण्ड्य राजाओं ने ताँबे के सिक्के प्रचलित किए थे जिन पर मछली का चिन्ह अंकित देखा गया। स्ट्रेबो ने अपने ग्रन्थ 'हिस्ट्री ऑफ द रोमन्स' में लिखा है कि राजा पण्ड्यिन ने ई.पू. 20 में एक दूत मण्डल सीजर के पास भेजा था। किन्तु उसे पहले पाण्ड्य राजा के बारे में अधिक जानकारी नहीं मिलती।[24] संगमयुगीन पाण्ड्य राज्य में मदुरई, रामनाथपुरम, तिरुनेलवेलि, तिरुम्बिरापल्ली (त्रिचनापल्ली) तथा त्रावणकोर जनपदों के भू–क्षेत्र सम्मिलित थे। साहित्यिक विवरणों से बोध ा होता है कि वदिमबलनबलिन्न प्रारम्भिक पाण्ड्य शासक था। तमिल व्याकरण ग्रंथ 'तोलकाप्पियम्' की एक टीका में उल्लिखित मर्किथि नामक मदुरा के शासक का तादात्म्य अधिकांश विद्वान इसी राजा से करते हैं। पाण्ड्य राजाओं में मुदुकुडुमिपेरुवामुदि का भी जिक्र आया है, जिसे महापराक्रमी कवियों का संरक्षक तथा यज्ञ में रुचि रखने वाला कहा गया है। इसी प्रकार अन्य पाण्ड्य नरेशों में मदिवनपोक तथा इलमेरुव का उल्लेख किया जा सकता है।

नेडुजेलियन संगमकालीन पाण्ड्य शासकों में नेडुजेलियन महत्वपूर्ण शासक था। कहा जाता है कि राज्यारोहण के बाद जब वह नवयुवक ही था, उसके प्रतिद्वन्द्वी चोलों और चेरों ने पाँच अन्य मित्र सामन्त शासकों के साथ एक संयुक्त मोर्चा बना कर पाण्ड्यों पर आक्रमण कर दिया। नेडुजेलियन अपनी सेना के साथ तलैयालंगानम स्थान पर उपरोक्त मोर्चे का सामना करने पहुँचा। उसने प्रतिद्वन्द्वी सेना को पराजित कर उन्हें चोल राज्य की सीमा में खदेड़ दिया तथा चेर शासक 'शेप' को बन्दी बना लिया। इस तरह उसने न केवल पाण्ड्य राज्य को सुरक्षित किया बल्कि धुर दक्षिणी भारतीय राज्यों पर अपनी शक्ति एवं प्रभुता की स्थापना की। उसकी इस उपलब्धि का वर्णन न केवल संगम साहित्य में मिलता है बल्कि दसवीं सदी के अभिलेखों में भी आया है। नेडुजेलियन ने कोंगु और कुछ अन्य छोटे राज्यों को भी जीत कर अपने राज्य में मिला लिया था। उसकी विजयों एवं कृतित्व का अनेक कवियों ने अपने गीतों में यशोगान किया है। वह स्वयं भी उच्च कोटि का कवि और कवियों का प्रश्रयदाता था।

राजनीतिक व्यवस्था एवं प्रशासन राजा द्वारा खड़ी की गई स्थाई सेना कानून एवं व्यवस्था बनाए रखने में मदद करती है। शास्त्री की मान्यता है कि राज्य की गतिविधियों का क्षेत्र सीमित था और उस समाज में जहाँ रूढियों की जड़ें गहरे तक जमी हुई थीं। बुरे से बुरा निरंकुश राजा भी अधिक हानि नहीं कर सकता था। सचमुच उस समय के साहित्य से यह धारणा बनती है कि जनता संतुष्ट थी और उसे अपने राजाओं पर गर्व था तथा वह उनके प्रति भक्ति रखती थी। एक कवि ने राजा की तुलना उस मजबूत बैल से की है जिसे नमक से लदी गाड़ी मैदान से खींचकर ऊँची भूमि पर ले जानी पड़ती है और इस प्रकार उसने राजा के कठिन कर्तव्य पर प्रकाश डाला है। एक दूसरे कवि ने कहा है कि, प्रजा के जीवन में राजा नमक से ज्यादा जरूरी है। एक अच्छा राजा वह समझा जाता था जो मौसमों का क्रम नियंत्रित कर सकता था। विजयी राजा (विजिगीशु) का आदर्श स्वीकृत किया जाता था और उसी पर सब लोग चलते थे। सात राजाओं पर विजय प्राप्त करके एक विशेष स्थिति हासिल की जाती थी और इस प्रकार विजयी राजा सात पराजित राजाओं के मुकुटों से बनी माला पहनकर अपनी विजय मनाते थे। पुडनानूडु की एक कविता में चक्रवर्ती राजा सम्बन्धी धारणा का उल्लेख है। यह उल्लेखनीय तथ्य है कि राज्य और राजा भिन्न माने जाते रहे और राजा का व्यक्तिगत धर्म ही राज्य का धर्म नहीं बन जाता था। इस तरह धार्मिक असहिष्णुता का सवाल ही पैदा न हुआ। राजाओं ने शासन में भी यही उदार नीति अपनाई थी, जिसके कारण स्थानीय शासन संस्थाओं का विकास हुआ और स्वायत्त शासन तंत्र का जन्म। चोल साम्राज्य में इस तरह की संस्थाओं के अस्तित्व की जानकारी मिलती है। पाण्ड्यों की

पाण्ड्यों की राजधानी व राजचिन्ह

1. कोरकई
2. मदुरा (संगम साहित्य का रचना स्थल एवं शिक्षा केन्द्र था)

राजचिन्ह परशु व हाथी था।

मनडाम राजधानी में राजा की सभा या 'मनड़ाम' या पोडियाल सबसे बड़ा न्यायालय था। उस समय मनड़ाम के सदस्यों (राजसभा के सदस्य) से उम्मीद की जाती थी कि वे जब सभा में झगड़ों के निर्णय में मदद करने के लिए बैठते हैं तो आपसी झगड़ों को दरकिनार कर दिया करते हैं और ऐसा वास्तव में करते भी थे। शास्त्री की मान्यता है कि राजा सभासदों का परामर्श लेने के लिए सभा का उपयोग करता था।

पाण्ड्य इतिहास के स्रोतों में पांच परिषदों का जिक्र आया है जो राजा की शक्ति पर नियंत्रण रखते थे। पांच महारथियों में थे– (1) पुरोहितार (पुरोहित) (2) अमैच्चार (मंत्री) (3) सेनापतियार (सेनापति), (4) दूतार (दूत या राजदूत) एवं (5) ओर्रार (गुप्तचर)

सेना राजा पेशेवर सैनिकों की सेना रखते थे। सामान्यतः रथ, हाथी, घोड़े और पैदल सेना के मुख्य अंग थे। अनेक साक्ष्यों से यह सिद्ध होता है कि संगम काल में राजा शक्तिशाली नौसेना रखते थे जो बन्दरगाहों की सुरक्षा तथा विदेश व्यापार को जाने वाले व्यापारियों को सुरक्षा प्रदान करती थी। तत्कालीन कविताओं से विदेश व्यापार के लिए उपयुक्त बन्दरगाहों की

जानकारी मिलती है। राजा की सुरक्षा हेतु पुरुष सैनिकों के अतिरिक्त सशस्त्र महिलाएँ भी रखी जाती थीं। युद्ध के समय प्रायः शत्रु राज्यों की कृषि आदि को नष्ट करने की परम्परा थी। सेना के अधिकारियों को 'ईनाडि' नामक उपाधि दी जाती थी। राजा स्वयं युद्ध में जाता था।

राजस्व भूमि एवं व्यापार राजस्व के प्रमुव साधन थे। भूमि की नाप करवाई जाती थी किन्तु उपज में राजा का कितना हिस्सा होता था इसकी जानकारी नहीं मिलती। भूमिकर कुडमै या इरय कहा गया। चोल शासन में भूमिकर के लिए 'पुखुवीर' शब्द का जिक्र आया है। भूमि से नकद एवं जिंस रूप में मिलने वाली सामग्री को इसमें सम्मिलित किया जाता थ। विदेश व्यापार महत्वपूर्ण था और सीमा शुल्क का बजट में विशेष स्थान रहा होगा। एक स्थान से दूसरे स्थान ले जाए जाने वाले व्यापारिक सामानों पर आन्तरिक परिवहन शुल्क भी आमदनी का एक जरिया था और सड़कों से चोरी से माल ले जाने पर रोक के लिए दिन–रात सुरक्षा प्रहरियों की जानकारी मिलती है। कवियों द्वारा राजाओं पर करों में कमी करने के लिए जोर डाले जाने के उल्लेख मिलते हैं। युद्ध में लूट का माल भी राज्य की आय का साधन था।

निष्कर्ष अन्त में संगमकालीन राजा एवं कवि सम्बन्धों की चर्चा करना उचित होगा जो कि इस काल की विशेषता थी। कुछ कवि राजदरबार में स्थाई रूप से रहते थे। इन कवियों को उत्तर भारत के पुरोहितों के समकक्ष रखा जाए तो अतिशयोक्ति न होगी। कविगण राजाओं एवं सेनापतियों के सलाहकार के रूप में कार्य करते थे। शास्त्री ने लिखा है कि, कपिलार और पारी पिशिर, आनंदैयार और कौप्परुंगोल्लन तथा औपेंयार और आदिगईमान अंजि के बीच की स्थाई मित्रता इस बात की सुपरिचित प्रमाण हैं कि कवि और संरक्षक के बीच जीवनभर सम्बन्ध रहता था।

सन्दर्भ :

1. दुबे हरिनारायण : दक्षिण भारत का इतिहास, 1993, पृ.30.
2. प्राचीन भारतीय अभिलेख संग्रह, भाग 1, पृ. 38, 63, चोड़ा, पाडा, सतिय पुतों, केतल पुतों आतंबपणी।
3. प्रा. भा. अ. सं., भाग 1, पृ. 363.
4. शर्मा आर.एस. : प्रारम्भिक भारत का आर्थिक और सामाजिक इतिहास, पृ. 38.
5. द एज ऑफ इम्पिरियल यूनिटी, पृ. 291
6. थापर रोमिला : भारत का इतिहास, पृ. 93.
7. शास्त्री नीलकंठ के.ए. : दक्षिण भारत का इतिहास, 1978, पृ. 97.
8. शास्त्री, वही, पृ. 97–98.
9. शर्मा आर.एस. : ऐंशियेण्ट इण्डिया, पृ. 125.
10. घोष एन.एन. : भारत का प्राचीन इतिहास, पृ. 407–8.
11. शास्त्री, वही, पृ. 99.
12. दुबे हरिनारायण, वही, पृ. 32.
13. मजूमदार आर.सी. : प्राचीन भारत, पृ. 121.
14. शास्त्री नीलकंठ, वही, पृ. 99.
15. शास्त्री, वही, पृ.100.
    यह सम्भवतः शेनगुट्टुवन की अंतिम तिथि रही होगी, क्योंकि पेरुंजीरल की तिथि भी शास्त्री ने 190 ई. दी है।
16. सिथियंथर आर. : हिस्ट्री ऑफ इण्डिया, भाग 1 पृ. 190.
17. सिथियंथर, वही, पृ. 190.
18. शास्त्री, वही, पृ. 104.
19. दुबे, वही, पृ. 35–36.
20. शास्त्री, वही, पृ. 104.
21. मजूमदार, वही, पृ. 120.
22. शास्त्री, वही, पृ. 105.
23. सिथियंथर, वही, पृ. 189.
24. घोष, वही, पृ. 406.

41 संगमकालीन अर्थव्यवस्था एवं नगर केन्द्र
(Economy and Urban Centres of Sangam Age)

संगम साहित्य से जानकारी मिलती है कि दक्षिण भारत की भूमि उपजाऊ थी और कृषि राष्ट्रीय अर्थव्यवस्था का मुख्य आधार। नीलकंठ शास्त्री ने जिक्र किया है कि चेर(केरल क्षेत्र) देश अपनी भैंसों, कटहल, गोल मिर्च और हल्दी के लिए प्रसिद्ध था। कावेरी नदी द्वारा सिंचित चोल देश के बारे में कहा जाता था कि जितनी जगह में हाथी बैठता है उतनी भूमि से इतना अन्न पैदा होता था कि वह सात हाथियों के लिए पर्याप्त था और भूमि के एक 'बेली' में एक हजार कलम घास उपजाता था।[1]

खेतों में अधिकांश कार्य महिलाएँ और सबसे नीचे वर्ग के लोग (कडिइशियार) करते थे, जिनकी स्थिति दासों से कुछ ही भिन्न कही जायेगी।

- अधिकांश भूमि के स्वामी वेल्लालर (Vellaler) थे जो उत्तम कोटि के खेतिहर थे और समाज में उनको ऊँचा स्थान व सम्मान प्राप्त था। जाहिर तौर पर धनवान जमीन जोतने के लिए मजदूर रखते थे।
- **उषवर** (Ushavar) अर्थात हलवाहा जो कृषि भूमि पर श्रम द्वारा जीविकोपार्जन करते थे।

अटियोर (Atiyor) और **विनैवलार** (Vinaivalor) को भी खेतों में काम करने वाला कहा गया है। कहा जा सकता है कि भूमि एवं व्यापार राजस्व के प्रमुख साधन थे। चेतिय या व्यापारी वर्ग सम्पन्न होने का भी दरबारी लोगों के अनुसार, सेना की समृद्धि का आधार कृषि को माना गया। राज्य के लिए नियमित सेना रखना कृषि क्षेत्र की उन्नति पर निर्भर था। तमिल क्षेत्र में आजीविका के प्रकारों में विविधताएँ स्पष्ट दिखाई देती हैं। संगम कविताओं में तिणै (tinai) के रूप में भूमि के पाँच आर्थिक प्रदेशों का जिक्र आया है–

कुरिंजी (Kurinji) पहाड़ों एवं वनों में रहने वाली जातियाँ, जिन्हें **कुरवर** (Kuravar) एवं **वेटर** (Vetor) जैसे नामों से सम्बोधित किया जाता था। आखेट, वन उत्पादों, जैसे–बांस, चावल, शहद एवं कन्द मूल पर निर्भर थी। पहाड़ी ढ़लानों को साफ कर 'काटना एवं जलाना विधि' से खेती करते एवं ज्वार, बाजरा, दलहन आदि फावड़ा, दराती एवं कुदाल के प्रयोग से उत्पादित करते। पहाड़ी इलाके में मिर्च–मसालों की खेती का भी वर्णन मिलता है।

मुल्लै (Mullai) इटैयर (Itayar) नाम से प्रसिद्ध ग्वालों का चारागाहों पर अधिकार था, जो पशुपालन के साथ मोटे अनाज पैदा करते रहे।

मरूदम (Marutam) नदी घाटियों के अधिक उपजाऊ क्षेत्र जो धान व गन्ने की खेती के लिए प्रसिद्ध था। **उषवर (Ushavar)** लोग इस प्रकार के खेतों की जुताई करते एवं अधिक धान पैदा करते थे।

नेयतल (Naital) परतवर **(Paratvar)** या पुरदवर (मछुआरे) लोग जो समुद्री क्षेत्र में मछली पकड़ने एवं नमक उत्पादन में लगे थे।

पल्लै (Pallai) यह बीहड रास्तों का सम्बोधन है, जहाँ कारवाँ मरवा (Marva) लोग गर्मी के दिनों में खेती न कर पाने के कारण राहजनी, डकैती एवं पशु चोरी करते थे। पशु चुराने को देत्यी कहा जाता था।

महापाषाण युगीन संस्कृति में हमने अध्ययन किया है कि उस दौर में लौह–तकनीक का प्रयोग लोगों ने करना शुरू कर दिया था। प्रायद्वीपीय भारत में प्रथम सहस्त्राब्दि ई.पू. के लगभग चावल के अवशेष मिले हैं, जो संभवतः दक्षिण में लौह तकनीक से पैदा किये गये थे। जुताई में बैलों एवं भैंसों को काम में लाया जाने लगा। प्रारम्भ में पहाड़ी ढ़लानों पर खेती की जाती थी वह नदी घाटियों की ओर अग्रसर हुई। कुछ लोगों ने दस्तकारी विशेषज्ञता हासिल की होगी और लोहे के उपकरणों एवं औजारों का निर्माण करने लगे। एक तमिलहम् गुफा शिलालेख में हल–फाल के व्यापारी को दाता के रूप में चित्रित किया गया। कवियों ने रागी और गन्ने उत्पादन, गन्ने से शक्कर बनाने, फसल काटने, खाद्यान्नों को सुखाने का सजीव वर्णन किया है।

सिंचाई सुविधाएँ कभी राजाओं व सामन्तों द्वारा एवं कभी स्थानीय किसानों द्वारा स्वयं जुटाई जाती थी। कावेरीपट्टनम के समीप प्राचीन जलाशयों से सिंचाई के अस्तित्व का बोध होता है।

भूमि अनुदान वेल्लाल या वेल्लालर भूमि के मालिक थे और श्रमिकों से खेती करवाते थे। अधिक शक्तिशाली वेल्लाल सामन्त बन बैठे। वे अपने सैनिकों एवं भाटों को उर (UR)

या गाँव दे देते और उन बस्तियों में आय संग्रह करते। बाद में बौद्ध मठों और ब्राह्मणों को भी गाँव की भूमि दान देने की प्रथा शुरू हुई। इस प्रथा से कृषक क्षेत्र में गैर–कृषक वर्ग का प्रवेश हुआ। ग्राम दान प्राप्त करने वाले ब्राह्मणों एवं सामन्तों को राजा द्वारा कुछ छूट दिये जाने के उल्लेख मिलते हैं। विद्वानों की मान्यता है कि विशेष रूप से गोदावरी घाटी–करीम नगर वारंगल में जहाँ धान रोपाई का ज्ञान था अरब से लाये जाने वाले गुलामों से खेती करवाई जाती थी।

दक्कन में भूमि स्वामित्व का स्वरूप अधिक स्पष्ट था जहाँ गहपति (Gahapati) परिवार थे जो भूमि के स्वामी और व्यापारी दोनों होते थे। पश्चिमी दक्कन के क्षत्रप नहपान के दामाद ऊषवदात ने एक भूमि ब्राह्मण से क्रय कर बौद्ध संघ को दान में देने का उल्लेख एक शिलालेख में आया है। शासकों द्वारा ब्राह्मण पुजारियों एवं योद्धाओं को बहुधा उनकी सेवाओं के लिए गाँव दान में दिये जाते थे, जिससे ब्राह्मण बस्तियों का आविर्भाव हुआ। इस तरह राजा (वेंलर), छोटे सामन्त वेलीर (Velir) एवं समृद्ध किसान वेल्लालर (Vellalar) वर्ग बना।

राजस्व वसूली किसानों के साथ राजस्व वसूली में सख्ती की जाती थी। लूटपाट का भी प्रचलन रहा। राज्याधिकारियों द्वारा अनाज, पशु लूटे जाते थे और किसान बस्तियाँ जलाई जाती थीं। तमिलहम् क्षेत्र की तुलना में सातवाहन क्षेत्र में भूराजस्व को **'कर'**, **'देय'**, **'मेय'** एवं **'भाग'** के नाम से नियमित रूप में वसूल किया जाता था। सातवाहन प्रदेश के ग्रामीण क्षेत्र गोलमिक (Gaulmika) के अधीन कहे गये जो छोटी सैन्य इकाई का प्रभारी था। ब्राह्मणों एवं बौद्ध मठों को दी गई भूमि के लिए राज्य को आश्वासन देना होता था कि ग्रामीण क्षेत्र में तैनात सैनिक उनके अधिकारों का उल्लघंन नहीं करेंगे।

व्यापार आन्तरिक एवं विदेशी व्यापार तमिलहम क्षेत्र की समृद्धि का कारण था। सुदूर दक्षिण में वस्तु विनिमय में नमक, मछली, धान, दूध उत्पाद, शहद, ताड़ी एवं मांस आदि का प्रयोग किया जाता था। नमक का विनिमय धान से, धान का विनिमय दूध–दही एवं घी से होता था। मछली एवं शराब के लिए मछली दी जाती थी।[2] वस्तु विनिमय में किसी वस्तु की निश्चित राशि का ऋण लिया जा सकता था और उसी मात्रा में वस्तु लौटा दी जाती थी। इस प्रथा को **'कुरीटिरपाई'** कहा गया। सातवाहन क्षेत्र में सिक्कों का प्रचलन आम था फिर भी वस्तु विनिमय की प्रथा भी प्रचलित थी। मिट्टी के बर्तन, पान, खिलौने एवं ट्रिंक्लेट (चमकदार) जैसी सामग्री विनिमय वस्तुएँ थीं। आन्तरिक स्थल मार्गों का उल्लेख बौद्ध साहित्य में मिलता है। गंगा से गोदावरी घाटी तक जाने वाले मार्ग का उल्लेख आया है। कौटिल्य ने अर्थशास्त्र में दक्षिण के मार्गों से किये जाने वाले व्यापार को लाभप्रद बताया है।

सातवाहन कालीन व्यापार केन्द्र दक्षिण मार्ग में प्रतिष्ठान नगर (पैठन) महत्वपूर्ण केन्द्र था। सातवाहनों के प्रतिष्ठान को बाद में अपनी राजधानी बना लिया था। उत्तर से दक्षिण के बीच उत्तम किस्म के वस्त्रों, हीरे–जवाहरातों व मणियों का व्यापार होता था। श्रेष्ठ प्रकार की रेशम कलिंग की कही गई थी। तमिल सामन्त द्वारा कलिंग की रेशम को पसन्द करने का बोध होता है। उत्तरी भारत के व्यापारी चाँदी के आहत सिक्कों से व्यापार करते थे। दक्षिण के कई स्थलों से उत्तरी प्रकार के आहत सिक्के उपलब्ध हुए हैं।

भारतीय वस्तुओं की पश्चिमी देशों में माँग थी और इस तरह की वस्तुओं का प्रमुख स्रोत दक्षिण भारत था।

पेरिप्लस (75 ई.) का लेखक भारत एवं रोमन साम्राज्य के मध्य व्यापार की महत्वपूर्ण सूचना देता है। उसके अनुसार नौरा (कन्ननोर), तोणड़ी (तिंडिस कविताओं में उल्लखित जिसे पोन्ननि भी कहा गया), मुजीरिस (केरल में वर्तमान क्रंगनौर जो पेरियार नदी के तट पर कोच्चि के समीप स्थित था जिसे ''काली मिर्च का बन्दरगाह'' कहा जाता था) एवं कोट्टायम के निकट नेलसिंडा पश्चिमी समुद्रतट के महत्वपूर्ण बन्दरगाह थे। दक्षिण के अन्य बन्दरगाहों में बलित (बारकलई), कोलची कोडिकई, कमर (कावेरी पट्टिनम), पोडुका (पांडिचेरी) और सोपात्मा (मरकाणम) का उल्लेख किया जा सकता है। पांड्य राज्य में शालियूर तथा चेर राज्य में बन्दर नामक बन्दरगाह महत्वपूर्ण थे। प्रमुख प्राचीन बन्दरगाहों की यहां संक्षिप्त जानकारी प्राप्त करना उचित होगा।

1. **पुहार (कावेरी पत्तनम या काकंदी)**: दक्षिण में चेन्नई के समीप काकंदी या पुहार प्राचीन बन्दरगाह था। टॉलेमी ने कबेरिस एवं पेरिप्लस ने इसे 'कमर' कहा है। नगर के आस–पास किये गए उत्खनन में ई.पू. तीसरी सदी से पाँचवीं सदी तक के आवासीय व अन्य अवशेष प्राप्त हुए है। संगम कालीन चोल शासक करिकाल ने पुहार (कावेरिप्पुम्पट्टिणम) का दुर्ग बनवाकर सुरक्षित करवाया था। पट्टिनप्पलै में पुहार का सुन्दर विवरण मिलता है। कहा जाता है कि बड़े विदेशी जहाज बिना पाल उतारे पुहार तट पर आ सकते थे। यहां के लोग बहुत धनी हो गये थे। नीचे की मंजिल का व्यापार हेतु उपयोग करते थे।
2. **मुजीरिस (मुशिरी–तिरुवेंचीकुलम–क्रंगनौर)**: केरल में पेरियार नदी (या चुर्णे नदी) के तट पर कोच्चि के समीप क्रंगनौर में मुजीरिस बन्दरगाह को मरिचीपत्तम या मुरचीपत्तन भी कहा जाता था। वस्तुतः काली मिर्च का बन्दरगाह यही था, यहीं से सर्वाधिक काली मिर्च का निर्यात होता था। केरल के पेरुमल सम्राटों की राजधानी एवं महाभारत में सहदेव दिग्विजय यात्रा में सुरभिपत्तन कहा गया। यहां से मिस्र, यूनान, रोम, चीन के लिए माल जाता था। रोमनों द्वारा 68–69 ई. में निर्वासित यहूदियों ने यहां आगस्ट्स का मंदिर बनवाया था।

3. **कोरकाई (कोलची–कोकोऊ)**: केरल के तिरुनेलवेलि जिले में ताम्रपर्णी नदी के तट पर प्राचीन काल का प्रसिद्ध बन्दरगाह था, जिसे तमिल ग्रंथों में कोकोऊ एवं संस्कृत ग्रंथों में कोरगार कहा गया। पाण्ड्यों की प्राचीन राजधानी रहा। यह नगर मोती व शंख के व्यापार के लिए प्रसिद्ध था। रोमन व्यापार के केन्द्र, इस बन्दरगाह के निकट ही मोती निकाले जाने की जानकारी साहित्यिक ग्रंथों से मिलती है।

4. **कावेरीपट्टनम (कावेरी पत्तन–कमर)**: तमिल ग्रंथों में कावेरीप्पूंबट्टनम भी कहा है। कावेरी नदी के मुहाने के डूब जाने से यह विलुप्त हो गया। शिलप्पादिकारम में इसका विवरण मिलता है। वणिकपुत्र व गणिका की प्रेम कथा का रचियता इलांगो आदिगल यहां का निवासी था। चौड़ी–चौड़ी सड़कों वाले इस शहर में व्यापार के कारण प्रवाल, मूंगा चंदन, मोती, स्वर्ण, माणिक्य आदि के ढेर लगे रहते थे। टॉलेमी ने इसका उल्लेख किया है। बौद्ध ग्रंथों मे इसे तमिल राष्ट्र का प्रमुख बन्दरगाह बताया है। यह पाटलिपुत्र से जुड़ा हुआ था। ताम्रलिप्ति, धौली, मुसलिपट्टनम व पुडुचेरी होता हुआ एक स्थल मार्ग यहां पहुंचता था। कहा गया है कि, देशी–विदेशी जहाज माल से यहां सदा लदे रहते थे। ई.पू. 200 से 300 ई. के मध्य रोम के साथ व्यापार का यह प्रमुख केन्द्र था। पल्लव नरेशों के समय भी इसका महत्व बना रहा। चोलों की प्राचीन राजधानी उरगपुर दाहिने तट पर स्थित थी।

5. **कोलाचल (कोलगिरि)**: कन्याकुमारी जिले में तमिलनाडु व केरल की आखिरी सीमा पर पश्चिम समुद्र तट का बन्दरगाह था। तिरवांकार नरेश

6. **पोडुका (अरिकमेडु–पुडुचेरी)**: चेन्नई से कुछ मील दूर उत्तर में स्थित बन्दरगाह (पोर्ट) को वर्तमान में पुडुचेरी कहा जाता है। जिंजी नदी के तट पर अरिकमेडु एक महत्वपूर्ण पुरातात्विक स्थल है, जो रोमन व्यापार का महत्वपूर्ण केन्द्र था। नीलकंठ शास्त्री ने इसे रोमन बस्ती कहना अधिक उचित समझा है। यहां से न केवल रोमन सिक्के प्राप्त हुए हैं बल्कि रोमन बर्तन, मिट्टी के दीप, काँच के कटोरे, मनके आदि कई तरह की सामग्री मिली है। उत्खनन में रोमन सम्राट आगस्ट्स (ई.पू. 27–14) का एक चित्र भी मिला है। 1945 में हीलर ने यहां उत्खनन करवाया था। पुडुचेरी का व्यापार पोडुका बन्दरगाह से होता था।

7. **पोन्ननि (तोणडी या टिंडिस)**: पालघाट (पालक्कड़) पर कालीकट (कोझीकोड़) के दक्षिण में स्थित तोणडी पोन्ननि नदी के किनारे बन्दरगाह एवं संगमकाल का महत्वपूर्ण व्यापारिक केन्द्र था।

8. **क्विलोन (कोल्लम)**: केरल में तिरुवनंतपुरम् से 44 मील दूर स्थित प्राचीन काल में पश्चिम देशों से व्यापार का महत्वपूर्ण बन्दरगाह था। यहां से यूनान, रोम, अरब, ईरान आदि देशों को माल निर्यात किया जाता था। काली मिर्च के निर्यात के लिए भी यह प्रसिद्ध था।

9. **कडारम (रामनाड)**: चीन, इण्डोनेशिया, वियतनाम आदि देशों की ओर जाने वाले जलपोतों के लिए यह बन्दरगाह उपयोगी था। तमिल अभिलेखों में इसका विवरण मिलता है।

10. **मसूलीपट्टम (मछलीपट्टम)** तमिलनाडू में कृष्णा नदी के मुहाने मलाबार तट पर स्थित बन्दरगाह को परवर्ती काल में विकसित किया गया किन्तु संगम काल में भी उपयोग में लाया जाता रहा।

11. **चोल (चाउल)** सौपारा व कल्याण के दक्षिण में, कर्नाटक क्षेत्र में पश्चिमी देशों से व्यापार का केन्द्र एवं उपयोगी बन्दरगाह था।

12. **वैजयन्ती (विंजाड्रोग)**: कर्नाटक क्षेत्र में सातवाहन काल का प्रसिद्ध बन्दरगाह था, जिसका कई प्राचीन ग्रंथों में उल्लेख आया है। उत्तरी कनारा स्थित इस पत्तन का उल्लेख नासिक (द्वितीय शती ई.पू.) व रामायण में इसे दण्डकारण्य (दण्डकवन) का नगर कहा है। राजा दशरथ द्वारा इन्द्र की युद्ध में सहायता (शंबर के विरुद्ध) इसी दण्डकारण्य में की गई थी और कैकई को उन्होंने यहीं दो वचन दिए थे।

13. **भरुकच्छ (बैरीगाजा–भड़ौच)**: मौर्य काल का यह महत्वपूर्ण बन्दरगाह था। पेरिप्लस में बैरीगाजा नाम आया है। रुद्रदामन के गिरनार अभिलेख में भी इसका जिक्र आया है। ह्वेनसांग सातवीं शती में यहां आया था। उसने बौद्ध विहारों का उल्लेख किया है, जिनमें 300 भिक्षु रहते थे। यहां नमक भी बनाया जाता था। वर्तमान में भी यह पश्चिमी देशों को निर्यात का महत्वपूर्ण बन्दरगाह है।

14. **दंतपुरनगर (दंतपुर)**: बंगाल की खाड़ी में, इस प्राचीन बन्दरगाह से सम्राट

15. **शुर्पारक (सोपारा)**: मुम्बई के निकट ठाणें जिलान्तर्गत सोपारा से अशोक के चतुर्दश शिलालेखों में आठवां शिलालेख यहीं स्थित है। सोपारा के निकट कल्याण भी व्यापार का केन्द्र था। पेरिप्लस में लिखा है कि भारतीय नाविक अरब व अफ्रीका तट पर जाते थे। पेरिप्लस ने बारबेरिकम से चमड़े के (जानवरों की खाल) निर्यात का जिक्र किया है। अफ्रीका को गेहूं, चावल, घी, तेल, वस्त्र आदि भेजे जाते थे।

16. **परिपत्तन (डैबाल)** दक्षिण कोंकण का बन्दरगाह था।

17. **घण्टशाला (कण्टक सेल या कोडाकशाला)** आन्ध्र में कृष्णा नदी पर था।

18. **पलूराया दंतपुर (उड़ीसा)** से हाथीदांत निर्यात होता था।
19. **मोसलिया (मूसलीपट्टम)** आन्ध्र में स्थित था।
20. **ताम्रलिप्ति (तामलुक)**: पश्चिम बंगाल के मिदनापुर जिले में रूपनारायण व हुगली नदियों के संगम से 19.3 कि.मी. ऊपर तामलुक गंगा के मार्ग बदले जाने से समुद्र से दूर हो गया है। प्राचीन काल में व्यापार, वाणिज्य, शिक्षा व बौद्ध केन्द्र था। दशकुमारचरित्र के अनुसार लंका, यूनान, जावा, चीन, सुमात्रा आदि को जाने वाले व्यापारी इसी बन्दरगाह से जाते थे। ताम्रलिप्ति पाटलिपुत्र से सड़क मार्ग से जुड़ा था। महावंश से ज्ञात होता है कि श्रीलंका धर्म प्रचारकों को इसी बन्दरगाह से भेजा गया था। फाह्यान (401 से 410 ई.) व इत्सिंग ने इसके व्यापारिक महत्व का जिक्र किया है फाह्यान चीन के लिए इसी बन्दरगाह से लौटा था। यहां से सिंहल, म्यांमार, चीन, इण्डोनेशिया आदि देशों के लिए जहाज जाते थे।

पूर्वी समुद्र तट पर तीन तरह के जहाज इस्तेमाल किये जाते थे– पहले, समुद्र तट के किनारे प्रयुक्त होने वाले गाँव के बने जहाज। दूसरे, संगर जो लकड़ी के कुंदों को जोड़ कर बनाये जाते थे। तीसरे, बड़े जहाज जो क्राइस द्वीप व गंगा नदी के मुहाने तक समुद्री यात्रा करते थे।

समुद्र तट पर खड़े व्यापारी जहाज अपने झण्डे लहराते थे। कई रंगों के झण्डों का उपयोग किया जाता था। जहाजों के संकेत के लिए तट पर प्रकाश स्तम्भों (लाइट हाउस) की स्थापना की परम्परा उस समय भी रही। जहाजों की मरम्मत के भी उल्लेख मिलते हैं। ग्रीक व्यापारी के मुशिरी (बन्दरगाह) पर सोना लेकर व्यापार करने आने का जिक्र आया है। बदले में उनके द्वारा क्रय की जाने वाली वस्तुओं में गोल मिर्च (कोट्टनारा की), मोती, हाथी दांत, रेशमी वस्त्र, जटामासी एवं पारदर्शी पत्थर शामिल थे।

बाहर से आयात होने वाली वस्तुओं में पुखराज, महीन कपड़े, छपे वस्त्र, सूरमा, मूँगा, शीशा, तांबा, शराब प्रमुख थे। हरी बोतलों में बंद विदेशी शराब के भारतीय लोग शौकीन थे।

नगर केन्द्र हम चर्चा कर रहे थे कि पुहार बन्दरगाह के कारण नगर के लोगों का आर्थिक विकास हुआ। यह केवल एकमात्र बन्दरगाह का सच नहीं था, अपितु समुद्र तट पर स्थित अनेक बन्दरगाहों ने नगरों का रूप धारण कर लिया था।

नासिक गोदावरी तट स्थित नासिक मौर्य काल से पूर्व अस्तित्व में आ चुका था। सातवाहनों ने नासिक से 10 कि.मी. दूर गोवर्धन नामक स्थल को अपना राजनीतिक मुख्यालय बनाया। इसका प्रभाव यह हुआ कि नासिक शीघ्र ही विशाल व्यापारिक नगर बन गया। कई प्रकार की व्यापारिक श्रेणियाँ यहाँ कार्य करने लगी। श्रेणियों द्वारा उद्योग, व्यापार एवं बैंक जैसी भूमिका अदा की जाने लगी। नहपान कालीन नासिक लयण अभिलेख से जानकारी मिलती है कि नहपान के दामाद ऊषवदात ने गोवर्धन स्थित श्रेणियों में 3000 कार्षापण भिक्षुओं के वस्त्र एवं भोजन आदि खर्च के लिए अक्षयनिवि (फिक्स डिपॉजिट) रूप में जमा करवायें।

प्रतिष्ठानपुर (पैठन) समुद्री मार्गों से जुड़ा था तो दूसरी ओर महिष्मति, उज्जैन, विदिशा और कौशाम्बी के सड़क मार्ग से जुड़े होने से इसकी प्रगति हुई।

सूर्पारक (सुपारा) पूर्व एवं पश्चिमी देशों से व्यापार के माध्यम से इसके सम्बन्ध बने। सुपारा के निकट कल्याण बस्ती भी धीरे–धीरे व्यापार का केन्द्र बनी। **तगर (तेर)** नामक नगर भड़ौच व पैठन से व्यापारिक सम्बन्ध बनाये हुआ था। मलमल के लिए प्रसिद्ध नगर में दक्षिण के कई भागों से माल यहां लाया जाता व बेरीगाजा (भड़ौच) भेजा जाता था। सातवाहन राज्य में वैजयन्ती–वनवासी (उत्तरी कनारा) और धान्यकटक तथा अमरावती (गुंटूर जिला) भी अन्य महत्वपूर्ण नगर थे। अन्य नगरों में कुदूर, वेंगीपुर जहाँ सातवाहन कालीन अवशेष प्राप्त हुए हैं।

प्रायद्वीप के आन्तरिक नगरों में टॉलेमी द्वारा उल्लिवित कोल्होकूर (कोल्हापुर), मोदो गुल्ला (रायचूर के निकट मुदगल), वर्दमान (वर्धनपेट), कोरुकल (वारंगल क्षेत्र) आदि का जिक्र किया जा सकता है। पश्चिमी तटीय नगरों का जिक्र विदेशी स्रोतों में मिलता है, जैसे– सेमील्ला (संभवतः मुम्बई), महगोर (महरगढ़), पलैपटने (बेलियपट्टम), मैलिजीगर (जंजीरा), तोगरम (देवगढ़) आदि बन्दरगाहों को शामिल करना होगा। कृष्णा नदी तट पर स्थित घंटशाल या कोडाकशाला पूर्वी तट पर स्थित बन्दरगााह था। यह पूर्वी एशिया के साथ होने वाले व्यापार के लिए उपयोगी था। प्रथम शती ईसवी का बौद्ध स्तूप (घंटशाल) उल्लेखनीय है। विजयवाड़ा से 60 कि.मी. दूर घंटशाल से बुद्ध मूर्तियां भी मिली हैं। इन नगरों के नागरिकों ने अरब, रोम, यूनान व दक्षिण–पूर्वी एशिया से व्यापारिक सम्बन्ध बनाये। पश्चिम से बड़े जहाज इन नगरों के किनारे लंगर डाल कर खड़े रहने लगे।

व्यापारिक श्रेणियाँ द्वितीय नगरीकरण ने दक्षिण भारतीय जन–जीवन को गंभीर रूप से प्रभावित किया। नगरों में समृद्धि आने लगी। विदेशों से उठी माँग ने संगठित होकर कार्य करने को प्रेरित किया और कार्य में परिष्कार एवं उत्कृष्टता आने लगी। तत्कालीन अभिलेखों में विभिन्न प्रकार की व्यापारिक श्रेणियों का जिक्र मिलता है, जैसे–गन्धिकों (इत्र आदि), धनिकों (अन्न व्यापारी), स्वर्णकारों, मलाकारों, वठ्ठकियों (शिल्पकारों), तेलियों, कोलिकों (बुनकरों), बंशकारों (बांस के कार्मिक) एवं कुम्हारों आदि।

एक ही प्रकार के व्यवसाय करने वाली एकाधिक श्रेणियों के, नगरों में कार्यरत रहने के उल्लेख आये हैं। श्रेणियों के कार्यों

में राजकीय हस्तक्षेप नहीं होने के संकेत मिलते हैं। श्रेणियों के सदस्यों को श्रेणियों के नियमों का पालन करना होता था। यह भी कहा गया है कि व्यापारिक श्रेणियों के अपने रक्षक दल हुआ करते थे। कुछ श्रेणियाँ बैंकिंग कार्य भी करती थी। सामान्यतः ब्याज दर 9 से 12 प्रतिशत तक रहा करती थी। जोखिम वाले व्यवसायों, जैसे–विदेश व्यापार पर जाने वालों के लिए ब्याज दर अधिक होना स्वाभाविक था। कभी–कभी दानदाता एकमुश्त राशि जमा करवाकर उसके ब्याज से धार्मिक कार्य सम्पन्न करवाते थे। ऐसी जमाओं को 'अक्षयनिवि' की संज्ञा दी गई।[4]

श्रेणियाँ अपने अर्जित लाभ से ब्राह्मणों, भिक्षुओं को दान देती थी। नासिक, कार्ले, कन्हेरी, भाजा, जुन्नार, पीतलखोरा आदि गुहा चैत्य एवं विहार इसके प्रमाण हैं।

मौद्रिक विनिमय प्रणाली इस दौर तक आते–आते विभिन्न धातुओं के अलग–अलग प्रकार के सिक्के निर्मित होने लगे। अनेक सिक्कों पर जलयानों का अंकन दक्षिण भारत के बढ़ते विदेश व्यापार का प्रतीक माना जायेगा। सातवाहनों के सिक्के कृष्णा–गोदावरी क्षेत्र, कर्नाटक, महाराष्ट्र, गुजरात व मालवा के कुछ प्रमुख पुरास्थलों से बड़ी संख्या में प्राप्त हुए हैं। अब सिक्कों की तकनीक व कलात्मकता बढ़ रही थी। चांदी, ताँबे, शीशे व पुटीन से निर्मित सिक्कों पर सिंह, हाथी, अश्व, चैत्य, वृक्ष आदि चिन्ह मय राजाओं के नाम अंकित किये जाते थे। सातवाहन सिक्कों पर सामान्यतः उज्जयिनी चिन्ह देखा गया। राजा के चित्र के साथ चार मार्गो का चिन्ह उज्जयिनी चिन्ह कहा जाता था। तत्कालीन सिक्कों में पुराण, कार्षापण, अर्ध्द या पादकार्षापण में विभक्त थे।

भारत मिस्र व्यापार – मिस्र के साथ व्यापार 23 ई.पू. के बाद ही संभव हुआ। अफ्रीका के सींग (Horn of Africa) अर्थात सोमाली होते हुए जहाज मिस्र पहुंचते थे। टालमी वंशीय राजाओं ने बेरेनिज, म्यॉस, हारभुज आदि बन्दरगाहों का विकास था।

सारांश कहा जा सकता है कि मौर्य व शुंग–सातवाहन काल में दक्षिण भारत की आशातीत प्रगति हुई। अनेक अभिलेख, स्तूप, विहार, नगरों का अभ्युदय विदेश व्यापार, बन्दरगाहों का विकास, इस तथ्य के प्रमाण हैं। भारत का निर्यात आयात की अपेक्षा अधिक था अतः भारत में आर्थिक प्रगति हुई और सोने के सिक्के, कीमती धातुएँ भारत आने लगीं। दक्षिण में कई स्थानों से रोमन सिक्कों की प्राप्ति इस तथ्य का प्रमाण है। रोमन लेखक प्लिनी ने रोम से भारत की ओर स्वर्ण प्रवाह पर खेद व्यक्त किया था।

सन्दर्भ :

1. शास्त्री नीलकंठ : दक्षिण भारत का इतिहास, पृ. 190–10.
2. शास्त्री, वही, पृ. 119.
3. देखिये, गुप्त, वही पृ. 203, नहपान कालीन नासिकलयण लेख.
4. देखिये, गुप्त पी.एल., वही, पृ.203–204.

42 संगम साहित्य, धर्म एवं बौद्ध केन्द्र
(Sangam Literature, Dharma and Buddhist Centres)

द्रविड़ भाषाओं के समूह में मुख्य रूप से तमिल, तेलुगू, कन्नड़ एवं मलयालम भाषाएँ आती हैं। तुलु, काडागु और गोंडी बलूचिस्तान की ब्रुही लिपियाँ भी इसी समूह में सम्मिलित की जाती हैं। तमिल शब्द प्रायः 'द्रविड़' के पर्याय के रूप में काम आता है। ऐसा कहा जाता है कि संस्कृत शब्द 'द्रविड़', 'द्रमिल' और फिर तमिल में विकृत हो गया। किन्तु पण्डित आर. राघव अयंगर की मान्यता है कि 'तमिल' सम्भवतः मूल रूप से तमिल ही है। अपने आपको 'र' में अभिवृद्धि कर पहले 'द्रमिल' और 'द्रमिड' बना और 'द्रविड़' के रूप में अन्त हुआ।

द्रविड़यन भाषाएँ एक मोटे अनुमान के अनुसार देश की लगभग 20 प्रतिशत से अधिक लोगों द्वारा बोली जाती हैं। ई.पी. राइस ने कहा है कि, गंगा पर राजमहल से लेकर पश्चिमी तट पर गोवा तक यदि एक रेखा खींची जाए तो वह एक प्रकार से दक्षिण द्रविड़यन भाषाओं को उत्तर की आर्य भाषाओं से विभाजित करेगी।[1] यह माना जाना ठीक नहीं है कि द्रविड़यन भाषाएँ विकृतियाँ हैं और संस्कृत तथा प्राकृत भाषाओं से अवतरित की गई हैं। दोनों भाषा समूह कई सदियों तक साथ–साथ विकसित हुए। श्रीनिवास अयंगार ने व्याकरण की बारीकियों को ध्यान में रखते हुए संस्कृत एवं द्रविड़यन भाषाओं के अन्तर को स्पष्ट किया है:

- द्रविड़यन भाषाओं में सभी प्राणहीन चीजों व अमानवीय जन्तुओं को नपुंसक लिंग में रखा जाता है परन्तु संस्कृत में ऐसा आवश्यक नहीं है।
- द्रविड़यन भाषाओं में बाद का पद प्रयोग में आता है, जबकि भारतीय तथा यूरोपीय भाषाओं में पहले का पद प्रयुक्त होता है।
- संस्कृत में विशेषणों का क्षय होता है परन्तु द्रविड़यन भाषाओं में इनका क्षय नहीं होता।
- पहले व्यक्ति (बहुवचन) के दो सर्वनामों की उपस्थिति द्रविड़यन भाषाओं की विशेषता है, जिसका संस्कृत में अभाव है।
- संस्कृत में नियंत्रक शब्द एवं नियंत्रित शब्द के आगे होता है, जबकि द्रविड़यन भाषाओं में वह उसका अनुसरण करता है।

इन विशेषताओं के आधार पर यह नहीं कहा जा सकता कि द्रविड़यन भाषाएँ संस्कृत भाषा की उप–उत्पाद[2] हैं किन्तु इसमें सन्देह नहीं कि वे काफी हद तक संस्कृत भाषा से प्रभावित हैं।

बौद्ध एवं जैन काल में दक्षिण से आदान–प्रदान में वृद्धि हुई और बड़ी संख्या में संस्कृत शब्दों का तमिल, तेलुगू एवं कन्नड़ लेखकों द्वारा प्रयोग किया जाने लगा। तीसरे काल में आलवरों, नयनमरों व अन्य धार्मिक सुधारकों पर संस्कृत का प्रभाव देखा जाता है। इतना ही नहीं ग्यारहवीं से पन्द्रहवीं शताब्दी तक संस्कृत रचनाओं का द्रविड़यन भाषाओं में अनुवाद किया गया। कहा जा सकता है कि संस्कृत के शब्दों को द्रविडियन भाषाओं द्वारा अपनाया जाना कोई एक काल की घटना नहीं है बल्कि यह लम्बी अवधि के सम्पर्क का परिणाम हैं।

तमिल, कन्नड, मलयालम एवं तेलुगू भाषाएँ द्रविड़यन समूह की वर्तमान सक्रिय सदस्य हैं। **एफ.डब्लू. थॉमस ने लिखा है–** "भारतीय साहित्य में संस्कृत साहित्य के बाद तमिल साहित्य सर्वश्रेष्ठ है।" यह कथन भी उचित है कि, तमिल अन्य भाषाओं से पहले पूर्ण रूप से विकसित हुई तथा यह अपने शब्द कोष, व्यवस्थित व्याकरण और स्वतंत्रता की भावना से द्रविड़यन परिवार की छोटी बहनों को प्रोत्साहित करने में समर्थ है। विद्वानों की मान्यता है कि, ई.पू. तीसरी सदी के आस–पास तमिल भाषा पूर्णतः साहित्यिक भाषा के रूप में विकसित हो गई थी। तमिल भाषा की लेखन परम्परा के प्रारम्भिक सन्दर्भ मदुरई की पहाड़यों में बनी जैन एवं बौद्ध गुहाओं से प्राप्त तमिल ब्राह्मी के शिलालेख हैं। ये शिलालेख उन लोगों और संस्थाओं की पट्टिकाओं के रूप में हैं जिन्होंने इन कन्दराओं को दान में दिया। शिलालेख मुख्य रूप से अरिट्टाप्पति (मौगलम, मदुरई), कारुंगलावकूति (मैलूर, मदुरई), कौंगरपुलियाम्कूलम (मदुरई), अजकरमलई (मदुरई) है। इन लेखों में तमिल के ऐसे बहुत–से शब्दों का प्रयोग हुआ है, जिनको स्थानीय स्तर पर संस्कृत, प्राकृत या पालि भाषाओं से ग्रहण किया गया है। निगमत्तूर (निगम या सदस्य) और वणिमन (व्यापार में संलग्न) आदि शब्द तमिल भाषा में संस्कृत से लिये गये। ध्यान देने की बात है कि, संस्कृत एवं अन्य आर्य भाषाओं के शब्द द्रविड़यन भाषाओं में अपनी भाष्य प्रणाली के अनुरूप ही ग्रहण किए गए हैं।

एक पौराणिक आख्यान के अनुसार अगस्त्य को तमिल (भाषा) का जन्मदाता एवं व्याकरणशास्त्री माना जाता है। कहा जाता है कि भगवान शिव ने अगस्त्य एवं उनकी पत्नी लोपामुद्रा को दक्षिण में जाकर व्यवस्था स्थापित करने का आशीर्वाद दिया था। शिवजी ने अगस्त्य को तमिल के बारे में जानकारी देने के लिए ड्रम बजाया था, बायें हाथ की ओर से आने वाली आवाज तमिल का आधार बनी एवं दायें हाथ की संस्कृत का। विद्वानों की धारणा है कि, अगस्त्यम या अकत्यम में 12,000

सूत्र थे। कुछ बाद के जोड़े गए सूत्रों को छोड़कर शेष उपलब्ध नहीं हैं। एक सूत्र जो अब भी मिलता है वह भाषा एवं साहित्य के सम्बन्ध को दर्शाता है।

जहाँ तक कन्नड़ भाषा का प्रश्न है प्रारम्भिक रचना में नृपतुंग का 'कविराजमार्ग' है, जो कि काव्य कला पर विवेचनात्मक निबन्ध है। अभी हाल ही में खोजी गई 'वोड्डाराधन' जैन लेखक शिवकोट्याचार्य की कृति है। इसी प्रकार तेलुगू एवं मलयालम में साहित्यिक कार्य हुआ जो आज भी विद्यमान है। नन्याभट्ट की 'भरता' (11वीं सदी) एवं श्रीराम की 'रामचरितम्' (14वीं सदी) क्रमशः तेलुगू एवं मलयालम की रचनाएँ हैं। प्राप्त शिलालेखों से यह निष्कर्ष निकाल सकते हैं कि तेलुगू एवं कन्नड़ भाषाओं के साहित्य ने उन्नति की ओर नृपतुंग तथा नन्याभट्ट के पूर्व भी ये भाषाएँ पूर्ण विकसित थीं। श्रीनिवास अयंगार की मान्यता है कि मलयालम दसवीं सदी से पूर्व 'शुद्ध तमिल' थी।

संगम साहित्य

तमिल साहित्य का इतिहास 'संगम' से प्रारम्भ होता है। जैसा पूर्व में उल्लेख किया गया है कि परम्परा से तीन संगमों की जानकारी मिलती है।

मुदल संगम (अध्यक्ष अगस्तयम, मदुरा में सम्पन्न) पहला संगम पुराने मदुरा में स्थित था, वह मदुरा जो अब हिन्द महासागर में डूब गया है। इसके सदस्य थे– अगस्त्य, तिरीपुरमरीथा, वीरिसडईकडावुल (शिव), कुनरामिरिंदा, मुरुगवल (मुरुगन या सुब्रमनी) आदि। अकादमी के कुल 549 सदस्य थे और 4,499 लेखकों से ज्यादा ने अपनी कृतियाँ संगम को दी। 89 पाण्ड्य राजा जिनमें सात कवि थे ने, प्रथम संगम को संरक्षण प्रदान किया, जो कि 4,400 साल बाद समाप्त हुआ।

इण्डै संगम (अगस्तय व तोलकाथियम अध्यक्ष, कापाटपुरम में सम्पन्न) दूसरा संगम एक अन्य डूबे हुए शहर कापाट्पुरम (अलवई) में स्थित था। इसमें अगस्त्य, इरुडयुर, कुरुनगोलीमोसी, वेल्लूनकप्यन आदि को सम्मिलित करते हुए 49 सदस्य थे। इस संगम ने कुल 3,700 कवियों को अपनी कृतियाँ छापने की अनुमति प्रदान की और इसे कुल 59 पाण्ड्य राज्यों का संरक्षण प्राप्त था। इसने लगातार 3,700 वर्षों तक प्रगति की। इस काल की प्रमाणिक रचनाएँ–**अकट्टयम** (अगस्त्यम), **तोलकाप्पियम, मापुरानम, इसई–नुनुक्कम, भूतापुरानम, कालिन्यालमाले, कुरुकु वेडांली** एवं **वयालामलई** हैं। इस संगम के पुस्तकालय में 8,149 रचनाएँ संगृहीत थीं परन्तु सभी समुद्र में बह गईं। **दूसरे संगम की एकमात्र रचना तोलकापियार की 'तोलकाप्पियम्' बची है, जो कि तमिल व्याकरण है।**

कूडल संगम (नक्कीरर अध्यक्ष, मदुरा में सम्पन्न) तृतीय संगम उत्तरी वर्तमान मदुरा में स्थित था और कुल 49 विद्वान् इसके सदस्य थे और 449 लेखकों ने अपनी रचनाएँ अनुमति के लिए इसे प्रदान कीं। 49 पाण्ड्य राजाओं ने इसे संरक्षण प्रदान किया जो 1,850 साल तक चलता रहा। इसके प्रमुख सदस्य नक्कीरर (अध्यक्ष), इरयनार, कपिलर, परनार (पणनार), सीत्तालाई सत्तनार और पाण्ड्य राजा उग्र आदि थे। किन्तु के.आर. श्री निवास अयंगर ने सम्पूर्ण संगम काल को 1000 वर्ष का स्वीकार किया है एवं ई.पू. 500 से 500 ई. के मध्य अधिकतम तीनों संगमों को रखा गया है।[3] दूसरी ओर नीलकंठ शास्त्री का विचार है कि यह सारा साहित्य अधिक से अधिक चार या पाँच सतत् पीढियों, दूसरे शब्दों में 120 या 150 वर्ष की घटनाओं को प्रतिबिम्बित करता है।[4] शास्त्री इन रचनाओं को 100 ई. से 300 ई. के मध्य रखते है। प्रस्तुत प्रमाणों में सर्वाधिक महत्वपूर्ण शिल्पदिकारम का उल्लेख है जिसमें चेर राजा शेनगुट्टुवन (**Saguttuvan**) को लंका के राजा गजबाहु के समकालीन कहा है। गजबाहु का समय 173 ई. से 195 ई. माना है। तद्नुसार संगम युग का अधिकतम समय 100 ई. से 250 ई. माना जा सकता है।

तोलकाप्पियम इसकी रचना अगस्त्य के 12 शिष्यों में से तोल्काप्पियर ने की। यह व्याकरण पर एक विवेचनात्मक निबन्ध है। यह ग्रन्थ सूत्रों के रूप में और तीन–तीन भागों में विभाजित है और उन तीनों में ही नौ–नौ अनुभाग हैं। ये तीनों भाग क्रमबद्ध व्याकरण में वर्ण विन्यास, व्युत्पत्ति (शब्द) और द्रव्य से सम्बन्धित हैं। वस्तुतः यह ग्रन्थ विश्व कोष प्रकार का एवं चिकित्सकों के लिए उपयोगी है। इसमें अलंकार एवं छन्द, शास्त्र चेतना सम्बन्धी अनुभव, वस्तुनिष्ठ अनुभव, रीति–रिवाज आदि का विस्तार से वर्णन किया गया है। श्री निवास आयंगर ने जिक्र किया है कि तोलकापियर ने अपनी व्याकरण रचना (तोलकप्पियम्) के तृतीय भाग में पांच आधारभूत पहलुओं पर चर्चा की है, जैसे– **मिलन, वियोग, प्रतिक्षा, विलाप एवं उद्विग्नता** और इन्हें प्रकृति की संरचना से सम्बद्ध किया है। धर्म, अर्थ, काम एवं मोक्ष की भी विवेचना मिलती है। इस ग्रन्थ पर अनेक परवर्ती विद्वानों ने टीकाएँ लिखी हैं।

तृतीय संगम की रचनाओं को तीन वर्गों में विभक्त किया जा सकता है–प्रथम, एट्टुतोकै या इथ्थुथोकइ (अष्ट पदावली), दूसरे पतुप्पाट्टु या पत्युपतु (दस ग्राम्य गीत) और तीसरे पेदिनेकिल्कणक्कु या पेडिनेककीसकनक (अठारह लघु शिक्षाप्रद काव्य)

एट्टुतोकै या इथ्थुथोकइ (अष्टपदावली)

- **नाण्णिनै या नट्रिणै** के प्रथम संगम में 400 पद मिलते हैं, जो 175 कवियों ने लिखे। अहावल (वृत्तान्त या कथा रूप) छंद में पंच तिणैयों संयोग, वियोग, प्रतीक्षा, विलाप व रुदन पर हैं।
- **कुरून्थोकै (कुरूंतोगै)** अहावल छंद में 400 लघुगीत जो 200 अलग–अलग कवियों द्वारा लिखे गए हैं। यह भी पंच तिणैयों में वर्ण्य विशेष प्रेम है।
- **एन्कुरूनुरू (ऐंगणनूरू)** पांच शतकों (सेन्तुम) में विभाजित 500 लघु प्रेम गीत हैं जो पंच तिणैयों– संयोग, वियोग, प्रतीक्षा, विलाप व रुदन पर आधरित है। प्रेम के पांच पक्षों पर सौ–सौ छंद एक कवि द्वारा लिखे गये है।
- **पदित्रुपत्तु (पटिट्रप्पत्तु)** 10 कविताओं, जिनमें प्रत्येक में 10 छंद हैं। यह ग्रंथ चेर शासकों के इतिहास एवं शौर्य का महत्वपूर्ण स्रोत है। परनार, कपिलर, कउथमजर, कक्कई, पडीनियर आदि लेखक थे।

- **परिपाडल (परिपादल)** मूल 70 गीत थे अब 22 उपलब्ध हैं जो देवताओं की स्तुति में लिखे गये हैं। कुछ अंश किसी संत के गुणगान में लिखे है।
- **कलिथोकै (कलितोगै)** पांच कवियों, कपिलर व अन्य चार की 150 कविताओं का संग्रह है। यह भी पांच तिणैयों पर आधारित है।
- **अहनानुरू (नेडुन्थोकै)** अहावल छंद में 145 कवियों की 400 कविताएँ पाण्ड्य नरेश उग्रेपेरू वेणदि के संरक्षण में लिखी गई। यह भावव्यंजक प्रेम गीत पद्य संग्रह है।
- **पुरूनानुरू** 150 कवियों के 400 गीत हैं। कपिलर, अव्वै, कोवूलकिलार, पैरून्थले, सतनार, पेरूम सितिरनार, उरैयूर, एनिचेरि, मुदमोसियार प्रमुख कवि थे।

पत्तुप्पाट्टु अथवा (पत्युपत्तु–पटिट्रपत्तु–दस ग्राम्य गीत)

- **तिरूमुरूकात्रुप्पटै (तिरूमुरूगारूप्पडै)** इसकी रचना नक्कीरर ने की है एवं भाष्य नच्चिनागर किनियर ने किया इसमें मुरुगन देव एवं उसके निवास का वर्णन है।
- **नैडुनल्वादै** रचनाकार नक्कीरर है, व्यथा–वियोग का चित्रण है।
- **पैरूम्पानान्नुप्पदैः** 500 पक्तियों का यह गीत रुद्रन कनार द्वारा रचित है। काँची शासक तोण्डैमान इलाण्डिरैयन के विषय में महत्वपूर्ण सूचनाएँ मिलती हैं। प्रशासन व नगरीय जीवन का वर्णन किया गया है।
- **मदुरैकांचि (मदुरैक्काचि)**: मांगुदि मरूथनार ने पाण्ड्य शासक की प्रंशसा में रचना की।
- **पतिनप्पालैः** रुद्रन कनार रचित प्रेम गीतों का संग्रह है। कवि को चोल शासक करिक्काल ने धन (16 लाख स्वर्ण मुद्राएं) देकर सम्मानित किया था। इसमें कावेरी पतनम बन्दरगाह का जिक्र आया है।
- **पेरूनशत्रुप्पदैः** रुद्रन पुन्नवार द्वारा काँची शासक इण्डिरैयन के राज्यपाल की प्रशंसा में 500 गीत लिखे गये।
- **सिरूपानात्रुप्पदै (शिरूपापारूप्पडै)**: इस काव्य का नायक नल्लियन कोड़न है। काव्य संग्रह में 275 ई. के चेर, चोल व पाण्ड्य कालीन सामाजिक जीवन का वर्णन किया है।
- **मुल्लैपातु (मुल्लैपाट्टु)**: नप्पुथनार ने 100 पदों में पाण्ड्य राजा वलैया लंगानम् की प्रशंसा की है एवं रानी के वियोग का अच्छा वर्णन किया है।
- **कुरुंचिपातु (कुरूजिप्पट्टु)**: कपिलार के 261 वाक्य हैं, ग्राम्य जीवन का वर्णन किया है।
- **मलैपदुकदाम (मलैपडुकडाम)**: 10 गीतों के इस अन्तिम संकलन में 582 वाक्य है। इसकी रचना कौशिकनार ने, नृत्य कला व प्रकृति चित्रण हेतु की।

पेडीनेनकीराकनक (पदिनेकिल्कणक्कु– अठारह लघु शिक्षाप्रद काव्य)

सूक्त रूप में नीति वाक्यों के 50 से अधिक श्लोक 18 लघु उपदेश गीतों में संकलित हैः

- **नालटियार (नालडियार)**: पदुपनार द्वारा लिखित यह 400 गीतों का संग्रह है।
- **नान्मणिक्कदेकै (नान्मणिक्कडिगै)**: का रचनाकार नागनार है यह 100 चतुष्पदी है।
- **कारनारपथु (कारनार्पदु)**: प्रेम से सम्बन्धित 40 पद है।
- **कलिवलिनारपथु** में चेर–चोल संघर्ष का 40 पृष्ठों में वर्णन है।
- **इनियवैनारपथु (इनियनार्पदु)** के चालीस पदों की रचना शेन्दनार ने की थी।
- **इनारपथु (इनार्पदु)** में निषेधात्मक निर्देश दिए गए।
- **अष्टम, नवम व दशम** संग्रह प्रेम गीतों से सम्बन्धित है।
- **कुरल (या मुगल)** की रचना कवि तिरुविल्लुवुर ने की, जिसे ब्रह्मा का अवतार माना गया। 133 खण्ड में, प्रत्येक में 10 दोहे हैं, जिनमें धर्म (एवं मोक्ष), अर्थ व काम का वर्णन है। इसे तमिल साहित्य का आधार ग्रंथ माना जाता है इस ग्रंथ को अघुवेद भी कहा जाता है। इसकी रचना कवि के मित्र व लंका के राजा इलल के पुत्र को शिक्षा देने हेतु की थी।
- **तिनिकटुकम (तिरिकडुगम)**: 10 पदों के इस संग्रह की रचना वैष्णव नामक कवि ने की है, औषधियों का वर्णन है।
- **आचारक्कोवैः** मल्लीयर नामक शैव कवि ने की है।
- **पलमोली**: 400 पदों के गीत काव्य की रचना जैन संत मुनुरूरेयर ने की।
- **सिरूपंचमूलम (शिरूपंचमुलम)**: जैन विद्वान ने 98 पदों की रचना की है।
- **पदमोलिक कांचि (मुदुमोलिक्कांजि)**: रचनाकार कुडुलरकीलार है धर्मसूत्रों व स्मृतियों का प्रभाव है।
- **इलि (कैलि)**: रचनाकार पदीनेण है।
- **एलादिः** एक जैन संत ने 80 पदों की रचना की है।

कहा जा सकता है कि 18 ग्रंथों में कुरल, नालडियार व पलमोलि का विशेष महत्व है

खण्ड काव्यों में नक्कीरर कृत **'नदुनलवाडई'** महत्वपूर्ण ग्रन्थ है। उसमें शिविर स्थित पाण्ड्य नरेश नेडुलजेलियन की घर पर विरहग्रस्त रानी की मनःस्थितियों के भेद का चित्रण किया है। 'पतिनधालई' एक खण्ड काव्य है, जिसकी रचना रुद्रमकन्नानर ने की थी। इसमें दो विरोधी भावों से ग्रस्त नायक के अन्तर्द्वन्द्व का सुन्दर चित्रण किया गया है। नायक की वीरता का भाव जहाँ उसे युद्ध की ओर प्रेरित करता है वहीं दूसरा घर पर बैठी प्रेयसी की ओर आकृष्ट होता है। शिक्षाप्रद छोटे काव्यों में तिरुवल्लुर द्वारा रचित तिरुकुरल अथवा कुरत का विशेष स्थान है, इसमें धर्म, अर्थ, काम से सम्बन्धित सम्यक् शिक्षाएँ मिलती हैं।

परवर्ती संगम अन्तिम संगम काल के आखिरी दौर में पाँच बड़े–बड़े महाकाव्य भी लिखे गए–शिलप्पादिकारम, मणिमेखलई, जीवक चिंतामणि, वलयपति और कुंदलकेशी। पहले दो

महाकाव्यों की तुलना रामायण एवं महाभारत से की जाती है। इन ग्रंथों से ईसा की प्रारम्भिक शताब्दियों के तमिल इतिहास की महत्वपूर्ण जानकारी मिलती है।

शिलप्पदिकारम शिलप्पदिकारम (नुपूर की कहानी) का नायक कोवलन माधवी (मादवी) नामक वेश्या के प्रेम में अपना सारा धन लुटा देता है और अन्त में निराश होकर अपनी पत्नी कण्णगी के पास लौट आता है। कण्णगी (कनकी) अपने पति के अनुचित व्यवहार एवं गलत मार्ग पर चलने के उपरान्त भी सतीत्व एवं निष्ठा के लिए आत्म–बलिदान कर देती है। इस महाकाव्य की रचना इलंगो अडियल (अदिगल)ने की थी। अपने भाई चेर शासक शेनगुट्टुवन के भय से वह सन्यासी बन गया था। इस कथा में कण्णगी तमिल देवी के रूप में पूजी जाती है।

मणिमेखला दूसरा महाकाव्य मणिमखलई (मणिमेखला) पहले का शेष भाग है। इसकी नायिका मणिमेखला वेश्या माधवी से उत्पन्न कोवलन की पुत्री है, जिसे कण्णगी (कनकी) ने आत्मिक रूप से स्वीकार कर लिया था। कनकी की प्रेरणा से मणिमेखला मानवीय प्रेम की निःसारता को समझकर अन्त में बौद्ध भिक्षुणी बन जाती है। इस महाकाव्य की रचना बौद्ध व्यापारी सित्तलैसत्तनार या कुलविनिशन सतनार ने की थी। इस ग्रंथ में बौद्ध धर्म के तत्वों को प्रमुखता से रखा गया है। जीवक चिंतामणि एक जैन लेखक की रचना है। वह अनुचित रीति से सिंहासन हस्तगत करने वाले व्यक्ति का वध करने के बाद अपने पिता का सिंहासन त्यागकर जैन साधु बन जाता है। इसकी रचना जैन संत तिरुतक्कदेवर ने की थी। इसमें 2700 मौलिक छंद हैं। कुंडलकेशी (महाकाव्य) कावेरी की बेटी कुंडलकेशी चोर को बचाती है व प्रेम करने

कहा जा सकता है कि उपरोक्त तमिल साहित्य 2,000 वर्ष पूर्व के तमिलों के जीवन के बारे में महत्वपूर्ण जानकारी प्रदान करते हैं। टुकड़ों या भागों को छोड़कर इन कविताओं ने कभी न खत्म होने वाले स्रोत को स्थापित किया है जो प्राचीन तमिल के सामाजिक इतिहास की किताब है।[5] संगम साहित्य तत्कालीन धार्मिक आन्दोलनों के प्रभाव से मुक्त नहीं रहा। छठी शताब्दी में शैव एवं वैष्णव मतों के आविर्भाव के साथ आलवार कवियों ने भक्ति संगीत की रचना की।

समाज एवं संस्कृति प्रारम्भिक तमिल समाज मूलतः आदिवासी था। दक्षिण के लोग अपने सरदारों के अधीन जीवन बिताते थे। आख्यानात्मक (कथा रुप में) संगम ग्रन्थों से पता चलता है कि सेना नाममात्र की होती थी और कर संग्रह प्रणाली तथा न्याय व्यवस्था प्रारम्भिक अवस्था में थी। इन ग्रन्थों से हमें वणिकों, शिल्पियों तथा कृषकों के बारे में जानकारी मिलती है।[6]

उत्तर भारतीय प्रकार के चार वर्णों में सामाजिक विभाजन की रूपरेखा तमिल समाज में दिखाई नहीं देती। संगम साहित्य से यह अवश्य ज्ञात होता है कि वहाँ विभिन्न वर्गों में विभाजित समाज अस्तित्व में आ चुका था।

भूमिदान इस काल में तमिल प्रदेश में ब्राह्मण कवियों को भूमि और यहाँ तक कि पूरे के पूरे ग्राम दान कर दिए थे। भूमि के साथ–साथ गाँव से राजस्व वसूल करने के अधिकार तथा खदानों पर अधिकार जैसे कुछ आर्थिक विशेषाधिकार भी अनुदान ग्राहियों को हस्तान्तरित किए गए। ब्राह्मणों, पुरोहितों को गाँव दान दिए जाने से गैर–काश्तकार लोगों की एक श्रेणी बनी। उल्लेखनीय है कि ब्राह्मण, पुजारी या कवि आदि स्वयं खेती नहीं करते थे उन्हें खेती करने के लिए अन्य लोगों को लगाना पड़ता था। इस प्रकार असली खेतिहर उसके उत्पाद से पृथक् हो गया। धार्मिक नेताओं का अधिकार न केवल भूमि पर ही था अपितु उन किसानों पर भी था जो खेतों में काम करते थे। अर्थात् किसानों के अधिकार क्षीण हो गए और वे दासता की स्थिति में पहुंच गये।

पुरोहित या ब्राह्मण वर्ग विद्वानों की मान्यता है कि संगम काल से पूर्व तमिल समाज में ब्राह्मणों का अस्तित्व नहीं था। तमिल प्रदेश में सर्वप्रथम संगम काल में ही वैदिक परम्परा के पोषक ब्राह्मण पुरोहितों का आविर्भाव हुआ। उनको किसी प्रकार क्षति न पहुँचाना तथा उन्हें सम्मान देना, इस काल के राजाओं का आदर्श था। अधिकतर उनके सुझावों के अनुसार ही राजाज्ञा पारित करता। ब्राह्मणों को सम्मानपूर्वक दान देना तथा उन्हें सदा प्रसन्न रखना संगम युग के शासकों का राजोचित आदर्श कहा जा सकता है। युग के चोल शासक करिकाल ने ऐसे ही ब्राह्मण कवि रुदनकन्नार को 16,00,000 स्वर्ण मुद्राएँ प्रदान कीं। कभी–कभी अनुदार शासक के सामाजिक प्रभाव को क्षीण करने में इन कवियों की प्रभावशाली भूमिका की कल्पना की जा सकती है। वे वैदिक साहित्य का अध्ययन, अध्यापन, काव्य लेखन तथा यज्ञों का अनुष्ठान आदि कार्य सम्पन्न करते थे।[7] ब्राह्मण अपनी दैनिक धर्मिक विधियाँ, जिनमें अतिथि सत्कार भी शामिल था, भली–भाँति पूरी करते थे, उन सबका वर्णन कवियों ने मार्मिकता के साथ किया है। स्पष्टतः ब्राह्मण मांस खाते और ताड़ी पीते थे और इसके लिए उनकी निन्दा नहीं होती थी।[8]

शासक वर्ग कुलों के छोटे–बड़े मुखिया तंत्र से शासक वर्ग का उद्‌भव कहा गया है। कविताओं में मुखिया तंत्र के मुखियाओं को 'श्रेष्ठ' 'पेरुमकम' एवं मुखिया पुत्र को 'मकन' कहा है। जिनके पास अधिक खेतिहर इलाके थे, वे मुखिया तंत्र अधिक शक्तिशाली थे। तमिल क्षेत्र में तीन प्रकार के मुखिया तंत्र थे–'किलार' (छोटे मुखिया), वेलीर (बड़े मुखिया), वेंतर (सबसे बड़े मुखिया)। किलार छोटे गाँवों (उर) के मुखिया होते थे। संगम साहित्य में इस बात के संकेत मिलते हैं कि 'किलारों' को बड़े मुखिया तंत्रों, जैसे–चेर, चोल और पाण्ड्य के सैनिक अभियानों में 'विदुतोलिल' (अनिवार्य सेवा) करनी पड़ती थी। 'वेलीर' मुख्यतः पहाड़ी क्षेत्रों पर नियंत्रण रखते थे। बड़े मुखिया तंत्रों में चेर, चोल और पाण्ड्य आदि राजघरानों को मूवेंदर कहा जाता था। इनका बड़े हिस्सों पर नियंत्रण था। चेरों का नियंत्रण पश्चिमी घाट में स्थित कुरिजों पर था, चोलों का कावेरी क्षेत्र पर और पाण्ड्यों का दक्षिण मध्य समुद्री इलाके पर। शक्तिशाली सरदार कमजोर सरदार के इलाकों पर कब्जा जमा लेते और उनसे नजराना वसूल करते थे। शासकवर्गीय वल्लाल लोग राजा के विशेष कृपापात्र

होने के कारण शिकार के दौरान भी साथ रहते थे। परनानूरु से ज्ञात होता है कि खेतिहर वल्लाल उच्च सैनिक एवं सरकारी पदों पर नियुक्त किए जाते थे।

व्यापारी वर्ग संगम साहित्य में व्यापारी लोगों (वेनिगर) का जिक्र आया है। आन्तरिक एवं बाह्य व्यापार में संलग्न 'वेनिगरों' का समाज में विशिष्ट स्थान था। एक स्थान से दूसरे स्थान पर ले जाने वाले व्यापारिक सामानों पर आन्तरिक परिवहन शुल्क भी सरकारी आमदनी का एक जरिया था। सरकार की ओर से व्यापारिक मार्गों की सुरक्षा की समुचित व्यवस्था की जाती थी। कहा गया है कि इस काल के पुहार, तोण्डी, मुशिरी तथा वज्जि आदि नगरों के उत्खननों से उपलब्ध साक्ष्यों तथा स्फुट साहित्यिक उल्लेखों से तत्कालीन दक्षिण भारतीय आन्तरिक तथा विदेशी व्यापार की प्रगति का ज्ञान होता है। **पुहार बन्दरगाह** के व्यापारी वैदेशिक व्यापार वाणिज्य एवं आर्थिक कार्य कलाप के कारण बहुत धनाढ्य थे। इस नगर में व्यापारियों के पास प्रायः दो मंजिले भव्य भवन थे। नीचे की मंजिल में व्यापारिक माल रखा जाता था तथा ऊपरी मंजिल में व्यापारियों का परिवार रहता था। बन्दरगाहों में यवन (सम्भवतः अरब) आदि विदेशी व्यापारी आकर ठहरते थे। इस काल के नगरों में निर्मित धनाढ्य व्यापारियों के भवन घंट तथा गारे से बने थे। 'वेनिगरों' की तुलना में 'चेतिवर्ग' के व्यापारियों का कम महत्व था, क्योंकि वे साधारण कोटि के व्यापारी थे।[9] व्यापारी वर्ग के डमणनर (नमक के व्यापारी), कुलवणिकन (अन्न का व्यापारी), अरुनैवणिकन (वस्त्र व्यापारी), पोन्वाणिकन (स्वर्ण व्यापारी) आदि के उल्लेख मिलते हैं।

भूस्वामी–वेल्लाल (वेल्लालर या उरार नडोर) तथा कामगार

दक्षिण भारत में लौह युग के दौरान धान की खेती का प्रसार हुआ। जुताई में बैलों को काम में लाने और लोहे के हल–फाल कृषि विस्तार का महत्वपूर्ण कारण बने। इससे कृषि उत्पादन में वृद्धि हुई।

'उषवर'[10] और 'वेल्लालर'[11] (वल्लाल) प्रमुख किसान थे। उषवर से तात्पर्य हलवाला (खेतों में काम करने वाले) तथा वेल्लालर का अभिप्राय था भूमि का मालिक। समाज मोटे रूप में दो वर्गों में विभक्त था, 'उच्च' और 'निम्न'। दोनों वर्गों के बीच बड़ी आर्थिक विषमता थी। उच्च वर्ग में शासक, सामन्त तथा वेल्लाल और वेलीर वर्ग आते थे, जो भूमि के मालिक थे। स्मरणीय है कि, वल्लालों का समाज भी दो भागों में बंटा हुआ था–पहला सम्पन्न कृषक (जमींदार वर्ग) तथा दूसरा विपन्न कृषक (मजदूर कृषक वर्ग)। सम्पन्न कृषक 'वल्लाल' वर्ग के लोग सेना तथा अन्य राजकीय पदों पर नियुक्त थे। उनके पास पर्याप्त कृषि भूमि होती थी उनके खेतों में सर्वाहार वल्लार वर्ग के लोग कार्य करते तथा मजदूरी से जीविका चलाते थे।

कृषकों से इतर निम्न वर्ग में भाट, नृतक, शिकारी (कुखर), चरवाहे (आयर और इटैयर), रस्सी बनाने वाले (पुलैयन), बढ़ई, लुहार (कोलार), कुम्हार (कुयावर), गड़रिए, मछुआरे परतवर (धोबी) एवं अन्य कई कामगार सम्मिलित थे। उच्च एवं निम्न वर्ग के बीच गहरी आर्थिक विषमताएँ थीं। व्यावसायिक वर्गों की सामाजिक स्थिति विशेष सम्मानजनक न थी।

एम.जी.एस. नारायणन ने संगम साहित्य में वर्णित लड़ाकू जनजातियों के शासकों के विशिष्ट रीति–रिवाजों की ओर ध्यान आकृष्ट किया है, जिनमें 'मरवा' नामक जनजाति में प्रचलित 'वेत्वी प्रथा' विशेष उल्लेखनीय है। इस प्रथा के अन्तर्गत पशुओं की चोरी, दूसरे राज्यों की सम्पत्ति का अपहरण तथा लूटमार आदि कर्मों की छूट होती थी। वे मैदानी भू–भागों के पशुओं का अपहरण करके उनके मालिकों के साथ आए दिन लूट–मार करने में अपना जातीय शौर्य मानते थे।[12]

स्त्रियों की स्थिति उच्च वर्ग की स्त्रियाँ जहाँ शिक्षित होती थीं वही निम्न वर्ग की स्त्रियों के जीविका के लिए खेतों पर पुरुषों के साथ काम करने की जानकारी मिलती है। उरैयूर नगर में उस काल में सूती वस्त्र निर्माण कार्य विकसित अवस्था में था। सूत कातने, धान रोपने, काटने का कार्य स्त्रियाँ ही करती थी। दरांती, कुदाल आदि कृषि औजारों के प्रयोग से स्त्रियाँ अच्छी तरह परिचित कही गई हैं।

उच्च वर्ग की स्त्रियों को समुचित शिक्षा दी जाती थी। पुरुषों के समान स्त्रियों द्वारा कविताओं की रचना की जानकारी मिलती है। इसके अतिरिक्त संगीत, गायन, नृत्य की शिक्षा स्त्रियों को विशेष रूप से दिये जाने का बोध होता है। ओवैयर तथा नच्चेलियर आदि नाम उच्चवर्गीय स्त्रियों की सामाजिक स्थिति को इंगित करते हैं। परवर्ती संगम ग्रन्थ 'मणि–मेखला' के अनुसार संगमयुगीन शासकों अथवा उच्च वर्ग के लोगों की उप–पत्नियों को नियमित रूप से शिक्षा दी जाती थी। दीर्घकाल तक चलने वाली उनकी शिक्षा का ध्येय दरबारी नृत्य, लोक नृत्य, गायन, सारंगी, वेणुवादन, सुस्वादुपाक कला, चित्रकारी, कढ़ाई तथा अन्नान्य उप–कलाएँ थीं। अभिजात्य वर्ग के नवयुवक एवं नवयुवतियाँ जलक्रीड़ा में एक साथ भाग लेते थे। नर्तकियाँ कभी–कभी शासकों की प्रेमिका के रूप में रानियों की प्रतिद्वन्द्विनी हो जाती थीं। संगम साहित्य में कण्णगी तथा कोवलन आदि की कहानी इस तथ्य को पुष्ट करती है।[13] स्त्रियों के अपने पति के साथ युद्ध में जाने के संकेत कुछ कविताओं में मिलते हैं। कवि कहता है कि जिन महिलाओं के पति वीर गति को प्राप्त होते थे वे कल्लुमलम के युद्ध क्षेत्र में विलाप करती थीं, यदि इसे केवल आलंकारिक वर्णन न माना जाए तो यह कहा जा सकता है कि कम–से–कम ऊँचे परिवारों की महिलाएँ कभी–कभी अपने पतियों के साथ युद्ध क्षेत्र में जाती थीं।[14]

उत्तर भारत की तरह दक्षिण में भी आठ प्रकार के विवाहों की लोगों को जानकारी थीं। नीलकंठ शास्त्री की मान्यता है कि तोलकप्पियम में आर्यों के उपरोक्त आठ प्रकार के विवाहों का वर्णन है। विवाह के सम्बन्ध में तमिलों की धारणा अपेक्षाकृत सरल थी। उन्होंने पुरुष और स्त्री की एक–दूसरे के निकट आने की प्राकृतिक आवश्यकता और देश के विभिन्न भागों की भौतिक परिस्थितियों में भेद के फलस्वरूप प्रेम की अभिव्यक्ति

में अन्तर को मान्यता दी। उन्होंने इन्हें पाँच तिणाई से दर्शाया है। एक पक्षीय प्रेम को 'कैक्किल्लई' (असुर, राक्षस व पैशाच आदि विवाह शामिल) और अनुचित प्रेम को 'पेरुन्द्रिणाई' की संज्ञा दी। इस ढाँचे में आर्यों के विवाह के आठ रूपों को खपाने की कोशिश की गई जिसका परिणाम सुखकर नहीं हुआ।[15]

विधवाओं की स्थिति अच्छी नहीं थी, पति के मर जाने पर स्त्री को अपने बाल कटवा लेने पड़ते थे। उन्हें सुन्दर आभूषणों का भी परित्याग करना होता था। विधवा स्त्रियाँ हरी सब्जियाँ नहीं खा सकती थीं। विधवाओं के लिए ठण्डे पानी से स्नान करने तक की मनाही थी। संभवतः इस कठोर जीवन कल्पना से कुछ स्त्रियाँ अपने पति के साथ मर कर सती होना अधिक उचित समझती थीं।

मनोरंजन

विशाल संगम साहित्य इस तथ्य का प्रमाण है कि तमिल शासकों ने कवियों को वांछित प्रश्रय प्रदान कर इस विशाल साहित्य के सृजन में सहयोग किया। नृत्य कला के विकसित स्वरूप का भी हम अनुमान लगा सकते हैं। कई प्रकार के वाद्य यंत्र बजाए जाते रहे होंगे। याल्ल (वीणा की तरह यंत्र), सारंगी एवं बाँसुरी वादन में लोगों की रुचि के संकेत मिलते हैं। भरतनाट्यम प्रकार का नृत्य तथा स्त्री–पुरुषों के सह–नृत्य का प्रचलन था। मनोरंजन के सामान्य साधनों, कुश्ती, तैराकी, खेलकूद, शिकार, पासे के खेल (चौपड़ की तरह) द्वारा भी मनोरंजन किया जाता था। लोक सामिष एवं निरामिष दोनों प्रकार का भोजन करते थे। विदेशी (रोमन) मदिरा का सेवन करते थे। चावल आवश्यक खाद्यान्न के रूप में तथा भोजन के बाद पान–सुपारी खाने की प्रथा थी।

मृतकों को जलाकर अथवा गाड़कर अन्तिम संस्कार किया जाता था अर्थात् दोनों प्रकार की अंतिम क्रियाओं का प्रचलन था। जनजातियों में समाधि स्थल पर पत्थर गाड़ने की जानकारी मिलती है। चावल पिण्ड का दान विधवाएँ अपने पति के लिए करती थीं।

कहा जा सकता है कि, संगम साहित्य हमें सुदूर दक्षिण में राजनीतिक, सामाजिक एवं आर्थिक स्थिति का बोध कराता है। भारतीय साहित्य की धरोहर में संगम साहित्य ने वृद्धि ही नहीं की बल्कि इसने तत्कालीन राजनीतिक, आर्थिक स्थिति एवं धुनि समाज का सही चित्रण करके भारतीय इतिहास में एक महत्वपूर्ण कड़ी का कार्य किया। इस दृष्टि से सभी आधुनिक इतिहासकार संगमकालीन कवियों के आभारी हैं।

ब्राह्मण धर्म का आरम्भ

तमिल क्षेत्र में वैदिक संस्कृति के स्वागत एवं सम्मानजनक स्थिति का बोध संगम साहित्य से होता है। दक्षिण एवं उत्तर भारत के सांस्कृतिक सम्बन्धों के क्रम में अगस्त्य ऋषि की अनुश्रुतियों में से एक अधिक महत्वपूर्ण है जिसके अनुसार समुद्र में छिपे असुरों का विनाश करने हेतु अगस्त्य द्वारा समुद्र पी जाने की कथा है। अगस्त्य के अनेक मन्दिर अगस्त्येश्वर नाम से प्रसिद्ध है, जिनमें शिव मूर्तियाँ स्थापित है। ऋग्वेद में अगस्त्य को मंत्र दृष्टा कहा गया है। उनकी पत्नी लोपामुद्रा एवं बहन का वर्णन भी आया है।

दक्षिण में अगस्त्य के समान ही कौण्डिन्य का भी सम्बन्ध रहा है। इस गोत्र के ब्राह्मणों को भूमि दान का जिक्र अनेक शिलालेखों एवं ताम्र पत्रों में मिलता है। संगम काल में ब्राह्मण राजाओं के पुरोहित रूप में कौण्डिन्य ब्राह्मणों के प्रतिष्ठित होने की जानकारी मिलती है। यह भी विवरण मिलता है कि पांड्य राजाओं के पुरोहित अगस्त्य गोत्र के ब्राह्मण होते थे। एक अनुश्रुति के अनुसार तमिल व्याकरण का रचनाकार अगस्त्य को माना गया है।[16]

तोल्काप्पियम् एवं पुरनानुरु के लेखकों एवं इन कृतियों के टीकाकार नच्चिरक्किर्नियर (चौदहवीं शताब्दी) ने अगस्त्य को द्वारका से सम्बन्धित माना है। वैदिक धर्म में प्रचलित यज्ञों एवं कर्मकाण्डों को दक्षिण में यथावत् स्वीकार किया गया किन्तु कुछ मामलों में समन्वयात्मक रवैया भी अपनाया गया।

उपासना पद्धति महापाषाणिक लोग **मुरुगन** की उपासना करते थे। आदिचनल्लूर से प्राप्त समाधियों में काँसे के कुक्कुर, लोहे के बर्छे, स्वर्ण मुखांग (मुकुट) एवं मुर्गे चिन्ह त्रिशूल से संकेत मिलता है कि मुरुगन की उपासना प्रागैतिहासिक काल में भी किसी–न–किसी रूप में प्रचलित थी। मुरुगन या मुरुकन का नाम इस काल में सुब्रह्मण्य भी मिलता है और **स्कंद–कार्तिकेय** एक ही माने गये।

शिव–पार्वती के पुत्र स्कंद–कार्तिकेय की कथा रामायण, महाभारत एवं पुराणों में मिलती है। कार्तिकेय को गंगा, कहीं शिव तथा अग्नि का पुत्र दर्शाया गया है। स्कन्द–कार्तिकेय की कथा तमिल में मुरुगन या मुरुगु (कुमार) के रूप में स्वीकार कर ली गई। मुरुगन का स्थानीय नाम 'वेलन' (वेल या बर्छा युक्त) भी मिलता है, जो इनके अस्त्र से सम्बद्ध रहा है।

मुरुगन की उपासना में पुजारी द्वारा वेलनाडल नामक उल्लासमय नृत्य करने एवं सिर पर वेलन (मुरुगन) आकर बैठने का आख्यान मिलता है और यह परम्परा महापाषाण काल से आज तक यथावत है।[17] दूसरे शब्दों में संगीत व नृत्य धार्मिक कृत्य माना जाता था।

पुहार में इन्द्र देवता का वार्षिक समारोह होता था, जिसमें उनकी पूजा होती थी। समयान्तर से शिव, अर्द्ध–नारीश्वर, अनंतशायी विष्णु, कृष्ण–बलराम की उपासना भी लोकप्रिय हो गई। विष्णु पूजा में तुलसी का महत्व एवं घण्टा ध्वनि के प्रभाव का पदिट्रप्पत्तु में उल्लेख हुआ है। मणिमेखलई में कापालिक शैव संन्यासियों का विवरण मिलता है। इसी ग्रंथ में सरस्वती मन्दिर का जिक्र भी आया है। देवताओं की कृपा दृष्टि की कामना से लोग मन्दिरों में उपवास–व्रत करते थे।

जैन धर्म का प्रसार

महावीर स्वामी के बाद इन्द्रभूति गणसुधर्माचार्य, विष्णुकुमार, नन्दिमित्र, अपराजित व भद्रबाहु आदि अध्यक्ष बने। जैन स्रोतों से ज्ञात होता है कि महावीर स्वामी की मृत्यु के 200 वर्षों बाद मगध में भयंकर अकाल पड़ा जो बारह वर्ष तक चलता रहा।

उस समय आचार्य भद्रबाहु के साथ कई जैन संन्यासी दक्षिण गये। यह कहा जाता है कि मौर्य वंश के प्रथम शासक चन्द्रगुप्त मौर्य ने अपने शासन के अन्तिम समय में जैन धर्म ग्रहण किया और शासन त्यागकर कर्नाटक में श्रावणबेलागोला नामक स्थान पर संन्यासी का जीवन व्यतीत किया और उपवास द्वारा प्राण त्याग दिया। भद्रबाहु एवं चन्द्रगुप्त मौर्य के दक्षिण जाने की चर्चा हरिषेण (839 ई.) ने बृहद्कथाकोष में की है और कई अभिलेखों से भी जिक्र आया है। श्रावणबेलागोला में एक चन्द्रगिरि पर्वत तथा भद्रबाहु गुफा भी है। चन्द्रगुप्त बस्ती के प्रवेश द्वार पर लगभग नब्बे चित्र उत्कीर्ण है। अशोक का पौत्र सम्प्रति श्वेताम्बर जैन सम्प्रदाय में आस्था रखता था। संभवतः उसने दक्षिण में जैन धर्म के प्रचारार्थ जैन साधुओं को भिजवाया था। मगध में पड़े अकाल के दौरान भद्रबाहु दक्षिण चले गये एवं स्थूलबाहु के साथ कुछ लोग मगध में रह गये थे। उस समय दक्षिण के जैन–दिगम्बर व उत्तर के जैन श्वेताम्बर दो भागों में विभाजित हो गये थे। आचार्य सुहस्तिन ने सम्प्रति को श्वेताम्बर जैन मत में दीक्षित किया था। ई.पू. प्रथम शती के लगभग कालकाचार्य दक्कन में पेंथ नामक स्थान पर राजा के यहाँ उपस्थित हुए थे। विद्वानों की मान्यता है कि सातवाहन शासक हाल के काल की यह घटना रही होगी। दक्षिण के कदंब एवं गंग शासकों ने भी जैन धर्म को संरक्षण प्रदान किया। जैन मतावलम्बियों को मन्दिर आदि के निर्माण हेतु दान में भूमि मिली। कहा जा सकता है कि, कर्नाटक एवं तमिल क्षेत्र में जैन समुदाय ने स्थापत्य, कला, साहित्य की प्रगति में उल्लेखनीय योगदान किया।

बौद्ध केन्द्र

अशोक के अभिलेखों से बौद्ध धर्म के प्रचार–प्रसार की पर्याप्त जानकारी मिलती है। पाण्ड्य, चोल, केरलपुत्र, सतियपुत्र आदि पड़ोसी राज्यों में अशोक ने चिकित्सालयों की स्थापना करवाई थी। पश्चिम घाट के पर्वतों को काटकर सातवाहनों एवं पश्चिमी क्षत्रपों द्वारा निर्मित किये गये चैत्यों एवं विहारों के भव्य अवशेषों से भी दक्षिण में बौद्ध धर्म के प्रसार का बोध होता है। इस प्रकार के चैत्य गुफाएँ पुणे, आन्ध्र में कृष्णा नदी के निचले क्षेत्रों में देखी जा सकती है। दक्कन में भी ई.पू. तीसरी शती में बौद्ध धर्म अपने प्रभाव पर था। ईसा की प्रारम्भिक शताब्दियों में दक्कन में बौद्ध के अनुयायियों की संख्या में वृद्धि हो रही थी। इसी काल में अमरावती स्तूप को अलंकृत किया गया। आन्ध्रप्रदेश में जग्गयापेट, अमरावती एवं भट्टिप्रोलु के स्तूपों पर उत्कीर्ण लेख भी बौद्ध धर्म की लोकप्रियता को दर्शाते हैं।

इस परिप्रेक्ष्य से मूर्ति निर्माण को बढ़ावा मिला। स्तूप, बोधि वृक्ष, बुद्ध के चरण चिन्ह त्रिरत्न के प्रतीक त्रिशूल, धर्मचक्र आदि बौद्ध धर्म के तत्व स्थानीय स्थापत्य के अंग बने। अनेक स्त्री–पुरुषों को अपने आराध्य देव के सम्मुख घुटने के बल बैठकर अथवा साष्टांग रूप में उकेरा गया।

तत्कालीन प्रमुख बौद्ध केन्द्रों का संक्षेप में यहाँ विवरण दिया जाना उचित होगा।

नागार्जुन कोंड हैदराबाद से 100 मील दक्षिण पूर्व कृष्णा नदी के तट पर स्थित नागार्जुन कुण्ड महायान सम्प्रदाय का महत्वपूर्ण केन्द्र था इसका सम्बन्ध बौद्ध आचार्य नागार्जुन से रहा है। लांगहर्स्ट ने इसके पुरावशेषों को खोजा था। दूसरी शती ई. के मध्य नागार्जुन ने माध्यमिक सिद्धान्तों का प्रतिपादन करके शून्यवाद दर्शन को विकसित किया। इस दौर में हिन्दू एवं बौद्ध धर्म के बीच सौहार्दपूर्ण सम्बन्ध बने रहे। **ह्वेनसांग** के समय यहाँ एक सौ से अधिक बौद्ध विहार थे, जिनमें हीनयान एवं महायान दोनों शाखाओं के अनुयायी एक साथ रहते थे। सातवाहन शासक हाल ने यहां विहार बनवाया था। नागार्जुन के शिष्य आर्यदेव के नालन्दा बौद्ध केन्द्र के प्रधानाचार्य नियुक्त होने की जानकारी मिलती है। कहा जाता है कि अन्तिम दिनों में आर्यदेव कांची में रहने लगे थे। उसने 'चतुः शतक' नामक ग्रंथ की रचना की थी। नागार्जुन के 'मूल माध्यमिक सूत्र' पर अन्य महायान आचार्य बुद्धपालित ने भाष्य लिखा था। नागार्जुन के शून्यवाद (जगत शून्य है) चन्द्रकीर्ति व शान्ति है। वर्तमान में नागार्जुन कोंड कृष्णा नदी घाटी पर नागार्जुन सागर बांध के निर्माण से जलमग्न हो गया है एवं इसके कुछ अवशेषों को नागार्जुन पहाड़ी पर यथावत् स्थापित किया गया है। प्राप्त विवरण के अनुसार ईसा की तीसरी चौथी शताब्दियों में एक वर्ष के अन्दर 30 से अधिक बौद्ध प्रतिष्ठानों का निर्माण हुआ[18] था। विहारों के अतिरिक्त नौ स्तूपों के अवशेष भी थे।

कांचीपुरम (कांजीवरम्) चैन्नई से 37 मील दक्षिण–पश्चिम में स्थित यह नगर भी बौद्ध धर्म का प्रसिद्ध केन्द्र रहा है। इस नगर का विकास ई.पू. 100 से 300 ई. के मध्य हुआ। अनेक स्तूप एवं बौद्ध मन्दिरों के अवशेष उत्खनन में मिले। महायान सम्प्रदाय का यहाँ अधिक विकास हुआ। पाँचवीं शती के अन्त में सुप्रसिद्ध बौद्ध आचार्य **दिङ्नाग** मूलतः कांचीपुरम के ब्राह्मण थे। उसने कई ग्रंथों की रचना की, जिनमें 'प्रमाण समुच्चय', 'न्याय प्रवेश', 'प्रज्ञापारमिता–पिण्डार्थ' प्रमुख हैं। दिङ्नाग का शिष्य धर्मपाल भी कांची से सम्बद्ध था। धर्मपाल ने नालन्दा विश्वविद्यालय के अध्यक्ष पद को शोभित किया था। दक्षिण में कई बौद्ध आचार्यों की उपस्थिति इस तथ्य का प्रमाण है कि यह क्षेत्र बौद्ध धर्म के केन्द्र रूप में संगम काल में विकसित हुआ और बाद तक इसका प्रभाव रहा, जिसके परिणामस्वरूप बौद्ध साहित्य का बड़ी संख्या में सृजन हो पाया। कोरिया से प्राप्त एक उत्कीर्ण लेख से पता चलता है कि ईसा की चौदहवीं शताब्दी में ध्यानभद्र नामक भिक्षु कांचीपुरम आया था और उसने वहाँ बौद्ध प्रवचन सुना। **ह्वेनसांग** ने 640 में इस नगर की यात्रा की थी। यह पल्लवों की राजधानी थी और उनके शासन में निर्मित कैलाशनाथ एवं बैकुण्ड़पैरुमाल मन्दिरों के लिए भी प्रसिद्ध है।

अमरावती आन्ध्र प्रदेश के गुंटूर जिले में स्थित अमरावती कृष्णा–गोदावरी नदियों के मैदान में विकसित बौद्ध नगर था। सातवाहन नरेश शातकर्णी ने संभवतः इसे अपनी राजधानी बनाया था। अमरावती के निकट श्री पर्वत (नागार्जुनकोंड) पर ही नागार्जुन का बौद्ध विहार था। यह नगर पत्थर मूर्तियों एवं स्तूप आदि के लिए विख्यात रहा है। अमरावती स्तूप से

सम्बन्धित मूर्तियाँ ब्रिटिश संग्रहालय, लंदन में स्थानान्तरित कर दी गईं। इस नगर का विकास 300 ई.पू. में हुआ माना जाता है। सातवाहन काल में यह नगर अपने चरमोत्कर्ष पर था इसी दौर में अमरावती महास्तूप का निर्माण हुआ जो दक्षिण भारत के स्तूप–स्थापत्य के इतिहास में अद्वितीय माना जाता है।[19] कहा जाता है यह स्तूप 14वीं शताब्दी तक अस्तित्व में था। इसे धान्यकटक या धरणिकोट भी कहा गया है।

धुलिकट्ट करीम नगर जिला अन्तर्गत धुलिकट्ट बौद्ध धर्म का केन्द्र रहा था। किले के बाहरी भाग में स्तूप के अवशेष मिले हैं जिसे ईसा पूर्व तीसरी शताब्दी अन्त का माना गया है।

कोंडापुर हैदराबाद से तैंतालीस मील दूर मेंडक जिले स्थित कोंडापुर एक धार्मिक नगर था, जिसमें विहार, दो चैत्य और स्तूप के अवशेष प्राप्त हुए। यहाँ से दो हजार सिक्कों का जखीरा मिला है। रोमन सम्राट आगस्टस (30 ई.पू.–14 ई.पू.) की सोने की एक मुद्रा भी मिली है। रोम के साथ व्यापार की इससे पुष्टि होती है। सिक्के ढालने के सांचों की प्राप्ति इसके व्यापारिक एवं टकसाली नगर होने का प्रतीक है।

तंजौर चेन्नई से लगभग 218 मील दक्षिण–पश्चिम में कावेरी नदी के तट पर स्थित है। अनेक मन्दिरों में यहाँ सजावट के फलकों (पैनल) पर बुद्ध जीवन को चित्रित किया गया। शिलप्पदिकारम् एवं मणिमेखलाई में बौद्ध संस्थानों का उल्लेख मिलता है। नवीं शताब्दी में नये विहार अर्थात् भिक्षुओं के मठों का निर्माण हुआ था। चोल शासक राजराज (985–1014ई.) ने यहां वृहदेश्वर मन्दिर का निर्माण करवाया था।

राजमुंदरी (राजमण्ड्री) यह शहर दूसरी–चौथी शताब्दियों के बीच विकसित हुआ। प्रारम्भ में यह बौद्ध आबादी के लिए प्रसिद्ध था। अनेक बौद्ध विहार व स्तूप पक्की ईंटों से निर्मित मिले हैं। अरेटाई मिट्टी के पात्र रोम के साथ सम्पर्क को इंगित करते हैं।

इनके अतिरिक्त पूर्वी समुद्र तट पर नेगपाटन, पश्चिमी समुद्र तट पर श्रीमूलवासम में भी बौद्ध बस्तियाँ थी। दक्कन के कई इलाकों में कई बौद्ध सम्प्रदायों के उन्नति पर होने की जानकारी मिलती है, जैसे– नासिक और कान्हेरी में **भदयानीय**, कारला (कार्ले) में **महासांघिक**, सौपारा एवं जुनार में **धर्मत्तरीय** और अमरावती में **चेतकीय**।

निष्कर्ष किन्तु धीरे–धीरे बौद्ध धर्म की प्रगति से लोग भय खाने लगे। ईसा की सातवीं शताब्दी के अन्त तक पहुँचते–पहुँचते शिव एवं विष्णु के प्रति तीव्र अनुरागात्मक भक्ति का विकास हुआ और बौद्ध एवं जैन धर्म का विरोध होने लगा। स्मरणीय है कि, शंकराचार्य एवं कुमारिल ने खुले रूप में बौद्धों का विरोध किया। वैष्णव आचार्यों एवं शैव आलवारों ने भक्ति साहित्य की रचना की, परिणामतः हिन्दू धर्म पुनः जागृत हुआ और बुद्ध को भी विष्णु के अवतार रूप में पूजा जाने लगा, जिससे बौद्ध धर्म का तेजी से ह्रास हुआ।

सन्दर्भ :

1. द एज ऑफ इम्पिरियल यूनिटी, पृ. 287.
2. By Product.
3. देखिये, द एज ऑफ इम्पीरियल यूनिटी, पृ. 293.
4. शास्त्री, दक्षिण भारत का इतिहास, पृ. 97.
5. द एज ऑफ इम्पीरियल यूनिटी, पृ. 297.
6. शर्मा रामशरण : प्रारम्भिक भारत का आर्थिक और सामाजिक इतिहास, पृ. 38-39.
7. शास्त्री, वही, पृ. 111, दुबे, वही, पृ. 42.
8. शास्त्री, वही, पृ. 110.
9. दुबे, वही, पृ. 45.
10. Ushauar.
11. Vellalar.
12. दुबे, वही, पृ. 44 से उद्धृत.
13. दुबे, वही, पृ. 47.
14. शास्त्री, वही, पृ. 113.
15. शास्त्री, वही, पृ. 109.
16. शास्त्री नीलकंठ : डेवलपमेंट ऑफ रिलीजन इन साऊथ इण्ड़िया, 1963 पृ. 15.
17. शास्त्री, वही, पृ. 48.
18. रामशरण शर्मा : भारत के प्राचीन नगरों का पतन, पृ. 129.
19. रामशरण शर्मा : भारत के प्राचीन नगरों का पतन, पृ. 128.

गुप्तवंश, वाकाटक एवं वर्धन वंश

(Guptas, Vakatakas and Vardhanas)

43 गुप्त साम्राज्य का उद्भव एवं पतन
(Rise and Fall of The Gupta Empire)

गुप्त वंश के इतिहास लेखन के लिए भारत के अन्य राजवंशों की तरह तत्कालीन ऐतिहासिक स्त्रोतों को आधार बनाया जाना है जिससे उस काल की समुचित विवेचना की जा सके। गुप्तकालीन अभिलेख, सिक्के व साहित्य प्रचुर मात्रा में उपलब्ध है।,

- **साहित्यिक स्त्रोतों** में हरिषेण व वत्सभट्टि के लेख, कालीदास की रचनाएं (ऋतुसंहार, कुमारसंभव, मेघदूत, रघुवंश, अभिज्ञानशाकुन्तलम्, मालविकाग्निमित्रम्, विक्रमोर्वशीय), पुराण, देवीचन्द्रगुप्तम्, मुद्राराक्षसम्, मृच्छकटिकम्, कामसूत्र, मंजूश्रीमूलकल्प, फाह्यान व **ह्वेनसांग** के विवरण उल्लेखनीय हैं। इनसे गुप्तकाल के विभिन्न पक्षों की जानकारी मिलती है।
- **गुप्तकालीन अभिलेखों** में वंशावली, ऐतिहासिक घटनायें एवं नरेशों की उपलब्धियां दी गई है। अभिलेखों के अभाव में इस वंश के इतिहास के विषय में पूर्ण परिचय नहीं मिल पाता। अधिकांश अभिलेखों की भाषा संस्कृत है। इन्हें तीन भागों में विभाजित किया जा सकता है– स्तम्भलेख, शिलालेख व ताम्रलेख।
- **मुद्राएं** इसी तरह गुप्तकालीन सोने, चांदी एवं तांबे की मुद्राएँ महत्वपूर्ण है। समुद्रगुप्त की एक मुद्रा पर अश्वमेध के घोड़े का चित्र अंकित है। चन्द्रगुप्त प्रथम की मुद्राओं से यह बात स्पष्ट होती है कि इस सम्राट के शासनकाल में एक ओर चन्द्रगुप्त प्रथम तथा उसकी पत्नी कुमारदेवी का चित्र और पृष्ठ भाग पर 'लिच्छवयः' शब्द उत्कीर्ण है। चन्द्रगुप्त द्वितीय की रजत मुद्राएं शक मुद्राओं से साम्यता रखती हैं। स्पष्ट है कि, उसने शकों को परास्त किया। मुद्राओं से गुप्तकालीन राजनीतिक व सांस्कृतिक स्थिति की भी जानकारी होती है। सिक्कों में सोने की मात्रा में कमी (स्कन्दगुप्त के काल से) आर्थिक क्षेत्र में **ह्रास** को सूचित करती है।
- **स्मारक** इस काल के कई स्मारक (मन्दिर, स्तम्भ, मूर्तियां, गुफाएं) भी सुरक्षित हैं। भूमरा का शिव मन्दिर, तिगवां का विष्णु मन्दिर, देवगढ़ का दशावतार मन्दिर, भीतरगांव का ईंटों से निर्मित मन्दिर आदि उस समय की वास्तुकला के परिचायक हैं। मन्दिरों के शिखरों का निर्माण गुप्तकाल से ही आरम्भ हुआ। देवगढ़ का दशावतार मन्दिर प्राचीन शिखरयुक्त मन्दिर का प्रथम पुरातत्वीय दृष्टान्त है। देवगढ़ (झांसी) से बड़ी संख्या में अभिलेख भी मिले है। इनमें ऋषभदेव की पुत्री ब्राह्मी द्वारा अंकित 18 लिपियों का लेख भी हैं। यहां के दशावतार विष्णु मन्दिर के अतिरिक्त कई जैन मन्दिरों व भवनों के खण्डहर मिले है। इनसे लोगों के धार्मिक विश्वास का बोध होता है। भितरी स्तम्भ व ऐरण का गरुड़ स्तम्भ पत्थर के बने हैं, जबकि महरौली स्तम्भ, लौह निर्मित है। कई अभिलेखों में गुप्त नरेशों की वंशावली मिलती है।

  इसी तरह **देवबर्नाक (बिहार)** के शाहबाद जिले के आरा से गुप्त राजाओं व मौखरी राजाओं के नाम मिलते है। विभिन्न ऐतिहासिक स्थलों से गुप्तकालीन शैव, जैन व बौद्ध प्रतिमाएं उपलब्ध हुई हैं। स्पष्ट है कि, गुप्त शासक धर्मसहिष्णु थे, इसलिए उनके काल में सभी धर्मों का स्वाभाविक विकास हुआ। उदयगिरि व अजन्ता की गुफाएं भी महत्वपूर्ण हैं। इनसे तत्कालीन स्थापत्य, चित्रकला आदि का बोध होता है। उदयगिरि की गुफा ब्राह्मण गुहा मन्दिर का प्राचीनतम उदाहरण है। बाघ व अजन्ता की गुफाएं बौद्ध गुफाएं हैं जो महायान धर्म से सम्बन्धित हैं।

गुप्तों के उत्थान के समय उत्तरी भारत तीसरी शताब्दी के उत्तरार्द्ध एवं चतुर्थ शताब्दी के प्रारम्भ में उत्तरी भारतवर्ष में राजनीतिक शक्ति का अभाव था। सम्पूर्ण देश लघु इकाईयों में विभाजित था। समुद्रगुप्त की प्रयाग प्रशस्ति से गुप्तों से पूर्व स्थिति की जानकारी मिलती है। समुद्रगुप्त से पूर्व के राज्यों को दो श्रेणियों में बांट सकते हैं – राजतन्त्रात्मक व गणतन्त्रात्मक। राजतन्त्रात्मक राज्य थे – नाग, वर्मन, मघ, मौखरि, वाकाटक, कदम्ब आदि। प्रयाग प्रशस्ति में उत्तरी–पूर्वी और पूर्वी भारत के राज्यों का उल्लेख है। इनमें समतट (दक्षिण–पूर्वी बंगाल), डवाक (मध्य आसाम) तथा कामरूप (ब्रह्मपुत्र की उपत्यका) राज्य प्रमुख थे। कुछ विदेशी शक्तियां भी अस्तित्व में थीं, जैसे–शक, कुषाण, मुरुण्ड आदि। उत्तर–पश्चिम से निरन्तर होने वाले आक्रमणों के कारण भारतीय जनता ने शीघ्र ही एक ऐसे शक्तिशाली शासन की आवश्यकता का अनुभव किया जो इस उपद्रव को रोकने में समर्थ हो।[1]

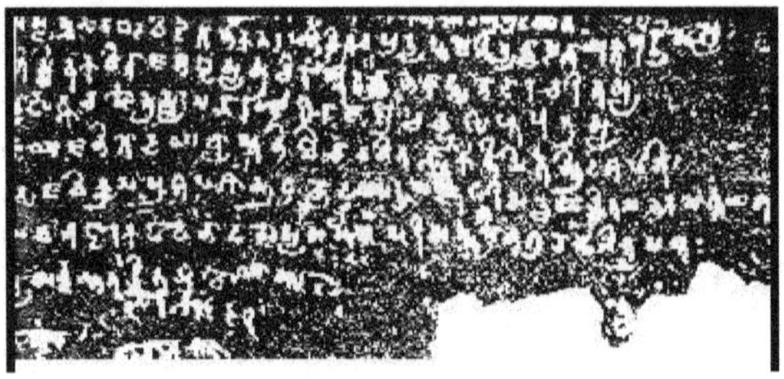

चित्र 43.1 समुद्रगुप्त की प्रयाग प्रशस्ति

- **नागवंश** के शासक पद्मावती, मथुरा, अहिच्छत्र में शासन करते थे। सबसे अधिक प्रसिद्ध नाग शासक भारशिव थे। डॉ. अल्तेकर के अनुसार ये शैव धर्म के अनुयायी थे। इनकी शक्ति का केन्द्र पद्मावती (पवाया—मध्यप्रदेश) था। वाकाटक अभिलेखों में भी इनका उल्लेख मिलता है। नागवंश का उल्लेखनीय शासक भवनाग था। वाकाटक अभिलेखों में भवनाग का उल्लेख हुआ है। उसका राज्यकाल लगभग 305 से 340 ई. तक रहा।[2] उसने अपनी पुत्री का विवाह वाकाटक सम्राट प्रथम रुद्रसेन के पुत्र से किया। नाग शक्ति का दूसरा प्रमुख केन्द्र मथुरा था जहाँ सात राजाओं ने शासन किया। गणपतिनाग जिसका उल्लेख प्रयाग प्रशस्ति मे मिलता है, मथुरा का शासक रहा होगा। नाग शक्ति का अन्य केन्द्र विदिशा भी था पुराणों में यहाँ के शासक सदाचन्द्र, धनधर्मा आदि का उल्लेख हुआ है। नाग शक्ति का एक अन्य केन्द्र अहिच्छत्र भी रहा। सिक्कों से यहाँ के 'अच्यु' शासकों का उल्लेख मिलता है। प्रयाग प्रशस्ति में नागदत्त का उल्लेख हुआ है। अल्तेकर ने इसके राज्य की स्थिति गंगा और यमुना के दोआब के ऊपरी हिस्से में मानी है।[3]
- **बड़वा मौखरि** भी उल्लेखनीय है। राजस्थान के **बांरा** जिले के **बड़वा** (अन्ता से 16 कि.मी. दूर) नामक स्थान से मौखरी यूप (स्तंभ) लेख की खोज ए. एस. अल्तेकर ने की थी। बड़वा से प्राकृत से प्रभावित संस्कृत भाषा व ब्राह्मी लिपि के चार लघु शिला लेख मिले है। लेख में बलवर्धन, सोमदेव तथा बलसिंह द्वारा त्रिरात्रयज्ञ में दक्षिणा में हजार गायें देने का जिक्र है। बड़वा में मौखरी शाखा का राज्य था। बड़वा से मौखरियों के समय की विष्णु मूर्ति भी मिली है। मौखरियों को प्राचीन राजवंश माना गया है। पतंजलि व बाणभट्ट ने इनका उल्लेख किया है। बाणभट्ट के अनुसार इनकी राजधानी कन्नौज (कान्यकुब्ज) थी। मौखरी वंश का संस्थापक हरिविर्मन था। अन्तिम शासक गृहवर्मा का विवाह वर्धन वंशीय राज्यश्री से हुआ। पाणिनि (ई.पू. पाँचवीं शताब्दी) भी मौखरियों से परिचित था। जौनपुर तथा हरहा के लेखों में मौखरियों का उल्लेख हुआ है। हरहा अभिलेख – 1915 ई में खोजा गया। उत्तर प्रदेश के बाराबंकी के हरहा से प्राप्त हुआ। एच. एच. शास्त्री द्वारा खोजा गया यह लेख मौखरीराजा ईसान वर्मा के पुत्र सूर्यवर्मा द्वारा खुदवाया गया था। मौखरी चार राजाओं में हरिवर्मा को ज्वाला मुख कहा गया।
- **वर्मन्** राजवंश का भी उल्लेख मिलता है। मन्दसौर प्रशस्ति से इन राजाओं के अस्तित्व का पता चलता है। शासकों के नाम के बाद वर्मन् शब्द मिलता है, जैसे जयवर्मा, सिंहवर्मा, नरवर्मा आदि। यह राजवंश 'औलिकर वंश' के नाम से प्रसिद्ध था। प्रयाग प्रशस्ति में चन्द्रवर्मा का उल्लेख हुआ है। कामरूप के शासक भी वर्मन लगाते थे। हर्ष का समकालीन भास्कर वर्मा इसी वंश का था।
- बघेलखण्ड (पूर्वी मध्यप्रदेश—कालींजर) के शासक **मघ** वंश के थे। इसकी स्थापना दूसरी सदी ई. के दूसरे चरण तक हो चुकी होगी। ये लोग बघेलखण्ड में राज्य कर रहे थे। इसके छह नरेशों (वशिष्ठीपुत्र, भीमसेन, कौत्सीपुत्र, पोठासिरि, भद्रमद्य, गौतमीपुत्र, शिवमद्य, वैश्रवण तथा भीमवर्मा) ने लगभग 120 से 225 ई. तक शासन किया।

प्राक्—गुप्तयुगीन राजनीतिक स्थिति की प्रमुख विशेषता गणराज्यीय शक्तियों का अस्तित्व था। ये शक्तियाँ थीं—यौधेय, मालव, आर्जुनायन, मद्रक, आभीर, कुणिन्द, लिच्छिवी आदि।

- इन सबमें **यौधेय** सर्वाधिक शक्तिशाली थे। इनकी मुद्राओं व अभिलेखों के प्राप्ति स्थान से इनका कार्यक्षेत्र दक्षिण—पूर्वी पंजाब, उत्तर प्रदेश का कुछ भाग, राजपूताना का निकटवर्ती क्षेत्र था। पाणिनि ने इसकी गणना 'आयुधजीविसंघ' में की है। पतंजलि के महाभाष्य में भी इनका उल्लेख है। सिकन्दर के आक्रमण के समय ये लोग पंजाब में राज्य करते थे।
- **मालव** आधुनिक मन्दसौर (मालवा में स्थित प्राचीन दशपुर) में राज्य करते थे।[4] इनके द्वारा चलाया मालवा संवत् का भी उल्लेख मिलता है इससे इनकी राजनीतिक महत्ता का बोध होता है।
- **आर्जुनायन** सतलज—व्यास के मध्यवर्ती क्षेत्रों में रहते थे जहाँ से इनकी मुद्राएँ प्राप्त हुई हैं।
- **मद्रक** रावी चिनाब के आसपास निवास करते थे। इनकी राजधानी स्यालकोट में स्थित थी।
- गुप्तों के समय **आभीरों** का भी अस्तित्व था। पतंजलि ने इन्हें शूद्र कहा है। गुप्तकाल में ओदुम्बर गणराज्य भी था। इनकी मुद्राओं पर ''औदुम्बर'' नाम उत्कीर्ण है। मुद्रायें रावी से लेकर काँगड़ा तक मिली हैं। स्पष्ट है कि इनका राज्य भी यहीं स्थित था।
- गुप्तकालीन गणराज्यों में **लिच्छिवी** गणराज्य महत्वपूर्ण है। चीनी लेखों में भी वैशाली का एक बड़ी शक्ति के रूप में उल्लेख हुआ है। इनके अभ्युदय के प्रारम्भ से ही इनकी

गतिविधियों का प्रमुख केन्द्र वैशाली (मुजफ्फरपुर के पास बैशाढ़) था। चन्द्रगुप्त प्रथम की, 'लिच्छिवी' शब्द अंकित मुद्राएँ मिली हैं। जिनसे लिच्छिवियों के अस्तित्व की पुष्टि होती है। प्रयाग प्रशस्ति में समुद्रगुप्त को लिच्छिवी राजकन्या कुमारदेवी का पुत्र बताया गया है।

- शकों का अधिकार क्षेत्र गुजरात, काठियावाड़ व पश्चिम मालवा तक था। इनकी राजधानी उज्जयिनी कही गई है, शक भारतीय समाज के अभिन्न अंग बन चुके थे।
- उत्तर–पश्चिमी भारत में **कुषाणों** का भी अस्तित्व था। बाद के कुषाण 'उत्तर कुषाण' या 'किदार कुषाण' कहे गए। प्रयाग–प्रशस्ति में उल्लेख आया है कि ''दैवपुत्र शाहिशाहानुशाहि'' से समुद्रगुप्त के मैत्रीपूर्ण सम्बन्ध थे। गुप्तों के अभ्युदय के समय मुरुण्ड नामक विदेशी जाति भी गंगा घाटी में कहीं पर शासन करती थी। चीनी साहित्य में इनका उल्लेख 'मेडलुन' के नाम से हुआ है। ये पाटलिपुत्र या कान्यकुब्ज में शासन करते थे। ऐलन ने गंगा के तट पर स्थित पाटलिपुत्र में इनका शासन माना है। उपरोक्त विवरण से स्पष्ट है कि गुप्त वंश के उत्थान के समय उत्तरी भारत में अनेक स्वतन्त्र गणराज्यों तथा राजतन्त्रात्मक राज्यों का अस्तित्व था।

गुप्त वंश तीसरी शताब्दी ई. के उत्तरार्द्ध में देश के तीन भागों से तीन शक्तिशाली राज्यों का अभ्युदय हुआ। प्रथम मध्यदेश के पश्चिम भाग में नाग अथवा भारशिव उठे। उन्होंने अपने सतत् प्रयासों से भारत स्थित कुषाण साम्राज्य को चूर–चूर कर दिया और गंगा तक फैली सारी भूमि को अपने अधिकार में कर लिया था। दूसरे दक्षिण में वाकाटकों का उदय हुआ। उन्होंने न केवल दक्षिण पठार में अपने राज्य का विस्तार किया वरन् विन्ध्य के उत्तर में भी काफी बड़े भू–भाग पर उनका प्रभाव था। तीसरी शक्ति का उदय पूर्व में हुआ। वह शक्ति गुप्तों की थी। वे पूर्वी उत्तर प्रदेश के एक कोने से उदित हुए और उन्होंने अपने युग की महत्तम शक्ति कहलाने का गौरव प्राप्त किया।[5]

गुप्तों के आविर्भाव के साथ भारत में एक नए युग का सूत्रपात होता है जिसमें हम एक सार्वभौम शक्ति को प्रतिष्ठित होते देखते हैं। इस तरह फूट एवं अशान्ति के स्थान पर एकता का संचार हुआ। शक्तिशाली एवं गुणग्राही सम्राटों का संरक्षण पाकर कला, व्यवसाय, विज्ञान एवं साहित्य की उन्नति हुई। पिछली शताब्दी में विदेशी सम्बन्धों के जो सूत्र ढीले पड़ गये थे वे अपने पूर्ण गौरव तथा मर्यादा के साथ पुनः दृढ़ हुए।[6]

उत्पत्ति गुप्तवंशी सम्राट कौन थे अर्थात् गुप्तों का उद्भव कैसे हुआ? इस सन्दर्भ में विद्वानों ने अलग–अलग मत प्रस्तुत किए हैं:

I. डॉ. काशीप्रसाद जायसवाल–हिस्ट्री ऑफ इण्डिया (150–350 ई.) का मत है कि गुप्त सम्राट जाट एवं मूल रूपेण पंजाब के निवासी थे। नेपाल के गुप्तवंशी शासक ग्वाले या अहीर माने जाते हैं। जिससे यह अनुमान लगाना असम्भव नहीं कि गुप्त शासक जाट रहे होंगे। इसके अतिरिक्त जाटों में एक वर्ग को ''धारी'' कहा गया है। चन्द्रगुप्त द्वितीय की पुत्री तथा वाकाटक नरेश द्वितीय रुद्रसेन की पत्नी प्रभावती गुप्त ने पुणे और रिथपुर ताम्रशासन में अपने को ''धारण गोत्र'' तथा अपने पति को विष्णुवद्ध गोत्र का भी कहा है।[7] अतः जायसवाल की मान्यता है कि प्रभावती द्वारा उल्लिखित ''धारण'' जाट वर्ग ''धारी'' का सूचक है। कौमुदी महोत्सव (नाटक) जिसकी रचना वज्जिका ने की थी। नाटक के पात्र चण्डसेन, जिसे कारस्कर (जाट) कहा है। डा. जायसवाल ने चण्डसेन की समता गुप्त सम्राट चन्द्रगुप्त प्रथम (तीसरे शासक) से की। चन्द्रगुप्त प्रथम के लिच्छवियों के साथ वैवाहिक सम्बन्ध थे। कौमुदी महोत्सव के चण्डसेन ने भी लिच्छवियों से सम्बन्ध स्थापित किया था। चण्डसेन को कारस्कर माना है अतः गुप्तवंश भी (चन्द्रगुप्त प्रथम) कारस्कर (जाट) था। जायसवाल का यह मत विद्वानों ने स्वीकार नहीं किया है एवं न ही गुप्तों कारस्कर जाट माना गया। मंजुश्री–मूलकल्प के विवरण के आधार पर डॉ. जायसवाल ने यह भी अनुमानित किया है कि समुद्रगुप्त के पूर्वज मूलतः मथुरा के जाट लोग थे।[8] किन्तु मंजुश्रीमूल कल्प ग्रन्थ के लेखक ने स्वयं गुप्त राजा को वैश्य कहा है, जो इस बात का प्रमाण है कि ''मधुराया जात'' से ग्रन्थकर्ता का अभिप्राय सम्बन्धित नरेश को मथुरा का जाट कहना प्रतिध्वनित नहीं होता। अपितु उससे तात्पर्य ''मथुरा देशेषुजायते'' (मथुरा क्षेत्र में जन्मा) से है।

II. गुप्त राजाओं के नाम गुप्तान्त होने से, कतिपय विद्वानों की यह धारणा रही है कि गुप्त लोग वैश्य वर्ण के थे। इसके समर्थन में विष्णु पुराण के उस कथन को उद्धृत किया है जिसमें ब्राह्मण नामान्त में शर्मा, क्षत्रियों के वर्मा, वैश्यों के गुप्त एवं शूद्रों के दास लगता है।[9]

III. गौरीशंकर ओझा[10] तथा कुछ विद्वान गुप्तों को क्षत्रिय मानते हैं। इसके समर्थन में अनेक प्रमाणों का उल्लेख किया है। प्रथम पूर्वकालीन गुप्तवंशीय शासक अपने मूल वंश के विषय में चाहे मौन हो, उसके सम्बन्ध में उत्तरवर्ती गुप्त शासकों के अभिलेखों से ज्ञात होता है कि गुप्त चन्द्रवंशी क्षत्रिय थे। दूसरे धारवाड़ के गुन्तल नरेश जो सोमवंशी क्षत्रिय थे, अपने को चन्द्रगुप्त (द्वितीय) विक्रमादित्य का वंशज कहते हैं।

तीसरे पंचोभ ताम्र शासन में छह शासकों के गुप्तान्त नाम हैं। वे लोग अर्जुन के वंशज कहे गए हैं। इससे गुप्तों का क्षत्रिय होना सिद्ध होता है। चतुर्थ जावा से प्राप्त वहाँ की भाषा में लिखित तन्त्रकामन्दक नामक ग्रन्थ में वहाँ के नरेश इक्ष्वाकुवंशीय राजा ऐश्वर्य पाल अपने वंश का आरम्भ समुद्रगुप्त से मानते हैं। इसके अतिरिक्त गुप्तवंश के महाराजाधिराज चन्द्रगुप्त प्रथम का विवाह लिच्छिवी राजकुमारी कुमारदेवी से हुआ था। इसी प्रकार चन्द्रगुप्त विक्रमादित्य का विवाह नाग राजकुमारी कुबेरनागा के साथ हुआ। चन्द्रगुप्त विक्रमादित्य की पुत्री प्रभावती गुप्त का विवाह वाकाटक महाराज द्वितीय रुद्रसेन के साथ हुआ। प्राचीन बौद्ध एवं जैन साहित्य से विदित होता है कि लिच्छिवी क्षत्रिय वंश के आर्य थे। राजकुमारी का चन्द्रगुप्त प्रथम से विवाह होना गुप्तों के उच्चवंशीय क्षत्रिय होने का प्रमाण उपस्थित करता है।

IV. दाण्डेकर के अनुसार कुमारगुप्त की महारानी और पुरुगुप्त की माता अनन्तदेवी कदम्ब कुल की राजकुमारी थी। वाकाटक, नाग एवं कदम्ब राजकुलों से वैवाहिक सम्बन्ध इस बात का प्रमाण है कि वे प्रतिष्ठित राजपरिवार से सम्बद्ध रहे होंगे। जिस युग में गुप्त शासकों का शासन था उस युग में वर्ण एवं जाति का उस रूप में कदापि महत्व न था। जन्म की अपेक्षा कर्म एवं गुण को अधिक महत्व दिया जाता था। अतः गुप्त वंशीय शासक जिस भी वर्ण के रहे हों अथवा उनकी सामाजिक स्थिति जो भी रही हो, वे निःसंदिग्ध रूप से शासन के अधिकारी थे और शासक के रूप में योग्य सिद्ध हुए।[11]

गुप्त शासकों का प्रारम्भिक राज्य कुछ विद्वान गुप्तों का आदि राज्य मगध स्वीकार करते हैं तथा पाटलिपुत्र इनकी राजधानी मानते हैं। इस मत के समर्थक अल्तेकर, आर.के. मुखर्जी जायसवाल आदि हैं, दूसरी ओर परमेश्वरीलाल गुप्त, रामशरण गुप्ता, श्रीरामगोयल, बी.पी. सिन्हा, जगन्नाथ प्रसाद अग्रवाल आदि की मान्यता है कि गुप्तों का आदि राज्य पूर्वी उत्तर प्रदेश था।

समुद्रगुप्त की प्रयाग प्रशस्ति[12] से ज्ञात होता है कि कोतकुल में उत्पन्न राजा को पुष्पपुर नामक नगर में खेलते हुए अपनी सेना द्वारा बन्दी बना लिया गया। पुष्पपुर का समीकरण कुछ विद्वान पाटलिपुत्र से करते हैं। अतः प्रश्न उठाया जाता है कि उन दिनों कौन पाटलिपुत्र पर शासन करते थे, जिन्हें परास्त कर समुद्रगुप्त ने पाटलिपुत्र पर अधिकार किया।

प्रशस्ति में समतट, डवाक, कामरूप, नेपाल आदि को सीमावर्ती राज्य कहा है।[13] समतट की एकता पूर्वी बंगाल से स्थापित की जाती है। उसकी राजधानी कर्मान्त अथवा कुमिल्ला जिला स्थित बड़कान्त थी।[14] इस तरह बंगाल का कुछ भाग समुद्रगुप्त के समय भी पूर्ण रूप से गुप्त साम्राज्य में विलीन नहीं किया गया था। इस आधार पर डी.सी. गांगुली एवं मजूमदार आदि की बंगाल के प्रारम्भिक राज्य की अवधारणा स्वतः अस्वीकृत हो जाती है।

गुप्त मुद्राओं, अभिलेखों के प्राप्ति स्थल प्रयाग तथा कौशाम्बी हैं। गुप्तों के पन्द्रह अभिलेख प्राप्त हुए जिनमें से आठ पूर्वी उत्तर प्रदेश, दो बिहार तथा पाँच बंगााल में मिले हैं। बंगाल से प्राप्त अभिलेख ताम्र पत्रों पर उत्कीर्ण है न कि पत्थर पर, फलतः उनका दूसरी जगह पंहुचना सम्भव है। कहा जा सकता है कि शासन क्षेत्र का सम्भवतः पूर्वी उत्तर प्रदेश से बंगाल में कालान्तर में विस्तार हुआ। अर्थात् प्रारम्भिक गुप्तों का पूर्वी उत्तर प्रदेश से अन्य प्रदेशों की तुलना में अधिक घनिष्ठ सम्बन्ध था।

अभिलेखों की भाषा कौशाम्बी शैली की ब्राह्मी लिपि कही गई है।[15] प्रो. दानी ने स्पष्ट किया है कि पाँचवीं सदी ई. में गुप्त काल में ब्राह्मी कौशम्बी नामक नयी लिपि के रूप में विकसित हुई एवं यह शैली धीरे–धीरे गंगा की घाटी में प्रचलित होती गई। उसकी अपनी अलग विशेषताएँ थीं, जिसे कौशाम्बी प्रकार कहा जा सकता है। कौशाम्बी शैली का प्रारम्भ पूर्व उत्तर प्रदेश से होना तथा गुप्तों के सम्पूर्ण अभिलेखों का कौशम्बी शैली में उत्कीर्ण होना यह प्रमाणित करता है कि प्रारम्भ में गुप्तों का राज्य पूर्वी उत्तर प्रदेश में रहा होगा।

इतना ही नहीं प्रारम्भिक गुप्त सम्राटों के अधिकांश मौद्रिक भाण्ड पूर्वी उत्तर प्रदेश में प्राप्त हुए हैं। गुप्त शासक चन्द्रगुप्त प्रथम की मुद्राएँ पूर्वी उत्तर प्रदेश के अयोध्या, लखनऊ सीतापुर, टांडा, गाजीपुर एवं बनारस आदि स्थलों से उपलब्ध हुई हैं। बिहार से उसकी (चन्द्रगुप्त प्रथम) मात्र एक मुद्रा प्राप्त हुई है। अल्तेकर ने जो मगध को गुप्तों का मूल स्थान मानते हैं इस तथ्य को अत्यन्त आश्चर्यजनक माना है।[16] पूर्वी उत्तर प्रदेश में गुप्तकालीन स्वर्ण मुद्रा निधियों के चौदह स्थल पाए गए। भरसाड़ (बनारस), टांडा (फैजाबाद), कोटवा (गोरखपुर), प्रयाग, मदनकोला, बस्ती, करसवा (बलिया), टेकरीडेब्रा (मिर्जापुर), जोधपुर, गोपालपुर, सूसी (प्रयाग), राप्ती, देवट्ठ (बलिया) एवं कुसुम्भी। किन्तु बिहार में दो, बंगाल में दो, हरियाणा में एक, मध्य प्रदेश में तीन, राजस्थान में दो तथा गुजरात में एक स्थल से गुप्तकालीन मुद्राएँ उपलब्ध हुई हैं। पूर्वी उत्तर प्रदेश से गुप्त मुद्रा भाण्डों की प्राप्ति इस बात को दर्शाती है कि गुप्तों का मूल राज्य पूर्वी उत्तर प्रदेश रहा होगा।

अभी हाल ही में जयपुर से 70 कि.मी. दूर डिग्गी के जानकीपुरा से 175 गुप्तकालीन मुद्राएं 10 जनवरी व 17 मार्च 2017 को मिली। राजस्थान पुरातत्व विभाग अधीक्षक जफर उल्लाह खां व अन्य द्वारा स्वर्ण मुद्राओं को गुप्तकालीन घोषित किया।

अन्त में हम देखते हैं कि गुप्तकालीन मूर्ति कला, चित्रकला तथा स्थापत्य में गंगा यमुना का चित्रण हुआ है। कहा जा सकता है कि गंगा–यमुना का मध्य क्षेत्र उनके अधिकार में रहा होगा। गंगा–यमुना का अधिक चित्रण इस बात का प्रमाण है।

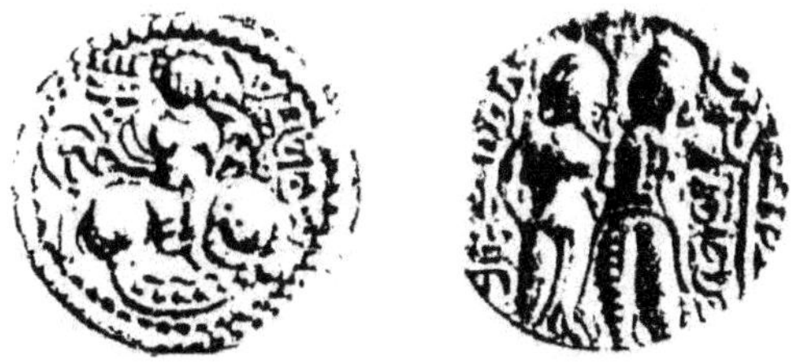

चित्र 43.2 चन्द्रगुप्त कुमारदेवी प्रकार का सिक्का

चन्द्रगुप्त–कुमारदेवी प्रकार सिक्के : घटोत्कच के पुत्र एवं उत्तराधिकारी चन्द्रगुप्त प्रथम की कुमारदेवी के साथ एक प्रकार की मुद्राएँ, जिसमें पूरे भाग पर प्रभामण्डलयुक्त भारतीय वस्त्रों में रानी की आकृतियाँ अंकित हैं, जिसमें राजा रानी को कुछ दे रहा है। राजा का नाम बाईं ओर नीचे तथा रानी का अपनी आकृति के पीछे "श्री कुमार देवी" या "कुमार देवी श्री" अंकित है। मुद्रा के पृष्ठभाग में कार्नुकोपियाधारिणी सिंहवाहिनी का चित्र जिसके बाईं ओर 'लिच्छवः' लेख उत्कीर्ण है। सम्भवतः यह सिक्का स्मृति स्वरूप (Commemorative coin) प्रचलित किया गया। अन्य किसी गुप्त सम्राट के साथ रानी का चित्र नहीं था। बल्कि कुमारदेवी राज्य की सहभागी रही होगी। कीलहार्न की मान्यता है कि लिच्छवी लोगों का सम्बन्ध पाटलिपुत्र से भी था। प्रयाग प्रशस्ति में भी गुप्त को लिच्छिवी दोहित्र कहा है।[17]

जॉन एलन की धारणा है कि चन्द्रगुप्त प्रथम एवं लिच्छवियों के सम्बन्ध का कोई राजनैतिक महत्व नहीं था बल्कि गुप्तों द्वारा इस सम्बन्ध से अपने को गौरवान्वित अनुभव करने का कारण लिच्छिवी जाति की प्राचीनता को मानना चाहिए अर्थात् गुप्तों के लिच्छिवियों से सम्बन्ध होने से उन्हें (गुप्तों को) सामाजिक गौरव मिला।[18] आर. सी. मजूमदार एवं अल्तेकर इस मत को स्वीकार नहीं करते। मजूमदार की मान्यता है कि, महान सम्राट समुद्रगुप्त ने लिच्छिवियों में अपना मातृकुल होने में गौरव अनुभव किया।

इन बातों से स्वाभाविक अनुमान होता है कि लिच्छिवियों के साथ हुए वैवाहिक सम्बन्ध ने गुप्तों को राजनीतिक महत्ता प्राप्त करने में काफी सहायता की।[19]

कहा जा सकता है कि, कुमारदेवी विवाह के साथ लिच्छवी राज्य भी लेकर आई। गुप्त राज्य पूर्व में छोटा था। लिच्छवी क्षेत्र के मिलने से उसका विस्तार दुगना हो गया। इस राजनैतिक महत्व को प्रदर्शित करने के लिए ही कुमारदेवी को समान स्तर दिया गया।[20] विन्सेण्ट स्मिथ का अनुमान है कि, उन दिनों लिच्छिवियों का पाटलिपुत्र पर अधिकार था और विवाह के माध्यम से चन्द्रगुप्त ने अपनी पत्नी के सम्बन्धियों के समय अधिकार प्राप्त किया।[21] समुद्रगुप्त की प्रयाग प्रशस्ति में नेपाल को प्रत्यन्त राज्य बताया है, परन्तु उत्तर बिहार की विजय का उल्लेख नहीं हुआ है। इससे स्पष्ट होता है कि पाटलिपुत्र का गुप्त राज्य में विलय चन्द्रगुप्त प्रथम के समय हुआ।

उपलब्ध तथ्यों से प्रमाणित होता है कि प्रारम्भ में गुप्त बनारस क्षेत्र का प्रतिनिधित्व करते थे। पी.एल. गुप्त के शब्दों में कहा जा सकता है कि सम्भवतः उनका राज्य वाराणसी के आसपास तक ही सीमित था। हो सकता है कि पश्चिम में कुछ दूर तक प्रयाग और साकेत की ओर तथा पूर्व में मगध की ओर कुछ दूर तक उनका राज्य रहा हो।[22]

घटोत्कच (300–319ई0)

महाराज श्री गुप्त की मृत्यु के पश्चात् उसका पुत्र घटोत्कच शासक बना जो इस राजवंश का द्वितीय नरेश था। प्रभावती गुप्त के पुणे ताम्रशासन में घटोत्कच को 'गुप्तादिराज' गुप्त वंश का प्रथम शासक कहा है। इसी तरह प्रवरसेन द्वितीय के रिथपुर के लेख में भी उसे 'गुप्तानामादिराजो' से सम्बोधित किया है। गुप्त वंशावलियों में समुद्रगुप्त अपने को स्पष्ट शब्दों में महाराज गुप्त का प्रपौत्र तथा घटोत्कच का पौत्र कहता है।[23] अर्थात् वह गुप्त वंश का द्वितीय सम्राट था। एलन का अनुमान है कि घटोत्कच ने सम्भवतः 300 ई. से लेकर 319–320 ई. तक शासन किया।

अपने पिता के तुल्य उसने भी केवल महाराज की ही उपाधि धारण की थी। इस क्रम में यहां **महाराज घटोत्कच** एवं **श्री घटोत्कच गुप्तस्य** नामक दो भिन्न गुप्त वंशजों के बारे में प्राप्त सूचनाओं का परीक्षण करना उचित होगा। बिहार प्रान्त के मुजफ्फपुर जिले में वैशाली से बहुत–सी प्राचीन मुहरें मिलीं हैं, जिनमें से एक मुहर पर श्री घटोत्कचगुप्तस्य लेख है। वैशाली की मुहरों पर "श्री घटोत्कचगुप्तस्य" के साथ महाराज शब्द नहीं मिलता, जबकि गुप्त वंश के द्वितीय राजा ने महाराज की उपाधि धारण की थी। नाम के पूर्व विद्यमान "श्री" शब्द केवल सम्मान सूचक है। इससे प्रतीत होता है कि मुहर से सम्बद्ध घटोत्कच गुप्त चन्द्रगुप्त का समकालीन वैशाली का कोई राज्यपाल था, जिसका सम्बन्ध गुप्त परिवार से था। इसे तीरभुक्ति (तिरूहत–बिहार) का राज्यपाल भी कहा गया है।

पाँचवीं शताब्दी गुप्त संवत 116 या (435–36 ई.) के तुमैन के लेख में घटोत्कच गुप्त नामक एक गुप्तवंशीय राजकुमार का उल्लेख आया है। उसके नाम के पूर्व चन्द्रगुप्त द्वितीय एवं कुमारगुप्त प्रथम का उल्लेख आया है। इससे प्रतीत होता है कि वह कुमारगुप्त प्रथम का पुत्र था। **ग्वालियर के तुमैन अभिलेख** में इस नरेश की तुलना शरदकालीन सूर्य से की

गई है।[24] इसके अनुसार तुमैन (तुम्बवन) के कुछ नागरिकों ने वहाँ एक भव्य मन्दिर का निर्माण करवाया था। सम्भवतः कुमार गुप्त प्रथम के राज्यकाल में पूर्वी मालवा में राज्यपाल के रूप में राज्य कर रहा था। उक्त मुद्रा पाँचवीं शताब्दी ई. की प्रतीत होती है। दूसरे तुमैन अभिलेख के घटोत्कच का काल भी यही है। वासुदेव उपाध्याय की मान्यता है कि वैशाली मुद्रा के घटोत्कच गुप्त कुमारगुप्त का छोटा भाई था तथा इसके राज्यकाल में वह मालवा का शासक था।[25]

कहा जा सकता है कि गुप्तवंशीय द्वितीय शासक घटोत्कच तथा वैशाली मुद्रा वाले घटोत्कच का कोई साम्य नहीं है।

दूसरे गुप्त नरेश घटोत्कच ने अपने राज्य की प्रतिष्ठा बढ़ाई और राजनीतिक प्रभाव के कारण ही अपने पुत्र चन्द्रगुप्त का विवाह लिच्छिवी राजकुमारी कुमारदेवी से किया।

मजूमदार का अनुमान है कि, घटोत्कच अपने पिता से अधिक प्रभावशाली रहा होगा। रीवा जिला स्थित सुपिया से प्राप्त लेख गुप्त संवत् 151 (471 ई.) में गुप्त वंश को घटोत्कच वंश कहा है। इससे स्पष्ट होता है कि वह अपने कुल का ऐसा नरेश था जिसे विशेष प्रसिद्धि मिली।[26] **गुप्तवंश के द्वितीय शासक घटोत्कच (महाराज) एवं काच नामांकित मुद्राओं का विवाद भी महत्वपूर्ण है, इस बात का परीक्षण भी यहां जरूरी है।** कतिपय विद्वानों (प्रिंसेप तथा थॉमस) के अनुसार काच मुद्राएँ घटोत्कच की हैं। घटोत्कच का नाम संक्षिप्त किए जाने पर कच बन सकता है। न कि काच।[27] सेंट पीटर्सबर्ग (लेनिनग्राड) संग्रहालय में एक स्वर्ण मुद्रा उपलब्ध है, जिस पर राजा का नाम 'घटो' उत्कीर्ण है। बनावट एवं लिपि के आधार पर यह किसी गुप्त नरेश की मुद्रा प्रतीत होती है। मुद्रा के आमुख पर प्रभामण्डलयुक्त राजा का चित्र है। वह अपने बाएँ हाथ में धनुष तथा दाहिने हाथ में बाण धारण किए हुए है। उक्त मुद्रा भी सम्भवतः तुमैन लेख गुप्त संवत् 116 (435 ई.) के घटोत्कच से सम्बन्धित है।

चन्द्रगुप्त प्रथम (लगभग 319–335ई0)

गुप्त वंश का प्रतिभाशाली तथा वास्तविक संस्थापक घटोत्कच का पुत्र चन्द्रगुप्त प्रथम था। यह गुप्त वंश के क्रम में तृतीय शासक कहा गया। गुप्त वंश में सर्वप्रथम इसी नरेश ने महाराजधिराज[28] की उपाधि धारण की। यह उसकी स्वतन्त्र एवं महत्वपूर्ण स्थिति का परिचायक है। वस्तुतः इसी सम्राट के समय में गुप्त वंश ने उत्तर भारत में स्वतन्त्र सत्ता स्थापित की थी।

इत्सिंग के कथन के आधार पर मुखर्जी ने श्री गुप्त का शासन काल 240–280 ई. के मध्य माना है।[29] अधिकांश विद्वान घटोत्कच का अन्तिम वर्ष 319 ई. स्वीकार करते हैं जो गुप्त सम्वत् का आरम्भ वर्ष था। कहा जा सकता है कि 319 ई. में चन्द्रगुप्त प्रथम सत्तारूढ़ हुआ होगा। लिच्छवी वंश की राजकुमारी कुमार देवी उसकी महिषी थी, जिसका उल्लेख वंश सूचियों में हुआ है। समुद्रगुप्त (उसके पुत्र) को लिच्छवि दौहित्र कहा है।[30] चन्द्रगुप्त प्रथम की कुछ स्वर्ण मुद्राएँ भी उपलब्ध हुई हैं, जिसका उल्लेख पूर्व में भी किया गया है, जिस पर चन्द्रगुप्त तथा कुमारदेवी का चित्र अंकित है। ये मुद्राएँ मथुरा, बनारस अयोध्या, सीतापुर, लखनऊ आदि से प्राप्त हुई हैं। आमुख **(Obverse)** पर राजा एवं कुमारदेवी आमने–सामने खड़े बाई ओर राजा का नाम तथा रानी की आकृति के पीछे ''श्रीकुमारदेवी'' या कुमारदेवीश्री'' अंकित हैं। पृष्ठ भाग **(Reverse)** में कार्नुकोपिया (सींग जैसा सिर का ताज़) ध ारिणी सिंहवाहिनी देवी का चित्रण है और ''लिच्छवः'' लेख उत्कीर्ण है। समुद्रगुप्त के लिच्छवी दौहित्र होने में गुप्तों ने अपना गौरव व्यक्त किया है और जिस तरीके से मुद्राओं पर लिच्छवियों का नाम अंकित किया है, उससे अनुमान लगाया जा सकता है कि बिम्बिसार के बाद पुनः इस युग में लिच्छवी पर्याप्त शक्तिशाली रहे होंगे और उनके साथ किए गए वैवाहिक सम्बन्धों का गुप्तों के राजनीतिक उत्थान में विशेष योगदान रहा होगा। पी.एल. गुप्त के अनुसार वस्तुस्थिति की कल्पना इस प्रकार की जा सकती है कि लिच्छवी नरेश पुत्रहीन मरे होंगे। स्मृतियों में पुत्र के अभाव में दौहित्र का दाय स्वीकार किया गया है। इस प्रकार लिच्छवी सिंहासन का उत्तराधिकार राजकुमारी कुमारदेवी के पुत्र को प्राप्त होने की स्थिति आयी होगी। यह भी हो सकता है कि उनके पिता की मृत्यु के समय उसके कोई पुत्र न हुआ हो। अतः शासन प्रबन्ध के निमित्त मध्यावधि प्रबन्ध इस प्रकार किया गया हो कि चन्द्रगुप्त प्रथम लिच्छवी राज्य का प्रबन्ध भार ग्रहण करे।[31] इस प्रकार पूर्वी भारत के दो राज्य लिच्छवी और गुप्तों का विवाह के माध्यम से एकीकरण हुआ और चन्द्रगुप्त प्रथम को एक काफी बड़ा राज्य प्राप्त हुआ।[32]

राज्य विस्तार राखलदास बंदोपाध्याय का अनुमान है कि मगध के विदेशी कुषाणों के विरुद्ध मागधों और पाटलिपुत्र के नागरिकों ने विद्रोह किया था और चन्द्रगुप्त प्रथम उस विद्रोह का नेता था, विद्रोह सफल हुआ। अतएव चन्द्रगुप्त द्वारा एक नए स्वतंत्र राज्य की स्थापना का अर्थ होता है कि मगध की जनता को विदेशी शासकों की असहनीय दासता से छुटकारा मिला।[33] इसके पहले तीन शताब्दियों तक यह क्षेत्र विदेशियों के आधिपत्य में था। परन्तु पुराणों पर आधारित वृत्तांतों से ज्ञात होता है कि गुप्तों से पूर्व उत्तरी भारत में दो राजशक्तियों का उदय हुआ था। एक भारशिव नाग और दूसरे वाकाटक। इनका अभ्युदय काल दूसरी शताब्दी के मध्य से चतुर्थ शताब्दी मध्य के बीच माना जाता है। भारशिवों ने ही प्रथमतः उत्तरी और पूर्वी भारत के कुषाणों की शक्ति का अन्त कर आर्यावृत्त को स्वतंत्र किया था।

अतः डॉ. बंद्योपाध्याय के मत को स्वीकार किया जाना सम्भव नहीं। चन्द्रगुप्त कुमारदेवी प्रकार की मुद्राएँ वर्तमान गया और अयोध्या से प्राप्त हुई हैं। चन्द्रगुप्त ने अपने साम्राज्य की सीमा का विस्तार गंगा तथा यमुना के संगम तक किया। तिरहुत, दक्षिण बिहार, अवध तथा प्रयाग तक के प्रदेश इसके राज्य के अन्तर्गत थे। पुराणों में भी गुप्त राज्य के विस्तार का वर्णन मिलता है।[34] पुराणों द्वारा उल्लिखित गंगा के तट पर प्रयाग, साकेत, तथा मगध का प्रश्न है, इसमें गुप्त साम्राज्य की सीमाएँ पश्चिम में प्रयाग से लेकर पूर्व में मगध तक बताई गई है।

अनुगंगा (अनुगंगं) प्रयागञ्च साकेतम् मागधांस्थता।
एतान जनपदान् सर्वान् भोक्ष्यन्ते गुप्तवंशजा।।

पार्जिटर ने इसका अनुवाद इस प्रकार किया हैः

''गुप्त वंश के नरेश इन सभी जनपदों का उपभोग करेंगे, उदाहरणार्थ गंगा के तट पर प्रयाग, साकेत तथा मगध।'' पुराणों के विवेचन में जिस साम्राज्य सीमा का बोध होता है उसकी तुलना में चन्द्रगुप्त प्रथम के पूर्वजों का राज्य विस्तार निश्चित रूप से सीमित रहा होगा तथा उसके उत्तराधिकारी समुद्रगुप्त के साम्राज्य की सीमा निश्चयात्मक रूप से उससे कहीं अधिक विस्तृत थी। इस प्रकार हम इस निष्कर्ष पर पहुँचे सकते हैं कि यह सीमा चन्द्रगुप्त प्रथम की ही राज्य सीमा हो सकती है। इसकी पुष्टि अभिलेखिक साक्ष्य से होती है। चन्द्रगुप्त प्रथम के उत्तराधिकारी समुद्रगुप्त ने अपना अभियान उत्तर के कौशाम्बी, श्रावस्ती, अहिच्छत्र, मथुरा एवं श्रावस्ती के पड़ोसी राज्य के विजय से प्रारम्भ किया। इसका अभिप्राय है कि चन्द्रगुप्त का राज्य वाराणसी से आगे गंगा के उत्तर में न था। समुद्रगुप्त का दक्षिण में कौशल नरेश महेन्द्र के विजय से उसका अभियान प्रारम्भ होता है। इसका तात्पर्य यह हुआ कि उस समय तक साम्राज्य का विस्तार मध्य प्रदेश के दक्षिणी–पूर्वी भाग बिलासपुर, रायपुर और संभलपुर और गंजाम जिले के कुछ अंश तक हो चुका था। पूर्व की ओर समुद्रगुप्त ने कोई अभियान नहीं किया। इससे स्पष्ट होता है कि समतट वाले अंश को छोड़कर बंगाल तक का भू–भाग चन्द्रगुप्त के राज्य में सम्मिलित था। पश्चिम में वह विदिशा की सीमा तक सीमित था, क्योंकि उन दिनों वाकाटकों को विन्ध्य के दक्षिण भाग के शासक होने की जानकारी मिलती है। कहा जा सकता है कि चन्द्रगुप्त प्रथम के साम्राज्य के अन्तर्गत बिहार, बंगाल (समतट को छोड़कर) और बनारस तक का पूर्वी उत्तर प्रदेश अथवा उससे कुछ ही अधिक भू–भाग था।[35]

गुप्त संवत् का प्रारम्भ : राय चौधरी ने समुद्रगुप्त के 320 ई. में राज्यारोहण की सम्भावना प्रकट की है। वे समुद्रगुप्त को गुप्त संवत् का प्रतिष्ठापक मानते हैं।[36]

किंतु अधिकांश विद्वानों की मान्यता है कि चन्द्रगुप्त प्रथम ही गुप्त संवत् का प्रवर्तक था। इस संवत् का प्रवर्तन उसने अपने राज्यारोहण के समय से किया था। कुछ तिथियों का उल्लेख इस प्रकार किया जा सकता है। चन्द्रगुप्त (द्वितीय) विक्रमादित्य के मथुरा लेख में 61, स्कन्दगुप्त के जूनागढ़ अभिलेख में 136 तथा कुमारगुप्त द्वितीय के सारनाथ लेख में 154, इसी प्रकार बुधगुप्त (सारनाथ) लेख में भी 157 तिथि मिलती है। स्पष्ट है कि ये तिथियाँ सम्राट के शासनकाल के वर्षों में नहीं हैं अर्थात् किसी नरेश का इतने लम्बे समय तक शासन करना असंभव है। उक्त तिथियाँ यह भी इंगित करती हैं कि वे किसी संवत् में उल्लिखित है। इस संवत् की पहचान गुप्त संवत से की जाती है। स्कन्दगुप्त के जूनागढ़ लेख में कथन मिलता है कि इसमें तिथि गुप्त संवत में दी गई हैं।[37] फ्लीट का कथन है कि अल–बरूनी को गुप्तों तथा वल्लभी नगर के साथ सम्बन्धित एक संवत् के अस्तित्व की सूचना दी गई थी, जिसका प्रारम्भ 319 ई. में किसी समय अथवा इसके एक वर्ष पूर्व अथवा पश्चात् हुआ तथा जिसे सुविधापूर्वक वलभी अथवा गुप्त वलभी संवत् कहा जा सकता है।[38]

वस्तुतः वल्लभी संवत् जैसा कोई स्वतंत्र संवत् कभी भी प्रचलित नहीं था। गुप्तों की **ह्रासोन्मुखी** शक्ति का लाभ उठाकर मैत्रक वंश के सेनापति भटार्क ने वलभी में मैत्रक वंश की नीवं रखी थी। उसके पुत्र ध्रुवसेन प्रथम के लेख में 206 तिथि का उल्लेख मिलता है। वलभी नरेशों (मैत्रक वंश) के लेखों में तिथियाँ गुप्त संवत में ही दी गई हैं। इससे स्पष्ट है कि अल–बरूनी ने गुप्त संवत् को ही (जो वलभी राज्य में प्रचलित था) भ्रमवश वलभी संवत् कहा है। जहाँ तक अल–बरूनी के द्वितीय कथन का सम्बन्ध है अर्थात् शक–काल के 241 वर्ष उपरान्त गुप्तकाल प्रारम्भ हुआ जो उचित प्रतीत होता है, क्योंकि प्राचीन जैन लेखकों (जिनसेन, गुणचन्द तथा नेमीचन्द) के आधार पर भी शक संवत् और गुप्त संवत् में 241 वर्षों का अन्तर मिलता है। महाराज हस्तिन के खोह लेख में गुप्त संवत 156 को महावैशाख संवत्सर कहा गया है (महावैशाख संवत्सरे)। वराहमिहिर के अनुसार, शक संवत्सर 397, गुप्त संवत् 156 के बराबर है। इस प्रकार शक संवत् तथा गुप्त संवत् में 241 (397–156) वर्षों का अन्तर था।

गुप्त संवत् व 319 ई. का सम्बन्ध : चालुक्य नरेश अर्जुन देव का वेरावल लेख जो काठियावाड के सोमनाथपाटन के हरसट देवी मन्दिर के पत्थर पर अंकित है। इसमें चार संवतों का उल्लेख मिलता है–हिजरी (रसूल मोहम्मद) संवत् 662, विक्रम संवत् (श्री नृप) 320, वलभी (अर्थात् गुप्त संवत्) संवत् 945 तथा श्री सिंह संवत् 151, इसके समर्थन में गुप्त शासकों द्वारा उल्लिखित तिथियों को उद्धृत किया जा सकता है। कुमारगुप्त प्रथम ने गुप्त संवत् 96 (415 ई) से 136

(455 ई.) तक राज्य किया। सांची के लेख में गुप्त संवत् 96 का उल्लेख मिलता है। फ्लीट के शब्दों में कहा जा सकता है कि, इन सभी परस्पर संगत निष्कर्षों को संयोग मात्र नहीं माना जा सकता। अपितु विचाराधीन सभी तिथियाँ एक ही संवत् की तिथियाँ हैं जो ईसवी सन् 319–20 से प्रारम्भ होता है। यह संवत् वस्तुतः स्वयं प्रारम्भिक गुप्तों द्वारा चलाया गया था अथवा नहीं, की अपेक्षा किए बिना हमें प्रारम्भिक गुप्त शक्ति का उदय ईसवी सन् 319–20 के आसपास कहीं रखना चाहिए।[39] चन्द्रगुप्त प्रथम गुप्त वंश का प्रथम साम्राज्य निर्माता था जो अपने राज्यकाल के अन्तिम दिनों तक सफलतापूर्वक शासन करता रहा। प्रयाग प्रशस्ति के अवलोकन से लगता है कि अपने जीवन के अन्तिम दिनों में उसने अपने सुयोग्य पुत्र समुद्रगुप्त का राज्याभिषेक कर स्वयं संन्यास ग्रहण कर लिया था।

समुद्रगुप्त (राजधानी– पाटलिपुत्र 335ई.–375 ई.)

चन्द्रगुप्त प्रथम के बाद उसका पुत्र समुद्रगुप्त सिंहासनारूढ़ हुआ। वह अपने पिता द्वारा उत्तराधिकारी मनोनीत था। प्रयाग प्रशस्ति से ज्ञात होता है कि आरम्भ में उसने अपने भाई काचगुप्त और उसके साथियों से उत्तराधिकार के लिए संघर्ष किया था। सम्भवतः वह चन्द्रगुप्त प्रथम का ज्येष्ठ पुत्र नहीं था। वह बचपन से ही विद्यानुरागी, वीर, साहसी, नीति कुशल एवं अस्त्र–शस्त्र विद्या में प्रवीण होने के साथ–साथ प्रतिभा सम्पन्न एवं होनहार युवक था। उसके इन्हीं गुणों के कारण पिता द्वारा उसे उत्तराधिकारी नियुक्त किया गया। इसमें संदेह नहीं कि समुद्रगुप्त कई अर्थों में अद्वितीय था और अपनी विजयों से अपने पिता की दूरदर्शिता उसने प्रमाणित कर दी।[40] गुप्त साम्राज्य की स्थापना का श्रेय तो चन्द्रगुप्त प्रथम को जाता है लेकिन उसके संवर्द्धन एवं विस्तार का कार्य समुद्रगुप्त ने ही किया। यदि नालन्दा लेख को प्रामाणिक मान लिया जाए तो उसके राज्यारोहण की **तिथि 350** ई. मानी जा सकती है। यद्यपि अधिकांश विद्वान उसका राज्यारोहण 335 ई. मानते है। समुद्रगुप्त एक महान् सैनिक था। उसका शासनकाल विस्तृत सैनिक अभियानों से भरा हुआ है। उसके विजय अभियानों की विवेचना करने से पूर्व उसके ऐतिहासिक स्त्रोतों पर दृष्टिपात करना उपयुक्त होगा। समुद्रगुप्त के कई अभिलेख उपलब्ध हैं। इनसे एक ओर उसके सैनिक अभियानों की जानकारी मिलती है तो दूसरी ओर उसकी प्रतिभा उजागर होती है।

प्रयाग प्रशस्ति यह अभिलेख समुद्रगुप्तकालीन इतिहास की घटनाओं का दर्पण है। प्रयाग प्रशस्ति समुद्रगुप्त के दरबारी कवि हरिषेण द्वारा रची गई थी, जो समुद्रगुप्त का कुमारामात्य एवं महासन्धिविग्रहक था। इस प्रशस्ति के आधार पर कहा जा सकता है कि हरिषेण ने समुद्रगुप्त की प्रेरणा से इस प्रशस्ति का निर्माण किया था। स्पष्ट है कि, कवि ने समुद्रगुप्त के जीवन काल में ही इस प्रशस्ति की रचना की। इसमें उसकी विजयों की विस्तृत विवेचना मिलती है। साथ ही समुद्रगुप्त के व्यक्तित्व की झलक भी। यह प्रशस्ति इलाहाबाद के किले में स्थित स्तम्भ पर उत्कीर्ण है। पैंतीस फीट ऊँचे इस बालूदार स्तम्भ का निर्माण अशोक के काल में हुआ था। जिसे उसने कौशाम्बी में खुदवाकर स्थापित करवाया था। इस स्तम्भ के उत्कीर्ण लेखों का यह विरोधाभास है कि, अशोक के शांतिप्रद आचार–उपदेशों में तिथि नहीं दी हुई है। लेकिन यह निश्चय ही समुद्रगुप्त की मृत्यु के पश्चात् का लेख नहीं है जैसा कि फ्लीट ने अनुमान किया है। उनके अनुसार उसका अंकन समुद्रगुप्त के सिंहासनारोहण के शीघ्र बाद हुआ होगा।[41] आर. सी. मजूमदार यही मानते हैं कि यह प्रशस्ति समुद्रगुप्त के जीवनकाल में ही अंकित की गई।[42] इस लेख से जन–सामान्य को परिचित करवाने का श्रेय ए. ट्रायर, जेम्स प्रिंसेप, डॉ. भाऊदाजी तथा फ्लीट आदि विद्वानों को है। यह अभिलेख संस्कृत भाषा की चम्पू–काव्य शैली (गद्य–पद्य मिश्रित रचना) में लिखा गया है। इससे समुद्रगुप्त के समय की घटनाओं का विवरण प्राप्त होता हैं। लेख में समुद्रगुप्त के अश्वमेध यज्ञ का उल्लेख नहीं हुआ है, लगता है कि इसके सम्पादन से पूर्व ही अभिलखे उत्कीर्ण हो चुका था। हम जानते है कि समुद्रगुप्त के विजय अभियानों के बाद इसका निर्माण किया गया।

मूल अवस्था में यह स्तम्भ कौशाम्बी में स्थित था। वहाँ से मध्यकाल में मुगलशासक अकबर के समय में उठाकर प्रयाग लाया गया। इसे गंगा–यमुना तट स्थित दुर्ग में स्थापित किया गया, जहाँ वह आज भी स्थित है। चीनी यात्री **ह्वेनसांग** ने अपने प्रयाग वर्णन में इस स्तम्भ का उल्लेख नहीं किया है। इससे स्पष्ट होता है कि उसके समय तक स्तम्भ अपने वर्तमान स्थान पर न था। समुद्रगुप्त के लेख के अतिरिक्त अशोक के छः मुख्य लेखों का संस्करण, रानी का अभिलेख, काशाम्बी के भिक्षुओं के संघभेद रोकने सम्बन्धी आदेश अंकित है। इसके अतिरिक्त जंहागीर ने भी एक लेख खुदवाया था एवं परवर्ती काल का देवनागरी में एक लेख अंकित है।

ऐरण लेख मध्य प्रदेश के सागर जिले में ऐरण नामक ग्राम से यह गुप्तकालीन अभिलेख मिला है। इसमें ऐरण प्रदेश को समुद्रगुप्त के अधिकार क्षेत्र में माना है। इस अभिलेख में समुद्रगुप्त को पृथु, राघव आदि राजाओं से बढ़कर दानी कहा है। लेख में रानी का नाम दत्तदेवी मिलता है व एरिकेण क्षेत्र को **भोग नगर** कहा है। यह लाल रंग के चौकोर पत्थर पर अंकित है जिसको कनिंघम द्वारा 1880 ई. में प्रकाशित किया गया।[43] फ्लीट, जगन्नाथ अग्रवाल, दिनेश चन्द्र सरकार, दशरथ शर्मा आदि इतिहासकारों ने इस लेख के सम्बन्ध में अपने विचार प्रकट किए। यह अभिलेख भी पूरा नहीं है। प्रारम्भ की 6 पंक्तियां तथा पंक्ति 27 के बाद का अंश

अनुपलब्ध है। कुछ इतिहासकार इस लेख को समुद्रगुप्त के किसी सामंत द्वारा रचित मानते हैं।

नालन्दा ताम्रशासन यह लेख साढ़े ग्यारह इंच लम्बे और नौ इंच चौड़े ताम्रफलक पर अंकित हैं। नालन्दा के विहार के उत्खनन के दौरान प्राप्त हुआ। हीरानन्द शास्त्री, अमलानन्द घोष आदि विद्वानों को इसको प्रकाशित करने का श्रेय दिया जा सकता है। समुद्रगुप्त ने अपने शासन के पाँचवें वर्ष में जयभट्‌ट स्वामी नामक ब्राह्मण को भूमिदान दी थी, ताम्रशासन में इसका उल्लेख है। इसका महत्व इसी बात में निहित है कि यह तिथियुक्त है और कुमार चन्द्रगुप्त (जिसकी पहचान चन्द्रगुप्त द्वितीय से की जाती है) का इसमें उल्लेख है।

गया ताम्रशासन यह लेख आठ इंच लम्बे और सात इंच से कुछ अधिक चौड़े ताम्रफलक के एक ओर अंकित है। इसे कनिंघम ने गया में प्राप्त किया था, जिसकी सूचना 1883 ई. में प्रदान की। फ्लीट महोदय ने इसका सम्पादन किया।[44] इसमें उल्लेख है कि समुद्रगुप्त ने नवें (राज) वर्ष के वैशाख दशमी को अपने अयोध्या स्थित जयस्कन्धावार में रहते हुए गया विषय के अन्तर्गत खेतिक ग्राम निवासी ब्राह्मण गोपदेव स्वामी को भूमि प्रदान की थी। मजूमदार, राखलदास बनर्जी आदि विद्वान इसे जाली स्वीकार नहीं करते बल्कि मूल लेख से तैयार किया प्रतिलेख मानते हैं।

मुद्राएँ समुद्रगुप्त की अनेक मुद्राएँ बयाना, बनारस, जौनपुर, बोधगया आदि स्थानों से प्राप्त हुई हैं। हाल ही में जानकीपुरा डिग्गी जिला टोंक, मोरोली (दौसा) व सांभर (जयपुर) आदि क्षेत्र से भी मिली है। इनमें गरुड़, धनुर्धर, परशु, अश्वमेध, व्याघ्र निहन्ता एवं वीणा से अंकित मुद्राएँ उल्लेखनीय हैं। समुद्रगुप्त की मुद्राओं में विविधता दिखाई देती है। गरुड़, धनुर्धर एवं परशु मुद्राएँ समुद्रगुप्त ने प्रचलित की। कई विद्वान इन मुद्राओं का सम्बन्ध नाग शक्तियों (अच्युत, नागसेन, नागदत्त, नन्दि एवं गणपतिनाग) के उन्मूलन से जोड़ते हैं। अश्वमेध प्रकार की मुद्राएँ उसके दिग्विजय की ओर संकेत करती हैं। इन मुद्राओं से समुद्रगुप्त की अभिरुचियों और तत्कालीन आर्थिक–सामाजिक एवं राजनीतिक स्थिति पर प्रकाश पड़ता है। समुद्रगुप्त की प्रत्येक मुद्रा उसके शासनकाल के किसी–न–किसी पक्ष को अवश्य उजागर करती है। ऐतिहासिक दृष्टि से ये बहुत महत्वपूर्ण हैं। समुद्रगुप्त की राजनीतिक एवं सांस्कृतिक उपलब्धियों का चित्र प्रस्तुत करती है। इसके अतिरिक्त समुद्रगुप्त के विजय अभियान, व्यक्तिगत अभिरुचियों, साम्राज्य सीमा, तत्कालीन धार्मिक एवं आर्थिक स्थिति की जानकारी के लिए मुद्राओं का महत्वपूर्ण योगदान रहा है।

उत्तराधिकार का सवाल : समुद्रगुप्त को प्रयाग प्रशस्ति में चन्द्रगुप्त का पुत्र कहा है। उसकी माँ का नाम कुमारदेवी था। प्रयाग प्रशस्ति से स्पष्ट है कि समुद्रगुप्त की प्रारम्भिक शिक्षा–दीक्षा भली प्रकार हुई होगी। **प्राचीन काल में राजकुमारों को, त्रयी (तीन वेद), वार्ता (अर्थशास्त्र) और दण्ड नीति (राज्यशास्त्र) की शिक्षाएँ प्रदान की जाती थीं।** सैन्य शिक्षा के साथ–साथ राजकुमारों को इतिहास, धर्मशास्त्र, साहित्य, संगीत आदि शिक्षाएँ भी दी जाती थीं।

समुद्रगुप्त के राज्यारोहण के समय की परिस्थितियों का चित्र प्रयाग प्रशस्ति में मिलता है। प्रशस्ति की चौथी पंक्ति से स्पष्ट होता है कि चन्द्रगुप्त प्रथम ने अपने जीवन काल में ही अनेकों राजकुमारों में से समुद्रगुप्त को अपना उत्तराधिकारी चुना। प्रशस्ति की सातवीं पंक्ति[45] में यह बताया गया है कि "समुद्रगुप्त के समान पद वाले राजकुमारों के मुख म्लान हो गए और उसके विपरीत सभासद हर्ष से उच्छवासित (राहत की सांस) हो रहे थे। ऐरण प्रशस्ति में भी उसके उत्तराधिकारी घोषित करने की बात मिली है।[46] वाकाटक लेखों में भी समुद्रगुप्त को चन्द्रगुप्त प्रथम द्वारा चुना हुआ कहा गया है।[47] प्राचीन भारत में उत्तराधिकार के नियमों के अनुसार ज्येष्ठ पुत्र ही राज्य सिंहासन का उत्तराधिकारी होता था। प्रयाग प्रशस्ति से स्पष्ट है कि समुद्रगुप्त, चन्द्रगुप्त प्रथम का ज्येष्ठ पुत्र नहीं था। समुद्रगुप्त को उत्तराधिकार प्राप्त करने के लिए संघर्ष करना पडा था अथवा नहीं, इस पर इतिहासकार एक मत नहीं हैं। स्मिथ, राय चौधरी, सुधाकर चट्‌टोपाध्याय आदि इतिहासकारों का वर्ग यह मानता है कि समुद्रगुप्त को अपने पिता का राज्य उत्तराधिकार में निर्विरोध प्राप्त हो गया था।[48] प्रयाग प्रशस्ति, काच नामक राजा की मुद्राएँ एवं आर्यमंजूश्रीमूलकल्प के विवरण से आभास होता है कि समुद्रगुप्त का काच नामक व्यक्ति से उत्तराधिकार हेतु संघर्ष हुआ होगा।

समुद्रगुप्त एवं काच मुद्राएँ बयाना, जौनपुर, टाडा आदि स्थलों से काच नामक शासक की मुद्राएँ प्राप्त हुई हैं। इनका आकार .75 से 85 तथा भार 111 से 118 ग्रेन मिलता है। काच की मुद्राएँ समुद्रगुप्त की मुद्राओं से साम्यता रखती हैं। इनमें स्वर्ण धातु में मिलावट मिलती है। भाषा और बनावट की दृष्टि से इन्हें समुद्रगुप्त के काल का ही माना जा सकता है। गुप्त वंशावलियों में काच का नाम नहीं मिलता। आर.के. मुखर्जी ने तो काच को समुद्रगुप्त का ही दूसरा नाम माना है।[49] इसी प्रकार डॉ. स्मिथ व फ्लीट का भी मानना है कि काच के सिक्के समुद्रगुप्त के ही हैं। उन्होंने यह बात सिक्कों पर अंकित 'सर्वराजोच्छेता' के आधार पर कही है। ऐलन और राय चौधरी भी काच व समुद्रगुप्त को एक ही बताते है।[50] 'काच' शब्द का अर्थ क्रिस्टल या राख है। इसलिए यह उपयुक्त नहीं लगता कि समुद्रगुप्त ने इस नाम की उपाधि धारण की हो। काच नामक मुद्राओं पर जो चक्रध्वज अंकित है वह समुद्रगुप्त की मुद्राओं पर नहीं है। एक सम्भावना यह भी व्यक्त की गई

है कि काच और रामगुप्त एक ही थे। डी. आर. भण्डारकर ने काच को रामगुप्त माना है।[51] राखलदास बनर्जी ने काच को समुद्रगुप्त का भाई माना है और उसके द्वारा जारी की गई मुद्राएँ माना है।[52] कई इतिहासकार इस बात पर सहमत हैं कि काच समुद्रगुप्त का कोई प्रतिद्वन्द्वी था जिसने चन्द्रगुप्त प्रथम के पश्चात् विद्रोह करके अपनी सत्ता कायम की और बाद में समुद्रगुप्त द्वारा पराजित हुआ। स्मिथ, दाण्डेकर, फादर हेरास, पी.एल. गुप्त इसका समर्थन करते हैं।[53] रमेशचन्द्र मजूमदार,[54] के.ए.एन. शास्त्री आदि का झुकाव भी इस ओर ही प्रतीत होता है। हो सकता है कि समुद्रगुप्त के विरुद्ध उसके सभी भाई संगठित हो गए होंगे और सभी ने काच को शासक घोषित किया होगा। उसी दौरान काच ने अपने सिक्के चलाए। समुद्रगुप्त ने उसे पराजित कर स्वयं को शासक घोषित किया होगा।[55] आर्यमंजूश्रीमूलकल्प से भी समुद्रगुप्त के एक विद्रोही भाई के अस्तित्व का बोध होता है। अधिकतम इतिहासकारों ने काच का अस्तित्व समुद्रगुप्त के भाई के रूप में स्वीकार किया है।

श्रीराम गोयल[56] के अनुसार चन्द्रगुप्त के शासनकाल के अन्तिम वर्षों में गुप्त राजसभा और परिवार में दलगत राजनीति प्रबल हो उठी थी। एक गुट का नेतृत्व समुद्रगुप्त ने किया हो और दूसरे का काच ने। समुद्रगुप्त ने अपने प्रतिद्वन्द्वियों को शीघ्र ही परास्त किया और अपने पिता की इच्छानुसार सिंहासन प्राप्त किया।

समुद्रगुप्त की साम्राज्य विस्तार योजना : आन्तरिक दृष्टि से अपनी स्थिति सुदृढ़ करने के बाद समुद्रगुप्त का ध्यान साम्राज्य विस्तार की ओर गया। समुद्रगुप्त के विजय अभियानों का ज्ञान हमें हरिषेण की प्रयाग प्रशस्ति, ऐरण के शिलालेख व मुद्राओं से होता है। इसमें उसकी विजयों का विस्तार से विवरण उपलब्ध है। समुद्रगुप्त के विजय अभियानों के मार्ग व तिथि के सम्बन्ध में ऐतिहासिक प्रमाणों का अभाव है। प्रयाग प्रशस्ति से भी भौगोलिक क्षेत्र का बोध नहीं होता है। प्रयाग प्रशस्ति में उसकी विजय नीति का स्पष्ट उल्लेख किया गया है, जिसे निम्न प्रकार से जाना जा सकता है:

ग्रहण मोक्षानुग्रह नीति : इससे तात्पर्य है कि, उसने राज्यों को जीतकर पुराने शासकों को ही लौटा दिए। दक्षिणापथ के राज्यों के प्रति यह नीति अपनाई गई थी।

प्रसभोद्धरण योजना : समुद्रगुप्त ने नये राज्यों को जीतकर बलपूर्वक अपने राज्य में मिला लिया। यह नीति उसने अर्यावर्त के राज्यों के प्रति अपनाई।

परचारकीकरण एवं आटविक राज्य : तात्पर्य है कि सेवक बनाना। इस नीति का पालन उसने मध्य भारत के आटविक राज्यों के साथ किया।

करदानज्ञाकरण प्रणामागमन की नीति : अर्थात् कर एवं दान देना, आज्ञा का पालन करना। इसके अलावा शासकों को समुद्रगुप्त के पास अभिवादन हेतु आना पड़ता था। यह नीति समुद्रगुप्त ने सीमा स्थित राजाओं व गणराज्यों के प्रति अपनाई।

भृष्टराज्योत्सन्न राजवंश प्रतिष्ठ की अवधारणा हारे हुए राज्यों को पुनः प्रतिष्ठापित करना।

आत्मनिवेदन कन्योपायदान नीति एवं विदेशी राज्य : कई शासकों ने समुद्रगुप्त के समक्ष समर्पण किया। कुछ राजाओं ने अपनी कन्याओं का विवाह किया। उन्होंने अपने विषय व भुक्ति (जिला व प्रान्त) में गुप्तों की गरुड़ मुद्रा से अंकित आज्ञा–पत्र की याचना की। इस नीति का पालन उसने विदेशी राजाओं के साथ किया। उपरोक्त विवरण से स्पष्ट है कि दूरस्थ राज्यों के प्रति समुद्रगुप्त की नीति का आधार उसकी विलक्षण प्रतिभा व कूटनीतिक कौशल था। प्रयाग प्रशस्ति में समुद्रगुप्त की दिग्विजय का विवरण सातवें श्लोक से आरम्भ होता है। उसके विजय अभियानों को हम निम्न शीर्षकों के अन्तर्गत रख सकते हैं:

आर्यावर्त का प्रथम युद्ध सर्वप्रथम समुद्रगुप्त ने आर्यावर्त की विजय की। प्रयाग प्रशस्ति के कुछ अंशों के नष्ट हो जाने से हमें उसके अभियानों की पूर्ण जानकारी नहीं मिल पाती है। किन्तु उपलब्ध प्रसंग से स्पष्ट होता है कि उसने अच्युत, नागसेन, गणपति नाग और कोतकुल के किसी राजा पर पूर्ण विजय प्राप्त की थी।[57] उसके बाद विजित राजाओं की नामावली दक्षिणापथ के राजाओं से प्रारम्भ होती है। इस बात को दृष्टिगत रखते हुए पी.एल. गुप्त का विचार है कि गंगा–यमुना के दोआब में अपना साम्राज्य सम्भालने के पश्चात समुद्रगुप्त दक्षिण विजय के लिए निकले। अभिलेख की उन्नीसवीं और बीसवीं पंक्ति में कहा गया है कि उन्होंने सर्वप्रथम दक्षिणापथराज को पराजित किया ...... जिस क्रम में अभियान का उल्लेख अभिलेख में हुआ है, उसी क्रम में लोग समुद्रगुप्त की दक्षिण यात्रा के मार्ग क्रम का अनुमान करते हैं। क्योंकि यह भौगोलिक और सामुद्रिक दोनों दृष्टियों से स्वाभाविक है। परन्तु इससे यह नहीं माना जा सकता कि समुद्रगुप्त ने दक्षिण के नरेशों पर सर्वप्रथम आक्रमण किया। इतिहासकारों के एक वर्ग के अनुसार समुद्रगुप्त ने आर्यावर्त में दो युद्ध लड़े, एक जिसका वर्णन सातवें श्लोक में है दूसरा उन राजाओं के विरुद्ध जिनके नाम इक्कीसवीं पंक्ति की दूसरी सूची में दिए गए हैं।[58] समुद्रगुप्त के महत्वपूर्ण अभियानों में तीन अभियान उल्लेखनीय हैं–दो आर्यावर्त अभियान और एक दक्षिणापथ के राजाओं के विरुद्ध। समुद्रगुप्त को सिंहासन पर बैठने के तुरन्त बाद ही आर्यावर्त के राजाओं से युद्ध करना

पड़ा। प्राचीन काल में विन्ध्य तथा हिमालय के बीच के प्रदेश को आर्यावर्त कहा जाता था। इस अभियान को इतिहासकारों ने समुद्रगुप्त का प्रथम अभियान माना है। समुद्रगुप्त ने अच्यु और नागसेन पर पूर्ण विजय प्राप्त की। उसके पश्चात कोट–कुलज को युद्ध में हराया।

आर्यावर्त के राजाओं ने समुद्रगुप्त की ही राजधानी पाटलिपुत्र में उनके ऊपर आक्रमण किया या समुद्रगुप्त ने पाटलिपुत्र पर अधिकार किया। इस सन्दर्भ में स्थिति अभी स्पष्ट नहीं है। मजूमदार की मान्यता है कि समुद्रगुप्त की कोट–कुलज पर विजय इस बात की ओर संकेत करती है कि वह पुष्पनगर में गया।[59] प्रयाग प्रशस्ति में प्रथम आर्यावर्त के परास्त किए जाने वाले राजाओं के नाम इस प्रकार हैं–अच्युत, नागसेन एवं कोतकुल नरेश।

अच्यु उत्तर प्रदेश में प्राचीन उत्तरी पंचाल की राजधानी अहिच्छत्र (आधुनिक रामनगर, जिला बरेली) से कुछ ताम्रमुद्राएँ प्राप्त हुई हैं, जिन पर 'अच्यु' अंकित है।[60] इसे अच्युत ही माना जा सकता है। इसकी राजधानी अहिच्छत्र मानी गई है।[61] अधिकतर इतिहासकारों ने भी यही माना है।

नागसेन कुछ इतिहासकारों के अनुसार यह पदमावती का शासक था। बाण ने हर्षचरित में पदमावती के नागवंशीय शासक नागसेन का उल्लेख किया है।[62] जायसवाल के अनुसार बाण के वर्णन से ज्ञात होता है कि हर्षचरित में उल्लिखित नागसेन पदमावती का शासक था जो सम्भवतः गुप्तों के अधीन था। लेकिन यह नागसेन मथुरा का शासक प्रतीत होता है।[63]

कोतकुल कोतकुल के शासक को समुद्रगुप्त ने उसकी ही राजधानी में जाकर परास्त किया। राधाकुमुद मुखर्जी ने उसका राज्य कोशल में माना है।[64] कोटवंश की मुद्राएँ पंजाब व दिल्ली से प्राप्त हुई हैं। सम्भवतः ये लोग गंगा घाटी के ऊपरी भाग में दक्षिण पंजाब में राज्य करते थे। जहाँ पुष्पपुर प्राचीन कान्यकुब्ज स्थित है।[65] मजूमदार के अनुसार इसी क्षेत्र का शासक कोतकुल नरेश रहा होगा।[66]

उपरोक्त तीनों नरेशों का अधिकार क्षेत्र व्यापक था। सम्भवतः दिल्ली से ग्वालियर तक का भू–भाग उनके अधिकार में था। अभिलेख के विवरण से स्पष्ट है कि इन तीन नरेशों ने समुद्रगुप्त के विरुद्ध सम्मिलित मोर्चा बनाया था। समुद्रगुप्त ने उन्हें अपने ही बाहुबल द्वारा परास्त किया अर्थात् अन्य किसी राजा से सैनिक सहायता नहीं ली। युद्ध स्थान के कौशाम्बी में होने की जायसवाल की सम्भावना से इन्कार नहीं किया जा सकता। प्रयाग स्तम्भ भी मूलतः कौशाम्बी में ही स्थित था।

समुद्रगुप्त का दक्षिणापथ अभियान : आर्यावर्त की प्रथम विजय के बाद समुद्रगुप्त ने दक्षिण भारत की ओर प्रयाण किया। प्रशस्ति की तेरहवीं पंक्ति में उपरोक्त तीन राजाओं की विजय का वर्णन है। उन्नीसवीं व बीसवीं पंक्ति में दक्षिण भारत की विजय का वर्णन है। दक्षिण विजय की नीति का आधार समुद्रगुप्त की दूरदर्शिता और कूटनीतिज्ञता थी। दूरस्थ प्रदेशों में स्थित क्षेत्र का प्रशासन व्यावहारिक दृष्टि से असुविधाजनक था। समुद्रगुप्त ने इन शासकों को विजित कर उनका राज्य लौटा दिया था। प्रयाग प्रशस्ति में दक्षिणापथ के बारह राजाओं का विवरण मिलता है। जिस क्रम में अभियान का उल्लेख हुआ है वही क्रम समुद्रगुप्त की दक्षिण विजय यात्रा का मार्ग का माना जा सकता है। भौगोलिक और सामरिक दोनों दृष्टियों से यही स्वाभाविक है। दक्षिण भारत के पराजित राज्यों की सूची इस प्रकार हैः

कोशल का महेन्द्र इस शासक का कोई लेख आदि प्राप्त नहीं हुआ है। कोशल से तात्पर्य दक्षिण कोशल से है जिसमें वर्तमान विलासपुर, रायपुर, सम्भलपुर और गंजाम जिले के कुछ प्रदेश शामिल थे। इसकी राजधानी श्रीपुर थी, जो वर्तमान रायपुर से 40 मील उत्तर–पूर्व में है। प्राचीन भारत में दो कोशल थे–उत्तर कौशल तथा दक्षिणी कोशल। उत्तरी कोशल की राजधानी अयोध्या थी, जो आर्यावर्त के अन्तर्गत आता था। समुद्रगुप्त के दक्षिण–अभियान का दक्षिणी कोशल के लिए प्रयुक्त हुआ है।

महाकान्तार का व्याघ्रराज महाकान्तार मध्य प्रदेश के विस्तीर्ण जंगल के लिए प्रयुक्त हुआ है। राखलदास बनर्जी के अनुसार महाकान्तार पूर्वी गोंडवाना का वन्य प्रदेश (विंध्य के जंगल) है।[67]

राय चौधरी के अनुसार मध्य प्रदेश का वन्य भाग ही महाकान्तार था।[68] यह वेनवाट्ठा (वैनगंगा की घाटी) और दक्षिणी कौशल के पूर्वी भाग के बीच बताया गया है। **मजूमदार (वाकाटक गुप्ता एज., पृ.140) के अनुसार वह ओड़ीशा स्थित जैपुर का वन्य प्रदेश था। एक परवर्ती अभिलेख में इसे महावन कहा गया है जिसे महाकान्तार का पर्याय माना जा सकता है।**

कौरल का मण्टराज विद्वानों ने कौरल को कौराड़, कुराल आदि अलग–अलग ढंग से पढ़ने का प्रयास किया है। बार्नेट[69] ने इसे कुराल बताया है जिसका वर्तमान नाम कोराड़े है। राय चौधरी के अनुसार यह क्षेत्र गंजाम जिले में रसेल कोण्ड के निकट स्थित कोलड है।[70] कोराल का नाम महाकान्तार के बाद उल्लिखित है अतएव यह स्थान ओडीसा तथा चेन्नई प्रान्त के मध्य होना चाहिए। वहाँ के शासक मण्टराज के विषय में अधिक जानकारी नहीं मिलती है।

पिष्ठपुर का महेन्द्रगिरि गोदावरी जिले के वर्तमान पीठापुरम् से पिष्ठपुर की समता की जाती है। इसका नामोल्लेख पुल्केशिन द्वितीय के ऐहोल अभिलेख में भी हुआ है। (पिष्टं पिष्टापुरं) फ्लीट के अनुसार पिष्ठपुर नगर आधुनिक पिट्टापुरम है।[71]

कोट्टर का स्वामीदत्त महेन्द्रगिरि तथा कोट्टूर आजकल गंजाम जिले में हैं। महेन्द्रगिरि पूर्वी घाट की पहाडियों का मूल स्थान है। कोट्टूर महेन्द्रगिरि से बारह मील दक्षिण पूर्व में आज भी कोट्टूर के नाम से विख्यात है।

स्वामीदत्त यहाँ का शासक था लेकिन उसके बारे में अधिक जानकारी नहीं मिलती है।

एरण्डपल्लक का दमन फ्लीट के अनुसार एरण्डपल्लक खानदेश का एरण्डडौल था।[72] एलन और वाई.आर. गुप्त इसका समर्थन करते हैं। एरण्डपल्ल का उल्लेख कलिंग के देवेन्द्रवर्मन के सिद्धान्तम ताम्रशासन में हुआ है और वह कलिंग में था। डुब्रियल ने इसकी ओर समुचित रूप से ध्यान आकृष्ट किया है।[73] सथियंथर की धारणा है कि एरण्डपल्लक पश्चिमी गोदावरी जिले के चण्टलपुड़ी तालुका स्थित एर्रगुण्टपल्ली है।[74]

काँची का विष्णुगोप विष्णुगोप नामक राजा काँची का शासक था। काँची प्राचीन काल में पल्लवों की राजधानी थी। यहाँ चेंगलपुट जिले का सुप्रसिद्ध काँचीपुरम (कांजीवरम) है। काँची का राज्य सम्भवतः कृष्णा के मुहाने से लेकर पालेर नदी और कहीं–कहीं तो कावेरी नदी के दक्षिण तक फैला हुआ है।[75] विष्णुगोप की पहचान पल्लव वंशी युवा महाराज विष्णुगोपवर्मन प्रथम (340–350 ई0) से की जा सकती है जिसका उल्लेख उरुवपाकी और नोडुंगराय अभिलेखों में मिलता है।[76] पल्लव राजधानी के विषय में चीनी यात्री **ह्वेनसांग** ने प्रशंसा करते हुए लिखा है कि इस नगर की परिधि 5 मील थी। इसके नागरिक उत्साहयुक्त एवं विद्यानुरागी थे। उनकी भाषा एवं लिपि मध्य देश की भाषा एवं लिपि से भिन्न थी।[77] इस नगर का विवरण देते हुए धोयी ने पवन दूत में लिखा है कि वह अमरावती के गर्व का हरण करने वाला एवं दक्षिणापथ का भूषण था।[78]

अवमुक्त का नीलराज अवमुक्त का नीलराज था। यह राज्य सम्भवतः काँची और वेंगी के मध्य स्थित था। जायसवाल ने अवमुक्त और हाथीगुम्फा अभिलेख में उल्लिखित आवा, जिसकी राजधानी पिथुण्डा थी, दोनों में समानता कायम की है।[79] राधाकुमुद मुखर्जी नीलराज को गोदावरी जिले में स्थित नीलपल्ली या नील पल्लीन का राजा स्वीकार करते हैं।[80] ब्रह्मपुराण में गौतम (गोदावरी) तटस्थित अविमुक्त क्षेत्र का उल्लेख हुआ है।[81]

वेंगी का हस्तिवर्मन वेंगी का समीकरण कृष्णा गोदावरी के बीच एल्लोर के समीप स्थित वेंगी अथवा पेडुवेंगी के साथ किया जा सकता है। यहाँ का शासक हस्तिवर्मन था। कुछ इतिहासकारों के अनुसार हस्तिवर्मन शालनकायन वंशीय शासक था। जिसका नाम नन्दीवर्मन द्वितीय के पैडवेंगी ताम्रपत्र में उल्लिखित है।[82] राय चौधरी की भी यही धारणा है। हुल्श ने वेंगी के हस्ति वर्मा को आनन्द वंश का हस्तिवर्मा स्वीकार किया है।[83]

पल्लक का उग्रसेन इस शासक के सन्दर्भ में इतिहासकारों में मतभेद पाए जाते हैं। रायचौधरी के अनुसार पालक सम्भवतः गुण्टूर अथवा नौलोर स्थित पलक्कड़ या पालत्कट है।[84] पल्लक को पल्लव लेखों में उल्लिखित पालक भी माना गया है, जो नैलोर जिले में कृष्णा नदी के दक्षिण में स्थित था।

देवराष्ट्र का कुबेर डुब्रियल के अनुसार विजगापट्टम (विशाखापत्तनम) जिले के कासिमकोट से प्राप्त ताम्रशासन में देवराष्ट्र का उल्लेख एक प्रदेश के रूप में किया गया है। इस ताम्रशासन का सम्बन्ध पूर्वी चालुक्य भीम (प्रथम) का है। कुबेर का तादात्म्य चन्द्रगुप्त द्वितीय की महारानी कुबेरनागा के पिता से भी स्थापित करने का प्रयास किया गया है।

कुस्थलपुर का धनञ्जय डॉ. बार्नेट ने कुस्थलपुर को उत्तरी अर्काट में पोलूर के निकट कुट्टालूर माना है। आयंगर ने इस प्रदेश को कुशस्थली नदी के आसपास माना है।[85]

इस विवरण से स्पष्ट है कि समुद्रगुप्त का दक्षिणापथ अभियान विस्तृत भू–भाग में फैला था। मध्य प्रदेश के वन्य प्रदेशों से होते हुए समुद्रगुप्त की सेना ओडीशा तट की ओर बढ़ी और वहाँ से गंजाम, विजिगापट्टम (विशाखापट्टन), गोदावरी, कृष्णा, नैलोर जिलों से गुजरती हुई मद्रास के दक्षिण कांची (कांजीवरम) के सुप्रसिद्ध पल्लव राज्य तक पहुँची।[86] रमेश चन्द्र मजूमदार के अनुसार समुद्रगुप्त के पास एक शक्तिशाली नौ सेना थी।[87] समुद्रगुप्त की दक्षिणी राज्यों के प्रति नीति व्यावहारिक थी। उसने राज्यों को विजित करने के पश्चात छोड़ दिया था।

उत्तर भारत की दूसरी विजय

समुद्रगुप्त को उत्तरी भारत में पुनः लड़ाई लडनी पड़ी थी। इस युद्ध में आर्यावर्त के नौ राजा थे। इन्होंने समुद्रगुप्त की

अनुपस्थिति में एक संघ बना लिया था। इसके कुछ शासक तो वे ही थे जिन्हें समुद्रगुप्त प्रथम आर्यावर्त अभियान में परास्त कर चुका था। समुद्रगुप्त को दक्षिणापथ से लौटते ही निम्नलिखित शासकों से युद्ध करना पड़ा।

रुद्रदेव दिनेशचन्द्र सरकार ने इसका तादात्म्य पश्चिमी क्षत्रप द्वितीय अथवा उसके पुत्र रुद्रसेन तृतीय से किया है।[88] ध्यान देने की बात है कि, समुद्रगुप्त का आक्रमण विन्ध्य पर्वत के पार पूर्वी भाग तक ही सीमित था। अतः इसे न तो वाकाटक वंशीय शासक माना जा सकता है और न ही शक क्षत्रप। कौशाम्बी से रूद्र नामक राजा के सिक्के, चौथी शती ईस्वी के, उसी स्थान से मिले है जहां प्रयाग स्तंभ स्थित था। सिक्कों की लिपि प्रयाग प्रशस्ति की लिपि के समान है। पी. एल. गुप्त के अनुसार उक्त सिक्कों का प्रचलन करने वाला ही समुद्रगुप्त द्वारा पराजित कौशाम्बी का राजा था।[89]

मतिल उत्तर प्रदेश के बुलन्दशहर से कुछ मुहरें प्राप्त हुई हैं जिन पर मत्तिल नाम अंकित है। कुछ इतिहासकारों ने इस मतिल[90] की समता प्रयाग प्रशस्ति में उल्लखित मतिल से की है। किन्तु एलन इससे सहमत नहीं हैं क्योंकि बुलन्दशहर से प्राप्त मुद्राओं पर कोई उपाधि नहीं दी गई है। किन्तु इस मत को स्वीकार्य नहीं किया जा सकता, प्राचीनकाल में यह निश्चित नियम नहीं था कि शासक के नाम के साथ उपाधि का प्रयोग किया जाए।

नागदत्त इसके नाम से ही स्पष्ट है कि यह भी नाग वंश से सम्बन्धित रहा होगा। लाहौर से भी महेश्वर नाग नामक शासक की मुहर प्राप्त हुई है। इसी आधार पर जायसवाल नागदत्त को महेश्वर नाग का पिता मानते हैं।[91]

चन्द्रवर्मन चन्द्रवर्मन की समता बंगाल के बांकुरा जिले के सिसुनिया नामक स्थान से प्राप्त शिलालेख में वर्णित चन्द्रवर्मन से की है। इस लेख में उसे पुष्करण नामक स्थान का शासक बताया गया है। पुष्करण की पहचान बंगाल के बांकुरा जिले के सुसुनिया से 25 मील दूर स्थित पोखरण से की गई है।

गणपतिनाग इसके नाम से विदित होता है कि यह नाग वंशीय शासक था। नारवार बेसनगर से इसके सिक्के प्राप्त हुए हैं। गणपति नाग की राजधानी का अनुमान पद्मावती से किया जाता है। इसकी समता नागों के विदिशा शासक के रूप में भी की गई है जिसका वर्णन विष्णु पुराण में हुआ है। नागसेन व अच्युत का विवरण प्रथम आर्यावर्त अभियान के सन्दर्भ में पूर्व में दिया जा चुका है।

नन्दी यह भी नागवंशीय नरेश था। पुराणों में नन्दिशसः और शिशुनन्दि को मध्य भारत का नागवंशीय नरेश बताया गया है। लेकिन पुराणों की सूची में जिन राजाओं का उल्लेख है वे बहुत पहले के हैं। नन्दी की समुचित पहचान नहीं की जा सकी है।

बलवर्मा कुछ इतिहासकारों ने इसकी समता हर्षवर्धन के समकालिक असम शासक भास्करवर्मन के पूर्वज से की है।[92] लेकिन यह मत उचित प्रतीत नहीं होता। बलवर्मा आर्यावर्त के उन शासकों में अंतिम है, जिनका उल्लेख प्रयाग प्रशस्ति में हुआ है।

आर्यावर्त के इन नौ शासकों को पुराणों के नव नाग भी कहा गया है। गुप्तों का राजकीय चिन्ह गरुड़ था और गरुड़ पक्षी सांपों का शत्रु माना जाता है। हो सकता है कि, नागवंशीय शासकों को पराजित करने के उपलक्ष में ही गुप्तों ने गरुड़ को अपने राजनीतिक जीवन से जोड़ा। समुद्रगुप्त ने आर्यावर्त के अन्य अनेक राजाओं को पराजित किया।

आटविक राज्य समुद्रगुप्त ने मध्य भारत के आटविक राज्यों के विरुद्ध भी अभियान किए। आटविक का सामान्य अर्थ है–वनवासी।[93] आटविक से तात्पर्य जंगली प्रजातियों से लगाया जा सकता है। समुद्रगुप्त द्वारा इन राज्यों की विजय की पुष्टि उसके ऐरण अभिलेख से होती है। फ्लीट के अनुसार, आटविक राज्य उत्तर प्रदेश के गाजीपुर से लेकर मध्य प्रदेश के जबलपुर जिले तक फैला हुआ था।[94] राय चौधरी के अनुसार डाभाल से सम्बद्ध वनराज्यों के अतिरिक्त आलवक (गाजीपुर) भी आटविक राज्यों के अन्तर्गत था।[95] आटविकों के पूर्वजों के सन्दर्भ में संक्षोभ के खोह अभिलेख (नागोद म.प्र.) में कहा गया है कि, परिव्राजक महाराज के पूर्वज अठारह आटविक राज्यों सहित डाभाल (जबलपुर) के पैतृक राज्य पर शासन करते थे।

प्रत्यंत राज्य लगातार अर्जित विजयों से वह अत्यन्त शक्तिशाली हो गया था। सीमान्त प्रदेशों के राजतंत्रात्मक व गणतंत्रात्मक राज्य भी उससे भयभीत होने लगे थे। प्रयाग प्रशस्ति में उनके लिए 'सर्वकरदान आज्ञाकरण प्रणामागमन पारितोषित प्रचण्ड शासनस्य' प्रयुक्त हुआ है। इसका तात्पर्य है कि, समुद्रगुप्त की विजयों से भयभीत होकर इन नृपतियों ने उस प्रचण्ड शासक को कर प्रदान करना आरम्भ कर दिया, वे आज्ञा पालन करने लगे और प्रणाम करने के लिए आने लगे। इन सीमान्त प्रदेशों के शासकों का नाम प्रयाग–प्रशस्ति में नहीं दिया गया है। केवल राज्यों का ही उल्लेख हुआ है। इन प्रत्यंत राज्यों में

उत्तर के पाँच और उत्तर–पश्चिम के दस गणराज्य थे। राजतंत्रात्मक राज्य इस प्रकार हैं:

समतट वराहमिहिर ने बृहत्संहिता में भारत के पूर्वी भाग को समतट कहा है। **ह्वेनसांग** ने भी अपने यात्रा विवरण में इसे ताम्रलिप्ति से पूर्व समुद्रतटवर्ती प्रदेश बताया है। इसे पूर्वी बंगाल में स्थित माना जा सकता है। भट्टशाली और राय चौधरी ने इसकी राजधानी कर्मान्त अथवा कुमिल्ला जिला स्थित बडकाम्त माना है।[96]

डवाक फ्लीट के अनुसार यह बांग्लादेश का आधुनिक ढाका है।[97] भण्डारकर ने इसे चटगाँव और त्रिपुरा का पर्वतीय भू–भाग बताया है। असम के नवगाँव क्षेत्र से भी इसका तादात्म्य स्थापित किया जाता है। इतिहासकारों की धारणा है कि समतट तथा कामरूप के बीच में ड्वाक स्थित रहा होगा। ढाका व चटगाँव के आसपास का क्षेत्र इस राज्य में शामिल होगा।

कामरूप कामरूप का आधुनिक नाम असम है। असम के गुवाहाटी जिले व उसके आसपास का क्षेत्र इसमें शामिल किया जा सकता है। यहाँ पर वर्मन वंश के शासकों का राज्य था। ये सम्भवतः हर्ष के समकालीन भास्करवर्मन के पूर्वज रहे होंगे। इसकी राजधानी प्राग्ज्योतिश (गोहाटी) कही गई है। रामायण के अनुसार कुश के पुत्र अमूर्तराज ने प्राग्ज्योतिशपुर को बसाया था। वराह मिहिर ने इसे पूर्व का क्षेत्र बताया है।

नेपाल समुद्रगुप्त के साम्राज्य की उत्तरी सीमा पर नेपाल राज्य स्थित था, हो सकता है प्राचीन काल में यह इतना विस्तृत राज्य न रहा हो। नेपाल के शासक का नाम प्रयाग प्रशस्ति में नहीं है। यह सम्भावना व्यक्त की जाती है कि उस समय नेपाल में गुप्त संवत का प्रयोग किया जाता था।

कर्तृपुर कर्तृपुर को जालंधर जिले के करतारपुर और कटुरिया तक का क्षेत्र माना जाता है।[98] स्मिथ इस प्रदेश के अन्तर्गत कुमाऊं, गढ़वाल और कांगड़ा के प्रदेशों को सम्मिलित करते हैं।

पश्चिमी भारत में उस समय अनेक गणतंत्रात्मक जातियों का अस्तित्व था। सिकन्दर के आक्रमणों का मुकाबला गणराज्यों ने वीरता से किया था। अभिलेख में गणराज्यों के सन्दर्भ में उल्लेख है कि इन्होंने समुद्रगुप्त से आतंकित होकर उसकी अधीनता स्वीकार कर ली और उसे कर प्रदान किया जाने लगा था। ये गुप्त साम्राज्य के पश्चिमी व उत्तर–पश्चिमी भाग में स्थित थे। मालव एवं अर्जुनायन इसके अपवाद थे, ये मध्य भारत से सम्बन्धित थे।

मालव सिकन्दर के आक्रमण के समय यह जाति पंजाब के कुछ भागों पर शासन कर रही थी। ग्रीक इतिहासकारों ने इन्हें मल्लोई जाति से सम्बद्ध बताया है। लेकिन मल्लोई जाति का शुद्ध समवर्ती मल्ल होगा।[99] महाभारत में भी मालव लोगों का उल्लेख है। मालवों के सिक्के सतलज नदी से नर्मदा के तट तक फैले हुए थे। गुप्तों के समय मालव पूर्वी राजस्थान में स्थित रहे होंगे। टोंक के आसपास की भूमि से इनके सिक्के काफी मात्रा में प्राप्त हुए हैं। ये ईसा पूर्व दूसरी शती से चौथी शती ई. तक के हैं।

आर्जुनायन पाणिनि (4/2 ; 5/3) की अष्टाध्यायी में इनका उल्लेख मिलता है। इनके सिक्के आगरा, भरतपुर, अलवर आदि स्थानों से मिले हैं। इनका सम्बन्ध पंजाब की पंड़ोई जाति से भी माना गया है। इनका शासन आगरा और मथुरा के पश्चिम, दिल्ली–जयपुर–आगरा के त्रिकोण के बीच के क्षेत्र पर था।[100] इन जनजातियों के नाम भौगोलिक क्रम से ही दिये हैं। अतएव आर्जुनायनों का प्रदेश जयपुर के निकट अनुमानित किया जा सकता है।

यौधेय पाणिनि ने इनका उल्लेख किया है। इनका प्रमुख कार्य युद्ध करना था। इनके प्राचीनतम सिक्के ई.पू. दूसरी–पहली सदी के हैं। यौधेय जिस क्षेत्र में बसते थे, वह **जोहियबर** कहलाता था। दरअसल यौधेय गणराज्य सतलज के दोनों किनारों की भूमि में स्थित था जिसे जोहियाबर कहा है। एक समय यौधेयों का इलाका यमुना नदी तक फैला हुआ था और उसके अन्तर्गत भरतपुर भी शामिल था। इनके सिक्के चौथी शताब्दी के मध्य से मिलने बन्द हो गए। अनुमान लगाया जा सकता है कि इन्होंने समुद्रगुप्त की अधीनता स्वीकार कर ली थी।

मद्रक मद्र देश का उल्लेख उपनिषदों व पाणिनि की अष्टाध्यायी में हुआ है। शाकल इनकी राजधानी थी, जो रावी और चिनाब के मध्य स्थित थी। शाकल का साम्य पाकिस्तान के सियालकोट से किया जाता है। ये पूर्व और अपर दो भागों में बंटे थे। पूर्व मद्र रावी से चिनाब तक और अपर मद्र चिनाब से झेलम तक था।

आभीर आभीरों का उल्लेख अष्टाध्यायी व महाभारत में हुआ है। ये पश्चिमी क्षत्रपों की सेना में सेनानायक पदों पर थे और परवर्ती काल में वे मध्य प्रदेश में बस गए थे जिसके कारण झांसी और विदिशा के बीच का भू–भाग **अहीरवार** कहा गया। कुछ इतिहासकारों ने आभीरों का यही क्षेत्र माना है। लेकिन पी.एल. गुप्त का कहना है कि वे समुद्रगुप्त के समय तक इस प्रदेश में नहीं आए थे वरन् सिंध के निचले कांठे और पश्चिमी पंजाब में ही थे।

प्रार्जुन कौटिल्य के अर्थशास्त्र में प्रार्जुनों का उल्लेख हुआ है। प्रार्जुनों की सही स्थिति ज्ञात नहीं हो सकी है। अर्थशास्त्र में गंधारों के साथ इनका उल्लेख हुआ है। इससे अनुमान लगाया जा सकता है कि इनका शासन उत्तरी–पश्चिमी भाग में ही रहा होगा।

सनकानिक चन्द्रगुप्त द्वितीय के उदयगिरि लेख में सनकानिक महाराज का उल्लेख गुप्तों के सामन्त के रूप में हुआ है। इसका निवास स्थान **थलसा (विदिशा)** था। इस आधार पर नहीं माना जा सकता कि सनकानिकों का निवास स्थान विदिशा था। हाँ, यह अवश्य कहा जा सकता है कि इनका राज्य विदिशा के आसपास स्थित रहा होगा। प्रयाग प्रशस्ति में इनका उल्लेख प्रार्जुनों और काक के मध्य हुआ है।

काक काक सनकानिकों के पड़ोसी थे, जो भिलसा (विदिशा) के निकट राज्य करते थे। राखालदास बनर्जी ने इनकी पहचान कश्मीर के काकों से की है।[101] **स्मिथ ने इनका सम्बन्ध काकनादवोट नामक विहार अर्थात् साँची से जोड़ा है। जो उचित प्रतीत होता है।**

खर्परिक इनकी समुचित पहचान नहीं हो सकी है। कई इतिहासकार इनका स्थान मध्य प्रदेश के दमोह जिले में मानते हैं। खर्परिक की स्थिति भिलसा के निकट उत्तर या पूर्व में मानी जा सकती है। स्पष्ट है कि, समुद्रगुप्त के काल में गणराज्यों की एक विस्तृत शृंखला थी, जो दक्षिण–पूर्वी राजस्थान से प्रारम्भ होकर समुद्रगुप्त के साम्राज्य के उत्तर–पश्चिमी भाग तक फैली थी। इन्हें समुद्रगुप्त के करद राज्य कहा जा सकता है, जिनकी प्रत्यक्ष बागडोर समुद्रगुप्त के हाथ में थी।

विदेशी राज्य

प्रयाग प्रशस्ति में ऐसे विदेशी शासकों का उल्लेख है जिन्होंने समुद्रगुप्त के सम्मुख आत्मसमर्पण या आत्म निवेदन किया। चूँकि हरिषेण समुद्रगुप्त का दरबारी कवि था, इसलिए उसका विवरण अतिशयोक्ति पूर्ण हो सकता है। लेकिन इससे यह स्पष्ट होता है कि समुद्रगुप्त के सम्बन्ध विदेशी राज्यों से थे और सुदूर दक्षिण में सिंहल और अन्य द्वीप समुद्रगुप्त के प्रभाव में थे। उन्होंने समुद्रगुप्त की प्रभुता स्वीकार की और अपनी सेवाएँ प्रदान कीं:

- आत्म–निवेदन (समुद्रगुप्त के दरबार में उपस्थिति)।
- कन्योपायनदान (वैवाहिक सम्बन्धों की स्थापना)।
- गरुत्मदांक–स्वविषय–भुक्ति–शासन याचना।

(अपने विषय अथवा भुक्ति के प्रशासन हेतु गुप्तों की गरुड़ अंकित मुहर से शासनादेश प्राप्त करना।)

समुद्रगुप्त से कूटनीतिक सम्बन्ध स्थापित करने वाली विदेशी शक्तियों में देवपुत्रशाही–शाहानुशाही, शक, मुरुंड आदि के नाम उल्लेखनीय हैं। देवपुत्रशाही–शाहानुशाही कुषाण वंश के प्रतीत होते हैं, जिनका राज्य उत्तर–पश्चिम में कायम था। देवपुत्र कनिष्क की उपाधि थी। कनिष्क के बाद की कुषाणों की शाखा किदार कुषाण कही गई है। हो सकता है शाहानुशाही की उपाधि इन्हीं के किसी शासक ने धारण की हो। एलन का मानना है कि यह विरुद तीन पृथक् राजाओं (देवपुत्र, शाही, शाहानुशाही) को दर्शाता हैं। रमेशचन्द्र मजूमदार का मत है कि समस्त पद अकेले एक कुषाण शासक का बोधक है जिसका राज्य काबुल, पंजाब के कुछ भाग और आगे कुछ दूर तक था।[102] हेमचन्द्र राय चौधरी इनका सम्बन्ध कुषाणों से जोड़ते हैं।[103] समुद्रगुप्त के समकालीन कुषाण शासक की भी पहचान नहीं हो सकी है। **शाहि – शाहानशाहि** को कुषाणों को बोधक माना है।

शक विदेशी शासकों के अन्तर्गत दूसरा नाम शकों का आया है। गुप्तों से पूर्व मध्य तथा पश्चिमी भारत में शकों का शासन था। ये क्षत्रप कहलाते थे व इनकी राजधानी उज्जयिनी थी। कई इतिहासकार अभिलेख में वर्णित शकों को चष्टन व रुद्रदामन का वंशज मानते हैं। शक नरेशों का एक लेख सांची के समीप मार्शल द्वारा खोज निकाला गया है। इसके अनुसार शकों का राज्य मध्य भारत में विद्यमान था।

मुरुण्ड शकों के बाद **मुरुण्ड** नाम मिलता है। संस्कृत में इसको स्वामिन कहा गया है। खोह अभिलेख में मुरुण्ड **स्वामिनी** नामक स्त्री का उल्लेख मिलता है। जैन ग्रन्थों में मुरुण्ड के राजा को कान्यकुब्ज का शासक कहा गया है, जो पाटलिपुत्र में रहता था। सम्भवतः मुरुण्ड जाति समुद्रगुप्त के साम्राज्य के पश्चिमोत्तर भाग पर शासन करती होगी।

सिंहल समुद्रगुप्त के समुद्र पार के मित्रों में प्रयाग प्रशस्ति में सिंहल का उल्लेख है। सिंहल तथा सर्वद्वीपों के शासकों ने भी पश्चिमोत्तर भारतीय शासकों की भाँति आत्म–निवेदन किया। समुद्रगुप्त का समकालीन सिंहल शासक **मेघवर्ण था, जिसका शासनकाल 351–379 ई. माना गया है।** महावंश के विवरण से स्पष्ट है कि मेघवर्ण ने गुप्त सम्राट से बोध गया में मठ निर्माण करने की आज्ञा प्राप्त करने के उद्देश्य से दूत मण्डल भेजा। समुद्रगुप्त ने इसकी अनुमति तत्काल दी और सिंहल नरेश ने एक आलीशान विहार का निर्माण करवाया। **ह्वेनसांग** के भारत आने तक इसका आकार विशाल हो गया था। **ह्वेनसांग** लिखता है कि, सिंहल नरेश ने भारत नरेश को भेंट में अपने देश के समस्त रत्न दे दिए थे।

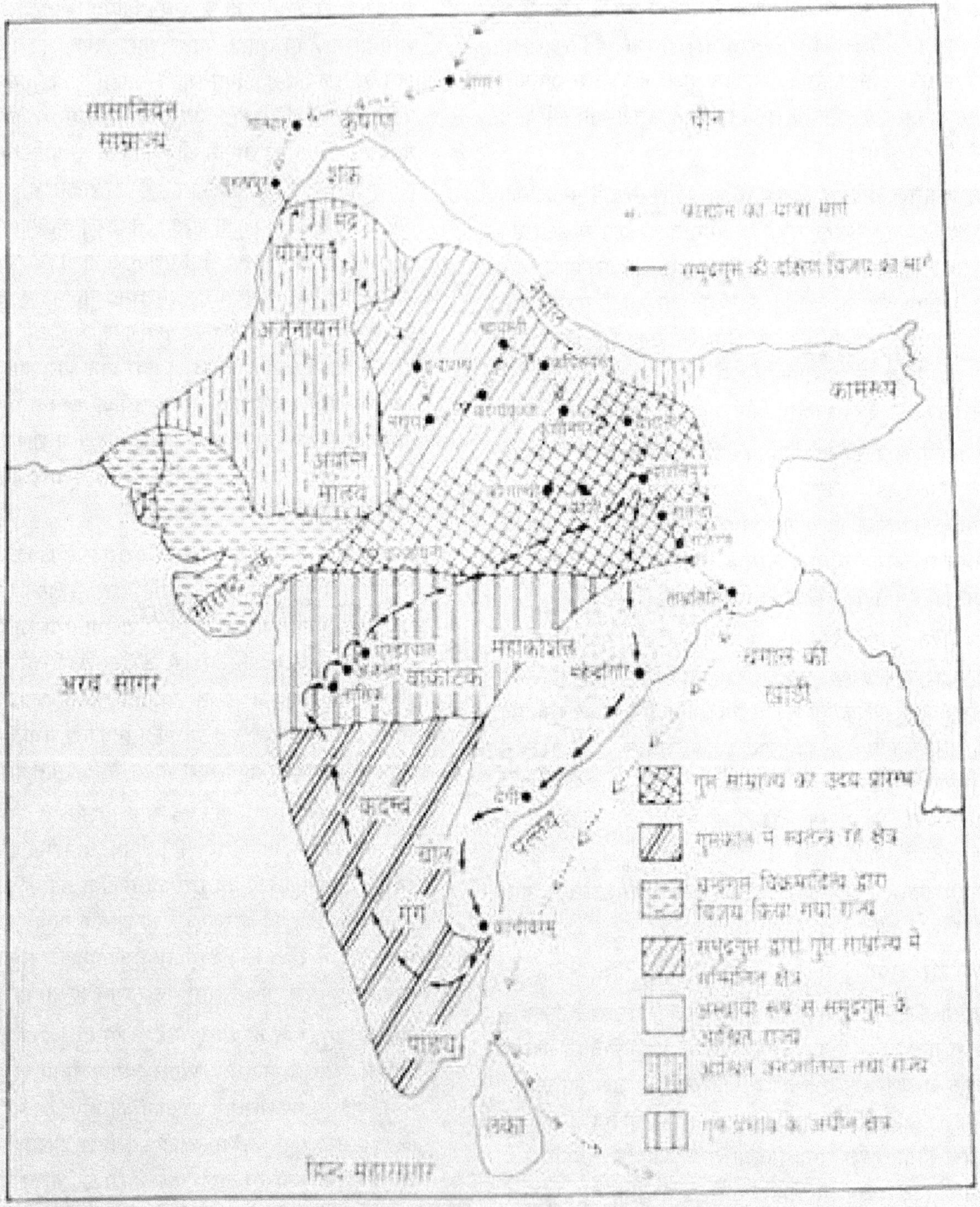

चित्र 43.3 समुद्रगुप्त से पूर्व का भारत

इन राज्यों में भी दूत मण्डल और उपहार भेज कर समुद्रगुप्त से कूटनीतिक सम्बन्ध स्थापित किए होंगे। सर्वद्वीप वे छोटे द्वीप थे, जिनका भारतीयकरण हो चुका था और वहाँ पर भारतीय संस्कृति का प्रसार था। इनकी पहचान मलाया (मलेशिया), जावा (इण्डोनेशिया का दक्षिणी द्वीप), सुमात्रा (इण्डोनेशिया का पश्चिमी द्वीप) से की जा सकती है। प्राचीन भारतीयों ने इन प्रदेशों में अपने उपनिवेश और राज्य स्थापित कर लिए थे। कम्बोडिया में गुप्तकालीन मूर्तियाँ व मन्दिर प्राप्त हुए हैं। बर्मा (म्यांमार) से भी गुप्तकालीन मूर्तियाँ प्राप्त हुई हैं। भारत व अन्य देशों के मध्य निश्चय ही सम्पर्क रहा होगा। फाह्यान के यात्रा विवरण से भी इसकी पुष्टि होती है। मजूमदार को उद्धृत करते हुए पी. एल. गुप्त ने लिखा है, सभी

द्वीपवासियों द्वारा की जाने वाली अभ्यर्थना की बात कोरा कवि वचन नहीं हो सकती।[104] यह भी सम्भावना व्यक्त की जा सकती है कि ये द्वीप भले ही उसके राजनीतिक प्रभुत्व के अन्तर्गत नहीं रहे होंगे लेकिन उन पर गुप्तकालीन भारतीय संस्कृति का प्रभाव कायम था।

साम्राज्य सीमाएं प्रयाग प्रशस्ति से स्पष्ट है कि समुद्रगुप्त का साम्राज्य अत्यंत विशाल था। उसका प्रभाव अफगानिस्तान, एशिया, सिंहल और दक्षिण–पूर्वी एशिया के द्वीप समूह तक फैल गया था। उत्तर प्रदेश, बिहार, पश्चिमी बंगाल उसके प्रत्यक्ष शासन के अन्तर्गत थे। आटविक राज्यों ने उसकी अधीनता स्वीकार कर ली थी। दक्षिणापथ के राज्य उसके अप्रत्यक्ष शासन में थे। पूर्वी प्रत्यन्त राज्य व गणराज्य उसके अधिराज्य थे। उत्तरी व पश्चिमी भारत का बहुत बड़ा भाग एवं जबलपुर, मध्य भारत का पठार साम्राज्य में सम्मिलित थे। उसका साम्राज्य उत्तर में हिमालय से लेकर दक्षिण में विन्ध्यपर्वत तथा पूर्व में बंगाल की खाड़ी से पश्चिम में पूर्वी मालवा तक विस्तृत था। कश्मीर, पश्चिमी पंजाब पश्चिमी राजपुताना का कुछ भाग, गुजरात व पश्चिमी मध्यप्रदेश के कुछ क्षेत्र छोड़कर समस्त उत्तरी भारत नियंत्रण में था। समुद्रगुप्त के द्वारा धारण किए जाने वाले विरुदों (उपाधियों) से भी उत्कृष्ट विजेता होने की पुष्टि होती है। प्रयाग प्रशस्ति में उसे 'स्वभुजबल–पराक्रमैकबन्धो' कहा गया है। उसे हमेशा अपने बाहुबल एवं पराक्रम का ही सहारा रहता था। उसने ''पराक्रमांक'' की उपाधि धारण की। उसकी गरुड़ मुद्रा के ऊपर 'श्री विक्रम' उपाधि मिलती है। समुद्रगुप्त ने अश्वमेध यज्ञ का सम्पादन किया। उसके सिक्के व अभिलेखों से इस बात की पुष्टि होती है। अभिलेख में समुद्रगुप्त को **'चिरोत्सन्न अश्वमेधहर्ता'** कहा है। फ्लीट के अनुसार इसका अर्थ है–दीर्घकाल से बंद अश्वमेध को पुर्नप्रचलित करने वाला।[105] प्राचीन काल में अश्वमेध का सम्बन्ध दिग्विजय से जुड़ा हुआ था। समुद्रगुप्त से पहले भी पुष्यमित्र, खारवेल, शातकर्णी आदि शासकों ने अश्वमेध यज्ञों का सम्पादन किया था।

समुद्रगुप्त एक व्यावहारिक शासक थे। उनका राज्य संचालन यथार्थवाद पर आधारित था। सभी विजित प्रदेशों पर उन्होंने अपना प्रत्यक्ष शासन स्थापित नहीं किया। प्रत्यंत और गणराज्य उसके करद राज्य बन गए। दक्षिणापथ के राज्य उसके अप्रत्यक्ष शासन में थे। यह साम्राज्य सम्राट अशोक के साम्राज्य के पश्चात भारत में सबसे बड़ा था।

समुद्रगुप्त एक विजेता ही नहीं वरन कुशल प्रशासक व कूटनीतिज्ञ था। उसने अपने विशाल साम्राज्य को संगठित करते हुए अपनी कूटनीतिज्ञता का परिचय दिया। दक्षिणापथ के नरेशों के राज्यों को न छीन कर उसने अपनी दूरदर्शिता का परिचय दिया। वह इस बात से परिचित था कि पाटलिपुत्र में रहकर दूरस्थ भागों पर प्रत्यक्ष रूप से शासन करना कठिन है। विभिन्न प्रकार के राज्यों के प्रति अलग–अलग नीतियाँ उसकी सूक्ष्मदर्शिता एवं बुद्धिमत्ता को प्रकट करती हैं। देश व काल की परिस्थितियों के अनुरूप उसकी नीतियाँ व्यावहारिक थीं।

समुद्रगुप्त की मुद्रायें समुद्रगुप्त ने कई उपाधियां धारण की थीं। मुद्राओं से उसके जीवन एवं प्रवृत्तियों की जानकारी मिलती है।

छः प्रकार के स्वर्ण सिक्के उपलब्ध हुये हैं। उसके समय उत्कृष्ट कलात्मक स्वरूप वाले शुद्ध सोने के सिक्के प्रचालित किये गये। पूर्व की मिश्रित स्वर्ण मुद्राओं का त्याग कर दिया। यह गुप्त साम्राज्य की भौतिक प्रगति का बोध करवाता है। उसके द्वारा प्रचलित सिक्कों के प्रकार थेः

गरुड़ प्रकारः आमुख (Obverse) पर अलंकृत वेशधारी में राजा की आकृति एवं **समर शत–वितत विजयोजितरिपुरजितो दिवं जयति''** अंकित है अर्थात् सैकड़ों युद्धों को जीतने एवं रिपुओं का मर्दन करने वाला अजेय राजा स्वर्ग को जीतता है। पृष्ठ भाग (Reverse) पर सिंहासनासीन देवी के साथ–साथ ''पराक्रम'' उत्कीर्ण है।

धनुर्धारी प्रकारः आमुख पर सम्राट धनुष बाण लिये खड़ा हुआ। मुद्रालेख **''अप्रतिरथो विजित्य क्षितिं सुचरितैः दिव जयति''** (अर्थात् अजेय राजा पृथ्वी का जीतकर उत्तम कर्मों से स्वर्ग को जीतता है) अंकित है तथा पृष्ठ भाग पर सिंहवाहिनी देवी को अप्रतिरथ उपाधि दी गई है।

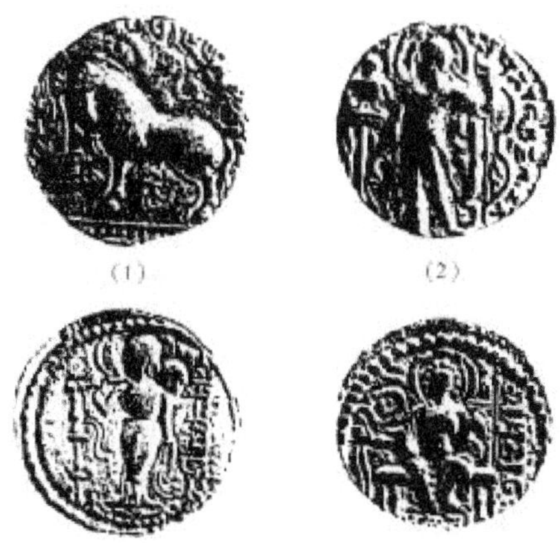

चित्र 43.4 समुद्रगुप्त की मुद्राएं (1–2)

अश्वमेध प्रकारः आमुख पर यज्ञ यूप में बंधे घोड़े का चित्र तथा ''राजाधिराजो पृथ्वी विजित्य दिवं जयत्यागृहीतवाजिमेध'' (अर्थात् राजाधिराज पृथ्वी को जीतकर तथा अश्वमेध यज्ञ द्वारा स्वर्ग लोक की विजय करता है) उत्कीर्ण है। पृष्ठ भाग पर अश्वमेध पराक्रम के साथ राजमहिषी (दत्तदेवी) की आकृति उत्कीर्ण है।

परशु प्रकारः आमुख पर परशु धारण किये हुये राजा तथा मुद्रालेख ''कृतान्त परशुर्जयतयजित राजजेताजितः'' (अर्थात कृतान्त परशु राजा राजाओं का विजेता एवं अजेय है) और पृष्ठ भाग पर देवी आकृति एवं कृतान्त परशु अंकित है।

व्याघ्रहनन प्रकारः आमुख पर धनुष बाण से व्याघ्र का आखेट करता हुआ राजा एवं उपाधि ''व्याघ्र पराक्रमः'' अंकित है तथा पृष्ठ भाग पर मकरवाहिनी गंगा की आकृति व राजा समुद्रगुप्त उत्कीर्ण है। यह मुद्रा गंगा घाटी में समुद्रगुप्त के साम्राज्य विस्तार को दर्शाती है।

वीणावादन प्रकारः आमुख पर वीणा बजाते हुए राजा की आकृति तथा मुद्रालेख ''महाराजाधिराज श्री समुद्रगुप्तः'' अंकित है पृष्ठ भाग पर हाथ में कार्नकोपिया लिये हुए लक्ष्मी की आकृति अंकित है। यह सिक्का वीणावादन एवं संगीत में रुचि का प्रतीक है। जनवरी 2017 में राजस्थान के डिग्गी–मालपुरा के जानकीपुरा ग्राम से 175 गुप्तकालीन मुद्राऐं प्राप्त हुई है। वहां से प्राप्त अन्य मुद्राओं की भाँति वीणा वादन प्रकार की समुद्रगुप्त की स्वर्णमुद्रा भी शामिल हैं।

समुद्रगुप्त का योगदान

कई इतिहासकारों ने समुद्रगुप्त को भारतीय नेपोलिन (Indian Napoleon) कहा है। लेकिन यह उचित प्रतीत नहीं होता, क्योंकि दोनों विजेताओं की सांस्कृतिक व राजनीतिक पृष्ठभूमि पृथक्–पृथक् थी। समुद्रगुप्त ने अपने अभियानों के दौरान धर्म विजय की नीति की अनुपालना की थी। प्राचीन भारतीय शासक युद्ध करते समय युद्ध सम्बन्धी नियमों की पालना करते थे। विजेता होने के बावजूद भारत में राजनीतिक व सांस्कृतिक एकता विद्यमान थी। पराजित राज्यों के प्रति उसका व्यवहार व्यावहारिकता पर आधारित था। उसने उनके आन्तरिक जीवन में व्यवधान उत्पन्न नहीं किया।

विजेता होने के साथ वह कुशल प्रशासक और दूरदर्शी राजनीतिज्ञ था। साम्राज्य के दूरस्थ प्रदेशों पर अधिकार करने पर प्रशासनिक कठिनाइयाँ आ सकती थीं। समुद्रगुप्त ने आर्यावर्त को केन्द्रीय साम्राज्य में रखा और सीमान्त भागों तथा दक्षिण के विजित राज्यों से वार्षिक कर लेना स्वीकार कर उन्हें केन्द्रीय प्रभुता में रखते हुए स्वतन्त्रता प्रदान की। भारत के पड़ोसी कुषाण, शक, मुरुण्ड आदि राज्यों को आत्म–समर्पण के लिए विवश करने के उपरान्त उनसे मैत्री–सम्बन्ध बनाए रखे। इस प्रकार विदेशी शक्तियों को अपने प्रभाव में लाकर राष्ट्रीय सीमाओं की सुरक्षा सुनिश्चित की।

समुद्रगुप्त की कला में अभिरुचि थी। अभिलेखों व सिक्कों से उसके व्यक्तित्व के विभिन्न पक्षों की जानकारी मिलती है। हरिषेण ने उन्हें **''सुखमनः प्रज्ञनुसंगोचित, शास्त्रतत्वज्ञ''** कहा है। अनेक कवियों को उसके दरबार में प्रश्रय प्राप्त था। स्वयं समुद्रगुप्त के लिए कविराज की उपाधि मिलती है। प्राचीन काल में कविराज की उपाधि अत्यन्त महान् व्यक्ति को प्रदान की जाती थी। **राजशेखर ने काव्यमीमांसा में 'कृष्णचरित' नामक काव्य का रचियता समुद्रगुप्त को माना गया है।** इस ग्रन्थ के आन्तरिक साक्ष्य से इसकी पुष्टि होती है।

समुद्रगुप्त महान संगीतज्ञ भी था। उसकी तुलना बृहस्पति, तुम्बरु, नारद जैसे संगीतकारों से की गई है।[106] स्पष्ट है कि वह वीणावादन में प्रवीण था। समुद्रगुप्त के वीणावादक सिक्कों से भी उसका संगीत प्रेम झलकता है। हरिषेण कहता है कि ''इसने अपनी गन्धर्व कला से देवताओं के गुरु तुम्बरु तथा नारद को लज्जित कर दिया।''[107] वह काव्य व शास्त्रों के अध्ययन में भी रुचि रखता था। उसकी तीव्र बुद्धि कठिन शास्त्रों को भी समझ लेती थी। हरिषेण ने उसे ''शास्त्र तत्वार्थभर्तु'' कहा है। कला के प्रति भी समुद्रगुप्त की अभिरुचि थी। वह धर्म सहिष्णु था। उसके दानपत्रों व अभिलेखों से लगता है कि उसका झुकाव ब्राह्मण धर्म की तरफ था। लेकिन अन्य धर्मों के प्रति भी वह सहिष्णु था। बौद्ध ग्रंथों से पता चलता है कि बौद्ध विद्वान **वसुबन्धु (चौथी सदी ईस्वी) उसका मंत्री था।** वामन के काव्यालंकार सूत्र से भी इसकी पुष्टि होती है। प्रयाग प्रशस्ति में समुद्रगुप्त को एक सहृदय सम्राट कह कर सम्बोधित किया है। उसे दानी एवं कोमल प्रकृति का बताया है (मृदुलहृदस्य)। उसमें अनुकम्पा कूट–कूट कर भरी थी (अनुकम्पावतो)। वह एक प्रजावत्सल सम्राट था जिसका यश सर्वत्र प्रसारित हो रहा था (निखिल भवन–विचरण शान्त्यरायः)। निष्कर्षतः हम कह सकते हैं कि समुद्रगुप्त सैन्य विज्ञान में प्रवीण, कुशल योद्धा व सेनापति, नीतिमर्मज्ञ, साहित्यानुरागी, कवि, लेखक, संगीतशास्त्र का प्रेमी, विद्वानों व साहित्यकारों का संरक्षक था। मजुमदार (क्ला.एज.पृ.16) के शब्दों में कहा जा सकता है, 'वह अपने युग का, जिसे भारत का क्लासिकल युग कहा जाता है, भौतिक और बौद्धिक शक्ति का प्रतीक था जिसका सृजन अधिकांशतः उसने स्वयं किया था।

रामगुप्त (375–375ई0)

गुप्त वंशावलियों में समुद्रगुप्त के बाद चन्द्रगुप्त द्वितीय का नाम आता है। किन्तु 1923 ई. सिलवां लेवी के माध्यम से विशाखदत्त के देवीचन्द्रगुप्तम नामक संस्कृत नाटक के प्रकाश में आने पर रामगुप्त का अस्तित्व स्वीकार किया जाने लगा। देवीचन्द्रगुप्तम् मूल रूप में प्राप्त नहीं हुआ अपितु इस नाटक के कुछ अंश (सात खण्ड) रामचन्द्र और गुणचन्द्र (गुणाढ्य) के नाट्य दर्पण, भोज के श्रृंगार प्रकाश (4 खण्ड), अभिनवगुप्त की अभिनव भारती (एक खण्ड) और सारंगनंदी के नाटक लक्षण रत्नकोष में मिले हैं।

ऐतिहासिकता का सवाल : सर्वप्रथम सिलवां लेवी ने अपने एक लेख में इस सन्दर्भ में इतिहासकारों का ध्यान आकर्षित

किया था। बाद में राखलदास बनर्जी, अनंत सदाशिव अल्तेकर, डी.आर. भण्डारकर, काशी प्रसाद जायसवाल, विंटरनित्ज, वी. वी. मिराशी आदि ने इस पर विचार–विमर्श किया। समुद्रगुप्त के पश्चात् रामगुप्त शासक बना। उसने ध्रुवस्वामिनी या ध्रुवदेवी नामक स्त्री से विवाह किया। यही स्त्री बाद में चन्द्रगुप्त द्वितीय की रानी बनी।

कई साहित्यिक व पुरातात्विक प्रमाणों से रामगुप्त की ऐतिहासिकता की पुष्टि होती है।

देवीचन्द्रगुप्तम् साहित्यिक साधनों में सर्वप्रथम देवीचन्द्रगुप्तम् उल्लेखनीय है। इस नाटक के रचयिता **विशाखदत्त** थे, जिन्होंने मुद्राराक्षस की भी रचना की। देवीचन्द्रगुप्तम् के अनुसार रामगुप्त बुजदिल एवं अपने कुल के लिए कलंक तुल्य था। वह अपनी भार्या ध्रुवदेवी को शक राजा को समर्पित करने को तैयार हो गया। उसके कनिष्ठ भ्राता चन्द्रगुप्त द्वितीय ने शक राजा का वध किया।

हर्षचरित हर्ष के समकालीन कवि **बाणभट्ट** ने लिखा है कि अरिपुर में ही दूसरे की भार्या के लिए कामुक शकराज को कामिनी वेषधारी चन्द्रगुप्त ने मार डाला।

(अरिपुरे च परकलत्रकामुंक कामिनी
वेषगुप्तश्चन्द्रगुप्तः शकपतिमशातयत।)

हर्षचरित के टीकाकार शंकराचार्य ने भी शक शासक व चन्द्रगुप्त की घटना का उल्लेख किया है। उसके अनुसार ध्रुवदेवी का वेश धारण किए हुए चन्द्रगुप्त ने, जिसके साथ स्त्री वेशधारी अन्य अनेक जन थे। शकराज की एकान्त में हत्या कर डाली, क्योंकि शक नरेश चन्द्रगुप्त के भाई की पत्नी ध्रुवदेवी को पाना चाहता था।

काव्य मीमांसा दसवीं शताब्दी में **राजशेखर** द्वारा **काव्य मीमांसा** लिखा गया था। इसके एक श्लोक में उल्लेख हुआ है कि शर्मगुप्त नाम के राजा ने हिमालय पर्वत पर हारने के कारण अपनी भार्या ध्रुवस्वामिनी को खसाधिपति को देने हेतु अपनी सहमति दी थी।

ग्यारहवीं शताब्दी के लेखक राजा भोज के **"शृंगार प्रकाश"** में भी देवीचन्द्रगुप्त की घटना का उल्लेख हुआ है। एक श्लोक में कहा गया है कि स्त्री वेशधारी चन्द्रगुप्त शकपति के वध के उद्देश्य से शत्रु स्कन्धवर अलीपुर की ओर गया था। अभिनव भारती नामक ग्रन्थ में वही उद्धरण मिलते हैं जो नाट्य दर्पण एवं राजा भोज के शृंगार प्रकाश में उपलब्ध हैं।

मजमत–उत–तवारीख अब्दुल हसल अली द्वारा **1126 ई.** में रचित इस ग्रन्थ में देवीचन्द्रगुप्तम् नाटक से मिलता–जुलता कथानक मिलता है। यह ग्रन्थ किसी मूल संस्कृत रचना का फारसी अनुवाद है। मजमल–उत–तवारीख के अनुसार रव्वाल व बर्कमारिस भाई थे। एक स्वयंवर में सुन्दर राजकुमारी ने बुद्धिमान और सुन्दर बर्कमारिस को चुना। परन्तु रव्वाल ने स्वयं उससे शादी कर ली। कुछ समय पश्चात् एक परम्परागत शत्रु ने रव्वाल पर आक्रमण कर दिया। शत्रु ने रव्वाल से उस राजकुमारी और सुन्दर लड़कियों को भेजने की शर्त रख दी। बर्कमारिस को यह अच्छा नहीं लगा। उसने रानी का वेश धारण किया और स्त्री वेशधारी अन्य साहसी युवकों के साथ शत्रु शिविर में जाकर शत्रु राजा को मार डाला। बाद में उसने अवसर पाकर रव्वाल को मार डाला और सिंहासन पर अधिकार कर लिया तथा रव्वाल की पत्नी से शादी कर ली।

राजावली नामक ग्रन्थ, जो मृत्युञ्जय पण्डित द्वारा लिखा हुआ है, में भी रामगुप्त कथानक से साम्यता रखता हुआ घटनाक्रम मिलता है।

अभिलेखीय साक्ष्य

संजान ताम्रलेख– राष्ट्रकूट शासकों के अभिलेखों से रामगुप्त के अस्तित्व का बोध होता है। अमोघवर्ष प्रथम का संजान अभिलेख[108] उल्लेखनीय है। इस अभिलेख के एक उद्धरण की ओर डॉ. अल्तेकर ने ध्यान दिलाया है, जिसके अनुसार कलियुग के एक दानी राजा जो गुप्तवंशीय था, ने अपने भाई की हत्या कर उसके राज्य एवं पत्नी का अपहरण कर लिया था। स्पष्ट है कि यहाँ चन्द्रगुप्त द्वितीय की ओर संकेत है।

कैम्बे ओर सांगली के अभिलेखों में भी चतुर्थ गोविन्द को साहसांक नामक राजा से अच्छा बताया गया है। दोनों में दानशीलता व साहस समान ही था। चतुर्थ गोविन्द ने न तो अपने अराज के प्रति क्रूरता का व्यवहार किया, न भाई की पत्नी को भोगा और न ही पैशाच्य को स्वीकारा :

सामर्थ्य निन्दिता प्रविहिता नैवागजे क्रुर्थ्यरता
बन्धुस्त्रीगमनादिभिः कुचरितैरावर्ज्जितं नायशः।
————————यः साहसाड़ कोड भवत।

प्रो. मिराशी ने अपने एक लेख में इनकी ओर ध्यान आकर्षित किया। यहाँ साहसांक नामक शासक चन्द्रगुप्त विक्रमादित्य ही है। विभिन्न ग्रन्थों से चन्द्रगुप्त विक्रमादित्य की बेताल साधना का भी उल्लेख मिलता है।

भिलसा व वैशाली के लेख इस लेख में कुमारगुप्त की माता का नाम ध्रुवदेवी बताया गया है। ''महाराजाधिराज श्रीचन्द्रगुप्तपुत्रस्य महादेव्यां ध्रुवदेव्यामुत्पन्नस्य महाराजधिराज श्री कुमारगुप्तस्य।'' स्पष्ट है कि ध्रुवदेवी की ऐतिहासिकता पर संदेह नहीं किया जा सकता।

वैशाली के लेख में ध्रुवस्वामिनी का उल्लेख हुआ है जो वास्तव में ध्रुवदेवी का ही नाम है। काव्यमीमांसा में भी ध्रुवदेवी का यही नाम मिलता है।

I. इतिहासकारों का एक वर्ग जिनमें बनर्जी, जायसवाल, अल्तेकर, मिराशी, सालेटोर आदि शामिल हैं, रामगुप्त की ऐतिहासिकता को स्वीकार करते हैं।

II. लेकिन विद्वानों का दूसरा वर्ग जिनमें मजूमदार, बसाक, मुखर्जी, राय चौधरी, सरकार आदि शामिल हैं, रामगुप्त की ऐतिहासिकता को स्वीकार नहीं करते हैं।

III. रामगुप्त की ऐतिहासिकता में विश्वास न करने वाले विद्वानों की धारणा है कि समुद्रगुप्त के शक्तिशाली साम्राज्य का उत्तराधिकारी शक–नरेश द्वारा पराजित किया जाएगा महत्वपूर्ण सवाल है। साथ ही उसके पास अपने राज्य और सेना की रक्षा के लिए इस प्रकार का कार्य करने के अतिरिक्त और कोई उपाय नहीं रह जाएगा जो भारत के स्वर्ण युग के सम्राट के लिए नहीं, किसी देश और काल के किसी भी राजा के लिए निन्दनीय होगा।[109]

रामगुप्त की ऐतिहासिकता में सन्देह का एक कारण यह भी रहा है कि उसके सिक्के उपलब्ध नहीं हुए थे किन्तु अब सन्देह का कोई कारण नहीं रहा है रामगुप्त की मुद्राओं की प्राप्ति से स्थिति पूरी तरह स्पष्ट हो गई है।

पूर्वी मालवा (विदिशा क्षेत्र) से रामगुप्त के ताँबे के अनेक सिक्के 1969 ई. में उपलब्ध हुए हैं। उसकी मुद्राओं की प्राप्ति के बाद उसकी ऐतिहासिकता में सन्देह का आधार समाप्त हो गया। सिक्कों पर सिंह, गरुड़ध्वज आदि मिलते हैं। इनसे रामगुप्त को स्थानीय शासक की संज्ञा नहीं दी जा सकती। कृष्णदत्त वाजपेयी ने इन मुद्राओं की ओर ध्यान आकर्षित किया है।

इसके अतिरिक्त आधुनिक बेसनगर से कुछ प्रतिमाएँ मिली हैं जिन पर गुप्तकालीन लिपि में लेख अंकित है। इनमें महाराजाधिराज रामगुप्त का उल्लेख हुआ है। इनकी भाषा संस्कृत है और ये प्रतिमाएँ अर्हतों की है। जी.एस. गायकवाड़ एवं के.डी. वाजपेयी ने इन लेखों को पढ़ने का प्रयास किया है। लिपिशास्त्रीय दृष्टि से इन लेखों को चौथी सदी ई. के उत्तरार्द्ध का माना गया हैं। सम्प्रति ये प्रतिमायें विदिशा संग्रहालय में सुरक्षित है। इन प्रतिमाओं से प्रतीत होता है कि रामगुप्त जैन धर्म का अनुयायी था।

सम्भवतः रामगुप्त ने जैन धर्म का अवलम्बन कर लिया हो, जिस प्रकार बुधगुप्त, बालादित्य आदि गुप्त नरेशों ने बौद्ध धर्म को स्वीकारा था। विदिशा जैन मूर्तिलेख : मध्यप्रदेश के विदिशा से दो मील दूर बेस नदी के तट पर दुर्जनपुरा गांव के टीले से तीन जैन तीर्थंकर चन्द्रप्रभु (आठवें), पुष्पदन्त (नवें) एवं छठे तीर्थंकर पद्मप्रभु की मूर्तियां मिली है। प्रत्येक मूर्ति की चौकी पर लेख अंकित है। मूर्तियों को रामगुप्त ने प्रतिष्ठित करवाया था। रामगुप्त के लिए महाराजाधिराज उपाधि अंकित है।

एक प्रतिमा का लेख इस प्रकार हैः

- भगतो अर्हतः चन्द्रप्रभस्य प्रतिमेयं कारिता म
- **हाराजाधिज श्री रामगुप्तेन उपदेशात प्राणिया**
- त्रिक चन्द्रक्षमाचायर्य क्षम (प) ण–क्षमण–प्रशिष्य

(भगवान अर्हत चन्द्रप्रभ की यह प्रतिमा महाराजाधिराज श्री रामगुप्त द्वारा प्राणिपात्रिक आचार्य क्षपण के उपदेश से बनवाई गई)। इस विवेचन से रामगुप्त की ऐतिहासिकता सिद्ध होती है। ऐसा प्रतीत होता है कि समुद्रगुप्त की मृत्यु के बाद रामगुप्त पूर्वी मालवा का ही शासक रहा होगा। राज्य के अन्य भाग पर चन्द्रगुप्त द्वितीय का शासन होगा। रामगुप्त ने चन्द्रगुप्त की सत्ता को मानने से इन्कार कर दिया और तभी उसने मुद्राएँ प्रचलित की होंगी। उसे पड़ोसी शकों के आक्रमणों का भय बना रहता होगा। शकों द्वारा घिर जाने पर वह असहाय स्थिति में आ गया।

सम्भवतः पश्चिमी शकों ने पूर्वी मालवा क्षेत्र में उस समय विद्रोह किया जब समुद्रगुप्त की मृत्यु के बाद उसका ज्येष्ठ पुत्र रामगुप्त उस क्षेत्र का शासक था। के.डी. वाजपेयी के अनुसार रामगुप्त के अंत और चन्द्रगुप्त के सम्राट बनने की घटना ऐरण में घटी जो पूर्वी मालवा क्षेत्र का मुख्य सैन्य केन्द्र था। रामगुप्त का गिरा हुआ व गलत रूप बताने में विशाखदत्त की प्रमुख भूमिका है। वह चन्द्रगुप्त के व्यक्तित्व को बढ़ा–चढ़ाकर प्रस्तुत करना चाहता था। गुप्त वंश में समुद्रगुप्त के पुत्र और चन्द्रगुप्त (द्वितीय) के बड़े भाई रामगुप्त के अस्तित्व में कोई सन्देह नहीं किया जा सकता, मात्र इस आधार पर कि गुप्त वंशावलियों में उसके नाम का उल्लेख नहीं है। रामगुप्तकालीन लेख, सिक्के, मूर्तियाँ आदि विभिन्न साक्ष्यों से उसका अस्तित्व सिद्ध होता है।[110]

चन्द्रगुप्त द्वितीय (375–415 ई.)

गुप्त साम्राज्य में चन्द्रगुप्त द्वितीय अत्यन्त महत्वपूर्ण स्थान रखता है। उसने विक्रमादित्य की उपाधि धारण की। उसे देवराज, देवगुप्त, देवश्री, परम भागवत, विक्रमांक, विक्रमादित्य आदि भी कहा जाता है। भारत की साहित्यिक परम्परा में विक्रमादित्य का उल्लेखनीय स्थान है। चन्द्रगुप्त द्वितीय के समय भारतीय धर्म, कला, संस्कृति आदि विभिन्न क्षेत्रों में अभूतपूर्व प्रगति हुई।

ऐतिहासिक स्त्रोत : चन्द्रगुप्त द्वितीय के काल के इतिहास लेखन हेतु ऐतिहासिक स्त्रोतों का संक्षेप में उल्लेख करना उचित होगा।

मथुरा स्तंभ लेख चन्द्रगुप्त द्वितीय के शासन काल के कई अभिलेख उपलब्ध हुए हैं जिनमें से अनेक तिथियुक्त भी हैं। कालक्रम की दृष्टि से मथुरा का स्तम्भ लेख सबसे पहला है। संस्कृत भाषा में लिखा हुआ यह पहला प्रामाणिक गुप्त लेख है जिसमें तिथि का उल्लेख हुआ है। इसमें गुप्त संवत् में तिथि

– 61वाँ वर्ष दी गई है। चन्द्रगुप्त द्वितीय के शासन काल का वर्ष भी दिया गया है। अनुमान लगाया जा सकता है कि यह लेख चन्द्रगुप्त द्वितीय के शासन काल के पाँचवें वर्ष में उत्कीर्ण किया गया था। **(पंचमे काला वर्तमान–संवत्सरे एक शष्टें ६० [+] 1–––प्रथमे)।** उसके लिए इस अभिलेख में 'परमभट्टारक' एवं 'महाराज' की उपाधियाँ मिलती हैं। इस लेख से पाशुपति धर्म की लोकप्रियता का बोध होता है।

मथुरा शिलालेख मथुरा से ही एक अन्य शिलालेख मिला है लेकिन यह तिथियुक्त नहीं है। इस लेख की प्रथम बारह पंक्तियाँ खण्डित अवस्था में बची हुई हैं लेकिन चन्द्रगुप्त द्वितीय तक की गुप्तवंशावली अवश्य सुरक्षित है।

उदयगिरि लेख मध्यप्रदेश के विदिशा के पास लगभग 20 गुफायें 5वीं शताब्दी की है। गुफा 4 में शिवलिंग की प्रतिमा है **प्रवेशद्वार में एक मनुष्य वीणा वादन करता दिखाया है अतः इसे बीन गुफा कहते है।** चन्द्रगुप्त द्वितीय के दो लेख उदयगिरि से प्राप्त हुए हैं।

इनको प्रकाश में लाने का श्रेय कनिंघम को है। यह मध्य प्रदेश के भिलसा (विदिशा) नगर से दो मील उत्तर–पश्चिम में स्थित है। प्रथम लेख की भाषा संस्कृत है, जिसमें गुप्त **संवत् 82 (401 ई.)** का उल्लेख हुआ है। यह वैष्णव–धर्म से सम्बन्धित है। इसका उद्देश्य सनकानीक महाराज द्वारा दिये गये दान या भेंट का विवरण देना है।

द्वितीय उदयगिरिगुहा लेख उदयगिरि का दूसरा लेख भी उदयगिरि गुफा से प्राप्त हुआ है। यह शैव धर्म से सम्बन्धित है, इस लेख को चन्द्रगुप्त द्वितीय के सन्धि विग्रहिक वीरसेन ने उत्कीर्ण कराया था।

गढ़वा अभिलेख इलाहाबाद जिले के गढ़वा नामक ग्राम से भी इस नरेश का एक अभिलेख मिला है जिस पर गुप्त संवत् 88 (407 ई.) का उल्लेख मिलता है। अभिलेख की पंक्तियों के अधिकांश भाग नष्ट हो गए हैं। इसमें उल्लेख हुआ है कि मातृदास नामक व्यक्ति को गढ़वा में स्थित दानगृह में रहने वाले ब्राह्मणों की आर्थिक सहायता हेतु दस दीनार दान स्वरूप दिए गए। लेख में चन्द्रगुप्त द्वितीय की राजधानी पाटलिपुत्र का भी उल्लेख है।

सांची लेख उसका एक लेख मध्य प्रदेश में दीवानगंज के उत्तर–पूर्व में स्थित साँची से मिला है। इस स्थल को कभी–कभी साँची काना खेड़ा भी कहा जाता है। **इसमें गुप्त संवत् 93 का उल्लेख है। चन्द्रगुप्त को 'देवराज' से सम्बोधित किया गया है। इस अभिलेख में चन्द्रगुप्त के सेनापति आम्रकार्दव द्वारा काकनादबोट के बौद्ध संघ को भिक्षुकों के भोजन और प्रकाश की व्यवस्था के निमित्त ईश्वरवासक गाँव तथा 25 दीनारों के दान का उल्लेख हुआ है।** गुप्तकालीन सांस्कृतिक जीवन की झांकी इसमें प्राप्त होती है।

मुद्राएँ

चन्द्रगुप्त द्वितीय के समय मुद्रा कला का अत्यधिक विकास हुआ। उसने समुद्रगुप्त कालीन मुद्राओं के आदर्श पर सिक्के ढलवाए तथा कई मौलिक प्रकार की मुद्राएँ प्रचलित कीं।

चन्द्रगुप्त द्वितीय ने पांच प्रकार की स्वर्ण मुद्राओं का प्रचलन किया– धनुर्धर, सिंह–हन्ता, छत्रपर्यंक, अश्वारूढ़ एवं पर्यंक प्रकार। इनसे उसके व्यक्तित्व, उपलब्धियों, साम्राज्य विस्तार आदि की जानकारी मिलती है। संक्षेप में स्वर्ण मुद्राओं की चर्चा करना उचित होगाः

1. **धनुर्धर प्रकार (Archer type)** आमुख (obverse) पर धनुष बाण लिए हुए राजा, गरुड़ध्वज व मुद्रालेख "देव श्री महाराजाधिराज श्री चन्द्रगुप्तः" अंकित है। पृष्ठ भाग में आसीन मुद्रा (बैठी हुई) में लक्ष्मीजी अंकित हैं व श्री विक्रम लिखा है। इस प्रकार के सिक्के अधिक मिले है। जानकीपुरा (डिग्गी मालपुरा–राजस्थान) से प्राप्त गुप्तकालीन स्वर्णमुद्राओं में चन्द्रगुप्त द्वितीय की धनुर्धर प्रकार (प्रत्यन्चा अन्दर) प्राप्त हुई है।
2. **सिंह–हंता प्रकारः** आमुख पर सिंह को कृपाण से मारते हुए राजा एवं पृष्ठ भाग में सिंह पर बैठी दुर्गा देवी उत्कीर्ण है। इस वर्ग के सिक्कों पर भिन्न–भिन्न लेख मिलते हैं। 'देव श्री महाराजाधिराज श्री चन्द्रगुप्तः' अथवा 'महाराजाधिराज श्री चन्द्रगुप्तः' आदि अंकित है। इन सिक्कों को गुजरात (काठियावाड़) विजय का संकेत माना जाता है।
3. **छत्रपर्यंकः** इस वर्ग में दो प्रकार के सिक्के शामिल हैं आमुख पर आहुति डालते हुए राजा, एक हाथ तलवार पर, राजा के पीछे बौना (**dwarf**) नौकर छत्र ताने खड़ा है। "महाराजाधिराज चन्द्रगुप्तः" अथवा "क्षितिमवजित्य सुचरितै दिवं जयति विक्रमादित्य" (अर्थात् विक्रमादित्य पृथ्वी को जीतकर उत्तम कर्मों द्वारा स्वर्ग को जीतता है) ब्राह्मी लिपि में अंकित है। पृष्ठ भाग पर लक्ष्मी स्थानक मुद्रा (खड़ी हुई) में व "विक्रमादित्य" लेख अंकित है। मुद्रा के उत्तरीभाग में टकसाल का चिह्न ♆ अंकित है।
4. **अश्वारूढ प्रकारः** आमुख पर राजा घोड़े पर सवार तथा "परमभगवत महाराजाधिराज श्री चन्द्रगुप्तः" लिखा है। पृष्ठ भाग में देवी आसीन मुद्रा में तथा 'अजित विक्रम' उत्कीर्ण है।
5. **पर्यंक प्रकार (Couch type)** कम संख्या में प्राप्त इन सिक्कों के आमुख में राजा सुन्दर वस्त्राभूषण धारण किये पलंग पर बैठा है। दायें हाथ में कमल व दूसरा हाथ पलंग पर टिका है। "देव श्री महाराजाधिराज श्री चन्द्रगुप्तस्य

विक्रमादित्य'' उत्कीर्ण है कुछ सिक्कों पर परमभगवत उपाधि अंकित है। पृष्ठ भाग में आसीन मुद्रा में लक्ष्मी तथा 'श्री विक्रम अंकित' है।

परवर्ती गुप्तकालीन सिक्कों में सोने की मात्रा कम होती गई। साथ ही विविधता, कलात्मकता व सुंदरता जैसी समुद्रगुप्त व चन्द्रगुप्त द्वितीय के सिक्कों पर देखी जाती है वैसी सुंदरता गुप्तों के सिक्कों में नहीं देखी गई।

चन्द्रगुप्त द्वितीय प्रथम गुप्तकालीन शासक था, जिसने चाँदी के सिक्के प्रचलित किए। रजत मुद्राएँ उसके राज्य की पश्चिमी सीमा को समझने में उपयोगी हैं। संभवतः रजत मुद्राएँ शक विजय के उपलक्ष में जारी की गई थी। इसी प्रकार 'सिंह विक्रम' प्रकार गुजरात विजय के प्रतीक रूप में प्रचलित किये थे। मुद्राओं से उसके साम्राज्य की समृद्धि, शान्ति तथा सांस्कृतिक प्रगति की जानकारी भी मिलती है। उसके समय की ताम्र मुद्राएँ भी उपलब्ध हुई हैं।

साहित्यिक साधन साहित्यिक विकास की दृष्टि से भी चन्द्रगुप्त द्वितीय का काल अत्यन्त समृद्ध रहा है। यद्यपि कालीदास की तिथि अभी तक विवादास्पद है लेकिन अधिकांश विद्वान इस मत को मानते हैं कि कालीदास चन्द्रगुप्त विक्रमादित्य (चन्द्रगुप्त द्वितीय की उपाधि) का ही समकालीन था। साहित्यिक साधनों में हम कालीदास की रचनाओं को रख सकते हैं, जैसे–रघुवंश, कुमारसंभव, मेघदूत, ऋतुसंहार, विक्रमोर्वशीय, मालविकाग्निमित्र, अभिज्ञान शाकुन्तलम्। इन ग्रन्थों में तत्कालीन राजनीतिक आदर्श, सामाजिक, धार्मिक एवं आर्थिक जीवन के प्रमुख पक्षों की झाँकियाँ मिलती हैं। विक्रमादित्य–कथा से सम्बन्धित ग्रन्थों में ' शृंगार प्रकाश' एवं क्षेमेन्द्र कृत 'औचित्यविचारचर्मा' उल्लेखनीय है। फाह्यान का यात्रा विवरण भी इस समय के इतिहास के पुनर्निर्माण में महत्वपूर्ण साधन है। चीनी यात्री का विवरण तत्कालीन संस्कृति व समाज का दर्पण है। इस विवरण से ज्ञात होता है कि चन्द्रगुप्त द्वितीय के शासन काल में लोग अत्यन्त सुखी थे और वे पूर्ण स्वतंत्रता का उपयोग करते थे। **अनेक इतिहासकारों ने चन्द्रगुप्त द्वितीय के काल को कला, साहित्य, सुख समृद्धि, व्यवसाय आदि की दृष्टि से सर्वांगीण विकसित अर्थात् स्वर्ण काल माना है।**

''गुप्तकालीन अभिलेखों में उल्लेख आया है कि चन्द्रगुप्त द्वितीय को समुद्रगुप्त ने अपना उत्तराधिकारी चुना। उसके लिए 'तत्परिगृह' शब्द का प्रयोग मिलता है,[111] तात्पर्य है कि उसके पिता द्वारा ग्रहण किया हुआ।'' चन्द्रगुप्त द्वितीय के पश्चात् के गुप्त शासकों के लिए 'तत्पादानुध्यात' शब्द का प्रयोग मिलता है अर्थात् ''उसके चरणों की अनुकम्पा।'' कुछ विद्वान इसका यह अर्थ निकालते हैं कि चन्द्रगुप्त से सीधे उत्तराधिकार प्राप्त किया।

इस मत को स्वीकार करने पर रामगुप्त की ऐतिहासिकता पर प्रश्न चिन्ह लग जाता है। यह सम्भावना व्यक्त की जा सकती है कि रामगुप्त ने समुद्रगुप्त की इच्छा का अनादर कर राजसिंहासन प्राप्त किया और ध्रुव देवी से विवाह किया तब जन–समर्थन प्राप्त करने के लिए उसने स्वयं को 'तत्परिगृह' बताया होगा।

राज्यारोहण चन्द्रगुप्त द्वितीय समुद्रगुप्त और दत्ता देवी का पुत्र था। **'महाराजाधिराज श्री समुद्रगुप्तस्य पुत्रण महादेव्यां**

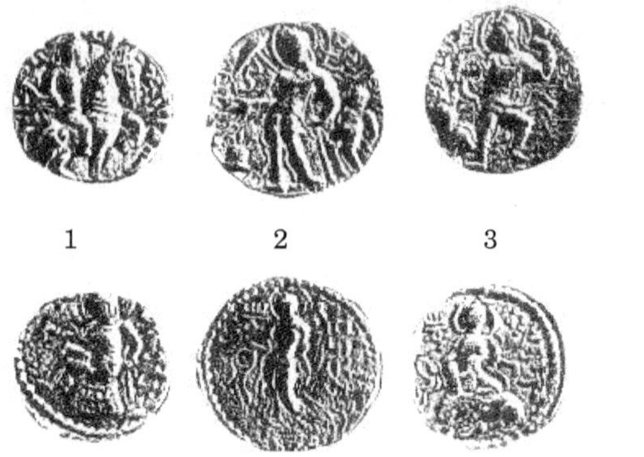

अश्वारूढ़ प्रकार   धनुर्धर प्रकार   सिंहहंता प्रकार

चित्र 43.5 चन्द्रगुप्त द्वितीय की मुद्राएँ (1–3)

दतदेव्यामुत्पन्नेन' कथन से स्पष्ट होता है। वह असाधारण प्रतिभा, अदम्य उत्साह एवं साहस से युक्त था। उसके राज्यारोहण के समय परिस्थितियाँ विकट थी। अपने बड़े भाई रामगुप्त का वध एवं उसकी पत्नी के साथ विवाह करके वह राज्याभिषिक्त हुआ था। एक तरफ तो चन्द्रगुप्त द्वितीय को जन–साधारण का विश्वास जीतना था, दूसरी ओर शकों से राष्ट्रीय सुरक्षा प्राप्त करनी थी। उसने प्राणों की बाजी लगाकर राष्ट्रीय सुरक्षा प्राप्त की और अपने आपको समुद्रगुप्त का 'पदपरिगृहीत' (पिता द्वारा मनोनीत) घोषित किया। वाकाटक अभिलेखों में इसे देवगुप्त तथा देवराज नामों से सम्बोधित किया गया है। इसकी पत्नी ध्रुवदेवी या ध्रुस्वामिनी थी।

चन्द्रगुप्त द्वितीय 375 ई. के लगभग सिंहासनारूढ़ हुआ। उसके कालक्रम के निर्धारण के सन्दर्भ में साँची का शिलालेख उल्लेखनीय है। इसमें गुप्त संवत 96 का उल्लेख है, जिसे चन्द्रगुप्त द्वितीय की अंतिम तिथि स्वीकार की जाती है। इस आधार पर चन्द्रगुप्त द्वितीय की अंतिम तिथि (319+96) 415 ई. मानी जा सकती है। गुप्त संवत् का प्रारम्भ 319 ई. में हुआ। उल्लेखनीय है कि चन्द्रगुप्त द्वितीय की प्रथम ज्ञात तिथि 61 (अर्थात् 380 ई.) है, जो उसके मथुरा स्तम्भ लेख में अंकित है यह लेख उसके शासनकाल के पाँचवें वर्ष का है। कहा जा सकता है कि चन्द्रगुप्त ने 375 ई. में अपना शासन प्रारम्भ किया था। इस प्रकार 375 से 415 ई. तक अर्थात उसने 40 वर्षों तक शासन किया।

विजय अभियान चन्द्रगुप्त द्वितीय भी समुद्रगुप्त की भाँति एक विजेता शासक था किन्तु उसके अभिलेखों में समुद्रगुप्त की प्रयाग प्रशस्ति की तरह विजयों का स्पष्ट विवेचन नहीं मिलता। शक एवं कुषाण शक्तियों ने समुद्रगुप्त का लोहा मान लिया था, परन्तु रामगुप्त के समय पुनः शकों ने उपद्रव खड़े करने शुरू कर दिए थे इसलिए उनका उन्मूलन आवश्यक हो गया इसी उद्देश्य से चन्द्रगुप्त (द्वितीय) ने अपनी विजय योजना बनाई। उसके शैव गुहा लेख में विजय अभियान को 'कृत्स्न पृथ्वीजय' (सम्पूर्ण पृथ्वी जीत लेना) कहा है। गुजरात, काठियावाड़ एवं पश्चिमी मालवा पर शकों का अधिकार था। सम्भवतः उनका दमन करने हेतु उसने दक्षिण–पश्चिम की ओर सैनिक अभियान किया था। किन्तु शैव गुहालेख तिथि विहीन है इसलिए चन्द्रगुप्त द्वितीय की विजय योजना का इतिहास लेखन अधिक कठिन हो गया है। यद्यपि उसके एक अन्य सनकानिक महाराज के उदयगिरि[112] और सांची[113] (काकनाद बोट के बौद्ध बिहार) से प्राप्त लेखों में भी उल्लेख आया है कि चन्द्रगुप्त द्वितीय ने पूर्वी मालवा के विदिशा नगर के समीप बहुत से मन्त्रियों, सेनानायकों व सामन्तों को एकत्र कर लिया था।

- इस तथ्य की पुष्टि के लिए हमें सर्वप्रथम साहित्यिक साक्ष्यों को आधार बनाना होगा। चन्द्रगुप्त (द्वितीय) की शक विजय का संकेत देवीचन्द्रगुप्त नाटक के कथानक से भी मिलता है।[114] इसके अतिरिक्त हर्षचरित, मुद्राराक्षस, काव्य मीमांसा, श्रृंगार प्रकार में भी शक विजय की चर्चा आई है। देवीचन्द्रगुप्तम् में विवरण मिलता है कि समुद्रगुप्त के निर्बल उत्तराधिकारी रामगुप्त के काल में शकों ने गुप्तों की पूर्व 'कन्योपायनदान' जैसी शर्तों का बदला लेने के लिए रामगुप्त के समक्ष आक्रमण की धमकी देकर उसकी रानी ध्रुवदेवी को भेजने का अपमानजनक प्रस्ताव रखा। विशाखदत्त ने (देवीचन्द्रगुप्तम्) यह दर्शाया है कि चन्द्रगुप्त अरिपुर में शकपति का दमन करने हेतु गया। इसी प्रकार बाण के हर्षिचरित में विवेचन मिलता है – **'अरिपुरे.... चन्द्रगुप्त शक पति शातयते।' ''अरिपुर में शकपति का काम तमाम किया अर्थात मार दिया।''**
- उदयगिरि गुहा लेख से ज्ञात होता है कि सम्राट सम्पूर्ण पृथ्वी को जीतने की इच्छा से अपने सन्धिविग्रहिक या सचिव वीरसेन (उपनाम–शाब) के साथ पूर्वी मालवा में सैनिक शिविर डाले हुए पड़ा था। यह अमात्य उसका महाबलाधिकृत (सेनानायक) भी था। बिना तिथियुक्त उदयगिरि गुहालेख, जिसे कनिंघम ने 1880 ई. में प्रकाशित किया था, में विवेचन मिलता है।

  ''अन्वय प्राप्त सचिव्यो व्यापृत सन्धिविग्रह कौत्स शाब इतिख्यातो वीरसेनः.... कृत्स्न पृथ्वीजयार्त्थेन राज्ञेवेह सहागतः।''

  अपने सन्धिविग्रहिक वीरसेन (शाब) के साथ पृथ्वी को जीतने के लिए (पूर्वी मालवा क्षेत्र में) गया। पूर्वी मालवा से पश्चिम भारत में स्थित शक राज्य की सीमाएँ लगी हुई थी। चन्द्रगुप्त द्वितीय के इस सैनिक अभियान का लक्ष्य निश्चयतः शकों का उन्मूलन रहा होगा।
- सांची लेख गुप्त संवत् 93 (412 ई.) से ज्ञात होता है कि इस क्षेत्र में आम्रकार्दव (अभ्रकारदेव) नामक पदाधिकारी (एक सैनिक अधिकारी) ने अनेक विजयों में यश प्राप्त किया था। **'अनेक समरायाप्त विजयस्तपाक'** दूसरे शब्दों में, उसके सेनापति का इस प्रकार का विवरण तथा चन्द्रगुप्त (द्वितीय) का वहाँ आगमन सम्भावित युद्ध की ओर संकेत करता है।
- इसी प्रकार गुप्त सम्वत् 82 (401 ई.) उदयगिरि वैष्णव लेख के अनुसार भिलसा में सनकानिक महाराज जो चन्द्रगुप्त (द्वितीय) का अधीनस्थ सामन्त था, ने अपने स्वामी के प्रतिपूर्ण अनुरक्त होने का उल्लेख किया अर्थात् सनकानिक महाराज के इस युद्ध में गुप्त नरेश का निश्चयपूर्वक सहयोग किया होगा।
- शक विजय के सम्बन्ध में सबसे सबल प्रमाण के रूप में इस नरेश की रजत मुद्राओं को प्रस्तुत किया जा सकता है। चन्द्रगुप्त (द्वितीय) ने पश्चिमी क्षत्रपों के चाँदी के सिक्कों के अनुकरण पर, जो मालवा प्रदेश में प्रचलित थे, अपने कुछ चांदी के सिक्के जारी किए। मुद्राओं के आमुख (मुखभाग) पर गुप्त सम्राट का आवाक्ष, सिर और इनके पृष्ठ भाग पर बिन्दु समूह तथा चैत्य उत्कीर्ण है। इनका तौल 33 ग्रेन है। इन सभी सिक्कों पर तिथि 9 (किसी भी सिक्के पर इकाई की संख्या स्पष्ट रूप से उपलब्ध नहीं है) पठनीय है, जो गुप्त सम्वत् 90 और 96 (409–415 ई.) के मध्य किसी समय जारी किए होंगे। गुजरात सौराष्ट्र से शक क्षत्रपों की मुद्राएँ **रुद्रसेन तृतीय** तक की उपलब्ध हुई हैं, उसके उपरान्त उसी आकार एवं परिमाण (नाप–तौल) की मुद्राएँ चन्द्रगुप्त द्वितीय की (32–33 ग्रेन तौल की चाँदी की मुद्राएँ) प्राप्त हुईं। गुप्त शासक द्वारा शक विजय की सूचना प्रदान करता है। यह एक सामान्य स्वीकृत सिद्धान्त है कि किसी क्षेत्र से एक शासक के बाद क्रमशः उसी वंश की मुद्राएँ मिलें और बाद में यह सिलसिला एकदम टूट जाए एवं दूसरे वंश (अन्य वंश) की मुद्राएँ उसी क्षेत्र से मिलने लगे तथा जो निरन्तर कुछ पीढ़ी तक मिलती रहे तो यह बात पूर्व शासक (वंश) की समाप्ति का द्योतक होता है। इस प्रकार शक शासक रुद्रसेन तृतीय की मुद्राओं के बाद चन्द्रगुप्त (द्वितीय) की मुद्राओं की मालवा व गुजरात आदि से मिलना यह स्पष्ट करता है कि अन्तिम शक क्षत्रप रुद्रसेन तृतीय था, उसका उन्मूलन

चन्द्रगुप्त (द्वितीय) ने किया। विद्वानों का यह भी अनुमान है कि चन्द्रगुप्त (द्वितीय) की सिंह हनन मुद्राएँ उसकी गुजरात विजय की ओर संकेत करती है। सिंह गुजरात व सौराष्ट्र में अधिक पाए जाते हैं। चन्द्रगुप्त ने 'विक्रमादित्य', 'विक्रम', 'विक्रमांक' आदि उपाधियाँ धारण की। कई इतिहासकारों का मानना है कि उसने शकों पर विजय के बाद ये उपाधियाँ धारण की होंगी।

तिथि निर्धारण : अन्तिम शक नरेश रुद्रसेन तृतीय की मुद्राओं पर जो तिथि अंकित है (1) वह तीन संख्याओं की है उन पर 31.... तो स्पष्ट रूप से पढ़ा जा सकता है परन्तु इकाई की संख्या विलुप्त है। वह संख्या 0 से 9 के बीच कोई रही होगी। इस प्रकार शक नरेश ने 310 से 319 (शक सम्भवतः 78 ई. में प्रारम्भ हुआ) के बीच राज्य किया होगा अर्थात् शक शासन का अन्त 388 ई. और 397 ई. के बीच हुआ होगा। (2) दूसरी ओर शक विजय के उपलक्ष में प्रचलित चन्द्रगुप्त द्वितीय की रजत मुद्राओं पर दो संख्याएँ अंकित थीं, दहाई की संख्या 8 या 9 उत्कीर्ण है, परन्तु इकाई की संख्या नष्ट हो गई है। अतः इकाई की संख्या 0 से 9 के बीच कोई रही होगी। तद्नुसार इनकी तिथि 90 और 99 के बीच की थी अथवा 80 एवं 89 रही होगी। इस प्रकार इन सिक्कों का प्रचलन (319, 90) 409 ई. और (319, 99) 418 ई. के बीच माना जा सकता है। (3) परन्तु 414 ई. में चन्द्रगुप्त (द्वितीय) की मृत्यु हो गई थी अतः नवीन मुद्राओं को प्रचलन 409 से 414 ई. के मध्य हुआ माना जा सकता है। कहा जा सकता है कि उपरोक्त तिथियों से पूर्व चन्द्रगुप्त ने शकों को पराजित किया होगा। **यदि मुद्राओं पर दूसरी संख्या को स्पष्टतः 8 स्वीकार कर लिया जाता है तो 80 से 89 अर्थात् 399 ई. से 409 ई. के मध्य शकों को पराजित किया।**

परिणाम

- इस विजय से काठियावाड़ और पश्चिमी मालवा पर सत्ता स्थापित हुई और गुप्त साम्राज्य की सीमा पश्चिम में अरब सागर से लेकर पूर्व में बंगाल की खाड़ी तक विस्तृत हो गई।
- साथ ही कैम्बे, पोरबन्दर, द्वारिका तथा भरुकच्छ (भृगुकच्छ) गुप्त साम्राज्य का हिस्सा बने। भृगुकच्छ (आधुनिक भड़ौच) पश्चिमी तट पर उस युग का सबसे बड़ा बन्दरगाह था।
- इन दिनों पश्चिम देशों के साथ व्यापारिक सम्बन्ध अधिक गतिशील रहे। रोम की डेरियस (दीनार) मुद्राएँ गुप्त कोष में संचित होने लगीं और इस प्रकार रोम के सोने का प्रवाह भारत की ओर हो गया। इतना ही नहीं यूनान, मिस्त्र, एशिया माइनर से भी व्यापारिक सम्बन्धों का विकास हुआ। उल्लेखनीय है कि भृगुकच्छ (भड़ौच) का जिक्र पेरिप्लस ने भी किया है और इसे पश्चिमी समुद्र तट का सबसे बड़ा बन्दरगाह कहा है। **पेरिप्लस का बैरीगाजा अथवा भड़ौच** प्राचीन भारतीय व्यापार का प्रमुख केन्द्र था। यहाँ से पश्चिमी देशों को जाने वाली वस्तुओं में हाथी दाँत, रेशमी व सूती वस्त्र, मलमल, गरम मसाले, बहुमूल्य पत्थर आदि उल्लेखनीय हैं। पेरिप्लस के अनुसार बाहरी देशों से इस नगर में मदिरा, कस्तीर, सीसक, सूक्ष्म वस्त्र, स्वर्ण, बहुमूल्य बर्तन, ताँबा, रांगा, मूंगा, पुखराज, सुरमा आदि आते थे।
- शक विजय से प्राप्त क्षेत्र को प्रशासनिक दृष्टि से नियन्त्रित करने के उद्देश्य से चन्द्रगुप्त द्वितीय ने पाटलिपुत्र के अतिरिक्त उज्जयिनी को अपनी राजधानी बनाया।
- इस विजय के परिणामस्वरूप देश के एकीकरण का कार्य बहुत कुछ पूर्ण हुआ। कई इतिहासकारों की मान्यता है कि, पश्चिमी देशों के साथ व्यापारिक लाभ उठाने और पश्चिमी तट के बन्दरगाहों को उत्तर भारतीय व्यापारियों के लिए सुलभ बनाने के लिए शकों का उन्मूलन आवश्यक था।
- इस विजय के परिणामस्वरूप पश्चिमी क्षत्रपों के तीन सौ बरसों से अधिक काल तक के अविच्छिन्न शासन का अन्त कर दिया और पश्चिमी भारत के विदेशी शासन के अन्तिम चिन्ह भी मिट गए। इस तथ्य की पुष्टि वायु पुराण से भी होती है। चन्द्रगुप्त (द्वितीय) ने पश्चिमी मालवा, गुजरात, काठियावाड़ क्षेत्र को शकों से जीता था। गुप्त साम्राज्य के विस्तार का जो कार्य समुद्रगुप्त ने प्रारम्भ किया उसे चन्द्रगुप्त (द्वितीय) ने पूर्णता तक पहुँचाया।
- चन्द्रगुप्त द्वितीय (विक्रमादित्य) के बारे में जानकारी मिलती है : 1. **धन्वन्तरि** आयुर्वेद के महान चिकित्सक 2. **कालिदास**–महान साहित्यकार (रघुवंश– आदि के लेखक) 3. **अमरसिंह**– अमरकोश के रचयिता 4. **शंकु**–भुवनाभ्युदय–स्थापत्य के लेखक 5. **वेतालभट्ट**–वेताल पंचविंशति के रचियता, 6. **घट खर्पर** – घटखर्पर काव्य लेखक (ग्रंथ उपलब्ध नहीं) व नीतिसार के रचयिता, 7. **वराहमिहिर** – बृहतजातक, बृहतसंहिता, सूर्यसिद्धान्त, पंचसिद्धान्त, गणक तरंगिणी, लघुजातक, विवाह पटल, समास संहिता आदि के रचियता 8. **वररूचि**– सदुक्तिकर्णामृत, सुभाषितावली व शार्ङ्गधर संहिता के लेखक। 9. **विट्ठल भट्ट**–महानसंगीतार व भक्त। वररूचि उल्लेखनीय प्राकृत प्रकाश के लेखक वररूचि एक अन्य सुक्ति ग्रंथों के रचयिता के रूप में नाम आया है। चन्द्रगुप्त द्वितीय के समय कोन से वरूरूचि थे स्पष्ट नहीं है। 10. **हरिषेण** प्रयाग प्रशस्ति के लेखक को भी सम्राट के नौ–रत्नों में शामिल किया जाता है। 11. **क्षपणक** बौद्ध सन्यासी भिक्षाटन व नानार्थ कोश के रचयिता थे। इन्हें भी राज्याश्रय प्राप्त था इन्हें ज्योतिषाचार्य भी माना गया है। उक्त सभी नौरत्न उसकी दूसरी राजधानी उज्जयिनी का सभा में बैठे थे।

महरौली लेख का 'चन्द्र एवं चन्द्रगुप्त द्वितीय

दिल्ली में महरौली नामक स्थान पर सुप्रसिद्ध कुतुबमीनार के निकट राय पिथौरा के प्राचीन दुर्ग में स्थित लौह–स्तम्भ पर उत्कीर्ण लेख में 'चन्द्र' नामक शासक द्वारा राज्य स्थापित किए जाने और दूरस्थ स्थानों की विजय करने का विवरण मिलता है। उसकी महत्वपूर्ण पंक्तियाँ इस प्रकार हैं:

''तीर्त्वा सप्तमुखेन येन समरे सिन्धोः र्जिता वाहिलका।

यस्याद्य अपि अधिवास्यते जलनिधि वीर्य नीलै दक्षिणैः।''

आगे लिखा हैः

प्राप्तने स्वभुजार्जिज्जातन्च सुचिरन्चौकाचिराज्यं क्षितौ।

चन्द्राह्वेन समग्र चन्द्र सद्वशी वक्त्राश्रियं विभ्रता

विद्वानों ने चन्द्रगुप्त मौर्य से लेकर चन्द्रगुप्त (द्वितीय) विक्रमादित्य तक 'चन्द्र' नामधारी जितने भी राजा हुए हैं उनमें से प्रायः प्रत्येक को महरौली लेख में उल्लिखित 'चन्द्र' सिद्ध करने की चेष्टा की है। अभिलेख में कहा गया है कि '' 'चन्द्र' ने इकट्ठे होकर आए हुए शत्रुओं को अपने बल (वक्षस्थल) से पीछे धकेल दिया।

- जिस चन्द्र ने बंगाल में युद्ध करते हुए अपनी तलवार से शत्रुओं की भुजा पर अपनी कीर्ति की छाप अंकित की अर्थात् बंगाल में संगठित रूप से आक्रमण करने वाले शत्रुओं को परास्त किया।
- सिन्धु नदी के सातमुखों को पार कर उसने बाहलीक को जीत लिया।
- उसने शौर्य से दक्षिण जल निधि को सुगन्धित किया। अपनी भुजाओं से उसने पृथ्वी पर एकाधिराज्य स्थापित किया तथा उसका चिरकाल तक भोग किया।'' अभिलेख के एक अंश से यह प्रतिध्वनित होता है कि जिस समय यह लेख उत्कीर्ण किया गया, 'चन्द्र' ने संसार त्याग दिया था। (1) साथ ही बाहलीक और बंगाल में चन्द्र द्वारा शत्रुओं को पराजित किए जाने से यह संकेत मिलता है। इन अभियानों के समय पंजाब, दिल्ली, उत्तर प्रदेश एवं बिहार में शान्ति थी और मध्यवर्ती भारत उसके द्वारा लड़े गए युद्धों से पूर्व उसके साम्राज्य का अंग बन चुका था। दूसरे शब्दों में, मध्य भारत को भी स्वयं ने ही जीता था परन्तु अभिलेख में चर्चित युद्ध से वह पहले की विजय थी। (2) इस अभिलेख को पुरालिपि शास्त्र के आधार पर समुद्रगुप्त की प्रयाग प्रशस्ति के बाद का माना गया है। (3) यह नरेश विष्णु भक्त था इसीलिए विष्णुध्वज की स्थापना करवाई।

आर.एन. दाण्डेकर, हेमचन्द्र राय चौधरी, आर.सी. मजूमदार आदि विद्वान मेहरोली के चन्द्र को चन्द्रगुप्त (द्वितीय) से समीकरण स्वीकार करते हैं। उनकी इस मान्यता के कुछ महत्वपूर्ण आधार हैः

- पुरालेख साक्ष्यों से ज्ञात होता है कि चन्द्रगुप्त का नाम 'नरेश चन्द्र' सिंहचन्द्र व चन्द्र था अर्थात् अभिलेखों तथा सिक्कों में उसके इन नामों का उल्लेख हुआ है। जबकि समुद्रगुप्त के अभिलेखों एवं सिक्कों में 'चन्द्र' नाम नहीं पाया जाता।
- चन्द्रगुप्त (द्वितीय) को रिथपुर आदि अभिलेखों में परम भागवत कहा है जो वैष्णव सम्प्रदाय का दूसरा नाम है।
- उसने लम्बे समय तक शासन किया था। उसका जन्म 335 ई. में हुआ और मृत्यु 413–14 ई. में हुई थी तथा उसका राज्यारोहण वर्ष 380–81 ई. में हुआ था। मथुरा स्तम्भ लेख के आधार पर कुछ विद्वान उसका राज्यारोहण 375 ई. भी मानते हैं। तद्नुसार उसने लगभग 40 वर्ष राज्य किया।

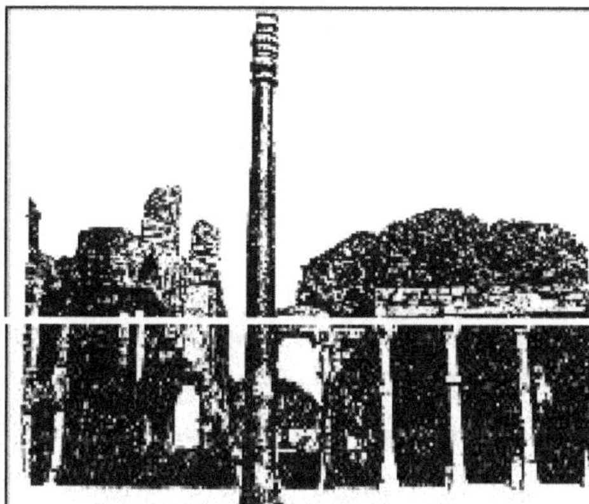

चित्र 43.6 मेहरौली लौह स्तम्भ

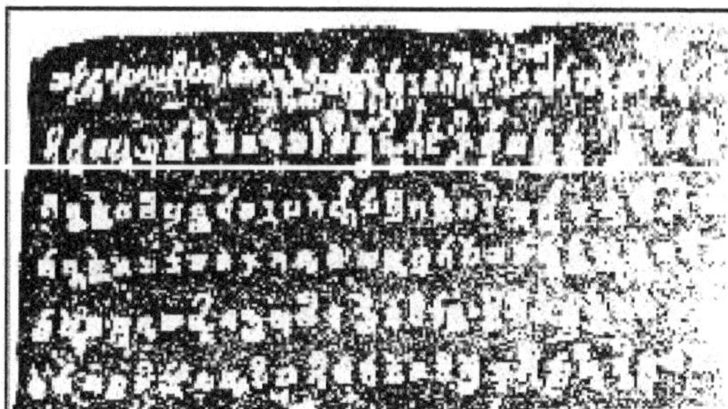

चित्र 43.7 लौह स्तम्भ लेख

- रामगुप्त की ऐतिहासिकता को स्वीकार कर लिए जाने के बाद हम यह स्वीकार कर सकते हैं कि उसने स्वयं अपनी भुजाओं के बल पर साम्राज्य की स्थापना की।
- चन्द्रगुप्त (द्वितीय) ने अपनी शक्ति से उसकी पुनर्स्थापना की। सिक्कों में चन्द्रगुप्त (द्वितीय) के लिए 'शकारि' शब्द का प्रयोग हुआ है। मौद्रिक साक्ष्यों के आधार पर हम यह स्वीकार करते हैं कि उसने शकों का उन्मूलन किया।
- सामान्यतः बाहिक (वाहिलक) से तात्पर्य बैक्ट्रिया (अफगानिस्तान) से लिया जाता है। लेकिन यह प्रदेश भारत से इतना दूर था कि उस क्षेत्र पर किसी भारतीय

शासक की विजय के प्रमाण नहीं मिलते। आर.जी. भण्डारकर की मान्यता है कि व्यास नदी के किनारे वाहिक नगर जिसका रामायण एवं महाभारत में उल्लेख हुआ है, पर 'चन्द्र' ने विजय की होगी। जैसा विदित है कि पंजाब, हिमाचल प्रदेश आदि जो गुप्त साम्राज्य के अंग थे, सम्भवतः इन प्रदेशों में उपद्रव हुए हों और उनको दबाने के लिए चन्द्रगुप्त द्वितीय गया होगा। कालिदास को चन्द्रगुप्त द्वितीय का समकालिक मान लिए जाने पर रघु दिग्विजय से (रघवुंश) उसकी पश्चिमोत्तर प्रदेश की विजय का प्रमाण मिल जाता है। रघुवंश महाकाव्य में कहा गया हैः

'पारसीकान ततो जेतुं प्रतस्ये स्थल वत्मना'

अर्थात् रघु ने स्थल मार्ग से पारसियों को परास्त करने के लिए प्रयाण किया। कवि ने अप्रत्यक्ष रूप से तत्कालीन शासक की विजय की ओर संकेत किया है। अन्य साहित्यिक साक्ष्यों से भी चन्द्रगुप्त (द्वितीय) की मलेच्छों पर जीत की पुष्टि होती है।

- चन्द्रगुप्त द्वितीय द्वारा दक्कन विजय के निश्चित प्रमाण उपलब्ध हैं। सतारा से प्राप्त गुप्तकालीन मौद्रिक निधि से दक्कन में उसका आधिपत्य स्पष्ट होता है। उसने वैवाहिक सम्बन्धों द्वारा दक्षिण के शासकों से कूटनीतिक सम्बन्ध स्थापित किए, जिससे उसका दक्षिण में प्रभाव बढ़ा। क्षेमेन्द्र की औचित्यविचारचर्मा से संकेतित होतघ है कि कालिदास सम्भवतः विक्रमादित्य अर्थात चन्द्रगुप्त द्वितीय के दूत के रूप में कुन्तल नरेश के पास किसी कार्यवश गए। इस प्रसंग का क्षेमेन्द्र ने कुन्तलेश्वर दैत्य नाम से सम्बन्धित श्लोक द्वारा अपने ग्रथ में चर्चा की है। इसका राजा भोज के शृंगार प्रकाश एंव राजशेखर की काव्य मीमांसा में भी जिक्र किया है।

- बंगाल के विषय में भी कालिदास के रघुवंश से प्रकाश पड़ता है। रघु की दिग्विजय के सन्दर्भ में कहा गया है कि रघु ने जल सेना के सहयोग से बंगाल की विजय प्राप्त की। प्रयाग प्रशस्ति में बंगाल (समतट–ड्वाक) को निकटवर्ती राज्य कहा है।[115] सम्भवतः रामगुप्त के समय इस क्षेत्र के शासकों ने उपद्रव किया होगा और अन्ततः चन्द्रगुप्त द्वितीय को इस प्रदेश को कब्जे में लेना पड़ा। डी.सी. सरकार ने (सलेक्ट इन्स्क्रिप्शन) पुरालिपि के आधार पर यह सिद्ध किया है कि महरौली अभिलेख में लिपि ब्राह्मी लिपि की कौशाम्बी शैली की है जो प्रयाग–प्रशस्ति का विकसित परवर्ती रूप है। उपरोक्त तथ्यों के आधार पर यह कहा जा सकता है कि **महरौली अभिलेख के 'चन्द्र' का समीकरण चन्द्रगुप्त (द्वितीय) के साथ सम्भव है। गुप्त काल में कुषाण पश्चिमी पंजाब में शासन कर रहे थे। वे पूर्व में ही समुद्रगुप्त की अधीनता स्वीकार कर चुके थे। प्रयाग प्रशस्ति में इन्हें** दैवपुत्र शाहीशाहानुशाही कहा गया है। हो सकता है उन्होंने चन्द्रगुप्त द्वितीय से पहले की बिगड़ती हुई आन्तरिक परिस्थिति का लाभ उठाया और अपनी स्वतंत्रता घोषित कर दी हो।

इसमें सन्देह नहीं किया जा सकता कि चन्द्रगुप्त द्वितीय ने गुप्त साम्राज्य की सीमाएँ उत्तरी व पूर्वी भारत के अन्तिम छोर तक पहुँचा दी थी। विष्णुपुराण[116] में भी उल्लेख है कि देवरक्षित (चन्द्रगुप्त द्वितीय) कोशल, ओड्र, पुण्ड्र, ताम्रलिप्ति और पुरी तक राज्य का विस्तार करेंगे। उल्लेखनीय है कि देवरक्षित (चन्द्रगुप्तद्वितीय) के उल्लेख से पहले विष्णुपुराण में नव नागों के शासन का जिक्र आया है। उसके बाद (**''अनुगंगा प्रयागं गयायाञ्च मागधा गुप्ताश्च भोक्ष्यन्ति'' ।)** अर्थात गंगा के समस्त प्रदेश गया, मगध आदि पर गुप्त राजा राज्य करेगे। अर्थात पुराणकार ने समयक्रम का ध्यान रखते हुए शुरू के गुप्त राजाओं के बाद देव रक्षित का उल्लेख किया है। चन्द्रगुप्त द्वितीय ने पश्चिमी मालवा, गुजरात, काठियावाड़ को शकों से जीता। गुप्त साम्राज्य के विस्तार का जो कार्य समुद्रगुप्त ने प्रारम्भ किया उसे चन्द्रगुप्त द्वितीय ने पूरा किया।

यह भी सम्भव है कि, उसने पंजाब के गणराज्यों का उन्मूलन किया हो। इस धारणा की पुष्टि इस बात से होती है कि इसके बाद हमें गणराज्यों का कोई उल्लेख प्राप्त नहीं होता है।[117] कुछ इतिहासकार चन्द्रगुप्त द्वितीय को ओडीसा विजय का श्रेय देते हैं। पुराणों में भी गुप्त शासकों को कलिंग का राजा बताया है।

वैवाहिक सम्बन्ध

चन्द्रगुप्त द्वितीय की स्थिति को सुदृढ़ता प्रदान करने में उसकी वैवाहिक नीति का महत्वपूर्ण योगदान रहा है। वैवाहिक सम्बन्धों से गुप्तों की शक्ति व प्रभाव निश्चित रूप से बढे। राजनीतिक स्थिति को मजबूत करने हेतु वैवाहिक सम्बन्धों की परम्परा उसके पूर्वजों द्वारा डाली गई थी।

चन्द्रगुप्त प्रथम ने लिच्छिवी राजकन्या कुमारदेवी के साथ विवाह द्वारा अपनी शक्ति बढ़ाई थी।[118] समुद्रगुप्त ने भी विदेशी शक्तियों से वैवाहिक सम्बन्ध स्थापित किए। लिच्छिवियों के साथ गुप्तों के वैवाहिक सम्बन्ध ने उत्तर–पूर्व भारत में उनकी स्थिति सुदृढ़ की। चन्द्रगुप्त द्वितीय ने भी विभिन्न शक्तियों से सम्बन्ध स्थापित किए।

नाग वंश उसका प्रथम वैवाहिक सम्बन्ध सम्भवतः नाग शासकों से कायम हुआ था। गुप्तों के उदय के समय इस वंश के लोग शक्तिशाली माने जाते थे और उनकी विभिन्न शाखाएँ पद्मावती, अहिच्छत्र, विदिशा आदि क्षेत्रों में फैली हुई थी। समुद्रगुप्त को भी कई नाग शासकों के साथ युद्ध करना पड़ा था। प्रयाग प्रशस्ति में नागदत्त, गणपतिनाग, नागसेन, अच्युत, नन्दि आदि नाग शासकों का उल्लेख हुआ है। वाकाटक अभिलेखों के अनुसार उसने नाग कुल की कन्या कुबेर नागा से विवाह किया था। इसी से प्रभावती गुप्त का जन्म हुआ।[119]

वाकाटक राजवंश चन्द्रगुप्त द्वितीय ने दक्षिण के वाकाटक नरेशों के साथ मित्रतापूर्ण सम्बन्ध स्थापित किए। वाकाटकों की गणना भारतवर्ष की महत्पूर्ण शक्तियों में की जाती थी। उसने अपनी पुत्री प्रभावती का विवाह वाकाटक नरेश रुद्रसेन द्वितीय के साथ किया। वाकाटक राज्य शक राज्य का पड़ोसी था। इस सम्बन्ध में शक सत्ता के उन्मूलन में चन्द्रगुप्त द्वितीय को अवश्य लाभ हुआ होगा। रुद्रसेन द्वितीय की मृत्यु शीघ्र ही हो गई और प्रभावती गुप्त को वाकाटक राज्य की व्यवस्था सम्भालनी पड़ी। वाकाटक अभिलेखों में चन्द्रगुप्त द्वितीय का उल्लेख कई बार हुआ है। प्रभावती गुप्त को दोनों कुलों का अलंकार कहा गया है। वाकाटक दानपत्रों में चन्द्रगुप्त द्वितीय को देवगुप्त नाम से सम्बोधित किया है। प्रभावती गुप्ता ने सदैव उसे उसी नाम से उल्लिखित किया है।[120]

कदम्ब वंश चन्द्रगुप्त द्वितीय ने कदम्ब राजवंश से भी वैवाहिक सम्बन्ध स्थापित किए। कुन्तल के कदम्ब राजा काकुस्थवर्मन के एक शिलालेख से इस सम्बन्ध का पता चलता है। भोज के श्रृंगार प्रकाष, क्षेमेन्द्र के औचित्य विचार चर्मा में भी जिक्र आया है चन्द्रगुप्त द्वितीय ने कालिदास को कुन्तल नरेश काकुस्थवर्मा के पास (दूत रूप में) भेजा था। यह स्पष्ट नहीं है कि कुंतल राजकुमारी का विवाह चन्द्रगुप्त द्वितीय से हुआ अथवा उसके पुत्र से। दक्षिण के वाकाटक व कदम्ब राजवंशों से सम्बन्ध स्थापित होने से चन्द्रगुप्त द्वितीय का प्रभाव निश्चित रूप से दक्षिण में बढ़ा होगा।

साम्राज्य विस्तार चन्द्रगुप्त द्वितीय के सिक्के बंगाल, बिहार, उत्तर प्रदेश, पूर्वी पंजाब, उत्तरी गुजरात, राजस्थान आदि प्रदेशों से मिले हैं। कई क्षेत्रों से सिक्कों की प्राप्ति उसके साम्राज्य विस्तार को इंगित करती है। चन्द्रगुप्त द्वितीय का साम्राज्य हिमालय से लेकर दक्षिण में नर्वदा नदी तक फैला था। मालवा, काठियावाड़ से लेकर बंगाल तक उसका आधिपत्य था।

वाकाटक, नाग, कदम्ब राज्य अप्रत्यक्ष रूप से उससे प्रभावित थे। कई विद्वान यह मानते हैं कि चन्द्रगुप्त द्वितीय ने अश्वमेध यज्ञ किया था।

चन्द्रगुप्त द्वितीय की कलात्मक अभिरुचि के कारण विभिन्न क्षेत्रों में सृजनात्मक विकास हुए। उसने दरबार में साहित्यकारों को प्रश्रय दिया। राजशेखर के 'काव्यमीमांसा' से स्पष्ट होता है कि उज्जयिनी के विक्रमादित्य ने अपने राजमहल में एकमात्र संस्कृत भाषा के प्रयोग की आज्ञा दे रखी थी। विक्रमादित्य का तादात्म्य चन्द्रगुप्त द्वितीय से ही किया जाता है। उसने विशाल साम्राज्य की व्यवस्था बनाए रखने के लिए सुव्यवस्थित शासन प्रणाली को जन्म दिया जो हर्ष के समय तक कायम रही। चीनी यात्री फाह्यान ने उसके प्रशासन की प्रशंसा की है। नगवा (वाराणसी) – यहां से प्राप्त अश्वमूर्ति पर गुप्त लिपि में चन्द्रगुप्त अक्षर पठे गये संभवतः चन्द्रगुप्त द्वितीय ने काशी में समुद्रगुप्त की तरह अश्वमेध यज्ञ किया होगा।

फाह्यान का यात्रा विवरण (399–414ई.) चीनी यात्री फाह्यान ने चन्द्रगुप्त द्वितीय के राज्यकाल में 400–411 ई. के बीच भारत भ्रमण किया था। उसका जन्म शान–सी प्रदेश के ग्राम इयांग में हुआ। ''फाह्यान दो शब्दों से बना है ''फा'' का मतलब है ''धर्म'' और चीनी भाषा में ''हियान'' आचार्य को कहा जाता है अर्थात ''धर्माचार्य''। मूल नाम कुडग था एवं 30 वर्ष में जब बौद्ध बना उसका नाम फाह्यान रखा गया। वह दस भिक्षुओं के साथ चंगन से भारत के लिए रवाना हुआ। कांनसू, तुन–हुआंग नगर की यात्रा कर वह शेनशेन और कारा शहर होता हुआ खोतान के दक्षिणी भाग तक पहुँचा। भारत के लिए वह मथुरा एवं संकिशा आया। वहाँ से श्रावस्ती, कपिलवस्तु, कुशीनारा एवं वैशाली होता हुआ पाटलिपुत्र पहुँचा। उसने राजगृह, सारनाथ, बोधगया, वाराणसी की भी यात्रा की। वापसी में वह चम्पा, ताम्रलिप्ति के बंदरगाहों से होता हुआ जहाज द्वारा सिंहल (लंका) गया। वहीं से अनेक कष्ट सहता हुआ जल मार्ग से दक्षिण–पूर्व एशिया के देशों में पहुँचा। तद्न्तर चीन वापस लौट गया। दुर्भाग्य से धार्मिक स्थिति की ही अधिक विवेचना की है, राजनीतिक तथ्यों व घटनाओं की उपेक्षा की है।

फाह्यान ने 'मध्य देश' के बारे में लिखा है, ''लोग प्रभूत तथा प्रसन्न हैं। उन्हें व्यवहार के लिए लिखा–पढ़ी तथा पंचायत इत्यादि नहीं करनी पड़ती।'' केवल वह लोग जो राज्य की भूमि में खेती करते हैं उससे प्राप्त लाभ का कुछ अंश देते हैं। रहने और एक स्थान से दूसरे स्थान पर भ्रमण करने की स्वतंत्रता है।

- लोगों के खान–पान की वस्तुओं के रूप में फाह्यान ने फल, घी, दूध, शाक–भाजी आदि का उल्लेख किया है। फाह्यान लिखता है कि, भारतीय शाकाहारी थे। मध्य देश में पशु वध, मद्यपान, प्याज, लहसुन का प्रयोग नहीं होता था।
- लोगों के वस्त्रों के सम्बन्ध में संकेत मिलता है कि ऊनी, सूती और रेशमी तीनों प्रकार के वस्त्रों का प्रयोग किया जाता था। फाह्यान के अनुसार साधारणतया लोग उत्तरी भारत में एक ही प्रकार के वस्त्र धारण करते थे। उसके अनुसार भारतीय पुष्पों और सुगंधियों के शौकीन थे।
- शारीरिक पवित्रता के साथ–साथ लोगों की धर्मपरायणता भी उच्च कोटि की थी। लोग पुनर्जन्म में विश्वास रखते थे और पाप–कर्म करने को बुरा मानते थे। वे अपने वचन के पक्के होते थे। भारतीयों के आचरण को उसने आदर्श एवं अत्यन्त उच्च कोटि का कहा है।
- लोग अपने स्वास्थ्य के प्रति भी सजग थे। देश के सभी छोटे–बड़े नगरों में औषधालयों की सुन्दर व्यवस्था थी। औषधालयों में निःशुल्क भोजन, औषधि आदि वितरित की जाती थी। सामान्यतः वैश्य वर्ग के लोग औषधालयों को मुक्त हाथों से दान दिया करते थे।

- प्राण दण्ड या अन्य शारीरिक दण्ड के बिना ही राजा राज्य करते थे। (देखिये, मजुमदार आर.सी., क्लासिकल एज) अपराधियों पर उनके अपराध की परिस्थिति के अनुसार भारी या हल्का जुर्माना लगाया जाता था। भारतीय नागरिक सदाशय एवं अतिथि परायण थे। उसने भारतीयों की दान परायणता व उत्सव प्रेम की प्रशंसा की है।
- फाह्यान के यात्रा विवरण से तत्कालीन धार्मिक जीवन की जानकारी भी मिलती है। लोग धर्म सहिष्णु थे। नागरिकों के व्यक्तिगत मामलों में राजकीय हस्तक्षेप नहीं होता था। तत्कालीन नगरों में ब्राह्मण, बौद्ध एवं जैन देवालय विद्यमान थे। उसके वृत्तान्त से जाहिर होता है कि गुप्त युग में भी बौद्ध धर्म का प्रभाव बरकरार था। ताम्रलिप्ति में फाह्यान ने 24 संघाराम देखे थे। कपिलवस्तु, वैशाली, श्रावस्ती, कान्यकुब्ज आदि में भी बौद्ध धर्म का प्रचार था। फाह्यान के विवरण से स्पष्ट है कि प्राचीनकाल में प्रत्येक व्यक्ति को अपने धर्मपालन की पूर्ण स्वतंत्रता थी। बौद्ध धर्म की दोनों शाखाएँ हीनयान व महायान उत्तरी भारत में विद्यमान थीं।

  बौद्ध विहारों को राजा व अन्य धनी व्यक्तियों द्वारा अनुदान प्राप्त होते थे। फाह्यान ने बौद्धों के धार्मिक कार्यकलापों का उल्लेख किया है। बौद्धों द्वारा मूर्तियों का भी जुलूस निकाला जाता था। उसने पाटलिपुत्र में स्वयं विशाल रथ पर बुद्ध एवं बोधिसत्व की मूर्तियों का प्रदर्शन देखा था।
- भारत के आंतरिक व विदेशी व्यापार का संकेत भी फाह्यान के यात्रा विवरण में मिलता है। ताम्रलिप्ति उस समय प्रमुख व्यापारिक केन्द्र था जहाँ से दक्षिण–पूर्व एशिया से व्यापारिक गतिविधियाँ सम्पन्न की जाती थी। यहीं से जहाज सिंहल (लंका) और हिन्देशिया भारत के आन्तरिक व विदेशी व्यापार का संकेत भी फाह्यान के यात्रा विवरण में मिलता है। ताम्रलिप्ति उस समय प्रमुख व्यापारिक केन्द्र था जहां से दक्षिण–पूर्व एशिया से व्यापारिक गतिविधियां सम्पन्न की जाती थी। यहीं से जहाज सिंहल (श्रीलंका) और हिन्देशिया की ओर आते जाते थे। वापस लौटते समय उसने इसी मार्ग को अपनाया था। भारतीय जहाजों की प्रशंसा में लिखा है कि विशालकाय जहाज भयंकर तूफानों का सामना करने में सक्षम थे। इनमें छोटी–छोटी किश्तियाँ भी साथ होती थीं, जिन्हें आवश्यकता पड़ने पर प्रयोग में लाया जाता था।
- विनिमय के सन्दर्भ में फाह्यान ने लिखा है कि भारतीय क्रय–विक्रय में कौड़ियों का उपयोग करते थे। यह कहा जा सकता है कि कौड़ियों का उपयोग भी क्रय–विक्रय में होता था। खासतौर से ग्रामीण इलाकों में वस्तुएँ बहुत सस्ती थीं व आदान–प्रदान की प्रथा भी प्रचलित थी।
- पाटलिपुत्र में मौर्य प्रासाद, जो अब तक निर्जन हो चुके थे, के निर्माण को देखकर वह स्तब्ध था। वह यह कहने से अपने आप को नहीं रोक सका कि वह प्रासाद देवताओं द्वारा निर्मित था, मनुष्यों में इतनी कुशलता नहीं आ सकती।

फाह्यान ने तत्कालीन शासन व्यवस्था पर भी प्रकाश डाला है। उसके अनुसार भारतीय सम्राट की शासन व्यवस्था उच्च कोटि की थी। स्वयं ब्राह्मण धर्मावलम्बी होते हुए भी उसका धार्मिक दृष्टिकोण उदार था, देश में चारों और सुख, शान्ति व समृद्धि थी। उसने कोई भी दुर्भिक्ष नहीं देखा। लोग घरों में ताले नहीं लगाते थे। स्पष्ट है कि चोर व डाकुओं का आतंक कम था। अपराध कम होते थे। दण्ड व्यवस्था सरल थी। सामान्यतः अर्थ दण्ड ही दिया जाता था, प्राण दण्ड की व्यवस्था न थी। एक ही अपराध को बार–बार करने, राजद्रोह जैसे अपराधों में हाथ काट दिए जाते थे। उसके दीर्धकालिक भ्रमण में एक बार भी ऐसी घटना नहीं घटित हुई जिससे सड़कों की सुरक्षा का संकेत मिले (देखिये उपाध्याय भगवतशरण, गुप्तकाल का सांस्कृतिक इतिहास, पृ. 71)

उसके यात्रा विवरण को ऐतिहासिक दृष्टि से पूर्ण सत्य नहीं माना जा सकता। एक तो वह विदेशी था, दूसरे उसकी यात्रा बौद्ध धर्म से सम्बन्धित थी। फाह्यान के यात्रा विवरण में बहुत–सी कमियाँ हैं। उसने पाँचवीं शताब्दी के पूर्वार्द्ध में भारत की यात्रा की तब भी उसने चन्द्रगुप्त द्वितीय का अपने विवरण में कहीं भी उल्लेख नहीं किया है। कौड़ियों के प्रयोग का भी गलत अर्थ लगाया जा सकता है। फिर भी तत्कालीन सुख–समृद्धि, भारतीयों की धर्म सहिष्णुता, उच्च नैतिक स्तर, शासकों की उदारता, सुंगठित शासन प्रणाली आदि से सम्बन्धित विवरण की पुष्टि अन्य साक्ष्यों से होती है। चन्द्रगुप्त द्वितीय का व्यक्तिगत धर्म वैष्णव था। उसकी विभिन्न मुद्राओं पर उसकी उपाधि 'परम भागवत' मिलती है। महरौली लेख से स्पष्ट है कि विष्णु के प्रति उसकी भक्ति अगाध थी। उसकी मुद्राओं पर गरुड़ का अंकन मिलता है। उसने प्रशासनिक पदों पर बिना किसी धार्मिक भेदभाव के नियुक्तियाँ की। उसका सन्धि विग्रहिक सचिव शाब (वीरसेन) शैव था। उदयगिरि के शैव गुहालेख के अनुसार उसने एक शैव मन्दिर का निर्माण करवाया। उसका आम्रकार्दव नामक सैनिक पदाधिकारी बौद्ध मतावलम्बी था। चन्द्रगुप्त द्वितीय का माण्डलिक महाराज वैष्णव धर्म का अनुयायी था। स्पष्ट है कि सम्राट सहिष्णु था और राज्य में विभिन्न धर्मों के अनुयायी सौहार्दता से निवास करते थे।

कुमारगुप्त प्रथम महेन्द्रादित्य (415–455 ई.)

चन्द्रगुप्त विक्रमादित्य के पश्चात् कुमारगुप्त शासक बना। भिलसद के अभिलेख में उसे महाराजधिराज श्रीचन्द्रगुप्त का पुत्र एवं महादेवी ध्रुवदेवी से उत्पन्न कहा गया है। उसकी मुद्राओं पर कई प्रकार की उपाधियाँ मिलती हैं, जैसे–श्री महेन्द्र, अश्वमेध महेन्द्र, सिंहमहेन्द्र, महेन्द्रकुमार, सिंहविक्रम, महेन्द्रादित्य आदि।

ध्रुवस्वामिनी का, मुद्राभिलेख : कुछ इतिहासकारों का मत है कि कुमारगुप्त प्रथम से पहले गोविन्दगुप्त नाम के एक गुप्त राजा ने तीन वर्षों के लिए शासन किया था। सम्भवतः यह वैशाली (बसाढ़) का गर्वनर भी नियुक्त हुआ। गोविन्दगुप्त के सन्दर्भ में दो

साक्ष्य महत्वपूर्ण हैं– प्रथम, **वैशाली से मिट्‌टी की तीन छापें मिली है जिनमें गोविन्दगुप्त को महाराजधिराज श्री चन्द्रगुप्त विक्रमादित्य और महादेवी ध्रुवदेवी का पुत्र बताया गया है।** इसमें 'महाराज' की उपाधि का उल्लेख है। गोविन्दगुप्त वैशाली के तीरभुक्ति (तिरूहत–बिहार) प्रदेश में सामन्त शासक था। **दूसरा साक्ष्य,** मन्दसौर का अभिलेख है, जिसमें गोविन्दगुप्त का उल्लेख है। यह सम्भव है कि गोविन्दगुप्त को वैशाली में शासन व्यवस्था देखने के लिए रखा हो, जो बाद में मंदसौर चला गया।

कुमारगुप्त की सर्वप्रथम ज्ञात तिथि 415–16 ई. है, जब वह सिंहासनारूढ़ हुआ। उसकी अन्तिम तिथि 455 ई. है। समकालीन अभिलेखों व साहित्यिक साक्ष्यों से स्पष्ट होता है कि कुमारगुप्त के शासन काल के दौरान पूर्ण शान्ति रही। शासन के अन्तिम चरण में हूण आक्रमण से गुप्त साम्राज्य की शान्ति अवश्य भंग हो गई। उसे उत्तराधिकार में एक विस्तृत साम्राज्य की प्राप्ति हुई। कुमारगुप्त के काल को गुप्त साम्राज्य के उत्कर्ष की पराकाष्ठा का काल माना जा सकता है। उसके समय के कई अभिलेख प्राप्त हुए हैं, जिनसे उसकी शासन की शान्ति का बोध होता है।

कुमारगुप्त प्रथम के प्राप्त अभिलेखों की संख्या कुल अठारह है उनमें से प्रमुख लेखों का विवरण दिया जाना उचित होगाः

भिलसद (बिलसद)ः कुमारगुप्त के शासन काल में प्रथम अभिलेख जिस पर गुप्त सम्वत् 96 (415 ई.) अंकित है। उत्तर प्रदेश के एटा जिले में स्थित है। इसमें ध्रुवशर्मा ब्राह्मण द्वारा कार्तिकेय (स्वामी महासेन) का मन्दिर व धर्म संघ बनवाए जाने के विवरण के साथ गुप्त वंशावली दी गई है।

उदयगिरिः गुप्त संवत् 106 (425 ई.) का जैन अभिलेख जिसमें शंकर नामक व्यक्ति द्वारा पार्श्वनाथ मूर्ति स्थापना का उल्लेख है।

करमदण्डाः उत्तर प्रदेश के फैजाबाद जिले में गुप्त संवत् 117 (436 ई) शिव प्रतिमा के नीचे के भाग में अंकित है। कुमारगुप्त के मंत्री पृथ्वीसेन ने यह प्रतिमा स्थापित करवाई थी।

गढवा के दो शिला लेखः इलाहाबाद में गढ़वा से कुमारगुप्त के दो शिलालेख मिले हैं। गुप्त संवत् 98 (417 ई.) में किसी दान गृह में 10–12 दीनार दिये जाने का जिक्र है।

दामोदरपुर ताम्र अभिलेख : इसमें प्रान्तीय शासक चिरातदत्त का उल्लेख हुआ है। वह पुण्ड्रवर्धन भुक्ति का राज्यपाल था। अभिलेख में स्वर्ण मुद्राओं को दीनार कहा गया है। कुमारगुप्त प्रथम का यह लेख अप्रदा (अहस्तान्तरणीय), अप्रहत (जोती न जा सके) तथा खिल (बंजर) भूमियों का जिक्र है।

दशपुर लेख (मंदसौर) : मालवा में स्थित मंदसौर जिसे, दशपुर कहा जाता था, में कुमारगुप्त का लेख प्राप्त हुआ है। इसमें मालव संवत् 493 (436 ई.) तिथि दी है और जिसकी रचना वत्सभट्‌टि ने की थी। पट्‌टवाय श्रेणी (रेशम बुनकर) जिसने सूर्य मन्दिर का निर्माण करवाया, कालान्तर में मन्दिर का उसी श्रेणी ने जीर्णोद्धार मालव संवत् 529 (472 ई.) में करवाया। इसमें कुमारगुप्त कालीन कई सूचनाएं मिलती हैं।

मान कुंवरः इलाहाबाद में मान कुंवर से प्राप्त, गुप्त संवत् 129 (448 ई.) में बुद्धमित्र नामक बौद्धभिक्षु द्वारा बुद्ध प्रतिमा की स्थापना का जिक्र है।

मथुराः मूर्ति के नीचे भाग में गुप्तसंवत् 135 (454 ई.) अंकित हैं। मूर्ति का उपरी हिस्सा टूटा हुआ है संभवतः बुद्ध की मूर्ति थी।

सांचीः गुप्त संवत् 131 (450 ई.) में हरिस्वामिनी द्वारा सांची आर्य संघ को दान दिये जाने का उल्लेख है।

तुमैनः मध्य प्रदेश के ग्वालियर जिले से प्राप्त लेख में गुप्त संवत् 116 (435 ई.) अंकित है। कुमार गुप्त को शरदकालीन सूर्य जैसा बताया है। बंगाल के धनदैह (धनैदहका), दामोदरपुर एवं वैग्राम – तीन स्थानो से ताम्रपत्र प्राप्त हुए हैं, जो भूमिदान से सम्बन्धित हैं।

धनैदहका आधुनिक बांग्लादेश की राजधानी ढाका इसमें गुप्त संवत् 113 (432 ई.) दिया गया और कुमारगुप्त को परमदैवत कहा गया है। कहा जा सकता है कि अभिलेखों में राजनीतिक घटनाओं का ही उल्लेख नहीं मिलता है, बल्कि धार्मिक, आर्थिक, सांस्कृतिक महत्व की दृष्टि से भी ये अभिलेख महत्वपूर्ण हैं।

साम्राज्य विस्तार

कुमारगुप्त एक विशाल साम्राज्य का अधिकारी था। आर्यमंजूश्रीमूलकल्प में उसकी प्रशंसा मिलती है। बड़ी संख्या में कुमार गुप्त (प्रथम) की मुद्रायें प्राप्त हुई हैं, बंगाल में हुगली, महास्थान, महमद, तामलुक, बिहार में बांका, गया, उत्तर प्रदेश में भरसड़ (वाराणसी के पास), कोटवा, टोकरी डोबरा (मिर्जापुर) झूसी (इलाहाबाद) कुसुम्भी, कन्नौज से; राजस्थान में बयाना व जानकीपुरा (डिग्गी मालपुरा) से; गुजरात में कुमरखान से; मध्यप्रदेश में बमनाला एवं अंगुल से प्राप्त हुई हैं। पुराणों में भी उल्लेख आया है कि उसने साम्राज्य का विस्तार कलिंग और माहिषक को मिलाकर किया था। उसने पिता से प्राप्त सम्पूर्ण साम्राज्य जिसमें मध्य और पश्चिमी प्रान्त भी सम्मिलित थे, अपने अधिकार में बनाए रखा। उसके साम्राज्य में पुण्ड्रवर्धन (उत्तरी बंगाल), दशपुर (मालव), एरिकिण (उत्तरचेदि) के राज्य थे। उसके समय (1) **चिरातदत्त पुण्ड्रवर्धन का,** (2) **कुमार घटोत्कच गुप्त ऐरण (पूर्वी मालवा) का, जिसमें तुम्बवन भी सम्मिलित था।** राय चौधरी के अनुसार, ग्वालियर राज्य में ऐरण के उत्तर–पश्चिम में 50 मील दूर गुना जिले में तुमैन स्थित है इसी तरह (3) **पृथ्वीसेन अवध** का प्रान्तपति था। मंदसौर के शिलालेख से ज्ञात होता है कि, वह चारों समुद्रों की चंचल लहरों से घिरी हुई पृथ्वी पर शासन करता था। सुराष्ट्र से बंगाल तक के सम्पूर्ण प्रदेश पर उसका आधिपत्य था। उसके समय के एलिचपुर और ब्रह्मपुरी से मिले सिक्कों से स्पष्ट है

कि दक्षिण में भी गुप्तों का प्रभाव कायम था। स्कन्दगुप्त के भितरी स्तम्भ लेख से ज्ञात होता है कि उसके अन्तिम दिनों में युद्ध के कारण गुप्त साम्राज्य की गति हिल गई थी।

पुष्यमित्रों का विद्रोह तथा हूण आक्रमण गुप्त साम्राज्य पर पुष्यमित्र नामक किसी जाति ने आक्रमण किया। भितरी के अभिलेख के अनुसार स्कन्दगुप्त ने युद्ध में पुष्यमित्रों को पराजित किया और अपने वंश की विलुप्त लक्ष्मी को पुनः प्रतिष्ठापित करके स्कन्दगुप्त ने अपनी विजय का समाचार अपनी अश्रुपूरित नेत्रों वाली माता को उसी प्रकार दिया जिस प्रकार कृष्ण देवकी को विजय संवाद देने गए थे। विष्णु पुराण के अनुसार ये लोग नर्मदा के उद्गम स्थल मेकल से सम्बद्ध थे। पुष्यमित्रों का नेतृत्वकर्ता कौन था, इसका समीकरण अभी नहीं हो सका है। भितरी अभिलेख के कवि ने लिखा है कि शत्रु के पास धन और जन के अपार साधन थे और अपने परिवार के बर्बाद ऐश्वर्य की पुनः प्रतिष्ठा के लिए युद्ध के दौरान युवराज स्कन्दगुप्त को पूरी रात नंगी धरती पर सोकर काटनी पड़ी थी। उन कठिन परिस्थितियों में शक्ति तथा धन में पर्याप्त बढ़े हुए पुष्यमित्रों को जीतकर उन्होंने (उस जन जाति के) राजा रूपी पादपीठ पर (अपना) बाँया पैर रखा।[121] कहा जा सकता है कि उसने आसानी से पुष्यमित्रों की बढ़ती शक्ति को नियन्त्रित कर लिया था।

पुष्यमित्रों से भी अधिक विकट संकट इस समय गुप्त साम्राज्य को विदेशियों से था, जो भारत की पश्चिमोत्तर सीमा पर संकट उत्पन्न कर रहे थे। इनका तादात्म्य हूणों से स्थापित किया जा सकता है। हूण मध्य एशिया की एक बर्बर घुमक्कड़ जाति थी जो कि चीन की दीवार के निर्माण के कारण चीनी साम्राज्य को छोड़कर पश्चिम की ओर बढ़ी। हूण अफगानिस्तान की ओर से भारत की ओर अग्रसर हुए। उन्होंने भारत पर आक्रमण कर दिया। इस समय कुमारगुप्त की वृद्धावस्था थी। उसने अपने पुत्र स्कन्दगुप्त को ही शत्रुओं का सामना करने के लिए भेजा। उसने हूणों के विरुद्ध भयंकर आक्रमण किया। स्कन्दगुप्त के पराक्रम के सामने हूण टिक नहीं सके और भगा दिए गए। हूण परिवार के बच्चों को वर्षों तक स्कन्दगुप्त के नाम से डराया जाने लगा।[122] गुप्त वंश की शक्ति व प्रतिष्ठा पुनः स्थापित हो गई। सम्भवतः इसी दौरान कुमारगुप्त की मृत्यु हो गई, क्योंकि रणभूमि से लौटकर स्कन्दगुप्त अपने पिता के दर्शन नहीं कर सका था। कुमारगुप्त ने भी अश्वमेध यज्ञ का सम्पादन किया और महेन्द्रादित्य की उपाधि धारण की। उसकी अश्वमेध प्रकार की मुद्राओं से इसकी पुष्टि होती है। सिक्कों पर अन्य उपाधियाँ भी अंकित हैं, जैसे–श्री महेन्द्र, अजित–महेन्द्र, सिंह महेन्द्र, महेन्द्र कल्प, श्री महेन्द्र सिंह, महेन्द्र–कर्म आदि। उसके सिक्कों पर कार्तिकेय की मूर्ति अंकित है। कुमारगुप्त ने कार्तिकेय को अपना प्रमुख देवता बनाया जिसके नाम (कुमार) पर स्वयं उसका नाम रखा गया।

कुमारगुप्त ने अपने पूर्वजों की भाँति प्रजा को धार्मिक स्वतंत्रता प्रदान की। उसके शासनकाल में स्वामी महासेन (कार्तिकेय) के अलावा बुद्ध, शिवलिंग, सूर्य तथा विष्णु की पूजा होती थी। मन्दसौर में बुनकरों की एक श्रेणी ने सूर्य का एक मन्दिर बनवाया।[123] उसके शासनकाल में अनेक मन्दिरों व धर्मशालाओं का निर्माण करवाया गया था। कुमारगुप्त का दृष्टिकोण धर्मसहिष्णु था। उसके लिए परम भागवत की उपाधि का प्रयोग मिलता है। मान कुँवर लेख के अनुसार उसके राज्य में बौद्ध जन बुद्धमित्र ने बुद्ध की प्रतिमा की स्थापना की। बौद्धों के प्रति भी उसका दृष्टिकोण सौहार्दपूर्ण था जिसकी पुष्टि **ह्वेनसांग** के यात्रा विवरण से होती है। कुमारगुप्त को कुछ विद्वान नालन्दा महाविहार का प्रारम्भिक संस्थापक मानते है। वह प्रशासनिक पदों पर नियुक्ति बिना किसी भेदभाव के, योग्यता के आधार पर करता था। उसका प्रशासनिक अधिकारी पृथ्वीषेण शैवोपासक था।

कुमारगुप्त की मुद्राएँ पश्चिमी भारत में उसके चाँदी के सिक्के मिले हैं। सोने के सिक्कों की तोल 125 से 129 ग्रेन तक है। कुमारगुप्त के वीणा वादक सिक्कों से उसकी संगीत के प्रति रुचि स्पष्ट होती है। कुमारगुप्त ने स्वर्ण, रजत व ताम्र मुद्राएं जारी की। मध्यभारत से रजत मुद्राएं मिली। स्वर्णमुद्राओं में प्रमुख प्रकार हैं – (1) **अश्वारोही–प्रकार** अश्व पर सवार राजा (दक्षिणमुख) हाथ में घोड़ी की लगाम दूसरे में कमलपुष्प, बंद कोट पायजामा पहने **क्षितिपतिरजितो विजयी कुमार गुप्तों दिव जयति।** अंकित है। पृष्टभाग में देवी लक्ष्मी, ब्राह्मी में अजित महेन्द्र लेख है। (2) **धनुर्धर प्रकार** – सम्राट धनुष पकडे हुए। **विजिता विजितावनिरवनिपति : कुमारगुप्तो दिवं जयति अंकित है।** पृष्टभाग में देवी लक्ष्मी व स्वर्णं मुद्राए दिखाई देती है श्री महेन्द्र ब्राह्मी में अंकित हैं। (3) **कार्तिकेय प्रकार** – त्रिभंग मुद्रा में सम्राट, दायें हाथ से मयुर को खिलाते हुए एवं ब्राह्मी में **''जयति स्वगुणैर्गुण व श्री महेन्द्रकुमार''** अंकित हैं। पृष्टभाग में कार्तिकेय अपने वाहन मोर पर विराजमान बायें हाथ में भाला है। बाई ओर ''महेन्द्रकुमार''ब्राह्मी में लिखा हैं (4) **अश्वमेध प्रकार** – 6 मुद्राएं 121 ग्रेन की पुरोभाग में घोड़ा (बंधा हुआ) पृष्टभाग श्री अश्वमेध – महेन्द्र लेख है। (5) **सिंह निहन्ता प्रकार** – 124 से 131 ग्रेन की है। **क्षितिपति रजित महेन्द्र : कुमारगुप्तो दिय जयति अंकित** है। अन्य खडधारी, वीणवादान, छत्र प्रकार–गजारोही, गेडानिहन्ता प्रकार की कुछ मुद्राएं मिली है। उसका सम्पूर्ण काल शान्तिपूर्ण और स्थिरता का था। अभिलेखों में उसके मात्र एक सैनिक अभियान का वर्णन है जो उसके शासनकाल के अन्तिम वर्षों में हुआ था। विदेशियों ने गुप्त साम्राज्य पर आक्रमण किया था, जिसे कुमारगुप्त के पराक्रमी पुत्र ने विफल कर दिया। स्पष्ट है कि एक सशक्त व सफल शासक ही इतने लम्बे समय तक अपने साम्राज्य में शान्ति व सुव्यवस्था कायम रखने में सफल हो सकता है।

स्कन्दगुप्त (लगभग 455–467 ई.)

स्कन्दगुप्त एक वीर व पराक्रमी योद्धा था। कहोम अभिलेख में स्कन्दगुप्त को शक्रोपम या शक्रादित्य कहा है। साथ ही विक्रमादित्य व क्रमादित्य की उपाधि भी मिलती है। पुरुगुप्त व स्कन्दगुप्त के अलावा घटोत्कच गुप्त नामक तीसरा पुत्र भी कुमारगुप्त के था। उसने सम्भवतः कुमारगुप्त के पश्चात् शासक बनने की कोशिश की थी। स्कन्दगुप्त के कई अभिलेख प्राप्त हुए है, उनमें से कुछ महत्वपूर्ण अभिलेखों का यहां उल्लेख करना उसके काल की जानकारी के लिए आवश्यक है:

जूनागढः स्कन्दगुप्त का सर्वाधिक महत्वपूर्ण लेख सौराष्ट्र (गुजरात) के जूनागढ़ से प्राप्त हुआ है। उसके शासन के प्रथम वर्ष का अभिलेख है, इसमें गुप्त संवत् 136 (455 ई.) अंकित है। हूणों को परास्त कर सम्राट ने सुराष्ट्र (वर्तमान सौराष्ट्र) प्रान्त में **पर्णदत्त को राज्यपाल (गोप्ता) नियुक्त किया था। लेख में शासन व्यवस्था व पुरपति चक्रपालित द्वारा सुदर्शन झील के बाँध के पुनर्निर्माण का उल्लेख हुआ है।**

बिहार स्तंभ लेखः पटना के नजदीक बिहार नामक स्थान से तिथि रहित लेख प्राप्त हुआ है। स्कन्दगुप्त तक के गुप्त शासकों एवं शौल्किक व गोल्मिक नामक अधिकारियों का जिक्र हुआ है।

भितरी स्तंभ लेखः उत्तर प्रदेश के गाजीपुर जिले में सैदपुर तहसील में भितरी नामक स्थान से प्राप्त लेख में स्कंदगुप्त का पुष्यमित्रों व हूणों के विरुद्ध अभियान का विस्तृत विवरण दिया गया है। गुप्त ब्राह्मी लिपि में उत्कीर्ण भाषा संस्कृत है।

कहोम लेखः गोरखपुर जिले में कहोम नामक स्थान से प्राप्त लेख में गुप्त संवत् 141 (460 ई.) तिथि अंकित है। मद्र नामक व्यक्ति द्वारा जैन प्रतिमाओं की स्थापना का इसमें उल्लेख किया गया है।

सुपिया लेखः मध्य प्रदेश के रीवा में सुपिया नामक स्थान से गुप्त संवत् 141 (460 ई.) के लेख में गुप्तों को घटोत्कच वंश कहा गया ।

गढवालेखः इलाहाबाद की करछना तहसील में गढ़वा नामक स्थान से गुप्त संवत् 148 (467 ई.) का स्कंदगुप्त का अन्तिम अभिलेख मिला है।

इन्दौर ताम्रपत्रः गुप्त संवत् 146 (465 ई.) के इस लेख में सूर्य मन्दिर में दीपक जलाये जाने के लिए धन दिये जाने का विवरण आया है

कुमारगुप्त की मृत्यु 75 वर्ष की अवस्था में 455 ई. के लगभग हुई थी। कुछ इतिहासकार कुमारगुप्त व स्कन्दगुप्त के बीच घटोत्कच का अस्तित्व स्वीकार करते हैं। स्कन्दगुप्त हूणों से लड़ने के पश्चात् घर लौटा तो उसके पिता की मृत्यु हो चुकी थी। इसी दौरान कुछ समय के लिए स्कन्दगुप्त के भाई घटोत्कच ने सिंहासन पर अधिकार कर लिया था। यह घटना 455 ई. से 5–6 बरस पहले घटित हुई होगी। घटोत्कच गुप्त के बारे में जानकारी के कई स्त्रोत हैं। तुमैन अभिलेख में घटोत्कच का उल्लेख हुआ है। बसाढ़ से कुछ मिट्टी की मुहरें भी प्राप्त हुई हैं जिन पर 'श्री घटोत्कचगुप्तस्य' अंकित है। एलन व परमेश्वरी लाल गुप्त[124] ने घटोत्कचगुप्त के अस्तित्व को स्वीकारा है। इतिहासकार बयाना से प्राप्त छत्र प्रकार के सिक्के जिन पर 'क्रमादित्य' उत्कीर्ण है की समता भी घटोत्कचगुप्त से करते हैं।

उत्तराधिकार संघर्ष कुछ विद्वानों ने स्कन्दगुप्त व पुरुगुप्त के बीच उत्तराधिकार युद्ध की आशंका व्यक्त की है। स्कन्दगुप्त के भीतरी अभिलेख में उल्लेख है कि, कुमारगुप्त के पश्चात् गुप्त वंश की लक्ष्मी चंचल हो गई। अपने भुजबल से शत्रुओं को मार कर स्कन्दगुप्त रोती हुई अपनी माता के समीप उसी प्रकार गया जिस प्रकार शत्रुओं का विनाश करके कृष्ण अपनी माता देवकी के पास गए थे। डॉ. मजूमदार के अनुसार स्कन्दगुप्त का संघर्ष पुरुगुप्त से हुआ था। जूनागढ़ (गिरनार) के अभिलेख में ऐसा वर्णन है कि राजलक्ष्मी ने सभी राजपुत्रों को छोड़कर स्कन्दगुप्त का वरण किया।[125] अभिलेख में स्कन्दगुप्त की माता के नाम का अभाव है। गुप्त सिंहासन के लिए एक से अधिक प्रतियोगी रहे होंगे, इनमें विभिन्न राजकुमार (पुरुगुप्त, घटोत्कच गुप्त आदि) भी शामिल होंगे। गुप्त अभिलेखों में पुरुगुप्त व स्कन्दगुप्त के लिए 'पादानुध्यात' शब्द का प्रयोग हुआ है। इस सन्दर्भ में स्कन्दगुप्त की एक स्वर्ण मुद्रा उल्लेखनीय है जिसमें वह सैनिक वेष में है और लक्ष्मी अपनी अंजली से उसे कुछ दे रही है। इसमें भी गृह युद्ध और स्कन्दगुप्त की विजय के संकेत मिलते हैं। प्राप्त अभिलेखों में स्पष्ट रूप से उल्लेख हुआ है कि उसने अपने भुजबल से राज्य अर्जित किया। इस सन्दर्भ में घटोत्कचगुप्त के सोने के सिक्के उल्लेखनीय हैं। इन्हें माप–तौल व सोने की शुद्धता आदि के आधार पर कुमारगुप्त के तुरन्त बाद रखा जा सकता है।

कुमारगुप्त के अंतिम वर्ष संकटपूर्ण थे। कथासरित्सागर के अनुसार महेन्द्रसेन (कुमारगुप्त प्रथम) अपने पुत्र विक्रमादित्य (स्कन्दगुप्त) को राजा बनाकर स्वयं हट गया। अप्रतिघ प्रकार के सिक्कों से, जिसमें कुमारगुप्त मुनि के वेश में दिखाई पड़ता है और दूसरी ओर उसकी रानी और सेनापति उससे तर्क करते दिखाई पड़ते हैं। इस बात की ओर भी संकेत मिलता है कि कुमारगुप्त का स्कन्दगुप्त के प्रति विशेष लगाव रहा होगा और उसने उसे उत्तराधिकारी घोषित कर दिया होगा। स्कन्दगुप्त का शासन काल 136 गुप्त संवत् (455 ई.) से 148 गुप्त संवत् (467 ई.) माना जाता है।

स्कन्दगुप्त के शासनकाल की अनेक घटनाएँ उल्लेखनीय हैं। उसने पुष्यमित्रों, म्लेच्छों तथा हूणों के साथ संघर्ष करके उन्हें पराजित किया। भीतरी व जूनागढ़ अभिलेख में इसका उल्लेख है। भीतरी अभिलेख में कहा गया है कि, अपने पिता के समय में अपने वंश का भाग्य पुनः स्थापित करने के लिए स्कन्दगुप्त

ने एक रात पृथ्वी पर व्यतीत की और शत्रुओं को पराजित कर गुप्तों की मर्यादा को फिर से स्थापित किया। दूसरे जूनागढ़ अभिलेख में कहा गया है कि, अपने पिता की मृत्यु के पश्चात् स्कन्दगुप्त ने पराक्रम से शत्रुओं को पराजित किया। दोनों लेखों से विदित होता है कि स्कन्दगुप्त ने पुष्यमित्रों, म्लेच्छों तथा हूणों के साथ संघर्ष किया। प्रथम दो शक्तियों से संघर्ष शासन के प्रारम्भिक वर्षों में हुआ जबकि हूणों से संघर्ष राज्यारोहण के कुछ काल बाद हुआ होगा।

हूण आक्रमण मध्य एशिया में चीन के सीमान्त इलाके में बर्बर व जंगली जाति हूण रहते थे। दो भागों में विभक्त हूणों की एक शाखा वोल्गा की ओर दूसरी अमू दरिया की ओर रवाना हुई। पहली शाखा श्वेत हूणों ने रोमन साम्राज्य को नष्ट किया। 455 ई. में दूसरी शाखा को स्कन्दगुप्त ने रोका। भितरी अभिलेख के अनुसार स्कन्दगुप्त ने शक्तिशाली हूणों का सामना कर उन्हें पराजित कर पृथ्वी को हिला दिया। जूनागढ़ अभिलेख में कहा गया है कि स्कन्दगुप्त ने मानदर्प से अपने फणों को उठाने वाली सर्प रूपी नृपतियों का दमन किया।[126] **स्कन्दगुप्त के समय हूणों का नेता संभवतः खुशनवाज था। दूसरा आक्रमण हूण नेता तोरमाण के नेतृत्व में किया।** उसने समस्त पृथ्वी और अपने शत्रुओं के गर्व पर विजय प्राप्त की। उसकी शक्ति से धरती कम्पित होती थी। भितरी स्तंभ लेख में आया हैः ***''हूणौर्य्यस्य समागतस्य समरे दोर्भ्या धराकम्पिता''*** पी.एल. गुप्त की मान्यता है कि जूनागढ़ उल्लिखित म्लेच्छ हूण नहीं हैं। वे सम्भवतः किदार कुषाण हैं।[127] सुधाकर चट्टोपाध्याय हूणों और म्लेच्छों को एक–दूसरे से भिन्न मानते हैं। 'म्लेच्छ' शब्द से सामाजिक अलगाववाद की ओर भी संकेत मिलता है। दोनों अभिलेखों से यह स्पष्ट है कि उसने एक शक्तिशाली विदेशी आक्रमण का वीरता से सामना किया था। हूणों को पराजित कर उनके क्रूर व बर्बर आक्रमण से देश की रक्षा कर स्कन्दगुप्त ने सचमुच साहस का परिचय दिया था। उसने वास्तव में स्वयं को राष्ट्रनायक, राष्ट्रवीर, महान् योद्धा, राष्ट्र का मुक्तिदायक और गुप्त वंश का गौरव रक्षक सिद्ध कर दिया। हूण एक बर्बर जाति थी, जिसने यूरोप एवं एशिया दोनों महाद्वीपों में आतंक फैला रखा था। पाँचवीं शताब्दी में हूणों की एक शाखा श्वेत हूण ने आक्सस की घाटी पर अपना अधिकार कर लिया था। इससे भारतीयों में आतंक व्याप्त हो गया। स्कन्दगुप्त ने हूणों को ऐसा सबक सिखाया कि वे गुप्त साम्राज्य से विमुख हो गए।

गुप्त साम्राज्य पर विदेशी आक्रमण की पुष्टि अन्य साहित्यिक ग्रन्थों से भी होती है। 'परिपृच्छा' में भी हूणों के आक्रमणों का वर्णन है। 'आर्यमंजूश्रीमूलकल्प' से पता चलता है कि अपने युवराज काल में स्कन्दगुप्त ने पुष्यमित्रों पर विजय प्राप्त की और दूसरी महत्वपूर्ण विजय उसने हूणों पर की थी। इस ग्रन्थ से यह भी संकेत मिलता है कि हूणों की सेना विशाल थी जबकि स्कन्दगुप्त की छोटी। इतना होने पर भी विजय स्कन्दगुप्त को मिली। वाराणसी से गोरखपुर मार्ग पर औडिहार गांव के नजदीक सैदपुर भीतरी नामक गांव में स्कन्दगुप्त की लाटस्थित है। इसी गांव को हूणिहार या हुणिहारी (हूणों की पराजय स्थली) कहते थे। अब औडिहार कहते है। हूणों की नीति थी भावी पीढ़ि (बच्चों) को मारना। कहा गया है कि स्कन्दगुप्त के विरूद्ध संघर्ष में दो लाख हूण मारे गये थे। स्कन्दगुप्त ने पश्चिमी सीमा की सुरक्षा की और समुचित तरीके से ध्यान दिया। योग्य राज्यपालों की नियुक्ति की। 461 ई. के कहोम स्तम्भ लेख में गुप्तकालीन शान्ति–व्यवस्था का वर्णन है। इस समय तक गुप्त साम्राज्य विदेशी आक्रमणकारियों के भय से पूर्णतः मुक्त हो चुका था। कहा जा सकता है कि, स्कन्दगुप्त ने अपने अन्तिम समय तक गुप्त साम्राज्य को अक्षुण्ण रखा। **स्कन्दगुप्त ने चीन के साथ मैत्री सम्बन्ध बनाए और 466 ई. में एक राजदूत चीन के सांग (Probably Liu Song-467-479A.D.) सम्राट के दरबार में भेजा।**

प्रशासनिक नीतिः स्कन्दगुप्त की सफलताओं का आधार उसकी प्रशासनिक व्यवस्था थी। उसने पश्चिमोत्तर सीमा का महत्व समझा और उसकी रक्षा का समुचित प्रबन्ध किया। स्कन्दगुप्त का साम्राज्य पश्चिम में सौराष्ट्र (काठियावाड़) से लेकर पूर्व में बंगाल और उत्तर भारत के मध्य देश तक फैला हुआ था। वह एक विशाल साम्राज्य का मालिक था। साम्राज्य कई प्रान्तों में विभाजित था। जूनागढ़ अभिलेख से ज्ञात होता है कि स्कन्दगुप्त ने ''कितने ही दिन और रात्रि इस विचार में लगाई और अन्त में इस निर्णय पर पहुँचा कि किन व्यक्तियों को सौराष्ट्र की भूमि की रक्षा के लिए नियुक्त किया जा सकता है।'' उसने **(1) पर्णदत्त को सौराष्ट्र में, (2) सर्वनाभ (शर्व्वनाग) को दोआब में और (3) भीमवर्मन को कोसम में राज्यपाल नियुक्त किया।** सौराष्ट्र, कच्छ, मालवा, गुजरात पर स्कन्दगुप्त का शासन बना रहा।

स्कन्दगुप्त एक प्रजा पालक व उदार शासक था। जूनागढ़, अभिलेख में उल्लेख है कि ''उनकी प्रजा का कोई व्यक्ति अपने धर्म से च्युत नहीं होता, कोई दारिद्रय और कदर्य से पीड़ित नहीं है और न किसी दण्डनीय को अनावश्यक पीड़ित किया जाता।'' उसने प्रशासन को सुधारने का पूरा प्रयास किया। अपने शासन के प्रारम्भिक वर्षों में नए गवर्नरों की नियुक्ति की। उसके प्रशासनिक अधिकारी अत्यन्त योग्य होते थे। गुप्तों के लिए आवश्यक था कि वे ''सर्वलोक–हितैषी, अर्थ में न्यायपूर्ण अर्जन, समुचित संरक्षण और वृद्धि तथा वृद्धि होने पर समुचित कार्यों में व्यय करने में समर्थ हों।'' सौराष्ट्र के गोप्ता की नियुक्ति करते समय स्कन्दगुप्त ने इन गुणों को ध्यान में रखा था। पर्णदत्त और उसके पुत्र चक्रपालित ने स्कन्दगुप्त को निराश नहीं किया और दोनों सौराष्ट्र की जनता के हितैषी बने।

सुदर्शन झील का जार्णोद्धार : गिरनार पर्वत पर सुदर्शन झील की मरम्मत करवाने में स्कन्दगुप्त ने तत्परता दिखाई। गुप्त संवत् 136 (455 ई.) में अधिक वर्षा के कारण सुदर्शन झील टूट गई। प**लाशिनी आदि नदियाँ जो निकटतम उर्जयत और खेतक नामक पर्वतों से निकल कर सुदर्शन झील में गिरती थीं,** वे समुद्र की ओर बह निकलीं। स्कन्दगुप्त ने असीम धन खर्च कर दो महीने के भीतर ही दरार को बन्द कर बाँध को पुनः बनवा दिया। स्कन्दगुप्त ने इसकी मरम्मत के लिए सौराष्ट्र के राज्यपाल पर्णदत्त को आज्ञा दी। पर्णदत्त ने यह उत्तरदायित्व अपने पुत्र चक्रपालित (गिरिनगर का अधिकारी) को सौंपा, जिसने इस झील पर नया बाँध बनाने के साथ एक विष्णु मन्दिर भी बनवाया। इसके अवशेष अब हमें प्राप्त नहीं हैं। यह बाँध 100 हाथ लम्बा, 68 हाथ चौड़ा और 7 पुरिसा ऊँचा था। जूनागढ़ अभिलेख में सुदर्शन झील के निर्माण की ऐतिहासिक पृष्ठभूमि का भी वर्णन है।[128] उसके निर्माण से स्कन्दगुप्त की लोक–कल्याणकारी भावना का बोध होता है।

मुद्राएँ स्कन्दगुप्त ने तीन प्रकार की मुद्राएँ चलाई– धनुर्धर प्रकार, राजा और लक्ष्मी प्रकार एवं अश्वारोही प्रकार। साथ ही वृषभ शैली के नए सिक्के भी जारी किये थे। पश्चिमी एवं मध्य भारत में चाँदी की मुद्राएँ भी प्रचलित कीं। स्कन्दगुप्त की मुद्राएँ शुद्ध सोने की नहीं हैं, उनमें अन्य धातु की मिलावट है। उसकी मुद्राओं से स्कन्दगुप्त के व्यक्तित्व के साथ–साथ तत्कालीन समाज के विभिन्न पक्षों की जानकारी मिलती है। मुद्राओं में मिलावट से यह अनुमान किया जाता है कि स्कन्दगुप्त के समय में गुप्तकालीन अर्थव्यवस्था में गिरावट आने लगी थी। सिक्कों पर उसका विरुद क्रमादित्य अंकित है। वेदी छाप प्रकार की रजत मुद्राओं पर विक्रमादित्य की उपाधि भी मिलती है। हो सकता है कि अपने पितामह के अनुकरण में ही यह मुद्रा प्रचलित की हो। काहोम अभिलेख में उसे शक्रोपम कहा गया है।

स्कन्दगुप्त ने अपने पूर्वजों की भाँति धार्मिक सहिष्णुता का परिचय दिया। उसने भितरी (गाजीपुर उ. प्र.) में भगवान विष्णु की प्रतिमा स्थापित करवाई। सौराष्ट्र में चक्रपालित ने सुदर्शन झील के तट पर विष्णु के मन्दिर का निर्माण कराया। उसके अभिलेखों में 'परम भागवतो महाराजाधिराज श्रीस्कन्दगुप्तः' का उल्लेख है। वह स्वयं वैष्णव था फिर भी वह जैन और बौद्ध धर्मों का समान रूप से पालन करता था। उसके साम्राज्य में सभी सम्प्रदायों को धार्मिक स्वतन्त्रता प्राप्त थी। काहोम के लेख से विदित होता है कि मद्र नामक एक व्यक्ति ने आदिकृर्तन की मूर्ति की स्थापना की थी। आदिकृर्तन से तात्पर्य जैन धर्म के पाँच तीर्थंकरों (आदिनाथ, शान्तिनाथ, नेमिनाथ, पार्श्वनाथ तथा महावीर) से है।

इसी प्रकार इन्दौर पत्रलेख[129] (संख्या 16) से ज्ञात होता है कि अन्तर्वेदी विषय में भगवान सूर्य के मन्दिर में दीपक दिखाने के निमित्त दान दिया गया था। अर्थात सभी धर्मावलम्बी आपस में मिल–जुल कर रहते थे।

मूल्यांकन स्कन्दगुप्त एक महान् विजेता, गुप्त साम्राज्य के विलुप्त गौरव की पुनर्स्थापना करने वाला उदार शासक था। उसकी उपलब्धियों को देखते हुए उसे चन्द्रगुप्त मौर्य, अशोक, समुद्रगुप्त, चन्द्रगुप्त द्वितीय की श्रेणी में रखा जा सकता है। उसने अपने युवराज काल ही में पुष्यमित्रों पर विजय प्राप्त कर अपनी क्षमताओं का परिचय दिया। उसने हूणों को पराजित कर पश्चिमी सीमा को सुरक्षित किया। आर.सी. मजूमदार ने उसे भारत का रक्षक कहा है।[130] आर.एन. दण्डेकर ने लिखा है कि स्कन्दगुप्त सबसे ऊँची प्रशंसा का अधिकारी है जो निःसन्देह हूणों को पराजित करने वाला यूरोप और एशिया में प्रथम वीर था। ये तीन विशेषण हैं जो आर्यमंजूश्रीमूलकल्प में इस ख्याति प्राप्त सम्राट के लिए प्रयुक्त किए गए हैं। उसका बुद्धिमत्तापूर्ण शासन, उसके शौर्यपूर्ण युद्ध, उसकी स्वदेश भक्ति ने स्कन्दगुप्त को महान् गुप्त सम्राटों की प्रथम पंक्ति में ला दिया है। स्कन्दगुप्त ने हूणों द्वारा देश की बर्बादी को अगले पचास वर्षों तक के लिए रोककर भारत की महत्ति सेवा की।[131] उसका प्रमुख योगदान भारत की विदेशी आक्रमणों से रक्षा करना व सीमा की पुख्ता व्यवस्था करना था, इसके लिए उसे सदैव याद रखा जाएगा।

ह्वेनसांग ने जिक्र किया है कि शक्रादित्य ने नालन्दा संघाराम बनवाने में सहयोग किया। अर्थात नालन्दा संघाराम (नालन्दा विश्व विद्यालय) बनवाने वाले शासकों में स्कन्दगुप्त का नाम आता है। माना जाता है कि चन्द्रगुप्त प्रथम या सम्राट समुद्रगुप्त के समय इसकी स्थापना हो चुकी थी।

स्कन्दगुप्त के शासन काल में गुप्त साम्राज्य अपने उत्कर्ष पर था। चीन से स्कन्दगुप्त के राजनयिक सम्बन्ध थे। स्कन्दगुप्त का अन्तिम समय शान्तिपूर्ण ढंग से व्यतीत हुआ। स्पष्ट है कि स्कन्दगुप्त ने अपनी जीवितावस्था तक गुप्त साम्राज्य की एकता कायम रखी। आर. सी. मजुमदार ने स्कन्दगुप्त को **''द सेवियर ऑफ इण्डिया''** कहा है। लगभग सभी इतिहासकार इस पर सहमत हैं कि स्कन्दगुप्त ने 467 ई. तक शासन किया। कहा जा सकता है कि 467 ई. में उसकी मृत्यु के बाद गुप्त साम्राज्य पतन की ओर अग्रसर हो गया।

गुप्त साम्राज्य : विघटन की ओर

स्कन्दगुप्त अखण्ड गुप्त साम्राज्य का स्वामी था। उसके बाद के गुप्त सम्राटों के इतिहास की निश्चित रूपरेखा प्राप्त नहीं होती है। बाद के शासकों के जो नाम मिलते हैं उनकी तिथियों व सम्बन्धों का स्वरूप भी स्पष्ट नहीं है।

पुरुगुप्त (467–476 ई.) स्कन्दगुप्त के उत्तराधिकारी का कोई नाम अभिलेखों में नहीं मिलता है। विद्वान यह मानते हैं कि स्कन्दगुप्त के पश्चात् उसका भाई पुरुगुप्त शासक बना। पुरुगुप्त कुमारगुप्त प्रथम और पटरानी अनन्त देवी का पुत्र

था। जैसा कि पूर्व में कहा जा चुका है कि, पुरुगुप्त ने अपने पिता की मृत्यु के बाद गद्दी पाने के लिए संघर्ष किया था। वह कुछ समय के लिए स्वतंत्र शासक बना। पुरुगुप्त ने संभवतः 'प्रकाशादित्य' का विरुद भी धारण किया था। पुरुगुप्त की कुछ धनुष प्रकार की मुद्राएँ भी प्राप्त हुई हैं। मुद्राओं के प्राप्ति स्थल के आधार पर स्पष्ट होता है कि अब गुप्त साम्राज्य बंगाल, बिहार और पूर्वी उत्तर प्रदेश तक सीमित रह गया था। पुरुगुप्त के बाद का गुप्त इतिहास उलझा हुआ है। भितरी और नालन्दा की मुहरों से पुरुगुप्त के नरसिंहगुप्त और बुधगुप्त –नामक पुत्रों का पता लगता है जो दोनों ही गुप्त सिंहासन पर बैठे थे।

बुधगुप्त (476–495 ई.) बुधगुप्त पुरुगुप्त और चन्द्रदेवी का पुत्र था। वह 477 ई. के लगभग गद्दी पर बैठा। इतिहासकारों में इस बात का विवाद है कि बुद्धगुप्त का कुमारगुप्त द्वितीय से क्या सम्बन्ध था? उसके समय में दो ताम्रपत्र उत्तरी बंगाल के दामोदरपुर और पहाडपुर नामक स्थानों से प्राप्त हुए हैं। इन पर **''परमोद्वेत परम भट्टारक महाराजाधिराज श्री बुद्धगुप्त पृथ्वीपति''** अंकित है। बुद्धगुप्त के चाँदी के सिक्के प्राप्त हुए हैं।

बुधगुप्त का राज्य बंगाल से लेकर मध्य प्रदेश तक विस्तृत था। उसके समय की किसी विशेष घटना का उल्लेख नहीं है। उसके गद्दी पर बैठने से पहले चाहे जितनी आन्तरिक गड़बड़ी रही हो लेकिन वह अपने विशाल साम्राज्य में शान्ति, सुव्यवस्था और सुदृढ़ प्रशासन कायम करने में सफल रहा।[132]

काठियावाड़ में गुप्त सम्राट का सेनापति भटार्क नियुक्त किया गया था, जिसकी राजधानी वल्लभी थी। उसके बाद उसका पुत्र धरसेन उत्तराधिकारी बना। ये दोनों स्वयं को सेनापति ही कहते थे। परन्तु तीसरे नियन्ता द्रोणसिंह ने स्वयं को महाराज कहना आरम्भ कर दिया, यद्यपि गुप्त सम्राट को नाममात्र का अधिपति मानते रहे। इसी तरह बुन्देलखण्ड में परिव्राजक महाराजों की स्वतंत्र गतिविधियाँ बढने लगीं। ये स्वतंत्र रूप से पट्टे भी देने लगे थे, जिनमें गुप्त शासक का नाम मात्र का हवाला होता था। बुधगुप्त धर्म सहिष्णु शासक था। राजकीय वंश सूची के अनुसार बुधगुप्त के बाद उसका भाई नरसिंहगुप्त गद्दी पर बैठा था।

नरसिंहगुप्त (495–510 ई.) भितरी राजमुद्रा से ज्ञात होता है कि नरसिंह पुरुगुप्त और श्री वत्सदेवी का पुत्र था। इसके सिक्के अवश्य उपलब्ध हैं। परमार्थ द्वारा रचित वसुबन्धु के जीवनवृत्त में वर्णन मिलता है कि राजा विक्रमादित्य ने अपने पुत्र बालादित्य को वसुबन्धु के समीप शिक्षा ग्रहण करने के लिए भेजा। विक्रमादित्य पुरुगुप्त का विरुद था। **नरसिंहगुप्त ने बालादित्य की उपाधि धारण की।** ह्वेनसांग के अनुसार बालादित्य नामक गुप्त नरेश ने मिहिरिकुल को परास्त किया था। हूण आक्रमणकारी को बन्दी भी बनाया गया परन्तु उसकी माता के अनुरोध के कारण वह छोड़ दिया गया। कुछ विद्वानों के अनुसार इससे पहले नरसिंहगुप्त हूण राजा को कर देता था उसे हूणों का करद राजा कहा गया।

आर्यमंजूश्रीमूलकल्प के अनुसार पूर्वी भारत बालादित्य के राज्य के अर्न्तगत था। संभवतः इस समय तक गुप्त साम्राज्य तीन भागों में बट गया था। आर्यमंजूश्रीमूलकल्प से उसके सन्दर्भ में काफी जानकारी मिलती है, ''वह पूर्वी समुद्र के छोर तक का स्वामी था। उसने वसुन्धरा को स्तूपों द्वारा सुशोभित किया। मठ, सरोवर, उपवन, मण्डप एवं पुल आदि के निर्माण का बोध होता है।'' आर्यमंजूश्रीमूलकल्प में उसके साम्राज्य को प्रतिस्पर्धियों से रहित और शत्रुओं से विहीन माना गया है। परन्तु गुप्त साम्राज्य पर हूणों का आक्रमण उसके समय हुआ था, जिससे गुप्त साम्राज्य की स्थिति बहुत खराब हो गई। नरसिंह गुप्त सम्भवतः बौद्ध धर्म का अनुयायी था। नालन्दा से प्राप्त एक मुहर से इस ओर संकेत मिलता है। उसे अन्तिम महान् गुप्त सम्राट माना गया है।

आर्यमंजूश्रीमूलकल्प में बालादित्य को चक्रवर्ती सम्राट कहा है। इससे यह संकेत मिलता है कि उसने अपने पिता के काल में खोई हुई शक्ति को पुनः प्राप्त कर लिया था।

कुमारगुप्त द्वितीय (535–550ई.) नरसिंह की मृत्यु के पश्चात् कुमारगुप्त शासक बना। सारनाथ लेख से ज्ञात होता है कि कुमारगुप्त द्वितीय की राजधानी काशी थी। इसी के काल में संभवतः रेशम बुनने वालों की एक श्रेणी ने दशपुर के सूर्य मन्दिर का जीर्णोद्धार करवाया। कुमारगुप्त द्वितीय ने 'क्रमादित्य' का विरुद्ध धारण किया। उसके स्वर्ण सिक्कों पर वह धनुष–बाण लिए हुए दर्शाया गया है। सारनाथ के अलावा मन्दसौर से भी कुमारगुप्त के लेख मिले हैं। उसके द्वारा परमभागवत् की उपाधि धारण किए जाने से उसके वैष्णव होने की पुष्टि होती है।

कुमारगुप्त द्वितीय का पुत्र विष्णुगुप्त था, जिसका उल्लेख नालन्दा की एक मुहर में मिला है। विष्णुगुप्त के सिक्के प्राप्त हुए हैं जिन पर चन्द्रादित्य का विरुद उत्कीर्ण है। विष्णुगुप्त ने भी स्वर्ण सिक्के चलाए। कुमारगुप्त द्वितीय व विष्णुगुप्त दोनों का राज्यकाल 535–570 ई. के बीच माना गया है। स्वर्ण मुद्राओं के जारी रहने से अनुमान लगाया जा सकता है कि गुप्त साम्राज्य की प्रभुसत्ता अभी तक कायम थी। गुप्तों का प्रभाव मगध, कलिंग, उत्तरी बंगाल तक ही सीमित रह गया था।

कालान्तर में मगध ने भी स्वतंत्रता प्राप्त कर ली थी। गुप्त साम्राज्य के अन्य प्रान्तों में भी पृथक्तावादी प्रवृत्तियाँ बढ़ने लगीं। वल्लभी, बुन्देलखण्ड, बंगाल आदि में प्रान्तीय शासकों द्वारा अपनी स्वतंत्र सत्ता का विकास किया जाने लगा। बाद के वर्षों में भी कुछ गुप्त शासक बने रहे लेकिन गुप्त राजवंश की मुख्य शाखा छठी शताब्दी के पूर्वार्द्ध तक रही।

गुप्त साम्राज्य के पतन के कारण

गुप्त साम्राज्य के पतन के लिए किसी एक ही कारण को उत्तरदायी नहीं ठहराया जा सकता है वरन् आन्तरिक परिस्थितियाँ व बाह्य कारण समान रूप से उत्तरदायी थे। गुप्तों के उत्तराधिकारी अयोग्य एवं कमजोर साबित हुए। गुप्त साम्राज्य के पतन के कारणों के सन्दर्भ में रमेशचन्द्र मजूमदार का विचार है कि गुप्त साम्राज्य के विनाश में उन्हीं परिस्थितियों का योगदान दृष्टिगोचर होता है जो कि मौर्य साम्राज्य तथा कालान्तर में मुगल साम्राज्य के "ह्रास में सक्रिय थी। विभिन्न कारणों में उल्लेखनीय हैं—सामन्तीय शक्ति में वृद्धि, आन्तरिक गुटबन्दी, प्रशासनिक व्यवस्था के दोष, हूण आक्रमण, यशोधर्मन का उदय आदि।

प्रान्तीय अधिकारियों एवं सामन्तों द्वारा स्वतंत्र सत्ता की स्थापना प्रान्तपतियों ने विघटन की ओर अग्रसर गुप्त साम्राज्य में, अपने स्वतंत्र राज्य स्थापित कर कमजोर कर दिया। गुप्त सम्राटों की दुर्बलता का लाभ उठाकर सौराष्ट्र, कन्नौज, मालवा, दशपुर आदि के प्रान्तीय शासकों ने गुप्त शासकों की प्रभुसत्ता को चुनौती दी। प्रान्तपतियों ने अपनी सैन्य व्यवस्था व आर्थिक शक्ति मजबूत की, जिससे गुप्त शासकों द्वारा स्थापित राजनीतिक एकता को आघात पहुँचा। 560 ई. में गुजरात के मैत्रकों ने अपनी स्वतंत्रता घोषत कर दी। मौखरी सामन्तों ने कन्नौज में अपनी सत्ता स्थापित की। मौखरियों ने हूणों को परास्त कर अपनी क्षमता का परिचय दिया। वे महाराजाधिराज की उपाधि भी धारण करने लगे थे। परवर्ती गुप्त शासकों का अधिकार क्षेत्र मगध तथा बंगाल के कुछ भू–भाग तक ही सीमित रह गया था। गुप्त साम्राज्य की प्रशासनिक व्यवस्था विकेन्द्रीकरण तथा स्थानीय स्वायत्त शासन प्रणाली पर आधारित थी।

भूमि अनुदान व सामन्तवाद प्रो. आर.एस. शर्मा ने गुप्तकाल में विकसित हुई सामन्ती व्यवस्था की ओर हमारा ध्यान आकृष्ट किया, जिसने गुप्त साम्राज्य की जड़ें कमजोर की। उनके अनुसार मध्य भारत में एवं बंगाल में ब्राह्मणों को कृषि योग्य भूमि अनुदान में दी जाती थी। लेकिन बंगाल के अनुदान व्यक्तियों द्वारा जमीन की खरीद फरोख्त के परिणाम थे, जबकि मध्य भारत में अनुदान सामन्त या जागीरदार करते थे। और वे पूरे के पूरे गाँव अनुदान में देते थे जिनमें प्रशासनिक अधिकार भी शामिल होते थे। अर्थात् अनुदानकर्ता गाँव के चरागाह, कोयला एवं नमक के उत्पादन वाली खानों, भूमि में दबे खजानों के अधिकार भी त्याग देते थे। इतना ही नहीं गाँव जो अनुदान में दिए जाते थे उनके निवासियों पर शासन करने का अधिकार भी अनुदानकर्ता अपने पास नहीं रखता था। इस व्यवस्था के अर्न्तगत अनुदान प्राप्तकर्ता को चोर–डाकुओं को दण्ड देने के अधिकार भी मिल जाते थे जबकि न्याय एवं व्यवस्था बनाए रखने का एक प्रमुख अधिकार होता है।[133]

प्रोफेसर शर्मा ने सवाल उठाया है कि शासन द्वारा इस तरह अपने अधिकारों के त्याग के क्या कारण रहे हैं? एक ताम्रशासन का जिक्र उन्होंने किया है, अनेक अनुदान राजनीतिक एवं सामाजिक दबावों से किए जाते थे। गाँवों का अनुदान सम्पूर्ण प्रशासनिक अधिकारों को त्यागते हुए ब्राह्मणों को इसलिए किया जाता था कि वे विद्रोह खड़ा न करें। दूसरे शब्दों में, दान विद्रोह को रोकने के उपाय थे। इस तरह जागीरदारों द्वारा दी गई भूमि एवं गाँवों के अनुदान से एक शक्तिशाली मध्यवर्ती वर्ग का उदय हुआ जिसने धीरे–धीरे सत्ता के अनेक अधिकार हस्तगत कर लिए। अनुदानित गाँवों में सरकारी सिपाहियों का प्रवेश भी सम्भव न था। परवर्ती अयोग्य शासक नये सामन्तों पर नियन्त्रण स्थापित नहीं कर पाए। कालान्तर में ये सामन्त मनमानी करने लगे। इन्होंने गुप्त शासकों को कर देना बन्द कर दिया था। इनकी प्रबल महत्वाकांक्षाओं से गुप्त साम्राज्य की शक्ति में कमी आई।

अयोग्य उत्तराधिकारी तत्कालीन प्रामाणिक स्त्रोतों के आधार पर गुप्त साम्राज्य के पतन का एक कारण अयोग्य उत्तराधिकारी को माना जा सकता है। स्कन्दगुप्त के बाद के शासक इतने सशक्त न थे कि वे गुप्त साम्राज्य की विकट परिस्थितियों का दृढ़ता से मुकाबला करते।

वे दूरस्थ प्रदेश के सामन्तों पर भी पूर्ण नियन्त्रण नहीं रख पाए। केन्द्रीय प्रशासन के निर्बल होते ही सभी क्षेत्रों में शिथिलता फैल गई।

गुप्त नरेशों में उत्तराधिकार का कोई सुनिश्चित नियम नहीं था। सिंहासन प्राप्ति की महत्वाकांक्षाएँ गुप्त राजकुमारों के परस्पर संघर्ष का कारण बनीं। इससे भी गुप्त साम्राज्य में अस्थिरता उत्पन्न हुई। कई बार अयोग्य शासक भी सिंहासन पर आरूढ़ हो जाते थे। सम्भव है कि सिंहासन प्राप्ति के लिए पारस्परिक प्रतिद्वन्द्विता ने विदेशी आक्रमणकारियों को उकसाया हो। स्कन्दगुप्त के बाद कोई भी ऐसा शासक न हुआ जो गुप्त साम्राज्य की प्रतिष्ठा को बचा पाता और उसकी सार्वभौमिकता को अक्षुण रखता।

बौद्ध मतावलम्बी गुप्त शासक प्रारम्भिक गुप्त शासक भागवत धर्म के अनुयायी थे और उनका कृष्ण के कर्म सिद्धान्त में विश्वास था। स्कन्दगुप्त के उत्तराधिकारियों में से कुछ शासकों ने बौद्ध धर्म स्वीकार कर लिया था, जैसे–बुधगुप्त, तथागत गुप्त, नरसिंह गुप्त बालादित्य आदि। शासकों द्वारा बौद्ध धर्म के अवलम्बन से सैनिक शक्ति प्रभावित हुई। **ह्वेनसांग** के यात्रा विवरण से ज्ञात होता है कि नरसिंह गुप्त बालादित्य ने हूण शासक मिहिरकुल को कर देना बंद कर दिया था, क्योंकि मिहिरिकुल ने बौद्धों पर अत्याचार किया था। ह्वेनसांग यह भी जानकारी देता है कि बालादित्य ने अनेक स्तूपों व चैत्यों का निर्माण करवाया। परवर्ती गुप्त शासकों के समय राजकीय आय एक ओर जहाँ कम हो गई थी (राज्य की सीमाओं में सिमटते जाने से) उस पर भारी युद्धों के खर्च ने स्थिति को और

खराब किया। इस दौर में सरकार द्वारा स्तूपों एवं चैत्यों के निर्माण पर व्यय ने गुप्त शासन की अर्थव्यवस्था को चौपट कर दिया।

कहा जाता है कि– बौद्ध प्रभाव कहें अथवा उनकी अयोग्यता, मिहिरकुल ने जब आक्रमण किया तो बालादित्य ने अपने निकम्मे शरीर को छिपाने की कोशिश की थी।

कई विद्वान यह मानते हैं कि उत्तर गुप्तों द्वारा बौद्ध धर्म का अपनाना, अप्रत्यक्ष रूप से गुप्त साम्राज्य के विघटन का कारण बना। सम्भव है उन्होंने सैन्य शक्ति की उपेक्षा की हो, जिसके फलस्वरूप आन्तरिक क्षेत्र में सामन्त व बाह्य क्षेत्र में विदेशी आक्रमणकारी प्रबल हो उठे हों।

परराष्ट्र नीति का परित्याग मौर्य काल में कौटिल्य द्वारा जिस परराष्ट्र नीति की विवेचना की गई थी उसका पालन गुप्त युग में दिखाई नहीं देता है। राजकुमारों की शिक्षा में दण्ड नीति का प्रमुख स्थान होता था। चन्द्रगुप्त द्वितीय व समुद्रगुप्त ने तो विदेशी शक्तियों के साथ मैत्रीपूर्ण सम्बन्ध स्थापित किए। वैवाहिक सम्बन्धों के द्वारा इन्हें मजबूत आधार प्रदान किया जाता था। लिच्छिवी, नाग, वाकाटक, कुंतल सम्राटों के साथ स्थापित वैवाहिक सम्बन्धों ने भी गुप्त साम्राज्य को शक्तिशाली मित्र प्रदान किए। परिणामस्वरूप गुप्त साम्राज्य उन्नति के शिखर पर पहुँच गया। स्कन्दगुप्त की मृत्यु के बाद के गुप्त शासकों ने न तो परराष्ट्र नीति की ओर ही ध्यान दिया और न ही शक्तिशाली मित्र प्राप्त करने के प्रयास किए।

गुप्त साम्राज्य की सीमान्त नीति व्यावहारिक नहीं थी। उन्होंने बाहरी आक्रमणों से अपने बचाव के समुचित उपाय नहीं किए। पश्चिमी सीमा के लिए सुरक्षात्मक नीति नहीं बनवाई गई। और न ही विदेशी आक्रान्ताओं की शक्ति का दमन किया। उदारवादी शासक होने के कारण वे शत्रु के प्रति भी कठोर नहीं हो सके।

आर्थिक स्थिति में गिरावट इतिहासकारों का एक वर्ग यह मानता है कि गुप्त काल में आर्थिक स्थिति में गिरावट आई। स्कन्दगुप्त की मिलावटी मुद्राओं से भी इस प्रकार का संकेत मिलता है। कुषाण युग की तुलना में गुप्त युग के व्यापार में गिरावट दिखाई देती है। ।

आत्रेयी विश्वास के अनुसार, ''सामन्तवाद का प्रभाव बढ़ जाने से गरीब मजदूरों को बेगार और अर्द्धदास की अवस्था का सामना करना पड़ा।.....जो जमीन ब्राह्मणों या उच्च राज्याधिकारियों को दान में दी जाती थी, वहाँ जनता की सुरक्षा का उत्तरदायित्व भी राजा त्याग देता था और वहाँ की जनता को स्थानीय भूपतियों के शोषण का शिकार होना पड़ता था।''[134] रोमिला थापर के अनुसार गुप्तों के समय में आर्थिक संकट उत्पन्न हो गया। सम्भव है कि आर्थिक संकट और जन–असन्तोष गुप्त साम्राज्य को विघटन की ओर ले जाने में सहायक बना हो।[135]

हूण आक्रमण गुप्त साम्राज्य को अपने उत्कर्ष काल में कई विदेशी आक्रमणों का सामना करना पड़ा। कुमारगुप्त के समय में पहली बार पुष्यमित्रों का आक्रमण हुआ। दूसरा विदेशी आक्रमण स्कन्दगुप्त के प्रारम्भिक वर्षों में हुआ था। दोनों ही बार विजय गुप्तों के हाथ लगी। गुप्तों ने हूणों को पराजित तो कर दिया लेकिन उनके निरन्तर आक्रमणों से साम्राज्य के ऊपर दुष्प्रभाव पड़े। गुप्त शासकों को अपार आर्थिक हानि सहनी पड़ी। हूण मध्य एशिया की एक यौद्धेय व बर्बर जाति थी। ये लोग पाँचवीं सदी ई. में अपने मूल निवास स्थान से दो शाखाओं में विभक्त होकर निकले। इनमें से एक शाखा वोल्गा नदी की ओर बढ़ी तथा दूसरी ने आक्सस घाटी में बढ़कर ईरान पर आक्रमण किया। हूणों ने पाँचवीं सदी के मध्य में भारत पर भी आक्रमण किया था, परन्तु स्कन्दगुप्त के जूनागढ़ एवं भितरी लेख हमें जानकारी देते हैं कि स्कन्दगुप्त के पराक्रम के सामने इनकी दाल नहीं गली, अतः इन्होंने ईरान के ससानी शासकों को ध्वस्त किया। लेकिन पाँचवीं सदी के उत्तरार्द्ध में स्थिति उनके अनुकूल हो गई थी। और श्वेत हूणों ने बल्ख को केन्द्र बनाकर भारत के पश्चिमी सीमान्त (हिन्दुकुश) से धीरे–धीरे प्रवेश किया और जल्दी ही गांधार, पंजाब, कुरुक्षेत्र, गंगा–यमुना की पश्चिमी घाटी तथा पूर्वी मालवा पर अधिकार कर लिया। चीनी दूत सुंग–युन ने गांधार प्रदेश की यात्रा की थी, उसने अपने यात्रा विवरण में लिखा कि गांधार प्रदेश को हूणों ने नष्ट कर दिया और वहाँ पर अब तेगिण राज्य करता है। हूणों ने गांधार प्रदेश का विनाश दो पीढ़ी पूर्व (480 ई. के लगभग) किया। 480 ई. के लगभग पश्चिमी भारत पर हूणों का अधिकार हो गया था। हूण राजा तोरमाण का तिथि रहित कूरा अभिलेख मिला जिसमें तोरमाण को महाराजा कहा गया है। उसकी जबुल तोरमाण पदवी थी क्योंकि ससैनियन प्रकार के सिक्कों पर गुप्त लिपि में शाही जबुल लिखा मिलता है। लगभग 550–606 ई. तक उत्तरी–पश्चिमी भारत पर हूणों का अधिकार था। हर्षचरित से भी हूणों की शक्ति का बोध होता है। गुप्तों के विघटन काल में हूणों के भारत पर निरन्तर आक्रमण हुए। गुप्त सत्ता के पतन के लिए हूण आक्रमण को भी एक कारण माना जा सकता है।

यशोवर्मन का उदय कई विद्वान यशोवर्मन के उदय को गुप्त साम्राज्य के पतन का कारण मानते हैं। यशोवर्मन ने अपनी शक्ति बढ़ाई और हूणों की पराजय से उसकी ख्याति भी बढ़ी। गुप्त साम्राज्य की विघटनकारी अवस्था का लाभ उठाकर उसने अपनी स्वतंत्रता घोषित कर दी। यशोवर्मन की उपलब्धियों का वर्णन मन्दसौर अभिलेख से मिलता है। उसने मालवा व उसके आसपास के क्षेत्र पर अधिकार जमा लिया था। इससे गुप्त साम्राज्य की प्रतिष्ठा को धक्का लगा। हम यशोवर्मन के उदय को गुप्त साम्राज्य के विघटन का एक सहायक कारण मानते हैं।

सारांश निष्कर्ष के रूप में कहा जा सकता है कि, गुप्त साम्राज्य के पतन के लिए किसी एक ही कारण को उत्तरदायी नहीं ठहराया जा सकता है। गुप्त साम्राज्य की आन्तरिक कमजोरियाँ व विदेशी आक्रमणों ने गुप्त साम्राज्य को क्रमशः विघटन की ओर उन्मुख कर दिया। दुर्बल शासकों का होना एक प्रत्यक्ष कारण तो था ही, साथ ही सामन्तों की बढ़ती शक्ति ने साम्राज्य को क्षीण कर दिया। एक विशाल साम्राज्य को प्रान्तपतियों की महत्वाकांक्षाओं ने तोड़ दिया।

सन्दर्भ :

1. गुप्त पी.एल., गुप्त साम्राज्य, पृ. 221.
2. राय, उदयनारायण, गुप्त सम्राट और उनका काल, पृ. 23.
3. वाकाटक–गुप्त एज., पृ. 40.
4. राय, उदयनारायण, वही, पृ. 18.
5. गुप्त, पी.एल. : गुप्त साम्राज्य, पृ. 221.
6. घोष : भारत का प्राचीन इतिहास, पृ. 257.
7. इपिग्राफिया इण्डिया, 15, पृ. 411. 'श्री चन्द्रगुप्तस्य दुहिता धारणा सगोत्रा – वाकाटकाना महाराज श्री रूद्रसेन्याग्र महिषी 18.
8. मंजुश्रीमूलकल्प, 'मधुरायाँ जात वंशा 5 त्रः, (759 पद)
9. विष्णु पुराण, 3/109, 'शर्मति ब्राह्मणस्योंक्तं वेमति क्षत्रसंश्रयम् दासात्मक नाम प्रशस्त वैश्य शुद्रयो।'
10. ओझा, गौरी शंकर : राजपूताना का इतिहास, पृ. 113–114.
11. गुप्त, पी.एल. : गुप्त साम्राज्य, (1970), पृ. 225.
12. भारतीय अभिलेख संग्रह 3, पृ. 47 'उद्वेलोदित बाहुवीर्य्यरभसादेकेन दण्डैग्रहियतैव कोंटकुलज पुष्पाव्हवे क्रीडिता।'
13. भा.अ.सं., वही, पृ. 9 'समवट डबाक कामरूप, नेपाल कर्तृपुरा–दि प्रयत्न नृपति।'
14. राय चौधरी : प्राचीन भारत का राजनैतिक इतिहास, पृ. 403–404.
15. दानी, ए. एच. : इण्डियन पोलियोग्राफी।
16. Alterkar, *The Coinage of the Gupta Empire*, p. 26

    "Their recorded find spots are Mathura, Ayodhya, Lucknow, Ghazipur, and Banaras in UP. and Bayana in the Bharatpur State It is rather strange that no finds of his coins should so far have been recorded in Bihar the home province of the Gupta Empire.
17. भारतीय अभिलेख संग्रह, पृ. 10-11, श्री घटोत्कच योनएय महाराजधिराजे श्री चन्द्रगुप्त पुत्रस्य लिच्छविदौहित्रस्य महादेव्या कुमार देवामुत्फ (ल) न्नस्य महाराजधिराज श्री समुन्द्रगुप्तस्य।
18. Alan Johan : *Catalogue of the coins of the Gupta Dynasities*, p. 19.

    "Too much emphasis should not be laid no the pride of the Gupta in their Licchavi blood, but it was probably due rather to the ancient Linage of the Licchavies that to any material advantages gained by this alliance.
19. मजूमदार, : आर. सी : प्राचीन भारत, (1962) पृ. 213–14
20. मजूमदार, : द वाकाटक गुप्ता एज, पृ. 118
21. अर्ली हिस्ट्री ऑफ इण्डिया, 4 स., पृ. 295–296
22. गुप्त पी.एल. : गुप्त साम्राज्य पृ 230.
23. भारतीय अभिलेख संगह, पृ. 10. 'महाराज श्री गुप्त प्रपोत्रस्य महाराजा श्री घटोत्कच पोत्रस्य।
24. सलैक्ट इन्सक्रप्सन्स, पृ. 294 'कुमार गुप्ते नृपतो पृथिव्या, विराजमाने शरदीव सूर्य्ये।
25. उपाध्याय, वासुदेव : गुप्त साम्राज्य का इतिहास (1969), पृ. 34.
26. मजूमदार आर. सी. : क्लासिकल एज, पृ. 2, फुटनोट 2,
27. दी क्वायनेज ऑफ दि गुप्ता एम्पायर, पृ. 79.
28. भारतीय अभिलेख संग्रह, पृ. 10 'महाराजाधिराज श्री चन्द्रगुप्त पुत्रस्य'
29. मुखर्जी : गुप्ता इम्पायर, पृ. 11.

30. भारतीय अभिलेख संग्रह, पृ. 11.
31. गुप्त पी.एल. : गुप्त साम्राज्य, (1970), पृ. 238.
32. गुप्त, वही. पृ. 240.
33. राखलदास बंदोपाध्याय, गुप्त युग, 1970, पृ.4.
34. वायुपुराण, 99/383; ब्राह्मण पुराण; 3/74/195.
35. गुप्त, पी.एल. वही, पृ. 240–241.
36. प्राचीन भारत का राजनैतिक इतिहास, पृ. 393.
37. भारतीय अभिलेख संग्रह, पृ. 75. ''गुप्ते प्रकाले गणनां विधाय'' – (स्कन्धगुप्त का जूनागढ़ लेख)
38. भारतीय अभिलेख संग्रह, भूमिका, पृ. 31.
39. फ्लीट, वही (1974), भूमिका, 125.
40. त्रिपाठी, आर.एस. : प्राचीन भारत का इतिहास, पृ. 173.
41. फ्लीट : भारतीय अभिलेख संग्रह, (1974), पृ.5.
42. वाकाटक–गुप्त एज, पृ. 147.
43. कनिंघम, आर्क्योलॉजिकल सर्वे ऑफ इण्डिया, जि. 10. (1880), पृ. 89.
44. भारतीय अभिलेख संग्रह, खण्ड 3, पृ. 319–323.
45. देखिये, भारतीय अभिलेख संग्रह, पृ. 7. प्रयाग प्रशस्ति का सप्तम श्लोक,
46. देखिये, भारतीय अभिलेख संग्रह, नवीं पंक्ति व आगे पृ. 24–25.
47. रिथपुर एवं पूना के ताम्रलेखों में समुद्रगुप्त के लिए 'तत्पादपरिगृहीत' शब्द मिलता है।
48. स्मिथ : एनसियन्ट हिस्ट्री ऑफ इण्डिया, पृ. 273; राय चौधरी : प्राचीन भारत का राजनैतिक इतिहास पृ. 395;
49. गुप्ता एम्पायर, पृ. 17.
50. राय चौधरी : प्राचीन भारत का राजनैतिक इतिहास, पृ.395.
51. मालवीय कोमेमोरेशन, वाल्यूम, पृ. 189 तथा 205.
52. गुप्त युग, पृ. 200.
53. देखिये गुप्त साम्राज्य, पृ. 246.
54. वाकाटक–गुप्ता एज, पृ. 138–139.
55. एनाल्स आव भण्डारकर, ओरिएण्टल रिसर्च इन्सटीट्यूट पृ. 83–88.
56. गोयल, श्री राम, गुप्त साम्राज्य का इतिहास, पृ. 83.
57. फ्लीट : भारतीय अभिलेख संग्रह, पृ. 7, 'दुन्मूल्याच्युत नागसेनग् (........)
58. दाण्डेकर, ए हिस्ट्री ऑफ दि गुप्ताज, पृ. 49; जायसवाल हिस्ट्री ऑफ इण्डिया, पृ. 113; मुखर्जी; गुप्ता एज, पृ. 19, चटोपाध्याय, एनसिशएन्ट हिस्ट्री ऑफ नार्दन इण्डिया, पृ. 149, आदि इतिहासकार इस मत को मानते है।
59. वाकाटक–गुप्ता एज. पृ. 139.
60. एलन, गुप्ता क्वायन, पृ. 22–23.
61. जायसवाल : हिस्ट्री ऑफ इण्डिया–150–350, पृ. 133.
62. देखिये, हर्षचरित् निर्णयसागर प्रेस, पृ. 200.
63. जायसवाल, हिस्ट्री ऑफ इण्डिया, (150–350) पृ. 35.
64. मुखर्जी आर.के., गुप्त एम्पायर, पृ.20.
65. बुद्धिस्ट रिकॉर्ड ऑफ द वैस्टर्न वर्ल्ड, पृ. 83 के अनुसार ह्वेनसांग का कथन है कि कान्यकुब्ज की पुरानी राजधानी पहले कुसुमपुर कही जाती थी।

66. वाकाटक–गुप्ता एज, पृ. 128.
67. गुप्त युग, पृ. 211.
68. प्राचीन भारत का राजनैतिक इतिहास, पृ. 400.
69. हिस्ट्री ऑफ इण्डिया, पृ. 127.
70. प्रा.भा.रा.इ., पृ. 400.
71. भारतीय अभिलेख संगह, पृ. 8.
72. कार्पस इस्क्रिप्शन्स इण्डिकेरम, 3 पृ. 13.
73. एन्शियन्ट हिस्ट्री ऑफ डेक्कन, पृ. 58–61.
74. स्टडीज इन द एन्शियन्ट हिस्ट्री ऑफ टोण्डमण्डलम्, पृ. 15.
75. गुप्त, पी.एल. : वही, पृ. 254.
76. गुप्त, पी.एल. : वही, पृ. 254.
77. प्राचीन भारत में नगर तथा नगर जीवन, पृ. 218–19.
78. पवनदूत, 12, गच्छेः कान्चीपुरथ दिशो भूषणंदक्षिणस्याः।
79. हिस्ट्री ऑफ इण्डिया, पृ. 138.
80. द गुप्त इम्पायर, पृ. 138.
81. ब्रह्म पुराण, 113/22.
82. जर्नल ऑफ इण्डियन हिस्ट्री, भाग 1, पृ. 92.
83. प्राचीन भारत का राजनैतिक इतिहास, पृ. 401.
84. प्रा.भा.रा.इ., पृ. 401.
85. स्टडीज इन गुप्त हिस्ट्री, पृ. 27.
86. गुप्त, पी.एल., वही, पृ. 256.
87. एन्शियण्ट इण्डिया, पृ. 243.
88. प्रोसिडिंग्स ऑफ इण्डियन हिस्ट्री कांग्रेस, 7, पृ. 78.
89. गुप्त पी.एल., गुप्त साम्राज्य, 259.
90. फ्लीट : इण्डियन एण्टिक्वैरी, 18. पृ. 289.
91. हिस्ट्री ऑफ इण्डिया, पृ. 57.
92. बनर्जी, राखालदास : गुप्त युग, पृ. 14 एवं 211; दाण्डेकर हिस्ट्री ऑफ द गुप्ताज, पृ. 58.
93. आप्टे, वामन शिवराम : संस्कृत हिन्दी कोष, पृ. 142.
94. भारतीय अभिलेख संग्रह, पृं. 16.
95. राय चौधरी, प्रा.भा.रा.ई., पृ. 398.
96. भट्टशाली : आइकोनोग्राफी, पृ. 4; राय चौधरी, प्रा.भा.रा.ई. पृ. 404.
97. कार्पस इन्सिक्रिप्शन इंडिकेरम 3, पृ. 9.
98. कार्पस इन्सिक्रिप्शन इंडिकेरम 3, पृ. 9.
99. गुप्त, पी.एल., पृ. 263.
100. गुप्त वही, पृ. 263.
101. बनर्जी राखलदास, गुप्त युग, पृ. 22–23.

102. गुप्त पी.एल. गुप्त साम्राज्य, पृ. 268 से उद्घृत
103. राय चौधरी, प्रा.भा.रा.ई. पृ. 406–07.
104. गुप्त, पी.एल., वही, पृ. 271 से उद्घृत.
105. गुप्त पी.एल., गुप्त साम्राज्य, पृ. 273 से उद्घृत.
106. गुप्त पी.एल., वही, पृ. 274.
107. देखिये भारतीय अभिलेख संग्रह, पृ. 10, 'निषित विदग्ध मति गान्धर्व ललिर्तव्रीडित त्रिदशपति गुरू तुम्बरूनारदेदि'
108. देखिये, चौधरी राधाकृष्ण, प्राचीन भारतीय अभिलेख, पृ. 173, प्रथम अमोधवर्ष का संजान ताम्रपत्र लेख श्लोक 52; 'हत्वा भ्रातर मेव राज्यमहरददेवी च दीनस्ततो लक्षकोटि मलेखयन्किलं कलौ दाता स **गुप्तान्वयः'**
109. गुप्त पी.एल., गुप्त साम्राज्य, पृ. 279–80 से उद्धृत.
110. वाजपेयी कृष्णदत, विदिशा थ्रू द एजेज, पृ. 86–87.
111. देखिये, भारतीय अभिलेख संग्रह, पृ. 67, स्कंदगुप्त का भितरी प्रस्तर–स्तम्भ लेख.
112. देखिये, भारतीय अभिलेख संग्रह, पृ. 31, इस अभिलेख में गुप्त सम्वत् वर्ष 82 अंकित है।
113. भारतीय अभिलेख संग्रह, पृ. 39.
114. देखिये, भा.अ.सं., पृ.44, वीरसेन का उदयगिरि (पूर्वी मालवा) लेख.
115. देखिये, भा.अ.सं., प्रयाग प्रशस्ति, पृ.9
116. विष्णुपुराण 2/24/64, कौशलान्ध्रपुण्ड्रताम्रलिप्त समुद्रतट पुरी च **देवरक्षितो रक्षिता।**
117. गुप्त पी.एल., गुप्त साम्राज्य, पृ. 289.
118. राय चौधरी, प्रा.भा.रा.ई., पृ. 412.
119. राय चौधरी, प्रा.भा.रा.ई., पृ. 412.
120. बनर्जी राखलदास, गुप्त युग, पृ. 30.
121. देखिये, भा.अ.सं., पृ. 66–70, श्लोक 10, वनान्त वान्तस्फुट पुष्पहासिनीं कुमारगुप्ते पृथिवीं प्रशासति।
122. देखिये, भा.अ.सं. वही स्कन्दगुप्त भितरी प्रस्तर स्तम्भ लेख, पृ. 68. 'हूणैर्य्यस्य समागतस्य समरे दोर्भ्या धराकंपिता'
123. वही, भा.अ.सं., पृ. 106, श्लोक 16, पृ. 102.
124. गुप्त पी.एल., गुप्त साम्राज्य, पृ. 314–16.
125. भा.अ.सं., जूनागढ़ अभिलेख, पृ. 75, श्लोक 5.
    व्यपेत्स सर्वान् मनुजेन्द्र पुत्रं।
    ल्लक्ष्मीः स्वयंयं वरयांचकार।
126. भा.अ.सं., पृ. 74. जूनागढ़ अभिलेख, श्लोक 2, नरपति भुजगानां मानदर्प्पांत्फणानां।
127. गुप्त, वही, पृ. 324.
128. भा.अ.सं., जूनागढ़ अभिलेख, पृ. 71–80, श्लोक 9.
129. भा.अ.सं., इन्दौर ताम्रपत्र लेख, वर्ष 186, पृ. 85–89.
130. मजूमदार आर.सी., क्लासिकल एज, पृ. 27.
131. दाण्डेकर आर.एन., ए हिस्ट्री ऑफ द गुप्ताज, 121–122.
132. श्रेण्य युग, पृ. 33.
133. शर्मा आर.एस. भारतीय सामन्तवाद, पृ. 74;
134. देखिये, प्राचीन भारत का इतिहास, हि.का.नि., पृ. 290–91.
135. थापर रोमिला, भारत का इतिहास, पृ. 133.

44 वाकाटक राजवंश
(The Vakataka Dynasty)

गुप्तों के समकालीन दक्कन की शासक शक्तियों में वकाटक सर्वाधिक महत्वपूर्ण थे। उत्तरी भारत में प्रभावशाली गुप्त वंश का समकालीन होते हुए भी यह राजवंश अपनी सम्मानजनक स्थिति बनाये रखने में सफल रहा। इस दृष्टि से इसका महत्व बढ़ जाता है। यह भी सत्य है कि दोनों राजवंशों का उद्‌भव लगभग एक साथ हुआ और उनका गौरवपूर्ण इतिहास भी साथ–साथ समाप्त हुआ। प्राचीन भारत के इतिहास लेखन के लिए किसी एक साक्ष्य के आधार पर संतोष नहीं किया जा सकता अपितु अनेक साक्ष्यों की परस्पर संतुष्टि, तथ्यात्मक सत्य के लिए आवश्यक है।

साहित्यिक स्त्रोत वाकाटक राजवंश के इतिहास लेखन में विष्णु पुराण, वायुपुराण एवं मार्कण्डेय पुराण का विशेष महत्व रहा है। हरिवंश पुराण के विष्णु पर्व में वाकाटकों के विषय में पर्याप्त सूचनाएं मिलती हैं। इस वंश के साहित्य प्रेमी शासक प्रवर सेन ने सेतु बंध या रावण वध **(महाराष्ट्रीय लिपि में रावणवही) नामक काव्य ग्रंथ की रचना की थी।** कहा जाता है कि, इस ग्रंथ का संशोधन स्वयं कालिदास ने किया था।[1] **हरिविजय नामक ग्रंथ की रचना** भी इसी वंश की वत्स–गुल्म शाखा के **सर्वसेन** ने की थी। **गाथा–सप्तशती इस वंश की महत्वपूर्ण सूचनाएं प्रदान करती है।** वी. वी. मिराशी की मान्यता है कि, **महाकवि दण्डिन द्वारा आलेखित दशकुमार चरितम्** नामक प्रसिद्ध ग्रंथ के विश्रुत चरित्र उच्छवास में वाकाटक राजवंश के पतन का विवरण मिलता है।[2]

अभिलेख उल्लेखनीय है कि वाकाटक शासक प्रवरसेन प्रथम के बाद यह वंश दो शाखाओं में विभक्त हो गया था। मूल शाखा को नंदिवर्धन एवं दूसरी शाखा वत्स गुल्म या बासिम (वसीम) कहलाई। दोनों शाखाओं के शासकों ने अपनी उपलब्धियों का विवरण अभिलेखों के माध्यम से किया था। मूल शाखा के अट्ठारह अभिलेख प्राप्त हुए हैं और उनके माण्डलिको (प्रान्तपतियों) ने भी चार अभिलेखों का लेखन करवाया था। दूसरी शाखा के तीन अभिलेख मिले हैं और उनके माण्डलिकों द्वारा भी तीन अभिलेख लिखवाये गये थे। यहां यह जिक्र करना उचित होगा कि अजंता गुहा लेख वंशानुक्रम की दृष्टि से महत्वपूर्ण साक्ष्य साबित हुआ है। इसी–प्रकार ताम्रपत्रों का महत्व रहा है।

वकाटक वंश का अस्तित्व सर्वप्रथम प्रवरसेन द्वितीय के 1836 ई. में प्राप्त सिवनी दान शासन से ज्ञात हुआ, जिसमें लिखा है:

वाकाटक ललामस्य
क्रम प्राप्त नृप श्रियः
राज्ञः प्रवर सेनस्य[3]

इस वंश के प्रथम शासक विंध्यशक्ति का उल्लेख पुराणों में हुआ है किंतु अशुद्ध पाठ के फलस्वरूप इसे प्रारम्भ में यवन शासक माना गया। अजंता की सोलहवीं गुफा में उत्कीर्ण लेख में वत्स–गुल्म शाखा के हरिषेण नामक शासक द्वारा वाकाटकों की पूरी वंशावली दी गई है। इस लेख की प्राप्ति ने विद्वानों को वाकाटक वंश के महत्व को समझने के लिए विवश किया।

सातवाहन साम्राज्य के पतन के बाद दक्षिण में केन्द्रीय शक्ति का अभाव हो गया था और छोटी–छोटी रियासतें अस्तित्व में आईं। दक्कन में तीसरी सदी के उत्तरार्द्ध ने वाकाटक शक्ति के उदय के लिए अनुकूल परिस्थितियों का निर्माण कर दिया था।[4]

तिथिक्रम वाकाटकों के अभिलेखों में किसी संवत् का प्रयोग नहीं हुआ है। प्रवरसेन द्वितीय की माता–प्रभावती गुप्त के 1912 ई. में, पूना दान शासन की प्राप्ति से स्पष्ट हुआ कि प्रभावती गुप्त के पिता और प्रवरसेन द्वितीय के नाना गुप्त सम्राट चन्द्रगुप्त द्वितीय था। अल्तेकर एवं आर.सी. मजूमदार ने इस वंश के प्रवर्तक विंध्यशक्ति के राज्यकाल को 255–275 ई. के बीच रखा है।[5] चन्द्रगुप्त द्वितीय का काल 375–414 ई. माना गया है। **प्रभावती का विवाह वाकाटक नरेश रुद्रसेन द्वितीय के साथ हुआ था। किन्तु उसके पति की 390 ई. में मृत्यु हो गई।** उस समय उसका पुत्र अल्प वयस्क था अतः अपने पिता के सहयोग से प्रभावती ने शासन का संचालन किया। प्रभावती गुप्त का पुत्र दामोदर सेन प्रवरसेन द्वितीय के नाम से शासक बना उसके अभिलेख एवं दानपत्र दूसरे राजवर्ष का उल्लेख करते हैं किसी सम्वत् का जिक्र अभिलेख में नहीं हुआ है। चन्द्रगुप्त द्वितीय की ज्ञात तिथि के आधार पर इस वंश का प्रारम्भ 225 से 250 ई. के मध्य हुआ।[6]

प्रथम वाकाटक शासक विंध्यशक्ति और उसके पुत्र प्रवरसेन (प्रवीर) का पुराणों में जिक्र आया है और वाकाटकों को ब्राह्मण एवं विष्णु वृद्ध गोत्र का कहा है। 1862 में प्रकाशित अंजता लेख में विंध्यशक्ति को स्पष्टतः द्विज कहा है (द्विज प्रकाशो भुवि विंध्यशक्ति)। यह भी कहा गया है कि वाकाटक शासक संस्कृत के पोषक थे।

आदि स्थान वाकाटकों को पुराणों ने कोलकिल प्रदेश का मूल निवासी कहा है जिसका सम्बन्ध पन्ना की किलकिला नदी से एवं कोलकिल का तादात्म्य बघेलखंड के कोलकिल स्थान किया जाता है। वाकाटकों के मूल निवास के संबंध में विद्वानों में मदभेद रहा है। डॉ. मिराशी ने वाकाटकों का निवास स्थान दक्षिण भारत को स्वीकार किया है एवं आन्ध्र निवासी कहा है। वाकाटकों ने चालुक्यों एवं कदम्बों की भांति स्वयं हारिति पुत्र घोषित किया है, जिसके आधार पर कहा जा सकता है कि वाकाटक दक्षिण निवासी थे। बाद में पश्चिम की ओर अपने राज्य का विस्तार किया है, समय क्रम से वाकाटकों की गतिविधियों का केन्द्र मध्य प्रदेश का बराड़ क्षेत्र हो गया।

विंध्यशक्ति (255–275 ई.) इस वंश के संस्थापक विंध्यशक्ति का पुराणों में उल्लेख हुआ किन्तु इसके लिए वाकाटक शब्द का प्रयोग नहीं हुआ। अजंता गुहा लेख में ही उसे वाकाटक कहा गया है: 'वाकाटक वंश केतु।' विदिशा शासक विन्ध्यशक्ति के पूर्वज सातवाहनों के सामंत थे। कालान्तर में अपने को स्वतंत्र शासक घोषित किया।

अजंता लेख में विन्ध्यशक्ति को बड़े–बड़े युद्धों का विजेता कहा है और उसके घोड़ों की टापों से उड़ी धूल से आकाश में सूर्य की गति रुक जाती थी। किन्तु अन्य साक्ष्यों से उसके द्वारा लड़े गये युद्धों की पुष्टि नहीं होती है। अतः कहा नहीं जा सकता कि अजंता लेख का कथन कितना सत्य है।

वायुपुराण में विन्ध्यशक्ति को 96 वर्ष का समय दिया गया है, जो उसकी आयु को दर्शाते है। विद्वान उसके शासनकाल को 255 ई. से 275 ई. के मध्य स्वीकार करते है। उसके बाद उसका पुत्र प्रवरसेन प्रथम शासक बना।

प्रवरसेन प्रथम (275–335 ई.) पुराणों से जानकारी मिलती है कि प्रवरसेन प्रथम ने चनका एवं पुरिक नगरों का भोग किया और अश्वमेध यज्ञ और सात (आतोर्यम, अग्निष्टोम, वाजपेय, ज्योतिष्टोम, बृहस्पतिसव, षोडशिव एवं अतिरात्र) वैदिक यज्ञ किए। वाकाटकों में प्रवरेसन को ही एकमात्र सम्राट कहा है। कहा गया है कि अश्वमेध और अन्य सप्तसोम यज्ञ चार महत्वपूर्ण सैन्य अभियानों में प्राप्त सफलता के उपलक्ष्य में किये थे।

प्रवरसेन प्रथम का सैन्य अभियान पूर्व की ओर हुआ होगा, जिसके फलस्वरूप मध्य प्रदेश का जबलपुर इलाका एवं बालाघाट उसके अधीन हुए होंगे। दूसरा युद्ध उसके द्वारा दक्षिण में लड़ा गया जिसके परिणामस्वरूप पूर्वी महाराष्ट्र के इलाके उसके राज्य में शामिल हुए। संभवतः दक्षिण में कोल्हापुर, सतारा एवं सोलापुर पर प्रवरसेन ने आधिपत्य स्थापित किया। उसका प्रभाव कोसल, मालवा, काठियावाड़ एवं गुजरात तक था।[7] कहा जा सकता है कि, वाकाटक राज्य पश्चिमी मध्य प्रदेश के छोटे–से इलाके से बढ़कर बड़े साम्राज्य के रूप में परिवर्तित हो गया। जिसमें विदर्भ, उत्तरी महाराष्ट्र, मैसूर, आन्ध्र प्रदेश (बरार क्षेत्र) का बड़ा भाग शामिल था।

प्रवरसेन प्रथम के जीवन की महत्वपूर्ण घटना वाकाटक–नाग विवाह सम्बन्ध था। **उसने अपने ज्येष्ठ पुत्र गौतमीपुत्र का विवाह नागकुल के भवनाग की पुत्री के साथ करके उनसे मैत्री सम्बन्ध स्थापित कर लिए। कहा गया है कि, एक तरह की, इस सन्तान सन्धि से पैदा होने वाली सन्तान को दोनों साम्राज्यों का स्वामी माना गया।** वाकाटक वंश वर्णन में रुद्रसेन प्रथम को प्रवरसेन प्रथम का उत्तराधिकारी एवं भवनाग का दौहित्र कहा गया है। इस सम्बन्ध से दोनों राज्यों को एक करने की योजना पूर्ण हुई। प्रवरसेन ने अपनी सैनिक विजयों की उद्घोषणा करने वाले अवश्मेध यज्ञों के साथ–साथ वाजपेय यज्ञ–अनुष्ठान के समय उसने प्रभूत दान दिया था। पुराणों में उसके शासनकाल को 60 वर्ष का बताया है तद्नुसार 335 ई. तक उसकी सत्ता कायम रही।

पुराणों में प्रवरसेन के चार पुत्रों का जिक्र आया है और कहा गया है कि सभी ने राजसत्ता का भोग किया। विद्वानों की मान्यता है कि उसके चारों पुत्रों ने विभिन्न प्रांतों में उप–राजा के रूप में शासन किया एवं उसकी मृत्यु के बाद संभवतः अपनी स्वतंत्र सत्ता स्थापित करने की कोशिश की।

केन्द्रीय भाग पर उसके पौत्र रुद्रसेन प्रथम (ज्येष्ठ पुत्र, गौतमीपुत्र का पुत्र) का आधिपत्य था। प्राप्त प्रमाणों के आधार पर कहा जा सकता है कि **प्रवरसेन प्रथम की मृत्यु के बाद राज्य उसके दो पुत्रों गौतमीपुत्र एवं सर्वसेन में विभक्त हो गया था।**

रुद्रसेन प्रथम (335–355 ई.) प्रवरसेन प्रथम के ज्येष्ठ पुत्र गौतमीपुत्र की उसके जीवन काल में ही मृत्यु हो गई थी परिणामस्वरूप उसके पुत्र रुद्रसेन प्रथम को सत्ता मिली। **वाकाटक वंश विवरण में रुद्रसेन प्रथम को प्रवरसेन प्रथम का उत्तराधिकारी और भवनाग का दौहित्र कहा गया है।** यह इस तथ्य का प्रमाण है कि, उसे अपने नाना का राज्य उत्तराधिकार में प्राप्त हुआ। दूसरे शब्दों में रुद्रसेन प्रथम अपने नाना भवनाग का दौहित्र प्रकार का पुत्र और उत्तराधिकारी था। रुद्रसेन के भवनाग से दौहित्र सम्बन्ध ने ही

वाकाटक एवं भारशिव साम्राज्य को एक करने में कड़ी का कार्य किया और रुद्रसेन को वाकाटक साम्राज्य की केन्द्रीय शाखा की सत्ता भी हासिल हुई। यह भी कहा जा सकता है कि, रुद्रसेन प्रथम के शासन कार्यों पर भवनाग का प्रभाव अवश्य रहा होगा। वाकाटक वैष्णव मतावलम्बी थे किन्तु रुद्रसेन प्रथम ने शैव मत को अपनाया। अभिलेखों में उसे महा भैरव का उपासक कहा है।

पृथ्वीषेण प्रथम (355–385 ई.) वाकाटक शासक पृथ्वीशेण प्रथम का कोई अभिलेख प्राप्त नहीं हुआ है किन्तु उसके मांडलिक व्याघ्र देव के नचना एवं गंज से दो लेख मिले हैं। वाकाटक अभिलेखों में उसे धर्म विजयी कहा है और धर्मराज युधिष्टिर के साथ उसकी तुलना की गई। गुप्त सम्राट चन्द्रगुप्त द्वितीय ने अपनी पुत्री प्रभावती गुप्ता का विवाह पृथ्वीशेण प्रथम के पुत्र रुद्रसेन द्वितीय के साथ किया। इस सम्बंध से चन्द्रगुप्त द्वितीय को अपने अभियान के लिए एक महत्वपूर्ण मित्र मिला। प्रभावती गुप्त के पति रुद्रसेन द्वितीय की मृत्यु जल्दी हो गई थी।

रुद्रसेन द्वितीय (385–390 ई.) पृथ्वीषेण की मृत्यु 385 ई. में हुई थी और उसका पुत्र रुद्रसेन द्वितीय 385 में शासक बना किन्तु वह अधिक समय शासन नहीं कर पाया और 390 ई. में उसकी मृत्यु हो गई। प्रभावती गुप्ता (390–410 ई.) प्रभावती गुप्त के दोनों पुत्र–दिवाकर सेन एवं दामोदर सेन अल्प–वयस्क थे। प्रभावती गुप्त को अपने ज्येष्ठ पुत्र दिवाकर सेन की मृत्यु का दुःख भी सहना पड़ा। दामोदर सेन के वयस्क होने तक प्रभावती गुप्त ने शासन का संचालन स्वयं किया था। दामोदर सेन ने प्रवरसेन द्वितीय के नाम से सत्ता संभाली। प्रभावती गुप्ता को अभिलेखों में उभयकुलालंकार अर्थात दोनों कुलों की शोभा कहा है।

प्रवरसेन द्वितीय (410–440 ई.) प्रवरसेन द्वितीय को महान साहित्यकार कहा जाता है। उसने 'सेतुबंध' नामक महाकाव्य की रचना महाराष्ट्रीय लिपि में की थी जिसे 'रावण वही' कहा गया। कहा जाता है कि, उसके दरबार में कालिदास भी कुछ समय तक रहा था। **प्रवरपुर नगर की स्थापना का श्रेय प्रवरसेन द्वितीय को ही प्राप्त हुआ।** उसने कई गांव ब्राह्मणों को दान में दिये थे। वर्षा, अमरावती, बेतुल, छिंदवाड़ा, नागपुर, भंडारा, एवं बालाघाट उसके आधिपत्य में होने की जानकारी मिली है। अपने पुत्र नरेन्द्र सेन का विवाह कदंब नरेश की पुत्री अजित भट्टारिका से किया था, इस सम्बन्ध से भी वाकाटकों को लाभ हुआ।

नरेन्द्र सेन (440–460 ई., राजधानी–नंदिवर्धन व पद्मपुर) प्रवरसेन द्वितीय के पुत्र नरेन्द्र सेन का कोई लेख नहीं मिला है। इसके पुत्र पृथ्वीषेण द्वितीय के बालाघाट ताम्र पत्र में उसे अपने शारीरिक गुणों से राजवंश की लक्ष्मी हरण करने वाला बताया गया है। कुछ विद्वानों की मान्यता है कि, नरेन्द्र सेन को प्रारम्भ में विकट परिस्थितियों का सामना करना पड़ा था। इस तथ्य का आधार अजंता के 16वें गुहा लेख को माना है जो इस आशय का संकेत करता है कि प्रतिस्पर्धी भाई और उसके पुत्र से उत्तराधिकार प्राप्त करने हेतु युद्ध करना पड़ा था।[8] किन्तु अधिकांश विद्वान इस मत से सहमत नहीं है। अलबत्ता यह अवश्य स्वीकार किया जाता है कि नलवंशीय राजा भवदत्त वर्मा ने वाकाटक क्षेत्र पर आक्रमण कर कुछ हिस्सों पर अधिकार कर लिया था। नलवंश का शासन आधुनिक बस्तर और छत्तीसगढ़ इलाके में फैला हुआ था। इन क्षेत्रों से उनकी स्वर्ण मुद्राएं उपलब्ध हुई हैं। इस वंश के शासक वराह ने आसपास के इलाकों पर आधिपत्य स्थापित कर पर्याप्त शक्ति अर्जित कर ली थी। उसके पुत्र भवदत्त वर्मन ने वाकाटकों पर आक्रमण किया और नरेन्द्र सेन को पराजित कर राजधानी नंदिवर्धन एवं उसके निकटवर्ती भू–भाग पर अधिकार जमाया।[9] **नरेन्द्र सेन को अपनी राजधानी बदलनी पड़ी, नवीन राजधानी भण्डारा जिले में पद्मपुर थी।** मजूमदार एवं अल्तेकर भवदत्त के आक्रमण को 445 ई. की घटना मानते है। कहा गया है कि भवदत्त की मृत्यु के बाद नरेन्द्र सेन ने अपने खोए हुए भू–भाग पुनः प्राप्त कर लिये थे। नरेन्द्र सेन ने 20 वर्ष शासन किया। मिराशी की मान्यता है कि नरेन्द्र सेन की 470 ई. तक सत्ता कायम थी। नरेन्द्र सेन द्वारा खोए हुए इलाकों की पुनः प्राप्ति में कदम्बों के सहयोग को कई विद्वान स्वीकार करते हैं।

नरेन्द्र सेन के पुत्र के लेख में उसे मालवा का अधिपति बताया गया है। यही नहीं कौशल–मेखल भी उसके अधिकार में थे। दूसरे शब्दों में, नरेन्द्र सेन ने वाकाटक शक्ति की प्रतिष्ठा में वृद्धि की। नरेन्द्रसेन की पत्नी अज्झित भट्टारिका कदम्ब वंशी काकुस्थ वर्मा की पुत्री थी।

पृथ्वीषेण द्वितीय (460–480 ई. पदमपुर) मुख्य वाकाटक शाखा का अन्तिम ज्ञात शासक नरेन्द्र सेन का उत्तराधिकारी पृथ्वीसेन द्वितीय (पृथ्वीषेण) था। पृथ्वीषेण द्वितीय के बालाघाट दानपत्र में उसे दो बार वंश की प्रतिष्ठा पुनर्स्थापित करने वाला बताया गया है। अल्तेकर का विचार है कि पहली घटना शरमपुर (छत्तीसगढ़) के शासक मानपुत्र के वाकाटकों पर आक्रमण करने की ओर संकेत करता है।[10] संभवतः दूसरा संकट त्रैकूटकों द्वारा खड़ा किया गया था। उस दौरान त्रैकूटक वंश का दहरसेन (धरसेन) जिसका राज्य उत्तरी कोंकण और वाकाटकों के पश्चिमी भू–भागों में था, पर्याप्त शक्तिशाली हो गया था। दहरसेन ने 440–475 ई. के मध्य शासन किया और वाकाटकों पर विजय के उपलक्ष्य में अश्वमेध यज्ञ भी किया था। पृथ्वीषेण ने रक्षात्मक युद्ध किया किन्तु वह अधिक समय तक अपनी सत्ता बचाये नहीं रख सका।[11] उसकी राजधानी पद्मपुर थी। पृथ्वीषेण के किसी

उत्तराधिकारी का जिक्र नहीं हुआ है। वाकाटक वंश का नेतृत्व वासिम शाखा के हरिषेण के हाथ में आ गया जिसका अजंता लेख में उल्लेख हुआ है।

बासिम शाखा (राजधानी वत्सगुल्य)

बासिम ताम्र पत्र से जानकारी मिलती है कि प्रवरसेन प्रथम के पुत्र सर्वसेन ने अकोला जिले में अपनी स्वतंत्र सत्ता स्थापित की थी और वत्स–गुल्म को अपनी राजधानी बनाया। अतः इस शाखा के शासकों को वत्स–गुल्म भी कहा जाता है।

सर्वसेन (335–350 ई.) पहले जिक्र किया गया है कि प्रवरसेन के दो पुत्र गौतमीपुत्र एवं सर्वसेन में राज्य विभक्त हो गया था। गौतमीपुत्र की मृत्यु प्रवरसेन के जीवनकाल में ही हो गई थी फलस्वरूप उसका पुत्र रुद्रसेन प्रथम शासक बना और दूसरे पुत्र सर्वसेन ने बराड़ को अपना केन्द्र बनाया, जिसकी राजधानी वत्स–गुल्म थी। उसने 'धर्म महाराज' की उपाधि धारण की। कहा गया है कि **सर्वसेन ने 'हरिविजय' नामक प्राकृत ग्रंथ की रचना की थी[12] और गाथा सप्तशती के कुछ अंशों के लेखन का श्रेय भी उसे दिया जाता है।** उसके राज्य में उत्तरी हैदराबाद, दक्षिणी बराड़, नागपुर, नासिक, सतारा एवं पुणे आदि जिले शामिल थे।

द्वितीय विंध्यशक्ति सर्वसेन की मृत्यु के बाद उसका पुत्र विंध्यशक्ति द्वितीय अथवा विंध्यसेन शासक बना। बसीम ताम्रपत्र ने विंध्यसेन को महान विजेता कहा है। उसके शासन (400–415 ई.) में साम्राज्य विस्तार हुआ एवं उन्नति हुई। मिराशी[13] का विचार है कि कुंतल में राष्ट्रकूट राजवंश की स्थापना हुई थी और उसका संस्थापक मानांक था। मिराशी के अनुसार मानांक एवं विंध्यसेन द्वितीय में युद्ध हुआ। मानांक के पुत्र देवराज ने गुप्त सम्राट द्वितीय चन्द्रगुप्त (विक्रमादित्य) की अधीनता स्वीकार कर ली थी। इसी क्रम में कालिदास ने कुन्तलेश्वर दौत्यम नामक (अनुपलब्ध) ग्रंथ की रचना की थी। गुप्तों के प्रभाव से वाकाटकों एवं राष्ट्रकूटों का परस्पर वैमनस्य समाप्त हो गया। विंध्यशक्ति ने अपने राज्य की उन्नति की ओर ध्यान दिया। यद्यपि मिराशी के इस तर्क को कई विद्वान स्वीकार नहीं करते हैं क्योंकि उस समय राष्ट्रकूटों के अस्तित्व का बोध नहीं होता। विंध्यशक्ति के उत्तराधिकारी देवसेन के 475 ई. तक शासन करने की जानकारी मिलती है। वह विलासप्रिय शासक था, जिसने अपने सुयोग्य मंत्री हस्तिभोज को राज्य का समस्त कार्य सौंप दिया था।[14]

हरिषेण (475–510 ई.) देवसेन का उत्तराधिकारी हरिषेण था। मुख्य शाखा के शासक पृथ्वीषेन के पुत्र न होने के फलस्वरूप वाकाटक राज्य का वह हिस्सा भी हरिषेण के राज्य में शामिल कर लिया गया। यह भी संभावना विद्वानों ने व्यक्त की है कि हरिषेण महत्वाकांक्षी, वीर योद्धा था। उसका पृथ्वीषेण द्वितीय के उत्तराधिकारियों से संघर्ष हुआ, जिसमें हरिषेण विजयी रहा और समस्त वाकाटक राज्य अपने राज्य में मिलाने में वह सफल रहा।

हरिषेण के राज्य में मालवा, उत्तरी कोंकण, कुंतल (उत्तरी कर्नाटक) गुर्जरत्रा, आन्ध्र, दक्षिण कोशल या छत्तीसगढ़ को शामिल किया जाता है। **अजंता की विख्यात सोलहवीं गुफा जिसका निर्माण हरिषेण के मंत्री वराहदेव ने करवाया था से इस तथ्य की पुष्टि होती है।**

स कुन्तलावन्ति–'कालिंग–कोसल–

त्रिकूट–लाटान्ध्र.......नैर्धृता।[15]

उल्लेखनीय है कि, अधिकांश प्रदेश मूल वाकाटक शासन के भाग थे और कुछ प्रदेश उसके द्वारा जीते गये। अजंता गुहा लेख के विवरण की सत्यता पर कुछ विद्वानों ने संदेह व्यक्त किया है। किंतु तत्कालीन परिस्थितियों के परीक्षण से उसके विशाल साम्राज्य के विषय में संदेह नहीं किया जा सकता। गुर्जरत्रा[16] के दहरसेन (धरसेन या धारसेन) के वंशज एवं मालवा के वर्मन वंश के शासक उसकी अधीनता स्वीकार कर चुके थे। मिराशी की मान्यता है कि, हरिषेण ने आन्ध्र–प्रदेश के शालकांयन वंश का नाश करके विष्णु कुण्डिन वंश के शासक गोविंद वर्म्मन को वहां का शासक बनाया। गोविंद वर्म्मन के पुत्र माधव वर्म्मन ने एक वाकाटक राज कुमारी से विवाह किया था जो संभवत हरिषेण की पुत्री रही होगी। पश्चिम में खानदेश या ऋषिक का शासक हरिषेण का मांडलिक था जैसी उसके अजंता गुहालेख से जानकारी मिलती है। तत्कालीन राजनीतिक परिस्थितियों ने हरिषेण को सार्वभौम सत्ता कायम करने का अवसर दिया। किन्तु हरिषेण की साम्राज्यवादी नीति उसके उत्तराधिकारियों के लिए घातक साबित हुई और 500 या 510 ई. के लगभग हरिषेण की मृत्यु के उपरांत अधीनस्थ शासकों ने अपने को स्वतंत्र घोषित कर दिया।[17] हरिषेण ने संभवतः 475 से 510 ई. के मध्य शासन किया था।

पतन हरिषेण इस कुल का अन्तिम ज्ञात शासक है। उसके उपरांत किसी नरेश का उल्लेख नहीं मिलता। महाकवि दण्डिन के दशकुमार चरित्र के आखिरी उच्छवास 'विश्रुत चरित्र' में उल्लिखित महान राजवंश के पतन को वाकाटकों के पतन से जोड़ा जाता है। कथा के विवरण के अनुसार सम्राट का नवयुवक पुत्र वृद्ध मंत्री की सलाह की अवहेलना कर भोग विलास में डूबा रहा था। अवसर का लाभ उठाकर बनवासी (उत्तरी कनारा) के शासक ने आक्रमण कर दिया। शत्रु देश के प्रयासों से राजा के अधीनस्थ माण्डलिकों ने साथ नहीं दिया और युवा राजा मारा गया। अधिकांश इतिहासकार दण्डिन के दशकुमार चरित्र आख्यान को ऐतिहासिक तथ्य के रूप में स्वीकार करते हैं। हरिषेण जैसे शक्तिशाली शासक के

अयोग्य उत्तराधिकारियों का होना स्वभाविक प्रतीत होता है। नये भोगी राजा पर बनवासी शासक द्वारा परिस्थितियों को देखते हुए आक्रमण अनुचित नहीं कहा जा सकता। बदली हुई स्थिति में वाकाटकों के माण्डलिकों द्वारा असहयोग भी उचित जान पड़ता है। तत्कालीन भारतीय राजनीतिक स्थिति वाकाटकों के पराभव का कारण बनी जिसके लिए हरिषेण के अयोग्य उत्तराधिकारी मुख्य रूप से उत्तरदायी थे।

वाकाटकों का योगदान सांस्कृतिक दृष्टि से वाकाटकों के योगदान को भुलाया नहीं जा सकता। वाकाटकों ने कई शिव एवं भैरव मंदिरों का निर्माण करवाया था, जो उनके शैव मत के मतावलंबी होने का प्रमाण हैं। पूर्व में उल्लेख किया गया है कि कई वाकाटक नरेश साहित्य प्रेमी थे और स्वयं शासकों ने भी अनेक ग्रंथों की रचना की। सर्वसेन को 'हरिविजय' नामक ग्रंथ का रचियता कहा गया है। यह भी कहा जाता है कि गाथा सप्तशती के कई भाग सर्वसेन द्वारा आलेखित किये गये। **प्रवरसेन द्वितीय ने सेतुबंध की रचना की थी। उस काल में इस ग्रंथ को बहुत सराहा गया। बाणभट्ट ने यहां तक लिखा है कि इस सेतु के माध्यम से प्रवरसेन की ख्याति समुद्र को पार कर गई थी।** प्रवरसेन के दरबार में कालिदास ने कुछ समय बिताया था एवं सेतुबंध में आवश्यक संशोधन करवाया था। देवगढ़, उदयगिरि के नचना कुठार एवं तिगवां के मंदिर इस काल की कलात्मक अभिरुचि के उदाहरण हैं। नचना मंदिर का निर्माण पृथ्वीषेण के मंत्री व्याघ्रदेव ने करवाया था। तिगवां मंदिर में गंगा–यमुना की मूर्तियां उल्लेखनीय कही गई हैं। **वाकाटकों द्वारा निर्मित अजंता की अनेक गुफायें उनकी कलात्मक अभिरुचि का प्रमाण हैं। सोलहवीं, सत्रहवीं एवं उन्नीसवीं गुफा इसी काल में निर्मित हुई थी। हरिषेण के मंत्री बराह देव द्वारा निर्मित सोलहवीं गुफा का चित्रांकन अजंता चित्रों का अनुपम उदाहरण है।** उदयगिरि, देवगढ़, तिगवा एवं नचना के मंदिर एवं अजंता गुफाओं का चित्रांकन वाकाटकों के सांस्कृतिक उत्थान का परिचायक है।

सन्दर्भ :

1. अल्तेकर ए.एस. अर्ली हिस्ट्री ऑफ द डेक्कन, पार्ट–1, पृ. 178.
2. मिराशी वीवी, वाकाटक राजवंश का इतिहास तथा अभिलेख, पृ. 39.
3. देखिये जी.एस.पी. मिश्र द्वारा अनुदित फ्लीट का भारतीय अभिलेख, संग्रह खंड 3, पृ. 305–6.
4. वाकाटक गुप्त युग, पृ. 88.
5. वाकाटक गुप्त युग, पृ. 90.
6. मिराशी, वही, पृ. 7–10; अल्तेकर वही, पृ. 151–53.
7. मजूमदार, वही, पृ. 94–96.
8. कीलहार्न, एपिग्राफ्रिका इण्डिका, भाग–1, पृ. 261.
9. मिराशी, वही, पृ. 36.
10. अल्तेकर, वही, पृ. 184.
11. अल्तेकर, वही, पृ. 185.
12. मिराशी, वही, पृ. 39.
13. मिराशी, वही, पृ. 39–40.
14. मिराशी, वही, पृ. 139.
15. सरकार डी सी, क्लासीकल एज, पृ.186–87; सलेक्ट इन्सिक्रप्शन,. पृ. 453
16. 'गुर्जरत्रा; पश्चिमी राजस्थान का पुराना नाम भी माना गया है।
17. मिराशी वही, पृ. 42.

45 गुप्तकालीन प्रशासन
(The Administration of Gupta Period)

गुप्तकालीन प्रशासनिक व्यवस्था के अध्ययन के लिए तत्कालीन अभिलेखों, मुद्राओं एवं साहित्यिक साक्ष्यों को आधार बनाना होगा। भारत के कई हिस्सों से गुप्तकालीन अभिलेख एवं बड़ी संख्या में मुद्रायें प्राप्त हुई हैं। समुद्रगुप्त की प्रयाग प्रशस्ति, चन्द्रगुप्त द्वितीय का उदयगिरि गुहा लेख, स्कंदगुप्त का जूनागढ़ अभिलेख तत्कालीन प्रशासनिक व्यवस्था के अध्ययन के लिए उपयोगी हैं। साहित्यिक सामग्री का भी इस दृष्टि से कम महत्व नहीं है। कामन्दकनीतिसार, देवीचन्द्रगुप्त, आर्यमंजूश्रीमूलकल्प एवं बृहस्पति, नारद, विष्णु, कात्यायन जैसी तत्कालीन स्मृतियों को आधार बनाकर गुप्तकालीन शासन व्यवस्था की व्याख्या करने का प्रयास किया जायेगा। पुराणों की रचना गुप्तकाल में हुई थी और इन ग्रंथों में समसामयिक समाज एवं प्रशासन की प्रतिध्वनि होना स्वभाविक है।

समुद्रगुप्त, चन्द्रगुप्त द्वितीय, कुमारगुप्त एवं स्कंदगुप्त आदि ने महाराजाधिराज, परमभट्टारक, परमेश्वर जैसी बड़ी–बड़ी उपाधियां धारण कीं और छोटे शासकों पर अपनी श्रेष्ठता स्थापित करने के लिए अवश्मेध यज्ञ का आयोजन किया।

उल्लेखनीय है कि, कई परवर्ती गुप्तों द्वारा धारण की गई उपाधियां अतिशयोक्तिपूर्ण थी क्योंकि वे पूर्व सम्राटों की बराबरी करने की स्थिति में नहीं थे।[1]

राजा, राज्य का सर्वोच्च अधिकारी था और अन्तिम सत्ता उसी के हाथ में थी। इसका तात्पर्य यह नहीं लिया जा सकता है कि गुप्तकालीन शासकों को प्रजा, राजा की दैवीय उत्पति के सिद्धांत के अनुसार ईश्वर का प्रतिनिधि स्वीकार करने लगी थी। मनुस्मृति[2] ने राजा के जिस दैवी सिद्धान्त का प्रतिपादन किया, इस युग तक आते–आते लोकप्रियता खो चुका था।

समुद्रगुप्त महान विजेता ही नहीं अपितु प्रखर कूटनीतिज्ञ भी था। उत्तरी भारत में जहां उसने लगभग सभी राज्यों का उन्मूलन कर अपने साम्राज्य में शामिल किया वहीं नाग–वंश की कन्या कुबेरनाग से चन्द्रगुप्त द्वितीय का विवाह कर नाग शक्ति का समर्थन प्राप्त कर लिया। पश्चिमोत्तर प्रदेश के राज्यों से मैत्री संबंध बनाये रखा, जिसे विवाह संबंधों द्वारा अधिक दृढ़ बनाया। अपने पिता की कूटनीति को चन्द्रगुप्त द्वितीय ने बनाये रखा। इसी नीति का परिणाम वाकाटक राजकुमार रुद्रसेन से अपनी पुत्री प्रभावती गुप्त का विवाह था। गुजरात–काठियावाड के शक राज्य पर आधिपत्य स्थापित करने में वाकाटकों ने गुप्त सत्ता का सहयोग किया।

केन्द्रीय शासन विशाल गुप्त साम्राज्य का सर्वोच्च पदाधिकारी राजा था। मौर्य काल में सम्पूर्ण भारत पर शासन करने वाले सम्राट अशोक ने अपने को राजा ही कहा है किन्तु गुप्त काल तक आते–आते परिस्थितियां बदल गई। गुप्त सम्राट बड़ी–बड़ी उपाधियां धारण करने लगे और राजा–महाराजा की उपाधियां सामन्तों के लिए छोड़ दी गईं। दूसरे शब्दों में, सम्राट का पद पहले से अधिक गौरवशाली हो गया था। समुद्र गुप्त की प्रयाग–प्रशस्ति में उसे पृथ्वी का देव ''लोक धाम्नो देवस्य''[3] कहा है। किन्तु उसे प्रजा के उत्पीड़न का अधिकार नहीं था। राजा को धर्म के अनुसार वर्णाश्रम धर्म का रक्षक बताया गया है। राजा को धर्म का रक्षक, प्रजा के कष्टों को दूर करने वाला एवं न्यायिक प्रक्रिया द्वारा दण्ड देने वाला बताया गया। कात्यायन ने राजा के लिए विनीत, शास्त्रों का ज्ञाता, वीर, कोश का रक्षक, ब्राह्मणों के प्रति उदार, दानशील, सत्यवादी और धर्म के प्रति निष्ठावान जैसी योग्यताएं आवश्यक मानी हैं। यही नहीं कामन्दक (5/82-83) ने राजा के बड़े कर्मचारियों, चोरों, शत्रुओं, राजवल्लभों (रानी और राजकुमारों) एवं स्वयं राजा को लोभ से बचाने का निर्देश किया है।[4] तत्कालीन स्मृतिकार धर्म के अतिरिक्त दण्ड, मंत्रिपरिषद एवं जनमत का राजा पर नियंत्रण स्थापित करते हैं। **सभा** जनता के प्रतिनिधियों की एक सभा का जिक्र प्रयाग प्रशस्ति में आया है। ग्राम से लेकर केन्द्र तक लोक प्रतिनिधि सभा में उपस्थित रहते थे। एक शासन के उत्तराधिकारियों के मनोनयन पर विचार केन्द्रीय सभा करती थी। चन्द्रगुप्त प्रथम व समुद्रगुप्त के मनोनयन पर सभा में चर्चा हुई है। जिला स्तर पर विषय परिषद संभवतः सभा का एक रुप था।

मंत्रिपरिषद सम्राट की राज्यकार्य में सहायता करने वाले मंत्री एवं अमात्यों का जिक्र हुआ है और कामन्दक ने मंत्रियों एवं अमात्यों के बीच अन्तर को दर्शाया है। मंत्री का मुख्य कार्य राजा को मंत्रणा देना, गूढ विषय के विभिन्न पक्षों पर विचार करते हुए किसी निर्णय पर पहुंचाना था। बी.एन. पुरी की मान्यता है कि, समुद्रगुप्त की प्रयाग प्रशस्ति किसी मंत्री का उल्लेख नहीं करती। महादण्डनायक हरिषेण निश्चित रूप से सैनिक अधिकारी था। उसके पिता ध्रुवभूति को खाद्यटपाकिंक[5], महादण्डनायक एवं कुमारामात्य कहा है। एक ही व्यक्ति का तीन पदों का कार्य करना समुद्रगुप्त जैसे शासक के समय यह दर्शाता है कि गुप्त काल में निश्चित संख्या में मंत्रियों की परिषद का अभाव था।[6] कुमारगुप्तकालीन

करमदण्डा अभिलेख में मंत्रियों का जिक्र हुआ है परन्तु इस अभिलेख के आधार पर भी निश्चित रूप से नहीं कहा जा सकता है कि गुप्तकालीन मंत्रिमण्डल में कितने मंत्री होते थे। मंत्रियों के कार्य विभागों की व्याख्या नहीं की गई। मंत्रियों को कामन्दक ने राजा के आंख–कान कहा है, इससे स्पष्ट होता है कि जो राजा मंत्रियों की सलाह की उपेक्षा करता था, अपने शत्रुओं द्वारा पराभूत होता था। कुमारगुप्त कालीन बिलसड़ (भिलसद) अभिलेख ने ध्रूव शर्मा को 'पर्षदा मानितेन'[7] कहा है। उक्त विवरण से मंत्रिपरिषद का कार्य राजनीतिक के साथ सामाजिक प्रतीत होता है। समुद्रगुप्त को 'सभा के सदस्यों' द्वारा राजा की उपस्थिति में उत्तराधिकारी बनाया था। इससे प्रतिध्वनित होता है कि जनता के प्रतिनिधियों की संस्था अवश्य थी और महत्वपूर्ण विषयों पर उसमें चर्चा भी की जाती थी। जहां तक मंत्रियों की मीटिंग का सम्बन्ध है संधिविग्रहक, अक्षपटलाधिकृत और कदाचित महादण्डनायक भी उसमें शामिल होते होंगे।

पदाधिकारी गुप्त सम्राटों के लेखों में मौर्यकालीन अधिकारियों के नामों की परम्परा का कोई चिह्न नहीं मिलता। गुप्त युग के गया से प्राप्त गुप्त संवत् वाले समुद्रगुप्त के ताम्रपत्र में हमें नये नाम वाले अधिकारियों की पूरी श्रृंखला मिलती है।[8] शासन संचालन में सहयोग करने वाले राज सहायकों को भारतीय राजनीतिक ग्रंथों में अमात्य कहा गया है। पी.एल. गुप्त ने लिखा है कि अमात्य को आधुनिक विद्वान मंत्री का पर्याय मान लेने की भूल करते हैं। आज की शब्दावली में हम कहना चाहें तो कह सकते हैं कि प्राचीन काल में अमात्य आधुनिक ब्यूरोक्रेसी (शासनतंत्र) का पर्याय था।[9] कामंदक नीतिसार में भी अमात्य को राज्याधिकारियों का पर्यायवाची माना है। चन्द्रगुप्त द्वितीय एवं कुमार गुप्त प्रथम के अधिकांश अमात्य ब्राह्मण थे इस तथ्य की पुष्टि करमदंडा अभिलेख से होती है। किन्तु यह नहीं कहा जा सकता है कि गुप्त शासकों ने सदैव ब्राह्मण अमात्यों की ही नियुक्ति की। राजा स्वयं योग्यता के आधार पर राज सहायकों की नियुक्ति करता था। कभी–कभी एक ही व्यक्ति कई प्रमुख पदों का कार्य देखता था। प्रयाग प्रशस्ति से पता चलता है कि हरिषेण कुमारामात्य, सन्धिविग्रहक एवं महादंडनायक तीनों पदों के कार्यों का निवर्हन् कर रहा था। गुप्त काल तक आते–आते अधिकारियों के पद वंशानुगत हो चले थे। चन्द्रगुप्त द्वितीय के उदयगिरि गुहा लेख में वीरसेन को पिता–पुत्र परम्परा से पद प्राप्त होने का उल्लेख है, *'अन्वय प्राप्त सचिव्य'*[10]। प्रयाग प्रशस्ति से भी इस तथ्य की पुष्टि होती है। ध्रुवभूति महादण्ड नायक था एवं हरिषेण को भी महादण्डनायक का पद मिला। कुमारगुप्त का मंत्री पृथ्वीषेण चन्द्रगुप्त द्वितीय के शिखर स्वामी नामक मंत्री का पुत्र था। करमदंडा अभिलेख में इस आशय का उल्लेख हुआ है। कुछ अभिलेख एक ही परिवार की पांच पीढ़ियों तक उच्च पदस्थ राज्याधिकारी के रूप में नियुक्ति की सूचनायें देते हैं। पर्णदत्त और चक्रपालित पिता और पुत्र दोनों ही स्कंदगुप्त के अधीन अधिकारी थे।

गुप्तकालीन प्रशासन के संचालन में सहयोग करने वाले कई पदाधिकारियों के नाम मिलते हैं जिनमें कुमारामात्य, संधिविग्रहिक, महादण्डनायक, महाभण्डागारिक, महाबलाधिकृत विशेष रूप से उल्लेखनीय है।

कुमारामात्य गुप्तकाल में उच्च अधिकारियों की अलग श्रेणी थी, उनमें कुमारामात्य सबसे प्रमुख था। राखलदास बनर्जी की मान्यता है कि कुमारामात्य राजकीय कुल के कुमार या युवराज के समक्ष थे। राजकुल के छोटे कुमारों को युवराज कहा जाता था और गद्दी के **अधिकारी को युवराज –भट्टारक** कहा गया। अतः स्पष्ट है कि कुछ कुमारामात्यों को राजकुल में उत्पन्न कुमारों के समकक्ष माना जाता था।[11] घोषाल के अनुसार कुमारमात्यों का पद मन्त्रियों से भिन्न और नीचे था।[22] पी.एल. गुप्त ने अल्तेकर के मत का समर्थन करते हुए कुमारामात्य जैसे उच्च कोटि के राजकर्मचारियों की तुलना अपने समय के आई.सी.एस. और आई.ए.एस. से की है।[13]

महासन्धिविग्रहिक युद्ध और शांति जैसे सभी विषय उसके क्षेत्राधिकार में आते थे। समुद्रगुप्त ने हरिषेण जैसे विद्वान और योग्य व्यक्ति को इस पद पर नियुक्त किया था। सन्धियों का प्रारूप तैयार करना एवं अन्य राज्यों से पत्र व्यवहार उसके जिम्मे था।

महादण्डनायक पुलिस विभाग के सर्वोच्च अधिकारी को महादण्डनायक कहा गया। सम्राट की सुरक्षा का दायित्व उसी पर था। उसके अधीन दण्डनायक, दण्डिक एवं दण्डयाशिक जैसे अन्य छोटे पुलिस अधिकारी होते थे।

महाभण्डागारिक रसद विभाग के सर्वोच्च अधिकारी के लिए 'महाभण्डागारिक' शब्द भी मिलता है। इस पद के अधिकारी की मुद्राओं पर गजलक्ष्मी की आकृति का अंकन देखा गया है। सेना को रसद पंहुचाने वाला यह पृथक् विभाग था।

महाबलाधिकृत युवराज के दर्जे के महासेनापति पर सैन्य सम्बन्धी दायित्व था। इसके अधीन कई अन्य सेनापति (बलाधिकृत) होते थे। ये सेना का सर्वोच्च अधिकारी था।

प्रान्तीय शासन

गुप्त साम्राज्य प्रांत (देश या 'भुक्ति') और जिलों (प्रदेश या 'विषय') में बंटा हुआ था और प्रत्येक जिले के अपने कार्यालय थे। रोमिला थापर की मान्यता है कि व्यवहारिक स्तर पर स्थानीय प्रशासन केन्द्र के नियंत्रण से मुक्त था।[14]

सर्वाध्यक्ष (सभी केन्द्रीय विभागों का प्रमुख) या समन्वयक), मण्डलाधिकृत (राजकोष का प्रमुख) महाक्षपटलिक (राजाज्ञाओं को किसी करवाने का अधिकारी व भू आलेख के संरक्षण का अधिकारी), विनयस्थितिस्थापक (सार्वजनिक मन्दिरों का अधिकारी), खाद्यटपाकिक (राजकीय भोजनालय का अध्ययन), दण्डपरिाक (अपराधिकारियों को दण्डित करवाने का दायित्व), करगिक (महाझपटलिक के अधीन–भू आलेख संरक्षक), न्याधिकरण (अर्थिक विवादों का निपटारा), भटाखयति (घुड़सवार सेना का प्रधान), महापीलूपति (हथियों का प्रधान), पुरपाल (नगर प्रधान) आदि।

बी.एन.पुरी ने स्पष्ट किया है कि प्रान्तों एवं जिलों का विकेन्द्रीकरण सच्चाई से नहीं किया गया जैसा कि मौर्यों और कुषाणों के समय किया गया था।[15] उल्लेखनीय है कि, पश्चिमी प्रदेश के प्रान्तों को 'देश' कहा गया। सौराष्ट्र के लिए जूनागढ़ अभिलेख में 'देश' शब्द का प्रयोग हुआ है। पूर्वी प्रान्त भुक्ति कहलाये, जैसे– पुण्ड्रवर्धन भुक्ति और मगध भुक्ति। पी.एल. गुप्त का अनुमान है कि गुप्त साम्राज्य में कम–से–कम तीन चार देश (प्रांत) रहे होंगे। देश के प्रशासक को 'गोप्ता' कहा गया।[16] स्कंदगुप्त के जूनागढ़ अभिलेख ने गोप्ता के दायित्वों की समुचित व्याख्या की है जैसे वह मानव–कल्याण में अभिरुचि रखता हो और विधिपूर्वक धन संग्रह एवं प्रदेश की सुरक्षा में व्यय करने में समर्थ हो।[17] आम तौर पर प्रांत के रक्षक या ''पालक'' को गोप्ता नाम दिया गया।

प्रान्तपति या गोप्ता को उपरिक भी कहा गया, जिसकी नियुक्ति स्वयं सम्राट करता था। 'उपरिक' शब्द के बारे में विद्वान एक मत नहीं है। मौटे रूप में निश्चित कर के अतिरिक्त किसानों की उपज पर लगाये गये कर से इसका सम्बन्ध है। कई विद्वान 'उपरि' शब्द से उच्चत्तर अर्थ लेते है। उपरिक महाराज का नाम अभिलेखों में आया है।

विषय भुक्ति अथवा मण्डल के अन्तर्गत एक छोटी प्रशासनिक ईकाई को 'विषय' कहा जाता था। नालन्दा ताम्र शासन में 'क्रमिल' और गया ताम्र शासन में 'गया' विषय का जिक्र आया है। 'लाट' एक विषय और दशपुर उसका एक महत्वपूर्ण नगर था इसकी जानकारी मंदसौर अभिलेख से होती है।

अपने अधीन जिलों (विषयों) के उच्च पदाधिकारियों की नियुक्ति 'गोप्ता' या 'उपरिक' (प्रांतपति) करता था एवं उनके कार्यकलाप पर नियंत्रण रखता था। विषयपति' का मुख्यालय 'अधिष्ठान' कहा गया एवं उसके कार्यालय को 'अधिकरण' कहा जाता था। गुप्त अभिलेखों में पुण्ड्रवर्द्धन भुक्तिफ एवं **कोटिवर्ष विषय,** मंदसौर अभिलेख से लाट विषय और ऐरण अभिलेख में **अरिकेन विषय** का जिक्र हुआ है। यही नहीं गुप्तकालीन अभिलेखों में कई विषपतियों का नामोल्लेख हुआ है, जैसे–पुण्ड्रवर्धन का चिरातदत्त, मंदसौर का बंधुवर्मा, अंतवेर्दी का सर्वनाग और सौराष्ट्र का पर्णदत्त। कभी–कभी विषय पति की नियुक्ति भी सम्राट द्वारा की जाती थी। वैग्राम ताम्रपत्र से इसकी पुष्टि होती है। वैग्राम के विषयपति कुलवद्ध की नियुक्ति संभवतः सम्राट द्वारा की गई थी।

गुप्तकालीन विषय जिसे हम जिले की संज्ञा दे सकते हैं क्षेत्रफल में बहुत बड़े थे। गंगा–यमुना के बीच का प्रदेश 'अन्तर्वेदी' एक विषय था और वहां के विषयपति पर इस सम्पूर्ण इलाके की सुरक्षा का दायित्व था।

गुप्तकालीन विषयपति के कार्यालयों 'विषयाधिकरणों' की मोहरें प्राप्त हुई हैं। स्थानीय लेखा विभाग को अक्षपटल कहा जाता था और विभाग का मुख्या 'अक्षपटलिक' कहा गया है।

विषयपति के प्रशासनिक सहयोग हेतु 'विषय परिषद' का उल्लेख हुआ हैः

- **नगरश्रेष्ठि** (व्यापारी वर्ग का प्रतिनिधि या नगर सेठ)
- **सार्थवाह** (व्यापारिक संघ का नेता या व्यवसायिक श्रेणी का मुख्य)
- **प्रथम कुलिक**[18] (संभवत कारीगरों का प्रतिनिधि या नगर का वरिष्ठ सदस्य)
- **प्रथम कायस्थ** (विषय परिषद का लेखा–जोखा रखने वाला मुख्य लेखक)

उक्त चार सदस्यों के सहयोग से विषयपति विषय की शासन व्यवस्था देखता था। विषयाधिकरण के अन्य उच्च अधिकारियों के नाम इस प्रकार मिलते हैं:[19]

भाण्डगाराधिकृत (खजाने का अधिकारी या रसद विभाग का मुख्य)

शौल्किक (चुंगी अधिकारी)

ध्रुवाधिकरण (कृषि उत्पादन संबंधी अधिकारी)

अग्रहारिक (मंदिरों एवं ब्राह्मणों को दिये गये अग्रहार देखने वाला अधिकारी)

गौल्मिक (वन विभाग का अधिकारी)

उत्खेटयित (कर विभाग का अधिकारी)

तलवाटक (पुलिस विभाग का अधिकारी)

तत्कालीन विषय परिषद आधुनिक जिला परिषद (बोर्ड) जैसा मान सकते हैं। आल्तेकर ने इसे गुप्त काल के नये सुधार की संज्ञा दी है।[20]

ग्राम प्रशासन गुप्त साम्राज्य में शासन की सबसे छोटी इकाई ग्राम थी। विषय की भांति ग्राम की अपनी सभा थी, जिसे ग्राम परिषद कहा गया। ग्राम सभा के पांच सदस्यों का विशेष रूप से उल्लेख किया जा सकता हैः

- **ग्रामिकः** 'ग्रामेयक' या 'ग्रामाध्यक्ष' ग्राम का मुखिया था। कौटिल्य ने अर्थशास्त्र में ग्रामिक को वेतन भोगी कर्मचारी नहीं माना है। संभवतः इस काल में भी यह ग्राम की जनता का प्रतिनिधित्व करता था। अपने अधीन ग्राम का राजांश अपने से उच्च अधिकारी के पास पहुंचाता था एवं शांति व्यवस्था बनाये रखता था।
- **महत्तरः** विद्वान इसे ब्राह्मणेत्तर वर्ग का प्रतिनिधि मानते है संभवतः ग्राम का वयोवृद्ध एवं अनुभवी व्यक्ति को ही इस कार्य के लिए नामित किया जाता होगा।
- **अष्टकुलाधिकरणः** दामोदरपुर दानपत्रा में इसका उल्लेख आया है। संभवतः यह ग्राम के न्यायिक कार्य करता था।
- **कुटुम्बिनः** ग्राम परिवारों के मुख्य सदस्यों को कुटुम्बिन कहा गया है जो ग्राम परिषद के सदस्य थे।
- **अक्षपटलिकः** ग्राम की आय का लेखा–जोखा रखने का दायित्व अक्षपटलिक पर था।

ग्राम शासन की सुविधा के लिए उप–समितियों का भी प्रावधान था और कृषि, सिंचाई, उद्यान, मंदिर आदि का प्रबंध उप–समितियां करती थीं। याज्ञवल्क्य स्मृति ने ग्रामवासियों की चोरी के मामलें में क्षतिपूर्ति देने का प्रावधान किया है। भूमि सम्बन्धी विवादों का निपटारा भी ग्राम सभा द्वारा ही निपटाया जाता था। भू–राजस्व के अतिरिक्त भूमि–विक्रय मूल्य का छठा अंश राजकोष में जमा किया जाता था। ग्राम की आय का लेखा–जोखा रखने वाले अधिकारी को 'तलवाटक' कहा जाता था। उल्लेखनीय है कि किसी कृषक द्वारा भू–राजस्व की राशि जमा नहीं करवाये जाने पर ग्राम परिषद को उसकी भूमि बेचने का अधिकार था। इस विक्रय मूल्य का पांचवा भाग राज कोष में एवं 4/5 भाग परिषद के खजाने में जमा होता था। ग्राम की सड़कें, नहरें एवं कुएँ बनवाने का दायित्व ग्राम परिषद का था।

ग्राम सभा को सभी घरों, गलियों, हाटों, कुओं, तालाबों, खेतिहर भूमि, जंगल, मंदिर, श्मशान आदि सभी पर अधिकार प्राप्त थे।

नगर प्रबंध एवं सफाई व्यवस्था नगरों की व्यवस्था के लिए शासन द्वारा पुरपति, नगरपति या द्रांगिक नामक अधिकारी नियुक्त किये जाते थे। नगर की शासन व्यवस्था एवं सफाई व्यवस्था नगर की सभा करती थी। नगर प्रशासक की मुद्रायें प्राप्त हुई हैं। वैशाली से प्राप्त मुहर पर 'वैशाल्याधिष्ठाधिकरणस्य' अंकित है। संभवत वैशाली नगर शासक द्वारा आदेश पारित किये जाने पर मुद्रा अंकित की जाती थी। साहित्यिक साक्ष्यों से नगरीय व्यवस्था का अनुमान किया जा सकता है कि गुप्त कालीन नगरों की सफाई आदि की सुचारू एवं सुदंर व्यवस्था थी।

आन्तरिक सुरक्षा एवं पुलिस विभाग चन्द्रगुप्त द्वितीय के शासनकाल में चीनी यात्री फाह्यान ने इस देश में हजारों मील की यात्रा की थी किन्तु मार्ग में कहीं भी उसे चोर–डाकुओं का सामना नहीं करना पड़ा। देश का दण्ड विधान कठोर नहीं था, प्राणदण्ड नहीं दिया जाता था। बार–बार अपराध करने वाले राजद्रोही के हाथ काट दिये जाते थे। सामान्य अपराधियों को अर्थदण्ड से दण्डित किया जाता था।

पुलिस विभाग के सर्वोच्च पदाधिकारियों को महादण्डनायक कहा गया है। हरिषेण जैसा योग्य व्यक्ति समुद्रगुप्त के समय इस पद पर आसीन था। उसके अधीन दण्डयाशिक, दाण्डिक, चौरोद्धर के नाम मिलते हैं। साधारण सिपाही को भाट कहा जाता था।

न्याय व्यवस्था गुप्तकालीन अभिलेखों से तत्कालीन न्याय व्यवस्था की विशेष जानकारी नहीं मिलती। इस दृष्टि से स्मृति ग्रंथों को आधार बनाना होगा। राजा राज्य का सर्वोच्च न्यायालय था। उसका आसन 'धर्मासन' कहा गया, उसे छोटे न्यायालयों के निर्णयों के विरुद्ध अपील सुनने का अधिकार था। न्यायाधीशों की नियुक्ति राजा द्वारा की जाती थी। कात्यायन ने न्याय प्रणाली का विस्तृत विवरण दिया है, उसके अनुसार न्यायाधीश, मंत्री, मुख्य पुरोहित, ब्राह्मण, मूल्यांकनकर्ता उसकी सहायता करते थे।

मिताक्षरा (याज्ञ02/1) का कथन है कि, प्रजारक्षण राजा का सर्वोच्च कर्तव्य है। यह कर्तव्य बिना अपराधियों को दण्डित किये पूर्ण नहीं हो सकता अतः राजा को न्याय (व्यवहार दर्शन) करना चाहिए।[21]

न्यायिक ज्यूरी याज्ञवल्क्य ने विवादों को दो भागों–अर्थ मूलक (अर्थ संबंधी) एवं हिंसामूलक (मारपीट संबंधी) में विभक्त किया है। कहा जा सकता है कि, स्मृतिकारों ने दीवानी एवं फौजदारी मुकदमों जैसा विभाजन करने की कोशिश की थी। अर्थमूलक एवं हिंसा मूलक में जिन मामलों को शामिल नहीं किया जा सकता था उन्हें **'प्रकीर्णक'** कहा गया। बृहस्पति ने भी विवादों को दो प्रकार का कहा हैः धन एवं हिंसा संबंधी। बृहस्पति स्मृति में चार प्रकार के न्यायालयों का जिक्र आया हैः **प्रतिष्ठित, अप्रतिष्ठित, मुद्रित** एवं **शासित**[21]। न्यायालयों को अपने क्षेत्र में स्वतंत्रता थी किन्तु छोटे न्यायालयों की अपील बड़े न्यायालय में किये जाने के प्रावधान थे। **न्याय प्रशासन में 'सभा' का विशेष महत्व रहा है, योग्य व्यक्तियों को ही सभासद बनाया जाता था। कई विद्वान 'सभा' को आधुनिक ज्यूरी का प्राथमिक रूप मानते है।** न्यायिक कार्यों में किसी प्रकार का पक्षपात न हो इस दृष्टि से सभा में मंत्री, पुरोहित एवं प्राड्विवाक होते थे। सभ्यों (ज्यूरी) के साथ पूरी तरह विचार करने वाले को मनुस्मृति ने **प्राड्विवाक** कहा है।

कात्यायन एवं याज्ञवल्क्य निर्देशित करते हैं कि राजा अन्य कार्यों में व्यस्तता के कारण वादों का निपटारा न कर सके तो सभ्यों के साथ धर्म (न्याय) जानने वाले ब्राह्मण को न्याय कार्य हेतु नियुक्त करे। प्राड्विवाक के बारे में के.पी. जयसवाल का विचार है कि एक तो प्रधान न्यायाधीश के रूप में राजधानी के सर्वप्रधान न्यायालय के आसन पर बैठता था और दूसरे न्याय विभाग के मंत्री के रूप में ज्यूरी का बहुमत जानकर धर्म या कानून के अनुसार यह बताना था कि अभियुक्त वास्तव में अपराधी है या नहीं।[22]

ज्यूरी के सभ्यों की संख्या के बारे में स्मृतिकारों में मतभेद हैं, मनु इनकी संख्या तीन और बृहस्पति 3, 5 या 6 रखने का सुझाव देते हैं।

उल्लेखनीय है कि, जिस जाति या वर्ण से सम्बन्धित मुकदमा हो उसी जाति या वर्ण का सभ्य रखने का निर्देश याज्ञवल्क्य करते है क्योंकि उनके ही जातीय या वर्गीय नियमों से मुकदमों का निर्णय किया जाता था। दूसरे शब्दों में, सभी वर्गों में से शिक्षित लोगों को सभा का सदस्य बनाया जा सकता था। राजा की निरंकुशता पर रोक लगाने का सभ्यों की संस्था कारगर अस्त्र साबित हुई।

श्रेणी न्यायालय स्मृतियों में 'कुल' श्रेणी 'पूग' एवं गण के न्यायालयों का भी उल्लेख है, राज्य से इन्हें मान्यता प्राप्त थी।[23] बृहस्पति द्वारा दर्शाये चार न्यायालयों में से इसे प्रतिष्ठित न्यायालय कहा जा सकता है। इनके क्षेत्राधिकार में

उसी श्रेणी या गण के छोटे मामले निर्णय हेतु प्रस्तुत किये जाते थे। अपराधी को इन न्यायालयों द्वारा वाग्दंड (भर्त्सना), धिग्दण्ड (धिक्कारना), परित्याग (तिरस्कृत) दण्ड देने का अधिकार था।[24]

अप्रतिष्ठित न्यायालय जनता के द्वारा संगठित न्यायालयों को अप्रतिष्ठित न्यायालय कहा जा सकता है, ग्राम पंचायतों की भांति इन्हें निर्णय का अधिकार था। छोटे मामलों पर निर्णय करने का दायित्व जनता द्वारा सौंपा जाता था।

मुद्रित न्यायालय मुद्रित न्यायालय राजा द्वारा प्रस्थापित उच्च कोटि का न्यायालय था, जिसमें निर्णय का अधिकार प्राड्विवाक को प्राप्त था।

शासित न्यायालय अन्तिम शासित न्यायालय देश का सर्वोच्च न्यायालय था जिसमें राजा स्वयं न्यायाधीश का कार्य करता था। मुद्रित एवं शासित न्यायालयों में गंभीर किस्म के मामले विचारार्थ प्रस्तुत किये जाते थे। इन न्यायालयों को शारीरिक दण्ड देने का अधिकार था।

कानून के चार स्रोत बताये गये है– धर्म, व्यवहार, चरित्र और राजशासन।[25] लिखित कानून को **धर्म** कहा गया है, जिसमें शास्त्रगत नियम शामिल थे। आपस में किये गये समझौतों एवं अनुबंधों को **'व्यवहार'** कहा गया। प्राचीन परम्पराओं को **'चरित्र'** कहा गया। और 'राजशासन में राजाज्ञायें शामिल थी। निर्णय में धर्म (लिखित कानून) को सर्वोपरि महत्व था, जिसका उल्लंघन नहीं किया जा सकता था और राजशासन का सबसे कम महत्व था, प्रथम तीन स्रोतों का अतिक्रमण संभव न था। उल्लेखनीय है कि, मुकदमों की सुनवाई के लिए 'साक्ष्य' एवं साक्षियों को महत्व दिया जाता था। प्रमाण (किसी घटना का प्रमाण) लिखित (लिखा हुआ दस्तावेज), भुक्ति (वादग्रस्त वस्तु पत्रादि, भूमि या सम्पति पर वास्तविक अधिकार), साक्षी (जिसने स्वयं घटना को देखा) एवं दिव्यों (दैवीय तरीकों से सत्य या असत्य का परीक्षण) आदि का न्यायिक निर्णय में महत्व था। साक्षी को साक्ष्य देने से पूर्व शपथ लेनी पड़ती थी। न्यायालयों द्वारा शीघ्र निर्णय देने का प्रावधान था।

राजस्व के स्रोत अपने विशद उत्तरदायित्वों को पूरा करने के लिए शासक के लिए धन या राजस्व जरूरी होता है। अर्थशास्त्र राजा को भूमि का मालिक मानता है और भूमि से होने वाले उत्पादन के एक भाग पर राजा (साधारणतः छठे भाग) का अधिकार था। भूमिकर के लिए 'भाग' शब्द आया है जो उत्पादन पर लगाया जाता था। **भाग के** अतिरिक्त **भोग, उद्रंग** एवं **उपरिकर** के उल्लेख मिलते है। फ्लीट ने 'भाग' एवं 'भोग' को एक कर माना था। पी.एल. गुप्त की मान्यता है कि **'भोग' भी 'भाग' की तरह एक नियमित कर था। उनके अनुसार जिसे मौर्य काल में 'सित' (राज्य अधिकृत भूमि का उत्पादन) कहते थे उसी का नया नाम हो सकता है और यह नियमित कर था।**[26] 'उद्रंग' को घोषाल[27] स्थाई भूमि धरों पर लगने वाला कर मानते हैं। 'उपरिकर' को घोषाल ऐसा लगान अथवा मालगुजारी मानते हैं, जिसे अस्थाई किसान दिया करते थे। फ्लीट का मत है कि यह उन किसानों से लिया जाता था, जिनके पास अपनी भूमि नहीं होती थी। कृषकों से भूराजस्व के रूप में कितना अंश लिया जाता था। निश्चित रूप से नहीं कहा जा सकता किन्तु उपज का छठा भाग आमतौर पर स्वीकार कर सकते हैं। भूमि की क्षमता के अनुसार यह 16 से 25 प्रतिशत तक रहा होगा ऐसी अल्तेकर की धारणा है।[28] भूराजस्व अन्न ('मेय') या धन (हिरण्य) के रूप में भुगतान किये जाने की सुविधा थी।

व्यापारियों से व्यापारिक वस्तुओं पर चुंगी ली जाती थी एवं आर्थिक जुर्माना भी आय का स्रोत था। राज्य द्वारा किसी वर्ग या समुदाय द्वारा विशेष रूप से पुलिस कर्मी द्वारा चाहे जाने पर उन वर्गों का कर देना पड़ता था।

सैन्य संगठन गुप्त काल में सेना चार अंगों में विभक्त थी–पदाति, अश्व, हस्ति एवं रथ। गुप्त अभिलेखों में **भटाश्वपति** का उल्लेख मिलता है। इसके अधीन **महाश्वपति** एवं बड़ी संख्या में अश्वपति रहे होंगे। हस्तिसेना का सेनापति **हस्ताध्यक्ष** अथवा गजाध्यक्ष कहा जाता था। समुद्रगुप्त के नालन्दा और गया ताम्र–शासनों में स्कन्धवर (सैन्य समूह) का जिक्र आया है किन्तु रथ की चर्चा अश्व एवं हस्ति सेना के साथ नहीं की गई। संभवतः गुप्त काल तक रथ का महत्व कम हो गया था। सेना के बड़े अधिकारियों में बलाधिकृत एवं महाबलाधिकृत का सामान्यतः जिक्र आया है जिन्हें सेनापति एवं प्रधान सेनापति कह सकते हैं। सेना की टुकड़ी को 'चमू' कहा जाता था। सैनिकों द्वारा उपयोग में लाये जाने वाले शस्त्रास्त्रों में शर, शंखु, परशु, शक्ति, तोमर, परास, असि एवं नाराच की चर्चा मिलती है।

चन्द्रगुप्त द्वितीय का युद्ध सचिव वीरसेन शैव एवं आम्रकार्द्दव बौद्ध था इसी प्रकार प्रसिद्ध बौद्ध विद्वान वसुबंधु समुद्रगुप्त अथवा कुमारगुप्त ने अपना मंत्री बनाया था। कुमारगुप्त प्रथम के समय महाबलाधिकृत पृथ्वीषेण शैव था। कहा जा सकता है कि गुप्त काल में पदों पर नियुक्तियों का एकमात्र आधार योग्यता थी। धर्म के आधार पर भेदभाव नहीं किया जाता था।

सामंत प्रथा का प्रारंभ

मौखरी नरेश अनन्तवर्मन के बराबर गुहालेख में सामंत शब्द का प्रयोग हुआ है। गुप्त काल में कई अधिकारी एक ही परिवार से एक के बाद एक (अन्वय) बने थे। इस व्यवस्था ने केन्द्र सरकार के नियंत्रण को कमजोर बनाया। समुद्रगुप्त ने दक्षिणापथ के स्वतंत्र राजाओं के राज्य को अपने साम्राज्य में नहीं मिलाकर उन्हें वापस सौंप दिया था।

गुप्त सम्राट का आन्तरिक हस्तक्षेप नहीं रहा था और स्थानीय शासक गुप्तों की अधीनता में धीरे–धीरे शक्तिशाली होते गये। दूसरे विकेन्द्रीकरण की प्रवृत्ति न केवल ब्रह्मदेय भूमि पर ब्राह्मणों के भूमिपति बन जाने से उत्पन्न हुई अपितु कुमारामात्य, उपरिक आदि अधिकारियों को वेतन के बदले भूमिदान देना शुरू किया और उनका पद क्रमशः वंश परम्परागत हो गया। कुमारामात्य एवं उपरिक आदि महाराज जैसी उपाधियां धारण

करने लगे और मौका देखकर स्वतंत्र हो गए। यद्यपि सामंत समय–समय पर सम्राट को सैनिक सहायता प्रदान करते थे इस प्रवृत्ति से सम्राट सामंतों पर निर्भर होने लगे और केन्द्रीय शक्ति क्षीण हो गई। सामंती सम्बन्धों की देख–रेख के लिए सन्धिविग्रहक नामक अधिकारी था। आर.एस. शर्मा के शब्दों में हम कह सकते हैं कि, गुप्तों द्वारा सामंती व्यवस्था को अपनाये जाने से प्रशासन का स्वरूप सामंती होता चला गया परिणामस्वरूप आगे जाकर भारत में अनेक छोटे–छोटे राज्यों का उद्भव हुआ।

निष्कर्ष कहा जा सकता है कि, देश की शान्ति–व्यवस्था आर्थिक विकास, विदेश संबंध एवं गुप्त काल को कई अन्य तथ्यों के आधार पर स्वर्ण युग माना जा सकता है।

सन्दर्भ :

1. रोमिला थापर, भारत का इतिहास, राजकमल प्रकाशन, पृ. 131.
2. मनुस्मृति 7/3-4.
3. फ्लीट, भारतीय अभिलेख संग्रह, खण्ड 3, पृ. 10, जी.एस.पी. मिश्र द्वारा अनुवादित, हिन्दी, ग्रंथ अकादमी, जयपुर द्वारा प्रकाशित.
4. देखिये पी.वी. काणे, धर्मशास्त्र का इतिहास, भाग दो, पृ. 602.
5. फ्लीट, भारतीय अभिलेख संग्रह, खण्ड 3, पृ. 20, इस पद या उपाधि की यत्पति के बारे में स्पष्ट नहीं किया है।
6. Puri BN, *History of Indian Administration*, Vol 1, P. 120-21.
7. देखिये फ्लीट, वही, पृ. 56.
8. राखलदास बंद्योपाचध्याय, गुप्त युग, काशी हिन्दू विश्व विद्यालय द्वारा प्रकाशित, 1970, पृ. 57.
9. गुप्त पी.एल. गुप्त साम्राज्य, विश्व विद्यालय प्रकाशन, वाराणसी, 1970, पृ. 378-79.
10. फ्लीट, वही, पृ. 44.
11. राखलदास बनर्जी, वही पृ. 59-60.
12. गुप्त पी.एल. वही, पृ. 384 पर उद्घृत.
13. गुप्त पी.एल. वही, पृ. 385.
14. रोमिला थापर, वही, पृ. 131.
15. पुरी बी.एन. वही, पृ. 130.
16. गुप्त पी.एल. वही, पृ. 389.
17. फ्लीट, वही, पृ. 71-77 जूनागढ़ अभिलेख.
18. पुरी बी.एन. वही, पृ. 391 'प्रथम कुलिक' को नगर का वरिष्ठ सदस्य मानते हैं।
19. देखिये, गुप्त पी.एल., वही, पृ. 392.
20. अल्तेकर, प्राचीन भारतीय शासन पद्धति, पृ. 254.
21. काणे पी.वी. धर्मशास्त्र का इतिहास, भाग दो, पृ. 703 से उद्घृत।
21. बृहस्पति 1/2–3.
22. जायसवाल के.पी., हिन्दू राज दर्शन, भाग–2, पृ. 316.
23. बृहस्पति स्मृति, 1/65-70; 73-74; 93-94.
24. त्रिपाठी, हरिहर नाथ, प्राचीन भारत में राज्य और न्यायपालिका, पृ. 178.
25. नारद स्मृति, 1/10.
26. गुप्त पी.एल., वही, पृ. 401-2.
27. घोषाल, कॉण्ट्रीब्यूशन टु द हिस्ट्री ऑफ हिन्दू रेवन्यू सिस्टम, पृ. 210, पी.एल. गुप्त, वही, 402 से उद्घृत।
28. अल्तेकर, वाकाटक, गुप्ता एज, पृ. 291.

46 गुप्तकालीन अर्थव्यवस्था, मुद्राएं एवं नगर केन्द्रों का पतन

(Economy of Gupta Period, Coinage and Decline of Urban Centres)

गुप्तकालीन अर्थव्यवस्था का अध्ययन भूमि सम्बन्ध, कृषि व्यवसाय, व्यापार–वाणिज्य, श्रेणियों एवं व्यवसायों, श्रम एवं मजदूरी, साहूकारा और ब्याज तथा मुद्रा प्रणाली आदि पक्षों के आधार पर किया जाना है। इस परिप्रेक्ष्य में कला, साहित्य एवं विज्ञान के विकास को जोड़कर देखे जाने से तत्कालीन शासन एवं आर्थिक अवस्था का सही आकलन किया जा सकता है। गुप्त काल में साहित्य, कला एवं विज्ञान के क्षेत्र में हुए विकास की चर्चा अलग अध्यायों में की गई है।

गुप्तकाल–स्वर्ण युग मान्यताएंः भारतीय स्वतंत्रता आन्दोलन से पूर्व प्राचीन भारत के इतिहास के कई पक्षों पर अध्ययन की शुरूआत हुई और गुप्त काल प्रगतिशील एवं सम्पन्न काल के रूप में उभर कर आया एवं भारतीय आन्दोलनकारियों के मस्तिष्क में मौर्य एवं गुप्तकाल का आदर्श चित्र बना।

प्रथम पक्ष बीसवीं शती के कुछ विद्वानों ने प्राचीन भारतीय इतिहास के कई पक्षों पर गहन अध्ययन किया और गुप्तकालीन अर्थव्यवस्था एवं कई प्रशासनिक खामियों के आधार पर इसे स्वर्ण युग स्वीकार करने से इन्कार कर दिया। सचीन्द्र कुमार मैती[1] ने पाश्चात्य विश्व से व्यापारिक सम्बन्धों में गिरावट को विशेष रूप से आधार बनाया। इसके प्रमाण स्वरूप कुमारगुप्त के शासन काल के 473–74 ई. के मंदसौर (दशपुर) लेख के विवरण को प्रस्तुत किया। अभिलेख में लाट (आधुनिक नवसारी भड़ौच क्षेत्र) की रेशम बुनकर श्रेणी के लोगों के दशपुर में आकर बसने का वर्णन है। पट्टवाय श्रेणी ने दशपुर में सूर्य मंदिर का निर्माण 437–38 ई. में करवाया था और तद्न्तर जीर्णोद्धार करवाया गया।[2] रेशम बुनकर श्रेणी के लोगों का लाट क्षेत्र से मध्य प्रदेश के मंदसौर (दशपुर) की ओर पलायन का मुख्य कारण मैती के अनुसार पश्चिमी देशों से रेशम व्यापार का अलाभकारी होना था। गुप्त काल में पश्चिम के व्यापार में गिरावट आई इस प्रकार अर्थव्यवस्था में "ह्रास को स्पष्ट रूप से समझा जा सकता है।

आर.एस. शर्मा[3] ने भी गुप्तकालीन अर्थव्यवस्था को कई दृष्टियों से पतन या गिरावट का काल माना है। गुप्तकाल में सामंत व्यवस्था मजबूत हुई और सिक्कों का प्रसारण कम हुआ।

द्वितीय पक्ष इस विचारधारा के विपरीत आर.सी. मजूमदार, के.एम. मुंशी, आर.एन. दाण्डेकर, भगवत शरण उपाध्याय, पी.एल. गुप्त, रोमिला थापर जैसे कई इतिहासकार गुप्त काल को स्वर्ण युग या क्लासिकल युग मानते हैं। इन विद्वानों के अनुसार कृषि, व्यापार एवं अनेक व्यवसायों से आर्थिक सम्पन्नता बढ़ी और सांस्कृतिक विकास हुआ। रोमिला थापर ने लिखा है, गुप्तकाल को प्राचीन भारत का क्लासिकल युग भी कहा जाता है। प्रारम्भिक भारत के इतिहास पर काम करने वालों ने जिसे स्वर्ण युग कहा उसमें हिन्दू संस्कृति दृढ़तापूर्वक स्थापित हो गई थी। फिर भी गुप्त काल का क्लासिकी वाद केवल उत्तरी भारत तक सीमित था क्योंकि दक्कन और दक्षिणी भारत में गुप्त काल के पश्चात ही उच्चस्तरीय विकास हुआ।[4] आर्थिक दृष्टि से गुप्तकाल का महत्व इस बात में है कि गुप्त सम्राटों ने अत्यधिक मात्र में सोने के सिक्के प्रचलित किये थे। इस दृष्टि से इस युग को स्वर्ण–युग कहा जा सकता है।[5] आर्थिक ह्रास के समर्थक विद्वानों ने मात्र भूमि व्यवस्था एवं विदेश व्यापार को आधार बनाया है। तद्नुसार तथ्यों का परीक्षण किया जाना अपेक्षित है।

1. **भू–व्यवस्था एवं अनुदान** गुप्तकाल में भी भूमि राज्य की आय का प्रमुख स्त्रोत थी। प्रारम्भिक स्मृतिकार मनु के अनुसार भूमि का स्वामी वह व्यक्ति होता है, जिसने जंगल साफ कर भूमि को कृषि योग्य बनाया।[6] गुप्तकाल तक आते–आते स्थिति बिल्कुल स्पष्ट हो चुकी थी। याज्ञवल्क्य[7] (100–300 ई.) ने स्पष्ट किया है कि भूमि पर स्वामित्व होने का अधिकार 'भोग' और अधिकार पत्र 'आगम' दोनों होना आवश्यक है। बृहस्पति ने भी इसका समर्थन किया है। नारद ने यहां तक लिखा है कि कोई व्यक्ति बिना राज्य के अधिकार पत्र के किसी सम्पत्ति पर सौ वर्ष भी अधिकार जमाये रखे तो भी वह चोर है।[8] मीमांसा सूत्र के टीकाकार शबर स्वामी के अनुसार राजा को उपज का एक भाग लेने का अधिकार है क्योंकि वह फसल की रक्षा करता है। सब व्यक्तियों का भूमि पर उसी प्रकार स्वामित्व हो सकता है जैसे राजा का।[9] गुप्तकाल के प्रारम्भ में केन्द्र एवं प्रान्तों में किसी भी प्राधिकारी को सम्राट की अनुमति के बिना स्वयं भूमिदान देने का अधिकार नहीं था। दूसरे शब्दों में भूमि का स्वामी राजा था। यू.एन. घोषाल जैसे कई विद्वानों ने राजा को भूस्वामी माना है।[10]

   छठी शती में स्थिति में बदलाव आया जब कुमारामात्य महाराज नंदन जैसे सामंत बिना सम्राट की आज्ञा के भूमिदान करने लगे। शुरू में गुप्त शासक पृथ्वी का रक्षक होने के नाते ग्राम सभा की सहमति से गांव या भूमिदान करते थे। भूमि अनुदान में प्रारम्भ में राजस्व के साधन ही अनुदान ग्रहिता को

हस्तान्तरित किये जाते थे किन्तु अन्तिम गुप्त शासकों के काल में आन्तरिक सुरक्षा, शांति व्यवस्था आदि का प्रबंध भी सामन्तों को सौंप दिया गया। विकेन्द्रीकरण की प्रवृत्ति को उपरिक, कुमारामात्य आदि राज्य सेवकों को वेतन के बदले भूमि प्रदान करने से बढ़ावा मिला। राज्य सेवकों का पद धीरे–धीरे वंश परम्परागत हो जाने से केन्द्र का नियंत्रण कमजोर हुआ। आर.एस. शर्मा ने (जर्नल ऑफ द बिहार रिसर्च सोसाइटी अंक 39, पृ. 32 ए के आधार पर) लिखा है मध्य भारत में बड़े–बड़े सामंतों द्वारा ब्राह्मणों को अनुदान में दिए गए कम से कम आधे दर्जन ऐसे गांवों के उदाहरण मिलते हैं जो ठीक से बसे हुए थे। इन गांवों के अपने–अपने शासकों ने वहां के निवासियों से, जिसमें कृषक और कारीगर भी शामिल थे, साफ–साफ कहा कि वे अनुदान प्राप्त करने वाले को न केवल प्रथागत करों का भुगतान कर दें वरन् उनके आदेशों का पालन भी करें।[11]

भूराजस्व राज्य केवल उन गांवों के किसानों से सीधे भू–राजस्व वसूल करता था, जो अनुदानित नहीं थे। भू–राजस्व के निर्धारण हेतु कामन्दक ने माली एवं ग्वाले की उपमा देकर बताया है कि माली फूल के पौधे को पानी देता है फिर फूल तोड़ता है, जिस प्रकार ग्वाला गायों की सेवा करके ही दूध निकालता है उसी प्रकार राजा को प्रजा की रक्षा और सहायता करनी चाहिए उसके बाद ही कर वसूल करना चाहिए।[12] गुप्तकालीन शासकों ने भूमि सम्बन्धी कई अधिकारियों को नियुक्त किया, जैसे ध्रुवाधिकरण (भूमि कर संग्रहक), महाक्षपटलिक अर्थात भू आलेखों के रिकार्ड (या सुरक्षा) अधिकारी, करणिक अथवा भू आलेख रखने वाला न्यायाधिकरण या भूमि सम्बन्धी विवादों का निपटारा करने वाला अधिकारी आदि।

राज्य की आय के प्रमुख स्त्रोत भू–राजस्व के लिए 'भाग' 'भोग' एवं 'कर' तीनों शब्दों का उपयोग हुआ है। (1) डी.सी. सरकार[13] के अनुसार भाग से अभिप्राय उत्पादन में राजा का हिस्सा माना जायेगा। (2) 'भोग' से तात्पर्य फल, दूध, ईंधन आदि समय–समय पर प्रजा राजा को देती थी। (3) 'कर' के विषय में कहा है कि निश्चित समय पर लिया जाने वाला टैक्स 'कर' कहलाता था। भू–राजस्व के अतिरिक्त यह विशिष्ट कर था जो समय–समय पर प्रजा से वसूल किया जाता था। यह साधारण कर था। प्रयाग प्रशस्ति में इसका सामान्य भूमि कर के रूप में ही जिक्र आया है। डी. सी. सरकार के अनुसार अनाज के अतिरिक्त जो राजस्व किसानों को देना होता था उसे ''कर'' कहते थे। अमरकोश में 'भाग', 'बलि' और 'कर' को लगान का पर्यायवाची माना है। (4) कुछ अभिलेखों में उद्रंग एवं 'उपरिकर' जैसे शब्द आये हैं। डी.सी. सरकार[14] एवं सचीन्द्र कुमार मैती[15] के अनुसार 'उपरिकर' अतिरिक्त टैक्स था। इसे घोषाल ऐसा लगान मानते है, जिसे अस्थाई किसान दिया करते थे। (5) उद्रंग स्थाई भूमि धारकों पर लगने वाला कर था। उपरिकर अस्थायी भूमिधारकों से लिया जाता था।

भू–राजस्व का भुगतान अनाज (धान्य) एवं नकद (जिसे हिरण्य कहा गया) दोनों तरीकों से किया जा सकता था। गांवों से होने वाली आय (ग्राम प्रदाय) को समुद्रगुप्त के नालन्दा और गया ताम्र शासनों में 'मेय' (जो तौलकर दिया जाये अर्थात् अन्न) और हिरण्य (नकद) कहा गया है।[16] नारद स्मृतिकार[17] ने उपज का छठा हिस्सा राजा का माना है। कालिदास के विवरण से इसकी पुष्टि होती है।[18] आयात कर के रूप में चुंगी वसूल की जाती थी जिसे शुल्क कहा गया है। स्मृतियों में कहा गया है कि, राजा शिल्पियों से कर के बदले में एक दिन की बेगार ले सकता है। पश्चिमी भारत के 592 ई. के एक शिलालेख में राजा द्वारा शिल्पियों एवं वणिकों से बेगार लेने का जिक्र आया है।

भूमि की नाप–जोख गुप्तकाल में भूमि की मांग बढ़ गई थी अतः अनुदान अथवा क्रय–विक्रय के लिए भूमि की नाप–जोख की जाने लगी। पुस्तपाल द्वारा भूमि सम्बन्धी रिकॉर्ड रखने की जानकारी मिलती है। पूर्वी भारत के गुप्त अभिलेखों में भूमि की नाप–जोख के लिए आढचाप, द्रोणवाप, एवं कुल्यवाप शब्द मिलते हैं। तत्कालीन नाप का मैती ने निम्नानुसार वर्गीकरण किया है:

आढवाप = 1 1/3 से 1.1/2) बीघा = 3/8 से एकड़

4 आढवाप = 1 द्रोणवाप = 4.1/2 बीघा = 1.1/2 एकड़

8 द्रोणवाप = 1 कुल्यवाप = 36 से 48 बीघा = 12 से 16 एकड़

5 कुल्यवाप = 1 पाटक = 180 से 240 बीघा = 60 से 80 एकड़

कहा जा सकता है कि 1 कुल्यवाप; 8 द्रोणवाप या 32 आढवाप के बराबर था।[19] भूमि का नाप–जोख का गुप्त शासक सम्पूर्ण राज्य में एक मानक पैमाना लागू नहीं कर पाये।

भू–सीमा निर्धारण हेतु प्राकृतिक चिन्ह् अर्थात् नदी, तालाब, वृक्ष आदि का उपयोग किया जाता था।

कृषि या वार्ता धन उपार्जन के लिए प्राचीनकाल में 'वार्ता' शब्द का प्रयोग किया जाता था। वार्ता शब्द वृत्ति से निकला है जिसका अभिप्राय व्यवसाय या कार्य से था। विष्णु पुराण[20] में कृषि को भी विद्या की श्रेणी में रखा और कृषि, पशुपालन एवं वाणिज्य को वार्ता में शामिल किया गया। भूमि के क्रय–विक्रय या दान आदि हेतु नाप–जोख एवं सीमा निर्धारण किया जाता था। प्रवरसेन (वाकाटक राजा) के द्वितीय सिवनी ताम्रपत्र से जानकारी मिलती है कि ब्रह्मपूरक गांव की सीमा रेखा उस गांव पर बहने वाली नदी द्वारा और गांव के पड़ोसी चार गांवों द्वारा स्पष्ट की गई।

राज्य की ओर से प्रयास किये जा रहे थे कि अधिक से अधिक भूमि खेती योग्य बनाई जाये। किसी ग्वाले की लापरवाही से फसल नष्ट होने पर ग्वाले को दण्ड दिया जाता था। बढ़ती आबादी के कारण भूमि का विभाजन होने लगा था। कुछ लोगों के पास बड़ी कृषि भूमि होती थी। गुणयगढ़ (गुनैधर लेख) दानपत्र में 11 पाटक भूमि का भी जिक्र आया है।

अच्छे किसान बीज बोने से पूर्व तीन बार जोतते थे। अमरकोश में 'हल' के अतिरिक्त, हसियां, हैंगा एवं कुदाल आदि का उल्लेख मिलता है। वराहमिहिर ने बृहत्संहिता में बीजों की गुणवत्ता बढ़ाने एवं धरती को अधिक उर्वरा बनाने के तरीके बताए हैं। अमरकोश[21] में बारह प्रकार की भूमि का जिक्र आया है। उर्वरा (उपजाऊ भूमि), उसर (बंजर भूमि), मरू (रेगिस्तानी भूमि), अप्रहत (परती भूमि), सदबल (घास का मैदान), पंकिल (कीचड़ युक्त भूमि), जलप्रायमनुपम (पानी से भूरी भूमि), कच्छ (पानी के निकट की भूमि), शर्करा (कंकरीली भूमि), शर्कवती (रेतीली भूमि), नदी मातृक (नदी के पानी से सींची जाने वाली) एवं देवमातृक (वर्षा के पानी पर निर्भर भूमि) खेती योग्य जमीन को 'क्षेत्र' कहा जाता था। निवास करने योग्य भूमि 'वास्तु' कही गई। कृषि भूमि का विभाजन गेहूं– चावल, जौ, तिल आदि के लिए उपयोगी होने के आधार पर अमरकोश में किया है। रोमिला थापर की मान्यता है कि, भूमि की प्रकृति के अनुसार मूल्य भी अलग–अलग होता था। जोत की भूमि का मूल्य परती भूमि के मूल्य से तैंतीस प्रतिशत होता था। इस समय जो फसलें पैदा की जाती थी वे शायद कई शताब्दियों तक अपरिवर्तित बनी रही। ह्वेनसांग के अनुसार पश्चिमोत्तर प्रदेशों में ईख और गेहूं पैदा किए जाते थे और मगध तथा उसके पूर्व में चावल।[22] बृहत्संहिता में तीन फसलों का उल्लेख हुआ है– पहली, श्रावण माह में तैयार होती थी, दूसरी, बंसत एवं तीसरी, चैत्र–वैशाख में। उस समय सभी प्रमुख अनाज, दालों के अतिरिक्त सरसों, कपास, नील, मसालें, सब्जियां और फल आदि पैदा किये जाते थे।

सिंचाई व्यवस्था कृषि हेतु सिंचाई की सुविधा मुहैया करवाना राजा का कर्तव्य माना गया। बृहत्संहिता, अमरकोश एवं कालिदास के विवरणों से इसकी पुष्टि होती है। स्कंदगुप्त के जूनागढ़ अभिलेख से गुप्त शासकों की सिंचाई व्यवस्था के प्रतिरुचि जाहिर होती है। सुदर्शन, झील, जो मौर्य काल से सुरक्षित थी, स्कंदगुप्त के राज्यकाल में अधिक वर्षा से क्षतिग्रस्त हो गई और झील का पानी उफन पड़ा और गिरनार नगर की सुरक्षा को ख़तरा हो गया। ऐसे समय में गिरनार नगर के अधिकारी चक्रपालित ने अनुपम साहस दिखाकर सहस्त्रों लोगों को लगाकर अपारधन व्यय कर झील का पुनरुद्धार करवाया था।[23] इसके अतिरिक्त कुएँ (वापी) एवं तालाब (तड़ागों) आदि से सिंचाई की जाती होगी।

भूमिहीन किसानों को अस्थायी पट्टे मिलने से समृद्धि आई। यही नहीं ब्राह्मणों, मन्दिरों के महंतों, मठाधिपतियों को दी गई भूमि अस्थायी पट्टेदार जोतते थे, जिससे ऐसे किसानों की आर्थिक स्थिति सुधरी होगी। फाह्यान एवं ह्वेनसांग के विवरणों से इसकी पुष्टि होती है। आर.एस. शर्मा ने स्वीकार किया है कि गुप्त काल में भारतीय अर्थव्यवस्था गांव एवं शहर दोनों मुख्य रूप से आत्मनिर्भर उत्पादन इकाईयों पर आधारित थी। किन्तु इसका अर्थ यह नहीं है कि उत्पादन में गिरावट आ गई थी। कृषि उत्पादन में तो पर्याप्त वृद्धि हुई, जिससे अनेक शूद्रों और जनजातीय लोगों को कृषक की हैसियत मिल गई थी।[24] गुप्तकालीन अभिलेखों में भूधारकों के लिए छः तरह के शब्द आये हैं – नीवीधर्म (अपरविर्तनीय भूमि–मूलधन), अक्षयनीविधर्म (जिसका क्षय न हो वह दान की भूमि अक्षयनीवि कही गयी), नीविधर्मक्षय (वह भूमि जिसे दूसरों को देने का अधिकार हो,) अप्रदाधर्म (वह भूमि जिसे दान में ग्रहण करने वाला दूसरों को दान नहीं दे सकता), अप्रदानीविधर्म (दान के योग्य न हो वह भूमि)।

पशुपालन कामन्दक, बृहत्संहिता, अमरकोश के पशु सम्बन्धी विवरणों से पशुपालन अर्थव्यवस्था का बोध होता है। रघुवंश से पता चलता है कि काम्बोज एवं बदायूं के घोड़े अच्छे माने जाते थे। स्मृति ग्रंथों में 'स्वामिपाल विवाद' में दो पक्षों के हितों की रक्षा के नियम मिलते हैं।

नारद ने चरवाहे के नियम दिये हैं। उसके अनुसार पारिश्रमिक के रूप में सभी पशुओं का दूध प्रति आठवें दिन और प्रतिवर्ष 100 पशुओं के लिए एक बछिया और 200 पशुओं के लिए एक दूधारु गाय देय थी। इसके बदले पशुओं की सुरक्षा के लिए चरवाहा उत्तरदायी माना गया। उन दिनों गाय–बैल का दान पुण्य समझा जाता था। समुद्रगुप्त की प्रयाग प्रशस्ति से जानकारी मिलती है कि उसने सहस्त्र गायों का दान किया था। गाय की हत्या को ब्राह्मण की हत्या के समान पाप माना गया। कुत्ता, बिल्ली, गधे, ऊंट, भेड़, भैंस व बकरी आदि पाले जाते थे। उन दिनों हाथी दांत निर्यात किया जाता था। संभवतः पशु चर्म एवं कस्तूरी का भी निर्यात किया जाता होगा।

2. **शिल्प उद्योग** गुप्तकालीन शिल्प एवं उद्योग उस युग की सम्पन्नता के मानदण्ड हैं। इस काल तक आते–आते कई तरह के खनिजों एवं कई तरह के उपयोग से लोग परिचित हो चुके थे। अमरकोश में सोना, चांदी, लोहा, तांबा, पीतल, सीसा, टीन का उल्लेख आया है। कामसूत्र में 64 कलाओं में से एक धातु कला कही गई है। स्वर्ण को कनकसिकता (नदियों की बालू से निकाले जाने वाला स्वर्ण) कहा जाता था। कीमती पत्थरों में हीरा (वज्र), लाल (पदभराग), पुखराज (पुष्पराग), नीलम (इन्द्रनील), पन्ना (मरकत), बिल्लोर (वैदूर्य), स्फटिक तथा मणिशिला का जिक्र आया है।

धातु उद्योग उस अवधि में भारत में कई खनिज पदार्थों से निर्मित की गई सामग्री को देखकर आज भी वैज्ञानिक अचरज में हैं। यहां तत्कालीन कुछ महत्वपूर्ण अवशेषों का उल्लेख करना उचित होगा, जिससे उस काल की विशिष्ट तकनीक से हम परिचित हो सके:

महरौली स्तंभ एवं लोह इस्पात कार्य : लोहा सर्वाधिक उपयोग में लाया जाना वाला खनिज था। 'महरौली का लौह–स्तम्भ' तत्कालीन लौह विशेषज्ञता का बोध करवाता है। शताब्दियों के प्राकृतिक प्रकोप के बावजूद लौह–स्तम्भ में

जंग न लगना आश्चर्य का विषय है। लगभग 23 फीट 8 इंच लम्बे इस स्तंभ का वजन 6 टन है। इतनी लम्बी एवं वजनी धातु की ढ़लाई का प्राचीन कालीन नमूना अन्यत्र प्राप्त नहीं है। आधुनिक युग में भी इस प्रकार की ढ़लाई सहज नहीं है। इसकी ढ़लाई ही नहीं इसका धातु निर्माण भी तत्कालीन लौह कला की उत्कृष्टता को उद्घोषित करता है।... जंग मुक्त लौह का निर्माण वस्तुतः धातु विज्ञान के क्षेत्र में आश्चर्य है।[25] ऐसी मान्याता है कि चन्द्रगुप्त द्वितीय के नौरत्नों में शामिल वराह मिहिर ने इस स्तंभ निर्माण की सलाह दी रासायकि मिश्रण के लिए भी सुझाया। संभवतः उसकी देख रेख में ही लौह स्तंभ का निर्माण हुआ।

उस काल में संभवतः छोटा नागपुर से लोहा एवं तांबा प्राप्त किया जाता था।

ताँबा–पीतल कार्य एवं सुल्तानगंज बुद्ध प्रतिमा गुप्तकाल में काँसे एवं ताँबे की सुंदर मूर्तियों का निर्माण किया गया। अधिकांश मूर्तियां बुद्ध की है। सर्वाधिक महत्वपूर्ण भागलपुर जिले के सुल्तानगंज से प्राप्त साढ़े सात फीट ऊंची बुद्ध प्रतिमा है जो अब बरमिंघम संग्रहालय में है। ए.एल. बाशम ने लिखा है यह एक सुंदर आकृति है, जो पारदर्शक अंगरखा पहने है...थोड़े से उठे हुए शरीर की चेष्टाओं की भावना, अँगरखे के किनारों को धीरे से स्पर्श करती हुई सुकुमार उँगलियाँ तथा कोमल रचना से प्राप्त शक्ति युक्त, मनोविकार शून्य, सुड़ौल मुखाकृति द्वारा सजीवता की भावना प्रदर्शित करती है।[26] अमरकोश में केवल तांबे की मूर्तियां एवं बर्तन बनाने वाले शिल्पियों का उल्लेख आया है।[27]

बयाना संचय से तांबे का एक टोंटीदार कलश तथा कालीघाट से एक पीतल का मर्तबान उपलब्ध हुआ है। फाह्यान के यात्रा विवरण से ज्ञात होता है कि सोने–चांदी एवं मणि मूर्तियां बनाई जाती थीं। गुप्तकालीन तांबे एवं कांसे पर चमकदार पॉलिश की जाती थी और उनका प्रयोग दर्पण के लिए किया जाता था। शूद्रक के मृच्छकटिक में सुनारों द्वारा अनेक प्रकार के रत्न जड़ित आभूषण बनाने का विवरण मिलता है। रत्नों के वैज्ञानिक परीक्षण को 'रत्न परीक्षा' कहा गया। कामसूत्र में उल्लखित 'रूपरत्न परीक्षा' एवं 'मणिरागकर ज्ञानम' का सम्बन्ध रत्न परीक्षण से था। तलवारों की मूठ आदि पर भी रत्न लगाये जाते थे।

चांदी की खानों (Mines) का उल्लेख किसी ग्रंथ में नहीं हुआ है। एस. के मैती की धारणा है कि चांदी श्रीलंका एवं अफगानिस्तान से आयात की जाती थी।[28] **ह्वेनसांग** के विवरण के आधार पर पी.एल. गुप्त ने लिखा है, चांदी बोलोर (लघु तिब्बत), टक्क, कुलूत, शतद्रु (अम्बाला, सरहिन्द, लुधियाना) तथा पटियाला और सिंध से प्राप्त की जाती थी।[29]

गुप्तकालीन वस्त्र उद्योग गुप्तकालीन साहित्यिक एवं पुरातात्विक साक्ष्यों से विकसित वस्त्र उद्योग की जानकारी मिलती है। सूती, ऊनी एवं रेशमी कपड़ों के उल्लेख आये हैं। लोग रंगीन कपड़े पहनना पसंद करते थे। वस्त्रों के लिए रंग पेड़ों की छाल से भी तैयार किये जाते थे। कालिदास ने रघुवंश[30] में सांस या फूँक से उड़ जाने वाले महीन वस्त्रों का उल्लेख किया है। इससे बुनकरों की व्यावसायिक दक्षता का बोध होता है। अमरकोश में कई तरह के पेड़ो की छाल के रेशों से बने क्षौम (दुकूल), फलों की छालों से बने बदर, कीड़ों की लार से बने रेशम एवं पशुओं के रोम से बने ऊनी वस्त्रों का, उल्लेख आया है। अमरकोश यह भी सूचना देता है कि धनी व्यक्तियों के बहुत बारीक और निर्धन व्यक्तियों के लिए मोटा कपड़ा बनाया जाता था। इस काल में वाराणसी का रेशमी वस्त्र व्यवसाय, मथुरा के सूती वस्त्र, पुण्ड्र (बंगाल क्षेत्र) के क्षौम वस्त्र अत्यधिक प्रसिद्ध थे।

मिट्टी के बर्तन चाक पर बने मृत्पात्रों के टुकड़े बड़ी संख्या में प्राप्त हुए है। पानी के हत्थे वाले बर्तनों के अवशेष प्राप्त हुए हैं। कामसूत्र में बढ़ई या तक्षण कार्य को 64 कलाओं में शामिल किया है। खेती के उपकरण, रथ, बैलगाड़ी, मकान आदि के दरवाजे, मूर्तियां एवं खिलौने लकड़ी से बनाये जाते थे। गुप्तकालीन चित्रों में सुंदर जूतों के चित्र देखे जा सकते है। हांथी दांत का काम महत्वपूर्ण व्यवसायों में एक था। हाथी दांत से बनी वस्तुएं विदेशों में निर्यात की जाती थी। तेल निर्माताओं की श्रेणियों के उल्लेख तत्कालीन साहित्य में आये हैं। तेलियों की सम्पन्न श्रेणियां बैंक जैसा कार्य भी करती थी। वाकाटक शासन में नमक बनाने का राज्य का एकाधिकार था। समुद्र के जल एवं चट्टानों से नमक प्राप्त किया जाता था।

श्रेणी व निगम एवं व्यापार–व्यवसाय : मौर्य, कुषाण एवं विशेष रूप से गुप्त काल में श्रेणी संगठनों का विकास हुआ। समान उद्योग–व्यवसाय अथवा व्यापार करने वाले लोगों द्वारा सामूहिक हित में बनाये गये संगठन को श्रेणी कहा गया। तत्कालीन साहित्य में अठारह श्रेणियों के नाम मिलते हैं – कुम्हार, पट्टला या पट्टवाय (बुनकर), स्वर्णकार, सूपकार (रसोइया), गन्धव्व (गायक अथवा गन्धी), कासवान (नाई), मालाकार, तमोली, चम्मयरू (मोची), जंतपीलक (तेली), छिम्प (कपड़े छापने वाले), सीवग (दर्जी), गुआर (ग्वाले), भिल्ल (शिकारी), मछुये (मछुआरे), गंछी, कच्छकार और कंसकार बर्तन बनाने वाला (कसेरा)।

उक्त श्रेणियाँ व्यवसाइयों अथवा कामगारों की थी। मंदसौर (दशपुर) लेख में पट्टवाय (बुनकरों) और इन्दौर लेख में तैलिक श्रेणी का जिक्र आया है। रघुवंश में वास्तुकारों एवं मुद्राराक्षस से जौहरियों की श्रेणी का बोध होता है।

निगम–वाणिज्य व्यापार में लगे लोगों का किंचित भिन्न प्रकार का "संघटन" था जिसे निगम कहा गया।

- संभवतः अनेक व्यवसायों में लगे लोगों को संघटन कहा जाता था। **संघटन** को तीन वर्गों में विभक्त किया गया है।
- उद्योग में लगे लोगों के **'निगम'** को 'कुलिक' कहा जाता था।
- दूसरे देश–विदेश में व्यापार करने वालों को **'सार्थवाह'** की संज्ञा दी गई।
- स्थानीय व्यापारियों की, जिनका अपना व्यापार होता था, को **'श्रेष्ठि'** कहा गया।

श्रेणियों की मुहरें भीटा (इलाहाबाद) वैशाली (बसाढ़) आदि से प्राप्त श्रेणियों की मिट्टी से निर्मित मुहरों से इनके अस्तित्व का बोध होता है। वैशाली से श्रेष्ठि, सार्थवाह, कुलिक एवं निगम की 274 मुहरें मिली है। नगरों से माल इधर से उधर भेजे जाने में इन मुहरों का उपयोग किया जाता रहा। गढ़वार क्षेत्र की श्रेणी के अध्यक्ष मातृदास की 38, ईसानदास की 75 और गोस्वामी की 37 मुहरें प्राप्त हुई है।

व्यापारिक मुहरें व पुटभेदन (बड़े व्यापारिक केन्द्र) : बड़े व्यापारिक केन्द्रों को पुटभेदन कहा जाता था। अमरकोष में पुटभेदन शब्द आया है जहां व्यापारिक मुहर को तोडकर माल खोला जाता था व बाद में छोटे व्यापारियों को बेचा जाता था। पाटलिपुत्र, शाकल (स्यालकोट) को पुटभेदन केन्द्र कहा। इन्द्रपुर की तेलिक श्रेणी का अध्यक्ष जीवंत कहा गया है। गुप्तकाल में श्रेणियों के नियमों को लागू करने अथवा मान्यता देने का कार्य राज्य का था। श्रेणी प्रधान को भी राजा मान्यता प्रदान करते रहे। नारद स्मृति ने निगमों के हथियारबंदी पर रोक लगाने का जिक्र किया है।

कुमारगुप्त एवं बुद्धगुप्त के अभिलेखों से जानकारी मिलती है कि कोटिवर्ष विषय का राज्यपाल वैत्र वर्मन नगर **श्रेष्ठि, सार्थवाह प्रथम** एवं **कुलिक** आदि की सहायता से राज्य करता था। नारद एवं बृहस्पति के विवरण से ज्ञात होता है कि प्रत्येक श्रेणी का एक अध्यक्ष होता था, जिसकी कार्यकारिणी में दो, तीन या पांच सदस्य होते थे। वेदों का ज्ञाता, ईमानदार, योग्य, संयमी, सत्परिवार का और प्रत्येक कार्य में कुशल हो, वही श्रेणी का अध्यक्ष हो सकता था।[31] श्रेणी की उपेक्षा करने वाले अथवा परस्पर लड़ने वाले सदस्यों से 6 निष्क या 4 स्वर्ण (सुवर्ण) दण्ड स्वरूप या जुर्माने के रूप में लेने का अधिकार था। श्रेणी को हानि पहुंचाने वाले अथवा अनुबंध की शर्तों को पूरा नहीं करने वाले सदस्य को श्रेणी से निष्कासित किया जा सकता था। याज्ञवल्क्य ने सुझाया है कि, राजा को राज्य के कानून एवं श्रेणी के नियम, दोनों का पालन करवाना चाहिए।[32] कहा गया है कि, श्रेणी की कार्यकारिणी नियम विरुद्ध कृत्य के लिए किसी सदस्य को दण्डित करे तो उसका पालन करवाना राजा का कर्तव्य था। बृहस्पति के अनुसार नवीन श्रेणी के जन्म के समय सदस्यों को कुछ पूंजी जमा करके एक–दूसरे में विश्वास व्यक्त करना चाहिए। श्रेणियां अपने व्यापारिक हितों के अतिरिक्त सामाजिक कार्य भी करती थीं, जैसे – सभा गृहों का निर्माण, यात्रियों के लिए पीने के पानी की सुविधायुक्त आश्रय गृह, जलाशय, उद्यान, मंदिर आदि। मंदसौर की पट्टवाय श्रेणी ने सूर्य मंदिर का निर्माण करवाया था।

श्रेणी धर्म : नारद स्मृति (10.2), याज्ञवल्क्य स्मृति (1.360) में श्रेणी धर्म का जिक्र आया है। मनु स्मृति में कहा कि श्रेणियों के नियमों की छानबीन कर राजकीय नियम व कानूनों की स्थापना करे।

श्रेणियां एवं बैंकिंग कुछ श्रेणियां बैंक का कार्य भी करती थीं। स्कंदगुप्त का इन्दौर (जिला बुलंदशहर) ताम्रपत्र सूचित करता है कि इन्द्रपुर (इन्दौर) के देवविष्णु नामक ब्राह्मण ने इन्द्रपुर के तेलियों की श्रेणी के पास पूंजी जमा करवाई थी जिससे सूर्य मंदिर के दीपक के लिए तेल आदि की स्थाई व्यवस्था की जा सके। गढवा अभिलेख[33] की सूचना इससे अधिक महत्व की है। स्वयं चन्द्रगुप्त द्वितीय ने मातृदास की अध्यक्षता वाली श्रेणी में 10 दीनार सदा चलने वाले भिक्षा गृह हेतु ब्राह्मणों के खर्च के लिए जमा करवाये थे–

महाराजाधिराज श्री चन्द्रगुप्त राज्य...

क–मातृदास प्रमुख...

ब्राह्मण–दीनारै दर्दशभि[10]

यश्चैनं धर्म्म स्कंद (न्धं)

इसी प्रकार चन्द्रगुप्त द्वितीय के ही सांची प्रस्तर[34] अभिलेख से जानकारी मिलती है कि काकनादवोट के श्रीमहाविहार के आर्य संघ के लिए 25 दीनार जमा करवाये। उसके सूद से नियमित 5 भिक्षुओं को भोजन एवं रत्नगृह में दीप–ज्योति की व्यवस्था की जानी थी।:

पञ्चविंशंतिश (त्) दीनारम्

––––महाराजाधिराज श्री चन्द्रगुप्तस्य देवराज––––

पञ्च भिक्षवों भुजंतां रत्नगृहे च दीप को ज्वलतु

कहा जा सकता है कि श्रेणियां बैंकों की भांति कार्य करती थीं। संभवतः श्रेणियां अपने यहां जमा पूंजी, अपने से बड़ी श्रेणी में जमा करती होंगी अथवा ऋण दिया जाता होगा।

ऋण प्रावधान व महाजनी व्यवस्था : स्मृति ग्रंथों में सूद की दर दी गई है। याज्ञवल्क्य एवं बृहस्पति सुरक्षित ऋण पर सवा प्रतिशत मासिक (15 प्रतिशत वार्षिक) दर का उल्लेख किया है। असुरक्षित या बन्धक हीन ऋण पर ब्राह्मण, क्षत्रिय, वैश्य व शूद्र से क्रमशः 2, 3, 4 एवं 5 प्रतिशत मासिक तक लिये जाने का बोध होता है। समुद्री यात्रा पर जाने वाले व्यापारी से 20 प्रतिशत सूद भी लिया जाता था। मनु व नारद ने चार प्रकार के ब्याज का जिक्र किया है दूसरी और गौतम व बृहस्पति ने छः (6) प्रकार के ब्याज की चर्चा की है। जैसे

भोगलाभ–गिरवी रखी वस्तु का साहूकार उपयोग कर सकता था। कारित–आक्समिक कारण से अधिक ब्याज पर लिया गया धन (पैसा) कारित कहा गया। कालिक–नियत समय निकल जाने पर चुकाया गया ब्याज । कायिक–शारीरिक श्रम करके चुकाया गया ब्याज। चक्रवृद्धि–मूलधन के साथ ब्याज पर भी लिया जाने, ब्याज शिखावृति–प्रतिदिन चुकाया जाने वाला ब्याज।

श्रेणियों द्वारा अपनी सैन्य व्यवस्था विकसित करने का बोध होता है। आर.एस. शर्मा ने लिखा है कि इस काल में अभिलेखीय साक्ष्य से यह प्रकट होता है कि ये श्रेणियां न केवल सिक्के और मुहरें जारी करती थीं वरन् नागरिक सेना भी रखती थी। कलचुरि अभिलेखों के अनुसार यह सेना श्रेणि बल कहलाती थी। ये श्रेणियां उत्तरोत्तर स्वतंत्र होती जा रही थीं, जिससे उन्होंने उत्पादन तथा राजनीतिक सत्ता की स्वतंत्र इकाइयों का रूप ग्रहण कर लिया था।[35]

श्रेणी के सदस्यों के परस्पर इकरारनामे को संविदा अथवा 'समय' कहा गया। साझीदारी में काम करने वालों के लिए 'समूय समुत्थानम्' जैसे सद्वाक्य का प्रयोग किया जाता था अर्थात "सबका समानरुप से विकास हो।" साझीदारी के आपसी विवादों के निपटारे के नियम स्मृतियों में मिलते हैं।

मुद्रा प्रणाली (Coinage System) गुप्त साम्राज्य के उदय के साथ ही सिक्कों में आमूल परिवर्तन आया, बदलाव की शुरूआत विशेष रूप से समुद्रगुप्त के समय हुई।

- गुप्त सम्राटों की अब तक 16 से अधिक निधियां (ढेर) प्राप्त हुई है, उनमें अधिकांश उत्तर प्रदेश में थी। राजस्थान के बयाना से गुप्तकालीन 1822 स्वर्ण मुद्राओं की प्राप्ति अब तक प्राप्त सबसे बड़ा संचय (**Hoard**) है। दरअसल शुरू में लोगों को गुप्तकालीन सिक्के प्राप्त हुए उन्हें पिघलाकर सोना बना लिया गया। ईस्ट इंण्डिया कंपनी ने भी कालीघाट से प्राप्त सिक्कों का सोना बना लिया था।[36] अन्य राजवंशों की तुलना में गुप्तों के सिक्के इतने अधिक थे कि गुप्त काल को स्वर्ण युग मानने की धारणा पुष्टि होती प्रतीत होती है। गुप्तों के स्वर्ण सिक्के जिन्हें 'दीनार' कहा गया, कुषाणों के सिक्कों के मानक पर आधारित थे बाद में उनका भार क्रमशः बढ़ाया गया।

  दीनार शब्द रोमन सम्राट कांस्टैटाइन की स्वर्ण मुद्रा 'सोलिदिस' से आया और कुषाणों के सिक्कों को भी दीनार कहा जाने लगा। गुप्तों ने अपने उत्तरी पड़ोसियों से न केवल सिक्कों के प्रकार और तौल की परम्पराएं ग्रहण की अपितु उक्त नाम भी अपना लिया।[37]
- यवन एवं कुषाण शासकों ने कलात्मक मुद्रायें जारी की किन्तु उनमें विदेशी तत्व अधिक थे। सिक्कों पर अंकित लेख ब्राह्मी न होकर यूनानी या खरोष्ठी भाषा में था। गुप्त सम्राटों की मुद्राएं राजा की आकृति तथा ब्राह्मी लिपि में लेख से युक्त है।
- यवनों की मुद्राएं कलात्मक थीं किन्तु उनमें प्रतीकों एवं प्रकारों की वैसी विविधता नहीं दिखाई देती जैसी गुप्त सम्राटों की स्वर्ण मुद्राओं में दृष्टि गोचर होती है। गुप्त सम्राटों की स्वर्ण मुद्राओं पर राजा का अंकन अनेक प्रकार से हुआ है और वस्त्रों तथा आयुध में विविधता देखी जाती है। उदाहरण के लिए कुछ सिक्कों में राजा को सिंह आदि से लड़ते हुए दिखाया है दूसरी ओर अश्वारोही अथवा वीणावादक के रूप में। इस प्रकार की कल्पनाशीलता, कलात्मकता यवन, शक एवं कुषाण शासकों के सिक्कों में नहीं देखी जाती।

  वी.ए. स्मिथ जैसे कुछ विद्वानों ने गुप्त सिक्कों की कला पर विदेशी प्रभाव खोजने की कोशिश की थी। गुप्त मुद्राओं पर अंकित गरुड़ पर रोमन प्रभाव एवं पंखयुक्त मोर की आकृति में रोमन राजकुमारी ज्युलिया आगस्ता (**Julia Augusta**) के स्मृति सिक्कों का प्रभाव खोजा गया, किन्तु भारत में गरुड़ (विष्णु वाहन) एवं मोर (कार्तिकेय वाहन रुप में) का महत्व बहुत पहले से था।[38]
- यह भी उल्लेखनीय है कि, गुप्तकालीन स्वर्ण मुद्राओं में शिल्प का अद्भुत प्रदर्शन हुआ है। राजाओं की आकृतियां विभिन्न भाव भंगिमाओं में अंकित है। साथ ही मुद्रालेखों की छंदबद्धता गुप्त शासकों के ज्ञान एवं सुरुचि की परिचायक है। दूसरे शब्दों में सिक्कों पर अंकित लेख काव्य गुणों से युक्त है जो गुप्त सम्राटों की साहित्यिक रूचि को दर्शाते है। उदाहरणार्थ समुद्रगुप्त को सैकड़ों युद्धों का विजेता (समरशत वितत विजयों) कहा गया है। ऐसी स्वर्ण मुद्राएं बाद के शासकों या राजवंशों द्वारा नहीं बनवाई जा सकी। अंत में यह कहा जा सकता है कि गुप्तकालीन मुद्राओं के भारतीय तत्व कलात्मकता, सुन्दरता व विवधता आदि उस काल को स्वर्ण युग कहे जाने का आधार है। अल्तेकर के शब्दों में कह सकते है, "गुप्त सम्राटों की मुद्राएं आधुनिक मुद्राओं के सन्निकट प्रतीत होती है तथा वे कला बनावट एवं वस्त्राभूषणों की दृष्टि से सर्वथा राष्ट्रीय कही जा सकती है।"[39]
- गुप्त सम्राटों ने स्वर्ण, रजत एवं ताम्र तीनों प्रकार की मुद्राएं जारी की। कुषाण सिक्कों एवं गुप्तकालीन मुद्राओं का एक ही मान (स्टैंडर्ड) रहा है। विद्वानों की मान्यता है कि गुप्तों ने अपने सिक्कों का मान, कुषाणों के आधार पर निर्धारित किया। समुद्रगुप्त के अच्छी हालात वाले दस राजदण्ड प्रकार के सिक्कों का औसत तौल 7.710 ग्राम (118.9 ग्रेन) था। चन्द्रगुप्त प्रथम प्रकार के छह सिक्कों का औसत तौल 7.711 ग्राम (119 ग्रेन) है। समुद्रगुप्त के वीणावादन के सिक्के वजन में 123 ग्रेन थे, जिनमें 107 ग्रेन सोना और 16 ग्रेन अन्य धातुएं थीं। समुद्रगुप्त की स्वर्ण मुद्राएं 6 प्रकार की हैं।
- चन्द्रगुप्त द्वितीय के समय तौल बढ़कर 124 से 127 ग्रेन एवं कुमारगुप्त प्रथम के सिक्कों का तौल 127 ग्रेन औसतन रहा। चन्द्रगुप्त द्वितीय की 5 प्रकार की मुद्रायें

उल्लेखनीय है; धनुर्धर, सिंहासन प्रकार, सिंह–निहंता प्रकार, अश्वारोही, एवं छत्र प्रकार। स्कंदगुप्त के राज्यकाल के प्रारम्भ में 132 ग्रेन और अन्तिम दौर के सोने के सिक्कों का वनज 144–146 ग्रेन हो गया किन्तु इनमें सोने की मात्रा 70 ग्रेन रह गई। सोने की मात्रा में कमी संभवतः हूण आक्रमण का परिणाम थी। मनु (8/134) ने स्वर्ण नाम के भारतीय सिक्के का वजन 80 रत्ती या 144 ग्रेन होने का उल्लेख किया है।

- चन्द्रगुप्त द्वितीय शकों को हराकर पश्चिमी भारत पर अधिपत्य किया था। रजत सिक्के उक्त विजय के क्रम में जारी किये थे। शकों के राज्य काल में चांदी के सिक्के प्रचलित थे अतः रजत सिक्कों की आकृति एवं वजन आदि शक सिक्कों के अनुरूप रखा गया। कुमारगुप्त प्रथम, स्कंदगुप्त एवं बुद्ध गुप्त की रजत मुद्रायें उक्त मुद्राओं का अनुसरण करती दिखाई पड़ती हैं।
- तांबे के सिक्के केवल समुद्रगुप्त, रामगुप्त, चन्द्रगुप्त द्वितीय एवं कुमारगुप्त प्रथम द्वारा जारी किये गये। रामगुप्त को छोड़कर चन्द्रगुप्त द्वितीय से पूर्व की ताम्र मुद्राओं की प्राप्ति नगण्य रही है। फाह्यान ने दैनिक उपयोग में कौड़ियों के प्रयोग का जिक्र किया है। संभवतः कम मूल्य की सामग्री के लिए चांदी–सोने के सिक्के अपेक्षित न थे। गुप्तकाल में जीवन निर्वाह सस्ता था।

3. **वाणिज्य–व्यापार एवं व्यापारिक मार्ग** गुप्तकाल में भारत के लंबे भू–भाग में राजनीतिक एकता ही कायम नहीं रही अपितु विदेशी आक्रमणों से भी मुक्त रहा। शांति–व्यवस्था के इस काल में वाणिज्य–व्यापार को प्रोत्साहन मिला और भारतीय व्यापारी सीरिया, अरब, ईरान, मिस्त्र एवं रोम तक व्यापार करते थे। पूर्व में श्रीलंका, कम्बोडिया (कम्पुचिया), स्याम (थाईलैंड), मलय (मलेशिया) एवं चीन से व्यापारिक सम्बन्ध थे।

व्यापारियों को मोटे रूप में दो वर्गों में विभक्त किया जा सकता है। पहला वर्ग **'श्रेष्ठियों'** का था जिनकी दुकानें नगर व कस्बों में स्थित थी। इनका कार्य आम लोगों की दैनिक उपभोक्ता सामग्री की पूर्ति करना था। अमरकोश में सड़क के दोनों ओर स्थित दुकानों का जिक्र आया है, जिसे **पण्यवीथी** कहा जाता था।

दूसरा वर्ग **सार्थवाह** का था, जो एक स्थान से दूसरे स्थान माल लाते–ले जाते थे। सार्थ को भी दो भागों में विभक्त किया जा सकता है, आन्तरिक भाग में व्यापार करने वाले सार्थ जो अधिक उत्पादन करने वाले इलाके से दूसरे स्थान पर माल ले जाकर विक्रय करते थे और दूसरे स्थान का माल अपने नगर के लिए विक्रय हेतु लाते थे। दूसरे सार्थ उन्हें कहा जा सकता जो विदेशी मुल्कों के व्यापार से जुड़े थे। मृच्छकटिकम्[40] में ऐसे व्यापारी युवक का उल्लेख है जो अपना माल लेकर विदेशों में गया और जिसने व्यापार द्वारा बहुत धन कमाया था। अन्तर्देशीय व्यापार में सबसे बड़ी बाधा मार्ग की असुरक्षा, डाकुओं का भय आदि था। यद्यपि फाह्यान के कथन से आन्तरिक सुरक्षा की पुष्टि होती है। कालिदास के विवरण से जानकारी मिलती है कि साम्राज्य के स्थल एवं जलमार्गों की सुरक्षा की जाती थी एवं व्यापारियों की सुरक्षा का प्रबंध राज्य द्वारा किया जाता था। फिर भी जंगलों से गुजरते समय सार्थवाह को डाकुओं का भय अवश्य रहा होगा। यही कारण है कि लम्बी दूरी पर जाने वाले व्यापारियों को धन अधिक ब्याज दर पर मिलता था और सार्थ भी क्रय मूल्य से तीन–चार गुना अधिक मूल्य पर अपने माल का विक्रय करते थे। उन दिनों व्यापारी काफिले में चलते थे। सार्थवाह काफिले का नेता और उसके काफिले में कई गाड़ियां और सार्थ शामिल होते थे।

पी.एल. गुप्त ने जिक्र किया है कि सार्थ में सम्मिलित होने वाले व्यापारियों के बीच एक प्रकार की साझीदारी का समझौता होता था और हानि–लाभ के सम्बन्ध में उनके बीच अनुबंध रहता था। सार्थ में सम्मिलित होने वाले सभी व्यापारियों की साझीदारी समान हो, यह आवश्यक न था। ————एक सार्थवाह के नेतृत्व में यात्रा करने वाले सभी व्यापारी–**'संगात्रिक'** कहे जाते थे और उन्हें कतिपय नियमों और सार्थवाह के आदेशों का समान रूप से पालन करना पड़ता था।[41] देश के आन्तरिक व्यापार में दूर–दूर से लाई जाने वाली सामग्री में चंदन, काली मिर्च, मूंगा दक्षिणी भारत से लाकर उत्तर में बेचे जाते थे। इसी तरह कस्तूरी, केसर, चामर आदि उत्तरी भारत से; हाथी असम से और घोड़े उत्तरी–पश्चिमी भारत से लाये जाते थे। लोहा, तांबा, अभ्रक दक्षिण बिहार एवं सोना मैसूर से मंगवाया जाता था। विदेश से माल लेकर लौटे व्यापारी की अचानक मृत्यु हो जाने पर उसके उत्तराधिकारी को माल दिये जाने का दायित्व राजा का था। उत्तराधिकारी न होने पर राजा उस माल का उपभोग करने का अधिकारी था। खरीद नियमों की व्याख्या में नारद (नारद स्मृति 9/2–3) ने कहा है खरीदार खरीदे गये माल के लिए यदि वह मानता है कि उससे अधिक मूल्य लिया गया, बिना उपयोग किये माल उसी दिन लौटा सकता था उसे पूरे पैसे लेने का हक था। दूसरे दिन खरीद मूल्य की 1/30 कम राशि प्राप्त होती थी।

व्यापारिक नियम बना दिये जाने के बावजूद बेईमानी होती थी। मृच्छकटिकम् में उल्लेख आया है कि व्यापारी धोखेबाज न हो, ऐसा सुनार जो चोर न हो और ऐसी वैश्या जो लालची न हो दुर्लभ है।

मथुरा ताम्रलिप्ति मार्ग आन्तरिक व्यापारिक मार्गों में एक मार्ग मथुरा से प्रारम्भ होकर पूर्व में काशी, पाटलिपुत्र होता हुआ ताम्रलिप्ति (तामलुक–पश्चिमी बंगाल मिदनापुर जिला) तक जाता था।

उज्जयनी–शुर्पारक मार्ग दूसरा मार्ग उज्जयिनी (उज्जैन) होते हुए नर्मदा नदी घाटी से भरुकच्छ (भड़ौच) एवं सोपारा (शुर्पारक) बन्दरगाह को जोड़ता था।

भरुकच्छ–कौशांबी मार्ग तीसरा मार्ग उक्त बंदरगाहों से शुरू होकर विदिशा को जोड़ते हुए कौशांबी पंहुचता था।

कौशांबी–प्रतिष्ठान मार्ग चौथा दक्षिण का प्रमुख मार्ग कौशांबी (इलाहाबाद), साकेत (अयोध्या), उज्जयिनी, महिष्मती होते हुए प्रतिष्ठान (आन्ध्र प्रदेश का पैंठण) को जोड़ता था। इनके अतिरिक्त अनेक छोटे मार्ग थे। ध्यान देने की बात है कि प्राचीन वत्स राज्य की राजधानी कौशाम्बी जिसे वर्तमान में कोसम ग्राम (प्रयाग से 24 मील दूर) कहा जाता है। 4 अप्रैल 1997 को प्रयाग से अलग जिला बनाया गया था जिसका मुख्यालय मंझनपुर है। कौशाम्बी को छठे तीर्थकर पदमप्रभु की जन्मस्थली भी माना है।

गुप्त काल में उज्जयिनी का बड़ा नाम था। पादताडिकम में जिक्र आया है कि उज्जैन के बाजारों में देशी और विदेशी व्यापारिक सामग्री का जमावड़ा था। यहां घोड़े, रथ आदि से लेकर सभी वस्तुएं बिकने के लिए आती थीं।

आन्तरिक जल मार्गों का फाह्यान ने विवरण दिया है। उसने भी पाटिलपुत्र से चंपा तक नाव से यात्रा की थी। गंगा, यमुना, रावी, चिनाब, नर्मदा, गोदावरी, कृष्णा कावेरी एवं सिन्धु में नावें चलती थीं।

विदेश व्यापार रोमन साम्राज्य का विभाजन 364 ई. में दो भागों में हो गया था और आगामी 100 वर्ष तक वहां स्थिति डांवाडोल रही। एस.के. मैती की धारणा है कि, रोम उन परिस्थितियों में प्राच्य जगत से व्यापार को प्रोत्साहित नहीं कर सकते थे और गुप्त काल में रोमन व्यापार में गिरावट आने से भारत में भी आर्थिक दृष्टि से "ह्रास हुआ। अतः गुप्त काल को स्वर्ण युग का आधार नहीं माना गया। अपनी इस धारणा के समर्थन में मैती केवल एक तर्क प्रस्तुत करते है, उनके अनुसार रोम को निर्यात होने वाले रेशम एवं रेशमी वस्त्रों की मांग घटने से रेशम बुनकर श्रेणियों पर प्रभाव पड़ा और लाट प्रदेश की बुनकर श्रेणी के लोग अपना व्यवसाय छोड़कर मंदसौर (दशपुर) की ओर पलायन कर गए। दशपुर लेख : बुनकरों के पलायन का जिक्र कुमार गुप्त प्रथम (मालव संवत् 529 (473ई.) के दशपुर (मंदसौर) के सूर्य मन्दिर निर्माण व उसकी पुनः मरम्मत होने की चर्चा के सम्बन्ध में आया है।

मैती के विरूद्ध कहा जा सकता है कि, रोम के साथ स्थल मार्ग से व्यापार भी होता था। व्यापार चौथी शती में इतना अधिक विकसित हुआ कि सिल्क आर्लियन काल (161–80 ई.) में सस्ता हो गया और आम नागरिक उसे खरीद सकते थे।[42] अतः यह नहीं कहा जा सकता है कि गुप्त काल में भारत का रोम के साथ व्यापार समाप्त हो गया। गुप्तकाल के अन्त में शासकों ने भूमिदान के साथ ग्राम भी दान करने शुरू कर दिये थे। यह स्थिति छठी सदी के अन्त में पैदा हुई और उसके बाद ही किसानों की स्थिति में गिरावट आई। कई प्रमाणों से ज्ञात होता है कि गुप्त काल में कृषि का विकास हुआ। अर्थात कृषि क्षेत्र में हुआ विकास गुप्तकाल के स्वर्ण युग का आधार है। इसी तरह व्यापार के क्षेत्र में विकास कई तथ्यों (**Facts**) के आधार पर स्पष्ट होता है।

बैंजेन्टियम से व्यापार वस्तुतः रोम के पतन के बाद उसका स्थान कांस्टैटिनोपुल (इस्तम्बुल) अथवा बैजेन्टियम ने ग्रहण कर लिया और कान्स्टैन्टाइन महान ने 330 ई. में उसे अपने शासन का केन्द्र बनाया। बैंजेन्टियम के लोग समृद्ध थे और भारत से ही उनकी आवश्यकता की सामग्री पूरी हो सकती थी। यही कारण था कि चौथी शती में वहां भारतीय माल खूब बिक रहा था। दक्षिणी, पश्चिमी एवं पूर्वी भारत में बैंजेन्टियम साम्राज्य के अनेक सिक्के मिले हैं। छठी शती में जस्टिनियन ने अपनी कानून संहिता (**Law Digests**) में आयातित वस्तुओं की सूची दी है, उनमें अधिकांश भारत से रोम जाने वाली सामग्री का जिक्र है। भारतीय ऊन, इत्र, मोती, हीरा, नीलम, फिरोजा, वैदूर्य, रेशम एवं रेशमी वस्त्र, दालचीनी, पीपल, सफेद एवं काली मिर्च, बाल छड़, अदरक, इलायची, हाथी दांत, जंग न लगने वाला लोहा एवं हिजड़े आदि रोम को निर्यात हो रहे थे। रोमन इतिहासकार प्रोकेपियस[43] (500 से 570 ई.) ने लिखा है कि ईरानी पश्चिमी देशों को रेशम पहुंचाते थे और भारत से रेशम खरीदते थे, इस व्यापार पर उनका एकाधिकार था।

यह भी कहा गया है कि 408 ई. में हूण आक्रान्ता एलरिक ने रोम को मुक्त करते समय रोमन वासियों से 3000 पौण्ड काली मिर्च और 4000 रेशमी वस्त्रों की मांग की थी। रोम का भारत से व्यापार न होता तो रोमन इतनी सामग्री एलरिक को नहीं दे पाते।

स्थल एवं जलमार्ग गुप्त काल में स्थल एवं जल मार्गों से बड़े पैमाने पर विदेश व्यापार की पुष्टि तत्कालीन साहित्य से होती है। भारत और चीन के मध्य से गुजरने वाले दो मार्ग थे।

- उस काल में मथुरा महत्वपूर्ण व्यापारिक केन्द्र था, वहां से प्रारम्भ होकर पुष्पपुर (पेशावर), नगरहार (जलालाबाद) और अफगानिस्तान में बामियान होता हुआ हिन्दुकुश पर्वतमाला तक पहुंचता था। हिन्दुकुश पार करके **बाह्लीक** (बैक्ट्रियाना बल्ख) था। बल्ख से वह मार्ग मर्व[44], तेवेन, अस्काबाद के नखलिस्तान को पारकर कराकोरम की तरफ से अन्तियोख की ओर जाता था जो रोमन व्यापार का प्रमुख केन्द्र था।
- बामियान से दूसरा रास्ता सुग्ध होता हुआ सीरदरिया पार कर ताशकंद पंहुचता था वहां से पश्चिम तयानशान के दर्रों से उच तुरफान जाता था।
- एक दूसरा रास्ता बदख्शाँ और पामीर होते हुए काशगर (मध्य एशिया) और वहां से यह रास्ता तुरफान एवं दक्षिण की ओर तारिम पंहुचता था। तारिम मार्ग पर काशकर, यारकंद, खोतान और निया पड़ते थे। कहा गया है कि गुप्त काल में इन स्थानों पर भारतीय उपनिवेश थे।

यूनानी बौद्ध भिक्षु कॉसमॉस ने 535 ई. में दक्षिण भारत एवं श्रीलंका की यात्रा की एवं 547 ई. में वापस लौट गया। उसने अपने वृत्तान्त 'क्रिश्चियन टोपोग्राफी' में भारत एवं इथोपिया के व्यापार का जिक्र किया है। उसके विवरण से जानकारी मिलती है कि भारत–चीन व्यापार में श्रीलंका (सिंहल द्वीप) बिचौलिये का काम करता था। उसने यह भी लिखा है कि श्रीलंका का राजा भारतीय घोड़ों और हाथियों को काफी अधिक मूल्य देकर खरीदता था। कश्मीर निवासी श्रीलंका के वस्त्रों को पसंद करते थे, राजतंरगिणी से इसका बोध होता है।

'संगचु' नामक चीनी इतिवृत्त से जानकारी मिलती है कि मोती, अनेक प्रकार के वस्त्र, गैंडे के सींग चीन में भारत से आते थे। कालिदास ने चीन के रेशम को 'चीनांशुक' कहा है अर्थात चीन से भारत को रेशम आता था। भारत एवं चीन के मध्य व्यापार समुद्री मार्ग द्वारा अधिक होता था। भारत से कम्बोड़िया (कम्पूचिया) को हीरे, चंदन, केसर आदि निर्यात करने का बोध 'तांग इतिवृत्त' से होता है।

काली मिर्च का उत्पादन भारत में होता था, हान कालीन विवरणों से भी इस बात की पुष्टि होती है। दूसरी ओर इब्नहाकल ने लिखा है कि ईरान से काली मिर्च और चंदन विदेशों को भेजे जाते थे। दूसरे शब्दों में, ईरान उस दौरान मध्यस्थ के रूप में व्यापार कर रहा था।

भारत एवं इथियोपिया (इजिप्ट) के मध्य व्यापार का जिक्र भी कॉसमॉस ने किया है। इथियोपिया से पन्ना, तेजपात, लोवान आदि भारत लाये जाने की जानकारी मिलती है। संभवतः भारतीय हाथी दांत इथियोपिया द्वारा निर्यात किये जाते थे।

कहा जा सकता है कि, भारत व्यापार के माध्यम से गुप्त काल में दक्षिण–पूर्वी एशिया के देशों, जैसे–स्याम, कम्बोड़िया, मलय प्रायद्वीप, इण्डो–चीन, जावा, सुमात्रा, बाली एवं बोर्नियो आदि में सांस्कृतिक प्रसरण करने में सफल रहा। उपरोक्त विवरण से स्पष्ट है कि आर. एस. शर्मा का केवल यह तर्क कि गुप्त काल में सामन्तवाद के विकास से कृषि की अवनति हुई। इस मत को स्वीकार नहीं कर सकते क्योंकि सामन्तवाद गुप्तकाल के बाद आया। इसी प्रकार एस. के. मैती का यह मत है कि गुप्तकाल में व्यापार में गिरावट आई। जबकि हमने देखा है कि गुप्तकाल में पश्चिमी देशों व दक्षिण–पूर्वी एशिया के साथ व्यापार बढ़ा। अतः मैती के विचार से हम सहमत नहीं हो सकते।

4. **नगर केन्द्रों का पतन** आर.एस. शर्मा की मान्यता है कि, व्यापारिक शिथिलता के कारण शहरी केन्द्रों का "ह्रास हुआ। नगरों के पतन की समीक्षा करते हुए लिखा है, ''गुप्त युग में इमारतें घटिया दिखाई देती हैं और बाद में लुप्त हो जाती हैं। आर. एस. शर्मा ने यह भी लिखा है कि उत्खनन में यद्यपि गुप्तों की मोहरें मिली हैं फिर भी व्यापक और बारम्बार खुदाईयों के बावजूद गुप्तों के सिक्के नहीं मिल पाए हैं। वैशाली की तरह कई अन्य नगरों के पतन के साक्ष्य डॉ. शर्मा ने प्रस्तुत किये हैं।

किन्तु आर.एस. शर्मा के मत को पूरी तरह सत्य नहीं माना जा सकता। गुप्तकालीन साहित्य में समृद्धि एवं सम्पन्नता के अनेक प्रमाण उपलब्ध है। गुप्तों से पराजित शक्तियों के सत्ता केन्द्रों (पराजित शक्तियों की राजधानियों) के आकर्षण में अवश्य कमी आई होगी किन्तु पाटलिपुत्र, मथुरा, उज्जैन, कन्नौज, पुरुषपुर, (पेशावर) नासिक, भड़ौच, विदिशा, वल्लभी आदि की सम्पन्न नगरों की गणना की जाती थी। दूसरी ओर थानेश्वर, दशपुर, ऐरिकेण, वत्सगुल्म जैसे नवीन नगरों का विकास हो रहा था। पश्चिम में भड़ौच से लेकर पूर्व में चन्द्रकेतुगढ़ (पश्चिम बंगाल) नगरों के अस्तित्व की जानकारी मिलती। पश्चिमी बंगाल के चद्रकेतुगढ में किये उत्खनन मौर्य – शुंग काल से गुप्तकाल के अवशेष मिले है। मौर्यकालीन बस्तियों में पानी के लिए खपरों (मिट्टी के) से बनी नालियों का प्रबंध था।

इस काल के प्रमुख नगर पाटलिपुत्र का जिक्र गुप्त अभिलेखों में दो बार हुआ है। फाह्यान ने इसकी खूब प्रशंसा की थी। दण्डी के 'दशकुमारचरित' के अनुसार यह भारतवर्ष का सर्वश्रेष्ठ पुर (शेखरी भूता) था। गुप्तों की राजधानी होने के कारण इसका विकास स्वाभाविक था। गुप्त–साम्राज्य की द्वितीय राजधानी उज्जयिनी की कालिदास ने सबसे अधिक प्रशंसा की है। मेघदूत में इसे स्वर्ग का चमकता हुआ टुकड़ा कहा है, जिसके उपभोग निमित्त देवता लोग स्वर्ग को छोड़कर पृथ्वी पर उतर आए थे। दशपुर, विदिशा (बेसनगर) तथा भृगुकच्छ (गुजरात का भड़ौच) उल्लेखनीय नगर थे। मंदसौर शिलालेख में दशपुर को विश्व का अग्रणी नगर (दशपुर प्रथमं मनोभिः) कहा है। अन्य प्रसिद्ध नगरों में ताम्रलिप्ति, चम्पा, वैशाली, पुष्कलावती का जिक्र किया जा सकता है। कामसूत्र में भव्य नगरीय जीवन का प्रतिबिम्ब मिलता है। पूर्व में जैसा उल्लेख किया गया है कि गुप्तकालीन स्वर्ण मुद्रायें बहुत अधिक संख्या में मिली है। यही नहीं गुप्तकालीन स्वर्ण मुद्राओं का बाद के काल में किसी राजवंश द्वारा वैसी सुंदर मुद्राएं नहीं बनाई जा सकी है। इस आधार पर भी गुप्तकाल स्वर्ण काल कहे जाने में हमें किसी तरह का संकोच नहीं हैं।

निष्कर्ष निर्विवाद रूप से यह कहा जा सकता है कि गुप्त काल साम्राज्यीय एवं सांस्कृतिक ऊँचाइयों को छू रहा था। इस काल में व्याप्त सुख–शांति तत्कालीन साहित्य में सर्वत्र परिलक्षित होती है। गुप्तकाल में नगरीकरण के पतन की शुरूआत हो चुकी थी, जिसके मूल में राजनीतिक एवं आर्थिक कारणों के साथ सामंतीय प्रथा का चरमोत्कर्ष भी था। लेकिन प्रत्यक्षतः पूर्णतः यह प्रवृत्ति गुप्तोत्तर काल में दृष्टिगोचर होती है। पूर्व मध्य काल के शासक आपसी संघर्षों के फलस्वरूप सामंती प्रवृत्तियों पर काबू नहीं कर पाए और धीरे–धीरे भारत बाह्य शक्तियों के चंगुल में फंस गया।

सन्दर्भ :

1. मैती एस. के. इकोनॉमिक लाइफ ऑफ नॉर्दन इण्डिया इन द गुप्ता पीरियड, पृ. 135—38.
2. देखिये फ्लीट, का. ई.ई. का जी.एस.पी. मिश्र का हिन्दी अनुवाद भारतीय अभिलेख संग्रह, पृ. 98—107.
3. शर्मा आर.एस. प्रारम्भिक भारत का आर्थिक और सामाजिक इतिहास, पृ. 166—177.
4. थापार रोमिला, भारत का इतिहास, पृ. 123.
5. गुप्त पी.एल. गुप्त साम्राज्य, पृ. 467.
6. मनुस्मृति, 9/44.
7. याज्ञवल्क्य स्मृति, 2/29.
8. नारद 1/87.
9. शबर भाष्य, भाग 2, पृ. 1178.
10. घोषाल, यू.एन. एग्रेरियन सिस्टम इन एंशियंट इण्डिया, पृ. 65.
11. शर्मा आर.एस. वही पृ. 167.
12. कामन्दक 5/84.
13. सरकार डी.सी., सिलेक्ट इंस्क्रिप्शंस, 1, पृ. 372; पादटिप्पणी 7.
14. सरकार डी.सी. वही, 1, पृ. 266; टिप्पणी 5.
15. मैती एस. के. वही, पृ. 85.
16. गुप्त पी.एल. वही, पृ. 403.
17. नारदस्मृति 18/48.
18. कालिदास, अभिज्ञानशाकुन्तलम, 5,
19. मैती, वही, पृ. 58.
20. विष्णु पुराण 5/1028. कृषिर्वणिज्या तद्वच्च तृतीय पशुपालन। विद्या हयेका महाभाग वार्ता वृतित्रयाश्रया।।
21. अमरकोश, 9/68.
22. थापर रोमिला, वही, पृ. 133.
23. देखिये भारतीय अभिलेख संग्रह, पृ. 71—80.
24. शर्मा आर.एस., वही, पृ. 176.
25. गुप्त पी.एल., वही, पृ. 455.
26. बाशम, ए.एल., अद्‌भुत भारत, पृ. 268.
27. अमरकोष, 10/8.
28. मैती एस.के., वही, पृ. 134.
29. गुप्त पी.एल., वही, पृ. 452—53.
30. रघुवंश 14/43.
31. बृहस्पति, 17/8—10.
32. याज्ञवल्क्य 2/186—192.
33. फ्लीट, का.इ.इ. का हिन्दी अनुवाद, भारतीय अभिलेख संग्रह, पृ. 47—49.
34. वही, भा.अ.स., पृ. 36—42.
35. शर्मा आर.एस. वही, पृ. 173.
36. एलन कैटलॉग ऑफ द कॉयंस दन द ब्रिटिश म्यूजियम, गुप्त डाईनेस्टीज, पृ. 126.
37. राखलदास बनर्जी, गुप्त युग, पृ. 157.
38. अल्तेकर अनंत सदाशिव, गुप्तकालीन मुद्राएं, पृ. 11.
39. अल्तेकर, वही, पृ. 8.
40. मृच्छकटिकम्, 5/78—'79.
41. गुप्त पी.एल., वही पृ. 456.
42. Pariaulx, The Indian Embassies to Rome, p. 252, quoted in the Vakataka Gupta Age, p. 336.
43. प्रोकोपियस, 1, 20, 9—12.
44. मर्व, अफगानिस्तान की उतरी पश्चिमी सीमा से लगभग 150 मील उतर में स्थित नगर है।

47 गुप्तकालीन समाज
(Society During the Gupta Period)

भारतीय समाज ने गुप्त काल तक आते–आते प्रगति के कई सोपान तय कर लिये थे। गुप्त शासकों ने लंबे समय तक न केवल शांति बनाये रखी अपितु सामाजिक ढांचे को वह रूप देने में सहयोग किया, जिससे उस युग में विकसित हुए सामाजिक रीति–रिवाज एवं परम्परायें आज भी भारतीय समाज का आदर्श बनी हुई हैं। उस काल में विकसित क्लासिकल आदर्शों को आज भी समाज का बड़ा तबका आवश्यक बदलाव के साथ स्वीकार करता है और उन परम्पराओं पर गर्व करता है। इस युग में साहित्य, कला, संगीत एवं विज्ञान जैसे सभी क्षेत्रों में उत्कृष्टता लाने के प्रयास हुए। इन क्षेत्रों में प्रगति की रफ्तार को तत्कालीन शासकों के परोक्ष–अपरोक्ष सहयोग से गति मिली। यह काल कवियों, लेखकों, दार्शनिकों, चित्रकारों, मूर्तिकारों, शिल्पकारों एवं वैज्ञानिकों का युग था। उन्होंने अमर कृतियों की रचना की। उनकी कलात्मक कुशलता आज भी भारतीय समाज का मानदंड बनी हुई है। गुप्तकालीन समाज महान कलाकारों को जन्म देकर सदा के लिए सतुत्य बन गया। तत्कालीन समाज परम्परागत चार वर्णों में बंटा हुआ था। ब्राह्मण, क्षत्रिय, वैश्य एवं शूद्र, वर्ग समाज में थे। इस काल की उल्लेखनीय उपलब्धि यह भी थी कि बाहरी लोग विशेष रूप से वे जिनका समाज या वर्ण व्यवस्था में प्रतिष्ठित स्थान नहीं था प्रवेश कर रहे थे, इस शर्त के साथ कि उन्हें सामाजिक व्यवस्था कायम रखने की कोशिश करनी होगी।[1]

पी.एल. गुप्त ने उचित ही कहा है, वैदिककालीन ग्रामीण समाज मौर्य काल में नागरिकता की ओर उन्मुख हुआ था, गुप्त काल में ग्रामीण एवं नागरिक दोनों का समन्वित एवं विकसित रूप देखने को मिलता है। किन्तु इस रूप में भी उसे पूर्ववर्ती ढांचे से अलग नहीं किया जा सकता है।[2]

ब्राह्मण अपने लिए निर्धारित कर्म से जीवन यापन न कर पाने पर वर्णेत्तर कर्म का विधान व्यवस्थाकारों ने कर दिया था। ब्राह्मण के लिए कहा गया कि अध्यापन करने, यज्ञ संपन्न कराने एवं दान प्राप्त करने से अपना एवं अपने कुटुंब का पालन करने में असमर्थ होने पर क्षत्रिय एवं वैश्य के कर्म द्वारा जीविकापार्जन कर सकता है। गुप्त काल में कई ब्राह्मण राजवंशों के प्रमाण मिलते हैं–वाकाटक एवं कंदब ब्राह्मण थे। ब्राह्मण योद्धा एवं राजा हो सकता था। ब्राह्मणों के क्षत्रिय कर्म अपनाये जाने पर भी उन्हें ब्राह्मण ही माना गया। बुधगुप्त के ऐरण स्तंभ–लेख में जिक्र आया है कि मातृ विष्णु, जो एक सैनिक था, उसके प्रपितामह और पितामह इन्द्र विष्णु और वरुण विष्णु ब्राह्मण थे। इस परिवार ने ब्राह्मण कर्म छोड़कर सेना में प्रवेश किया और क्रमशः उन्नति कर राजपद प्राप्त किया।[3]

मृच्छकटिकम् में उज्जयिनी के चारुदत्त ब्राह्मण का जिक्र आया है जो सार्थवाह (व्यापारी) का काम करने लगा था। इस समय व्यवसाय का चयन जाति एवं धर्म के अनुसार निर्धारित न होकर समय एवं परिस्थितियों के अनुसार निर्धारित होने लगा।

गुप्तकाल में ब्राह्मणों की श्रेष्ठता एवं प्रमुखता पुनःस्थापित हुई। अधिकांश इतिहासकार गुप्त शासकों को वैश्यवर्णीय स्वीकार करते है तथापि उनके संरक्षण में ब्राह्मण प्रधान समाज का विकास हुआ। समाज में ब्राह्मणों का वर्चस्व बढाने में साहित्यकारों ने महत्वपूर्ण योगदान किया। पुराणों में ब्राह्मण हन्ता को नर्कगामी माना गया[4]। न्याय व्यवस्था में भी वर्ण भेद कायम था। न्याय संहिताओं में कहा गया कि ब्राह्मण की परीक्षा तुला से, क्षत्रिय की अग्नि, वैश्य की जल एवं शूद्र की परीक्षा विष से जा सकती है। बृहस्पति ने सभी वर्णों से सभी दिव्य[4] कराए जाने की छूट प्रदान की किंतु ब्राह्मणों से विष वाला दिव्य (अपराध परीक्षण की विधि) न करवाये जाने का निर्देश किया।

स्मृति ग्रंथ ब्राह्मण को प्राण दंड से छूट देते हैं। शूद्रक के मृच्छकटिकम् के नवें अंक में ब्राह्मण चारुदत्त को हत्यारा सिद्ध किये जाने पर भी ब्राह्मण होने के कारण उसे प्राण दण्ड नहीं दिया गया। एक ब्राह्मण मंत्री को राजद्रोह का दोषी पाये जाने पर भी केवल उसे अंधा किया गया था। दण्डी के दशकुमार चरित्र से इसकी जानकारी मिलती है।

कात्यायन स्मृति ने अमात्य पद पर ब्राह्मण की नियुक्ति की भी सलाह दी है।[5] यही नहीं कात्यायन ब्राह्मण को दास न बनाये जाने का निर्देश करता है।

तत्कालीन व्यवस्थाकारों ने समाज में व्यवस्था बनाये रखने की कोशिश की, इसी मकसद से कई जटिल प्रावधान भी किये गये जिनके भय से सामाजिक व्यवस्था का उल्लंघन न हो। विष्णु स्मृति ने ब्राह्मण के शूद्र पुत्र को पिता की संपत्ति के आधे भाग का अधिकारी माना था। उच्च वर्ण की स्त्री से निम्न वर्ण के पुरुष का विवाह हेय माना गया और उसे मान्यता नहीं दी गई। याज्ञवल्क्य ने स्नातकों को शूद्रों एवं पतितों का अन्न नहीं खाने की सलाह दी है किन्तु संकटकाल में बृहस्पति ने दासों एवं शूद्रों का अन्न खाने की अनुमति प्रदान की थी। उल्लेखनीय है कि अस्पृश्यों को छोड़कर अन्य शूद्र जातियों का पानी–पीने का निषेध किसी स्मृतिकार ने नहीं किया। मृच्छकटिकम् में कहा गया है कि ब्राह्मण एवं शूद्र एक ही कुएं से पानी भरते थे।

मनु अपेक्षा करता है कि राजा ब्राह्मण से कोई कर न ले और राज्य में रहने वाला ब्राह्मण भूखा न रहे। जिस राज्य में ब्राह्मण भूखा रह जाये उस राज्य की दरिद्रता सुनिश्चित मानी गई।[6]

क्षत्रिय समाज के अन्य वर्गों की तरह क्षत्रिय भी अपनी जाति का कार्य छोड़कर दूसरे व्यवसाय अपना रहे थे। स्कंदगुप्त कालीन इन्दौर ताम्रलेख से जानकारी मिलती है कि इन्द्रापुर नगर के निवासी अचल वर्मन एवं भ्रकुण्ठ सिंह, जो जाति से क्षत्रिय थे, व्यापार में लग गये। इस लेख में उन्हें इन्द्रपुर नगर के वणिक कहा है।[7]

प्रजा की रक्षा करना, दान करना, यज्ञ करना, वेद पढ़ना एवं विषयों से आसक्त न होना मनु ने क्षत्रियों का कर्तव्य माना है। ब्राह्मण एवं क्षत्रिय का क्रमशः पिता एवं पुत्र तुल्य संबंध बताया गया और क्षत्रिय को समाज में दूसरे स्थान पर रखा गया। शांति पर्व में नौ पद्यों द्वारा दोनों वर्गों के बीच बंधन की अपेक्षा की गई। संभवतः तत्कालीन व्यवस्थाकार वैश्यों एवं शूद्रों के विरोध से सचेत थे और समाज में व्यवस्था बनाये रखने हेतु दोनों वर्गों में एकता की कामना करते थे। समाज के प्रति क्षत्रियों के दायित्व से स्मृतिकार भलि–भांति परिचित थे और उन्हें ज्ञात था कि समाज एवं देश की रक्षा का भार इन्हीं पर है यही कारण था कि प्रशासनिक एवं संरक्षा जैसे उनके महत्वपूर्ण दायित्व को देखते हुए अन्य वर्गों से उनका दर्जा ऊंचा रखा गया।

गुप्तों से पहले देश में यवन, शक, कुशाण आदि विदेशी जातियों ने प्रवेश किया। पी.एल. गुप्त की मान्यता है कि उक्त विदेशी जातियां क्षत्रिय समाज में ही अन्तर्भूत हुई होंगी, ऐसी स्थिति में क्षत्रिय समाज में अनेक उप–जातियों का विकास हुआ होगा।[8] अल–बरूनी ने लिखा है कि, चोरी के अपराध में वे लोग बायां पैर और दायां हाथ या दायां पैर और बायां हाथ काटते हैं। क्षत्रिय से निम्न वर्गों को वे चोरी के अपराध में प्राण दंड देते हैं।[9]

वैश्य गुप्त काल में वैश्यों को 'श्रेष्ठि', 'वणिक', एवं 'सार्थवाह' आदि नामों से संबोधित किया गया। ब्राह्मणों एवं क्षत्रियों की तरह वैश्यों को भी आपत्तिकाल में दूसरे कर्म अपनाने की छूट थी। धर्मशास्त्रकारों ने गौ, ब्राह्मण एवं वर्ण की रक्षा के लिए वैश्यों को शस्त्र ग्रहण करने की अनुमति प्रदान की। वैश्यों द्वारा शस्त्र धारण करने के अनेक उदाहरण गुप्त कालीन अभिलेखों एवं स्मृति ग्रंथों में मिलते हैं।

वैश्यों ने कृषि एवं कई तरह के व्यवसायों को अपना लिया था। यह वर्ग आर्थिक दृष्टि से अच्छी स्थिति में था। विष्णु एवं याज्ञवल्क्य से ज्ञात होता है कि आधी उपज प्राप्त कर इनके द्वारा शूद्रों को खेत दिये जाते थे।

राज्य को सर्वाधिक कर प्रदान करने वाला वर्ग वैश्य ही था जो व्यापार द्वारा अपनी वस्तुओं की विक्रय की आय से राजा को कर देता था। वैश्यों के लिए मद्य, मांस, लोहा, चमड़ा जैसी वस्तुएं बेचना निषिद्ध था। मनु के अनुसार पशु और स्वर्ण का कर (मूल धन का) पचासवाँ भाग एवं धान्य का छठा, आठवाँ या बारहवाँ भाग राजा को कर रुप में प्राप्त होता था।

फाहयान के विवरण से ज्ञात होता है कि जनपद के वैश्यों के मुखिया–लोगों ने नगर में सदाव्रत एवं औषधालय स्थापित कर रखे थे। **ह्वेनसांग** से जानकारी मिलती है कि वैश्य वस्तुओं का विनिमय करते थे और लाभ कमाने के लिए दूर देशों में जाते थे।

अपनी दानशीलता के लिए वैश्य वर्ग प्रसिद्ध था। कहा गया है कि पाटलिपुत्र एवं मगध के औषधालयों में इनके दान से रोगियों और जरूरतमंदों का मुफ्त उपचार किया जाता था। मंदिर–मठ निर्माण के लिए धन वैश्य वर्ग ही प्रदान करता था। गुप्तवंशीय शासकों एवं थानेश्वर नरेश हर्षवर्धन को वैश्य माना है। उस काल में वैश्यों की स्थिति बहुत अच्छी थी यद्यपि कई स्मृतिकारों ने उनकी स्थिति शूद्रों जैसी बताने की कोशिश की।

शूद्र गुप्त काल में सबसे शोचनीय स्थिति अस्पृश्य वर्ग की थी विशेष रूप से चाण्डालों की, जिन्हें बस्ती से बाहर रहना पड़ता था। फाह्यान के विवरण से ज्ञात होता है कि अपने घरों की पहचान के लिए चाण्डाल विशेष प्रकार के चिन्ह अंकित करते थे। श्मशानों में मुर्दों का कफन स्वीकार करना एवं रखवाली करना उनका काम था। रात में चोरों को पकड़ना, अपराधियों को फांसी देना, सड़कों एवं गलियों की सफाई करना, मछली पकड़ना, शिकार एवं मांस बेचना उनके मुख्य व्यवसाय कहे गये हैं। कालिदास ने बहेलियों एवं मछुआरों को चाण्डालों से भिन्न माना है किन्तु इनकी स्थिति एक जैसी थी। डोम्ब जाति को गीत गाने और मनोरंजन करने वाला कहा गया है। इनका विकास इसी काल में हुआ। रात्रि में नगर या गांव में प्रवेश उनके लिए वर्जित था और दिन में प्रवेश करते समय लकड़ी बजाते हुए निकलना पड़ता था जिससे लोग उनके मार्ग से हट जाएं।[10] अन्त्यजों को असत्यवादी, क्रोधी, चोर एवं झगड़ालू कहा है जो स्मृतिकारों की बरसों से चली आ रही मानसिकता को ही दर्शाता है। फाह्यान के विवरण से जानकारी मिलती है कि मध्य प्रदेश में राजा मृत्यु दण्ड या शारीरिक दण्ड दिये बिना शासन करता था। शारीरिक दण्ड का प्रचलन कम होने का लाभ अस्पृश्य वर्ग को हुआ होगा। शूद्र अपने वर्ण के लिए ही साक्षी हो सकते थे।

अस्पृश्य वर्ग की सामाजिक स्थिति में गिरावट का एक कारण विंध्य क्षेत्र की शबर जैसी जाति भी थी जो अपने देवताओं को मनुष्य का मांस चढ़ाते थे।

सामान्य शूद्र वर्ग स्मृतिकारों ने सामान्य शूद्रों का कर्म तीनों वर्गों की सेवा करना और कुशिल कर्म (शिल्प कर्म) बताया है। शिल्पकार के रूप में शूद्र कई महत्वपूर्ण कार्य करने लगे थे। पहले की तुलना में शूद्रों का महत्व बढ़ा था, विशेष रूप से उन लोगों का जिन्हें शिल्प में दक्षता हासिल थी। शिल्प व्यवसायों से जुड़े लोगों की लंबी सूची गुप्तकाल से पूर्व के ग्रंथों में भी दी गई है किन्तु इस काल तक आते–आते शिल्प दक्षता प्राप्त व्यवसायों में तब्दील हो गया और उनकी इसी दक्षता ने समाज में उनके दर्जे को ऊँचा उठाया। चित्रकारों, स्वर्णकारों, शस्त्रकारों, राजमिस्त्रियों, शंखशिल्पियों, मालियों, कुम्हारों, जुलाहों, दर्जियों, लुहारों, बढ़ई, नर्तक, अभिनेता, धोबी और चर्मकारों को अमरकोष में कर्मकार संज्ञक शूद्र कहा है।[11]

इस काल में वैश्य वर्ग व्यापार, वाणिज्य की ओर प्रवृत्त हो गया था और कृषि कर्म शूद्र वर्ग द्वारा अपना लिया गया।[12] इस वर्ग द्वारा कृषि व्यवसाय अपना लिये जाने से इनकी आर्थिक स्थिति में सुधार हुआ। मौर्य काल की तुलना में शूद्र अच्छी स्थिति में थे। **ह्वेनसांग** ने शूद्रों को खेती करने वाला वर्ग बताया है। नृसिंह पुराण ने इसका समर्थन किया है।[13]

शूद्र शासक वर्ग– नंदों के बाद शूद्र राजाओं की उपस्थिति इस काल में नये परिवर्तन के रूप में देखी जाती है। सौराष्ट्र, मालवा एवं अवन्ति के शूद्र राजाओं की चर्चा तत्कालीन साहित्य में मिलती है। आभीर और मलेच्छ शासकों का जिक्र इस बात का प्रतीक है कि जनजातियों एवं विदेशी शासकों को समाज ने पूरी तरह नहीं अपनाया था और ऐसे वर्गों के शासक शूद्र राजा कहलाये। **ह्वेनसांग** के विवरण से जानकारी मिलती है कि मतिपुर में शूद्र राजा का शासन था। याज्ञवल्क्य ने शूद्रों को कृषि, व्यापार, कारीगरी एवं सैन्य जीवन अपनाने की अनुमति प्रदान की थी, उसी का परिणाम था कि इस काल में शूद्र सैनिक जीवन अपनाने लगे थे। याज्ञवल्क्य एवं पुराणों ने भी उदार रवैया अपनाया और शूद्रों को वाणिज्य व्यापार की अनुमति इस रूप में प्रदान की कि वे हर तरह सामग्री की बिक्री द्वारा जीवन यापन कर सकते हैं।[14] शूद्रों के सहयोग से व्यापार में प्रगति हुई।

करदायी किसानों का उल्लेख स्मृतिकारों ने किया है जो इस बात का प्रमाण है कि शूद्रों की आर्थिक स्थिति में सुधार हुआ और वे राज्य को कर देने लगे थे।[15]

वायु पुराण ने शूद्रों को मोक्ष का अधिकारी माना है। मदिरा पान न करें, इन्द्रियों को वश में रखकर शूद्र मोक्ष प्राप्त कर सकते है।[16] विष्णु पुराण ने भी शूद्र को विष्णु आराधना की अनुमति देकर महान भक्ति आन्दोलन का रास्ता खोल दिया।[17] शांति पर्व में शूद्रों को श्रद्धा और विश्वास होने पर यज्ञ का अधिकार प्रदान किया और उन्हें दान करने की भी अनुमति प्रदान कर दी गई।

बदली हुई परिस्थितियों में स्मृतिकारों ने शिल्प को शूद्रों द्वारा अपनाया जाने वाला व्यवसाय स्वीकार किया। मनु ने यहां तक स्वीकार किया कि श्रद्धायुक्त होकर अपने से नीच (शूद्र) से उत्तम विद्या ग्रहण करनी चाहिए।[18] मेधातिथि ने द्विजों (ब्राह्मण, क्षत्रिय व वैश्य) को आवश्यकता पड़ने पर शूद्र से श्रद्धापूर्वक मोक्ष धर्म का ज्ञान प्राप्त करने की अनुमति देकर, क्रांतिकारी प्रयास किया था।[19]

इस काल की दूसरी महत्वपूर्ण घटना शूद्र वर्ग का श्रेणियों में संगठित होना था। श्रेणियां निर्णय लेने में स्वतंत्र थी और राजा को भी श्रेणी का निर्णय स्वीकार करना होता था।

कायस्थ लेखन कार्य करने वाले लोगों का उल्लेख गुप्त कालीन अभिलेखों एवं साहित्य में आया है। राजकार्य से जुड़े हुए वे लोग 'कायस्थ' कहलाये जो भूमि का लेखा–जोखा रखते थे एवं भू–हस्तांतरण का कार्य विशेष रूप से करते थे। भू–राजस्व संग्रहण एवं लेखा विभाग के अधिकारी के रूप में इस वर्ग का जन्म हुआ और धीरे–धीरे नई जाति के रूप में परिवर्तित हो गया। कायस्थों को विषय परिषद का सदस्य भी कहा गया है। दूसरे शब्दों में, जिलों में विषयपति की परिषद के सदस्य प्रथम कायस्थ (प्रधान लेखक) और धर्मपाल के फरीदपुर लेख में 'ज्येष्ठ कायस्थ' एक ही पद का सम्बोधन है[20]। याज्ञवल्क्य ने भी इनका उल्लेख किया है और प्रजा को इनसे सावधान रहने की सलाह दी है क्योंकि भूमि सम्बन्धी दस्तावेजों में हेराफेरी से लोगों की बहुत हानि हो सकती है। कायस्थ को मृच्छकटिकम् ने न्यायालय का लेखक बताया है। वस्तुतः वे लोग राजकार्य से जुड़े कई तरह के कामों को करने लगे थे। गौरीशंकर हीराचंद ओझा ने कई प्रमाणों के आधार पर अपने मत का प्रतिपादन करते हुए घोषित किया कि ब्राह्मण एवं क्षत्रिय आदि जो राज्य कार्यों से जुड़े थे कायस्थ कहलाये।[21]

अन्य जातियां गुप्त काल से पूर्व भारत में अनेक विदेशी जातियां प्रवेश कर चुकी थीं। यवन, शक, पह्लव, कुषाण जैसी विदेशी जातियां भारतीय समाज में सम्मानजनक स्थिति पाने को उत्सुक थीं। दूसरे अनुलोम और प्रतिलोम विवाहों से उत्पन्न लोगों को समाज में स्थान चाहिए था। इसके अतिरिक्त इस काल तक आते–आते कई तरह के नये व्यवसायों का विकास हुआ। स्मृतिकारों के लिए नये व्यवसायों के अनुसार जातियों का गठन भी विचारणीय मुद्दा था। विष्णुधर्म सूत्र में दायविधि में द्विज पिता व शूद्र माता से उत्पन्न पुत्र अपने पिता की सम्पत्ति के आधे धन का अधिकारी माना गया। इसके पीछे समाज में अराजकता न फैले उद्देश्य था।

चन्द्रगुप्त विक्रमादित्य ने वाकाटक शासक रुद्रसेन द्वितीय से अपनी पुत्री प्रभावती गुप्त का विवाह किया था जो ब्राह्मण थे स्मृतिकार चाहते थे कि लोग अपनी जाति या वर्ण में ही विवाह करें अथवा अनुलोम विवाह तक सीमित रहें इसी समस्या के समाधान हेतु ऐसी जातियों की परिकल्पना की गई। प्रतिलोम विवाह को मान्यता नहीं देने का स्मृतिकारों का प्रयास अवश्य रहा किन्तु प्रतिलोम विवाहों का प्रचलन भी था। चन्द्रगुप्त द्वितीय की पत्नी कुबेरनागा नाग पुत्री थीं। इतिहासकार नागों को क्षत्रिय मानते हैं। यह विवाह भी वैश्य–क्षत्रिय प्रतिलोम विवाह था।

दास प्रथा स्मृति ग्रंथों से दासों के अस्तित्व का बोध होता है। शांति पर्व में जिक्र आया है कि प्रजापति ने शूद्रों को उच्च वर्ण के दास के रूप में जन्म दिया।[22] किन्तु यहां यह जान लेना आवश्यक है कि शूद्र होने का अभिप्राय दास होना नहीं था। सभी शूद्र दास नहीं होते थे। नारद[23] ने दासों की पन्द्रह श्रेणियों का उल्लेख किया है उनमें से कुछ महत्वपूर्ण इस प्रकार है :

I. ध्वजाहृत (युद्ध में बंदी बनाया गया)
II. भक्तदास – अकाल में भोजन हेतु बना दास
III. गृहज – घर में दासी से उत्पन्न
IV. क्रीत – खरीदा हुआ
V. दत्रिम – माता–पिता या अन्य द्वारा दिया गया
VI. पैतृक पिता से प्राप्त
VII. दण्ड दास– दण्ड स्वरुप बना दास

VIII. अहितक – धरोहर में रखा हुआ

IX. ऋणादास– ऋण न चुका पाने से बना दास

X. जुआं में जीता हुआ

XI. दासी से विवाह के कारण बना

XII. निश्चित समय के लिए बना दास

XIII. स्वंय को बेचने वाला

नारद एवं बृहस्पति के अनुसार दास का कार्य घर एवं सड़क आदि की सफाई, गृह कार्य, मालिक के शरीर की मालिश करना था।[24] दास प्रथा होने के बावजूद गुप्तकाल में दासों के साथ अच्छा व्यवहार किया जाता था।

याज्ञवल्क्य ने जबरन दास नहीं बनाये जाने के लिए चेताया है। यही नहीं शूद्रों की पत्नियों को भी बलपूर्वक दास बनाये जाने का विरोध किया है। कात्यायन के अनुसार ब्राह्मण के अतिरिक्त तीनों वर्ण दास बन सकते थे। याज्ञवल्क्य ने सुझाया है कि दास का वर्ण (जाति) मालिक के वर्ण से नीचा होना चाहिए। मृच्छकटिकम् से जानकारी मिलती है कि बालक को बेचना गुप्तकाल में निकृष्ट कर्म माना जाता था।[25] रामशरण शर्मा की मान्यता है कि गुप्तकाल में वर्ण व्यवस्था कमजोर हुई इसके साथ ही दास प्रथा की पकड़ ढ़ीली हुई। अमरकोश में दासियों के दल का जिक्र आया है जो इस बात का प्रमाण है कि दासियां भी होती थी और धनी लोगों के घरों में चेरियों का काम करती थी। संभवतः आदिम जातियों की भी दासियां और चेरियां घरों में रखी जाती होंगी।

दासों के साथ अच्छा व्यवहार किया जाता था यही कारण रहा है कि विदेशी यात्री भारत के दासों की जानकारी नहीं कर पाये। नारद स्मृति दास मुक्ति का जिक्र किया है।

स्त्रियों की स्थिति तत्कालीन साहित्य में स्त्रियों की उच्च एवं आदर्श स्थिति दर्शाई गई है किन्तु तुलनात्मक दृष्टि से स्थिति में गिरावट के कई उल्लेख मिलते हैं। कालीदास के साहित्य से उच्चवर्गीय स्त्रियों की मर्यादापूर्ण एवं आदर्श स्थिति का बोध होता है लेकिन साधारण वर्ग की महिलाओं की दशा दयनीय थी। स्मृतिकारों ने कन्या, पत्नी एवं माता की अवस्थाओं में वह क्रमशः पिता, पति एवं पुत्र के नियंत्रण में पूर्ववत् कर दी गई। याज्ञवल्क्य ने मनु के कथन को आगे बढ़ाते हुए इन सबके न रहने पर जाति के लोगों पर, उसकी रक्षा का दायित्व सौंप दिया।

गुप्तकाल में कम आयु में विवाह होने लगे थे। दरअसल विवाह की उम्र कम कर देने का एक मूल कारण विदेशी आक्रान्ताओं द्वारा, स्त्रियों के प्रति अनाचार का भय था। लम्बे अरसे से भारत पर होने वाले यवन, शक, कुषाण और हूण जैसे आक्रमणों ने स्मृतिकारों को इस ओर सोचने के लिए प्रेरित किया। कम आयु में विवाह का दूसरा कारण अन्तर्जातीय विवाहों को रोकना भी था। वर्ण की विशुद्धता के लिए बाल विवाह उपयोगी समाधान था।

अल्पायु में विवाह से स्त्री शिक्षा को ठेस पहुंची। स्मृतिकारों ने स्त्रियों के लिए वैदिक शिक्षा को आवश्यक नहीं माना। तथापि स्त्रियों को ललित कला, पाक कला, नृत्य, संगीत, चित्रकला एवं लौकिक विषयों की शिक्षा दी जाती थी। राजशेखर को काव्य मीमांसा से जानकारी मिलती है कि स्त्रियां कवयित्री भी होती थीं। अभिज्ञान शाकुंतलम् में कालिदास ने अनुसूइया को इतिहास का ज्ञाता कहकर सम्बोधित किया है। शिक्षिकाओं के लिए अमरकोष में आचार्या, उपाध्याय एवं उपाध्यायी कहा है। इन उदाहरणों से उच्चवर्गीय स्त्री जगत की स्थिति का ही ज्ञान होता है।

पति के साथ पत्नी कहीं भी आ–जा सकती थी। व्यवसायी एवं चिकित्सक स्त्रियां विशिष्ट पुरुषों से बात कर सकती थीं किन्तु अजनबी व्यक्तियों से निरर्थक वार्तालाप का अधिकार प्राप्त नहीं था। पर्दा किये बिना स्त्रियों के घूमने का जिक्र मिलता है तथापि समाज में बंधन थे। शकुन्तला जब राजा दुष्यंत से दरबार में मिलने गई। तब अपने मुख को अवगुंठन से ढंकने का उल्लेख अभिज्ञान शाकुंतलम् में आया है। इतिहासकारों की मान्यता है कि दक्षिण भारत में यवन, शक, कुषाणों का प्रभाव नहीं था अतः वह क्षेत्र पर्दा प्रथा से मुक्त रहा। गुप्तकालीन एलोरा–अजंता चित्रों में स्त्रियों को पर्दे में नहीं दिखाया गया। किन्तु उत्तर भारत में पर्दा से लोग परिचित थे।

गुप्तकाल में एक पत्नी विवाह का ही प्रचलन था तथापि बहुविवाह होते थे जिससे स्त्रियों का प्रभाव कम हुआ। माता–पिता द्वारा वर का चयन किया जाता था किन्तु वर–वधु स्वेच्छा से भी विवाह कर सकते थे। स्वयंवर प्रथा के उल्लेख भी मिलते हैं। कालिदास ने आठ प्रकार के विवाहों का उल्लेख किया हैः ब्राह्म, प्राजापत्य, आर्ष, दैव, आसुर, गंधर्व, राक्षस एवं पैशाच।

सामान्यतः ब्राह्म विवाह (पिता द्वारा तय किया हुआ विवाह) का प्रचलन था। समाज अंतिम चार विवाहों से घृणा करता था। स्मृतियों में विधवाओं के लिए ब्रह्मचर्य, व्रत, नियम आदि का जिक्र आया है। याज्ञवल्क्य ने दूसरा विवाह करने वाली 'पुनर्भू' का भी उल्लेख किया है। यद्यपि नारद एक बार विवाह का समर्थन करते हैं किन्तु विधवा विवाह की भी अनुमति कुछ शर्तों के साथ प्रदान की है। सच्चरित्र कन्या का गलती से कलंकित पुरुष, पति के मरने, संन्यासी, नंपुसक एवं पतित होने पर पुनर्विवाह की अनुमति नारद ने दी है।[26] चन्द्रगुप्त विक्रमादित्य ने अपने बड़े भाई की विधवा ध्रुवस्वामिनी या ध्रुवदेवी से विवाह किया था। दूसरी ओर रुद्रसेन की मृत्यु के बाद प्रभावती गुप्त ने पुनर्विवाह नहीं किया और अपने पिता की सलाह से वाकाटक राज्य का शासन संचालित किया।

दास अधिकार बृहस्पति एवं विष्णु ने विधवा के दायाधिकार को स्वीकार किया है। नारद के अनुसार, विधवा के भरण–पोषण का दायित्व राज्य का है। कात्यायन, जिन्हें गुप्तकालीन (400–600 ई.) स्मृतिकार माना जाता है, ने स्त्रीधन दो प्रकार का माना है– 'सौदायिक' (माता–पिता या पति द्वारा उपहार में दिया हुआ) पर पत्नी का पूर्ण अधिकार था वह इसे किसी को भी दे सकती थी। दूसरे 'असौदायिक' (अन्य द्वारा दिए गए उपहार) को किसी को देने का अधिकार स्त्री को नहीं था। अचल संम्पत्ति बेचने का अधिकार भी कात्यायन ने स्त्रियों को प्रदान किया है। पुत्र–पुत्री विहीन स्त्री की मृत्यु पर स्त्री धन पिता या भाई को प्राप्त होता था।[27]

बृहस्पति ने नई घोषणा करते हुए विधान किया है कि बलपूर्वक शत्रु स्त्री से संभोग करे तो स्त्री को त्यागना नहीं चाहिए अपितु प्रायश्चित करवाकर अपनाया जाना चाहिए। तत्कालीन साहित्य में नर्तकियों अथवा अभिसारिकाओं का जिक्र आया है। कालिदास के अनुसार नर्तक कन्याएं महाकाली के मंदिर में नृत्य करती थीं।[28] पद्म पुराण से जानकारी मिलती है कि मंदिरों के लिए सुंदर–सुंदर कन्याएं खरीदी जाती थीं। संतान न होने पर कई स्त्रियों को अपनी पहली संतान मंदिर को समर्पित करने की मनौती के उल्लेख मिलते हैं।

औरस एवं पौनर्भव– समान वर्ण की पत्नी से उत्पन्न पुत्र औरस पुत्र कहा गया। विधवा या पति द्वारा छोड़े जाने पर अन्य पुरुष से पत्नी रुप में उत्पन्न पुत्र पौनर्भव कहा गया। जिसे सम्मानित नहीं माना गया।

सती प्रथा गुप्तकालीन एरण लेख (510 ई.) में सती प्रथा का जिक्र आया है। सेनापति गोपराज की पत्नी सती हुई थी। पति के मर जाने पर अपनी रक्षा के लिए स्त्रियाँ सती होती थीं। कालिदास, शूद्रक एवं वात्स्यायन से सती प्रथा की जानकारी मिलती है। अपनी विधवा बहन राज्यश्री को सती होने से हर्षवर्धन ने बचाया था। स्मृतिकारों ने सती प्रथा का समर्थन नहीं किया है। विष्णु स्मृति ने स्पष्ट किया है कि कोई भी स्त्री शरीर जलाकर पति की आत्मा से नहीं मिल सकती।[29] आवेश में कुमारसंभव नाटक की पात्र रति के अग्नि की ओर सती हेतु बढ़ने पर दैवी वाणी द्वारा रोके जाने का प्रंसग आया है। निष्कर्षतः कहा जा सकता है कि गुप्त काल में स्त्रियों की स्थिति पूर्व की तुलना में ठीक नहीं थी।

आश्रम सूत्र ग्रंथों की तरह स्मृतिशास्त्रों के रचियताओं ने मनुष्य जीवन को चार भागों में विभक्त किया और चार आश्रम– ब्रह्मचर्य, गृहस्थ, वानप्रस्थ एवं संन्यास के अनुसार जीवन यापन का निर्देश किया है। संभव है सूत्रकाल या बौद्ध काल में कुछ लोग आश्रम व्यवस्था का पालन करते रहे होंगे। किन्तु धीरे–धीरे यह व्यवस्था दो आश्रमों तक सीमित रह गई। समाज के तीनों उच्च वर्णो के बच्चे शिक्षा आदि प्राप्त करने के बाद गृहस्थ जीवन में प्रवेश करते थे। इसी परिप्रेक्ष्य में ब्रह्मचर्य के बाद गृहस्थ आश्रम का महत्व समझा जा सकता है। किन्तु वानप्रस्थ एवं संन्यासी रूप में कितने लोग स्मृतिकारों के निर्देशानुसार जीवन यापन करते थे कहा नहीं जा सकता। पी.एल. गुप्त का भी यही मान्यता है कि व्यवहारिक रूप में किस सीमा तक पालन किया जाता था कहना कठिन है। गुप्तकाल में इसका क्या रूप था यह जानना तो और भी कठिन है।[30] आश्रम पद्धति का आरम्भ पी.वी. काणे[31] ऐतरेय ब्राह्मण के समय से शुरुआत (33/11) मानते है :

किं न मलं किमजिनं किमुश्मश्रूणि किं तपः
पुत्रं ब्राह्मण इच्छध्वं स वै लोकोवदावदः

इस श्लोक के आधार पर रीज डेविड्स[32] एवं जीसी पाण्डे जैसे कई विद्वान चतुराश्रम्य व्यवस्था का प्रारम्भ वैदिक काल से स्वीकार नहीं करते। अधिकांश विद्वानों ने आश्रम व्यवस्था को सूत्रकाल की देन माना है।

आश्रम शब्द संस्कृत की श्रम धातु से बना है जिसका अभिप्राय है प्रयत्न अथवा प्रयास करना। धर्म, अर्थ, काम एवं मोक्ष जैसे चार पुरुषार्थों की अवधारणा का विकास आश्रम पद्धति से माना गया एवं ज्ञान, कर्तव्य, त्याग एवं आध्यात्म को ब्रह्मचर्य गृहस्थ वानप्रस्थ एवं संन्यास से जोड़ दिया गया। मोटे रूप से मनुष्य की सौ वर्ष की आयु मानते हुए प्रत्येक आश्रम के पच्चीस वर्ष निर्धारित कर दिये गये।

पुरुषार्थ चतुष्टय अर्थात 'धर्म' (धर्म से नैतिक मूल्य और उसकी चेतना का बोध माना गया), 'अर्थ' (वे सभी भौतिक साधन जो मनुष्य को सांसारिक सुख मुहैया करवाते हैं), 'काम' (पितृ ऋण के शोधन का अंग माना गया, बिना काम के पितृ ऋण की पूर्ति संभव नहीं मानी गई) एवं 'मोक्ष' (आत्मज्ञान की सर्वोच्च अवस्था) के सिद्धान्त की वास्तविक अभिव्यक्ति आश्रम व्यवस्था द्वारा हुई।[33]

ब्रह्मचर्याश्रम शिक्षा के इस काल का प्रारम्भ उपनयन संस्कार से होता था। बालक के जन्म से क्रमशः 8, 11 एवं 12 वर्ष ब्राह्मण, क्षत्रिय एवं वैश्य के लिए उपनयन संस्कार की आयु निर्धारित की गई। उपनयन से अभिप्राय आचार्य के समीप ले जाना (उप + नयन) था, जिससे बच्चे के ज्ञान चक्षु खुलते है। स्त्रियों के उपनयन का उल्लेख आश्वालायन गृह्य सूत्र (3/8/11) में आया है। बौद्ध बालकों की शिक्षा का प्रारम्भ 7 वर्ष कहा गया है। बच्चों को व्याकरण गणित, ज्योतिष, इतिहास, पुराण, औषधि विज्ञान, धनुर्वेद, गंधर्व वेद, अर्थशास्त्र, तर्क शास्त्र एवं आन्वीक्षकी (राजनीति) आदि की शिक्षा दी जाती थी। ज्ञानार्जन की अवधि 25 वर्ष तय की गई, जिसे अधिकतम 30 वर्ष तक माना गया। अध्ययन समाप्ति के बाद गृहस्थ जीवन में प्रवेश करने वाले ब्रह्मचारियों को 'उपकुर्वाण' कहा गया। आजीवन ज्ञानार्जन में लगे लोग 'नैष्टिक' कहे जाते थे। उल्लेखनीय है कि बच्चों को मौखिक एवं व्यवहारिक दोनों प्रकार की शिक्षा दी जाती थी। सारनाथ से प्राप्त मूर्ति फलक पर लिखने वाली तख्ती के लिए बालक का चित्रण हुआ है जो इस बात का संकेत है कि बच्चों की प्रारम्भ में लिपि ज्ञान करवाया जाता था। यद्यपि फाहयान के विवरण से लिपिबद्ध साहित्य की जानकारी नहीं मिलती। इतिहासकारों की मान्यता है कि गुप्तकाल में ज्ञान का आधार मौखिक ही था। सुनकर ही शिष्य ज्ञान प्राप्त करते थे।

जन–सामान्य के बच्चे गुरु के पास जाकर शिक्षा प्राप्त करते थे राजघरानों एवं धनी लोगों के बच्चों को घर पर शिक्षा दिये जाने की जानकारी मिलती है। स्त्रियों को शिक्षा दिये जाने का बोध वात्स्यायन के कामसूत्र, मालविकाग्निमित्रम् ललित विस्तर, रघुवंश, मेघदूत जैसे ग्रंथों से होता है। बालिकाओं को चित्रकला, संगीत, नृत्य, गृहसज्जा जैसे विषयों का ज्ञान करवाया जाता था।

गृहस्थाश्रम शैक्षिक जीवन की समाप्ति एवं गृहस्थाश्रम की शुरूआत समावर्तन संस्कार से होती थी। समावर्तन संस्कार से बालक स्नातक कहलाता था। स्नातक को गृहस्थाश्रम में प्रवेश के योग्य माना गया। व्यक्ति विवाह द्वारा कर्म क्षेत्र में प्रवेश करता था। प्रकृति की व्यवस्था बनी रहे इस उद्देश्य से पांच यज्ञों का प्रावधान किया गया। पर्यावरण एवं पशु–पक्षी जगत के कल्याण के लिए सोचा गया और प्रकृति के निमित्त किये गये कृत्यों को यज्ञ की संज्ञा दी गई।

पंच महायज्ञ पंच महायज्ञ में 'ब्रह्मयज्ञ' (सांस्कृतिक धरोहर को अक्षुण्ण रखना जो वेदाध्ययन आदि से संभव था), 'पितृयज्ञ' (संतान उत्पत्ति द्वारा पितृ ऋण का शोधन), 'देवयज्ञ' (वनस्पति जगत एवं पानी को स्वच्छ रखना शामिल था), 'भूतयज्ञ' (जीवों के लिए अन्न भोजन का दान आदि) एवं 'नृयज्ञ' (भूखे अतिथि को अन्न जल प्रदान करना) शामिल थे। उक्त पंच महायज्ञ द्वारा गृहस्थ को सामाजिक एवं प्रकृति सम्बंधी दायित्वों को पूरा करना होता था।

संस्कार मनुष्य जीवन को उन्नत, परिष्कृत एवं सुसंस्कृत बनाने के लिए संस्कारों का प्रावधान किया गया। संस्कार से अभिप्राय है– शुद्धता अथवा पवित्रता। पी.वी. काणे के अनुसार, ''संस्कार वह हैं जिनके होने से कोई पदार्थ या व्यक्ति किसी कार्य के योग्य हो जाता है। संस्कारों द्वारा व्यक्ति को बहुमुखी जीवन को उभारने के अवसर ही नहीं मिलते अपितु प्रत्येक संस्कार जीवन के महत्वपूर्ण सोपान से सम्बद्ध होने के कारण व्यक्ति को उस ओर अग्रसर होने का मनोबल भी मिलता है।'' कुल 80 संस्कारों का जिक्र गौतम ध र्मसूत्र में हुआ है उनमें से 16 प्रमुख हैं:

- गर्भाधान (निषेक–विवाह के बाद उचित समय में धार्मिक भावना से गर्भ धारण करना)
- पुंसवन (पुत्र प्राप्ति के लिए द्वितीय या तृतीय माह में किया जाता था)
- गर्भरक्षण (इसका वर्णन अश्वलायन गृह्यसूत्र में आया है, आत्म रक्षा हेतु किया जाता था)

  सीमन्तोन्नयन (गर्भवती स्त्री द्वारा तीसरे अथवा आठवें माह में केशों अर्थात् सीमान्त को ऊपर उठाकर प्रार्थना करने का प्रावधान था)
- जातकर्म (नवजात शिशु को घृत एवं मधु मुंह में लगाये जाने का प्रावधान)
- नामकरण (शिशु जन्म के दसवें अथवा बारहवें दिन नामकरण किया जाता था)
- निष्क्रमण (शिशु को जन्म के चतुर्थ मास बाद घर से बाहर निकालने की प्रथा)
- अन्नप्राशन (जन्म के छठे मास में अन्न खिलाकर इसका सम्पादन किया जाता था।)
- कर्णवेध (कात्यायन सूत्र में इसकी चर्चा हुई है–कर्ण छेदन किया जाता था)
- चौल या मुण्डन (शिशु के तीन वर्ष बाद बाल उतरवाये जाने पर किया जाने वाला संस्कार था)
- उपनयन (बच्चे को शिक्षार्थ आचार्य के पास भेजने हेतु किया जाने वाला संस्कार है। विद्यारम्भ करने हेतु ब्राह्मण 8, क्षत्रिय 11 वर्ष, वैश्य 12 वर्ष में किये जाने की व्यवस्था थी, इस अवसर पर यज्ञोपवीत (जनेऊ) पहनाया जाता था)
- उत्सर्ग (किसी–किसी ऋतु में अध्ययन का त्याग ही उत्सर्ग संस्कार था)
- समावर्तन (शिक्षा समाप्ति के बाद उपाधि प्रदान करने हेतु किया जाता था, स्नान के बाद गुरु–शिष्य को योग्य प्रमाणित करता था)
- विवाह (गृहस्थाश्रम प्रवेश हेतु विवाह द्वारा व्यक्ति सामाजिक दायित्वों के योग्य बनता है)
- महायज्ञ (गौतम व अंगिरा में इसका जिक्र है –प्रतिदिन पांचयज्ञ करने होते हैं।)
- अन्त्येष्टि (मृत्युपरान्त पार्थिव शरीर की दाह क्रिया को अन्त्येष्टि या अंतिम संस्कार कहा गया है। व्यक्ति के लिए परलोक में शांति की कामना की जाती थी)।

कहा जा सकता है कि, इन संस्कारों के माध्यम से सामाजिक मूल्यों, आदर्शों तथा प्रतिमानों का मनुष्य को बोध करवाना एक महत्वपूर्ण उद्देश्य रहा है। संस्कार द्वारा मनुष्य सामाजिक व्यक्तित्व धारण करता है। उसे सामाजिक कर्तव्यों का ज्ञान करवाया जाता था। उपनयन एवं विवाह आदि के अवसर पर सभी परिजन एकत्र होकर संस्कार सम्पन्न करवाते थे। नैतिक दायित्वों के प्रति जागरूक बनाया जाना भी संस्कार का उद्देश्य था। साथ ही इस बात का बोध करवाया जाना था कि जिस मार्ग में वह अग्रसर है उसके साथ समाज के लोग हैं।

गुप्तकालीन रहन–सहन एवं समाज के विषय में शूद्रक के मृच्छकटिकम् में उल्लिखित उज्जयिनी की वैश्या बसंत सेना के आठ खण्डों वाले प्रासाद से धनी वर्ग के घरों के ऐश्वर्य एवं विलास की तस्वीर बनती है। कामसूत्र का रचियता वात्स्यायन का 'नागरक' भी कला प्रेमी का प्रतिनिधित्व करता है। फाह्यान ने भारतीयों की वेशभूषा, स्वच्छता, सुंदरता, अतिथि सत्कार एवं उदारता की प्रशंसा की है।

निष्कर्ष कहा जा सकता है कि गुप्तकाल ने समाज की परम्पराओं एवं सांस्कृतिक मापदण्ड स्थापित किये। कई इतिहासकार गुप्तकाल को स्वर्ण युग या हिन्दू पुनर्जागरण का काल नहीं मानते। तथापि हमें यह स्वीकार करना होगा कि गुप्त शासकों ने लंबे समय तक भारत में शांति व्यवस्था बनाये रखी। परिणामस्वरूप प्रत्येक क्षेत्र में प्रगति हुई। स्थापत्य, मूर्ति कला, चित्रकला, साहित्य, संगीत, विज्ञान अर्थात ऐसा कोई क्षेत्र नहीं था, जिसमें गुप्त काल का योगदान न रहा हो। यही गुप्तकाल की उपलब्धि थी और हम इन महत्वपूर्ण तथ्यों के आधार पर गुप्त काल को स्वर्ण युग मानना ही चाहिए और इसे समाज एवं संस्कृति का उत्कृष्ट काल भी अवश्य कहेंगे।

सन्दर्भ :

1. दुबे हरि
1. श्रेण्य युग, पृ. 12–13.
2. गुप्त, पी.एल. गुप्त साम्राज्य पृ. 412.
3. देखिये फ्लीट, का. इ. इ., खण्ड 3 का हिन्दी अनुवाद, पृ. 110.
4. विष्णु पुराण 2/6/9.
5. कात्यायन स्मृति, श्लोक–11
6. मनुस्मृति 7/133–34.
7. फ्लीट, वही, पृ. 88–89.
8. गुप्त पी.एल., वही, पृ. 417.
9. मिश्र जयशंकर, ग्यारहवीं सदी का भारत, वाराणसी, 1968, पृ. 115.
10. गाइल्स, ट्रेवल्स ऑफ फाह्यान, पृ. 21, पी.एल. गुप्त, वही, पृ. 420 से उद्घृत.
11. अमरकोश– 2/10/5–10– 2/10/12–13.
12. विष्णु स्मृति 7/16.
13. नरसिंह पुराण 58/10–15.
14. याज्ञवल्क्य स्मृति 1/120.
15. याज्ञवल्क्य 9/194.
16. वायुपुराण 101/353.
17. विष्णुपुराण 3/8/12.
18. मनुस्मृति 2/238.
19. मेधातिथि (मनुस्मृति भाष्य) 2/238.
20. देखिये गुप्त पी.एल., वही, पृ 392.
21. ओझा, गौरीशंकर हीराचंद, मध्यकालीन भारतीय संस्कृति पृ 47.
22. शांति पर्व, 60/27.
23. नारद स्मृति 5/26–28.
24. नारद 5/5–7; बृहस्पति स्मृति 15/16
25. मृच्छकटिक, पृ. 309.
26. नारदस्मृति 18/28.
27. याज्ञवल्क्य स्मृति 2/145.
28. मेघदूत 1/35.
29. विष्णु स्मृति, मृतोऽपि बान्धवः शक्ततो नानगन्तु प्रिय जनम।
    जायावर्जहि सर्वस्य याम्यः पंक्षा विरुध्यते।।
30. गुप्त पी.एल., वही, पृ. 422.
31. काणे पी.वी. धर्मशास्त्र का इतिहास, भाग–1 पृ. 265
32. रीजडेविड्स, द डायलाग्स ऑफ द बुद्धा, 1, पृ. 212; पाण्डे जी.सी. बौद्ध धर्म के विकास का इतिहास पृ. 25.
33. कपाडिया के.एम. मैरिज एण्ड फैमली इन इण्डिया पृ. 27

48 शिक्षा एवं शैक्षिक संस्थान
(Education and Educational Institution)

एक राष्ट्र का आदर्श उसकी शिक्षण संस्थाओं में प्रतिबिम्बित होता है। दूसरे शब्दों में, किसी भी राष्ट्र के सांस्कृतिक स्तर को उसकी शिक्षा पद्धति एवं साहित्य में खोजा जाना चाहिए। भारत की प्राचीन संस्कृति के गौरवपूर्ण इतिहास के ज्ञान के साथ उसके मौलिक आधार जिसके कारण भारत विश्व में गरिमामय स्थान बना सका, शिक्षा पद्धति और उसकी सामान्य विशेषताओं का पुनरीक्षण आवश्यक है। जवाहरलाल नेहरू ने अपनी आत्मकथा में भारतीय संस्कृति के विषय में कहा है कि, ''ज्ञान की खोज ही इसकी प्रमुख विशेषता है।'' ज्ञान अर्थात् वेदों का ज्ञान, जिन्हें ध्वनि के माध्यम से कंठस्थ रखा जाता था। वेदों में जिस व्यापक या सर्वमान्य सत्य का उद्घाटन किया है, उसका ज्ञान। कुमारिल भट्ट तक वेदों को स्वाध्याय द्वारा कंठस्थ करने की परम्परा थी। उस समय तक लिखित स्वरूप नहीं मिला था।

शिक्षा का महत्व : ज्ञान को मनुष्य का तृतीय नेत्र भी कहा गया है, जो उसे समस्त तत्वों के मूल को समझने में समर्थ बनाता है।[1] ज्ञान से अनेक संशय दूर होते हैं एवं वास्तविक सत्य को समझा जा सकता है। ''अनेक संशयोच्छेदि परोक्षमेस्य दर्शकम्।'' विद्याविहीन मनुष्य को पशु बताया गया–''विद्याहीनः पशु।'' शिक्षा प्राप्त किए बिना व्यक्ति विप्रत्व अर्थात ज्ञानवान नहीं बन सकता था, जैसा कहा हैः

''जन्मना जायते शूद्रः संस्कारेण् द्विज उच्यते।

विद्यया याति विप्रत्वं त्रिभिः श्रोत्रिय उच्यते''

शिक्षा ही सच्चे अर्थों में हमें मनुष्य बनाती है। इसलिए शिक्षा से रहित हमारा जीवन व्यर्थ और मूल्य–रहित है। इस तरह भारतीय संस्कृति के इतिहास पर धार्मिकता का अधिक प्रभाव रहा है।[2]

आलोच्यबुद्धि मनुष्य के गुण–अवगुण को परखने की शक्ति तथा उचित–अनुचित को समझने तथा आत्मिक विकास और सांसारिकता से आध्यात्मिकता की ओर प्रवृत्ति शिक्षा से सम्भव मानी गई। आत्मा के सच्चे स्वरूप को समझना ही मोक्ष का साधन है एवं मोक्ष को ही परम पुरुषार्थ माना गया।[3] यहाँ धार्मिक वातावरण का अभिप्राय ब्रह्मचारी को संसार का परित्याग कर ईश्वर की खोज में संन्यासी बनना नहीं बल्कि स्नातकों से गृहस्थ होने की आशा की जाती थी। भारतीय शिक्षा केवल पुस्तक में निहित ज्ञान तक ही सीमित नहीं थी, शिक्षा की सार्थकता विवेक बुद्धि द्वारा कार्य के सफलतापूर्वक निष्पादन में निहित मानी गई है, कहा भी है–

यस्य नास्ति विवेकस्तु केवल यो बहुश्रुतः

न स जानातिशास्त्रर्थन्दवी पाकर सानिव।

विवेकशीलता एवं चारित्रिक विकास व्यक्तित्त्व के सम्यक् विकास के लिए उचित–अनुचित का बोध और ग्रहण करने योग्य ज्ञान आवश्यक कहा गया। जैसा मॉण्टेन ने भी कहा है, ''यदि शिक्षा से हमारा मानस उन्नत और विवेक सुस्थिर नहीं होता तो उस पाण्डित्य से कहीं अच्छा है कि टेनिस में कौशल प्राप्त कर लिया जाए।''

मनुष्य के चरित्र का उत्थान शिक्षा का एक प्रमुख उद्देश्य है। कहा भी है कि सुच्चरित्र ब्राह्मण जिसे केवल गायत्री मंत्र का ज्ञान हो, वह उस पण्डित से कहीं उत्तम है जिसने सम्पूर्ण वेदों में पाण्डित्य प्राप्त कर लिया है किन्तु जिसका चरित्र अपवित्र है।[4] यह भी स्वीकार किया गया कि ब्रह्मचारी का तप और आचरण इतना शक्तिमान एवं दिव्य होता है कि राजा ब्रह्मचर्य के तप से राष्ट्र की रक्षा करने में समर्थ होता है।[5] नैतिक भावना का विकास करके मनुष्य के चरित्र को उदात्त और महान् बनाना भारतीय शिक्षा का एक प्रमुख उद्देश्य था, जैसा कहा गया है :

विद्या ददाति विनयं विनयाद्याति पात्रताम्,

पात्रत्वद्धन माप्नोति धनार्धम ततः सुखमः।

आत्म सम्मान की भावना का विकास करना भी शिक्षा का एक प्रमुख उद्देश्य था अर्थात् व्यक्ति में आत्म विश्वास की भावना बढ़े, इस पर भी ध्यान दिया जाता था।

सांस्कृतिक परम्पराओं का माध्यम शिक्षा को सामाजिक और सांस्कृतिक परम्पराओं के अविच्छेद का मुख्य साधन माना गया है। वैदिक साहित्य के संरक्षण का दायित्व सम्पूर्ण जाति पर था। जिस तरह से सहस्त्रों वर्षों से पिता–पुत्र और गुरु–शिष्य परम्परा द्वारा भारत में वैदिक साहित्य को जीवित रखा गया, उसकी समता विश्व की किसी दूसरी सभ्यता में नहीं मिलती। इस विधि से व्यावसायिक कुशलता की भी रक्षा की गई।

विद्यार्थी को समावर्तन संस्कार के समय कई पहलुओं के लिए निर्देशित किया जाता था, जैसे–सत्य बोलना, धर्म का आचरण करना, सत्य से न हटना, लाभ कार्य में प्रमाद न करना, देवता, पितरों के कार्य में प्रमाद न करना, माता को देवी समझना, आचार्य को देवता समझना, आदि।[6]**व्यावसायिक शिक्षा** शिक्षार्थी को सामान्यतः उसी व्यवसाय की शिक्षा दी जाती थी, जिसे आगे जाकर उसे अपने जीवन में अपनाया जाना था। नवयुवकों को उनके पूर्व निश्चित व्यवसायों की शिक्षा देना भी तत्कालीन शिक्षा प्रणाली का उद्देश्य था। वैदिक शिक्षा में समाज के आर्थिक उन्नयन से मोक्ष का विरोध न मान कर व्यक्ति के सर्वांगीण विकास का मार्ग खोल दिया। यह वैदिक सभ्यता की व्यापकता एवं उदारता का अनुपम उदाहरण है।

विद्यार्थी के लिए शिक्षा के इस उच्चतम स्तर को प्राप्त करने के लिए आत्म–नियंत्रण एवं अन्तर्शुद्धि आवश्यक थी।[7] शिक्षा का सम्बन्ध इस महत्वपूर्ण पद्धति से होने के कारण विद्यार्थी को अन्तःवासी होना पड़ता था अर्थात् गुरु के समीप अरण्य (जंगल में स्थित आश्रम) में जाकर शिक्षा ग्रहण करने का प्रावधान था जहाँ गुरु–शिष्य को अन्य व्यवसायिक शिक्षाओं के साथ आत्मज्ञान की प्राप्ति में सहयोग करता था।

गुरुकुल व्यवस्था प्राचीन मनीषियों की मान्यता थी कि सहवास या संगति और अनुकरण का विद्यार्थी के चरित्र निर्माण और बुद्धि के विकास में महत्वपूर्ण योगदान होता है। टैगोर ने कहा है कि भारतीय ज्ञान स्त्रोत वनों में प्रस्फुटित हुए और उनकी धारणाओं से यहाँ के ग्राम और नगर अभिसिंचित हुए। छान्दोग्य उपनिषद् से जानकारी मिलती है कि उद्दालक आरुणि का पुत्र श्वेतकेतु गुरुकुल में शिक्षा प्राप्त करने गया था।[8] शिक्षार्थी को 'अन्तःवासी' (आचार्य के सान्निध्य में वास करने वाला) कहा गया है। गुरुकुल व्यवस्था का विवेचन करने से पूर्व शैक्षणिक संस्कार (उपनयन) के बारे में कुछ जानकारी प्राप्त करना उचित होगा।

उपनयन यह संस्कार उस समय होता रहा जब विद्यार्थी शिक्षा प्रारम्भ करता था। अथर्ववेद में इस संस्कार को वेदाध्ययन के लिए दीक्षा का सूचक कहा है। आपस्तम्ब और भारद्वाज विद्याध्ययन व इच्छुक व्यक्ति के, श्रुति के अनुसार संस्कार को उपनयन कहते हैं। दूसरे शब्दों में, उपनयन का अभिप्राय बालक को आचार्य के समीप ले जाना था। कहा भी है–'उपसमीपे आचार्यदीनां वदो नीतिनयन प्रापण मुपनयनम्', संस्कार से अभिप्राय सुधारना या संयत करना था अर्थात् किसी पदार्थ को गुणयोग्य बनाना। आर.के. मुखर्जी के अनुसार प्राचीन काल में उपनयन को आधुनिक स्कूल में प्रवेश के समान मान सकते हैं।[9]

उपनयन के माध्यम से शिक्षा को व्यापक बनाकर पूरे भारतीय समाज को साक्षर बनाने का उद्योग किया गया। वेद की किसी नवीन शाखा का अध्ययन प्रारम्भ करने से पूर्व पुनः उपनयन किया जाता था। याज्ञवल्क्य ने निर्देशित किया है कि महाव्याहृतियों (कठिन व्रत या संकल्प) से शिष्य का उपनयन करके गुरु को वेद का अध्यापन करवाना चाहिए और शौच एवं आचार की शिक्षा देनी चाहिए।[10] कहा जाने लगा कि उपनयन से व्यक्ति का नया जन्म होता है एवं वह द्विज कहलाता है।[11]

द्विज : उल्लेखनीय है कि द्विज दोबार जन्म लेने वाले को कहा गया। उपनयन संस्कार से बच्चे का दूसरा जन्म माना गया। ब्राह्मण, क्षत्रिय व वैश्य उपनयन (या यज्ञोपवीत) के बाद द्विज कहे गये। यह शब्द आगे जाकर केवल ब्राह्मण वर्ग का ही बोधक बन गया। इस तरह उपनयन संस्कार–ब्रह्मचर्य जीवन की मर्यादा, शिष्टता और आत्मसंयम उसकी प्रमुख विशेषता थी। ब्रह्मचारी अपने को ज्ञान के पथ पर एक आत्मनिर्भर यात्री समझता था।

ब्रह्मचर्य आश्रम ब्रह्मचर्य दो शब्दों 'ब्रह्म' और 'चर्य' से बना है। ब्रह्म का अर्थ है – 'वेद' अथवा महान् और 'चर्य' से तात्पर्य है–अनुसरण करना। इन दोनों का सम्मिलित अभिप्राय है, "ब्रह्म के मार्ग पर चलना।" दोनों एक–दूसरे के समानार्थी हैं। ब्रह्मचर्य का तात्पर्य केवल इन्द्रिय निग्रह ही नहीं है बल्कि इसके साथ ही वेदाध्ययन भी है।[12] आश्रम शब्द संस्कृत की 'श्रम' धातु से बना है, "आश्राम्यन्ति अस्मिन इति आश्रम", अर्थात् एक ऐसा जीवन स्तर जिसमें व्यक्ति खूब श्रम करता है। प्रारम्भिक उपनिषदों में तीन तथा जाबाल उपनिषद् में चारों आश्रमों के नाम मिलते हैं। इनकी व्यवस्था प्राचीनतम धर्मसूत्रों में मिलती है।[13] चारों आश्रमों में ब्रह्मचर्य को प्रथम स्थान दिया गया।

तीन ऋण का विधान धीरे–धीरे वैदिक साहित्य बढ़कर विशाल हो गया था। उसे अक्षुण्ण बनाए रखना समाज का कर्तव्य माना गया। अतः प्राचीन व्यवस्थाकारों ने तीन ऋणों का प्रावधान किया। तीन ऋण थे–देव ऋण, ऋषि ऋण एवं पितृ ऋण। मनु ने निर्देशित किया है कि तीन ऋणों से मुक्त होकर मन को मोक्ष में लगाएँ।[14] आगे लिखा है, जो द्विज वेदों को न पढ़कर तथा पुत्रों की उत्पत्ति और यज्ञों का निष्पादन न कर संन्यास की इच्छा करता है वह निम्न गति को प्राप्त होता है।[15] ब्रह्मचर्य आश्रम में ऋषियों के प्रति ऋण (ऋषि ऋण) को व्यक्ति ब्रह्मचारी रूप में रहकर, ऋषियों के संचित ज्ञान को प्राप्त कर और उसके सातत्य (निरन्तरता) को बनाए रखने में योगदान देकर उऋण हो सकता था। प्राचीन मनीषी केवल वस्तुनिष्ठ ज्ञान (Objective Knowledge) को ही वास्तविक ज्ञान नहीं मानते थे, क्योंकि इससे मनुष्य के अन्तिम उद्देश्य एवं पुरुषार्थ (मोक्ष) की प्राप्ति सम्भव नहीं मानी गई। वास्तविक ज्ञान ब्रह्म का ज्ञान था जिसे मुक्ति का साधन कहा गया, 'सा विद्या या विमुक्तये', ऐसा ज्ञान विद्वान शिक्षक ही दे सकता था। अतः आचार्य के चयन में भी सावधानी की आवश्यकता होती थी। व्यास के अनुसार आचार्य वेदनिष्ठ, धर्मज्ञ, कुलीन, पवित्र एवं शाखा के अध्ययन में आलस्य न रखने वाला हो।[16] इसका सम्बन्ध व्यक्ति से था तथा इसकी प्राप्ति हेतु शिक्षक–शिक्षार्थी में घनिष्ठ सम्बन्ध अनिवार्य शर्त बन गई और इस दृष्टि से उपनयन अपेक्षित माना गया।[17] गुरुकुल में निवास करने वाले ब्रह्मचारियों के दो प्रकार कहे गए हैं– एक प्रकार के ब्रह्मचारी 'उपकुर्वाण', जो कुछ प्रतिदान देते और ब्रह्मचर्य आश्रम के बाद गृहस्थाश्रम में प्रवेश करते थे। दूसरे 'नैष्ठिक' जो ब्रह्म ज्ञान के निमित्त मृत्युपर्यन्त ब्रह्मचारी रहते थे। उपकुर्वाण ब्रह्मचारियों की संख्या अधिक होती थी जो दक्षिणा देकर गृहस्थ जीवन में प्रवेश करते थे।

आश्रम व्यवस्था एवं शिक्षा अनिवार्यता : ब्रह्मचारियों के विधान को ब्रह्मचारी धर्म कहा गया, जिसमें अग्निपरिचर्या, भिक्षाटन, सन्ध्योपासन, वेदाध्ययन एवं गुरु सुश्रुषा आदि सम्मिलित थे। पवित्र अग्नि के लिए लकड़ियाँ एकत्र करना शिक्षार्थी का प्रथम कर्तव्य था।[18] ब्रह्मचारी का दूसरा कर्तव्य आश्रम के पशुओं को चराना तथा आश्रम की व्यवस्था देखना था। मुखर्जी के अनुसार इससे शिक्षार्थी श्रम के महत्व से परिचित होता एवं विद्यार्थियों में परस्पर भातृत्व की भावना का विकास होता था।[19] विद्यार्थी का एक कर्तव्य प्रतिदिन भिक्षाटन करना था। भिक्षा से उन्हें जीवन में विनय की शिक्षा मिलती थी। साथ ही उसे इस बात का बोध होता था कि समाज की सहानुभूति और सहायता से ही वह ज्ञान प्राप्त कर अपनी जीविकोर्जन करने योग्य बना है और उसे भी समाज के प्रति

कर्तव्यों का भली–भाँति पालन करना है। यह नियम शिक्षार्थियों में धनी और निर्धन के भेद को मिटाता था। इस प्रावधान से निर्धन से निर्धन छात्र विद्याध्ययन कर सकते थे।

भिक्षा के नियम आश्रम द्वारा संचालित होते थे। नियमानुसार आवश्यकता से अधिक विद्यार्थी भिक्षा ग्रहण नहीं कर सकता था।[20] बड़े शिक्षा केन्द्रों एवं विद्यालयों में दान आदि के धन से भोजन, वस्त्र आदि की व्यवस्था की जाती थी।

पाठ्यवस्तु कुछ परिस्थितियों में अध्ययन बंद रहता था, जिसे 'अनध्याय' कहा जाता था। सूत्र एवं स्मृति ग्रन्थों में विवरण मिलता है कि पहली, आठवीं, चौदहवीं एवं पन्द्रहवीं तिथियों में अध्ययन नहीं किया जाना चाहिए। अनेक शिक्षार्थियों में से किसी एक के न आने पर नए अध्याय का अध्ययन नहीं किया जाता था। ऐसे अवसर पर पूर्व अध्यायों को दोहराया जाता था।[21] अध्ययन का प्रारम्भ (उपाकर्म) श्रावण एवं अन्त (उपसर्जन) पौष माह में होता था। इस तरह वेदाध्ययन 4–5 माह ही होता था। उपनयन के बाद 12 वर्ष का अध्ययन काल माना गया। ब्राह्मण के लिए एक वेद पढ़ना आवश्यक कहा गया किन्तु अन्य दो वर्णों के लिए आवश्यक न था। क्षत्रिय को धनुर्विद्या, राजनीति, दण्ड नीति का ज्ञान करवाया जाता था। वैश्य वर्ग को अर्थशास्त्र की शिक्षा दी जाती थी। शतपथ ब्राह्मण में वेदों के अतिरिक्त विद्यार्थियों को इतिहास–पुराण, व्याकरण, क्षात्रविद्या, तर्कशास्त्र, शिक्षा, निरुक्त, छन्द, नक्षत्र, ज्योतिष, राशि, भूतविद्या की शिक्षा दिए जाने का उल्लेख मिलता है।[22] छान्दोग्य उपनिषद्[23] के एक आख्यान में नारद अनेक विद्याओं का ज्ञान होने का उल्लेख करते हैं। चारों वेदों के साथ इतिहास, पुराण, व्याकरण, गणित, निधिशास्त्र, तर्कशास्त्र, नीति, क्षत्रविद्या, नक्षत्र विद्या, सर्प विद्या, नृत्य एवं संगीत आदि का उल्लेख आया है। शिक्षा समाप्ति के बाद समावर्तन संस्कार होता था। ध्यान देने योग्य है कि, प्राचीन गुरु–शिष्य से शुल्क नहीं लेते थे। समावर्तन के बाद शिष्य श्रद्धापूर्वक कुछ दे सकता था। शिक्षा समाप्ति के बाद विद्यार्थी को करवाए जाने वाले स्नान के कारण उसे 'स्नातक' कहा जाने लगा। वेद का अध्ययन न करने वाले को मूर्खों के समान केवल लोक व्यवहार में हल चलाने में चतुर कहा गया है।[24]

अध्ययन पद्धति वेदों का अध्यापन प्रारम्भ में परिवार और इसके बाद शाखाओं और **जिस शाखा का अध्ययन जिस संस्थान में होता था, उसे चरण कहते थे।** सम्भवतः बाद में एक चरण में ही चार वेद पढ़ाए जाते होंगे। वेदांगों का अध्ययन भी चरणों के साथ जुड़ा हुआ था। शिष्य अपने गुरु के चरण के नाम से प्रख्यात होता था। चरणों के अतिरिक्त परिषद् भी होती थी। चरण के निष्णात व्यक्ति परिषद् के सभासद होते थे तथा विभिन्न चरणों के विद्वान् एक ही परिषद् के सभासद हो सकते थे।

विद्यारम्भ के साथ लिपि एवं संख्या का ज्ञान करा दिया जाता था। प्राचीन ग्रंथों में एक प्रकार के शिक्षकों का विवेचन मिलता है, जो घूम–घूम कर शिक्षा देते थे, उन्हें 'चरण' कहा जाता था।[25] कुछ विद्यार्थियों के लिए खटवारूढ़, दक्षारूढ़, चारणायी शब्द प्रयुक्त हुए हैं। कुछ शिक्षक धन लेकर विद्या सिखाते थे, जिन्हें 'उपाध्याय' कहा जाता था।[26] स्त्री शिक्षा का महत्व इस काल में बना रहा। पाणिनि का व्याकरण पढ़ने वाली कन्या को **'पाणिनिया'** एवं मीमांसा चरण पढने वाली कन्या को **'कायकृत्स्नी'** कहा गया। पाणिनि ने निरन्तर पढ़ने वाली लड़की को **'अध्यात्री'** तथा जल्दी वधू बनने वाली को **'सध्योवधू'** कहा है।

वेदादि ग्रंथों की परीक्षा विधि एवं परिषद परम्परा : राजशेखर ने उल्लेख किया है कि, प्राचीन काल में पाटलिपुत्र की राजसभा में शास्त्रकार परीक्षा होती थी। इसी प्रक्रिया में परिषद् परम्परा का विकास हुआ। विशिष्ट ज्ञान या संशय निवारण परिषदों में सम्भव था। विद्या में निष्णात विद्यार्थियों को 'तर्कवागीश', 'तर्कमार्तण्ड' आदि की उपाधियाँ भी दी जाती थीं। उज्जैयिनी की काव्यकार परीक्षा प्रसिद्ध थी। सभा में नए विद्वान् के आने पर सभा के पूर्व सदस्य वाद–विवाद द्वारा परीक्षा लेते थे। सम्भवतः इस प्रक्रिया में पारितोषिक भी दिया जाता था। कात्यायन ने विद्वान् को किस प्रकार धन मिल सकता है, उल्लेख किया है, ''जो ब्राह्मण अच्छे ढंग से वेद पठन करता था उसे धन मिलता था।'' कभी–कभी राजाओं द्वारा भी धन दिया जाता था। कात्यायन ने प्राध्ययन परम्परा का उल्लेख किया है। इस व्यवस्था में दो प्रकार से योग्यता की परीक्षा की जाती थी– प्रथम 'अध्ययन' अर्थात् वेद–पाठ द्वारा, द्वितीय बुद्धि (मेधा) अथवा वेद का अर्थ करवाकर। इस पद्धति में पारितोषिक का विधान था। न्यायालय में भी विवाद हुआ करते थे। इनमें भी परिषद् एवं विद्वानों का सहारा लिया जाता था।

संगीत शिक्षा : वैदिककाल से ही भारतीयों की संगीत में रूचि रही है। सामवेद एक गेय ग्रंथ ही है। गुप्तकाल तक संगीत का उत्तरोत्तर विकास हुआ। समुद्रगुप्त का वीणावादन उसके संगीत प्रेम को दर्शाता है। मुकुन्दरा जिला कोटा, गुप्तकालीन मन्दिर अवशेषों में गुप्तकालीन शिला फलक के मध्यवर्ती वर्तुल भाग (गोलाकार) से एक बच्चा झालरीवादन करते दर्शाया है। यह पाठशाला में आने का संकेत है। साथ ही लोगों की संगीत में रूचि को दर्शाता है। कुछ विद्वानों ने उक्त शिला फलक में सम्राट समुद्रगुप्त को झालरीवादक माना है। उक्तस्थल से कोई लेख नहीं मिला है। अतः अंकन समुद्रगुप्त का माने जाने में संशय है।

आयुर्वेद एवं धनुर्विद्या सूत्रकाल के बाद शिक्षा विधान अधिक विस्तृत हो गए। आयुर्वेद ग्रंथों से ज्ञात होता है कि इसके लिए सामान्य उपनयन से अलग उपनयन का विधान था। आयुर्वेद की शिक्षा पूर्ण होने पर शपथ (वंजी) लेनी होती थी। आयुर्वेद की शिक्षा के बाद वेतन लेकर चिकित्सा कर सकते थे। बौद्ध काल में जीवक ने तक्षशिला जाकर ही आयुर्वेद की शिक्षा प्राप्त की थी। प्राचीन काल में आयुर्वेद का ज्ञान बहुत विकसित हुआ। तत्कालीन चिकित्सालयों में परिचारकों की व्यवस्था भी होती थी। शिल्प कौशल, धनुर्विद्या, व्यापार एवं बैंकिंग की शिक्षा हेतू अनेक विद्वान थे। शिल्प में समय से कौशल सीख लेने पर उपार्जित धन आचार्य का माना जाता था। निर्धारित धन देकर शिष्य को काम दिए जाने की जानकारी मिलती है। धनुर्विद्या हेतु पुनः उपनयन का विधान था। दक्ष गुरु ही इसकी शिक्षा प्रदान करते थे। धनुर्विद्या की समाप्ति के बाद 'छुरिकाबंधन' संस्कार का प्रावधान था।

व्यावसायिक शिक्षा कई तरह के व्यवसायों से सम्बन्धित अनेक श्रेणियाँ (गिल्ड) होती थी, जिनकी चर्चा पूर्व में की गई है। मूर्तिकार, कुलाल (कुम्हार), स्वर्णकार, लुहार (लौहकार) आदि अनेक श्रेणियों का उल्लेख बौद्ध ग्रंथों में मिलता है। व्यवसाय की शिक्षा लेने हेतु भी शिष्य को अन्तेवासी होना पड़ता था। तक्षशिला शिक्षा का बड़ा केन्द्र था जहाँ दूर–दूर से शिक्षार्थी उच्च शिक्षा प्राप्त करने आते रहे। जातकों में विवरण आया है कि बनारस से लोग अट्ठारह शिल्पों की विद्या सीखने गए। बनारस भी शिक्षा का एक महत्वपूर्ण केन्द्र था। बनारस में एक संगम नामक आचार्य के पास 500 शिष्य थे। बड़े शिक्षा केन्द्रों में गरीब विद्यार्थियों की वृत्ति तथा भोजन आदि की व्यवस्था होती थी।

यहाँ महाभारत में उल्लिखित विशेष प्रकार की शिक्षा पद्धति का विवेचन करना अनुचित नहीं होगा। महाभारत कालीन आश्रमों में शूद्रों को शस्त्रास्त्र शिक्षा नहीं दी जाती थी जैसा एकलव्य के आख्यान से ज्ञात होता है। दरअसल तत्कालीन आचार्यों की धारणा थी कि इस तरह की विद्या का कभी भी दुरूपयोग हो सकता है और ऐसी उत्कृष्ट शस्त्रास्त्र विद्या से कोई भी समाज को संकट में डाल सकता है। अर्थात आत्म संयमी व संस्कारित विद्यार्थी ही इसके योग्य माना गया। आश्रमों में भिन्न–भिन्न विषयों के अलग–अलग विभाग होते थे–राजनीति, अर्थनीति, वार्ता, कृषि, व्यापार आदि। इस काल में क्षत्रिय के साथ–साथ ब्राह्मण भी युद्ध विद्या में निष्णात होते थे, जैसे–द्रोणाचार्य, कृपाचार्य आदि। सामान्य विषयों के अतिरिक्त कुछ तकनीकी विषयों के अध्ययन की भी जानकारी मिलती है–ज्योतिषस्थान (विवश्वत स्थान), स्तोमस्थान (जीवन या वनस्पतिविद्या), गरुड़ स्थान (वाहन विद्या), कार्तिकेय स्थान (युद्ध सम्बन्धी व्यूह या चक्रव्यूह रचना) आदि। परवर्ती काल में शिक्षा के प्रमुख केन्द्र मंदिर एवं मठ हो गए। प्राचीन शिलालेखों से ज्ञात होता है कि मंदिरों के साथ बड़ी–बड़ी जागीरें होती थीं, जिन्हें राजा द्वारा दान किया जाता था। आचार्य को वेतन मिलता था। इसी प्रक्रिया में ब्राह्मणों के अलग–अलग ग्राम बसने लगे। ब्राह्मणों की बस्ती को 'अग्राहार' कहा गया। अग्राहारों की एक सभा द्वारा शिक्षा की व्यवस्था की जाती थी। नवीन विद्वानों की परीक्षा भी अग्राहार करते थे।

शिक्षा का क्रमिक विकास : विपुल साहित्य वैदिक के आधार पर कहा जा सकता है कि भारत में शिक्षा का महत्व निरन्तर बना रहा। बौद्धकाल में ब्राह्मी लिपि का एवं उत्तर पश्चिमी भारत में ईरानी प्रभाव से संभवतः उसी दौर में दाई से बाईं और लिखी जाने वाली खरोष्ठी लिपि का विकास हुआ। लेखन कला ने शिक्षा व्यवस्था को मजूबत किया। मौर्य काल में बोल चाल की भाषा पाली थी अशोक ने अपने अभिलेख पाली (प्राकृत) में ही अंकित करवाये। शुंग काल में पुनः संस्कृत को प्रोत्साहन मिला अब यह भाषा नम्य व बदले रूप में बोल–चाल की भाषा बन गई। पतजंलि ने पाणिनि के सूत्रों के आधार पर व्याकरण ग्रंथ महाभाष्य की रचना की। सातवाहन काल में संस्कृत कई रूपों में सामने आई।

ब्राह्मण एवं बौद्ध शिक्षा समानता–असमानता :

बौद्ध धर्म के आविर्भाव के समय तक ब्राह्मण शिक्षा पद्धति व्यवस्थित रूप ले चुकी थी। इसी परम्परा में बौद्ध शिक्षा का विकास हुआ। यहां भिक्षुओं के संघ में प्रवेश सम्बन्धी जानकारी आवश्यक है। संघ में प्रवेश हेतु मतदान की व्यवस्था थी। बौद्ध संघ में प्रवेश बाद लगभग 20 वर्ष की अवस्था में उपसम्पदा– नामक संस्कार से शिक्षा प्रारम्भ होती थी। निस्साय–आचार्य के संरक्षण में प्रारम्भ की गई शिक्षा को निस्साय कहा गया। कन्थिन – भिक्षुओं को वस्त्र प्रदान किया जाने वाला समारोह। पतिमोक्ख–भिक्षुओं के विधि निषेधों का पाठ भिक्षुओं की सभा में किया जाता था। अपराधी भिक्षु के लिए दण्ड व्यवस्था थी। उपोसथ– पवित्र दिन पर धार्मिक चर्चा की जाती थी। आवासवर्षा काल में चार माह एक स्थान पर निवास आवास कहा गया। यहाँ हम ब्राह्मण एवं बौद्ध शिक्षा प्रणाली की असमानताओं एवं समानताओं पर विचार करेंगे, जिससे बौद्ध शिक्षा प्रणाली के बारे में भी विस्तृत जानकारी प्राप्त की जा सकेगी।

प्रवृत्तिवादी एवं निवृत्तिवादी विचारधाराएँ ब्राह्मण शिक्षा पद्धति में शिक्षा प्राप्ति हेतु ब्रह्मचर्य ग्रहण करना आवश्यक था। इसके बाद ही गृहस्थ जीवन में प्रवेश किया जा सकता था। ऐसे नैष्ठिक ब्रह्मचारियों का उल्लेख भी मिलता है जो जीवन पर्यन्त ब्रह्मचारी ही रहते थे। वैदिक आर्य पारलौकिक के साथ–साथ इस जीवन को भी महत्व देते थे। ऐतरेय ब्राह्मण में कहा गया हैः

'किं नु मलं किमजिनं किमु श्मश्रूणि किं तपः,
पुत्रं ब्राह्मण इच्छध्वं स वै लोको वदावदः।'

इस ग्रंथ में पितृ ऋण से उऋण होने के लिए सन्तानोत्पत्ति आवश्यक मानी गई है।

बौद्ध दर्शन निवृत्तिवादी था, बौद्ध शिक्षा प्राप्ति हेतु आजीवन गृह त्याग आवश्यक माना गया। प्रो. गोविन्द चन्द्र पाण्डे के अनुसार वैदिक परम्परा में केवल दो ही आश्रम स्वीकृत थे, और अधिक सम्भावना इस बात की है कि संसारवाद के साथ परिव्रज्या (सन्यास की अवधारणा) का भी ग्रहण ब्राह्मणों ने श्रमणों से किया न कि श्रमणों ने ब्राह्मणों से।[27] स्पष्ट है कि वैदिक शिक्षा में गृहस्थ जीवन को अधिक महत्व था जबकि बौद्ध शिक्षा में संन्यास को।

सर्वांगीण विकास – व्यावहारिक शिक्षा का अभाव बौद्ध दर्शन के अनुसार संसार दुःखमय है और इसके परित्याग से निर्वाण प्राप्ति सम्भव है अर्थात् शिक्षा में संन्यास का ही अधिक महत्व था। अतः व्यावहारिक जीवन एवं कौशल सम्बन्धी शिक्षा की ओर से बौद्ध धर्म का उदासीन रहना स्वाभाविक था। किन्तु वैदिक शिक्षा में मोक्ष को अन्तिम उद्देश्य स्वीकार किए जाने पर भी गृहस्थ एवं लौकिक जीवन की उपेक्षा नहीं की गई। वैदिक शिक्षा में संघ व्यवस्था का प्रावधान नहीं था, जबकि बौद्धों के लिए संघ ही शिक्षा के आधार थे। वैदिक शिक्षा में इस तरह का कोई गतिरोध न था।

वैदिक परम्परा में सर्वसाधारण के लिए शिक्षा का विधान था। बौद्ध परम्परा में प्रवृजित व्यक्ति के लिए ही शिक्षा सम्भव थी। कहा जा सकता है कि ब्राह्मण शिक्षा का प्रावधान मात्र मोक्ष के लिए नहीं था। बौद्धों ने शिक्षा को जीवन के अंतिम उद्देश्य निर्वाण के लिए ही मूल साधन माना है। जीवन का ध्येय ही निर्वाण था। अतः शिक्षा भी उसी के लिए दी जाती थी।

वर्ण परम्परा–जातीयता वैदिक शिक्षा हेतु वर्ण पूछा जाता था। जबकि बौद्ध परम्परा में संघ में प्रवेश हेतु वर्ण पर जोर नहीं दिया

जाता था, अर्थात् शूद्र भी सरलता से संघ में प्रवेश पा सकता था। उप्पलि बुद्ध के प्रिय शिष्य थे, जो जन्मना नापित थे। बुद्ध वर्ण व्यवस्था के विरुद्ध थे, अतः संघ में प्रवेश सबके लिए खुला होना स्वाभाविक था।

ब्राह्मण व्यवस्था में बाल्यावस्था में शिक्षा प्रारम्भ होती रही अर्थात् 7–8 वर्ष के बालक का उपनयन संस्कार होने के बाद शिक्षा प्रारम्भ होती थी और 12 वर्ष के पाठ्यक्रम को दृष्टिगत रखते हुए उम्र 20 वर्ष (अधिकतम 25 वर्ष) में शिक्षा अवधि पूरी मानी जाती थी।[28] जबकि बौद्धों के लिए मूल शिक्षा की प्राप्ति अधिक उम्र में ही सम्भव थी। बौद्ध शिक्षा में उप–सम्पदा नामक एक अर्द्ध–संस्कार होता था। उप–सम्पदा के समय उपासक की आयु 20 वर्ष से कम नहीं होती थी और उप–सम्पदा के बाद ही मूल शिक्षा प्रारम्भ होती थी।

बौद्धों के लिए **संघ** एवं **व्यक्तिगत गुरु** दो आदर्श होते थे। संघ की अनुमति से व्यक्ति को संघ में प्रवेश मिलता था। तदुपरान्त उपासक के लिए गुरु का चयन करना अनिवार्य था। शिक्षार्थी को संघ के नियमों का ध्यान रखना होता था। संघ किसी भी उपासक को गुरु की आज्ञा के बिना निष्कासित नहीं कर सकता था। बौद्ध शिक्षा में दोनों आदर्शों (गुरु एवं संघ) का समन्वय था, जबकि ब्राह्मण परम्परा में ऐसा नहीं था। ब्राह्मण शिक्षा शब्द प्रधान थी जबकि बौद्ध अर्थ प्रधान। वैदिक परम्परा में प्रारम्भ में वैदिक ग्रन्थों को लिखने का प्रावधान नहीं था। कहा जा सकता है ब्राह्मण परम्परा में कुछ जटिलता थी और बौद्ध शिक्षा में कुछ लचीलापन।

शैक्षिक समानताएँ बौद्ध एवं ब्राह्मण शिक्षा में कुछ समानताएँ भी देखी जाती हैं। बौद्ध धर्म के प्रादुर्भाव के समय तक प्राचीन शिक्षा को व्यवस्थित स्वरूप प्राप्त हो चुका था। बुद्ध की शिक्षा भी प्राचीन परिपाटी में ही हुई थी। महाभिनिष्क्रमण के बाद बुद्ध आलारकालम के पास शिक्षा प्राप्त करने गए थे। अतः बुद्ध ने सामान्य परिवर्तनों के साथ संघ में शिक्षा व्यवस्था की। ब्राह्मण व्यवस्था में उपनयन का विधान था। उसी प्रकार बौद्ध संघ में दो संस्कारों का विधान था–परिव्रज्या (प्रवज्या) एवं उप–सम्पदा। परिव्रज्या के दौरान 5–6 भिक्षुओं के समक्ष आठ वर्ष से अधिक उम्र में मुण्डन करवाकर काषाय वस्त्र धारण किए जाते थे और उसे तीन बार 'धम्म एवं संघ की शरण में जाता हूँ' उच्चारण करना होता था।

परिव्रज्या के बाद उपासक अंतःवासी कहलाता था। ब्राह्मण परम्परा के ब्रह्मचारी को बौद्ध व्यवस्था में 'क्षामगोर' या 'सामणेर' कहा गया। किन्तु परिव्रज्या के पश्चात् लगभग 12 वर्ष परिवास के दौरान गुरु सेवा (या उपाध्याय की सेवा) एवं भिक्षाटन का विधान था। तत्पश्चात् लगभग 20 वर्ष की उम्र में उप–सम्पदा नामक अर्द्ध–संस्कार होता था। परिवास काल पूरा करने के बाद उप–सम्पदा संस्कार द्वारा शिक्षार्थी भिक्षु कहलाता था। उप–सम्पदा संघ की अनुमति के बिना सम्भव नहीं था, 10 भिक्षुओं की एक संगीति में (छोटा संघ होने पर 5 भिक्षु) बहुमत से उपसम्पदा का निर्णय किया जाता था। भिक्षु को उपसम्पदा के बाद उपाध्याय का चयन करना होता था। उपाध्याय एवं क्षामगोर (अथवा सामणेर) के सम्बन्ध बहुत कुछ वैसे ही थे जैसे वैदिक परम्परा में गुरु एवं शिष्य के। बौद्ध एवं ब्राह्मण शिक्षा के पाठ्यक्रम में भी समानता थी अर्थात् दोनों पद्धतियों में पाठ्यक्रम मूल रूप में धर्म प्रधान एवं दार्शनिक था। वैदिक शिक्षार्थी को मंत्रों को कंठस्थ करना, इसी प्रकार बौद्ध परम्परा में सूत्र एवं अर्थ समझने होते थे।

वैदिक विचारधारा में ज्ञान के साथ योग का बहुत महत्व था।[29] दूसरी ओर बौद्ध लोग भी समाधि या ध्यान को बहुत महत्व देते थे। वैदिक शिक्षा की व्यवस्था वनों में थी अथवा ग्राम या नगर से कुछ दूर शिक्षा संस्थान होते थे। इसी प्रकार बौद्ध विहार भी ग्राम–नगर से दूर एकान्त में स्थापित किये जाते रहे। स्त्री शिक्षा का विधान ब्राह्मण व्यवस्था में था। यद्यपि बुद्ध ने प्रारम्भ में स्त्रियों को संघ में प्रवेश की अनुमति नहीं दी थी, किन्तु महाप्रजापति गौतमी के अनुरोध पर कुछ प्रतिबन्धों के साथ महिलाओं को भी संघ में प्रवेश की अनुमति प्रदान की। बौद्ध भिक्षुणियों में शुभा, अनुपमा, सुमेधा आदि के नाम मिलते हैं। कालान्तर में बौद्ध विहारों में बौद्ध शिक्षा के अतिरिक्त हिन्दू एवं जैन दर्शन के अध्ययन का प्रबन्ध किया गया। पाठ्यक्रम में धर्मशास्त्र, दर्शन, न्याय, संस्कृत साहित्य, ज्योतिष, राजनीति, प्रशासन को भी सम्मिलित किया गया। इस तरह विद्यार्थी राजकीय सेवा एवं अन्य उपयोगी पेशे अपनाने लगे। प्रारम्भ में संघ में प्रविष्ट भिक्षुओं को ही शिक्षा दी जाती थी, आगे जाकर इनमें जन–साधारण के लिए शिक्षा की व्यवस्था की गई। प्रमुख बौद्ध शिक्षा केन्द्रों में नालन्दा, विक्रमशिला, वल्लभी एवं श्रावस्ती आदि विश्वविद्यालयों की गणना की जा सकती है। प्राचीन महत्वपूर्ण शिक्षा केन्द्रों में तक्षशिला का उल्लेख सबसे पहले करना होगा। इसी तरह बनारस (काशी), धारा नगरी, कन्नौज आदि महत्वपूर्ण शिक्षा केन्द्र थे।

शिक्षा के प्रमुख केन्द्र

प्राचीन भारतीय शिक्षा के उत्तरी भारत में प्रमुख केन्द्र थे–तक्षशिला, नालंदा, पाटलिपुत्र, वल्लभी, कान्यकुब्ज, मिथिला, धारा, काशी आदि। दक्षिणी भारत में नालखेड़, कल्याणी, काँची, नासिक, तंजौर आदि का जिक्र करना होगा। सामान्यतः राजा शिक्षण संस्थाओं को संरक्षण प्रदान करता था। व्यक्तिगत रूप से भी बहुत–सी शिक्षण संस्थाएँ सुचारू रूप से चलती थीं।

प्राचीन काल में अग्रहार ग्रामों का भी उल्लेख मिलता है। ये ग्राम संस्थाओं के रूप में विकसित किए जाते थे। बहुत–से बौद्ध विहार व मंदिर भी शिक्षा के महत्वपूर्ण केन्द्र कहलाये। प्राचीन काल में भिन्न–भिन्न सम्प्रदायों के आचार्यों ने मठ स्थापित किए, जो महत्वपूर्ण शिक्षा केन्द्र के रूप में परिणित हो गए।[30]

1. **तक्षशिला** वैदिक काल से ही तक्षशिला एक महत्वपूर्ण नगर था। तक्षशिला का उल्लेख वाल्मीकि रामायण, महाभारत, पाणिनि अष्टाध्यायी व बौद्ध साहित्य में हुआ है। तक्षशिला का अर्थ है शिला खण्डों से निर्मित नगर। अशोक के उत्तरापथ प्रान्त का यह नगर राजधानी था। वर्तमान में यह रावलपिंडी के पश्चिम में 20 मील की दूरी पर स्थित है। जातक साहित्य से जानकारी मिलती है कि यहाँ देश के विभिन्न स्थानों से छात्र विद्याध्ययन करने आते थे। चाणक्य, पाणिनि एवं वैद्य जीवक ने यहीं शिक्षा प्राप्त की। बौद्ध विद्वान वसुबन्धु, कौशल नरेश प्रसेनजित व चन्द्रगुप्त मौर्य भी यहीं के विद्यार्थी थे। यहाँ

ज्योतिष, धनुर्विद्या, शल्य चिकित्सा, वेद, दर्शन, व्याकरण आदि विभिन्न विषयों की शिक्षा दी जाती थी। उस समय तक्षशिला के विषय में अनेक देशों के विद्यार्थी इसके महत्व से परिचित थे जहां कई विषयों की शिक्षा दी जाती थी।

तक्षशिला ने ई.पू. चौथी सदी से छठी सदी ई. तक अनेक उथल–पुथल देखी।[31] यवन, शक, पह्लव कुषाण, हूण आदि के आक्रमणों से भी यह प्रभावित हुआ। विदेशी खरोष्ठी लिपि का धीरे–धीरे प्रचार और यूनानी तक्षण कला, मुद्रा निर्माण कला तथा दर्शन–शास्त्र का प्रसार भारत में होने लगा। इससे भारतीय विषयों में नया आयाम आया।[32] जातक साहित्य से जानकारी मिलती है कि यहाँ ब्राह्मण, क्षत्रिय, वैश्य सभी बिना किसी भेदभाव के अध्ययन करते थे। सम्भवतः तीसरी सदी ईसवी से इसका महत्व कम होता चला गया, क्योंकि फाह्यान के यात्रा विवरण में इसका उल्लेख नहीं मिलता है। ह्वेनसांग (सातवीं शती) के समय यह नगर उजड़ चुका था। कनिंघम ने 1863 में इसके खण्डहरों को खोजा था और जॉन मार्शल ने 1912–29 तक यहाँ व्यापाक उत्खनन करवाया, जिससे सिरकप, भीर का टीला एवं सिर सुख तीन प्राचीन नगरों का बोध हुआ। यहाँ से ई. पू. 500–200 के उत्तरी काले चमकीले (NBP) मृदभाण्डों के अवशेष मिले हैं। तक्षशिला दुनिया के प्रथम विश्वविद्यालय के रूप में भी प्रसिद्ध रहा है। नालन्दा आदि का विकास बाद में हुआ। तक्षशिला विश्वविद्यालय, नालन्दा की तरह अन्तर्राष्ट्रीय दर्जा हासिल नहीं कर पाया। नालन्दा में कई देशों से विद्यार्थी शिक्षा ग्रहण करने आते थे।

2. **पुष्पगिरि** : उडीसा के जपोर जिले में उदयगिरि व ललितगिरि पहाड़ियों के मध्यस्थित था। शिक्षा के इस महत्वपूर्व केन्द्र की 639 ई. में ह्वेनसांग ने यात्रा की थी। कहा गया है इसकी स्थापना स्वयं सम्राट अशोक ने करवाई थी। यहां कई विषयों की शिक्षा का प्रबंध था। स्थानीय शासकों के अतिरिक्त अन्य राजाओं द्वारा भी विद्यालय को दान मिलता था। 1905 में खोजे गये इस स्थल से अभिलेख, मुद्रासील, बर्तन एवं मूर्तियां प्राप्त हुई है। बौद्ध वज्रयान शाखा का महत्वपूर्ण केन्द्र था।

3. **रत्नगिरि** : उडीसा के जपोर जिले में ही ब्राह्मणी व बिरूपा नदियों के मध्य, उदयगिरि व ललितगिरि पहाडी क्षेत्र में, 5 सदी में शुरू हुए इस बौद्ध शिक्षा केन्द्र का अस्तित्व 13वीं सदी तक रहा। गुप्त शासक नृरसिंह गुप्त बालादित्य के समय इसकी स्थापना मानी जाती है। 1960 में भारतीय पुरातत्व सर्वेक्षण विभाग ने उत्खनन करवाया था। यहां अपराजित, अवलोकितेश्वर, मंजुश्री, हारिति आदि बौद्धिसत्वों की मूर्तियां मिलि है। यह तान्त्रिक बौद्ध शिक्षा का केन्द्र था।

4. **काशी (बनारस)** गंगा की सहायक वरुणा व अस्सी नदियों के बीच स्थित काशी वैदिक काल से ही शिक्षा केन्द्र के रूप विकसित हुआ। हिन्दू, बौद्ध व जैन साहित्य से काशी का शैक्षणिक महत्व विदित होता है। बौद्ध काल में काशी संस्कृत शिक्षा का महत्वपूर्ण केन्द्र था। बुद्ध ने यहीं ज्ञान प्राप्त किया और अपना धम्मचक्रप्रवर्तन भी यहीं से प्रारम्भ किया था। जातकों से विदित होता है कि यहाँ 16 वर्ष की उम्र के विद्यार्थी शिक्षा ग्रहण करने के लिए आते थे। ईसा की सातवीं शताब्दी तक काशी का महत्व बना रहा। ह्वेनसांग ने भी यहाँ के विहारों, चैत्यों व मठों को देखा था। 1500 बौद्ध भिक्षुओं के अध्ययन एवं अध्यापन की उसे जानकारी थी। बारहवीं सदी तक इसकी ख्याति बनी रही। अल–बरुनी ने लिखा है कि हिन्दू विद्याएँ हमारे विजित प्रदेशों से भाग कर कश्मीर और वाराणसी जैसे सुदूर स्थानों में चली गईं, जहाँ मेरे हाथ नहीं पहुँच सकते।[33] बनारस वस्त्र निर्माण व निर्यात का केन्द्र था। व्यापारी यहाँ से भरुकच्छ बन्दरगाह से बारबेरिकम (कराची) के पास बंदरगाह तक जाते थे।

5. **नालंदा** पटना से 50 मील की दूरी पर दक्षिण में नालंदा स्थित है। प्राचीन काल में यह बौद्ध धर्म की गतिविधियों का प्रमुख केन्द्र बना। बौद्ध धर्म के अलावा अन्य विषयों की शिक्षा भी यहाँ प्रदान की जाती थी। जैसे– योगशास्त्र, चिकित्सा, तंत्र विद्या, वेद, सांख्य दर्शन, हेतु विद्या व शब्द विद्या आदि। नालंदा का चीनी यात्रियों के विवरणों में उल्लेख आया है। यहाँ बुद्ध के प्रमुख शिष्य सारिपुत्र का जन्म हुआ था। सम्राट अशोक ने भी यहाँ विहार का निर्माण करवाया था। तिब्बति ग्रंथों से प्राप्त सूचना अनुसार दूसरी–तीसरी शती ईस्वी में नागार्जुन नामक बौद्ध विद्वान ने यहां अध्ययन की शुरूआत की थी। चन्द्रगुप्त प्रथम या सम्राट समुद्रगुप्त के समय इसका विकास हुआ। सम्राट हर्ष ने इसके विकास में योगदान किया। पाँचवीं सदी के मध्य में यह शिक्षा के प्रमुख केन्द्र के रूप में विकसित हुआ। नालंदा विश्वविद्यालय की स्थापना किस शासक ने की, यह तो विवाद का विषय बना हुआ है, लेकिन इसके संवर्धन में गुप्त शासकों का महत्वपूर्ण योगदान रहा। ह्वेनसांग ने इसका संस्थापक शक्रादित्य अर्थात कुमार गुप्त (415–455 ई) को कहा है। यह सम्भावना व्यक्त की जाती है कि कुमारगुप्त ने इस विश्वविद्यालय की नींव डाली और बौद्ध संघ को दान दिया। कालान्तर में बुद्ध गुप्त, नरसिंहगुप्त बालादित्य आदि शासकों ने इसके विकास में योगदान किया।

ह्वेनसांग के विवरण से ज्ञात होता है कि यहाँ अनेक बौद्ध विहारों का निर्माण हुआ। गगनचुम्बी विहारों के साथ–साथ यहाँ कई जलाशय, भवन व विशाल विश्वविद्यालय परिसर का अस्तित्व था। उत्खनन से मिले साक्ष्यों से भी इसकी पुष्टि होती है। विश्वविद्यालय में 7 विशाल भवन व अध्यापन के लिए 300 छोटे कमरे थे। एक विशाल पुस्तकालय भवन था। इत्सिंग ने यहाँ लगभग 400 पुस्तकों की प्रतिलिपियाँ तैयार की थीं।

नालंदा के उत्खनन से प्राप्त भवनों के अवशेषों से स्पष्ट है कि विहारों में बड़ी संख्या में विद्यार्थी निवास करते होंगे। इस विश्वविद्यालय को दान में 200 ग्राम मिले हुए थे। विद्यार्थियों के भोजन व आवास की व्यवस्था निःशुल्क थी। यहाँ प्रतिदिन लगभग 100 व्याख्यानों का आयोजन किया जाता था। ह्वी ली ने यहाँ के विद्यार्थियों की संख्या 10,000 बताई है। नालंदा के

कुलपति विद्वत्ता के लिए उतने ही प्रसिद्ध थे जितने चरित्र के लिए। इनमें धर्मपाल, चन्द्रपाल, गुणमति, स्थिरमति, प्रभामित्र, जिनमित्र, ज्ञानमित्र, शीलभद्र प्रसिद्ध थे। विद्यार्थी व शिक्षक का अनुपात यहाँ 1:10 था। देश के कोने–कोने एवं विदेशों से यहाँ विद्यार्थी शिक्षा ग्रहण करने के लिए आते रहे। चीन, तिब्बत, कोरिया, मंगोलिया, मध्य एशिया कम्बोडिया (कम्पूचिया), जावा, सुमात्र, श्रीलंका, ईरान, टर्की, इण्डोनेशिया आदि से भी यहाँ विद्यार्थी आते थे। आठवीं से बारहवीं सदी तक इसकी ख्याति पराकाष्ठा पर थी। लेकिन कालान्तर में इसका महत्व कम हो गया। इसके कई कारण रहे होंगे। 1193 में बख्तियार खिलजी ने नालन्दा विश्व–विद्यालय पर आक्रमण कर नष्ट कर दिया। 9 मंजिला पुस्तकालय जिसे "धर्म गुरू" कहा जाता था कि 90 लाख पुस्तकें जला दी गई। प्राप्त सूचनानुसार लाइब्रेरी 3 माह तक जलती रही।

6. **विक्रमशिला** बिहार में भागलपुर के पास स्थित, इसकी स्थापना बंगाल के पालवंशीय शासक धर्मपाल ने करवाई थी। यह आठवीं सदी का एक ख्याति प्राप्त विश्वविद्यालय था। यहाँ कई बौद्ध मंदिरों व विहारों का अस्तित्व रहा। कहा जाता है कि यहाँ के विद्वानों ने अनेक ग्रन्थों, जो संस्कृत में थे, का तिब्बती भाषा में अनुवाद किया। विद्वानों में दीपंकर श्रीज्ञान का नाम उल्लेखनीय है। इन्होंने लगभग 200 ग्रन्थों की रचना की थी। इनका जन्म 980 ई. के लगभग हुआ था। बौद्ध दर्शन व धर्म में इनकी गहन रुचि थी। वे तिब्बत भी गए जहाँ बौद्ध ध र्म में उनके द्वारा सुधार के प्रयास का बोध होता है। विक्रमशिला में लगभग तीन हजार भिक्षु अध्ययन करते थे। बौद्ध दर्शन के अलावा यहाँ व्याकरण, न्याय, तंत्र आदि विभिन्न विषयों का अध्ययन करवाया जाता था। शिक्षा समाप्ति के बाद विद्यार्थी को उपाधि प्रदान की जाती थी, जो उनके विषय की दक्षता का प्रमाण मानी जाती थी। विक्रमशिला पूर्व मध्यकालीन भारत की शिक्षा का प्रमुख केन्द्र था। इस विश्वविद्यालय को बहुत–सा धन अनुदान के रूप में प्राप्त होता रहा होगा। यहाँ तिब्बत से विद्यार्थी शिक्षा ग्रहण करने आते थे। संध्याकर नंदी ने यहीं ऐतिहासिक काव्य ग्रंथ की रचना की थी। पूर्व मध्य युग के मुस्लिम आक्रमणों से इस प्राचीन भारतीय शिक्षा केन्द्र का अस्तित्व समाप्त हो गया। 1203 ई. में बख्तियार खिलजी ने इस केन्द्र को भी नष्ट–भ्रष्ट कर दिया एवं कई बौद्ध भिक्षुओं व ब्राह्मणों को मार डाला गया। तबकात–ए–नासिरी में इस प्रकार का विवरण आया है।

7. **ओदन्तपुरी** बिहार में नालन्दा से लगभग 10 कि.मी. दूरी पर उदंतपुर या उदंडपुर विहार की स्थापना पाल शासक धर्मपाल (770–810ई.) ने करवाई थी, माना जाता है। आठवीं से बारहवीं सदी तक इसका अस्तित्व रहा। आचार्य गंग जो विक्रमशिला के आचार्य थे ने यहां शिक्षा ग्रहण की थीं। तिब्बति सूचनाओं के अनुसार 12000, विद्यार्थी यहां शिक्षा ग्रहण करते थे। यह विक्रमशिला, नालन्दा, सोमपुरा, जगदल जैसे विद्यालयों में शामिल था।

8. **सोमपुरा** बांग्लादेश के नयागांव जिले में स्थित सोमपुरा विश्वविद्यालय की स्थापना भी पाल शासकों ने करवाई थी। संभवतः धर्मपाल ही इसका संस्थापक था। 18वीं से 12वीं सदी तक यह अस्तित्व में रहा। विद्यालय 27 एकड़ में फैला था, जिसे बौद्ध, जैन व ब्राह्मण शिक्षा का महत्वपूर्ण केन्द्र माना गया।

9. **वल्लभी** यह काठियावाड़ में स्थित था, जो प्रमुख व्यापारिक स्थल होने के साथ–साथ शिक्षा के महत्वपूर्ण केन्द्र के रूप में विकसित हुआ। सातवीं सदी तक वल्लभी देश में प्रसिद्ध हो चुका था। इत्सिंग ने इस शिक्षा केन्द्र को नालंदा की तरह महत्वपूर्ण माना है। 640 ई. में यहाँ 100 विहार थे, जिनमें 6,000 भिक्षु अध्ययन करते थे। स्थिरमति और गुणमति यहाँ के प्रसिद्ध विद्वान् कहे गये हैं। यहाँ बौद्धों के अतिरिक्त ब्राह्मण विद्यार्थी भी अध्ययन के लिए आने की जानकारी मिलती है। व्याकरण, विधि, दर्शन, साहित्य आदि की भी यहाँ शिक्षा प्रदान की जाती थी। इस विश्वविद्यालय की आर्थिक स्थिति अत्यन्त सुदृढ़ थी। धनी व्यापारियों ने इसके विकास में योगदान दिया। मैत्रिक राजाओं ने भी इसे संरक्षण प्रदान किया था।

10. **श्रीनगर (कश्मीर)** ईसवी सन् के प्रारम्भ में कश्मीर भी विद्या का केन्द्र बना। प्रसिद्ध बौद्ध विद्वान् कुमारजीव के कश्मीर में अध्ययन करने की सूचना मिलती है। कश्मीर में शैव धर्म व बौद्ध धर्म, दोनों का विकास हुआ।

    कनिष्क द्वारा पहली सदी ई. में चौथी बौद्ध संगीति का आयोजन करवाये जाने का बोध होता है। साहित्य एवं इतिहास के कई विद्वानों के इस संस्थान से सम्बन्धित होने की जानकारी मिलती है। रत्नाकर, क्षेमेन्द्र, संरवक, श्रीहर्ष, कल्हण आदि कश्मीर के ही थे।

11. **धारा (धार)** मालवा में परमारों की राजधानी धारा भी शैक्षणिक गतिविधियों का केन्द्र थी। हिन्दू धर्म और शिक्षा का यहाँ विकास हुआ। 'नवसाहसांकचरित् के रचयिता पदमगुप्त परिमल ने यहीं पर अपने ग्रन्थ लिखे थे। धारा नगरी को राजनीति, दर्शन, ज्योतिष, व्याकरण आदि के महत्वपूर्ण केन्द्र रूप में परिणित किये जाने का श्रेय राजा भोज को जाता है। मध्य प्रदेश के ग्वालियर जिले की इस प्राचीन नगरी को परमार शासक भोज (1010–1055 ई.) ने उज्जैन के स्थान पर अपनी राजधानी बनाया था। 'सरस्वती काण्ठाभरण' नामक विद्यालय (भोजशाला) की स्थापना का श्रेय उसे ही जाता है। भोज के पूर्ववर्ती राजा मुंज के काल में धारा नगरी शिक्षा के केन्द्र के रूप में विकसित हो चुकी थी। भोज ने इसे अपने समय का शिक्षा का महत्वपूर्ण केन्द्र बनाया, उसकी सभा में धनपाल व विज्ञानेश्वर जैसे विद्वानों को आश्रय प्राप्त था।

12. **काँची** पल्लव राजधानी नंदि वर्मन द्वितीय द्वारा निर्मित कैलाश नाथ मन्दिर 1200 वर्ष से अधिक पुराना है। वैकुंठ पैरुमाल मंदिर के बरामदों में पल्लव इतिहास अंकित है। शासकों के समय काँची शिक्षा का महत्वपूर्ण केन्द्र था। भारत

के विभिन्न भागों से विद्यार्थी यहाँ शिक्षा ग्रहण करने आते थे। इस शिक्षा नगरी से दिङ्ङनाग के शिष्य धर्मपाल सम्बन्धित रहे हैं। संस्कृत के यशस्वी कवि भारवि तथा दण्डी ने अपने ग्रंथों की रचना इस नगर में की थी। शुद्रक जैसे प्रख्यात नाटककार, मालती माधव नाटक के टीकाकार त्रिपुरारीसूर भी काँची से सम्बन्धित थे। कांची न केवल संस्कृत भाषा व साहित्य का केन्द्र था अपितु सुन्दर स्वामी एवं अप्पट कवि भी यहीं के थे। वैष्णव आचार्य रामानुज ने इसी नगरी में शिक्षा ग्रहण की थी।

13. **कन्नौज** उत्तर प्रदेश में फतेहगढ़ एवं कानपुर के मध्य फर्रुखाबाद जिले में स्थित कान्यकुब्ज या कन्नौज का जिक्र महाभारत एवं पुराणों में आया है। टॉलेमी (140 ई) ने अपने भूगोल में कन्नौज को कनगोर या कनोगिजा कहा था। गुप्त काल में इस नगर का विकास हुआ किंतु हर्ष के समय इसे राजधानी बनाये जाने से भारत का हर शासक इस पर आधिपत्य करने को उत्सुक रहता था। हर्ष के समय यह बौद्ध विद्या एवं शिक्षा का महत्वपूर्ण केन्द्र था। **ह्वेनसांग** के अनुसार यहां के ब्राह्मण अत्यन्त विद्वान थे। प्रतिहारों के समय भी यह शिक्षा का प्रख्यात केन्द्र बना रहा। राजशेखर ने इसी नगर में अपनी कृतियों की रचना की थी। **ह्वेनसांग** ने यहाँ के 100 बौद्ध मंदिरों का जिक्र किया था।

14. **अन्हिल पाटन (अन्हिलवाड़)** गुजरात के पाटन नगर को ही अन्हिलपाटन कहा जाता था। चालुक्य शासक मूलराज (942–995 ई.) ने इसे अपनी राजधानी बनाया था। भीम देव प्रथम के समय महमूद गजनवी ने आक्रमण कर नगर का विध्वंस किया था। उस वंश का प्रतापी शासक जयसिंह सिद्धराज (1094–1153 ई.) के दरबार में जैन आचार्य एवं विद्वान हेमचन्द्र को आश्रय प्राप्त था। जैनाचार्य ने छंद, व्याकरण, इतिहास, दर्शन, साहित्य कोश, शब्द शास्त्र आदि से सम्बन्धित कई ग्रंथों की रचना की। पूर्व मध्यकाल में अन्हिलवाड शिक्षा के एक महत्वपूर्ण केन्द्र के रूप में स्थापित हो चुका था। जैन एवं हिन्दू दर्शन के अतिरिक्त संस्कृत, प्राकृत एवं अपभ्रंश भाषाओं पर यहाँ रहकर विद्वानों ने कई ग्रंथों की रचना की है।

निष्कर्ष : कहा जा सकता है कि, इन नगरों ने शिक्षा के क्षेत्र में महत्वपूर्ण योगदान दिया। प्राचीन एवं पूर्व मध्यकाल में भारत में न केवल कई शिक्षा केन्द्रों का विकास हुआ अपितु उन केन्द्रों ने भारत को महान दार्शनिक, विद्वान, राजनीतिज्ञ, आदि प्रदान किये। उन मनीषियों ने दुर्लभ ग्रंथों की रचना की। उक्त महान ग्रंथ आज भी हमारा मार्ग दर्शन कर रहे है। प्राचीन भारतीय शिक्षा केन्दों में केवल भारत के अपितु कई पड़ौसी देशों से विद्यार्थी अध्ययन करने आते थे।

सन्दर्भ :

1. सुभाषितरत्न संग्रह, पृ. 194.
   ज्ञानं तृतीय मनुजस्य नेत्रं समस्त त्वार्थविलोकिदक्षर्मा,
2. Mookerji, R.K. : Ancient Indian Education, "Religion as the ancient Hindu's understood is Practically dominated every sphere of their national life....... The total configuration of ideals, Practices and conduct is called 'dharma (religion, Virtue or duty) in this ancient tradition."
3. Mookerji, ibid. "Learning in india through the ages had been primed and pursued not for its own sake, if we may so put it but for the sake and as a part of religion. It was sought as the means of salvation or self-realizaton as the means to the heighest end of life., viz. Mukti or Emancipation."
4. मनुस्मृति 2/118. सावित्रोमात्रसारोऽअपि वरं विप्रः सुयनित्रतः।
   नायान्तित्क स्तिवेदोऽअपि सर्वाशी सर्वविक्रयी।।
5. अथर्ववेद, 11/5/17, ब्रह्मचर्येण तपसा राजा राष्ट्र वि रक्षति।.
6. तैतिरीय उपनिषद्, 1/11.
7. Mookerji, op. cit., "Thus, education is process of Control of mind do drive it down to its deeper layers.
8. छान्दोग्य उपनिषद् 6/1/1/3.
9. Mookerji, R.K., op. cit., "It is like an admission of pupil to the register of a school on his payment of prescribed fee."
10. याज्ञवल्क्य स्मृति, उपनीय गुरूः शिष्य महाव्यहचति पूर्वकम।
    वेद मध्यापयेदेन शौचाचाराश्च शिक्षयेत्

11. Mookerji, op. cit. "By Upanayana, the teacher, 'holding the pupil within him as in a womb, impregnates him with his spirit and delivers him in a new birth. The pupil is then known a 'Dvija' from fresh in new existence twice born.*

12. मिश्र, जयशंकर : प्राचीन भारत का सामाजिक इतिहास, पृ. 223.

13. बौधायन धर्मसूत्र, 2 / 11 / 14, ब्रह्मचारी गृहस्थो वानप्रस्तः परिव्राजक इति।

14. मनुस्मृति, 6 / 35, ऋणानि त्रिण्यपाकृत्य मनो मोक्षे निवेशयेत।

15. मनुस्मृति, 6 / 37, अनिष्ट्रावा चैव यज्ञेश्च मोक्षमच्छन्व्रजत्यधः।

16. व्यास, वैदेकनिष्ठ धर्मज्ञं कुलीनं श्रोत्रियं शुचम् स्वशाखाज्ञमनालस्यं विप्र कर्तारमीप्सतम्।

17. Mookerji, op. cit. "Education is necessarily individual. It is an intimate relationship between the teacher and the pupil.

The relationship is inaugurated by a religious ceremony called upanayana.

18. Mookerji, Ibed, "The Pupil's first daily duty is to walk to the woods cut and collect fuel, and fetch it home for tending the sacred fire."

19. Mookerji, Ibid. "The pupil's next duty was to tend teacher's house and cattle. Tending the house was training the pupil in selfhelp, the dignity of labour of manual service for his teacher's and the student-brotherhood. Tending cattle was education thought craft as a part of heighest liberal education."

20. Mookerji Ibid. "Another duty of the Brahmachari is to go out on a daily round of begging. It was not begging for himself but for the support of his school."

21. मनुस्मृति, 2 / 105–106.

22. शतपथ ब्राह्मण 4 / 6 / 9 / 20; 11 / 5 / 6 / 8.

23. छान्दोग्य उपनिषद्, 7 / 1.

24. ऋग्वेद, 10 / 71 / 9.

25. शतपथ ब्राह्मण, 4 / 2 / 4 / 1.

26. मनुस्मृति, 3 / 156.

27. पाण्डे गोविन्दचन्द्रः बौद्ध धर्म के विकास का इतिहास, पृ. 25.

28. छान्दोगय उपनिषद् 6 / 1 / 1; आश्वलायन गृहच सूत्र, 2 / 6.

29. गीता, 4 / 38, नहि ज्ञानेन सदृषं पवित्रमिह विद्यते।

30. जैन, के.सी. : प्राचीन भारतीय सामाजिक एवं आर्थिक संस्थाएँ, पृ. 174.

31. मिश्र, जयशंकर, वही, पृ. 563.

32. मिश्र, जयशंकर, वही, पृ. 563.

33. ग्यारहवीं सदी का भारत, पृ. 176.

49 गुप्तकालीन साहित्य एवं वैज्ञानिक साहित्य
(Literature and Scientific Literature of Gupta Age)

गुप्तकाल में साहित्य का व्यापक विकास हुआ। कुषाण काल से चली आ रही साहित्यिक विकास की प्रक्रिया गुप्त युग में तीव्र हो उठी। पी. एल. गुप्त ने उल्लेख किया है कि गुप्तकाल से पूर्व बौद्ध और जैन धर्म का कुछ अधिक प्रचार था और उनका साहित्य पाली और प्राकृत में प्रस्तुत किया गया। सामान्य धारणा है कि गुप्तकाल में उन धर्मों का "ह्रास हुआ और वैष्णव और शैव धर्म आगे आये। धर्म सम्बन्धी इस नव–चेतना के साथ ही साहित्य में भी पुनर्जागरण हुआ और पाली तथा प्राकृत का स्थान संस्कृत ने ग्रहण किया। धर्म के क्षेत्र में महायानी बौद्धों ने गुप्तों के उत्थान से लगभग शताब्दी पहले ही अपने धार्मिक ग्रन्थों की रचना संस्कृत में करना आरम्भ कर दिया था। इसी प्रकार संस्कृत की अजस्त्र–धारा जो पूर्ववर्ती काल से चली आ रही थी, वही धारा गुप्तकाल में कुछ अधिक मुखरित हुई, यही कहना उचित होगा। गुप्तकाल में पाली और प्राकृत के ह्रास अथवा उन्मूलन की बात भी गलत है।[1] गुप्त शासकों ने देश में राजनीतिक एकता, शान्ति एवं व्यवस्था बनाए रखी, जिससे कई तरह की कलाओं का विकास सम्भव हुआ।

इस काल में एक ओर प्रतिभाशाली सम्राट हुए, तो दूसरी ओर कवि, गद्यकार, वैज्ञानिक एवं नाट्य ग्रन्थों के प्रणेता भी। गुप्तकालीन साहित्य को निम्नांकित कोटियों में विभाजित किया जा सकता है–**प्रशस्तियाँ, काव्य ग्रन्थ, नाटक, नीति ग्रन्थ, स्मृति ग्रन्थ, कोश, व्याकरण, दर्शन ग्रन्थ और विज्ञान।**

प्रशस्तियाँ गुप्त सम्राटों की उपलब्धियाँ शिलाओं, स्तम्भों तथा सिक्कों से मुखरित हुई हैं। हरिषेण ने प्रयाग प्रशस्ति की रचना की यह प्रशस्ति अशोक के प्रयाग स्तम्भ पर उत्कीर्ण है।[2] उसने गद्य–पद्य दोनों को अपनाया है। इस अभिलेख की कई पंक्तियाँ खंडित हो चुकी हैं। प्रयाग प्रशस्ति की अवशिष्ट पंक्तियाँ उसकी कवित्व शक्ति की उत्कृष्ट उदाहरण हैं। इसके श्लोक सुधारा, मन्दाक्रान्ता, एवं शार्दूलविक्रीड़िंति आदि के सुन्दर उदाहरण हैं। चन्द्रगुप्त विक्रमादित्य की उपलब्धियाँ महरौली के लौह–स्तम्भ पर उत्कीर्ण हैं। चन्द्रगुप्त विक्रमादित्य का परराष्ट्र मंत्री वीरसेन भी कवि था। इसने उदयगिरि के शैव लेख की रचना की। गिरनार पर्वत और भितरी स्तंभ पर स्कंदगुप्त की विजय और उपलब्धियाँ अंकित हैं। मंदसौर का सूर्य मंदिर अभिलेख कुमारगुप्त द्वितीय के शासनकाल का है। इसकी रचना वत्सभट्ट ने की थी।[3] वैदर्भी रीति में निबद्ध यह शैली कहीं–कहीं कालिदास की शैली का स्मरण कराती है। अभिलेख के प्रारंभिक भाग में लाट प्रदेश (दक्षिण गुजरात) की प्राकृतिक छटा का निरूपण है। इसमें मालवा के दशपुर नगर का भी सजीव चित्रण मिलता है। वत्सभट्ट द्वारा इस नगर में निवास करने वाली पट्टवाय श्रेणी (बुनकर समिति) के आदेश के कारण इस प्रशस्ति का निर्माण किया गया। वासुल ने मंदसौर नरेश यशोवर्मन की उपलब्धियों का वर्णन मन्दसौर के स्तम्भ लेख में किया है। इस प्रशस्ति से ज्ञात होता है कि यशोवर्मन जो प्रारम्भ में गुप्तों का सामन्त था, ने अपनी शक्ति में, अभिवृद्धि कर ली थी और स्वतंत्र शासक बन गया था। गुप्तकालीन काव्यमय शैली सिर्फ अभिलेखों में ही दिखाई नहीं देती वरन् सिक्कों पर भी देखी जाती है।

काव्य ग्रन्थ और नाटक संस्कृत साहित्य में ही नहीं अपितु समस्त भारतीय साहित्य में कालिदास का सर्वाधिक महत्व है। महाकाव्य, नाटक तथा गीति काव्य सभी क्षेत्रों में उनकी रचनाएँ अनुपम हैं। कालिदास उस समय के प्रतिनिधि कवि हैं जब भारतीय संस्कृति अपने उत्कर्ष पर थी।

कालिदास कालिदास के जन्म स्थान, काल तथा वंश की जानकारी नहीं मिलती लेकिन उसकी रचनाओं को विद्वानों ने भास के बाद की रचना माना है। उसने सम्भवतः अपनी कृतियों का सृजन चन्द्रगुप्त द्वितीय (विक्रमादित्य) की राजधानी (उज्जैन) में किया होगा। कालिदास का उज्जैन के प्रति लगाव यह सूचित करता है कि चन्द्रगुप्त के संरक्षण में उन्होंने अपना काफी समय व्यतीत किया था। उनके ग्रन्थों में कश्मीर, हिमालय, कलिंग, सिंधु के प्रदेशों की भौगोलिक झाँकी प्राप्त होती है। उन्होंने प्रकृति का इतना सजीव चित्रण प्रस्तुत किया है कि लगता है उन्होंने स्वयं इन स्थानों का भ्रमण किया होगा। तत्कालीन समाज के विभिन्न पहलुओं की झाँकी हमें उनकी रचनाओं में मिलती है। आख्यान के अनुसार उनकी हत्या एक लोभी वेश्या द्वारा लंका में की गयी थी। कालिदास एक कवि एवं नाटककार दोनों दृष्टियों में सफल और बेजोड़ हैं। कालिदास के चार काव्य (ऋतु संहार, मेघदूत, कुमारसंभव एवं रघुवंश) तथा तीन नाटक (मालविकाग्निमित्रम्, विक्रमोवर्षीय, अभिज्ञानशाकुन्तलम्) अब तक प्राप्त हुए हैं।

ऋतुसंहार उनकी प्रथम रचना लगती है जिसे उन्होंने यौवनावस्था में लिखा होगा। कुछ विद्वानों ने ऋतुसंहार को अत्यन्त सामान्य और नैतिक गुणों से रहित रचना माना है। इस सम्बन्ध में कहा गया है कि युवावस्था एवं प्रौढ़ावस्था की रचनाओं में अन्तर होना स्वाभाविक है। पाश्चात्य साहित्यकार, जैसे–वर्जिल, गेटे, टेनिसन

की रचनाओं में भी यह बात देखी जाती है। इसमें छह ऋतुओं का वर्णन मिलता है और कवि ने इसके द्वारा प्रकृति का श्रृंगारिक, सहज एवं स्वाभाविक वर्णन किया है। सम्पूर्ण काल में युवक–युवतियों के प्रेम के साथ ऋतुओं के परिवर्तन के सम्बन्धों को दर्शाया है।

मेघदूत एक गीति काव्य है, जो अपनी कोटि की सर्वोत्तम रचना मानी जाती है। कालिदास की काव्य कला का सुन्दर उदाहरण है, जिसमें प्रकृति के सौंदर्य का चित्रण किया गया है। इसमें हिमालय की सुन्दर छटा व बसन्त ऋतु का वर्णन मिलता है। ऋतुसंहार की तुलना में मेघदूत निःसन्देह प्रौढ़कालीन रचना है। कुछ विद्वान् इसे कालिदास की अन्तिम कृति मानते हैं। यह एक छोटा काव्य है, इसमें 100 श्लोक भी नहीं हैं। इसकी कथा सम्भवतः रामायण से ली गई है। इसमें दो यक्ष युगल के वियोग का वर्णन है जो रामायण कथा का स्मरण कराती है। अपहृत सीता के प्रति राम की गहरी व्याकुलता, विरही यक्ष का अपनी पत्नी के लिए शोक स्पष्टतः मूल रूप से प्रस्तुत करती है। इसके अतिरिक्त रामायण के चतुर्थ काण्ड के वर्षा–वर्णन में मेघदूत से अनेक समानताएँ देखी जाती हैं। वियोगी यक्ष मेघ से अपनी भार्या के पास समाचार ले जाने का अनुरोध करता है। यक्ष मेघ से पश्चिम की ओर मुड़ने के लिए और शोभायमान उज्जयिनी नगरी की यात्रा करने के लिए कहता है। कालिदास नगरी के वर्णन में प्रेम एवं श्रृंगार की अभिव्यक्ति से अपने को दूर नहीं रख पाये, जो उल्लेखनीय हैः

दीर्घी कुर्वन पटुमदकलं कूजितं सारसानां
प्रत्यूवेषु स्फुटित–कमलामोद मैत्रीकशायः
यत्रा स्त्रीणां हरित सुरतिग्लानिमङागनुकूलः
शिप्रावातः प्रियतम इव प्रार्थना चाटुकारः।

कुमारसम्भव के बारे में इतिहासकार अनुमान लगाते हैं कि इसका प्रणयन सम्भवतः कुमारगुप्त के जन्म के अवसर पर हुआ। कुमारसम्भव में 17 सर्ग हैं जिनमें शिव पार्वती के विवाह, कार्तिकेय के जन्म तथा उसके द्वारा तारकासुर के वध की कथा का वर्णन है। कुमारसंभव एक धार्मिक काव्य है किन्तु काव्य का वातावरण लौकिक ही है। काव्य का प्रारम्भ हिमालय के वर्णन से होता है, जिसमें भारत का सुंदर चित्र उभरता हैः

अस्त्युत्तस्यां दिशि देवतात्मा हिमालयो नाम नगाधिराजः
पूर्वापरो तोयनिधिवगाह्य स्थितः पृथिव्या इव मानदण्डः।।

रघुवंश कालिदास का सर्वोत्तम महाकाव्य है जिसमें इक्ष्वाकुवंशीय राजाओं का वर्णन है। इसमें 19 सर्ग हैं–राजा दिलीप, रघु, अज, दशरथ, राम के वंशजों के चरित्र का वर्णन किया गया है। रघुवंश में सभी प्रधान रसों (शांत, वीर, श्रृंगार आदि) का समावेश है।

मालविकाग्निमित्रम् इसे ऐतिहासिक नाटक कहा जा सकता है। इसमें शुंगवंशीय राजा अग्निमित्र तथा मालविका की प्रेम कथा का वर्णन है। प्रसंगवश पुष्यमित्र शुंग के यवन–युद्ध एवं उर्वशी की प्रणय कथा का वर्णन मिलता है।

अभिज्ञानशाकुन्तलम् समस्त संस्कृत साहित्य का सर्वोत्कृष्ट नाटक है। इसमें सात अंक हैं जिनमें दुष्यंत व शकुन्तला की प्रणय कथा का चित्रण है। इसमें प्रेम, करुणा, सहिष्णुता जैसे मानवीय गुणों पर अधिक जोर दिया गया है।

कुछ इतिहासकार यह मानते हैं कि कालिदास ने 'कुन्तलेश्वर दौत्य' नामक ग्रन्थ की भी रचना की, परन्तु दुर्भाग्यवश इसकी कोई भी कृति अभी प्राप्त नहीं हुई है। यह भी कहा गया है कि चन्द्रगुप्त विक्रमादित्य ने कालिदास को अपने नाती प्रवरसेन द्वितीय का शिक्षक नियुक्त किया था। इसी वाकाटक नरेश ने सेतुबंध की रचना की। इसके टीकाकार ने लिखा है कि इस ग्रन्थ की रचना के समय प्रवरसेन से बार–बार अशुद्धियाँ हो रही थीं। फलतः महाराजाधिराज विक्रमादित्य की आज्ञा से कालिदास ने प्रवरसेन के निमित्त इस ग्रन्थ को लिखा था।[4]

शूद्रक शूद्रक का मृच्छकटिकम् भी गुप्त युग का प्रमुख नाटक है। इसका नायक चारुदत्त एक युवा ब्राह्मण है, जो सार्थवाह है और उज्जयिनी की वेश्या वसन्तसेना पर आसक्त है। इस नाटक में समकालीन समाज एवं संस्कृति का यथार्थ चित्रण मिलता है। तत्कालीन न्यायिक प्रक्रिया का भी इसमें चित्रण हुआ है। शूद्रक की लेखनी यथार्थवादी व चित्रात्मक है। उसने राजा, गरीब, राजपुरुष, धनवान, जुआरी, चोर, गणिका आदि चरित्रों का सजीव वर्णन किया है।

विशाखदत्त मुद्राराक्षस व देवीचन्द्रगुप्तम् का लेखक विशाखदत्त भी गुप्तकाल से सम्बद्ध है। इसे चन्द्रगुप्त द्वितीय का समकालीन माना गया है। देवीचन्द्रगुप्तम् की मूल पांडुलिपि उपलब्ध नहीं हुई है। इसके कुछ अंश 'नाट्य दर्पण' व ' श्रृंगार प्रकाश' में मिलते हैं। इसमें रामगुप्त नामक गुप्त नरेश का शक शासक द्वारा पराजित होना, अपनी पत्नी ध्रुवस्वामिनी को समर्पित करने के लिए बाध्य होने की कथा मिलती है। चन्द्रगुप्त द्वितीय द्वारा शकराज की हत्या करना, रामगुप्त का वध कर ध्रुवदेवी के साथ विवाह आदि की घटनाओं का वर्णन मिलता है। इस प्रकार देवीचन्द्रगुप्त एक ऐतिहासिक नाटक है। मुद्राराक्षस भी ऐतिहासिक नाटक है। इसमें चाणक्य का कूटनीतिक कौशल दिखाई देता है।

स्मृति ग्रन्थ गुप्तकाल में मनु स्मृति के आधार पर बाद की प्रमुख स्मृतियों (याज्ञवल्क्य, नारद, बृहस्पति और कात्यायन) का निर्माण हुआ। अधिकतर इतिहासकारों की यही मान्यता है कि इनको इसी काल में लेखबद्ध किया गया। मनु स्मृति का महत्व स्मृति साहित्य में सर्वाधिक है। अन्य स्मृतियों की रचना इसी को आधर बनाकर की गई।

याज्ञवल्क्य स्मृति (100 ई. पू. 300 ई.**)** याज्ञवल्क्य स्मृति का महत्व व्यावहारिक दृष्टि से अधिक है। इसमें कहीं–कहीं मनु स्मृति से साम्य और कहीं–कहीं विरोध भी मिलता है। मनु के समय की सामाजिक अवस्था में इस समय तक काफी परिवर्तन आ गए थे। इन परिवर्तनों को पुनः संगठित रूप प्रदान करने के लिए याज्ञवल्क्य स्मृति का प्रणयन किया गया।[5] याज्ञवल्क्य स्मृति में धर्म, वर्ण, आश्रम, विधि, समाज, प्रायश्चित्त, राज्यशास्त्र, भ्रूण विज्ञान आदि

सभी पक्षों का विवरण मिलता है। हिन्दू विधि का दायभाग आज भी इसकी प्रमुख टीका मिताक्षरा पर आधारित है। नारद, बृहस्पति व कात्यायन की स्मृतियों में नारद स्मृति ही पूर्ण रूप से प्राप्त हुई है, इसे जाली ने संपादित किया। बृहस्पति व कात्यायन की स्मृतियाँ इनके के टीकाकारों व निबंधकारों के उद्धरणों के रूप में थीं। प्रो. रंगास्वामी आयंगर और पी. वी. काणे ने उन्हें पुनर्लिखित रूप दिया।

नारद स्मृति (300 ई. पू. 400 ई.**)** मनु व याज्ञवल्क्य की तुलना में नारद स्मृति में व्यवहार (कानूनी) व न्यायिक विचारों की प्रधानता है। व्यवहार सम्बन्धी विवरण तो पूर्णता लिए दिखता है, अन्य विषयों पर नारद ने प्रसंगवश ही विचार व्यक्त किए हैं। नारद, बृहस्पति व कात्यायन तीनों स्मृतियों में कानून के दोनों पक्षों दीवानी व फौजदारी का विवेचन किया गया है। नारद स्मृति में न्याय शासन, 'प्लैन्ट', कचहरी का संविधान, प्रमाणों का स्वरूप, गवाह, व्यवहार के अठारह शीर्षक आदि का उल्लेख है। प्रो. काणे ने नारद स्मृति का समय प्रथम शताब्दी ई. से 300 ई. के बीच माना है।[6]

बृहस्पति स्मृति (300 ई. पू. 500 ई.**)** डॉ. काणे की मान्यता है कि बृहस्पति स्मृति की रचना चौथी शताब्दी ईसवी तक हो चुकी थी।[7] बृहस्पति मनु व याज्ञवल्क्य से परिचित थे और उनका काल 200 ई. से 400 ई. के मध्य माना जा सकता है।[8] बृहस्पति स्मृति को सात भागों में विभाजित किया गया है–व्यवहारकाण्ड, संस्कारकाण्ड, आचारकाण्ड, श्राद्धकाण्ड, अशौचकाण्ड, आपर्द्धमकाण्ड, प्रायश्चित्त काण्ड। स्मृति का अधिकतर भाग व्यवहार से सम्बन्धित है। बृहस्पति ही प्रथम कानून निर्माता थे जिन्होंने दीवानी व फौजदारी मुकदमों में स्पष्ट विभाजन किया। उन्होंने मुकदमों के दो प्रकार बताए हैं–अर्थसमुद्भव या दीवानी व हिंसा–समुद्भव या फौजदारी। धन सम्बन्धी मुकदमों की संख्या चौदह है और हिंसा से सम्बन्धित मुकदमों की चार।[9] याज्ञवल्क्य व नारद की तरह बृहस्पति ने कुल, श्रेणी, गुण आदि कई प्रकार के न्यायालयों का उल्लेख किया है।[10] बृहस्पति ने चार प्रकार के न्यायालयों का उल्लेख किया है–प्रतिष्ठित, अप्रतिष्ठित, मुद्रिता और शासिता। न्यायिक प्रक्रिया के प्रारम्भ से अंत तक बृहस्पति इतना विस्तार से बताते हैं कि वे आधुनिक न्याय प्रणाली के बहुत पास आ जाते हैं।[11]

कात्यायन (400 ई. पू. 600 ई.**)** प्रो. काणे ने कात्यायन का काल तीसरी से छठी शताब्दी ईसवी के मध्य रखा है।[12] बंद्योपाध्याय के अनुसार कात्यायन को नारद और बृहस्पति के काल में माना जा सकता है, क्योंकि वे नारद व बृहस्पति से बहुत समानता रखते हैं।[13] कात्यायन स्मृति में व्यवहार के चार अंग–धर्म, व्यवहार, चरित्र और राजशासन साथ ही न्यायभवन, सभासद, वादी, वादी को परखने के तरीके, प्रतिवादी, गवाही, 'प्लैन्ट' की विशेषता और दोष कानून के अठारह शीर्षकों, उत्तर के विभिन्न प्रकार, दिव्य, लिखित प्रमाण आदि का उल्लेख हुआ है। कात्यायन ने स्त्री धन के कई प्रकार बताए हैं।

कामंदक गुप्तकाल में कामंदक ने 'कामन्दकीय नीतिसार' की रचना की। कामंदक के राजनीतिक विचारों का आधार कौटिल्य अर्थशास्त्र है। कामंदक के ग्रन्थ से तत्कालीन राज्य व्यवस्था व प्रशासन की रूपरेखा प्राप्त होती है। 'हितोपदेश' व 'पंचतंत्र' की रचना भी गुप्तकाल में हुई थी। इनमें कहानियों के माध्यम से नीति का उपदेश दिया गया है। 'पंचतंत्र' के लेखक विष्णु शर्मा हैं। संसार की अधिकांश भाषाओं में इस ग्रन्थ का अनुवाद हो चुका है। पंचतंत्र वर्तमान में भी एक लोकप्रिय ग्रन्थ है।

प्राचीन काल से ही भारत में कोश निर्माण की परम्परा चली आ रही है। यास्क कृत निघंटु और निरुक्त से वैदिक साहित्य के अध्ययन में सहायता मिलती है। गुप्तकाल में अमरसिंह ने 'अमरकोश' की रचना की। गुप्तकाल में भट्टि, भौमक आदि व्याकरण के विद्वान् थे। भर्तृहरि भी इसी काल में हुए। चन्द्रगोती ने 'चन्द्र व्याकरण' की रचना की। इसका तरीका पाणिनि की अष्टाध्यायी से पृथक् है।

दर्शन ग्रन्थ गुप्तकाल में दर्शन से सम्बन्धित अनेक ग्रन्थों का निर्माण हुआ। इस समय तक ब्राह्मण व बौद्ध दर्शन का विकास हो चुका था। दोनों सम्प्रदायों के लोगों में शास्त्रार्थ होता था। सांख्य दर्शन से सम्बन्धित ईश्वर कृष्ण की 'सांख्यकारिका' भी गुप्त युग की रचना है। बहुत–से दार्शनिक ग्रन्थों पर भाष्य लिखे गए हैं। पतंजलि के महाभाष्य पर भी टीका लिखी गई। जैमिनी की पूर्व मीमांसा तथा बादरायण की उत्तर मीमांसा पर भाष्यों की रचना हुई। दिङनाग ने 'प्रमाणसमुच्चय' और 'न्याय प्रवेश' आदि ग्रन्थ लिखे। उद्योतकर ने न्यायभाष्य पर 'न्यायवार्तिक' नामक टीका लिखी। वैषेशिक दर्शन–पद्धति पर आचार्य प्रशस्तपाद ने 'पदार्थ धर्मसंग्रह' नामक ग्रन्थ लिखा है। चन्द्र ने 'दशपदार्थशास्त्र' की रचना की।

गुप्तकाल में बौद्ध धर्म की दो शाखाएँ और उनकी दो–दो उपशाखाएँ विकसित हुईं। हीनयान की शाखाएँ थीं–थेरवाद (स्थविरवाद) और वैभाषिक (सर्वस्तिवाद) और महायान की थीं–माध्यमिक और योगाचार। असंग जो योगाचार से सम्बन्धित थे, उन्होंने 'महायान संपरिग्रह', 'प्रकरण आर्यवाचा', 'महायानामिधर्मसंगीत–शास्त्र', 'वज्रछेदिका टीका', 'योगाचार भूमिशास्त्र', नामक ग्रन्थ लिखे थे। वसुबंधु ने 'अभिधर्मकोश' की रचना की। बुद्धघोष ने 'विशुद्धिमग्ग' नामक ग्रन्थ रचा, जिसमें शील, समाधि आदि की विवेचना की गई है।

बौद्ध ग्रन्थ विनयपिटक पर 'समंतपासादिका' टीका की रचना की गई। बुद्धघोष ने 'सुमंगलविलासिनी' की भी रचना की। यह दीर्घनिकाय से सम्बन्धित है। इसके अलावा 'लंकावतार सूत्र', 'दशभूमिश्वर', 'महायानसूत्र', 'समाधिराज', 'स्वर्णप्रमास', 'राष्ट्रपाल परिपृच्छा' आदि बौद्ध कृतियों का निर्माण किया गया। इस काल में अनेक जैन ग्रंथों की भी रचना हुई। जैनाचार्य सिद्धसेन ने तत्वानुसारिणी तत्वार्थ टीका नामक ग्रन्थ की रचना की। गुप्तकाल में शैव नायनारों और वैष्णव आलवारों ने तमिल भाषा में कई भक्ति से सम्बन्धित पदों की रचना की। तमिल के साथ–साथ अपभ्रंश व प्राकृत भाषा का भी विकास हुआ। प्राकृत भाषा के 'सेतुबंध' व 'गोडवहो' भी गुप्तकालीन ग्रन्थ हैं। सेतुबंध प्रवरसेन का लिखा हुआ है, जिसका उल्लेख पूर्व में किया जा चुका है। 'गोडवहो' का लेखक वाक्पतिराज है।

विज्ञान साहित्य

गुप्त काल में विज्ञान की विविध शाखाओं–गणित, खगोलशास्त्र, ज्योतिष, रसायन, धातु विज्ञान, चिकित्सा आदि का सम्यक् विकास हुआ। यद्यपि जिन विषयों की गणना आज हम विज्ञान के अन्तर्गत करते हैं उनसे सम्बन्धित प्राचीन साहित्य आज इतना कम उपलब्ध है कि भारत में उनका विकास एवं प्रसार का स्वरूप क्या था, कहा नहीं जा सकता। बहुत सीमित संख्या में प्राप्त विज्ञान साहित्य की यहाँ संक्षिप्त विवेचना आवश्यक है।

बकशाली की गणित पेशावर के निकट 1881 ई. में बकशाली नामक ग्राम से उत्खनन करते समय एक किसान को हस्तलिखित जीर्ण–शीर्ण अवस्था में एक खण्डित गणित ग्रंथ प्राप्त हुआ। संभवतः उसकी रचना तीसरी शती ई. में हुई थी। इस ग्रंथ में सर्वप्रथम दशम अंक पद्धति का प्रयोग हुआ। प्राचीन काल में प्रथम नौ संख्याओं के अतिरिक्त दस, बीस, तीस, चालीस, पचास, साठ, सत्तर, अस्सी, नब्बे, सौ, हजार आदि के लिए अलग–अलग चिन्ह थे, जिनके कारण आलेखन और अभिव्यक्ति दोनों में कठिनाई थी। बारहवीं शती तक यह दुरुह पद्धति यूरोप में प्रचलित रही। यूरोपवासियों को अरब के माध्यम से लोक प्रचलित नौ अंकों एवं शून्य वाली दशम पद्धति का बोध हुआ। यूरोपवासियों को अरब द्वारा इसका ज्ञान हुआ अतः इसे अरबी संख्या पद्धति का नाम दिया गया। यह आविष्कार अरब का अपना नहीं था, इसलिए अरबी में इसे 'हिन्दसा' कहा गया। कई अरब लेखकों, जैसे – इब्नवासिया (नवीं शती ई.), अल–मसूदी (दसवीं शती ई.) तथा अल–बरूनी (ग्यारहवीं शती ई.) ने स्पष्ट रूप से इस तथ्य को स्वीकार किया एवं लिखा भी। आर्यभट्ट (476 ई.) एवं वराहमिहिर ने शून्य पद्धति का उल्लेख अपने ग्रंथों में किया है। कहा जा सकता है कि शून्य का अधिक प्रचलन पाँचवीं शती के आरम्भ से हो गया था। अतः पाश्चात्य विद्वानों का यह तर्क कि बकशाली गणित को नवीं शती में लिखा गया, केवल इस तथ्य का प्रमाण है कि इस ग्रंथ की प्रतिलिपि इस समय तैयार की गई थी।

बकशाली गणित अब तक ज्ञात भारतीय गणित का सबसे प्राचीन ग्रंथ है, इसमें भाग, वर्ग मूल, गणितीक व ज्यामितीय श्रेणियों के साथ–साथ योग–पदिक, रेखीय, समीकरण आदि की विवेचना की गई है। इसमें दशमलव पद्धति भी उल्लिखित है।

आर्यभट्ट का आर्यभट्टीयम् आर्यभट्ट (पाटलिपुत्र निवासी) द्वारा रचित यह ग्रंथ मूलतः ज्योतिष ग्रंथ है तथापि इसमें बीजगणित, ज्यामिति की विस्तृत व्याख्या की गई है। इसमें संस्था, वर्ग, घन मूल आदि गणितीय तथ्यों, बीजगणित के समीकरणों, ज्यामिति सम्बन्धी वृत्त, त्रिभुज आदि अनेक गुणों एवं प्रमेयों की चर्चा है।

आर्यभट्ट ने पाई (π) का जो मूल्य (**3.1416**) प्रस्तुत किया वह तत्कालीन ज्ञात मूल्यों में सर्वाधिक शुद्ध है। इसी प्रकार बीजगणित के प्रसंग में चार अज्ञात तत्वों को लेकर समीकरण के प्रश्नों का हल दिया गया है। आर्यभट्ट ने पृथ्वी को गोल बताया एवं उसकी परिधि का अनुमान किया। आर्यभट्ट ने सबसे पहले ग्रहण का राहु–ग्रास वाला जन विश्वास गलत सिद्ध किया और चन्द्र ग्रहण चन्द्रमा और सूर्य के मध्य पृथ्वी के आने और चन्द्रमा की उस पर छाया पड़ने के कारण बताया। आर्यभट्टीयम् दो खण्डों 'दशगणिकासूत्र', 'आर्याष्टशत' में विभक्त किया गया है। कुछ विद्वान् इन ग्रंथों को स्वतंत्र ग्रंथ के रूप में स्वीकार करते हैं। आर्यभट्ट के अनेक शिष्यों में से लल्ल ने आर्यभट्टीयम् पर 'शिष्यधीवृद्धि' नामक टीका ग्रंथ की रचना की थी।

वराहमिहिर की बृहत् संहिता लेखक वराहमिहिर काम्पिल्य फर्रुखाबाद जिला के थे। पिता का नाम आदित्यदास था। वराहमिहिर ने इस ग्रंथ में पैतामह सिद्धान्त, वशिष्ठ सिद्धान्त पोलिश, रोमक एवं सूर्य सिद्धान्त की चर्चा की। पैतामह (366 दिन का वर्ष), वशिष्ठ (365.2591) में वर्ष की अवधि की गणना मिलती है। सूर्य सिद्धान्त आर्यभट्ट से पूर्व प्रचलित था, जिसमें ग्रहण सम्बन्धी नियम दिये गये थे।

वस्तुतः बृहत् संहिता विश्वकोष है, जिसमें सूर्य, चन्द्रमा, उनकी गति, अन्य नक्षत्र व मानव जीवन पर प्रभाव की चर्चा की है। साथ ही भूगोल, वास्तु, मूर्ति निर्माण, तड़ाग एवं उपवन निर्माण जैसे विषय भी शामिल हैं। 'योगमाया' में युद्ध सम्बन्धी जानकारी दी गई है। इनके अन्य ग्रंथों में पंच सिद्धान्तिका, विवाह पटल, वृहज्जातक व जातक उल्लेखनीय हैं।

कल्याण वर्मा की सारावली कल्याण वर्मा द्वारा आलेखित सारावली एक फलित ज्योतिष ग्रंथ है। इन्होंने यवन, होराशास्त्र के संकलन रूप में सारावली की रचना की है।

ब्रह्मगुप्त के 'ब्रह्मस्फूट सिद्धान्त' एवं 'खण्ड खाद्यक' इन ग्रंथों के रचयिता ब्रह्मगुप्त 598 ई. में भीनमाल जालोर (राजस्थान) में हुए थे। इनके पिता का नाम विष्णु था। कीथ जैसे विद्वान् इससे सहमत नहीं है। इन्होंने सबसे पहले बताया कि पृथ्वी पर सभी वस्तुएँ प्रकृति के नियमानुसार गिरती हैं, क्योंकि पृथ्वी स्वभावतः सभी वस्तुओं को अपनी ओर खींचती (आकर्षित करती) है। कहा जाये तो ब्रह्मगुप्त 'गुरुत्वाकर्षण सिद्धान्त' के जनक थे। उन्होंने न्यूटन से कई शताब्दियों पूर्व घोषित किया था कि प्रकृति के नियमानुसार सारी वस्तुओं को पृथ्वी अपनी ओर आकृष्ट करती है। ब्रह्मगुप्त ने 'ध्यानग्रह' नामक ग्रंथ की भी रचना की थी। उन्हें महान गणितज्ञ भी कहा गया है।

चिकित्सा शास्त्र

नागार्जुन गुप्तकालान में नगरों में मनुष्यों एवं पशुओं के बड़े–बड़े औषधालय थे। सातवीं शती में आने वाले चीनी यात्री इत्सिंग ने लिखा है कि नालन्दा विश्वविद्यालय में चिकित्सा की पढ़ाई अनिवार्य थी तथा आठ प्रकार की चिकित्सा पद्धति चिकित्सक वर्ग अपनाते थे। नागार्जुन इस युग के प्रसिद्ध चिकित्सा शास्त्री थे। आर. के. मुखर्जी एवं अन्य कुछ विद्वान् बौद्ध न्यायायिक नागार्जुन तथा रसायनाचार्य नागार्जुन को अभिन्न मानते हैं किन्तु कीथ इससे सहमत नहीं हैं, उनके अनुसार इसके यथेष्ट प्रमाण मिल गये हैं कि दोनों भिन्न थे। नागार्जुन ने स्वर्ण, रजत, ताम्र एवं लौह आदि

धातुओं (भस्म) से रोग निवारण का प्रतिपादन किया और रस चिकित्सा पद्धति प्रतिष्ठित की। नागार्जुन के अन्य ग्रंथों में 'लौह शास्त्र', 'रस रत्नाकर', 'कक्षपुट', 'आरोग्य मंजरी', 'योगसार', 'रसेन्द्र मंगल', 'रतिशास्त्र', 'रसकच्छपुट' एवं 'सिद्ध नागार्जुन' का उल्लेख किया जा सकता है। यहाँ विशेष रूप से जिक्र करना होगा कि पारे की खोज उनका सर्वाधिक महत्वपूर्ण आविष्कार था, जो रसायन और आयुर्वेद के इतिहास में युगान्तकारी घटना थी। चिकित्सा के निमित्त पारे एवं लौह के उपयोग का उल्लेख वराहमिहिर ने भी किया है।

वाग्भट्ट अष्टांग संग्रह (300–400 ई.) इस काल के दूसरे चिकित्सा शास्त्री वाग्भट्ट थे। कुछ विद्वान् इन्हें आठवीं शती से सम्बद्ध करते हैं। वस्तुतः इस नाम के दो लेखक थे। वाग्भट्ट द्वारा आलेखित दो ग्रंथ मिलते हैं– 'अष्टांग संग्रह' और 'अष्टांग हृदय संहिता'। सुश्रुत की भाँति अष्टांग संग्रह गद्य में है, कहीं–कहीं बीच में पद्य भी दिये हैं। इस ग्रंथ पर बद्ध वाग्भट्ट नाम अंकित है, जिन्हें सिंह गुप्त का पुत्रा तथा वाग्भट्ट का पौत्र कहा गया है। **ह्वेनसांग** ने इसी का जिक्र किया था।

वाग्भट्ट (द्वितीय), अष्टांग हृदय संहिता विद्वानों की मान्यता है कि अष्टांग हृदय संहिता के रचयिता (वाग्भट्ट) ने बहुत–सी सामग्री 'अष्टांग संग्रह' से उद्धृत की है जो इसके परवर्ती होने का संकेत है। 'रसरत्न समुच्चय' भी वाग्भट्ट की कृति मानी जाती है।

चरक संहिता लिपि के आधार पर इस ग्रंथ को गुप्तकालीन कहा गया है, जबकि महर्षि चरक के समय को इससे पहले ले जाया जाता रहा है। अधिकांश विद्वान कनिष्क को चरक का आश्रयदाता मानते हैं। काय चिकित्सा के प्रणेता चरक की चरक संहिता को अल–बरूनी से औषधिशास्त्र का उत्कृष्ट ग्रंथ कहा है। आठ खण्ड एवं 120 अध्यायों में विभक्त इस ग्रंथ में स्थान, सूत्र, निदान, शरीर, इन्द्रिय, चिकित्सा, कल्प एवं सिद्धि आदि नाम दिये गए हैं।

धनवन्तरि धनवन्तरि आयुर्वेद के प्रसिद्ध विद्वान् एवं चन्द्रगुप्त–विक्रमादित्य की राज्यसभा के सदस्य थे। असाधारण प्रतिभा के ध ानी धनवन्तरि के अमृतपोनी, अब्ज, देव, अमरवर आदि नाम मिलते हैं। देवताओं के वैद्य नाम से प्रसिद्ध धनवन्तरि का महत्वपूर्ण योगदान शल्य चिकित्सा के क्षेत्र में रहा। उनके सात सुयोग्य शिष्यों में सुश्रुत को अग्रणी माना जाता है, जिनका तंत्र आज भी उपलब्ध है।

सुश्रुत उन्होंने सुश्रुत संहिता नामक ग्रंथ की रचना की, जिसमें 6 स्थान एवं 189 अध्याय हैं। छः स्थान को सूत्र, निदान, शरीर, चिकित्सा, कल्प व सिद्धि में विभक्त किया गया। उन्हें प्लास्टिक सर्जरी का जनक माना जाता है। शल्य चिकित्सा के 121 उपकरणों का जिक्र सुश्रुत ने अपने इस ग्रंथ में किया है।

नावनीतकम गुप्तकालीन इस चिकित्सा ग्रंथ की प्रति पूर्वी तुर्किस्तान के कुचर नामक स्थान से बोवर नामक सैनिक अधिकारी को मिली। यह बोवर पाण्डुलिपि सोलह अध्यायों में विभक्त एवं चुर्णों, क्वाथों, तेलों, रसायनों, वाजीकरण औषधियों एवं कई योगों से युक्त है। इसकी संस्कृत भाषा पर प्राकृत प्रभाव अधिक है। इस ग्रंथ की रचना सुश्रुत, चरक, भेज्यसंहिता, आत्रेय, क्षारपाणि जातूकर्ण, पाराशर एवं हारीत के ग्रंथों के आधार पर की गई थी। बच्चों के रोग एवं उसके निदान भी इसमें मिलते हैं।

हस्त्यायुर्वेद पशु चिकित्सा पर उत्तर गुप्त काल में लिखित इस ग्रंथ को अंग नरेश शेमपाद तथा ऋषि पालकाप्य के बीच संवाद के रूप में लिखा गया है। इसमें हाथियों एवं घोड़ों की बीमारियों का विवेचन किया गया है। इसी प्रकार पालकाप्यकृत 'गज चिकित्सा' एवं बृहस्पति कृत 'गज लक्षण' आदि ग्रंथ भी पशु चिकित्सा पर है।

शिल्पशास्त्र विचाराधीन काल में शिल्प एवं कला के क्षेत्र में आशातीत प्रगति हुई और इससे सम्बन्धित अनेक ग्रंथों का प्रणयन भी हुआ।

विष्णुधर्मोत्तरपुराण शिल्प शास्त्र के इस ग्रंथ का आलेखन गुप्तकाल में ही हुआ था।

मानसार शिल्पशास्त्र के अन्य प्रामाणिक ग्रंथ मानसार की रचना उज्जयिनी निवासी किसी मानसार शासक ने की थी। दण्डी के दशकुमारचरित में मानसार नामक राजा का उल्लेख आया है। तारापद भट्टाचार्य इस ग्रंथ को दसवीं–ग्यारहवीं शती की रचना मानते हैं। मानसार शिल्पशास्त्र का अत्यन्त महत्वपूर्ण ग्रंथ है। सत्तर अध्यायों में विभक्त इस ग्रंथ में वास्तु एवं तक्षण कला का अनुपम एवं बेजोड़ विवेचन मिलता है जो अपने आप में दुर्लभ है। अग्नि पुराण में भी शिल्पशास्त्र एवं चिकित्सा आदि की संक्षिप्त विवेचना की गई है।

कामसूत्र धर्म एवं अर्थ के समान काम को भी भारतीय जीवन में समान महत्व दिया गया। इस विषय पर उस दौर में कई ग्रंथों की रचना की गई होगी, परन्तु कामसूत्र को छोड़कर अन्य उपलब्ध नहीं हैं। इसका आलेखन वात्स्यायन ने संभवतः चौथी–पाँचवीं शती के मध्य किया होगा। अर्थशास्त्र की शैली में आलेखित यह ग्रंथ सूत्र एवं भाष्य का मिला–जुला रूप है। सात खण्डों में विभक्त यह पुस्तक विनोद प्रिय नागरिकों का सजीव चित्र प्रस्तुत करती है। इसमें प्रेमी–प्रेमिकाओं के अनुराग और उसकी सिद्धि की चर्चा है।

खनिज शास्त्र

भौतिकी, खनिज एवं रसायन की स्थिति गुप्त काल में क्या थी इसका बोध सामान्य रूप से नहीं है। इस दृष्टि से ग्रंथ लिखे गये होंगे किन्तु वे उपलब्ध नहीं है। विशेष रूप से खनिज विज्ञान पर अवश्य लिखा गया होगा जिसका कि महरौली लौह–स्तम्भ सबल प्रमाण है। गुप्तकाल में खनिज विज्ञान अत्यन्त विकसित अवस्था में था और लोगों को धातु शोधन एवं ढ़लाई कला में दक्षता हासिल की थी। महरौली लौह स्तंभ– छह टन वजन के इस 23 फीट 8 इंच लम्बे स्तम्भ की समूची ढ़लाई एक साथ उस काल में किया जाना आश्चर्य का विषय है। यह स्तम्भ लगभग डेढ़ हजार वर्षों से सर्दी, गर्मी बरसात के दौर से गुजरने पर भी जंग रहित एवं अन्य किसी प्रकार की विकृति से पूरी तरह मुक्त है। इस स्तम्भ का धातु–शोधन वर्तमान वैज्ञानिकों के लिए प्रश्न चिन्ह खड़ा किये हुए है।

सन्दर्भ :

1. गुप्त परमेश्वरीलाल : गुप्त साम्राज्य, वाराणसी, 1970, पृ. 507.
2. देखिय फ्लीट, भारतीय अभिलेख संग्रह (हिन्दी अनुवाद), पृ. 2
3. देखिये भारतीय अभिलेख संग्रह, पृ. 98–107.
4. सेतुबंध, पृ. 3 ''इहतावन्महाराज प्रवरसेननिमितं महाराजधिराज विक्रमादित्येनाश्रत्रो, निखिलकविचक्रचूड़ामणिः कालीदास महाशय सेतुबन्ध प्रबन्ध चिकीर्षु''।
5. भारद्वाज, कमलेश : प्राचीन भारत में राजनीतिक व विधिक विचार, प्रथम अध्याय।
6. काणे, पी.वी. : धर्मशास्त्र का इतिहास, भाग 1, पृ. 55–56.
7. काणे पी.वी., वही, पृ. 56–57.
8. मुल्ला : प्रिंसीपल ऑफ हिन्दू लॉ, पृ. 30.
9. बृहस्पति, पृ. 2, श्लोक 9.
10. बृहस्पति, पृ. 12, श्लोक 75.
11. काणे पी.वी., वही, पृ. 57.
12. प्रो. काणे : कात्यायन स्मृति–सारोद्धार, पृ. 18.
13. बंद्योपाध्याय, एन.सी. : कात्यायन मत संग्रह, पृ. 18.

50 गुप्तकालीन स्थापत्य एवं कला
(Architecture Art of Gupta Period)

कला की दृष्टि से गुप्तकाल को उत्कृष्टता का प्रतीक कहा जा सकता है। पी.एल. गुप्त ने वात्स्यायन द्वारा उल्लिखित 66 कलाओं की गणना करते हुए लिखा है कि, ''वात्स्यायन की कला परिभाषा अत्यंत व्यापक है, वे अपने प्रत्येक कार्य को कला के रूप में ही देखने की चेष्टा करते थे।'' गुप्तकाल में देश न केवल समृद्धि की ओर अग्रसर हुआ बल्कि कला एवं वास्तु के क्षेत्र में इस काल में आश्चर्यजनक विकास देखने को मिलता है। हम मुख्य रूप से स्थापत्य, मूर्ति एवं चित्रकला का विवेचन करेंगे। इस काल के वास्तु कृतियों में मंदिर निर्माण विशेष महत्व रखता है। गुप्तकाल में निर्गुण या निराकार उपासना के स्थान पर सगुण ईश्वरोपासना लोकप्रिय थी और अवतारवाद का सिद्धांत समाज में भली–भाँति प्रतिष्ठित हो चुका था। अतः बडी संख्या में मूर्तियों का निर्माण किया गया, तत्परिणामस्वरूप मंदिरों का विकास हुआ।

गुहावास्तु का उत्कृष्ट काल

गुप्तकाल परम्परागत गुहावास्तु के चरम विकास का प्रतीक है। पाँचवीं शताब्दी ईसवी से लेकर 750 ई. तक पहले अपेक्षा अधिक संख्या में गुहाओं का निर्माण हुआ। महायान युग में निर्मित गुहाएँ अधिक विशाल, अलंकृत तथा संख्या में अधिक हैं। इस काल में चैत्य गुहा की अपेक्षा विहार निर्माण पर अधिक जोर दिया गया। तत्कालीन बौद्ध गुहाएँ अजन्ता, एलोरा और औरंगाबाद एवं बाघ (मध्य भारत) की पहाडियों में निर्मित हुई। मध्यप्रदेश के प्राचीन नगर विदिशा (बेसनगर) के निकट पहाडियों में लगभग बीस गुफाएं है जो हिन्दू व जैन मूर्तिकला के लिए प्रख्यात है। मूर्तियां विभिन्न पौराणिक कथाओं पर आधारित व गुप्तकालीन है। विहार बौद्ध भिक्षुओं के प्रार्थना एवं निवास के उद्देश्य से निर्मित किये जाते थे। जबकि चैत्य – चिता के स्थान के पर या अवशेषों पर निर्मित किये जाते थे। दूसरी शताब्दी तक चैत्य प्रार्थना गृह का रूप ले चुके थे, जिनमें बुद्ध के प्रतीक चिन्ह और बाद में मूर्तियाँ निर्मित की जाती थी। इनमें भिक्षुओं के निवास की व्यवस्था नहीं थी।

अजन्ता गुहाएँ अजन्ता गुहा वास्तु का विकास क्रम सर्वाधिक लम्बा है। यहाँ ईसा की प्रारम्भिक सदियों से 750 ई. तक लगभग 30 गुहाओं का निर्माण हुआ, जिनमें 3 चैत्य गृह एवं शेष विहार हैं। अजन्ता की लगभग 29–30 गुहाओं में से पाँच प्रारम्भिक काल की हैं। तीन चैत्य गृहों में से दो चैत्य गृह (नौ एवं दस) हीनयान युग में उत्कीर्ण किए गए।[1] विद्वानों की मान्यता है कि 20 विहार एवं एक चैत्य गृह पाँचवीं सदी ई. से सातवीं सदी ई. के मध्य निर्मित हुए। गुहा संख्या 19 एवं 26 चैत्य हैं अन्य विहार हैं।[2] वासुदेव उपाध्याय ने लिखा है कि अजन्ता के विहारों की अपनी कहानी है।

हीनयान चैत्य के साथ जो विहार बने थे, उनकी उपयोगिता कालान्तर में समाप्त हो गई। महायान युग के चैत्य तथा विहार मिश्रित तैयार हुए, जिनका क्षेत्रफल पहले से बड़ा था। इनका आकार–प्रकार बढ़ाया गया। विहार संख्या 7, 11, 16 का निर्माण दूसरे क्रम में हुआ था। संख्या 15 से 20 तक के विहार बनावट में सर्वोत्तम माने जाते हैं। सोलह एवं सत्रह भित्तिचित्र के लिए सुप्रसिद्ध हैं, जिन्हें देखने के लिए सारे संसार के लोग आते हैं।[3] अजंता गुहाएँ अपनी विशिष्टता के कारण बरबस लोगों को अपनी ओर आकृष्ट करती हैं। यहाँ इनकी कुछ विशेषताओं का उल्लेख किया जाना उचित होगा।

(1) अजन्ता एवं अन्य स्थलों की गुहाओं को भीतर से चट्टान खण्ड को काटकर गुहा के अन्दर स्तूप निर्माण किए गए हैं, स्तूप हर्मिका एवं छत्रयुक्त हैं।

(2) महायान काल में निर्मित गुहाओं में महात्मा बुद्ध एवं बोधिसत्वों की प्रतिमाओं का अंकन मिलता है।

(3) गुप्तकाल से पूर्व की हीनयान गुहाओं में बुद्ध मूर्तियों का अंकन नहीं देखा जाता। बुद्ध को प्रतीकों के माध्यम से ही अभिव्यक्त करने का प्रयास किया गया।

(4) महायान गुहाओं में बुद्ध एवं बोधिसत्वों के अतिरिक्त यक्ष, यक्षिणी, अनेक देवताओं एवं नाग प्रतिमाओं का उत्कीर्णन हुआ है।

(5) प्रारम्भिक गुहाओं के स्थापत्य में जहाँ सादगी देखी जाती है वहीं गुप्तकालीन गुहा मंदिरों के निर्माण में अलंकरण एवं सजावट की प्रमुखता है।

(6) हीनयान विहार चैत्य से सम्बन्धित होने से छोटे होते थे, किन्तु महायान विहारों की विशालता के कारण स्तम्भों का निर्माण आवश्यक हो गया।

विहार (संघाराम) महायान विहारों में भिक्षुओं के निवास का प्रावधान था। अतः तीन ओर कोठरियाँ निर्मित की गईं जिनमें भिक्षुओं के शयन हेतु पत्थर की चौकियाँ बनाई गईं। विहारों का निर्माण मूलतः वर्षा ऋतु में भिक्षुओं के आश्रय के लिए किया गया था। साथ ही विहारों ने शिक्षा व साधना स्थली का भी काम किया। इसी कारण विहार के प्रारूप में परिवर्तन किए गए। भिक्षुओं के लिए कोठरियों से बाहर पूजा की व्यवस्था भी जरूरी थी। इसीलिए केन्द्रीय कक्ष

में बुद्ध की प्रतिमा स्थापित की गई। इसके अतिरिक्त दीवारों को भी कई तरह के अलंकरणों द्वारा अलंकृत किया गया। भस्म पात्र की पूजा का समापन हो गया एवं ब्राह्मण मत की भक्ति भावना का बौद्ध मत में प्रवेश हुआ।[4]

गुहा संख्या 19 : गुहा संख्या 19 आकार में सबसे छोटी है जिसमें एक समकोणिक आयताकार सभा मण्डप है और इसके अन्त में अर्द्ध–वृत्ताकार (Semi circle) कक्ष है। मण्डप के चारों ओर नक्काशी कृत स्तम्भ श्रेणीबद्ध (लाइन में) खड़े हैं जो सभा मण्डप को पार्श्व भागों (पीछे के हिस्से) से अलग करते हैं। इसकी छत गुम्बदाकार है जो काष्ठानुकर्णित (लकड़ी से निर्मित भवनों की तकनीक के अनुसार) है। सामने स्तूप बेलनाकार पत्थर से बनाया गया है जिस पर बुद्ध खड़ी मुद्रा में उत्कीर्ण किए गए हैं।

गुहा संख्या 26 : अजन्ता की गुहा नम्बर 26 की योजना परम्परागत है, किन्तु वातायन, (खिड़की) चार स्तम्भों पर आधारित बरामदा और प्रवेश के लिए तीन द्वार बनाए गए हैं। स्तूप के सामने वाले भाग पर प्रलम्बपाद मुद्रा (सुखासन) में उत्कीर्ण बुद्ध प्रतिमा की ओर हमारा ध्यान आकर्षित होता है। इस चैत्य गृह के स्तम्भ शीर्ष विशेष प्रकार के अलंकरण से युक्त हैं। छत गज पृष्ठा कृति (हाथी की पीठ जैसी) के मध्य एक शोभा पट्टी बनी है। तीनों ओर दीवारों पर अनेक प्रकार की मूर्तियाँ निर्मित की गई हैं। ग्रेनाइट पत्थर में कम उभरी हुई मूर्तियाँ (रिलीफ) अपने प्रकार की है। इसी प्रकार चैत्य गृह के बाहर शिलाभित्ति के प्रत्येक स्थान को रूप देती हुई बुद्ध एवं यक्षों की प्रतिमाएँ– इस गुहा के तिथि क्रम को निश्चित करने में सहायक हैं।

इस तरह महायान युग के चैत्य गृह की वही वृत्तायत गुहा जिसके मध्य स्तम्भ पंक्तियाँ उसे नाभि–भ्रमणी (गुफा में प्रदक्षिणा मार्ग के बीच का स्थान) एवं प्रदक्षिणा पथ में विभाजित करती हैं। किन्तु इन गुहाओं में सबसे अधिक ख़ास बात मूर्तियों की अधिकता है। हर संभव स्थान को अर्थात् अग्रभाग तथा भीतरी भाग को मूर्तियों से भरा गया है। इन गुफाओं के बारे में फरग्यूसन ने ठीक ही लिखा है, "विशुद्ध अनीश्वरवाद से गुजरकर हम अत्यधिक मूर्ति पूजा के युग में प्रवेश करते हैं।"[5]

विहार वास्तुकला की दृष्टि से महायान गुहाएँ विशिष्ट हैं, जिन्हें विहार या संघाराम की संज्ञा दी गई है। अजन्ता, एलोरा, बाघ एवं औरंगाबाद आदि के विहार इस दृष्टि से उल्लेखनीय है, जिनका निर्माण भिक्षुओं के निवास के लिए किया गया। गुप्तकाल में विहार योजना में सतत परिवर्तन एवं परिष्कार दिखाई देता है। केवल आकृति में ही नहीं बल्कि तल विन्यास की दृष्टि से इस युग में दो या तीन तल के विहारों का निर्माण किया गया। एक पहाड़ी में दो या तीन तले गुहाओं का निर्माण तकनीक की दृष्टि से अपने आप में एक उपलब्धि है। तिथिक्रम की दृष्टि से प्राचीनतम विहार अजन्ता की पहाड़ियों में निर्मित किए गए। यहाँ गुहा संख्या 12–13 ईसा की प्रारम्भिक सदियों में निर्मित हुईं। इनके बाद गुहा संख्या 16–17 एवं 1 व 2 का निर्माण लगभग पाँचवीं–छठी शताब्दी ई. में क्रमशः हुआ होगा। गुहा नम्बर 11 सबसे बाद की मालूम होती है और पूर्ववर्ती काल की 12 और 13 नम्बर की गुहाओं की तुलना में आंशिक उन्नत वास्तुशिल्प की सूचक है। पुरानी गुहाओं में केन्द्रीय हॉल बिना स्तम्भों का है।[6]

विहार संख्या 12–13 : विहार संख्या 12–13 की योजना हीनयानी विहारों से भिन्न नहीं है। इनकी योजना में भी चार स्तम्भों पर अवलम्बित बरामदा और प्रवेश द्वार हैं, जिसका प्रारम्भ, एक विशाल कक्ष में हुआ है, जिस की दीवारों में तीनों ओर छोटे–छोटे कक्ष हैं। गुहा संख्या 12–13 की विशेषता इसी तथ्य में निहित है कि इनमें मुख्य कक्ष के मध्य चार स्तम्भों की योजना सम्मिलित की गई। एक बार इस प्रविधि (तकनीक) का प्रवेश हो जाने के बाद इसका अधिकाधिक विकास हुआ।

भिति चित्रों से अलंकृत गुहा सं. 16 : अजन्ता की अन्य महत्वपूर्ण गुहाओं में संख्या 16–17 का उल्लेख किया जा सकता है, जो वाकाटक राजा हरिषेण के शासन काल में लगभग 500 ई. में निर्मित की गई। गुहा संख्या 16 का मुख्य कक्ष 65 वर्ग फीट क्षेत्र में विस्तृत है। बाईस स्तम्भों पर आधारित मुख्य कक्ष के तीनों ओर चौदह छोटे–छोटे कक्ष (उपवरक) हैं। मुख्य कक्ष के सामने वाली दीवार के मध्य में दो स्तम्भों से युक्त आलिन्द (Balcony) के पश्चात् एक वर्गाकार कक्ष में बुद्ध की एक विशाल मूर्ति प्रलम्बपाद मुद्रा (पैर लटकाये महात्मा बुद्ध) में निर्मित की गई। जैसा उल्लेख किया गया है कि, महायान काल में विहार या संघाराम में भी पूजा के लिए एक मध्य कक्ष का समावेश किया गया। इसी क्रम में इस विहार के सम्मुख 5–6 स्तम्भों पर आधारित आलिन्द के सामने चार स्तम्भों पर आधारित छज्जा एवं पाँच स्तम्भों पर बरामदा स्थापित किया गया। स्पष्ट है कि, हीनयानी प्रारूप में परिवर्तन हुआ और अब चैत्य गृह की आवश्यकता समाप्त हो गई एवं विहार में पूजा का प्रावधान किया गया।

गुहा संख्या 16 अपने भित्तिचित्रों एवं स्तम्भों के अलंकरण के लिए भी प्रसिद्ध है।

गुहा संख्या 1 एवं 2 : इसी प्रकार गुहा संख्या 1 एवं 2 भी अपेक्षाकृत परवर्ती है। इनका निर्माण लगभग 650 ई. में हुआ, माना गया है। ये गुहाएँ, गुहा संख्या 16 के समान विशाल हैं। गुहा संख्या 1 में मुख्य कक्ष के चारों ओर 20 कक्ष (उपवरक) बनाए गए। इसके सामने का बरामदा एवं स्तम्भ अलंकरण की दृष्टि से विशेष उल्लेखनीय हैं।

अजंता की गुहा संख्या 4 एवं 24 अपूर्ण हैं। यदि पूर्ण हो जाती तो अजंता की गुहाओं में सर्वोत्तम सिद्ध होती। उक्त गुहाएँ बहुत ही विशाल एवं दो तलीय योजना से प्रारम्भ की गईं।

एलोरा गुहा मन्दिर एलोरा, महाराष्ट्र राज्य के औरंगाबाद जिले में दौलताबाद के समीप बौद्ध, हिन्दू एवं जैन गुहा मंदिरों के लिए विश्व प्रसिद्ध है। एलोरा गुहाएँ औरंगाबाद से लगभग 15 मील उत्तर–पश्चिम में स्थित हैं। हिन्दू गुहाओं को गुहा मंदिरों की संज्ञा दी गई, क्योंकि ये न विहार हैं एवं न चैत्य बल्कि मंदिर हैं।

विश्वकर्मा गुहा : एलोरा में गुहा संख्या 10 विश्वकर्मा के नाम से प्रसिद्ध है, जो यहाँ एक मात्र चैत्य है। यह अजंता के महायान चैत्य से बड़ा तथा 85 × 44 × 34 घन फीट के क्षेत्रफल में विस्तृत है। मध्य वीथ (पथ) को पृथक् करने वाले अट्ठाईस स्तम्भ सादे हैं। जिनके नीचे के भाग में कुछ खुदाई दिखलाई पड़ती है। इसका स्तूप वास्तविक आकार से भिन्न है। धातु स्तूप से भिन्न बड़े आकार की प्रतिमा का भी आधार स्थल बन गया है। इसके देखने से प्रकट होता है कि विश्वकर्मा चैत्य मण्डप में संघाराम से सम्बन्धित पूजा स्थान का विकास हुआ। कालान्तर में दोनों चैत्य तथा विहार परस्पर मिश्रित हो गए। ब्राउन पूजा स्थल में भीतरी लाट की बनावट से अनुमान लगाते हैं कि आर्य तथा द्रविड़ शैली का मूल रूप विश्वकर्मा गुहा में दृष्टिगत हो रहा है। (इण्डियन आर्किटेक्चर, पृ. 74)।[7] इस गुहा में चैत्य गृह की वास्तुकला का उत्कर्ष दिखाई देता है। यह कीर्तिमुख के लिए विशेष रूप से लोकप्रिय है अर्थात् कीर्तिमुख घोड़े की नाल की आकृति का न होकर तीन भागों में विभक्त एवं विशेष अलंकृत है। यहाँ बुद्ध को दो खड़े सेवकों के बीच प्रलम्बपाद मुद्रा में दिखाया गया है। बाकी गुहाएँ भिक्षुओं के विहार हैं और अजन्ता के परवर्ती विहारों से मिलती–जुलती हैं।[8]

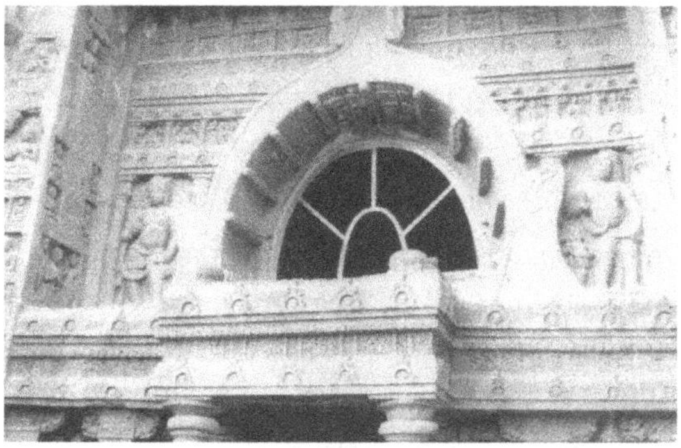

चित्र 50.1 गुहा संख्या 19 का बाह्य भाग

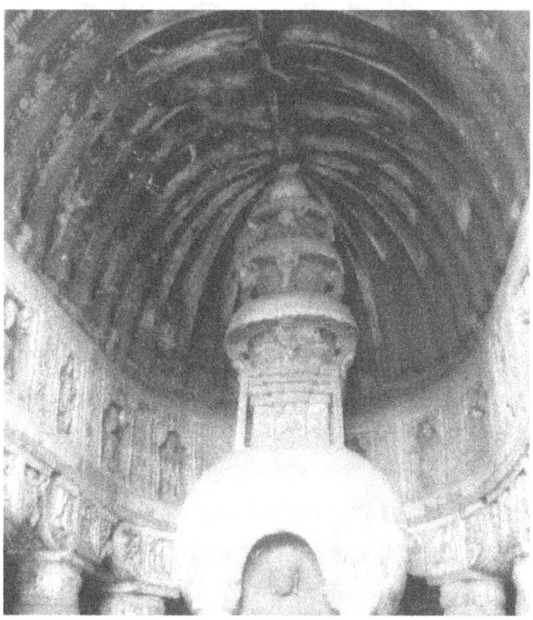

चित्र 50.2 गुहा संख्या 19 का आन्तरिक भाग

गुहा सं. 5 महनवढ़ा : एलोरा की पहाड़ी में बौद्ध विहारों का निर्माण 550 ई. से 750 ई. में हुआ, जिन्हें तीन वर्गों में रखा जा सका है।

प्रथम वर्ग में 1 से 5 नम्बर की गुहाएँ सम्मिलित की जाती हैं जो पहाड़ी के दक्षिणी कोने में स्थित हैं, गुहा संख्या 5 को छोड़कर गहनवाड (गहनवढ़ा) कही जाती है। गुहा नम्बर 5, अर्थात् महनवाड़ (महनवढ़ा) का प्रारूप विशिष्ट प्रकार का है। यह आकार में 117 फीट लम्बी एवं 70 फीट चौड़ी है। योजना की दृष्टि से इसकी तुलना बाघ के रंगमहल नामक गुहा से की जा सकती है। इस गुहा में एक लम्बा समकोणिक हाल है जो मध्य भाग और स्तम्भों की पंक्तियों से विभक्त है। दूसरे वर्ग में 6 से 10 नम्बर की गुहाओं को रखा गया एवं शेष गुहाओं (संख्या 12 तक) को तीसरे वर्ग में माना जा सकता है। गुहा नम्बर 11 एवं 12 विहार वास्तुकला के विकास की दृष्टि से महत्वपूर्ण हैं। इन्हें क्रमशः स्थानीय भाषा में दो थल एवं तीन थल कहा जाता है। ये दोनों विहार वास्तुकला के अतिरिक्त बरामदे एवं कक्ष के चारों ओर उत्कीर्ण बुद्ध मूर्तियों के लिए प्रसिद्ध हैं। यहाँ शिल्प कौशल एवं वास्तु कला सहगामिनी सिद्ध हुई। अतः इस दृष्टि से इन विहारों का गुहावस्तु के इतिहास में विशेष महत्व है।

जोगेश्वरी गुहा महाराष्ट्र के मुम्बई से लगभग तीन किलोमीटर दूर जोगेश्वरी भारत की सबसे लम्बी गुहा है। यहीं महाकाली मन्दिर है। पहाड़ को काटकर बनाई गई चैत्य गुफा के बाहरी मण्डप की दीवारों पर बुद्ध की प्रतिमायें अंकित है। जोगेश्वरी में कुल 15 गुहाएं है। इन गुहाओं का निर्माण 520–550 ई. के दौरान कोंकण के मौर्य व कलचुरी (त्रैकूटक) राजाओं द्वारा किया गया। इनमें अग्र मण्डप, मुख व गर्भ गृह है। मान्यता है कि अज्ञात वास में पाण्डव यहीं रहे थे।

बाघ गुहावास्तु : बाघ की गुहाएँ अजन्ता से लगभग 150 मील उत्तर–पश्चिम (ग्राम बाघ, मालवा) में स्थित हैं। उक्त गुहाएं इन्दौर से 100 मील दूर है। यहाँ नौ गुहाएँ 500 ई. के मध्य बनाई गईं। इनकी चट्टानें मुलायम किस्म की होने के कारण अधिकांश गुहाएँ नष्ट होती जा रही हैं। विन्ध्य पहाड़ियों को काटकर बनाई गई गुहाओं को 1818 ई. में डेंजर फील्ड महोदय ने खोजा था। चौथी–पांचवीं गुहाएँ सुरक्षित अवस्था में हैं। इन गुहाओं में निर्मित चित्र धार्मिक विषय के न होकर लौकिक जीवन से सम्बन्धित हैं। बाघ में एक भी चैत्य नहीं है एवं विहार अजंता के समान हैं।

गुहा संख्या 4, रंगमहल : बाघ की गुहा नम्बर चार का विहार रंगमहल कहलाता है। इसका केन्द्रीय सभामण्डप करीब 96 फीट लम्बा और अग्रभाग को छोड़कर बाकी तीनों पार्श्वों में भिक्षुओं की कोठरियों की पंक्ति है। मुख्य कक्ष 28 स्तम्भों पर अवलम्बित है, जिसके मध्य में चार अतिरिक्त स्तम्भ बनाए गए हैं। यहाँ पर विहार के साथ–साथ एक शाला भी बनाई गई। और विहार में कोठरियों का निर्माण किया गया। विहार की कोठरियों को पीछे के भाग में स्थित 220 फीट लम्बी, 40 फीट चौड़ी शाला से सम्बन्धित कर दिया गया है।[9] इस प्रकार विहार एवं उससे संयुक्त शाला (एक प्रकार का विद्यालय या मण्डप) बाघ के अतिरिक्त कहीं नहीं देखे

गए। रांगमहल की दीवारों पर अंकित चित्रों में आभूषणों से लदी राजकुमारी, जिस का एक हाथ सेविका के कंधे पर है।

एक दूसरे दृश्य में दो जोड़े आपसी वार्ता में लीन हैं। बाईं ओर राजा–रानी का चित्र भी उल्लेखनीय है। नृत्यरत लोगों का चित्र (कई वाद्य युक्त) भी आकर्षित करता है। इसी तरह छः बौद्ध अर्हतों का चित्र, जिसमें अर्हत बादलों में तैरते हुए संसार की दुःखमय स्थिति की अनुभूति करते से प्रतीत होते है।

औरंगाबाद (महाराष्ट्र) के समीप लगभग डेढ़ किलोमीटर दूर पहाड़यों में 12 गुहाओं का उत्खनन किया गया। इनका निर्माण भी छठी से सातवीं सदी ई. के मध्य माना जाता है। वासुदेव उपाध्याय की मान्यता है कि उनके देखने से प्रकट होता है कि बौद्ध कला का हिन्दू धर्म में विलयन हुआ। गुहाओं में ब्राह्मण मत का का प्रभाव स्पष्ट दिखाई देता है। औरंगाबाद विहारों (3 एवं 7) की विशेषता यह है कि उसके अन्दर विशालकाय आकार खुदे हैं। सिंहासन पर बैठे बुद्ध की विराट मूर्ति के सम्मुख दो वृहत आकार वाले श्रद्धालु उपासक घुटने टेके उत्कीर्ण हैं। अन्य धर्मपरायण स्त्री–पुरुष हाथ में माला लिए भक्ति भावना सहित खड़े हैं।[10]

मंदिर निर्माण कला

गुप्तकाल से पूर्व मंदिर वास्तु के अवशेष नहीं मिलते। मंदिर निर्माण का प्रारम्भ इस युग की महत्वपूर्ण देन कही जा सकती है। इस काल में मंदिर वास्तु का विकास ही नहीं हुआ बल्कि इसके शास्त्रीय नियम भी निश्चित हुए। गुप्तकालीन मंदिर स्थापत्य कला से ही आगे जाकर मन्दिरों की प्रसिद्ध नागर शैली का विकास हुआ। मंदिर निर्माण के उद्‌भव का सम्बन्ध व्यक्तिगत देवता की अवधारणा से है। भारत में देव पूजा की परम्परा बहुत प्राचीन रही है। प्रायः इसके उद्‌भव को सैन्धव परम्परा में खोजने का प्रयत्न किया गया है। इत्सिंग, ने श्रीगुप्त द्वारा मि–लि–क्या–सी–क्या–पोनो (सारनाथ) में चीनी यात्रियों के लिए मंदिर बनाए जाने का उल्लेख किया है। इसी तरह चन्द्रगुप्त द्वितीय के मंत्री शाब (वीरसेन) द्वारा उदयगिरि गुहा में भगवान शिव के लिए गुहा मंदिर बनाए जाने का विवरण आया है।[11] कुमारगुप्त के भिलसद अभिलेख से ज्ञात होता है कि उसने कार्तिकेय के मंदिर का निर्माण करवाया।[12] मन्दसौर अभिलेख से भी कुमारगुप्त द्वारा सूर्य मंदिर निर्माण करवाए जाने एवं मंदिरों के जीर्णोद्धार की जानकारी मिलती है। गुप्तकालीन मंदिरों के अवशेष अनेक स्थानों से प्राप्त हुए हैं, जैसे–साँची, उदयगिरि, नचनाकुठार, गुना, देवगढ़, भूमरा, ऐरण, झांसी, बेसनगर, मुकुन्ददर्रा (कोटा), शंकरमढ़, दहपर्वतिया और अन्त में असम में गुप्तकालीन शैली के द्वार पट्टक प्रमुख है जिन पर गंगा यमुना का अंकन है। इसी तरह भीतरीगाँव, अहिच्छत्र, गढ़वा, सारनाथ, बौद्धगया आदि। इन मंदिरों को गुप्तकालीन स्वीकार किए जाने का एक आधार, कुछ मंदिर स्थलों से अभिलेखों की प्राप्ति रहा है। दूसरा बनावट या शैली के आधार पर इसका निर्णय किया गया। प्रो. जी.सी. पाण्डे की धारणा है कि मोक्ष के विचार ने श्री विग्रह की आवश्यकता पर जोर दिया।[13] वास्तुकला की दृष्टि से उदयगिरि से लेकर देवगढ़ तक गुप्तकालीन मंदिरों में एक सतत् विकास परिलक्षित होता है। विकास दो रूपों में हुआ, प्रथम मंदिरों की आकृति में ऊर्ध्व (ऊपर की ओर) विकास एवं दूसरे मंदिर योजना में वृद्धि। गुप्तकालीन मन्दिरों की विशेषताएं : कनिंघम ने सर्वप्रथम अपने सर्वेक्षण में साँची मंदिर के आधार पर गुप्तकालीन मंदिरों के 10 लक्षण निश्चित किए हैं:

- वर्गाकार गर्भगृह (वर्गाकार योजना)।
- गर्भगृह के आगे चार स्तम्भों पर आधारित मण्डप,
- मण्डप के स्तम्भों का वर्गाकार रूप एवं प्रदक्षिणा पथ
- निराधार व अनावृत (बिना गुम्बज के)।
- गर्भगृह के तीनों ओर दीवारें ठोस और वातायन (बिना खिड़की के) रहित।
- नीचे अधिष्ठान (लो–प्लेटफॉर्म) का निर्माण।
- मंदिर के गर्भगृह एवं मण्डप सपाट छत।
- गर्भगृह के प्रवेश द्वार दो–तीन के अनुपात से निर्मित।

द्वार की पत्थर की चौखट (पत्थर की) 3, 5, 7 या 9 शाखाओं में विभक्त होती है, जिसके ऊपरी भाग में दाईं एवं बाईं ओर गंगा–यमुना की प्रतिमाएँ क्रमशः मकर एवं कछुए पर दिखाई गईं। अधिकांश गुप्तकालीन मंदिर पाषाण निर्मित हैं केवल भितरगांव एवं सिरपुर के मन्दिर ईंटों से निर्मित हैं। मध्य प्रदेश के रायपुर स्थित सिरपुर मन्दिर, जो ईंटों से निर्मित था, का अब गर्भगृह ही अवशिष्ट है। इस लक्ष्मण मंदिर का वास्तु भितरगांव के समान ही है।

द्वार की शाखा की ऊपरी धरण (सामने की दीवार) एक पत्थर की बनी है, जिसको 'ललाट बिम्ब' नाम दिया गया है। मध्य, गृह में देवता की प्रतिमा अवस्थित रहती है। गुप्तकालीन मंदिर विकास प्रक्रिया के तीन तत्व उल्लेखनीय हैं– प्रथम योजना, द्वितीय शिखर का क्रमशः विकास एवं तृतीय अलंकरण।

प्रारूप की दृष्टि से एक गर्भ के मंदिर, धीरे–धीरे पंचायतन शैली में परिवर्तित हुए अर्थात् इस प्रक्रिया में पाँच देवों के गृह की स्थापना की गई। साधारणतः मंदिर वर्गाकार हैं। इस विकास प्रक्रिया के प्रमाण भूमरा एवं देवगढ़ के मंदिर हैं। आयताकार योजना वाले मंदिर अवश्य ही दक्षिण के चैत्य गुहाओं से सम्बन्धित रहे होंगे। दरअसल पंचायतन योजना वर्गाकार मंदिर का विकसित रूप है। इस प्रक्रिया में गर्भ गृह के चारों ओर चार अतिरिक्त देवालय बनाए गए। भूमरा के गर्भगृह के सामने चबूतरों के दोनों कोनों पर देवालय बने हैं। यह मंदिर देवगढ़ से पूर्ववर्ती है।

मन्दिरों का क्रमिक विकास प्रारम्भिक मंदिर शिखर–रहित अर्थात् सपाट छत के थे किन्तु सपाट छत क्रमशः ऊँची उठती गई और गर्भगृह के ऊपर पिरामिडाकार स्वरूप बनता गया। इस पद्धति से कई तल वाले शिखरों का विकास हुआ। दूसरे शब्दों में मंदिर का स्वरूप सप्त एवं नव प्रासाद के रूप में परिवर्तित हुआ। **शिखर** मूलतः गर्भ पर बनी ऐसी वास्तु रचना है जो क्रमशः कई **तल**, **गवाक्ष** (झरोखा या खिड़की), **कर्ण शृंग** (शिखर का कान जैसा दोनों ओर का भाग), **शुकनाशा** (तोते की नाक जैसा भाग),

आमलक (आँवले की तरह शिखर का पत्थर), **कलश, बीजपूरक** (शिखर पर बिजोरा जैसा पत्थर), ध्वजा से युक्त होता है। इन तत्वों के साथ शिखर की रचना पीठायुक्त अथवा ऊपर की ओर क्रमशः तनु होते हुए भी कोणाकार हो सकती है। सम्भवतः शिखर का विकास मानव निर्मित कई मंजिलों के प्रासादों के अनुकरण पर हुआ होगा। शिखर प्रासाद के विभिन्न तल ऊपर की ओर छोटे होते गए। इसका सर्वोत्तम उदाहरण नचनाकुठार का मंदिर है, जिसमें प्रथम कक्ष पर दूसरे एवं तीसरे कक्ष (या खण्ड) दिखाई देते हैं।

उत्तरी भारत में ऊपर की ओर कोणाकार और दक्षिण में पिरामिडाकार रूप का विकास हुआ। कहा गया है कि, जैसे–जैसे शिखर का विकास हुआ वैसे ही **तलों, शृंगों, अनु शृंगों, लघु शिखरों** और आमलकों की संख्या बढ़ती गई। त्रि–रथ शैली के स्थान पर **पंच, सप्त** एवं **एकादश** रथ बनते देखे जाते हैं। इस शैली के विकास का सम्बन्ध शिखर निर्माण की तकनीक से है। मंदिर निर्माण में प्लास्टर का प्रयोग नहीं हुआ। प्रारम्भिक गुप्त मंदिरों के द्वार के दोनों ओर अलंकरण हेतु गंगा–यमुना की मूर्तियाँ निर्मित की गईं। साँची, उदयगिरि, नचनाकुठार, एहोल आदि में इस तरह का अलंकरण देखा जा सकता है। वास्तुकला के विकास के साथ गर्भगृह की दीवारों एवं चबूतरों पर चारों ओर देवलोक से सम्बन्धित चित्र अंकित किए गए। वराहमिहिर के अनुसार देव मन्दिर के विस्तार से उसकी ऊँचाई दुगनी होनी चाहिए और विस्तार से आधा गर्भगृह रखा जाये साथ ही "द्वार शाखा के एक–चौथाई भाग में द्वारपाल का अंकन किया जाना चाहिए। शेष भाग में पूर्णघट, कल्पवृक्ष, कल्पलता, पत्रलता, कामलता (मिथुन), स्वास्तिक प्रमथ (कुब्जक), पक्षी, विद्याधर, मांगलिक चिह्न गंगा–यमुना आदि उत्कीर्ण की जानी चाहिए।"[14] मंदिरों के ललाट बिम्ब पर विष्णु, शिव एवं लक्ष्मी की मूर्तियों का अंकन हुआ है।

महत्वपूर्ण मन्दिर इस काल के महत्वपूर्ण मंदिरों का संक्षिप्त विवेचन किया जाना उचित होगा।

शंकरगढ़ शिव मन्दिर, मध्यप्रदेश के जबलपुर में तिगवां से तीन मील पूर्व में कुण्डाग्राम में लाल पत्थर का एक छोटा शिव मंदिर प्राप्त हुआ है, जिसका आकार एक छोटी कोठरीनुमा है। इसे गुप्तकाल के प्रारम्भ में रखा गया है।[15]

मुकुन्द दर्रा राजस्थान के कोटा जिले में एक पहाड़ी दर्रे को मुकुन्द दर्रा कहा जाता है, यहां एक छोटे सपाट छतयुक्त स्तम्भों पर खड़ा मंदिर अवस्थित है। इसका निर्माण 44 × 74 फीट के चबूतरे के ऊपर किया गया।[16] इसके मुख्य मण्डप के चारों ओर प्रदक्षिणा–पथ है।

साँची मध्यप्रदेश में साँची महास्तूप के कुछ दूरी पर एक छोटा सपाट छत युक्त मंदिर है। इसका गर्भगृह वर्गाकार (8 फीट 2 इंच) है किन्तु बाह्य भाग 20 फीट लम्बा एवं पौने तेरह फीट चौड़ा है। गर्भगृह के सामने चार स्तम्भों पर मण्डप भी बनाया गया है। कहा गया है कि पहली श्रेणी के मंदिर की एक प्रतिनिधि मिसाल साँची के मंदिर नम्बर 17 में मिलती है। यह एक छोटा, सादा–सा मंदिर है, जिसमें एक छोटे से चौकोर कक्ष के अलावा, जिसके आगे एक स्तम्भों वाला दालान है, और कुछ नहीं है।[17] मध्य प्रदेश में विदिशा से 34 मील उत्तर उदयपुर में भी साँची के समान एक छोटा मंदिर देखा गया है।

बोधगया–महाबोधि मन्दिर : बुद्ध ज्ञान प्राप्ति स्थल उरूवेला में सम्राट अशोक द्वारा मन्दिर बनवाये जाने की जानकारी मिलती है। उसी स्थान पर पांचवी छठी सदी में (गुप्तकाल) में ईटों से मन्दिर बनवाया गया। मध्यकाल में मिट्टी में दबे इस मन्दिर को 1883 ई. अलेक्जेंडर कनिंघम ने मिट्टी हटवाकर मरम्मत करवाई। 20वीं सदी में पुनः संरक्षण कार्य हुआ। 2002 में यूनेस्को ने इसे विश्व विरासत स्थल घोषित किया। उरूवेला का महाबोधिसंबोधि नाम मिलता है। उल्लेखनीय है कि बोधगया के निकट किंहार (बिहार) से कांस्य , तांबा, सीसा, टिन व लोहा व मिश्रित धातुओं की बुद्ध मूर्तियां मिली है। यहां से बलराम व लोकनाथ की मूर्तिया भी मिली है।

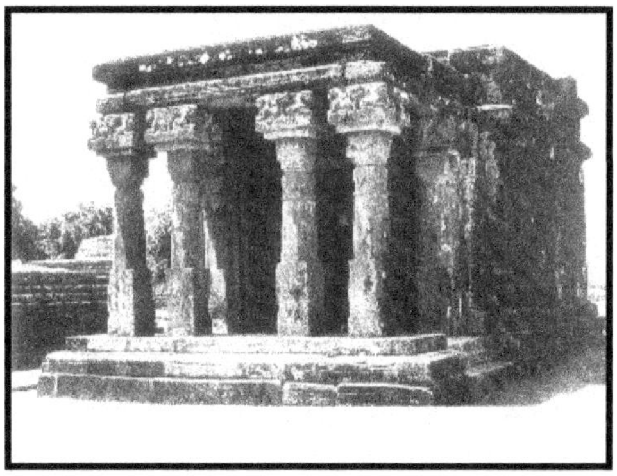

चित्र 50.3 गुप्तकालीन मंदिर : साँची

तिगवा विष्णु मन्दिर, मध्य प्रदेश में जबलपुर के समीप पत्थर से निर्मित एक वर्गाकार सपाट छत का मंदिर है। जिसके गर्भगृह का व्यास आठ फीट एवं सामने चार स्तम्भों पर मण्डप स्थित है। तिगवां के मंदिर में हमें उल्टे हुए अलंकरण की कला का प्रारम्भिक रूप देखने को मिलता है। स्मिथ ने तिगवां मंदिर को समुद्रगुप्त के काल का बताया है।[18] इसके स्तम्भ अलंकृत हैं एवं द्वार पर गंगा–यमुना का अंकन है। सिरदल के ऊपर तेरह चौकोर टोड़े (ब्रैकेट या छाजन के नीचे प्रयुक्त घोड़िया) निकले हुए हैं, जो लकड़ी के धरण की अनुकृति जान पड़ते हैं। काष्ठ के उपकरण का पत्थर में अनुकरण वास्तु की शैशविकता की ओर संकेत करता है।[19]

ऐरण वराह मन्दिर मध्यप्रदेश के सागर जिले में स्थित ऐरण में तीन मंदिर थे। एक नृसिंह मंदिर ध्वस्त हो गया है। दूसरे वराह मंदिर का निर्माण हूण नरेश तोरमाण के शासनकाल के प्रथम वर्ष में हुआ। इसमें प्रतिष्ठित वराह मूर्ति पर अंकित लेख से जानकारी मिलती है कि मातृविष्णु के छोटे भाई धन्यविष्णु ने इसका निर्माण करवाया था। इन दोनों भाइयों ने कुछ ही पहले बुद्धगुप्त के शासनकाल (गुप्त संवत् 165) में ऐरण में ही विष्णु ध्वज स्थापित किया था।[20] वराह के मंदिर में एक विष्णु मंदिर भी स्थित है। मंदिर के गर्भगृह का द्वार एवं सामने के स्तंभ शेष हैं। स्तंभ शीर्ष गज, सिंह, आदि से अलंकृत है।

भूमरा शिव मन्दिर नागोद सतना (मध्य प्रदेश) में भूमरा नामक स्थान में, शिव मंदिर का निर्माण पाँचवीं शताब्दी के मध्य में हुआ माना जाता है। यहाँ वर्गाकार मंदिर से मण्डप भी सम्बन्धित था। प्रवेश द्वार के पार्श्वों पर गंगा–यमुना की आकृतियाँ निर्मित हैं एवं चारों ओर प्रदक्षिणा पथ है। राखलदास बनर्जी ने 1920 में इसकी खोज की थी। मन्दिर 35 फीट लम्बा व उतना ही चौड़ा है। सामने चबुतरा संभवतः सभा मण्डप रहा होगा। यहां 509 ई. का लेख भी मिला है। अवलोद (भूमरा) में महाराज हस्तिन व सर्वनाथ द्वारा स्तंभ बनवाने का जिक्र है।

नचनाकुठार पार्वती मन्दिर मध्य प्रदेश के पन्ना जिले में भूमरा के निकट अजयगढ़ के पास नचनाकुठार में पार्वती मंदिर स्थित है। पार्वती मंदिर की साधारण योजना भूमरा मंदिर के समान है। परन्तु गर्भगृह की सपाट छत पर एक सामान्य कोठरी है। उसकी छत भी सपाट है। इसमें सामान्य अलंकरण देखा गया। इसका निर्माण 35 वर्ग फीट के चबूतरे पर किया गया है। यहाँ गर्भगृह, बरामदा, प्रदक्षिणा पथ एवं स्तंभ युक्त मंडप है।

देवगढ़ का दशावतार मन्दिर बुन्देलखण्ड, उत्तरप्रदेश, झांसी के पास देवगढ़ (ललितपुर) स्थित दशावतार मंदिर गुप्तकाल के बचे हुए मंदिर रत्नों में से एक है। जिसका विस्मयकारी अलंकरण मन को मोह लेता है। चौखटों में अलंकरण दीवारों के उत्कीर्णनों की भाँति हृदयग्राही है। आकृतियों का सुड़ौलपन और नख–शिख ऐसा है जैसा अब तक की मूर्तियों में सिवाय अमरावती की पट्टिकाओं की मूर्तियों के कहीं उपलब्ध नहीं। इस मंदिर की काया पर सर्वत्र रामायण के दृश्य उकेरे हुए थे। उनकी अनन्तधा परिणति जावा के वास्तु में हुई है। देवगढ़ का मंदिर दशावतार का है और पाँचवीं सदी का बना है।[21] यह मंदिर ऊँचे और चौड़े चबूतरे पर पत्थर से निर्मित किया गया है, जिस पर चढ़ने के लिए हर ओर बीच में सीढ़ियाँ बनी हुई हैं। मंदिर का चबूतरा, जो बुलन्दी और भव्यता की आकांक्षाओं की मिसाल है, चारों ओर बने आलों में रखी मूर्तियों की माला से सजा हुआ है।[22] गर्भगृह, पिरामिडाकार ऊँचा तिहरा शिखर, चारों दिशाओं में चैत्याकार कीर्तिमुख (गवाक्ष) एवं विशाल आमलक युक्त है।

भितरगाँव विष्णु मन्दिर, उत्तरप्रदेश कानपुर के निकट दक्षिण में भितरगाँव का विष्णु मंदिर पूरी तरह ईंटों से निर्मित किया गया। इसका महत्त्व ईंट का प्राचीनतम मंदिर होने में ही नहीं है वरन् इस बात में भी है कि उसमें शिखर है। यह मंदिर काफी ऊँचे चबूतरे (जगतीपीठ) पर बना हुआ है।[23]

स्मिथ का अनुमान है कि इसका निर्माण चन्द्रगुप्त द्वितीय के शासनकाल में हुआ था।[24] वर्गाकार गर्भगृह का ईंटों का बना बाहर का घेरा 36 फीट लम्बा–चौड़ा है। बाहरी बनावट भी ईंटों की ही है जहाँ दीवारों पर दोहरी कोर्निस (कपोत) दौड़ती है। ईंटों की ही दर्शनीय जालियाँ बनी हैं। उठते हुए शिखर पर सर्वत्र चैत्य मेहराब बनी हैं, जिनमें से कुछ अब भी बच रही हैं। गर्भगृह के सामने मण्डप, देवगढ़ के समान शिखर, जो 70 फीट ऊँचा है एवं शिखर पर चैत्याकार मेहराब (Arches) बनाये गये। इस मंदिर में ईंटों से बने शीर्ष ऐसे लगते हैं जैसे अफ्रीकी नारियों के सिर पर घुंघराले या लहरिया केश हैं, जिन्हें देखकर ऊन का भ्रम होता है। बाहरी दीवारों पर खानों और आलों में मिट्टी के बने रामायण–महाभारत के दृश्य अथवा देवताओं की आकृतियाँ जड़ दी गई हैं।[25]

अन्त में ए.के. सरस्वती के शब्दों में कहा जा सकता है कि, वास्तुकला के इतिहास में यह काल भी अभी उसके प्रारम्भिक विकास और उसकी रचनात्मक यात्रा का विकास युग था, जिसके अन्दर भावी युगों में असीम विकास और अलंकरण की सम्भावनाएँ रूप ग्रहण कर रही थीं।[26] पूर्व मध्य युग में इस कला का परिष्कृत स्वरूप देखने को मिला।

मूर्तिकला मूर्ति निर्माण के क्षेत्र में इस काल में महत्वपूर्ण परिवर्तन हुए। गुप्तकाल में तीन प्रकार की मूर्तियों का निर्माण किया गया–पत्थर, धातु एवं मिट्टी। यहाँ हम पत्थर एवं धातु की मूर्तियों का उल्लेख करेंगे। इस काल में मूर्तिकला के दो महत्वपूर्ण केन्द्र थे। पी.एल. गुप्त ने लिखा है कि, गुप्त साम्राज्य के विकास के आरम्भिक दिनों में मथुरा मूर्ति–कला का प्रमुख केन्द्र था। यह एक मान्य तथ्य है कि, प्रथम कुमारगुप्त के शासनकाल (गुप्त संवत् 129) में बनी बुद्ध की मूर्ति, जो मानकुँवर (जिला इलाहाबाद) से प्राप्त हुई थी, मथुरा से निर्यात की हुई है। मथुरा के बाद काशी (सारनाथ) गुप्तकला का केन्द्र रहा है। यह भी कहा जाता है कि मथुरा कला की ही एक धारा नई ताजगी लेकर यहाँ फूटी है। दरअसल मथुरा कला शैली के विकास से बहुत पूर्व से ही काशी प्रदेश कला केन्द्र रहा है।[27] स्पष्ट है कि गुप्तकालीन मूर्तिकला को दो कला शैलियों में विभक्त किया जा सकता है– मथुरा शैली एवं दूसरी सारनाथ या बनारस शैली। कुछ विद्वान नालन्दा शैली भी मानते है। इन शैलियों के विभाजन का एक प्रमुख आधार तो पत्थर का उपयोग है। मथुरा शैली में लाल बलुआ पत्थर विशेष रूप से उपयोग में लाया गया जबकि सारनाथ–बनारस प्रकार में चुनार का सफेद–बालूदार पत्थर का उपयोग लाया गया। संभवतः इसका उपयोग मौर्यकाल में शुरू हो गया था।

मथुरा–सारनाथ शैली की मूर्तियां सारनाथ में प्राप्त मूर्तियों में बौद्ध, ब्राह्मण और जैन प्रतिमाएँ सम्मिलित की जाती हैं। इनमें सबसे अधिक संख्या बौद्ध मूर्तियों की है। उपाध्याय के अनुसार गुप्तकालीन मूर्तियों का विशेष महत्व मथुरा, सारनाथ, सुल्तानगंज और अनेक अन्य स्थलों से अनंत मात्रा में उपलब्ध गुप्त भारतीय शैली में निर्मित नमूनों से है।[28] इस युग की मूर्ति कला की प्रमुख विशेषताओं का उल्लेख करना उचित होगा :

- **मूर्तिकला विशेषता** : कुषाणकालीन मूर्तियों में विदेशी आदर्शों का प्रभाव देखा जाता है। कहा गया है कि संघाटी (बौद्ध भिक्षुओं का वस्त्र) की चुन्नटें गांधार–शैली ने उन्हें दी थीं। उन्होंने उसे स्वीकार किया पर इस रूप से नये सिरे से उन्हें साधा कि, चुन्नटें तो गायब हो गईं पर उनकी लहरियाँ, शरीर से एकाकार होकर उसमें समा गईं और लगने लगा कि तन उनके भीतर से झलक रहा है, परिधान का मात्र आभास रह गया। अब तन परिधान से अधिक महत्व का हो गया।[29] मथुरा केन्द्र की बनी हुई मूर्तियों को छोड़कर गुप्तकालीन किसी बुद्ध प्रतिमा में वस्त्रों में चुन्नटें नहीं देखी जातीं।

- यह भी देखा गया है कि इस काल की मूर्तियों की भौंहे तिरछी न होकर सीधी प्रदर्शित की गईं। कलाकारों ने अनेक भावों की अभिव्यक्ति के लिए विभिन्न मुद्राओं का सहारा लिया।
- इस काल में बडी संख्या में आदमकद (Of a man's height) मूर्तियाँ निर्मित की गई।
- कुषाणकालीन मूर्तियों में प्रभामण्डल सामान्य प्रकार एवं अनलंकृत रहा। गुप्तकालीन मूर्तियों के सिर के पीछे प्रभामण्डल को कई आकृतियों द्वारा सुसज्जित किया गया है।
- उपाध्याय के अनुसार उन्होंने ग्रीक शैली के लहरिया केश–कलाप को बुद्ध मूर्तियों के लिए स्वीकार किया पर उसके रूप को सर्वथा भारतीय घूमे हुए गुंजलक (गुच्छे की तरह) अथवा चक्र की तरह मस्तक पर कोर कर सजाया। जिसके लिए उनके पास शुद्ध भारतीय प्रमाण भी निदान कथा में मिल गया। जिसमें लिखा है कि बोधिसत्व ने पिता का घर छोड़ संन्यास लेते समय अपने केश काटे, तब से दाहिनी ओर को दो–दो इंच मुड़कर कुंचित हो गए और निर्वाण तक वैसे ही बने रहे। इसी रूप में गुप्तकालीन कलाकार अब बुद्ध की मूर्तियों को कोरने लगा।
- इस काल में भारतीय परिवेश में प्रतिमा निर्माण शास्त्रीय नियमों का निर्धारण किया गया। तद्नुरूप मूर्तियों के वक्षस्थल विकसित बनाए गए और सुदृढ़ कंधे को प्रमुखता से उभारा गया।
- मूर्ति निर्माण हेतु उपयोग में लाये जाने वाले पत्थरों के विषय में जैसा पूर्व में उल्लेख किया गया है कि मथुरा कला की अभिव्यक्ति बलुआ लाल पत्थर (Red Spotted Sand Stone) द्वारा की गई। गुप्तकाल तक भी इसी पत्थर का उपयोग स्थानीय कलाकारों द्वारा किया जाता रहा, किन्तु सारनाथ में मूर्ति निर्माण हेतु चुनार के सफेद बालूदार पत्थर का प्रयोग किया गया।
- उल्लेखनीय है कि इस काल तक आते–आते कुषाणकालीन विषयाशक्ति गौण हो गई थी अर्थात् मथुरा की वेदिका स्तम्भों पर उभारी जाने वाली विभिन्न भंगिमाओं तथा मुद्राओं में खड़ी नारी–मूर्तियाँ लुप्त हो गईं। पूर्व नग्नता का स्थान सुन्दर पारदर्शक वस्त्रों ने ले लिया और ध्यान तथा धार्मिक भक्ति पर बल दिया जाने लगा।

मथुरा–स्थानक बुद्ध गुप्तकालीन मूर्तियों में मथुरा से प्राप्त खड़ी बुद्ध मूर्ति का दूसरा उदाहरण भारत में नहीं मिलता। यद्यपि इसका दायां हाथ जो अभय मुद्रा में था, कुहनी से टूटा हुआ है और बायां हाथ नीचे की ओर, किन्तु हथेली से कुछ सीधा है। ग्रीवा (गले) पर कुछ रेखाएँ अंकित हैं, होठों पर बहुत हल्की मुस्कान का आभास होता है। आँखें ध्यान मुद्रा के कारण बन्द हैं और मुख पर असीम शांति विद्यमान है। कान नीचे की ओर से असामान्य रूप से लम्बे हैं तथा शीश पर कुंचित केश और पीछे अलंकृत प्रभामण्डल है। पारदर्शक वस्त्रों पर हल्की चुन्नटें उसकी सुन्दरता में वृद्धि करती हैं। इस मूर्ति को पाँचवीं सदी की माना गया है।[30] लाल पत्थर से निर्मित यह मूर्ति मथुरा संग्रहालय में सुरक्षित है। इसी तरह की एक खड़ी बुद्ध मूर्ति भारतीय संग्रहालय, कलकत्ता में सुरक्षित है।

सारनाथ–बुद्ध सारनाथ से पदमासन में बैठे बुद्ध की दूसरी महत्वपूर्ण प्रतिमा है। दोनों हाथ धर्मचक्रप्रवर्तन मुद्रा में है। सिर के पीछे अत्यन्त सुन्दर प्रभामण्डल अंकित है। शीश पर कुंचित केश है एवं ध्यानावस्थित मुख पर शांति विराजमान है। ग्रीवा पर दो तीन रेखाएँ स्पष्ट दिखाई देती हैं। आसन की पीठ पर दोनों ओर मकरों के नीचे पक्षधारी सिंह उत्कीर्ण हैं, नीचे धर्मचक्र के दोनों ओर उपासक अंकित हैं।[31] इस मूर्ति को पांचवी–छठी शती की माना गया है। मूर्ति का नाक व हाथ की अगुलियां टूटी हुई है। उपाध्याय ने लिखा है कि, मथुरा की खड़ी बुद्ध मूर्तियों के साथ यह सारनाथ की बुद्ध मूर्ति भी संसार की सुन्दरतम मूर्तियों में से है।[32]

सुल्तानगंज बुद्ध– बिहार, भागलपुर सुल्तानगंज से प्राप्त अन्य बुद्ध की एक खड़ी मूर्ति ताँबे की है, जिसकी लम्बाई 7′ फीट है। महात्मा बुद्ध के शीश पर कुंचित केश हैं परन्तु उसके चारों ओर प्रभामण्डल नहीं है। बुद्ध पारदर्शक वस्त्र से आवृत्त हैं तथा दायां हाथ अभयमुद्रा में, बायां हाथ आधा नीचे की ओर झुका हुआ है। उंगुलियों के बीच कुछ वस्तुएँ दिखाई देती हैं।[33] लगभग 500 किलो ग्राम की यह मूर्ति बर्मिघंम कला संग्रहालय में रखी है। इसे पांचवी से सातवीं सदी के मध्य निर्मित माना गया।

मथुरा–विष्णु मथुरा से प्राप्त विष्णु मूर्ति अपनी स्वाभाविकता और भावुकता में सारनाथ के महात्मा बुद्ध की मूर्ति से समता रखती है। भगवान विष्णु रत्नजड़ित मुकुट पहने व कानों में आभूषण हैं। उनके सुगठित शरीर में पूरा अनुपात है और मुख पर आध्यात्मिक आभा और शांति विराजमान है।

देवगढ़ शेषशायी विष्णु – ललितपुर जिला, उत्तर प्रदेश के देवगढ़ मन्दिर से अनेक सुन्दर मूर्तियाँ प्राप्त हुई हैं। यहाँ से प्राप्त महत्वपूर्ण मूर्तियों में शेषशायी विष्णु की मूर्ति का उल्लेख किया जा सकता है। भगवान सिर पर किरीट मुकुट, कानों में कुण्डल, गले में हार, केयूर, वनमाला एवं हाथों में कंकण धारण किए हैं। पैरों की ओर लक्ष्मी बैठी हैं। नाभि से निकले कमल पर ब्रह्मा विराजमान हैं, दाएं ऐरावत पर इन्द्र और मयूरवाहन कार्तिकेय हैं, बाएं शिव–पार्वती हैं।[34] इसी तरह उदयगिरि पहाड़ी पर उत्कीर्ण विष्णु का वराह अवतार बड़ा ही सजीव है। इसमें पृथ्वी को ऊपर की ओर उठाते दिखाया गया हैं।[35]

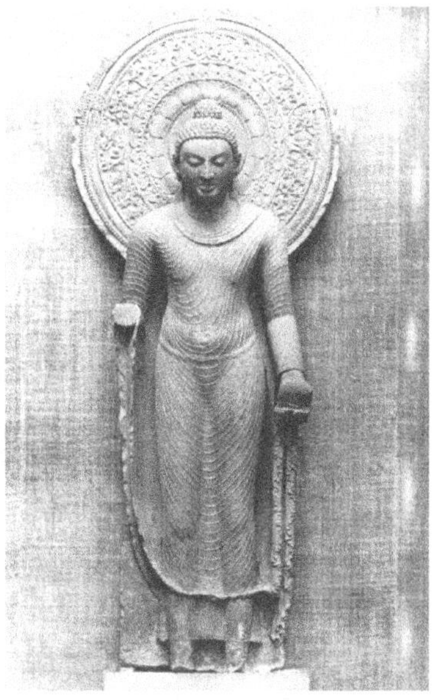

चित्र 50.4 मथुरा–स्थानक : बुद्ध, मथुरा संग्रहालय

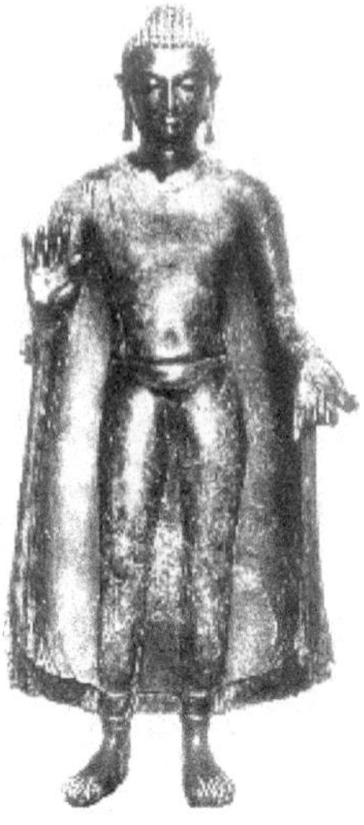

चित्र 50.5 सुल्तानगंज बुद्ध

वराह मूर्ति–ऐरण मध्यप्रदेश के विदिशा क्षेत्र से एक वराह मूर्ति ऐरण से भी प्राप्त हुई है। जिसका निर्माण मातृविष्णु के अनुज–धन्यविष्णु ने करवाया था। मध्य प्रदेश की उदयगिरि गुहाओं में बनाई गई लगभग 7 × 4 मीटर की वराह मूर्ति द्वारा पृथ्वी देवी को उठाते हुए दर्शाया है। जिसे देवगण देख रहे है। ध्यान देने की बात है कि प्राचीन विदिशा की बीस गुफाएँ हिन्दू व जैन मूर्तिकारी के लिए प्रसिद्ध है। गुप्त कलाकारों ने बुद्ध एवं विष्णु के अतिरिक्त शिव मूर्तियाँ भी निर्मित कीं। गुप्तकालीन अनेक एकमुखी तथा चतुर्मुखी शिवलिंग प्राप्त हुए हैं, इनमें करमदण्डा, मथुरा, सारनाथ, खोह एवं भिलसद के उल्लेखनीय हैं। इस काल की अनेक जैन मूर्तियाँ भी मिली हैं। मथुरा से प्राप्त प्रतिमा में महावीर को पदमासन में ध्यान मुद्रा में, बैठे दर्शाया गया है।

चित्रकला मानवजाति के इतिहास में सम्भवतः कला की दृष्टि से अभिव्यक्ति की यह परम्परा (चित्रलेखन) सबसे प्राचीन है। चित्रकला के द्वारा एक तलीय द्विपक्षों में भावों की अभिव्यक्ति होती है। प्राचीन काल में अनेक लिपियों का जन्म चित्र–लेखन परम्परा से हुआ है। यह सर्वविदित है कि चीन की चित्राक्षर लिपि का मुख्य आधार चित्र थे। सैन्धव लिपि भी चित्राक्षर लिपि है। मध्य प्रदेश व राजस्थान की गुहाओं एवं अन्य अनेक स्थलों से प्रागैतिहासिक चित्र प्राप्त हुए हैं। वैदिक युग से मौर्यकाल तक की चित्रकला के अवशेष नहीं मिले हैं। लेकिन वैदिक साहित्य से तत्कालीन व्यक्तियों की चित्रकला सम्बन्धी रुचि का संकेत मिलता है। ध्यान देने की बात है कि अजंता गुहाओं को 1819 में मद्रास सेना के कुछ यूरोपीय सैनिकों ने खोजा था और 1824 में अलैक्जैंडर कनिंघम ने इन्हें प्रकाशित किया। गुप्तकाल चहुँमुखी प्रगति का काल था। इस युग में सुख, शांति रही एवं देश में समृद्धि बढ़ी। तत्कालीन नगर, जैसे–पाटलिपुत्र, उज्जयिनी, कौशाम्बी, मथुरा, वाराणसी, चम्पा आदि के राजप्रासाद चित्रांकन द्वारा विभूषित किए जाते थे। रघुवंश में अयोध्या के राजभवन में बने राम वनवास के समय के सुन्दर भित्तिचित्रों का जिक्र आया है।[36] मेघदूत में एक विरहिणी यक्षी द्वारा अपने प्रियतम का चित्र स्मृति के आधार पर बनाए जाने का उल्लेख हुआ है।[37] इस काल में चित्रकला पर अनेक शास्त्रीय ग्रंथों की रचना हुई जैसे विष्णु धर्मोत्तर पुराण (चित्र सुक्रम अंश), बृहत्संहिता (56वाँ अध्याय–प्रासादलक्षण) इसके अतिरिक्त मत्स्य, गरुड़, अग्नि, हरिवंश, स्कन्द आदि पुराण चित्रक्रम पर महत्वपूर्ण निर्देश देते हैं। अन्य साहित्यिक ग्रंथों, जैसे–स्वप्नवासवदत्ता, प्रतिज्ञायौगन्धारायण, मालविकाग्निमित्र, विक्रमोर्वशीय से साधारण नागरिकों की चित्र लेखन में रुचि के संकेत मिलते हैं। प्राप्त पुरातात्विक अवशेषों के आधार पर अनुमान किया जाता है कि शुंग सातवाहन युग में इस कला का विकास हुआ जिसकी चरम परिणति गुप्त काल में हुई।

अजंता गुफाएं : आपको ज्ञात होगा कि अजतां गुफाएं महाराष्ट्र के औरंगाबाद जिले में स्थित है। वहा की 29 गुफाओं में से 7 गुफाओं में चित्र बचे है। दूसरी सदी ई.पू. से सातवीं सदी ई. के मध्य निर्मित इन गुफाओं को जेम्स अलेक्जेंडर ने 1819 में खोजा था। अजंता की गुहा संख्या 9–10 में अंकित चित्र सम्भवतः पुरातात्विक दृष्टि से ऐतिहासिक काल में प्राचीनतम हैं। समय के परिप्रेक्ष्य में अजंता की गुहा संख्या 16 में अंकित वाकाटक शासक हरिषेण का अभिलेख महत्वपूर्ण है। इसी प्रकार गुहा संख्या 2 में निर्मित, चालुक्य शासक पुलकेशिन द्वितीय के दरबार में ईरानी सम्राट के राजदूत कुरुषपरवेश द्वारा लाई गई भेंट दिए जाने का चित्रांकन उल्लेखनीय है। उसकी विदेशी वेशभूषा उसे अन्य चित्रों से पृथक् रखती है। कहा जा सकता है कि इन चित्रों की रचना लगभग 650 ई. में हुई।

अजंता की कुल 29–30 गुहाओं में से कुछ में चित्रांकन के अवशेष मिले हैं। उदाहरण के लिए 1, 2, 9, 10, 16 एवं 17, इनमें से गुहा संख्या 9–10 में लिखे गए शुंगकालीन हैं एवं गुहा संख्या 16–17 के चित्रों की रचना सम्भवतः गुप्त काल में हुई होगी। गुहा संख्या 1–2 के चित्रों को छठी शताब्दी ई. के मध्य रखा जा सकता है।

भित्तिचित्र तकनीक अजंता भित्तिचित्रों को तकनीक की दृष्टि से पाश्चात्य विद्वानों ने अजंता फ्रेको (Ajanta Frecose) की संज्ञा दी है। फ्रेको शैली में दो प्रकार से चित्र लेखन किया जाता है–फ्रेको बोनो एवं फ्रेको सेक्को। फ्रेको बोनो में नम भूमि पर चित्र बनाए जाते हैं, जबकि 'फ्रेको सेक्को' सूखी भूमि पर। पाश्चात्य विद्वानों के अनुसार अजन्ता चित्र फ्रेको बोनो अर्थात् नम भूमि पर बनाए गए। किन्तु अब इस मत को स्वीकार नहीं किया जाता।

यहाँ चित्रण से पूर्व गुहा की शिलाभिति की उबड़–खाबड़ सतह पर रासायनिक जल, वनस्पतियों के रेसे धान की भूसी, घास, पत्थर का चूरा व बालू आदि का लेप या प्लास्टर किया जाता था। उसके बाद उस भूमि पर काले या गेरू रंग से चित्र बनाए गए और उन्हें कई रंगों से पूरा किया जाता था। विद्वानों ने इस विधि को ''मूरल पद्धति'' (Mural technique)का नाम दिया है।

इस पद्धति में रंगों का प्रयोग न कर अपारदर्शी रंगों का प्रयोग किया गया। रंग द्वारा चित्रांकन किए जाने के बाद काले या गेरू रंग से पुनः चित्र की खुलाई (सुधार) की जाती थी।

रंग भरने में प्रायः पाँच प्राकृतिक रंगों को उपयोग में लाया गया—लाल गेरू, पीला गेरू (रामरज या हरिताल), लेपिस्लक्सी (नीला रंग जिसे सम्भवतः आयात किया जाता था), काला रंग (काजल सदृश) एवं श्वेत रंग (खड़िया)। कभी—कभी सिन्दूर, कुंकुम और सम्मिश्रित रंगों का प्रयोग भी किया जाता था। विष्णुधर्मोत्तर पुराण में श्वेत, पीला, लाल, विष्णु (सलेटी), नील (लेपिस्लक्सी) एवं हरे रंग का उल्लेख आया है। अजंता चित्रकारों ने मुख, नाक, ठोड़ी आदि में प्रकाश द्वारा अभिव्यक्ति हेतु हल्के रंगों एवं रेखाओं का प्रयोग किया है।

बौद्ध चैत्य एवं विहारों में आलेखित चित्रों का मुख्य विषय बौद्ध धर्म से सम्बन्धित था। भगवान बुद्ध को बोधिसत्व या उनके पिछले जन्म की घटनाओं अथवा उन्हें उपदेश देते हुए अंकित किया है। अनेक जातक कथाओं के आख्यानों को भी उकेरा गया, जैसे— शिविजातक, हस्ति, महाजनक, विधुर, हंस, महिषि, मृग, श्याम आदि। बुद्ध जन्म से पूर्व माया देवी का स्वप्न, बुद्ध जन्म, सुजाता द्वारा क्षीर (खीर) दान, उपदेश, राहुल का यशोधरा द्वारा समर्पण आदि बुद्ध के जीवन से सम्बन्धित चित्रों का विशेष रूप से आलेखन किया गया।

महत्वपूर्ण चित्र सामान्यतः अजंता चित्रों को तीन भागों में विभक्त किया जा सकता है—कथाचित्र, प्रतिकृतियाँ (या छवि चित्र) एवं अलंकरण के लिए बनाये गये चित्र। गुप्तकालीन चित्रों में कुछ चित्र बहुत ही प्रसिद्ध हैं:

- गुहा संख्या एक – दामिनी दीवार पर बोधिसत्व अवलोकितेश्वर पदमपाणि का चित्र जिनके के मुख पर प्रभा का असीम भाव झलकता है।[38] उपाध्याय ने लिखा है—वह अनुपम पदमपाणि बोधिसत्व चित्रण है जो संसार के कलावंतों के लिए जैसे प्राचीन काल में, वैसे ही आज भी चुनौती है। क्या धनुषाकृति भौंहें, क्या उनकी छाया में खुली आँखें, पंखुड़ियों में उंगलियों से पकड़ा सुकुमार पदम क्या भंग में खड़े तन पर भंग में ही धरा अभिराम मस्तक, क्या किरीट की कठोर महार्हता और एकावलि की मुक्ताओं के बीच इन्द्रनील का वैभव, सब अचरज उत्पन्न करने वाले हैं जैसे जादू की तूलिका से बनाए गए हैं।[39]
- इसी गुहा में चालुक्य सम्राट पुलकेशिन द्वितीय के शौर्य से प्रभावित होकर ईरानी सम्राट खुसरो द्वितीय (KHOSROW PARVIZ 590-628 A.D.) ने अपना राजदूत भेजा था। गुहा एक में इस दृश्य का चित्रण किया है।
- इसी तरह 16वीं गुहा में मरणासन्न राजकुमारी का चित्र, जिसे देखने से मृत्यु का आभास होता है। उसके निकट खड़ी दासियों की मुद्राएँ शोक की अभिव्यक्ति करती हैं।[40] एक श्याम (काली) राजकुमारी सम्भवतः जिसके शरीर का रंग सिन्दूर का रहा होगा जो समय चक्र से काला हो गया। उसके समीप बनी पीतवर्ण सखी अभूतपूर्व है। इन चित्रों के शारीरिक अवयव उस आदर्श के अनुरूप लिखे गए प्रतीत होते हैं जिसकी कल्पना कालिदास ने की है।
- गुहा संख्या 2 में कुछ लेटी हुई स्त्रियों के पास बैठी सुकुमार नारियों के चित्र एवं उनके पीछे बने कमल कुँज में चहचहाते रंगों का प्रयोग किया गया। इसी गुहा में झूला झूलती राजकुमारी सुकुमार सौन्दर्य का मूर्ति रूप कही जा सकती है।

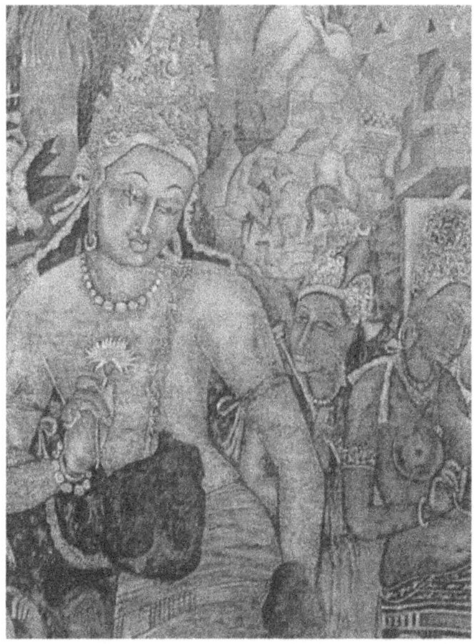

चित्र 50.6 बोधिसत्व अवलोकितेश्वर पदमपाणि

- गुहा नम्बर 15 में आकाश में विचरण करते गन्धर्व एवं छत में बना महाचक्र बहुत ही सुन्दर एवं गतिशील है। गुहा संख्या 17–18 में सिंहल अवदान के दृश्य अर्थात् कई सौ आकृतियाँ लिखी गईं। परन्तु इसमें सबसे महत्वपूर्ण वेगवान चित्रण डाकनियों के युद्ध का है, जिसमें अद्भुत कल्पना का प्रवाह प्रस्तुत किया गया है। इस चित्र के माध्यम से सुन्दर एवं भयानक अथवा असुन्दरता को प्रदर्शित करने का प्रयत्न किया है।
- इस काल का सर्वश्रेष्ठ चित्र यशोधरा द्वारा बुद्ध को राहुल का दान है। इसमें यद्यपि बुद्ध का आकार भारी दर्शाया है किन्तु भाव की दृष्टि से यशोधरा का चित्र विशेष महत्वपूर्ण है। उसकी आँखों में असीम शांति दिखाई देती है। उसके दोनों हाथ राहुल के कन्धे पर है। गुहा संख्या 16 के कुछ चित्रों के ह्रास के चिह्न स्पष्ट दिखाई देते हैं जो गुप्तकाल के अन्त के रहे होंगे।

अजन्ता शैली की विशेषताएँ

(1) अजन्ता चित्रों की पहली विशेषता उनकी रेखात्मकता है अर्थात् मानवाकृतियों एवं वनस्पति जगत का रेखाओं के सतत् एवं सरल प्रवाह से निरूपण किया गया। अजन्ता में यद्यपि 20 शैलियाँ देखी गईं किन्तु सभी कलाकार भावों की अभिव्यक्ति करने में कुशल थे। चित्रकारों ने गतिशील रेखाओं द्वारा गोलाई, प्रकाश एवं छाया का प्रभाव तथा गहराई अत्यन्त सशक्ता से दर्शाई है।

(2) मानव शांति, करुणा, गंभीरता, चंचलता, भक्ति, विनय, उल्लास, प्रेम, लज्जा, शोक, घृणा, भय, चिंता एवं विरक्ति आदि भावों

को सशक्तता से अभिव्यक्त करने का प्रयत्न किया।

(3) चित्रों में संतुलन एवं प्रवाह भी बखूबी संयोजित किया है। बड़े–बड़े संयोजन सही दिग्भेद (Same direction) से युक्त दिखाई पड़ते हैं। कलाकारों ने मानव शरीर को भिन्न–भिन्न मुद्राओं में सुन्दरता से प्रदर्शित किया है।

(4) सभी आकृतियों में जो अजंता की विशिष्ट देन है–कटि संकुचित, उठा वक्षस्थल एवं आँख व हाथ ऐसी भाषा से लिखे गए जिन्हें पढ़ने की आवश्यकता नहीं।

(5) इसके अतिरिक्त इन चित्रों में सुन्दरता एवं असुन्दरता का भी समन्वय मिलता है। इन चित्रों के माध्यम से उस युग के वस्त्र, अलंकार, बर्तन, अस्त्र–शस्त्र आदि हमारी आंखों के सामने साकार हो जाते हैं।

बाघ की गुहा संख्या 2 में भी चित्रकला के कुछ अवशेष पाए गए हैं। गुहा संख्या 4 (रंगमहल) एवं 5 में भी चित्रों के अवशेष उपलब्ध हुए हैं।

भिति चित्रों का अनुरक्षण : पुरातात्विक स्थलों, अभिलेखों, मूर्तियों, चित्रों का अनुरक्षण कला के विकासक्रम को समझने एवं इतिहास लेखन के लिए आवश्यक है। साहित्यिक साक्ष्यों की पुष्टि हेतु पुरातात्विक सामग्री को आधार बनाया जाना होता है। पुरातात्विक सामग्री तत्कालीन राजनीति, समाज, रहन–सहन, धार्मिक–आर्थिक स्थिति व कला के प्रति लोगों की रूचि को प्रदर्शित करती है। जहां तक चित्रों का सम्बन्ध है ये कभी –कभी विदेशी सम्बन्धों का भी ज्ञान करवाते हैं। इस दृष्टि से चित्र के अनुरक्षण का महत्व अधिक है। वैसे भी पुरातात्विक सामग्री में चित्र सर्वाधिक संवेदनशील होते है। उनका अनुरक्षण अधिक जरूरी है। चित्रों को हानि पंहुचाने वाले तत्वों व अनुरक्षण के सामान्य तरीकों का जिक्र करेंगे। गुफा में जलाये जाने वाले दीपकों की गर्म गैसों से गंभीर हानि होती है। कीट–पंतगों, पक्षियों के घोसलों व चमगादड़ों से अजंता व बाघ गुफाओं को भारी क्षति हुई। बारिश से गुफाओं में सीलन आर्द्रता, पानी का रिसाव चित्रों के लिए घातक है जिससे गुफाओं का पलस्तर फूल कर गिरने लगता है और चित्रों को क्षति पहुंचती है। संरक्षण हेतु 1920–22 में तत्कालीन हैदराबाद सरकार ने इटालियन सिन्योरएल सिकोनी ने अपने सहायक काउंट और सिनी के साथ मिलकर 1, 2, 10, 16वीं व 17वीं गुफाओं के कुछ चित्रों का अनुरक्षण किया। इसमें प्राकृतिक राल (रेजिन) को मिटाने के लिए कई तरह के कार्बनिक रसायनों से बने मिश्रणों का परीक्षण किया जैसे –मिथाईल – इथाईल कीटोन, बुटाईल अल्कोहल, ईथर, ट्राईथाजोलामाईन, डाईबुटाईल, फथैलेट आदि– इनसे कुछ सफलता मिली। यद्यपि वास्तविक संरक्षण की कमी रही। इस प्रकार कई विधियां खोजी जा रही है जिससे चित्रों को संभावित विकृति से बचाव के प्रयास किये जा सकेंगे। कहा जा सकता है समस्त पुरास्थलों एवं सामग्री का अनुरक्षण (conservation) जरूरी है।

निष्कर्ष : गुप्तकाल में स्तम्भ निर्माण कला में भी विकास देखा जाता है। इस काल के प्रमुख स्तम्भों में महरौली, कुतुबमीनार के पास खड़ा गरुड़ ध्वज लौह–स्तम्भ। उल्लेखनीय है। इसमें विवरण मिलता है कि चन्द्र (चन्द्रगुप्त विक्रमादित्य) ने सिन्धु के सातों मुखों को लांघ कर वाहिलकों को परास्त किया।[41] इस स्तम्भ की धातु इतनी विलक्षण है कि डेढ़ हजार वर्ष से आँधी–तूफान व पानी में खड़े रहने पर भी उसमें जंग नहीं लगा।

सन्दर्भ :

1. श्रेण्य युग, पृ 528.
2. श्रेण्य युग, पृ. 526.
3. उपाध्याय, वासुदेव : प्राचीन भारतीय स्तूप, गुहा एवं मन्दिर पृ. 146.
4. उपाध्याय, भगवत शरण : भारतीय कला का इतिहास, पृ. 96–97; उपाध्याय वासुदेव : प्राचीन भारतीय स्तूप, गुहा एवं मन्दिर पृ. 145–47, श्रेण्य युग, पृ. 528.
5. श्रेण्य युग, पृ. 528.
6. श्रेण्य युग, पृ. 530.
7. उपाध्याय वासुदेव, वही, पृ. 149 से उद्घृत.
8. श्रेण्य युग, पृ. 541.
9. उपाध्याय, भगवत शरण : गुप्तकाल का सांस्कृतिक इतिहास, पृ. 152; श्रेण्य युग, पृ. 535.
10. उपाध्याय, वासुदेव, वही, पृ. 149.
11. भारतीय अभिलेख संग्रह, पृ. 44 'भगवतश्शम्भोग्रगुहामेतम।
12. भा.अ.सं. पृ. 56.
13. पाण्डे, जी.सी. : बौद्ध धर्म के विकास का इतिहास, पृ. 218.

14. बृहतसंहिता 56 / 15.
15. गुप्त, पी.एल. : गुप्त साम्राज्य, पृ. 602.
16. गुप्त पी.एल., वही, पृ. 602.
17. श्रेण्य युग, पृ. 559.
18. श्रेण्य युग, पृ. 561.
19. गुप्त, पी.एल., वही, पृ. 604–20.
20. गुप्त, पी.एल., वही, पृ. 604.
21. उपाध्याय, भगवतशरण, वही, पृ. 101.
22. श्रेण्य युग, पृ. 569.
23. गुप्त साम्राज्य, पृ. 609.
24. स्मिथ, ऑक्सफोर्ड हिस्ट्री ऑफ इण्डिया, पृ. 175.
25. उपाध्याय, भगवतशरण, वही, पृ. 101.
26. श्रेण्य युग, पृ. 575.
27. गुप्त पी.एल., वही, पृ. 549–552.
28. उपाध्याय, भगवतशरण, वही, पृ. 107–29.
29. उपाध्याय, वही, पृ. 108.
30. श्रेण्य युग, चित्र फलक आकृति 36.
31. श्रेण्य युग, चित्र फलक आकृति, 37.32
32. उपाध्याय भगवतशरण, वही, पृ. 109.
33. श्रेण्य युग चित्र फलक आकृति, 58.
34. श्रेण्य युग चित्र फलक आकृति, 50.
35. श्रेण्य युग चित्र फलक आकृति, 55.
36. रघुवंश, 14 / 25.
37. मेघदूत, 2 / 22.
38. श्रेण्य युग, चित्र फलक आकृति, 91.
39. उपाध्याय, भगवतशरण, वही, पृ. 120.
40. श्रेण्य युग, चित्र फलक आकृति, 89.
41. भारतीय अभिलेख संग्रह, पृ. 172.

51 गुप्तकाल में विभिन्न धर्म
(Different Religions in Gupta Period)

आधुनिक हिन्दू धर्म का जो स्वरूप है वह बहुत कुछ गुप्तकालीन धर्म पर आधारित है। गुप्तकालीन हिन्दू धर्म में लोक आस्थाओं का प्रवेश हुआ और परम्परागत धर्म नवीन तत्वों को समाहित करने लगा था। इसी दृष्टिकोण का प्रभाव पुराणों व स्मृतियों पर पड़ा। इनमें धर्म के परम्परागत स्वरूप के साथ देश व काल के अनुरूप नवीनता को स्वीकारा गया है।

भागवत धर्म इस काल में विकसित वैष्णव धर्म पर विचार करने से पूर्व भागवत धर्म की अवधारणा को जान लेना उचित होगा। भागवत् धर्म वैष्णव धर्म का ही प्रारम्भिक रूप है। गुप्तों से पूर्व शुंग–सातवाहन काल में भी भागवत धर्म का अस्तित्व था। गुप्तकाल तक आते–आते भागवत धर्म का पूर्ण विकास हुआ। साथ ही बहुदेववाद का भी प्रचलन बढ़ा। गुप्त शासकों के सिक्कों व अभिलेखों में कई देवी–देवताओं की आकृतियाँ अंकित हैं। विष्णु, कुबेर, इन्द्र, यम, सूर्य आदि देवताओं के साथ–साथ बुद्ध पूजा का प्रचलन बढ़ा। वैष्णव धर्म का यह अनोखा पक्ष है कि एक देवता (विष्णु) को सर्वशक्तिमान माना है और साथ ही अनेक देवों में उनका अंश भी। भागवत् धर्म के प्रमुख देवता नारायण हैं।

नारायण एवं वासुदेव नारायण का सर्वप्रथम उल्लेख शतपथ ब्राह्मण में हुआ। बार्नेट व दिनेशचन्द्र सरकार के अनुसार नारायण नामक ऋषि नर नामक परिवार में पैदा हुए जो सूर्य के उपासक थे। एल.वी. केनी ने नारायण की द्रविड़ उत्पत्ति बताई है। द्रविड़ में इस शब्द का अर्थ है–पानी में रहने वाला देवता अर्थात जिनका निवास पानी में है। नारायण को आदि पुरुष के रूप में माना गया है और उन्हें 'भागवत' की संज्ञा दी गई। डॉ. सुवीरा जायसवाल ने तो नारायण और विष्णु दोनों को एक ही माना है।[1] महाभारत के उद्योग पर्व और नारायण पर्व से स्पष्ट होता है कि ईश्वर सभी मनुष्यों को शरण प्रदान करने वाला है, इसलिए नारायण है। गीता के अनुसार आदित्यों ने नारायण को विष्णु के नाम से पुकारा और वृष्णियों ने वासुदेव के नाम से। पाणिनि ने अष्टाध्यायी में वासुदेव के उपासकों को वासुदेवर्क कहा है। वासुदेव के बड़े भाई संकर्षण बलराम की भी पूजा का प्रचलन था। गीता में विष्णु, नारायण, वासुदेव की एकरूपता लक्षित होती है। अर्थात तीनों एक ही हैं। विष्णु वैदिक देवता हैं, ऋग्वेद में उन्हें सूर्य का ही स्वरूप बताया गया है।[2] प्रारम्भ में वैदिक देव समूह में उनका स्थान इन्द्र की तुलना में गौण था। महाभारत व पुराणों तक आते–आते विष्णु का महत्व बढ़ गया और इन्द्र का गौण हो गया। इसी प्रकार गुप्तकाल में पहले संकर्षण बलराम का स्थान वासुदेव की तुलना में अधिक था, परन्तु गुप्तकाल में वासुदेव की महत्ता बढ़ी। राजस्थान के घोसुण्डी से प्राप्त अभिलेख में दोनों की संयुक्त पूजा का उल्लेख है।[3]

इसी समय का एक लेख महाराष्ट्र के नानाघाट से मिला है जिसमें संकर्षण (बलराम) व वासुदेव की पूजा का जिक्र है। घोसुण्डी (नगरी–चितौड़ जिला) लेख दूसरी सदी ईसा पूर्व का है। उदयपुर संग्रहालय में सुरक्षित यह लेख कई टुकड़ों में टूटा हुआ है। भाषा संस्कृत व ब्राह्मी लिपि में है। कई कुषाण शासक भागवत धर्म व वासुदेव उपासक थे। अर्थात् इस समय तक भागवत धर्म व संकर्षण व वासुदेव पूजा का प्रचलन था।

वासुदेव (हेराक्लीज) संकर्षण एवं सुभद्रा भागवत धर्म का विकास लोकधर्म के अनुरूप हुआ। वासुदेव, संकर्षण की पूजा के साथ–साथ एकानंशा नामक देवी की भी पूजा की जाने लगी।[4] यह यशोदा की वह पुत्री थी जिसे कृष्ण को बचाने के लिए कंस को सौंप दिया गया था। इसकी पूजा का कारण यही था कि वह वासुदेव कृष्ण की रक्षिता थी। वृष्णियों की इन बहन–भाइयों में बड़ी आस्था थी। यह अनेक प्रतिमाओं से ज्ञात होता है और उनकी उपासना आज भी जगन्नाथपुरी में सम्मान के साथ होती है। लेकिन इस उपासना में एकानंशा ने सुभद्रा का रूप ले लिया है।[5] वृष्णि, वासुदेव, संकर्षण के अलावा प्रद्युम्न, शाम्ब, कृष्ण एवं जाम्बवन्ती से उत्पन्न पुत्र अनिरुद्ध, इन सबकी सामूहिक उपासना भी की जाती थी।[6]

- संकर्षण (बलराम) वासुदेव के रोहिणी से उत्पन्न पुत्र
- प्रद्युम्न – कृष्ण के रुक्मिणी से उत्पन्न पुत्र
- अनिरुद्ध – प्रद्युम्न के पुत्र, चारों को चतुर्व्यूह कहा है।

वासुदेव, संकर्षण, प्रद्युम्न, अनिरुद्ध, विष्णु के ही रूप हैं और इनमें वासुदेव का स्थान सर्वोपरि है। वासुदेव ही महाभारत के कृष्ण हैं, जिन्होंने अर्जुन को गीता का उपदेश दिया था। विष्णुधर्मोत्तर पुराण में इन पाँचों की मूर्तियों के निर्माण का विधान है। स्पष्ट है कि, गुप्तकाल (319–550 ई.) में भी इन पाँचों की पूजा अवश्य होती रही।

महरौली लेख में चन्द्र द्वारा विष्णुपद पर्वत विष्णुध्वज स्थापित करवाने का उल्लेख हुआ है। कहा है– विष्णुपदेगिरो भगवतो विष्णुध्वजः। अधिकांश विद्वान चन्द्र की समता चन्द्रगुप्त द्वितीय से करते है। शुरू के सभी शासक विष्णु उपासक थे। उल्लेखनीय है कि स्कन्दगुप्त द्वारा भी भितरी लेख (गाजीपुर) में विष्णुमूर्ति स्थापना का जिक्र आया है। भागवत धर्म गुप्तकाल व हर्ष के काल तक

जनमानस में प्रमुख स्थान बना चुका था। भागवत् धर्म के उपासकों की भी कई श्रेणियाँ बन गई थीं, जैसे– **पंचरात्र, एकान्तिन** और **सात्वत** आदि। कृष्ण एवं विष्णु की एकता स्थापित होने के बाद वैष्णव ही **पञ्चरात्र** कहे जाने लगे क्योंकि नारायण के उपासक भी पञ्चरात्र कहे जाते थे। शतपथ ब्राह्मण के अनुसार परमपुरूष ने पंचरात्र यज्ञ किया और वे पंचरात्र कहलाये। भागवत धर्म कालान्तर में वैष्णव धर्म के नाम से जुड़ गया। वैष्णव शब्द का प्रयोग पाँचवीं–छठी सदी ई. में हुआ होगा।[7]

वैष्णव धर्म एवं अवतारवाद वैष्णव के दो भेद है – स्मार्त व भागवत। स्मार्त – स्मृतियों के अनुसार व भागवत विष्णु भक्ति पर बल देते है। वैष्णव धर्म के अन्तर्गत अवतारवाद की धारणा विकसित हुई। भगवत् गीता के अनुसार जब–जब पृथ्वी पर धर्म का ह्रास होता है और अधर्म बढ़ता है तब–तब भगवान पृथ्वी पर अवतार लेते हैं। महाभारत के नारायणीय पर्व में छह अवतारों का पता चलता है। धीरे–धीरे अवतारों की संख्या 10 हो गई जिनकी सूची पुराणों में भी मिलती है। मत्स्य पुराण के अनुसार दस अवतार हैं– नारायण, नृसिंह, वामन, दत्तात्रेय, मानधातृ, परशुराम, राम, वेदव्यास, बुद्ध व कल्कि। वायु पुराण में बारह अवतारों के नाम आए हैं। अधिकांश पुराणों में जिन दस अवतारों का विवरण मिलता है, इस प्रकार है–

(1) **मत्स्य** – विष्णु द्वारा मनु को बचाये जाने हेतु अवतार।

(2) **कूर्म (कच्छप)** – विष्णु ने कूर्मरूप में मंदराचल पर्वत द्वारा डोरी रूप में नाग वासुकि से समुद्र मंथन करवाना।

(3) **वराह** – सूकर रूपधारी विष्णु द्वारा राक्षस हिरण्याक्ष का पृथ्वी रक्षार्थ वध किया।

(4) **नृसिंह** – भक्त प्रहलाद की रक्षार्थ नृसिंह रूप में अवतार।

(5) **वामन** – विष्णु का वामन रूप में अवतार बलि नामक राक्षस से पृथ्वी की रक्षा की।

परशुराम – भगवान विष्णु के आवेशावतार् परशुराम ने हैहयवंशी क्षत्रियों का 21 बार नाश किया

(6) **राम** – दशरथ पुत्र राम द्वारा पृथ्वी की रक्षा हेतु रावण वध।

(7) **परशुराम** – क्षत्रिय राजाओं के अत्याचारों से बचाने हेतु परशुराम रुप में अवतार।

(8) **कृष्ण** – वासुदेव पुत्र कृष्ण द्वारा कंस का वध।

(9) **बुद्ध** – इन्हें विष्णु अवतार माना गया।

(10) **कल्कि (कलि)**–कल्कि पृथ्वी रक्षार्थ कलयुग में विष्णु अवतार की कल्पना है। अवतारवाद के सिद्धांत में अच्छाई की स्थापना व बुराई की समाप्ति का संदेश निहित है। भगवान धर्म के संरक्षक बताए गए हैं। पी.वी. काणे इस सिद्धांत का मूल ऋग्वेद में ढूँढ़ते हैं। अवतारवाद की धारणा का स्पष्ट रूप से विवेचन सर्वप्रथम गीता में हुआ है।

भक्ति प्रधान वैष्णव धर्म : वैष्णव धर्म का स्वरूप भक्ति प्रधान है। भक्ति से तात्पर्य है–एकाग्रचित होकर भगवान के प्रति आत्मसमर्पित होना। वैष्णव धर्म में भक्ति को मोक्ष का सर्वश्रेष्ठ साधन माना गया है। गीता में भक्ति की व्यापक विवेचना हुई है।[8] गीता में ईश्वर शरणागति प्राप्त करने पर जोर दिया है। भागवत पुराण में भक्ति के महत्व की विवेचना की गई है। भागवत पुराण में श्रीकृष्ण कहते हैं, "न तो योग, न ज्ञान, न कर्म, न वेदाध्ययन, न तप, न दान, मुझे इतने प्रिय है जितनी एकान्तिक भक्ति।" इसमें नौ प्रकार की भक्ति बताई गई है–**श्रवण** (नाम स्मरण), **सेवा, पूजा, नमस्कार, दास्य, सख्य** (मित्रता) एवं **प्रपत्ति** (आत्मसमर्पण)।

वैष्णव धर्म में भक्ति के साथ–साथ अहिंसा पर भी जोर दिया गया है। महाभारत के नारायण पर्व में इसकी व्याख्या की गई है। कई इतिहासकारों ने अहिंसा के इस सिद्धांत का मूल बौद्ध व जैन धर्म में खोजने की चेष्टा की है। किंतु ऋग्वेद में भी कई स्थानों पर हिंसा को अनुचित माना है। उपनिषदों व गीता में भी अहिंसा से सम्बन्धित विचार मिलते हैं। वासुदेव व भागवत धर्म की प्रतिष्ठा चौथी शताब्दी ईसा पूर्व में हो चुकी थी। बैक्ट्रियाई यूनानी शासक एण्टियालकिड्स के राजदूत हेलियोडोरस अपने को परम भागवत कहता है। उसके द्वारा स्थापित बेसनगर (विदिशा) गरूडध्वज स्तंभ पर अंकित लेख में स्वयं को परम भागवत घोषित करता है। इसी तरह जूनागढ़ लेख सूचित करता है कि चक्रपालित ने सुदर्शन झील के तट पर विष्णु मूर्ति स्थापित करवाई थी। गुप्तकाल तक आते–आते वैष्णव धर्म के स्वरूप में थोड़ा परिवर्तन हुआ है। विष्णु के साथ–साथ विष्णु पत्नी लक्ष्मी की भी पूजा की जाने लगी। विष्णु के साथ लक्ष्मी का सर्वप्रथम उल्लेख हमें स्कन्दगुप्त के जूनागढ़ अभिलेख में मिलता है।[9] कालिदास ने भी उनका उल्लेख विष्णु पत्नी के रूप में किया है।[10] गुप्तकाल में लक्ष्मी को धन, ऐश्वर्य और समृद्धि की देवी माना गया और उनकी स्वतंत्र रूप से भी पूजा की जाने लगी। गुप्तकालीन वैष्णव धर्म अनेकों लोक आस्थाओं को समेटे हुए है।

गुप्त सम्राटों का व्यक्तिगत धर्म उनके व्यवहार से वैष्णव होने की पुष्टि होती है। वे परम भागवत की उपाधि धारण करते थे। उनके सिक्कों पर लक्ष्मी का अंकन हुआ है और विष्णु के वाहन गरुड़ को उन्होंने राजमुद्रा पर अंकित किया। चन्द्रगुप्त द्वितीय के समय तक वैष्णव धर्म का व्यापक प्रचार हो चुका था। महरौली के स्तम्भ लेख की छठी लाइन में विष्णुध्वज स्थापित करने का उल्लेख है।[11] कुमारगुप्त व स्कंदगुप्त के अभिलेखों में वैष्णव धर्म की चर्चा मिलती है। वैष्णव धर्म अपने लचीले व समन्वयात्मक स्वरूप के कारण गुप्तकाल में स्वाभाविक रूप से विकसित हुआ। गुप्तकालीन शासक धर्म सहिष्णु थे। तत्कालीन समाज का धार्मिक वातावरण भी सौहार्दपूर्ण था। विष्णु नारायण, श्रीकृष्ण व अन्य देवी–देवता पृथक् होते हुए भी एक ही परम सत्ता के रूप माने गये। सच्चे भक्त के लिए विष्णु, नारायण, श्रीकृष्ण में कोई भेद नहीं है। वे एक हैं और सर्वव्यापक प्रभु हैं।

शैव धर्म शैव धर्म की उत्पत्ति को लेकर इतिहासकारों में विवाद है। कुछ इसका प्रारम्भ सैंधव सभ्यता से मानते हैं और कुछ वैदिक काल से। सैन्धव मुहरों पर श्रृंगधारी बैठे देवता का चित्र मिलता है जिसके चारों ओर शेर, हाथी आदि पशु बैठे हैं। इन्हें पशुपति शिव

की संज्ञा दी जाती है। उपाध्याय के अनुसार, सबसे पहले शिव का उल्लेख उत्तरवैदिक काल में हुआ है।[12] महाभारत में कई बार शिव की स्तुति की गई। स्वयं अर्जुन (जो कि वासुदेव कृष्ण का भक्त था) ने पाशुपत अस्त्र के लिए शिव की तपस्या की। गुप्त काल में शैव–वैष्णव में सौहार्द की भावना विद्यमान थी। इस काल में शिव के लिए महाभैरव, भूतपति, महेश्वर, पशुपति, कपालेश्वर, नीलकंठ, नीललोहित आदि नाम प्रचलित थे।

- पुराणों के विवरण के अनुसार शिव ने कालकूट नामक विष का पान कर लिया था, जिससे उनका कंठ नीला हो गया। गुप्तकालीन शिव की अनेक मूर्तियाँ प्राप्त हुई हैं। शिव–पार्वती दोनों की संयुक्त मूर्तियाँ (अर्द्ध–नारीश्वर) भी मिलती हैं। शिवलिंग की भी पूजा का प्रचलन था।
- गुप्तकाल में त्रिमूर्ति का प्रचलन भी बढ़ा जिसमें ब्रह्मा, विष्णु, शिव तीनों प्रधान देवताओं का समन्वय था। स्पष्ट है कि प्राचीन काल में बहुदेववाद का प्रचलन होते हुए भी एकेश्वरवादी भावना विद्यमान थी। शिव व पार्वती की पूजा के साथ–साथ शिव परिवार के अन्य सदस्य गणेश, कार्तिकेय, शिव वाहन नन्दि की पूजा का प्रचलन था। फलस्वरूप उनकी मूर्तियों का भी निर्माण किया जाने लगा।
- शैव धर्म से सम्बन्धित सम्प्रदाय थे, जैसे–पाशुपत, वीरशैव, प्रत्यभिज्ञा आदि। गुप्तकाल में पाशुपत सम्प्रदाय ही अधिक प्रसिद्ध था। गणेश व कार्तिकेय के आधार पर भी सम्प्रदाय बने।
- गुप्तकाल में कार्तिकेय की पूजा का प्रचलन बढ़ गया था। याज्ञवल्क्य ने कार्तिकेय, गणेश व सूर्य पूजा, नक्षत्र पूजा का उल्लेख किया है।[13] कालिदास ने तो अपनी एक रचना कार्तिकेय के ऊपर ही लिखी है।[14] कदम्ब और यौधेय शासक दोनों ही कार्तिकेय की पूजा करते थे।
- गणेश शिव के दूसरे पुत्र गणेश की पूजा का भी प्रचलन गुप्त काल में बढ़ गया था। गणेश को गणपति, विनायक आदि भी कहा गया। इसकी पूजा किसी भी शुभ कार्य को करने से पूर्व की जाती थी। स्मृतिकार याज्ञवल्क्य ने उनके नाम पर विनायक प्रकरण नामक अध्याय की रचना की है।[15] रार्बट ब्राउन की पुस्तक गणेशः 'स्टडीज' ऑफ एन एशियन गॉड के अनुसार अफगानिस्तान के उत्तरी काबुल में चौथी शताब्दी की गणेश मूर्ति मिली है। इसी प्रकार उसी इलाके के परिख्तया प्रान्त के गार्देज शहर में पांचवी सदी की गणेश प्रतिमा प्राप्त हुई है। संगमरमर की इस सुन्दर मूर्ति पर लिखा हैः "ये मनमोहक प्रतिमा महाविनायक की है जिसे शाही राजा खिंगाल ने स्थापित करवाया था।"
- विनायक के साथ–साथ ग्रहों की भी विधिपूर्वक पूजा की जाती थी। याज्ञवल्क्य (296–297) ने नवग्रह–सूर्य, चन्द्रमा, पृथ्वी पुत्र मंगल, सोमपुत्र बुध, बृहस्पति, शुक्र, शनैश्चर, राहु और केतु का उल्लेख किया है। गृहों की मूर्तियों का निर्माण ताम्र, स्फटिक, रक्तचन्दन, स्वर्ण, चाँदी, लोहा, सीसा, कांस्य आदि से किया जाता था। गुप्तकालीन ज्योतिषाचार्य वराहमिहिर ने बृहत्संहिता में विनायक को विघ्नहर्ता माना है। पुरातात्विक स्थल भितरगाँव, भूमरा आदि से इस काल की कई गणेश प्रतिमाएँ प्राप्त हुई हैं। प्राचीनकाल में गणेश का सम्बन्ध ज्ञान या विज्ञान से भी जोड़ा गया है। उनको पोथी व कलम थामे हुए दिखाया गया है। यह माना गया है कि वेद व्यास ने महाभारत की कथा को गणेश जी से लिखवाया था। यह परम्परा रही है कि गणेश पूजा शिव के साथ ही होती है, स्वतंत्र रूप से नहीं। शैव सम्प्रदायों जैसे कापालिक, लिंगायत, शिवाद्वैत एवं कालमुख आदि की चर्चा अगले अध्यायों में की गई है।

वैष्णव एवं शैव धर्म वैष्णव धर्म में भक्ति की अधिक प्रधानता है जबकि शैव धर्म में तपस्या व साधना की। शैव धर्म के प्रति भी लोगों का भक्ति भाव वैष्णव धर्म के समान ही प्रबल था। लोग शिव के विविध रूपों की उपासना भी भक्तिभाव से करते थे। गुप्तकालीन शासक भी शिवोपासना में आस्था रखते थे।[16] उनके मंत्री, सेनानायक, उच्च पदाधिकारी शैव थे। गुप्तों के अलावा भारशिव, नल, वाकाटक, मैत्रक, कदम्ब भी शैव धर्म को मानते थे। कई अभिलेखों में शिवोपासना के संकेत मिलते हैं।[17] उज्जयिनी के महाकाल मंदिर का उल्लेख कालिदास ने किया है।[18]

कुमार संभव में कालिदास ने शिव परिवार का वर्णन किया है। हरिषेण ने प्रयाग–प्रशस्ति में भी शिव का उल्लेख किया है। चन्द्रगुप्त द्वितीय के मंत्री वीरसेन ने उदयगिरि में एक शिव मंदिर का निर्माण करवाया था। भूमरा और खोह में भी इस काल के शैव मंदिरों का निर्माण हुआ। मंदिर निर्माण के संदर्भ में गुप्तकाल में एक प्रवृत्ति दिखाई देती है, वह है– अपने गुरु, अपने पूर्वज अथवा अपने नाम का शिवलिंग अथवा मंदिर की स्थापना। वस्तुतः शिव उत्पत्ति के प्रतीक हैं। शिवलिंग पूजा की शुरुआत को इसी संदर्भ में समझना होगा। जहाँ शिव स्वयं मानव जाति के विस्तार को इंगित करते हैं वहीं उनका वाहन नन्दी कृषि उत्पादन का प्रतीक है। भारत में वैदिककाल से ही कृषि महत्वपूर्ण व्यवसाय रहा है। अतः मानव जाति के लिए शिव जहाँ स्तुत्य है वहाँ कृषि उत्पादन का प्रतीक नन्दि का भी महत्व स्थापित हो गया।

जैन धर्म गुप्तकाल में ब्राह्मण व बौद्ध धर्म के साथ–साथ जैन धर्म का भी विकास हुआ। तत्कालीन साहित्यिक व पुरातात्विक साक्ष्यों से जैन धर्म के अस्तित्व का बोध होता है। जैन धर्म भारत के उत्तरी व पश्चिमी भाग में अधिक फैला। दक्षिण भारत में भी इसके अस्तित्व के प्रमाण मिलते हैं। जैन धर्म के अनुयायियों की संख्या ब्राह्मण धर्म व बौद्ध धर्म के अनुयायियों से कम थी। मथुरा, वल्लभी, विदिशा, पुंड्रवर्द्धन आदि जैन धर्म के प्रमुख केन्द्र थे। वल्लभी में 313 ई. में नागार्जुन सूरी की अध्यक्षता में जैन धर्म की तृतीय समिति की सभा का आयोजन किया गया था। कुषाण और गुप्तकाल की जैन तीर्थंकरों की कांस्य प्रतिमाएँ चौसा (बिहार) से प्राप्त हुई हैं। बुद्धगुप्त का एक ताम्रलेख पहाड़ीपुर (पूर्वी बंगाल) से प्राप्त हुआ है, जिसमें एक जैन विहार के निर्माण का उल्लेख है। विहार में

अतिथिशाला के निर्माण के लिए एक बाह्मण द्वारा दान दिए जाने का भी जिक्र है।[19] **कहांव के अभिलेख में चर्चा है कि स्कंदगुप्त के काल में मद्र नामक व्यक्ति ने जैन तीर्थंकरों की मूर्तियों की स्थापना करवाई।** समस्त जैन तीर्थंकरों के नाम की चर्चा पूर्व में की गई है। किंतु पांच तीर्थकरों का महत्व अधिक है – आदिनाथ, शांतिनाथ, नेमिनाथ, पार्श्वनाथ और महावीर। मथुरा के एक अभिलेख में हरिस्वामिनी नामक एक जैन महिला द्वारा किसी जैन मंदिर को दान देने का जिक्र है। चन्द्रगुप्त द्वितीय के समकालीन चीनी यात्री फाह्यान के यात्रा विवरण से भी जैन मंदिरों के अस्तित्व का बोध होता है।

बौद्ध धर्म गुप्तकाल से पूर्व बौद्ध धर्म व दर्शन का प्रचार बड़े पैमाने पर हुआ। इस काल तक आते–आते बौद्ध धर्म वह स्थान बरकरार न रख सका जो कि अशोक व कनिष्क के समय प्राप्त था। बौद्ध धर्म के दोनों सम्प्रदाय हीनयान व महायान गुप्तकाल में प्रचलित थे। प्रारम्भिक गुप्त शासकों का झुकाव वैष्णव धर्म की तरफ अधिक था लेकिन परवर्ती शासकों का बौद्ध धर्म की ओर। इत्सिंग के विवरण से स्पष्ट होता है कि गुप्त वंश के आदि पुरुष श्री गुप्त ने मृगशिखावन (सारनाथ) में एक बौद्ध मंदिर बनवाया था। चीनी यात्री ने यह भी लिखा है कि सिंहल नरेश मेघवर्ण के अनुरोध पर समुद्रगुप्त ने बोधगया में बौद्ध विहार बनाने की अनुमति प्रदान की थी। पी.एल. गुप्त के अनुसार बौद्ध धर्म को गुप्त सम्राटों का प्रत्यक्ष नहीं तो अप्रत्यक्ष संरक्षण अवश्य था।[20] फाह्यान के विवरण से भी स्पष्ट है कि उसके समय बौद्ध धर्म में लोगों की आस्था थी। बुधगुप्त के काल में तो बौद्ध धर्म का विकास राज्यधर्म के रूप में हुआ। **ह्वेनसांग** के विवरण से उसका बुद्ध बौद्ध होना प्रमाणित होता है। इसका उत्तराधिकारी वैन्यगुप्त शिव का उपासक होते हुए भी बौद्ध धर्म के प्रति सहानुभूति रखता था। उसने बौद्ध विहार के लिए गाँव दान में दिया।

अभिलेखों में उन स्थानों का उल्लेख है जो बौद्ध धर्म से सम्बन्धित थे। मथुरा, साँची, बोधगया, कुशीनगर आदि शहर बौद्ध गतिविधियों के महत्वपूर्ण केन्द्र थे। बड़ी संख्या में प्राप्त बुद्ध मूर्तियों के आधार पर कहा जा सकता है कि बौद्ध धर्म अपने उत्कर्ष पर था। फाह्यान ने लिखा है कि मथुरा में तीन सहस्त्र भिक्षु रहते थे। कन्नौज, वाराणसी आदि नगरों में भी उसने बौद्ध भिक्षुओं को देखा था। कश्मीर, पंजाब और अफगानिस्तान में बौद्ध धर्म का अधिक प्रचार था। नालंदा बौद्ध विहार, धर्म और विद्या का केन्द्र था। नालंदा विश्वविद्यालय को गुप्त सम्राटों द्वारा अनुदान प्राप्त होता था। अजंता, एलोरा, भाजा, कार्ले, कन्हेरी आदि स्थानों में बौद्ध गुफाओं, विहार व चैत्यों आदि का निर्माण हुआ। ये बौद्ध भिक्षुओं के निवास स्थल थे। इनमें बुद्ध व बोधिसत्व कथाओं का सुन्दर चित्रण हुआ है। हीनयान सम्प्रदाय की दो शाखाएँ थी–थेरवाद (स्थविरवाद) और वैभाषिक (सर्वास्तिवाद)।

थेरवाद – हीनयान सम्प्रदाय के थेरवाद (स्थविरवाद) का प्रचार बहुत पहले हो गया था। धीरे–धीरे यह श्रीलंका, म्यांमार, थाइलैण्ड, कंबोडिया व लाओस में लोकप्रिय हुआ। थेरवाद बुद्ध के मूल सिद्धान्तों पर बल देता है। इसका प्रसार महाकच्चायन के प्रयासों से अधिक हुआ। थेरवादी बुद्ध को परम गुरू के रूप में मानते है। महायान सम्प्रदाय की भी दो प्रमुख शाखाएँ थीं–माध्यमिक और योगाचार।

मंत्रयान : संभवतः इसी दौर में छोटे–छोटे मंत्रों के जाप से मोक्ष प्राप्ति का विचार भी आया। कुछ बौद्ध यह मानते थे कि धर्म की सूक्ष्म बातों को समझना कठिन है। उन्होंने कुछ मंत्र लोगों के सामने रखे। कहा है कि इसी मंत्रयान से वज्रयान, कालचक्रयान व सहजयान विकसित हुआ। गुप्तकाल में दोनों सम्प्रदायों के विहार पृथक्–पृथक् थे।

बौद्धधर्म एवं बुद्धघोष : पाँचवीं शताब्दी में बुद्धघोष ने 'विसुद्धिमग्ग' की रचना की। इनका जन्म गया के ब्राह्मण परिवार में हुआ था। 'विसुद्धिमग्ग' में शील, समाधि और प्रज्ञा को निर्वाण प्राप्ति का साधन बताया गया है। बुद्धघोष ने त्रिपिटक के अनेक अंशों पर महत्वपूर्ण टीकाएँ लिखी हैं। बौद्ध धर्म के प्रमुख दार्शनिक वसुबंधु और असंग इसी युग से सम्बद्ध थे। वसुबंधु का प्रसिद्ध ग्रंथ 'अभिधम्मकोष' में वैभाषिक शाखा के सिद्धांतों की व्याख्या की गई है। असंग की रचनाओं से 'विज्ञानवाद' के नए सिद्धांतों की जानकारी मिलती है। दिङ्नाग ने 'प्रमाण–समुच्चय' ग्रंथ की रचना की।

निष्कर्ष गुप्तकाल में महायान धर्म का अधिक प्रसार हुआ। इस काल में महायान दर्शन से सम्बन्धित ग्रंथों की रचना नागार्जुन, आर्यदेव, असंग, वसुबंधु और दिङ्नाग ने की। यह दर्शन लोगों की अभिरुचि के अनुरूप था। इसमें ज्ञान के स्थान पर, भक्ति पर अधिक जोर दिया गया। बुद्ध प्रतिमा व स्तूपों की पूजा को निर्वाण का साधन माना गया था। महायान की उपशाखाओं के साहित्य की भी रचना हुई। 'चतुशतक', 'वज्रच्छेदिका **प्रज्ञानपारमिता', 'प्रज्ञापारमिता हृदयसूत्र'** की रचना इसी युग में हुई। योगाचार शाखा से सम्बन्धित भी कई ग्रंथों का प्रणयन हुआ। इसके संस्थापक मैत्रास्यनाथ थे जिनका काल 200 ई. के लगभग माना जा सकता है। असंग ने 'महायान सम्परिग्रह', 'योगाचार भूमिशास्त्र' व 'महायान सूत्रालंकार' नामक ग्रन्थों की रचना की। दक्षिण में भी बौद्ध धर्म के अनेक केन्द्र थे। नागार्जुनकोंडा का प्रसिद्ध बौद्ध विहार दक्षिण में था। काँची भी बौद्ध धर्म का प्रसिद्ध केन्द्र था। बौद्ध विहारों एवं चैत्यों पर हिन्दू धर्म के भक्तिवाद का स्पष्ट प्रभाव दिखाई देता है। पौराणिक अवतारवाद की भाँति बौद्ध धर्म के अन्तर्गत भी अवतारवाद की धारणा का विकास हुआ। बुद्ध की प्रतिमाओं का निर्माण किया जाने लगा। गुप्तकाल के अंतिम चरण में बौद्ध धर्म के अन्तर्गत तंत्रवाद का विकास होने लगा था, जिसकी चर्चा आगे की गई है।

सन्दर्भ :

1. जायसवाल, सुवीरा : द ऑरिजिन एण्ड डवलपमैन्ट ऑफ वैष्णविज्म।
2. ऋग्वेद, 1/155/6.
3. एपिग्राफिक इण्डिया, 16 पृ. 22, 27.
4. विष्णुधर्मोत्तर पुराण एवं बृहत्संहिता में इसका उल्लेख है साथ ही इनकी कुषाणकालीन प्रतिमाएँ भी प्राप्त हुई है।
5. गुप्त, पी.एल. वही, पृ. 482.
6. प्रोसीडिंग्स ऑफ इण्डियन हिस्ट्री कांग्रेस, 7, पृ. 82-90.
7. गुप्त, पी.एल., वही, पृ. 484.
8. गीता, अध्याय 18.
9. जूनागढ़ प्रशस्ति, प्रथम पंक्ति
10. रघुवंश, 10/7-10.
11. महरौली स्तंभ लेख, पंक्ति 6.
12. उपाध्याय, भगवतशरण, वही, पृ. 323.
13. याज्ञवल्क्य स्मृति, श्लोक 294.
14. कुमारसंभव का नायक कार्तिकेय ही है। इन्हें कुमार, स्कंद आदि नामों से भी पुकारा गया है।
15. याज्ञवल्क्य स्मृति, श्लोक 271-294.
16. गुप्त, पी.एल. वही, पृ. 495.
17. हुल्श : कार्पस इस्क्रिप्शन इंडिकेरम, 3, पृ. 21.
18. कालिदास की रचनाओं में भी शिव की स्तुति दिखाई देती है। कुमार संभव में उन्होंने शिव परिवार का वर्णन किया है।
19. एपिग्रापिक इण्डिया, 20 पृ. 66.
20. गुप्त साम्राज्य, पृ. 479.

52 बाह्य विश्व से सम्बन्ध : दक्षिण–पूर्व एशिया
(Contact with Outside World : South-East Asia)

प्राचीन काल में भारतीय संस्कृति का प्रसार कई देशों में हुआ एवं स्थानीय लोगों को सभ्य एवं सुंसस्कृत बनाया गया, और कई देशों की राजनीतिक व्यवस्था की प्रतिस्थापना में सहयोग किया। भारत के सांस्कृतिक प्रसारण से प्रभावित होने वाले उन देशों को शामिल किये जाने से विशाल भू–भाग उभर कर हमारे सामने आता है उसे वृहत्तर भारत की संज्ञा दी गई है। इस अध्याय में दक्षिण–पूर्व एशिया में भारतीय संस्कृति के प्रसरण एवं योगदान की चर्चा पाश्चात्य विचारकों की इस धारणा का खण्डन है कि पर्वतों और सागरों से परेवेष्ठित भारत ने एक अप्रतिम सभ्यता का विकास किया था परन्तु इसके विकास में न तो अपने पड़ोसी किसी प्रदेश के किसी प्रभाव को स्वयं ग्रहण किया और न किसी को अपने से प्रभावित ही किया।[1]

भारतीय इतिहास के अध्ययन की एक नई शुरूआत 1910 ई. में वृहत्तर भारत के रूप में हुई जिसका सांस्कृतिक विस्तार भारत की वर्तमान भौगोलिक सीमा से बाहर था। **प्राचीन काल में दक्षिण पूर्व एशिया के द्वीप समूह को सुवर्ण भूमि कहा गया।** टॉलेमी के भूगोल में उल्लिखित 'छैर से' स्वर्ण भूमि का बोधक है। पुराणों में दीपान्तर की चर्चा मिलती है। वामन पुराण में नौ द्वीपों में दीपान्तर को शामिल किया गया है। नव–द्वीपों में इन्द्र दीप (म्यांमार), ताम्रपर्ण, सिंहल (श्रीलंका), नाग दीप (निकोबार), कसेरूमत, गमसीयत, कटाहभिक (कटाह या केडडा मलेशिया का भाग), वरुणा (बोर्नियो) आदि के नाम मिलते है, जबकि ब्रह्माण्ड पुराण में जंबू द्वीप के अन्तर्गत अंग द्वीप, यव द्वीप (जावा), मलय द्वीप (विष्णुपुराण 2/4/45), कुश द्वीप, शंख द्वीप और वराह द्वीप आदि की चर्चा हुई है। रामायण में यव द्वीप का जिक्र आया है। संगम साहित्य जावा से व्यापारिक सम्बन्धों की सूचना देता है। कालिदास ने पूर्वी द्वीप समूह को द्वीपान्तर कहा है वहां से भारतीय व्यापारी मसाले लाते थे।[2]

भारतीय संस्कृति के प्रसार के आधार

- कुषाण काल में भारतीय अफगानिस्तान, चीन, मिस्र, रोम आदि से व्यापार कर रहे थे। रोम के साथ भारत के व्यापार से उत्साहित होकर व्यापारियों ने उसी दौर में दक्षिण–पूर्व एशिया के द्वीपों की ओर ध्यान केन्द्रित किया। दक्षिण–पूर्व एशिया के देश न केवल मसाला उत्पादन के महत्वपूर्ण केन्द्र थे अपितु यहां की उर्वरा भूमि, खनिजों, की उपलब्धता ने भी भारतीयों का ध्यान खींचा। फाह्यान एवं **ह्वेनसांग** ने सुवर्ण भूमि में भारतीयों की उपस्थिति का उल्लेख किया है और अल–बरूनी ने भी सुवर्ण भूमि की इसी क्रम चर्चा की है।
- कहा गया है कि भारतीयों की उन दिनों यह धारणा थी कि नौ द्वीपों में सोने की खाने हैं। महाजनक जातक एक राजकुमार के कुछ व्यापारियों के साथ सुवर्ण भूमि जाने का उल्लेख करता है।
- व्यापारियों के साथ वे उत्साही लोग भी जाने लगे जिन्हें सत्ता की भूख थी और अपने लिए स्वतंत्र राज्य की स्थापना के आकांक्षी थे। जहां अभी शिक्षा एवं संस्कृति का विकास नहीं हुआ था, अपनी सत्ता स्थापित करना उनका लक्ष्य बन गया। कम्बोड़िया (फू–नान) में जाने वाला कौंडिन्य ऐसे ही उत्साही लोगों में से एक था।
- मध्य एशिया एवं सुदूर पूर्व में बौद्ध धर्म का प्रसारण अधिक तीव्र गति से हुआ किन्तु वहां भारत की सामाजिक व्यवस्था एवं परम्पराओं का उतना प्रभाव नहीं हुआ जितना दक्षिण–पूर्व एशिया में देखा जाता है। इस भू–भाग में हिन्दू धर्म एवं संस्कृति ने अधिक प्रभावी ढंग से उनकी जीवनचर्या में प्रवेश किया। बर्मा (वर्तमान म्यांमार) को छोड़कर अन्य सभी देशों में भारतीय संस्कृति का प्रसार मुख्यतः ब्राह्मण पंथों द्वारा संभव हुआ।
- भारत की व्यापारिक गतिविधियों के विस्तार का श्रेय तत्कालीन शासन को भी जाता है। कुषाणों से गुप्त काल तक भारत को किसी बड़े आक्रमण का सामना नहीं करना पड़ा।
- भारत के बंदरगाहों में विशेष रूप से पूर्वी तट के बंदरगाहों की दक्षिण पूर्वी एशिया से सम्बन्ध स्थापित करने में महत्वपूर्ण भूमिका रही। ताम्रलिप्ति (तामलुक) से बड़े–बड़े जहाज व्यापारिक सामग्री लेकर इन द्वीपों में जाते थे। भारतीय उप–महाद्वीप पूर्व एवं पश्चिमी जगत के बीच सन्धि स्थल है। दक्षिण–पूर्व एशिया से संपर्क जल एवं स्थल दोनों मार्गों से संभव था किन्तु स्थल मार्ग अधिक कठिन कहा गया है। बंगाल से मणिपुर, असम के पहाड़ी इलाकों को पार कर बर्मा में प्रवेश करना होता था। चीन से जलमार्ग से व्यापार के दौरान बर्मा, स्याम, मलय प्रायद्वीप, अन्नाम, कम्बोड़िया, सुमात्रा आदि से भारतीयों का परिचय हुआ होगा। इन देशों में भारतीय लिपि के अभिलेख मिले हैं। लिपि थोड़ी परिवर्तित अवश्य है। स्पष्ट है कि भारत की भाषा, साहित्य, धर्म, राजनीतिक और सामाजिक प्रणाली इन सुदूर देशों पर छा गई थी और इन्होंने स्थानीय तत्वों को या तो समाप्त कर दिया या उन्हें अपने भीतर समाहित कर लिया था।[3]

दक्षिण–पूर्व एशिया के कुछ महत्वपूर्ण राज्यों का विस्तृत विवरण दिया जाना उचित होगा। जहां भारतीयों नें सफलतापूर्वक भारतीय संस्कृति एवं सभ्यता को स्थापित किया था।

कम्पूचिया (कम्बोज या कम्बोड़िया) दक्षिण–पूर्वी एशिया में भारतीय प्रभाव से प्रगति करने वाला सबसे पहला देश कम्बोडिया था। आधुनिक कम्पूचिया वियतनाम के पश्चिम एवं थाईलैंड के दक्षिण–पूर्व में स्थित है। मेकांग नदी इसके मध्य–पूर्व से गुजरती है। चीनी विवरणों में कम्बोडिया को फू–नान (Fu-nan) कहा है।[4] यहां के अर्द्ध–बर्बर आदिम निवासी नंगे रहते थे और अपने शरीर को गोदे हुए चिन्हों से अलंकृत करते थे।

सोमा एवं कौडिन्य (प्रथम सदी ई.) प्राप्त विवरण के अनुसार उनकी **रानी सोमा** (लियू–ये–Lieo-ye) ब्राह्मण धर्मानुयायी ह्वेन टीन (Huan-Tien) से पराजित हुई। जलपोत के ब्राह्मण नायक कौडिन्य (Kaundinya) ने रानी को वस्त्र प्रदान किये। इसे पहली शताब्दी के पश्चात की घटना नहीं माना जा सकता। चम्पा (वियतनाम) नरेश प्रकाश धर्म के माय सोन से प्राप्त 657 ई. के संस्कृत शिला लेख में कौडिन्य एवं सोम (नाग कन्या) विवाह का जिक्र आया है।

तत्र स्थापितवान शूलं कौडिन्यस्तद्द्विजर्षभः।
–कुलासीद् भुजगेन्द्र कन्या, सोमेति सा वंशकरी पृथियां।।[5]

कौडिन्य की राजधानी व्याधपुर समुद्र से 150 कि.मी. अंदर थी। उसने वहां होने वाली भरपूर वर्षा का लाभ उठाया और छोटे–छोटे बांध बनाकर धान की खेती प्रारम्भ की। कौडिन्य के पश्चात 200 ई. तक उसके उत्तराधिकारियों का शासन रहा। उसके बाद महान जनरल फनशेमन या 'फान–चेमान' राजा चुना गया। उसने शक्तिशाली समुद्री सेना का निर्माण किया और पड़ोस के लगभग 10 राज्यों को जीता। उसकी मृत्यु के बाद उसका भांजा फन–चन या फान–चान–फूनान का शासक बना। उसके समय भारत एवं चीन में राजदूत भेजे गये। उसका उत्तराधिकारी चेन–तियन (357 ई.) या चन्दन शासक बना था। उसके उत्तराधिकारी चेली–चोयामा (श्रीन्द्रवर्मन या श्रेष्ठ वर्मन) के पास सत्ता रही।

जयवर्मन (चो–ई. पामा) को कौणाद्विन्य का वंशज कहा गया है। उसने नागसेन नामक भारतीय भिक्षु को राजदूत बनाकर चीन भेजा। जयवर्मा की पटरानी कुल प्रभावती थी उसने मंदिर में विष्णु मूर्ति स्थापित करवाई थी।[6] उसकी रानी के विपरीत राजा जयवर्मा शिव उपासक था इस बात की पुष्टि चीन भेजे गये राजदूत द्वारा उसे शैव कहे जाने से होती है।

दूत की सिफारिस से चीनी सम्राट ने जयवर्मा को 'फूनान सम्राट' एवं 'प्रशांत दक्षिण का सेनापति' की संज्ञा से विभूषित किया था। कैण्टन में एक वाणिज्य मण्डल भेजे जाने की भी जानकारी मिलती है।

रुद्रवर्मन (514 ई.) ने वैध उत्तराधिकारी गुणवर्मन को पदच्युत कर सत्ता पर कब्जा किया था। उसकी एक मुद्रा भी मिली है। 517 ई. उसने धर्मपाल नामक भारतीय को चीन में राजदूत बनाकर भेजा और 519 ई. से 529 ई. के बीच 5 अन्य राजदूत चीनी सम्राट के दरबार में भेजे थे। चीनी राजदरबार में फू–नान शासक चित्रासेन (616–17 ई.) द्वारा भी दूत भेजे जाने का बोध होता है, न–फू–न (Na-Fu-na) नामक नगर को अपनी राजधानी बनाये जाने की जानकारी मिलती है, जो कमपोट (Kampot) के नजदीक थी।

कम्बु स्वयंभुव वंश जनश्रुतियों के अनुसार 'काम्बोज' राज्य की स्थापना आर्य देश के राजा कम्बु स्वयंभुव (या कम्बु स्वायंभुव) ने की थी।

भव वर्मा इस वंश के भववर्मा के छः अभिलेख प्राप्त हुए हैं। सोमवंशी इस पराक्रमी राजा ने कई छोटे–छोटे राज्यों को जीतकर अपने राज्य में मिलाया और भवपुर नामक नई राजधानी बसाई।

महेन्द्र वर्मा भववर्मा के भाई चित्रसेन ने महेन्द्रवर्मन के नाम से शासन किया। उसके समय बर्मा, थाईलैण्ड, लाओस, दक्षिण वियतनाम काम्बोज राज्य का हिस्सा थे। उसने चम्पा के राजा प्रकाशधर्म[7] से मित्रता की। इसका उत्तराधिकारी ईशान वर्मा (617 ई.) था। इसने भी एक नई राजधानी बसाई। नगर के सारे मकानों के द्वार पूर्व की ओर रखे गये एवं नगर के मध्य में उसका राजभवन था। चम्पा (वियतनाम) से ईशान वर्मा के घनिष्ठ सम्बन्ध थे, उसकी पुत्री श्रीशर्वाणी का विवाह चम्पा नरेश जगद्धर्म के साथ हुआ। श्रीशर्वाणी का पुत्र प्रकाश वर्मा चंपा का विख्यात राजा कहा गया है। ईशान वर्मा की दूसरी कन्या का विवाह दक्षिण भारत से आये दुर्गस्वामी नामक ब्राह्मण से हुआ था। ईशान वर्मा के काल में शिव एवं विष्णु पूजा का प्रचलन था। नाम–पेन्ह संग्रहालय में सुरक्षित शिव एवं विष्णु की मूर्ति को अर्द्ध–नारीश्वर की तरह दर्शाया है। मूर्ति खण्डित अवस्था में है। मूर्तिकला में भारतीय प्रभाव स्पष्ट दृष्टिगोचर होता है।

जयवर्मा द्वितीय (802–854 ई.) जयवर्मा द्वितीय के लिए कहा जाता है कि उसने काम्बोज को जावा शासकों के कब्जे से छुड़ाया। प्रारम्भ में वह जावा में रहा था। उसका गुरु 'शिव कैवल्य' तंत्र विद्या का जानकार था। जयवर्मा ने 'परमभट्टारक परमेश्वर' की उपाधि धारण की थी। उसके द्वारा देवराज नामक पंथ चलाने की जानकारी भी मिलती है जो बाद में राजधर्म बन गया और अगले तीन सौ साल तक प्रचलन में रहा। जयवर्मन द्वितीय ने अनेक आश्रम बनवाए, जिनमें संन्यासी रहते थे। आश्रम ज्ञान के केन्द्र बन गये थे।

प्रारम्भ में इन्द्रपुर नामक नगद को अपनी राजधानी बनाया था। अंत में उसने अंकोर क्षेत्र को अपनी राजधानी बनाया। अमरेन्द्रपुर नामक नगर के निर्माण का श्रेय भी जयवर्मा को जाता है।

इन्द्रवर्मन जयवर्मन तृतीय (854–877 ई.) को हटाकर इन्द्रवर्मन (877–899 ई., राजधानी–हरिहरालय) ने नये राजवंश की स्थापना की। कहा गया है कि चीन, चंपा एवं यव द्वीप भी उसके प्रभाव को स्वीकार करते थे। उसे आचार्य शिवसोम का शिष्य कहा है और शिवसोम शंकराचार्य के शिष्य कहे गये हैं।

इन्द्रवर्मा विजेता ही नहीं कला प्रेमी भी था, स्वयं उसने शिव एवं दुर्गा की तीन मूर्तियां बनाई थीं। हरिहरालय उसकी राजधानी थी यह अंकोरथाम के पूर्व में स्थित है। स्थानीय भाषा में उसे वकोंग कहते है। उसके द्वारा निर्मित शिवालय (इन्द्रेश्वर मंदिर) स्थापत्य का उत्कृष्ट उदाहरण है। कहा जाता है कि अंकोरवाट का स्थापत्य एवं बोरोबुदुर (जावा) के स्तूप का निर्माण करने वाले कलाकारों की प्रेरणा इसी इन्द्रेश्वर मंदिर का भव्य एवं सुंदर स्थापत्य था।

यशोवर्मा (890–910 ई., राजधानी यशोधरपुर) इन्द्रवर्मा के पुत्र यशोवर्मा (889–908 ई.) ने साम्राज्य की कीर्ति एवं गौरव को बढ़ाया। उसके द्वारा बनाई गई नई राजधानी, जिसका नाम

यशोधरपुर था, 8 कि.मी. (लम्बी) एवं चौड़ाई में 5 कि.मी. थी। नगर के चारों ओर 330 फीट चौड़ी खाई थी। यशोवर्मन ने भी लगभग 100 आश्रमों का निर्माण भी करवाया था।

उसने पंतजलि के महाभाष्य पर टीका लिखी थी। कई छोटी बड़ी नहरें बनवाईं, जिससे धन की पैदावार बढ़ी बाखेंग नामक मंदिर बनाने का श्रेय उसे ही जाता है। नाम बाखेंग पहाड़ी पर राजप्रासाद एवं तड़ाग उसने ही बनवाया था जिसके मध्य मंदिर में पूर्वजों की मूर्तियां प्रस्थापित करवाईं। उक्त स्मारक 'लोलई' कहा जाता है। वेथोन के शिव मंदिर के समीप विलक्षण विष्णु मंदिर बनवाया गया जिसे उत्तराधिकारी हर्ष वर्मा ने पूरा करवाया।

राजेन्द्रवर्मा (944–968 ई.) इस वंश का राजेन्द्र वर्मा (952 ई.) शक्तिशाली शासक था जो हर्ष वर्मा (द्वितीय) के बाद शासक बना। उसने कई युद्ध लड़े और काम्बोज की सीमाओं का विस्तार किया। चम्पा, स्याम और मीनम नदी के निकटवर्ती राज्यों ने उसकी अधीनता स्वीकार की।

सूर्यवर्मन प्रथम, (1004–1050 ई.) जयवर्मन पंचम (968–1001 ई.) के बाद सूर्यवर्मन प्रथम (1010–1041 ई.) राजा बना। वह बौद्ध धर्मावलंबी था। बन्दन की खाड़ी से मलय प्रायद्वीप तक उसका राज्य फैला हुआ था। काम्बोज शिला लेखों ने उसकी विरोधी राजाओं पर जीत का वर्णन ओजस्वी भाषा में किया है।

सूर्यवर्मा द्वितीय (1113–1150 ई.) सूर्यवर्मा द्वितीय के पराक्रम की गाथाएं चीनी इतिहास में भी मिलती है। उसने दो बार कम्बुज का प्रतिनिधि मण्डल चीन राज सभा में भेजा था। चंपा (वियतनाम), बर्मा (म्यांमार), दक्षिण चीन के युन्नान इलाका, मलाया प्रायद्वीप का उत्तरी प्रदेश कम्बुज साम्राज्य के हिस्सा थे।

उसकी सेना में 2 लाख पदाति, 20 हजार अश्वारोही एवं 10 हजार हाथी थे। चीनी इतिहास में उसकी सेना में 2 लाख हाथियों का जिक्र आया है। उसकी नौसेना भी शक्तिशाली थी। अनाम के साथ लड़े गये युद्ध में 20 हजार सेना और 700 जहाजों का बेड़ा जलमार्ग से भेजा था।

अंकोरवाट विश्व के आश्चर्यों में से एक अंकोरवाट का निर्माण सूर्यवर्मा द्वितीय ने 1125 ई. में करवाया था। इसके निर्माण का विवरण केतुमाल सूत्र में मिलता है। अंकोरवाट के कल्पनाकार ने मानवकृत पर्वताकार सुमेरू की कल्पना की। प्रत्येक खण्ड को जल के मध्य बनाया गया। 75 फीट ऊंचाई तक प्रति 25 फीट पर एक सागर है और सागर के मध्य में प्रत्येक खण्ड है। यह संसार का सबसे बड़ा मंदिर है और पिरामिड शैली में अनुठे एवं रुप कोटि के स्थापल से निर्मित है।

मुख्य शिखर घनाकार अधिष्ठान पर बना है और केन्द्र से जैसी शाखाएं निकलकर दीर्घाओं, सोपानों, सेतुओं को जोड़ती हैं। भगवान चिदाकाश स्वरूप हैं उसके पास मानव जल, स्थल एवं वायु को पार करके ही पहुंच सकता है।[8]

अंकोरवाट विष्णु मंदिर के आन्तरिक भाग में हरिवंश पुराण, रामायण, महाभारत एवं अन्य पौराणिक कथाओं का अंकन बहुत सुंदर ढंग से किया गया है।

पत्थरों से निर्मित तीन हजार फीट चौकोर ऊँचे चबूतरे पर निर्मित मंदिर पर पहुंचने हेतु सीढ़ियां बनी हुई हैं। प्रत्येक चबूतरे पर शिखर एवं मीनार है। इमारत के चारों ओर पत्थर की एक चाहर दीवारी है इसमें द्वार एवं गलियारे बनाये गये हैं। लगभग ढ़ाई मील के घेरे में स्थित इस मंदिर के चारों ओर 650 फीट चौड़ी एवं 2. 5 मील लम्बी खाई बनी हुई है। मंदिर में प्रवेश के लिए 40 फीट चौड़ा पुल बना है। प्रवेश द्वार के अंदर लगभग आधे मील परिधि में लम्बी वीथी (गैलरी) प्रदक्षिणा के लिए बनाई गई।

मंदिर का गर्भगृह भी ऊँचाई पर बना है जहां पहुंचने के लिए सीढ़ियों का उपयोग करना होता है। मंदिर के बीच का शिखर सबसे ऊँचा और चार कोनों पर चार शिखर निर्मित हैं। मंदिर निर्माण में बाहर चूने या अन्य किसी प्लास्टर का उपयोग नहीं हुआ है। भगवतशरण उपाध्याय ने मंदिर के कला सौन्दर्य के विषय में लिखा है; अगंकोरवार का यह वस्तुतः विपुल परामिड है – इसका समूचा वैभव एक अकथनीय छन्दस् (रिद्म) से प्रवाहमान है। सर्वत्र इसमें कलावन्तों का सुरुचि व्यापार ही है। इस प्रकार यह विशाल मंदिर संभवत देवराज और मनुष्य राज की शिलष्ट व्याख्या का संपादक था। जैसा भी हो, मंदिर कम्बुज के ही नहीं सर्वत्र की वास्तुकला में अपना पृथक् और अनुपम स्थान रखता है।[9]

अंगकोर (धाम) का बेयोन (ब्रियन) मंदिर प्रसिद्ध है। जयवर्मन द्वितीय ने अंगकोरवाट का विशाल शिव मंदिर भी बनवाया था। कम्बोज शासकों के अभिलेख संस्कृत भाषा में लिखवाये गये जो आम लोगों की लोकप्रिय भाषा थी। वेद, पुराण, रामायण, महाभारत स्मृतियों का अभिलेखों में जिक्र आया है।

तद्न्तर यशोवर्मा द्वितीय (1160–1165 ई.) त्रिभुवना द्वित्य, जयवर्मा सप्तम आदि का शासन रहा। कम्बोज अन्त में पश्चिम से आने वाले आक्रान्तकारी थाइयों (Thais) अथवा स्यामवासियों का शिकार बना और आखिर में फ्रांसीसियों को देश का वास्तविक शासक स्वीकार किया। आर.सी. मजूमदार के शब्दों में हम कह सकते हैं कि भारत वासियों ने चीन के दक्षिण एवं भारत के पूर्व तथा दक्षिण–पूर्व में फैले एशिया महाद्वीप के विभिन्न भूखण्डों पर अपनी राजनीतिक सत्ता स्थापित कर ली। स्वयं मलय द्वीप समूह की भूमि तथा उसके अन्य द्वीपों में अनेक हिन्दू राज्यों का उत्थान हुआ और एक सहस्त्र वर्ष से अधिक समय तक उनका अस्तित्व रहा। जब स्वयं भारत में ही हिन्दू राज्य एक अतीत की वस्तु बन गया तब भी हिन्दू नामधारी राजा इन सुदूर स्थानों के शक्तिशाली राज्यों पर शासन करते रहे।[10]

चम्पा (हिन्द–चीन) कम्बोड़िया के पूर्व में चंपा (Champa) या हिन्द–चीन राज्य था, जिसे आजकल अनाम (Annam) कहते हैं। पूर्व में चीन सागर और पश्चिम में मीकांग घाटी से घिरे चम्पा में लाओस, कम्बोड़िया का प्रदेश, वर्तमान वियतनाम का उत्तरी हिस्सा (तोकिन), थाईलैंड का हिस्सा और फिलिपीन्स द्वीप समूह शामिल थे, को हिन्द–चीन कहा जाता था। कहा गया है कि बिहार के भागलपुर क्षेत्र की प्राचीन चम्पा नगरी के लोगों ने दूसरी शताब्दी में यहां औपनिवेशिक बस्ती बनाई। छठी शाताब्दी में रुमेर राजाओं ने पूर्व राजाओं (आदरीय) को हराकर शासन स्थापित किया था। यह 12 वीं सदी तक भारतीय संस्कृति का केन्द्र रहा। मौर्यकाल से ही यहां उपलब्ध सुगन्धित अगरबत्ती ने न केवल भारतीयों का ध्यान खींचा अपितु यहां की प्राकृतिक सम्पदा ने इस ओर रुख करने के लिए प्रेरित किया।

श्रीमार चीनी साहित्य से जानकारी मिलती है कि 137 ई. के लगभग क्यू–ल्यून नामक चीनी बर्बर लोगों ने आक्रमण कर दिया, जिन्हें खदेड़ने में भारी कठिनाई हुई। मासपेरों, फाइनाट एवं आर. सी. मजूमदार जैसे इतिहासकारों ने क्यू–ल्यून का समीकरण चम्पा के प्रथम शासक श्रीमार से करते है जिसका नाम वाकहान (या वो–चान्ह) के मंदिर से प्राप्त संस्कृत अभिलेख से मिलता है।

श्रीमार राजकुलवंश विभूषणेन,
श्रीमार लोकनृपतेः कुलनन्दनेन।।[11]

चीन के साथ संघर्ष श्रीमार के बाद भी निरन्तर चलता रहा। चीनी सेना चंपापुर प्राचीर तक पहुंच गई थी ऐसे समय में भद्रवर्मा ने अपने पिता की मृत्यु के बाद सत्ता संभाली।

भद्रवर्मा (380–413 ई.) धर्ममहाराज श्री भद्रवर्मा ने चीन से प्रतिशोध ा लेने के लिए स्थल सेना के नौ दलों का निर्माण किया। भद्र वर्मा की सेना के सामने चीनियों के पांव उखड़ गये। उसने अपना राज्य तीन प्रान्तों– अमरावती (उत्तरी प्रांत), श्री विजय (मध्यवर्ती) एवं पाण्डुरंग (दक्षिणी) में विभक्त किया था। जहां दूसरी शती ईसा से 15वीं शताब्दी तक विभिन्न हिन्दू राजवंशों ने विभिन्न केन्द्रों से चम्पा पर शासन किया।

मायसोन में उसने भव्य शिव मन्दिर का निर्माण करवाया और अपने नाम पर शिव को भद्रेश्वर स्वामी नाम दिया। चंपा नरेशों के 35 से अधिक अभिलेख मायसोन से प्राप्त हुए हैं।

शंभू वर्मा (605 ई.) इसके बाद चंपा में सत्ता परिवर्तन हुआ और **गंगराज वंश वहां काबिज हो गया।** चीनियों ने गंगराज को ताई–चेन कहा है। अपने भतीजे को राज्य सौंप कर गंगराज भारत में गंगा तट पर तपस्या के लिए चला गया। इस वंश का शम्भु वर्मा प्रसिद्ध राजा हुआ। **उसके शासन काल में 605 ई. के लगभग चीनियों ने चंपा पर आक्रमण कर चंपा नगरी को उजाड़ दिया।** युद्ध में सैकड़ों चम्पावासी बंदी बनाये गये और अपार सम्पत्ति तथा 1350 बौद्ध ग्रंथ चीनी सेनापति अपने साथ ले गया। शम्भु वर्मा के बाद कन्दर्पधर्मा (629 ई.), प्रभासधर्मा (645 ई.), सत्यकौशिक स्वामी, प्रकाश धर्म, विक्रान्तवर्मा (653 ई.) एवं नरवाहन वर्मा जैसे राजाओं ने राज्य किया। गंगराज वंश में रुद्रवर्मा द्वितीय अन्तिम शासक था।

पुंडरंग वंश (778–970 ई.)

रुद्रवर्मा के शासन काल तक चंपा राज्य का केन्द्र अमरावती अर्थात् वर्तमान 'क्वांग–नाम' में था परन्तु उसके बाद चंपा के दक्षिण भाग में पाण्डुरंग (वर्तमान फन रंग) में नये राजवंश का उदय हुआ। स्थल के नाम के साथ राजकुल को पाण्डुरंग वंश कहा जाने लगा।

पृथ्वीन्द्र वर्मा (778 ई. 801 ई.) इस वंश के राजा पृथ्वीन्द्र वर्मा के समय चंपा की बहुत उन्नति हुई। इस वंश के 801 ई. के अभिलेख में पृथ्वीन्द्र वर्मा को सम्पूर्ण चंपा का स्वामी कहा हैः

श्रीमान् नरेन्द्रः पृथिवीन्द्रवर्मा।
ख्याप्तस्त्व वंशैर्ज्जगति प्रभावैः।।[12]

इस काल में जावा (यव द्वीप–इंडोनेशिया) में शैलेन्द्र सता का उदय हो चुका था। चंपा शिलालेखों में शैलेन्द्रों द्वारा किये गये हत्याकांड का विवरण मिलता है।

पृथ्वीन्द्र के उत्तराधिकारी सत्यवर्मा के समय कौठार प्रदेश में शिव मंदिर का निर्माण हुआ। 'पो नगर' की पहाड़ी न्हात्रांग के मंदिर समूह भी प्रसिद्ध हैं। मुख्य मन्दिर में उमा (पार्वती) की मूर्ति प्रस्थापित थी। माईसोन न पो नगर में शिव मन्दिर अधिक थे। यहां से 27 अभिलेख प्राप्त हुए हैं। सत्यवर्मा का उत्तराधिकारी उसका भाई इन्द्रवर्मा (785–801 ई.) शासक बना, तद्न्तर **हरिवर्मा प्रथम** एवं विक्रांतवर्मा शासक रहे।

इन्द्रवर्मा द्वितीय (793 ई.) इन्द्रवर्मा द्वितीय को भृगुवंशी कहा गया है। उसने 'श्री जयइन्द्र वर्मा महाराजाधिराज' के नाम से शासन किया। चीन से 877 ई. में अपनी ओर से सौहार्दपूर्ण संबंध स्थापित किये। चंपापुर के निकट इन्द्रवर्मा द्वितीय ने इन्द्रपुर नामक नई राजधानी बसाई। जहां विशाल मंदिर एवं विहार का निर्माण करवाया था। उसे बौद्ध मतावलंबी कहा गया है।

अपने पड़ोसी कट्टर शत्रुओं का मुकाबला करने के लिए परमेश्वर वर्मन ने 979 ई. में भारी नौ सेना लेकर अन्नाम पर आक्रमण कर दिया। अन्नाम राजा भी शक्तिशाली था। युद्ध में चंपा नरेश मारा गया। अन्ततः विजय श्री हरिवर्मन द्वितीय ने 992 ई. में 'लो–हो–आन' से सन्धि कर ली।

चंपा शासक के लिए अन्नामियों की शत्रुता घातक सिद्ध हुई और शत्रु सेना के 100 पोतों का मुकाबला नहीं किया जा सका और इस प्रकार हरिवर्मा के राजवंश का अशोभनीय ढंग से अन्त हुआ।

कहा गया है कि, तेरहवी शती में चंपा शासक सिंह वर्मन आदि को मंगोल आक्रमणों का भी शिकार होना पड़ा था। चंपा से प्राप्त अभिलेख ब्राह्मी तथा पल्लव लिपि व संस्कृत भाषा में है। अभिलेखों में त्रिदेवः ब्रह्मा व महेश का उल्लेख मिलता है किन्तु समाज में भागवत धर्म का प्रभाव था।

समाज समाज भारत की तरह ब्राह्मण, क्षत्रिय, वैश्य, एवं शूद्र वर्गों में विभक्त होने की जानकारी मिलती है और ब्रह्म हत्या को घोर पाप माना जाता था। क्षत्रिय शासक थे जिनकी समाज में प्रतिष्ठा थी। ब्राह्मण–क्षत्रियों में अन्तर्जातीय विवाहों का बोध होता है। भारतीय त्यौहार–पर्व उत्साह से मनाये जाते थे एवं वेशभूषा–रहन–सहन भारतीय था। विवाह भारतीय परम्परानुसार होते थे। यही नहीं मृत्योपरांत शव दाह भी भारतीय तरीके से किया जाता था।

वैदिक साहित्य, पुराण, महाकाव्य, दर्शन, राजनीति, आदि शिक्षा के अंग थे। मायसोन एवं पो–नगर में शिव मंदिर ही नहीं देखे गये अपितु वहां से प्राप्त 130 अभिलेखों में से 92 में शिव का उल्लेख आया है। विष्णु के साथ लक्ष्मी (पदमा कहा जाता था) की पूजा की जाती थी। ब्रह्मा, स्कंद, गणेश, श्री कृष्ण एवं बुद्ध आदि पूजनीय थे। बौद्ध मंदिर डाग–डुंआग में निर्मित था। यहां के लोग भारतीयों की तरह धर्म सहिष्णु थे।

दूसरी शती ईस्वी में श्रीमार (Shrimar) द्वारा स्थापित किये गये राजवंश से 15वीं शताब्दी तक विभिन्न हिन्दू राजवंशों ने चंपा पर राज्य किया एवं हिन्दू संस्कृति प्रतिस्थापित किया।

जावा, सुमात्रा, बोर्नियो एवं बाली (इण्डोनेशिया) इण्डोनेशिया के दक्षिणी द्वीप को जावा (यव द्वीप या स्वर्ण द्वीप) कहा जाता था। जावा अनुश्रुतियों के अनुसार ऋषि पाराशर एवं व्यास ने यहां भारतीय संस्कृति की स्थापना की थी। जावा निवासी अपना सम्बन्ध हस्तिनापुर से जोड़ते हैं। मान्यता है कि 73 ई. में अजशक नामक भारतीय राजकुमार सौराष्ट्र को 5000 लोगों को लेकर वहां पंहुचा और ब्राह्मण धर्म की स्थापना की। फाह्यान ने इसका जिक्र किया है। रामायण में यव द्वीप का जिक्र आया है। हिन्दू नरेश देव वर्मा द्वारा 132 ई. में चीन में अपना राजदूत भेजे जाने का बोध होता है।

पूर्ण वर्मा (562–620 ई., राजधानी ताकम) राजा पूर्ण वर्मन् के तीन अभिलेख पश्चिमी जावा के सागर तट पर स्थित बटाविया नगर के पास ची–अरूतोन, जम्बू और कबोनकोपी नामक स्थानों से प्राप्त हुए हैं। उसे पराक्रमी एवं दानशील राजा कहा हैः

श्रीमान् दाता कृतज्ञो नरपतिरसमो यः पुरातारूमायात।
नाम्ना श्री पूर्णवर्म्मा प्रचुर रिपुशरामेद्य विख्यात वर्मा।।[13]

पूर्णवर्मा की राजधानी तारूम थी। दो शताब्दियों के बाद संजय नामक शक्तिशाली राजा ने जावा पर शासन किया और अपनी सीमाओं का विस्तार द्वीप के बाहर भी किया।

श्री विजय जावा को श्रीविजय का राज्य भी कहा है। इत्सिंग ने इसका वर्णन किया है कदाचित् चौथी शताब्दी में भी इस राज्य का अस्तित्व था।[14] श्री विजय ने चीन में दूत मण्डल भेजा था। इत्सिंग 671 ई. में सुमात्रा के श्री विजयनगर (पालेबांग) के संस्कृत विद्यापीठ में रहा था। श्रीविजयेन्द्रराजा को ही संभवतः श्री विजय कहा गया है। जिसका उल्लेख मलाया प्रायद्वीप कड़ा स्थल डमरू के लिगर नामक स्थान के 775 ई. के लेख में हुआ है। बौद्ध चैत्य का निर्माण भी करवाये जाने की जानकारी मिलती है। उक्त लेख के पीछे विष्णुनामधारी राजाधिराज का जिक्र है जिसे शैलेन्द्र वंश का बताया गया है। घोष ने लिखा है कि, आठवीं शताब्दी के अन्तिम पाद में ये शैलेन्द्र दक्षिणी पूर्वी एशिया के रंगमंच पर एक महान शक्ति के रूप में अवतीर्ण होते हैं।[15] आर. सी. मजूमदार शैलेन्द्र राजवंश की उत्पत्ति भारत से मानते हैं। संभवतः मूलरुप से शैलेन्द्र वंशी कलिंग गंगवशी थे। इनका भारत–चीन एवं अरब देशों से व्यापारिक एवं राजनीतिक सम्बन्ध था।

शैलेन्द्र वंश शैलेन्द्र वंश का प्रारम्भ में जावा। उसके बाद सुमात्रा का श्रीविजय नामक नगर इनकी गतिविधियों का केन्द्र बना। शैलेन्द्रों द्वारा अपनी शक्ति का विस्तार मलेशिया, जावा, कम्बुज एवं चम्पा तक किये जाने का बोध होता है। इस तथ्य की पुष्टि महाराज पनमकर्ण नाम के एक शैलेन्द्र शासक के जावा के कलशन नामक स्थान से प्राप्त 778 ई. के लेख से होती है।

धरणीन्द्र वर्मन केलूरक शिलालेख में धरणीन्द्र वर्मन नामक राजा को शैलेन्द्र वंश विभूषण कहा है। कहा जा सकता है कि, सम्पूर्ण एशिया में शैलेन्द्र साम्राज्य की गूंज थी। बंगाल के पाल शासकों से शैलेन्द्रों के वैवाहिक सम्बन्ध थे। शैलेन्द्र शासक शक्तिशाली नौ सेना के बल पर ही दक्षिण–पूर्व एशिया में अपना वर्चस्व बनाये रखने में कामयाब रहे। इस वंश के शासक महायान बौद्ध धर्म के अनुयायी थे। शैलेन्द्र वंश के पतन के बाद मजपहित (Majaphit) या विल्वतिक्त (Vilvatikta) नामक शासक हुआ। 15वीं शती के अंत अथवा 16वीं शती के प्रारम्भ में विल्वतिक्त के अन्तिम राजा ने अपने धर्म की रक्षा के लिए बड़ी दृढ़ता से युद्ध किया। किन्तु पराजित हुआ और अपने बचे हुए साथियों और कर्मचारियों के साथ वह बाली द्वीप (Bali) की ओर, जहां उस समय हिन्दू धर्म जीवित था, भाग गया। आर.सी. मजूमदार ने लिखा है कि, उस दूर एकांत द्वीप में, जो जावा से केवल जलमार्ग द्वारा पृथक् है, आज भी हिन्दू धर्म समुद्र में जल बिन्दु की तरह जीवित है और विस्तृत भूखण्ड को सभ्य बनाने में उसने जो महान कार्य किया उसका एकमात्र प्रमाण है।[16]

जावा निवासियों ने भारत से आने वाले मुसलमान व्यापारियों द्वारा इस्लाम धर्म स्वीकार कर लिया, यहां तक कि शासक वर्ग के लोग भी मुसलमान बन गये थे।

बोरोबुदुर शैलेन्द्र युग की सबसे महान कृति जावा में जोगजकार्ता के उत्तर में 25 कि.मी. पहाड़ी चोटी पर निर्मित बोरोबुदुर का विशाल स्तूप है, जिसे प्राचीन विश्व की अत्युत्कृष्ट रचना कहा जा सकता है। शैलेन्द्र शासकों के संरक्षण में इसका निर्माण 750–850 ई. के मध्य हुआ। स्तूप नौ तलीय है नीचे के छह आधारतल (चबूतरे–Terraces) चौकोर एवं ऊपरी तीन तल वृत्ताकार हैं। एक के ऊपर एक तल क्रमशः छोटे होते गये और सबसे ऊपर मध्य में घन्टाकृति स्तूप बना है जो सम्पूर्ण निर्माण का केन्द्र है। ऊपरी तीन आधार तलों पर 72 लघु स्तूप क्रमशः 32, 24 एवं 16 निर्मित है; जिनके आलयों (ताखों) में बुद्ध प्रतिमायें स्थापित हैं। नीचे के खण्डों की दीवारों पर जातक कथायें एवं अन्य बौद्ध ग्रंथों के दृश्य अंकित हैं। प्रथम तल पर नरक यातनाओं को साकार किया है। किन्तु दूसरे तल पर तथागत भगवान की लीलाएं प्रकट रूप धारण करती हैं। दीर्घाओं के दोनों ओर ऊपर की मंजिल पर जाने के लिए सीढ़ियां बनी हैं और ऊपरी हिस्से में मेहराब हैं और मेहराबों के बीच कीर्ति मुख है, जिनसे फूल लटक रहे हैं। द्वारों के ऊपर मूर्ति गवाक्षों की तरह मूर्ति शिखर बने हैं। वर्षा के पानी के निकलने हेतु प्रत्येक तल पर बीस–बीस प्रणालिकाएं बनी हुई हैं।

भगवतशरण उपाध्याय के शब्दों में कह सकते हैं – बोरो बुदुर का स्तूप अपना–सा आप है। अट्टों और तलों का जंगल उठाता यह आधार से हर्मिका तक एक विशाल पिरामिड की भांति शून्य में चढ़ता चला गया। मूर्ति संपदा इस स्तूप की दीवारों पर इस संख्या मान में बिखेरी सजी है कि समीक्षकों का अनुमान है कि, यदि मूर्तियां एक से एक लगातार कतार बना दी जाए तो वह कतार पांच किलोमीटर से कहीं अधिक लंबी होगी।[17] आर.सी. मजूमदार ने इसके लिए लिखा है, ''भारत में किसी ऐसे देवायतन का नाम लेना कठिन है जो दूरस्थ रूप में अंगकोरवाट अथवा बोरोबुदुर (Borobuder) के समक्ष रखा जा सके।''[18]

संस्कृत साहित्य जावा मंदिरों से बुद्ध के अतिरिक्त ब्रह्मा, विष्णु, शिव, गणेश और अगस्त्य, महिषासुर मर्दिनी की मूर्तियां मिली हैं। अभी हाल ही में इण्डोनेशिया की योग्यकर्ता इस्लामिक विश्वविद्यालय के पुरातत्व विभाग द्वारा करवाये उत्खनन में शिव, नंदी व गणेश प्रतिमायें मिली है। डा बुधे मिन्काम ने एक हजार वर्ष पूर्व की माना है। जावा में अनेक संस्कृत ग्रंथों की रचना की गई, जैसे–नागर

कृतागम, इन्द्र विजय, वृत्तायन, सर्वसमुच्चय, राम विजय, भुवनकोष आदि। पुराणों, हितोपदेश, पंचतंत्र आदि का स्थानीय भाषा में अनुवाद किया गया।

शैलेन्द्रों ने नालन्दा में विहार एवं स्तूप आदि निर्मित करवाये थे। बंगाल से कुमारघोष नामक भिक्षु जावा आया था उसे धर्म गुरु की पदवी दी गई थी।

सुमात्रा (सुवर्ण द्वीप) मौर्य काल में भारतीयों का इस द्वीप से परिचय था और ईसा पूर्व में ही भारत से लोगों ने यहां आना शुरू कर दिया था। संभवतः चौथी शताब्दी में श्री विजय नामक राज्य का उद्भव इस द्वीप पर हुआ। पुराणों में इस द्वीप को नवभेद के नाम से सम्बोधित किया है। सातवीं शती में श्री विजय अत्यन्त शक्तिशाली राज्यों में से एक था। मलाया (प्रायद्वीप) के लिगर (Ligar) से प्राप्त संस्कृत अभिलेख में श्री विजय के शासक की वीरता का उल्लेख है। यह नरेश अपने पड़ोसी राज्यों का स्वामी था और वे सब उसके सामने नतमस्तक होते थे। दूसरे शब्दों में श्री विजय शासक का मलाया प्रायद्वीप एवं उप–प्रायद्वीप के अनेक द्वीपों पर अधिकार था।

683–84 ई. के प्लेम्बंग (या पालेम बेंग) से प्राप्त अभिलेख में सेनापति या मंत्री जयनाग का जिक्र आया है। शिलालेख पल्लव ग्रंथ लिपि में उत्कीर्ण है। इत्सिंग ने श्रीविजय को दक्षिण समुद्र के द्वीपों में बौद्ध ज्ञान का केन्द्र बताया था। 782 ई. में श्री विजय में बोधिसत्व मंजूश्री की एक मूर्ति स्थापित की गई, जिसमें बौद्ध त्रिरत्न, ब्राह्मण त्रिदेव और अनेक धर्मों के देव प्रतीकों का समन्वय था। भारत में जब पाल वंश के देवपाल का शासन था, उसके नालंदा तामपत्र में स्वर्ण द्वीप के महाराजा श्री बाल पुत्र देव अर्थात् श्री विजय के शैलेन्द्र सम्राट ने नालन्दा में एक विहार बनवाया था और अपना दूत भेज कर बालपुत्र देव ने विहार की स्थायी व्यवस्था करने की प्रार्थना की थी। देवपाल ने शैलेन्द्र शासक की इच्छानुसार 'गया' विषय के 'पामलक' गांवों को विहार की व्यवस्था हेतु दान किया। शैलेन्द्रों के पतन के बाद नये वंश मलेपू का उदय हुआ। 15वीं शती में समुद्र नामक एक अन्य राज्य ने समस्त द्वीप का नामकरण सुमात्रा नाम से किया जो आज भी चल रहा है।[19] सुमात्रा कपूर, लौंग, इलाइची, चन्दन एवं कछुए की खोपड़ियों के लिए प्रसिद्ध था।

बोर्नियो भारतीय संस्कृति का प्रवेश बोर्नियो में गुप्त काल से पहले हो चुका था। कुषाण काल में अपने बहुमूल्य हीरों के लिए यह प्रसिद्ध था। यहां के राजामूल वर्मा को कौंडिन्य (या कुण्डुंग) वंश में तीसरी पीढी का राजा कहा हैः

श्रीमतोनृपमुख्यस्य राज्ञः श्री मूलवर्म्मणः।

अभिलेख से शिव पूजा के 885प्रचलन का बोध होता है। राजा द्वारा यज्ञ–दान हिन्दू परम्परा के अनुसार किये जाते थे। उसने बहुसुवर्णक यज्ञ किया था उसके बाद वप्रकेश्वर में 20 हजार गायें ब्राह्मणों को दान की थीं। इस द्वीप में ब्राह्मण धर्म का व्यापक प्रभाव था। पूर्वी बोर्नियो में तेलेन नदी के समीप कोम्बेंग गुफा में शिव, गणेश, नंदी, अगस्त्य, नंदीश्वर, ब्रह्मा आदि मूर्तियों के साथ महात्मा बुद्ध की मूर्तियां मिली हैं, जो यहां के लोगों की धार्मिक सहिष्णुता का प्रतीक है। यहां चार प्रकार के कपूर, पीलामोम, कछुए की खोपड़ियां पाई जाती हैं। व्यापारी, सोना, चांदी, रंगीन कपड़े, नकली रेशम, शीशा, रांगा, हाथी दांत, चीनी बर्तन आदि का व्यापार करते थे।

बाली जावा के निकट बाली में चौथी शताब्दी में हिन्दू राज्य की स्थापना हुई थी। यहां के शासकों ने हिन्दू एवं बौद्ध धर्म को समान रूप से संरक्षण दिया। जैसा पूर्व में उल्लेख किया गया है कि सुदूर पूर्व में एकमात्र हिन्दू राज्य है, जिसने अपनी सांस्कृतिक विरासत को अक्षुण्ण रखा। चीनी लियांग वंश के इतिहास (502–556 ई.) में बाली द्वीप को पोली कहा है। और इसे हिन्दू राज्य बताया। चीनी अनुश्रुति के अनुसार छठी शताब्दी में बाली में भारतीय निवास करते थे। महात्मा बुद्ध के साथ यहां विष्णु, शिव, कृष्ण, गणेश, दुर्गा की पूजा होती है। रामायण एवं महाभारत के कथानकों से लोग भली–भांति परिचित है।

चतुर्वर्ण व्यवस्था होने के बावजूद शूद्रों को हीन नहीं समझा जाता। अन्तर्जातीय विवाह का प्रचलन था और आज हिन्दू व्यवस्था पूर्ववत् प्रचलित है। पुरोहित के लिए पेंडड (पण्डित) एवं पूजा के जल के तोय कहते हैं। यज्ञोपवीत के मंत्र (यज्ञोपवीतं परमं पवित्रम्) का दैनिक जीवन में प्रचलन है।

बाली से कई संस्कृत अभिलेख प्राप्त हुए है जो भारतीय धर्म– साहित्य एवं संस्कृति की गहरी पैठ के परिचायक है। अभिलेखों की लिपि गुप्त लिपि के समकक्ष है। वेद वेदांग, पुराण, महाभारत, रामायण, गीता, अमरकोश एवं पंचतंत्र जैसे ग्रंथों का बाली में सम्मान है। भाषा में कई संस्कृत शब्द पाये जाते हैं। कहा जा सकता हे कि, छठी शती ई. में बाली द्वीप एक सम्पन्न और सभ्य राज्य का केन्द्र था जिस पर बौद्ध धर्म के अनुयायी हिन्दू औपनिवेशिकों का शासन था।[20]

बर्मा आधुनिक म्यांमार नाम में मयन्या अर्थात 'र' का उच्चारण 'या' किया जाता है। प्राचीन अनुभुतियों के अनुसार शाक्य वंश के अभिराज नामक नरेश ने बर्मा में अपनी सत्ता स्थापित की थी। अभिराज ने संकिसा (टर्गो) नामक नगरी की स्थापना बर्मा के बड़े इलाके को जीतकर की होगी। उसकी मृत्यु के बाद ज्येष्ठ पुत्र ने अराकान में राज्य स्थापित किया और कनिष्ठ पुत्र संकिसा (टर्गो) का शासक बना। लगभग 31 पीढ़ियों तक इस वंश द्वारा शासन किये जाने का उल्लेख है। बौद्ध अनुभुति के अनुसार 'प्यूस', 'मरमा' एवं करेत जो संभवत स्थानीय आदिवासी जातियां थी ने वहां भारतीय उपनिवेश स्थापित करने में सहयोग किया। चीनी ग्रंथों में प्यूस का जिक्र आया है। एक अन्य अनुश्रुति के अनुसार कृष्णा–गोदावरी क्षेत्र के तलैङग के नेतृत्व में लोग बर्मा पंहुचे और मर्तबन खाड़ी के निकट तटवर्ती इलाके में अपनी राजधानी बनाई। दक्षिण म्यांमार के मोनवंशीय लोगों को तलांप (तगाँग या तेलंगी) लोगों ने भारतीय सभ्यता का पाठ पढ़ाया था। इस वंश का प्रथम राजा सिंहराज था। मलैङग वंश के 59 राजाओं के राज्य किये जाने का चर्चा है। उनका रामण्णदेश और राजधानी सुधम्मावती था। ह्वेनसांग ने वर्मा के श्रीक्षेत्र नामक राज्य का जिक्र किया है। जय चन्द्रवर्मन, हरिविक्रम, सिंह विक्रम एवं सूर्य विक्रम नामक शासकों का उल्लेख आया है। इस वंश ने 600 से 1000ई. के मध्य अराकान में शासन किया। दसवीं शताब्दी के विवरण के अनुसार पगान राज्य को ही आरिमर्दनपुर कहा गया है।

अनिरुद्ध नामक राजा द्वारा 1044 ई. महान बर्मी राज्य की स्थापना की जानकारी मिलती है। वह बौद्ध थेरवाद का अनुयायी था। बौद्ध धर्म की भ्रष्टता दूर करने एवं बौद्ध ग्रंथों को प्राप्त करने हेतु उसने दक्षिण के थेटान के बौद्ध भिक्षुओं को बुलाया किन्तु थेटान शासक मनुहा ने उसकी मांग अस्वीकार कर दी।

अनिरुद्ध ने थैटान पर आक्रमण कर उसे जीत लिया। उसके द्वारा अराकान और कदाचित बंग भूमि के पट्टिखेरा पर आधिपत्य किये जाने का बोध होता है। वैशाली की किसी राजकुमारी से भी उसके विवाह की चर्चा मिलती है। लंका में उसने बौद्ध भिक्षु एवं ग्रंथ भी भेजे थे।

त्रिभुवनादित्य अनिरुद्ध के पुत्र क्यांजित्य (या कीना जित्था–चांसेता) 1084 से 1112 ई. तक शासन किया और त्रिभुवनादित्य धर्मराज उपाधि धारण की। अपने पिता द्वारा शुरू किये स्वेजीमान पगोडा का निर्माण पूरा करवाया। उसकी महत्वपूर्ण उपलब्धियों में पगान में निर्मित आनंद विहार था, इसे बर्मा में भारतीय वास्तुकला का उत्कृष्ट उदाहरण कहा जा सकता है।

आनंद विहार (1092 ई., निर्माता **त्रिभुवनादित्य**) लगभग 575 फीट वर्गाकार परिसर में निर्मित मंदिर कई तलों में विभक्त है और तल–तल ऊपर उठता गया है। सबसे ऊपरी पतला शिखर शूल की तरह स्वर्ण का बना है। मंदिर अत्यन्त सुन्दर है और जबसे (1092 ई.) बना तब से ही इसमें अखंड पूजा हो रही है। ईंटों से निर्मित इस मंदिर के चार कोनों पर चार–तीस–तीस फीट ऊँची बुद्ध मूर्तियां प्रस्थापित हैं।[21]

पगान (आदिमर्दनपुर) के अन्य मंदिर गुप्तकालीन धमेख स्तूप से मिलते जुलते है। यहाँ के राजा अनिरुद्ध ने बुद्ध के चिह्न सिहंल नरेश से मंगवाकर स्वेजीमान पगोड़ा में रखवाये थे। बर्मा से प्राप्त हुई अभिलेख पाली एवं संस्कृत के हैं। कहा गया है कि वहां का धर्मशास्त्र मनुस्मृति एवं याज्ञवल्क्य स्मृति पर आधारित है। पाली व्याकरण सद्नीति बर्मा में लिखी गई थी। आज भी वहां का मुख्य धर्म बौद्ध है।

प्राचीन काल में यहां से सोना–चांदी, मणिक, दाल चीनी आदि भारत आयात किये जाते थे वस्त्र आदि का निर्यात होता था। 1271 ई. में कुबला खां ने आदिमर्दन पुर को नष्ट–भ्रष्ट कर दिया था।

मलय (मलेशिया) संस्कृत–पाली ग्रंथों में इसे स्वर्ण भूमि कहा गया है। प्रचलित अनुश्रुति के अनुसार ईसा की प्रथम शताब्दी में हिन्दू वंश ने अपने राज्य की स्थापना की। शुरु में पो–हो–आंग (पहंग राज्य) एक हिन्दू राज्य था जिसका राजा सिरिपाल वर्मन था। पाली ग्रंथ निद्देश एवं टॉलेमी के लगभग समान विवरण से इस तथ्य की पुष्टि होती है। मलय प्रायद्वीप के पूर्वी तट पर भारतीयों का **नखोन श्री धम्मराट नाम** से उपनिवेश था जहां बौद्ध धर्मावलम्बी रहते थे। बौद्धों ने इसी क्षेत्र में बौद्ध स्तूप बनाया था। मलय कई छोटे–छोटे राज्यों में विभक्त था **चैथा** नामक दूसरे उपनिवेश में ब्राह्मण धर्म अधिक प्रभावी थी किन्तु बाद में वहां बौद्धों की संख्या बढ़ गई। एक अन्य राज्य लंकाशुक था। कहा गया है जिसे पाटलिपुत्र के मरोड नामक व्यक्ति ने विकसित किया था। चौथी–पांचवीं शती में **लांग–क्या–सू, कमंलक, कलशपुरकाल, पाहंग** आदि अन्य हिन्दू राज्य थे। भारतीय साहित्य में कलसपुर एवं कर्मरंग के राज्यों का जिक्र आया है जो मलय प्रायद्वीप या बर्मा के निचले हिस्से में स्थित थे।

मलेशिया के गनोड़–जिराई के पास हिन्दू मन्दिर एवं चौथी सदी के एक बौद्ध मन्दिर तथा कई संस्कृत शिलालेख इस बात के प्रमाण हैं कि मलय में भारतीय कला, धर्म एवं संस्कृति व्यापक रूप से प्रचलित थी। आठवीं शताब्दी में यहां शैलेन्द्र शासकों का आधिपत्य था उस दौरान उनकी सत्ता के अधीन मलय, जावा, सुमात्रा एवं अन्य द्वीप शामिल थे। चोल नरेश राजेन्द्र चोल व वीर राजेन्द्र चोल (1063–1070 ई.) ने कटाह सा केडा (मलेशिया) पर अधिकार किया था।

मलेशिया के उत्खनन में परमेश्वर नाम के किसी हिन्दू द्वारा बनाए गढ़ के अवशेष प्राप्त हुए है। वहां अनेक हिन्दू बस्तियां थीं, जिनमें ब्राह्मण निवास करते थे। प्राप्त अन्य पुरावशेषों से बौद्ध धर्म के व्यापक प्रसारण की भी पुष्टि होती है। कहा जा सकता है कि, मलाया निवासी बौद्ध एवं हिन्दू थे। बंगाल के बौद्ध आचार्य कुमार घोष के मलाया जाने की जानकारी मिलती है। संभवतः उसी ने 782 ई. शैलेन्द्र शासक को बौद्ध धर्म की शिक्षा दी थी। मलाया नरेश बलपुत्र ने नालंदा में एक बौद्ध विहार बनवाया था।

15वीं शताब्दी में मलक्का (Malacca) राजा ने बड़ी शक्ति व ख्याति प्राप्त की। किसी मुस्लिम राजकुमारी से मलक्का के एक नरेश का विवाह उसके स्वयं धर्म परिवर्तन का कारण बना और इस घटना ने केवल मलय प्रायद्वीप में ही नहीं वरन् उससे भी आगे बसने वाले देशों में इस्लाम धर्म के प्रचार का मार्ग प्रशस्त कर दिया।[22]

स्याम (थाईलैंड) तीसरी शताब्दी ईसवीं में भारतीयों द्वारा स्याम में बस्तियां बनाये जाने का बोध होता है। अशोक ने सोण व उत्तरा को बौद्ध धर्म के प्रचारर्थ भेजा था। स्मृति में 347 फीट उँचा स्तूप बनवाया था। कहा गया है कि दक्षिणी स्याम में डाकूओं का आंतक था। भारत रोम व्यापार के दौरान जब भारतीयों ने यहां व्यापार शुरू किया स्थिति में सुधार हुआ। द्वारावती नामक यहां भारतीय राज्य की जानकारी मिलती है इसी प्रकार स्याम के एक भाग को विदेह, कहा गया जिसकी राजधनी मिथिला थी। यहां के शासक रामाधिपति ने 1350 ई. में उटोंग में अयोध्या राज्य की स्थापना की एवं राजधानी अयोध्या अपुठिसा में बनाई। 1767 में बर्मा आक्रमण के समय अयोध्या को नष्ट कर दिया था। वर्तमान शासक भूमिबल अतुल्य तेज अपने को राम का वंशज मानते है। मान्यता है कि कुश का विवाह एक नाग कन्या से हुआ। थाईलैण्ड राजा उसी के वंशज है। राष्ट्रीय ग्रंथ रामायण या रामकियेन अर्थात राम की कीर्ति है। विदेह मिथिला, कौशाम्बी जैसे नगरों का नाम हिन्दू प्रभाव के द्योतक हैं।

श्रीलंका के के बौद्धों के कारण वहां बौद्ध धर्म का प्रसारण हुआ किन्तु वहां बुद्ध के साथ शिव एवं विष्णु की पूजा भी की जाती थी। बोधिवृक्ष की एक शाखा यहां लाकर लगाये जाने की जानकारी मिलती है। पाली भाषा का प्रचार था।

अनेक हिन्दू त्यौहार आज भी वहां मनाये जाते हैं। वेद, स्मृति ग्रंथ, रामायण एवं बौद्ध त्रिपिटकों का सम्मान ही नहीं, अपितु पढ़े जाते थे। भारतीय शिल्पियों द्वारा निर्मित प्राचीनतम मूर्ति प्रापाथोम नामक

स्थान से मिली है। बैंकॉक में 380 फीट ऊंचा आधुनिक स्तूप गुप्तकालीन शैली से प्रभावित है। पीगू, प्रोम, पेगान आदि स्थानों से प्राप्त पुरावशेष शैव सम्प्रदाय की लोकप्रियता के प्रतीक है। बहुमूल्य रत्न माणिक के लिए स्याम प्रसिद्ध था।

अंत में कहा जा सकता है कि जावा, सुमात्रा, कम्बोडिया, बोर्नियो, बर्मा, एवं स्याम आदि से बड़ी संख्या में संस्कृत अभिलेख मिले हैं। प्राप्त अभिलेख इस बात के प्रमाण है कि इन देशों की भाषा साहित्य, धर्म, राजनीति, सामाजिक व्यवस्था, भारतीयता से ओत–प्रोत थी। कई नगरों, कस्बों के नाम भारतीय हैं। मंदिरों एवं बौद्ध विहारों के कलात्मक पक्ष पर भारतीय प्रभाव सघन रूप से व्याप्त था। लोग हिन्दू एवं बौद्ध धर्म के मतावलम्बी थे। इत्सिंग के विवरण से इस तथ्य की पुष्टि होती है। यहां का सामाजिक ढांचा भारतीय समाज के अनुरूप ढला हुआ था। स्त्रियों की दशा भारत की तुलना में अच्छी थी। पर्दा प्रथा का नितांत अभाव था, स्त्रियां सामाजिक धार्मिक उत्सवों में समान रूप से हिस्सा लेती थी। ढ़ोल–मंजीरे जैसे आम वाद्यों का भी वहां प्रचलन था।

जावा, चंपा, कम्बोड़िया में रामायण, महाभारत के पठन–पाठन की परम्परा की जानकारी मिलती है। कम्बोड़िया के शिलालेखों में मनु, नारद एवं वात्स्यायन के कामसूत्र का जिक्र आया है। बुद्ध, शिव, विष्णु की पूजा वहां से प्राप्त मूर्तियों से सिद्ध होती है। अंत में मजूमदार के शब्दों में कह सकते हैं, "भारतीय सांस्कृतिक विजय को अधिक मूल्यवान मानते हैं, उन्होंने शोषण द्वारा अपनी स्वार्थ सिद्धि को नहीं वरन् मानव उत्थान को अपना लक्ष्य बनाया और जिन लोगों में वे जाकर बसे उनके स्वामी बनकर दण्ड प्रयोग करने की अपेक्षा उनके साथ मित्रता करना ही अधिक श्रेयस्कर समझा।"[23]

संदर्भ

1. मजूमदार आर.सी., वृहत्तर भारत, पृ. 1.
2. रघुवंश, सर्ग 6, श्लोक 57.
3. श्रेण्य युग, पृ. 722.
4. मजूमदार आर.सी., वही, पृ. 22.
5. हेबालकर शरद, कृण्वन्तो वि श्वमार्यम्, पृ. 26.
6. हेबालकर शरद, वही, पृ. 29. 'राज्ञीं श्री जयवर्म्मणोग्रमहिषीं स स्वामिनी रक्षतु'
7. चंपा के इस राजा के अभिलेख में कौंडिन्य एवं सोमा के विवाह की चर्चा है।
8. हेबालकर शरद, वही, पृ. 44.
9. उपाध्याय भगवतशरण, भारतीय कला का इतिहास, पृ. 10.
10. मजूमदार आर.सी., वही, पृ. 17.
11. हेबालकर शरद, वही, पृ. 70.
12. हेबालकर शरद, वही, पृ. 75.
13. हेबालकर शरद, वही, पृ. 97.
14. घोष एन.एन., प्राचीन भारत का इतिहास, पृ. 426.
15. घोष एन.एन., वही, पृ. 427.
16. मजूमदार आर.सी., वही, पृ. 20.
17. उपाध्याय भगवतशरण, वही, पृ. 216 पर कुमारस्वामी को उद्धृत किया है।
18. मजूमदार आर.सी.वही, पृ. 43.
19. देखिये, मजूमदार आर.सी. वही, पृ. 21.
20. श्रेण्ययुग, 722.
21. उपाध्याय भगवतशरण, वही, पृ. 203.
22. मजूमदार आर.सी. वही, पृ.19.
23. मजूमदार आर.सी. वही, पृ. 35.

53 पुष्यभूति एवं हर्षवर्द्धन
(Pushyabhuties & Harshvardhan)

गुप्त साम्राज्य के पतन के बाद कई नवीन शक्तियों का उदय हुआ, जैसे – मगध के उत्तरगुप्त, कन्नौज के मौखरि, वल्लभी के मैत्रक, थानेश्वर के पुष्यभूति, हूण आदि। पुष्यभूतियों की शक्ति स्थाण्वीश्वर (आधुनिक थानेश्वर) में संगठित हुई। हर्षचरित के अनुसार यह श्रीकंठ देश में स्थित एक नगर और आसपास के जिलों का नाम था।

साहित्यिक स्रोत थानेश्वर के पुष्यभूतियों के ऐतिहासिक स्रोत के रूप में **हर्षचरित** उल्लेखनीय है। कई आधुनिक इतिहासकार इस ग्रन्थ को अपूर्ण मानते हैं, लेकिन अधिकांश विद्वानों की मान्यता है कि यह अपने आप में एक पूर्ण ग्रन्थ है।[1] यह हमें स्वीकार करना चाहिए कि बाणभट्ट का हर्षचरित अपेक्षाकृत ऐतिहासिक ग्रंथ के, एक काव्य भी है। तथापि इसमें पूर्ववर्ती राजाओं के बारे में तथा स्वयं हर्ष के जीवन के प्रारम्भिक काल का विवरण प्राप्त होता है। हर्ष द्वारा रचित नाटक नागानन्द (आठ अंक), प्रियदर्शिका (वत्सराज उदयन की प्रणयकथा पर आधारित), रत्नावली (चार अंक का नाटक, उदयन की रानी वासवदत्ता की मित्र नागरिका की प्रणय कहानी है) उसकी धार्मिक प्रवृत्ति के अध्ययन के लिए उपयोगी हैं। **राजतरंगिणी** से तत्कालीन कश्मीर व कन्नौज सम्बन्धी विवरण प्राप्त होता है। वाक्पति तथा यशोवर्मा से सम्बन्धित जानकारी विभिन्न, जैन ग्रन्थों, प्रबन्ध कोष, तीर्थकल्प, गाथासाहस्त्री, पट्टावली आदि में मिलती है। **आर्यमंजूश्रीमूलकल्प** में बौद्ध धर्म से सम्बन्धित विवरण उपलब्ध होता है। **ह्वेनसांग** का यात्रा विवरण **'सी–यू–की'** भी महत्वपूर्ण है।

अभिलेख तत्कालीन अभिलख, जैसे– **बांसखेड़ा** और **मधुवन के ताम्रपत्र, ऐहोल से प्राप्त पुलकेशिन द्वितीय का अभिलेख** विशेष रूप से उल्लेखनीय हैं। मौखरि–पुष्यभूति काल की मुद्राएँ कम प्राप्त हुई हैं और उनका कलात्मक पक्ष भी उत्कृष्ट नहीं हैं।

हर्षचरित में बाण ने लिखा है कि इस वंश का संस्थापक पुष्यभूति था। वह शिव का भक्त था और उसने एक नवीन राजकुल की स्थापना की, जिसकी राजधानी श्रीकण्ठ थी। वर्द्धन वंश को वैश्य जाति कहा गया है। मंजूश्रीमूलकल्प व **ह्वेनसांग** के यात्रा विवरण से उनके वैश्य होने की पुष्टि होती है। बाण के अनुसार हर्ष के पैतृक राज्य की राजधानी स्थाण्वीश्वर (थानेश्वर) थी। यह श्रीकण्ठ जनपद में सरस्वती नदी के तट पर स्थित थी। इस क्षेत्र का समीकरण वर्तमान हरियाणा से किया जा सकता है।

पुष्यभूति वंश के शासक बाण ने पुष्यभूति को आदि शासक बताया है। वह वीर राजा था, जिसे अनेक सामन्तों की सेवाएँ प्राप्त थीं। हर्ष के बांसवेड़ा एवं मधुवन अभिलेखों में पुष्यभूति वंश के प्रारम्भिक शासक (1) नरवर्द्धन, (2) प्रभाकर वर्द्धन प्रथम, (3) आदित्यवर्द्धन और (4) राज्यवर्द्धन द्वितीय थे। इस वंश के प्रारम्भिक तीन शासकों की राजनीतिक स्थिति सुदृढ़ नहीं थी, इन्हें 'महाराजा' कहा गया। यह भी सम्भव है कि प्रारम्भिक पुष्यभूति शासक गुप्तों, हूणों या मौखरियों के अधीनस्थ रहे हों। नरवर्द्धन व राज्यवर्द्धन की उपाधि 'महाराज' थी लेकिन यह उपाधि उस समय पूर्ण प्रभुता का सूचक नहीं थी। प्रभाकरवर्द्धन ही सबसे पहले 'महाराजाधिराज' कहलाया।

प्रभाकरवर्द्धन प्रभाकरवर्द्धन को इस कुल का उल्लेखनीय शासक माना जा सकता है। यह प्रथम शासक था जिसने 'परमभट्टारक महाराजधिराज' उपाधि धारण की। हर्ष के बांसखेड़ा अभिलेख में उसको एक ऐसे शासक के रूप में वर्णित किया गया है जिसका यश चारों समुद्रों के पार पहुँच गया था। जिसने अपने शौर्य अथवा प्रेम द्वारा अन्य शासकों पर विजय प्राप्त कर ली थी। बाण कहता है कि प्रभाकरवर्द्धन "हूण रूपी हिरणों के लिए सिंह, सिन्धु देश के राजा के लिए ज्वर, गुर्जर के लिए उन्निद्र रोग (नींद न लेने देने वाला), गान्धारराज रूपी मस्त हाथी के लिए कूटपालक नामक बुखार, लाट देश की चातुरी को समाप्त करने वाला तथा मालव–लक्ष्मी रूपी लता को काटने वाला परशु (कुल्हाड़ी) था।"[2]

बाण का यह विवरण आलंकारिक एवं अतिशयोक्ति पूर्ण प्रतीत होता है। ऐतिहासिक दृष्टिकोण से इसे पूर्ण सत्य नहीं माना जा सकता है। इस बात की सम्भावना अधिक प्रतीत होती है कि पुष्यभूतियों का हूणों से सामना अवश्य हुआ। हूण इस समय पंजाब व अफगानिस्तान के भागों में एक प्रमुख शक्ति के रूप में विद्यमान थे। प्रभाकरवर्द्धन ने उन्हें पराजित किया। इतिहासकार सी.वी.वैद्य व राधाकुमुद मुखर्जी इसे सत्य मानते हैं।[3] हर्षचरित में भी ऐसा उल्लेख आया है कि प्रभाकरवर्द्धन ने अपने पुत्र राज्यवर्द्धन द्वितीय को हूणों से मुकाबला करने के लिए भेजा इसमें उसे विजय प्राप्त हुई थी।

निःसन्देह वह उत्तरी भारत का शक्तिशाली शासक था। उसकी पत्नी यशोमति थी। उसके राज्यवर्द्धन द्वितीय व हर्ष दो पुत्र व राज्यश्री नामक पुत्री थी। राज्यश्री का विवाह मौखिर राजा गृहवर्मा से हुआ। गृहवर्मा अधेड़ आयु के थे जबकि राज्यश्री छोटी थी। यह

विवाह बेमेल था। एस.आर. गोयल ने इस तथ्य की ओर ध्यान दिलाया है।[4] इस विवाह सम्बन्ध का राजनीतिक महत्व है। मौखरियों से सम्बन्ध स्थापित करने से पुष्यभूतियों की प्रतिष्ठा निश्चित ही बढ़ी होगी।

राज्यवर्द्धन द्वितीय हूणों से जब राज्यवर्द्धन मुकाबला कर रहा था तो प्रभाकरवर्द्धन की मृत्यु हो गई। एक लेख में उसे 'परमसौगात' कहा गया है। इससे प्रतिध्वनित होता है कि वह बौद्ध धर्म के प्रभाव में था।[5]

- राज्यवर्द्धन के बारे में हर्षचरित से सूचना मिलती है कि मालवराज ने उसके बहनोई गृहवर्मा को मार डाला। हर्षचरित में मालवराज का नाम नहीं मिलता है। वह देवगुप्त था जिसने गौड़ शासक शशांक की मदद से राज्यश्री के पति को मार डाला और उसे कान्यकुब्ज के कारागृह में डाल दिया।
- राज्यवर्द्धन ने हर्ष को राज्य की रक्षा का भार सौंप दिया और स्वयं शत्रुओं से मुकाबला करने के लिए चल दिया। उसने देवगुप्त को पराजित कर दिया। सम्भवतः वह मारा भी गया था।
- बाद में शशांक ने धोखे से राज्यवर्द्धन की हत्या कर दी। शशांक ने राज्यवर्द्धन की हत्या किस प्रकार की, इस प्रश्न पर इतिहासकार एक मत नहीं हैं। विद्वानों का एक वर्ग जिसमें आर.पी. चन्दा, आर.डी. बनर्जी, रमेश चन्द्र मजूमदार शामिल हैं, यह मानते हैं कि शशांक ने राज्यवर्द्धन को धोखे से नहीं मारा था।[6] लेकिन इतिहासकारों का दूसरा वर्ग जिसमें राध ागोविन्द बासाक, डी.सी. गांगुली आदि शामिल हैं, के अनुसार शशांक ने राज्यवर्द्धन की हत्या धोखे से की।[7] बाण के हर्षचरित एवं ह्वेनसांग के विवरण से इस बात का समर्थन होता है कि शशांक ने राज्यवर्द्धन को धोखे से ही मारा था। राज्यवर्द्धन का चरित्र अपने पूर्ववर्ती शासकों से उत्कृष्ट था। उसने एक स्वतंत्र शासक की हैसियत से कुछ समय ही राज्य किया। प्राप्त सूचनाओं के अनुसार राज्यवर्द्धन ने अपनी बहन राज्यश्री को कन्नौज के कारागृह से मुक्त करवा दिया। बाद में राज्यवर्द्धन की हत्या की गई। राज्यश्री अपने पति और भाई की मृत्यु से दुःखी होकर विंध्य के जंगलों में चली गई।

हर्षवर्धन (606–647 ई. राजधानी थानेश्वर व कन्नौज) हर्षवर्धन की गणना भारत के महानतम शासकों में होती है। भारतीय इतिहास में हर्ष एक प्रजारंजक शासक, कुशल सेनापति, साहित्य का रचयिता और साहित्यकारों का संरक्षक व साम्राज्य निर्माता के रूप में जाना जाता है। उसका उदय उन परिस्थितियों में हुआ जब उत्तरी भारत की दशा शोचनीय थी। विघटन की प्रवृत्तियाँ देश की राजनीतिक एकता को समाप्त कर रहीं थीं। मालवा में उत्तर गुप्त शासक थे, बंगाल में गौड़ राजा शशांक राज्य करता था और कामरूप (वर्तमान असम क्षेत्र) में भास्कर वर्मा की सत्ता कायम थी। इस समय इन राज्यों में कुछ आपसी कूटनीतिक सम्बन्धों से दो गुट बन गए थे, जैसे – वर्द्धन वंश का कन्नौज के मौखरियों से (गृहवर्मा से राज्यश्री के विवाह द्वारा) कूटनीतिक सम्बन्ध थे। इस गुट के विरुद्ध दूसरी ओर गौड़ राजा शशांक की मालवा शासक देवगुप्त से मैत्री थी।

राज्यारोहरण हर्ष का जन्म 590 ई. के लगभग हुआ। अपने भाई की दुःखद हत्या से व्यथित था, नहीं चाहते हुए भी हर्ष को 606 ई. में सत्ता संभालनी पड़ी। उन गंभीर परिस्थितियों में जबकि उसके भाई तथा बहन राज्यश्री के पति की हत्या कर दी गई थी और कान्यकुब्ज का सिंहासन रिक्त था। उसकी बहन राज्यश्री का कोई अता–पता नहीं था और मौखरी एवं पुष्यभूति वंश के शत्रु अवसर की तलाश में थे ऐसी विपरीत परिस्थितियों में उसे सत्ता मिली। सर्वप्रथम उसने अपनी बहन की खोज की और उसे सती होने से बचाया। बाण के हर्षचरित की कथा यहीं समाप्त हो जाती है। उसके आगे के जीवन एवं उपलब्धियों के लिए अन्य स्रोतों को आधार बनाया जाना होगा।

गृहवर्मा चूँकि निःसन्तान था इसलिये कन्नौज के मन्त्रियों ने उसे शासन सम्भालने को कहा। राज्यश्री ने राज्य का भार वहन करने से इन्कार कर दिया था। थानेश्वर एवं कान्यकुब्ज के राज्य, एक हो जाने से हर्ष की राजनीतिक शक्ति में वृद्धि हो गई। उसने 'शीलादित्य' व 'कुमार' के विरुद धारण किए। कालांतर में उसने अपनी राजधानी को थानेश्वर से कन्नौज स्थानान्तरित कर लिया। कन्नौज या कान्यकुब्ज को महोदया नगर भी कहा है। टालेगी इसका नाम कनगौर (कनोगिजा) नाम दिया है। ह्वेनसांग सात वर्ष यहां रहा था।

विजय अभियान हर्ष ने निश्चित रूप से कई युद्ध किए थे, लेकिन इस सम्बन्ध में हमें पर्याप्त जानकारी नहीं मिलती। उसके शासन का ज्ञान कराने वाले प्रायः सभी साक्ष्य इस विषय में स्पष्ट नहीं हैं। बाण के हर्षचरित का अन्त अकस्मात् हो गया था। ह्वेनसांग का विवरण भी स्पष्ट नहीं है। हर्ष व उसके समकालीन नरेशों के लेखों से भी उसके राजनीतिक जीवन पर पूर्ण प्रकाश नहीं पड़ता है। बाण के हर्षचरित में उल्लेख हुआ है– ''इस प्रकार भाई के (शत्रुओं को हराने) चले गए। पिताजी की मृत्यु हो गई, बहनोई गृहवर्मा भी बचे न रहे, माता मृत्यु को प्राप्त हुई, बहन कैद में पड़ गई, बाद में राज्यवर्द्धन की भी हत्या कर दी गई।''

हर्षचरित में कहा गया है कि राज्यवर्द्धन की हत्या का समाचार मिलते ही हर्ष ने प्रतिज्ञा की, ''मैं अपने पिता के पैरों की धूलि छू कर शपथ खाता हूँ कि यदि मैं कुछ दिनों के भीतर पृथ्वी को गौडों से रहित न कर दूँ और उन समस्त घमण्डी राजाओं के पंथों को बेडियों से गुंजा न दूँ तो अपने को जलती हुई अग्नि में झोंक दूँगा।'' इसके बाद हर्ष ने अपने विजय अभियान प्रारम्भ किए। ह्वेनसांग ने भी लिखा है कि उसने पूर्व की ओर प्रस्थान कर उन देशों को विजित किया जो उनकी प्रभुता मानने को तत्पर न थे। वह लगातार 6 वर्षों तक युद्ध में रत रहा, उसने पंच भारत (पांच राजाओं) के साथ युद्ध किया। ह्वेनसांग के विवरण से स्पष्ट है कि हर्ष ने अपने राज्य का विस्तार कर अपनी सेना बढ़ाई। उसके पास 60 हजार गजारोही तथा एक लाख अश्वारोही सैनिक थे। किन्तु ह्वेनसांग का विवरण स्पष्ट नहीं है, उसने उन प्रदेशों के नाम भी

नहीं दिए हैं जिनको हर्ष ने जीता। हर्ष ने अनेक विजय अभियान किए और उसने **'सकलोत्तरापथनाथ' की उपाधि धारण की। चालुक्य अभिलेखों में यह विरुद उसके लिए मिलता है।** हर्ष को 'चक्रवर्ती', 'प्रजापति', 'देवदेव', 'सर्वद्वीपभुज', 'चतुस्समुद्रीधिपति', 'महाराजधिराज', 'परमेश्वर' आदि उपाधियों से भी विभूषित किया गया है। इन उपाधियों से स्पष्ट होता है कि वह सम्पूर्ण उत्तरी भारत का स्वामी था। हर्ष के अभियानों का किंचित ज्ञान हर्षचरित, ह्वेनसांग के विवरण और आभिलेखिक साक्ष्यों से होता है।

असम के भास्कर वर्मा से मैत्री हर्ष के शासक बनते ही असम के राजा भास्कर वर्मा ने हर्ष की अधीनता स्वीकार की। भास्कर वर्मा का दूत हंसवेग अनेक उपहार लेकर आया और हर्ष से मिला था। गौड़ नरेश से भास्कर वर्मा सन्तुष्ट नहीं था और उसने हर्ष से मैत्री करना हितकर समझा। बसाक (पॉलिटिकल हिस्ट्री ऑफ नार्थ–ईस्टर्न इण्डिया) की मान्यता है कि ''यह मैत्री सम्बन्ध दोनों के पारस्परिक हित के लिए थे, क्योंकि वे दोनों गौड़ाधिरपति शशांक के शत्रु थे।'' शशांक के प्रति दोनों की शत्रुता से परस्पर एकता स्वाभाविक थी। हर्षचरित में उल्लेख है कि हर्ष ने शासक बनते ही गौड़ के राजा शशांक को पराजित करने के लिए अपने सेनापति भण्डि को आगे भेजा। कहा गया है कि उन्होंने (हर्ष ने) शीघ्र ही अपने भाई की हत्या का प्रतिशोध लिया और अपने को भारत का अधिपति बनाया। ह्वेनसांग की जीवनी में कोंगद देश पर हर्ष के आक्रमण का भी उल्लेख है। इसके परिणामों के बारे में स्पष्ट जानकारी नहीं है।

हर्ष एवं गौड़ नरेश शशांक हर्ष शशांक से अपने भाई की हत्या का बदला लेना अवश्य चाहता था किन्तु हर्ष को 619 ई. तक सफलता नहीं मिली थी। गंजाम के लेख से यह स्पष्ट होता है कि इस समय तक भी शशांक पूरे वैभव के साथ शासन कर रहा था। अभिलेख में कहा गया है **''महाराजधिराज श्री शशांक राज्ये शासति।''** यह लेख महासामन्त माधवराज द्वितीय का है तथा उसमें ग्राम दान की चर्चा है। इसी प्रकार दक्षिणी मगध में रोहतासगढ़ नामक स्थान पर शशांक के नाम का एक प्रस्तर बना हुआ है, जिसमें शशांक को महासामन्त कहा है।

ह्वेनसांग ने उन प्रदेशों के शासकों का उल्लेख किया है जिन पर हर्ष का आधिपत्य नहीं था। ह्वेनसांग ने पूर्वी भारत की यात्रा के समय कर्णसुवर्ण (समतट–डवाक एवं पुण्ड्रवर्द्धन भुक्ति) के प्रदेश के शासक का उल्लेख नहीं किया। कर्ण सुवर्ण–बंगाल के वर्द्धमान, मुर्शिदाबाद व वीरभूमि को कहा है। शशांक (राज्यवर्द्धन को मारने वाला) यहीं का राजा था। इससे अपरोक्ष रूप से संकेत मिलता है कि उसकी (ह्वेनसांग की) पूर्वी भारत यात्रा तक हर्ष का उपरोक्त प्रदेशों पर अधिकार हो गया था। क्योंकि पहले कर्णसुवर्ण प्रदेश का शासक बाण ने गौड़ाधिपति (शशांक) बताया। कहा जा सकता है कि 637 ई. तक बंगाल क्षेत्र हर्ष के अधिकार क्षेत्र में थे। दूसरे शब्दों में, भण्डि के साथ सेना भेजने में हर्ष को तत्काल सफलता नहीं मिली थी, क्योंकि गंजाम लेख सूचना देता है 619–20 ई. तक उड़ीसा क्षेत्र पर शशांक की सत्ता कायम थी और वह महाराजाधिराज के रूप में प्रतिष्ठित था। इतिहासकार अब यह स्वीकार करते हैं कि भण्ड़ि के प्रथम अभियान के फलस्वरूप शशांक कन्नौज से वापस लौटा होगा अथवा भण्ड़ि को लौटाने को बाध्य किया होगा किन्तु उसकी सत्ता 619 ई. तक समाप्त नहीं की जा सकी। इस तथ्य की पुष्टि आर्यमंजुश्रीमूलकल्प से भी होती है। इसमें विवरण आया है कि हकाख्य (प्रथम शब्द 'ह' नामधरी राजा) नामक राजा भारत के पूर्वी प्रदेश की ओर बढ़ा और पुण्डनगर (पुण्ड्रवर्धन) तक पहुँच गया और उसने सौमाख्य ('श' नामधरी राजा) को पराजित किया एवं अपने राज्य में उसे सीमित रहने के लिए बाध्य किया और फिर हकाख्य राजा वापस लौट आया। इससे प्रतिध्वनित होता है कि हर्ष शशांक का पूर्णतः उन्मूलन नहीं कर पाया था। इस तरह पूर्व प्रस्तावित 606 ई. के भण्डि अभियान का कोई तात्कालिक परिणाम नहीं निकला। अतः ह्वेनसांग का यह कथन उचित प्रतीत नहीं होता कि शीलादित्य ने शीघ्र ही अपने भाई की हत्या का बदला लिया और अपने को भारत का अधिपति बनाया।

मालवा (वल्लभी) शासक ध्रुवसेन पर आक्रमण नर्मदा तक विस्तृत क्षेत्र पर पुलकेशिन द्वितीय का अधिकार था और लाट (सौराष्ट्र), गुर्जर (गुजरात) राज्य पुलकेशिन के प्रभाव में थे। पश्चिम क्षेत्र पर प्रभाव बढ़ाने के उद्देश्य से मालवा (वल्लभी) के ध्रुवसेन पर हर्ष ने आक्रमण कर दिया जिसे पुलकेशिन के विरुद्ध अभियान का प्रथम चरण कहा जा सकता है। गुर्जर नरेश दद्द के 706 ई. के नौसारी दानपत्र से ज्ञात होता है कि हर्षदेव द्वारा पराजित वल्लभी नरेश का परित्राण (शरण देने) करने से उत्पन्न हुए यश का वितान गुर्जर राजा दद्द पर निरन्तर फैला हुआ था **(श्री हर्ष देवाभिभूतो श्री वलभीपति परित्राणो परातः भ्रमदभ्र विभ्रमयशो वितानः श्री दद्दः)**। इससे सहज ही अनुमान लगाया जा सकता है कि वलभी नरेश ध्रुवसेन पराजित हुआ एवं गुर्जर नरेश दद्द की शरण में गया। इस विजय के बाद ध्रुवसेन को अपने पक्ष में मिलाने हेतु हर्ष ने कूटनीति का प्रयोग किया और उससे अपनी पुत्री का विवाह कर दिया तथा शत्रु को मित्र बना लिया। इस सम्बन्ध में निहार रंजन राय का विचार है कि हर्ष सम्भवतः ऐसे राजनीतिक उद्देश्य से प्रेरित था जिसका प्रभाव उत्तरी एवं दक्षिणी दोनों सम्राटों पर पड़ता था। यह नर्मदा सीमा प्रान्त का प्रश्न था जो पूर्व में गुप्त सम्राटों के समय उठा, उन्होंने विजय या वैवाहिक सम्बन्धों द्वारा हल करने की चेष्टा की थी। वही सवाल हर्ष के समक्ष उठ खड़ा हुआ। दद्द का समय 629 ई. से 640 ई. के मध्य माना जाता है और ध्रुवसेन 630 के लगभग गद्दी पर बैठा था। स्मिथ की धारणा है कि, यह युद्ध 633 ई. के आस–पास हुआ था। वल्लभी के साथ संघर्ष ह्वेनसांग के पश्चिमी भारत में जाने से (अर्थात् 641–42 ई) पूर्व हुआ। उसने वल्लभी को मो–ला–पो कहा है।

हर्ष एवं पुलकेशिन द्वितीय दक्षिण का सर्वाधिक प्रभावशाली सम्राट पुलकेशिन द्वितीय था जिसकी उत्तरी सीमा नर्मदा तक विस्तृत थी।

- दोनों राजाओं की साम्राज्यवादी महत्वाकांक्षाओं ने संघर्ष को अनिवार्य बना दिया। अल्तेकर की मान्यता है कि हर्ष अपने राज्य का विस्तार करना चाहता था। मालवा व गुजरात में हर्ष व पुलकेशिन द्वितीय की साम्राज्य विस्तार की योजनाएँ टकराती थीं। अतः दोनों में संघर्ष अनिवार्य हो गया था।

- आर. के. मुखर्जी के अनुसार यह युद्ध वल्लभी पर हर्ष के आक्रमण का प्रतिफल था। आर. सी. मजूमदार का विचार है कि, मालवा के शासक को हर्ष ने दण्ड दिया, उसी सिलसिले में गुजरात एवं मालवा संघ को, जिसे पुलकेशिन का समर्थन प्राप्त था, टक्कर लेनी पड़ी।
- दूसरी ओर निहाररंजन की धारणा है कि दोनों के बीच संघर्ष नर्मदा की सीमा को लेकर हुआ अर्थात् नर्मदा के उत्तर में पुलकेशिन का प्रभाव था। उसे हर्ष समाप्त करना चाहता था। युद्ध स्थल नर्मदा नदी के पास ही था। इस संघर्ष के परिणाम के विषय में निश्चित रूप से कहा जा सकता है कि पुलकेशिन इसमें हर्ष को पराजित करने में सफल हुआ। इसका स्पष्ट उल्लेख पुलकेशिन द्वितीय के एहोल लेख (634 ई.) में मिलता है:

युधिपतिगजेन्द्रानीक बीभत्सभूतो
भयविगलित हर्षों येन चकारि हर्षः।

अर्थात् ''युद्ध में सबल हाथियों की सेना के मारे जाने के कारण ईष्यालु हर्ष का आनन्द उसके भय से द्रवित हो गया।'' इस सम्बन्ध में **ह्वेनसांग** का कथन उल्लेखनीय है। उसने लिखा है, ''पूर्व एवं पश्चिम में शीलादित्य ने अनेक आक्रमण एवं युद्ध किए तथा आस–पास के राजाओं पर विजय प्राप्त की लेकिन महाराष्ट्र ने उसकी अधीनता स्वीकार करने से इन्कार कर दिया।'' इससे प्रतिध्वनित होता है कि हर्ष पराजित हुआ। वस्तुतः **ह्वेनसांग** अपने मित्र हर्ष के बारे में स्पष्ट उल्लेख न कर सका। चालुक्य दानपत्रों में भी विवरण मिलता है कि ''सकल उत्तरापथनाथ हर्ष को पराजित कर पुलकेशिन ने अपना उपनाम 'परमेश्वर' प्राप्त किया।''

तिथ्यांकन फ्लीट की धारणा है कि यह युद्ध नर्मदा के समीप 612 ई. के लगभग लड़ा गया जैसा **ह्वेनसांग** का कथन है कि हर्ष ने अपना विजय अभियान छह वर्ष (606–612 ई.) में समाप्त कर 30 वर्ष शान्तिपूर्वक शासन किया। दूसरे चालुक्य सम्राट पुलकेशिन द्वितीय (पुलकेशीन द्वितीय) के हैदराबाद दानपत्र (शक संवत् 535–613 ई.) में कहा गया है कि चालुक्य राजा ने अन्य राजाओं (या राजा) को परास्त कर परमेश्वर की उपाधि ग्रहण की **(पर नृपति पराजयोपलब्ध परमेश्वरी पर नाम धेय)** अर्थात् अनेक युद्धों में कई राजाओं को हराकर यह उपाधि धारण की। दानपत्र की तिथि 613 ई. है अतः हर्ष को 612 ई. में पराजित किया होगा।

फ्लीट के उपरोक्त तर्क अधिक सबल प्रतीत नहीं होते, क्योंकि चीनी यात्री का कथन अधिक प्रामाणिक नहीं माना जा सकता। जैसा स्पष्ट है कि 612 ई. के बाद हर्ष ने वल्लभी शासक को हराया था। दूसरे शब्दों में 612 ई. के बाद भी हर्ष ने युद्ध किए थे। एहोल प्रशस्ति के अनुसार हर्ष को पराजित करना पुलकेशिन का अंतिम कार्य था।

इस लेख में घटनाओं को क्रम से दिया गया है। अतः डॉ. अल्तेकर एवं आर. सी. मजूमदार की मान्यता है कि हर्ष–पुलकेशिन संघर्ष 630–634 ई. के बीच की घटना है। पुलकेशिन द्वितीय के लौह दानपत्र, जो 630 ई. का है, में उसके पराक्रम एवं विजयों का उल्लेख है किन्तु इसमें हर्ष को पराजित करने का जिक्र नहीं आया है। निष्कर्षतः कहा जा सकता है कि यह युद्ध 630–634 ई. के मध्य हुआ। जैसा ज्ञात है कि ध्रुवसेन द्वितीय को हर्ष ने 633 ई. के लगभग हराया था अतः इसके तत्काल बाद यह युद्ध लड़ा गया होगा। दूसरे शब्दों में यह युद्ध मालवा युद्ध का परिणाम था। अर्थात यह युद्ध 633–34 ई. में लड़ा गया होगा।

उपरोक्त महत्वपूर्ण युद्धों के अतिरिक्त उसकी अन्य सामान्य लड़ाइयों का विवरण हर्षचरित में आया है, **(अत्र बलिमिता निश्चली कृताश्चलताः कृतपक्षः क्षितिभृत)** ''अनेक राजाओं को उनके राज्य में अचल कर दिया या नष्ट कर दिया।'' यह भी कहा है (अत्र प्रजापतिना शेष भोमिमण्डल स्यो परिक्षमाकृत) कि, सब राजाओं एवं सामन्तों को उसने क्षमा कर दिया एवं अपने अधीनस्थ शासन करने की आज्ञा दी। इसी प्रकार का उल्लेख है कि, उस पुरुषोत्तम ने समुद्र को मथकर लक्ष्मी को अपनी बना लिया एवं सिन्धु राजा को त्रस्त कर उसके धन पर अधिकार कर लिया। हर्षचरित का यह कथन हर्ष की सिन्ध विजय की सूचना देता है। इस प्रकार उत्तरी भारत में हर्ष का प्रभुत्व कायम था। फिर भी हम हर्षचरित एवं **ह्वेनसांग** के विवरण को ज्यों–का–त्यों स्वीकार नहीं कर सकते। हाँ, हर्ष का प्रभाव क्षेत्र अवश्य व्यापक था। **ह्वेनसांग** के विवरण के विश्लेषण से यह कहा जा सकता है कि कश्मीर, पश्चिमी बंगाल, सिन्ध, गुजरात, राजस्थान, नेपाल और कामरूप असंदिग्ध रूप से स्वतन्त्र राज्य थे।[8]

हर्ष के साम्राज्य में पूर्वी पंजाब, उत्तर प्रदेश का एक बड़ा हिस्सा, बिहार, बंगाल एवं उड़ीसा सम्मिलित थे। इनमें से थानेश्वर उसे पैतृक रूप में और कन्नौज जहाँ के शासक की मृत्यु के कारण उसे प्राप्त हुआ था। शेष प्रदेशों पर उसने विजय प्राप्त की अथवा मित्रता द्वारा अपना प्रभाव कायम किया। प्राचीन भारत में यह प्रवृत्ति भी दिखाई देती है कि भौगोलिक दृष्टि से दूरस्थ क्षेत्रों में स्थित राज्यों पर साम्राज्यवादी शासक का प्रत्यक्ष प्रभाव देखा गया।

हर्ष का शासन प्रबन्ध हर्ष के शासन प्रबन्ध की जानकारी के लिए हमें साहित्यिक सामग्री, अभिलेखों, मुद्राओं के अतिरिक्त **ह्वेनसांग** के यात्रा विवरण का सहारा लेना पड़ता है। सामान्यतः उसने गुप्तकालीन शासन व्यवस्था को बनाए रखा था यद्यपि समय के अनुरूप उसमें आवश्यक संशोधन अवश्य किए गए। हर्ष को एक कुशल प्रशासक एवं प्रजापालक राजा के रूप मे स्मरण किया जाता है। नागानन्द में उल्लेख आया है कि, हर्ष का एकमात्र आदर्श, प्रजा को सुखी व प्रसन्न देखना था। कादम्बरी व हर्षचरित में भी उसे प्रजा–रक्षक कहा है। राजा के दैवीय सिद्धान्त का प्रचलन था लेकिन इससे तात्पर्य राजा का निरंकुश होना न था।

ह्वेनसांग के विवरण से हर्ष की छवि एक प्रजापालक राजा की उभरती है। वह राजहित के कार्यों में इतना रत रहता था कि निद्रा एवं भोजन को भी भूल जाता था। मौर्य सम्राट अशोक की भाँति वह भी पूरे दिन शासन संचालन में लगा रहता था। हर्ष अपनी प्रजा के सुखःदुख की जानकारी प्राप्त करने के लिए साम्राज्य का भ्रमण करता था। दुष्ट व्यक्ति को दण्ड व सज्जन को पुरस्कार देता था। वह युद्ध शिविरों में भी प्रजा की कठिनाइयाँ सुनता था। हर्षचरित में शिविरों का उल्लेख हुआ है। राजप्रासाद वैभवपूर्ण व सर्वसुविधा सम्पन्न थे। राजा के व्यक्तगित सेवकों में पुरुषों के साथ–साथ स्त्रियों की संख्या भी काफी होती थी। इनमें महाप्रतिहारी, प्रतिहारीजन, चामरग्राहिणी, ताम्बूल, करंकवाहिनी आदि उल्लेखनीय हैं। प्रासादों की सुरक्षा का कड़ा प्रबन्ध था। **ह्वेनसांग** के विवरण से हर्ष के

परोपकारी कार्यों का उल्लेख मिलता है। उसने सड़कों की सुरक्षा के व्यापक प्रबन्ध किए और यात्रियों के ठहरने की समुचित व्यवस्था की। दान–पुण्य के कार्यों में भी वह बहुत खर्च करता था।

मंत्रिपरिषद राजा को राजकीय कार्य में मदद देने के लिए एक मंत्रिपरिषद् थी। मंत्रियों के लिए 'प्रधानामात्य' एवं 'अमात्य' शब्द प्रयुक्त होते थे। 'रत्नावली' व 'नागानंद' में कई प्रकार के प्रशासनिक पदों का उल्लेख है। अनेक मंत्री गुप्तकालीन ही थे जैसे सन्धिविग्रहिक, अक्षयपटलाधिकृत, सेनापति आदि। मंत्रियों की सलाह काफी महत्व रखती थी। **ह्वेनसांग** के विवरण से स्पष्ट होता है कि राज्यवर्द्धन के वध के पश्चात् कन्नौज के राज्याधिकारियों ने मंत्रियों की परिषद् की सलाह से हर्ष से कन्नौज की राजगद्दी सम्भालने का अनुरोध किया। स्पष्ट है कि प्राचीन काल में मंत्रियों को स्वतन्त्र रूप से अपने विचार व्यक्त करने की स्वतन्त्रता थी। प्रशासनिक व्यवस्था की धुरी राजा ही होता था। वह अंतिम न्यायाधीश व मुख्य सेनापति भी था। राजा सभी विभागों की देख–रेख करता था। केन्द्रीय शासन सुविधा की दृष्टि से कई विभागों में विभाजित था। प्रधानमन्त्री, संधिविग्रहिक (पर राष्ट्र विभाग देखने वाला), अक्षयपटालिक (सरकारी लेखपत्रों की जाँच करने वाले), सेनापति (सेना का सर्वोच्च अधिकारी), महाप्रतिहार (राजप्रासाद का रक्षक), मीमांसक (न्यायाधीश), लेखक, भौगिक आदि प्रमुख अधिकारी थे।

प्रशासनिक सुविधा के लिए राज्य ग्राम, विषय, भुक्ति आदि में विभाजित था। भुक्ति से तात्पर्य प्रान्त से था और विषय का जिलों से। शासन की सबसे छोटी इकाई ग्राम थी। ग्राम अपने क्षेत्र में स्वतन्त्र थे। ग्रामिक ग्राम का प्रमुख होता था। इनके अलावा भी कर्मचारियों की शृंखला मिलती है, जैसे–महासामंत, सामन्त दौस्साध, कुमारामात्य आदि।

न्याय व्यवस्था हर्ष के समय की दण्ड व्यवस्था कठोर थी। अतः अपराधियों की संख्या कम थी। राज्य के विरुद्ध षड्यंत्र करने पर आजीवन कैद की सजा दी जाती थी। इसके अलावा अंग–भंग, देश निकाला, आर्थिक जुर्माना भी किया जाता था। **ह्वेनसांग** के अनुसार अपराध की सत्यता को ज्ञात करने के लिए चार प्रकार की कठिन दिव्य प्रणालियाँ काम में लाई जाती थीं–जल द्वारा, अग्नि द्वारा, तुला द्वारा, विष द्वारा। साहित्यिक एवं अभिलेखीय साक्ष्य भी न्याय प्रबन्ध पर प्रकाश डालते हैं। अपराधियों के अपराध का निर्णय न्यायाधीश करते थे, जो 'मीमांसक' नाम से जाने जाते थे। अपराधियों के लिए जेल या बन्दी गृह की व्यवस्था थी। कभी–कभी उन्हें बेडियाँ भी पहनाई जाती थीं। विशेष उत्सवों या समारोहों के समय अपराधियों का अपराध क्षमा कर दिया जाता था। हर्ष जब दिग्विजय के लिए जाते थे तब भी उनका अपराध क्षमा कर दिया जाता था।

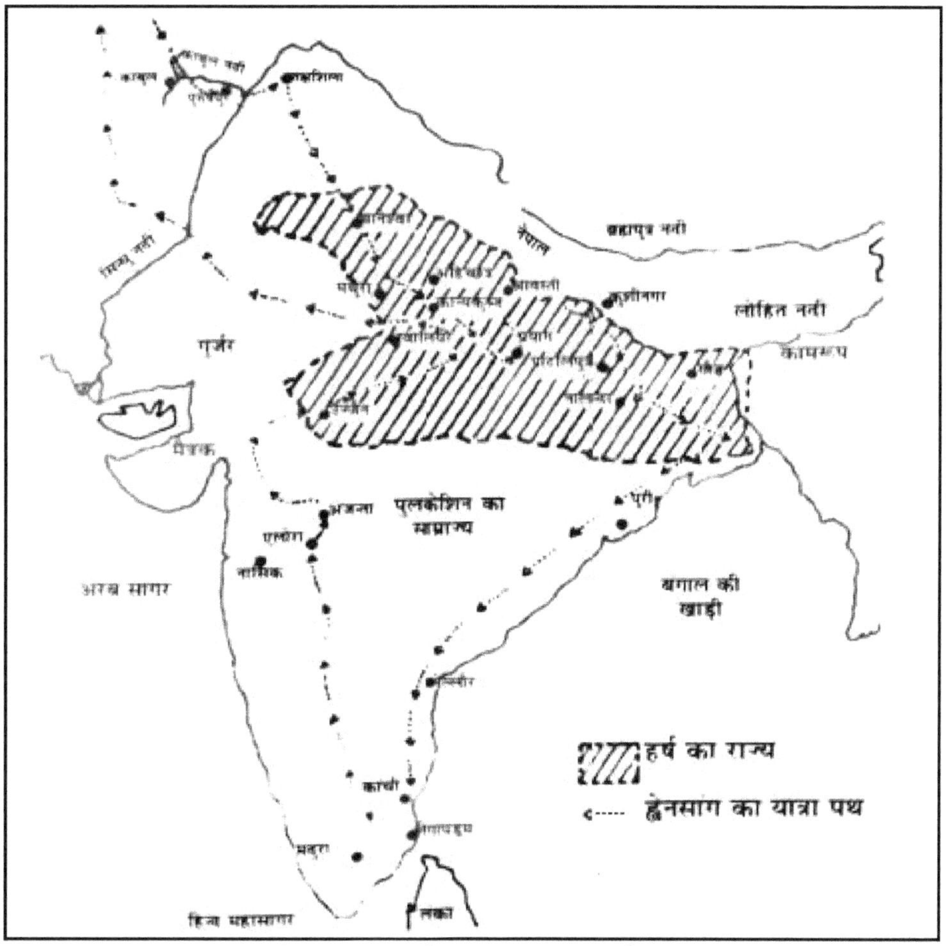

चित्र 52.1 हर्ष का राज्य (640 ई.)

आय और व्यय हर्ष ने वित्तीय दृष्टि से ठोस एवं दृढ़ नीति का पालन किया था। राजकोष के चार हिस्से थे (1) एक भाग धार्मिक कार्यों तथा सरकारी कार्यों में, (2) दूसरा भाग बड़े–बड़े सार्वजनिक अधिकारियों पर खर्च होता था। (3) तीसरे भाग से विद्वानों को पुरस्कार और सहायता दी जाती थी, (4) चौथा दान–पुण्य आदि में खर्च होता था। हर्षकाल में जनता पर करों का अत्यधिक दबाव नहीं था। राजकर उपज का 1/6 भाग था। भूमिकर के अलावा खनिज पदार्थों पर भी कर लगाया जाता था। चुँगी भी राज्य की आय का प्रमुख स्रोत थी। नागरिकों पर लगाए गए आर्थिक जुर्माने से भी राज्य की आय होती थी। हर्ष काल के प्रमुख कर, **भाग**, **हिरण्य** तथा **बलि** थे। उद्रंग व उपरिकर का भी उल्लेख मिलता है।

सैनिक शासन हर्ष ने अपने साम्राज्य की सुरक्षा हेतु एक संगठित सेना का गठन किया था। वह सेना का सर्वोच्च अधिकारी था। सेना में पैदल, अश्वारोही, हस्तिरोही होते थे। **ह्वेनसांग** के विवरण से स्पष्ट है कि हर्ष की सेना में असंख्य पैदल सैनिक थे एवं 100,000 घुड़सवार व 60,000 हाथी थे। हर्षचरित के विवरण से सेना में ऊँटों के अस्तित्व का बोध होता है। हर्ष की सेना में नौ सेना भी अवश्य रही होगी। सेनापति महाबलाधिकृत, अश्वसेनाध्यक्ष आदि कई तरह के सैनिक अधिकारियों का उल्लेख मिलता है।[9] इस समय तक सेना में रथ का प्रयोग समाप्त हो चुका था। हर्ष ने गुप्तचर संस्था एवं पुलिस विभाग का भी गठन किया था। चौरोद्धरणिक, दण्डपाशिक आदि पुलिस विभाग के अधिकारी थे।

धार्मिक आस्था हर्ष के पूर्वज सूर्योपासक थे। लेकिन हर्ष का धार्मिक दृष्टिकोण सहिष्णुतावादी था। कई इतिहासकार हर्ष को बौद्ध धर्म का अनुयायी मानते हैं। **ह्वेनसांग** के विवरण से भी हर्ष का महायान बौद्धानुयायी होना स्पष्ट होता है। हर्ष ने बौद्ध स्तूपों का निर्माण करवाया। बौद्ध धर्म के प्रसार के लिए उसने चीनी यात्री को सहायता प्रदान की। बांसखेड़ा व मधुवन अभिलेख में उसे 'परमसौगात' कहा गया है। ब्राह्मणों को भी वह दान करता था। लेकिन बौद्ध धर्म के प्रति उसके झुकाव का आशय यह नहीं था कि वह कट्टर बौद्ध था। बांसखेड़ा ताम्रपत्र, नालंदा व सोनीपत से प्राप्त मुहरों में उसे 'परम–माहेश्वर' भी कहा गया है। इससे उसकी शिव–भक्ति का भी बोध होता है। हर्ष एक धर्म सहिष्णु शासक था, जिसके शासनकाल में सभी धर्मों की प्रगति हुई।

कन्नौज सभा **ह्वेनसांग** के अनुसार हर्ष धार्मिक प्रचार एवं लोगों से सम्पर्क हेतु कुछ वर्षो के अन्तराल में कन्नौज में सभा का आयोजन करता था। कहा गया है कि उसी तर्ज पर **ह्वेनसांग** ने कन्नौज में सभा की। अध्यक्षता को लेकर ब्राह्मणों से विवाद हुआ। संभवतः 500 ब्राह्मणों को निर्वासित का आदेश दिया गया। इसे अधिकारों का संघर्ष माना जाता है।

महामोक्ष परिषद् हर्ष पाँचवें वर्ष प्रयाग में एक दान वितरण समारोह का आयोजन करता था। इसे महामोक्ष परिषद् कहा जाता था। **ह्वेनसांग** इस प्रकार के समारोह में सम्मिलित हुआ। उसने इसका विस्तृत विवरण दिया है, "छठी महामोक्ष परिषद् में लगभग 5 लाख मनुष्य सम्मिलित हुए। मित्र राजा, सामन्त, श्रमण, ब्राह्मण, निग्रंथ, निर्धन, अनाथ सभी को समान रूप से राजकीय निमन्त्रण था और सभी वर्ग सम्मिलित हुए। 643 ई. में आयोजित किया गया "यह समारोह प्रयाग में गंगा–यमुना के संगम पर हुआ था। '1,000–10,000' क्षेत्रफल के मैदान में घास–फूस के बहुत–से झोंपड़े बनाए जाते थे...........। समारोह बुद्ध पूजा से प्रारम्भ हुआ और पहले दिन महात्मा बुद्ध की मूर्ति स्थापित की गई और बहुमूल्य वस्तुएँ, वस्त्र आदि दान किए गए। दूसरे तथा तीसरे दिन आदित्य देव (सूर्य) तथा ईश्वर देव (शिव) की मूर्तियाँ स्थापित की गईं। किन्तु पहले दिन जितनी वस्तुएँ दान की गई थीं, उनकी आधी ही दूसरे और तीसरे दिन की गई। चतुर्थ दिन बौद्ध–धर्म संघ के चुने हुए 10,000 अनुयायियों को दान दिया गया। उनमें से प्रत्येक को 100 स्वर्ण मुद्राएँ, एक सुन्दर मोती, एक उत्तम वस्त्र, भोजन, शरबत, फूल और सुगंधित पदार्थ मिले। अगले 20 दिनों तक राजा ने ब्राह्मणों को दान किए तत्पश्चात् बौद्ध तथा ब्राह्मण–धर्मेत्तर मतावलम्बियों को 10 दिन तक दान किया गया....।" चीनी यात्री के विवरण के अनुसार दान करते–करते राजा का खजाना वाली हो चुका था। केवल सैन्य बल के लिए ही कोष शेष रहा। उनकी धार्मिक नीति उदार तथा सहिष्णुतावादी थी। वह ब्राह्मणों के साथ–साथ अन्य धर्म के अनुयायियों को भी दान देता था। फरुर्खाबाद से हर्ष की एक स्वर्ण मुद्रा प्राप्त हुई है जिस पर शिव व पार्वती के चित्र अंकित हैं। हर्ष की दो तांबे की मुद्राएं नालन्दा व सोनीपत से प्राप्त हुई है। सोनीपत मुद्रा पर शिव वाहन नंदी एवं नालन्दा मुद्रा पर श्रीहर्ष लिखा है। इसे माहेश्वर, महाराजाधिराज व सार्वभौम कहा है। इससे स्पष्ट होता है कि शैव धर्म में भी उसकी आस्था थी। यह सम्भव है कि कालान्तर में उसका झुकाव बौद्ध धर्म की तरफ हो गया हो। उक्त महामोक्ष परिषद् से हर्ष के धर्मिक दृष्टिकोण व मान्यताओं का स्वरूप पूर्णतः स्पष्ट होता है। हर्ष की दानशीलता व उसके प्रजापालकत्व की अभिलेखों एवं साहित्यिक ग्रन्थों से भी इसकी पुष्टि होती है। अभिलेखों में उसके ब्राह्मणों (ऋग्वेदिन् तथा सामवेदिन्) को दान देने का उल्लेख है। बाण ने भी लिखा है कि ब्राह्मण हर्ष को अपना सरंक्षक समझते थे। हर्ष की रचनाओं 'रत्नावली' तथा 'प्रियदर्शका' में उसने विभिन्न हिन्दू देवताओं (विष्णु, इन्द्र, शिव आदि) के आशीर्वाद की माँग की है। **ह्वेनसांग** भी लिखता है कि हर्ष जब दौरे पर होता था, तो वह राजकीय शिविर में प्रतिदिन 500 ब्राह्मणों तथा 1,000 बौद्धों को भोजन कराता था। वह राजस्व का 1/4 भाग विभिन्न सम्प्रदाओं पर व्यय करता था। वह केवल धर्म सम्बन्धी कार्य ही नहीं करता था वरन् लोगों के

सामाजिक, शैक्षणिक, नैतिक, आध्यात्मिक स्तर को भी उच्च बनाने में प्रयास करता था। उसने जीव हत्या तथा मांस खाने पर रोक लगा दी थी। नगरों तथा ग्रामों के मार्गों पर यात्रियों एवं निर्धनों के लिए पुण्यशालाएँ बनवाईं। इनमें भोजन, पानी, चिकित्सा, आवश्यक औषधियों की पूरी व्यवस्था की गई थी। यहाँ यात्री बिना किसी भेदभाव के ठहर सकते थे।

नालंदा विश्वविद्यालय का उत्कर्ष काल उसके समय नालंदा विश्वविद्यालय शिक्षा का प्रमुख केन्द्र था। हर्ष ने इसके वित्त हेतु 100 ग्रामों का भू–राजस्व स्वीकृत किया था। **ह्वेनसांग** ने उल्लेख किया है कि हर्ष ने नालंदा में एक शानदार बौद्ध विहार और काँसे का मन्दिर बनवाया था। इत्सिंग ने भी अपने यात्रा विवरण में शिलादित्य को साहित्य प्रेमी बताया है। नालंदा विश्वविद्यालय को शिक्षा के अन्तर्राष्ट्रीय केन्द्र के रूप में मान्यता मिल चुकी थी। बड़ी संख्या में देश–विदेश के छात्र इसमें शिक्षा ग्रहण करते थे। **कोरिया, मंगोलिया, चीन, जापान, तिब्बत, लंका** आदि विभिन्न देशों से यहाँ विद्यार्थी पढ़ने आते थे। स्वयं **ह्वेनसांग** ने भी यहाँ रहकर अध्ययन किया था। उस समय वहाँ के अध्यक्ष शीलभद्र थे। **ह्वेनसांग** के अनुसार नालंदा में **लगभग 8,500 विद्यार्थी** थे और **लगभग 1,510 शिक्षक** थे। नालंदा में विचार गोष्ठियों के माध्यम से भी शिक्षा दी जाती थी। उस युग में नालन्दा न केवल बौद्ध शिक्षा के महत्वपूर्ण केन्द्र के रूप में प्रतिष्ठित था अपितु सामान्य विद्यार्थियों के लिए भी विभिन्न विषयों में अध्ययन की सुविधा उपलब्ध थी। ब्राह्मण व बौद्ध धर्मग्रन्थ व धार्मिक विषय के अतिरिक्त, कला, विज्ञान, व शिल्प, उद्योग, हेतु विद्या (तर्क), चिकित्साशास्त्र, गणित एवं हिन्दू व बौद्ध दर्शन, आदि प्रमुख पठनीय विषय थे। संभवतः चिकित्सालय को शिक्षा अनिवार्य थी। नागार्जुन, आर्यदेव, असंग, वसुबंधु, दिङ्नाग आदि वहाँ के योग्य व विद्वान् शिक्षक कहे गए हैं। **ह्वेनसांग** के समय में यहाँ 8 विहार थे। इनकी इमारतें विशाल थीं। विशाल पुस्तकालय में एक साथ बड़ी संख्या में विद्यार्थी बैठकर अध्ययन कर सकते थे। राजा द्वारा प्रदत्त सहायता के अतिरिक्त विभिन्न वर्ग के धनी लोग भी इसे दान देते थे। विश्वविद्यालय का आर्थिक स्तर बहुत ऊँचा था। **ह्वेनसांग** ने तो यहाँ तक लिखा है कि विद्यार्थियों से शुल्क भी नहीं लिया जाता था। उसके अनुसार प्रवेश हेतु कड़ी परीक्षा ली जाती थी जिसमें 10 प्रतिशत विद्यार्थी ही सफल हो पाते थे।

हर्ष एवं साहित्यक रचनाएँ स्वयं हर्ष भी विद्वान् था। उसने तीन नाटकों की रचना की थी–**प्रियदर्शिका, रत्नावली, नागानंद**। किन्तु कई इतिहासकारों ने इसे विवादास्पद बना दिया है। वह अपने दरबार में विद्वानों और साहित्यकारों को आश्रय प्रदान करता था। उसकी आय का चतुर्थांश प्रख्यात मेधावियों के ऊपर व्यय होता था। बाणभट्ट ने उसी के संरक्षण में **हर्षचरित, कादम्बरी** और **चण्डीशतक** की रचना की थी। बौद्ध विद्वान् जयसेन को हर्ष ने उड़ीसा के अस्सी बड़े नगरों की आय दान में दी थी, लेकिन उसने इसे अस्वीकार कर दिया था। जयसेन ने हर्ष को कालिदास व भास के समान विद्वान माना था। हर्ष के दरबारी कवि मयूर ने भगवान सूर्य उपासना में मयूर शतक लिखा था। कहा है कि कुष्ठ रोग मुक्ति हेतु उसकी रचना की। उसने सूर्य शतक की भी रचना की थी। **चारण मातंग दिवाकर** को भी आश्रय प्राप्त था। हर्ष ने ललित कलाओं को भी बढ़ावा दिया। गुप्त कला का चरमोत्कर्ष इस काल में दिखाई देता है।

उसके समय में अनेक विहार, चैत्य, स्तूप, मन्दिरों का निर्माण हुआ। हर्ष ने कन्नौज सभा में भव्य बुद्ध मूर्ति को प्रतिष्ठित किया। शाहबाद जिले का मुंडेश्वरी का अष्टकोणिक मन्दिर, रायपुर जिले का राम–लक्ष्मण मन्दिर, कन्नौज का संघाराम उस काल की स्थापत्य कला के उत्कृष्ट नमूने हैं। बुद्ध की संगमरमर, ताँबे तथा स्वर्ण की मूर्तियाँ भी बहुतायत में बनने लगी थीं। कुछ विद्वानों ने हर्ष को भारत का अंतिम महान् साम्राज्य निर्माता कहा गया है। जिसके समय उत्तरी भारत में राजनीतिक एकता स्थापित थी, लेकिन बाद में विघटन का युग आया। यह मत पूर्णतः सत्य नहीं माना जा सकता। दरअसल अगली पाँच शताब्दियों में उत्तर भारत में कई नए साम्राज्य उठे और गिरे, जो किसी भी दृष्टि से हर्ष के साम्राज्य से कम नहीं थे। उनमें से कुछ तो, जैसे– प्रतिहार साम्राज्य, हर्ष के साम्राज्य से बड़े और अधिक टिकाऊ भी थे। लेकिन हम यह कहे बिना नहीं रह सकते कि वह एक महान् शासक, वीर सेनापति, उदात्त भावनाओं और श्रेष्ठ व्यक्तित्व वाला होने के नाते हमारी प्रशंसा और श्रद्धा का पात्र है।[10] धार्मिक दृष्टि से वह धर्म सहिष्णु एवं उदारवादी था। उसने महायान बौद्ध धर्म को विकसित करने का प्रयास किया। हर्ष के समय भारतीय संस्कृति का व्यापक प्रसार हुआ। गुप्तकाल में साहित्य, शिक्षा की उन्नति का जो सिलसिला चला वह इस काल में भी अबाध गति से चलता रहा। विदेशों में भी भारतीय संस्कृति का प्रसार हुआ। हर्ष बहुमुखी प्रतिभा का स्वामी था। उसके किसी उत्तराधिकारी का पता नहीं चलता है। विशाल पुष्यभूति साम्राज्य का अस्तित्व हर्षवर्धन के बाद समाप्त हो गया। हर्ष को प्राचीन काल का एक सफलतम शासक कहा जा सकता है, जिसने चालीस वर्ष तक शासन किया।

ह्वेनसांग का यात्रा विवरण हर्ष के समय प्रसिद्ध चीनी यात्री **ह्वेनसांग** ने भारत की यात्रा की थी। वह 629 ई. में चीन से भारत आया व 645 ई. में लौट गया। नालंदा विश्वविद्यालय में अध्ययन तथा बौद्ध ग्रन्थों का संग्रह उसके आगमन का मुख्य उद्देश्य था। हर्ष की प्रयाग सभा में सम्मिलित होने के बाद उसने यहां से प्रस्थान किया था। वह अपने साथ बहुत–से बौद्ध ग्रन्थ और भगवान बुद्ध के अवशेष ले गया। अयोध्या व प्रयाग के मध्य आयोमुख में ठगों ने उसे पकड़ लिया था किंतु वह बच गया। चीन पहुंचकर उसने सम्पूर्ण

वृत्तान्त को लेखनीबद्ध किया। यह विवरण ऐतिहासिक दृष्टि से बहुत महत्वपूर्ण है। इसमें हर्ष से सम्बन्धित विवरण के साथ–साथ तत्कालीन जनजीवन की झाँकी मिलती है। **ह्वेनसांग** ने हर्षवर्धन की प्रशासनिक अवस्था का चित्र खींचा है। साम्राट राज्य के कार्यों में व्यक्तिगत रूप से रुचि लेता था। दण्ड नीति उदार थी, लेकिन कुछ अपराधों में दण्ड व्यवस्था कठोर थी। राज्य के प्रति विद्रोह करने पर आजीवन कारावास की सजा दी जा सकती थी। दिव्य प्रथा का प्रचलन था। राजनीतिक दृष्टि से वैशाली व पाटलिपुत्र का महत्व घटने लगा। उसके स्थान पर प्रयाग व कन्नौज का महत्व बढ़ने लगा था।

ह्वेनसांग ने तत्कालीन समाज को चार भागों में विभक्त किया है–ब्राह्मण, क्षत्रिय, वैश्य, शूद्र। शूद्रों को उसने खेतिहर कहा है। स्पष्ट है कि शूद्रों की स्थिति में अवश्य ही सुधार हुआ होगा। चीनी यात्री ने मेहतरों, जल्लादों जैसे अस्पृश्य लोगों का भी उल्लेख किया है। वे शहर से दूर रहते थे और प्याज, लहसुन खाते थे। सामान्य रूप से लोग हर प्रकार का अन्न–मक्खन आदि का प्रयोग करते थे। **ह्वेनसांग** स्थानीय लोगों के चरित्र से बहुत प्रभावित हुआ था। उसने उन्हें सच्चा तथा ईमानदार बताया है। सरलता, व्यवहार कुशलता व अतिथि प्रेम भारतीयों के मुख्य गुण माने हैं।

उसके विवरण से आभास मिलता है कि उस समय भारत में हिन्दू धर्म का प्रभाव अधिक था। ब्राह्मण यज्ञ करते थे व गायों का आदर करते थे। विभिन्न प्रकार के देवी–देवताओं की पूजा की जाती थी। विष्णु, शिव व सूर्य के अनेक मन्दिरों का उसने जिक्र किया है। ब्राह्मण धर्म के साथ बौद्ध एवं जैन धर्म में बड़ी संख्या में लोग आस्था रखते थे तथापि सभी धर्मों में परस्पर एकता कायम थी। वाद–विवाद का भी माहौल रहता था जो कभी–कभी उग्र रूप धारण कर लेता था।

ह्वेनसांग यहाँ की अर्थिक समृद्धि से बहुत प्रभावित हुआ। लोगों के रहन–सहन का स्तर ऊँचा था। सोने व चाँदी के सिक्कों का प्रचलन था लेकिन सामान्य विनिमय के लिए कौड़ियों का प्रयोग होता था। भारत की भूमि बहुत उपजाऊ थी। पैदावार अच्छी होती थी। भूमि अनुदान के रूप में भी दी जाती थी। रेशमी, सूती, ऊनी कपड़ा बनाने का व्यवसाय उन्नत था। विविध व्यवसायों से सम्बद्ध अनेक श्रेणियों के अस्तित्त्व का बोध होता है। ताम्रलिप्ति, भड़ौच, कपिशा, पाटलिपुत्र आदि शहर व्यापारिक गतिविधियों के प्रमुख केन्द्र थे। भारत के व्यापारिक सम्बन्ध परिचमी देशों चीन, मध्य एशिया आदि से थे। दक्षिणी–पूर्वी द्वीप समूह, यथा–जावा, सुमात्रा, मलाया आदि से व्यापार जलीय मार्ग द्वारा होता था।

ह्वेनसांग ने नालंदा विश्वविद्यालय का भी उल्लेख किया है जो उस समय की शैक्षणिक गतिविधियों का केन्द्र था। तत्कालीन समाज का शैक्षणिक स्तर बहुत उच्च था। हर्ष के धार्मिक दृष्टिकोण, दानशीलता व प्रजावत्सलता का भी उसने उल्लेख किया है। उसने अपने यात्रा विवरण सि–यू–की नामक पुस्तक में अंकित किया। उसके एक सहयोगी **ह्वी**–ली ने **ह्वेनसांग** की जीवनी (Life of Hiuen Tsang) नामक ग्रंथ लिखा। चीन के होनान प्रान्त के चिन–लिउ (Chine-Liu) नामक स्थान पर हुआ था। उसके पिता का नाम **चेन हुई** था।

सन्दर्भ :

1. मजूमदार, क्लासिकल एज, पृ. 97.
2. हर्षचरित–हुणहरिणकेसरी सिन्धुराजज्वरो गुर्जरप्रजांगरः गन्धाराधिपरान्ध द्विपकूटपाकलः लाटपाटवपाटच्चरः मालवलक्ष्मीलतापरशुः
3. मुकर्जी, हर्ष, पृ. 11.
4. एस.आर. गोयल : मौखरि–पुष्यभूति–चालुक्य युग, पृ. 144.
5. मिश्र, जी.एस.पी. : प्राचीन भारत, पृ. 266.
6. चन्दा, आर.पी. : गौडराजमाला, पृ. 8; बनर्जी आर.डी. : हिस्ट्री ऑफ उड़ीसा, पृ. 126. मजूमदार, अर्ली हिस्ट्री ऑफ बंगाल, पृ. 17.
7. बसाक, राधागोविन्द : हिस्ट्री ऑफ नार्थ ईस्टर्न इण्डिया, पृ. 144.
8. मिश्र, जी.एस.पी., वही, पृ. 269.
9. मिश्र जी.एस.पी., वही, पृ. 272.
10. श्रेण्य युग, पृ. 129.

गुप्तकालीन क्षेत्रीय राज्य
(Regional State During Gupta Era)

54 कदंब वंश
The Kadambas

कदम्बों ने जिस कुन्तल प्रदेश पर शासन किया वह निश्चयतः बनवासी (वैजयन्ती) क्षेत्र ही था। वैजयन्ती या बनवासी कर्नाटक के मैसूर क्षेत्र में उत्तरी क्षेत्र उत्तरी कमारा के प्राचीन कस्बें कोंकमपुर को कहा है। कदम्ब शासक मृगेश वर्मा के शासन के तीसरे वर्ष में जारी दानपत्र में कदम्बों को अंगिरा गोत्र का कहकर सम्बोधित किया है। अपने घर के समीप कदम्ब वृक्षों पर पोषण किये जाने से वे कदम्ब नाम से प्रसिद्ध हुए।[1]

गृह समीप देश–संरूठ विकसत्कदम्बैक पादकम्।

हम जानते हैं कि प्राचीन काल में अनेक कुल वृक्षों के नाम से प्रसिद्ध हुए थे–औदुम्बर, अर्जुनायन, शाक्य आदि।

ऐतिहासिक स्रोत काकुस्थ वर्मा की मृत्योपरान्त उसके पुत्र शान्ति वर्मा ने ही कदम्बों के सुप्रसिद्ध **'तालगुण्ड अभिलेख'** का आलेखन करवाया था। कदम्बों के इतिहास का यह मौलिक स्रोत है, जो पर्याप्त लम्बा अभिलेख है। इसमें जिक्र आया है कि कदम्ब वंश के सदस्य अध्ययन एवं यज्ञादि धार्मिक कृत्यों में सदैव लगे रहते हैं। दूसरे शब्दों में, इस वंश के शासक धार्मिक प्रवृत्ति के थे। तालगुण्ड अभिलेख (जिला शिमोगा, मैसूर) यह भी जानकारी देता है कि मयूर शर्मा के उत्तराधिकारियों के नामों में शर्मा के स्थान पर वर्मा शब्द का प्रयोग किया गया। वस्तुतः शान्ति वर्मा के समय से पूर्व ही कदम्ब अपने को ब्राह्मण के स्थान पर क्षत्रिय कहने लगे। इस वंश में 13 शासकों का शासन रहा, जिन्हें 345 से 610 ई. के मध्य रखना उचित होगा। मोटे रूप में मयूर शर्मा को समुद्र गुप्त का समकालीन कहा जा सकता है।[2]

मयूर शर्मा (345–370 ई.) कदम्ब वंश की स्थापना का विवरण देते हुए शान्ति वर्मा ने अंकित करवाया है कि ब्राह्मण मयूर शर्मा वेदादि अध्ययन के लिए अपने गुरु के पास काँची (जो शिक्षा केन्द्र था) नगर गया था। जहाँ पल्लवों से उसका झगड़ा हो गया। फलस्वरूप उसे शस्त्र धारण करना पड़ा और एक स्वतंत्र राज्य की स्थापना के निश्चय के साथ वह आगे बढ़ा। कहा गया है कि अपरार्णव (अरब सागर) से प्रेहरा (संभवतः कृष्णा नदी की सहायक मलप्रभा या घटप्रभा नदियां) तक के विस्तृत प्रदेश का उसे स्वामी स्वीकार कर लिया। वस्तुतः उसने पल्लवों की सीमावर्ती सेना को बुरी तरह परास्त कर दिया और स्वयं को शासक घोषित कर दिया था। बाध्य होकर ही पल्लवों ने उसकी सत्ता स्वीकार की होगी।

सिथयेन्थेयर[3] का विचार है कि मयूर शर्मा ने समुद्रगुप्त के आक्रमण के परिणामस्वरूप उत्पन्न अव्यवस्था का लाभ उठाकर कदम्ब राज्य की स्थापना की होगी। परन्तु मयूर शर्मा के विद्रोह को 320 ई. के लगभग माना जा सकता है जबकि समुद्रगुप्त का राज्यारोहण 350 ई. में हुआ एवं दक्षिणापथ अभियान को 355–60 ई. के मध्य रखा जाना चाहिए। चित्तलदुर्ग जिले के चन्द्रवल्ली नामक स्थान से भैरवेश्वर मन्दिर से प्राप्त चन्द्रवल्ली अभिलेख, जो आंशिक रूप से नष्ट हो गया है, में कहा गया है कि मयूर शर्मा ने त्रैकूट, आमीर, पल्लव, पारियात्रिक, शकस्थान, सपिन्दक, पुणाट एवं मोकरी को जीता। इनमें से कुछ उसके पड़ोसी राज्य थे और मयूर शर्मा के इस अभियान पर यदि विश्वास करे तो कहा जा सकता है कि दक्षिण के काफी बड़े भाग पर उसका आधिपत्य हो गया था।

- 'त्रैकूट' का समीकरण अपरान्त एवं उत्तरी कोंकण से कर सकते हैं।
- संभवतः शक क्षत्रपों के सेनापतियों के रूप में विख्यात आमीर–अपरान्त प्रदेश के थे।
- 'शकस्थान' निश्चित रूप से पश्चिमी भारत के शक क्षत्रपों का बोधक था।
- 'परियात्रिकों' को पश्चिमी विन्ध्य एवं अरावली पर्वत क्षेत्र में स्थित कह सकते हैं।
- 'सपिन्दक' या सेन्दकों को नागजातीय एवं बनवासी प्रदेश के नागरखण्ड डिविजन से सम्बन्धित किया जा सकता है।
- 'पुणाट' की क्षमता मैसूर के दक्षिण स्थित पुण्णाडु से की गई है।
- 'मोकरियों' को राजस्थान के मौखरियों से अलग मानना कठिन है। राजस्थान में मौखरियों की एक शाखा कोटा के समीप बड़वा क्षेत्र में शासन करती थी। वस्तुतः कावेरी नदी घाटी में मुकरी या मौखरियों का उपनिवेश था, जिसे प्रथम शासक ने पराजित किया होगा।
- 'बृहदबाणो' के लिए कहा गया है कि ये कोलार व उत्तरी अर्काट जिलों से सम्बनधित थे।

मयूर शर्मा अपनी बहादुरी एवं दृढ़ इच्छाशक्ति के बल पर कदम्ब वंश का विशाल राज्य खड़ा करने में सफल रहा। अपने युग के इस महत्वपूर्ण व्यक्ति को कुछ विद्वानों ने चाणक्य के समान कहा है। लेकिन वह एक प्रतिभाशाली योद्धा भी था इसीलिए अपनी वीरता के बल पर चन्द्रगुप्त मौर्य जैसे शासक की तरह स्वयं ने अपने राज्य की स्थापना की।

उसने अपने बाहुबल एवं योग्यता से पश्चिमी समुद्र (पश्चिमी पयोधि) से प्रेहरा (कृष्णा नदी की सहायक मलप्रभा या घाटप्रभा)

तक के विस्तृत प्रदेश का अपने को स्वामी का बना दिया एवं पल्लवों के किसी अन्य राजा को राज्य में प्रवेश न करने की चेतावनी दे डाली।

'प्रेहरान्ता मनन्य संचरण समय स्थितां भूमिमेव च।'[4]

उत्तर में उसने कदम्बों का वर्चस्व परियात (पश्चिमी विन्ध्य एवं अरावली पर्वत शृंखला से लगा क्षेत्र) तक फैलाया। विद्वानों ने मयूर शर्मा द्वारा राज्य स्थापना का सम्बन्ध दक्षिण में व्याप्त राजनीतिक अस्थिरता से जोड़ा है। यह संभव है कि जब वह अपने लिए राज्य स्थापना के लिए संघर्ष कर रहा था उस समय समुद्रगुप्त ने दक्षिण की विजय यात्रा शुरू न की हो किन्तु वह दौर आवश्यक रूप से अस्थिरता एवं अशान्ति का था जिसका उसने लाभ उठाया और बनबासी (तुंगभद्रा की सहायक वरदा नदी–शिमोगा जिला के किनारे) को राजधानी घोषित किया।

तालगुण्ड से ही प्राप्त एक मध्यकालीन अभिलेख में उसे 18 अश्वमेध करने एवं 'अनादि अग्रहार' स्थान कुण्डूर (तालगुण्ड, जिला शिमोगा) के 32,000 ब्राह्मणों को 144 ग्राम दान देने का श्रेय दिया है। लेकिन कदम्ब वंश के अभिलेखों में उसके द्वारा अश्वमेध किये जाने का जिक्र न होना परवर्ती अभिलेख के कथन को असत्य प्रमाणित करता है।

कंग वर्मा (360–370 ई.) मयूर शर्मा के बाद तालगुण्ड अभिलेख के अनुसार उसके पुत्र कंग वर्मा (345–370 ई.) ने शासन किया और उसे भयंकर युद्धों में विजय प्राप्त करने का श्रेय दिया गया। कंग के उपरान्त उसके पुत्र भागीरथ (370–395 ई.) ने राज्य किया। भागीरथ की किसी विशेष सफलता का उल्लेख नहीं है। मोरेएस[5] ने कुछ सिक्कों को, जिन पर 'भगी' अंकित है, इसके द्वारा जारी किया माना है। तालगुण्ड अभिलेख में भगीरथ के पुत्र रघु (लगभग 395–410 ई.) को अपने शौर्य के लिए विख्यात एवं शत्रुओं का दमन करने वाला कहा गया।

अथ नृप महितस्य तस्य पुत्रः
प्रथित यश रघु पार्थिवः पृथु–श्रीः।

रघु (395–410 ई.) रघु के शासन में उसका अनुज काकुस्थ (काकुत्स्थ) युवराज था एवं उसकी राजधानी पलाशिका (आधुनिक हालसी) कही गई है जहाँ से उसका 400 ई. (80वें वर्ष) का दान पत्र प्राप्त हुआ है। उल्लेखनीय है कि, भोज के 'श्रृंगार प्रकाश' एवं क्षेमेन्द्र के 'औचित्य विचार चर्चा' आदि ग्रन्थों में वर्णित चन्द्रगुप्त विक्रमादित्य द्वारा कालिदास को कुन्तलेश्वर दौत्य (दूत सम्बन्धी कार्य) हेतु कुन्तल नरेश के पास भेजा, वह काकुस्थ वर्मा ही था। दूसरे शब्दों में, चन्द्रगुप्त द्वितीय ने कदम्ब वंश से वैवाहिक सम्बन्ध स्थापित किये। किन्तु यह स्पष्ट नहीं हुआ है कि कुंतल राजकुमारी का विवाह चन्द्रगुप्त द्वितीय से हुआ अथवा उसके किसी पुत्र से। यहाँ यह भी उल्लेखनीय है कि द्वितीय प्रवरसेन वाकाटक (410–40 ई.) की पुत्रवधू और नरेन्द्रसेन (440–460 ई.) की पत्नी अज्झित भट्टारिका भी संभवतः काकुस्थ वर्मा की ही पुत्री थी। उसकी एक पुत्री का विवाह भट्टारी वंश के राजकुमार से होने का बोध होता है।

काकुस्थ वर्मा (410–430 ई.) हालसी दानपत्र से प्राप्त सूचनानुसार अपने 80 वर्ष अर्थात् 400 ई. में पलाशिका (आधुनिक हालसी–जिला बेलगाम) का गवर्नर था, ने शासन किया। तालगुण्ड अभिलेख में उसके राज्य की समृद्धि, शान्ति एवं अन्य राज्यों में प्रतिष्ठा का जिक्र आया है। यह भी कहा गया है कि उसने तालगुण्ड के शिव मन्दिर में एक विशाल तड़ाग बनवाया था। संभवतः तालगुण्ड शिव मन्दिर की यात्रा कई शासकों ने की थी। कदम्ब वंश में मयूर शर्मा एवं काकुस्थ वर्मा को महान् निर्माता कहा गया है। चन्द्रवल्ली अभिलेख (चित्तल दुर्ग जिला–भैरवेश्वर मन्दिर) में उसकी विजयों की चर्चा की है।

कृष्ण वर्मा काकुस्थ वर्मा के पुत्र कृष्ण वर्मा के काल का मात्र एक अभिलेख मिला है। उसके पुत्र विष्णु वर्मा तथा अन्य वंशजों का नाम इस प्रकार आया है– कृष्ण वर्मा (अश्वमेध याजी), प्रथम विष्णु वर्मा (या विष्णुदास), सिंह वर्मा, कृष्णवर्मा द्वितीय, अजवर्मा, भोगीवर्मा एवं विष्णुवर्मा द्वितीय। कृष्ण वर्मा की वंश परम्परा में द्वितीय कृष्ण वर्मा के बन्नहल्ली–दानपत्र से जानकारी मिलती है कि कृष्णवर्मा प्रथम ने एक कैकय राजकुमारी से विवाह किया था और उसका ज्येष्ठ पुत्र विष्णु वर्मा कैकय वंशीय रानी का पुत्र था।

जहाँ तक कृष्ण वर्मा की सामरिक उपलब्धियों का प्रश्न है उसके बन्नूर–लेख में 'राजराज' सम्बोधित किया गया और वह सम्पूर्ण दक्षिणापथ में अपने प्रभुत्व का दावा करता था। धारवाड़ जिले के 'त्रिपर्वत', जिसकी पहचान हेलिबिड़[6] (हालेविद) से की गई है, तक उसका अधिकार अवश्य था। जहाँ देवगिरि–दानपत्रानुसार उसका पुत्र देववर्मा युवराज रूप में शासक था। कृष्ण वर्मा ने सामरिक सफलताओं की अभिव्यक्ति अश्वमेध यज्ञ सम्पादन द्वारा की।

सम्पूर्ण दक्षिणापथ पर प्रभुत्व का दावा एवं अश्वमेध यज्ञ का सम्पादन पल्लवों से संघर्ष के रूप में उभर कर आया। चित्तलद्रुग जिले के अनजी नामक स्थल से प्राप्त अभिलेख से संकेत मिलता है कि कदम्ब नरेश प्रथम कृष्ण वर्मा की साम्राज्यिक प्रतिष्ठा का अन्त पल्लव आक्रमण से हुआ।

शान्ति वर्मा (450–475 ई.) अपने पिता की प्रशस्ति में शान्ति वर्मा ने तालगुण्ड अभिलेख का आलेखन करवाया, उस समय कदम्ब सत्ता अपनी पूर्व प्रतिष्ठा को स्थापित कर चुकी थी। शान्ति वर्मा के पुत्र मृगेश वर्मा के हालसी–दानपत्र में जिक्र आया है कि शान्ति वर्मा ने अपनी शक्ति से अपने शत्रुओं की लक्ष्मी को अपहृत किया।

शान्ति वर्मा की मृत्यु के बाद कदम्ब राज्य दो भागों में विभक्त हो गया था, क्योंकि तालगुण्ड अभिलेख सूचित करता है कि एक भाग में उसका भतीजा एवं प्रथम कृष्ण वर्मा का पुत्र विष्णु वर्मा शासक था। उल्लेखनीय है कि विष्णु वर्मा अपने पाँचवें वर्ष में पल्लव शासक शान्ति वर्मा की अधीनता स्वीकार कर रहा था।

मृगेश वर्मा (475–490 ई.) इसका एक दानपत्र चतुर्थ वर्ष में जारी किया गया जो बनवासी से प्राप्त हुआ है। जिसमें मृगेश वर्मा को उच्च कोटि का योद्धा, दानी और शास्त्रविद् कहा गया है। उसके काल की सर्वाधिक महत्वपूर्ण ऐतिहासिक घटना, उसके शासन काल के आठवें वर्ष में जारी किये हालसी दानपत्र है, जिसमें उसे

पल्लवों का विध्वंस करने वाली प्रचण्ड अग्नि कहा गया। उसका समकालीन वांग नृपति आय्यवर्म्मा (455–480 ई.) जिसे पल्लव शासक सिंह वर्मा ने अभिषिक्त किया था। मोरेएस[7] का विचार है कि, मृगेश का समकालीन पल्लव शासक 'युवमहाराज' विष्णु गोप रहा होगा।

मृगेश वर्मा जैन धर्म में आस्था रखता था क्योंकि उसके अधिकांश अभिलेख जिनेन्द्र की स्तुति से शुरू होते हैं। किन्तु हालसी दानपत्र ब्रह्मा की स्तुति से प्रारम्भ हुआ जो इस तथ्य का द्योतक है कि, कदम्ब शासक सब धर्मों के प्रति सम्मान रखते थे।

रवि वर्मा (497–537 ई. पलाशिका–द्वितीय राजधानी) उसके द्वारा जारी किये गये दानपत्रों से उसके शासन की सूचना मिलती है। निलाम्बुर–दानपत्र जो वैजयन्ती से जारी किया गया था, कदम्बों की गंगों के विरुद्ध (मृगेश के काल में) सफलता का समर्थन करता है। वस्तुतः इस ताम्र शासन में जिस गाँव के दान दिये जाने का जिक्र है वह गंगों की राजधानी तलवन नगर (तलकाड़) के समीप है। रवि वर्मा के तीन ताम्रपत्र हालसी से मिले हैं उनमें दो तिथि रहित एवं एक उसके ग्यारहवें वर्ष का है। हालसी से प्राप्त द्वितीय तिथि रहित दानपत्र में कहा गया है कि रवि वर्मा ने समस्त पृथ्वी को जीतकर, विष्णु वर्मा (कदम्बों की दूसरी शाखा का शासक) तथा अन्य राजाओं को नष्ट कर एवं काँचीश्वर चण्डदण्ड को उन्मूलित कर, पलाशिका में अपनी सत्ता प्रस्थापित की। पलाशिका पर नियंत्रण करने के बाद उसने अपने अनुज भानु वर्मा को वहाँ का गवर्नर नियुक्त किया। कहा जा सकता है कि पल्लवों के साथ रवि वर्मा का संघर्ष हुआ और पल्लव सत्ता के अधीन दूसरी शाखा से सम्बन्धित मातहत शासक विष्णु वर्मा भी मारा गया। विष्णु वर्मा की मृत्यु रवि वर्मा के ग्यारहवें वर्ष (लगभग 490 ई.) में हुई। इस समय पलाशिका नगरी कदम्बों की दूसरी राजधानी के रूप में प्रतिष्ठित हुई।

रवि वर्मा की मृत्यु के बाद उसकी रानी के सती होने से उल्लेख सोराब तालुका के कवदी स्थान से प्राप्त खण्डित पाषाण लेख में हुआ है। संभवतः सती का यह प्राचीनतम उदाहरण था।

हरि वर्मा (539–547 ई.) कदम्बों की मुख्य शाखा का अन्तिम ज्ञात नरेश हरि वर्मा था। उसके शासन के चतुर्थ वर्ष में जारी हालसी दानपत्र से राज्य में शान्ति व्यवस्था का बोध होता है एवं उच्च श्रृंगी (चित्तल दुर्ग जिले स्थित उच्छंगी द्रुग नामक स्थल) में शिवरथ (पिता के भाई–'पितृव्य') के शासन करने की सूचना मिलती है। संगोली से प्राप्त अन्तिम दानपत्र में उसे परममाहेश्वर कहा गया। उल्लेखनीय है कि काकुस्थ वर्मा, मृगेश एवं रवि वर्मा की जैन धर्म में रुचि थी, दूसरी ओर प्रारम्भिक कदम्ब शासक शैव धर्म में श्रद्धा रखते थे। संगोली दानपत्र के विवरण से हम यह आशय ले सकते हैं कि हरि वर्मा का शैव धर्म की ओर झुकाव था किन्तु कुन्तल शासक सभी धर्मों को सम्मान की दृष्टि से देखते थे। हरि वर्मा अपने पूर्वजों से इस रूप में भिन्न था कि वह दोनों शाखाओं के संघर्ष को रोक नहीं पाया। साथ ही चालुक्य पुलकेशिन प्रथम, जो हरि वर्मा का सामन्त था, ने विद्रोह खड़ा कर दिया और बादामी में अपनी स्वतंत्र सत्ता स्थापित की।

संभवतः हरिवर्मा के बाद कदम्बों की मुख्य शाखा पर कृष्ण वर्मा एवं विष्णु वर्मा के वंशजों का आधिपत्य हो गया। विद्वानों की मान्यता है कि हरि वर्मा का उन्मूलन द्वितीय कृष्ण वर्मा ने किया था। कृष्ण वर्मा द्वितीय (547–565 ई), जो दूसरी शाखा से सम्बद्ध था, ने गंग युवराज से अपनी बहन की शादी करके अपनी शक्ति को सुदृढ़ किया। अजवर्मा (565–606 ई.) ने चालुक्यों की अधीनता स्वीकार कर ली। यद्यपि भोगी वर्मा (606–640 ई.) ने अपनी शक्ति को पुनर्स्थापित करने की कोशिश की थी। संभवतः दसवीं शती के अन्त में कदम्ब वंश ने पुनः अपनी शक्ति को संगठित करने का प्रयास किया, किन्तु परवर्ती कदम्ब हंगल (धारवाड़ जिला) एवं गोवा में सत्ता स्थापित कर पाये। संभवतः चौदहवीं सदी तक वे सत्ता में रहे जब तक विजयनगर राज्य का आविर्भाव न हुआ। संभवतः कदम्बों ने 'पद्म–टका' नामक मुद्रायें जारी की थीं।

सन्दर्भ :

1. तालगुण्ड अभिलेव, स. इं., पृ. 475
2. सिथयेन्थेयर, हिस्ट्री ऑफ इण्डिया, खण्ड, 1 पृ. 256
3. सिथयेन्थेयर, क्ला. एज., 272
4. तालगुण्ड अभिलेख, स. इं., पृ. 477
5. मोरेएस, कदम्ब कुल, पृ. 382
6. सिथयेन्थेयर, क्ला. एज., पृ. 275
7. मोरेएस, कदम्ब कुल, पृ. 32-33

55 पल्लव राजवंश
(Pallavas Dynasty)

दक्षिण भारत के पल्लव वंश की उत्पति के विषय में विद्वान एक मत नहीं है। पल्लव एवं **पह्लव** की समानता के आधार पर प्रारम्भ में विद्वानों ने प्रतिपादित किया कि पल्लव या पार्थियनों ने भारत पर आक्रमण किया था एवं सिन्धु नदी घाटी के पश्चिमी क्षेत्र में बस गये। तद्न्तर दक्षिण में कांची के निकटवर्ती प्रदेश में निवास करने लगे। कांची के एक मन्दिर में पल्लव नरेश नंदिवर्मन द्वितीय की सिंहासनारोहण मूर्ति को डेमिट्रियस की तरह सिर पर गजशीर्ष (हाथी का सिर) धारण किये हुए दर्शाया है। इसी आधार पर कुछ विद्वानों ने रुद्रदामन के पल्लव मंत्री सुविशाख द्वारा कांची में पल्लव वंश की स्थापना की कल्पना की गई। कहा गया कि सातवाहनों की आन्ध्र क्षेत्र में शक्ति क्षीण होने पर पल्लव वंश को उभरने का अवसर मिला। किन्तु पल्लव अभिलेखों में **पह्लव** जाति का जिक्र नहीं हुआ है और पल्लवों द्वारा अवश्मेध एवं यज्ञानुष्ठान का संपादन तथा संस्कृत भाषा का पोषण किया जाना उन्हें **पह्लव** या पार्थियन स्वीकार करने में बाधक है। शकों ने कई भारतीय परम्पराओं को स्वीकार किया था किन्तु अवश्मेध जैसा कोई आयोजन उनके द्वारा नहीं किया गया।[1]

नीलकंठ शास्त्री पल्लव को दक्षिण की महत्वपूर्ण शक्ति मानते है। उनके अनुसार पल्लव कांचीपुरम के राज वंश का नाम था, तोणडई शब्द को संस्कृत भाषा के प्राकृत रुप का अनुवाद माना जा सकता है। तोणडई एक प्रदेश विशेष है और उसके शासकों के साथ एक लता का नाम जुड़ा है।[2] सथिय्यनथर के अनुसार अशोक के लेखों में उल्लखित पुलिंद एवं पल्लव एक ही शक्ति के बोधक है। सातवाहनों के पतन के बाद उन्हें सत्ता में आने का अवसर मिला।[3]

तत्कालीन साहित्य से भी इस तथ्य की पुष्टि होती है कि पल्लव दक्षिण भारत के निवासी थे। संस्कृत की अवन्तीसुंदरी कथा, मत्तविलासप्रहसन तथा तमिल नंदिकलम्बकम् के विवरणों के आधार पर विद्वान पल्लवों को दक्षिण भारतीय स्वीकार करते है। जैन ग्रंथ लोक विभाग (सर्व नंदि द्वारा रचित) एवं बौद्ध ग्रंथ महावंश से इस वंश की तिथि निर्धारण में सहायता मिलती है। **ह्वेनसांग** नरसिंह वर्मा के समय कांची आया था। उसने कांची की सम्पन्नता एवं बौद्ध(विहारों, मठों एवं हिन्दू मन्दिरों की चर्चा की है। उसके अनुसार नालंदा विश्वविद्यालय का प्रसिद्ध विद्वान धर्मपाल कांची के प्रधानमंत्री का पुत्र था।

पल्लव इतिहास के साधन पल्लव काल में अनेक संस्कृत एवं तमिल ग्रंथों की रचना हुई। संस्कृत में **'अवन्तीसुन्दरीकथा'** एवं **'मत्तविलासप्रहसन'** उल्लेखनीय हैं। सोड़लकृत **अवन्तीसुन्दरी कथा** में पल्लव नरेश सिंह विष्णु के काल की राजनीतिक घटनाओं का बोध होता है। मत्तविलासप्रहसन की रचना पल्लव शासक महेन्द्र वर्मन प्रथम ने की, जिसमें कापालिकों व भिक्षुओं के आडम्बरपूर्ण जीवन पर प्रहार किया है। पुरातात्विक साक्ष्यों में शिवस्कन्दवर्मा के **मेडवोलु** व **हीराहडगल्ली** (प्राकृत भाषा 250–350 ई. मध्य) का विशेष महत्व है।

पल्लवों के अभिलेख प्राकृत एवं संस्कृत भाषा के हैं। प्राकृत लेख तीसरी एवं चौथी सदी ई. के मध्य के एवं संस्कृत लेख चौथी से छठी सदी मध्य के है। वैलूर पालरूम लेख, उदयेन्दिरम् ताम्रलेख, सक्रेपाटन ताम्रलेख, कशाक्कुडिलेख, नरसिंहल्लूर, चेर्चला, पेरियकोलप्पाडि, रयूर, कूरम, कैलाश मन्दिर, कोरैगुडी लेख, नरसिंह वर्मा के लेख, बाहूर एवं महाबिलपुरम लेखों की श्रृंखला से पल्लव इतिहास लेखन हेतु सामग्री प्राप्त होती है।

पल्लव मुद्राओं पर मत्स्य, व्याघ्र, धनुष जैसे प्रतीकों का अंकन देखा गया है। मस्तुल युक्त जहाज की आकृति भी कुछ पल्लव मुद्राओं पर देखी गई है, जो समुद्री व्यापार की प्रतीक है।

उल्लेखनीय है कि, तमिल भाषा में पल्लव शब्द का अभिप्राय लुटेरा है। प्राप्त अभिलेखिय एवं साहित्यिक सामग्री के आधार पर हम कह सकते हैं कि, पल्लव दक्षिण भारत के मूल निवासी थे।

सातवाहनों के सम्पर्क से पल्लव सामंती शक्ति के रूप में उभरे एवं तोंडमण्डल में स्वतंत्र राज्य की स्थापना सातवाहनों के पतन के बाद संभव हुई। धीरे–धीरे पल्लवों ने दक्षिण की ओर अपनी शक्ति का विस्तार किया और तमिल क्षेत्र की कांची (कांजीवरम्) को अपनी राजधानी बनाया। पल्लवों द्वारा इक्ष्वाकु उपनाम् ग्रहण किये जाने का बोध होता है संभवतः इक्ष्वाकुओं को अपदस्थ कर सत्ता हासिल की होगी।

शिव स्कन्द वर्मन प्राकृत भाषा के पालनाड् अभिलेख में सिंह वर्मा का उल्लेख मिलता है। किन्तु प्रारम्भिक पल्लवों में सबसे प्रभावशाली राजा शिव स्कंद वर्मा था। शिव स्कंद वर्मा के तीन ताम्र लेख मिले है। पहले में उसे युवराज घोषित किया गया है एवं शेष दो उसके शासन काल के हैं। उसकी उपलब्धियों का विवरण मयिडवोलु (Mayidauolu) गूंटूर जिले से प्राप्त पट्ट लेख एवं हीराहडगलि (Hirahadagalli) बेल्लारी जिले से प्राप्त लेख में

मिलता है। उसका राज्य उत्तर में कृष्णा नदी तक, दक्षिण में पेन्नारा, जिसमें बेल्लारी जिला शामिल था एवं पश्चिम में अरब सागर तक विस्तृत था। अपनी विजयों के उपलक्ष में अग्निष्टोम, वाजपेय एवं अवश्मेघ यज्ञ किये थे। उसे धर्मरत राजाओं का राजा अर्थात् 'धम्म महाराजाधिराज' कहा गया है। उसकी उपलब्धियों की पुष्टि अन्य साक्ष्यों से भी होती है। गंगमाधव के येनुकोण्ड दानपत्र में कदम्बों को पल्लवों के अधीन कहा गया है। तालगुण्ड प्रशस्ति में भी कदम्बों को कांची के पल्लवों का अधीनस्थ राज्य कहा है।[3ए]

शिव स्कंद वर्मा ने संभवतः तीसरी सदी ई. के अन्तिम एवं चतुर्थ सदी ई. के प्रथम चरण में शासन किया था। अभिलेख दर्शाते है, उसका शासन मौर्य शासन के अनुरूप सुव्यवस्थित था। लगभग पांच सौ वर्षों के अन्तराल को देखते हुए आवश्यक संशोधनों के साथ उसने मौर्य शासन व्यवस्था को लागू किया।[4]

स्कन्दवर्मा संभवत शिव स्कंद वर्मा के बाद स्कंदवर्मा ने शासन किया था। इसका एक लेख ब्रिटिश संग्रहालय में सुरक्षित है। लेख में बुद्ध वर्मा की पत्नी चारूदेवी एवं उसके पुत्र बुद्धयांकुर का जिक्र आया है। स्कंद वर्मा से इसका क्या सम्बन्ध था ज्ञात नहीं है।[5] विजयस्कन्द वर्मन की रानी चाकदेवी द्वारा मन्दिर को दान करने का जिक्र आया है।

विष्णु गोप (340–350 ई.) समुद्र गुप्त की प्रयाग प्रशस्ति में विष्णु गोप का उल्लेख आया है।[6] पल्लव लेखों में भी स्कंद वर्मा के बाद इसका नाम मिलता है, जिसे प्रयाग प्रशस्ति में उल्लिखित विष्णु गोप से समीकृत किया जा सकता है। उसने 340 ई. से 350 ई. के मध्य शासन किया था। समुद्र गुप्त से पराजित विष्णु गोप के अधीनस्थ शासकों ने अपनी स्वतंत्रता घोषित कर दी और पल्लव राज्य अंधकार में चला गया। विष्णु गोप से सिंह वर्मा (छठी शताब्दी ई. के उत्तरार्द्ध) के बीच कई राजा हुए किन्तु विद्वानों ने प्रमुख आठ शासकों की गणना ताम्रपत्रों में उल्लिखित नामों के आधार पर की है– कुमार विष्णु प्रथम, बुद्ध वर्मा, विष्णु कुमार द्वितीय, स्कंद वर्मा द्वितीय, सिंह वर्मा, स्कंद वर्मा तृतीय, नंदि वर्मा प्रथम तथा शांति वर्मा।

सिंहविष्णु अवनिसिंह (575ई. से 600ई.) सिंह वर्मा के पुत्र सिंह विष्णु के प्रस्तर अभिलेख प्राप्त हुए हैं। कशाक्कुड़ि लेख के अनुसार उसने कलभ्रों, मालवों, चोलों, पाण्ड्यों, केरलों एवं सिंहल शासक के साथ युद्ध किया और सफलता अर्जित की।

- कलभ्रों से तात्पर्य कालवार नामक आदिवासी जाति से है, जो तोण्डमडलम की उत्तरी सीमा पर अधिकृत थे। कलभ्रों की विजय ने चोलों और पाण्ड्यों की विजय का मार्ग प्रशस्त किया।[7]
- मालवों से अभिप्राय मलय पर्वत क्षेत्र के लोगों से है। वैलूर पाल्यम् लेख से इस बात की पुष्टि होती है कि सिंह विष्णु ने ताल वृक्षों से ढकी हुई शस्य श्यामला एवं कावेरी जल से अभिसिंचित चोल भू–भाग पर अधिकार किया था।
- पाण्ड्यों के विरुद्ध सफलता संदिग्ध मानी गई हैं। टीवी महालिगंम ने पश्चिमी गंग शासक दुर्विनीत को पराजित करने का श्रेय भी सिंह विष्णु को दिया है। सामरिक सफलताओं से उत्साहित सिंह विष्णु ने अवनिसिंह तथा शिंग विण्ण पेरूमार की उपाधि धारण की थी। आक्सफोर्ड हिस्ट्री पृ. 221 के अनुसार सिंह विष्णु ने पान्ड्य, चोल, चेर एवं श्री लंका के राजा पर जीत दर्ज की। उसके साम्राज्य में अर्काट (उत्तरी–दक्षिणी अर्काट) चिंगलपुट या मद्रास, तंजौर शामिल थे। पेनीर–सलेम में एक लाइन जली जाने तो तक का क्षेत्र शामिल था। कृष्णा गोदावरी का वेंगी क्षेत्र भी।

मामल्लपुर के आदि वराह मंदिर का निर्माण सिंह विष्णु के समय हुआ था। उसे धार्मिक प्रवृत्ति का वैष्णव कहा है। कुछ विद्वानों की मान्यता है विद्या प्रेमी शासक सिंह विष्णु की सभा की, संस्कृत के महानकवि भारवि शोभा बढ़ाते थे जिसने संस्कृत की अमर कृति 'किरातार्जुनीय' की रचना की थी।

महेन्द्र वर्मा प्रथम (600–630) इस वंश के शासकों में महेन्द्र वर्मा को महान राजा कहा गया है। उसने विचित्र वीर्य, शत्रुमल्ल, गुणभर, मत्तविलास, अवनिभाजन, जैसी कई उपाधियां, धारण की थी। इसके शासन काल की महत्वपूर्ण घटना पल्लव चालुक्य संघर्ष है। महेन्द्र वर्मा इस संघर्ष में कांची की रक्षा करने में सफल रहा किन्तु पल्लव राज्य के उत्तरी हिस्से चालुक्यों के अधिकार में चले गये। तिरुचिरापल्ली लेख में **कावेरी नदी को पल्लवों की प्रिया** कह कर सम्बोधित किया है। इस आधार पर पल्लव राज्य की दक्षिणी सीमा कावेरी तक मानी जा सकती है। कावेरी भू–भाग संभवतः चोलों से हस्तगत किया था। किन्तु चालुक्यों से पराजित होने के बाद उसका राज्य तिरुपति पार्वत क्षेत्र एवं दक्षिण में तिरुचिरापल्ली तक सीमित रह गया। महेन्द्र वर्मा महान निर्माता था उसने ब्रह्मा, विष्णु व शिव मंदिरों का निर्माण करवाया था। वह स्वयं शैव धर्म का समर्थक था। उसका समकालीन तिरुगमूर का बेल्लाल (धर्मसेन) शिव कृपा से असाध्य बीमारी से ठीक हो गया। राजा महेन्द्र इससे अत्यधिक प्रभावित हुआ और उसने शैव धर्म अपना लिया था। (देखिये नीलकंठ शास्त्री, वही. पृ. 367) मामल्लपुरम की एक गुफा में अपने पिता सिंह विष्णु के साथ उसकी मूर्ति उत्कीर्ण है। मोहिन्द्रवादि नगर के किनारे मोहिन्द्र–तड़ाग भी बनवाया था जहां विष्णु मंदिर बना है। महेन्द्र वर्मा विद्वान भी था उसके द्वारा रचित 'मत्तविलासप्रहसन' की गणना संस्कृत के आदर्श प्रहसनों में की जाती है। इसमें बौद्ध भिक्षुओं एवं शैवों के अवगुणों का उपहास किया है। दूसरा प्रहसन भगवदज्जुक भी लिखा था। चित्रकला की दक्षिण चित्र नामक रचना का भी बोध होता है।

साम्राज्य सीमा महेन्द्र वर्मा के अधिकार में आधुनिक अर्काट, मद्रास (चेन्नई क्षेत्र), तिकचिरापल्ली, तंजफर, एवं उड़ीसा का सीमावर्ती भाग, व पेन्नार नदी क्षेत्र शामिल थे।

नरसिंह वर्मा प्रथम (640–668 ई.) सातणूर लेख के अनुसार महेन्द्र वर्मा प्रथम ने 640 ई. तक शासन किया था। नरसिंह वर्मा के समय पुलकेशी द्वितीय ने पल्लवों पर आक्रमण किया। नरसिंह वर्मा ने सिंहल नरेश मानवर्मा के सहयोग से उसे पराजित किया। और पुलकेशी द्वितीय को वापस लौटना पड़ा। पुलकेशिन, शूरमार व मणिमंगलम में पराजित हुआ था। सेनापति शिरूतोण्ड के

नेतृत्व में 642 ई. में पुनः बादामी पर आक्रमण किया जिसका सामना चालुक्य नहीं कर पाये और पुलकेशी मारा गया। इसी सफलता के उपलक्ष में नरसिंह ने वातापीकोण्ड की उपाधि धारण की।

सिंहल (श्रीलंका) के विरुद्ध अभियान निष्कासित सिंहल शासक मानवर्मा पल्लव दरबार में शरण लिये हुए था। उसके सहयोग हेतु जहाजी बेड़ा सिंहल भेजा और मानवर्मा गद्दी पर पुनः प्रष्ठित करवाया। इसी कारण नरसिंह वर्मा की तुलना लंका विजयी राम से कशाक्कुड़ि अभिलेख में की गई है। उसके शासन के अन्तिम दौर में पुलकेशी के पुत्र विक्रमादित्य प्रथम ने नाना दुर्विनीत के सहयोग से पल्लवों पर आक्रमण किया, जिसमें नरसिंह वर्मा पराजित हुआ और बादामी उसके हाथ से निकल गया।

मामल्ल नामक सिंह शीर्षक स्तम्भों की शैली का विकास उसके समय हुआ। महाबलीपुरम के सप्तरथ मन्दिर मामल्ल शैली में नरसिंह वर्मा के काल में बने थे। ह्वेनसांग नरसिंह वर्मा के काल में कांची आया था। कांची की परिधि 6 मील एवं सम्पूर्ण राज्य की एक हजार मील कही गई। उसने यहां के लोगो को अलग भाषा का जिक्र किया था। लगभग 10,000 भिक्षुओं के लिए 100 विहार थे। सपन्न कांची क्षेत्र के लोगों को उसने विद्या प्रेमी कहा है। उसके बाद के शासक द्वितीय महेन्द्र वर्मा (668–670) को चालुक्य शासक विक्रमादित्य ने युद्ध में पराजित किया था और वह मारा गया।

परमेश्वर वर्मन प्रथम (670–695 ई.) पल्लव चालुक्य संघर्ष परमेश्वर वर्मा के समय भी जारी रहा। दूसरे युद्ध में परमेश्वर वर्मा ने पेरूवल्लूर में प्रथम विक्रमादित्य (चालुक्य राजा) को पराजित किया। **पल्लवों के अधीन नांगूर–सरदारों ने पाण्ड्यों तथा उत्तर की किसी शक्ति को पराजित करने का बोध संत तिरूमंगई के कथन से होता है।** पल्लवों के सहयोग से ही नांगूर ने कार्रवाई की होगी। कूरम के शिव मन्दिर एवं मामल्लपुरम का गणेश मंदिर उसके काल में निर्मित किये गये।

नरसिंह वर्मा द्वितीय (राजसिंह 695–722 ई.) इसके शासन काल में पल्लव राज्य में शान्ति रही। नरसिंह वर्मा द्वितीय के काल में चीन से राजनीतिक सम्बन्ध विकसित हुए। चीनी बौद्धों के लिए इसने नागपट्टनम में विहार निर्माण करवाया था। चीनी दरबार में उसने दूत भी भेजा था। चीनी शासक ने प्रत्युत्तर में उसे दक्षिण भारत के राज्य के सम्राट की उपाधि दी और इसकी सेना 'सद्गुणाकांक्षी सेना (द आर्मी व्हिच चैरिश्ड वर्च्यू) के नाम से संबोधित की गई। कांची का कैलाशनाथ मंदिर, ऐरावतेश्वर एवं महाबलिपुरम् के समस्त मंदिर इसके काल में निर्मित हुये। पल्लव वास्तुकला की राजसिंह शैली द्वितीय नरसिंह वर्मा की देन थी।

द्वितीय परमेश्वरवर्मन (722–730 ई.) चालुक्य नरेश विजयादित्य के आदेश पर उसके पुत्र द्वितीय विक्रमादित्य ने गंग नरेश की सहायता से कांची पर आक्रमण कर दिया, जिसमें द्वितीय परमेश्वर की पराजय हुई। किसी तरह अपार संपत्ति देकर वह राज्य की रक्षा कर पाया। अपनी हार का बदला परमेश्वर ने गंग नरेश श्रीपुरुष से लेने के लिए उस पर आक्रमण किया। किन्तु वह युद्ध में पराजित हुआ और मारा गया। उसे बृहस्पति एवं मनु द्वारा निर्धारित नियमों से शासन करने वाला कहा है। तिरुवड़ि में शिव मंदिर बनवाये जाने की जानकारी मिलती है।

नंदिवर्मन द्वितीय (730–800 ई.) परमेश्वर वर्मा का कोई उत्तराधिकारी नहीं था अतः राज्य के पदाधिकारियों ने पल्लव वंश की उप शाखा के नंदिवर्मन को शासक बनाया। वैलूर पाल्यम एवं बाहूर लेखों में नंदिवर्मा के पिता का नाम नहीं मिलता किन्तु कोरगुंडी लेख में हिरण्य वर्मा को स्वतंत्र शासक कहा है। पल्लवों की एक शाखा के एक राजकुमार चित्रमाय के समर्थन में पाण्ड्यों के खड़े होने से नंदिवर्मन को कुंभकोणम दुर्ग में कैद रहना पड़ा। उदयचन्द्र नामक उसके सामंत के सहयोग से वह छूट पाया। नंदिवर्मन का चालुक्यों से संघर्ष हुआ, जिसमें वह पराजित हुआ और चालुक्य नरेश विक्रमादित्य द्वितीय खट्वाङग ध्वज, लडाकू हाथी और विपुल धन लेकर वापस लौट गया और नंदिवर्मन को पुनः सत्ता मिल गई। नंदिवर्मा का राष्ट्रकूट शासक दंतिदुर्ग से भी संघर्ष हुआ किन्तु आपस में सुलह हो गई और दंतिदुर्ग ने अपनी पुत्री रेवा का विवाह नंदिवर्मा से कर दिया। **नंदिवर्मा वैष्णव था उसके समय तिरूमंगइ आलवार ने वैष्णव धर्म का प्रचार प्रसार किया।** नंदिवर्मा ने कांची में प्रसिद्ध बैकुण्ठ पेरूमाल एवं मुक्तेश्वर मंदिरों का निर्माण करवाया एवं पुराने मंदिरों का जीणोद्धार करवाया गया।

दंतिवर्मन एवं नंदिवर्मन तृतीय (826–869) नंदिवर्मन द्वितीय के बाद दंतिवर्मन एवं नंदिवर्मन तृतीय शासक बना। नंदिवर्मन तृतीय ने पाण्ड्य राजा श्रीमार. श्री. वल्लभ के विरुद्ध गंग, चोल एवं राष्ट्र कूटों के सहयोग से संघ बनाया और श्रीमार श्री वल्लभ को तेल्लरू (या तेल्लाक) के युद्ध में पराजित किया। कहा जाता है श्रीमार ने अपनी पराजय का प्रतिशोध उसके सहयोगियों एवं नंदिवर्मन तृतीय को पराजित कर लिया था।

नंदिवर्मन तृतीय के पास शक्तिशाली जहाजी बेड़ा भी था। मणिग्रामतार नामक व्यापारिक श्रेणी द्वारा थाईलैण्ड (स्याम) में अवन्तिनारायण नामक तालाब का निर्माण करवाया। अवन्तिनारायण नंदिवर्मन तृतीय की उपाधि थी। वहां निर्मित विष्णु मंदिर में लगे अभिलेख में नंदिवर्मन का जिक्र आया है। कहा जा सकता है कि, बृहत्तर भारत के निर्माण में नंदिवर्मन तृतीय का उल्लेखनीय योगदान रहा। तमिल कवि पेरुन्देवनार ने 'भारत वेणवां' नामक काव्य की रचना उसके काल में की थी।

नृपतुंग वर्मन (855–896 या 897 ई.) बाहूर लेख, के अनुसार अपराजित नदी के तट पर श्रीमार को नृपतुंग ने पराजित किया था। शासन के अन्तिम दिनों में उसे अपराजित से संघर्ष करना पड़ा। पाण्ड्यों ने नृपतुंग का सहयोग किया, दूसरी ओर चोल एवं पश्चिमी गंग अपराजित के साथ हो गये। श्रीपुरम्बियम में दोनों सेनाओं का संघर्ष हुआ एवं युद्ध में गंग शासक पृथ्वी पति मारा गया। किन्तु अपराजित नृपतुंग को अपदस्थ करने में सफल रहा।

पल्लव वंश के अन्तिम शासक अपराजित ने तिरुपति में वीरट्टानेश्वर मंदिर का निर्माण करवाया था। चोलशासक आदित्य प्रथम के साथ हुए संघर्ष में अपराजित भी मारा गया। उसकी मृत्यु

896–97 ई. के लगभग हुई और उसके साथ ही पल्लव राज्य का अंत हो गया। पल्लव राज्य का समस्त क्षेत्र चोल राज्य का हिस्सा बन गया। अपराजित ने राजमार्तण्ड की उपाधि धारण की थी। पल्लव शासन व्यवस्था के योगदान को इस रूप में समझा जा सकता है कि उत्तरी मौर्य एवं गुप्तकालीन शासन पद्धति को स्थानीय स्वायत्तता के साथ जोड़कर लागू करना था। केन्द्रीभूत शासन के साथ स्वायत्त शासन पल्लवों की समन्वयवादिता का प्रतीक है।

पल्लवकाल में शिक्षा एवं साहित्य का विकास

शिक्षा केन्द्र कांची पल्लव राजधानी कांची शिक्षा का महत्वपूर्ण केन्द्र था यहां छात्र दूर–दूर से शिक्षा ग्रहण करने आते थे। वेद, वेदांग, धर्मशास्त्र, मीमांसा, न्याय एवं राजनीति आदि की शिक्षा दी जाती थी। कदम्बवंशीय राजकुमार मयूरवर्मन कांची में उच्च शिक्षा प्राप्त करने आया था। दिङगनाग, वात्स्यायन, धर्मपाल कांची विश्वविद्यालय के विद्यार्थी रहे थे।

बाहूर शिक्षा केन्द्र शिकांची के अतिरिक्त पुडुचेरी के निकट बाहूर भी शिक्षा का महत्वपूर्ण केन्द्र था। इस महाविद्यालय में संस्कृत साहित्य एवं वेद आदि का अध्ययन करवाया जाता था। पल्लव नरेशों ने संस्कृत भाषा के विकास में महत्वपूर्ण योगदान किया। कुछ प्रारम्भिक अभिलेखों को छोड़कर समस्त अभिलेख संस्कृत भाषा में है। पल्लवों ने संस्कृत को प्रश्रय देकर भारत की सांस्कृतिक एकता को सुदृढ़ किया। **शिक्षा के छोटे केन्द्रों के रूप में बौद्ध विहार एवं ब्राह्मण घटिकाएं भी महत्वपूर्ण थीं,** जिन्हें राज्य की ओर से आर्थिक सहयोग मिलता था। पल्लव शासकों ने न केवल संस्कृत को प्रश्रय दिया अपितु उनके संरक्षण में कई महत्वपूर्ण साहित्यिक कृतियों की रचना की जा सकी। स्वयं महेन्द्रवर्मन प्रथम ने 'मत्तविलासप्रहसन' हास्य रस प्रधान कृति की रचना की थी जो संस्कृत भाषा की अमूल्य धरोहर है। बौद्धकापालिकों की धार्मिक उच्छृंखलता पर इसमें प्रहार किया वहीं शैव तंत्रवाद तथा पंचमकार के दोषों की भी व्याख्या की।[8] 'भगवादज्जुक' नामक ग्रंथ लिखने का श्रेय भी उसे दिया जाता है।

निष्कर्ष कुछ विद्वानों की मान्यता है कि नरसिंह वर्मन द्वितीय जिसकी 'आगम प्रिय' (वेद विद्यापोषक) उपाधि थी, के कार्यकाल में **संस्कृत के महान रचनाकार दण्डिन् रहते थे।[9] जिसने 'दशकुमारचरित' की रचना की थी। यह भी कहा गया है कि भास एवं शूद्रक (मृच्छकटिक) का अभिनय पल्लव राज सभा में होता था। 'किरातार्जुनीयम' के रचनाकार भारवि को सिंह विष्णु का प्रश्रय प्राप्त होने की जानकारी मिलती। महेन्द्रवर्मन के समकालीन अप्पर वागीश या अप्पर प्रसिद्ध शैव संत थे। तिरू–नावुक्करसु ने 49,000 छंदों की रचना उसी दौर में किये जाने का बोध होता है। शैव संत सुन्दर मूर्ति नायनार भी प्रतिष्ठित साहित्यकार था उसने 38000 पदों की रचना की थी। महाभारत का संस्कृत से तमिल अनुवाद 'भारत वेणवां'** नाम से पेरूनदेवनार ने इसी काल में किया था। वैष्णव संत तिरूमंगल आलवार ने भी काव्य रचनायें की थीं।

सन्दर्भ :

1. R.Sathianathaier, History of India, Vol. 1, p260.
2. शास्त्री नीलकंठ, दक्षिण भारत का इतिहास, पृ. 84-85.
3. सैथियनथर आर, हिस्ट्री ऑफ इण्डिया, खण्ड 1.
3a. चौधरी राधाकृष्णः प्राचीन भारतीय अभिलेख, मीनाक्षी प्रकाशन, तालगुंड स्तंभ लेख, पृ. 153-54.
4. सैथियनथर आर, वही, पृ. 261.
5. शास्त्री नीलकंठ, वही, पृ. 85.
6. फ्लीट, का.इ.इ. का हिन्दी अनुवाद भारतीय अभिलेख संग्रह, पृ. 8.
7. सैथियनथर आर, वही, पृ. 263.
8. शास्त्री नीलकंठ, वही, पृ. 299.
9. शास्त्री नीलकंठ, वही, पृ. 299.

56 बादामी के चालुक्य
(Chalukyas of Badami)

गुप्तों के पतन के बाद दक्षिण में वातापी (बादामी) के चालुक्य एवं कांची के पल्लव महत्वपूर्ण शक्तियों के रूप में उभरकर आये। बादामी या वातापी कर्नाटक के बागलकोट जिले में सिथत है। चालुक्यों को पल्लव एवं मदुरा के पांड्यों से निरन्तर संघर्ष करना पड़ा।[1] लड़े गये युद्धों के बावजूद चालुक्यों ने न केवल स्थायी एवं सशक्त शासन दिया अपितु साहित्य एवं कला को समुचित संरक्षण देकर भारतीय संस्कृति के लिए अविस्मरणीय योगदान किया। चालुक्यों की तीन प्रमुख शाखायें थीं – **बादामी के चालुक्य, कल्याणी के चालुक्य एवं वेंगी के चालुक्य।** कल्याणी चालुक्यों की अलग अध्याय में चर्चा की है। दक्षिण के राजनीतिक क्षितिज पर बादामी के चालुक्यों का सर्वप्रथम उदय हुआ, इन्होंने छठी सदी मध्य से आठवीं सदी मध्य तक (535–757 ई.) भारत में राजनीतिक भूमिका अदा की।

इतिहास के स्त्रोत बादामी चालुक्य, जिन्हें पूर्व कालीन पश्चिमी चालुक्य (Early Western Chalukyas) कहा है, के इतिहास लेखन हेतु कई साहित्यिक कृतियां एवं अभिलेखिक साक्ष्य उपलब्ध हैं। विल्हण द्वारा रचित विक्रमांङक देवचरित, पंप रचित 'भारत' अर्थात विक्रंमार्जुनविजय, ह्वेनसांग का यात्रा वृत्तांत, चंदबरदाई का पृथ्वीराजरासो एवं ईरानी इतिहासकार तबरी (टाबरी) का विवरण उल्लेखनीय है। अजंता गुहा चित्रों की पहचान करने में तबरी ने सराहनीय प्रयास किये। तबरी के विवरण से ईरानी शासक खुसरो द्वितीय एवं पुलकेशिन द्वितीय के राजनायिक संबंधों का बोध होता है।

ऐहोल अभिलेख चालुक्यों के कई अभिलेख एवं मुद्रायें प्राप्त हुई हैं। अभिलेख शिलापट्टों, स्तम्भों एवं ताम्रपत्रों पर उत्कीर्ण हैं। पुलकेशिन द्वितीय का कर्नाटक के बीजापुर जिले से प्राप्त शक सवत् 556 (634 ई.) का ऐहोल अभिलेख सर्वाधिक महत्वपूर्ण है। पुलकेशिन द्वितीय के दरबारी कवि रविकीर्ति द्वारा बादामी से आठ किलोमीटर दूर एहोल में लिखवाये गये इस अभिलेख की भाषा संस्कृत एवं दक्षिणी ब्राह्मी लिपी है। पूर्व के चालुक्य इतिहास के अतिरिक्त पुलकेशिन की उपलब्धियों एवं समकालीन शासकों का विवरण आया। है। लेख की शैली की तुलना कालिदास एवं भारवि की शैली से की जाये, ऐसी कामना लेखक (रविकीर्ति) रखता था।[1a]

बादामी शिलालेख बादामी शिलालेख बीजापुर जिले के प्राचीन नगर, जिसे आजकल वातापी कहा जाता है, के किले में शिलाखण्ड पर अंकित है। 1941 में खोजे गये अभिलेख में शक सवंत् 465 (543 ई.) उत्कीर्ण है। पुलकेशिन प्रथम को इस लेख में वल्लभेश्वर कहा है।

महाकूट लेख कीर्तिवर्मन प्रथम की विजयों की जानकारी बीजापुर जिले से प्राप्त महाकूट लेख से होती है। शक संवत् 524 (602 ई.) के इस लेख में चालुक्य वंश की प्रशंसा की है।

हैदराबाद दानपत्र इसी प्रकार पुलकेशिन द्वितीय के तीसरे वर्ष के हैदराबाद दानपत्र में शक सवत् 534 (612 ई.) अंकित है। पुलकेशिन की 'परमेश्वर' उपाधि का इससे बोध होता है। लोहनेर दानपत्र सवणर दानपत्र, द्वितीय कीर्तिवर्मा का वक्कलेरि दानपत्र से महत्वपूर्ण सूचनायें मिलती हैं। कई लेख कन्नड़ एवं तेलुगू में लिखे गये हैं। चालुक्य मुद्राओं की भाषा–प्रतीक, प्राप्ति स्थान आदि से भी चालुक्य इतिहास लेखन में सहायता मिली है।

पल्लवों की भांति चालुक्यों की उत्पत्ति का प्रश्न विवादास्पद रहा है। सभी विद्वानों के मतों को मोटे रूप में हम मुख्यतः तीन तरह की विचारधाराओं में विभक्त कर सकते हैं:

I. विंसेंट स्मिथ, बी.एल. राइस, जे. फ्लीट आदि चालुक्यों को विदेशी मानते हैं। स्मिथ के अनुसार चालुक्य विदेशी गुर्जर जाति से सम्बन्धित चापों के वंशज थे। प्रारम्भ में इस जाति ने उत्तर में निवास किया और कालान्तर में दक्षिण की ओर बढ़ गये। हॉर्नले ने चालुक्य शब्द की उत्पति तुर्की शब्द चॉप (घोड़े को दौड़ने में प्रयुक्त) से मानते हुए इन्हें विदेशी जाति माना है।[2] वराह मिहिर की बृहत्संहिता (कुर्म विभाग – 14/8) में शूलिक जाति का जिक्र आया है। मूलतः इन्हें मध्य एशिया के सोग्डियाना से आया हुआ माना है एवं प्राकृत की एक बोली चूलिका पैशाची[3] का नामकरण इन्हीं के आधार पर माना गया है।

II. डी.सी. सरकार का विचार है कि चालुक्य कन्नड़ थे और इस वंश का संस्थापक चल्क या चलुक रहा होगा। नीलकंठ शास्त्री के अनुसार चल्क्य से चालुक्य बना और आगे जाकर इन्हें चाल्क्य या चौलुक्य कहा जाने लगा।

III. तीसरी विचारधारा के समर्थक विद्वानों ने उत्पत्ति प्रश्न को पौराणिक आधार पर हल करने का प्रयास किया है। विल्हण द्वारा रचित 'विक्रमांकचरित' में चालुक्यों की उत्पत्ति ब्रह्मा के चुलुक[4] से मानी है। आख्यान चंदबरदाई के पृथ्वीराजरासो में चालुक्यों की उत्पत्ति आबू पर्वत पर वशिष्ठ ऋषि द्वारा करवाये यज्ञ कुण्ड से मानी है और इन्हें अग्नि कुल का क्षत्रिय कहा है। बादामी अभिलेख में ब्रह्मा के पुत्र स्वयंभुव मनु के पुत्र मानव्य, मानव्य के पुत्र हरित तथा हरित के पुत्र हारित से चालुक्यों का उद्भव माना गया।

इस प्रकार चालुक्य वंश अपनी ब्रह्मा या मनु से उत्पत्ति मानता है और चालुक्य शासक अपने को चन्द्रवंशी क्षत्रिय मान्वय गोत्र का स्वीकार करते हैं। **ह्वेनसांग** ने स्पष्टतः इन्हें क्षत्रिय कहा है। बादामी चालुक्यों ने 550 ई. से 750 ई. के मध्य शासन किया, जबकि कल्याणी के चालुक्यों का शासन 950 ई. से 1100 ई. के मध्य रहा। वेंगी के चालुक्यों की 600ई. से 1200 ई. के मध्य सत्ता कायम रही।

कैराताम्र पत्र (472–73 ई.) में प्रथम चालुक्य शासक का नाम जयसिंह मिलता है उसे वल्लभ, वल्लभ राज, वल्लभेन्दु एवं श्रीवल्लभ आदि विरुद् से सम्बोधित किया है। जयसिंह संभवतः कदम्ब शासकों के अधीन बादामी क्षेत्र का सामन्त था। जयदेव मल्ल के दौलताबाद लेख में जयसिंह को कदम्बों के ऐश्वर्य का विनाशकर्ता कहा है, जबकि राष्ट्रकूट शासक इन्द्र एवं उसके पुत्र कृष्ण को पराजित करने का श्रेय जयसिंह को कौथेम, अभिलेख देता है।

रणराग का शासन विद्वानों ने 520 ई. के लगभग स्वीकार किया है। येदूर–अभिलेख में उसे एक पराक्रमी शासक बताया है।

पुलकेशिन प्रथम (535–566 ई.) चालुक्य वंश का संस्थापक पुलकेशिन प्रथम कहा गया है। इसके पोलेकैशिन, पुलकैशिन आदि नाम मिलते हैं। नीलकंठ शास्त्री के अनुसार इस नाम का अर्थ है–महान सिंह। बादामी के निकटवर्ती पहाड़ी की इसने 543–44 ई. के लगभग किलेबंदी करवाई एवं मलप्रभा नदी के किनारे सुदृढ़ दुर्ग का निर्माण करवाया तथा एक अश्वमेध यज्ञ करके अपनी स्वतंत्रता की घोषणा की।[5] गुजरात (लाट) के चालुक्य शासक मंगलरसराज के नेरूर अभिलेख में उसे ययाति तथा राजा दिलीप (राम के पूर्वज) के सदृश वीर, मानवधर्म, पुराण, महाभारत, रामायण और इतिहास का ज्ञाता कहा है।

प्रथम कीर्तिवर्मा (566–598 ई.) पुलेकिशन प्रथम के कीर्तिवर्मा एवं मंगलेश दो पुत्र थे। पुलकेशिन के बाद कीर्तिवर्मन शासक बना। एहोल अभिलेख में उसके द्वारा नल (बेलारी कर्नूल जिला), मौर्य (कोंकण क्षेत्र), कदम्ब (उत्तरी कनारा), कलिंग (उड़ीसा), गंग, मषक, पाण्ड्य, चौलिय एवं द्रविल आदि राज्यों को जीतने का उल्लेख आया है।[6] संभवतः उसने कोंकण, उत्तरी कनारा, दक्षिण भारत के कुछ उत्तरी भागों को जीता था, जिसमें महाराष्ट्र, कर्नाटक एवं तमिलनाडू के प्रदेश शामिल थे। महत्वपूर्ण बंदरगाह के रूप में **गोवा (रेवती द्वीप)** उसके राज्य का हिस्सा बनने से अन्तर्प्रदेशीय एवं अन्तर्राष्ट्रीय व्यापार में वृद्धि हुई।

मंगलेश (597–609 ई.) कीर्तिवर्मन् के बाद उसके छोटे भाई मंगलेश को मनोनीत किया गया। कीर्तिवर्मन का पुत्र एवं उत्तराधिकारी अल्प–वयस्क था। इस दौरान कलचुरि राजा बुद्धराज ने पर्याप्त शक्ति अर्जित कर ली थी। गुजरात, खान देश एवं मालवा उसके अधीन थे। मंगलेश ने कई दिनों तक उसके साथ युद्ध किया जिसमें उसकी जीत हुई। नेरूर दानपत्र से जानकारी मिलती है कि कोंकण सामंत स्वामिराज ने चालुक्य राजा का विरोध किया था। उसे दण्डित करना आवश्यक समझा गया दोनों के बीच संघर्ष में स्वामिराज मारा गया। मंगलेश ने अपने पुत्र ध्रुवराज इन्द्रवर्मन को उस क्षेत्र का उपराजा नियुक्त किया। ऐहोल अभिलेख से जानकारी मिलती है कि पूर्व में जो विजय श्री कलचुरि राजवंश का वरण करती थी अब वह मंगलेश की वीरता से प्रसन्न थी।[7] कदम्बों को पराजित करने का भी जिक्र आया है। वल्लभी नरेश ने मंगलेश के साम्राज्य विस्तार को अवरुद्ध करने की कोशिश की किन्तु वह सफल नहीं हुआ। मारूदूर अभिलेख जानकारी देता है कि मंगलेश ने संभवतः पिष्टपुर[8] पर अधिकार किया था किन्तु लम्बे समय तक अपने अधिकार में नहीं रख सका। बादामी (वातापी) के किले के पूरब की पहाड़ियों पर अंकित महाकूट स्तम्भ लेख में मंगलेश की तुलना इन्द्र, राम, युधिष्ठिर, वासुदेव, एवं मान्धता आदि से की है। मंगलेश का अन्तिम समय दुःखद रहा। वह राज्य का उत्तराधिकारी अपने पुत्र ध्रुवराज इन्द्रवर्मन को बनाने की सोचने लगा। उसके भतीजे पुलकेशिन द्वितीय ने बगावत कर दी। गृहकलह में मंगलेश मारा गया और सत्ता पुलकेशिन द्वितीय के हाथों में आ गई । संभवतः मंगलेश का पुत्र इन्द्रवर्मन भी मारा गया। एहोल अभिलेख में पुलकेशिन द्वितीय द्वारा सत्ता हथियाने के निर्मम सत्य को स्पष्ट रूप से उजागर किया है।

पुलकेशिन द्वितीय (609–642–43 ई.) बादामी की सत्ता पुलकेशिन द्वितीय को 609 ई. में प्राप्त हुई। मंगलेश एवं पुलकेशिन के बीच चल रहे गृहयुद्ध का लाभ उठाकर बादामी राज्य के कई सामन्तों ने अपनी स्वतंत्रता की घोषणा कर दी। बादामी सत्ता की लालसा में विद्रोही गोविन्द एवं अप्पायिक राजकुमारों ने शक्तिशाली गजसेना द्वारा संयुक्त रूप से वातापी पर आक्रमण किया। पुलकेशिन ने भेद नीति द्वारा गोविन्द को अपनी ओर मिला लिया और भीमरथी के तट पर विद्रोही अप्पायिका को पराजित कर चालुक्य राज्य से बाहर खदेड़ दिया।[9] आर.जी. भण्डारकर ने विद्रोही गोविन्द की पहचान राष्ट्रकूट राजा गोविन्द प्रथम से की है।

(1) वनवासी के कदम्ब शासकों ने कीर्तिवर्मन के समय चालुक्यों की अधीनता स्वीकार कर ली थी। मंगलेश के साथ चल रहे गृह युद्ध का लाभ उठाकर कदम्बों ने भी अपनी स्वतंत्र सत्ता की घोषणा की। पुलेकिशन ने उनकी राजधानी को घेर लिया। कदम्ब पूरी तरह पराजित हुए और कदंब राज्य प्रशासनिक सुविधा की दृष्टि से दो भागों में विभक्त कर दिया गया। वनवासी नगर क्षेत्र का दायित्व सामंत सेन्द्रक को सौंपा गया, जबकि कदम्ब मण्डल अपने सामंत आलुप के अधीन रहा।

(2) आलुप कर्नाटक के दक्षिण में कनारा जिले में आलुप राज्य स्थित था। कर्नाटक में उदपि क्षेत्र में 'नगरी' नामक शहर आलुपों की राजधानी थी। आलुप पूर्व में संभवतः कदम्बों के अधीन थे। कुंदवर्म्मरस नामक आलुप शासक ने पुलकेशिन की अधीनता स्वीकार कर ली। पुलकेशिन ने उसे अपना प्रांतपति बनाया।

(3) गंगों पर विजय तलकाड के गंग राज्य पर पुलकेशिन ने आक्रमण करके गंग नरेश दुर्विनीत (कुछ विद्वानों के अनुसार उसके पिता अविनीत) को पराजित किया। बाद में गंग राजा दुर्विनीत या अविनीत ने अपनी पुत्री का विवाह पुलकेशिन के साथ किया। नीलकंठ शास्त्री के अनुसार वही आगे जाकर विक्रमादित्य प्रथम की माता बनी।[10]

(4) कोंकण के मौर्य उत्तरी कोंकण के शक्तिशाली मौर्यों की राजधानी पुरीस को भी उसने आक्रांत किया था। उन दिनों पुरीस को 'पश्चिमी समुद्र की लक्ष्मी' कहा जाता था, जिसकी पहचान मुम्बई के निकट ऐलीफैण्टा द्वीप स्थित धारपुरी नगर से की जाती है। कुछ विद्वानों ने इसका तादात्म्य महाराष्ट्र के कोलाबा जनपद के राजपुरी नगर से भी किया है। पुरीस उस दौर में महत्वपूर्ण बंदरगाह के रूप में प्रतिष्ठित था। कोंकण के मौर्य शासकों के कई अभिलेख गोवा के आसपास उपलब्ध हुए हैं। उन दिनों कोंकणों का राज्य गुजरात से गोवा तक फैला था। कोंकण के मौर्यों ने अंततः चालुक्यों की अधीनता स्वीकार की।

(5) लाट विजय पुलकेशिन द्वितीय की विजयी सेना ने उत्तर की ओर रुख किया और लाट (सौराष्ट्र) के दक्षिण में कीमनदी का निकटवर्ती इलाका, जिसकी राजधानी नवसारिका बड़ौदा क्षेत्र में नौसारी थी, पुलकेशिन के अधिकार में आ गये। लाट क्षेत्र पूर्व में कलचुरी शासकों के अधीन था। कैरा लेख से जानकारी मिलती है कि 643 ई. में विजयवर्मन राज नामक राजा का शासन था। ऐहोल सूचना देता है कि लाट शासक ने आत्म–समर्पण किया था।

(6) मालव एवं गुर्जर (गुजरात) विजय मालव राज्य, जो पूर्व में वलभी के मैत्रकों के अधीनस्थ राज्य था, ने भी पुलकेशिन की अधीनता स्वीकार कर ली थी। विद्वानों की मान्यता है कि उत्तर में हर्ष की बढ़ती शक्ति के भय से लाट मालव एवं गुर्जर शासकों ने पुलकेशिन की अधीनता स्वीकार की। हर्ष एवं पुलकेशिन जैसे महत्वाकांक्षी शासक सम्पूर्ण भारत पर अपने एकछत्र शासन की कामना रखते थे। दोनों की महत्वाकांक्षाओं ने युद्ध को अनिवार्य बना दिया। हर्ष पश्चिमी भारत को अपने प्रभाव में रखना चाहता था।

इसी अपेक्षा से उसने वल्लभी पर आक्रमण किया, वल्लभी राजा ध्रुवसेन द्वितीय ने भागकर गुर्जर नरेश दद्द द्वितीय के यहां शरण ली। दद्द चालुक्य शासक के प्रभाव में था। पुलकेशिन के समर्थन से ही उसने हर्ष के विरोधी वल्लभी शासक ध्रुवसेन को शरण दी थी। दूसरे शब्दों में हर्ष के विरुद्ध एक शक्ति शाली गुट मुकाबले के लिए तैयार था। चालुक्य साम्राज्य की उत्तरी सीमा महा नदी को स्पर्श करती थी।

(7) हर्ष के साथ संघर्ष दक्कन पर जैसे ही हर्ष ने आक्रमण किया, मुकाबला करने के लिए पुलकेशिन तैयार था। एक–दूसरे का प्रभाव समाप्त करने के लिए रेवा नदी (नर्मदा) के किनारे युद्ध हुआ, जिसमें हर्ष की पराजय हुई। हर्ष के अनेक हाथी पुलकेशिन के कब्जे में आ गये। जैन मंदिर के स्तम्भ पर अंकित प्रसिद्ध ऐहोल प्रशस्ति में पुलकेशिन द्वितीय की विजयों का विस्तृत विवरण दिया है।[11] **ह्वेनसांग** ने भी लिखा है, ''हर्ष ने पूर्व से पश्चिम तक अनेक राज्यों पर विजय प्राप्त की पर महाराष्ट्र (मो–हो–च–ल) के शासक ने उसकी अधीनता नहीं मानी। शीलादित्य ने, जिसे अपनी सेना पर गर्व था, आत्म–विश्वास के साथ अपनी सेना लेकर आक्रमण किया पर उसे पराजित न कर सका।'' दोनों के मध्य हुए समझौते के अनुसार नर्मदा नदी को चालुक्यों एवं हर्ष की राज्य सीमा माना गया। इस असफलता से हतोत्साहित हर्ष ने पुनः दक्कन की ओर मुड़कर नहीं देखा। दक्षिण भारत में केवल पुलकेशिन का डंका बजता था। **सकलोत्तरापथनाथ हर्ष को पराजित कर पुलकेशिन द्वितीय ने 'परमेश्वर' की उपाधि धारण की।** अब सभी विद्वान यह स्वीकार करते हैं युद्ध 630 ई. से 634–35 ई. के मध्य लड़ा गया था। 630 ई. के लोहनेर अभिलेख में इस युद्ध की चर्चा नहीं है। अतः संघर्ष इसके बाद हुआ अर्थात् 630 ई. से 634–35 ई. के मध्य की यह घटना है। तिथि के विषय में पुष्यभूति एवं हर्षवर्द्धन नामक अध्याय भी देखे।

(8) आन्ध्र क्षेत्र पर विजय पूर्वी दक्षिणापथ में सत्ता विस्तार की जानकारी ऐहोल अभिलेख से होती है। उसने पिष्टपुर (गोदावरी जिला, वर्तमान पीठापुरम) पर अधिकार जमाया और अपने भाई विष्णु वर्द्धन को वहां का राजा बनाया। कहा गया है कि इसी विष्णुवर्द्धन ने पूर्वी चालुक्य वंश की नींव रखी। चालुक्यों की यह शाखा 1070 ई. तक सत्ता में रही।

आन्ध्र क्षेत्र के विष्णु काण्डेन वंशीय शासकों की सेनाओं के साथ भी भंयकर युद्ध हुआ। युद्ध में बहे रक्त से कोणाल झील (कोलेरू झील) का जल लोहित हो गया था। आन्ध्र क्षेत्र पर पुलकेशिन द्वितीय के अधिकार का समर्थन 631 ई. के कोप्परम अभिलेख से होता है। पुलकेशिन के छोटे भाई एवं हाल ही में शासक बने विष्णुवर्द्धन ने कर्म राष्ट्र (नल्लोर एवं गण्टूर जिले) में भूमि दान की थी। पुलकेशिन से पराजित शासक की पहचान कुछ विद्वान इन्द्रवर्मन से करते हैं। एहोल लेख से त्रि–महाराष्ट्रकों पर अधिकार का जिक्र आया है। नीलकंठ शास्त्री के अनुसार संभवतः यह क्षेत्र नर्मदा एवं ताप्ती के बीच का इलाका था।

पल्लवों पर आक्रमण पुलकेशिन के समय पल्लव शासक महेन्द्रवर्मन का राज्य उत्तर में कृष्णा नदी तक फैला हुआ था। विद्वत्ता एवं कला प्रेम के लिए प्रसिद्ध महेन्द्रवर्मन की प्रशासनिक योग्यता का लोहा तत्कालीन शासक मानते थे। पुलकेशिन द्वितीय का दक्षिण में सबसे बड़ा प्रतिद्विन्दी महेन्द्रवर्मन ही था। चालुक्य शासक ने पल्लवों के विरुद्ध युद्ध की घोषणा की किन्तु कांची पर अधिकार नहीं किया जा सका। इस दौरान पुलकेशिन ने चोल एवं पाण्ड्यों से मैत्री की थी। लगभग 630 ई. में लड़े गये इस युद्ध से चालुक्य सीमा अरब सागर से बंगाल की खाड़ी तक फैल गई। लोहनेर अभिलेख में उसे पूर्वी एवं पश्चिमी समुद्रों का स्वामी कहा है।

महेन्द्रवर्मन के स्थान पर 630 ई. में उसका पुत्र नरसिंहवर्मन पल्लव शासक बना। इस दौरान पुलकेशिन ने पल्लवों के सामंत रॉयल सीमा के शासक बाण लोगों के विरुद्ध अभियान छेड़ा हुआ था। **नरसिंह वर्मन ने सिंहल (श्रीलंका) के राजकुमार मानवर्मा के सहयोग से चालुक्यों को कांचीपुरम से बीस**

मील पूरब मणिमंगला के युद्ध में पराजित किया। नरसिंह वर्मन ने अपनी सफलता से उत्साहित होकर चालुक्यों पर हमला कर दिया और बादामी तक पहुंच गया। पल्लव राजा ने बादामी दुर्ग को घेर लिया। पुलकेशिन द्वितीय भयंकर संघर्ष में लड़ता हुआ मारा गया और चालुक्य राज्य छिन्न–भिन्न होने जैसी स्थिति हो गई।[11A] पल्लव शासक नरसिंहवर्मन ने इस युद्ध में जीत के उपलक्ष में 'वातापिकोंड' की उपाधि धारण की। पुलकेशिन द्वितीय को शासन के प्रारम्भ से अंत तक निरन्तर संघर्ष करना पड़ा, पल्लवों को छोड़कर कहीं भी वह असफल नहीं रहा।

उपलब्धियां इरानी इतिहासकार तबरी (टाबरी के 625–28 ई.) के विवरण से ज्ञात होता है कि पुलकेशिन द्वितीय (प्रमेश अर्थात् 'परमेश्वर जो पुलकेशिन की उपाधि थी) ने समकालीन ईरानी शासक खुशरू पर्वेज (Khosrau-II) के पास उसके शासन के 36वें वर्ष में उपहारों सहित मैत्री प्रस्ताव के साथ दूत मण्डल भेजा था। बदले में ईरानी शासक ने पुलकेशिन के दरबार में अपनी ओर से एक दूतमण्डल भेजा। फर्गुशन के अनुसार अजंता की गुहा क्रम एक की छत पर ईरानी दूतों का भारतीय राजा द्वारा स्वागत का चित्रण किया गया है। दूसरे चित्र में खुशरू एवं उसकी पत्नी शीरी का चित्रण है। यद्यपि कुछ विद्वान इससे सहमत नहीं है उनके अनुसार मदिरापान के इस चित्र में पुरुष अपनी प्रेमिका के साथ बैठा दर्शाया है।[12]

पुलकेशिन द्वितीय के समय **ह्वेनसांग** ने दक्षिण की यात्रा की थी। उस समय पुलकेशिन नासिक दरबार में था।[13] इस प्रदेश के लिए **ह्वेनसांग** ने लिखा है, "यहां के लोग ईमानदार और सरल प्रकृति के हैं। वे कद में बहुत ऊँचे होते हैं, और साथ ही बड़े मजबूत और प्रतिशोध ा की प्रवृत्ति वाले हैं। अपने हितकर्ताओं के प्रति वे कृतज्ञ होते हैं और शत्रुओं के प्रति अत्यन्त कठोर। यदि कोई उनका अपमान करे तो बदला चुकाने के लिए वे जान पर खेल जाने में भी संकोच नहीं करते। यदि कोई व्यक्ति संकट में हो तो, उसकी सहायता करने के लिए वे अपने आपको भुला देते हैं। यदि कोई सेनापति युद्ध में परास्त हो जाए, तो उसे वे दण्ड नहीं देते, अपितु उसे स्त्रियों के वस्त्र पहना देते हैं। यहां के लोग विद्या के प्रेमी हैं।"[14] **ह्वेनसांग** के अनुसार पुलकेशिन का राज्य 836 मीलों में फैला हुआ था और उसकी राजधनी (बादामी) 5 मील तक विस्तीर्ण थी। वह दक्षिण का पला शासक था जिसने स्वर्ण मुद्राएं जारी की। गोल सिक्कों पर वराह (Boar) अंकित है। तत्कालीन साहित्य में वराही स्वर्ण मुद्राओं का जिक्र आता है।

डी.सी. सरकार के शब्दों में हम कह सकते हैं कि बादामी का पुलकेशिन द्वितीय चालुक्य वंश का महानतम राजा तथा प्राचीन भारत के महानत्तम राजाओं में से एक था।[15]

पुलकेशिन का साम्राज्य उत्तर में विंध्य पर्वत श्रेणी और महानदी तक, दक्षिण में मैसूर पार तक का इलाका उसके अधिकार में था। पूर्व एवं पश्चिम में समुद्र उसकी सीमा बनाते थे। केन्द्रीय भाग को छोड़कर शेष भाग सामंतों में विभक्त था वे प्रतिवर्ष वार्षिक कर का भुगतान करते थे। उसने अवश्मेघ एवं वाजपेय आदि यज्ञों का आयोजन किया था। गुहा मंदिरों का निर्माण इस काल की विशेष उपलब्धि थी।

विक्रमादित्य प्रथम (655–681 ई.) नरसिंह वर्मन की निर्णायक सफलता तथा पुलकेशिन द्वितीय की मृत्यु से चालुक्य राज्य कुछ समय के लिए अंधकार में डूब गया। अधीनस्थ सामंत अपनी स्वतंत्रता घोषित करने लगे। लगभग 13 वर्ष (642–655 ई.) तक पुलकेशिन के पुत्रों में परस्पर सत्ता संघर्ष चलता रहा। विक्रमादित्य प्रथम ने अपने नाना गंग नरेश दुर्विनीत की सहायता से पल्लवों के आधिपत्य से राजधानी को मुक्त करवाया एवं दूसरे विद्रोही भाइयों, आदित्यवर्मा एवं चन्द्रादित्य को परास्त कर अपने को चालुक्य शासक घोषित किया। इस अभियान में विक्रमादित्य प्रथम को उसके छोटे भाई धराश्रय जयसिंह वर्मन का सहयोग मिला। उसके सहयोग के बदले जयसिंह को लाट (सौराष्ट्र) का गवर्नर बनाया गया उसकी राजधनी नवसारी थी। आगे जाकर जससिंह वर्मन ने गुजरात में चालुक्यों की एक पृथक् राजसत्ता की नींव डाली, जिसे गुजरात चालुक्य शाखा कहा गया।

विक्रमादित्य ने सम्पूर्ण पैतृक राज्य पर अपनी सत्ता पुनः कायम की और पल्लव नरेश महेन्द्रवर्मन द्वितीय को पराजित किया। दूसरा उल्लेख गद्देमने (गदवल) लेख में हुआ है। पाण्ड्य नरेश अरिकेसरी परांकुश मारवर्मन प्रथम से उसने मैत्री की और महेन्द्रवर्मन द्वितीय के उत्तराधिकारी पल्लव नरेश परमेश्वरवर्मन प्रथम पर आक्रमण किया। किन्तु पेरूवल्लूर (पेरूवलनल्लूर) में विक्रमादित्य पराजित हुआ। वैष्णव संत तिरूमंगई के विवरण से ज्ञात होता है कि नांगूर सरदारों ने पाण्ड्यों तथा उत्तर के किसी शक्तिशाली शासक को पराजित किया। विद्वानों की मान्यता है कि यहां चालुक्यों की पराजय का उल्लेख है। पल्लव बादामी तक जा पहुंचे थे किन्तु धन सम्पत्ति लूटकर लौट गये। इस संघर्ष के बाद चालुक्यों ने लगभग आधी सदी तक पल्लवों को छेडने की हिम्मत नहीं जुटाई। कहा जाता है कि उसके द्वारा लड़ी गई कई लड़ाइयों में चित्रकंठ नामक घोड़े का अतुल्य सहयोग रहा।

विनयादित्य (681–696 ई.) विक्रमादित्य प्रथम की मृत्यु के बाद उसका पुत्र विनयादित्य शासक बना। नीलकंठ शास्त्री के अनुसार 678–79 ई' में उसे युवराज घोषित कर दिया था। परवर्ती अभिलेखों में उसे त्रैराज्यपल्लव पति कहा है। फ्लीट, राय चौधरी के अनुसार त्रैराज्य चोल, पाण्ड्य एवं केरल का स्मरण कराता है। कुछ अभिलेखों में उसे पल्लवों, कलभ्रों, केरलों, हैहयों, विलों, चोलों, मालवों एवं पाण्ड्यों आदि का अधिनायक बताया है। इतिहासकार इसे कवि की कल्पना मानते है। कमेर (कावेरी घाटी), पारसीक एवं सिंहल राजाओं से कर प्राप्त करने का श्रेय भी उसे दिया है। रायगढ़ लेख में 'सकलोतरापथनाथ' को पराजित करने का जिक्र है। कुछ विद्वान् सकलोत्तरापथनाथ से अभिप्राय परवर्ती गुप्तशासक देवगुप्त या आदित्यसेन से करते हैं जबकि कुछ विद्वान कन्नौज के यशोवर्मा से। इस क्रम में कहा गया है विनयादित्य का पुत्र विजयादित्य उत्तर भारत से नगाड़े गंगा यमुना के प्रतीक चिह्न पालिध्वज तथा हीरे–जवाहरात लूट कर लाया था। इस अभियान में विजयादित्य पराजित हुआ और बंदी बना लिया था किन्तु स्व–बाहुबल से मुक्त होकर अपने राज्य लौट आया। इस दौरान विनयादित्य की मृत्यु हो गई।

विजयादित्य (696–733 ई.) करनूल लेख से जानकारी मिलती है कि 691 ई. में विजयादित्य को युवराज बना दिया था। उसके दीर्घकालीन शासनकाल के 40 अभिलेख प्राप्त हुए हैं। उलचला अभिलेख से ज्ञात होता है कि विजयादित्य ने अपने शासन काल के 35वें वर्ष में अपने पुत्र युवराज विक्रमादित्य (द्वितीय) को पल्लवराज्य के विरुद्ध भेजा। इस अभियान में चालुक्य युवराज विक्रमादित्य द्वितीय ने तत्कालीन पल्लव नरेश परमेश्वरवर्मन द्वितीय को पराजित कर उससे बहुमूल्य रत्न एवं धन वसूल किया था। उसके सामंतों में गंग, सेन्द्रक, आलुप, बाण, रेनाडु एवं तेलगु चोल प्रमुख थे।

विजयादित्य के शासन काल में कला को प्रोत्साहन मिला। उसने पट्टदकल में विशाल विजयेश्वर शिव मंदिर का निर्माण करवाया, जिसे अब संगमेश्वर कहा जाता है। इसी प्रकार अलमपुर अभिलेख से ज्ञात होता है कि विजयादित्य की आज्ञा से अलमपुर में भी शिव मंदिर का निर्माण ईशानाचार्य ने करवाया था। उसकी माता विनयवती ने वातापी में, ब्रह्मा, विष्णु एवं शिव मूर्तियां स्थापित करवाई थी। और बहन कुमकुम महादेवी ने लक्ष्मेश्वर (लक्ष्मीश्वर) में आनेसेज्येयवसदि (अनसेज्जेय वसादी) नाम का भव्य जैन मंदिर बनवाया एवं जैन विद्वानों को कई ग्राम दान किये। यह चालुक्य शासन का धर्म सहिष्णुता का प्रतीक था। विजयादित्य ने महाराजधिराज, श्री पृथ्वीवल्लभ, सत्याश्रय जैसी उपाधियां धारण की। **वीणा पोटिवाल (महाकूट विनमोटि) नामक गणिका को विजयादित्य की प्राण वल्लभा कहा है। विजयादित्य के एक गवर्नर जयाश्रय मंगलराज लाट क्षेत्र में कार्यरत होने का उल्लेख मिलता है।**

विक्रमादित्य द्वितीय (734–745 ई.) दो महत्वपूर्ण घटनायें द्वितीय विक्रमादित्य के समय हुई। पहली महत्वपूर्ण घटना चालुक्य साम्राज्य के पश्चिमोत्तर भाग पर अरबों का आक्रमण था। जैसा विदित है कि 712–13 में मुहम्मद–बिन–कासिम ने आक्रमण कर सिंध और उसके आसपास के प्रदेश पर अधिकार कर लिया था। अरबों ने लाट (सौराष्ट्र) पर भी आक्रमण किया, जो चालुक्य साम्राज्य का अंग था। चालुक्य राज की ओर से लाट शासन के लिए अवनिजनाश्रय पुलकेशि नियुक्त था। नौसारी अभिलेख कलचुरि संवत् 490 (738–39 ई.) से जानकारी मिलती है कि अरबों, जिसे अभिलेख में ताज्जिक कहा गया है, को लाट क्षेत्र के गवर्नर जयसिंह वर्मन के पुत्र पुलकेशिन ने पराजित किया।

दूसरे, अपने परम्परागत शत्रु पल्लवों पर विजय विक्रमादित्य द्वितीय के समय की महत्वपूर्ण घटना है। कांची पर विजय प्राप्त करने के बाद कंचितकोंड (कांची का विजेता) की उपाधि धारण की। इसकी पुष्टि नरवण (रत्नगिर जनपद), केन्दूर वक्ककलेरि तथा विक्रमादित्य की रानी लोक महादेवी के पट्टदकल अभिलेखों से होती है। इस युद्ध में चालुक्यों को विपुल धन प्राप्त हुआ। कहा गया है कि स्थानीय ब्राह्मणों एवं निर्धनों में धन बांट दिया गया और राजसिंहेश्वर मन्दिर को अधिक वैभवशाली बनाने के लिए रत्न आदि भेंट किये थे। पराजित पल्लवराजा द्वितीय नंदिवर्मन पर तुंडाक प्रदेश की ओर से आक्रमण करने का उल्लेख अभिलेखों में हुआ है।

इस काल में कला को प्रोत्साहन मिला। विक्रमादित्य की रानी लोक महादेवी ने पट्टदकल में लोकेश्वर नाम के पत्थर के एक विशाल शिव मंदिर का निर्माण करवाया, जो 'विरुपाक्ष' के नाम से प्रसिद्ध है। इस मंदिर के वास्तुकार 'गुंड' को त्रिभुवनचारि (तीन लोक के गुरु) अनिवारिताचारि (अनुपम आचार्य) तथा तेन्कण दिशा सूत्राधारि आदि उपाधियों से सम्मानित किया। विक्रमादित्य ने महाराजाधिराज, श्रीपृथ्वी वल्लभ, कांचितकोंड जैसी उपाधियां धारण की थी।

कीर्तिवर्मन द्वितीय (745–46–757 ई.) वातापी चालुक्य वंश का अन्तिम शासक कीर्तिवर्मण द्वितीय था। उसके सामंत दंतिदुर्ग ने अपनी शक्ति बढ़ाकर चालुक्य राज्य के बड़े हिस्से पर अधिकार किया और राष्ट्रकूट वंश की दक्षिणापथ में नींव डाली। चालुक्य नरेश पर दंतिदुर्ग की विजय की जानकारी 753–54 ई. के समनगढ़ (कोल्हापुर जनपद) अभिलेख से होती है। इस युद्ध में चालुक्यों को गुजरात एवं उत्तरी महाराष्ट्र का बड़ा हिस्सा खोना पड़ा। दंतिदुर्ग की मृत्यु के बाद 756 ई. के लगभग कीर्तिवर्मन ने चालुक्य शक्ति को संगठित करने का प्रयास किया था। गोविंद तृतीय के वणी गांव अभिलेख के अनुसार राष्ट्रकूट नरेश कृष्ण प्रथम ने चालुक्य नरेश को पराजित किया और उसका राज्य राष्ट्रकूट साम्राज्य में मिला लिया गया।

पल्लवों से निरन्तर युद्ध के कारण चालुक्यों की वित्तीय एवं सामरिक स्थिति कमजोर हुई। राष्ट्रकूटों का अभ्युदय भी चालुक्यों की कमजोर एवं गलत सामंती नीति का ही परिणाम था और वही शक्ति चालुक्यों के पराभव का कारण बनी।

चालुक्यकालीन संस्कृति लगभग दो शताब्दियों के शासन काल में चालुक्यों का साहित्य कला एवं धर्म के सवंर्द्धन में महत्वपूर्ण योगदान रहा। ह्वेनसांग ने चालुक्य शासकों को विद्या व्यसनी कहा है। चालुक्य लेखों की विकसित संस्कृत भाषा तत्कालीन समाज के ऊंचे शैक्षिक स्तर का बोध करवाती है। चालुक्य काल में शिक्षा का स्तर ऊंचा था। समाज का बड़ा हिस्सा शिक्षित था इस तथ्य की पुष्टि सम्पूर्ण चालुक्य राज्य से प्राप्त सैकड़ों अभिलेख हैं, जो लोगों के शिक्षित होने की सूचना देते हैं। ह्वेनसांग के विवरण से ज्ञात होता है कि चालुक्य कालीन समाज में शिक्षा के प्रति जागरूकता थी एवं महाराष्ट्र में विद्या एवं कला के प्रति अगाध प्रेम था। नगरों में कई महाविद्यालय स्तर के शैक्षिक संस्थान एवं अन्य कई छोटी शिक्षण संस्थायें थीं।

अभिलेखों में प्रयुक्त संस्कृत इस बात की साक्षी है कि लोग शिक्षित थे और संस्कृत का अध्ययन एवं अध्यापन किया जाता था। राजधानी वातापी (बादामी) में अनेक विद्याओं में निष्णात हजारों विद्यार्थी रहते थे। एहोल प्रशस्ति में भाषा एवं छंदों का संस्कृत स्वरूप गुप्तकालीन प्रशस्तियों जैसा है एवं छंदों का प्रयोग एवं शैली महाकवि कालिदास एवं भारवी की पदावलियों का स्मरण करवाती है। उदयदेव प्रसिद्ध व्याकरणाचार्य एवं जैन मतानुयायी थे। "जैनेन्द्र" नामक उनके व्याकरण ग्रंथ से शिक्षा के प्रसरण एवं लोगों की लेखन में रुचि का बोध होता है। महाकवि सोमदेवसूरि ने 'यशस्तिलकचम्पू' की रचना की, जिसमें जैन धर्म एवं दर्शन की व्याख्या की गई है। और 'नीतिवाक्यामृतम्' नामक ग्रंथ में राजनीतिक सिद्धान्तों का विश्लेषण किया गया है।

संस्कृत व्याकरण "शब्दावतार" के रचनाकार गंजराजदुर्विनीत प्रख्यात रचनाकार थे। इसी प्रकार 'तत्वार्थ महाशास्त्र' की 'चूड़ामणि टीका' के रचियता तुम्बुलाचार्य अपने समय के प्रसिद्ध विद्वान थे। अन्य रचनाकारों में अवलंक जिसने अष्टशती की रचना की और 'अष्टासाहस्त्री' का रचनाकार विद्यानंद था। माणिक्य नंदिन न्याय से सम्बन्धित 'परीक्षा मुख' का रचयिता था। याज्ञवल्क्य स्मृति की टीका 'मिताक्षरा' की रचना विज्ञानेश्वर ने इसी काल में की थी। प्रभाचन्द्र का "न्याय कौमुदीचन्द्रोदय" का इसी दौर में आलेखन हुआ। गणित सम्बन्धी महत्वपूर्ण ग्रंथ 'गणितसार समुच्चय' की रचना वीराचार्य ने की थी। 'अमोघवृत्ति' का लेखक जिनसेन इसी काल में हुआ।

इस काल में कन्नड साहित्य का भी विकास हुआ। चालुक्य शासकों ने कन्नड के विकास में योगदान किया था। कविराज मार्ग, शांति पुराण, चामुण्डरायपुराण, अजितपुराण, गदायुद्ध जैसी महत्वपूर्ण कृतियों की रचना कन्नड भाषा में की गई। इतिहास लेखन विद्या को दर्शाने वाला प्राचीन भारत का प्रमुख ग्रंथ विक्रमांकदेव चरित विल्हण द्वारा लिखा गया। प्राकृत, कन्नड तथा संस्कृत के महाकवि श्यामकुण्डाचार्य तथा आदिपुराण और विक्रमार्जन विजय के रचयिता महाकवि पम्प उल्लेखनीय रचनाकार थे। कन्नड़ कवियों में पम्प की ख्याति सर्वाधिक है।

चालुक्य शासकों की संगीत में भी रुचि थी, सेनापति रविदेव को संगीत का शौकीन कहा है। संभवतः आचार्य भरत की परम्परा पर आधारित नृत्य – भरतनाट्यम का प्रारम्भ इसी काल में हुआ था। चालुक्य शासकों द्वारा धारण की गई उपाधियों एवं बड़ी संख्या में बनवाये गये मन्दिरों के आधार पर कहा जा सकता है कि चालुक्य हिन्दू थे। उन्होंने अश्वमेध एवं वाजपेय जैसे कई यज्ञों का सम्पादन किया था। समाज में ब्रह्मा, विष्णु व शिव उपासना लोकप्रिय थी। हिन्दू धर्म की तरह जैन धर्म भी लोकप्रिय था। एहोल प्रशस्तिकार रविकीर्ति जैन मतावलम्बी था जिसने मेगुती मंदिर का निर्माण करवाया। जैन विद्वानों को चालुक्यों द्वारा दान दिये जाने का बोध तत्कालीन अभिलेखों से होता है। एहोल, बादामी के भित्ति चित्रों में जैन तीर्थंकरों का अंकन हुआ है।

मूल्यांकन बौद्ध धर्म की समाज में प्रतिष्ठा थी। **ह्वेनसांग** ने 100 से अधिक बौद्ध मठों–विहारों का उल्लेख किया है। हीनयान एवं महायान दोनों मतों के लगभग 5000 भिक्षु बौद्ध मठों में निवास करते थे। **ह्वेनसांग** स्वयं पुलकेशिन द्वितीय के समय महाराष्ट्र गया था उसने बादामी में पांच अशोक स्तूप देखे थे। चालुक्य शासक न केवल वीर साहसी एवं विजेता ही थे अपितु साहित्य, कला और धर्म के संरक्षक एवं संवर्द्धक भी थे।

सन्दर्भ :

1. शास्त्री नीलकंठ, दक्षिण भारत का इतिहास, पृ. 123.

1a. देखिये चौधरी राधाकृष्ण, प्राचीन भारतीय अभिलेख, एहोल लेख, पृ. 162 श्लोक 37.

2. Sathianathaier, History of India, Vol I, p307.

3. चुलिका पैशाची, संभवतः नाटक में पर्दे के पीछे से पात्रों को सूचना दी जाती थी। प्राकृत भाषा में चुलिका पैशाची शब्द का उद्भव संभवतः इसी तरह हुआ।

4. चुलुक (हथेली की गहराई).

5. शास्त्री नीलकंठ, वही, पृ. 124.

6. देखिये चौधरी राधाकृष्ण, वही, पृ. 158–59
नलमौर्य कदम्ब काल रात्रि।
स्तनयस्तस्य बभूव कीर्तिवर्मा।।

7. देखिये, एहोल प्रशस्ति, श्लोक 12, 'कचच्छुरि श्री ललनापरिग्रहम'।

8. समुद्रगुप्त की प्रयाग प्रशस्ति में उल्लखित पिष्टपुर या पैष्टपुर, जहां महेन्द्रगिरी शासक था।

9. चौधरी राधाकृष्ण, एहोल अभिलेख, पृ. 160, श्लोक 17.

10. शास्त्री नीलकंठ, वही, पृ. 125.

11. देखिये वही, पृ. 160–61
युधिपतित गजेन्द्रानीक बीभत्स भूतो।
भयविगलित हर्षोयेन चकारि हर्ष।

11a. शास्त्री नीलकंठ, वही, पृ. 126.

12. कुमार स्वामी, हिस्ट्री ऑफ इण्डियन एण्ड इण्डोनेशियन आर्ट, पृ. 1927, सैथयैंथयर, वही, पृ. 309 से उद्धृत'

13. सैथयैंथयर, वही, पृ. 309.

14. Watters, T, on yuanchwang's Travels in India Vol I and II, 1904 Sathianathaier R, History of India, Vol I, p309 से उदधृत.

15. Sircar, DC, Classical Age, p240.
Pulkesin II was undoubtedly the greatest king of the Chalukya house of Badami and one of the greatest monarchs of Ancient India.

57 पल्लव एवं चालुक्य की राजव्यवस्था और प्रशासन
(Pallava's & Chalukya's Polity and Administration)

दक्षिण में पल्लव एवं चालुक्यों ने कई वर्षों तक राज्य किया और मजबूत प्रशासनिक व्यवस्था की स्थापना की। पल्लवों के लम्बे शासन काल (300–900 ई.) की प्रशासनिक व्यवस्था की जानकारी ताम्रपत्रों से होती है, जो समय–समय पर शासकों द्वारा दिये गये दान आदि के क्रम में जारी किये गये थे। तत्कालीन अन्य अभिलेख भी पल्लव शासन व्यवस्था के महत्वपूर्ण स्त्रोत हैं।

पल्लव शासन व्यवस्था– पल्लवों के चरमोत्कर्ष काल में अर्काट, त्रिचनापल्ली, तंजौर, आन्ध्र का दक्षिणी हिस्सा, महाराष्ट्र के दक्षिणी–पूर्वी भाग, मैसूर के वेल्लारी इलाके से कृष्णा नदी के मुहाने तक के समस्त क्षेत्र, जिसे तोंडमण्डलम कहा जाता था, शामिल थे।[1] पल्लवों ने कांची को अपनी राजधानी बनाया। पल्लव शासकों की नीति वैदिक संस्थाओं को आत्मसात् करने की थी, जिसमें समन्वयवादी दृष्टिकोण से निखार लाया जा सका। एक ओर उनकी नीति से दक्षिण भारत की शासन पद्धति के मूल तत्व, जैसे– स्थानीय स्वायत्तता सुरक्षित रही दूसरी ओर उसमें उत्तरी भारत की मौर्य एवं गुप्त प्रशासन की केन्द्रीभूत व्यवस्था को भी स्थान दिया जा सका।[2] यह उल्लेखनीय है कि, केन्द्रीय प्रशासन का स्थानीय स्वायत्तता से मेल था, जो पल्लव शासन की अपनी उपलब्धि थी।

पल्लवों के राजतंत्रात्मक चरित्र में शासन का सर्वोच्च अधिकारी राजा था। उन दिनों के शासन का समाज के प्रति सम्बन्धों की व्याख्या करते हुए नीलकंठ शास्त्री ने लिखा है, बहुत कम बातों के लिए वे राज्य पर निर्भर करते थे। शासक से आशा की जाती थी कि वह विद्यमान सामाजिक व्यवस्था को बनाये रखेगा, आन्तरिक उपद्रव और विदेशी आक्रमण से उनकी रक्षा करेगा तथा अपने पारिश्रमिक के रूप में जनता द्वारा दिये गये कर खासकर भूमि की उपज का छठा भाग प्राप्त करेगा।[3] कहा जा सकता है कि, समाज की अपेक्षायें इतनी अधिक नहीं थी कि सत्ता के लिए समाज हर समय परेशानी खड़ी करता रहे। यद्यपि राजाओं द्वारा बड़ी–बड़ी उपाधियां जैसे– महाराजाधिराज, भट्टारक, आदि धारण की जा रही थीं, जो इस तथ्य की प्रतीक थीं कि समस्त शक्तियां राजा में केन्द्रित हैं।

पल्लवों में राजत्व को ईश्वरीय और वंशानुगत माना गया और वे अपनी उत्पत्ति ब्रह्मा से मानते थे। इसके बावजूद राजा प्रजा की भलाई अपना कर्तव्य मानता था। किन्तु एक बार जब कोई वंशानुगत उत्तराधिकारी नहीं था तो राजा का चुनाव किया गया परन्तु इस घटना को अभूतपूर्व नहीं माना गया।[4] शासन में रानी एवं युवराज की महत्वपूर्ण भूमिका थी और उनके द्वारा अपने अधिकार से कभी–कभी भूमि अनुदान–पत्र जारी किये गये, यही नहीं राजकुमारों ने घोषणा–पत्र जारी करने में संकोच नहीं किया। यू.एन. घोषाल की धारणा है कि संभव है कि अनुदान–पत्र जारी करते समय युवराज राजा की ओर से राज्य (रीजेन्ट) का काम कर रहा हो।[5]

मंत्री एवं अधिकारी उत्तर की तरह दक्षिण में भी राजपद वंशानुगत था और सामान्यतः राजा अपने योग्य उत्तराधिकारी को युवराज नियुक्त करता था, जिसे 'युवमहाराज' कहते थे।

- राजा के सहयोग के लिए मंत्रिपरिषद थी जिसकी सलाह ली जाती थी। बैकुण्ठ पेरुमाल लेख में नंदिवर्मन् की मंत्रिपरिषद् का उल्लेख आया है। महत्वपूर्ण मामलों में राजा कुछ विशेष मंत्रियों के दल की सलाह लेता था, जिसे 'रहस्याधिकृत' कहा है।
- राजा के अतिविश्वसनीय अधिकारियों का भी जिक्र आया है, जिसमें 'अमात्य' गौवल्लभ (गौ–अध्यक्ष), 'अरण्याधिकृत' (वन–अध्यक्ष), 'गौल्मिक' (संभागीय नियंत्रक, या सैनिक चौकियों का प्रधान), दूतिका (दूत आदि), नायक (पुलिस या सेना का नायक) एवं संचारिन या संचरन्तक (गुप्तचर) शामिल थे।[6]
- शासन संचालन हेतु कई उच्च अधिकारियों के अस्तित्व की जानकारी अभिलेखों से होती है, राजकुमार, सेनापति, राष्ट्रिक (जिले का प्रधान अधिकारी), देशाधिकृत (स्थानीय संरक्षक), तैर्थिक (तीर्थों एवं घाटों का सर्वेक्षक), धर्मासन भट्ट (न्यायाधीश), नीलक्कलत्तर एवं अधिकारर् (राजस्व एवं कृषि सर्वेक्षण, कोषाध्यक्ष) आदि। शिवस्कन्दनवर्मन के हिराहडगल्ली दानपत्र में इन अधिकारियों का जिक्र आया है। अमात्यों की नियुक्ति विभिन्न विभागों में की जाती थी।

- सीमाओं पर एवं नगरों में कानून व्यवस्था हेतु रक्षक नियुक्त थे। विशाल पल्लवराज्य के वनों के विकास एवं सुरक्षा आदि का जिम्मा भूमिक के हाथ में था जो संभवतः अरण्याधिकृत के अधीन था। गौल्मिक भी अपने अधीनस्थ कर्मचारियों की सहायता से चौकियों की सुरक्षा देखता था। इसी प्रकार तैर्थिक के अधीन कर वसूल करने वाले छोटे कार्मिक रहे होंगे।
- 'संचरत्तक' सम्राट के लिए आवश्यक सूचना एकत्र कर प्रेषित करता था। राज्य का कर 'मण्डपी' द्वारा एकत्र किये जाने का बोध होता है।
- प्रशासनिक सुविधा के लिए सम्पूर्ण राज्य अनेक **राष्ट्रों, विषयों, कोट्टम** एवं **ग्रामों** में विभत्त था। राष्ट्रों में राजा द्वारा नियुक्त अथवा अभिमत (जिनके लिए राजा की सहमति हो) सामन्त शासक होते थे। विषय का प्रमुख 'विषयिक' (या विषयक) कहा जाता था। कोट्टम का अधिकारी 'देशाधिकृत (देशादिकद) एवं ग्राम का दायित्व **'वपित्र'** के हाथ में था। ग्रामभोजक केन्द्र एवं ग्राम के बीच कड़ी के रूप में कार्य करता था।

ग्राम प्रशासन ग्रामों की प्रशासनिक व्यवस्था ग्राम स्तर पर ग्राम सभाओं द्वारा संचालित की जाती थी। ग्रामों का संगठन ग्रामेयक या 'भुटक' के नेतृत्व में किया जाता था। विशाल वृक्ष के नीचे ग्राम सभा आयोजित किये जाने का उल्लेख मिलता है, जिसे 'मनरम' (स्थान को) कहा जाता था। मोटे रूप में ग्राम 'ब्रह्मदेय (ब्राह्मणों को दी गई भूमि), 'अग्रहार' (जीविका हेतु दी गई भूमि) एवं 'देवदान' (मंदिर–मठ को दी गई भूमि) जैसी श्रेणियों में विभक्त थे।

ग्राम सभा में समस्त ग्राम सम्बंधी विषय रखे जाते थे। 'सभा' एक औपचारिक संस्था थी और ग्रामवासियों के अनौपचारिक सम्मेलन **'उरार'** में निर्णय किया जाता था।

ग्राम सभा के ऊपर जिला परिषद थी, जिसे **नाडू** कहा जाता था। जिला प्रशासन के सहयोग से यह काम करती थी। 'ग्राम भोजक' ग्राम एवं केन्द्रीय शासन के बीच मध्यस्थ की भूमिका में था। ग्राम काफी हद तक 'आत्मनिर्भर थे। सभा के सदस्यों की सामान्य बैठकें वर्ष में एक बार होती थी और नीति के क्रियान्वयन का भार अपेक्षाकृत छोटे वर्गों की जल्दी–जल्दी होने वाली बैठकों पर था। सभा में अनुदान, सिंचाई, कृषि भूमि, अपराध के लिए दण्ड, जनगणना, तथा अन्य आवश्यक अभिलेखों सहित ग्राम के मामले रखे जाते थे।[7] नीलकंठ शास्त्री ने सभा की कार्यकारिणी के बारे में लिखा है, कार्यकारिणी का चुनाव कुछ निर्धारित योग्यता वाले लोगों के बीच से अक्सर भाग्य परक द्वारा होता था। कभी–कभी बहुमत द्वारा भी निर्णय होता था।[8] वणकों, शिल्पियों, कारीगरों, जुलाहों, तैलियों, पुरोहितों, विद्यार्थियों, संन्यासियों आदि की सभायें होती थीं।

सैन्य प्रशासन अपनी सेना का प्रधान सेनापति स्वयं राजा होता था, जो व्यक्तिगत रूप से सैन्य मामलों में निर्णय करता था। संधि, युद्ध एवं सैन्य संगठन आदि के मामलों में स्वयं अधिकृत था। पल्लव चालुक्य निरंतर संघर्षरत रहे अतः सुदृढ़ सेना की आवश्यकता हर समय रही। अतः राजा के अधीन उच्च सैनिक पदाधिकारी होता था, जिसे **'नेयक'** कहा गया। **सेना पैदल, अश्वारोही, एवं हाथी जैसे तीन श्रेणियों में विभक्त थी।**

पल्लव सेना में जहाजी बेड़ा भी था। महाबलिपुरम् एवं नागपट्टनम् में पोतांगनों का निर्माण किया जाता था। पल्लव नौसेना युद्ध के अतिरिक्त दक्षिण पूर्वी एशिया में व्यापारिक गतिविधियों से भी जुड़ी रही। **पल्लवों के जहाज कम्बुज (कम्बोडिया) चंपा (अंन्नाम) एवं श्रीविजय (सुमात्रा एवं जावा) में व्यापार हेतु भेजे जाते थे। अपने जहाजी बेड़े की सहायता से पल्लवों ने अनेक बार सिंहल (श्रीलंका) पर आक्रमण किये थे।** उनके प्रयासों से वृहत्तर भारत से सम्बन्ध स्थापित किया जाना संभव हुआ।

राजस्व व्यवस्था पल्लव कालीन कर व्यवस्था सुव्यवस्थित कही गई है। अठारह प्रकार के करों का उल्लेख आया है, जिन्हें 'अष्टादश परिहार' कहा जाता था। राज्य की आय का मुख्य स्त्रोत भू–राजस्व ही था। भू–राजस्व की वसूली की दृष्टि से ग्राम तीन तरह के कहे गये हैं। **अग्रहार, ब्रह्मदेय या देवदान जैसे ग्रामों से कर नहीं लिया जाता था।** ऐसे ग्रामों में ब्राह्मणों की आबादी अधिक होती थी। सामान्य ग्रामों में विभिन्न जातियों के लोग रहते थे तथा राजा को भू–राजस्व का भुगतान करना होता था। सामान्यतः भू–राजस्व छठे से दसवें हिस्से तक हो सकता था।

भूमिकर के अतिरिक्त, दूध, ईंधन योग्य लकड़ी, पुष्प, फल, आदि पर कर था। कोल्हू (तैल निर्माण के), करघे, कुम्हार, गडरिये, मद्य निर्माता, धन्य विक्रेता करों से मुक्त न थे, इनसे कितना कर लिया जाता था इसकी जानकारी नहीं है। संभवतः स्थानीय कर भी लगते थे जिनकी वसूली ग्राम सभा द्वारा की जाती थी। न्याय शुल्क एवं जुर्माने के अतिरिक्त मकान आदि पर कर लगता था।

चालुक्य (बादामी) प्रशासन

चालुक्य प्रशासन की जानकारी समसामयिक ग्रंथों से मिलती है। प्राचीन धर्म ग्रंथ प्रशासनिक व्यवस्था के आधार ही नहीं थे अपितु धर्मनिष्ठ चालुक्यों ने धर्मशास्त्रों में उल्लखित प्रावधानों का सदा पालन भी किया। राजा प्रशासन का केन्द्र बिन्दू, सर्वशक्तिमान एवं निरंकुश होने पर भी अपने कर्तव्यों के प्रति

सचेत था। अपनी प्रजा के हाल–चाल जानने के लिए सम्राट स्वयं दौरा करते थे।

'याज्ञवल्क्य महोत्साह' राजा का प्रथम गुण बताया गया है यह संभवतः प्रजा के सुखः दुख जानने से सम्बन्धित रहा होगा। कहा जा सकता है कि चालुक्यों का शासन पर सैद्धान्तिक एवं व्यवहारिक नियंत्रण था। चालुक्य शासकों द्वारा बड़ी–बड़ी उपाधियां धारण की गईं, जैसे – महाराजाधिराज, सत्याश्रय, परमभट्टारक, श्री पृथ्वीवल्लभ, परमेश्वर, आदि। सम्राटों द्वारा युद्ध में जीत के बाद वाजपेय, अश्वमेध जैसे यज्ञ किये गये जो उनकी धार्मिक आस्था एवं विश्वास के प्रतीक थे। प्रजा की समस्याओं में शासक व्यक्तिगत रुचि लेते थे, दौरे के वक्त आम लोगों से संवाद की संभावनाओं ने चालुक्य प्रशासन को जनहितैषी बना दिया। राजपद आनुवंशिक था सामान्यतः ज्येष्ठ पुत्र को राज्य का उत्तराधिकारी माना जाता था किन्तु अवयस्क उत्तराधिकारी होने पर शासन का दायित्व भाई को सौंपा जाता था। कीर्तिवर्मन प्रथम के भाई मंगलेश को इसी तरह सत्ता मिली थी।

मंत्रियों जैसी किसी सभा का उल्लेख नहीं मिलता संभवतः राजपरिवार के सदस्यों से अवश्य परामर्श किया जाता होगा। योग्यतानुसार परिवार के सदस्यों की प्रशासनिक पदों पर नियुक्ति की जाती थी।

राजपरिवार एवं शासन चालुक्यों के समय रानियों के महत्व में वृद्धि हुई, पति के साथ रानियां स्कन्धावर (सैन्य समूह) में जाती थीं। चन्द्रादित्य की रानी विजयभट्टारिका ने अपने नाम से दो ताम्रपत्र जारी किये थे। उसे कवयित्री भी कहा गया है। विजयादित्य ने अपनी बहन कुमकुम देवी के कहने पर एक गांव ब्राह्मण को दान किया था। **विजयादित्य की ही रखैल वीणापौट्टिगल ने महाकूट में हिरण्यगर्भ यज्ञ किया और भगवान को एक पीठ भेंट की जिसमें माणिक जड़े थे और ऊपर चांदी का छाता लगा हुआ था। जयसिंह द्वितीय की बड़ी बहन चालुक्य राजकुमारी अक्का देवी एक प्रान्त का प्रशासन चलाती थी और युद्ध के समय मुठभेड़ों एवं घेरा डालने में भाग लेती थी।**[9]

राजकुमारों को रामायण, महाभारत का ज्ञान करवाया जाता था और राजनीति तथा दण्ड नीति की भी शिक्षा दी जाती थी। राजकुमारों द्वारा भी दान दिया जाता था और ताम्रपत्र जारी किये जाते थे। राजा द्वारा मौखिक आदेश किये जाते थे जिसे सचिव लिपिबद्ध करके सम्बन्धित अधिकारियों को भेजता था।

स्थानीय सामन्त सम्राट द्वारा एक प्रदेश को जीतने के बाद स्थानीय सामंत को सत्ता सौंप दी जाती थी और सामन्तों को युद्ध आदि के अवसर पर सेना के साथ उपस्थित रहना होता था। चालुक्य सामन्तों की लम्बी सूची मिलती है, उनके प्रमुख सामन्तों में अलुप, सिंद, सेन्द्रक, बाण, गंग, तेलुगू एवं चोड़ शामिल थे, जो राजा को कर देते थे और समय–समय पर राजसभा में उपस्थित होकर सम्राट को सम्मान व्यक्त करते थे। अपने क्षेत्रों में सामन्तों को पूरी स्वतंत्रता थी, उनकी अपनी राजधानी, दरबार, मंत्री एवं अधिकारी होने की जानकारी मिलती है। यहां उल्लेखनीय है कि, ब्राह्मणों को दान में दिये गये गांवों (अग्रहार) का प्रशासन स्वयं ब्राह्मणों के जिम्मे था और ग्राम के कार्मिकों को भी वेतन के बदले संभवतः कुछ भूमि दी जाती थी।

तत्कालीन अभिलेखों में महासन्धिविग्रहक, विषयपति, ग्रामकूट, महत्तराधिकारिन जैसे पदाधिकारियों के नाम मिलते हैं। चालुक्य शासन पर गुप्त प्रशासन का प्रभाव परिलक्षित होता है। विषयपति जिले का अधिकारी और शासन की सबसे छोटी इकाई ग्राम का अधिकारी गामुंड था।

नगर एवं ग्राम प्रशासन उस काल में नगरों का पट्टण या पुर कहा जाता था 'पट्टणस्वामी' या नगर सेट्टि के उल्लेख मिलते हैं। विशेष महत्व के नगरों में तीन–बड़ी–बड़ी सभायें होती थी, प्रत्येक को महाजन कहा जाता था।

- पहली सभा नगर के सामान्य कार्यों,
- दूसरी ब्राह्मण निवासियों, एवं
- तीसरी नगर सेट्टियों की थी। नगर सभाओं को हम आधुनिक निगम का प्रारम्भिक रूप कह सकते हैं। सम्पत्ति क्रय–विक्रय एवं अन्य छोटे विवादों का हल करने का अधिकार नगर सभाओं का था। नगरों में प्रबंध समितियां भी थीं, जिनके जिम्मे नगर के दैनिक कार्यों का संचालन था। समितियों के सदस्यों के निर्वाचन सम्बन्धी कोई उल्लेख नहीं मिलता।

राज्य की सबसे छोटी इकाई ग्राम के गामुंड की नियुक्ति केन्द्र द्वारा की जाती थी। कीर्तिवर्मन द्वितीय के समय दो गामंडों का जिक्र आया है, जिन्होंने एक–एक जैन मन्दिर बनवाये थे। इनके अतिरिक्त महाजन का उल्लेख आया है जो संभवतः ग्राम की सामाजिक एवं आर्थिक गतिविधियों के लिए जिम्मेदार था। बेन्नियूर गांव का प्रशासन महाजन (महत्तर) द्वारा संचालित किये जाने की जानकारी विजयादित्य के लेख से होती है। विक्रमादित्य कालीन लक्ष्मेश्वर लेख सरकार एवं ग्राम संस्थाओं के सम्बन्धों की जानकारी देता है। रोमिला थापर की मान्यता है कि ग्राम सभाएं कार्य अवश्य करती थी लेकिन यह कार्य अधिकारियों की निगरानी में ही होता था। ग्राम के नेता के रूप में मुखिया की भूमिका भी अपेक्षाकृत औपचारिक ही होती थी।[10]

राजस्व चालुक्य कर प्रणाली की सूचना लक्ष्मेश्वर लेख से होती है जिसमें भूमि एवं भवन कर का उल्लेख है। पुलकेशिन

द्वितीय के हैदराबाद दानपत्र में निधि, उपनिधि (निक्षेप), विलप्त (लगान का बन्दोबस्त) तथा उपरिकर (अधिभार) का उल्लेख आया है। सत्याश्रय के नौसारीदान पत्र में उद्रंग (तहबाजारी अर्थात् हाट बाजार में दुकान लगाने वालों से लिया जाने वाला कर) एवं परिकर (चुंगी) का जिक्र आया है। इनके अतिरिक्त समय–समय पर लिए जाने वाले एवं धार्मिक कर भी थे। बाण क्षेत्र को जीतने के बाद पुलकेशिन ने तेरेपोन (स्वर्ण के रूप में कर) लगाया था। विद्यालय एवं मंदिर खर्च के लिए भी कभी–कभी धन संग्रह किया जाता था। **कुछ लेखों में सिद्धाय (परम्परागत कर), पन्नाय (पण्य या चुंगी से आय) एवं दण्डाय (दण्ड या जुर्माने की आय) का उल्लेख मिलता है।**

चालुक्य शासकों ने सैन्य संगठन के साथ नौ सेना के विकास की ओर ध्यान दिया था। चालुक्य सेना की वास्तविक स्थिति का बोध करवाते हुए नीलकंठ शास्त्री ने लिखा है कि इसमें सन्देह नहीं है कि दक्षिण भारत के राजाओं के पास अच्छी क्रमबद्ध सामुद्रिक परम्परा थी, जिससे उनका तात्कालिक लक्ष्य पूरा हो जाता था किन्तु यूरोप के अधिक साहसी राष्ट्रों के विरुद्ध वह उनके काम न आ सका।[11]

पल्लव–चालुक्य कालीन धार्मिक आन्दोलन– जब भारत में बौद्ध धर्म का बोलबाला था पल्लव शासकों ने शैव व वैष्णव धर्म अपनाया। इस दौर में आलवार व शैव नायनारों के भक्ति गीतों से नये आन्दोलन की शुरुआत हुई जिसे भक्ति आन्दोलन का प्रारम्भ माना जा सकता है। नायनारों व आलवारों ने जैन एवं बौद्ध आचार्यो को शास्थार्थ में पराजित कर तमिल क्षेत्र में बौद्ध धर्म की जड़ें उखाड़ दी। छठी से नवीं सदी तक चले आन्दोलन के नायनार संतों की संख्या 63 कही गई। जिनमें अप्पार समबन्दर, मणिकवाचकर, तिरुराम वे सुन्दरमुर्ति प्रमुख थे। इनके भक्ति गीतों को देवारम में थे। सम्बन्दर ने बौद्ध आचार्यो को शास्थार्थ में हराया था। आज भी पवित्र संत के रुप में पूजा होती है। मणिकवाचकर ने लंका व चिदम्बरम के बौद्धों को वाद–विवाद में पराजित कर ख्याति प्राप्त की थी। उनके भक्तिगीत तिरुवाशगम में संग्रहित है। तिरुज्ञान संबंधारु ने पाण्ड्य राज्य के लोगों को जैन से शैव बनाया था।

सुन्दरमूर्ति – 18 वर्ष की अवधि में ही एक हजार भक्ति गीतों की रचना की थी। नरसिंह वर्मन व परमेश्वर वर्मन जैसे पल्लव राजाओं ने कई शिव मन्दिर बनवाये एवं शैव धर्म में आस्था प्रकट की।

सन्दर्भ :

1. देखिये पुरी बी.एन., हिस्ट्री ऑफ इण्डियन एडमिनिस्ट्रेशन, 1986, पृ. 166.
2. गोपालन, हिस्ट्री ऑफ द पल्लवाज ऑफ कांची.
3. शास्त्री नीलकंठ, दक्षिण भारत का इतिहास, पृ. 137.
4. थापर रोमिला, भारत का इतिहास, पृ. 158.
5. घोषाल, यू.एन. श्रेण्य युग, पृ. 407.
6. पुरी बी.एन. वही, पृ. 167.
7. थापर रोमिला, वही, पृ. 159.
8. शास्त्री नीलकंठ, वही, पृ. 137.
9. शास्त्री नीलकंठ, वही, पृ. 272–73.
10. थापर रोमिला, वही, पृ. 159.
11. शास्त्री नीलकंठ, वही, पृ. 275.

58 पल्लव–चालुक्य, मन्दिर एवं मन्दिर स्थापत्य
(Pallava-Chalukya, Temples and Temple Architecture)

पल्लव एवं चालुक्य शासक मन्दिर निर्माण के लिए विख्यात थे, दोनों राजवंशों के समय अनेक सुंदर एवं भव्य मन्दिरों का निर्माण हुआ। पल्लव वंश का उद्भव 350 ई. के बाद माना गया है। इस वंश के संस्थापक सिंह वर्मा के उत्तराधिकारी शिवस्कन्द वर्मा ने चतुर्थ शताब्दी के प्रारम्भ में शासन किया था। प्रारम्भिक पल्लव नरेश बौद्ध थे और शैव संत अप्पर स्वामी के प्रभाव से शैव मतावलम्बी बनें। इस समय तक वेंगी पल्लवों के अधिकार से निकल गई थी और **महेन्द्र वर्मन प्रथम (600–625 ई.) ने कांची (कांचीपुरम) को राजधानी बनाया।**

पल्लव वास्तुकला वास्तु के महान संरक्षक एवं निर्माता पल्लवों जैसे राजवंश भारत में कम ही थे जिनके समय इतनी अधिक संख्या में निर्माण को साकार रूप दिया जाना संभव हुआ। पूर्व में हमनें देखा है कि पल्लवों को अपने राज्य विस्तार अथवा सत्ता बनाये रखने के लिए निरन्तर संघर्ष करना पड़ा तथापि उनकी निर्माण प्रक्रिया कभी बंद नहीं हुई। प्रारम्भ में मंदिर निर्माण में ईंटें एवं पत्थर उपयोग में लिए गये किन्तु इनके समय की महत्वपूर्ण उपलब्धि रथ है, जिनका निर्माण चट्टानों को काटकर किया गया। इस अवधि में वास्तुकला को काष्ठ कला एवं कंदर (गुफाओं) कला से मुक्त किया गया और विशाल चट्टानों को काटकर मंदिर निर्माण के नये अध्याय की शुरूआत की जिन्हें 'रथ' कहा गया। इस समय दक्षिण भारतीय स्थापत्य में तीन प्रमुख अंगों का जन्म हुआ–मण्डप, रथ और विशाल मन्दिर। पल्लव शैली को आनंद कुमार स्वामी ने चार शैलियों में विभक्त किया है। प्रथम महेन्द्र शैली (सातवीं शती के प्रारम्भ), दूसरी मामल्ल शैली (625 ई. से 674 ई.), तीसरी राजसिंह शैली तथा नंदिवर्मन शैली (सातवीं शती का अन्तिम चरण) और चौथी अपराजित शैली (नवीं शती के प्रारम्भ) कही गई है।[1]

महेन्द्र शैली (600–625 ई.) महेन्द्रवर्मन कला पारखी था उसने ऐसे मन्दिरों का निर्माण करवाया जिससे उस काल की वास्तु शैली उसी के नाम से प्रसिद्ध हुई। नीलकंठ शास्त्री ने इस बारे में लिखा है, इसका पहला रूप पूरी तरह चट्टान से काटकर बनाए गए भवनों को माना जा सकता है। जिनमें दो प्रकार के भवन समूह हैं–एक समूह में खंभों वाले मण्डप हैं जो सभी महेन्द्रवर्मन प्रथम के शासनकाल के हैं, जिसने ईंटों, लकड़ियों धातुओं या गारे के प्रयोग के बिना मंदिर निर्माण कला को बढ़ावा दिया।'' महेन्द्रवर्मन ने ब्रह्मा, विष्णु एवं शिव मन्दिरों का निर्माण करवाया था। पल्लव क्षेत्र में पहले ईंट, लकड़ी, पत्थर आदि से मंदिर निर्माण किया जाता था। परम्परा से हटकर उसने पूरी तरह चट्टान को काटकर निर्माण करवाया। इस शैली में चौकोर स्तम्भ युक्त मण्डप (हॉल) हैं, जिसके पार्श्व में एक–दो कोठरियां निर्मित हैं। पंक्तियों में निर्मित स्तम्भ एवं प्रवेश द्वार पर द्वारपालों का सुन्दर निरूपण हुआ हैं। प्रमुख मन्दिरों में 'मंडगपत्तू (मन्दगपट्टु–दक्षिण अर्काट में स्थित) के लक्षितायन मण्डप, पल्वरम् के पंच पाण्डव मण्डप, महेन्द्रवाड़ी के महेन्द्र विष्णु गृह मण्डप, याकूर का विष्णु मण्डप, त्रिचिनापल्ली ललिताकुर, दड़वानूर (त्रिचिनापल्ली) पल्लवेश्वर गुहा मंदिर उल्लेखनीय वास्तु रचना है।

महेन्द्रवर्मन को कला प्रेमी एवं 'विचित्र चित्त' कहा है पहाड़ियों को काटकर बनाये मन्दिरों का उल्लेख उसके अभिलेखों में गौरव के साथ किया है। उसके राज्यकाल में पुदुकोट्टई के 'सित्तनावसल–दरी' मन्दिर में जैन चित्र बने हुए हैं।

मामल्ल शैली (625–675 ई.) पल्लव कला को महेन्द्रवर्मन के पुत्र नरसिंह वर्मन 'महामल्ल' ने नई दिशा प्रदान की। इस अवधि की मन्दिर कला के विषय में नीलकंठ शास्त्री ने लिखा है, दूसरे भवन समूह में पहले प्रकार के भवन या मन्दिर तो हैं ही और उनके अलावा और बड़े–बड़े मण्डप तथा रथों के नाम से प्रसिद्ध एक ही पत्थर के बने मन्दिर भी हैं जो सभी नरसिंह वर्मन प्रथम 'महामल्ल' और उसके तुरंत बाद उत्तराधिकारियों के शासन काल के हैं।[2] अपनी नई राजधानी महाबलीपुरम में कुछ ढलवां चट्टानों को काटकर एकाश्म (Monalithic Temples) अर्थात् एक ही चट्टान के नौ रथों की रचना की गई इनमें से पांच रथ द्रौपदी, अर्जुन, भीम, नकुल, सहदेव और धर्मराज के नाम से विख्यात हैं। द्रौपदी एवं धर्मराज का रथ वर्गाकार तथा भीम, नकुल व सहदेव के रथ क्रमशः आयताकार और वृत्ताकार योजना पर आधारित हैं। वर्गाकार गर्भगृह पर पिरामिडाकार शिखर सर्वाधिक लोकप्रिय शिखर एक तल से त्रितल तक ऊपर की ओर बढ़ते गये।

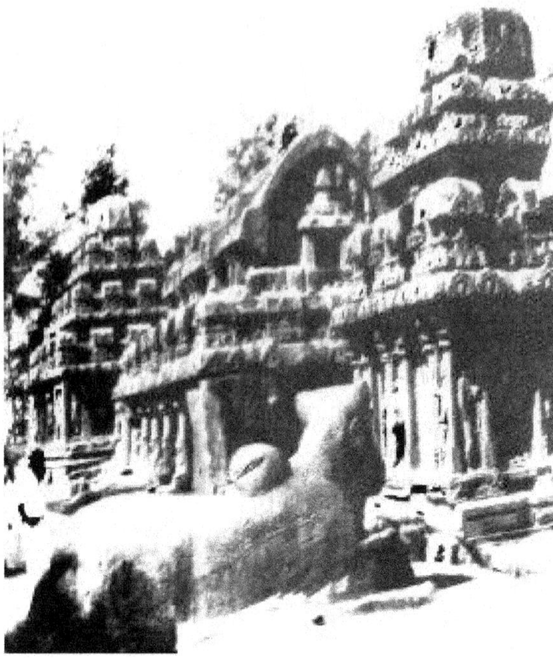

चित्र 57.1 मामलपुरम–रथ मन्दिर

उल्लेखनीय है कि मन्दिर आकार –प्रकार में छोटे हैं अधिकतम 40 फीट ऊंचे, 35 फीट चौडे एवं 42 फीट लम्बे हैं। मण्डपों के स्तम्भ पतले–लम्बे एवं तनु है। पंच पाण्डव मण्डपों के अतिरिक्त कोनेरी मण्डप, वराह मण्डप, महिषासुरमर्दिनी मण्डप, पुलिपुदर मण्डप, आदिवराह एवं रामानुज मण्डप उल्लेखनीय है। आदि वराह (या वराह) गुहा में गुहा के निर्माता सिंह विष्णु, महेन्द्र वर्मन तथा उसकी रानियों की मूर्तियां भी बनाई हुई हैं।

मामल्लपुरम जो उस समय संभवत समुद्री बंदरगाह एवं महत्वपूर्ण व्यापारिक गतिविधियों का केन्द्र भी था।[3] यहां पर्वत शिला पर अत्यन्त सुन्दर गंगावतरण का दृश्य अंकित है। इसका लोकप्रिय नाम अर्जुन तपस्या है।

विशाल पर्वतीय दीवार के बीच एक गहरी चौडी दरार है जिसके दोनों और देवों, मानवों, पशुओं, नागों, गजों, कपियों आदि की अनंत आकृतियां निरूपित हैं। सभी दरार की ओर हाथ जोड़े खड़े हैं या बढ़े जा रहें हैं –– ऊपर देवगण आदि उड़ रहे हैं। गंगा की धारा नीचे की ओर बहती जा रही है जिसके एक ओर भागीरथ बैठे तपकर रहे हैं।[4]

चिनाई पद्धति से द्रविड शैली के मन्दिरों का निर्माण भी महामल्ल के काल में ही प्रारम्भ हुआ, जिसका विकास राजसिंह के युग में हुआ।

राजसिंह एवं नन्दिवर्मन शैली (675–800 ई.) इस शैली में पत्थरों एवं ईंटों आदि से संरचनात्मक (Structural) मन्दिरों का निर्माण हुआ। मन्दिरों में गर्भगृह, छोटे प्रदक्षिणा पथ, मुखमण्डप तथा प्रांगण द्वार पर भी द्वार बनाये गये हैं। मामल्लपुर के शोर मंदिर (Shore Temple) कांची का बैकुण्ठ पैरुमाल तथा कैलाश नाथ मंदिर इस शैली की उल्लेखनीय संरचनाएं हैं।[5] इस दौर में पल्लव शैली अपने सर्वोच्च शिखर पर थी। मंदिरों के गर्भगृह, प्रदक्षिणा पथ, पिरामिड़ाकार शिखर (लगभग 50 फीट ऊंचे) अपने आप में अद्‌भुत हैं।

शोर मंदिर, महाबलिपुरम शोर मंदिर (Shore Temples या तट मन्दिर) तीन मंदिरों का समूह है। समुद्र के किनारे निर्मित सबसे बड़ा जाति विमान, जो वर्गाकार है जिसे क्षत्रिय सिंहेश्वर कहा है, राजसिंह के समय निर्मित हुआ। चार तलों में विभक्त, जिसके ऊपर स्तूपी रखी हुई है, गर्भगृह समुद्र की ओर है तथा चारों ओर प्रदक्षिणा पथ बना है। मुख्य मन्दिर के पश्चिमी किनारे पर बाद में दो मन्दिर जोड़ दिये गये। इनमें से एक को छोटा विमान कहा गया, जिसका शिखर तीन तल से निर्मित है। बाद के दोनों विमानों की दीवारों पर गणेश, स्कन्द, गज, शार्दूल आदि का सुंदर अंकन हुआ है। शोर मंदिर पल्लव निर्माण कला के उत्कृष्ट उदाहरणों में से एक है। राजसिंह शैली नरसिंह वर्मा द्वितीय (695–722 ई.) की देन है। मामल्लपुरम (महाबलिपुरम) पल्लवों के समय एक प्रसिद्ध बन्दरगाह, व्यापारिक तथा सांस्कृतिक केन्द्र था। किन्तु अब यह उजड़ गया है।

कांची का कैलाशनाथ मंदिर कांची स्थित कैलाशनाथ मन्दिर भी पल्लव कला की द्रविड शैली का उत्कृष्ट उदाहरण है। इसका निर्माण नरसिंहवर्मन द्वितीय (राजसिंह) के समय हुआ और उसके उत्तराधिकारी महेन्द्रवर्मन द्वितीय ने इसे पूरा करवाया। मंदिर में द्रविड शैली की समस्त विशेषतायें मौजूद हैं – 'परिवेष्ठित प्रांगण' (चारों ओर से घेरा हुआ), 'गोपुरम्' (मंदिर का मुख्य ऊँचा द्वार), 'स्तम्भ युक्त मण्डप', विमान आदि इस मन्दिर में देखे जाते हैं।

बैकुण्ठ पेरुमल मंदिर–कांची बैकुण्ठ पेरुमल मंदिर (विष्णु मंदिर) की रचना पल्लव मंदिर विकास के अंतिम चरण का संकेतक है। मन्दिर का गर्भगृह संधार प्रदक्षिण पथ से युक्त और इसका शिखर चार तलों का (Four Storeyed) समन्वित रूप है। निर्माण परमेश्वर वर्मन द्वितीय के समय हुआ। स्तूपी को मिलाकर इसके शिखर की ऊँचाई 60 फीट है।

मंदिर निर्माण में ग्रेनाइट एवं बलुआ दोनों प्रकार के पत्थरों का प्रयोग किया गया है। पणमलै का मन्दिर एवं सालुवन कुप्पम् का सिंह गुहा मन्दिर भी इसी काल के हैं। कांची का मातंगेश्वर मंदिर नंदिवर्मन के समय बना।

अपराजित शैली (800–900 ई.) इस शैली में मंदिरों के स्तम्भों की बनावट पर विशेष ध्यान दिया गया किन्तु इस दौर

के मंदिर बनावट में छोटे है। कांची के मुक्तेश्वर, मातडेगश्वर ऐरावतेश्वर, त्रिपुरांतकेश्वर एवं ओरगडम का बड़मल्लिश्वर, तिरूतैन का वीरट्टानेश्वर एवं गुडिडमलम् का परशुरामेश्वर इस दृष्टि से उल्लेखनीय है। प्रवेश द्वार पर स्तम्भ युक्त मण्डप आकर्षित करते हैं। और वृताकार शिखर वेसर (नागर व द्रविड शैली का मिश्रित रुप) शैली के है। मण्डप ऊंची चौकी पर निर्मित किये गये। इस शैली में धर्मराज (मामल्ल शैली) रथ का प्रभाव रहा है।

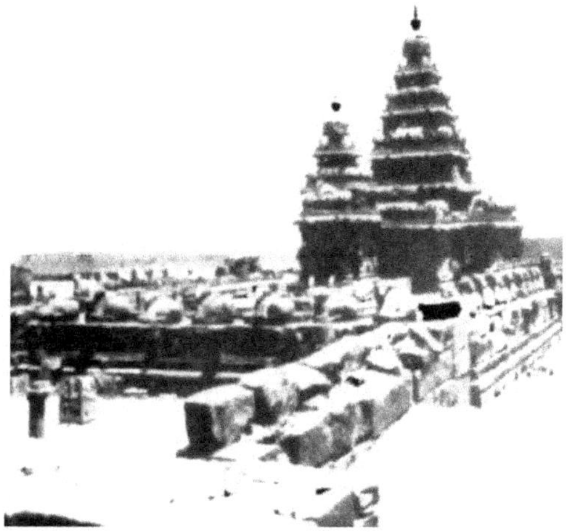

चित्र 57.2 महाबलीपुरम शोर मन्दिर – पल्लव काल

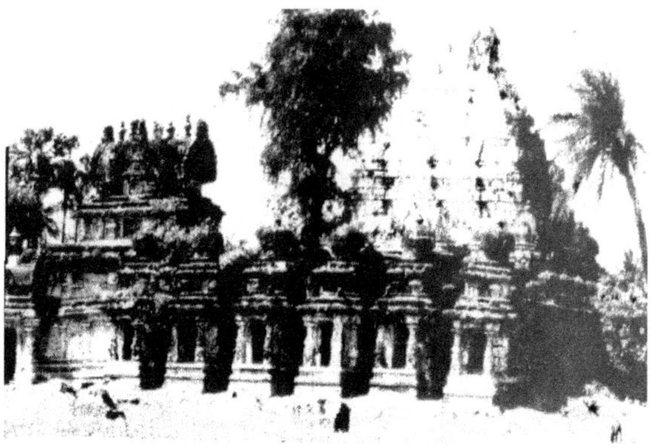

चित्र 57.3 कैलाशनाथ मन्दिर–कांचीपुरम

स्थापत्य के क्षेत्र में पल्लवों के योगदान को विस्मृत नहीं किया जा सकता। आज भी उनके द्वारा खड़ी की गई वास्तु संरचनाएं भारत के लिए गौरव का विषय हैं। मन्दिरों में निर्मित मूर्तिफलक पल्लव स्थापत्य का अंतरंग हिस्सा हैं। गंगा अवतरण के अतिरिक्त मामल्लपुर शैली में वराह, वामन अवतार, सूर्य, दुर्गा, गजलक्ष्मी तथा राजा सिंह विष्णु एवं महेन्द्रवर्मन की रानियों की सुंदर उभरी हुई मूर्तियों का जिक्र किये बिना नहीं रह सकते। अनन्त सर्प पर विष्णु द्वारा शयन और भैंसे के रूप में राक्षस महिषासुर के साथ दुर्गा की लड़ाई महिष मण्डप में और गोवर्द्धन उठाते हुए कृष्ण की मूर्ति आकर्षित करने वाली है।[6] मूर्तियों की सादगी एवं सौम्यता के साथ आत्मनियंत्रण का भाव प्रस्फुटित होता है।

पल्लवों ने गुप्त मन्दिर भी निर्मित करवाये थे। संभवतः दक्कन की पहाडियों में पत्थरों को काटकर पूजास्थल तथा मन्दिर बनाने की प्रतियोगिता ब्राह्मणों और बौद्धों में होती रही।[7]

चालुक्य वास्तुकला कला एवं स्थापत्य की दृष्टि से चालुक्य शासन में उल्लेखनीय प्रगति हुई । चालुक्यकालीन मंदिरों के उत्कृष्ट उदाहरण एहोल, बादामी एवं पट्टदकल में देखे जाते हैं। तत्कालीन अभिलेखों में शंकरार्य, नागौज, महाकाल एवं गण्ड जैसे कुशल शिल्पियों का जिक्र आया है, जिन्होंने उत्कृष्ट भवनों (मन्दिरों) का निर्माण किया।

ऐहोल ऐहोल (कर्नाटक के बीजापुर में बादामी के निकट आईहोल) को मन्दिरों का नगर कहा जाता है। यहां कम–से–कम 70 मन्दिर हैं जिनका निर्माण छठी से आठवीं सदी के मध्य हुआ।

सूर्य मंदिर (लादखां मंदिर) लादखां मंदिर, जो सूर्य मंदिर है, का निर्माण 400–650 ई. के मध्य हुआ था। लगभग 50 वर्ग फीट क्षेत्र में निर्मित मंदिर का वर्गाकार गर्भगृह, द्वार मण्डप (Poreh) और स्तम्भ युक्त खुला बरामदा है।

नीची और सपाट छत के इस मंदिर के तीन भाग दीवारों से बंद है। शिखर विहीन इस इमारत को पर्सी ब्राउन ने विशाल सभा मण्डप कहा है, जिसे बाद में मंदिर का रूप दिया गया।

एहोल–मेगुती जैन मंदिर एहोल का मेगुती जैन मंदिर अपूर्ण किन्तु भव्य है जिसका निर्माण 634 ई. में रविकीर्ति ने करवाया था। यह गर्भगृह, स्तम्भ युक्त मण्डप एवं अन्तराल में विभक्त है। स्तम्भों के ऊपरी भाग पर सुंदर अंलकरण देखा जाता है।

दुर्गा मंदिर – एहोल सूर्य मंदिर (लादखां) के बाद में निर्मित दुर्गा मंदिर 60 × 36 फीट में फैला है। ऊँचे चबूतरे पर निर्मित मंदिर की छत जमीन से 30 फीट ऊंची है। इसके बरामदे में प्रदक्षिणा पथ बनाया हुआ है एवं गर्भगृह के ऊपर शिखर है। स्तम्भों पर अनेक देव मूर्तियों का अंकन हुआ है। मंदिर निर्माण में उत्तर एवं दक्षिण दोनों प्रकार की वास्तु संरचना देखी जा सकती है। शिखर नागर शैली का है साथ ही द्रविड शैली के कई तत्वों का समावेश हुआ है। मूर्ति शिल्प की दृष्टि से सूर्य मंदिर (लादखां) से यह अधिक सुंदर है।

हच्चीमल्ली गड्डी मंदिर दुर्गा मंदिर से मिलता–जुलता है।[8] किन्तु आकार में छोटा एवं गर्भगृह एवं मण्डप के बीच अन्तराल इसकी अपनी विशेषता है।

बादामी यहां का शिव मंदिर, जिसे मालेगिती (मालेगित्ती) कहा जाता है, वास्तुकला का उत्कृष्ट उदाहरण है जो अब तक सुरक्षित है। वर्गाकार गर्भगृह, मण्डप, बरामदे, एकाश्म

स्तम्भ जो मूर्ति शिल्प, कोर्नियां, कार्निस (कगूंरों) से अलंकृत है। मंदिर का बाह्य भाग साधारण–सा प्रतीत होता है किन्तु आन्तरिक दीवारों पर सुंदर मूर्ति अंकन हुआ है।

पट्टदकल कर्नाटक (उत्तरी) बगलाकोट जिले में मलप्रभा नदी के तट पर बादामी से 12 मील दूर पट्टदकल स्थित है। यहां चालुक्य कालीन 10 मंदिर है जो विकसित अवस्था को सूचित करते हैं। वास्तुकारों ने उत्तरी एवं दक्षिणी दोनों शैलियों में निर्माण किया। उत्तरी नागर शैली में पापनाथ, जंबू लिंग, कर सिद्धेश्वर तथा काशी विश्वनाथ मंदिर का निर्माण हुआ। द्रविड शैली में संगमेश्वर, विरुपाक्ष, मल्लिकार्जुन, गल्पनाथ, सुमेश्वर तथा जैन मंदिर निर्मित किये गये।

पापनाथ मंदिर पट्टदकल पापनाथ मंदिर का निर्माण आठवीं सदी के प्रारम्भ में किया गया था। इसका शिखर अत्यन्त छोटा है किन्तु आन्तरिक भाग बड़ा हालनुमा है। नीलकंठ शास्त्री के अनुसार, यह मंदिर उत्तरी तथा दक्षिणी शैली की विशेषताओं को एक ही ढांचे में मिलाने की संभवतः पहली कोशिश में से है जो पूर्णतः सफल नहीं रहा।[9] चबूतरे पर निर्मित मंदिर की ऊँचाई 90 फीट है और इसके चारों ओर स्तम्भों की दीवार बनी है। मंदिर में गर्भगृह, मण्डप, मुखमण्डप और प्रदक्षिणापथ द्रविड शैली के है। छत सपाट तथा पूर्व में छोटे आकार का शिखर नागर शैली में बना है।

विरुपाक्ष मंदिर–पट्टदकल लोकेश्वर विरुपाक्ष शिव मंदिर की गणना भारत के सुंदरतम मंदिरों में की जाती है। यह मंदिर परकोटे से घिरे विशाल प्रांगण में स्थित है, जिसमें 16 छोटे मंदिर भी है। इसमें गोपुरम (मंदिर का ऊंचा शिखरयुक्त प्रवेश द्वार), मण्डप तथा प्रदक्षिणा पथ कांची के कैलाश नाथ मंदिर की योजना पर बनाये गये।

इसका शिखर बहुत ऊँचा है एवं मंदिर की दीवारों पर शिव, नाग–नागिन, रामायण आदि के दृश्य मूर्तिफलक रूप में अंकित हैं। पर्सी ब्राऊन ने लिखा है, मूर्तिकला भवन निर्माण कला में अनवरत किन्तु अनुशासित धारा में प्रवाहित होती है। विरुपाक्ष मंदिर अतीत काल से उन दुर्लभ भवनों में से है जिनमें उन व्यक्तियों की आत्मा अभी भी निवास करती है जिन्होंने उनकी कल्पना करके उसे अपने हाथों से चरितार्थ किया। विक्रमादित्य द्वितीय ने पल्लवों की राजधानी कांची पर 740 ई. के पूर्व तीन बार अधिकार किया था। कांची के कैलाशनाथ के अनुरूप उसी के अनुकरण में यह निर्मित हुआ। विक्रमादित्य द्वितीय की रानी ने 740 ई. के लगभग इसका निर्माण करवाया था।[10] इसके निर्माता गण्ड को **त्रिभुवनाचार्य और गुण्डन अनिवारिताचारी की उपाधि से सम्मानित** किया गया था। कहा जाता है कि, चालुक्य शासक ने गण्ड को **तेंकाना दिशेप सूत्राधिकारी (दक्षिण भारत का वास्तुविद)** उपाधि भी दी थी। इसके निर्माण हेतु कांची से वास्तुकार लाये जाने की सूचना भी मिलती है।

संगमेश्वर मंदिर संगमेश्वर मंदिर विजयादित्य (696–733 ई.) के समय बनाया गया, इसकी योजना वर्गाकार एवं खुला हुआ मण्डप और विमान पल्लव मन्दिरों के समान है। चालुक्य मूर्ति कला की अलग अध्याय में आगे चर्चा की गई है। मंदिरों के अतिरिक्त अनेक गुहा मन्दिरों का निर्माण चालुक्य शासन काल में हुआ। बादामी, एलोरा, एलीफेंटा, औरंगाबाद, अंजता आदि में पर्वतों को काटकर हिन्दू, बौद्ध एवं जैन धर्म से सम्बन्धित गुहा मन्दिर निर्मित किये गये। बादामी के चार गुहा मन्दिरों में प्राचीनतम विष्णु मंदिर नंबर 3 जिसका निर्माण 578 ई. में किया गया था, जिसके स्तम्भों पर दर्शनीय मानव मूर्तियों के टोड़े (छज्जे को टिकाने के लिए लगाई घोड़िया या ब्रेकेट) लगे है, जिनसे प्रमाणित होता है कि इनका विकास शीघ्र पूर्व की ही गुप्त शैली में हुआ।[11]

निष्कर्ष औरंगाबाद में बौद्ध मंदिरों की संख्या अधिक है, मंदिर में कुछ मूर्तियां घुटने टेके दिखाई हैं, जो सामान्य स्त्री–पुरुषों की हैं, संभवतः निर्माता वास्तुकारों की हैं। अजंता में अनेक गुहाओं का निर्माण चालुक्य शासकों द्वारा करवाया गया। गुहा संख्या 1 एवं 2 का विशेष रूप से जिक्र किया जा सकता है। इसमें बोधिसत्व अवलोकितेश्वर का चित्रण है। कहा गया है, दोनों गुफाएं अविस्मरणीय चित्रों से सम्पन्न हैं। गुहा नम्बर 1 में वह जगतप्रसिद्ध अवलोकितेश्वर बोधिसत्व का भुवन मोहन चित्र अंकित है जिसमें वे किंचित भंग में खड़े है दाहिने हाथ में नील कमल व बायां हाथ नीचे लटका है।[12] जातक कथाओं का चित्रण भी अजंता गुहाओं में हुआ है। सभी अजंता भित्ति चित्र अत्यन्त सजीव एवं आकर्षक हैं। एलोरा के मंदिर दो–दो या तीन–तीन तलों को काटकर बनाए गये जबकि अजंता गुहा मंदिर एक तलीय है। एलीफैण्टा गुफाओं में चालुक्यों एवं पल्लवों का योगदान माना जाता है। सितवासल की गुफाओं का निर्माण भी संभवत इन्हीं की प्रेरणा से हुआ। एलीफैण्टा की मूर्तियों में शिव त्रिमूर्ति उल्लेखनीय है, इसके द्वारा संहार, ध्वंस तथा निर्माण की भावना लक्षित होती है। त्रिमूर्ति के निकट अर्द्ध–नारीश्वर की लगभग 16 फीट ऊंची मूर्ति है। इनके अतिरिक्त विष्णु, इन्द्र, ब्रह्मा, दुर्गा, गणेश एवं पार्वती की मूर्तियों का उल्लेख किया जा सकता है। चालुक्य शासक न केवल वीर, साहसी एवं विजेता ही थे अपितु साहित्य, कला एवं धर्म के संरक्षक एवं संवर्द्धक भी थे।

सन्दर्भ :

1. उपाध्याय भगवतशरण भारतीय कला का इतिहास, पृ. 134 से उद्‌धृत।
2. शास्त्री नीलकंठ, दक्षिण भारत का इतिहास, पृ. 396.
3. शास्त्री नीलकंठ वही, पृ. 397, ने मामल्लपुरम को परित्यक्त बन्दरगाह कहा है।
4. उपाध्याय भगवतशरण, वही, पृ. 135– श्रेण्य युग, पृ. 596– शास्त्री नीलकंठ, वही, पृ. 398.
5. बाशम, ए.एल. अद्‌भुत भारत, पृ. 257.
6. शास्त्री नीलकंठ, वही, पृ. 398.
7. थापर रोमिला, भारत का इतिहास, पृ. 158.
8. शास्त्री नीलकंठ, वही, पृ. 391.
9. शास्त्री नीलकंठ, वही, पृ. 392.
10. उपाध्याय भगवतशरण, वही, पृ. 129.
11. उपाध्याय भगवतशरण, वही, पृ. 130.
12. उपाध्याय भगवतशरण, वही, पृ. 131.

59 पॉल, सेन, राष्ट्रकूट एवं गुर्जर प्रतिहार तथा त्रिपक्षीय संघर्ष

(Pala's, Sena's, Rashtrakutas and Gurjara Pratiharas and Tripartite Struggle)

हर्ष की मृत्यु के बाद भारत में अनेक छोटे–छोटे राज्यों का प्रादुर्भाव हुआ। इस युग के कुछ राजाओं ने हर्ष को आदर्श मानकर भारत को संगठित करने के प्रयास किये एवं कन्नौज को अपनी राजधानी के रूप में चाहा था। तथापि उत्तर भारत को संगठित कर एक केन्द्रीय सत्ता के अधीन नहीं लाया जा सका। ईसा की पूर्व शताब्दियों में जहाँ मगध, शक्ति का केन्द्र रहा था वह गुप्तकाल में पश्चिम की ओर हटने लगा और हर्ष के काल तक कन्नौज भारत की केन्द्रीय सत्ता का प्रतीक बन गया।

हर्ष के चीन से मैत्री सम्बन्धों की जानकारी मिलती है। 13वीं शताब्दी के मा–ट्वान्–लिन नामक चीनी लेखक के विवरण से जानकारी मिलती है कि हर्ष (शीलादित्य) से प्रभावित होकर चीनी सम्राट ने 646 ई. में तृतीय दूत मण्डल भेजा था। दूत मण्डल जब भारत पहुँचा उस समय तक हर्ष की मृत्यु हो गई थी और उसके मंत्री अर्जुन (अरुणाश्व) ने राज सिंहासन पर अधिकार कर लिया था। कहा गया है कि चीनी दूत मण्डल के वैङ्–हवान्–शे एवं अर्जुन के बीच किन्हीं कारणों से परस्पर संघर्ष हो गया। वैङ्–हवान्–शे ने सैनिक सहायता प्राप्त की और अर्जुन को परास्त किया तथा कैद कर चीन ले गया। कहा जा सकता है कि हर्ष की मृत्यु के बाद मगध के निकटवर्ती प्रदेश में राजनीतिक अस्थिरता व्याप्त रही। किन्तु अर्जुन द्वारा कन्नौज पर अधिकार किये जाने की जानकारी नहीं मिलती।

हर्ष के बाद कन्नौज पर हम आठवीं शती के प्रारम्भ में यशोवर्मा (यशोवर्मन) नामक शक्तिशाली राजा को शासन करता हुआ देखते हैं। यशोवर्मा को चन्द्रवंशी कहा गया है। उसने कन्नौज के गौरव को पुनः स्थापित करने का सफल प्रयास किया। उसके कार्य–कलापों की जानकारी प्राकृत भाषा के गऊड़वहो नामक ग्रंथ से मिलती है, जिसकी रचना उसके दरबारी कवि वाक्पति ने की थी। यद्यपि गऊड़वहो एक ऐतिहासिक काव्य है किन्तु इसमें प्रकृति का मनोरम वर्णन मिलता है। इसमें तिथि क्रम नहीं दिया गया अपितु यशोवर्मा की विजयों का सामान्य विवरण मिलता है। कुछ चीनी ग्रन्थों (शांग वंश का प्राचीन इतिहास एवं शांग वंश का नवीन इतिहास) से यशोवर्मा और कश्मीर के समकालिक राजा ललितादित्य मुक्तापीड़ के बारे में जानकारी मिलती है।

यशोवर्मा (700–740 ई. कन्नौज) गऊड़वहो से ज्ञात होता है कि गौड़ नरेश सम्भवतः आदित्य सेन का प्रपौत्र जीवित गुप्त द्वितीय, मगध क्षेत्र का शासक था और विशाल राज्य के संचालन में सफल न रहा और यशोवर्मा के अतिक्रमण से भाग खड़ा हुआ तथा मगध पर विजेता का अधिकार हो गया। नालन्दा से प्राप्त एक अभिलेख में यशोवर्मा के मंत्री मार्गपति के पुत्र मालद द्वारा बालादित्य के द्वारा निर्मित नालन्दा के बौद्ध विहार में बौद्ध भिक्षुओं को दान किये जाने का उल्लेख है, इससे यशोवर्मा की विजयों का अप्रत्यक्ष समर्थन होता है। वह दिग्विजय की चेष्टा से दक्षिण में नर्मदा के किनारे–किनारे पश्चिमी घाट तक तथा उत्तर की ओर बढ़कर मरु प्रदेश (राजपूताना), श्रीकंठ (थानेश्वर) होता हुआ हिमालय पर्वत तक पहुँच कर कन्नौज लौट आया। गऊड़वहो में उल्लिखित पारसीक लोगों से संघर्ष हुआ तो सम्भवतः सिंध प्रदेश के अरब लोग रहे होंगे।[1] कोरियाई बौद्ध भिक्षु–हुई–चाओ के विवरणानुसार यशोवर्मा ने पंजाब के कुछ भागों पर आक्रमण कर उन्हें जीत लिया था।

प्रारम्भ में यशोवर्मा के कश्मीर शासक ललितादित्य के अच्छे सम्बन्ध थे किन्तु जालंधर के सीमावर्ती क्षेत्र को लेकर दोनों में संघर्ष हुआ जिसमें यशोवर्मा की पराजय हुई और सम्भवतः मारा गया। परिणामतः यमुना के किनारे से लेकर कालिका नदी (काली नदी) के बीच का कान्यकुब्ज प्रदेश ललितादित्य के प्रभाव में आ गया। दूसरे शब्दों में पंजाब, जालंधर क्षेत्र, कांगड़ा और पुंछ कश्मीरी राजा के अधिकार में चले गये। यशोवर्मा की मृत्यु के बाद आमराज को सत्ता प्राप्त हुई, जिसे 752 ई. की घटना मान सकते हैं।

यशोवर्मा पराक्रमी शासक ही नहीं विद्या प्रेमी भी था। संस्कृत साहित्य के महान् कवि भवभूति उसी के दरबार की शोभा बढ़ाते थे। आर. सी. मजूमदार के इस कथन से हम सहमत हैं कि, ''जब तक संस्कृत भाषा जीवित है, यशोवर्मा का नाम उसके एक महत्तम कवि के साथ सम्बद्ध रहेगा।'' भवभूति ने तीन नाटक मालती माधव, महावीर चरित एवं उत्तर–रामचरित की रचना की थी।

वाक्पति दूसरे प्रमुव दरबारी कवि थे, जिसने आश्रयदाता के कार्यों का वर्णन प्राकृत काव्य **''गऊड़वहो''** में किया। सम्भवतः **यशोवर्मा स्वयं काव्य रचना करता था और उसने ''रामाभ्युदय'' नामक नाटक का आलेखन** भी किया था। उसे शिव भक्त कहा गया है।

आयुध वंश यशोवर्मा के बाद कन्नौज पर किसी आयुध वंश के राजाओं द्वारा शासन किये जाने की जानकारी मिलती है। इस वंश का प्रथम शासक वज्रायुद्ध था, जिसका नाम राजशेखर की ''कर्पूरमंजरी'' से मिलता है। उसे पंचाल नरेश कहा गया तथा कन्नौज को उसकी राजधानी बताया गया। उसके काल को 770

ई. के लगभग निश्चित कर सकते हैं। राजतरंगिणी से ज्ञात होता है कि ललितादित्य मुक्तापीड़ के पौत्र कश्मीर नरेश विनयादित्य जयापीड़ (779–810 ई.) अपने पितामह के समान कन्नौज पर अतिक्रमण कर उसका राजसिंहासन तथा राजचिन्ह उठा ले गया था। पराजित राजा सम्भवतः वज्रायुद्ध ही था।

भारत की शक्तियाँ

केन्द्रीय स्थिति एवं सत्ता का केन्द्र रहे कन्नौज में आयुद्ध वंश के शासक बड़े शक्तिहीन साबित हुए। जिस समय इस वंश का कन्नौज पर अधिकार हुआ भारत में तीन महाशक्तियाँ अपना वर्चस्व कायम कर चुकी थीं। बंगाल में पाल, मालवा में प्रतिहार एवं दक्षिण में राष्ट्रकूट। आयुध वंश के शासकों की निर्बलता एवं कन्नौज की केन्द्रीय स्थिति को दृष्टिगत रखते हुए ये तीनों महाशक्तियां अपना नियंत्रण स्थापित करने को उत्सुक थे।

कन्नौज क्षेत्र गंगा – यमुना नदियों के मध्य स्थित होने के कारण सर्वाधिक उपजाऊ क्षेत्र के रूप में विख्यात था। जैसा विदित है कि राष्ट्रकूट दक्षिण में एक अजेय शक्ति के रूप में उभरे और मालवा क्षेत्र में स्थित प्रतिहार शक्ति पर निरन्तर प्रहार करने लगे। अतः प्रतिहारों के लिए यह अधिक उचित था कि वे राष्ट्रकूटों से दूर अधिक समृद्ध क्षेत्र कन्नौज की ओर अग्रसर हो और प्रतिहारों की महत्वाकांक्षा के अनुरूप कन्नौज ही सर्वाधिक उपयुक्त क्षेत्र भी था। स्पष्टतः राष्ट्रकूटों के दबाव से प्रतिहार कन्नौज पर नियंत्रण चाहते थे दूसरी ओर राष्ट्रकूटों ने गुर्जर प्रतिहारों के प्रति साम्राज्यिक महत्वाकांक्षाओं से अपने विरोध के कारण इस संघर्ष में सक्रिय रूप से हस्तक्षेप किया। त्रिपक्षीय संघर्ष में भाग लेकर राष्ट्रकूट उत्तर भारत की राजनीति में हस्तक्षेप करने वाली और दक्षिण से उत्तर पर आक्रमण करने वाली दक्षिण की पहली शक्ति थे। उन्होंने समकालीन उत्तर भारत की राजनीति में लगभग वैसी ही भूमिका का निर्वहन् किया, जो बाद में अठारहवीं शताब्दी में मराठों ने निभाई थी।[2]

त्रिपक्षीय संघर्ष की चर्चा करने से पूर्व पाल वंश व बाद में सेनवंश जिनका पूर्वी भारत में वर्चस्व था। दक्कन में राष्ट्रकूट एवं उत्तरी एवं मध्य भारत में प्रतिहार वंश की सामान्य समीक्षा अपेक्षित जान पड़ती है। उत्तरी भारत का चक्रवर्ती सम्राट बनने के लिए उन दिनों के सर्वाधिक महत्वपूर्ण केन्द्र कन्नौज पर आधिपत्य प्रत्येक शक्ति का लक्ष्य बना। कई विद्वान् हर्ष को प्राचीन भारत का अन्तिम सम्राट मानते हैं लेकिन आर. सी. मजूमदार की मान्यता है कि हर्ष के बाद भी उसके साम्राज्य से भी वृहद् साम्राज्यों का अस्तित्व रहा। जैसा हमने अध्ययन किया है कि यशोवर्मन भी कम महत्व का शासक न था। त्रिपक्षीय संघर्ष के दौर में पालों एवं प्रतिहारों ने हर्ष से विशाल राज्यों की स्थापना की और दक्षिण में राष्ट्रकूटों ने स्थायी एवं विस्तृत साम्राज्य खड़ा किया। इस परिप्रेक्ष्य में यह उचित होगा कि इन शक्तियों के संक्षिप्त इतिहास की विवेचना के बाद त्रिपक्षीय संघर्ष की चर्चा करे।

पाल वंश (विक्रमपुर, पाटलिपुर, मुंगेर) बंगाल में शशांक के शासन के बाद लम्बे समय तक अराजकता का दौर रहा। अन्त में 750 ई. के लगभग अराजकता से मुक्ति पाने के लिए गोपाल नामक व्यक्ति को राजा चुना। पाल इतिहास की जानकारी धर्ममाल के खलीमपुर लेख, देवपाल के मुंगेर लेख, नारायण पाल के भागलपुर ताम्रलेख, नारायणपाल के बादल स्तंभ लेख और महीपाल प्रथम के बानगढ़, नालन्दा तथा मुज्जफरपुर लेख से होती है। तिब्बत के मध्यकालीन इतिहासकार तारानाथ ने गोपाल की माता को क्षत्रिय घोषित किया है और वृक्ष देवता के संयोग से उसका (गोपाल) जन्म पुण्ड्रवर्द्धन में होना बताया है। 'आर्यमंजुश्रीमूलकल्प' में गोपाल को 'दास जीविनः' कहा है। गोपाल ने प्रारम्भ में एक छोटे क्षेत्र अपनी शक्ति बढ़ाई, धीरे–धीरे गोपाल ने बंगाल की राजनीति में स्थिरता पैदा की। तारानाथ का उल्लेख है कि, उसने ओदन्तपुरी (आधुनिक बिहार शरीफ नामक कस्बा) से थोड़ी दूरी पर नालन्दा विहार की स्थापना की। उसके राज्य विस्तार के बारे में ज्यादा जानकारी नहीं मिलती परन्तु यह निश्चय ही कहा जा सकता है कि अव्यवस्था का अन्त कर उसने बंगाल में एक राज्य की नींव रखी और उसके बाद उसका वंश पाल वंश के नाम से विख्यात हुआ। प्राप्त सूचना के अनुसार उसने 750 ई. से 770 ई. के लगभग शासन किया।

धर्मपाल (770–810 ई.) गोपाल के बाद उसका पुत्र धर्मपाल शासक बना। उसे गोपाल से एक सुव्यवस्थित राज्य प्राप्त हुआ। गोपाल की विरासत को उसने न केवल आगे बढ़ाया वरन् बंग (बंगाल) को भारत की मुख्य राजनीतिक शक्तियों में स्थान दिलाया। धर्मपाल के समय उत्तर भारत में राजनीतिक शून्य व्याप्त था। वत्सराज ने कन्नौज के इन्द्रायुद्ध को परास्त कर धर्मपाल के लिए चुनौती उपस्थित कर दी। धर्मपाल वत्सराज से पराजित हुआ लेकिन राष्ट्रकूट ध्रुव द्वारा वत्सराज को राजपूताना में धकेल देने से धर्मपाल की महत्वाकांक्षाएँ पुनः जागृत हो उठी। उसने अपनी शक्ति का पुनर्गठन करके ध्रुव के आघात से आहत प्रतिहार शक्ति की कमजोरी का लाभ उठाकर कन्नौज पर चक्रायुद्ध को अपने अधीन शासक के रूप में सिंहासनारूढ़ करवाया। धर्मपाल के 32वें वर्ष के खलीमपुर लेख में कहा गया है कि कन्नौज नरेश को पाल संरक्षण के कारण स्वामित्व प्राप्त हुआ। इस अवसर पर धर्मपाल की सभा में भोज (विदर्भ का क्षेत्र), मत्स्य (आधुनिक अलवर–जयपुर क्षेत्र), मद्र (पंजाब), यदु (मथुरा के समीपवर्ती क्षेत्र), कुरु (कुरुक्षेत्र व दिल्ली के समीपस्थ क्षेत्र), अवन्ती (मालवा), यवन (सिंध के अरब क्षेत्र) और कीर (कांगड़ा क्षेत्र) के शासक उपस्थित थे, जो स्पष्टतः उसकी अधिसत्ता का द्योतक था। इससे यह भी स्पष्ट होता है कि उसकी सत्ता केवल उत्तर भारत में ही थी, उसका प्रभाव दक्षिण में राष्ट्रकूटों पर नहीं पड़ा। उत्तर भारत में उसकी सत्ता का उदाहरण हमें ग्यारहवीं सदी के गुजरात के संस्कृत कवि सोढ्ढल से भी मिलता है, जो धर्मपाल को 'उत्तरापथस्वामिन्' की उपाधि देता है। बंग शासक की यह सफलता अस्थाई रही, क्योंकि प्रतिहार नागभट्ट द्वितीय ने चक्रायुद्ध को कन्नौज से अपदस्थ कर मुंगेर (मुद्गगिरि) में धर्मपाल को परास्त किया।

धर्मपाल एक महान् विजेता और एक कुशल शासक था, जिसने गोपाल के एक छोटे राज्य को साम्राज्य का दर्जा दिलाया और बंगाल को उत्तर भारत की राजनीति में प्रमुखता प्रदान की।

धर्मपाल ने नालन्दा विहार को पुनः शिक्षा केन्द्र के रुप में स्थापित किया और विक्रमशिला विहार की स्थापना की।

देवपाल (810–850 ई.) धर्मपाल का उत्तराधिकारी देवपाल पाल वंश का सबसे बड़ा विजेता था। उसने अपने पिता के की तरह परमेश्वर, परमभट्टारक और महाराजाधिराज जैसी उपाधियाँ धारण की थीं। देवपाल के शासन के 33वें वर्ष के मुंगेर अभिलेख में उसके विंध्यगिरि और कन्नौज तक किए अभियान का उल्लेख है। बदल एवं मुंगेर लेखों से बोध होता है कि, उसने गुर्जर–प्रतिहार शासक रामभ्रद एवं भोज को पराजित किया। बदल लेख में उल्लखित 'हूण' से अभिप्राय मालवा के हूणों (मालवा हूण मंडल) से है। तारानाथ के अनुसार देवपाल से उत्कल राजा को जीता था। वह संभवतः करवंशी शिवकर द्वितीय था। द्रविड़ नरेश की पहचान बी. पी. सिन्हा ने कांची के पल्लव शासक से की है। मुंगेर लेख का कामरूप शासक भास्कर वर्मा का कोई उत्तराधिकारी रहा होगा। इसी लेख में रामचन्द्र द्वारा बाँधे गए पुल (रामेश्वरम्) तक की भूमि पर देवपाल के आधिपत्य का वर्णन है। देवपाल की विजयों का उल्लेख नारायणपाल के बादाल स्तम्भ–लेख से भी प्राप्त होता है। देवपाल बौद्ध धर्मानुयायी था। नालन्दा और विक्रमशिला के विहारों का उसने विकास करवाया और कई बौद्ध मठ एवं विहारों का निर्माण भी करवाया। इसके चालीस वर्ष के शासन को बंगाल के इतिहास को शान्ति व समृद्धि का काल कहा जायेगा। उसे योग्य मंत्री दर्भपाणि एवं केदार मिश्र का प्रशासन में सहयोग मिला।

विग्रहपाल (850–854 ई.) एवं नारायण पाल (854–915 ई.) देवपाल के बाद हुए, सत्ता संघर्ष के बाद शासक बने विग्रहपाल (850–854 ई.) का अल्पकालिक शासन रहा। विग्रहपाल ने अपने पुत्र नारायणपाल के पक्ष में राज्य त्याग दिया। नारायणपाल के बादाल स्तम्भ लेख में उसके लम्बे शासनकाल की किसी सैनिक विजय का उल्लेख नहीं हुआ है। ऐसा प्रतीत होता है कि वह शान्तिप्रिय शासक था।

राज्यपाल नारायणपाल के बाद उसका पुत्र राज्यपाल (लगभग 915–950 ई.) शासक बना। उसने राष्ट्रकूट राजकुमारी से विवाह कर राष्ट्रकूटों से शान्तिपूर्ण सम्बन्ध बनाये। बड़े मन्दिरों एवं तालाबों के निर्माता के रूप में उसे याद किया जाता है। उसके बाद गोपाल द्वितीय (लगभग 950–960 ई.) और विग्रहपाल द्वितीय (लगभग 960–988 ई.) जैसे कमजोर शासक हुए, जिनके राज्यकाल में पालों की राजश्री कमजोर स्थिति में रही और पाल राज्य अत्यन्त संकुचित हो गया। प्रतिहार और पालों की अवनति से अनेक क्षेत्रीय राजवंशों के उदय ने पाल राज्य को गहरा आघात पहुंचा।

महीपाल प्रथम (988–1038 ई.) विग्रहपाल द्वितीय के बाद उसके पुत्र महीपाल प्रथम को विरासत में एक अव्यवस्थित राज्य मिला। बाह्य शक्तियों के दबावों से पाल राज्य केवल मगध तक सीमित रह गया था। शासन के नौवें वर्ष का बानगढ़ अभिलेख यह सूचित करता है कि महीपाल ने अपने सभी शत्रुओं को मारकर अपना पैतृक राज्य उन लोगों से पुनः ले लिया, जिन्होंने अपना कोई अधिकार न होते हुए भी अपने बाहुबल के घमण्ड से उसे छीन लिया था। उसने अपने अनवरत सैन्य अभियानों के द्वारा लगभग सम्पूर्ण बंगाल पर अधिकार कर लिया और काशी तक अपनी सीमाओं का विस्तार किया। परन्तु वह अधिक समय तक काशी पर अधिकार बनाए नहीं रख सका। 1033–34 ई. में वाराणसी पर अहमद नियाल्तगीन के आक्रमण का उल्लेख करते हुए मुसलमान इतिहासकार अब्दुल बैहकी ने जिक्र किया है कि बनारस (काशी) पर उस समय गंग (अर्थात् कलचुरि गांगेयदेव) राजा का अधिकार था। राखलदास बनर्जी का मत है कि राजेन्द्र चोल (1021–23 ई.) द्वारा महिपाल पर किये गये आक्रमण के बाद वहाँ रह गए कुछ कर्णाट सरदारों ने बाद में बंगाल में सेन वंश की स्थापना की। महीपाल पर संभवतः गांगेयदेव कलचुरि का आक्रमण भी हुआ था। ऐसे ही कई कारण थे, कि महीपाल का उत्तर भारत की राजनीति पर कोई विशेष प्रभाव नहीं रहा। लेकिन महीपाल को पाल वंश की पुनर्स्थापना के अतिरिक्त उसके सांस्कृतिक योगदान के लिए भी याद किया जा सकता है। उसने सारनाथ, काशी, बोधगया और नालन्दा में अनेकानेक बौद्ध–विहारों और हिन्दू मंदिरों का निर्माण और जीर्णोद्वार करवाया। अनेक तालाबों के निर्माण में भी उसका योगदान रहा। एक महीपुर (बोगड़ा) नामक नगर भी बसाये जाने का बोध होता है।

नयपाल (1038–1055) महीपाल के लगभग 50 वर्ष के शासन के बाद नयपाल को सत्ता हासिल हुई। उसे कलचुरि शासक कर्ण के आक्रमण का सामना करना पड़ा। नयपाल के उत्तराधिकारी विग्रहपाल तृतीय के समय भी कर्ण, चालुक्य विक्रमादित्य और कोसल के महाशिवगुप्त ययाति के आक्रमणों का सामना करना पड़ा। इन आक्रमणों से प्रायः सम्पूर्ण बंगाल पालों के अधिकार से जाता रहा। अपने भ्राता महीपाल द्वितीय और सरपाल को सत्ता से हटाकर रामपाल (लगभग 1075–1126 ई.) ने पाल राज्य को कुछ स्थिरता प्रदान करने का प्रयास किया। उसने कैवर्त शासक भीम के साथ युद्ध में सफलता प्राप्त कर पाल गौरव को पुनः चमकाने की कोशिश की, लेकिन उसका यह प्रयास शायद दीपक की आखिरी लौ की भाँति साबित हुआ।

पाल शासकों ने बौद्ध धर्म को बंगाल में उत्कर्ष का अवसर देकर बंगाल के सांस्कृतिक उन्नयन में अत्यन्त महत्वपूर्ण योगदान किया। इस काल में अनेकानेक मंदिरों, बौद्ध–विहारों, नगरों और सुन्दर भवनों का निर्माण हुआ। शिक्षा और साहित्य का विकास हुआ। पाल शासकों ने उदन्तपुर, सोमपुरी एवं विक्रमशिला जैसी प्रसिद्ध शिक्षण संस्थाओं की स्थापना की। विक्रमशिला विश्व विद्यालय की स्थापना धर्मपाल ने की, जो आगे जाकर अन्तर्राष्ट्रीय ख्याति प्राप्त शिक्षण संस्था के रूप में प्रसिद्ध हुआ। वहाँ 3000 विद्यार्थी शिक्षा ग्रहण करते थे। दीपंकर, रक्षित, ज्ञानपद, ज्ञानश्री, रत्न वज्र जैसे विद्वान इससे सम्बद्ध रहे। विचाराधीन काल के बौद्ध विद्वानों ने प्रभूत साहित्य की रचना की। पाल शासन के प्रमुख अधिकारी – राजा के बाद राजनायक, राका (उपमुख्य प्रमुख) महासन्धि विग्रहक (विदेश सचिव), दूत (राजदूत), राजस्थानीय (उपराजदूत), भागारक (मुख्य सुरक्षा अधिकारी), सांस्थाधिकृत (कर संग्रहक),

चौराद्वारणिक (पुलिस अधिकारी), शैलकिक (व्यापारी कर संग्रहक), दासपराचिक (दण्डाधिकारी), तरणिक (नंदी पारीय शुल्काधिकारी), महाक्षपटलिक (मुख्य लेखाधिकारी), क्षेत्रय

सेन वंश

पाल वंश के राजनीतिक पटल से गायब होते ही बंगाल में एक नये राजवंश का उदय हुआ। यह सेन राजवंश मूलतः दक्षिण भारतीय था। राष्ट्रकूटों के आक्रमणों के समय कुछ कर्णाट सरदार बंगाल में बस गए। अव्यवस्था के दौर में इन्होंने अपनी शक्ति बढ़ाकर स्वतंत्र राज्य कायम किया। सेन ब्राह्मण थे लेकिन कर्मतः वे क्षत्रिय कहलाए। अतः उनका राजवंश ब्रह्म–क्षत्रिय कहलाता है। सामन्त सेन ने राढ़ में एक राज्य कायम कर लिया था। उसके पुत्र हेमन्त सेन ने अपनी ताकत बढ़ाई और बंगाल पर कर्ण (कलचुरि) के आक्रमण के समय उसने अपने को स्वतंत्र शासक घोषित कर दिया।

विजय सेन (लगभग 1095–1158 ई., राजधानी नवकी) इस वंश का सबसे प्रतापी नरेश विजय सेन था। बैरकपुर से प्राप्त अभिलेख में उसके 62 वर्षों तक शासन करने की जानकारी मिलती है। पालों की क्षीण होती सत्ता का लाभ उठाते हुए शनैः–शनैः बंगाल के एक बड़े भू–भाग पर आधिपत्य जमा लिया। उसने कलिंग नरेश अनन्तवर्मन चोडगंग से मित्रता कर बुद्धिमत्ता और राजनीतिक समझ का परिचय दिया। देवपाड़ा अभिलेख के अनुसार उसने नान्य, वीर, राघव और वर्द्धन नामक राजाओं को परास्त किया और गौड़, कामरूप और कलिंग के राजाओं से भी युद्ध करना पड़ा। पाल शासक मदनपाल भयभीत होकर भाग गया। इस प्रकार उसने अपने लम्बे शासन में बंगाल को एक शक्तिशाली राज्य बना दिया। सामान्यतः उसके काल में बंगाल में शान्ति रही और समृद्धि बढ़ी।

बल्लाल सेन (1158–1178 ई.) उसके बाद उसके पुत्र बल्लाल सेन ने मिथिला और बिहार पर विजय पताका फहराई और गोविन्दपाल को परास्त कर स्वयं गौडेश्वर की उपाधि ग्रहण की। बल्लालसेन का सांस्कृतिक योगदान अधिक महत्वपूर्ण है। उसके शान्ति पूर्ण शासन में साहित्य की खूब प्रगति हुई। स्वयं ने भी 'दानसागर' ग्रंथ की रचना की और उसके 'अद्‌भुत सागर' नामक अधूरे ग्रंथ को लक्ष्मण सेन ने पूरा किया। उसके गुरु अनिरुद्ध ने अनेक ग्रंथों की रचना की थी। वह एक विद्वान् शासक के रूप में प्रसिद्ध रहा है। कोलकाता क्षेत्र का दानकर्ता – कोलकाता का नाम कालीवचाटा था जहां काली मन्दिर भी था। बल्लाल सेन ने मन्दिर एक ब्राह्मण को दाल दिया था। जौव चारमाक ने यहां ब्रिटिश काल में कलकता नगर बसाया। चारमाक की पत्नी काली मन्दिर आती थी।

लक्ष्मण सेन (लगभग 1178–1205 ई.) बल्लाल सेन ने अन्तिम वर्षों में अपने पुत्र लक्ष्मण सेन के लिए राज त्याग दिया। मुस्लिम साक्ष्यों से पता चलता है कि वह राजगद्दी पर बैठते समय 60 वर्ष का था। अपने पिता के समान उसने अनेक युद्धों में विजय पाई। किन्तु वृद्धावस्था के कारण अंतिम अवस्था में उसके राज्य में सामन्तों ने विद्रोह कर स्वतंत्र राज्य स्थापित कर लिए। वृद्ध लक्ष्मण सेन इख्तियारुद्दीन –बिन–बख्तियार खिलजी के आक्रमण (1202 ई.) का सामना करने की स्थिति में न रहा और उसे लखनौती (नादिया) छोड़कर बंग भागना पड़ा और वह वहाँ राज्य करता रहा। 1205 ई. में उसकी मृत्यु के बाद कमजोर सेन राजा सामन्त की स्थिति में आ गए।

लक्ष्मण सेन विद्वानों का संरक्षक था। उसके राजदरबार में **जयदेव**, **हलायुद्ध**, **धोयी**, **श्रीधरदास** आदि विद्वान् आश्रय पाते थे। जयदेव की 'गीत–गोविन्द' एक सुप्रसिद्ध कृति है, धोयी ने 'पवनदूत' की रचना की। बंगाल में इस काल में बौद्ध धर्म के तांत्रिक–सम्प्रदाय 'वज्रयान' का उदय हुआ। उसके बाद बंगाल पुनः राजनीतिक वि शृंखलन का शिकार हो गया।

राष्ट्रकूट

राष्ट्रकूटों के इतिहास की जानकारी इस वंश के शासकों द्वारा उत्कीर्ण करवाये अभिलेखों तथा दानपत्रों से होती है जो उनके साम्राज्य के विभिन्न भागों से प्राप्त हुए हैं :

- दंतिदुर्ग के एलौरा एवं सामन्तगढ़ के ताम्रलेख
- गोविन्द तृतीय के राधनपुर, वनिदिन्दोरी तथा बड़ौदा लेख
- अमोघवर्ष प्रथम का संजन (संजान) अभिलेख
- इन्द्रपुर तृतीय का कमलपुर लेख
- गोविन्द चतुर्थ के काम्बे एवं संगली लेख
- कृष्ण तृतीय के कोल्हापुर, देवली तथा कर्नाट लेख विशेष रूप से उल्लेखनीय है।

राष्ट्रकूट शासकों ने कला एवं साहित्य को प्रश्रय दिया था। उनके संरक्षण में विद्वानों ने कन्न्ड एवं संस्कृत के महत्वपूर्ण ग्रंथों की रचना की। **जिनसेन का आदि पुराण, महावीराचार्य का गणीत सार संग्रह, अमोघवर्ष (गोविन्द तृतीय के पुत्र, 814–878 ई.) स्वयं रचनाकार था उसने कन्नड भाषा में कविराजमार्ग की रचना की थी।** इनसे तत्कालीन समाज एवं संस्कृति का बोध होता है। अल्तेकर, नीलकंठ शास्त्री, मजूमदार के अनुसार राष्ट्र (प्रान्त) का कूट अर्थात् प्रधान शब्दों के समेकन से 'राष्ट्रकूट' कहलाये। राष्ट्रकूट मूलतः लट्टलूर (लातूर–महाराष्ट्र का उस्मानाबाद जिला) के मूल निवासी थे।

दन्तिदुर्ग (लगभग 735–755 ई.) राष्ट्रकूट साम्राज्य का संस्थापक दन्तिदुर्ग था। डॉ. अल्तेकर के अनुसार वह 735 ई. से पहल वह चालुक्यों का सामन्त था। उसने चालुक्य विक्रमादित्य मृत्यु (745 या 747 ई.) के बाद अपने राज्य के पश्चिमी राज्यों नंदिपुरी के गुर्जर और नौसारी के चालुक्य सामन्तों के राज्यों पर आक्रमण कर उनके राज्य छीन लिए। तदन्तर उसने पूर्व की ओर मालवा पर आक्रमण किया। सिलुक और देवराज गुर्जर प्रतिहार के आपसी संघर्ष का लाभ उठाने के उद्देश्य से उज्जयिनी पर अधिकार कर वहाँ हिरण्यगर्भदान यज्ञ किया, जिसमें नव–विजित गुर्जर राजा से प्रतिहारी का काम करवाया। उसने मालवा को विजित कर पूर्व राजा को लौटा दिया। मालवा से लौटकर महाकौशल और छत्तीसगढ़

पर आक्रमण किया और उड़ीसा के कुछ राज्यों पर भी विजय पायी। इस प्रकार दन्तिदुर्ग ने सैनिक और कूटनीतिक कौशल से शक्ति अर्जित की। चालुक्यराज उसकी बढ़ती हुई शक्ति से सावधान था और दोनों में संघर्ष अनिवार्य हो गया। डॉ. अल्तेकर के मतानुसार कीर्तिवर्मन द्वितीय ने नौसारी के अपने गुर्जर सामन्त को पुनः प्रतिष्ठित करने का प्रयास किया होगा। परन्तु जान पड़ता है कि यह विजय सैनिक न होकर कूटनीतिक रही होगी, क्योंकि दन्तिदुर्ग का राजकवि भ्रू–भंगिमा मात्र से कर्णाट सेना की पराजय का उल्लेख करता है। 753 ई. के लगभग इस विजय से दन्तिदुर्ग की प्रतिष्ठा बढ़ी और वह महाराष्ट्र का स्वामी बन गया। इस पराजय के बाद भी कीर्तिवर्मन बादामी एवं कर्नाटक का शासक बना रहा। दन्तिदुर्ग 37–38 वर्ष की अल्पायु में ही मृत्यु को प्राप्त हो गया। दुर्भाग्य से दन्तिदुर्ग के बारे में 742 ई. का दशावतार अभिलेख व 753–54 ई. के समनगढ़ अभिलेख के अलावा अन्य जानकारी के साधन नहीं हैं। वह एक धर्मिक प्रवृत्ति का प्रजाहितैषी शासक था।

कृष्ण प्रथम (लगभग 756–772 ई.) दन्तिदुर्ग के अल्पायु में पुत्रविहीन निधन के पश्चात् उसका चाचा कृष्ण प्रथम।

I. अपने शासन के प्रारम्भ में ही उसे एक सम्बन्धी और दक्षिण गुजरात के सामन्त लाट प्रदेश के कर्क द्वितीय के विद्रोह का दमन करना पड़ा। कृष्ण ने उसे पराजित कर उसके राज्य का प्रबंध सीधे अपने हाथ में ले लिया।

II. दूसरी ओर कीर्तिवर्मन द्वितीय दन्तिदुर्ग की मृत्यु और कृष्ण प्रथम की कठिनाइयों का लाभ उठाकर अपनी शक्ति पुनर्गठित कर कृष्ण के विरुद्ध भीमा नदी के तट पर आ जमा। भीषण युद्ध में कीर्तिवर्मन द्वितीय अपने पुत्रों सहित मारा गया। राष्ट्रकूटों के अभिलेखों में कहा गया है कि कृष्ण ने चालुक्य सागर का मंथन कर लक्ष्मी प्राप्त की थी। इस निर्णायक युद्ध ने राष्ट्रकूटों को सम्पूर्ण कर्नाटक का स्वामी बना दिया। 760 ई. तक राष्ट्रकूट दक्कन के सम्राट के रूप में मान्य हो गये।

III. चालुक्यों के दमन के पश्चात् कृष्ण प्रथम ने दक्षिणी कोंकण जीत कर उस क्षेत्र (महाराष्ट्र एवं कर्नाटक का भाग) में सणफुल्ल को अपना सामन्त नियुक्त किया। बाद में जिसने शिलाहार वंश की स्थापना की थी।

IV. अगले चरण में कृष्ण प्रथम ने गंगबाड़ी (आधुनिक मैसूर) के शासक श्री पुरुष को पराजित किया एवं श्रीपुरुष को सामन्त की हैसियत प्रदान की।

अपने पुत्र गोविन्द को इस अभियान के बाद कृष्ण ने अपना युवराज बनाया। युवराज ने वेंगी शाखा के चालुक्यों पर आक्रमण कर दिया, जो बादामी के चालुक्यों की पराजय से क्षुब्ध और अवसर की ताक में थे। गोविन्द के भयंकर आक्रमण से त्रस्त चालुक्यराज युद्ध भूमि से चालुक्य झण्डा जिस पर महावराह अंकित था लेकर भाग गया। अन्त में चालुक्य शासक विष्णुवर्द्धन ने राज्य का कुछ भाग एवं हर्जाना देकर संधि कर ली। युवराज के छोटे भाई ध्रुव से अपनी पुत्री शीलभट्टारिका का विवाह कर, विष्णुवर्द्धन ने संधि की एवं सम्बन्ध को प्रगाढ़ बनाया। कृष्ण प्रथम 772–73 ई. में मृत्यु को प्राप्त हुआ। अपनी मृत्यु से पूर्व उसने राष्ट्रकूट साम्राज्य को दक्षिण में गंगों एवं वेंगी के चालुक्यों को परास्त कर स्वयं को वास्तविक दक्षिणापथपति बना दिया। अब विंध्य के दक्षिण में कोई शक्ति राष्ट्रकूटों का मुकाबला करने में समर्थ न रही।

ऐलोरा कैलाश मंदिर का निर्माता कृष्ण प्रथम एक महान् निर्माता भी था। उसने एलोरा में एक गुफा मंदिर का निर्माण करवाया था। यह मंदिर कृष्णेश्वर या (कृण्णेश्वर) के नाम से जाना जाता था। वर्तमान में यह कैलाश मंदिर के नाम से विख्यात है। यह मंदिर अपनी भव्यता एवं कला–वैभव के लिए विश्रुत है। तत्कालीन कवि का उल्लेख है कि स्वयं इसका वास्तुकार इसके निर्माण के बाद इसे देखकर कह उठा था, "अरे! मैंने कैसे इस मंदिर का निर्माण कर दिया।" इस कलाकार की महानता इसमें निहित है कि उसने कहीं भी अपना नाम उत्कीर्ण नहीं किया। कला समीक्षकों के अनुसार पहाड़ी की एक विशाल चट्टान को चारों ओर से काटकर मन्दिर निर्माण वास्तु एवं तक्षण कला का विश्व प्रसिद्ध उदाहरण है। कृष्ण प्रथम द्वारा इसके बनाये जाने का जिक्र राष्ट्रकूट गुजरात शासक कर्कराज (812–13 ई.) के कॉपर प्लेट में हुआ है। उल्लेख है कि एलिपुरा (एलोरा) में राजा ने इतना भव्य मन्दिर बनाया कि देवता व वास्तुकार भी आश्चर्य करते है। इस दो तलीय मन्दिर निर्माण हेतु तीस लाख हाथ पत्थर पहाड़ से निकाला गया व बाद में मन्दिर निर्माण का अद्भुत काया हुआ। मन्दिर प्रांगण 276 फीट लम्बा 154 फीट चौड़ा है। जिसकी छत सुन्दर मूर्तियों से अलंकृत है। 25 फीट ऊंची चौकी पर विमान व मण्डप का क्षेत्रफल 150 × 100 फीट है। 16 स्तम्भों पर आधारित छत, 95 फीट ऊंचा शिखर है। तीन ओर प्रदक्षिणा पथ में गोवर्धन धारण, राम–रावण युद्ध, रावण का कैलाश धारण आदि बनाये। कृष्ण ने अन्य अनेक सुन्दर विशाल मंदिरों का निर्माण करवाया और उनके लिए अक्षयनीवियों की स्थापना की।

गोविन्द द्वितीय (773–780 ई.) गोविन्द द्वितीय कृष्ण के बाद राष्ट्रकूट सत्ता का स्वामी बना। वह कृष्ण का ज्येष्ठ पुत्र था और युवराज के रूप में वेंगी के चालुक्यों के विरुद्ध अपना शौर्य प्रदर्शित कर चुका था। सैन्य एवं प्रशासनिक योग्यता एवं अनुभव के बावजूद विलासितापूर्ण जीवन ने उसके भाई ध्रुव की महत्वाकांक्षाओं को जगाया और ध्रुव शासन सूत्र अपने हाथ में लेने लगा। वह राजाज्ञा जारी करने लगा। गोविन्द इससे सावधान हो गया। ध्रुव ने गोविन्द पर आक्रमण कर बाहरी सहायता आने से पहले ही उसे परास्त कर सम्भवतः मार डाला और शत्रुओं की सेनाओं को राज्य में घुसने से पहले ही खदेड़ दिया और इस तरह उसने 780 ई. में राष्ट्रकूट सत्ता पर सहज ही अधिकार कर लिया।

ध्रुव धारावर्ष (780–793 ई.)

राज्याभिषेक के समय ध्रुव ने धारावर्ष की उपाधि धारण की। जैसा कि पूर्व में उल्लेख किया जा चुका है कि वेंगी के राजा विष्णुवर्द्धन की पुत्री शीलभट्टारिका उसकी राजमहिषी थी।

- शासन सम्भालने के बाद सबसे पहले उसने गंगों पर आक्रमण किया। उसके पिता द्वारा पराजित श्रीपुरुष अब वृद्ध हो चुका था और शासन का संचालन युवराज शिवमार कर रहा था। उसने शिवमार को पराजित कर बंदी बना लिया और गंगवाड़ी को सीधे अपने नियंत्रण में लेकर वहाँ पर अपने पुत्र स्तम्भ रणावलोक को उपराजा नियुक्त कर दिया। गंगों के अभिलेखों में भी इस गंग पराजय का उल्लेख मिलता है।
- पल्लव नरेश दन्तिवर्मन ने भी गोविन्द का साथ दिया था, अतः ध्रुव का अगला निशाना वही बना। एक राष्ट्रकूट कवि का वर्णन है कि एक ओर सचमुच का समुद्र और दूसरी ओर (राष्ट्रकूट) सेना के सागर में फँसकर पल्लव राज भयभीत हो गया और उसने अपने बहुत–से हाथी समर्पित कर दिये।
- वेंगी के विष्णुवर्द्धन चतुर्थ को भी ध्रुव ने अपना अधीनस्थ बनाया, यद्यपि वह उसका श्वसुर था। दक्षिण के इस विजय अभियान ने ध्रुव को दक्षिण का सर्वशक्तिशाली राजा बना दिया परन्तु वह एक महत्वाकांक्षी सम्राट था। उत्तर की राजनीति में भी अपनी श्रेष्ठता स्थापित करना चाहता था यद्यपि यह आसान कार्य न था। सातवाहनों के बाद उत्तर भारत के भू–भागों पर कोई दक्षिणी शक्ति अधिकार नहीं कर पायी थी।

उत्तर भारत का अभियान उत्तर भारत के हृदय स्थल कन्नौज पर कमजोर शासक इन्द्रायुद्ध का शासन था। मालवा और राजपूताना प्रतिहार वत्सराज के आधिपत्य में थे। ध्रुव उससे गोविन्द का साथ देने के कारण नाराज था। बंगाल में पाल शासक धर्मपाल की सत्ता थी और वह भी कन्नौज पर प्रभुत्व के लिए उत्सुक था। लगभग 784 ई. में वत्सराज ने इन्द्रायुद्ध को परास्त कर अपने प्रभाव में उसे कठपुतली शासक बनाये रखा। धर्मपाल ने इन्द्रायुद्ध के प्रतिद्वंद्वी चक्रायुद्ध का साथ देकर कन्नौज पर आक्रमण किया परन्तु वत्सराज द्वारा पराजित हुआ और वहीं दो श्वेत–छत्र छोड़कर भाग खड़ा हुआ। धर्मपाल पुनः सैन्य तैयारियों में व्यस्त था। उस दौरान ध्रुव 786 ई. के आस–पास उत्तर की ओर बढ़ा। ध्रुव ने अभियान उस समय किया, जब वत्सराज दोआब में फँसा हुआ था। उसने सेना को दो भागों में बाँट कर नर्मदा के तट पर अपने पुत्रों–गोविन्द एवं इन्द्र के अधीन तैनात कर दी और स्वयं ने बाकी सेना के साथ नर्मदा पार कर मालवा पर अधिकार कर लिया और वत्सराज के विरुद्ध कन्नौज की ओर बढ़ा। वत्सराज भी दोआब से ध्रुव के विरुद्ध निकल पड़ा। झांसी के आस–पास दोनों में संघर्ष हुआ। वत्सराज पराजित हुआ और धर्मपाल से अपने कब्जे में लिए गये श्वेत–छत्र छोड़कर राजपूताना भाग गया। इन छत्रों पर अधिकार कर विजयी ध्रुव ने धर्मपाल, जो दोआब में ही मौजूद था, पर आक्रमण करना आवश्यक समझा क्योंकि वत्सराज की पराजय से धर्मपाल को, महत्वाकांक्षा साकार करने का अवसर मिल जाता। इसके अतिरिक्त भारत में अब वही शक्तिशाली राजा रह गया था, जो राष्ट्रकूटों से पराजित नहीं हुआ था। ध्रुव ने धर्मपाल को 787 ई. के लगभग दोआब में ही कहीं बुरी तरह परास्त किया और वह युद्ध क्षेत्र में अपना श्वेत–छत्र छोड़कर पलायन कर गया। ध्रुव ने राजनीतिक दूरदर्शिता दिखाते हुए कन्नौज पर अधिकार कर अपना राज्य विस्तार का यत्न नहीं किया। वैसे वह अब वृद्ध भी हो चला था और राजधानी छोड़े हुए भी लम्बा अन्तराल हो गया था। अतः कुछ समय बाद वह विजयी हो वापस लौट गया।

अपने चारों पुत्रों में उत्तराधिकार का संघर्ष टालने के लिए उसने अपने सबसे योग्य पुत्र गोविन्द को युवराज बना दिया और ज्येष्ठ पुत्र स्तम्भ को गंगवाड़ी का उपराजा। इन्द्र, जो गोविन्द का विश्वास भाजन था, को गुजरात और मालवा का राज्यपाल बनाया। सबसे बड़े पुत्र कर्क्क की ध्रुव के जीवन काल में ही मृत्यु हो चुकी थी। लगभग 793 ई. में ध्रुव की मृत्यु हो गयी।

ध्रुव निश्चय ही राष्ट्रकूट शासकों में ही नहीं भारत के महान् शासकों में एक था। उसने अपने अल्पशासन में राष्ट्रकूटों को दक्षिण एवं उत्तर भारत में अपराजेय एवं प्रतिष्ठित बना दिया था। कावेरी से गंगा–यमुना के मैदान तक उसका लोहा लेने वाला कोई न था। यद्यपि गोविन्द द्वितीय से राज्य छीनना उसकी ध्वल कीर्ति पर काला धब्बा है, तथापि गोविन्द की विलासप्रियता और शत्रुओं से साँठ–गाँठ उसके कदम का औचित्य सिद्ध करते हैं।

गोविन्द तृतीय (793–814 ई., राजधानी मान्यखेतों) ध्रुव के पश्चात् युवराज, गोविन्द तृतीय सम्राट बना। उसने अपने सामन्तों, मंत्रियों एवं अधिकारियों को तुष्ट कर अपनी शक्ति को मजबूत किया और सैन्य प्रबंध कर कुशलता बढ़ायी। गोविन्द यद्यपि शक्तिशाली योद्धा और कुशल सेनानायक था तथापि वह जानता था कि उसके पिता द्वारा उसे युवराज बनाये जाने से स्तम्भ (उसका भाई) अपने साथ हुए अन्याय से पीड़ित है। गोविन्द को ज्यों ही स्तम्भ की तैयारियों का पता चला उसने शीघ्रता से कार्रवाई की। गंग राजा शिवमार को अपने कारागृह से मुक्त कर स्तम्भ का प्रतिद्वंद्वी खड़ा कर दिया। परन्तु वह कृतघ्न निकला और स्तम्भ से मिल गया। गोविन्द अपने विश्वस्त छोटे भाई इन्द्र को सत्ता सौंप कर त्वरित गति से गंगवाड़ी स्थित स्तम्भ के विरुद्ध कूच कर गया। स्तम्भ को सम्भलने का मौका दिये बगैर उसे परास्त कर दिया। परन्तु अपने सद्व्यवहार एवं उदारता से स्तम्भ को अभिभूत करते हुए, अपना अनुरक्त बना दिया और गंगवाड़ी का राज्य उसे लौटा दिया। विश्वासघाती शिवमार को पुनः कारागृह के हवाले कर दिया। संघ में शामिल नोलम्बवाडी के राजा ने शिवमार का हाल देखकर समर्पण कर दिया। उसका राज्य लौटा दिया गया। यही नहीं कांची के राजा दंतिदुर्ग को पराजित कर सबक सिखाया। वेंगी का चालुक्य विष्णुवर्द्धन उसका नाना था और वृद्ध था। अतः वह उसकी प्रभुता का विरोधी न था। इस प्रकार 796 ई. में गोविन्द दक्कन का वास्तविक सम्राट बन गया।

उत्तर की ओर प्रयाण दक्कन में प्रतिष्ठा कायम करने के बाद उसने उत्तर भारत की ओर ध्यान दिया। एक दशक के अन्तराल में वहाँ परिस्थितियाँ बदल चुकी थीं।

I. धर्मपाल ने कन्नौज पर चक्रायुद्ध को स्थापित कर दिया था।

II. वत्सराज 790 ई. के लगभग पराजय के अपयश से मृत्यु को प्राप्त हो गया। उसका युवा, उत्साही और महत्वाकांक्षी पुत्र नागभट्ट द्वितीय प्रतिहार शासक बना। उसने चक्रायुद्ध को कन्नौज से अपदस्थ कर धर्मपाल को चुनौती दी और उसे भी परास्त कर दिया। प्रतिहार कवि के अनुसार 'पाल सेना के बादल छँट गये थे और प्रतिहारों के भाग्य का सूर्य पुनः चमकने लगा।'

III. नागभट्ट अब मालवा और गुजरात को प्राप्त करना चाहता था। राष्ट्रकूट शासक गोविन्द ने कुशलतापूर्वक इसी उचित समय पर उत्तर अभियान की योजना बनायी। प्रतिहार राजा नागभट्ट पाल नरेश धर्मपाल और गोविन्द दोनों का शत्रु था। 797 ई. के लगभग गोविन्द ने इन्द्र को शासन प्रबंध सौंपकर उसे विंध्य के मार्गों की रक्षा के प्रति सचेत करते हुए स्वयं भोपाल और झांसी होता हुआ कन्नौज की ओर बढ़ा।

IV. दूसरी ओर नागभट्ट द्वितीय भी आगे बढ़ा। प्रतिहार शासक इस बार भी पराजित हुआ और उसने रेगिस्तान में शरण ली। चक्रायुद्ध ने समर्पण कर दिया। धर्मपाल भी हार कर या स्वेच्छा से समर्पित हो गया। संजन अभिलेख के अनुसार उसके (गोविन्द) घोड़ों एवं हाथियों ने गंगा–यमुना के जल में स्नान किया। वह सम्भवतः काशी, प्रयाग, गया के तीर्थों में होते हुए प्रयाग, चित्रकूट और सागर होकर दक्कन लौट गया। उसने मध्य भारत एवं छत्तीसगढ़ के छोटे राजाओं को भी परास्त कर अपने अधीन किया। 799–800 ई. के लगभग उसने दक्षिण की ओर प्रस्थान किया, लौटते समय उसे पुत्र रत्न की प्राप्ति हुई।

दक्षिणी संघ पर आक्रमण उत्तर में व्यस्तता का लाभ उठाकर पल्लव, पाण्डय, चोल, केरल तथा गंगों ने संघ बनाकर राष्ट्रकूट राज्य पर आक्रमण कर दिया। गोविन्द ने 802–803 ई. में तुंगभद्रा पार कर इस संघ को पराजित किया। युद्ध में गंग शासक मारा गया। इस निर्णायक विजय से दक्षिण में उसका वर्चस्व पुनः कायम हो गया। कांची को जीतकर अपने राज्य में शामिल किया और केरल एवं पांडयों को जीता। इससे सिंहल के भयभीत नरेश ने अपनी और अपने महामात्य की प्रतिमाएँ भेंट कर उसे प्रसन्न किया। ये प्रतिमाएँ मान्यखेत (राष्ट्रकूट वंश की राजधानी) में एक शिवालय के सामने विजय प्रतीक के रूप में स्थापित की गयी। मान्यखेत कर्नाटक में भीमा नदी की काग्ना के दक्षिणी तट पर अब छोटा–सा ग्राम है। आधुनिक मालखेड़ ही प्राचीन मान्यखेत या मान्यखेट था जो गुलबर्ग जिले के सेरम तालुका में शोलापुर से 80 मील दक्षिण–पूर्व व हैदराबाद से 85 मील दक्षिण–पश्चिम में है। अल–मसूदी से इसे 'मनकिर' कहा है। राष्ट्रकूट अमोघवर्ष ने इसे राजधानी बनाया। गोविन्द ने वेंगी के उत्तराधिकार युद्ध में 802 में हस्तक्षेप कर अविनीत विजयादित्य को परास्त कर भीम सलुविक को शासक बनाया। अंतिम दौर में, उसने अपने पुत्र अमोघवर्ष को शासन प्रबंध में निपुण बनाने में व्यतीत किये। इन्द्र की मृत्यु के बाद उसके बेटे कर्क्क को मालवा–गुजरात का शासक बनाया और संरक्षक के रूप में उसे मान्यखेत बुला लिया। 810 ई. में स्तम्भ की मृत्यु हो गयी। अन्ततः 814 ई. में गोविन्द का भी निधन हो गया। अमोघवर्ष इस समय मात्र 14 वर्ष का था। गोविन्द राष्ट्रकूट वंश का सर्वाधिक योग्य एवं महान् शासक था। निरन्तर युद्धरत रह कर उसने कन्याकुमारी से लेकर गंगा–यमुना तक विजय यात्राएँ कीं। सही मायने में वह दिग्विजयी सम्राट था। सम्पूर्ण भारत में उसको चुनौती देने वाला कोई न था। वह एक अविराम सेनानायक था, अपराजेय योद्धा और सफल कूटनीतिज्ञ था। उसने कीर्ति नारायण की उपाधि धारण की थी, जो सर्वथा उपयुक्त थी। अतः निश्चय ही उसे भारत के महानतम सेनानायक एवं सम्राटों की श्रेणी में रखा जा सकता है।

शर्व अमोघवर्ष (814–880 ई.) गोविन्द तृतीय की मृत्यु के बाद शर्व अमोघवर्ष राष्ट्रकूट शासक हुआ। वह अपने नाम 'शर्व' की अपेक्षा अपनी उपाधि 'अमोघवर्ष' से ही विख्यात है। उसे लगभग 13–14 वर्ष की अल्पायु में सत्ता संभालनी पड़ी थी। प्रारम्भिक वर्षों में उसके चचेरे भाई एवं संरक्षक कर्क्क पातालमल्ल ने शासन संचालन में सहयोग किया। गोविन्द ने इसी कार्य हेतु गुजरात से कर्क्क को बुलवाया था।

विद्रोहियों का दमन इस दौरान सत्ता पर काबिज अल्प–वयस्क शासक को देखते हुए कुछ शक्तियों ने विद्रोह का झण्डा खड़ा कर दिया। डॉ. अल्तेकर के अनुसार यह 818–819 ई. की घटना है। कुछ मंत्रियों, सामन्तों, अधिकारियों तथा सम्बन्धियों ने उसके विरुद्ध विद्रोह कर दिया। स्वामिभक्त अधिकारियों की हत्या कर दी गयी। अमोघवर्ष को सिंहासन से अपदस्थ कर दिया गया। इस अराजकता एवं अव्यवस्था में जन–जीवन एवं स्त्रियों का सम्मान खतरे में पड़ गया। संरक्षक कर्क्क ने अपूर्व संघर्ष–क्षमता एवं स्वामिभक्ति का प्रदर्शन कर 821 ई. तक अमोघवर्ष को राष्ट्रकूट सिंहासन पर पुनः प्रतिष्ठित किया। सम्भवतः गोविन्द तृतीय के ज्येष्ठ भ्राता गंगवाड़ी के उपराजा स्तम्भ का पुत्र शंकरगण, जो गंगवाड़ी के राज्य से वंचित कर दिया गया था, इस विद्रोह का नेता रहा होगा। सिंहासन पर उसके अधिकार का समर्थन करने वाले सामन्त और मंत्रियों एवं अन्य सम्बन्धियों ने उसका साथ दिया होगा। चालुक्य अभिलेखों में कहा गया है कि विजयादित्य द्वितीय ने 108 युद्धों में राष्ट्रकूटों को हराया। इन्द्र तृतीय के बेग्रुमा ताम्रपत्रों में चालुक्य रूपी सागर से राष्ट्रकूट लक्ष्मी के उद्धार का उल्लेख सम्भवतः इसी संघर्ष की ओर संकेत करता है। अन्तिम विजय अमोघवर्ष की ही रही थी। गोविन्द चतुर्थ के 833 ई. के सांगली ताम्रपत्रों के अनुसार, अमोघवर्ष ने विंगवल्ली के युद्ध में चालुक्यों को बुरी तरह हरा कर यमराज को विशाल भोज दिया था। 845–46 ई. तक चालुक्य राष्ट्रकूट संघर्ष के अनेक दौर हुए, जिनमें कभी एक तो कभी दूसरा पक्ष विजयी रहा। सम्भवतः बाद के चालुक्यों ने अमोघवर्ष की अधीनता स्वीकार कर ली।

गंग शासक शिवमार का पराभव अमोघ के विरुद्ध 816 ई. में गंग शासक शिवमार ने भी विद्रोह किया था, परन्तु वह पराजित हुआ और तुम्कुर जिले के कगिमोगयुर नामक स्थान पर मारा गया। उसके भतीजे राजमल्ल ने भी राष्ट्रकूटों के प्रभुत्व के विरुद्ध संघर्ष जारी रखा। अमोघवर्ष के योग्य सेनापति बंकेय ने उसे पराजित कर कावेरी पार खदेड़ दिया। अन्ततः अमोघवर्ष ने गंग नरेश एरेयंग व उसके पुत्र बूतुग के साथ अपनी दो पुत्रियों क्रमशः रेवकनिम्माड़ व चन्द्राब्बलबा (चन्द्रवल्लभा) का विवाह कर मित्रतापूर्ण सम्बन्ध कायम कर लिये। वस्तुतः दक्षिणी शक्तियों से सुलह अमोघवर्ष की आवश्यकता थी।

गुजरात के ध्रुव का विद्रोह कर्क्क की मृत्यु के बाद ध्रुव 830 ई. के लगभग गुजरात का शासक बना। उसकी निष्ठा 835 ई. तक ही कायम रही तदन्तर उसके द्वारा किये गये विद्रोह ने अमोघवर्ष को सतर्क कर दिया। गुजरात के राष्ट्रकूट अभिलेखों में वल्लभ नामक शासक से ध्रुव के संघर्ष का जिक्र है। डॉ. अल्तेकर ने वल्लभ की पहचान अमोघवर्ष से की है। युद्ध में ध्रुव प्रथम मारा गया। यह घटना 845 ई. के आस–पास की है। अन्ततः 867 ई. तक ध्रुव द्वितीय के गुजरात के पैतृक राज्य पर दृढ़ता से काबिज होने की जानकारी मिलती है। अमोघवर्ष के 860 ई. के कोन्नार अभिलेख में उत्तरी सामन्तों की ईर्ष्या और द्वेष से पैदा संघर्षों का उल्लेख सम्भवतः गुजरात के इन्हीं राष्ट्रकूटों के लिए था। दोनों शाखाओं में 860 ई. के बाद मेल हो गया। यह मेल दोनों के शत्रु मिहिर भोज के भय से उत्पन्न रहा होगा। वस्तुतः अमोघवर्ष अपने पिता के समान सफल सेनापित और योद्धा न था।

अमोघवर्ष एक चिन्तनशील, धार्मिक प्रवृत्ति का प्रजाहित चिन्तक शासक था। जैन एवं वैष्णव मतों में समन्वय का उसने प्रयास किया। 'आविपुराण' के रचयिता जिनसेन ने स्वयं को अमोघवर्ष का आचार्य कहा है। महावीराचार्य नामक जैन गणितज्ञ ने अपने ग्रंथ 'गणितसारसंग्रह' में उसे जैन कहा है। उसको विज्ञान एवं साहित्य से लगाव था। अतः उसने इनकी प्रगति में योगदान किया।

कृष्ण द्वितीय (880–914 ई.) कृष्ण द्वितीय अमोघवर्ष का एकमात्र उत्तराधिकारी था। कोक्कल पुत्री चेदि राजकुमारी उसकी राजमहिषी थी, जो शंकरगण की बहन थी। कृष्ण द्वितीय ने अपने शासन काल में चेदि राजवंश से विवाह सम्बन्ध स्थापित कर प्रगाढ़ मैत्री कायम की थी। राष्ट्रकूटों की वेंगी के चालुक्यों से शत्रुता थी। चालुक्य विजयादित्य तृतीय पल्लव एवं चोल सत्ताओं को पददलित कर सत्ता पर काबिज हुआ था। अतः अपनी शक्ति का प्रदर्शन उसने राष्ट्रकूट समर्थक नोलम्बवाड़ी एवं गंगवाड़ी के राजाओं को परास्त कर किया और अन्ततः उसने सीधे राष्ट्रकूटों पर आक्रमण कर दिया। किरणपुर के समीप कृष्ण द्वितीय एवं चेदि कुमार शंकरगण दोनों को परास्त कर नगर को भस्मसात कर दिया। फिर एलिचपुर (अचलपुर) में प्रवेश कर उसे भी जला दिया। ऐसे उल्लेख अतिशयोक्तिपूर्ण नहीं कहे जा सकते। 888 ई. के लगभग विजयादित्य तृतीय की मृत्यु तक यही स्थिति बनी रही। कृष्ण द्वितीय का समकालीन गुजरात राष्ट्रकूट शाखा का शासक भी कृष्ण ही था। उसने वेंगी के चालुक्यों के विरुद्ध सहयोग दिया। इन्द्र तृतीय के द्वारा 900 ई. में गुजरात में दिये दान से बोध होता है कि इस समय तक गुजरात शाखा का अन्त हो गया था। कैम्बे और सांगली अभिलेखों से कृष्ण द्वितीय द्वारा गुजरात की राष्ट्रकूट शाखा के कृष्णराज या उसके उत्तराधिकारी को खेटक (खेड़ा) से खदेड़ने का उल्लेख है।

राष्ट्रकूट साम्राज्य के उत्तरी भू–भागों पर प्रतिहार मिहिरभोज ने आक्रमण किया, शुरू में कृष्ण द्वितीय की पराजय हुई। भोज ने दूसरी ओर गुजरात पर भी आक्रमण किया। राष्ट्रकूट सेनाओं ने भोज को पीछे धकेल दिया और उज्जैयिनी पर अधिकार कर लिया। राष्ट्रकूट इन्द्र तृतीय के 915 ई. के बेगुम्रा अभिलेख कृष्ण द्वितीय के इस युद्ध में शौर्य–प्रदर्शन की प्रशंसा करता है। कृष्ण में दिग्विजय का सामर्थ्य नहीं था, दूसरी ओर मिहिर भोज भी अब वृद्ध हो चला था और संघर्ष को आगे चलाने का इच्छुक न था। चोल राज आदित्य के साथ उसने अपनी पुत्री का विवाह किया था। वह अपने नाती कन्नरदेव को चोल राजा बनाना चाहता था परन्तु परान्तक चोल शासक बना, इस दौरान कृष्ण ने उस पर आक्रमण कर दिया किन्तु वह परान्तक का मुकाबला नहीं कर पाया और बल्लाल के युद्ध में पराजय झेलनी पड़ी। कृष्ण अपने पिता के सदृश ही जैन मतावलम्बी था और आदिपुराण के सह–लेखक गुणचन्द्र का शिष्य था। परन्तु जैनों की अहिंसा का उसकी साम्राज्यवादी नीति पर कोई प्रभाव नहीं पड़ा। वह एक सहिष्णु शासक था। उसकी मृत्यु 914 ई. में हुई।

इन्द्र तृतीय (914–928 ई.) कृष्ण के बाद इन्द्र तृतीय, जो उसका ज्येष्ठ पुत्र एवं जगतुंग की रानी लक्ष्मी का पुत्र था, शासक बना। वह सुदर्शन, युवा और उत्साही शासक था। उसने गद्दी पर बैठते ही प्रतिहार सामन्त उपेन्द्रराज परमार को परास्त कर गोवर्द्धन (नासिक) का उद्धार किया, जिसे उपेन्द्र ने जीत लिया था।

उत्तरी अभियान इन्द्र ने उज्जैयिनी को जीतकर उसे उत्तर भारत के अभियान का आधार बनाया। इस समय प्रतिहार राज्य के लिए भोज द्वितीय और महीपाल में टकराव की स्थिति बनी हुई थी। भोज को हटाकर 912 ई. में महीपाल शासक बन गया था। 916 ई. के आरम्भ में उज्जैयिनी से अभियान कर इन्द्र ने कन्नौज पर अधिकार कर नया इतिहास रचा। अभी तक दक्षिण का कोई शासक उत्तर भारत की मुख्य राजधानी पर कब्जा नहीं कर सका था। महीपाल महोबा भाग गया। इन्द्र तृतीय का चालुक्य सामन्त सेनापति नरसिंह ने उसका प्रयाग तक पीछा किया और इन्द्र 916 ई. के ग्रीष्म तक वापस दक्कन लौट गया। उसके लौटते ही 917 ई. तक महीपाल कन्नौज पर पुनः काबिज हो गया। इन्द्र की विजय ऐतिहासिक थी परन्तु राष्ट्रकूट शासक ध्रुव एवं गोविन्द से आसान,

क्योंकि उन्हें दो–दो शक्तिशाली राजाओं से लड़ना पड़ा था, वहीं इन्द्र को एक कमजोर महीपाल से ही टक्कर लेनी पड़ी थी। इन्द्र का उत्तर अभियान एक धावे से ज्यादा नहीं था, क्योंकि इससे उसके राज्य क्षेत्र में कोई विस्तार नहीं हुआ।

वेंगी के चालुक्यों से संघर्ष उत्तर भारत से वापसी पर इन्द्र वेंगी के चालुक्यों के विरुद्ध संघर्षरत हो गया। राष्ट्रकूटों ने वेंगी के कुछ भू–भागों पर अधिकार कर लिया। विजयादित्य के पुत्र अम्म ने राष्ट्रकूटों से बिना संघर्ष किये 925 ई. तक शासन किया। इन्द्र ने 928 ई. में युधमल्ल द्वितीय को सिंहासन पर बैठाया। इसी वर्ष सम्भवतः इन्द्र तृतीय परलोक सिधार गया। इन्द्र गोविन्द की भाँति एक योग्य सेनापति था। उसने कन्नौज विजय के साथ ही वेंगी पर भी अपने वर्चस्व का विस्तार किया।

गोविन्द चतुर्थ (930–936 ई.) इन्द्र तृतीय की मृत्यु के बाद उसके दो पुत्रों में से ज्येष्ठ अमोघवर्ष द्वितीय 928 ई. में शासक हुआ परन्तु वह एक वर्ष में ही परलोक गामी हो गया। उसकी मृत्यु कैसे हुई जानकारी नहीं हो पाई है। उसकी मृत्यु के बाद उसका भाई गोविन्द चतुर्थ शासक बना, जो विलासी और अयोग्य था। प्रजा, मंत्री, सामन्त और अधिकारी उसके निकम्मेपन एवं कदाचार से त्रस्त थे। जब उसी के एक चालुक्य सामन्त अरिकेसरिन ने कई सामन्तों और गोविन्द के चाचा, इन्द्र तृतीय के छोटे भाई अमोघवर्ष से मिलकर गोविन्द चतुर्थ को युद्ध में परास्त कर मार डाला।

अमोघवर्ष तृतीय (936–939 ई.) अमोघवर्ष पचास वर्ष की उम्र में 936 ई. में राष्ट्रकूट राज्य का शासक बना। वह कृष्ण द्वितीय के ज्येष्ठ पुत्र की द्वितीय पत्नी गोविन्दम्बा का पुत्र और इन्द्र का छोटा भाई था। अरिकेसरिन के राजकवि पम्प ने लिखा कि, उसके स्वामी ने विजयादित्य को सौंपने से इन्कार किया, गोविन्द की सेनाओं को परास्त किया और अन्त में राजमुकुट वड्डेग (अमोघवर्ष तृतीय) को, जो उस पर पूर्ण विश्वास करता था, दे दिया। वह शिव का अनन्य भक्त था। वृद्धावस्था एवं धार्मिक कार्यो में व्यस्तता के कारण राजकार्य का संचालन देखता था, जिसमें उसे छोटे भाई जगतुंग से अच्छा सहयोग मिला।

उसने दक्षिण में गंगवाड़ी के मित्र नोलम्बवाड़ी के दंतिग व बप्पुव नामक राजकुमारों को मार कर गंगवाड़ी पर आक्रमण किया। राजमल्ल को समाप्त कर उसके छोटे भाई और अपने बहनोई बूतुग को वहाँ का राजा बनाया, जो आगे चलकर दक्षिण में उसका सहायक सिद्ध हुआ।

कृष्ण तृतीय (939–969 ई.) नाममात्र शासक अमोघवर्ष तृतीय की 939 ई. में मृत्यु हो गयी और युवराज कृष्ण तृतीय गद्दी पर बैठा।

I. राज्यारोहण के बाद सबसे पहले उसने चोल राज्य पर आक्रमण कर 943 ई. में शीघ्रता से कांची और तंजौर को जीत लिया। यद्यपि पूरे चोल साम्राज्य पर वह अधिकार न रख सका परन्तु तौंडमण्डल पर उसका शासनपर्यन्त अधिकार रहा। परान्तक ने पुनः शक्ति संचय कर राष्ट्रकूटों पर आक्रमण कर दिया। तक्कोलम (अर्काट जि.) नामक स्थान पर 949–50 ई. में भयंकर संघर्ष में चोल युवराज राजादित्य को उसके हाथी सहित गंगराजा बूतुग ने मार डाला।

II. इस विजय ने उसे आगे बढ़कर केरल और पाण्डय राजाओं को परास्त करने की प्रेरणा दी। उसने रामेश्वर में कीर्ति स्तम्भ स्थापित किया और वहाँ दो मंदिर कृष्णेश्वर और गंडमार्तण्डादित्य बनवाये। उसकी इस सफलता से सिंहल नरेश भयाक्रांत हो गया। कांची का कालप्रिय मन्दिर उसी समय निर्मित हुआ था। कृष्ण चोल और पाण्डय राज्यों पर अधिक समय तक अधिकार बनाये न रख सका।

III. कृष्ण की दक्षिण में व्यस्तता से उत्तर में चंदेलों ने अपनी शक्ति काफी बढ़ा ली एवं कालिंजर और चित्रकूट के दुर्गों पर अधिकार कर लिया था। इस दौरान कृष्ण के परम सहायक बूतुग का निधन हो गया। कृष्ण की उपस्थिति में उसका बेटा मारसिंह गंगराजा बना। मारसिंह उसके उत्तर अभियान में सम्मिलित हुआ। 963 ई. में कृष्ण का द्वितीय उत्तर अभियान हुआ। कृष्ण के सहायक मारसिंह ने गुर्जरराज और उसके दो सहायकों शूद्रकय्य और गोग्गियम्म को परास्त करके 'उज्जयिनी भुजंग' की उपाधि धारण की। मालवा का परमार सीयक 949 ई. तक कृष्ण का सामन्त बना रहा। शायद बाद में वह विद्रोही हो गया था, अतः उसका दमन किया गया, राष्टकूट सेनाएँ 964 ई. में दक्षिण लौट गईं।

कृष्ण तृतीय राष्ट्रकूटों के योग्यतम राजाओं में था। उसने पुनः राष्ट्रकूट शक्ति को दक्षिण में सर्वोपरि बनाया और उत्तर में दो बार सफल अभियान कर राष्ट्रकूट गौरव बढ़ाया। वह वास्तविक अर्थों में दक्षिणाधिपति था। उसके सभी पुत्र उसी के जीवनकाल में काल के मुख में समा गये थे। जब 967 ई. में उसका निधन हुआ तब उसके दो भाई जीवित थे–खोट्टिग और निरूपम।

खोट्टिग (967–972 ई.) एवं राष्ट्रकूट साम्राज्य का अवसान खोट्टिग का प्रारम्भिक समय शांतिपूर्ण बीता। परन्तु शीघ्र ही मालवा के परमार शासक सीयक ने शांति भंग कर नर्मदा पार करने का प्रयास किया। राष्ट्रकूट उसे धकेलने में सफल हुए और इसमें सीयक का सेनापति भी मारा गया। दूसरी ओर सीयक 972 ई. में मालखेड़ पहुँच गया। उसने खजाना लूटा और अभिलेखागार के ताम्रपट्टों की कार्यालय प्रतियाँ भी साथ लूट लेकर गया। सीयक की सेना लूट के बाद लौट रही थी, तो मारसिंह ने पीछा कर पीछे से उसे लूटा। परन्तु इस अपमान के बाद वृद्ध खोट्टिग थोड़े समय में ही चल बसा। अतः उसके भाई निरूपम का बेटा कर्क्क गद्दी पर बैठा।

कक्र्क द्वितीय अल्प समय तक ही राजा रहा। वगेवाड़ी के एक छोटे–से चालुक्य सामन्त तैल द्वितीय ने, जो स्वयं को बादामी के चालुक्य वंश का मानता था, ने विद्रोह कर दिया। उसके साथ उसका नाना चेदिराज और अन्य सामन्त भी थे। दिसम्बर 973 ई. में उसने उत्तरी कर्णाटक के किसी स्थान पर कक्र्क को भयंकर युद्ध में बुरी तरह परास्त किया। इस युद्ध में गंगराजा मारसिंह विमुख रहा, क्योंकि वह इन्द्र का मामा था, और कक्र्क का विरोधी भी। कक्र्क भागकर मैसूर के पास सोराब ताल्लुक में चला गया, जहाँ वह एक छोटी रियासत पर 991 ई. तक राज्य करता रहा।

इस तरह शक्तिशाली राष्ट्रकूट साम्राज्य का तेजी से विघटन और पतन हुआ। राष्ट्रकूट साम्राज्य का आश्चर्यजनक रूप से एकाएक पतन विस्मय कारक कहा जायेगा। कृष्ण तृतीय जैसे सफल दक्षिणाधिपति का 967 ई. तक जहाँ शासन हो, वह 6 वर्ष में ही नेस्तनाबूद हो गया। तैल द्वितीय द्वारा सदी के अंत तक मालखेड़ में शासन करने का बोध होता है।

राष्ट्रकूट शासन प्रबंध– भारतीय इतिहास के गौरवशाली युग राष्ट्रकूट शासन में सम्राट के सीधे नियंत्रण वाले प्रदेश, राष्ट्रों मण्डल जो वर्तमान संभाग (डिविजन) जैसे थ। कुल 20–25 मण्डलों (राष्ट्रों) का प्रधान राष्ट्रपति पर राजस्व व सैन्य दोनों पदों की जिम्मेदारी थी। इन्हें गुप्तकालील गोप्ता व उपरिक के समान माना है। राष्ट्र कई विषयों में विभक्त जिनमें हजार से चार हजार गांव शामिल थे। विषयपति मुख्य था जिसे वर्तमान कलेक्टर जैसा माना जा सकता है। विषय भुक्तियों (तहसील जैसे) का मुख्य भोगपति था जो देश ग्रामकूट के सहयोग से राजस्व संग्रह करते थे। ग्राम मुख्य या ग्रामकूट (गावुण्ड) के अधीन सेना चोर आदि से सुरक्षा हेतु रखी जाती थी। ग्रामों नगरों में जन समितियां स्थानीय शासन संचालित करती थी।

गुर्जर–प्रतिहार वंश

पूर्व मध्यकालीन भारत के इतिहास में गुर्जर–प्रतिहार वंश का महत्वपूर्ण स्थान रहा है। जोधपुर से प्राप्त शिलालेखों के आधार पर कहा जा सकता है कि प्रतिहार वंश छठी शताब्दी के द्वितीय चरण में राजपूताने में स्थापित हो गया था। उस दौर में राजपूताना गुर्जरत्रा कहा जाता था। चीनी यात्री **ह्वेनसांग** के विवरण से ज्ञात होता है कि गुर्जर राज्य की प्रारंभिक राजधानी ''पीलो मोलो'', भीनमाल या बाडमेर थी। श्री गोपीनाथ शर्मा की धारणा है कि प्रतिहारों का गुर्जर शब्द या गुर्जरत्रा अथवा गुर्जरेश्वर से सम्बन्ध प्राचीन आधारों में मिलता है, अतः इन्हें गुर्जर–प्रतिहार कहा गया।[3]

गौरीशंकर हीराचंद ओझा की मान्यता–प्रतिहारों को वे भारतीय मानते हैं। उनके अनुसार गुर्जर से अभिप्राय जाति से न होकर देश से है।[4] अपनी मान्यता के समर्थन में डॉ. ओझा ने स्पष्ट किया है कि गुर्जर–प्रतिहार शासक भोज की ग्वालियर प्रशस्ति में इस वंश के शासक वत्सराज को ''एकः क्षत्रिय पुंगवेषु'' कहा है। कहा गया है कि आठवीं शताब्दी में एक बार एक राष्ट्रकूट राजा ने उज्जैन में यज्ञ किया उस समय एक प्रतिहार सामन्त ने उसके द्वारपाल की हैसियत से कार्य किया था सम्भवतः इसी प्रसंग में प्रतिहार शब्द का प्रयोग हुआ।[5]

नागभट्ट प्रथम (730–756 ई.) उज्जैन के प्रतिहारवंश के प्रथम शासक नागभट्ट (प्रथम) को आठवीं सदी के द्वितीय चतुर्थांश में रखा जाता है। भोज की ग्वालियर प्रशस्ति के अनुसार उसने मलेच्छ सेनाओं को परास्त किया था। इसका समर्थन अरब लेखक अल–बिलादुरी के विवरण से भी होता है। वह सिन्ध के गवर्नर जुनैद की कई विजयों का उल्लेख करता है, परन्तु उज्जैन पर कई आक्रमणों के बावजूद उसकी पराजय का उल्लेख नहीं किया। स्पष्टतः उज्जैन में जुनैद की हार हुई।[6] अल–बिलादुरी के कथन से यह भी प्रमाणित होता है कि जुनैद के उत्तराधिकारी 'तमीम' को ऐसे अनेक स्थानों से हटना पड़ा, जो पूर्व में अरबों के अधिकार में थे। मजूमदार की धारणा है कि, नन्दपुरी के गुर्जर राज्य पर उसने आधिपत्य स्थापित किया तथा जोधपुर प्रतिहार वंश को भी अपने अधीन किया। दूसरी ओर अमोघवर्ष प्रथम के संजान ताम्रलेख (871 ई.) से बोध होता है कि दन्तिदुर्ग (राष्ट्रकूट सत्ता का केन्द्र बना) ने क्षत्रियों द्वारा उज्जयिनी में सम्पन्न हिरण्य गर्भ नामक महादान में गुर्जर राजाओं को प्रतिहारी का कार्य करना पड़ा। दूसरे शब्दों में, राष्ट्रकूटों ने नागभट्ट को पराजित किया था। नागभट्ट के बाद क्रमशः काकुस्थ, देवराज एवं वत्सराज के शासक होने की जानकारी मिलती है। यदि प्रत्येक शासक की अवधि 25 वर्ष सामान्यतः स्वीकार की जाये तो नागभट्ट का 730 ई. में राज्यारोहण स्वीकार किया जा सकता है। भर्तृवद्ध के हंसोत लेख वि.स. 803 (755 ई.) से बोध होता है कि वह नागभट्ट की अधीनता स्वीकार करता था। सम्भवतः यह लेख उसके अंतिम काल का रहा होगा। तदनुसार नागभट्ट की अन्तिम तिथि 760 ई. के लगभग रखी जा सकती है।

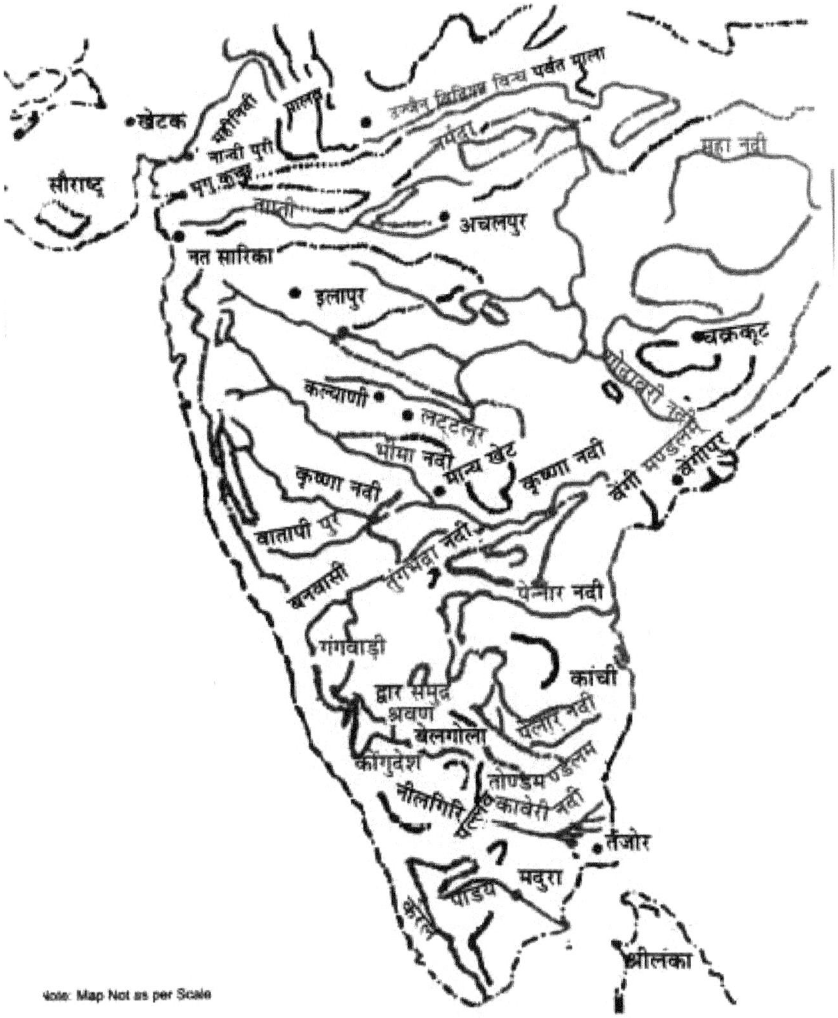

चित्र 58.1 दक्षिण भारत (नवीं–दसवीं सदी)

नागभट्ट के बाद कक्कुक एवं देवराज शासक बने। देवराज को भोज प्रथम के वराह अभिलेख में देवशक्ति कह कर सम्बोधित किया है। देवराज का उत्तराधिकारी वत्सराज बना।

वत्सराज (775–800 ई.) रानी भूमिका देवी से उत्पन्न देवराज के पुत्र वत्सराज की समता मजूमदार ने जैन ग्रंथ कुवलयमाला (5/21) में उल्लिखित राना हस्तन अर्थात वत्सराज से की है जो इस ग्रंथ की रचना के समय (778 ई.) जावालिपुर (जालोर) का शासक था। उसके राज्य में मालवा एवं पूर्वी राजपूताना सम्मिलित थे। मिहिरभोज के ग्वालियर अभिलेख के अनुसार उसने दुर्जेय समझी जाने वाली भण्डी जाति को पराजित कर उसके साम्राज्य पर अधिकार किया। मजूमदार ने त्रिपाठी को उद्धृत करते हुए लिखा है कि यह हर्ष का मामा था जिसने सम्भवतः स्वतंत्र राज्य स्थापित कर लिया था। यह भी जानकारी मिली है कि जोधपुर के गुर्जर प्रतिहार भी उसकी सत्ता स्वीकार करते थे। जैसा विदित है कि कन्नौज पर आयुधवंशीय इन्द्रायुद्ध शासन करता था, जिसे 783 ई. में वत्सराज ने परास्त कर कन्नौज को अपने प्रभाव में ले लिया था। कन्नौज पर वर्चस्व को लेकर वत्सराज एवं गौड़ राजा में संघर्ष हुआ, इसकी पुष्टि राष्ट्रकूट राजा गोविन्द के 808 ई. के राधनपुर अभिलेख से होती है। गोविन्द तृतीय के ही अन्य वनिदिन्दोरी के 808 ई. के लेख में कहा गया है कि वत्सराज ने खेल ही खेल में गौड़ राजा को हरा दिया था। अधिकांश विद्वान यह स्वीकार करते हैं कि वत्सराज का संघर्ष धर्मपाल से ही हुआ था।

नीलकण्ठ शास्त्री ने लिखा है कि उत्तर पर आधिपत्य की कामना से राष्ट्रकूट नरेश ध्रुव (780–793 ई.) ने वत्सराज की सेना को घेर लिया और वत्सराज को मरु प्रदेश में शरण लेनी पड़ी।[7] यही नहीं ध्रुव ने उन दो राज छत्रों को भी छीन लिया जिन्हें उसने गौडराज से हस्तगत किया था। ध्रुव वत्सराज को पराजित कर उत्तर की ओर बढ़ा और गंगा–यमुना के मैदान में कहीं धर्मपाल को भी पराजित किया। जैसे ही ध्रुव ने दक्षिण की ओर प्रयाण किया। धर्मपाल ने कन्नौज पर आक्रमण कर वहाँ के राजा इन्द्रायुद्ध को हटाकर चक्रायुद्ध को शासक बनाया, भागलपुर अभिलेख से इसकी पुष्टि होती है। हरिवंशपुराण से इन्द्रायुद्ध के कन्नौज तथा वत्सराज के अवन्ति में शासन करने की जानकारी मिलती है। कुछ विद्वानों ने इसे त्रिपक्षीय संघर्ष का प्रथम चरण कहा है।

द्वितीय नागभट्ट (800–833 ई., राजधानी कन्नौज) ध्रुव से पराजय के बाद वत्सराज का राज्य सीमित हो गया था। उसके पुत्र नागभट्ट द्वितीय ने प्रतिहार शक्ति को पुनर्स्थापित किया। मिहिरभोज (उसके पौत्र) की ग्वालियर प्रशस्ति में उसकी अनेक सैनिक उपलब्धियों का विवरण आया है। आन्ध्र, सिन्ध, विदर्भ एवं कलिंग के राजाओं को अपने अधीन किया।[8] कन्नौज राजा चक्रायुद्ध को हराया तथा शक्ति से आनर्त–मालव – किरात – तुरुष्क–मत्स्य आदि क्षेत्रों पर भी अधिकार जमाया।[9] दूसरी ओर राष्ट्रकूट प्रमाणों से ज्ञात होता है कि गोविन्द तृतीय ने नागभट्ट के शौर्य को नष्ट कर दिया एवं वह भयभीत होकर न जाने कहाँ विलुप्त हो गया जहाँ स्वप्न में भी युद्ध दिखाई न दे। परबल के 860–61 ई. के पठारी (भूपाल) स्तम्भ लेख से बोध होता है कि कर्कराज ने नागावलोक को शीघ्र ही युद्ध से वापस लौटने को बाध्य किया। विद्वानों ने नागावलोक का तादात्म्य नागभट्ट द्वितीय से किया है।[10] जहाँ तक कर्कराज का प्रश्न है वह गोविन्द तृतीय का सामन्त था और सम्भवतः उसे मालवा की रक्षार्थ नागभट्ट के विरुद्ध भेजा गया। नागभट्ट को राष्ट्रकूटों से पहले युद्ध करना पड़ा एवं गोविन्द तृतीय के दक्षिण लौट जाने के बाद ही चक्रायुद्ध एवं धर्मपाल को हराया होगा। अन्य क्षेत्र भी उसके अधिकार में राष्ट्रकूट नरेश की वापसी के बाद ही आये होंगे। नीलकंठ शास्त्री ने गोविन्द तृतीय के उत्तर की ओर से वापस लौटने की तिथि लगभग 802 ई. निर्धारित की है। उसके बाद नर्मदा के तट पर श्री भवन नामक स्थान में अपना डेरा डाला, जहाँ उसके एक पुत्र जो आगे चलकर अमोघवर्ष प्रथम कहलाया हुआ, का जन्म हुआ।[11] कहा जा सकता है कि नागभट्ट एवं गोविन्द तृतीय का संघर्ष 802 ई. से पूर्व की घटना है। दूसरी ओर हमें अनेक स्त्रोतों से कान्यकुब्ज (कन्नौज) के नागभट्ट के 833 ई. तक राज्य किये जाने तथा लगभग 800 ई. के राज्यारोहण की जानकारी मिलती है।[12] शास्त्री[13] ने लिखा है कि ध्रुव की मृत्यु (793–94 ई.) के तुरन्त बाद ही उपद्रव खड़ा हो गया। अपने यहाँ विरोधियों का दमन करने के बाद वह उत्तर की ओर बढ़ा। इससे इंगित होता है कि जैसे ही नागभट्ट शासक बना होगा, उसे गोविन्द तृतीय से संघर्ष करना पड़ा, सम्भवतः यह 800 से 802 ई. के मध्य की घटना रही होगी। नागभट्ट ने गोविन्द तृतीय से संघर्ष में बुद्धिमानी से काम लिया तथा कहीं विलुप्त होकर अपनी शक्ति को अधिक ह्रास होने से बचाया। डॉ. अल्तेकर की मान्यता है कि यह युद्ध बुन्देलखण्ड में कहीं लड़ा गया एवं नागभट्ट राजपूताना की ओर भागा और दो–आब क्षेत्र विजेता की इच्छा पर छोड़ दिया। अमोघवर्ष का संजान ताम्रपत्र लेख जानकारी देना है कि वहाँ से आगे बढ़कर गोविन्द ने चक्रायुद्ध एवं धर्मपाल को आत्मसमर्पण के लिए बाध्य किया।[14]

गोविन्द तृतीय को भी अपने पिता की तरह सदृश जल्दी ही दक्षिण लौटना पड़ा। नागभट्ट ने इस सुनहरे अवसर का लाभ उठाया। उसने चक्रायुद्ध पर आक्रमण किया एवं उसका उन्मूलन कर कन्नौज पर आधिपत्य स्थापित किया।[15] कन्नौज गुर्जर प्रतिहारों की राजधानी बन गई। ग्वालियर लेख हमें जानकारी देता है कि धर्मपाल द्वारा संरक्षित चक्रायुद्ध का पराभव हो जाने पर उसने भी नागभट्ट से मोर्चा लेने का निश्चय किया। बाउक के जोधपुर लेख में जिक्र आया है कि यह युद्ध मुद्गगिरि अर्थात् मुंगेर (बिहार) में लड़ा गया। उल्लेख मिलता है कि कक्क ने मुद्गगिरि के युद्ध में गौड़ों के विरुद्ध लड़कर यश प्राप्त किया। नागभट्ट को इस युद्ध में गुजरात (दक्षिणी काठियावाड़) के बाहुक ध्वल (चालुक्य) एवं गुहिलवंशी शंकरगण ने भी सामन्त रूप में सहयोग दिया।[16] 815 ई. के बुचकला (बुकला) अभिलेख में नागभट्ट के परमभट्टारक महाराजधिराज परमेश्वर जैसे विरुदों से यह भी पुष्ट होता है कि उसके पूर्व वह अपनी प्रमुख विजयें पूरी कर चुका था।[17] **अन्ततोगत्वा त्रिपक्षीय संघर्ष में नागभट्ट द्वितीय की विजय हुई एवं उसके कन्नौज पर अधिकार के साथ ही लम्बे समय से चला आ रहा यह संघर्ष समाप्त हो गया। इसे त्रिपक्षीय संघर्ष के द्वितीय चरण की संज्ञा दी जा सकती है।**

नागभट्ट की साम्राज्य सीमाएँ मिहिरभोज की प्रशस्ति (ग्वालियर) से जानकारी मिलती है कि जिस प्रकार पतंग अग्नि में आकर गिरते हैं उसी प्रकार आन्ध्र, सिन्धु, विदर्भ और कलिंग के राजा नागभट्ट द्वितीय की शरण में आये।[18] भोज का उपरोक्त लेख नागभट्ट की अन्य विजयों का भी उल्लेख करता है। उसने **आनर्त** (उत्तरी काठियावाड़), **मालवा** (मध्य भारत), **किरात** (हिमालय तराई का जंगली प्रदेश), **तुरूक** (पश्चिमी भारत का मुस्लिम राज्य), **वत्स** (कौशाम्बी प्रदेश) एवं **मत्स्य** (पूर्वी राजपूताना) क्षेत्र को शक्ति से अधिकृत कर लिया।[19] जैसा विदित है कि इन प्रदेशों में से कुछ राजाओं ने धर्मपाल द्वारा कन्नौज में आयोजित दरबार में चक्रायुद्ध को मान्यता प्रदान की थी। जिनका उल्लेख खलीमपुर प्रशस्ति में आया है, उन प्रदेशों पर अब नागभट्ट का आधिपत्य था। कहा जा सकता है कि नागभट्ट द्वितीय के राज्य में सम्पूर्ण उत्तर प्रदेश, मालवा, गुजरात का कुछ प्रदेश, राजपुताना एवं पश्चिमी भारत का एक भाग जो मुस्लिम शासकों से हस्तगत किया गया था, सम्मिलित थे। कन्नौज उसकी राजधानी थी एवं मुंगेर के युद्ध में धर्मपाल को परास्त किया था। यह इंगित करता है कि सम्पूर्ण उत्तर प्रदेश उसके अधीन था। मालवा एवं राजपुताने के कुछ भाग नागभट्ट को वत्सराज से उत्तराधिकार में मिले थे। गुजरात के चालुक्य बाहुक धवल एवं गुहिल शंकरगण उसके सामन्त थे अर्थात् गुजरात का एक बड़ा प्रदेश उसके राज्य का भाग था। जोधपुर के बिलाद (बिलाड़ा) क्षेत्र में स्थित बुचकला से प्राप्त नागभट्ट के अभिलेख में इस प्रदेश को स्वयं शासित प्रदेश कहा गया है। पृथ्वीराज विजय में जिक्र आया है कि चौहान गूवक प्रथम ने अपनी बहन कलावती का विवाह कन्नौज नरेश (नागभट्ट) के साथ किया। स्पष्ट है कि शाकम्भरी (अजमेर) के चाहमान भी उस समय प्रतिहारों की अधीनता स्वीकार करते थे। इसी तरह प्रबंध कोष में सिंध के गवर्नर बेग वारिस (बशर) को परास्त करने का जिक्र आया है। नागभट्ट की अन्तिम तिथि प्रभावक चरित में 833 ई. कही गई है। कहा गया है कि, गंगा के पवित्र जल में समाधि लेकर उसने देह त्याग की थी।

रामभद्र (लगभग 833–836 ई.) नागभट्ट के बाद उसका पुत्र रामभद्र (राम या रामदेव) सिंहासन पर बैठा। उसकी माता का नाम ईष्टादेवी कहा गया है। ग्वालियर प्रशस्ति के अनुसार प्रतिहारों पर इस दौरान शत्रुओं का प्रबल दबाव था। पूर्व से दिये जा रहे दान (भूमि दान) में व्यक्तिक्रम से भी स्पष्ट होता है कि प्रतिहार राज्य में रामभद्र की निर्बलता से सामन्तों द्वारा ही उपद्रव नहीं किये जा रहे थे, बल्कि अन्य राज्यों के आक्रमण की संभावनायें बनी हुई थीं। वराह अभिलेख में नागभट्ट देव (नागभट्ट द्वितीय) के कालंजर मण्डल में दान का उल्लेख आया है किन्तु रामभद्र देव के शासनकाल में इसका जिक्र नहीं हुआ।

मिहिरभोज (836–885 ई., राजधानी कन्नौज) वप्पभट्टचरित से जानकारी मिलती है कि भोज ने अपने पिता की हत्या करके राज्य प्राप्त किया था। उसका जन्म रामभद्र की रानी अप्पा देवी से हुआ था। कई लेखों में भोज को आदिवराह, प्रभास आदि नामों से संबोधित किया गया है। उसके साम्राज्य विस्तार, प्रशासनिक एवं अन्य गतिविधियों की जानकारी अनेक अभिलेखों से होती है। बराह (वराह) ताम्रपत्र जो महोदया (कन्नौज) स्कन्धावर से जारी किया था, इससे 836 ई. में उसके राज्यरोहण तथा कन्नौज पर प्रतिहारों के अधिकार का बोध होता है।

गुर्जरत्रा (राजपुताना) पर आधिपत्य सम्भवतः भोज ने प्रारम्भ में रामभद्र के समय स्वतंत्र हुए जोधपुर (गुर्जरत्रा) प्रदेश को पुनः अधिकार में किया। दौलतपुर लेख हमें जानकारी देता है कि गुर्जरत्रा प्रदेश में वत्सराज ने दान (भूमि) किया एवं नागभट्ट द्वितीय ने उसका अनुमोदन किया। किन्तु रामभद्र द्वारा इसके समर्थन के संकेत नहीं मिलते हैं। भोज ने 843 ई. में उक्त दान का नवीनीकरण किया।

दूसरे शब्दों में, भोज ने मध्य एवं पूर्वी राजस्थान में सत्ता पुनर्स्थापित की।[20] 843 ई. के दौलतपुर लेख में भोज द्वारा गुर्जरत्रा (जोधपुर) के डेण्डवान विषय (डीडवाना में शिवा नामक ग्राम) के पुराने दान (भूमि) की पुनः स्वीकृति का उल्लेख है, जो भोज के आधिपत्य को इंगित करता है।

बुन्देलखण्ड पर कब्जा यद्यपि बुन्देलखण्ड पूर्व में प्रतिहारों के अधीन था, सम्भवतः रामभद्र के समय चन्देलों ने अपने को स्वतंत्र घोषित कर दिया था। क्योंकि कलंजर मण्डल के उदम्बर विषय में बलाकागहार नागभट्ट द्वितीय द्वारा प्रदत्त भूमिदान का अनुमोदन रामभद्र के समय नहीं हुआ। वराह लेख के अनुसार भोज के समय पुनः नियमन किया गया। सम्भवतः कलंजर का पराजित शासक जयशक्ति था।

देवपाल से संघर्ष नागभट्ट द्वितीय ने धर्मपाल को मुंगेर के युद्ध में परास्त किया था। इस पराजय को पाल नहीं भूल पाये थे और वे इसका प्रतिशोध लेने का अवसर देख रहे थे। नारायणपाल के समय के बदल अभिलेख से जानकारी मिलती है कि उसने हिमालय से लेकर विन्ध्याचल तक और पूर्वी समुद्र से पश्चिमी समुद्र तक सम्पूर्ण भारत से कर वसूल किया और उसने उत्कलों, हूणों, द्रविड़ों एवं गुर्जरों को पराजित किया।[21] दूसरी ओर हमें तिथि रहित ग्वालियर प्रशस्ति से ज्ञात होता है कि जिस लक्ष्मी ने धर्म (धर्मपाल) के पुत्र (देवपाल) का वरण किया वही बाद में भोज की पुनर्भू (दूसरा वरण करना) हो गई। अर्थात् राजलक्ष्मी ने देवपाल का परित्याग कर भोज को स्वामी बनाया। इस तरह दोनों अभिलेखों में परस्पर विरोधी तथ्य मिलते हैं। मजूमदार ने देवपाल का कार्यकाल 810 से 850 ई. निर्धारित किया है। डॉ. त्रिपाठी की मान्यता है कि पराजित गुर्जर नरेश भोज था।[22] डॉ. मजूमदार की धारणा है कि भोज प्रारम्भिक सफलताओं के बाद देवपाल के हाथों पराजित हुआ और देवपाल के जीवन काल तक प्रतिहार वंश की प्रतिष्ठा पुनर्स्थापित नहीं कर पाया।[23] डॉ. पाठक की मान्यता है कि ग्वालियर प्रशस्ति वाले दोनों ही साक्ष्यों को प्रमाणिक मानते हुए कहा जा सकता है कि यदि देवपाल की मुठभेड़ भोज से हुई तो वह उसके शासन के प्रारम्भिक वर्षों की घटना थी, जिसमें उसे (भोज को) मुँह की खानी पड़ी। किन्तु भोज इस बात का दावा करता है कि राज्य लक्ष्मी देवपाल को छोड़कर उसके पास चली आयी, वह देवपाल के अन्तिम समय की घटना हो सकती है। अतः निष्कर्ष निकालना अनुचित न होगा कि उन दोनों पाल–प्रतिहार नरेशों की शक्ति परीक्षा के अन्तिम दौर में प्रतिहार राजा भोज को ही विजय मिली।

राष्ट्रकूटों से सामना उत्तर मध्य भारत में जब मिहिरभोज का शासन था, दक्षिण में राष्ट्रकूट नरेश अमोघवर्ष एवं उसके उत्तराधिकारी कृष्ण द्वितीय का शासन रहा। विद्वानों की मान्यता है कि, राष्ट्रकूट नरेश अमोघवर्ष (814–878 ई.) पूरे समय राज्य में होने वाले विद्रोहों को दबाने में व्यस्त रहा। उसके 64 वर्षों के लम्बे शासन में कभी भी ऐसा समय नहीं आया जब यह कहा जा सके कि उसके विशाल राज्य में सर्वत्र शान्ति है।[24] उसके विरुद्ध निरन्तर होने वाले विद्रोहों को ध्यान में रखते हुए सम्भवतः मिहिरभोज ने उज्जैन पर अधिकार करके नर्मदा तक अपना राज्य विस्तार करने का प्रयत्न किया। अपने पितामाह नागभट्ट द्वितीय की राष्ट्रकूटों से (गोविन्द तृतीय) पराजय मिहिरभोज भूल नहीं कर पाया था।

मालवा पर अधिकार डॉ. मजूमदार ने उल्लेख किया है कि, राष्ट्रकूट नरेश कृष्ण द्वितीय (878–914 ई.) एवं भोज के मध्य पुनः संघर्ष हुआ। भोज सम्भवतः आक्रामक था एवं उसे इस युद्ध में कुछ सफलता भी मिली। प्रतापगढ़ (दक्षिण राजस्थान) से महेन्द्रपाल द्वितीय के प्राप्त अभिलेख (946 ई.) में कहा गया है कि वहाँ का एक चाहमान वंशी राजा भोजदेव (मिहिर भोज) के लिए महान् प्रसन्नता का कारण था। ऐसा प्रतीत होता है कि इन चाहमानों (गोविन्दराज चाहमान) ने अपने स्वामी भोज को राष्ट्रकूटों के विरुद्ध युद्ध में सहयोग दिया। उक्त चाहमान वंश ने प्रतिहार महेन्द्रपाल द्वितीय (946 ई.) उज्जैनी शासक का राजत्व स्वीकार किया जो यह इंगित करता है कि निश्चित रूप से 946 ई. में मालवा प्रतिहारों के पुनः अधिकार में आ गया था और बाद तक प्रतिहारों के अधिकार में रहा।

मिहिरभोज का साम्राज्य भोज के साम्राज्य विस्तार की चर्चा उसके प्राप्त अभिलेखों से की जा सकती है।

- कन्नौज उसकी राजधानी होने का प्रमाण यहाँ से प्रकाशित महोदया लेख (कानपुर जिले के बराह (या वराह) स्थान से प्राप्त 836 ई.,) है, जिसमें प्रतिहारों की वंशावली दी गई है।
- **गुर्जत्रा** (राजपूताना) उसके अधिकार में होने का बोध जोधपुर क्षेत्र के दौलतपुर नामक स्थान से प्राप्त अभिलेख से होता है।
- भोज द्वारा उत्तरी भारत की विजय में गुहिल हर्षराज नामक सामन्त ने भाग लिया था। ऐसी जानकारी बालादित्य के चाकसू (राजस्थान में जयपुर के निकट) अभिलेख से होती है।
- इसी प्रकार प्रतापगढ़ (दक्षिणी राजस्थान) एवं अहाड़ उदयपुर से प्राप्त लेख उसके इस क्षेत्र पर अधिकार का प्रमाण है। दूसरे शब्दों में, लगभग सम्पूर्ण राजपूताना पर उसका अधिकार था। ग्वालियर से उसके समय के तीन अभिलेख प्राप्त हुए हैं। एक 875 ई. का आदिवराह भोज का लेख तथा 876 ई. के दूसरे अभिलेख में दो मन्दिर बनवाये जाने का उल्लेख है। यहाँ से प्राप्त सागर ताल प्रशस्ति तत्कालीन राजनीतिक इतिहास जानने का महत्वपूर्ण साधन है।
- भावनगर से उपलब्ध लेख (बारतों संग्रहालयों में सुरक्षित) में कृष्णराज के अपने देश लौटने की चर्चा की गई है। सम्भवतः सुराष्ट्र, काठियावाड़ के कुछ भाग भोज के आधिपत्य में थे जैसा कि डॉ. राय चौधरी ने स्कन्दपुराण के वस्त्रापथमहात्म्य के आधार पर यह प्रमाणित किया है। मिहिरभोज ने वस्त्रापथ (आधुनिक गिरनार) के वेतक पर्वत के क्षेत्रों पर अपना एक वनपाल (वन अधिकारी) नियुक्त किया था एवं वहाँ कुछ सेनायें भी रखी थी। दिल्ली के पुराने किले से एक तिथिरहित लेख प्राप्त हुआ है।
- उत्तर–पश्चिमी भारत के कुछ प्रदेश भी उसके साम्राज्य के अंग थे। करनाल जिले (हरियाणा) के पेहवा नामक स्थान से प्राप्त अभिलेख से इस तथ्य की पुष्टि होती है।
- पूर्वी भारत में पश्चिमी बिहार तक सम्भवतः उसका आधिपत्य था। मुंगेर युद्ध में नागभट्ट ने धर्मपाल को परास्त किया था तथा उसके कुछ पश्चिमी भागों पर अधिकार कर लिया था। सम्भवतः भोज के समय भी प्रतिहार पाल सीमा में अधिक परिवर्तन नहीं हुआ होगा। सोढ़देव के कहला अभिलेख (1077 ई.) में जिक्र आया है कि उनके नवें पूर्वज गुणाम्बोधिदेव (कलचुरि वंश) ने भोज से कुछ प्राप्त किया था। इसमें गौडराज की लक्ष्मी हरण करने का उल्लेख है। कहा जा सकता है कि, भोज ने पूर्व सीमा को बनाये रखा होगा। इस प्रकार उत्तर में हरियाणा से लेकर गुजरात तक तथा पूर्व में बिहार क्षेत्र उसके साम्राज्य के अंग थे। नर्मदा नदी उसके राज्य की दक्षिणी सीमा निर्धारित करती थी। बुन्देलखण्ड भी उसके राज्य का महत्वपूर्ण भाग था।

अरब यात्री सुलेमान जुज्र राजा से बहुत प्रभावित था, जिसका समीकरण भोज से किया जाता है। सुलेमान ने भोज के बारे में लिखा था, ''इस राजा के पास बहुत बड़ी सेना है। अन्य किसी नरेश के पास उसके जैसी अश्व सेना नहीं है। यद्यपि वह अरबों को अपना शत्रु मानता है तथापि वह मानता था कि अरबों का राजा सबसे बड़ा राजा है। भारतवर्ष के शासकों में उससे अधिक इस्लाम धर्म का कोई विरोधी नहीं है। उसका राज्य **जिह्वा** के आकार का है। वह बहुत सम्पन्न था। उसके पास विपुल मात्रा में घोड़े एवं ऊँट हैं। उसके राज्यों में विनिमय मुद्रायें चाँदी एवं सोने के साथ मिट्टी में ले जायी जाती थीं। कहा जा सकता है कि उसके राज्य में इसकी खदानें थीं। भारत में उसके अतिरिक्त अन्य कोई राज्य नहीं जो इतना सुरक्षित हो।''

भोज की मुद्रायें मिश्रित चाँदी की हैं जो उसके राज्य की आर्थिक स्थिति में गिरावट की द्योतक हैं। सम्भवतः अनवरत युद्धों से कोष पर पर्याप्त दबाव पड़ा, तत्परिणामस्वरूप मुद्राओं में अन्य धातुओं का मिश्रण करना पड़ा। 884 ई. उसके जीवन की अन्तिम तिथि के रूप में मिलती है, सम्भवतः 885 ई. के लगभग उसकी मृत्यु हुई होगी। कहा जा सकता है, भोज अपने वंश का प्रतापी सम्राट था जिसने विशाल प्रतिहार साम्राज्य की स्थापना की। उसने अपने राज्य को कई प्रान्तों में विभक्त कर योग्य सामंतों की नियुक्ति की। भोज ने एक लम्बी अवधि तक विदेशी आक्रान्ताओं से देश को सुरक्षित रखने का सफल प्रयास किया।

महेन्द्र पाल प्रथम (885–906 ई.) मिहिरभोज के पश्चात् उसका पुत्र महेन्द्र पाल प्रथम 885 ई. में लगभग कन्नौज की गद्दी पर आसीन हुआ। उसकी माता का नाम चन्द्रभट्टारिका देवी मिलता है। अभिलेखों में उसे अनेक नामों से सम्बोधित किया गया है–महिषपाल देव, महिन्द्र पाल, आदि। उसके दरबारी कवि राजशेवर ने उसे निर्भयराज एवं निर्भय नरेन्द्र भी कहा है। उत्तर भारत के अनेक प्रदेशों से बड़ी संख्या में उसके अभिलेख प्राप्त हुए हैं, जिनके आधार पर साम्राज्य विस्तार की विवेचना सरलता से की जा सकती है।

बंगाल पर आधिपत्य गया, पटना, हजारी बाग एवं उत्तरी बंगाल के राजशाही जिलों से प्राप्त अभिलेखों में उसे परमभट्टारक महाराजाधिराज परमेश्वर महेन्द्र पाल देव कहकर संबोधित किया है। अभिलेखों में परम भट्टारक महाराजाधिराज परमेश्वर उपाधि का प्रयोग प्रतिहारों द्वारा ही किया जाता रहा है। इसके अतिरिक्त अभिलेखों की लिपि भी गुर्जर प्रतिहार लिपि से साम्य रखती हैं। डॉ. मजूमदार ने लिखा है कि, उसके कम–से–कम सात अभिलेखिक प्रमाण दक्षिणी बिहार एवं उत्तरी बंगाल से प्राप्त हुए हैं।[25] बिहार के गया क्षेत्र से रामगया एवं गुनेरिया अभिलेख प्रमुख हैं। इसी प्रकार बंगाल से इटवौरी तथा राजशाही में पहाड़पुर से प्राप्त अभिलेख महत्वपूर्ण हैं। इन अभिलेखों में 2 से 19 वें वर्ष तक का उल्लेख पाया जाता है। दूसरी ओर मगध में पाल नरेश नारायण पाल के

7वें, 9वें तथा 17वें वर्ष तक के अभिलेख मिलते हैं। किन्तु उसके पश्चात् पाल वंश का 54वें वर्ष तक कोई लेख नहीं मिलता। इससे जाहिर होता है कि मगध प्रदेश पालों के अधिकार से निकल गया था। यही नहीं वह आगे बढ़कर उत्तरी बंगाल के राजशाही जिले तक अपने अधिकार में लेने में सफल रहा जो पहाड़पुर से प्राप्त उसके अभिलेख से सिद्ध होता है। कहा जा सकता है कि, महेन्द्र पाल वह अकेला प्रतिहार सम्राट था जिसने अपने वंश के परम्परागत शत्रु (पालों) के घर दक्षिणी बिहार, छोटा नागपुर तथा उत्तरी बंगाल में घुसकर उन्हें मात दी और अपने जीवनपर्यन्त उनसे छीने हुए प्रदेशों पर अधिकार बनाये रखने में सफलता पायी।[26]

उल्लेखनीय है कि महेन्द्रपाल के पिता मिहिरभोज के कोई लेख उत्तरी बंगाल से उपलब्ध नहीं हुए हैं। कहा जा सकता है कि उक्त विजय महेन्द्रपाल ने ही की थी। डॉ. त्रिपाठी ने यह मत प्रकट किया है कि शंकरवर्मन की यह विजय, भोज के शासन काल की घटना न होकर महेन्द्रपाल के समय की है।[27]

साम्राज्य विस्तार महेन्द्रपाल के साम्राज्य विस्तार का विवेचन उसके अभिलेखों के प्राप्ति स्थान के आधार पर सरलता से किया जा सकता है:

I. उत्तर में हरियाणा उसके साम्राज्य का अंग था जैसा कि पेहवा से प्राप्त तिथिरहित लेख से स्पष्ट होता है।

II. पश्चिमी भारत में गुजरात क्षेत्र से 888 ई. के बाद कोई अभिलेख राष्ट्रकूट वंश के किसी सामन्त का नहीं पाया गया। चतुर्थ गोविन्द के एक अभिलेख से जानकारी मिलती है कि द्वितीय कृष्ण (880–914 ई.) ने शत्रु से खेटकमण्डल (खेड़ा प्रदेश) जीतकर वहाँ अपना कोई शासक नियुक्त किया था। इससे स्पष्ट होता है कि भोज ने अथवा महेन्द्रपाल ने इस प्रदेश को अपने साम्राज्य का अंग बना लिया था। काठियावाड़ प्रदेश उसके अधिकार में था। ऊणा से प्राप्त अभिलेख (893 ई.) में कहा है कि यहाँ चालुक्य वंशी वर्मा एवं उसके पुत्र अवन्ति वर्मा द्वितीय इस प्रदेश के सामन्त थे।

III. अभिलेख में सौराष्ट्र प्रदेश के जयपुर एवं अम्बुलक नामक ग्रामों में तरुणा दित्यदेव (सूर्य) मन्दिर हेतु दान दिये जाने का विवरण मिलता है।

IV. उदयपुर प्रशस्ति से मालवा, प्रतिहार साम्राज्य का भाग होना प्रमाणित होता है। मालवा का परमार शासक वाक्पति अपनी सेनाओं के साथ गंगासागर तक पहुँचा, सम्भवतः वह भी महेन्द्रपाल का सामन्त रहा होगा।

V. राजस्थान में अहाड़ से महेन्द्रपाल के तीन अभिलेख प्राप्त हुए हैं जो इस क्षेत्र पर उसके अधिकार को प्रमाणित करते हैं।

VI. पूर्व में बिहार तथा पश्चिमी बंगाल तक उसका राजत्व कई लेखों से ज्ञात होता है जिसकी चर्चा पूर्व में की गई है। बिहार के छपरा जिले से प्राप्त दिघवादुबौली लेख 898 ई. में भटपद्येश्वर नामक ब्राह्मण को श्रावस्ती मण्डल में पानीयक ग्रामदान का उल्लेख इस क्षेत्र पर उसके आधिपत्य को इंगित करता है। इसी प्रकार पटना जिले के बिहार शरीफ से महेन्द्रपाल के चौथे वर्ष के दो लेख प्राप्त हुए हैं।

साहित्य कला का पोषक– महेन्द्रपाल न केवल एक अच्छा योद्धा एवं कुशल प्रशासक था बल्कि विद्या प्रेमी और विद्वानों का आश्रयदाता भी था। उसकी सभा की संस्कृत के महान् विद्वान् राजशेखर, शोभा बढ़ाते थे। उनके प्रसिद्ध नाटक ''कर्पूरमंजरी'' में उसे महेन्द्रपाल का गुरु कहा गया है। कर्पूरमंजरी इस नाटक की नायिका है। यह सम्पूर्ण नाटक प्राकृत में लिखा है। संस्कृत में लिखे गये अन्य नाटक थे–**विद्धसालभञ्जिका**, बाल रामायण, बाल भारत (प्रचण्ड पाण्डव)। काव्य मीमांसा आदि साहित्यिक ग्रंथ हैं, जबकि भुवनकोष एवं हरविलास काव्य ग्रंथ। इन ग्रंथों से सामाजिक एवं सांस्कृतिक गतिविधियों की जानकारी मिलती है। महेन्द्रपाल की अन्तिम ज्ञात तिथि 907–8 ई. है। उसकी (महेन्द्रपाल) की दो रानियाँ थी एक देहनागादेवी जिसका पुत्र भोज द्वितीय था। दूसरी महीदेवी के पुत्र का नाम महीपाल प्रथम मिलता है। उसके पिता की मृत्यु के पश्चात् सम्भवतः दोनों भाइयों में राजगद्दी के लिए संघर्ष हुआ है। प्रारम्भ में भोज की विजय हुई एवं वह राजा (910–912 ई.) बना। उत्तराधिकार के संघर्ष में सामन्तों ने भी सहयोग दिया। भोज की चेदी नरेश कोक्कल्लदेव ने सहायता प्रदान की। बिल्हरी लेख में कहा गया है कि कोक्कल्लदेव ने सम्पूर्ण पृथ्वी को जीत कर ही दो कीर्ति स्तम्भ संस्थापित किये, उत्तर में भोज देव (भोज द्वितीय) एवं दक्षिण में कृष्ण राज। भोज अधिक समय तक सत्ता में नहीं रह पाया। चन्देल नरेश हर्ष देव ने महीपाल का पक्ष लिया। सम्भवतः इस समय तक चेदि नरेश कोक्कल्लदेव की भी मृत्यु हो गई थी। चन्देल नरेश हर्ष देव के सहयोग से महीपाल सफल हुआ एवं 913 ई. में शासक बना। खजुराहो लेख में विवरण आया है कि चन्देल नरेश हर्षदेव ने क्षितिपटल देव (महीपाल) को पुनः प्रतिष्ठित किया।

महीपाल (913–945 ई.) महीपाल के अभिलेखों में अनेक नाम मिलते हैं–विनाय, कपाल, क्षितिपाल, हेरम्बपाल आदि। महीपाल को राज्यारोहण के तुरन्त बाद राष्ट्रकूट आक्रमण का सामना करना पड़ा। कृष्ण द्वितीय के बाद लगभग 915 ई. में उसका पौत्र इन्द्र तृतीय (914–928 ई.) राष्ट्रकूट शासक बना। चतुर्थ गोविन्द के खम्भात (काम्बे) ताम्रलेख में विवरण आया है कि इन्द्र तृतीय के मदान्ध हाथियों की चपेट में कालप्रिय (उज्जैन का महाकाल) का मण्डप उबड़–खाबड़ हो गया और उसके घोड़ों ने यमुना पार की और महोदयानगर को विध्वंसित किया।[28] कालप्रिय का तादात्म्य मजूमदार ने उज्जैन के महाकाल से किया है।[29] दूसरी ओर दशरथ शर्मा आदि ने कालप्रिय की एकता कालपी (कालप्रिय) के सूर्य मन्दिर (कालप्रिय) से की है।[30] तद्नुसार इन्द्र भोपाल झांसी एवं कालपी होते हुए कन्नौज पहुँचा। इस अभियान की जानकारी कन्नड़ कवि पम्प के काव्य **'पम्पाभारत'** से होती है। कवि ने अपने आश्रयदाता अरिकेशरिन के पिता द्वितीय नरसिंह की विजयों की चर्चा करते हुए लिखा है कि– उसने घूर्ज्जरराज की सेनाओं को

पराजित कर भागने को बाध्य किया। उसका पीछा करते हुए नरसिंह ने अपने घोड़ों को गंगा के समुद्र के संगम पर स्नान कराया। अधिकांश विद्वान गंगा के समुद्र से तात्पर्य प्रयाग से लेते हैं।[31] नरसिंह एक सामन्त शासक था, उसके द्वारा स्वतंत्र रूप से ऐसे अभियान का प्रश्न ही नहीं उठता, उसने अपने स्वामी राष्ट्रकूट नरेश के सहयोग हेतु भाग लिया होगा। नीलकंठ शास्त्री ने लिखा है कि कृष्ण द्वितीय के बाद करीब 915 ई. में उसका पौत्र इन्द्र सिंहासन पर बैठा। सिंहासनारूढ़ होने के बाद इन्द्र ने प्रतिहार राजा महीपाल प्रथम के विरुद्ध सफलतापूर्वक युद्ध किया।[32] कहा जा सकता है कि प्रतिहारों के विरुद्ध अभियान इन्द्र के शासकीय जीवन के प्रारम्भ की घटना है। तद्नुसार प्रतिहारों के विरुद्ध संघर्ष 917 ई. के लगभग की घटना है।

महिपाल का विजय अभियान– पूर्ववत् राष्ट्रकूट प्रदेश की समस्याओं को ध्यान में रखते हुए इन्द्र तृतीय अधिक समय तक उत्तर में टिका नहीं रह सकता था। इन्द्र तृतीय के लौटने के बाद महीपाल ने कन्नौज में पुनः व्यवस्था स्थापित करने का प्रयास किया। राजशेखर के बालभारत (प्रचण्ड पाण्डव) से उसके (महीपाल) द्वारा किये गये अभियानों के संकेत मिलते हैं। इस ग्रंथ में विवरण आया है कि रघुकुल मुकुटमणि एवं आर्यावर्त महाराजधिराज ने मुरलों, मेकलों, कलिंगों, केलरों, कुलूतों, कुन्तलों एवं रमठों का मर्दन किया।[33] यद्यपि इन विजय अभियानों की अभिलेखिक प्रमाणों से पुष्टि नहीं होती। किन्तु इस विवरण को वाक्पति द्वारा गऊड़वहो में विवेचित यशोवर्मा के अभियानों के समान ही ले सकते हैं। अपने परिवार की प्रतिष्ठा को स्थापित करने हेतु उसने अवश्य प्रयास किये होंगे और इसी सन्दर्भ में इनका विश्लेषण करना उचित होगाः

- ''कुलूत'' कहीं उत्तर में स्थिर रहा होगा, इसका तादात्म्य पंजाब प्रदेश के कुलू क्षेत्र से किया है,
- रमठों की पहचान पंजाब स्थित कर्नाल में पृथूदक के निकटस्थ प्रदेश से की गई है। भोज के समय भी यह प्रदेश प्रतिहार साम्राज्य का भाग रहा है। अतः राजशेखर का यह विवरण तथ्यों पर आधारित माना गया है।
- ''मुरल'' का समीकरण नहीं किया जा सका है। राजशेखर ने इनकी स्थिति कावेरी एवं वनवासियों के मध्य कही है।
- ''मेकलों'' की एकता अमरकंटक प्रदेश में आवासित लोगों से की है। मुरलों व मेकलों को परास्त किये जाने का समर्थन महेन्द्रपाल के प्रतापगढ़ 946 ई. के अभिलेख से होता है, जिसमें उज्जैन विजय तथा कहला अभिलेख से धारा विजय के प्रमाण मिलते हैं। इस प्रदेश को महेन्द्रपाल द्वितीय (946–948 ई.) ने नहीं जीता था जबकि उस समय माधव नामक सामन्त दण्डनायक तथा श्रीशर्मन बलाधिकृत नियुक्त थे। यह तथ्य इंगित करता है कि इन प्रदेशों को महीपाल ने जीता किया होगा।
- कलिंग निश्चित रूप से ओडीसा के गंजाम जिले का द्योतक रहा है।
- ''केरल'' दक्षिण की चेर जाति का संकेत करता है।
- ''कुन्तल'' मैसूर प्रदेश के किसी भाग को कहा गया है।

महीपाल की विजयों का उल्लेख क्षेमीश्वर के नाटक ''चण्डकोशिकम्'' में भी आया है जिसके आधार पर कुछ विद्वानों ने महीपाल की कर्णाट विजय को स्वीकार किया है। इस ग्रंथ के अनुसार महीपाल ने कर्णाटों को उसी प्रकार पराजित किया जिस प्रकार चन्द्रगुप्त ने नन्दों को।[34] हम जानते है कि यह प्रदेश राष्ट्रकूटों के अधिकार में था। सम्भव है कि, महीपाल ने इन्द्र के आक्रमण का प्रतिशोध लेने के लिए राष्ट्रकूटों के कुछ प्रदेश पर हमला किया हो। यह आक्रमण निश्चित रूप से इन्द्र तृतीय की मृत्यु के बाद (922 ई.) किया गया और उसके किसी उत्तराधिकारी को पराजित कर अपनी पूर्व हार का बदला लिया। कहा जा सकता है कि, 922 से 936 ई. के अशान्ति के काल में महीपाल ने राष्ट्रकूटों पर आक्रमण कर उनके कुछ प्रदेशों पर अधिकार कर लिया होगा।

राष्ट्रकूटों के लिए महीपाल का उपरोक्त आक्रमण असह्य था। अमोघवर्ष तृतीय (936–939 ई.) के काल में राष्ट्रकूट प्रतिहार संघर्ष चलता रहा। सम्भवतः महीपाल के अन्तिम काल में राष्ट्रकूटों से संघर्ष उसके लिए (स्वयं महीपाल) भी घातक सिद्ध हुआ और उसे कुछ प्रदेश खोने पड़े। देवली अभिलेख (940–41 ई.) तथा कर्हाट अभिलेख में जिक्र आया है कि युवराज कृष्ण (तृतीय) ने गुर्जर से कालंजर एवं चित्रकूट अधिकृत कर लिए थे।[35] वह (कृष्ण तृतीय) अपने पिता की मृत्यु के बाद 939 ई. में राजा हुआ। स्पष्ट है कि उक्त विजय उसने 939 ई. से पूर्व की होगी। अभिलेख में उल्लिखित गुर्जर महीपाल प्रथम था। महेन्द्रपाल द्वितीय के प्रतापगढ़ अभिलेख से ज्ञात होता है कि 946 ई. में महीपाल की मृत्यु हो गई थी।

साम्राज्य सीमा (1) महीपाल का साम्राज्य उत्तर में हरियाणा–पंजाब तक विस्तृत रहा होगा जैसा कि रमठों एवं कुतूल प्रदेश की विजय से स्पष्ट होता है। (2) महीपाल (विनायकपाल) के महोदय नगर से प्रकाशित ताम्र फलक (931 ई.) में आया है कि वाराणसी विषय उसके अधिकार में था। गोरखपुर के कलचुरि सामन्त भामान ने महीपाल की ओर से धारा (सम्भवतः उज्जयनि) पर आक्रमण कर विजय प्राप्त की थी। (3) पूर्व में बंगाल–बिहार पर पालों का अधिकार हो गया था, तत्परिणामस्वरूप महीपाल का राज्य पश्चिमी बिहार तक विस्तृत रहा होगा। (4) ग्वालियर में चन्देरी स्थित खेत्र नामक स्थान से प्राप्त 943 ई. के लेख से उसका इस क्षेत्र पर अधिकार प्रमाणित होता है। (5) महेन्द्रपाल द्वितीय के प्रतापगढ़ लेख से उज्जैन आदि पर उसके अधिकार की जानकारी मिलती है। (6) हड्डाला से उपलब्ध 941 ई. के लेख से बोध होता है कि काठियावाड़ में चापवंशी महासामन्ताधिपति ध ारणि वराह राजाधिराज महीपाल की अधीनता में था। (7) राजपूताना में जयपुर के निकट चाकसू से प्राप्त बालादित्य अभिलेख में जिक्र आया है कि नागभट्ट के समय से गुहिलवंशी सामन्तों की चार पीढियों ने सैनिक सेवायें प्रदान की थीं। स्पष्टतः महीपाल के समय प्रतिहार साम्राज्य पूर्व में बिहार से उत्तर–पश्चिम में हरियाणा तथा पश्चिम में राजस्थान प्रदेश को सम्मिलित करते हुए काठियावाड़

तक विस्तृत था। दक्षिण में सम्भवतः उज्जैन क्षेत्र उसके अधिकार में थे किन्तु अजयगढ़, चित्रकूट एवं कालंजर प्रदेश शायद उसके अन्तिम काल में निकल गये थे। 10वीं शताब्दी के फारसी भौगोलिक ग्रंथ हुदूद–उल–आलम से ज्ञात होता है कि भारत के अधिकांश शासक कन्नौज के राज्य की आज्ञा शिरोधार्य करते थे, तदनुसार उत्तर प्रदेश, पंजाब से भी आगे काबुल के शाही राजा उसकी अधिसत्ता स्वीकार करते थे।

महिपाल मृत्यु लगभग 945 ई. में हुई उसके बाद अधिकांश शासक परस्पर संघर्षरत रहे, कोई भी दो–तीन वर्ष से अधिक अवधि के लिए शासन नहीं कर पाया। राज्यपाल इसका अपवाद है जिसके समय सुबुक्तगीन और महमूद गजनवी के आक्रमण हुए थे। महीपाल के निर्बल उत्तराधिकारियों में महेन्द्रपाल द्वितीय (946–48 ई.), देवपाल (948–950 ई.), महीपाल द्वितीय (953 ई.), विनायकपाल (990–1018 ई.) तथा त्रिलोचनपाल (1027 ई.) शामिल थे। प्रतिहार साम्राज्य के विघटन के क्रम में सामन्ती व्यवस्था को प्रमुख कारणों में रख सकते हैं। प्रतिहारों ने बड़े–बड़े प्रदेशों में स्वतंत्र रूप से सामन्तों को शासन के अधिकार दिए, जैसे–चन्देलों ने प्रतिहारों को नष्ट कर स्वतंत्रा राज्य की स्थापना की। मालवा के परमार कभी प्रतिहारों कभी राष्ट्रकूटों के सामन्त रहे। लगभग 948 ई. के पश्चात् प्रतिहारों से मालवा छिन गया था। शाकम्भरी (सांभर एवं अजमेर) के चाहमान विग्रहराज के समय स्वतंत्र हो गये। राजस्थान के प्रतापगढ़ गुहिल भृर्तभट्ट प्रतिहारों के अधीन था राज्यपाल के समय स्वतंत्रता की घोषणा कर दी थी। चेदि राज्य भी लक्ष्मण–राजदेव के समय स्वतंत्र हो गया था।

प्रतिहार सत्ता के विघटन का दूसरा महत्वपूर्ण कारण मुस्लिम आक्रमण था। सुबुक्तगीन एवं महमूद गजनवी के आक्रमण ने प्रतिहार राज्य को पतन के कगार से नीचे गिराने का कार्य किया।

यहाँ सम्बन्धित राजवंशों के आपसी संघर्ष जिसे त्रिपक्षीय संघर्ष कहा गया है।

त्रिपक्षीय शासकगण		
पाल	**राष्ट्रकूट**	**प्रतिहार**
धर्मपाल (770–810 ई.)	ध्रूव (780–793 ई.)	वत्सराज (775–800 ई.)
देवपाल (810–850 ई.)	गोविन्द तृतीय (793–814 ई.)	नागभट्ट द्वितीय (800–833 ई.)
विग्रहपाल (850–854 ई.)	अमोघवर्ष (814–880 ई.)	रामभद्र (833–836 ई.)
नारायणपाल (854–915 ई.)	कृष्ण द्वितीय (880–914 ई.)	मिहिरभोज (836–885 ई.)
राज्यपाल (915–950 ई.)	इन्द्र तृतीय (914–928 ई.)	महेन्द्रपाल प्रथम (885–906 ई.)
महीपाल (988–1038 ई.)	गोविन्द चतुर्थ (930–936 ई.)	महिपाल (913–945 ई.)
नयपाल (1038–1055 ई.)	अमोघवर्ष तृतीय (936–939 ई.)	
कृष्ण तृतीय (939–967 ई.)	कृष्ण तृतीय (939–967 ई.)	
सेनवंश		
विजय सेन (1095–1158 ई.)		
बल्लाल सेन (1158–1178 ई.)		

त्रिपक्षीय संघर्ष

प्रथम चरण प्रारम्भिक दौर में गुर्जर प्रतिहार नरेश वत्सराज, राष्ट्रकूट शासक ध्रुव और बंगाल नरेश धर्मपाल का सामना हुआ। वत्सराज ने कन्नौज के आयुधवंशी इन्द्र को परास्त कर उसे अपने अधीन शासक के रूप में पुनः सत्ता सौंप दी। धर्मपाल के लिए यह असहनीय स्थिति थी। इसलिए वह युद्ध रत हो गया। यहीं से त्रिपक्षीय संघर्ष की लम्बी शुरुआत हुई। सम्भवतः दोआब में हुए इस युद्ध में धर्मपाल परास्त हुआ। राष्ट्रकूट शासक ध्रुव उत्तर में वत्सराज की बढ़ती शक्ति से विचलित हो गया। वह विशाल सेना के साथ नर्मदा तट पर आ डटा। उसके साथ उसके पुत्र गोविन्द एवं इन्द्र भी थे। उसने वत्सराज पर आक्रमण किया गया। झांसी के निकट युद्ध लड़ा गया। राष्ट्रकूटों से पराजय के बाद वत्सराज को जान बचाने के लिए मारवाड़ की ओर भागना पड़ा। राष्ट्रकूटों के हाथ धर्मपाल के वे दो राजछत्र भी लगे, जो वत्सराज ने छीने थे। इसके पश्चात ध्रुव ने धर्मपाल को भी परास्त किया। ध्रुव के इन अभियानों की जानकारी राधनपुर अभिलेख व संजान ताम्रपत्रों से होती है लेकिन इनमें तिथियों का अभाव है। उत्तरी भारत में वह अपनी विजय को स्थायित्व नहीं दे सका। एक ओर भौगोलिक बाधाएँ थीं व दूसरी ओर उसके अपने ही राज्य में आंतरिक संघर्ष की स्थिति उत्पन्न हो गयी थी। इस प्रकार प्रथम चरण राष्ट्रकूट शासक ध्रुव की अल्पकालीन सफलता के साथ समाप्त हुआ।

द्वितीय चरण त्रिपक्षीय संघर्ष के द्वितीय चरण में दो शक्तियाँ निहित थीं–बंगाल का धर्मपाल और गुर्जर प्रतिहारों का वत्सराज। धर्मपाल अपनी सीमा सुरक्षित करने के लिए पश्चिमी प्रदेश पर अपना प्रभुत्व स्थापित करने के उद्देश्य से बढ़ा। कन्नौज में इस समय आयुध वंश के दो भाई इन्द्र और चक्र आपस में संघर्षरत थे। धर्मपाल के खालिमपुर अभिलेख से पता चलता है कि कन्नौज नरेश चक्रायुद्ध को स्थायित्व पाल नरेश के संरक्षण के कारण प्राप्त हुआ था। अभिलेख में राज्याभिषेक का वर्णन है, ''पांचाल के प्रसन्न वृद्धों द्वारा उठाये गये अभिषेक कलश से कान्यकुब्ज के राजा का अभिषेक करवाया। इसे भोज (विदर्भ के आसपास), मत्स्य (आधुनिक जयपुर–अलवर), मद्र (भरतपुर–करौली क्षेत्र), कुरु, यदु (मथुरा का समीपवर्ती क्षेत्र), यवन (सिंध के अरब), अवन्ति (मालवा), गंधार (पश्चिमोत्तर सीमा क्षेत्र) और कीर (कांगड़ा प्रदेश) के राजाओं ने अपना मस्तक झुका कर धन्यवाद देते हुए स्वीकार किया था'' इतने राजाओं का पाल सत्ता को समर्थन मिलना संदेहास्पद अवश्य है, लेकिन इससे पाल प्रभाव क्षेत्र का बोधा अवश्य होता है। धर्मपाल का प्रभाव लगभग सम्पूर्ण उत्तरी भारत में फैल चुका था। उत्तरी भारत की उपरोक्त शक्तियों ने उसकी सर्वोच्चता को स्वीकार कर लिया होगा। इसी प्रभाव के बढ़ते 'अवन्ती सुन्दरी–कथा' के लेखक सोड्ढल ने धर्मपाल को 'उत्तरपथस्वामिन्' से सम्बोधित किया है। बंगाल, जो एक शताब्दी से भारतीय राजनीति से अनुपस्थित था, अब एक महत्वपूर्ण कारक बन गया।

तृतीय चरण संघर्ष के तृतीय चरण में प्रथम चरण की सी घटनाओं की पुनरावृत्ति हुई। गुर्जर प्रतिहारों की गतिविधियाँ तेजी से सामने आयी। इस दौरान प्रतिहार सत्ता पर वत्सराज का पुत्र नागभट्ट द्वितीय उत्तराधिकारी हुआ। कन्नौज की गद्दी पर पाल सम्राटों के संरक्षण में चक्रायुद्ध का शासक बनना नागभट्ट के लिए एक चुनौती बन गई थी। वह स्वयं महत्वाकांक्षी व पराक्रमी शासक था। उसने चक्रायुद्ध को हटाकर अपने समर्थक इन्द्रायुद्ध को गद्दी पर बैठा दिया। ग्वालियर प्रशस्ति में इसका उल्लेख किया गया है। आगे जाकर उसने कन्नौज के गुर्जर प्रतिहार सम्राट की हैसियत से 'परमभट्टारक महाराजाधिराज परमेश्वर' का विरुद धारण किया। ग्वालियर प्रशस्ति के अनुसार नागभट्ट ने आंध्र, सिंधु, विदर्भ और कलिंग के शासकों को पराजित किया। नागभट्ट द्वितीय ने आनर्त, मालवा, किरात एवं वत्स में तेजी से विजय अर्जित की। उसने धर्मपाल को भी मुंगेर बिहार के निकट परास्त किया। इस घटना का उल्लेख विस्तार से ग्वालियर प्रशस्ति में दिया गया है, 'बंगपति अपने गजों, अश्वों एवं रथों के साथ घने बादलों के अंधाकार की भाँति उपस्थित हुआ किन्तु तीनों लोकों को प्रसन्न करने वाले नागभट्ट ने उदीयमान सूर्य की भाँति उस अंधकार को काट दिया।' इस प्रकार उत्तरी भारत में उसने अपनी स्थिति सुदृढ़ कर ली थी। किन्तु उसे मध्य दक्षिण के राष्ट्रकूट नरेश गोविन्द तृतीय के कारण सफलताओं से वंचित होना पड़ा था और वत्सराज की तरह मरु प्रदेश की ओर भागना पड़ा।

चतुर्थ चरण त्रिपक्षीय संघर्ष के चतुर्थ चरण में गोविन्द तृतीय के आक्रमणों को रख सकते हैं। ध्रुव का उत्तराधिकारी गोविन्द तृतीय अब तक दक्षिण में अपनी शक्ति सुदृढ़ कर चुका था, अब वह उत्तर की ओर अभियान करने की योजना बनाने लगा, क्योंकि वह गंगा घाटी में प्रतिहारों की बढ़ती शक्ति से चितिंत था। नागभट्ट अपना प्रभाव गुजरात और मालवा की ओर बढ़ाना चाहता था लेकिन यहाँ राष्ट्रकूटों का प्रभाव कायम था। गोविन्द तृतीय नागभट्ट की शक्ति को क्षीण करना चाहता था। संजान अभिलेख में धर्मपाल एवं चक्रायुद्ध को बिना संघर्ष किए समर्पण करते दिखाया गया है। गोविन्द का यह अभियान 800 ई. के लगभग रहा होगा। गोविन्द भोपाल और झांसी के रास्ते कन्नौज की ओर बढ़ा। संजान अभिलेख में नागभट्ट के पलायन का उल्लेख है, वह राजपूताना भाग गया। धर्मपाल एवं चक्रायुद्ध दोनों ने समर्पण कर दिया। पाल सत्ता इस दौरान शांत रही, उनकी यह सोच थी कि गोविन्द भी अपने पिता की भाँति उत्तर में अधिक समय नहीं टिकेगा। गोविन्द अधिक समय उत्तर भारत में नहीं टिक पाया। वह लौट गया, मार्ग में उसे पुत्र–रत्न प्राप्ति की सूचना मिली, जो कालांतर में अमोघवर्ष कहलाया। इस चरण में कुछ समय के लिए प्रतिहार शक्ति का उत्कर्ष रुक गया। गोविन्द के लौट जाने के बाद नागभट्ट ने पुनः अपनी शक्ति बढ़ायी। धर्मपाल ने भी गोविन्द के जाने के पश्चात् अपने भू–भागों पर दोबारा अधिकार किया।

पंचम चरण पंचम चरण में पाल शक्तिशाली हो गये थे। संघर्ष की गति धीमी प्रतीत होती है। नागभट्ट द्वितीय चरण के पश्चात् प्रतिहार रामभद्र एक अत्यंत कमजोर शासक था। उसका काल भी बहुत छोटा रहा। ग्वालियर प्रशस्ति में कहा गया है कि रामभद्र वह इतना शक्तिशाली नहीं था कि बिना सामंतों की मदद से शत्रु का मुकाबला कर पाता।

राष्ट्रकूट राज्य में गोविन्द तृतीय के बाद अल्पवयस्क अमोघवर्ष भी कठिनाइयों से घिरा रहा। इस स्थिति का फायदा पालों ने उठाया। इस समय पाल वंश का शासक धर्मपाल का पुत्र देवपाल था, जिसे मुंगेर 'अभिलेख' में गुर्जर राजाओं के घमंड को बिखेर देने' वाला कहा गया है। उसे उत्तरी भारत, आसाम से कश्मीर, सिंधु से ब्रह्मपुत्र और हिमालय से विंध्य तक के क्षेत्र का शासक माना गया। इस चरण में विशेष संघर्ष का अभाव रहा व पाल वंश की कीर्ति चरम बिन्दु पर थी। देवपाल के बाद पालवंश की गरिमा में गिरावट आ गई थी।

उधर राष्ट्रकूटों में भी अमोघवर्ष के दीर्घकालीन शासन के पश्चात् कृष्ण द्वितीय के विरुद्ध अनेक विद्रोह हुए। मुख्य राष्ट्रकूट वंश के समक्ष काफी चुनौतियाँ आ गई थीं। इन परिस्थितियों में प्रतिहारों के लिए साम्राज्यिक सत्ता स्थापित करने का मार्ग प्रशस्त हो गया। रामभद्र के बाद प्रतिहार शासक मिहिरभोज सत्ता में आया जो इस वंश का सबसे प्रतापी शासक था। इसका काल प्रतिहार सत्ता का स्वर्णकाल था। भोज के शासनकाल की जानकारी उसके अनेक अभिलेखों से होती है, जो यह सिद्ध करते हैं कि कन्नौज पर भोज की अधिसत्ता बहुत पहले से कायम थी।

राष्ट्रकूटों ने महीपाल प्रथम के काल में इस संघर्ष में पुनः सक्रियता दिखायी। इन्द्र तृतीय ने प्रतिहार साम्राज्य को रौंदते हुए कालपी–झांसी होते हुए कन्नौज पर विजय प्राप्त की। गोविन्द चतुर्थ के खम्भात अभिलेख में भी इसका उल्लेख हुआ। यह एक महत्वपूर्ण घटना थी जिसने प्रतिहार साम्राज्य को हिला दिया। इस आक्रमण का बहुत व्यापक प्रभाव होता यदि इन्द्र तृतीय की मृत्यु न होती। महीपाल ने चंदेल सामंत हर्ष की मदद से कन्नौज पर पुनः अधिकार किया। पालों ने बंगाल एवं बिहार के कुछ भागों पर अधिकार कर लिया था। महीपाल ने अपने सामन्तों की सहायता से पुनः अपनी स्थिति को सुदृढ़ किया। लेकिन उसके बाद प्रतिहार सत्ता कमजोर हो गयी। बहुत से छोटे–छोटे सामंती राज्यों का उदय हुआ, जैसे–चंदेल, परमार, चालुक्य, चौहान, गुहिल। दूसरी ओर पाल एवं राष्ट्रकूट सत्ताएँ भी पतनोन्मुख हो गयीं, उनमें उचित नेतृत्व का अभाव था।

मूल्यांकन निष्कर्षतः कहा जा सकता है कि पाल, प्रतिहार राष्ट्रकूटों की प्रतिस्पर्धा व संघर्षकाल 8वीं शताब्दी के पूर्वार्द्ध से लेकर 13वीं शताब्दी तक चला। गुर्जर–प्रतिहार राजस्थान–गुजरात के पाल बंगाल व राष्ट्रकूट दक्कन के थे। उत्तरी भारत की स्थिति अस्थायी व परिवर्तनशील बनी रही। कोई एक ही शक्ति बहुत अधिक समय तक शक्तिशाली नहीं रही। लेकिन यह रोचक बात है कि हर्ष के बाद भी गुर्जर–प्रतिहार, पाल व राष्ट्रकूट वंशों में ऐसे शासक आये जिन्होंने भारत के एक बड़े भू–भाग पर वृहत् साम्राज्य स्थापित किया एवं अरबों के आक्रमणों को रोका। लेकिन इसका दुष्परिणाम यह हुआ कि कोई एक शक्तिशाली केन्द्रीय सत्ता नहीं उभरी जो मुस्लिम आक्रमणों को रोक पाती।

सन्दर्भ :

1. पाठक विशुद्धानंद : उत्तर भारत का राजनैतिक इतिहास, पृ. 80
2. मध्यकालीन भारत, हि.का.नि., दिल्ली विश्वविद्यालय, पृ. 3.
3. शर्मा, गोपीनाथ : राजस्थान का इतिहास, 1992, पृ. 53.
4. ओझा, गोरीशंकर हीराचंद : राजपूताने का इतिहास, पृ. 176–78.
5. श्रीवास्तव आशीर्वादीलाल : दिल्ली सल्तनत, पृ. 46.
6. द एज ऑफ इम्पीरियल कॅनाज, पृ. 20.
7. शास्त्री, नीलकंठ : दक्षिण भारत का इतिहास, पृ. 132.
8. देखिये वही, प्राचीन भारतीय अभिलेख, पृ. 116, गुर्जर–प्रतिहार भोज की ग्वालियर प्रशस्ति.
9. प्राचीन भारतीय अभिलेख, पृ. 171, प्रथम अमोघवर्ष का संजान ताम्रपत्रलेख; स नागभट्ट चन्द्रगुप्त नृपयोर्य शौर्य रणे स्वहार्य
10. उत्तर भारत का राजनीतिक इतिहास, पृ. 136
11. दक्षिण भारत का इतिहास, 1978, पृ. 133
12. द एज ऑफ इम्पिरियल कॅनाज, पृ. 27
13. दक्षिण भारत का इतिहास, पृ. 133
14. प्राचीन भारतीय अभिलेख, पृ. 171, अमोघवर्ष का संजान ताम्र लेख. 'स्वयमेवोपनतौ च यस्य महतस्तौ धर्म्मचक्रायुद्धौ।'
15. द एज ऑफ इम्पिरियल कॅनाज, पृ. 25
16. उत्तर भारत का राजनीतिक इतिहास, पृ. 138
17. प्राचीन भारतीय अभिलेख, पृ. 117, आन्ध्र–सैन्धव–विदर्भ–कलिंग–भूपै।
18. प्राचीन भारतीय अभिलेख, पृ. 117
19. द एज ऑफ इम्पिरियल कॅनाज, पृ. 29
20. द एज ऑफ इम्पिरियल कन्नौज, पृ. 23–30
21. देखिये बदल अभिलेख श्लोक 13

    उत्कीलितोत्कल कुलं हृतहूण गर्वखर्वी

    कृत द्रविड़ गुर्जर नाथदर्पम्

22. द एज ऑफ इम्पीरियल कन्नौज, पृ. 50
23. उत्तर भारत का इतिहास, पृ. 146
24. द एज ऑफ इम्पीरियल कन्नौज, पृ. 32
25. द एज ऑफ इम्पीरियल कन्नौज, पृ. 33
26. पाठक, वही, पृ. 153
27. हिस्ट्री ऑफ कन्नौज, पृ. 251–252
28. खम्भात लेख, श्लोक पृ. 19

    यस्माद् द्वि पदन्तघात विषमं कालप्रिय प्रागणम्
    तीर्णयत् तुरगैरगाध यमुना सिंधु प्रतिस्पर्धिनी
    येनेदहि महोदयारि नगरं निमूलयुन्मूलितं
    नाम्नाद्यापि जनैः कुश स्थल मिति ख्याति परः नीयते।

29. द एज ऑफ इम्पीरियल कन्नौज, पृ. 35
30. देखिये, पाठक, वही, पृ. 160
31. द एज ऑफ इम्पीरियल कॅनाज, पृ. 36
32. शास्त्री, वही, पृ. 148–149
33. बाल भारत, 1/17

    नामित मुरल मौलिः पाकलो मेकलानाम्
    रण कलित कलिंगः केलितट केरलेन्दोः
    अजनि जित कुलूतः कुन्तलानां कुठारः
    हठहृत रमठ श्रीः श्री महीपालदेवः।।

34. चण्डकोशिकम्

    यः संश्रित्य प्रकृति गहनामाचार्य चाणक्य नीर्ति
    जित्वा नन्दान्कुसुमनगरं चन्द्रगुप्तो जिगाय।
    कर्णाटत्वं ध्रुव मुपगतानद्य तानेव हन्तुं
    दौदद्वियः पुनरभवच्छी महीपालदेवः।।

35. कर्हाट अभिलेख, श्लोक, पृ. 30

    दक्षिण दिग्दुर्ग विजयमाकर्ण्य
    गलिता गुर्जर ह्रदयात्कालंजर चित्रकूटाश

60 सिंध के अरब विजेता
(Arab Conquest of Sindh)

अरब विजय से पूर्व आठवीं सदी के भारत पर दृष्टिपात करना उचित होगा। हर्ष की मुत्यु के पश्चात् भारतीय इतिहास के रंगमंच पर कई छोटे–छोटे राज्यों का उदय दिखाई देता है। सम्पूर्ण भारत में राजनीतिक एकता का अभाव था। इस समय तक सामंतवादी प्रवृत्तियों का पूर्ण विकास हो चुका था। आठवीं शताब्दी के भारतीय इतिहास में तीन प्रमुख शक्तियाँ परस्पर संघर्षरत रही– राजपूताना के गुर्जर–प्रतिहार, दक्कन के राष्ट्रकूट व बंगाल के पाल। कन्नौज पर अधिकार करना इनका प्रमुख लक्ष्य बन गया। इन तीनों शक्तियों के मध्य जो संघर्ष हुआ उसे त्रिपक्षीय संघर्ष की संज्ञा दी गई है। यह आठवीं शताब्दी से लेकर तेरहवीं शताब्दी तक चला। इसमें प्रतिहार, पाल व राष्ट्रकूट शक्तियों में संघर्ष हुआ।

प्रतिहार वंश का उदय गुजरात में हुआ। बाद में मालवा व राजपूताना में प्रतिहार राज्य स्थापित हुआ। नागभट्ट प्रथम इसका संस्थापक था, जिसका समय 725–740 ई. के लगभग माना जा सकता है। प्रतिहार नरेशों ने उत्तरी भारत में राजनीतिक एकता स्थापित करने के प्रयास किए। पश्चिमोत्तर भारत से होने वाले अरब व तुर्की आक्रमणों को रोके रखा। बंगाल के पाल वंश का संस्थापक गोपाल था। इसका शासन बहुत समय तक चला। देवपाल इस वंश का प्रतापी शासक था। राष्ट्रकूटों व प्रतिहारों की बढ़ती शक्ति को इसने रोका। ग्यारहवीं सदी के मध्य से पाल वंश की शक्ति क्षीण होने लगी। राष्ट्रकूट दक्षिण में दंतिदुर्ग के नेतृत्व में प्रमुख शक्ति के रूप में उभरा। दंतिदुर्ग ने वादामी, गुजरात, मध्य एवं उत्तरी मध्य प्रदेश तक के क्षेत्र पर अपनी सत्ता कायम की। अरब लेखकों ने राष्ट्रकूटों को भारत का सर्वश्रेष्ठ शासक माना है। इनके अरबों के साथ व्यापारिक सम्बन्ध भी थे और इन्होंने कला, साहित्य व शिक्षा के विकास में योगदान किया था।

त्रिपक्षीय संघर्ष के दौरान उत्तरी भारत की स्थिति अस्थाई व परिवर्तनशील बनी रही। कोई भी एक शक्ति बहुत अधिक समय तक शक्तिशाली नहीं रह सकीं। इस संघर्ष का अन्त गुर्जर–प्रतिहारों की विजय से हुआ। मिहिरभोज व महेन्द्रपाल के नेतृत्व में प्रतिहार काफी शक्तिशाली हो गए थे। इन शक्तियों के पतन के बाद अनेक सामन्ती राज्यों का उदय हुआ, जैसे– बुन्देलखण्ड में चन्देल, कन्नौज में गहड़वाल, राजपूताने में चौहान एवं गुहिलों ने अपनी सत्ता कायम की। परमार, चालुक्य आदि भी महत्वपूर्ण शक्तियाँ थी। हर्ष की मृत्यु के बाद 730 ई. तक कन्नौज के इतिहास के विषय में कुछ भी पता नहीं चलता है। 730 ई. में वहाँ मौखरि वंश का यशोवर्मन् राज्य कर रहा था। 'गऊड़वहो' के अनुसार वह पश्चिमी घाट तक बढ़ गया था और मरुदेश (राजपूताना) तथा श्रीकण्ठ (थानेश्वर) को उसने विजित कर लिया था। चीन से उसके राजनयिक सम्बन्ध थे। उसे सिन्ध के राजा दाहिर का समकालीन कहा गया है। कश्मीर के राजा ललितादित्य के हाथों वह मारा गया। सातवीं शताब्दी में दुर्लभवर्द्धन द्वारा काश्मीर में कार्कोट वंश की स्थापना हुई। इसका पौत्र चन्द्रपीड़ अरब आक्रमणों का शिकार बना। ललितादित्य चन्द्रपीड़ का उत्तराधिकारी था, जिसका शासन काल 725–55 ई. के लगभग माना जा सकता है। इसने कन्नौज के यशोवर्मन् को हराया और मार्तण्ड नामक स्थान पर सूर्य मन्दिर का निर्माण करवाया।

सिन्ध–हर्ष के बाद काबुल व पंजाब के शासक शाही कहलाते थे। अल–बरूनी के अनुसार इन्होंने काबुल पर सात पीढ़ियों तक राज्य किया। उसने इन्हें हिन्दू–तुर्क कहा है। इसके शासकों ने अरबों का प्रतिरोध किया। हर्ष के बाद सिन्ध स्वतन्त्र हो गया। **ह्वेनसांग** के विवरण के अनुसार यहाँ के शासक शूद्र थे जिन्होंने बौद्ध धर्म अपना लिया था। ये शासक स्वयं को 'राय' कहते थे। अंतिम शूद्र राजा सहसी की मृत्यु पर उसके ब्राह्मण मंत्री चच ने गद्दी पर अधिकार कर लिया। चच के बाद उसका भाई चन्द्रा और चन्द्रा के बाद उसका पुत्र दाहिर सिन्ध का शासक बना। इसे मुहम्मद–बिन–कासिम के आक्रमण का सामना करना पड़ा। इस राजवंश को जनता की सहमति प्राप्त नहीं थी, क्योंकि यहाँ की अधिकांश जनता बौद्ध धर्म की अनुयायी थी जिस पर यह ब्राह्मण शासक घोर अत्याचार करते थे।[1] स्पष्ट है कि, आठवीं सदी के प्रारम्भ में उत्तरी भारत छोटे–छोटे स्वतन्त्र राज्यों में विभक्त था। राजनीतिक एकता व राष्ट्रीयता की भावना का पूर्णतः अभाव था।

भारतीय इतिहास में अरब–भारत सम्बन्ध का विशेष महत्व है। भारत में सबसे पहले आने वाले मुसलमान अरब हैं। पश्चिमी भारत में अरबों के आगमन का अध्ययन करने से पूर्व अरबों का परिचय प्राप्त कर लेना अधिक उपयुक्त होगा। अरब शब्द का शाब्दिक अर्थ ललित कथन है। अरब के निवासियों की भाषा प्रसाद गुण युक्त है इसलिए इस क्षेत्र के निवासियों को अरब कहा जाने लगा। कुछ विद्वान् यह मानते हैं कि अरब में मरुस्थल अधिक हैं इसलिए इस क्षेत्र का यह नाम पड़ा। अरबवासियों का प्रमुख धन्धा व्यापार और पशुपालन रहा है। भारत के साथ अरबवासियों का सम्बन्ध बहुत पुराना है। सैयद सुलेमान नदवी के अनुसार हजारों वर्ष पहले से

अरब के व्यापारी भारतवर्ष के समुद्र तट तक आते और यहाँ की उपज तथा व्यापारिक पदार्थों को मिस्त्र और स्याम देश के द्वारा यूरोप तक पहुँचाते थे। वहाँ के पदार्थों को भारतवर्ष, एवं उसके पास के टापुओं, चीन और जापान तक ले जाते रहे।

थाना, खंभात, देवल, मलाबार, कन्याकुमारी आदि बन्दरगाह व्यापारिक लेन–देन के केन्द्र थे। भारत से अरब व्यापारी अनेक तरह का सामान ले जाते थे, जैसे–चन्दन, सुगंधित लकड़ी, कपूर, लोंग, काली मिर्च, कपड़े, हीरा, हाथी दाँत, सीसा, बाँस आदि। भारत में ये लोग शराब, तलवार, खजूर, घोड़े, रेशमी कपड़े आदि लाते रहे। भारत और अरबों का मैत्री सम्बन्ध अत्यन्त पुराना है।

इस्लाम का उदय इस्लाम धर्म के संस्थापक पैगम्बर मुहम्मद (570–632 ई.) हैं। इन्होंने भी अपने जीवन के अनेक वर्ष व्यापार में लगाए। मुहम्मद साहब से पहले अरब में अनेक कबीलों का अस्तित्व था जो परस्पर संघर्षरत रहते थे। मुहम्मद साहब ने अपनी शिक्षाओं से उनमें शान्ति व भाईचारे की भावना कायम की। इस्लाम की प्रमुख शिक्षाओं का मूल एकेश्वरवाद है अर्थात् अल्लाह एक है, केवल वही दुनिया को बनाता है और मुहम्मद उसका पैगम्बर है। कुरान की एक आयत इस प्रकार है, "मै साक्षी हूँ कि ईश्वर के अतिरिक्त कोई देवता नहीं है। उसका कोई साझीदार नहीं है। मैं यह भी साक्षीपूर्वक कहता हूँ कि मुहम्मद उसका सेवक और सन्देशवाहक है।" इस्लाम निराकार ईश्वर की उपासना पर बल देता है। इस समय तक अरब लोगों में मूर्ति पूजा का प्रचलन था और अनेक रूढ़िवादी धारणाओं से अरब प्रभावित थे।

इस नये धर्म में मूर्ति पूजा, अवतारवाद, ऊँच–नीच की भावना का विरोध किया गया व परोपकार, भाईचारा, सादा जीवन पर जोर दिया गया। प्रारम्भ में मुहम्मद की शिक्षाओं का घोर विरोध हुआ लेकिन कालान्तर में सभी अरब निवासी उनके धर्म के अनुयायी हो गए। अरबों ने सीरिया, स्पेन, फिलस्तीन, मिस्त्र, ईरान तक अपने साम्राज्य का विस्तार किया। अब उनका रुख पूर्व की ओर था। उन्होंने भारत की अपार धन–सम्पदा के बारे में सुन रखा था। मुहम्मद साहब की शिक्षाओं के कारण अरबों के हृदय में नया ध ार्मिक उत्साह भर गया था। आशीर्वादीलाल श्रीवास्तव के अनुसार यद्यपि अरबों का व्यापारिक दल हमारे देश से पहले की भाँति ही व्यापारिक लाभ उठाता रहा था, किन्तु सर्व–साधारण अरबों के हृदय में विजय एवं इस्लाम के प्रचार की उमंगें उठने लगी थीं।[2] अरब आक्रमणों के पीछे व्यापारिक लाभ प्राप्त करने के अलावा इस्लाम के प्रचार की भावना भी विद्यमान थी।

अरबों की विजय के क्षेत्र सिन्ध व मुल्तान थे। अरबों के सर्वप्रथम आक्रमण 636–637 ई. में हजरत उमर की खिलाफत के समय हुए। इन प्रारम्भिक आक्रमणों का उद्देश्य विजय करना नहीं, वरन् लूटमार करना था। लेकिन ये खदेड़ दिए गए थे। इसके बावजूद भी[3] आक्रमणों का सिलसिला रुका नहीं वरन् देवल, खाड़ी, बलूचिस्तान आदि सिन्ध के क्षेत्रों पर आक्रमण होते रहे। किकनाम नामक पहाड़ी पर भी उनके आक्रमण होते रहे। 662 ई. में अलहेरिस और 664 ई. में अल–मुहल्लव के आक्रमण हुए लेकिन ये प्रभावहीन रहे। अब्दुल्ला का आक्रमण हुआ उसे भी पराजित कर दिया गया।

मुहम्मद–बिन–कासिम का आक्रमण इसके बाद भी कई हमले हुए, अरब पराजयों से हतोत्साहित नहीं हुए थे। आठवीं सदी के प्रारम्भिक चरण में इब्न–अल–हरीयल विहिट्टी के सेनापतित्व में भयानक हमला हुआ। जिसके फलस्वरूप मकरान (आधुनिक बलूचिस्तान) उनके हाथ में आ गया। उम्मैया वंश के नेतृत्व में खिलाफत राज्य बहुत शक्तिशाली हो गया था। इराक के गवर्नर अल हज्जाज में विजय का अत्यधिक उत्साह था। उसे खलीफा का भी समर्थन प्राप्त था। उसने सिन्ध में देवल के लुटेरों को दंड़ित करने के लिए सेना भेजी, जिन्होंने बहुमूल्य उपहारों से भरे हुए आठ जहाजों को लूटा था। ये उपहार लंका के राजा द्वारा खलीफा और हज्जाज को भेजे गए थे। सिन्ध के शासक दाहिर पर लगातार दो हमले हुए, दोनों बार सेनापतियों को पराजय मिली। हज्जाज इस पराजय से अपमानित हुआ और सिंधियों से बदला लेने के लिये योजना बनाता रहा। इस बार उसने पूर्ण व्यवस्थित तरीके से आक्रमण की तैयारी की। अपने चचेरे भाई व दामाद इमाउद्दीन मुहम्मद–बिन–कासिम को एक विशाल एवं शक्तिशाली सेना के साथ सिन्ध पर आक्रमण करने के लिए भेजा। ईश्वरी प्रसाद के अनुसार सिन्ध पर मुहम्मद–बिन–कासिम का आक्रमण इतिहास की बड़ी रोमांचकारी घटना है। विकसित यौवन, अदम्य साहस और वीरता, आक्रमण में उच्च आचरण और अन्त में करुण पतन सबने मिलकर उसके जीवन में एक शहीद का सा चमत्कार कर दिया है।[4]

वह लगभग 15,000 वीरों और बहुत–से अश्वों व ऊँटों का काफिला लेकर मकरान होते हुए देवल पहुँचा। बाद में उसकी सेना में और वृद्धि हो गई थी। सिंध पर विजय प्राप्त कर लेने के बाद भी उसकी सेना में लगभग 50,000 सैनिक थे। 712–13 ई. में उसे सिन्ध पर विजय प्राप्त हो गई। सिंधियों ने बहुत वर्षों तक संघर्ष किया लेकिन अंततः उन्हें हार मिली। कई विद्वान इस युद्ध का प्रमुख कारण समुद्री डाकुओं की लूट को मानते हैं। लेकिन समकालीन स्त्रोतों से इनकी पुष्टि नहीं होती है। अरबों का ध्यान भारतीयों की समृद्धि पर था। वे अपनी आर्थिक दशा को समुन्नत करना चाहते थे। अरबों के हृदय में राजनीतिक एवं क्षेत्रिय विस्तार की महत्वाकांक्षा भी आक्रमण का कारण बनी। इस्लाम के प्रचार की भावना ने उनके जोश व मनोबल को बनाए रखा। आशीर्वादीलाल श्रीवास्तव के अनुसार सिन्ध पर अरबों के आक्रमण के अनेक उद्देश्य थे, किन्तु धर्म का प्रचार उनके मूल उद्देश्य थे।

दाहिर की पराजय सिन्ध के शासक दाहिर की पराजय के कई कारण थे। (1) दाहिर की सेना कासिम की सेना को देखते हुए कम थी। (2) उसके शासन से प्रजा के कई वर्ग असन्तुष्ट थे।

इस प्रकार के असंतुष्ट व्यक्ति कासिम की सेना में भर्ती हो गए। (3) दाहिर ने शत्रु के समक्ष मोर्चे पर घबराहट का प्रदर्शन किया। उसने सिन्ध नदी के पश्चिम का भाग खाली करके पूर्वी तट से घाटों को रोक कर बचाव की लड़ाई का प्रबन्ध किया। इस नीति से शत्रु का हौंसला बढ़ गया, क्योंकि उसे अनायास ही सिन्ध का पश्चिमी भाग प्राप्त हो गया।[5] (4) दाहिर को अपने राज्य में बौद्धों, जाटों, आदि के असन्तोष का सामना करना पड़ा। (5) मुहम्मद–बिन–कासिम स्वयं एक कुशल सैनिक था। उसके नेतृत्व में अरब सैनिकों ने लड़ाई लड़ी। उनका मनोबल व जोश इस्लाम की भावना के कारण और बढ़ गया था। दाहिर को प्रारम्भिक युद्धों में सफलता न मिल सकी। इसके अलावा उसके सूबेदार ज्ञानबुद्ध जैसे असन्तुष्ट कर्मचारी मुहम्मद–बिन–कासिम से जा मिले। कहा गया है कि ज्ञानबुद्ध ने विश्राम कर रही सेना के शिवरों में खरीफा सेना को प्रवेश करवा दिया था। जिससे दाहिर सेना में भगदड़ मच गई। घर की फूट व राजद्रोहियों ने अरब विजय को बहुत आसान बना दिया। उस समय भारत छोटे–छोटे राज्यों में बँटा हुआ था। सभी अपने–अपने स्वार्थों में लिप्त रहते थे। केन्द्रीय सरकार जैसा कोई संगठन नहीं था। सिन्ध की भौगोलिक स्थिति इस प्रकार की थी कि वह शेष भारत से पृथक् पड़ गया। उसे किसी प्रकार की सहायता प्राप्त नहीं हो सकी। मुहम्मद–बिन–कासिम ने बाद में सिन्ध पार करके राबर, ब्राह्मणबाद, एलोरा, सिक्का, मुल्तान और देवल पर अधिकार कर लिया। जनता को आतंकित करने के लिए उसने कत्ल–ए–आम किया। कहा जाता है कि, उसने 17 वर्ष से ऊपर के सभी स्त्री–पुरुषों को मौत के घाट उतार दिया। ईश्वरी प्रसाद के अनुसार 6,000 व्यक्तियों का उसने वध किया और दाहिर का समस्त कोष छीन लिया। बहुत–से लोगों को इस्लाम स्वीकार करवाया गया तथा उन पर जजिया कर भी लगाया गया। मुहम्मद ने देवल के लिए एक शासक नियुक्त किया और उसकी सहायता के लिए 4,000 सैनिक नियुक्त किए। सिन्ध के विजेता का अंत बड़ा दुःखद था। उसे 715 ई. के लगभग यातनाएँ देकर मार डाला गया। मुहम्मद–बिन–कासिम की मृत्यु के भिन्न–भिन्न कारण बताए गए हैं।

मुहम्मद–बिन–कासिम ने अपने दो वर्षीय शासन काल में अरब शासन व्यवस्था स्थापित करने के प्रयास किए। मुहम्मद–बिन–कासिम ने प्रजा को कुछ हद तक धार्मिक स्वतन्त्रता प्रदान की। ब्राह्मणों को कुछ राजकीय पद प्रदान किए गए। उन्हें जजिया तथा अन्य करों से मुक्त रखा गया। उसने भूमिकर 1/3 से 2/5 तक रखा। गैर–मुस्लिम लोगों को 48, 24, या 12 दिरहम (आर्थिक स्थिति के अनुरूप) प्रतिवर्ष, प्रति व्यक्ति जजिया कर के रूप में देने पड़ते थे। जनता पर कई विशेष कर भी लगाए गए थे। लेकिन जन–असन्तोष विद्यमान था और हिन्दुओं की स्थिति बहुत खराब थी। राजकीय न्यायाधिकरणों का काम हिन्दुओं से रुपया ऐंठना और उनका बलात् धर्म परिवर्तन कराना था। अरब निवासियों द्वारा सिन्ध के शासन प्रबन्ध में सबसे प्रमुख खटकने वाली बात यही थी कि विजेता और विजित में सहानुभूति के उन सूत्रों का अभाव था, जो पारस्परिक विश्वास से उत्पन्न होते हैं।[6]

अरबों की सिन्ध विजय स्थाई न रह सकी। उन्होंने जनता से बलपर्वक धर्म परिवर्तन करवाया। दाहिर के पुत्र जयसिंह को भी अपने पूर्वजों का धर्म छोड़ कर इस्लाम स्वीकार करना पड़ा। 871 ई. में सिन्ध ने खिलाफत से अपने सम्बन्ध तोड़ लिए। लेनपूल के अनुसार ''अरबवासियों की भारतीय विजय, इस्लाम और भारत के इतिहास का एक अपूर्ण अध्याय है जिसका देश पर कोई स्थाई प्रभाव नहीं रहा।'' भारतीय परम्परा प्रेमी थे, वे विजेताओं से तालमेल न बिठा सके। राजपूतों के उदय से भी अरबों की विजय को स्थायित्व मिलना कठिन हो गया। बुल्जल–ए–हेग के अनुसार अरब विजय ने विशाल देश के छोटे–से भाग को प्रभावित किया। इसने भारतीयों का परिचय उस धर्म से करवाया जिसने पाँच शताब्दियों तक भारतीयों को प्रभावित किया लेकिन इसके दूरगामी परिणाम नहीं निकले।[7]

निष्कर्ष अरब सिन्ध से आगे विजय प्राप्त नहीं कर सके। गुर्जर, राष्ट्रकूट, चालुक्य आदि राजवंशों के प्रतिरोधों के कारण वे आगे न बढ़ सके। अरबों की बहुत–सी आन्तरिक कमजोरियाँ भी थीं। इनमें ईर्ष्या व धार्मिक मतभेदों का विकास होने लगा। इनकी केन्द्रीय शासन व्यवस्था क्षीण होने लगी।

अरब भारतीयों के निकट सम्पर्क में आए, उन्होंने भारतीयों से ज्योतिष, कला, चिकित्सा के क्षेत्र में काफी कुछ सीखा। ज्योतिष, गणित, फलित, रसायन आदि से सम्बन्धित संस्कृत ग्रन्थों का अरबी में अनुवाद किया गया। मसूर हल्लाज की खिलाफत (753–774 ई.) के दरबार में भारतीय विद्वानों का आदर किया जाता था। ब्रह्मगुप्त के 'ब्रह्म सिद्धान्त' व 'खण्डखाद्य' अरबों में बहुत प्रसिद्ध थे। आयुर्वेद, दर्शन, ज्योतिष आदि का बहुत विकास हुआ। हिन्दुओं की संस्कृति व विद्वता का अरबों ने भरपूर फायदा उठाया। भारतीय शिल्पियों और चित्रकारों को मस्जिदें बनाने व उनकी सजावट करने के लिए रखा गया। अरबों ने अपनी सभ्यता का पूर्ण विकास किया। दर्शन, ज्योतिष, गणित आदि के भारतीय ज्ञान को उन्होंने यूरोप में पहुँचाया। भारतवर्ष में भी अरबों के आगमन से एक नए धर्म का प्रवेश हुआ। इसने कालान्तर में भारतीयों को प्रभावित किया। सिन्ध विजय के राजनीतिक प्रभाव तो प्रभावहीन रहे लेकिन इसके सांस्कृतिक प्रभावों को नकारा नहीं जा सकता।

सन्दर्भ :

1. श्रीवास्तव, ए.एल. : दिल्ली सल्तनत, पृ. 4.
2. श्रीवास्तव, वही, पृ. 12.
3. ईश्वरी प्रसाद : मध्यकालीन भारत का संक्षिप्त इतिहास, पृ. 38.
4. प्रसाद, वही, पृ. 39.
5. पाण्डे, अवधबिहारी : पूर्व मध्यकालीन भारत, पृ. 8.
6. ईश्वरी प्रसाद, वही, पृ. 45.
7. The Cambridge History of India, p. 10. "Of the Arab Conquest of Sind there is nothing more to be said. It was a mere episode in the history of India and affected only a small portion of the fringe of that vast country. It is introduced into one frontier tract the religion which was destined to dominate the greater part of India for nearly five centuries, but it had none of the far reaching effects attributed to it by total in to Annals of Rajasthan."

61 अल–बरूनी एवं भारतीय समाज
(Al-Beruni and Indian Society)

यदि लेखन–शैली की ओर ध्यान न दिया जाये, जो कुछ पुरानी है, ...भारत पर लिखी किसी विदेशी समाजशास्त्री की हाल ही की किसी पुस्तक की भूमिका के उद्धरण समझा जा सकता है।... लेखक के लिए यहाँ की संस्कृति बिल्कुल नयी थी लेकिन उसने उसे समझने और अपने यहाँ के लोगों के लिए सहानुभूति प्रस्तुत करने की ऐसी असाधारण ईमानदारी के साथ प्रयत्न किया कि उसे ''सबसे पहले वैज्ञानिक और किसी भी युग के एक महानतम भारतविद्'' के नाम से अभिहित किया गया।[1] इस पुस्तक को आमतौर पर 'किताब–उल–हिन्द' कहा गया। इसका लेवक था अबू रेहान मुहम्मद इब्न–ए–अहमद जिसे हम लोग अल–बरूनी के नाम से जानते हैं।

अल–बरूनी का जन्म 973 ई. में ख्वारिज्म (मध्य एशिया में तुर्किस्तान का खान राज्य जो वर्तमान उज्बेकिस्तान राज्य का भाग है) के इलाके में हुआ, जिस पर ईरान के समानी वंश (874–999 ई.) का शासन था। उसका जन्म नगर के बाहरी इलाके (बिरूनी) अर्थात् उप–नगरीय क्षेत्र में हुआ। अतः उसे अल–बिरूनी (फारसी भाषा में बरूनी अर्थात् 'बाहर का') कहा जाने लगा। अल–बरूनी के प्रारम्भिक जीवन के विषय में अधिक जानकारी नहीं है। प्राप्त सूचना के अनुसार 1017 ई. में सुल्तान महमूद गजनवी (999–1030ई) ने ख्वारिज्म पर आक्रमण किया एवं उस क्षेत्र को अपने राज्य में मिला लिया। ख्वारिज्म दरबार के प्रमुख व्यक्तियों में जिन्हें विजेता की राजधानी गज़नी लाया गया उनमें अल–बरूनी भी था। उसका कार्यक्षेत्र बाद में गज़नी, पंजाब तथा अन्य नगर आदि रहे, जहाँ उसने भारत का अध्ययन किया और 440 हिजरी सन् (1048–1049 ई.) उसकी मृत्यु हुई। एक लेखक का कहना है कि अल–बरूनी द्वारा रचित पुस्तकों का वजन इतना अधिक था कि उन्हें एक ऊँट पर नहीं लादा जा सकता था। इससे भी बढ़कर स्पष्ट लेकिन फिर भी बड़ी विस्मयकारी सूचना स्वयं अल–बरूनी ने दी है, जिसके अनुसार उसने अपनी मृत्यु से 13 वर्ष पूर्व अपने एक मित्र को लिखे पत्र में अपनी पुस्तकों की सख्या 114 बताई है।[2] खेद की बात है कि उसके द्वारा आलेखित अधिकांश ग्रंथ नष्ट हो गए या अप्रकाशित हैं। केवल दो 'आसार–उल–बाकिया' और 'किताब–उल–हिन्द' के ही मुद्रित संस्करण और अंग्रेजी अनुवाद उपलब्ध हैं और इसका मुख्य श्रेय जर्मन विद्वान् एडवर्ड सी. सखाउ (1845.1930 ई.) को जाता है।

अल–बरूनी का आलोच्य ग्रंथ 80 अध्यायों में विभक्त है जिसमें प्रत्येक का एक उप शीर्षक है। यह सम्बन्धित विषय या विषयों का संकेत करता है। इसमें कई विषय–धर्म और दर्शन, समाज–संगठन, नागर और धार्मिक नियम, मूर्ति कला, विज्ञान, साहित्य, परिमापन, कीमिया (रसायनशास्त्र), भूगोल, खगोल, समाज, रीति–रिवाज, त्यौहार एवं ज्योतिष आदि सभी को शामिल किया है।

यहाँ विचाराधीन कालक्रम एवं हमारी पठनीय सामग्री के सन्दर्भ में समाज, स्त्री जगत्, रहन–सहन, नीतियाँ, धर्म–दर्शन, मूर्ति पूजा, साहित्य आदि के विषय में अल–बरूनी द्वारा दी गई सूचनाओं को संक्षेप में रखने का प्रयास करेंगे। यह जिक्र करना भी यहाँ आवश्यक है कि ग्रंथकार ने समाज की जातियाँ एवं वर्ण आदि को जहाँ नवें अध्याय में रखा है वहीं समाज से जुड़े विवाह, व्रत–त्यौहार आदि को चौहत्तर एवं पचहत्तरवें अध्यायों में शामिल किया है। वस्तुतः अध्यायों का क्रम विषय–वस्तु के परिप्रेक्ष्य में भिन्न है, किन्तु उसने समाज–धर्म–विज्ञान के लगभग सभी विषयों पर लिखकर तत्कालीन जगत् की गतिविधियों की विस्तृत जानकारी प्रस्तुत की है। सच्चाई से प्रस्तुति उसका उद्देश्य रहा है जैसा कि उसने लिखा है, ''मेरी पुस्तक तथ्यों का ऐतिहासिक अभिलेख मात्रा है। मैं पाठकों के समक्ष हिन्दुओं के सिद्धान्त एकदम ठीक रूप में प्रस्तुत करूँगा और उनके सम्बन्ध में यूनानियों के वे सिद्धान्त भी पेश करूँगा जो हिन्दू सिद्धान्तों से मिलते–जुलते हैं ताकि उन दोनों के बीच जो सम्बन्ध है वह उजागर हो सके ....।'' आगे जिक्र किया है, ''अतः यह है भारत की वस्तुस्थिति। यही कारण है कि अपने विषय में अपार रुचि होने के बावजूद मुझे उसमें पैठने में बड़ी मुश्किल पेश आई और यह भी तब जबकि मैंने संस्कृत के ग्रंथ एकत्र करने के लिए परिश्रम या धन खर्च करने में कोई कसर नहीं उठा रखी।''[3]

समाज अल–बरूनी की रुचि ज्योतिष, गणित, माप–गणना, खगोल शास्त्र, धर्म एवं दर्शन में अधिक थी तथापि यूनानी और मुस्लिमों के समान विचारों व सिद्धान्तों की तुलना भी की है, लेकिन समाज, रीति–रिवाज, विवाह, स्त्री जगत्, आचार–विचार का वर्णन निश्चय ही उसकी समाजशास्त्र में गहरी रुचि का परिणाम कहा जायेगा। वर्ण–व्यवस्था का नवें अध्याय में जिक्र करते हुए लिखा है, ब्राह्मण, क्षत्रिय, वैश्य एवं शूद्र की उत्पत्ति क्रमशः ब्रह्म के सिर, कंधों एवं हाथों और पैरों से हुई। अल–बरूनी कहता है कि बाद में दो वर्णों के बीच बहुत अन्तराल नहीं है यद्यपि

इन वर्णों में परस्पर भेद हैं। फिर भी वे उन्हीं नगरों और गाँवों में एक साथ रहते हैं और एक ही प्रकार के मकानों एवं स्थानों में एक–दूसरे से मिलते–जुलते रहते हैं। उसके द्वारा किया गया वर्णों का विभाजन ऋग्वेद के दसवें मण्डल के पुरुष सूक्त (10/90/12) का स्मरण कराता है।

अन्य जातियाँ अन्य जातियों के बारे में कहा, ''शूद्रों के बाद वे लोग आते हैं, जो अंत्यज कहलाते हैं। ये आठ शिल्पी हैं – धोबी, चमार, टोकरी साज, सिपर साज (ढाल निर्माता) नाविक, मछुआरा, बहेलिया एवं जुलाहा। ..ये शिल्पी चार जातियों (वर्णों) के गाँवों और नगरों के निकट लेकिन उनके बाहर रहते हैं।'' इनके अतिरिक्त हाडी (संभवत नट जैसी जाति), डोम, चांडाल और बधाउत (संभवतः बहेलिया या व्याध को बधात कहा जाता था) नाम के लोगों को जातियों एवं व्यवसायों से अलग गंदे कार्य करने वाला कहा गया। ''आम लोगों की धारणा है कि ये अवैध सन्तान (वर्ण संकर) है और इसीलिए अछूत हैं। बधाउत इनमें निम्नतम माने जाते हैं, क्योंकि वे मरे हुए जानवरों का मांस खाते हैं, यहाँ तक कि बिल्ली, कुत्ते और जंगली जानवर भी खाते हैं।''

ब्राह्मण ब्राह्मणों के सामान्य कर्मों की चर्चा में लिखा है, ''ब्राह्मण जीवनपर्यन्त दिन में दो बार भोजन करता है, दोपहर को और रात को। जब भी उसे भोजन करना हो, खाना शुरू करने से पहले वह उतना भोजन अलग रख देता है, जो एक या दो व्यक्तियों के लिए विशेष रूप से उन अपरिचित ब्राह्मणों के लिए पर्याप्त हो, जो हो सकता है, शाम के समय माँगते हुए आ निकलें। इसके अतिरिक्त वह खाने–पीने की सामग्री पशु–पक्षियों एवं अग्नि देवता के लिए भी रख देता है। शेष बचे भोजन को वह मंत्रोच्चार करके खाता है।'' उसने आगे लिखा है, ''लोगों का कहना है कि उसे (ब्राह्मण) किसी ऐसे देश में रहने की अनुमति नहीं है, जिसमें वह घास नहीं होती है, जिसे वह अनामिका में पहनता है या जहाँ काले बालों वाले मृग नहीं चरते हैं।'' इसके अलावा वह ब्राह्मणों के भोजन स्थान पर गोबर से लिपे–चौकों एवं निषिद्ध पाँच सब्जियों–प्याज, लहसुन आदि का जिक्र करता है।

क्षत्रिय चौसठवें अध्याय में क्षत्रियों के लिए लिखा है, ''क्षत्रिय वेदाध्ययन कर सकता है और उन्हें कंठस्थ कर सकता है, लेकिन उनकी शिक्षा नहीं दे सकता। वह अग्नि में नेवैध चढ़ाता है और पुराणों में दी गई विधियों के अनुसार आचरण करता है।...वह प्रजा पर शासन करता है और उनकी रक्षा करता है, क्योंकि उसकी सृष्टि इसी काम के लिए की गयी है। वह तीन भागों में बँटा हुआ यज्ञोपवीत धारण करता है और एक दूसरा सूती जनेऊ पहनता है। यह जनेऊ वह बारह वर्ष पूरे होने के बाद धारण करता है।''

वैश्य ''वैश्य का काम खेती करना, जमीन जोतना, पशुपालन और ब्राह्मणों की आवश्यकता की पूर्ति करना है। उसे दो धागों का एक जनेऊ पहनने का ही अधिकार है।''

शूद्र शूद्र ब्राह्मण के सेवक जैसा होता है जो उसके काम–काज की देखभाल और उनकी सेवा करता है। सर्वथा दरिद्र होते हुए भी यदि यज्ञोपवीत के बिना नहीं रहना चाहता तो वह क्षौम की बनी जनेऊ धारण कर लेता है। परन्तु परमात्मा का ध्यान करना, पुण्य कर्म करना और भिक्षा दान ऐसे काम हैं जो उसके लिए निषिद्ध नहीं है। हिन्दू विदेशियों को और मनुष्यों, पशुओं आदि का वध करने वाले और गौ–मांस खाने वालों को मलेच्छ (अपवित्र) मानते थे।

विवाह एवं स्त्री जगत विवाह संस्था पर पृथक् उनहत्तरवें (69) अध्याय की रचना की है जिसमें लिखा है कि हिन्दुओं में बहुत ही छोटी आयु में विवाह हो जाता है इसलिए माता–पिता ही अपने पुत्रों के विवाह की व्यवस्था करते हैं। इस अवसर पर ब्राह्मण यहाँ के अनुष्ठान कराते हैं। ''पति–पत्नी का विछोह मृत्यु होने पर ही हो सकता है, क्योंकि, विवाह विच्छेद (तलाक) की कोई परम्परा नहीं है।'' यही नहीं ''पुरुष को पत्नी की मृत्यु पर दूसरी शादी करने का अधिकार है परन्तु पत्नी का पति मर जाये, तो वह दूसरे पुरुष से शादी नहीं कर सकती है। दो विकल्प उसके पास होते हैं, या तो आजीवन विधवा रहे या सती हो जाये।'' विवाह अपनी जाति में श्रेष्ठ माना जाता है। साथ ही सम्बन्धी से विवाह करने की जगह अपरिचित से विवाह करना श्रेष्ठ माना जाता है। संतान माता की मानी जाती है अर्थात् किसी ब्राह्मण की ब्राह्मण पत्नी की सन्तान ब्राह्मण होगी। यदि पत्नी शूद्र है तो सन्तान भी शूद्र होगी। ब्राह्मण अपने से भिन्न जाति की स्त्री से कभी विवाह नहीं करते, हालांकि उनको ऐसा करने की अनुमति है। समाज में महिलाओं के महत्व, की चर्चा में लिखा है, ''सभी विषयों एवं आकस्मिक स्थितियों में महिलाओं की सलाह ली जाती है।'' किन्तु यह भी कहा है कि ''बच्चियों की तुलना में बच्चों पर ज्यादा ध्यान दिया जाता है।'' विधवा का सम्पत्ति पर अधिकार नहीं है। उसका खर्च पुत्र वहन करता है। उपरोक्त कथन मनुस्मृति के प्रावधानों का स्मरण करवाता है।

वेश्यावृत्ति के सन्दर्भ में कहा है, ''हिन्दू वेश्यावृत्ति के लिए कठोर दण्ड नहीं देते। लेकिन इसका दोष देश को नहीं दिया जा सकता, इसके दोषी स्वयं राजा हैं। यदि ऐसा न होता तो ब्राह्मण या पुरोहित अपने मन्दिरों में नाचने–गाने तथा मनोरंजन करने वाली स्त्रियों को न रहने देते। राजा उनको केवल आर्थिक दृष्टि से अपने नगरों के लिए आकर्षण और अपनी प्रजा के लिए आमोद–प्रमोद का साधन मानते हैं। इस व्यापार से उन्हें कर और जुर्माने के रूप में जो आय होती है, उससे वे अपना वह खर्च पूरा करते हैं, जो उन्हें सेना पर करना पड़ता है।''

वस्त्र परिधान ''हिन्दुओं के अनेक रीति–रिवाज हमारे देश और काल के रिवाजों से इतने भिन्न हैं कि हमें तो वे बड़े विकट लगते हैं।'' ''वे जूठन का प्रयोग नहीं करते और वे जिन बर्तनों में खाते हैं, यदि वे मिट्टी के हों, तो उन्हें खाकर फेंक देते हैं।''....वे गायों का दूध तो पीते हैं लेकिन उनका मांस नहीं खाते। वे पाजामे के लिए धोती का इस्तेमाल करते हैं। जो कम कपड़े पहनना चाहते हैं, वे दो अंगुल चौड़ा कपड़ा डोरी से कमर में बाँध लेते हैं, लेकिन जो उससे अधिक वस्त्र पसन्द करते हैं, वे धोती पहनते हैं, जिसमें

इतना कपड़ा लगता है कि कई चादरें और कम्बल बन जायें। आभूषणों का जिक्र करते हुए कहा गया है कि ''पुरुष स्त्रियों की पहनने की वस्तुएँ पहनते हैं। वे अंगराग का प्रयोग करते हैं। कानों में छल्ले, बाहों में कड़े, अनामिका और पैरों के अंगूठों में स्वर्ण मुद्रिकाएँ पहनते हैं। वे बिना जीन के घुड़सवारी करते हैं। जीन लगाते भी हैं तो दाहिनी ओर से सवार होते हैं। यात्रा पर जाते हैं, तो घोड़े पर किसी को पीछे बैठाकर ले जाते हैं।''

अल–बरूनी इस बात की शिकायत करता है कि, ''घर में प्रवेश करने से पहले वे उसकी अनुमति नहीं लेते, लेकिन जाते समय अनुमति माँगते हैं। थूकते और नाक साफ करते समय बैठे हुए लोगों का लिहाज नहीं करते...वे जुलाहे को गंदा और चमार को अच्छा मानते हैं।''

जीवन के चार आश्रमों की चर्चा, अल–बरूनी ने तिरसठवें (63) अध्याय में ब्राह्मणों के परिप्रेक्ष्य में की हैं, ''ब्राह्मणों का जीवन सात वर्ष की आयु बीतने के बाद चार भागों में विभक्त किया जाता है। पहला भाग आठवें वर्ष में शुरू होता है जब ब्राह्मण उसे दीक्षा देने, उसे कर्तव्यपालन की शिक्षा देने और उन पर दृढ़ रहने और जीवन भर उनका पालन करने का पाठ सिखाने आते हैं.... |''

''ब्राह्मण के जीवन की यह पहली अवस्था उसकी आयु के पच्चीसवें वर्ष तक या विष्णु पुराण के अनुसार अड़तालीसवें वर्ष तक रहती है। उसका कर्तव्य संयत जीवन बिताना, धरती को शैया बनाना, वेद तथा धर्मशास्त्र और न्याय के सम्बन्ध से उसके भाष्य का अध्ययन आरम्भ करना है।'' दूसरे चरण में उनके जीवन की दूसरी अवस्था पच्चीसवें वर्ष से पचासवें वर्ष या विष्णु पुराण के अनुसार सत्तरवें वर्ष तक होती हैं। इस अवधि में गुरु से विवाह की अनुमति लेकर विवाह करना, घर बसाना तथा सन्तान की इच्छा हेतु माह में एक बार पत्नी से संभोग करना उसके निहित कार्यों में शामिल किया गया। उसकी आजीविका दक्षिणा से पूरी होती है।

तीसरी अवस्था पचासवें वर्ष से पचहत्तरवें वर्ष तक कही गई जिसमें वह अपनी गृहस्थी का त्याग करता है। उसकी चौथी अवस्था जीवन के अन्त तक रहती है और वह इसमें गेरुए वस्त्र धारण करता है और अपने हाथ में एक छड़ी रखता है। लिखा है, ''वह अपने मन को मित्रता और शत्रुता से रहित कर देता है और काम, क्रोध और मोह का परित्याग कर देता है।... उसका इसके सिवाय कोई काम नहीं है कि मुक्ति मार्ग पर अग्रसर रहे जिससे वह मोक्ष प्राप्ति कर सके जहाँ से लौटकर इस संसार में न आना पड़े।''

धर्म एवं दर्शन हिन्दू दर्शन के अनुसार सभी जातियों को मोक्ष का अधिकारी माना। इस तथ्य को स्पष्ट करते हुए लिखा है कि, ''समस्त मानव जाति इसकी अधिकारी है, यदि उनकी मुक्ति पाने की नियत ठीक हो।'' इस बात का आधार व्यास की यह उक्ति है, ''पच्चीस बातें भली प्रकार सीख लो, उसके बाद जो चाहे धर्म स्वीकार कर सकते हो, तुम्हें निःसन्देह मुक्ति मिलेगी।'' इस मत का आधार यह तथ्य है कि वासुदेव (श्रीकृष्ण) शूद्र परिवार में और इसका आधार उसकी (वासुदेव की) यह उक्ति भी है जो उसने अर्जुन को सम्बोधित करके कही थी–''भगवान किसी के साथ अन्याय या पक्षपात किये बिना उसे कर्मों का फल देता है। चाहे वे लोग वैश्य हों, शूद्र हों या नारियाँ ही क्यों न हों और यदि वे ब्राह्मण और क्षत्रिय हों, तो उसकी कृपालुता कितनी अधिक होगी, इसकी सहज ही कल्पना की जा सकती है।''

स्वर्ग नरक की चर्चा में उसने लिखा है, ''स्वर्ग एक उच्चतर अवस्था है जहाँ मनुष्य परमानंद की स्थिति में रहता है और वह स्थिति उसके किए हुए पुण्यों के कारण एक निश्चित समय के लिए होती है। इसके विपरीत वे आत्मा का वनस्पतियों और पशुओं की योनि में भटकना निम्नतर अवस्था मानते हैं... |

धर्म–दर्शन उसका रुचि का विषय था। इस बारे में वह लिखता है, ''एक तो वे विश्वास या परम्परागत विचार हैं, जो अज्ञानी या अशिक्षित जन–सामान्य के हैं और जो अवैज्ञानिक और मूर्खतापूर्ण की सीमा तक हैं और दूसरी ओर दार्शनिकों, विद्वानों एवं वैज्ञानिकों के विचार हैं, जो तर्क संगत, अधिक सुसंगत एवं सूक्ष्म रूप से विवेचित हैं। जैसे जहाँ एक ओर जन–सामान्य मूर्ति पूजक और अनेक देवताओं में अज्ञान के कारण विश्वास करता है, तो दूसरी ओर शिक्षित जन एक ईश्वर को मानता है, जो निराकार है, शाश्वत, अनादि और अनन्त है, जो सर्वज्ञ, जीवन्त, जीवनदाता, नियंता और रक्षक है, जिसकी सत्ता अनन्य है, जो सादृश्यता से परे है।''

अल–बरूनी मूर्ति–पूजा की उत्पत्ति के बारे में चर्चा करते हुए ग्यारहवें अध्याय में कहता है, ''यह स्पष्ट है कि मूर्ति पूजा का पहला कारण मृतकों का स्मरण करने की और जीवितों को सांत्वना देने की इच्छा थी, लेकिन इसी आधार पर यह विकसित हुई और अंत में एक दुषित और हानिकर कुप्रथा बन गयी।'' बौद्ध, जैन एवं अन्य मतों का जिक्र नहीं करने से हम यह अभिप्राय ले सकते हैं कि जैन एवं बौद्ध धर्म के विचारों को जानने का संभवतः उसे मौका नहीं मिला। बौद्ध केन्द्र विक्रमशिला और नालन्दा उसकी पहुँच में नहीं थे और उत्तर पश्चिम भारत में बौद्धों का प्रभाव पूर्णतः समाप्त हो चुका था। अफगानिस्तान, एशिया, खुरासान में उस समय बौद्ध अस्तित्व नहीं थे। इसने इस तथ्य का जिक्र अवश्य किया है कि, ''मुझे कभी कोई बौद्ध पुस्तक नहीं मिली और न कोई बौद्ध ही जिससे मैं उनके सिद्धान्तों को जान सकता।''

वेद व पुराण वेद, पुराण एवं अन्य धार्मिक साहित्य की विवेचना हेतु उसने बारहवें अध्याय का आलेखन किया। पुराणों का अध्ययन करने वाला सम्भवतः वह पहला मुस्लिम था। उसने मूल ग्रंथों एवं अनुवादों की सहायता ली...अपने पूर्ववर्ती मुस्लिम लेखकों से श्रेष्ठ कार्य किया। वेदों के बारे में लिखा है, ''वेद को चार भागों में विभक्त कर दिया–ऋग्वेद, यजुर्वेद, सामवेद व अथर्ववेद। चारों भागों में से प्रत्येक का पाठ एक विशेष ढंग से किया जाता है।'' कहा गया है वेद में विधि निषेध का वर्णन है और... जिनका उद्देश्य लोगों को पुण्य की ओर प्रेरित करना तथा पाप से रोकना है।

पुराणों की सूची में आदि पुराण से लेकर भविष्य पुराण तक 18 पुराणों का जिक्र अल–बरूनी ने किया है। किन्तु मत्स्य, आदित्य

और वायु पुराण के कुछ अंश ही उसने देखे थे। स्मृति ग्रंथों की गणना की है, आपस्तम्ब, पाराशर, सत्पथ, सामवर्त, दक्ष, वशिष्ठ, अंगीरस, यम, विष्णु, मनु, याज्ञवल्क्य, अत्रि, हारीत, लिखित, शंख, गौतम, बृहस्पति, कात्यायन, व्यास एवं उशनस। महाभारत के एक लाख श्लोक एवं 18 पर्व का उल्लेख किया है। सभा पर्व से स्वर्गारोहण तक सभी की चर्चा की है। इसके बारे में उसने लिखा है, ''उनका एक ऐसा ग्रंथ है, जिसमें उनकी ऐसी श्रद्धा है कि वे यह दावा करते हैं कि जो कुछ भी अन्य ग्रंथों में उपलब्ध है वह इस ग्रंथ में भी है लेकिन वह सब जो इस ग्रंथ में है दूसरे ग्रंथों में नहीं मिलता। इसका नाम 'भारत' है जिसकी रचना पाराशर के पुत्र व्यास ने उस समय की थी जब पांडु और धृतराष्ट्र के पुत्रों के बीच महायुद्ध हुआ था।'' उसने खगोलशास्त्र, गणित आदि के बारे में भारतीयों के विचारों को प्रस्तुत किया है। यही नहीं ज्योतिष, आयुर्विज्ञान में उसने गहरी रुचि प्रदर्शित की।

धार्मिक साहित्य के अतिरिक्त व्याकरण एवं छंदशास्त्र आदि की वह चर्चा करता है। पंचतंत्र जैसे रुचिकर ग्रंथ के लिए लिखा है, ''काश! मैं 'पंचतंत्र' नामक पुस्तक का अनुवाद कर सकता, जिसे हमारे यहाँ 'कंलील और दिम्ना' की किताब कहा जाता है।'' तीर्थ स्थानों के अध्याय में पवित्र सरोवरों का वर्णन किया है और उनके उच्च कोटि के स्थापत्य की प्रशंसा की है। पत्थरों एवं पेड़ों द्वारा सुन्दर स्थापत्य ने उसे अत्यन्त प्रभावित किया।

मूल्यांकन अन्त में अल–बरूनी के निरूपण से तत्कालीन भारतीय समाज की तस्वीर बनती है। साथ ही विपुल जानकारी एवं परम्परागत ज्ञान का बोध करवाती हैं। वहीं रूढ़िवादी प्रवृत्तियों के कारण समाज को हीन एवं बदतर स्थिति की ओर बढ़ता होता हुआ देखते हैं। समाज जातियों में विभक्त था। रक्षक जातियों में क्षत्रियों के अतिरिक्त इस दायित्व से अन्य वर्ग मुक्त थे जिससे रक्षा व्यवस्था कमजोर पड़ गई।

समाज से बहिष्कृत लोगों को वापस समाज में लेने के प्रावधान का अभाव था। असंख्य हिन्दू जबरन मुसलमान बना दिये गये उन्हें वापस समाज की मुख्यधारा में नहीं लिए जाने से अधिकांश वर्ग को मुस्लिम ही बने रहना पड़ा, जो आगे जाकर भारत में मुस्लिम राज्य की माँग का कारण बना। महमूद गजनवी के आक्रमण के दौरान भारतीय समाज अपनी गतिशीलता खो चुका था और समाज उस दौर से गुजर रहा था जहाँ उसका पराजित या गुलाम होना सहज सम्भव हुआ।

सन्दर्भ :

1. एस. के. चटर्जी 'अल–बरूनी एंड संस्कृत', अल–बरूनी कमेमोरेटिव वॉल्यूम, 1951, पृ. 83, भारत अल–बरूनी एडवर्ड सी. सखाउ के अंग्रेजी ग्रंथ का हिन्दी अनुवाद, भारत : अल–बरूनी, अनुवाद नूरनबी अब्बासी, से उद्धृत, पृ. VI
2. अब्दुस्सलाम नदवी, 'अल–बरूनी' (उर्दू में), भारत : अल–बरूनी XI पृ. से उद्धृत।
3. नूरनबी अब्बासी द्वारा अनुदित पूर्व उद्धृत पुस्तक, पृ. V-VI

62 चालुक्य (कल्याणी), होयसल एवं पाण्ड्य वंश
(The Chalukyas of Kalyana, Hoysalas and Pandyas)

सुदूर कन्याकुमारी से लेकर विन्ध्य पर्वत तक के विशाल त्रिभुजाकार प्रदेश को हम दक्षिण भारत के रूप में सम्बोधित करते हैं। पूर्वी एवं दक्षिणी घाट को क्रमशः बंगाल की खाड़ी तथा अरब सागर ने दोनों ओर से घेर रखा है। प्राचीन साहित्य में पश्चिमी घाट के उत्तरी भाग को सह्याद्रि तथा दक्षिणी भाग को मलय पर्वत की संज्ञा दी गई। पूर्वी घाट उड़ीसा के गंजाम से प्रारम्भ होकर बंगाल खाड़ी के समानान्तर तिरुनेल्वेलि जिले (कुलक्काल) तक फैला है। रामायण में इसे महेन्द्र पर्वत कहा गया है। दक्षिण की प्रमुख नदियों में नर्मदा, गोदावरी, कृष्णा, तुंगभद्रा एवं कावेरी उल्लेखनीय हैं। प्राचीनकाल से ही दक्षिण भारत दो भागों 'दक्षिणापथ या दक्कन' (**Deccan**) एवं 'सुदूर दक्षिण', में विभाजित कर अध्ययन करते रहे हैं। दक्षिणापथ में उत्तर में नर्मदा नदी से दक्षिण में तुंगभद्रा (कर्नाटक क्षेत्र) नदी का प्रदेश शामिल किया जा सकता है। रामायण एवं महाभारत में दक्षिणापथ से द्रविड़ क्षेत्र को अलग दर्शाया गया। महाभारत दक्षिणापथ की उत्तरी सीमा विदर्भ (बरार) एवं महानदी की ऊपरी घाटी (कोशल) कही गई है। सुदूर दक्षिण में तुंगभद्रा नदी के दक्षिण का समस्त भू–भाग शामिल करना होगा। उक्त द्रविड़ या तमिल प्रदेश में चेर, पाण्ड्य राज्यों का अस्तित्व रहा। सुदूर दक्षिण के शासकों की कृष्णा–गोदावरी क्षेत्र पर साम्राज्यवादी लालसा रही है वहीं दक्षिणापथ का स्वामी सुदूर दक्षिण का सम्राट भी रहा। कहा जा सकता है कि उपजाऊ एवं विकसित क्षेत्र सदैव शक्तिशाली शासकों की साम्राज्यवादी लिप्सा का कारण बने रहे और साम्राज्य–विस्तार की भावना के कारण ही पूर्व मध्य काल में सदैव शासक एक–दूसरे से संघर्षरत रहे। इस अध्याय में कल्याणी के चालुक्य, होयसल एवं पाण्ड्य राजवंश की ऐतिहासिक मीमांसा करने का प्रयास करेंगे और उनकी साम्राज्य–विस्तार की भावना ने कितने युद्धों को आमन्त्रित किया और उस दौर में कितनी अशान्ति एवं उठा–पटक रही, जिससे देश कमजोर हुआ और विदेशी शक्तियों को भारत में प्रवेश करने में सफलता मिली।

कल्याणी के चालुक्य

राष्ट्रकूटों के पतन के बाद ही कल्याणी के चालुक्य वंश का उदय हुआ। दरअसल वातापी का चालुक्य वंश राष्ट्रकूटों के उदय के साथ राजनीतिक विस्मृति में खो गया था। इस वंश की एक शाखा ने लगभग दो सदियों के बाद कल्याणी के पश्चिमी चालुक्यों के नाम से, राजनीतिक क्षेत्र में अपनी उपस्थिति दर्ज करवाई।

इतिहास के साधन इस वंश के इतिहास के सृजन में तत्कालीन साहित्य एवं अभिलेखिक साक्ष्यों को आधार बनाना होगा। इस क्रम में बिल्हणकृत 'विक्रमांकदेवचरित' को सर्वाधिक उपयोगी कहा जायेगा। विक्रमादित्य षष्ठ के जीवन एवं उपलबधियों को इंगित करने वाला यह ग्रंथ चालुक्य इतिहास का महत्वपूर्ण स्त्रोत है। इस शाखा के तैल द्वितीय को भगवान श्रीकृष्ण का अवतार माना गया।[1] वंश के अन्य राजाओं एवं सामन्तों की सूचना कन्नड़ भाषा के लेखों से भी मिलती है। विक्रमादित्य षष्ठ के कैथोल लेख में कहा गया कि 59 चालुक्य राजाओं ने अयोध्या में राज्य किया तदन्तर दक्षिण में उन्होंने अपनी सत्ता कायम की। कल्याण लेख (1025–26 ई.) में ब्रह्मा को चालुक्यों का आदि पूर्वज बताया गया। परवर्ती लेखों में इनका सम्बन्ध बादामी के चालुक्यों से किया गया। विद्वानों की मान्यता है कि चालुक्य कन्नड़ क्षेत्र के मूल निवासी थे एवं वातापी चालुक्यों से सम्बन्धित।

तैलप द्वितीय (973–997 ई.) कल्याणी के चालुक्यों के स्वतंत्र राजनीतिक इतिहास की शुरुआत तैलप द्वितीय या तैल से होती है। उसके पूर्वजों में कीर्तिवर्मा तृतीय, तैल प्रथम, विक्रमादित्य तृतीय, भीमराज, अय्यण प्रथम तथा विक्रमादित्य चतुर्थ का जिक्र आता है। इनमें से कुछ राष्ट्रकूटों के सामन्त थे। स्वयं तैलप द्वितीय भी राष्ट्रकूट सामन्त ही था उसने कृष्ण तृतीय के कमजोर शासन में अपनी सत्ता का विस्तार किया। तैल या तैलप द्वितीय को विक्रमादित्य चतुर्थ एवं चेदि शासक लक्ष्मण सेन की पुत्री बोंथा देवी का पुत्र कहा है। नीलकंठ शास्त्री के अनुसार तैलप द्वितीय से पूर्व के सभी शासक बीजापुर तथा उसके समीपवर्ती क्षेत्र में शासन करते थे, जो इस वंश की मूल राजधानी के पास था। कृष्ण के बाद कर्क्क द्वितीय 972 ई. में शासक बना।

मान्यखेत पर अधिकार तैल ने 973 ई. में कर्क्क को परास्त कर मान्यखेत पर अधिकार कर लिया। तैल ने राष्ट्रकूट सामन्तों को एक–एक कर परास्त किया एवं अपनी सत्ता दृढ़ की। उसके पश्चात् उसने लाट (गुजरात) के गुर्जरों एवं कोंकण के शिलाहारों पर आधिपत्य किया। इन विजयों में युवराज सत्याश्रय (इरिवबेडंग) ने शौर्य प्रदर्शित किया। बनवासी क्षेत्र के कन्नप व सोमनरस भी तैलप के अधीन थे। बेलगाँव जिले के सान्दति के रट्ट को भी उसके सामन्तों की श्रेणी में रखा गया है। जैसा ऊपर चर्चा की गई है कि, दक्षिण कोंकण के शिलाहर वंश ने भी उसकी अधीनता स्वीकार की थी। यही कहीं दक्षिणी कोंकण का ही अवसर

तृतीय था उसके पुत्र रट्ट को उसकी प्रभुत्ता स्वीकार्य थी। सेउण के यादव वंशी शासक भिल्लम द्वितीय ने भी तैलप के आधिपत्य को स्वीकार किया।

परमार राजा मुंज की हार मालवा के परमार और दक्षिण के चोल तैलप से शत्रुता रखते थे। तैल ने मालवा पर अनेक आक्रमण किये (लगभग छह बार) परन्तु परमार शासक उत्पल (मुंज) ने उसे हर बार परास्त कर पीछे धकेल दिया। मुंज ने इस संकट को सर्वदा के लिए हल करने के इरादे से गोदावरी पार कर तैल पर आक्रमण कर दिया, परन्तु वह स्वयं पराजित हुआ और बंदी बना लिया गया। यह घटना संभवतः 995 ई. की है।[2] बाद में उसको तलवार से मौत के घाट उतार दिया गया। रचनाकार मेरुतुंग ने 'प्रबंधचिंतामणि' में मुंज (परमार शासक) और तैल की विधवा बहन मृणालवती के 'प्रेम–प्रंसग' का वर्णन किया है।

मेरुतुंग के अनुसार मुंज को बंदी बनाकर तैल की विधवा बहन मृणालवती के संरक्षण में रखा गया। यह ऐतिहासिक तथ्य दर्ज है कि मुंज की मौत दक्षिण में तैलप द्वितीय की कैद में हुई थी।

चोल राजा की पराजय बेल्लारी जिले के कोगलि नामक स्थान से प्राप्त अभिलेख के अनुसार 992 ई. में तैलप ने चोल राजा को पराजित कर 150 में काम आने वाले के हाथी छीन लिये थे।[3] चोल साक्ष्य इस संदर्भ में मौन है। इस प्रकार तैल ने न केवल राष्ट्रकूटों का राज्य ही प्राप्त किया वरन् उसने चोल और परमारों को भी हराया। तैलप की मृत्यु 997–98 ई. में हुई। विक्रमादित्य षष्ठ के गदग (या गंडग) अभिलेख के अनुसार उसने 25 वर्ष तक शासन किया था। उसने कन्नड भाषा की प्रगति के लिए प्रयास किये थे। तैलप के बाद उसकी रानी जाकव्बे, जो किसी भम्महरट्ट की पुत्री थी, से उत्पन्न युवराज सत्याश्रय चालुक्यों का नया राजा बना।

सत्याश्रय (997–8–1007 ई.) तैलप द्वितीय ने चालुक्य वंश को पुनर्स्थापित किया, वहीं उसके महत्वाकांक्षी पुत्र सत्याश्रय ने इस वंश को विस्तार दिया। अब चालुक्यों के मुख्य शत्रु चोल थे, क्योंकि मालवा के परमारों को तैलप ध्वस्त कर चुका था। उधर चोल राजराज के नेतृत्व में शक्तिशाली हो गये थे और गंगवाड़ी एवं नोलंबवाड़ पर अधिकार कर लिया था। साथ ही आंध्र के वेंगी में शक्तिवर्मन को स्थापित कर चालुक्य राज्य को खतरा पैदा कर दिया था।

सत्याश्रय ने सर्वप्रथम उत्तरी कोंकण के शिलाहार वंशी शासक अपराजित को पराजित कर उसे अपने अधीन किया और गुजरात के चालुक्य चामुण्डराज को भी हराया, किन्तु मालवा के परमार राजा सिंधुराज से सत्याश्रय पराजित हुआ। इस तरह मालवा शासक ने तैलप द्वारा मुंज की हत्या का बदला लिया गया।

वेंगी (कृष्णा एवं गोदावरी के बीच एलुरू से 7 मील उत्तर में वेंगी या पेड्डुवेंगी स्थित है) की सत्ता पर शक्तिवर्मन ठीक से अभी जम भी नहीं पाया था कि सत्याश्रय ने 1006 ई. में वेंगी राज्य पर आक्रमण कर दिया। चोलराज राजराज ने अपने प्रतापी युवराज राजेन्द्र को 1007 ई. में सत्याश्रय के विरुद्ध भेजा। होट्टूर अभिलेख (1007–8 ई.) इस अभियान का सजीव वर्णन करता है।[4] राजेन्द्र ने भारी सेना के साथ चालुक्य प्रदेश को तहस–नहस कर डाला। कहा गया है कि राजराजा ने चालुक्यों को लूट की राशि तंजौर के देवालय को अर्पित की थी। सत्याश्रय ने धैर्यपूर्वक शक्ति संचित कर चालुक्य क्षेत्रों की पुनर्विजय की और चोल सेनाओं को तुंगभद्रा के दक्षिणी छोर तक धकेल दिया। गंटूर एवं कुरनूल से प्राप्त कुछ अभिलेख आंध्र के कुछ भागों पर सत्याश्रय के अधिकार की पुष्टि करते हैं। 1008 ई. में सत्याश्रय की मृत्यु हो गई। उसने 'अकलंकचरित' उपाधि धारण की थी।

विक्रमादित्य पंचम (1008–1015 ई.) सत्याश्रय का भतीजा विक्रमादित्य पंचम 1008 ई. में चालुक्य शासन का उत्तराधिकारी बना। उसके शासन के 7 वर्षों में दक्षिण कौशल के सोमवंशी भीमरथ पर विजय के अतिरिक्त कोई महत्वपूर्ण एवं उल्लेखनीय उपलब्धि नहीं कही जा सकती। 1010 ई. के एक **अभिलेख में विक्रमादित्य की बहन अक्का देवी का 'किसुकाड–70' (सम्भवतः 70 गाँवों की प्रशासनिक इकाई) पर शासन संचालन का जिक्र आया है और अभिलेख में उसका बुद्धिमति, सत्यप्रिय, सच्चरित्रा एवं दानी शासिका के रूप में वर्णन हुआ है।** विक्रमादित्य पंचम की मृत्यु 1015 ई. में हुई।

जयसिंह द्वितीय (1015–1942 ई., राजधानी–मान्यखेत) विक्रमादित्य के बाद उसका अनुज अय्यण शासक बना परन्तु उसके छोटे भाई जयसिंह द्वितीय ने उसे अपदस्थ कर 1015 ई. में चालुक्य–सत्ता पर आधिपत्य किया। इस अवधि में कमजोर चालुक्य सत्ता का लाभ उठा कर मालवा के भोज ने मुंज का बदला लेने के लिए उत्तरी चालुक्य इलाकों पर आक्रमण कर कब्जा कर लिया। उत्तरी कोंकण पर अभिलेखीय साक्ष्यों के आधार पर 1020 ई. और कुछ बाद के समय तक भोज के अधिकार का ज्ञान होता है। मीरज के ताम्रपट्टों से ज्ञात होता है कि 1024 ई. में जयसिंह ने कोंकण पर पुनः अधिकार कर लिया था और वह कोल्हापुर के स्कन्धवर में उत्तर की दिग्विजय की योजना बना रहा था।

उल्लेखनीय है कि, 1010 ई. के बेलगाँव अभिलेख ने जयसिंह को चोल रूपी गज के लिए केसरी कहा है। सम्भवतः राजेन्द्र प्रथम चोल जब पाण्डयों, केरलों और सिंहलों के साथ युद्धों में व्यस्त था, तो जयसिंह ने लाभ उठाकर सत्याश्रय के समय के चालुक्य भू–भागों पर वापस कब्जा कर लिया था। दक्षिण के शत्रुओं से मुक्त होकर राजेन्द्र चोल ने जयसिंह की ओर ध्यान दिया और 1020–21 ई. में मास्की के युद्ध में जयसिंह को पराजित किया। जयसिंह के अभिलेख चोलों को खदेड़ने का दावा करते हैं। सम्भवतः उसमें विजय तो राजेन्द्र की ही हुई थी तथापि वह इसके बाद आगे नहीं बढ़ा। सम्भवतः दोनों पक्षों ने तुंगभद्रा को अपने राज्य की सीमा स्वीकार की थी।[5] इसके 20 वर्ष तक जयसिंह शांतिपूर्वक शासन करता रहा। परन्तु इस बीच उसके सामन्तों के विद्रोह अवश्य हुए जिनका उसने दमन किया। उसकी राजधानी पूर्ववत मान्यवेत ही बनी रही। वह सम्भवतः 1042 ई. तक शासन करता रहा। उसके शासन काल के अनेक अभिलेख जयसिंह को कला एवं साहित्य का प्रेमी और संरक्षक घोषित करते हैं। जयसिंह एवं उसके सामन्तों ने साहित्य एवं कला की वृद्धि में महत्वपूर्ण योगदान दिया।

सोमेश्वर प्रथम (1042–1068 ई., राजधानी कल्याणी) जयसिंह के पश्चात् उसका पुत्र सोमेश्वर प्रथम 1042 ई. में शासक बना। उसने आहवमल्ल एवं त्रैलोक्यमल्ल की उपाधियाँ धारण कीं। सोमेश्वर के शासन में ही कल्याणी नगर चालुक्यों की राजधानी बना। बिल्हण ने इस नगर को सोमेश्वर द्वारा और सजाने का उल्लेख किया है, परन्तु अन्य अभिलेख सूचित करते हैं कि यह नगर पर्व में, एक स्थायी स्कन्धवार (नेलुवीड) के रूप में अस्तित्व में था। सोमेश्वर ने उसे अपनी राजधानी बनाया और उसमें अनेक भवनों का निर्माण करवाया। कल्याणी अपने समय का एक वैभवशाली, कलात्मक एवं प्रतिष्ठित नगर बन गया था। (कर्नाटक के बीदर जिले में स्थित कल्याणी आधुनिक मालखेड़ (मान्यखेत) से 48 मील उत्तर–पश्चिम में स्थित है।) सोमेश्वर द्वारा राजधानी बनाये जाने के बाद कल्याणी की गणना तत्कालीन महत्वपूर्ण नगरों में की जाने लगी।

कल्याणी के चालुक्यों के आविर्भाव के साथ ही दक्षिण में चोल उनके घोर विरोधी के रूप में सामने आये, दूसरी ओर मालवा के परमार उनके दीर्घकालीन शत्रु बन गये। सोमेश्वर का अधिकांश समय अपने शत्रुओं से संघर्ष में ही बीता। चालुक्यों और भोज के संघर्ष का यह उत्तरार्द्ध था, जिसका प्रारम्भ जयसिंह के समय हुआ था। सोमेश्वर के सेनापति नागवर्मन् ने भोज की प्रमुखता मानने वाले कोंकणों, यादव सेउण और विंध्य के मल्ल राजा को हराया।

राजा भोज की धारा नगरी ध्वस्त सोमेश्वर ने भोज राजा परमार पर आक्रमण किया। नागै अभिलेख से ज्ञात होता है कि भोज पराजित हुआ। धारा (भोज की राजधानी) को आग लगा दी गई और मांडव (मांडू) पर अधिकार कर लिया। बिल्हण के ग्रंथ से भी भोज के पराजित होने और धारा से भागने का उल्लेख मिलता है। सोमेश्वर के सेनापतियों ने चालुक्य राज्य की सीमा पूर्व में मध्य प्रदेश के दक्षिणी जिलों, दक्षिण में कोशल और कलिंग तक विस्तृत कर दी थी।

चोलो के साथ संघर्ष सोमेश्वर को दक्षिण में चोलों से लगातार युद्ध लडने पड़े। उसने अपने शासन के प्रारम्भिक वर्षों में वेंगी के चालुक्यों, जो चोल प्रभुत्ता स्वीकार करते थे, पर आक्रमण करके राजराजा के स्थान पर विद्रोही सौतेले भाई विष्णुवर्द्धन विजयादित्य सप्तम् को शासक बना दिया। इस अभियान का नेतृत्व चालुक्य युवराज विक्रमादित्य ने किया था। यह सूचना जब चोल नरेश राजेन्द्र प्रथम को मिली, तो उसने युवराज राजाधिराज को विशाल सेना सहित वेंगी भेजा। धन्नाड़ (धान्यकटक) के भीषण युद्ध में चालुक्य पराजित हुए और विष्णुवर्द्धन विजयादित्य एवं विक्रमादित्य वेंगी से भाग खड़े हुए। परन्तु राजाधिराज कोल्लिपाक्कै (कुलपाक) से आगे चालुक्यों के प्रतिरोध के कारण नहीं बढ़ सका। इस दौरान राजेन्द्र चोल की मृत्यु हो गई और राजाधिराज (1044.1052 ई.) सम्राट बना। इस संघर्ष के दूसरे चरण में चोल राजाधिराज ने कोल्लिपाक्कै के प्रसिद्ध दुर्ग एवं कांपिल्य के चालुक्य राजप्रासाद को ध्वस्त कर दिया। पांडूर के नगर को भी भस्मसात् कर दिया गया। उसने यादगिरि या येतगिरि में इस विजय की उपलब्धि में विजय स्तम्भ बनवाया। राजाधिराज ने कल्याणपुरम् (कल्याणी) पर आक्रमण कर राजप्रासाद ध्वस्त कर दिया। कल्याणपुरम् को भस्मीभूत करने के बाद वह वहाँ के मंदिर के एक द्वारपाल की मूर्ति ले गया, जिसे तंजौर के दाराशुरम् मंदिर में द्वारपाल की जगह लगाई गई। वर्तमान में उत्तफ मूर्ति तंजौर कला दीर्घा में स्थापित की गई है।[6]

कोप्पम का युद्ध (1054 ई.) चोलों की यह सफलता स्थायी सिद्ध नहीं हुई। सोमेश्वर ने चोल दबाव खत्म करने के लिए उसने चोलों के प्रसिद्ध नगर कांची पर आक्रमण किया और उसे लूटा। वेंगी पर आक्रमण करके राजराज (चोलों द्वारा नियुक्त वेंगी शासक) को चालुक्य अधीनता स्वीकार कर लेने को बाध्य किया। वस्तुतः यह कल्याणी पर आक्रमण का जवाब था। इसके बाद अगले चरण में चोल नरेश राजाधिराज ने विशाल सेना के साथ सोमेश्वर के प्रदेशों पर आक्रमण कर दिया। आहवमल्ल सोमेश्वर भी विशाल सेना के साथ युद्ध में उतरा। यह संघर्ष 1054 ई. में कृष्णा नदी के किनारे कोप्पम्[7] नामक स्थान पर हुआ। भीषण संग्राम में चालुक्यों ने राजाधिराज को हाथी पर से मार गिराया। चोल सेना में भगदड़ मच गयी। परन्तु इसी बीच युवराज राजेन्द्र देव ने भागते सैनिकों को ललकारा और प्रचण्ड युद्ध के बाद हारे युद्ध को जीत लिया। चालुक्य भाग निकले। राजेन्द्र अपने भाई राजाधिराज से भाग्यशाली निकला और बुरी तरह घायल होने पर भी विजय उसे ही मिली। उसने कोप्पम् के युद्ध स्थल पर ही अपना राज्याभिषेक करवाया।

यद्यपि सोमेश्वर चोलों के साथ लगातार संघर्षरत रहा। परन्तु इस बीच वह उत्तर भारत की राजनैतिक स्थिति पर भी लगातार नजर रखे हुए था। परमार राजा भोज की 1055 ई. में मृत्यु के बाद उसके एक सम्बन्धी जयसिंह ने सोमेश्वर से सहायता माँगी। सोमेश्वर ने अपने पुत्र युवराज विक्रमादित्य को भेज कर धारा का उद्धार कर जयसिंह को शासक बनाया। जयसिंह ने अपनी पुत्री का विवाह विक्रमादित्य से कर कल्याणी के चालुक्यों से सम्बन्ध प्रगाढ़ बना लिये।

कुडल शंठामम का युद्ध (1066 ई.) दूसरी ओर चोलों के साथ कोप्पम् की टीस सोमेश्वर को परेशान किए हुए थी। वेंगी के राजराजा की मृत्यु हो जाने पर, सोमेश्वर ने विष्णुवर्द्धन विजयादित्य के पुत्र शक्तिवर्मन को अधिकृत करवाया और अपना महामण्डलेश्वर बनाया। साथ ही चोलों के विरुद्ध संघर्ष पुनः छोड़ दिया। धारवाड़ जिले के सूड़ नामक स्थान से प्राप्त अभिलेख के अनुसार 1061 ई. में सोमेश्वर दक्षिण में दिग्विजय कर और चोल सेना को जीत कर सिंदवाड़ि में पुलियप्पणवोडु में पड़ाव डाले हुए था।[8] विक्रमादित्य ने गंगवाड़ पर अधिकार कर लिया। युवराज राजमहेन्द्र की मृत्यु के बाद युवराज बने, राजेन्द्र के छोटे भाई वीरराजेन्द्र ने चालुक्यों के विरुद्ध अभियान कर वेंगी में शक्तिवर्मन एवं चामुण्डराय को परास्त किया, युद्ध में वे मारे गये एवं गंगवाड़ी भी मुक्त करा ली गयी। उसके बाद दोनों पक्षों के बीच कूडल–शंगमम्[9] का प्रसिद्ध युद्ध हुआ, जिसमें दोनों पक्षों के राजा और उनके सम्बन्धी लड़े। चालुक्यों की ओर से विक्रमादित्य (विक्कलन), जयसिंह (सिंगणन) और स्वयं आहवमल्ल के अलावा अन्य प्रसिद्ध सेनापति थे। इस युद्ध के बाद राजेन्द्र की मौत हो जाने से वीर राजेन्द्र राजधानी

लौट आया। परन्तु उसने सोमेश्वर से संघर्ष जारी रखा। चोल अभिलेखों में कहा गया है कि कूडल–शंगमम् और उसके बाद दक्षिण की अन्य लड़ाइयों में हुई पराजयों से दुःखी आहवमल्ल ने एक दूत भेजकर वीर राजेन्द्र को कूडल–शंगमम् के मैदान में निर्णायक युद्ध की चुनौती दी। वीरराजेन्द्र इस चुनौती को स्वीकार कर कूडल–शंगमम् पहुँच गया। परन्तु जैसा कि चालुक्य साक्ष्य कहते हैं, सोमेश्वर बीमार हो गया और युद्ध क्षेत्र में ही नहीं पहुँच सका। कहा जाता है कि वह यह अपमान न सह सका और 29 मार्च, 1068 ई. को उसने तुंगभद्रा के जल में समाधि ले ली।

सोमेश्वर एक महान् योद्धा था परन्तु इससे भी अधिक वह राजनीतिज्ञ था। उसने एक श्रेष्ठ राजनीतिज्ञ का परिचय देते हुए चोलों से संघर्ष करते हुए वेंगी के मामलों में हस्तक्षेप कर चोलों के विरुद्ध दो मोर्चे खोल दिये। इसके साथ ही वह उत्तर भारत एवं मध्य भारत की राजनीति से भी बेखबर नहीं रहा। भोज की शक्ति कमजोर होते ही उसने परमार राज्य में हस्तक्षेप कर जयसिंह (परमार) को राजा बनाया। साथ ही सोलंकी भीम एवं कलचुरि लक्ष्मी कर्ण को भी रोके रखा। सोमेश्वर जीवनपर्यन्त युद्धरत रहने के बाद भी एक कलाप्रिय एवं साहित्यानुरागी शासक था। उसने कल्याणपुरम (कल्याणी) को एक सुन्दर राजधानी बनाकर देश की प्रतिष्ठित नगरी बनाया।

सोमेश्वर द्वितीय (1068–1076 ई.) सोमेश्वर के बाद उसका ज्येष्ठ पुत्र सोमेश्वर द्वितीय राजा बना, जो युवराज के रूप में यश अर्जित कर चुका था। उसने दक्षिण के प्रदेशों के प्रबन्ध पर ध्यान दिया। सिंगणन (जयसिंह) को उसने नोलम्बवाड़ी का शासन सौंपा और विक्रमादित्य को आलमपुर तक के गंगवाड़ी प्रदेश का प्रशासक बनाया। वनवासी का प्रशासन उसके योग्य सेनापति एवं साम्राज्य रक्षक लक्ष्मण को बनाया। **परन्तु असंतुष्ट विक्रमादित्य ने स्वयं को गंगवाड़ी का स्वतंत्र सम्राट घोषित कर दिया। इस स्थिति का लाभ उठाकर चोल शासक वीर राजेन्द्र ने अपनी पुत्री का विवाह विक्रमादित्य से कर दिया।** सोमेश्वर प्रथम के बाद चालुक्य साम्राज्य उत्तरी एवं दक्षिणी दो भागों में विभक्त हो गया। सोमेश्वर साम्राज्य की अखंडता बनाये रखने के लिए प्रयत्नशील था। सोमेश्वर ने सम्राट बनने के बाद मालवा में परमार राज्य पर कलचुरि कर्ण के साथ मिलकर आक्रमण किया परन्तु मालवा पर वह स्थायी प्रभाव न रख सका। मालवा कुछ समय पश्चात् स्वतंत्र हो गया।

1070 ई. में वीर राजेन्द्र चोल की मृत्यु हो गयी थी। विक्रमादित्य का साला और युवराज अधिराजेन्द्र अल्पकालिक शासक सिद्ध हुआ। जनता ने विद्रोह कर वेंगी के राजराजा के पुत्र राजेन्द्र (कुलोत्तुंग प्रथम) को चोल राजा बनाया। इस प्रकार कुलोत्तुंग प्रथम विक्रमादित्य का स्वाभाविक शत्रु था। चालुक्य साम्राज्य के दूसरे भाग का राजा, विक्रमादित्य इस स्थिति से भली–भाँति परिचित था कि कुलोत्तुंग और सोमेश्वर उसके विरुद्ध एक हो सकते हैं।

अतः उसने सोमेश्वर द्वितीय के अनेक सामन्तों को विद्रोही बनाने और अपनी ओर मिलाने का प्रयास किया। बिल्हण के अनुसार कुलोत्तुंग ने विक्रमादित्य को कमजोर करने के लिए सोमेश्वर द्वितीय से संधि कर ली और 1076 ई. में दोनों ने मिलकर विक्रमादित्य पर आक्रमण कर दिया। चोल अभिलेख इस संदर्भ में संक्षिप्त वर्णन देते हैं कि विक्कलन (विक्रमादित्य) और सिंगणन (जयसिंह) पश्चिम समुद्र में कूद गये। परन्तु यह अतिरंजना मात्र है। सम्भवतः इस युद्ध में चोलों को कोई खास लाभ नहीं हुआ। बिल्हण द्वारा उसके चरित्र पर जो आक्षेप लगाये गये हैं कि वह दुराचारी, प्रजापीड़क और क्रूर था। उनका अभिप्राय वस्तुतः विक्रमादित्य द्वारा अधिकार अपहरण का औचित्य सिद्ध करना एवं अपने आश्रयदाता की श्रेष्ठता बखान करना मात्रा हैं, क्योंकि अन्य किसी साक्ष्य से यह प्रमाणित नहीं होता। कुलोत्तुंग से मित्रता का आरोप व्यर्थ है, क्योंकि स्वयं विक्रमादित्य ने वीरराजेन्द्र से मैत्री कर सोमेश्वर को कमजोर करने का प्रयास किया था।

विक्रमादित्य षष्ठम् (1076–1126 ई.) सोमेश्वर द्वितीय को बलात् सत्ताच्युत कर विक्रमादित्य षष्ठम् ने चालुक्य सत्ता ग्रहण की। अपने राज्यारोहण के क्रम में उसने 1076–77 ई. (शक सम्वत् 999) से एक नये चालुक्य विक्रम सम्वत् की शुरुआत की। उसके शासन के 51 वर्षों के अलावा यह संवत् 50 वर्ष और अस्तित्व में रहा।

श्री लंका (सिंहल) शासक विजय बाहु (विजयबाहु) ने चोल अधीनता के जुए को उतार फेंका था। इसका लाभ उठाते हुए विक्रमादित्य ने 1083 ई. में अपना दूतमण्डल भेज कर उससे दौत्य सम्बन्ध बनाये। सत्ता प्राप्ति से पूर्व विक्रमादित्य ने लगभग 20 वर्षों तक अपने पिता एवं भ्राता के साथ युद्धों में सफलता अर्जित की थी। गंगवाड़ी के शासक रूप में अपने सम्बन्धी अधिराजेन्द्र के सहयोग से कुलोत्तुंग का विरोध किया एवं युद्ध में अपनी शक्ति से भी परिचय करवाया। कुलोत्तुंग के विरुद्ध युद्ध में सफलता ही विक्रमादित्य के चालीस वर्षों के लम्बे शासन में दोनों शक्तियों की सीमाएँ अपरिवर्तित एवं सत्ता सन्तुलन कायम रहने का रहस्य कही जायेगी।

विक्रमादित्य का भ्राता जयसिंह भी महत्वाकांक्षी था, उसने कुछ वर्षों तक शान्तिपूर्ण ढंग से युवराज के रूप में सेवा की किन्तु 1085 ई. के बाद वह विद्रोही हो गया। बिल्हण के 'विक्रमांकदेवचरित' के 14–15वें सर्ग में विद्रोह का विवरण मिलता है। वीर विक्रम ने अपने बलवान हाथी पर सवार हो स्थिति को नियंत्रण में किया। उसने जयसिंह की आशाओं को धूल में मिला दिया एवं मैदान उसके हाथ लगा। विद्रोही सेना के बहुत–से हाथी और घोड़े उसके हाथ लगे।''

स्वयं जयसिंह पड़ोस के जंगल में भाग गया। किन्तु वह पकड़ा गया और विक्रमादित्य के सामने लाया गया सम्राट ने उदारता दर्शाते हुए उससे प्रेम से बात की और उसका भय दूर किया (संभाष्य संतोष्यच)।[10] बिल्हण ने जयसिंह की नैतिक आधार पर निंदा की है।

दक्षिण में चालुक्यों के अधीनस्थ होयसलों ने भी विक्रमादित्य के समय विद्रोह किया। होयसल चंद्रवंशी, यादव वंश के थे। गंगवाड़ी के पश्चिम एवं मैसूर से परे के प्रदेश में इनके शासन करने की जानकारी मिलती है। बल्लाल प्रथम (1100–1110 ई.) के बाद विष्णुवर्द्धन होयसल शासक बना। वह महत्वाकांक्षी योद्धा

था। उसने दक्षिण में चोल प्रदेशों में अपना प्रभाव बढ़ाया। उसकी अनेक विजयों के उल्लेख अभिलेखों में मिलते हैं। कहा गया है कि 1116 ई. में विष्णुवर्द्धन विद्रोही हो गया एवं उसने पाण्डयों एवं कदम्बों की सहायता से साम्राज्य के कुछ भागों पर अधिकार कर लिया। विक्रमादित्य ने त्वरित कार्यवाही करके विष्णुवर्द्धन को खदेड़ दिया और पाण्डयों एवं कदम्बों को भी दंड़ित किया। होयसलों पर विजय के उपलक्ष में विक्रमादित्य ने 'विष्णुवर्द्धन' की उपाधि धारण की। दक्षिण के अपने परम्परागत शत्रु चोलों के विरुद्ध लम्बे शांतिकाल के बाद विक्रमादित्य ने कुलोत्तुंग के अंतिम वर्षों में वेंगी से चोल सत्ता को उखाड़ फेंका और 1118 ई. में अपने सेनापति अनन्तपाल को वहां स्थापित किया।

विक्रमादित्य षष्ठ् का सुदीर्घ शासन अपेक्षाकृत शांतिपूर्ण था। उसके विशाल साम्राज्य का आधार उसके अनेक योग्य सेनापति एवं राजभक्त सामन्त थे। यही नहीं ब्राह्मणों को अपने साम्राज्य में अग्राहार ग्राम दान देकर बसाया और एक स्वामिभक्त अभिजात्य–वर्ग पैदा किया। उसकी राजमहिषी चोल राजकुमारी कही गई है। विक्रमादित्य धार्मिक प्रवृत्ति का शासक था। उसने अनेक मंदिरों को भूमि दान दी और उनके खर्च के लिए अक्षयनीवियाँ बनायी, वह एक अच्छा निर्माता भी था। उसने विक्रमपुर नामक नवीन नगर बसाया और विशाल विष्णु मंदिर का निर्माण करवाया। विक्रमादित्य के दरबार में अनेक विद्वानों को आश्रय प्राप्त था। 'विक्रमांकदेवचरित' के लेखक बिल्हण ने उसके आश्रय में ही अपने ग्रंथ की रचना की थी। विज्ञानेश्वर, जिन्होंने मनुस्मृति पर 'मिताक्षरा' भाष्य लिखा, विक्रमादित्य के दरबार में आश्रय पाता था। उसके अनेक ब्राह्मण सेनापति विद्वान् एवं शास्त्रों में पारंगत एवं साहित्य प्रेमी थे।

सोमेश्वर तृतीय (1126–1138 ई.) विक्रमादित्य के पश्चात् उसका पुत्र सोमेश्वर तृतीय सम्राट बना। सामान्यतः उसका शासन काल शांतिपूर्ण रहा। उसके शासन के आरम्भ में वेंगी के दक्षिणी भागों पर चोल शासक ने कब्जा कर लिया था। द्राक्षाराम से प्राप्त एक अतैथिक अभिलेख गोंक द्वितीय द्वारा पश्चिमी चालुक्यों की सेना को भगाने का उल्लेख करता है। इसमें जिक्र आया है कि उसने गोविन्द एवं लक्ष्मण पर विजय हासिल की। इस युद्ध में स्वयं कुंतल नरेश (सोमेश्वर तृतीय) उपस्थित था। युद्ध सम्भवतः 1135 ई. के लगभग हुआ होगा। इससे यह सिद्ध होता है कि इसके बाद वेंगी दक्षिणी चोलों के कब्जे में चला गया और सोमेश्वर तृतीय पराजित हुआ।

होयसल नरेश विष्णुवर्द्धन सोमेश्वर को सम्राट मानता था अर्थात् 1135 ई. तक के अभिलेख सोमेश्वर को सम्राट एवं उसे सामन्त घोषित करते रहे। सिंदिगेर के 1137 के एक अभिलेख में विष्णुवर्धन को 'चालुक्यमणि–मंडलिक चूड़ामणि' कहा गया है। परन्तु सोमेश्वर के आखिरी दिनों में उसने अपने को स्वतंत्र घोषित कर दिया और गंगवाड़ी, नोलंबवाड़ी और बनवासी को छीन लिया। विक्रमादित्य ने, जो आभिजात्य वर्ग एवं स्वामिभक्तों का समूह बनाया था, की बदौलत इस शांतिप्रिय शासक के शासन काल में अधिकांश साम्राज्य अक्षुण्ण बना रहा। सोमेश्वर एक महान् विद्वान था। उसने 'मानसोल्लास' (अथवा 'अभिलषितार्थ चिंतामणि') नामक महाग्रंथ की रचना की थी। इस ग्रंथ के 100 अध्यायों में विभिन्न विषयों का विवेचन निश्चय ही उसकी 'सर्वज्ञ' उपाधि को सार्थक करता है। वस्तुतः वह राजनीति एवं युद्ध से अधिक धर्म एवं साहित्य से लगाव रखता था।

जगदेकमल्ल द्वितीय (1138–1151 ई.) सोमेश्वर तृतीय का ज्येष्ठ पुत्र जगदेकमल्ल उसका उत्तराधिकारी बना। कहा गया है कि जगदेकमल्ल उसकी उपाधि थी। उसके असली नाम का पता नहीं लग सका और इतिहास में यह शासक जगदेकमल्ल द्वितीय के नाम से ही जाना गया है। विष्णुवर्द्धन होयसल के अभिलेखों में उसे त्रिभुवनमल्ल भी कहा गया है। सम्भवतः वह अपने पितामह विक्रमादित्य के समय भी किसी उच्च पद पर आसीन रहा, क्योंकि जगदेकमल्ल का 1124 ई. का एक अभिलेख चित्तल दुर्ग से मिला है।

सोमेश्वर तृतीय की शांति एवं शिथिलता से विष्णुवर्द्धन होयसल की महत्वाकांक्षा बढ़ गई थी। 1147 ई. के मुत्तुगे के एक अन्य अभिलेख में भी दण्डाधिप बर्म्म द्वारा सम्राट जगदेकमल्ल के आदेश से होयसल राजा पर आक्रमण और पीछा करने की चर्चा है। जगदेकमल्ल के योग्य सेनापति केशिराज ने विद्रोही सामंतों को दबा कर साम्राज्य को विघटित होने से रोके रखा। लक्ष्मेश्वर के 1147 ई. के एक अभिलेख में इस सेनापति की चोल, लाट और गुर्जर राजाओं को खदेड़ने में 'प्रबल मंत्र' के समान बताकर प्रशंसा की गयी है। कमजोर परमार शासक जयवर्मन को परास्त कर चालुक्यों ने अपने विश्वस्त बल्लाल को मालवा का शासक बनाया। वह विक्रमादित्य या सोमेश्वर की तुलना में योग्य न था, फिर भी उसने अपने जीवन काल में चालुक्य राज्य को औपचारिक रूप से विघटित नहीं होने दिया। कहा गया है कि, उसके शक्तिशाली सामन्त–होयसल, कदम्ब, काकतीय आदि पूर्ण स्वतंत्रता का उपभोग करते थे और सार्वभौमिक शासकों के समान उपाधियाँ धारण करते थे। दूसरे शब्दों में, चालुक्य साम्राज्य का औपचारिक विघटन शेष था।

तैल तृतीय (1151–1166 ई.) जगदेकमल्ल के पश्चात् उसका छोटा भाई तैल तृतीय चालुक्य शासक बना। चालुक्यों के शक्तिशाली सामन्त होयसल, काकतीय, यादव, कलचुरि उपयुक्त अवसर की ताक में थे, ताकि वे अपने को स्वतंत्र घोषित कर सकें। विष्णुवर्द्धन एवं उसके पुत्र नरसिंह ने आस–पास के प्रदेशों को जीत कर शक्तिशाली राज्य का निर्माण कर लिया था। उन्हें नाममात्र के अधीनस्थ शासक ही कहा जायेगा। तर्दवाड़ी का कलचुरि सामन्त बिज्जण (बिज्जल) भी विद्रोही हो गया। उसने 1157 ई. के आस–पास अपने को स्वतंत्र घोषित कर दिया। वह चालुक्य सम्राटों की उपाधियाँ धारण कर अपने को सम्राट घोषित करता है। उसके कई अभिलेख मिले हैं। 1162 ई. के एक अभिलेख में बिज्जण को कल्याणी का शासक घोषित किया गया है। सम्भवतः उसकी सहायता काकतीय प्रोल एवं शिलाहार (कोंकण के सामन्त) शासकों ने की, जिनकी उसके अभिलेखों में प्रशंसा की गयी। अनमकोंड के एक अभिलेख में प्रोल द्वारा तैल तृतीय को बंदी बनाने और दया दिवाकर छोड़ने का उल्लेख है। तैल की अंतिम ज्ञात तिथि 1163 ई. कही गई है। सम्भवतः इसी वर्ष उसकी मृत्यु हुई।

विजयादित्य (बिज्जल 1157–1168 ई.) बिज्जल ने 1157 ई. से 1168 ई. तक कल्याणी में शासन किया। परन्तु इसके बाद उसका उल्लेख नहीं मिलता। कुछ जैन ग्रंथों में बिज्जल को जैन बताया गया है और उसके लिंगायत मंत्री बसव द्वारा लिंगायत के प्रचार करने पर उसका विरोध किये जाने के कारण बसव और बिज्जल आपस में विरोधी हो गये थे।

बसव या बसवेश्वर का जन्म 30 अप्रैल, 1134 में (माता मादलाम्बिके एवं पिता मादरस) हुआ था। उनका उल्लेख अनेक अभिलेखों में हुआ है। बसवेश्वर ने सबसे पहले गणतांत्रिक व्यवस्था का समर्थन किया था, उसके बारे में आगे चर्चा की है। बिज्जल के चार बेटों द्वारा 1167 ई. से 1183 ई. तक शासन करने के उल्लेख हैं। तद्न्तर तैल के पुत्र सोमेश्वर चतुर्थ के 1184 ई. में पुनः सत्ता पर काबिज होने की जानकारी मिलती है।

सोमेश्वर चतुर्थ (1183–1189 ई.) तैल तृतीय के पुत्र सोमेश्वर चतुर्थ ने अपने विश्वस्त ब्रह्म (बर्म्म) दण्डनायक की सहायता से कलचुरि वंश के आहवमल्ल को परास्त कर साम्राज्य को जीवन दान दिया। होयसल प्रारम्भ में नाममात्र को सोमेश्वर को सम्राट मानते रहे। यद्यपि वे इस तथ्य से अच्छी तरह परिचित थे कि सोमेश्वर का शासन अस्थायी है और उत्तर में यादव (देवगिरि) भी यह सच स्वीकार कर चुके थे। यादव भिल्लम ने सम्भवतः 1189 ई. में विद्रोह कर दिया और दक्षिण में होयसल बल्लाल द्वितीय ने भी बगावत खड़ी कर दी। इस प्रकार सोमेश्वर का पतन हो गया और चालुक्य साम्राज्य का भी अन्त, काकतीय रुद्र ने भी मौके का लाभ उठाकर चालुक्य साम्राज्य के कुछ भागों पर अधिकार कर स्वतंत्र सत्ता कायम कर ली। दक्षिण में लम्बी प्रतीक्षा कर रहे होयसल, देवगिरि के यादव और काकतीयों, रट्टों ने स्वतंत्रता की घोषणा की।

होयसल (बाजधानी–द्वार समुद्र–हलेबिड)

अपने को चंद्रवंशी मानने वाले होयसल यादवों की एक शाखा कहे गये हैं। चालुक्य नरेशों के सामन्त रूप में गंगवाड़ी के पश्चिम में इनका शासन था। चालुक्य एवं चोल राज्यों के बीच होयसल एक मध्यस्थ राज्य की भूमिका में थे। प्राप्त विवरणों के अनुसार होयसल वंश का प्रथम ऐतिहासिक व्यक्ति विनयादित्य प्रथम (1006–1022 ई.) था। उसके बाद नृपकम (1022–1047 ई.), विनयादित्य (1047–1100 ई.) का जिक्र मिलता है और इन्हें कल्याणी के चालुक्यों का सामन्त कहा गया है। मैसूर में कुडुर जिला स्थित सशकपुर (या सशवुर) से इस वंश को सम्बद्ध किया जाता है। वस्तुतः चोल–चालुक्यों के पारस्परिक संघर्षों में होयसल शक्ति को प्रभावशाली रूप में उभरने का अवसर दिया। बल्लाल प्रथम (1100–1106 ई.) ने अपनी बेलूर (मैसूर, जिला हसन) से हटाकर द्वार समुद्र (हलेबिड) को अपनी राजधानी बनाया।

विष्णुवर्द्धन (1111–1141 ई.) चालुक्य नरेश सोमेश्वर तृतीय के समय विष्णुवर्द्धन ने अपने को स्वतंत्र रूप में प्रतिष्ठित किया। उसके सेनापति गंगराज की सहायता से चोलों के अधीनस्थ गंगबाड़ी को 1117 ई. में अपने आधिपत्य में की। इसके बाद ही उसने तलक गोंड (तलकार को हथियाने वाला) की उपाधि ग्रहण की। कहा गया है कि नोलम्बाड़ी के अभियान पूर्ण किये जाने से पूर्व उसने तमिल क्षेत्र रामेश्वरम् पर चढ़ाई की। उसकी कुछ स्वर्ण मुद्राओं पर तमिल में 'श्री तलकगोंडा'[9] अंकित है और होयसल चिन्ह के रूप में शेर (लम्बे बालों वाले शेर) दर्शाया गया है। विद्वानों की मान्यता है कि 1137 ई. तक वह सम्पूर्ण मैसूर राज्य का अधिपति बन चुका था और राजधानी द्वार समुद्र। इसके बावजूद पूरी तरह उसकी स्वतंत्र सत्ता नहीं थी और वह पश्चिमी चालुक्यों का सामन्त था।

प्रारम्भ में उसकी आस्था जैन धर्म में थी लेकिन रामानुजाचार्य के प्रभाव से वह वैष्णव हो गया। यही नहीं शैव धर्म को भी उसने संरक्षण प्रदान किया। उसका सेनापति जैन था और उसके प्रयासों से कई जैन मन्दिरों का निर्माण हुआ, जिसमें बेलूर जैन मन्दिर एक था।

नरसिंह (1141–1173 ई.) विष्णुवर्द्धन के बाद उसका पुत्र नरसिंह प्रथम शासक बना। उल्लेखनीय है कि, जब उसे सत्ता मिली वह आठ वर्ष का लड़का था और वनवासी और नोलम्बवाड़ी चालुक्य गवर्नरों द्वारा शासित थे जबकि ये क्षेत्र उसके पिता के अधिकार में थे तथापि उसके स्वामी ने उसकी सत्ता को मान्यता प्रदान की। इन परिस्थितियों को ध्यान में रखते हुए कलचुरि सरदार बिज्जल ने उस पर आक्रमण कर दिया और बनवासी छीनकर अपने अधिकार में किया। किन्तु नरसिंह के सेनापति बोक्कन ने दोनों प्रदेश अपने अधिकार में ले लिये और होयसल आधिपत्य बना रहा।

वीर बल्लाल द्वितीय (1173–1210 ई.) नरसिंह के पश्चात् वीर बल्लाल द्वितीय शासक बना। उसने चालुक्य नरेशों से भी युद्ध किया और होयसल राज्य का विस्तार किया। दरअसल उसी के काल में होयसल चालुक्यों की अधीनता से अपने को पूर्णतः मुक्त कर पाये। चालुक्य नरेश सोमेश्वर चतुर्थ एवं उसके सेनापति ब्रह्म को 1190 ई. में अन्तिम रूप से परास्त किया और इसके साथ ही चालुक्य शक्ति का उन्मूलन हो गया। यही नहीं यादव भिल्लम (देवगिरि) के साथ भी बल्लाल ने कई युद्ध किये।

कहा गया है कि बल्लाल द्वितीय ने 1191–92 ई. में एक उपाधि ग्रहण की थी। इस प्रकार बारहवीं सदी में होयसल एक महत्वपूर्ण शक्ति बन गये थे और दक्षिण भारत के इतिहास में महत्वपूर्ण भूमिका का निर्वहन किया जब तक कि विजयनगर साम्राज्य का आविर्भाव न हुआ।

बल्लाल द्वितीय के बाद नरसिंह द्वितीय, सोमेश्वर एवं नरसिंह तृतीय ने 1211 ई. से 1286 ई. तक क्रमशः शासन किया। यद्यपि इस दौर में मदुरा के पाण्डय शासकों के साथ उनका संघर्ष जारी रहा। होयसल वंश का अन्तिम शासक नरसिंह तृतीय का पुत्र वीर बल्लाल तृतीय (1310–1339 ई.) था। उसके शासन काल (1310–11) में अलाउद्दीन खिलजी के सेनापति मलिक काफूर ने होयसल राज्य पर आक्रमण किया। बल्लाल तृतीय पराजित हुआ और उसने अलाउद्दीन खिलजी को वार्षिक कर देना स्वीकार किया। मलिक काफूर को अपार सम्पत्ति बल्लाल तृतीय से उपहार में मिली। वीर बल्लाल 1339 ई. तक अलाउद्दीन के करद शासक के रूप में शासन करता रहा था।

साहित्य का विकास विष्णुवर्द्धन ने नागचन्द्र या **अभिनव पम्प (आदि पम्प से भिन्न) को संरक्षण प्रदान किया था। उसके महाकाव्य को रामायण कहा गया था जो संभवतः जैन रूपान्तरण था।** उसके समय की कान्ति नामक (तपस्विनी) कवियत्री का भी उल्लेख मिलता है। **राजदित्य द्वारा गणित के सिद्धान्तों को काव्य रूप में प्रस्तुत करने का बोध होता है।** इसी प्रकार न्याय सेना नामक नीतिज्ञ (1112 ई.) ने संस्कृत शब्दों के विशेषणों के अवान्छित उपयोग का विरोध किया था। उपरोक्त सभी लेखक जैन थे। हरिश्वर द्वारा रचित गिरिजा कल्याण एवं राघवंक द्वारा लिखा गया हरिशचन्द्र काव्य (राजा हरिशचन्द्र पर आधारित) इसी काल (1200 ई.) की महत्वपूर्ण रचनायें कही गई। नेमीचन्द्र, जो जैन ग्रंथकार था, ने कन्नड़ में प्रथम उपन्यास लीलावती (1170 ई.) की रचना की जो सुबन्धु की वासवदत्ता का रूपान्तरण माना गया है।

होयसल स्थापत्य इस वंश के शासक स्थापत्य कला के विकास के लिये विख्यात रहे हैं। इनके काल में मन्दिर निर्माण की नई शैली का विकास हुआ। मन्दिरों का निर्माण ऊँचे ठोस चबूतरों पर किया गया। दीवारों, चबूतरों, मन्दिरों के चारों ओर हाथियों, हंसों, राक्षसों, अश्वारोहियों एवं पौराणिक कथाओं को मूर्ति रूप में उकेरा गया। होयसल शासकों द्वारा निर्मित मन्दिर आज भी हलेबिड, बेलूर तथा श्रवणबेलगोला में तत्कालीन स्थापत्य के प्रमाण हैं। कर्नाटक में स्थित होयसल राजधानी **द्वार समुद्र (आधुनिक हेलिबिड) स्थित मन्दिरों में होयसलेश्वर का प्राचीन मन्दिर उल्लेखनीय है, जिसका निर्माण विष्णुवर्द्धन के समय हुआ था।** शिखर विहीन यह मन्दिर 160 फीट लम्बा एवं 122 फीट चौड़ा है। इसकी दीवारों पर अंकित अद्भुत मूर्तियाँ तत्कालीन कलाकारों की निपुणता की उत्कृष्ट उदाहरण हैं। विष्णुवर्द्धन ने 1117 ई. में बेलूर में चेन्नाकेशव देव मन्दिर का भी निर्माण करवाया था, वह 178 फीट लम्बा एवं 156 चौड़ा है। मन्दिर की चारों ओर निर्मित वेष्टिनी (Railing) में तीन तोरण बने हैं, जिन पर रामायण–महाभारत से लिए गये सुन्दर दृश्यों का अंकन अनुपम विधा का द्योतक हैं।

मन्दिर के आन्तरिक भाग की मूर्तियाँ भी अत्यन्त मोहक हैं। सरस्वती देवी की नृत्य मुद्रा में अंकित मूर्ति सर्वाधिक सुन्दर एवं आकर्षक है। होयसल स्थापत्य के बारे में 'मन्दिर स्थापत्य एवं मूर्ति शिल्प' नामक अध्याय में भी चर्चा की गई है।

पाण्ड्य वंश

सुदूर दक्षिण में विवेच्य काल का तीसरा महत्वपूर्ण राज्य पाण्ड्य है, जिसमें तिनेवेली, रामनाड तथा मदुरा शामिल थे। रामायण, महाभारत, कौटिल्य के अर्थशास्त्र एवं अशोक के अभिलेखों के अतिरिक्त यूनानी–रोमन विवरणों में जिक्र, पाण्डयों की प्राचीनता को इंगित करते हैं। यही नहीं खारवेल के हाथी गुम्फा लेख में भी पाण्डयों से मुक्तामणियाँ प्राप्त करने का उल्लेख आया है। संगमकालीन पाण्डय राज्य की पूर्व में चर्चा की गई है। विचाराधीन अवधि को पाण्ड्य वंश की दृष्टि से दो चरणों में विभक्त कर सकते हैं– छठी शताब्दी ईस्वी में कंडुगोन द्वारा स्थापित पाण्डय वंश एवं तेरहवीं शती में सुन्दर पाण्डय द्वारा स्थापित द्वितीय पाण्डय राज्य। संगमकालीन पाण्डयों के क्रमबद्ध इतिहास का अभाव रहा है। सातवीं शती से नवीं शताब्दी के पाण्डय इतिहास का सृजन नैंडुजडैयन द्वारा जारी वेलविकुचित्र (Veluikkudi) के ताम्रपत्रों से होता है जो मद्रास (चेन्नई) संग्रहालय में सुरक्षित है। प्राप्त विवरण के अनुसार ईसा की छठी शती में पड़ोसी राज्य कलभ्रो (Kalabhro) के आक्रमणों के फलस्वरूप पाण्डयों की शक्ति को गंभीर क्षति पहुँची थी। इस दौरान पाण्डय शक्ति के नेतृत्व का दायित्व पराक्रमी कंडुगोण (कंडुगोन) के कंधे पर आया, जिसने पाण्डय राज्य की गरिमा को स्थापित करने का सफल प्रयास किया।

कंडुगोन[10] (580–620 ई.) उसने कलभ्रों के आक्रमणों के परिणामस्वरूप विजय हुई पाण्डय शक्ति को संयोजित करके अपने देश की नींव रखी। वेल्विकुड़ी लेख (मद्रास संग्रहालय) में उसकी इस सफलता का जिक्र आया है। अन्य राजाओं को पराजित करने का भी उल्लेख किया है परन्तु उनका विवरण नहीं दिया गया।

मारवर्मन् अवनिशूलमणि (620–645 ई.) कंडुगोन का उत्तराधिकारी मारवर्मन अपने पैतृक राज्य को सुरक्षित बनाये रखने में सफल रहा। इस वंश का तीसरा शासक जयन्तवर्मन् (645–670 ई.) का नाम शेन्दन भी मिलता है। प्राप्त सूचना के अनुसार उसने चेरों को पराजित किया तथा इस उपलक्ष में 'वानवन' की उपाधि धारण की। 'वानवन' चेर शासकों की उपाधि कही गई है।

अरिकेसरी मारवर्मन् (670–700 ई.) जयन्तवर्मन् का पुत्र एवं उत्तराधिकारी था जो अपने पिता की मृत्यु के बाद शासक बना। पाण्डय राजाओं में महान् योद्धा एवं प्रतापी शासक कहा गया है। उसने कई युद्ध किये। पन्दिकोंवे काव्य में संभवतः इसी नरेश की उपलब्धियों की गणना की गई है। यद्यपि नीलकंठ शास्त्री ने इसका समर्थन नहीं किया है। वेल्विकुडी लेख के विवरण से जानकारी मिलती है कि उसने केरलों को पालि, नेल्वेलि और सेन्निलम् के युद्धों में हरा कर परवस तथा कुरुनाडु पर आधिपत्य किया। इन स्थानों का समीकरण अभी तक नहीं किया जा सका है।

प्रारम्भ में संभवतः वह जैन धर्मावलम्बी था। उसका विवाह एक चोल राजकुमारी के साथ हुआ था, जो शिवोपासिका थी। इसी चोल राजकुमारी के आग्रह पर शैव सन्त सम्बन्दर का मदुरा नगर आगमन हुआ, जिनके आध्यात्मिक प्रभाव से अरिकेसरी ने शैव मत को अपनाया।

कोच्चयश्रैयन (या रणधीर : 700–730 ई.) इस शक्तिशाली पाण्डड्ढ नरेश को वेल्विकुडी लेव मंगलापुरम् के महारथों (मराठों या मह–रट्टड्डों) को जीतने का श्रेय प्रदान करते हैं। नीलकंठ शास्त्री इस स्थान का समीकरण मंगलौर से स्थापित करते है। अन्य क्षेत्रों पर भी विजय का समर्थन करते हुए शास्त्री ने लिखा है, रणधीर ने अपने पड़ौसी राज्यों पर अनेक चढ़ाइयाँ की तथा कौंगू प्रदेश में पाण्डड्ढ राजशक्ति का विस्तार किया।[11] इसी प्रकार आय अथवा आयवेल नामक पहाड़ी क्षेत्र के सरदार को भी जीता जो तिरुनेल्वेलि तथा त्रावणकोर के मध्य शासन करता था। संभवतः उसने शैग्यू तथा उद्कोदु क्षेत्रों पर विजय प्राप्त की परन्तु इन स्थानों की पहचान नहीं की जा सकी हैं।

मारवर्मन् राजसिंह प्रथम (730–769 ई.) पराक्रमी एवं महत्वाकांक्षी शासक मारवर्मन् राजसिंह ने पल्लव राजगद्दी के लिए संघर्षरत दो प्रतिनिधियों में से नन्दिवर्मन् द्वितीय के विरुद्ध उसके चचेरे भाई चित्रमाय का साथ दिया। पेरियलूर के मैदान में शत्रुओं को पराजित कर कावेरी नदी पार की तथा मलकोंगम् (तिरुचिरापल्ली व तंजौर सीमा पर) को जीता। यहाँ के शासक मालवाराज को अपना समर्थक बनाये रखने के लिए अपनी पुत्री का विवाह उसके साथ कर दिया। यह भी विवरण मिलता है कि 750 ई. के लगभग मारवर्मन् राजसिंह प्रथम गंग नरेश एवं उसके अधिराज चालुक्य नरेश की संयुक्त सेनाओं को वेणवई के मैदान में पराजित किया। सामरिक सफलताओं में यह उसकी शीर्षस्थ सफलता थी। इस प्रकार मारवर्मन् का पाण्डड्य राज्य कावेरी नदी के दक्षिण में पांडिक्कोंडमुडि तक विस्तृत हो गया। वेल्विकुडि ताम्रपत्रों से प्राप्त सूचना के अनुसार उसने अपने शासनकाल में उरैयूर, वंजि, मदुरा आदिनगरों के दुर्गो एवं भवनों का जीर्णोद्धार करवाया एवं कई दान आदि किये जाने के उल्लेख मिलते हैं।

वरगुण प्रथम (जटिल परान्तक नेडुंजडैयन 765–815 ई.)

पाण्डड्य वंश के सफल एवं महानतम शासक वरगुण प्रथम के तीसरे वर्ष से तैंतालीसवें वर्ष तक के कतिपय लेख उपलब्ध हुए हैं। उनमें प्रमुख हैं– वेल्विकुडी का अनुदान–पत्र, जिसमें पूर्वजों का इतिहास भी दिया गया है। ताम्रपत्रों से प्राप्त सूचना के अनुसार वरगुण ने तंजौर के निकट पेण्णागडम के युद्ध में पल्लव नरेश नन्दिवर्मन् द्वितीय एवं उसके सहयोगी आयवेल (तिरुनेल्वेलि एवं त्रावणकोर के मध्य क्षेत्र का शासक) की सम्मिलित सेनाओं को परास्त किया। नीलकंठ शास्त्री की धारणा है कि वरगुण के विरुद्ध कोंगू, केरल, आद्विगैमान आदि राज्यों, जिनमें चेर एवं पल्लव भी थे, इन समस्त शक्तियों ने मिलकर मोर्चा बनाया था, वरगुण ने बारी–बारी से सबको पराजित किया। तंजौर (इचरुत्रवे) में अपना शिविर स्थापित कर वेलूर, विलिनम, पुलिगिरे, वेणाद, दक्षिणी त्रावणकोर, कावेरी नदी के दक्षिणी क्षेत्र, सलेम एवं कोयंबटूर पर उसने आधिपत्य स्थापित किया। कहा जा सकता है कि वरगुण ने पाण्डड्य राज्य को विशाल साम्राज्य में परिवित कर दिया।

वेल्विकुडि ताम्रपत्रों से इस तथ्य का भी बोध होता है कि वह कला–साहित्य का संरक्षक था। करवंडपुरम (तिरुनेलवेलि में कलक्काड) में उसने दुर्ग का निर्माण करवाया था। कांजीवाप्पेरूर (संभवतः कोंगू में स्थित) में विशाल विष्णु मन्दिर निर्मित करवाया एवं कई शैव मन्दिरों के लिए दान आदि की व्यवस्था की। उसे कई शिव मन्दिरों का निर्माता भी कहा गया है। विद्यानुरागी एवं विद्वानों का संरक्षक होने के कारण उसे पंडित वत्सल की उपाधि से विभूषित किया गया था।

श्रीमार श्रीवल्लभ (815–862 ई.) इस पराक्रमी एवं साम्राज्यवादी शासक की उपलब्धियों की सूचना दलवयपुरम् तथा बृहतशिन्नमनूर के लेखों एवं महावंश से मिलती है। बृहतशिन्नमनूर लेख से बोध होता है कि उसने कूण्णूर, विलिनम तथा सिंहल पर विजय प्राप्त की और गंग, पल्लव, चोल, कलिंग, मगध आदि राजाओं के संघ को कुम्बकोनम् (कुडूमकु Kudamukku) युद्ध में 859 ई. में पराजित किया। किन्तु उसकी यह सफलता अस्थायी साबित हुई। प्राप्त सूचना के अनुसार पल्लव नेरश दन्तिवर्मन के पुत्र नन्दिदर्मन तृतीय ने पाण्डड्डों के विरुद्ध गंग, चोल, राष्ट्रकूट आदि के सहयोग से मोर्चा बनाया। तेल्लारु के युद्ध में मोर्चे में शामिल शक्तियों की सेना के समक्ष श्रीमार को पीछे हटना पड़ा।

महावंश ने विशेष रूप से इंगित किया है कि श्रीमार ने लंका शासक सेन प्रथम पर आक्रमण किया और महातलित के युद्ध में लंका की पराजय हुई और राजा ने भागकर मलय देश में शरण ली। लंका पर पाण्डड्डों का अधिकार हो गया, श्रीमार को अतुल सम्पत्ति हाथ लगी। इस अवसर पर उसने परिचक्र कोलाहल की उपाधि धारण की थी। श्रीमार द्वारा की गई कार्रवाई की प्रतिक्रिया होनी स्वभाविक थी। सेन प्रथम के बाद सेन द्वितीय (851.885 ई.) लंका का शासक बना, उस दौरान पाण्डड्य वंश के असन्तुष्ट राजकुमार माया पाण्डड्य ने सेन द्वितीय से लंका पहुँच कर श्रीमार के विरुद्ध सहयोग की माँग की। लंका नरेश ने माया पाण्डड्य एवं पल्लवों के साथ मिलकर पाण्डड्डों पर आक्रमण किया एवं राजधानी मदुरा को घेर लिया। वह विशाल शत्रु सेना का सामना करने में विफल रहा और युद्ध क्षेत्र से भाग खड़ा हुआ। कहा गया है कि उसने अपनी पत्नी के साथ आत्महत्या कर ली थी। लंका शासक सेन द्वितीय ने पाण्डय राजधानी में खूब लूट–पाट की और वरगुण द्वितीय (श्रीमार के पुत्र) को सत्ता सौंपकर लंका लौट गया। यद्यपि श्रीमार का दुःखद अन्त हुआ किन्तु उसके जीवनकाल में पाण्डय सत्ता अक्षुण्ण बनी रही।

वरगुण द्वितीय (862–882 ई.) प्रारम्भ में उसने पल्लवों की अधीनता में शासन करना स्वीकार किया था। इसी दौरान चोल नरेश विजयालय से उसे युद्ध करना पड़ा और लगभग 850 ई. में विजयालय ने तंजौर पर अधिकार कर लिया। वरगुण द्वितीय ने पल्लव नृपतुंग की सहायता से विजयालय पर आक्रामण किया और सेना इडवै नामक स्थान पर पहुँची। इस दौरान नृपतुंग एवं अपराजित में संघर्ष छिड़ गया। वरगुण ने नृपतुंग का पक्ष लिया, दूसरी ओर अपराजित के साथ सिंहल, चोल एवं पश्चिमी गंग के राजा थे। श्रीपुरम्बियम् के युद्ध में वरगुण के विरुद्ध अपराजित सफल रहा। पाण्डय राज्य कावेरी के दक्षिण तक सिमट गया। **वरगुण द्वितीय के मंत्री का नाम मणिक्क वाचकर मिलता है, वह शिव भक्त था उसने चिदम्बरम में लंका के बौद्ध विद्वानों से वाद–विवाद किया और उन्हें पराजित किया उसकी कृति तिरुञ्चिवङ्ङघम** बलक्कोवई भक्ति गीतों का संग्रह है। वरगुण को हटाकर वीरनारायण या परान्तक (880–900 ई.) शासक बना। 'दलवयपुरमलेख' से पता चलता है कि वीरनारायण ने वरगिरि के पास उग्र नामक शासक को हराया, पेण्णागदम् को ध्वस्त किया तथा कोंगू में युद्ध किया। परन्तु चोलों का वहाँ अधिकार हो गया।

परान्तक ने 900 ई. तक राज्य किया। ब्राह्मणों को भूमि दान एवं कई मन्दिरों के निर्माण से उसका नाम जुड़ा है। उसका

उत्तराधिकारी राजसिंह द्वितीय (900–920 ई.) बना, जिसे चोल शासक परान्तक प्रथम ने पराजित किया और 920 ई. में मदुरा पर अधिकार कर लिया। राजसिंह द्वितीय युद्ध भूमि से भाग गया उसके अन्तिम दिनों के विषय में कोई सूचना नहीं मिली है।

तेरहवीं शती में पाण्डय शक्ति ने पुनः उभरने का प्रयास किया। लेकिन उन्हें विशेष सफलता नहीं मिली। दूसरे दौर के शासकों में सुन्दर पाण्डय (1216–1238 ई.), मारवर्मन सुन्दर पाण्डय तृतीय (1238–1251 ई.) के नाम मिलते है। **जातवर्मन सुंदर पाण्डय (1251–68 ई.)** इसके काल में पाण्डय शक्ति का वैभव पुनः उच्च स्तर पर था। श्रीलंका में इसका वीरता का डंका बजता था। उसने शिव व विष्णु के दो प्रसिद्ध मन्दिर चिदम्बरम व श्रीरंगम में निर्मित करवाये थे।

अन्तिम शासक मारवर्मन कुलशेखर (1268–1310 ई.) ने होयसल नरेश सोमनाथ व राजेन्द्र चोल तृतीय को 1279 ई. में पराजित किया और अपने मंत्री आर्यचक्रवर्ती के नेतृत्व में सिंहल में सेना भेजकर वहाँ के शासक भयानक बाहु को परास्त किया। लगभग 20 वर्ष व श्रीलंका पाण्डय राज्य का प्रान्त रही।

मारवर्मन कुलशेखर के बाद उसके पुत्रों में संघर्ष हुआ। वीर पाण्डय के विरुद्ध उसके भाई जटावर्मा ने अलाउद्दीन खिलजी से सहायता माँगी थी। सहायता के लिए मलिक काफूर को 1310 में भेजा। उसने मदुरा में खूब लूट–पाट की और इस तरह पाण्डय राज्य का अन्त हो गया। आगे दिल्ली सल्तनत का अंग बन गया।

मार्कोपोलो का यात्रा वृत्तान्त वेनिस का प्रसिद्ध यात्री मार्कोपोलो 1293 ई. में पाण्डय देश की यात्रा पर आया था। उसने मारवर्मन कुलशेखर (1268–1310) के राज्य की समृद्धि की प्रशंसा की थी। व्यापार–वाणिज्य के विकास एवं व्यापारियों को दी जाने वाली सुविधाओं का उसने जिक्र किया। मार्कोपोलो अपने यात्रा विवरण Travels of marco polo (1271–95) में लिखता है कि यहां राजा नीचे बैठता है और इसे अधिक सम्मानीय माना जाता है। (2) यहां का मौसम बहुत गर्म है। (3) लोग अपने कीमती सामान के साथ भ्रमण करते हैं उनकी सुरक्षा को कोई खतरा नहीं रहता है। (4) पाण्डय राज्य अत्यन्त धनी व दुनिया में एक शानदार राज्य है। (5) उसने सती प्रथा का भी जिक्र किया था। (6) चावल मुख्य खाद्यान्न है व लोग दायें हाथ से खाते हैं। (7) अधिकांश शराब नहीं पीते परन्तु पान खाने के शौकीन हैं।

मार्कोपोलो भी अरबों द्वारा घोड़ों के व्यापार से अर्जित होने वाली भारी धन राशि तथा दक्षिण भारत के उन व्यापारियों पर टिप्पणी करता है जिन्होंने अरबों के साथ मिलकर घोड़ों के आयात पर एकाधिकार जमा रखा था।

मार्को पोलो लिखता है, ''अब मैं आपको यह बताऊँगा कि यह देश घोड़े पैदा नहीं करता। अतः समस्त वार्षिक राजस्व अथवा उसका एक बड़ा भाग घोड़ों की खरीद पर व्यय हो जाता है, और यह कैसे होता है, मैं आपको बताऊँगा। यह एक वास्तविक तथ्य है कि होरमुज तथा कैस, धोफर एवं शिहर व अदन–ये सभी प्रान्त बड़ी संख्या में युद्ध के घोड़े एवं अन्य घोड़े उत्पादित करते हैं, के व्यापारी सर्वश्रेष्ठ घोड़ों को खरीद कर उन्हें जहाजों द्वारा इस राजा और इस राजा के चार भाइयों के लिए निर्यात कर देते हैं। इनमें से कुछ तो सोने के 500 'सग्गी' जैसे भारी मूल्य पर बेचे जाते हैं, जो चाँदी के सौ मार्क से भी अधिक हैं। यह राजा प्रतिवर्ष 2000 अथवा इससे अधिक के घोड़े खरीदता है।'' कैल (कायल) नामक नगर के वैभव एवं ऐश्वर्य का भी उसने उल्लेख किया है। मार्कोपोलो के कई विवरण अतिशयोक्तिपूर्ण लगते हैं लेकिन यह सत्य है कि स्थानीय व्यापार जो पहले से ही विकासशील था।

विदेश व्यापार से अतिरिक्त प्रोत्साहन मिला। स्थानीय उपभाग के बाद, निर्यात के लिए माल का उत्पादन पृथक् आधार पर किया जाता था। हाथी, घोड़े, मसाले, सुगंधियाँ, रत्न तथा उच्च कोटि के वस्त्रों का व्यापार बड़े पैमाने पर होता था। इनके अतिरिक्त धातु की वस्तुएँ, रत्न, नमक आदि भी व्यापारिक वस्तुएँ थीं।

मणिग्रामम एवं वाणिज्य व्यापार व्यापार का नियंत्रण वणिक श्रेणियाँ करती थीं, जिनमें 'मणिग्रामम' तथा वलंजियार अधिक प्रख्यात थीं और इस काल के आर्थिक जीवन में इनका महत्वपूर्ण स्थान था। व्यापारियों द्वारा निर्मित व्यापार के लिए संगठित संस्थाएँ थी।

व्यापारियों के संगठन जिन्हें ''नरगम'' कहा गया है। कांची और मामलपुरम (महाबलिपुरम) के व्यापारिक संगठनों की प्राप्त लेखों से मणिग्रागम, नानादेशिस, वलैङ्ग, वंलिजियर, इदंगै एवं तेलिन आदि की सूचना प्राप्त होती है। अय्यवोलेपुर (एहोल) के नानादेशिस नामक संगठन को पांच सौ स्वामियों के नाम से जाना जाता था। संभवतः ऐसे संघों का संचालन वर्तमान सहकारी संघों की तरह किया जाता था। बर्मा (म्यांमार) में पगानस्थित वैष्णव मन्दिर का निर्माण नानादेशियों द्वारा ही करवाया गया था। सेट्टियों (व्यापारियों) की सभा के लिए 500 की संख्या एक मानदण्ड थी, तमिल लेखों में इन्हें नानादेशिस एवं तिशैयायिरत्तु एन्नूरवर (सहस्त्र दिशाओं के 500) कहा है, जो वीरवणजु धर्म (श्रेष्ठ वणिक धर्म) के संरक्षक थे।

- हीरहडगल्ली लेख (1057 ई.) में अय्योलेपुर के 500 स्वामियों को पाँच सौ 'वीरवलेजिय' कहा है इन संगठनों के आज्ञापत्र '500 वीर शासन' तथा निवास स्थान को 'वीर पट्टन' (या वीर पत्तन) सम्बोधित किया जाता था।
- व्यापारिक गतिविधियों से जुड़े ग्रामवासियों को कुछ विशेषाधिकार एवं सुविधाएँ शासन द्वारा दी जाती थीं।
- एक विचित्र सूचना वलंगै एवं इदंगै के बारे में त्रिचनापल्ली लेख में मिलती है कि वलंगै एवं इदंगै के 98–98 वर्गों ने आपस में मिलकर राज्य अधिकारियों, सामन्तों एवं ब्राह्मणों से उनके अत्याचार के विरुद्ध लड़ने के लिए परस्पर समझौता किया था। अर्थात यह कई व्यापरिक वर्गों का सामूहिक संघ था। उक्त संगठन परस्पर माता–पिता एवं पुत्र जैसे आचरण के लिए परस्पर वचनबद्ध थे।
- मणिग्रामम् एवं **अञ्जुवण्णम** जो अर्द्ध–स्वतंत्र निगम की भांति थे, को राज्य से कर मुक्त भूमि प्राप्त होती थी।

- उत्तर भारत की तरह दक्षिण में भी सार्थ एवं सार्थवाह द्वारा समूह में व्यापार हेतु जाने की चर्चा मिलती है। अमरकोश के टीकाकार क्षीर स्वामी ने व्यापार करने वाले पान्थों के नेता को 'सार्थवाह' की संज्ञा दी है।
- सड़कों की स्थिति ठीक नहीं थी अतः माल ढोने हेतु बैलगाड़ियों एवं टट्टुओं का प्रयोग किया जाता था।
- जल मार्ग से व्यापारी माल काम्बोज, गोल्ल, बर्व्वर, फारस, कुरुम्बलम्बकर्ण, धनुष्ट जैसे देशों में ले जाते थे। नीलकंठ शास्त्री दिये गये नामों में से कुछ को काल्पनिक मानते हैं।
- विनिमय माध्यम का प्रश्न है सिक्कों का अभाव था।

  यद्यपि द्रम्म के अलावा स्वर्ण, धरण, दीनार, बेल, कलंजु, काणि, काशु, पोन, कार्षापण आदि जैसे सिक्कों एवं माप–तौल की इकाइयों के प्रचलन का बोध तत्कालीन लेखों से होता है। कहा जा सकता है कि तमिल क्षेत्र की प्रगति का एक आधार विदेशी व्यापार था। पाण्डय शासकों ने संस्कृत एवं तमिल को प्रोत्साहन दिया।

धर्म एवं दर्शन कई अभिलेखों का साहित्यिक महत्व रहा है। इस दौरान शैव एवं वैष्णव धर्म का प्रभाव अधिक था। दूसरी ओर जैन तथा बौद्ध धर्म की प्रगति को अवरुद्ध होते हुए देखते हैं। उत्पीड़न की कथाओं को पूरी तरह नकारा नहीं जा सकता। **मणिक्क वाचकर ने तर्क किया है कि, बौद्ध को चिदम्बरम् में जीता गया और शैव बनाया गया।** लेकिन कुनपाण्डय की कथानुसार जैन धार्मिक वाद–विवाद में सम्बन्दर से पराजित हुए, परन्तु वे अपने विश्वास में बदलाव नहीं लाये। संभवतः जैनों की अनुदारवादी नीति कठोर नीति का कारण रही। **ह्वेनसांग** ने पाण्डय राज्य (मल्लकूट) को लोगों को व्यापार में कुशल, काले, कठोर अन्य से सभ्यता में भिन्न बताया है। पाण्डय की प्रशासनिक व्यवस्था चोल प्रशासन जैसी ही रही, किन्तु सेना के अतिरिक्त अन्य प्रशासनिक अधिकारियों का स्पष्ट वर्गीकरण नहीं था।

सन्दर्भ :

1. शास्त्री नीलकंठ, दक्षिण भारत का इतिहास, पृ. 150
2. जीयाजदानी, (सम्पा.) दक्कन का प्राचीन इतिहास, पृ. 302
3. जीयाजदानी, वहीं, पृ. 302
4. एपिग्राफिया इण्डिका, XVI पृ. 73
5. जीयाजदानी, वही, पृ. 307
6. शास्त्री नीलकंठ, वही, पृ. 156
7. शास्त्री नीलकंठ, (वही, पृ. 156) ने इसका समीकरण तुंगभद्रा की सहायक नदी हिरे–हिल्ल के किनारे स्थित कोपबल से किया है।
8. जीयाजदानी, वही, पृ. 318
9. देवियै सिथयेन्थर, हिस्ट्री ऑफ इण्ड़िया, पार्ट I , पृ. 380
10. शास्त्री नीलकंठ, (वही, पृ. 127) ने कंडुगोन का शासनकाल 590 से 620 ई. माना है।

प्रारंभिक भारतीय सांस्कृति इतिहास के प्रतिपाद्य

(Themes in Early Indian Cultural History)

63 धार्मिक सम्प्रदाय एवं मन्दिर–मठ संस्थाएँ
(Religious Sects and Institution of Temple-Mathas)

इस काल में हिन्दू समाज के प्रबुद्ध विचारक प्रचलित कई धार्मिक विचारधाराओं के समन्वय में जुटे हुए दिखाई पड़ते हैं और विष्णु के साथ शिव या अन्य देवताओं से उनका विरोध जैसा स्वर दिखाई नहीं देता। सामान्यतः प्रत्येक समाज में वामपंथी वर्ग का अस्तित्व रहता है। यद्यपि उस दौर में अनिश्वरवादी तत्त्वों का प्राधान्य नहीं था, किन्तु वाममार्गी विचारधाराओं का प्राबल्य अवश्य रहा। तत्कालीन शैव मतों में पाशुपत, कौल, कापालिक एवं कालमुख की गणना की जा सकती है और इनमें पारम्परिक धार्मिक विश्वास एवं विचारधाराओं का प्रबल विरोध का आभास होता है। शैव मतों के अतिरिक्त ब्राह्मणों की रूढ़िवादी व्यवस्था को संत कवियों, वैष्णव आचार्यों से टक्कर मिल रही थी। इसी सन्दर्भ में पूर्व वैदिक परम्परा से चली आ रही मातृशक्ति की पूजा में तंत्रवाद का वर्चस्व बढ़ा और ब्राह्मणों एवं आचार्यों के स्थान पर स्त्रियों का तंत्र साधना और अनुष्ठानों में महत्त्व बढ़ गया था।

दूसरी ओर दान एवं भूमि अनुदानों के कारण बौद्ध संघ वैभवशाली जीवन के केन्द्र बन गये थे और यह उनके "ह्रास की पृष्ठभूमि बने। बौद्धों में गुह्य समाज के अपने भैरवी चक्र, शराब, स्त्री संभोग जैसे संसाधनों ने पतनोन्मुखी बनाया और हमारे आलोच्य काल के आखिरी दौर में कई परिवर्तनों के बाद इसका अवसान होता दिखाई पड़ता है। इस काल के प्रमुख धार्मिक सम्प्रदायों की यहाँ संक्षिप्त विवेचना उचित होगी।

वैष्णव सम्प्रदाय

वैष्णव धर्म में विष्णु को सर्वोच्च शक्तिमान एवं अंधकार से आविर्भूत कहा गया। यह विचार ऋग्वेद के उस कथन की पुष्टि करता है जिसमें विष्णु को सूर्य का पर्याय माना गया और भौतिक दृष्टि से सूर्य अंधकार को चीरकर ही बाहर आते हैं।[1] वासुदेव एवं पौराणिक विष्णु का भागवत धर्म में समन्वय होने से इनकी लोकप्रियता बढ़ी। कृष्ण को विष्णु का अवतार माना गया और गीता में उल्लिखित भक्ति की प्राप्ति कृष्ण (विष्णु या नारायण) के प्रति समर्पण से मानी गई। कृष्ण के प्रति समर्पण की भावना को इस काल में भक्तिमार्गी, दक्षिण के आलवार वैष्णव संतों ने खूब लोकप्रिय बनाया। अगाध भक्ति से प्रेरित भगवान को रिझाने के लिए भक्ति गीतों की रचना की। आलवार (अर्थात भक्ति के समुद्र में गोता लगाने वाला) संतों द्वारा रचित गीत आज भी दक्षिण भारत के मन्दिरों में गाये जाते हैं। बारह आलवारों में प्रमुख विष्णुचित्त ब्राह्मण, कुलशेखर क्षत्रिय (या राजकुल) एवं परकाल कुल्ल दस्यु कुल से सम्बद्ध थे। इन संतों के गीतों का संकलन 'नालायर प्रबन्ध' में है, जिनकी संख्या 4000 कही गई है। कृष्ण के साथ राधा एवं विष्णु के साथ लक्ष्मी पूजा इस काल में शामिल की गई। आलवार संतों के अतिरिक्त ब्रह्मवैवर्त पुराण, भागवत पुराण एवं गीत–गोविन्द जैसे ग्रंथों ने कृष्ण को जन–जन में लोकप्रिय बनाया।

भक्ति मार्ग आलवार संतों ने जहाँ भक्ति एवं आत्मार्पण को गीतों के रूप में निबद्ध कर भक्तिमार्ग को आम–लोगों तक पहुँचाया वहीं तर्क एवं युक्ति द्वारा भक्ति सिद्धान्तों का प्रतिपादन कर आचार्यों ने इस ओर लोगों को आकृष्ट किया। इस दृष्टि से नवीं–दसवीं सदी के नाथमुनि या रंगनाथाचार्य का जिक्र कर सकते हैं, जिन्होंने 'न्यायतत्व' एवं 'योगरहस्य', नामक ग्रंथों के लेखन द्वारा 'श्री वैष्णव' उप–सम्प्रदाय का प्रतिपाद किया। 'आगम प्रामाण्य', 'महापुरुष निर्णय', 'गीता संग्रह' एवं 'सिद्धित्रय' के रचनाकार यामुनमुनि या यमुनाचार्य उनके शिष्य थे। उन्होंने सिद्धित्रय में कर्मयोग, ज्ञानयोग एवं भक्तियोग की चर्चा द्वारा भक्ति मार्ग की विचारधारा को पुष्ट किया।

आलवार सन्त वैष्णव धर्म के प्रचार–प्रसार में आलवार संतों के योगदान को विस्मृत नहीं किया जा सकता। आलवार ईश्वर के गुणों में डूबने वाला कहा जाता था। बारह आलवार सन्तों में (1) भूतयोगी (भूतत्तार 713 ई.) (2) पोयगई (713 ई.) (3) पेय अलवार (713 ई.) (4) भक्तिसार (तिरुमलिराई 720 ई.) (5) नामालवार (परांकुश मुनि 798 ई.) (6) मधुरकवि–अलवार (800 ई.) (7) कुलशेखर आलवार (पेरुमाल 9 वीं सदी) (8) पेरियलार (विष्णुचित 785 ई.) (9) अण्डाल (767 ई.) (10) तोण्डर अडि पोडिय आलवार (726 ई.) (11) तिरुप्पन अलवार (784 ई.) (12) तिरुमंगैई आलवार (731 ई.) इनका समय सातवीं से नवीं शताब्दी के मध्य स्वीकार किया गया है। पोयगई–कांची, पूडम–मल्लई एवं पेय नामक संत मलपापुरम से सम्बद्ध रहे हैं। जिन्होंने सबसे सरल तरीके से भक्ति को लोगों तक पहुँचाया। पल्लव नरेश महेन्द्रवर्मन प्रथम के समय तिरूमलिशई भी प्रख्यात संत थे।

तिरूमंगई (तंजोर जिला, अलिनाडू) आलवार संतों में तिरूमंगई ने भक्ति गीतों के माध्यम से जैन एवं बौद्ध धर्म के स्थान पर वैष्णव धर्म को स्थापित करने की पुरजोर कोशिश की। यह भी कहा गया है कि उन्होने श्रीरंगम मठ की मरम्मत हेतु नेगपट्टम बौद्ध विहार से एक स्वर्ण मूर्ति उठवाई थी। शैवों के प्रति उनका रवैया उदार था।

साध्वी आंडाल (कोदई) एकमात्र महिला आलवार साध्वी आण्डाल ने भक्ति गीतों की बड़ी संख्या में रचना की। मीराबाई (मध्ययुगीन) की तरह आण्डाल भी कृष्ण दीवानी थी। महिला वर्ग पर उनके गीतों का गहरा प्रभाव पड़ा।

नाम्मालवार तिनेवेली जिले के वेल्लाल कुल में जन्मे नाम्मालवार ने भी बड़ी संख्या में भक्ति गीतों की रचना की उनके गीतों से दार्शनिक चिन्तन की धारा प्रवाहित हुई। सर्वव्यापी एवं सर्वशक्तिमान विष्णु के लिए लिखा है– हे दया के सागर, कि वह वलांत न हो और कुछ हिम्मत से काम ले, जब तक तू मेरे स्वामी लौटकर आए– प्रत्याशित, निश्चय ही शीघ्र आएगा तू। **मधुर कवि** नाम्मालवार का शिष्य मधुर कवि ने अपने गीतों द्वारा गुरू महिमा का बखान किया। आलवार संतो की मान्यता थी कि समस्त संसार ईश्वर का शरीर है तथा वास्तविक आनंद उसकी सेवा में है। उन्होनें दर्शन, भजन–कीर्तन एवं नामोच्चारण द्वारा वैष्णव धर्म का प्रचार–प्रसार किया।

शंकराचार्य (788–820 ई.) दूसरी ओर शंकराचार्य ने ब्रह्मसूत्र पर शारीरिक भाष्य लिखकर अद्वैत का प्रतिपादन किया था। अन्य अध्याय में शंकराचार्य एवं वेदान्त देखे।

रामानुजाचार्य (1017–1137 ई.) शंकराचार्य की विचारधारा यमुनाचार्य के भक्ति मार्ग की समर्थक न थी अतः उनकी इच्छा को रामानुजाचार्य ने ब्रह्मसूत्र पर भाष्य लिखकर पूर्ण की। रामानुज का जन्म 1017 ई. में हुआ और कांची में शिक्षा ग्रहण की। अपनी कर्मस्थली उन्होंने श्रीरंगम् को बनाया। ब्रह्मसूत्र भाष्य, वेदान्त सार, वेदान्तसंग्रह, वेदान्तदीप आदि उनके प्रमुख ग्रंथ थे। होयसल नरेश बिटठलदेव (1104–1141 ई.) को उन्होंने वैष्णव बनाया जो विष्णुवर्द्धन के नाम से प्रसिद्ध हुए।[2]

मध्वाचार्य (1197–1276 ई.) तेरहवीं सदी के मध्वाचार्य ने रामानुज से कुछ हटकर द्वैतवाद का प्रतिपादन किया जिसके अनुसार परमात्मा, जीवात्मा और जड़ जगत् की भिन्न सत्ताएँ हैं। अपने ग्रंथ गीता भाष्य में स्पष्ट किया है जीवात्मा अनेक व परमात्मा से भिन्न हैं और ज्ञान, सत्कर्म व भक्ति से जीव ब्रह्मत्व प्राप्त कर सकता है।

निम्बार्काचार्य इस क्रम में निम्बार्काचार्य का जिक्र करना आवश्यक है। उन्होंने जड़ जगत् एवं जीवात्मा को ब्रह्म पर आश्रित बताया और द्वैताद्वैत का प्रतिपादन किया। उन्होंने राधा–कृष्ण के प्रेम तथा गोपियों को आदर्श बनाकर कृष्ण भक्ति का प्रचार वृंदावन में रहकर किया। कहा जा सकता है कि भक्ति मार्ग ने वैष्णव धर्म एवं कृष्ण भक्ति को आम लोगों तक पहुँचाया व लोकप्रिय बनाया। वैष्णवाचार्यों द्वारा प्रतिपादित वैष्णव धर्म का भक्ति मार्ग दक्षिण भारत ही नहीं अपितु उत्तर में भी फैलने लगा। उस समय उत्तर भारतीय जनता तुर्कों–अफगानों के आक्रमण से त्रस्त एवं इस्लाम के धार्मिक आक्रमण से भयभीत थी, ऐसे दौर में वैष्णव धर्म के भक्ति मार्ग ने सम्बल प्रदान किया और लोगों में धार्मिक शक्ति संचरण हुआ।

शैव मत ऋग्वेद[3] में रुद्र को मानव कल्याणकारी देव कहा गया है एवं इसमें लिंग उपासना की चर्चा भी मिलती है। गुप्तकाल एवं परवर्ती गुप्तकाल में शिव लोगों के लोकप्रिय देव बन गये। कालिदास ने कुमारसंभवम् में स्कन्द (शिव–पार्वती पुत्र) का काव्यमय वर्णन किया है वहीं महाकवि भारवि 'किरातार्जुनीयम्' में अर्जुन एवं किरात वेशधारी शिव के युद्ध का वर्णन दिया है।

- आठवीं सदी के राष्ट्रकूट राजा कृष्ण प्रथम ने एलोरा में भव्य कैलाशनाथ गुहा मन्दिर का निर्माण करवाया, जिसमें शिव–कथा का सुन्दर अंकन दर्शनीय है।
- सेनवंशी विजयसेन का देवपारा अभिलेख शिव स्तुति से शुरू होता है।
- परमार शासक भोज ने कई शिव मन्दिरों का निर्माण करवाया था। चित्तौड़ का शिव मन्दिर भोज की ही देन है तथा कश्मीर का कपिलेश्वर मन्दिर–कुण्ड राजा भोज द्वारा बनाये जाने का जिक्र कल्हण[4] ने किया है।
- चंदेल शासक ने खजुराहो में कन्दर्पमहादेव मन्दिर का निर्माण करवाया था। कहा जा सकता है कि कई शासकों की शिव में श्रद्धा एवं भक्ति रही है और उन्होंने अपनी भावनाओं को व्यक्त करने के लिए शिव मन्दिर निर्मित करवाये एवं अभिलेखों द्वारा शिव स्तुति की।

शैव मत में अनेक सम्प्रदायों के प्रचलन का बोध होता है। उनमें लिंगायत, पाशुपत, कौल, कापालिक, शिवाद्वैत एवं कालमुख प्रमुख थे।

पाशुपत सम्प्रदाय पाशुपत सम्प्रदाय के प्रवर्तक लकुलीश को शैव लोग शिव का अवतार मानते हैं। इस सम्प्रदाय की उत्पत्ति ईसा पूर्व दूसरी शती में मानी जाती है। हाथ में लगुड या दण्ड धारण करने वाले इसके अनुयायी अपने मस्तक पर भस्म लगाते है एवं रूद्राक्ष धारण करते हैं इनका उल्लेख बाणभट्ट की कादम्बरी में हुआ है। चहमान विग्रहपाल के लेख में पाशुपातों की चर्चा है। पाशुपत सम्प्रदाय पाँच पदार्थो की सत्ता स्वीकार करते हैं– **कार्य** (जड़ चेतन की वे सत्ताएं जिनकी स्वतंत्र सत्ता नहीं), **कारण** (वस्तुओं की सृष्टि व संहारक ही कारण है), **योग** (जीव, चित्त के माध्यम से परमेश्वर से सम्बन्ध बनाना योग है), **विधि** (जीव के महेश्वर प्राप्ति का साधन विधि है) एवं दुःखान्त (दुःखी से मुक्ति अर्थात ज्ञान व कर्म द्वारा अलौकिक शक्तियों की प्राप्ति)। काठमाण्डू

का पशुपतिनाथ मन्दिर इस सम्प्रदाय के अनुयायियों की श्रद्धा का केन्द्र है। माध्वाचार्य के 'सर्वदर्शन संग्रह' में लकुलीश शैवों की अनेक जनजातीय रीतियों की व्याख्या मिलती है। उदयपुर (राजस्थान) के निकट नाथ मन्दिर अभिलेख की शुरुआत 'ओम नमो लकुलीशाय' से की गई है।

कापालिक सम्प्रदाय कापालिक भैरव उपासक कहे गये हैं जो रुद्र या शिव के अवतार एवं सृष्टि के सृजक, पालक व संहारक हैं। इस मत के समर्थकों में मद्य–मांस से परहेज नहीं था। यही नहीं कापलिकों में नरबलि प्रथा एवं कपाल में भोजन करने की आदिम प्रवृत्ति का बोध होता है। इस वर्ग के लोग परम्परागत धार्मिक व्यवस्था के विरोधी थे। कालमुख की उपासना पद्धति अधिक आदिम एवं रौद्र कही गई है। 'चिरादिमयोग' द्वारा सिद्धि एवं मुक्ति का निरूपण इससे सम्बद्ध लोग करते रहे। कई अभिलेखों एवं साहित्य में इसकी आदिम प्रवृत्तियों का जिक्र मिलता है।

लिंगायत सम्प्रदाय वीर शैव एवं लिंगायत सम्प्रदाय का प्रचलन विशेष रूप से दक्षिण में था। बासव ब्राह्मण इसके आचार्य कहे गये हैं।

बसवेश्वर गुरूबसव एक दार्शनिक, समाज सुधारक एवं राजनीतिक चिन्तक थे। उनका जन्म बीजापुर जिले के वगेवाडी नामक ग्राम में 1134 में मादिराज एवं मादलाम्बिका के घर हुआ था। कलचुरि नरेश विज्जल (विजयादित्य 1157–1167 ई.) के प्रधानमंत्री थे। बसवेश्वर ने सर्वप्रथम लोकतान्त्रिक व्यवस्था का समर्थन किया। उन्होंने कहा कि राजा भी कानून से परे नहीं है। **ब्रिटिश मैगनाकार्टा से पूर्व बासव ने स्वतंत्रता, समानता, समान अवसर, बोलने की स्वतंत्रता के सिद्धान्त रखे। लिंगायत अनुयायी बासव को नंदि** का अवतार मानते हैं। ब्राह्मण विरोधी इस सम्प्रदाय के लोग मूर्ति पूजा व पुनर्जन्म में विश्वास नहीं करते एवं वेदों को प्रामाणिक नहीं मानते है। **बाल विवाह का विरोध तथा विधवा विवाह के समर्थन ने इस सम्प्रदाय को समाज सुधार की ओर अग्रसर किया। उल्लेखनीय है कि अनुभव मण्डप की स्थापना करके बासव ने संसदीय व्यवस्था की स्थापना की थी।** उन्होनें कहा था भ्रष्ट आचरण समाज एवं शासन को खोखला करता है। उनकी मान्यता थी कि जब तक विचारों का आदान–प्रदान व बहस न हो राजनीतिक संगठन का कोई औचित्य नहीं हैं।

समाज सुधार की उनकी कल्पना अनूठी थी। धर्म के नाम पर शोषण, जात–पात भेदभाव, स्त्री पुरूषों की असमानता के वे घोर विरोधी थे। आपको ध्यान होगा 12 वीं सदी के इस दार्शनिक की मूर्ति का प्रधानमंत्री नरेंद्र मोदी ने, लंदन में थेम्स नदी के किनारे अनावरण नवम्बर 2015 में किया है। बसवेश्वर ने कन्नड़ क्षेत्र में इसका प्रचार–प्रसार किया एवं कन्नड़ में शिव साहित्य की भी रचना की। चन्नबासव (बासव के भतीजे) जो शिष्य थे, ने लिंगायत सम्प्रदाय के विस्तार में योगदान किया। इसके समर्थक शिव को सृष्टि का मूल कारण मानते हैं। 'वचनशास्त्र' लिंगायतों का महत्वपूर्ण ग्रंथ माना गया है।

शिवाद्वैत सम्प्रदाय शिवाद्वैत मत के प्रवर्तक लिंगायत आचार्य श्रीकंठ थे जिनका सिद्धान्त 'शिव विशिष्टाद्वैत' के नाम से प्रसिद्ध हुआ। ब्रह्मा–विष्णु एवं महेश नामक त्रिदेवों से ऊपर शिव को स्थान दिया गया। इनका दर्शन 'वेदान्त सूत्र' पर आधारित था।

आलवार संतों की भाँति दक्षिण के नायनार (नायन्नार या आड़यार) संतों ने शैव मत काफी लोकप्रिय बनाया। लगभग 63 नायनारों ने तमिल में गीतों, भजनों एवं श्लोकों की रचना की। **नाम्बि–आण्डार–नम्बि द्वारा 11 भागों में संकलित गीतों का संग्रह 'तिरुमुडै' नाम से विख्यात है।** प्रमुख शैव सन्तों में **अप्पर**, **सम्बन्दर**, **मणिक्कवाचकर** एवं **सुन्दरर** उल्लेखनीय है। काँची के पल्लव नरेश महेन्द्र वर्मा अजयर स्वामी के प्रभाव से शैव बने एवं काँची शैव मत का महत्वपूर्ण केन्द्र बना। **मणिक्कवाचकर पाण्डय राज्य का मंत्री था, ने संन्यास लेकर चिदम्बरम को शैवमत का केन्द्र बनाया तथा बौद्ध आचार्यों को शास्त्रार्थ में परास्त किया। तमिल साहित्य में मणिक्कवाचकर की रचनाओं को उपनिषद तुल्य माना जाता है।**

सम्बन्दर–मदुरा से सम्बन्धित रहे हैं और पाण्डय शासक अरिकेसरी मारवर्मन (670–700 ई.), और उसकी पत्नी चोल राजकुमारी एवं पाण्ड्य राज्य के मंत्री को शैव बनाया। नायनार सन्तों में सम्बन्दर महत्वपूर्ण कहे गये हैं। तिरुमुडै संकलन का पहला भाग सम्बन्दर की रचनाओं का संग्रह है।

चोल एवं चालुक्य शासकों द्वारा निर्मित नटराज शिव मूर्तियाँ एवं शिव मन्दिर, नायनारों द्वारा शिव उपासना को लोकप्रिय बनाये जाने का ही परिणाम कहा जायेगा।

दक्षिण की भाँति उत्तर में भी शैव मत आलोच्य काल में प्रभावशाली ढंग से उभर कर आया। विशेष रूप से कश्मीर में आचार्य **वसुगुप्त ने 'शिवसूत्राणि' एवं 'स्पन्दकारिका' का आलेखन किया एवं 'स्पन्दशास्त्र' नामक सम्प्रदाय का प्रणयन।** कहा जाता है कि वसुगुप्त के शिष्य कल्लट ने 'स्पन्दकारिका' की रचना की। उसका शैव मत के प्रसार में महत्वपूर्ण योगदान रहा है।

कश्मीर में दसवीं सदी के **दूसरे शैव आचार्य सोमानंद ने 'प्रत्यभिज्ञाशास्त्र' नामक दूसरी शाखा का प्रवर्तन किया।** उनके अनुसार समस्त जीवात्मा ईश्वर के अंश हैं या ईश्वर है, किन्तु अज्ञानवश इस तथ्य की हम प्रत्यभिज्ञा नहीं कर पाते और जीव ईश्वर के विशुद्ध आनन्द का अनुभव नहीं कर पाता, परन्तु गुरु से ज्ञान प्राप्त करके विशद्ध आनन्द का अनुभव करने में सक्षम बनता है।

नाथ सम्प्रदाय एवं सिद्ध नाथ सम्प्रदाय के प्रवर्तक आदिनाथ कहे गये हैं और इस सम्प्रदाय के साधु 'कनफटे साधु' नाम से आज भी बड़ी संख्या में पाये जाते हैं। नाथ सम्प्रदाय की दो प्रशाखाएँ रही हैं – प्रथम, मत्स्येन्द्र नाथ (मछन्दरनाथ) व गोरक्षनाथ (गोरखनाथ) की, एवं– दूसरी, जालन्धर नाथ और कृष्णपाद या कृष्णनाथ की। कहा गया है कि इस सम्प्रदाय का प्रभाव ईरान–अफगानिस्तान तक था। प्रमुख नाथ साधुओं में भर्तृहरिनाथ, नागनाथ, चर्पटनाथ, रेवणनाथ, फनीफनाथ, जालंधरनाथ, कृष्णपाद, बालक गहिनीनाथ आदि नामा मिलते है।

गोरखनाथ इस परम्परा में सबसे प्रसिद्ध योगी गोरखनाथ थे एवं आदिनाथ को शिव का अवतार माना गया। मत्स्येन्द्रनाथ (बंगाल एवं असम क्षेत्र) एवं उनके शिष्य गोरखनाथ (गोरखपुर क्षेत्र) को नवीं सदी से सम्बद्ध किया जाता है। इन्होंने कुछ संस्कृत ग्रंथों की भी रचना की थी।

जालंधरनाथ दूसरी परम्परा के जालंधरनाथ को उनके शिष्य कृष्णपाद ने 'जालन्धरिया' कहा है अर्थात् उनका सम्बन्ध जालन्धर से था। राजा भर्तृहरि को दोनों शाखाओं से जोड़ा जाता है जो बाद में संन्यासी बने। उन्होंने संस्कृत में नीतिशतक, शृंगारशतक एवं वैराग्य शतक नामक ग्रंथों की रचना संस्कृत में की थी। 'वैराग्य पथ' नामक उप सम्प्रदाय से भर्तृहरि को जोड़ा जाता है। अन्य सिद्धों में चर्पटीनाथ, चौरंगीनाथ का जिक्र किया जा सकता है। हठ योग से नाथ योगियों का सम्बन्ध रहा है और कुंडलिनी शक्ति को जागृत करके षड़चक्रों से अन्तिम चक्र तक पहुँचाने की स्थिति शिवमय स्थिति मानी गई। नाथ योगियों में पंचमकार का सेवन न करने से समाज में आज भी इनकी प्रतिष्ठा है। गोरखनाथ सम्प्रदाय की 12 मुख्य शाखाएं है (1) भुज के कंठरनाथ (2) पागलनाथ (3) रावल (4) पंख या पंक (5) वन (6) गोपाल या राम (7) चांदनाथ कपिलानी (8) हेठनाथ (9) आईपंथ (10) वेरागपंथ (11) जैपुर के पावनाथ (12) घजनाथ।

शाक्त सम्प्रदाय एवं तांत्रिक विचारधारा

शिव एवं शक्ति की पूजा करने वालों को शाक्त कहा जाता है। कई विद्वान शाक्त धर्म को भी योग, जैनधर्म सन्यास जैसी परम्पराओं की तरह सैन्धव सभ्यता से जोड़ते है।

पौराणिक काल तक आते–आते दुर्गा, काली, भवानी, चामुण्डा, लक्ष्मी, सरस्वति जैसी कई देवियों की स्तुति में मंत्रों की रचना की गई। महाभारत में देवी महात्म्य पर विस्तृत विवरण दिया गया है। अर्जुन ने श्रीकृष्ण की सलाह से देवी दुर्गा (भीष्म पर्व) की स्तुति, अपनी विजय सुनिश्चित करने के लिए की थी। विराट पर्व में युधिष्ठिर ने देवी की स्तुति विन्ध्यवासिनी, महिषासुर–मर्दिनी, यशोदा पुत्री, नारायण प्रिया तथा कृष्ण की बहन के रूप में की है। मार्कण्डेय पुराण में दुर्गा सप्तशती नामक आख्यान देवी की स्तुति से सम्बन्धित है। देवी को विष्णु माया, चेतना, बुद्धि, निद्रा, क्षुधा, छाया, तृष्णा, शक्ति, लज्जा, क्षान्ति, श्रद्धा, कान्ति, वृति, दया, स्मृति जैसे कई रूपों मे दर्शाया गया है। मार्कण्डेय पुराण में कहा है :

> सृष्टि स्थिति विनाशानां शक्ति भूते सनातनी
> गुणाश्रये गुणमये नारायणि नमोस्तुते।

उल्लेख आया है कि महिषासुर का वध करने हेतु ब्रह्मा, विष्णु, महेश आदि देवों के मुख से निकले तेजपुंज से शक्ति की उत्पत्ति हुई और समस्त देवताओं ने महिषासुर का वध करने हेतु अपने–अपने शस्त्र जैसे– विष्णु ने चक्र, शंकर ने त्रिशूल, वरुण ने शंख, वायु ने धनुष–बाण युक्त परशु आदि प्रदान किये। दूसरी कथा में शम्भु–निशम्भु जैसे राक्षसों के संहार हेतु देवताओं ने हिमालय पर जाकर आराधना की जिससे देवी प्रकट हुई और उसने असुरों का नाश किया। वही मान्यता आज भी चली आ रही है। और नवरात्र पर बड़ी संख्या में लेाग दुर्गा सप्तशती का पाठ श्रद्धापूर्वक करते है। सरस्वती व लक्ष्मी आदि की हिन्दुओं के घर–घर में पूजा होती है। प्रजनन संस्कारों से उद्भूत तंत्रवाद की धार्मिक क्रियाएँ आदिम कबिलाई जन–मान्यताओं पर आधारित हैं। देवी या शक्ति पूजा का प्रचलन 'सौम्य', 'प्रचण्ड' एवं 'काम–प्रधान' रूप में विधान है और तंत्रवाद में देवी की तीसरे रूप में पूजा की जाती रही है। तंत्र साहित्य की दृष्टि से नेपाल का महत्व रहा है जहाँ से सातवीं से नवीं सदी के हस्तलिखित ग्रंथ प्राप्त हुए हैं। नवीं सदी में तंत्र साहित्य के कम्बोड़िया (कम्बोज) ले जाने की जानकारी मिलती है। एक ओर तंत्रवाद का प्रभाव देश में बढ़ रहा था, दूसरी ओर ब्राह्मणवादी व्यवस्था के पोषक इसके जोरदार प्रतिरोध में लगे थे। बाणभट्ट (कादम्बरी में) इस बात की निंदा करता है कि शबर लोग चण्डिका की पूजा करते हैं और उसे नरमांस चढ़ाते हैं।[5]

तंत्र में तंत्र, यंत्र एवं मंत्र का विशिष्ट स्थान रहा है। तंत्र सिद्धि के तीन सोपान कहे गये हैं – पशु, वीर एवं दिव्य।

- प्रथम, पशुभाव में साधक के लिए समस्त सामाजिक नियमों की पालना अनिवार्य कही गई। इस भाव की चार अवस्थाएँ बताई गई – **वेदाचार, वैष्णवाचार, शैवाचार और दक्षिणाचार।** प्रारम्भिक तीन में मद्य सेवन का अभाव, इन्द्रिय संयम, तप, दान एवं देव पूजा आवश्यक थे। अन्तिम दक्षिणाचार में साधक को कुछ गुह्य साधनाओं के योग्य माना जाता है।
- दूसरे, 'वीरभाव' की दो अवस्थाएँ वामाचार एवं 'सिद्धान्ताचार' कही गई, जिसमें गुह्य क्रियाओं का आरम्भ होता है। वामाचार में किसी गुरु के मार्ग दर्शन में कठोर नियमों की पालना करते हुए, गुह्य साधना करना होता है। इस अवस्था में खाद्य–अखाद्य, पेय–अपेय, करणीय–अकरणीय गौण हो जाते हैं। स्त्री साधिका भी केवल कुल नायिका, भैरवी योगिनी है और वामाचारी साधक भैरव है। अतः वह

किसी भी स्त्री से साधना के तहत यौन सम्बन्ध बना सकता है जो साधना का आवश्यक अंग है। सभी क्रियाएँ रात्रि को गुप्त स्थान पर की जाती हैं।

- सिद्धान्ताचार की अवस्था में पंचमकार–मांस, मत्स्य, मद्य, मुद्रा व मैथुन का प्रयोग साधना का आवश्यक अंग कहे गये। सिद्धान्ताचारी वीर साधक की मानसिक वृत्ति निर्द्वंद्व व निर्लिप्त हो जाती है तथा खाद्य–अखाद्य, पेयापेय, गम्यागम्य, कर्म्याकर्म्य का भेद तिरोहित हो जाता है। साधक इस अवस्था में कौलाचार को प्राप्त हो जाता है, जो अवस्था 'दिव्य' कहलाती है।

वस्तुतः गुह्य साधना के नाम पर पूर्व मध्यकाल में पतनोन्मुख संस्कृति के लक्षण समाज में प्रविष्ट हो चुके थे। तान्त्रिकों के प्रभाव से सामाजिक सदाचार व नैतिकता का तेजी से "ह्रास हुआ। कई जनजातीय अंचलों में शक्तिपीठ की स्थापना हुई।

तंत्रवाद के प्रभाव से शूद्र वर्ग की सामाजिक स्थिति में सुधार आया। शूद्र वर्ग तंत्र मार्ग द्वारा बिना भेदभाव के मोक्ष मार्ग की ओर बढ़ सकता था। दूसरी ओर ब्राह्मणवादी व्यवस्था उन्हें मोक्ष का अधिकारी नहीं मानती थी।

तान्त्रिकों के प्रभाव से समाज में टोने–टोटकों द्वारा रोगोपचार एवं जादू–टोने पर विश्वास बढ़ा और लोग तेजी से अन्धविश्वास की ओर अग्रसर हुए।

स्थापत्य एवं कला भी तान्त्रिक प्रभाव से मुक्त न रही। खजुराहो के मन्दिर एवं वहाँ की मूर्तिकला, उड़ीसा के मन्दिर एवं चौसठ योगिनी मन्दिर इसके अप्रतिम उदाहरण हैं। यही बात चित्रकला के लिए कही जा सकती है।

जहाँ तक शिक्षा का प्रश्न है विक्रम शिला, नालन्दा, ओदन्तपुरी आदि विश्वविद्यालयों में तंत्र शिक्षा का प्रावधान किया गया। इन शैक्षणिक संस्थानों में विपुल तंत्र साहित्य था, जो मुस्लिम आक्रान्ताओं द्वारा जला डाला गया।

सूर्य पूजा सूर्य पूजा प्रचलन को हम ऋग्वेद काल तक ले जा सकते हैं, किन्तु ईसा पूर्व तीसरी सदी में यह अधिक प्रकाश में आई। कुछ विद्वानों ने यह तर्क प्रस्तुत किया है कि ईरानी शकों के सम्पर्क से सूर्य पूजा की शुरुआत हुई, जो सर्वथा ग्राह्य नहीं है, क्योंकि ऋग्वेद में विष्णु को सूर्य रूप कहा गया है और बारह आदित्यों के महत्व को इंगित किया है। भारत में ही धीरे–धीरे सूर्य देव की पूजा–प्रार्थना पद्धति विकसित हुई और पूर्व मध्यकाल तक आते–आते यह सुप्रष्ठित स्वरूप ग्रहण कर चुकी थी। राजा जयचन्द (गहड़वाल वंश) ने लोलार्क (सूर्य) की पूजा का खर्च चलाने हेतु ग्राम दान किया था। मुल्तान में सूर्य पूजा हेतु स्थानीय मन्दिर पर पूरे देश के लोगों के आने की सूचना मिलती है। अलबरूनी ने मुल्तान की समृद्धि का कारण सूर्य पूजा ही माना है। सूर्य मन्दिर पर दान से मुल्तान में अकूत सम्पदा एकत्र हो गई थी। अलबरूनी ग्यारहवें अध्याय में लिखता है, ''उनकी एक प्रतिमा सूर्य को समर्पित है और इसीलिए उसे आदित्य नाम दिया गया है। यह लकड़ी की बनी हुई थी और इस पर लाल चमड़ा मंढ़ा गया था, दोनों आँखों में दो लाल मानिक लगे थे।....वहाँ सभी दिशाओं से तीर्थ यात्री दर्शन के लिए आया करते थे।''[6] मुल्तान के अतिरिक्त कश्मीर एवं उड़ीसा के कोणार्क में सूर्य मन्दिर इसी अवधि में निर्मित हुए। कोणार्क सूर्य प्रतिमा के पीछे उत्कीर्ण लेख में सूर्य को ''रोगनाशक एवं विश्व प्रकाशक'' कहा गया है।

बौद्ध वज्रयान

रुप हीनयान–थेरवाद या स्थिविरवाद एवं महायान–वज्रयान एवं नवयान में विभक्त था। हीनयानी भी शुरु में वैभाषिक व सैत्रान्तिक में बंट गये। महायानी भी माध्यमिक वाद (शून्यवाद–नागार्जुन समर्थक) व (विज्ञानवाद–अप्तंग व वसुबन्धु सर्मथक) में विभक्त हो गया। महायान के अन्तर्गत योगाचार सम्प्रदाय में गूढ़ मंत्रों, योग एवं धारणियों[7] वाली साधना पद्धति का विकास ई. पू. पहली से ई. चौथी सदी के मध्य हुआ। 'संद्धर्म पुंडरीक' नामक बौद्ध ग्रंथ में ऐसी अनेक धारणियों का जिक्र आया है। इन्हीं गुह्य साधना पद्धतियों एवं योगाचारियों से बौद्ध धर्म में वज्रयान शाखा अस्तित्व में आई। जैसा विदित है कि बुद्ध स्वयं औपनिषदिक परम्परा एवं योग पद्धति से प्रभावित थे। इसी क्रम में महायान शाखा भी पौराणिक प्रभाव से अछूती न रही और बौद्धों में अवतारवाद एवं मूर्तिपूजा का प्रचलन हुआ। कहा जा सकता है कि महायान में अवतारवाद एवं तंत्रवाद एवं शाक्त जैसी विचारधाराओं के विकास के कारण, अन्य समकालीन सम्प्रदाय थे।

वज्रयान का प्रारम्भ तान्त्रिक सम्प्रदाय के क्रम में हमने अध्ययन किया है कि शिव एवं शक्ति के संयोग से सृष्टि का उदभव एवं विकास क्रम चलता है। शाक्त एवं तंत्र की विस्तृत व्याख्या में गोविन्द चन्द्र पाण्डे[8] ने लिखा है, अलौकिक सिद्धि चमत्कार, गुरु का महत्व, मुद्रा मण्डल, यंत्र–मंत्र आदि का प्रयोग, सांसारिक भोगों का अतिरस्कार (अधिकता) और उनका आध्यात्मिक उपयोग आदि प्रायः सभी तंत्रों में न्यूनाधिकतया उपलब्ध होते हैं।'' प्रो. पाण्डे का विचार है कि महासांघिक सम्प्रदाय से ही तांन्त्रिक बौद्ध धर्म का प्रथम उन्मेष (प्रादुर्भाव) मानना चाहिए।[9] इस सम्प्रदाय से सम्बन्धित बौद्धों ने घोषणा की थी कि सांसारिक सुखों से विरक्त होकर शरीर को कसना निर्वाण की राह नहीं हो सकती। निर्वाण का सही मार्ग वही है, जो इन्द्रियों की तृप्ति द्वारा निर्वाण की ओर प्रशस्त करता है। दूसरे योग एवं साधना में शीघ्र सफलता के लिए शाक्त सेवन (स्त्री भोग) आवश्यक है। इस तथ्य को प्रो. पाण्डे ने स्पष्ट किया है, महासांधिकों की ही आन्ध्रक और वैतुल्यक नाम की शाखाओं में आभिप्रायिक मैथुन चर्चा को आध्यात्मोपयोगी घोषित किया गया।[10]

- जहाँ तक वज्रयान का सम्बन्ध है महायान के 'शून्य' को 'वज्र' कहा गया है। दूसरे शब्दों में महायानी 'शून्यता' एवं 'करुणा' को वज्रयान में क्रमशः 'प्रज्ञा' एवं 'उपाय' की संज्ञा दी गई। दोनों के सम्मिलन को 'युगनद्ध' की स्थिति बताई गई जो प्रत्येक साधक के लिए अभीष्ट है।
- वज्रयान इन दोनों के अतिरिक्त तीसरे तत्व 'महासुख' को शामिल करता है। कहा जा सकता है कि वज्रयानी साधु 'प्रज्ञा' (यानी शून्य) को निष्क्रिय ज्ञान एवं स्त्री समझते एवं 'उपाय' पुरुष तत्त्व है। दोनों का सम्मिलन सिद्धि के लिए आवश्यक कहा गया और उसे 'महासुख' का नाम दिया है।
- वज्रयानी साधकों की मान्यता थी कि एक के बाद एक पच्चीस लोकों के बाद छब्बीसवाँ लोक शून्य लोक है। इस शून्य के साथ रमण करने में ही महासुख है। साधक इसे छोड़कर वापस नहीं आना चाहता। वज्रयान में यही निर्वाण की स्थिति दर्शाई गई है।

वज्रयानी नियमों से सर्वथा मुक्त होकर विचरने में कोई पाप नहीं मानते रहे। चौरासी सिद्धों (वज्रयानी) में 'कमरीपा' (कम्बल ओढ़े), 'डमरूपा' (डमरू रखना), ओखरापा (ओखल रखना) जैसे औघड़ साधकों का जिक्र आया है। शराब में मस्त ये लोग खोपड़ी का प्याला लिए, श्मशान या विकट जंगलों में रहा करते थे और खुल्लम–खुल्ला स्त्रियों का सेवन किया करते थे। राजा अपनी कन्याएँ तक इन्हें प्रदान करते थे।[11]

भैरवी चक्र एवं व्यभिचार वस्तुतः बौद्ध संघों में वृद्ध या सांसारिक वृत्तियों से निवृत्त लोग ही न थे अपितु युवा भिक्षु–भिक्षुणियाँ भी प्रवृज्या लेते रहे, जिनमें इन्द्रिय निग्रह का अभाव था। ऐसे में जब बड़ी संख्या में विहारों में भिक्षु–भिक्षुणियाँ साथ रहते तो, उनमें मैथुन प्रवृत्तियाँ उभरने लगीं। इसीलिए बौद्धों के वैपुल्यवादी (वैतुल्यक) सम्प्रदाय ने विशेष अभिप्राय (एकाभिप्रायेण) से मैथुन की अनुमति प्रदान कर दी थी।[12] इस विशेष प्रावधान अर्थात् 'सम्यक् सम्बुद्ध' बनने के लिए मैथुन आवश्यक हो गया। इस प्रकार बड़ी संख्या में वज्रयानी साधक 'भैरवी चक्र' के बहाने व्यभिचार करने लगे। आठवीं सदी तक यह एक संस्थागत रुप धारण कर चुका था।

बौद्ध धर्म का पतन विद्वानों की धारणा है कि बौद्ध धर्म का पतन कामिनी–कांचन संयोग से हुआ। डी.डी. कोशम्बी की मान्यता है, "श्रमणों की अवनति के बीज उनके द्वारा स्वीकृत राज्याश्रय में था।" आगे लिखा है, "राजाओं और बड़े आदमियों का मन जीतने के लिए मूल बौद्ध साहित्य में उन्होंने इतना परिवर्तन किया कि उसे बुद्ध का उपदेश कहना कहाँ तक उचित होगा, कहा नहीं जा सकता।" यद्यपि भारत में धार्मिक कट्टरता का सामान्यतः अभाव रहा और राजाओं ने एक धर्म अपनाकर भी सभी धर्मों को दान एवं सहायता दी। किन्तु बौद्ध धर्म इस मामले में अधिक भाग्यशाली रहा। प्रारम्भ से ही भारत के महान सम्राटों ने इसे राज्याश्रय प्रदान किया और विपुल दान व आर्थिक सहायता दी, जिससे भारत के बाहर भी इसका प्रसरण संभव हो पाया।

- श्रमणों को प्राप्त होने वाले वैभव एवं ऐश्वर्य ने कामिनी की ओर बढ़ने का मार्ग प्रशस्त किया। दरअसल संभोग या मैथुन की प्रवृत्ति को शास्त्र सम्मत आधार प्रदान करने के लिए वज्रयान सम्प्रदाय में कई तरह की परिकल्पना की गई। शीघ्र ही आम लोगों में श्रमणों का अनैतिक आचरण एवं वैभवपूर्ण जीवन अलोकप्रिय हो गया। इस तरह से लोग वज्रयानी साधकों से दूर रहने लगे।
- दूसरी ओर वैदिक परम्परा वैष्णव, शैव, अद्वैत आदि नये रूपों में उभर कर आई। इन सम्प्रदायों के प्रवर्तक महान् तपस्वी एवं गृहत्यागी थे। विलासी वज्रगुरुओं की तुलना में आद्य शंकराचार्य, प्रभाकर, कुमारिल्ल, रामानुज एवं मधवाचार्य विद्वान् एवं त्यागी संत ही नहीं थे अपितु नई ऊर्जा के स्त्रोत भी थे। नवीन ऊर्जास्वित सम्प्रदायों की तुलना में पतनशील बौद्ध विचारक टिक न सके और जन–सामान्य की नजरों से गिर गये, सम्मान खो बैठे।
- मुस्लिम आक्रान्ताओं ने रही–सही कसर पूरी की। तुर्क आक्रान्ताओं ने शुरू में मध्य एशिया में बौद्ध संस्कृति को नष्ट किया। भारत में भी उनका बौद्धों पर घातक प्रहार हुआ। नालन्दा विक्रमशिला जैसे बौद्ध महाविहारों को नष्ट कर जला दिया गया जहाँ हजारों बौद्ध भिक्षु–भिक्षुणियाँ अध्ययन–अध्यापन करते थे। हजारों की संख्या में हस्तलिखित ग्रंथ, जला दिये गये जो बड़े–बड़े पुस्तकालयों में संरक्षित थे। बर्बर तुर्क आक्रान्ताओं ने युगों–युगों से संरक्षित अमूल्य धरोहर अग्नि को समर्पित कर दी। जितनी क्षति वास्तु केन्द्रों या सांस्कृतिक तत्वों को पहुँचाई उससे अधिक विपुल साहित्यिक धरोहर को नष्ट कर पहुँचाई। कहा जा सकता है कि, मुस्लिम आक्रमण भारत से बौद्ध धर्म के विलोपन का सबसे बड़ा कारण था।

चीन एवं तिब्बत में बौद्ध मुस्लिम आक्रमणों से बड़ी संख्या में बौद्ध विद्वान प्राण बचाकर अपने ग्रंथों के साथ नेपाल एवं तिब्बत को पलायन कर गये। यद्यपि प्राचीन काल से ही बौद्ध धर्म का प्रसरण चीन, तिब्बत, कोरिया, जापान एवं अन्य दक्षिण पूर्वी देशों में हो चुका था। **ह्वेनसांग** हर्ष के समय 657 ग्रंथ चीन लेकर गया था। चीन के लोगों ने भारतीय आचार्यों द्वारा आलेखित ग्रंथों में नवीन जोड़ने या फेर–बदल का प्रयास नहीं किया। आठवीं सदी में चीन जाने वाले पहले आचार्य अमोघवज्र थे, जो अपने साथ तंत्र के 41 ग्रंथ ले गये थे। चीन के राजा ने उनका सम्मान किया और 'राज्य कर्णधार' एवं 'त्रिपिटक भदन्त' की उपाधियाँ प्रदान की। अमोघवज्र के प्रयासों से चीन में वज्रयान का प्रसरण सम्भव हुआ।

मंजुश्री 971 ई. में और आचार्य धर्मदेव 973 ई. चीन गये। नालन्दा से सम्बन्धित धर्मदेव ने 46 ग्रंथों का चीनी में अनुवाद किया। मगध से धर्मरक्ष 1004 ई. में कई पण्ड़ितों के साथ चीन गये। उन्होंने वहाँ बौद्ध धर्म का प्रचार किया एवं 96 वर्ष की आयु में वहीं देह त्याग किया।

तिब्बत जाने वाले आचार्यों में सर्वास्तिवादी मत के शान्ति रक्षित एवं आचार्य पदमसंभव का जिक्र करना होगा। शान्तिरक्षित के प्रयासों से ल्हासा के समीप 'सम–ये' नामक स्थान पर महाविहार का निर्माण हुआ। पदमसंभव तांत्रिक अनुष्ठानों एवं साधना विधि के ज्ञाता थे। अन्य बौद्ध कमल शील नामक आचार्य ने चीनी शून्यवादी **ह्वा-शंग** को वाद–विवाद में परास्त कर सर्वास्तिवाद की स्थापना की एवं तिब्बती शासक से सम्मान प्राप्त किया। दसवीं सदी में बौद्धों के विरुद्ध असन्तोष था किन्तु ग्यारहवीं सदी में पुनः **विक्रमशिला महाविहार के कुलपति आचार्य दीपंकर श्रीज्ञान अतीश 70 वर्ष की आयु में तिब्बत शासक द्वारा भेजे गये दूत मण्डल के आमंत्रण पर तिब्बत गये।** आचार्य अतीश ने लगभग 200 ग्रंथों का सृजन या अनुवाद किया। वहीं उनका निधन हुआ और ल्हासा से 20 मील दूर क्यू–ची नदी तट पर उनकी समाधि बनाई गई।

इस प्रकार चीन एवं तिब्बत में बौद्ध धर्म ने अपनी जीवन शक्ति का परिचय दिया। इसीलिए आज भी इसकी सत्ता वहाँ विद्यमान है।

जैन धर्म

आन्तरिक शक्तियों एवं अहिंसा जैसे सिद्धान्तों का पालन करने वाला जैन धर्म कई वैदिक सम्प्रदायों के उत्थान काल में अपनी जीवन्त सत्ता बनाये रखने में सफल रहा। इसके कई ऐतिहासिक कारणों की विवेचना करना उचित होगा।

- प्रारम्भ से ही जैनधर्म सह–अस्तित्व एवं समन्वयवादी विचारधारा का समर्थक रहा है। जैन धर्म ने वैदिक सम्प्रदायों की उतनी तीव्र आलोचना नहीं की, जितनी बौद्धों ने की। यही नहीं, कई वैदिक देवी–देवताओं को प्रकारान्तर से जैन धर्म ने अपनी पूजा पद्धति में शामिल कर लिया। अतः दोनों में कभी टकराव की स्थिति पैदा नहीं हुई।
- दूसरे, जैन धर्म का अनेकात्मवाद, बौद्धों के अनात्मवाद की अपेक्षा आम लोगों को अधिक स्वीकार्य था।
- तीसरे, इस काल की मुख्य धार्मिक प्रवृत्ति तंत्रवाद से भी जैन धर्म अप्रभावित रहा। यद्यपि तंत्र, मंत्र, यंत्र का सीमित प्रयोग जैन धर्म में भी शुरू हुआ और संभवतः तंत्र के प्रभाव से ही यक्षणियों का धार्मिक अस्तित्व इसमें स्वीकार किया गया। दूसरी ओर जैन मतावलमबियों ने तांत्रिक, साधना, अनुष्ठान पद्धति एवं पंचमकार का सेवन आदि अंगीकार नहीं किया। अतः समाज में अपनी प्रतिष्ठा अक्षुण्ण बनाये रख सका अर्थात् आम लोगों की नजरों में इसका सम्मान बना रहा।
- चतुर्थ, यदि जैन धर्म की प्रगति में अन्य सहायक तत्वों का जिक्र करें तो कहा जा सकता है कि अनेक राजवंशों, सम्राटों का समर्थन तो इसे मिला ही, इसके अतिरिक्त व्यापारियों, वणिकों, श्रेष्ठियों ने भी इसकी प्रगति एवं उत्थान के लिए भरपूर आर्थिक सहयोग प्रदान किया जो इसके अस्तित्व को बरकरार रखने में सहायक साबित हुआ।

बौद्ध एवं अन्य धर्मों की भाँति जैन धर्म दो प्रमुख उप–सम्प्रदायों–दिगम्बर एवं श्वेताम्बर में विभक्त हो गया था। अधिक कठोरता के साथ तपश्चर्या का निर्देश दिगम्बर के लिए था वहीं श्वेताम्बरों ने कुछ लचीली व्यवस्था को अपनाया। दोनों सम्प्रदायों में 24 तीर्थंकरों के प्रति आस्था एवं अन्य देवी–देवताओं की पूजा का प्रचलन हो चुका था। तक्षशिला में श्वेताम्बर एवं दिगम्बर जैन साधुओं के बड़ी संख्या में जमावड़े का जिक्र **ह्वेनसांग** ने किया है।

राज्याश्रय जैन धर्म को प्राप्त होने वाले राज्याश्रय की चर्चा में कई राजवंशों की गणना की जा सकती है, यहाँ कुछ प्रमुख शासकों की चर्चा करना उचित होगा। गुजरात के चौलुक्य शासक मूलराज ने पाटन में 'मूलवस्तिका' नामक जैन मन्दिर निर्मित करवाया था। कुन्दकुन्दाचार्य की शिष्य परम्परा के आचार्य श्रीचन्द ने सज्जण नामक राज्याधिकारी के पुत्र की शिक्षार्थ 'कथाकोष' की रचना की थी।

- श्रीचन्द के एक गुरु सहस्त्र–कीर्ति गांगेय एवं भोज द्वारा सम्मानित किये गये थे।
- चौलुक्य भीम प्रथम (1023–1065 ई.) के मंत्री विमलशाह ने आबू पर्वत पर ऋषभनाथ (प्रथम जैन तीर्थंकर) का कलात्मक मन्दिर निर्मित करवाया जो स्थापत्य का अप्रतिम उदाहरण है।
- भीम का उत्तराधिकारी जयसिंह का पुत्र कुमारपाल जैन धर्म में दीक्षित था। दिलवाड़ा, गिरनार, शत्रुंजय, खम्भात का पार्श्वनाथ मन्दिर (1108 ई.) इसी काल की उपलब्धियां थीं।
- मंडोर के प्रतिहार शासक ने 'रोहिंसकूप जिनालय' का निर्माण करवाया था।
- जैन विद्वान् धर्मघोष सूरी का आश्रयदाता चाहमान शासक अर्णोराज कहा गया है।
- शक्तिकुमार (गुहिल) द्वारा आहाड़ में एक जैन मन्दिर निर्माण की सूचना 977 ई. के एक अभिलेख से मिलती है।
- दक्षिण में राष्ट्रकूट शासक अमोघवर्ष प्रथम की जैन धर्म में आस्था थी। गंग शासकों ने भी जैन–धर्म को अपनाया, उनके समय कर्नाटक में जैन धर्म का प्रसारण तेजी से हुआ।
- पश्चिमी शाखा के चालुक्य एवं होयसल शासक भी जैन मत में आस्था रखते थे। सत्याश्रय चालुक्य (997–1007 ई.) का गुरु जैनाचार्य कहा गया है।

- होयसल विष्णुवर्द्धन पूर्व में जैन था, जो रामानुजाचार्य के प्रभाव से वैष्णव बना। विष्णुवर्द्धन का पुत्र नरसिंह प्रथम (1152–1173 ई.) जैन समर्थक था। उसने जैन तीर्थ श्रवणबेलागोला में दान–पुण्य किये थे। गंग राजा के मंत्री चामुण्डराय ने 983 ई. में श्रवणबेलागोला में बाहुबली की 72 फीट ऊँची विशालकाय मूर्ति का निर्माण करवाया था।

कहा जा सकता है कि जैन धर्म राजकीय संरक्षण, आन्तरिक शक्तियों एवं विशेषताओं को बनाये रखकर राजस्थान, गुजरात, कर्नाटक, महाराष्ट्र एवं उत्तर भारत के कुछ हिस्सों में अपने प्रभाव को बनाये रखने में सफल रहा।

मन्दिर–मठ संस्थाएँ

वैष्णव एवं शैव सम्प्रदायों का आविर्भाव गुप्तोत्तरकाल में हुआ, जिन्हें भक्ति मार्ग का संवाहक कहना उचित होगा। आलवार एवं नायनार संतों ने भक्ति गीतों से इस धारा को आम आदमी तक पहुँचाने का सफल प्रयास किया। भक्ति की यह धारा इतनी प्रबल थी कि इससे बौद्ध एवं जैन मत भी अछूते न रहे और देव मूर्तियों एवं मन्दिरों के निर्माण की एक समृद्ध परम्परा चल पड़ी। मन्दिर मठ का सम्बन्ध लोगों की धार्मिक आस्था एवं संस्कृति से था अतः समाज का बड़ा तबका बहुत तेजी से मन्दिर–मठ परम्परा से इस दौर में जुड़ गया। मन्दिर–मठों से जुड़े लोगों में एक वर्ग वह था जो सुविधा भोगी था और वह समाज द्वारा दी गई कई प्रकार की सुविधाओं अर्थात् स्वर्ण–जवाहरात, धन–सम्पत्ति, वस्त्र एवं उत्तम खाद्यान्न आदि सभी कुछ का देव मूर्ति एवं धर्म के नाम पर उपभोग कर रहा था। दूसरे संवर्ग में राजा–महाराजा, वणिक–व्यापारी से लेकर जन–सामान्य को शामिल कर सकते हैं, जो देवमूर्ति के प्रसन्नार्थ या अपनी आस्था एवं विश्वास की अभिव्यक्ति के लिए मन्दिर–मठ पर कुछ न कुछ समर्पित कर रहा था। इस समर्पण या दान परम्परा से कुछ मन्दिरों–मठों में अकूत धन सम्पत्ति एकत्र हो गई जो इस युग की पहचान है। धन–सम्पदा को ललचाई दृष्टि से तुर्क आक्रमणकारी देख रहे थे और जैसे ही मौका मिला उन्होंने भारत को लूटने में कसर न छोड़ी।

मन्दिर–मठों को प्राप्त होने वाली सम्पदा में सबसे महत्वपूर्ण थी–कृषि भूमि। इसके अन्तर्गत शासकों ने मन्दिरों एवं ब्राह्मणों को ग्राम एवं बड़ी–बड़ी भूमि का अनुदान देकर इस व्यवस्था को मजबूत बनाया। मन्दिर–मठों को भूमि की प्राप्ति से उसकी नई भूमिका का आविर्भाव हुआ। दूसरे, इन संस्थानों में श्रद्धा से जन–सामान्य द्वारा सोना–चांदी एवं रुपये–पैसे बड़ी मात्रा में समर्पित किये जाने से अकूत धन एकत्र हुआ, जिससे मन्दिर–मठ की एक अन्य प्रकार की भूमिका की शुरुआत हुई। राजेन्द्र चोल (चोल सम्राट) ने विशाल वृहदेश्वर मन्दिर एवं गंगैकोण्ड चोलपुरम में गंगैकोण्ड चोलेश्वर मन्दिर का निर्माण करवाया एवं बड़े पैमाने पर भूमि अनुदान में दी एवं अकूत धनराशि संचालन हेतु भेंट की गई। प्राप्त विवरण के अनुसार तंजौर के वृहदेश्वर मन्दिर की आय 500 पौण्ड स्वर्ण, 250 पौण्ड रत्न और 600 पौण्ड रजत थी, जो सैकड़ों गाँवों के राजस्व एवं दान से एकत्र होती रही।[13] मन्दिर–मठों की आर्थिक स्थिति मजबूत होने से आर्थिक, सांस्कृतिक गतिविधियों के भी केन्द्र बने। यहाँ यह उल्लेख करना अनुचित न होगा कि आलोच्यकाल में उत्तर भारत में भी बड़े मन्दिरों का अस्तित्व था, जैसे–मुल्तान, मथुरा, उज्जैन आदि में, किन्तु मुस्लिम आक्रान्ताओं ने अधिकांश मन्दिर–मठ नष्ट कर दिये थे। अतः उस क्षेत्र के मन्दिरों की सूचना उपलब्ध नहीं हुई है। मन्दिरों का महत्व एवं समाज में उनकी भागीदारी अथवा दायित्वों की चर्चा कुछ शीर्षकों द्वारा की जायेगी।

मन्दिर एवं कृषि विस्तार अपने विकसित रूप में मन्दिर–मठ केवल पूजा स्थल ही नहीं रहे अपितु बड़ी जमीनों के मालिक भी थे। सैकड़ों ग्रामों की विभिन्न प्रकार की भूमि का स्वामित्व मन्दिरों के पास था। एक मुस्लिम लेखक ने दर्शाया है कि सोमनाथ मन्दिर के पास 10,000 ग्राम थे, जिसका राजस्व या समस्त आमदनी मन्दिर के खजाने में जमा होती थी। मन्दिर भूमि का प्रबन्ध 'कृषि प्रबन्धन समिति' द्वारा संचालित था। कहा गया है कि मन्दिर सम्पदा में गैर–कृषि भूमि एवं जंगल या वन भूमि भी शामिल थी। दूसरे शब्दों में, मन्दिर प्रबन्धन द्वारा कृषि उत्पादन एवं वितरण कार्य भी किया जाता रहा। कृषि विस्तार में उसके सहयोग का महत्व कम नहीं किया जा सकता। जंगलों का कृषि भूमि में रूपान्तरण हुआ। संभवतः बड़े पैमाने पर वन भूमि कृषि योग्य बनाये जाने की शुरुआत हुई।

जमींदारिक दायित्व मन्दिर प्रबन्धन अतिरिक्त भूमि को किसानों को बँटाई पर देकर जमींदार की भूमिका का निर्वाह भी कर रहे थे। बँटाई पर दी गई भूमि से बड़ी मात्रा में अनाज एवं नकद आय प्राप्त होती थी। तंजौर मन्दिरों के अभिलेख सूचित करते हैं कि ऐसी बँटाई भूमि से 1,16,000 कलम (तत्कालीन माप) धान प्राप्त होता था। अर्काट के त्रिभुवन मन्दिर की 95,525 कलम धान की आय बँटाई से बताई गई है। एक बँटाईदार द्वारा एक बेलि भूमि पर कृषि के बदले 124 कलम धन देने की जानकारी सुन्दर चोल के एक अभिलेख से होती है। अनुदान में प्राप्त गाँवों से कई प्रकार के प्रचलित कर मन्दिरों को वसूल करने के अधिकार थे। कहा जा सकता है कि मन्दिर जमींदार या सामन्त की भूमिका भी अदा कर रहे थे।

मन्दिर एवं बैंकिंग जैसा विदित है कि मन्दिरों की अनेक प्रकार की आय थी। बड़ी मात्रा में प्राप्त होने वाली चढ़ावे की राशि, अपने गाँवों से प्राप्त कर राशि एवं बँटाई से प्राप्त धन के विक्रय से प्राप्त धन को मन्दिर प्रबन्धन जरूरत मंदों को ब्याज पर ऋण देता रहा। तंजौर का अभिलेख इंगित करता है कि संचित धन राशि स्थानीय ग्राम सभाओं को 12 प्रतिशत

ब्याज पर दी जाती थी। स्थानीय सभाएँ घोर आवश्यकता पर मन्दिरों से उधार लेती रहीं। इससे भी अधिक महत्वपूर्ण श्रेणियों को दिया जाने वाला ऋण है जो व्यापार वाणिज्य के विकास में सहायक बना। सामान्यतः ऋण अक्षय नीवि या स्थायी निधि के रूप में देय था और दी गई राशि के ब्याज रूप में मन्दिर के लिए आवश्यक सामग्री अथवा नियमित ब्याज मिलता रहा जिससे मन्दिर पूजा आदि का खर्च चलता था।

संचयिक संस्थान बैंकिंग पद्धति के दूसरे पक्ष अर्थात् लोगों की धन राशि भी धरोहर रूप में मन्दिरों में जमा किये जाने की व्यवस्था थी। सामान्यतः मन्दिरों को धन संचय के लिए सुरक्षित संस्थान माना जाता था। राजतरंगिणी में कल्हण ने जिक्र किया है कि लोहार वंशीय राजा अनन्त (1028–67 ई.) ने विजय शेखर मन्दिर में अकूत धन जमा करवा रखा था। संभवतः उत्तर भारत में कई मन्दिर लोगों की अमानत (deposit) ग्रहण नहीं करते थे। क्योकि उच्च वर्णो द्वारा ब्याज लेना धार्मिक रूप से अनुचित माना जाता था।

आर्थिक केन्द्र निर्माण प्रक्रिया से लेकर संचालन तक की प्रत्येक गतिविधि में मन्दिर लोगों के लिए रोजगार सृजक बने रहे। प्रारम्भ में निर्माण सामग्री उपलब्ध करवाने से लेकर श्रमिकों, कलाकारों एवं राजगीरों के लिए मन्दिरों से प्रत्यक्ष रोजगार उपलब्ध हुए। दूसरी श्रेणी के रोजगार में फल–फूल उत्पादक, माला निर्माण, अगरबत्ती, मिठाई, नारियल के विक्रेताओं को मन्दिरों ने अवसर प्रदान किये और कई वर्गों को अपने से जोड़े रखा।

नियोक्ता रूप अपनी कृषि भूमि पर खेती करने के लिए कृषि मजदूरों को नियुक्त करते रहे अर्थात् मन्दिरों में भूमिहीनों के लिए रोजगार के अवसर बनाये। बड़े मन्दिरों के कार्यों के निष्पादन हेतु बड़ी संख्या में सेवकों की आवश्यकता होती रही। इस प्रकार मन्दिर प्रबन्धन स्थानीय लोगों को रोजगार मुहैया करवाते रहे। तंजौर मन्दिर का अभिलेख सूचित करता है कि मन्दिर में देव सेवा के लिए 400 गायिकाएँ, 212 सेवक, 57 संगीतज्ञ एवं कथावाचक थे। इनके अतिरिक्त दर्जी, सुनार आदि भी कार्यरत रहे। कहा गया है कि, सोमनाथ मन्दिर में 500 देवदासियाँ, 30 गायक और 200 पुजारी नियुक्त थे।

जहाँ तक कार्मिकों को वेतन का प्रश्न है, संभवतः नकद या भूमि रूप में देय था। दक्षिण अर्काट जिले के त्रिभुवन मन्दिर के अभिलेख से बोध होता है कि मन्दिर की 400 देवदासियों एवं 212 अन्य कार्मिकों को वेतन रूप में एक 'बेलि' भूमि और एक मकान प्रदान किया जाता था।

प्रशासनिक दायित्व मन्दिर–मठों को बड़ी संख्या में कर मुक्त ग्राम 'ब्रह्मदेय' या 'देवदाय' रूप में मिलते रहे। राज्य द्वारा वसूल किये जाने वाले सभी कर मन्दिर पुरोहितों को वसूलने का अधिकार था। यही नहीं अनुदानों में प्रायः दशापराधों के लिए दण्डित करने का अधिकार भी अनुदानगृहिता को था अर्थात् मन्दिर प्रबन्धन में निहित था। इस प्रकार पुरोहित वर्ग न्यायाधीश एवं पुलिस की भूमिका का निर्वहन करने लगे। निश्चय ही मन्दिर प्रशासन में राजस्व वसूल करने वाला अमला और चाट–भाट भी शामिल रहे होंगे।

सांस्कृतिक गतिविधियाँ पूर्व में जैसा जिक्र किया गया है कि मन्दिर नृत्य कला, संगीत, वादन एवं नाट्य कला के केन्द्र थे तो अतिशयोक्ति न होगी। राजराज चोल के एक अभिलेख में सात अंकों के एक नाटक के, मण्डप (मन्दिर के) में मंचन का जिक्र आया है। अभिनेता को भूमि अनुदान में दी गई थी। इसी प्रकार राजेन्द्रचोल के समय 'राजराजेश्वर' नाटक के मंचन का उल्लेख आया है। कुलोत्तुंग चोल ने स्वयं के निर्देशन में सुसज्जित नाट्यशाला का निर्माण भी करवाया था। चोल एवं पाण्ड्यकालीन लेख सूचित करते हैं कि मन्दिर मण्डपों में रामायण, महाभारत एवं पुराणों के नाटकों का मंचन होता था।

सामाजिक उत्सवों एवं त्यौहारों का मन्दिरों पर आयोजन ने, लोगों में नवीन चेतना एवं उत्साह का संचार किया। मन्दिर निर्माण के कारण एक ओर शिल्पकार अपनी स्थापत्य या मूर्तिकला के प्रदर्शन में लगा हुआ था वहीं चित्रकार भित्ति चित्रों के आलेखन में। धातुकर्मी (काँसे) नटराज की सुन्दर मूर्तियों को ढ़ालकर अपनी कला को अमर बनाने में लगे हुए दिखाई पड़ते हैं वहीं स्वर्णकार जवाहरातों व स्वर्णाभूषणों के निर्माण द्वारा अपनी कला की अभिव्यक्ति में। कहा जा सकता है कि तत्कालीन मन्दिर सांस्कृतिक गतिविधियों के महत्वपूर्ण केन्द्र साबित हो रहे थे।

मन्दिर–शिक्षा केन्द्र सबसे पहले बौद्ध विहारों एवं मठों में संगठित शिक्षण संस्थाओं की शुरुआत हुई और कालान्तर में वे विश्वविद्यालयों में बदल गये। नालन्दा, विक्रमशिला एवं तक्षशिला आदि को इसी श्रेणी में रखना होगा। बौद्ध मठों के अनुरूप मन्दिरों में भी शिक्षण कार्य होने लगे। जैन एवं ब्राह्मण विद्या के केन्द्रों को मठ की संज्ञा दी गई वहीं बौद्ध शिक्षा केन्द्र विहार कहलाये। कश्मीर शासकों, जैसे–ललितादित्य, यशस्कर, दिद्दा एवं अनन्त आदि ने मठों एवं विहारों को शिक्षा प्रोत्साहन हेतु प्रभूत दान दिया था। कश्मीर शिक्षा का महत्वपूर्ण केन्द्र था। कुमार जीव नामक बौद्ध विद्वान् के खोतान से आकर कश्मीर में अध्ययन की जानकारी मिलती है।

वेदों एवं धर्मशास्त्रों के अतिरिक्त ज्योतिष, आयुर्वेद, भाषा, व्याकरण, नृत्य संगीत आदि की शिक्षा दी जाती थी। शिक्षण कार्य से जुड़े मठ–मन्दिरों को स्थानीय शासक 'ब्रह्मदेय', अनुदानों एवं नकद धन के रूप में सहायता करते थे। राजेन्द्र चोल के एन्नारियम ग्राम से प्राप्त अभिलेख से ज्ञात होता है कि एक ब्राह्मण गाँव को चतुर्वेदी मंगलम् कहा गया। यहाँ मन्दिर से जुड़े विद्यालय, जिसे 'गंगैकोण्ड चोलमण्डप' कहा

गया, को स्थानीय ग्राम सभा ने 300 एकड़ भूमि का अनुदान दिया जिससे यहाँ अध्ययनरत 340 विद्यार्थियों का खर्च चलता था। वहीं विद्यार्थियों को खाने के लिए 1 सेर चावल प्रतिदिन के अनुसार एवं तोला सोना वार्षिक वस्त्रों एवं अन्य व्यय के लिए मिलता रहा। यहाँ नियुक्त 16 अध्यापकों को प्रतिदिन 16 सेर के हिसाब से चावल एवं 45 बेलि भूमि अन्य व्यय के लिए प्रदान की गई थी। इसी प्रकार चिंगलपेट (जिला) के 'वेंकटेश पेरुमाल' मन्दिर में 60 विद्यार्थियों के पढ़ने एवं आवासीय व्यवस्था थी। यही बात 13वीं सदी के 'मलकापुरम' विद्यालय पर लागू होती है जहाँ आठ शिक्षक अध्यापन कार्य में लगे थे, इसमें चिकित्सा हेतु वैद्य भी नियुक्त था। शिक्षकों को वेतन भूमि रूप में दिया गया था। बीजापुर के एक मन्दिर (ग्यारहवीं सदी) में साधुओं एवं मीमांसा के अध्ययनरत छात्रों के निःशुल्क भोजन वस्त्रादि की व्यवस्था 1200 एकड़ भूमि के अनुदान से होती थी। कहा जा सकता है कि आलोच्यकाल के हिन्दू एवं जैन मन्दिरों (जिनालय) का एक भाग भाषा, व्याकरण एवं धार्मिक साहित्य की शिक्षा हेतु प्रयोग में लाया जाता था।

मूल्यांकन कहा जा सकता है कि मन्दिर–मठ एक ओर जहाँ सामाजिक–सांस्कृतिक एवं आर्थिक गतिविधियों के केन्द्र बन गये थे वहीं मन्दिरों की अकूत सम्पदा से परवर्ती काल में भ्रष्टाचार एवं व्यभिचार को बढ़ावा मिला। विशेष रूप से तंत्र एवं वज्रयान के प्रभाव से उत्तर भारत के मन्दिर काम कला के केन्द्र बन गये, वहीं दक्षिण के मन्दिरों में देवदासियों को वेश्याओं के रूप में बदल दिया गया। यहाँ तक कि मन्दिर प्रबन्धन उनसे आय (कर) प्राप्त करने लगा। यह भी उल्लेखनीय है कि, नगर की वेश्याओं को देवदासियों की तुलना में अधिक आदर सम्मान प्राप्त था।

जमींदारों के रूप में भी मन्दिर अच्छे प्रबन्धक साबित नहीं हो पाये, मन्दिरों से सम्बन्धित किसानों व बँटाईदारों का खूब शोषण होता रहा। प्रायः ऐसे किसान ऋण के बोझ से दबे रहते थे और कभी–कभी भूमि त्यागकर अन्यत्र चले जाने की जानकारी मिलती है। मन्दिरों ने बँटाईदारों की भूमि को ग्रामसभा से ब्रह्मदेय में बदलवाने का काम मन्दिर प्रबंधन ने किया। अन्त में मन्दिर जहां अच्छे सामाजिक–सांस्कृतिक केन्द्र साबित हुए वहीं सामन्ती रूप में भ्रष्टाचार व अनैतिकता के केन्द्र भी।

सन्दर्भ :

1. ऋग्वेद 10/170/4– 1/155/4– 6/49/13.
2. सिथयेन्थेयर, हिस्ट्री ऑफ इण्ड़िया, खण्ड 1, पृ. 380
3. ऋग्वेद 10/125/6
4. राजतरंगिणी 7/190 (सातवी तरंग, श्लोक 190)
5. देखिये, शर्मा रामशरण, पूर्व मध्यकालीन भारत का सामन्ती समाज और संस्कृति, पृ. 196.
6. अब्बासी नूरनबी, भारत : अल–बरुनी, एडवर्ड सी. सवाउ के अंग्रेजी संस्करण का हिन्दी अनुवाद, पृ. 54–55
7. धारणियाँ मंत्र पद या मंत्रों का पूर्वरूप कही गई है जिनसे आगे बौद्ध यंत्रों का विकास हुआ।
8. पाण्डे गोविन्दचन्द्र, बौद्ध धर्म के विकास का इतिहास, पृ. 457.
9. पाण्डे गोविन्दचन्द्र, वही, पृ. 462.
10. पाण्डे, गोवन्दचन्द्र, वही, पृ. 462.
11. विद्यालंकार, सत्यकेतु, भारत का इतिहास (600–1200 ई.), पृ. 321
12. राहुल सांकृत्यायन : बुद्धचर्या (रामधरी सिंह दिनकर द्वारा 'संस्कृति के चार अध्याय' में उद्धृत)
13. थापर रोमिला, भारत का इतिहास, पृ. 191.

64 साहित्यः भाषाएँ एवं मूल ग्रंथ
(Literature–Language and Texts)

पूर्व मध्य काल राजनीतिक बिखराव, छोटे–बड़े राज्यों–राजवंशों के उत्कर्ष एवं पतन का काल था। राजाओं के परस्पर युद्ध, राजवंशों के आन्तरिक संघर्ष एवं छोटे–छोटे राज्यों के आविर्भाव जैसे राजनीतिक कारणों से तत्कालीन साहित्यिक गतिविधियाँ प्रभावित हुईं। देश की मुद्रा प्रणाली में एकरूपता का अभाव, एक राज्य में दूसरे राज्य के व्यापारियों की असुरक्षा, शाक्त एवं तान्त्रिक सम्प्रदायों के आविर्भाव तथा बौद्ध धर्म में वज्रयान जैसे सम्प्रदायों के अस्तित्व से तत्कालीन साहित्य एवं संस्कृति कैसे अप्रभावित रह सकती थी। इन सब विपरीत परिस्थितियों के बावजूद साहित्य के अनेक क्षेत्रों में असाधारण रूप से विकास हुआ। काव्य, नाटक, अलंकारशास्त्र, व्याकरण कोश आदि सभी विषयों पर बड़ी संख्या में ग्रंथ लिखे गए। तत्कालीन विशद् साहित्य का विवेचन संभव नहीं है। यहाँ संक्षेप में, महत्वपूर्ण लेखकों एवं प्रमुख कृतियों का जिक्र ही किया जायेगा।

महाकाव्य साहित्य में संस्कृत रचनाओं की सर्वप्रथम विवेचना उचित प्रतीत होती है, क्योंकि भारवि, भट्टि, माघ एवं दण्डी जैसे महाकवि सातवीं सदी एवं बाद की अवधि में अपनी उपस्थिति दर्ज करवा चुके थे। माघ के उत्कृष्ट साहित्य का अनुमान संस्कृत की इस प्राचीन उक्ति से लगाया जा सकता है कि कालिदास उपमा अलंकार के लिए प्रसिद्ध हुए, भारवि काव्य के अर्थ गौरव में, दंडी पदों के लालित्य में, पर माघ में इन तीनों गुणों का मिश्रण था।[1]

I. भारवि : इन्हें कालीदास का समकालीन कहा जाता है। उनकी एकमात्र रचना ''किरातार्जुनीय' महाकाव्य है, जिसकी कथावस्तु महाभारत से ली गई है। अर्जुन एवं किरात वेशधारी शिव के बीच युद्ध का वर्णन है। भारवि की शैली पर कालीदास का प्रभाव रहा है। 18 सर्गों के इस वीर रस प्रधान महाकाव्य का 'श्री' एवं सर्ग का अन्त लक्ष्मी शब्द के प्रयोग से हुआ है।

II. रत्नाकर : कश्मीर के साहित्य प्रेमी शासक अवन्ति वर्मन, (855–884 ई.) के राज्याश्रय में रत्नाकर ने 'हरिविजय' नामक संस्कृत के विशाल महाकाव्य की रचना की थी, जिसमें 50 सर्ग एवं 4321 श्लोक हैं।

उनके आश्रय में दूसरे महाकवि शिवस्वामी का जिक्र करना होगा, जिन्होंने 'कफ्फिणाभ्युदय' नामक बौद्ध इतिहास से सम्बन्धित काव्य की रचना की थी।

III. माघ (675 ई. लगभग) : माघ की प्रसिद्ध रचना ''शिशुपाल वध'' बीस सर्गों एवं 1650 श्लोकों का महाकाव्य है। महाभारत से ली गई इस कथा में युधिष्ठर के राजसूय यज्ञ के दौरान शिशुपाल के कृष्ण द्वारा वध का काव्यात्मक चित्रण कवि ने किया है। अलंकृत काव्य शैली द्वारा प्रकृति का चित्रण माघ की विशेषता है।

IV. राजशेखर (890 से 940 ई. लगभग) : राजशेखर ने पांच ग्रंथों की रचना की, जिनमें चार नाटक एवं एक अलंकार शास्त्र का ग्रंथ हैः

बाल रामायण : 10 अंकों की रामकथा में सीता स्वयंवर से अयोध्या लौटने की नाटकीय प्रस्तुति की गई है।

बालभारत (प्रचण्ड पाण्डव) : प्राप्त दो अंकों में महाभारत की द्यूत–क्रीड़ा एवं द्रौपदी चीर हरण का सुन्दर वर्णन किया है।

विद्धशालभञ्जिका : विद्याधरमल्ल नाम राजकुमार एवं मृगाकावती तथा कुवलयमाला नामक राजकुमारियों की प्रेम गाथा को 4 अंकों के नाटक द्वारा प्रस्तुत किया है।

कर्पूरमञ्जरी (कपूर का गुच्छा) : प्राकृत भाषा रचित इस ग्रंथ की रचना राजशेखर ने अपनी पत्नी अवन्ति सुंदरी के कहने पर की थी। इसमें चन्द्रपाल तथा विदर्भ राजकुमारी कर्पूरमंजरी का विवाह सिद्ध योगी भैरव नाथ के चमत्कार से हुआ दर्शाया गया है।

काव्य मीमांसा : अलंकार शास्त्र पर लिखे गये इस विशाल ग्रंथ में 18 अधिकरण थे अब केवल प्रथम अधिकरण उपलब्ध है। यह ग्रंथ कवियों के लिए उपयोगी है।

V. क्षेमेन्द्र : ग्यारहवीं सदी के कश्मीर के ही महाकवि क्षेमेन्द्र प्रभूत संस्कृत साहित्य की रचना के लिए विख्यात हैं। कहा जाता है कि वेदव्यास के बाद वे सर्वाधिक संस्कृत साहित्य के रचयिता थे। उनके महाकाव्यों में 'रामायणमंजरी', 'भारत मंजरी', 'वृहतकथामंजरी', 'दशावतारचरित' प्रसिद्ध हैं।

VI. मंखक : कश्मीर शासक जयसिंह बारहवीं सदी के आश्रय प्राप्त मंखक नामक कवि ने 'श्री कंठरचित' नामक काव्य की रचना की।

VII. श्रीहर्ष : पूर्व मध्यकाल के अन्तिम दौर के संस्कृत महाकवियों में श्रीहर्ष का जिक्र करना होगा जो कुख्यात कन्नौज शासक जयचन्द (1156–1193 ई.) की सभा के सम्मानित सदस्य थे। श्री हर्ष की रचनाओं में महाकाव्य 'नैषध चरित्र', 'शिशुपाल वध' तथा 'किरातार्जुनीयम्' के साथ वृहत्त्रयी या (तीन विशाल महाकाव्यों) में गणना की जाती है। श्री हर्ष ने नैषध चरित में निषधदेश के राजा नल व विदर्भ राजकुमारी दमयन्ति के प्रणाम एवं विवाह वर्णन किया है।

जैन विद्वानों में संस्कृत भाषा में आलेखन के लिए हेमचन्द्र एवं हरीशचन्द्र उल्लेखनीय हैं। हेमचन्द्र को सोलंकी वंशीय राजा जयसिंह एवं कुमारपाल का आश्रय प्राप्त था, उनकी 'त्रिषष्ठिशलाकापुरुषचरित्र' एवं 'द्वयाश्रयकाव्य' प्रसिद्ध रचनाएँ हैं। ग्यारहवीं सदी के हरिश्चन्द्र ने 'धर्मशर्माभ्युदय' नामक ग्रंथ की रचना की थी।

ऐतिहासिक महाकाव्य परम्परागत धार्मिक पात्रों को आधार बनाकर लिखे गये ग्रंथों के अतिरिक्त कवियों ने समकालीन इतिहास पुरुषों की उपलब्धियों को दर्शाने हेतु ग्रंथ रचना की शुरुआत की, जो इस काल की विशेष उपलब्धि थी।

बाणभट्ट सम्राट हर्ष के दरबारी कवि बाणभट्ट (सातवीं शती) ने हर्षचरित एवं कादम्बरी नामक दो महत्वपूर्ण ग्रंथों का सृजन किया। आठ उच्छवास के इस ग्रंथ में पांच में वर्द्धन वंश तथा हर्ष के जीवन एवं कृत्यों का उल्लेख किया है। बाण ने तत्कालीन समाज एवं सांस्कृतिक जीवन का सच्चा निरूपण किया है। कादम्बरी में चन्द्रपीड़ एवं कादम्बरी की प्रणय कथा दी गई है। यह गद्य साहित्य की उत्कृष्ट रचना है।

दण्डी कांची के पल्लव नरेश नरसिंह वर्मा (690–715 ई.) की राजसभा में बैठते थे। दण्डी ने तीन ग्रंथों की रचना की हैं – काव्यादर्श, दशकुमारचरित एवं अवन्तिसुंदरी कथा। काव्यादर्श में काव्यशास्त्र के नियमों का प्रतिपादन किया गया। **दशकुमारचरित** में पाटलिपुत्र के राजा हंस तथा उसके दस पुत्रों के जीवन का साहसिक वर्णन किया है। अवन्तिसुन्दरी कथा में मालव राज मानसार की कन्या अवन्तिसुन्दरी की कथा दी गई है। यह सौन्दर्य प्रधान गद्य काव्य है।

पद्मगुप्त 'परिमल' धारा के परमारवंशी राजा मुंज (992–998 ई.) की राजसभा को शोभित करता था। मुंज एवं उसके भाई सिन्धुराज के जीवन पर आधारित "नवसाहसाङकचरित" नामक महाकाव्य की रचना की।

बिल्हण कल्याणी के चालुक्य शासक विक्रमादित्य षष्ठ (1076–1127 ई.) की राजसभा में बैठने वाले बिल्हण ने 'विक्रमांकदेवचरित' नामक प्रसिद्ध ग्रंथ का सृजन किया। वैदर्भी शैली में आश्रयदाता के जीवन की सरस ढंग से प्रस्तुति की है।

महाकवि हेमचन्द्र का 'द्वयाश्रयकाव्य' कुमारपाल की उपलब्धियों पर ऐतिहासिक ग्रंथ है। संस्कृत एवं अपभ्रंश की यह संयुक्त रचना है।

कल्हण–राजतरंगिणी पूर्व मध्यकाल के अन्तिम दौर के ऐतिहासिक महाकाव्यों में राजतरंगिणी सर्वाधिक महत्वपूर्ण है। इसे बारहवीं सदी के पूर्वार्द्ध में कल्हण ने आलेखित किया था। सुकवि की समता वह ब्रह्मा से करता है। स्वयं के दृष्टिकोण प्रस्तुत करते हुए लिखता है :

श्लाध्यः स एव गुणवान रागद्वेष बहिष्कृता।
भूतार्थ कथने यस्य स्ये यस्येव सरस्वती।।

अर्थात् वही गुणवान कवि प्रशंसा का अधिकारी है जो राग द्वेष से ऊपर उठकर एकभाव सत्य के निरूपण से अपनी वाणी का प्रयोग करता है। कल्हण की उत्कृष्ट कृति राजतरंगिणी में ऐतिहासिक तथ्यों एवं पूर्व के वृत्तान्तों का उचित प्रयोग किया है।

लगभग 1148 ई. में आलेखित राजतंरगिणी में कल्हण ने प्रारम्भ से लेकर अपने युग तक के कश्मीर के इतिहास का विवरण दिया है। इस रचना का आधार हर्षचरित एवं वृहत संहिता जैसे महाकाव्य थे। साथ ही स्थानीय राजकथाओं, क्षेमेन्द्र की नृपावली, हेलाराजा की पार्थिवावली एवं नीलमतपुराण जैसी कश्मीर पर आध ारित पुरानी कृतियां भी शामिल रही हैं। यही नहीं एक सच्चे इतिहासकार के रूप में पुरालेखों, राजकीय दस्तोवजों, सिक्कों, राजकीय स्तुतियों एवं स्थानीय परम्पराओं का ग्रंथ रचना के लिए उपयोग साधन के रूप में अपनाया।

संस्कृत में रचित आठ तरंगों या खण्डों में विभक्त 7826 छन्दों के इस ग्रंथ में कश्मीर के राजाओं की काल्पनिक कहानियों और इसी खण्ड में अशोक, जालोक, हुविष्क, कनिष्क एवं हूण राजा मिहिर कुल के आख्यान को ऐतिहासिक रूप में प्रस्तुत किया है।

प्रतापादित्य प्रथम आर्यराज जैसे राजवंश का विवरण दूसरे खण्ड में दिया है। तीसरा खण्ड गोनंद वंश के पुनर्स्थापित राजा मेघवाहन से सम्बन्धित है। यह भाग कर्कोट वंश की स्थापना के साथ समाप्त होता है। चतुर्थ भाग उत्पल वंश के संस्थापक अवन्ति वर्मन 855 ई. सत्ता प्राप्त करने के साथ समाप्त होता हैं। पांचवें एवं छठे में 1003ई. तक उत्पल वंश का इतिवृत्त दिया गया है। लोहार वंश की विवेचना उत्पल वंश के बाद की गई। सातवां खण्ड कश्मीर शासक हर्ष (1101 ई.) को समर्पित है। आठवां खण्ड हर्ष की मृत्यु एवं उसके समकालीन लोहार वंश के राजा जयसिंह (1128–1155 ई.) के साथ समाप्त होता है।

विद्वानों[2] की मान्यता है कि, राजतरंगिणी के प्रारम्भिक तीन अध्यायों में ऐतिहासिक तथ्य बहुत कम पाये जाते हैं जो कि पूर्व राजवंशों को समर्पित है। कर्कोट वंश से हम अधिक–से–अधिक ऐतिहासिक सच्चाई को देखते हैं। यह उल्लेखनीय है कि, वह अपने आश्रयदाता की आलोचना से भी नहीं चूका। कश्मीर के इतिहास की क्रमबद्ध जानकारी के लिए इससे अधिक कोई अन्य ग्रंथ उपयोगी नहीं हो सकता।

निष्कर्षत : कल्हण ने राजतरंगिणी में भारत का जो चित्रांकन किया है वह अपने में अद्वितीय है।

अनेक परम्परागत दोष होते हुए भी राजतरंगिणी का विवरण अधिक विश्वसनीय तथा आधुनिक इतिहास लेखन की श्रेणी में आता है। उसके विवेचन में सरलता एवं सरसता है। कल्हण की शैली काव्यात्मक गद्य प्रकार की है। कल्हण राजवशों के विवरण के संग्रहकर्ता का स्वरूप नहीं छोड़ पाये एवं आलोचनात्मक दृष्टिकोण नहीं रखा गया। साथ ही क्षेत्रीयता की भावना से भी कल्हण मुक्त नहीं हो सके। भारत के महत्वपूर्ण राजाओं, जैसे– मौर्य शासकों को भी कश्मीर शासकों के रूप में प्रस्तुत किया है। कल्हण का अनुकरण करने की कोशिश श्रीवर (जैनतंरगिणी) प्राज्ञ भट्ट (राजावलीपटक) एवं जोनाराज जैसे विद्वानों ने की थी किन्तु वे पूरी तरह असफल रहे। साहित्य एवं इतिहास दोनों दृष्टियों से कल्हण का ग्रंथ उत्कृष्ट कहा जायेगा।

नाटक आलोच्य काल में संस्कृत में भास, शूद्रक एवं कालिदास की परम्परा में ही नाटकों की रचना हुई। इस काल के प्रसिद्ध नाटककारों में कन्नौज के यशोवर्मा (700–740 ई.) के आश्रयी भवभूति उल्लेखनीय हैं।

भवभूति भवभूति को कान्यकुब्ज निवासी कहा गया है, आठवीं शताब्दी के प्रारम्भ में उनका जन्म हुआ था। उनके तीन नाटक 'उत्तर–रामचरित', 'महावीरचरित' और 'मालती माधव' को संस्कृत नाट्य साहित्य में महत्वपूर्ण स्थान प्राप्त है। प्रारम्भिक दो में रामकथा का चित्रण हुआ है और मालतीमाधव उत्तेजनात्मक प्रेम कथा है। कई विद्वान् उत्तर–रामचरित को कालिदास के नाटकों से श्रेष्ठ कृति मानते हैं।

नारायण भट्ट आठवीं सदी के ही अन्य नाटककार नारायणभट्ट की 'वेणी संहार' एक प्रसिद्ध नाटय रचना है। नवीं सदी में भीम ने 'प्रतिभा चाणक्य' एवं 'दशानन स्वप्न' नामक नाटक आलेखित किये थे। कहा गया है कि प्रतिभा चाणक्य पर विशाखदत्त के 'मुद्राराक्षस' का प्रभाव था।

मुरारी 'अनर्घराघव' नामक नाटक के रचनाकार मुरारी थे। भाषा की दृष्टि से इसे अच्छा ग्रंथ माना गया है लेकिन नाटकीय तत्वों की कमी प्रतीत होती है। शक्तिभद्र ने 'आश्चर्यचूड़ामणि' नामक नाटक इसी काल में लिखा था।

क्षेमेश्वर 'चण्डकौशिक' नामक नाटय रचना क्षेमेश्वर ने इसी काल में की थी। उसने अपने अन्य 'नैषधानंद' नाटक में राजा नल की कथा को आधार बनाया है। शाकम्भरी के चौहान शासक बीसलदेव द्वारा रचित नाटक 'हरिकेलि' के अब कुछ अंश ही उपलब्ध हैं।

जयसिंह सूरी जयसिंह सूरी ने 'हमीर मदमर्दन' नामक नाटक में वीरधवल द्वारा किसी मुसलमान शासक हमीर पर विजय का वर्णन है। नाटक लेखन की दृष्टि से निश्चय ही यह एक समृद्ध काल कहा जा सकता है।

गद्य एवं कथा साहित्य पूर्व मध्यकाल में अनेक गद्य ग्रंथ भी लिखे गये जो शैली एवं रचनात्मक दृष्टि से गद्यकाव्य के समान है। धारा के मुंज परमार के राज्याश्रयी धनपाल ने **'तिलक मंजरी'** नामक गद्य रचना की थी जो शैली की दृष्टि से गद्यकाव्य कहा जा सकता है। **सौढ्ढल** द्वारा रचित **'उदय सुन्दरी कथा'** में प्रतिष्ठान शासन की नागकन्या के विवाह का वर्णन है। गद्य–पद्य की मिश्रित शैली वाले चम्पू काव्यों की रचना भी इस काल में हुई। दसवीं सदी के त्रिविक्रम भट्ट की प्रसिद्ध चम्पू रचना 'नलचम्पू' का संस्कृत साहित्य में विशेष महत्व है। सोमदेव सूरी ने दसवीं सदी में ही 'यशस्तिलकचम्पू' और ग्यारहवीं सदी में भोजराज ने 'चम्पू रामायण' की रचना की थी।

कथा साहित्य लेखन की परम्परा भी प्राचीन रही है। गुणाढय की 'बृहतकथा' को आधार बनाकर आठवीं–नवीं सदी के बुधस्वामी ने 'बृहत्कथा श्लोक संग्रह' एवं ग्यारहवीं सदी के **क्षेमेन्द्र ने 'वृहतकथामंजरी'** और इसी अवधि के कश्मीरी कवि **सोमदेव ने 'कथासरित्सागर'** की रचना की। ऐतिहासिक महत्व की इन तीनों रचनाओं का कथा प्रकरण सरस एवं साहित्य की दृष्टि से महत्वपूर्ण है। अन्य कथा साहित्य में **'बेताल पंचविंशति'** एवं **'सिंहासनद्वात्रिंशिखा'** का जिक्र किया जा सकता है। पंचतंत्र पर आधारित **'तंत्राख्यायिक'** एवं **'पंचाख्यायिका'** लिखी गई थी और बंगाल में **'हितोपदेश'** का आलेखन हुआ।

अलंकार ग्रंथ इस साहित्य के अनेक ग्रंथ छंदालंकारों, गुण–दोषों एवं शैली अर्थात् अलंकार शास्त्र से सम्बन्धित है। नवीं सदी के रचनाकार आनन्दवर्द्धन ने 'ध्वन्यालोक' नामक प्रसिद्ध ग्रंथ की रचना की, जिस पर बाद में अनेक टीकाएँ लिखी गईं।

कश्मीरी लेखक **मम्मट** ने **'काव्य प्रकाश'** नामक अलंकार ग्रंथ का प्रणयन बारहवीं सदी में किया था। इसी दौर के अन्य लेखक **'वाग्भट'** ने **'वाग्भटालंकार'** नामक अलंकार ग्रंथ का सृजन किया था। पूर्वोल्लिखित कश्मीरी महाकवि क्षेमेन्द्र ने अलंकारशास्त्र के 'कवि कंठभरण' एवं 'औचित्यविचारचर्चा' नामक दो महत्वपूर्ण ग्रंथों का भी प्रणयन किया था। भामह को विद्वानों ने सातवीं सदी से पूर्व का नहीं माना है। उनका 'काव्यालंकार' अलंकार शास्त्र का महत्वपूर्ण ग्रंथ है। गद्यकाव्य के लेखक दण्डी ने 'काव्यादर्श' अलंकार शास्त्र की भी रचना की जो अत्यन्त लोकप्रिय हुआ और कन्नड़, सिंहल एवं तिब्बती जैसी कई भाषाओं में उसके अनुवाद भी हुए।

गीतिकाव्य की श्रेणी में विल्हण ने **'चोरे पंचाशिका'** नामक गीतिकाव्य की रचना की, जिसमें प्रेमाख्यान की सुन्दर प्रस्तुति हुई है। परन्तु **इसका श्रेष्ठतम उदाहरण लक्ष्मण सेन के दरबारी कवि जयदेव का 'गीत गोविन्द' है।** गोवर्धन ने 'आर्य सप्तशती' नामक श्रृंगार विषयक सात सौ छंद के ग्रंथ की रचना की। धोयी ने प्रसिद्ध 'पवन दूत' का आलेखन किया, जिसमें मेघदूत की भाँति मलय पर्वत की गंधर्व राजकुमारी लक्ष्मण सेन (बंगाल के सेन शासक) को अपना संदेश भेजती है।

कोश ग्रंथ इस काल में संस्कृत भाषा के अनेक कोश ग्रंथों की रचना हुई थी। हलायुध ने दसवीं सदी में 'अभिधानरत्नमाला' नामक कोश ग्रंथ की रचना की थी। कोश ग्रंथों में अमरसिंह (गुप्त काल) के अमरकोश को सबसे प्राचीन माना जाता है। अमरकोश पर क्षीर स्वामी ने टीका लिखी जो लोकप्रिय एवं प्रामाणिक मानी जाती थी। रामानुज के गुरु यादव प्रकाश ने 'वैजयन्ती' नामक कोश ग्रंथ की रचना ग्यारहवीं सदी में की जिसमें शब्दों एवं वर्णों के अर्थ अकारादि क्रम में दिये गये हैं। माहेश्वर ने 'विश्वप्रकाश', मरव ने 'अनेकार्थसंग्रह', गुजरात के **हेमचन्द्र ने 'अभिधानचिंतामणि', 'अनेकार्थ संग्रह', 'निघण्टुशेष' और प्राकृत में 'देशीनाममाला' नामक चार कोशों की रचना की थी। धारा के राजा भोज ने 'नाममालिका' नामक कोश का सृजन किया था।** अन्य कोश ग्रंथों में धनंजय के 'नाममाला' का जिक्र किया जा सकता है। उपरोक्त कोश ग्रंथ संस्कृत साहित्य की अमूल्य धरोहर है।

नीतिशास्त्र स्मृतियों एवं नीति विषयक मसलों को पुनर्व्याख्यायित करने हेतु ग्रंथों की रचना इस काल में की गई। मेधतिथि ने मनुस्मृति पर टीका इस काल में आलेखित की थी।

याज्ञवल्क्य स्मृति पर बालक्रीड़ा नामक टीका लिखी गई। ग्यारहवीं–बारहवीं सदी के लक्ष्मीधर, विज्ञानेश्वर, अपरार्क, जीमूतवाहन, कामन्दक, भवदेवभट्ट, कल्लूकभट्ट श्रीधर, हेमाद्रि, गोविन्दराज आदि कई विद्वानों ने स्मृतियों एवं सूत्रों पर टीकाएँ एवं भाष्य ग्रंथ लिखे। नीति विषयक भाष्यों एवं टीकाओं के अतिरिक्त बड़ी संख्या में धार्मिक एवं पौराणिक साहित्य की रचना हुई।

जैन एवं बौद्ध साहित्य सातवीं–आठवीं सदी के वीरसेन, जिनसेन एवं गुणभद्र उल्लेखनीय रचनाकार थे। राष्ट्रकूट अमोघवर्ष के दरबारी वीरसेन ने श्वेताम्बर सम्प्रदाय के 'षट्वण्डागम' पर धवला टीका में संस्कृत–प्राकृत के 72 हजार श्लोक हैं। कषायप्राभृत पर उनकी टीका 'जयधवला' में 60 हजार श्लोक हैं। कहा गया है कि जिनसेन इन्हीं के शिष्य थे और गुणभद्र जिनसेन के। स्वयंभू और त्रिभुवन को अपभ्रंश एवं प्राकृत भाषा का रचनाकार कहा है। स्वयंभू ने 'पउमचरिउ' एवं 'रिट्ठमेणिचरिउ' का सृजन किया था। दिगम्बर परम्परा के कुन्दकुन्द, समन्तभद्र, जिनसेन, स्वामी कार्तिकेय, देवसेन, सोमदेव, अमितगति, वसुनन्दि, अमृतचन्द एवं आशाधर आदि विद्वानों ने संस्कृत, प्राकृत एवं अपभ्रंश में विशाल साहित्य का आलेखन किया। पूर्व उद्धृत हेमचन्द्र अत्यन्त प्रतिभाशाली विद्वान् थे।

नालन्दा एवं विक्रमशिला के विद्वानों ने पालि भाषा में ग्रंथों की रचना अवश्य की। बारहवीं सदी के बाद भी पालि में बौद्ध ग्रंथ लिखे जाते रहे। उल्लेखनीय ग्रंथों में उपतिस्स का 'महाबोधिबंस', 'धम्मकित्ति' लिखित 'दाठवंश', वाचिस्सर का 'थूपवंस' प्रमुख है। पालि काव्य ग्रंथों में कस्सप का 'अनागवंस' (ग्यारहवीं सदी) एवं बुद्धरक्खित का जिनालंकार (बारहवीं सदी) चर्चा योग्य है। पालि भाषा के व्याकरण ग्रंथों में सातवीं सदी की कच्चायन व्याकरण पर विमल बुद्धि (ग्यारहवीं सदी) एवं छपद (बारहवीं सदी) ने कच्चायन ने भाष्य लिखे। पालि में महाथेर ने कच्चायन से सर्वथा भिन्न व्याकरण की रचना इस दौर में की।

प्राकृत व अपभ्रंश साहित्य पूर्व मध्यकाल तक आते–आते प्राकृत एवं अपभ्रंश लोक भाषा बन गई थी। जिससे उत्तर भारत की विभिन्न क्षेत्रीय भाषाओं सहित हिन्दी का विकास हुआ। आठवीं–नवीं सदी के सिद्धों (नाथ परम्परा सहित) ने जिस भाषा में अपने साहित्य की रचना की, उसे हिन्दी का प्रारम्भिक रूप कहा जा सकता है। नाथ परम्परा के गोरखनाथ का साहित्य भी इसी आदि भाषा के हिन्दी रूप में है। रासो साहित्य में 'बीसलदेवरासो' 'पृथ्वीराजरासो' (चन्दबरदाई कृत) इसी श्रेणी का अपभ्रंश साहित्य है। प्राकृत में वाक्पति की 'गोऊडवहो', हरिभद्र की 'समराइच्चकहा' एवं 'ध ूर्ताख्यान', उद्योतन सूरि की 'कुवलयमाला' उल्लेखनीय रचनाएँ कही जा सकती हैं।

संगीत क्षेत्र की रचनाओं में जगदेकमल्ल की **'संगीत चूड़ामणि' सोमेश्वर की 'मानसोल्लास'**, एवं शारंगदेव की 'संगीत रत्नाकर' उल्लेखनीय है। **स्थापत्य पर 'समरांगण सूत्रधार' उल्लेखनीय ग्रंथ है, जिसकी रचना भोज ने की थी। मानसोल्लास, साधनमाला आदि इसी विषय पर लिखे गये।** राजा भोज (परमार) कई विषयों का ज्ञाता था, उसने कौटिल्य अर्थशास्त्र की तरह 'युक्तिकल्पतरु' नामक ग्रंथ की रचना की जिसमें न्याय, शासन, सेना, जहाज, भवन निर्माण जैसे विषयों को शामिल किया गया।

स्मृति ग्रंथ पूर्व मध्य युग में स्मृतियों एवं सूत्र ग्रंथों पर भाष्य एवं टीकाएँ लिखी गईं। उनकी विवेचना से पूर्व 18 स्मृति ग्रंथों की गणना इस प्रकार की जा सकती है – मनु, याज्ञवल्क्य, अत्रि, विष्णु, हारीत, उशना, यम, कात्यायन, बृहस्पति, पाराशर, व्यास, दक्ष, गौतम, वशिष्ठ, नारद, भृगु और अंगिरा। इसी प्रकार तीन प्रकार के सूत्रग्रंथ है – श्रौतसूत्र, ब्रह्मसूत्र एवं धर्मसूत्र। याज्ञिक कर्मकाण्ड श्रोत सूत्रों में, गृहस्थ जीवन से सम्बन्धित विधान गृह्यसूत्रों में और समाज के प्रति कर्तव्य, दूसरे के प्रति व्यवहार एवं दायित्वों का उल्लेख धर्मसूत्रों में किया गया है। वर्तमान में उपलब्ध सूत्र ग्रंथों में मुख्य है – गौतम धर्मसूत्र, बौधयनसूत्र, आपस्तम्बसूत्र, मानवसूत्र, काठकसूत्र, कात्यायनश्रौतसूत्र, पारस्करगृह्यसूत्र, आश्वलायन श्रौतसूत्र, आश्वायनगृह्यसूत्र, सांख्यायन श्रौतसूत्र, सांख्यायन गृह्यसूत्र, लाट्यायन श्रौतसूत्र, गोभिल गृह्यसूत्र, कौशिकसूत्र और वैतान श्रौतसूत्र।

प्रारम्भिक पूर्व मध्यकाल में जिन विद्वानों ने स्मृतियों एवं सूत्र ग्रंथों के भाष्य एवं टीकाएँ लिखकर स्वतंत्र ग्रंथों के रूप में निबद्ध किया उनमें असहाय पहले विद्वान् थे जिन्होंने मनु, नारद और गौतम धर्मसूत्रों पर भाष्य लिखे। मेधतिथि ने मनुस्मृति की टीका में असहाय के भाष्य का जिक्र किया है और उनके द्वारा आलेखित नारदस्मृति भाष्य भी उपलब्ध हो गया है। इनका समय सातवीं सदी प्रारम्भ माना गया है।

आचार्य भर्तृयज्ञ ने भी अनेक भाष्य लिखे। इनका उल्लेख मेधतिथि एवं चण्डेश्वर ने किया है। याज्ञवल्क्यस्मृति पर बालक्रीड़ा टीका का आलेखन आचार्य विश्वरूप (आठवीं सदी अन्त या नवीं सदी प्रारम्भ) ने किया जो प्रकाशित हो चुकी है। मनुस्मृति के टीकाकार मेधातिथि की ख्याति सर्वविदित है। इन्होंने 'स्मृति विवेक' नामक अन्य ग्रंथ की भी रचना की थी। धारा नगरी के परमार शासक भोज कई विद्वानों के आश्रयदाता एवं संरक्षक थे और काव्यालंकार, ज्योतिष, योग, चिकित्सा आदि पर ग्रंथ रचना का श्रेय भी उन्हें दिया जाता है। भवदेवभट्ट के व्यवहार–तिलक, कर्मानुष्ठान–पद्धति, प्रायश्चित्त निरूपण आदि धर्मशास्त्र विषयक ग्रंथों में महत्वपूर्णहै। इस श्रेणी के अन्य विद्वानों में भट्ट लक्ष्मीधर (कृत्य कल्पतरु) विज्ञानेश्वर (मिताक्षरा), अपरार्क या अपरादित्य (याज्ञवल्क्य स्मृति पर भाष्य) का उल्लेख करना होगा। अपरार्क दक्षिणी महाराष्ट्र तथा कोंकण क्षेत्र के शिलाहार वंश के शासक थे। राजा अपरार्क की याज्ञवल्क्य स्मृति पर भाष्य महत्वपूर्ण है।

बंगाल में हिन्दू कानून का आधार मिताक्षरा के स्थान पर 'दायभाग' को माना जाता है और इसके रचियता जीमूतवाहन थे। बंगाल में बारहवीं सदी के उत्तरार्द्ध में अनिरुद्ध (हारतला और कर्मोपदेशिनी पद्धति) रचनाकार एवं सेनवंशी (बंगाल) राजा बल्लालसेन के गुरु थे। **स्वयं बल्लालसेन ने दानसागर एवं अद्भुत सागर की रचना की थी।** श्रीधर द्वारा रचित 'स्मृत्यर्थशास्त्र' महत्वपूर्ण है। कहा जा सकता है कि पूर्व मध्य युग में समृतियों, सूत्र ग्रंथों पर भाष्य लिखने की प्रक्रिया पूर्ववत् जारी रही।

दक्षिण भारतीय साहित्य

हम जानते हैं कि संस्कृत से उत्तर भारतीय प्रादेशिक भाषाओं की उत्पत्ति हुई हैं। नये रूप में विकसित भाषा संस्कृत से सर्वथा भिन्न नहीं थी। कुछ भाषाएँ, जैसे – मराठी, स्थानीय प्राकृतों से निकली थी और तमिल, तेलुगू तथा कन्नड़ जैसी भाषाओं का स्त्रोत द्रविड़ मूल था तथापि इनके शब्द भण्डार को संस्कृत ने अधिक व्यापक बनाया था। परन्तु नई भाषाओं के विकास और प्रचलन से इन भाषाओं के उद्‌भव की कहानी धुँधली होती गई।

कन्नड़ साहित्य मैसूर के आस–पास की भाषा कन्नड़ को शुरू में राजकीय संरक्षण और जैनियों की सहायता भी मिली जो उस दौर में प्रभावशाली थे। कहा गया है कि कन्नड़, 'वीरशैव' और लिंगायत जैसे आन्दोलनों (मैसूर में शक्तिशाली थे) की भाषा बन गई और इस काल के पूर्वार्द्ध में कन्नड़ भाषा तेलुगू की प्रतिद्वंद्वी बनी थी, परन्तु आगे चलकर तेलुगू आन्ध्र की भाषा बन गई।[3] कन्नड़ की प्रारम्भिक रचना अधिकतर संस्कृत ग्रंथों का रूपान्तरण थी।

राष्ट्रकूट शासक अमोघवर्ष नृपतुंग का 'कविराजमार्ग' प्रसिद्ध ग्रंथ है। दसवीं सदी के कन्नड़ साहित्यकारों में त्रयी–पम्प, पोन्न और रन्न उल्लेखनीय हैं। पम्प ने 'आदिपुराण' तथा 'विक्रमार्जुन विजय' का आलेखन किया। पोन्न ने 'शांतिपुराण' एवं रन्न ने 'अजितपुराण' की रचना की। ग्यारहवीं सदी के चन्द्रराज ने 'मदन तिलक' एवं नागवर्माचार्य ने 'चन्द्रचूड़ामणि शतक' काव्यों का सृजन किया था। कन्नड़ साहित्य को समृद्ध करने वाले जैन आचार्यों में नागचन्द्र, नेमिचन्द्र थे, 'लीलावती' की रचना नेमिचन्द्र ने की। शिशुभायण ने 1232 ई. में 'अर्जुन–चरित' व 'त्रिपुरदहन' नामक रीति काव्य का आलेखन किया। तमिल से प्रेरित भक्त कवि बासव ने, जो बीजापुर में 1125 ई. के लगभग हुआ था, के द्वारा 700 वचन लिखने की जानकारी मिलती है। उक्त वचन गद्य में होने पर भी इनमें संगीत रस की अनुभूति होती है। इनके अतिरिक्त चन्नबासव, सिद्धराम, हरिहर एवं राघवांक आदि दो सौ भक्त कवि वीर शैव सम्प्रदाय से सम्बद्ध थे। इसी समयावधि में 'वचनशास्त्र' में धर्मपरक वचनों को संकलित करके कन्नड़ साहित्य को समृद्ध बनाया।

तेलुगू नवीं शताब्दी में तेलुगू आन्ध्र प्रदेश में एक निश्चित स्वरूप ग्रहण कर चुकी थी। आगामी शताब्दियों में कालिदास की कृतियों, रामायण एवं महाभारत जैसे ग्रंथों का तेलुगू में रूपान्तरण हुआ। ग्यारहवीं सदी के नन्निह ने महाभारत के प्रथम दो पर्वों एवं आरण्यक पर्व के कुछ अंशों का संस्कृत के प्रभाव वाली मार्गी में रूपान्तर किया, तेलुगू मार्गी साहित्य का मूल स्त्रोत रहा है। **पावुलुरु मल्लन्न तथा एलुगंति पद्देन्न ने गणित के एक ग्रंथ का संस्कृत से तेलुगू में अनुवाद किया। सोमनाथ एवं काकतीय राजा प्रतापरुद्रदेव वीरशैव सम्प्रदाय के तेलुगू रचनाकार कहे गये हैं।** 'शिवतत्वसार' की रचना मल्लिकार्जुन ने और उनके शिष्य नन्नचोड़ ने बारहवीं सदी में 'कुमारसंभव' की तेलुगू में रचना की। इस भाषा के प्रसिद्ध **कवि टिक्कन (1220–1300 ई.) ने महाभारत का तेलुगू** में अनुवाद किया। इसी दौर में केतन ने दंडी के दशकुमारचरित का अनुवाद किया। इस प्रकार धीरे–धीरे तेलुगू साहित्य समृद्ध हुआ।

तमिल जैसा विदित है तमिल द्रविड़ मूल की भाषा है, किन्तु साहित्यिक रचनाओं का आदर्श संस्कृत साहित्य से ही ग्रहण किया गया। कंबन, कट्टन, पुगलेंदी, ज्ञानगोंदूर एवं कल्लादानर की कृतियों के आधार पर कहा जा सकता है कि इस काल का साहित्य अधिक सजीव तथा सबल रूप ग्रहण कर चुका था। इस काल में भक्ति साहित्य की रचना भक्त कवियों एवं आचार्यों ने तमिल भाषा में की। शिव भक्त नांबि–आंडारनाम्बि ने 'तिरु–ईशैप्प' का संकलन इसी अवधि में किया था। दसवीं सदी तक की रचनाओं को इस ग्रंथ में शामिल किया गया। 'नालाविर प्रबंधम्' से बोध होता है कि तमिल प्रदेश में 'तेवरम्' तथा 'तरुवाचकम्' भजन पर्याप्त लोकप्रिय थे। अनेक संस्कृत ग्रंथों का अनुवाद तमिल इसी काल में हुआ, जैसे–रामायण, महाभारत, पुराण आदि। जैसा पूर्व में जिक्र किया गया है कि ग्यारहवीं सदी कंबन, ओट्टवकट्टन एवं पुगलेन्दि तमिल साहित्य के त्रिरत्न कहलाये।[3] इसी प्रकार शेक्किलार, अब्बे और आदियार कुनल्लाइ आदि ने तमिल साहित्य को समृद्ध किया। रामकथा को कंबन ने तमिल में 'रामावतारम्' के रूप में प्रस्तुत किया। यह उसकी अनुपम कृति मानी जाती है। बालकों के लिए सुन्दर कविताओं का सृजन ओट्टकुट्टन ने पिल्लै तमिल में किया है। पुगलेंदि ने नल–दमयंती कथा को 'नल–वेणबा' नामक कृति के रूप में तमिल में प्रस्तुत किया।

अब्बे द्वितीय नामक कवयित्री ने कुलोतुंगचोल के समय 'नन्नूर कौवे', 'कल विओलुक्कम्' नामक हास्य–व्यंग्य की रचनाओं द्वारा तमिल साहित्य को समृद्ध किया। **पेरियपुराण में शेक्किलार ने शैव संतों की कथाओं को संकलित किया।** तिकमुरो भी तमिल में शैव भजनों का संकलन है। **नांबि–आंडार–नांबि को ऐसे ग्यारह विशाल तिरुमुरैयों के संकलन के कारण 'तमिल व्यास' उपाधि हासिल हुई। शैव सिद्धान्तों पर 1148 में तिरुविल्लुवर ने 'तिरुवुण्ड़ियार' एवं तिरुक्कडवूर ने 1178 ई. में 'तिरुक्कलिकप्पदियार'** नामक ग्रंथ तमिल में आलेखित किये। मेटकण्डार ने 'शिव–ज्ञान बोदम' तथा अरणन्दि ने शिव–ज्ञान सुतियार नामक ग्रंथों की रचना की। जैन मुनि तिरुत्तक्कदेवर (दसवीं सदी) ने 'जीवन चिंतामणि' में जीवक नामक राजकुमार की कथा सृजित की। तोलामोलि ने 'शूलपाणि' में जैन पौराणिक कथा को व्याख्यायित किया। 'कलिंगत्तुप्पराणि' का प्रणयन जयगोण्डार ने किया।

सन्दर्भ :

1. एक प्राचीन उक्ति :
   उपमा कलिदासस्यभारवेर्थगौरवम्।
   दांडिनः पदलालित्यं माघेसंति त्रायो गुणा।।
2. पुसालकर ए.डी. एवं अन्य, द स्ट्रगल फॉर एम्पायर, पृ. 307–308
3. देखिये, थापर रोमिला : भारत का इतिहास 1975, पृ. 193.

65 प्रमुख दार्शनिक विचारक एवं विचारधाराएँ
(Major Philosophical Thinkers and Schools)

मनुष्य स्वभाविक जिज्ञासा प्रवृत्ति के कारण प्रारम्भ से ही यह जानने को उत्सुक रहा है कि सृष्टि का आविर्भाव कैसे हुआ और क्यों? प्रकृति क्या है और स्वयं क्या है? सृष्टि–निर्माता कौन है? जीवन का उद्देश्य क्या हो सकता है? जीवन सुखमय है अथवा दुःखमय? क्या मनुष्य को अशान्ति अथवा दुःखों से मुक्ति मिल सकती है? ऐसा सम्भव है तो कैसे? इस तरह के सवालों के जवाबों के लिए हमें वैदिक काल से शुरुआत करनी होगी।

वेद विश्व के प्राचीनतम ग्रन्थ हैं। खासतौर से ऋग्वेद को सर्वाधिक प्राचीन माना गया है। वेदों को अपौरुषेय मानते हुए सृष्टि एवं जीव जगत के सवालों के लिए भी प्रामाणिक ग्रंथ माना गया।[1] ऋग्वेद के मंत्रों में ऋषियों को सुख एवं शान्ति की खोज करते हुए पाते हैं। साथ ही कई देवताओं की आराधना के बावजूद ऋषिगणों को सन्तोष नहीं है, उन्हें देवताओं के ऊपर किसी सत्ता की खोज में व्यस्त देखा जा सकता है। ऋषिगणों द्वारा सुख एवं शान्ति की खोज के परिणामस्वरूप मोटे रूप में तीन तरह की विचारधाराओं का विकास होता हुआ देखते हैं। **पहली,** प्रवृत्ति को हम फिलहाल अन्तर्मुखी कह सकते हैं। **दूसरी,** अवधारणा द्वारा देव आराधना का आश्रय लेकर संसार में उपलब्ध उपादानों से जीवन को विविध प्रकार से सुखमय बनाया जाना शुरू हुआ। **तीसरी,** एक ऐसी विचारधारा का भी अस्फुट विकास होता हुआ देखते हैं जो देवगणों के अस्तित्व तथा परम सत्ता की बात करना व्यर्थ समझते हैं और जीवन को सुखमय बनाना उनका उद्देश्य प्रतीत होता है। इस विचारधारा का पूरी तरह विकास वेदोत्तर काल में हुआ।

पहली विचारधारा के मनीषियों का सदैव इस तथ्य पर जोर रहा कि शान्ति अथवा सुख की खोज, हमें आत्मा अथवा अन्तर में करनी होगी। जीवन को सुखमय बनाने का लक्ष्य इस जीवन काल एवं परलोक तक के लिए रखा गया। दूसरे शब्दों में, मनुष्य के लिए शान्ति अथवा सुख की खोज तथा परम सत्ता का आभास आत्मा में पैठकर करना आवश्यक हो गया। नासदीय सूक्त[2] में इस तथ्य की अभिव्यक्ति हुई है जिसकी चर्चा पूर्व में की गई है।

यहाँ दूसरी विचारधारा को कुछ दूरी तक साथ लेकर चलना होगा। इस धारणा को भौतिकवादी–धर्मवादी प्रवृत्ति कहा जा सकता है जो शरीर और कुछ सीमा तक मन को सुख पहुँचाने के विषय में सोचती है। ऋग्वेद के सभी मण्डलों में यह अवधारणा साफतौर पर देखी जा सकती है। शरीर के साथ मनस का समकेन इसलिए अपेक्षित जान पड़ता है कि मनुष्य ने इस धरती पर सर्वप्रथम शरीर के बाद मन पर होने वाले प्रहारों से संरक्षार्थ एक व्यवस्था की कामना की। ऋत की शाश्वतता[3] में इस बात की अभिव्यक्ति हुई है। किसी शक्तिशाली द्वारा कमजोर को प्रताड़ना शरीर के साथ मन को ठेस पहुँचाने वाली होती है।

शुरू में धर्म एवं दर्शन में भिन्नता नहीं थी। हिरियन्ना ने उल्लेख किया है कि भारत में धर्म एवं दर्शन एक–दूसरे से पृथक् अस्तित्व नहीं रखते। निश्चय ही प्रारम्भ में सर्वत्र एक होते हैं, क्योंकि इनका प्रयोजन अन्ततोगत्वा एक ही है और वह है सत्ता के मुख्य अर्थ की खोज। लेकिन शीघ्र ही वे अलग हो जाते हैं और न्यूनाधिक रूप से भिन्न दिशाओं में विकास करते हैं।[4]

इस तरह धर्म एवं दर्शन को एक नहीं माना जा सकता, यद्यपि धर्म का उद्देश्य भी वही हो सकता है जिस उच्चतम उद्देश्य की कामना एक दार्शनिक रखता है।

यहां दर्शन शब्द का अभिप्राय जान लेना अनुचित न होगा। 'दर्शन' अंग्रेजी के फिलासफी (Philosophy) से थोड़ा भिन्न है। 'दर्शन' शब्द 'दृश्' धातु से करण अर्थ से 'ल्युट्' प्रत्यय लग कर बना है। इसका तात्पर्य है–'जिससे दृष्टिकोण बनता है।' अर्थात् एक निश्चित दिशा में, जिसके द्वारा सांगोपांग दृष्टि मिलती है। कहा भी है 'दृश्यते अनेन इति दर्शनम्।'[5] वस्तुतः दर्शन शब्द भारतीयों की विचारधारा को इंगित करता है। अंग्रेजी शब्द 'फिलॉसफी' यूनानी भाषा का शब्द है जो 'फिलॉस' एवं 'सोफिया' दो ग्रीक पदों से बना है। 'फिलॉस' से अभिप्राय है– 'प्रेम' तथा 'सोफिया' से तात्पर्य है– विद्या या ज्ञान। तद्नुसार फिलॉसफी का निहितार्थ है – 'ज्ञानानुराग' अथवा 'विद्या प्रेम'।

पाश्चात्य दर्शन में बौद्धिक चिन्तन की प्रधानता है जबकि भारतीय दर्शन आत्म–साक्षात्कार पर बल देता है। याज्ञवल्क्य ने जिक्र किया है–

'आत्मा वा अरे द्रष्टव्यः श्रोतव्यो मनतव्यो निदिध्या सितव्यः'

अर्थात् आत्मा दर्शन करने की वस्तु है और इसका साधन है श्रवण, मनन और निदिध्यासन।[6]

कहा भी है, प्राचीन भारत के लोग सत्य की खोज करके रुक नहीं जाते थे, बल्कि अपने अनुभव में उसे उतारने का भी प्रयत्न करते थे। वे मोक्ष प्राप्ति हेतु कठोर परिश्रम से तत्व ज्ञान प्राप्त करते थे। इसलिए यही उनकी दृष्टि से दर्शन का वास्तविक लक्ष्य था न कि बौद्धिक आस्था की प्राप्ति मात्र।[7] हिरियन्ना ने लिखा भी है, भारतीय सिद्धान्तों में ओत–प्रोत वैराग्य की भावना का कारण यह कहा जा सकता है कि वे जिस प्रणाली का विधान करते हैं, उसका

लक्ष्य साधारण नैतिकता से ऊपर उठ जाना है। दूसरे शब्दों में, भारतीय दर्शन का लक्ष्य नीति से परे पहुँचना भी उतना ही है जितना तर्क से परे पहुँचना।[8] इसका अभिप्राय यह लिया जा सकता है कि प्राचीन भारत के वे अन्तर्मुखी लोग जो भौतिक जीवन से सन्तुष्ट नहीं थे। लेकिन इसका अभिप्राय यह नहीं लिया जा सकता कि भारतीय दर्शन निराशावादी है। रोनल्डरो की यह धारणा "निराशावाद समस्त भारतीय भौतिक और आध्यात्मिक जीवन में व्याप्त है,[9] उचित प्रतीत नहीं होती।" हिरियन्ना ने स्पष्ट किया है, "महत्व की बात यह है कि इसे ऐसी चीज मानने की बात समाप्त हो गई जिसे परलोक में ही प्राप्त किया जा सकता हो। अब मनुष्य का लक्ष्य किसी काल्पनिक लोक में पूर्णता की प्राप्ति नहीं रह गया, बल्कि इसी जीवन में निरन्तर उसकी ओर बढ़ते रहना हो गया।.... एक उपनिषद् में कहा गया है, जब हृदय की सभी कामनाएँ समाप्त हो जाती हैं तब मनुष्य अमर हो जाता है और इस लोक में ही ब्रह्म को प्राप्त कर लेता है।[10]"

जैसा पूर्व में उल्लेख किया गया है कि वैदिक काल में एक तीसरी विचारधारा प्रस्फुटित हो चुकी थी। इस विचारधारा को भी दो भागों में बाँटा जा सकता है। एक तरह के समुदाय में उन लोगों को शामिल किया जा सकता है जो वेद प्रमाण्य को तो स्वीकार नहीं करते थे लेकिन ज्ञान प्राप्ति अथवा मोक्ष के लिए वैराग्य अथवा भौतिक सुखों का परित्याग आवश्यक समझते थे।

इसी श्रृंखला में जैन एवं बौद्ध दर्शनों को रखना होगा। दूसरा वर्ग वह था जो वेदों को हर मामले में प्रमाणस्वरूप स्वीकार करने को तत्पर न थे लेकिन भौतिक सुख को ही जीवन का एकमात्र लक्ष्य मानते थे। वे चार्वाकवादी कहलाए। उपरोक्त दर्शन परम्परा को नास्तिक की संज्ञा दी गई। इनके विपरीत जिसे हमने प्रारम्भ में पहली विचारधारा माना है, का वेदों में पूर्ण विश्वास था और तत्व बोध, आत्मिक अनुभूति का विषय मानते थे। यह परम्परा उपनिषदों में फली–फूली। इस अवधारणा का उद्घोष गीता में हुआ। आगे जाकर छह मुख्य विचारधाराओं में इसका विकास होता हुआ देखते हैं। इसी परम्परा को आस्तिक दर्शन का नाम मिला। इस मान्यता के अनुसार न्याय, वैशेषिक, सांख्य, योग, पूर्व मीमांसा तथा उत्तर मीमांसा (वेदान्त) को आस्तिक दर्शनों में शामिल किया जाता है।

उल्लेखनीय है कि पूर्व मीमांसा को कर्मकाण्ड प्रधान माना गया है वहीं उत्तर मीमांसा का आधार 'ज्ञान' रहा है। इसी तरह सांख्य और योग को एक ही दर्शन की दो भिन्न शाखाएँ कहा है।[11] उपनिषदों के माध्यम से ब्रह्म, आत्मा, प्रकृति के विषय में गम्भीर चिन्तन का प्रवाह प्रस्फुटित हुआ था जिसकी विस्तृत चर्चा की गई है। इसी श्रृंखला में श्रीकृष्ण ने महाभारत की युद्ध भूमि में निष्काम कर्म सिद्धान्त का प्रतिपादन किया। गीता के विषय में दासगुप्त लिखते हैं, गीता को हिन्दू चिन्तन की सर्वोत्तम कृति माना जाता है। यह श्लोकबद्ध है और धार्मिक, नैतिक एवं आत्मिक समस्याओं के ऊपर व्यापक एवं स्वतन्त्र ढंग से विचार–विमर्श करती है।[12]

भगवद्गीता

वासुदेव कृष्ण के सम्बन्ध में सबसे प्राचीनतम उल्लेख छान्दोग्य उपनिषद् में मिलता है। उन्हें घोर अंगीरस ऋषि का शिष्य एवं देवकी का पुत्र बताया गया है। सम्भवतः अंगीरस के शिष्य के रूप में किसी अन्य कृष्ण की चर्चा उक्त उपनिषद् में हुई है। महाभारत के कृष्ण बाद में हुए थे। पाणिनि ने भी कृष्ण की चर्चा की है। वासुदेव की उपासना करने वाले 'वासुदेवक' कहे गए हैं।[13] इनके लोकोत्तर जीवन की चर्चा महाभारत एवं भागवत पुराण में विशद रूप से हुई है। जैन उत्तराध्ययन सूत्र में वासुदेव कृष्ण को बाईसवें तीर्थंकर अरिष्टनेमि का समकालीन माना गया है। मेगस्थनीज ने मथुरा के 'सोरेसेनाई' नामक जाति और जोबारेस नामक नदी का उल्लेख किया है जो क्रमशः शूरसेन एवं यमुना के द्योतक हैं। स्ट्रेबो एवं कार्टियस ने शूरसेन क्षेत्र में 'हेराक्लीस' (कृष्ण या वासुदेव) की पूजा प्रचलित होने का जिक्र किया है।

भगवद्गीता का उपदेश श्रीकृष्ण ने कुरुक्षेत्र की युद्धभूमि में महाभारत के एक प्रमुख नायक अर्जुन को दिया था। गीता, जिसमें सात सौ श्लोक हैं, महाभारत के भीष्म पर्व के 25 से 42वें अध्याय का अंग है। इस ग्रंथ के लिए स्वामी विवेकानंद ने कहा है, "समस्त उपनिषदों से आध्यात्मिक तत्वों के सुमन संग्रह करके गीता रूपी माला ग्रंथित हुई है।"[14] लोकमान्य तिलक ने अपने 'गीतारहस्य' में लिखा, 'श्रीमद्भगवद्गीता' हमारे धर्मग्रन्थों में एक अत्यन्त तेजस्वी एवं निर्मल हीरा है।" गीता का प्राचीनतम उपलब्ध भाष्य–श्री शंकराचार्य एवं रामानुजाचार्य का है जिस पर क्रमशः आनन्दगिरि एवं वेंकटनाथ ने टीकाएँ लिखी हैं। अन्य टीकाकारों में मधुसूदन सरस्वती की 'गूढ़ार्थ दीपिका' तथा श्रीधरस्वामी कृत 'सुबोधिनी' प्रसिद्ध है।

तत्व विवेचन गीता में आत्मा को अजर, अमर, नित्य, अविनाशी एवं सर्वव्यापी आदि कहा है। शरीर के नष्ट होने से आत्मा नष्ट नहीं होती। जैसे व्यक्ति पुराने फटे वस्त्रों को त्यागकर नया वस्त्र पहन लेता है उसी प्रकार आत्मा पुराने शरीर को त्यागकर नए शरीर को धारण करती है। ब्रह्म के सगुण एवं निर्गुण दोनों रूपों को गीता स्वीकार करती है तथा दोनों को अभिन्न तत्व माना है। जीव को ईश्वर का सनातन अंश माना है। इस प्रकार ब्रह्म के दोनों रूपों, सगुण तथा निर्गुण की चर्चा इसमें की गई है। यह गीता की उच्चतम समन्वयात्मकता को इंगित करता है। हिरियन्ना लिखते हैं, "यह ग्रन्थ आद्योपान्त सहिष्णुता की भावना से अनुप्राणित है, जो हिन्दू विचारधारा का एक प्रमुख लक्षण है। जो भक्त जिस देवता को श्रद्धा से पूजना चाहता है उसकी श्रद्धा को मैं उसी में दृढ़ करता हूँ और इससे वह इच्छित भोगों को प्राप्त करता है।" श्रद्धा से युक्त होकर जो अन्य देवताओं को पूजते हैं, वे मुझे ही पूजते हैं, यद्यपि उनकी यह पूजा विधिपूर्वक नहीं है।[15] कृष्ण ने सब प्राणियों में स्वयं (भगवान) को देखने का निर्देश करके, स्वार्थ एवं परमार्थ का अद्वितीय समन्वय किया है। समन्वय का एक रूप प्रवृत्ति एवं निवृत्ति का देखने को मिलता है। इसमें प्रवृत्ति से निवृत्ति नहीं बल्कि प्रवृत्ति में निवृत्ति का सन्देश है। दूसरे शब्दों में, सामाजिक कार्यों में प्रवृत्त रहते हुए निरपेक्ष भाव से निर्वहन करना ही प्रवृत्ति में निवृत्ति का आदर्श है।

कर्मयोग गीता में कर्मयोग की परिभाषा अनेक प्रकार से की गई है। इससे सामान्य अर्थ लिया जाता है, 'कर्म' वह जो किया जाए। हिरियन्ना ने जिक्र किया है कि गीता में जिस कर्मयोग का उपदेश दिया गया है, उसके सिलसिले में हमें 'कर्म' शब्द का इन

विभिन्न अर्थों में से तीसरा अर्थ ही साधारणतः लेना चाहिए, जिसे हमने सामाजिक कर्तव्य कहा है और जो एक या दूसरे रूप में सभी संगठित समाजों में स्वीकृत है। दूसरे योग शब्द का अर्थ है–'जोडना' या 'अपने को लगाना', और इस प्रकार कर्मयोग का अर्थ हुआ सामाजिक कर्तव्यों के पालन में निष्ठा।[16] दूसरे अध्याय में कर्म कौशल को ही योग कहा गया है।

'योगः कर्मसु कौशलम्'

गीता का सन्देश है कि, फलाकांक्षा त्याग कर कर्तापन के अभिमान से रहित होकर सामाजिक कर्म करने का नाम ही कर्मयोग है। अर्जुन संन्यास लेकर वन में प्रस्थान करने को उत्सुक था, श्री कृष्ण ने उसको रोका। उन्होंने संन्यास से कर्म योग को श्रेष्ठ बताया।[17] श्रीकृष्ण ने ''योग की महत्ता दर्शाने के लिए जिस तेजस्वी भाषा का उपयोग किया, अर्जुन में साहस का संचार होना स्वाभाविक ही था, साथ ही वह योग के मर्म को समझ पाया। कहा गया है–तपस्वी से योगी बड़ा है, ज्ञानी से भी योगी बड़ा है और कर्मी से भी योगी श्रेष्ठ है, अतः हे अर्जुन! तू योगी हो।''[18]

कर्म को साधन के रूप नहीं बल्कि स्वयं साध्य के रूप में देखने का सन्देश गीता से मिलता है। यह कर्म योग 'नैष्कर्म्य' बल्कि निष्काम कर्मयोग है। गीता के प्रसिद्ध श्लोक में कर्म के विषय में कहा है, ''तेरा कर्म करने में अधिकार है कर्म फलों में नहीं। अतः कर्मफल की आशा से कर्म में प्रवृत्त मत हो और न अकर्मण्यता धारण करो।''[19]

''कर्मण्येवाधिकारस्ते मा फलेषु कदाचनः
मा कर्मफल हेतुर्भूर्मा ते सङ्गोऽत्वकर्मणि''

कर्म की विस्तृत व्याख्या हिरियन्ना ने की है। उनके द्वारा रखे गए कुछ महत्वपूर्ण तथ्यों की संक्षेप में प्रस्तुति की जा रही है। श्रीकृष्ण ने अर्जुन को सम्बोधित करते हुए कहा था कि, ''जो कर्म किया जाता है उसका फल होता है लेकिन वह कर्मयोगी का लक्ष्य नहीं होता, क्योंकि वह उसका ईष्ट नहीं होता और इच्छा के बिना लक्ष्य हो ही नहीं सकता।''

कर्म के इस सिद्धान्त को स्वीकार करने का एक महत्वपूर्ण परिणाम यह होता है कि कर्ता पूर्ण समत्व के साथ कर्म कर सकता है। जब हम स्वार्थ के वश होते हैं, तब सम्भव है अन्तिम परिणाम हमारे पक्ष का न हो। दूसरी बात जो श्रीकृष्ण ने अर्जुन के समक्ष रखी, यह थी कि वह यह नहीं समझ पाया है कि वह अपने लिए नहीं लड़ रहा है। अपितु सत्य खतरे में है और प्रत्येक सत्यनिष्ठ व्यक्ति की तरह उसे भी परिस्थिति को सम्भालने के लिए प्राणों की बाजी लगा देनी है।

अब इस बात की बहुत कम सम्भावना है कि लोग अपने कर्तव्य को छोड़कर संन्यासी हो जाएँगे, जैसा कि अर्जुन चाहता था। खतरा तो दूसरी ओर है। अपने अधिकारों को माँगने और उनका उपयोग करने की व्यग्रता में हमारे अपने कर्तव्यों को भूल जाने की आशंका है।[20]

ज्ञान मार्ग गीता में ज्ञान निष्ठा के लिए 'सांख्य' शब्द का व्यवहार हुआ है। कहा गया है ज्ञानाग्नि समस्त कर्मों को भस्मसात् कर देती है। ज्ञान से बढ़कर पवित्र करने वाला (कृत्य) कुछ भी नहीं है।

'न हि ज्ञानेन सदृशं पवित्रमिह विद्यते'

''ज्ञानी पुरुष देखता हुआ, सुनता हुआ, छूता, सूंघता, खाते, सांस लेते, सोते हुए सर्वदा यह समझता है कि मैं अकर्ता हूँ। तीनों गुणों वाली प्रकृति ही समस्त कर्मों को सम्पादित करती है।'' कर्म की परिसमाप्ति ज्ञान में होती है। श्रीकृष्ण ने ज्ञानी को अपनी आत्मा कहा है।

भक्ति मार्ग गीतोपदेश का प्रारम्भ भक्ति से हुआ है। नवें एवं बारहवें अध्याय आदि में भक्ति की विशेष चर्चा हुई है। चार प्रकार के भक्तों–आर्त, जिज्ञासु, अर्थार्थी तथा ज्ञानी का उल्लेख हुआ है। आशान्वित करते हुए भगवान कहते हैं, ''मेरे भक्त का कभी नाश नहीं होता'' (न मे भक्त प्रणश्यति)।[21]

ज्ञान एवं भक्ति का अन्तर स्पष्ट करते हुए हिरियन्ना ने लिखा है, अन्तर केवल इस बात में है कि जो अपने सामने आत्म लाभ का आदर्श रखता है, उसका दृष्टिकोण ज्ञान प्रधान होता है और जो दूसरा आदर्श सामने रखता है, उसका दृष्टिकोण भक्ति प्रधान होता है। पहले में कर्म योग की परिणति उस ज्ञान में होती है जिसके अनन्तर साधक आत्मा को सब भूतों में और सब भूतों को आत्मा में देखता है। (6/29, 4/33), दूसरे में इसकी परिणति तब होती है जब ईश्वर के साथ प्रेमपूर्ण समागम हो जाता है। एक ज्ञान का आदर्श है, तो दूसरा प्रेम का, जो ईश्वर के प्रति होता है और उसके माध्यम से उसके बनाए हुए जीवों से होता है। लेकिन गीता को हम चाहे ज्ञान के सन्देश के रूप में देखें, चाहे प्रेम के सन्देश रूप में, दोनों रूपों में कर्म का सन्देश है।''

वस्तुतः गीता का प्रयोजन मानवता को निष्काम भाव से सामाजिक कार्यों में लगाकर जगत् में ईश्वर के कार्य का साधक बनाना है। इसीलिए श्रीकृष्ण अर्जुन को ज्ञान, कर्म एवं भक्ति का सन्देश देकर कहते हैं, ''सब धर्मों को छोड़कर मेरी शरण में आ जा। मैं तुझे समस्त पापों से मुक्त कर दूँगा।'' अर्थात् ईश्वर शरणागति की तुलना में कोई धर्म महत्वपूर्ण नहीं है।

सर्वधर्मान् परित्यज्यं मामेकं शरणं ब्रज।
अहं त्वां सर्व पापेभ्यो मोक्षयिष्यामि मा शुचः।।[22]

अन्त में कहा जा सकता है कि गीता समन्वय की प्रतीक है। निर्गुण–सगुण, स्वार्थ–परार्थ, भक्ति–ज्ञान एवं कर्म आदि कई तथ्यों का सुन्दर समन्वय इसमें हुआ है।

चार्वाक दर्शन

भारतीय दार्शनिक परम्परा में चार्वाक विशुद्ध रूप से भौतिकवादी दर्शन है। वेद, बौद्धकालीन साहित्य, रामायण, महाभारत आदि प्राचीन कृतियों में इसके संकेत मिले हैं। यह विवाद का विषय रहा है कि इस दर्शन को चार्वाक नाम कैसे मिला?

विद्वानों के एक वर्ग का मत है कि चार्वाक शब्द की यत्पत्ति 'चर्व' धातु से हुई है, जिसका अभिप्राय है 'चबाना' अथवा 'अधिक भोजन के उत्सुक लोग।' इस दर्शन का मूल मन्त्र है–खाओ–पीओ एवं मौज करो। कुछ लोगों की धारणा है कि इस मत के प्रवर्तक ने सर्वप्रथम अपने जिस शिष्य को इसका उपदेश दिया उसका नाम

चार्वाक था, उसके नाम पर दर्शन परम्परा का नामकरण हो गया। यह भी सम्भावना व्यक्त की गई है कि मधुर (चारु) शब्द (वाक्) बोलने वालों को चार्वाक कहा गया।

बृहस्पति को चार्वाक दर्शन का प्रणेता माना जाता है। महाभारत आदि में बृहस्पति को जड़वाद का प्रवर्तक कहा गया है। सर्वदर्शन–संग्रह में नास्तिक शिरोमणि चार्वाक को बृहस्पति का अनुयायी घोषित किया है। कहा जाता है कि लोक या जन–साधारण में चर्चा का विषय होने के कारण इस दर्शन का लोकायत नाम हुआ। कौटिल्य के अर्थशास्त्र में लोकायत की गणना सांख्य एवं योग के साथ की गई है। पतंजलि के महाभाष्य में 'बार्हस्पत्य सूत्र' पर लिखी गई 'भागुरी' नाम की टीका का उल्लेख है। महाभाष्य में उल्लिखित बृहस्पति का समय ई.पू. दूसरी सदी होना चाहिए। बुद्ध के समकालीन अजितकेश कम्बली विशुद्ध रूप से भौतिकवादी विचारक थे। चार्वाक से उसके विचारों में काफी समानता देखी जाती है। शान्तरक्षित के तत्वसंग्रह में पुरन्दर नामक विचारक को 'सुशिक्षित चार्वाक' कहा है, जो अनुमान प्रमाण को नहीं मानता था।

दार्शनिक विचार इस मत के समर्थकों की वेदों में आस्था न होने के कारण नास्तिक (**Heterodox**), ईश्वर को नहीं मानने के फलस्वरूप अनीश्वरवादी (**Atheist**), प्रत्यक्ष के अतिरिक्त किसी प्रमाण को नहीं माने जाने के कारण प्रत्यक्षवादी (**Positivist**) तथा सुखभोग को एकमात्र जीवन का ध्येय माने जाने से सुखवादी (**Hedomist**) कहा जाता है।

हरिभद्रसूरी कृत 'षड्दर्शन समुच्चय' में लोकायतों का निरूपण इस प्रकार किया है– सर्वज्ञता आदि गुणों से सम्पन्न कोई देवता नहीं है। मोक्ष, धर्म–अधर्म, पाप–पुण्य जैसी कोई वस्तु नहीं है। आँखों से दृष्टिमान जगत् ही एकमात्र सत्य है। अनुमान आदि आगम प्रमाण नहीं है। पृथ्वी, जल, तेज एवं वायु इन चार भूतों से ही जो एकमात्र प्रत्यक्ष प्रमाण द्वारा सिद्ध है, चैतन्य उत्पन्न होता है। अतः प्रत्यक्ष सुख भोगों को त्यागकर अदृश्य स्वर्ग आदि के लिए प्रयत्न करना मूर्खता है।

यात्रा–प्रवास पर जाने वालों के साथ भोजनादि रूप पाथेय देना व्यर्थ है, क्योंकि घर में किए गए श्राद्ध से उनकी मार्ग में भूख शान्त हो जानी चाहिए।

स्वर्ग एवं नरक मात्र एक कल्पना है जो शरीर जलकर भस्म हो गया है उसका पुनर्जन्म कैसे हो सकता है? अतः मनुष्य को चाहिए कि जब तक जिए सुख से जीये और ऋण लेकर भी घी पीए। 'यावज्जीवेतत्सुखं जीवेत् ऋणं कृत्वा घृतं पिबेत।' चार्वाक मत के अनुयायी वैदिक पुरोहितों को भांड, धूर्त तथा निशाचर की उपाधि देकर अपने विचारों को सही अभिव्यक्ति करते थे।

सांख्य दर्शन

षड्दर्शनों में सांख्य दर्शन प्राचीनतम दर्शन है। इसके विषय में प्रश्न, छान्दोग्य, कठ एवं श्वेताश्वतर उपनिषदों में संकेत मिलते हैं। सांख्य दर्शन के प्रवर्तक कपिल ऋषि का नाम श्वेताश्वतर[23] (उपनिषद्), भगवद्गीता (10/6), महाभारत के शान्तिपर्व तथा भागवत पुराण आदि ग्रन्थों में आदर के साथ लिया गया है। भागवत पुराण (3/24–25) में कपिल की गणना चौबीस अवतारों में की गई। महाभारत में कहा गया है कि सांख्य के समान ज्ञान नहीं और योग के समान बल नहीं। महर्षि कपिल सांख्य के प्रतिष्ठापक हैं। इस दर्शन की व्यवस्थित व्याख्या ईश्वर कृष्ण रचित 'सांख्यकारिका' में हुई है। ईश्वर कृष्ण का समय तीसरी से पाँचवीं सदी ईस्वी माना जाता है। सांख्यकारिका में 70 या 72 श्लोक हैं। कुछ विद्वान् दो श्लोकों को प्रक्षिप्त मानते हैं। सांख्यकारिका पर मिथिला के वाचस्पति मिश्र ने तत्व कौमुदी नाम की टीका लिखी। कपिल के समय को बुद्ध से निश्चय ही पहले रखना होगा, क्योंकि महात्मा बुद्ध ने प्रारम्भ में सांख्य के आचार्य आलार कलाम के पास कुछ समय ज्ञान प्राप्त किया था। चौदहवीं सदी के सांख्य प्रवचन सूत्र (जिसके रचयिता भी कपिल माने हैं, जो चौदहवीं सदी के थे) पर अनिरुद्ध ने 'वृत्ति', महादेव वेदान्ती ने 'सांख्यवृत्ति सार', विज्ञानभिक्षु ने 'सांख्य प्रवचन भाष्य' तथा नागेय भट्ट ने 'लघु सांख्यवृत्ति' नामक व्याख्याएँ लिखीं। अनिरुद्ध की वृत्ति को अधिक प्राचीन माना गया है।

दार्शनिक मान्यताएँ गणना के दृष्टिकोण से 'संख्या' शब्द का प्रयोग होता है। दूसरे सांख्य शब्द से अभिप्राय है सम्यक व्याख्यान (ज्ञान) अथवा सम्यक् ज्ञान।

सांख्य एवं योग में तात्विक दृष्टि से समानता है किन्तु योग में ईश्वर की सत्ता को माना गया है सांख्य में नहीं। कुछ विद्वानों की धारणा है कि प्राचीन सांख्य में ईश्वर के अस्तित्व को स्वीकार किया जाता रहा होगा यद्यपि सांख्यकारिका में निरीश्वरवादी दर्शन मिलता है। सांख्य को सैद्धान्तिक एवं योग को व्यावहारिक पक्ष कहा जाता है। सांख्य द्वैधवादी है अर्थात् दो तत्वों–प्रकृति एवं पुरुष का प्रतिपादन करता है।

प्रकृति 'पुरुष' के अतिरिक्त प्रकृति सबका मूल कारण है। विश्व में भौतिक अर्थात् भूत द्रव्य एवं शक्ति दोनों ही इससे उत्पन्न हैं। संसार का मूल कारण जो जड़, सूक्ष्मातिसूक्ष्म, अनादि, अनंत एवं व्यापक रूप से जगत् के पदार्थों का कारण है, से पृथ्वी की सृष्टि होती है, सांख्य दर्शन में उसे प्रकृति कहा है।

पुरुष सांख्य में पुरुष को चैतन्य, अपरिणामी, निर्गुण, निर्विकार दृष्टा, स्वतः प्रभामय, नित्य, सर्वव्यापी एवं पूर्णतः निष्क्रिय माना है। जड़ होते हुए भी प्रकृति के स्वरूप को सक्रिय कहा गया है। पुरुष को कर्ता न मानकर भोक्त की संज्ञा दी है। इसके अस्तित्व को सिद्ध करने के लिए कहा गया है कि भौतिक जगत् जड़ है। अतः पुरुष एक ऐसा चेतन तत्व होना चाहिए, जो इसका अनुभव करे। विषयों का अस्तित्व विषयी की सत्ता का सूचक है। प्रकृति जटिल है उसके विपरीत किसी सरल तत्व अर्थात् पुरुष का अस्तित्व होना चाहिए। यह भी तर्क दिया गया कि जीवित देह में विद्यमान व्यवस्था से भी यही निष्कर्ष निकाला जा सकता है। प्रकृति में साध्य विशेषों के अनुकूल साधनों की उपस्थिति के आधार पर कर्ता ईश्वर का नहीं अपितु पुरुष का अनुमान किया जाता है। दूसरे शब्दों में पुरुष ही प्रकृति के साधनों का उपभोग करने वाली सत्ता है। मनुष्य की संसार से मुक्त होने की चाह से अनुमान किया जा सकता है कि जिससे वह (प्रकृति) मुक्त होना चाहता है, भिन्न होना चाहिए।

पुरुष को अनेक माना गया है। हिरियन्ना लिखते हैं, इसके समर्थन में कई युक्तियाँ दी गईं, जैसे–मनुष्यों के जीवनवृत्तों में भिन्नता होना और उनकी भौतिक, नैतिक तथा बौद्धिक शक्तियों में अन्तर होना। लेकिन यह तर्क केवल सांसारिक जीवों का अनेकत्व ही सिद्ध करता है। स्वरूपतः पुरुषों में भिन्नता पाना कठिन है।[24]

सृष्टि उत्पत्ति प्रकृति जड़ एवं पुरुष चैतन्य होते हुए भी, परस्पर सम्बन्ध नहीं माना गया। यहाँ यह सवाल उठता है कि जड़ प्रकृति से सृष्टि का विकास कैसे सम्भव हुआ, क्योंकि पुरुष एवं प्रकृति का परस्पर कोई सम्बन्ध नहीं है। इस सम्बन्ध में कहा गया है कि पुरुष के सान्निध्य से प्रकृति में विकार होता है। सृष्टि उत्पत्ति के विषय में कहा गया है कि प्रकृति सत्व, रजस एवं तमस तीन गुणों की साम्यावस्था है। साम्यावस्था भंग होने से सृष्टि का आविर्भाव होता है।

सर्वप्रथम 'प्रकृति' से 'महत्' तत्व (बुद्धि तत्व) उत्पन्न होता है। महत् से 'अहंकार' का प्रादुर्भाव कहा गया। सात्विक अहंकार से 'मनस्', 'पाँच ज्ञानेन्द्रियाँ', 'पाँच कर्मेन्द्रियाँ' उत्पन्न होती हैं। तमस अहंकार से पाँच तन्मात्रों (शब्द, स्पर्श, रूप, रस एवं गन्ध) की उत्पत्ति होती है। रजस से किसी वस्तु का आविर्भाव नहीं होता किन्तु यह (रजस अहंकार) सात्विक एवं तामस में क्रियाशीलता एवं शक्ति प्रदान करता है। तन्मात्रों (शब्द, स्पर्श, रुप, रस, गंध का सूक्ष्म रुप) से पंच महाभूत (आकाश, वायु, तेज, जल एवं पृथ्वी) उत्पन्न होते हैं। इस तरह क्रमशः 24 तत्वों का आविर्भाव होता है। चौबीस तत्वों का क्रम इस प्रकार माना गया है :

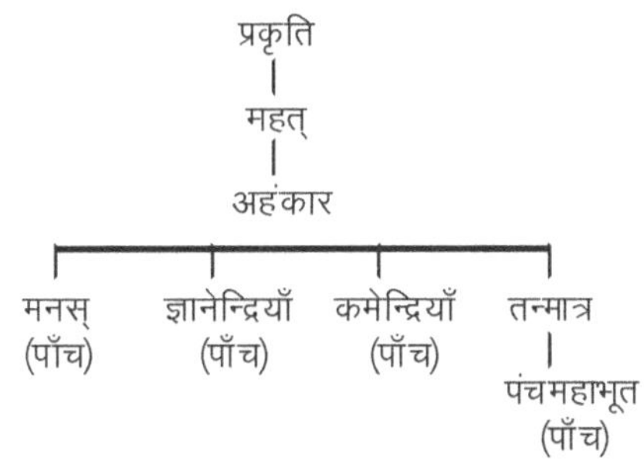

पुरुष को पच्चीसवाँ तत्व माना गया है। सांख्य का पुरुष जैन दर्शन के जीव से भिन्न है। यह ज्ञाता एवं अकर्ता है। उसे सुख–दुःख, राग–द्वेष से रहित माना है। शंकर आत्मा को सत्य चित्त एवं आनन्दस्वरूप मानते हैं जबकि सांख्य का पुरुष आनन्द रहित है। जैसा उल्लेख किया गया है सांख्य में पुरुष की संख्या अनेक मानी है, जबकि शंकराचार्य ने एक 'आत्मा' की अवधारणा प्रतिपादित की।

सांख्य पुरुष एवं प्रकृति के सहयोग से सृष्टि का आविर्भाव होना मानता है यद्यपि पुरुष निष्क्रिय एवं असंग है परन्तु जैसे चुम्बक के सान्निध्य से लोहे में क्रियाशीलता आ जाती है उसी प्रकार पुरुष के सान्निध्य मात्र से प्रकृति क्रियाशील हो जाती है। प्रकृति–पुरुष के सहयोग को अन्धे एवं लंगड़े के सहयोग की उपमा दी गई है।

सत्कार्यवाद या कार्य–कारण सिद्धान्त सांख्य दर्शन के अनुसार कोई भी नई वस्तु पैदा नहीं होती। यह सिद्धान्त न्याय–वैशेषिक के असत्कार्यवाद के विरुद्ध है। दूसरे शब्दों में, जो कुछ अस्तित्वमान है वह सब प्रारम्भ से ही ऐसा है अर्थात् अव्यक्त या व्यक्त हो सकता है। अव्यक्त रूप कारण है एवं व्यक्त रूप कार्य। घट (घड़ा) का सदा से अस्तित्व रहा है, यह नित्य है, किन्तु अव्यक्त अवस्था में दिखाई नहीं देता। एक वस्तु का अपने लिए अस्तित्व सदा रहता है। यद्यपि यह आवश्यक नहीं कि हमारे लिए उसका अस्तित्व हो।

अव्यक्त अवस्था ही प्रकृति है। कर्ता के व्यापार से जिस कार्य की उत्पत्ति होती है वह अभिव्यक्ति मात्र है। कहा गया है कि कार्य विशेष कारण विशेष में पूर्ववत् निहित रहता है अन्यथा किसी भी कारण से किसी भी कार्य की उत्पत्ति सम्भव होती। तेल के लिए तिल या सरसों की आवश्यकता न होती अर्थात् केवल समर्थ कारण से अभीष्ट कार्य की प्राप्ति हो सकती है।

सत्कार्यवाद का मूल है– कार्य का सूक्ष्म रूप से अपने कारण में विद्यमान होना। कारण एवं कार्य परस्पर निर्भर हैं जिसे 'अन्योन्याश्रय वृत्ति' कहा गया। इस व्यवस्था में भौतिक जगत् के कारण की खोज में हम पीछे की ओर चलें तो प्रकृति के अतिरिक्त कुछ नहीं मिलता। इसलिए प्रकृति को 'परं अव्यक्त' कहा गया।

मोक्ष अवधारणा कैवल्य या मोक्ष सम्बन्धी सांख्य के विचार क्रान्तिकारी हैं। अद्वैत वेदान्त के विचारों से इसकी समानता है। मोक्ष से अभिप्राय परलोक गमन या ईश्वर दर्शन नहीं अपितु पुरुष का अपने स्वरूप में स्थित होना ही मोक्ष है। अविद्या के कारण पुरुष, बुद्धि में प्रकाशित अपने प्रतिबिम्ब के साथ तादात्म्य स्थापित कर लेता है। वस्तुतः पुरुष असंग, निर्गुण एवं निर्विकार है। अपने को पंच महाभूत एवं प्रकृति तक सभी तत्वों से भिन्न जानकर पुरुष को अपने स्वरूप में स्थित होना ही मुक्ति है। सांख्य के अनुसार वस्तुतः पुरुष का न तो बन्धन होता है एवं न मोक्ष होता है। पुरुष अविद्या के फलस्वरूप स्वयं को बन्धन में महसूस करता है। जिस प्रकार एक नर्तकी रंगमंच पर अपना नृत्य दिवाकर, दर्शकों का मनोरंजन कर लौट जाती है उसी प्रकार प्रकृति पुरुष को सारा दृश्य दिवाकर ज्ञान युक्त पुरुष के लिए निवृत्त हो जाती है। विवेक या ज्ञान द्वारा पुरुष का प्रकृति के स्वरूप को समझ लेना ही मुक्ति है।

प्रमाण सांख्य मूलतः तीन प्रमाण मानता है, जिन्हें यथार्थ ज्ञान के साध्न स्वीकार किए जाते हैं। प्रत्यक्ष, अनुमान एवं आप्तवचन या शब्द। अन्य उपमान, सम्भावना तथा अनुपलब्धि को स्वतन्त्र प्रमाण नहीं माना अपितु प्रारम्भिक तीनों में सन्निविष्ट कहा है।

किसी विषय का इन्द्रिय के साथ संयोग से प्राप्त साक्षात् ज्ञान को 'प्रत्यक्ष' कहा गया। प्रत्यक्ष भी दो प्रकार के कहे गए–निर्विकल्प (जिसमें विषय की प्रतीति मात्र होती है विषय की प्रकारता का ज्ञान नहीं होता) एवं सविकल्प (इसमें मन द्वारा संश्लेषण–विश्लेषण एवं रूप निर्धारण होता है)।

दूसरे अनुमान के वीत एवं अवीत, दो प्रकार कहे गए हैं। विधि वाक्य पर अवलम्बित (**Universal affirmative proposition**) को वीत तथा व्यापक निषेधात्मक वाक्य (**Universal negative proposition**) पर अविलम्बित को अवीत कहा गया। जिस विषय का ज्ञान प्रत्यक्ष या अनुमान के स्थान पर आप्तवचन से होता है अर्थात् विश्वस्त वाक्य को 'आप्तवचन' कहा जाता है। श्रुति या वेद वाक्य अगोचर विषयों का ज्ञान कराते हैं जो प्रत्यक्ष या अनुमान द्वारा नहीं जाने जा सकते हैं।

योग दर्शन

भारतीय दर्शनों में योग का महत्वपूर्ण स्थान है। यह एक व्यावहारिक दर्शन है तथा मोक्ष प्राप्ति के लक्ष्य हेतु व्यावहारिक मार्ग प्रशस्त करता है। ऋग्वेद में 'योग' शब्द कई अर्थों में प्रयुक्त हुआ है। सायण के अनुसार, ''जो पहले से प्राप्त हो, उसे प्राप्त करने'' को योग कहते हैं। श्वेताश्वतर उपनिषद् में ध्यान योग का वर्णन है। महाभारत, गीता, गोरक्ष संहिता, शिव पुराण एवं अन्य पुराणों में भी योग का उल्लेख आया है तथापि योग दर्शन से तात्पर्य लिया जाता है वह पतंजलि प्रणीत चित्त् वृत्ति निरोध वाली योग साधना है। ईसा पूर्व दूसरी शताब्दी में पतंजलि ने 'योगसूत्र' की रचना की। छोटे–छोटे सूत्रों में आलेखित यह ग्रंथ चार पाद (अध्यायों) में विभक्त है। योगसूत्र पर व्यास ने चौथी शताब्दी ई. में व्यास भाष्य लिखा। नवीं शताब्दी में वाचस्पति मिश्र ने व्यास भाष्य पर तत्व वैशारदी नामक टीका का आलेखन किया। इसी तरह व्यास भाष्य पर सोलहवीं सदी में विज्ञान भिक्षु ने योग वार्तिक नाम की विस्तृत टीका लिखी। इसी दौर में रामानंद यति (16वीं सदी) ने मणिप्रभा नामक वृत्ति की रचना की। सत्रहवीं सदी में नारायण तीर्थ ने 'योग सिद्धान्त चन्द्रिका' नामक विस्तृत ग्रन्थ लिखा।

ईश्वर योग दर्शन सांख्य की तरह द्वैतवादी है। सांख्य की तत्व मीमांसा एवं ज्ञान मीमांसा योग को लगभग मान्य है।

- पच्चीस तत्व सांख्य द्वारा स्वीकृत हैं और योग उसमें छब्बीसवाँ तत्व 'ईश्वर' जोड़ देता है। योग का ईश्वर पुरुष विशेष है जो क्लेश, कर्म, विपाक (कर्मफल) एवं आशय (कर्म संस्कार) रहित है।[24a]
- सर्वोपरि, नित्य, सर्वव्यापी, सर्वज्ञ, सर्वशत्तिफमान, सभी प्रकार की अविद्याओं एवं कष्टों से परे वह पूर्ण परमात्मा है।[25]
- वह एक रस, निर्विकार, पूर्ण, अनन्त एवं अद्वितीय है, जिसकी इच्छा से प्रकृति का विकास होता है।
- ईश्वर की सत्ता के समर्थन में कुछ युक्तियाँ दी गई हैं अर्थात् वेद–उपनिषद् आदि समस्त शास्त्र ईश्वर की सत्ता को स्वीकार करते हैं। शास्त्र सम्मत होने से अस्तित्व सिद्ध माना गया।
- कहा गया है कि पुरुष एवं प्रकृति के संयोग से संसार की सृष्टि होती है एवं दोनों के विच्छेद से प्रलय। पुरुष एवं प्रकृति दो भिन्न तत्व हैं। दोनों का संयोग एवं विभाग स्वतः नहीं हो सकता। इसके लिए निमित्त कारण मानना होगा।
- जीवात्मा को अपना अदृश्य ज्ञात नहीं है, ईश्वर ही वह हो सकता है जिसकी प्रेरणा से सब कुछ होता है। पतंजलि का कथन है कि ईश्वर प्रणिधान ही समाधि का एक साधन है, जिससे मुक्ति सम्भव मानी गई। यह माना गया है कि पुरुष अविद्या के बन्धन से 'चित्त' से अपने आपको जोड़ लेता है अर्थात् उसे मोह हो जाता है। यथार्थ स्थिति को सम्यक् ज्ञान से प्राप्त किया जा सकता है। आत्मज्ञान के साधक के लिए योग दर्शन व्यावहारिक मार्ग प्रशस्त करता है। कहा जा सकता है कि सांख्य सैद्धान्तिक पक्ष है तो योग उसका व्यावहारिक पक्ष।

योग सूत्र के चार पाद पतंजलि योग सूत्र में चार पादों की चर्चा की गई है– प्रथम, 'समाधि पाद' में समाधि के स्वरूप, उनके भेद एवं चित्तवृत्तियों आदि का वर्णन है। द्वितीय 'साधन पाद' में क्रिया योग, यम–नियम, आसन, ध्यान आदि साधनों का जिक्र है। तृतीय, विभूतियों की चर्चा की गई है। चतुर्थ 'कैवल्य पाद' में समाधि सिद्धि एवं कैवल्य के स्वरूप आदि का उल्लेख है। पतंजलि ने योग की परिभाषा देते हुए जिक्र किया है–'योगश्चित्तवृत्ति निरोधः'[26] अर्थात् चित्त को वृत्तियों में परिणत होने से रोकना योग है। चित्त की पाँच वृत्तियाँ कही गई हैं – प्रमाण, विपर्यय, विकल्प, निद्रा एवं स्मृति।[26a] इसी तरह चित्त की पाँच भूमियों का जिक्र आया है–क्षिप्त, मूढ़, विक्षिप्त, एकाग्र एवं निरुद्ध। वृत्ति निरोध में पतंजलि ने अभ्यास एवं वैराग्य के महत्व को दर्शाया है। गीता भी मनःसंयम के लिए अभ्यास एवं वैराग्य रूपी उपायों की चर्चा करती है। पतंजलि शरीर एवं चित्त की शुद्धि के लिए अष्टांग योग को एक कारगर साधन के रूप में रखते हैं जो ज्ञात साधनों में सबसे वैज्ञानिक एवं सुनिश्चित साधन है। यहाँ अष्टांग योग के विषय में जानकारी करना हमारे लिए आवश्यक है। आष्टांगिक योग[26b] में–यम, नियम, आसन, प्राणायाम, प्रत्याहार, धारणा, ध्यान एवं समाधि की गणना की जाती है।

यम इसके अन्तर्गत सत्य, अहिंसा, अस्तेय (चोरी न करना), ब्रह्मचर्य एवं अपरिग्रह (अधिक पदार्थों का संग्रह न करना) को रखा गया है।

नियम पाँच नियम बताये गए हैं – शौच (बाह्य एवं आन्तरिक पवित्रता), सन्तोष, तपस्या, स्वाध्याय, ईश्वर प्रणिधान (ईश्वर का ध्यान, स्मरण एवं कर्मफल समर्पण)।

आसन ध्यान के लिए शरीर, वक्ष एवं सिर को उन्नत रखते हुए आराम से बैठना आसन है। परवर्ती हठ योग शास्त्र में 84 आसनों का जिक्र हुआ है। लेकिन पतंजलि ने मात्र यही कहा है–'स्थिर सुखमासनम्' अर्थात् आसन वही है जिसमें शरीर का सुख एवं चित्त की एकाग्रता बनी रहे।

प्राणायाम यह प्राण के संयम हेतु पूरक, कुंभक एवं रेचक प्रक्रियावाली श्वास साधना है। प्राण के चंचल होने से चित्त चंचल होता है। प्राणायाम से प्राण को नियंत्रण में लाया जा सकता है।

प्रत्याहार इन्द्रियों की प्रवृत्ति विषयोन्मुखी होती है। इन्द्रियों को विषय से हटाकर इनके गोलकों में स्थापित करते हुए चित्त को आत्मस्थ करने का प्रयास ही प्रत्याहार है। योग में प्रत्याहार तक के पाँच साधनों को बहिरंग साधनों की संज्ञा दी गई है। शेष तीन को अन्तरंग साधन माना है।

धारणा हृदय में, नासाग्र में, भ्रूमध्य में या सिर में (सहस्त्रार में) चित्तवृत्ति को एकाग्र करना धारणा है।

ध्यान ध्येय वस्तु विषयक चित्तवृत्तियाँ जब निरन्तर, बगैर टूटे हुए ध्येय पर अधिक समय तक एकाग्र रहती है, उसे ध्यान कहा गया।

समाधि ध्येय वस्तु में चित्त विक्षेप रहित (मन को विचलित किये बिना) एकाग्रता को प्राप्त हो जाने की अवस्था अर्थात् बाह्य जगत् का साधक को बिल्कुल बोध न रहे, उसे समाधि कहा गया। इसमें ध्याता, ध्यान एवं ध्येय की त्रिपुरी समाप्त हो जाती है।

समाधि के दो रूप बताए गए हैं – एक छोटा एवं एक बड़ा अर्थात् सम्प्रज्ञात एवं असम्प्रज्ञात समाधि।

सम्प्रज्ञात समाधि असम्प्रज्ञात समाधि लक्ष्य है एवं सम्प्रज्ञात उस तक पहुँचने की सीढ़ी। दोनों में ही एकाग्रता की सर्वोच्च शक्ति की आवश्यकता है। हिरियन्ना लिखते हैं–सम्प्रज्ञात समाधि में बुद्धि का व्यापार बना रहता है, हालांकि वह केवल एक विशेष वस्तु के चिन्तन में पूरी तरह लीन रहती है और शेष किसी भी वस्तु का, यहाँ तक कि अपने एक ही वस्तु में लीन रहने के तथ्य का भी, इसमें बोध नहीं रहता। इसीलिए इसे 'सम्प्रज्ञात' यानी वस्तु विशेष के बोध से युक्त कहा है। इसमें चित्त–विक्षेप पैदा करने वाली सभी बातें दूर हो जाती हैं और बुद्धि सत्त्व प्रधान होकर प्रकाशित होती हैं।

असम्प्रज्ञात समाधि असम्प्रज्ञात समाधि में वस्तु की चेतना भी लुप्त हो जाती है और इसीलिए इसके असम्प्रज्ञात यानी चेतना से ऊपर की अवस्था कहा गया है। तब बुद्धि का व्यापार शान्त हो जाता है। इस अवस्था में वृत्तियाँ निरुद्ध अर्थात् बुद्धि में लीन हो जाती हैं।[27]

जीवन की तीन अवस्थाएँ हैं – पहली, जिसमें तमस् या रजस् की प्रधानता होती है। दूसरी, जिसमें सत्व का प्राधान्य होता है तथा अन्तिम को सत्व से ऊपर की अवस्था कहा है।

योग में जीवन मुक्त का दृष्टिकोण बहुत कुछ वैसा ही माना गया जैसा न्याय–वैशेषिक के आदर्श के अनुसार पूर्णता प्राप्त व्यक्ति का। वह सांसारिक जीवन में भाग लेता है किन्तु उससे विरक्त रहता है। वह संसार के अन्दर रहता हुआ संसारिक नहीं होता।

सांख्य की भांति योग में तीन प्रमाण माने गये हैं– प्रत्यक्षः अनुमान एवं आगम। इन्द्रियों द्वारा प्रत्यक्ष अनुभव किया जाये प्रत्यक्ष कहा गया जिसमें संशय नहीं रहता। प्रत्यक्ष पदार्थों के आधार पर तर्क और युक्तियों से जिसे स्वीकार किया जाता है धुआँ देखकर अग्नि का अनुमान, नदी में बाढ़ देखकर दूरस्थ क्षेत्र में वर्षा का अनुमान। अन्तिम आगम अर्थात वेदवाक्य या आप्तवचन को स्वीकार किया गया है।

न्याय दर्शन

वस्तुवादी (यर्थातवादी) भारतीय दर्शनों में न्याय का स्थान अन्यतम है। कहा गया है कि, ''जिस साधन से हमें ज्ञेय तत्व का बोध होता है वह न्याय है।''

'नीयते विविक्षार्थः अनेन इति न्यायः'

न्याय के प्रणेता गौतम ऋषि हैं। इनका दूसरा नाम अक्षपाद था अतः इसे अक्षपाद दर्शन भी कहा जाता है। गौतम मुनि ने 'न्याय सूत्र' की रचना की थी जो इस दर्शन का आधार है। न्याय सूत्र में पाँच अध्याय हैं। न्याय सूत्र पर वात्स्यायन ने सर्वप्रथम 'न्यायभाष्य' की रचना की थी। बौद्ध विद्वान् दिङ्गनाग ने इसका प्रबल खण्डन किया। उद्योतकर ने 'न्याय वार्तिक' नामक टीका लिखी। मिथिला के वाचस्पति मिश्र ने न्याय वार्तिक पर 'न्यायवार्तिक तात्पर्य टीका' का आलेखन किया। वाचस्पति नवीं शताब्दी ईस्वी में हुए थे। बौद्ध मत के खण्डन हेतु दसवीं शताब्दी में उदयनाचार्य ने 'न्याय कुसुमांजलि' नामक ग्रन्थ की रचना की थी जो न्याय शास्त्र पर प्रतिष्ठित ग्रन्थ है। न्याय सूत्र पर जयन्त भट्ट ने 'न्याय मंजरी' का सृजन किया। उपरोक्त सभी ग्रन्थों को प्राचीन न्याय साहित्य में शामिल किया जाता है। बारहवीं शताब्दी में मिथिला के गंगेय उपाध्याय नामक विद्वान् ने 'तत्वचिंतामणि' नामक विशाल ग्रन्थ की रचना की। इसके बाद मिथिला 'नव–न्याय' का केन्द्र बन गया। तद्नन्तर नव न्याय पर कई ग्रन्थ लिखे गए।

न्याय से सामान्य अभिप्राय वाद–विवाद करना रहा है। इस पद्धति से प्राप्त परिणाम बहुवादी वास्तववाद के सूचक हैं।

न्याय दर्शन के अनुसार जिन पदार्थों की सत्ता है, वे सभी ज्ञेय हैं और जो ज्ञेय नहीं है उनका अस्तित्व नहीं होता। अन्य दर्शनों की भाँति 'न्याय दर्शन' का चरम लक्ष्य मोक्ष प्राप्ति है। तत्वज्ञान से मोक्ष प्राप्ति सम्भव मानी गई। तत्वज्ञान हेतु सोलह पदार्थों की व्याख्या की गई, जिनकी चर्चा की जानी उचित होगी।

सोलह पदार्थ प्रमाण, प्रमेय, संशय, प्रयोजन, दृष्टान्त, सिद्धान्त, अवयव, तर्क, निर्णय, वाद, जल्प, वितण्डा, हेत्वाभास, दल, जाति, निग्रह स्थान।

प्रमाण प्रमाण को ज्ञान का साधन माना गया है। चार प्रमाणों का उल्लेख आया है–प्रत्यक्ष, अनुमान, उपमान तथा शब्द।

प्रमेय (प्रमाण द्वारा सिद्ध योग्य) प्रमाण द्वारा विषय के बोध को प्रमेय कहा गया। महर्षि गौतम के अनुसार बारह प्रमेय हैं जिन्हें प्रमाण के द्वारा जाना जा सकता है। बारह प्रमेयों में 'आत्मा', 'शरीर' (जीवन व्यापार का आश्रय), 'पंच ज्ञानेन्द्रिय' (कान, चर्म, आँख, जिह्वा एवं नाक), 'इन्द्रियों के पाँच विषय ' (शब्द, स्पर्श, रूप, रस एवं गन्ध), 'बुद्धि' (ज्ञान या बोध), 'मनस' (अणु रूप शरीर में विद्यमान), 'प्रवृत्ति' (अच्छी एवं बुरी जो वाचिक–मानसिक या शारीरिक हो सकती है), 'दोष' (राग, द्वेष एवं मोह), 'प्रेत्यभाव' (कर्मों के अनुसार पुनर्जन्म), 'फल' (पूर्व कर्मों से उत्पन्न फल–सुख एवं दुःख की अनुभूति), 'दुःख' (वर्तमान जीवन में) तथा 'अपवर्ग' (दुःखों से पूर्ण विमुक्ति की अवस्था, जिसमें दुःख की सम्भावना नहीं रहती।)

संशय ज्ञान की दो अलग–अलग विचारधाराओं से संशय उत्पन्न होता है अर्थात् मन के समक्ष दो या अधिक विकल्प होने से द्वन्द्व की अवस्था होती है। संशय ज्ञान की वह अवस्था है जिसमें न तो निश्चित ज्ञान होता है एवं न ही ज्ञान का पूर्ण अभाव। इस अवस्था में दो विरुद्ध विचार (विप्रतिपतियाँ) उठते हैं।

प्रयोजन प्रतिलब्धि के लिए किए गए प्रयत्न को प्रयोजन कहा गया अर्थात् ईष्ट वस्तु की प्राप्ति एवं अनिष्ट वस्तु के त्याग हेतु किए गए प्रयत्न।

दृष्टान्त सर्वसम्मत उदाहरण जिसके आधार पर युक्तियुक्त सत्य को स्वीकार किया जाए, जैसे–जहाँ धुआँ होगा वहाँ अग्नि का अस्तित्व होगा।

सिद्धान्त किसी पूर्व या अन्य दर्शन के अनुसार युक्ति सिद्ध सत्य की स्वीकृति।

अवयव (Syllogism) किसी भी मत या सिद्धान्त को अनुमान द्वारा सिद्ध करने की आवश्यकता होती है अर्थात् साहचर्य नियम के आधार पर नियम निर्धारण को अवयव कहा गया।

सामान्यतः इसके तीन चरण कहे गए हैं। लेकिन न्याय दर्शन में पाँच सोपानों का जिक्र आया है। दूसरी ओर जैन ग्रन्थों में 10 चरण कहे गए हैं। रसोई में अग्नि है तो धुआँ होगा और जहाँ धुआँ होगा वहाँ अग्नि अवश्य होगी।

तर्क वह युक्ति जिसके द्वारा किसी प्रतिपाद्य (निश्चित लक्ष्य) विषय की सिद्धि के लिए उसकी विपरीत कल्पना के दोष दिखलाए जाएँ।

निर्णय निश्चित ज्ञान की प्राप्ति को निर्णय कहा गया अर्थात् किसी प्रमाण द्वारा संशय दूर करते हुए निश्चित ज्ञान प्राप्त करना।

वाद इसके अन्तर्गत सभी प्रकार के प्रमाणों एवं तर्क की सहायता से तथा पाँच अवयवों द्वारा विपक्ष का खण्डन एवं स्वपक्ष का समर्थन किया जाता है। स्मरणीय है कि, अन्तिम निर्णय किसी स्वीकृत सिद्धान्त के विरुद्ध नहीं होता।

जल्प ज्ञान रहित वाद–विवाद को जल्प कहा गया। इसका उद्देश्य मात्र विजय प्राप्त करना होता है। सत्य प्राप्ति की इच्छा का अभाव इस प्रक्रिया में देखा जाता है।

वितंडा निरर्थक बकवास को ही वितंडा की संज्ञा दी गई। वादी अपने पक्ष का समर्थन करने में असफल रहता है, उसका उद्देश्य मात्र प्रतिवादी का खण्डन करना होता है।

हेत्वाभास हेतु न होने पर भी हेतु का आभास होने को हेत्वाभास कहा गया। इसके पाँच प्रकार कहे गए हैं – पहला है, अनैकान्तिक या 'सव्यभिचार।' किसी तथ्य को सिद्ध करने वाले नियम सव्यभिचार कहलाए जैसे–धुएँ से आग का अनुमान किया जाता है। दूसरे, 'विरुद्ध' (विरोधाभास) से अभिप्राय है जहाँ विरोध होता है। बतौर उदाहरण कहा जा सकता है कि 'जो वस्तु बनती है वह नष्ट भी होती है। इसमें विरोधाभास है।' तीसरा है, 'सत्प्रतिपक्ष' या 'प्रकरणसम'। बिना कारण के अपने कथन को स्थापित करने के प्रयत्न को ही प्रकरणसम कहा गया। चतुर्थ, 'साध्यसम' (असिद्ध) से तात्पर्य है जिसका प्रत्यक्ष सिद्ध न हो जैसे – अन्धेरे को आलोक का अभाव कहा जाएगा। पाँचवें, कालातीत या बाधित (कालात्ययापदिष्ट) अर्थात अनुमान दोषपूर्ण होता है उसे कालातीत कहेंगे।''

छल कपट से परास्त करना ही छल है। अर्थात मुख्यार्थ को छोड़कर गौण या लाक्षणिक अर्थ द्वारा आक्षेप करना ही छल है।

जाति यह भी दूसरे अर्थ में दुष्ट उत्तर ही है। वादी का दोष रहित युक्ति का खण्डन करने के लिए किसी प्रकार सादृश्य या वैषम्य पर अवलम्बित दुष्ट अनुमान की सहायता लेने को जाति कहा गया।

निग्रह स्थान वाद–विवाद में पराजय की स्थिति को निग्रह स्थान कहा गया। स्मरणीय है कि इन तत्वों को न्याय ही स्वीकार करता है, वैशेषिक नहीं।

आत्मा एवं ईश्वर यह दर्शन आत्मा को एक द्रव्य स्वरूप मानता है। सुख–दुःख, राग–द्वेष, इच्छा–प्रयत्न एवं ज्ञान आत्मा के गुण हैं। स्वरूपतः आत्मा–चेतन होने के बावजूद चैतन्य को धारण करती है, इसके चैतन्य का बोध मन, इन्द्रिय एवं बाह्य जगत् के सम्पर्क से होता है। अनेक आत्मा के अस्तित्व को स्वीकार किया गया है और उसे ज्ञाता माना है। उसे कर्ता एवं भोक्ता भी कहा है। आत्मा निरवयव है अतः अविनाशी है। न्याय ने आत्मा को विभु माना है जो काल एवं दिक् द्वारा सीमित नहीं है। आत्मा को कर्म के अधीन कहा गया है तथा इसके पुनर्जन्म को स्वीकार किया है। प्रत्येक आत्मा के साथ मनस (मन) जुड़ा हुआ माना गया जो मोक्ष की अवस्था में उससे अलग हो जाता है। न्याय ईश्वरवादी दर्शन है। न्याय ने ईश्वर को आत्मा के समान माना है जो चैतन्य से युक्त हैं। लेकिन ईश्वर मनुष्यों में विद्यमान आत्मा से भिन्न है। ईश्वर का ज्ञान नित्य कहा है, जबकि आत्मा का ज्ञान अनित्य, आंशिक एवं सीमित है। ईश्वर नित्य मुक्त है, वह सृष्टा, पालनकर्ता एवं कर्मफल दाता है। ईश्वर, विश्व का सृजन शून्य से नहीं अपितु पृथ्वी, जल, वायु, अग्नि, आकाश, दिक्, काल, मन एवं आत्माओं द्वारा करता है। ईश्वर कृपा से मानव मोक्ष प्राप्त कर सकता है। न्याय ने ईश्वर को अनन्त गुण सम्पन्न माना है, जिनमें षड्गुणों की प्रधानता है। ईश्वर के षडैश्वर्य हैं–आधिपत्य, वीर्य, यश, श्री, ज्ञान एवं वैराग्य। न्याय का ईश्वर विश्व का निमित कारण है, उपादान कारण नहीं।

नैयायिकों के अनुसार मोक्ष दुःख के पूर्ण निरोध की अवस्था है। न्याय दर्शन में मोक्ष के लिए 'अपवर्ग' शब्द आया है, जिसका अभिप्राय है – शरीर एवं इन्द्रियों के बन्धन से आत्मा का मुक्त होना। दूसरे शब्दों में, मुक्त आत्मा सुख–दुःख से परे नितांत अनुभूतिहीन तथा निरपेक्ष सत्ता के रूप में रहता है। तत्वज्ञान के अतिरिक्त श्रवण, मनन एवं निदिध्यासन को अपवर्ग के उपाय कहा है।

वैशेषिक दर्शन

महर्षि कणाद को वैशेषिक दर्शन का प्रणेता माना गया है। सम्भवतः महर्षि खेतों से अन्न कणों का संग्रह कर जीवनयापन करते थे अतः उन्हें कणभुक् एवं कणभक्ष भी कहा है। इनका दूसरा नाम औलूक भी मिलता है। तद्नुसार इस दर्शन को औलूक्य दर्शन भी कहा जाने लगा। 'विशेष' नामक पदार्थ का विवेचन करने के कारण इस दर्शन का नाम, वैशेषिक हुआ। कणाद ने सबसे पहले अणु के बारे में बताया कणाद ने दो हजार साल से पहले स्पष्ट किया कि किसी भी पदार्थ को विभाजन करने में ऐसी स्थिति आयेगी की उसका विभाजन संभव नहीं होगा। पदार्थ की वह अवस्था परमाणु कहा जायेगा जिसका विभाजन नहीं किया जा सकता। कुप्पूस्वामी आदि कुछ विद्वान् वैशेषिक सूत्रों का रचना काल ई.पू. चतुर्थ शताब्दी मानते हैं। याकोबी इनका समय दो सौ ईसवी निर्धारित करता है। इस सम्बन्ध में यह अवश्य कहा जा सकता है कि 'वैशेषिक न्याय' से अधिक प्राचीन दर्शन है, क्योंकि न्यायदर्शन तत्व शास्त्र पर वैशेषिक का प्रभाव दिखाई पड़ता है जबकि वैशेषिक के सूत्रों में न्याय की ज्ञान मीमांसा का प्रभाव नहीं देखा जाता। कणाद के वैशेषिक सूत्रों में 10 अध्याय हैं एवं प्रत्येक अध्याय दो पादों में विभक्त है।

पूर्व में उल्लेख किया गया है कि न्याय एवं वैशेषिक में इतनी अधिक निकटता का सम्बन्ध है कि दोनों को संयुक्त नाम दिया जाता रहा है। कणाद सूत्रों पर रावण ने भाष्य लिखा, जिसकी चर्चा ब्रह्मसूत्र, शंकरभाष्य की रत्नप्रभा टीका में है। कणाद पर प्रशस्तपाद रचित 'पदार्थधर्म' संग्रह नामक भाष्य एक महत्वपूर्ण ग्रन्थ है। इस

पर भी व्योमशिवाचार्य ने 'व्योमवती' उदयनाचार्य ने 'किरणावली या कुसुमांजलि' तथा श्रीधराचार्य ने 'न्याय कन्दाली' नामक की टीकाएँ लिखीं।

बारहवीं सदी ईस्वी में वैशेषिक दर्शन पर वल्लभाचार्य ने 'न्याय लीलावती' नामक ग्रन्थ लिखा। इस ग्रन्थ पर भी वर्द्धमान का 'प्रकाश', शंकर मिश्र का कंठाभरण एवं रघुनाथ शिरोमणि की 'दीधिति' काफी प्रसिद्ध है।

भारतीय दर्शनों में वैशेषिक का विशेष महत्व है। यह वास्तुवादी दर्शन है, गोचर जगत् को सत्य मानता है अर्थात् जगत् का अस्तित्व ज्ञाता से स्वतन्त्र है। वैशेषिक सप्त पदार्थों के अस्तित्व को स्वीकार करता है, अतः सप्त पदार्थवादी भी कहा जाता है। **द्रव्य, गुण, कर्म (गति), समवाय, सामान्य, विशेष और अभाव। इन सात पदार्थों में विश्व की प्रत्येक वस्तु को शामिल किया गया है।** उल्लेखनीय है कि, कणाद ने छः पदार्थों का ही जिक्र किया था। आगे जाकर प्रशस्त पादभाष्य (पदार्थ धर्म संग्रह) में सातवें पदार्थ अभाव की व्याख्या की गई।

द्रव्य पंच महाभूत (पृथ्वी, अप, तेज, वायु एवं आकाश), काल, दिक्, आत्मा एवं मन—नौ द्रव्य कहे गए हैं।

गुण गुणों की संख्या चौबीस मानी गई है—स्पर्श, रूप, रस, गंध, संख्या, विभाग, संयोग, वियोग, परिणाम, पृथकत्व, परत्व, अपरत्व, बुद्धि, सुखेच्छा, दुखेच्छा, धर्म, अधर्म, प्रयत्न, संस्कार, द्वेष, स्नेह, गुरुत्व, द्रवत्व एवं वेग।

कर्म गुण के समान कर्म भी द्रव्य पर आश्रित रहने वाला धर्म है। यह गुण से भिन्न है तथा मूर्त द्रव्यों में ही रहता है। कर्म पाँच प्रकार के कहे गए हैं—उत्क्षेपण, अपक्षेपण, आकुंचन, प्रसारण एवं गमन।

समवाय नित्य अयुक्त सिद्ध सम्बन्ध को कहते हैं। जिस पदार्थ की सिद्धि नहीं होती उसे अयुक्त सिद्ध कहा गया है। अयुक्त सिद्ध वस्तुओं में पाँच प्रकार हैं, उन्हीं में समवाय सम्बन्ध होता है:

- द्रव्य एवं गुण
- द्रव्य एवं कर्म
- द्रव्य एवं सामान्य
- नित्य वस्तु एवं विशेष

अवयवी एवं अवयव अर्थात् उपादान कारण एवं उसका कार्य।

सामान्य यह उस लक्षण या गुण का नाम है जो दो या अधिक वस्तुओं में समान रूप से पाया जाता है। सामान्य दो प्रकार के होते हैं—पर सामान्य तथा अपर सामान्य।

विशेष सामान्य के विपरीत विशेष हैं जो द्रव्य निरवयव होने के कारण नित्य हैं उनके विशिष्ट लक्षण को विशेष कहते हैं। पृथ्वी के दो परमाणु अथवा दो भिन्न आत्माएँ अपने स्वाभाविक रूप में प्रत्येक दृष्टि से परस्पर सदृश होने पर भी वे दो हैं तो प्रत्येक में कोई पृथक् लक्षण होना चाहिए, यही लक्षण उसका विशेष है। विशेष—नित्य, असंख्य एवं अगोचर हैं। ऐसे द्रव्य हैं—दिक्, काल, आकाश, मन, आत्मा तथा चार भूतों के परमाणु।

अभाव प्रशस्तपाद भाष्य में अभाव का विवेचन मिलता है अर्थात् किसी वस्तु का किसी दूसरी वस्तु में अभाव। अभाव दो प्रकार के कहे गए हैं—संसर्गाभाव एवं अन्योन्याभाव।

वैशेषिक दर्शन विश्व की सृष्टि के लिए सृष्टिवाद के सिद्धान्त को मानता है। **वैशेषिक के सृष्टिवाद को परमाणु सृष्टिवाद (Atomic Theory of Creation) भी कहा जाता है। तद्नुसार विश्व का निर्माण चार परमाणुओं—पृथ्वी, जल, वायु एवं अग्नि से हुआ। चारों परमाणुओं को जगत् का उपादान कारण माना है एवं ईश्वर निमित्त कारण।** उनके द्वारा संचालित 'अदृष्ट' से स्वभावतः क्रिया शून्य एवं निःस्पंद परमाणु स्पंदित होते हैं। वैशेषिक परमाणुवाद का ल्यूसिपस एवं **डिमॉक्रिटस के परमाणुवाद से इस बात में समानता है कि दोनों के अनुसार परमाणु अविभाज्य, निरवयव, अतीन्द्रिय एवं नित्य भौतिक द्रव्य है तथा ये परमाणु जड़ जगत् के उपादान कारण हैं।**[28]

ग्रीक परमाणुवादी विचारक परमाणुओं की संख्या भेद स्वीकारते हैं गुण भेद नहीं। वैशेषिक दर्शन में परमाणुओं में संख्या भेद एवं गुण भेद दोनों माने गए हैं। ग्रीक परमाणुवाद के अनुसार परमाणु स्वरूपतः सक्रिय एवं सचल हैं, जबकि वैशेषिक दर्शन में परमाणुओं को निःस्पंद एवं निष्क्रिय माना गया है और उनमें स्पंदन ईश्वर संचालित (अदृष्ट) होता है।

न्याय दर्शन की तरह वैशेषिक भी आत्मा को स्वभावतः अचेतन मानता है। चैतन्य को आत्मा का आगन्तुक धर्म माना गया है। वैशेषिक दर्शन मन को परमाणुयुक्त मानता है। न्याय के कार्य कारण सिद्धान्त (असत् कार्यवाद) वैशेषिक को स्वीकार है।

असत्कार्यवाद इसके अनुसार कार्य की उत्पत्ति से पूर्व वस्तु विशेष का अस्तित्व नहीं होता। इसका अभिप्राय यह नहीं है कि कार्य—कारण से पृथक् अस्तित्व रख सकता है। कार्य—कारण में उसी प्रकार समवेत होता है जिस प्रकार गुण का द्रव्य में समवेत होना माना जाता है। इस तरह से उत्पन्न वस्तुएँ अनित्य होती हैं।[29] यह सिद्धान्त इस बात पर जोर देता है कि असत् वस्तुओं की उत्पत्ति होती है और उत्पत्ति के बाद उनका अस्तित्व शीघ्र या देर से समाप्त भी होता है। उत्पन्न वस्तुओं के न केवल दिक् एवं काल में अपितु द्रव्यों में भी अवस्थित रहने पर जोर दिया गया।

ईश्वर की सत्ता को स्थापित करने के लिए न्याय ने प्रमाणों का प्रयोग किया है। वैशेषिक दर्शन न्याय के ईश्वर सम्बन्धी विचारों को स्वीकार करता है। वैशेषिक का ईश्वर विश्व का प्रबन्धक एवं अदृष्ट संचालक है। ईश्वर जगत के निमित्त कारण एवं परमाणु उपादान कारण है। न्याय की तरह वैशेषिक मोक्ष को दुःख विनाश की अवस्था मानता है। मोक्ष में आत्मा अपने 'विशेष' सहित नित्य द्रव्य के रूप में स्थित रहता है, जहाँ ज्ञान, इच्छा, संकल्प एवं आनन्द का अभाव होता है। मोक्ष प्राप्ति ज्ञान से मानी गई है।

पूर्व मीमांसा

वेदों में उल्लिखित कर्म (कर्मकाण्ड) एवं ज्ञान दोनों विचारधाराओं की प्रस्तुति मीमांसा दर्शन में भी देखी जाती है। कर्मकाण्ड की

प्रधानता पूर्व मीमांसा एवं ज्ञानकाण्ड उत्तर मीमांसा में प्रदर्शित हुआ। मीमांसा से अभिप्राय है – उत्कृष्ट या 'पूज्य विचार'। जैमिनी रचित सूत्र ग्रन्थ को पूर्व मीमांसा का मौलिक ग्रन्थ माना जाता है, जिसमें 2,745 सूत्र हैं और 12 अध्यायों में विभक्त हैं। सम्भवतः जैमिनी ने बाद में चार अध्यायों की रचना की जिनमें 436 सूत्र हैं। इसे संकर्ष (संकर्षण) काण्ड कहते हैं। जैमिनी के मीमांसा सूत्रों पर सर्वप्रथम 200 ई. में शबर स्वामी ने शबर भाष्य लिखा। शबर भाष्य के व्याख्याकारों में कुमारिल भट्ट तथा प्रभाकर मिश्र प्रसिद्ध हैं। तद्नुसार पूर्व मीमांसा दो सम्प्रदायों में विभक्त हो गई।

- प्रभाकर मिश्र ने 'बृहती' नामक टीका लिखी। इस ग्रन्थ पर भी शालक नाथ ने 'ऋजु विमला' नामक टीका ग्रन्थ लिखा।
- शाबर भाष्य पर कुमारिल भट्ट ने तीन विशाल ग्रन्थों की रचना की थी, जिनमें 'श्लोक वार्तिक' एवं 'तंत्र वार्तिक' उल्लेखनीय हैं।

मीमांसक वेद को अपौरुषेय तथा नित्य मानते हैं। चूँकि वेद किसी पुरुष द्वारा रचित नहीं है अतः दोष रहित हैं। इस आधार पर प्रमाण सम्बन्धी चिन्तन में मीमांसकों ने वेदों की प्रमाणिकता सिद्ध करने के लिए स्वतः प्रमाण्यवाद का विचार प्रस्तुत किया।

प्रमाण मीमांसा दर्शन में छह प्रमाण माने गए हैं–**प्रत्यक्ष अनुमान, उपमान, शब्द, अर्थपत्ति एवं अनुपलब्धि।** यह विचारधारा ज्ञान को स्वतः प्रमाण मानती है। प्रभाकर मिश्र का मत है कि, ज्ञान सदैव स्वतः प्रमाण असिद्ध होता है लेकिन वस्तु का स्वरूप के साथ ज्ञान की संगति नहीं होने पर स्वतः प्रमाण असिद्ध होता है। भ्रम विचार के सम्बन्ध में प्रभाकर का मत है कि प्रत्येक ज्ञान सत्य होता है। प्रत्यक्ष एवं स्मृति के भेद के ज्ञान के अभाव के कारण भ्रम उत्पन्न होता है। भ्रम केवल ज्ञान का अभाव मात्र है। यह मत अख्यातिवाद कहलाता है। परन्तु कुमारिल के अनुसार, मिथ्यावस्तु भी कभी–कभी प्रत्यक्ष होने लगती है, जैसे – रस्सी में कल्पित सर्प। हम रस्सी में सर्प देखते ही कहते हैं कि यह सर्प है और तभी वर्तमान रस्सी सर्प की कोटि में लाई जाती है। मीमांसा दर्शन में जगत् एवं जगत् के अन्तर्गत समस्त विषयों को सत्य माना गया है। प्रभाकर ने सात पदार्थों का उल्लेख किया है–**द्रव्य, गुण, कर्म, सामान्य, परतन्त्रता, शक्ति एवं सादृश्य। कुमारिल ने दो पदार्थ स्वीकार किए हैं–भाव पदार्थ एवं अभाव पदार्थ। द्रव्य, गुण, कर्म एवं सामान्य भाव पदार्थ हैं। अभाव पदार्थ चतुर्विध हैं–प्राग्भाव, अध्वंसाभाव, अत्यन्ताभाव एवं अन्योन्याभाव।**

आत्मा मीमांसा दर्शन में आत्मा को एक द्रव्य जो चैतन्य गुण का आधार है। चेतना आत्मा का स्वभाव नहीं अपितु गुण माना गया है। आत्मा स्वभावतः अचेतन है तथा चैतन्य आत्मा का आगन्तुक गुण है। आत्मा नित्य है एवं इन्द्रियों एवं बुद्धि आदि से पृथक् है। मीमांसकों ने अपने दर्शन में ईश्वर का स्थान गौण कर दिया है। जैमिनी ने अन्तर्यामी सर्वशक्तिमान ईश्वर का उल्लेख नहीं किया है। इस विचारधारा के अनुसार धर्म–अधर्म, पाप–पुण्य, आदि कर्मों के फलस्वरूप दण्ड विधान हेतु ईश्वर को मानना भ्रान्तिमूलक है।

ईश्वर कुमारिल ईश्वर को वेद के रचयिता नहीं मानते। वेद अपौरुषेय हैं, वे स्वतः प्रमाण एवं स्व–प्रकाश है। एक प्रकार से मीमांसकनिरीश्वरवादी हैं। परवर्ती मीमांसकों ने इस दर्शन में ईश्वर को स्थान दिया है तथा उन्हें कर्म फलदाता तथा कर्मों का संचालक माना है। प्रो. मैक्समूलर ने मीमांसा दर्शन को निरीश्वरवादी कहे जाने पर आपत्ति की है। उनके अनुसार, ''मीमांसा ने सृष्टा ईश्वर के विरुद्ध आक्षेप किया है परन्तु इससे यह मानना कि मीमांसा अनीश्वरवादी है गलत होगा।'' मीमांसकों ने कर्म पर अत्यधिक जोर दिया है। ईश्वर कर्मफलदाता न होने पर कर्मफल किस तरह मिलता है, इस सम्बन्ध में मीमांसा ने 'अपूर्व सिद्धान्त' का आश्रय लिया है। इस लोक में कृत कर्म एक अदृष्ट शक्ति उत्पन्न करते हैं, जिसे 'अपूर्व' कहा गया है। तद्नुसार आत्मा को सुख–दुःख की प्रक्रिया से गुजरना होता है। कुमारिल का मत है कि 'अपूर्व' अदृश्य शक्ति है, जो आत्मा में उत्पन्न होती है और इसके संचालन हेतु ईश्वर की सत्ता अपेक्षित नहीं होती।

मीमांसा दर्शन के प्रारम्भ में स्वर्ग को ही जीवन का परम लक्ष्य माना गया। आगे जाकर मोक्ष की अवधारणा का विकास हुआ।

मोक्ष की अवस्था में आत्मा का सम्पर्क शरीर, इन्द्रिय एवं बुद्धि से टूट जाता है। तद्नुसार आत्मा चैतन्य रहित हो जाता है। एक तरह से मोक्ष दुःखों के अभाव की अवस्था है। मोक्षावस्था को आनन्द की अनुभूति की संज्ञा नहीं दी गई। मीमांसा का मोक्ष विचार उत्तर मीमांसा (वेदान्त) से मिला तथा न्याय–वैशेषिक के मोक्ष सिद्धान्त से समानता रखता है।

उत्तर–मीमांसा (वेदान्त दर्शन)

उत्तर–मीमांसा या वेदान्त दर्शन को भारतीय दर्शन परम्परा का चरमोत्कर्ष कहा जाता है। स्वामी विवेकानन्द ने इसे भारतीय दर्शन का सर्वोत्तम एवं सुन्दरतम पुष्प कहा है।[30] उपनिषदों को वेदों का सार या निष्कर्ष माना है और उपनिषदों का मर्म वेदान्त दर्शन में है, कहा गया है। वस्तुतः वेदान्त को वेद एवं उपनिषदों के अन्तिम भाग की संज्ञा दी जाती है। प्रमुख ग्यारह उपनिषद्, ब्रह्मसूत्र एवं भगवद्गीता वेदान्त के प्रमुख ग्रन्थ हैं। **बादरायण ने ब्रह्मसूत्र को सूत्रबद्ध किया था। इसमें चार अध्याय हैं – प्रथम अध्याय में ब्रह्म विषयक विचार** हैं, दूसरे में तर्क संगत तरीकों से इसकी पुष्टि की गई तथा विरोधी मतों का खण्डन। तीसरा अध्याय साधन सम्बन्धी सूत्रों से भरा है एवं अन्तिम अध्याय में मुक्ति सम्बन्धी चर्चा है।

महर्षि बादरायण ने ब्रह्मसूत्र में जैमिनी, आश्मरथ्य, बादिष्ट, आडुलोमि, काशकृत्स्न, कार्ष्णाजिनी, आत्रेय आदि वेदान्ताचार्यों का उल्लेख किया है। इन आचार्यों में काशकृत्स्न अद्वैतवादी थे। आचार्य शंकर ने उनके मत को 'श्रुति' अनुकूल माना है। जैमिनी पूर्व मीमांसक थे। शंकराचार्य ने द्रविड़ाचार्य को आगमविद तथा उपवर्ष का उल्लेख वृत्तिकार के रूप में किया है। 'ब्रह्मसूत्र' अपने आप में संक्षिप्त एवं दुर्बोध ग्रन्थ है। अतः इन पर आचार्य शंकर, आचार्य रामानुज, मधवाचार्य, वल्लभाचार्य, निम्बार्काचार्य आदि ने भाष्य लिखे और अपने स्वतन्त्र व्याख्या के आधार पर

'सम्प्रदायों की स्थापना' की। आचार्य शंकर अद्वैतवादी, रामानुजाचार्य विशिष्टाद्वैतवादी, मधवाचार्य द्वैतवादी हैं और निम्बार्काचार्य द्वैताद्वैतवादी हैं। व्याकरणाचार्य भर्तृहरि अद्वैतवादी एवं विवर्तवाद के मानने वाले थे। वेदान्त दर्शन पर योगवसिष्ठ तथा गौड़पदाचार्य की 'गौदपादकारिका' उल्लेखनीय ग्रन्थ है। बादरायण का ब्रह्मसूत्र पाणिनि से प्राचीन है। जैसा पाणिनि ने अपने सूत्र में लिखा है, 'पाराशर्य शिलालिभ्यां भिक्षुनटसूत्रयो' पाराशर के पुत्र ही बादरायण व्यास थे। छठी शताब्दी के गौड़पदाचार्य जो शंकराचार्य के दादा गुरु थे, आचार्य शंकर ने उन्हें पूज्याभिपूज्य परमगुरु कहा है, ने माण्डूक्य उपनिषद् पर जो कारिका लिखी वही माण्डूक्य कारिका या गौड़पादकारिका कहलाती है।

अद्वैत वेदान्त दर्शन से आविर्भूत सम्प्रदायों में शंकराचार्य द्वारा विवेचित अद्वैतदर्शन सर्वप्रमुख है। यह कहने की आवश्यकता नहीं है कि आचार्य शंकर विश्व के श्रेष्ठतम दार्शनिकों में से एक हैं। उनकी अलौकिक एवं अद्वितीय आलोचनात्मक एवं सृजनात्मक प्रतिभा के सामने अन्य दार्शनिक मत फीके प्रतीत होते हैं। शंकराचार्य पर अलग अध्याय में विस्तृत चर्चा की गई है।

विशिष्टा द्वैतवाद एवं रामानुज शंकराचार्य की भाँति रामनुजाचार्य ने ब्रह्मसूत्र पर 'श्री भाष्य' तथा 'भगवद्गीता' पर भाष्य लिखकर विशिष्टाद्वैतवाद की स्थापना की। इनके अन्य ग्रन्थों में वेदान्तसार एवं वेदांतदीप का उल्लेख किया जा सकता है। रामानुज जगत को मिथ्या नहीं सत्य मानते हैं और भक्ति को मोक्ष का आवश्यक साधन। उनके अनुसार ब्रह्म सविशेष एवं सगुण है तथा चित–जीव है तथा अचित जड़ प्रकृति को कहा गया। दूसरे शब्दों में, चित्त एवं अचित्त ईश्वर के शरीर हैं तथा ईश्वर पर आश्रित हैं। जीव को नित्य जन्म–मरण रहित एवं अणुरूप कहा गया। बह्मसूत्र भाष्य में जीवात्मा (चित), जड़जगत (अचित) एवं परमात्मा (ईश्वर) तीन सत्ताएं मानी है। जीवात्मा व जड़जगत परमात्मा के निर्भर माना है। बह्म अदैत होते हुए भी ऐसा रूप ग्रहण कर लेता है कि आत्मा की विशिष्ट सत्ता बनी रहती है।

मुक्ति की चार प्रकार की अवस्थाओं का उल्लेख आया है – सालोक्या, (भगवान के लोक में निवास)– सामीप्य, (भगवान के समीप वास)– सारूप्य, (भगवान के समान रूप धारण करना)– सायुज्य, (भगवान में लीन हो जाना)। मोक्ष के साधनों में 'प्रपत्ति' अथवा ईश्वर को शरणागति एवं ध्रुवास्मृति, अर्थात् अखण्ड या निरन्तर स्मरण है।

द्वैत एवं मध्वाचार्य मधवाचार्य इस मत के प्रणेता हैं। इनके प्रमुख ग्रन्थों में 'ब्रह्मसूत्र भाष्य' या 'मधवभाष्य', 'गीता भाष्य', 'भगवत तात्पर्य निर्णय', 'महाभारत तात्पर्य निर्णय', 'विष्णुतत्व निर्णय' एवं 'तत्वोद्योत' आदि हैं। मधवाचार्य को उग्रद्वैतवादी माना गया है। इनके अनुसार जीव, जगत् तथा ईश्वर तीनों पृथक् सत्ता हैं। ईश्वर एवं जीव में 'जीव एवं जीव में', ईश्वर एवं जड़ प्रकृति में, जड़ एवं जड़ तथा जीव एवं जड़ में भेद माना गया है। ईश्वर स्वतन्त्र सत्ता है तथा जीव एवं प्रकृति नित्य हैं परन्तु ईश्वर के अध ीन भक्ति मोक्ष का साधन है। रामानुज के समान मधव भी चतुर्विधमुक्ति–सालोक्य, सामीप्य, सारूप्य एवं सायुज्य को मानते हैं।

निष्कर्ष इस प्रकार भारतीय दर्शन परम्परा की संक्षिप्त प्रस्तुति का प्रयास किया गया है। वेद एवं उपनिषदों के विषय में प्रारम्भ में चर्चा की गई थी। जैन एवं बौद्ध दर्शनों ने धार्मिक आन्दोलन का स्वरूप ग्रहण करके भारतीय एवं विश्व समुदाय को प्रभावित किया। यहाँ भगवद्गीता, चार्वाक के साथ षड्दर्शनों के अध्ययन से भारतीय दर्शन की एक मोटी रूप रेखा पाठक के मस्तिष्क में बन सकेगी।

सन्दर्भ :

1. हिरियन्ना एम. : भारतीय दर्शन की रूप–रेखा, भूमिका, पृ. 11.
2. ऋग्वेद, 10/129/2–3.
3. ऋग्वेद, 10/190/1.
4. हिरियन्ना, वही, पृ. 13.
5. शर्मा चन्द्रधर : भारतीय दर्शन, मोतीलाल बनारसीदास पब्लिशर्स प्रा. लि. दिल्ली, 1991, पृ. 1.
6. बृहदारण्यक उपनिषद्, 2/4/5.
7. हिरियन्ना एम., वही, पृ. 14.
8. हिरियन्ना, वही, पृ. 18–19.
9. Ronaldshay : India, A Bird's Eye-View, p. 313.
10. हिरियन्ना, वही, पृ. 15–16.
11. देखिए, दास गुप्त एस.एम. : भारतीय दर्शन का इतिहास, भाग–1, पृ. 7.
12. दासगुप्त, वही, पृ. 7.
13. अष्टाध्यायी, 4/3/98– 'वासुदेवाजन नाभ्यांतुन्'

14. विवेकानन्द साहित्य, अद्वैत आश्रम, मायावती.
15. हिरियन्ना, वही, पृ. 116.
16. हिरियन्ना, वही, पृ. 119.
17. भगवद्गीता, 5 / 2– संन्यासः कर्मयोग्श्च निःश्रेयसकरावुमौ।
    तयोस्तु कर्मसन्यासात्कर्म योगो विशिष्यते।
18. भगवद्गीता, 6 / 46–
    तपस्यिभ्योधिको योगी ज्ञानिभ्योपि मतोधिक।
    कर्मिभ्यश्चाधिको योगी तस्माद्योगी भवार्जुनि
19. भगवद्गीता, 2 / 47.
20. हिरियन्ना एम., वही, पृ. 119–23.
21. भगवद्गीता, 9 / 31.
22. भगवद्गीता, 18 / 66.
23. श्वेताश्वतर, 5 / 2, 'ऋषिं प्रसूतं कपिलं यस्मग्रे'.
24. हिरियन्ना, वही, पृ. 279.
24a. योगदर्शन, समाधिपाद 24, 'क्लेशकर्मविपाकाशयैरपराभृष्टः पुरुषविशेषईश्वरः'
25. योग दर्शन, समाधिपाद, 24– 25– 26.
26. योगदर्शन, वही, 2.
26a. वही, समाधिपाद 1 / 6, 'प्रमाणविपर्यय विकल्पनिद्रान्मृतयः'
26b. वही, साधनापाद, 2 / 29, 'यमनियमासन प्रणायाम प्रत्याहार धारणा ध्यानसमाध्योऽष्टोवङगनि'
27. हिरियन्ना, वही, पृ. 295.
27a. वैशेषिक दर्शन, संस्कृति संस्थान, 1 / 1 / 4– 'धर्म विशेष सूताद्द्रव्यगुणकर्म सामान्य विशेष समवायानां पदार्थानां साधर्म्यवैधर्म्याभ्यां तत्वज्ञानान् निःश्रेयसम्।'
28. शर्मा चन्द्रधर, वही, पृ. 167.
29. न्याय सूत्र भाष्य, 'उत्पनांनिरूध्यते'.
30. विवेकानन्द साहित्य, अद्वैत आश्रम, मायावती,
    'Finest Flower of Indian Philosophy.'
31. मुण्डक, शंकर भाष्य, 1 / 2–12.

66 विज्ञान, गणित एवं प्रौद्योगिकी
(Science, Mathematics and Technology)

आधुनिक मानव सभ्यता पूरी तरह विज्ञान एवं प्रौद्योगिकी पर निर्भर है। दूसरे शब्दों में विज्ञान समसामयिक सभ्यता की मूल बुनियाद है, और इसके अनुशीलन तथा वर्तमान परिणति के बिना सभ्यता का विकास कल्पनातीत है। भौतिकतावादी सभ्यता की भलाई–बुराई के बारे में अवश्य कुछ प्रश्न है, मानव समाज के लिए इसने जिन समस्याओं और जटिलताओं की सृष्टि की है इसके कारण चिंता स्वभाविक है लेकिन अच्छी हो या बुरी यह भौतिकवादी सभ्यता आज मानव समाज के लिए परम सत्य है और इस सभ्यता पर नियंत्रण करने वाला विज्ञान आज मानव जीवन में अपरिहार्य है।[1] प्राचीन भारत में विज्ञान–गणित व तकनीकी का पर्याप्त रूप से विकास हो चुका था। विज्ञान की वर्तमान अवधारणा का ज्यों का त्यों विवरण तो नहीं मिलता है लेकिन गणित, ज्योतिष, आयुर्वेद, शल्य चिकित्सा, रसायन शास्त्र, खनिज विज्ञान, नक्षत्र विद्या, पर्यावरण विज्ञान, कामशास्त्र आदि से सम्बन्धित विवरण प्राचीन भारतीय ग्रन्थों में बिखरा पड़ा है।

सैंधव अवशेषों से यह स्पष्ट होता है कि वे वैज्ञानिक दृष्टिकोण रखते थे। उनकी नगर निर्माण योजना सुनियोजित व उपयोगी थी। अपने भवनों को उन्होंने पक्की ईंटों से निर्मित किया था। विभिन्न तकनीकों का प्रयोग मृद्भाण्ड निर्माण, स्थापत्य, सिंचाई, नाप–तौल आदि क्षेत्रों में किया गया। वैदिककाल में भारतीयों द्वारा विज्ञान एवं प्रौद्योगिकी के क्षेत्र में किए गए महत्वपूर्ण प्रयासों की चर्चा करना उचित होगा।

गणित

गणित के अन्तर्गत प्राचीन काल में अंकगणित, रेखागणित, बीजगणित, नक्षत्र विद्या व ज्योतिष का समावेश था। गणित के बहुत–से नामों का उल्लेख मिलता है, जैसे–'पट्टिन गणित', 'अंक गणित', 'धूलिकर्म' (धूल पर किया हिसाब) आदि। यजुर्वेद से एक से दस (1–10) तक की संख्याओं का बोध होता है। अन्यत्र भी संख्याओं का उल्लेख, इनकी सुस्पष्ट जानकारी के द्योतक हैं। यहाँ उल्लेखनीय है कि संख्याएँ दस गुणत्तर या दशमलव पद्धति पर आधारित थीं। इस पद्धति की विस्तृत परिभाषा आर्यभट्टीय में मिलती है। वेदों में अंकगणित को राशि विद्या कहा जाता था। इसमें सम एवं विषम संख्याओं का भेद तथा अंक परिकर्म (जोड़, घटाना, गुणा एवं भाग) का बोध होता है। वैदिक काल में अंकों का सम्भवतः लिखित रूप व्यवहार में लाया जाता था। शून्य का आविष्कार भी प्राचीन भारतीयों की देन है।

यज्ञ प्रक्रिया हेतु दिन–रात, पक्ष, मास, ऋतु अयन तथा सम्वत्सर सम्बन्धित बोध आवश्यक था। सम्भवतः इस तथ्य को दृष्टिगत रवते हुए वेदांग–ज्योतिष का विकास हुआ।

वेदांग ज्योतिष में पाँच वर्षों का युग माना है जिसमें दो अधिमास मिलाकर 62 माह होते थे। वैदिककालीन लोगों ने नक्षत्रों के बीच से चन्द्रमा के मार्ग का ज्ञान कर लिया था। 27(सत्ताइस) नक्षत्रों का उन्हें बोध था।[1a] उत्तरायण एवं दक्षिणायन का अन्तर भी ज्ञात था। वैदिक कल्पसूत्रों से यज्ञ की वेदियों के निर्माण, आकार–प्रकार का ज्यामितिक तरीके से विवरण मिलता है। जिन पुरोहितों ने शल्व सूत्रों का अध्ययन किया, वही चौकोर, त्रिभुज, गोलाकार आदि विभिन्न प्रकार की वेदियों के निर्माण में दक्ष होता था।[2] सूत्र ग्रंथों को गणित के प्राचीनतम ग्रंथ कहा जाता है। बौधायन धर्मसूत्र में रेखा गणित सम्बन्धी सिद्धान्त मिलते हैं। तोल के विविध मान से भारतीय परिचित थे। कौटिल्य ने तौल के मान इस प्रकार दिए हैः

10	माषा या 5 गुंजा	–	1	सुवर्ण
16	माषा	–	1	सुवर्ण या कर्ष
4	कर्ष	–	1	पल
88	श्वेत सरसों	–	1	रुप्य माषक
16	माषा = 20 शैम्ब्य	–	1	धरण
20	तंडुल	–	1	वज्र धरण (हीरा तोलने का धरण)

अनाज आदि नापने का मान इस प्रकार दिया हैः

4	कुडुम्ब	–	1	प्रस्थ
4	प्रस्थ	–	1	आठक
4	आठक	–	1	द्रोण
16	द्रोण	–	1	खारी
20	द्रोण	–	1	कुंभ
10	कुंभ	–	1	वह

कौटिल्य द्वारा दिए गए मान का उपयोग भारत में कुछ वर्षों पूर्व तक होता रहा था। खास तौर से स्वर्ण एवं जवाहरात का मान भारतीय स्वर्णकारों में लोकप्रिय रहा है। प्राचीन भारतीय ज्यामिति पर ग्रीक प्रभाव नहीं देख गया।

महान गणितज्ञ ब्रह्मगुप्त गुप्तकालीन रेखागणितज्ञ ब्रह्मगुप्त का नाम उल्लेखनीय है। इनका समय 598 ई. माना जा सकता है।[3] उन्होंने 'ब्रह्मगुप्त सिद्धान्त' नामक ग्रन्थ की रचना की।

'खण्डवाद्यक' नामक ग्रन्थ भी उनका रचा हुआ है। इनके ग्रन्थों का अरबी में भी अनुवाद हुआ। पूर्व मध्य काल में गणित से सम्बन्धित अनेक ग्रन्थों की रचना की गई। प्राचीन भारतीय ग्रन्थों में गणित सम्बन्धी उल्लेख ज्योतिष के साथ हुआ है।

उल्लेखनीय है कि ब्रह्मगुप्त को गुरुत्वाकर्षण सिद्धान्त का जनक भी माना जाता है। उसने न्यूटन से अनेक शताब्दियों पहले यह घोषित कर दिया था कि प्रकृति के नियमानुसार सारी वस्तुएँ पृथ्वी पर गिरती हैं, क्योंकि पृथ्वी का स्वभाव सभी को अपनी ओर आकृष्ट करना है।

महावीराचार्य (गणिताचार्य) महावीराचार्य द्वारा रचित 'गणितसार संग्रह' का निर्माण इसी काल (नवीं सदी) में हुआ। महावीर ने क्षेत्रफल विधि, वर्गमूल, घनमूल, वर्ग समीकरण तथा घनात्मक व ऋणात्मक से परिचित करवाया। पूर्व मध्य काल में भी गणित से सम्बन्धित अनेक ग्रन्थों का निर्माण हुआ, जैसे–'पाटीगणित', 'बीजगणित', 'सिद्धान्तशेवर' आदि। हिन्दुओं ने बहुत पहले से ही अंकों के प्रतीक जैसे–1, 2, 3, ..., 9, 10, 20, ...90, 100, ...200, ..., 900, ... 1000 आदि का प्रयोग करना प्रारम्भ कर दिया था। भारत के गणितज्ञों ने 9 के बाद 0 का चिन्ह दिया। इसके आगे भी 10, 100, 1000 आदि की श्रृंखला विकसित की। यह नया प्रयोग रोमन लिपि के अक्षरों से अधिक से अधिक व्यावहारिक व उपयोगी था।

हम इस तथ्य से परिचित है कि भारतीयों के यूनान, रोम, अरब एवं चीन आदि देशों से व्यापारिक सम्बन्ध थे और साथ ही ज्ञान का आदान–प्रदान भी। यूरोपवासियों को इस पद्धति का ज्ञान अरब के माध्यम से हुआ, फलतः इसका नामकरण 'अरबी संख्या पद्धति' किया गया। इस तथ्य से इनकार नहीं किया जा सकता कि अरबों को इस पद्धति का ज्ञान भारतीयों से हुआ था। अरबी के अंक 'हिन्दसा' कहलाते हैं। अरब लेखक अल–मसूदी, अल–बरूनी आदि ने इसे स्पष्ट रूप से स्वीकारा है। आर्यभट्ट और वराहमिहिर ने अपने ग्रन्थों में इस पद्धति का उल्लेख किया है। इससे स्पष्ट है कि दशम् पद्धति भारत में बहुत पहले से प्रचलित थी। दशम् अंक पद्धति से भाग, गुणा आदि आसान हो गए। हिन्दू गणितज्ञों द्वारा विकसित यह व्यवस्था आंशिक परिवर्तनों के साथ आज भी उपयोगी है।[4] बकशाली की गणित पेशावर के निकट 1881 में बकशाली से प्राचीन भारतीय गणित से सम्बन्धित 70 पन्नों का ग्रन्थ प्राप्त हुआ हैं जिनमें भाग, वर्गमूल आदि गणित के विभिन्न सिद्धान्तों का उल्लेख मिलता है।[5] इसमें गणित की कई समस्याओं का समाधान किया गया है। तत्कालीन गणित का विकसित स्वरूप आर्यभट्ट की रचना आर्यभट्टीय में भी मिलता है।

आर्यभट्ट महान वैज्ञानिक आर्यभट्ट– आर्यभट्ट ने "आर्यभट्टीयम" में क्षेत्रफल के विषय में कहा है– यह परिधि तथा व्यास के आधे गुणनफल (1/2 परिधि × 1/4 व्यास) होता हैं। त्रिभुज के क्षेत्रफल के बारे में कहा है यह आधार तथा समान गुणनफल का आधा है। आर्यभट्ट के अन्य ग्रन्थ 'दशगीतिक सूत्र' और 'आर्याष्टाशतक' हैं। आर्यभट्ट ने यद्यपि इसमें ज्योतिष पर ही अधिक विस्तार से विवरण दिया है तथापि गणित, ज्यामिति, बीजगणित आदि पर भी चर्चा की है। इसमें ज्यामिति के वृत्त, त्रिभुज आदि की व्याख्या हुई है। आर्यभट्ट ने गणित को अन्य विषयों से मुक्त कर स्वतन्त्र रूप दिया। आर्यभट्ट ने शून्य के उपयोग के अलावा दशमलव सिद्धान्त भी दिया। यह सर्वथा नई देन थी। संसार के इतिहास में आर्यभट्ट का महत्वपूर्ण स्थान है। उसके द्वारा निकाला गया वर्षमान टॉलेमी द्वारा निकाले हुए काल से अधिक वैज्ञानिक है।

जी.सी. पाण्डे ने जिक्र किया है कि, भारतीय गणीत ने विश्व को महत्वपूर्ण अवदान किये है। अंकों की दशमलव पद्धति से लेखन प्रणाली और शून्य का आविष्कार इनमें अन्यत्तम है। बीजगणित में समीकरणों के हल में और गोलिय त्रिकोणमिति के क्षेत्र में महत्वपूर्ण सिद्धान्तों का प्रतिपादन किया गया था जो रेखागणित का प्रमेय पाइथोगोरस के नाम से प्रसिद्ध है, उसका स्पष्ट ज्ञान शुल्व सूत्रों में मिलता है। वृत्त के व्यास और परिधि के अनुपात रूप में 'पाई' के मूल्य का अनेक प्राचीन भारतीय गणितज्ञों ने आकलन किया। क्वाड्रेटिक समीकरणों के सामान्य हल का उन्होंने पता लगाया था। सीढ़ी संकलन पर मिटेवान, कॉम्बीनेशन आदि के अनेक प्रमेयों का निरूपण प्राचीन ग्रन्थों में मिलता है। ऐसे ही त्रिकोणमिति की तालिकाएँ खोजी गई थीं।[6]

ज्योतिष (Astronomy)

प्राचीन भारतीयों ने ज्योतिष को वैज्ञानिक स्वरूप प्रदान करवाया। तैत्तिरीय संहिता में (4/4/9) में सूर्य, चन्द्रमा व नक्षत्रों का उल्लेख है। इसमें नक्षत्रों के 27 प्रकार बताए गए हैं। तिथियों का उल्लेख मिलता है जो चन्द्रमा के हिसाब से निर्धारित होती थी। वेदांग ज्योतिष (जिसका आधार ऋग्वेद है) के अनुसार 5 वर्ष और 1,830 दिन का पंचांग होता था।

वेदों में सूर्य (Sun) चन्द्रमा (Moon) शुक्र (Venus) व बृहस्पति (Jupiter) नक्षत्रों का उल्लेख मिलता है। महाभारत में अन्य कई नक्षत्रों जैसे बुध (Mercury) मंगल (Mars), शनि (Saturn) आदि का उल्लेख मिलता है। ईस्वी सन् के बाद की चार सदी तक भारतीयों व यूनानियों के आपसी सम्पर्क बढ़ने से यूनानी (Greek) ज्योतिष का भी प्रभाव भारतीय ज्योतिष पर पड़ा। गुप्तकाल में भारतीय ज्योतिष का सर्वांगीण विकास हुआ। गुप्तकालीन प्रमुख ज्योतिषज्ञ आर्यभट्ट, वराहमिहिर, ब्रह्मगुप्त आदि थे।

पैतामह सिद्धान्त गुप्त काल से पूर्व ज्योतिष में वेदांगों पर आधारित 'पैतामह सिद्धान्त' का प्रचलन था, जिसमें 366 दिन का वर्ष था और 5 वर्ष के युग में दो अधिक मास होते थे। **पंच सिद्धान्तिका (वराहमिहिर) के बारहवें अध्याय में पाँच श्लोकों में इसकी चर्चा की गई है।** इनकी गणना नक्षत्रों से होती थी। कालान्तर में 'वशिष्ठ सिद्धान्त' का विकास हुआ। इसके अन्तर्गत राशि व लगन का स्थान होता था। नक्षत्रों का स्थान गौण हो गया।

पौलिश सिद्धान्त पंच सिद्धान्तिका के सातवें अध्याय में इसकी चर्चा की गई है। चौथी सदी के लगभग 'पौलिश सिद्धान्त' के अन्तर्गत चन्द्र ग्रहण की घटनाओं की प्रस्तुति हुई। इसमें ग्रहण का समय व स्थान निकालने आदि की गणना दी गई है। 120 वर्ष में 43,821 सावन दिन मानने से 365.2583 दिनों का वर्ष माना गया। वराहमिहिर को पौलिश एवं रोमक सिद्धान्तों का प्रतिपादक माना जाता है।

रोमक सिद्धान्त 'रोमक सिद्धान्त' पर रोमन प्रभाव था। इसमें 2,850 वर्षों के युग की कल्पना की गई है। इसमें 1050 अधिमास और 19547 क्षय तिथियाँ हैं। इन संख्याओं में 150 से भाग देने पर 19 वर्ष 7 अधिमास होते हैं।

सूर्य सिद्धान्त इसी सन्दर्भ में 'सूर्य सिद्धान्त' का भी विकास हुआ। इसमें ग्रहण व कुछ खगोलीय समस्याओं पर विचार हुआ है। **सूर्य सिद्धान्त पुस्तक हिन्दू ज्योतिष का परिचय देती है। लेकिन इसके लेखक का नाम अज्ञात है।** 500 ईस्वी से 1500 ईस्वी के बीच इसका सम्भवतः दो या तीन बार संशोधन हुआ।[7]

खगोलशास्त्री एवं ज्योतिषज्ञ (आर्यभट्ट) गुप्तकाल में ज्योतिष से सम्बन्धित अनेक ग्रन्थों का निर्माण हुआ। आर्यभट्ट इस काल के प्रमुख ज्योतिषी हैं। इसने 23 वर्ष की अवस्था में 'आर्यभट्टीय' ग्रन्थ लिखा। उसके कई शिष्यों ने कालान्तर में भारतीय ज्योतिष के सिद्धान्तों का विकास किया। आर्यभट्ट ने पृथ्वी को गोल बताया और उसकी परिधि का अनुमान किया। आर्यभट्ट का काल 476 ई. के लगभग माना जा सकता है।[8] आर्यभट्ट ने ग्रहण का राहु–ग्रास वाला जन–विश्वास गलत सिद्ध कर दिया। उसके अनुसार चन्द्रग्रहण चन्द्रमा और सूर्य के मध्य पृथ्वी के आ जाने और उसकी चन्द्रमा पर छाया पड़ जाने के कारण लगता है।

महान एस्ट्रॉलाजर–वराहमिहिर आर्यभट्ट के बाद दूसरा प्रसिद्ध गुप्तकालीन गणितज्ञ एवं ज्योतिषज्ञ वराहमिहिर है। उसने यूनानी और भारतीय ज्योतिष का समन्वय करके 'रोमक' तथा 'पौलिश' नाम से नये सिद्धान्तों का प्रतिपादन किया। जिससे भारतीय ज्योतिष का महत्व बढ़ा। उसके छह ग्रन्थ उल्लेखनीय हैं–पंच सिद्धांतिका विवाहपटल, योगमाया, बृहत्संहिता, बृहज्जातक और लघुजातक। पंच सिद्धान्तिका, में पाँच प्राचीन सिद्धान्तों (पैतामह, रोमक, पौलिश, वशिष्ठ, सूर्य) को बताया गया है। वराहमिहिर ने ज्योतिष शास्त्र को तीन शाखाओं में विभाजित किया–तंत्र (गणित और ज्योतिष), होरा (जन्मपत्र) और संहिता (फलित ज्योतिष)। वराहमिहिर के बृहज्जातक को विज्ञान और कला का विश्वकोश माना गया है। बृहत्संहिता में सूर्य, चन्द्र, नक्षत्रों की गति व उनका प्रभाव, भूगोल आदि की विस्तृत व्याख्या हुई है। मुहूर्तो, कुण्डली आदि पर भी वराहमिहिर ने विचार व्यक्त किए हैं। वराहमिहिर यवन ज्योतिष शास्त्र से प्रभावित था। उसने यवन ज्योतिषियों की प्रशंसा भी की है। वराहमिहिर के पुत्र पृथुयशा फलित ने ज्योतिष पर 'षट्पच्चिशिका' ग्रन्थ की रचना की। इस पर भट्टोत्पल ने टीका लिखी।

कल्याण वर्मा (गणितज्ञ) आचार्य कल्याण वर्मा भी प्रमुव ज्योतिषाचार्य थे जिनका काल 600 ई. के लगभग माना गया है। इन्होंने यवन–होराशास्त्र के संकलन रूप में 'सारावली' नामक ग्रन्थ की रचना की। कुंडरंग, निःशंकु और लाटदेव अन्य गुप्तकालीन ज्योतिषज्ञ हैं। लाटदेव ने रोमक सिद्धान्त की व्याख्या की। इसमें रोमक ज्योतिषीय आधार पर निर्मित सूर्यग्रहण व चन्द्रग्रहण का सिद्धान्त शामिल किया जाता है। ज्योतिष के परिप्रेक्ष्य में 'सामुद्रिक शास्त्र', 'रमल' एवं 'ताजिक' की जानकारी अपेक्षित है।

सामुद्रिक शास्त्र मानव शरीर के विविध अंगों पर पाये जाने वाले वे चिन्ह जो शुभ और अशुभ का संकेत करते हैं, जिन्हें समुद्र के आधार पर जिसे ज्योतिष विद्या द्वारा फलित कहा जाता है।

रमल ज्योतिष की इस विद्या का आविर्भाव एवं विस्तार अरब में हुआ था। इसमें पाशे उपयोग लाये जाते हैं और पाशों पर अंकित नम्बरों के आधार पर भविष्य फल बताया जाता है।

ताजिक मुगलकाल में मुक्कमल गुजराती ने ज्योतिष सम्बन्धी ग्रन्थ का 'जहान–ए–जकर' नाम से फारसी में अनुवाद किया था।

अन्त में जी.सी. पाण्डे के अनुसार 'प्राचीन ज्योतिष की यही कमी थी कि वे दूरबीन का प्रयोग नहीं करते थे। ज्योतिष का प्रयोग मुख्यतया वे पंचांग निर्माण के लिए करते थे। उनका महत्व इस बात से सिद्ध है कि वे सूर्य एवं चन्द्र ग्रहणों का ठीक–ठाक पूर्वाकलन कर सकते थे। उनकी प्रगति तभी पिछड़ गई जब यूरोप में उपकरणों के सहारे प्रत्यक्ष का क्षेत्र निश्चित हो गया और यंत्रों के आविष्कार के प्रसंग में नए प्रकार की गणनाएँ आवश्यक हुईं।[9]

पूर्वमध्यकालीन ज्योतिष–गणित गुप्तकालीन ज्योतिष एवं गणिताचार्यों का प्रभाव इस युग में बना रहा। पूर्वकालीन विद्वानों की रचनाओं पर टीकाएँ एवं भाष्य लिखे गये। नवीं सदी के भट्टोत्पल ने वराहमिहिर के ग्रंथों पर टीकाएँ लिखी एवं 'प्रश्नज्ञान' नामक स्वतंत्र ग्रंथ की रचना की। ज्योतिष एवं गणित के विद्वानों में श्रीपति, श्रीधर, प्रदमनंदि, पृथुदक, भोज एवं सिंह तिलक उल्लेखनीय है इन्हें दसवीं–ग्यारहवीं सदी का बताया गया है। **महा–गणितज्ञ भास्कर या भास्कराचार्य** – खानदेश (महाराष्ट्र) के भास्कर का ग्रंथ–सिद्धान्त शिरोमणि महत्वपूर्ण ग्रंथ था। भास्कराचार्य की गणना महान् गणितज्ञों में की जाती है। इन्होंने पृथ्वी की आकर्षण शक्ति सिद्धान्त का वैज्ञानिक ढंग से निरूपण किया था। इनकी रचनाओं में सिद्धान्त शिरोमणि, करण कुतूहल, सूर्य सिद्धान्त एवं ग्रह गणित उल्लेखनीय है। चार भागों में विभक्त सिद्धान्त शिरोमणि (लीलावती, बीजगणित, ग्रह गणिताध्याय एवं गोलाध्याय) के पहले दो भाग गणित एवं शेष दो ज्योतिष से सम्बद्ध है। कहा गया है कि लीलावती गणित का अद्भुत ग्रंथ है स्वयं आचार्य ने लीलावती नामक युवती को गणित की शिक्षा दी थी। भास्कराचार्य का सर्वाधिक महत्वपूर्ण योगदान पृथ्वी के आकर्षण सिद्धान्त का निरूपण था, जिसका लाभ आगे जाकर न्यूटन जैसे विद्वान को मिला।

आयुर्वेद

आयुर्वेद भारतीयों की चिकित्सा प्रणाली का नाम है जिसका तात्पर्य है–दीर्घायु का विज्ञान। आयुर्वेद की परम्परा वेदों से विद्यमान थी। वेदों के अनेक श्लोकों (खासकर अथर्ववेद के) में आयुर्वेद का उल्लेख हुआ है। ऋग्वेद की ऋचाओं में वात, बुखार, खांसी, दस्त, कोढ़ आदि अनेक रोगों का उल्लेख मिलता है। अथर्ववेद[10] में ऐलव (आंख की बीमारी), अलजि (आंख का सूजना), अक्षत (फेफड़ों की वृद्धि या नासूर), अपचि (गण्डमाला), अर्ष (बवासीर), आश्रव (मवाद पड़ना), बलास (गलशोथ), हरिमा (पीलिया), हृद्‌योग (हृदय की गड़बड़ी), जायाना (सूखारोग), कर्णशूल (कान का दर्द), काशिक (काली खांसी), किलास (कोढ़), कुष्ठ (त्वचा

विकार), राजयक्षा (तपेदिक), शीरश (सिरदर्द), तक्मन (बुखार), उदर (जलोदर), विसर्प (चर्मरोग), विसल्यक (तन्त्रिकाशूल) आदि। सुश्रुत ने अपनी संहिता में लगभग 1,100 रोगों का उल्लेख किया है। कई रोगों के उसने उपभेद बताए हैं, जैसे– बुखार के 26 प्रकार, पीलिया के आठ प्रकार, मूल सम्बन्धी बीमारियों के 20 प्रकार आदि।

आयुर्वेद को आठ भागों में विभाजित किया गया है–**शल्य, शकाल्य, काय चिकित्सा, भूतविद्या, कौमारमृत्या, अंगद तंत्र, रसायन और वाजीकरण।** प्राचीन भारतीय आयुर्वेद प्रणाली के प्रसिद्ध व्याख्याकार हैं–चरक, सुश्रुत, वाग्भट्ट, धन्वन्तरि, माधव, भावमिश्र, शारंगधर आदि। भारतीय चिकित्सा विज्ञान का ई.पू. 800 से 1000 ई. तक समुचित तरीके से विकास हुआ।

महान शल्य चिकित्सक सुश्रुत सुश्रुत संहिता प्राचीन भारतीय चिकित्सा प्रणाली का उल्लेखनीय ग्रन्थ है। इसके प्रारम्भिक स्वरूप को लेकर इतिहासकारों में काफी विवाद है। सुश्रुत संहिता में वृद्ध सुश्रुत द्वारा रचित संकलित संहिता के बहुत–से उद्धरण ज्यों के त्यों ले लिए हैं। इसके अलावा उसने अनेक मौलिक श्लोकों की रचना की। सुश्रुत संहिता के प्राचीन संस्करण को सम्पादित और संशोधित करने का श्रेय नागार्जुन प्रथम को भी जाता है। इसका काल चौथी सदी ईस्वी है। मूल सुश्रुत संहिता का निर्माण बहुत पहले ही हो चुका था।

गुप्तकाल में आयुर्वेद के कई ग्रंथों की रचना हुई। सुश्रुत संहिता व चरक संहिता में मानव शरीर के सभी अंगों की व्याधियों की शल्य चिकित्सा का वर्णन है। सुश्रुत संहिता में लगभग 120 अध्याय हैं जिनका पाँच खण्डों में विभाजन किया गया है–सूत्रस्थान, निदानस्थान, शरीर स्थान, चिकित्सा स्थान और कल्पस्थान। शल्य क्रिया में काम आने वाले अनेक यंत्रों का वर्णन सुश्रुत ने किया है जो इस्पात से बने होते थे। इनमें सूइयाँ, छुरियाँ, संडासी, छिद्रक यंत्र, कैंची, पिचकारी, छल्ले, सलाइयाँ आदि कई यंत्र होते थे। सुश्रुत संहिता में पट्टियों को बाँधने की भी बहुत–सी विधियों का वर्णन मिलता है। उतरी हुई हड्डियों को दुबारा बैठाने करने की विधियाँ भी मिलती हैं। अंगोच्छेदन की विधियाँ बहुत हद तक वर्तमान विधियों से मिलती हैं। नेत्र सम्बन्धी कष्ट, प्रसव सम्बन्धी समस्याएँ, पथरी पड़ना आदि विभिन्न पक्षों पर सुश्रुत संहिता में प्रकाश डाला गया है। शरीर में प्रवेश कर गई वस्तुएँ कुशलता से बाहर निकाली जाती थीं। इसके लिए चुम्बक का भी प्रयोग किया जाता था। सुश्रुत ने 1120 रोगो के इलाज एवं 8 तरह की शल्य चिकित्सा के बारे में बताया।

चरक चरक संहिता आयुर्वेद का महत्वपूर्ण ग्रन्थ है। यह बहुत प्राचीन रचना है, लेकिन लिपि के आधार पर इसे गुप्तकालीन माना जाता है। यह माना जाता है कि आचार्य चरक का यह ग्रन्थ आचार्य अग्निवेश के वैद्यक ग्रन्थ का ही प्रतिसंस्करण था।[11] चरक संहिता के फारसी व अरबी में अनुवाद हो चुके थे। अरबी में इसका अनुवाद लगभग 800 ई. में हुआ। चरक का काल प्रथम शताब्दी ईस्वी के लगभग माना जा सकता है। उसे कुषाण सम्राट कनिष्क का समकालीन कहा गया है।

चरक संहिता के अलावा **'नवनीतकम्'** ग्रन्थ भी आयुर्वेद की दृष्टि से महत्वपूर्ण है। यह ग्रन्थ चिकित्सक के नुस्खों का संग्रह है। ये नुस्खे विभिन्न ग्रन्थों से लिए गए हैं। इसमें रसों, चूर्णों, तेलों आदि का वर्णन है। इसके अलावा बालकों के रोग एवं उनके निदान भी इसमें मिलते हैं।

वाग्भट्ट ने भी आयुर्वेद के ऊपर प्रसिद्ध ग्रन्थ **'अष्टांग हृदय'** एवं **अष्टांग संग्रह** की रचना की। इसकी रचना गुप्तकाल में हुई थी। लगभग छठी सदी ई. में इस ग्रन्थ को रचा गया। इसमें चिकित्सा सम्बन्धी पूर्व ज्ञान का सारांश मिलता है।

महान चिकित्सक धनवन्तरि को भी आयुर्वेद का प्रसिद्ध विद्वान् माना गया है। धनवन्तरि को देवताओं का वैद्य कहा गया है। कहते हैं कि धनवन्तरि समुद्र मंथन के फलस्वरूप, अमृत हाथ में लिए हुए समुद्र से निकले थे।[12] धनवन्तरि का प्रमुख योगदान आयुर्वेद की शल्य चिकित्सा पद्धति के क्षेत्र में है। धनवन्तरि ने सात सुयोग्य शिष्यों को इस ज्ञान में पारंगत किया। इनमें सुश्रुत ही एक ऐसा है, जिसका तंत्र आज भी उपलब्ध है।[13]

गुप्तकालीन विश्वविद्यालयों के पाठ्यक्रम में आयुर्वेद के अध्ययन को शामिल किया जाता था। नालंदा विश्वविद्यालय में आयुर्वेद और ज्योतिष का अध्यापन होता था। चीनी यात्री इत्सिंग ने तत्कालीन भारत में प्रचलित आयुर्वेद की आठ शाखाओं का उल्लेख किया है।

पूर्वमध्यकाल 'माधवनिदान' का लेखन आठवीं सदी के **आचार्य माधवकर** किया जिसे रोग निदान के लिए उपयोगी माना गया है। कई औषधियों द्वारा रोगों की चिकित्सा का विधान **'वृंदमाधव'** नामक ग्रंथ में आचार्य बृंद ने किया है। ग्यारहवीं सदी के मध्य में चरक एवं सुश्रुत पर टीकाएँ क्रमशः 'आयुर्वेद दीपका' एवं 'भानुमति' आचार्य चक्रपाणिदत्त द्वारा लिखी गई। **चक्रपाणिदत्त** ने नागार्जुन द्वारा प्रतिपादित रसायन चिकित्सा पर कार्य किया एवं 'चिकित्सासार संग्रह' नामक स्वतंत्र ग्रंथ की भी रचना की। भारतीय आयुर्वेदाचार्यों में बारहवीं सदी के **शारंगधर** का नाम सम्मान से लिया जाता है, 'शारंग संहिता' उनकी प्रसिद्ध रचना थी।

शल्य चिकित्सा ऋग्वेदिक काल में शल्य चिकित्सा का विकास हो चुका था। वैदिक जनों की शल्य चिकित्सा की व्यापक जानकारी को देखते हुए यह मानना पड़ेगा कि पाश्चात्य शल्य चिकित्सक भी इनसे बहुत पीछे थे। ई.पू. 500–600 के बाद 1,000 वर्ष तक का काल भारतीय शल्य चिकित्सा का स्वर्णिम काल था। प्राचीन भारतीय शल्य चिकित्सकों में चरक, जीवक, आत्रेय और वाग्भट्ट, सुश्रुत आदि का नाम उल्लेखनीय है।

महा शल्य चिकित्सक वाग्भट्ट ने 'शल्य क्रिया' का उल्लेख किया है। इसके आठ प्रकार बताए गए हैं–छेदन, भेदन, लेखन, वेधन, एषण, आहरण, विस्रावण और सीवन। शल्य क्रिया में बहुत–से अस्त्रों का प्रयोग किया जाता था। ऐतरेय ब्राह्मण में उस विद्वान् की प्रशंसा की गई है, जो पशु शरीर के सूक्ष्मातिसूक्ष्म आंत्र आदि अवयवों का यथावत् विभाजन एवं विवेचन करता था। **ऋग्वेद में पूषण एवं भग द्वारा कृत्रिम पैर व कृत्रिम नेत्र लगाने का उल्लेख मिलता है।** शतपथ ब्राह्मण में शिरःसंधान का वर्णन

उपलब्ध है। ऋग्वेद में दक्ष के कटे मस्तक को जोड़ने का उल्लेख है। नये दांत व नेत्र लगाने का भी उल्लेख मिलता है। महाभारत के अनुसार बाणों में बिद्ध भीष्म के हृदय के उपचार के लिए उस काल के अनुभवी शल्य चिकित्सक बुलाए गए थे। वर्तमान में विकसित प्लास्टिक सर्जरी सुश्रुत का मौलिक आविष्कार था। सुश्रुत संहिता में प्रत्यारोपण की विधि मिलती है। गाल के चमड़े को काटकर नाक पर प्रत्यारोपण करने का वर्णन किया गया है।[14] सुश्रुत संहिता में उदर, सर, वक्ष आदि अंगों की शल्य क्रिया से लेकर नासिका तथा कर्ण जोड़ने, प्रसव, शिशु रक्षा, मूत्राशय की पथरी निकालने, मोतियाबिन्द व नेत्र चिकित्सा का भी विधान है। महावग्ग तथा अन्य जातकों में जीवक द्वारा सिर व आँतों की शल्य क्रिया का वर्णन है। सुश्रुत संहिता के आधार पर यदि हम महर्षि सुश्रुत को विश्व का प्रथम शल्य चिकित्सक कहें तो कोई अतिशयोक्ति नहीं होगी। भारतीय शल्य क्रिया ने तिब्बत, सिंहल, चीन, यूनान आदि अन्य देशों को भी प्रभावित किया होगा। **जर्मनी, ब्रिटेन, फ्रांस, अमेरिका आदि देशों के चिकित्सकों ने इस तथ्य को स्वीकार किया है कि भारतीय शल्य चिकित्सा ही आधुनिक शल्य क्रिया की जननी है।**

पशु चिकित्सा मानवीय चिकित्सा के साथ–साथ प्राचीन काल में पशु चिकित्सा का भी विकास हो चुका था। गुप्तकाल में पशु चिकित्सा से सम्बन्धित कई ग्रन्थों की रचना हुई जो घोड़ों व हाथियों से सम्बन्धित थे। इस बात में कोई संदेह नहीं रह जाता कि, ''भारतीय चिकित्सा ज्ञान का प्रसार पश्चिम की ओर हुआ तथा पश्चिमी एशिया के चिकित्सकों ने इसमें रुचि ली।''[15] प्राचीन मनीषियों ने अश्व, गज, गौ, मृग, शेर, भालू, गरुड़, हंस, बाज आदि से सम्बन्धित विस्तृत अध्ययन किया। समाज में पशुओं की चिकित्सा पर ध्यान दिया जाता था। पालकात्य ''रोज चिकित्सा, बृहस्पतिकृत, गज लक्षण आदि ग्रन्थ पशु चिकित्सा पर हैं।''

रसायन व खनिज

प्राचीन काल में भौतिकी, रसायन व खनिज शास्त्र के विकास की जानकारी मिलती है। गुप्तकाल का प्रसिद्ध रसायनशास्त्री एवं धातु विज्ञानवेत्ता नागार्जुन था। कुछ इतिहासकार महायान शाखा के बौद्ध आचार्य नागार्जुन और रासायनिक नागार्जुन को एक ही व्यक्ति मानते हैं। लेकिन अनेक तथ्यों से यह स्पष्ट हो चुका है कि ये दोनों व्यक्ति पृथक्–पृथक् हैं। नागार्जुन से पहले भी रसायन शास्त्र का विकास हो चुका था। आयुर्वेद का एक अंग रसायन तंत्र के नाम से प्रसिद्ध था, जिसके अन्तर्गत दीर्घायु जीवन की विधियाँ बताई गई हैं। प्राचीन रसायनशास्त्रियों में शिव, भृगु, अगस्त्य और वशिष्ठ का नाम आता है। इसी परम्परा में आचार्य माण्डव्य का नाम उल्लेखनीय है जो दीर्घायु थे। इनके गुरु वशिष्ठ थे। माण्डव्य की कोई कृति तो उपलब्ध नहीं हुई है लेकिन नागार्जुन की कृति में उसका उल्लेख अवश्य मिलता है और इसे रसतंत्रकार कहा गया है। आचार्य व्याडि भी रसतंत्रकार थे। वाग्भट्ट ने 'रसरत्न–समुच्चय' में 27 रसाचार्यों का उल्लेख किया है जिनमें व्याडि व पतंजलि का भी नाम आता है। **महारसायनज्ञ पतंजलि** का नाम एक चरक भी था। कुछ विद्वान् इसे चरक संहिता के पुनर्लेखन का श्रेय भी देते हैं और महाभाष्यकार, पतंजलि और चरक संहिता के संकलनकर्ता को एक ही व्यक्ति मानते हैं। वस्तुतः पतंजलि का चिकित्साशास्त्र पर भी एकाधिकार था। चरक संहिता पर उनके द्वारा लिखी गई टीका अब उपलब्ध नहीं है। अल–बरूनी ने पतंजलि का कीमियागर के रूप में ही उल्लेख किया है।

महान कैमिस्ट या रसायनचार्य नागार्जुन सभी रसायनशास्त्रियों में नागार्जुन का स्थान महत्वपूर्ण है। नागार्जुन ने अनेक ग्रन्थों की रचना की, जैसे–'लौहशास्त्र', 'रूप रत्नाकर', 'कक्षपुट', 'आरोग्य मंजरी', 'योगसार', 'रसेन्द्र मंगल', 'रतिशास्त्र', 'रसकच्छपुट' और 'सिद्धनागार्जुन'। अब तक जो चिकित्सा प्रणाली थी उसका आधार काष्ठ था। नागार्जुन ने 'रस चिकित्सा' का आविष्कार किया। उसने यह अवधारणा प्रदान की कि सोना, चाँदी, ताम्बा, लोहा आदि खनिज धातुओं में भी रोग प्रतिरोधक क्षमता होती है। 'पारद' (पारे) की खोज उसका सर्वाधिक महत्वपूर्ण आविष्कार था जो रसायन और आयुर्वेद के इतिहास की एक युगान्तकारी घटना थी। वराहमिहिर ने भी चिकित्सा के लिए पारद और लोहे के उपयोग का उल्लेख किया है। स्पष्ट है कि प्राचीन काल में चिकित्सा और रसायन का घनिष्ठ सम्बन्ध था। वाग्भट्ट भी गुप्तकालीन रसायनशास्त्री था, जिसका ग्रन्थ 'रसरत्नसमुच्चय उल्लेखनीय है।'

महरौली लौह स्तंभ खनिज विज्ञान के सम्बन्ध में यद्यपि कोई स्वतन्त्र ग्रन्थ उपलब्ध नहीं है तथापि विभिन्न उल्लेखों से इसकी विकसित स्थिति का बोध होता है। महरौली स्थित लौह–स्तम्भ इस बात का प्रत्यक्ष प्रमाण है कि गुप्त काल तक खनिज विज्ञान ने पर्याप्त उन्नति कर ली थी। भारतीय कारीगरों ने धातुशोधन, ढलाई की कला में अद्भुत दक्षता प्राप्त कर ली थी। महरौली लौह–स्तम्भ छह टन वजन का 23 फुट 8 इंच लम्बा है। एक विशाल स्तम्भ की एक साथ ढ़लाई व निर्माण अत्यन्त आश्चर्यजनक लगता है। स्तम्भ की धातु अत्यन्त ही उत्कृष्ट है, जिसका हजारों गर्मियां, सर्दियां, बरसातें भी कुछ नहीं बिगाड़ सकी है। यह स्तम्भ वास्तव में प्राचीन भारतीय विकसित तकनीकी का प्रत्यक्ष गवाह है। स्तम्भ का धातु शोधन आज भी चुनौती बना हुआ है।

तत्कालीन लोगों ने धर्म, अर्थ के साथ काम को समान महत्व दिया था। वर्तमान में इस विषय पर वात्स्यायन की कृति 'कामसूत्र' ही उपलब्ध है। 'कामसूत्र' की रचना चौथी या पाँचवीं सदी में हुई थी। इसमें गुप्तकालीन नागरिक जीवन का चित्रण मिलता है। इस ग्रन्थ से भारतीयों की काम सम्बन्धी रुचि स्पष्ट होती है। याज्ञवल्क्य स्मृति में भ्रूण के विकास की अवस्थाओं को दर्शाया गया है।

प्रौद्योगिकी

प्रौद्योगिकी को लेकर इतिहासकारों में मतभेद है। विद्वानों का एक वर्ग यह मानता है कि उच्च तकनीकी व आधुनिकतम आविष्कारों की उत्पत्ति प्राचीन भारत में हुई। दूसरे वर्ग की धारणा है कि विभिन्न तकनीकें (पकी ईंटें, सिक्के, निर्माण, लेखन, इस्पात का निर्माण आदि) भारतीयों ने बाहर के निवासियों से सीखी।

दरअसल सैंधव सभ्यता से ही विज्ञान काविकसित स्वरूप परिलक्षित होता है। निम्नलिवित तथ्यों के आधार पर हम प्रौद्योगिकी का अध्ययन कर सकते हैं:

प्रौद्योगिकी के विकास की सबसे महत्वपूर्ण शर्त है–विकसित नागरीय जीवन का अस्तित्व। सैंधव सभ्यता में वे सभी विशेषताएँ विद्यमान थीं जो विकसित नागरीय जीवन के लिए आवश्यक थीं। तकनीकी दृष्टि से सैंध्व सभ्यता को ताम्रकांस्ययुगीन सभ्यता कहा जाता है। इतिहासकारों ने इसे प्रथम नागरीय क्रान्ति की संज्ञा दी है। ई.पू. 3000–2700 के लगभग धातु की अनेक वस्तुओं का निर्माण होने लगा था। सैंधव जन ताम्र, कांस्य, चाँदी, सोना, पीतल आदि धातुओं से परिचित थे और उन्होंने बहुविध वस्तुओं का निर्माण किया था। कृषि सम्बन्धी तकनीकों का विकास भी हो चुका था। सैंधव काल में नगरों का विकास त्वरित गति से हुआ। उनके नगरों की व्यवस्थित बसावट, बड़े–बड़े भवनों व स्नानागारों का अस्तित्त्व उनके भव्य नागरिक जीवन को दर्शाते हैं। इनके नागरीय जीवन की प्रमुख विशेषताएँ थीं–ईंटों का प्रयोग, बंदरगाहों का विकास, उत्कृष्ट मृद्भाण्डों का निर्माण, नाप–तौल की विकसित प्रणाली[16], सम्पन्न व्यापारी वर्ग के कारण वाणिज्यिक सम्बन्धों का विकास, प्रसाधन सामग्रियों का निर्माण, गणित, ज्यामिति का विकास आदि।

वैदिक काल में भी विकसित नागरीय जीवन के चिन्ह मिलते हैं। पतंजलि ने पाणिनि के आधार पर आर्यों की चार प्रकार की बस्तियों का उल्लेख किया है–ग्राम, घोष, नगर और संवाह।[17]

बौद्ध युग से पूर्व द्वितीय नगरीय क्रान्ति की पृष्ठभूमि तैयार हुई। तकनीकी परिवर्तनों के साथ–साथ बड़ी संख्या में नगरों का निर्माण हुआ। चंपा, भृगुकच्छ, श्रावस्ती, मथुरा, कपिलवस्तु, कावेरीपट्टनम् आदि कई नगर उत्तर से लेकर दक्षिण भारत तक विकसित हुए। महाजनपद काल में औद्योगिक श्रेणी संगठनों के निर्माण की प्रक्रिया में वृद्धि हुई। अधिकतर नगरों का निर्माण प्राकृतिक संसाधनों को ध्यान में रखकर ही किया जाता था।

नगर का आकार गोलाकार, लम्बा या चौकोर रखा जा सकता है। नगर के चारों ओर जल प्रवाहयुक्त खाई अवश्य होनी चाहिए। उन खाइयों का तल पत्थर का हो। दीवार पत्थर या ईंट की बनी हो, खुदाई इतनी गहरी हो कि तल से पानी निकल आए ताकि नदी के जल से उन्हें भरा जा सके। उनमें जल निकलने का भी मार्ग हो तथा वे ऐसी हों कि उनमें जल–जन्तु भी रखे जा सकें।[18] सामान्यतः हरेक नगर में मन्दिरों, धर्मशालाओं, अतिथिशालाओं आदि का निर्माण करवाया जाता था। प्राचीन काल में सभी अपने–अपने पेशे के अनुसार निश्चित भाग में रहते थे और समाज के उत्थान में योग प्रदान करते थे।[19]

अशोक के पाटलिपुत्र स्थित राजप्रासाद का विवरण फाह्यान ने दिया है। वह उसकी मृत्यु के सात सौ वर्ष बाद आया था, लिखा है, ''नगर में अभी तक अशोक का राजप्रासाद और सभा भवन है। ये सब असुरों के बनवाए हुए हैं। पत्थर चिनकर दीवारें और द्वार बनाए गए हैं। उन पर सुन्दर खुदाई और पच्चीकारी है। इस लोक के मनुष्य उन्हें नहीं बना सकते। वे अब तक नए के समान हैं।'' कुमारगुप्त के मन्दसौर अभिलेख में दशपुर नगर का वर्णन है। इनके स्तम्भों पर नक्काशी द्वारा चित्र बनाए जाते थे। बाण ने कादम्बरी में विभिन्न नगरों, जैसे–कन्नौज, उज्जयिनी, वल्लभी, काँची, वाराणसी आदि का वर्णन किया है। उज्जयिनी भव्य नगर था जिसमें विशालकाय प्रासादों एवं मंदिरों का अस्तित्व था।

धातु प्रौद्योगिकी प्राचीन भारतीय विभिन्न धातुओं को गलाकर कई प्रकार के हथियार, यंत्रादि का निर्माण करते थे। सैंधव जन लोहे से परिचित नहीं थे। लोहे का परिज्ञान लगभग ई.पू. 1000 के लगभग हुआ। उत्तरी काले ओपदार मृद्भाण्ड (**NBP**) व चित्रित धूसर मृद्भाण्ड (**PGW**) संस्कृतियाँ भारत में लौह प्रौद्योगिकी के आरम्भ की प्रतीक हैं। प्रो. आर.एस. शर्मा ने गंगा के उत्तरी मैदानी क्षेत्र में चित्रित धूसर मृद्भाण्ड संस्कृति और लोहे के उपयोग की तिथि लगभग ई.पू. 1000 से ई.पू. 500 मानी है।[20] चित्रित धूसर मृद्भाण्ड संस्कृति के प्रमुख स्थल हैं–अहिच्छत्रा, हस्तिनापुर, रोपड़, इन्द्रप्रस्थ, मथुरा, बैराठ, सोनीपत, आलमगीरपुर, श्रावस्ती, नोह आदि। यहाँ से बहुत–से लौह हथियार प्राप्त हुए हैं। स्पष्ट है कि, लोहे के प्रयोग ने तकनीकी विकास का मार्ग प्रशस्त किया। इस काल में सुरक्षात्मक हथियार निर्मित हुए। पाँचवीं–चौथी शताब्दियों को पुरातत्ववेत्ताओं ने उत्तरी काले ओपदार मृद्भाण्ड की संस्कृति का काल माना है। इस काल के सिक्के–टेराकोटा, लौह यंत्र, ईंटें, गोलाकार कुएँ, उत्कीर्णन वस्तुएँ, चमकदार काले मृद्भाण्ड बहुतायत में प्राप्त हुए हैं।

प्रारम्भिक ब्राह्मण ग्रन्थों, बौद्ध ग्रन्थों व उत्खनन आदि से स्पष्ट हो चुका है कि लोहे का व्यापक पैमाने पर प्रयोग किया जाने लगा था। हल, कुल्हाड़ियाँ, फावड़े, छड़ी आदि बनने लगे थे। आर्यों ने लौह उपकरणों से ही मध्य भारत के जंगलों को साफ किया था। स्थाई रूप से आवासित (बसे हुए) लोगों ने कृषि का विकास किया। ई.पू. छठी शताब्दी तक धातु उद्योग अपनी पराकाष्ठा पर था। यंत्रों की सहायता से धातुओं के विविध सामान बनते थे। चाँदी के आहत सिक्कों से वाणिज्यिक सम्पर्कों का विकास स्वाभाविक रूप से हुआ। मौर्य काल में खदानों से निकाली गई धातुओं का शोधन किया जाता था। इसके लिए पृथक् विभाग का निर्माण किया गया। 'आकराध्यक्ष' के लिए यह आवश्यक था कि उसे धातु आदि का पूर्ण ज्ञान हो। साहित्यिक साक्ष्यों से स्पष्ट होता है कि सोना, चाँदी, ताँबा, टिन, लोहा, बिटुमिन आदि का शोधन किया जाता था। कौटिल्य धातु व वनन के महत्व को लेकर काफी सतर्क था। उसने स्पष्ट कहा है कि कोश का मूल खानें हैं।[21] मौर्योत्तर काल में राजकीय नियंत्रण में थोड़ी ढील दिवाई देती है। परिणामतः कई औद्योगिक वर्गों का उदय हुआ। दीर्घनिकाय व मिलिन्दपन्हो में इनकी विस्तृत श्रृंखला मिलती है। मिलिन्दपन्हो में 36 प्रकार के व्यवसाय बताए गए हैं जिनका सम्बन्ध आठ कलाओं (स्वर्ण, चाँदी, सीसा, टिन, ताँबा, पीतल, लोहा, कीमती पत्थर) से है। स्पष्ट है कि प्राचीन भारतीयों ने धातु सम्बन्धी ज्ञान में विशेषज्ञता हासिल कर ली थी। सिविल अभियांत्रिकी (Civil Engineering), भूगोल

(Geography), पारिस्थिति विज्ञान (Ecology), ज्यामिति (Geometry) आदि के ज्ञान से भी वे पूर्णतः परिचित थे। भारतीयों ने इस्पात बनाने की विधि भी सीख ली थी। वे लोहे को तपा कर उसे काफी चमकीला बना देते थे। वराहमिहिर ने इसका उल्लेख किया है। चिकित्सा सम्बन्धी शल्य क्रिया के औजारों का निर्माण किया जाता था। यह अभी विवाद का विषय बना हुआ है कि ईसा से पूर्व की शताब्दियों में भारतीय इस्पात बनाने से परिचित थे अथवा नहीं। पारसियों व अरबों ने इस्पात निर्माण की प्रक्रिया भारतीयों से ही सीखी थी।[22] लौह–प्रौद्योगिकी के विकास पर पर्याप्त शोध कार्यों का अभाव है। परिणामतः विस्तृत प्रामाणिक जानकारी उपलब्ध नहीं। ई.पू. चौथी शताब्दी में यूनानी लेवक भारतीय इस्पात का उल्लेख करते हैं, परन्तु अब तक जो रासायनिक परीक्षण किए गए हैं, वे ई.पू. द्वितीय शताब्दी से पहले इस्पात के भारत में विद्यमान होने का समर्थन नहीं करते।[23] गुप्त तथा गुप्तोत्तर काल में लोहे की बनी वस्तुओं का निर्माण विविधता व बहुलता के साथ होने लगा। इस सन्दर्भ में चौथी शताब्दी का महरौली का लौह–स्तम्भ उल्लेखनीय है, जो अभी तक जंगरहित है। प्राचीन भारतीयों की लौह–प्रौद्योगिकी के विकास का यह अनूठा उदाहरण है।

सिक्के व आभूषण

सैंधव सभ्यता में यद्यपि बांट–बटखरों का निर्माण हो चुका था तथापि सिक्कों का अस्तित्व दिखाई नहीं देता है। वैदिक शतमान आदि का उल्लेख मिलता है। सम्भवतः ये धातुओं के विविध आकार के टुकड़े थे जिनका प्रयोग सिक्कों की भाँति होता था। ई.पू. 600 में आहत सिक्के स्वदेशी तकनीक से निर्मित थे। इंडो–ग्रीक्स, शक, पह्लवों के सिक्के भी उपलब्ध होते हैं। स्थानीय जनजातियों ने भी अपने सिक्के निर्मित किए। तक्षशिला, ऐरण, मथुरा, अयोध्या, वाराणसी आदि से बहुतायत में सिक्के उपलब्ध हुए हैं। ये सामान्यतः ताँबे के हैं और इनका काल ई.पू. 300 से 300 ई. के मध्य माना गया है। प्रथम और दूसरी सदी ईस्वी के कुषाणों के सिक्के प्राप्त होते हैं। ये सोने, चाँदी व ताँबे के हैं। कालान्तर में गुप्त शासकों ने सिक्कों की परम्परा को जीवित रखा। कलात्मक दृष्टि से गुप्तकालीन सिक्के अत्यन्त उत्कृष्ट हैं। प्राचीन काल में कई प्रकार के आभूषणों का निर्माण भी किया जाता था। स्त्री–पुरुष दोनों ही स्वर्ण, रजत–मनके आदि के आभूषण पहनते थे। कर्णशोभन, निष्क, भुज, केयर, नुपूर, भुजबंध, कंकण, मुद्रिका आदि विभिन्न प्रकार के आभूषण स्त्रियाँ पहनती थीं। बौद्ध ग्रन्थों में अनेक आभूषणों का उल्लेख मिलता है जिनमें बहुमूल्य रत्न जड़े रहते थे। गुप्तकाल में आभूषण निर्माण कला का और विकास हुआ। कुंडल, कर्णफूल, मेखला आदि के निर्माण में विविधता आई। नवीं सदी के अरब लेखकों सुलेमान और अबूजैद के अनुसार, ''भारत के राजा लोग कानों में स्वर्ण के बाले पहनते हैं जिनमें बड़े–बड़े बहुमूल्य मोती जड़े रहते हैं। वे गले में अमूल्य रत्नों से जड़े हार पहनते हैं। ये मोती और रत्न उनके कोष होते हैं। सेनाओं के सेनापति और दूसरे अधिकारी भी अपने–अपने पद और मर्यादा के अनुसार इसी प्रकार के आभूषण पहनते हैं।''[24]

प्राचीन काल में लकड़ी का निर्माण कार्य बहुत विकसित था, इसे तक्षण कला से सम्बन्धित किया जा सकता है। 'तक्षा' और 'रथकार' नामक वर्गों का उल्लेख मिलता है। बौद्ध काल में कई औद्योगिक व व्यावसायिक जातियों का विकास हो चुका था। लकड़ी का काम करने वाले बढ़ई कहलाते थे। लकड़ी के घर, यंत्र, खिलौने आदि का निर्माण किया जाता था। उस युग में विशालकाय यंत्र निर्मित किए जाते थे, जिस पर साठ व्यक्ति बैठकर घूम सकते थे। जातक साहित्य के अनुसार जहाजों का आकार इतना विशाल होता था कि उन पर हजारों यात्री भी बैठ सकते थे। स्पष्ट है कि, प्राचीन काल में शिल्प का पर्याप्त विकास हो चुका था।

सन्दर्भ :

1. समरेन्द्रनाथ सेन, विज्ञान का इतिहास, बि.हि.ग्र.अ., 1972, पृ.1.

1a. रजनीकांतपंत, प्राचीन सभ्यताओं में विज्ञान एवं तकनीक, पृ.224.

2. शतपथ व तैत्तिरीय संहिताओं में भी इस तरह के उल्लेख मिलते हैं।

3. गैरोला, वाचस्पति, संस्कृत साहित्य का इतिहास, पृ. 354.

4. *India-Society, Religion and Literature, p. 83.* "Methods based on the new notation were developed and with slight changes the methods as developed by the Hindu mathematicians are in use even today. The operations of multipulication, division etc. are carried out much more easily in this system than in the earlier systems. To appreciate this, one may try multiplication and division with Roman numerals."

5. पी.एल. गुप्त ने इसका उल्लेख किया है, देखिए गुप्त साम्राज्य, पृ. 525.

6 पाण्डे जी.सी. एवं सुष्मिता : भारतीय संस्कृति, मध्य प्रदेश हिन्दी ग्रन्थ अकादमी, 1999, पृ. 179.

7. *India, Society, Religion and Literature*, p. 86.

8. गैरोला, वाचस्पति : भारतीय संस्कृति और कला, पृ. 38.

9. पाण्डे, वही, पृ. 179.

10. देखिये, रजनीकांतपंत, वही, 275.

11. गैरोला वाचस्पति, वही, पृ. 296.

12. आप्टे, वामन शिवराम : संस्कृत हिन्दी कोश, पृ. 488.

13. गैरोला, वाचस्पति, वही, पृ. 392.

14. चौथी सदी के वाग्भट्ट ने भी प्रत्यारोपण विधि का उल्लेख किया है।

15. थापर, रोमिला : ए हिस्ट्री ऑफ इण्ड़िया (हिन्दी), पृ. 117.

16. सैंधव काल में 13.2 ईंच का फुट व लगभग 20.6 ईंच के 'क्यूबि' जैसी नाप की प्रणालियाँ विकसित थीं, जिनकी विस्तृत चर्चा पूर्व में की गई है।

17. महाभाष्य, 7.3.14.

18. अर्थशास्त्र, 2.3 'जनपदमध्ये समुदयस्थान स्थानीयं निवेशयेत्। पद्यग्राहवतीश्च।'

19. मिश्र, जयशंकर प्रसादः प्राचीन भारत का सामाजिक इतिहास, पृ. 454.

20. प्राचीन भारत में भौतिक प्रगति एवं सामाजिक संरचनाएँ, पृ. 96.

21. भारद्वाज, एच.सी. : अस्पेक्टस ऑफ एंशियण्ट इण्ड़ियन अक्नोलॉजी, पृ. 22.

22. Bhardwaj, H.C., op. c//., p. 160. "It is not possible to confirm scientifically whether the Indians in Pre-Christian era were acquainted with tempering of steel or not. Nevertheless, the secret of tempering operation was learnt by the Persians and the Arabs from the Indians."

23. शर्मा, रामशरण : प्राचीन भारत में भौतिक प्रगति एवं सामाजिक संरचनाएँ, पृ. 43.

24. एंशियंट एकाउंट्स ऑफ इण्ड़िया एण्ड चाइना, पृ. 36.

प्रारंभिक मध्यकालीन भारत
750—1200ई.
(Early Medival India, 750-1200 AD)

67 राजपूतों का उद्गम
(Origin of Rajputs)

राजपूत संस्कृत शब्द 'राजपुत्र' का तद्भव रूप है और इसका तात्पर्य राजा की कुलीन सन्तान से है। प्राचीन काल में राजपुत्र शब्द किसी जाति के लिए नहीं अपितु क्षत्रिय राजकुमारों या राजवंश से सम्बन्धित व्यक्तियों के लिए प्रयुक्त होता था। राजपूतों में से चार संवर्ग–प्रतिहार अथवा परिहार (मुख्य शाखा से भिन्न किन्तु उनसे सम्बद्ध), चहमान (चौहान), चालुक्य (दक्कन के चालुक्यों से भिन्न) अथवा सोलंकी और चतुर्थ परमार या पंवार; अपने को महत्वपूर्ण मानते हैं।[1]

कई इतिहासकारों ने हर्षोत्तर अर्थात 7वीं से 12वीं सदी के काल को 'राजपूत काल' की संज्ञा दी है। इस काल की महत्वपूर्ण शक्तियों, जैसे–गुर्जर–प्रतिहार, राष्ट्रकूट, चालुक्य, चौहान, चन्देल, परमार, गहड़वाल आदि सभी को राजपूत वर्ग में रखा जाता है। राजपूतों को राजस्थान में अपनी सत्ता स्थापित करने हेतु पर्याप्त संघर्ष करना पड़ा। इसके दो कारण रहे हैं, एक तो राजपूताने, जैसे–जंगली, पठारी एवं रेगिस्तानी इलाके में अपने लिए उपयुक्त अधिकार क्षेत्र को ढूँढना पड़ा। दूसरे, उन्हें कदम–कदम पर स्थानीय जातियों मसलन भील, मीणा, मेव, मेवाती एवं ब्राह्मण जातियों के समूहों से टक्कर लेनी पड़ी। वस्तुतः उपरोक्त जातियों की पहले से यहाँ बस्तियाँ थीं। लम्बे समय तक राजपूतों तथा भील, मीणा एवं मेवों से जगह–जगह संघर्ष हुए। जेता, कोट्या, डूगरिया, भील एवं आमेर के मीणों से राजपूतों का संघर्ष इस कथन का साक्षी है। यह अधिवासन एक लम्बे युग की कहानी है। इस काल में राजपूतों ने अपने अध्यवसाय व शौर्य का अच्छा परिचय दिया।[2] राजपूत जब अपनी सत्ता स्थापित कर रहे थे, उस दौर में इस्लाम धर्म का उदय हुआ और अरब लोग विश्व पटल पर शक्तिशाली वर्ग के रूप में उभरे। राजपूत काल (650 ई. से 1200 ई.) में कई राजपूत शासकों ने अपने राजवंश की सत्ता स्थापित करके शक्तिशाली राज्यों का निर्माण किया। राजपूत राजाओं के नकारात्मक पक्ष में राज्य विस्तार के लिए परस्पर निरन्तर संघर्ष, स्त्रियों के लिए युद्ध, वैमनस्यता, अपने को सर्वोपरि मानने की बलवती धारणा एवं तत्परिणामस्वरूप बाह्य आक्रमणकारियों–विशेषकर मुस्लिम आक्रान्ताओं के विरुद्ध संयुक्त मोर्चा न बना पाने का जिक्र करना होगा। इसकी परिणति यह हुई कि बाह्य आक्रमणकारियों ने एक–एक करके सभी राजपूत राजाओं को पराजित कर दिया और लगभग 1200 ई. में राजपूत काल का अन्त हो गया। राजपूतों की उत्पत्ति के विषय में विद्वान् एकमत नहीं हैं। कर्नल टॉड, क्रूक (कर्नल टॉड की पुस्तक के सम्पादक) एवं आर. जी. भण्डारकर इन्हें विदेशी मानते हैं।

दूसरे मत के समर्थक विद्वान् डॉ. हीराचंद गौरीशंकर ओझा, सी.वी. वैद्य एवं गोपीनाथ शर्मा स्थानीय उत्पत्ति के समर्थक हैं और पहले मत के समर्थक विद्वानों का खण्डन करते हैं।

राजपूतों की बाह्य उत्पत्ति अवधारणा कर्नल टॉड[3] ने राजपूतों को विदेशी सिद्ध करने के लिए अनेक प्रमाण प्रस्तुत किए हैं। कई प्रजातियों की उत्पत्ति के आधार पर पहले मत का प्रतिपादन किया है।

- टॉड की मान्यता है कि हिन्दुओं, तातारियों एवं मुगलों की उत्पत्ति में समानता है। इनके गोत्र पति एवं देवताओं में भी काफी साम्य है। पुराणों के विवरण के अनुसार, सूर्यपुत्र इक्ष्वाकु की पुत्री इला एक दिन वन में विचरण कर रही थी, जहाँ उनका चन्द्र पुत्र बुध से समागम हुआ। बुध ने उसे अपनी पत्नी बना लिया। उनसे जो सन्तानें पैदा हुईं उससे चन्द्रवंश (इन्दुवंश) की उत्पत्ति कही गई है। ऐसा ही विवरण चीनी ग्रन्थों में मिलता है।
- शक या सीथियनों से राजपूतों का सम्बन्ध स्थापित करने हेतु स्ट्रेबो के उदाहरण से टॉड ने दर्शाया है कि कैस्पियन सागर के पूर्व में निवास करने वाली सभी जातियाँ सीथिक कही जाती हैं। भारत पर उनके आक्रमण उस समय हुए जब इस जाति के अन्य समूहों ने यूरोप में प्रवेश किया। तदनुसार राजपूतों एवं यूरोप की प्राचीन जातियों में सम्बन्ध था और किसी काल में वे एक स्थान पर रहा करती थीं और उनकी मूल उत्पत्ति एक ही थीं। उनके एक जैसे देवी–देवताओं, कहानियों, रीति–रिवाजों, गीत–संगीत, आक्रमण के तरीकों से भी इसकी पुष्टि होती है।
- टॉड ने अपने मत के समर्थन में लिखा है कि जेटी, जोट अथवा जिट एवं तक्षक जातियाँ भारत के 36 राजवंशों में सम्मिलित हैं और ये सभी सीथिया प्रदेश से आई थीं। जेटिक जाति के लोगों में अश्वमेध की प्रथा प्रचलित थी। स्पष्टतः उन लोगों की उत्पत्ति सीथियन लोगों से हुई, क्योंकि यह सीथियन लोगों की बहुत पुरानी प्रथा थी।
- भाषा के स्थान पर धर्म को आधार बनाकर टॉड ने उत्पत्ति का सवाल हल करने की कोशिश की है, उनके अनुसार स्कैण्डीनेविया की जेटी जातियों में सुयोनीज अथवा सुएबी एक विख्यात जाति थी। प्राप्त विवरण के अनुसार उनकी भगवती वसुमति का रथ एक गाय द्वारा खींचा जाता था। सुएबी लोग भी मूर्तिपूजक थे और 'ईसिस' (ईश या गौरी) की

पूजा करते थे। प्राचीन लोग भी ईसिस और औसिरिस की युगल मूर्ति (हर–गौरी) के आराधक थे। उसी तरीके से उदयपुर में गौरी का त्यौहार मनाया जाता है।

- एक अन्य उल्लेखनीय समानता वीरता के गुण को माना गया। उपरोक्त सभी जातियाँ युद्ध में जाते समय अपने देवता की ध्वजा तथा प्रतिमा साथ ले जाते थे। युद्ध के हथियार–बर्छे और भाले का प्रयोग तथा युद्ध–कला भी समान थी।
- सुएबी अर्थात् सुयोनीज लोग त्रिमूर्ति की पूजा करते थे। पुराणों में युद्ध देवता के सात सिर बताए गए हैं। सेक्सन लोग अपने युद्ध देवता के छह सिर मानते हैं। राजपूत अपने ईष्ट देव पर मदिरा और रक्त चढ़ाते हैं। राजपूतों की ये बातें, उनके विश्वास और सिद्धान्त तथा स्कैण्डीनेविया के लोगों की प्रणाली में काफी समानता है।
- इसी प्रकार राजपूतों को भट्ट कविगणों के रस संगीत अधिक ठीक लगते हैं। यह बात स्कैण्डीनेविया के लोगों में थी। उनकी देवगाथाओं में वीरता के कथानक पाये जाते हैं जो दोनों के आदि पुरुष एक होना इंगित करता है।
- टॉड के अनुसार प्राचीन जर्मन एवं स्कैण्डीनेवियन जातियों, जेटी लोगों और राजपूतों के आचार–विचार में सबसे अधिक समानता स्त्रियों के प्रति व्यवहार में मिलती है। राजपूत लोग अपनी स्त्रियों के साथ जैसा अच्छा व्यवहार करते हैं ठीक वैसा ही व्यवहार वे लोग भी करते हैं।
- यह भी कहा गया है कि राजपूतों में जुआ खेलने की आदत थी। जर्मन एवं सीथियन भी अपना सब कुछ, यहाँ तक कि अपनी स्वाधीनता की बाजी लगाकर इस अनिष्टकारी खेल को खेलते थे और हारने वाले को जीतने वाला उसे दास भाव से बेच दिया करता था।
- अन्त में राजपूतों का अतिथि सत्कार में विश्वास और जर्मन एवं सीथियनों की ऐसी परम्परा को एकता का आधार माना गया।
- राजपूतों की अन्तिम संस्कार प्रक्रिया और स्कैण्डीनेवियन लोगों की शवदाह पद्धति में समानता देखी गई। अतः टॉड के शब्दों में कहा जा सकता है कि, विश्व की प्राचीन जातियों के सम्बन्ध में इस प्रकार जितने भी अनुसन्धान किये जा सकते हैं, उन सभी से पता चलता है कि आरम्भ में वे सभी एक थीं और उनकी उत्पत्ति में किसी प्रकार की भिन्नता न थी।[4]

भण्डारकर[5] ने कर्नल टॉड से कुछ भिन्न मत रखते हुए राजपूतों को गुर्जर घोषित करते हुए इन्हें विदेशी माना है। उनकी मान्यता है कि, गुर्जर विदेशी थे एवं ख़ज़र जाति से सम्बद्ध थे, जो हूणों के साथ भारत आए थे। राजपूतों को इन्हीं विदेशी गुर्जरों का वंशज माना गया है। दूसरे, राजोर लेख, अरब यात्रियों के विवरण एवं राष्ट्रकूट अभिलेखों में कन्नौज के गुर्जर–प्रतिहारों को गुर्जर कहा है। इसी प्रकार परमारों की कुछ मुद्राओं वासुदेव चहमान अंकित है और चाहमन वंश के संस्थापक को वासुदेव कहा जाना इन्हें गुर्जर सिद्ध करता है।

अधिकांश विद्वानों ने भण्डारकर द्वारा प्रस्तुत मान्यताओं को प्रमाण सहित अस्वीकार किया।

भारतीय उत्पत्ति का सिद्धान्त कर्नल टॉड और भण्डारकर की मान्यताओं को हीराचंद गौरीशंकर ओझा ने स्वीकार नहीं किया है। उनका विश्वास है कि राजपूतों और सीथियनों एवं अन्य विदेशी प्रजातियों से जो साम्यता दर्शाई गई है वह राजपूतों के विदेशी होने का द्योतक नहीं है अपितु उनके रीति–रिवाज, धार्मिक विश्वास एवं मान्यताएँ वैदिक एवं पौराणिक समाज तथा संस्कृति के अधिक निकट है। टॉड ने शक एवं हूणों की जिन परम्पराओं, रस्मों–रिवाजों का उल्लेख समानता दर्शाने के लिए किया है वे भारतवर्ष में अतीत काल से प्रचलित थीं, उन्हें विदेशी प्रजातियों में खोजना निरर्थक है। अभिलेखों के आधार पर ओझा ने सिद्ध किया है कि, दूसरी से सातवीं शताब्दी तक क्षत्रियों के उल्लेख मिलते हैं और नन्दों एवं मौर्यों के पतन के बाद भी क्षत्रिय होना प्रमाणित है। खारवेल के उदयगिरि हाथी गुंफा लेख, विक्रम सम्वत् दूसरी शताब्दी के नासिक के पाण्डव गुफा लेख में उत्तम भद्र क्षत्रियों का वर्णन मिलता है। गिरनार पर्वत के 150 ई. के लेख में यौधेयों को स्पष्टतः क्षत्रिय कहा गया है। जग्गय पेट तथा नागार्जुन कोंड के लेखों में इक्ष्वाकुवंशीय राजाओं का नामोल्लेख है।[6] दूसरे शब्दों में, नंद वंश से पूर्व एवं परवर्तीकाल में क्षत्रियों के अस्तित्व का बोध अनेक स्रोतों से होता है। डॉ. ओझा टॉड की मान्यता को निराधार मानते हैं।

डॉ. ओझा के मत के साथ यहाँ बहुचर्चित अग्निकुल सिद्धान्त की चर्चा अपेक्षित है। इस कथानक का उपयोग कुछ विद्वान् जहाँ विशुद्ध भारतीय जाति से उत्पन्न होने के मत के समर्थन में करते हैं वहीं राजपूतों को विदेशी सिद्ध करने के लिए भी इसे आधार बनाया जाता है। यह सिद्धान्त चन्दबरदाई के 'पृथ्वीराजरासो' पर आधारित है, इसके अनुसार, ''पृथ्वी पर जब राक्षसों (म्लेच्छों) के अत्याचार बहुत बढ़ गए थे। गौतम, अगस्त्य एवं वशिष्ठ आदि मुनियों द्वारा आबू पर्वत पर यज्ञ करते समय, राक्षसों ने यज्ञ को अपवित्र करने के लिए मांस, रक्त एवं अस्थियाँ फेंकनी शुरू कर दीं। ऋषियों की प्रार्थना पर वशिष्ठ ने यज्ञाग्नि से तीन योद्धा प्रकट किए–प्रतिहार, चालुक्य एवं परमार। वशिष्ठ द्वारा नये यज्ञ में आहुति दिए जाने पर चार भुजाओं वाला, चार हाथों में शस्त्र लिए, एक रक्त वर्ण का योद्धा निकला, उसे ऋषियों ने 'चाहुमान' की संज्ञा दी। इस पुरुष ने आशापुरी (कुल देवी) की सहायता से दैत्यों को खदेड़ कर पाताल भेज दिया।''

पृथ्वीराजरासो का यह कथानक आंशिक परिवर्तनों के साथ हम्मीररासो, वंशभास्कर (सूर्यमल्ल मिसण), नवसहशांकचरित और चौहानों के सिसाणा अभिलेख में आया है। डॉ. गोपीनाथ शर्मा की मान्यता है कि चारों वंशों के राजपूतों ने इस मत को अपनी विशद्धता की पुष्टि के लिए अपना लिया।[7]

'यज्ञ' या 'धर्म' की रक्षा क्षत्रिय या राजपूतों द्वारा ही सम्भव मानी गई। दूसरे, यह भी सत्य है कि इन चारों वंशों को वैदिक समाज एवं विशेषकर ब्राह्मणों ने विधिवत् क्षत्रिय शासक स्वीकार किया।

अनैतिहासिक तथ्य अग्निकुल सिद्धांत डॉ. दशरथ शर्मा का यह तर्क काफी हद तक विश्वसनीय है कि चौहानों को हिन्दू धर्म

के लिए संघर्ष करने के कारण क्षत्रिय माना।[8] डॉ. शर्मा ने यह भी उल्लेख किया है कि अग्निकुल कथानक में काल्पनिकता अधिक तथा ऐतिहासिकता तनिक भी मालूम नहीं पड़ती। बीकानेर पुस्तकालय में उपलब्ध 'पृथ्वीराजरासो' की तीन मूल प्रतियों में किसी भी प्रति में उक्त कथानक नहीं पाया गया। सम्भवतः अग्निकुल सिद्धान्त अपने स्वामी को प्रसन्न करने के लिए मूल ग्रंथ में बाद में जोड़ा गया।[9] विद्वानों की मान्यता है कि चन्दबरदाई इन राजवंशों को अग्निवंशीय मानता होता तो वह अपने ग्रन्थ में स्पष्ट रूप से राजपूतों की 36 शाखाओं सूर्य, चन्द्र और यदुवंशी न लिखता।

बिहारी प्रस्तर अभिलेख में चालुक्यों की उत्पत्ति चन्द्रवंश से बताई गई है। 'हर्ष अभिलेख', 'पृथ्वीराज विजय काव्य', 'हमीर महाकाव्य' में चौहानों को सूर्यवंशी कहा गया। परमारों के विषय में उदयपुर प्रशस्ति, पिंगलसूत्र वृत्ति, तेजपाल अभिलेख में उल्लेख मिलते हैं। उनके लिए 'ब्रह्मक्षत्रकुलीन' शब्द का प्रयोग हुआ है, उन्हें अग्निवंशीय नहीं बताया गया।[10]

अग्निकुल सिद्धान्त को सी.वी. वैद्य भी नहीं मानते। दरअसल 13वीं शताब्दी से 18वीं शताब्दी तक भाटों ने इस सिद्धान्त का खूब प्रचार किया और राजपूतों से इसे समर्थन मिला। डॉ. ओझा ने स्पष्ट किया है कि साहित्यिक एवं अभिलेखिक प्रमाणों से राजपूत सूर्य एवं चन्द्रवंशी सिद्ध होते हैं। 'पृथ्वीराज विजय', 'हम्मीर महाकाव्य' एवं 'सुजान चरित्र' जैसी रचनाओं में चौहानों को क्षत्रिय कहा गया है। ओझा के अनुसार, अभिलेखिक प्रमाणों, जैसे– 917 ई. (1028 वि. सं.) के नाथ अभिलेख 1034 वि.स. के आटपुटर अभिलेख, वि.स. 1342 के आबू अभिलेख और वि.स. 1485 के श्रृंगी ऋषि लेख में गुहिलवंशी राजपूतों को रघुकुल से उत्पन्न बताया गया है।[11]

I. राजपूत–सांस्कृतिक परिवर्तनों का परिणाम अर्वाचीन अनुसंधानों से यह सिद्ध हो गया है कि राजपूतों की उत्पत्ति में किसी एक वर्ग, प्रजाति अथवा विदेशी जातियों का योगदान नहीं रहा, न ही किसी एक कारण का तात्कालिक परिणाम कहे जाएँगे। यह लम्बे समय के सामाजिक, आर्थिक एवं सांस्कृतिक संक्रमणों का परिणाम था।

- विद्वानों की मान्यता है कि हर्षोत्तरकाल में उपनिवेशीकरण में वृद्धि के आभास अनेक प्रमाणों में मिलते हैं। चौहानों के राज्य को इंगित करने वाला 'सपादलक्ष' नाम सम्भवतः ग्रामीण बस्तियों के विस्तार की ओर इंगित करता है। इस उपनिवेशीकरण प्रक्रिया के साथ–साथ ऐसी अर्थव्यवस्था भी जुड़ी थी जिसे अपेक्षाकृत अधिक विकसित कहा जा सकता है।

- जब राजपूत राजनय व्यवस्था का उदय हो रहा था तब राजस्थान और पश्चिमी भारत के विभिन्न भागों में कबायली क्षेत्रों (भीलों, शबरों, पुलिन्दों) में रूपान्तरण प्रक्रिया चल रही थी। यदि यह कहा जाये कि राजपूत शक्ति का विस्तार कम से कम कुछ भागों में कबायली बस्तियों के अन्त से हुआ, तो अनुचित न होगा।[12] उदाहरण के लिए मेद लोग कबायली पृष्ठभूमि से राजपूत स्तर को प्राप्त करने में सफल हुए, कहे जाते हैं। हूणों को दूसरे उदाहरण के रूप में रख सकते हैं। इन दो वर्गों का राजपूत ढाँचे में शामिल होना इस धारणा को असत्य सिद्ध करने के लिए पर्याप्त है कि यह ढाँचा केवल ऐसे वर्गों द्वारा बना था, जो आरम्भ से ही विदेशी अथवा स्वदेशी वंशक्रम से निबद्ध थे।

- कहा जा सकता है कि बड़ी जमींदारी वाले जनजातीय प्रधानों ने भी सत्ता हासिल करके राजवंशों की श्रेणी में अपना नाम अवश्य दर्ज करवाया होगा।

- राजपूतों के उदय की प्रक्रिया गुप्तकाल में शुरू हो गई थी। प्रयाग प्रशस्ति में अधीनस्थ राज्यों एवं सामन्तों द्वारा आत्मनिवेदन एवं कन्योपायदान का जिक्र आया है।[13] गुप्त सम्राटों द्वारा अनेक राजकीय अधिकारियों को ग्राम एवं क्षेत्र (भुक्ति) प्रदान किये जाते थे जिनसे सामन्त वर्ग का उदय हुआ। गुप्त अभिलेखों में भोगपति, सामन्त, महासामन्त, महादण्डनायक, उपरिकमहाराज, कुमारामात्य, अक्षपटलाधिकृत आदि को वेतन के बदले बड़े–बड़े भू–भाग दिये जाते थे। इस तरह राजा के बड़े अधिकारियों का सामन्ती वर्ग में रूपान्तरण हुआ और इन्हीं सामन्तों में कुछ आगे जाकर शासक बन बैठे और राजपूत संवर्ग के हिस्से भी बने।

II. सामाजिक आधार अपने सामाजिक स्तर को ऊँचा उठाने के लिए भी वैवाहिक सम्बन्धों का सहारा लिया जाता रहा है। यहाँ उल्लेखनीय है कि बनाफर राजपूतों में बनस्पर तथा तोमर राजपूतों को हूण राजा तोरमाण से जोड़ा जाता है। इसी प्रकार कहा गया है कि ब्राह्मणों में शाकल द्वीपी ब्राह्मण ईरान के भग पुरोहितों की ही सन्तति हैं।[14] सामाजिक प्रक्रिया के अन्तर्गत 'ब्रह्मक्षत्र' सिद्धान्त का उल्लेख किया जाता है। डॉ. गोपीनाथ शर्मा ने जिक्र किया है, ''मेरी कुंभलगढ़ प्रशस्ति द्वितीय पट्टिका की खोज और उसके **पद्यांशों का सम्पादन इस निर्णय पर पहुँचाते हैं कि बापा रावल जो गुहिलवंशीय थे, आनंदपुर के ब्राह्मण (नागर) वंश के थे और जिन्होंने नागदा में आकर हारीत ऋषि की अनुकम्पा से शासक की प्रतिष्ठा को प्राप्त किया।**[15] 'बापा के पीछे भर्तृभट्ट को भी चाटसू अभिलेख में 'ब्रह्मक्षत्री' इसीलिए कहा है कि उसे ब्राह्मण संज्ञा से क्षत्रियत्व प्राप्त हुआ था।.... वस्तुतः विप्र शब्द का उपयोग पुराने लेखों में जो इन राजपूत वंशों के लिए किया गया है उनका ब्राह्मण होना सिद्ध करता है। भारतवर्ष का इतिहास ऐसे उदाहरणों को उपस्थित करता है, जहाँ प्रारम्भ में ब्राह्मण होते हुए कई राजवंश क्षत्रिय पद को प्राप्त हुए। ऐसे वंशों में कण्व एवं शुंग मुख्य हैं।[16] प्रतिहार वंश का आविर्भाव हरिशचन्द्र ब्राह्मण की दो पत्नियों (एक ब्राह्मण एवं दूसरी क्षत्रिय; भद्रा) से बताया गया।[17] डॉ. पाठक ने प्रतिहारों को ब्राह्मण स्वीकार करते हुए लिखा है कि उनके अभिलेखों से जो कुछ ज्ञात है (अ. 18वां, पृ. 95 और 107) उससे वे मूलतः ब्राह्मण ठहरते हैं, जो बाद में क्षत्रिय हो गये। हिन्दू धर्मशास्त्रकारों ने जात्युत्कर्ष (ऊँची

जाति में प्रविष्टि) को स्वीकार किया है। इसलिए यह असम्भव नहीं कि 'प्रतिहार' या 'प्रतिहारी' नामक वैदिक याजकों (तैत्तिरीय ब्राह्मण, III, 2/19/2) ने अपने कर्मों को छोड़कर क्षात्र धर्म ग्रहण कर लिया हो और अपने को क्षत्रिय शिरोमणि लक्ष्मण से जोड़ने लगे हों।[18]

कहा जा सकता है कि नवीन आर्थिक, सामाजिक एवं सांस्कृतिक परिवर्तन के कारण वैदिक क्षत्रियों की शासन परम्परा का अन्त तथा संक्रमण प्रक्रिया में नये शासक वर्ग का अभ्युदय ऐतिहासिक सत्य है। राजपूतों की उत्पत्ति की समस्या के मूल में प्राचीन भारतीय वर्ण–व्यवस्था का मानदण्ड किसी न किसी रूप में अवश्य बना हुआ था, अर्थात् क्षत्रिय जाति को ही राजसत्ता का अधिकारी माना जाता था। ब्राह्मण वर्ग इस व्यवस्था का कट्टर समर्थक बना रहा। मौर्यों, गुप्तों, कदम्बों को क्षत्रिय दर्शाया गया जैसे।

अन्त में यह सवाल अधिक महत्वपूर्ण है कि जनजातीय या ब्राह्मण मूल के शासकों को राजपूत प्रमाणित करने की विशेष आवश्यकता क्यों प्रतीत हुई? जबकि शुंग, कण्व, सातवाहन, वाकाटक, कदम्ब, गुप्त, हर्ष आदि के सम्बन्ध में ऐसा नहीं हुआ। इस सम्बन्ध में तीन महत्वपूर्ण तथ्य रखे गये हैं, प्रथम, नवीन शासक वंशों की विशिष्ट सामाजिक चेतना क्षत्रिय शब्द की भाँति ही 'राजपूत' शब्द भी इतिहास के क्रम में जाति सूचक होगा। ऐसी स्थिति में किसी शासक वंश के सजातीय व्यक्ति के लिए राजपूत शब्द का प्रयोग निश्चय ही उसे उस वंश की राजसत्ता के निकट लाता है। इसी परिप्रेक्ष्य में इस शब्द के प्रारम्भिक प्रयोग को देखा जाना चाहिए।

दूसरा तथ्य यह है कि मध्य युग की शासन परम्परा ने एक विशिष्ट सांस्कृतिक चेतना का निर्माण किया था जिसे हम सुविधा के लिए राजपूत संस्कृति कह सकते हैं। इस संस्कृति में अनेक तत्व सम्मिलित हैं, जैसे–राजपूतों की युद्धप्रियता, शौर्य, क्षमाशीलता, बहु–विवाह, प्रशासन में कुशलता, बलिदान की भावना, विशेष प्रकार के रीति–रिवाज, स्थापत्य कला, खान–पान, वेशभूषा की परम्परा विकसित होना।

तीसरे, विदेशी आक्रमण के विरुद्ध अनवरत युद्ध के कारण ये हिन्दू समाज के राजनीतिक नेता मान लिये गए और राजपूत जाति का विशिष्ट सामाजिक महत्व स्वीकृत हो गया।[19]

निष्कर्ष कहा जा सकता है कि, राजपूतों की उत्पत्ति के प्रश्न को मात्र विदेशी या स्वदेशी श्रेणियों में निबद्ध न कर एक व्यापक आर्थिक, सामाजिक तथा सांस्कृतिक परिवर्तन के परिप्रेक्ष्य में देखा जाना उचित होगा। इस व्यवस्था में राजनीतिक शक्ति प्राप्त कर लेने के बाद अपनी राजनीतिक वैधता को पौराणिक आधार पर क्षत्रिय कुलों से सम्बद्ध करके अधिक सुदृढ़ किया जा सकता था। राजपूतों की उत्पत्ति का प्रश्न उसी प्रक्रिया का परिणाम रहा है।

सन्दर्भ :

1. देखिये रोमिला थापर : भारत का इतिहास, पृ. 205.
2. गोपीनाथ शर्मा : राजस्थान का इतिहास, पृ. 24.
3. कर्नल टॉड : राजस्थान का इतिहास (एनल्स एण्ड एण्टीक्यूटीज ऑफ राजस्थान) का हिन्दी अनुवाद, पृ. 25–38.
4. टॉड, वही, पृ. 34.
5. भण्डारकर : फॉरेन एलीमेंट्स इन पॉपुलेशन।
6. डॉ. ओझा : राजपूताने का इतिहास, खण्ड 1, पृ. 41–76.
7. गोपीनाथ शर्मा, राजस्थान का इतिहास, पृ. 25–26.
8. देखिये मध्यकालीन भारत, हिन्दी कार्या., निदेशालय पृ. 56.
9. डॉ. दशरथ शर्मा : अर्ली चौहान डाइनेस्टीज, पृ. 4.
10. गोपीनाथ शर्मा, वही. पृ. 36.
11. ओझा, वही, पृ. 41–78.
12. देखिये, प्राचीन भारत का इतिहास, हिन्दी कार्या., नई दिल्ली, पृ. 359.
13. देखिये, भारतीय अभिलेख संग्रह, भाग 3, पृ. 9.
14. देखिये, मध्यकालीन भारत, (हिन्दी कार्या.), पृ. 55.
15. इस प्रसिद्ध वंश में महाराणा प्रताप का जन्म हुआ। विद्वानों ने मेवाड़ के इस प्रसिद्ध वंश को भी भगवान श्री रामचन्द्र के वंश से सम्बन्धित करके उन्हें सूर्यवंशी दर्शाने का प्रयत्न किया है।
16. गोपीनाथ शर्मा, वही, पृ. 30.
17. प्राचीन भारतीय अभिलेख, पृ. 113.
    'विप्र श्री हरिचन्द्राश्व्यः पत्नि भद्रा च क्षत्रिया ताभ्यान्तु य सुताजाताः प्रतिहारांश्चतान्विदुः'
18. डॉ. विशुद्धानंद पाठक : उत्तर भारत का राजनीतिक इतिहास, पृ. 126.
19. देखिये, मध्यकालीन भारत (हिन्दी कार्या.), पृ. 28.

68 उत्तरी भारत के प्रमुख राज्य
(Major Dynasties of Northern India)

हर्ष के बाद का काल अंधकार युग के नाम से जाना जाता है, कुछ विद्वान् हर्ष को प्राचीन भारत का अंतिम सम्राट मानते हैं।[1] लेकिन इसे पूर्णतः सत्य नहीं माना जा सकता, क्योंकि यशोवर्मन् और ललितादित्य के साम्राज्य को भी नजरअंदाज नहीं किया जा सकता। इसके अलावा पाल–प्रतिहारों ने भी विशाल साम्राज्य स्थापित किए। दक्षिण में राष्ट्रकूटों व चोलों ने भी अपने साम्राज्य निर्मित किए। लेकिन अपने प्रभुत्व विस्तार हेतु ये निरंतर संघर्षरित ही रहे, जिससे मुस्लिम आक्रमणों का एकजुट और सशक्त प्रतिरोध नहीं किया जा सका।

काबुल व पंजाब यह राज्य भौगोलिक दृष्टि से सिंध के उत्तर में स्थित काबुल, हिन्दुकुश पर्वत और बमियान की सीमाओं तक सम्पूर्ण काबुल घाटी में फैला था।[2] यहाँ के प्राचीन प्रारंभिक हिन्दू राजाओं को तुर्कीशाही या शाहिय कहा जाता था। अल–बरूनी के अनुसार इन्होंने काबुल पर सात पीढ़ियों तक राज्य किया, इन्हें हिन्दू तुर्क कहा गया। 7वीं से 9वीं शताब्दी तक ये अरबों को आगे बढ़ने से रोकते रहे। **लगतुर्मान एवं कल्लर** अलबरूनी लगतुर्मान नामक आखिरी तुर्कीशाही शासक का उल्लेख करता है। वह बौद्ध और अत्याचारी शासक था, जिसे कल्लर नामक योग्य एवं प्रभावशाली मंत्री द्वारा हटाया गया। कल्लर एक ब्राह्मण था जिसने ब्राह्मणशाही वंश की नींव डाली। राजतंरगिणी[3] में उल्लिखित लल्लिय का तादात्म्य कल्लर से बिठाया जाता है। लल्लिय पर कश्मीर के शासक शंकरवर्मन् ने आक्रमण किया था, परन्तु उसे खास सफलता नहीं मिली। अलबरूनी कल्लर के छह उत्तराधिकारियों–सामन्त, कमलू, भीम, जयपाल, आनंदपाल और त्रिलोचन की सूचना देता है। इस राजपरिवार में कमलुक (तोरमाण) भीम, दिद्दा एवं जयपाल शासक हुए। लल्लिय पर अरब आक्रमण 870 ई. में हुआ और उसने अपनी राजधानी काबुल से ओहिन्द (उद्याण्डपुर) स्थानान्तरित कर ली। कमलुक शासन काल में राजधानी ओहिन्द ही थी। कमलुक के बाद इस वंश का राजा भीमदेव हुआ इसके कुछ सिक्के भी प्राप्त हुए हैं जिन पर 'श्री भीमदेव' उत्कीर्ण है।[4] ये सिक्के चाँदी के हैं, जो काबुलिस्तान से प्राप्त हुए हैं। इसकी पुत्री का विवाह लोहर के राजा सिंहराज से हुआ था। इनकी पुत्री दिद्दा थी, जिसका विवाह कश्मीर के क्षेमगुप्त (950–958 ई.) से हुआ।

जयपाल इस वंश का सबसे प्रतापी शासक था जिसने दसवीं शताब्दी के अंतिम दशकों में भटिण्डा से स्वात घाटी तक एक विस्तृत राज्य स्थापित किया। उसका साम्राज्य भटिण्डा से स्वात घाटी तक फैला हुआ था। इस राज्य की नई राजधानी लाहौर बनायी गयी। 932 ई. में गजनी में अलप्तगीन ने एक स्वतंत्र राज्य की स्थापना की जहाँ बाद में उसका दामाद सुबुक्तगीन 977 ई. में शासक बना। जयपाल व सुबुक्तगीन के मध्य संघर्ष की शुरूआत हुई और व अंततः सुबुक्तिगीन के पुत्र महमूद गजनी ने 1001 में जयपाल को पूर्णतः हरा दिया। यद्यपि जयपाल के पुत्र अनंगपाल ने उत्तरी भारत की अनेक शक्तियों के सहयोग से गजनी का सामना किया था लेकिन वह असफल रहा। उसके पश्चात् उसके पुत्र त्रिलोचनपाल व पौत्र भीम ने भी लगभग 50 वर्षों तक तुर्की आक्रमणों को बहादुरी से रोके रखा।

कश्मीर कश्मीर के इतिहास की जानकारी का प्रमुख स्रोत राजतंरगिणी है, जिसे कल्हण नामक ब्राह्मण ने लिखा था। उसका पिता चम्पक कश्मीर नरेश हर्ष का मंत्री था।[5] मौर्यकाल में कश्मीर मौर्य–साम्राज्य का ही एक भाग था और अशोक ने वहाँ श्रीनगर की स्थापना की थी। विद्वानों के अनुसार कश्मीर में कनिष्क के समय कुण्डलवन में चतुर्थ बौद्ध संगीति का आयोजन किया गया था।

कर्कोट वंश सातवीं शताब्दी में दुर्लभवर्द्धन नामक व्यक्ति ने कश्मीर में कार्कोट वंश की स्थापना की। वह एक शक्तिशाली शासक था, जिसके राज्य में तक्षशिला, उरशा, राजपूताना, पुंच (पुंछ) आदि शामिल थे। तद्न्तर उसका पुत्र दुर्लभक (632–682 ईस्वी) शासक बना। इसने 'प्रतापादित्य' की उपाधि धारण की व प्रतापपुर नामक नगर का निर्माण करवाया। इसके बाद चन्द्रापीड़, तारापीड़, मुक्तापीड़ शासक बने।

ललितादित्य मुक्तापीड़ (724–760 ई.) सर्वाधिक शक्तिशाली शासक था, जिसने कन्नौज के यशोवर्मन को पराजित किया। कल्हण उसकी दक्षिण दिग्विजय का वर्णन करता है। इस आधार पर कहा जा सकता है कि ललितादित्य अपने समय का शक्तिशाली शासक था। उसने कश्मीर को गुप्तों के बाद भारत का सर्वाधिक शक्तिशाली साम्राज्य बना दिया। उसके द्वारा अनेक भवनों एवं मन्दिरों के निर्माण करवाये जाने का बोध होता है।[6] वह धर्म–सहिष्णु शासक था, जिसने हिन्दू होते हुए भी बौद्धों के पूजा स्थल बनवाए। अनन्तनाग स्थित मार्तण्ड मन्दिर ललितादित्य के कला प्रेम का परिचायक है, जिसके भग्नावशेष आज भी विद्यमान हैं। कश्मीर की प्राचीन राजधानी अनन्तनाग में निर्मित मार्तंड मन्दिर की त्रिपार्श्वित चाप (मेहराब) इस मन्दिर की वास्तुकला की विशेषता थी। 11वीं सदी तक इस मन्दिर में पूजा की जाती थी। मुक्तापीड़ की मृत्यु

के बाद उसके वंश का पतन प्रारंभ हो गया। इस वंश का अंतिम शासक जयापीड़ (770–810 ई.) हुआ, जिसने कन्नौज के वज्रादित्य को हराया। कल्हण उसे निर्दयी व धन लोलुप शासक कहता है। 810 ई. में जयापीड़ की मृत्यु के बाद कमजोर उत्तराधिकारी हुए। 855 ई. में उत्पलापीड़ को हटा कर अवन्तिवर्मन् ने शूर नामक मंत्री की सहायता से उत्पल वंश की स्थापना की।

उत्पल वंश अवन्तिवर्मन् (855–883 ई.) एक परोपकारी शासक था जिसने कृषि की उन्नति के लिए सिंचाई के साधनों पर ध्यान दिया। उसके अभियन्ता सुय्य ने कई नहरों का निर्माण करवाया। सुय्य ने झेलम (वितस्ता) पर बाँध बनवाकर कृषि योग्य भूमि को बचाया और इस प्रकार कश्मीर को बाढ़ों से सुरक्षित किया। झेलम के सिंध नदी में मिलने से कृषि का विस्तार हुआ व खाद्यान्न सस्ते हो गए, जिसका उल्लेख कल्हण ने किया है।[7] अवन्तिवर्मन द्वारा अनेक विद्वानों को राज्याश्रय प्रदान किये जाने की जानकारी मिलती है। उसके समय **कई मन्दिर बनवाये गये और अवन्तिपुर नगर बसाये जाने का श्रेय उसे ही जाता है।**

अवन्तिवर्मन् का उत्तराधिकारी शंकरवर्मन् (885–902 ई.) हुआ, वह एक साम्राज्यवादी शासक था जिसने दर्वाभिसार (झेलम व चिनाब के बीच स्थित) त्रिगर्त (कांगड़ा) तथा गुर्जर (पश्चिमी राजस्थान) के क्षेत्रों में विजय की।[8] उसे एक क्रूर और अत्याचारी शासक बताया गया है, जिसने अपनी प्रजा पर करों का बोझ लाद रखा था। शंकरवर्मन् के बाद गोपालवर्मन् (902–904 ईस्वी) शासक बना, वह भी एक दुर्बल शासक सिद्ध हुआ। 939 ईस्वी में यशस्कर नामक एक विद्वान् व्यक्ति ने कश्मीर की बागड़ोर सम्भाली। कल्हण ने इसकी प्रशंसा की है, क्योंकि यशस्कर ने व्यवस्था को कायम किया और उसके समय कृषि व व्यापार की प्रगति हुई। उत्पल वंश के बाद कश्मीर पर्वगुप्त नामक राजवंश के अस्तित्व का बोध होता है।

980 ईस्वी में इसकी शासिका दिद्दा ने शासन किया। उसने राज्य में शांति कायम की एवं विद्रोहियों का दमन किया। वह भ्रष्टाचार व अनैतिकता के लिए विख्यात थी। 1003 ईस्वी में उसकी मृत्यु के बाद उसका भतीजा संग्राम राज शासक बना।

लौहर वंश इस वंश के संस्थापक संग्राम सिंह ने 1003–1028 ई. के मध्य शासन किया। संग्रामराज के बाद अनन्त एक शक्तिशाली राजा था, जिसने सामंतों के विद्रोह को दबाया तथा कुर्दों एवं मुस्लिमों के आक्रमणों का प्रतिरोध किया। उसकी रानी सूर्यमती ने प्रशासन में उसका हाथ बँटाया। अनन्त का उत्तराधिकारी कलश था, जो अपने जीवन के अंतिम दिनों में एक योग्य शासक सिद्ध हुआ।

कलश का पुत्र हर्ष उल्लेखनीय शासक था जो अपनी विद्वता के कारण विख्यात था। कल्हण उसका दरबारी कवि था तथापि एक शासक के रूप में उसके द्वारा किये गये अत्याचारों का वर्णन करने में कल्हण ने संकोच नहीं किया। प्रजा पर नये करों का बोझ लादा गया जिससे लोगों में असन्तोष फैला। ऐसे विपरीत हालात में लौहार वंश के उच्छल एवं सुस्सल नामक दो भाइयों ने विद्रोह का झंडा कर दिया । 1101 ईस्वी में हर्ष की मृत्यु के बाद अराजकता व अव्यवस्था फैल गयी। **जयसिंह (1128–1155 ईस्वी) इस वंश का अंतिम शासक था, जिसने यवनों को पराजित किया। जब भारत के अन्य भागों में मुस्लिम सत्ता स्थापित हो चुकी थी कश्मीर में 1339 ई. तक हिन्दू सत्ता कायम थी।**

सिंध सिंध क्षेत्र सातवीं सदी में हर्ष के प्रभाव क्षेत्र में रहा और उसकी मृत्यु के बाद वहां शूद्र राजा का शासन था जिसने बौद्ध धर्म अपना लिया था इसके अधीन कश्मीर से दक्षिण अरब सागर तक तथा पूर्व में कन्नौज से पश्चिम में मकरान तक सिन्ध राज्य फैला हुआ था। यहां के राजा राय कहलाते थे। इनके छह राजाओं–राय दिवजी, राय सिंहरस, राय साहसी, राय सिंहरस द्वितीय तथा राय साहसी द्वितीय के नाम मिलते है। साहसी द्वितीय के काल में चच नामक उसके ब्राह्मण मंत्री ने उसकी गद्दी पर अधिकार कर लिया और उसने राय साहसी की विधवा से विवाह कर विभिन्न सामंतों के विद्रोहों की दबाया। इस तरह सिन्ध में ब्राह्मण वंश की सत्ता स्थापित हुई। चच ने अपने राज्य का विस्तार कश्मीर तक किया। चच के बाद चन्द्र नामक उसका भाई शासक बना। उसकी मृत्यु के बाद उसके पुत्र दुराज तथा चच के पुत्रा दाहिर के मध्य उत्तराधिकार युद्ध चला जिसमें दाहिर की विजय हुई। दाहिर के समय 712 ई. में इराक के हाकिम–अल –हज्जाज ने मुहम्मद–बिन–कासिम के नेतृत्व में अरबों को सिंध पर आक्रमण करने के लिये भेजा, जिसमें उन्हें विजय प्राप्त हुई थी किन्तु अरबों की सत्ता स्थायी नहीं रही।[9]

दिल्ली तथा अजमेर के चौहान (मा शाकम्बरी के चौहान)

इस वंश के इतिहास की जानकारी के स्रोत साहित्यिक व पुरातात्विक दोनों प्रकार के हैं। **साहित्यिक रचनाओं में जयानक भट्ट का 'पृथ्वीराज विजय', जयचन्द्र का 'हम्मीर महाकाव्य', चन्दबरदायी का 'पृथ्वीराज रासो', बीसलदेव रासो आदि** प्रमुख हैं, जिनसे चौहानों के बारे में जानकारी मिलती है। यद्यपि कई ग्रंथों में अतिरंजित वर्णन भी मिलता है। समकालीन मुस्लिम लेखकों, जैसे **अल–बरूनी, उतबी, हसन निजामी, मिनहाजुद्दीन, फरिश्ता आदि के विवरण से भी पूर्व मध्यकालीन इतिहास पर प्रकाश पड़ता है।** अभिलेखों में विग्रहराज द्वितीय का हर्ष प्रस्तर अभिलेख, (जयपुर, राजस्थान) बिजोलिया अभिलेख (भिलवाडा जिला, राजस्थान), विग्रहराज चतुर्थ का दिल्ली शिवालिक स्तंभ–लेख आदि उल्लेखनीय हैं, जिनसे चौहानों के इतिहास की जानकारी मिलती है।

चौहानों या चाहमानों की उत्पत्ति एवं मूल स्थान के सम्बन्ध में अनेक मत प्रचलित हैं। दसवीं शताब्दी के उत्तरार्द्ध में चाहमान वंश की अनेक शाखाएँ थीं, जिनमें शाकम्भरी (सांभर) शाखा के चाहमान सामंत, जो सूर्यवंशी थे, ने चौहान राजवंश की स्थापना की। इस वंश के निम्नलिखित प्रमुख नरेश–वासुदेव, पवक, विग्रहराज, दुर्लभराज द्वितीय, अजयराज, अर्णोराज, विग्रहराज, बीसल देव और पृथ्वीराज तृतीय थे। उसके उत्तराधिकारी सिंहराज वाक्पति प्रथम ने अपने को स्वतंत्र घोषित किया तथा 'महाराजाधिराज'

की उपाधि ग्रहण की। उसका उत्तराधिकारी विग्रहराज द्वितीय हुआ। 973 ईस्वी (वि. सं. 1030) के हर्ष अभिलेख में इसका उल्लेख मिलता है। कहा गया है कि उसने अपने राजवंश की लक्ष्मी का उद्धार किया।

'प्रबंधचिंतामणि' व 'पृथ्वीराज विजय' में गुजरात के चालुक्य शासक मूलराज प्रथम पर आक्रमण किये जाने की जानकारी मिलती है। युद्ध में मूल राज की पराजय हुई। तद्नुसार विग्रहराज द्वितीय (छोटा भाई), दुर्लभराज द्वितीय, गोविन्दराज तृतीय, वाक्पतिराज द्वितीय क्रमशः शासक बने। पृथ्वीराज विजय के अनुसार वाक्पति ने गुहिलवंशी राजा ऊंबा को पराजित किया। उसके उत्तराधिकारी वीर्याराम (वीराराम) को परमार राजा भोज द्वारा हराये जाने की जानकारी मिलती है। उसके भाई चामुण्ड राज ने परमारों को पराजित कर छीने हुए प्रदेशों पर अधिकार किया था। तदन्तरं दुर्लभराज तृतीय व विग्रहराज तृतीय शासक बने। इस दौरान चौहानों के परमारों से संबंध अच्छे रहे। विग्रहराज ने परमार वंश की कन्या से विवाह किया था। पृथ्वीराज प्रथम बाद में शासक बना जो 'परम भट्टारक महाराजाधिराज परमेश्वर' कहलाया। 'पृथ्वीराज विजय' के अनुसार उसने चालुक्यों पर विजय प्राप्त की। वह जैन धर्मानुयायी था। जैन स्रोतों के अनुसार उसने रणथम्भौर के मंदिरों पर स्वर्ण कलश चढ़ाए। तुर्कों से उसका संघर्ष हुआ था, जिसका उल्लेख राजशेखर के 'प्रबंध कोश' में मिलता है। कहा जाता है कि, तुर्कों पर उसने विजय प्राप्त की।

अजयराज (1105–1130 ई., राजधानी–अजमेर) पृथ्वीराज का पुत्र था, ने 'अजमेर' को नवीन राजधानी बनाया।[10] स्वयं अजयराज ने 1100 ई. अजमेर की स्थापना की थी। मथुरा में प्राप्त उसके सिक्कों के आधार पर उस क्षेत्र पर उसका अधिकार माना जाता है। अजयराज के पुत्र अर्णोराज ने 1130–1150 ईस्वी तक शासन किया। बिजौलिया लेख के अनुसार उसने परमार नरेश नरवर्मा को हराया। **बिजौलिया शिलालेख (1170 ई.)** भीलवाड़ा के मैनाल पूर्व मध्यकाल में एक शैव तीर्थ था। भूमिज शैली में चाहमानो के समय मन्दिर बनाया गया। मण्डप में गर्भगृह, अन्तराल, समवर्ण घतयुक्त रंगमण्डप व छोटा प्रवेश मण्डप है। बाहरी भाग सुन्दर मूर्तियों से अंलकृत है। मुख्य मन्दिर के दोनों ओर गणेश व गौरी मन्दिर आठवीं सदी के है। मूल मन्दिर भी उसी समय बना होगा। भाव ब्रह्मा नामक संत ने 1169 ई. में पृथ्वीराज द्वितीय के शासन काल (1164–1169 ई.) में करवाया था। बिजौलिया के जैन मन्दिर में उक्त अभिलेख स्थित है। वह कला प्रेमी था जिसने पुष्कर में वाराह मंदिर का निर्माण करवाया। अजमेर में सरस्वती मंदिर और संस्कृत महाविद्यालय स्थापित किये। उसने तुर्कों को भी पराजित किया।

विग्रहराज चतुर्थ (1153–1163 ई.) अजयराज या अर्णोराज के बाद उसका पुत्र विग्रहराज चतुर्थ 1153–1163 ईस्वी तक शासक बना, जिसे चौहान वंशी राजाओं में सबसे शक्तिशाली माना गया है। उसकी महत्वपूर्ण सफलता थी दिल्ली के तोमर वंश को अपने अधीन करना। बिजौलिया लेख में विग्रहराज की इस विजय का उल्लेख मिलता है। विग्रहराज ने परमार व चालुक्य शासकों के विरुद्ध भी अभियान किए। चालुक्य शासक कुमारपाल ने पूर्व में उसके पिता को पराजित किया था। चालुक्यों के विरुद्ध संघर्ष का यही एक कारण रहा। इसमें कुमारपाल पराजित हुआ, राजस्थान के चित्तौड़, जालौर, नाडोल, मेवाड़, मारवाड़ पर उसका अधिकार था। दिल्ली लेख में उसका प्रभाव क्षेत्र हिमालय से विन्ध्य पर्वत तक माना गया है। दिल्ली के शिवालिक लेख में उसे तुर्कों पर विजय प्राप्त करने वाला कहा गया है। आक्रमणकारी लाहौर का खुलरुशाह था। उसने तुर्कों (म्छेच्छों) को न केवल हराया वरन् उनके कुछ प्रदेशों पर अधिकार भी किया।

विग्रहराज विद्वानों का आश्रयदाता था और स्वयं भी विद्वान् था, जिसने 'हरिकेलि' नामक नाटक का सृजन किया। सोमदेव उसका दरबारी कवि था, जिसने 'ललित विग्रहराज' नामक ग्रंथ रचा। विग्रहराज के बाद उसका पुत्र इपरगांगेय अल्पकाल के लिए शासक बना जिसे मार कर पृथ्वीराज शासक बना जो पृथ्वीराज द्वितीय कहलाया। इसने 1164–69 ईस्वी के मध्य शासन किया। इसके काल में शांति रही उसके द्वारा अनेक मन्दिरों के निर्माण करवाये जाने का बोध होता है। इसकी हत्या चालुक्य वंशी भीम द्वितीय ने की। सोमेश्वर के बाद उसका पुत्र पृथ्वीराज चौहान जिसकी माँ कर्पूरदेवी थी, शासक बना। इसे चौहान वंश का सबसे प्रसिद्ध शासक कहा गया है, जिसने 1177–1192 ईस्वी तक शासन किया।

पृथ्वीराज तृतीय (1177–1195) इसके दरबारी कवि व मित्र चन्दबरदाई ने महाकाव्य 'पृथ्वीराज रासो' की रचना की। पृथ्वीराज रासो के अतिरिक्त 'हम्मीर काव्य' से भी पृथ्वीराज तृतीय की उपलब्धियों पर प्रकाश पड़ता है। पृथ्वीराज के बचपन में ही पिता की मृत्यु हो जाने पर उसकी माता ने योग्य मंत्री कैम्बास (महामण्डलेश्वर कदम्बवास) की मदद से कुछ समय शासन चलाया। साथ ही उसके चाचा भुवनैकमल्ल ने भी प्रशासन में सहयोग दिया।

पृथ्वीराज ने सर्वप्रथम अपनी आंतरिक स्थिति सुदृढ़ की और अजमेर को अपने चाचा नागार्जुन (बीसलदेव का पूत्र) से हस्तगत किया। 1182 ईस्वी में उसने चंदेल शासक परमार्दिदेव को हराकर उसकी राजधानी महोबा पर अधिकार किया। खतरगच्छ पट्टावली से इसकी जानकारी मिलती है। 'पृथ्वीराज रासो' के अनुसार उसने कालिंजर के प्रसिद्ध दुर्ग पर घेरा डाला।

महोबा युद्ध में गहड़वाल जयचंद ने आल्हा–ऊदल के साथ चंदेल नरेश की मदद की। वे दोनों वीरगति को प्राप्त हुए। इनकी वीरता की चर्चा लोक–गीतों, जनश्रुतियों आल्हाखण्ड में आज भी प्रसिद्ध है।[11] कालांतर में चंदेल सत्ता प्रभावी हो गयी। पृथ्वीराज ने भाडानकों के साथ भी संघर्ष किया, जो रेबारी व भिवानी क्षेत्र में फैले थे। इसमें भी पृथ्वीराज को विजय मिली, जैन विद्वान् जिनपति सूरी ने शास्त्रार्थ करते समय इसका उल्लेख किया है। भाडानक शासक का नाम साहणपाल था। चालुक्यों के साथ भी पृथ्वीराज के संघर्ष हुए। कहा गया है कि चालुक्य शासक मारा गया। पृथ्वीराजरासो के इस विवरण को विद्वान पूर्णतः ऐतिहासिक नहीं मानते। इसमें गहड़वाल शासक जयचंद के साथ टकराव का भी उल्लेख है। दोनों शासकों के मध्य संघर्ष होना स्वाभाविक था, दोनों ही महत्वाकांक्षी थे व भारतीय राजनीति में प्रथम स्थान प्राप्त करने को आतुर थे।[12]

गहड़वाल व चौहान राज्यों की सीमाएँ भी एक थीं। **संघर्ष का कारण यह भी माना गया है कि जयचन्द्र की कन्या संयोगिता ने स्वयंवर में पृथ्वीराज को वर चुना और वह उसे भगाकर ले गया।** इससे दोनों के संबंध और खराब हो गये। अनेक इतिहासकार पृथ्वीराज–संयोगिता कथा को ऐतिहासिक नहीं मानते। इस कथानक का उल्लेख 'पृथ्वीराज प्रबंध' 'प्रबन्ध–चिन्ता–मणि' 'प्रबंधकोश', 'हमीर महाकाव्य' में नहीं मिलता है। चंदबरदाई, अबुल फजल व 'सुरजनचरित' के लेखक चंद्रसेन ने इसका उल्लेख किया है। पृथ्वीराज के काल में ही मौहम्मद गोरी के भारत पर आक्रमण हुए। 1173 ई. में शहाबुद्दीन मुहम्मद गोरी का गजनी पर अधिकार हो गया था। 1175 ईस्वी में उसने गुजरात पर आक्रमण किया लेकिन चालुक्य शासक भीम ने उसे पराजित किया। 1181 ई. में वह स्यालकोट की तरफ बढ़ा और वहाँ किला बनाया। 1186 ई. तक खुसरू मलिक (अंतिम गजनी शासक) से उसने लाहौर छीना और स्वयं को पंजाब का मालिक घोषित किया। दोनों के मध्य छिटपुट संघर्ष चलते रहे। **तराइन का प्रथम युद्ध 1191 ई.** गोरी व पृथ्वीराज का प्रथम बड़ा संघर्ष 1191 ई. में तराइन के मैदान में हुआ, जिसमें गोरी पराजित हुआ और भाग खड़ा हुआ। पृथ्वीराज ने घोर अदूरदर्शिता का परिचय देते हुए भागती मुस्लिम सेना का पीछा नहीं किया। मिन्हाजुद्दीन ने उल्लेख किया है कि गोरी की सेना बिना कष्ट के स्वदेश लौट गयी। 'पृथ्वीराज प्रबन्ध' व 'हमीर महाकाव्य' के अनुसार पृथ्वीराज ने गोरी को सात बार, 'प्रबन्ध चिंतामणी' व 'प्रबन्ध कोष' के अनुसार इक्कीस बार पराजित किया। मुस्लिम इतिहासकारों ने दो युद्धों का उल्लेख किया है। प्रथम विजय के बाद पृथ्वीराज उदासीन हो गया और भोग–विलास में डूब गया। दूसरी बार गोरी ने अधिक शक्ति के साथ आक्रमण किया। **तराइन का द्वितीय युद्ध 1192 ई.** 1192 ई. में 1 लाख 20 हजार अफगान, ताजिक और तुर्क घुड़सवारों की बड़ी सेना के साथ आक्रमण किया। पृथ्वीराज के साथ उसने अन्य पड़ोसी राज्यों के शासकों व सामंतों ने मदद की, लेकिन जयचन्द ने उसका साथ नहीं दिया।

कुछ भारतीय स्रोतों से बोध होता है कि वह गोरी से मिला हुआ था। इस युद्ध में पृथ्वीराज पराजित हुआ तथा उसे बंदी बना लिया गया। इस्लामिक स्रोतों के अनुसार उसे मार डाला गया। **'पृथ्वीराजरासो' में चंदबरदाई के अनुसार, अंधे पृथ्वीराज ने शब्दभेदी बाण चला कर गोरी को मार डाला। इतिहासकार इसकी ऐतिहासिकता पर संदेह करते हैं। गोरी ने अजमेर में लूटपाट की, मंदिरों को तोड़ा। इस तरह एक सुदृढ़ चौहान राज्य का गंगा–यमुना के मैदानों में अंत हो गया। तराइन का द्वितीय युद्ध भारतीय इतिहास का निर्णायक युद्ध था, जिससे बाह्य आक्रांताओं को देश की राजनीतिक प्रभुसत्ता प्राप्त हुई और हिन्दुस्तान में इस्लामिक साम्राज्यवाद का मार्ग प्रशस्त हुआ।**

चौहान कुल की एक शाखा रणथम्भौर में प्रतिष्ठित थी। अलाउद्दीन खिलजी ने 1301 ईस्वी में रणथम्भौर पर आक्रमण कर वहाँ के चौहान वंश को भी समाप्त कर दिया। पराजित शासक प्रसिद्ध राणा हम्मीर था।

पृथ्वीराज अपने समय का महान् योद्धा था, जिसका शरीर बलिष्ठ, सुन्दर व आकर्षक था। तीरंदाजी, अस्त्र–शस्त्र संचालन में वह निपुण था, जिसकी प्रशंसा मुस्लिम लेखकों ने की है और वह श्रेष्ठ शासक था उसने कई विद्वानों को संरक्षण दिया। **उसका राजसभा की जयानकभट्ट (पृथ्वीराज विजय का लेखक), विद्यापति गौड़, चारण पृथ्वी भट्ट, वागीश्वर जनार्दन, विश्वरूप जैसे प्रसिद्ध विद्वान शोभा बढ़ाते थे। चन्दबरदाई उसका मित्र व राजकवि था, जिसका ग्रंथ 'पृथ्वीराज–रासो' हिन्दी साहित्य का प्रथम महाकाव्य माना जाता है।**

कन्नौज का गहड़वाल राज्य (राठौर वंश)

गहड़वाल वंश के इतिहास का बोध कई साहित्यिक ग्रंथों से होता है। तत्कालीन साहित्यिक सामग्री के अंतर्गत **'पृथ्वीराजरासो' विद्यापति की 'पुरुष परीक्षा' मेरुतुंग की 'प्रबन्ध चिंतामणी' लक्ष्मीधर की, 'कृत्यकल्पतरु' एवं मुस्लिम इतिहासकारों (फरिश्ता हसन निजामी) का विवरण प्रमुख है। अभिलेखों के अंतर्गत मदनपाल के अभिलेख (राहन एवं बसही अभिलेख), चन्द्रदेव का चन्द्रावली दानपत्र (वाराणसी), गोविन्द चन्द्र के वाराणसी व कमौली के ताम्राभिलेख, कुमारदेवी का सारनाथ अभिलेख आदि उल्लेखनीय हैं।**

चन्द्रदेव (1090–1104 ई. राजधानी कन्नौज) प्रतिहार साम्राज्य के विघटन के दौर में 1090 ईस्वी के लगभग चन्द्रदेव नामक व्यक्ति ने कन्नौज पर अधिकार किया। उसका प्रभाव क्षेत्र वाराणसी, अयोध्या तथा दिल्ली तक था।[13]

बसही लेख में कहा गया है, भोज की मृत्यु हो जाने तथा कर्ण के यशमात्र शेष बच जाने के बाद विपत्तिग्रस्त पृथ्वी ने चन्द्रदेव राजा को अपना रक्षक चुना। इससे ज्ञात होता है कि कर्ण की मृत्यु (1073 ई.) के बाद ही उसने कन्नौज पर अधिकार किया। बंगाल के पाल और सेन वंशीय शासकों से भी उसका संघर्ष हुआ। लेकिन पाल सामन्त भीमयशस ने उसे हरा दिया।[14] चन्द्रदेव ने कलचुरि राजाओं को हराकर कुछ प्रदेशों पर अधिकार किया था। चन्द्रदेव के बाद उसका पुत्र मदनपाल (1104–1114 ईस्वी) शासक बना। चन्द्रदेव का उत्तराधिकारी मदनपाल एक निर्बल शासक था। **गोविन्दचन्द्र (राजधानी कन्नौज व वाराणसी, 1114–1155 ई.)** इस वंश का तीसरा शासक गोविन्दचन्द्र (1114–1155 ईस्वी) सर्वाधिक शक्तिशाली राजा था। राजा बनने से पूर्व उसने तुर्क आक्रमणकारियों से अपने पिता को छुड़ाया था। लक्ष्मीधर की 'कृत्यकल्पतरु' व राहन अभिलेख से ज्ञात होता है कि गोविन्द चन्द्र ने पाल शासक रामपाल को हराया और उससे बिहार का अधिकांश भाग छीना। उसने पूर्वी मालवा पर भी अधिकार किया। चन्देल, चालुक्य, चोल, कलचुरि, कश्मीर आदि शासकों के साथ उसके मैत्री संबंध थे। उसके काल के दानपत्र, सिक्के आदि मिलते हैं। गोविन्द चन्द्र एक विजेता, कूटनीतिज्ञ व दूरदर्शी शासक ही नहीं था वरन् विद्वानों का संरक्षक भी था। उसके लेखों में उसे

'विविध–विद्याविचारवाचस्पति' कहा गया है, जिससे संकेत मिलता है कि वह स्वयं भी विद्वान् था। उसके दरबार में महासंधिविग्रहक लक्ष्मीधर प्रमुख राजशास्त्रकार था जिसने 'कृत्यकल्पतरु' नामक ग्रंथ लिखा जो पूर्व मध्यकालीन राजनीति व प्रशासन का एक प्रमुख स्रोत है। राज्य संबंधी मामलों का वह राजा का प्रमुख सलाहकार था। गोविन्दचन्द्र धर्म–सहिष्णु शासक था। उसकी पत्नी कुमार देवी बौद्धमतानुयायी थी। एक अभिलेख के अनुसार उसने सूर्य, शिव, वासुदेव आदि देवताओं की पूजा की व बौद्धों को छह गाँव दान में दिए। गोविन्द चन्द्र के बाद उसका पुत्र विजयचन्द्र (1155–1169 ई.) शासक बना। विजयचन्द्र ने लाहौर के मुस्लिम शासक को परास्त किया। उसने सेनवंशी शासक लक्ष्मणसेन को भी हराया था। इस काल में ही दिल्ली के तोमरों ने चौहानों की प्रभुत्ता स्वीकार की।

जयचन्द (कन्नौज व वाराणसी 1170–1194 ई.) विजयचन्द्र का पुत्र जयचन्द अंतिम गहड़वाल शासक था जिसका काल 1170–1194 ईस्वी माना गया है। जनश्रुतियों का 'राजा जयचन्द' यही है। समकालीन मुस्लिम लेखकों ने उसे कन्नौज व वाराणसी का सार्वभौम शासक माना है। उसके समकालीन सेनवंशी शासन लक्ष्मणसेन ने जयचन्द को पराजित किया व उसके कुछ प्रदेशों को जीता। चौहान नरेश पृथ्वीराज तृतीय से उसकी शत्रुता थी। संयोगिता–स्वयंवर कथा को विद्वान् ऐतिहासिक नहीं मानते। दोनों नरेशों में राजनीतिक दूरदर्शिता का अभाव था। मुहम्मद गोरी के आक्रमण में इसने पृथ्वीराज का साथ ही नहीं दिया, बल्कि कुछ विद्वानों के अनुसार जयचन्द ने ही गोरी को पृथ्वीराज पर आक्रमण करने के लिए आमंत्रित भी किया था। 1194 ईस्वी में मुहम्मद गोरी ने जयचंद्र पर भी आक्रमण किया एवं चन्दावर (वर्तमान एटा) के मैदान में वह पराजित हुआ और मार डाला गया। आक्रमणकारियों ने कत्ल–ए–आम मचाया, बनारस को लूटा गया तथा धन व वस्तुएँ लेकर लौट गये। कहा गया है कि हाथी पर सवार जयचन्द के आँख में तीर लगा और गिरते ही उसकी मृत्यु हो गई। असनी (फतेहपुर) स्थित जयचन्द के राजकोष को गोरी ने लूटा एवं बनारस में भी लूटपाट की। एक हजार मन्दिर तोड़कर मस्जिदें बनाई एवं सभी युवाओं का मार डाला गया। जयचन्द की मृत्यु के बाद भी उत्तराधिकारी हरिश्चन्द्र 1197 ई. तक राज्य करता रहा। बाद में कन्नौज पर चंदेलों का अधिकार हो गया।

जेझाकभुक्ति (बुन्देलखंड) के चंदेल

चंदेल वंश के इतिहास की जानकारी के प्रमुख स्रोत उनके अभिलेख हैं। इनमें प्रमुख हैं–खजुराहो (छतरपुर, म.प्र.) का 954 ई. का लेख, नन्यौरा (हमीरपुर, उ.प्र.) का 998 ईस्वी का लेचा, मऊ प्रस्तर अभिलेख, छतरपुर का लेख। उक्त समस्त अभिलेख देवनागरी लिपि में हैं एवं इनमें चन्देल शासकों की वंशावलियाँ दी गई हैं। साहित्यिक सोतों में राजशेखर का 'प्रबन्ध कोश','कृष्ण मिश्र के 'प्रबोध चन्द्रोदय', परमालरासो तथा चन्दबरदाईकृत 'पृथ्वीराजरासो', जगनिक कृत 'आल्हाखंड' आदि उल्लेखनीय हैं। मुस्लिम लेखकों में इब्र–उल–अतहर, निजामुद्दीन हसन निजामी, के विवरण भी अनेक सूचनाएँ देते हैं। चंदेल शासकों द्वारा निर्मित मंदिर–मूर्तियाँ भी तत्कालीन संस्कृति की जानकारी देते हैं।

हर्ष–(राजधानी खजुराहो व महोबा 915–925 ई.) प्रारम्भ में बुंदेलखंड कन्नौज के प्रतिहार साम्राज्य का भाग था। एक पहाड़ी दूर्ग अजगढ़ (अजयगढ़) बुन्देलखण्ड की प्राचीन रियासत थी एवं परमर्दिदेव ने इसे अपनी राजधानी बनाया। नवीं शताब्दी में नन्नुक (831–845 ई.) ने बुंदेलखंड में चंदेल राजवंश की नींव रवी। इन्हें चन्द्रवंशी क्षत्रिय कहा गया है प्रारम्भ में इनकी राजधानी खजुराहो थी बाद में महोबा स्थान्तरित की गई। प्रारंभिक चंदेल शासक गुर्जर प्रतिहारों के सामंत थे। वाक्पति, जयशक्ति, विजयशक्ति, राहिल 900 ईस्वी तक प्रतिहारों के अधीनता में रहे। राहिल (900–915 ई.) के पुत्र हर्ष (915–925 ई.) ने अपनी स्वतंत्रता घोषित की। खजुराहो लेख के अनुसार उसने प्रतिहार शासक महीपाल को दूसरी बार कन्नौज का शासक बनाया और राष्ट्रकूटों द्वारा प्राप्त किये भू–भाग वापस दिलवाए। हर्ष के चौहान व कलचुरि वंश के साथ वैवाहिक संबंध थे। कलचुरि राष्ट्रकूटों के भी संबंधी थे, हर्ष को उनका भी समर्थन प्राप्त हुआ।

यशोवर्मन (930–950 ई.) हर्ष के बाद उसका पुत्र यशोवर्मन शासक बना (930–950 ईस्वी)। इसकी माता चौहान रानी कंचुका देवी थी। उसने विशाल साम्राज्य का निर्माण किया। कन्नौज के प्रतिहार साम्राज्य को उसने समाप्त कर दिया। खजुराहो के लेख में उसकी उपलब्धियों का वर्णन किया गया है। उसे गौड़, खस, कोशल, कश्मीर, मालवा, चेदि, कुरु, गर्जर आदि को जीतने वाला बताया गया हैं।[14A] राष्ट्रकूटों से भी उसने कालिंजर दुर्ग प्राप्त कर लिया था। अभिलेख के विवरण के आधार पर उसका प्रभाव क्षेत्र हिमालय से मालवा तक तथा कश्मीर से बंगाल तक था। वर्णन यद्यपि अतिशयोक्तिपूर्ण हो सकता है तथापि यह स्पष्ट है कि वह एक पराक्रमी शासक था एवं राज्य निर्माता था। उसने खजुराहो के प्रसिद्ध विष्णु मंदिर को बनवाया व उसमें बैकुण्ठनाथ की मूर्ति स्थापित करवायी। इसे उसने प्रतिहार शासक देवपाल से प्राप्त किया था। यशोवर्मन ने एक खजुराहो में विशाल जलाशय (तडागार्णव) का निर्माण करवाया।

धंगदेव (950–1002 ई., कन्नौज व खजुराहो) धंगदेव यशोवर्मन का पुत्र था, जिसने (950–1002 ईस्वी) चंदेल गौरव को बढ़ाया। उसने ग्वालियर व भिलसा पर विजय प्राप्त की और कालिंजर को अपनी राजधानी बनाया। जिसे बाद में खुजराहो स्थान्तरित किया। खजुराहो शिलालेख में धंग को कोशल, क्रथ (बरार), सिंहल तथा कुंतल का भी विजेता कहा गया है जिसने काँची, राढा और अंग की रानियों को कारागार में डाल दिया था। यह वर्णन अतिरंजित है तथापि उसे पराक्रमी शासक कहा जा सकता है, जिसने प्रतिहार सत्ता का अंत कर कन्नौज पर अधिकार किया। चन्देल स्वाधीनता का असली जन्मदाता वही था। महोबा से प्राप्त खण्डित लेख से उसके बारे में जानकारी मिलती है। मुस्लिम लेखक फरिश्ता ने यह उल्लेख किया है कि भटिण्डा के शासक जयपाल को धंग ने सुबुक्तगीन के विरुद्ध सहायता भेजी तथा उसके विरुद्ध बने हिन्दू राजाओं के संघ में सम्मिलित हुआ। लेकिन इतिहासकार इसे सही नहीं मानते।

उसके समय भट्टयशोधर प्राङविवाक (न्यायाधीश) तथा प्रभास ब्राह्मण प्रधानमंत्री थे। जैनों को भी उसने धर्म प्रचार व मंदिर निर्माण हेतु अनुदान दिया। खजुराहो में उसने अनेक मंदिरों का निर्माण करवाया। जिननाथ, वैद्यनाथ, विश्वनाथ आदि मंदिरों का निर्माण उसके समय ही हुआ था। बैद्यनाथ मन्दिर का निर्माण गहपति कोक्कल ने करवाया था।

विद्याधर (1019–1029 ई. कालिंजर व खजुराहो) धंग के बाद उसके पुत्र गंड ने 1002–1019 ईस्वी तक राज्य किया। इसके बाद उसका पुत्र विद्याधर 1019–1029 ईस्वी तक शासक रहा। यह सर्वाधिक शक्तिशाली शासक था, उसके शासक बनते ही महमूद गजनवी के नेतृत्व में तुर्कों के हिन्दू राजाओं पर आक्रमण तेज हो गये। कन्नौज के राज्यपाल ने महमूद के आगे आत्मसमर्पण कर दिया।[15] इस पर विद्याधर बहुत क्रुध हुआ और उसने उसे मार डाला। दूषकुण्ड लेख 1088 ई. के अनुसार अर्जुन ने विद्याधर की ओर से कन्नौज राजा राज्यपाल को मार डाला। इससे विद्याधर की प्रसिद्धि बढ़ी तथा वह उत्तर भारत का शक्तिशाली शासक माना जाने लगा।

1019–20 ईस्वी में चंदेलों पर मुस्लिम आक्रमण हुआ। उपयुक्त युद्ध–स्थल न पाकर विद्याधर ने अपनी सेना पीछे हटा ली, महमूद भी लौट गया, वह स्वयं विद्याधर की शक्ति से भयभीत था। उसने 1022 ईस्वी में दोबारा आक्रमण किया। ग्वालियर व कालिंजर के किले की घेराबंदी की। मुस्लिम लेखकों के विवरण से आभास होता है कि दीर्घकालीन घेराबंदी से भी महमूद को कुछ हाथ न लगा तथा वह लौट गया। तत्कालीन भारत में विद्याधर ही ऐसा शासक था जिसने सफलतापर्वक महमूद गजनवी का प्रतिरोध किया। उसने कलचुरि शासक गांगेयदेव व मालवा के परमार शासक को पराजित कर अपना प्रभुत्व स्थापित किया। एक चंदेल अभिलेख में कहा गया है कि दोनों ही नरेश शिष्य के समान भयभीत होकर विद्याधर की पूजा करते थे। प्रतीत होता है कि विद्याधर एक महान् शासक था, जिसकी शक्ति और साम्राज्य की मुस्लिम लेखकों ने भी प्रशंसा की है। विद्याधर ने खजुराहो में विश्व प्रसिद्ध कंदारिया महादेव मन्दिर का निर्माण करवाया था। इस बारे में देखिये अन्तिम अध्याय 75.6 (3.I)।

विद्याधर के बाद उसके पुत्र विजयपाल पौत्र देववर्मन् ने कलचुरि चेदि शासकों–गांगेयदेव तथा कर्ण की अधीनता स्वीकार कर ली थी। **कीर्तिवर्मन् ने पुनः स्वयं को स्वतंत्र घोषित किया। उसके दरबार में 'प्रबोधचन्द्रोदय' के रचियता कृष्ण–मिश्र को प्रश्रय प्राप्त था।** 1100 ईस्वी तक कीर्तिवर्मन् ने शासन किया। 1129 ई. में मदन–वर्मा के शासक बनने से पूर्व तक कई शासक हुए। मदन–वर्मा का काल उल्लेखनीय है, इसके कई अभिलेख एवं मुद्रायें प्राप्त हुई हैं। मऊ लेख में उसकी उपलब्धियों का विवरण है, जिसमें उसके द्वारा चेदि तथा परमार शासकों की पराजय का उल्लेख है। चंदेल वंश का अंतिम महान् शासक परमर्दिदेव (1165–1203 ईस्वी) था, जो पृथ्वीराज के हाथों पराजित हुआ। 'पृथ्वीराजरासो', 'आल्हाखण्ड', एवं 'परमाल रासो' में इसका उल्लेख है। महोबा पर पृथ्वीराज का अधिकार हो गया। सम्भवतः परमर्दिदेव ने पुनः महोबा पर अधिकार कर लिया था, इसकी पुष्टि 1183 ईस्वी के उसके लेख की प्राप्ति से होती है।

अंत में परमर्दिदेव को तुर्कों से सामना करना पड़ा। 1203 ईस्वी में कुतुबुद्दीन ने उसे पराजित कर कलिंजर के दुर्ग पर अधिकार कर लिया। इस तरह चंदेलों की स्वाधीनता का अंत हुआ व बाद में इसे दिल्ली सल्तनत में मिला दिया गया।

चंदेल राजाओं का शासनकाल उनके कला व संस्कृति के विकास की दृष्टि से महत्वपूर्ण है। चंदेल–कला का उदाहरण खजुराहो (छतरपुर) है, जो आज भी देशी–विदेशी पर्यटकों के आकर्षण का केन्द्र हैं। यहाँ लगभग 30 मंदिरों का समूह था जो वैष्णव, शैव, जैन तीर्थंकरों के हैं। प्रसिद्ध कंदरिया महादेव के मंदिर में शिव–गणेश व अन्य हिन्दू देवी–देवताओं का अंकन है। इसके अतिरिक्त पार्श्वनाथ का मंदिर, चित्रगुप्त का मंदिर भी दर्शनीय है। मंदिर की बाहरी दीवारों पर मैथुनरत युगलों का, अप्सराओं, नायिकाओं, दिग्पालों, गणों, पशु–पक्षियों आदि का अंकन है। शिल्प श्रृंगार का इतना प्रचुर तथा व्यापक आयाम भारत के अन्य किसी कला केन्द्र में शायद ही देखने को मिले।[16]

त्रिपुरी के कलचुरि–चेदि (राजधानी–त्रिपुरी–जबलपुर तेवर ग्राम)

चेदि चन्द्रवंशी क्षत्रिय, जो स्वयं को हैहयवंशी कीर्तिवीर्य का वंशज कहते थे। इस वंश की साहित्यिक एवं अभिलेखिक दोनों स्रोतों से जानकारी मिलती है। इस वंश प्रमुख अभिलेख थे (1) युवराज का बिरमहारी लेख (2) लक्ष्मणराज द्वितीय का कारी तलाई लेख (3) कोक्कल द्वितीय के मुकुन्दपुरा तथा प्यावां लेख (4) कर्ण (1148–49 ई.) का रीवां लेख (5) कर्ण का वाराणसी व गोहरवा (प्रयाग) ताम्रलेख (6) यशकर्ण के खैरा व जबलपुर लेख। इस वंश के दरबारी कवि राजशेखर के 'काव्य मीमांसा' तथा 'विद्धशालभंजिका' ग्रंथ तत्कालीन इतिहास के प्रमुख स्रोत हैं। बिल्हण के 'विक्रमांकदेवचरित' से भी जानकारी मिलती है।

कोक्कल प्रथम इस वंश प्रथम शासक कोक्कल प्रथम 845 ई. में शासक बना। उसने कन्नौज के प्रतिहार शासक भोज को पराजित किया। बिल्हारी लेख सूचित करता है कि उसने दक्षिण दिशा में कृष्णराज तथा उत्तर दिशा में भोज को अपने दो कीर्ति स्तंभों के रूप स्थापित किया। भोज से अभिप्राय प्रतिहार राजा भोज से है। कृष्णराज राष्टकूट राजा कृष्ण द्वितीय (880–914 ई.) से है। उसने तुरुष्क, बंग, कोंकण आदि की विजय की। बिल्हारी लेख में उसके दक्षिण की ओर अभियान का उल्लेख है। दक्षिण में राष्ट्रकूट शासक कृष्ण द्वितीय को उसने पराजित किया। राष्ट्रकूट व चंदेल वंश के साथ उसके वैवाहिक संबंध थे। उसने अपने साम्राज्य की दक्षिणी व पश्चिमी सीमाओं को सुरक्षित कर लिया था।

शंकरगण द्वितीय का काल 890–910 ई. है, उसने समुद्र तट के क्षेत्रों की विजय की ओर दक्षिण कोशल नरेश से

पाली छीन लिये जाने की जानकारी मिलती है। उसने राष्ट्रकूट कृष्ण द्वितीय के युद्धों में वेंगी के चालुक्य राज्य विजयादित्य के विरुद्ध हिस्सा लिया था। **युवराज प्रथम (राजधानी त्रिपुरी 915–945 ई.)** शंकरगण के दो पुत्र थे, बालहर्ष एवं युवराज प्रथम। युवराज देव प्रथम विजेता एवं पराक्रमी शासक था। उसने बंगाल के पाल तथा कलिंग के गंग शासकों को पराजित किया। राजशेखर के (विद्धसालभंजिका) से उसके बारे में जानकारी मिलती है। उसे चक्रवर्ती कहा गया है, उसकी विजयों का अतिरंजित वर्णन दिखाई देता है। उसे अंतिम वर्षों में चंदेल राजा यशोवर्मा से पराजित होना पड़ा। **वह शैव था उसने गुर्गी में एक मठ एवं शिव मंदिर का निर्माण करवाया। भेड़ाघाट का चौंसठ योगिनी मंदिर भी उसी ने बनवाया था। उसके दो योग्य मंत्रियों भाकमिश्र और गोल्लका का भी उल्लेख मिलता है।**

युवराजदेव का उत्तराधिकारी लक्ष्मणराज द्वितीय (945–970 ई.) था। गोल्खा अभिलेख में उसकी बंग, पाण्ड्यों, लाट, गुर्जर, कश्मीर विजयों का उल्लेख है। उसने भी अपने पिता की भाँति कई मठों का निर्माण करवाया। भाकमिश्र का पुत्र सोमेश्वर उसका दरबारी कवि था।

शंकरगण तृतीय एक कमजोर शासक था। उसके बाद उसका भाई युवराजदेव द्वितीय (980–990 ई.) शासक बना जिसे परमार भुंजराज वाक्पति द्वितीय द्वारा हराया गया। वस्तुतः लक्ष्मणराज द्वितीय के बाद कलचुरि वंश की सत्ता कमजोर हो गई थी, जिसका पुनरुत्थान गांगेयदेव के काल में हुआ।

गांगेयदेव विक्रमादित्य गांगेयदेव विक्रमादित्य 1015 ई. में शासक बना। यह कलचुरि वंश का एक शक्तिशाली व वीर शासक था। शासन के प्रारंभ में वह चंदेल नरेश विद्याधर के अधीन था। खजुराहो के चंदेल लेख से इस आशय की सूचना मिलती है। विद्याधर की मृत्यु के बाद वह स्वतंत्र हो गया था। उसे काशी, प्रयाग, अंग, उत्कल की विजय का श्रेय दिया जाता है। उत्तर में पंजाब व दक्षिण में कुंतल तक उसने अभियान किए और तीरभूक्ति का स्वामी भी उसे कहा गया है।[17] गांगेयदेव शैवमतानुयायी था, जिसने शैव मंदिरों एवं मठों का निर्माण करवाया।

गांगेयदेव के बाद उसका पुत्र कर्णदेव (1041–1070 ईस्वी) शासक बना। उसके काल के आठ अभिलेख उपलब्ध हुए हैं, जिनमें उसकी उपलब्धियों का उल्लेख है। हूण राजकन्या आवल्ल देवी के साथ उसने विवाह किया। उसके कई सैनिक अभियानों की जानकारी मिलती है। परमारवंशी भोज को उसने चालुक्य शासक भीम के साथ मिलकर हराया। गौड़ तथा मगध के पाल शासकों को भी पराजित किया था लेकिन बाद में उनसे वैवाहिक संबंध स्थापित किये।[18] कर्ण ने चंदेलों को भी पराजित किया। कहा गया है कि कर्ण के निर्बल पडने पर चंदेल शासक कीर्तिवर्मन् ने उसे हराया। वह भी पूर्वजों की तरह शैव धर्म का पोषक था, उसके द्वारा कर्णभेरु नामक शिव मन्दिर बनवाये जाने का बोध होता है। वह बहुत दानी शासक था, बौद्ध भिक्षुओं को भी दान दिया करता था। उसके उत्तराधिकारी, यथा कर्ण एवं गया कर्ण क्रमशः शासक बने किन्तु अत्यन्त कमजोर शासक साबित हुए। तेरहवीं शती में इस वंश के अंतिम शासक विजयसिंह को चन्देल शासक त्रैलोक्यवर्मन् ने पराजित किया और त्रिपुरी पर अधिकार कर लिया।

गुजरात के चालुक्य अथवा सोलंकी

चालुक्य अथवा सोलंकी स्वयं को अग्निकुण्ड से उत्पन्न राजपूत मानते थे, वडनगर लेख के अनुसार इस वंश की उत्पत्ति ब्रह्मा के कमण्डल से मानी गयी है। इस वंश के शासक जैन मतानुयायी थे जिनकी राजधानी अन्हिलवाड़ थी। इनके इतिहास के प्रमुख स्रोत हैं–श्रीपाल रचित वड़नगर प्रशस्ति (971ई.), तलवाड़ा व उदयपुर (भिलसा) के विभिन्न लेख महत्वपूर्ण हैं। साहित्यिक ग्रंथों, जैसे–'प्रबन्ध चिंतामणि' (मेरुतुंग द्वारा रचित) द्वाश्रय काव्य (हेमचन्द्र कृत), कीर्ति कौमुदी (सामेश्वर कृत), कुमार भूपाल चरित (जयसिंहसूरि कृत), मुसलमान लेखकों (इब्न–उल–अतहर, हसन निजामी, अल गर्दीजी) के विवरणों से भी इस वंश के शासकों की उपलब्धियों का बोध होता है।

मूलराज (941–996 ई., अन्हिलवाड) इस वंश की स्थापना मूलराज प्रथम ने की थी, जिसने सारस्वत मण्डल को अपने बाहुबल से जीत लिया था व सौराष्ट्र तथा कच्छ पर भी विजय प्राप्त की। राष्ट्रकूटों के बीजापुर लेख में उसे परमार शासक धरणिवाराह को पराजित किये जाने का उल्लेख है। लेकिन चौहान शासक विग्रहराज द्वितीय व परमार शासक भुंज के हाथों वह स्वयं पराजित हुआ।

भीमदेव (1025–1064 ई.) मूलराज, चामुण्डराज, दुर्लभराज क्रमशः शासक बने। भीमराज प्रथम 1024 ई. में शासक बना। वह एक शक्तिशाली शासक था, जिसे अपने शासनकाल में महमूद गजनी के आक्रमण को झेलना पड़ा। डॉ. रायचौधरी के अनुसार महमूद ने अचानक मुल्तान और बहावलपुर होते हुए जैसलमेर के रास्ते चालुक्य राजधानी अन्हिलवाड़ जा पहुँचने की योजना कार्यान्वित की, जिससे उसे किसी बड़ी विरोधी शक्ति से सामना न करना पड़े।[19]

सोमनाथ पर महमूद का आक्रमण महमूद ने सोमनाथ मंदिर को लूटा गया एवं तोड़–फोड की, जिसे बाद में भीम ने ठीक कराया। महमूद के आक्रमण का उस पर कोई विशेष प्रभाव नहीं पड़ा। भीम का समकालीन परमार भोज एक महत्वाकांक्षी शासक था। कलचुरि शासक कर्ण के साथ भीम ने मिलकर एक संघ तैयार किया। इसने धारा नगरी को लूटा, बाद में भीम तथा कर्ण के आपसी संबंध बिगड़ गये। भीम ने आबू के परमारों के सामन्त धंधूक को हराया व विमल को दण्डपति बनाया। हेमचन्द्र के अनुसार भीम ने सिंध के राजा हम्मुक को भी पराजित किया था। भीम के 1064 ई. तक शासन किये जाने की जानकारी मिलती है। **उसके ही सामंत विमलशाह ने आबू पर्वत पर दिलवाड़ा के मंदिरों का निर्माण 1031 ईस्वी में करवाया।**

भीम का पुत्र कर्ण एक निर्बल शासक साबित हुआ मालवा के परमार शासक ने उसे पराजित किया था। कर्ण ने कर्णवती नामक नगर बसाकर वहां कर्णेश्वर मंदिर बनवाया तथा कर्ण सागर झील

का निर्माण करवाया था। अन्हिलवाड़ में कर्णमेरु नामक मंदिर का भी उसने निर्माण करवाया। **जयसिहं सिद्धराज 1094–1143 ई.** कर्ण के बाद जयसिंह सिद्धराज 1094 ई. में शासक बना। उसने परमार शासक यशोवर्मन् को पराजित कर युद्ध में बंदी बनाया और परमारों के भाग पर अधिकार कर लिया तथा महादेव नामक ब्राह्मण को मालवा का शासक बनाया।[20] उसने 'अवन्तिनाथ' की उपाधि धारण की। वह इस वंश का सबसे अधिक शक्तिशाली, धार्मिक और प्रजापालक नरेश था। उसके द्वारा सिंध विजय की भी जानकारी मिलती है। जयसिंह का अपने समकालीन चाहमान तथा चंदेल शासकों के साथ संघर्ष हुआ, जिसमें उसे सफलता मिली। चौहान अर्णेराज को भी उसने युद्ध में पराजित किया था किन्तु बाद में उसके साथ अपनी पुत्री का विवाह कर दिया। उसका समकालीन चंदेल शासक मदनवर्मा था। जयसिंह एक शक्तिशाली शासक होने के साथ कला प्रेमी था। जैन विद्वान् हेमचन्द्र को उसके दरबार में आश्रय प्राप्त था। आबू पर्वत पर उसने एक मण्डप बनवाया व अपने पूर्वजों की मूर्तियाँ स्थापित कीं। रुद्रमहाकाल का मंदिर भी सिद्धपुर में उसी ने बनवाया था।

कुमारपाल (1143–1172 ई.) जयसिंह के बाद कुमारपाल (1143 ई.) शासक बना। हेमचन्द्र की रचना कुमारपालचरित से उसके शासन की जानकारी मिलती है। हेमचन्द्र के प्रभाव से ही उसने जैन धर्म स्वीकार किया किन्तु वह अन्य धर्मों के प्रति भी सहिष्णु था। कुमारपाल द्वारा चालुक्य साम्राज्य विस्तार की जानकारी मिलती है। **भीमदेव द्वितीय (1178.1241 ई.)** उसने चौहान अर्णोराज को युद्ध में पराजित किया था अर्णोराज ने अपनी पुत्री जल्हणा देवी का उसके साथ विवाह संबंध स्थापित किया। जैन ग्रंथों से उसके मालवा व कोंकण के विरुद्ध अभियानों का बोध होता है। परमारों को भी उसने दबा कर रखा। 1173 ईस्वी तक उसने शासन किया, तद्न्तर अजयपाल शासक बना। भीमदेव उिसके बाद उसके पुत्र भीमदेव द्वितीय को सत्ता मिली। 1178 ईस्वी में मुसलमानों के आक्रमण का भीम ने वीरतापूर्वक मुकाबला किया। उसने एक बार कुतुबुद्दीन को भी हराया लेकिन आखिर में कुतुबुद्दीन ने उसे पराजित किया। मुसलमानों ने अन्हिलवाड़ को खूब लूटा व उस पर अधिकार किया, लेकिन 1201 ईस्वी में भीम ने पुनः उस पर किसी तरह आधिपत्य कर लिया। भीम के बाद उसके मंत्री लवण प्रसाद ने बोल वंश की स्थापना की। बोल वंश ने 13वीं शताब्दी तक शासन किया, बाद में गुजरात दिल्ली–सल्तनत में मिला लिया गया।

मालवा का परमार राजवंश

इनके इतिहास की जानकारी के साहित्यिक स्रोत 'नवसाहसांक चरित' (पद्मगुप्त कृत), 'प्रबंधचिंतामणी' (मेरुतुंग कृत) 'आइन–ए–अकबरी' (अबुल फजल कृत) 'अल–बरूनी' व फरिश्ता के विवरण आदि हैं। पुरातात्विक स्रोत हैं– उदयादित्य की उदयपुर की प्रशस्ति, लक्ष्मणदेव की नागपुर प्रशस्ति, सीयक द्वितीय का हर्सोल अभिलेख (948 ईस्वी), भोज के बांसवाड़ा व बेतवां अभिलेख आदि उल्लेखनीय हैं।

हर्ष द्वितीय–सीयक (945–972 ई.) 9वीं शताब्दी के प्रारंभ में परमार वंश की स्थापना कृष्णराज नामक व्यक्ति ने आबू पर्वत के समीप की थी व 'धारा' इनकी राजधानी थी। अचलगढ़– सिरोही जिले में आबू के निकट अचलगढ़ व चन्द्रावती के परमार राजा मूलरूप से निवासी थे। परमारवंश की अनेक शाखाओं ने ध ारा उज्जैन (मालवा), चन्द्रावती (आबू), वागड (बाँसवाडा), जबालिपुर (जालोर), किरातकूप (किराडू) से शासन किया। मुख्य शाखा धारा शासक थी। इसके प्रारंभिक शासक राष्ट्रकूटों के सामंत थे। हर्ष अथवा सीयक द्वितीय इस वंश के स्वतंत्र शासक कहे गये है। सीयक द्वारा राष्ट्रकूटों को खदेड़ने एवं चालुक्यों को हराये जाने की जानकारी मिलती है किन्तु चंदेल शासक यशोवर्मन के हाथों उसे पराजित होना पड़ा।

भुंज या मुंजराज (973–996 ई.) सीयक का दत्तक पुत्र था। इस वंश का महान् शासक था, वह 972–73 ईस्वी में शासक बना। उसने श्री बल्लभ, पृथ्वी बल्लभ व अमोघवर्ष की उपाधियाँ ध ारण कीं। वह एक महान् विजेता व कला प्रेमी था। उसके दरबार में परमिल गुप्त (नवसाहसांकचरित का लेखक), धनंजय (दशरूपक का लेखक) एवं धनिकभट्ट, हलायुध (भट्ट हलायुद्ध व पिंगल छन्दशास्त्र की मृत संजीवनी टीका), अमितगति आदि विद्वान् थे। वह स्वयं भी उच्च कोटि का विद्वान् था, उसने अनेक मंदिरों व सरोवरों का निर्माण करवाया। धारा में मुंज सागर तालाब, गुजरात में मुंजपुर नगर उसने ही बसाया था। उज्जैन, धर्मपुरी, ओंकार मांध ाता एवं माहेश्वर में मन्दिर एवं बाँध आदि बँधवाये। भुंज ने कलचुरि शासक को हराया और दक्षिण के चालुक्य तैल द्वितीय को छह बार पीछे हटने के लिए मजबूर किया। तैल द्वितीय ने नर्मदा नदी तक परमार राज्य के दक्षिणी भाग पर अधिकार किया व भुंज को बंदी बना लिया। 998 ईस्वी तक भुंज ने शासन किया।

सिंधुराज (996–1010 ई.) भुंज की मृत्यु के बाद उसका छोटा भाई सिन्धुराज शासक बना। सिंधुराज ने दक्षिणी चालुक्य वंश के राजा सत्याश्रय को हराकर उन प्रदेशों पर अधिकार किया जो उसके भाई भुंज के समय में चालुक्य शासक तैल द्वितीय ने छीने थे। भुंज के काल में लुप्त हुए परमार वंश की प्रतिष्ठा को इसने पुनः स्थापित किया।

भोज (1010–1055 ई. राजधानी धारा) सिंधुराज के बाद उसका पुत्र भोज शासन बना जो परमार वंश का सबसे प्रतापी शासक था। उसका शासनकाल 1000 ई. से 1055 ई. है। उसने कल्याणी के चालुक्य राजा विक्रमादित्य चतुर्थ को, कलचुरि राजा गांगेयदेव को व गुजरात के सोलंकियों को युद्ध में पराजित किया और अपने साम्राज्य का विस्तार किया। भोज ने लाट शासक कीर्तिराज को भी पराजित किया। उसने चेदि वंश के राज्यों को जीता व हूणों के विरुद्ध भी सफलता प्राप्त की। चौहान शासक वीर्याराम (वीराराम) को भी पराजित किये जाने की जानकारी मिलती है। कल्याणी (वर्तमान कर्नाटक) के क्षेत्र के चालुक्य शासक सोमेश्वर प्रथम (1042–1068 ई.) ने भोज पर आक्रमण किया। नागै लेख से ज्ञात होता है कि इस युद्ध में गुजरात के चालुक्य शासक

भीम प्रथम तथा त्रिपुरी के कलचुरी राजा लक्ष्मीकर्ण ने भी सहयोग किया। सोमेश्वर के नेतृत्व में संगठित संघ का भोज मुकाबला नहीं कर पाया। सोमेश्वर ने धारा नगरी को खूब लूटा और आग लगा दी। चिंता व अपमान में भोज की 1058 में मृत्यु हो गई। अंत में 1305 ईस्वी में तुर्क अफगान अलाउद्दीन ने परमार वंश के राज्य को समाप्त कर दिया। **महान संरक्षक एवं विद्वान भोज**– भोज का काल उसकी सैनिक उपलब्धियों के लिए ही नहीं वरन् उसकी सांस्कृतिक उपलब्धियों, विद्वानों को दिये गए संरक्षण के कारण प्रसिद्ध है। भोज ने उज्जैन के स्थान पर धारा को अपनी राजधानी बनाया जहाँ अनेक मंदिरों का निर्माण करवाया। उसके समय यह नगर विद्या एवं कला का प्रसिद्ध केन्द्र बन गया था। उसने स्वयं वास्तुशास्त्र के ग्रंथ **'समरांगणसूत्रधार'** और **'युक्ति कल्पतरु'** में इसके सिद्धान्तों की विवेचना की है। धारा नगरी में इसके आधार पर भवनों, नगरों व झीलों का निर्माण करवाया। इनमें 'शारदा सदन' मंदिर प्रमुख था, जिसमें विद्वानों का मेला लगा रहता था। शारदा सदन को सरस्वति सदन, भोजशाला भी कहा गया। वर्तमान में यहां कमाल मौलाना मस्जिद खड़ी है। मुस्लिम आक्रमणकारी ने कूर्मशतक जो उसकी एक दीवार पर अंकित था वह शिला मिल गई है। जिसे 11 वीं सदी की माना गया है। आइन–ए अकबरी के अनुसार उसकी राजसभा में 500 विद्वानों को संरक्षण प्राप्त था। इसमें 'परिजातमंजरी' नामक नाटक उत्कीर्ण करवाया। (1) वर्तमान यह मंदिर भोजशाला के नाम से जाना जाता था, जिसकी दीवारों पर भोज द्वारा रचित **'कूर्मशतक'** उत्कीर्ण था। भोज ने व्याकरण पर (2) **'सरस्वती कंठाभरण'** (3) **'शृंगार प्रकाश'** और प्राकृत व्याकरण, योग पर (4) **'पातंजलि योग सूत्रवृत्ति'** काव्य और नाटक पर (5) **'कूर्मशतक'** (6) **'चम्पू रामायण'** और (7) **'शृंगारमंजरी'** ज्योतिष और (8) आयुर्वेद पर **'भुजबल निबंध'** और (9) **'राजमृगांक'** आदि ग्रंथों का आलेखन किया। अन्य ग्रंथों में **भोज चम्पु, तत्व प्रकाश, शब्दानुशासन, समरांगणसूत्रधार, युक्तिकल्प तरु** विशेष उल्लेखनीय हैं। भोज के व्यक्तिव व विद्वता के संबंध में कई जनश्रुतियाँ आज भी प्रचलित हैं। उदयपुर लेख में उसके लिए कहा गया है कि उसने **सब कुछ साधा, सम्पन्न किया, दिया और जाना जो अन्य किसी द्वारा संभव नहीं था।** इससे अधिक कविराज की प्रंशासा क्या हो सकती है। बताया जाता है कि अच्छी कविताओं पर वह विद्वानों पर पुरस्कार देता था वह इतना बड़ा दानी था कि उसके नाम से यह अनुश्रुति चल पड़ी थी कि वह "हर कवि को हर श्लोक पर एक लाख मुद्रायें प्रदान करता था।" उसके दरबारी कवियों एवं विद्वानों में दामोदर मिश्र, ध ानपाल, भास्कर भट्ट आदि प्रमुख थे। विद्याप्रेमी के साथ भोज महान निर्माता था। भोपाल के दक्षिण–पूर्व में 250 वर्ग मील लम्बी 'भोजसर' झील–निर्माण का श्रेय उसे ही जाता है। चित्तौड़ में त्रिभुवन नारायण मन्दिर का निर्माण भी उसी ने करवाया था। उसने 1060 ईस्वी तक शासन किया, वह महमूद गजनी का समकालीन था।

उपरोक्त राजवंशों के अतिरिक्त मुस्लिम आक्रमण के समय उत्तरी भारत में अनेक छोटे–छोटे राज्यों का अस्तित्व था। हर्षवर्धन के बाद कई अलग–अलग राजवंशों ने अपनी–अपनी स्वतंत्रता की उद्घोषणा की। चारित्रिक दृष्टि से राजपूत जाति को विशिष्ट माना गया, इनकी वीरता भी बेजोड़ थी, लेकिन ये आपस में संघर्षरत रहते थे। प्रमुख राजपूत राज्य, प्रतिहार, गहड़वाल, चौहान, चन्देल, कलचुरि–परमार, चालुक्य, पाल, सेन, कर्कोट, उत्पल आदि ने अपने क्षेत्र में स्वतंत्र रूप से शासन किया। इनमें राजपूत एकता का अभाव था। इनकी प्रमुख उपलब्धि यही थी कि उन्होंने 500 वर्ष तक अरबों व तुर्कों के आक्रमणों को रोके रखा। इसके साथ ही उन्होंने अपने राज्य में कला व साहित्य को संरक्षण प्रदान किया।

सन्दर्भ :

1. डॉ. आर. सी. मजूमदार इससे सहमत हैं।
2. वर्तमान अफगानिस्तान प्राचीन भारत का ही एक भाग था।
3. कल्हण : राजतरंगिणी, पंचम तरंग, 152–155
4. कनिंघम : कॉइन्स ऑफ मिडाइवल इण्ड़िया, पृ. 64–65
5. राजतंरगिणी की रचना 1127–1159 ई. को जयसिंह के शासन काल में की गयी। घटनाओं का क्रमबद्ध वर्णन है व इसकी भाषा संस्कृत है।
6. राजतरंगिणी, चतुर्थ तरंग 181–216
7. राजतरंगिणी, पंचम 116–117
8. राजतरंगिणी, 143–150
9. अरब आक्रमण का विस्तार से वर्णन पृथक् अध्याय में किया गया है।
10. 'पृथ्वीराज विजय' में इसका उल्लेख है।
11. मदनपुर के अभिलेख में भी इस अभियान की चर्चा है।
12. दशरथ शर्मा : अर्ली चौहान डायनेस्टीज, पृ. 86
13. दिल्ली में उस समय तोमर शासकों का राज्य था।

14A. रोमा नियोगी : हिस्ट्री ऑफ गाहड़वाल डाइनेस्टी, पृ. 52–54

14. देखिये प्राचीन भारतीय अभिलेख, चंदेल राजा यशोवर्मन का लेख, पृ. 138–44.
    सीदत्सावद्यचेदिः कुरुतरुषु मरुत्संज्वरो गुर्जराणां तिलकः श्रीयशो धर्मराजः।।23।।
15. मुस्लिम लेखक इब्न उल–अतहर ने इसका उल्लेख किया है कि चंदेल वंश के महोबा से प्राप्त लेख में भी इसका उल्लेख है।
16. वाजपेयी, के. डी. की भारतीय वास्तु कला का इतिहास में टिप्पणी।
17. एक नेपाली पाण्डुलिपी में इस तरह का उल्लेख है।
18. उसने विग्रहपाल के साथ ही अपनी कन्या का विवाह किया।
19. डाइनेस्टिक हिस्ट्री ऑफ नॉदर्न इण्ड़िया–भाग–2 पृ. 957
20. उज्जैन लेख में इस प्रकार का उल्लेख है।

69 चोल वंश एवं उसका प्रशासन
(The Chola Dynasty and Its Administration)

दक्षिण के इतिहास में चोल साम्राज्य का पुनः उदय नवीं शताब्दी के उत्तरार्द्ध की एक महत्वपूर्ण घटना मानी गयी है। कृष्णा तथा तुंगभद्रा नदियों के मध्य प्राचीन काल से ही चोल, चेर, पाण्ड्य राज्यों का अस्तित्व था। तुंगभद्रा के दक्षिण में चोल साम्राज्य विस्तृत था, जिसकी राजधानी तंजौर थी। चोल इतिहास के सृजन के लिए अनेक ग्रंथों को इस इस श्रेणी में रखा जा सकता है। संगम साहित्य (100–250 ई.) इस दृष्टि से उल्लेखनीय है :

- **जयन्गोण्डार** : कलिंगत्तुपराणि (कुलोत्तुंग प्रथम की वंश परम्परा एवं कलिंग आक्रमण का परिचय)
- **ओट्टकट्टम्** : विक्रमचोल, उलायें[1] (कुलोत्तुंग द्वितीय एवं राजराजा द्वितीय के श्रृंगार प्रधान जीवन चरित का वर्णन)
- **शेक्किलार** : पेयिपुराणम (कुलोत्तुंग द्वितीय का विवरण)
- **बुधमित्र** : वीरशोलियम (वीर राजेन्द्र के जीवन की घटनायें)
- **महावंश** : राजेन्द्र प्रथम की लंका विजय का वर्णन

चोल शासकों के समय के अनेक अभिलेख, जो संस्कृत, तमिल, तेलुगू तथा कन्नड़ में लिखे हैं, भी उल्लेखनीय हैं। राजराज प्रथम के अभिलेख, लेडन दानपत्र, तंजौर मंदिर का लेख, राजेन्द्र प्रथम के तिरुवाल गाडु तथा करन्ड़ै दानपत्र, राजराज तृतीय का तिरुवेन्दिपुरम् अभिलेख चोलों के इतिहास की दृष्टि से महत्वपूर्ण हैं। धवलेश्वरम् व लंका से चोलों के अनेक सिक्के भी प्राप्त हुए हैं।

चोल दक्षिण भारत के मूल निवासी थे। सर्वप्रथम इनका उल्लेख महाभारत के सभा पर्व और भीष्म पर्व में आया है। अशोक के अभिलेखों में भी चोलों का उल्लेख हुआ है। महावंश में यहाँ तक कहा गया है कि दूसरी शताब्दी में चोल नरेश ने लंका को विजित कर लम्बे समय तक शासन किया। टॉलेमी के भूगोल से हमें चोलों के साम्राज्य और उनके नगरों के बारे में विस्तृत जानकारी मिलती है। संगम साहित्य से चोल शासकों की न्याय–प्रियता, धर्म–निष्ठा, दानशीलता और विद्या के प्रति रुचि का बोध होता है। कुछ शिलालेखों में चोलों ने अपने को सूर्यवंशी क्षत्रिय बताया है। तीसरी और चौथी शताब्दी में पाण्ड्य तथा चेर राज्यों के उत्कर्ष ने चोलों को भारी आघात पहुँचाया। 565 ई. में ज्योतिषाचार्य वराहमिहिर ने चोल राज्य को सुदूर दक्षिणी भू–भाग के रूप में उल्लिखित किया है। सातवीं सदी के पल्लव शिलालेख भी चोल साम्राज्य का उल्लेख करते हैं तथा उस समय तक चोल पल्लवों के प्रभाव में थे किन्तु नवीं सदी मध्य में जब पल्लव सत्ता पतन की ओर अग्रसर हुई, चोल वंश के गौरवशाली युग की शुरुआत हुई।

चोल साम्राज्य दक्षिण के चोल साम्राज्य के भू–भाग को **चोल मण्डल** कहा जाता था। इसमें आधुनिक तंजौर एवं त्रिचनापल्ली के सूबों और पुडुकोटुट राज्य का कुछ भाग आता है। चोल साम्राज्य के उत्थान और पतन के साथ सीमाओं में भी अस्थिरता बराबर बनी रही थी। कावरोइद्नम् को मुख्य बंदरगाह के रूप में काम में लिया जाता था। यह कावेरी नदि के मुहाने पर स्थित था। इस केन्द्र से विदेशों के साथ भारी मात्रा में आयात–निर्यात होता था। प्राचीन काल में उतार–चढ़ाव के दौर से गुजरे चोल शासकों ने 9वीं शताब्दी में एक विशाल सुव्यवस्थित एवं गौरवशाली साम्राज्य स्थापना में सफलता प्राप्त की थी। इस कारण दक्षिणी राजवंशों में चोल वंश को प्रतिष्ठित स्थान प्राप्त था।

करिकाल (140–190 ई.) चोल वंश का प्रथम संस्थापक करिकाल माना जाता है। इसने ईसा की दूसरी शताब्दी में चोल साम्राज्य की स्थापना की थी। उसने लंका तक अपने साम्राज्य का विस्तार किया। तमिल साहित्य में इसके विजय अभियानों और जन–कल्याणकारी कार्यों का विस्तृत उल्लेख मिलता है। इसके बाद इस वंश का प्रभाव समाप्त हो गया और ये लोग सातवाहनों के सामन्त की हैसियत में जा पहुंचे। इसे चोल साम्राज्य का अंध युग कहा गया।

विजयालय (850–871 ई., राजधानी–तंजौर) चोल साम्राज्य का वास्तविक संस्थापक विजयालय था। इसने जहाँ अपने वंश की शक्ति व गौरव को पुनः प्रतिष्ठित किया। वहीं चोलों के क्रमबद्ध राजनीतिक जीवन का संचालन भी किया। विजयालय आरंभ में पल्लवों का सामंत था और 850 ई. में उसने पल्लवों पर विजय प्राप्त कर चोल राज्य पुनर्स्थापित किया। उसने तंजौर को अपनी राजधानी बनाया व दूर–दूर तक अपने साम्राज्य का विस्तार किया। चोलों का उत्कर्ष 13वीं शताब्दी तक चला, इस अवधि में दक्षिण भारत के राजवंशों में चोल वंश का महत्वपूर्ण स्थान बना रहा।

आदित्य प्रथम (871–907 ई.) विजयालय का उत्तराधिकारी उसका पुत्र आदित्य प्रथम हुआ। आदित्य ने 815–907 ईस्वी तक शासन किया। उसने पल्लव राजा अपराजित वर्मन पर विजय प्राप्त कर तोण्डमण्डल पर अधिकार कर लिया। इस तरह तोंडईनाड क्षेत्र पर पल्लव शासन का अंत हो गया। उसका राज्य 897 ई. तक राष्ट्रकूट सीमा तक फैल गया। उसने अपने वंश के गौरव व शक्ति में वृद्धि की। वह शैव मतावलम्बी था, उसके शासनकाल में अनेक शिव मन्दिरों का निर्माण हुआ। कावेरी के दोनों किनारों पर महयादि से समुद्र तक अनके मन्दिर पाषाणों से बनवाये।

परान्तक प्रथम (907–955 ई.) आदित्य प्रथम के बाद परान्तक प्रथम शासक बना, उसने अपने पिता की साम्राज्यवादी नीति को जारी रखा। मदुरा के पाण्ड्य शासक राजसिंह द्वितीय (900–920 ई.) पर उसने आक्रमण किया। पाण्ड्य नरेश ने सिंहल में शरण ली। कहा गया है कि दोनों की सम्मिलित सेनाओं को उसने बेलूर के युद्ध में हरा दिया। परान्तक ने मदुरा पर अधिकार कर ''मदुरैकोण्ड'' की उपाधि ग्रहण की। परान्तक को अपने शासनकाल के अंत में राष्ट्रकूटों से पराजित होना पड़ा। कृष्ण तृतीय (939–969 ई.) ने तक्कोलम् के युद्ध में चोल सेना को परास्त कर तोण्डमण्डलम् पर अधिकार कर लिया। इससे चोल साम्राज्य को आघात पहुँचा। परान्तक की मृत्यु के बाद लगभग 30 वर्षों तक चोल राज्य दुर्बल व अव्यवस्थित रहा। परान्तक अभिलेखों से स्वशासन (ग्राम परिषदों) के बारे में विस्तृत जानकारी मिलती है। ऋग्वेद का टीका लेखक प्रसिद्ध विद्वान् वेंकट माधव चोल दरबार का ही सदस्य था। परांतक द्वितीय (957–973 ईस्वी) के शासन काल के अंत तक चोलों ने राष्ट्रकूटों से तोण्डमण्डलम् को जीतकर अपने अधिकार में कर लिया।

राजराजा प्रथम (985–1014 ई.) राजराजा के शासन काल में चोल वंश की प्रतिष्ठा एवं गौरव में अभिवृद्धि हुई। वह एक महान् विजेता, कुशल प्रशासक और संगठनकर्ता था। उसे साम्राज्य विस्तार, पुनर्गठन और सुदृढ़ता प्रदान करने में सफलता मिली। जल एवं स्थल दोनों शक्तियों को संगठित कर उसने विजयाभियान आरम्भ किया। तंजौर अभिलेख में उसकी विजयों का वर्णन है। इसके अनुसार उसने काम्बलूर (तिरुवनंतपुरम) में जहाजों को नष्ट किया। और वैगनाड, हाड़गैपादि, गंगपाडि, नोलम्बपाडि, कुडमलैनाडु, कौललम्ब, कलिंग तथा ईलमंडलम् (सिंहल) पर विजय प्राप्त की।

- सर्वप्रथम केरल के रवि वर्मा को उसने पराजित किया, उसके जहाजी बेड़े को कन्दलूर में डुबा दिया और उसने ''काण्डलूर शालैकलमरूत्त'' एवं शिवपादशेखर की उपाधि ग्रहण की।
- दूसरे अभियान में पाण्ड्य नरेश अमरभुंज पर विजय प्राप्त की और उसकी राजधानी मदुरा को जीत लिया।[2]
- कोल्लम् एवं कुर्ग पर भी विजय प्राप्त की। नीलकंठ शास्त्री (वही पृ. 151) की मान्यता है कि राजराजा ने पहले पाण्डय, केरल और श्रीलंका के संघ पर हमला किया था। दो अभियानों में उसने पाण्डयों को नष्ट कर दिया और कानदाल्लूर व विलिनम पर हमला कर केरल राजाओं का दंभचूर्ण किया। **सिहंल राजधानी अनुराधापुर ध्वस्त–** एक अनुश्रुति अनुसार अजातशत्रु के पुत्र उदायी (उदयन) के पुत्र अनिरूद्ध ने श्रीलंका पर विजय कर अनुराधपुर नगर बसाया था। राजराज प्रथम ने श्रीलंका के अनुराधपुर पर कब्जा किया था। अनु इस समय सिंहल की अस्थिरता का लाभ उठाते हुए उसने लंका पर आक्रमण किया और विजय प्राप्त कर उसके उत्तरी भाग को अपने राज्य का एक प्रान्त बना लिया। उस समय वहां महिन्द (महेन्द्र पंचम) का शासन था। उसने सिंहल की राजधानी अनुराधापुर को ध्वस्त कर दिया। उसने अपनी सेना के जलपोतों से समुद्र को पार किया। चोलों ने पोलोन्नरुव को अपनी राजधानी बनाया, जिसका नाम 'जननाथ मंगलम्' रखा। उपरोक्त अभियानों का काल 989–993 ईस्वी के मध्य माना गया है।
- कहा गया है कि दक्षिणी मैसूर के गंगों पर विजय प्राप्त कर गंगवाड़ी तथा नोलम्बपाडी को अपने साम्राज्य में मिला लिया था। कर्नाटक के अभिलेख में उसे चोल नारायण कहा गया है।
- तत्पश्चात् राजराजा ने चालुक्यों के दर्प को खण्ड़ित करने के उद्देश्य से वेंगी के चालुक्यों के साथ भंयकर युद्ध किया था। वेंगी के गृहयुद्ध में हस्तक्षेप कर उसे अपना संरक्षित राज्य घोषित किया।
- राजराजा ने उत्तर–पूर्व में स्थित कलिंग राज्य पर विजय प्राप्त की और लोक द्वीप, महाद्वीप आदि लगभग बारह हजार द्वीपों पर अपनी विजय पताका फहराई। उसने श्रीविजय और कटाह (इण्डोनेशिया) के शैलेन्द्र सम्राट श्री मार विजयोतुंगवर्मन को नागपट्टनम् (पूर्वी तट का प्राचीन नगर व बन्दरगाह) में एक बौद्ध विहार बनवाने के लिए प्रेरित किया। इसका नाम चूड़ामणि रखा गया। 1012 ई. में उसने अपने पुत्र राजेन्द्र को युवराज बनाकर प्रशासन का दायित्व उसे प्रदान किया।

चोलों के इस महान् विजेता ने अपने उनतीस वर्षीय शासनकाल में सम्पूर्ण दक्षिण में अपनी शक्ति का आतंक स्थापित किया और राज्य का पूर्ण विस्तार कर उसे सुदृढ़ता प्रदान की। राजराजा ने सोने–चाँदी एवं ताँम्बे के सिक्के चलाये थे, जिन पर 'श्री राजराजा' अंकित था। चीन से उसके सोने एवं चाँदी के सिक्के मिले हैं, जो चोलों के चीन से आर्थिक सम्बन्धों को स्पष्ट करते हैं। युद्धों में व्यस्त रहते हुए भी उसने प्रशासन की ओर समुचित ध्यान दिया। 1000 ईस्वी के लगभग उसने राज्य की कृषि योग्य भूमि का सर्वेक्षण करवाया और सिंचाई की उचित व्यवस्था की। राजराजा शैव मत का अनुयायी था और उसने तंजौर में एक विशाल वृहदेश्वर शिव मंदिर का निर्माण करवाया, जो राजराजेश्वर के नाम से प्रसिद्ध हुआ। यह मंदिर द्रविड़ वास्तु का सर्वोत्तम नमूना है। मंदिर की दीवारों पर उसके विजय अभियानों को उल्लेखित किया गया है। राजराजा में उच्च कोटि की धार्मिक सहिष्णुता थी। उसने कई वैष्णव मंदिरों का निर्माण करवाया और बौद्ध विहारों को गाँव दान दिये तथा जैन धर्म को भी प्रोत्साहित किया। उसकी उपलब्धियों की दृष्टि से उसे चोल वंश का महानतम् शासन कहा जा सकता है।

इसके द्वारा धारण की गई विभिन्न उपाधियों ('चोल मार्तण्ड', 'राजाश्रय', 'राजमार्तण्ड', 'अरिमोलि', 'चोलेन्द्र सिंह') से भी यह इंगित होता है।

राजेन्द्र प्रथम (1015–1044 ई., राजधानी गंगैकोड़चोलपुरम) यह राजराजा प्रथम का पुत्र तथा उत्तराधिकारी था जो 1012–1042 ईस्वी तक चोल साम्राज्य का शासक रहा। वह अपने पिता की भाँति महत्वाकांक्षी, युद्ध प्रवीण और संगठनकर्ता था। उसके विजय अभियानों की जानकारी हमें उसके विभिन्न लेखों से मिलती है।

- करैन्दे ताम्रपत्रों में उसके सिंहल अभियान की जानकारी मिलती है।[3] 1017 ईस्वी में उसने सम्पूर्ण दक्षिणी लंका पर विजय प्राप्त कर अपने साम्राज्य का अंग बना लिया था। राजा महिंद पंचम को बंदी बनाकर ले आया था। विक्रमबाहु प्रथम 1029 ई. में श्रीलंका के दक्षिणी भाग के कुछ हिस्से रोहन के राजा रूप में स्थापित हो गया।
- अभिलेख के विवरण के अनुसारः राजेन्द्र ने लंका के राजा के मुकुट, रानी, पुत्री, सम्पूर्ण सम्पत्ति, वाहन, इन्द्र का निर्मलहार आदि को अपने आधिपत्य में ले लिया। राजेन्द्र ने पाण्ड्य तथा केरल राज्यों को जीतकर उन्हें एक अलग राज्य का आकार प्रदान किया। तिरुवालंगाडु के ताम्रपत्र में इनका विवरण है। इस राज्य का प्रशासन केन्द्र मदुरा में था, जहाँ उसने अपने एक पुत्र को प्रशासनिक दायित्व सौंपे।
- लंका के बाद कल्याणी के चालुक्यों, वनवासी के कदम्बों और मध्य प्रदेश के गौड़ों पर भी विजय प्राप्त की थी। उसके बारहवें अभिलेख से उसकी उत्तर भारत की विजयों का पता चलता है। इसके अनुसार उसने गंगा तक के प्रदेश पर तथा गौड़ राजा महिपाल पर भी विजय प्राप्त कर ली थी।
- 1021 से 1025 ई. की अवधि में उसने ओडीशा, दक्षिण कोशल, दण्डमुक्ति, दक्षिण गढ़, उत्तरी गढ़ तथा पूर्वी बंगाल तक के प्रदेशों पर विजय पताका फहरायी थी। इस क्रम में **राजेन्द्र ने अपने को 'गंगैकोंड' की उपाधि से विभूषित किया और 'गंगैकोंड चोलापुरम्' नगर की स्थापना की।**
- राजेन्द्र ने अपनी शक्तिशाली जल सेना के बल पर विजय अभियान आरंभ किया। अभियान में उसने अण्डमान–निकोबार, बर्मा के अराकान, पेगु, मलाया, सुमात्रा, जावा, पूर्वी द्वीप समूह तक विजय प्राप्त की थी। दक्षिणी–पूर्वी एशिया में उसने विजय अभियान किये। श्रीविजय (शैलेन्द्र) राज्य को विजित करने के लिए नौ सेना भेजी। संग्राम विजयोतुंग वर्मन (शैलेन्द्र शासक) 1025 ई. में पराजित हुआ व गढ़कटाह व केडारम पर अधिकार कर लिया था। इस राज्य में मलय प्रायद्वीप, जावा, सुमात्रा व अन्य द्वीप शामिल थे। अर्थात कडारम् तथा श्री विजय को जीता गया। शैलेन्द्र शासक ने चोल शासक की अधीनता में रहने का वचन दिया, उसका राज्य लौटा दिया गया। तिरुवालंगाडु ताम्रपत्र में इसका विस्तार से विवरण मिलता है।

श्रीविजय को जीतने के पीछे उसके आर्थिक हित महत्वपूर्ण थे। दक्षिण–पूर्वी एशिया के देशों के साथ व्यापार को निर्विघ्न बनाने के लिए यह आवश्यक था। उसकी इन सफलताओं से भारतीय संस्कृति के प्रचार में पर्याप्त सहयोग प्राप्त हुआ। वह प्राचीन भारत का महानतम् विजेता था, जिसने चोल साम्राज्य का विस्तार किया। नव स्थापित गंगैकोंड चोलपुरम् को अपनी राजधानी के रूप में प्रतिष्ठित किया था। उसके प्रयत्नों से यह नगर विद्या और ज्ञान के केन्द्र के रूप में प्रसिद्ध हुआ। सिंचाई के लिए सौलह मील लम्बा एक भव्य तालाब खुदवाया। उसने वैदिक साहित्य के अध्ययन के लिए एक विशाल विद्यालय बनवाया। राजेन्द्र चोल को शासन के अंतिम समय में पाण्ड्य तथा केरल राज्य के विद्रोह का सामना करना पड़ा। सुंदर पाण्ड्य इन विद्रोहों का नेतृत्व कर रहा था। राजेन्द्र ने अपने पुत्र राजाधिराज को इन्हें शांत करने के लिए भेजा। राजाधिराज ने इसमें सफलता प्राप्त की उपद्रव को शान्त करने के लिए उसने कई विद्रोहियों को मृत्युदण्ड दिया। सिंहल नरेश विक्रमाबाहु ने भी विद्रोह करने का प्रयास किया था राजाधिराज ने उसका भी बर्बरता से दमन किया।

वेंगी के प्रश्न पर चालुक्यों से भी राजेन्द्र को संघर्ष करना पड़ा। इस समय तक राजेन्द्र काफी वृद्ध हो गया था, उसने अपने तीन सेनापतियों को चालुक्यों के विरुद्ध भेजा। कालिदिदि नामक स्थान में युद्ध हुआ। कहा गया है कि राजेन्द्र के पुत्र राजाधिराज ने कई युद्धों में चालुक्यों को हराया और वेंगी को अपने अधीन किया।

राजेन्द्र चोल की सैन्य उपलब्धियाँ अद्‌भुत थीं, उसने गंगा से सिंहल द्वीप तक व बंगाल की खाड़ी के पार जावा, सुमात्रा एवं मलय प्रायद्वीप तक विजय पताका फहरायी एवं चोल साम्राज्य को उन्नति के शिखर पर पहुँचाया तथा अंतर्राष्ट्रीय दबदबा कायम किया।

राजाधिराज प्रथम (1044–1052 ई.) : उसे अल्पशासन काल में अनेक कठिनाइयों का सामना करना पड़ा। युवराज के रूप में ही वह अपने पिता के प्रशासनिक कार्यों में मदद देता था। उसने पाण्ड्य, केरल और लंका के संयुक्त मोर्चे के विरुद्ध लड़कर विजय प्राप्त की और अश्वमेध यज्ञ करवाया। पश्चिमी चालुक्य शासक सोमेश्वर के पुत्र विक्रमादित्य को पराजित किया एवं कुल्पक के दुर्ग पर अधिकार किया इस अभियान में चोल सेना कृष्णा नदी के तट पर पहुँच गयी थी। पूण्डर के युद्ध में राजाधिराज ने चालुक्य–सेना को पराजित किया व 'विजयराजेन्द्र' की उपाधि धारण की। कल्याणी से वह द्वारपालक की एक सुंदर प्रतिमा उठा लाया।

राजाधिराज को पाण्ड्यों के विरुद्ध भी सैनिक कार्रवाई करनी पड़ी। पाण्ड्य विद्रोह को सफलतापूर्वक दबा दिया गया। राजाधिराज के समय श्रीलंका में विद्रोह ने उग्र रूप धारण कर लिया, जिसे दबा दिया गया। 1052 ई. में राजाधिराज को पुनः चालुक्यों के साथ संघर्ष में उलझना पड़ा। कोप्पम के युद्ध में राजाधिराज लड़ता हुआ मारा गया। राजेन्द्र द्वितीय ने सोमेश्वर की सेना को परास्त किया। युद्ध क्षेत्र में ही उसने अपना अभिषेक करवाया था।

राजेन्द्र द्वितीय (1052–1064 ई.) चालुक्यों के विरुद्ध पूर्व संचालित अभियान में वह कोल्हापुर तक पहुँच गया। वहाँ उसने विजय स्तम्भ स्थापित किया और राजधानी लौट गया। इसके बावजूद चोल चालुक्यों के बीच युद्ध चलते रहे। उसने पाण्ड्य और केरल के राजाओं पर विजय प्राप्त की, लंका के राजा विजयबाहु को नियंत्रित किया तथा सुमात्रा के राजा विजयश्री पर भी विजय प्राप्त करने को जानकारी मिलती है। चालुक्यों के साथ

चलने वाले निरन्तर युद्धों को समाप्त करने के लिए अन्ततः चोलों ने वैवाहिक सम्बन्ध स्थापित किये।

वीर राजेन्द्र (1064–1070 ई.) राजेन्द्र द्वितीय के ज्येष्ठ पुत्र राज महेन्द्र की युवावस्था में ही मृत्यु हो गयी थी, फलतः उसकी मृत्यु के बाद राजेन्द्र द्वितीय ने अपने अनुज वीर राजेन्द्र को अपना 'युवराज' नियुक्त किया।

- 1066 ई. में वीर राजेन्द्र ने चोल साम्राज्य के परम्परागत शत्रु पश्चिमी चालुक्यों को तुंगभद्रा नदी के तट पर पराजित करके सोमेश्वर प्रथम की शक्ति को बहुत कमजार कर दिया। दोनों राज्यों के बीच पुनः संघर्ष 'कुडलसंगमम्' के मैदान में हुआ, जिसमें अंततः चालुक्य सेना बुरी तरह पराजित हुई। वीर राजेन्द्र ने तुंगभद्रा नदी के तट पर अपना एक विजय स्तंभ स्थापित करवाया।
- चालुक्यों के विरुद्ध एक अन्य अभियान में काम्पिलनगर तक के भू–भागों को जीत कर करड़गल ग्राम (रायचूर जनपद) में अपना एक अन्य 'विजय स्तंभ' स्थापित करवाया।

  वीर राजेन्द्र ने चालुक्य नरेश सोमेश्वर द्वितीय के प्रभाव से वेंगी राज्य को मुक्त करवा कर उसे पुनः चोल साम्राज्य के अधीन कर लिया। उसने केरल, पाण्ड्य, सिंहल आदि राज्यों के साथ हुए युद्धों में भी सफलता प्राप्त की थी।
- वीर राजेन्द्र के शासन काल में रोहण (दक्षिणी श्री लंका) के शासक विजयबाहु ने दो बार, 1066 ईस्वी और 1070 ईस्वी में चोल आधिपत्य का जुआ उतार फेंकने का प्रयास किया। परन्तु विजयबाहु को सफलता नहीं मिली।
- अपने शासन काल के सातवें वर्ष में वीर राजेन्द्र ने श्री विजय के शासक के अनुरोध पर कडारम को जीत कर उसे सौंप दिया श्री विजय के साथ चोल राज्य के अच्छे संबंध थे।

  अधिराजेन्द्र वीर राजेन्द्र का पुत्र चोल वंश का शासक बना। परन्तु एक वर्ष के भीतर ही वह वेंगी के पूर्वी चालुक्य वंशी राजेन्द्र द्वारा हटा दिया गया व 1070 ई. में कुलोत्तुंग प्रथम के नाम से चोल वंश की गद्दी पर बैठा।

कुलोत्तुंग प्रथम (1070–1148 ई.) यह चालुक्य वंशी था, जिसकी माता राजेन्द्र चोल की पुत्री थी। वह पूर्वी चालुक्य नरेश राजराज का पुत्र था। इसने चालुक्य साम्राज्य को चोल साम्राज्य में मिला दिया और तंजौर को अपनी राजधानी बना कर शासन कार्य आरम्भ किया। कुलोत्तुंग सामरिक प्रतिभा से सम्पन्न एक योग्य शासक था।

- चोल राजपद पर कुलोत्तुंग प्रथम के अभिषेक के बाद वेंगी पर से चालुक्यों का प्रभाव समाप्त हो गया और वह चोल साम्राज्य का अंग बन गया। कुलोत्तुंग प्रथम के समय उसके पुत्रों ने बारी–बारी से वेंगी के उप शासक के रूप में राज्य किया।[4]
- उसने पश्चिमी चालुक्य शासक विक्रमादित्य षष्ठ को नंगलि में पराजित किया व गंगवाड़ी पर अधिकार किया।
- 1072–73 ई. में सिंहल के राजा विजयबाहु ने कुलोत्तुंग के विरुद्ध स्वयं को स्वतंत्र घोषित किया। बाद में दोनों के बीच संधि हो गयी तथा कुलोत्तुंग ने अपनी पुत्री का विवाह सिंहल राजकुमार के साथ कर दिया।
- पाण्ड्य व केरल राजाओं के विद्रोहों का भी उसने दमन किया व अपने अधीन किया लेकिन इनके स्थानीय प्रशासन में उसने हस्तक्षेप नहीं किया। कहा गया है कि पाण्ड्यों के कई दुर्गों में उसने आग लगवा दी।
- कोट्टारू, विलिनम तथा शालै आदि में भयंकर रक्तपात के बाद उसने दक्षिण में अपनी सत्ता दुबारा स्थापित की।
- 1110 ई. के लगभग कलिंग राज्य में विद्रोह हुआ। कलिंग नरेश अनन्तवर्मन् को चोल सेना ने पराजित किया।

  कुलोत्तुंग के शासनकाल के अंतिम समय में मैसूर व वेंगी में विद्रोह उत्पन्न हुए, विक्रमादित्य षष्ठ ने वेंगी पर अधिकार किया। नवोदित होयसलों ने गंगवाड़ी प्रदेश हड़प लिए। कुलोत्तुंग प्रथम का राज्य तमिल प्रदेश व कुछ तेलुगू क्षेत्रों तक ही सीमित रह गया। राज्य की आय को नियमित और व्यवस्थित करने का भी उसने प्रयास किया। अभिलेखों से ज्ञात होता है कि कुलोत्तुंग के समय दोबार भूमि–सर्वेक्षण करवाया गया। चोल लेखों व परम्पराओं में उसे **'शुगम तविर्त्त' (करों को हटाने वाला)** जिससे इसकी प्रजापालन की भावना स्पष्ट होती है। उसने चिदम्बरम् के मंदिर तथा श्रीरंगम की समाधि मरम्मत करवाई। भारत के बाहर कम्बोज तथा श्रीविजय के साथ उसके मैत्रीपूर्ण संबंध थे। 1077 ई. में व्यापारियों का एक प्रतिनिधिमंडल चीन भेजा गया। कुलोत्तुंग के बाद 150 वर्षों तक चोल शासन चलता रहा और शताब्दी के द्वितीय चरण में पाण्ड्यों ने चोल वंश को पूर्ण रूप से समाप्त कर दिया। कुलोत्तुंग के बाद इस वंश में वीर शासकों का अभाव रहा, जिससे चोल वंश निरन्तर पतन की ओर बढ़ता गया। गृह युद्धों की विभीषिका ने जीर्ण–शीर्ण चोल साम्राज्य को भारी आघात पहुँचाया।

चोलों की शासन व्यवस्था एक विस्तृत साम्राज्य की स्थापना के साथ ही चोल शासकों ने एक सुसंगठित शासन व्यवस्था भी कायम की। शासन तंत्र राजसत्तात्मक होते हुए भी नागरिकों के मताधिकार को विशेष महत्व प्रदान करने वाला था। प्रबल केन्द्रीय नियंत्रण के साथ ही चोल प्रशासन में अधिक स्थानीय स्वायत्तता थी।

सम्राट राजा इस तंत्र का मुख्य संचालक और प्रधान था, जिसका केन्द्रीय शासन व्यवस्था पर पूर्ण अधिकार था। राजपद वंशानुगत एवं राजा राज्य एवं प्रशासन का सर्वोच्च अधिकारी था। सेना के सभी अंगों का प्रधान राजा ही होता था और उसके अधिकारों के ऊपर कोई संवैधानिक नियंत्रण नहीं था। एस. कृष्णास्वामी आयंगर, नीलकंठ शास्त्री तथा टी.वी. महालिंगम आदि विद्वानों के अनुसार चोल राजाओं ने एक सुदृढ़ केन्द्रीकृत व्यवस्था कायम की

थी। चोल शासक अपना **राज्याभिषेक तंजौर गंगैकोण्ड चोलपुरम्, चिदम्बरम् आदि स्थानों पर करवाते थे** और सम्मानजनक उपाधियाँ धारण करते थे। उनका रहन–सहन शान–शौकत से पूर्ण था।

सम्राट सामान्यतः मौखिक आदेश दिया करता था, जिन्हें उसका निजी सचिव लिख कर पुष्टि हेतु भेज देता था। राजा अपने उत्तराधिकारी का चुनाव अपने जीवन काल में ही कर लेता था।[4a] सार्वजनिक हित के कार्यों में भी वह रुचि लेता था। राजा को व्यक्तिगत स्तर पर समयानुकूल परामर्श देने के लिए, तथा प्रशासन के विभिन्न विभागों की सम्पूर्ण देख–रेख के लिये बड़ी संख्या में पदाधिकारियों एवं कर्मचारियों की नियुक्ति की जाती थी।[5] ताम्रपत्रों में एक ब्राह्मण सचिव को भूमिदान का उल्लेख मिलता है। ऐसा प्रतीत होता है कि राजा अपने शासकीय निर्णयों के औचित्य एवं अनौचित्य पर परामर्श हेतु विद्वान् ब्राह्मणों से सहायता अवश्य लेता था। प्रायः राजा अपने कर्तव्य का पालन अपने मंत्रियों और पदाधिकारियों की सलाह से करता था। राजाज्ञाओं को लागू करने के लिए दो उच्च पदाधिकारियों और पाँच प्रतिष्ठित विद्वान् व्यक्तियों की स्वीकृति के पश्चात् स्थानीय गवर्नर के निरीक्षणोपरान्त संबंधित अधिकारियों को भेजी जाती थी।[6]

अधिकारी तंत्र शासन संचालन एवं योजनाओं को मूर्त रूप देने के लिए बड़ी संख्या में अधिकारी तंत्र चोल प्रशासन की अपनी विशेषता है। अभिलेखों में अधिकारी, पुरवुवरि आदि का उल्लेख उच्च पदाधिकारियों की सूचना देते हैं। ग्यारहवीं व बारहवीं सदी के चोल अभिलेखों में 'उड़नेकुट्टम' अधिकारी वर्ग की चर्चा मिलती है। ये केन्द्रीय अधिकारी प्रतीत होते हैं। महालिंगम इसकी तुलना संस्कृत ग्रंथों की अमात्य–परिषद् अथवा मंत्रिपरिषद् से करते हैं।[7] केन्द्रीय अधिकारियों की कई श्रेणियाँ होती थीं। 'पेरून्दनम्' सबसे ऊपर की श्रेणी व 'शिरूदनम्' नीचे की श्रेणी को कहा जाता था।[7a] अधिकारियों के पद वंशानुगत भी होते थे। उन्हें नकद वेतन के स्थान पर भूमि खंड प्रदान किये जाते थे। राजा के प्रशासकीय आदेशों को कार्यान्वित कराने का उत्तर दायित्व 'औले' नामक अतिविशिष्ट पदाधिकारी को सौंपा जाता था। ये सर्वप्रथम राजा की इच्छानुसार एक कच्चा राजकीय आदेश–पत्र तैयार करते थे जिसकी जाँच 'औलनायकम्' किया करते थे। प्रान्तीय शासन इन आदेशों को लिपिबद्ध कर संबंधित विभागों तक पहुँचा दिया जाता था। औलनायकम मुख्य सचिव की स्थिति में था।

प्रान्तीय शासन प्रशासन की सुविधा के लिए सम्पूर्ण चोल साम्राज्य को अनेक मण्डलों (प्रान्तों) में विभक्त किया गया था। प्रत्येक मण्डल 'कोट्टम' में विभक्त थाः

I. प्रत्येक प्रांत का शासक एक प्रांतपति द्वारा संचालित होता था। इस पद पर राजघराने के व्यक्तियों और उच्च वर्ग के लोगों को ही नियुक्त किया जाता था। विजित प्रांतों के प्रांतपति प्रायः विजित राजा अथवा उसके उत्तराधिकारी होते थे। ऐसे प्रांतपति चोल–राजा को लगान देते थे व आवश्यकता पड़ने पर सैन्य सहायता भी उपलब्ध करवाते थे। कोट्टम या वलनाडु मिलकर मण्डलम् का निर्माण करते थे जैसे चोलमण्डलम् मण्डलम को प्रान्त कह सकते हैं।

II. 'कोट्टम' अनेक नाडुओं अथवा जनपद या जिले में विभक्त था। अर्थात कोट्टम को हम संभाग या डिविजन मान सकते है।

III. प्रत्येक नाडु में अनेक 'कुर्रम' अथवा ग्राम–समूह सम्मिलित थे। कुर्रम में ग्राम समूहों के अतिरिक्त नगरों को भी समाहित किया गया था।[8]

IV. नाडु की सभा 'नाट्टार' कहलाती थी, इसमें सभी गाँवों तथा नगरों के प्रतिनिधि होते थे, जिनका प्रमुख कार्य भू–राजस्व का प्रबंध करना था।

समितियाँ चोल राजतंत्रात्मक शासन तंत्र होने के बावजूद भी गाँव, नगर, जिलों और प्रांत आदि समस्त प्रशासनिक इकाइयों के शासन संचालन हेतु सार्वजनिक समितियाँ बनी हुई थीं। इन समितियों का गठन एक सुनियोजित स्पष्ट और व्यवस्थित चुनाव प्रणाली के माध्यम से होता था। प्रतिवर्ष चुनाव होना और नवीन व्यक्तियों का चयन करना सामान्यतः आवश्यक था। प्रत्याशियों की योग्यता के संबंध में भी निश्चित नियम थे।[8a] प्रांत की समिति प्रांतीय लोगों द्वारा निर्वाचित होती थी। जिला समिति को ''नाट्टर'' कहा जाता था व नगर की समिति को 'नगरहार' कहा जाता था। एक लेख के अनुसार एक नाडु की नाट्टर सभा ने दो आदमियों को नाडु में बिकने के लिए आने वाल पान के पत्तों पर दलाली वसूल करने के नियुक्त किया था। कई ऐसे लोगों के काम में प्रमाद न हो दायित्व नाडु के पांच सौ निद्रोष लोगों को दिया गया। स्थानीय शासन संचालन के लिये 'श्रेणियाँ पूग' आदि संस्थाएँ भी विद्यमान थीं। व्यापारियों की संस्थाओं को सरकार की ओर से मान्यता प्राप्त थी। उनके पास अपनी सेनाएँ भी होती थीं। ग्राम सभा प्रशासन की छोटी इकाई थी।

ग्राम शासन चोल प्रशासन के अंतर्गत ग्राम एक प्रशासकीय इकाई था। (1) ग्राम–शासन के क्षेत्र में पूर्ण स्वायत्तता चोल प्रशासन की मुख्य विशेषता थी। ग्राम स्वायत्तता का उद्भव चोल काल के पहले पल्लवों और पांड्यों के समय में ही हो चुका था।[9] (2) स्थानीय शासन के लिए ग्राम सभा होती थी। ग्राम प्रशासन की सम्पूर्ण शक्तियां इसी सभा में निहित थी। गाँवों के आकार के अनुसार इनके स्वरूप का निर्धारण होता था। (3) गाँवों को हल्कों में बाँटा जाता था और प्रत्येक हल्का अपने सदस्यों की एक सभा बना सकता था। विभिन्न व्यावसायिक वर्गों, जैसे–सुनार, बढ़ई आदि के प्रतिनिधि भी इनके सदस्य हो सकते थे। उत्तर मेरू के 919 व 929 ईस्वी के लेखकों से ग्राम सभा के स्वरूप पर प्रकाश पड़ता है। नीलकंठ शास्त्री ने इनकी विस्तार से विवेचना की है।[10] (4) प्रशासनिक इकाई के रूप में गाँव का तात्पर्य 8–10 मील के दायरे में स्थित सभी गाँवों का समूह था। जिसकी पहचान उस क्षेत्र में मुख्य गाँव से होती थी। प्रशासनिक इकाई एक गाँव भी हो सकती थी और बहुत–से गाँव भी। दक्षिण में यह मान्यता बलवती थी कि स्थानीय शासन स्थानीय लोगों द्वारा ही संचालित होना चाहिए। **(5) गाँवों में मुख्यतः दो प्रकार की सभाएँ – (i) उर, (ii) सभा– होती थीं। चोल ग्रामों को दो भागों में विभाजित किया जा सकता है–साधारण कृषक गाँव व ब्रह्मदेय गाँव। (6) उर साधारण कृषक गाँवों की प्रतिनिधि**

सभा थी जबकि सभा ब्रह्मदेय या ब्राह्मण गाँवों की सभा थी। प्राचीन काल में ब्राह्मण व शिक्षण संस्थाओं को भूमि व गाँव राजा द्वारा दान में मिलने का उल्लेख है, जो इनसे प्राप्त राजस्व से अपनी जीविका चलाते थे। याज्ञवल्क्य स्मृति में भी ब्राह्मणों को भूमि अनुदान मिलने का उल्लेख हुआ है। ग्राम पंचायतें अपने आदेशों को प्रस्तर फलकों (पत्थर शिलाओं) पर उत्कीर्ण करवाती थीं। जिन्हें प्रायः ग्राम्य मंदिरों की बाह्य दीवारों पर लगा दिया जाता था। ऐतिहासिक दृष्टि से इन अनुदान पत्रों का बहुत महत्व था।

उर 'उर' का शाब्दिक अर्थ है– 'पुर'। यह एक सामान्य प्रकार की ग्रामसभा थी। इसकी कार्यकारिणी समिति को 'आलुंगणम्' अथवा 'गणम्' कहा जाता था कार्यकारिणी में विद्वान् ब्राह्मणों को भी सदस्य बनाया जाता था। उर सभा का प्रमुख कार्य था–अपने प्रतिनिधियों से दस्तावेजों के मसौदे तैयार कराकर उसे लिपिबद्ध करना। सदस्यों को पारिश्रमिक के रूप में नकद धनराशि प्रदान की जाती थी। कभी–कभी बड़े ग्रामों में दो उर भी होते थे। उर का संबंध भूमि–संबंधी कार्यों से था, जैसे–भूमि विक्रय, भूमिदान, लगान में छूट आदि। इसी आधार पर सुब्बारायलु का यह मानना है कि, उर के सदस्य मुख्य रूप से जमींदार थे। इनकी औसतन सदस्य संख्या 10 के लगभग होती थी, इससे अधिक भी हो सकती थी। इसकी कार्य–प्रक्रिया की स्पष्ट जानकारी नहीं मिलती है। नीलकंठ शास्त्री के अनुसार उर के कार्य सम्पादन के लिए कार्य–समितियाँ बनी हुई थीं।

सभा या महासभा सभा ब्रह्मदेय या अग्रहार गाँव में होती थीं, इनमें विद्वान् ब्राह्मण निवास करते थे, गैर–ब्राह्मण लोग भी इसमें निवास करते थे। चोल मण्डलम् के लेखों से इस बारे में सूचना मिलती है। सभा मुख्यतः अपनी समितियों के माध्यम से कार्य करती थी। इन्हें **वारियम्** कहा गया है। ये समितियाँ अलग–अलग विभागों का काम देखती थीं। वारियम् को कोई–न–कोई विशेष कार्य सौंपा जाता था। कहीं मंदिर का प्रबंध करने, कहीं भूमि का प्रामाणिक विवरण देने, कहीं लेखा–जोखा रखना आदि। कुछ महत्वपूर्ण समितियाँ थीं–दान समिति, कृषि समिति, भूमि समिति, मार्गों एवं सड़कों की देख–रेख करने वाली समिति, सिंचाई–समिति, उपवन समिति, प्रतिरक्षा समिति आदि। कुछ प्रमुख समितियों का यहां उल्लेख करना उचित होगा:

- **तोट्टवारियम्** (उद्यान समिति)
- **एरिवारियम्** (तड़ाग या तालाब समिति) जिसका कार्य तालाबों में मरम्मत करवाना था इसके लिए **एरियायम् नामक** कर लिया जाता था।
- **पोनवारियम** (स्वर्ण समिति) संभवत मुद्रा नियमन भी करती थी।
- **पडञ्चवारवारियम** (राजा के लिए भूमिकर वसूल करना इसका कार्य था)।
- **उदासीनवारियम** (विदेशियों की देखरेख समिति)
- **न्यायत्तारवारियम्** (न्याय समिति)
- **कोयिल्वारियम्** (मन्दिरों की व्यवस्था समिति)
- **गणवारियम्** (ग्राम व्यवस्था समिति)
- **सम्वत्सरवारियम्** (विभिन्न समितियों की देखरेख समिति)

समितियों को कार्य करने की पूर्ण स्वतंत्रता प्राप्त थी। गाँव की समस्त भूमि पर समिति का अधिकार था। इनका मुख्य कार्य कृषकों के हितों का पोषण करना था। जंगलों को साफ कर कृषि योग्य भूमि में वृद्धि भी की जाती थी। भुगतान के अभाव में भूमि जब्ती व बेचने का अधिकार उनके पास था। वह भूमिदान देने का कार्य भी करती थी। ग्रामीण समितियाँ न्याय करतीं, मठों के माध्यम से संस्कृत एवं तमिल शिक्षा की व्यवस्था करती थीं। इनके कार्यों को आधुनिक नगरपालिकाओं के कार्यों के समकक्ष माना जा सकता है। सार्वजनिक हितों के पोषण हेतु अलग–अलग समितियाँ गठित की जाती थीं।

इनके सदस्य भी जनता द्वारा निर्वाचित होते थे। स्थानीय शासन संचालन के लिए श्रेणियाँ, पूग आदि संस्थाएँ भी विद्यमान थीं। ग्राम प्रशासन के सदस्य कभी–कभी अपने स्थानीय सामन्तों की लड़ाइयों में सशस्त्र भाग लेते थे। ये स्थानीय सामंत वास्तव में गाँव की भूमि के स्वामी हुआ करते थे।

चोल साक्ष्यों को **'पेरूगुरि'** कहा गया है व इसके सदस्यों को **'पेरूमक्कल'** कहा जाता था। समिति के सदस्यों को **'वारियप्पेरूमक्कल' कहते थे।** (1) सदस्यों के चुनाव में कतिपय अर्हताएँ आवश्यक थीं, जैसे–सदस्य के पास कम–से–कम 1/4 वेलि अर्थात् डेढ़ एकड़ भूमि हो, अपनी भूमि पर उसका भवन निर्मित हो, उसकी आयु 35 वर्ष से 70 वर्ष के मध्य हो तथा वह वैदिक मन्त्रों का ज्ञाता हो, आदि। (2) वह व्यक्ति भी इसके लिए योग्य नहीं होता था जिसके विरुद्ध निकट संबंधी से व्यभिचार अथवा पंचमहापापों में से चार महापाप दर्ज हों (पंच महापाप–ब्रह्महत्या, मदिरापान, चोरी, व्यभिचार, अपराधियों का संग) (3) सामान्यतः सदस्यों की कार्य–अवधि तीन वर्ष की होती थी।[11] (4) प्रत्येक गाँव को तीस वार्डों (कुडुम्बियों) में बाँटा जाता था। प्रत्येक वार्ड से एक–एक व्यक्ति का चुनाव लॉटरी निकाल कर किया जाता था। (5) प्रत्येक उम्मीदवार का नाम अलग–अलग पत्रों पर लिखकर एक बर्तन में रखा जाता था। उसे हिलाकर मिला दिया जाता था, तत्पश्चात् किसी अबोध बच्चे से एक पत्र उठाने को कहा जाता था। (6) कुल 30 व्यक्तियों का चुनाव किया जाता था, जिन्हें विभिन्न समितियों में रखा जाता था। जो व्यक्ति पिछले तीन वर्षों से किसी समिति का सदस्य नहीं रहा है वही नया सदस्य चुना जाता था। इस व्यवस्था से प्रत्येक ग्रामवासी को समिति का सदस्य बनने का अवसर मिल जाता था। (7) 'सम्वत्सरवारियम्' नामक एक अतिरिक्त कार्यसमिति होती थी। इसका कार्य सभी समितियों के कार्यों की देख–रेख करना होता था। पर्याप्त अनुभवी व्यक्ति (जो पहले किसी समिति का सदस्य रह चुका हो) ही इसका सदस्य बन सकता था। उपरोक्त विधि से निर्वाचित 30 सदस्यों में से 12 ज्ञानवृद्ध सदस्यों को इस वार्षिक समिति में चुन लिया जाता था।[12] सदस्यों को

उद्यान समिति (तोट्टवारियम्) के लिए तथा 6 सदस्यों को तड़ाग समिति (येरिवारियम) के लिए चुना जाता था। सदस्यों की संख्या को ग्राम प्रशासन के कार्य भार के अनुसार घटाया अथवा बढ़ाया जा सकता था।

10वीं सदी के अभिलेख, जो **उत्तरमेरूर ग्राम के मंदिर की दीवार पर उत्कीर्ण हैं, में सभा की कार्य प्रणाली का वर्णन है।** दसवीं शताब्दी के इस लेख में लिखा है:

''...... तीस हल्के होंगे।

इन तीस हल्कों में प्रत्येक हलके के निवासी एकत्रित होंगे और इनमें से ऐसे प्रत्येक व्यक्ति को चुनेंगे जिनमें लॉटरी द्वारा चुने जाने के लिए निम्नलिखित योग्यताएँ होंगी :

उसके पास एक–चौथाई से अधिक कर देने योग्य भूमि हो। वह अपनी ही भूमि पर बने कुएँ एवं अपने मकान में रहता हो। उसकी आयु सत्तर वर्ष से कम और पैंतीस वर्ष से अधिक हो। वह मंत्रों और ब्राह्मणों का ज्ञान रखता हो।

अन्तिम तीन वर्षों में किसी समिति का सदस्य नहीं रहा है वह भी चुना जाएगा। जो किसी भी समिति का सदस्य तो रहा है परन्तु जिसने अपना हिसाब नहीं दिया है वह और उसके निम्नलिखित सम्बन्धी टिकटों पर अपना नाम लिखवाने के अधिकारी नहीं होंगे :

उसकी छोटी तथा बड़ी मौसियों के पुत्र।

उसकी बुआ तथा मामा के पुत्र।

.......उसका जमाता।

उसका पिता।

उसका पुत्र।

.......इन सबको छोड़कर तीस वॉर्डों के लिए टिकटों पर नाम लिखे जाएँगे और इन बारह गलियों में प्रत्येक वॉर्ड तीस वॉर्डों के लिए टिकटों के अलग–अलग पैकेट तैयार करेगा। ये पैकेट एक घड़े में रख दिये जाएँगे।

.......मन्दिर के पुरोहितों में सबसे वयोवृद्ध व्यक्ति खड़ा होकर घड़ा ऊपर उठाएगा ताकि सब लोग उसे देख सकें। निकट खड़े हुए किसी लड़के द्वारा, जो यह नहीं जानता कि इसमें क्या है–एक वार्ड का पैकेट उठाकर दूसरे खाली घड़े में डाल दिया जायेगा। इसमें से एक टिकिट निकाल कर पंच नियुक्त किया जायेगा। .. ..इन तीन समितियों के महान् व्यक्ति पूरे 360 दिन पदाधिकारी रहकर अवकाश ग्रहण करेंगे। ....इस सभा में बैठे हुए महान् व्यक्तियों के आदेश से, मैंने, पंच **कदादीपोत्तन शिवक्कुरी राजमल्लमंगल प्रिय** ने इस प्रकार की व्यवस्था लिखी है।''

चुनाव प्रक्रिया सदस्यों के चुनाव की प्रक्रिया अनोखी थी–तीस वॉर्डों के लिए टिकटों के अलग–अलग पैकेट तैयार किए जाते थे जिन्हें घड़े में रखा जाता था। टिकट निकाले जाने के समय युवा और वृद्ध सदस्यों सहित महासभा की पूरी बैठक बुलायी जाती थी। मंदिर के पुरोहितों में सबसे वयोवृद्ध व्यक्ति खड़ा होकर घड़ा ऊपर उठाता था ताकि सब लोग उसे देख सकें। निकट खड़े हुए किसी लड़के द्वारा जो यह नहीं जानता था कि इसमें क्या है–एक वार्ड का पैकेट उठाकर दूसरे खाली घड़े में डालकर खोला जाता था। इसमें से एक टिकट निकाल कर पंच नियुक्त किया जाता था। इसे पंच अपनी खुली हथेली पर प्राप्त करता था और पढ़कर सुनाता था। फिर उस कक्ष में उपस्थित सभी पुरोहित उस टिकट को पढ़ते थे। इस प्रकार पढ़ा गया नाम स्वीकार कर लिया जाता था। तीस व्यक्तियों का चुनाव इसी प्रक्रिया से किया जाता था। ये व्यक्ति पूरे 360 दिन तक पदाधिकारी रहकर अवकाश ग्रहण करते थे। यदि कोई सदस्य किसी अपराध के लिए दोषी पाया जाता, तो उसे तत्काल अपने पद से हटा दिया जाता था। महासभा की बैठक नगाड़ा बजाकर की जाती थी, जो मंदिर के अहाते, तालाब के किनारे, उद्यान या पेड़ के नीचे आयोजित की जाती थी। सभा के समय एवं तिथि की पूर्व सूचना ग्रामजनों को दी जाती थी। सदस्यों की पूर्ण उपस्थिति के पश्चात् ही कार्यवाही आरम्भ की जाती थी। सभा द्वारा स्वीकृत प्रस्तावों को लेखबद्ध किया जाता था। ध्यातव्य है कि, इन ग्राम–सभाओं में आपसी सहयोग व समन्वय रहता था।

ग्राम–सभा का कार्यक्षेत्र ग्राम–सभा का कार्यक्षेत्र बहुत विस्तृत था। इन सभाओं की कार्यविधि को देखते हुए इन्हें लघु गणतांत्रिक इकाइयों की संज्ञा दी जा सकती है जो चोल ग्राम–प्रशासन की आधारशिला थी:

- गाँव की चल–अचल सम्पत्ति, अक्षय निधियाँ, जो अग्रहार–दान के रूप में मंदिर के लिए प्रदान की जाती थीं उस गाँव की सभा के ही नियंत्रण में होती थीं।
- ये मंदिरों की व्यवस्था संबंधी समस्त कार्यों का अवलोकन करती थीं। ग्रामसभा एवं समितियाँ मंदिरों, धर्मशालाओं, चिकित्सालयों आदि के लिए दान देने वालों को प्रोत्साहित करती थीं।
- सभाओं के अधिकार क्षेत्र में ग्राम्य भू–विवाद व भू–स्वामित्व निध ारण भी आता था, जिन पर ये अपना निर्णय देती थीं।
- कृषि–उत्पादन में वृद्धि हेतु सिंचाई आदि के कार्यों की देखरेख भी सभा करती थी। तालाबों एवं उनकी प्रणालियों द्वारा सिंचाई हेतु जल–वितरण की व्यवस्था को समुचित बनाये रखना भी ग्राम सभा का प्रमुख कार्य था।
- अनुपयोगी जमीन का अधिग्रहण करना व बाद में उस पर सिंचाई हेतु तालाब का निर्माण एवं रख–रखाव करना भी इनका प्रमुख कार्य था।
- परती भूमि पर वृक्षारोपण और उद्यान का निर्माण भी सभा के कार्यक्षेत्र में आता था। ग्रामोपयोगी कार्यों के लिए ग्राम सभाएँ पूर्ण स्वायत्त थीं, इन्हें राजाज्ञा के लिए प्रतीक्षा नहीं करनी पड़ती थी।
- ग्राम–भूमि पर कर–रोपण अथवा कर–मुक्ति भी इनके अधिकार क्षेत्र में थी। राजकेशरी के शासन काल में 'नालूर' की सभा ने दुकानों से प्राप्त कर 'आणविक कूवि' के एक मंदिर के नाम जमा करवा दिया।

- भूमिकर को भी ये संगृहीत करती थीं और उसे राजकोष में जमा भी करवाती थीं। भूमि का वर्गीकरण ग्राम सभा की अनुमति से ही होता था, कृषि योग्य भूमि के मूल्यांकन के समय ये केन्द्रीय सरकारी अधिकारियों की मदद लेती थीं।
- नवीन मंदिरों का निर्माण, पुरानों का जीर्णोद्धार तथा उनकी आय–व्यय का उचित प्रबंधन ग्राम सभाओं का ही उत्तरदायित्व था।
- बाजारों का उचित नियमन, क्रय–विक्रय की व्यवस्था भी ग्राम सभा करती थी।
- यह अपना एक सहायता कोष बनाती थी, जिसके द्वारा अकाल, बाढ़, सूखा आदि दैवी–आपदाओं के समय पीड़ित जनता की मदद की जाती थी।
- ग्राम सभा अनेक लोक हितकारी कार्य भी करती थी, जैसे–ग्राम्य शिक्षा, विशेष कार्य, सड़क निर्माण, चिकित्सालय निर्माण आदि।
- इस तरह के कार्यों के लिए विशेष कर भी वसूला जाता था। ये कर राज्य के लिए वसूल किये गये राजस्व के अतिरिक्त होते थे।
- ग्राम सभा न्याय वितरण का कार्य भी करती थी। दण्ड व्यवस्था उदार थी, सामान्यतः सामाजिक बहिष्कार या गधे पर बैठाकर घुमाने जैसी प्रताड़ना दी जाती थी।
- अपराधियों एवं उनके निकट संबंधियों से ग्राम सभा या किसी समिति में प्रत्यक्ष–अप्रत्यक्ष भाग लेने का अधिकार छीन लिया जाता था।

केन्द्रीय सरकार को वार्षिक कर पहुँचाना ग्राम सभा की प्रमुख जिम्मेदारी थी। जब तक ग्राम सभा राज्य को नियमित कर भिजवाती रहती, राज्य उसके कार्यों में हस्तक्षेप नहीं करता था। सामान्यतः दोनों के मध्य अच्छा तालमेल रहता था। परवर्ती चोल युग में ग्राम सभाओं के मामलों में हस्तक्षेप के उदाहरण प्राप्त होते हैं। सभा के सदस्यों में आपसी गुटबंदी के कारण प्रशासनिक अव्यवस्था होने पर केन्द्र सरकार के हस्तक्षेप करने के उल्लेख मिलते हैं। ग्राम सभा के आय–व्यय का निरीक्षण समय–समय पर केन्द्रीय पदाधिकारी किया करते थे। दो सभाओं में परस्पर विवाद के मामले भी ग्राम सभाएँ स्वयं सुलझा लेती थीं। राज्य यदि कोई ऐसा नियम बनाता जिससे ग्राम पर असर पड़ता था तो वह नियम ग्रामसभा की स्वीकृति से ही लागू किया जाता था। स्पष्ट है कि ग्राम सभाएँ स्वायत्तता का उपयोग करती थीं।

सभा एवं समितियों का सारा कार्य स्वेच्छा एवं बिना वेतन लिए किया जाता था, लेकिन सवैतनिक अधिकारी भी होते थे। सवैतनिक **'मध्यस्थ'** नामक कर्मचारी का उल्लेख मिलता है जिसका कार्य ग्राम सभा के आयोजन एवं उनमें पारित किये गये प्रस्तावों को लेखबद्ध करना था। **'ब्रह्मदेशम्'** के 923 ई. के अभिलेख में उल्लेख आया है कि ग्राम–सभा ने तड़ाग के हिसाब–किताब रखने वाले मध्यस्थ के लिए प्रतिदिन चार मात्राएँ धान, एक वर्ष में एक जोड़ी वस्त्र एवं छह कुलंजु (लाल स्वर्ण मुद्रा) वेतन के रूप में दिया जाता था।

स्पष्ट है कि, ग्राम–सभाएँ ग्राम के सामाजिक, आर्थिक एवं राजनीतिक जीवन में महत्वपूर्ण योगदान देती थीं। ग्रामीणों के शिक्षा–स्वास्थ्य की इन पर पूरी जिम्मेदारी थी। वह अपनी सामूहिक सम्पत्ति का उपयोग जनहित में करती थीं। आवश्यकता पड़ने पर उसे बेच सकती अथवा बन्धक रख सकती थीं। ग्रामसभा का अपना बैंक भी होता था वह लोगों से धन, भूमि, धान्य आदि के रूप में जमा राशि प्राप्त करती तथा फिर ब्याज पर उन्हें वापस देती थी। गाँव की सभी अक्षय निधियाँ भी ग्राम सभा के अधीन होती थीं। इन्हें ग्रामवासियों से कर रूप में या आवश्यकता पड़ने पर बेगार लेने का अधिकार भी था। सामान्यतः ग्राम सभा की स्वायत्तता कायम रहती थी, केन्द्रीय सरकार में होने वाले परिवर्तनों का उन पर कोई प्रभाव नहीं होता था। चोल राजाओं के छोटे–छोटे सामन्त भी ग्राम सभा के कार्यों में हस्तक्षेप नहीं करते थे। उनकी रुचि राजस्व की वसूली एवं राज्य का हिस्सा प्राप्त करने तक ही रहती थी। चोलों के उत्तरवर्ती काल में सामन्तवादी व्यवस्था के विकास के साथ–साथ इस स्वायत्तता में कमी आती गई।

नगरम् ग्राम सभा के अतिरिक्त गाँव में कई समुदाय और निगम होते थे, जो सामाजिक–धार्मिक व आर्थिक प्रकार की गतिविधियों से जुड़े होते थे। इनका अधिकार क्षेत्र किसी कार्य विशेष तक ही सीमित होता था। **'नगरम्'** का उल्लेख चोल अभिलेखों में उन सभाओं के लिए हुआ है जो व्यापारिक केन्द्रों में प्रबन्ध कार्य करती थीं। 'नगरम्' के कई उप–विभाग भी होते थे, ये ग्राम–सभा से पृथक् इकाई थे। इनका नामकरण इनके निवास–स्थानों के आध ार पर ही किया गया था। इनका कार्य व्यापार–व्यवसाय को प्रोत्साहन देना था। **मामल्लपुर** से प्राप्त एक चोल–अभिलेख में 'नगरम्' के चार भागों का वर्णन मिलता है, जिसके प्रत्येक भाग में **100 मणै** अथवा व्यापारिक भवन–स्थान सम्मिलित थे। चिदम्बरम् के एक अभिलेख में 'नगरम्' को ग्राम सभा से पृथक् प्रशासनिक इकाई बताया गया है। राजराजा प्रथम का अभिलेख जो राजराजेश्वर मंदिर की दीवार पर अंकित है, चार नगरम् इकाइयों के बारे में बताता है। इनकी प्रशासन व्यवस्था में व्यापारियों को ही रखा जाता था। **'तक्कोलम्' (उत्तरी अर्काट)** से प्राप्त एक अभिलेख में 'नगरम्' के प्रशासन के दो वर्गों का उल्लेख हुआ है–'नर्गरत्तर' तथा **'व्यापारिनगरोत्तम्'।** आवश्यक कागजात व लेखों की देख–रेख के लिए नियुक्त लिपिक **'नगरकरणतार'** और लेखाधिकारी को **'नगरक्कण्णवक्कु'** कहा जाता था। नगरम् द्वारा संगृहीत करों का उपयोग व्यापारिक महत्व के क्षेत्रों में सड़कों के निर्माण, बाजारों की व्यवस्था आदि में किया जाता था। व्यापार एवं उद्योगों के विकास के लिए भी इस धन को आवश्यकतानुसार उपयोग करते थे। राजराजेश्वर मंदिर अभिलेख में नगरम् द्वारा फल, केसर, गन्ना, पान, सुपारी, मसालों एवं खाद्यान्नों पर बिक्री कर संग्रह करने का उल्लेख है। विभिन्न उद्योगों के संगठनों, जैसे–**नमक** ('उपपायम्), **हाथकरघा, चक्कियों, व्यापारिक प्रतिष्ठानों** (अंगाड़िपट्टम), **स्वर्णकारों के संगठन** (तट्टोपट्टम), **भावां या बाँटों के संगठन** (इडैवरि) **से नगरम् ही कर वसूली करते थे।** आर्थिक समुदायों के अलावा सामाजिक व धार्मिक प्रकृति के

भी समुदाय होते थे। समुदायों पर ग्राम सभा का ही सामान्य नियंत्रण होता था। इनके सदस्यों को ग्राम सभा की सदस्यता हासिल थी। विभिन्न समुदायों में विवाद होने पर ग्रामसभा ही फैसला करती थी। धार्मिक समुदायों की अधिकता थी, जो अपने–अपने क्षेत्र विशेष के मंदिरों की व्यवस्था करते थे। पुजारियों के भी अपने संगठन होते थे। 'मूलपरूडैयार' नामक एक संगठन का उल्लेख मिलता है जिसका प्रमुख कार्य मंदिरों का प्रबंध करना था। विभिन्न समुदायों के आपसी सम्बन्ध सद्भाव पर आधारित होते थे। सभाएँ व समुदाय सहयोग से कार्य करते थे। इनके प्रमुख का निर्णय आयु, विद्वत्ता, सम्पत्ति तथा जन्म के आधार पर किया जाता था। विभिन्न जातियाँ भी अपने उद्देश्यों की पूर्ति के लिए अपने–अपने समुदायों का गठन कर लेती थीं।

नाडु 'नाडु' जिले की अथवा जिले से छोटी प्रशासकीय संस्था थी, जिसकी अपनी पृथक् सभाएँ होती थीं। इनमें अनेक ग्रामों का समूह समाहित होता था। इसे नगरम् तथा सभा या महासभा से बड़ी स्थानीय प्रशासन की संस्था माना जा सकता है।[13] नीलकंठ शास्त्री, आदि के अनुसार प्रशासन की सबसे छोटी इकाई ग्राम स्तर पर संघटित स्वशासी संस्थाएँ उर और सभा थीं। ऐसी कई संस्थाओं को मिलाकर जिस प्रशासनिक इकाई का गठन होता था उसे नाडु अथवा कुर्रम और आगे कोट्टम कहा जाता था। नाडु का प्रमुख कार्य भू–राजस्व का निर्धारण था। यह राजस्व सम्बन्धी वृहद्–अधिकार रखती थी तथा ग्राम–सभा व नगरम् की प्रशासनिक संस्थाओं की गतिविधियों पर भी नजर रखती थी। नाडु अक्षय सम्पत्ति का अधिग्रहण कर सकती थी तथा अपने नाम से दान भी दे सकती थी। नाडु के प्रतिनिधि **'नाट्टवर'** कहलाते थे। सिंचाई सम्बन्धी व्यवस्थाओं का भी ये अवलोकन करते थे। उल्लेखनीय है कि पल्लव, पांड्य और चोल ताम्र–पत्रों में उल्लिखित भूमिदान प्रायः नाट्टारों को ही सम्बोधित किए गए हैं। वस्तुतः इन ताम्र शासनों के क्रियान्वयन की जवाबदेही उन्हीं की होती थी, एतदर्थ, इसके आलोक में वे प्रदत्त गाँव की भूमि का सीमांकन करते थे और आवश्यकता पड़ने पर वहाँ के निवासियों के पुनर्वास का भी प्रबन्ध करते थे।[14] नाडु–क्षेत्र में स्थित मंदिरों का प्रबंधन भी नाट्टोरों का एक प्रमुख दायित्व था। नाडु स्वयं राजा के अभिकर्ता के रूप में कार्य करते थे। 'नाडु–कंकाणि' अर्थात् नाडु के लेखपाल, मन्दिर के आय–व्यय का निरीक्षण तथा मन्दिर को दान में दी गई भूमि से प्राप्त आमदनी का लेखा–जोखा रखते थे। नाट्टारों द्वारा मन्दिरों के लिए भूदान किये जाने के कई उल्लेख मिलते हैं। यह भूमि करमुक्त होती थी, इसे 'नाट्टिरैयिलि' कहा जाता था।

चोलों के ग्रामीण–प्रशासन को लघु गणतंत्र की संज्ञा दी जायेगी। स्थानीय प्रशासन को चोलों की महत्वपूर्ण उपलब्धि कहा जा सकता है। प्रत्येक ग्राम का स्वरूप अत्यधिक स्वायत्तता लिए हुए था। उनकी स्वायत्तता इतनी व्यापक थी कि केन्द्रीय स्तर पर होने वाले राजनैतिक व प्रशासनिक परिवर्तनों से भी यह अप्रभावित रही। प्रत्येक गाँव राजनैतिक व आर्थिक दृष्टि से आत्मनिर्भर थे।

आय–व्यय चोल राज्य की आय का प्रमुख साधन भूमिकर था। चोल सम्राटों ने समय–समय पर भूमि की माप करायी तथा उसकी उर्वरता के आधार पर कर का निर्धारण किया। सामान्यतः भूमिकर उपज का 1/6 भाग लिया जाता था। यह आधे से लेकर चौथाई भाग तक भी हो सकता था। अकाल, बाढ़ आदि विशेष परिस्थितियों में कर कम अथवा समाप्त भी किया जा सकता था। कर नकद अथवा माल किसी भी रूप में अदा किया जा सकता था। चोल शासकों की नियमित कर प्रणाली से अर्थव्यवस्था मजबूत थी। स्टाइन के इस मत को सही नहीं कहा जा सकता कि चोलों की आमदनी का मुख्य जरिया लूट–मार थी, जिसके माध्यम से वे धान प्राप्त करते थे। ऐसा कथन उसके पूर्वाग्रह को ही दर्शाता है। चोलों के अभिलेखों में कर संग्रह से जुड़े आधे दर्जन अधिकारियों के नामों का उल्लेख है। राजस्व विभाग के प्रमुख अधिकारी **'वरित्पोत्तगक्क'** कहलाते थे, जो अपने–अपने अधिकार क्षेत्र के आय–व्यय का हिसाब रखते थे। नगरों में कर संग्रह 'नगरम्' करते थे, जो विभिन्न प्रकार के करों को वसूल करके केन्द्रीय कोष में जमा करते थे। लोगों के रहने के स्थान, मन्दिर, तालाब, कारीगरों के आवास (कम्माणच्चेरि), श्मशान आदि सभी प्रकार के करों से मुक्त थे। कुम्हार, लौहकार, स्वर्णकार, बढ़ई, रजक, चाण्डाल लोगों की बस्तियां (परैच्चेरि) एवं बकरों की बलि का स्थान भी कर–मुक्त थे। कभी–कभी करों को वसूलते समय जनता के साथ कठोर व्यवहार किया जाता था। तंजौर से प्राप्त 13वीं शती के एक चोल–लेख के अनुसार चोल राज्य का एक व्यक्ति जिस पर 10 वर्ष का लगान बकाया था, अपना गाँव चोरी से चुपचाप छोड़कर पाण्ड्य राज्य में जाकर बस गया। ग्राम सभा ने बाद में उसकी जमीन को बेचकर बकाया लगान की धन राशि को केन्द्रीय कोष में जमा करवाया था। लगान न दे पाने की स्थिति में कभी–कभी मंदिरों को भी अपनी जमीन बेचनी पड़ती थी। लगता है कि प्रारम्भिक चोल शासकों की कर–व्यवस्था कम कठोर थी। कालांतर में सामंतवाद के बढ़ते प्रभाव के फलस्वरूप कुछ कठोर व्यवहार किया जाने लगा। स्थानीय पदाधिकारी मनमाने तरीके से प्रजा से कर वसूलने लगे। लोगों को पानी में डुबो देना व धूप में खड़ा करने आदि के उल्लेख मिलते हैं। भू–स्वामी के भूमि कर नहीं देने पर उसकी भूमि दूसरे को सार्वजनिक विक्रय (समैविलै) द्वारा बेच दी जाती थी। राजेन्द्र चोल के समय में यह अवधि 3 वर्ष तथा कुलोत्तुंग के समय में 2 वर्ष की थी। जनता द्वारा जबरन उत्पीड़न द्वारा कर वसूलने के विरुद्ध विद्रोह किए जाने के उदाहरण भी प्राप्त होते हैं। भूमिकर के अतिरिक्त व्यापारिक वस्तुओं, विभिन्न व्यवसायों, वनों, खानों, उत्सवों आदि पर भी कर लगाया जाता था। आर्थिक जुर्माने से भी राज्य को आमदनी होती थी।

कोष का उपयोग राजा साम्राज्य के सैन्य–संगठन, दुर्ग–निर्माण, प्रासाद निर्माण, राजमार्ग निर्माण, सिंचाई आदि के लिए किया करता था। चोलों के राजस्व का अधिकतम व्यय विशाल मंदिरों के निर्माण, बन्दरगाहों तथा समुद्री जहाजी बेड़ों पर भी होता था। विभिन्न राजकीय दानों, समारोहों, महोत्सवों, यज्ञों आदि पर भी व्यय किया जाता था। चोल लेखों में अनेक करों का उल्लेख मिलता है, जैसे–**आयम (राजस्व), कुड़मै (मूल भू–राजस्व**

या लगान, जिसके भुगतान न कर पाने पर संभवतः कृषकों से श्रम अथवा सेवा भी ली जा सकती थी), पत्तम (गैर–कृषि पेशा पर लगे कर), पाड़कावल (गाँव की रक्षा के लिए लिया जाने वाला कर), मरमज्जाड़ी (वृक्ष कर), किडांककाशु (नर पशु पर लगने वाला कर) आदि। विभिन्न स्तरों पर दोषी व्यक्तियों से अनेक अपराधों के लिए अर्थदण्ड भी वसूला जाता था। जुर्माने के रूप में मिलने वाली राशि को **'मूरूपाडु'** कहा जाता था। तीन स्तरों पर अर्थदण्ड लिया जाता था। राजा का न्यायालय, धर्मासन न्यायालय व राजस्व विभाग। कभी–कभी दोषी व्यक्तियों की सम्पत्ति भी जब्त कर ली जाती थी। इन सबसे भी राज्य को अच्छी आय हो जाती थी। व्यापारिक लेन–देन की सुविधा की दृष्टि से सिक्कों और कौड़ियों का प्रचलन था। अधीनस्थ राजाओं तथा सामंतों से प्राप्त वार्षिक कर, भेंट, उपहार आदि आय के साधन थे।

न्याय व्यवस्था चोल शासन में न्याय व्यवस्था का भी समुचित प्रबन्ध था। स्थानीय विवादों को स्थानीय समितियों द्वारा निपटाया जाता था। जूरी प्रथा का भी प्रचलन था, अन्तिम न्याय राजा द्वारा ही होता था। चोल अभिलेखों में 'धर्मासन' अर्थात् अन्तिम न्याय प्राप्ति हेतु राजदरबार का उल्लेख मिलता है। धर्मासन का निर्णय 'धर्मसभट्ट' (स्मृतिशास्त्र–, ब्राह्मण विद्वान्) की मदद से किया जाता था। यहाँ पहुँचने से पहले न्यायालय की छोटी इकाइयों से होकर ही मुकदमा चलता था। ग्राम स्तर पर ही छोटे–छोटे मुकदमे सुलझा लिए जाते थे। चोलों की दण्ड व्यवस्था उदार थी। अपराधों में सामान्यतः अर्थदण्ड, सामाजिक अपमान करने का दण्ड दिया जाता था। अपराध सिद्ध होने पर एक हजार काशु (मुद्रा) तक अर्थदण्ड किया जाता था। राजराज तृतीय के शासन काल के 1225 ई. तंजौर से प्राप्त अभिलेखों से जानकारी मिलती है कि दो भाइयों एवं अन्य पुरुष को कई मन्दिरों का हिसाब–किताब रखने का दायित्व दिया था, **उन्होंने मन्दिरों की काफी बड़ी सम्पत्ति हड़प ली। मामले की जाँच के बाद तीनों की सारी सम्पति जब्त कर ली और सम्पत्ति के विक्रय से प्राप्त चालीस हजार काशुओं (मुद्रा)** को सम्बन्धित देवालय के कोष में जमा करवा दिया। चोरों, डाकुओं, कर–प्रवंचकों, बलात्कारियों, व्यभिचारियों को शारीरिक दण्ड, अर्थदण्ड के अलावा गधे पर बैठाकर घुमाया जाता था। हत्या के अपराधी को मात्र सोलह गायों का जुर्माना अदा करना पड़ता था और मृतक की आत्मशांति के लिए हत्यारे को राजमंदिर में दीपक जलाना पड़ता था, इसे मात्र प्रायश्चित्त ही माना जा सकता है।[15] जानबूझकर निर्मम हत्या करने के अपराधी को अंगच्छेद, मृत्यु–दण्ड अथवा आजन्म–कारावास की सजा भोगनी पड़ती थी। प्रायः मृत्युदण्ड का तरीका हाथी के पैरों तले कुचलने का था। राजद्रोह भयंकर अपराध था जिसे स्वयं राजा देखता था। इसमें अपराधी को मृत्युदण्ड के साथ उसकी सम्पत्ति भी जब्त कर ली जाती थी। अग्नि–जल से दिव्य परीक्षाओं का विधान था। 13वीं सदी का चीनी लेखक चाऊ–जू–कुआ लिखता है कि सामान्य अपराध के लिए अभियुक्त को लकड़ी के खम्भे से बांधकर 50, 70 अथवा 100 कोड़े मारे जाते थे। जघन्य अपराधों में अपराधी का सिर काट दिया जाता था या हाथी के पैरों तले कुचलवा दिया जाता था।

सैन्य–व्यवस्था चोलों की सैन्य शक्ति विशाल थी। उनके पास एक प्रशिक्षित, अनुशासित व संगठित सेना थी। जल एवं स्थल दोनों तरह की सेना के विकास के लिए चोल शासकों ने प्रयास किये। स्थायी सेना में पैदल, धनुर्धर, गजारोही, अश्वारोही आदि सैनिक शामिल थे। अपनी जल सेना के बल पर ही चोल नरेशों ने मलाया द्वीप समूह, लंका व हिन्द महासागर के कई द्वीपों, जिन्हें सुवर्ण द्वीप और वृहत्तर भारत के उपनिवेश कहा जाता है, पर विजय प्राप्त कर भारतीय संस्कृति का प्रसार किया। आर. सथियनथैयर के अनुसार चोलों की कुल सैनिकों की संख्या डेढ़ लाख के आस–पास थी। निशाना लगाने में कुशल धनुर्धर पैदल सेना के प्रमुख अंग थे। चाऊ–जु–कुआ के अनुसार चोल सेना में 60,000 हाथी थे। अश्वारोहियों का भी चोल सेना में प्रमुख स्थान होता था। **अश्व सेना को 'मनूरुकैमहासनैं' कहा जाता था।** ईरान और अरब से उत्तम नस्ल के घोड़े आयात किए जाते थे। एक विशाल नौ सेना का भी गठन किया गया। चोल शासक राजराजा प्रथम एवं राजेन्द्र चोल के शासनकाल में चोल नौसेना की शक्ति का विकास हो चुका था। इसी के आधार पर लंका, पूर्वी समुद्र तटवर्ती राज्यों एवं दक्षिणी–पूर्वी एशियाई द्वीपों पर विजय प्राप्त की। नौसेना की गतिविधियों के कारण बंगाल की खाड़ी तो 'चोलों की झील' बन गई थी।

महादंडनायक, सेनापति और नायक सेना के प्रमुख अधिकारी थे। ब्राह्मण सेनापतियों का उल्लेख भी मिलता है, जिन्हें **'ब्रह्मादिराज'** कहा जाता था। सैनिकों के प्रशिक्षण पर अत्यधिक ध्यान दिया जाता था। शांतिकाल में सैनिक अन्य सामाजिक व आर्थिक कार्य करते थे। थल सेना अनेक दलों में विभक्त थी। इनमें **'वडपेर्र कैक्कोलस'** (राजा की सुरक्षा में तैनात पदाति–दल), **कुंजिर–मल्लर** (गजारोही दल), **कुदिरै च्चौवगर** (अश्वारोही दल) तथा **बिल्लिगड** (धनुर्धारी दल) आदि उल्लेखनीय हैं। पैदल सैनिकों में **'कैक्कोलस' (अति शक्तिशाली बाहुबली) तथा शैगुन्दर (भाला चलाने में निपुण सैनिक) सैनिकों का प्रमुख स्थान था।** राजा के अंगरक्षकों को 'वैलैक्कार' कहा जाता था। **सेना की विभिन्न टुकड़ियाँ 'कडगम' (छावनियों) में रहती थीं।** राजराजा प्रथम के समय **30 रेजिमेंट की जानकारी मिलती है जो बाद में 70 हो गई थी।** रेजीमेंटों को काफी स्वायत्तता प्राप्त थी। शांतिकाल में इन्हें मंदिरों का निर्माण करने व दान देने का अधिकार था। इन्हें 'नायक' के अधीन रखा जाता था। **सेनाध्यक्ष 'महादण्डनायक' कहलाता था।** नियमित सेना के अलावा पेशेवर सैनिक भी युद्ध में शामिल होते थे। अधीनस्थ शासकों और सामंतों की सेना भी चोल विजयवाहिनी के साथ–साथ मिलकर लड़ती थी। चोल सेना का व्यवहार शत्रु देशों की जनता के साथ बहुत बर्बर होता था। वे स्त्रियों से अभद्रतापूर्ण आचरण के साथ वहाँ की जनता को लूटते थे। इस दोषपूर्ण आचरण के अतिरिक्त इस युग में चोल सैन्य कला बहुत प्रसिद्धि प्राप्त कर चुकी थी।

निष्कर्ष रूप में कहा जा सकता है कि चोलों का महत्व उनकी प्रशासनिक व्यवस्था के कारण अधिक है। यह एक उत्कृष्ट शासन व्यवस्था थी, जिसमें स्थानीय स्वशासन के साथ–साथ केन्द्रीयकरण भी विद्यमान रहा। आमजन में प्रजातांत्रिक भावना थी व नागरिकों के मताधिकार को विशेष महत्व दिया जाता था। राजा शक्तिशाली था, लेकिन शासन की सबसे छोटी इकाई कुरम थी। चोलों की मौलिक विशेषता उनके साम्राज्य में समितियों का होना था, जिनका गठन व्यवस्थित चुनाव प्रणाली के माध्यम से होता था। अनेक प्रशासनिक दायित्व ये समितियाँ निभातीं थीं।

धार्मिक स्थिति चोल नरेश संस्कृत के विद्वान्, साहित्य प्रेमी और विभिन्न कलाओं में पारंगत थे, उनके शासन काल में इस क्षेत्र में आशातीत उन्नति हुई। चोल काल में शैव एवं वैष्णव धर्मों का व्यापक प्रभाव था फिर भी यह धार्मिक सहिष्णुता का काल था। शैव नायनारों तथा वैष्णव आचार्यों ने इन धर्मों के प्रचार–प्रसार के लिए व्यापक आन्दोलन चलाया। शिव भक्ति से सम्बन्धित गीत लिखे गये, जिन्हें मन्दिरों में गाया जाता था। इन भक्ति **गीतों का संकलनकर्ता नम्बि आण्डार नम्बि को माना जाता है।** चोलवंश के शासकों ने अनेक शैव मंदिरों का निर्माण करवाया था। **आदित्य प्रथम ने कावेरी के तट पर शिव के मंदिर बनवाये।** परान्तक ने चिदम्बरम् स्थित नटराज को स्वर्ण आभूषणों से सजाया था। **चोल शासक राजराजा ने 'शिवपादशेखर' की उपाधि ग्रहण की तथा तंजौर में राजराजेश्वर नाम से शिव मंदिर बनवाया।** राजेन्द्र चोल के समय इस मन्दिर का निर्माण पूर्ण हुआ। वैष्णव धर्म का भी व्यापक प्रचार–प्रसार हुआ। नाथ मुनि, यामुनाचार्य आदि प्रमुख संत इस काल में हुए। आगमों को उन्होंने वेदों के समकक्ष बताया व प्रपत्ति (शरणागति) के सिद्धान्त को गीतों के माध्यम से सुन्दर ढंग से प्रस्तुत किया। **आचार्य परम्परा में रामानुज का नाम उल्लेखनीय है।** इनका काल 1016–1137 ई. माना जाता है। इनका जन्म काँची के पास श्रीपेरूम्बुन्दर नामक स्थान में हुआ था। यामुनाचार्य की मृत्यु के बाद रामानुज उनके सम्प्रदाय के आचार्य बने। ब्रह्मसूत्र पर भाष्य लिखा जिसे 'श्री भाष्य' कहा गया है। उनका मत 'विशिष्टाद्वैत' के नाम से प्रसिद्ध है। उन्होंने ज्ञान के स्थान पर मोक्ष प्राप्ति के लिए भक्ति तथा प्रपत्ति अनन्य भक्ति को आवश्यक बताया। उन्होंने श्रीरंगम् (त्रिचनापल्ली) के मठ में रहते हुए वैष्णव धर्म का व्यापक प्रचार–प्रसार किया। चोल शासन काल में विष्णु के भी मन्दिर बनवाए गए तथा मठों की स्थापना की गई। दक्षिण भारत के वैष्णव धर्म के **उन्नायकों में निम्बार्काचार्य** का महत्वपूर्ण स्थान है। इन्होंने **'वेदान्तपारिजातसौरभ'** की रचना की। इसमें ब्रह्मसूत्र की लघु व्याख्या की गई है। इसके अतिरिक्त **'सिद्धान्त रत्न'** नामक ग्रन्थ भी लिखा। इन्होंने वैष्णव सम्प्रदाय में आत्मसमर्पण का मत प्रतिपादित किया व राधाकृष्ण को परम आराध्य बताया। इनके सम्प्रदाय का नाम सनक सम्प्रदाय पड़ा।

चोल युग धार्मिक सहिष्णुता का काल था, जिसमें जैन व बौद्ध धर्म भी विकसित हुए। नेगपत्तम्, काँची तथा श्रीमूलवास में बौद्धों के विहार थे। कुलोत्तुंग प्रथम ने नेगपत्तम् को दान भी दिया था। राजराज प्रथम की बहन कुन्दवै ने एक ही स्थान पर शैव, वैष्णव तथा जैन मन्दिरों का निर्माण करवाया। चोल युग में मूर्ति कला का प्रचलन बढ़ गया था। वैदिक कालीन जटिल कर्मकाण्ड व यज्ञों के अनुष्ठान नहीं होते थे। कुछ चोल शासकों ने वैदिक यज्ञों का अनुष्ठान किया था। पौराणिक धर्म के साथ–साथ भक्ति भाव की प्रधानता अधिक थी। तीर्थयात्रा, दान, व्रत–उपवास आदि लोगों के धार्मिक व्यवहार में शामिल हो गये थे। तांत्रिक, शक्ति, कापालिक आदि धार्मिक सम्प्रदाय भी अस्तित्व में थे। निष्कर्षतः कहा जा सकता है कि चोल शासकों के संरक्षण व आचार्यों व संतों के कारण चोल युग में शैव व वैष्णव धर्मों का पुनरुत्थान हुआ व आस्तिकता बढ़ी। नास्तिक सम्प्रदायों का अस्तित्व नहीं था। सम्भवतः चोल शासकों का शैव धर्म के प्रति विशेष लगाव था तभी रामानुज को कुछ समय के लिए मैसूर चला जाना पड़ा। फिर भी धार्मिक कट्टरता का अभाव था।

साहित्य चोल शासकों का काल तमिल भाषा एवं साहित्य के विकास के लिए प्रसिद्ध है। तमिल एवं संस्कृत के महत्वपूर्ण ग्रन्थों की रचना हुई। संस्कृत में वेद, पुराणों, महाकाव्यों, धर्मशास्त्रों, ज्योतिष और व्याकरण का अध्ययन होता था। जैन मुनि **तिरूत्क्कदेवर ने तमिल महाकाव्य 'चिंतामणि' तोलामोक्ति जैन मुनि ने 'शलूमणि' ग्रन्थ का सृजन किया।** तमिल लेखकों में **जयग्गोन्दार उल्लेखनीय है। वह चोल शासक कुलोत्तुंग प्रथम का राजकवि था।** जिसने 'कलिंगत्तुपर्णि' (कलिंगत्तुपराणि) नामक ग्रन्थ की रचना की, जिसमें कुलोत्तुंग के कलिंग युद्ध की घटनाओं का वर्णन है। **कुलोत्तुंग तृतीय के शासनकाल में प्रसिद्ध कवि कम्बन हुआ,** जिसने 'तमिल रामायण' अथवा **'रामवतारम्'** की रचना की। यह तमिल साहित्य का महाकाव्य है, जिसकी कथा वाल्मिकी रामायण की कथा से मिलती है। **कल्लदम ने 'कल्लदम', मित्र ने 'रसोलियम'** नामक ग्रन्थ व्याकरण पर लिखे। अन्य ग्रन्थों में **शेक्किल्लार** का **'पेरियपुराणम्' पुलगेन्दि** का **'नलवेम्ब',** उल्लेखनीय है। तिरुत्तेदेवर का **जीवक चिन्तामणि, तोलामोल्लि का शूलामणि** का भी यहां जिक्र करना होगा। चोल शासकों ने अमृत सागर तथा बुद्धमित्र जैसे प्रसिद्ध जैन तथा बौद्ध विद्वानों को संरक्षण प्रदान किया। अमृतसागर ने 'याप्परूगलम' तथा 'याप्परूगलक्कारिगै' नामक दो प्रामाणिक ग्रन्थ छन्दशास्त्र पर लिखे। बुद्धमित्र की प्रमुख कृति 'वीर–शोल्लियम' (वीरशोलियम) है। उसने चोल शासक वीर राजेन्द्र को महान तमिल विद्वान घोषित किया है। चोलकाल में वैष्णव लेखकों नाथमुनि, यामुनाचार्य, रामानुज आदि ने भी संस्कृत ग्रन्थों की रचना की।

स्थापत्य एवं कला चोल शासकों की कला में अभिरुचि थी व उन्होंने वास्तुकला, मूर्तिकला, चित्रकला आदि का विकास किया। उनके द्वारा निर्मित विभिन्न मन्दिरों, मठों, विद्यालयों, सड़कों, नहरों, झीलों, तालाबों, उद्यानों आदि में उनकी रचनात्मक प्रतिभा उभरकर आयी है।

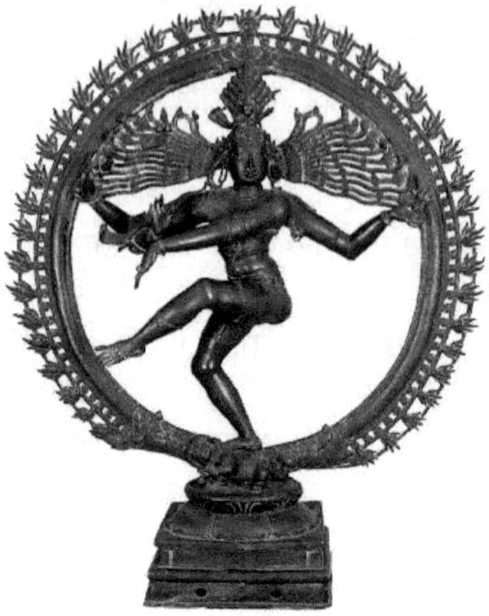

चित्र 69.1 नटराज कांस्य प्रतिमा : चोल

चोलकालीन प्रमुख नगर चोल शासकों ने अपने विशाल साम्राज्य में अनेक मन्दिरों का निर्माण कर द्रविड़ कला शैली का विकास किया। उपगपुर, तंजौर, काँची, गैंगैकोंड–चोलपुरम् आदि का जिक्र किया जा सकता है। चोल राज्य के अन्य प्रमुख नगरों में **अन्नाईमंगलम्** जहां शैलेन्द्र को चुड़ामणि विहार बनबाने की अनुमति दी थी। **चिदम्बरम** में चोल राजाओं को राज्याभिषेक किया जाता था। **उत्तर मेरूर** में चोल ग्राम सभा की चुनाव प्रक्रिया का जिक्र अभिलेख में आया है। **नागपट्टनम** कोरोमण्डल तट स्थित नगर में शैलेन्द्र शासक ने विहार बनवाया था। वेल्लूर में परान्तक ने पाण्डयों व श्रीलंका की सेना को हराया था। **अनुराध ापुर** श्रीलंका इस राजधानी को राजराज प्रथम ने तहस–नहस किया था। **पोलन्नकवा**–राजराज प्रथम ने श्रीलंका के इस शहर को अपने साम्राज्य में मिलाया था। फरग्यूसन ने तो यहाँ तक कहा है कि चोल कलाकारों ने "दैत्यों के समान कल्पना की तथा जौहरियों के समान उसे पूरा किया।[16] चोल काल के प्रारम्भिक स्मारक पुडुक्कोट्टै से प्राप्त हुए हैं जिसमें से विजयालय द्वारा निर्मित चोलेश्वर मन्दिर जो नातामलाई (या नार्तामलाई) में बनवाया गया है, प्रसिद्ध है। परान्तक प्रथम का श्री निवासनल्लूर का कोरंगनाथ मन्दिर चोल मन्दिर कला के विकास को अभिव्यक्त करता है। चोल कला का पूर्ण विकास तंजौर तथा गंगैकोण्डचोलपुरम् में प्रकट होता है।

राजराजेश्वर मन्दिर राजराज प्रथम के समय तंजौर का भव्य शैव मन्दिर जिसे राजराजेश्वर अथवा वृहदेश्वर कहा जाता है, का निर्माण 1003 से 1010 के मध्य हुआ। यह द्रविड़ शैली का सर्वोत्तम नमूना है, जो तेरह मंजिल ऊँची एक अद्भुत कृति है। नीलकंठ शास्त्री के अनुसार भारत के मन्दिरों में सबसे बड़ा तथा लम्बा यह मन्दिर एक उत्कृष्ट कलाकृति है, जो दक्षिण भारतीय स्थापत्य के चरमोत्कर्ष को प्रकट करती है।[17] इसकी भव्यता व सौन्दर्य को देखते हुए इसे दक्षिण भारत का सर्वश्रेष्ठ हिन्दू स्मारक कहा जा सकता है। इसका विशाल प्रांगण 457 × 228 मीटर बड़ा है, जिसमें ग्रेनाइट पत्थरों का प्रयोग किया गया है। गर्भगृह के ऊपर पश्चिम में लगभग 60.8 मीटर ऊँचा आकर्षक विमान है, जिसका आधार 82 वर्ग फुट है। इसी के ऊपर तेरह मंजिलों वाला पिरामिड है। **गंगैकोण्डचोलपुरम् के मन्दिर** का निर्माण राजराजा के पुत्र राजेन्द्र चोल के शासन काल में हुआ, जो आठ मंजिला है। मन्दिर की लम्बाई 340 फीट व चौड़ाई 110 फीट है। 100 वर्ग फीट के आधार पर आठ मंजिला पिरामिडाकार विमान है। राजेन्द्र चोल के उत्तराधिकारियों ने भी मन्दिर निर्माण परम्परा को जारी रखा। 'तिरूबालीश्वरम्', 'एरावतेश्वर', 'कम्बारेश्वर' के मन्दिर भी विख्यात हैं। मन्दिरों में उत्सव के समय मनोरंजन के लिए संगीत और नृत्य कला का भी विकास हुआ।

चोल शासकों ने स्थापत्य के साथ–साथ तक्षण कला का भी विकास किया। देवी–देवताओं की बड़ी संख्या में मूर्तियों का अंकन किया गया। शैव धर्म से सम्बन्धित मूर्तियाँ अधिक हैं। पाषाण के साथ–साथ धातु की मूर्तियों का निर्माण अधिक हुआ। सर्वाधिक सुन्दर मूर्तियाँ नटराज की हैं जो बड़ी संख्या में प्राप्त हुई हैं। त्रिचनापल्ली के 'तिरुभरंगकुलम्' से नटराज की विशाल कांस्य प्रतिमा मिली है जो दिल्ली संग्रहालय में है। शिव की अर्द्ध–नारीश्वर की मूर्ति मद्रास संग्रहालय में है। शिव के अलावा ब्रह्म, विष्णु, लक्ष्मी, भू–देवी, राम–सीता, कृष्ण (कालिया नाग पर नृत्य करते हुए) व शैव संतों की भी मूर्तियाँ प्राप्त होती हैं। धातु की मूर्तियाँ स्वतन्त्र रूप से बनी हुई हैं।

मन्दिरों की दीवारों पर चित्रित राजा–रानियों की आकृतियाँ चित्रकला के विकास पर प्रकाश डालती हैं। अधिकांश चित्र वृहदेश्वर मंदिर की दीवारों पर उत्कीर्ण हैं। चित्र पौराणिक धर्म से सम्बन्धित हैं। शिव की विविध लीलाओं का चित्रांकन हुआ है।

निष्कर्ष स्पष्ट है कि चोल–युग राजनैतिक व सांस्कृतिक दृष्टि से विकास का काल था। कला, धर्म, साहित्य की दृष्टि से तमिल देश का यह गौरवमय काल था। चोलों के गौरवपूर्ण विजयाभियानों के इतिहास, शासन और उच्च प्रजातांत्रिक भावना पर गठित सुव्यवस्थित शासन तंत्र निःसंदेह हिन्दू शासन तंत्र की श्रेष्ठता को पराकाष्ठा पर पहुँचा देते हैं। उनकी उपलब्धियों से स्पष्ट है कि, दक्षिण के इतिहास में चोलों का महत्वपूर्ण स्थान था।

सन्दर्भ :

1. कुलोतुंग द्वितीय व राजराज द्वितीय के बारे में लिखी शृंगार प्रधान रचनाएँ।
2. तिरुवालगाडु ताम्रपत्रों में इस राजा का नाम अमरभुजंग है।
3. महावंश से भी इस विजय की पुष्टि होती है।
4. अवध किशोर प्रसाद : चोल प्रशासन और समाज, पृ. 19

4a. देखिये, सथियैन्थेयर, स्ट्रगल फॉर इम्पायर, 1979, पृ.249.

5. शास्त्री नीलकंठ, दक्षिण भारत का इतिहास, बि.हि.ग्रं.अ., 1978, पृ. 170.
6. हरिनारायण दुबे, वही, पृ. 225
7. टी. व्ही. महालिंगम : साऊथ इण्ड़ियन पॉलिटी, पृ. 134.

7a. शास्त्री नीलकंठ, वही, पृ. 170.

8. हरिनारायण दुबे, वही, पृ. 225.

8a. देखिये, स्ट्रगल फॉर इम्पायर, पृ. 252–253.

9. अवध किशोर प्रसाद, वही, पृ. 39
10. स्टडीज इन चोल हिस्ट्री एण्ड एडमिनिस्ट्रेशन, पृ. 73–163
11. देखिये, स्ट्रगल फॉर इम्पायर, पृ. 252.
12. उत्तरमेरू अभिलेख में इस तरह के उल्लेख हैं।
13. हरिनारायण दुबे, वही, पृ. 229
14. अवध किशोर प्रसाद, वही, पृ. 45.
15. देखिये, स्ट्रगल फॉर इम्पायर, पृ.254.
16. "They conceived like giants and finished like jewellers"
17. ए हिस्ट्री ऑफ साऊथ इण्ड़िया, पृ. 463

70 सामन्तवाद का विस्तार
(Expansion of Feudalism)

सामन्तवाद एक विश्वव्यापी अवधारणा है, जिसमें क्षेत्र विशेष की विशेषताएं जुड़ जाती हैं। मार्क्सवाद के प्रभाव से इसके अध्ययन में तीव्रता आई। भारत में आजादी के बाद आदिम साम्यवाद और दास प्रथा, सामंतवाद, पूंजीवाद और समाजवाद की अवस्थाएं देखने की विचारधारा विकसित हुई। सामंतवाद मुख्य रूप से कृषि पर आधारित अर्थव्यवस्था में प्रकट होता है। भूमिपतियों का वर्ग राजनीतिक उपायों से किसानों के अतिरिक्त उत्पादन को ऐंठ लेता है।[1] अंगरेजी के फ्यूडलिज्म (Feudalism) का अभिप्राय सैनिक सेवा के बदले जागीरदारी बताया गया जिसमें ऊपर की किसी शक्ति को शुल्क देना पड़ता था तथा वह स्वत्व क्षेत्र फ्यूड कहलाता है और एक से अधिक क्षेत्रों के स्वामी को फ्यूडल लॉर्ड (Feudal Lord) कहा गया।

भारतीय सामंतवाद के स्वरूप पर विस्तार से चर्चा का श्रेय प्रो. रामशरण शर्मा को जाता है। प्रो. शर्मा ने यूरोपीय मॉडल के आधार पर भारतीय संदर्भ में सामंतवाद पर चर्चा की है। पुरातात्विक एवं साहित्यिक स्त्रोतों के आधार पर खासतौर से दो मान्यताओं पर बल दिया। व्यापार व शहरीकरण में गिरावट से सामंतवाद को पनपने का अवसर प्राप्त हुआ। दूसरा राज्य द्वारा अपने अधीनस्थ पदाधिकारियों तथा ब्राह्मणों को अनुदान रूप में भूमि देने के कारण महत्व बढ़ा। कहा जा सकता है कि भारतीय सामंतवाद का स्वरूप यूरोप से पृथक् था। प्रो. वी.एन. एस. यादव ने भी प्रो. शर्मा के मत का समर्थन किया है, मानते हैं कि भूमि अनुदानों से बिचौलियों के अधिकारों में वृद्धि हुई, किसानों की उन पर निर्भरता से उनका उत्पीड़न बढ़ा। प्रो. हरबंश मुखिया ने यूरोपीय एवं भारतीय सामंतवाद के बीच समानता को उचित नहीं ठहराया है। डॉ. वी.के. ठाकुर ने हिस्ट्रोरियोग्राफी ऑफ इंडियन फ्यूडेलिज्म में भारतीय सामंतवाद से सम्बन्धित विभिन्न इतिहासकारों के मतों को संकलित किया है। इन विद्वानों की विचारधाराओं के परिप्रेक्ष्य में हम यहां भारतीय सामन्तवाद की उचित एवं विश्लेषणात्मक चर्चा करेंगे।

पूर्व मध्यकाल में सामन्ती वर्ग अत्यन्त प्रभावशाली शक्ति के रूप में उभर कर आया। प्रत्येक शासक के अधीन इस काल में कई–कई सामन्त और एक राज्य में विभिन्न प्रकार की सामन्ती श्रेणियाँ अस्तित्व में थीं और उनका स्वरूप स्थिर हो गया।[2] इस दौर के न केवल अधिकारी वर्ग अपनी सेवा के बदले भूमि प्राप्त करने के इच्छुक थे बल्कि सैनिक भी सेवा के बदले भूमि प्राप्त कर सामन्ती श्रेणी में जाने को उत्सुक थे। राज्य को नियमित सेवा देने वाले वर्गों से भिन्न ब्राह्मण वर्ग था जो समाज में प्रतिष्ठा एवं वर्चस्व के बल पर कर मुक्त भूमि 'ब्रह्मदेय' प्राप्त करने का हकदार बना। शक्तिशाली केन्द्रिय सत्ता के अभाव में सामन्ती शक्तियों को उभरने का अवसर मिला। इन शक्तियों ने क्या देश को कमजोर बनाया? अथवा देश मतबूत हुआ? यह विचारणीय बात है। अनेक स्तरीय सामन्ती वर्ग के आविर्भाव, अधिकार, दायित्व एवं भारतीय राजनीति पर उनके प्रभाव की चर्चा इस सन्दर्भ में उचित होगी। सामन्त शब्द (सम् + अन्त) का अभिप्राय है– समीपवर्ती, सीमावर्ती आदि। सरल शब्दों में प्रारम्भ में, पड़ोसी राजा का बोधक था। कौटिल्य अर्थशास्त्र (1/16) में इसका प्रयोग पडोसी के अर्थ में हुआ है। मनु एवं याज्ञवल्क्य स्मृतियों में पड़ौसी व्यक्ति या स्वतंत्र पड़ोसी राज्य माना गया।[3]

दसवीं शताब्दी के उत्तरार्द्ध में गुर्जर–प्रतिहार साम्राज्य के पतन के बाद उत्तरी भारत की राजनीतिक एकता छिन्न–भिन्न हो गई। रामशरण शर्मा ने इस बात को स्पष्ट करते हुए आगे लिखा है, इन छोटे–छोटे राज्यों का उदय कैसे हुआ? स्पष्ट ही इनमें से कुछ तो राजकुमारों के बीच पैतृक सम्पत्ति के बँटने के कारण पैदा हुए, लेकिन शेष राज्य सामन्तों और राज्याधिकारियों को अनुदान स्वरूप छोटे–बड़े क्षेत्र देने के कारण स्थापित हुए। अनुदत्त क्षेत्रों के स्वामी धीरे–धीरे अपना दबदबा बढ़ा लेते थे और अन्त में स्वतंत्र राजा बन बैठते थे।[4]

सत्ता एवं सामन्त पाँचवीं शती ईस्वी के पल्लव अभिलेखों, 507 ई. के गणैधर दान–पत्र में सामन्त शब्द प्रयोग हुआ है और महासामन्त विजयसेन का सर्वप्रथम जिक्र आया है।[5] बी.एन.एस. यादव के अनुसार सामन्तवाद की पृष्टभूमि के लिए शक–कुषाण काल में जाना होगा। शक–कुषाण युग में हमें सामन्तवाद के न केवल राजनीतिक अपितु सामाजिक तथा आर्थिक कारक भी स्पष्ट रूप से देखने को मिलते है।[6] डा. एस.एस. निगम के अनुसार यह एक प्रकार से सामाजिक परिवर्तन की एक नई प्रशासनिक विधा थी।

- नगरों के उजड़ने व पतनशील स्थिति में आ जाने के कारण ग्रामीण क्षेत्रों पर जनसंख्या का दबाव बढा और राजस्व में पर्याप्त कमी आ गई थी। इस कारण प्रशासकों, सैन्यधिकारियों आदि को नकद वेतन के बजाय ग्राम अनुदान में दिये जाने लगे, इसके साथ ही सामन्तवाद की शुरूआत हुई। इसका सम्बन्ध मुद्रा व्यवस्था से भी था।
- सातवीं शताब्दी के बाद राजकीय अधिकारियों को भूमिदान के रूप में वेतन दिया जाने लगा था। दसवीं शताब्दी से अनेक

राज्यों के बड़ी संख्या में भूमि अनुदान के विवरण मिलने लगते हैं।

- इससे भी अधिक महत्वपूर्ण किसानों को नियंत्रण में रखने और गैर–कृषि मजदूरों की बढ़ती संख्या पर नियंत्रण बनाये रखना भी एक मकसद था। शासक वर्ग सामन्तों को भूमि अनुदान देकर ऐसे तत्वों पर नियंत्रण जैसे मसलों से मुक्ति पा लेता था। चंदेल शासकों ने बड़ी संख्या में ऐसे अनुदान दिये। धंग (902–1002 ई.) के शासनकाल में यशोधर भट्ट नामक ब्राह्मण को एक ग्राम समस्त अधिकारों के साथ अनुदान किया। यह महापुरोहित एवं उसके द्वारा प्रदत्त न्यायाधीश की सेवा के लिए था।
- उल्लेखनीय है कि, अनुदान एक व्यक्ति को जीवन भर के लिए दिया जाता था और उसकी मृत्यु होने पर वह पुनः अन्य व्यक्ति को दिया जा सकता था। परन्तु व्यावहारिक रूप में ऐसा नहीं था। प्राप्त भूमि का सामन्त द्वारा पीढ़ी–दर–पीढ़ी उपयोग करते रहने का बोध होता है।
- सामन्ती व्यवस्था की विकास प्रक्रिया में विजेता सम्राट विजित राजा के राज्य को जीत लेने के पश्चात् उस पर अपना अधिकार न कर, भेंट–उपहारादि प्राप्त करते हुए, विजित राजा को अपनी अधीनता में राज्य करने का अधिकार दे दिया जाता था। इस नीति को समुद्रगुप्त की प्रयाग प्रशस्ति में 'ग्रहण मोक्षानुग्रह' कहा गया। गुप्तों की धर्म विजय की नीति का ही परिणाम कहा जायेगा कि उत्तर भारत में विभिन्न सामन्ती कुलों, जैसे–मौखरि, सनकानीक, वर्मन, मैत्रक, परिव्राजक आदि का उदय हुआ।
- बाण के हर्षचरित में जिक्र आया है कि हर्ष ने अपने सामन्तों को 'करद' (कर देने वाले) बना लिया था। दूसरे शब्दों में सम्राट अपनी अधीनस्थ प्रजा से सीधे कर न लेकर सामन्तों को इसका माध्यम बनाया। पूर्व मध्यकाल में राज्य विस्तार के साथ शासकों की विजय का उद्देश्य अधिक से अधिक सामन्त खड़े करना एवं उनके द्वारा कर बटोरना भी हो गया।

सामन्ती श्रेणियां बाण का हर्षचरित कई तरह के सामन्तों का उल्लेख करता है, जैसे–सामन्त, महासामन्त, आप्त सामन्त, प्रध ाान सामन्त, शत्रु सामन्त और प्रति सामन्त। महासामन्त निश्चयपर्वक उच्च श्रेणी का सामन्त था और शत्रु सामन्त पराजित शत्रु सरदार का बोधक है। आप्त सामन्त शायद वे लोग थे जिन्होंने स्वेच्छा से अपने स्वामी की अधीनता स्वीकार कर ली थी। प्रधान सामन्त सम्राट के सबसे विश्वस्त व्यक्ति थे जिनकी सलाह की उपेक्षा नहीं की जा सकती थी।[7] सामन्त ही नहीं कुछ राजाओं का स्तर भी सामन्तों जैसा ही कहा गया है। जो सम्राटों के यहाँ तरह–तरह की सेवाएँ प्रदान करते थे, उन्हें सम्राट द्वारा सम्मानजनक स्थान दिया जाता था, को **प्रथम श्रेणी** में रख सकते हैं। **दूसरे वर्ग** के राजा लाचारी से अधीनता स्वीकार करते थे। **तीसरी श्रेणी** में उनको रखा जायेगा जो स्वेच्छा से पारस्परिक व्यवहार द्वारा सम्राट के अधीनस्थ बने रहते थे।

परमार वंश के सामन्तों में एक श्रेणी उनकी थी जिन्होंने परमारों के कठिन दिनों में केन्द्रीय सत्ता के विरुद्ध शक्ति के बल पर स्वयं को स्वतंत्र राज्य का स्वामी घोषित कर लिया था। महाकुमार परमार, जो सहायक उपाधियाँ धारण करते रहे, व्यावहारिक रूप में स्वतंत्र थे। किरादू के परमारों ने अपने लिए स्वतंत्र क्षेत्रों की स्थापना की और मुख्य शाखा का भी सम्मान किया।

गुजरात में भिन्न प्रकार का, राज परिवार से सम्बन्धित सामन्त वर्ग था। चालुक्य शासक त्रिलोचन पाल के 1051 ई. के अनुदान पत्र में 42–42 एवं 900–900 गाँवों के एकांशों का उल्लेख मिलता है। कर्ण प्रथम के 1091 ई. के एक अनुदान पत्र के अनुसार वह आनन्दपुर का भोक्ता था और साथ ही 126 गाँवों के एकांश का भी। संभवतः 42 गुणक का यह एकांश उसे राजपरिवार के सदस्य रूप में प्राप्त था। चालुक्य अनुदान पत्रों को 15वीं शताब्दी में **'लेख पद्धति'** नामक पुस्तक में संकलित किया गया, जिसके आधार पर कहा जा सकता है कि बारहवीं सदी के अन्त तक गुजरात में सामन्तों, उप–सामन्तों की श्रेणियाँ अस्तित्व में थीं, जो सामन्तवाद की प्रमुख प्रवृत्ति है। दूसरे शब्दों में, पदानुक्रम से भू–स्वामी या बिचौलियों का अस्तित्व सामन्तवाद की विशेषता कही जायेगी।

दसवीं–ग्यारहवीं सदी में सैन्य सेवाओं के बदले भूमि अनुदानों की संख्या में तेजी से वृद्धि हुई । बिहार–बंगाल से प्राप्त तत्कालीन साहित्य में 'देश्या', 'करज', 'ग्रामजा' और 'प्रतिपटका' आदि मंत्रियों, वंश के सदस्यों तथा सैन्य सेवा देने वालों को, भूमि अनुदानों का उल्लेख आया है। सामन्तीय पद सभी वर्ण के लोगों के पास थे और इसके प्रमाण स्थापत्य कला से सम्बन्धित 'मन्सरा' नामक ग्रंथ में मिलते हैं। इसमें कहा गया है कि सामन्ती पदानुक्रमों में किसी भी वर्ण का व्यक्ति 'प्रहरका' और 'अस्त्रग्रहणि' जैसे छोटे पदों को प्राप्त कर सकता था। सबसे छोटे पदों में 'अस्त्रग्रहणि' को रखा गया फिर भी वह 500 घोड़े, 5000 हाथी और 50,000 सैनिकों के साथ 500 महिलाएँ, नौकर–चाकर और एक रानी रख सकता था। एक ओर जहाँ इस व्यवस्था ने वर्ण सम्बन्धी असमानताओं पर कुठाराघात किया वहीं 'ठाकुर', 'राउत' एवं 'नायक' जैसी उपाधियाँ, राजपूतों तक सीमित न रहीं। अर्थात् कायस्थों एवं अन्य जातियों को भी यह उपाधियाँ दी जा रही थीं। मनुस्मृति के टीकाकार कुल्लुक ने जिक्र किया है कि बड़े–बड़े व्यापारी गण, शासक भू–पतियों के अभिजात–वर्ग में शामिल हो रहे थे। यही नहीं सामन्ती उपाधियाँ कारीगरों को भी मिलने लगी थीं। विजय सेन के देवपाड़ा अभिलेख में कहा गया है कि शूलपाणि को, जो कि विरेन्द्रा (पश्चिमी बंगाल) के कारीगरों का मुखिया था, 'रणका' उपाधि प्रदान की गई थी।

सामन्ती व्यवस्था के आर्थिक आधार गुप्तोत्तरकालीन राजनीतिक संघर्ष, परस्पर युद्ध एवं अस्थिरता जैसी स्थिति ने भारत के व्यापार वाणिज्य को प्रभावित किया। 600–1000 ई. के मध्य सिक्कों में मिश्रित धातुओं की अधिकता, भद्दे आकार–प्रकार (सिक्कों का) तथा व्यापारिक संघों की मुहरों की अनुपलब्धता तत्कालीन वाणिज्य–व्यापार पर आधारित अर्थव्यवस्था के पतन का प्रकीक है।

कौशाम्बी एवं अहिच्छत्र जैसे नगरों के उत्खनन एवं ह्वेनसांग के विवरण से प्रमाणित होता है कि उत्तर भारत के अनेक नगरों का पतन हो चुका था। नगरीय जीवन के "ह्रास ने भूमि एवं कृषि पर निर्भरता को बढ़ाया। अब कृषि को सभी वर्णों के सामान्य व्यवसाय के रूप में निरूपित किया जाने लगा। 'बृद्धहारीत' में इसे सभी वर्गों का 'सामान्य धर्म' बताया गया।

कृषिस्तु सर्ववर्णानाम् सामान्यो धर्म उच्यते।

- पाराशर स्मृतिकार घोषणा करता है कि कलियुग में कृषि सभी वर्णों का समान व्यवसाय बन जायेगी। भूमि तथा कृषि के प्रति इस बदले हुए नजरिये ने विभिन्न वर्णों के लोगों में अधिकाधिक भूमि प्राप्त करने की लालसा जागृत की। भूमि के प्रति परिवर्तित दृष्टिकोण का प्रभाव भू–सम्पन्न कुलीन वर्ग के आविर्भाव के रूप में देखा गया ।
- श्रमिक वर्ग एवं बहुसंख्यक शूद्र खेतों की ओर दौड़ पड़े। दूसरी ओर भू–स्वामियों को अपने खेतों पर काम करने के लिए श्रमिकों की आवश्यकता थी। आगे जाकर ब्रिटिश काल में भी जब अंग्रेजों ने स्थानीय वस्त्र उद्योग को नष्ट कर दिया था, ढाका के बुनकरों के अँगूठे कटवा दिये गये और वे खेतों में मजदूरी करने को विवश हुए। अनेक प्रकार की स्थानीय माप एवं बाट पद्धति तथा मुद्रा प्रणाली की भिन्नता व्यापार की घोर बाधक थी। शासक वर्ग अपना धन निरन्तर युद्ध अथवा ऐश–आराम पर खर्च करते थे, जिससे व्यापार में धन की कमी सदैव बनी रही। यद्यपि कई विद्वान पूर्व मध्य काल में वाणिज्य–व्यापार में सुधार की घोषणा करते हैं। प्रो. यादव[8] की ऐसी मान्यता है।
- शासक वर्ग और बिचौलिये सामन्तों द्वारा जमीन पर अधिकार की बढ़ती माँग के कारण किसानों से भूमि धीरे–धीरे हस्तगत की जाने लगी। कई किसानों की स्थिति पट्टेदारों जैसी हो गई और कुछ किसान केवल जोतदार (आर्थिक या आधी फसल पाने वाला) हो गये।
- कुछ साहित्यिक साक्ष्य सूचित करते हैं कि करों के बोझ, जबरन दबाव और कर्ज के कारण किसानों पर आर्थिक भार बढ़ा। किसानों का अधिशेष (अतिरिक्त उत्पादन) कई तरीकों से हड़पा जाने लगा। नई सामन्ती व्यवस्था ने आर्थिक दमन की शुरुआत की। राजराजा चोल के अभिलेख में लगभग 50 प्रकार के करों और राज्य की माँगों से बढ़ते दबाव का बोध होता है।
- कल्हण राजतंरगिणी में 'दमरों' (कश्मीर का अधिकारी वर्ग) के जुल्मों एवं षड्यंत्रों का रोचक चित्र प्रस्तुत करता है। कहा गया है कि मंत्रीगण स्वार्थी थे और इन्हें शायद ही जनता की भलाई से कोई लेना–देना था। बारहवीं सदी के ग्रंथ 'मनसोल्लास' में राजा को सलाह दी गई है कि वह अपनी प्रजा की रक्षा न केवल लुटेरों से अपितु मंत्रियों सहित वित्तीय एवं राजस्व अधिकारियों से भी करनी चाहिए।

ब्राह्मण सामन्त अपनी भौगोलिक सीमाओं के विस्तार की लोलुपता, परस्पर हिंसा व निर्दयता से शासक वर्ग ओत–प्रोत था। वहीं दूसरी ओर वे ही राजा ब्राह्मणों के प्रति उदार भाव रखते दिखाई पड़ते हैं। स्पष्टतः इसमें दानी राजाओं द्वारा बड़े उपहारों का उद्देश्य न केवल दाताओं अपितु अपने पूर्वजों के लिए पुण्य अर्जित करना था।

प्रायश्चित के सिद्धान्त ने अपराध बोध की भावना से ग्रस्त राजाओं का ब्राह्मणों ने शोषण किया। उनके द्वारा गाय–बैल, भूमि एवं स्वर्ण आदि उपहार देने की सलाह दी गई। सभी उपहारों में भूमि का स्थान सर्वोच्च माना गया। कई पुराण घोषणा करते हैं कि भूमिदान कर्ता के भाग्य में स्वर्ग लिखा होता है।

लेकिन यह कथन पूरी तरह सत्य नहीं है कि "शासक वर्ग केवल ब्राह्मणों की धन लोलुपता के शिकार थे।" दरअसल राजनीतिक सत्ताओं के लिए वैधता की खोज एक महत्वपूर्ण उद्देश्य रहा है। परमार्दिन ने सेनापति कल्हण के पुत्र ब्राह्मण सेनापति अजयपाल को एक पद भूमि अनुदान में दी। तदन्तर एक पद जमीन उसके राउत पुत्र सोमराज को और एक पद भूमि महाराज और वत्सराज नामक उसके दो बेटों को, जो राउत का पद प्राप्त नहीं कर पाये थे, अनुदान में दी। भूमि अनुदानों ने राजा एवं सामन्त की राजनीतिक सत्ता को सामाजिक एवं वैधानिक मान्यता प्रदान की। पाल शासकों के दौरान भूमि अनुदानों के कारण बिहार–बंगाल में ब्राह्मण वर्ग, बौद्ध विहार एवं शैव मन्दिरों का आविर्भाव, बिचौलिये भू–स्वामियों के रूप में हुआ। पुरोहित वर्ग द्वारा राजनीतिक शक्ति का प्रयोग सामाजिक व्यवस्था बनाए रखने के लिए अधिक किया। उस काल का पुरोहित वर्ग न केवल प्राप्त करता था अपितु उन्होंने शासकों के प्रभुत्व पर प्रतिबंध लगाने में भी योगदान किया।

ब्रह्मदेय भूमि अनुदान में मिले खेत या पूरे गाँव को जो ब्राह्मणों को दान दिया जाता था, ब्रह्मदेय कहा गया। ब्राह्मण वर्ग ब्रह्मदेय द्वारा भू–स्वामी या भू–नियंत्रक बन गये। इसका एक उद्देश्य गैर–कृषि भूमि को कृषि योग्य बनाया जाना भी था। हम जानते है, देश में कई जातियाँ प्रवेश कर चुकी थीं और ऐसे वर्गों को कृषि व्यवसाय से जोड़ने का कार्य ब्राह्मण वर्ग ही कर सकता था परिणामतः शासकों ने बड़ी संख्या में ब्राह्मणों को भूमि दान की। दक्षिण भारत में देखा गया है कि ब्रह्मदेय के रूप में भूमि या तो एक ब्राह्मण को या कई ब्राह्मण परिवारों को, जो कई सौ और कभी–कभी हजार से ज्यादा होते थे, दी जाती थी। ब्रह्मदेय आवश्यक रूप से बड़े सिंचाई साधन, जैसे–तालाब या झील के निकट दी जाती रही और ऐसा न होने पर सिंचाई साधनों का निर्माण किया जाता था।

अग्रहार प्रारम्भ में शैक्षिक संस्था के संचालन हेतु दिये गये दान के लिए इस शब्द का प्रयोग किया जाता था। आगे जाकर ब्राह्मणों को दिया जाने वाला कर मुक्त भूमि अनुदान 'अग्रहार' कहा गया, जो केवल ब्राह्मणों को मिलता था। इस अनुदान की भूमि यद्यपि ग्रहीता के परिवार की वंशानुगत सम्पत्ति हो जाती थी, किन्तु राजा को ग्रहीता के आचरण से अप्रसन्न होकर भूमि जब्त कर लेने

का अधिकार था। भूमि–अनुदान राजा के विशेष अनुग्रह का प्रतीक होता था, 'अग्रहार' ने ब्राह्मणों की विशेष स्थिति को निश्चय ही और अधिक महत्व प्रदान किया होगा।[9] ऐसे ग्रामों को अन्य ग्रामों की अपेक्षा अधिक समृद्ध कहा गया है, क्योंकि ब्राह्मण कोई कर नहीं देते थे। दूसरे शब्दों में 'ब्रह्मदेय' से सम्बन्धित 'अग्रहार' अनुदान था, जिसमें सम्पूर्ण ग्राम ब्राह्मण बस्ती होता था और भूमि अनुदान में दी गई होती थी। ये भी कर मुक्त होते थे, किन्तु ब्राह्मण अपनी इच्छा से स्थानीय लोगों के लिए निःशुल्क शिक्षा की व्यवस्था कर सकते थे।[10]

अग्रहार या ब्राह्मणों को अनुदान में मिली कर मुक्त भूमि ने ब्राह्मणों के स्तर को ऊँचा उठाया। ब्राह्मणों और वणिक समुदायों में प्रमुखता के लिए जो संघर्ष हुआ, उसमें भूस्वामी बनकर राजनीतिक सत्ता प्राप्त कर लेने के कारण ब्राह्मण विजयी हुए।''[11]

''ब्राह्मणों में भी सबसे अधिक अनुदान महापुरोहित जागुक या जागु शर्मा तथा उसके पुत्र प्रहलाद शर्मा को प्राप्त हुए। जागु शर्मा मदनपाल और उसके उत्तराधिकारी गोविन्द चन्द्र के शासनकाल में भी महापुरोहित के पद पर बना रहा। ....1114 से लेकर 1127 ई. तक तो इसे प्रायः हर साल एक गाँव मिलता रहा। .....इन अनुदानों का उद्देश्य पुण्यार्जन बताया गया है। ...जागु शर्मा के पुत्र प्रहलाद या प्रहराज शर्मा के समय में इस परिवार की शक्ति–प्रतिष्ठा में और भी वृद्धि हुई। उसे आठ गाँव अनुदान में दिए गए और साथ ही राउत का महत्वपूर्ण सामन्ती अथवा सैनिक दर्जा प्रदान करके वह अपने पिता के स्थान पर महापुरोहित के पद पर प्रतिष्ठित किया गया।''[12] कहा जा सकता है कि ब्राह्मणों का पुरोहितों से जमींदारों के रूप में परिवर्तन हुआ और वे एक सम्पत्ति चाहने और सम्पत्ति पर अधिकार करने वाले वर्ग के रूप में उभर रहे थे।

पदानुक्रम एवं अधिकार सामन्ती व्यवस्था धीरे–धीरे इतनी प्रभावशाली हो गई थी कि तत्कालीन ग्रंथों में इसके बारे में लिखा जाने लगा। बारहवीं सदी के ग्रंथों में अधीनस्थ ग्रामों की संख्या के आधार पर सामन्तों का वर्गीकरण इस प्रकार किया गयाः

एक लाख ग्रामों का सामन्त–**'महामंडलेश्वर'**, पचास हजार ग्रामों का सामन्त–**'मण्डलिका'**, बीस हजार ग्रामों का सामन्त–**'महासामन्त'** एवं दस हजार, पाँच हजार तथा एक हजार ग्रामों का सामन्त **'चतुरमश्किा'** कहा गया।

बंगाल के लेखक संध्याकार नन्दी (राजा–रामपाल कालीन) ने सामन्तीय क्रम इस प्रकार दर्शाया है – **मण्डलाधिपति, सामंत चक्र–चूड़ामिण, भूपाल एवं राजा।**

अधिकारियों की उपाधियों एवं पदों का भी तेजी से सामंतीकरण हुआ। विशेष रूप से 'महा' शब्द के उपसर्ग द्वारा सम्बोधित किया जाने लगा। दक्षिण में उच्चस्तरीय अधिकारियों के लिए 'पेरुन्दरम' (उच्च स्तर) एवं छोटे अधिकारियों के लिए 'सिरुतारम' (निम्न स्तर) जैसे शब्द मिलते हैं। भूमि अनुदान प्राप्तकताओं के लिए सर्वाधिक सुखद बात यह थी कि शासन द्वारा समस्त प्रशासनिक एवं वित्तीय अधिकार उन्हें (अनुदान प्राप्तकर्ता) सौंप दिये गये। परिणाम यह हुआ कि पुलिस, अपराधविधि, न्याय एवं प्रशासन पर सामन्तों का अधिकार हो गया और राजा एवं किसान के बीच सम्पर्क टूट गया। ब्रिटिशकालीन बंगाल के स्थायी बन्दोबस्त (Parmanent Settlement) की भाँति इस काल में भी शासक एवं किसान के बीच भू–स्वामियों का एक बड़ा कुलीन वर्ग खड़ा हो गया।

सामन्ती प्रतिष्ठा के स्तर सामन्ती वर्ग की सामाजिक पहचान हेतु प्रतीकों एवं चिन्हों, जिनका वे उपयोग करते थे, उनके भू–स्वामित्व की पुष्टि करते हैं। सम्मान के प्रतीक **झालर, छतरी, घोड़े, हाथी, पालकी एवं 'पंचमहाशब्द' उनके स्तर या पद की गरिमा को इंगित करते थे।** 'पंचमहाशब्द'–संभवतः पाँच संगीतीय यंत्रों के प्रयोग के द्योतक है। उपरोक्त यंत्र – श्रींगा (भोंपू), तम्मत (ढ़ोलक), शंख, भेरी (नगाड़ा) और जयघंटा (विजय की घंटी) आदि कहे गये हैं। उत्तर भारत में 'पंचमहाशब्द' पाँच अधिकारिक पदों के लिए भी प्रयोग में लाया गया। कुछ विद्वान् 'शब्द' के स्थान पर 'शप' या 'शपर्थ' (प्रतिज्ञा) जोड़ कर व्याख्या करते हैं। इसके अतिरिक्त 'महासामन्तों' या 'चक्रवर्ती' सामन्तों को मुख्य द्वार (सिंह द्वार) बनाने की अनुमति थी लेकिन छोटे सामन्त ऐसा नहीं कर सकते थे। आवासीय परिसर या निवास स्थल का निर्माण भी भिन्न–भिन्न स्तर के सामन्तों के लिए अलग–अलग निर्धारित थे। वास्तु ग्रंथ 'मानसार', 'मयमत' भुवनदेवभट्ट की 'अपराजित पृच्छा' एवं वराहमिहिर की 'वृहतसंहिता' में इस तरह के उदाहरण उल्लेखनीय हैं।

सामन्त को अपने क्षेत्र के वित्तीय एवं प्रशासनिक अधिकार प्रदान करके स्थानीय नरेश कानून–व्यवस्था बनाये रखने के दायित्व से भी मुक्त हो गये। सैन्य अनुबंधों को पूरा करना सामन्तों के लिए आवश्यक था। राजा द्वारा युद्ध की घोषणा की जाने पर सामन्त को सैनिक एवं सैन्य उपकरण भेजने होते थे।

जैझाकभुक्ति (बुंदेलखण्ड) के चंदेलों सन् 1160 में परमार्दिन के ब्राह्मण सेनापति अजयपाल ने एक पद भूमि का अनुदान प्राप्त किया था। निरन्तर तीन ठाकुरों के पास रह चुके ब्राह्मण सेनापति मदनलाल शर्मा को 1171 ई. में सम्पूर्ण गाँव का अनुदान मिला। युद्ध में मृत्यु हो जाने पर भी सैनिक अधिकारियों को भूमि अनुदान में दी जाती थी। सैनिक सेवा के लिए वास्तव्या (श्रीवास्तव) कायस्थों को भी अनुदान दिये जाते रहे।

इसके अतिरिक्त शाही आज्ञाओं का पालन करना, नजरानों की नियमित अदायगी करना, समारोहों के अवसरों पर दरबार में उपस्थित होना। खास तौर पर अपने राजा के जन्म दिवस पर उनकी दरबार में उपस्थिति अनिवार्य थी। ग्यारहवीं सदी ई. के अन्तिम दौर में कैवतों के विद्रोह का दमन करने के लिए पाल शासक रामपाल ने अपने सामन्त का सहयोग किया था। एक राजा के अधीन दो सामन्त आपस में अपने को सम्बन्धी मानते रहे।

सामन्ती प्रभाव सामन्ती व्यवस्था ने कुछ ऐसी पद्धतियाँ विकसित कीं, जिनसे देश में आर्थिक एवं सांस्कृतिक प्रगति का मार्ग प्रशस्त हुआ। दूसरी ओर इस वर्ग ने कई कु–प्रथाओं एवं स्वार्थपूर्ण नीतियों की शुरुआत की जो आगे जाकर देश के लिए घातक सिद्ध हुईं।

योगदान पूर्व मध्यकाल के प्रारम्भ में कृषि विकास एवं भूमि सम्बन्धों की शुरुआत भूमि अनुदान के साथ हुईः

- कृषि विस्तार के अन्तर्गत नियमित रूप से खेती करना, ठीक से जुताई, अच्छे किस्म के लोह फाल का उपयोग एवं सिंचाई साधनों का इस्तेमाल शामिल था। कृषि का विकसित संस्थागत रूप इसी दौर में उभरकर आया जिसमें उत्पादन के साधनों पर नियंत्रण एवं उत्पादन का संग्रहण आदि तकनीक का विकास हुआ।
- ब्रह्मदेय, अग्रहार बस्तियों, मन्दिरों, अधिकारियों एवं सामन्तों को अनुदान में दी गई भूमि पर बड़े पैमाने पर खेती करवाई जाने लगी। परती या खाली जमीन ही कृषि भूमि के रूप में परिवर्तित नहीं हुई अपितु मध्य भारत ओडिशा व पूर्वी बंगाल में जंगलों को साफ करके खेती की जाने लगी।
- आदिवासियों को कृषि के नये तरीकों से परिचित करवाया गया। ब्राह्मण पिछड़े एवं आदिवासी क्षेत्रों में मौसम, खेत जोतने, सिंचाई एवं पशुओं खास तौर से गायों (बैलों के महत्व) के उपयोग, खाद (गोबर) के इस्तेमाल का बोध करवाने में लग गये।
- ब्राह्मणों एवं मन्दिरों को भूमि अनुदान धार्मिक कृत्य का अंग था, वहीं तालाब, कुओं, नहरों, झीलों के निर्माण को भी धार्मिकता से जोड़ दिया गया। तत्कालीन लेखकों ने 'वृक्षार्थ वेद' नामक ग्रंथ द्वारा पौधों की बीमारियों को दूर करने के उपाय सुझाये।
- अजमेर में मिले दसवीं सदी के अभिलेख में बड़े प्रकार के हल का जिक्र आया है। कश्यप के कृषि सूक्ति में बैलों द्वारा संचालित घाटियंत्र उत्तम कहा गया एवं मानव शक्ति द्वारा प्रचलित सबसे खराब और हाथी द्वारा चालित मध्यम श्रेणी का दर्शाया गया।
- 'कृषिनरेश्वर' एवं 'गुरुसंहिता' में मौसम सम्बन्धी जानकारियाँ दी गई हैं जो कृषि उन्नति में सहायक थीं।
- बंगाल में 50 से अधिक किस्म के धन उपजाए जाने का उल्लेख 'सुन्यापुराण' में आया है। ब्राह्मणों ने उर्वरकों के बारे में कई तरह की जानकारियाँ मुहैया करवाईं।
- अनुदत्त क्षेत्रों में सामन्तों ने शांति व्यवस्था बनाये रखने जैसा महत्वपूर्ण कार्य किया। भूमि अनुदान के साथ प्रशासनिक एवं वित्तीय अधिकार भी उन्हें प्रदान किये जाते रहे थे। इसके जवाब में ब्राह्मणों ने अपने शासकों को चन्द्र वंश एवं सूर्य वंश से जोड़कर उनके दैवीय अधिकारों को बल दिया।
- जिन क्षेत्रों में ब्राह्मणों को भूमि दी गई वे सामान्यतः अविकसित आदिवासी क्षेत्र थे, वहाँ ब्राह्मण संस्कृति का प्रसरण हुआ। लोगों को सभ्य–सुसंस्कृत बनाया गया। उनसे सम्बन्धित इलाकों में लिपि, कला एवं साहित्य के ज्ञानवर्द्धन में ब्राह्मणों का महत्वपूर्ण योगदान रहा। उस दौर में पूरा देश समान सभ्यता संस्कृति से संयुक्त दिखाई पड़ता है।
- इस काल तक आते–आते वर्ण संकर एवं जातियों की संख्या पर्याप्त लम्बी हो चुकी थी। ब्रह्मवैवर्त पुराण ने इनकी संख्या 100 तक दर्शाई है। ब्राह्मणों ने नई जातियों में वर्ण संकर वर्गों को शामिल करके इस समस्या का निदान किया।

सामन्ती प्रथा के दुष्प्रभाव इस तथ्य का दूसरा पक्ष अधिक धुंधला प्रतीत होता है। सामन्तों के प्रशासन पर बढ़ते प्रभाव ने केन्द्रीय सत्ता को अत्यन्त निर्बल बना दिया। सैन्य शक्ति के लिए सम्राटों की सामन्तों पर निर्भरता ने कई राजवंशों को सत्ता से अलग होने के लिए विवश किया।

I. ओडीशा के सोमवंशीयों ने यह स्वीकार किया था कि सामंत राजा को हटा सकते थे और उनको सिंहासन पर बैठा भी सकते थे। अर्थात सामन्त राजा के लिए कभी भी संकट खड़ा करने की स्थिति में होते थे।

II. सामन्ती वर्गों ने राजा को उसकी प्रजा से रू–ब–रू होने से वंचित रखा, परिणामतः शासकों का अपनी प्रजा की कठिनाइयों से सम्बन्ध न रहा। कभी–कभी सामन्तों के बढ़ते प्रभाव के कारण राजा को अपने मन्त्रियों की सलाह की उपेक्षा करनी पड़ती थी, जो उनके लिए कई तरह से घातक सिद्ध हुई।

III. भूमि अनुदानों से कई प्रकार के बिचौलियों का उदय हुआ। सामन्त या कुलीन भूमिपति, पट्टेदार, जोतदार एवं कृषक जैसी शृंखला खड़ी हो गई। कृषकों की स्थिति का चित्रण नवीं सदी ईस्वी के 'वृहन्नारदीय पुराण' में मिलता है, जिसमें उसे हल से बँधे (बद्ध हलैः) कहा गया है। अनुदान पत्रों से सम्बन्धित 'लेख पद्धति' में एक राणा द्वारा एक क्षेत्र के ग्रामवासियों को दिया गया 'गुणपत्र' (अधिकार) में झोंपड़ियों में रहने वाले किसानों (कुटुम्बकों) को आदेश दिया गया कि वे उनके नाम पर दर्ज भूमि पर कृषि करें, कोई भी भूमि का हिस्सा पड़ती न छोड़ें, ऐसा न करने पर वे दंड के भागी होंगे और स्थानीय रीतियों के अनुसार कर और सेवाएँ दें।[13]

IV. कहा गया है कि इस सामन्ती ढाँचे में कई स्तरों पर उप–सामन्तों की वृद्धि के कारण भूमि से प्राप्त होने वाली आय अनेक छोटे–छोटे टुकड़ों में बिखर जाती थी। इसमें दोनों छोरों पर स्थित व्यक्तियों किसानों और राजा की स्थिति दुर्बल हो गई और बिचौलियों के हाथों में आय चली जाने से उन्हें क्षति उठानी पड़ी। राजस्व क्षति के फलस्वरूप राजनीतिक दृष्टि से राजा की स्थिति अपने सामन्तों के मुकाबले शोचनीय हो गई, क्योंकि राजा का पूरा दारोमदार इसी बात पर था कि सामन्त उसके प्रति अपने कर्तव्यों का पालन करते हैं या नहीं।[14]

V. एक अन्य महत्वपूर्ण पक्ष जबरन मजदूरी से सम्बन्धित है। अनुदान ग्रहीता अधीनस्थ प्रजा से जबरन मजदूरी (बिस्ती) लेने के अधिकार का दावा करते थे। जबरन मजदूरी के 100 से अधिक उल्लेख चोल अभिलेखों में मिलते हैं। इस प्रकार कृषि दास प्रथा या अर्द्ध–दास व्यवस्था का विकास हुआ।

VI. जबरन मजदूरी के अतिरिक्त अधिशेष (उत्पादन का अतिरिक्त भाग) की हड़प नीति का भी कृषक वर्ग शिकार था। राजराजा चोल के अभिलेख में 50 प्रकार के करों और राज्य की माँगों के बढ़ते दबाव का बोध होता है। सामान्यतः उत्पादन का छठा भाग कर के रूप में वसूल किये जाने के प्रावधान थे, किन्तु उत्पादन के एक–तिहाई मूल्य के बराबर कर, जमींदार हड़प लेते थे।

VII. सामन्त अपने राजस्व की राशि भव्य महलों एवं मन्दिरों के निर्माण पर खर्च करने लगे। उन्हें जनता की भलाई से कोई सरोकार न था। भव्य मन्दिरों के निर्माण एवं उनके खर्च के लिए आय का बड़ा भाग व्यय किया जाने लगा जिससे मन्दिरों में अकूत दान संगृहीत होने लगा। ऐसे मन्दिरों ने विदेशी आक्रान्ताओं को आकृष्ट किया, जिनका उद्देश्य लूट एवं मूर्तियों को नष्ट करना था।

निष्कर्ष सामन्तों के केवल अपने क्षेत्र से जुड़ाव ने आत्मनिर्भर ग्रामीण अर्थव्यवस्था को बढ़ावा दिया। भूमि से जुड़े मानव संसाधनों का हस्तान्तरण दर्शाता है कि गाँव से किसान, दस्तकार एवं कारीगर एक–दूसरे पर निर्भर थे एवं परस्पर जुड़ाव इस युग की खास पहचान बनी। आत्मनिर्भर ग्रामीण अर्थव्यवस्था देश की एकता के लिए घातक थी। अन्त में, आठवीं से तेरहवीं शताब्दी तक के काल को कभी–कभी 'अंधकार का युग' कहा जाता है। जब हिन्दुओं की उच्च संस्कृति का "ह्रास हुआ और राजनीतिक विशृंखलता के फलस्वरूप एक पूर्णतया विदेशी शक्ति को इस महाद्वीप पर विजय प्राप्त करने में सुविधा हुई।[15]

सन्दर्भ :

1. चौधरी राधाकृष्ण व अशोक कुमार, प्राचीन भारत का आर्थिक इतिहास, पृ. 66.
2. गोयल श्रीराम, मौखरी पुष्यभूति चालुक्य युग, पृ. 283.
3. मनुस्मृति 8 / 282– याज्ञवल्क्य, 2 / 152–53.
4. शर्मा, रामशरण : भारतीय सामन्तवाद, पृ. 139–141.
5. देखिये, प्राचीन भारतीय अभिलेख में वैन्यगुप्त का गुणैध्र ताम्रलेख, पृ.84.
6. यादव बी.एन.एस. सोसाइटी एण्ड कल्चर इन नॉदर्न इण्डिया, पृ.136.
7. शर्मा, रामशरण : वही, पृ. 30.
8. यादव, बी.एन.एस. : सोसायटी एण्ड कल्चर इन नॉर्दर्न इण्ड़िया, पृ. 140.
9. थापर, रोमिला : भारत का इतिहास, पृ. 132.
10. थापर, रोमिला : वही, पृ. 160.
11. थापर, रोमिला : वही, पृ. 228.
12. शर्मा, रामशरण : वही, पृ. 149–150.
13. गायकवाड़ : ऑरिएटल सीरिज, 1925, पृ. 19.
14. थापर, रोमिला : वही, पृ. 222.
15. थापर, रोमिला : वही, पृ. 238–39.

71 कृषि अर्थव्यवस्था एवं व्यापार–वाणिज्य
(Agrarian Economy and Trade-Commerce)

पूर्व मध्यकाल में सामन्ती व्यवस्था पूरी तरह स्थापित हो चुकी थी और राजनीति में धर्म का महत्व बढ़ गया था। दूसरे शब्दों में, सामन्ती व्यवस्था के प्रादुर्भाव के कारण उस काल में आर्थिक क्षेत्र में जो महत्वपूर्ण परिवर्तन हुए उनकी जानकारी अपेक्षित है। कृषि, पशुपालन एवं व्यापार अर्थात् 'वार्ता' की परम्परागत व्याख्या के स्थान पर इस अवधि में आये बदलाव ने भारतीय समाज एवं अर्थव्यवस्था को किस तरह प्रभावित किया, को अध्ययन की विषय वस्तु बनाया जाना होगा।

इस काल की जानकारी के प्रमुख स्त्रोत धर्मशास्त्रों के टीका ग्रन्थ हैं जिनमें प्राचीन शास्त्रों की व्याख्या की है। उदाहरण के लिए मनु, याज्ञवल्क्य आदि स्मृतियों पर व्याख्या ग्रन्थ लिखे गए, इन्हें अपने काल से सम्बन्धित करके लिखा है। टीकाकारों ने जो उदाहरण प्रस्तुत किए हैं वे भी समकालीन हैं अतः समय विशेष के सम्बन्ध में इनका महत्व बढ़ जाता है। मसलन मनुस्मृति की उलूक ने व्याख्या की है, जो पूर्णतः नवीन प्रकार की है। टीकाकारों ने अन्य विद्वानों के कथन भी उद्धृत किये हैं।

कृषि व्यवस्था एवं भूमि पर दबाव कृषि के महत्व को 'कामन्दक' के इस कथन से समझा जा सकता है कि 'वार्ता' अर्थात् पशुपालन, कृषि एवं व्यापार में निपुण लोगों के लिए कभी निर्धन न होने की घोषणा की गई है। नवीं व दसवीं शताब्दी के अरब लेखकों ने लिखा है कि यहाँ अनाज और फल बड़ी मात्रा में होते हैं। इस काल के साहित्य में उन सब धान्यों का उल्लेख है, जिनका प्रयोग गुप्तकाल में होता था। कामन्दक[1] ने लिखा है कि जिस देश में अच्छी फसलें होती हैं, जिसमें पर्याप्त खानें हैं और जो वर्षा के पानी पर सिंचाई के लिए निर्भर नहीं है वहाँ जनता सुख एवं समृद्धि का जीवन व्यतीत करती है। कहा जा सकता है कि सिंचाई का महत्व बढ़ गया था। राजतरंगिणी से जानकारी मिलती है कि वितस्ता एवं महापद्मा में भारी वर्षा से कश्मीर में बाढ़ आ जाती थी अतः वहाँ के शासक ललितादित्य (740–776 ई.) ने पानी खींचने के लिए पहिये लगाकर नदियों के पानी से सिंचाई की व्यवस्था की।[2] इस समस्या के समाधान हेतु आगे जाकर कश्मीर शासक अवन्तिवर्मन (855–883 ई.) के मंत्री सुय्य ने अनेक नहरें खुदवाईं और बाँध बनवाये, जिससे कश्मीर में बाढ़ एवं दुर्भिक्ष का प्रकोप कम हुआ और प्रदेश में खुशहाली बढ़ी। दक्षिण में चोल राज्य में वर्षा कम होने के कारण चोल शासकों ने कावेरी नदी पर अनेक बाँध बनवाये और नहरों का निर्माण करवाया जिससे लोग वांछित फसलें लेने लगे। श्रीरंग टापू के नीचे 40–80 फीट लम्बा एवं 40 से 60 फीट चौड़ा बांध चोल शासकों ने ही निर्मित करवाया था। इस काल में बड़ी संख्या में पड़ने वाले दुर्भिक्षों की जानकारी तत्कालीन ग्रन्थों में मिलती है।

दण्ड़िन् के दशकुमारचरित[3] में घोर अकाल का विवरण आया है। बृहद्नारदीय[4] पुराण में जिक्र आया है कि लोग अपने प्रदेशों को छोड़कर उन क्षेत्रों में चले गये जहाँ गेहूँ एवं जौ खूब पैदा हुए। लेख पद्धति[5] में अकाल से उत्पन्न दुर्दशा का विवरण आया है। फरिश्ता[6] जानकारी देता है कि 1033 ई. में उत्तर भारत में घोर अकाल पड़ा, जिससे भूख के कारण लोग बड़ी संख्या में मारे गये। दुर्भिक्षों से उत्पन्न गम्भीर स्थिति के लिए वर्षा का अभाव, अतिवृष्टि, बाढ़ के अतिरिक्त लालची व्यापारियों एवं निर्दयी शासकों को भी जिम्मेदार माना गया है।[7]

भू–स्वामित्व पूर्व मध्यकालीन ग्रन्थों में स्वामित्व सम्बन्धी निश्चित विचारधारा मिलती है। 'पदार्थ' एवं 'सामर्थ्य' को स्वामित्व कहा है। जैमिनी मीमांसा सूत्र की टीका इस काल में की गई। इसमें कहा गया है कि 'पृथ्वी सबकी है।' शबरस्वामी के मीमांसा दर्शन में आया है, ''पृथ्वी पर लोगों का उतना ही अधिकार है जितना सम्राट का है।'' दूसरे शब्दों में राजा को भूमि की पैदावार का एक अंश प्राप्त होता था लेकिन उसे भू–स्वामी नहीं कहा गया। मीमांसा टीकाकार माधव एवं खण्डदेव ने भी भू–स्वामित्व के मामले में ऐसे ही विचार रखे हैं। सम्भवतः व्यवस्थाकारों ने भूमि पर राजा के बढ़ते हुए अधिकारों को चुनौती देने के लिए ही स्वामित्व की ऐसी स्पष्ट व्याख्या की है। टीकाकारों ने सीमा–विवाद, स्वामित्व अपहरण (स्वामी को बेदखल करना), भूमि को बँटाई पर देना, बन्धक रखना, बेचना तथा दान में देना आदि सभी समस्याओं पर विचार किया।

अग्नि पुराण एवं कृत्यकल्पतरु में कहा है कि व्यक्ति का भूमि पर पूरा अधिकार होता है अर्थात् व्यक्ति भूमि को बेच सकता है, दान दे सकता है और यदि कोई उसके अधिकार को चुनौती देता है तो वह कानून का आश्रय ले सकता है। मनुस्मृति की टीका 'मेधातिथि' में दो परस्पर विरोधी विचार मिलते हैं।

किसान भूमि का स्वामी है तथा राजा कर लेता है अतः वह भी एक दृष्टि से भूमि का स्वामी है। घोषाल के अनुसार टीकाकारों का मत था कि स्वामित्व का अभिप्राय है स्वामी उस वस्तु को अपनी इच्छानुसार प्रयोग कर सके।[8] लल्लनजी गोपाल के इस कथन से हम असहमत नहीं हो सकते कि, "मेघातिथि ने व्यक्ति को भूस्वामित्व दिया है यह इससे स्पष्ट है कि उसने सारे अधिकार किसान को दिये हैं।" सुभाषित रत्नकोष[9] से इस तथ्य की पुष्टि होती है। एक श्लोक में कहा गया है कि, "ग्राम में रहने वाले कुलों के लोग सामन्तों द्वारा सताए जाने पर भी ग्राम छोड़कर इसलिए नहीं जाते कि उनको अपने वंश की भूमि का लालच था।"

इस काल में व्यक्तिगत रूप से भूमिदान के प्रमाण मिलते हैं और दान प्राप्तकर्ता को दान दी गई भूमि की सीमा बताई जाती थी अर्थात् भू–स्वामित्व व्यक्ति के पास था। सामन्त एवं राजा के अधिकारों का विभाजन करते हुए मिताक्षरा[10] ने स्पष्ट किया है कि, "भूमिदान का अधिकार केवल राजा को था। राजा के लिए सामन्त की सहमति प्राप्त करना आवश्यक नहीं था। सामन्त को भूमिदान से पूर्व राजा की अनुमति प्राप्त करनी होती थी। लेकिन शक्तिशाली सामन्त अनुमति प्राप्त करना आवश्यक नहीं समझते।"

ग्रामदान–सम्पूर्ण अधिकारों का त्याग गुप्तकाल में भूमि अनुदान पत्रों में केवल भूराजस्व का उपभोग करने का अधिकार अनुदान ग्राहियों को दिया जाता था। किन्तु समय क्रम से बदलाव आया और भूमिदान के साथ ग्राम भी दान किये जाने लगे, जिसमें ग्राम के सम्पूर्ण अधिकारों का दान किया जाता था। बंगाल के पाल शासकों ने ग्राम दान के साथ उससे सम्बन्धित सम्पूर्ण वस्तुओं का भी दान कर दिया था अर्थात् ग्राम की भूमि, आकाश, तालाब आदि, आम–महुआ आदि के पेड़, अच्छी एवं ऊसर भूमि, मकान, गाय बैल आदि। अर्थात् अनुदानग्राही को सम्पूर्ण अधिकार दे दिये गये। बंगाल के सेन शासकों ने उपरोक्त सभी वस्तुओं के अतिरिक्त पनास, नारिकेल, नमक आदि को भी शामिल किया।

यहाँ सवाल यह उठता है कि इस प्रकार के दान से ग्रामीण लोगों के पास किस तरह के अधिकार सुरक्षित रहे। उपरोक्त प्रकार के दान से किसान क्या दास हो गये थे। वस्तुस्थिति यह थी कि अनुदान प्राप्तकर्ता व्यवहार में सभी वस्तुओं का उपभोग नहीं करता था। राजतरंगिणी से जानकारी मिलती है कि अपनी क्रूरता के लिए प्रसिद्ध राजा जयपाद ने किसानों की सम्पूर्ण फसल दान कर दी अर्थात् राजा भूमि एवं फसल को अपनी मानकर ही दान करते थे। कल्हण ने यद्यपि राजा के इस कृत्य की भर्त्सना की। वस्तुतः इस काल में राजाओं ने भूमि पर अपने अधिकार बढ़ा लिये थे। किसान को भूमि का मूल्य दिये बिना अन्य को दान कर देना इसका प्रमाण है।

केन्द्रीय शक्ति के कमजोर होने का परिणाम यह हुआ कि सामन्त मनमानी करने लगे। मारवाड़ के 12वीं शताब्दी के अभिलेख में कहा गया है कि कुछ व्यक्तियों को त्रिपुरुष देव की सेवा के लिए दान में दिया गया। एक बाँसुरी बजाने वाला, दो रहट चलाने वाले, छह गायक, एक गायिका, एक ढ़ोल बजाने वाला इनमें शामिल थे। इस प्रकार के भूमिदान से 'भौमिक कुलीनतंत्र'[11] का आविर्भाव हुआ। भौमिक कुलीनतंत्र की पुष्टि भरतपुर के कामा अभिलेख से होती है, जिसमें एक व्यक्ति का ग्राम की प्रत्येक वस्तु पर अधिकार माना गया। इस व्यवस्था को यूरोप की 'अर्द्ध–दास प्रथा' नहीं कहा जा सकता लेकिन कुछ व्यवसायिक वर्गों का दान अवश्य होता था। इन वर्गों के लिए 'प्रजा परिजन' शब्द आया है। एक क्षेत्र की भूमि एवं उससे सम्बन्धित सभी वस्तुओं पर अधिकार का दावा करने को ही सामन्तवाद कहा गया है।[12] पूर्व मध्यकालीन सामन्तीय व्यवस्था में किसान के पूर्ण अधिकार समाप्त नहीं हुए थे परन्तु सामन्तों के अधिकारों में अवश्य वृद्धि हो गई थी।

सामन्तवादी व्यवस्था के दूसरे चरण में ग्राम के साथ शिल्पियों को भी दान दिया जाता था, क्योंकि इन शिल्पियों की अपनी भूमि नहीं होती थी। इस काल में अर्द्ध–दास का उल्लेख सातवीं शताब्दी के ताम्रपत्र में मिलता है, जिसमें कांगड़ा के महासामन्त महाराज समुद्र सेन ने ब्राह्मणों को एक ग्राम उसके निवासियों सहित दान दिया। इतना होने पर भी भारत में यूरोपीय अर्द्ध दास प्रथा नहीं थी।

उद्योग एवं व्यवसाय स्मृतिकारों ने शिल्प के अन्तर्गत कई व्यवसायों को शामिल करके इनका दर्जा ऊँचा करने की कोशिश की थी। हाथी दाँत, लकड़ी का कार्य, मिट्टी के बर्तन व खिलौने, वस्त्र उद्योग एवं धातु के कार्य को शिल्प कहा गया है। सातवीं शताब्दी के शान्तिदेव का 'शिक्षा समुच्चय' नामक ग्रंथ जानकारी देता है कि वाराणसी श्रेष्ठ रेशम के लिए विख्यात था। अरब यात्री सुलेमान ने बंगाल के मलमल का जिक्र करते हुए लिखा है कि, "यह इतना महीन होता था कि अँगूठी के बीच से पूरा थान निकल सकता था।" अल–इदरिसी ने मुलतान को वस्त्रोद्योग का केन्द्र बताया है। मुलतान, गुजरात एवं कलिंग में अच्छा कपड़ा बनने की जानकारी मानसोल्लास[13] से मिलती है। भड़ौच के कपड़े 'बरोज' के नाम से प्रसिद्ध थे। मेघातिथि[14] से ज्ञात होता है कि खनी, क्षौम, रेशम, रंक, हिरण, भेड़ और बकरी की ऊन से वस्त्र बनाये जाते थे। समसामयिक साहित्य से जुलाहे, दर्जी एवं रंगरेज के अस्तित्व का बोध होता है।

धातु उद्योग की इस काल में उल्लेखनीय प्रगति हुई। अभिधान रत्नमाला[15] में धातुओं का जिक्र आया है और ताँबा, पीतल, लोहा, सीसा, टीन, चाँदी और सोने की गणना की है। इसमें यह भी कहा गया है कि बंगाल टीन के लिए और सौराष्ट्र पीतल के लिए प्रसिद्ध थे। शुर्पारक (सोपारा), बंग (पूर्वी बंगाल), अंग (बिहार के मुंगेर व भागलपुर जिले) आदि स्थानों को अग्नि पुराण[16] ने तलवार निर्माण का केन्द्र घोषित किया है। तांबा व कांसे की मूर्तियाँ दक्षिण में अधिक बनाई जाती थीं। तंजौर मन्दिर में उत्कीर्ण लेखों से जानकारी मिलती है कि चोल राजाओं ने भारी मूर्तियाँ, आभूषण व सोना, चांदी व ताँबे के बर्तन दान में दिये थे। मन्दिर के शिखर

पर लगाया कलश राजराज प्रथम द्वारा दान में दिया था। इस काल में लौह निर्मित शहतीर एवं अन्य उपकरण भुवनेश्वर, पुरी एवं कोणार्क मन्दिरों में सुरक्षित होने का बोध होता है। मानसोल्लास से जानकारी मिलती है कि चालुक्य शासकों के पलंगों में सोने की पच्चीकारी का काम था। अग्नि पुराण[17] में हीरा, पन्ना, माणिक, मोती, नीलम, वैदूर्य के अतिरिक्त 39 मणियों का जिक्र आया है। अल–इश्तकारी ने मुलतान के सूर्य मन्दिर के पास हाथीदाँत का काम करने वालों की बस्ती का जिक्र किया है। बंगाल से हाथी दाँत की वस्तुएँ चीन भेजे जाने की जानकारी मिलती है।

श्रेणी संगठन पूर्व मध्यकाल में श्रेणियाँ आदि वृत्तिसंघों में बिखराव एवं कमजोर होने का बोध होता है। तथापि तत्कालीन साहित्य से श्रेणियों के अस्तित्व का ज्ञान होता है। याज्ञवल्क्य स्मृति के ही टीकाकार विज्ञानेश्वर ने 'पूग' व 'श्रेणी' के अन्तर को स्पष्ट किया है। तद्नुसार 'पूग' के सदस्य एक स्थान पर रहते थे, उनकी जातियाँ और व्यवसाय अलग–अलग हो सकते थे, किन्तु 'श्रेणी' के सभी सदस्य एक ही व्यवसाय करते थे। उनकी जातियाँ अलग–अलग हो सकती थीं परन्तु व्यवसाय एक जैसे थे। विज्ञानेश्वर[18] ने तमोलियों, चर्मकारों एवं जुलाहों की श्रेणियों का जिक्र किया है। याज्ञवल्क्य स्मृति के टीकाकार मिताक्षरा ने वणिकों, शिल्पकारों के संघों का जिक्र किया है जो एक वस्तु का विक्रय करते थे। शिल्प के क्षेत्र में बुनकरों, कुम्हारों, मालियों तथा दस्तकारों की श्रेणियाँ थीं जो अपने नियमों को सदस्यों पर लागू करती थीं। ताल्लुका स्तर पर ग्रामीण श्रेणियों की संगठित परिषद की पुष्टि किसी ग्रंथ से नहीं हुई है। यह अवश्य कहा जा सकता है कि ग्रामीण श्रेणियों की तुलना में नगरीय श्रेणियाँ अधिक प्रभावशाली थीं। 'स्मृति चन्द्रिका'[19] से जानकारी मिलती है कि श्रेणियों को कानून बनाने का अधिकार था और कानून का उल्लंघन करने वाले को दण्ड़ित करने का अधि ाकार भी। मेघातिथि ने मन्दिरों के गणों का उल्लेख किया है। इन गणों के सदस्यों के आपसी विवादों के निपटारे के लिए उप–समिति बनाये जाने का उल्लेख आया है। सम्भवतः 3 या 5 सदस्यों की उप–समिति बनाई जाती थी। किसी विवाद का निपटारा संगठन द्वारा नहीं कर पाने की स्थिति में राजा को हस्तक्षेप के अधिकार थे। लेख पद्धति से बोध होता है कि गुजरात के चालुक्यों ने श्रेणियों के लिए पृथक् विभाग की स्थापना की थी। अल–बरूनी ने धोबियों, चर्मकारों, मदारियों, टोकरी एवं ढाल निर्माताओं, मल्लाहों, शिकारियों तथा जुलाहों की अलग–अलग श्रेणियों की चर्चा की है और लिखा है कि इनके वृत्ति संघ थे। त्रिषष्टिशलाकापुरुषचरित[20] ने 18 श्रेणियों का जिक्र किया है।

ग्वालियर से प्राप्त 877 ई. का अभिलेख जानकारी देता है कि सर्वेश्वसुर की तैलिक श्रेणी ने तेल और गोपगिरि की 'मालिक श्रेणी' ने मालायें मन्दिर के लिए प्रदान करने की स्वीकृति दी थी। इसी प्रकार 1028 ई. के शेरगढ़ अभिलेख में विवरण आया है कि तेलियों की श्रेणी ने सोमनाथ मन्दिर के लिए दान दिया था। उत्तर की भाँति दक्षिण में भी वृत्ति संघों का अस्तित्व था। चालुक्य नरेश कृष्ण द्वितीय के मूलगुण्ड अभिलेख में श्रेणियों के चार अध्यक्षों द्वारा 360 गाँवों के दान का उल्लेख आया है। चालुक्य विक्रमादित्य षष्ट का निलगुण्डी अभिलेख व्यापारियों के एक निगम जिसके 505 सदस्य थे, ने धार्मिक कार्यों हेतु दान दिया था। पश्चिमी चालुक्य नरेश जगदेकमल्ल के 1178 ई. का ऐहोल अभिलेख 500 व्यापारियों के संघ की सूचना देता है। दक्षिण भारत में तेरहवीं सदी तक आर्थिक गतिविधियों से जुड़े 'मणिग्रामम' व 'अजवण्णं' के उल्लेख मिलते हैं। मणिग्रामम् की चर्चा पूर्व में की गई है।

पूर्व मध्यकाल की श्रेणियों की समीक्षा में कहा जा सकता है कि श्रेणियों का अपने सदस्यों पर नियंत्रण कम हो रहा था। श्रेणियों से लोगों की घटती आस्था का एक प्रमाण यह भी कहा जा सकता है कि अब श्रेणियों के पास कम लोग अक्षय नीवि (डिपॉजिट) जमा करते थे। लोग अपना धन मंदिरों में जमा करने लगे थे। शान्ति एवं व्यवस्था के अभाव में श्रेणियों के कार्य कलाप सीमित हुए। सामन्तों एवं राजाओं के आपसी झगड़ों ने श्रेणियों के व्यापार–व्यवसाय को गंभीर रूप से प्रभावित किया। इसके अतिरिक्त श्रेणियाँ धीरे–ध ीरे जातियों में बदल गई थीं। इस काल की श्रेणियों का महत्व इस बात में निहित है कि श्रेणी संगठन बाजार नियंत्रण का प्रभावी अस्त्र थे। इन संगठनों के कारण भारत का बाह्य देशों से व्यापार–व्यवसाय बना रहा।

मुद्रा प्रणाली इस काल के छोटे राज्यों के शासकों ने कम मात्रा में एवं बड़े शासकों ने बड़ी संख्या में मुद्राओं का प्रचलन करके अपने राजत्व अधिकारों को दर्शाया गया। चाँदी एवं ताँबे के सिक्के इस काल में विशेष रूप से निर्मित होते देखे गये हैं। उत्तर भारत की मुद्राओं में गुर्जर प्रतिहार, पूर्वी चेदी, चन्देल, कलचुरी, परमार, तोमर, पाल, सोलंकी, चौहान, शाही, कर्कोट, उत्पल, लोहर, गहड़वाल एवं दक्षिण भारत के चालुक्य, राष्ट्रकूट, कदम्ब, होयसल, यादव, दक्षिण कलचुरी आदि राजवंशों के शासकों द्वारा सोने, चाँदी एवं ताँबे के सिक्के प्रचलित किए गये। विभिन्न राजवंशों के भिन्न–भिन्न शासकों द्वारा जारी सिक्के अलग–अलग नामों से प्रसिद्ध थे, जैसे–पण, सुवर्ण, द्रम, काकिणी, गद्यान, कलंजु, मंजदी, कसु, सोडशिक, अवकम, तोहतिक वोडिरि आदि।

मुद्रा विशेषज्ञों के अनुसार बंगाल से प्राप्त स्वर्ण मुद्राएँ और उत्तरी एवं पश्चिमी प्रदेशों से प्राप्त रजत मुद्राएँ गुप्तकालीन स्वर्ण मुद्राओं से प्रभावित लगती हैं।

- मिश्रित धातु (स्वर्ण एवं रजत) के सिक्कों को चलाने का श्रेय बंगाल के कुछ सामन्तों का रहा है। समाचार देव नामक सामन्त के सिक्के विष्णुगुप्त के सिक्कों के साथ मिले हैं। समाचार देव एवं दूसरे जयगुप्त (या जयनाग) के सिक्के गुप्तों के धनुर्धर प्रकार के प्रतीत होते हैं। इन पर बाईं ओर बड़े राजा का नाम अंकित है। समाचार देव की मुद्राओं पर बाईं ओर वृषध्वज एवं पृष्ठभाग पर पद्मासन लक्ष्मी का एवं जयदेव के

सिक्के पर बाईं ओर चक्रध्वज और पृष्ठ तल पर पप्लास्थ–हस्ति के साथ लक्ष्मी का अंकन है।

- बंगाल से प्राप्त शशांक की मुद्राओं पर शिव नन्दी के एवं पृष्ठ भाग पर हाथी के साथ लक्ष्मी का अंकन है।
- इसी मुद्रा भण्डार से वीरसेन नामक समकालीन शासक के सिक्के भी प्राप्त हुए हैं। इन पर वृषभ एवं पृष्ठ भाग पर लक्ष्मी अंकित है।
- देवपाल (810–850 ई.) की एकाकी स्वर्ण मुद्रा प्राप्त हुई है। डॉ. पी.एल. गुप्त की मान्यता है कि पाल कालीन कला का यह उत्कृष्ट नमूना कहा जा सकता है। यद्यपि कुछ विद्वान् इसे कूट (जाली) घोषित किया है।[20a]
- बंगाल के सेन शासकों के अभिलेखों से जानकारी मिलती है कि भूमिकर 'पुराण' (चाँदी का सिक्का) एवं 'कपर्दक' (कौड़ी) के रूप में वसूल किया जाता था।
- सोने की कुछ अन्य मुद्राओं में वत्सदामन, वप्पुक एवं केशवनाथ का जिक्र किया जा सकता है, जिन्हें बयाना के शूर वंश का माना गया है। इन पर दुग्धपान कराती धेनु एवं वत्स एवं दूसरी ओर वराह असुरों का मर्दन करते हुए अंकित किया गया है। अनुमानतः वह समय आठवीं सदी रहा होगा।
- हूणों ने अपने विजित प्रदेशों में पूर्व प्रचलित मुद्राओं के अनुकरण में अफगानिस्तान में 'सासानी' प्रकार, मध्य भारत में 'गुप्त शैली' एवं कश्मीर में कुषाण मुद्रा शैली का अनुकरण किया था। जैन साहित्य में 'सासानी शैली' के सिक्के 'गधिया' या 'गधैय' नाम से प्रसिद्ध हुए जो रजत एवं ताम्र दोनों धातुओं में मिलते हैं।
- अजमेर–मेवाड़ क्षेत्र के पिपलाज नामक स्थान से वृहत्–मुद्रा निधि गधिया प्रकार के सिक्कों की प्राप्त हुई है।
- राजस्थान से प्राप्त गधिया शैली के सिक्कों पर सोमल देवी नाम अंकित है, जो सम्भवतः शाकम्भरी नरेश चाहमान अजयदेव की रानी थी। इन्हें छठी–सातवीं सदी का माना गया है। मेवाड़ के पश्चिम एवं मध्य देश से प्राप्त रजत एवं ताम्र मुद्राएँ, जिनमें 'श्रीदाम' अंकित है।
- कलचुरि शासक गांगेय देव विक्रमादित्य (1015–41 ई.) ने सीसे के सिक्के जारी किये थे। जैझाक भूक्ति के चन्देल शासकों ने गांगेयदेव के सिक्कों की नकल की। इस प्रकार की मुद्राओं के पृष्ठ भाग में लक्ष्मी आकृति अंकित है। सांड और घुड़सवार का अंकन चाहमान शासकों के चाँदी के सिक्कों पर देखा जाता है। कहा गया है कि इनमें उत्तर–पश्चिमी भारत के शाही वंश के शासकों के चाँदी के सिक्कों की नकल हुई।
- दक्षिण के चालुक्यों द्वारा स्वर्ण मुद्राओं के प्रचलन की जानकारी मिलती है, जिन्हें 'पद्मटंक' कहा गया। इन पर सूअर की आकृति का अंकन हुआ है।
- 'वराह' नामक सिक्कों का जिक्र विशेष रूप से करना होगा, जो दक्षिण में अधिक प्रचलन में थे। लगभग 48 रत्ती की इन स्वर्ण मुद्राओं को 'गद्यान' कहा गया। इसी प्रकार के सिक्कों को कन्नड़ में 'पोन' या 'हुन' संस्कृत में 'निष्क', तमिल में 'कलंजु' या 'माउय' नाम मिलते हैं। दक्षिण में ताँबे के सिक्के को 'काषु' कहा है।
- मछली, धनुष और चीता का अंकन चोल शासकों के सिक्कों पर हुआ है। उक्त तीनों आकृतियाँ चोल, पाण्डय एवं केरल राज्यों के राष्ट्रीय चिन्ह थे। ऐसा प्रतीत होता है कि चोलों ने पाण्डय एवं केरल पर अधिकार करके इन सिक्कों को निर्गमित किया। पाण्डयों के मछली की आकृति वाले सोने के सिक्के उपलब्ध हुए हैं।
- द्रम भी इसी काल की प्रमुख एवं लोकप्रिय मुद्रा रही है। प्रतिहार राजा, मिहिरभोज, चौहानों के विग्रहपाल एवं अजय देव, सोलंकियों के भीम द्वितीय एवं विशाल देव आदि द्वारा जारी किये गये द्रम विशेष रूप से उल्लेखनीय हैं। द्रमों का उप–विभाजन अर्थात् द्रमार्थ, द्रम विभाग, पाद आदि प्रकार के छोटे सिक्के भी प्रचलन में थे। इस काल की मुद्राओं की एक विशेषता यह देखी गई है कि विभिन्न राज्यों द्वारा जारी किये गये स्वर्ण और रजत सिक्कों की तौल लगभग समान थी, जो विभिन्नता में एकता को इंगित करती है।

पतनोन्मुख मुद्रा प्रणाली कई कारणों से पूर्व मध्यकालीन मुद्रा व्यवस्था पतनोन्मुख थी।

- केन्द्रीय सत्ता का अभाव
- विभिन्न राज्यों एवं राजवंशों में परस्पर सैनिक संघर्ष के फलस्वरूप राजनीतिक एकता का विघटन
- सामन्ती शिकंजे की मजबूत पकड़
- राजकर्मियों को वेतन के स्थान पर भूमि अनुदान
- मन्दिरों आदि की आर्थिक भूमिका
- राष्ट्रीय एवं अन्तर्राष्ट्रीय व्यापारिक मार्गों की असुरक्षा और इसके फलस्वरूप देशी एवं विदेशी व्यापार के ह्रास के कारण पूर्व मध्यकालीन मुद्रा प्रणाली का ह्रास हुआ।
- प्रत्येक राज्य की अपनी मुद्राओं के अस्तित्व से सिक्कों की भिन्नता के कारण लेन–देन एवं माल के मूल्य निर्धारण में बाधा स्वभाविक बात थी। दरअसल गुप्त साम्राज्य के विघटन के बाद मुद्राओं का प्रचलन विनिमय माध्यम के रूप में निरन्तर कम होता गया। इस काल के सिक्कों की कम प्राप्ति इसका प्रमाण है। इससे भी महत्वपूर्ण तथ्य स्वर्ण मुद्राओं की कमी है।

कौड़ियाँ भी कहीं–कहीं विनिमय का माध्यम बनी रहीं। 20 कोड़ियाँ 1 काकिणी, 4 काकणियाँ एक ताम्रपण और 16 पण को एक चाँदी के द्रम के बराबर माना गया। दूसरे शब्दों में, 80 कौड़ी एक पण के बराबर 16 पण या कार्षापण एक पुराण (चाँदी का सिक्का) के समान या 1280 कोड़ियों के बराबर कहा गया।

आर. एस. शर्मा[21] की मान्यता है कि सामन्तवाद के उदय से सिक्कों के प्रचलन में कमी आई और एक ऐसी अर्थव्यवस्था का उदय हुआ, जिसमें किसानों से वसूल किये जाने वाले लगान आदि की नकद वसूली बंद हो गई और राज्य द्वारा दिये जाने वाले वेतन के स्थान पर भूमि प्रदान की जाने लगी। जहाँ तक ग्रामीण अर्थव्यवस्था का प्रश्न है कृषि एवं दस्तकारी का अधिकांश उत्पादन सामन्ती मध्यस्थों द्वारा वसूल कर लिया जाता था। परिणामतः गाँवों का नगरों से सम्बन्ध–विच्छेद हुआ। व्यापार के ह्रास ने गाँवों को आत्मनिर्भर इकाई के रूप में उभरने का अवसर दिया। आन्तरिक व्यापार में गिरावट का प्रभाव प्रकारान्तर से मुद्रा प्रचलन पर भी पड़ा और इसने गाँवों में वस्तु–विनिमय एवं सेवा विनिमय को बढ़ावा दिया। आर.एस. शर्मा की धारणा है कि आत्म–निर्भर ग्रामीण अर्थव्यवस्था, नगरों का पतन एवं मुद्रा की कमी को सामन्ती समाज के उदय के रूप में देखा जाना चाहिए। कहा गया है, ''भूमि अनुदान पाने वाले इस वर्ग के उदय से उत्पादक और उपभोक्ता के बीच सीधा सम्बन्ध स्थापित हुआ। इस सम्बन्ध के कारण व्यापारी की आवश्यकता ही नहीं रही।''[22]

वाणिज्य एवं व्यापार

पूर्व मध्यकालीन (700–1200 ई.) व्यापार के अध्ययन को सुविधा की दृष्टि से आन्तरिक एवं बाह्य व्यापार के रूप में विभक्त कर सकते हैं। आन्तरिक व्यापार भारत के एक राज्य से दूसरे राज्य के बीच स्थल मार्गों एवं नदियों द्वारा होता था। भारत के विदेशों से होने वाले व्यापार को स्थल मार्गों एवं समुद्री मार्गों के रूप में अलग–अलग अध्ययन की विषय–वस्तु बनाना होगा।

आन्तरिक व्यापार मनुस्मृति की टीका मेधातिथि[23] में वैश्यों को व्यापारी के रूप में व्यक्त किया है। मेधातिथि ने सुझाया है कि अन्य राज्यों की रीति–रिवाज, व्यक्तियों की प्रकृति, लाभ–हानि का अन्तर और मालवा, मगध, द्रविड़ आदि की भाषा के बारे में जानकारी होनी चाहिए। जैन कथा साहित्य 'समैरच्चकहा' में विवरण आया है कि माकन्दी का व्यापारी कुछ लाभ प्राप्ति के लिए अचलपुर सामग्री बेचने जाता है लौटते समय वहाँ से ऐसे सामान खरीद कर लाता है जो माकन्दी में बेचे जा सकते थे। इस काल से सम्बन्धित 953 ई. के अहाड़ (उदयपुर) अभिलेख से ज्ञात होता है कि वहाँ कर्णाट, मध्य देश, लाट (गुजरात क्षेत्र), टक्क (चिनाब एवं रावी के बीच का प्रदेश) के व्यापारी अपने माल पर उपकर (Levy) चुकाने के लिए एकत्र होते थे। दूसरे शब्दों में उदयपुर व्यापार का केन्द्र था। व्यापारी काफिले के रूप में व्यापार करने के लिए समूह में जाते थे, जिसे 'सार्थवाह' अथवा 'कारवाँ' कहते थे। याज्ञवल्क्य स्मृति के टीकाकार[24] विश्वरूप ने काफिले के रूप में जाने वाले व्यापारियों के लिए 'नैगम' शब्द का प्रयोग किया है। त्रिषष्टिशलाकापुरुषचरित[25] में विवरण आया है कि काफिले का नेता ढ़ोल पिटवाकर यह घोषणा करता था कि ''जो व्यापारी माल लेना चाहेंगे वह उन्हें माल देगा, जो माल ढ़ोने के लिए सवारी चाहेंगे उन्हें सवारी, जो साथी चाहेंगे उन्हें साथी, जो खाद्यान्न चाहेंगे उन्हें खाद्यान्न, जो जंगली पशुओं और डाकुओं से सुरक्षा चाहेंगे उन्हें सुरक्षा उपलब्ध कराई जायेगी।'' एक व्यापारी के पास सभी वस्तुओं का होना सम्भव नहीं था अतः व्यापारिक सामग्री किराये पर दी जाती थी। लीलावती (गणितीय पुस्तक) में गाड़ियों के किराये आदि तथ्यों पर विचार किया गया है। मेधातिथि[26] से जानकारी मिलती है कि बैल, खच्चर, भैंसें एवं अन्य पशुओं को गाड़ियों में जोतकर अथवा उनकी पीठ पर लादकर माल एक स्थान से दूसरे स्थान पर पहुँचाया जाता था।

इस काल के शब्दकोश में 'रथ्या' (चौड़ा रास्ता) एवं 'लुघु रथ्या' (कम चौड़ा मार्ग) शब्दों का प्रयोग हुआ है। इसके अतिरिक्त शंकूपथ, कान्तार पथ (जंगल से गुजरने वाला मार्ग), स्थल पथ एवं अज पथ (पशुओं का रास्ता) जैसे वर्गीकरण भी मिलते हैं।

आन्तरिक मार्ग देश के आन्तरिक पथों का विवरण तत्कालीन साहित्य में मिलता है:

- अल–बरूनी ने भारत के वाणिज्यिक पथों का जिक्र किया है। उसके अनुसार एक स्थल मार्ग कन्नौज से प्रयाग होकर दक्षिण में कांजीवरम् तक जाता था।
- दूसरा मार्ग कन्नौज को गंगा के मुहाने से जोड़ता था। इस मार्ग पर बनारस स्थित बताया गया है।
- कन्नौज से पूर्व को जोडने वाले एक अन्य मार्ग को कामरूप, नेपाल एवं तिब्बतवासियों के लिए उपयोगी माना है।
- कन्नौज से गुजरात भी एक पथ से जुड़ा था। मथुरा से धार एवं उज्जैन के विकसित मार्ग की भी जानकारी मिलती है।
- धार से मंदिगिरि एवं पश्चिम में तान तक व्यापारिक पथ के अस्तित्व की पुष्टि तत्कालीन साहित्य से होती है। सोमनाथ से काठियावाड़ और बजान को जोडने वाले, पश्चिमी समुद्र तट पर स्थित तान से अन्हिलपाटन मार्ग। कराची से सिन्धु नदी के मुहाने होता हुआ भटिण्डा होकर बजान तक का मार्ग। कश्मीर से कन्नौज तक व्यापारिक पथ। तीज (मकरान) सेतुबंध के बीच मार्ग और कन्नौज, पानीपत, अटक, काबुल तथा बाजन (बजान) को जोडने वाले मार्ग की जानकारी मिलती है। हेमचन्द्र ने अपने ग्रंथ 'शब्दानुशासन' में अनेक पथों का जिक्र किया है। उसके अनुसार एक महत्वपूर्ण पथ राजगृह को गांधार से जोड़ता था जिस पर तक्षशिला, हस्तिनापुर, कान्यकुब्ज, प्रयाग तथा पाटलिपुत्र स्थित कहे गये हैं।

मार्गों की स्थिति स्थल व्यापारिक मार्ग द्वारा एक स्थान से दूसरे स्थान पर माल पहुँचाने हेतु बैलगाड़ी एवं पशुओं का उपयोग किया जाता था। किन्तु सड़कों की स्थिति सन्तोषजनक नहीं थी। मार्गों का ऊँचा–नीचा होना व्यापारियों को व्यापार के लिए अधिक उत्साहित नहीं करता था। गाँवों में शहरों की भाँति समतल मार्ग नहीं थे। महत्वपूर्ण सड़कों पर मील के पत्थर लगे हुए होते थे। पीने के पानी की व्यवस्था मार्गों के निकट की जाती थी एवं यात्रियों के ठहरने के लिए धर्मशालाएँ होती थीं।

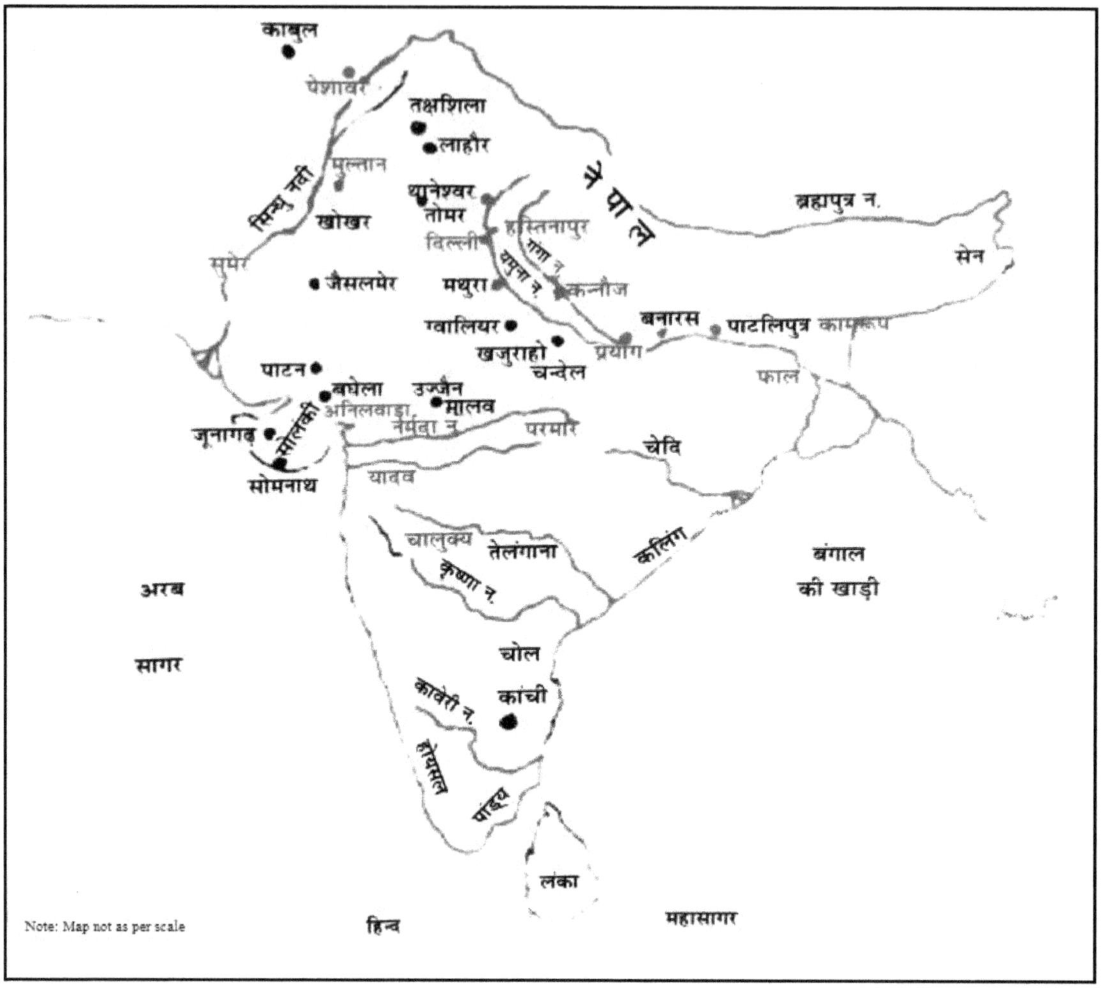

चित्र 71.1 भारत के व्यापारिक केन्द्र (700ई. – 1200ई.)

वर्षा ऋतु में सड़कों पर गाडियों का चलना बहुत दुष्कर कहा गया है। त्रिषष्टिशलाका–पुरुषचरित[27] में विवरण आया है कि सेना के लिए पेड़ काट कर मार्ग बनाया जाता था। इससे यह अभिप्राय लिया जा सकता है कि अच्छे मार्गों का अभाव था।

चोर–डाकुओं का भय अधिक था। चोर–डाकू ही नहीं अपितु सामन्त भी व्यापारियों को लूटते थे। विशेष रूप से कमजोर शासकों के काल में सामन्तों ने लूटपाट करना शुरू किया। विलासी सामन्तों का उपलब्ध भूमि से खर्चा नहीं चलता था और धन प्राप्ति के लिए व्यापारियों को लूटना उन्हें सुविधाजनक लगने लगा। लूटने का कार्य अक्सर जंगलों में होता था। सामन्तों से प्रेरित लुटेरे जंगली जातियों से सम्बन्धित कहे गये हैं। जैसा विदित है कि गुप्त काल में फाह्यान सम्पूर्ण भारत की यात्रा में कहीं भी नहीं लूटा गया, किन्तु ह्वेनसांग को लुटेरों ने दो बार पकड़ लिया था। सातवीं सदी में असुरक्षा इस कदर बढ़ गई थी कि एक बार तो चोर ह्वेनसांग को देवी के लिए बलि चढ़ाने ले जा रहे थे, परन्तु किसी तरह वह बचा लिया गया। राजतरंगिणी से हमें गया के समीप शक्तिशाली डाकुओं के मुखिया की जानकारी मिलती है। मनुस्मृति डाकुओं से व्यापारियों की सुरक्षा की चर्चा करता है जबकि मनुस्मृति का टीकाकार मेघातिथि ने लुटेरों और राजाओं से व्यापारियों की रक्षा की चर्चा की है।

नागौर (नादौल) के चौहान वंश के शासक लक्ष्मण के लूट–लूट कर धन एकत्र करने और उस धन से राज्य स्थापित करने की जानकारी 'नैणसी री ख्यात' एवं 'परातन प्रबंध संग्रह' से होती है। लक्ष्मण की लूट–पाट मेवाड़ और गुजरात तक व्याप्त थी।

नदियों के माध्यम से भी माल इधर–उधर ले जाया जाता था। राजतरंगिणी[28] में नदियों द्वारा यात्रा के अनेक स्थानों पर जिक्र आया है। असम में भी सम्भवतः नदियों द्वारा यात्रा की जाती थी एवं माल ले जाते थे। 1093 ई. के चन्द्रदेव के चन्द्रनवती अभिलेख से जानकारी मिलती है कि सरकार की अपनी नावें थीं और व्यापारियों को किराये पर दी जाती थीं।

स्थल मार्ग से विदेशी व्यापार

भारत के पश्चिमोत्तर क्षेत्र में स्थित हिमालय पर्वत श्रृंखला के दर्रों से भारतीय व्यापारियों के अनेक देशों में व्यापार के लिए जाने की जानकारी समराइच्चकहा, कथासरित्सागर, कुवलयमाला,

भविष्यत्तकहा आदि से मिलती है। (1) आठवीं सदी में कामरूप से उत्तरी बर्मा (म्यांमार) होकर चीन को जाने वाले मार्ग का अधिक उपयोग होने लगा था। इसका कारण उत्तर–पश्चिमी भारत की राजनीतिक अव्यवस्था को माना गया है। (2) पी.सी. बागची ने लिखा है कि कियातान (785–805 ई.) ने अपने मार्ग विवरण में टोनकिन से कामरूप तक पूरा विश्लेषण किया है। इसका अभिप्राय यह लिया जा सकता है कि, यात्री भारत से चीन, इस मार्ग से भी जाते थे। (3) बिहार से तिब्बत होकर चीन जाने वाले मार्ग की भी जानकारी मिलती है। मार्गों के उपरोक्त विवेचन से यह आशय लिया जाना चाहिए कि भारतीय व्यापारी चीन, पर्सिया (ईरान), अरब और एशिया माइनर में व्यापार हेतु जाते थे।

अच्छे मार्ग व्यापारिक विकास की रीढ़ कहे गये हैं। अविकसित या असुरक्षित मार्गों से व्यापारिक काफिले गुजरना पसन्द नहीं करते। 700 ई. से 1200 ई. के मध्य भारतीय व्यापार की स्थिति सन्तोषजनक नहीं थी।

- दरअसल इस दौर में व्यापार का पतन हुआ, इसका कारण हूणों एवं अरबों के आक्रमणों में ढूँढना होगा।
- दूसरी ओर अन्य देशों में भी भारतीय व्यापारियों की सुरक्षा की पुख्ता व्यवस्था का अभाव, व्यापार में गिरावट का कारण बना।
- अरबों ने भारत के पश्चिमोत्तर सीमा प्रान्त पर 1022 ई. में अधिकार कर लिया था अर्थात् सिन्ध एवं मुलतान अब अरबों के अधीन थे। यह भी कहा गया है कि भारत के बाहर पश्चिमोत्तर क्षेत्रों में तुर्क, तिब्बती, चीनी और अरबों का चतुर्मुखी संघर्ष हो रहा था। चीनी साहित्य से प्राप्त प्रमाणों के आधार पर यह स्थिति 650 ई. से 750 ई. के मध्य शुरू हुई। संघर्ष का केन्द्र मध्य एशिया था। संघर्ष के इस दौर में तिब्बतियों ने एक ओर भारत के उत्तर–पश्चिमी क्षेत्रों, दूसरी ओर बंगाल में प्रभाव जमाया। इसी कारण अल–अस्करी (Ali-Stakhri) और इब्न–हाकल (Ibn-Hakol) जैसे लेखकों ने बंगाल की खाड़ी को 'तिब्बती समुद्र' ('The Bay of Bengal The Tibetan sea') कहा है। यही नहीं दक्षिण–पूर्व एशिया पर भी तिब्बतियों ने प्रभाव स्थापित कर लिया था। परिणामतः चीन से हमारा व्यापार कम हो गया। यह कहा जाता है कि तिब्बतियों की बढ़ती शक्ति के भय से चीन के सम्राट ने 787 ई. में तिब्बत के विरुद्ध भारत के शासकों एवं बगदाद के खलीफा से सहायता चाही थी।

मध्य एशिया मार्ग अबु–जेद (Abu-Jaid) ने अवगत करवाया है कि उसके समय मध्य एशिया मार्ग का पुनः प्रयोग होने लगा। उसने ट्रांसकाकेशियन (Transoxiana) से चीन जाने वाले मार्ग का जिक्र किया है। दसवीं सदी में अनेक बौद्ध भिक्षु इसी मार्ग से जाते थे। चीनी साहित्य से प्राप्त जानकारी के अनुसार चीनी एवं अरब व्यापारियों ने समुद्र मार्ग से भी भारत आना शुरू किया था जो इन देशों के साथ सम्बन्धों को इंगित करता है।

अभिधानरत्नमाला[29] में उल्लेख आया है कि ईरान, वनायु, काम्बोज, बीक, सिन्धु और निकटवर्ती क्षेत्रों के घोड़े अच्छे होते हैं। वैजयन्ती नामक विश्वकोश और पुराणों में चीन का उल्लेख भारत के उत्तर–पश्चिमी सीमावासियों के रूप में हुआ है, जो इस बात का प्रमाण है कि इस मार्ग से भारतीय चीन जाते थे।

असम, बर्मा एवं सिक्किम मार्गों से व्यापार इस काल के प्रारम्भिक स्त्रोतों से ज्ञात होता है कि भारत और चीन को मिलाने वाले महत्वपूर्ण मार्ग थे– पहला, असम और बर्मा की पहाड़यों द्वारा, दूसरा सिक्किम, चम्बू घाटी और तिब्बत होकर जाता था। इत्सिंग के विवरण से ज्ञात होता है कि करीब 20 चीनी यात्री तीसरी–चौथी सदी में सज्जवान (Smuchuan) से उत्तरी बर्मा होकर भारत आये। ह्वेनसांग ने भी जिक्र किया है कि कामरूप–असम का चीन से सम्बन्ध था।

व्यापारिक केन्द्र कर्मबेन एक अन्य स्थल मार्ग बिहार से तिब्बत तथा तिब्बत से चीन जाता था। वस्तुतः तिब्बत के विस्तार काल में मगध से होकर तिब्बत जाने वाले मार्ग का बहुत प्रयोग हुआ। व्यापारिक दृष्टि से भारत, तिब्बत एवं चीन का सम्बन्ध नेपाल द्वारा होता था। तबकात–ए–नासिरी से ज्ञात होता है कि बंगाल में व्यापारी घोड़े इसी मार्ग से लाते थे। 'तबकात–ए–नासिरी' से यह भी जानकारी मिलती है कि कामरूप एवं तिब्बत के मध्य 35 दर्रे थे जिनसे घोड़े बंगाल लाये जाते थे तथा इस मार्ग पर हिमालय की तलहटी में एक नगर कर्मबेन (Karmbain) या लाराम बेन (Larambain) स्थित था। इस नगर को व्यापार का केन्द्र कहा है, इसमें प्रतिदिन प्रातः 1500 घोड़े बाजार में विक्रय किये जाते थे।

पश्चिमोत्तर मार्ग पर भारतीय व्यापारी भारतीय व्यापारी ऑक्सस घाटी (Oxus Valley) से ईरान जाते थे। सिन्ध पर अरबों का अधिकार हो जाने पर मुस्लिम जगत से भारतीय व्यापार में वृद्धि हुई। अल मन्सूर (Al-Mansur-754-775 ई.) और हारुन–अल–राशीद (Harun-Al-Rashid-786 जव 809 ई.) के समय भारत का अरब जगत् से अधिक सम्बन्ध था। मोहम्मद आफी के विवरण से जानकारी मिलती है कि हिन्दू व्यापारी वासा आभीर, जो नाहरवाला (Nahrwala) का रहने वाला था, जिसके व्यापारिक प्रतिनिधि गजनी में रहते थे, की 10 लाख की सम्पत्ति थी।

कपिशा से शराब मंगाई जाती थी जिसे 'कपिशयन' कहा जाता था। वैजयन्ती[30] नामक विश्वकोश के अनुसार बाह्लीक (बल्ख) से घोड़ों के अतिरिक्त केसर और हींग के आयात की जानकारी मिलती है। उल्लेखनीय है कि, संस्कृत साहित्य 'अभिधानरत्नमाला'[31] में काम्बोज, ईरान, बाह्लीक (बल्ख), तरुष्क, वनायु (पूर्वी ईरान), सिन्धु के घोड़ों का जिक्र आया है, जो इन स्थानों के व्यापारिक महत्व का संकेत है।

स्थलमार्गीय विदेश व्यापार का ह्रास उल्लेख किया गया है कि पूर्व मध्यकाल में भारतीय व्यापार का पतन होने लगा था। इसका एक प्रमुख कारण अरबों का आक्रमण माना गया है। प्रो. हबीब की मान्यता है कि, महमूद गजनी का हिन्दुस्तान की ओर

बढ़ना इसलिए सम्भव हुआ कि स्थानीय व्यापारियों ने ही स्थानीय मार्गों की जानकारी उपलब्ध करवाई थी। यह कथन कितना सत्य है, अधिक महत्वपूर्ण नहीं है, अपितु मुस्लिम आक्रमणों से भारतीय व्यापार को आघात पहुँचा यह बात महत्व की है:

I. भारत पर मुस्लिम आक्रमणों का परिणाम यह हुआ कि भारतीय व्यापार भी मुसलमानों के हाथों जा पहुँचा। मुस्लिम लेखकों ने प्रतिहार एवं गहड़वाल शासकों की अधिक आलोचना की है। यद्यपि मुसलमानों की शत्रुता सभी राजपूतों से थी। वस्तुतः प्रतिहार एवं गहड़वाल राजाओं ने भारतीय व्यापार के, मुस्लिम लोगों के हाथों में जाने का विरोध किया था और इसलिए उन्होंने मुस्लिम व्यापारियों पर प्रतिबन्ध लगाने की कोशिश की थी। लल्लनजी गोपाल[32] की मान्यता है कि, ''गहड़वालों द्वारा वसूल किया जाने वाला 'तुरुष्क दण्ड' नामक कर मुसलमान व्यापारियों को रोकने या हतोत्साहित करने के लिए ही लगाया गया था।''

II. प्रो. हबीब ने भारतीय व्यापार की अवनति का एक कारण यह भी दर्शाया है कि भारतीयों की यह धारणा थी कि जहाँ तक मूंज घास पैदा होती है और जहाँ कृष्णसार मृग विचरण करते हैं उन्हीं क्षेत्रों तक व्यापार करना चाहिए। लल्लनजी गोपाल[33] ने इस मत का समर्थन नहीं किया है। उनके अनुसार यह नियम केवल ब्राह्मणों के लिए था, व्यापारियों के लिए नहीं।

III. प्राचीन शहरों के पतन की चर्चा में आर. एस. शर्मा[34] का विचार है कि गुप्त और गुप्तोत्तर कालों में शहरों का पतन सुदूर व्यापार के पतन के कारण हुआ। भारत के निर्यात में ह्रास और मध्य एशिया और रोमी साम्राज्य में सोने की आपूर्ति रुक जाने के कारण स्थिति में बदलाव आया। भूमि अनुदानों से सामन्ती वर्ग का उदय हुआ। इस अवस्था में उत्पादक वर्ग एवं उपभोक्ता का सीधा सम्बन्ध बना जिससे व्यापार की आवश्यकता ही नहीं रही।

IV. यह भी उल्लेखनीय है कि, सामन्तों ने व्यापारियों के लूटपाट द्वारा व्यापारिक गतिविधियों को हतोत्साहित किया।

समुद्र मार्ग से विदेश व्यापार

पूर्व मध्यकाल में चीन, भारत, मध्य एशिया एवं अफीका के कई देशों की हिन्द महासागर तथा प्रशान्त महासागर में व्यापारिक गतिविधियों की जानकारी मिलती है। मुख्य रूप से भारत, इण्डोनेशिया, ईरान एवं श्रीलंका के व्यापारियों के शामिल होने का बोध होता है। इस्लाम के प्रादुर्भाव के बाद ईरानियों का स्थान अरबों ने ले लिया था। यद्यपि भारत पर अरबों के आक्रमण (710 ई.) के साथ ही समुद्री व्यापार का ह्रास हुआ जिसकी चर्चा आगे की जायेगी। लेकिन अरब लोग जावा, सुमात्रा (इण्डोनेशिया) एवं मलाया (मलेशिया) के व्यापारियों को पीछे नहीं खदेड़ पाये। कथाकोश[35] में अंकित एक कथा से इस बात का बोध होता है कि इण्डोनेशिया के शासक व्यापारियों के हितों की रक्षा के लिए सचेष्ट थे। इस काल के प्रारम्भ में चीनी नाविकों का समुद्रों पर प्रभावी नियंत्रण का अभाव रहा लेकिन दसवीं शताब्दी के अन्त तक आते–आते चीनी लोग अरबों से अधिक शक्तिशाली होकर उभरे। लल्लनजी गोपाल[36] के इस मत से विद्वान् सहमत हैं कि– इसी कारण बड़ी संख्या में व्यापारी चीनी जहाजों में अपना माल ले जाना पसन्द करते थे।

चीन एवं भारत का व्यापार भारत का चीन के साथ व्यापार के अस्तित्व की जानकारी कई प्रमाणों से होती है। 749 ई. के एक चीनी प्रमाण से ज्ञात होता है कि कैन्टन (**Canton**) एक नगर भी है और एक नदी का नाम भी। (1) बन्दरगाह भारत, ईरान और अरब के जहाजों से भरा हुआ था। (2) यह भी कहा गया है कि कैन्टन में तीन ब्राह्मण मन्दिर थे जहाँ भारतीय ब्राह्मण रहते थे। (3) भारतीय जहाजों की चीनी समुद्र में उपस्थिति की पुष्टि जापानी साहित्य से भी होती है। कहा गया है कि, तीन भारतीयों का जहाज लहरों या अन्य कारणों से नष्ट हो गया और वे किसी तरह जापान पहुँचे तथा वहाँ कपास की खेती करना शुरू किया। (4) चम्पापुर (बिहार), काँचीपुर (दक्षिण का काँची) एवं गुजरात क्षेत्र की चीन के साथ व्यापारिक सम्बन्धों में 656–58 ई. के बाद अधिक वृद्धि हुई। (5) अल–मसूदी ने लिखा है कि, ''बसरा सिराफ, ओमान, जावा, चम्पा (भारतीय नगर) के जहाज कान्फू या कैन्टन (**Khanfu or Canton**) में जाते हैं।'' सुलेमान एवं अल मसूदी यह भी जानकारी देते हैं कि रहमा (बंगाल) से गैण्डे के सींग चीन भेजे जाते थे, जिनका कमर में बाँधने का मूल्यवान जेवर बनता था। जैन ग्रंथ 'समरैच्छकहा' में विवरण आया है कि ''सुवधन नामक एक व्यापारी चीन से आ रहा था, जो स्वर्ण द्वीप (बर्मा) होते हुए देवपुर गया।'' (6) तथापि अरब व इण्डोनेशिया की तुलना में चीन के साथ भारतीय व्यापार कम हुआ। इसके प्रमाण में शुंग (चीन का) राजवंश के इतिहास को रखना होगा, जिसमें 971 ई. में चीन से व्यापार करने वाले देशों में भारत का जिक्र नहीं था। इसके बावजूद चोल शासकों ने चीन के साथ व्यापारिक सम्बन्ध बनाये रखे। चोलों के जहाजरानी उद्योग ने इसकी पृष्ठभूमि को बरकरार रखा। राजेन्द्र चोल प्रथम शासक था जिसने दक्षिणी–पूर्वी एशिया को विजित किया और जहाज निर्माण की ओर ध्यान दिया। राजेन्द्र चोल प्रथम ने केदाह, प्लेमबंग (या श्री विजय), मानक्कावरम, (निकोबार टापू), मलयार, पनपी (दक्षिण सुमात्रा), मपपाल और संभवत दक्षिणी बर्मा पर भी अधिकार कर लिया था। नीलकंठ शास्त्री[37] की मान्यता है कि, इस विजय का प्रमुख कारण यह था कि श्रीविजय (सुमात्रा हिन्दू राज्य शैलेन्द्र राजवंश) के शक्तिशाली रूप में विकसित होने के कारण चीन जाने वाला व्यापारिक मार्ग असुरक्षित हो गया था। अतः श्रीविजय पर अधिकार करने के उद्देश्य से दक्षिणी–पूर्वी एशिया को जीता गया। इस तथ्य की पुष्टि तंजौर अभिलेख से होती है, जिसमें कहा गया है कि राजेन्द्र चोल के सातवें वर्ष (1019 ई.) में चीन के एक व्यापारी ने चीन का सोना दान किया जो किडार थरयर (**Kidara-ttaraiyar**) का रहने वाला था। 1033 ई. में राजेन्द्र चोल ने ही चीन से व्यापारिक सम्बन्धों हेतु दूत मण्डल भेजा। चोल शासकों की नीति के अनुशरण में 1077 ई. में एक अन्य दूत मण्डल भेजा गया। 1286 ई. में स्वानचाऊ (**T'swanchau**) में करीब 90 विदेशी राज्यों के जहाज एकत्र हुए

जिसमें दक्षिणी पश्चिमी भारत के भी थे। तंजौर में शुंग वंश (चीनी साम्राज्य) के 15 सिक्कों की प्राप्ति इस बात के प्रमाण है कि अरबों ने हमारे व्यापार को पूरी तरह समाप्त नहीं किया था। विवरण मिलता है कि 1296 ई. में चीनी सरकार ने सोना और चाँदी के सिक्के विदेशों में भेजने पर प्रतिबंध लगा दिया था। जिसमें भारत के प्रदेश अधिक थे–कोरोमण्डल, क्युनलून, माबर, किलोम व पंटालायानी (Kallam) आदि बन्दरगाह क्षेत्र प्रमुख थे। कहा जा सकता है कि, इस काल में चीन से व्यापार हमारे पक्ष का था, जबकि अरबों से व्यापार में भारत को अधिक लाभ नहीं मिला। वस्तुतः उत्तर–पश्चिमी देशों से विलासिता की सामग्री आयात की जाती थी जिसमें हमें धन खर्च करना होता था।

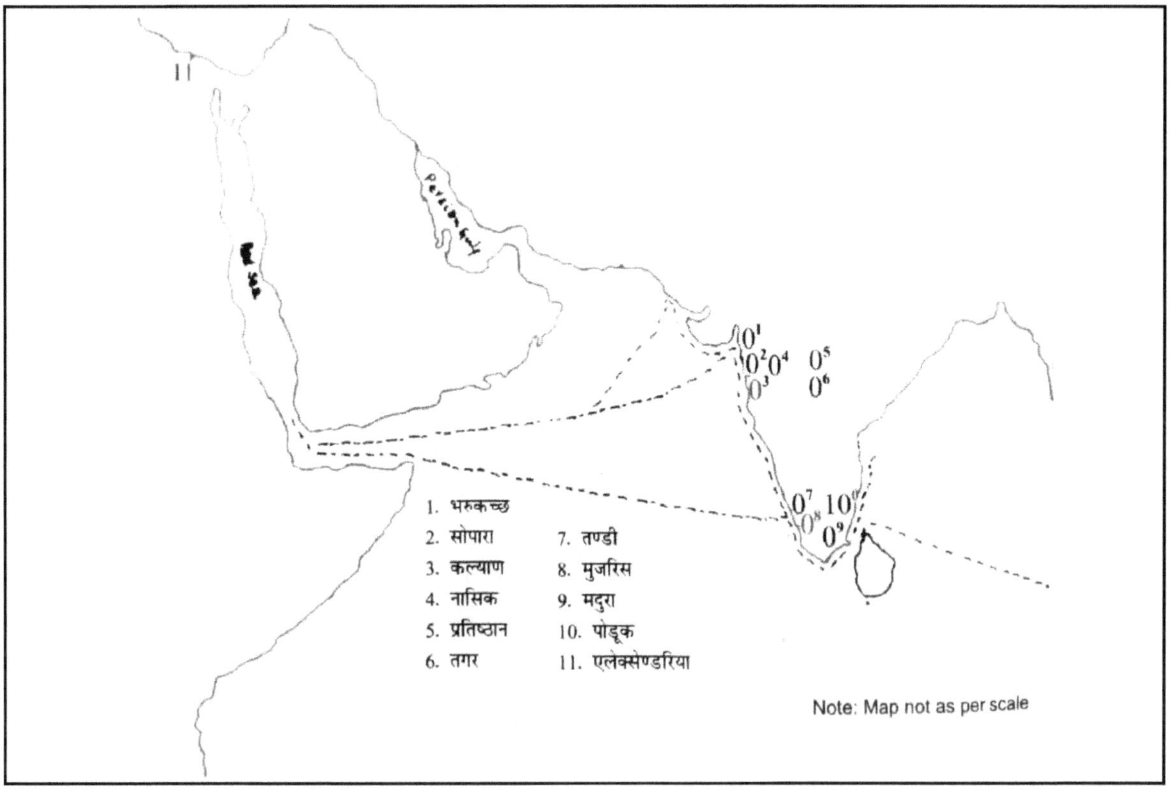

चित्र 71.2 पश्चिमी देशों से भारत का व्यापार

दक्षिण–पूर्व एशिया से व्यापार चीनी एवं अरबी साक्ष्यों से ज्ञात होता है कि, मलाया (मलेशिया), जावा, सुमात्रा (इण्डोनेशिया) बन्दरगाहों पर दूर–पश्चिम के जहाजों की संख्या सीमित थी, भारतीय एवं अन्य जहाजों की तुलना में। दूसरे शब्दों में, दक्षिण–पूर्व एशिया से हमारा व्यापार बढ़ रहा था। रामायण मंजरी, समरैच्चकहा, वृहत्कथामंजरी, वृहत्कथाकोष, कथासरित्सागर आदि में भारतीय व्यापारियों के दक्षिण–पूर्वी एशिया में व्यापार करने हेतु जाने के उल्लेख मिलते हैं। भारतीय व्यापारी नारीकेल द्वीप, कटहद्वीप, करपुराद्वीप, स्वर्ण द्वीप (बर्मा), सिंहल द्वीप (श्रीलंका), यव द्वीप (जावा) व रत्न द्वीप में व्यापार हेतु जाने के विवरण आये हैं। गुजरात में कहावत थी–दक्षिण पूर्वी एशिया में जो जाता है या तो वह वापस नहीं लौटता और लौट आता है तो इतना धन लेकर आयेगा कि इसकी दो पीढ़ी तक समाप्त नहीं होता।[38]

पश्चिमी देश चीनी ग्रंथ लेंगशू (Liang Shu) जानकारी देता है कि भारत का पर्शिया से व्यापारिक सम्बन्ध था। अबुजेद लिखता है कि हिन्दू व्यापारी सिरफ बन्दरगाह तक जाते थे और उनके लिए अरब व्यापारी अलग से व्यवस्था करते थे एवं सहयोग भी। यहूदी यात्री राब्बि बेन्जामिन (Rabbi Benjamin) ने जिक्र किया है कि भारतीय व्यापारी अपना सामान 12वीं सदी में पर्शिया की खाड़ी तक ले जाते थे। इब्न–बतूता (Ibn Batuta) के विवरण से जानकारी मिलती है कि भारतीय जहाज थाना, कालीकट, मंगलौर, शालीयर या चेलीयट और क्युनलून आदि बन्दरगाहों के इलाकों से अदन बन्दरगाह पर जाते थे, जहाँ भारतीय व्यापारियों का उपनिवेश था। प्राप्त विवरण के अनुसार भारतीय व्यापारी सातवीं शताब्दी में बसरा (Basra), सिराफ (Siraf), किश (Kish) एवं हरमुज (Harmuz) तक जाने लगे।

भारतीय व्यापारी ही नहीं, पश्चिमी तट पर मुस्लिम व्यापारियों की उपस्थिति के अनेक प्रमाण मिलते हैं। प्रबंधचिंतामणि में कहा गया है कि अरब व्यापारी सेद ने चालुक्य मंत्री वस्तुपाल से जल युद्ध किया यद्यपि विजय वस्तुपाल की हुई। राष्ट्रकूट शासकों द्वारा अरबों के साथ सहानुभूतिपूर्ण व्यवहार किये जाने के कारण अरब लेखकों ने राष्ट्रकूटों की खूब प्रशंसा की है।

आयात–निर्यात सामग्री विजयनीति नामक ग्रंथ में मध्य पूर्व से आयात की जाने वाली वस्तुओं की सूची दी गई है। (1)

'तुर्क' से धूप, 'मलेच्छ' से ताँबा, पर्शिया से रंग एवं प्याज भी आयात किया जाता था। (2) मिस्त्र के पन्ने की अंगूठियाँ, सोना, मूंगा, शराब, फारस का गुलाब जल भारत में विक्रय होता था। सिल्क निर्यात करने वालों में चीन सबसे महत्वपूर्ण था। भारतीय साहित्य में चीनी रेशम का उल्लेख मिलता है। (3) विजयनीति में रांगा (टिन), मिट्टी के पात्र, सोना, जस्ता और चाय का उल्लेख आया है जो चीन से आयात की जाती थी। (4) दक्षिण पूर्व एशिया से हाथी दाँत, इलायची, चन्दन की लकड़ी, मोम (मधुमक्खी), चाँदी, चीनी मिट्टी के बर्तन, पौधे (**Rhuborb**) मंगवाये जाते थे। भारतीय पिप्पली, सुपारी, इलायची, जायफल, बहेड़ा, हरड़, आम, नींबू एवं बहुमूल्य रत्न आदि के नाम अरबी भाषा में मिलते हैं। कहा जा सकता है कि उपरोक्त सामग्री भारत से वहाँ व्यापार माध्यम से भेजी जाती थी। (4) मसूदी जानकारी देता है कि भारत से तैयार कपड़ों का थान, चमड़े के जूते खंभात बन्दरगाह से निर्यात होते थे। (5) गुजरात से नील, मालवा से सूती कपड़े, लाल किनो, छींट आदि अरब भेजी जाती थी। (6) हदुद–ए–आलम से बोध होता है कि 10वीं सदी में कामरूप से सोना तथा अगर, ओडीशा से शंख तथा हाथी दाँत, मलाबार से मिर्च, कन्नौज से जवाहरात, मलमल और नेपाल से जड़ी–बूटी आदि अरब में आयात की जाती थी। (7) मानसोल्लास से बोध होता है कि पैठन, चीरपल्ली, नागपट्टनम, अनिलपट्टन, मुलतान, कलिंगदेश तथा बंगदेश के कपड़े प्रमुख व्यापारिक वस्तुओं में शामिल थे।

समुद्री मार्ग एवं बन्दरगाह ऐतिहासिक काल के इस दौर तक आते–आते समुद्री मार्गों का विकसित स्वरूप दिखाई पड़ता है। समरैच्चकहा जानकारी देता है कि बंगाल की खाड़ी और चीन से स्वर्णभूमि होते हुए देवपुर तक व्यापार मार्ग का अस्तित्व था।

वैजयन्ती बन्दरगाह (विंजाड्रोग–कर्नाटक) चीन एवं दक्षिण–पूर्व एशिया से व्यापार ताम्रलिप्ति बन्दरगाह से होता था और पश्चिमी देशों से व्यापार हेतु वैजयन्ती बन्दरगाह को अधिक उपयोगी बताया गया।

ताम्रलिप्ति (तामलुक–प. बंगाल) वसुभूति की यात्रा में जिक्र आया है कि ताम्रलिप्ति से स्वर्णभूमि जहाज दो महिने में पहुँचते थे। स्वर्णभूमि (बर्मा) का श्रीपुर बन्दरगाह भारतीय व्यापारियों के आकर्षण का मुख्य केन्द्र था। विवरण मिलता है कि बंगाल की खाड़ी, अंडमान–निकोबार द्वीप के मध्य के जल मार्ग या दक्षिण निकोबार और कोचीन के बीच के व्यापार पथ का उपयोग करते हुए व्यापारी तक्कोल और केटा पहुँचते थे। वहाँ से सिगोरा और वांग होकर पातालूंग होता हुआ व्यापार मार्ग कण्डोन खाड़ी तक जाता था।

महाबलिपुरम् बन्दरगाह (चैन्नई) सिंहल और स्वर्णभूमि के लिए कांजीवरम तथा महाबलिपुरम से जहाज से चलते थे।

भडौच बन्दरगाह (भरूच गुजरात) अरब व्यापारियों द्वारा सातवीं शताब्दी में भड़ौच एवं ठाणे बन्दरगाह पर जहाज लेकर आने का बोध होता है। अल–मसूदी जानकारी देता है कि भारत के जहाज बसरा, सिराफ, ओमान, जावा और चम्पा से होकर केन्टन तक जाते थे। सुलेमान के अनुसार सिरफ से केन्टन तक यात्रा 5 माह में पूरी होती थी। इब्नरखुर्दाब्द के विवरण में कहा गया है कि बसरा, खारक का टापू, लवान का द्वीप, एरोन का द्वीप, खेन, केश, इब्रकवान, हरमुज होकर सारा पहुँचा जा सकता था।

अल–बरूनी ने भारत के तत्कालीन बन्दरगाहों का क्रमबद्ध विवरण इस प्रकार दिया है, ''भारतीय समुद्र तट मकरान की राजधानी तीज से शुरू होकर दक्षिण–पूर्व में देबल और देबल से आगे कराची, कच्छ, सोमनाथ, खम्बात, भड़ौच, सन्दान, सुबारा तथा थाना स्थित थे। जहाँ से जहाज जिंमूर, कंजी (कांजीवरम्) होते हुए सिंहल पहुँचते थे। वहाँ से चोल मण्डल के व्यापार पथ से होते हुए रामेश्वर जाते थे।'' पिंग–चू–कोतान के उल्लेखों के आधार पर विद्वानों ने मालाबार, कलिंग और कालीकट बन्दरगाहों का जिक्र किया है। तेज, देबल, खंभात, सोपारा आदि बन्दरगाहों से पश्चिमी देशों के लिए जहाज गुजरते थे।

समुद्री व्यापार का ह्रास पूर्व मध्यकाल में समुद्री व्यापार के ह्रास के कई तथ्यों का विश्लेषण विद्वानों ने किया है। लल्लनजी गोपाल ने समुद्री व्यापार के पतन के पाँच प्रमुख कारण बताये हैं। उन बातों का संक्षेप में वर्णन करना उचित होगा।

- इस काल के प्रारम्भ से ही मध्य एशिया पर अपनी सम्प्रभुता एवं व्यापारिक हितों की सुरक्षा हेतु अरबशक्ति, तुर्क, तिब्बत एवं चीन के बीच होड़ लगी हुई थी। चीनी संकेत पर कश्मीर ने अरबों व तुखारों से संघर्ष मोल लिया और तिब्बत जाने वाला मार्ग रोक दिया। दूसरी ओर इस अवधि में तिब्बत की शक्ति का पर्याप्त विस्तार हो चुका था। और उसने भारत–चीन मार्ग में बाधाएँ खड़ी कर दीं। कहा गया है कि, इसी कारण चीन दक्षिण भारतीय पल्लव शक्ति व समुद्री मार्ग द्वारा व्यापार के लिए विवश हुआ। संघर्ष के इस दौर में प्रभावी केन्द्रीय शक्ति के अभाव में भारतीय व्यापार को ठेस पहुँची।
- **दूसरे,** इस्लाम के प्रादुर्भाव से अरब एक संगठित शक्ति के रूप में उभरे। भूमध्यसागर से पार ईसाई शक्तियों तथा दूसरी ओर की इस्लामी शक्ति के मध्य संघर्ष से व्यापारिक थल मार्ग उजड़ गया और समुद्रों में भी वर्चस्व की लड़ाई शुरू हो गई। संघर्ष के इस युग में भारत का वैश्य वर्ग जो विशेष रूप से व्यापार में संलग्न था, पिछड़ गया। अरबों ने न केवल पश्चिमोत्तर भारतीय थल मार्गों पर कब्जा किया अपितु धीरे–धीरे विदेशी व्यापार व जहाजरानी पर एकाधिकार कर भारतीय व्यापारियों से पश्चिमी देशों से होने वाले व्यापारिक लाभ को छीन लिया।
- **तीसरे,** पूर्व मध्यकाल में भारतीय जहाजरानी उद्योग का तेजी से पतन हुआ। चीन एवं अरब के जहाज एक निश्चित दूरी को भारतीय जहाजों से कम समय में पार कर लेते थे। पूर्व मध्यकाल के मध्य तक आते–आते भारतीय जहाजों का महत्व इतना कम हो गया था कि चीनी एवं अरबी साहित्य में इसका उल्लेख तक नहीं किया गया।

- **चौथे** 'प्रबंधचिंतामणि' में विवरण आया है कि योगराज के तीन लड़कों (राजकुमारों) ने मिलकर सोमेश्वर बन्दरगाह के निकट अन्य देश के जहाज को लूटा। भारत ही नहीं अन्य देशों में भी जहाजों को लूटा जाता था। समुद्री डाकुओं के तत्कालीन साहित्य में विवरण मिलते हैं। 'प्रबंधचिंतामणि' में एक ऐसे व्यापारी का उल्लेख आया है जो जल चोरों के भय से सोने के सिक्के, घास (मज्जिष्ठा–एक प्रकार की लता) में छिपाकर रखता था।'' दूसरी ओर अरब व्यापारी स्वयं समुद्री डाकुओं का मुकाबला करने में सक्षम थे। भारतीय व्यापारियों को सुरक्षा के लिए सैनिक रखने होते थे जिन्हें वेतन देना पड़ता था और इस तरह भारतीय व्यापारियों के लिए समुद्री व्यापार प्रतिकूल साबित होने लगा।
- **पाँचवें**, यह भी कहा गया है कि कट्टर ब्राह्मण परम्परा विदेश गमन को हतोत्साहित करती रही है। नारद स्मृति अपने औरस पुत्र (**Legitimate son**) को भी समुद्री यात्रा (अपयायिक) करने पर पिता की सम्पत्ति से विहीन करती है।
- **छठे**, भारत में केन्द्र में शक्तिशाली सत्ता के अभाव में व्यापार को गहरी ठेस पहुँची। कई छोटे–छोटे राज्यों का समुद्र से सम्पर्क नहीं था, यदि समुद्र के सम्पर्क में थे तो अपनी छोटी सेना के बल पर समुद्री डाकुओं से व्यापारियों को सुरक्षा मुहैया नहीं करवा पाये। कहा जा सकता है कि, कई कारणों से पूर्व मध्यकाल में भारतीय व्यापार का ह्रास हुआ।

सन्दर्भ :

1. कामन्दक 4/51–42
2. राजतरंगिणी 4/191,
3. दण्ड़िन, दशकुमार चरित्र, छठा उच्छवास, पृ. 157
4. बृहद्नारदीय पुराण 38/87
5. लेख पद्धति, पृ. 30 एवं आगे
6. ब्रिग्स : हिस्ट्री ऑफ द राइज ऑफ मुहम्मडन पॉवर, 1, पृ. 103
7. क्षेमेन्द्र : देशोपदेश 2, 33 के आगे एवं अपराजित पृच्छा पृ. 187, श्लोक 27
8. यू.एन. घोषाल : एग्ररियन सिस्टम इन एंशियंट इण्ड़िया, पृ. 65
9. सुभाषित रत्नकोष, श्लोक 1175
10. मिताक्षरा, याज्ञवल्क्य 1/318 पर।
11. Landed Aristocracy.
12. R. S. Sharma : Indian Feudalism.
    Feudalism lay in the organisation of the whole administrative structure on the basis of land, its economic essence lay in the institution of serfdom in which peasants were atteched to the soil.
13. मानसोल्लास 3/1017–20
14. मेधातिथि, मनु. टीका 2/98 एवं 8/326 पर
15. अभिधानरत्नमाला 2/15–19
16. अग्निपुराण 245/21
17. अग्निपुराण 246/1
18. विज्ञानेश्वर : टीका याज्ञवल्क्य स्मृति, 2/30
19. स्मृतिचन्द्रिका, 2/223
20. त्रिषष्टिशलाका–पुरुष–चरित, 1/258, 3/31

20a. डॉ. परमेश्वरी लाल गुप्त : प्राचीन भारतीय मुद्राएँ, पृ. 76

21. आर. एस. शर्मा : भारत के प्राचीन नगरों का पतन (300 ई. से 1000 ई.) नई दिल्ली 1996, पृ. 146–156

22. आर.एस. शर्मा, वही, पृ. 181

23. मेधातिथि 9 / 331–32

24. विश्वरूप : टीका याज्ञवल्क्य 2 / 192

25. त्रिषष्टिशलाका–पुरुष–चरित, जि. 1 पृ. 7 एवं आगे।

26. मेधातिथि, टीका मनु, 8 / 290

27. त्रिषष्टिशलाका–पुरुष–चरित, 4 / पृ. 325

28. राजतरंगिणी 7 / 347, 714

29. अभिधानरत्नमाला 2 / 284

30. वैजयन्ती, पृ. 111 एवं पृ. 189

31. अभिधानरत्नमाला, 2 / 284

32. लल्लनजीगोपाल : इकोनॉमिक लाइफ ऑन नॉर्दन इण्ड़िया, बनारस, पृ. 117–18

33. लल्लनजी गोपाल, पूर्व उद्धृत पुस्तक।

34. भारत के प्राचीन नगरों का पतन, पृ. 175–181

35. कथाकोश (टानी अनु.) पृ. 28–29

36. लल्लनजी गोपाल, पूर्व उद्घृत ग्रंथ, पृ. 124

37. शास्त्री नीलकंठ : द चोलाज 1, पृ. 254–67

38. Lallanji Gopol : The Economic Life of Northern India.

The Gujrati sailors who because of their great commerce with the eastern countries knew that route much better then all other nations.

भारत की सांस्कृतिक परम्परा—750—1200 ई.

(Cultural Tradition in India, 750-1200 AD)

72 नवीन सामाजिक व्यवस्था
(New Social Order)

सातवीं से बारहवीं शताब्दी जिसे हम पूर्व मध्यकाल राजनीतिक दृष्टि से साम्राज्य विघटन एवं विकेन्द्रीकरण का युग माना जाता है।[1] उत्तर भारत में हर्षवर्धन एवं दक्षिण में चालुक्य शासक पुलकेशिन द्वितीय के बाद कोई ऐसा शक्तिशाली शासक नहीं हुआ जो भारत में एकता स्थापित कर संगठित बनाये रख सके। परन्तु उस विशृंखलित, शिथिल एवं रुग्ण राजनीतिक व्यवस्था को सशक्त एवं जीवन्त बनाये रखने का श्रेय राजपूत शक्ति को जाता है। आलोच्य अवधि में भारत के अलग–अलग क्षेत्र भिन्न–भिन्न राजपूत शासकों द्वारा शासित रहे। राजपूत राजाओं ने न केवल उत्तरी भारत का पुनर्गठन किया वरन् हिन्दू संस्कृति, सभ्यता, रीति–रिवाज एवं जीवन–सारणी को पुनः जीवन दान दिया और उन्हें भरपूर संरक्षण प्रदान किया।[2] वस्तुतः इस काल में उन शक्तियों का बोलबाला रहा, जो गुप्तकाल में सामन्तीय शक्ति के रूप में उभर रहे थे। धीरे–धीरे वे शक्तियाँ प्रबल होती गईं और भारत के अलग–अलग भागों में अपनी सत्ता कायम की। सत्ता प्राप्ति एवं राज्य विस्तार की आकांक्षा से देश में निरन्तर संघर्ष चलते रहे। इस दौर में नई सामन्तीय शक्तियों के विकास की प्रक्रिया भी चलती रही। नये सामन्त किसी एक वर्ण या जाति से सम्बन्धित न होकर कई वर्गों से उभर कर आये। परिणामस्वरूप समाज में नई गतिशीलता विकसित हुई। सत्ता के लिए लालायित एवं आर्थिक दृष्टि से मजबूत वर्गों को परम्परागत व्यवसाय में बदलाव की अपेक्षा थी। दूसरी ओर वर्ण व्यवस्था, जो परम्परागत व्यवसाय पर जोर देती थी, पर प्रहार उन लोगों द्वारा हो रहा था जिन्हें पूर्व निर्धारित व्यवस्था में आजीविका के साधन मुहैया नहीं थे।

साम्राज्यवादी एवं उपनिवेशवादी लेखकों ने भारतीय समाज को जड़ एवं गतिहीन सिद्ध करने की कोशिश की थी। लेकिन निरूपित अवधि में यूरोपीय समाज भारत की तुलना में अधिक गतिहीन एवं असभ्य दौर में था। तत्कालीन भारतीय एवं यूरोपीय समाज की परस्पर तुलना किये बिना कहा जा सकता है कि, सातवीं सदी से बारहवीं सदी के लगभग पाँच सौ वर्षों में किसी भी जीवन्त वस्तु की भाँति भारतीय समाज, अर्थव्यवस्था तथा विचारों के क्षेत्र में होने वाले परिवर्तनों के प्रति अत्यधिक सजग एवं गतिमान था। यदि हम तत्कालीन प्रभूत साहित्य एवं अभिलेखिक साक्ष्यों पर दृष्टि डाले तो भारत की विकसित सांस्कृतिक परम्पराओं एवं विचारधारा का ही बोध होता है। इस काल में प्रचुर धार्मिक एवं धर्मेत्तर साहित्य रचा गया जो अपने सन्दर्भों में प्रचुर ऐतिहासिक सामग्री उपलब्ध कराता है। धर्मशास्त्रों की टीकाओं, भाष्यों के अतिरिक्त नाटक, काव्य, प्रशस्तियाँ एवं वैज्ञानिक ग्रंथों की रचनाएँ हुईं। इनसे प्राप्त सामग्री से समाज एवं उसके स्वरूप में हुए परिवर्तनों को रेखांकित किया जा सकता है। कल्हण की 'राजतरंगिणी', मेरुतुंग की 'प्रबंध चिंतामणि', श्री हर्ष की 'नैशाधियाचरित', जिनसेन का 'आदि पुराण', सोमेश्वर का 'मानसोल्लास', राजशेखर की 'काव्यमीमांसा', जयदेव का 'गीत गोविन्द', विज्ञानेश्वर का 'याज्ञवल्क्य स्मृति पर भाष्य', मेघातिथि एवं विश्वरूप का 'मनुस्मृति पर भाष्य' आदि। उक्त सभी कृतियाँ इस काल की सामाजिक व्यवस्था के पुनर्निर्धारण के लिए ही उपयोगी नहीं है अपितु भारतीय समाज की विचारधारा एवं परिपक्वता की भी प्रतीक है। यहाँ पूर्व मध्यकाल में हुए सामाजिक परिवर्तन की पृष्ठभूमि की विवेचना अपेक्षित जान पड़ती है।

बाह्य आक्रमण एवं उपजातियों का विकास आलोच्य अवधि में अरबों एवं बाद तुर्कों के आक्रमण हुए परिणामतः भारतीय समाज में अराजकता का खतरा बढ़ गया था। बिखरती हुई सामाजिक व्यवस्था को देखकर ही आदि गुरु शंकराचार्य ने वर्ण एवं आश्रम धर्म में व्याप्त अव्यवस्था को स्वीकार किया था एवं इसमें सुधार लाने की कोशिश भी की। विदेश तत्वों के भय से वर्ण–व्यवस्था में बढ़ती अराजकता से ग्यारहवीं शताब्दी का लेखक धनपाल भी चिंतित दिखाई देता है। राज्य के लिए आवश्यक था कि वह सामाजिक व्यवस्था को बनाये रखे। सातवाहन शासकों को भी चतुर्वर्ण व्यवस्था के संरक्षक रूप में प्रस्तुत किया गया था। इसी प्रकार के विवरण गुप्तकालीन शासकों के लिए अभिलेखों में मिलते हैं।[3]

मनु, याज्ञवल्क्य आदि स्मृतियों के भाष्यकारों ने नये सामाजिक विभाजन को जातियों वं उप–जातियों के रूप में मान्यता प्रदान की, जो उनकी बाह्य आक्रमणकारियों के भय से टूटती सामाजिक व्यवस्था को बनाये रखने की भावना का ही संकेत है। बारहवीं सदी की रचना मनसोल्लास में वर्णाधिकारिन नामक एक अधिकारी का जिक्र आया है जिसका दायित्व वर्णाश्रम व्यवस्था को बनाए रखना था।

इसी प्रकार ''लताकमेकला'' (हास्य–व्यंग्य कृति) में एक बौद्ध भिक्षु जाति–व्यवस्था को नकारते हुए इसे समाप्त करने का उद्घोष करता है। ''पदमपुराण'' में भी ऐसी परस्पर विरोधी दो विचारधाराओं में संघर्ष की चर्चा है। एक विचारधारा शूद्रों को निर्धन बनाए रखने पर जोर देती है तो दूसरी शूद्रों को धनी बनने की सलाह देती है। कश्मीर के प्रसिद्ध लेखक क्षेमेन्द्र ने अपनी कृति 'कुलजाति दर्प' में जाति–व्यवस्था को एक सामाजिक रोग की संज्ञा दी है। कहा

जा सकता है कि ब्राह्मण एवं शासक वर्ग परम्परागत व्यवस्था को बनाये रखने को तत्पर दिखाई पड़ते हैं वहीं समाज का बड़ा समूह इसके विरोध में भी खड़ा जान पड़ता है।

नवीन आर्थिक वर्ग ब्राह्मण भूस्वामी विवेच्यकाल विशेषकर आठवीं सदी ईस्वी से भूमि अनुदानों में जो अभूतपूर्व वृद्धि हुई उस एक मात्र कारक ने उत्तर गुप्तकालीन समाज के रुझान को सुनिशचित किया। हमने पूर्व में अध्ययन किया है कि गुप्तकाल एवं उत्तर गुप्तकाल में एक प्रवृत्ति ब्राह्मणों एवं अधिकारियों को भूमिदान किये जाने की विकसित हुई। जो भूमि ब्राह्मणों को दान में दी जाती थी उसे 'ब्रह्मदेय' कहा गया है। आर. एस. शर्मा ने सामन्तवाद के उदय एवं विकास का गहन अध्ययन किया है उनकी धारणा है कि पूर्व मध्यकालीन दानपत्रों में गोचर, सिंचाई साधन, नदी, वृक्ष, पर्वत आदि के कई कृषिक अधिकार भी दानग्राहियों को सौंपे गए हैं। भूमिगत राजनीतिक परिणामों की चर्चा किये बिना कहा जा सकता है कि इस प्रथा ने भूस्वामियों के नये अभिजात वर्ग को जन्म दिया। ऐसे ब्राह्मण भू–स्वामियों ने अपने वर्णगत कार्यों को छोड़ दिया और भूप्रबंध पर अधिक ध्यान देने लगे। खेतिहर मजदूरों द्वारा कृषि करवाई जाने लगी। नये भूमि धारक ब्राह्मणों एवं अधिकारियों ने स्वयं कृषि–कर्म नहीं अपनाया, वे कृषि कार्य को हेय मानते थे। स्मृतिकार पाराशर ने स्वयं ब्राह्मणों के लिए कृषि कार्य करने की रोक लगाई है। वस्तुतः वे खेतिहर मजदूरों से कृषि करवाते थे और ऐसे ब्राह्मण भूस्वामियों के प्रायश्चित स्वरूप उपज का बीसवाँ हिस्सा देवताओं, तीसवाँ भाग ब्राह्मणों और छठा भाग राजा को देने का विधान किया है। इस प्रकार के परिवर्तन भूमि अनुदानों के बढ़ते स्वरूप और परिणामस्वरूप ब्राह्मण भूस्वामी वर्ग के उदय के कारण सम्भव हुए।

ब्रह्मक्षत्र वर्ग– इस काल में ब्राह्मणों में से एक अन्य नवीन वर्ग का उदय हुआ, जिसे 'ब्रह्मक्षत्र' कहा गया। तत्कालीन राजनीतिक संघर्ष एवं आर्थिक संकटों के कारण बड़ी संख्या में ब्राह्मण अन्य व्यवसायों को अपनाने को विवश हुए। वस्तुतः अब भूमि, प्रभुसत्ता एवं शौर्य सामाजिक प्रतिष्ठा के मानदण्ड बन गये थे। ब्राह्मणों की इसी लालसा को समझकर भाष्यकार मेधातिथि ने ब्राह्मणों के लिये आपात कर्मों का प्रावधान किया। उसके अनुसार विदेशी आक्रमण का भय उपस्थित होने या सामाजिक अव्यवस्था की स्थिति में ब्राह्मण शस्त्र धारण कर सकता है। पृथ्वीराज चाहमान का सेनापति स्कन्ध ब्राह्मण था। चोलों एवं चालुक्यों के कई ब्राह्मण सेनापतियों के प्रमाण मिलते हैं। बिजोलिया अभिलेख में स्वयं चाहमानों को वत्स गोत्रीय ब्राह्मण बताया है।

ब्राह्मण वर्ग एवं निम्न जातीय व्यवसाय ब्राह्मणों द्वारा सम्पादित अपने परम्परागत कार्यों के अतिरिक्त अन्य कार्यों की भी जानकारी मिलती है। उनके मंत्री, पुरोहित, न्यायाधीश जैसे पदों पर नियुक्त होने का बोध होता है और सामाजिक पदों पर कार्य करने की सूचना भी मिलती है। कश्मीरी लेखक क्षेमेन्द्र अपने 'वंशजातिदर्प' नामक ग्रंथ में ऐसे अनेक ब्राह्मणों की चर्चा की है जो नमक, शराब, दूध–दही का व्यापार कर रहे थे और नर्तक या कारीगर जैसा व्यवसाय। कुछ ऐसे क्षेत्रों का भी उल्लेख हुआ है जहाँ स्वयं ब्राह्मण किसान हो गये थे। **ह्वेनसांग** ने अपने वर्णन में पंजाब (टक्क) के ब्राह्मणों द्वारा स्वयं कृषि करने का जिक्र किया है। इसी प्रकार कुमारपाल चौलुक्य का 1144 ई. का एक अभिलेख ब्राह्मण कृषकों का जिक्र करता है। कहा जा सकता है कि ब्राह्मण वर्ग में ही व्यापक परिवर्तन हो गये थे और इनमें से कई नई उप–जातियाँ अस्तित्व में आईं।

प्रादेशिक भिन्नताएं एवं ब्राह्मण उपजातियां वर्तमान समाज में जितनी उप–जातियाँ देखी जाती हैं उन सबका उदय राजपूत युग में ही हुआ था। बतौर उदाहरण के ब्राह्मणों को ही लिया जाये तो कहा जा सकता है कि कार्यात्मक एवं प्रादेशिक भिन्नताओं के कारण इस वर्ण का कई उप–जातियों में विभाजन हो गया। डॉ. शशि अवस्थी ने ब्राह्मणों के पंच–प्रवरों में विभक्त होने का मूल कारण स्थानगत भेद अथवा भूमिगत सीमाएँ माना है।[4] पंच गौड़ ब्राह्मण निम्नलिखित क्षेत्रों के उपज थे–कान्यकुब्ज (कन्नौजवासी), सरयूपारी (सरयू नदी के पूर्वी तटवासी), सारस्वत (सरस्वती तटवासी), गौड़ (गौड़ देशवासी), शाकद्वीपी (शक द्वीप वासी)। कार्यात्मक भेद के आधार पर श्रोत्रिय, पण्ड़ित, दीक्षित, उपाध्याय, पाठक, अग्निहोत्री, याज्ञनिक, चतुर्वेदी, त्रिवेदी, द्विवेदी एवं मिश्र[5] आदि के रूप में विभाजन होने का बोध होता है। मध्यक्रमों में ऐसे शूद्र ब्राह्मणों की भी चर्चा मिलती है जो मन्दिरों के पुजारी या शस्त्र के व्यापारी थे। कहा जा सकता है कि ब्राह्मण वर्ण अब वैसा नहीं रह गया था जैसा वर्ण व्यवस्था में प्रावधान थे बल्कि कई विद्वान यह मानते हैं कि सर्वाधिक परिवर्तनगामी यही वर्ण रहा।

जातीय मिश्रण एवं राजपूत वर्ग– राजपूतों की उत्पत्ति की चर्चा पूर्व में की है और हम यह जानते हैं कि जिन वर्गों ने राजत्व प्राप्त कर लिया था राजपूत जातियों में शामिल हो गये। उत्तर भारत में 36 राजपूत जातियों के उल्लेख आये हैं।[6] विद्वानों ने गहड़वालों की उत्पत्ति जनजातीय मानी है जबकि वे अपने को राजपूत ही घोषित करते रहे हैं। व्यवसाय परिवर्तन के कारण इस काल तक आते–आते कुछ क्षत्रियों की जातीय या वर्णीय स्थिति में गिरावट दर्ज हुई, जैसे–यादव पशुपालन एवं कृषि से जुड़ गये थे और वे सत्ता की दौड़ में पिछड़ गये। पंजाब क्षेत्र के खत्री व्यापार के कारण अब वैश्य वर्ण के कहे जाने लगे। यह भी माना जाता है कि जैन धर्म के प्रभाव से कुछ क्षात्र जातियों ने सैन्य कर्म त्याग दिया। तथापि अनेक जैन सेनापतियों के उदाहरण जैन ग्रंथों में मिलते हैं।

इस काल का अरबी लेखक इब्न–खुर्दाब्द क्षत्रियों के दो वर्गों 'सबूकफूरिया' तथा 'कतरिया' की चर्चा करता है। डॉ. अल्तेकर सबूकफूरिया से आशय सत् क्षत्रिय से लेते हैं और राजत्व प्राप्त क्षत्रियों (राजपूतों) को इसमें शामिल करते हैं एवं कतरिया को खत्री के समकक्ष माना गया, जिसमें सामान्य राजपूत शामिल थे और वे कृषि व्यापार द्वारा जीवनयापन करते थे। एक साहाक नामक क्षत्रिय व्यापारी का उल्लेख आहड़ अभिलेख में आया है। युद्ध के समय अनेक जनजातियों में से योद्धाओं की भर्ती किये जाने का बोध होता है।

सामाजिक गतिशीलता एवं वैश्य वर्ग– गतिशीलता के प्रवाह से वैश्य वर्ण भी वंचित न रहा। 'भविष्यत्कथा' में एक ऐसे वैश्य का जिक्र आया है जो नावें (व्यापार हेतु) खरीदने के लिए अपने पशु बेच देता है। वस्तुतः वैश्य वर्ण मुख्य रूप से अब व्यापारी बन गया था। इसके बावजूद अनेक जैन सेनापतियों, मंत्रियों एवं योद्धाओं के उल्लेख आये हैं। कृषि अब वैश्यों से शूद्र वर्ग के हाथों में चली गई। जैन मत के विस्तार से कृषि एवं पशुपालन पाप कर्म में शामिल हो गये और वैश्यों ने इन व्यवसायों को त्याग दिया। माघ रचित 'शिशुपाल वध' में सैनिक स्कंधावरों में वैश्य व्यापारियों द्वारा सामान बेचने का जिक्र आया है।

व्यापार ने वैश्यों को आर्थिक दृष्टि से मजबूत बनाया और वे कभी–कभी राजसत्ता से मुकाबला करने की स्थिति में खड़े देखे जाते हैं। लक्ष्मणसेन के शासन में स्वर्ण व्यापारी इतने समृद्ध एवं शक्तिशाली हो गये थे कि वे राजा से युद्ध करने को तत्पर हो गये। गुजरात के चालुक्य नरेशों से भी व्यापारियों के संघर्ष के उल्लेख मिलते हैं। सम्भवतः समृद्ध व्यापारी वर्ग एवं राजसत्ता के आपसी अन्तर्विरोध के परिणामस्वरूप ऐसा हुआ होगा। इसके अतिरिक्त क्षेत्रीय आधार पर वैश्यों का भी उप–विभाजन इस काल में हुआ, जैसे–श्रीमाली, नागर, पालीवाल, दिसावत आदि। जैन मतावलम्बियों के भी उपजातियों में विभाजन का बोध होता है उदाहरणार्थ–ओसवाल, अग्रवाल, प्राग्वाट, मोट आदि। अधिकांश वैश्य जैन एवं वैष्णव धर्मों से सम्बन्धित देखे जाते हैं।

नव शिक्षित कायस्थ वर्ग भूमि अनुदानों में अभूतपर्व वृद्धि के फलस्वरूप भूमि के लेन–देन, स्वामित्व के पत्रादि का रख–रखाव और भूमि की नाप के आँकड़ों का विवरण रखने जैसे कार्य बढ़ गये थे। इस कार्य के सम्पादन हेतु ऐसे शिक्षित लोगों की आवश्यकता हुई जो ऐसे कार्य में निपुर्ण हों। तत्कालीन राजस्व के पत्रादि को रखने वाले वर्ग में कायस्थ भी एक वर्ग था, जिसका सर्वप्रथम उल्लेख बंगाल से प्राप्त गुप्त अभिलेखों में हुआ। राजपूत काल तक आते–आते यह जाति पूर्णतः संगठित एवं व्यवस्थित हो पायी। स्मृतियों में कायस्थों का जिक्र आया है और इन्हें लेखन कार्य से सम्बन्धित किया गया। याज्ञवल्क्य स्मृति (1/336, 338, 339) ने व्यवस्था दी है कि राजा को कायस्थों के चंगुल से प्रजा की रक्षा करनी चाहिए। कई विद्वान् इस वर्ग को ब्राह्मणों एवं शूद्रों से उत्पन्न वर्ण संकर जाति मानते हैं जबकि कुछ बुद्धिजीवियों से संगठित नई जाति। हम इस नवीन वर्ग को कई जातियों के मिश्रण का प्रतीक मान सकते हैं। नवीं सदी के प्रमाणों में कायस्थों के कई प्रवर्गों का उल्लेख आया है, जैसे–माथुर, कटारिया, निगम, गण्डा, श्रीवास्तव आदि। कायस्थों का योगदान शिक्षा एवं साहित्य के विस्तार एवं बुद्धिजीवी वर्ग के विकास में रहा है।

कायस्थों के अतिरिक्त करण, करणिक, लेखक, पुस्तपाल, धर्म लेखिन, दिविरा, अक्षर चांचू एवं अक्षपटालिक जैसे नामों का जिक्र आया है। न्यायाधिकरण में न्याय–निर्णय लिखने का कार्य 'करणिक' करते थे। ये लेखक, गणक, अथवा राजस्वपत्रादि रखने वाले नामों से ही सम्बोधित किये जाते थे। बारहवीं सदी में बिहार में स्थित विक्रमशिला विश्वविद्यालय में तंत्रवाद के प्राध्यापक 'तथागत रक्षिता' को चिकित्सक परिवार से कायस्थ जाति का कहा है, जो मूलतः ओडीशा का निवासी था। कायस्थ राजस्व पत्रादि रखने, या अध्यापन जैसे कार्य ही नहीं करते थे अपितु 'श्रीवास्तव' (कायस्थ) चंदेलों के यहाँ मंत्री, सेनापति के पद पर नियुक्त हुए और उन्हें ठाकुर की सामन्त उपाधि भी मिली। इसी प्रकार 'माथुर' चौहानों के यहाँ मुख्यमंत्री तथा कोषाधिकारी रहे। माथुर कायस्थों का पूर्वज दामोदर माथुर कोषाधिकारी था। हरिघोषकरण कायस्थ बंगाल में बल्लालसेन का सन्धि विग्रहिक था। राजस्व पत्रादि के संरक्षण, राजस्व एकत्र करने एवं लेखा कार्यों से सम्बद्ध होने के कारण इस वर्ग को भ्रष्टाचार के भी प्रचुर अवसर उपलब्ध होते रहे होंगे। इसीलिए कल्हण राजतरंगिणी में कायस्थों के अत्याचारों का उल्लेख करता है। उसने यह भी लिखा है कि कायस्थ राजा को नये–नये कर लगाने का सुझाव देते थे।

शूद्र वर्ण का उप–विभाजन अन्य वर्णों की भाँति शूद्र वर्ण से भी कई उपजातियों के विभाजन का बोध होता है जिनमें कृषि मजदूर, छोटे किसान, कारीगर, शिल्पकार, धातुकर्मी एवं अन्य नौकर चाकरों को शामिल करना होगा। ब्रह्मवायवर्त पुराण में शूद्रों की सौ जातियों की सूची मिलती है। विद्वानों की धारणा है कि चमार, मछुआरे, सूत्रकार, जुलाहे, ताम्बूलिक, तेली, नपिता, मोदक जैसी जातियों का उदय सम्बन्धित शिल्पगत माना जाना चाहिए। इस तथ्य की पुष्टि वेद व्यास स्मृति के विवरण से होती है।[7] निरूपित काल का लेखक इब्न–खुर्दाब्द के अनुसार शूद्र का मुख्य कार्य खेती करना था। उसके परवर्ती लेखक अल–इदरीसी ने भी लिखा है कि शूद्र का मुख्य कार्य कृषि करना था। किसानों को दो श्रेणियों में विभक्त किया जा सकता है। स्वतंत्र किसान जिन्हें पाराशर, व्यास आदि ने 'कुटुंबी' की संज्ञा दी थी, जो भूमि के स्वामी थे और राज्य को अनेक प्रकार के कर देते थे। दूसरे वे किसान जो बटाई पर खेती करते थे जिन्हें त्यधसीरिन या 'सीरिन' कहकर सम्बोधित किया गया। इन्हें उपज का 1/3 या 1/4 भाग मिलता था। शूद्रों की एक श्रेणी में वे किसान मजदूर शामिल थे जिन्हें उपज का 1/10 से 1/4 भाग तक मिलता था। अधिकांश शूद्र कृषक इसी श्रेणी में शामिल थे।

कृषकों के दमन का विवरण नवीं शताब्दी के बृहन्नारदीय पुराण के एक श्लोक में मिलता है, जो कृषि करने के लिए हल से जुड़े लोगों (बद्ध हालैः) की स्थिति का निरूपण है। इसी प्रकार 'लेख पद्धति' में 'भूमि संस्था' का दस्तावेज महत्वपूर्ण है, जो कृषकों को दो–तिहाई हिस्सा मुखिया के अन्न भण्डार में उसके हिस्से के रूप में देना पड़ता था और शेष एक–तिहाई फसल एवं घास वे स्वयं अपने पास रख सकते थे। कहा जा सकता है कि शोषित एवं आश्रित कृषक वर्ग समाज के वे लोग थे, जो फसल बटाई पर लेते और उपज के एक–तिहाई हिस्से के हकदार थे। ब्रिटिश शासन (1946 ई.) बंगाल में 'तेभागा आन्दोलन' इसी तरह के शोषण के विरुद्ध आन्दोलन था। इस काल के टीकाकार मेधातिथि ने लिखा है कि "चूँकि शूद्रों का धर्म, द्विजों की सेवा करना है। अतः शूद्रों

को उन्हीं के इलाकों में रहना चाहिए और अपनी आजीविका अपने आश्रयदाता द्विज से प्राप्त करनी चाहिए।'' शूद्रों के दो भागों सत् और असत् में विभक्त किया गया है, लघु उद्योगों से जुड़े लोगों को सत् श्रेणी में शामिल किया गया जिन्हें पौराणिक विधि से संस्कार, तीर्थयात्रा और पंच महायज्ञ इत्यादि के अधिकार थे। दूसरे वर्ग के शूद्रों को इन धार्मिक कृत्यों के अधिकार प्राप्त नहीं थे। लघु उद्योगों से जुड़ी जातियों में लुहार, जुलाहा, धोबी, रंगरेज शामिल थे, इन्हें नगर के निर्धारित भाग में रहने का अधिकार था, जबकि मल्लाह, धीवर, बहेलिया, मदारी जैसे कार्य करने वालों को अन्त्यज कहा गया और उन्हें अछूत माना गया। शूद्रों के बंधुआ होने के संकेत भी कुछ साक्ष्यों में मिलते हैं।[8]

कहा गया है कि उन्हें सरोवर, कूप, आहार–गृह आदि बनवाने की अनुमति थी और वे पुण्य कमा सकते थे, किन्तु मेघातिथि इसके बावजूद उन्हें मोक्ष का अधिकारी नहीं मानता और वे केवल गृहस्थ रूप में कार्य कर सकते थे और उन्हें द्विजों की सेवा एवं संतानोत्पत्ति द्वारा पुण्य कमाने का अधिकार था।

दक्षिण भारत में उप–जातियाँ हम जानते हैं कि दक्षिण भारत में चातुर्वर्ण व्यवस्था प्रत्यक्ष नहीं थी। प्राचीन अभिलेखों एवं साहित्य से भी दक्षिण में चातुर्वर्ण व्यवस्था के अस्तित्व का बोध नहीं होता। दक्षिणी समाज को मुख्यतः दो वर्गों में विभक्त कर सकते हैं–पहला वह वर्ग था जो कृषि करता था और दूसरा वह जो कृषि कर्म पर अप्रत्यक्षतः निर्भर था। कृषक वर्ग में 'पनन', 'पैरियन', 'तुड़यन' एवं 'कदम्ब' आदि जातियाँ शामिल थीं। समाज के निर्धन लोगों में इनकी गणना की जाती थी। शिल्पी वर्ग में 'मालाबार' एवं 'नागाओं' का जिक्र किया जा सकता है। जुलाहों के पृथक् वर्ग की जानकारी नहीं मिलती।

दक्षिण में ब्राह्मण धर्म जिसे बाद में 'वैष्णव' कहा गया, को पल्लवित करने में ब्राह्मणों का प्रमुख योगदान था। प्राप्त विवरण के अनुसार ब्राह्मण उत्तरी भारत से ही दक्षिण गये थे। वहाँ ब्राह्मणों के विशेष वर्गों का बोध नहीं होता जैसा कि उत्तर में थे।

सुदूर दक्षिण में उद्योग व्यवसाय से जुड़ी जातियों में 'वलंगाई' एवं 'इदंगाई' का जिक्र करना होगा। अनुश्रुति के अनुसार इन दोनों वर्गों का उद्भव चोल शासक करिकाल (कालीटांग का राजा) के समय हुआ था, जब उद्योगों से जुड़े दो प्रकार के लोग इस राजा के दाएं एवं बाएं खड़े होकर अपनी कठिनाइयाँ कहने लगे थे। वलंगाई लोग दाहिनी हाथ की ओर खड़े होते थे और इदंगाई बाएं हाथ की ओर। इदंगाई अपने को अग्निकुल से उत्पन्न मानते थे। इस जाति की 98 उप–जातियों के अस्तित्व का बोध होता है।

महिलाओं की स्थिति पूर्व मध्यकाल में महिलाओं की स्थिति की विवेचना पुराणों, स्मृति–टीकाकारों, सार संग्रहों एवं अभिलेखिक साक्ष्यों के आधार पर की जा सकती है। इस काल में स्त्रियों की दशा में पहले की अपेक्षा कुछ गिरावट के संकेत मिलते हैं। यह बात इस तथ्य से स्पष्ट होती है कि महिलाओं को उपनयन संस्कार से वंचित कर दिया गया और उसके स्थान पर व्रत, उपवास, दान, पूजा–पाठ एवं तीर्थयात्रा जैसे पौराणिक धार्मिक कृत्यों को किये जाने की स्वीकृति प्रदान की गई। स्पष्टतः इसे शिक्षा के अधिकार से वंचित किये जाने का प्रतीक माना जायेगा यद्यपि स्त्रियों से शिक्षा का अधिकार नहीं छीना गया था। पहले की तुलना में स्त्रियों की दशा कुछ खराब हुई इसका आकलन विवाह की उम्र बहुत कम होने से भी किया जा सकता है।

कन्या शिशु हत्या आलोच्य काल में कन्या का जन्म अशुभ माना जाने लगा। कुछ राजपूत परिवारों में लड़की पैदा होते ही मार ड़ाली जाती थी। कन्या जन्म को अशुभ माना जाने का कारण यह था कि नारी जीवन को बहुत ही कठिन समझा जाने लगा। लोगों के मस्तिष्क में लड़की के जन्म से लेकर अन्तिम क्षण तक विदेशी आक्रान्ताओं के हाथों में पड़ने का भय बना रहता था अतः स्त्री जीवन कुंठाग्रस्त हो गया।

विवाह इस समय तक आते–आते विवाह की उम्र बहुत कम हो गई थी। आलोच्य अवधि के स्मृति एवं निबन्ध ग्रंथों के अनुसार कन्या का विवाह 8 से 10 वर्ष की उम्र तक हो जाना चाहिए। आदर्श विवाह आठ वर्ष का माना गया। आठ वर्ष की लड़की को 'गौरी' कहा गया और 10 वर्ष की लड़की कन्या कही जाती थी। यह माना जाता था कि अधिक–से–अधिक कन्यावस्था में लड़की का विवाह हो जाना चाहिए। बाल विवाह से स्त्री शिक्षा प्रभावित हुई। राजपूत कन्याओं को वर चयन की पूर्ण स्वतंत्रता थी। स्वयंवर प्रथा राजपूत समाज में प्रमुखता से स्थापित हो चुकी थी। राजपूतों में पुनर्विवाह का प्रचलन बहुत कम था अतः स्त्रियाँ या तो आजीवन वैधव्य का जीवन व्यतीत करती थीं अथवा पति के साथ सती हो जाया करती थीं। युद्धों में पुरुषों के हताहत होने से विधवाओं की संख्या में वृद्धि हुई।

अग्निपुराण तथा नारद एवं पाराशर स्मृतियों के अनुसार पुनर्विवाह या विधवा विवाह, पति के लापता होने, मृत्यु, संन्यासी होने या जाति बहिष्कृत होने पर सम्भव था। यद्यपि मेघातिथि ने पुनर्विवाह या विधवा विवाह के विरुद्ध मत व्यक्त किया है। कुछ विशेष परिस्थितियों तथा अनेक बन्धनों के साथ 'नियोग' की छूट थी।

देवदासी एवं पर्दा प्रथा पुत्री की शिशु हत्या, बहुपत्नी प्रथा (विशेष रूप से शासक वर्ग एवं सामन्तों में) जैसी कुरीतियाँ स्त्रियों की दशा को कमजोर कर रही थीं। उस पर वज्रपात के समान देवदासी प्रथा थी। छठी सदी ईस्वी से पहले दक्षिण भारत में देवदासी प्रथा प्रचलन में थी। पारिवारिक परिस्थितियों या आर्थिक कारणों से माता–पिता की इच्छा से या स्वेच्छा से कन्याएँ मन्दिरों में रहतीं और देवताओं के सम्मुख गायन, वादन एवं नृत्य प्रस्तुत किया करती थीं। देवदासियों के ललित कलाओं में पारंगत होने के उल्लेख मिलते हैं। जन–साधारण का नृत्यादि से मनोरंजन करना और राजा, सामन्त, महन्त अथवा पुजारियों के भोग–विलास की सामग्री बनना उनकी नियति था। देवदासियों के कुछ दिन नृत्यादि के जीवन के बाद गृहस्थ जीवन में प्रवेश करने का बोध होता है। मुस्लिम यात्रियों ने देवदासियों में व्याप्त भ्रष्टाचार का उल्लेख किया है। राजतरंगिणी के लेखकर कल्हण ने स्वीकार किया है कि कश्मीर के मन्दिरों में सातवीं सदी में अनेक देवदासियाँ रहती थीं।

पूर्व मध्यकाल में वेश्यावृत्ति के बड़ी संख्या में प्रमाण मिलते हैं। मत्स्य पुराण में वेश्याओं के कर्तव्यों एवं अधिकारों का जिक्र आया है। अरब यात्रियों के विवरण के अनुसार वेश्यावृत्ति को समाज में अवैध कार्य नहीं समझा जाता था। उपमितिभव प्रपंचकथा जैसे

ग्रंथ गणिकाओं की विशद जानकारी उपलब्ध करवाते हैं। कहा जा सकता है कि देवदासी प्रथा एवं गणिकाओं की उपस्थिति स्त्रियों की स्थिति में गिरावट को इंगित करती है।

पर्दा प्रथा के भी कई प्रमाण तत्कालीन ग्रंथों में मिलते हैं। हर्षचरित[10] में बाण ने राज्यश्री के लिए एक स्थान पर प्रयोग किया है कि 'जिसने मुख पर लाल रेशम का परदा डाल रखा हो।' कहा जा सकता है कि उच्च वर्णों या कुलीन वर्गों में पर्दा प्रथा का प्रचलन था लेकिन आम लोगों में इसका चलन नहीं रहा होगा। इस तथ्य की पुष्टि अबूजैद के इस कथन से होती है कि भारतीय राजाओं की राजसभा में स्त्रियाँ विदेशियों की उपस्थिति में बिना पर्दे के उपस्थित होती थीं। दरअसल मुस्लिम आक्रान्ताओं के बाद ही यह प्रथा अधिक प्रचलन में आई।

सती–प्रथा नवीं शताब्दी से सती–प्रथा अधिक मजबूती से स्थापित होने लगी। इस प्रथा के इजाफे के कई कारण थे, जैसे–पुनर्विवाह का निषेध, स्त्रियों की यौन शुचिता की रक्षा, विधवाओं के सम्पत्ति विषयक अधिकार को विलम्ब से या संकोच के साथ मान्यता देना, वैराग्य सम्बन्धी कठोर नियम और विदेशी आक्रान्ताओं की भारतीय महिलाओं के प्रति कुदृष्टि आदि। दूसरे शब्दों में, इस प्रथा के मूल में विदेशियों से स्त्रियों की रक्षा का भाव निहित था। वैधव्य जीवन पर कई तरह के प्रतिबंधों ने विधवाओं की स्थिति को शोचनीय बना दिया और पति के साथ सती होने से ही उसे जीवन के इन कष्टों से मुक्ति दिखाई देने लगी। अंगीरा, हारीत, स्मृतिकारों एवं अपरार्क, विज्ञानेश्वर जैसे निबंधकारों ने सती–प्रथा की भर्त्सना नहीं की है। राजपूतों में इस प्रथा का अधिक प्रचलन था। वैधव्य प्राप्त स्त्रियाँ अपने पति के साथ सती हो जाया करती थीं। कुछ महिलाएँ स्वेच्छा से और कुछ को जबरन सती होने के लिए विवश किया जाता था। जौहर प्रथा का प्रचलन भी था। चेदिलेख में गांगेयदेव की 100 पत्नियों के एक साथ सती होने का वर्णन मिलता है। इस प्रथा ने इतना विकराल रूप धारण कर लिया था कि सामान्य परिवारों की स्त्रियाँ भी विवश होकर सती होने लगीं।[11] दक्षिण में भी सती का प्रचलन था। 'परान्तक द्वितीय' की रानी 'वन्वन महादेवी' ने सतीत्व प्राप्त किया था। लेकिन दक्षिण में सती का प्रचलन उत्तर भारत की अपेक्षा कम था। दक्षिण के अभिलेखों में सती के उदाहरण यदा–कदा ही मिलते हैं।

दक्षिण का स्त्री समाज उत्तर की तुलना में दक्षिण भारत में स्त्रियों को उच्च स्थान प्राप्त था। जीवन की समस्त सुविधा, आजादी एवं अधिकारों से सम्पन्न होने के उल्लेख मिलते हैं। उच्च कुलों में स्त्रियाँ आर्थिक अधिकारों का पूर्ण उपभोग करती थी तथा उन्हें सम्पत्ति के अधिकार भी प्राप्त थे। स्वेच्छा से सम्पत्ति बेचने के अधिकारों का बोध होता है। दक्षिण में एक पत्नी प्रथा थी लेकिन राजघरानों में बहुपत्नीत्व प्रथा भी अस्तित्व में थी।

स्त्री शिक्षा पूर्व मध्यकालीन साहित्य से जानकारी मिलती है कि राजघराने, उच्चाधिकारियों एवं समृद्ध वैश्य परिवारों की स्त्रियाँ शिक्षित होती थीं। ब्राह्मण वर्ग में से भी लड़कियों के शिक्षित होने के संकेत मिलते हैं। मण्डन मिश्र की पत्नी का आदि गुरु शंकराचार्य को तर्कशास्त्र में परास्त करना नारी विद्वता का प्रमाण है। संस्कृत कवि राजशेखर की पत्नी अवन्ति सुन्दरी भी प्रकाण्ड विदूषी थी। विज्जिका, शीला, सुभद्रा, पदमश्री, लक्ष्मी, इन्द्रलेखा, मल्लामोरिका आदि संस्कृत की प्रसिद्ध कवयित्रियाँ थीं। दक्षिण के सोलंकी राजा विक्रमादित्य की बहन अक्कादेवी को कुशल योद्धा एवं प्रशासिका कहा गया है। अक्का देवी एक प्रान्त की गवर्नर थी और उसने युद्ध संचालन भी किया था। राजघराने की कन्याएँ घुड़सवारी आदि का ज्ञान रखती थी। संगीत शिक्षा का भी स्त्रियों में काफी प्रचलन था। सामान्य वर्ग की स्त्रियों की शिक्षा व्यवस्था की स्पष्ट जानकारी नहीं मिलती। बाल विवाह से उनकी शिक्षा अवश्य ही प्रभावित हुई होगी। नारद स्मृति के टीकाकार असहाय ने जिक्र किया है कि स्त्रियों के लिए अभिभावकता इसलिए आवश्यक है कि शास्त्राध्ययन के अभाव में उनकी बुद्धि का विकास नहीं हो पाता। कहा जा सकता है, कि इस काल में स्त्रियों की स्थिति में तुलनात्मक दृष्टि से काफी गिरावट के प्रमाण मिलते हैं। वैदिक काल में स्त्री को सहधर्मिणी या अर्द्धांगिनी कहा जाता था और उसे समाज में समान अधिकार प्राप्त थे वैसा अब कुछ नहीं रहा। उपनयन का अधिकार छिन जाने के साथ उन्हें शिक्षा से वंचित होना पड़ा। इस पर तुर्रा यह था कि विदेशी आक्रान्ताओं के नाम पर पर्दा प्रथा, बाल–विवाह, सती–प्रथा ने जड़ें पकड़ लीं और भारतीय समाज श्रेण्य युग से अंधकार के युग में प्रवेश कर गया।

सन्दर्भ :

1. लूनिया वी.एन. : इवोल्यूशन ऑफ इण्ड़ियन कल्चर, पृ. 330
2. लूनिया बी.एन., वही, पृ. 229.
3. रामशरण शर्मा, प्रारम्भिक भारत का सामाजिक इतिहास, पृ. 108.
4. शशि अवस्थी, प्राचीन भारतीय समाज, पृ. 461.
5. शशि अवस्थी, वही, पृ. 462.
6. शशि अवस्थी, वही, पृ. 462.
7. वेदव्यास स्मृति, 1/10.
8. रामशरण शर्मा : पूर्वकालीन भारतीय समाज और अर्थव्यवस्था पर प्रकाश, दिल्ली, पृ. 109.
9. देखिये, डॉ. शशि अवस्थी : प्राचीन भारतीय समाज, हिन्दी मा. कार्यान्वय निदेशालय, दिल्ली, पृ. 467
10. हर्षचरित, आरुणांशु कावंगुठितमुखी
11. ईश्वरी प्रसाद : ए शार्ट हिस्ट्री ऑफ मुस्लिम रूल इन इण्ड़िया, पृ. 24 एवं आगे।

73 शंकराचार्य एवं वेदान्त
(Sankaracharya and Vedanta)

भारतीय इतिहास में शंकराचार्य का महत्व एक महान दार्शनिक के रूप में नहीं अपितु राष्ट्रवादी एवं धर्म सुधारक के रूप में भी है। उनके द्वारा स्थापित संस्थागत विचारधारा को भारतीय आज भी सम्मान की दृष्टि से देखते हैं और उसके अनुसार क्रियान्विति की कोशिश भी। यह कहा जाये कि महात्मा बुद्ध एवं महावीर से पूर्व समाज एवं धर्म के क्षेत्र में जो अव्यवस्था व्याप्त थी, कुछ वैसी ही परिस्थितियाँ शंकराचार्य के समय भारत में थी, तो अनुचित न होगा। स्वयं शंकर ने स्वीकार किया था कि, वर्ण तथा आश्रम दोनों अव्यवस्था की स्थिति में हैं।

शंकराचार्य से पूर्व का भारतीय समाज तत्कालीन साहित्य से समाज में व्याप्त परस्पर संघर्ष एवं तनाव का ज्ञान होता है। दार्शनिक संघर्ष की चर्चा में प्रो. गोविन्द चन्द्र पाण्डे लिखते हैं "पाँचवीं शताब्दी से सातवीं शताब्दी के बीच दार्शनिक संघर्ष का चरम उत्कर्ष हुआ। एक ओर बौद्धों ने अभ्यन्तर सौत्रान्तिकों और माध्यमिकों ने विज्ञानवाद का खण्डन किया, दूसरी ओर दिड़्नाग ने वात्स्यायन का तथा उद्योतकर ने वसुबन्धु और दिड़्नाग का खण्डन किया।"[1]

- परस्पर जातियों में संघर्ष का दूसरा रूप भी देखने को मिलता है। जैन धर्म में विश्वास करने वाले ब्राह्मण को जाति से बहिष्कृत कर दिया जाता था। 'लताकमेकला' में दो ब्राह्मणों के बीच काफी उत्तेजक शब्दों में बहस होती है और बिना किसी कारण के एक–दूसरे पर ब्राह्मण न होने का आरोप लगाते हैं।
- कर्नाटक में लिंगायत एवं वीर शैवों के बीच झगड़ा हुआ। उस समय अक्सर धार्मिक सम्प्रदाय जातियों में परिवर्तित हो रहे थे। जिन धर्मों ने जातीय असमानताओं को दूर करने की घोषणा कीं थी अब वे ही जन्म के आधार को पुष्ट करने लगे।
- बौद्ध धर्म का विभाजन 18 सम्प्रदायों में बहुत पहले हो गया था। धीरे–धीरे इस संख्या में इजाफा ही हुआ। प्रो. जी.सी. पाण्डे यह स्वीकार करते हैं कि "अनेक भिक्षुओं और विहारों में भ्रष्टाचार का अभाव न था जिसका 'राष्ट्रपाल परिपृच्छा' में स्पष्ट उल्लेख मिलता है।"[2]
- यह भी कहा गया है कि सामाजिक संवर्गों में आपसी तनाव अक्सर भूमि अनुदान अर्थव्यवस्था की भी उपज थे। विद्वानों की मान्यता है कि ब्राह्मणवादी धार्मिक सम्प्रदायों एवं गैर–ब्राह्मणवादी सम्प्रदायों के बीच अधिक भूमि पर अधिकार करने की प्रतिस्पर्धा हुई। परिणामतः सभी बड़े–बड़े धार्मिक प्रतिष्ठान विशाल भूमि के स्वामी बन गये। ग्यारहवीं सदी में एक जैन सम्प्रदाय के आन्दोलन के कारण गुजरात व राजस्थान में एक ऐसे सम्प्रदाय का उदय होने की जानकारी मिलती है कि जिसको 'विधिचैत्य' कहा जाता था। यह एक तरह से विरोधी आन्दोलन था और इसने उन लालची और लोलुप जैन पुजारियों का विरोध किया, जो भूमि पर अधिकार करने की कोशिश में थे।
- शंकराचार्य ने हिन्दू धर्म में व्याप्त रूढ़ियों एवं भ्रान्तियों को हटाकर उपनिषदों में वर्णित सत्य को ज्ञान और तर्क द्वारा प्रमाणित करने की कोशिश की। उनके अद्वैतवादी सिद्धान्तों को दक्षिण में अधिक प्रोत्साहन नहीं मिला। दरअसल दक्षिण में भक्ति तत्व अपनी जड़ें जमाने की कोशिश में था, दूसरी ओर शंकर ने अद्वैत में भक्ति को अधिक महत्व नहीं दिया। कहा जाता है कि शंकराचार्य के अद्वैतवाद की प्रतिक्रिया स्वरूप ही रामानुज, निम्बार्क, मधवाचार्य आदि आचार्यों ने अपने दार्शनिक मत प्रस्तुत किये होंगे।
- यह भी कहा गया है कि, महात्मा बुद्ध एवं महावीर स्वामी द्वारा प्रतिपादित बौद्ध एवं जैन धर्म, ब्राह्मण धर्म के विरुद्ध प्रतिक्रिया थी। जैन एवं बौद्ध धर्म का उद्देश्य सभी जातियों को समाज में समान अधिकार एवं सबके लिए मोक्ष के द्वार खोलना था, इसी उच्चतम धारणा के कारण लम्बे समय तक यह आन्दोलन प्रभावी बना रहा। जैन एवं बौद्ध धर्म नामक क्रिया, की प्रतिक्रिया स्वभाविक थी, शंकराचार्य इसी प्रतिक्रिया के प्रतिनिधि थे। उन्होंने बौद्ध धर्म के प्रत्येक सिद्धान्त का खण्डन किया। संयोग से शंकराचार्य का ऐसे अवसर पर धरती पर आगमन हुआ जब बौद्ध धर्म में अव्यवस्था एवं भ्रष्टाचार के कीटाणु प्रविष्ट हो चुके थे। इस समय शंकराचार्य ने बौद्धों एवं जैनियों पर कड़ा प्रहार ही नहीं किया अपितु बौद्ध धर्म की प्रतिक्रिया में हिन्दू धर्म को एक ठोस एवं व्यापक दार्शनिक आधार भी प्रदान किया। शंकराचार्य द्वारा शुरू किये गये बौद्ध एवं जैन धर्म के विरुद्ध हिन्दू धर्म को सशक्त करने के आन्दोलन की प्रतिक्रिया का ही परिणाम भक्ति तत्व का आविर्भाव था। यद्यपि स्वयं शंकराचार्य भक्ति आन्दोलन के प्रणेता नहीं थे, किन्तु जैन एवं बौद्ध धर्म के विरुद्ध किये जा रहे आन्दोलन के वे अग्रणी नेता थे और इसी प्रतिक्रिया की अगली श्रृंखला में रामानुज, मध्व, निम्बार्क आदि भक्ति आन्दोलन की स्थापना कर पाये।

शंकर : जीवन परिचय आदि गुरु शंकराचार्य के लिए कहा जाता है कि, 788 ई. में केरल में पूर्णा नदी के तट पर कालड़ी नामक ग्राम में शिवगुरु और माता सुभद्रा की प्रार्थना पर उनका जन्म हुआ। एक अन्य मत के अनुसार आलवाय (अलवाई) पेरियार नदी किनारे जन्म हुआ। शिवगुरु नम्बूदरी ब्राह्मण थे। यह भी आख्यान प्रचलित है कि वे शिव के अवतार थे और हिन्दू धर्म की प्रतिष्ठा को पुनः स्थापित करने हेतु उन्होंने जन्म लिया था।[3] बाल्यकाल में ही शंकर के पिता का निधन हो गया। लगभग पाँच वर्ष की अवस्था में माता ने शंकर को विद्याध्ययन हेतु आश्रम भेजा। उनके गुरु अद्वैत के विद्वान् गौड़ पाद के शिष्य गोविन्दपाद थे। अल्पावधि में ही शंकर ने वेद–उपनिषद एवं शास्त्रों का अध्ययन पूर्ण कर आश्रमवासियों को चमत्कृत कर दिया। केरल नरेश राजशेखर ने उनकी अद्भुत प्रतिभा एवं पाण्डित्य की चर्चा सुनी तो उन्होंने अपना दूत भेजकर शंकर को दरबार में आमन्त्रित किया। किन्तु शंकर ने विनम्रतापर्वक यह आमंत्रण अस्वीकार कर दिया। अन्ततः स्वयं राजा कालड़ी आया तथा शंकर के दर्शन किये। राजा ने एक हजार अशर्फियाँ भेंट कीं तथा अपने लिखे तीन नाटक दिखाये। शंकर ने नाटकों की प्रशंसा की लेकिन अशर्फियाँ अस्वीकार कर दीं। अपनी माता के अनन्य भक्त शंकर बहुत मुश्किल से आठ वर्ष की अवस्था में संन्यास की अनुमति ले पाये। नर्मदा नदी के तट पर स्वामी गोविन्दपाद से उन्होंने संन्यास की दीक्षा प्राप्त की। अपने गुरु की आज्ञा से काशी (बनारस) को अपनी साधना का केन्द्र बनाया। कहा जाता है कि, काशी में स्वयं भगवान शंकर ने उपस्थित होकर शंकराचार्य को अद्वैत का ज्ञान करवाया था। उनके अप्रतिम एवं तेजस्वी व्यक्तित्व से प्रभावित होकर बड़ी संख्या में लोगों ने उनका शिष्यत्व ग्रहण किया। काशी से उनका प्रयाण बद्रिकाश्रम की ओर हुआ। वहीं पर उन्होंने बादरायण के ब्रह्मसूत्र पर भाष्य लिखे। श्रीनगर के शारदा पीठ के आचार्यों ने उस भाष्य को मान्यता प्रदान की। बद्रिकाश्रम में उन्होंने कई ग्रंथों की रचना की। बद्रिकाश्रम से प्रयाग की यात्रा एक महत्वपूर्ण घटना थी, वहीं प्रसिद्ध आचार्य कुमारिल्ल भट्ट से उनकी सुविख्यात भेंट हुई। विद्वानों की मान्यता है कि यह भेंट उस युग में उत्तर भारत एवं दक्षिण भारत के दो अप्रतिम विद्वानों का अनुपम सांस्कृतिक सम्मिलन एवं युगान्तकारी घटना थी। कुमारिल्ल भट्ट ने वैदिक धर्म को उत्तर भारत में पुनः प्रतिष्ठित किया था। शंकराचार्य ने कुमारिल के शिष्य महिष्मती नगर के मंडन मिश्र और उनकी पत्नी को शास्त्रार्थ में पराजित किया। शास्त्रार्थ से पहले दोनों को ताजा फूलों की माला पहनाई गई। मण्डन मिश्र की विद्वान पत्नी ने मण्डन मिश्र को पराजित माना, जो निर्णयकर्ता थी। शास्त्रार्थ में मण्डन मिश्र को क्रोध आ गया था। उनकी माला मुरझा गई। शंकर शांत रहकर जबाब दे रहे थे। शंकर ने दोनों को शिष्य बनाकर संन्यास में दीक्षित किया। महाराष्ट्र के शैव एवं कापालिक आचार्यों को शास्त्रार्थ में पराजित करना शंकर का दूसरा सोपान था।

भारतीय एकता के अग्रदूत दक्षिण की यात्रा के दौरान तुंगभद्रा नदी के तट पर श्रृंगगिरि या **''श्रृंगेरीमठ''** की स्थापना चार धाम की स्थापना की पहली कड़ी थी। मंडन मिश्र को इस मठ का आचार्य बनाया गया। कई बार उन्होंने मलाबार तट की यात्रा की और वहाँ सुधार आन्दोलन का संचालन किया। उनके सुधारों की स्मृति में ही 825 ई. में कोल्लम सम्वत् की शुरुआत मानी जाती है। इस दौरान उनकी माँ की अस्वस्थता की सूचना मिली। कहा जाता है कि, शंकर ने माँ के निधन पर संन्यास धर्म की अवहेलना कर उनका अन्तिम संस्कार किया और माँ को दिये वचन का पालन किया।

पूर्वी घाट की यात्रा के दौरान पुरी में **''गोवर्धन मठ''** की स्थापना की और अपने शिष्य पदमपादाचार्य को पीठ का आचार्य घोषित किया। चोल एवं पाण्डय राजाओं के सहयोग से शंकर ने बौद्धों, दक्षिणात्य जैनियों, शाक्तों एवं कापालिकों के बढ़ते अनाचार को रोकने की कोशिश की। पश्चिम भारत की यात्रा के दौरान द्वारिकापुरी में **''शारदा मठ''** स्थापित किया। असम के कामरूप क्षेत्र में वेदान्त का प्रचार करके बद्रिकाश्रम पहुँचे, वहाँ चतुर्थ **''ज्योर्तिमठ''** की स्थापना कर भारत की एकता की आधारशिला रखी। अपने एक शिष्य **त्रोटकाचार्य** को वहाँ स्थापित कर वेदान्त के प्रसार का दायित्व सौंपा।

राष्ट्रीय आन्दोलन के दौरान राष्ट्रवादियों के वर्ग में भारत की एकता को चाणक्य जैसे राष्ट्रवादी कूटनीतिज्ञों एवं पूर्व मध्यकाल में आदि गुरु शंकराचार्य की भारत के उत्तर–दक्षिण एवं पूर्व–पश्चिम स्थित चार धर्म की योजना में खोजने का प्रयास किया था।[4] दूसरे शब्दों में चाणक्य के बाद आदि गुरु शंकराचार्य की गणना उन महान् राष्ट्रवादियों में की जाती है, जिन्होंने भारत की एकता को प्राचीन काल में सुदृढ़ आधार प्रदान किया। विद्वान् इस तथ्य से सहमत हैं कि शंकर के सुधारवादी प्रयासों से ही बौद्ध धर्म को गहरा आघात पहुँचा और भारत से उसका विलोप हो गया। जीवन के अन्तिम दौर में वे केदारनाथ पहुँचे और मात्रा 32 वर्ष की अवस्था में, अर्थात् 820 ई. में उन्होंने देह त्याग दी। मान्यता है कि शंकराचार्य ने वहां केदारनाथ ज्योतिर्लिंग की स्थापना की थी। वही केदारनाथ मन्दिर का निर्माण किया गया।

रचनाएँ वर्तमान में अनेक ग्रंथ शंकराचार्य के नाम से उपलब्ध हैं। उनमें से किन–किन ग्रंथों की रचना आदि गुरु शंकराचार्य ने की एवं कौन–से बाद में लिखे गये इसका निर्धारण काफी जटिल कार्य है। विद्वानों की मान्यता है कि शंकर ने **'शंकर दिग्विजय'**, **'शंकर विजय'**, **'शंकर जय'**, **'ब्रह्मसूत्र पर भाष्य'** एवं सभी प्रमुख उपनिषदों (ईश, कठ, केन, प्रश्न, मण्डूक, मांडुक्य, ऐतरेय, तैत्तिरीय, छान्दोग्य एवं बृहदारण्यक) एवं गीता पर भाष्य लिखे। इसके अतिरिक्त 'उपदेश साहस्त्री' भी उनकी रचना मानी जाती है। शंकर बहुत कम समय भौतिक रूप से इस सृष्टि पर रह पाये, अपने अल्प जीवनकाल में भारत भ्रमण द्वारा हिन्दू धर्म की प्रतिष्ठा स्थापित करना उनका उद्देश्य था। इस उद्देश्य की प्राप्ति हेतु शास्त्रार्थ एवं ग्रंथ–रचना द्वारा अपने मत की स्थापना का प्रयास किया। शंकर अपने सिद्धान्तों अर्थात् वेदान्त को अपने विचारों का सार मानते हैं। उपनिषदों की मूल अवधारणा के आधार पर बादरायण ने ईसा पूर्व दूसरी शताब्दी में ब्रह्मसूत्र की रचना की। शंकराचार्य ने इसी ब्रह्मसूत्र पर भाष्य लिखा जो उनके ''अद्वैत दर्शन'' का मूल है। ''ब्रह्मसूत्र भाष्य'' द्वारा शंकर ने बौद्ध दर्शन एवं नास्तिकों के मत का खण्डन किया तथा वैदिक धर्म की प्रतिस्थापना की।

अद्वैत दर्शन

शंकराचार्य के दर्शन का आधार 'ब्रह्म' है, जिसे चेतन तत्व का मूल माना गया। अद्वैत में 'चेतन तत्त्व' को बिल्कुल निष्क्रिय कहा है एवं दिखाई देने वाली सक्रियता आभासी मात्र एवं इसके भौतिक सहचर अन्तःकरण का धर्म है।

अद्वैत की प्रमुख मान्यताओं को इस प्रकार स्पष्ट किया जा सकता है:

- निर्गुण निराकार, नित्य, कूटस्थ सचिदानंद ब्रह्म ही एकमात्र सत्य है, ब्रह्म ही एकमात्र सत्ता है।
- जीव एवं ब्रह्म तत्वतः एक ही हैं।
- जीव एवं ब्रह्म में प्रतीतमान भेद का कारण अविद्या है।
- दृश्यमान जगत माया है। माया के कारण जगत के रूप में दृश्यमान है।

ब्रह्म चेतना तत्व के अन्तिम मूल, 'ब्रह्म' को जगत का मूल कारण, सृष्टिकर्ता, पालक, संहारक, सर्वज्ञ सर्वशक्तिमान, सच्चिदानन्द (सत्–चित–आनन्द) कहा है। अद्वैत के अनुसार उपनिषदों में सब वस्तुओं की उत्पत्ति बताई गई है, किन्तु ब्रह्म की नहीं। अतः ब्रह्म एकमात्र सत्य है।[5] ब्रह्म को निम्नलिखित शब्दों द्वारा परिभाषित किया गया:

''सत्यं ज्ञानमनन्तं ब्रह्म''

- भौतिक जगत् का मूल माया है और जो विश्व साक्षी पर पूरी तरह आश्रित है। माया सहित चैतन्य अद्वैत का ईश्वर है। माया ईश्वर की शक्ति है जिससे नाना रूपमय जगत् को प्रकट करता है, स्वयं माया अकेले कुछ नहीं कर सकती। इस अर्थ में माया जगत् का मूल नहीं हो सकती, बल्कि ईश्वर ही, उसे अपने ही अन्दर से अस्तित्व में लाने में, सहायता मात्रा करती है।
- यहाँ सवाल उठाया जा सकता है कि ब्रह्म सृष्टि की उत्पत्ति किस प्रकार करते हैं। अद्वैत के अनुसार ब्रह्म सृष्टि के निमित्त कारण (घट का निमित्त कारण कुम्हार है) तथा उपादान कारण (**Material cause**) अर्थात् जैसे–घट का निर्माण मिट्टी से होता है दोनों ही है। अद्वैत दर्शन के अनुसार सृष्टि निर्माण में ब्रह्म ने अन्य स्थान से कोई पदार्थ या वस्तु का उपयोग नहीं किया, अपितु स्वयं ब्रह्म ने सृष्टि के रूप में अपना विकास कर लिया। इस प्रकार सृष्टि ब्रह्म का ही विकास है।[6]

  शंकर ने ब्रह्म को निर्गुण, निष्क्रिय (निश्चेष्ट), निरवयव (अंगहीन), निरूपाधिक (माया मोह से रहित), निर्विशेष (सदैव एक रूप) आदि नामों से सम्बोधित किया है। इन संज्ञाओं से यह शंका स्वभाविक है कि क्या शंकर निरीश्वरवादी थे? क्योंकि ब्रह्म की उपरोक्त परिभाषा से उसके शून्य होने का ही बोध होता है। शंकर ने उपनिषदों की विवेचना के आधार पर ब्रह्म को गुणयुक्त निर्गुण अथवा निर्गुणोगुणी कहा है। कहा गया है कि केवल मंदबुद्धि जन ही निर्गुण ब्रह्म को शून्य अथवा असद् समझते हैं। ब्रह्म में देश, काल, गुण, गति एवं फल आदि का कोई भेद नहीं है, वह भूत, भविष्य, वर्तमान और कार्य–कारण आदि सभी भेदों से परे हैं। व्यवहार जगत् से भी उसे परे कहा गया है:

  ''सर्व व्यवहारगोचरातीत''
- इन्द्रिय, मन एवं बुद्धि से परे ब्रह्म से यह अभिप्राय नहीं लिया जा सकता कि वह अज्ञेय है। उसे अपरोक्षानुभूति का विषय कहा गया है:

  ''अपरोक्षत्वाच्च प्रत्यगात्म प्रसिद्धे''

  वस्तुतः समस्त ज्ञान द्विपक्षीय है जहाँ ज्ञेय का ज्ञान होता है वहाँ ज्ञाता का भी ज्ञान होता है, क्योंकि बिना ज्ञाता के ज्ञान असम्भव है। दूसरे शब्दों में, जगत् का ज्ञान ब्रह्म के प्रकाश के कारण है।
- अद्वैत के अनुसार तटस्थ लक्षणों के आधार पर ब्रह्म का स्वरूप नहीं बताया जा सकता। निर्गुण शब्द मात्र इतना ही संकेत देता है कि ब्रह्म असत, शान्त और अचेतन नहीं है। निरीश्वरवादी मात्र जगत् को सत्य मानते हैं ईश्वर को नहीं, ईश्वरवादी जगत एवं ईश्वर दोनों को, जबकि शंकर केवल ईश्वर को सत्य मानते हैं। इसे आस्तिकता की चरम सीमा ही कहा जायेगा।
- यह सवाल किया जा सकता है कि अन्ततः ब्रह्म का स्वरूप क्या होगा? एम. हिरियन्ना[7] के शब्दों में इस प्रकार व्याख्यायित कर सकते हैं, ''उसे एक ओर तो व्यवहारिक ज्ञान में गर्भित अनन्त चैतन्य के रूप में प्रस्तुत किया जा सकता है। इसीलिए पारमार्थिक सत्ता के रूप में ब्रह्म को निर्गुण कहा गया है और जैसा कि साधारणतः मान लिया जाता है, उसे निर्गुण कहना यह मतलब नहीं रखता कि वह शून्य है बल्कि केवल यह मतलब रखता है कि बुद्धि जितने भी रूपों की कल्पना कर सकती है उसमें से कोई भी वास्तव में उसका नहीं हो सकता।'' इस तरह के शब्द उसके अस्तित्व के बारे में संशय से पूर्ण निराकरण के साथ उसके स्वरूप का अनुमान लगाने के अच्छे सूत्र हैं जिन्हें, 'तत् त्वं असि' या 'अहं ब्रह्म अस्मि' जैसे वाक्यों में संयुक्त कर दिये जाते हैं। इस प्रकार उक्त वाक्य का सही अर्थ यह निकलता है कि जीव ब्रह्म से अन्य नहीं है।
- अद्वैत का ब्रह्म अनिर्वचनीय के साथ अज्ञेय भी है। ब्रह्म को अज्ञेय कहने का अभिप्राय नहीं कि अद्वैत अज्ञेयवादी है। एस. एन. दासगुप्त[8] के शब्दों में कहा जा सकता है, ''ब्रह्म स्वयं प्रकाशित ('स्व–प्रकाश') है। इसका कोई रूप नहीं है। अतः यह इन्द्रियों से नहीं जाना जा सकता।'' यहाँ यह प्रश्न उठता है कि जिसे इन्द्रियों से नहीं जाना जा सकता है, उस ब्रह्म को किस तरह समझा जा सकता है। अद्वैत अनुभव के जगत् से ब्रह्म को बिल्कुल परे नहीं मानता अर्थात् सत्य का अनुभव से विरोध नहीं हो सकता।
- वस्तुतः सगुण ब्रह्म को अद्वैती आलोचना का अभिप्राय यह धारणा दर्शन का लक्ष्य बनने के लिए अपर्याप्त है, मूल्यहीन नहीं।[9] किन्तु उसका मूल्य व्यवहारिक जगत् तक ही सीमित है। अद्वैत का परा विद्या का विषय निर्गुण ब्रह्म एवं अपराविद्या का सगुण ब्रह्म का सिद्धान्त इसी भेद पर आश्रित हैं।

  शंकर की ब्रह्म विषयक धारणा से सम्बन्धित कुछ प्रश्न उठाये गये हैं। उनकी विवेचना आवश्यक है।

I. कहा गया है कि ईश्वर को शुभ मानने पर जगत् की भौतिक एवं नैतिक बुराई असंगत प्रतीत होती है।

II. ईश्वर का अस्तित्व मान लेने पर भी यह समझ नहीं आता कि सृष्टि निर्माण में ईश्वर का क्या उद्देश्य है?

III. ईश्वर का कोई प्रयोजन मानने का अभिप्राय उसे कुछ लक्ष्यों को प्राप्त करना है जो उसकी पूर्णता (परितृप्तत्व) का अस्वीकरण कहा जायेगा।

IV. निःसप्रयोजन एवं सृष्टि को उसके सहज स्वभाव या किसी आकस्मिक आवेग का फल मानने का अभिप्राय ईश्वर को यंत्र या कामचारी मान लेना होगा और उस स्थिति में ईश्वर की सर्वज्ञता संदिन्ध हो जायेगी। इसके जवाब में शंकर ईश्वरवादी को अन्तिम नहीं मानते, क्योंकि ये लोग अविद्या मूलक नाना रूपात्मक जगत् को सत्य मानकर चलते हैं। ब्रह्म को प्रमाणित करने के लिए अद्वैत में कुछ तर्क प्रस्तुत किये गये हैं, जिनके अनुसार सामान्य अनुभव और युक्ति द्वारा भी उनका उपपादन (प्रमाण द्वारा सिद्ध) किया जा सकता है।

यह संसार कहीं से उद्भूत हुआ होगा तथापि उपनिषदों में ब्रह्म को छोड़कर अन्य सब वस्तुओं की उत्पत्ति बताई गई है। अतः ब्रह्म वह कारण है जहाँ से यह संसार उद्भूत हुआ। किन्तु यह नहीं माना जा सकता कि स्वयं ब्रह्म भी कहीं से उद्भूत हुआ, क्योंकि ऐसा होने पर अनावस्था की स्थिति आ जायेगी। यह संसार इतना सुव्यवस्थित है कि हम यह नहीं कह सकते कि इसकी उत्पत्ति अचेतन (Non-intelligence) तत्व से हुई अतः वह चेतन (Intelligence) स्त्रोत या आदि कारण 'ब्रह्म' है। ब्रह्म आत्मा के रूप में प्रकाशित होता है तथा उन वस्तुओं के रूप में भी जिनको आत्मा जानती है।

जीव एवं आत्मा आत्मा के व्यावहारिक रूप को जीव कहा है। अनेक जीवों की अपनी–अपनी विलक्षणताएँ एवं कुछ समानताएँ हैं।

- जगत् में जीव को चैतन्य का प्रतिनिधि कहा है, किन्तु यह शुद्ध रूप में चैतन्य नहीं अपितु अन्तःकरण इत्यादि से युक्त रहता है। 'अविद्या' इसका सहयेाग करती है जो माया का अंश है और माया ईश्वर की उपाधि कही गई है। जीव एवं जगत् दोनों में चैतन्य विद्यमान रहता है अर्थात् जीव में व्यक्त रूप में और बाह्य जगत् में अव्यक्त रूप से।
- व्यावहारिक दृष्टि से जीव अनेक हैं और प्रत्येक जीव की विलक्षणता शरीर एवं ज्ञानेन्द्रियों के कारण है, स्वरूपतः वे एक ही हैं, क्योंकि प्रत्येक जीव में ब्रह्म है। आत्मा का जीव विशेष के रूप में अहंभाव (मैं का भाव) अविद्या का परिणाम है, जिसके कारण वह कभी अपने को शरीर, कभी इन्द्रिय और कभी और कुछ समझ लेता है और अपने में विद्यमान ब्रह्म की सत्ता को नहीं पहचान पाता।
- अद्वैत में आत्मा को अकर्ता एवं जीव को कर्ता, भोक्ता और प्रमाता माना है। उसमें कारक, क्रिया और फल का रूप नहीं है ये सब भेद अविद्या के कारण हैं। जीव शरीरधारी है जबकि आत्मा अवयव रहित है।
- जीव, शुभ–अशुभ, हानि–लाभ, यश–अपयश में फँसा है दूसरी ओर आत्मा इनसे मुक्त है।
- जीव का स्थूल शरीर पंचतत्व, इन्द्रियों और प्राण शक्ति से बना है और सूक्ष्म शरीर पंच ज्ञानेन्द्रियों, पंच कर्मेन्द्रियों, पंच प्राण, मनस और बुद्धि से निर्मित है। वह जागृत, स्वप्न और सुषुप्ति अवस्थाओं में रहता है।
- आत्मा को नित्य मुक्त माना गया है वह संसार के भोगों में नहीं फँसती। उसे जीव सुलभ, धर्म–अधर्म, सुख–दुःख, राग–द्वेष, इच्छा–संकल्प, कर्म–बन्धन, मोक्ष और आवागमन से परे कहा गया है। देश–काल और कार्य–कारण से भी आत्मा को परे माना है। वह आनन्द स्वरूप, चैतन्य स्वरूप और नित्य दिव्य स्वरूप है। जीव एवं आत्मा का भेद व्यवहारिक स्तर पर ही है, पारमार्थिक स्तर पर सभी द्वैत समाप्त हो जाते हैं। जीव एवं आत्मा का भेद अविद्या और माया के कारण है।
- आत्मा प्रत्येक जीव में स्वतः प्रकाश है, इस प्रकार शरीर, इन्द्रिय, अन्तःकरण आदि में जिस तत्व के कारण आत्मा उससे अपना अभेद सम्बन्ध मानती है वह ज्ञान है। आत्मा किसी भी रूप में प्रकट हो ज्ञान उसका वास्तविक धर्म है। अपने स्वभाविक रूप में आत्मा शुद्ध चैतन्य आनन्द स्वरूप है। 'तत्वमसि' शब्द जीवात्मा की ब्रह्म से अभिन्नता की ओर संकेत करता है। इस प्रकार जीव एवं ब्रह्म आपाततः भिन्न प्रतीत होते हुए भी वस्तुतः अभिन्न हैं। इसी एकता का ज्ञान करना तत्वमसि वाक्य का अभिप्राय है। अनन्त चैतन्य एवं स्वतः प्रकाशवान आत्मा का सीमित जीवात्मा की तरह भासित होने का कारण–अविद्याजनित शरीर के साथ सम्बन्ध है।
- मृत्यु से स्थूल शरीर का नाश माना गया, सूक्ष्म शरीर का नहीं। सूक्ष्म शरीर आत्मा के साथ दूसरे शरीर में प्रविष्ट करता है। दोनों शरीर स्थूल और सूक्ष्म माया के कार्य हैं। अनादि अविद्या के कारण जीवात्मा अपने को स्थूल शरीर समझ लेता है। इसे बन्धन की अवस्था कहा गया। इस स्थिति में आत्मा अपना यथार्थ स्वरूप (ब्रह्मत्व) भूल जाती है।

सृष्टि एवं माया भौतिक एवं व्यावहारिक जगत् को सृष्टि कहा है। व्यावहारिक जगत् में एकत्व एवं नानात्व दोनों ही हैं। जगत् की व्यवस्था को दृष्टिगत रखते हुए स्वतः ही यह प्रश्न उठता है कि अनन्तः इसका मूल क्या है? अद्वैत दर्शन के अनुसार इसका मूल या आदि कारण माया है जो भौतिक जगत् के एकत्व का प्रतीक है उसमें नानात्व अव्यक्त रूप में रहता है जबकि उससे उत्पन्न बाह्य जगत् में नानात्व पूरी तरह से व्यक्त हो जाता है।

अकैत के अनुसार भौतिक जगत का आदि कारण माया (सांख्य–योग की ''प्रकृति'' के समान लेकिन तात्विक दृष्टि से भिन्न) से जगत् की सभी जड़ वस्तुएँ उत्पन्न हुई हैं। दूसरे शब्दों में, सृष्टि का कारण होने से सृष्टि या जगत् को ही माया कहा गया है। माया से उत्पन्न वस्तुओं को सामान्यतः सत् मानते हैं पर वस्तुतः उन्हें न सत् कहा जा सकता है एवं न असत्य। वे दिखाई

देती हैं इसलिए असत् नहीं कहा जा सकता। जो नितान्त असत् है उन्हें स्वतः सत् भी नहीं कहा जा सकता, क्योंकि वे जड़ हैं और उनकी सत्ता चैतन्य पर आश्रित है। इस प्रकार माया न है और न नहीं है। अतः माया को मिथ्या कहा गया।

एस. एन. दासगुप्त के शब्दों में, इस बात को व्याख्यायित करना उचित होगा, ''यह जगत् प्रपंच 'सत्' भी है। यह सत् इस अर्थ में है कि जब तक मिथ्या ज्ञान का अस्तित्व है, यह संसार वास्तविक दिखाई देता है। अतः अज्ञान के क्षणों तक यह यथार्थ के रूप में प्रतिभासित होता है। परन्तु इसकी सत्ता सभी कालों में सत्य नहीं है, यह शाश्वत सत्ता नहीं है, अतः यह असत् है। जब यथार्थ को इसके सत्य रूप में जान लिया तो जो असत्य है उसका स्वयंमेव लोप हो जाता है..। संसार की सत्ता हमको सत् रूप में दिखाई देती है, यही माया है। सत्य वह है जो सब कालों में, सभी स्थितियों में सत्य हो...। ब्रह्म ही इस संसार में एक शाश्वत सत्य है, वही सत् है, वहीं अद्वैत रूप में स्थित है।... माया के कारण ब्रह्म की सत्ता नहीं है। माया असत्य है, माया के मिथ्यात्व से भी ब्रह्म प्रमाणित नहीं होता। सत्यज्ञान से संसार की निःसारता, मिथ्या ज्ञान की निःसारता और माया का असत् इन सबका स्वयंमेव बोध हो जाता है।''[10] दूसरे शब्दों में, माया भ्रम उत्पादक अविद्या है। हमें सृष्टि की प्रतीति होती है इसलिए इसका अस्तित्व है और भ्रम निवारण हो जाने पर नहीं है।

व्यावहारिक एवं पारमार्थिक सत्ता माया का अस्तित्व संसार में नहीं वरन् व्यक्ति में है अर्थात् मनुष्य संसार को वास्तविक समझता है यही माया है। रस्सी में सर्प का भ्रम या सर्प में रस्सी के भ्रम की भाँति माया का अस्तित्व माना गया। शंकर के अनुसार हमें यह जानना है कि यह संसार माया है, क्योंकि यह प्रतीत होती है और प्रतीति अविद्या के कारण होती है। संसार का अस्तित्व तब तक है जब तक हमारे मन में अविद्या है और अविद्या समाप्ति पर यह नहीं रहता। अद्वैत में सृष्टि को व्यवहारिक सत्य माना है एवं वास्तविक एवं परमार्थिक सत्य ब्रह्म को।[11] माया के कारण ही जीव जगत् के बन्धन में पड़ता है। अद्वैत धारणा में जो हम देखते हैं वह आभास मात्र है अर्थात् जगत् ब्रह्म का आभास है।

मोक्ष की अवधारणा मोक्ष प्राप्ति से अभिप्राय जीव का स्वयं को समझ लेना है जो हमेशा से उसका सहज स्वरूप रहा है लेकिन वह रूप कुछ समय के लिए विस्मृत हो गया है। दासगुप्त ने इस तथ्य को ठीक ही अभिव्यक्त किया है। ''वेदान्त के अनुसार जब योग्य पात्र अपने गुरु से यह दीक्षा प्राप्त कर लेता है कि 'तत्वमसि' अर्थात् 'तुम ही वह ब्रह्म हो' तो उसे मोक्ष ज्ञान प्राप्त हो जाता है। यह संसार निःसार और थोथा दिखाई देने लगता है।''[12] कहा जा सकता है कि अद्वैत धारणा में मोक्ष में एकमात्र आवश्यकता उस बाधा को हटाने की है जो सच्चाई को हमसे छिपाये रखती है। इसकी प्राप्ति हेतु नैतिक साधना का लक्ष्य रखा गया। दूसरे शब्दों में, मोक्ष का एकमात्र उपाय अपनी आत्मा के सहज स्वाभाविक रूप को समझ लेने का ज्ञान है। नैतिक पूर्णता एवं धार्मिक कृत्य से मोक्ष लाभ सम्भव नहीं, यद्यपि इनकी आवश्यकता स्वीकार की गई है, किन्तु इन्हें पर्याप्त नहीं माना गया। वेदान्त सूत्र में जिक्र आया है। ''सदाचार एवं भावशुद्धि आवश्यक है और ये ज्ञान के सहायक हैं किन्तु मोक्ष के नहीं।'' मुक्ति मार्ग में प्रवृत्त होने के लिए चार तथ्यों को महत्व दिया गया।

विवेकी या समझदार (Discerning) होना अर्थात् इस तथ्य का ज्ञान होना चाहिए कि क्या शाश्वत (Eternel) और क्या अनित्य या अशाश्वत अथवा क्षणिक (Transitory) है।

- इस पृथ्वी एवं संसार के बाद (स्वर्ग) सुखों की कामना का परित्याग। सुखों के प्रति वितृष्णा एवं विराग तथा सत्य ज्ञान प्राप्ति के लिए उत्कृष्ट अभिलाषा। इन्द्रिय संयम, जिससे इन्द्रियाँ केवल सत्य ज्ञान की ओर प्रवृत्त हों।
- मोक्ष प्राप्ति के इच्छुक व्यक्ति से यह भी कामना की गई है कि वह 'उपरति' (उदासीनता या विराग) के अभ्यास द्वारा सांसारिक सुखों की ओर प्रवृत्त न हो, इसे आत्म–त्याग या संन्यास (Renunciation) अवस्था कहा गया। दूसरे उपरति के साथ 'तितिक्षा' का अभ्यास (कष्ट सहिष्णुता) करे, जिससे सर्दी–गर्मी का कष्ट पीड़ित न करे।
- तीसरे सत्य ज्ञान के प्रति निष्ठा आवश्यक मानी गई।
- चतुर्थ गुरु और उपनिषदों में श्रद्धा के साथ उच्चतम एकाग्रता (Deep concentration) की कामना की गई।
- पंचम शान्ति की उपलब्धि (Attainment of peace) और आत्म–नियंत्रण (Self restrain to control him) भी आवश्यक कहे गये।
- अन्त में मोक्ष या मुक्ति की अभिलाषा (Desire for salvation) से प्रेरित होकर उपनिषदों का 'श्रवण' अध्ययन एवं मनन (विचार) करें। शंकर ने इस साधना के दो चरणों का जिक्र किया है। प्रारम्भ में मुमुक्षु के अन्दर अद्वैत के गम्भीर अध्ययन के उपयुक्त योग्यता का विकास। इसका लक्ष्य वैराग्य की प्राप्ति कहा गया। दूसरे चरण में वेदान्त का अभ्यास शामिल किया गया। इसका लक्ष्य आत्म लाभ है, जिसमें **'श्रवण'**, **'मनन'** एवं **'निदिध्यासन'** आते हैं।

श्रवण उपनिषदों द्वारा बताये गये सत्य को प्राप्त कर चुका हो, ऐसे योग्य गुरु की सहायता से उपनिषदों का अध्ययन एवं विचार। इसके दो सोपान बताये गये। प्रारम्भ में दर्शन के अन्तिम सत्य की जानकारी श्रुति के अध्ययन से प्राप्त की जाये। दूसरे योग्य गुरु से व्यक्तिगत चर्चा आवश्यक बताई गई अर्थात् पुस्तकीय ज्ञान अपर्याप्त माना गया।

मनन उपनिषदों में व्याख्यायित उपदेशों एवं आदर्शों पर तर्क–वितर्क करना। आस्था को दृढ़ करने के लए यह आवश्यक माना गया, जैसे यह क्यों एवं कैसे सत्य है? इसका उद्देश्य अन्तिम सत्य की खोज करना नहीं, क्योंकि वह तो श्रवण से पूर्व ही जाना जा चुका है बल्कि इस संशय को दूर करना है कि शायद यह सत्य न हो, वस्तुतः इसका उद्देश्य श्रद्धा को आस्था में परिणित कर देना है।

निदिध्यासन जीव एवं ब्रह्म के तादात्म्य का जो कि वेदान्त सिद्धान्त का केन्द्र बिन्दु है, ध्यान करते रहना ही 'निदिध्यासन' है। मोक्ष ब्रह्म से एकता की अवस्था का बोध करवाती है।[13] ब्रह्म के अनुभव में ही ब्रह्म ज्ञान की चरम परिणति मानी गई।[14] कहा गया है, 'समाधि' की अवस्था में वह अन्तर्मुखी होता है एवं स्वयं को ब्रह्म में लीन कर देता है। दूसरी 'व्युत्थान' में संसार का दृश्य उसे दिखाई देता है, किन्तु उसे भ्रान्त नहीं करता, क्योंकि उसके मिथ्यात्व का उसे स्थायी ज्ञान हो चुका होता है तथापि नानात्व उसी तरह से दिखाई देता रहता है। यहाँ यह सवाल उठाया जा सकता है कि उक्त साधना द्वारा क्या मोक्ष इस जीवन में प्राप्त होता है या मृत्योपरान्त? इसके उत्तर में शंकर की मान्यता रही कि मोक्ष प्राप्ति इस जीवन में ही सम्भव है। मोक्ष हेतु मृत्यु या शरीर त्यागना आवश्यक नहीं, क्योंकि अपनी आत्मा के सहज स्वरूप को पहचान लेना ही मुक्ति है जो साधना द्वारा इसी जीवन में सम्भव है।

कहा गया है कि मोक्ष के बाद भी शरीर रह सकता है, क्योंकि यह प्रारब्ध कर्मों का फल है। परन्तु मुक्तात्मा पुनः कभी अपने को वह शरीर नहीं समझता। संसार का मिथ्या प्रपंच उसके सामने रहता है। परन्तु वह फिर ठगा नहीं जाता। सांसारिक विषयों हेतु उसे तृष्णा नहीं होती अतः उसे कोई दुःख व्याप्त नहीं होता। संसार में रहते हुए भी वह उससे निर्लिप्त रहता है। शंकर की यह अवधारणा परवर्ती वेदान्त साहित्य में जीवन्मुक्ति के नाम से विख्यात हुई।[15] शंकर के अनुसार कर्म मार्ग सामान्य लोगों के महत्व का है। यथार्थ मुक्ति की प्राप्ति ज्ञान मार्ग अर्थात् वेदान्त के अध्ययन से सम्भव मानी गई। यहाँ यह उल्लेख करना अनुचित न होगा कि शंकर ने अपने दर्शन में तर्क को प्रमुख स्थान प्रदान नहीं किया अपितु दूसरे स्थान पर रखा। उनके अनुसार तर्क का उपयोग उपनिषदों की शिक्षा को समझने के लिए उचित है इससे अधिक इसका उपयोग नहीं किया जा सकता, वह तर्क व्यर्थ है जो उपनिषदों की शिक्षा को समझाने में भ्रम उत्पन्न करे। शंकर के दर्शन को तर्कसंगत इसलिए कहा जा सकता है कि उनकी व्याख्या तर्क संगत है। शंकर वाद–विवाद को तर्क का श्रेष्ठ साधन मानते थे। अपने मत की पुष्टि हेतु वाद–विवाद या तर्क को अपनाते रहे लेकिन ब्रह्म को तर्क से नहीं अपितु अनुभव से जाना जा सकता है।

प्रमाण विचार अद्वैत में प्रमाण को ज्ञान का साधन नहीं माना है। कहा गया है कि प्रमाण अविद्या की ही निवृत्ति करते हैं, क्योंकि प्रमाणों में सदैव प्रमेय और प्रमाता का भेद होता है, जबकि ज्ञान सब भेदों से परे है। अविद्या का उन्मूलन या नाश होना ही ज्ञान का विकास है। ज्ञान को सदैव विद्यमान कहा गया, अविद्या उस पर आवरण डाल देती है अर्थात् अविद्या की समाप्ति से ज्ञान प्रकट होता है। शंकर के अनुसार ज्ञान को किसी प्रमाण की आवश्यकता नहीं, क्योंकि वह स्वयं प्रमाणित है। अतः शंकर के अद्वैत में प्रमाण का स्थान गौण ही रहा।

शंकर एवं बौद्ध धर्म कुछ विद्वानों की मान्यता है कि शंकर का दर्शन बौद्ध मत से प्रभावित था, विशेष रूप से बौद्ध शून्यवाद का प्रभाव माना गया इसीलिए उन्हें 'प्रच्छन्न बौद्ध' भी कहा है। यह भी कहा गया है कि शंकर ने बौद्ध मत का खण्डन किया, किन्तु महायान शाखा के 'शून्यवाद' एवं 'विज्ञानवाद' का नहीं, बौद्ध भिक्षु असंग एवं वसुबन्धु की भी उन्होंने आलोचना नहीं की। इस आधार पर विद्वानों की मान्यता है कि शंकर बौद्ध शून्यवाद से प्रभावित थे।

सन्दर्भ :

1. डॉ. गोविन्दचन्द्र पाण्डे : बौद्ध धर्म के विकास का इतिहास, पृ. 477
2. पाण्डे, जी.सी., वही पृ. 491
3. देखिये, द एज ऑफ इम्पीरियल कन्नौज, पृ. 304
4. पी. एल. गौतम : आधुनिक भारत का इतिहास एवं विरासत, पृ. 312–313.
5. तैत्तिरीय उपनिषद्, शांकर भाष्य 2/6 एक मेव ही परमार्थसत्यं ब्रह्म
6. यह कथन ऋग्वेद 10/90/5 की उस टिप्पणी के समान है, जिसमें विराट पुरुष ने स्वयं को सृष्टि के रूप में प्रकट किया है।
7. हिरियन्ना एम. : भारतीय दर्शन की रूपरेखा, पृ. 371
8. दासगुप्त एस.एन. : भारतीय दर्शन का इतिहास, भाग 1, पृ. 412
9. शंकराचार्य का छान्दोग्य उपनिषद्, भाष्य
10. दासगुप्त एस.एन., वही, पृ. 411
11. 'ब्रह्मसत्यं जगत् मिथ्या जीवो ब्रह्मै ना परः'
12. दासगुप्त, वही, पृ. 446
13. शारीरिक भाष्य, 'ब्रह्मैव हि मुक्त्यावस्था'
14. वेदान्त सूत्र भाष्य, 'किन्तु श्रुत्यादयो अनुभवादयश्च यथा सम्भव इह प्रमाणं अनुभवावसान त्वात भूत वस्तु विषयत्वाच्च ब्रह्मज्ञानस्य'
15. देखिये शंकर भाष्य 1/1/4, 'सिद्धं जीवतोपि विदुषः अशरीरत्वम्।'

74 इस्लाम एवं सूफी मत
(Islam and Sufism)

अरब सागर, लाल सागर, भूमध्य सागर एवं फारस की खाड़ी के मध्य पश्चिम एशिया में स्थित अरब सबसे बडे प्रायद्वीपों में से एक है। इसके तटवर्ती इलाकों को छोड़कर शेष सम्पूर्ण भाग रेगिस्तानी है। यह क्षेत्र असीरियन, एबोराइट, फिनीशियन, यहूदी, आरमीनियन जैसी जातियों–संस्कृतियों का उद्‌गम स्थल रहा है। इस प्रायद्वीप से सम्बन्धित जातियों ने ही मेसोपोटामिया की सभ्यता विकसित की थी। इसकी मध्यस्थ भूमिका के कारण ही भारतीय गणित, ज्योतिष, कला, विज्ञान् एवं शल्यशास्त्र से अन्य संस्कृतियाँ परिचित हुई थीं। अरब ने भारत के अंक एवं दशमलव प्रणाली का ज्ञान विश्व को करवाया। यही कारण था कि अरब के 'हिन्दसा' यूरोप में अरेबियन नम्बर बन गये। गरम मसाले, चीनी, कागज, कपास एवं रेशम से यूरोप को परिचित करवाने वाले अरब लोग ही थे।

हजरत मोहम्मद से पूर्व अरब इस्लाम के उदय से पूर्व अरब क्षेत्र कई कबीलों एवं समूहों में विभक्त था और लड़ाकू एवं खानाबदोश लोग कबीलों में यहाँ से वहाँ घूम कर जीवनयापन करते थे। केवल तटवर्ती इलाकों में स्थायी बस्तियाँ थीं और लोग व्यापार–व्यवसाय करते थे शेष रेगिस्तानी इलाकों में जीवन आदिम वहशियाना प्रकार का था।

- बदुदेववादी व मूर्तिपूजक अरब लोगों में से प्रगतिशील लोग अल्लाह में विश्वास करते थे, जो उनका सबसे बड़ा देवता था। मक्का में उसका मन्दिर था और उसके मध्य में घनाकार बड़ा काला पत्थर, जो अब काबा के रूप में प्रसिद्ध है। मान्यतानुसार स्वर्ग से गिराया गया काबा अल्लाह का प्रतीक था जिसका बोशा या चुम्बन लेते थे।
- बदुदेववादी अरबों के हर कबीले का अलग देखता था। उनके लिए सूर्य विनाशकारी और चाँद जीवन विधाता के समान था।
- जादू–टोने में विश्वास के साथ पशु बलि और नरबलि जैसी कुप्रथाओं से ग्रस्त अरबों की जिन्दगी प्रो. हिट्टी के शब्दों में, बद्दुओं का धर्म अन्य आदिम कबीलों की तरह वहशी था। उत्तरी अरब में स्थिति अधिक खराब थी। अज्ञानता एवं अंधकार के इस युग (जाहिलिया काल अर्थात् जंगलीपन बर्बरता का काल) के लोग बद्दू कहे गये। बर्नार्ड लेविस ने दर्शाया है कि, वहाँ की अधिकांश जनसंख्या चरागाहों पर निर्भर खानाबदोश कबीलों की थी, जो पड़ोसी खेतिहर राज्यों में लूटमार करते थे। दक्षिण अरब एवं नखलिस्तानों के नजदीकी लोगों का जीवन स्थिर तथा कृषि द्वारा जीविकोपार्जन करते थे।
- अरब लोगों के सामाजिक जीवन का एकमात्र अच्छा पहलू यह था कि, ऐसे व्यक्ति को नीच समझा जाता था, जिसने कभी किसी स्त्री से प्रेम न किया हो। स्त्रियों को पति चुनने की पूरी आजादी थी और बुरे व्यवहार पर तलाक देने का अधिकार भी। निकल्सन ने ठीक ही कहा है, "वास्तव में उनका स्थान काफी ऊँचा था और उनका प्रभाव बहुत महान। उन्हें दासियाँ नहीं माना जाता था अपितु उन्हें बराबरी का दर्जा हासिल था। वे गायकों को गाने के लिये तथा योद्धाओं को लड़ने के लिए प्रेरित करती थीं लेकिन अरबवासी अपनी पुत्रियों की पैदा होते ही हत्या कर डालते थे और उनका यह कृत्य समाज में गर्व करने योग्य होता था। दूसरे शब्दों में जुआ खेलना, मदिरापान एवं कई स्त्रियों से विवाह उनके जीवन की सामान्य प्रक्रिया के अंग थे लेकिन जीवित कन्याओं को पृथ्वी में गाड़ देने की प्रथा सबसे अमानुषिक थी। उन्हें (स्वयं एक व्यक्ति) अथवा कबीले को हानि पहुँचाने वाले से बड़ी निर्दयता से बदला लिया जाता था।
- कबीले के हित में वे अपनी पत्नी का त्याग करने में संकोच नहीं करते थे। पशुओं, चरागाहों एवं पानी के स्त्रोतों पर कबीले का सामूहिक अधिकार माना गया और इन पर अधिकार के लिए खून–खराबा आम बात थी।
- रक्त की शुद्धता (अशाबियत) में विश्वास करने वाले अरबी लोगों की प्रति हिंसात्मक भावना प्रबल थी। सबसे योग्य एवं वृद्ध व्यक्ति कबीले का सरदार होता था, जिसके आदेशों की पालना अनिवार्य थी। कबीला सरदार (शेख) को निरंकुश नहीं कहा जा सकता अपितु वह मजलिस की सहायता से कार्य करता था।
- अरबी राष्ट्रीयता एवं एकता जैसी कोई बात उनमें न थी, केवल कबीले तक उनकी निष्ठा थी और कबीले में हर खेमा परिवार माना जाता रहा। कई परिवारों से मिलकर बनती थी एक जाति या कौम। बिरादरी या कौम के संगठन को कबीला कहा गया है जिसका (हर एक का) अपना देवता (बुत) होता था। कहा जा सकता है कि इस्लाम के उदय से पूर्व अरब लोग कबीलाई युग के दौर में थे।

हजरत मोहम्मद साहब उत्तरी अरब में फैले हुए कई कबीलों में से कुरैश–कबीले के लोगों को अपनी वंश परम्परा का बड़ा गर्व था। पैगम्बर मोहम्मद के पिता अब्दुल्ला इसी कबीले के

थे। अपने ही कबीले के जुहरा गौत्र की लड़की से उनका विवाह हुआ। इस दम्पत्ति से मोहम्मद साहब का 570 ई. में जन्म हुआ। किन्तु मोहम्मद के जन्म से कुछ दिनों पहले ही पिता की मृत्यु हो गई और छह वर्ष की अवस्था में माँ भी साथ छोड़ गई। इस अल्पावस्था में उनके चाचा अबूतालिब ने उनका पालन–पोषण किया। कहा जाता है कि बारह वर्ष की अवस्था में मोहम्मद अपने चाचा के साथ व्यापार के सिलसिले में सीरिया जा रहे थे, रास्ते में बहीरा नामक एक पादरी ने मोहम्मद के पैगम्बर होने की घोषणा की थी। दुर्भाग्य से तेरह वर्ष की अवस्था में उनके चाचा का भी निधन हो गया।

लगभग 22 वर्ष की अवस्था में खदीजा नामक धनी महिला व्यापारी ने उनको अपना प्रतिनिधि नियुक्त किया। लगभग 25 वर्ष की अवस्था में मोहम्मद साहब ने चालीस वर्षीय खदीजा से विवाह कर लिया। इस महिला से मोहम्मद साहब के दो पुत्र व चार पुत्रियाँ हुईं। उनका पारिवारिक जीवन 40 वर्ष तक सम्यक् ढंग से चलता रहा। उनकी एक पुत्री फातिमा का विवाह उसके चचेरे भाई हजरत अली (अबूतालिब के पुत्र) के साथ हुआ। हजरत 'अली' कालान्तर में इस्लाम के चौथे खलीफा हुए, उनके दो पुत्र–हसन और हुसैन थे। उनकी मृत्यु को इस्लाम के इतिहास में दुःखद घटना माना जाता है।

इस्लाम का आविर्भाव मक्का के समीप हीरा नामक पहाड़ी की गुफा में एकान्त में ध्यान करना उन्हें प्रिय था। एक दिन ध्यान के दौरान फरिश्ता जिब्राईल उनके पास आया एवं अल्लाह का अलौकिक सन्देश देते हुए कहा कि, ''वे पैगम्बर हैं और उनका कार्य संसार में धर्म का प्रसार करना है।'' इस सन्देश से मोहम्मद साहब का जीवन ही बदल गया, उनकी आत्मा में दिव्य ज्ञान की ज्योति जल उठी। उन्होंने लोगों की अज्ञानता दूर करने एवं अल्लाह के सन्देश को फैलाने का संकल्प किया।

सबसे पहले अपनी पत्नी खदीजा को अपने ज्ञान का सन्देश देकर इस्लाम की नींव रखी। वस्तुतः अपने धर्म का प्रचार सार्वजनिक रूप से इस घटना के तीन वर्ष बाद करना शुरू किया। इसके साथ विपत्तियों ने उन्हें बुरी तरह जकड़ लिया। चारों ओर हजरत मोहम्मद की निंदा होने लगी। अतः वे मक्का छोड़कर 28 जून, 622 ई. को अपने अनुयायियों के साथ मदीना चले गये, वहाँ उनके उपदेशों का कुछ अधिक स्वागत हुआ।

हिजरी सम्वत् मक्का छोड़कर मदीना जाने की घटना से इस्लाम का नया सम्वत् प्रारम्भ हुआ, जो हिजरी सम्वत् कहलाया। मक्का से मोहम्मद साहब की जुदाई (हिजरा) के कारण हिजरी सम्वत् कहा गया। धीरे–धीरे मदीना में उनके अनुयायियों की संख्या बढ़ती गई, वहाँ एक मस्जिद का निर्माण करवाया गया, जहाँ उनके अनुयायी और वे स्वयं नमाज अदा करते थे। इस दौरान कुरैश लोगों ने मदीना पर तीन बार आक्रमण किये किन्तु वे सफल न हुए। अन्ततः मोहम्मद साहब ने मक्का के कुरैशियों का अन्त करने के लिये तीन सौ अनुयायियों को भेजा, जिन्होंने 600 सैनिकों की सहायता से मक्का की सेना को उहूर नामक स्थान पर हरा दिया। दोनों वर्गों में सन्धि हो गई लेकिन इस बीच मक्का में आन्तरिक कलह शुरू हो गया। समय के महत्व को समझते हुए 630 ई. में मोहम्मद साहब ने 10,000 सैनिक भेजकर मक्का पर अधिकार कर लिया। मक्का वालों ने मोहम्मद को पैगम्बर स्वीकार किया। कुरैश लोग उनके अब अग्रणी सहयोगी बन चुके थे। मोहम्मद साहब ने मक्का निवासियों को क्षमा कर दिया केवल कुछ ही विरोधियों को दण्ड़ित किया। मक्कावासियों पर उनके इस सन्देश का गहरा असर हुआ कि ईश्वर (अल्लाह) एक है और वही पूजा योग्य है। अब सच्चे दीन को फैलाना उनकी दिनचर्या थी। धर्म के प्रचारार्थ मोहम्मद साहब ने कई बार सीरिया पर आक्रमण किये, दूसरी जगह भी सेनायें भेजी गयीं। निष्कर्षतः अन्तिम दिनों तक वे मस्जिदों में उपदेश देते रहे। पैगम्बर साहब का अन्तिम दृश्य बड़ा करुणामय था। उनके अशक्त एवं निर्जीव से शरीर को अपने कोमल अंक में लेते हुए उनकी प्रियतमा आयशा ने प्रार्थना की:

''हे ईश्वर, तू मनुष्य की बात सुनता है, मेरे स्वामी का रोग दूर कर, क्योंकि तू बड़ा चिकित्सक है, इसलिए तेरे अतिरिक्त उपचार करने वाली अन्य कोई शक्ति नहीं और तेरे उपचारों के सामने कोई रोग ठहर भी नहीं सकता।''

किन्तु रोगी की दशा में किसी प्रकार का कोई सुधार न हुआ, उनके हाथ अकड़ते गये और 632 ई. में मोहम्मद साहब की वफात (जीवन मुक्ति) हुई। उनकी मृत्यु तक इस्लाम सारे अरब का धर्म बन चुका था।

इस्लाम के प्रमुख सिद्धान्त मोहम्मद साहब ने इस्लाम के सिद्धान्तों की बहुत सरल शब्दों में व्याख्या की:

- इस्लाम के अनुसार ईश्वर (अल्लाह) एक है वह सर्वशक्तिमान एवं सारे संसार का नियन्ता है। उसके कोई सन्तान नहीं और न वह किसी की सन्तान है। दूसरे शब्दों में, न वह जन्म लेता है, न किसी को जन्म देता है। अल्लाह सबकी प्रार्थना सुनता है और उनकी आवश्यकताएँ पूरी करता है। उसमें विश्वास से मनुष्य में सन्तोष व नम्रता आती है।
- अल्लाह की नजरों में सभी मानव समान हैं, कोई बड़ा छोटा नहीं। सब उसकी सन्तानें हैं और आपस में भाई हैं। गरीब–अमीर, ऊँच–नीच एवं जाति–रंग के आधार पर भेद करना इस्लाम के सिद्धान्तों के विपरीत है। कुरान में जिक्र आया है कि इस्लाम को मानने वाले सभी भाई हैं और भाइयों में एकता रखें।
- मानव सेवा में सच्चा सुख है और अल्लाह इसी से खुश होता है। पूर्व अथवा पश्चिम की ओर मुँहकर लेना धर्म परायणता नहीं है। सच्चा धर्मपरायण व्यक्ति वह है जो अल्लाह में, कयामत (अन्तिम दिवस) में, फरिश्तों में, धर्मग्रंथों में और पैगम्बरों में विश्वास करता है और उस अल्लाह के नाम पर अपनी सम्पत्ति अपने कुटुम्बियों, अनाथों, दीन–हीनों, यात्रियों और याचकों में बाँट देता है। जो दासों को स्वतंत्र कर देता है, नियम से पूजा करता है और दरिद्रों को यथासम्भव दान देता है। ऐसा व्यक्ति अपने वचन का पालन करता है और संकट तथा विपत्ति में धैर्य धारण करता है।

- अच्छे कर्म करने वाले अल्लाह को प्रिय हैं। उनका विश्वास था कि प्रलय के दिन अच्छे–बुरे कर्मों का फल अवश्य मिलेगा। अच्छे काम करने वालों को स्वर्ग और बुरे काम करने वालों को नरक मिलता है।
- मोहम्मद साहब मूर्तिपूजा के सख्त खिलाफ थे। मक्का पर अधिकार करने के बाद उन्होंने काबा की सभी मूर्तियों को नष्ट करवा दिया था। उनकी मृत्यु के बाद मुसलमान मूर्ति पूजा के घोर विरोधी बन गये।
- आध्यात्मिक उन्नति के लिए उन्होंने चरित्र की पवित्रता पर जोर दिया। कहा गया कि मनुष्य को छल–कपट से दूर और क्षमाशील रहकर सच्चाई के मार्ग पर चलना चाहिए। सबके प्रति सद्भाव रखते हुए बीमार और गरीब की सेवा में तत्पर होना चाहिए।

पैगम्बर साहब ने पाँच अनिवार्य कर्तव्यों का निर्धारण किया।

'कलमा' अर्थात् धर्म की स्वीकृति। दूसरे शब्दों में, ईश्वर (अल्लाह) एक है और मोहम्मद उनके पैगम्बर हैं।

'नमाज': प्रत्येक मुसलमान को अरबी भाषा में दिन में पाँच बार नमाज पढ़नी चाहिए। प्रातः, मध्याह्न, अपराह्न, संध्या व सूर्यास्त समय।

'जकात' और 'सद्क्वात' : जकात का तात्पर्य है– पवित्र करना। जकात के रूप में अपनी आय का चालीसवाँ भाग दान देना चाहिए।

'रमजान' (उपवास) : अर्थात् रमजान के महीने में रोजा (उपवास) रखना चाहिए। प्रातःकाल से संध्याकाल उपवास रखना।

'हज' : मुसलमान को जीवन में एक बार मक्का की यात्रा (हज) अवश्य करनी चाहिए।

ईमान एवं कुफ्र : ईमान से तात्पर्य 'उसूल' अथवा 'अमल' है। कुरान में ईमान की 60 शाखाएँ हैं, जबकि 'हसीद' (कुरान की व्याख्या) में 70 शाखाएँ कही गई हैं। इनमें प्रथम है : अल्लाह के अतिरिक्त किसी की पूजा मत करो। अन्तिम है : जिन बातों से किसी को नुकसान हो, उन्हें छोड़ दो। 'कुरान' से अभिप्राय है पैगम्बर द्वारा कही बात को नकारना या अस्वीकार करना।

इस्लाम भी अन्य धर्मों की तरह कई शाखाओं अथवा सम्प्रदायों में विभक्त हो गया। सुन्नी और शिया–इस्लाम के दो प्रधान सम्प्रदाय हैं। मोहम्मद के धर्मराज्य (खिलाफत) के उत्तराधिकार को लेकर विवाद हुआ। जैसा विदित है मोहम्मद की पुत्री फातिमा का विवाह हजरत अली से हुआ था। मोहम्मद साहब का कोई पुत्र जीवित न होने से उनके दामाद हजरत अली को खिलाफत का उत्तराधिकारी मानने लगे। इस विचारधारा के समर्थक लोग शिया कहलाये। लेकिन कुछ लोगों ने अबूबक्र को खिलाफत का उत्तराधिकारी चुन लिया। शिया समर्थकों के अनुसार इमाम केवल मोहम्मद के सगोत्र ही हो सकते थे। अतः शिया समुदाय प्रथम तीन खलीफा–अबूबक्र, उमर एवं उस्मान को नहीं मानते और हजरत अली जो चतुर्थ खलीफा हुए, से ही खलीफाओं की गणना करते हैं।

दूसरी ओर अबूबक्र से खलीफाओं की गणना करने वाले 'सुन्ना' समर्थक कहलाये और उनके अनुयायी 'सुन्नी'। सुन्नी मुसलमानों की संख्या 75 प्रतिशत कही गई है। सुन्नियों में चार भिन्न परम्पराएँ मिलती हैं:

'अबू–हनीफा' : इनके अनुयायी तुर्की, मध्य एशिया, अफगानिस्तान, बलूचिस्तान तथा भारत में पाये जाते हैं।

'इमाम मुहम्मद' : शफी साहब कहलाने वाले ये लोग मिस्त्र, अरब, दक्षिण भारत और उत्तर–पश्चिम फारस (ईरान) में पाये जाते हैं।

इमाम मलिक : उत्तर भारत में बड़ी संख्या में इनके अनुयायी हैं।

इमाम अहमद : बहुत सीमित संख्या में अरब में इनके अनुयायी हैं।

भारत में इस्लाम

भारत में इस्लाम का प्रवेश ऐसे धर्म के रूप में हुआ जो बौद्ध, जैन, शैव एवं वैष्णव आदि सभी भारतीय धर्मों से पूर्णतः भिन्न था। इसने भारत के राजनीतिक, धार्मिक, सामाजिक एवं सांस्कृतिक जीवन को गंभीर रूप से प्रभावित किया। उम्मैया वंश के नेतृत्व में खिलाफत राज्य बहुत शक्तिशाली हो गया था। इराक के गर्वनर अल–हज्जाज को खलीफा का समर्थन प्राप्त था। उसने सिंध शासक दाहिर पर लगातार दो हमले किये किन्तु दोनों बार सेनापति असफल रहे। अन्ततः हज्जाज ने अपने चचेरे भाई व दामाद इमाउद्दीन मुहम्मद–बिन कासिम को 711–12 ई. सिंध जीतने के लिए भेजा। उसने 6,000 व्यक्तियों का वध किया और लोगों को इस्लाम स्वीकार करने के लिए विवश किया। मुहम्मद–बिन–कसिम की इस जीत ने भारत में इस्लाम के प्रवेश का मार्ग खोल दिया। इसके बाद भारत पर मुस्लिम आक्रमणों का एक सिलसिला शुरू हो गया। महमूद गजनी (1000–1027 ई.) और मुहम्मद गौरी (1175–1205 ई.) के आक्रमणों ने जहाँ एक ओर हिन्दू–मुस्लिम संस्कृतियों के मध्य वैमनस्य बढ़ाया, वहीं दोनों धाराओं के मध्य धीरे–धीरे समन्वय एवं सौहार्द का रास्ता भी खुला। मध्यकालीन भारत में दोनों संवर्गों के बीच संघर्ष, सहयोग एवं विविधपूर्ण संश्लेषणात्मक दौर चले। शताब्दियों तक भारत में मुस्लिम शासन के बावजूद भारत को पूरी तरह इस्लाम समर्थक नहीं बनाया जा सका। यद्यपि प्रयास बहुत किये गये थे।

भारतीय लोगों का अद्भुत समन्वयात्मक दृष्टिकोण एवं सहनशीलता सभी विचारधाराओं को अपने में समायोजित करने में सक्षम रही है।

अल–बरूनी ने भारतीयों की इस विशेषता की ओर पहले अध्याय में संकेत किया है, ''जहाँ तक धर्म विज्ञान सम्बन्धी विषयों का प्रश्न है उनमें आपस में शायद ही कोई विवाद होता हो, यदि वे कभी झगड़ते भी हैं तो उनकी लड़ाई शब्दों तक सीमित रहती है, लेकिन धार्मिक वाद–विवाद पर वे अपनी आत्मा, शरीर या सम्पत्ति दाव पर कभी नहीं लगाते।''[1]

भारतीय परम्पराओं से भिन्न इस्लाम का प्रवेश तलवार के बल पर हुआ। मुसलमान अपने विरोधियों के प्रति कट्टर एवं आक्रामक थे। लम्बे संघर्ष के बाद मुस्लिम आक्रान्ता अफगानिस्तान में सफल

रहे। ग्यारहवीं सदी के प्रारम्भ में भारत में तुर्की हमलों की शुरुआत हुई। गजनी की लूटपाट का भारतीय राजनीति पर विशेष प्रभाव न हुआ किन्तु मुस्लिम आक्रमणकारी भारतीय सम्पन्नता से परिचित हो गये। अफगानिस्तान एवं पंजाब विजय के बाद हजारों हिन्दू मुस्लिम बनाये गये। कुछ लोगों ने सूफी संतों के प्रभाव से इस्लाम को अपनाया और आगे ऐसे लोग मुस्लिम आक्रान्ताओं के सहयोगी साबित हुये। आम भारतीयों ने इस धर्म का स्वागत नहीं किया अपितु इसके मानने वालों को मलेच्छ (अपवित्र) घोषित किया।

इस बात को उजागर करते हुए अल–बरूनी लिखता है, "उनकी समस्त धर्मान्धता का लक्ष्य वे लोग होते हैं जो उनमें से नहीं है–अर्थात् सभी विदेशी। वे उन्हें मलेच्छ अर्थात् अपवित्र कहते हैं और उनसे किसी भी प्रकार का सम्बन्ध रखने का निषेध करते हैं।"[2] वह आगे लिखता है, "हिन्दुओं की विजातियों के प्रति घृणा तब और अधिक बढ़ गयी जब मुसलमानों ने उनके देश पर आक्रमण करने शुरू कर दिये।"[3] कहा जा सकता है कि, भारतीयों की नफरत का कारण उनका आक्रामण एवं लुटेरापन था।

इस्लाम की सफलता के आधार सामाजिक कुरीतियों से ग्रस्त अरबों को इस्लाम की सरलता एवं एक ईश्वर के सिद्धान्त ने आकर्षित किया और इस्लाम को शीघ्र ही अरब लोगों ने स्वीकार कर लियाः

I. इस्लाम के भाईचारे के सिद्धान्त ने गरीब व अमीर दोनों को समान रूप से आकर्षित किया।

II. ईसाई धर्म के आडम्बरों ने परोक्ष रूप से इस्लाम की सरल शिक्षाओं के फैलने में मदद की।

III. धर्म व राज्य की समन्वित शक्ति ने इस्लाम को महाद्वीप की सीमाओं से निकालकर विश्व धर्म बना दिया। इस्लाम के बारे में कहा जाता है, "वह जहाँ भी गया उसके एक हाथ में तलवार थी और दूसरे में कुरान।" अरब के रेगिस्तानी इलाके के लोगों ने समृद्ध एवं कृषि योग्य उपजाऊ भूमि प्राप्त करने के लिए धर्म के विस्तार का सहारा लिया।

IV. बड़ी संख्या में गरीब लोगों ने इस्लाम इसलिए स्वीकार किया, क्योंकि उन्हें इसके अपनाये जाने से जजिया नहीं देना था और दासत्व से भी मुक्ति मिल गई।

V. नये धर्म में प्रतिष्ठा एवं राज्य सेवा के अवसर भी निहित थे। मोहम्मद साहब एवं उनके उत्तराधिकारी अबूबक्र, उमर, उस्मान एवं हजरत अली का सादा जीवन लोगों को आकर्षित करने वाला था।

VI. विधर्मियों से लडने को कुरान के व्याख्याकारों ने जिहाद (धर्मयुद्ध) का नाम दिया। अल्लाह पर लोगों का ईमान लाने के लिए प्रेरित किया जाता था। यही नहीं, यहाँ तक कहा गया कि अल्लाह 'कयामत' के दिन 'जिहादियों' को पापों से मुक्त कर देगा। जहाँ तक भारत में इसके फैलने का सवाल है राज्य शक्ति के प्रभाव को सबसे ऊपर रखना होगा। वैभव तथा प्रगति की लालसा भी बड़ी सामान्य–सी बात है, जिसका प्रभाव अवश्य हुआ।

VII. आर्नल्ड की मान्यता है कि, भारत में इस्लाम की शक्ति का प्रधान कारण उसमें भेद–भाव का अभाव है। इसी कारण अनेक हिन्दू मुसलमान बन गये।

VIII. भारतीयों का नियतिवादी एवं भाग्यवादी दृष्टिकोण मुस्लिम आक्रान्ताओं से पराजय का कारण बना। जब देश पर दूसरों का आधिपत्य हो गया तो उनके धर्म को स्वीकार करके भी लोगों ने भाग्यवाद एवं नियतिवाद का परिचय दिया।

सूफी मत

सूफी शब्द अरबी के 'सूफ' शब्द से निकला है, जिसका तात्पर्य है – 'ऊन'। ब्राउन ने स्वीकार किया है कि ईरान में रहस्यवादी साधकों को पश्मीनापूश (ऊन पहनने वाला) कहा जाता था।[4] इस्लाम के रहस्यवादी आन्दोलन (**Mystic Movement**) का दूसरा नाम 'तसव्वुफ' या सूफी है, जिसके तहत बाह्य क्रियाओं के स्थान पर आन्तरिक क्रियाओं पर बल दिया जाता है।[5] विद्वानों की मान्यता है कि, सूफी मत पर अन्य धर्मों एवं दर्शनों का प्रभाव पड़ा। ब्राउन के अनुसार अन्य धर्मों के प्रभाव के कारण इस्लाम के संन्यासी जीवन में रहस्यवादी प्रवृत्तियों का प्रवेश हुआ।[6] वे यह भी मानते हैं कि सूफी मत बौद्ध तथा जैन धर्म का प्रभाव था।[7] ए.एल. श्रीवास्तव की धारणा है कि सूफी मत के शांति और अहिंसा के तत्व पूर्ण रूप से बौद्ध तथा जैन सिद्धान्तों से मिलते हैं।[8] जैसा विदित है कि अनेक बौद्ध भिक्षु बौद्ध धर्म के प्रचारार्थ पश्चिमी एशिया में गए थे। सूफी विचारकों पर उनका प्रभाव होना अस्वभाविक प्रतीत नहीं होता। निकोल्सन ने भी इस तर्क को स्वीकार किया है।[9] कुछ विद्वानों ने ईसाई धर्म का प्रभाव भी माना है। लेकिन प्रो. निजामी ने सूफी मत के आविर्भाव पर अन्य धर्मों के प्रभावों को अस्वीकार करते हुए स्पष्ट किया है कि सूफी मत का मूल स्त्रोत कुरान तथा पैगम्बर मोहम्मद की जीवनी है।[10] लेकिन अधिकांश विद्वानों की ध ारणा है कि समसामयिक जगत् में प्रचलित विचारधाराओं से इस्लाम प्रभावित हुए बिना नहीं रह सका। आठवीं सदी में शंकराचार्य ने वेदान्त दर्शन का प्रतिवादन किया था। उस दौरान पश्चिम एशिया में बौद्ध या हिन्दू थे इस्लाम स्वीकार कर लेने के बावजूद पूर्व प्रचलित विचारधाराओं से अपने को पूरी तरह अलग नहीं कर पाये और उसी का परिणाम सूफीवाद था।

'सूफीवाद को उच्च स्तर के स्वतंत्र विचारों का स्वरूप' कहा गया है। सूफीवाद की विवेचना में डॉ. ताराचंद लिखते हैं, "सूफीवाद प्रगाढ़ भक्ति का धर्म है, प्रेम इसका भाव है, कविता, संगीत तथा नृत्य इसकी आराधना के साधन हैं तथा परमात्मा में विलीन हो जाना इसका आदर्श है।[11] कहा गया है कि इस्लामी साम्राज्य की स्थापना के बाद धन–सम्पत्ति का जैसा कुरूप प्रदर्शन हो रहा था और नैतिक मूल्यों का तेजी से ह्रास हुआ उसे देखकर इस्लाम की प्रारम्भिक अवस्था में ही रहस्यवादियों के मन में वितृष्णा पैदा हो गई। सूफी संतों को राज्य से सम्बन्ध रखने में कोई रुचि नहीं थी। सूफी मारूफ अल–करखी (815 ई.) परमात्मा के पीछे पागल थे। उनके अनुसार, ईश्वर सम्बन्धी सत्य को जानना और मानवीय वस्तुओं का त्याग ही सूफ धर्म है। अबुल हुसैन अननूरी के विचार में संसार से घृणा तथा ईश्वर के प्रति प्रेम ही सूफीवाद है।

रहस्यवादिनी राबिया (आठवीं सदी) एवं मंसूर–बिन– हल्लाज (दसवीं सदी) ने ईश्वर और जीवात्मा को एक–दूसरे से जोड़ने वाले तत्व के रूप में प्रेम पर बहुत जोर दिया। इस प्रकार सुफियों ने सर्वेश्वरवादी दृष्टिकोण से अपने को रूढ़िवादी तत्वों के मुकाबले प्रभावशाली बनाया। सूफी मत (तसव्वुफ) को हम सातवीं से तेरहवीं शताब्दियों के मध्य रख सकते और अध्ययन की सुविधा के लिए तीन सोपानों में विभक्त कर सकते हैं:

प्रारम्भिक सोपान (दसवीं शताब्दी तक) कुरान की आयतों की रहस्यात्मक ढंग से प्रस्तुति के प्रयास शुरू में हुए। कुरान में उल्लिखित सद्‌गुणों 10 अवस्थाओं–तौबा (पश्चाताप), वारा (विरक्ति), जुहेद (पवित्रता), फक्र (निर्धनता), सब्र (धैर्य), शुक्र (कृतज्ञता), खौफ (भय), रजा (आशा), तवक्कुल (संतोष) एवं रिजा (ईश्वर की इच्छा के प्रति अधीनता) की गूढ़ व्याख्या हुई। मौन रहकर साधना करने वाले (मौनी) सूफी सन्तों की संख्या आठवीं सदी में बढ़ रही थी।

प्रारम्भिक सूफी केन्द्रों में मक्का, मदीना, बसरा एवं कूफा का जिक्र किया जा सकता है। इसी प्रकार ईरान, खुरासान, ट्रांस ऑक्सियाना, मिस्त्र, सीरिया एवं बगदाद में भी इस काल में सूफी मत का विकास होता हुआ देखते हैं। प्रमुख साधकों[12] की चर्चा करें तो इमाम हसन बसरी (728 ई.), इब्राहिम–बिन–आधम (777 ई.), अबू हासिम (777 ई.), राबिया बसरी (776 ई.) का नाम विशेष रूप से आता है।

ईरान के प्रारम्भिक सूफियों में खुरासान के बयाजिद बिस्तामी (मृत्यु 874 ई.) उल्लेखनीय हैं। 'सब कुछ ईश्वर में है।' जैसे गूढ़ सिद्धान्त का प्रतिपादन करके उन्होंने सूफी मत को नया स्वरूप प्रदान किया। बियाजिद बिस्तामी सदैव अहम के दमन (फना) पर भी जोर देते थे। सूफियों ने बाद में इस सिद्धान्त को स्वीकार किया। बगदाद भी सूफी गतिविधियों का केन्द्र रहा। मंसूर–अल–हल्लाज (858–922 ई.) को बगदाद का प्रारम्भिक सूफी कहा जा सकता है। अपने को अल–हक्क (**Ana'l Haqq**) घोषित किया और प्राण न्यौछावर कर दिये। उन्होंने रहस्यवादी घोषणा में कहा था, मैं ईश्वर हूँ। यह कथन उपनिषदों के 'अहम् ब्रह्म अस्मि', 'तत्वमसि', एवं 'अयं अहं' का स्मरण करवाता है। इस कथन से सूफी आन्दोलन को नया आयाम मिला। मंसूर ने ईरान एवं पश्चिमी भारत में सूफी विचारों के विकास में महत्वपूर्ण योगदान किया। तत्कालीन उलेमा ने 'ईश्वर निंदक' कहकर उनकी भर्त्सना की और कहा कि 'ईश्वर से एकाकार होने का दावा छलावा के अतिरिक्त कुछ नहीं।' अन्ततः बंदी बनाकर उसे फाँसी पर लटका दिया गया।

अरब में घुम्मकड़ सूफी रिबात (सीमांत पड़ाव) से एवं ईरान क्षेत्र में खानकाह (सूफी संतों के आवास स्थल) से जुड़े होने का बोध होता है।

संगठित सूफी आन्दोलन (दसवीं–बारहवीं सदी) सूफी साधकों ने परम सत्ता को प्रियतम रूप में देखना शुरू किया।[13] उसका प्रेम पाना ही सूफी साधक का लक्ष्य बन गया। इस विचारधारा का भक्ति आन्दोलन से निकट का सम्बन्ध खोजा जा सकता है। अब सूफी संत ईश्वर कृपा से सब कुछ प्राप्त करने के आकांक्षी दिखाई पड़ते हैं। प्रारम्भ में जहाँ साधकों का आदर्श एकान्तिक जीवन, फकीरी, विनम्रता व दीनता रहा, अब उनके जीवन का लक्ष्य प्रेम द्वारा ईश्वर प्राप्ति बन गया। सूफी साधक अब इस अवस्था में थे कि ईश्वर कृपा से सब कुछ प्राप्त करना संभव है। पहले ईश्वर मनुष्य, की पहुँच के बाहर था अब वह 'अलहक्क' से प्रकट होने लगा। इस काल के साधक प्रकृति की प्रत्येक वस्तु में परम सत्ता के दर्शन पाने लगे। अपने अहं को खोकर बेखुदी की हालत में परम प्रियतम का साक्षात्कार करने लगे।[14] इब्नल अरबी पहला इंसान था जिसने सूफी जगत में वहदत–उल–वुजूद (**wahadat-ul-wujud**) सिद्धान्त दिया, जिसका तात्पर्य था कि ईश्वर सर्वव्यापी है और सबमें उसकी झलक है।

सूफी विचारधारा को हम इस काल में संगठित रूप में विकसित होता हुआ देखते हैं। इस परिप्रेक्ष्य में इस्लामी दुनिया में दो समानान्तर संस्थाओं का विकास हुआ :

मदरसा व्यवस्था (धार्मिक शिक्षा का संस्थान) यह कट्टरपंथी इस्लामी शिक्षा की मान्य संस्था थी।

खानकाह व्यवस्था (सूफी संतों के निवास) सूफी संतों की गतिविधियों के केन्द्र जो बहुत सादे होते थे। धीरे–धीरे खानकाह सूफी शिक्षा के महत्वपूर्ण संस्थागत केन्द्र के रूप में उभरें। इन्हीं केन्द्रों पर सूफी संत अपने शिष्यों को मार्गदर्शन प्रदान करते थे।

जहाँ तक कट्टरपंथी उलेमा वर्ग का प्रश्न है वे सदा सूफी संतों को संदिग्ध नजरों से देखते थे। उलेमा सामूहिक संगीत जैसी सभी परम्पराओं से नफरत करते थे। इसके बावजूद कट्टरपंथी शिक्षा प्राप्त कुछ सूफियों ने उलेमा एवं सूफियों के बीच सन्तुलन कायम करने के प्रयास अवश्य किये थे। इस प्रकार के सूफियों में अबू हमीद उल गजाली (1058–1111 ई.) प्रमुख थे। कहा गया है कि प्रारम्भ वह 'आलिम' (धर्मप्रवक्ता) था बाद में सूफी संत बन गया।

अल गजाली इस युग के दूसरे महत्वपूर्ण लेखक थे जिन्होंने सूफीवाद को सुव्यवस्थित स्वरूप प्रदान किया।[15] अल–हुजविरि ने 'कश्फ–उल–महजूब' की रचना की, जिसे सूफी मत का प्रामाणिक ग्रंथ माना जाता है।

फारसी में इसी काल में सूफी काव्य की रचना की जाने लगी थी। बारहवीं–तेरहवीं शताब्दी के दौरान फारसी में वर्णनात्मक कविताएँ (मसनवीं) प्रभावशाली साधन बनी। जलालुद्दीन रूमी एवं फरीदुद्दीन अत्तार इस शैली के प्रतिपादक कहे गये है। फारसी कवि सनाह की कविता में सूफी मत मानवीय भावना की सशक्त अभिव्यक्ति हुई है, "धर्म और अधर्म दोनों उसी (ईश्वर) की ओर भागे जा रहे हैं और उसके राज्य में कोई हिस्सेदार नहीं है।" कहा जा सकता है कि इस काल में सूफी मत एक संगृहीत रूप ग्रहण कर चुका था।

सूफी सिलसिलों (सम्प्रदायों) का उदय (12वीं उत्तरार्द्ध एवं 13वीं सदी) सूफी सिलसिला (स्कूल) सूफीवाद का महत्वपूर्ण सोपान है। दरअसल अब कई मार्ग (तरीका) या सूफी सिलसिले

की धारा बह चली थी। बारहवीं सदी के आखिर में ये सिलसिले आकार ग्रहण करने लगे थे, जिनका विकास किसी विशेष गुरु के नेतृत्व में हुआ। सूफी आध्यात्मिक जगत में गुरु–शिष्य परम्परा की संगठित शुरुआत इसी काल में हुई। दूसरे शब्दों में उन दिनों विभिन्न सूफी सम्प्रदायों का प्रादुर्भाव हुआ। सिलसिलों में एक दिबाद एक गुरु या आध्यात्मिक उत्तराधिकारी बनता गया। आध्यात्मिक गुरु (मुर्शिद) को अब ईश्वर के प्रतिनिधि (वली) के रूप में स्वीकार किया गया। मुरीद (शिष्य) को अपने मुर्शिद के समक्ष पूर्ण समर्पण करना होता था। अब ऐसी धार्मिक प्रथाएँ भी इनमें प्रवेश कर चुकी थीं, जिनका शुद्ध इस्लाम से कोई सम्बन्ध नहीं कहा जा सकता। ईरान, मध्य एशिया एवं बगदाद आदि में इस काल में सक्रिय होने की जानकारी मिलती है।

- तत्कालीन प्रमुख सिलसिलों में थे :
- सुहरावर्दी–शेख शहाबुद्दीन सुहरावर्दी (मृत्यु 1234 ई.)
- कादिरी–मुइनुद्दीन कादिर जिलानी (मृत्यु 1166 ई.)
- चिश्ती–मुइनुद्दीन चिश्ती (मृत्यु 1236 ई.)
- नक्शबंदी–बहाउद्दीन नक्शबंदी (मृत्यु 1398 ई.)

इस्लामी एवं गैर–इस्लामी दुनिया में सूफी मत के विकास में इन सिलसिलों के योगदान को भुलाया नहीं जा सकता। सूफी संतों ने मुख्य रूप से जिन बातों पर जोर दिया उनका उल्लेख करना उचित होगा। कुरान में पूर्ण आस्था, हजरत मोहम्मद के जीवन को आदर्श मानना, धर्म सम्मत खाद्यान्न ग्रहण करना, आराम की वस्तुओं का परित्याग, दूसरों को कष्ट पहुँचाने पर कष्ट का अनुभव और नियमों का पालन।

भारत में सूफी मत (बारहवीं सदी) अल–हुजविरि (1088 ई.) की गणना भारत में आकर बसने वाले प्रारम्भिक सूफियों में की जाती है। दरअसल मुस्लिम शासन की स्थापना के बाद ही भारत में सूफीवाद का विकास हुआ। दिल्ली सल्तनत की स्थापना के बाद अर्थात् तेरहवीं सदी में भारत में कई सूफी सम्प्रदायों की स्थापना हो चुकी थी। भारत में प्रचलित भक्ति आन्दोलन के समानान्तर सूफी मत का प्रचार–प्रसार स्थानीय परिस्थितियों के अनुकूल साबित हुआ। तेरहवीं शताब्दी में मंगोलों द्वारा इस्लामी दुनिया पर आधिपत्य से सूफियों का तेजी से पलायन हुआ और अधिकांश लोगों ने भाग कर भारत में शरण ली और कई स्थानों पर तेजी से खानकाह स्थापित हो गये। सूफी मत ने भारतीय परिवेश में अपने में कई तत्वों को शामिल किया, जिससे यह परम्परा तेजी से समृद्ध हुई। यद्यपि यह मध्यकाल की घटना थी तथापि शेख मुईनुद्दीन चिश्ती (1141–1236 ई.) का जिक्र करना उचित होगा। चिश्ती साहब का जन्म ईरान के सिस्तान में हुआ।[16] इनके पिता सैय्यद ग्यासुद्दीन धार्मिक प्रवृत्ति के थे। पिता की मृत्यु के बाद एक बगीचे में इब्राहिम कुंदुजी ने इन्हें आध्यात्मिक शिक्षा दी। घर बेचकर आध्यात्म की खोज में निकले मुईनुद्दीन लाहौर आये और अन्त में अजमेर जाकर स्थायी रूप से रहने लगे। पृथ्वीराज चौहान ने अपने गुरु रामदेव को शेख को अजमेर से निकालने की आज्ञा दी परन्तु स्वयं रामदेव शेख से प्रभावित होकर उनके शिष्य बन गये। अजमेर में उनका निधन हो गया जहाँ उनकी दरगाह में लाखों लोग आज भी आते हैं। मुहम्मद गौरी ने चिश्ती साहब को सुल्तान–उल–हिन्द (हिन्द का आध्यात्मिक गुरु) की उपाधि दी थी। शेख ने दो शादियाँ की थीं जिनमें से एक हिन्दू थी।

सूफी मत का प्रभाव भारत में प्रवेश से पूर्व ही सूफी मत के नैतिक सिद्धान्त, उपदेश, जिक्र, शिष्य परम्परा, शेख या पीर तथा खानकाह व्यवस्था एक निश्चित स्वरूप ग्रहण कर चुकी थी। इस मत के समर्थकों ने भारत के आम लोगों को कट्टर इस्लामी परम्परा के स्थान पर अधिक प्रभावित किया। अबुल फजल की आइन–ए–अकबरी में उल्लखित चौदह सूफी सिलसिलों में से मुइनुद्दीन चिश्ती जैसे संत अपनी उदारता, पवित्र आचरण एवं प्यार से दीन–दुखियों एवं निम्न वर्ग के लोगों को अपनी और आकृष्ट करने में सफल रहे। बाबा फरीद ने कर्मकाण्ड व आडम्बरों के स्थान पर उदारता प्यार से समाज के दोनों वर्गों को आपस में बाँधने का प्रयास किया, उनके जीवन में घृणा, हिंसा व वैर विरोध का कोई स्थान नहीं था। बाबा फरीद के शिष्यों ने हजरत निजामुद्दीन औलिया (दिल्ली) तथा हजरत अलाउद्दीन साबिर के जीवन में भी धार्मिक कट्टरता लेश मात्र भी न थी। इसी वजह से आर्थिक दृष्टि से कमजोर वर्ग ने इनकों अपना हितैषी समझा। दरअसल सूफी संतों का संदेश था कि मानवीय प्रेम से ईश्वरीय प्रेम की ओर अग्रसर होना साधक का लक्ष्य होना चाहिए एवं इसमें गुरु का सहयोग आवश्यक माना गया।

इस्लाम में संगीत का कोई स्थान न होने पर भी सूफियों ने ईश्वर को पाने के लिए संगीत को महत्वपूर्ण साधन माना। कीर्तन व नृत्य की भावुक अवस्था को ईश्वर को पाने की एक सीढ़ी के रूप में स्वीकार किया।

ताराचंद, युसूफ हुसैन व प्रोफेसर अजीज अहमद आदि की मान्यता है कि, अद्वैतवाद रामानंद आदि की भक्ति भावना पर इस्लाम के सूफी मत का प्रभाव पड़ा। किंतु इस तथ्य को इसलिए स्वीकार नहीं कि जा सकता है कि गुरु का महत्व, नाम स्मरण, प्रार्थना, जीवन की सरलता, संसार की क्षण भंगुरता का सिद्धान्त जैसे तत्व भक्ति आंदोलन के प्रणेता आलवार सन्तों में बहुत पहले से चले आ रहे थे।

इसके अतिरिक्त पीर और मुर्शीद आदि द्वारा प्रदर्शित की जाने वाली करामातों का प्रभाव हिन्दू व मुसलमानों में अधिक समय तक कायम नहीं रहा एवं कट्टर मुस्लिम वर्ग इसका समर्थक कभी नहीं रहा। कट्टर मुस्लिम वर्ग ने सूफी संतों को सदैव संदेह की नजरों से देखा और मूल इस्लाम का विरोधी (सुप्त रूप में) ही समझा। अतः हिन्दू या मुस्लिम वर्ग की बड़ी संख्या को यह परम्परा प्रभावित करने में विफल रही।

सूफी संतों की संगीत में रुचि, गुरु, शिष्य परम्परा, उदारता, करुणा कई हिन्दू संतों की जीवन शैली का अंग थी। अतः हिन्दू वर्ग को इन परम्पराओं में कुछ नवीनता नहीं दिखाई दी। कहा जा सकता है कि, सूफी संत गरीबों, दीन–दुःखियों को अपनी ओर

आकृष्ट कर पाये। किंतु सूफीमत समाज के बड़े वर्ग में कोई स्थायी प्रभाव या विचार धाराओं में बदलाव अथवा रीति–रिवाजों में परिवर्तन लाने में विफल रहा।

इस सबके बावजूद भारतीय जनता द्वारा इस्लाम धर्म स्वीकार करने में तत्कालीन प्रचारकों का महत्वपूर्ण योगदान रहा। नूर सतगर (नुरुद्दीन) के नाम से विख्यात था मुस्लिम संत ने सिद्धराज (1094–1193 ई.) के समय कोरी, कुनबी एवं करबार जातियों को बड़ी संख्या में मुसलमान बनाया। बुखारा का सैयद जलालुद्दीन (1190–1291 ई.), जो उच्छ एवं सिन्ध में बस गया था, ने अनेकों मुसलमान बनाये। शेख मुईनुद्दीन चिश्ती के आध्यात्मिक विचारों से सम्पूर्ण राजपूताना एवं बड़ी संख्या में हिन्दू प्रभावित हुए और उनके शिष्य बन गये। सूफी रहस्यवादी सन्तों का सर्वेश्वरवाद भारतवासियों की मनःस्थिति के अनुकूल था, जिसका सूफियों ने लाभ उठाया। इस दृष्टि से चिश्तियों का सम्प्रदाय सर्वाधिक सफल रहा, जिनमें मुईनुद्दीन चिश्ती, पाकपाटन के फरीदुद्दीन शकरगंज, दिल्ली के निजामुद्दीन औलिया, नासिरुद्दीन चिराग तथा सीकरी के शेख सलीम चिश्ती सर्वाधिक विख्यात थे, जिनके प्रभाव से हिन्दुओं ने इस्लाम धर्म स्वीकार किया।

बंगाल में सूफियों को बड़ी सफलता मिली। बंगाल का उपेक्षित हिन्दू समाज, उच्चवर्गीय हिन्दुओं के अत्याचार से त्रस्त होकर इस्लाम में प्रवेश कर गया। सूफी सन्तों ने साहित्य के क्षेत्र में भी महत्वपूर्ण योगदान दिया।

सन्दर्भ :

1. भारत : अल–बरूनी, डॉ. एडवर्ड सी. सखाउ के अंग्रेजी अनुवाद का संक्षिप्त संस्करण का हिन्दी अनुवाद द्वारा–कयामुद्दीन अहमद, अध्याय 1, पृ. 7.
2. भारत : अलबरुनी, वही, पृ. 7.
3. अल–बरुनी, वही, पृ. 8
4. ब्राउन ई. जी. : लिट्रेरी हिस्ट्री ऑफ पर्सिया, पृ. 417.
5. Nizami K.A., Some aspects of Religion and Politics in India during the thirteenth century, p 52. ' You can not see God in Kanz or Hidayah, look into the mirror of the heart, for there is no look better than this.'
6. ब्राउन, वही, पृ. 131–32– कल्चरल हेरिटेज ऑफ इण्ड़िया, पृ. 593.
7. ब्राउन, वही, पृ. 132.
8. श्रीवास्तव, ए. एल. : मिड़वल इण्ड़ियन कल्चर, पृ. 76.
9. निकोल्सन, आर. ए. : आइड़िया ऑफ पर्सनेल्टी इन सूफिज्म, पृ. 11.
10. Nimami K.A., Above, cited, P. 50.
'But Muslim mystics have always firmly combated such theories and have claimed that mysticism is based on the Quran and the traditions of the prophet.'
11. ताराचंद, इनफ्रलुयेन्स ऑफ इस्लाम ऑन इण्ड़ियन कल्चर, इलाहाबाद, 1963, पृ. 83.
12. निजामी, के.ए. : वही, पृ. 53.
13. तिवारी, राम पूजन : सूफीमत, साधना और साहित्य, पृ. 202.
14. तिवारी, वही, पृ. 202–3.
15. निजामी, के.ए. : वही, पृ. 55.
16. निजामी के.ए., वही. पृ. 182.

75 मन्दिर स्थापत्य एवं मूर्ति शिल्प
(Temple Architecture and Sculpture Art)

इतिहास के युग राजकुलों के उत्कर्ष–अपकर्ष, आक्रमणों, प्राचीन राजवंशों के पतन और नये राजवंशों के उदय और सहसा घट जाने वाली राजनीतिक क्रान्तियों से युगपत बदल जाते हैं, कला यद्यपि इन परिवर्तनों से, राजकुलों के संरक्षणों के कारण, प्रभावित अवश्य होती है, परन्तु उसकी प्रगति अनेक बार इतिहास के युगों का अतिक्रमण कर जाती है। इससे 'पूर्व मध्य' और 'उत्तर मध्य' के रूप में विभाजित कालमानों 600 से 900 ई. और 900 ई. से 1200 ई. को स्थायी नहीं मानना चाहिए। ये कालावधियाँ कला के विकास, शैलियों के नवीकरण आदि को लेकर ही उसके अध्ययन की सुविधा के लिए की गई है।[1] कला की दृष्टि से पूर्व मध्यकाल अत्यन्त महत्वपूर्ण काल था। विद्वानों की मान्यता है कि गुप्तकाल में मन्दिर वास्तु के नियामक तत्व निर्धारित हुए थे उन्हीं का मध्यकाल में शैलीगत विकास। अतः मध्यकालीन मन्दिर वास्तु को गुप्तकालीन परम्परा का विकसित रूप स्वीकार करना होगा। हम इस काल में शैलीगत विकास के साथ गगनचुम्बी शिखरों एवं दक्षिण के भव्य शिखरों के मान भंग करते 'गोपुरम्' (मुख्य प्रवेश द्वार) निर्मित होते देखते हैं। मूर्ति कला में आध्यात्मिक आभा का धीरे–धीरे ह्रास हो रहा था किन्तु इसमें भारी कलात्मक अलंकरण और वैभव को समृद्ध करने की प्रवृत्ति अधिक मुखर हुई। अब मूर्तियों का निर्माण बाहरी एवं भीतरी अलंकरण के लिए अधिक होने लगा। मन्दिरों में प्रतिष्ठा के लिए ही स्वतंत्र मूर्तियों का निर्माण किया जाता था। चित्रकला तथा भित्तिचित्रों की निर्माण परम्परा इस काल में अदृश्य हो गई, इसका मुख्य कारण गुहा मन्दिरों के निर्माण में अरुचि था। इसका अपवाद बंगाल में सातवीं–आठवीं सदी में निर्मित भित्तिचित्रों को माना जा सकता है। लेकिन वे चित्र अब नष्ट हो चुके हैं। चित्रांकन एवं रेखांकन पुस्तकों तक सिमट गया है।

वास्तुशास्त्रीय ग्रंथ इस काल को वास्तुकला अर्थात् मन्दिर निर्माण के उत्कर्ष का काल कहा जाये तो अनुचित न होगा। मन्दिर निर्माण की तकनीक में जटिलता के कारण इस युग में अनेक वास्तुशास्त्रीय ग्रंथों की रचना हुई। वास्तुशास्त्रीय ग्रंथों में विश्वकर्मा वास्तुशास्त्र, विश्वकर्म प्रकाश, ईशानशिवगुरुदेव पद्धति, समराङ्गण सूत्रधार, मयमतम्, अपराजित पृच्छा और शिल्परत्न का विशेष रूप से जिक्र किया जा सकता है। इन ग्रंथों में निर्माण विधि ही नहीं अपितु सम्पूर्ण वास्तुशास्त्रीय विधान दिये गये हैं। वास्तु ग्रंथों के कारण ही उत्तर से लेकर दक्षिण भारत तक निर्मित सहस्त्रों मन्दिरों की वास्तु रचना को कलाकारों द्वारा आत्मसात् किया जाना सम्भव हुआ एवं नगर नियोजन, प्रसाद निर्माण, गृह विन्यास, मूर्तिशिल्प का संस्थागत रूप उभर कर आया। गुप्तोत्तर काल में वास्तुकला की दृष्टि से मन्दिरों की दो शैलियाँ अपने शिखर रूपों के कारण प्रसिद्ध हुईं:

- नागर शैली–कोणाकार शिखर
- द्रविड़ शैली–पिरामिडाकार शिखर
- नागर एवं द्रविड़ शैली का मिश्रित रूप बेसर शैली के रूप में मुखरित हुआ।

नागर शैली नागर शब्द नगर से उत्पन्न हुआ है, जिसका अभिप्राय 'नगर' या पुर से सम्बन्धित वास्तुकला है। मन्दिर निर्माण को नगर का ही अविभाज्य अंग मानते हुए इस शैली का नामकरण हुआ। यहाँ उल्लेखनीय है कि केवल नगरों में ही नहीं अपितु कस्बों एवं गाँवों में भी उस दौर में सुन्दर मन्दिरों के निर्माण की परम्परा थी। नागर शैली उत्तरी भारत से सम्बन्धित रही है और गुप्तकालीन वास्तु रचना का विकसित एवं परिवर्तित रूप कही जा सकती है। उत्तर भारत में कुछ स्थानीय विशेषताओं के साथ नागर शैली के मन्दिरों का निर्माण बड़ी संख्या में हुआ। पूर्व में बंगाल, ओडीशा से लेकर पश्चिम में गुजरात (लाट) महाराष्ट्र तक और उत्तर में काँगड़ा व चम्बा क्षेत्र से दक्षिण में तुंगभद्रा नदी तक इस प्रकार के मन्दिर स्थित हैं। नागर शैली उत्तरी हिमालय क्षेत्र में 'पर्वतीय शैली', वहीं गुजरात में 'लाट शैली' कहलाई एवं ओडीशा में इस प्रकार के मन्दिर 'कलिंग शैली' के नाम से प्रसिद्ध हुए। गुप्तकालीन मन्दिरों से तुलना की जाये तो कहा जा सकता है कि, मन्दिर के गर्भगृह एवं मण्डप के मध्य अन्तराल को जोड़ दिया गया और आगे आवश्यकतानुसार एक या दो अर्द्ध–मण्डपों की रचना भी की गई। इस शैली के मन्दिर रथ पद्धति पर आधारित हैं जिन्हें पाँच भागों में विभक्त किया जा सकता है:

- गर्भ गृह (देव स्थान)
- मण्डप (दर्शक स्थल)
- अन्तराल (गर्भगृह एवं मण्डप के बीच का स्थान)
- अर्द्ध–मण्डप (मण्डप का नवीन विस्तार)
- प्रदक्षिणा पथ (गर्भगृह के चारों ओर प्रदक्षिणा का स्थान)

नागर पद्धति से निर्मित चतुष्कोणीय मन्दिरों का जिक्र 'कालिका आगम' जैसे वास्तु ग्रंथों में आया है जो ऊँचाई में अष्ट वर्ग के होते थे। अष्ट वर्ग या आठ भागों में 'मूल' (आधार),'मसरक' (नींव एवं

दीवारों के मध्य का भाग), 'जंघा' (दीवारें) एवं 'कपोत' (कोर्निस) को सीधा स्थित बताया गया है जो ऊपर के शेष चार भागों का भार वहन करने योग्य होते थे। ऊपरी चार भागों में 'शिखर' (अनु श्रृंग एवं कर्ण श्रृंग), 'गल' (ग्रीवा या गर्दन), अर्द्ध–गोलाकार 'आमलक' और 'कुंभ' (कलश एवं शूल) को शामिल करना होगा। उल्लेखनीय है कि, शिखर के आकार एवं उसके नामों में परिवर्तन हुआ है। अलग–अलग ग्रंथों में क्षेत्रीय परम्पराओं के आधार पर आठ भागों को कुछ भिन्नता से पुकारा गया है। सबसे ऊपर अर्द्ध–गोलाकार आमलक[2] (आमलक सारक) होता था और उससे ऊपर कलश। इस शैली के मन्दिरों में 'शिखर' को सबसे महत्वपूर्ण भाग कहा जा सकता है। गर्भगृह पर ऊपर उठता हुआ शिखर अनेक लघु शिखरों से संयुक्त देखा जाता है। नागर पद्धति में शिखर के चारों ओर ऊँचाई कम होते हुए भी कई लिघु शिखरों का निर्माण किया गया। लघु शिखर (श्रृंगों) को तवंग, अनु श्रृंग एवं कर्ण श्रृंग की संज्ञा दी गई। लघु शिखरों को मूल शिखर की ही अनुकृति कहा जाये तो अनुचित न होगा। मूल शिखर के सर्वोच्च भाग (मस्तक) पर क्रमशः ग्रीवा (गल), आमलक, खपुरी (हिन्दी में खोपड़ी), कलश एवं बीजपूरक स्थापित किये जाने से यह भाग पूरा होता है।

गर्भगृह के आगे निर्मित मण्डप एवं अर्द्ध–मण्डप पर कम ऊँचाई के पिरामिडाकार शिवर निर्मित किये गये।

नागर शैली के प्रमुख मन्दिर तत्कालीन शासकों, सामन्तों एवं व्यापारियों की धार्मिक प्रवृत्ति, कलात्मक रुचि एवं दानशीलता से उत्तर भारत में इस शैली के बड़ी संख्या में मन्दिरों का निर्माण हुआ। उपरोक्त मन्दिर भारतीय वास्तु की अनुपम एवं बहुमूल्य धरोहर हैं। भारत के विभिन्न भागों में स्थित मन्दिरों का यहाँ सामान्य वर्णीकरण किया जाना उचित होगाः

- गुर्जर–प्रतिहार शासकों ने ओसियां, शामलाजी, रोड, आबानेरी, चन्द्रावती, चित्तौडगढ़, ग्यारसपुर, तथा ग्वालियर मन्दिर निर्मित करवाये।
- पाल राजाओं ने नालन्दा, कुक्रिहार तथा राजगिरि में मन्दिर बनवाये।
- कार्कोट एवं उत्पल वंश ने श्री नगर, परिहासपुर तथा अवन्तिपुर में इस शैली को महत्व दिया।
- सोम एवं गंग वंशों के सहयोग से भुवनेश्वर, कोणार्क व पुरी में ख्याति प्राप्त मन्दिरों का निर्माण हुआ।
- सोलंकियों के कारण दिलवाड़ा (आबू), कुम्भारिया, तरंगा, जालौर तथा मोढेरा में मन्दिर निर्मित हुए।
- चन्देलों ने खजुराहो, महोबा, टीकमगढ़ और अजयगढ़ में विश्व प्रसिद्ध मन्दिर बनवाये।
- परमारों ने विदिशा, उज्जैन, वडोह पठारी, धारा, मन्दसोर, दशपुर, भोजपुर और ऊना में इस कला को विकसित किया।
- राजस्थान में उदयपुर, अर्थुणा, चन्द्रावती, चित्तौड़, जालौर व किराडू तथा चहमानों ने नाडौल में सुन्दर एवं भव्य मन्दिर निर्मित करवाये।

उल्लेखनीय है कि, शैव एवं वैष्णव मन्दिरों की प्रधानता के साथ शाक्त, जैन एवं सूर्य मन्दिरों का निर्माण विशेष रूप से हुआ। यहाँ ओडीशा, मध्य भारत एवं राजस्थान के कुछ प्रमुख मन्दिरों की विशेषताओं की चर्चा करना उचित होगी।

ओडीशा के मन्दिर

गुप्तोत्तर काल में ओडीशा में एक निश्चित वास्तु शैली का विकास होता हुआ देखते हैं। छठी शती से बारहवीं शताब्दी के मध्य भुवनेश्वर, कोणार्क एवं पुरी में नागर शैली के कई महत्वपूर्ण मन्दिरों का निर्माण हुआ। सभी मन्दिरों में एकरूपता, सजातीयता एवं क्रमिक विकास देखा जाता है। नागर शैली की ओडीशा पद्धति में 'मण्डप' को ''जगमोहन'' की संज्ञा दी गई और कई मन्दिरों में जगमोहन की सीध में 'नट मन्दिर' (नृत्यशाला) एवं भोग मन्दिर (देव भोजन प्रशाल) का निर्माण किया गया।

परशुरामेश्वर मन्दिर पूर्व मध्य काल के मन्दिरों में परशुरामेश्वर मन्दिर सबसे प्राचीन है, जिसकी ऊँचाई 44 फीट है। भुवनेश्वर में स्थित इस मन्दिर की स्थापत्य परम्परा का विकसित रूप लिंगराज एवं कोणार्क मन्दिरों में देखने को मिलता है।

उपाध्याय[3] ने इसकी संरचना के बारे में लिखा है कि, ''परशुरामेश्वर का मन्दिर यद्यपि बहुत विशाल नहीं है, पर अपने अभिराम से बड़े महत्व का है। गर्भगृह त्रिरथ–विन्यास विधि से बना है।.... गर्भगृह की भीतरी ऊँचाई के लगभग तीन गुनी मन्दिर की ऊँचाई है।.... दोनों ओर झुकी हुई प्रायः सपाट छत पत्थर की पट्टिकाओं से ढ़की है।'' परशुरामेश्वर का जगमोहन लम्बा व आयताकार है, जो बाद में जोड़ा गया है। परशुरामेश्वर से कोणार्क मन्दिर की विकसित स्थिति मध्य स्वर्णजालेश्वर, शत्रुनिनेश्वर, मोहिनी उत्तरेश्वर, गौरी शंकर, गणेश, पश्चिमेश्वर, मार्कण्डेश्वर एवं मुकटेश्वर जैसे कई प्रारम्भिक मन्दिरों का निर्माण हुआ। द्वितीय श्रृंखला में सिद्धेश्वर, केदारेश्वर, राजरानी, ब्रह्मेश्वर, मेघेश्वर, अनन्तवासुदेव, भ्रमेश्वर एवं लिंगराज की गणना की जा सकती है। इन मन्दिरों के बाह्य हिस्सों के अवलोकन से ही विकास एवं परिवर्तन की निरन्तरता स्पष्ट होती है लेकिन शैली की मौलिकता यथावत् रही। प्रारंभिक त्रिरथ संरचना से पंचरथ, सप्तरथ एवं नवरथ पद्धति विन्यासित हुई। निर्मित मन्दिरों का आकाश को चूमता बेलनाकार शिखर, जगमोहन, नाटयशाला और भोगमण्डपों पर क्रमशः ऊँचाई में घटते हुए पिरामिडाकार शिखर दूर से अपूर्व प्रतीत होते हैं।

लिंगराज मन्दिर विकसित वर्ग के सर्वश्रेष्ठ स्थापत्य में लिंगराज मन्दिर का जिक्र करना होगा, जो नागर शैली में ओडीशा पद्धति का उत्कृष्ट रूप है। इसका निर्माण 1050 ई. में उत्कल

नरेश लालतेन्दु केशरी ने करवाया था। शिव को समर्पित इस मन्दिर में त्रिभुवनेश्वर रूप की मूर्ति प्रतिष्ठित है। कहा जाता है कि, इसी से शहर का भुवनेश्वर नामकरण हुआ। नवीं सदी के अन्त या दसवीं सदी के प्रारम्भ में इसका निर्माण कार्य पूर्ण हुआ (देखिये, लिंगराज मन्दिर, अध्याय 75, चित्र संख्या 1)। लगभग 48.8 मीटर ऊँचाई युक्त इस मन्दिर का निर्माण बिना चूने के किया गया। इसके चारों कोणों पर पंचायतन के चार मन्दिर स्थित हैं। इसकी विशेषताओं का जिक्र करते हुए उपाध्याय लिखते हैं, ''भारत के मन्दिरों में सम्भवतः यह सबसे शालीन और गौरवशाली है।.... इसके शिखर की गहरी और ऊँची पसलियों के कारण उसकी ऊँचाई और भी आकाशचुंबी लगती है। शिखर के ऊपर..... आमलक पर कलश प्रतिष्ठित हैं।'' सामान्यतः मन्दिर को भोगमण्डप, नटमण्डप, जगमोहन मण्डप, गर्भगृह में विभक्त कर सकते हैं। मन्दिर के आधार से आमलक तक पत्थरों को इस प्रकार तराश कर एक पर एक लगाया गया है कि उनमें बिल्कुल अन्तर दिखाई नहीं पड़ता और मन्दिर एक ही चट्टान को तराश कर बनाया गया प्रतीत होता है। दूसरा, यह मन्दिर श्रेष्ठ आनुपातिक संरचना के लिए प्रसिद्ध है। तीसरे, दीवारों पर नक्काशीयुक्त अलंकरण इसकी विशेषता है। अलंकरण हेतु मानव एवं पशु आकृतियों को महत्व दिया गया। शिव प्रतिमाओं की विशिष्ट प्रस्तुति एवं अलंकरण इसकी भव्यता में वृद्धि करते हैं। मूर्ति परम्परा का सर्वोत्तम विकास यहाँ देखा जाता है।

जगन्नाथ मन्दिर पुराणों में कोणार्क को मैत्रेय वन व पदम क्षेत्र कहा है। ह्वेनसांग ने चेलीतालों नाम दिया है। पुरी में स्थित जगन्नाथ मन्दिर लिंगराज मन्दिर का समकालीन है, जिसमें नट मन्दिर (नृत्य प्रशाल), भोग मन्दिर (भोजन प्रशाल), जगमोहन एवं देउल एक ही कतार में पूर्व से पश्चिम को निर्मित किये गये। लगभग 192 फीट ऊँचा शंक्वाकार शिखर अद्वितीय प्रतीत होता है। इसका निर्माण गंग वंश के शासक अनन्तवर्मन् चोडगंग द्वारा 12वीं सदी में किया गया। श्रीकृष्ण (जगन्नाथ) को समर्पित इस मन्दिर में जगन्नाथ, बलराम एवं सुभद्रा की प्रतिमाएँ प्रतिष्ठित हैं। कृष्ण लीला के दृश्यों का अंकन अलंकरण हेतु किया गया। मन्दिर के चार महा द्वारा है पश्चिम में व्याघ्र द्वारा, उत्तर में हस्ति द्वारा तथा दक्षिण में अश्व द्वारा है।

कोणार्क का सूर्य मन्दिर (काला पगोदा) पुरी से लगभग 20 मील उत्तर–पूर्व में कोणार्क में तेरहवीं सदी में (1236 से 1264 के मध्य) इसका निर्माण हुआ। ओडीशा शासक नरसिंह देव द्वारा निर्मित यह मन्दिर नागर शैली की ओडीशा पद्धति का नहीं, अपितु सम्पूर्ण भारत के स्थापत्य में एक अद्भुत कृति है। लगभग 1200 शिल्पियों की 12 वर्ष की कड़ी मेहनत से इसे पूर्ण किया जा सका। सूर्यदेव को समर्पित यह मन्दिर अब भग्नावस्था में है। सूर्य के सात घोड़ों के रथ पर सवार रूप में इसकी परिकल्पना साकार हुई। अपने आकार की विशालता एवं सौष्ठव की दृष्टि से यह मन्दिर अन्यतम है। इसका जगमोहन 100 फीट चौड़ा और इतना ही ऊँचा है। आधार से शिखर तक इसकी ऊँचाई 225 फीट के लगभग बताई गई है। यह मन्दिर 24 पहियों पर आधारित सात विशालकाय अश्वों द्वारा खींचता हुआ प्रतीत होता है। (देखिये, कोणार्कः सूर्य मन्दिर एवं सूर्य मन्दिर चक्र, अध्याय 75, चित्र संख्या–2 I एवं II)।

इसके बाह्य भाग में चित्ताकर्षक मूर्तियों का अंकन इसकी अपनी अलग पहचान है। मूर्ति सौन्दर्य के साथ कामशास्त्र का अप्रतिबंधित रूप भी यहाँ देखने को मिलता है। मन्दिर के बाह्य अलंकरण के बारे में कहा गया है कि ''मन्दिर के आधार पर ऊपर की ओर दौड़ती दोहरी फ्रीजों पर कामुक रतिक्रिया के अनंत अर्द्ध–चित्रण हैं। पत्थर जैसे सजीव हो अपने निर्जीव आधार से मानव यौन कल्पना की सौ–सौ विधियों को उभार कर बाहर फेंक सजीव हो उठा। कामसूत्र के जितने भी बंध हो सकते हैं, रतिक्रिया के जितने भी सम्भावित आसन सोचे जा सकते हैं, वे सारे कलाकारों के छेनी से वहाँ उकेरे गये हैं। कुछ इनमें से उत्कीर्णन कला की दृष्टि से पर्याप्त सुन्दर हैं।..... इस प्रकार के मूर्तन सभामण्डप के बहिरंग पर भी हुए हैं। संसार को भूलकर जैसे मिथुन मैथुन की अनेक क्रियाओं में संलग्न हैं। विद्वानों की धारणा है कि मैथुनीय उत्कीर्णन इस काल के तान्त्रिक प्रभाव का परिणाम था। अलंकरण हेतु मानवाकृतियों के साथ पशुओं की कई एवं विचित्र मूर्तियों का भी अंकन किया गया।'' लोक जीवन से सम्बद्ध मूर्तियों का चित्रण मन्दिर के वरण्ड भाग के प्रस्तर फलकों (बड़ी पत्थर शिलाओं) पर हुआ है। उल्लेखनीय है कि, नारी शरीर को उकेरते समय लम्बी नाक, नुकीली ठोढ़ी, घुमावदार भौंहे, ढीला जूड़ा, हल्के पारदर्शी वस्त्र तथा सुन्दर आभूषणों का अंकन ओड़ीशा शिल्पियों की विशेषता रही है। बेन्जैमिन रोलैण्ड ने सूर्य मन्दिर को ओडीशा के निर्माताओं की 'अन्तिम उपलब्धि' माना है।[4] उपाध्याय जैसे विद्वानों ने कोणार्क को ओडीशा मन्दिर माला का सुमेरू कहा है।[5]

मध्य भारत के मन्दिर

मध्य भारत में कलचुरि, चन्देल, कछवाहा एवं परमार शासकों का मन्दिर स्थापत्य में विशेष योगदान रहा। चन्देलों की प्रारम्भ में खजुराहों और बाद में महोत्सव अर्थात महोबा राजधानी थी। दसवीं शताब्दी में कलचुरि एवं चेदि नरेशों की राजधानी त्रिपुरी के आसपास और चन्देरी एवं अमरकण्टक में कई मन्दिरों का निर्माण हुआ। भेड़ाघाट का चौंसठ योगिनी और सोहागपुर का विराटेश्वर मन्दिर आठवीं–नवीं शती के स्थापत्य के उत्कृष्ट उदाहरण हैं। प्राप्त विवरणों के अनुसार 11वीं शती के उत्तर पश्चिमी भाग में कच्छपछा राजाओं ने अपनी प्रतिष्ठा के अनुकूल अनेक मन्दिरों का निर्माण करवाया। ग्वालियर के किले में निर्मित सहस्त्रबाहु (सास–बहू) का मन्दिर शिल्प की दृष्टि से अनुपम है। मूर्तिकला के अतिरिक्त यह मन्दिर वास्तु रचना के लिए प्रसिद्ध है। मध्य युग के विक्रमादित्य के नाम से विख्यात भोजराज की राजधानी धरापुरी विद्या एवं कला का विशेष केन्द्र थी। परमारों के सान्निध्य में मध्य भारत में उदयादित्य जैसे सुन्दर मन्दिरों का निर्माण अस्वभाविक घटना न

थी। विशेष रूप से चन्देल शासकों द्वारा बनवाये गए खजुराहों के मन्दिर शिल्प सौन्दर्य के अनुपम उदाहरण हैं, जिनका विस्तृत विवरण दिया जाना आवश्यक है।

खजुराहो स्थापत्य मध्य प्रदेश के छतरपुर जिले में स्थित खजुराहो मन्दिर समूह मूर्ति एवं स्थापत्य के लिए विश्व प्रसिद्ध है। दसवीं से बारहवीं शताब्दी में चन्देल शासकों के प्रश्रय में इन मन्दिरों का निर्माण हुआ। अधिकांश मन्दिरों का निर्माण चन्देल राजा धंग (954–1002) ने करवाया था। जैझाकभुक्ति क्षेत्र (बुन्देल खण्ड) पर चन्देलों का शासन था। सागर जिले के दक्षिण–पूर्वी भाग में स्थित खजुराहो एक छोटा गाँव है, पर्व मध्यकाल में निश्चित रूप से यह नगर रहा होगा। प्राप्त विवरण के अनुसार चन्देल शासक हर्षदेव के समय यहाँ मातंगेश्वर मन्दिर का निर्माण हुआ। इसके पुत्र यशोवर्मा ने विशाल विष्णु मन्दिर का निर्माण करवाया था, जो रामचन्द्र या 'लक्ष्मण मन्दिर' के नाम से विख्यात है। चन्देल वास्तु का उत्कर्ष यशोवर्मा के पुत्र धंग के समय हुआ। विश्वनाथ मन्दिर में अंकित शिलालेख से धंग द्वारा निर्मित मन्दिरों की प्रतिष्ठा का आकलन किया जा सकता है। धंग के उत्तराधिकारी गण्ड के समय देवी जगदम्बा तथा चित्रगुप्त मन्दिरों का निर्माण हुआ।

खजुराहों के महत्वपूर्ण मन्दिर चन्देल राजा विद्याधर (1017–29 ई.) को खजुराहो के श्रेष्ठ मन्दिर कन्दरिया महादेव के निर्माण का श्रेय मिला। इसके बाद चन्देल सत्ता का केन्द्र महोबा व अजयगढ़ हो गये और खजुराहो का महत्व क्षीण होता गया। तथापि विद्याधर के उत्तराधिकारियों के शासन में वामन आदिनाथ, जावारी, पुलादेव एवं चतुर्भुज मन्दिरों की संरचना हुई। जनश्रुति के अनुसार खजुराहो में किसी समय 85 मन्दिर थे लेकिन अब 20 शेष हैं जो गाँव के पूर्व, पश्चिम और दक्षिण में तीन समूहों में विभक्त हैं। पश्चिम में चौंसठ योगिनी, कन्दरिया महादेव, जगदम्बा, भरत, विश्वनाथ पार्वती, लक्ष्मण, मातंगेश्वर व वराह मन्दिर स्थित हैं। पूर्व में ब्रह्मा, वामन, जवारी, घंटई व जैन मन्दिर निर्मित किये गये। दक्षिण में लाल बलुआ एवं ग्रेनाइट पत्थरों से निर्मित केवल दो मन्दिर हैं–दुलादेव एवं चतुर्भुज। वैष्णव, शैव एवं जैन मन्दिरों का एक साथ निर्माण तत्कालीन समाज की समन्वयवादिता एवं सर्व–धर्म समभाव को इंगित करता है।

वास्तु रचना की दृष्टि से खजुराहो मन्दिर अपने आप में विशिष्टता लिए हुए है। इनके विस्तार को आबद्ध करने हेतु प्रकार या वेदिका का निर्माण नहीं किया गया अर्थात् सभी मन्दिर प्रतिष्ठान या ऊँचे चबूतरों पर स्थित हैं। यह सत्य है कि शैली, योजना एवं अलंकरण की दृष्टि से समस्त मन्दिर नागर शैली की एक ही पद्धति के प्रतीत होते हैं, किन्तु वास्तु विन्यास तथा मूर्ति शिल्प की दृष्टि से दो वर्गों में विभक्त किया जा सकता है। शुरू के दौर के चौंसठ योगिनी, लाल महादेव, ब्रह्मा, मातंगेश्वर और वराह मन्दिर थे, इनके अतिरिक्त अन्य सभी मन्दिरों को विकसित या परिपक्व दौर में रख सकते हैं। मन्दिरों के तल विन्यास को सामान्यतः 'गर्भगृह', 'अन्तराल', 'मण्डप' एवं 'अर्द्ध–मण्डप' के रूप में विभक्त कर सकते हैं। यहाँ के मन्दिरों में प्रायः एक ही देव गृह है लेकिन कुछ मन्दिर पंचायतन शैली के हैं, जिनमें मूल गर्भगृह के अतिरिक्त चार अन्य लघुकक्ष भी निर्मित किये गये। ऊपर की ओर (ऊर्ध्वरेखीय प्रसार) प्रसार को चार भागों में विभक्त कर सकते हैं:

- 'मस्तक' (आमलक, कलश, बीजपूरक)
- 'शिखर' (अनु श्रृंग, तवंग, कर्ण श्रृंग)
- 'जंघा' (ऊपरी जंघा, मध्य जंघा, निम्न जंघा)
- 'जगति' (वरण्ड, सोपान)

विद्वानों की मान्यता है कि खजुराहो मन्दिरों के 'शिखरों' की कल्पना कैलाश पर्वत से हुई, जिसे पौराणिक आख्यानों में देवताओं का निवास माना गया। कुछ मन्दिरों के 'मण्डप' को 'महामण्डप' कहा गया जो विकसित परम्परा के प्रतिनिधि थे। प्रवेश द्वार 'मकर–तोरण' कहे गये जो मकरमुख एवं अन्यान्य अलंकरणों से अलंकृत है। प्रवेश द्वार के बाद 'अर्द्ध–मण्डप' 'मण्डप' 'अन्तराल' (मण्डप एवं गर्भगृह के बीच) एवं 'गर्भगृह' नागर शैली के अविभाज्य अंक के रूप में देखे जाने चाहिए।

कन्दरिया महादेव मन्दिर मन्दिर विशेष की चर्चा में सर्वप्रथम कन्दरिया महादेव का जिक्र किया जा सकता है, जो 35. 3 मीटर ऊँचा है इसमें खम्भों पर आधारित तीन मण्डप जिन पर गोलाकार गुम्बद है। कन्दरिया महादेव मन्दिर सप्तांग से सम्पन्न सप्तरथ है। मन्दिर की छत, स्तम्भ आदि सभी अंलकरणों से भरे हैं। मन्दिर के बाहर बनी मूर्तिया अत्यन्त सजीव गतिशील लगती है। मूल शिखर पर छोटे–छोटे शिखर एवं आनुपातिक सन्तुलन के कारण यह भव्य प्रतीत होता है। इसी तरह विश्वनाथ मन्दिर जो 30.4 मीटर ऊँचा है तथा अपने अलंकृत मूर्ति शिल्प के कारण प्रसिद्ध है (देखिये, कन्दरिया महादेव मन्दिर, अध्याय–75 चित्र संख्या 3–I)।

खजुराहो मूर्तियाँ खजुराहो मन्दिर अपने अलंकरण एवं कामकेलि मूर्तियों के लिए प्रसिद्ध है। पशु–पक्षियों, हाथियों की लड़ाई, समारोह, यात्राएं, आखेट, युद्ध के दृश्य, नृत्य–युगल, मजदूर, सैनिक, गायक, आदि से खजुराहो के शिलापट्ट अलंकृत हुए हैं। कई नारी रूपों, जैसे–शालभंजिका, शुकसारिका, सद्यस्नाता, लेखिका, श्रृंगाररत नर्तकी, वीणा वादिनी का जिक्र किया जा सकता है। खजुराहो, महोबा, कालिंजर एवं अजयगढ़ से प्राप्त चन्देल शासकों द्वारा निर्मित मूर्तियों को मोटे रूप में पाँच भागों में विभाजित करना होगा। (देखिये, खजुराहो पार्श्वनाथ मन्दिर, अध्याय 75, चित्र संख्या 3–II)

देव प्रतिमाओं, जो गर्भगृह में प्रतिष्ठित की गई हैं, में विष्णु, वराह, वामन, शिवलिंग और जैन तीर्थंकरों की मूर्तियों का जिक्र किया जा सकता है। मन्दिरों के प्रवेश द्वार, जंघा एवं रथिकाओं पर अंकित देव प्रतिमाएँ। चन्देल मूर्तिकला की बहुचर्चित रति मूर्तियों में विषय भोग की पराकाष्ठा देखी जाती है। सहवासरत युगल मूर्तियाँ, असामान्य मैथुनरत मूर्तियाँ, कामरत पशु एवं मानव–पशु मैथुन, प्रगाढ़ आलिंगन एवं तीव्र चुम्बनों एवं अप्सराओं का अंकन बड़ी संख्या में हुआ है। लौकिक जीवन अर्थात् युद्ध, आखेट, शिक्षा, श्रमिक वर्ग एवं भवन निर्माण जैसे दृश्यों का अंकन उल्लेखनीय है।

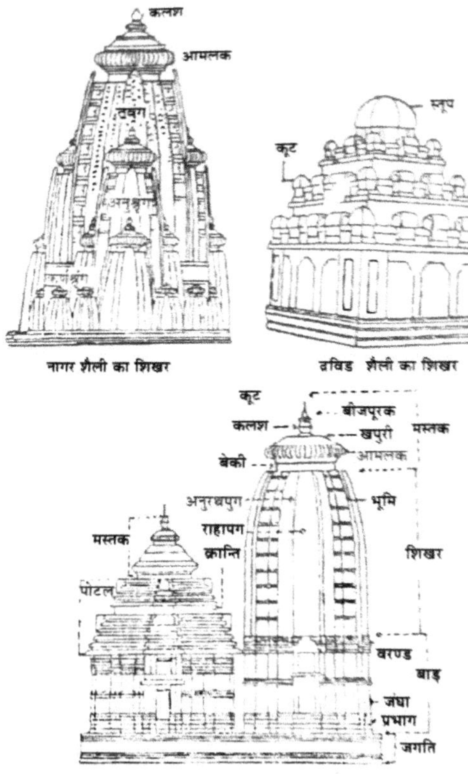

नागर शैली मन्दिर के वास्तु अंग, भुवनेश्वर

चित्र 75.1

मांगलिक प्रतीकों, ज्यामितीय आकृतियों, पशु एवं वनस्पति जगत् की भी अनुपम प्रस्तुति हुई है। जहाँ तक रति क्रीड़ारत मूर्तियों के बाहुल्य का प्रश्न है विद्वानों की धारणा है कि, इस काल में कौल–कापालिक शैव सम्प्रदायों के बढ़ते प्रभाव का प्रतीक है। वे लोग इन शारीरिक क्रियाओं को धर्म विरुद्ध नहीं मानते थे अपितु साधना का अंग समझा गया। यह भी कहा गया है कि, ऐसी मूर्तियों के प्रभाव से मन्दिरों पर बिजली नहीं गिरती।

एक विचार यह भी रखा गया कि इसका सम्बन्ध उर्वरता है। इसी प्रकार यह धारणा भी प्रचलित है कि मूर्तिकार का उद्देश्य मनुष्य के पशु रूप की अभिव्यक्ति है जिसे बाहर छोड़कर दर्शक सरल मन से मन्दिर में प्रवेश करे।[6] खजुराहो शिल्प के विषय में निष्कर्षतः कहा जा सकता है कि जहाँ रति दृश्यों की उत्कृष्टता सम्मोहित करती है वहीं सौन्दर्य का सुक्ष्माति सूक्ष्म अंकन प्रभावित करता है। खजुराहो के लिए किसी विद्वान् ने ठीक ही कहा है कि ''खजुराहो का वास्तु एवं मूर्ति शिल्प प्रस्तर पर उत्कीर्ण एक ऐसा सरस काव्य है जिसमें सांसारिक एवं आध्यात्मिक सौन्दर्य जीवन्त हो उठा।'' खजुराहो शिल्पियों के कहीं–कहीं नाम भी मिलते हैं, जैसे–विश्वनाथ मन्दिर के 1002 ई. के लेख में सूत्रधार छिच्छा का उल्लेख आया है। परमार्दिदेव के आलेख में 'पाल्हण' नामक शिल्पी की चर्चा हुई।

नागर शैली से सम्बद्ध मंदिरों की गणना में प. बंगाल के पाल शासकों द्वारा निर्मित वर्द्धमान जिले के बरकर एवं मनभूम एवं बाकुंरा के मन्दिरों का जिक्र करना होगा। इसी प्रकार ग्वालियर किले में स्थित तैली मन्दिर और सास–बहू मन्दिर का उल्लेख किया जा सकता है। सास–बहू मन्दिर में महराबों का अभाव है और शहतीरों तथा खंभों के प्रयोग से अनेक मंजिलें निर्मित की गईं। इसका निर्माण 1093 ई. में हुआ। मन्दिर नष्ट हो गया है, उसका विशाल मण्डप आज भी खड़ा है। इसके विषय में कहा गया है–''मन्दिर अथवा मन्दिर कहलाने वाला मण्डप तीन मंजिला है और विशाल स्तम्भों और भारी वास्तु कार्य से उसकी मंजिलें एक–दूसरे से पृथक् कर दी गईं।'' ग्वालियर के दुर्ग में इस शैली के कई अन्य मन्दिर भी हैं।

राजस्थान के मन्दिर

नागर स्थापत्य शैली का तीसरा केन्द्र था–राजस्थान। पूर्व मध्यकाल में कोटा क्षेत्र, चित्तौड़, उदयपुर तथा जोधपुर के आसपास विष्णु, शिव एवं सूर्य के अनेक मन्दिरों का निर्माण हुआ।

ओसियाँ मन्दिर जोधपुर के निकट ओसियाँ में 16 मन्दिरों का समूह है, उनमें ग्यारह आठवीं–नवीं सदी के हैं। पंचायत श्रेणी के इन मन्दिरों के साथ प्राकार में चारों कोनों पर चार छोटे मन्दिर स्थापित किये गये। ओसियाँ के जैन मन्दिर को प्रथम श्रेणी में रखना होगा, जिसका दसवीं सदी में जीर्णोद्धार सम्पन्न हुआ। स्थापत्य का सुन्दरतम रूप सूर्य मन्दिर है।

आबू के मन्दिर ग्यारहवीं शती में आबू की पहाड़ियों पर जैन देवालयों का निर्माण हुआ। राजस्थान के दक्षिण में स्थित आबू ग्रेनाइट पहाड़ियों का रम्य क्षेत्र है, जिसे प्राचीन काल में अर्बुदांचल कहा जाता था। विमलशाह ने सर्वप्रथम जैन मन्दिर का निर्माण करवाया था। आगे जाकर चार मन्दिर और निर्मित हुए, जिन्हें इस क्रम में रखा जा सकता है–विमलवसही, लुणिगवसही, पित्तलहार, चौमुखा मन्दिर एवं महावीर मन्दिर। गुजरात शासक भीमदेव के मंत्री विमलशाह ने 1030 ई. में विमलवसही के निर्माण हेतु भूमि उसी प्रकार प्राप्त की थी जिस प्रकार अनाथ पिण्डक ने खेत में बिछाये जाने योग्य स्वर्ण मुद्रायें प्रदान कर महात्मा बुद्ध को जेतवन भेंट किया था। उक्त मन्दिर बाहर से अत्यन्त साधारण प्रतीत होता है, मण्डप पर पीठाकार शिखर भी नहीं है किन्तु मन्दिर का आन्तरिक भाग अत्यन्त अलंकृत एवं अपूर्व कला–वैभव का प्रतीक है। इस मन्दिर की संरचना नागर शैली के अन्य मन्दिरों से किंचित् भिन्न है। गर्भगृह, गूढ़मण्डप, नवचौकी, रंगमण्डप, भमति, मुखमण्डप एवं हस्तिशाला के रूप में इसकी योजना को कलाविदों ने विभक्त किया है। सम्पूर्ण श्वेत संगमरमर से निर्मित इस मन्दिर का आन्तरिक संयोजन विशिष्ट एवं आकर्षक है। यह कहा जाये कि आबू के मन्दिरों ने अपने रंगमण्डप, अलंकृत स्तम्भ, गुम्बद, मकरमुखी सर्पिल तोरणों, मण्डप की छत पर लटकाये एकाश्म कमल तथा नारी रूपी ब्रेकेट के कारण देश के स्थापत्य में अपना विशिष्ट स्थान बना लिया है तो अनुचित न होगा। इसके टिकाव के लिए ऊपरी गोलाई में ब्रेकटों में लगाई गई देवी मूर्तियाँ अपने आप में अनुपम कृतियाँ हैं। राजस्थान के अन्य मन्दिरों में बाड़ौली, चित्तौड़गढ़, झालरापाटन एवं चन्द्रावती की गणना की जा सकती है। बाड़ौली मन्दिर में लगी मूर्तियाँ अत्यन्त सुन्दर थीं यद्यपि अब अधिकांश या तो चोरी हो गईं अथवा नष्ट कर दी गई हैं।

उत्तरी भारत में स्थित अन्य मन्दिरों में नागदा मन्दिर (मध्य प्रदेश) तथा अन्हिलवाड़ के मन्दिर (गुजरात) जिसका निर्माण सोलंकी (चालुक्य) शासकों ने करवाया था, की गणना की जा सकती है। कश्मीर में नागर शैली में सुन्दर मन्दिरों का निर्माण हुआ। ललितादित्य मुक्तापीड़ (724–760 ईस्वी) ने सूर्य मन्दिर के निर्माण में स्थानीय शैली को महत्व दिया। शंकर वर्मा के काल में निर्मित पाटन मन्दिर में कश्मीर शैली विकसित रूप में उभर कर आई।

द्रविड़ शैली

मन्दिर निर्माण की एक भिन्न शैली का आविर्भाव दक्षिण में हुआ, जिसे द्रविड़ शैली की संज्ञा दी गई। विंध्य पर्वत के पार विशेष रूप से कृष्णा नदी से लेकर कुमारी अन्तरीप के मध्य सुदूर दक्षिण में निर्मित मन्दिरों को इस श्रेणी में रखना होगा। प्राप्त विवरणों के अनुसार पल्लव, राष्ट्रकूट, चोल एवं पाण्डय शासकों ने इस शैली के विकास में योगदान किया। सामान्यतः 700 से 800 ई. के मध्य पल्लव शैली के मन्दिरों में मामल्लपुरम् मन्दिर, काँची के कैलाशनाथ एवं बैकुण्ठ पेरुमाल के मन्दिरों की गणना की जा सकती है। मन्दिरों में लगे सुन्दर मूर्ति फलक विशेष रूप से उल्लेखनीय हैं, जैसे–गंगावतरण, शेषशायी विष्णु, महिषासुर का पीछा करती दुर्गा आदि। पल्लव मन्दिरों की विस्तृत विवेचना गुप्तोत्तरकालीन कला से सम्बन्धित अध्याय में की गई है। यहाँ कुछ चोल सम्राटों द्वारा निर्मित मन्दिरों का जिक्र करना उचित होगा।

चोल सम्राटों की प्रेरणा से निर्माण कार्य 850 ई. से 1200 ई. तक निरन्तर चलता रहा। इस दृष्टि से प्रथम चरण 850 से 985 ई. तक एवं दूसरे उत्तरवर्ती काल को 985 ई. से 1200 ई. माना जा सकता है। द्रविड़ शैली की जिस परम्परा का विकास पल्लव काल में हुआ था उसकी विकसित अवस्था के दर्शन चोल युग में होते हैं। पल्लव एवं चोल स्थापत्य में वास्तु संयोजन की दृष्टि से भेद नहीं किया जा सकता है लेकिन स्थानीय शैलीगत विशेषता के कारण चोल मन्दिरों का विशेष महत्व रहा है।

चोल शासकों द्वारा निर्मित मन्दिरों में नत्तमलई स्थित मन्दिर का गर्भगृह वृत्ताकार परन्तु वर्गाकार प्रदक्षिणा पथ इसकी अपनी खूबी है। चोल शासक आदित्य प्रथम द्वारा निर्मित कई मन्दिरों में तिरुक्कट्टलै का सुन्दरेश्वर मन्दिर, कुंभकोणम् का नागेश्वर और राजा परान्तप प्रथम द्वारा निर्मित निवासनल्लूर का कोरंगनाथ मन्दिर प्रसिद्ध हैं। चोल शासकों द्वारा निर्मित मन्दिरों के दूसरे प्रकाल में तीन मन्दिर उल्लेखनीय हैं–तंजोर का 'राजराजेश्वर', गंगईकोण्ड चोलपुरम् का 'बृहदेश्वर' तथा दारासुरम का 'एरावतेश्वर'। तीनों मन्दिर द्रविड़ शैली की चोल कला के उत्कृष्ट उदाहरण हैं। संक्षेप में, उक्त तीनों मन्दिरों की विशेषताओं की विवेचना उचित होगी।

राजराजेश्वर मन्दिर–तंजौर राजराज महान् ने तंजौर में 1010 ई. में बृहदेश्वरनाथ के मन्दिर का निर्माण करवाया जो 'राजराजेश्वर' नाम से विख्यात हुआ। लगभग 457 मीटर लम्बे एवं 228.7 मीटर चौड़े प्रांगण में स्थित इस मन्दिर को गर्भगृह, मुख्य मण्डप, अर्द्ध–मण्डप एवं नन्दी–मण्डप के रूप में विन्यसित कर सकते हैं। लगभग 25 मीटर वर्गाकार चबूतरे पर विमान 60.8 मीटर ऊँचा जो तेरह तलों से निर्मित है। क्षैतिज रूप में शिखर के प्रत्येक तल पर कूट शाला एवं पंजर प्रकृति के लघु शिखरों का हार बना हुआ है। अन्तिम तल पर चार नन्दी सुशोभित हैं। मन्दिर के ऊपरी भाग में स्तूप या गुम्बद एक ही पत्थर का निर्मित किया गया, जो द्रविड़ कला की विशेष पहचान है। पिरामिडाकार गगनचुम्बी विमान नीचे से ऊपर छोटी होती गई मंजिलों का तक्षण कार्य उत्कृष्ट प्रकार का है (देखिये, तंजौर राजराजेश्वर मन्दिर, अध्याय 75, चित्र संख्या 4–I)। अद्भुत स्थापत्य कला का प्रतीक यह मन्दिर विश्व धरोहर का एक महत्वपूर्ण अंग है।

बृहदेश्वर मन्दिर, गंगईकोण्ड चोलपुरम् चोल वंश की नव–निर्मित राजधानी गंगईकोण्ड चोलपुरम् में राजराजामहान पुत्र राजेन्द्र चोल (1014–1044 ईस्वी) ने बृहदेश्वर मन्दिर का निर्माण करवाया था, जो 25 वर्षों में पूर्ण हुआ। राजराजेश्वर मन्दिर के समान इसके शिवर में आठ तल हैं और गर्भगृह के सम्मुख 240 स्तम्भों पर विशाल मण्डप है। एक मजबूत प्राकार (परकोटा) से मन्दिर को सुरक्षित किया गया। इस मंदिर की विशेषता है कि इसकी छाया कभी जमीन पर नही पड़ती।

एरावतेश्वर–दारासुरम इस मन्दिर की संरचना कुछ भिन्न प्रकार की है। मन्दिर एक रथ के रूप में दिखाई पड़ता है, जिसे हाथी खींच रहे हैं। पाँच तलीय शिखर का ऊपरी तल ईंटों से निर्मित किया गया। दरअसल मन्दिर दिखने में सामान्य एवं प्राकार से घिरा हुआ न होकर भी अपने में विशिष्ट है। इसी प्रकार चोल शासक कुलोत्तुंग तृतीय के समय त्रिभुवन में कम्पटेश्वर मन्दिर भी चोल शैली का सुन्दर उदाहरण है। द्रविड़ कला के सन्दर्भ में हम होयसल शासकों द्वारा निर्मित मन्दिरों का जिक्र किये बिना नहीं रह सकते। इस कला पद्धति में काले पत्थर के प्रयोग से बारीक तक्षण कला मुखरित हुई। होयसल मन्दिर दो–तीन या चार के समूह में निर्मित हैं और मुख्य भवन को तारे की आकृति प्रदान की गई। इनके विमान पिरामिडाकार के होते हुए भी कम ऊँचे हैं। स्तम्भों को अत्यन्त सुन्दर व तक्षण कला का उत्तम नमूना कहा जा सकता है। विद्वानों ने यहाँ की तक्षण दक्षता की तुलना हाथी दाँत की कारीगरी से की है। इस परम्परा में बेल्लूर का 'केशव मन्दिर', हलेबिड का 'होयसलेश्वर मन्दिर' एवं सोमनाथपुरम का 'केशव मन्दिर' का विशेष रूप से उल्लेखनीय है। होयसलेश्वर मन्दिर में एक 210. 4 मीटर लम्बी पंक्ति में रामायण के दृश्यों का अंकन हुआ है। अलंकरण हेतु स्तर पट्टिकाओं पर पशु–पक्षियों एवं वनस्पतियों का खूब प्रयोग किया गया देखिये केशव विष्णु मन्दिर, होयसला, बेल्लूर, अध्याय 75, चित्र संख्या 4(II)।

मूर्तिकला

आठवीं सदी ईस्वी और उसके बाद की मूर्ति कला में क्षेत्रीय विशेषताओं की प्रधानता के बावजूद गुप्तकालीन कला का श्रेष्ठ राष्ट्रीय स्वरूप पूरी तरह समाप्त नहीं हुआ था। वस्तुतः गुप्तकालीन श्रेष्ठ मूर्तिकला की परम्पराओं की नींव पर ही इस काल की मूर्ति कला का विकास हुआ, जिसके अन्तर्गत विभिन्न क्षेत्रों में अलग–अलग राजनीतिक, धार्मिक एवं सांस्कृतिक परिस्थितियों में मूर्ति कला की

क्षेत्रीय प्रवृत्तियाँ धीरे–धीरे मुखर हुईं। इस काल की मूर्तियों में गुप्त शैली की शरीर रचना का स्वभाविक एवं सहज प्रवाह, लयात्मकता, कोमलता और अलंकरणों का सहज और सौन्दर्य में वृद्धि करने वाले सहायक के रूप में अंकन कमजोर होता गया और उसके स्थान पर क्रमशः नये तत्वों का प्रभाव बढ़ता गया। एस.के. सरस्वती के इस कथन से हम असहमत नहीं हो सकते कि विषय–वस्तु की साम्यता के बावजूद अलग–अलग क्षेत्रों की मूर्तियों में स्थानीय तत्वों का प्रवेश स्वभाविक रूप से हुआ। उल्लेखनीय है कि 12वीं सदी में मुस्लिम आक्रमणों के कारण उत्तर में मूर्ति शिल्प यात्रा समाप्त हो गई थी लेकिन दक्षिण में यह परम्परा सोलहवीं सदी तक बरकरार रही। मूर्ति निर्माण पत्थर, धातु एवं मिट्टी तीनों उपादानों से हुआ लेकिन प्रस्तर मूर्तियों की प्रधानता रही। इस काल की मूर्तियों को अपनी कुछ मौलिक विशेषताओं के कारण अन्य कालों की मूर्तियों से भिन्न घोषित किया जा सकता है।

मानव अंकन का प्राधान्य इस दौर के कलाकारों ने मानव शरीर के रूपायन में विशेष रुचि दर्शाई। अब मानव शरीर के अंकन में गुप्तकालीन सहजता एवं स्वाभाविकता पर कृत्रिम भंगिमा एवं अलंकरण हावी हो गया। नर्तक, रति दृश्यों, अप्सराओं, गन्धर्वों एवं किन्नरों के अंकन में भाव–भंगिमाओं के प्राधान्य का सहज आकलन किया जा सकता है। तत्कालीन तक्षण का केन्द्र बिन्दू नारी देह बन गई थी, जिसकी कई प्रकार से प्रस्तुति के प्रयास हुए।

क्षेत्रीय प्रभाव हर्ष के बाद भारत में क्षेत्रीय राज्यों का उद्भव हुआ जो भौगोलिक भिन्नता के साथ धार्मिक एवं शासकीय भेद स्थापित करके अपने वर्चस्व को अलग से प्रदर्शित करने की कोशिश में रहे। इस विचारधारा का प्रभाव मूर्ति कला पर भी स्वाभाविक था। पश्चिमी भारत में गुहा स्थापत्य की परम्परा के कारण एलोरा, एलीफेण्टा (मुम्बई) एवं महाबलिपुरम में विशाल मूर्तियाँ निर्मित हुईं। यहाँ एलीफेण्टा की प्रसिद्ध 18 फीट ऊँची महेश प्रतिमा का जिक्र किया जा सकता है। इसी तरह श्रवणबेलगोला (मैसूर) की जैन मूर्ति का उल्लेख करना होगा जो कठोर काले पत्थर की एक विशाल चट्टान को तराशकर 57 फीट ऊँची एवं 26 फीट चौड़ी 'गोमतेश्वर' (बाहुबलि) की उत्कृष्ट प्रतिमा निर्मित की गई। दूसरी ओर दिलवाड़ा (आबू) की जैन मूर्तियाँ, होयसल (हलेबिड, बेलूर) एवं भुवनेश्वर के लिंगराज मन्दिर की शिव–पार्वती आदि का सूक्ष्म तक्षण कार्य धातु या लकड़ी पर तक्षण का भ्रम पैदा करता है। इसी तरह खजुराहो, भुवनेश्वर एवं कोणार्क मन्दिर की अप्सराओं के वक्ष एवं नितम्ब में भराव द्वारा कमनीयता एवं ऐन्द्रिकता को उजागर करने की कोशिश हुई। चोल मूर्तियों का सूक्ष्म अंकन तथा अलंकरण स्वाभाविक एवं सामंजस्य पूर्ण लगता है। विद्वानों की धारणा है कि सूक्ष्मांकन की दृष्टि से उपलब्ध पत्थर का मुलायम होना विशेष महत्व रखता है। दिलवाड़ा मन्दिर की मूर्तियाँ इसका श्रेष्ठ उदाहरण हैं।

देवकुल में वृद्धि गुप्तकाल में आलेखित पौराणिक ग्रंथों के साथ देवकुल में संख्यात्मक वृद्धि इस काल के मूर्ति–शिल्प में प्रतिबिम्बित हुई। पुराणों, जैन–बौद्ध ग्रंथों में शिव, विष्णु, महावीर, बुद्ध, एवं देवियों के विविध रूपों की विवेचना की गई है, उनके अनुरूप मूर्तिकारों ने देवमण्डल के कई रूपों का अंकन किया। उदाहरण के लिए शिव के साथ गणेश, कार्तिकेय एवं विभिन्न देवियों का अंकन किया जाने लगा। बुद्ध के साथ बोधिसत्वों, महावीर स्वामी के साथ 24 तीर्थंकरों, शिव एवं विष्णु (विष्णु के 24 अवतारों) के विविध रूपों का अंकन इस काल की विशेषता है। देव परिवार में वृद्धि के साथ प्रतिमा लक्षण या मानदण्डों का निर्धारण इस काल की देन है। मूर्तिकारों द्वारा विभिन्न स्वरूपों के बीच शारीरिक निरूपण प्रतीकों का अंकन वाहनादि का अंकन किया जाने लगा। यहाँ उल्लेखनीय है कि मूल प्रतिमाओं के साथ देव मण्डल के सहयोगियों की संख्या बढ़ी जो मन्दिरों में विद्यमान विविध मूर्तियों की प्रस्तुति से स्पष्ट होता है।

यांत्रिकता इस अवधि में स्थापत्य की भाँति मूर्ति कला सम्बन्धी ग्रंथों की रचना हुई थी, जिनमें देवी–देवताओं को प्रामाणिक मूर्ति निर्माण की विस्तृत विवेचना की गई। तत्कालीन मूर्ति कला सम्बन्धी ग्रंथों में रूप मण्डल, समरांगण सूत्रधार, रूपप्रकाश, वास्तु विद्या, अपराजित पृच्छा का जिक्र किया जा सकता है। जैन एवं बौद्ध ग्रंथों में निर्वाणकालिका, प्रतिष्ठासार संग्रह, प्रतिष्ठातिलक, साधन माला आदि की चर्चा की जा सकती है। लाक्षणिक ग्रंथों की उपस्थिति से प्रतिमा निर्माण के मानदण्ड निर्धारित हुए जिससे मूर्तिकार अपनी कल्पना, विवेक एवं प्रतिभा का प्रयोग करने को स्वतंत्र न रहा। अपनी निपुणता एवं कौशल का प्रदर्शन वह यंत्रवत् ही कर सकता था। दूसरे शब्दों में, यांत्रिकता की वृद्धि से मूर्तियाँ बोझिल, यंत्रवत् एवं एकरस हो गईं।

कथाक्रम का अंकन विदित है कि, गुप्तकाल में अनेक पुराणों की रचना हुई थी अतः शिल्पकारों ने रामायण, महाभारत के साथ गजेन्द्र मोक्ष, समुद्रमंथन, किरातार्जुन आदि कथाओं का अंकन कथा क्रम से करने की कोशिश की। दूसरे शब्दों में, मूर्ति शिल्प में पारम्परिक विवरणों के साथ ही अत्यन्त सूक्ष्मता के साथ कथात्मक अभिव्यक्ति दक्षता एवं विषय विस्तार के साथ करने का प्रयास इस काल में हुआ।

मूर्तियाँ–मन्दिर स्थापत्य का अंग इस काल के मूर्ति निर्माण को बाह्य एवं आन्तरिक अलंकरण के के एक आवश्यक भाग के रूप देखा जाना चाहिए। देव–मण्डल के सदस्यों के अतिरिक्त दिक्पाल, गंधर्व, विद्याधर, नाग, किन्नर, साधु–सन्त, अप्सराएँ, मैथुनीय अंकन, पशु–पक्षी एवं वृक्ष–लतादि–सभी कुछ मन्दिर स्थापत्य के अंग बन गये। दूसरे शब्दों में, मन्दिर स्थापत्य से हटकर मूर्ति कला को स्वतंत्र रूप से विकसित करने का प्रयास इस दौर के कलाकारों ने नहीं किया। युद्ध एवं शिकार दृश्यों का अंकन भी परस्पर संघर्ष की तत्कालीन स्थिति को ही दर्शाता है।

मूर्तिकला–क्षेत्रीय विकास इस काल के मूर्ति शिल्प की मुख्य विशेषता क्षेत्रीय शैलियों का विकास कही जा सकती हैं। दक्षिण की मूर्ति–शिल्प की चर्चा करे तो पल्लव, चोल, चालुक्य, राष्ट्रकूट, होयसल का विशेष रूप से जिक्र किया जा सकता है। वहीं उत्तरी भारत में गुर्जर प्रतिहार, कलचुरि, परमार, गहड़वाल,

चाहमान, चालुक्य (सोलंकी) एवं पाल शासकों के संरक्षण में मूर्ति कला का विकास हुआ और कश्मीर, हिमाचल, असम क्षेत्र भी पूरी तरह इस कला से वंचित नहीं थे।

पल्लव मूर्ति शिल्प सामान्यतः पल्लव मूर्ति कला के विकास क्रम को 580 ई. से 900 ई. के मध्य रख सकते हैं एवं कला शैली को भी चार भिन्न श्रेणियों में विभक्त किया जा सकता है। महेन्द्र शैली, मामल्ल शैली, राजसिंह शैली तथा अपराजित शैली। इस दौर में वैष्णव एवं शैव मूर्तियों का निर्माण विशेष रूप से हुआ। विद्वानों की मान्यता है कि महेन्द्र शैली में नटराज शिव की मूर्ति तमिलनाडु की प्राचीनतम मूर्ति है जिसमें नृत्यरतः शिव के पैरों के नीचे अपस्मार पुरुष का अंकन हुआ है। गंगावतरण को मामल्ल शैली की कलात्मक निपुणता,नियोजन एवं सामूहिक रूप में विभिन्न भावों की सजीव व सटीक अभिव्यक्ति का अद्भुत उदाहरण कहा जा सकता है। राजसिंह कला शैली का सुन्दर उदाहरण बैकुण्ठ पेरुमाल मन्दिर में अंकित नृत्य का आनन्द लेते स्वयं राजा की मूर्ति का जिक्र किया जा सकता है। यहाँ यह भी उल्लेखनीय है कि, राजसिंह शैली में लयात्मकता, सहज मुद्राओं की गति तथा आंगिक अनुपात में ह्रास दिखाई देता है। अपराजित शैली इस प्रक्रिया का अन्तिम दौर था। कलाविदों के अनुसार इस कला शैली से ही चोल मूर्ति कला का विकास हुआ। पल्लव शासन में ताम्र एवं कांस्य मूर्तियों का भी निर्माण हुआ लेकिन यह परम्परा चोल काल में अधिक मुखर हुई।

चोल मूर्ति कला चोल शासकों ने विशेष रूप से शैव धर्म से सम्बन्धित मूर्तियों के निर्माण में रुचि दर्शाई। गंगैकोण्डचोलपुरम् (तमिलनाडू के त्रिचनापल्ली जिले में स्थित) तंजौर, कुंभकोणम् (तमिलनाडु में कावेरी तट पर मायापुरम से 20 मील दूर), दाराशुरम, चिदम्बरम् (तमिलनाडू की कोलेकन नदी किनारे स्थित) एवं कावेरीपक्कम आदि नगरों के मन्दिरों में बड़ी संख्या में स्थापित मूर्तियाँ चोल मूर्ति शिल्प वैभव को इंगित करती हैं। प्रस्तर मूर्तियों के अतिरिक्त धातु मूर्ति कला का भी अपूव विकास हुआ और इस क्षेत्र में परम्परागत मूर्ति शिल्प से कहीं अधिक बढ़कर शिल्पकारों ने अपने कौशल को प्रदर्शित किया। शिव के सौम्य एवं रौद्र दोनों रूपों में अनेकानेक मूर्तियों का निर्माण इस काल की उपलब्धि है। अन्य देवी–देवताओं की श्रृंखला में शिवगुरु अगस्त्य का जिक्र किया जा सकता है। गंगैकोण्डचोलपुरम् की चाण्डेशानुग्रह मूर्ति शिव के अनुग्रह रूप का उदाहरण है। इसमें जीवन्तता एवं भावांकन के साथ प्रतिमा के शास्त्रीय मानदण्डों का पूर्णतः निर्वहन् हुआ है। जटाधारी चतुर्भुज शिव भक्त चंडेश के केशों को अपने दोनों हाथों से पुष्पहार से अलंकृत कर रहे हैं और चंडेश विभोर होकर शिव चरणों में नमस्कार मुद्रा में अंकित किया गया है। भारतीय मूर्ति कला की अमूल्य धरोहर के रूप में शिव की 108 नृत्य मुद्राओं वाली मूर्तियों का जिक्र करना होगा जो तंजौर के वृहदेश्वर मन्दिर के प्रथम तल की भीतरी दीवारों में लगी है।

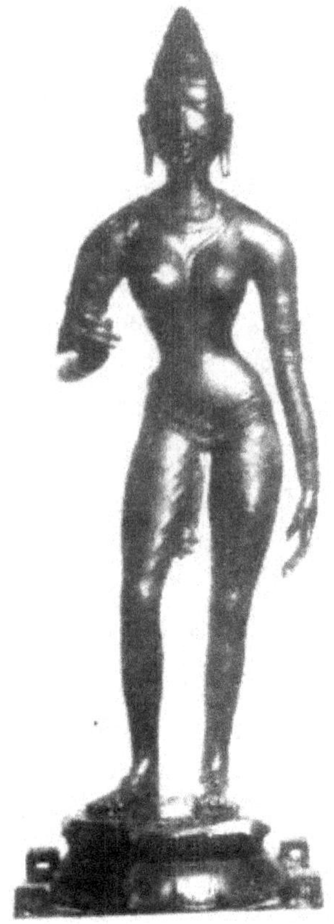

पार्वती (कांस्य) चोल
(स्मिथसोनियन इंस्टीट्यूट फीचर आर्ट वांशिगटन में सुरचित)
चित्र 75.2

तंजौर से प्राप्त अन्य मूर्तियों में काली माँ की मूर्ति तथा वॉशिंगटन के 'स्मिथसोनियन इंस्टीट्यूट फ्रीर्र आर्ट' में सुरक्षित पार्वती मूर्तियाँ जो सौम्य एवं रौद्र रूप में चोल कला की अनुपम उपलब्धि है। चोलकालीन असंख्य धातु मूर्तियों ने कलाकारों को अन्त में कहा जा सकता है कि, पल्लव शैली की अपेक्षा चोल मूर्तियाँ आकार में विशाल नहीं हैं। चोल मूर्ति शिल्प का उद्देश्य यद्यपि धार्मिक रहा है। इसी कारण मूर्तियों में यांत्रिकता आ गई है, लेकिन कथात्मक चित्रण के बावजूद जीवन्तता एवं क्रियाशीलता चोल मूर्ति शिल्प की उल्लेखनीय विशेषता बन गई है।

चालुक्यकालीन मूर्तियाँ वैष्णव होते हुए भी चालुक्य शासक धर्म–सहिष्णु थे। उस दौर में सभी धर्मों से सम्बन्धित मूर्तियों का निर्माण हुआ। बादामी, एहोल एवं पट्टदकल चालुक्य कला के प्रमुख केन्द्र थे। स्थूलता के बावजूद बादामी मूर्तियों में गत्यात्मकता एवं परिपक्वता स्पष्ट दिखाई देती है। नटराज की अठारह हाथों वाली मूर्ति गति एवं लय की दृष्टि से अनुपम है। दूसरी, महिष की पूँछ पकड़कर त्रिशूघ्घ्ल से प्रहार करती महिषासुर–मर्दिनी देवी का संहारक रूप चालुक्य कला की उपलब्धि है। ऐहोल के लाडखान मन्दिर की सूर्य, विष्णु एवं यमुना की मूर्तियों की भी गणना करनी होगी। दुर्गा मन्दिर के गणों की मूर्तियों की भावपूर्ण

मुद्राओं की चर्चा की जा सकती है और दिल्ली संग्रहालय में सुरक्षित गंधर्व–युगल की सुन्दर मूर्तियाँ भी दृष्टव्य हैं। एहोल की शैव गुफा की नटराज की मूर्ति की भावात्मकता आकर्षित करने वाली है। वस्तुतः एहोल मूर्तियों की कायिक रचना में एकरूपता तथा लयात्मकता अपने में विशिष्ट है। पट्टदकल से प्राप्त द्वारपालों की विशालकाय मूर्तियों का जिक्र करना होगा और दिल्ली संग्रहालय में संरक्षित शिव की त्रिपुरान्तक तथा अंधकारि रूपों की मूर्तियाँ भी उल्लेखनीय हैं। महाकूट के महाकूटेश्वर मन्दिर की हरिहर, अर्द्ध–नारीश्वर (725 ई.) तथा लकुलीश भगवान की मूर्तियाँ लय एवं गति की दृष्टि से अनुपम हैं।

राष्ट्रकूट मूर्तिशिल्प राष्ट्रकूट कला के विकास के अनुपम उदाहरण एलोरा, एलीफेण्टा एवं कन्हेरी का मूर्ति शिल्प है। एलीफेण्टा (मुम्बई से समुद्र में 7 मील उत्तर–पूर्व में एक छोटा–सा द्वीप) की महेश मूर्ति (त्रिमूर्ति) को अपनी विशालता एवं तीनों मुखों पर पृथक् भावाभिव्यक्ति की दृष्टि से भारतीय मूर्ति कला के इतिहास में उत्कृष्टतम नमूनों में से एक कहा जा सकता है।

एलोरा स्थित राष्ट्रकूटकालीन गुफाओं में कैलाश मन्दिर की रावणानुग्रह का शिल्प सौन्दर्य अपने में अप्रतिम है। कैलाश पर्वत पर शिव के साथ पार्वती भव्य एवं गतिशील है और रावण की मूर्ति में सम्पूर्ण शारीरिक शक्ति के प्रयोग का भाव मुखर हुआ है। दूसरे शब्दों में, रावणानुग्रह मूर्ति भारत की अनुपम धरोहर है। (देखिये, एलोरा, कैलाशनाथ मन्दिर, अध्याय 75, चित्र संख्या 5) जैन गुफाओं में जैन तीर्थंकारों का अंकन बड़ी संख्या में हुआ है। बाहुबली मूर्तियाँ विशाल होते हुए भी सुन्दर हैं। कन्हेरी की विशाल बौद्ध प्रतिमाओं की तुलना में लघु मानव आकृतियाँ अधिक सुन्दर एवं कलात्मक हैं।

होयसल मूर्तिकला प्रारम्भ में चालुक्यों के सामन्त रहे होयसल शासकों की कला अभिरुचि पर चालुक्य प्रभाव स्पष्ट दृष्टिगोचर होता है। बेल्लूर, हलेबिड, सोमनाथपुरम, लक्कुण्डी, अर्सिकेरी, अमृतापुर, नग्गिहल्ली होयसल कला के केन्द्र थे। होयसल मूर्तियों में मदनिका मूर्तियों एवं अप्सराओं का कायिक आकर्षण, भाव–भंगिमा एवं चपलता का भाव स्पष्ट दिखई देता है, जो तत्कालीन विषयसुखोन्मुख कला प्रवृत्ति को इंगित करती है। बेल्लूर की विवस्त्रजिना और नृत्य के बाद विश्राम करती सर्वोत्कृष्ट मदनिका मूर्तियाँ हैं। दरअसल मदनिका मूर्तियाँ तत्कालीन सौन्दर्य भाव की मूर्तिमान अभिव्यक्ति है, जिसमें नारी काया का मृदु एवं आकर्षक भाव एवं ऐन्द्रिकता दोनों की अभिव्यक्ति हुई है। विद्वानों की धारणा है कि, मूर्तियों की देहयाष्टि में लता–सदृश आकर्षक प्रवाह एवं लयात्मकता होयसल कला की अपनी खूबी है। लेकिन मूर्तियों के अतिशय अलंकरण से कभी–कभी वे बोझिल एवं असहज भी प्रतीत होती हैं। देव, मदनिका एवं अन्य मूर्तियों में वनस्पतियों के मनोहारी अलंकरणों से निर्मित छत्रों का भी अंकन हुआ है।

देव–मूर्तियों के अतिरिक्त होयसल कलाकारों ने शासकों एवं आम जीवन के लिए अपनी छेनी का उपयोग किया है। दूसरे शब्दों में, तत्कालीन सामाजिक व्यवस्था भी मूर्ति शिल्प के रूप में मुखर हुई है। हलेबिड की आखेटिका की सुन्दरता में तीर का प्रयोग करने से पूर्व निरीक्षण का भाव अत्यन्त सटीक प्रतीत होता है। होयसल मूर्तियों की एक मुख्य विशेषता दृष्टि (पर्सपेक्टिव) का प्रयोग करते हुए निकट एवं दूर का दृष्टिबोध करवाया है। रावणानुग्रह एवं मामल्लपुरम् की महिषमर्दिनी में यह तथ्य स्पष्ट होता है। होयसल मूर्तिकारों ने विष्णु मूर्तियाँ प्रभूत संख्या में निर्मित की हैं। महाकाव्यों, पुराणों तथा भागवत से सम्बन्धित कथानकों का सूक्ष्मता के साथ अंकन अन्य कला शैली में नहीं देखा जा सकता।

गुर्जर–प्रतिहार मूर्ति वैभव धर्म–सहिष्णु प्रतिहार शासकों के शासन काल में विष्णु एवं शैव देवों के साथ जैन एवं बौद्ध मूर्तियों का निर्माण बड़ी संख्या में हुआ। प्रतिहार नरेशों ने विशाल साम्राज्य की स्थापना की थी और देश के कई भागों में मन्दिरों आदि में सुन्दर मूर्तियाँ निर्मित करवाकर स्थापित करवाई थीं। लेकिन मुस्लिम आक्रान्ताओं की विध्वंसकारी नीति से कई महत्वपूर्ण मूर्तियाँ नष्ट हो गईं। प्रतिहार काल को गुप्तकाल एवं क्षेत्रीय विशेषताओं के संक्रमण का प्रतीक कहा जा सकता है, क्योंकि इस काल तक आते–आते जहाँ गुप्तकालीन सौम्यता, शान्ति जैसे उदात तत्वों में क्षरण हुआ, वहीं कलाकारों ने अपनी छेनी के लिए क्षेत्रीय विशेषताओं को स्वीकार किया। यही तत्व परवर्ती चंदेल, परमार एवं सोलंकी शासकों के समय मुखर हुआ।

आठवीं एव नवीं सदी में प्रतिहार शासकों के प्रश्रय में कन्नौज, ओसियाँ, देवगढ़, आभानेरी में उत्कृष्ट मूर्तियों का निर्माण हुआ, जिनके कई नमूने आज भी सुरक्षित हैं। यदि हम कन्नौज से प्राप्त मूर्तियों का जिक्र करें तो सर्वप्रथम ''कल्याण सुन्दर'' मूर्ति की चर्चा करनी होगी। इसका आंगिक सन्तुलन, मृदुता एवं रेखाओं का तरंगमय प्रवाह जीवन्त और भावाभिव्यक्ति प्रशंसनीय है। शिल्पी ने नारी अंकन में सौन्दर्य प्रतिमानों का बखूबी पालन किया है, जिससे मूर्तियों में सहज–स्वभाविकता का विकास हो पाया। इस सन्दर्भ में हम विष्णु की 'विश्वरूप मूर्ति' की सुन्दरता का उल्लेख किये बिना नहीं रह सकते। कन्नौज की 'नृत्यरत गणेश' प्रतिमा भारी–भरकम होते हुए भी उसकी लयात्मक गतिशीलता एवं उल्लास आकृष्ट करने वाला है। कन्नौज की भाँति ओसियाँ की मूर्तियों में रेखीय सन्तुलन एवं लयात्मक गतिशीलता विद्यमान है। कम ऊँचाई की होते हुए भी मूर्तियों की मुख मुद्रा अत्यन्त स्वभाविक लगती है। मूर्ति विशेष की चर्चा में विष्णु की त्रिविक्रम मूर्ति, महिषासुरमर्दिनी एवं तीर्थंकर मूर्तियों का उल्लेख किया जा सकता है। ओसियाँ शिल्प की विशेषता ब्राह्मण मन्दिरों में जैन मूर्तियों की उपस्थिति है, जो धार्मिक सामंजस्य का अनुपम उदाहरण प्रस्तुत करती है। चन्देल मूर्ति–शिल्प की चर्चा मन्दिर स्थापत्य के साथ की गई है। अतः उनकी चर्चा पुनरावृत्ति ही होगी।

कलचुरि मूर्ति शिल्प कलचुरी शासक युवराजदेव की रानी नोहला द्वारा बनवाये गुर्गी (रीवा) तथा बिलहरी (जबलपुर) मन्दिरों की मूर्तियाँ सौन्दर्य की दृष्टि से उल्लेखनीय हैं। शैव एवं वैष्णव दोनों प्रकार की मूर्तियों की प्रचुरता जबलपुर क्षेत्र में देखी जाती है। कलचुरि तांत्रिक परम्परा की योगिनी मूर्तियों के लिए भेड़ाघाट

(जबलपुर) स्थित चौंसठ योगिनी मन्दिर की चर्चा करनी होगी, जिसमें मातृकाओं एवं योगनियों का शिल्पांकन योगिनी–कौल सम्प्रदाय के प्रभाव का प्रतीक है। रानी अल्हणा देवी द्वारा बनवाये गये चौंसठ योगिनी मन्दिर परिसर में वरेश्वर मन्दिर की 'वृषभारूढ़ उमा–महेश्वर' मूर्ति में महेश्वर की उमा की ओर दृष्टि सम्मोहन की सुन्दर प्रस्तुति करती है। अन्त में कहा जा सकता है कि, ग्यारहवीं सदी की डाहल मूर्ति कला के केन्द्र रीवा (गुर्गी, महसौन व गढ़), जबलपुर (बिलहरीव करीमतलाई), सतना (मर्ड व मैहर), दमोह–सागर (नोहटा, बीना, बारहा) से उपलब्ध मूर्तियों का तीखापन, आंगिक कोमलता, रेखीय प्रवाह अलंकरणों का आधिक्य इसकी प्रमुख विशेषता है।

दक्षिण कोशल में स्थानीय विशेषताओं से संयुक्त कलचुरिकालीन मूर्ति शिल्प एक नये रूप में उभरकर आया जिसे दक्षिण कोशल मूर्ति शिल्प की संज्ञा दी जाती है। जांजगीर के शैव–मन्दिर एवं शिवरी–नारायण की देव मूर्तियाँ अपने में विशिष्ट हैं। मल्लार के केदारेश्वर मन्दिर के द्वार पर अंकित गणेश का शक्ति के साथ शिल्प चर्चा योग्य है। यहाँ उल्लेखनीय है कि, गणेश का दक्षिण कोशल में विशेष महत्व रहा है। साथ ही कोशल के राजा–रानी, मंत्री, योद्धा की अभिलेख युक्त मूर्तियाँ विशिष्ट कला परम्परा की प्रतीक है। रति–मूर्तियाँ भी दक्षिण कोशल के शिल्पकारों की विषय–वस्तु रही है। जांजगीर के अतिरिक्त पाली एवं आरंग में मूर्तियों की उपलब्धता डाहल मूर्ति शिल्प की वहाँ उपस्थिति का प्रमाण है।

परमार मूर्ति कला पूर्व मध्ययुगीन शिल्प एवं स्थापत्य का महत्वपूर्ण सन्दर्भ ग्रंथ 'समरांगणसूत्रधार' का रचनाकार और कोई नहीं स्वयं परमार शासक भोज (1010–1055 ई.) था, जो अपनी विद्वता एवं कला–प्रेम के लिए विख्यात हुआ। प्राप्त विवरण के अनुसार राजा भोज ने उज्जयिनी से हटाकर धार या धार (ग्वालियर जिला) को अपनी राजधानी बनाया था। वहाँ सरस्वती को समर्पित 'सरस्वती कण्डाभरण' भोजशाला नामक विश्वविद्यालय भी बनवाया था, जिसमें अधिष्ठात्री देवी सरस्वती की प्रतिमा प्रस्थापित की थी जो वर्तमान में ब्रिटिश संग्रहालय, लंदन में सुरक्षित है। परमारकालीन मूर्तियाँ, विदिशा, उज्जैन, धारा, बडोहपथारी, मंदसौर (हिंगलाजगढ़), दशपुर, भोजपुर, ग्यारसपुर, से प्राप्त हुई हैं। परमार शासन के दौर की सभी धर्मों से सम्बद्ध मूर्तियाँ राजस्थान में झालरापाटन, चित्तौड़, उदयपुर, चंद्रावती (आबू सिरोही), अर्थूणा (बाँसवाड़ा), जालौर एवं किराडु से उपलब्ध हुई हैं।

कहा गया है कि हिंगलाज गढ़ परमार मूर्ति कला का प्रमुख केन्द्र था, जहाँ से 500 से अधिक कलाकृतियाँ उपलब्ध हुई हैं। एक शक्तिपीठ के रूप में विकसित हिंगलाज गढ़ में शक्ति के विविध रूपों का अंकन हुआ। इस शिल्प की मुख्य विशेषता तीखे नयन, चेहरा गोल, ठोड़ी में उभार, तीखे नाक के साथ वक्ष एवं कटि प्रदेश की सुरुचिपूर्ण लावण्यता दर्शनीय है। क्षेत्रीय प्रभाव वस्त्रभूषण उकेरने में देखा जा सकता है। अलंकृत केश–विन्यास, पारदर्शी–वस्त्र एवं विविध प्रकार के आभूषणों के अंकन में हिंगलाज शिल्पी सिद्धहस्त थे।

गहड़वाल चाहमान एवं सोलंकी मूर्ति कला मुस्लिम आक्रांताओं द्वारा नष्ट कर दिये जाने के कारण कहवा (वाराणसी) स्थित कर्दमेश्वर मन्दिर के अतिरिक्त अन्य अधिक उदाहरण अब शेष नहीं रहे। वाराणसी से प्राप्त 'अंधकारि संहार' एवं 'महिषासुरमर्दिनी' की मूर्तियाँ और सारनाथ संग्रहालय की बौद्ध देवता जम्भल की समृद्धि की देवी वसुन्धरा के साथ पदम पर खड़ी बौद्ध देवी तारा की मूर्ति को इसके अपवाद स्वरूप लिया जा सकता है।

चाहमानकालीन मूर्तियाँ भी अधिकांश नष्ट हो गई हैं, बिजोलिया (मेवाड़) से प्राप्त 'बैकुण्ठ विष्णु' की दो मूर्तियाँ विशेष रूप से उल्लेखनीय हैं। इसी तरह बीकानेर के पल्लू ग्राम से प्राप्त समान विशेषताओं से युक्त सरस्वती की दो प्रतिमाओं की चर्चा की जा सकती है, जो संगमरमर से निर्मित हैं। इसमें से एक राष्ट्रीय संग्रहालय दिल्ली एवं दूसरी गंगा गोल्डन जुबली संग्रहालय बीकानेर में सुरक्षित है। चालुक्य (सोलंकी) मूर्तिशिल्प के उत्कृष्ट उदाहरण रूप में माउण्ट आबू के (विमलसही) एवं 'लूणवसही' जैन मन्दिर का जिक्र करना होगा। विमलसही के अविभाज्य अंग के रूप में विकसित मूर्तियों में जहाँ रेखाओं एवं भंगिमाओं में तीखापन है, वहाँ 13वीं सदी के लूणवसही में कायिक रचना में कड़ापन व स्थिरता देखी जाती है। जैन देवियों की हल्की शारीरिक संरचना, गोलमुख, तीखे नाक, सूक्ष्म अलंकरण आबू शिल्पियों की विशेषता कही जा सकती है। लेकिन साथ ही चेहरे के भावों में शून्यता एवं देहयाष्टि में कड़ापन भी देखा गया है। यह बात 'मोठेरा' के सूर्य मन्दिर की मूर्तियों में नहीं है वहाँ शारीरिक चेष्टाओं के साथ जीवन्तता है। विद्वानों की धारणा है कि रति मूर्तियों के अंकन में 'मोठेरा का सूर्य मन्दिर' खजुराहो एवं कोणार्क के समकक्ष है।

ओड़ीशा मूर्तिशिल्प ओड़ीशा स्थापत्य की चर्चा के दौरान स्थानीय मूर्ति कला की संक्षेप में विवेचना की गई थी। यहाँ उस दौर की कुछ खास मूर्तियों का जिक्र करना उचित होगा। पूर्व मध्यकाल में ब्राह्मण धर्म से सम्बन्धित कुछ मूर्तियों में बौद्ध प्रभाव आ गया है। शिशिरेश्वर मन्दिर की 'लकुलीश मूर्ति' को बुद्ध की भाँति धम्मचक्रप्रवर्तन मुद्रा में दर्शाया गया है। सौरों से प्राप्त शिवलिंग पर बौद्ध मंत्र देखा गया है।

ओड़ीशा की विशेष मूर्तियों में कोणार्क निर्माता गंग शासक नरसिंह (1238–64 ई.) के उस प्रस्तर शिल्प का उल्लेख जरूरी है जिस पर स्वयं राजा आचार्य की उपस्थिति में महिषासुरमर्दिनी, जगन्नाथ एवं शिवलिंग की आराधना में लीन, अंकित किया है। मुक्तेश्वर मन्दिर में जैन तीर्थंकरों की आकृतियों का अंकन तत्कालीन समन्वयवादी दृष्टिकोण को इंगित करता है। इसी तरह नवमुनि जैन गुहा में सप्त मातृकाओं (जिन्हें कुछ विद्वानों ने यक्षियाँ कहा है) एवं गणेश का अंकन इस तथ्य का द्योतक है।

जहाँ तक कोणार्क के सूर्य मन्दिर का प्रश्न है, सूर्य रथ रूपी मन्दिर का मूर्ति शिल्प भव्य एवं बेजोड़ है। कलिंग शैली का चरमोत्कर्ष कोणार्क की सूर्य मूर्तियों में देखने को मिलता है। निर्माण का ब्यौरा देने वाले 'बयाचाकड़ा' नामक बही से जानकारी मिलती है कि मन्दिर के मुख्य सूत्रधार 'सदाशिव सामन्त राय

महापात्र' ने आदित्य भगवान की प्रतिमा का निर्माण करवाया था। कहा जाता है कि महिला शिल्पियों ने भी इसके निर्माण में योगदान किया था। मन्दिर में अंकित सूर्य मूर्तियाँ प्रतिमा लक्षणों के चरमोत्कर्ष का प्रतीक है।

कलिंग मूर्ति कला की विशेषताओं का निरूपण इस प्रकार किया जा सकता है:

- कोणार्क मूर्ति शिल्प मन्दिर का अविभाज्य अंग है अर्थात् मूर्तियाँ मन्दिर स्थापत्य से अलग स्थापित नहीं की गई।
- रति मूर्तियाँ एवं सुर सुन्दरियों का बड़ी संख्या में अंकन हुआ है (देखिये, ओड़ीशा मूर्तिशिल्प, शालभंजिका, अध्याय 75, चित्र संख्या 6–(I) एवं (II)।
- सुर सुन्दरियों के अंकन में चन्देल मूर्ति कला, पारदर्शक एवं हल्के परिधान–पाल मूर्तिकला से एवं दिक्पाल, वानर, नटराज आदि होयसल, चालुक्य, पल्लव, मूर्ति शिल्प से प्रभावित हैं।
- रावणानुग्रह में शिव–पार्वती की अपेक्षा रावण की विशालता अन्य कला–शैलियों के प्रभाव को इंगित करती है।
- धार्मिक समन्वयवादिता ने तत्कालीन कला–शैलियों को प्रभावित किया है।

पाल मूर्ति कला मुस्लिम आक्रमणकारियों द्वारा नष्ट कर दिये जाने के कारण पाल शासकों के दौर में मूर्ति शिल्प के स्वतंत्र नमूने ही देखे गये हैं। प्रस्तर एवं धातु दोनों तरह की मूर्तियाँ नालन्दा से मिली हैं जो सम्भवतः पाल मूर्ति कला का प्रमुख केन्द्र था। अन्य केन्द्रों के रूप में बोध गया, राजगीर, भागलपुर, कुक्रिहार (भागलपुर), अलआरा (मानभूम), चौसा, वैशाली, शंकरबंध (बांग्लादेश), बर्दमान, बाँकुरा, राजशाही का जिक्र किया जा सकता है, जहाँ से प्रस्तर एवं धातु मूर्तियाँ मिली हैं। इस शैली को मगध वंग शैली कहा जाता है। तारानाथ ने इसे पूर्वी भारतीय कला शैली की संज्ञा दी है। दसवीं सदी के नटराज की मूर्ति शंकरबंध से मिली है, जिसकी गति एवं सन्तुलन स्तुत्य है। नंदी की पीठ पर 'नृत्यरत शिव' तथा नंदी द्वारा गर्दन घुमाकर नृत्यावलोकन अद्भुत प्रतीत होता है। इस कला शैली में भी समन्वयवादी दृष्टिकोण दिखाई पड़ता है। राजशाही से प्राप्त ऋषभनाथ की मूर्ति में नवग्रहों एवं गणेश का अंकन इस तथ्य को इंगित करता है। बंगाल के तंत्रयान के प्रभाव से पदमपाणि अवलोकितेश्वर, तारा, मारीचि की मूर्तियाँ बनीं (जो यूरोपीय संग्रहालयों में सुरक्षित है) जो विकसित लाक्षणिकता से युक्त है। नालन्दा के समीप जगदीशपुर से प्राप्त 'मारिर्षण' वाली विशाल बुद्ध मूर्ति इसी तरह की है। इसी तरह लक्खी सराय (मुंगेर) से प्राप्त सुन्दर बुद्धमूर्ति नालन्दा से प्राप्त नवीं सदी की पदमपाणि बोधिसत्व और 10वीं सदी की वज्रसत्व की सुन्दर एवं जीवन्त मूर्तियों की गणना अपेक्षित है। ब्राह्मण मूर्तियों में बंगाल से प्राप्त नवीं सदी की 'वामन' मूर्ति जो भारत कला भवन, वाराणसी में सुरक्षित है। विद्वानों की धारणा है कि पालकालीन मूर्तियों का निर्माण विष्णुधर्मोत्तर, साधनमाला, प्रतिष्ठासारसंग्रह, निर्वाणकालिका जैसे शिल्पशास्त्रीय ग्रंथों के आधार पर हुआ है। अतः शिल्पकारों ने शास्त्रीय नियमों को दृष्टिगत रखते हुए पारदर्शी वस्त्र, शिला–फलक की परम्परा में चारों ओर से कोरकर मूर्ति निर्माण किया है वहीं एक ओर अधिक झुकाव, हल्के इकहरे बदन जैसी विशेषताओं से मूर्तियों को समृद्ध किया गया।

कश्मीर मूर्तिशिल्प मूर्तिकला को विकसित करने में कश्मीर के राजवंश भी पीछे नहीं रहे थे लेकिन विदेशी आक्रमणों तथा बाह्य तत्वों के निरन्तर प्रवेश से कश्मीर मूर्ति कला पर प्रभाव स्पष्ट दृष्टिगोचर होता है। दूसरे, स्थानीय मूर्तियाँ विध्वंसक कार्रवाइयों से बहुत कम शेष बची हैं। तथापि कुछ महत्वपूर्ण नमूनों के आधार पर इसकी चर्चा की जा सकती है। श्रीनगर के मार्तण्ड एवं अवन्तिस्वामी मन्दिर की मूर्तियों पर परवर्ती कला का प्रभाव देखा जाता है जो श्रेण्ययुगीन कला परम्परा से निरन्तरता को इंगित करता है। राजतरंगिणी में कल्हण ने जिक्र किया है कि ललितादित्य मुक्तापीड़ बंगाल की एक मूर्ति कश्मीर ले गया था। कहा जा सकता है कि कश्मीर मूर्ति शिल्प (नवीं से बारहवीं सदी) पाल मूर्तिकला से प्रभावित अवश्य रहा।

इस श्रृंखला में बैकुण्ठ विष्णुरूप की लक्ष्मी सहित आलिंगन मुद्रा में और उमा–महेश्वर की एलीफेण्टा (मुम्बई) की महेश मूर्ति सदृश त्रिमुख प्रतिमा अपने में विलक्षण है। विष्णु–लक्ष्मी का गरुड़ारूढ़ संघाट शिल्प, जो अर्द्ध–नारीश्वर के समान प्रतीत होता है, वेरिनाग (अनन्तनाग कश्मीर) से प्राप्त यह अभिनव योजना आकर्षित करने वाली है। दिसवर से प्राप्त 900 ई. की बुद्ध मूर्ति के परिकर के पदमालंकरणों में विष्णु के विभिन्न अवतारों को दर्शाया गया है। कश्मीर से हाथी दाँत की मूर्तियाँ भी प्राप्त हुई हैं जो श्रीनगर, पटना एवं अमेरिका के संग्रहालयों में सुरक्षित हैं।

हिमाचल मूर्ति कला हिमाचल में धातु, प्रस्तर एवं काष्ठ मूर्तियों का निर्माण हुआ। काँगड़ा (मसरूर) चम्बा से प्राप्त शिव मूर्तियों का आधिक्य वैष्णव धर्म की तुलना में शैव मत के प्राधान्य को इंगित करता है। हरिहर राय मन्दिर की धातु मूर्ति बैकुंठ–विष्णु प्रतिमा तथा हरकोटी की महिषासुरमर्दिनी उत्कृष्ट नमूनों की श्रेणी में आती है। इसी तरह 10वीं सदी की हरिहर राय मन्दिर (चम्बा) की गौरी–शंकर प्रतिमा का सौन्दर्य एवं मृदुता आकृष्ट करने वाला है। कांगड़ा के निकट फतेहपुर से प्राप्त धम्मचक्र प्रवर्तन मुद्रा में बुद्धा की पीतल प्रतिमा की चर्चा अपेक्षित है जो पाकिस्तान के लाहौर संग्रहालय में रखी है। यहाँ आक्रामक मुद्रा की नरसिंह प्रतिमा का भी जिक्र करना होगा, जो चम्बा से प्राप्त हुई है। सी. शिवराम मूर्ति ने इसे कार्कोट शैली की मूर्ति की संज्ञा दी है। इसी तरह दशभुजी देवी की मूर्ति जो कांगड़ा से प्राप्त हुई और वर्तमान में राष्ट्रीय संग्रहालय दिल्ली में सुरक्षित है, को चारों दिशाओं में चार मुँह और एक मुँह ऊपर की ओर अंकित किया है। उत्कीर्ण लेख के अनुसार इसे उत्पल देवी कहा गया। हिमाचल से प्राप्त मूर्तियाँ कुछ ठिगनी एवं उनके नाक–नख्श पहाड़ी प्रकार के हैं।

असम मूर्ति शिल्प असम से भी इस दौर की कुछ मूर्तियाँ मिली हैं, जिनमें गुवाहाटी से प्राप्त दसवीं सदी की बुद्ध की प्रस्तर एवं मृणमूर्तियाँ(मिट्टी) अभय मुद्रा एवं भूमि स्पर्श मुद्रा में प्राप्त हुई हैं। शिवलिंग एवं गणेश प्रतिमाएँ कामख्या पहाड़ी के छोटे मन्दिर

से प्राप्त हुई हैं। यहाँ तेजपुर से प्राप्त विशाल नरेश मूर्ति का भी जिक्र करना होगा।

चित्रकला

गुप्तकाल के बाद चित्रकला का विकास अवरुद्ध रहा। प्राप्त विवरणों के अनुसार सातवीं–आठवीं सदी में बंगाल में भित्ति–चित्र बनाये गये थे लेकिन अब उनके अवशेष नहीं मिलते, लेकिन इस काल में चित्रकला के क्षेत्र में नई पद्धति का विकास अवश्य हुआ, जिससे आगे जाकर लघुचित्र कहा गया। ताड़–पत्रों एवं हस्तलिखित पुस्तकों में चित्र बनाये जाने लगे थे। जैन, बौद्ध एवं ब्राह्मण धर्म से सम्बन्धित देवी–देवताओं के चित्र हस्तलिखित पुस्तकों में बड़ी संख्या में निर्मित हुए। इस दौर के चित्रों की विशेषताओं का उपाध्याय' ने निरूपण किया है। 'कल्पसूत्रों' अथवा तीर्थंकर महावीर के जीवनचरित्र को आलोकित करने वाले चित्र हस्तलिपियों में लिखे हैं। यद्यपि ये चित्रण 'लघु' (मिनिएचर) कहे जाते हैं, इनकी विशिष्ट 'मिनिएचर' चित्रों की नहीं भित्तिचित्रों की है, जिनके प्रकारों में कोई मूल अन्तर नहीं है। वे जैसे भित्तिचित्रों से उठाकर केवल आकार में छोटे कर लिये गये हैं। कला विशेषज्ञों ने इन चित्रों को अपभ्रंश शैली कहा है। इस काल में जैन पोथियों में बड़ी संख्या में चित्र लेखन हुआ। अतः विद्वानों ने जैन कला को अपभ्रंश शैली की संज्ञा दी है। स्थानीय शैलीगत विशेषताओं के कारण क्षेत्रीय तत्वों का समावेश करते हुए कई क्षेत्रीय शैलियों का विकास हुआ। स्थानीय शैलियों में गुजरात शैली एवं राजपूताना शैली प्रमुख थी। राजपूताना शैली के समानान्तर कश्मीरी एवं कांगड़ा शैली विकसित हुई। राजपूत शैली में नायक–नायिका भेद, रागरागिनी एवं रासलीला लोकप्रिय विषय थे। उल्लेखनीय है कि लगभग सभी शैलियों में लता वृक्षादि एवं पशु–पक्षियों के चित्रांकन में कलाकारों की रुचि थी। गुजरात शैली या जैन ग्रंथों की अपभ्रंश शैली में जैन धर्मावलम्बियों की जीवन प्रणाली, महावीर भगवान के जन्म से सम्बन्धित कथाओं का बाहुल्य रहा है, लेकिन जैन पोथियों में लिखे गए मानव शरीर निर्जीव एवं अस्वाभाविक प्रतीत होते हैं। यदि हम कुछ महत्वपूर्ण चित्रों की चर्चा करें तो महायान सम्प्रदाय की लोकप्रियता के कारण 'प्रज्ञापारपिता' का चित्र बड़ी संख्या में निर्मित हुआ। चित्र भी तान्त्रिकों के प्रभाव से वंचित नहीं रहे। बौद्ध तंत्र देवता मैत्रेय, लोकनाथ, अमिताभ, वज्रयानी एवं तारा के चित्र इस काल के ग्रंथों में मिलते हैं।

अन्त में कहा जा सकता है कि, वास्तु एवं मूर्ति कला के क्षेत्र में इस काल में नये–नये प्रयोग हुए और सुन्दर मन्दिरों एवं मूर्तियों का निर्माण संभव हुआ, जो देश की अनुपम धरोहर है, जिसका अभिरक्षण अनुरक्षण अपेक्षित है।

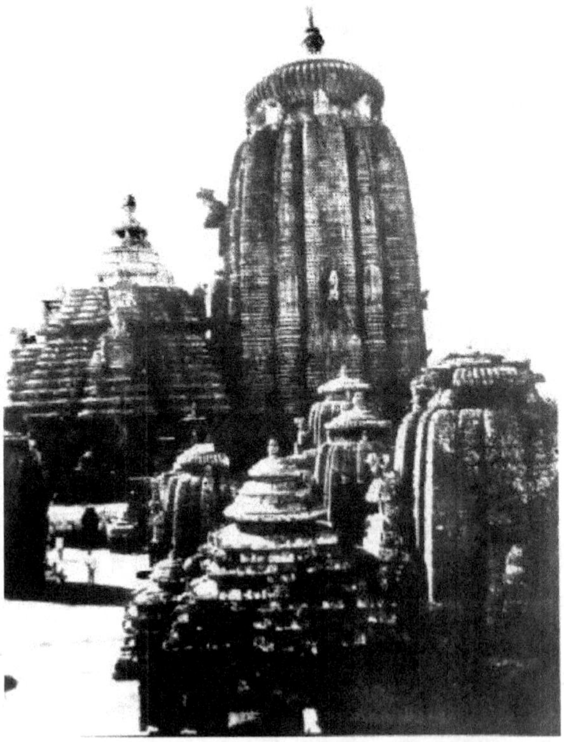

चित्र 75.3 भूवनेश्वर–लिंगराज मन्दिर, चित्र संख्या – 1

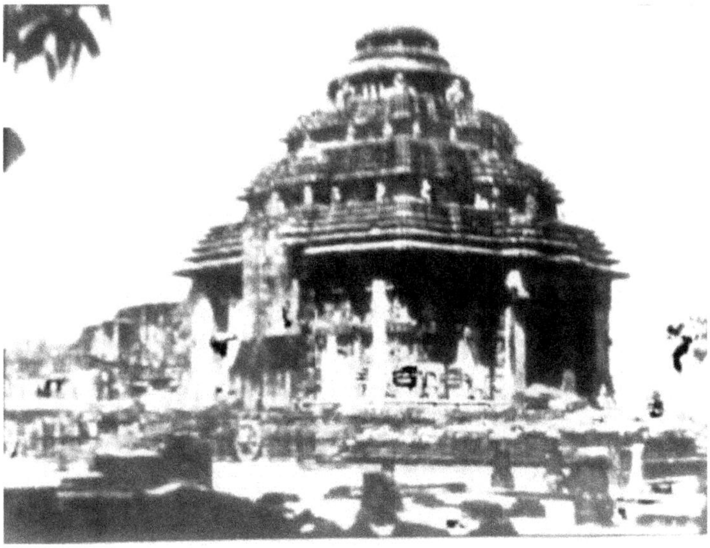

चित्र 75.4 कोणार्कः सूर्य मन्दिर, चित्र संख्या – 2(I)

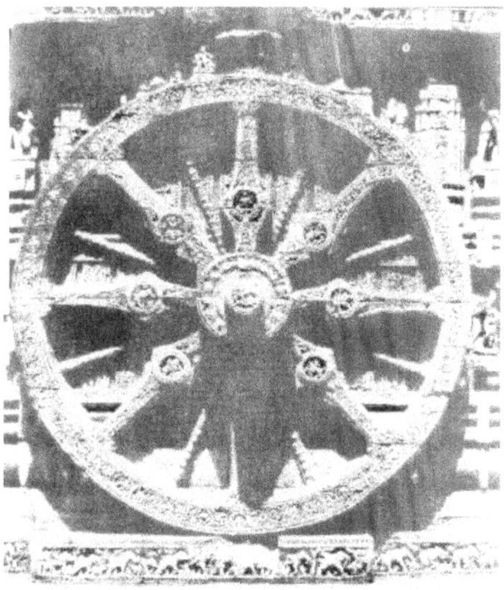

चित्र 75.5 कोणार्क सूर्य मन्दिर चक्र, चित्र संख्या – 2(II)

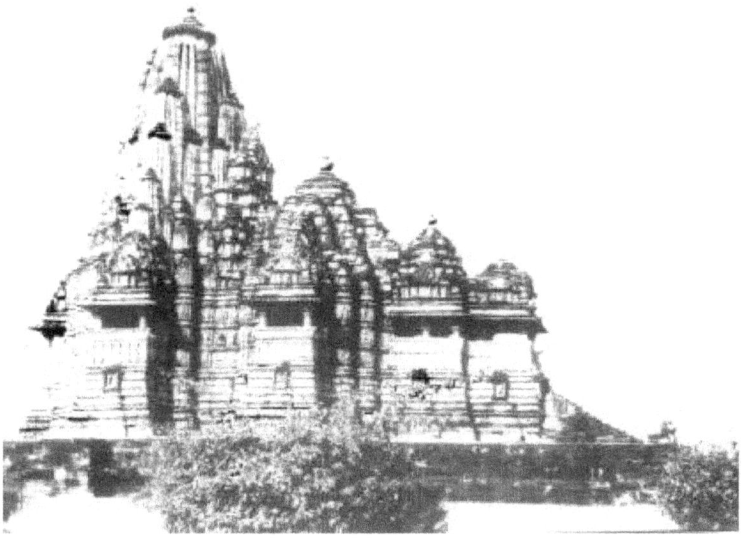

चित्र 75.6 खजुराहो, कन्दारिया महादेव मन्दिर, चित्र संख्या – 3(I)

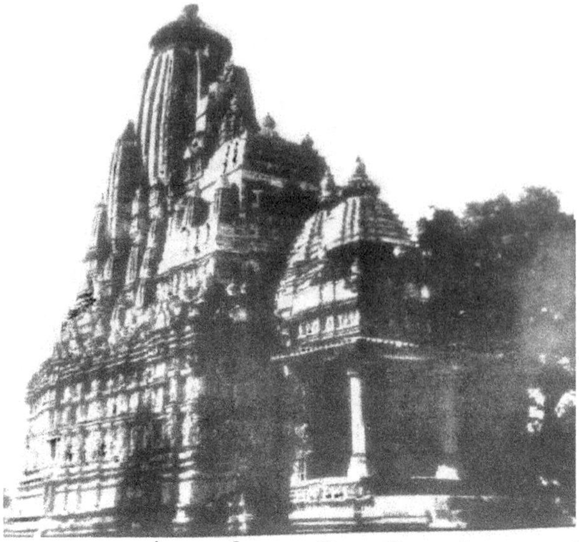

चित्र 75.7 खजुराहो–पार्श्वनाथ मन्दिर, चित्र संख्या – 3(II)

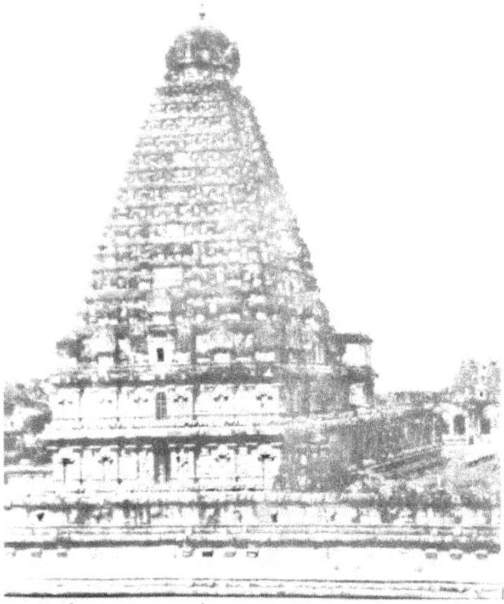

चित्र 75.8 तंजौर, राजराजेश्वर मन्दिर, चित्र संख्या – 4(I)

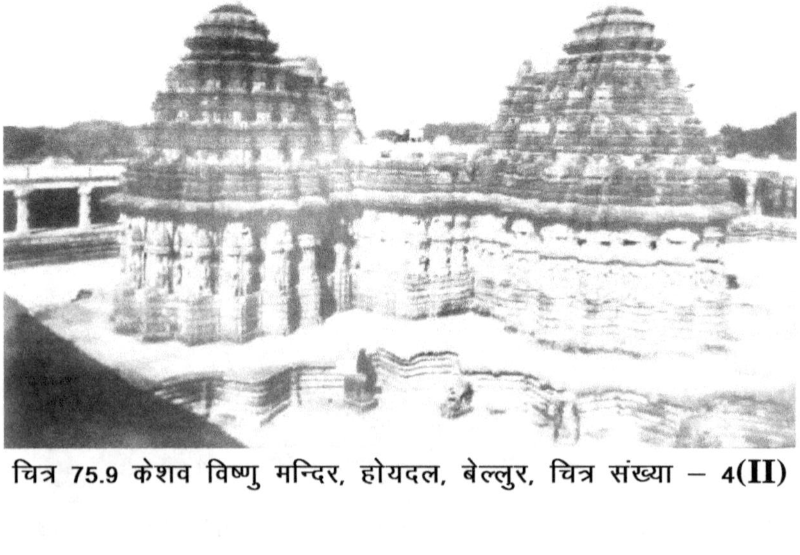

चित्र 75.9 केशव विष्णु मन्दिर, होयदल, बेल्लुर, चित्र संख्या – 4(II)

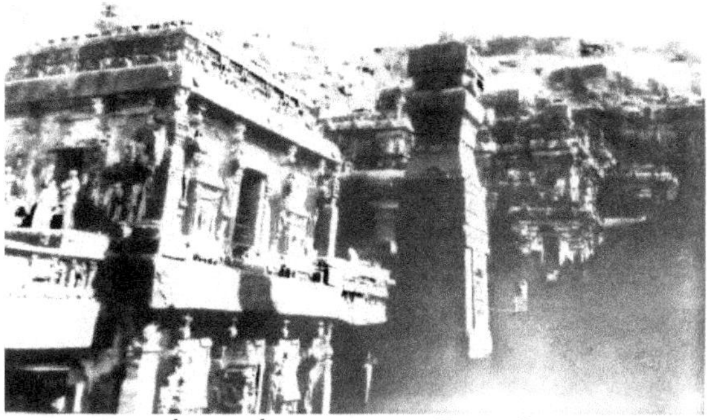

चित्र 75.10 एलोरा, कैलाशनाथ मन्दिर चित्र संख्या – 5

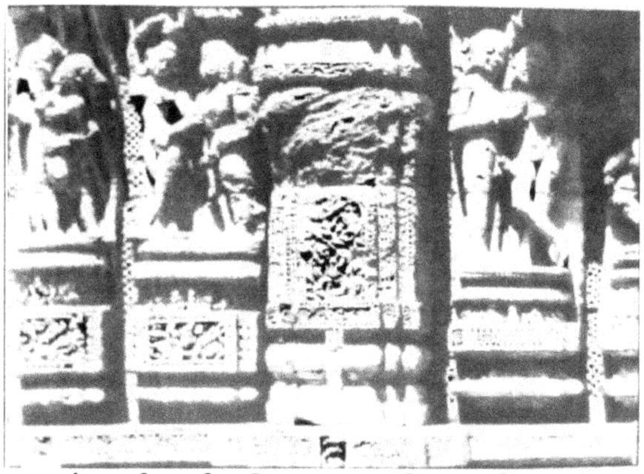

चित्र 75.11 कोणार्क सूर्य मन्दिर शालभंजिका, चित्र संख्या – 6(I)

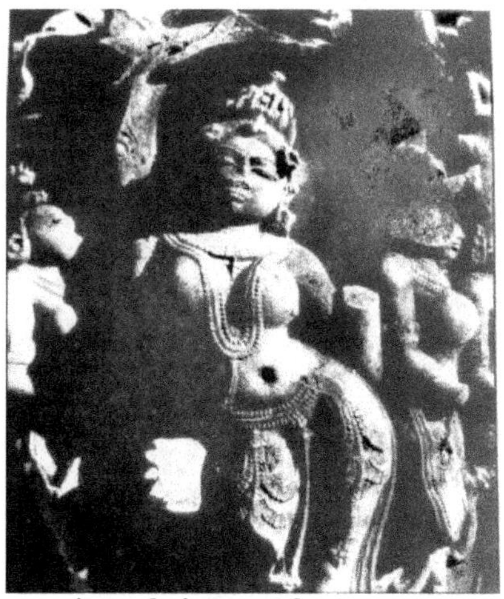

चित्र 75.12 कोणार्क देवी मूर्ति, चित्र संख्या – 6(II)

सन्दर्भ :

1. उपाध्याय भगवतशरण : भारतीय कला का इतिहास, पृ. 127
2. आमलक या आमल सारक ऊपरी भाग में स्थित किया जाता था, जिसकी आकृति आँवले के समान कही गई है। उस पर कलश की स्थापना की जाती रही है।
3. उपाध्याय, वही, पृ. 151
4. बेन्जैमिन रोलैण्ड : आर्ट एण्ड आर्किटेक्चर, पृ. 161
5. उपाध्याय, वही, पृ. 154
6. देखिये, शिवकुमार गुप्त (सम्पादक) : भारतीय संस्कृति के मूलाधर, जयपुर, पृ. 325
7. उपाध्याय भगवतशरण, वही पृ. 181

सिविल सेवा मुख्य परीक्षा 2021
इतिहास (प्रश्न–पत्र I)

खण्ड 'अ' (SECTION 'A')

1. आपको दिए गए मानचित्र पर अंकित निम्नलिखित स्थानों की पहचान कीजिए एवं अपनी प्रश्न–सह–उत्तर पुस्तिका में उनमें से प्रत्येक पर लगभग 30 शब्दों की संक्षिप्त टिप्पणी लिखिए। मानचित्र पर अंकित प्रत्येक स्थान के लिए स्थान–निर्धारण संकेत क्रमानुसार नीचे दिए गए हैं।

   Identify the following places marked on the map supplied to you and write a short note of about 30 words on each of them in your Question-cum-Answer Booklet. Locational hints for each of the places marked on the map are given below scriatim. 50

   (i) पुरापाषाणकालीन स्थल Paleolithic site

   (ii) पुरापाषाणकालीन कारखाना स्थल Paleolithic Factory site

   (iii) नवपाषाणकालीन स्थल Neolithic site

   (iv) पूर्व एवं पूर्ण विकसित हड़प्पा स्थल Early and Mature Harappan site

   (v) ताम्रपाषाणिक स्थल Chalcolithic site

   (vi) मुद्रा एवं मोहर साँचा स्थल Site of Coin and Seal Moulds site

   (vii) प्राचीन प्रशासन केन्द्र Ancient Administration Centre

   (viii) प्राचीन राजनैतिक मुख्यालय Ancient Political Headquarter

   (ix) प्राचीन मंदिर स्थल Ancient Temple site

   (x) पूर्व एवं आद्य ऐतिहासिक स्थल Pre and Proto Historic site

   (xi) प्राचीन राजधानी नगर Ancient Capital City

   (xii) शैव मंदिर स्थान Place of Shaiva Temple

   (xiii) मंदिर संकुल का विश्व विरासत केन्द्र World Heritage Centre of Temple complex

   (xiv) एक अभिलेखन स्थल An Inscriptional site

   (xv) जैन मंदिर स्थान Place of Jain Temple

   (xvi) विशालतम बौद्ध मठ Largest Buddhist Monastery

   (xvii) प्राचीन मंदिर संकुल Ancient Temple Complex

   (xviii) प्राचीनतम मस्जिद स्थान Place of oldest Mosque

   (xix) शिव को समर्पित मंदिर संकुल Temple Complex dedicated to Shiva

   (xx) प्राचीन शिक्षा केन्द्र Ancient Education Centre

2. (a) वैदिक धर्म को पुनर्जीवित और लोकप्रिय बनाने में पुराण नवप्रवर्तनकारी साहित्यिक शैली थे। सोदाहरण विस्तार कीजिए।

   (प्राचीन भारत का इतिहास एवं संस्कृति, अध्याय 1 एवं 38)

   Puranas were the innovative genre of literature to popularise and revive Vedic religion. Elaborate with examples. 15

2. (b) उत्तरवैदिक कालोपरान्त नगरीकरण की प्रक्रिया में एक महत्त्वपूर्ण भूमिका निभानेवाले कारकों की विवेचना कीजिए।

   (प्राचीन भारत का इतिहास एवं संस्कृति, अध्याय 20)

   Discuss the factors that played an important role in the process of urbanisation after the Later-Vedic period. 15

2. (c) ऋग्वेद में उल्लिखित धर्म के स्वरूप और देवताओं के वर्गीकरण पर प्रकाश डालिए।

(प्राचीन भारत का इतिहास एवं संस्कृति, अध्याय 18)

Throw light on the nature of religion and classification of gods mentioned in the Rigveda. 20

3. (a) मौर्योत्तरकालीन उत्तर भारत के प्रमुख राजनैतिक विशिष्टताओं का मूल्यांकन कीजिए। इस के प्रमुख स्त्रोत क्या हैं?

(प्राचीन भारत का इतिहास एवं संस्कृति, अध्याय 1, 31 एवं 32)

Evaluate the significant political features of the Post Mauryan Northern India. What are the main sources of it? 15

3. (b) यद्यपि भारत पर सिकन्दर के आक्रमण के दीर्घकालिक प्रभावों के पुनर्मूल्यांकन की आवश्यकता है, अनेक विद्वानों ने सिकन्दर को 'महान' माना है। टिप्पणी कीजिए।

(प्राचीन भारत का इतिहास एवं संस्कृति, अध्याय 23)

A number of scholars considerd Alexander as 'The Great', although long term impacts of Alexander's invasion on India need to be re-evaluated. Comment. 15

3. (c) संगम साहित्य में परिलक्षित होने वाले दक्षिण भारत की सांस्कृतिक परम्पराओं के विशिष्ट लक्षणों की विवेचना कीजिए।

प्राचीन भारत का इतिहास एवं संस्कृति, अध्याय 42

Discuss the salient features of cultural traditions of South India as reflected in Sangam Literature. 20

4. (a) 'शास्त्रीय गुप्तयुगीन संस्कृत साहित्य ने पूर्वमध्यकालीन भारत के लिए मानकों को स्थापित किया'। इस कथन का प्रातिनिधिक उदाहरणों सहित मूल्यांकन कीजिए।

(प्राचीन भारत का इतिहास एवं संस्कृति, अध्याय 49)

'Sanskrit literature of classical Gupta Age set standards for the early medieval India'. Evaluate the statement with representative examples. 15

4. (b) प्राचीन भारत में तंत्रवाद के परिवर्तनशील प्रतिरूप को सोदाहरण रेखांकित एवं अभिनिर्धारित कीजिए।

(प्राचीन भारत का इतिहास एवं संस्कृति, अध्याय 63)

Trace and identify the changing pattern of Tantrism in Ancient India with examples. 15

4. (c) पल्लवों के विशेष संदर्भ में दक्षिण भारत के प्रादेशिक मंदिर स्थापत्य के उदय और विकास का वर्णन कीजिए।

(प्राचीन भारत का इतिहास एवं संस्कृति, अध्याय 58)

Describe the evolution and development of regional temple architecture of South India with special reference to Pallavas.

खण्ड 'ब' (SECTION 'B')

5. निम्नलिखित में से प्रत्येक प्रश्न का उत्तर लगभग 150 शब्दों में लिखिए :

Answer the following questions in about 150 words each : 10 × 4 = 40

5. (a) तुगलक वंश के काल में मुस्लिम अमीर वर्ग का समालोचनात्मक मूल्यांकन कीजिए।

Critically evaluate the Muslim Nobility during the period of Tughlaq dynasty. 10

5. (b) विजयनगर राज्य की जानकारी देने वाले विदेशी यात्रियों के वृत्तांत का विस्तार पूर्वक वर्णन कीजिए।

Describe in detail about the foreign travellers' accounts which gave information of Vijayanagar kingdom. 10

5. (c) 13–14 वीं शताब्दी ईसवी के दौरान उत्तर भारत में अंतर्राष्ट्रीय व्यापार ने नगरीकरण को कैसे प्रोत्साहित किया?

How did international trade support urbanisation in North India during the 13-14th century CE. 10

5. (d) मुगल काल के दौरान संस्कृत धर्मग्रन्थों के फारसी भाषा में हुए अनुवादों के लक्ष्य और प्रभाव का मूल्यांकन कीजिए।

Evaluate the aim and impact of the translation of Sanskrit scriptures into Persian language during Mughal period. 10

www.ingramcontent.com/pod-product-compliance
Lightning Source LLC
LaVergne TN
LVHW082235051026
849532LV00012B/3996
* 9 7 8 9 3 9 4 1 6 8 9 1 6 *